DAS GROSSE LEXIKON DER DEFA-SPIELFILME

F.-B. Habel

DAS GROSSE LEXIKON DER DEFA-SPIELFILME

Mit Inhaltsangaben von Renate Biehl

SCHWARZKOPF & SCHWARZKOPF

VORWORT

Die DEFA war nicht nur eine knapp fünf Jahrzehnte operierende Filmfirma. Einundvierzig Jahre ihrer Existenz war sie der staatliche Filmproduzent des zweiten deutschen Staates, der DDR. Sie operierte mal mehr, mal weniger geschickt in einem Wechselspiel zwischen politischem Auftrag und künstlerischer Freiheit. DEFA war mehr als die populäre Abkürzung des Namens einer Filmgesellschaft. DEFA-Filme waren Programm und Propaganda, standen oft für Qualität und manchmal für Qual. Siebenundvierzig Jahre lang entstanden im Osten Deutschlands Filme fast ausschließlich unter dem Signet der DEFA. Die Filmfirma wurde als deutsch-sowjetische Aktiengesellschaft in der SBZ gegründet, in der DDR als Volkseigener Betrieb zur staatlichen Filmgesellschaft mit Sitz in Potsdam-Babelsberg und in der vereinten BRD schließlich als GmbH aus dem Register gelöscht. Die DEFA drehte tausende Filme, allein schon weit über 700 Spielfilme fürs Kino, dazu populärwissenschaftliche und Dokumentarfilme, Trickfilme, Wochenschauen, Kurzspielfilme und so weiter und so weiter. Bei einer so umfangreichen Produktion nimmt es nicht Wunder, daß viel Belangloses entstand, mitunter gar Mißratenes, aber vor allem eine gute Anzahl von Filmen, die unterhielten und auf diese und jene Weise in die Diskussionen ihrer Zeit eingriffen oder selbst zum Diskussionsthema wurden.

Die feierliche Lizenzübergabe an das Leitungsgremium der DEFA erfolgte am 17. Mai 1946 im Berliner Admiralspalast, einem der wenigen unbeschädigten Theaterhäuser der Stadt (heute als Metropol-Theater stillgelegt). Die Leitung der DEFA entwickelte ein Produktionsprogramm, in dem einerseits das Unterhaltungsbedürfnis der Zuschauer berücksichtigt wurde, aber auch der zeitnahe und der künstlerisch experimentierende Film seinen Platz hatten. Diesen Anspruch erfüllte die DEFA mit ihren ersten Produktionen (wenn auch das Experiment an den Rand gedrängt wurde).

Schon vor der Lizenzübergabe hatte die DEFA i.Gr. mit der Produktion begonnen: Synchronisationen sowjetischer Filme, die Wochenschau »Der Augenzeuge«, aber auch für die ersten beiden Spielfilme »Freies Land« und »Die Mörder sind unter uns« waren die ersten Klappen gefallen. So begann es, und die Spielfilme, die die DEFA fortan drehte, stehen im Mittelpunkt dieses Lexikons. »Novalis« von Herwig Kipping war der letzte unter dem DEFA-Signet hergestellte Film, der produziert wurde, ehe die Registerlöschung der traditionsreichen Firma 1993 erfolgte.

Einerseits lehnt sich der Autor weitgehend an ein umfangreiches Buch an, das Mitarbeiter des Filmmuseums Potsdam 1994 im Henschel Verlag herausgaben. »Das zweite Leben der Filmstadt Babelsberg« war ausführlich und gründlich. Mit freundlicher Genehmigung des Henschel Verlags wurden wesentliche Teile der Stabangaben und die Inhaltsangaben dieses Buches übernommen.

Andererseits war »Das zweite Leben ...« jedoch als Filmgeschichtswerk konzipiert, in dem – anders als in diesem Lexikon zumeist – die Geschichte des DEFA-Spielfilmstudios in wichtigen Strängen erzählt wurde, wobei mancher Film jedoch zu kurz oder gar nicht gewürdigt werden konnte. Auch sind in der zweiten Hälfte der neunziger Jahre Publikationen erschienen, die Teilaspekte der DEFA-Geschichte vertieften. So konnten hier auch neue Informationen zusammenfließen.

Doch versucht das vorliegende Lexikon weitere Lücken in der bisherigen Publikation zu schließen. Die DEFA war nicht der einzige Spielfilmproduzent in der DDR. Der Deutsche Fernsehfunk (DFF), das zwischenzeitliche Fernsehen der DDR, hatte eine eigene umfangreiche Produktion von Spielfilmen, vergab aber auch Aufträge an die DEFA. Wenn diese Filme, was zu einem geringen Prozentsatz der Fall war, auch ins Kinoprogramm gelangten, wurden diese bei der DEFA hergestellten Filme ebenfalls in das Lexikon aufgenommen. Obwohl der DFF der Hauptauftraggeber war, stellte die DEFA auch Filme oder wesentliche Teile davon für andere Produzenten her, für Filmstudios aus sozialistischen Ländern, vorrangig der Sowjetunion, aber auch beispielsweise für bundesdeutsche Firmen. Die erste deutsch-deutsche Filmproduktion war 1967 die Verfilmung eines Romans des DDR-Autors Ehm Welk unter dem Titel »Die Heiden von Kummerow und ihre lustigen Streiche«. Dieser, wie mehrere andere bundesdeutsche Filme, die bei der DEFA realisiert wurden, sind hier aufgenommen worden. Allerdings muß auch gesagt werden, daß auf diesem Gebiet keine Vollständigkeit angestrebt werden konnte, weil die Quellenlage schwierig ist und nicht in jedem Fall genau recherchiert werden konnte, wie groß der Anteil der DEFA an der jeweiligen Produktion war.

Diese Bemerkungen beziehen sich im allgemeinen auf das DEFA-Studio für Spielfilme. Wenig bekannt ist, daß auch das DEFA-Studio für Dokumentarfilme (das im Laufe der Jahrzehnte seinen Namen mehrfach wechselte) hin und wieder Spielfilme (überwiegend im Kurzfilmsektor) produzierte. Auch diese Spielfilme wurden im vorliegenden Werk berücksichtigt, wobei hier wiederum Lücken nicht auszuschließen sind.

Im Anhang wurden Kurzmetragespielfilme der DEFA aufgenommen, wobei hierunter Filme verstanden werden, die wesentlich unter einer Stunde Spieldauer lagen. Hier wurde eine Grenze bei einer Filmlänge von 1600 Metern (etwa 55 Minuten) gezogen. Die nicht fertiggestellten oder in der DDR nie aufgeführten DEFA-Spielfilme findet man ebenfalls im Anhang, wobei davon ausgegangen werden kann, daß bisher noch nicht alle jemals abgebrochenen Projekte dokumentiert wurden. Der Film »Die Schönste«, der 1957 nicht fertiggestellt wurde, ist in den Hauptteil übernommen worden, weil die Premiere des Films bei Drucklegung dieses Buches bevorstand.

Eine Besonderheit stellt der letzte Teil des Anhangs dar. Hier wurden Fernseh-Spielfilme aufgeführt, die nach der Erstsendung in den Kinospielplan aufgenommen, aber vom DFF in Eigenproduktion gedreht wurden, also keine DEFA-Filme sind. Auch hier ist es möglich, daß keine Vollständigkeit erzielt werden konnte.

Das vorliegende Lexikon will in erster Linie dem Zuschauer eine Hilfe sein, der DEFA-Filme im Fernsehen, auf Videokassetten oder im Spielplan der Programmkinos sieht. Dafür hat der Autor viele ihm als wichtig geltende Daten und Fakten aus der bestehenden Literatur zusammengetragen. Nur in Ausnahmefällen konnten unklare Fakten durch Nachfrage bei an der Produktion beteiligten Mitarbeitern verifiziert werden. Der Autor konnte sich auch nicht der immensen Mühe unterziehen, alle Filme (von denen er bisher schätzungsweise immerhin die Hälfte gesehen hat) noch einmal zu sichten, um sie zu beurteilen. Vielmehr hat er sich auf Urteile zeitgenössischer (und späterer) Rezensenten gestützt, die hier zum überwiegenden Teil ausführlich zitiert werden. Dabei ergibt sich ein interessanter Querschnitt durch die Filmkritik der DDR.

Rückblickend kann wohl eingeschätzt werden, daß die Filmkritiker der DDR nicht mit ihrer Meinung »hinter dem Berg halten« mußten. Allerdings gab es Anweisungen, wonach bestimmte Filme nicht oder nur negativ, andere nur in bestimmten Zeitschriften besprochen werden durften. Auch waren Redaktionen nicht immer frei in der Auswahl ihrer Mitarbeiter. Trotzdem war es möglich, daß ein »linientreuer« Rezensent beispielsweise einen künstlerisch oder politisch unliebsamen Film bejubelte, oder daß ein als liberal geltender Kritiker künstlerische Mängel an politischen Prestige-Filmen nachwies. Je nach politischer Großwetterlage hatten Kritiker in Fachpublikationen eher die Möglichkeit zu Kritik, Rezensenten in Blättern der »Blockparteien« CDU, LDPD, NDPD und DBD mitunter »Narrenfreiheit«, während man von der SED-Presse den politisch »richtigen Standpunkt« erwartete. Andererseits war es auch ein Politikum, wenn die SED-Blätter über einen bestimmten Film eisern schwiegen, obwohl der Film in anderen Publikationen besprochen wurde.

Der Autor versuchte, in diesem Lexikon immer wieder auch Kritiken aus der Bundesrepublik zu Wort kommen zu lassen. Auch hier lassen sich Tendenzen zeigen, wobei ein und derselbe DEFA-Film in der konservativen Presse zumeist verrissen wurde, während eher links oder zumindest liberal orientierte Blätter manche Schönheiten zu entdecken wußten. Einen wichtigen Teil der Zitate aus bundesdeutschen Veröffentlichungen machen Kritiken von Heinz Kersten aus. Der gebürtige Dresdner lebte seit den frühen fünfziger Jahren im Westen und schrieb 1963 für das Bundesministerium für gesamtdeutsche Fragen die erste, erstaunlich wenig tendenziöse Geschichte des Films in der DDR, im Sprachgebrauch der Adenauer-Ära noch lange als »Sowjetische Besatzungszone« bezeichnet. Seit den späten sechziger Jahren rezensierte Kersten fast alle DEFA-Spielfilme für bundesdeutsche Zeitungen oder für den West-Berliner Sender RIAS. Aus diesen in Buchform veröffentlichen Kritiken wird häufig zitiert.

Nun noch zu einigen Prinzipien. Das Lexikon ist alphabetisch ohne Beachtung der Artikel aufgebaut. Die Umlaute werden wie ae, oe und ue behandelt. Anlauf- und Sendedaten beziehen sich generell auf das Kino und das Fernsehen in der DDR. Die Minutenangaben sind nur ungefähr. In Bezug auf die Filmlänge kann sie auch bei der Kinovorführung und bei Fernsehsendung und Videoaufführung differieren. Das Fernsehen in der DDR sendete seit den fünfziger Jahren und noch einmal 1990/91 unter dem Sendernamen »Deutscher Fernsehfunk« (DFF). Der eingeführte Name wurde in den siebziger Jahren in »Fernsehen der DDR« geändert. Da jedoch inoffiziell der alte Sprachgebrauch erhalten blieb, wird in diesem Buch weitgehend die Abkürzung DFF verwendet.

Film ist ein Medium, an dessen Zustandekommen und an dessen Wirkung viele, auch viele hier nicht Genannte, Anteil haben. Ich bin dankbar, daß ich auf die Arbeit zahlreicher Kollegen aufbauen konnte, deren Arbeit ich hoch achte. Ich denke, daß der Leser sich über manches klarsichtige Urteil mit mir freuen und einige dem Zeitgeist geschuldete Fehlurteile entschuldigen wird. Wer dazu bereit ist, wird eine anregende, oft amüsante Lektüre haben, wann immer er dieses Buch zur Hand nimmt.

F.-B. Habel

Berlin, im Januar 2001

ABKÜRZUNGEN

4kmgt	Vierkanal-Magnetton
AD	Anlaufdatum (Kino)
AF	Auftraggeber
AG	Arbeitsgruppe
AS-RE	Assistenz-Regie
AT	Arbeitstitel
BE	Bemerkung
BR	Beratung
brw	Breitwand
BU	Buch, Szenarium
cine	Anamorphot. Breitwand
CO	Co-Produktion
CO-RE	Co-Regie
DA	Darsteller
DB	Drehbuch
d.i.	das ist
DR	Dramaturg
fa	Farbe
GE	Gesang
GR	Herstellungs-, bzw. Produktionsgruppe
KA	Kamera
KAG	Künstlerische Arbeitsgruppe
KO	Kostüme
lto	Lichtton
LV	Literarische Vorlage
m	Meter
MB	Musikbearbeitung
mgt	Magnetton
min	Länge in Minuten
MU	Musik
no	Normalformat
OT	Originaltitel
PJ	Produktionsjahr
PL	Produktionsleiter
PM	Premiere
PR	Produktionsfirma
RD	Redaktion
RE	Regie
SB	Szenenbild
SC	Schnitt
SD	Sendedatum (Fernsehen)
sw	schwarzweiß
SZ	Szenarium
Tovi	Totalvision
TR	Trick

A

AB HEUTE ERWACHSEN

RE: Gunther Scholz, SZ: Helga Schubert, Gunther Scholz, DR: Anne Pfeuffer, KA: Michael Göthe, MU: Gerhard Laartz, MB: Jürgen Balitzki, SB: Harry Leupold, KO: Ingrid Mogel, SC: Helga Krause, PL: Horst Hartwig, GR: GR »Berlin«, m: 2372 = 87 min, fa, brw, PJ: 1984, PM: 14.3. 1985, PM-Ort: Berlin, »International«

DA: Jutta Wachowiak (Johanna), Kurt Böwe (Graubaum), David C. Bunners (Stefan), Sabine Steglich (Christel), Marita Böhme (Toilettenfrau), Katrin Saß (Arbeitskollegin der Mutter), Beatrice Phohleli (Cecilia), Simone Frost, Astrid Kuhlmey, Edgar Külow u.a.

Ab heute erwachsen

INHALT: Stefans 18. Geburtstag. Seine Mutter Johanna, die ihn allein großgezogen hat, will mit ihm feiern. Doch Stefan eröffnet ihr, daß er auszieht. Unbegreiflich für Johanna, die ganz für den Sohn gelebt hat. Es kommt zu einem heftigen Streit, Stefan geht. Er ist Maurerlehrling, ein sehr guter, und nun möchte er auf eigenen Füßen stehen. Bei Herrn Graubaum, dem Empfangschef einer Bar, hat er ein möbliertes Zimmer. Doch der allzu clevere Typ, der auch ihn ausbeuten will, behagt ihm nicht. Auf seinem Weg begegnet er einigen Mädchen. Da ist die hübsche Mulattin Cecilia, die ihn zwar abweist, aber ihm in ihrer Frauengemeinschaft Unterkunft für eine Nacht gewährt. Da ist die Briefträgerin Christel, mit der ihn erste Liebesgefühle verbinden. Aber ihr Lebensanspruch, der sich auf ein kleines Familienglück beschränkt, ist ihm zu eng. Stefan ist noch auf der Suche nach sich selbst. Er findet eine eigene Wohnung und einen Weg zu einer neuen Partnerschaft mit der Mutter.

ZUM FILM: Obwohl im Ansatz realistisch, im Ton von schöner Lakonik und von den Darstellern eindrucksvoll gespielt, fügt sich der Film in die Reihe der Gegenwartsfilme dieser Jahre ein, die junge Zuschauer durch jugendliche Helden und Rockmusik ins Kino ziehen sollen, letztlich aber vor der Darstellung von wirklichen Konflikten zurückscheuen.

ECHO: Zu wenig aber erfährt man von den Menschen, die in diesem Film vorkommen. Beleuchtet wird nur die Oberfläche. Es fehlt an psychologischer Tiefenschärfe. Immerhin entsteht aus den Alltagsbeobachtungen ein Bild des Lebens im anderen deutschen Staat, wie es kaum in den Zeitungen steht. (Heinz Kersten, *Tagesspiegel*, 19.5. 1985)

Doch seltsam, in der Welt, in der er ankommt, ist alles geglättet, ohne Raum für Zweifel und Widersprüche. Stefans Trip zur Selbstfindung bringt Begegnungen mit Realitätspartikelchen eines Bilderbuches. Mißverständliches klärt sich über kurze Dialoge auf, eigener Einsatz ist schnell belohnt mit »Bester Lehrling«. (Peter Glaß in *Kino ist mehr als Film*, 1999)

NEBENBEI: Hauptdarsteller David C. Bunners war Laie und diente bei der NVA, als der Film in die Kinos kam. Er absolvierte anschließend erfolgreich ein Schauspielstudium an der HFF Potsdam-Babelsberg.

DIE ABENTEUER DES TILL ULENSPIEGEL

(Co-Produktion DDR/Frankreich)

RE: Gérard Philipe, RE-Mitwirkung: Joris Ivens, SZ: René Wheeler, Gérard Philipe, LV: Roman »Legende von Ulenspiegel und Lamme Goedzak« von Charles de Coster, DR: Rudolf Böhm, KA: Christian Matras, Alain Douarinou, MU: Georges Auric, BA: Léon Bariacq, Alfred Tolle, KO: Rosine Delamare, Ingeborg Wilfert, SC: Claude Nicole, PL: Georges Danciger, Richard Brandt, CO: Ariane-Film, Paris/Frankreich, Französ. Titel: Les Aventures de Till l'Espiègle, Titel in der BRD: Till Eulenspiegel, der lachende Rebell, m: 2778 = 102 min, fa, PJ: 1956, PM: 4.1.1957, PM-Ort: Berlin, »Babylon«

DA: Gérard Philipe (Till), Jean Vilar (Alba), Fernand Ledoux (Claes), Nicole Berger (Nele), Jean Carmet (Lamme), Erwin Geschonneck (Stahlarm), Wilhelm Koch-Hooge (Oranien), Francoise Fabian (Esperanza), Elfriede Florin (Soetkin), Marga Legal (Katheline) u. a.

INHALT: Die Niederlande im 16. Jahrhundert. Truppen des spanischen Königs Philipp II. halten das Land besetzt, durchziehen es brandschatzend und mordend. Sie kommen auch ins flandrische Damme, wo sich der Possenreißer Till gerade mit seiner Nele verlobt. Der Ort wird verwüstet, geplündert und Tills Vater Claes auf dem Scheiterhaufen verbrannt. Angesichts dieser grausamen Ereignisse wird aus dem Schelm Till ein leidenschaftlicher Kämpfer gegen die Okkupanten und ihren Statthalter Herzog Alba. Mit List führt er die Spanier hinters Licht, bringt ihnen empfindliche Niederlagen bei und ruft das Volk zum Widerstand auf. So rettet er auch dem Anführer der Aufständischen, dem Prinzen von Oranien, das Leben, als Alba diesen ermorden lassen will. Es gelingt den Spaniern nicht, den Aufstand niederzuschlagen, und nach Ausrufung der Unabhängigkeit kehrt Till glücklich nach Damme zu Nele zurück.

ZUM FILM: Der Film erscheint als erste von vier Co-Produktionen der DEFA mit Frankreich auf der Leinwand. Die Mitwirkung von Publikumsliebling Gérard Philipe beschert ihm großen Zuspruch. Bei der DEFA wurde das Projekt schon seit 1947 vorbereitet. Der Stoff vom Freiheitskampf einfacher Menschen war attraktiv und paßte ins Konzept. Auch Günter Weisenborn und Bertolt Brecht, der in der Hauptrolle gern Hans Albers gesehen hätte, hatten daran gearbeitet. Für Gérard Philipe wurde es zu einer willkommenen Gelegenheit, wieder eine Mantel- und Degen-Rolle zu spielen.

ECHO: Der Autor Philipe füllte die Pausen zwischen den geistreichen Streichen seines Films mehr schlecht als recht. Der Regisseur Philipe vernachlässigte die Führung der anderen Mitwirkenden. Und der Hauptdarsteller, selbst ohne kontrollierende Führung, wiederholte seinen *Fanfan, der Husar* und stand streckenweise fast peinlich im Vordergrund. (...) Was dem Kritiker blieb, war ein vom Lachen fast schmerzendes Zwerchfell, gemildert durch leise Wehmut, wenn er an den Ulenspiegel Charles de Costers dachte. (Karl-Eduard v. Schnitzler, *Filmspiegel* 2/1957)

Der holländische Dokumentarist Joris Ivens (...) spürt, daß er mit einer Spielfilmregie nur wenig anfangen kann. Er verabschiedet sich fast heimlich vom Set. Gérard Philipe aber, nun Hauptdarsteller und Regisseur in einer Person, scheitert an der riesigen Aufgabe: Seine De-Coster-Adaption bleibt ungelenk und kühl, zudem vertragen sich die schalkhaften und tragischen Momente nur partiell. (Ralf Schenk in *Das zweite Leben der Filmstadt Babelsberg*, 1994)

NEBENBEI: Diese Literaturadaption blieb Gérard Philipes einzige Regiearbeit. Er starb 1959 kurz vor seinem 37. Geburtstag.

DIE ABENTEUER DES WERNER HOLT

RE: Joachim Kunert, BU: Claus Küchenmeister, Joachim Kunert, LV: Gleichnamiger Roman von Dieter Noll (Teil I »Roman einer Jugend«), DR: Anne Pfeuffer, KA: Rolf Sohre, MU: Gerhard Wohlgemuth, BA: Gerhard Helwig, KO: Günther Schmidt, Ingeborg Wilfert, SC: Christa Stritt, PL: Hans Mahlich, Martin Sonnabend, GR: KAG »Roter Kreis«, m: 4493 = 165 min, s/w, PJ: 1963, 64, PM: 4.2.1965, PM-Ort: Berlin, »Kosmos«

DA: Klaus-Peter Thiele (Werner Holt), Manfred Karge (Gilbert Wolzow), Arno Wyzniewski (Sepp Gomulka), Günter Junghans (Christian Vetter), Peter Reusse (Peter Wiese), Wolfgang Langhoff (Professor Holt), Karla Chadimová (Milena), Monika Woytowicz (Gundel), Dietlinde Greiff (Marie Krüger), Angelica Domröse (Uta Barnim), Maria Alexander (Gertie Ziesche), Wolf Kaiser (Generalmajor Wolzow), Erika Pelikowsky (Frau Wolzow), Martin Flörchinger (Rechtsanwalt Gomulka), Helga Göring (Frau Gomulka), Ingeborg Ottmann (Frau Wiese), Norbert Christian, Hans-Joachim Hanisch, A. P. Hoffmann, Herbert Körbs, Kaspar Eichel, Horst Jonischkan, Kurt Kachlicki, Rolf Römer, Rudolf Ulrich, Horst Kube, Günter Naumann u.a.

INHALT: Werner Holt und Gilbert Wolzow sind Freunde seit der Schulzeit. Halbe Kinder noch, liegen sie im Frühjahr 1945 in einer Stellung im Osten Deutschlands, die sie gegen die anrückende Rote Armee verteidigen sollen. Wolzow hat das Kommando der kleinen Truppe an sich gerissen und befiehlt dem Funker Holt, Verbindung mit dem Regiment herzustellen. Während des Funkens erinnert sich Holt an die entscheidenden Stationen seines Lebens: den Beginn seiner Freundschaft mit Wolzow, die gemeinsame Meldung zum Militär, die Begegnung mit dem Tod beim ersten Einsatz als Flakhelfer, das erotische Erlebnis mit einer SS-Offiziersfrau, das ihn anekelte. Für die humanistische Gesinnung seines Vaters fehlte ihm damals das Verständnis. Langsam jedoch wandelt sich seine Haltung. Beim Einsatz gegen slowakische Partisanen hat er der jungen Milena zur Flucht verholfen. Dann konnte er auch den Schulfreund Gomulka verstehen, der zum »Feind« übergelaufen war. – Die russischen Panzer rollen an, können aber noch einmal zurückgeschlagen werden. Als Wolzow einen 16jährigen erschießt, der aus Angst fliehen will, begehrt Holt auf und entwaffnet ihn. Er bringt ein Maschinengewehr in Stellung und mäht ein SS-Durchhaltekommando nieder. Dann verläßt er die Stellung und macht sich auf den Weg zu Gundel, die auf ihn wartet und mit der er ein neues Leben beginnen will.

ZUM FILM: An dem umfangreichen Film wurde sehr lange gearbeitet, zumal auch in der Endfertigungsphase noch konzeptionelle Änderungen, was das Gewicht einzelner Figuren betraf, durchgeführt wurden. Der in vielen Ländern der Welt gezeigte Film zählt zu den wichtigen erschütternden und mahnenden Anti-Kriegs-Filmen der DEFA.

ECHO: Es gibt großartige Szenen im Film, die mehr verdeutlichen, als unmittelbar gezeigt wird, so, wenn Holt nach der Panzerschlacht verloren im verbrannten Wald hockt und ein großes fragendes Entsetzen über dieses sinnlose Geschehen in ihm ist; so, wenn Holt und Gertie Ziesche als Fremdgewordene sich in einer Menge Ausgebombter verlieren, so, wenn Holt mitsamt den

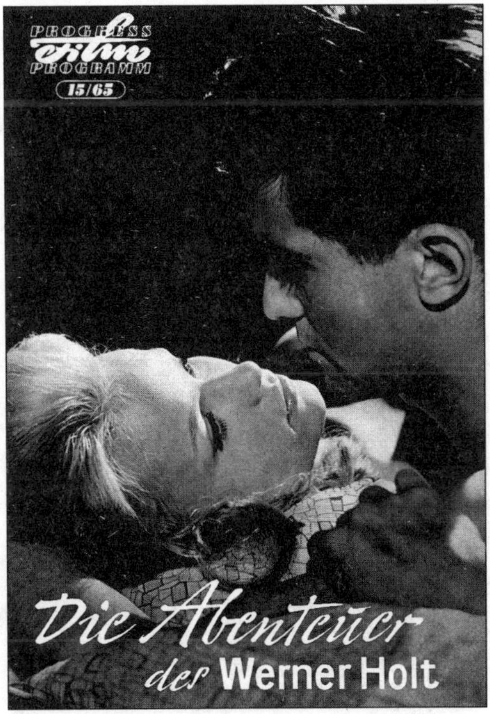

SS-Banditen die Reste seiner zerbrochene Ideale niedermäht. (Hartmut Albrecht, *Nationalzeitung*, 6.2.1965)
Sie (Küchenmeister und Kunert, f.b.h.) lösten die chronologische Erzählweise der literarischen Vorlage auf und führten zwei nebeneinander laufende Handlungslinien ein, die sich gegen Ende vereinigen. Es gelingt damit eine beabsichtigte Distanzierung von den Ereignissen. (...) Das Wesentliche aber erscheint mir (...) daß der Geist des Romans und sein Atem im Film erhalten sind. Zum guten Teil liegt das an der Inszenierung Joachim Kunerts, dem Passagen von manchmal bestürzender Echtheit gelangen. Diese Echtheit kleinster Szenen (und der Film enthält eine große Anzahl solcher koloritgebender Szenen) dürfte in erster Linie die spürbare Wirkung des Films ausmachen. (Günter Sobe, *Berliner Zeitung*, 10.2. 1965)
Wenngleich manche Figuren und Episoden des Films weniger geglückt scheinen (...), so fesselt er doch durch seine ungewöhnliche erzählerische Struktur, die eine große Menge disparaten Materials, der verschiedensten Eindrücke und Erinnerungen in den Rahmen einer einzigen großen Rückblende stellt, die schließlich die Entscheidung des Werner Holt verständlich machen soll. Auch durch Montage, durch das plötzliche Abschneiden von Entwicklungslinien, durch die Komprimierung einzelner Szenen und durch die Gegenüberstellung kontrastierender Vorgänge gibt der Film seinem Geschehen eigenwillige Akzente; formal fühlt man sich mitunter an den → *Fall Gleiwitz* erinnert. (Ulrich Gregor, *Filmkritik* 3/1965)
NEBENBEI: Die Österreicherin Maria Alexander, in den sechziger und siebziger Jahren Star des Berliner Metropol-Theaters, spielte als Gertie Ziesche ihre einzige Filmrolle.

ABENTEUER IN BAMSDORF
(Kinderfilm)
RE: Konrad Petzold, BU: Konrad Petzold, DR: Gisela Neltner, KA: Günter Marczinkowsky, MU: Heinz-Friedel Heddenhausen, BA: Erich Kulicke, KO: Lydia Fiege, SC: Ilse Peters, PL: Anni von Zieten, m: 1646 = 60 min, fa, PM: 4. 4.1958
DA: Charlotte Küter (Oma), Bernd Kuss (Toni), Peter Schmidt (Klaus), Petra Kyburg (Rita), Klaus Böhme (Rolf), Günter Wolf (Stippel) u. a.
INHALT: Für Toni und seine kleine Schwester Rita hatte die →*»Fahrt nach Bamsdorf«* trotz aller Zwischenfälle ein gutes Ende genommen. Nun schlittern sie, die Ermahnungen der Großmutter in den Wind schlagend, in eine neue Gefahr: Toni und Freund Klaus haben eine Höhle entdeckt. Mit einem Bindfaden als Rückweg-Weiser stürzen sie sich ins Abenteuer. Rita ist ihnen heimlich gefolgt, aber plötzlich bricht hinter ihr die Decke ein. Sie schlägt sich zu den Jungen durch, und gemeinsam suchen sie nach einem Ausgang. Die Angst sitzt ihnen im Nacken, doch sie finden einen Gang ins Freie.
ZUM FILM: Der Erfolg des ersten *Bamsdorf*-Films veranlaßte die DEFA, einen zweiten Teil mit Abenteuern aus kindlicher Sicht zu gestalten. Die Filmschöpfer wurden jedoch kurz darauf für beide Filme hart kritisiert, weil eine zu private Idylle gezeigt wurde und die Pionierorganisation im Film keine Rolle spielte.
ECHO: Konrad Petzold (...) ist auch in der Fortsetzung bemüht, die Fabel so einfach und verständlich wie möglich zu halten. Das ist ihm zweifellos gelungen, obgleich der Film auch ein wenig Zeitkolorit vertragen hätte. Leider fehlt das aber ganz, so daß der Film auch gut in Westdeutsch-

land spielen kann. Erfreulich erregend sind die Szenen in dem Höhlengang. Die filmischen Mittel werden gut eingesetzt. Das Bild hat eine große Aussagekraft, und gesprochen wird nur, wenn es unumgänglich notwendig ist. (J. B., *Elternhaus und Schule* 4/1958)
Eine sinnvolle Feriengestaltung, gelenkt durch den Einfluß von erwachsenen Menschen, mit vielen schönen Erlebnissen in einem Kollektiv, welches wir ja bestrebt sind zu schaffen, fehlt völlig. Eine Beziehung zur Gegenwart ist überhaupt nicht vorhanden. (...) Das Dorf liegt herrlich in seiner Abgeschiedenheit, als ob das Neue, unser sozialistisches Gepräge, überhaupt nicht existiert. Im Vordergrund steht der Individualismus der beiden Kinder. (Pionierleiterin Ingeborg Klöhn auf der Delegiertenkonferenz des Clubs der Filmschaffenden, abgedruckt in *Deutsche Filmkunst* 4/1958)
NEBENBEI: Charlotte Küter, verheiratet mit dem Schauspieler und Regisseur Paul Lewitt und langjährige Abgeordnete der Volkskammer der DDR, war in den fünfziger und sechziger Jahren eine beliebte Darstellerin von Oma-Rollen.

ABENTEUER MIT BLASIUS
(Co-Produktion DDR/CSSR, Kinderfilm)
RE: Egon Schlegel, SZ: Milan Pavlík, Fred Rodrian, Gerhard Holtz-Baumert, LV: Erzählung »Messeabenteuer 1999« von Werner Bender, DR: Inge Wüste-Heym, Marcela Pittemanová, KA: Günter Jaeuthe, MU: Günter Hauk, SB: Bohumil Pokorny, KO: Stella Drozdová, Irene Pape, SC: Renate Bade, PL: Oscar Ludmann, Zdenek Oves, GR: AG »Babelsberg«, m: 2159 = 79 min, fa, brw, PJ: 1974, PM: 11.7.1975, PM-Ort: Prerow, Freilichtbühne, CO: Filmstudio Barrandov, Prag
DA: Leo Sucharipa (Blasius), Wolfgang Greese (Prof. Brockmann), Norbert Christian (Minister), Mario Wojtyczka (Egon), Petr Stary (Frantik), Dieter Wien (Dr. Prantl), Manfred Zetzsche (Dr. Pirwitz), Gert Gütschow, O. E. Stübler, Klaus Feldmann u. a.
INHALT: Zwei Ingenieure sind mit ihrem Roboter Blasius auf dem Weg zur Leipziger Messe. Im Zug gerät der Junge Frantik aus Prag, der zu seinem Freund Egon nach Leipzig will, in deren Abteil. Auf dem Bahnhof angekommen, entführt Blasius die beiden Jungen. Als das merkwürdige Verhalten des wie ein Mensch aussehenden Roboters sie hinter dessen Geheimnis bringt, glauben sie, daß er von Verbrechern für kriminelle Handlungen vorgesehen ist und entführen ihn ihrerseits. Mit ihren Fehlprogrammierungen richten sie große Verwirrung an. Von den Erfindern verfolgt, landen sie auf dem Messegelände, wo ihnen vor großem Publikum eine sensationelle Vorführung von Blasius' Fähigkeiten gelingt, so daß dessen Väter doch noch zu ihrem Erfolg kommen.
ZUM FILM: Nach einem vielgelesenen, in einer nahen Zukunft angesiedelten Kinderbuch drehte Regisseur Egon Schlegel hier seinen Debüt-Spielfilm. Er war als Student der HFF mit seinem Diplomfilm → *Ritter des Regens* angeeckt, der nicht fertiggestellt werden durfte. Ein knappes Jahrzehnt arbeitete er für den Dokumentarfilm, ehe ihm hier eine erste Spielfilmchance gegeben wurde. Er fand interessante filmische Lösungen.
ECHO: Die sinnvoll verwendeten künstlerischen Mittel aus der Groteske, aus Musical (...) Märchen und Abenteuer, und vor allem die rhythmisch und akzentuiert Pausen setzende Regie von Egon Schlegel machen diesen Streifen zu einem amüsanten Kino-Erlebnis für Kinder und auch für Erwachsene, die sich ein wenig Phantasie und

Freude am Spielerischen bewahrt haben. (Ehrentraud Novotny, *Berliner Zeitung*, 21.8. 1975)
Jedenfalls wurde in einem Kinderfilm lange nicht so gelacht, und das ist nun wirklich Grund genug zu Anerkennung und Freude. (Renate Holland-Moritz, *Eulenspiegel*, 37/1975)
NEBENBEI: Die aus heutiger Sicht vorsintflutlich wirkende »utopische« Technik des Films mit blinkenden Glühlampen und Magnetbändern kann es heute an freiwillig-unfreiwilliger Komik mit der legendären *Raumpatrouille* aufnehmen.

ABSCHIED

RE: Egon Günther, BU: Egon Günther, Günter Kunert, LV: Gleichnamiger Roman von Johannes R. Becher, DR: Konrad Schwalbe, KA: Günter Marczinkowsky, MU: Aus einem Requiem von Paul Dessau, SB: Harald Horn, KO: Werner Bergemann, SC: Rita Hiller, PL: Herbert Ehler, GR: KAG »Babelsberg«, m: 2912 = 107 min, s/w, Cine, PJ: 1967/68, PM: 10.10.1968, PM-Ort: Berlin, »Kosmos«
DA: Rolf Ludwig (Vater Gastl), Katharina Lind (Mutter Gastl), Jan Spitzer (Hans Gastl), Mathilde Danegger (Großmutter), Doris Thalmer (Christine), Heidemarie Wenzel (Fanny), Bodo Krämer (Feck), Wilfried Mattukat (Freyschlag), Klaus Hecke (Löwenstein), Jürgen Heinrich (Hartinger), Manfred Krug (Sack), Annekathrin Bürger (Magda), Carl-Heinz Choynski (Kreibich), Rolf Römer (Hoch), Fred Delmare, Martin Flörchinger, Arthur Jopp, Hans Klering, Wolfgang Greese, Heinz-Dieter Knaup u. a.

INHALT: Im August 1914, im allgemeinen Freudentaumel über den bevorstehenden Krieg, trifft der 17jährige Münchner Bürgersohn Hans Gastl eine Entscheidung: Er wird diesen Krieg nicht mitmachen. Dieser Entschluß bedeutet eine Wende in seinem Leben, Abschied von seiner Klasse, seiner Familie. Seine Vorstellungen vom »Anderswerden« sind noch nebulös, doch sie verbinden sich mit einem sinnvollen Leben in einer gerechten Gesellschaft. Der Entschluß kommt nicht spontan: Schon als Kind rebellierte Gastl, der Sohn eines Oberstaatsanwalts, gegen die Saturiertheit und Scheinmoral im Elternhaus. In der Beziehung zu seinen Mitschülern Feck und Freyschlag war er ständig hin- und hergerissen zwischen Bewunderung für deren Mut und Abscheu vor den üblen Streichen. Er denkt an die Freundschaft mit dem Juden Löwenstein und dem Arbeiterjungen Hartinger und an die tragisch endende Liebe mit der Prostituierten Fanny.
ZUM FILM: Die Literaturadaption nach einer Vorlage des früheren DDR-Kulturministers Joh. R. Becher erhielt das Prädikat »Besonders wertvoll«, doch obwohl der SED-Spitzenpolitiker Alexander Abusch beratend am Szenarium mitgewirkt hatte, wurde der Film kurz nach der Uraufführung auf dem 9. Plenum des ZK der SED von Hans-Dieter Mäde wegen seiner Stilmittel harsch kritisiert. Ins *Neue Deutschland* wurden kritische Leserbriefe lanciert, und der Film wurde schnell aus den Kinos zurückgezogen, ohne offiziell verboten zu werden.
ECHO: Der Regisseur Günther wollte bewußt keinen historischen Film drehen, eine weitgehende Stilisierung schafft Distanz und ermöglicht zugleich gedankliche Parallelen zum Protest unserer Jugend gegen das heutige Establishment. (...) Mit seiner Rückblendentechnik, mit Zeitlupen- und Belichtungseffekten, Traumsequenzen und für Babelsberger Verhältnisse ungewohnt freien erotischen Szenen ist dies, ungeachtet möglicher Einwände im Detail, seit langem wieder einmal ein DEFA-Spielfilm, der internationalen

Maßstäben gerecht wird. (Heinz Kersten, 1968, zit. nach *So viele Träume*)
Deutsche Bürgerwelt mit scharfem, verfremdendem Blick abgeurteilt, Sinnsuche in gärenden Verhältnissen, Verstrickung in Liebe, Wahn und Mord. Dabei nur eine Klarheit: die Absage an den Krieg. (Klaus Wischnewski in *Das zweite Leben der Filmstadt Babelsberg,* 1994)
NEBENBEI: Co-Szenarist Günther Kunert tritt in der kleinen Rolle eines Bildhauers auf.

ABSCHIEDSDISCO
RE: Rolf Losansky, SZ: Joachim Nowotny, LV: Gleichnamige Erzählung von Joachim Nowotny, DR: Werner Beck, KA: Helmut Grewald, MU: Reinhard Lakomy, SB: Jochen Keller, KO: Barbara Braumann, SC: Ilona Thiel, PL: Harald Fischer, GR: GR: »Berlin«, m: 2475 = 91 min, PJ: 1989, PM: 5.4.1990, PM-Ort: Berlin, »International«
DA: Holger Kubisch (Henning), Dana Bauer (Silke), Susanne Saewert (Dixie), Horst Schulze (Hennings Großvater), Jaecki Schwarz (Hennings Vater), Ellen Hellwig (Hennings Mutter), Fritz Marquardt, Daniela Hoffmann, Anneliese Matschulat, Wolfgang Winkler, Gert-Hartmut Schreier, Viola Schweizer, Gerhard Rachold, Detlef Neuhaus, Bernd-Uwe Reppenhagen u. a.
INHALT: Der fünfzehnjährige Henning ist vom Tod seiner Freundin Silke, seiner ersten Liebe, schwer erschüttert. Tröstungen sind ihm lästig. Er entschließt sich, zum Großvater zu fahren, der in einem Dorf im Braunkohlengebiet lebt. Das Dorf muß der Kohle weichen, doch der Alte weigert sich, ins Altersheim zu gehen. Henning erfährt dort ein anderes Sterben. Bagger fressen sich durch die Landschaft, alles Leben vernichtend. In der fast verlassenen Gegend begegnet er verschiedenen Menschen. Einem Plünderer und dem alten Dorfkauz, der Tiere einsammelt, um sie zu retten. Eine Frau in der Disco, die geschlossen wird, macht ihm unzweideutige Angebote. Er beobachtet ein junges Paar, das sich in der gespenstischen Umgebung liebt. Dem Jungen stellen sich Fragen nach der Verantwortung des Menschen beim Umgang mit der Erde. Am Ende pflanzt er mit der Schulfreundin Dixie Bäumchen in einer fast toten Landschaft.
ZUM FILM: Ein knappes Jahrzehnt brauchte der Stoff bei der DEFA, bis er endlich realisiert werden konnte. Die ökologischen wie auch sozialen Auswirkungen des Braunkohlentagebaus galten lange als Tabu. Als der Film endlich auf die Leinwand kam, bewirkte er nur noch ein Achselzucken.
ECHO: Der Film arbeitet mit Symbolen. Immer wieder taucht der Baum auf. Er steht für Leben, Heimat, Alter, Würde. Und immer wieder werden Bäume gefällt. Anregend ist auch mancher Hintersinn-Text. Wenn es zum Beispiel heißt: »Vorwärts oder zurück, das weiß längst keiner mehr«, oder »Ihr fühlt euch nur hinter Zäunen sicher ... wenn's nach euch ginge, würdet ihr die ganze Erde dicht machen.« Verfremdungseffekte wie Hennings Visionen wirken manchmal verkrampft. Vielleicht, weil die Arbeit am Film immer von der Furcht begleitet war, daß am Ende doch alles im Tresor verschwindet. Das erzeugt Wut und raubt Sicherheit im Handwerk. (Ulrike Elsner, *Lausitzer Rundschau,* 23.4.1990)
Es liegt etwas in der Stimmung von Klimows *Abschied von Matjora* über *Abschiedsdisco,* anders, weniger extrem, aber doch in erkennbarer Nähe. (Helmut Ullrich, *Neue Zeit,* 11.[24.?] 4.1990)
NEBENBEI: Schon 1974 hatte Rolf Losansky mit *...verdammt, ich bin erwachsen* eine Vorlage von Joachim Nowotny adaptiert.

ACH, DU FRÖHLICHE...
RE: Günter Reisch, BU: Hermann Kant, LV: Komödie »Und das am Heiligabend« von Vratislav Blazek, DR: Gerhard Hartwig, KA: Horst E. Brandt, MU: Helmut Nier, BA: Alfred Hirschmeier, KO: Walter Schulze-Mittendorf, SC: Lena Neumann, PL: Hans Mahlich, GR: KAG »Roter Kreis«, m: 2589 = 95 min, s/w, PJ: 1961/62, PM: 7.10.1962, PM-Ort: Potsdam-Babelsberg, »Thalia«
DA: Erwin Geschonneck (Walter Lörke), Mathilde Danegger (Großmutter), Karin Schröder (Anne Lörke), Arno Wyzniewski (Thomas Ostermann), Günter Junghans (Karl Lörke), Rosemarie Schelenz (Peggy), Herwart Grosse (Herr Ostermann), Marianne Wünscher, Walter Jupé (Frau und Herr Klinkenhöfer), Karla Runkehl (Frau Siebkorn), Gerd Ehlers, Erik Veldre, Jutta Wachowiak, Fred Delmare, Siegfried Kilian u. a.
INHALT: Weihnachten 1961. Der Arbeitsdirektor des VEB »13. August«, Walter Lörke, wünscht seinen Kollegen ein geruhsames Fest, wie er es

selbst auch im Kreis seiner Lieben zu verbringen gedenkt. Doch Tochter Anne hat eine Überraschung parat – in Gestalt des zukünftigen Familienmitglieds Thomas Ostermann. Daß sie Thomas zu heiraten gedenkt, irritiert Vater Lörke, daß sie ihm ihre Schwangerschaft verheimlicht hat, empört ihn, und daß sich Thomas auch noch als entschiedener Kritiker des Arbeiter-und-Bauernstaates zu erkennen gibt, bringt ihn vollends in Rage. Die friedliche Weihnacht ist dahin, doch Vater Lörke, der in der ersten Wut das Haus verläßt, besinnt sich. Plötzlich erscheint ihm der junge Mann ganz akzeptabel, und er versucht herauszufinden, was Thomas zu dieser negativen Haltung dem Staat gegenüber gebracht haben könnte. Lörke stimmt der Hochzeit zu.

ZUM FILM: Der Film war die Adaption eines damals erfolgreichen Bühnenstückes aus der CSSR. Szenarist Kant zeichnete Typen, die durchaus den Alltag in der DDR prägten. Trotz optimistischer Grundhaltung und versteckter agitatorischer Züge wies der Film in der Figurenzeichnung einen bei der DEFA seltenen Realismus auf.

ECHO: Der Film-Ruf erging an einen jungen Mann, der sich bereits durch ausgezeichnete publizistische Arbeiten einen ohnehin nicht ganz unbekannten Namen gemacht hatte: Hermann Kant. Kategorisch verlegte dieser die Handlung des Blazek-Stücks in die DDR, wählte den ebenfalls weihnachtlich-ironischen Titel *Ach, du fröhliche...* und bereicherte die Fabel um so viel neue Gestalten, Episoden und Schicksale, daß ein gültiges Drehbuch über Probleme unseres Landes entstand. (Renate Holland-Moritz, 1962, zit. nach *Die Eule im Kino,* 1981)

Das Wertvollste an diesem Film ist die Tatsache, daß die komischen Seiten unseres Lebens und unserer Probleme aus unserer Sicht gesehen sind. Die komischen Effekte sind nicht selten eine feine Ironie auf verbesserungswürdige Seiten unseres Arbeitsstils. (Hans Lohmann, *Sonntag* 42/1962)

NEBENBEI: Ein besonderer Reiz dieses Films besteht darin, daß Problementwicklungen und Persönlichkeitsstrukturen, die hier angelegt waren, ein Vierteljahrhundert später mit den gleichen handelnden Personen in Günter Reischs Film *Wie die Alten sungen* wieder aufgegriffen wurden und ein zwar heiter gefärbtes, doch von skeptischen Tönen nicht freies Bild des real existierenden Sozialismus gezeigt wurde. – Szenarist Hermann Kant tritt in *Ach, du fröhliche...* in der kleinen Rolle eines Partygastes auf.

DIE ACHATMURMEL

→ Anhang A

ACHILLESFERSE

RE: Rolf Losansky, SZ: Günter Mehnert, DR: Gudrun Deubener, KA: Helmut Grewald, MU: Gruppe Express, MB: Gerhard Rosenfeld, SB: Dieter Adam, KO: Joachim Dittrich, SC: Ursula Zweig, PL: Werner Langer, GR: AG »Berlin«, m: 2487 = 91 min, fa, brw, PJ: 1978, PM: 7.12.1978, PM-Ort: Berlin, »International«

DA: Heidrun Welskop (Susanne), Erwin Berner (Michael), Dieter Franke (Trainer Rieger), Jessy Rameik (Susannes Mutter), Jürgen Reuter (Cheftrainer), Manfred Karge, (Susannes Vater), Annemone Haase, Günter Grabbert (Michaels Eltern), Gerry Wolff, Berko Acker, Leon Niemczyk, Ezard Haußmann u. a.

INHALT: Die 17jährige Susanne ist Turnerin und hat die Chance, in die Nationalmannschaft aufgenommen zu werden. Aber ausgerechnet jetzt hat sie Probleme beim Training. Ihr gelingt der neue Abgang vom Stufenbarren nicht. Gleichzeitig gerät sie in andere Konfliktsituationen: In der Schule lassen ihre Leistungen nach. Ihre ehrgeizige Mutter, an die Erfolge der Tochter gewöhnt, bringt nicht das notwendige Verständnis auf. Der Vater, von Susannes Mutter geschieden und ständig auf Reisen, ist nur selten für sie da. Ihr Freund Michael, mit dem sie die erste Liebe erlebt, muß bald zur Armee und fühlt sich vernachlässigt, weil Susanne zu wenig Zeit für ihn hat. Ihr Trainer aber zeigt Verständnis, steht ihr in den Konfliktsituationen, die sie schließlich meistert, zur Seite – und so stellt sich auch der Erfolg im Sport wieder ein.

ZUM FILM: Internationale Erfolge auf dem Gebiet des Leistungssports hoben das Selbstbewußtsein der DDR. So wurden Sport und Sportler hin und wieder zum Filmthema gemacht. Da jedoch in diesem Zusammenhang nichts in Frage gestellt werden durfte, blieben diese Versuche – wie auch der vorliegende – stets glatt.

ECHO: Die Autoren verknüpfen mit den Bewährungen der Heldin freilich größere ethische Absichten, die auch der Zuschauer mitvollzieht: Mut, Ausdauer, Risikobereitschaft, Verantwortung etc. Von hier aus bekommt die sehr genau gezeichnete, differenzierte, noch in Nuancen lebendige Beziehung zwischen Susanne und ihrem Trainer ihren Wert, auch besonders dank der Leistung der beiden Darsteller Heidrun Welskop und Dieter Franke. (Günter Agde, *Filmspiegel* 1/1979)

Autor Günter Mehnert und Regisseur Rolf Losansky haben schon wiederholt Probleme junger Menschen an der Schwelle des Erwachsenwerdens behandelt, selten jedoch so klischeehaft wie in diesem, ihrem jüngsten Opus. In *Achillesferse* hielten sie sich an ein verflossenes Babelsberger Rezept, das mit einst viel benutzten Schlagworten auf die Formel »Massenwirksamkeit durch Schauwert« gebracht werden könnte. Zu publikumsattraktiven Bildern von sportlichen Wettkämpfen und mit Reiseprospektcharakter kommt eine ansehnliche neuentdeckte Hauptdarstellerin, Heidrun Welskop, die sich stets wie ein Mannequin aus dem Modemagazin präsentieren muß, wozu eine häusliche Umgebung nach Schöner-Wohnen-Modell paßt. (Heinz Kersten, 1978, zit. nach *So viele Träume*)

NEBENBEI: Die international erfolgreiche Turnerin Erika Zuchold ist in der Rolle einer Mannschaftsleiterin zu sehen. – Gegen Szenen, die bei der Nationalen Volksarmee spielen, äußerte sich Admiral Verner kritisch in einem Brief an den Kulturminister. So paßte dem Admiral der lockere, flapsige Ton einiger Dialoge nicht, wie die Formulierungen: »... habe gute und schlechte Nachrichten erhalten« – mit der schlechten Nachricht ist der vorgezeigte Einberufungsbefehl gemeint, »General wird Verständnis haben« (für öftere Urlaubsfahrten), »geliebter Hauptmann«, »Taiga« (gemeint und gesagt: Dienststelle in Eggesin). (zit. nach *Kino ist mehr als Film*)

ADDIO, PICCOLA MIA

RE: Lothar Warneke, SZ: Helga Schütz, DR: Christel Gräf, KA: Claus Neumann, MU: Bach, Mozart, Gerhard Rosenfeld, SB: Alfred Hirschmeier, KO: Christiane Dorst, SC: Erika Lehmphul, PL: Herbert Ehler, GR: AG »Roter Kreis«, m: 3361 = 123 min, fa, brw, PM: 18.1.1979, PM-Ort: Berlin, »International«

DA: Hilmar Eichhorn (Georg Büchner), Trude Bechmann (Oma Zeuner), Lydia Billiet (Tante Jules), Ute Lubosch (Louise), Horst Drinda (Dr.

Ernst Büchner), Werner Godemann (Onkel Reuss), , Jörg Foth (Musiklehrer), Michael Gwisdek (Ludwig Weidig), Karin Gregorek (Frau Weidig), , Lars Jung (Minnigerode), Christine Schorn (Caroline), Heinz Dieter Knaup, Dietrich Körner, Hans-Otto Reintsch, Antje Ruge, Wolfgang Arnst, Ralph Borgwardt u. a.

INHALT: Der Medizinstudent und Dichter Georg Büchner verabschiedet sich 1833 in Straßburg von seiner Geliebten Louise und kehrt in seine hessische Heimat zurück. Er lernt dort den Pfarrer Weidig kennen, den Kopf einer revolutionären Verschwörung. Sie gründen die »Gesellschaft für Menschenrechte«, schreiben den »Hessischen Landboten«, eine Aufklärungsschrift für die Massen, die sie in ihre Aktivitäten einbeziehen wollen. Der Freund Minnigerode und Weidig werden verhaftet, der steckbrieflich gesuchte Büchner flieht nach Straßburg zu Louise, dort vollendet er »Dantons Tod«. Er fühlt sich in Straßburg nicht sicher und geht nach Zürich. Büchner schreibt den »Woyzeck« und arbeitet wissenschaftlich. Am 21. Februar 1837 stirbt er im Alter von 23 Jahren an Typhus.

ZUM FILM: Für Regisseur Lothar Warneke war dies die erste Adaption eines historischen Sujets. Nach dem Eklat der Biermann-Ausbürgerung erschien es vielen DDR-Filmemachern sinnvoll, in die Historie auszuweichen, um verschlüsselt über die Gegenwart zu erzählen.

ECHO: Der Film dringt nicht in Büchner und seine Genossen ein, um von ihnen aus Fragen und Forderungen an uns zu richten, sondern benutzt sie umgekehrt, um eigene Erfahrungen und Befindlichkeiten an ihnen zu belegen, als Folie, Material der Selbstäußerung. Dabei ist der Film konsequent komponiert, im Detail von großer Qualität. Aber seine Struktur und Erzählweise, die weniger Vorgänge als Stimmungen entwickeln, mehr Momente ausmalen als Zusammenhänge aufdecken, erschweren und behindern den Blick auf die Geschichte. Wir sollten uns da nicht immer mit dem Begriff »anspruchsvoll« trösten ... Es gibt Bilder von großer Schönheit, die statisch bleiben – der Begriff »kunstvoll« drängt sich auf. (Peter Ahrens, *Weltbühne* 9/1979)

Dabei scheint mir diesmal freilich auch ein Hauch von Resignation unverkennbar, der sich vor allem optisch vermittelt: in den Bildern weiter Schneelandschaften etwa, auf denen Büchner einmal, sich zur rettenden Grenze durchschlagend, nur noch als kleiner verlorener Punkt auftaucht. (...) Überhaupt lebt dieser Film in starkem Maße durch seine schönen Bilder (Kamera: Claus Neumann), die oft von der Malerei der Romantik inspiriert erscheinen. (Heinz Kersten, *Tagesspiegel,* 18.3.1979)

NEBENBEI: Das Auditorium im Hörsaal wurde mit Regisseuren und Autoren der DEFA besetzt. Man erkennt Janos Veiczi, Horst E. Brandt, Erwin Stranka, Jo Hasler, Helga Schütz, Konrad Wolf, Heiner Carow, Ralf Kirsten, Kurt Maetzig, Günter Reisch, Lothar Warneke, Siegfried Kühn, Gottfried Kolditz, Ulrich Weiß, Herrmann Zschoche, Claus Dobberke, Roland Oehme und Konrad Petzold.

ÄRZTE

RE: Lutz Köhlert, BU: Egon Günther, DR: Ilse Langosch, KA: Günter Eisinger, MU: Günter Hörig, BA: Alfred Hirschmeier, KO: Helga Scherff, SC: Lena Neumann, PL: Hans Mahlich, GR: KAG »Roter Kreis«, m: 2580 = 95 min, s/w, PJ: PJ: 1960, PM: 1.2.1962, PM-Ort: Berlin

DA: Johannes Arpe (Prof. Heger), Günther Simon (Dr. Brehm), Karla Runkehl (Susanna), Horst Schönemann (Abwerber), Hans Lucke (Dr. Hüb-

ner), Horst Drinda (Wolfgang), Helga Piur (Doris), Günter Grabbert, Ditha Cullmann, Reinhard Michalke, Werner Dissel, Amy Frank u. a.
INHALT: Ein Krankenhaus in einer DDR-Industriestadt. Chefarzt Heger und seinen jungen Oberarzt Brehm verbindet eine langjährige Freundschaft. Plötzlich erhält Brehm anonyme Drohungen, die ihn zur Republikflucht treiben sollen. Während des Krieges ist er mitschuldig am Tod von Hegers Sohn geworden, der sich dem Nazikrieg verweigerte und erschossen wurde. Den Erpressern zuvorkommend, gesteht Brehm Heger die Wahrheit und hofft auf Verzeihung. Doch Heger weist ihn empört von sich. Brehm flieht nach Westdeutschland. Heger erkennt sein Fehlverhalten, gerät in innere Konflikte und verläßt schließlich auch die DDR. In München treffen sich die beiden, und es kommt zu einem klärenden Gespräch.
ZUM FILM: Die Uraufführung dieses Films, der ein akutes Problem der DDR, den Exodus der Ärzteschaft, mutig thematisierte, aber zugleich nicht die Wurzeln offenlegte, war bereits ein Jahr zuvor anvisiert worden. Nach einem Politbürobeschluß zur Verbesserung der Lage der medizinischen Intelligenz wollte man diese Berufsgruppe durch den Film nicht verärgern. Nach dem Mauerbau war dieser Aspekt gegenstandslos geworden.
ECHO: Der Film ist vor dem 13. August gedreht. Nicht später, sondern eher wäre besser gewesen, denn er ist stark in seiner Warnung und fällt durch eine tiefe Sachkenntnis des Milieus und der Konflikte der alten Intelligenz auf. Der Autor Egon Günther konzentriert sich ganz auf die psychologischen Folgen der westlichen Erpressungen und begnügt sich bei der Darstellung des Gegners mit der Abstraktion imperialistischer Menschenhändlermethoden, zeigt nichts weiter als ihre eiskalte und unmenschliche Fratze. (Fred Seeger, *Junge Welt*, 3.2.1962)
Leider hat man uns die Auseinandersetzung mit diesem schon vor längerer Zeit fertiggestellten DEFA-Film nicht erspart. Er gehört in die inzwischen überwundene Periode unserer Filmproduktion, da man glaubte, Argumente inszenieren zu können, da man sich mit illustrierten Thesen zufriedengab und den Menschen und seine wahren Gefühle vergaß. (...) Fatal ist, daß sich die Eingleisigkeit des Buches mit der Primitivität seiner filmischen Umsetzung multipliziert. Die Kamera kommt aus den Zimmern kaum heraus, ist starr und unbeweglich, beobachtet mit fühlbarer Langeweile die ewigen Gespräche und Diskutierereien, die fast den ganzen Film füllen. Vergeblich wartet man auf Dramatik, auf packende Konflikte, auf eine mitreißende, erregende Bildsprache. (Christoph Funke, *Der Morgen*, 9.2. 1962)
NEBENBEI: Regisseur Lutz Köhlert wurde Professor der Babelsberger Filmhochschule, der er auch eine Zeitlang als Rektor vorstand.

ÄRZTINNEN
RE: Horst Seemann, SZ: Horst Seemann, LV: Gleichnamiges Schauspiel von Rolf Hochhuth, DR: Peter Wuss, KA: Otto Hanisch, MU: Horst Seemann, SB: Georg Wratsch, KO: Inge Kistner, SC: Bärbel Bauersfeld, PL: Dorothea Hildebrandt, GR: GR »Babelsberg«, m: 2800 = 103 min, fa, brw, PJ: 1983, PM: 19.1.1984, PM-Ort: Berlin, »Kosmos«
DA: Judy Winter (Dr. Katia Michelsberg), Inge Keller (Dr. Lydia Kowalenko), Walther Reyer (Dr. Riemenschild), Rolf Hoppe (Dr. Böblinger),

Ärztinnen

Daniel Jacob (Thomas Michelsberg), Michael Gwisdek (Dr. Michelsberg), Käthe Reichel (Dr. Plauner), Wolfgang Dehler (Kuno), Horst Schulze (Oberstaatsanwalt), Ellen Schwiers (eine Ärztin), Christoph Engel, Hartmut Puls, Barbara Dittus, Leon Niemczyk, John Harryson u. a.

INHALT: Die Ärztin Lydia Kowalenko verliert ihre Arbeit in einem pharmazeutischen Betrieb, weil sie sich weigert, Mängel von firmeneigenen Präparaten, die Todesfälle gekostet haben, zu vertuschen. Sie findet durch Beziehungen bald eine neue Stelle. Doch ihren alten Chef hat sie kurz darauf aufgrund einer Firmenzusammenlegung wieder. Sie beginnt sich anzupassen. Ihre Tochter Katia, ebenfalls Ärztin, ist von vornherein skrupellos auf ihre Karriere bedacht. Ihrer Forschungsarbeit wegen nimmt sie in der Klinik einen nicht notwendigen operativen Eingriff vor, an dem die Patientin stirbt. Katias Sohn Thomas, der auch Arzt werden will, arbeitet als Hilfskraft in der Pathologie. Er erlebt, wie der Fall verschleiert und ein Prozeß durch den Klinikdirektor verhindert wird. Als Thomas einen Unfall hat, stirbt er in einem Krankenhaus vor den Augen seiner Angehörigen, die nicht wissen, ob er seinen Verletzungen erlag oder Opfer der Transfusion künstlichen Blutes geworden ist.

ZUM FILM: Die Kulturpolitik der DDR hatte zu dem bundesdeutschen Dramatiker Rolf Hochhuth traditionell ein gutes Verhältnis. Die meisten seiner Stücke wurden – vorrangig am Volkstheater Rostock – in der DDR gespielt und kamen als Theaterübertragungen auch ins Fernsehen. Die Linie der in der Bundesrepublik angesiedelten Filmthemen wurde bei der DEFA nur noch sporadisch verfolgt. *Ärztinnen* bot sich aber u.a. wegen der profilierten Rollen für Stars an. Obwohl der Film keine offizielle Co-Produktion war, waren doch die Durniok-Produktion, ein schwedischer Fernsehsender und die Schweizer Monopol-Film an der Verfilmung mitbeteiligt.

ECHO: Der Film ist bitter. Und er ist bitternötig. In unserem Falle jedoch klagt Hochhuth allein die westliche Welt an. Sein didaktisches Drama bietet uns in der DDR kaum mehr als folgenlos bleibende Information. Ich frage mich beklommen: Haben wir etwa keine Probleme, die mit gleichem Ernst, mit selber Leidenschaft aufgerollt werden sollten? (S. Hollitzer, *Die Kirche* 13/1984)

So ist das Leben, wenn Rolf Hochhuth es sich ausdenkt und die DEFA es verfilmt. Die Allianz zwischen dem westdeutschen Autor und der ostdeutschen Filmfirma hat einen teuren Streifen zustande gebracht, eine sehenswerte Color-Schmonzette aus der Glitzerwelt des Westens, wie Lieschen Ost ihn sich denkt. Das Ambiente ist à la Dallas ausstaffiert, an nichts wird gespart, schon gar nicht an Sex and Crime. Kein Wunder also, daß das Grusical in wenigen Monaten mehr als eine Million DDR-Menschen ins Kino zog. (Hans Halter, *Spiegel* 22/1984)

NEBENBEI: Kritikerpreise der DDR gingen an den Film und an Hauptdarstellerin Inge Keller. – Hauptdarsteller Daniel Jacob, Sohn von Ellen Schwiers, die einen winzigen Auftritt hat, ereilte ein ähnliches Schicksal wie seine Figur. Wenige Monate nach den Dreharbeiten starb er an einer unheilbaren Krankheit. – Regisseur Horst Seemann selbst trat in der Szene des Ärztekongresses im Kreise seiner Familie auf.

AFFAIRE BLUM

RE: Erich Engel, BU: Robert A. Stemmle, KA: Friedl Behn-Grund, Karl Plintzner, MU: Herbert Trantow, BA: Emil Hasler, KO: Brigitte Götting, SC: Lilian Seng, PL: Herbert Uhlich, GR: Her-

stellungsgruppe Herbert Uhlich, m: 3009 = 110 min, s/w, PM: 3.12.1948, PM-Ort: Berlin, »Babylon«
DA: Hans Christian Blech (Karlheinz Gabler), Gisela Trowe (Christina Burmann), Arno Paulsen (Wilhelm Platzer), Maly Delschaft (Anna Platzer), Blandine Ebinger (Lucie Schmerschneider), Kurt Ehrhardt (Doktor Jacob Blum), Alfred Schieske (Kriminalkommissar Otto Bonte), Paul Bildt (Konrad), Ernst Waldow (Schwerdtfeger), Karin Evans (Sabine Blum), Herbert Hübner, Gerhard Bienert, Margarete Schön, Werner Peters, Reinhard Kolldehoff u.a.
INHALT: Ein authentischer Fall aus Magdeburg zur Zeit der Weimarer Republik. Der jüdische Fabrikant Jacob Blum wird aufgrund einer Aussage des Ganoven Gabler wegen Mordes an seinem Buchhalter verhaftet. Für den antisemitischen Untersuchungsrichter ist der Fall klar. Nur ein Jude kann der Täter sein. Weder Entlastungsbeweise noch die eindeutige Spur, die zu Gabler selbst führt, kann ihn umstimmen. Im letzten Moment gelingt es dem Kommissar Bonte, von Blums Freunden aus Berlin geholt, den wahren Täter, Gabler, mit Hilfe von dessen Freundin zu überführen. Der Justiz bleibt nur noch, den skandalösen Fall totzuschweigen.
ZUM FILM: Der Film, der kurz nach dem Ende des Faschismus von dem Geist erzählte, der den Faschismus möglich machte, war dank einfühlsamer Inszenierung und ausgezeichneter Darsteller ein großer Erfolg und zählt zu den Klassikern der DEFA.
ECHO: Da gehört jede kurze Szene und jedes Wort zum Ganzen, da wird nicht experimentiert, und da ist keine Rolle falsch besetzt. Da erlebt man, daß diese Richter plötzlich Karikaturen werden, aber nicht eine Geste etwa ist grotesk gestaltet. Nein, man sieht nur, daß diese Richter in Wirklichkeit Karikaturen waren, und man schüttelt sich, weil solche Gestalten noch jetzt in Ämtern sitzen. Kann man einen Richter zugleich als »Bonner Borussen« und als Mensch zeigen? (Leo Menter, *Weltbühne* 59/1948)
Engel verband seine »umwerfende Nüchternheit«, die man ihm nachsagt, mit einer diebischen Freude am Entdecken der komischen Seiten seiner Figuren, mit der Lust an satirischer Überzeichnung. Aber nie läßt er einen im Zweifel, daß Gestalten aus *Affaire Blum* nicht nur jahrzehntelang den *Simplicissimus* bevölkert haben, sondern auch deutsche Gerichtssäle. Er versteht es auch, dem Betrachter klar zu machen, daß sich das Happy-End, der Sieg der Gerechtigkeit, nur auf einen konkreten Fall bezieht, nicht auf den Fall der deutschen Justiz. Die Beunruhigung bleibt. (Christiane Mückenberger in *Das zweite Leben der Filmstadt Babelsberg*, 1994)

NEBENBEI: Hans-Christian Blech begann mit diesem Krimi seine Filmkarriere. Vor der DEFA-Kamera stand er erst kurz vor deren Ende wieder in der Fernsehauftragsproduktion *Begräbnis einer Gräfin* von Heiner Carow.
Filmtext: R. A. Stemmle: Affaire Blum. Berlin: Deutscher Filmverlag 1948

ALARM IM ZIRKUS

RE: Gerhard Klein, BU: Wolfgang Kohlhaase, Hans Kubisch, DR: Walter Schmitt, KA: Werner Bergmann, MU: Günter Klück, BA: Willy Schiller, KO: Helga Scherff, SC: Ursula Kahlbaum, PL: Paul Ramacher, m: 2276 = 83 min, s/w, PM: 27.8.1954, PM-Ort: Berlin, »Babylon«
DA: Erwin Geschonneck (Klott), Uwe-Jens Pape (Jimmy), Karl Kendzia (Batta), Ulrich Thein (Herbert), Hans Winter (Klaus), Ernst-Georg Schwill (Max), Anneliese Matschulat (Frau Weigel), Sieg-

fried Weiß (Hepfield), J.-Peter Dornseif (VP-Kommissar), Günther Haack (Catcher), Marga Legal, Erich Franz, Paul Pfingst, Hermann Wagemann, Fritz Decho u. a.

INHALT: Die Westberliner Jungen Klaus und Max leben in ärmlichen Verhältnissen. Ihr Traum ist eine Boxerkarriere, und um sich Boxhandschuhe fürs Training kaufen zu können, sparen sie jeden Pfennig. Doch es reicht nicht. Und so lassen sie sich vom Kneipenwirt Klott für ein krummes Geschäft anheuern. Durch Zufall kann Klaus ein Gespräch Klotts belauschen und erfährt, daß er sich an einem Pferdediebstahl im Ostberliner Zirkus Barlay, wo er gerade neue Freunde gefunden hat, beteiligen soll. Er ist empört und sorgt in einer abenteuerlichen Aktion für die Verhinderung des Diebstahls.

ZUM FILM: Der abenteuerliche Jugendkrimi ist deutlich an der Front des Kalten Krieges angesiedelt, ohne vordergründige Propaganda zu betreiben, und lebt stark von seiner sozialen Schärfe. Er basiert auf realen Ereignissen des Jahres 1953. Mit seinen an Originalschauplätzen entstandenen Bildern, den talentierten Laiendarstellern, die viel Authentizität einbringen, zeigt er deutlich den Einfuß der italienischen Neorealisten. Er war der erste Streifen in einer Reihe von Berlin-Filmen, die Gerhard Klein und Wolfgang Kohlhaase zusammen drehten, und die stets sowohl ideologische als auch ästhetische Kritik hervorriefen.

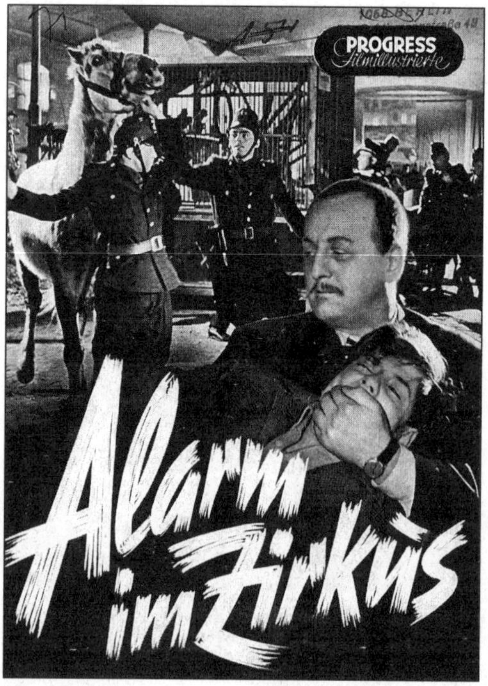

ECHO: Unter Verzicht auf kunstvoll ertüftelte Beleuchtungseffekte haben Klein und Bergmann ihren Berliner Film auf einem Wochenschaumaterial gedreht, das besonders lichtempfindlich ist und weicher zeichnet als das übliche Spielfilmmaterial. Dieser Reportagecharakter der Fotografie ist dem Drehbuch und der Regie nur angemessen. Gerhard Klein konnte wirklich sagen, daß sich in dem ganzen Film nicht eine Szene findet, bei der man das Gefühl haben könnte, im Theater zu sitzen. Und entgegen der Meinung mancher Filmtheoretiker geht bei alledem der emotionale Gehalt der Fabel keineswegs verloren. (Lothar Creutz, *Weltbühne* 36/1954)

Ein Akteur ist noch zu nennen, der in dem Film eine wichtige Rolle spielt: unsere Volkspolizei. Es spricht für die enge Verbindung der Bevölkerung zur Volkspolizei und für das große Vertrauen, das sie ihr entgegenbringt, wenn das Eingreifen der Polizisten im Film immer wieder Szenenbeifall auslöst. (H. K., *Neues Deutschland,* 3.9.1954)

Alarm im Zirkus hat sicherlich noch nicht die soziale Brisanz von *Berlin – Ecke Schönhauser,* in dem der Finger auf die Wunden unseres Alltags gelegt wird, doch dieses Debüt hat die Frische und Spontaneität des ersten Entwurfs. Es sprudelt und gärt in ihm, es schimmern überall unkonventionelle Mittel und Absichten eines neuen filmischen Erzählens. Da ist das Bekenntnis zu einer handfesten Kinogeschichte, da ist die Lust, Geschichten zu erzählen. (Stefan Senefeld, *Sonntag* 30/1984)

NEBENBEI: Für die Rollen des Klaus und des Max testete Klein achthundert Jugendliche. Die Rolle des Max war für den damals 14jährigen Ernst-Georg Schwill der Beginn einer Laufbahn vor der Kamera, die bis heute andauert.

Filmtext: Alarm im Zirkus. Literarisches Szenarium zu einem Kriminalfilm von Wolfgang Kohlhaase und Hans Kubisch. Berlin: Henschelverlag 1954

ALASKAFÜCHSE

RE: Werner W. Wallroth, BU: Egon Günther, LV: Gleichnamige Erzählung von Wolfgang Schreyer, DR: Gerhard Hartwig, KA: Otto Merz, MU: Karl-

Ernst Sasse, BA: Paul Lehmann, KO: Günther Schmidt, SC: Helga Emmrich, PL: Hans Mahlich, GR: KAG »Roter Kreis«, m: 2875 = 105 min, s/w, Tovi, PJ: 1964, PM: 7.8.1964, Sommerfilmtage, PM-Ort: Erfurt, iga-Freilichtbühne
DA: Friederike Sturm (Brenda Reed), Thomas Weisgerber (Jim Leslie), Hans-Peter Minetti (Bob Harris), Gerhard Rachold (Hester), Wolf Kaiser (Colonel Reed), Ivan Malré (Gordon Gray), Hans-Joachim Blochwitz (Patrick), Jochen Diestelmann (Brian), Armin Mueller-Stahl (sowjetischer Arzt), Hans Teuscher, Karl-Heinz Oppel, Hans-Robert Wille u. a.
INHALT: Captain Jim Leslie, Pilot der US Air Force, wird auf einen entlegenen Alaska-Stützpunkt unweit der sowjetischen Grenze versetzt. Hier trifft er seinen alten Freund Harris wieder und verliebt sich in Brenda, die Tochter des Kommandanten. Daraufhin gerät er mit deren Verlobten, dem Senator Gordon Gray, in Konflikt. Auf dessen Treiben wird er mit Harris und dem Navigator Hester zu einem gefährlichen Auftrag abkommandiert: Während eines Unwetters müssen die Bojen, die zur Ortung sowjetischer U-Boote ausgesetzt sind, kontrolliert werden. Bei der Notlandung auf einer Eisscholle verletzt sich Harris lebensgefährlich. Man befindet sich in sowjetischem Interessengebiet, doch angesichts der Lage mißachtet Jim das Funkverbot und sendet ein Notsignal. Ein sowjetisches U-Boot taucht auf, Harris wird operiert, und man hilft ihnen, das Flugzeug startklar zu machen. Auf dem Stützpunkt angekommen, wird Jim verhaftet. Brenda wendet sich von ihm ab.
ZUM FILM: Werner W. Wallroth verfilmte ein Szenarium, das Egon Günther nach einem Roman des Abenteuerspezialisten Wolfgang Schreyer geschrieben hatte. Schreyers meist in den Auseinandersetzungen des Kalten Krieges angesiedelten Stoffe wurden auch vom DDR-Fernsehen häufig adaptiert.
ECHO: Zwei Möglichkeiten gab es, die Geschichte (...) zu erzählen (...): entweder in der Form eines Reißers, der bei aller Spannung doch das Wesen des von bestimmten Kreisen immer noch geführten kalten Krieges enthüllt, oder als Streifen mit präzise gezeichneten Charakteren und tiefgehenden Konflikten. Statt dessen kam ein Film zustande, dem es an Tempo mangelt, in dem es von Klischeefiguren und – auseinandersetzungen nur so wimmelt, dessen Dialoge auf »männlich« getrimmt daherstelzen, ohne wirklich etwas auszusagen. (emjot, *Berliner Zeitung*, 4.8.1964)

Drehbuchautor Egon Günther läßt die Helden gern in Sätzen reden, die sich wie pathetisch aufgeladener Hemingway-Dialog anhören, Regisseur Werner W: Wallroth versucht sich in blitzblank polierter Bildsymbolik. Der Handlung aber mangelt Spannung und innere Konsequenz. (H. U., *Neue Zeit*, 31.7.1964)
NEBENBEI: Regisseur Werner W. Wallroth trat selbst in der kleinen Rolle eines sowjetischen Soldaten auf. – Nachdem die Außenaufnahmen wegen Schneemangels in der Hohen Tatra abgebrochen werden mußten, wurde am Finnischen Meerbusen gedreht.

ALEKSANDR MALENKIJ
→ *ALEXANDER DER KLEINE*

ALEXANDER DER KLEINE
(Co-Produktion DDR/UdSSR, Kinderfilm)
RE: Wladimir Fokin, BU: Ingeburg Kretzschmar, Walentin Eshow, Wladimir Eshow, Wladimir Fokin, DR: Gudrun Deubener, A. Iwanow, KA:

Sergej Filippow, MU: Eduard Artemjew, SB: Erich Krüllke, KO: Günther Schmidt, SC: T. Beljajewa, PL: Arkadi Kuschljanski, Dietmar Richter, GR: GR »Berlin«, m: 2682 = 98 min, fa, PJ: 1981/82, PM (DDR): 29.10.1982, PM-Ort: Berlin, »Kosmos«, CO: Gorkistudio, Moskau, Russ. Titel: Aleksandr Malenkij

DA: Torsten Naleppa (Alexander der Kleine), Boris Tokarjew (Hauptmann Zwetow), Juri Nasarow (Starschina Christschanowitsch), Michail Kokschenow (Soldat Kurykin), Olaf Schneider (Pinsel), Ute Lubosch (Tessa), Gerry Wolff (Hübner), Walfriede Schmitt (Friedel), Gerd Michael Henneberg, Harald Warmbrunn, Heide Kipp, Frank Schenk, Hans-Uwe Bauer u. a.

INHALT: 1945. Die faschistische Wehrmacht ist geschlagen, der Krieg zu Ende. Auf Hauptmann Zwetow, im zivilen Leben Dozent für deutsche Sprache in Leningrad, warten neue Aufgaben. Er wird zur Zeitung *Tägliche Rundschau* abkommandiert. Auf dem Weg dorthin macht er Station in einem kleinen Ort, dessen provisorisches Kinderheim Hilfe braucht. Es ist überfüllt, und es fehlt an allem. Die sowjetischen Soldaten helfen, so gut sie können, besorgen Medikamente, Decken, Schuhe. Unter den Kindern befinden sich einige Aufwiegler, die faschistischem Gedankengut anhängen. Erst nach Überfällen marodierender Banden, denen sowjetische Soldaten und auch Kinder zum Opfer fallen, beginnen sie, ihre Haltung zu überdenken.

ZUM FILM: Die Journalistin Ingeburg Kretzschmar war die erste deutsche Redakteurin bei der *Täglichen Rundschau,* der Zeitung der Sowjetischen Militäradministration. Auf ihren Erinnerungen basiert die Handlung des dramaturgisch uneinheitlichen Films, der sich an Kinder wandte und wegen seiner Gewalt-Szenen doch erst ab 14 Jahren zugelassen war.

ECHO: Das Bemühen der Schöpfer, umfassend zu erzählen, bringt sie um das gestalterische, künstlerische Zentrum. So wirkt das ganze eher wie ein feuilletonistischer Bericht mit Mosaik-Charakter und weniger als geschlossenes, komponiertes Filmkunstwerk. Die Uneinheitlichkeit prägt auch die darstellerische Ausführung. Neben Szenen, die sich tief einprägen durch Wahrhaftigkeit und Emotionalität, stehen Momente blanker, leerer Aktion ohne tiefere Dimension. (Günter Agde, *Filmspiegel* 23/1982)

Ein prekäres Problem ist die geschichtliche Wertung, denn der Film fällt hier in eine unerträgliche Schwarzweiß-Malerei. So spielt der Bürgermeister, Kommunist und ehemaliger KZ-Häftling, die einzige positive Rolle im Dorf, ansonsten findet sich vom kapitalistischen Großbauern bis zum Werwolf jegliches negative Exemplar. (...) Die russischen Armeeangehörigen erscheinen dagegen moralisch überhöht. Sie begegnen dem Volk, das in ihr Land eingefallen ist, nur mit Güte, Verständnis und Hilfsbereitschaft. (*Zwischen Marx und Muck,* 1996)

NEBENBEI: Der Film erhielt Preise auf Festivals in Minsk und Tallinn.

ALFONS ZITTERBACKE

(Kinderfilm)

RE: Konrad Petzold, BU: Joachim Düring, Konrad Petzold, LV: Erzählung »Alfons Zitterbacke, die heitere Geschichte eines Pechvogels« von Gerhard Holtz-Baumert, DR: Werner Beck, KA: Eberhard Borkmann, MU: Gerhard Rosenfeld, SB: Erich Krüllke, Werner Pieske, KO: Gerhard Kaddatz, SC: Thea Richter, PL: Bernhard Gelbe, GR: KAG »Berlin«, m: 1843 = 68 min, fa, AD: 25.2.1966

DA: Helmut Rossmann (Alfons), Claudia Mögenburg (Micki), Günther Simon (Vater Zitterbacke), Angela Brunner (Mutter Zitterbacke), Helge Vollbrecht (Mäxchen), Uwe Pietsch (Peter), Erik S. Klein, Evamaria Bath (Alfred und Frau), Horst Jonischkan (Lehrer Giertzig), Werner Lierck, Hans-Edgar Stecher, Werner Kamenik, Else Wolz, Beate Hanspach, Marianne Epheser u. a.

INHALT: Alfons ist ein aufgeweckter, phantasievoller Junge und träumt von der Zukunft, während er alle Hände voll zu tun hat, seine Alltagsprobleme zu lösen. Von den Kindern wird er wegen seines Namens verspottet, der Vater beanstandet seine schwachen Muskeln. Er will, daß sein Sohn ein »ganzer Mann« wird. Und der gibt sich reichlich Mühe, wobei ihm Freundin Micki eine treue Stütze ist. Wenn er aber an einem stillen Plätzchen ruht, dann versetzt er sich in die Zukunft, wo er sich als umjubelter Sportler oder gar Kosmonaut auf Weltraumabenteuern sieht.

ZUM FILM: Die drei Kinderbücher um den zehnjährigen Helden Alfons Zitterbacke gehörten zur beliebtesten Lektüre der etwa gleichaltrigen Leser in der DDR. Für diesen Film wurden

einzelne Episoden ineinander verwoben und auch Personen hinzuerfunden. Nach Fertigstellung des Films mußte Regisseur Konrad Petzold aufgrund einer Weisung der staatlichen Leitung einzelne Szenen aus dem Film entfernen. Aus Protest ließ er seinen Namen aus dem Vorspann tilgen.
ECHO: Auch im Falle *Alfons Zitterbacke* dürften die Geschichten von Gerhard Holtz-Baumert ansprechender als der Film sein, mein Sohn sagt: »Die sind viel, viel besser.« (...) Bescheinigen muß man Regisseur Konrad Petzold allerdings, daß er Talent in der Führung der Kinder hat. Auch sein Geschmack in der Wahl des Ortes und des Milieus, in dem Alfons lebt und aufwächst, ist lobenswert. Über allem liegt ein heller, optimistischer Glanz und große Sauberkeit. (Joachim Reichow, *Neues Deutschland*, 20.3.1966)
Bei einer Vielzahl unserer Kinder werden wir die Kenntnis der *Zitterbacke*-Bücher voraussetzen können. Mit berechtigtem Spaß werden sie also die Geschichten nacherleben können. Ein Neu-Erleben wäre mehr gewesen – eine echte filmische Aufgabe. (Karl-Heinz Mertins, *Mitteldeutsche Neueste Nachrichten*, 6.3.1966)
NEBENBEI: Der Stoff wurde Grundlage einer sechsteiligen Fernsehserie, die Andreas Schreiber 1986 beim DFF inszenierte.

ALLE MEINE MÄDCHEN

RE: Iris Gusner, SZ: Gabriele Kotte, DR: Tamara Trampe, KA: Günter Haubold, MU: Baldur Böhme, Gruppe »Orion«, SB: Dieter Adam, KO: Inge Kistner, SC: Renate Bade, PL: Uwe Klimek, GR: GR »Berlin«, m: 2355 = 86 min, fa, brw, AT: Bewährungsprobe, PJ: 1979, PM: 24.4.1980, PM-Ort: Karl-Marx-Stadt, »Stadthalle«
DA: Andrzej Pieczynski (Ralf Päschke), Lissy Tempelhof (Meisterin), Monica Bielenstein (Ella), Madeleine Lierck (Susi), Barbara Schnitzler (Anita), Viola Schweizer (Kerstin), Klaus Piontek (Reinhold), Wolfgang Dehler (Lauterbach), Fritz Marquardt (Pachnin), Heide Kipp (Frau Wicker), Evelin Splitt, Jaecki Schwarz, Carmen-Maja Antoni, Gertraud Kreißig, Roland Kuchenbuch u.a.
INHALT: Ralf Päschke, Regiestudent an der Filmhochschule, will einen Film über eine Frauenbrigade im Berliner Glühlampenwerk NARVA drehen. Die fünf Mädchen um die souveräne Meisterin Boltzin, die er kennenlernt, sind ein ausgezeichnetes Arbeitskollektiv, doch er merkt bald, daß es unter der Oberfläche Probleme und Spannungen gibt. Besonders gegenüber Kerstin existieren Vorbehalte. Sie ist Abiturientin, wegen Diebstahls vorbestraft und zur Bewährung in der Brigade. Zu einer heftigen Auseinandersetzung mit der Meisterin kommt es, als die Mädchen entdecken, daß sie über die Disziplinverstöße der einzelnen Buch führt. Die Meisterin wird mit einem Nervenzusammenbruch ins Krankenhaus eingeliefert. Und Kerstin verläßt die Brigade, als Geld verschwindet und man sie der Tat verdächtigt. Auch von Ralf, der Kerstin sehr mag und der Brigade inzwischen fest verbunden ist, wird sie enttäuscht.
ZUM FILM: Mit diesem Film wurde bewiesen, daß ein »Produktionsfilm« durchaus mehr über die an der Produktion beteiligten Menschen erzählen kann als über Arbeitsabläufe und Ökonomie. Zudem wurde mit Spitzen an dieser Art Filme nicht gespart. Der junge Filmemacher erklärt über seinen Arbeitsauftrag: »Ich weiß doch, was damit bei uns passiert – wir machen uns kaputt, und die Leute bei uns wollen so was nicht sehen und schalten auf den anderen Kanal.«
ECHO: Die Ausstrahlung des Films, seine künstlerische Geschlossenheit sind vor allem der Regieleistung Iris Gusners, ihrer engen Zusammenarbeit mit Kameramann Günter Haubold zu danken. Sie erwachsen aus der Stimmigkeit der Arbeitsatmosphäre im Betrieb, die eindrucksvoll durch das Bild mitgeteilt wird. Alle diese Komponenten waren Voraussetzung für eine Leichtigkeit der Inszenierung, die für dieses Genre beispielhaft ist. (Margit Voss, *Film und Fernsehen* 7/1980)
Bei uns wäre man vermutlich schnell mit der Bezeichnung »Frauenfilm« bei der Hand, und durchaus kennzeichnet Iris Gusners Arbeit auch eine durchaus weibliche – was nicht heißt: feministische – Sicht auf die erzählte Geschichte. (...) Sie will – wie andere Babelsberger Produktionen in letzter Zeit auch – aufmerksam machen auf das, was nicht stimmt im Umgang der Menschen miteinander, sie möchte mit ihrem Film eintreten für mehr gegenseitiges Verständnis und Toleranz, für Selbstbewußtsein und Selbstverwirklichung, Individualität auch im Kollektiv. (Heinz Kersten, *Frankfurter Rundschau*, 9.6.1980)

NEBENBEI: Mit *Alle meine Mädchen* wurde im April 1980 das erste Nationale Spielfilmfestival der DDR in Karl-Marx-Stadt eröffnet. Er erhielt den Preis der Publikumsjury, und Lissy Tempelhof und Fritz Marquardt wurden mit Darstellerpreisen geehrt.

DIE ALLEINSEGLERIN

RE: Herrmann Zschoche, SZ: Regine Sylvester, LV: Gleichnamiger Roman von Christine Wolter, DR: Christel Gräf, KA: Günter Jaeuthe, MU: Günther Fischer, SB: Paul Lehmann, KO: Helmut Pock, SC: Monika Schindler, PL: Gerrit List, GR: GR »Roter Kreis«, m: 2464 = 90 min, fa, brw, PJ: 1986, PM: 2.7.1987, PM-Ort: Berlin, »International«

DA: Christina Powileit (Christine), Johanna Schall (Veronika), Manfred Gorr (Werner), Götz Schubert (Georg), Monika Lennartz (Frau des Vaters), Gunter Schoß (Professor), Achim Wolff (Klaus Lohmann), Mathis Schrader (Kutte), Fred Delmare (Krättke), Christa Löser (Frau Göpfert), Bruno Carstens (Christines Vater), Lutz Riemann, Barbara Dittus, Willi Schrade, Martin Trettau, Fritz Decho u. a.

INHALT: Eine junge Frau, Christine, erbt von ihrem Vater, zu dem sie kaum Kontakt hatte, ein Segelboot. Christine ist geschieden, hat einen Sohn, wenig Geld und ist mit ihrem Forschungsauftrag im Institut voll ausgelastet. Segeln kann sie kaum. Sie will das Boot verkaufen, doch nicht unter Wert, und so bleibt sie darauf sitzen. Nun muß sie es über den Winter behalten, will es auf Hochglanz bringen, um im Frühjahr einen neuen Verkaufsversuch zu starten. Der Arbeitsaufwand, den das Boot verlangt, ist riesig. Jedes Wochenende werkelt sie zäh und verbissen, vernachlässigt ihren Sohn, verliert den Freund, verpatzt ihre Forschungsarbeit. Verständnis für ihr Tun findet sie nicht, einzig Kumpel Kutte hilft zuweilen. Schließlich ist das Boot in Bestzustand, sie könnte es gut verkaufen. Doch nun will sie es behalten. Und sie segelt allein.

ZUM FILM: Regisseur Herrmann Zschoche zeigt hier seine Stärke, Frauenfiguren einfühlsam zu porträtieren. Kritik an gesellschaftlichen Zuständen wird indirekt durch Ironie und Lakonik geübt.

ECHO: Der Film handelt von Partnerschaftsproblemen und ist selbst nicht frei davon. Es ist Christine nämlich Alleinseglerin auch im dramaturgischen Gewässer, Partner hat sie kaum, auch Impulse, die ein wenig Wasser ins Handlungs-Segel blasen, fehlen. Immer dann, wenn Dialog vonnöten, bricht er ab. (Henryk Goldberg, *Filmspiegel* 17/1987)

Neue Töne weiblicher Selbstironie sind unüberhörbar, geben dem Film, wie auch die satirische Zeichnung des Wissenschaftsbetriebs, etwas von heiterer Souveränität und berühren ebenso sympathisch wie der szenische Lakonismus. Klänge es nicht so pathetisch, könnte man fast von einem Hohen Lied auf die vielen kleinen Frauen sprechen, die Christina Powileits Kollegin Tamara Danz mit der Gruppe Silly besingt – auch, wenn der Film eine intellektuelle Ausgabe des Typus »Alleinstehende Frau mit Kind« präsentiert. (Heinz Kersten, *RIAS Berlin* 3.7.1987)

Der Schluß läßt alles offen, weil die Fragen, die in dem Film aufgeworfen werden, noch längst nicht alle beantwortet sind. (Klaus M. Fiedler, *Bauern-Echo*, 9.7.1987)

NEBENBEI: Der Film war die Adaption eines Romans einer DDR-Autorin, die schon seit Jahren nicht mehr hier lebte. – Hauptdarstellerin

Christina Powileit war Drummerin bei der Frauen-Rockband »Mona Lise«. Trotz des Talentbeweises kehrte sie nicht auf die Leinwand zurück. – In der Rolle eines Fotografen ist Helmut Raddatz, einer der meistbeschäftigten Standfotografen der DEFA, zu sehen.

ALLEZ HOPP

→ *Anhang B*

ALS MARTIN VIERZEHN WAR

(Kinderfilm)

RE: Walter Beck, SZ: Manfred Richter, MI: Hans Schönrock, LV: Erzählung »Martin und die Männer« von Hans Schönrock, DR: Joachim Plötner, KA: Eberhard Borkmann, MU: Wolfgang Lesser, BA: Gerhard Helwig, KO: Werner Bergemann, SC: Christel Ehrlich, PL: Anni von Zieten, KAG »konkret«, m: 2272 = 83 min, s/w, PJ: 1964, PM: 20.12.1964, PM-Ort: Berlin, »Kosmos«

DA: Ulrich Lorr-Balko (Martin), Erik Veldre (Karl), Hans Hardt-Hardtloff, Lotte Loebinger (Vater u. Mutter Stammer), Friedo Solter (Stiebe), Manfred Heine (von Bröder), Elfi Mann (Kathrin), Helmut Schreiber (Vater Mertens), Friedo Solter (Stiebe), Harry Hindemith (Vogt Kreutzer), Werner Kamenik, Fred Ludwig, Fritz Hofbauer, Nico Turoff, Rudolf Ulrich u. a.

INHALT: Ein mecklenburgisches Dorf im März 1920 während des Kapp-Putsches. Martin entdeckt eine Ladung Waffen, die der Gutsbesitzer Bröder für die Putschisten versteckt hat, und leitet sie den Arbeitern in der Stadt zu. Aber auch im Dorf wird der Streik gegen den Putsch organisiert. Soldaten kommen, um die Dorfbevölkerung niederzuhalten. Martin schlägt sich mit Hilfe seiner Freundin Kathrin in die Stadt durch und holt ein Arbeiterbataillon zur Unterstützung. Er wird selbst verhaftet, kann aber fliehen und zeigt sich als mutiger Kämpfer. Bei ihm findet Kathrin Trost, als ihr Vater gefallen ist.

ZUM FILM: Eine Strecke des Kinderfilms in der DDR verfolgte das Ziel, den jungen Zuschauern anhand von Schicksalen Gleichaltriger der ersten Jahrhunderthälfte Geschichtsbewußtsein zu vermitteln. Becks Film erzählte spannend und dabei sozial genau seine Geschichte.

ECHO: Dieser Film des Regisseurs Walter Beck ist wert, von Kindern und Eltern gemeinsam gesehen zu werden. Er ist es nicht nur wert, sondern

er bedarf auch in einigen eben nur andeutbaren historischen Zusammenhängen der Ergänzung und des Gesprächs. (Heinz Hofmann, *Märkische Volksstimme*, 23.12.1964)

Die Regie hat sich sehr stark auf die beiden jugendlichen Hauptdarsteller konzentriert, auf ihre erregenden Erlebnisse, aus denen das Geschehen seine stärksten Impulse schöpft. (...) Im Mittelpunkt steht die tiefe Freundschaft zwischen Martin und Katrin, der Tochter des Landarbeiters Mertens, den die Stahlhelme vor Martins Augen erschießen. Helmut Schreiber gibt als Mertens die am meisten abgerundete schauspielerische Leistung dieses Films. (G. S., *Neue Zeit*, 14.1.1965)

NEBENBEI: Auf dem Internationalen Jugendfilmfestival in Cannes wurde der Film 1966 mit einem Diplom geehrt. – Der Darsteller des Martin begann nach den Dreharbeiten eine Maurerlehre in Rostock.

ALS UNKU EDES FREUNDIN WAR ...

(Kinderfilm)

RE: Helmut Dziuba, SZ: Hans-Albert Pederzani, LV: Kinderbuch »Ede und Unku« von Alex Wedding, DR: Anne Pfeuffer, KA: Helmut Bergmann,

MU: Christian Steyer, SB: Harry Leupold, KO: Joachim Dittrich, SC: Christa Helwig, PL: Walther Kronenthal, GR: GR »Berlin«, m: 1980 = 73 min, fa, brw, PJ: 1980, PM: 3.4.1981, PM-Ort: Berlin, »Kosmos«
DA: Axel Linder (Ede), Jacqueline Ody (Unku), Michael Falkenhagen (Max), Nina Staritz (Lisa), Thomas Jahn (Schaljapin), Hardy Kordian (Rollmopswilly), Martin Trettau (Vater Sperling), Lotte Loebinger (Zigeuneroma), Christoph Engel (Ing. Ötz), Gertraut Last (Klatschtante), Christa Löser, Fritz Barthold, Wolfram Handel, Heinz Klevenow, Harry Merkel u. a.
INHALT: Berlin Ende der zwanziger Jahre. Der zwölfjährige Ede lebt mit der Schwester und dem arbeitslosen Vater im Elend. In dem älteren Max hat er einen Freund, der ihm erste Einblicke in soziale und politische Zusammenhänge gibt. Ede will Geld verdienen und arbeitet als Zeitungsjunge, aber ihm fehlt ein Fahrrad. Eines Tages läßt sich eine Truppe Zigeuner im Ort nieder. Ede freundet sich mit dem Mädchen Unku an. Er begegnet überall Vorurteilen, auch beim Vater. Die anderen Kinder meiden ihn. Als Unku Geld stiehlt, um ihm zu einem Fahrrad zu verhelfen, scheinen sich die Vorurteile zu bestätigen. Ede ist enttäuscht. Aber nach einer Verzweiflungstat des Vaters erkennt er, daß auch Unku ihm nur helfen wollte.
ZUM FILM: Das 1931 erschienene Kinderbuch *Ede und Unku* wurde in einer romangerechten, aber doch zeitgemäßen Adaption auf die Leinwand gebracht.
ECHO: An diesem Film ist vielerlei zu loben – der poesievolle Realismus, mit dem das Berlin der Endzwanziger Jahre koloritvoll und sozial genau beschrieben wird, die frapierende Natürlichkeit, mit der die blutvollen (Laien-)Akteure vor der Kamera Gleichaltrige von damals verkörpern. Zu loben ist aber ebenso die schöne Unaufdringlichkeit, mit der politische Situationen und geistiges Begreifen der Filmfiguren anschaulich erfaßt werden, mit der moralische Werte allgemeingültig und auch gegenwärtig versinnbildlicht werden – Freundschaft, Zusammenhalt, Gemeinschaftssinn, Solidarität, Achtung voreinander. (Hans-Dieter Tok, *Leipziger Volkszeitung*, 10.4.1981)
Die Geschichte wird einfach und heiter erzählt, in eindeutig berlinischer Tonart, die nicht nur mit dem Dialekt zu tun hat. Große Worte sind verpönt, Pathos ist so unbekannt wie Wehleidigkeit. (...) Der Film ist ein seltener Glücksfall. Er erfüllt die Brechtsche Forderung nach dem Unterhaltungswert jeden Kunstwerkes und trägt bei zum Wichtigsten, das wir unseren Kindern vermitteln müssen: zur Erziehung der Gefühle. (Renate Holland-Moritz, *Eulenspiegel 17/1981*)
Mit seinen Themen Fremdenfeindlichkeit und soziale Not hat der Film nichts an Aktualität verloren, zumal er den oft verklärten oder gar mißbrauchten Begriff der Solidarität völlig unpathetisch, auf kindlich eingängige und doch nicht simple Weise verständlich macht. (*Zwischen Marx und Muck*, 1996)
NEBENBEI: Der Film wurde auf dem Moskauer Filmfestival 1981 mit einem Preis ausgezeichnet.

ALTAN ORGOO
→ DIE GOLDENE JURTE

EINE ALTE LIEBE
RE: Frank Beyer, BU: Werner Reinowski, Frank Beyer, DR: Gerhard Hartwig, KA: Günter Marczinkowsky, MU: Joachim Werzlau, BA: Oskar Pietsch, KO: Luise Schmidt, SC: Evelyn Carow, PL: Erich Albrecht, m: 2515 = 92 min, s/w, OT:

Alte Liebe rostet nicht, PJ: 1958/59, PM: 4.10.1959, PM-Ort: Berlin; »Volkshaus«, Lichtenberg
DA: Gisela May (Frieda Walkowiak), Erich Franz (August Walkowiak), Doris Abeßer (Helga), Ezard Haußmann (Lothar), Peter Sturm (Heinrich Rantsch), Hans-Peter Minetti (Benno Schulze), Margot Ebert (Irmgard Strömer), Harry Gillmann (Otto Funke), Werner Lierck (Räupke), Rudolf Ulrich (Georg), Günther Simon, Peter Dornseif, Jochen Thomas, Hans Finohr, Peter Kalisch u. a.
INHALT: Frieda und August Walkowiak begehen ihren 30. Hochzeitstag. In der Ehe allerdings kriselt es seit geraumer Zeit. August will seine alten Tage in Ruhe verbringen, während Frieda nicht daran denkt, ihr Amt als LPG-Vorsitzende aufzugeben. Die Probleme auf dem Lande sind groß, die Kollektivierung kommt nicht schnell genug voran, selbst der Genosse Heinrich Rantsch klebt an seiner Einzelwirtschaft. Frieda streitet für den Fortschritt, auch privat, denn nicht nur ihre Belastung, sondern auch ihre höhere Stellung ist dem Mann ein Dorn im Auge. Während der Feier zum Hochzeitstag wird Frieda zur LPG gerufen. Das ist der Anlaß für den lange in der Luft liegenden Familienkrach. August fordert ihren Rücktritt. Vergebens – und so zieht er zu Rantsch. Auch die Tochter Helga verläßt aufgrund der Spannungen das Haus. Frieda bricht zusammen. Als sie im Krankenhaus liegt, kommt August zur Besinnung.
ZUM FILM: Wenigstens schauspielerisch überzeugend ist dieser Kollektivierungsstreifen, der die tragende Rolle der Frau in den Mittelpunkt stellt. Nach Abschluß der Kollektivierungsmaßnahmen wurde der Film 1960 zurückgezogen, wie kolportiert wird, nachdem Walter Ulbricht ihn gesehen hatte.
ECHO: Äußerlich geht es um eine Ehe, in welcher einmal der *weibliche* Teil mit Arbeit derart überlastet ist, daß für die Familie zu wenig Zeit bleibt. In Wahrheit aber geht es um das neue Leben auf dem Lande, um das Problem: Arbeitet man besser allein oder zusammen, in der Einzelwirtschaft oder in der Genossenschaft? Und mit welchen Mitteln und Methoden werden Einsicht und neue Arbeitsweise erreicht? (Karl-Eduard v. Schnitzler, *Filmspiegel* 21/1959)
Nur wenige Bilder bewiesen, daß Frank Beyers Talentprobe mit → *Zwei Mütter* kein Zufall gewesen war: ruhige Außenaufnahmen vom Dorf im Oderbruch; Männer mit Schutzbrillen, die Kalk von Waggons schippen, eine Szene von fast surrealer Intensität; der Aggressionsausbruch des verzweifelten August, der das läutende Telefon als Symbol für die Verpflichtungen seiner Frau zertrampelt; Frieda, schon am Morgen völlig erschöpft am Küchentisch August gegenübersitzend, nachdem sie noch bis spät in der Nacht den Abwasch nach der Jubiläumsfeier erledigt hat. (Thomas Heimann in *Regie: Frank Beyer*, 1995)
NEBENBEI: Für die fristgerechte Fertigstellung des Films zum 10. Jahrestag der DDR wurden Sonderprämien ausgesetzt.

ALTER KAHN UND JUNGE LIEBE
RE: Hans Heinrich, SZ: Dieter Noll, Frank Vogel, DR: Manfred Kieseler, KA: Eugen Klagemann, MU: Gerd Natschinski, BA: Hans Poppe, KO: Gerhard Kaddatz, SC: Hildegard Tegener, Ferdinand Weintraub, PL: Werner Dau, m: 2185 = 80 min, s/w, AT: Sonne über den Seen, PJ, 1956, PM: 22.2.1957, PM-Ort: Berlin, »Babylon«
DA: Alfred Maack (Schiffer Borchert), Erika Dunkelmann (seine Frau Marie), Götz George (sein Sohn Karl), Gustav Püttjer (Schiffer Vollbeck), Maria Häußler (Seine Nichte Anne), Horst Nau-

mann (Kapitän Richter), Kurt Schmidtchen (Ernst), Elfie Dugal, Alice Prill, Dorothea Volk, Friedrich Teitge, Heinz Quermann, Willi Michaelis u.a.

INHALT: Die Lastkähne »Marie« und »Anne« sind mit dem Schleppdampfer »Horst« auf dem Weg von Berlin nach Waren an der Müritz. Schiffer Borchert nennt die »Marie« sein eigen, doch um die Hypothek schneller abzahlen zu können, hat er sie überladen. Sein Sohn Karl soll es mal besser haben, doch der ist an dem alten Kahn gar nicht interessiert. Er schaut zu Schiffer Vollbecks »Anne« hinüber, auf der dessen Schiffbau studierende Nichte gleichen Namens Ferien macht. Anne hat auch ein Auge auf Karl geworfen – trotz der Anträge des flotten Kapitäns Richter vom Schlepper. Der ist zwar tüchtig, macht den auf Grund gelaufenen Kahn von Borchert wieder flott, aber er ist auch ein Luftikus und kann bei Anne nicht landen. Am Ende der Fahrt sind Anne und Karl ein Paar.

ZUM FILM: Mit diesem Film knüpfte die DEFA an ihren Publikumserfolg *Kahn der fröhlichen Leute* an, den Hans Heinrich ebenfalls im Binnenschiffermilieu inszeniert hatte. Das Lustspielklischee, wonach dickschädelige Traditionalisten eifernden Neuerern trotzen, wird hier wieder bedient.

ECHO: Das ist diesmal leider recht dünn geworden. Dünn insofern, als nur die abgeklapperten Dinge in Bewegung gesetzt werden, und daran kann auch der überdimensionale Schluß nichts ändern (...) Sonst geht es bei der geruhsamen Fahrt leider auch filmdramaturgisch recht geruhsam zu. (mtr., *Weltbühne* 11/1957)

NEBENBEI: Nach einer Kinderrolle war die Rolle des Karl das eigentliche Filmdebüt von Götz George als Schauspieler. Er filmte danach erst wieder 1988 in → *Der Bruch* bei der DEFA.

ALTWEIBERSOMMER

→ *Anhang B*

ALWIN DER LETZTE

RE: Hubert Hoelzke, BU: Gerhard Hartwig, Dieter Scharfenberg, LV: Gleichnamiges Theaterstück von Erich Heller und Margret Gruchmann-Reuter, DR: Dieter Scharfenberg, Gerhard Hartwig, KA: Helmut Bergmann, MU: Hans Hendrik Wehding, BA: Oskar Pietsch, SC: Wally Gurschke, PL: Adolf Fischer, m: 1774 = 65 min, s/w, PM: 23.9.1960, PM-Ort: Berlin, »Colosseum«/Potsdam, »Melodie«

DA: Gerhard Bienert (Alwin Schmieder), Paul R. Henker (August Schmieder), Steffie Spira (Karoline Gutjahr), Wolfgang Thal (Karl Schmieder), Brigitte Krause (Barbara Wendt), Karl Kendzia (Otto Kleinhans), Erich Brauer, Hubert Hoelzke u. a.

INHALT: Alwin Schmieder, sein Bruder August und Freund Otto haben als einzige im Dorf den LPG-Beitritt verweigert. Sie rackern sich weiter allein ab, und im Haushalt der Schmieders geht auch alles drunter und drüber, seit Alwin Witwer ist. Wenigstens eine Frau müßte her. Aber die Bewerberinnen auf Alwins Heiratsanzeigen behagen ihm nicht. Barbara, die Freundin seines Sohnes Karl, lehnt er ab, ohne sie zu kennen – weil sie aus der Stadt ist. Doch plötzlich kommt Bewegung ins Leben der Schmieders. August will die Agronomin Karoline heiraten und zu ihr ins Nachbardorf ziehen. Barbara, die sich unter einem Vorwand ins Haus einschleicht, gewinnt Alwins Sympathie, und er fordert Karl auf, sie zu heiraten. Als es herauskommt, daß die jungen Leute ihn reingelegt haben, ist er verärgert. Und

zu guter Letzt tritt Otto auch noch in die LPG ein. Alwin ist der letzte, dem ein Licht aufgeht.
ZUM FILM: Der Film war eine von vielen Bemühungen – diesmal im Lustspielsektor – die Kollektivierungsmaßnahmen der Landwirtschaft zu unterstützen, wenngleich sie zum Zeitpunkt der Premiere weitgehend abgeschlossen waren.
ECHO: Bei *Alwin dem Letzten* stimmt das Vergnügen der Zuschauer, jedenfalls das Heitere. In gesellschaftlicher Hinsicht muß man sich freilich einmal mehr bescheiden. Was fehlt, ist wieder eine wirkliche Auseinandersetzung zwischen Freund und Gegner (die selbstverständlich auch im Lustspiel möglich wäre). (...) Immerhin geben die Regie Hubert Hoelzkes und die Kamera Helmut Bergmanns wenigstens Andeutungen des wirklichen Lebens auf dem Dorfe, immerhin scheidet diesmal schon die Kneipe als Hauptschauplatz der Handlung aus, und die Menschen des Films haben über ihre (noch immer recht schematischen) Lustspielfunktionen hinaus Beziehungen zur Realität. (H. U. E., *Berliner Zeitung*, 29.9.1960)
NEBENBEI: Regisseur Hubert Hoelzke, schon damals ein bekannter Fernsehschauspieler, trat in seinem Spielfilm-Regiedebüt in der Rolle eines jungen Bauern auf.

AM ENDE DER WELT

RE: Hans Kratzert, SZ: Günter Mehnert, DR: Gerd Gericke, KA: Wolfgang Braumann, MU: Karl-Ernst Sasse, SB: Klaus Winter, KO: Joachim Dittrich, SC: Hildegard Conrad-Nöller, PL: Wolfgang Rennebarth, GR: AG »Johannisthal«, m: 2720 = 100 min, fa, brw, AT: Niemandsland, PJ: 1974, PM: 26.3.1975, PM-Ort: Berlin, »Kosmos«
DA: Peter Friedrichson (Michael Duda), Peter Aust (Arno Laube), Elke Münch (Susanne), Rosemarie Deibel (Dudas Mutter), Ilona Brömmer (Marianne), Bruno Carstens (Bruno), Fred Delmare (Fritz), Volkmar Kleinert (Horst), Christoph Beyertt (Herrmann), Wolfgang Greese (Fabrikant Herzberger), Werner Dissel (Amtsdiener Göpel), Herwart Grosse (Lehrer Petzold), Wilhelm Koch-Hooge, Ralph Borgwardt, Joe Schorn, Karla Runkehl, Werner Lierck, Hanna Rieger, Ruth Kommerell, Willi Schrade u. a.
INHALT: Die kleine Stadt Weißenthal ist in den Maitagen des Jahres 1945 Niemandsland, weder die Amerikaner noch die Sowjets haben sie besetzt. Der in diese, seine Heimatstadt zurückkehrende Soldat Michael Duda begegnet dem entflohenen KZ-Häftling Arno Laube. Nach ihrer Ankunft geht Laube mit einigen Nazigegnern sofort daran, eine demokratische Ordnung in Weißenthal aufzubauen, und macht den 19jährigen Michael zum Bürgermeister. Für den Unerfahrenen keine leichte Aufgabe. Flüchtlinge sind einzuquartieren, es gibt keine Milch für die Kinder, die Energieversorgung ist zusammengebrochen. Auch versprengte Reste der faschistischen Wehrmacht sind noch in den Wäldern. Michael fällt ihnen in die Hände und soll gehängt werden, aber Laube befreit ihn. An Michaels Hochzeitstag wird Laube von Werwölfen ermordet. Michael ist entschlossen, den Kampf des Freundes fortzusetzen.
ZUM FILM: Anhand eines authentischen Vorgangs bei Kriegsende schrieb Günter Mehnert sein Szenarium, das den gegenwärtigen kulturpolitischen Forderungen der DDR angepaßt werden mußte und damit zu einem Zwitter zwischen historischem Anspruch und Kolportage wurde. Damit wurde das interessante Thema verschenkt.
ECHO: Der Film strotzt von Peinlichkeiten, Unglaubwürdigkeiten und politischer Naivität.

Wenn sich ein halbwüchsiger Deserteur der Naziwehrmacht aus Angst vor einem Tiefflieger buchstäblich in die Hose macht, dann trägt Regisseur Hans Kratzert Sorge, daß dieses Ereignis ORWO-coloriert zu besichtigen ist. So wird der Komödienstoff gleich in der ersten Szene durch Klamottenfraß empfindlich beschädigt. (Renate Holland-Moritz, *Eulenspiegel* 20/1975)
Man nehme etwas Liebe, ein bißchen Abenteuer, ein paar komische Situationen und einen Schuß Tragik, dazu einen jugendlichen Helden als Identifikationsfigur für das junge Zielgruppenpublikum, würze das Ganze mit einer Prise Antifaschismus, garniere es mit Keimen deutsch-sowjetischer Freundschaft und fertig ist ein Zelluloidsalat, der sowohl dem vermeintlichen Konsumentengeschmack als auch ideologischen Anforderungen entspricht. Selbst wenn man, wie die Produzenten, einmal künstlerische Ansprüche ganz beiseite läßt, erweist sich die angebotene Mischung als unverdaulich. (Heinz Kersten, 1975, zit. nach *So viele Träume*)
NEBENBEI: Die damaligen Vorgänge um die Möglichkeit einer »freien deutschen Republik« hat Stefan Heym recherchiert und dazu 1984 seinen Roman *Schwarzenberg* vorgelegt.

AMBOSS ODER HAMMER SEIN

(Co-Produktion DDR/Bulgarien/UdSSR)
RE: Christo Christow, RE-Mitwirkung: Bodo Schmidt, Iwan Kyrilow, BU: Ljuben Stanew, Iwan Radoew, MI: Wolfgang Ebeling, DR: Pawel Weschinow, Willi Brückner, KA: Atanas Tassew, Konstantin Tschernew, MU: Simeon Pironkow, SB: Christo Stefanow, KO: Maria Sotirowa, SC: Elena Dimitrowa, PL: Kiril Kirow, Bernd Gerwien, m: 4282 = 157 min, fa, PM: 9.9.1972, PM-Ort: Berlin, »Kosmos«, CO: Spielfilmstudio Sofia, Mosfilm Moskau, Bulg. Titel: Nakowalnija ili czuk, Russ. Titel: Nakowalnija ili molot
DA: Stefan Gezow (Dimitroff), Viliam Polonyi (Göring), Frank Obermann (Diels), Hannjo Hasse (Nebe), Micaela Kreißler (Erika), Martin Flörchinger (Dr. Bünger), Hans Hardt-Hardtloff (Kluge), Günther Simon (Pfarrer), Gerd Michael Henneberg (Neurath), Horst Giese (Goebbels), Hans-Peter Reinecke, Horst Friedrich, Hans Lucke, Dieter Montag, Holger Mahlich, Wsewolod Safonow u. a.
INHALT: Ein zweiteiliger Film über Georgi Dimitroff nach authentischem Material. Im Mittelpunkt des ersten Teils steht der Reichstagsbrandprozeß in Leipzig von September bis Dezember 1933. Die Gerichtsverhandlung zeigt den unerschrockenen Dimitroff, der Göring und Goebbels der Lüge überführt und vor der Weltöffentlichkeit der Brandstiftung bezichtigt. Dimitroffs Überzeugungskraft wird auch in Gesprächen mit dem Pfarrer und dem Arzt im Gefängnis deutlich. Und es gelingt ihm, die Korrespondentin Erika vom »Völkischen Beobachter« zum Umdenken zu bewegen. Der zweite Teil zeigt die Bemühungen der Nazis, Dimitroff nach dem Freispruch in Leipzig, zu dem sich der Gerichtspräsident Bünger gezwungen sah, zu beseitigen. Ein Mordkomplott wird geschmiedet. Aber durch die Aufmerksamkeit ausländischer Journalisten und der Weltöffentlichkeit kann der Anschlag verhindert werden. Dimitroff wird aus Deutschland ausgewiesen und geht nach Moskau.
ZUM FILM: Der biografische Film hob das Wirken Dimitroffs gegen den Faschismus hervor. Er wurde in Sondervorführungen im Kino gezeigt.
ECHO: Der Film macht die Vielschichtigkeit des faschistischen Systems sichtbar. (...) Der Kontrast zwischen dem snobistischen Prunk von Karinhall in der Schorfheide und der kahlen Gefängniszelle Dimitroffs ist sehr wirkungsvoll ins Spiel gebracht. (...) Einige filmtechnische Experimente führen zu Längen, welche die Dramatik des Geschehens abschwächen. Doch wird man durch solche bewegenden und verhaltenen Episoden entschädigt, wie die Begegnung Dimitroffs mit seiner hochbetagten Mutter. (Werner Müller, *Neues Deutschland*, 13.9.1972)
NEBENBEI: Der Potsdamer Schauspieler und Autor Horst Giese spielte in mehreren internationalen Produktionen unter DEFA-Beteiligung die Rolle des Reichspropagandaministers Goebbels.

AN FRANZÖSISCHEN KAMINEN

RE: Kurt Maetzig, BU: Harald Hauser, Henryk Keisch, DR: Klaus Wischnewski, KA: Günter Haubold, MU: Wilhelm Neef, BA: Alfred Hirschmeier, KO: Joachim Dittrich, SC: Helga Emmrich, PL: Martin Sonnabend, GR: KAG »Roter Kreis«, m: 2689 = 99 min, s/w, PJ: 1961/62, PM: 3.1.1963, PM-Ort: Berlin, »Colosseum«

DA: Arno Wyzniewski (Klaus Wetzlaff), Angelica Domröse (Jeanne), Hannjo Hasse (Major Siebert), Harry Hindemith (Bourguignon), Raimund Schelcher (Ludovic), Günther Simon (General Rucker), Evelyn Cron (Georgette), Gerd Biewer (Moulinier), Gerry Wolff (Gerard), Marianne Wünscher (Mariette), Jörg Kaehler, Albert Zahn, Horst Jonischkan, Willi Neuenhahn, Werner Röwekamp u. a.
INHALT: Deutsche Bundeswehrsoldaten beziehen 1962 in einem französischen NATO-Stützpunkt Quartier, unter ihnen der Schlosser Klaus Wetzlaff aus dem Rheinland. Durch sein hilfsbereites Verhalten gewinnt er in Jeanne, der Tochter des Bürgermeisters, eine Freundin. Außerdem die Anerkennung von Major Siebert, dem das Verhalten von Klaus geeignet scheint, die Aversionen der Bevölkerung abzubauen und die Greueltaten der Nazi-Truppen vergessen zu machen, denn die Bundeswehr hat große Pläne. Denen soll unter anderem die Ruine einer Kapelle, in der während des Krieges Zivilisten ermordet wurden, zum Opfer fallen. Es gibt Proteste, und ein Reporter ist der Vergangenheit eines einflußreichen Bundeswehrgenerals auf der Spur. Dieser hatte den Mord damals befohlen. Mit anderen bekommt Klaus den Auftrag, die Akten dieser Bluttat zu stehlen. Bei dem Unternehmen, einem inszenierten Autounfall, kommt der Reporter ums Leben. Klaus wird von seinem Gewissen geplagt, und er entwendet die Akten wieder, um sie französischen Patrioten zu geben. Er flieht von der Bundeswehr, doch auch im Frankreich de Gaulles ist er nicht sicher. Aber er hat die Achtung und Liebe von Jeanne gewonnen.
ZUM FILM: Der Film, der den neuen Nazi-Geist in der Bundeswehr anprangert, bleibt vordergründig und im Pamphlet stecken. Durch Vergröberungen büßt er an Glaubwürdigkeit ein.
ECHO: Daß der Film, in dem Regisseur Kurt Maetzig über ein freilich sehr gekonntes Arrangement der Szenen nicht hinausgelangt ist, und sich sehr auf äußerliche Effekte verläßt, nicht immer der gedanklichen Tiefe der Problemstellung gerecht wird, kann nicht übersehen werden. Atmosphäre ist in den Chansons von Wilhelm Neef, sonst kaum. (-ch, *Neue Zeit*, 17.1.1963)
Kurt Maetzig stand vor einer fast unlösbaren Aufgabe. Dennoch befremdet die meist kühle Rou-

tine, mit der das Buch in Szene gesetzt ist. Handwerklich oft perfekt, doch ohne künstlerisches Engagement. (Fred Gehler, *Filmspiegel* 1/1963)
NEBENBEI: Für den damals 24jährigen Arno Wyzniewski war die glänzend gespielte Hauptrolle des überwiegend in Görlitz entstandenen Films der Durchbruch als Filmschauspieler. Er hatte schon als Kind und Jugendlicher bei Hörfunk und Synchron gearbeitet.
FILMTEXT: An französischen Kaminen. Filmerzählung von Harald Hauser und Henryk Keisch. Berlin: Henschelverlag 1962

DER ANDERE NEBEN DIR
→ *Anhang C*

ANDREAS UND DIE ZAUBERNUSS
→ *Anhang C*

ANFLUG ALPHA 1
RE: János Veiczi, BU: Wolfgang Held, János Veiczi, DR: Walter Janka, KA: Eberhard Borkmann, MI: Peter Süring, Günter Heimann, MU: Günter Hauk, SB: Alfred Thomalla, KO: Dorit Gründel, Wolfgang Berndt, SC: Brigitte Krex, PL: Siegfried Nürnberger, Heinz Herrmann, GR: KAG »Babels-

berg«, m: 2566 = 94 min, fa, Cine, PJ: 1970/71, PM: 25.6.1971, PM-Ort: Frankfurt/Oder, »Erich-Weinert-Freilichtbühne«
DA: Alfred Müller (Major Milan), Stefan Lisewski (Hauptmann Wendland), Klaus-Peter Thiele (Leutnant Lenz), Ingolf Gorges (Unterleutnant Kullas), Peter Aust (Oberleutnant Herzog), Monika Gabriel (Sigrid), Regina Beyer (Anka), Horst Schön (General Brembach), Michail Uljanow (General Arkatow), Helmut Müller-Lankow (Kullas sen.), Jürgen Frohriep, Werner Lierck, Jutta Wachowiak, Ute Boeden, Gerry Wolff u. a.
INHALT: Fünf Männer einer Fliegerstaffel der NVA stehen mit ihren Konflikten im Mittelpunkt: Kommandeur Milan hat die Altersgrenze für Piloten erreicht und muß sich damit abfinden, auf die Fliegerei zu verzichten. Leutnant Lenz hat bei einem Flug die Gewalt über die Maschine verloren und sich bei der Rettung mit dem Fallschirm schwer verletzt, bleibt vielleicht gelähmt. Er möchte seine Freundin Anka nicht an sich binden, doch sie hält zu ihm. Der junge Kullas kommt für Lenz in die Staffel. Der Unfall seines Vorgängers läßt Angst in ihm aufkommen, und er versucht herauszufinden, was Mut ist. Oberleutnant Herzog liebt die Lehrerin Sigrid. Sie liebt ihn auch, aber es fällt ihr schwer, sich noch einmal für einen »Helden« zu entscheiden. Zwei Jahre zuvor ist ihr Mann beim Entschärfen einer Bombe umgekommen. Herzog aber will seinen Beruf nicht aufgeben. Der fünfte, Hauptmann Wendland, ist Parteisekretär. Er nimmt seinen Verteidigungsauftrag ebenso ernst wie die Sorge um seine Kameraden.
ZUM FILM: Die Wehrbereitschaft junger Menschen zu fördern, war stets ein Hauptanliegen der Politik der DDR, das auch im Film seinen Ausdruck finden sollte. Dieser Film entstand unter Mithilfe und Förderung der Nationalen Volksarmee und verbindet gelungene Flugaufnahmen für technikinteressierte (jugendliche) Zuschauer mit der unterschwelligen Werbung für die sozialistischen Luftstreitkräfte.
ECHO: Das (...) dokumentarische Material über die gefahrenvolle und dennoch schöne Arbeit unserer Piloten ist informativ und interessant, und das gewiß nicht nur für technisch ambitionierte und abenteuerlustige Jugendliche. Was die Darstellung der zwischenmenschlichen Beziehungen, also gewissermaßen die Spielfilmeinlagen betrifft, so wollen wir stumm und ergriffen den Mantel der Nächstenliebe darüber breiten. (Renate Holland-Moritz, 1971, zit. nach *Die Eule im Kino I*)
Von der notwendig knappen und wenig poetischen Ausdrucksweise im Dienstbereich der Soldaten konnten sich die Autoren auch bei der Gestaltung der zwischenmenschlichen Beziehungen nicht lösen. So wirken die Dialoge steif und hölzern, teilweise agitatorisch vordergründig. (Günter Görtz, *Junge Welt*, 6.7.1971)
NEBENBEI: Kurios ist, daß von diesem propagandistisch genutzten Film (der zum VIII. Parteitag der SED seine Uraufführung erlebte) immerhin vier Hauptdarsteller (Ingolf Gorges, Peter Aust, Monika Gabriel, Horst Schön) die DDR noch in den 70er Jahren in Richtung Bundesrepublik, zum Teil unter dramatischen Umständen, verließen.

ANNA ANNA
(Co-Produktion, Kinderfilm)
RE: Greti Kläy, Jürgen Brauer, BU: Greti Kläy, Jürgen Brauer, Lukas Hartmann, LV: Nach dem Roman von Lukas Hartmann, KA: Jürgen Brauer, MU: Niki Reiser, Oliver Truan, David Klein, SB:

Regina Fritzsche, KO: Lisa Meier, SC: Rainer Trinkler, PL: Lutz Wittcke, Vreni Traber, m: 2076 = 76 min, fa, PJ: 1992, PM: 13.5. 1993, PM-Ort: Berlin, »Colosseum«, CO: Fama Film AG, Bern, Rewes Film GmbH, Köln, Samsa Film, Luxemburg

DA: Lea Hürlimann (Anna), Wanda Hürlimann (annA), Ilona Schulze (Mutter), Steve Karier (Lehrer), Eva Ebner (Frau Bernasconi), Günter Rüger (Herr Fricker), Ernst-Georg Schwill (Hausmeister), Markus Völlenklee, Peter Pauli, Hans-Otto Reintsch u.a.

INHALT: Die neunjährige Anna ist ein phantasievolles Mädchen. Als sie unerlaubt in der Schule das Kopiergerät benutzt und vom Hausmeister entdeckt zu werden droht, kriecht sie hinein, um sich zu verstecken. Heraus kommen zwei Annas, sie hat sich kopiert. Heimlich nimmt sie ihre neue Schwester mit nach Hause und verbirgt sie auf dem Dachboden. Sie beschließen, sich im Versteck abzuwechseln, und da die beiden sehr unterschiedliche Charaktere besitzen, gibt es eine Menge Verwirrung. Die »neue« Anna hilft der Mutter im Haushalt, ist nett zu deren Freund, fleißig in der Schule – anders als die »alte«. So kommt es zwischen den Mädchen zu Eifersucht, Streit und Versöhnung. Eines Morgens findet die Mutter zwei Annas im Bett. Sie nimmt den Zuwachs verständnisvoll hin.

ZUM FILM: Die Doppelgänger-Geschichte entstammt einem beliebten Schweizer Kinderbuch. Die Kunstweberin und Kostümbildnerin Greti Kläy gab damit ihr Regie-Debüt, bei dem ihr der erfahrene DEFA-Regisseur und Kameramann Jürgen Brauer zur Seite stand. Trotz phantasievoller Elemente wurde der Film recht langatmig.

ECHO: Bei Doppelregie, nie eine glückliche Konstellation, kann jeder seine Verantwortung hinter dem Rücken des anderen verstecken. Es muß gleich gesagt werden, daß *Anna annA* keinen Höhepunkt im Schaffen Jürgen Brauers darstellt und auch für Greti Kläy nicht besonders hoffnungsvoll stimmt. Die Arbeit wirkt wie eine Etüde, die Professionalität bezeugt und auch einige Ideen aufweist, aber nicht genug Handlung für einen abendfüllenden Film. (Hans-Jörg Rother, *Neue Zeit*, 15.5.1993)

Der ebenso spannende wie witzige Kinderfilm ist mit viel Phantasie inszeniert. Dabei tragen vor allem die lustigen Trickfilm-Passagen um die Familie Gygax viel bei. (Reinhard Kleber, *Kinder-Jugend-Film-Korrespondenz* 2/1993)

Da jedwede dramatische Zuspitzung vermieden wird, erlahmt schließlich das Interesse für den Ausgang der Geschichte. Viel zu breit werden die komischen Situationen erzählt. Spaß und Pep bleiben auf der Strecke, der Handlungsverlauf wirkt zunehmend behäbig. (*Zwischen Marx und Muck*, 1996)

NEBENBEI: Günter Rüger, der den Herrn Fricker spielt, war langjährig als Schauspieler und Regisseur am Potsdamer Hans-Otto-Theater engagiert. Er spielte meist profilierte Nebenrollen, konnte sich aber gelegentlich auch in größeren Parts nachdrücklich ins Gedächtnis prägen (z.B. → *Der Dieb von San Marengo*).

ANNA SUSANNA

RE: Richard Nicolas, BU: Richard Nicolas, DR: Marieluise Steinhauer, KA: Emil Schünemann, Wolf Göthe, MU: Horst Hanns Sieber, BA: Wilhelm Vorwerg, Alfred Schulz, KO: Walter Schulze-Mittendorf, SC: Lieselotte Johl, PL: Adolf Hannemann, m: 2516 = 92 min, s/w, PJ: 1952, PM: 27.2.1953, PM-Ort: Berlin, »Jugend«, Weißensee

DA: Günther Simon (Orje), Peter Marx (Fietje), Werner Peters (Kuddel), Harry Hindemith (Emil), Herbert Richter (Kapitän Kleiers), Alfred Maack (Segelmacher Peer Frensen), Maly Delschaft, Aribert Grimmer (Kuddels Eltern), Arno Paulsen (Jan Brödel), Werner Pledath (Brinkmann), Fritz Wagner (Uwe Frahm), Hans Olaf Moser, Lothar Firmans, Margit Schaumäker, Eva Probst u. a.

INHALT: 1929. Die Weltwirtschaftskrise hat auch die Schiffahrt erfaßt. Der Hamburger Reeder Brinkmann sieht nur eine Möglichkeit, dem Konkurs zu entkommen: Versicherungsbetrug. Skrupellos das Leben der Seeleute aufs Spiel setzend, plant er die Versenkung des Seglers »Anna Susanna«. Kapitän Kleiers wird bei der Ausführung vom Steuermann gestellt und kommt bei der Auseinandersetzung ums Leben. Während sich die meisten Matrosen sofort in die Rettungsboote flüchten, bleiben einige bis zum Schluß an Bord und retten sich dann auf eine unbewohnte Insel, auf der der Steuermann stirbt. In Hamburg indes wird der Versicherungsfall vom Seeamt anerkannt. Als die verschollenen Seeleute später in ihrer Heimatstadt eintreffen, verlangen sie eine Revision des Urteils, bekom-

men jedoch kein Recht. Gegen den Einfluß des reichen Unternehmers und die Korruption der Behörden sind sie machtlos.
ZUM FILM: Der bewährte Drehbuchautor Richard Nicolas bewog die DEFA-Leitung, ihm die Regie dieses eigenen Stoffes zu übertragen. Die Produktion stand jedoch unter keinem guten Stern. Während der Dreharbeiten mußten große Rollen umbesetzt werden. Das Ergebnis war künstlerisch nicht befriedigend.
ECHO: *Anna Susanna* ist keineswegs geeignet, unser Publikum geschmacklich zu erziehen und seine kritischen Maßstäbe zu verbessern. Alles in diesem Film ist auf sichere und x-mal erprobte Wirkungen erpicht. Es gibt, genau besehen, keine Charaktere, sondern nur Chargen. (...) Angemerkt sein darf, daß sich unsere Werktätigen in einem derartigen Film schöne Aufnahmen von See und Gestaden wünschen, an denen der Film *Anna Susanna* leider nicht sehr reich ist. Die Kergueleninsel scheint durchweg von Pappe zu sein, und man hat ständig Furcht, einer der Schiffbrüchigen könnte mit dem Zeigefinger ein Loch in das Riff bohren. (Lothar Kusche, *Weltbühne* 9/1953)

NEBENBEI: Der aus Köln stammende Peter Marx, hier als Fietje, war vom ersten DEFA-Film an ein gern besetzter Episodendarsteller, der bis Anfang der fünfziger und in den siebziger Jahren auch in bundesdeutschen Produktionen auftrat.

DIE ANTIKE MÜNZE
(Co-Produktion DDR/Bulgarien)
RE: Vladimir Jantschev, BU: Gebrüder Mormarevi, DR: Walter Janka, KA: Erwin Anders, MU: Peter Stupel, BA: Christoph Schneider, KO: Theodora Djebarova, SC: Hildegard Tegener, PL: Erich Kühne, Borislav Jakimov, GR: KAG »60«, m: 2244 = 82 min, fa, PJ: 1964, AD: 21.5.1965, CO: Studio für Spielfilme, Sofia/VR Bulgarien, Bulg. Titel: Starinnata moneta
DA: Manfred Krug (Karl Schneider), Liana Antonova (Jana Christova), Georgi Popov (Kanev), Grigor Watschkov (Boncho), Willi Schrade (Theobald), Willi Schwabe (Dr. Werner), Gerry Wolff, Werner Senftleben, Hans Klering, Waltraut Kramm u. a.
INHALT: Lehrer Karl Schneider ist ein fanatischer Münzensammler. In Bulgariens Burgruinen sollen noch antike Stücke zu finden sein, weshalb er sich mit seinem Wartburg auf die Reise macht. Die erste Münze begegnet ihm in Gestalt eines Kettenanhängers am Busen der Sängerin Jana, die mit ihrem Bus eine Panne hat. Karl verliebt sich. Sein Ziel zu erreichen, helfen ihm Gesundheitsbeamte, die ihn in Quarantäne schicken wollen, weil die Tochter seiner Wirtin angeblich die Schwarzen Pocken hat. Die Beamten setzen irrtümlich den Sänger und Verehrer Janas, Theobald, fest. Karl Schneider vertritt ihn bei der Band, erobert Jana und fährt mit ihr glücklich nach Hause.
ZUM FILM: Das ganz auf den Star Manfred Krug zugeschnittene Lustspiel trägt dem Umstand Rechnung, daß Bulgarien für die DDR-Bürger zum Haupttreiseland geworden war.
ECHO: Die nun aufgeführte *Antike Münze* verrät uns freigiebig ihr unfehlbares Rezept für Publikumserfolg: Warna oder Nessebar sind überhaupt erst einmal anziehend, besonders, wenn ausgezogene Strandmenschen die Leinwand bevölkern. Steigerungen lassen sich z.B. durch eine herrlich alberne, affektierte Sängerin, die ihre Naturschätze über die Rampe hängt, durch einen dümmlichen Schlagerknaben, einen

zweiten, rivalisierenden Herrn, viel Kostümwandel und eine grotesk-blöde Verfolgungsjagd einbauen. (H. A., *Nationalzeitung*, 22.5.1965)
Diese Koproduktion zwischen Babelsberg und Sofia mutet an, als hätte man in ziemlicher Eile ein halbleeres Gamzafaß mit deutschem Pilsner aufgefüllt. Wenn die Leute dennoch davon schlürfen und sogar ein bißchen lustig werden, so liegt's ganz einfach daran, daß sie Durst haben. (C. U. Wiesner, *Eulenspiegel*, 4.7.1965)
Der Streifen bot eine unglückliche Mischung von Meer-Romantik, Schlager- und Tanzeinlagen, von denen man sich fragt, wen das wohl begeistern soll. Über die Fabel des Films schweigt man am besten ganz. Hiermit will ich aber nicht sagen, daß ich in einem Unterhaltungsfilm schwerwiegende Probleme erwarte. Alles in allem taten mir die vergeudeten zwei Stunden und zwei Mark leid. (Leserin Eva-Maria Kuptz, Berlin, in *Junge Welt*, 25.6.1965)
NEBENBEI: Das schwimmende Restaurant vor Varnas Küste war eine Touristen-Attraktion und stammte doch vom DEFA-Szenenbildner Christoph Schneider. – Als Gag sang Willi Schrade mit Manfred Krugs Stimme.

ANTON DER ZAUBERER

RE: Günter Reisch, SZ: Karl Georg Egel, MI: Fritz Joachim Burmeister, DR: Willi Brückner, KA: Günter Haubold, MU: Wolfram Heicking, SB: Hans-Jorg Mirr, KO: Christiane Dorst, SC: Bärbel Weigel, PL: Manfred Renger, GR: GR »Johannisthal«, m: 2896 = 106 min, fa, Cine, PJ: 1977/78, PM: 19.9.1978, PM-Ort: Rostock, »Capitol«
DA: Ulrich Thein (Anton), Anna Dymna (Liesel), Erwin Geschonneck (Vater Grubske), Barbara Dittus (Sabine), Marina Krogull (Ille), Erik S. Klein (Schröder), Marianne Wünscher (Rechtsanwältin), Jessy Rameik (Bürgermeisterin), Ralph Borgwardt (Leiter der Haftanstalt), Gerry Wolff (Oberwachtmeister), Werner Godemann, Dezsö Garas, Leon Niemczyk, Alfred Struwe, Gertrud Brendler u. a.
INHALT: Der Automechaniker Anton Grubske ist ein pfiffiger Bursche. 1945 entgeht er der Kriegsgefangenschaft, entzieht sich den Fängen der Gastwirtswitwe Sabine und kehrt in sein Heimatdorf zurück. Dort heiratet er die Tochter seines Chefs, macht die Werkstatt zu einem florierenden Unternehmen, indem er mit aufgemöbelten Autowracks den ganzen Kreis motorisiert. Er schröpft die Großbauern weidlich und deponiert das Geld bei seiner alten Freundin Sabine, die ihn auch noch in Schiebereien verwickelt, so daß Anton bald Millionär ist. Seine Umtriebe bringen ihm vier Jahre Gefängnis ein, wo er sich ebenfalls als Organisationstalent bewährt und als Aktivist entlassen wird. Seine Million ist allerdings dahin, Sabine hat sich mit dem Geld in die Schweiz abgesetzt. Aber Anton macht weiter Karriere, als Ersatzteilbeschaffer eines Traktorenwerkes. Sein Ruf hat inzwischen RGW-Dimensionen erlangt, als er von Sabine, die verunglückt ist, die hohe Lebensversicherung und einen Straßenkreuzer erbt. Das Geld schenkt er der Stadt, den Straßenkreuzer schickt er in die Schrottpresse, und ob dieser großartigen Tat betrinkt er sich so fürchterlich, daß sein Herz versagt.
ZUM FILM: Vom Autor Karl-Georg Egel zunächst als dreiteiliger Fernsehfilm konzipiert, wurde der Spielfilm *Anton, der Zauberer* wegen der heiteren Behandlung moralischer Fragen im real existierenden Sozialismus bei Publikum und

Kritik ein großer Erfolg. Für den Hauptdarsteller Ulrich Thein, der zuvor anderthalb Jahrzehnte fast ausschließlich als Regisseur gearbeitet hatte, war der Anton, für den er auf dem Moskauer Filmfestival als bester Schauspieler ausgezeichnet wurde, das Comeback als Darsteller.
ECHO: Indem der Film das Spannungsfeld zwischen schöpferischer Arbeiterhaltung, kleinbürgerlichem Egoismus und plebejischem Lebensinstinkt aufreißt, ermöglicht er lachende Selbstkritik und Selbstverständigung mit einer Souveränität, wie sie lange in keinem DEFA-Film zu finden war. (Peter Ahrens, *Weltbühne* 40/1978)
Nicht zuletzt beruht die Identifikation von Zuschauern mit der Anton-Figur, zumindest das vornehmliche Interesse für sein Verhalten zum Geld, für sein Organisationstalent und seine Findigkeit in ökonomischen Beziehungen, auf der Tatsache, daß vieles sich hier mit Erfahrungen deckt, die auf in real existierenden Gewohnheitsrechten begründete Wertevorstellungen im Alltagsleben zurückgehen. (...) Über den dramaturgischen Rückgriff auf die historische Schelmenfigur (wird) ein Feld von Widersprüchen zwischen praktizierten Normen im Alltag und einer abstrakten, von realhistorischen Widersprüchen gereinigten idealistischen Einstellung zur Arbeit im Sozialismus sichtbar gemacht. Wie diese Widersprüche vermittels der Biografie eines Schelmen erzählt werden, (...) zeigt, daß das vom Autor und vom Regisseur gesuchte Spannungsfeld zwischen einem komischen Helden und der Historie der DDR in der DEFA einen Durchbruch im Genre der Filmkomödie ermöglicht hat. (Lutz Haucke in *DEFA-Regisseure und ihre Kritiker*, 1981)
Der Film ist ein Labsal für Auge und Ohr. Bild- und Dialogpointen sitzen wie ein Maßanzug. (Renate Holland-Moritz, *Lausitzer Rundschau*, 22.9.1978)
NEBENBEI: In Gastrollen dieses Films, der bei der Kritikerumfrage als bester Film 1978 benannt wurde, sind einige Prominente zu sehen: Autor Karl Georg Egel spielt einen Pfarrer, Charlotte von Mahlsdorf einen Schreiber und Regisseur Günter Reisch ist als »Unscheinbarer« zu erkennen.

APACHEN

RE: Gottfried Kolditz, SZ: Gojko Mitic, Gottfried Kolditz, DR: Hans-Joachim Wallstein, KA: Helmut Bergmann, MU: Hans-Dieter Hosalla, SB: Heinz Röske, KO: Günther Schmidt, SC: Christa Helwig, PL: Dorothea Hildebrandt, GR: KAG »Roter Kreis«, m: 2560 = 94 min, fa, Cine, PM: 29.6.1973, PM-Ort: Gotha, Freilichtbühne
DA: Gojko Mitic (Ulzana), Milan Beli (Johnson), Colea Rautu (Nana), Leon Niemczyk (Ramon), Gerry Wolff (Lagerverwalter), Rolf Hoppe (Captain Burton), Elsa Grube-Deister (Teresa), Fred Ludwig (Miguel), Fred Delmare (der Kleine), Hartmut Beer (Gleason), Dorel Jacobescu, Horst Kube, Thomas Weisgerber, Horst Schön, Werner Kanitz u. a.
INHALT: In den vierziger Jahren des vorigen Jahrhunderts schließen die Mimbreno-Apachen in »Neu-Spanien« mit einer mexikanischen Minengesellschaft einen Vertrag, der den Mexikanern die Schürfrechte auf Indianergebiet gewährt. Die Lagerstätten von Edelmetallen aber haben auch den amerikanischen Geologen Johnson auf den Plan gerufen. Er will das Land, richtet in der Siedlung Santa Rita mit einer Armee-Kanone ein Massaker unter den Indianern an. Für die Skalpe kassiert er außerdem eine riesige Prämie. Nur wenige Indianer haben überlebt und fliehen, unter ihnen Häuptling Ulzana. Gemäß der Stammesgesetze verfolgen sie den Mörder, um Rache zu üben.
ZUM FILM: Die Serie der DEFA-Indianerfilme wurde zum ersten und einzigen Mal um einen Zweiteiler (der in Jahresabstand in die Kinos kam) fortgesetzt. In *Apachen/Ulzana* war der Star Gojko Mitic maßgeblich am Drehbuch mitbeteiligt.
ECHO: Es verbleibt dieser Inszenierung von Gottfried Kolditz die fast schon traditionelle Solidität des DEFA-Indianerfilms; seine Genauigkeit im Nachgestalten der sich von Stamm zu Stamm unterscheidenden völkerkundlichen Elemente, das bewährt-zuverlässige Spiel Gojko Mitics in der Rolle des Ulzana. Dabei ist besonders hervorzuheben, daß der Schauspieler gemeinsam mit Regisseur Kolditz das Buch zu diesem Film schrieb – das in seinem Grundeinfall und in seiner Anlage talentiertes filmisches Sehen verrät – die Kameraführung Helmut Bergmanns, der mit ORWOCOLOR-Material eine ausgezeichnete

Qualität der Aufnahmen erreichte, ein Ensemble, aus dem man unbedingt Elsa Grube-Deister in der kleinen Rolle einer Minenarbeiterfrau und Colea Rautu als alten Indianer Nana wegen ihrer originellen Darstellung erwähnen sollte. All das bietet die Garantie für eine sorgfältig zubereitete historisch-abenteuerliche Unterhaltung. (Friedrich Salow, *Filmspiegel* 15/1973)

Vom optischen Eindruck und vom edlen Indianerhelden her gesehen, besteht zwischen Ulzana und Winnetou Blutsbrüderschaft. Deutsche »Western«, ob aus Ost oder West, sind zwar handwerklich gut gemacht, wirken aber doch nie ganz echt. Den historischen Echtheitsanspruch stören zudem einige kleine Details. Etwa, daß das gezeigte Indianerdorf über 400 Menschen beherbergt haben soll, oder daß Johnson auf der Flucht vor Ulzana plötzlich zu Fuß flieht, obwohl er kurz zuvor noch mit Pferd zu sehen war, oder auch, daß die Indianer (wie weiland im B-Western die Cowboys) auch dann noch mit ihren Pfeilen treffen, wenn durch die Bewegung des Pferdes ein Treffer garantiert unmöglich ist. (...)

Natürlich sollte man sich hiervon nicht abhalten lassen, diesen für Jugendliche gemachten Film anzusehen. Zum einen erzählt er seine Geschichte ganz flott in schönen Bildern, zum anderen bietet er mit seiner Sicht den Ansatzpunkt für eine differenziertere Betrachtungsweise der Geschichte und ihrer Darstellung in den Medien. Man kann diesen Film zum Anlaß nehmen, der historischen Wahrheit nachzuspüren. Ebenso ist es möglich, eine vergleichende Betrachtung zwischen Ost- und West-Western anzustellen. (Wolfgang J. Fuchs, *film-dienst*)

NEBENBEI: In diesem Film kamen 180 Mexikaner- und 250 Apachen-Kostüme zum Einsatz. Kostümbildner Günther Schmidt mußte sie nicht nur originalgetreu herstellen lassen, sondern sich auch darum bemühen, möglichst weiches, strapazierfähiges Material einzusetzen, um den Schauspielern in den aktionsreichen Szenen die größtmögliche Bewegungsfreiheit zu gewähren. – Chefmaskenbildner Lothar Stäglich ließ rund 100 Perücken anfertigen. Viele Perücken aus vorherigen Filmen konnten nicht wiederverwendet werden, weil sich die Haartracht der nordamerikanischen Indianerstämme erheblich voneinander unterscheidet. Ein besonderes Problem bestand in der Angleichung des Aussehens der Kleindarsteller, die bei den Einstellungen, die in Rumänien gedreht wurden, von einem Gestüt bei

Constanza kamen und eigentlich anders aussahen als die Mitwirkenden aus einem Kolchos bei den Außenaufnahmen in Samarkand.

EIN APRIL HAT 30 TAGE

RE: Gunther Scholz, SZ: Carlos Cerda, Gunther Scholz, MI: Eva Grünstein, Christiane Barckhausen, DR: Thea Richter, KA: Günter Haubold, MU: Udo Zimmermann, unter Verwendung des Liedes »El manifiesto« von Victor Jara, SB: Heinz Röske, KO: Regina Viertel, SC: Erika Lehmphul, PL: Uwe Klimek, GR: AG »Roter Kreis«, m: 2439 = 89 min, fa, brw, PJ: 1978, PM: 31.5.1979, PM-Ort: Berlin; »Kosmos«

DA: Angelika Waller (Maria), Jurie Darie (Alvaro), Peter Slabakow (Antonio), Roland Kubenz (Micha), Sieglinde Aoulong (Elke), Carmen Araya (eine Genossin), Trude Bechmann, Jürgen Hentsch, Hans Klering, Jörg Panknin u. a.

INHALT: Maria, alleinstehend mit einem zehnjährigen Sohn, bezieht am 1. April ihre neue Wohnung in Berlin-Marzahn. Von ihrem Nachbarn Alvaro, einem Ausländer, wird sie für den Abend eingeladen. Sie erfährt, daß er politischer Emigrant aus Uruguay ist und weiter für die Kommunistische Partei seines Heimatlandes arbeitet. Die beiden verlieben sich ineinander, Maria lernt seine Tätigkeit und seine Freunde kennen, stellt ihn auch ihren Eltern vor. Sohn Micha freundet sich nach anfänglichem Zögern mit ihm an. Doch Maria weiß, daß es eine Liebe auf Zeit ist, denn Alvaro wird eines Tages von seinen Genossen einen neuen Auftrag erhalten und weggehen. Der Tag kommt eher als geglaubt. Am 30. April begleitet sie ihn zum Flugplatz. Es ist ein Abschied für immer.

ZUM FILM: Ein Alltagsfilm der späten 70er Jahre, der anhand der Liebe einer DDR-Bürgerin zu einem im Exil lebenden Südamerikaner in politisch opportunem Rahmen ein Problem aufgreift, das auch andere DDR-Bürger belastete, die eine Bindung zu einem (westlichen) Ausländer eingingen.

ECHO: *Ein April hat 30 Tage* ist einer der bemerkenswertesten Babelsberger Gegenwartsfilme der jüngsten Zeit, der in das momentane vielgestaltige DEFA-Schaffen eine neue, kräftige Farbe einbringt. Und das, weil er seine ebenso intime wie diffizile (Liebes-) Geschichte in weitreichende Zusammenhänge stellt. (Hans-Dieter Tok, *Wochenpost* 25/1979)

Der Regie, noch ohne Routine, stets um künstlerischen Ausdruck bemüht, gelangen nicht immer die glücklichsten Arrangements. Während die »dokumentaren« Sequenzen eine karge Poesie ausstrahlen, geraten die psychologischen Szenen zuweilen in die Nähe des Kunsthandwerks – »schöne« Profile im Gegenlicht. Auch konnte sich Scholz nicht immer von Banalitäten im Bild, von nur informatorischen Details befreien. (Hans-Jörg Rother, *Film und Fernsehen* 6/1979)

NEBENBEI: Der Szenarist Carlos Cerda, ein Exil-Chilene, tritt in der kleinen Rolle des Enrique auf.

DIE ARCHITEKTEN

RE: Peter Kahane, SZ: Thomas Knauf, MI: Peter Kahane, DR: Christoph Prochnow, KA: Andreas Köfer, MU: Tamás Kahane, SB: Dieter Döhl, KO: Christiane Dorst, SC: Ilse Peters, PL: Herbert Ehler, GR: GR »Babelsberg«, m: 2919 = 97 min, fa, brw, PJ: 1989/90, PM: 27.5.1990, PM-Ort: Berlin, »International«

DA: Kurt Naumann (Daniel Brenner), Rita Feldmeier (Wanda Brenner), Uta Eisold (Renate Reese), Jürgen Watzke (Martin Bulla), Ute Lubosch (Franziska Scharf), Catherine Stoyan (Elke Krug), Christoph Engel (Ökonom Endler), Werner Dissel (Alter), Wolfgang Greese (Günther Adam), Hans-Joachim Hegewald (Albrecht Wischala), Karl Ernst Horbol, Thomas Just, Roland Kuchenbuch, Andrea Meissner, Jörg Schüttauf, Joachim Tomaschewsky u.a.

INHALT: Der Architekt Daniel ist Ende Dreißig und projektiert Wartehäuschen für Busstationen und ähnliches. Ansonsten beteiligt er sich an Wettbewerben. Plötzlich bekommt er den Auftrag, für eine Trabantenstadt Berlins ein kulturelles Zentrum zu projektieren. Als Mitarbeiter will er ehemalige Kommilitonen gewinnen. Einige jedoch sind aus dem Beruf ausgestiegen, er bekommt noch fünf zusammen, dazu zwei junge Absolventen. Die sieben verwirklichen in diesem Projekt ihre Ideale von einem schönen Zentrum, in dem das Leben pulsieren kann: gastronomische Einrichtungen, Geschäfte, Kulturstätten, Spielplätze und Grünanlagen. Daniel arbeitet engagiert, doch er sieht vor sich zahllose unüberwindbare Hürden. Das Kollektiv zerbricht

aufgrund der Eingriffe übergeordneter Stellen. Daniels Frau verläßt mit dem Kind die DDR. Als der Bau beginnt, ist von dem ursprünglichen Entwurf nicht mehr viel übrig.
ZUM FILM: Der 1988 konzipierte und im Herbst 1989 in Produktion gegangene Streifen war der erste »tabulose« DEFA-Film. Die bittere Kritik, die er übte, kam zu spät, und doch war er der wohl konsequenteste und wichtigste Wendefilm der DEFA.
ECHO: Dieser Film könnte auch »Die Letzten« heißen, in variierender Verwendung jenes Gorki-Titels. Dieses halbe Dutzend nicht mehr junger Architekten gehört zur letzten Generation in diesem kleinen Land, die sich mit dem offiziellen und von vielen verinnerlichten Anspruch, weltverändernd zuständig zu sein für die Errichtung einer alternativen gerechten Menschenordnung, identifizierte. Die Generation nach ihnen bereits verweigerte sich, blieb passiv oder wurde oppositionell und verfolgt, ihr Frust kam schon vor der Probe des gesetzmäßig scheiternden Engagements. (...) Regisseur Peter Kahane und Kameramann Andreas Köfer erfassen vor allem das architektonische Porträt von Zeit und Land sehr überzeugend, und die Schauspieler vermitteln in diesem Spielraum auf eindringliche Weise die Austauschbarkeit der Berufe in dieser Geschichte. (Peter Ahrens, *Weltbühne* 31/1990)
Kahanes Film gehört für mich zu den erschütterndsten Dokumenten der DEFA-Produktion. Diesen Film unbeteiligt zu konsumieren, scheint völlig ausgeschlossen. (Roland Herold, *Sächsisches Tageblatt*, 29.6.1990)
Noch einmal wird DDR-Atmosphäre in einem DEFA-Film ganz echt auf die Leinwand gebracht: die kleine Nischenfreundlichkeit dessen, was man heute gern Solidargemeinschaft nennt, und die große Tristesse eines lähmenden Gefühls der Vergeblichkeit. (Heinz Kersten, 1990, zit. nach *So viele Träume*)
Alles, was in den vorangegangenen Arbeiten der »Neuen« Andeutung bleiben mußte, tritt in den *Architekten* als exemplarische Lebensproblematik einer Generation hervor. Die Geschichte der Architekten ist auch die Geschichte der hoffnungsvollen Regiedebütantengruppe, von der man zu Beginn der achtziger Jahre (...) Anderes in der Sicht auf die Wirklichkeit forderte und doch nur das Bekannte, Vertraute, das »Richtige« meinte. (Elke Schieber in *Das zweite Leben der Filmstadt Babelsberg*)
NEBENBEI: Auf dem 6. und letzten Spielfilmfestival der DDR wurde der Film mit der Anerkennung der Katholischen Filmkommission ausgezeichnet. Wolfgang Greese erhielt den Preis für die beste Nebenrolle.

DER ARZT VON BOTHENOW

RE: Johannes Knittel, BU: Gerhard Bengsch, DR: Lieselotte Bortfeldt, KA: Günter Eisinger, MU: Hans Hendrik Wehding, BA: Harald Horn, KO: Luise Schmidt, SC: Ursula Rudzki, PL: Paul Ramacher, m: 2760 = 101 min, s/w, Tovi, no, AT: Der Landarzt, PJ: 1960, PM: 23.6.1961, PM-Ort: Berlin, »Babylon«/»Toni« Weißensee
DA: Otto Mellies (Dr. Harry Brenner), Christine Laszar (Christine Brenner), Marga Legal (Mutter Brenner), Ingeborg Schumacher (Eva Böhm), Raimund Schelcher (Parteisekretär Karl Lange), Fred Mahr (Bürgermeister Max Adler), Erika Dunkelmann (Erika Adler), Willi Narloch (Willi Bessien), Kurt Mühlhardt, Charlotte Brummerhoff (Hr. u. Fr. Riedmüller), Gerd Ehlers, Helga Piur, Stefan Lisewski, Stefan Diestelmann, Martin Hellberg u.a.
INHALT: Der Arbeitersohn Harry Brenner ist über die ABF zum Medizinstudium gekommen

und hat als Arzt in Berlin schnell Karriere gemacht. Sein Lebensstil und seine anspruchsvolle Frau verschlingen viel Geld, und so nimmt er jede Nebenarbeit an. Nach einer groben Pflichtverletzung wird er nach Bothenow versetzt. Er begegnet Eva wieder, die er aus der Studienzeit kennt, und die jetzt hier als Schwester arbeitet. Die beiden verstehen sich, und Dr. Brenner beginnt langsam, sein Leben zu ändern. Dabei gerät er mit seiner Frau zunehmend in Konflikt. Ihre unterschiedlichen Lebensauffassungen führen schließlich zur Trennung.
ZUM FILM: Ein der Arbeiterklasse entstammender junger Arzt entfremdet sich eben dieser Herkunft unter dem Einfluß seiner bürgerlichen Gattin. Der einzige Vorteil des schablonenhaft abgehandelten Stoffs war die Behandlung der Hauptfigur fern des Klischees vom »Halbgott in Weiß«.
ECHO: Daß dieses durchaus interessante Thema dennoch nicht sehr zu interessieren vermag, liegt an seiner allzu vordergründigen künstlerischen Gestaltung. (...) Doch dem Zuschauer, der nicht um die Produktionsdauer eines Filmes weiß, sei gesagt: Dieser Streifen wurde lange vor der in jüngster Zeit mit der Mittelmäßigkeit in unseren Gegenwartsfilmen abrechnenden Diskussion gedreht. Somit gehört auch er noch zu diesem hoffentlich recht bald überflüssigen Gesprächsthema. (Gisela Herrmann, *BZ am Abend*, 28.6. 1961)
In der Ankündigung wird von einem »konfliktreichen« Film gesprochen. Nun läßt sich zwar über Konfliktauffassungen streiten – obgleich es viel zu selten getan wird –, doch man fragt sich mit zunehmender Verzweiflung: Wo sind in diesem Film mehr als Ansätze von Konflikten gegeben? (Rudi Strahl, *Filmspiegel* 14/1961)
NEBENBEI: Der damals zwölfjährige Stefan Diestelmann spielte den Harald Bessien. Er lernte Fotograf, wurde aber als Autodidakt bald ein prominenter Bluesmusiker, schrieb für die DEFA Filmmusiken und spielte 1981 neben Dean Reed und Václav Neckár eine Hauptrolle in der Western-Persiflage → *Sing, Cowboy, sing.*

ASJA

(Sowjetunion)
RE, BU: Jossif Cheifiz, LV: Novelle von Iwan Turgenjew, KA: Genrich Marandshan, MU: Oleg Karawaitschuk, SC: R. Ieakson, m: 2621 = 95 min, fa, brw, P: Lenfilm, Leningrad, unter Mitarbeit des DEFA-Studios für Spielfilme, PJ: 1976/77, SD: 30.11.1978, AD: 12.1.1979
DA: Jelena Korenewa (Asja), Wjatscheslaw Jesepow (N. N.), Igor Kostolewski (Gagin), Hans Klering, Heidi Weigelt, Gertrud Brendler, Bodo Schmidt, Hanna Rieger u.a.
INHALT: In einem deutschen Rheinstädtchen in den dreißiger Jahren des 19. Jahrhunderts spielt sich die Geschichte der leidenschaftlichen, unerfüllten Liebe zwischen der jungen russischen Gutsbesitzerstocher Asja und ihrem unentschlossenen, sehr willensschwachen Landsmann N. N. ab, der durch seinen Wankelmut sein Leben zerstört. (f.b.h.)
ZUM FILM: Den in Deutschland angesiedelten Stoff realisierte Altmeister Jossif Cheifiz, u.a. durch seine Tschechow-Adaptionen berühmt, unter technischer und künstlerischer Mitarbeit der DEFA zu großen Teilen in der DDR.
ECHO: Hier findet man keine satirischen, ironischen Töne, hier irritiert kein kräftiger, deutlich entlarvender Strich. Die Fadheit des feigen, unentschlossenen Helden wird dem Zuschauer erst im Verlauf des gesamten Films allmählich vor Augen geführt. (...) Cheifiz bleibt der literarischen Vorlage verbunden wie selten Filmregisseure. Er versucht ihre Erzählstruktur, so weit es geht, zu erhalten. (...) Diese Art Sensibilität ist für uns gerade in unserer rasanten, lauten Zeit lebensnotwendig. (Michael Hanisch, *Filmspiegel* 3/1979)
Ein idyllisches Städtchen mit Fachwerkhäuschen und Geranien vor den Fenstern schafft die Atmosphäre der Zeit der Postkutschen und des Biedermeier. Und dennoch gelingt es dem Film nie, die Distanz zum Zuschauer zu überwinden, diesen unmittelbar anzusprechen und vielleicht sogar zu bewegen – das Interesse bleibt gewissermaßen literarisch-historisch. Bei der Umsetzung dessen, was den Reiz der Erzählung ausmacht – die Atmosphäre und die genau beobachteten, charakteristischen Details in der Beschreibung der Empfindungen der Figuren und Landschaftsstimmungen –, kann man sich des Eindrucks einer gewissen Vergröberung nicht verwehren. (W. S., *Film und Fernsehen* 6/1979)
Meisterhafte, psychologisch tieflotende Adaption einer bekannten Turgenjew-Novelle, stilsi-

cher und in ausgewogenen Bildern erzählt. (*Lexikon des internationalen Films*, 1996)
NEBENBEI: Die Außenaufnahmen für den Film fanden in den Bezirken Magdeburg, Potsdam und Dresden statt. Die Hauptdarstellerin Jelena Korenewa war durch ihre Hauptrolle in Michalkow-Kontschalowskis *Romanze für Verliebte* international bekannt geworden.

ASTA, MEIN ENGELCHEN
RE: Roland Oehme, SZ: Manfred Wolter, DR: Christel Gräf, KA: Jürgen Lenz, MU: Wolfram Heicking, SB: Georg Kranz, KO: Werner Bergemann, SC: Helga Emmrich, PL: Manfred Renger, GR: GR »Roter Kreis«, m: 2695 = 99 min, fa, PJ: 1980, PM: 14.5.1981, PM-Ort: Berlin, »Kosmos«
DA: Erwin Geschonneck (Otto Gratzick/Hermann Gschwindner), Annemone Haase (Astrid), Kurt Böwe (Schorsch), Winfried Glatzeder (Frank Steiner), Fred Delmare (Meyer-Tassow), Thomas Neumann (Standesbeamter), Marita Böhme (Frau Gschwindner), Angela Brunner (Melanie), Heidemarie Schneider (Angela), Jaecki Schwarz (Kühne), Peter Bause, Werner Godemann, Lutz Stückrath, Alfred Struwe, Horst Krause u. a.
INHALT: Der alte Otto Gratzick ist Pförtner bei der DEFA und ein großer Asta-Nielsen-Verehrer. Als der berühmte Schauspieler Hermann Gschwindner kurz vor Beendigung seines Films verunglückt, sucht der Regisseur ein Double für die letzten Szenen und endeckt im Kino Otto, der sich gerade wieder von Asta rühren läßt. Otto übernimmt die Aufgabe. Außerdem gibt er eine Heiratsannonce auf, mit der er eine Frau sucht, die Asta ähnelt. Das erste Rendezvous mit Astrid, die ihm tatsächlich wie Asta erscheint, wird ein Reinfall. Otto schläft ein. Er versucht es bei ihr noch einmal – als Hermann Gschwindner – und hat Erfolg. In der Bar eines Hotels wird er »erkannt« und gebeten, ein Lied vorzutragen. Alle, auch Astrid, sind hingerissen. Nach einigen Verwicklungen kommt es zur Offenbarung der wirklichen Identität – auch Astrid hatte ziemlich nachgeholfen, um Asta ähnlich zu sehen.
ZUM FILM: Nicht mehr und nicht weniger als ein amüsantes Lustspiel wurde dieser Film, mit dem sich Star Erwin Geschonneck (»Ich bin kein Star, ich bin eine Erste Kraft!«) den Wunsch einer Doppelrolle erfüllte. Der Hang des Helden zu Asta Nielsens Stummfilmen sorgte für erheiternde Einlagen.
ECHO: Regisseur und Autor haben sich eine beachtliche Menge Gags einfallen lassen. Manche sind sogar neu, anderen, nicht den schlechtesten, begegnet man immer wieder gern. Von allen technischen Tricks liebt Oehme am meisten den Zeitraffer. Hier offeriert er ihn beiläufig fünfmal. (Renate Holland-Moritz, *Eulenspiegel* 22 /1981)
Es liegt im Wesen solcher Doppelrollen-Verwechslungen, daß das Spiel nur funktioniert, wenn es flüssig abläuft, wozu Können und Begeisterung für die Sache unerläßlich sind. Dies sieht man hier mit großem Vergnügen. Nur ganz selten knarrt es in der Konstruktion dieses Gebildes, dann gibt es auch prompt Schauspieler-Leerstellen. Aber eben ganz, ganz selten. (Günter Agde, *Filmspiegel* 11/1981)
Anspielungen, bei denen sich die Filmemacher aus Babelsberg auch selbst ganz schön auf die Schippe nehmen, machen *Asta, mein Engelchen* teilweise zu einem cineastischen Insider-Vergnügen. (Heinz Kersten, 1981, zit. nach *So viele Träume*)

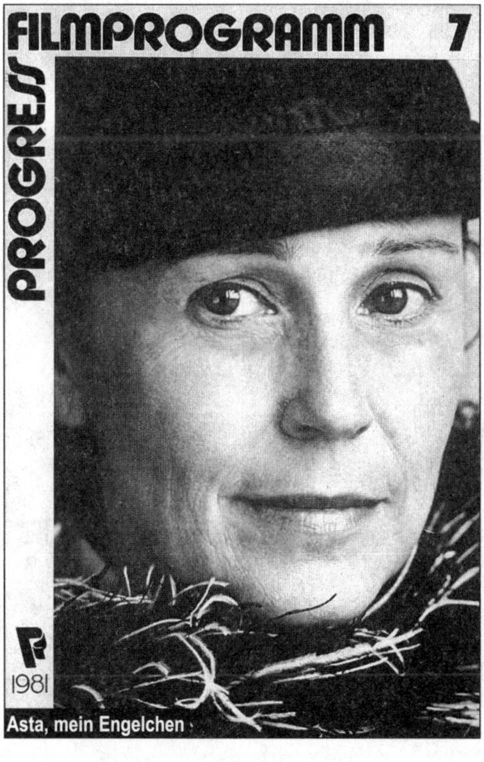

Asta, mein Engelchen

NEBENBEI: In diesem Film konnte Erwin Geschonneck, der auch die Idee für das Sujet hatte, als Sänger von Küchenliedern »in die Vollen« gehen.

ATKINS

RE: Helge Trimpert, SZ: Stefan Kolditz, DR: Andreas Scheinert, KA: Peter Brand, MU: Jürgen Kehrt, SB: Erich Krüllke, KO: Werner Bergemann, Fides Joppien, SC: Thea Richter, PL: Siegfried Kabitzke, GR: GR »Johannisthal«, m: 2581 = 95 min, fa, brw, PJ: 1984/85, PM: 29.8.1985, PM-Ort: Berlin, »Colosseum«

DA: Oleg Borissow (Atkins), Peter Zimmermann (Morris), Colea Rautu (Der Alte), Barbara Dittus (Rose), Margit Bendokat (Emilie), Kerstin Heine, Axel Werner, Holger Franke, Peter Heiland u. a.

INHALT: Die USA zur Zeit der Jahrhundertwende. Der Mittfünfziger Atkins zieht sich aus dem lauten Stadtleben in die Einsamkeit zurück. Er sucht Zuflucht in jenem abgeschiedenen Tal, in dem er früher einmal lebte. Indianer, die sich dorthin aus dem Reservat geflüchtet haben, mißtrauen ihm, lassen ihn nicht mehr aus den Augen, weil sie glauben, er könne sie verraten.

Langsam aber wächst Vertrauen zwischen ihnen. Die Indianer beauftragen Atkins, Waffen für sie zu kaufen. Auf dem Rückweg ins Tal folgt ihm ein Mann namens Morris, schleicht sich in sein Vertrauen, lebt bei ihm. Doch seine wahre Absicht ist die Aufspürung von Bodenschätzen, er hatte bei Atkins einen Stein gesehen, der auf Kupfervorkommen schließen ließ. Schließlich findet er Kupfer, ermordet einen ihn beobachtenden Indianer und flieht. Doch er kommt wieder – mit Soldaten. Atkins erschießt Morris. Die Eindringlinge aber kann er nicht aufhalten, er fällt selbst einer Kugel zum Opfer.

ZUM FILM: Der Film um das Zusammenleben von Weißen und Indianern verzichtet bewußt auf eine Abenteuer-Dramaturgie und kann damit die Erwartungshaltung der Zuschauer nicht erfüllen.

ECHO: Atkins, der Fallensteller und Pelztierjäger, kann der bewegten Zeit, die Imperialismus heißt, nicht davonlaufen. Da ist es also wieder, das Thema von der Unmöglichkeit eines dritten Weges und vom Partei-ergreifen-Müssen des einzelnen in den Kämpfen unserer Zeit. Der Film spricht es nicht direkt aus, bringt es auch nicht so zupackend und folgerichtig dar, daß man nach 90 erlebnisreichen Minuten klüger und einsichtsvoller das Kino verließe.

Die einstigen DEFA-Indianerfilmerfolge, mit denen »Atkins« liebäugelt, hatten für den Zuschauer eine sympathische Bezugsfigur, zumeist in Gestalt des edlen, von Gojko Mitic verkörperten Indianerhäuptlings. Doch hier? (...) Ein jeder scheitert – und der Zuschauer wird in die Rolle des kühlen Beobachters gedrängt, seine Gefühlswelt bleibt unberührt und seine Erwartung an ein zumindest atemberaubend spannungsgeladenes Geschehen unerfüllt. (Hans-Dieter Tok, *Wochenpost*, 13.9.1985)

Für die Titelrolle engagierte die DEFA Oleg Borissow vom Moskauer Künstlertheater. Einmal muß der in der Blockhütte unter einem weihnachtlichen Lichterbaume sitzen, der Kopf seines Pferdes schaut zur Tür herein, und die Musik intoniert auf der Mundharmonika – nein, nicht »Es hängt ein Pferdehalfter an der Wand«, sondern »Es ist ein Ros' entsprungen«. Im übrigen gehen die musikalischen Einfälle Jürgen Kehrts nicht über eine schwache Ennio-Morricone-Imitation hinaus. (Heinz Kersten, *Tagesspiegel*, 22.9.1985)

NEBENBEI: Der rumänische Schauspieler Colea Rautu wurde mit den Indianerfilmen → *Apachen* und → *Ulzana* zum Publikumsliebling.

AUF DEM SPRUNG

RE: Evelyn Schmidt, SZ: Rainer Koch, Evelyn Schmidt, LV: Filmerzählung von Rainer Koch, DR: Erika Richter, KA: Peter Brand, MU: Wolfram Bodag, SB: Marlene Willmann, KO: Lilo Sbrzesny, SC: Sabine Schmager, PL: Hans-Uwe Wardeck, GR: GR »Babelsberg«, m: 2523 = 93 min, fa, brw, PM: 22.11.1984, PM-Ort: Berlin, »Colosseum«

DA: Till Kretzschmar (Gottfried Mopel), Arianne Borbach (Karin), Jörg Kleinau (Markus), Roland Hemmo (Heimleiter Bockolt), Heidemarie Schneider (Katharina), Gisela Rubbel (Frau Gerber), Monika Hildebrand (Frau Schulz), Annekathrin Bürger, Wilfried Pucher (Gerda u. Ernst Mopel), Ruth Reinecke, Jaecki Schwarz (Frau u. Herr Miethke) u. a.

INHALT: Gottfried und Markus sind Freunde, die bisher alles gemeinsam gemacht haben: Schule, Berufsausbildung mit Abitur, Armeezeit. Markus' Freundin Karin wird auch von Gottfried verehrt. Nun stehen sie vor der Abfahrt nach Dresden zum Physikstudium. Im letzten Moment entscheidet sich Gottfried anders. Er bleibt, will Heimerzieher werden, nachdem er einen ausgerissenen Jungen aufgegriffen und zurückgebracht hat. Markus kündigt ihm die Freundschaft, Eltern und Kollegen sind fassungslos. Doch Gottfried setzt seine Absicht mit Enthusiasmus in die Tat um. Karin wendet sich ihm immer mehr zu, und als ihm bei einem Ausflug einige Kinder verlorengehen, hilft Markus.

ZUM FILM: Es gibt noch andere – vielleicht wichtigere – Dinge, als in der Wissenschaft Karriere zu machen. Die Konflikte, die ein junger Mann auszutragen hat, als er sich für sein Leben anders entscheidet als erwartet, stehen im Mittelpunkt des Films, der von den Zuschauern ein gut Stück Abstraktionsvermögen verlangt, um eine Aktualität erkennen zu können.

ECHO: Ich gestehe, daß mich ein DEFA-Film selten so verärgert hat, weil wirklich fast alle Möglichkeiten, die der Stoff bietet, gnadenlos verschenkt werden. Und das bei einer Thematik, die Chancen gehabt hätte, ein breiteres Publikum zu erreichen. (Ingeborg Pietzsch, *Film und Fernsehen* 6/1985)

Gesehen hat man eine hilflose, bloße Aneinanderreihung von Episoden, sprunghaft und ohne innere Logik. Motiviert wird da nie irgend etwas richtig, bei den Dialogen raschelt das Papier, und die Personen gewinnen keine Persönlichkeit. Gegenwart ist so rar geworden bei der DEFA, daß jede verschenkte Gelegenheit, Gegenwärtiges gültig auf die Leinwand zu bringen, doppelt schwer wiegt. (Heinz Kersten, *RIAS Berlin*, 23.11.1984)

NEBENBEI: Till Kretzschmar wurde 1956 in Karl-Marx-Stadt als Schauspielerkind geboren. Hier spielte er seine einzige große Kinorolle, war allerdings bis in jüngste Zeit auch in großen Rollen im Fernsehen zu sehen.

AUF DER SONNENSEITE

RE: Ralf Kirsten, BU: Heinz Kahlau, Gisela Steineckert, Ralf Kirsten, DR: Marieluise Steinhauer, KA: Hans Heinrich, MU: André Asriel, Jazz-Optimisten, BA: Alfred Tolle, KO: Elli-Charlotte Löffler, SC: Christel Röhl, PL: Alexander Lösche, GR: Gruppe »60«, m: 2752 = 101 min, s/w, AT: Wollen wir wetten, PJ: 1961, PR: 4.1.1962, PM-Ort: Berlin, »Babylon«

DA: Manfred Krug (Martin Hoff), Marita Böhme (Ottilie Zinn), Heinz Schubert (Schnepf), Fred Mahr (Jens Krüger), Gert Andreae (Matze Wind), Gerd E. Schäfer (Schauspieldozent), Peter Sturm (Intendant), Günter Naumann, Carola Braunbock, Werner Lierck, Horst Friedrich, Willi Schwabe, Rolf Herricht, Rolf Römer, Peter Dommisch u. a.

INHALT: Stahlschmelzer Martin Hoff ist ein begabter Musiker und Schauspieler, weshalb ihn sein Betrieb auch zur Schauspielschule delegiert. Da er aber auch äußerst selbstbewußt und ziemlich aufmüpfig ist, fliegt er bald wieder. Bei seiner Abschiedsfeier begegnet er einer zauberhaften Frau, die ihn jedoch einfach stehenläßt – wegen seines aufdringlichen Verhaltens. Eine Wette mit Freunden und auch eine innere Stimme veranlassen ihn, die Unbekannte zu suchen. Auf einer Baustelle soll sie sein, und da findet sich Martin nun ein. Er ist nicht wenig überrascht, als ihm die Gesuchte als Bauleiterin Ottilie Zinn entgegentritt. Martin zieht alle Register seines Könnens, arbeitsmäßig und künstlerisch, um Ottilie

zu erobern, was ihm letztlich auch gelingt. Außerdem bekommt er wieder eine Delegierung zur Schauspielschule.

ZUM FILM: Bei der DEFA ging man erstmals das Wagnis ein, einem jungen Schauspieler, Manfred Krug, einen Film »auf den Leib« zu schreiben. Biografische Züge waren durchaus beabsichtigt (bis dahin, daß die Heldin den Vornamen der wirklichen Frau Krug trug). Der Film traf das Zeitgefühl der jungen Leute, wurde ein Riesenerfolg und Krug wurde – auch dank seiner Sangeskünste – einer der kassenträchtigsten DEFA-Stars aller Zeiten.

ECHO: Dieser lustige Film wurde für den Schauspieler Manfred Krug maßgeschneidert und von ihm zum Erfolg geführt. Unter der stets wirkungsvollen Devise »Hoppla, jetzt komm' ich!« wird der Hauptheld auch mit der verzwicktesten Situation fertig. Da er im Endeffekt immer obenauf bleibt, ist man versucht, in diesem sympathischen Halbstarken eine Art Halbgott zu sehen. (Carl Andrießen, *Weltbühne* 5/1962)

Der Film behandelt Probleme, an denen bisher Generationen von Szenaristen scheiterten, als da sind: Umerziehung eines jugendlichen Tunichtguts, Gleichberechtigung der Frau, das Leben auf einer Baustelle. Und er behandelt es so, daß DEFA-Direktor Mückenberger Prämien aussetzen könnte für diejenigen, die hier nicht Tränen lachen. (Renate Holland Moritz, *Eulenspiegel* 4/1962)

Alles ist im Tonfall einer Burleske erzählt und gibt den Umgangston der heranwachsenden Jugend Ostdeutschlands ziemlich lippengenau wieder. (Ulrich Gregor, *Filmkritik* 6/1964)

NEBENBEI: Karl-Ernst Sasse, der die Musik zu Dutzenden DEFA-Produktionen schrieb, tritt in diesem Film als Rhythmikdozent auf.

DER AUFENTHALT

RE: Frank Beyer, SZ: Wolfgang Kohlhaase, LV: Gleichnamiger Roman von Hermann Kant, DR: Dieter Wolf, KA: Eberhard Geick, MU: Günther Fischer, SB: Alfred Hirschmeier, KO: Joachim Dittrich, SC: Rita Hiller, PL: Herbert Ehler, GR: GR »Babelsberg«, m: 2786 = 102 min, fa, PJ: 1982, PM: 20.1.1983, PM-Ort: Berlin, »International«

DA: Sylvester Groth (Mark Niebuhr), Fred Düren (General Eisensteck), Matthias Günther (Hauptsturmführer), Klaus Piontek (Major Lundenbroich), Hans-Uwe Bauer (Obergefreiter Fenske), Alexander van Heteren (Jan Beveren), Horst Hiemer (Gasmann), Andrzej Pieczynski (Leutnant), Günter Junghans (Rodloff), Roman Wilhelmi (Ohnehals), Michael Gerber, Eberhard Kirchberg, Erhard Marggraf, Mathis Schrader, Reiner Heise u. a.

INHALT: Der junge deutsche Kriegsgefangene Mark Niebuhr, ehemaliger Grenadier eines Infanteriebataillons, kommt mit einem Transport im Oktober 1945 auf dem Warschauer Güterbahnhof an. Eine Polin glaubt, in ihm einen SS-Mann wiederzuerkennen, der ihre Tochter ermordet hat. Er wird von der Gruppe isoliert, nicht wissend warum, kommt in Einzelhaft, ist allein mit seiner Angst. Die Untersuchung führt ein ebenso junger polnischer Leutnant. Nach vier Monaten kommt Mark in eine Zelle mit polnischen Gefangenen, die ihm haßerfüllt gegenübertreten. Beim Arbeitseinsatz in der Warschauer Trümmerlandschaft muß er die höchsten gefährlichen Mauern abtragen. Er rettet ein Kind, bricht sich dabei den Arm, kommt ins Krankenhaus und erfährt dort, daß die Untersuchung gegen ihn wegen Mordes läuft. Nach dem Krankenhausaufenthalt gerät er in eine Zelle mit deutschen Gefangenen. Hier herrschen die alte Hierarchie und der alte faschistische Geist, mit General Eisensteck und Major Lundenbroich an der Spitze. Der sich unschuldig fühlende Niebuhr wird von den wirklichen Verbrechern als einer der ihren aufgenommen. Er durchschaut sie langsam, isoliert sich, wehrt sich, begreift aber auch etwas von der Schuld, in die er mitverstrickt ist. Nach 8 Monaten ist seine Unschuld an dem Mord erwiesen. Er wird entlassen.

ZUM FILM: Die Adaption des Romans *Der Aufenthalt* von Hermann Kant, dem Vorsitzenden des DDR-Schriftstellerverbandes, übernimmt Frank Beyer, der seit seinem Protest gegen die Biermann-Ausbürgerung überwiegend im Westen arbeitet. Einen Mann mit seinen künstlerischen Potenzen will die DEFA jedoch nicht gern verlieren. Mit diesem Film legt er erneut ein Meisterwerk vor. Er besticht durch seine psychologische Genauigkeit und die differenzierte Sicht auf die unmittelbare Nachkriegszeit. Zudem hat er hohe optische Qualitäten und zeigt ausgezeichnete Schauspielerleistungen. Allerdings gibt es massive Proteste aus Polen von seiten der Armee und des Kulturministeriums. Das dargestellte Bild der Nachkriegszeit würde dem polnischen Volk nicht gerecht werden. Antipolnische Ressentiments könnten geschürt werden. Aufgrund dieser Proteste zieht die DDR-Seite den bereits fest auf der Berlinale 1983 terminierten Film aus dem Wettbewerb, in dem er hohe Preischancen gehabt hätte, zurück.

ECHO: Ein bedeutender Film ist entstanden. Mark Niebuhrs Erlebnisse werden sehr dicht, fast atemberaubend erzählt – ohne Pause, ohne Wiederholung, ohne Leer- oder Anschlußphasen. Jeder Blickwechsel, jeder Gang, jede Verrichtung hat jene innere, tiefere Dimension, Bedeutung, die unabdingbar sind und vom Handwerk zur Kunst hinüberführen. Das steigert die Spannung, die man empfindet, ob man den Ausgang der Geschichte Niebuhrs nun kennt oder nicht. (...) Ich rechne zur Qualität des Films ausdrücklich auch alle Gewerke, insbesondere Schnitt und Ton (wie der Krauttrecker immer bedrohlicher wird, wie schmerzlich grell Wasser plätschern kann!), auch die knappe, lyrische, akzentuierende Musik Günther Fischers, die mit einem Motiv auskommt. (Günter Agde, *Filmspiegel* 3/1983)

Die Enge des Handlungsraums schafft Weite und Tiefe für das Spiel, für die Schauspieler, die noch in der knappsten Skizze genaue charakterliche und soziale Haltung, für aufschlußreiche Einblicke in deutsche Biographien. Eberhard Geicks Kamera kann unaufdringlich, ruhig beobachten, wie zufällig erschließt sich aus vielen Einzelmomenten das Kollektivporträt einer sich zersetzenden bösen Kumpanei. Wieder einmal beweist Frank Beyer seine besondere Fähigkeit, sowohl jede Rolle individuell treffend wie mit dem Blick auf die Gruppe, das homogene Ensemble zu besetzen. (Peter Ahrens, *Weltbühne* 4/1983)

NEBENBEI: Nachdem er fünfzehn Jahre zuvor in → *Weil ich dich liebe* die Hauptrolle gespielt hatte, gastierte der polnische Schauspieler Roman Wilhelmi zum zweiten Mal bei der DEFA.

DER AUFTRAG HÖGLERS

RE: Gustav von Wangenheim, BU: Gustav von Wangenheim, DR: Wolff von Gordon, KA: Walter Roßkopf, MU: Ernst Hermann Meyer, BA: Willy Schiller, KO: Vera Mügge, SC: Lena Neumann, PL: Kurt Hahne, GR: Herstellungsgruppe Kurt Hahne, m: 2543 = 93 min, s/w, AT: West-östliche Hochzeit, PJ: 1949, PM: 24.1.1950, PM-Ort: Unterwellenborn/Thür., Maxhütte

DA: Inge von Wangenheim (Maria Steinitz), Fritz Tillmann (Fritz Rottmann), Alice Treff (Dr. Alice Giesebrecht), Axel Monjé (Dr. Kayser), Gothart Portloff (Dr. Thelen), Lothar Firmans (Löffler), Harry Hindemith (Krantz), Eduard von Winterstein (Hufland), August Momber (Dr. Högler), Arno Paulsen (Wiesner), Friedrich Richter, Aribert Grimmer, Horst Drinda, Reinhard Kolldehoff, Kurt Steingraf u. a.

INHALT: Die Luisenhütte ist nicht nur durch einen Fluß geteilt, sondern auch durch die Zonengrenze. Im Westen residiert noch der alte Generaldirektor Högler, der Ostteil ist enteignet und wird von Chefingenieur Dr. Thelen geleitet. Er arbeitet an einem neuen Verfahren der Stahlherstellung, das Högler unbedingt haben will. Seine Mittel sind Bestechung, Spionage und Verleumdung. Letzterem fällt die Gewerkschaftsfunktionärin Maria Steinitz beinahe zum Opfer. Die Intrige wird aber aufgedeckt und die kriminelle Absicht Höglers vereitelt. Auf einer großen Produktionsversammlung entlarvt der alte Volkskontrolleur Hufland die wahren Schuldigen. Maria und Fritz Rottmann, ein Gewerkschafter aus München, die sich schon aus den Zeiten des antifaschistischen Widerstands kennen, fallen sich in die Arme.

ZUM FILM: Der sehr schematisch geratene Gegenwartsfilm nimmt ein wirkliches Problem in der Zeit des Kalten Krieges zum Ausgangspunkt, arbeitet jedoch mit agitatorischen Sprechblasen und entwirft die Vision, daß sich Gewerkschafter aus Ost und West im Angesicht der ohnmächtigen Adenauer-Polizei verbrüdern.

ECHO: Die offensichtlichen Schwächen beginnen schon beim Buch. Eine Gliederung des sehr vielfältigen Inhalts ist überhaupt nicht vorhanden. (...) Die übrigen Szenen bringen keine Handlung, sondern bestenfalls nur wieder wahllose Augenblicksbilder. Ihnen werden die auffallend vielen korrupten Gestalten und die Ahnungslosen aufgepfropft, und genau so katalogmäßig wird die Grenzbarriere zwischen Ost und West ins Bild gestellt, damit sie dick aufträgt, was der Film selbst hätte aussagen sollen. (...) Die Premiere des *Auftrag Höglers* wurde, wie man sich gewöhnlich ausdrückt, ein Achtungserfolg. Der Applaus zu dem vorher gezeigten kurzen Tierfilm war herzlicher. (Leo Menter, *Weltbühne* 6/1950)

NEBENBEI: Der Regisseur hatte in Hauptrollen seinen Vater Eduard v. Winterstein und seine Frau Inge v. Wangenheim besetzt, die hier ihre Filmlaufbahn beendete. Sie wurde eine der erfolgreichsten Roman-Autorinnen der DDR.

AUS DEM LEBEN EINES TAUGENICHTS

RE: Celino Bleiweiß, SZ: Wera und Claus Küchenmeister, LV: Gleichnamige Novelle von Joseph Freiherr von Eichendorff, DR: Anne Pfeuffer, KA: Günter Jaeuthe, MU: Reiner Hornig, SB: Heike Bauersfeld, KO: Lydia Fiege, SC: Monika Schindler, PL: Martin Sonnabend, GR: KAG »Berlin«, m: 2617 = 96 min, fa (Eastman-Color), brw, PJ: 1972, PM: 10.5. 1973, PM-Ort: Berlin, »Kosmos«

DA: Dean Reed (Taugenichts), Anna Dziadyk (Die Schöne), Hannelore Elsner (Gräfin), Monika Woytowicz (Kammerjungfer), Gerry Wolff (Rinaldo Rinaldini), Arno Wyzniewski (Maler), Christel Bodenstein (Guido, Flora), Peter Biele, Walter Lendrich, Hannes Fischer, Ottofritz Gaillard, Robert Trösch u. a.

INHALT: Auf der Suche nach dem Glück durchstreift ein junger Mann die Lande – kein Geld in den Taschen, aber die Violine im Arm und den Kopf voller Lieder. Zwei schöne Frauen nehmen ihn mit aufs Schloß, wo er sich als Gärtner verdingt. Doch die Schloßgesellschaft behagt ihm

nicht, und er zieht weiter. Die Tätigkeit als Zolleinnehmer, die er anschließend ausübt, läßt ihn trübsinnig werden. Von einer schönen Frau aus der Lethargie geweckt, zieht er abermals weiter. In Italien schließt er sich der Bande von Rinaldo Rinaldini an und will fortan nur noch für sie seine Lieder spielen. Da begegnet ihm wieder eine Schöne, und diesmal ist es die große Liebe – mit ihr will er das Land seiner Wünsche suchen.
ZUM FILM: Anfang, Mitte der siebziger Jahre besann sich die DEFA auf die deutsche Romantik. Mehrere Werke aus dieser Literaturperiode wurden für die Leinwand adaptiert. Relativ konturenlos blieb diese Eichendorff-Verfilmung, in der dem amerikanischen Schauspieler und Protestsänger eine Rolle geboten wurde, die ihm – auch in den Augen des Publikums – nicht zukam.
ECHO: Die von den Autoren ganz und gar hinzugedichtete zehnminütige Räuberpistole macht eigentlich den meisten Spaß. Hier wird nämlich der Dialog spürbar ironisch-intelligent, die Sache bekommt distanzierten Pfiff, und ich wünschte mir, so wäre das Ganze. (Günter Sobe, *Berliner Zeitung*, 22.5.1973)
Zu sehr orientieren sich die Schöpfer auf die Wirkung des (schönen) Bilds, auf die – erwartete – Ausstrahlung eines Dean Reed, ohne eine tiefergehende Charakteristik des Taugenichts durch dessen eigene Handlungsmotive oder durch Einflüsse aus seiner Umgebung anzustreben. Das sozialkritische Genre-Bild, das uns die Novelle bietet, wird nur in manchen Sequenzen, so beim Aufenthalt des Taugenichts auf dem Schloß, vermittelt. Hier spürt man etwas von den fortschrittlichen Ideen, die von der Poesie Eichendorffs – im weitesten Sinne natürlich – berührt werden. (Bert Kirfel, *Filmspiegel* 12/1973)
NEBENBEI: Mit Hannelore Elsner spielte erstmals nach dem Mauerbau von 1961 ein bundesdeutscher Star wieder eine Hauptrolle in einem DEFA-Film. Ina Bleiweiß, die Tochter des Regisseurs, war in einer Kinderrolle zu sehen. Sie wurde später als Marion Beimer in der ARD-Serie *Lindenstraße* bekannt.

AUS MEINER KINDHEIT
(Kinderfilm)
RE: Bernhard Stephan, SZ: Wera und Claus Küchenmeister, Volker Koepp, DR: Anne Pfeuffer, KA: Otto Hanisch, MU: Gerhard Rosenfeld, SB: Peter Wilde, KO: Ursula Strumpf, SC: Brigitte Krex, PL: Gerrit List, GR: AG »Berlin«, m: 2227 = 82 min, fa, brw, PJ: 1974, PM: 15.2.1975, PM-Ort: Neubrandenburg, »Filmpalast«
DA: Michael Hundrieser (Ernst Thälmann), Norbert Christian (Thälmanns Vater), Barbara Adolph (Thälmanns Mutter), Torsten Borawski (Karlchen), Johannes Wieke (Behr), Doris Thalmer (Mutter von Franz), Katrin Martin (Lina), Manfred Karge (Franz), Willi Schrade (Turnlehrer), Lothar Bellag, Hartmut Puls, Horst Papke u. a.
INHALT: Episoden aus der Kindheit und Jugend Ernst Thälmanns nach dessen Tagebuchaufzeichnungen. Ernst ist ein Junge wie viele andere. Er streift mit seinem Freund Karlchen durch Hamburg, muß seinem Vater, der ein kleines Fuhrunternehmen hat, bei der Arbeit helfen. Nach Abschluß der Schule steigt er ganz ins Geschäft des Vaters ein. Es kommt zum Streit um seinen Lohn und um seine lockere Art, mit dem Geld umzugehen. Schließlich verläßt Ernst das Elternhaus. Er lernt das Elend kennen: Hunger, Obdachlosenasyl, Arbeitsuche. Er findet Freunde unter den Kollegen und bekommt erste Kontakte mit politischer Arbeit.

ZUM FILM: Für den Film verwendete der am Drehbuch beteiligte Dokumentarfilmer Volker Koepp Material, das ihm für einen Dokumentarfilm über Thälmann zugänglich geworden war. Daß Thälmann einem eher kleinbürgerlichen Elternhaus entstammte, war zuvor so deutlich nicht bekannt gewesen.

ECHO: *Aus meiner Kindheit* ist ein sympathischer, manchmal etwas schwerfällig ablaufender Film für Kinder, sorgfältig aufgeschrieben nach spät aufgefundenen Kindheitserinnerungen Ernst Thälmanns. Hier wird nicht die Vorstufe zum Leben eines großen Mannes illustriert, sondern mit den ersten Beobachtungen, Erfahrungen und Schmerzen, der ersten Selbstbehauptung eines wachen Arbeiterjungen wird reale Geschichte verständlich und erlebbar gemacht. (Peter Ahrens, *Weltbühne* 1/1975)

NEBENBEI: Lothar Bellag, erfolgreicher Fernsehregisseur (z.B. *Daniel Druskat*) und gelegentlich als Schauspieler tätig, trat in der Rolle von Thälmanns Lehrer auf.

AUS UNSERER ZEIT

(Episodenfilm)

m: 3514 = 129 min, s/w, brw, PM: 15.1.1970, PM-Ort: Berlin, »International«

I. DIE ZWEI SÖHNE

RE: Helmut Nitzschke, BU: Helmut Nitzschke, LV: Kalendergeschichte von Bertolt Brecht, DR: Gerhard Hartwig, KA: Claus Neumann, SB: Joachim Otto, KO: Sybille Gerstner, Helga Hartmann, SC: Margrit Brusendorff, PL: Walther Kronenthal, GR: KAG »Roter Kreis«

DA: Felicitas Ritsch (Die Bäuerin), Ekkehard Schall (Der Sohn und der junge Russe), Hans Hardt-Hardtloff (Der Invalide), Helene Weigel (Sprecherin)

II. DAS DUELL

RE: Joachim Kunert, BU: Manfred Freitag, Joachim Nestler, Joachim Kunert, LV: Erzählung von Anna Seghers, DR: Thea Richter, KA: Helmut Bergmann, SB: Gerhard Helwig, KO: Irene Pape, SC: Christa Helwig, PL: Oscar Ludmann, GR: KAG »Roter Kreis«

DA: Wolfgang Kieling (Bötcher), Otto Mellies (Prof. Winkelfried), Günter Junghans (Schüler Helwig), Helga Göring (Frau Nohl), Carlo Schmidt (Schüler Rotschopf), Günter Drescher (Schüler Müller), Peter Sindermann, Lutz Erdmann, Peter Kalisch, Hannes Stelzer u. a.

III. GEWÖHNLICHE LEUTE

RE: Rainer Simon, BU: Manfred Freitag, Joachim Nestler, Rainer Simon, LV: Gleichnamige Erzählung von Werner Bräunig, DR: Christel Gräf, KA: Claus Neumann, MU: Peter Rabenalt, SB: Joachim Otto, KO: Lydia Fiege, SC: Margrit Brusendorff, PL: Dieter Dormeier, GR: KAG »Roter Kreis«

DA: Manfred Karge (Hannes), Heidemarie Wenzel (Adele), Peter Dommisch (Willi), Helga Göring (Mutter Stütz), Sigurd Schulz (Vater Stütz), Justus Fritzsche (Seefahrer), Thomas Wolff, Martin Trettau u. a.

IV. DER COMPUTER SAGT: NEIN

RE: Kurt Maetzig, BU: Irene Maetzig, Kurt Maetzig, Ralph Knebel, DR: Hans-Joachim Wallstein, KA: Rolf Sohre, MU: Thomas Doberkau, Bernd Fülle, SB: Heike Bauersfeld, KO: Rita Bieler, SC: Erika Lehmphul, PL: Heinz Herrmann, GR: KAG »Roter Kreis«

DA: Alfred Müller (Dieter Ulrich), Jessy Rameik (Karin Ulrich), Leon Niemczyk (Sascha Pronin), Marianne Wünscher (Mutter), Heinz Behrens

(Minister), Hans Hardt-Hardtloff (Paul), Peter Dommisch, Werner Lierck, Willi Schrade, Fritz Links u. a.
INHALT: *Die zwei Söhne* – Eine märkische Bäuerin hat gegen Ende des Krieges merkwürdige Träume, in denen ein sowjetischer Kriegsgefangener das Gesicht ihres Sohnes annimmt. Als plötzlich ihr Sohn auftaucht, verhindert sie ein von ihm mitgeplantes Verbrechen an den sowjetischen Gefangenen, fesselt ihn und übergibt ihn in die Gefangenschaft der anrückenden Roten Armee, damit er den Krieg überlebe.
Das Duell – Der Kommunist Bötcher, Beauftragter für die Durchsetzung der Schulreform, kommt zu einem Vorbereitungslehrgang künftiger Studenten und trifft auf einen Professor alter Schule, der angesichts der Arbeiter- und Bauernmacht einen Niedergang der Kultur befürchtet. Er widerlegt den Professor und gibt dem Schüler Helwig, einem Arbeiter, Selbstvertrauen.
Gewöhnliche Leute – Adele und Hannes, die beide beim Bau arbeiten, verbringen ihre Hochzeitsreise in Hannes' Heimatstadt Kossin. Es wird für sie eine Zeit der Erholung und vor allem der Erinnerung an die vergangenen Jahre: Alltagsepisoden, die ihre Liebe zur Arbeit, ihr Engagement, ihre Auseinandersetzungen und die Freude über Erfolge zeigen.
Der Computer sagt: nein – Sascha, ein Experte aus Moskau, und Dieter, ein ebensolcher aus Berlin, finden gemeinsam Mittel und Wege, einen von Radio Havanna benötigten Verstärker in kürzester Frist zu liefern, obwohl die Computerberechnungen ergaben, daß es nicht zu schaffen ist.
ZUM FILM: Vier Kurzfilme sollen sich in dem anläßlich des 20. Jahrestages der DDR produzierten Episodenfilm zu einem Zeitpanorama von 1945 bis Ende der 60er Jahre fügen. Das künstlerische Ergebnis ist unterschiedlich. Nur kurze Zeit nach der Uraufführung werden die einzelnen Episoden als Beiprogramme eingesetzt.
ECHO: *Die zwei Söhne:* Die Episode erweist sich in ihrer Erzählstruktur und auch in den Gestaltungsmitteln als die künstlerisch reifste. Das Beibehalten der verknappten Erzählweise Brecht, das enge Festhalten an der literarischen Struktur (...) engt aber leider m.E. die Möglichkeit ein, durch Spiel und Inszenierung die geschilderten Menschen plastisch werden zu lassen. (Friedrich Salow, *Filmspiegel* 3/1970)

Gewöhnliche Leute: Simons Bilderzählung von zwei jungen Liebesleuten hat einen flotten modernen Rhythmus, ohne in jenen krampfhaften Manierismus zu verfallen, mit dem manche Babelsberger Filmemacher internationale Filmmode zu kopieren suchen. Da es sich hierbei wiederum um ein Beispiel des dokumentaren Realismus handelte, kann festgestellt werden, daß Arbeiten dieser Richtung in letzter Zeit die DEFA filmisch am überzeugendsten repräsentierten. (Heinz Kersten, 1970, zit. nach *So viele Träume*)
NEBENBEI: Joachim Kunert, der *Das Duell* mit Wolfgang Kieling und Otto Mellies inszenierte, war ein Spezialist für Stoffe von Anna Seghers (zuvor schon mit → *Die Toten bleiben jung*). Nach seinem Wechsel zum Fernsehen inszenierte er weitere Filme nach ihren Erzählungen.

AUTOMÄRCHEN

RE: Erwin Stranka, SZ: Erwin Stranka, LV: Erzählungen »Automärchen« von Jiri Marek, DR: Werner Beck, KA: Helmut Bergmann, MU: Karl-Ernst Sasse, SB: Paul Lehmann, KO: Christiane Dorst, SC: Barbara Simon, PL: Manfred Renger, GR: GR »Berlin«, m: 2676 = 98 min, fa, brw, PJ: 1982, PM: 16.6.1983, PM-Ort: Berlin, »International«

DA: Kurt Böwe (Kalle Sengebusch), Roman Kaminski (Ali Kuslowski), Ramona Hennecke (Ina Sengebusch), Marylu Poolman (Frau Sengebusch), Deszö Garas (Piel), Michele Marian (Heidelinde), Horst Weinheimer, Angela Brunner (Ulrich u. Ursula Neumann), Barbara Dittus (Kassiererin), Alfred Struwe (Sauerboom), Dorit Gäbler, Wolfram Handel, Willi Schrade, Gertraut Last, Fred Delmare u. a.

INHALT: Merkwürdige Dinge rund ums Auto spielen sich ab. Der biedere Buchhalter Piel wird von einer Fee verführt, mit seinem Trabant in irrsinniger Geschwindigkeit über die Landstraße zu rasen. Der leitende Angestellte Neumann gibt einer schwarzen Katze seine Seele für einen repräsentativen Straßenkreuzer und verkauft sogar sein Haus, um ihn unterhalten zu können. Der Autoschlosser Ali ist davon überzeugt, daß Geister ihre Hand im Spiel haben. Sein Chef Sengebusch hält ihn für einen Spinner. Doch plötzlich gerät er selbst in das mysteriöse Spiel. Das personifizierte Automobilunglück bietet ihm eine Vergünstigung an. Sengebusch bekommt im voraus Informationen über Unfälle, damit er zwecks Ersatzteilgewinnung als erster am Unfallort sein kann. Das ist geschäftlich verlockend, aber Sengebusch läßt sich nicht korrumpieren. Er versucht, die Unfälle zu verhindern und trickst das Automobilunglück schließlich aus.

ZUM FILM: Ein Episodenfilm, in dem das personifizierte Autounglück in Gestalt des beliebten Charakterkomikers Kurt Böwe auftritt – ein komödiantischer Spaß mit fadem Beigeschmack.

ECHO: Erwin Stranka (ist) zunächst einmal zu gratulieren, mit dem *Automärchen* das poetisch-phantastische Moment in unsere sonst meist rationale Lustspiel- und Komödienlandschaft eingepflanzt zu haben. Nicht alle Samenkörner freilich sind aufgegangen. Mir scheint es manchmal, der Regisseur habe Angst vor der eigenen Courage bekommen und deshalb sein Versuchsbeet nur halbherzig gepflegt. (Peter Hoff, *Film und Fernsehen* 10/1983)

Augenzwinkernd wendet sich zu Beginn der Kinomärchenstunde Autoschlosser Ali Koslowski an das Publikum, um drei klamottig hanebüchene Schnurren über Kunden und Kollegen zu erzählen, die eher trübsinnig stimmen konnten angesichts der Realitäten in Sachen Auto in der DDR. (P. Glaß in *Kino ist mehr als Film,* 1999)

NEBENBEI: Die Hauptrolle spielte ursprünglich Dieter Franke, der während der Dreharbeiten verstarb, so daß Kurt Böwe für ihn einsprang. – In einer Szene tritt der populäre Fernsehmoderator Hans-Joachim Wolfram auf.

LES AVENTURES DE TILL L'ESPIÈGLE
→ *DIE ABENTEUER DES TILL ULENSPIEGEL*

B

BÄRENBURGER SCHNURRE

(Kinderfilm)

RE: Ralf Kirsten, SZ: Hermann Werner Kubsch, DR: Ilse Langosch, KA: Horst E. Brandt, MU: Günter Kochan, BA: Alfred Tolle, KO: Liane Schindler, SC: Hildegard Conrad, PL: Paul Ramacher, m: 2040 = 75 min, s/w, OT: Hans Eulenspiegel, PJ: 1956, PM: 10.2.1957

DA: Paul Heidemann (Bürgermeister), Axel Dietrich (Hansel), Erika Dunkelmann, Harry Hindemith (Hansels Eltern), Doris Abeßer (Hansels Schwester), Kurt Ulrich (Lehrer Möbius), Christoph Picha (Peter), Gerry Wolff (Stadtrat Müller), Helga Göring, Hans Klering, Walter Jupé, Maria Besendahl u.a.

INHALT: Die Kinder von Bärenburg an der Saale wünschen sich seit langem eine Badestelle mit Sprungturm. Ihren Vorschlag, einen Stadtstrand anzulegen, lehnt der Bürgermeister ab. Er gibt vor, ein richtiges Schwimmbad bauen zu wollen, doch angeblich fehlten die Mittel und Arbeitskräfte. Als der pfiffige 12jährige Hansel mit einer Liste freiwilliger Helfer kommt, wird er rausgeworfen – mit der Drohung: Ich werd' euch helfen! Das nimmt der Junge kurzerhand wörtlich, verbreitet diese Nachricht und setzt mit Unterstützung zahlreicher Einwohner die Arbeiten in Gang. Der Bürgermeister ist empört, doch der Stein rollt bereits. Ausreden und Intrigen können ihn nicht mehr aufhalten, zumal die Kinder in ihren Eltern und dem Stadtrat Müller engagierte Mitstreiter finden.

ZUM FILM: Das Szenarium dieses Kinderfilms war unentschieden, ließ aber eine ironische Distanz zur Staatsmacht erkennen. Der junge Regisseur Ralf Kirsten, der an der FAMU in Prag studierte, erhielt für diesen seinen ersten Film das Diplom.

ECHO: Der Hauptmangel des Films besteht darin, daß er erklügelt ist. Das bezieht sich sowohl auf die Fabel wie auf Konflikt- und Charaktergestaltung. (...) Man mag über die Vereinfachung von Charakteren bei Kinderfilmen geteilter Meinung sein, daß aber der Bürgermeister unserer Städte ohne weitere Motivierung eine gute Tat verhindert (»ein Bürokrat!«), ist in einem Kinderfilm Spitzfindigkeit. So finden die Kinder eigentlich nur an solchen turbulenten Handlungsvorgängen wie der Treibjagd im Rathaus Gefallen, die wiederum nichts mit der Idee des Films zu tun haben. (H. A., *Nationalzeitung*, 16.2.1957)

Eine einfache Fabel, ausgestattet mit Lebensfreude und auch ein wenig Satire, die weniger dem kindlichen Zuschauer, da er sie kaum versteht, als vielmehr dem Erwachsenen Freude machen wird. Manch andere Szenen, wie die Aktivität der Nationalen Front, werden den Erwachsenen ob der Idealisierung ein Lächeln abringen. Aber durch seinen Optimismus, seine heitere Beschwingtheit, vermag dieser Film mitzureißen. (mp, *Sächsisches Tageblatt*, 27.2.1957)

NEBENBEI: Der Komiker Paul Heidemann, der den Bürgermeister spielt, war schon ein Stummfilm-Star und hatte auch im Regie-Sessel Erfahrung.

Filmtext: Bärenburger Schnurre. Filmerzählung von Hermann Werner Kubsch. Berlin: Henschelverlag 1956

DER BÄRENHÄUTER

(Kinderfilm)

RE: Walter Beck, SZ: Eva Görsch, LV: Gleichnamiges Märchen der Brüder Grimm, DR: Thea Richter, KA: Günter Heimann, MU: Günther Fischer, SB: Paul Lehmann, KO: Dorit Gründel, SC: Ilse Peters, PL: Siegfried Kabitzke, GR: GR »Roter Kreis«, m: 2214 = 82 min, fa, PJ: 1984/85, PM: 19.1.1986, PM-Ort: Berlin, »Colosseum«

DA: Jens-Uwe Bogadtke (Christoffel), Janina Hartwig (Katarina), Manfred Heine (der Grüne), Hans Teuscher (Graf), Heidemarie Wenzel (Baronin), Dieter Wien (Osmund), Leon Niemczyk (Niklaus), Fred Delmare (Gustav), Gerhard Vogt, Andrej Hoffmann, Margrit Straßburger, Helmut

Schreiber, Katharina Rothärmel, Detlef Nier, Horst Buder u. a.
INHALT: Nach dem Krieg aus dem Dienst entlassen, weiß der arme Soldat Christoffel nicht wohin. Da begegnet ihm der Teufel und bietet ihm einen Pakt an: Geld in unbegrenzter Menge, wenn er sich sieben Jahre lang nicht wäscht, Haare und Nägel nicht schneidet und in keinem Bett schläft. Christoffel ist einverstanden. Doch bald merkt er, daß das Geld ihm nichts nützt, denn die Menschen meiden den schmutzigen, stinkenden Gesellen. Er sucht sich ein Quartier im Gefängnis, löst einen verschuldeten Goldschmied aus und gewinnt dadurch das Herz von dessen Tochter Katarina. Doch Christoffel verläßt sie. Erst nach Ablauf der Frist läßt er sich vom Teufel persönlich reinwaschen und kehrt als adretter Mann zu ihr zurück.
ZUM FILM: Das Märchen wurde zu einem Film der Stationendramaturgie, den Regisseur Walter Beck in starker Stilisierung erzählte.
ECHO: Christoffel erfährt, daß die lebenswichtigsten Werte für Geld nicht zu haben sind und daß es nur eine Waffe gibt, den Teufel zu besiegen: Liebe, gepaart mit Vertrauen und Treue. Ich weiß nicht, ob Kinder allein dieses Gleichnis in seiner philosophischen Dimension mitvollziehen können. Mir scheint eher, daß dies ein wunderbarer Film fürs Familiengespräch, für den von Kindern unvoreingenommen geführten Dialog zwischen den Generationen ist. (Heinz Hofmann, *Nationalzeitung*, 18.1.1986)
Beck gab dem Märchen ein schillerndes Gewand, an dem vielerlei Gewerke wirkten. Szenenbildner Paul Lehmann schuf ausschließlich im Atelier einen stilisierten Hintergrund. (...) Die Maskenbildner Klaus und Waltraud Becker verwandelten Christoffel in einen Struwwelpeter, der gefoppt, ausgenommen, gemieden, vertrieben wird. Trickgestalter Erich Günther und seine Mannen ließen sich vielerlei Attraktionen einfallen. (Hans-Dieter Tok, *Wochenpost* 6/1986)
NEBENBEI: Janina Hartwig, hier als Katarina, hatte schon als Schülerin ihr Fernsehdebüt gegeben und studierte an der Staatlichen Berliner Schauspielschule »Ernst Busch«. Sie übernahm zahlreiche große Film- und Fernsehrollen und hat ihre Popularität in den neunziger Jahren durch viele Rollen in TV-Serien vergrößert.

BANALE TAGE
RE: Peter Welz, SZ: Michael Sollorz, DR: Timothy Grossman, KA: Michael Schaufert, MU: Bernd Wrede, SB: Esther Ritterbusch, KO: Ulrike Stelzig, SC: Rita Hiller, PL: Ralph Retzlaff, GR: Künstlerische Gruppe »DaDaeR«, m: 2523 = 95 min, fa, brw, PJ: 1990, PM: 24.1.1992, PM-Ort: Berlin, »Babylon«
DA: Florian Lukas (Michael), Christian Kuchenbuch (Thomas), Kurt Naumann, Karin Mikityla (Paul u. Hanna Wagner), Jörg Panknin (Lehrmeister), Ronald M. Schernikau (Schauspieler), Bärbel Bolle, Ernst-Georg Schwill (Frau u. Herr Torf), Astrid Meyerfeldt (Frau Boll), Anita Herbst (Garderobiere), Herbert Olschok, Peter Prager, Michael Klobe, Paul Berndt, Hanno Harnisch u.a.
INHALT: Ost-Berlin, Ende der siebziger Jahre. Der sechzehnjährige Schüler Michael und der Werkzeugmacherlehrling Thomas sind Freunde. Als ziemlich unterschiedliche Typen haben sie doch eins gemeinsam: Sie wollen dem Mief in Elternhaus, Schule und Betrieb entfliehen. Ihr Aufbegehren ist ein grotesker Trip durch den banalen Alltag. Thomas bricht eine leerstehende Wohnung auf, quartiert sich ein. Er verteilt Flugblätter, die niemanden interessieren, außer den Staatssicherheitsdienst, der ihn mitnimmt. Michael sucht seinen Freund, als er von einem Besuch seines – schöne Sprüche klopfenden – Dramaturgen-Vaters von der Ostsee zurückkommt.
ZUM FILM: Zu Wende-Zeiten wurde in der DEFA die Nachwuchsgruppe DaDaeR gegründet, in denen sich junge Regisseure mit ersten und zweiten Projekten beweisen sollten. Peter Welz, einst talentierter Kinderdarsteller bei der DEFA (→ *Ikarus*), hatte mit seinen Hochschulfilmen Aufsehen erregt und legte mit seinem Kino-Debüt als »DEFA-Regisseur der fünften Generation« einen überzeugenden Talentbeweis vor. Er blieb nicht in amüsierter DDR-Nostalgie stecken, sondern erzählte seine Geschichte mit phantasievollen Überhöhungen.
ECHO: Dabei dominiert ein aus detaillierter Beobachtung von sozial und politisch bedingtem Verhalten resultierender feiner Humor, der glücklicherweise laute Pointen meidet und durch seine Beiläufigkeit überzeugt. (...) Ein bemerkenswerter Aspekt ist sicher auch der einer immer wieder in den Film eingeflochtenen Umformung

der Wirklichkeit zur Legende. Da taucht beispielsweise die Darstellerin Anita Herbst mal als literarische Zitate plappernde alte Theatergarderobiere auf, dann wieder als sterbenskranke, an ihr Bett gefesselte Großmutter, die nichts von dem um sie herum Geschehenen wahrzunehmen scheint und vor ihrem selbstbeschlossenen Tod noch würdevoll und feierlich aus einer übergroßen Märchenbibel vorliest. (Joachim Stargard, *Film und Fernsehen* 3/1992)
Anders als seine älteren Babelsberger Regiekollegen in ihren letzten DDR-Rückblicken im Zorn zeigt Welz keine staatlichen Unterdrückungsmechanismen, sondern leuchtet mit einer Mischung aus Witz, Ironie und Trauer in die heute gern geleugneten Nischen, wo eben auch mal (wenn auch nicht als Regel) ein Havemannbuch oder unerwünschte Westreklametüten in der Schule trotz Direktorenprotest ebenso ohne ernsthafte Folgen bleiben wie eine Wohnungsbesetzung oder ein aufmüpfiges Bühnenexperiment. Nur der Frust ist allgegenwärtig. (Heinz Kersten, *Tagesspiegel*, 30.1.1992)
So locker und leichtverdaulich kann die Beschäftigung mit der Vergangenheit sein. (Thomas Reinhard, *Saarbrücker Zeitung*, 30.1.1991)
NEBENBEI: In dem Film, der 1991 in Saarbrücken mit einem Preis ausgezeichnet wurde, tritt der früh verstorbene Dichter Ronald M. Schernikau in seiner einzigen Filmrolle auf. In der kleinen Rolle des Physiklehrers agiert der Medienwissenschaftler und Kritiker Peter Hoff.

BANKETT FÜR ACHILLES

RE: Roland Gräf, SZ: Martin Stephan, DR: Manfred Wolter, KA: Jürgen Lenz, MU: Gerhard Rosenfeld, SB: Georg Wratsch, KO: Inge Kistner, SC: Monika Schindler, PL: Uwe Klimek, GR: AG »Babelsberg«, m: 2416 = 89 min, fa, brw, PJ: 1974/75, PM: 20.11.1975, PM-Ort: Berlin, »International«
DA: Erwin Geschonneck (Achilles), Elsa Grube-Deister (Marga), Gert Gütschow (Walura), Jutta Wachowiak (Ursel), Fred Delmare (Kanarienvogel), Ute Lubosch (Beate), Carl Heinz Choynski (Bahre), Dieter Franke, Gudrun Ritter (Herr u. Frau Bäuerlein), Christa Löser (Frau Röder), Horst Lebinsky (Rogalla), Wolfgang Winkler, Fred-Arthur Geppert, Walter Bechstein, Walter Lendrich, Hermann Beyer u. a.

INHALT: Karl Achilles, 65 Jahre alt und dreißig Jahre im Chemie-Kombinat Bitterfeld tätig, geht in Rente. Bitterkeit befällt ihn an seinem letzten Arbeitstag. Er ist noch kräftig und aktiv, aber er weiß auch, daß er den Anforderungen, die an ihn als Meister gestellt werden, nicht mehr gewachsen ist. Deshalb geht er freiwillig. Ein Jüngerer, der Hochschulabsolvent Bahre, macht schon Probesitzen auf Achilles' Arbeitsplatz. Bereichsleiter Walura gibt ein Bankett zur ehrenvollen Verabschiedung – nebst Prämie und der üblichen Lobhudelei. Und zu Hause laufen die Vorbereitungen für die private Feier am Abend, von seiner neuen Lebensgefährtin organisiert. Auch die Kinder sind gekommen. Das alles macht Achilles den Abschied vom Betrieb, den er seit 1945 mit aufgebaut hat, nicht leichter. Auf seinem Weg durch die Stadt macht er Rast auf einer Parkbank, neben zwei Rentnern. Er zerstört sein Blumenbeet auf der Industriehalde, wo er besonders widerstandsfähige Blumen züchtete, um die verunstaltete Landschaft zu verschönen. Er flüchtet von der Familienfeier. Am nächsten Morgen geht er zu seinen Blumenbeeten und richtet sie wieder her.

ZUM FILM: Der Film bot eine ungewöhnliche, kritische Sicht auf die Arbeiterklasse, eine kritische Sicht von Arbeitern auf ihr Leben ebenfalls. Dadurch hatte Roland Gräf Schwierigkeiten, den Stoff durchzusetzen. Erwin Geschonneck wollte die Rolle jedoch unbedingt spielen, weil er die großen Möglichkeiten sah, die sie bot.
ECHO: Nach einigen »unterbelichteten« DEFA-Filmen darf Roland Gräfs zweites Regiewerk als Lichtblick, wenn nicht als Glanzpunkt der Spielfilmkunst angesehen werden. Mit Karl Achilles schuf Erwin Geschonneck eine eigenwillige und wahrhaftige Arbeitergestalt. Überhaupt ist das Milieu der Produktion, sind die Arbeitergestalten und Randfiguren wohltuend lebensnah und frisch gezeichnet worden. (-ele-, *Sächsische Neueste Nachrichten*, 9.11.1975)
In einer dem freundlichen Ausgleich geneigten Situation die Zuspitzung wachsen zu lassen, das hat Gräf sichtlich gereizt. Diese Linienführung bestimmt die dramaturgische Struktur des Films. Erwartungshaltungen kontern, Oberflächeneindrücke durchsichtig machen, herausarbeiten, was die Figuren wirklich bewegt, was sie schmerzt, wie sie damit fertig werden – darauf ist Gräfs und Stephans Gestaltungswille gerichtet. Gräfs Bildgestaltung setzt von der ersten Einstellung an orientierende Akzente, sie schafft eine emotionale Stimmigkeit, die einen wesentlichen Reiz aller seiner Filme ausmacht. (Helmut Lütge in *DEFA-Spielfilm-Regisseure und ihre Kritiker*, 1981)
NEBENBEI: Szenarist Martin Stephan verarbeitete eigene Erlebnisse als Chemiearbeiter. Er sammelte aber auch in anderen Berufen Erfahrung: als Stahlarbeiter, Beifahrer, Puppenspieler und Lagerist.

DER BAULÖWE

RE: Georgi Kissimov, SZ: Kurt Belicke, DR: Gabriele Herzog, KA: Wolfgang Braumann, MU: Karl-Ernst Sasse, SB: Joachim Otto, KO: Barbara Braumann, SC: Vera Nowark, PL: Werner Langer, GR: GR »Johannisthal«, m: 2531 = 93 min, fa, brw, PJ: 1979, PM 5.6.1980, PM-Ort: Berlin, »Kosmos«
DA: Rolf Herricht (Ralf Keul), Annekathrin Bürger (Frau Keul), Agnes Kraus, Hans Klering (Ehepaar Weber), Franziska Troegner, Annett Kruschke (Ingrid u. Kirstin Keul), Herbert Köfer (Regisseur), Gerry Wolff (Richter), Peter Dommisch (Emil Sasse), Hannjo Hasse (Herr Paul), Carl Heinz Choynski, Peter Kalisch, Edwin Marian, Eberhard Mellies, Lutz Stückrath u. a.
INHALT: Der erfolgreiche Unterhaltungskünstler Ralf Keul muß sein Grundstück an der Ostsee bebauen, sonst wird es anderweitig vergeben. Er stürzt sich – unerfahren, aber mutig – in das Abenteuer, das ihm nichts erspart. Ständig am Rande des Nervenzusammenbruchs kämpft er mit den Schwierigkeiten bei der Materialbeschaffung, dem Transport – von den Handwerkern ganz zu schweigen. Auf halber Strecke geht ihm das Geld aus, und er muß seine Münzsammlung verkaufen. Am Ende, nach Strapazen, beruflichem Ärger und überstandener Ehekrise, steht das Haus. Frau und Töchter sind begeistert, und Besucher stellen sich reichlich ein.
ZUM FILM: Nach viel zu langer Pause wurde Komiker-Star Herricht wieder eine Hauptrolle geboten. Wie schon in → *Der Mann, der nach der Oma kam* hatte er als prominenter Künstler die Diskrepanz zwischen Wunsch und Realität im DDR-Alltag zu erleiden. Der Film war das Kino-Debüt von Georgi Kissimov, einem Bulgaren, der an der HFF Potsdam-Babelsberg Regie studiert hatte und sich zum heiteren Genre bekannte.

ECHO: Belicke und Kissimov polemisieren nicht – wie auch! – gegen Eigenheimbau und Handwerker. Sie schicken Keul, ihren »tumben Toren«, auf eine heitere Odyssee, die ihn mit einer erstaunlichen Vielzahl von Leuten konfrontiert, denen Eigennutz über Gemeinwohl, Unehrenhaftigkeit über Berufsehre geht, die sich rücksichtslos an Baumaterialien bereichern, die objektiv Mangelware sind. Der Film weist mehrfach auf solch spießerhaftes Gebahren und auf egozentrischen Wohlstandsdünkel hin, gibt diese mit sozialistischer Moral keineswegs zu vereinbarenden Haltungen und Handlungen dem Verlachen preis. (Hans-Dieter Tok, *Film und Fernsehen* 8/1980)

Ein heiterer Film, von jedem etwas, aber doch kein Lustspiel, keine Satire, keine Slapstick-Komödie, kein Schwank, vielleicht am ehesten eine Posse. (...) Im Vertrauen darauf, daß die Wirklichkeit schon grotesk genug sei, wurde sie nur verulkt, ohne satirisch zu vertiefen. (Frank-Burkhard Habel, *konstruktiv* 13/1980)

NEBENBEI: Frau und Sohn von DEFA-Star Hannjo Hasse spielten auch Frau und Sohn des Herrn Paul, wie Hasse hier hieß. Auch Herbert Köfers Angehörige hatten einen kurzen Auftritt.

BEETHOVEN – TAGE AUS EINEM LEBEN

RE: Horst Seemann, SZ: Günter Kunert, DR: Franz Jahrow, KA: Otto Hanisch, MU: Zitate aus Werken Ludwig van Beethovens; MZ: Horst Seemann, SB: Hans Poppe, KO: Inge Kistner, SC: Bärbel Weigel, PL: Manfred Renger, GR: GR »Babelsberg«, m: 2949 = 108 min, fa, brw, OT: Der Compositeur, PJ: 1975/76, PM: 14.10.1976, PM-Ort: Berlin, »International«

DA: Donatas Banionis (Ludwig van Beethoven), Stefan Lisewski (Johann van Beethoven), Hans Teuscher (Karl van Beethoven), Renate Richter (Josephine Brunswiek), Eberhard Esche (Sekretär Beethovens), Fred Delmare (Mälzel), Katja Paryla (Haushälterin Johanna), Marita Böhme (Konzertsängerin S.), Dirk Nawrocki (Neffe Karl), Leon Niemczyk (Rasumowski), Günter Wolf, Erika Pelikowsky, Gerry Wolff, Herwart Grosse, Rolf Hoppe u. a.

INHALT: Die Episoden aus dem Leben und Schaffen des auf der Höhe seines Ruhmes stehenden Komponisten umfassen die Jahre 1813 bis 1819 in Wien. Beethovens sinfonisches Werk »Wellingtons Sieg oder Die Schlacht bei Vittoria« wird vom Publikum begeistert aufgenommen. Seine Lebensverhältnisse aber sind eher bescheiden und bedrückend. Ständiger Geldmangel, Streit mit der Haushälterin, Bevormundung durch die beiden Brüder Johann und Karl, Bespitzelung wegen seiner demokratischen Gesinnung, zunehmende Taubheit. Seine Vereinsamung wird immer größer, er erinnert sich seiner »unsterblichen Geliebten«. Dennoch ist seine Schaffenskraft nicht gebrochen. Er trägt sich mit dem Gedanken zu seiner »Neunten Sinfonie«, unter deren Klängen er im Schlußbild in die Gegenwart schreitet.

ZUM FILM: Keine der üblichen Künstlerbiografien lieferten Horst Seemann und Günter Kunert, sondern den Versuch, einen Diskussionsbeitrag zur Freiheit von Kunst und Künstlern zu geben. Der Wunsch nach unbedingter Meinungsfreiheit steht gegen die Spitzel Metternichs, die Belastungen des Alltags gegen sich bahnbrechendes Schöpfertum, die Ideale der französischen Revolution gegen Kleingeistigkeit. Nur einen Monat nach der Uraufführung des Films begannen die Repressionen gegen Regisseur und Autor, weil sich beide gegen die Ausbürgerung Wolf Bier-

manns aussprachen. Vor diesem Hintergrund erhält Kunerts Äußerung in der Zeitschrift *Film und Fernsehen* eine besondere Bedeutung: »Im Künstlerschicksal, wie extrem es auch sein mag, zeichnet sich immer etwas Allgemeingültiges ab, denn der Künstler erleidet empfindlicher die Zuckungen des Zeitgeistes oder lebt ihn stärker aus als andere: daran hat sich bis heute nichts geändert, und in solchem Element (wie beispielsweise diesem) liegt die Aktualität unseres Films, nicht in einer simplen politischen Analogie.«

ECHO: Die von Seemann selbst aus Beethovens Werk ausgewählte Musik dient fast nie zur bloßen Illustration, sondern steht meist in dialektischer Spannung zum Bild. Der Hang dieses Regisseurs zu sentimentalen Romantizismen, bei all seinen vorangegangenen Gegenwartsfilmen stets in einigen postkarten-kitschigen Einstellungen präsent, kommt diesmal, der Gesamtkonzeption integriert, nur noch in einigen schönen Landschaftsaufnahmen zum Durchbruch (Kamera: Otto Hanisch). (Heinz Kersten, *Frankfurter Rundschau*, 4.11.1976)

Der Film beginnt mit Szenen der Uraufführung von »Wellingtons Sieg oder Die Schlacht bei Vittoria«, unterschnitten mit realistischen Schlachtbildern, und endet mit Beethovens ärmlichem Umzug in die vierte Wiener Wohnung, der plötzlich im Ostberliner Zentrum am Alex verläuft. Nicht Gag, nicht Apotheose, sondern leise drängende Frage: »Was wäre wenn...«. Nähe, Forderung, Prüfung. Das soziale Klima, die Problemsolidarität der Leute in der DDR machte diesen Schluß möglich, sinnfällig und tragfähig. Im Westen wäre er vermutlich als Attitüde verpufft. (Klaus Wischnewski in *Das zweite Leben der Filmstadt Babelsberg*, 1994)

NEBENBEI: Hans Teuscher, der Darsteller von Beethovens Bruder Karl, synchronisierte auch den litauischen Hauptdarsteller Donatas Banionis und hatte im Dialog beide Figuren fein voneinander abzusetzen.

BEFREIUNG

(Produktion: Mosfilm, Sowjetunion, unter Mitarbeit der DEFA und Produzenten in Polen, Italien und Jugoslawien)

Teile: Der Feuerbogen, Der Durchbruch, Die Hauptstoßrichtung, Die Schlacht um Berlin, Der letzte Sturm

RE: Juri Oserow, CO-RE: Julius Kun, BU: Juri Bondarew, Oskar Kurganow, Juri Oserow, DR: Grigori Marjamow, KA: Igor Slabnewitsch, MU: Juri Lewitin, SB: Alexander Mjagkow, SC: J. Karpowa, PL: Lidija Kanarejkina, PJ: 1969-71, L: 439 min, OT: Oswoboshdenije, AD: 13.11.1970 (Teile 1+2), 25.6.1971 (Teil 2), 5.5.1972 (Teile 4+5)

DA: Nikolai Oljalin (Zwetajew), Larissa Golubkina (Soja), Boris Seidenberg (Orlow), Sergej Nikonenko (Saschka), Wsewolod Sanajew (Lukin), Wladimir Samoilow (Gromow), Jan Englert (Janek), Michail Uljanow (Shukow), Buchuti Sakariadse (Stalin), Fritz Diez (Hitler), Gerd-Michael Henneberg (Keitel), Siegfried Weiß (Manstein), Hannjo Hasse (Kluge), Peter Sturm (Model), Florin Piersic (Skorzeny), Barbara Brylska (Helena), Daniel Olbrychski (Henrik), Erich Tiede (Himmler), Horst Giese (Goebbels), Alfred Struwe (Stauffenberg), Wilfried Ortmann (Olbricht), Werner Wieland (Beck), Otto Dierichs (Witzleben), Wassili Schukschin (Konew), Juri Durow (Churchill), Angelika Waller (Eva Braun), Herbert Körbs (Guderian), Sepp Klose, Franczisek Pieczka, Michail Glusski u.a.

INHALT: Die Ereignisse des Zweiten Weltkrieges werden in einem großen Panorama aus sowjetischer Sicht dargestellt. Die Handlung beginnt mit dem Überfall von Nazi-Deutschland auf die Sowjetunion. Dabei werden Szenen der politischen Entscheidungsfindung verwoben mit Episoden aus dem Leben einfacher Kriegsteilnehmer verschiedener Nationen, wobei die sowjetischen Kämpfer, wie Sanitätsfeldwebel Soja oder Panzeroffizier Doroshkin, im Mittelpunkt stehen. Große Schlachtenszenen bestimmen den Film ebenso wie private Momente. Erzählt wird u.a. von der Panzerschlacht am Kursker Bogen, 1943 sowie der Vorbereitung und Durchführung der sowjetischen Sommeroffensive in Belorußland, 1944. Bei der Darstellung der Umstände des Attentats auf Hitler vom 20. Juli 1944 wird die Rolle Graf Stauffenbergs gewürdigt. Schließlich werden die Kämpfe um und in Berlin ausführlich dargestellt. (f.b.h.)

ZUM FILM: Für dieses Geschichtspanorama, den bis dato teuersten sowjetischen Film überhaupt, versicherte sich die sowjetische Seite der Mitwirkung der DEFA. Umfangreiche Komplexe wurden in der DDR gedreht. Als militärischer Berater für die Vorgänge im deutschen Generalstab fungierte Jobst v. Witzleben. In den Kinos der DDR liefen die Teile 1 u. 2 und 3 u. 4 gekoppelt und erreichten ein viele Millionen zählendes Publikum. Der Film wurde in 153 Länder verkauft.

ECHO: Der Film schaut dem Krieg direkt ins Gesicht. Im Blickwinkel seiner Kameras bricht die ganze Grausamkeit und Ungeheuerlichkeit seiner Schlachten auf. (...) Aus seiner Monumentalität kehrt der Film immer wieder in die Gesichter der Menschen zurück und schwenkt Minuten später wieder in die Hölle der Kämpfe. So wird das mit kräftigen Strichen skizzenhaft umrissene Einzelschicksal nie als mögliches Ausnahmeschicksal verstanden, sondern immer als ein sich im Individuellen spiegelndes grausames Gesamterlebnis. (Hans-Gert Schubert, *Freie Presse*, 5.11.1970)

Was aber auffällt: Der Feind wird nicht mehr einfach verteufelt, er wird vielmehr in überaus fairer Darstellung als achtbarer Gegner hingestellt. (...) Gewiß, Hitler (Fritz Diez, DDR) wird nicht zu Unrecht als Psychopath charakterisiert, aber bereits in seiner engsten Umgebung – etwa selbst bei der Person Keitels – ist man durchaus um Sachlichkeit bemüht. Stalin (Buchuti Sakariadse)

wird, auch das mag überraschen, als müder alter Mann gezeichnet, der sich nur langsam und überaus gemessen auszudrücken versteht. Er ist zwar der Befehlshaber, aber nicht unbedingt der Mann der Stunde. (V.B., *Tagesspiegel*, 19.3.1971)

Man muß es dem Regisseur und Drehbuchautor Juri Oserow und seinem militärischen Berater Schtemenko bescheinigen: so war es, nach alledem zu urteilen, was Memoiren und die Forschung der Historiker über die Männer des 20. Juli geschrieben oder zutage gefördert haben. Kleine Verzeichnungen, gelegentliche Übertreibungen fallen nicht ins Gewicht. (...) Der gesamte Film ist in Zusammenarbeit mit der Ostberliner Defa gedreht worden. Sie stellte auch die ausnahmslos guten Schauspieler für die Personen der deutschen Seite, eingeschlossen ein in keiner Weise verzerrter oder karikierter Hitler. (Ernst-Ulrich Fromm, *Die Welt*, 26.3.1971)

Sehr fein haben die Filmschöpfer zwischen dem deutschen Volk und dem Faschismus unterschieden. Deutsche Soldaten werden als Werkzeuge und als Opfer gezeigt. Die Gemeinschaft der sowjetischen Befreier mit den deutschen Antifaschisten wird lebendig. (Wilfriede Eichler, *Nationalzeitung*, 9.5.1972)

NEBENBEI: Viele der Filmemacher, darunter Regisseur Oserow und sein Co-Regisseur Kun, haben den Krieg selbst kämpfend mitgemacht. – In den Schlachtaufnahmen in Berlin sieht man noch einmal die historische Siedlung am Fischerkiez, die später abgerissen wurde, um Neubauten Platz zu machen.

BEGEGNUNG IM ZWIELICHT

(Co-Produktion DDR/Polen)

RE: Wanda Jakubowska, RE-MI: Ralf Kirsten, SZ: Wanda Jakubowska, Stanislawa Muskat-Fleszarowa, Hanns Julius Wille, LV: Roman »Laßt uns schreien« von Stanislawa Muskat-Fleszarowa, DR: Egon Günther, KA: Kurt Weber, MU: Stanislaw Skrowaczewski, BA: Anatol Radzinowicz, KO: Elli-Charlotte Löffler, Tatiana Manzett, SC: Lidia Pstrokonska, Aurelia Rut, PL: Hans Mahlich, Stanislaw Daniel, m: 2930 = 107 min, s/w, AT: Nach jenen Jahren, PJ: 1960, PM (DDR): 2.12.1960, PM-Ort: Berlin, »Babylon«, CO: Film Polski, Gruppe »Start«, Warschau/VR Polen, Poln. Titel: Spotkania w mroku

DA: Zofia Slaboszowska (Magdalena Novak), Horst Drinda (Ernst Steinlieb), Erich Franz (Wenk), Charlotte Küter (Frau Wenk), Emil Karewicz (Dominik), Ilona Mikke (Marysia), Albert Hetterle, Zofia Mrozowska (Dr. Häußler u. Frau), Horst Friedrich (Fidus), Mathilde Danegger (Lieschen), Jürgen Frohriep, Herwart Grosse, Walter Jupé, Trude Bechmann, Hans-Ulrich Lauffer u. a.

INHALT: Die polnische Pianistin Magdalena Novak ist auf einer Konzertreise durch Westdeutschland. Der herzliche Beifall nach einem Auftritt in Eltheim löst zwiespältige Gefühle in ihr aus. Sie war schon einmal hier, zwangsweise, während des Krieges als Fremdarbeiterin. Zwei Menschen, die damals zu ihr freundlich waren, möchte sie gern wiedersehen: den Schuhfabrikanten Ernst Steinlieb, mit dem sie freundschaftliche Gefühle verbanden, und den Antifaschisten Wenk, den Meister, der Brot und Medikamente zu ihr ins nahe KZ Altötting schmuggelte. Sie trifft die beiden in einer Gerichtsverhandlung. Wenk wird als Atomrüstungsgegner angeklagt; man versucht ihn zu kriminalisieren, da er damals einige Paar Schuhe für Flüchtlinge entwendet hatte. Magdalena ist zutiefst enttäuscht über diese Entwicklung in Deutschland und die Aussage Steinliebs gegen Wenk.

ZUM FILM: Die zweite Co-Produktion der DEFA mit einem polnischen Studio wurde von Wanda Jakubowska realisiert, die mit ihrem antifaschistischen Film *Die letzte Etappe* zu Weltruhm gelangt war. Mit dem neuen Werk legte sie jedoch einen tendenziösen Film vor, der sich zu eindimensional mit profaschistischen Tendenzen in der Bundesrepublik beschäftigte.
ECHO: Von diesem Geschehen und seiner künstlerischen Gestaltung geht nicht durchweg die starke Wirkung aus, die man für den Film erhoffte. Es ist nicht nur der magere Stoff, der den Zuschauer unbefriedigt läßt, es ist wohl mehr noch die Tatsache, daß trotz richtig beobachteter und wiedergegebener Einzelzüge Stimmung und Milieu der deutschen Kleinstadt gegen Kriegsende nicht überzeugend genug getroffen wurde. Am Anfang und am Ende ersetzt mancherlei Plakathaftes, auch gewollt Symbolisches die unmittelbare Wirklichkeit; die Musik fügt außerdem Befremdliches hinzu. Je leiser und eindringlicher der Film dann in den Mittelpartien wirkt, um so näher kommt er der Wahrheit von damals. (H. U. E., *Berliner Zeitung*, 6.12.1960)
NEBENBEI: Der aus Oberschlesien stammende Erich Franz, der Darsteller des Antifaschisten Wenk, arbeitete jahrzehntelang im Bergbau und betätigte sich daneben in Laienspielgruppen. Hier wurde er 1951 für Brechts Berliner Ensemble entdeckt, setzte sich schnell in proletarischen Rollen im DEFA-Film durch und blieb für ein Jahrzehnt ein populärer Filmschauspieler. Nur wenige Wochen nach der Premiere von *Begegnung im Zwielicht* starb er im Alter von 57 Jahren.

DAS BEIL VON WANDSBEK

RE: Falk Harnack, BU: Hans-Robert Bortfeldt, Falk Harnack; nach einem Manuskript von Wolfgang Staudte, Werner Jörg Lüddecke, LV: Gleichnamiger Roman von Arnold Zweig, DR: Marieluise Steinhauer, KA: Robert Baberske, MU: Ernst Roters, BA: Erich Zander, Karl Schneider, KO: Walter Schulze-Mittendorf, SC: Hildegard Tegener, PL: Kurt Hahne, m: 3025 = 111 min, s/w, PJ: 1950, PM: 11.5.1951, PM-Ort: Berlin, »Babylon«
DA: Erwin Geschonneck (Albert Teetjen), Käthe Braun (Stine Teetjen), Gefion Helmke (Dr. Käthe Neumeier), Willy A. Kleinau (Hans Peter Footh), Ursula Meißner (Annette Koldewey), Arthur Schröder (Dr. Koldewey), Claus Holm (SA-Sturmführer Trowe), Fritz Wisten (Siegfried Mengers), Maly Delschaft (Frau Lehmke), Helmut Hinzelmann, Blandine Ebinger (Oberst Lintze u. Frau), Gisela May (Arbeiterfrau), Hilde Sessak, Erika Dannhoff, Albert Garbe, Hermann Stövesand, Gert Schäfer, Gina Presgott, Charlotte Küter, Raimund Schelcher u. a.
INHALT: 1934. Hamburg erwartet hohen Besuch: den Führer. Vorher gilt es noch einen Makel, der auf der Stadt liegt, zu beseitigen. Vier zum Tode verurteilte Kommunisten sind noch immer nicht hingerichtet. Es fehlt ein Henker. Durch Zufall stößt man auf den Schlächtermeister Teetjen. Sein Laden geht schlecht, und er bat den ehemaligen Kriegskameraden Footh um Hilfe. Der Reeder und SS-Standartenführer ist zu einem Geschäft bereit: eine beträchtliche Summe für eine »vaterländische Tat«. Teetjen läßt sich überreden, die Scharfrichterrolle zu übernehmen, wenn es geheim bleibt. Er waltet seines Amtes, doch die Henkerarbeit spricht sich herum. Die Leute in seinem Viertel sind entsetzt, der Kundenkreis wird immer kleiner. Nachdem seine Frau sich erhängt hat, schießt sich Teetjen eine Kugel in den Kopf.

ZUM FILM: Das von Wolfgang Staudte vorbereitete Projekt übernahm Falk Harnack, damals Leitungsmitglied der DEFA. Wie sein von den Nazis hingerichteter Bruder Arvid war Falk Harnack im Widerstand tätig gewesen. Die Adaption des Romans über einen Nazi-Henker war Harnacks Regiedebüt im Film und blieb sein einziger DEFA-Streifen. *Das Beil von Wandsbek* lief nur einen Monat in den DDR-Kinos (und erreichte in dieser Zeit immerhin 800 000 Zuschauer), wurde aber politisch scharf kritisiert. Trotzdem Harnack den Szenen mit den inhaftierten Opfern besonderes Gewicht gab, wurde seitens sowjetischer Funktionäre geltend gemacht, daß der Film eine »schädliche Wirkung auf die Menschen in der DDR habe, da er nicht Haß gegen den Faschismus, sondern Mitleid mit den Mördern erzeugt.« Noch ein Jahr nach dem Verbot des Films wurde gegen ihn gewettert, weil er »nicht die Kämpfer der deutschen Arbeiterklasse zu den Haupthelden macht, sondern ihren Henker.« Fortan gab es in der DEFA für viele Jahre keinen antifaschistischen Stoff mehr, ohne daß darin nicht wenigstens ein Kommunist als konsequentester Träger des Widerstandes auftrat. – Erst zu Arnold Zweigs 75. Geburtstag kam 1962 eine um zwanzig Minuten gekürzte Fassung des Films in die Kinos. Zu einem weiteren 75. Geburtstag knapp zwanzig Jahre später wurde dann der vollständige Film erstmals wieder in einer Sonderaufführung gezeigt – auf ausdrücklichen Wunsch des Jubilars und Hauptdarstellers Erwin Geschonneck.

ECHO: Der Film tut etwas sehr Wesentliches. Er dringt weiter als das Buch in das Dunkel der Todeszellen, die dem Roman den tiefen und dunklen Hintergrund geben. Die vier Aufrechten, die schon damals Wissenden, treten hervor und werden zum Schwerpunkt des Films. (...) Harnack bleibt nie an der Oberfläche. Er zwingt aus den Menschen immer etwas von dem Viel oder Wenig hervor, was sie neben den Worten in sich tragen. So wölben sich noch stärker die Gefängnisszenen hervor, die in das Leben außerhalb der Mauern dringen und seine Bilder verdichten. (Leo Menter, *Weltbühne* 21/1951)

Während Zweig seine Figuren nicht verurteilte, vielmehr um Verständnis auch für diejenigen warb, deren politische Anschauungen er entschieden verwarf, während er, der Emigrant, von billiger Schwarzweißzeichnung nichts wissen wollte und sich unentwegt um eine gerechtere Beurteilung der in Deutschland Lebenden bemühte, verzichtet der Film auf keines der gängigen Klischees über die Verhältnisse im »Dritten Reich« und reduziert alles Komplexe auf ärgerlich simple Entweder-Oder-Formeln. (...) Wahrscheinlich wirkte der Film in der ursprünglichen Fassung weniger plakativ, daß er aber künstlerisch bedeutender war, ist so gut wie ausgeschlossen. (Marcel Reich-Ranicki, *Frankfurter Allgemeine*, 22.4.1974)

NEBENBEI: Die Darstellerin der Frau Teetjen, Käthe Braun, war eine bekannte Theaterschauspielerin und mit Falk Harnack verheiratet.

BERLIN – ECKE SCHÖNHAUSER ...

RE: Gerhard Klein, BU: Wolfgang Kohlhaase, DR: Gerhard Hartwig, KA: Wolf Göthe, MU: Günter Klück, BA: Oskar Pietsch, KO: Lydia Fiege, SC: Evelyn Carow, PL: Erich Albrecht, m: 2204 = 81 min, s/w, AT: Wo wir nicht sind, PJ: 1956/57, PM: 30.8.1957, PM-Ort: Berlin, »Babylon«
DA: Ekkehard Schall (Dieter), Ilse Pagé (Angela), Harry Engel (Karl-Heinz), Ernst-Georg Schwill (Kohle), Helga Göring (Angelas Mutter), Erika

Dunkelmann (Kohles Mutter), Maximilian Larsen (Kohles Stiefvater), Raimund Schelcher (VP-Kommissar), Anselm Glücksmann, Siegfried Weiß, Manfred Borges, Hartmut Reck, Jürgen Holtz, Gerhard Rachold, Barbara Berg u. a.

INHALT: Unter dem U-Bahn-Bogen auf der Schönhauser treffen sie sich täglich, die 16-, 17jährigen, denen der Platz im Elternhaus zu eng wird. Mutproben sind an der Tagesordnung, und für eine Westmark wirft man schon mal eine Laterne ein. Der Bauarbeiter Dieter sucht auf der Straße die Freiheit, Kohle flüchtet vor seinem ständig betrunkenen Stiefvater, Karl-Heinz ist schon auf der kriminellen Bahn, und Angela muß zu Hause Platz machen, wenn die Mutter den Freund empfängt. Karl-Heinz versucht, Dieter und Kohle in seine dunklen Geschäfte zu ziehen, und nach einem vermeintlichen Totschlag flüchten die beiden nach Westberlin, wo Kohle im Auffanglager tragisch ums Leben kommt. Dieter entflieht der zweifelhaften »Fürsorge« des Lagers und kehrt nach Hause zurück. Er will für seine Schuld einstehen, um danach ein neues Leben beginnen zu können, und er will zu Angela, die ein Kind von ihm erwartet.

ZUM FILM: Realistisch und genau erzählen Klein und Kohlhaase ihre Geschichte unter dem Eindruck des italienischen Neorealismus. Ihr dritter gemeinsamer Berlin-Film findet begeisterte Befürworter und harsche Kritiker. Die 2. Filmkonferenz der SED geht 1958 mit diesem Film hart ins Gericht. Das Leben unter Ostberliner Jugendlichen sei zu negativ dargestellt. Heute ist der Film einer der großen Klassiker der DEFA.

ECHO: Noch nie war – ohne Übertreibung – in einem unserer DEFA-Filme dieser moderne Dialog zu hören. Ganz leicht, ganz natürlich und locker, die Schauspieler deklamieren nicht, sondern lassen ihre Sätze wie nebenbei fallen, oft nur Satzteile oder Wortfetzen – wie man halt so spricht. Hier ist ein herkömmlicher Dialogstil endlich durchbrochen worden. (...) Der Film *Berlin – Ecke Schönhauser* ist beispielhaft und könnte ein Markstein im modernen Filmschaffen sein. Das Kollektiv Kohlhaas/Klein sollte erhalten bleiben. Es erscheint dem Kritiker mit dieser neuen Leistung nationalpreiswürdig. (Karl-Eduard v. Schnitzler, *Filmspiegel* 19/1957)

In diesem Film wird man keine jener Figuren entdecken, wie sie seit geraumer Zeit von westlichen Filmen vorgestellt werden. Gangstertypen, die ein Gebaren an den Tag legen, als seien sie schon als Babies Kompagnons von Al Capone gewesen. Auch nicht der geringste Versuch wird in derartigen Filmen gemacht, das vom Sein abhängige Bewußtsein der jungen Menschen in Erwägung zu ziehen. (Peter Edel, *BZ am Abend*, 2.9.1957)

Ungeachtet seiner antiwestlichen Tendenz hatte der zweifellos gut gemachte Film doch auch eine realistische Darstellung der Schattenseiten des sowjetzonalen Alltags nicht gescheut, was bei der DEFA vorher unmöglich war. (Heinz Kersten, *Das Filmwesen in der Sowjetischen Besatzungszone Deutschlands*, 1963)

Ihre (der Halbstarken, f.b.h.) Reaktionsweisen und vor allem ihre Sprache sind ebenso exakt wie lebendig beobachtet. Fragwürdig wirkt allerdings die Fabel des Films, die das Klischee vom Sündenbabel Westberlin ins Spiel bringt und in entscheidenden Momenten einen seelenvollen Vopo-Offizier von geradezu engelhafter Geduld auftreten läßt. (Ulrich Gregor, *Filmkritik* 6/1964)

Klein und Kohlhaase sind wie Tressler (Georg Tressler, BRD-Regisseur von *Die Halbstarken* und *Endstation Liebe*, f.b.h.) dem Lebensgefühl junger Leute auf der Spur, aber anders als er

suchen sie nach sozialen Wurzeln für deren Verhalten, nach gesellschaftlichen Fehlentwicklungen, beschreiben den Einfluß, den Eltern, Staatsorgane und Politik auf diese Generation haben oder nicht haben. Sie nehmen die Verlockungen des Westens (...) ebenso ernst wie manche Phrasendrescherei im Osten; eine entscheidende Rolle spielt der nur in wenigen Szenen auftretende, nachdenkliche VP-Wachtmeister (Raimund Schelcher). (Ralf Schenk in *Das zweite Leben der Filmstadt Babelsberg*, 1994)
NEBENBEI: Hauptdarstellerin Ilse Pagé wurde als Westberliner Schülerin für diesen Film entdeckt. Von DDR-Funktionären wurde moniert, daß Valuta ausgegeben werden mußten, um ihr Schauspielstunden zu erteilen.

BERLIN UM DIE ECKE

RE: Gerhard Klein, BU: Wolfgang Kohlhaase, DR: Klaus Wischnewski, KA: Peter Krause, MU: Georg Katzer, SB: Alfred Drosdek, KO: Barbara Braumann, SC: Evelyn Carow, PL: Manfred Renger, GR: KAG »Berlin«, m: 2360 = 85 min, s/w, AT: Berlin, Kapitel IV/Berlin und um die Ecke, PJ: 1965, PM: 10.5.1990, PM-Ort: Berlin, »International«, BE: Eine Rohschnittfassung des Films kam am 10.11.1987 im Programm des Archivkinos »Studio CAMERA«, Filmtheater »Babylon« Berlin, zur Uraufführung.
DA: Dieter Mann (Olaf), Monika Gabriel (Karin), Kaspar Eichel (Horst), Erwin Geschonneck (Paul Krautmann), Hans Hardt-Hardtloff (Hütte), Harald Warmbrunn (Meister), Jürgen Frohriep (Karins Mann), Kurt Böwe (Kratz, Polizist), Rudolf Ulrich (Kranführer), Uwe-Detlef Jessen (BGL-Vorsitzender), Claus Ebeling, Achim Schmidtchen, Maria Rouvel, Evamaria Bath, Helga Raumer u. a.
INHALT: Berlin, Mitte der sechziger Jahre. Die Freunde Olaf und Horst sind Mitglieder einer Jugendbrigade eines großen Metallbetriebes. Im Streben nach Produktionsverbesserungen kommt es zu Auseinandersetzungen. Die Maschinen sind veraltet, und es fehlt selbst an Kleinigkeiten. Für die Forderungen der Jungen haben die Alten kein Verständnis. Nur der stille Arbeiter Paul Krautmann, der sich im Kampf um Ersatzteile und die Sorge um die Maschinen aufgerieben hat, bringt den Jungen Vertrauen entgegen. Sein plötzlicher Tod geht ihnen sehr nahe. Als die beiden in der Betriebszeitung kritisiert werden, greift Olaf den Redakteur, den alten Antifaschisten Hütte, tätlich an. Neben den betrieblichen Problemen hat Olaf auch private. Er verliebt sich in Karin, Sängerin in einem Tanzcafé. Karin, die abends das Glamourgirl spielt und am Tag in einer Großküche arbeitet, wehrt ihn anfangs ab. Als er nicht nachgibt und sie merkt, daß er es ernst meint, kommt es doch noch zum Happy-End. Freund Horst geht nach der Auflösung der Jugendbrigade im Betrieb auf eine Großbaustelle.
ZUM FILM: Im vierten gemeinsamen Berlin-Film wandten sich Klein und Kohlhaase jungen Arbeitern von Anfang 20 zu, deren Problemen in der Arbeit, die eng mit einem Generationskonflikt zusammenhingen. Nach dem berüchtigten 11. Plenum vom Dezember 1965 folgte das Verbot auch dieses Films, da er die auf diesem Plenum kritisierten Positionen mit am eindeutigsten einnehme. Die Darstellung von Dummheit und Arroganz bei den Vertretern der älteren Generation, Verindividualisierung des Menschen, fehlenden kollektiven Bindungen, Anarchismus in der Arbeit und vieler anderer negativer Eigenschaften wurde den Filmemachern angekreidet. Gerhard Klein wurde krank und drehte bis zu seinem Tode 1970 keinen abendfüllenden Film mehr. – Auf Initiative des Staatlichen Filmarchivs der DDR wurde *Berlin um die Ecke* anläßlich der 750-Jahrfeiern Berlins in der Rohschnittfassung restauriert und als erster der Verbotsfilme von 1965 im Herbst 1987 uraufgeführt sowie ab 1988 auch in das Programm des Archiv-Verleihs aufgenommen. Unter Mitarbeit von Wolfgang Kohlhaase entstand 1990 aus dem Rohschnitt-Material eine kürzere Spielfilm-Fassung.
ECHO: Respektabel und äußerst begrüßenswert dieses Ermöglichen einer Erstbegegnung. Sie hält außergewöhnlich packende Szenen bereit, die manch thematisch ähnlich gelagerter DEFA-Neuproduktion glatterdings Vorbild sein könnte. So die unverblümter Realität abgelauschte Gewerkschaftssitzungs-Szene, bei der die Kamera als ironischer Kommentator fungiert. Oder jener Part, da Olaf und der Werkdirektor zusammenstoßen und ohne große Worte die Beziehungslosigkeit zwischen zwei Generationen sichtbar gemacht wird. (Eleonore Sladeck, *Norddeutsche Neueste Nachrichten*, 12.8.1988)

Dieser Altkommunist mit KZ-Erfahrung versteht nicht mehr, was in den Köpfen der Jungen vorgeht und fragt einmal den Parteisekretär: »Denkst du nie daran, daß das alles noch mal verloren gehen könnte?« Daß sich solche Ahnung 25 Jahre später bestätigt, haben nicht zuletzt jene zu verantworten, die damals Filme verboten, weil diese kritisch eine Realität reflektierten, die sie nicht wahrhaben wollten. (Heinz Kersten, 1990, zit. nach *So viele Träume*)

Es gibt keine dramatische Handlung, die Szenen sind lose miteinander verbunden. Die Bilder – in Schwarzweiß – vermitteln einen sinnlichen Genuß am Rhythmus und den kleinen und großen Erlebnissen des Alltags. Dieser Spielfilm ist ein genaues, stilles, tief berührendes menschliches Dokument östlichen Arbeiterlebens aus der Mitte der sechziger Jahre. (Erika Richter in *Das zweite Leben der Filmstadt Babelsberg*, 1994)

NEBENBEI: Mit der Rolle des Olaf gab der damals 24jährige Dieter Mann sein Filmdebüt.

EINE BERLINER ROMANZE

RE: Gerhard Klein, BU: Wolfgang Kohlhaase, DR: Lil Kahler, KA: Wolf Göthe, MU: Günter Klück, BA: Karl Schneider, KO: Ingeborg Wilfert, SC: Ursula Kahlbaum, PL: Hans-Joachim Schoeppe, m: 2210 = 81 min, s/w, PJ: 1955, PM: 17.5.1956, PM-Ort: Berlin

DA: Annekathrin Bürger (Uschi), Ulrich Thein (Hans), Uwe-Jens Pape (Lord), Erika Dunkelmann (Uschis Mutter), Erich Franz (Uschis Vater), Marga Legal (Hans' Mutter), Horst Kube (Max), Hartmut Reck (Harald), Hermann Wagemann (Polier), Eckart Friedrichson (Moses), Karl Weber, Karl Kendzia, Paul Pfingst, Ernst-Georg Schwill, Erich Brauer u. a.

INHALT: Die geteilte Stadt Berlin wird für das 16jährige Lehrmädchen Uschi zur Versuchung. Die glitzernden Auslagen in Westberlin reizen die angehende HO-Verkäuferin. Dort lernt sie einige Jungen kennen, von denen ihr vor allem der flotte »Lord« mit seinem Kofferradio imponiert. Den schüchternen Hans, der sich auf den ersten Blick in sie verliebt, beachtet sie erst später – aufgrund seiner Hartnäckigkeit. Langsam entwickelt sich zwischen beiden eine zarte Liebe, und nach einer Auseinandersetzung mit den Eltern geht sie zu ihm. Bei ihrer Ankunft ist die Enttäuschung groß. Hans hat nach einem Unfall auf dem Bau die Arbeit verloren, und seine Bleibe ist mehr als dürftig. Uschi kehrt nach Hause zurück. Die Eltern zeigen großes Verständnis für ihren Kummer und fordern sie auf, den Jungen mitzubringen.

ZUM FILM: Der zweite Berlin-Film von Klein/Kohlhaase läßt seine Helden vor und Nachteile beider Hälften der geteilten Stadt erkunden. So mußten sich die Filmemacher Kritik von Funktionärsseite gefallen lassen, weil sie ein zu differenziertes Bild von Westberlin gezeichnet hätten.

ECHO: Die Regie Gerhard Kleins wird allen Anforderungen und allen Qualitäten des Buches gerecht. Er inszenierte die schlichte Fabel schlicht, zeichnete unsentimental die Entwicklung junger Gefühle. Und es gelang ihm, die Personen um Hans und Uschi milieugerecht zu gruppieren. Durch Gerhard Klein wird ein alltägliches Geschehen inmitten der großen, gespaltenen Stadt Berlin besonders. (...) Wolf Göthe beweist uns durch seine liebevolle Fotografie, daß Berlin ebenso poetisch sein kann wie die oft gerühmte und als Beispiel zitierte Stadt Paris. Sein Abend an der Spree mit dem Bahnhof Friedrichstraße im Hintergrund ist nicht weniger reizvoll als ein Seine-Quai am Abend. (Wera und Claus Küchenmeister, *Deutsche Filmkunst* 6/1956)

Wie erfreulich, daß diese Annekathrin Bürger nicht nur Talent und Begabung verrät, sondern auch in sehr eindrucksvoller Art beweist. Unbefangenheit und eine unverbildete Eigenwilligkeit im besten Sinne geben ihrer Darstellung das Gepräge. Zeit dürfte es angesichts der fatzkenhaften Romy-Schneider-Psychose schon sein, daß endlich jemand kommt und nun wirklich mal das junge, vernünftige Mädchen von heute verkörpert – sie kann's. (Hans J. Stein, *Weltbühne* 23/1956)

FILMTEXT: Eine Berliner Romanze. Von Wolfgang Kohlhaase und Gerhard Klein. Berlin: Henschelverlag 1956.

NEBENBEI: Die Hauptdarstellerin Annekathrin Bürger wurde für diesen Film entdeckt, nahm danach ihr Schauspielstudium auf und blieb für Jahrzehnte einer der Stars von DEFA und Fernsehen. Für sie und Ulrich Thein gab es mehr als eine Romanze. Sie lebten mehrere Jahre zusammen.

BESCHREIBUNG EINES SOMMERS

RE: Ralf Kirsten, BU: Karl-Heinz Jakobs, Ralf Kirsten, LV: Gleichnamiger Roman von Karl-Heinz Jakobs, DR: Gudrun Rammler (Deubener), KA: Hans Heinrich, MU: Wolfgang Lesser, BA: Hans Poppe, Jochen Keller, KO: Helga Scherff, SC: Christel Röhl, PL: Werner Liebscher GR: KAG »60«, m: 2193 = 80 min, s/w, PJ: 1962, PM: 15.1.1963, PM-Ort: Schwedt, Kulturhaus Erdölverarbeitungskombinat

DA: Manfred Krug (Tom), Christel Bodenstein (Grit), Günter Grabbert (Schibulla), Johanna Clas (Lilo), Marita Böhme (Regine), Peter Reusse (Dschick), Horst Jonischkan (Grell), Erik Veldre (Kamernus), Hans-Peter Reinecke (Tenser), Helga v. Wangenheim, Heinz Lyschik u. a.

INHALT: Ende der 50er Jahre auf der Großbaustelle Schwedt, wo ein gigantischer Industriekomplex entsteht. Hierher, zu einem Jugendobjekt, wird Tom Breitsprecher aus Berlin delegiert. Er ist ein ausgezeichneter Ingenieur, aber seine politische Haltung und sein Privatleben lassen zu wünschen übrig. Er ist großspurig, zynisch, sein Frauenverschleiß enorm. Und hier verliebt er sich ausgerechnet in die FDJ-Sekretärin Grit, die auch noch verheiratet ist. Grit erwidert seine Liebe. Als das Verhältnis der beiden an den Tag kommt, sind die Kollegen empört, vor allem von dem unmoralischen Verhalten ihrer Genossin Grit. Für Grit und Tom aber ist diese Liebe etwas ganz Neues, Großes, das sie beide verändert. Sie brauchen sich, und Grit entscheidet, klare Verhältnisse zu schaffen und sich von ihrem Mann zu trennen – auch, um die Achtung des Kollektivs wiederzugewinnen.

ZUM FILM: Die Roman-Adaption, die, ähnlich wie vier Jahre später → *Spur der Steine*, moralische Fragen des Umgangs miteinander im Zeichen der sozialistischen Arbeit behandelte, vollzieht einen Kunstgriff des Autors nach: Obwohl der Ehebruch von Grit eines der zentralen Themen der Handlung ist, taucht ihr Ehemann doch als handelnde Figur nicht auf.

ECHO: Die Autoren gingen ungewöhnliche Wege, sie vermieden die oft übliche vielgliedrig konstruierte Filmhandlung und auch den dokumentaren Stil. Sie konzentrierten sich auf die Liebesgeschichte, auf die individuelle Gestaltung zweier junger Menschen, in denen sich in eigenwilliger Weise unsere Zeit widerspiegelt (Wolfgang Gersch, *Filmspiegel* 2/1963)

Der junge, talentierte *Sonnenseite*-Regisseur Ralf Kirsten fand in Christel Bodenstein und Manfred Krug eine auf den ersten Blick überraschende Besetzung des komplizierten Liebespaares. Ich glaube, daß gerade der junge Zuschauer ihm folgen und den Film-Tom, die Film-Grit als seine Weggefährten akzeptieren wird. (...) Noch keiner unserer Filme ist so nahe herangekommen an die Jugend auf den Baustellen des Sozialismus, hat so ernsthaft und leidenschaftlich versucht, unsere Zeit im Gesicht ihrer jungen Erbauer einzufangen. (Rosemarie Rehahn, *Wochenpost* 4/1963)

Damals haben wir diesen Film durchaus als Widerschein unserer eigenen Vorstellungen und Empfindungen von der Realität aufgenommen, aber weniger geschätzt, als er es verdient hätte. Der Roman, der natürlich ein viel reicheres Spektrum der Figuren und Beziehungen enthält und der in unser aller Bewußtsein und Gefühlen war, richtete sich gewissermaßen gegen den Film. Heute, da man den Film im Gesamtzusammenhang der sechziger Jahre sehen kann, behauptet er sein Gewicht. (Erika Richter in *Das zweite Leben der Filmstadt Babelsberg*, 1994)

NEBENBEI: Günter Grabbert, der hier den Schibulla spielt, war vier Jahrzehnte einer der Protagonisten des Leipziger Schauspielhauses und trat häufig, auch in den neunziger Jahren noch, bei Film und Fernsehen auf.

BESONDERE KENNZEICHEN: KEINE

RE: Joachim Kunert, BU: Berta Waterstradt, DR: Willi Brückner, KA: Erwin Anders, MU: Heinz Jahr, BA: Alfred Tolle, KO: Rosemarie Wandelt, SC: Hildegard Conrad, PL: Alexander Lösche, m: 2344 = 86 min, s/w, AT: Eine Frau um Mitte 30, PJ: 1955, PM: 8.3.1956, PM-Ort: Berlin, »Babylon«/»DEFA-Filmtheater Kastanienallee«

DA: Erika Müller-Fürstenau (Gerda Krause), Christoph Engel (Bernd), Rolf Moebius (Werner Schneider), Erich Mirek (Zimmermann), Horst Naumann (Klaus), Elfi Garden (Jutta, Gerdas Freundin), Anneliese Grummt (Uschi), Hans-Joachim Martens (Jürgen), Magdalene v. Nußbaum (Mutter Becker), Gertrud Brendler (Frl. Grethmann), Erika Dunkelmann, Margit Schaumäker, Wolfgang Hübner, Maika Joseph, Trude Brentina u. a.

INHALT: Gerda Krause. Besondere Kennzeichen: keine. Sie ist eine von vielen Frauen, die ihren Mann im Krieg verloren. In den schweren Jahren der Nachkriegszeit trägt sie die Last, für sich und ihre zwei Kinder zu sorgen, allein. Sie teilt das Schicksal vieler Trümmerfrauen und findet später Arbeit als Näherin. Abteilungsleiter Zimmermann, der aus seiner Zuneigung kein

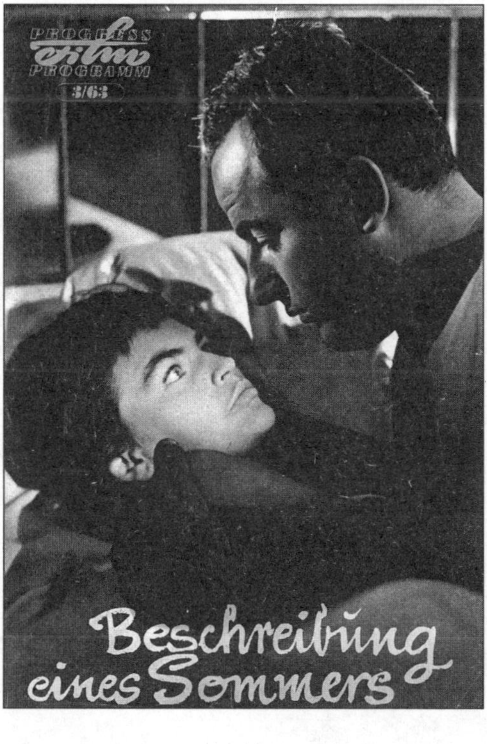

Hehl macht, möchte sie zur Qualifizierung schicken, doch sie lehnt ab. Erst die Begegnung mit Uschi, der sie vor dem Krieg regelmäßig bei den Schularbeiten half, läßt ihren alten Wunsch, Lehrerin zu werden, neu aufkeimen. Sie geht zum Studium. Und in Zimmermann findet sie schließlich auch den richtigen Partner und einen guten Vater für ihre Kinder.
ZUM FILM: In diesem Film stand eine »normale« Frau als Alltagsheldin im Mittelpunkt. Das nach einem Hörspiel entstandene Szenarium zeigte deutliche Ansätze einer neorealistischen Herangehensweise. Einsprüche der Studioleitung bewirkten, daß pädagogische Elemente in den Vordergrund gerückt wurden. Die neuartigen Ansätze in Joachim Kunerts Debütfilm blieben von der Kritik weitgehend unbemerkt.
ECHO: Eine Menge Stoff (...), aber leider keine Fabel, alles wird nämlich nur angetippt, das ganze Buch ist ein Mosaik von alltäglichen kleinen Episoden und leidet unter der zuweilen argen Trivialität der Dialoge. Großartig hingegen sind Berta Waterstradt alle Szenen gelungen, worin Kinder handeln und sprechen. (...) Joachim Kunert läßt seinen Kameramann, den bewährten Erwin Anders, vielleicht ein wenig zu oft die Menschen von unten her in die Optik nehmen; da sehen wir allemal erst die Beine und dann den ganzen Kerl. Aber vieles ist locker und glaubwürdig inszeniert. (Theodor Christoph, *Weltbühne* 12/1956)
NEBENBEI: Erika Müller-Fürstenau, die zuvor in der Bundesrepublik gefilmt hatte, gab hier ihr DEFA-Debüt.

Die Besteigung des Chimborazo

DIE BESTEIGUNG DES CHIMBORAZO
(Co-Produktion DDR/BRD)
RE: Rainer Simon, SZ: Paul Kanut Schäfer, Rainer Simon, DR: Erika Richter, Redaktion: Wolfgang Hammerschmidt, KA: Roland Dressel, MU: Robert Linke, SB: Alfred Hirschmeier, KO: Günther Heidemann, SC: Helga Gentz, PL: Dorothea Hildebrandt, GR: GR »Babelsberg«, m: 3000 = 110 min, fa, brw, PJ: 1988/89, PM: 7.9.1989, PM-Ort: Berlin, »International«, CO: TORO-Film GmbH, Berlin (West), ZDF, Mainz
DA: Jan-Josef Liefers (Alexander v. Humboldt), Luis Miguel Campos (Carlos Montúfar), Olivier Pascalin (Aimé Bonpland), Pedro Sisa (Pacho), Monika Lennartz (Frau v. Humboldt), Götz Schubert (Wilhelm v. Humboldt), Hans-Uwe Bauer (Georg Forster), Sven Martinek, Kathrin Waligura, Helmut Straßburger, Margit Bendokat, Christoph Engel, Marlies Ludwig, Florian Martens u. a.
INHALT: Im Jahre 1802 brechen von der nahe Quito (Ecuador) gelegenen Hazienda des Marqués de Selva Alegre drei Männer auf, den damals als höchsten Berg der Welt geltenden Chimborazo zu ersteigen: der Naturforscher Alexander von Humboldt, der Franzose Aimé Bonpland und der einheimische Aristokrat Carlos Montúfar. Trotz größter Strapazen und Gefahren untersucht, mißt und registriert Humboldt alles, was er wahrnimmt: Pflanzen, Tiere, Erde, Gestein, Wasser und Luft. Die Expedition führt sie durch die am Fuße des Berges gelegenen Indiodörfer, in denen sie übernachten. Humboldt begegnet der fremden Kultur mit Interesse und vorurteilsfreier Aufgeschlossenheit. Auf dem Weg erinnert er sich der Schwierigkeiten bei der Vorbereitung der Expedition, an die Kleingeistigkeit in Deutschland. Die Männer kämpfen verbissen gegen Schnee, Kälte, Orientierungsschwierigkeiten und dünne Höhenluft und gelangen schließlich in Regionen, die noch nie ein Mensch betreten hat.

Den Gipfel erreichen sie nicht, aber eine Höhe von 5540 Metern, mehr als Humboldt gehofft hatte.
ZUM FILM: Die Pläne, diesen Stoff zu verfilmen, reichen bis 1981 zurück. Nachdem zunächst eine Ko-Produktion mit Kuba erwogen worden war, wurde der Film schließlich als erste offizielle deutsch-deutsche Ko-Produktion unter Mitarbeit einer ecuadorianischen Produktionsfirma realisiert. Aus Humboldt erwuchs ein sehr gegenwärtiger Charakter, beispielsweise im Gespräch über das Verhältnis des Staates zum Einzelnen.
ECHO: Die in nicht immer leicht nachzuvollziehender Rückblendentechnik gebauten Szenen wirkten gelegentlich akademisch gestelzt, aufgesetzt, wenn nicht gar künstlich. Trotz seines begabten und wohlansehnlichen Darstellers Jan Josef Liefers fand ich keinen emotionellen Zugang zu diesem Menschen Humboldt, der mir eben im menschlichen Bereich zu vieles schuldig blieb. (Renate Holland-Moritz, *Eulenspiegel* 42/1989)
Vor allem aber machen die Rückblenden *Die Besteigung des Chimborazo* zu einem sehr gegenwärtigen Film. Sie zeigen Alexander von Humboldt als einen jungen Mann, der sich einer bequemen vorgezeichneten Beamtenkarriere entzieht, der zielbewußt seinen eigenen Weg geht, sich einen Lebenstraum verwirklicht. Nicht nur rhetorische Spitzen gegen Preußen wirken da ganz aktualitätsbezogen – auch in anderen Äußerungen und Haltungen dieses Alexander von Humboldt könnte sich die heutige DDR-Jugend wiedererkennen. Keine Denkmalsfigur wird auf einen filmischen Sockel gestellt: im Bild des von Jan Josef Liefers sehr gegenwärtig verkörperten Helden fehlt auch nicht seine von Biografen meist tabuisierte Homosexualität. (Heinz Kersten, *Tagesspiegel,* 8.10.1989)
NEBENBEI: In einer der ersten Filmszenen sind als Humboldts Gäste im Berliner Salon einige der bekanntesten Filmkritiker der DDR zu sehen, u.a. Dr. Günter Agde, Dr. Wieland Becker, Michael Hanisch, Günter Netzeband, Rosemarie Rehahn, Dr. Erika Richter, Dr. Hans-Joachim Rother, Regine Sylvester, Jutta Voigt und Margit Voss.
– Ecuador sollte Rainer Simon nicht mehr loslassen. In den neunziger Jahren drehte er hier die Dokumentarfilme *Die Farben von Tigua* und *Mit Fischen und Vögeln reden* und plant bereits weitere Dreharbeiten in dieser faszinierenden Welt.
Filmtext: Die Besteigung des Chimborazo. Literarische Filmerzählung von Paul Kanut Schäfer und Rainer Simon. Köln: vgs Verlagsgesellschaft 1990

DIE BESTEN JAHRE

RE: Günther Rücker, BU: Günther Rücker, Peter Krause, DR: Klaus Wischnewski, KA: Peter Krause, MU: Reiner Bredemeyer, SB: Gerhard Helwig, KO: Luise Schmidt, SC: Hildegard Conrad, PL: Fried Eichel, GR: KAG »Berlin«, m: 2770 = 102 min, s/w, Cine, PJ: 1964/65, AD: 1.10.1965
DA: Horst Drinda (Ernst Machner), Lissy Tempelhof (Hilde Tamm), Herwart Grosse (Schneller), Rolf Hoppe (Lehrer Klein), Lothar Förster (Biologielehrer), Harry Hindemith (Meister), Bruno Carstens (Parteisekretär), Hansjoachim Büttner (Volksschullehrer), Helga Labudda (Bettina), Klaus Piontek (Mitschüler), Peter Herden, Hans Hardt-Hardtloff, Brigitte Lindenberg, Ellinor Vogel, Elfriede Florin u. a.
INHALT: 1945 kehrt Ernst Machner, Mitte zwanzig, aus dem Krieg heim. Tuche möchte er weben, aber die Genossen überreden ihn, Neulehrer zu werden. Er stellt sich der Forderung. Machner nimmt Abschied von Hilde Tamm, die den Heimkehrer liebevoll aufgenommen hatte. Als Dorfschullehrer beginnt er seine Laufbahn, die ihn immer wieder auf einen neuen Platz, vor neue Herausforderungen stellt. Anfang der 50er Jahre wird er Direktor eines traditionsreichen Gymnasiums. Dem »Roten« begegnet man dort mit Ablehnung, sowohl in der Klasse, deren Lehrer nach dem Westen ging, als auch im bürgerlichen Lehrerkollegium. Machner ist diesen Kollegen in fachlicher Hinsicht kaum gewachsen, aber er lernt, während er lehrt. Die Ablehnung der Schüler schlägt bald in Aufmerksamkeit und Achtung um. Dann warten auf ihn neue Aufgaben. Er ist skeptisch, ob er ihnen gewachsen ist, doch er wird sie in Angriff nehmen.
ZUM FILM: Das Regie-Debüt des Schriftstellers Günther Rücker wurde zu einem der wesentlichen, weil differenziert aufgefaßten Arbeiten des Gegenwartsfilms der sechziger Jahre. Als besonderer Vorzug muß die ständige Relativierung der Motive der Figuren angesehen werden, eine Vielschichtigkeit, wie sie im DEFA-Film dieser Jahre nicht allzu häufig zu bemerken war.

ECHO: Die Ankunft Machners im Gymnasium und seine Führung durch Haus und Friedhof und Bibliothek zähle ich zu dem Besten, was zum Thema der deutschen Teilung im DEFA-Film gemacht worden ist, da ist alles, was so oft als fehlend gerügt wird: geschichtlicher Aspekt und klassenbedingte Haltungen in einem zwangsläufigen, völlig glaubwürdigen Vorgang. Machners Gegenspieler, der nun nach dem Westen gehen wird, ist als Vertreter historischen Unrechts doch persönlich durchaus im Recht, schmerzliches Berührtsein wird beiden Seiten zugestanden, und die Ironie, mit der Rücker die Szene ausstattet, läßt der Tradition doch die Würde, die ihr zukommt. (Wolfgang Kohlhaase, *Film-Wissenschaftliche Mitteilungen* 1/1966)
Der positive Held älterer Prägung mit dem starren Katalog festgelegter Tugenden ist überholt. Die ideale Norm wird nicht mehr statisch als Kontrast zur Wirklichkeit verstanden, sondern ist in Form eigener Zielvorstellung aus den historisch-gesellschaftlichen Prozessen der jeweiligen Gegenwart neu abzuleiten. (Helmut Regel, *Filmkritik* 9/1969)
Es ist der Film, den man nicht versäumen sollte, wenn man etwas über das Selbstverständnis und Selbstbewußtsein der DDR erfahren will. (W. R., *Süddeutsche Zeitung*, 28.10.1969)
NEBENBEI: Die Schauspielerin Lissy Tempelhof gehörte von 1963 an langjährig zum Ensemble des Deutschen Theaters Berlin und war häufig in großen Film- und Fernsehrollen zu sehen.
Filmtext: Die besten Jahre. In: Die Verlobte. Texte zu sieben Spielfilmen von Günther Rücker. Berlin: Henschelverlag 1988

BESUCH BEI VAN GOGH

RE: Horst Seemann, SZ: Horst Seemann, Heinz Kahlau, LV: Erzählung »Vincent van Gogh« von Sewer Gansowski, DR: Christel Gräf, KA: Claus Neumann, MU: Horst Seemann, SB: Georg Wratsch, KO: Inge Kistner, SC: Bärbel Bauersfeld, PL: Dorothea Hildebrandt, GR: GR »Roter Kreis« mit Allianz Filmproduktion Berlin (West), m: 2865 = 105 min, fa, brw, AT: Zeitschleife, PJ: 1984/85, PM: 10.10.1985, PM-Ort: Berlin, »International«
DA: Grazyna Szapolowska (Marie Grafenstein), Christian Grashof (Vincent van Gogh), Rolf Hoppe (Amadeus Bergk), Dagmar Patrasová (Kati), Hanns-Jörn Weber (Chefkoordinator), Barbara Dittus (Blonde), Käthe Reichel (Johanna van Gogh), Hartmut Puls (Theo van Gogh), Martin Trettau (Dr. Gachet), Kurt Böwe (Postbote Roulin), Wolfgang Dehler, Stefan Lisewski, Suheer Saleh, Ernst Kahler, Horst Hiemer u. a.
INHALT: Antiquitäten sind im 22. Jahrhundert die wertvollsten Zahlungsmittel, und weil die Ärztin Marie Grafenstein für ihre Forschungen kaum bezahlbare Energiemengen benötigt, kommt ihr Chef auf eine Idee. Marie wird mit ihrer Assistentin Kati per Zeitmaschine ins 19. Jahrhundert versetzt, wo sie für wenig Geld Bilder von Vincent van Gogh kaufen soll. Es gibt zwar einige Komplikationen, aber schließlich besitzen sie die Gemälde und müssen zurück. Marie geht ungern, sie hat sich in den Künstler verliebt – und in die noch unzerstörte Natur. Zurückgekehrt erweist sich das Unternehmen als Fehlschlag, denn die noch frischen Bilder werden als Fälschungen angesehen. Marie kehrt zu van Gogh zurück, um seinen Selbstmord zu verhindern. Das gelingt zwar nicht, aber sie entschließt sich, im 19. Jahrhundert zu bleiben.
ZUM FILM: Der Film nach dem Buch eines sowjetischen Autors wollte ein Plädoyer dafür

sein, im technischen Zeitalter die Sensibilität für menschliche Beziehungen und ästhetische Werte nicht zu verlieren, ertränkte sein Anliegen jedoch in zu schönen Bildern.
ECHO: Teils utopisch, teils historisch geht es zu, und vielleicht ist diese stilistische Mischung so gewagt, daß sie sich letztlich nicht überzeugend realisieren ließ. (G. Buhrig, *Union*, 28.10.1985)
Die Signale, die Seemann für aktuelle Gefahren aufrichten will, sind schnell erkannt. Seine Botschaft soll als Warnung verstanden werden. Aber sie erreicht keinen, weil die Umsetzung im Film insgesamt und in Einzelteilen unzureichend ist, um nicht zu sagen mißlungen: unlebendig, unglaubwürdig und hohl die Figuren und ihre Beziehungen zueinander, kaum ein Motiv ist wirklich glaubhaft aus Aktionen abzulesen, technischer Schnickschnack lenkt ab und reizt zum Grinsen. (Günter Agde, *Filmspiegel* 23/1985)
NEBENBEI: Regisseur Horst Seemann trat in diesem Film in der Rolle eines Malers auf.

DIE BETEILIGTEN

RE: Horst E. Brandt, SZ: Gerhard Bengsch, DR: Werner Beck, KA: Peter Badel, MU: Rainer Böhm, SB: Georg Wratsch, KO: Ines Raatzke, SC: Rosemarie Drinkorn, PL: Katrin Wiedemann, GR: GR »Berlin«, m: 2850 = 104 min, fa, brw, PJ: 1988, PM: 15.6.1989, PM-Ort: Berlin, »International«
DA: Manfred Gorr (Hans Gregor), Gunter Schoß (Erwin Müller), Jürgen Zartmann (Willi Stegmeier), Karin Ugowski (Eva Sorge), Christoph Engel (Ewald Sorge), Karin Gregorek (Anna Sell), Katrin Knappe (Helga Jordan), Renate Heymer (Betty Stegmeier), Peter Kube (Staatsanwalt Matthes), Wolfgang Greese (Richard Sell), Ute Lubosch, Petra Hinze, Friederike Aust, Stefan Lisewski, Harry Pietzsch u. a.
INHALT: Eine Kleinstadt an der Elbe im Frühjahr 1964. Aus dem Wasser wird die Leiche der jungen Christa Gellert gefischt. Alles deutet auf einen Unfall hin – während einer Dienstfahrt mit Stadtrat Stegmeier und dessen Mitarbeiterin Anna Sell ist Christa beim Weidenkätzchenpflücken ertrunken. So sagen die Beteiligten aus. Doch dann kommen Gerüchte auf. Kriminalist Hans Gregor ermittelt. Sein Chef Erwin Müller, der den Stadtrat seit vielen Jahren kennt, ist nicht erbaut davon. Bei der Befragung der Zeugen stößt Gregor nur auf Andeutungen. Eine Exhumierung der Toten wird vorgenommen. Man stellt fest, daß Christa schwanger war. Ihre Kollegin Helga, geexte Studentin zur Bewährung, weiß vom Verhältnis des Stadtrats mit Christa. Doch sie hat Angst auszusagen. Gregor muß sich durch ein Geflecht von Abhängigkeiten, Karrieredenken und Mißtrauen kämpfen, bis er den Fall gelöst hat.
ZUM FILM: Die Verfilmung eines Stoffes aus den Jahren 1964/65, der im Zusammenhang mit dem 11. Plenum des ZK der SED nicht realisiert werden durfte. Damit wollte der Kameramann Horst E. Brandt sein Regie-Debüt geben. Nun wurde der Film, dessen Thema an Brisanz nichts verloren hatte, zu Brandts 10. und letztem Film.
ECHO: Das ist schon ein Thema, aber ein Film, ein guter Film ist es nicht, fürs Kino schon gar nicht. Gerhard Bengsch schreibt Texte, die kaum des Bildes bedürfen (...), aber so richtige Dialoge, die Menschen durch Sprache zeichnen, kann er auch nicht, Sprache scheint beliebig, austauschbar, ist wenig mehr als Sachinformation. (Henryk Goldberg, *Filmspiegel* 15/1989)
Der Film, der 1964 spielt, züngelt dabei mit Anspielungen auf die Gegenwart: Der Sozialis-

Die Beteiligten

mus hat Intoleranz und Engstirnigkeit nicht beseitigt, Ethik und Moral sind ihrer Inhalte entleert. Die sozialistische Lebensweise hat sich zu Lebensweisen verschiedener sozialer Gruppen entwickelt. Geld, materielle Werte und Privilegien diktieren die neuen Normen. (Peter Glaß in *Kino ist mehr als Film*, 1999)
NEBENBEI: Der 1923 in Berlin geborene Horst E. Brandt begann seinen künstlerischen Weg 1947 als Kameraassistent bei Karl Plintzner. Seit Mitte der fünfziger Jahre arbeitete er häufig mit dem Regisseur Heinz Thiel zusammen und inszenierte mit ihm gemeinsam Spiel- und Fernsehfilme, bis er ab 1970 selbständig als Regisseur tätig war.

BETROGEN BIS ZUM JÜNGSTEN TAG

RE: Kurt Jung-Alsen, BU: Kurt Bortfeldt, LV: Novelle »Kameraden« von Franz Fühmann, DR: Willi Brückner, KA: Walter Fehdmer, MU: Günter Klück, BA: Artur Günther, KO: Ingeborg Wilfert, SC: Wally Gurschke, PL: Adolf Fischer, m: 2030 = 74 min, s/w, AT: Kameraden, PJ: 1956, PM: 7.3.1957, PM-Ort: Berlin, »Babylon«
DA: Rudolf Ulrich (Obergefreiter Wagner), Wolfgang Kieling (Gefreiter Lick), Hans-Joachim Martens (Oberschütze Paulun), Walther Süssenguth (Hauptmann von der Saale), Renate Küster (seine Tochter Angelika), Peter Kiwitt (SS-General Lick), Hermann Dieckhoff, Kurt Ulrich, Erich Brauer, Hannes Fischer, Helga Raumer, Paul Pfingst u. a.
INHALT: Juni 1941. Eine Kompanie der deutschen Wehrmacht ist nahe der litauischen Grenze stationiert. Obergefreiter Wagner, Gefreiter Lick und Oberschütze Paulun gehen während eines Sonderurlaubs auf Reiherjagd. Ein verirrter Schuß trifft die Tochter ihres Hauptmanns tödlich. Aus Angst lassen die drei Soldaten die Leiche verschwinden, doch Paulun wird von seinem Gewissen geplagt und daraufhin von Lick brutal attackiert. Als Wagner eingreift, bekommt Lick Angst und ruft seinen Vater, einen SS-General, zu Hilfe. Der weiß die Angelegenheit zu regeln. Am Tag des Überfalls auf die Sowjetunion läßt er die Leiche »finden«, schiebt den Russen die Tat zu und schlachtet sie propagandistisch aus. Als der Hauptmann litauische Mädchen zur Vergeltung erschießen lassen will, sagt ihm Paulun die Wahrheit, doch Lick erklärt ihn für geistesgestört. Paulun, nun völlig entnervt, versucht zu fliehen und wird von Lick erschossen. Wagner ist Zeuge, doch er hat nicht den Mut, gegen Lick vorzugehen.
ZUM FILM: Die Novelle von Franz Fühmann setzt Regisseur Kurt Jung-Alsen in bisher bei der DEFA nicht gekannter Stilisierung in kargen Bildern mit einer geschickten Tondramaturgie, jedoch ohne Musik um. Auch dieser Film wurde von der DDR-Kulturbürokratie kritisiert, weil er einen loyalen Hauptmann der Wehrmacht zeige. Man fürchtete, daß von diesem Film pazifistische Tendenzen ausgehen könnten.
ECHO: Die DEFA und vor allem die Millionen Filmbesucher in der Deutschen Demokratischen Republik haben also einen guten Film nationaler Produktion mehr. Das Ausland jedoch hat einen neuen Beweis, in welchem Teil Deutschlands den Wurzeln des Faschismus zu Leibe gegangen wird und wo man sich ernsthaft mit der Vergangenheit auseinandersetzt. (Horst Knietzsch, *Neues Deutschland*, 13.3.1957)
Neu erscheint mir hier der ins Epische verdichtete Kammerspielton, auf den der Film bei aller Härte des Geschehens abgestimmt ist. Mit den Mitteln wird dabei durchaus kein Neuland betreten; es gibt dafür Vorbilder, vor allem in französischen und italienischen Filmen. Was hier viel mehr den üblichen Rahmen sprengen ließ, war der Stoff. (Leo Menter, *Weltbühne* 14/1957)
Es gibt keine Verzeichnung, keine Karikatur (wie nahe hätte das gelegen) und keine Satire (wer widersteht schon einer solchen Versuchung?), gleichzeitig ist das aber auch kein platter Naturalismus, was Autor Kurt Bortfeld und Regisseur Kurt Jung-Alsen auf das Zelluloid gebannt haben. Soldaten unserer Volksarmee haben an einigen Stellen gelacht. So was gibt's doch nicht, solchen Schliff. Das Lachen ehrt ihre Ausbilder. Aber wir Älteren haben es erlebt und wissen, so war's – wenn nicht schlimmer. (Karl-Eduard v. Schnitzler, *Filmspiegel* 7/1957)
Unter Verzicht auf jede Dramatisierung und künstliche Ausschmückung spürt dieser Film die latente Hysterie auf, die damals unter den deutschen Truppen in Erwartung des nahen Angriffsbefehls herrschte; er entlarvt die psychologischen Mechanismen, die zu einer allmählichen Identifikation mit den lügenhaften Propagandaslogans des Regimes führten. (Ulrich Gregor, *Filmkritik* 6/1964)

Betrogen bis zum jüngsten Tag ist einer der überzeugendsten Filme, die die DEFA in den fünfziger Jahren dreht: das Sujet wird nicht mit agitatorischem Pomp aufbereitet, sondern sachlich, dialogarm, lakonisch und zugleich mit großem Gedankenbogen. Der schließt Friedrich Nietzsches Theorie vom Übermenschen, von Lick genüßlich zitiert, ebenso ein wie die Pervertierung der Begriffe Kameradschaft und Gemeinschaft. Die Schuld des einzelnen Soldaten ist untrennbar mit der Schuld des deutschen Volkes verknüpft. (Ralf Schenk in *Das zweite Leben der Filmstadt Babelsberg*, 1994)
NEBENBEI: Der Film lief als erster DEFA-Film auf dem Festival in Cannes, konnte jedoch, da der Alleinvertretungsanspruch der Bundesrepublik galt, nur in einer Nebensektion gezeigt werden.

DIE BEUNRUHIGUNG

RE: Lothar Warneke, SZ: Helga Schubert, DR: Erika Richter, KA: Thomas Plenert, MU: César Franck, SB: Georg Kranz, KO: Christiane Dorst, Ruth Leitzmann, Herbert Henschel, SC: Erika Lehmphul, PL: Horst Hartwig, GR: GR »Babelsberg«, m: 2717 = 100 min, s/w, PJ: 1981, PM: 18.2.1982, PM-Ort: Berlin, »International«
DA: Christine Schorn (Inge Herold), Hermann Beyer (Dieter Schramm), Wilfried Pucher (Joachim), Mike Lepke (Lutz), Christoph Engel, Sina Fiedler (Ehepaar in der Beratungsstelle), Cox Habbema (Brigitte), Jörg Herrmann (Fürsorger), Traute Sense (Inges Mutter), Walfriede Schmitt (Richterin Katharina), Steffie Spira, Ostara Körner, Lydia Billiet, Horst Röseler u. a.
INHALT: Die Psychologin Inge Herold ist Mitte Dreißig, geschieden, hat einen 15jährigen Sohn und ein Verhältnis mit einem verheirateten Mann. Plötzlich erfährt sie, daß sie eine bösartige Geschwulst haben könnte und am nächsten Tag zur Operation muß. Diese Mitteilung veranlaßt sie, über ihr bisheriges Leben nachzudenken. Zur Angst vor der Diagnose kommt die Angst, ihr Leben vielleicht vertan zu haben. 24 Stunden unter enormer psychischer Anspannung lassen sie die Dinge deutlicher sehen, auch sich selbst. Sie trennt sich von dem verheirateten Joachim und ihrer Ausrede, unabhängig sein zu wollen. In ihrem Sohn Lutz findet sie einen mitfühlenden Partner, der ihr Mut macht. Und sie bringt die Kraft zu einem Neubeginn auf – trotz ständiger Beunruhigung durch die Krankheit.
ZUM FILM: Die einzige Low-Budget-Produktion der DEFA in den achtziger Jahren erregte durch ihre künstlerische Meisterschaft Aufsehen. Der Film gab in den beunruhigenden Jahren der gesellschaftlichen Stagnation eine Bilanz über Erreichtes der Generation der Vierzigjährigen. Dabei war der Grundton von Skeptizismus geprägt.
ECHO: Sie schaut. Sie horcht. Ihre Augen nehmen Welt, Menschen, Dinge auf, über sie erlebt man eine intensive Innen-Außen-Wechselbeziehung, es wird Gehörtem nachgelauscht, aus Hören, Sehen, Nachsinnen entsteht Lebens-Bilanz und neue Lebens-Schau. Das merkwürdige In- und Nebeneinander von Figur und Darstellerin schafft dabei eine außerordentliche Intensität, ein Dabeisein, das genau die aktive Beunruhigung auslöst, die gemeint ist: Schaut her, schaut in euch, denkt, prüft, lebt bewußter. (Peter Ahrens, *Weltbühne* 10/1982)
Das alles ist bis hin zu den kleinen Begebenheiten am Rande von dokumentarischer Echtheit. Jede Figur stimmt und gewinnt eigenes Leben. Kameramann Thomas Plenert hat auch bisher beim Dokumentarfilm gearbeitet, und seine Schwarz-Weiß-Fotografie, die auch immer wieder Ostberliner Stadtlandschaften einbezieht, entspricht ganz dem Stil jener sogenannten Alltagsfilme der DEFA in den späten sechziger Jahren, mit denen Lothar Warneke einmal begonnen hatte und an denen er hier anknüpft. (Heinz Kersten, 1982, zit. nach *So viele Träume*)
NEBENBEI: Neben dem Preis der Publikumsjury gab es auf dem Karl-Marx-Städter Filmfestival 1982 auch Preise für Helga Schubert, Thomas Plenert, Lothar Warneke, Christine Schorn und Walfriede Schmitt für ihre Leistungen. – Die niederländische Schauspielerin Cox Habbema, die seit Mitte der sechziger Jahre in der DDR gefilmt hatte, spielte hier ihre letzte Rolle in einem DEFA-Film.
Filmtext: Die Beunruhigung. Filmszenarium von Helga Schubert. Berlin: Henschelverlag 1982

BEVOR DER BLITZ EINSCHLÄGT

RE: Richard Groschopp, BU: Lothar Creutz, Carl Andrießen, Richard Groschopp, DR: Willi Brückner, KA: Eugen Klagemann, MU: Hans Hendrik

Wehding, BA: Erich Zander, KO: Helga Scherff, SC: Helga Emmrich, PL: Willi Teichmann, m: 2615 = 96 min, s/w, AT: Das zweite Studium, PJ: 1959, PM: 4.10.1959, PM-Ort: Berlin, »Odeum« Pankow

DA: Christine Laszar (Christine Koch, Wirtschaftsredakteurin), Horst Drinda (Heinz Engelhard, Reporter), Johannes Arpe (Paul Jordan, Chefredakteur), Margret Homeyer (Otti Schütz, Chefsekretärin), Traute Sense (Claudia Lindner, Kulturredakteurin), Werner Dissel (Silvio O. Schmitt, Kunstkritiker), Erik S. Klein (Technischer Direktor), Horst Kube (Brigadier Schneider), Jochen Thomas (Brigadier Schindler), Manfred Krug, Rolf Herricht, Peter Dommisch, Dieter Perlwitz (Lokomotivbauer), Herwart Grosse, Hannes Fischer, Heinz Schröder, Gerd Biewer, Rudi Schiemann, Friedrich Richter, Annemarie Hase, Wolf v. Beneckendorff, Angela Brunner, Hedi Marek u. a.

INHALT: Heinz Engelhard, der talentierte, aber etwas oberflächliche Reporter der Zeitung »Berlin am Morgen«, hat mit seiner Reportage über ein Lokomotivwerk einen Skandal ausgelöst. Er hat nicht nur die gute Brigade Schneider mit der schlechten Brigade Schindler verwechselt, sondern auch den diktatorischen technischen Direktor als idealen Leiter hingestellt. Die Wirtschaftsredakteurin Christine, mit der er ständig im Clinch liegt, obwohl sie sich eigentlich sehr mögen, erwirkt für Heinz – zu dessen Verärgerung – einen Arbeitsaufenthalt im Werk zwecks Richtigstellung. Erst setzt er sich dort zwischen alle Stühle, übt aber dann sogar positiven Einfluß aus, so daß die rivalisierenden Brigaden kooperieren und der technische Direktor die Verbindung zu den Arbeitern wiederfindet. Der neue Artikel wird brillant, bis er aber erscheinen kann, müssen noch einige private und redaktionelle Dinge ins Lot gebracht werden.

ZUM FILM: Endlich kam ein so dringend gebrauchtes Lustspiel mit satirischen Akzenten. Mit komödiantischem Geschick werden hier Alltag in einer Zeitungsredaktion und bei Lokomotivbauern gegeneinander ausgespielt, und natürlich kommt es im Sinne des sozialistischen Aufbaus zu einer Versöhnung der rivalisierenden Parteien.

ECHO: Über diesen heiteren Film sollten wir uns von Herzen freuen und uns wünschen, daß davon jedes Jahr in den DEFA-Studios ein halbes Dutzend geboren werden. (Horst Knietzsch, *Neues Deutschland*, 12.10.1959)

Ein wichtiges, aktuelles Thema mit leichter Hand angefaßt, mit witziger Ironie, mit einem Schuß Liebe nebst obligater Eifersucht geschickt angerichtet – wie selten haben wir das! So gebührt allen Beteiligten Lob und Beifall: Den vereinigten Autoren Andrießen, Creutz und Groschopp, weil sie Situationen, Milieu und Dialoge so dicht und charakteristisch behandelt haben, daß man es kaum merkt, wenn mitunter das Handlungsbächlein etwas dünnlich rinnt. (H. U. E., *Berliner Zeitung*, 20.10.1959)

NEBENBEI: Für die Werksaufnahmen begab sich das Filmteam in das dem DEFA-Studio benachbarte Lokomotiv-Werk »Ernst Thälmann«. Da Aufnahmen während der laufenden Produktion störten, wich das Team dann nach Seddin aus, wo in einer Produktionshalle ungestört gearbeitet werden konnte.

DER BIBERPELZ

RE: Erich Engel, BU: Robert A. Stemmle, LV: Gleichnamige Komödie von Gerhart Hauptmann, DR: Wolff von Gordon, KA: Bruno Mondi, MU: Ernst Roters, BA: Otto Erdmann, KO: Wal-

ter Schulze-Mittendorf, SC: Lilian Seng, PL: Herbert Uhlich, GR: Herstellungsgruppe Herbert Uhlich, m: 2638 = 97 min, s/w, PJ: 1949, PM: 21.10.1949, PM-Ort: Berlin, »Babylon«
DA: Fita Benkhoff (Auguste Wolff), Werner Hinz (Friedrich von Wehrhahn), Käthe Haack (Regina von Wehrhahn), Friedrich Gnass (Julius Wolff), Ingrid Rentsch (Leontine Wolff), Edith Hancke (Adelheid Wolff), Paul Bildt (Wilhelm Krüger), Erwin Geschonneck (Motes), Herbert Wilk (Dr. Joachim Fleischer), Alfred Schieske (Wulkow), Berta Monnard, Emmy Burg, Ilse Trautschold, Werner Peters, Franz Weber u.a.
INHALT: Im Mittelpunkt von Gerhart Hauptmanns Diebeskomödie steht Mutter Wolffen, die in den 80er Jahren des vorigen Jahrhunderts couragiert für ihre Familie sorgt. Dabei bedient sie sich auch mal ganz ungeniert bei anderen. Als sie den Biberpelz des Nachbarn Krüger entwendet, meldet der den Diebstahl beim Amtsvorsteher von Wehrhahn. Dem kommt die Anzeige wie gerufen, kann er doch endlich gegen Krügers Untermieter, den Schriftsteller Dr. Fleischer, vorgehen. Das »aufwieglerische und königsfeindliche Element« ist ihm schon lange ein Dorn im Auge. Über den besessenen Demokratenjäger Wehrhahn, der aufgrund seiner Vorurteile nicht den wahren Dieb erkennt, muß sich am Ende sogar Mutter Wolffen wundern.
ZUM FILM: Die Adaption des Hauptmann-Stückes, in die Engel und Stemmle auch Teile aus dem Stück »Der rote Hahn« aufnahmen, war trotz der nicht pointierten Schlußlösung ein Publikumserfolg. Engel knüpfte in der Zeichnung der bürgerlich-kleinbürgerlichen Gesellschaft an seine *Affäre Blum,* nun im anderen Genre, an. Die DEFA-Leitung vermochte das nicht zu erkennen und kritisierte den Film, der zu wenig in den tagespolitischen Auseinandersetzungen Partei ergriff. Dadurch verlor die DEFA einen ihrer besten Regisseure für rund ein Jahrzehnt, bis er hier seinen letzten Film *Geschwader Fledermaus* inszenierte.
ECHO: Diese Spannung zwischen den Klassen, die in Hauptmanns Komödie steckt, dieses plötzliche Aufzeigen einer hohlen Fassade, muß jede *Biberpelz*-Inszenierung haben, oder sie entgleitet zum belanglosen Schwank. Erich Engel hat im Film diese Spannungen in einer ausgefeilten Inszenierung aufs lebendigste bewältigt. (...) Er treibt die Möglichkeiten der Figuren bis in die äußerste Form, das Geschehen ist geradezu prall von Atmosphäre und Komik. (...) Er kann so sehr die Oberfläche in das Spiel ziehen, weil er Schauspieler hat, die nicht an ihr kleben bleiben und sich immer wieder zu differenzierten Tönen finden. (Herman Müller, *Vorwärts*, 23.10.1949)
NEBENBEI: Trotz des künstlerischen Erfolges in ihrem einzigen DEFA-Film wurde der beliebten Filmkomikerin Fita Benkhoff nie wieder eine ähnlich anspruchsvolle Filmrolle übertragen.

BIBERSPUR
(Kinderfilm)
RE: Walter Beck, SZ: Gudrun Deubener, LV: Gleichnamiges Kinderbuch von Bernd Wolff, DR: Andreas Scheinert, KA: Wolfgang Braumann, MU: Günther Fischer, SB: Erich Krüllke, KO: Dorit Gründel, SC: Ilse Peters, PL: Hans-Erich Busch, GR: GR »Johannisthal«, m: 2228 = 82 min, fa, PJ: 1983/84, PM: 18.11.1984, PM-Ort: Berlin, »Colosseum«
DA: Erik Schmidt (Joochen), Jana Mattukat (Corina), Manfred Heine (Dr. Randolf), Jörg Kleinau (Wolfram Euler), Peter Sodann (Lehrer Schaper), Gunnar Helm (Erwin), Gerry Wolff (Dr.

Bornschlüter), Katharin Rothärmel (Wirtin), Theresia Wider (Sportlehrerin), Tilo Braune, Sven Peters, Kai Kickinger, Axel Bernburg, Heidrun Otto (Kinder) u. a.

INHALT: In einem Dorf an der Elbe lebt der zwölfjährige Joochen. Er findet einen erschossenen Biber und nimmt ihn mit in die Schule. Die Tiere stehen unter Naturschutz, und er will, daß man den Täter ausfindig macht. Außerdem möchte er den anderen ein bißchen imponieren, vor allem dem Mädchen Corina. Doch er stößt mit seinem Fund auf Desinteresse und geht allein auf die Suche nach dem Übeltäter. Dabei schließt er Freundschaft mit dem Jäger »Eule«, seinem zukünftigen Schwager. Joochen findet heraus, daß »Eule« den Biber erschossen hat, wendet sich empört von ihm ab und zeigt ihn an. Sein stures Verhalten findet bei den anderen keine Zustimmung, denn »Eule« hat den Biber nicht absichtlich getötet. Trotz seiner Abneigung schlägt Joochen »Eule« als Betreuer für die Klassenfahrt vor, will aber selbst nicht mit. In letzter Minute entscheidet er sich dann doch mitzufahren und sich mit »Eule« zu versöhnen.

ZUM FILM: Der Film stellt den halbherzigen Versuch dar, sich mit Versäumnissen des Naturschutzes in der DDR auseinanderzusetzen und junge Leute dafür zu interessieren. Leider geriet die Umsetzung inkonsequent.

ECHO: Es gibt anrührende Momente, komische Augenblicke, gelegentlich innere Spannung, auch dramatische Zusammenstöße. Dennoch wird man nicht recht mitgerissen. Joochens Auseinandersetzungen über moralische und ethische Wertbegriffe wie Recht, Unrecht, Pflicht bleiben oft nur Deklamation. Wären solche Werte tiefer in die Figuren eingearbeitet, statt sie verbal zu erörtern, hätte die Beziehung der Figuren zueinander differenziertere Gefühle, auch eine fröhlichere Sicht auf manche Szenen zugelassen. (Ehrentraud Novotný, *Berliner Zeitung*, 7.12.1984)

Auch wenn man in Rechnung stellt, daß eine differenziertere und kritische Gestaltung von Umweltproblemen unter den herrschenden politischen Bedingungen der DDR kaum möglich war, hätte der Spielraum des Erlaubten weit mehr ausgeschritten werden können. Wie verhält es sich denn mit der Aufrichtigkeit und dem Gerechtigkeitsempfinden der Erwachsenen? (...) Schon ein kritischer Blick auf diese Welt der Vorbilder hätte genügt, um die einseitige (und in gewisser Weise auch unfaire) permanente Bloßstellung Joochens zu durchbrechen. Eine neue Dimension wäre ins Spiel gekommen: der gesellschaftliche Stellenwert von Naturschutz- und Umweltproblematik in der DDR, verkörpert in jenen Protagonisten. (*Zwischen Marx und Muck*, 1996)

NEBENBEI: Manfred Heine, hier als Dr. Randolf, gehörte über drei Jahrzehnte zu den führenden Schauspielern des Deutschen Nationaltheaters Weimar. Er trat häufig in den Filmen von Walter Beck auf.

BIJELI VUKOVI

→ WEISSE WÖLFE

BIOLOGIE!

RE: Jörg Foth, SZ: Gabriele Kotte, Wolfgang Müller, LV: Roman »Wasseramsel« von Wolf Spillner, DR: Erika Richter, KA: Michael Göthe, MU: Christoph Theusner, SB: Hans Poppe, KO: Marion Mentel, SC: Haike Brauer, PL: Alexander Gehrke, GR: GR »Babelsberg«, m: 2457 = 91 min, fa, brw, AT: Wasseramsel, PJ: 1989, PM: 20.9.1990, PM-Ort: Schwerin, Kammerkino

DA: Stefanie Stappenbeck (Ulla), Cornelius Schulz (Winfried), Carl Heinz Choynski (Hansen), Katrin Klein (Ullas Mutter), Peter Prager (Erich), Heide Kipp (Frau Tübner), Peter Dommisch (Abel), Axel Werner (Bürgermeister), Horst Rehberg (Generaldirektor Tübner), Dietlind Stahl (Frau Baumann), Paul Berndt, André Hennicke, Hans-Otto Reintsch, Uta Reckzeh, Robert Arnold u.a.

INHALT: Eine Kleinstadt im Norden. Die fünfzehnjährige Oberschülerin Ulla und Winfried lieben sich. An einem Waldbach außerhalb der Stadt verbringen sie ihre erste gemeinsame Nacht. Kurz darauf wird der Bach zum Streitobjekt – nicht nur zwischen ihnen. Bei einer Klassenexkursion zu dem Gewässer, an dem Pflanzen und Tiere bisher ungestört existieren konnten, entdecken die Schüler, daß hier jemand Datschen baut und den Bach für eine Forellenzucht anstaut. Ulla lehnt sich gegen diesen Eingriff im Naturschutzgebiet auf. Doch der da baut, ist Winfrieds Vater, Generaldirektor und einflußreich. Alle beugen sich der Macht, nur Ulla nicht. Am Ende steht sie vor einem Schultribunal und wird relegiert.

ZUM FILM: Der Stoff lag bei der DEFA seit 1982 »auf Eis«, bis er im Sommer 1989 endlich realisiert werden konnte. Ihn ereilte das Schicksal ähnlicher, vom Sujet her brisanter Produktionen, daß er beim sich abzeichnenden Ende der DDR mit seiner scharfen Kritik zu spät zum Publikum kam.
ECHO: Jörg Foths (...) kurz vor der »Wende« gedrehter Film ist so stark von Wut und Trauer über das Gesellschaftssystem geprägt, daß er weit über die Potenzen der kleinen Geschichte hinausschießt. Die im realsozialistischen Kleinstadtmief angesiedelte Geschichte wird hoffnungslos überfrachtet. Es scheint, daß sämtliche Krankheitssymptome der DDR, wenn nicht ins Bild (was selten gelang), so doch zur Sprache kommen sollten. Wo im Dialog der komplette Themenkatalog von sozialer Ungerechtigkeit, Untertanengeist, Schuldrill, Umweltsünden usw. additiv abgearbeitet wird, sind dramaturgische Klischees in der Figurenkonstellation und eine vereinfachende Konfliktführung beinahe zwangsläufig. Dabei verschwimmt die Grenze zwischen satirischer Zuspitzung und unfreiwilliger Überzeichnung. (Roland Rust, *film-dienst* 1/1991)
NEBENBEI: Die DEFA-Nachwuchsregisseure Helke Misselwitz und Peter Welz stellen eine Krankenschwester und einen Bräutigam dar, während die Dramaturgin des Films, Erika Richter, als essende Frau auf der Datsche zu sehen ist.

BIS DASS DER TOD EUCH SCHEIDET

RE: Heiner Carow, SZ: Günther Rücker, DR: Barbara Rogall, Dieter Wolf, KA: Jürgen Brauer, MU: Peter Gotthardt, unter Verwendung eines Themas von Antonin Dvorsak, SB: Harry Leupold, KO: Horst Rosette, Renate Herrmann, SC: Evelyn Carow, PL: Erich Albrecht, GR: AG »Babelsberg«, m: 2629 = 96 min, fa, brw, PJ: 1977/78, PM: 17.5.1979, PM-Ort: Berlin, »International«
DA: Katrin Saß (Sonja), Martin Seifert (Jens), Angelica Domröse (Jens' Schwester), Renate Krößner (Tilli), Horst Schulze (Verkaufsstellenleiter), Werner Godemann (Brigadier), Henny Müller (Sonjas Mutter), Alfred Struwe (Jens' Schwager), Berko Acker (Erik), Peter Zimmermann (Conny), Carl Heinz Choynski (Volkspolizist), Michèle Marian (Connys Freundin) u. a.
INHALT: Jens, Bauarbeiter, Mitte zwanzig, und Sonja, Verkäuferin, lieben sich, heiraten, haben eine eigene Wohnung. Als Sonja ein Kind bekommt, gibt sie ihre Arbeit auf. Nach einiger Zeit fühlt sie sich zu Hause unterfordert und isoliert. Sie will wieder arbeiten, aber Jens ist strikt dagegen, denn das entspräche nicht seiner Vorstellung von einem harmonischen Familienleben, auf das er als Kind verzichten mußte. Sonja fühlt sich bevormundet, das Verhältnis wird gespannt. Sie macht heimlich die Facharbeiterprüfung. Als Jens davon erfährt, ist er außer sich und schlägt zu. Die Kollegen wollen helfen, haben aber keinen Erfolg. Die Ereignisse eskalieren. Jens trinkt, verliert jegliche Beherrschung, als er von einer Abtreibung Sonjas hört. Ihre einstige Liebe hat sich in unbändigen Haß verwandelt. Sonja hindert ihn nicht, aus einer Seltersflasche zu trinken, in der sich ein Reinigungsmittel befindet. Als Jens daraufhin in akuter Lebensgefahr schwebt, besinnen sich beide auf ihre Liebe.
ZUM FILM: Der neue Carow-Film, der erste nach längerer Pause, wurde mit Interesse erwartet. Das Szenarium galt als »heißes Eisen«, und so hatte die Realisierung lange gebraucht. Tatsächlich war von kleinbürgerlichem Verhalten in der angeblich sozialistischen Gesellschaft die Rede, das bisher in der Kunst kaum angesprochen wurde. Damit wurde dieser Film viel diskutiert, löste Für und Wider aus und erfüllte damit eine Funktion, die eigentlich publizistische Medien hätten ausfüllen sollen.
ECHO: Wie schon in *Die Legende von Paul und Paula* zeigt Carow hier auch Sinnlichkeit, Temperament, jenes Naturereignis zwischen Mann und Frau, in dem Zärtlichkeit, Sex, Egoismus und Aufopferung nicht voneinander zu trennen sind. (...) Die Liebesszenen wirkten wie Inseln in einem sonst nur mäßig interessierenden Alltagsgeschehen. Das psychologisch-historische Element des Szenariums ging dadurch weitgehend verloren. (Brigitte Thurm, *Film und Fernsehen* 5/1979)
Rücker und Carow möchten der DDR-Gesellschaft einen Spiegel vorhalten, sie durch Konfrontation mit ungeschminkten Wahrheiten zur Auseinandersetzung mit ihren kleinbürgerlichen Tendenzen zwingen. Dieses junge Paar dient dafür nur als vielleicht extremes Exempel: beide voller guten Willens, aber hilflos gegenüber eigenen Problemen. (Heinz Kersten, *Tagesspiegel*, 27.5.1979)

NEBENBEI: Auf dem DDR-Spielfilmfestival erhielt Günther Rücker den Preis für das beste Szenarium. Außerdem wählten die Leser des Jugendmagazins *Neues Leben* den Film als besten des Jahres 1979.
Filmtext: Bis daß der Tod euch scheidet. In: Günther Rücker: Die Verlobte. Texte zu sieben Spielfilmen. Berlin: Henschelverlag 1988

DAS BLAUE LICHT
(Kinderfilm)
RE: Iris Gusner, SZ: Dieter Scharfenberg, LV: Gleichnamiges Märchen der Brüder Grimm, DR: Gerd Gericke, KA: Jürgen Lenz, MU: Gerhard Rosenfeld, SB: Heike Bauersfeld, KO: Regina Viertel, SC: Helga Krause, PL: Oscar Ludmann, GR: AG »Johannisthal«, m: 2224 = 82 min, fa, PJ: 1975, PM: 14.3.1976, PM-Ort: Berlin, »Colosseum«
DA: Viktor Semjonow (Hans), Fred Delmare (Männlein), Katharina Thalbach (Prinzessin), Helmut Straßburger (König), Blanche Kommerell (Anne), Marylu Poolman (Hexe), Christa Löser (Kammerfrau), Jaecki Schwarz (Knut), Günter Schubert (Räuber), Kurt Radeke (Wirt), Carl Heinz Choynski, Pedro Hebenstreit, Jürgen Hölzel, Wilfried Pucher, Hasso v. Lenski u. a.

INHALT: Der Bauer Hans ist als Soldat in den Krieg gezogen. Zurückgekehrt und von seinem König um den Sold betrogen, macht er sich auf den Weg nach Hause. Da begegnet er einer Hexe, die ihn bittet, ihr ein Licht aus dem Brunnen zu holen. Er behält es, als die Hexe ihn hintergehen will, und entdeckt dessen Zauberkraft. Beim Entzünden erscheint ein Männlein, das dem Besitzer des Lichts dienen muß, aber es vermag nur so viel, wie dieser sich selbst traut. Mutig geworden, geht Hans noch einmal zum König, um seinen Sold zu verlangen. Er wird wiederum abgewiesen, und so entführt er dessen Tochter, die ihm nun den Haushalt führen muß. Die Häscher des Königs fangen ihn, der Galgen ist schon aufgestellt, da rettet der aus Versehen abgegebene Kanonenschuß eines Räubers sein Leben.
ZUM FILM: Das Grimmsche Märchen wurde für den Film kräftig bearbeitet. Das Zaubermännchen wandelte sich in eine Art Lehrmeister, durch den Hans lernt, auf seine Kraft zu vertrauen. Als Pendant zur Prinzessin wurde ein einfaches Mädchen hinzugefügt. Es gab auch kleine Anspielungen auf die DDR.
ECHO: Drehbuchautor Dieter Scharfenberg scheuchte die Geschichte von humanistischen Allgemeinplätzen hoch, setzte sozial konkrete Akzente – ohne daß der Held Hans nun gleich fünf Zeigefinger an der Hand hat, die uns auf die Moral des Ganzen stupsen. (...) Ein Film, der voll schöner Heiterkeit und Zügigkeit dahinfließt, daß man ganz nah an der runden Geschichte, ihren spaßigen und spannenden Szenen bleiben kann, auch, wenn man nicht zum allerjüngsten Publikum zählt. (Hans-Dieter Schütt, *Junge Welt*, 19.3.1976)
Inszeniert wurde dieser Kinderfilm von Iris Gusner, die damit ihr Debüt gibt. Obwohl sie auf die realistische Gestaltungsweise des Autors eingeht, interpretiert sie doch auch ihre eigene Vorstellung vom Reichtum wunderlicher Märchenwelt. Da gibt es Gute und Böse, Dumme und Gescheite, da wird gezaubert, getafelt und gekämpft. (e.o., *Neue Zeit*, 25.3.1976)
NEBENBEI: Die Regisseurin Iris Gusner hatte am WGIK in Moskau studiert und als Debütfilm → *Die Taube auf dem Dach* inszeniert, der aber nicht zur Aufführung gelangte, so daß dieser Streifen als ihr Debüt galt.

DIE BLAUEN SCHWERTER

RE: Wolfgang Schleif, BU: Alfred R. Böttcher, DR: Marieluise Steinhauer, KA: E. W. Fiedler, MU: Walter Sieber, BA: Erich Zander, Karl Schneider, KO: Hans Kieselbach, SC: Hermann Ludwig, PL: Robert Leistenschneider, m: 2699 = 99 min, s/w, PJ: 1949, PM: 30.12.1949, PM-Ort: Berlin, »Babylon«

DA: Hans Quest (Böttger), Ilse Steppat (Frau von Tschirnhausen), Alexander Engel (v. Tschirnhausen), Herbert Hübner (Nehmitz), Willy A. Kleinau (August der Starke), Marianne Prenzel (Katharina), Paul Wagner (König Friedrich I.), Werner Pledath (Kreisamtmann), Klaus Miedel (Laskari), Rolf Weih (Leutnant Menzel), Alfred Maack, Margarethe Schön, Peter Marx, Albert Bessler, Henning Schlüter u.a.

INHALT: Biographie des Johann Friedrich Böttger, der 1709 das erste weiße Porzellan in Europa erfand. Der Apothekerlehrling und Gehilfe eines »Goldmachers« ist dem König von Preußen entflohen – nach Sachsen. Hier aber ist August der Starke hinter ihm her: Der junge Mann soll ihm Gold machen, wird auf eine Festung gebracht und mit allem ausgestattet, was er dazu braucht. Böttger weiß allerdings längst, daß das Goldmachen eine Illusion ist und experimentiert mit Porzellan. Weiß soll es sein wie in China. Als es ihm endlich gelingt, den König mit dem »weißen Gold« zu überraschen, hofft er auf Freiheit. Ein tragischer Irrtum.

ZUM FILM: Aus dem Szenarium, in dem die absolutistische Fürstenherrschaft angeprangert wurde, machte Regisseur Wolfgang Schleif einen stimmungsvollen Film mit ausgezeichneten Schauspielern.

ECHO: Eine interessante, lehrreiche Geschichte. Der Film, der sie zu erzählen trachtet, hat dabei einige Schwächen. Sein Gesichtskreis ist zu eng. Die gesellschaftliche Situation, nicht nur der Hintergrund, sondern auch Nährboden dieser Erfindung, wird kaum gezeigt. Die feudale Welt wird mit wenig Schärfe angedeutet, die gesellschaftliche Gegenseite, das Volk, ist auf einige primitiv gezeichnete Gestalten beschränkt. Dadurch ist auch die Stellung Böttgers unklar, den man hier irgendwo in der Mitte zwischen beiden Seiten findet. (Wolfgang Kohlhaase, *Junge Welt*, 6.1.1950) Schleif, der Regisseur, hatte keine leichte Aufgabe. Leider konnte er sich nicht entschließen, die sich ständig wiederholenden Fluchtszenen zu straffen. Es nutzte nichts, daß sie fotografisch zum Teil außerordentlich gut herausgearbeitet waren. Auch die Fürstenszenen stützten sich zu stark auf eine goldbronzierte äußerliche Barockangelegenheit. So blieben nur die dramatisch bewegten Einzelvorgänge, mit denen Schleif durch die Konzentrierung auf die schauspielerischen Leistungen seiner Mitarbeiter viel Gutes zustande brachte. (Leo Menter, *Weltbühne* 3/1950)

NEBENBEI: Hauptdarsteller Hans Quest stand erst 1986 wieder vor DEFA-Kameras, als die Westberliner Allianz-Filmproduktion in Zusammenarbeit mit der DEFA die Filmbiografie → *Caspar David Friedrich – Grenzen der Zeit* an Originalschauplätzen in der DDR drehte.

BLAUVOGEL

RE: Ulrich Weiß, SZ: Ulrich Weiß, LV: Gleichnamige Erzählung von Anna Jürgen, DR: Gerd Gericke, KA: Otto Hanisch, MU: Peter Rabenalt, SB: Hans Poppe, KO: Günther Pohl, SC: Helga Krause, PL: Hans-Erich Busch, GR: GR »Johannisthal«, m: 2635 = 97 min, fa, brw, PJ: 1978/79, PM:13.12.1979, PM-Ort: Berlin, »International«

DA: Robin Jaeger, Gabriel Oseciuc (George als Kind, als Erwachsener), Jutta Hoffmann (Mildred Ruster), Kurt Böwe (John Ruster), Jan Spitzer (Andrew) - Ileana Mavrodineanu (Mittagssonne), Violeta Andrei, Marina Krogull, Carl-Herrmann Risse, Egon Günther u. a.
INHALT: Mitte des 18. Jahrhunderts ist die Familie Ruster nach Amerika eingewandert. Der Vater, ein ehemaliger Knecht, führt mit seiner Familie ein hartes Siedlerleben. Eines Tages wird der neunjährige George, sein zweitjüngster Sohn, von Irokesen entführt. Er wird von einer Indianerfamilie anstelle ihres verstorbenen Sohnes angenommen und bekommt auch dessen Namen: Blauvogel. Der Junge hat Heimweh und Schwierigkeiten, sich den Sitten der Indianer anzupassen. Allmählich aber beginnt er sich wohlzufühlen, avanciert zum gleichberechtigten Mitglied dieser Gesellschaft. Als der Stamm von weißen Siedlern überfallen wird, empfindet er sich den Indianern zugehörig. Nach dem Sieg der Engländer gegen die Franzosen 1863 sollen alle Weißen gegen gefangene Indianer ausgetauscht werden, auch George/Blauvogel. Er entscheidet sich, bei den Indianern zu bleiben.
ZUM FILM: In seinem zweiten Kinderfilm nach einem vielgelesenen Indianerbuch entschied sich Regisseur Ulrich Weiß für einen metaphernreichen Stil, der der Erwartung an Indianerfilme entgegenlief. Doch hier erwuchs die Spannung ausschließlich aus der Psychologie der Charaktere und hatte auch einen brisanten Gegenwartsbezug, da er das Zerrissensein eines Kindes zwischen zwei Gesellschaftssystemen, zwei Philosophien und Kulturen zum Inhalt hatte.
MEINUNG: Die üblichen Indianerfilme der DEFA hielt ich für verlogen. Das Leid eines Volkes zu benutzen, um dem Kleinbürger spannende Unterhaltung zu verschaffen, fand ich unangemessen. Das wollte ich nicht. (Ulrich Weiß in *Repression und Freiheit*, 1997)
ECHO: Im Film deutet sich der Versuch, sozial genauer zu erzählen, schon in den Anfangsszenen an. John Ruster – gespielt von Kurt Böwe – hat seine Familie soeben auf dem neuen Land willkommen geheißen. Vereint bei Tisch wird von seiner Frau Mildred – dargestellt von Jutta Hoffmann – laut die Bibel gelesen, Indiz für eine Religiosität, die zwar im Munde geführt, aber nicht gelebt wird, zumal die unrechtmäßige Aneignung des Indianerlandes ganz ohne Skrupel erfolgt, menschliche Nächstenliebe nur im Umgang mit Weißen gepredigt wird. Schwer aber tat sich das Schöpferkollektiv mit der Zeichnung des Indianerstammes. Um nicht den Eindruck zu beschädigen, daß hier ein Kollektiv in einer Form des Urkommunismus existiert, gestattete sich der Regisseur kaum eine Individualisierung der Figuren. Mittagssonne und Kleinbär, die Zieheltern von Blauvogel, die bei Anna Jürgen mit liebevoller Phantasie Leben gewinnen, bleiben im Film sehr ferne, von den anderen kaum zu unterscheidende Gestalten. (Margit Voss, *Berliner Rundfunk*, 16.12.1979)
Blauvogel zählt zu den angenehmen Überraschungen des DEFA-Jahres 1979. In seiner Bilderfindung und in seinem Vertrauen auf Sinnhaltigkeit von Bildern steht er weit über dem hierzulande Gewohnten. »Blauvogel« ist für mich auch ein Film vom Sehen. Am Anfang des Films wird George Ruster von den Irokesen gefangen, geknebelt und in eine Baumhöhle gesteckt. Durch einen Schlitz nimmt er die Umwelt wahr, ohne selbst reagieren zu können. Die Ohnmacht des Sehens als Antithese zur Handlungsfähigkeit. Später macht Blauvogel seine Erfahrungen in der neuen Welt über das intensive Sehen. Er reflektiert die gesehenen Bilder und findet zur Praxis des Lebens, als ein anderer Kaspar Hauser. (Fred Gehler, *Sonntag*, Berlin, 13.1.1980)
Erstaunlich poetisch und phantasievoll hat Ulrich Weiß (Buch und Regie) in seinem zweiten Spielfilm Information und Spiel kombiniert, so daß niemals überdeutlich und mit erhobenem Zeigefinger auf die tragische Situation der Indianer hingewiesen wird, sondern sich alles unterhaltend aus der Handlung ergibt. (Carla Rhode in *Tagesspiegel*, 4.10.1981)
NEBENBEI: Die Figur des Malers in der Schlußsequenz des Films (dargestellt vom damaligen Regie-Assistenten Jörg Foth) ist eine Anspielung auf den weißen Amerikaner George Catlin (1796 – 1872), der einer der wichtigsten Forscher des Lebens der Ureinwohner war und Anfang des 19. Jahrhunderts als Maler des indianischen Lebens große Bedeutung erlangte. – Die kleine, aber wichtige Rolle des vom kleinen George bewunderten Archie spielt der prominente Regisseur Egon Günther hoch zu Roß. Für den passionierten Pferdefreund war dies eine reizvolle Aufgabe.

BLONDER TANGO

RE: Lothar Warneke, SZ: Lothar Warneke, Omar Saavedra Santis, LV: Gleichnamiger Roman von Omar Saavedra Santis, DR: Erika Richter, KA: Thomas Plenert, MU: Gerhard Rosenfeld, Roberto Rivera, SB: Georg Wratsch, KO: Lilo Sbrzesny, SC: Erika Lehmphul, PL: Volkmar Leweck, GR: GR »Babelsberg«, m: 3279 = 120 min, fa, PJ: 1985, PM: 10.4.1986, PM-Ort: Berlin, »International«

DA: Alejandro Quintana Contreras (Rogelio), Gerhard Meyer (Hiller), Karin Düwel (Cornelia), Johanna Schall (Luise), Steffie Spira (Rogelios Mutter), Trude Brentina (Frau Hube), Christine Schorn (Constanze), Christoph Engel (Polizeibeamter), Helmut Straßburger (Reisling), Christian Steyer (Hornist), Wilfried Pucher, Fritz Bartholdt, Walfriede Schmitt, Christine Harbort, Roberto Rivera u.a.

INHALT: Seit etwa fünf Jahren lebt der Exil-Chilene Rogelio in der DDR. Er arbeitet als Beleuchter an einem Theater, fühlt sich aber trotz der Anteilnahme seiner Kollegen einsam. Er wird von der Inspizientin Luise geliebt, kann diese Liebe aber nicht erwidern. Sein Traum ist die Soubrette Cornelia, und diesen Traum läßt er in den Briefen an seine Mutter Realität werden. Er berichtet von seinem Glück, schreibt, daß Cornelia schwanger sei und er sie heiraten werde. Er schickt sogar ein – mit Luise gestelltes – Hochzeitsfoto. Rogelio verstrickt sich immer mehr in diese Lebenslüge – bis er sie nach der Nachricht von einer Krankheit seiner Mutter nicht mehr ertragen kann. Nun vertraut er sich dem lebenserfahrenen Stephan Hiller, der vor vierzig Jahren im mexikanischen Exil lebte, an. Und als er nach Hause kommt, findet er eine Nachricht aus Chile vor, mit der ihm sein Onkel mitteilt, daß die Mutter schon seit anderthalb Jahren tot ist und man ihre Briefe fingiert hat, um ihm den Schmerz zu ersparen.

ZUM FILM: Nach dem Putsch gegen die sozialistische Regierung Allendes im Jahre 1973 kamen viele politisch verfolgte Chilenen in die DDR. Viele von ihnen waren Künstler, die das Exil mit eigenen Augen sahen und dies künstlerisch umsetzten. Nach einem in der DDR erschienenen Roman eines chilenischen Autors entstand dieser Film unter Mitwirkung vieler Exil-Chilenen und zeigt eine interessante Sicht auf DDR-Wirklichkeit aus fremder Perspektive.

ECHO: Ihm (Lothar Warneke, d. A.) gelang trotz Beibehaltung der schwierigen Erzählstruktur – mehrere Zeitebenen, Rückblenden und Traumsequenzen – ein wunderbar einfacher, zutiefst anrührender und spannender Film, der nicht nur die Begrenztheit unseres gewöhnlichen Alltagslebens durchbricht, sondern auch die Grenze zwischen Tragik und Komik fließend werden läßt. Lachend und weinend lernt man vor allem begreifen, daß sich Solidarität nicht in verbalem Verständnis und materieller Hilfe erschöpft. Es bedarf auch der menschlichen Wärme und Freundlichkeit, mit der wir uns oft so schwer tun, damit die aus ihren Heimatländern Vertriebenen unser Land als wirkliche Heimstatt und nicht nur als Zufluchtsort empfinden können. (Renate Holland-Moritz, *Eulenspiegel* 19/1986)

Lothar Warnekes besondere Stärke, seine ganze Sensibilität und seine ungebrochene Moral offenbaren sich im liebevoll erfaßten, sorgfältig und genau gearbeiteten Detail. Dort zeigen sich auch die großen Schönheiten und tiefen Wahrheiten dieses Films, der seine Zugänge anfangs nur zögernd öffnet, am deutlichsten. (Heinz Hofmann, *Nationalzeitung*, 16.4.1986)

NEBENBEI: Der Film erhielt in der DDR 1986 und 1987 verschiedene Auszeichnungen. U.a. wurden Alejandro Quintana und Johanna Schall als beste Schauspieler ausgezeichnet. Der Hauptdarsteller Alejandro Quintana ist im Hauptberuf Theaterregisseur und arbeitet gegenwärtig am Staatstheater Cottbus.

BLUMEN FÜR DEN MANN IM MOND

(Kinderfilm)

RE: Rolf Losansky, SZ: Irmgard Speitel, Ulrich Speitel, DR: Gudrun Deubener, KA: Helmut Grewald, MU: Peter Gotthardt, SB: Jochen Keller, KO: Barbara Braumann, SC: Ursula Zweig, PL: Erich Kühne, GR: AG »Berlin«, m: 2284 = 84 min, fa, brw, PJ: 1974/75, PM: 12.10.1975, PM-Ort: Berlin, »Kosmos«

DA: Jutta Wachowiak (Mutter Ledermann), Stefan Lisewski (Vater Ledermann), Dieter Franke (Kondensmaxe), Annemone Haase (Professor Vitamin), Gerhard Bienert (Opa Sielaff), Sven Grothe (Adam), Astrid Heinze, Dirk Förster, Yvonne Dießner, Ronald Schwarz (Kinder), Carl Heinz Choynski, Evamaria Bath, Carmen-Maja Antoni, Klaus Gehrke, Friedrich Teitge u.a.

INHALT: Der Pionier Adam Ledermann hat eine ausgefallene Idee, er will Blumen für den Mond züchten, damit die Menschen, die einmal dort arbeiten, auch ihre Freude haben. Von seinen Freunden wird er als Spinner bezeichnet, aber als er Partner findet für sein phantastisches Projekt, Landwirtschaftsflieger Kondensmaxe und Professor Vitamin, werden auch die anderen vom Forschungsdrang erfaßt. Komplizierte Experimente werden gemacht, auch Fehlschläge müssen verkraftet werden. Aber Begeisterung, Einfallsreichtum und Ausdauer führen zum Ziel: eine wunderbare Mondblume.
ZUM FILM: Der Kinderfilm verknüpft Realitätssinn mit Phantasie und bedient sich dabei auch parodistischer Elemente.
ECHO: Die besondere Anziehung dieses unterhaltsamen Streifens liegt in dem gelungenen Zusammenfließen von wirklicher und phantastischer Welt. Besonders schön, daß die Handlung die Lebensverhältnisse auf dem Land zugrunde legt. Die Vertrautheit mit Tieren, Pflanzen, mit der Natur ist ein Teil der selbstverständlichen Umwelt dieser Kinder. (...) Der Film ist reich an Aktionen, an Bewegung, führt nicht zu viele Personen ein, bleibt überschaubar in der Handlung und hat einen heiteren Grundton, der vergnügt stimmt. (Ehrentraud Novotný, *Berliner Zeitung*, 19.10.1975)
Die angestrebte Phantasie der Geschichte wird schließlich zerstört durch eben jene Wunderblume. (...) Es handelt sich nämlich nicht um eine lebende Blume, die sich der Mann im Mond doch so dringlich gewünscht hatte, sondern ganz eindeutig um ein kunstgewerbliches Gebilde aus Glas. Zu seiner Herstellung bedarf es keines Gewächshauses und keiner Zauberkraft. Dergleichen wird seit Menschengedenken in Böhmen (CSSR) und Lauscha (DDR) geblasen. Zu allem Überfluß ist Adams Mondblume so schaurig kitschig, daß sich Kinder, denen ein Minimum an Geschmack anerzogen wurde, eigentlich einen kräftigen Mondsturm wünschen müßten. (Renate Holland-Moritz, *Eulenspiegel* 48/1975)
NEBENBEI: Auf der Geraer Kinderfilmwoche 1977 erhielt der Film zwei Diplome.

BLUTSBRÜDER

RE: Werner W. Wallroth, SZ: Dean Reed, MI: Wolfgang Ebeling, DR: Hans-Joachim Wallstein, KA: Hans Heinrich, MU: Karl-Ernst Sasse, SB: Heinz Röske, Marlene Willmann, KO: Günther Pohl, SC: Helga Emmrich, PL: Gerrit List, GR: AG »Roter Kreis«, m: 2729 = 100 min, fa, brw, PJ: 1974, PM: 26.6.1975, PM-Ort: Brandenburg, Freilichtbühne
DA: Dean Reed (»Harmonika«), Gojko Mitic (»Harter Felsen«), Gisela Freudenberg (»Rehkitz«), Jörg Panknin (Joe), Cornel Ispas (Big Fred), Toma Dimitru (»Grauer Elch«), Jurie Darie (Bill Simmons) u. a.
INHALT: Bei einem Massaker in einem Dorf der Cheyenne am Sand Creek 1864 zerbricht der Soldat »Harmonika« angewidert die amerikanische Flagge. Nachdem er dem Indianermädchen »Rehkitz« das Leben gerettet hat, sucht er die Freundschaft der Indianer. Langsam überwindet »Harter Felsen« seine Vorurteile. »Harmonika« heiratet dessen Schwester »Rehkitz«. Eines Tages wird sie von Weißen ermordet. »Harmonika« sucht und findet den Täter, übt aber keine Rache; resigniert ergibt er sich dem Alkohol. Doch dann sieht er den in Gefangenschaft geratenen Freund »Harter Felsen«, befreit ihn, und sie werden Blutsbrüder. Gemeinsam ziehen sie mit den Cheyenne in den Freiheitskampf.

ZUM FILM: Der amerikanische Schauspieler und Sänger Dean Reed, der u.a. in Italo-Western aufgetreten war, schrieb das Szenarium zu diesem Film.
ECHO: Zwei Protagonisten wetteifern gemeinsam um die Gunst der Zuschauer: Dean Reed als Harmonika und Gojko Mitic als Harter Felsen. Reed kann endlich mehr als bloßes Naturburschentum zeigen, führt virtuose Reitkunststückchen vor, ist körperlich höchst agil und dazu darstellerisch von beträchtlichem Ausdrucksreichtum. Gojko Mitic in der Rolle des Gegen- und Mitspielers steht ihm trotz der vergleichsweise kleineren Rolle kaum nach, wirkt reifer, ernster und überzeugt als Mentor des Weißen. (M. H. in *Der Morgen*, 20.6.1975)
Ich habe mir den Film gemeinsam mit dem jungen Publikum einer nahezu ausverkauften Nachmittagsvorstellung angesehen und fand bestätigt: Entgegen der in den früheren Filmen klar erkennbaren Einheit von Anliegen und Zielfunktion schwankt dieser Film zwischen Kinder- und Erwachsenendialogen, zwischen Folklore und Abenteuer, zwischen Liebe – die den Kindern komisch, den Erwachsenen unzureichend erscheint – und »harter Männersache«. Es gibt schöne lyrische Szenen mit Dean Reed in der Rolle des weißen Soldaten, der das Indianermädchen »Rehkitz« heiratet und durch weiße Mörder wieder verliert. Aber der moralische Aspekt dieser Figur verliert sich doch in allzu langer und auch umständlich wirkender Genremalerei. (Heinz Hofmann in *Nationalzeitung*, 22.7. 1975)

NEBENBEI: Co-Star Gojko Mitic wurde für seine Rolle mit dem Filmpreis des Jugendmagazins *Neues Leben* ausgezeichnet.

BOCKSHORN

RE: Frank Beyer, SZ: Ulrich Plenzdorf, LV: Gleichnamiger Roman von Christoph Meckel, DR: Dieter Wolf, KA: Claus Neumann, MU: Günther Fischer, SB: Alfred Hirschmeier, KO: Christiane Dorst, SC: Rita Hiller, PL: Herbert Ehler, GR: GR »Babelsberg« mit Unterstützung von Produktionsfirmen in Berlin (West), Bulgarien und Kuba, m: 2806 = 103 min, fa, PJ: 1983, PM: 29.3.1984, PM-Ort: Berlin, »International«
DA: Jeff Dominiak (Sauly), Bert Löper (Mick), Djoko Rosic (Landolfi), Anton Karastojanow (Krogh), Dieter Montag (Viktor), Gunter Schoß (Bauer), Walfriede Schmitt (Bäuerin), Horst Hiemer (Hotelier), Klaus Manchen (Kiesfahrer), Marie Gruber (Plättbrett), Peter Jahoda, Ruth Kommerell, Roland Kuchenbuch, Carlos Medina, Arnim Mühlstädt u.a.
INHALT: Die beiden Halbwüchsigen Sauly und Mick lernen sich beim Trampen kennen und bleiben zusammen. Sie wollen ans Meer, etwa tausend Kilometer entfernt. Ein altes Auto nimmt sie mit, doch die Fahrt endet schon kurz darauf in einem schäbigen Motel. In der Bar macht sich ein Mann an sie heran, Landolfi. Er erklärt Sauly, daß er dessen Schutzengel an einen Mann namens Miller in Prince verkauft habe. Obwohl die Jungen eigentlich nicht an Schutzengel glauben, befällt Sauly langsam die Angst. Er möchte seinen Schutzengel wiederhaben. Auf ihrer Reise wird Sauly krank. Mick arbeitet auf einem Bauernhof, um die Arztkosten bezahlen zu können. Als Sauly gesund ist, reisen sie weiter – über Prince. In der mysteriösen Stadt heißen alle Leute Miller, und als Sauly und Mick endlich am Meer sind, treffen sie Landolfi wieder. Sauly fordert seinen Schutzengel zurück, findet aber bei der Auseinandersetzung mit Landolfi den Tod.

ZUM FILM: Die Adaption des Romans eines Westberliner Autors eignete sich zur Kapitalismus-Kritik, fand aber wegen des hohen Aufwands im Studio lange keine Gegenliebe. Letztendlich wurde der Film stilistisch uneinheitlich.
ECHO: Viele Bilder prägen sich ein für lange Zeit: die Arbeitsbesoffenheit der Farmer, die sinnlose Eleganz der Villa, Schönheit und Exotik von Landschaften. Ein phantastischer, eigenwillig fabulierter und ebenso befremdender Blick in eine Welt, die nicht unsere ist, bei deren Betrachtung, Entschlüsselung und Kritik jedoch für die weitere Besserung unserer Welt manches zu holen sein könnte. (Günter Agde, *Filmspiegel* 8/1884)
Aber Frank Beyer, der doch in den meisten seiner Arbeiten (...) für Parabeln eine sehr überzeugende Filmsprache fand, gelingt diesmal der Balanceakt zwischen Wirklichem und Unwirklichem kaum. Auch Drehbuchautor Ulrich Plenzdorf kennt sich wohl besser in der eigenen Gesellschaft aus. (...) Hier drängen sich doch oft die glitzernden Äußerlichkeiten einer lauten Disco-Welt in den Vordergrund: kalkulierter Blickfang wohl vor allem für jenes junge Publikum zwischen 14 und 20, das in der DDR den Hauptteil der Kinobesucher stellt. (Heinz Kersten, *Tagesspiegel*, 20.7.1984)
NEBENBEI: Schon in den siebziger Jahren bemühte sich Horst Buchholz bei bundesdeutschen Fernsehanstalten vergeblich um eine Verfilmung des Romans. – Frank Beyer, der für die Hauptrollen zwei Ostberliner Jugendliche aus Prenzlauer Berg und Weißensee gefunden hatte, wollte für die Rolle des Landolfi einen Star mit starker Ausstrahlung. Für diese Rolle war Anthony Quinn vorgesehen, ein Besetzungswunsch, der sich leider wieder zerschlug.
Filmtext: Bockshorn. In: Ulrich Plenzdorf: Filme 1. Rostock: Hinstorff Verlag 1986

DIE BÖSSEWICHTER MÜSSEN DRAN

(Kinderfilm)
RE: Thomas Kuschel, BU: Hans-Joachim Niebelschütz, Thomas Kuschel, DR: Franz Sporer, KA: Wolfgang Braumann, MU: Günther Fischer, SB: Alfred Thomalla, KO: Werner Bergemann, SC: Werner Wendt, PL: Joachim Siegmund, Siegfried Kolbe, Helmut Salfemeier, Harald Andrea –, P: DEFA-Studio für Kurzfilme, Bereich Kinofilm Babelsberg, AK Kontakt, AT: Bauernkrieg, 1825 m = 67 min, PJ: 1975, PM: 10.7.1975, PM-Ort: Pionierlager Treblow
DA: Rolf Hoppe (Christian), Rolf Römer (Schwarzhand), Wolfgang Greese (Pfarrer), Klaus-Peter Thiele (Allewetter), Matthias Günter (Graf), Frank Ciazynski (Martin), Katrin Martin (Braut), Christoph Beyertt (Kreutter), Peter Eichler, Heinz Drewniok u.a.
INHALT: Der Film, angesiedelt am Vorabend des Deutschen Bauernkrieges, erzählt vom Aufstand der Grünthaler Bauern gegen den Feudalherren, der sie unterdrückt und ausbeutet, und der am Ende gefangengenommen und vor ein Bauerngericht gestellt wird. (f.b.h.)
ZUM FILM: Das 450. Jubiläum des Deutschen Bauernkrieges wurde in der DDR mit vielen Aktivitäten begangen. Im DEFA-Kurzfilmstudio bemühte man sich, diese Zeit für ein kindliches Verständnis lebendig werden zu lassen.
ECHO: Unter Umgehung akademisch-didaktischer Seitenwege beschlossen Kuschel und sein Szenarist Hans-Joachim Niebelschütz, ihrem Publikum keinen trockenen Geschichtsunterricht zu erteilen, sondern ihnen eine richtige, runde Geschichte zu erzählen. Als Titel wählten

sie das Thomas-Müntzer-Wort *die bößewichter müssen dran*, was dreikäsehohe Orthographie-Asse zu herber Kritik veranlaßte. Der aufregenden, immer überschaubaren Spielfilmhandlung jedoch folgten sie mit wachsendem Interesse, das sich ebenso auf die klug ausgewählten, gut geführten Darsteller, die stimmungsvolle Kameraarbeit Wolfgang Braumanns und die besonders schöne Musik Günther Fischers erstreckte. (Renate Holland-Moritz, *Eulenspiegel* 37/1975)
NEBENBEI: Regisseur Thomas Kuschel moderierte von 1979 bis 1988 die beliebte Kinder-Fernsehsendereihe *Flimmerstunde.*)

BRANDSTELLEN

RE: Horst E. Brandt, SZ: Gerhard Bengsch, LV: Gleichnamiger Roman von Franz Josef Degenhardt, DR: Werner Beck, KA: Rolf Sohre, MU: Peter Gotthardt, SB: Christoph Schneider, KO: Ewald Forchner, SC: Karin Kusche, PL: Werner Langer, GR: GR »Berlin«, m: 2597 = 95 min, fa, brw, PJ: 1977, PM: 10.3.1978, PM-Ort: Leipzig, »Capitol«

DA: Dieter Mann (Bruno Kappel), Heidemarie Wenzel (Maria Ronsdorf), Wolfgang Dehler (Herbert Ronsdorf), Ezard Haußmann (Tom Strathmann), Petra Hinze (Doris Strathmann), Dietmar Richter-Reinick (Heinz Spormann), Karin Gregorek (Karin Kunze), Dieter Wien (Martin Baller), Annekathrin Bürger (Thea), Fritz Decho (Barthel), Berko Acker, Thomas Wolff, Heinz Behrens, Ilse Voigt, Walter Lendrich, Helga Göring, Werner Röwekamp, Dorit Gäbler, Ursula Staack, Dieter Süverkrüp u.a.

INHALT: Der Hamburger Rechtsanwalt Bruno Kappel hat sich in der Gesellschaft etabliert. Einst gehörte er einem anarchistischen Studentenkreis an. Seine damalige Freundin Karin Kunze ist der Anarchoszene treu geblieben. Im Innern noch links stehend, vertritt er sie bis heute als Rechtsanwalt. Karin wird wegen einer Schießerei mit der Polizei gesucht. Auch Staatsanwalt Baller gehörte einst zu dem Kreis. Er fürchtet, daß seine Vergangenheit bekannt wird, wenn Karin gefaßt wird und er sie anklagen muß. Deshalb bittet er Kappel, sie zu suchen und ins Ausland zu schleusen. Während Kappel nach Karin forscht, begegnet er der Kommunistin Maria, der als Lehrerin ein Berufsverbots-Verfahren anhängt. Kappel verliebt sich in sie, erlebt ihren gemeinsamen Kampf mit einer Bürgerbewegung um die Rettung eines Naherholungsgebietes, das einem Truppenübungsplatz weichen soll. Angesichts dieser Erlebnisse überdenkt er seine politische Haltung.

ZUM FILM: Grundlage des Films war der zweite Roman des linken bundesdeutschen Liedermachers Franz Josef Degenhardt, dessen Hauptfigur unverkennbar autobiografische Züge trägt. Terroristenszene und Kommunistenhatz waren aktuelle Themen jener Jahre und wurden durch die eigenen Medien, aber auch beim Blick ins Westfernsehen von den Zuschauern der DDR wahrgenommen und diskutiert. Autor Gerhard Bengsch und Regisseur Horst E. Brandt hatten schon zuvor bei Verfilmungen bundesdeutscher Autoren für das Fernsehen zusammengearbeitet.

ECHO: Der neue DEFA-Film (...) besticht durch Flottheit, Frische und Elastizität, mit der er seine Geschichte plastisch und ohne überstilisierte Ambitionen erzählt. (...) Das wirkt auf das Publikum, ist unterhaltsam, benennt viele Probleme, klärt einige, meidet Schablonen (oder Wünsche) der Lösung. Ein hohes Maß an Authentizität bei der optischen Umsetzung, dazu zügiger Schnitt, sichere Farbgestaltung und die Musik, unterstüt-

zen diesen Gesamteindruck. (Günter Agde, *Filmspiegel* 8/1978)
Er (der Film, f.b.h.) entstand nicht aus dem Engagement unmittelbarer Betroffenheit, sondern aus der Distanz letztlich Unbeteiligter für ein Publikum, dem dieser Blick nur eine via Bildschirm bekannte Nachbarschaft kaum mehr bedeutet, als ein Kinoerlebnis von allenfalls exotischem Reiz. (Heinz Kersten, *Frankfurter Rundschau*, 26.4. 1978)
NEBENBEI: Der Düsseldorfer Kabarettist und Liedermacher Dieter Süverkrüp, der im Film mit eigenem Lied auftritt, engagierte sich für die Ostermarsch-Bewegung und erhielt in der DDR 1977 den Heinrich-Heine-Preis. In den neunziger Jahren arbeitete er u.a. als Zeichner und Autor für die TV-Reihe *Sendung mit der Maus.*

EIN BRAUCHBARER MANN
RE: Hans-Werner Honert, SZ: Hans-Werner Honert LV: Hörspiel »Karriere Uli M.« von Hans-Werner Honert, , DR: Christoph Prochnow, KA: Helmut Grewald, MU: Jürgen Wilbrandt, SB: Marlene Willmann, KO: Günther Pohl, SC: Brigitte Koppe, PL: Giselher Venzke, GR: GR »Babelsberg«, m: 2695 = 99 min, fa, PM: 19.10. 1989, PJ: 1988/89, PM-Ort: Berlin, »Colosseum« DA: Tobias Langhoff (Uli Merkel), Rolf Hoppe (Heiner Rudolf), Otto Mellies (Gerhard Zeim), Kirsten Block (Ilona Merkel), Anne Kasprzik (Kerstin Rudolf), Lore Tappe (Kaderleiterin), Karin Ugowski (Irina Weimann), Wolf-Dieter Lingk (Willi), Horst Weinheimer (Waldemar), Peter Bause (Otto Weimann), Jörg Simonides, Horst Rehberg, Kurt Böwe, Fred Delmare, Thomas Rühmann u. a.
INHALT: Der junge Uli Merkel ist Ingenieur und Erfinder. Er hat Frau und Kind und ist vor allem an seiner Karriere interessiert. Eines Tages bekommt er von Generaldirektor Zeim einen merkwürdigen Auftrag. Er soll den ehemaligen Chefkonstrukteur Heiner Rudolf ausfindig machen, um ihm seine Erfindungen aus der Tasche zu ziehen. Rudolf, ob seiner weit in die Zukunft weisenden Arbeiten seinerzeit verlacht, hatte bei seinem Weggang alle Unterlagen mitgenommen. Nun braucht man sie, um einen wichtigen Exportauftrag erfüllen zu können. Auf seiner Suche nach Rudolf beginnt Uli zu begreifen, daß man ihn, den Jungen, benutzt. Er findet Rudolf schließlich als Totengräber auf Rügen. Bei der Begegnung verstärken sich Ulis Zweifel an der moralischen Integrität seiner Mission. Er steigt aus und bleibt dort, während Rudolf ein Angebot des Generaldirektors annimmt.
ZUM FILM: Hans-Werner Honert war schon ein angesehener Fernsehregisseur, als er mit diesem Film sein Kino-Debüt gab, das er nach einem eigenen Hörspiel –, dem ein authentischer Fall zugrunde lag, drehte. Selbstsucht, Karrieredenken, Aussteigertum – diese Problemfelder waren bislang nicht mit der sozialistischen Produktion in Verbindung gebracht worden und deuteten neue Töne an – die am Tag nach Honeckers Sturz (als der Film uraufgeführt wurde) reichlich spät auf die Leinwand kamen.
ECHO: Mitteilen will ich hier nur, daß es dem Film an künstlerischer Vitalität mangelt, Tobias Langhof hat die schlechte Dramaturgie auszubaden, Rolf Hoppe und Otto Mellies behaupten sich dennoch, mehr will ich jetzt nicht rechten über Ästhetik. (Henryk Goldberg, *Filmspiegel* 24/1989)
Kintopp-Kitsch steht im Film neben literarisierend Ambitioniertem. Wenn Rolf Hoppe als Totengräber einen Knochenschädel zutagefördert, denkt man an Shakespeare, wenn er – die Filmstory metaphorisch überhöhend – die Philoktet-Geschichte zitiert, liegen Heiner-Müller-Assoziationen nicht weit, und die von Kurt Böwe verkörperte Figur eines trinkfreudigen Fischers könnte von Barlach sein. Dagegen fehlt es den meisten anderen Gestalten an Profil – ein Handikap auch für Tobias Langhoff als Darsteller der Titelfigur. (Heinz Kersten, 1989, zit. nach *So viele Träume*)
NEBENBEI: Regisseur Hans-Werner Honert ist in der kleinen Rolle eines Industriellen zu sehen.

BRENNENDE ZELTE IN DEN SCHWARZEN BERGEN
→ *SPUR DES FALKEN*

BROT UND ROSEN
RE: Heinz Thiel, Horst E. Brandt, BU: Gerhard Bengsch, DR: Günter Karl, KA: Horst E. Brandt, MU: Helmut Nier, SB: Alfred Tolle, KO: Barbara Müller, SC: Helga Emmrich, PL: Martin Sonnabend, GR: KAG »Roter Kreis«, m: 2825 = 104

min, s/w, Cine, AT: Georg Lendau/Im Lauf der Zeit, PJ: 1967, PM: 28.9.1967, PM-Ort: Berlin, »International«, Voraufführung: 22.4.1967, VII. Parteitag der SED
DA: Günther Simon (Georg Lendau), Harry Hindemith (Paul Kallam), Eva-Maria Hagen (Jutta Lendau, geb. Krell), Carola Braunbock (Emmi Krell), Helga Göring (Dr. Helene Seydlitz), Johanna Clas (Eleonore Mergenthin), Fred Delmare (Kurt Kalweit), Jürgen Frohriep (Siegfried Schlentz), Helmut Schreiber (Emil), Horst Kube (Börner), Willi Schrade, Bruno Carstens, Annemarie Brodhagen, Hans Hardt-Hardtloff, Günter Polensen u. a.
INHALT: Auf dem VII. Parteitag der SED erzählt ein Delegierter einer Reporterin seine Lebensgeschichte: Den 18jährigen heimkehrenden Soldaten Georg Lendau verschlägt es 1945 in ein kleines Dorf. Er ist ausgehungert und krank. Bürgermeister Kallam hilft. Später begegnen sie sich wieder, inzwischen ist Kallam Direktor eines Schwermaschinenbaubetriebes. Er gibt Georg, der Dreher ist, Arbeit. Doch Kallam hat noch mehr mit ihm vor, will ihn zum Studium schicken. Georg weigert sich. Eine Sonderschicht, die er nur machte, um seiner zukünftigen Frau Hochzeitsschuhe kaufen zu können, bringt ihm Konflikte mit rückständigen Kollegen – und die Einsicht, daß man besser arbeiten muß, wenn man besser leben will. Dieser Einsicht läßt er Taten folgen, wird Meister, Genosse, Studierender.
ZUM FILM: Ein »Auftragsfilm« zum propagandistisch aufgeblasenen VII. Parteitag der SED. Das Schicksal des Helden wird zur Bebilderung von politischen Aufgabenstellungen benutzt und gibt selbst Nebenfiguren keinen Raum.
ECHO: Es muß leider gesagt werden, daß in *Brot und Rosen* eine gerade durch ihren typischen, exemplarischen Charakter interessante Geschichte nicht gleichermaßen interessant vorgetragen wird. Die humorvollen Ansätze des Filmbeginns (...) verlaufen sich immer mehr in trockenes Argumentieren. (Helmut Ullrich, *Neue Zeit*, 3.10.1967)
Szenen werden Belegbilder für verbale Selbstbestätigung; Selbstbestätigung jedoch nicht eines Menschen, einer Kunstfigur, sondern der abstrakten Losung. Affirmation schlägt in Apologetik um. (Klaus Wischnewski in *Das zweite Leben der Filmstadt Babelsberg*, 1994)

NEBENBEI: Die Reporterin Kramer, der der Held in der Rahmenhandlung sein Leben erzählt, wird von der damaligen Chef-Ansagerin des DFF, Annemarie Brodhagen, gespielt. – Die Filmemacher brachten das Kunststück fertig, zu Beginn des SED-Parteitages ihre letzten Aufnahmen zu machen und den Film den Delegierten am Ende des Parteitages vorzuführen. – Auf dem Moskauer Filmfestival 1967 erhielt der Film den Preis des Journalistenverbandes.

DER BRUCH
RE: Frank Beyer, BU: Wolfgang Kohlhaase, DR: Dieter Wolf, KA: Peter Ziesche, MU: Günther Fischer, SB: Dieter Adam, KO: Christiane Dorst, SC: Rita Hiller, PL: Gerrit List, GR: GR »Babelsberg«, m: 3050 = 111 min, fa u. s/w, PJ: 1988, PM: 19.1.1989, PM-Ort: Berlin, »Kosmos«
DA: Götz George (Graf), Rolf Hoppe (Markward), Otto Sander (Lubowitz), Ulrike Krumbiegel (Tina), Volker Ranisch (Julian), Thomas Rudnick (Bubi), Hermann Beyer (Kollmorgen), Gerhard Hähndel (Lotz), Angelika Waller (Anita Graf), Franziska Troegner (Frau Markward), Jens-Uwe Bogadtke, Reiner Heise, Jürgen Walter, Hildegard Alex, Heinz-Dieter Knaup u. a.

INHALT: Winter 1946 in Berlin. Drei Männer planen den Coup ihres Lebens. Der Kriminelle Erwin Lubowitz will die Lohngelder aus dem Reichsbahntresor holen. Mit von der Partie ist der zwielichtige Kellner Walter Graf. Um den Tresor zu knacken, braucht es einen Fachmann. Und der heißt Bruno Markward, ein Profi, der sich bereits zur Ruhe gesetzt hatte. Die Maurerlehrlinge Julian und Bubi, die eigentlich nur die flotte Frisöse Tina im Kopf haben, geraten unversehens in die Affäre. Der ahnungslose Bubi wird von den Ganoven angeheuert, eine Mauer aufzustemmen, die zum Tresorraum führt. Nachdem das Unternehmen trotz einiger Zwischenfälle geglückt ist, nimmt die Polizei die Verfolgung auf. Kollmorgen, ein erfahrener Kriminalist, seit der Weimarer Republik im Dienst und während der Nazizeit als Sozialdemokrat aus dem Amt gejagt, und der unerfahrene Kommunist Lotz, der während der Nazizeit – mit Bruno – im Zuchthaus war. Lotz wirbt Julian für die Kripo. Und das ungleiche Team macht die Einbrecher nacheinander dingfest.

ZUM FILM: Wolfgang Kohlhaase schrieb den Film nach einem authentischen Ereignis aus dem Jahre 1951 und verlegte es in die aufregende allererste Nachkriegszeit. Die rundum gelungene Kriminalkomödie wurde ein großer Publikumserfolg.

ECHO: Die Bildwelt des Films ist nüchtern-real, aber nicht um dokumentarische Rekonstruktion bemüht. Das ist dem Szenenbild (Dieter Adam) wie der Kostümgestaltung (Christiane Dorst) ebenso zu danken wie Peter Ziesches Kameraarbeit: Ich werde als Zeitgenosse immer an Selbstgesehenes lebhaft erinnert, und dennoch bin ich mir ständig der Kunstebene bewußt; was nie bemühte Überhöhung oder Distanz bedeutet, sondern Teil des Genusses (...) ist. (Klaus Wischnewski, *Film und Fernsehen* 4/1989)

Vielleicht auch war die literarische Prägung dieses Filmes so groß, so stark, daß kaum noch Raum war, noch viel Regie hinzuzutun, die nicht im Buche steht. Hier war im Grunde alles schon fixiert, das ist, im Guten wie im Schlechten, des Autoren Film mehr als der des Regisseurs. Die Besetzung ist ausgesucht, gediegen, die Inszenierung auch, vielleicht hätte sie die Chance gehabt, sich ein wenig mehr vom Buch zu emanzipieren. (Henryk Goldberg, *Filmspiegel* 4/1989)

NEBENBEI: Der bekannte Chansonnier Jürgen Walter übernahm hier nach →*Mensch, mein Papa ...!* schon zum zweiten Mal eine DEFA-Rolle, einen Travestie-Künstler, und sang natürlich auch einen Tango. – Hermann Beyer, der Bruder von Regisseur Frank Beyer, wirkt als Kollmorgen erstmals in einer großen Rolle in einem Film seines Bruders mit. – Neben anderen Auszeichnungen erhielten Wolfgang Kohlhaase und Frank Beyer für diesen Film 1990 den Westberliner Ernst-Lubitsch-Preis.

DIE BRÜCKE

RE: Artur Pohl, BU: Artur Pohl, DR: Gerhard Born, KA: Fritz Arno Wagner, MU: Wolfgang Zeller, BA: Erich Zander, Artur Günther, SC: Margarete Steinborn, PL: Adolf Hannemann, m: 2312 = 85 min, s/w, PJ: 1948, PM: 28.1.1949, PM-Ort: Berlin, »Filmtheater am Friedrichshain«

DA: Karl Hellmer (Michaelis), Fritz Wagner (Martin Reinhardt), Arno Paulsen, Steffie Spira (Herr u. Frau Reinhardt), Ilse Steppat (Therese Sander), Albert Venohr (Sander), Hans Klering (Mankmoos), Jeannette Schulze (Hanne Michaelis), Albert Hehn (Gerhard Wagner), Maria Besendahl

(Frau Michaelis), Ernst Sattler, Peter Marx, Heinz Schröder, Elfie Dugal, Hans Emons u.a.
INHALT: Eine Gruppe von Umsiedlern kommt nach dem Krieg in einer mitteldeutschen Kleinstadt an, froh, ein neues Zuhause gefunden zu haben. Doch die Einheimischen begegnen den »Fremden« mit Mißtrauen, Ablehnung, ja sogar Haß. Michaelis, Sprecher der Umsiedler, ist um gutes Zusammenleben bemüht. Seine Tochter Hanne verliebt sich in Martin, den Neffen des Bürgermeisters. Doch Michaelis kommt bei einem Sabotageakt Einheimischer ums Leben, und gegen die Liebe seiner Tochter intrigiert die eifersüchtige Gastwirtin Therese. Bei einem verheerenden Feuer in der Stadt leisten die »Neuen« trotz aller Schikanen Hilfe und schlagen damit eine Brücke zu einem gemeinsamen Leben.
ZUM FILM: Die erste Regiearbeit des Drehbuchautors Artur Pohl verriet großes Talent, wenngleich dem Film eine zu starke Kolportage vorgeworfen wurde.
ECHO: Pohl hat die Fähigkeit, Gedankliches in Bilder umzusetzen. Szenen wie der Einzug der »Umsiedler« in den sich versperrenden Ort, gehören zu den eindrucksvollsten Gestaltungsversuchen des deutschen Nachkriegsfilms, leiden aber offensichtlich darunter, daß die Aufnahmetechnik den Absichten des Regisseurs nicht immer zu folgen vermag. Das mahnende politisch-moralische Wort fügt sich unaufdringlich in die Handlung ein, wenn es auch noch nicht organisch aus ihr entwickelt ist. Solche und andere Vorzüge versöhnen mit den Schwächen des Drehbuchs, daß sich allzu kraß des Zufalls bedient, und mit der bisweilen spürbaren Neigung der Regie, sich in Einzelheiten zu verlieren und statt realistischer Eindringlichkeit naturalistische Detailmalerei zu geben. (Lüd., *Berliner Zeitung*, 1.2.1949)
Und da man sich Filmfiguren ausgedacht hatte, kam nichts anderes heraus als eben das, was man schon hundertmal und besser gesehen hat. (...) Die Handlung schleppt sich unter der Regie des Verfassers in das Filmgeschehen hinein. (...) Allein in Karl Hellmers Umsiedler steckte etwas von dem Tappen im Dunkel, in das schon Helle dringt, aber es verhedderte sich in Monologen und in einer papiernen Umwelt. (mtr., *Weltbühne* 6/1949)
NEBENBEI: Der Filmkomponist Wolfgang Zeller tritt in der Rolle eines blinden Umsiedlers auf.

BÜRGERMEISTER ANNA
RE: Hans Müller, Wolfgang Schleif (ungenannt), BU: Richard Nicolas, LV: Gleichnamiges Bühnenstück von Friedrich Wolf, DR: Marieluise Steinhauer, KA: Robert Baberske, Walter Roßkopf, MU: Franz R. Friedl, BA: Wilhelm Vorwerg, Alfred Schulz, KO: Hans Kieselbach, SC: Hildegard Tegener, PL: Eduard Kubat, m: 2404 = 88 min, s/w, PJ: 1949/50, PM: 24.3.1950, PM-Ort: Berlin, »Babylon«/»DEFA-Filmtheater Kastanienallee«
DA: Eva Rimski (Anna Drews), Reinhard Kolldehoff (Jupp Ucker), Catja Görna (Ursel Ucker), Klaus Becker (Hans Rapp), Arno Paulsen (Bauer Lehmkuhl), Lutz Moik (Matthias Lehmkuhl), Steffie Spira (Mutter Ucker), Edith Hancke (Grete Drews), Arthur Wiesner, Gustav Püttjer, Erich Dunskus, Reinhold Bernt u. a.
INHALT: Ein Novum in der deutschen Nachkriegsgeschichte: Eine junge Frau, Anna Drews, wird Bürgermeister in einem Dorf. Sie ist tüchtig und genießt Achtung. Doch zwei Männer sind mit ihrer Tätigkeit nicht einverstanden. In ihrem Vorgänger, dem Großbauern Lehmkuhl, hat sie einen erbitterten Feind. Aber auch ihr Jugendfreund Jupp, der sie heiraten will, als er aus der Gefangenschaft heimkehrt, kann nicht akzeptieren, daß seine Frau ein solches Amt ausübt. Lehmkuhl nutzt einen ungenehmigten Schulbau, um gegen Anna zu intrigieren. Als das nicht den gewünschten Erfolg hat, setzt er wütend die Schule in Brand – und erhält seine Strafe. Jupp hat sich aufgrund der Ereignisse und Annas Qualitäten als Bürgermeisterin gewandelt. Er beginnt, die Gleichberechtigung der Frau zu akzeptieren.
ZUM FILM: Die Mischung aus Bauernschwank und Agitationsstück nach Friedrich Wolfs Vorlage entsteht unter Zeitdruck. Um den Plan für 1949 zu erfüllen, wird der dramaturgische Vorlauf entgegen den Warnungen des Autors vernachlässigt. Das Ergebnis gefällt zwar dem Publikum, aber nicht dem Autor, und nach kurzer Zeit wird auch harsche, ideologisch motivierte Kritik an dem Film und der ins Anarchistische tendierenden Handlungsweise der Titelfigur laut, so daß er bald zurückgezogen wird.
ECHO: Dieser Film ist kurzweilig und macht Freude. Mit ihm ist der DEFA darüber hinaus aber noch mehr geglückt. Hier wird ein Thema unserer Tage einmal lustig angepackt, richtig

angepackt, und siehe, obwohl schon mehr Schwank als Lustspiel ist es ein guter Film geworden. (Leo Menter, *Weltbühne* 14/1950)

Von selbst kommen die Menschen nicht zu der Erkenntnis ihrer Klassenlage, erst recht nicht zum richtigen kollektiven Handeln. Die Partei ihrer Klasse sagt ihnen, wo sie stehen, und was sie tun müssen. Hier, bei *Bürgermeister Anna*, gibt es jedoch anscheinend keine VdgB (Vereinigung der gegenseitigen Bauernhilfe, f.b.h.) im Dorf, die die Bauern anleitet, sie berät, im Zusammenwirken mit den Vertretern der anderen demokratischen Organisationen. (...) Im ganzen ist der Film somit im bedenklichen Verzicht auf die das individuelle Bewußtsein entwickelnden und organisierenden Kräfte in unserer neuen dörflichen Gemeinschaft entstanden. (*Neue Filmwelt* 6/1950)

NEBENBEI: Zur rechtzeitigen Planerfüllung wird der Film in Tag- und Nachtschichten mit zwei Regisseuren gedreht, von denen aber nur einer die Verantwortung übernimmt und im Vorspann genannt wird.

BÜRGSCHAFT FÜR EIN JAHR

RE: Herrmann Zschoche, SZ: Gabriele Kotte, LV: Gleichnamiger Roman von Tine Schulze-Gerlach, DR: Tamara Trampe, KA: Günter Jaeuthe, MU: Günther Fischer, SB: Dieter Adam, KO: Anne Hoffmann, SC: Monika Schindler, PL: Dorothea Hildebrandt, GR: GR »Berlin«, m: 2545 = 93 min, fa, PJ: 1980/81, PM: 17.9.1981, PM-Ort: Suhl, »Kulturhaus«

DA: Katrin Saß (Nina), Monika Lennartz (Irmgard Behrend), Jaecki Schwarz (Peter Müller), Jan Spitzer (Werner Horn), Christian Steyer (Heiner Menk), Heide Kipp (Frau Braun), Barbara Dittus (Heimleiterin), Ursula Werner (Frau Müller), Angelika Mann (Renate), Solveig Müller (Jugendfürsorgerin), Dieter Montag, Heinz Behrens, Uwe Kockisch, Werner Tietze, Peter Bause u. a.

INHALT: Nina Kern ist eine Frau Ende zwanzig, geschieden, der das Sorgerecht für ihre drei Kinder, die sich bereits im Heim befinden, wegen jahrelanger Vernachlässigung aberkannt werden soll. Obwohl sie das Versprechen, ihren Lebenswandel zu ändern, mehrmals gebrochen hat, gibt man ihr eine letzte Bewährungschance. Ein Bauingenieur und eine Lehrerin übernehmen die Bürgschaft. Sie helfen Nina, wenigstens die jüngste Tochter, die fünfjährige Mireille, aus dem Heim zu bekommen. Nina bemüht sich, der Arbeit in einer Putzbrigade der U-Bahn gewissenhaft nachzugehen und der Tochter eine gute Mutter zu sein. Sie hat Erfolge, muß aber auch Rückschläge verkraften. Obwohl ihre Bewährung am Ende positiv ausfällt, glaubt sie, der ganzen Belastung nicht gewachsen zu sein. Schweren Herzens verzichtet sie auf die Tochter Jacqueline, mit der sie nicht zurechtkommt.

ZUM FILM: Mit diesem Film lösten die Filmemacher eine Diskussion über den Umgang mit sozialen »Problemfällen« aus. Bemerkenswert, daß die christlich orientierte Lehrerin dem Bauingenieur in sozialer Kompetenz überlegen ist.

ECHO: Ähnlich wie im Rücker-Carow-Film *Bis daß der Tod euch scheidet*, der nicht wenige auf den Plan rief, die das sogenannte Untypische nicht für künstlerisch gestaltenswert hielten, geht es auch hier um eine soziale Problematik, die weder von der Gesellschaft noch von der Kunst ignoriert werden darf: das Schicksal vernachlässigter Kinder. (Renate Holland-Moritz, *Eulenspiegel* 41/1981)

Soziale moralische »Unfertigkeit« stellt Zschoche nicht aus, um soziologische Repräsentanz nachzuweisen; sie wird vielmehr ein Hinweis darauf,

wie das moralische Wert-Regulativ der sozialistischen Gesellschaft bewußt dort eingreift, wo die scheinbare Intimität menschlicher Beziehungen zunächst aller Öffentlichkeit die Tür verschließt. Nicht, daß es solche Fälle gibt (in welcher Zahl auch immer), macht das Entscheidende der aufgeworfenen Problemstellung zuvörderst aus, sondern, wie dieses Problem bei uns, reflektiert in einem unserer Kunstwerke, reflektiert wird. (Hans-Dieter Schütt, *Film und Fernsehen* 11/1981)
Zschoche bringt sein Engagement für den Alltag der sogenannten einfachen Leute unaufdringlich in die Szene ein und so an den Zuschauer heran. Seine Wertungen sind differenziert, verwehren leichtfertiges Verurteilen. (Peter Ahrens, *Weltbühne* 46/1981)
NEBENBEI: Auf der Berlinale 1982 erhielt der Film den Preis des Internationalen katholischen Filmbüros (Interfilm), und Katrin Saß wurde mit einem Silbernen Bären als beste weibliche Darstellerin ausgezeichnet. Auch in der DDR erhielt der Film den Kritikerpreis und auf dem Nationalen Spielfilmfestival 1982 Preise für Herrmann Zschoche, Gabriele Kotte, Dieter Adam und Anne Hoffmann. Außerdem wurde *Bürgschaft für ein Jahr* als populärster Film des Jahres vom Jugendmagazin *Neues Leben* ausgezeichnet. – Die Pop-Sängerin Angelika Mann (»Lütte«) spielte als Ninas Freundin Renate nach ihrem Auftritt in → *Die Leiden des jungen Werthers* ihre erste größere Filmrolle.

BUNNEBAKE

→ *Anhang A*

DIE BUNTKARIERTEN

RE: Kurt Maetzig, BU: Berta Waterstradt, LV: Hörspiel »Während der Stromsperre« von Berta Waterstradt, KA: Friedl Behn-Grund, Karl Plintzner, MU: H.W. Wiemann, BA: Emil Hasler, KO: Walter Schulze-Mittendorf, SC: Ilse Voigt, PL: Karl Schulz, m: 2862 = 105 min, s/w, PJ: 1948/49, PM: 8.7.1949, PM-Ort: Berlin, »Babylon«
DA: Camilla Spira (Guste), Werner Hinz (Paul), Lotte Lieck (Großmutter), Friedrich Gnass (Großvater), Carsta Löck (Emma), Ursula Diestel (Frieda), Yvonne Merin (Marie), Brigitte Krause (Christel), Willi Rose (Landsturmmann), Walter Bluhm (Levin), Herbert Hübner, Hans Klering, Else Reval, Waltraut Kramm, Arno Paulsen u. a.
INHALT: Chronik einer deutschen Arbeiterfamilie über drei Generationen. 1884 kommt Guste als uneheliches Kind eines Dienstmädchens zur Welt. Damit scheint auch ihr Lebensweg vorgezeichnet. Sie geht ebenfalls »in Stellung«, lernt jedoch den Arbeiter Paul Schmiedecke kennen und heiratet ihn. Sie verbringen mit ihren zwei Kindern einige glückliche Jahre, dann kommt der Erste Weltkrieg. Guste muß allein für die Kinder sorgen, denn Paul wird eingezogen. Während der täglichen Straßenbahnfahrt zur Munitionsfabrik lernt sie einen Landsturmmann kennen, der ihr die Augen öffnet über die Zusammenhänge von Krieg und Kapital. Sie legt die Arbeit nieder und schlägt sich als Fensterputzerin durch, bis Paul aus dem Krieg zurückkehrt. Doch nun machen ihnen Weltwirtschaftskrise und aufkommender Faschismus zu schaffen. Gewerkschafter Paul, als politisch unzuverlässig eingestuft, verliert seine Arbeit und stirbt bald danach. Im Zweiten Weltkrieg verliert Guste bei einem Bombenangriff auch ihren Sohn. Ihr ist nur die Enkelin Christel geblieben. Als das Mädchen nach Ende des Krieges im demokrati-

schen Deutschland einen Studienplatz bekommt, erlebt Guste ein spätes Glück. Sie holt die sorgsam gehütete buntkarierte Bettwäsche, Standessymbol der einfachen Leute, aus dem Schrank und näht Christel ein Kleid daraus, damit sie hübsch angezogen zur Universität gehen kann.
ZUM FILM: In Kurt Maetzigs Regie wurde die Adaption eines erfolgreichen Hörspiels zu einem treffenden Zeitpanorama, und es entstand einer der großen Klassiker des DEFA-Films der ersten Nachkriegsjahre. Ungewöhnlich war, daß die Arbeiterklasse durch den sozialdemokratischen Ehemann der Heldin repräsentiert wurde. Von sowjetischer Seite kamen Einwände dagegen, die jedoch unberücksichtigt blieben. So wurde verlangt, dieser Figur ein »heroisches Ende« zu bereiten, indem er auf dem Totenbett »das Falsche seines Kampfes« erkennt. Auch die Heldin wurde in ihrer pazifistischen Haltung kritisiert. Sie hätte stärker agitatorisch wirken können, so die sowjetischen Berater.
ECHO: Der DEFA darf man gratulieren. Sie hat wieder dorthin gefunden, wo ihr Name sich seinen guten Klang geholt hat. (...) Seine (des Regisseurs, f.b.h.) Einfühlungskraft fing auch in der lockeren Folge zugleich mit den Tatsachen die

Luft ein, die dahintersteht und erst die Wahrheit ausmacht. Maetzig braucht keinen großen Radius; aus der Gedrängtheit der Atmosphäre holt er die Spannungen. (Leo Menter, *Weltbühne* 29/1949)
Zudem ist von der Regie die Atmosphäre der Berliner Arbeiterwelt sehr genau und einfühlsam erfaßt und wiedergegeben worden. Das fängt bei den Bauten an und hört bei den Darstellern auf. Beinahe zum ersten Mal sieht man in den Rollen eines deutschen Arbeiterfilms keine »verkleideten« Schauspieler, keine auf billig zurechtgemachten Stars, sondern (...) in jedem Fall Menschen, die wirklich das sind, was sie spielen; schlichte, einfache Gesichter, wie man sie im Alltag immer wieder trifft. Werner Hinz ragt heraus aus einer langen Reihe typischer Vertreter seiner Klasse, Gustes Ehemann, der Maler und Gewerkschafter. Aber auch sein Spiel verblaßt vor der schönen, reifen und reinen Menschlichkeit, mit der Camilla Spiras Guste durch alle Erscheinungsstadien ihrer großen Rolle vom blühenden Mädchen bis zur alten, leidgeprüften Großmutter erfüllt ist. Hier wurde eine Menschengestalterin von hohem Rang für den deutschen Film neu entdeckt. (Hans Ulrich Eylau, *Tägliche Rundschau*, 9.7.1949)
NEBENBEI: Kurt Maetzig, Friedl Behn-Grund, Berta Waterstradt und Camilla Spira wurden für ihre Leistungen in diesem Film 1949 mit Nationalpreisen ausgezeichnet. – Die Rolle der Christel als Kind spielt die damals siebenjährige Micaela Kreissler, die in den sechziger und siebziger Jahren zu den DEFA-Stars gehören wird.
Filmtext: Ellen Blauert (Hrsg.): Die Mörder sind unter uns. Ehe im Schatten. Die Buntkarierten. Rotation. Vier Filmerzählungen nach bekannten DEFA-Filmen. Berlin: Henschelverlag 1969

C

CAROLA LAMBERTI – EINE VOM ZIRKUS

RE: Hans Müller, BU: A. Arthur Kuhnert, DR: Marieluise Steinhauer, KA: Fritz Lehmann, MU: Gerd Natschinski, BA: Artur Günther, KO: Vera Mügge, SC: Marianne Karras, Hildegard Tegener, PL: Eduard Kubat, m: 2450 = 90 min, s/w, PJ: 1953/54, PM: 9.12.1954, PM-Ort: Berlin, »Babylon«

DA: Henny Porten (Carola Lamberti), Horst Naumann (Camillo Lamberti), Hans Rüdiger Renn (Eduard Lamberti), Edwin Marian (Pero Lamberti), Ursula Kempert (Viola), Catja Görna (Ines Lamberti), Johannes Arpe (Stegemann), Hans Klering (Borbasch), Herbert Richter (Mollenkamp), Willy A. Kleinau (Taxichauffeur), Herbert Kiper, Fritz Schlegel, Heino Winkler, Hans Ulrich, Günther Haack u. a.

INHALT: Deutschland in den späten zwanziger Jahren. Seit dem Tode ihres Mannes führt Carola den familieneigenen Zirkus allein. Plötzlich gibt es jedoch Probleme mit den drei Söhnen, die sie zu ausgezeichneten Artisten herangezogen hat. Ihre Trapeznummer ist berühmt. Sie sind erwachsen und wollen an der Zirkusleitung beteiligt werden, um das Programm zu modernisieren. Die kokette Kunstreiterin Viola, auf die die beiden jüngeren Brüder ein Auge geworfen haben, schürt den Familienstreit. Es kommt zum Zerwürfnis, und Carola geht. Camillo, Eduard und Pero leiten den Zirkus nun mit großem Engagement, doch ihre Unerfahrenheit bringt sie in große Schwierigkeiten, so daß Camillos Frau Carola zurückruft. Fortan werden sie wieder gemeinsam arbeiten: Erfahrung gepaart mit jugendlichem Tatendrang.

ZUM FILM: Nach den Ereignissen vom 17. Juni 1953 wurde in der Kulturpolitik der DDR ein »neuer Kurs« eingeschlagen, im Rahmen dessen auch unpolitische Filme entstehen konnten. Der einstige Stummfilmstar Henny Porten, im 3. Reich, weil in einer »Mischehe« lebend, weitgehend unbeschäftigt, trat selbst mit dem Zirkus-Stoff an die DEFA heran. Hier sah man die Möglichkeit, durch verschiedene Schauspieler, den Regisseur und den Autor ein damals noch angestrebtes deutsch-deutsches Kulturleben zu fördern.

ECHO: In Henny Porten verkörpert sich tatsächlich ein Ausschnitt deutscher Filmgeschichte beinahe von ihren ersten Anfängen an. Und ist es auch nicht der Ausschnitt, in dem die großen, die anspruchsvollen künstlerischen Ereignisse stattgefunden haben, so ist es doch einer, in dem ehrlich gemeinte, sauber geleistete Arbeit bis heute ihren Platz bekommt. (...) Das ist nun weder ein sehr neuer, noch ein sehr bedeutender Stoff, aber die Regie Hans Müllers hat ihn schwungvoll und mit geübter Hand im Stil bewährter Muster zugeschnitten. Jeglicher Bedarf an Rührung wird gestillt, jegliche Schaulust auch. (H. U. E., *Berliner Zeitung*, 15.12.1954)

ZITAT: Sie ist dorthin gegangen, wo die Kunst ein wirkliches Zuhause hat und mit ihr alle Künst-

ler, die es ernst mit ihr und unserem deutschen Vaterland meinen. (...) Henny Porten hat sich mit ihrer Arbeit an dem DEFA-Film *Eine vom Zirkus* praktisch zu dieser wahrhaft deutschen Kulturpolitik bekannt. Auch wir wollen uns dazu bekennen. Die Volkswahlen am 17. Oktober geben uns die Möglichkeit dazu. (*Henny Porten – Ein Leben für den deutschen Film*, herausgegeben vom Volkswahlausschuß der Nationalen Front des demokratischen Deutschland, 1954)
NEBENBEI: Als Henny Porten von Westberlin aus zum ersten Mal zu Verhandlungen mit der DEFA fuhr, erhielt sie eine Sondergenehmigung zur Fahrt durch das Brandenburger Tor. Der Termin war ausgerechnet jener 17. Juni 1953. Der Taxifahrer fürchtete die sowjetischen Panzer und setzte die Porten weit vor der Demarkationslinie ab, aber der Star erreichte wohlgemut zu Fuß die Grenze, wo verdutzte Volkspolizisten die Berühmtheit begrüßten. – Für die Dreharbeiten wurde der Circus Sarrasani auf dem DEFA-Studiogelände aufgebaut.

CAROVNÉ DEDICTVÍ

→ *EINE ZAUBERHAFTE ERBSCHAFT*

CASPAR DAVID FRIEDRICH – GRENZEN DER ZEIT

(BRD-Auftragsproduktion)
RE: Peter Schamoni; DB: Peter Schamoni, Hans A. Neunzig, KA: Gérard Vandenberg, MU: Hans Posegga, Motive von Franz Schubert, SB: Alfred Hirschmeier, KO: Christiane Dorst, SC: Katja Dringenberg, PL: Lilo Pleimes, Horst Hartwig, P: Allianz, Peter Schamoni Film, m: 2293 = 84 min, fa, PJ: 1986, PM: 23.10.1986 (BRD), AD: 27.2.1987 (DDR)
DA: Helmut Griem (Carl Gustav Carus), Sabine Sinjen (Caroline Friedrich), Hans Peter Hallwachs (V. A. Schukowskij), Walter Schmidinger (Basilius von Ramdohr), Hans Quest (Ernst Moritz Arndt), Lothar Blumhagen (Verleger), Udo Samel, Otto Sander, Friedrich Schönfelder, Herbert Weissbach, Wolfgang Greese, Hans-Dieter Knaup, Joachim Tomaschewski u.a.
INHALT: Der Arzt, Philosoph und Maler Carl Gustav Carus ist ein Sachwalter und verständnisvoller Interpret der eigentümlichen, neuen Bilderwelt des Romantikers. Er erzählt von Caspar David Friedrich. Seine Zeitgenossen greifen in den Film ein, während der Maler selbst nicht auftaucht, über sein Werk und seine Interpreten jedoch in jedem Moment anwesend ist. (f.b.h.)
ZUM FILM: An Hand von Werk und Leben des Romantikers Caspar David Friedrich interpretiert der Film den Maler als einen Vorreiter ökologischen Bewußtseins. In historisierenden Szenen, unter Bezugnahme auf die Fülle der Landschaftsbilder Friedrichs, wird das Werk des zu seiner Zeit unverstandenen Künstlers in sehr subjektiver Deutung dem Zuschauer nahegebracht. Ein Porträt, das die Empfindungen anspricht und die zeitgeschichtlichen Hintergründe beleuchtet. (*Lexikon des internationalen Films*)
ECHO: Helmut Griem erhält die Rollenbezeichnung Carl Gustav Carus und meditiert oder polemisiert an geeigneten Stätten, sei es am offenen Grabe Friedrichs, sei es in einer Beratung der Akademie. Hans Peter Hallwachs schlüpft in den Rock Shukowskis und tut ähnliches wie Carus. So kommt eine Art gelockerter Museumsvortrag zustande. Eine unfilmische Idee. (Stefan Senefeld, *Sonntag* 14/1987)
Was macht Schamoni? Er eilt durch das schöne Pommern und Sachsen und findet, den Blick immer scharf von außen nach außen gerichtet, lauter Friedrich-Motive: die Kreidefelsen von Rügen, die Silhouette von Greifswald, die Klosterruine von Eldena, die Steine im flachen Ostseewasser. Und gleich hinterher, ist das nicht fabelhaft, das Bild oder die Zeichnung. (...) Zum Schluß, hier mutiert die »vie romancée« urplötzlich zu einer Art von Dokumentarfilm, dürfen wir noch sehen, wie einige Meisterwerke von Friedrich beim Brand im Münchner Glaspalast ein Raub der Flammen werden, das war 1931. Schamoni hat diese Bilder, die dekorativ im Feuer wegschmelzen, eigens von Kopisten in der DDR herstellen lassen – ein schönes Beispiel deutschdeutscher Präzisionszusammenarbeit. (Petra Kipphoff, Zeit 24.10.1986)
NEBENBEI: Der Leipziger Schauspieler Lothar Blumhagen, hier als Verleger zu sehen, spielte in der ersten Hälfte der fünfziger Jahre Hauptrollen in den DEFA-Filmen → *Hexen* und *Sommerliebe*, ehe er in die Bundesrepublik wechselte.

CHEMIE UND LIEBE

RE: Arthur Maria Rabenalt, BU: Marion Keller, Frank Clifford, Idee: Béla Balázs, KA: Bruno

Mondi, MU: Theo Mackeben, BA: Emil Hasler, KO: Hans Kieselbach, SC: Alice Ludwig, PL: Walter Lehmann, GR: Herstellungsgruppe Walter Lehmann, m: 2678 = 98 min, s/w, PJ: 1947/48, PM: 1.6.1948, PM-Ort: Berlin, »Babylon«

DA: Hans Nielsen (Dr. Alland), Tilly Lauenstein (Martina Holler), Ralph Lothar (Da Costa), Arno Paulsen (C. D. Miller), Arno Ebert (Cornelius Vandenhoff), Gerhard Frickhöffer (Dr. Brose), Gisela Deege (Aimée), Ann Höling (Georgia Spaldi), Gustav Püttler (Charly), Heinz Schröder (Dr. Oricheff), Elfi Dugal, Axel Triebel, Erika Görner, Maria Milde, Jakob Tiedtke u. a.

INHALT: Dr. Michael Alland, Chemiker, hat mit seiner Assistentin Martina eine großartige Erfindung auf dem Gebiet der Butterproduktion gemacht. Die Kuh samt ihrer Milch wegrationalisierend, erzeugt er den begehrten Brotaufstrich direkt aus grünem Gras. Der Konzernchef Da Costa versucht, die Erfindung an sich zu bringen – mit Hilfe verführerischer Frauen. Doch er hat die Rechnung ohne Martina gemacht. Zusammen mit Alland, der sich plötzlich seiner Liebe zu der Assistentin bewußt wird, prellt sie die Profithaie. Beide verlassen das Land Kapitalia.

ZUM FILM: Dieser Versuch einer Satire auf kapitalistische Verhältnisse fußte auf Motiven eines Stückes des renommierten Filmautors Béla Balázs, wies aber in der Regie Arthur Maria Rabenalts große stilistische Uneinheitlichkeit auf.

ECHO: Althergebrachtes auf neu überbacken, neue Ausdrucksmittel neben alter Routine, flottes Spiel von guter und gut geführter Besetzung, das alles ist da, aber nichts will aufgehen, trotz appetitlicher Verpackung. Die kleine Dosis Selbstironie reicht nicht aus, um das, was man nicht dick auftragen will, ins Reich eines beflügelten Filmspiels zu bringen; denn man will ja doch in der Wirklichkeit bleiben. Und die ist schlecht gezeichnet. (...) Eine kleine Freude gab es, die gelockerte Form, dank derer man sich nicht langweilte. (Leo Menter, *Weltbühne* 24/1948)

NEBENBEI: Durch den Film führt ein Erzähler, der bekannte Rundfunkpionier, Autor und Regisseur Alfred Braun.

CHIFFRIERT AN CHEF – AUSFALL NR. 5

RE: Helmut Dziuba, SZ: Gisela Karau, Günter Karau, DR: Anne Pfeuffer, KA: Helmut Bergmann, MU: Karl-Ernst Sasse, SB: Heinz Röske, KO: Ursula Strumpf, SC: Christa Helwig, PL: Erich Albrecht, GR: GR »Berlin«, m: 2609 = 96 min, fa, brw, AT: Die toten Augen, PJ: 1978/79, PM: 29.11.1979, PM-Ort: Berlin, »Kosmos«

DA: Peter Zimmermann (Wolf Brandin), Karin Düwel (Renate Brandin), Dietrich Körner (Werner), Piotr Garlicki (Dr. Baum), Gudrun Ritter (Tante Caroline), Alfred Müller (General), Christoph Engel (Wagner), Achim Petry (Werkdirektor), Christa Löser (Schmidtchen), Zdzislaw Kozien (CIA-Chef), Karin Boyd, Klaus Bamberg, Jörg Knochee, Hanna Rieger, Kurt Sperling u. a.

INHALT: Ende der fünfziger Jahre wird der Ostberliner Student Wolf Brandin in Westberlin von der CIA angeworben. Er meldet dies dem Staatssicherheitsdienst der DDR und geht in dessen Auftrag auf die Werbung ein. Das Doppelleben fordert physisch und psychisch seine ganze Kraft. Tagsüber führt er im Osten sein normales Leben mit Frau und Kind, nachts wird er im Westen zum Agenten ausgebildet. Es kommt zu einer Ehekrise, und sein neuer Freund Werner vom Staatssicherheitsdienst beschließt, Wolfs Frau ins Vertrauen zu ziehen. Im Sommer 1961 setzt die CIA ihn für operative Arbeiten ein. Wolf nutzt seine

Position, um die Sicherung der Staatsgrenze am 13. August abzuschirmen.
ZUM FILM: Das Genre des »Kundschafterfilms« wurde bei der DEFA wenig gepflegt. Das merkte man dem vorliegenden Film, der wieder einmal die Errichtung der Berliner Mauer zu rechtfertigen suchte, an mancher Ungeschicklichkeit auch an. Propagandistisch hatte der Film eine Friedensinitiative von Leonid Breshnew, die er wenige Wochen vor dem Filmstart initiierte, zu begleiten.
ECHO: Wir können in unseren Kinos mit einem politisch aktiven Publikum rechnen. Diesen Umstand scheinen Autoren und Regisseur des vorliegenden Films bisweilen zu übersehen. Dadurch erklären sich dramaturgische Ungeschicklichkeiten, die den Gesamteindruck beeinträchtigen. (...) Aber offensichtlich sind dies alles Schwächen, die sich aus einer ersten Auseinandersetzung mit einem wenig vertrauten Gegenstand ergeben. Über Prozesse, wie sozialistisches Bewußtsein entsteht und sich im gesellschaftlich aktiven Handeln vertieft, sind bisher kaum Filme gedreht worden. Hier erschließt *Chiffriert an Chef* ein neues Gebiet. (Peter Hoff, *Film und Fernsehen* 12/1979)

Die Autoren Gisela und Günter Karau und Regisseur Helmut Dziuba waren ihrer eigenen Aussage zufolge nicht daran interessiert, den aktionsbetonten TV-Krimis Konkurrenz zu machen. Sie wollten vielmehr die Psychologie eines Mannes erhellen, der auf alltägliche, völlig unheldische Weise zum Helden an der unsichtbaren Front avanciert. Wären sie doch fähig und imstande gewesen, ein solches Versprechen auch einzulösen! So aber liefern sie neben mancherlei Ungereimtheit und Banalität auch noch eine langweilige Hauptfigur. (Renate Holland-Moritz, *Eulenspiegel* 52/1979)
NEBENBEI: Als Nachrichtensprecher sieht man den aus der *Aktuellen Kamera* gut bekannten Klaus Feldmann.

CHINGACHGOOK, DIE GROSSE SCHLANGE

RE: Richard Groschopp, BU: Wolfgang Ebeling, Richard Groschopp, LV: Frei nach dem Buch »Wildtöter« von James Fenimore Cooper, DR: Günter Karl, KA: Otto Hanisch, MU: Wilhelm Neef, SB: Paul Lehmann, KO: Günther Schmidt, SC: Helga Krause, PL: Dorothea Hildebrandt, GR: KAG »Roter Kreis«, m: 2498 = 92 min, fa, Cine, PJ: 1966/67, VT: Der Wildtöter, PM: 25.6.1967, PM-Ort: Rostock, Freilichtbühne
DA: Gojko Mitic (Chingachgook, die Große Schlange), Rolf Römer (Wildtöter), Lilo Grahn (Judith Hutter), Helmut Schreiber (Tom Hutter), Jürgen Frohriep (Harry Hurry), Andrea Drahota (Wahtawah), Johannes Knittel (Gespaltene Eiche), A. P. Hoffmann (Delawaren-Häuptling), Heinz Klevenow (Pfeilspitze), Milan Jablonský (Flinker Elch), Horst Preusker, Rudolf Ulrich u. a.
INHALT: 1740. Englische Truppen versuchen, den Franzosen die nordamerikanischen Kolonien abzujagen und verstricken auch die Indianer in diesen Krieg. Die von den Franzosen gegen die Delawaren aufgehetzten Huronen entführen die Häuptlingstochter Wahtawah, die Chingachgook versprochen ist. Zusammen mit seinem Freund Wildtöter will er sie befreien. Nahe des Huronenlagers kommen ihnen Skalpjäger in die Quere. Chingachgook wird von den Huronen gefangengenommen. Er versucht sie davon zu überzeugen, daß der Krieg der Weißen nicht ihr Krieg ist. Es gelingt ihm nicht. Einer der Jäger hat inzwischen englische Truppen geholt, die die Huronen vernichtend schlagen. Deren schwerverwundeter

Häuptling erkennt, daß Chingachgook recht hatte und erklärt den Frieden mit allen Indianerstämmen. Chingachgook, Wahtawah und Wildtöter, die das Gemetzel überlebt haben, kehren ins Delawarengebiet zurück.
ZUM FILM: Nachdem die Autorin Lieselotte Welskopf-Henrich, die die Vorlage für den ersten Indianerfilm der DEFA geliefert hatte, keine weiteren Verfilmungsrechte vergab, wagte man sich für den zweiten Film an ein Stück Weltliteratur. Coopers *Lederstrumpf* war schon mehrfach verfilmt worden. In der DEFA-Fassung sollten der aufklärerische Impetus, aber auch soziale Komponenten stärker zum Tragen kommen. Das Ergebnis war uneinheitlich, zeigte aber so stimmungsvolle Naturschauplätze wie wohl kein anderer DEFA-Indianerfilm und wurde wiederum ein Kassenerfolg.
ECHO: Von einem Indianerfilm verlangt der Zuschauer in erster Linie Spannung von der ersten bis zur letzten Minute. Und die kommt in diesem Film meines Erachtens viel zu kurz. Langatmige Dialoge und erklärende Zwischenkommentare verschleppen die schon nicht packende Handlung vollends. Die Hauptfiguren erscheinen mir viel zu blaß, sowohl Gojko Mitic (Chingachgook), als auch Rolf Römer (Wildtöter) vermochten nicht, ihren Gestalten den Atem zu verleihen, den diese Figuren nun einmal benötigen, um den Zuschauer anzusprechen. Die vielen renommierten Darsteller wie z.B. Lilo Grahn, Jürgen Frohriep, Rudolf Ulrich und andere werden kaum ihren eigentlichen schauspielerischen Fähigkeiten gerecht, bleiben starr. Einzig Helmut Schreibers Tom Hutter weiß hier zu überzeugen. (...) Dieser neue Indianerfilm ist eine langweilige Heimatschnulze, die in die Gefilde Nordamerikas verlegt ist. Die roten Krieger können froh sein, daß sie diesen Film nicht sehen, der ihr Leben und ihren harten Existenzkampf verniedlicht. Wir Bleichgesichter können ihn ansehen, wenn wir wollen. Aber wir brauchen nicht. (Herbert König, *Volksstimme*, 4.7.1967)
Ich sah diesen Film auf einer Freilichtbühne zwischen Jugendlichen, die, abends halb zehn, mit Soziusbräuten und Kofferradios angetreten waren. Ein Publikum, dem vornehme Zurückhaltung abging und das seine Meinung sofort und manchmal so lautstark kundtat, daß die Leinwand wackelte. Dieses Urteil fiel positiv aus. Ein Berliner Kritiker hat moniert, daß der Film aktionsarm sei. Das junge Volk in Berlin-Weißensee sah es anders, ging bis zum Schluß hörbar mit bei der historischen Fehde zwischen Delawaren und Huronen, britischen und französischen Kolonialtruppen, die sich in einem landschaftlich verblüffend »echten« Nordamerika deutschen, tschechischen und bulgarischen Ursprungs tummeln. (Gert Billing, *Die Weltbühne* 30/1967)
Manches mag zu plakativ und nur schlecht vermittelt in diesen Film eingebaut sein, nicht selten blitzt die Ideologie aus jedem Indianerauge. Doch unterscheidet sich *Chingachgook, die Große Schlange* durch dieses Bemühen, ein differenziertes Bild der Indianer und des Verhaltens der Siedler zu entwerfen, in angenehmer Weise von herkömmlichen Indianerfilmen. Die konventionellen Aufnahmen, die (bis auf einige Kriegstanzszenen) auf jede Effekthascherei verzichten, verstärken noch den Eindruck der Sachlichkeit. (K. U., *Frankfurter Allgemeine*, 12.11.1976)
NEBENBEI: In der Buchphase des Films arbeitete auch Egon Günther im Team mit.

CHRISTINE

RE, BU: Slatan Dudow, DR: Anne Pfeuffer, KA: Helmut Bergmann, MU: Wilhelm Neef, SB: Joachim Otto, KO: Elli-Charlotte Löffler, SC: Lena Neumann, PL: Gert Golde, GR: KAG »Berlin«, m: 2885 (Rohschnitt) = 106 min, s/w, PJ: 1963, AD: 15.10.1974
DA: Annette (Roth-)Woska (Christine Becker), Günther Haack (Gorgi Belling), Horst Schulze (Eugen Breuer), Armin Mueller-Stahl (Willibald Güttler), Friedo Solter (Hubi), Günter Schubert (Nico), Günter Ott (Heinz Rehfeld), Ostara Körner (Jutta), Albert Garbe (Ottfried), Hans Hardt-Hardtloff (Direktor Neudeck), Johanna Clas (Oberschwester), Bruno Carstens, Elsa Grube-Deister, Peter Dommisch, Trude Bechmann, Günter Ballier, Karin Gregorek, Renate Reinecke, Hans-Peter Reinecke, Franz Viemann u. a.
INHALT: Nach Ende des Zweiten Weltkrieges in einem Dorf. Die junge Landarbeiterin Christine lernt auf einem Rummelplatz den Kassierer einer Luftschaukel kennen. Sie ist nicht das einzige Mädchen, das ihm hinterherwinkt, als er weiterzieht. Christine bekommt ein Kind von ihm und kann deshalb einen Qualifizierungslehrgang nicht besuchen. Das Verhältnis mit einem Wirt-

schaftsfunktionär, von dessen Ehestand sie zu spät erfährt, bringt ihr das zweite Kind. Sie gibt die Kinder in ein Heim. Nun bemühen sich gleich zwei Männer um sie: Willibald, ein gläubiger Katholik, und der zwielichtige Hubi. Von Willibald bekommt sie ihr drittes Kind, doch der Vater verläßt sie. Auch Hubi verschwindet am Hochzeitstag mit ihrem Sparbuch nach Westberlin. Der Direktor des Volksgutes schickt Christine zur Fachschule. Dort lernt sie den Lehrer Heinz Rehfeld kennen. Er hilft ihr – privat und beim Studieren. Von ihm bekommt sie ihr viertes Kind.
ZUM FILM: Der letzte Film des Regisseurs Slatan Dudow blieb durch seinen tödlichen Unfall ein Fragment. Hier nahm Dudow sein altes Thema der Emanzipation der Frau wieder auf und führte es, nun unter realen sozialistischen Bedingungen, weiter. Er nahm damit inhaltliche und formale Bemühungen späterer DEFA-Filme, wie Egon Günthers → *Der Dritte* vorweg. Trotz des ernsten Schicksals der Heldin ist dieses bemerkenswerte Fragment, das seine Studio-Erstaufführung anläßlich des 25. Jahrestages der DDR in einer nur teilweise vertonten Rohschnittfassung erlebte und später über den Verleih des Staatlichen Filmarchivs der DDR zugänglich war, von Humor und hoffnungsvollem, frischem Geist durchdrungen.
MEINUNG: Der Film *Christine* behandelt ein bedeutendes gesellschaftliches Problem – die Befreiung der Frau. Er trägt unverwechselbar die Handschrift Slatan Dudows. (Dramaturgin Anne Pfeuffer, *Film-Wissenschaftliche Mitteilungen* 3/1963)
ECHO: Dudow machte, kühn war das, aus einer Frau, die anderswo asozial genannt worden wäre, eine Madonna, stellte sich eindeutig auf ihre Seite, bekannte sich damit leidenschaftlich zu einer widerspruchsvollen Entwicklung unserer Gesellschaft. (...) Dudows Film ist jetzt mehr als zehn Jahre alt, ein Gegenwartsfilm damals, und das Erstaunliche: ein Gegenwartsfilm heute. (J. V., *Sonntag* 43/1974)
Man kann ermessen, was dem DDR-Film dadurch verlorenging, daß Dudow seine *Christine* nicht vollenden und damals zur Diskussion stellen konnte. (...) Dudow tadelt seine Hauptfigur nie, er versteht sie, auch wenn sie naiv handelt. Er verzichtet völlig auf melodramatische Akzente; er vertraut darauf, daß Komik eher zu Einsichten verhilft. Die offene Dramaturgie regt mehr zum Mitdenken an als zum Mitfühlen. (Wilhelm Roth, *Süddeutsche Zeitung*, 20.10. 1974)
NEBENBEI: Bei dem Autounfall, bei dem Slatan Dudow ums Leben kam, wurde die Hauptdarstellerin Annette Woska schwer verletzt und konnte für lange Zeit nicht filmen – auch das einer der Gründe, weshalb das Fragment nicht fertiggestellt wurde. Sie heiratete den Regisseur Dieter Roth und trat später als Annette Roth in einigen DEFA-Filmen (z.B. → *Das Pferdemädchen*) auf.

CHRISTINE UND DIE STÖRCHE

(Kinderfilm)
RE: Jiri Jahn, BU: Fred Rodrian, Jiri Jahn, LV: Kinderbuch »Schwalbenchristine« von Fred Rodrian, DR: Margot Beichler, KA: Wolfgang Pietsch, Günter Eisinger, MU: Kurt Schwaen, BA: Helfried Winzer, KO: Martin Dörre, SC: Helga Emmrich, PL: Alexander Lösche, GR: Gruppe »60«, m: 1687 = 62 min, s/w, PJ 1961, PM: 8.4.1962
DA: Die Kinder: Monika Zähr (Christine), Ingolf Thümmler (Bobby), Knut Mühldorfer (Benno), Rolf-Peter Zielinski (Dieter), Rolf Savall (Nauke), Die Erwachsenen: Otmar Richter (Willi), Erich Mirek (Meister des Sprengkommandos), Josef Hejnal (Der Pilot), Jochen Diestelmann, Helmut Schellhardt, Hans-Hartmut Krüger u. a.
INHALT: Christine und ihre Freunde spielen oft in der Nähe einer Ruine, auf der sich ein Storchenpaar eingenistet hat. Jetzt soll die Ruine gesprengt werden, und das Sprengkommando ist angerückt. Christine möchte die Storchenjungen, die noch nicht flügge sind, retten. Doch die Feuerwehr ist im Einsatz, und dem Kranführer der Abbruchfirma gelingt es nicht, das Nest herunterzuheben. Also macht sich Christine zum nahegelegenen Flugplatz auf und überredet den Kommandanten, einen Hubschrauber zur Rettung der Störche zu schicken.
ZUM FILM: Unter der Regie eines Prager Regisseurs entstand ein Film, der fast völlig auf Dialoge verzichtete und stattdessen die Handlung von einem Erzähler kommentieren ließ. Leider hatte der Film keine überzeugende Bildsprache oder zur Identifikation einladende Charaktere.
ECHO: Die Kinder haben unter der Regie Jiri Jahns ihr Bestes verloren. Die kindliche Menta-

lität. Sie bewegen sich wie unter den Blicken einer gestrengen Gouvernante, wenn man davon absieht, daß Nauke statt eines Taschentuchs einmal die Finger benutzte. (...) Dem Film fehlt nicht nur die Sprache (...), dem Film fehlt Echtheit, Überzeugung, dem Film fehlen Kinder, die sich selbst spielen dürfen. (ith, *Neue Zeit*, 12.5.1962) Christine und ihre Freunde sind konstruierte Lehrbuch-Pioniere ohne innere Wärme, ohne Leben, die didaktisch aufgebaute Schwierigkeiten zu überwinden haben und dabei von einem Erzähler mit erhobenem moralischen Zeigefinger kommentiert werden. (Ursula Geisler, *Deutsche Filmkunst* 7/1962)

NEBENBEI: Der aus Chemnitz stammende Otmar Richter, der den Willi spielt, trat auch als Szenarist von Fernsehfilmen hervor.

CHRONIK EINES MORDES

RE: Joachim Hasler, BU: Angel Wagenstein, LV: Roman »Die Jünger Jesu« von Leonhard Frank, DR: Walter Janka, KA: Joachim Hasler, MU: Gerd Natschinski, BA: Alfred Tolle, KO: Luise Schmidt, SC: Hildegard Tegener, PL: Dieter Dormeier, GR: KAG »Heinrich Greif«, m: 2502 = 92 min, s/w, Tovi, PJ: 1964, PM: 25.2.1965, PM-Ort: Leipzig, »Capitol«

DA: Angelica Domröse (Ruth Bodenheim), Ulrich Thein (Dr. Martin), Jirí Vrstala (Dr. Hoffmann), Bohumil Smida (Dr. Schäure), Martin Flörchinger (Zwischenzahl), Willi Schwabe (Lion), Antje Ruge (Esther), Arno Wyzniewski (David), Monika Lennartz (Johanna), Helmut Schreiber (Kapitän Lieban), Stefan Lisewski, Hans Klering, Siegfried Weiß, Werner Schulz-Wittan, Elke Rieckhoff u. a.,

INHALT: Die Jüdin Ruth Bodenheim ist nach Kriegsende völlig gebrochen in ihre westdeutsche Heimatstadt zurückgekehrt. Mit siebzehn war sie von den Nazis in ein Bordell nach Polen verschleppt worden, ihre Eltern ins KZ. Mit viel Geduld und Liebe hat ihr damaliger Verlobter, Dr. Martin, der sie nach der Rückkehr heiratete, neuen Lebenswillen in ihr wecken können. Doch die furchtbare Vergangenheit lebt wieder auf, als der für die Deportation der Juden Verantwortliche, Bürgermeister Zwischenzahl, zehn Jahre nach dem Krieg wieder auftaucht, als Bürgermeister kandidiert und gewählt wird. Bei der Amtseinführung erschießt Ruth ihn und hinterlegt eine Akte mit Dokumenten, über die vor ihrer Tat niemand etwas wissen wollte. Man versucht den Fall totzuschweigen und Ruth mit Geld abzufinden. Doch sie will keine Abfindung, sondern einen Prozeß, der das Geschehen offenlegt. In Staatsanwalt Hoffmann findet sie einen Mitstreiter.

ZUM FILM: Mit dieser Leonhard-Frank-Adaption legte der Regie-Kameramann Joachim Hasler seinen dritten Film vor, in dem er die Brisanz von Ereignissen während des Faschismus in Deutschland für die Gegenwart aufarbeitete. Durch exzellente Schauspieler, aber auch die absolute optische Strenge entstand ein eindrucksvoller Film, der, Franks Intentionen folgend, den Finger in bundesdeutsche Wunden legte, die bis heute offen sind.

ECHO: Einige Szenen, so sehr die meisten auch die Realität treffen, sind etwas direkt geraten. Gerd Natschinski, der die im wesentlichen ein jüdisches Liedmotiv variierende Musik schrieb, hatte es sich bei der musikalischen Charakterisierung einiger Randszenen und -figuren ein wenig zu leicht gemacht. Das ändert nichts an der Bedeutung dieses Films, der durch die Mitarbeit eines bulgarischen und von zwei tschechoslowakischen Filmschaffenden auch als ein internationaler Protest gegen die beabsichtigte Verjährung

der Nazi-Verbrechen betrachtet werden kann, obwohl zur Zeit seines Entstehens diese Tatsache noch nicht bekannt war. (Dr. Manfred Jelenski, *Berliner Zeitung*, 9.3.1965)

Diesem Stoff kann man seine möglichen Qualitäten noch nicht einmal absprechen. Leider bringt der Film seine Geschichte in einem so unglücklichen melodramatischen, mit Klischees aller Art überhäuften Stil vor, daß sie jede Überzeugungskraft verliert. (Ulrich Gregor, *Filmkritik* 3/1965)

Der starke, beklemmende und aufrüttelnde Eindruck rührt vor allem von der Hauptgestalt, die von Angelica Domröse mit seltener innerer Intensität und Kraft verkörpert wird. (...) Hasler gelang in der Form eines Kriminalfilms ein strenger, würdiger Beitrag zu einem der blamabelsten Kapitel der damaligen bundesdeutschen Gegenwart, der heute angesichts der uns permanent anempfohlenen Aufarbeitung unserer DDR-Vergangenheit wieder eine ganz neue Brisanz gewinnt. (Erika Richter in *Das zweite Leben der Filmstadt Babelsberg*, 1994)

NEBENBEI: Die Hauptdarsteller Angelica Domröse und Jirí Vrstala waren damals einige Jahre miteinander verheiratet.

CLAUDIA

(Kinderfilm)

RE: Walter Beck, SZ: Richard Gross, DR: Gudrun Rammler, KA: Walter Fehdmer, MU: Wolfgang Lesser, BA: Artur Günther, KO: Dorit Gründel, SC: Lieselotte Johl, PL: Werner Dau, m: 1816 = 67 min, s/w, PM: 1.6.1959, PM-Ort: Berlin, »Babylon« / DA: Herbert Sievers (Volkspolizist), Anneliese Matschulat (Frau Linde), Heidi Teschner (Claudia), Elstrud Porth (Renate), Barbara Klippert (Brigitte), Rolf Specht (Pionierleiter), Friedrich Teitge (Bahnhofsvorsteher), Trude Brentina (Köchin), Otto Saltzmann (Schuster), Maria Besendahl, Erich Fritze, Ada Mahr, Maika Joseph (Bauern) u. a.

INHALT: Einige Jungen im Pionierlager sind skeptisch, als das Mädchen Claudia sich am Geländespiel beteiligt. Sie will sich beweisen. Nach historischem Vorbild aus der Zeit des Sozialistengesetzes gilt es, eine illegale Zeitung aus der »Schweiz« durch die Sperren »preußischer Gendarmen« zum Treffpunkt der »Sozialisten« zu bringen. Durch Eigenmächtigkeit verspielt Claudia beinahe den Sieg der Gruppe, erkennt aber rechtzeitig die Bedeutung kollektiven Handelns.

ZUM FILM: Nach der Kritik an früheren DEFA-Kinderfilmen, in denen die Rolle der Pionierorganisation kaum zur Geltung kam, standen hier endlich Pioniere aus einem Ferienlager im Mittelpunkt. Am Beispiel eines vorwitzigen Mädchens wurde das Verhältnis zwischen einer Einzelgängerin und dem Kollektiv recht schematisch behandelt, so daß sich Vorurteile gegenüber Mädchen als berechtigt erweisen.

ECHO: Am besten gelöst waren ohne Zweifel die Szenen in der freien Natur. Hier zeigte sich das Können des Regisseurs, der sowohl die Kinder zu einem freien ungekünstelten Spiel anhielt und in der Inszenierung stets dem örtlichen Orientierungsvermögen der Zuschauer entgegenkam. Das gilt auch für den Kameramann Walter Fehdmer, dessen phantasievolle Bildkompositionen sich mit technischer Präzision verbanden. Lediglich die im Atelier aufgenommenen Lagerszenen fielen demgegenüber ab. (Friedrich Salow, *Deutsche Filmkunst* 5/1959)

NEBENBEI: Die Dramaturgin arbeitete später unter dem Namen Gudrun Deubener, und der Darsteller des Pionierleiters wurde unter dem Künstlernamen Rolf Römer bekannt.

CLOWN FERDINAND UND DER KOFFER

→ *Anhang C*

CLOWN FERDINAND UND DIE CHEMIE

→ *Anhang C*

CLOWN FERDINAND WILL SCHLAFEN

→ *Anhang C*

COMING OUT

RE: Heiner Carow, SZ: Wolfram Witt, DR: Erika Richter, KA: Martin Schlesinger, MU: Stefan Carow, SB: Georg Wratsch, KO: Regina Viertel, SC: Evelyn Carow, PL: Horst Hartwig, GR: GR »Babelsberg«, m: 3073 = 113 min, fa, brw, PJ: 1989; PM: 9.11.1989, PM-Ort: Berlin, »International«

DA: Mathias Freihof (Philipp), Dagmar Manzel (Tanja), Dirk Kummer (Matthias), Michael Gwisdek (Achim), Werner Dissel (älterer Herr), Gudrun Ritter (Frau Möllemann), Walfriede Schmitt (Philipps Mutter); Axel Wandtke (Jakob); Pierre Bliß (Araber); Robert Hummel (Lutz); Ursula Staack, Gertraud Kreißig, Gudrun Okras, Charlotte von Mahlsdorf, Evelyn Opoczynski u. a.

INHALT: In der Silvesternacht jagt ein Rettungswagen durch Berlin. Ein junger Mann, Matthias, hat Schlaftabletten genommen, ringt mit dem Tod. Rückblende: Ein anderer junger Mann, Philipp, ist ambitionierter Lehrer. Die Schüler mögen ihn, auch die Lehrerin Tanja. Sie verliebt sich in Philipp, die beiden werden ein Paar. Da begegnet Philipp einem alten Freund wieder, der ihn an die frühere homosexuelle Beziehung erinnert. Philipp hat die Neigung verdrängt, doch auf Dauer läßt sie sich nicht unterdrücken. Er lernt Matthias kennen, verliebt sich in ihn. Die leidenschaftliche Beziehung zu dem Jungen bringt ihn in schwere Konflikte. Tanja ist schwanger, er mag sie und will sie nicht enttäuschen. Für Philipp beginnt ein schmerzhafter Prozeß des Sich-Erkennens. Er weiß nicht, wohin mit sich und seinen Problemen, stößt die anderen vor den Kopf. Tanja wendet sich gekränkt von ihm ab. Matthias, für den Philipp die große Liebe ist, unternimmt einen Selbstmordversuch. Philipp überwindet schließlich die Angst vor der öffentlichen Meinung, bekennt sich zu seiner Homosexualität.

ZUM FILM: Nachdem bis dahin das Thema Homosexualität in Filmen der DDR keine Rolle spielte, bestenfalls am Rande angedeutet wurde, wurde hier zum ersten Mal der gesellschaftliche Umgang mit Menschen, die »anders« sind, behandelt. Unterschwellig waren mit der Selbstfindung und dem öffentlichen Bekenntnis zur eigenen Individualität Ansprüche auf eine politische Emanzipation verbunden, die bei der Uraufführung auch verstanden wurden. Carow bemühte sich lange Zeit, einen solchen Stoff bei der DEFA anfassen zu dürfen. Homosexualität wurde ideologisch mit Außenseitertum gleichgesetzt, zwar nicht offiziell diffamiert, aber bis in die achtziger Jahre hinein in der populären Kunst totgeschwiegen.

ECHO: Der Film ist oft hart, öfter äußerst sensibel erzählt. Regisseur, Schauspieler und Kameramann Martin Schlesinger widmen der erotischen und sexuellen Komponente große Aufmerksamkeit, schaffen intensive Intimszenen, die erstaunlich sind, weil sie nie indezent werden. Dennoch sehe ich in dieser intensiven Ausführlichkeit eine Spur von missionarischem Eifer, von Überreden- und Überzeugenwollen (...) Ist hier nicht noch, wie auch in einigen quasi programmatischen Textpassagen, Zwanghaftigkeit im Spiel, herrührend aus der offen oder latent wirkenden Tabuisierung des »unnormalen« Themas? (Peter Ahrens, *Weltbühne* 2/1990)

Coming out (ist) ein Film über Liebe – was ja auch bedeutet: über Schmerzen. Eine Liebesszene zwischen Philipp und Matthias ist von schöner Zartheit. Martin Schlesingers Kamera sieht sie mit derselben Selbstverständlichkeit wie die grellbunte Ausgelassenheit eines Schwulenballs, aber auch die Partnersuche im nächtlichen Park. (...) »Hier ist jeder allein, und jeder hat Angst«, sagt der Ober (Michael Gwisdek) im Szene-Lokal einmal zu Philipp, und wenn ihm in diesem Homosexuellentreff ein einsamer alter Mann seine KZ-Erlebnisse erzählt und bitter bemerkt, man habe die Träger des rosa Winkels nach der Befreiung vergessen, dann verweist dies darauf, daß der Faschismus eben auch in der DDR keineswegs als »bewältigt« gelten darf. (Heinz Kersten, *Frankfurter Rundschau*, 1.12.1989)

Die Figuren wurden loyal behandelt, und die Darsteller spielen mit stiller Überzeugungskraft und Feingefühl. Wie der Film die Schwulenszene Ostberlins beschreibt, ist eine Offenbarung an sich. (-Kell., *Variety*, 12.2.1990)

NEBENBEI: Die Premiere des Films fand in der Nacht der Maueröffnung in Berlin statt, in der Nacht, als, wie Heinz Kersten schrieb, »ein ganzes Volk ein anderes ›Coming out‹ erlebte«.

COPERNICUS

(Co-Produktion DDR/Polen)
RE: Ewa Petelski, Czeslaw Petelski, SZ: Jerzy Broszkiewicz, Zdzislaw Skowronski, KA: Stefan Matyjaszkiewicz, MU: Jerzy Maksymiuk, SB: Jerzy Skrzepinski, Heike Bauersfeld, KO: Marian Kolodziej, Lech Zahorski, SC: Felicja Rogowska, PL: Hans Mahlich, Wieslaw Grzelczak, GR: KAG »Roter Kreis«, m: 3769 = 138 min, fa, brw, PJ: 1971/72, PM: 15.2.1973, PM-Ort: Berlin, »Kosmos«, CO: Filmgruppe »Iluzjon«, Warschau, Poln. Titel: Kopernik
DA: Andrzej Kopiczynski (Copernicus), Barbara Wrzesinska (Anna), Czeslaw Wollejko (Watzenrode), Klaus-Peter Thiele (Rhetyk), Andrzej Antkowiak (Andrzej), Joachim Tomaschewsky (Petreius), Hannjo Hasse (Ossiander), Leszek Herdegen (Mönch Matthäus), Leon Niemczyk (Don Alonso), Herbert Körbs (Äthiop), Angelika Ritter, Fritz Links, Bruno O'Ya u. a.
INHALT: Im Mittelpunkt des biographischen Films über den Astronomen Nicolaus Copernicus (1473 – 1543) steht die Zeit der zwanziger Jahre des 16. Jahrhunderts, als er Domherr in Frombork ist und zusammen mit der Goldschmiedstochter Anna Schilling eine Periode relativen Glücks erlebt. In Rückblenden werden entscheidende Etappen seiner Entwicklung beleuchtet – unter anderem das Studium an der Jagiellonischen Universität in Kraków, der einzigen in Mitteleuropa, die einen Lehrstuhl für Astronomie hat, und sein Aufenthalt in Italien, wo er in Ferrara den Titel eines Doktors des kanonischen Rechts erwirbt. Einzelne Episoden geben Aufschluß über die Zeit: die ständigen Angriffe des Kreuzritterordens (Copernicus selbst leitet die Verteidigung der Festung Olsztyn) und das Wirken der Inquisition.

ZUM FILM: Der Pflege kultureller Beziehungen wegen entstand dieses Historiengemälde, das in seiner Tendenz zu kammerspielartigen Szenen recht uneinheitlich geriet, in einer Co-Produktion, bei der der DEFA-Anteil offenbar gering blieb.
ECHO: Es entstand ein Film, der in sichtlich bewußt ruhig ablaufenden Szenen sich nicht recht für die Austragung des vorhandenen dramatisch zugespitzten Konflikts entschließen kann, aber auch für die historische Schau letztlich zuwenig tut. Obwohl die Aktion ausgespielt wird in Szenen wie dem Kampf gegen die deutschen Ordensritter, wie dem mordblinden Wüten der Glaubensfanatiker. (Günter Sobe, *Berliner Zeitung*, 20.2.1973)
Hier zeigt sich eine bemerkenswerte historische Akribie, gepaart mit künstlerischer Phantasie. (...) Von besonderer Bedeutung für den Film ist die Arbeit des Kameramannes Stefan Matyjaszkiewicz, der in seinen Bildern die historische Atmosphäre verdichtet wiedergab. (Friedrich Salow, *Filmspiegel* 5/1973)
NEBENBEI: Das regieführende Ehepaar, das zuvor vor allem mit Filmen antifaschistischer Thematik erfolgreich war, lernte sich beim Studium an der Filmhochschule in Lodz kennen.

CORINNA SCHMIDT

RE: Artur Pohl, BU: Artur Pohl, LV: Roman »Frau Jenny Treibel« von Theodor Fontane, DR: Marieluise Steinhauer, KA: Eugen Klagemann, MU: Hans Hendrik Wehding, BA: Erich Zander, Karl Schneider, KO: Vera Mügge, SC: Hildegard Tege-

ner, PL: Walter Lehmann, m: 2649 = 97 min, s/w, PJ: 1951, PM: 19.10.1951, PM-Ort: Berlin, »Babylon«/»DEFA-Filmtheater Kastanienallee«
DA: Ingrid Rentsch (Corinna Schmidt), Trude Hesterberg (Jenny Treibel), Willi Kleinoschegg (Kommerzienrat Treibel), Joseph Noerden (Leopold Treibel), Peter Podehl (Dr. Marcel Wedderkopp), Hans Heßling (Prof. Schmidt), Erna Sellmer (Frau Schmolke), Edelweiß Malchin (Hildegard Munk), Egon Brosig (Vogelsang), Hermann Lenschau (Otto Treibel), Erika Gläßner, Ellen Plessow, Aribert Grimmer, Fredi Sieg, Chiqui Jonas, Eduard Bornträger, Edith Volkmann, Herbert Richter, Käthe Reichel, Heinz Schröder u. a.
INHALT: Berlin am Ausgang des 19. Jahrhunderts. Das herrschaftliche Haus der Kommerzienrätin Jenny Treibel hat es der Professorentochter Corinna angetan. Deshalb kommen ihr die Annäherungsversuche des Treibel-Sohns Leopold gelegen. Dessen Mutter will eine Verbindung ihres Sohnes mit dem mittellosen Mädchen hintertreiben. Doch als die heimliche Verlobung der beiden an die Öffentlichkeit gelangt, drängt sie auf sofortige Heirat. Corinna indes hat das Intrigenspiel durchschaut und sich ihrem Vetter Marcel zugewandt – einem Lehrer, der wegen seiner sozialdemokratischen Gesinnung des Landes verwiesen wird. Er weiß, daß Corinna auf ihn wartet.
ZUM FILM: Schon in der Titelwahl seiner Fontane-Adaption deutet Artur Pohl an, daß er andere Schwerpunkte legt als der Dichter. Im Film steht Corinna Schmidt, das einfache Mädchen aus dem Volke, und nicht die großbürgerlich tuende Frau Kommerzienrat Treibel im Mittelpunkt des Interesses, wie auch die sozialdemokratischen Bestrebungen ihre Stimmen erhalten. Über diese Methode spalteten sich Publikum und Kritiker, vor allem aber die SED-Führung, unter deren Anleitung die Veränderungen des Manuskripts zustandekamen, kritisierte hernach die »Verfälschung« eines Nationalautors.
ECHO: Artur Pohl läßt die Klassensituation dieser Jahre erkennen. Er zeigt die immer stärker werdende Bebelsche Sozialdemokratie, die Profitgier aller Treibels und die Hohlheit der politischen Phrasen (...), um die Massen zu verdummen und als Stimmvieh einzufangen. Der Regisseur erfüllt dieses Zeitbild mit der Fontaneschen Wärme der Menschenschilderung mit seiner treffsicheren Zeichnung des Berliner Milieus. Das ist ihm ausgezeichnet gelungen. Ebenso die Bewältigung des an Dialogen reichen Stoffes. (Hermann Müller, *Neues Deutschland*, 28.10. 1951)
Der Film *Corinna Schmidt* beruft sich auf die kritischen Elemente im Werk des Erzählers Fontane. Der Klassencharakter des preußischen Deutschland nach dem siegreichen siebziger Krieg, der sich aus den Büchern Fontanes unbedingt ablesen läßt, wird im Film unterstrichen. Das muß man dem Film ruhig gestatten. Damit gewinnt er seinen Wert und gestattet dem Publikum, Lehren aus der deutschen Geschichte zu ziehen. (C.A., *Weltbühne* 46/1951)
NEBENBEI: Ingrid Rentsch spielte in den fünfziger Jahren auch in westdeutschen Filmen, war langjährig an Ostberliner Theatern engagiert und trat in Produktionen des DFF auf. Ihr Sohn Florian Martens ist heute ein bekannter Fernsehstar. – Trude Hesterberg, die Frau Jenny Treibel spielt, zählte zu den großen Diseusen des Berliner Kabaretts der zwanziger Jahre.

D

DACH ÜBERM KOPF

RE: Ulrich Thein, SZ: Ulrich Thein, DR: Willi Brückner, Margit Schaumäker, KA: Hartwig Strobel, MU: Klaus-Dieter Henkler, SB: Harry Leupold, KO: Regina Viertel, SC: Brigitte Krex, PL: Horst Dau, GR: GR »Johannisthal«, m: 2912 = 107 min, fa, PJ: 1979/80, PM: 25.9. 1980, PM-Ort: Gera, »Panorama-Palast«

DA: Renate Geißler (Karoline Gluth), Dieter Franke (Herbert Kotbuß), Udo Schenk (Christian von der Weide), Erika Dunkelmann (Else Gluth), Helga Raumer (Hildegard Bange), Bärbel Bolle (Kitti), Helmut Bez (Onkel Friedrich), Wolfgang Dehler (Küchenchef), Gudrun Ritter, Karin Schröder (Küchenfrauen), Wolfgang Lohse, Manfred Richter, Wolfgang Winkler, Hans-Joachim Hanisch, Monika Hauff & Klaus-Dieter Henkler u. a.

INHALT: Karoline Gluth geht auf die Vierzig zu, hat einen 18jährigen Sohn, der studiert und somit unabhängig ist. Sie entschließt sich, ein neues Leben zu beginnen, nimmt Abschied von der Rügener Familiengastwirtschaft, wo sie als Köchin sehr gut verdient hat. Im Randgebiet von Berlin kauft sie sich ein Häuschen – nach einem Foto. Die Realität allerdings sieht weniger freundlich aus als das Bild. Das Haus ist dem Einsturz nahe und hat einen illegalen Bewohner, Christian. Sie setzt ihn zwar an die Luft, aber er hilft ihr durch den Dschungel der Handwerker- und Materialbeschaffung. Dabei lernt sie den Baubrigadier Herbert Kotbuß kennen, gerät mit ihm aneinander – und imponiert ihm. Karoline beißt sich durch, das Geld geht zur Neige, sie muß sogar ihr Auto verkaufen, und am Ende ist das Haus immer noch ziemliches Flickwerk. Aber sie hat ihren Anspruch an sich selbst verwirklicht – das neue, eigenständige Leben beginnt.

ZUM FILM: Ulrich Thein war seit den sechziger Jahren ein bekannter und erfolgreicher Fernsehregisseur von Filmen, die häufig auch ins Kino kamen. Hier gab er sein DEFA-Debüt mit einem Lustspiel, das wie kurz zuvor auch Kissimovs → *Baulöwe* von den Problemen mit Handwerkern und Material handelte. Trotzdem er gute Rollen für herrliche Komödianten geschrieben hatte, verkaufte sich Thein hier unter Wert.

ECHO: Thein bestand (...) die szenaristische Meisterprüfung bei der Anfertigung der Dialoge, die er dem Volk gewissermaßen vom Maul ablas. Als der Autor Ulrich Thein das Seine getan hatte, setzte sich der Regisseur gleichen Namens in Szene. Bei dieser Doppelfunktion ließ es der Gute auch schon bewenden. (Renate Holland-Moritz, *Eulenspiegel* 42/1980)

Ein Volksstück also, wie es eigentlich nicht sein sollte: ein bißchen Babelsberger Ohnsorg-Theater mit nicht wenigen Klischees. (Heinz Kersten, 1980, zit. nach *So viele Träume*)

NEBENBEI: Den Onkel Friedrich spielt der Dramatiker und Szenarist Helmut Bez. Die Co-Dramaturgin des Films, Margit Schaumäker, war zu Beginn der fünfziger Jahre Schauspielerin und spielte auch bei der DEFA, wechselte aber bald zum Fernsehen, wo sie als Ansagerin und Moderatorin bekannt war. Dieter Franke wurde für seine Rolle auf dem nationalen Spielfilmfestival 1982 mit dem Publikumspreis »für die gelungenste Darstellung einer sozialistischen Arbeiterpersönlichkeit« ausgezeichnet.

DAGNY

(Polen/Norwegen)

RE: Haakon Sandoy, BU: Aleksander Scibor-Rylski, KA: Zygmunt Samosiuk, MU: Arne Nordheim, SB: Teresa Barska, Tadeusz Rybski, Hans Poppe, Odd Danielsen, P: PRF Zespoly Filmowe/Zespol Przymat, Norsk Film, fa, brw, m: 2379 = 86 min, PJ: 1976/77, AD: 31.3.1978

DA: Lise Fjeldstad (Dagny Juel-Przybyszewska), Daniel Olbrychski (Stanislaw Przybyszewski), Per Oscarsson (August Strindberg), Maciej Englert (Stanislaw Korab-Brzozowski), Nils Ole Oftebro (Edvard Munch), Olgierd Lukaszewicz, Regine Albrecht, Manfred Karge, Klaus-Peter Thiele, Norbert Christian u.a.

INHALT: In Berlins Künstlerkreisen des ausgehenden 19. Jahrhunderts begegnet die norwegische Pianistin Dagny Juel (1867 – 1901) u.a. dem Maler Edvard Munch und dem Dramatiker August Strindberg. Als Ehefrau des Dichters Przybyszewski, einem haltlosen Menschen, findet sie ein tragisches Ende. (f.b.h.)
ZUM FILM: Die erste polnisch-norwegische Co-Produktion entstand mit technisch-künstlerischer Unterstützung der DEFA, da der Film teilweise an Berliner Originalschauplätzen gedreht wurde.
ECHO: Der Regisseur Haakon Sandoy nutzt die bunten Möglichkeiten, die ihm der Stoff bietet, um einen im guten Sinne unterhaltenden, historischen Film zu machen. Unter der Hand freilich rutscht ihm das Werk etwas »weg«; entgegen dem Titel bestimmt Przybyszewski – mit gewohntem Temperament von Daniel Olbrychski gespielt – das Geschehen. (Günter Agde, *Filmspiegel* 8/1978)
Sandoy hat die Möglichkeit verschenkt, sich mit den heterogenen weltanschaulich-philosophischen, politischen und künstlerischen Bewegungen jener Epoche um die Jahrhundertwende auseinanderzusetzen. (...) Die Möglichkeit, die unterschiedlichen philosophisch-künstlerischen Temperamente im Dialog zu konfrontieren, wurde offenbar gar nicht erst erwogen. (Ingeborg Pietzsch, *Film und Fernsehen* 8/1978)
NEBENBEI: Mit einem winzigen Auftritt ist der Charakterdarsteller Norbert Christian (1925 – 1976) in seiner letzten Filmrolle zu sehen.

DAMALS IN PARIS ...

(Co-Produktion mit dem Deutschen Fernsehfunk)
RE: Carl Balhaus, SZ: Hermann Rodigast, DR: Walter Schmitt, Hans Müncheberg, KA: Eugen Klagemann, MU: Günter Klück, BA: Alfred Tolle, KO: Hans Kieselbach, SC: Helga Emmrich, PL: Alexander Lösche, m: 2555 = 94 min, s/w, AT: Geneviève, PJ: 1956, PM: 2.11.1956, PM-Ort: Berlin, »Babylon«, CO: Deutscher Fernsehfunk, Berlin
DA: Gisela Trowe (Geneviève), Wolfgang Kieling (René), Richard Lauffen (Fadet), Günther Simon (Georges), Hans Stetter (Denis), Susanne Düllmann (Louise), Herwart Grosse (Madou), Peter Herden (Hasselt), Fritz Decho (Gaston), Betty Loewen (Mme. Renault), Hans Fiebrandt, Waldemar Jacobi, Friedrich Teitge, Will van Deeg, Carl Balhaus u. a.
INHALT: 1944. Geneviève und René leben im besetzten Paris. Sie lieben sich, und die junge Frau betrachtet angstvoll Renés Tätigkeit in der Résistance. Sie möchte sich heraushalten, und manchmal gibt es darüber Auseinandersetzungen. Nach einem solchen Streit geht René mit einem deutschen Genossen zu einem Treff. Während seiner Abwesenheit kommt die Gestapo ins Haus, um die Widerstandskämpferin Louise abzuführen. Geneviève greift ein und wird verhaftet. Die Männer des Widerstands sind in großer Sorge, da sie von einer geplanten Brückensprengung weiß. René vertraut ihr, und Geneviève hält tatsächlich den Folterungen stand. Die Brücke kann planmäßig gesprengt werden, was zu einer entscheidenden Niederlage der deutschen Armee beiträgt.
ZUM FILM: Zum ersten Mal kam eine Co-Produktion mit dem DFF zustande, weil der komplexe Stoff, den der Fernsehdramaturg Hans Müncheberg entwickelt hatte, mit Hilfe eines großen Studios besser zu realisieren war. Der kammerspielartig inszenierte Film über eine Episode aus der französischen Résistance war ein künstlerischer Erfolg und wirkte durch den Ver-

zicht auf platte politische Propaganda wohltuend.
ECHO: Carl Balhaus, Regisseur und, zusammen mit Hermann Rodigast, Autor des Buches, hütet sich peinlichst vor Überzeichnungen und »untertreibt« wohltuend. Da ist kein falsches Pathos, kein rosaroter Heroismus, sondern da sind Mut und Opferbereitschaft von Patrioten, gepaart mit tiefer menschlicher Qual und echten Zweifeln, die mühsam überwunden werden. Da ist keine unglaubwürdige Wandlung, sondern ein wirklicher innerer Erkenntnisprozeß. Da sind – von zwei, drei Längen abgesehen – Fluß, Bewegung, Dramatik, organische Ruhe, Besinnung. Die Handlung stimmt vom Buch her, und Balhaus führt eine ihr adäquate Regie. (Karl-Eduard v. Schnitzler, *Filmspiegel* 16/1956)
NEBENBEI: Regisseur Carl Balhaus war seit Mitte der zwanziger Jahre ein bekannter Filmdarsteller (u.a. *Der blaue Engel*). Zur Filmregie kam er durch Martin Hellberg, dessen Assistent er Anfang der fünfziger Jahre gewesen war.

DIE DAME UND DER BLINDE
(DFF-Auftragsproduktion)
RE: Hans-Erich Korbschmitt, BU: Joachim Witte, Hans-Erich Korbschmitt, Johanna Voigt, LV: Gleichnamiges Hörspiel von Joachim Witte, DR: Walter Schmitt, KA: Erwin Anders, MU: Reiner Bredemeyer, SB: Ernst-Rudolf Pech, KO: Luise Schmidt, SC: Hildegard Tegener, PL: Erich Albrecht, P: DEFA für DFF, m: 1650 = 59 min, s/w, PJ: 1959, SD: 22.12.1959 DFF
DA: Inge Keller (Die Dame), Albert Hetterle (Der Blinde), Gerd Ehlers (Der Dicke), Harry Riebauer (Der Kellner), Werner Pledath (Dieling), Daniela Gerstner (Mädchen) u.a.

INHALT: Im Café einer westdeutschen Kleinstadt trifft eine junge Frau den Mann wieder, der als Soldat während eines Bombenangriffs in Berlin bei dem Versuch, ihr Kind zu retten, das Augenlicht verlor und als vermeintlicher Deserteur verurteilt wurde. Heute fristet er sein Leben als Harmoniumspieler. Seinen Wunsch nach Rehabilitation erfüllt sie jedoch nicht, nachdem ihr ihr Freund, ein Justizbeamter, davon abrät, da die damaligen Richter auch jetzt noch in einflußreichen Positionen säßen. (f.b.h.)
ZUM FILM: Der Kammerspielfilm des Fernsehens, als Auftragsproduktion bei der DEFA realisiert, hatte besonders durch seine Besetzung eine überdurchschnittliche Qualität, zog bei seinem Kinoeinsatz 1962 allerdings nicht sehr viele Zuschauer an.
ECHO: Es ist eine feinfühlig gezeichnete psychologische Studie, die in einer menschlichen Tragödie die Wirklichkeit im Bonner Staat widerspiegelt. Die Umsetzung der novellistisch knappen Fabel vom Akustischen ins Optische ist eine Leistung, für die der Regisseur, die Schauspieler und der Kameramann in gleichem Maße hohes Lob verdienen. (Kurt Kaulfuß, *Freiheit*, 17.2. 1962)
Was in der Dame und dem Blinden vor sich geht – Auseinandersetzungen, Überlegungen – wird durch die Darsteller durch ausdruckslose, monotone Stimmen, die keine Interpunktion setzen, wiedergegeben. Durch Inge Keller, Albert Hetterle und Gerd Ehlers wird dieser Streifen zu einer filmischen und psychologischen Studie von seltener Eindringlichkeit. Daß er kein Publikumsfilm ist, spricht nicht gegen ihn. (ak, *Mitteldeutsche Neueste Nachrichten*, 21.2.1962)
NEBENBEI: Der aus Odessa stammende Albert Hetterle war von 1968 an für 26 Jahre Intendant des Berliner Maxim Gorki Theaters.

DANIEL UND DER WELTMEISTER

→ *Anhang A*

DARF ICH PETRUSCHKA ZU DIR SAGEN?

RE: Karl-Heinz Heymann, SZ: Karl-Heinz Heymann, Frank Bey, DR: Thea Richter, KA: Werner Bergmann, MU: Gerhard Rosenfeld, SB: Peter Wilde, KO: Eleonore Kleiber, SC: Anneliese Hinze-Sokolowa, PL: Helmut Klein, Herbert Ehler, GR: GR »Roter Kreis«, m: 2424 = 89 min, fa, brw, AT: Jahreszeiten, PM: 8.10.1981, PM-Ort: Berlin, »International«

DA: Hannelore Bey (Lotte), Frank Bey (Peter), Roland Gawlik (Tänzer), Christine Harbort (Melkerin), Peter Jahoda (Tänzer), Roman Kaminski (junger Mann), Traudl Kulikowsky (Tänzerin), Heidemarie Schneider (Freundin, Hanne Wandtke (Tänzerin), Wolfgang Winkler (Arzt), Harald Wandtke, Bernd Storch, Frank Ciazynski, Karin Beewen, Ostara Körner u. a. sowie Mitglieder des Tanztheaters der Komischen Oper Berlin und des Fernsehballettes der DDR.

INHALT: Zum letzten Mal steht der Ballettsolist Peter auf der Bühne. Er ist 35 Jahre alt und beendet seine aktive Laufbahn als Tänzer. Anlaß für ihn zurückzuschauen: Er erinnert sich an das gemeinsame Leben mit Lotte, die ebenfalls Tänzerin ist. Am selben Opernhaus engagiert, haben sie sich kennengelernt, geheiratet. Ein Kind wurde geboren. Gemeinsam bangten sie nach Lottes schwerer Krankheit, ob sie wieder tanzen wird. Mit großem Talent und harter, bis an die psychische Leistungsgrenze gehender Arbeit brachten sie es zu internationalem Erfolg. Etwa ein Drittel des Films ist berühmten Ballettszenen vorbehalten, in denen die beiden Solisten ihr Können zeigen.

ZUM FILM: Der auch international renommierte Solo-Tänzer Frank Bey schrieb anläßlich seines Rückzugs von der Bühne ein Manuskript aus dem Tänzer-Milieu, das zum Regiedebüt von Karl-Heinz Heymann wurde.

ECHO: Die zahlreichen Ballettliebhaber (...) können jubeln, denn ihnen wird mit diesem Film ein Fest bereitet: Die beiden renommierten Tanz-Stars Hannelore und Frank Bey gestalten ein Stück ihres Lebens und Arbeitens, gespickt mit zahlreichen Ausschnitten aus Ballettaufführungen der Komischen Oper, in denen sie mitwirken. (...) Man kann sich nicht den ästhetisch-optischen Reizen entziehen, die diese Geschichte nebst ihren Zutaten überreich anbietet. (Günter Agde, *Filmspiegel* 21/1981)

Beim Filmhelden scheint sich der Abgang von den weltbedeutenden Brettern, auf denen er zwanzig Jahre gestanden hat, ohne tiefe innere Krise zu vollziehen. Jedenfalls muß es dem Zuschauer so scheinen. Überhaupt kann man dem Film zum Vorwurf machen, daß er im Rückblick ein etwas zu glattes Bild vom Berufs- und Privatleben des tanzenden Paares entwirft. Immerhin: beim weiblichen Part wird auch etwas von der Kehrseite des Erfolges sichtbar. Charlotte muß – Folge ständiger Überforderung – schließlich sogar in eine psychiatrische Klinik. (Heinz Kersten, 1981, zit. nach *So viele Träume*)

NEBENBEI: Der legendäre Ausdruckstänzer Jean Weidt, Leiter der »Gruppe junger Tänzer« spielt – damals schon 77jährig – voller Selbstironie den Bühnenpförtner. Oliver, der kleine Sohn von Hannelore und Frank Bey, stellt auch den Sohn der Filmhelden dar.

Darf ich Petruschka zu dir sagen?

DEFA DISKO 77

RE: Heinz Thiel, Werner W. Wallroth, SZ: Kurt Belicke, Hans-Joachim Preil, DB: Heinz Thiel, Werner W. Wallroth, Werner Bergmann, DR: Eva Seemann, KA: Siegfried Mogel, Werner Bergmann, MB: Karl-Ernst Sasse, SB: Heinz Röske, KO: Katrin Johnsen, Regina Viertel, SC: Thea Richter, PL: Dietram Richter, m: 2103 = 77 min, fa, brw, PJ: 1976/77, PM: 26.5.1977, PM-Ort: Berlin, »International«

DA: Rolf Herricht (Paul), Hans-Joachim Preil (Maximilian), Marianne Wünscher (Schwiegermama), Ursula Staack (Monika), Birgit Edenharter (Veronika), Helmut Schreiber (Gast/ Mann im Laden/ Bauchredner/ Schurke/ Friseur/ Schauspieler), Veronika Fischer, Gruppe Karat, Gruppe Kreis, Kurt Demmler, Angelika Mann, Chris Doerk, Reinhard Lakomy, Lutz Stückrath, Ingeborg Krabbe, Katrin Martin, Willi Schrade, Fred Delmare u.a

INHALT: Eine Filmestrade, die ein bunt gemixtes Nummernprogramm mit populären Künstlern der Musik-, Fernseh- und Filmszene der DDR präsentiert. Den größten Teil nehmen Musikdarbietungen ein, die eine optische Umsetzung erfahren. Kabarettistische Textbeiträge und ein Einakter runden das Programm ab. Vor ihrer Darbietung werden die Künstler jeweils in einer Alltagssituation gezeigt.

ZUM FILM: Musikalische Nummern, die von Werner W. Wallroth in Szene gesetzt wurden, wechselten mit Humoreinlagen ab, in deren Mittelpunkt die Burleske »... spätere Heirat nicht ausgeschlossen« steht. Dieser Teil wurde von Heinz Thiel inszeniert, der besonders in den Kurzfilmen der *Stacheltier*-Reihe seine lockere Hand für die Kleine Form bewiesen hatte.

ECHO: Kaum zu übertreffen an spießiger Moral ist der Einakter »... spätere Heirat nicht ausgeschlossen«, der vor allem das Fundament für die Späße Preil/Herricht abgeben soll. Deren Wirkung funktioniert jedoch nur, was sich hier beweist, wenn ihre Absurdität nicht in einem realen Handlungsrahmen zur Geltung gelangen muß. (...) Am überzeugendsten sind die mit teilweise überschwappenden Einfällen gestalteten Teile, die ein ironisches, pikant gebrochenes Verhältnis zum Lied offenbaren oder die schon den Liedern innewohnende Ironie drastisch zur Geltung bringen. (Wolfgang Lange, *Filmspiegel* 14/1977)

NEBENBEI: Der Bruder des Regisseurs Werner W. Wallroth, der witzige Chansonnier Wolfgang Wallroth, sang in dem bunten Programm ein Duett mit Dorit Gäbler.

DEFA 70

→ Anhang A

DEIN UNBEKANNTER BRUDER

RE: Ulrich Weiß, SZ: Wolfgang Trampe, LV: Gleichnamiger Roman von Willi Bredel, DR: Gabriele Kotte, KA: Claus Neumann, MU: Peter Rabenalt, SB: Paul Lehmann, KO: Lydia Fiege, SC: Ursula Rudzki, PL: Rolf Martius, GR: GR »Roter Kreis«, m: 2946 = 108 min, fa, brw, PM: 13.5.1982, PM-Ort: Berlin, »Colosseum«

DA: Uwe Kockisch (Arnold), Michael Gwisdek (Walter/Conferencier), Jenny Gröllmann (Renate), Bohumil Vavra (Deisen), Michael Gerber (Stefan), Arno Wyzniewski (Geheimdienstmann), Karin Gregorek (Fräulein Fritsche), Martin Seifert (Karl), Stefan Lisewski (Diewen), Gerry Wolff (Dr. Stammberger), Carl-Hermann Risse, Peter Dommisch, Alfred Struwe, Carl Heinz Choynski, Gerd Michael Henneberg, Viktor Deiß u. a.

INHALT: Hamburg 1935. Der Antifaschist Arnold Clasen kommt aus der KZ-Haft zurück und schließt sich erneut einer Widerstandsgruppe an. Da er überwacht wird, lebt er unauffällig, meidet den Kontakt mit den Genossen. Nachmittags und abends geht er seiner Arbeit als Filmvorführer in den Orion-Lichtspielen nach. Manchmal trifft er sich mit Renate, die er liebt. Sie stammt aus einer gutbürgerlichen Familie, aber teilt seine politische Haltung. Die Isolation macht ihm zu schaffen, er sucht die Freundschaft zu seinem Kontaktmann Walter. Er möchte jemandem vertrauen, doch das Mißtrauen ist groß. Zu der Gefahr von außen kommt der Verrat in den eigenen Reihen. Es gibt Verhaftungen in der Gruppe, Arnold schöpft Verdacht, daß Walter der Verräter ist – und auch er fällt ihm zum Opfer.

ZUM FILM: Die literarische Vorlage von Willi Bredel über den antifaschistischen Widerstandskampf unter deutschen Kommunisten änderten Szenarist Wolfgang Trampe und Regisseur Ulrich Weiß dahingehend, daß der Verräter unter ihnen aus den eigenen Reihen kam. Schon während der Dreharbeiten wurde versucht, auf den Regisseur Einfluß zu nehmen, die Tendenz seines Films zu ändern. Vom Staatssicherheitsdienst wurde eine »Operative Personenkontrolle« gegen ihn eingeleitet. Trotzdem konnte Weiß den Film nach seinen Intentionen fertigstellen. Auf dem Max Ophüls Festival in Saarbrücken hatte der Film Erfolg und erhielt eine Einladung zum Festival nach Cannes. In Kreisen antifaschistischer Widerstandskämpfer regte sich jedoch Kritik an dem Film, die auf das Schlagwort »So waren wir nicht« gebracht wurde. Der Film blieb daher im Lande und wurde nur kurz gezeigt. Besonders in kirchlichen Kreisen wurde intensiv für ihn geworben.

ECHO: Wir meinen, so sagten die Genossen abschließend, daß es so, wie dargestellt, nicht war. Und so, wie dargestellt, ist auch das Gros der antifaschistischen Widerstandskämpfer nicht gewesen. Wir haben für unsere kommunistischen Ideale auch unter den schwierigsten Bedingungen gekämpft, von der Gewißheit überzeugt, daß der Sieg unser sein wird. Kurzum: trotz des guten Willens der Künstler, den Stoff zu bewältigen, wobei sie viel Mühe aufwandten, – der Grundtenor des Films kann nicht befriedigen. (H.H., *Der antifaschistische Widerstandskämpfer*, 6/1982)

Ulrich Weiß hat (...) einen Film über Leben im Faschismus gemacht, der keine Wiederholung früherer thematischer Versuche in unserer Kinematographie ist. Ein anderer individueller Zugang wird gesucht. Fragen einer Generation brechen auf, die den deutschen Faschismus nicht mehr selbst erlebt hat. (...) Es wird nicht behauptet, ein Mann habe Angst. Die Angst enthüllt sich in vielen visuellen Zeichen. Die Möglichkeit, standhaft zu bleiben oder zum Verräter zu werden, wird nicht in Worten postuliert, es wird nach filmischen Entsprechungen dafür gesucht: der subtile Nachvollzug der Beziehung zwischen beiden realisiert sich über Gesten, über das behutsame Körperspiel. (Fred Gehler, *Film und Fernsehen* 8/1982)

Ulrich Weiß hat, unterstützt von Claus Neumann hinter der Kamera, mit seinem dritten Spielfilm bestätigt, daß er einer der wenigen DEFA-Regisseure mit eigener Handschrift ist. Mit der Suche nach neuen Ausdrucksmitteln für ein altes Thema setzt *Dein unbekannter Bruder* eine ähnlich wichtige Markierung wie vor 21 Jahren Gerhard Kleins → *Fall Gleiwitz*. (Heinz Kersten, *RIAS Berlin*, 14.5.1982)

MEINUNG: Doch auch dieser Stoff litt unter literarischen Mängeln. Es fehlten die Spannung eines Krimis, die Doppelbödigkeit der Figuren und Ereignisse, außerdem war das Problem der Mitläufer, der zentrale Kern aller gesellschaftlichen Systeme, nicht formuliert. (Regieassistent Jan Bereska in *DEFA NOVA – nach wie vor?*, 1993)

NEBENBEI: Da es als unmöglich galt, dem Film auf dem Nationalen Spielfilmfestival den Hauptpreis zu verleihen, erfand man für ihn wenigstens Spezialpreise für Kamera und Szenenbild.

DENK BLOSS NICHT, ICH HEULE

RE: Frank Vogel, BU: Manfred Freitag, Joachim Nestler, DR: Dr. Dieter Scharfenberg, KA: Günter Ost, MU: Hans-Dieter Hosalla, SB: Harald Horn, KO: Dorit Grundel, SC: Helga Krause, PL: Herbert Ehler, GR: KAG »Heinrich Greif«, m: 2476 = 91 min, s/w, AT: Unterwegs zu den Sternen/ Denkt bloß nicht, ich heule, PJ: 1964/65, PM: 26.4.1990, PM-Ort: Berlin, »International«

DA: Peter Reusse (Peter Naumann), Anne-Kathrein Kretzschmar (Anne), Helga Göring (Frau Naumann), Jutta Hoffmann (Uschi), Herbert

Köfer (Röhle), Hans Hardt-Hardtloff (Samthandschuh, Annes Vater), Harry Hindemith (Herr Naumann), Fred Delmare (Brigadier), Arno Wyzniewski (Physiker), Uwe Karpa (Bubi), Horst Buder, Carmen-Maja Antoni, Brigitte Lindenberg, Alexander Lang, Werner Dissel u. a.

INHALT: Der Oberschüler Peter Naumann gilt als schwarzes Schaf der Schule. Seine provokatorischen Scherze und vor allem ein Aufsatz, in dem er offen verkündet, daß er »die Republik nicht braucht«, führen zur Relegation. Verständnis für seine Ehrlichkeit, seine Auflehnung gegen Heuchelei findet er nirgends. Einzig Freundin Anne hält zu ihm. Er zieht zu ihr aufs Land, will sich dort extern auf das Abitur vorbereiten. Aber auch hier gibt es Konflikte. Annes Vater, LPG-Vorsitzender, ist gegen die Verbindung seiner Tochter mit dem Jungen. Peter will sich am Schuldirektor rächen. Doch als seine Kumpel diesem auflauern und ihn verprügeln, greift Peter ein – und bekommt selbst Prügel.

ZUM FILM: Der zweite Film des Teams Vogel/Freitag/Nestler war schon im März 1965 fertiggestellt. Wegen seiner neuartigen Thematik, in der die Unzufriedenheit der jungen Generation und damit auch der Generationskonflikt angesprochen wurde, mußte sich der Film verschiedenen Testaufführungen stellen, wurde mehrfach umgearbeitet, und Nachdreh-Termine schlossen sich an. Im Titel *Denkt bloß nicht, ich heule* verlor das erste Wort einen Buchstaben, um nicht den Eindruck zu erwecken, er richte sich an die gesamte Gesellschaft. Über seine Intentionen sagte Frank Vogel den *Thüringer Neuesten Nachrichten* v. 26.6.1965: »Wir möchten (...) ein Stück unseres Lebens zeigen, widerspruchsvoll wie es ist, schön und unschön, ehrlich und verlogen.« Jugendliche erkannten ihre Umwelt bei den Testaufführungen wieder, Funktionäre erhoben jedoch schwere Bedenken. In der Kulturpolitik der DDR gab es damals widerstreitende Meinungen und Interessen zwischen dem Ministerium für Kultur, der Kulturabteilung des ZK der SED, und dem Jugendverband FDJ, in der progressiv denkende DEFA-Funktionäre versuchten, Filme mit streitbaren Themen durchzusetzen. Dem setzte das 11. Plenum des ZK der SED im Dezember einen Schlußpunkt. Fast die gesamte Jahresproduktion der DEFA von 1965 wurde verboten. Die besondere Kritik bezog sich auf Kurt Maetzigs → *Das Kaninchen bin ich* und eben *Denk bloß nicht, ich heule*. Schon allein der Vorwurf, eine Geschichte zu erzählen, die nicht typisch ist, genügte zur Verdammung. Dazu kamen Vorwürfe von Anarchismus und Nihilismus. Der Film kam für ein knappes Vierteljahrhundert in den »Giftschrank«. Als der Film zur politischen Wende in der DDR endlich seine Premiere erlebte, mischte sich in die Freude darüber das Erschrecken, wie aktuell der Film in all den Jahren politischer Stagnation in der DDR geblieben war.

ECHO: Es ist ein Film gegen uns, gegen unsere Partei, gegen unsere Republik und gegen unsere Jugend. (Horst Schumann, FDJ-Chef und ZK-Mitglied auf dem 11. Plenum des ZK der SED, Dezember 1965)

Manche sagen, die Filme seien schlecht. Sie sind nicht schlecht gemacht, sie sind besser gemacht, als die meisten DEFA-Filme, die ich kenne. Sie sind falsch und böse! Eins hat mich besonders aufgeregt in dem Film *Denk bloß nicht, ich heule*. Da wird die Geschichte eines jungen Mannes erzählt, der von der Gesellschaft, in der er leben muß, zerstört wird – unserer Gesellschaft. Der Junge sitzt mit seinem Mädchen über lange Strecken des Films im Gelände von Buchenwald herum, vor den Mahnmalen, fast zerstört von einer Umwelt, die die beiden nicht begreifen will, und der naive Zuschauer muß denken, wenn er die jungen Leute vor den Mahnmalen sieht: Warum sind bloß in Buchenwald Zehntausende gestorben, zu Tode geschunden und ermordet worden, wofür?, umsonst, die Kalten haben die Macht. (Schriftsteller Helmut Sakowski, Mitglied im ZK der SED, zit. nach *Neue Deutsche Literatur* 2/1966)

Die Eigenwilligkeit der Hauptfigur, insbesondere Peters kaum zu bremsender Anspruch auf Individualität, paßten nicht in die Harmonisierungs- und Glättungstaktiken, die die damalige Parteiführung in ihrer Ignorierung wirklicher Lebensprozesse als Politik ausgab. (...) 25 Jahre später wird dem Zuschauer des Films bitter zumute, wenn er sehen muß, wie aktuell der leidenschaftliche Film-Vorschlag noch ist, wenn er erkennen muß, welch Schaden entstand, weil dieser Vorschlag – und die anderen damals auch – nicht angenommen und öffentlich wurde. (Günter Agde, *Filmspiegel* 3/1990)

Frank Vogels Film stieß damals gewiß nicht zuletzt deshalb auf so vehemente Ablehnung, weil er zum ersten Mal ganz deutlich einen Generationskonflikt zum Ausdruck brachte, den die Altherrenriege der Parteiführung bis zuletzt nicht wahrhaben wollte. Der Film tut dies zuweilen etwas plakativ und deklamatorisch und hat sich gewiß nicht seiner formalen Qualitäten wegen einen Platz in der DEFA-Geschichte gesichert, aber er wollte schon Mitte der sechziger Jahre auf Probleme aufmerksam machen, deren Ignorierung zweieinhalb Jahrzehnte später dazu führte, daß gerade junge Menschen scharenweise ihr Land verließen. (Heinz Kersten, 1990, zit. nach *So viele Träume*)

NEBENBEI: Die Herstellung der Premierenfassung besorgte der Kameramann Günter Ost, der nach den Ereignissen des 11. Plenums keinen Spielfilm mehr gedreht hatte und sich stattdessen der Ausbildung junger Kameraleute und Regisseure widmete.

Filmtext: Denk bloß nicht, ich heule. In: Prädikat: Besonders schädlich. Filmtexte. Herausgegeben von Christiane Mückenberger. Berlin: Henschelverlag 1990

DEUTSCHFIEBER

(Co-Produktion)

RE: Niklaus Schilling, BU: Niklaus Schilling, Oskar Roehler, KA: Frank Grunert, MU: Christian Graupner, Johann Sebastian Bach, SB: Klaus Winter, KO: Ulrike Stelzig, SC: Niklaus Schilling, PL: Madeleine Remy, m: 3458 = 126 min, fa, PJ: 1991/92, PM: 29.10.1992, PM-Ort: Hof, Filmfestspiele, CO: Visual Filmproduktion Elke Haltaufderheide, Berlin; Peter-Goedel-Filmproduktion, München, in Zusammenarbeit mit dem ZDF, Mainz

DA: Tilo Prückner (Willi Busch), Christiane Paul (Sascha), Heike Schroetter (Carla), Dorothea Moritz (Adelheid Busch), Matthias Wiebalck (West-Bürgermeister), Rüdiger Evers (Ost-Bürgermeister), Frieder Venus (»Luther«), Christian v. Richthofen (Rudi Gehl), Jurij Kramer (Langela), Jörg Gillner (Stebler), Karin Frey, Frank-Michael Köbe, Harald Maack, Joachim Lätsch, Ludger Pistor u. a.

INHALT: Friedheim, ein kleines Städtchen im Werratal, im November 1989. Die Öffnung der deutsch-deutschen Grenze schreckt Willi Busch aus seinem beschaulichen Lebensabend auf. Zehn Jahre zuvor hatte er mit seinen Grenz-Geschichten (*Der Willi-Busch-Report*/ 1979/ RE: Niklaus Schilling) versucht, seine Zeitung zu retten. Nun beschert ihm die Grenzöffnung eine leibhaftige Tochter aus der DDR, die bei ihm einzieht. Seine Schwester, damalige Herausgeberin der »Werra-Post«, taucht auch wieder auf, und Willis ehemalige Geliebte ebenso. Die Frauen lassen die Zeitung erneut aufleben. Und diesmal werden die Geschichten tatsächlich von den Zeitereignissen geschrieben. Diese sind allerdings kurios. Zum Beispiel erscheint das künstliche Wesen »Goliath«, das in einem geheimen DDR-Labor entwickelt wurde. Willi Busch wird wieder aktiv, und am Ende erscheint sein Bild auf dem Plakat – als Präsidentschaftskandidat für eine »Freie Werra-Republik«.

ZUM FILM: Nikolaus Schilling machte den zweiten Teil seiner Geschichte von Willi Busch zu einer sich überschlagenden Farce über die jüngste deutsche Vergangenheit. Der Anteil der DEFA an dieser Co-Produktion war nicht groß.

ECHO: Zumindest macht Schilling auf unkonventionelle Weise erfühlbar, daß die Tage unmittelbar nach dem Mauerfall eine außerordentlich chaotische Zeit gewesen sind: In *Deutschfieber* spiegelt sich das nicht nur in Parallelmontagen zahlloser Erzählstränge, sondern überhaupt in der Struktur des Gesamtmaterials. Dialoge im herkömmlichen Sinne gibt es kaum; vielmehr verknoten sich Geräusche, Wort- und Musikfetzen zu einem surrealen Klangteppich, auf dem die Handlung tobt. (Ralf Schenk, *Film und Fernsehen* 2/1993)

NEBENBEI: Der Darsteller des Langela, Jurij Kramer, war im DFF als Regisseur vorrangig von Literaturadaptionen hervorgetreten.

DEUTSCHLAND IM JAHRE NULL

(Italien)

RE: Roberto Rosselini, BU: Roberto Rosselini, Carlo Lizzani, Max Colpet, KA: Robert Juillard, MU: Renzo Rosselini, SB: Piero Filippone, SC: Eraldo Da Roma, s/w, 78 min, P: Tevere/Union Génerale Cinematografique/Sadfi, Technische Mitarbeit: DEFA, OT: Germania anno zero, PJ: 1947, AD: 9.4.1952 (BRD), 1987 (DDR)

DA: Edmund Moeschke (Edmund Koehler), Ernst Pittschau (Vater), Ingetraud Hinze (Eva), Franz

Krüger (Karl-Heinz), Erich Gühne (Henning, Lehrer), Babsi Schultz-Reckewell, Jo Herbst
INHALT: Ein kleiner Junge erliegt im zerstörten und korrumpierten Berlin der unmittelbaren Nachkriegszeit den Einflüsterungen seines homosexuellen Lehrers und tötet seinen hilflosen Vater. Von Gewissensqualen verfolgt, bringt er sich schließlich selbst um. (f.b.h.)
ZUM FILM: Die nach *Paisá* und *Rom – offene Stadt* dritte der realistischen Filmchroniken Rosselinis über Krieg und Kriegsleid war ein lyrisch gefärbter Report über Deutschland und seine alte Hauptstadt nach dem Desaster des verlorenen Krieges. Sie erreichte nicht die künstlerische Qualität ihrer Vorgänger. Ganz im Stile des Neorealismus, aber auch mit fast expressionistisch wirkenden Szenen spielten überwiegend Laien in den Ruinen des zerstörten Berlins. Der durch melodramatische Momente beeinträchtigte Film wurde – obwohl damals unter entscheidender technisch-organisatorischer Mithilfe der DEFA entstanden – im Osten Deutschlands erst 1987 anläßlich der 750-Jahr-Feier Berlins durch das Archiv-Filmtheater CAMERA erstaufgeführt.
ECHO: Das, was unverwechselbar deutsch ist an dem Thema, wirkt schablonenhaft, und selbst das Berlin von 1947 ist so fotografiert, daß es nicht an die Hauptstadt des Dritten Reiches im Jahre 1945 erinnerte. Die Atelieraufnahmen wurden in Rom gemacht, was deutlich sichtbare falsche Akzente setzte. Aber das Wesentliche ist, daß sich die Analyse der Ergebnisse faschistischer Erziehung als Ursache für die Niederlage Deutschlands als zu oberflächlich erwies. (Jerzy Toeplitz, *Geschichte des Films*, 1991)
NEBENBEI: Als Halbwüchsiger wurde für diesen Film Jo Herbst entdeckt, der später in Westberlin ein bekannter Kabarettist (»Die Stachelschweine«) und Filmschauspieler *Der Hauptmann und sein Held* werden sollte.

DIE DICKE TILLA

(Kinderfilm)
RE: Werner Bergmann, SZ: Rosel Klein, LV: Gleichnamiges Kinderbuch von Rosel Klein, DR: Andreas Scheinert, KA: Werner Bergmann, Ingo Baar, MU: Kiril Cibulka, SB: Hans-Jorg Mirr, KO: Dorit Gründel, SC: Karin Kusche, PL: Dorothea Hildebrandt, GR: GR »Johannisthal«, m: 2104 = 77 min, fa, brw, PJ: 1981, PM: 15.4.1982, PM-Ort: Halle, »Goethe-Lichtspiele«. DA: Carmen Sarge (Tilla), Jana Mattukat (Anne), Matthias Manz (Knutschi), Maurice Woynowski (Felix), Rebecca Michaelis (Gabi), Carmen-Maja Antoni (Annes Mutter), Günter Junghans (Annes Vater), Carl Heinz Choynski (Tillas Vater), Peter Bause (Lehrer Eckart) u. a.
INHALT: Die etwa zehnjährige Tilla gibt in ihrer Klasse den Ton an. Alle machen, was sie will. Als eine Neue kommt, Anne, bricht Feindschaft auf den ersten Blick aus. Anne malt gern, trägt eine Brille und hat lauter Einsen. Tilla hetzt auch die anderen gegen Anne auf, die sie nicht mag, weil sie so anders ist. Der Zwist wird handgreiflich. Tilla demoliert Annes Fahrrad, und die anfangs schüchterne Anne revanchiert sich mit einem Bild, das Tilla als Karikatur darstellt. In einer Notsituation kommen sie sich plötzlich näher, erzählen von sich. Und das gegenseitige Kennenlernen offenbart, daß sie beide die Neigung zu einer neuen Freundschaft empfinden.
ZUM FILM: Werner Bergmanns zweite abendfüllende Regiearbeit widmet sich im Kinderfilm dem Problem, wie Kinder lernen, mit Andersartigkeiten umzugehen. Dabei gibt es phantasievolle Momente, wenngleich der Film durch die Besetzung der kindlichen Hauptrollen das Verständnis für die Situation der jeweils anderen erschwert.
ECHO: Offen gestanden: Ich hatte eine Weile meine liebe Not mit dieser dicken Tilla, die mir zu grob geraten schien, bis ich entdeckte, was sie zu verbergen sucht, um nicht als weich zu gelten. Und die drahtige Anne wird ja keineswegs ihr Opfer, sondern behauptet sich im geistigen Duell, das in einem sprachlich reichen Dialog zum Schluß Partnerschaft möglich erscheinen läßt. (Heinz Hofmann, *Nationalzeitung*, 17.4.1982)
Wahrlich, das ist keine scheinheile Kinderwelt, die Werner Bergmann vorführt. Sein Verdienst ist es, eine Realität zu zeigen, die uns Erwachsene nachdenklich macht, vielleicht sogar betroffen. (Klaus-Peter Wolf, *Tribüne*, 27.4.1982)
NEBENBEI: Die Szenaristin Rosel Klein hatte u.a. 1958 mit ihrem Mann Gerhard Klein zusammen den Märchenfilm → *Die Geschichte vom armen Hassan* realisiert.

DER DICKE UND ICH

(Kinderfilm)

RE: Karl Heinz Lotz, SZ: Jens Bahre, Karl Heinz Lotz, LV: Gleichnamiges Buch von Jens Bahre, DR: Gabriele Kotte, KA: Claus Neumann, MU: Marcelo Fortin, SB: Georg Kranz, KO: Barbara Braumann, SC: Barbara Simon, PL: Wolfgang Rennebarth, GR: GR »Roter Kreis«, m: 2184 = 80 min, fa, brw, PJ: 1981, PM: 13.12.1981, PM-Ort: Berlin, Colosseum«

DA: Gregor Lotz (Kind Flori), Carmen-Maja Antoni (Mutter), Wolfgang Winkler (der Dicke), Petr Skarke (Vater), Maria Romakina (Frau mit Dackel), Torsten Naleppa (Ofen), Ingo Hamann (Jörg), Carolin Naujocks (Sandra), Hartmut Puls, Hannes Stelzer, Werner Pfeifer, Inken Gusner u.a.

INHALT: Während eines Ostseeurlaubs erfährt der neunjährige Florian, daß seine Eltern sich scheiden lassen. Er ist unglücklich und dem neuen Freund der Mutter gegenüber abweisend. Florian hat Angst, daß dieser Neue, der Dicke, ihm die Liebe der Mutter stiehlt, und hofft immer noch auf eine Versöhnung mit dem Vater. Die Beziehung der beiden gestaltet sich zu einem Kampf, bei dem sich Florian und der Dicke sehr erfindungsreich zeigen. Im Stillen imponiert es dem Jungen, daß der Dicke sich als fair erweist. Als die Mutter die Situation nicht mehr ertragen kann, zeigt sie sich bereit, auf den Dicken zu verzichten. Florian spürt ihre Traurigkeit. Schließlich raufen sie sich doch zusammen und ziehen gemeinsam in eine neue Wohnung.

ZUM FILM: Sehr sensibel geht der Film an ein schon fast alltägliches, aber einschneidendes Problem heran: Wie fühlen Kinder, wenn die Eltern auseinandergehen? In seinem Regiedebüt gelingt es Karl-Heinz Lotz, Verständnis für Kinder und Erwachsene aufzubringen.

ECHO: Den Vorgang erzählt der Film (...) in sympathisch behaglicher Genauigkeit und behutsam schildernder Normalität. Dramatische Zuspitzung wird bewußt vermieden und ein Vordrängen der Macht der Erwachsenen. Im Gegenteil. Flori darf sich richtig ausleben, die Mutter und der Dicke beobachten ihn fast mit ängstlicher Scheu und Rücksicht. Erwachsene Zuschauer mögen ein wenig die Geduld verlieren bei diesem Film, der die Kinder erfreulich ernst nimmt, ihr phantasievolles Anderssein erschließen hilft. (Hans Braunseis, *Der Morgen*, 2.1.1982) Verblüffend ist der Schluß, der trotz nicht endenwollender Passagen von Langeweile irgendwann doch kommt: Da stellt Florian nämlich übergangslos und ohne jede psychologische Vorbereitung des Zuschauers fest, daß der Dicke so schlecht eigentlich gar nicht ist. (Renate Holland-Moritz, *Eulenspiegel* 7/1982)

NEBENBEI: Der Regisseur selbst tritt in der Rolle eines Karussellbesitzers auf.

DIE AUS DER 12 B

RE: Rudi Kurz, BU: Hedda Zinner, Rudi Kurz, LV: Bühnenstück »Leistungskontrolle« von Hedda Zinner, DR: Margot Beichler, KA: Eugen Klagemann, MU: Wolfgang Hohensee, BA: Erich Zander, KO: Dorit Gründel, SC: Friedel Welsandt, PL: Willi Teichmann, m: 2087 = 77 min, s/w, AT: Leistungskontrolle, PJ: 1961, PM: 22.2.62, PM-Ort: Berlin, »Babylon«

DA: Ernst-Georg Schwill (Dieter), Karla Runkehl (Fräulein Platzke), Angelica Domröse (Annegret), Albert Garbe (Herr Krause, Dieters Vater), Jochen Thomas (Heimleiter Wuckelt), Helga Piur (Klara), Monika Bergen (Margot), Peter Reusse (Lothar), Horst Schön (Direktor Laube), Uwe-Detlev Jes-

sen (FDJ-Sekretär), Justus Fritzsche, Günter Junghans, Ursula Braun, Gerd Ehlers, Gerhard Rachold u. a.
INHALT: Die Abiturientenklasse ist mit ihrer jungen Deutschlehrerin, Fräulein Platzke, unzufrieden. Die noch unerfahrene Pädagogin wird durch das abweisende Verhalten der Schüler immer unsicherer. Am letzten Tag vor den Winterferien versucht sie eine Kraftprobe und läßt einen Aufsatz schreiben. Die Klasse ist empört, bis auf die ehrgeizige Margot und den ängstlichen Dieter streiken die Schüler. In der Diskussion um das Verhalten der beiden Streikbrecher nehmen die

Schüler erstmals Anteil am Schicksal der anderen, und es entwickelt sich langsam Kollektivgeist. Im Winterlager kommt es zu einem Unglück. Dieter kann in letzter Minute aus einem Schneesturm gerettet werden. Dabei bewährt sich die junge Lehrerin ganz hervorragend, wodurch sie endlich die Achtung der Klasse gewinnt.
ZUM FILM: Mit der Adaption eines erfolgreichen Zeitstücks gab Rudi Kurz sein Spielfilmdebüt. Er wechselte zum Fernsehen, wo Abenteuer- und Agentenfilme zu seiner Domäne wurden.
ECHO: Der Schneewind heult im Winterwald, und es wird schauerlich, denn es ist deutlich erkennbar Kunstschnee und Kunstwind und Kunstgeheul. Und der Verdacht wird immer stärker: Der Film *Die aus der 12b* ist einfach miserabel inszeniert. Mit entsetzlichen Klischees. Mit einer Überdeutlichkeit, die des Zuschauers Nerven strapaziert. Denn selten sahen wir gute Schauspieler so schlecht. (H. U. *Neue Zeit*, 1.3.1962)
NEBENBEI: Monika Bergen, die Darstellerin der Margot, war damals eine vielbeschäftigte junge Schauspielerin. Sie kam noch in jungen Jahren bei einem Unfall ums Leben.

DIE HEUTE ÜBER 40 SIND

RE: Kurt Jung-Alsen, SZ: Franz Fühmann, DR: Willi Brückner, KA: Hans Hauptmann, MU: Gerd Natschinski, BA: Manfred Schröter, KO: Dorit Gründel, SC: Anneliese Hinze, PL: Werner Dau, m: 2369 = 87 min, s/w, AT: Zwei Freunde, PJ: 1959/60, PM: 20.10.1960, PM-Ort: Berlin, »Babylon«
DA: Rudolf Ulrich (Georg Weidtlich), Peter Herden (Christof Kienzel), Helga Göring (Frau Weidtlich), Gerhard Bienert (Herr Weidtlich), Lisa Macheiner (Frau Kienzel), Peter Kiwitt (Herr Kienzel), Artur Jopp (Rochberg), Monika Bergen (Ulla), Günther Simon (Vertreter des NKFD), Ernst Kahler (Rudolf), Albert Hetterle, Martin Flörchinger, Norbert Christian, Hans-Joachim Martens, Christoph Engel, Erich Franz, Harry Hindemith, Rolf Ludwig, Alfred Müller, Friedel Nowak u. a.
INHALT: Die Lebenswege zweier Jungen aus einer thüringischen Kleinstadt und deren Schnittpunkte innerhalb von vierzig Jahren zeugen von der unterschiedlichen Entwicklung eines Arbeiter- und eines Fabrikantensohnes. Als Kinder waren Georg, der Drechslersohn, und Christof, aus bürgerlichem Hause, Freunde. Während des

Zweiten Weltkrieges ist Christof dem Naziregime treu ergebener Offizier und schießt auf Georg, als der ihm als Parlamentär des Komitees »Freies Deutschland« an der Front gegenübersteht. 1960 begegnen sie sich noch einmal, bei Interzonenverhandlungen. Nun ist Georg als Betriebsdirektor Vertreter der DDR, während Christof als kleiner Protokollant zur westdeutschen Delegation gehört, an der Seite eines einstigen Nazi-Wirtschaftsfunktionärs.
ZUM FILM: Den Stoff entwickelte Franz Fühmann, mit dem Kurt Jung-Alsen in → *Betrogen bis zum jüngsten Tag* erfolgreich zusammenarbeitete, erstmals direkt für den Film. Dabei gerieten ihm Figuren und Handlung sehr schematisch, was teilweise durch Regie- und Darstellerleistungen aufgefangen werden konnte.
ECHO: Leider fällt der Schluß wieder in eine zwar gut gemeinte, aber nicht sehr ergreifende Bildberichterstattung zurück. (...) Jahreszahlen aus einem Menschenalter ersetzen die Motive. Die 40jährigen finden die Zeit ihres Lebens wieder, die aber, die noch keine 40 sind, sehen ein Bilderbuch, das man ihnen empfehlen kann. (...) Rudolf Ulrich als der einfache Soldat, der gelernt hat, das Leben zu meistern, verdient ein Sonderlob für seine schlichte Darstellung. (mtr, *BZ am Abend*, 25.10.1960)
Alle Personen sind nach einem sozialen Schema konstruiert, zur Unterstreichung der ideologischen Konzeption fehlt auch die Gestalt des Kommunisten nicht, der aber nur kurz auftritt und ohne zwingende dramaturgische Funktion bleibt. (Heinz Kersten in *Das Filmwesen in der Sowjetischen Besatzungszone Deutschlands*, 1963)
NEBENBEI: Hauptdarsteller Rudolf Ulrich war wenige Tage älter als Helga Göring, die seine Mutter spielte.
Filmtext: Die heute vierzig sind. Filmerzählung von Franz Fühmann. Berlin: Aufbau Verlag 1961.

DER DIEB VON SAN MARENGO
RE: Günter Reisch, BU: Maurycy Janowski, Günter Prodöhl, Günter Reisch, DR: Maurycy Janowski, KA: Otto Merz, MU: André Asriel, BA: Hans-Jorg Mirr, KO: Helga Scherff, SC: Lena Neumann, PL: Helmut Klein, GR: »Stacheltier«, m: 2369 = 87 min, s/w, PJ: 1962/63, PM: 24.7.1963
DA: Horst Drinda (Cesare Giovanini), Kurt Rackelmann (Carlo Leporello), Wolf Kaiser (Präfekt), Valentina Thielová (Präfektin), Helga Piur (Viola), Günter Rüger (Ratte), Nico Turoff (Bulldogge), Gerd E. Schäfer (Regisseur), Vera Oelschlegel (Regie-Assistentin), Alfons Schienemann (Tino Prozzi), Siegfried Weiß, Peter Kiwitt, Arthur Jopp, Willi Schrade, Gerry Wolff u. a. GE: Reiner Süß, Maria Alexander
INHALT: Im Badeort San Marengo, der im Schatten der berühmten Bäder an der Côte d'Azur steht, macht der Meisterdieb Cesare Giovanini seinem Ruf alle Ehre. Sehr zur Freude der bestohlenen Geschäftsleute, die mit ihren hohen Versicherungspolicen am Ende noch Gewinn herausschlagen. Als Giovanini geschnappt wird, sorgen sie für beste Unterbringung im Gefängnis mit allem Komfort, einschließlich Damenbesuchen. Dafür muß er nachts unter Polizeiaufsicht seinem Gewerbe weiter nachgehen. Eines Tages wird es ihm zu bunt, und er flieht. Es dauert aber nicht lange, da haben ihn die Verfolger eingeholt: mit dem Angebot für einen lukrativen Aufsichtsratsposten.
ZUM FILM: In der eigentlich dem Kurzspielfilm vorbehaltenen Gruppe *Stacheltier* wurde das erste Musical der DEFA-Geschichte konzipiert. Ursprünglich war das Sujet nur als Mittelmetrage-Teil für das *DEFA-Film-Magazin Nr. 4*

geplant, doch erwies es sich, daß die Substanz für einen programmfüllenden Film ausreichte. Durch die Mitwirkung beliebter Komödianten, die teils selbst sangen und denen teils von bekannten Sängern die Stimmen geliehen wurden, wurde die dramaturgisch unentschlossene Geschichte zu einem Erfolg.
ECHO: Welche Gelegenheit für Situationskomik, Klamauk und gut gezielte Anspielungen auf die echten Vorbilder dieser erfundenen Geschichte. (...) Wir haben lange nicht auf DEFA-Kosten und vor allem über dieses Trio Drinda, Kaiser, Rackelmann so herzlich gelacht. (Ursula Frölich, *Wochenpost* 33/1963)
Warum der Film so verschlungene dramaturgische Pfade gehen muß, ist nicht einzusehen. Immer wieder droht alles nach ein paar witzigen Szenen zu versickern. Dabei gibt es aber Szenen, die helles Vergnügen machen, die zeigen, daß auch unsere Filmleute die berühmte »leichte Hand« haben, daß wir Schauspieler besitzen, die Pointen servieren können und bis zum Bersten mit Komik gefüllte Situationen auszudeuten verstehen. (Christoph Funke, *Filmspiegel* 17/1963)
NEBENBEI: Die Musik spielt das DEFA-Sinfonieorchester unter Leitung von Karl-Ernst Sasse, der nebenbei noch die kleine Rolle eines weißhaarigen Häftlings übernahm.

DAS DING IM SCHLOSS

RE: Gottfried Kolditz, SZ: Gottfried Kolditz, DR: Joachim Hellwig, KA: Peter Süring, MU: Karl-Ernst Sasse, SB: Werner Pieske, KO: Katrin Johnsen, SC: Christa Helwig, PL: Rolf Martius, GR: AG »futurum«, m: 2385 = 87 min, fa, brw, PJ: 1978, PM: 19.7.1979, PM-Ort: Dessau, »Fortschritt-Lichtspiele«
DA: Erwin Geschonneck (Prof. Bunzberger), Vlastimil Brodsky (Prof. K.), Jaecki Schwarz (Axel, Klubleiter), Karin Ugowski (seine Frau Angelika), Renate Blume (Susy, Sekretärin), Milan Beli (Reporter), Amza Pelea (Wenzel), Fred Delmare (Theo), Gerry Wolff (»Einstein«), A. P. Hoffmann (Harry), Ursula Braun, Ilona Brömmer, Werner Lierck, Walter Wickenhauser, Werner Wieland u. a.
INHALT: Der alte Professor Bunzberger sitzt auf einer Parkbank und läßt seine Phantasie schweifen. Er wird von zwei Rentnern in ein Veteranenheim entführt und veranlaßt, letzte Hand an eine von den Alten konstruierte Zeitmaschine zu legen. Erst sträubt er sich aus ethischen Gründen, an dem Experiment teilzunehmen. Er diskutiert mit einem ebenfalls gekidnappten Kollegen und Freund über den Sinn des Lebens und die Folgen, die das Aufhalten des Alterns haben kann. Schließlich gibt er nach und läßt sich mit der Maschine verjüngen. Mit dem Ergebnis aber ist er nicht zufrieden, weil die Verjüngung nur äußerlich stattgefunden hat. Auf seiner Parkbank erwachend, kehrt er in die Realität zurück.
ZUM FILM: In der Produktionsgruppe, die zwecks Herstellung von utopischen, also Science-fiction-Filmen eingerichtet wurde, entstand diese »Komödie«, die Autor-Regisseur Gottfried Kolditz für Erwin Geschonneck geschrieben hatte. Wie ein Kritiker vermutete, nahm Geschonneck die Rolle aus purer Höflichkeit an, denn auch er vermochte den dramaturgisch mißlungenen Film nicht zu retten.
ECHO: ... dürfte an künstlerischer Unverfrorenheit nicht seinesgleichen finden ... (Renate Holland-Moritz, *Eulenspiegel* 37/1979)
Zeit und Ort der Handlung – falls man überhaupt von einer solchen sprechen kann – bleiben eigentlich ebenso nebulös wie das Genre, dem die neue, keineswegs zukunftsweisende Futurum-Produktion zuzuordnen wäre. Wenn man als Kennzeichen einer Komödie betrachtet, daß man darin wenigstens hin und wieder einmal lachen, lächeln oder schmunzeln kann, dann ist die Bezeichnung »Komödie« für *Das Ding im Schloß* gewiß fehl am Platze. (Heinz Kersten, 1979, zit. nach *So viele Träume*)
NEBENBEI: Sascha, der kleine Sohn von Erwin Geschonneck, spielte die Rolle seines Vaters als Kind.

DR. MED. SOMMER II

RE: Lothar Warneke, SZ: Hannes Hüttner, DR: Christel Gräf, KA: Roland Gräf, MU: Gerhard Rosenfeld, SB: Klaus Winter, KO: Ruth Kiecker, SC: Erika Lehmphul, PL: Siegfried Kabitzke, m: 2460 = 90 min, s/w, brw, PJ: 1969/70, PM: 1.10.1970, PM-Ort: Berlin, »International«
DA: Werner Tietze (Dr. med. Sommer), Juliane Koren (Emmylie), Martin Flörchinger (Professor Hagedorn), Wolfgang Greese (Dr. med. Sommer I), Margret Allner (Schwester Helga), Karin Gregorek (Schwester Gerda), Gert Gütschow (Seifert), Peter Aust (Franke), Jutta Hoffmann (Gun-

kel), Marianne Wünscher (Frau Buntschuh), Frank Michelis, Willi Neuenhahn, Winfried Glatzeder, Doris Thalmer, Gertrud Brendler u. a.
INHALT: Ein kleines Krankenhaus irgendwo in der DDR. Hierher kommt Dr. med. Sommer (Nr. II, da der Oberarzt ebenfalls Sommer heißt), um seine Facharztausbildung als Chirurg zu absolvieren. Er kommt mit Idealen, vor allem möchte er ein Vertrauensverhältnis zu den Patienten und Kollegen herstellen. Gewissenhaft, freundlich und aufmerksam versucht er, im Klinikalltag seinem Ideal gerecht zu werden. Wenn ihm etwas kritikwürdig erscheint, greift er selbstverständlich ein: streitet mit einem jungen Kollegen über dessen zynische Haltung, sorgt dafür, daß die Schwesternschülerin Emmylie nicht als Putzfrau ausgenutzt wird. Er beherzigt die Ratschläge des routinierten Oberarztes und des weitsichtigen Professors, hat Erfolge, muß aber auch mit Rückschlägen fertig werden, z. B. dem Selbstmord eines krebskranken Patienten, dem er die Wahrheit über seinen Zustand offenbarte.
ZUM FILM: Nach einer Gemeinschaftsarbeit mit Roland Oehme legte Lothar Warneke mit diesem Film sein eigentliches Debüt vor. Er hatte sich schon 1964 in seiner Diplomarbeit dem »dokumentaren Spielfilm« gewidmet und bewies in der Praxis, daß dieser Stil noch immer aktuell und Warneke selbst im Begriff war, sich zu einem Meister dieses Stils in der DDR zu entwickeln. Auch sein Kameramann Roland Gräf legte kurz darauf sein Regiedebüt mit → *Mein lieber Robinson* im dokumentaren Stil vor.
ECHO: Übrigens kommen einem alle Mitwirkenden so vor, als wäre man ihnen schon einmal begegnet oder könnte ihnen eines Tages begegnen – ob die Rollen nun von Schauspielern verkörpert werden oder von Laien (...). Die sparsame, maßgeschneiderte Musik ist von Gerhard Rosenfeld. Roland Gräf, einer unserer vielversprechendsten und auch viel haltenden jungen Kameramänner, war maßgeblich am Zustandekommen dieses menschlichen, humorvollen, kritischen und nachdenklich stimmenden Films beteiligt. (Lothar Kusche, *Weltbühne* 39/1970)
Was von der DEFA oft als »Gestaltung des sozialistischen Menschenbildes« gefordert wird, gelang den jungen Babelsberger Filmemachern mit diesen unprätentiösen Alltagsimpressionen besser und glaubhafter als manch anderen Produktionen mit äußerlich aufwendigen dramatischen und deklamatorischen Mitteln. Die Vertreter des »dokumentaren Realismus« haben bewiesen, daß ihre Methode gegenwärtig die künstlerisch überzeugendsten Ergebnisse bei dem Versuch, DDR-Wirklichkeit zu erfassen, verspricht. (Heinz Kersten, 1970, zit. nach *So viele Träume*)
NEBENBEI: Da viele Ärzte zu besetzen waren, spielte Regisseur Lothar Warneke gleich selbst einen davon, einen anderen sein Regie-Kollege Roland Oehme, und die langjährige DEFA-Standfotografin Waltraud Pathenheimer ist in diesem Film ebenfalls als Ärztin zu bewundern. Aber auch wirkliche Ärzte und Schwestern aus dem thüringischen Greiz und aus Berlin-Köpenick wirken in dem Film mit. Der Szenarist Hannes Hüttner war damals selbst Arzt.

DON JUAN, KARL-LIEBKNECHT-STR. 78
RE: Siegfried Kühn, SZ: Siegfried Kühn, DR: Manfred Wolter, KA: Claus Neumann, MU: Karl-Ernst Sasse, SB: Alfred Hirschmeier, KO: Christiane Dorst, SC: Helga Krause, PL: Erich Kühne, GR: GR »Babelsberg«, m: 2706 = 99 min, fa, brw, PJ: 1979/80, PM: 7.8.1980, PM-Ort: Berlin, »International«
DA: Hilmar Thate (Wischnewsky), Ewa Szykulska (Vera), Beata Tyszkiewicz (Weber), Helmut Straßburger (Eberhard), Carin Abicht (Zerlina), Hilmar Baumann (Kronenthal), Trude Bechmann (Wirtin), Hertha Thiele (Alte Sängerin), Carl Heinz Choynski (Requisiteur), Fred Delmare (Leporello), Monika Hildebrand, Ute Lubosch, Fritz Marquardt, Ulrich Voss, Werner Lierck u.a., GE: Elisabeth Breul, Jürgen Freier, Heidrun Halx u.a.
INHALT: Der Berliner Opernregisseur Andrej Wischnewsky inszeniert in der Provinz den »Don Giovanni«. In seinem Bestreben, eingefahrene Arbeitsweisen zu überwinden, stößt er auf Schwierigkeiten – vor allem bei dem Interpreten der Titelrolle. Das führt zu Streit, aber letztlich doch zu einer Einigung. Mit seinem Liebesleben kommt der Regisseur allerdings weniger gut zurecht. Vera, die Sängerin der Donna Anna, ist eine alte Liebe Andrejs, die sich neue Hoffnungen macht. Andrej stellt dagegen Beate nach, der Sängerin der Donna Elvira. Diese jedoch erklärt sich mit Vera solidarisch, so daß der moderne Don Juan es bei der Soubrette versucht – neben-

bei ist er auch noch verheirateter Familienvater. Die Inszenierung jedenfalls wird ein Erfolg.
ZUM FILM: Kühns opulenter Film, in dem parodistische und melodramatische Momente gleichberechtigt nebeneinanderstehen, verweist auf eine ähnliche Dramaturgie, die besonders in spanischen und ungarischen Filmen zum Tragen kam und damals auf Publikum und Kritik ungewöhnlich und fremd wirkte.
ECHO: Denn das wirkt stark (und macht einen Gutteil von Kühns gewachsenem Hang nach Expressivität aus): alle Szenen der Inszenierungsarbeit Wischnewskys, die Bilder der Oper selbst, die ausgezeichnete musikalische Ausfertigung – das ist mit nahezu überquellendem Reichtum an Mitteln, Einfällen, Kamerasichten und Dekorativem, mit prächtigem Einsatz der Schauspieler (...) gemacht, daß es eine wahre Freude am Zusehen und Zuhören ist. (Günter Agde, *Filmspiegel* 18/1980)
Siegfried Kühns Gespür für groteske Überhöhungen scheint immer wieder durch, etwa beim Sturz des Helden in die Bühnenversenkung oder bei der hintergründig-makabren Barepisode mit der immer noch großartigen Hertha Thiele. Leider fügt sich aber nichts ineinander, bleibt Stückwerk, wohl, weil sich der Konflikt als »Gefühlsverwirrung unter Künstlern« darstellt und so kein gesellschaftlich relevantes Problem angerissen scheint, obwohl Karl Liebknecht für den Titel herhalten muß. (Frank-Burkhard Habel, *konstruktiv* 17/1980)
Claus Neumanns Kamera bietet manch beziehungsreiche Metaphern: etwa die als phallische Symbole fotografierten Felsen des Elbsandsteingebirges als Kulisse der Felsenbühne Rathen und die wiederholte Vorführung eines Stierkampffilms bei den Opernproben – der Torrero als Inbegriff des spanischen Machismo. Überhaupt präsentiert der Außenseiter Siegfried Kühn hier nach vielen »Frauenfilmen« der DEFA einmal einen ausgesprochenen »Männerfilm«. (Heinz Kersten, *Tagesspiegel*, 7.9.1980)
NEBENBEI: Zur Premiere stand Hauptdarsteller Hilmar Thate gerade im Begriff, mit seiner Frau Angelica Domröse die DDR zu verlassen, um am Westberliner Schillertheater ein Engagement aufzunehmen.

DER DOPPELGÄNGER

RE: Werner W. Wallroth, SZ: Martin Karau, DR: Anne Pfeuffer, KA: Wolfgang Braumann, MU: Wolfgang Wallroth, SB: Alfred Thomalla, KO: Barbara Braumann, SC: Lotti Mehnert, PL: Gisel-her Venzke, GR: GR »Berlin«, m: 2496 = 92 min, fa, brw, PJ: 1984/85, PM: 1.8.1985, PM-Ort: Berlin, »International«
DA: Klaus-Dieter Klebsch (Jörg / Engel), Astrid Höschel (Brigitte), Peter Sodann (Benno), Ulrike (Mai-)Kunze (Sabine), Karin Ugowski (Nora), Werner Ehrlicher, Andrea Meissner, Helmut Schreiber, Gertraut Last, Fritz Decho, Peter Hölzel, Fred Delmare, Hans Klering, Rudolf Ulrich, Eckhard Müller u.a.
INHALT: Brigitte Kaufmann will sich scheiden lassen. Ihr Mann Jörg, Ingenieur und leitender Angestellter eines Elektrobetriebes, ist ein unausstehlicher Pedant. Brigittes früherer Freund, der Fotograf Benno, kommt durch Zufall auf die Idee, die Ehe mit einem kuriosen Mittel zu retten. In einer Bar sieht er einen Pianisten, der Jörg zum Verwechseln ähnlich sieht. Er soll, während dieser auf einer Messe ist, den Ehemann spielen und Brigitte mit seinem Charme umstimmen. Pianist Engel läßt sich auf das Spiel ein – bei Brigitte und in Jörgs Betrieb. Brigitte verzichtet auf ihre Scheidungsabsicht, und auch die Kollegen sind von dem veränderten Jörg sehr angetan. Als der echte zurückkehrt, ist seine Verwirrung groß, aber er kommt hinter die Geschichte, sucht seinen Doppelgänger und versöhnt sich mit seiner Frau.
ZUM FILM: Verschenkte Chancen steckten in diesem Komödienstoff, der wenig über die Gegenwart aussagte und im Grunde überall hätte spielen können. Aber gerade die Verankerung in einer bestimmten Situation hätte der Handlung Geist verliehen.
ECHO: Hier gibt's auch Spaß, wenn vermittels Tricktechnik diverse Verwechslungen Tür an Tür abgespult und weggespielt werden. (...) Leben und Arbeit der Helden als Menschen von nebenan hätten entschieden intensiver, lebendig-natürlicher und im Grunde dem Komischen direkt entsprechend gestaltet, durchfabuliert werden können und müssen. (...) Da bleiben schlechthin viele Möglichkeiten ungenutzt, da wird das Zentrum verfehlt. Die Doppelgänger-Struktur als heitere Chance, lebenswichtige Wahrheiten über uns aus-

zusagen, wird nicht wahrgenommen. (Günter Agde, *Filmspiegel* 18/1985)

Das Dumme ist aber, daß dieser Film seine atemlose Geschwätzigkeit braucht, um sich dem Zuschauer überhaupt verständlich zu machen. (...) Die so ungeschickt gebaute, geradezu tapsige Geschichte wäre möglicherweise als konsequente Groteske zu realisieren gewesen, aber dazu wollte (oder sollte?) sich Regisseur Werner W. Wallroth nicht entschließen. (Renate Holland-Moritz, *Eulenspiegel* 35/1985)

NEBENBEI: Hauptdarsteller K.-Dieter Klebsch, viele Jahre im Potsdamer Engagement, war als Leistungssportler Olympia-Kader der DDR-Ruder-Nationalmannschaft. – Die Darstellerin der Sabine, Ulrike Kunze, wurde nach ihrer Heirat mit dem Schauspieler Jürgen Mai als Ulrike Mai bekannt.

DAS DORF IN DER HEIMAT

→ *POLE POPPENSPÄLER*

DORNRÖSCHEN

(Kinderfilm)

RE: Walter Beck, BU: Margot Beichler, Gudrun Deubener-Rammler, Walter Beck, LV: Gleichnamiges Märchen der Brüder Grimm, KA: Lothar Gerber, MU: Klaus Lenz, Hermann Anders, SB: Heike Bauersfeld, KO: Ursula Strumpf, SC: Rita Hiller, PL: Siegfried Kabitzke, GR: KAG »Kinder- und Jugendfilm«, m: 1925 = 71 min, fa, PJ: 1970, PM: 28.3.1971, PM-Ort: Berlin, »Kosmos«

DA: Juliane Koren (Dornröschen), Burkhard Mann (Prinz), Helmut Schreiber (König), Evamaria Heyse (Königin), Vera Oelschlegel (13. Fee), Fritz Decho (Haushofmeister), Thomas Langhoff (Hauptmann), Erich Brauer (Schloßgärtner), Klaus Pönitz (Koch), Martin Hellberg (Spielmann), Jaecki Schwarz, Jörg Knochee, Dieter Wien, Brigitte Krause, Barbara Dittus u. a.

INHALT: Anläßlich der Geburt ihrer Tochter geben König und Königin ein großes Fest. Geladen sind auch zwölf Feen, die dem Kind alle guten Eigenschaften in die Wiege legen. Da der König den Fleiß verachtet, hat er die dreizehnte Fee, die des Fleißes, nicht geladen. Ein Hauptmann läßt sie dennoch ins Schloß, und sie wünscht Dornröschen den Tod. Die zwölfte Fee wandelt den Spruch um. In einen 100jährigen Schlaf soll Dornröschen fallen, wenn sie sich an ihrem fünfzehnten Geburtstag an einer Spindel sticht. Der König verbannt alle Spindeln aus dem Land, womit er die arbeitenden Menschen in große Not stürzt. Eine aber ist vergessen worden, und so erfüllt sich der Fluch. Das ganze Schloß fällt in Schlaf. Als ein junger Prinz kommt, um Dornröschen zu wecken, stellt die dreizehnte Fee ihn auf die Probe. Da er sich als klug und gerecht erweist, erwachen mit Dornröschen auch alle anderen.

ZUM FILM: Die Märchenvorlage wurde um Szenen mit dem Volk erweitert und das Prinzenpaar durch Kleidung und ungekünsteltes Verhalten in die Gegenwart geholt, um Identifikationsfiguren zu schaffen.

ECHO: Stellenweise wird allerdings in diesem Film ein bißchen deutlich mit erhobenem Zeigefinger gearbeitet: Bemerkt ihr auch, welche Lehre daraus zu ziehen ist? Man traut, wie es scheint, der künstlerischen Überzeugungskraft nicht. So wurde in Bezug auf den König wieder und wieder betont, daß ihm alle Reichtümer des Landes allein gehören, daß das Volk in Armut, Hunger und Not geraten sei, während der eitle König satt war. Dialoge und Erzählertexte hätten etwas mehr Brillanz vertragen. (Ehrentraud Novotny, *Filmspiegel* 9/1971)

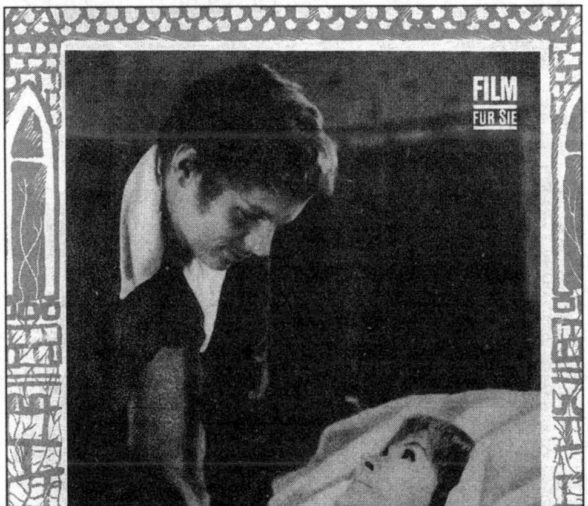

Die verbissene Jagd nach den Spindeln wirkt in der Länge allerdings zu überhitzt, weil sie das spezifische dramatische Gewicht des Märchens doch wohl überfordert. In vielen poetischen Details und in den Schlußszenen bilden Märchenwahrheit und Realität jene erzählerische Einheit, die Zauber und Wirklichkeit miteinander verbindet. (H. H., *Brandenburgische Neueste Nachrichten*, 14.4.1971)
NEBENBEI: Der Darsteller des Prinzen, Burkhard Mann, stammte aus Eisenhüttenstadt, war von Walter Beck für seinen Film → *Der Rote Reiter* entdeckt und hatte 1970 bei EKO Stahl eine Lehre als BMSR-Techniker aufgenommen.

DER DRACHE DANIEL

(Kinderfilm)
RE: Hans Kratzert, SZ: Katrin Lange, DR: Renate Epperlein, KA: Eberhard Borkmann, MU: Reinhard Lakomy, SB: Georg Kranz, KO: Inge Konicek, SC: Brigitte Krex, PL: Wolfgang Rennebarth, GR: GR »Berlin«, m: 2168 = 76 min, fa, PJ: 1989, PM: 8.4.1990, PM-Ort: Berlin, »Rio«
DA: Jens Sander (Daniel), Joachim Zschocke (Mandelkow), Gunnar Helm (Daniel als Drache), Kathrin Waligura (Karoline Sommerfeld), Jörg Schüttauf (Norbert Lenz), Gert-Hartmut Schreier (Daniels Vater), Madeleine Lierck (Frau Melzer), Katarina Tomaschewsky (Direktorin), Wolfgang Greese, Wolfgang Winkler, Torsten Bauer, Thomas Putensen u. a.
INHALT: Der achtjährige Daniel lebt allein mit seinem Vater. Sie verstehen sich gut, doch Daniel vermißt die Mutter und sieht in der Lehrerin Sommerfeld einen Ersatz. Nach einem Schulausflug zur Drachenhöhle erfährt er, daß die Lehrerin heiraten und den Ort verlassen will. In der Werkstatt des alten Meisters Mandelkow stiehlt er eine Zauberpfeife, die Wünsche erfüllt. Daniel verwandelt sich in einen Drachen und entführt Fräulein Sommerfeld in die Höhle. Dort verbrennt die Pfeife. So fliegen die beiden zu Meister Mandelkow, der Daniel zurückverwandeln soll. Doch das ist nicht so einfach. Der Bräutigam der Lehrerin taucht auf und fordert den Drachen zum Kampf. Daniel muß einige Proben bestehen, bis er wieder Mensch wird. Und Fräulein Sommerfeld muß er am Ende doch ziehen lassen.
ZUM FILM: Kinderfilme mit phantastisch-märchenhaften Elementen, die die Phantasie der Kinder nutzen und fördern, entstanden seit den Siebzigern immer wieder bei der DEFA. Eine ernsthafte Problematik wird spielerisch verarbeitet.
ECHO: Im Film finden Mädchen und Jungen eigene Probleme und Nöte wieder, etwa die, daß die Erwachsenen viel zu wenig Zeit für sie haben, Zuwendung und Verständnis oft fehlen. Ihre Träume finden sie wieder – stark wie ein Drache zu sein, anderen helfen, aber auch Furcht einflößen zu können. Schließlich ist ihnen selbst jenes Unbehagen nicht fremd, das Gefühl, in einer Rolle zu stecken, aus der ohne die Hilfe der Erwachsenen kein Herauskommen mehr ist. (Regina Köhler, *Neue Zeit,* 3.5.1990)
Kratzert entschied sich für herzhafte Realistik in der Inszenierung. Mir hätte die poetische Linie mehr zugesagt. (Ehrentraud Novotný, *Berliner Zeitung*, 24.4.1990)
Hier zeigt sich, daß ein Drache auch ohne hochkomplizierte Fernsteuerung auskommen kann. In der hervorragend gestalteten Maske des Untiers steckt ein Pantomime. (Claudia Rönneburg, *TiP*, 21.11.1990)
NEBENBEI: In der Kinderrolle der Sandra war Anna, die Tochter des Regisseurs Hans Kratzert, zu sehen. Eigentlich hätte sie eine größere Rolle spielen sollen, was sie sich dann aber doch nicht zutraute.

DREI HASELNÜSSE FÜR ASCHENBRÖDEL

(Co-Produktion DDR/CSSR, Kinderfilm)
RE: Václav Vorlícek, SZ: Bohumila Zelenková, LV: Gleichnamiges Märchen von Bozena Nemcová, DR: Marcela Pittermann, KA: Josef Illík, MU: Karel Svoboda, SB: Alfred Thomalla, Olin Bosák, KO: Günther Schmidt, Theodor Pistek, SC: Barbara Leuschner, Miroslav Hájek, PL: Heinz Herrmann, Jirí Krejci, GR: KAG »Berlin«, m: 2354 = 86 min, fa, brw, PM: 10.3.1974, PM-Ort: Berlin, »Babylon«, CO: Filmstudio Barrandov, Prag, Tschech. Titel: Tri orisky pro Popelku
DA: Libuse Safránková (Aschenbrödel), Pavel Trávnicek (Prinz), Carola Braunbock (Stiefmutter), Rolf Hoppe (König), Karin Lesch (Königin), Daniela Hlavácová (Dora); Vladimir Mensik (Vinzek), Ostara Körner (Kleine Mutter), Erika Stiska (Baronin), Holger Eckert (Zeremonienmeister) u.a.
INHALT: Von ihrer bösen Stiefmutter und der Stiefschwester um Stand und Besitz gebracht,

muß Aschenbrödel die schmutzigste Arbeit auf dem Gutshof verrichten. Doch sie ist immer freundlich, und alle Angestellten sind ihr zugetan. Auch die Tiere sind ihre Freunde. Eines Tages begegnet sie im Wald einem übermütigen Prinzen und verliebt sich in ihn. Damit sie ihn wiedersehen kann, schenkt ihr der Kutscher ihres Hofes drei Zaubernüsse, die ihr drei prächtige Gewänder bescheren, in denen sie dem Prinzen gegenübertritt. Der Prinz, als ein Leichtfuß verschrien, läßt sich aber von den Kleidern nicht beeindrucken. Er erkennt das geschickte, kluge und liebenswerte Mädchen in ihnen, und das wählt er zu seiner Frau.
ZUM FILM: Aus der CSSR kamen traditionell einige der schönsten Märchenfilme, wie auch die DEFA auf diesem Gebiet viele Erfolge hatte. Mit diesem Film gelang das kleine Kunststück, daß sich beim Zusammentun zweier erfolgreicher Studios auch der Erfolg potenzierte. Dieser Märchenfilm, in dem Aschenbrödel als selbstbewußte, aktiv um ihr Glück kämpfende Gestalt agierte, ist heute ein Klassiker seines Genres. Als der Film in der CSSR mit 400 Kopien gestartet wurde, waren für lange Zeit alle Vorstellungen ausverkauft.
ECHO: Obwohl die sinnfällige, konzentrierte Bilderwelt des alten Märchens mit dieser Neubearbeitung aufgebrochen wird, ist doch andererseits das Spiel mit den einzelnen Motiven und Figuren, das Weiterdenken verschiedener Situationen vergnüglich genug, um sich mit den Veränderungen auszusöhnen. (Rolf Richter, *Neues Deutschland*, 24.3.1974)
Dieses Aschenbrödel reitet mit Lust, schießt vorzüglich, hat Freunde unter den Tieren und ist – das spürt der Zuschauer sofort – durchaus nicht so auf die Zauberkraft der Nüsse angewiesen wie das Grimmsche Vorbild. (...) Und somit ist es auch möglich, dieses Märchen als eine poetische Liebesgeschichte zu erzählen – als eine Liebesgeschichte für Kinder und Erwachsene, deren Übertragbarkeit auf die Gegenwart und Anlehnung an heutige Verhaltensweisen ganz offensichtlich sind. (Margit Voss, *Filmspiegel* 10/1974)
NEBENBEI: Die damals 20jährige Hauptdarstellerin Libuse Safránková hatte in Brno und Prag Theater gespielt und übernahm hier ihre erste Hauptrolle in einem Film. In den siebziger und achtziger Jahren war sie in zahlreichen wei-

teren Filmrollen auch in der DDR zu sehen, etwa in *Das Attentat von Sarajevo* oder *Lauf, Ober, lauf!*

DREI KAPITEL GLÜCK

RE: Walter Beck, BU: Hans Peter, Walter Beck, LV: Filmerzählung von Hans Peter, DR: Jo-achim Plötner, KA: Hans Heinrich, MU: Wolfgang Lesser, BA: Christoph Schneider, KO: Walter Schulze-Mittendorf, SC: Christel Röhl, PL: Anni von Zieten, m: 2687 = 99 min, s/w, AT: Ein Fernglas war schuld, PJ: 1960, PM: 14.7.1961, PM-Ort: Rostock, Clubhaus Neptunwerft
DA: Gisela Büttner (Ev), Manfred Borges (Peter), Gerlind Ahnert (Dorle), Günther Haack (Fred), Karin Seybert (Mutter), Wolfgang Sasse (Kuhn), Gerd Ehlers (Rödel), Sabine Thalbach (Ursula), Manfred Krug (Fritz), Marylu Poolman (Renate), Gertrud Brendler, Ilse Bastubbe, Hans Flössel, Peter Sturm, Rolf Römer u. a.
INHALT: Peter ist ein strebsamer und etwas schüchterner Student der Zahnmedizin in Leipzig. Nach Abschluß des Studiums will er ins Landambulatorium seines Heimatdorfes, denn dort ist die Zahnarztstelle unbesetzt. Eines Tages erblickt er Ev durch sein Fernrohr. Es ist Liebe auf den

ersten Blick, und wie er bald feststellt, erwidert Ev seine Zuneigung. Es gibt nur noch ein Problem für das junge Paar: Ev will Werbegrafikerin werden und sieht auf dem Dorf keine Arbeitsmöglichkeiten für sich. Glücklicherweise gibt es Freunde, die ihr zeigen, daß sie auch auf dem Lande sinnvolle Arbeit findet, und so steht der Hochzeit nichts mehr im Wege.

ZUM FILM: Nach zwei Kinderfilmen gab Walter Beck mit diesem Lustspiel sein Debüt für den erwachsenen Zuschauer, das aber leider nicht überzeugen konnte. Von da an verschrieb er sich ausschließlich dem Kinderfilm.

ECHO: Eine hübsche Grundidee, Ansätze zu einer jungen, sauberen, poetischen Liebesgeschichte – aber alles in allem leider doch ganz und gar nicht der kleine beschwingte Film, wie ihn Titel und Titelvorspann versprechen. (...) Es scheint, daß der junge Regisseur Walter Beck (...) auch geschmacklich nicht immer das richtige Fingerspitzengefühl gehabt hat. (...) Vorerst ist der Filmvertrieb gut beraten, wenn er sich ein paar Lustspiele vom Fernsehen ausborgt. (Rosemarie Rehahn, *Wochenpost* 39/1961)

NEBENBEI: Herbert Kroiss, Standfotograf dieses wie auch vieler anderer DEFA-Filme (auch Fotograf des Titels dieses Buches), war in der kleinen Rolle eines Fotografen zu sehen. – Die Dorle spielte Gerlind Ahnert, in den sechziger Jahren eine der bekanntesten Fernsehansagerinnen.

DREI MÄDCHEN IM ENDSPIEL

RE: Kurt Jung-Alsen, SZ: Wolfgang Luderer, DR: Eva Seemann, KA: Günter Eisinger, MU: Gerd Natschinski, BA: Alfred Tolle, KO: Marianne Schmidt, SC: Marianne Karras, PL: Willi Teichmann, m: 2048= 75 min, s/w, AT: 11 : 1, PJ: 1955, PM: 20.4.1956, PM-Ort: Berlin, »Babylon«/»Filmtheater am Friedrichshain«

DA: Horst Naumann (Werner Wieland), Jochen Thomas (Willi Keil), Rolf Ludwig (Max Moor), Albert Hetterle (Paul Schmidt), Rudolf Ulrich (Erich Lange), Paul Pfingst (Hans Krüger), Eckart Friedrichson (Gustl Sauer), Alice Prill (Ruth Berger), Christina Huth (Uschi Hollmann), Gabriele Hoffmann (Lilo Kirschner), Harry Hindemith, Albert Garbe, Paul Lewitt, Paul R. Henker, Erich Franz u.a.

INHALT: Mit der Fußballmannschaft der BSG (Betriebs-Sport-Gemeinschaft) Hartenfels geht es abwärts. Neue Trainingsmethoden – nach wissenschaftlichen Erkenntnissen – müssen her, meint Paul Schmidt. Doch damit stößt er beim Stürmer-Star Wieland auf Granit, dessen Freunde natürlich zu ihm halten. Also beschließt die Wassersportlerin Ruth, stellvertretende Vorsitzende der BSG, die Lage mit weiblicher List zum Besseren zu wenden. Sie und ihre Freundinnen Lilo und Uschi wollen die Widerspenstigen »bearbeiten«. Am Ende gibt es dann tatsächlich einen Sieg – auf dem Sportplatz – und zwei glückliche Paare.

ZUM FILM: Nach einer Idee des Fernsehregisseurs Wolfgang Luderer entstand dieser Film im attraktiven Sportlermilieu. Der Kampf um den Beweis der Notwendigkeit wissenschaftlicher Trainingsmethoden gab allerdings nicht genügend Spaß her. Für Kurt Jung-Alsen war es sein Debüt im abendfüllenden Film.

ECHO: In den *Drei Mädchen im Endspiel* wird viel zu viel Papier geredet, vornehmlich von den drei Mädchen selbst. Daß sie tüchtige Rudersportlerinnen sind, ist eine in dem Film gänzlich unbewiesene Behauptung. Sie sind eifrige Diskutierfräuleins. Gelegentlich fällt einer der Männer, die gegen das wissenschaftliche Training sind, zur Strafe vom Dach oder ins Wasser. Das kommt davon! (...) Aber eines drängt sich, insbesondere nach diesem letzten »heiteren« Streifen, dem Zuschauer auf: Ihr habt zu wenig Humor! Den kann man nicht erarbeiten, den muß man haben, wenn man welchen machen will. (Theodor Christoph, *Weltbühne* 17/1956)

NEBENBEI: In den Rollen der Kinder Theo und Marlies treten Berko Acker und Juliane Korén auf, die nach abgeschlossenem Schauspielstudium in den siebziger Jahren wieder bei der DEFA filmten.

DER DRITTE

RE: Egon Günther, SZ: Günther Rücker, LV: Erzählung »Unter den Bäumen regnet es zweimal« von Eberhard Panitz, DR: Werner Beck, KA: Erich Gusko, MB: Karl-Ernst Sasse, SB: Harald Horn, KO: Christiane Dorst, SC: Rita Hiller, PL: Heinz Mentel, GR: KAG »Berlin«, m: 3036 = 111 min, fa, PJ: 1971, PM: 16.3.1972, PM-Ort: Berlin, »International«

DA: Jutta Hoffmann (Margit), Barbara Dittus (Lucie), Rolf Ludwig (Hrdlitschka), Armin Mueller-Stahl (Blinder), Peter Köhnke (Bachmann), Erika Pelikowsky (Oberin), Christine Schorn (Junge Frau), Jaecki Schwarz (Junger Mann), Klaus Manchen (Lucies Freund), Fred Delmare (Mann mit Sessel), Walter Lendrich, Ruth Kommerell, Christoph Beyertt, Willi Schrade, Wolfgang Pampel u. a.

INHALT: Die Mathematikerin Margit Fließer, Mitte Dreißig, alleinstehend, zwei Kinder von zwei verschiedenen Männern, ist eine emanzipierte Frau. Glücklich ist sie nicht, ihr fehlen der Partner, Liebe, Zärtlichkeit und ein Vater für die Kinder. In der Wahl des Mannes wird sie durch die gesellschaftliche Norm noch immer zur Passivität verurteilt. Margit ist entschlossen, die Konvention zu durchbrechen. Die Erinnerung an ihr bisheriges Leben bestärkt sie darin. Nach dem Tod der Mutter wurde sie Diakonissenschülerin, merkte jedoch, daß dies nicht ihren Vorstellungen entspricht. Sie ging zur ABF, erlag dem Werben des Dozenten Bachmann, erlebte die erste große Liebe und Enttäuschung. Von ihm ist das erste Kind. Danach gab sie ihre ganze Zuneigung einem Blinden, heiratete ihn, bekam das zweite Kind. Doch auch diese Beziehung scheiterte. Nun ist sie entschlossen, den Dritten selbst auszusuchen. Kollege Hrdlitschka ist der Auserwählte, und sie überzeugt ihn von seinem Glück, wobei ihr die Freundin Lucie, die selbst eine herbe Enttäuschung erlitt, eine verständnisvolle Hilfe ist.

ZUM FILM: Der Anspruch der berufstätigen Frau im Sozialismus auf privates Glück war das Thema, das – obwohl schon früher angeschnitten – hier mit besonderer künstlerischer Kraft zur Sprache gebracht wurde. Der vieldiskutierte Film brachte einen Frauentyp auf die Leinwand, den Slatan Dudow schon 1963 in seinem nie fertiggestellten Film → *Christine* zeichnen wollte.

ECHO: Ich mag diesen Film, auch oder gerade deshalb, weil ich mich stellenweise an ihm reibe, zu Fragen, Widerspruch und Neu-Hinsehen gereizt fühle, mit Figuren und ihren Handlungen, mit den Regisseuren und Schauspielern und ihrer Art zu erzählen, in eine Art Dialog trete, während ich mit Spaß, Genuß, Teilnahme hinschaue. Und das ist beabsichtigt. Der Zuschauer wird nicht von der fiktiven Realität auf der Leinwand aufgesaugt, er wird aber auch nicht mit intellektueller Attitüde und stilistischen Spitzfindigkeiten auf Staune- und Denkedistanz gehalten. (Peter Ahrens, *Weltbühne* 11/1972)

Im Zusammenhang aller künstlerischen Mittel spielen akustische Elemente auch in diesem Film von Egon Günther eine herausragende Rolle. Sie werden zu einem entscheidenden Handlungsträger. Musik ist in jedem Fall inhaltlich begründet. Starke emotionale Kraft hat sie in dem gregorianischer Kirchenmusik entlehnten Leitmotiv, Ausdruck der großen inneren Erschütterungen der Heldin, Zeitepoche trifft sie in dem Ausschnitt »Bandiera Rossa«, schafft charakterliche Merkmale durch Beethovenkonzert und profane, zotige Wirtinnenverse. Mit vehementer Unbedenklichkeit werden diese Mittel gehandhabt. Regisseur Günther ist auf der Suche nach echten Empfindungen bei dem Zuschauer. (Margit Voss, *Filmspiegel* 6/1972)

Starke Wirkungsfaktoren des Films sind Montage und Musik, die genaue Mischung von Ernst und subtilem Humor wie eine für Babelsberg ungewohnte Offenheit, der nichts Menschliches fremd bleibt: Der Abtreibungsversuch mit heißem Sitzbad und Rotwein wird mit der gleichen zurückhaltenden Delikatesse gezeigt wie die latent lesbischen Liebkosungen zwischen zwei einsamen, sich nach Zärtlichkeit sehnenden Frauen. Viel ist bei alldem auch dem Szenarium Günther Rückers zu verdanken, einem der wesentlichsten DDR-Autoren. (Heinz Kersten, *Tagesspiegel*, 26.3.1972)

NEBENBEI: Egon Günther und Jutta Hoffmann erhielten Nationalpreise für diesen Film der auf den Filmfestspielen von Karlovy Vary 1972 mit dem Hauptpreis ausgezeichnet wurde. Darüber hinaus erhielt Jutta Hoffman in Venedig 1972 einen Darstellerpreis. – In einer besonders witzigen Szene sieht man einen Ausschnitt aus der Schulfernseh-Reihe *English for you* mit Diana Loeser, die damals sehr populär war.

Filmtext: Der Dritte. In: Günther Rücker: Die Verlobte. Berlin: Henschelverlag 1988

DROST

RE: Claus Dobberke, SZ: Diethardt Schneider, DR: Andreas Scheinert, KA: Horst Hardt, MU: Gerhard Rosenfeld, SB: Hans Poppe, KO: Inge Kistner, Christine Pfeiffer, Charlotte Busse, Peter Wolf, SC: Thea Richter, Helga Wardeck, PL: Horst Hartwig, GR: GR »Johannisthal«, m: 2365 = 87 min, fa, PJ: 1984/85, PM: 27.2.1986, PM-Ort: Berlin, »Kosmos«

DA: Klaus Schleiff (Jürgen Drost), Annelise Matschulat (Mutter Drost), Elsa Grube-Deister (Anna Göhler), Siegfried Höchst (Mellenthin), Michael Kockro (Thomas Mellenthin), Dieter Mann (Direktor), Dieter Bellmann (LPG-Vorsitzender), Monika Lennartz (Ärztin), Christel Leuner (Frau Drost), Alfred Struwe (General), Juri Gussew (Wowa), Waldemar Baeger, Werner Ehrlicher, Holger Franke, Willi Neuenhahn, Peter Wohlfeil u. a.

INHALT: Nach 35jährigem Dienst bei den bewaffneten Organen der DDR wird der Offizier Jürgen Drost ehrenvoll aus der NVA verabschiedet. Er übernimmt den Bürgermeisterposten eines Dorfes, in das er mit seiner Mutter nach dem Krieg kam. Der Schritt ins Zivilleben konfrontiert ihn mit ungewohnten Lebensweisen und läßt Erinnerungen an sein bisheriges Leben aufsteigen. In den Tagen bis zu seinem Amtsantritt holt er seine Mutter aus dem Pflegeheim, erneuert seine Freundschaft mit Mellenthin, gerät in Konfrontation zu dessen 15jährigem Sohn Thomas, der Wehrkundeunterricht und Offizierslaufbahn ablehnt. Seit seiner Scheidung hat Drost seinen eigenen Sohn aus den Augen verloren, bei Thomas fühlt er sich als Ersatzvater. Vor allem in der Auseinandersetzung mit dem Jungen, die die beiden schließlich Freunde werden läßt, gewinnt Drost die Überzeugung, richtig gelebt zu haben.

ZUM FILM: Der Film, ein Auftragswerk zum 30. Jahrestag der Nationalen Volksarmee, sollte wieder einmal die große gesellschaftliche Rolle der Streitkräfte der DDR und der Menschen, die dort dienten, würdigen. Obwohl dem Thema schon länger verpflichtete Künstler damit betraut wurden, geriet der Film durch das ungeschönte Bild, das er von den Zuständen in der DDR und der Stimmung in der Bevölkerung zeichnete, an den Rand des Verbotes. Der erfahrene Claus Dobberke und der Nachwuchs-Autor Diethard Schneider bringen zwar brav die »von oben« geforderten Themen unter, stellen aber Menschen statt Thesen in den Mittelpunkt.

ECHO: Autor Diethardt Schneider und Regisseur Claus Dobberke können mit einem höchst interessanten, ehrlichen, streckenweise brisanten Gegenwartsfilm dienen, der in einigen Dialogpassagen sogar sarkastisch-witzig ist. (Renate Holland-Moritz, *Eulenspiegel* 10/1986)

Ich sehe in dem Film einen Beitrag zur Formung und Festigung des Geschichtsbewußtseins der Jugend. Die Schwierigkeit der Aufgaben, dienst-

liche und persönliche Konflikte und Konsequenzen werden überzeugend und mutig an der Person eines Offiziers dargestellt. (...) Der Film veranschaulicht, daß unsere Gesellschaft jedem seine Aufgabe stellt, wobei immer genau zu prüfen ist, daß sowohl für die Gesellschaft als auch für den einzelnen der größte Nutzen entsteht. (Leser Günter Rissmann, *Filmspiegel* 8/1986)
Man erfährt kaum etwas über die Figuren, die da auf der Leinwand uninspiriert sparsame Texte abliefern. Ein kurz vor Schluß noch auftauchender sowjetischer Offizier erfüllt lediglich die Funktion, auch noch das Motiv der Waffenbrüderschaft im Film unterzubringen, so, wie dann schnell noch ein junger Pfarrer auf dem Dorffest zum Republiksgeburtstag plaziert wird, um das gute Einvernehmen zwischen Kirche und Staat zu demonstrieren. (Heinz Kersten, *Tagesspiegel*, 23.3.1986)
Trotz aller Bemühungen der Zensoren, *Drost* »in den Griff zu kriegen«, ändert sich am Gesamtbild tiefer Bedrücktheit kaum etwas. (...) Die glanzlose Jahrestagsfeier anläßlich der DDR-Gründung auf dem Dorfanger, wo sich nur wenige um den neuen Bürgermeister versammelt haben, vermittelt ein realistisches Stimmungsbild von Desinteresse und Aversion. (Elke Schieber in *Das zweite Leben der Filmstadt Babelsberg*, 1994)
NEBENBEI: Regisseur Claus Dobberke ging in den neunziger Jahren in die Politik und wurde Beigeordneter für Kultur und Bildung der Stadt Potsdam.

DSCHUNGELZEIT

(Co-Produktion DDR/SR Vietnam)
RE: Jörg Foth, Tran Vu, BU: Jörg Foth, Tran Vu, Banh Bao, DR: Brigitte Bernert, KA: Günter Jaeuthe, Pham Thien Thuyet, MU: Christoph Theusner, SB: Peter Wilde, Nguyen Nhu Giao, KO: Werner Bergemann, Nguyen Nhu Giao, Marcel Manoury, Nguyen Thi Lan, SC: Lotti Mehnert, Nguyen Thi Yen, PL: Hans-Erich Busch, Tran Quang Chinh, GR: GR »Babelsberg«, m: 2604 = 95 min, fa, brw, AT: Der Turm von Hanoi, PJ: 1986/87, PM (DDR): 14.4.1988, PM-Ort: Berlin, »International«, CO: Spielfilmstudio Vietnam, Filmarbeitsgruppe 3, Vietnames. Titel: Ngon tháp hà noi
DA: Hans-Uwe Bauer (Armin), Bui Bai Binh (Hai), Khanh Huyen (Van), Doan Dung (Son), Sewan Latchinian (Eddy), Phuong Thanh (Lien), André Hennicke (Bäcker), Thomas Wolff (Charlie), Carl Heinz Choynski (Gecko), Joachim Lätsch (Kaupel), Hans-Otto Reintsch (Benny)u.a.
INHALT: Ende der vierziger Jahre in Vietnam. Der junge Deutsche Armin, von Beruf Drucker, arbeitet im Untergrund für die Befreiungsbewegung. Als Wehrmachtssoldat war er in Afrika zu den Franzosen übergelaufen und in die Fremdenlegion gegangen. So geriet er nach Vietnam. Dort lief er ebenfalls über und unterstützt nun die vietnamesischen Genossen bei der Herstellung von Flugblättern und Agitationsschriften. Als andere deutsche Fremdenlegionäre kommen, wird Armin zum Leiter der Gruppe ernannt, die sich in einem Dorf niederläßt. Schon bald müssen sie eine Entscheidung über ihren weiteren Weg treffen. Einige schließen sich der Befreiungsarmee an. Armin, der von der DDR-Gründung gehört hat, entschließt sich, dorthin zu gehen.
ZUM FILM: Die Co-Produktion litt darunter, daß versucht wurde, zwei künstlerische Handschriften, die aus zwei unterschiedlichen Kulturen erwuchsen, vergeblich miteinander in Einklang zu bringen. Während Jörg Foth Wert auf die menschliche Seite der Geschichte legte, wollte der vietnamesische Co-Produzent propagandistische Züge stärker zur Geltung bringen.
ECHO: Es gibt kaum, und das vermag ich mir nicht zu erklären, emotionale Höhepunkte, Szenen, die, jenseits filmästhetischer Erwägungen, mir das Herz heiß werden lassen. Das hat zuvorderst mit dem Drehbuch zu tun, das kaum eine wirkliche Fabel erzählt, aber eine reflektierende Ebene auch nicht hat. Figuren haben wenig biographisch-individuelles Umfeld, die Legionäre bleiben Fremde im Kinosaal, auch wenn versucht wurde, ihnen einen an heutige Sehgewohnheiten anknüpfenden »touch« zu geben. (Henryk Goldberg, *Filmspiegel* 10/1988)
NEBENBEI: Die Dreharbeiten verliefen natürlich für die deutschen Mitwirkenden unter ungewohnten Bedingungen. Bei tropischen Temperaturen von bis zu 60 Grad Celsius hatte Sewan Latchinian in schattigen Bereichen unangenehme Begegnungen mit Schlangen, die sich dorthin zogen, wo es kühler war. Hans-Uwe Bauer kaufte sich auf dem Markt in Hanoi eine Dohle, die er sich halten wollte. Man hatte ihm ein blindes Tier verkauft, weil Dohlen dort Speisevögel sind.

DU UND ICH UND KLEIN-PARIS

RE: Werner W. Wallroth, BU: Rudi Strahl, Werner W. Wallroth, DR: Anne Pfeuffer, KA: Hans-Jürgen Kruse, MU: Karl-Ernst Sasse, SB: Joachim Otto, KO: Isolde Warscycek, SC: Helga Emmrich, PL: Walther Kronenthal, m: 2869 = 105 min, fa, Cine, PJ: 1970, PM: 13.3. 1971, PM-Ort: Leipzig, »Capitol«

DA: Evelyn Opoczynski (Angelika), Jaecki Schwarz (Thomas), Jürgen Frohriep (Herr Schmitt), Christa Lehmann (Frau Häublein), Werner Toelcke (Angelikas Vater), Jessy Rameik (Angelikas Mutter), Gerd Grasse (Marineleutnant), Klaus-Dieter Henkler (Harrer), Michael Kann (Schüler), Käthe Reichel (Meta Müller), Renate Geißler, Siegfried Worch, Winfried Glatzeder, Dietmar Obst, Wilhelm Gröhl u. a.

INHALT: Die 17jährige Angelika zieht nach Leipzig und wohnt ein paar Monate zur Untermiete, bis die Eltern nachkommen. Untermieter Thomas, Philosophiestudent und Radsportler, tauscht ihretwegen murrend sein großes Zimmer gegen eine Kammer. Und auch sonst gefällt ihm einiges nicht an der neuen, hübschen Nachbarin, zum Beispiel ihre Männerbekanntschaften. Ein flotter Marineoffizier, ein Fotoreporter und ein Mitschüler machen ihr abwechselnd den Hof.

Daß Thomas in Wirklichkeit die Eifersucht plagt, kommt ihm gar nicht in den Sinn. Und als Angelikas Vater ihn bei einem Besuch bittet, ein bißchen auf das Mädchen aufzupassen, nimmt er die Aufgabe sehr ernst. Bis zum Happy-End aber müssen noch die Verehrer ausgeschaltet und ein über Angelikas Lebenswandel aufgebrachtes Klassenkollektiv beruhigt werden.

ZUM FILM: Werner W. Wallroth, ausgewiesener Spezialist für heitere Stoffe, inszenierte den sympathischen Film in Leipzig und ließ einige Komödianten kleine Kabinettstücke offerieren.

ECHO: Das Bekenntnis zur poetischen Überhöhung, die alles mit augenzwinkernder Heiterkeit ein bißchen bunter, romantischer, liebevoller macht, als sich die Wirklichkeit nun einmal im Alltag zeigen kann, trägt auch die Gefahr in sich, den großen Entscheidungen, den wirklich revolutionären Prozessen dieses Alltags auszuweichen. (...) Das ist also sicherlich ein Film für junge Leute, er zeigt in seinen besten Episoden Charme und Schwung, wenngleich man nicht recht begreift, weshalb er auch nicht den Schatten eines tiefgehenden Problems haben darf. (Christoph Funke, *Morgen*, 19.3.1971)

Denn das ist wohl das Kennzeichnende an diesem Film, daß eine kleine Geschichte mit Phantasie und Ideenreichtum erzählt worden ist. Das zeigt sich bereits auf den ersten Filmmetern durch die vergnügliche Art der Montage, das sehen wir an der liebevollen und einfallsreichen Kameraarbeit – ich kann mich nicht erinnern, daß eine unserer Städte je so heiter und lebensfroh ins Bild gebracht worden ist, wie es hier mit Leipzig geschehen ist –, das beweist sich in der Tonmontage. (Friedrich Salow, *Filmspiegel* 7/1971)

NEBENBEI: Regisseur Werner W. Wallroth trat selbst in der Rolle eines Dirigenten auf. – Schlagersänger Klaus-Dieter Henkler gab in diesem Film sein Debüt als Schauspieler, kehrte aber bis jetzt nicht wieder in diesen Beruf zurück.

DWE STROTSCHKI MELKIM SCHRIFTOM

→ *ZWEI ZEILEN, KLEINGEDRUCKT*

E

EDELGARDS ABENTEUERLICHE REISE NACH PUPPENSTADT

→ *Anhang C*

EFFI BRIEST

RE: Wolfgang Luderer, BU: Wolfgang Luderer, Christian Collin, LV: Gleichnamiger Roman von Theodor Fontane, DR: Albrecht Börner, KA: Günter Marczinkowski, MU: Hans-Hendrik Wehding, SB: Joachim Otto, KO: Eva Sickert, SC: Ilse Peters, PL: Adolf Fischer, m: 3443 = 125 min, PJ: 1968/69, SD: 7.3.1970 DFF II, AD: 31.7.1970
DA: Angelica Domröse (Effi), Horst Schulze (v. Instetten), Dietrich Körner (Crampas), Gerhard Bienert (Briest), Inge Keller (Mutter Briest), Walter Lendrich (Gieshübel), Marianne Wünscher (Tripelli), Lissy Tempelhof (Roswitha), Krista-Sigrid Lau (Johanna), Lisa Macheiner (Ministerin), A. P. Hoffmann, Ursula Am-Ende, Günther Ballier, Erich Brauer, Heinz Hinze u.a.
INHALT: Die junge, lebenslustige Effi begeht in der Welt des überkorrekten Preußentums aus Verzweiflung an ihrer unausgefüllten Ehe einen Ehebruch. Als der Jahre später aufgedeckt wird, wird Effi vom Mann, von der Gesellschaft und vom Elternhaus verstoßen. (f.b.h.)
ZUM FILM: Die Filmadaption des Romans, der ein reales Schicksal zur Vorlage hat, war die dritte – und nicht letzte – Verfilmung des Stoffes. Sie lehnte sich eng an die Vorlage an und war treffend besetzt. Wenige Wochen nach der Erstsendung im damals noch nicht überall empfangbaren II. Programm des DFF kam der Fernsehfilm mit Erfolg in die Kinos.
ECHO: Das Filmdrama bewahrt den epischen Grundton, die etwas behäbige Grundstimmung unter der Oberfläche einer in ihren Tiefen stagnierenden, erstarrten Adels- und Bürgerwelt, die sich ihre Ziellosigkeit, ihre Überholtheit nicht eingestehen will. Eine noch stärkere, bildhafte Betonung des vierten Standes (Roswitha, Johanna, vielleicht auch der Tripelli) hätte sich angeboten, damit die sympathisch gehaltenen Hauptgestalten in ihrer grundsätzlichen sozialen Schwäche schärfer herausgehoben werden und damit die gesunde, äußerlich unscheinbare, aber innerlich dynamische, zukunftsträchtige plebejische Alternative bedeutsamer durchschimmert. (Hans Braunseis, *Morgen*, 10.3.1970)
Gut beraten wäre die ARD aber doch, verließe sie sich, wenn's um Theodor Fontane geht, nicht ausschließlich auf Hervorbringungen aus der »DDR«. (...) Die Vielfalt des Buches ist füglich gekappt, Fontanes Liebenswürdigkeit, sein Humor spielen in dieser Fassung fast gar nicht mit. Dabei ist die Effi der Angelica Domröse sehenswert und von hübscher Leichtigkeit. Der Instetten Horst Schulzens zeigt (zufällig?) eine fast affige Ähnlichkeit mit einem jungen Thomas Mann, der immer etwas viel Harzer Käse im Munde hätte. (Friedrich Luft, *Die Welt*, 3.1. 1973)

Aber dieser Film hat noch mehr zu bieten als nur sorgfältig um durchweg bemerkenswerte Schauspieler herumgelegte Illustrationen zu einer vorgefundenen Geschichte. Die Genauigkeit der Inszenierung erschöpft sich nicht nur in der treffsicheren Charakterisierungskunst der Schauspieler, nicht nur in den mit viel Mühe zusammengetragenen Details der Schauplätze, Dekors und Kostüme, auch nicht nur in der Nähe zur literarischen Vorlage: dabei läßt Luderer auch den märkischen Humor des Hugenotten Fontane immer wieder durchklingen. Die Tugend der Genauigkeit (...) erreicht (...) schließlich eine historisch-kritische Erzählhaltung. Fontanes »wie mit dem Psychographen« geschriebener Roman wird nicht auf ein rührendes Frauenschicksal verengt, sondern als von kritischer Schärfe durchdrungenes Gesellschaftsbild erkannt. (WoR, *Süddeutsche Zeitung*, 10.2.1975)

NEBENBEI: Die Johanna war die letzte Filmrolle der Schauspielerin Krista Sigrid Lau, die Ende 1969 verstarb und binnen eines Jahrzehnts zahlreiche markante Episodenrollen bei Film und Fernsehen gespielt hatte.

EHE IM SCHATTEN

RE: Kurt Maetzig, BU: Kurt Maetzig, LV: Novelle »Es wird schon nicht so schlimm« von Hans Schweikart, KA: Friedl Behn-Grund, Eugen Klagemann, MU: Wolfgang Zeller, BA: Otto Erdmann, Franz F. Fürst, Kurt Herlth, KO: Gertraude Recke, SC: Alice Ludwig, RE-Ass.: Wolfgang Schleif, PL: Georg Kiaup, Herbert Uhlich, m: 2845 = 104 min, s/w, AT: Verfolgte Seelen/Ehepaar Wieland, PJ: 1947, PM: 3.10.1947, PM-Ort (in allen 4 Berliner Sektoren gleichzeitig): Berlin, »Filmtheater am Friedrichshain« (Sowj.), »Cosima-Filmtheater«, Friedenau (Amerik.), »Prinzenpalast«, Gesundbrunnen (Franz.), »Kurbel«, Charlottenburg (Engl.)

DA: Paul Klinger (Hans Wieland), Ilse Steppat (Elisabeth), Alfred Balthoff (Kurt Bernstein), Claus Holm (Dr. Herbert), Willi Prager (Dr. Louis Silbermann), Hans Leibelt (Fehrenbach), Lothar Firmans (Staatssekretär), Karl Hellmer (Gallenkamp), Lotte Lieck (Frau Hallwig), Hilde v. Stolz (Greta Koch), Walter Werner, Alfred Maack, Karl Hannemann, Egon Vogel, Lotte Loebinger u.a.

INHALT: Der junge Schauspieler Hans Wieland lehnt es im Dritten Reich ab, sich von seiner jüdischen Frau Elisabeth, mit der er Abend für Abend auf der Bühne stand, scheiden zu lassen. Vor die Alternative gestellt, an die Front geschickt zu werden, was die Verschleppung seiner Frau in ein Konzentrationslager zur Folge hätte, sieht er nur einen Ausweg: den gemeinsamen Tod. Die Fabel beruht auf einem authentischen Vorfall. Am 7. November 1941 wählte der populäre Schauspieler Joachim Gottschalk, der dem Druck der faschistischen Behörden nicht mehr standhalten konnte, mit seiner Frau und dem Sohn den Freitod.

ZUM FILM: Im Stil eines Melodrams erzählt Kurt Maetzig (der seit 1946 für die DEFA-Wochenschau *Der Augenzeuge* arbeitete) in seinem Debütfilm von der schlimmen Zeit in Deutschland, als sich alle Werte wandelten und vermeintliche Freunde einen Menschen schließlich in den Tod schickten. Vorbild war das Schicksal des Schauspielerehepaares Joachim und Meta Gottschalk. Der Film war einer der wenigen großen Erfolge in allen Besatzungszonen und wurde ein Klassiker des antifaschistischen DEFA-Films.

ECHO: Ein Film wie dieser zieht noch einmal den Vorhang zurück und zwingt die Unzähligen,

die sich mit solcher Hingabe schon wieder selbst zu bemitleiden beginnen, wieder klar darüber nachzudenken, was uns den Haß der Welt zugezogen hat und was einer Welt, die in einer anderen Seelenverfassung als wir lebt, das Vergessenkönnen so schwer macht. (...) Dieser Film packt die Deutschen nicht so sehr beim schlechten Gewissen, sondern bei den verdrängten Erinnerungen; sein unzweifelhaftes Verdienst ist es, daß er nicht mit dem billigen und falschen Eindruck entläßt: daran sind nur die bösen Nazis schuldig! (Walter Lennig, *Berliner Zeitung*, 5.10. 1947)
Eine schwere künstlerische Aufgabe wurde hier gelöst. Wenn die Kamera auch manchmal zu oft und zu schnell die Szene wechselt, kommt doch, dank der sicher erfaßten eindringlichen Bilder, keine störende Zerrissenheit auf. Dazu hilft auch die Musik von Wolfgang Zeller, die mehr ist als bloße Untermalung. (Leo Menter, *Weltbühne* 20/1947)
NEBENBEI: Regisseur Kurt Maetzig, selbst im Dritten Reich rassisch verfolgt, wollte in der Hauptrolle seines Spielfilm-Erstlings die große Theaterschauspielerin Joana Maria Gorvin besetzen, was sich leider zerschlug. Damit verhalf er Ilse Steppat zum Filmdebüt. – Kameramann Friedl Behn-Grund und Komponist Wolfgang Zeller hatten bei der Ufa an Propagandafilmen mitgewirkt. Möglicherweise waren es die tradierten Stilmittel, die sie einbrachten, die die Wirkung des Films auf das Publikum verstärkten. – *Ehe im Schatten* war der einzige DEFA-Film, der mit dem westdeutschen Filmpreis »Bambi« ausgezeichnet wurde.
Filmtext: Ellen Blauert (Hrsg.): Die Mörder sind unter uns. Ehe im Schatten. Die Buntkarierten. Rotation. Vier Filmerzählungen nach bekannten DEFA-Filmen. Berlin: Henschelverlag 1969

EHESACHE LORENZ

RE: Joachim Kunert, BU: Berta Waterstradt, DR: Hanns Julius Wille, KA: Günter Marczinkowsky, MU: André Asriel, BA: Gerhard Helwig, KO: Luise Schmidt, SC: Hildegard Conrad, PL: Erich Albrecht, m: 2131 = 78 min, s/w, AT: Ehescheidung, PJ: 1959, PM: 28.8.1959, PM-Ort: Berlin, »Colosseum«
DA: Manja Behrens (Trude Lorenz), Martin Flörchinger (Willi Lorenz), Albert Garbe (Albert Schliffke), Gerlind Ahnert (Helga Ritter), Lilly Schmuck (Gitta Lorenz), Ulrich Thein (Peter Fischer), Antje Ruge, Rudolf Ulrich (Elli u. Kurt Lemke), Marga Legal (Schöffin), Charlotte Küter (Mutter Fischer), Mathilde Danegger, Kurt Steingraf, Charlotte Brummerhoff, Amy Frank, Ruth-Maria Kubitschek u. a.
INHALT: Seit 24 Jahren führen Trude und Willi Lorenz eine mustergültige Ehe. Tochter Gitta nimmt sie als Vorbild für sich und ihren Verlobten Peter. Der Schein jedoch trügt. Willi betrügt seine Frau mit der jungen Sekretärin Helga. Er ist Abteilungsleiter in einem Schwermaschinenbau-Betrieb und viel auf Dienstreisen. Trude hat als Scheidungsrichterin ebenfalls einen ausgefüllten Arbeitstag. Offensichtlich kam das Familienleben dadurch zu kurz, und nun steht Trude selbst vor einem Problem, das ihr von Berufs wegen sehr vertraut ist. Eine Schöffin hatte sie auf die Untreue ihres Mannes aufmerksam gemacht, und ein Besuch Helgas, die von ihr fordert, den Mann aufzugeben, zwingt zu einer Entscheidung. Willi Lorenz hat beide Frauen betrogen. In einer Aussprache bekennt er sich schließlich zu Trude und ihrem gemeinsamen Leben. Daß es nicht zur »Scheidungssache Lorenz«

kommt, ist auch dem aufrichtigen, mitfühlenden Kraftfahrer Schliffke zu danken, der seinem Chef Lorenz und der jungen Helga taktvoll die Augen öffnet.
ZUM FILM: Interessant an dieser Adaption eines Bühnenstücks ist, daß die Ehekrise eines fest in der sozialistischen Gegenwart verankerten Paares im Mittelpunkt steht. Der Film war atmosphärisch stimmig und selbst das Eingreifen der Partei in den Ehekonflikt war für damalige Verhältnisse selbstverständlich.
ECHO: Joachim Kunert zeigt hier endlich wieder, daß er eine Regiebegabung ist. Wacker widersteht er allen Versuchungen, auf die Tube zu drücken, dem Affen Zucker zu geben, die Tränendrüsen zu massieren und Gelächter um jeden Preis zu erzeugen. (...) Sicher handhabt er die Kunst des Raffens und Dehnens im Handlungsablauf, des Wechsels der Stimmungen und des logischen, wirkungsvollen Schnitts. Und daß die Schauspieler Gutes geben, liegt keineswegs nur daran, daß eine gute Besetzung zur Verfügung stand, sondern ist unzweifelhaft auch ein Ergebnis der guten Führung durch den Regisseur. (Karl-Eduard v. Schnitzler, *Filmspiegel* 20/1959)
NEBENBEI: Gerlind Ahnert, die Darstellerin der Helga, wurde dem Publikum vor allem als Ansagerin im DFF bekannt.

EINER MUSS DIE LEICHE SEIN

RE: Iris Gusner, SZ: Iris Gusner, LV: Gleichnamiger Roman von Gert Prokop, DR: Anne Pfeuffer, KA: Günter Jaeuthe, MU: Gerhard Rosenfeld, SB: Heike Bauersfeld, KO: Regina Viertel, SC: Helga Krause, PL: Rolf Martius, GR: GR »Berlin«, m: 2280 = 84 min, fa, brw, PJ: 1977, PM: 2.2.1978, PM-Ort: Berlin, »Kosmos«
DA: Helmut Straßburger (Franz Enderlein), Marylu Poolman (Johanna Enderlein), Herbert Köfer (Dieter Gotthardt), Karin Schröder (Lisa Gotthardt), Otto Mellies (Egon Kunack), Karin Gregorek (Evelyn Kunack), Hannes Fischer (Maiendorff), Gertraud Kreißig (Pitty), Monika Woytowicz (Susanne), Hansjürgen Hürrig (Hans Fielitz), Giso Weißbach (Peter Bockisch), Gerd Blahuschek (Wolfgang Altmann), Ruth Kommerell (Magda Bähreis) u. a.
INHALT: Eine Gruppe DDR-Touristen verbringt den Urlaub an der bulgarischen Schwarzmeerküste. Bei einem Ausflug auf eine einsame Insel zwingt ein Schaden am Boot sie dort zur Übernachtung. Der Kriminalexperte Dr. Enderlein schlägt vor, sich die Zeit mit dem Mörderspiel zu vertreiben. Eine junge Frau, die gerade die »Leiche« sein sollte, ist plötzlich wirklich tot, man findet sie an der Steilküste. Der Verdacht auf Mord wird laut. Die unheilvolle Situation offenbart die Charaktere der Reisegruppenmitglieder. Schließlich stellt sich heraus, daß einer der Touristen sich seiner heimlichen Geliebten entledigt hat, die im Begriff war, seine Karriere zu zerstören.
ZUM FILM: Ein psychologisches Kammerspiel im Freien sollte diese Krimi-Adaption werden, bot aber nicht genügend Substanz.
ECHO: Statt interessanter Psychogramme mehr oder weniger defekter Persönlichkeiten erhält man ein im wesentlichen undeutliches Gruppenfoto von Psychopathen. Nicht Menschen werden uns nahegebracht, es erscheinen Puppen, die eine Klischee-Vorstellung geben. (Renate Holland-Moritz, *Eulenspiegel* 11/1978)
Warum aber steigt der Zuschauer nicht voll um von der äußeren Krimi-Spannung in die Erwartung des neuen Anspruchs und Angebots? Ich glaube, wir sind im künstlerischen Umgang mit unserer Alltagswirklichkeit ungenügend geübt, so daß wir manchmal schon die Benennung konflikthaltiger oder kritikwürdiger Züge und Haltungen für ausreichend aufregend halten. In diesem Film hat jede Figur ein, zwei konfliktbezogene Eigenschaften, die dann zum Teil über Gebühr strapaziert und ausgespielt werden, während der Zuschauer sie längst »verarbeitet« hat. (Peter Ahrens, *Weltbühne* 14/1978)
NEBENBEI: Der in Bulgarien gedrehte Film entstand mit Unterstützung des Spielfilmstudios Sofia.

EINER TRAGE DES ANDEREN LAST ...

RE: Lothar Warneke, SZ: Wolfgang Held, DR: Dieter Wolf, KA: Peter Ziesche, MU: Günther Fischer, SB: Alfred Hirschmeier, KO: Christiane Dorst, SC: Erika Lehmphul, PL: Horst Hartwig, GR: GR »Babelsberg«, m: 3217 = 118 min, fa, PJ: 1987, PM: 28.1.1988, PM-Ort: Berlin, »International«
DA: Jörg Pose (Josef Heiliger), Manfred Möck (Hubertus Koschenz), Karin Gregorek (Oberschwester Walburga), Heinz Dieter Knaup (Dr. Stülpmann), Susanne Lüning (Sonja Kubanek),

Johanna Clas (Frau Grottenbast), Doris Thalmer (Schwester Inka), Hermann Stövesand (Sibius), Peter Hölzel (Truvelknecht), Gert Gütschow (Dr. Sabroki), Monika Lennartz, Hans-Jochen Röhrig, Ute Lubosch, Wilfried Pucher, Annett Kruschke u.a.

INHALT: Ein privates Lungensanatorium Anfang der fünfziger Jahre in der DDR. Zwei an Tuberkulose erkrankte junge Männer müssen ein Zimmer teilen: Josef Heiliger, Offizier der Volkspolizei, und Hubertus Koschenz, evangelischer Vikar. Dem Marxisten und dem Christen fällt es nicht leicht, miteinander auszukommen. Der eine hat über seinem Bett das Stalinbild, der andere den dornengekrönten Christus. Der eine liest Marx und Lenin, der andere die Bibel. Der eine singt die Internationale beim Rasieren, der andere setzt »Ein feste Burg ist unser Gott« dagegen. Heiliger verlangt vom Chefarzt, in ein anderes Zimmer verlegt zu werden. Doch der lehnt ab – mit der Begründung, sie müßten lernen, miteinander auszukommen. Auch die resolute Oberschwester Walburga weist die beiden Kampfhähne immer wieder zurecht. Die ständigen Auseinandersetzungen zwischen Heiliger und Koschenz fördern viele Gemeinsamkeiten in ihren humanistischen Ansichten zu Tage. Nach einem großen Zerwürfnis arbeiten sie zusammen an Koschenz' Neujahrspredigt. Koschenz verzichtet zugunsten Heiligers auf ein für ihn von der Kirche aus dem Westen besorgtes Medikament. Heiliger, der davon nichts wußte, kann nach einigen Monaten aus dem Sanatorium entlassen werden.

ZUM FILM: Mit diesem Film sollte die zunehmende Zusammenarbeit von Staat und Kirche in der DDR befördert werden. Nach Jahrzehnten der Konfrontation waren die beiden großen Kirchen immer stärker zu einem Auffangbecken der Opposition geworden, bemühten sich aber gleichzeitig um einen Ausgleich, um damit Gewissenskonflikte lösen zu können. Damit war die politische Grundsituation für diesen Film, dessen Szenarium bereits 1973 vorlag, aber nicht freigegeben wurde, endlich gegeben. Der Film hat auch autobiografische Hintergründe: Regisseur Lothar Warneke war in den fünfziger Jahren Vikar, sein Szenarist Wolfgang Held war Kommissar der Volkspolizei.

ECHO: Er ist überhaupt nicht auf Effekte und attraktive Wirkungen hin geschrieben, fotografiert, inszeniert, montiert. Eher »konservativ«: betont ruhig im Rhythmus, bewußt deutlich im Bildarrangement und in der optisch-gestischen Dialoggestaltung, dennoch nicht über-deutlich oder aufdringlich. (...) Es dominiert eine schöne Balance zwischen der Härte der Zeit, der persönlichen Gefährdung einerseits und der latenten Komik im Handeln der Kontrahenten andererseits. Es ist ein Film eher des Lächelns als des Lachens, durchsetzt von Rührung, Bewegung, Nachdenklichkeit, Erinnerungen und Entdeckungen. (Klaus Wischnewski, *Film und Fernsehen* 5/1988)

Das Sanatorium ist auch so etwas wie ein Mikrokosmos der DDR-Gesellschaft jener Übergangszeit. (...) Der Film ist ein Plädoyer für Toleranz, er argumentiert aus der Vergangenheit für die Gegenwart, wobei die Konstruktion eines idealtypischen Falls freilich auch eine Tendenz zu letztlicher Harmonisierung einschließt. Aber darin ähnelt dieser neue Film vorangegangenen Arbeiten Lothar Warnekes, wie in der Darstellung von Menschen in einer Grenzsituation, hier in der Nähe des Todes. (Heinz Kersten, *RIAS Berlin* 29.1.1988)

Wenn es in der DDR im aktuellen Filmschaffen so etwas wie einen Schlüsselfilm gibt, dann ist es ohne Zweifel Lothar Warnekes *Einer trage des anderen Last*. (Urs Jaeggi, *Zoom* 11/1988)

NEBENBEI: Auf der Berlinale 1988 gewannen die Hauptdarsteller Jörg Pose und Manfred Möck den Silbernen Bären, auf dem Nationalen Spielfilmfestival desselben Jahres Karin Gregorek den Preis für die beste Nebenrolle. Weitere Preise erhielt der Film u.a. auf Festivals in Malaga/Spanien, Slany/CSSR und Warna/Bulgarien. – Die DEFA wollte das Szenarium 1974 der Regisseurin Iris Gusner anvertrauen, nachdem aber ihr Debütfilm → *Die Taube auf dem Dach* wegen zu kritischer Behandlung von Gegenwartsproblemen verboten worden war, gab es keine staatliche Zustimmung für ihre Arbeit mit diesem Stoff.

EINER VOM RUMMEL

RE: Lothar Großmann, SZ: Lothar Großmann, LV: Gleichnamige Erzählung von Harry Falkenhayn, DR: Tamara Trampe, KA: Andreas Köfer, MU: Jürgen Ecke, SB: Harry Leupold, KO: Regina Viertel, SC: Sabine Schmager, PL: Werner Langer,

GR: GR »Berlin«, m: 2524 = 93 min, fa, brw, PJ: PJ: 1982/83, PM: 20.9.1983, PM-Ort: Schwerin, »Capitol«

DA: Dirk Nawrocki (Ben), Renate Krößner (Hanna), Daniela Hoffmann (Ilona), Jens-Uwe Pröse (Kalle), Angela Brunner (Tante Lucie), Helmut Straßburger (Onkel Max), Hans-Peter Reinecke (Meister), Fred Delmare (Otto), Klaus Bamberg (Ex), Waltraut Kramm (DRK-Schwester), Frank Ciazynski, Roland Kuchenbuch, Willi Neuenhahn, Carl Heinz Choynski, Gruppe Pankow u. a.

INHALT: Benjamin Mykita ist neunzehn, er kassiert das Fahrgeld in einer Berg- und Talbahn auf dem Rummelplatz. Dem selbstbewußten Mann laufen die Mädchen nach, aber mit dem Onkel gibt es Krach, als der ihn mit der 16jährigen Wohnwagennachbarin ertappt. Benjamin verläßt den Rummel, um die Welt zu entdecken – und sich selbst. In der Mitropa am Berliner Ostbahnhof lernt er die wesentlich ältere Küchenfrau Hanna kennen. Sie nimmt den Heimatlosen mit nach Hause. Er findet Arbeit als Schweißer in einer Fabrik, rauft sich mit den neuen Kollegen, die ihm erst skeptisch gegenübertreten, zusammen. Als er festen Boden unter den Füßen hat, läßt Hanna ihn gehen. Und eines Nachts kehrt er auf den Rummelplatz zurück, um einiges reifer.

ZUM FILM: Für Lothar Großmann war dieser Film – sechs Jahre nach Studienabschluß in Babelsberg – das Debüt und blieb sein einziger DEFA-Film. Der Film ordnet sich in eine Reihe von Filmen der achtziger Jahre ein, in denen unangepaßte junge Leute im Mittelpunkt stehen, denen einerseits ihr Recht auf Individualität zugestanden wird, die sich andererseits jedoch einsichtig genug zeigen, um sich von der Gesellschaft »sozialisieren« zu lassen.

ECHO: Großmann meint mit allem mehr, als er auf der Leinwand erzählt, erzählen kann. Sein guter Drang ist bei weitem größer als sein subjektives Gestaltungsvermögen. Diesen Widerstreit zwischen Können und Wollen merkt man allenthalben, und er mindert das sinnliche Mitgehen des Zuschauers und dessen Vergnügen am Film. Daran ändert auch nichts, daß der Held Benny so zugeschnitten und gestaltet ist (durch den sehr begabten Dirk Nawrocki), daß er rundum zu Sympathie einlädt. (Günter Agde, *Filmspiegel* 21/1983)

Großmann begnügt sich mit ein bißchen Rummelplatzmilieu, dessen Kinowirksamkeit ja zur Genüge bewiesen ist, er führt die üppigen Formen der attraktiven Leipziger Schauspielschülerin Daniela Hoffmann in der Rolle einer minderjährigen Rummelplatzverführerin vor, läßt ganz von ferne auch mal Paul und Paula grüßen und für die rockig-rhythmische Begleitung die Gruppe Pankow sorgen. Ob dies dem anvisierten jungen Publikum genügt? Von den knapp zwei Dutzend Besuchern der gestrigen ersten Vorstellung reagierte am Ende einer mit deutlichem Buh. Recht hatte er. (Heinz Kersten, *RIAS Berlin*, 21.9.1983)

NEBENBEI: Hauptdarsteller Dirk Nawrocki ging 1984 in den Westen, wo er eine kurze Theaterkarriere machte. Er starb 1994 nur 36jährig.

EINER VON UNS

RE: Helmut Spieß, BU: Gerhard Neumann, Hans-Albert Pederzani, DR: Hans Sasse, KA: Otto Hanisch, MU: Hans-Dieter Hosalla, BA: Alfred Tolle, KO: Gerhard Kaddatz, SC: Helga Emmrich, PL: Alexander Lösche, m: 2575 = 94 min, s/w, AT: Werner Seelenbinder, PJ: 1959, PM: 29.4.1960, PM-Ort: Berlin, »Babylon«

DA: Günther Simon (Richard Bertram), Karla Runkehl (Lilly), Erik S. Klein (Alli Grunnert), Günter Grabbert (Erich Sens), Werner Lierck (Hotte Janetzki), Hannjo Hasse (Catteau), Otto-Erich Edenharter (Max Karein), Werner Schulz-Wittan (Waldmann), Peter Kiwitt (Schuricke), Fred Delmare (SA-Mann), Harry Studt, Norbert Christian, Myriam Sello-Christian, Rolf Römer, Peter Sturm u. a.

INHALT: Im Mittelpunkt steht der Arbeitersportler Richard Bertram, dessen Gestalt biographische Züge Werner Seelenbinders trägt. Bereits Ende der zwanziger Jahre sind die linken Arbeitersportvereine Repressalien ausgesetzt und werden von SA-Gruppen überfallen. Einer der Sportler, Erich Sens, läuft zu diesen über. Nach dem Machtantritt Hitlers gehen Richard und sein Freund Alli in einen bürgerlichen Verein, um ihre illegale Tätigkeit zu tarnen. Richards Erfolg stört die neuen Machthaber, denen seine politische Haltung bekannt ist, und sie suchen einen Anlaß, ihn zu sperren. Er gibt ihn, als er bei der Siegerehrung zur deutschen Meisterschaft den Hitlergruß verweigert. Anläßlich der Olympiade will

Deutschland auf den potentiellen Medaillengewinner aber nicht verzichten und hebt die Sperre auf. Richard nutzt im Auftrag der Kommunistischen Partei die Verbindung zu den ausländischen Sportlern, um Material über Konzentrationslager ins Ausland zu schleusen. Es gibt zwar wieder einen Verräter, aber Richard, seiner Freundin Lilly und den anderen gelingt es, die Nazis zu überlisten.
ZUM FILM: Die antifaschistische Filmbiographie zeichnete sich durch eine klare, nicht ohne Spannung erzählte Fabel aus.
ECHO: Es ist eine überzeugende Leistung – ob es um die Führung des einzelnen geht oder darum, die zahlreichen Massenaufnahmen zu leiten. In diesem Streifen gibt es unerhört viel Bewegung, andauernd ist etwas »los«, wird gelaufen, gerungen, geflogen, gefahren, gejagt – und trotzdem wird der Zuschauer nicht überladen, nicht überfordert oder verwirrt, trotzdem gibt es große Momente der Ruhe und Besinnung, trotzdem zieht sich durch das Geschehen eine sich bis zum Schluß steigernde Spannung. (Karl-Eduard v. Schnitzler, *Filmspiegel* 11/1960)
NEBENBEI: Die Schießbudenbesitzerin war eine der vielen kleinen Filmrollen der Schauspielerin und Autorin Myriam Sello-Christian, die mit Norbert Christian verheiratet war.

EINFACH BLUMEN AUF'S DACH
RE: Roland Oehme, SZ: Rudi Strahl, Roland Oehme, DR: Anne Pfeuffer, KA: Jürgen Lenz, MU: Hans JürgenWenzel, Schubert-Formation, SB: Dieter Adam, KO: Inge Kistner, SC: Helga Emmrich, PL: Werner Langer, GR: GR »Berlin«, m: 2490 = 91 min, fa, brw, PJ: 1978, PM: 28.6. 1979, PM-Ort: Erfurt, »iga«-Freilichtbühne
DA: Martin Trettau (Hannes Blaschke), Barbara Dittus (Maxi Blaschke), Lars Jung (Uwe Blaschke), Carl Heinz Choynski (Jochen Müller), Werner Godemann (Kurt Klawohn), Jaecki Schwarz (Sohni Schilling), Albert Hetterle (Minister), Thomas Neumann (Wachtmeister Scheibchen), Carmen-Maja Antoni (Elfi Müller), Peter Sturm (Portier), Marianne Wünscher, Hannjo Hasse, Achim Wolff, Paul Arenkens, Madeleine Lierck, Werner Lierck, Willi Schrade, Heinz Hellmich, Gertrud Brendler, Werner Kamenik u. a.
INHALT: Der Hochspannungsmonteur Hannes Blaschke und seine Frau Maxi, Busfahrerin, haben Familienzuwachs bekommen: Zwillinge. Das stellt sie vor ein Problem. Ihr Trabant ist zu klein, um die große Familie, zu der noch zwei Söhne und ein Hund gehören, aufzunehmen. Mit Hilfe seiner Brigade und eines Ministers gelingt es Hannes, einen Tschaika zu bekommen – zum Schrottpreis. Nach anfänglicher Ablehnung sieht Maxi die Staatskarosse als Gebrauchsgegenstand, während Hannes sich in der Zuvorkommenheit, die ihm plötzlich überall entgegengebracht wird, sonnt. Seine Kollegen werden über den einst so bescheidenen Hannes langsam ärgerlich. Sie verpassen dem Repräsentationsauto ein blumiges Outfit und Hannes damit einen Denkzettel.
ZUM FILM: Ursprünglich sollte das Szenarium von Rudi Strahl (damals meistgespielter deutscher Bühnenautor in der DDR) schon 1975 realisiert werden. Doch es gab staatlicherseits Bedenken, weil mit Hierarchien und damit verbundenen Privilegien gespielt wurde, einem Thema, das bis dato als Tabu galt. Letztlich deckte die entschärfte Variante nur kleinbürgerliches Verhalten beim »kleinen Mann« auf.
ECHO: Der Grundeinfall ist groß, weil er einfach ist, »gegenständlich«, und weil er eine Fülle von Situationen geradezu herausfordert, in

denen individuelles Verhalten und soziale Relevanz – als Gewohnheit, Relikte, Routine, Norm – einander bedingen. (...) Besetzung, Führung und Arbeit der Schauspieler sind im einzelnen wie im organischen Ensemblespiel außerordentlich gut. (Klaus Wischnewski, *Film und Fernsehen* 7/1979)

Als »fast historische Komödie« bezeichnen Rudi Strahl und Roland Oehme ihre sozialkritische Geschichte, die gewiß noch an Wirkung gewonnen hätte, wenn sie statt im Gewande einer fast märchenhaften Idylle als Satire aufgetreten wäre. (Heinz Kersten, 1979, zit. nach *So viele Träume*)

NEBENBEI: Der Leiter des DEFA-Sinfonieorchesters, Manfred Rosenberg, ist in der kleinen Rolle eines Dirigenten zu sehen. – Der Film wurde in der Kritikerumfrage als beste Komödie des Jahres 1979 gekürt.

EINMAL IST KEINMAL

RE: Konrad Wolf, SZ: Paul Wiens, DR: Karl Georg Egel, KA: Werner Bergmann, 2. KA: Peter Sbrzesny, MU: Günter Kochan, BA: Alfred Tolle, KO: Helga Scherff, SC: Friedel Welsandt, PL: Alexander Lösche, m: 2674 = 98 min, fa, AT: So kling-t's in Klingenthal, PJ: 1954, PM: 25.3.1955, PM-Ort: Berlin, »Babylon«/»DEFA-Filmtheater Kastanienallee«

DA: Horst Drinda (Peter Weselin), Brigitte Krause (Anna Hunzele), Paul Schulz-Wernburg (Edeltanne), Annemone Haase (Elvira), Christoph Engel (Erwin), Friedrich Gnass (Hunzele), Lotte Loebinger (Muhme), Hilmar Thate (Buhlemann), Fritz Decho (Fiebrament), Horst Gentzen (Gack), Erich Brauer, Johannes Arpe, Gertrud Paulun, Norbert Christian, Gustav Müller u. a.

INHALT: Peter Weselin, ein Düsseldorfer Musiker, kommt ins vogtländische Klingenthal, um bei seinem Onkel ein paar Wochen geruhsamen Urlaubs zu verbringen. Doch dort, in der Stadt des Instrumentenbaus, stehen die jährlichen Musiktage vor der Tür, und alle stürzen sich mit Kompositionswünschen auf Peter. Das Akkordeonwerk bittet um eine große Komposition fürs Sinfonieorchester, und die hübsche Anna möchte einen Schlager für ihre Jugendtanzkapelle. Aus beschaulichen Ferien wird also nichts, zumal sich Peter in die kecke und anfangs ziemlich launenhafte Anna verliebt. Und auch die Liebesangelegenheiten von Onkel Edeltanne, der ein Auge auf Annas Freundin Elvira geworfen hat, müssen einer Lösung nähergebracht werden ...

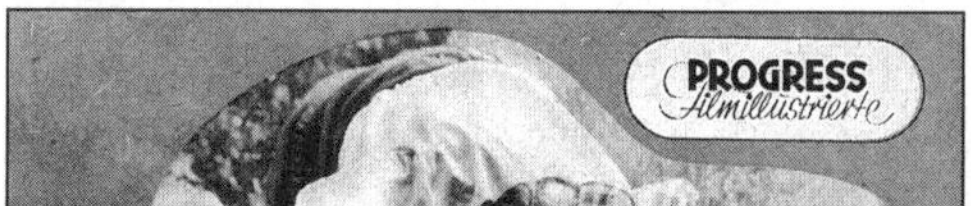

ZUM FILM: An seinem Filmdebüt erkannte man deutlich den Einfluß von Konrad Wolfs Lehrer Grigori Alexandrow, dem sowjetischen Komödienregisseur, bei dem Wolf am Moskauer WGIK studiert hatte. Der DEFA war wohl an einem Gegenentwurf zu den beliebten westdeutschen Heimatfilmen gelegen. Dabei muß die Volksmusik der einfachen Menschen gegen aufpeitschenden westlichen Jazz ausgespielt werden. In dieser Naivität umgesetzt, unterschied sich Wolfs Lustspiel nicht von den verachteten Gegenbildern. Zudem wurde an den harmlosen Film ungerechterweise die ideologische Elle angelegt.
ECHO: Der Film beginnt mit einer Unwahrscheinlichkeit, steigert sich zunächst ins Groteske, um dann durchaus in der Nähe der Wirklichkeit zu bleiben. Und das geht eben nicht auf. Der Film ist kein bißchen leitartikelhaft – aber er will Elemente vereinigen, die sich auch nicht nahtlos verschmelzen lassen. Poesie der Landschaft, Groteske, ernsthaft vorgetragene Naturliebe, Verwechslungskomödie, Karikaturen aus dem Spießeralbum, ein sympathischer junger Mann (...) – ja, aber kann man das alles in einem Topf aufkochen? (Carl Andrießen, *Weltbühne* 13/1955)
Elemente unseres gesellschaftlichen Lebens wie die Liebe zur Heimat, die Pflege unseres Kulturerbes, die sozialen Errungenschaften u.a. gewinnen keine Überzeugungskraft, wenn man sie nur äußerlich und nicht in ihrer tiefen inneren und innerlichen Verbindung zum Leben unserer Menschen darstellt. (...) Wir wissen alle, wie rar gute Komödien sind, und wir verlangen von unseren jungen Filmschaffenden nicht gleich Meisterwerke (...). Aber wir fordern, daß jedes Kunstwerk ein echtes menschliches, d.h. gesellschaftliches Erlebnis ausdrückt. (Wolfgang Teichmann, *Deutsche Filmkunst* 5/1955)
NEBENBEI: Der Filmkomponist Günter Kochan war damals 25 Jahre alt. Als ehemaliger Schüler von Boris Blacher begann er als Zwanzigjähriger eine Lehrtätigkeit an der Berliner Musikhochschule und wurde Meisterschüler bei Hanns Eisler. Kochan, der damals auch viele Jugendlieder schrieb, wurde ein angesehener Komponist auf dem Gebiet der sogenannten »E-Musik«.

1 – 2 – 3 CORONA
RE: Hans Müller, BU: A. Arthur Kuhnert, KA: Robert Baberske, MU: Hans Otto Borgmann, BA: Wilhelm Vorwerg, Otto Gülstorff, KO: Gertraude Recke, SC: Ilse Voigt, PL: Eduard Kubat, m: 2446 = 90 min, s/w, PM : 17.9.1948, PM-Ort: Berlin, »Babylon«
DA: Eva-Ingeborg Scholz (Corona), Lutz Moik (Gerhard), Piet Clausen (Dietrich), Ralph Siewert (Fritzchen), Horst Gentzen (Emil), Hans-Edgar Stecher (Heinz), Hans Leibelt (Direktor Barlay), Hans Neie (Rudi), Walter Werner (Dr. Waldner), Herbert Hübner (Dr. Hanke), Eduard Wandrey, Anneliese Würtz, Annemarie Hase, Eduard Wenck, Werner Müller u. a.
INHALT: Eine zerstörte Stadt im Deutschland des Jahres 1945. Auf einem Bauplatz läßt sich ein Wanderzirkus nieder. In unmittelbarer Nähe hausen entwurzelte Jungen, deren Geschäft der Schwarzhandel ist. Anführer zweier rivalisierender Banden sind Gerhard und Dietrich. Sie verbünden sich gegen den Zirkusdirektor, als sie bemerken, daß dieser die hübsche Artistin Corona mißhandelt. Bei ihrem Racheakt gegen ihn verunglückt das Mädchen. Mit einem Arzt pflegen die Jungen sie und studieren eine Vorstellung für sie ein. Ehrengast ist Zirkusdirektor Barlay. Er engagiert die genesene Corona und gibt auch den Jungen eine Chance. Als die »3 Coronas« werden sie später weltberühmt.
ZUM FILM: Ein frischer, frecher Jugendfilm im Zirkusmilieu, der viele Jahre zum Standardrepertoire auch des Fernsehens zählte, und populär blieb, weil er sich nicht anspruchsvoll gab.
ECHO: Der Film ist konzessionsloser und offener als die unwahren Jugendfilme, die uns bisher vorgesetzt wurden. In dem Gespräch zwischen Lehrer und Arzt, die von unserer tollen Zeit genau so zerzaust wurden wie die Jungen, steckt nichts Lehrhaftes, wenn sie sich über diese Jungen unterhalten, aber viel Lebendiges und ein ganzes Stück unseres heutigen Lebens. Es liegt viel gewissenhafte Arbeit hinter diesem Film, an der Hans Müller, der Regisseur, den Hauptanteil hat. (Leo Menter, *Weltbühne* 39/ 1948)
NEBENBEI: Zwei Jahre nach DEFA-Gründung war dies der erste Film, der auf dem ehemaligen Ufa-Gelände entstand. Bis dahin hatte die DEFA in Babelsberg auf dem Gelände der ehemaligen Althoff-Film produziert.

DER EISENHANS

(Kinderfilm)

RE: Karl Heinz Lotz, SZ: Katrin Lange, LV: Gleichnamiges Märchen der Brüder Grimm, DR: Anne Pfeuffer, Werner Beck, KA: Michael Göthe, MU: Andreas Aigmüller, SB: Paul Lehmann, KO: Regina Viertel, SC: Helga Gentz, PL: Martin Sonnabend, GR: GR »Berlin«, m: 2313 = 85 min, fa, brw, PJ: PJ: 1987/88, PM: 25.9.1988, PM-Ort: Berlin, »Colosseum«

DA: Dirk Schoedon (Eisenhans/Jacob), Gundula Köster (Prinzessin), Asad Schwarz (Prinz), Johannes Knittel (Wilder König), Werner Godemann (Milder König), Peter Prager (Schwarzer Jäger), Wilfried Loll (Kanonier), Ilse Voigt (Urgroßmutter), Carl Heinz Choynski (Hofmarschall), Eckhard Müller (Chefkoch), Gudrun Okras, Lydia Billiet, Marita Böhme, Axel Werner, Peter Dommisch u.a.

INHALT: Eisenhans ist der Hüter des Waldes und der Tiere und deshalb dem jagdgierigen König im Wege. Der beauftragt einen schwarzen Jäger, den Eisenhans zu fangen. Doch des Königs Sohn, Prinz Joachim, befreit ihn. Er flieht mit Eisenhans in den Wald, bewährt sich dort jedoch nicht und muß ihn wieder verlassen. Um sich seinen Lebensunterhalt zu verdienen, geht er ins Schloß des Nachbarreiches und arbeitet dort. Er verliebt sich in die Prinzessin, doch durch den schwarzen Jäger droht erneut Gefahr. Dieser will das Königreich für Joachims Vater erobern. Mit Hilfe von Eisenhans gelingt es Joachim aber, den Jäger zu besiegen. Und das ganze Volk feiert seine Hochzeit mit der Prinzessin.

ZUM FILM: Karl Heinz Lotz inszenierte den Film gegen alle Märchen-Konventionen, ohne sich jedoch von den attraktiven Momenten des Märchens – Kostüme, Tricks – zu trennen. Dieser inkonsequente Erzählstil, der die ökologische Aussage stärker zum Tragen bringen sollte, stieß auf Ratlosigkeit bei einigen Kritikern und Teilen des Publikums.

ECHO: Das Szenarium von Katrin Lange folgt nur bedingt dem Märchen der Gebrüder Grimm, ein legitimes Unterfangen. Leider verliert sich in der Inszenierung von Karl Heinz Lotz zuweilen die schlichte Logik der Handlung in einer übermäßigen Turbulenz der Massenszenen. (...) Durch häufiges Wechseln von einem Schauplatz zum anderen wird nicht selten der gedankliche Zusammenhang des Films, der für Kinder ab sechs Jahren gedacht ist, erschwert. Faszinierend sind die Trickdarstellungen, auch die vom Eisenhans, dem gewaltigen Herrn des Waldes, der jedoch ohne die Zuwendung der Menschen entmachtet ist. (e.o., *Neue Zeit*, 21.10.1988)

Wer will, kann in den beiden Königreichen durchaus überspitzt karikierte Merkmale beider deutscher Staaten entdecken. Das Märchen als Modell für Bekanntes, Gegenwärtiges (...). Darin liegt trotz einiger Schwächen der Reiz dieses *Eisenhans*. (Heinz Kersten, 1988, zit. nach *So viele Träume*)

NEBENBEI: Auf dem Kinderfilm-Festival »Goldener Spatz« erhielt der Film 1988 ein Ehrendiplom.

DAS EISMEER RUFT

(Kinderfilm)

RE: Jörg Foth, SZ: Petra Lataster-Czisch, LV: Gleichnamiges Buch von Alex Wedding, DR: Peter Wuss, KA: Wolfgang Braumann, MU: Uwe Hilprecht, SB: Marlene Willmann, KO: Anne Hoffmann, SC: Erika Lehmphul, PL: Hans-Erich Busch, GR: GR »Babelsberg«, m: 2227 = 82 min, fa, PJ: 1983, PM: 30.3.1984, PM-Ort: Dresden, »Filmtheater Prager Straße«

DA: Oliver Karsitz (Anton), Alexander Rohde (Alex), Vivian Schmidt (Rosi), Thomas Gutzeit (Ferdi), Oliver Peuser (Rudi), Ilja Kriwoluzky (Peppi), Heide Kipp (Tante), Ute Lubosch (Mutter), Marie Gruber (Serviermädchen), Carl Heinz Choynski (Wirt), Dieter Knust, Hannes Stelzer, Ulrich Weiß, Rainer Ackermann, Arnim Mühlstedt u. a.

INHALT: Im Frühjahr 1934 geht eine Katastrophenmeldung durch die Welt. Das sowjetische Forschungsschiff »Tscheljuskin« ist im Eismeer verunglückt. Erste Versuche, die Schiffbrüchigen von ihrer Eisscholle zu retten, waren vergeblich. Auf einem Prager Hinterhof entschließen sich fünf Kinder, den Verunglückten zu Hilfe zu kommen. Auf der Karte legen sie ihre Reiseroute fest und machen sich auf den Weg. Zuerst per Zug, aus dem sie aber bald hinausgeworfen werden, dann zu Fuß. Die Strapazen sind groß, die Probleme häufen sich. Als einer von ihnen erkrankt, machen sie bei Verwandten Rast. Inzwischen ist ihnen die Polizei auf den Fersen, doch sie ziehen weiter. Verzweifelt, weil ihnen der Grenzübertritt nicht gelingt, und am Ende ihrer Kraft kehren sie nach Hause zurück, wo sie die Nachricht von der Rettung der Schiffbrüchigen erwartet.

ZUM FILM: Seinen Debütfilm bringt Jörg Foth auf eine überhöhte, metaphorische Ebene und spiegelt damit ein Stück Lebensgefühl in der DDR der achtziger Jahre.

ECHO: Der junge, zweifelsohne talentierte Regisseur vertraut dem abenteuerlichen Gegenstand ebenso wie naiver Kinderphantasie, zaubert auf die Leinwand eine eigentümliche, bewußt überhöhte Wunderwelt, deren realitätsbezogener Hintersinn jederzeit erkennbar bleibt. Dabei dringt er tief in die Psyche seiner kleinen Helden ein, läßt Motive für ihr rührendes Tun spürbar werden. (Hans-Dieter Tok, *Wochenpost* 23/1984)

Oft ist alles doch ein wenig zu niedlich und im filmischen Tempo zu schwerfällig angelegt. Für sensationsverwöhnte kleine Fernseh-Zuschauer bietet der Film nicht genug visuelle Attraktionen, um sie »bei der Stange« zu halten. (...) Dennoch ist der Film ein liebevoll gemachtes, nettes, aggressionsfreies Porträt einer Kindheit und eine Ode an die kindlichen Träume vom zügellosen Forschergeist und der unendlichen Bereitschaft, Menschen in Not zu helfen. (Karl Klusen, *film-dienst* 15/1986)

Weil den Kindern im Kino nichts verheimlicht wird, auch nicht die reale, existentielle Not der Erwachsenen, können sie sich ernstgenommen fühlen. Foth spielt nicht mit ihren Träumen, verdirbt sie nicht zu Illusionen. (...) Das Kind unten im Saal ist – anders als bei vielen anderen Kinderfilmen – oft klüger als die Helden oben auf der Leinwand. Das macht das Zuschauerkind zum Subjekt, das selbst entscheiden kann, ob und wann es sich mit Figuren oder Aktionen identifiziert. Foth steht deutlich in der Nachfolge von Brecht, aber auch der 68er Bestrebungen, dem Kind Mündigkeit zu geben und als Erwachsener mit ihm in Partnerschaft zu leben. (Carmen Blazejewski in *Zwischen Marx und Muck*, 1996)

NEBENBEI: Produktionsleiter Hans-Erich Busch, der für diesen Film eng mit dem Filmstudio Barrandov in Prag zusammenarbeitete, tritt in der kleinen Rolle eines Polizisten auf. – Der Film wurde in der DDR mit zwei Preisen ausgezeichnet.

ELEFANT IM KRANKENHAUS

(Co-Produktion mit dem DFF, Kinderfilm)

RE: Karola Hattop, BU: Gabriele Herzog, LV: Gleichnamiges Hörspiel von Gabriele Herzog, DR: Gerd Gericke, KA: Günter Jaeuthe, MU: Stefan Kling, SB: Georg Kranz, KO: Regina Viertel, SC: Barbara Simon, PL: Hans-Erich Busch, m: 2531 = 93 min, fa, PJ: 1991, PM: 18. 2.1992, PM-Ort: Berlin, Filmfestspiele/Kinderfilmfest

DA: Andrej Jautze (Robert), Anna Marr (Tilly), Andrea Solter (Josefine), Werner Tietze (Prof. Bode, Chefarzt), Hermann Beyer (Tierparkdirektor), Günter Schubert (Kuchenkarl), Carl Heinz Choynski (Stiesel), Udo Kroschwald (Dünnbier), Gudrun Ritter (Oberschwester), Susann Thiede (Schwester Sabine), Hilmar Baumann, Alexander Schubert, Detlef Neuhaus, Annelene Hischer, Peter Mohrdieck u. a.

INHALT: Die achtjährige Tilly beteiligt sich an einem Preisausschreiben. Gesucht wird ein Name für ein Elefantenbaby, das im Tierpark geboren wurde. Tilly wählt einfach ihren eigenen, gewinnt und soll den kleinen Elefanten auch selbst taufen. Doch daraus scheint nichts zu werden, denn Tilly verunglückt bei einem Salto vom Sprungbrett im Schwimmbad und muß ins Krankenhaus. Der Gedanke, bei der Taufe nicht dabeisein zu können, betrübt sie. Ihr Gesundheitszustand wird davon nicht besser. Bis ihr elfjähriger Bruder Robert auf den rettenden Gedanken kommt: Wenn Tilly nicht in den Tierpark kann, muß der Elefant eben ins Krankenhaus gebracht werden. Robert schwänzt die Schule, beschwindelt die völlig überlastete Mutter und überzeugt einige Erwachsene, deren Hilfe unbedingt nötig ist, um den Plan zu verwirklichen: den Tierparkdirektor, den Chefarzt, den Straßenbahnfahrer Kuchenkarl. Als der Elefant tatsächlich ins Krankenzimmer geschoben wird, bricht die übernervöse Oberschwester zwar endgültig zusammen, aber Tilly jubelt.

ZUM FILM: Das Hörspiel, das dem Film zugrundeliegt, verfaßte die Autorin nach einem Traum, den sie hatte. Für die mit Kinderproduktionen erfolgreiche Fernsehregisseurin Karola Hattop wurde es der erste Kinofilm, eine der letzten DEFA-Produktionen überhaupt. Der sympathische Film bedient sich auf unterhaltsame Art vorhandener Klischees. Nur einige wenige Aktualisierungen erscheinen läßlich.

ECHO: Der unaufwendige, mit viel Liebe gearbeitete Film um den Jungen Robert (...) hätte ein Gegenstück zu so krawalligen Streifen wie *Dennis* werden können, hätte er sich konsequent von Gewohntem gelöst. So aber haftet der Geschichte (...) ein Schwalm DDR-heiterer, unverfänglicher Filmalltagswelt an: grantige, aber letztlich entgegenkommende Menschen, gegen deren dickes Fell der Junge Robert (...) erfolgreich angeht. (Ursula Heyne, *Neues Deutschland*, 23.9.1993)
NEBENBEI: Die Titeldarstellerin hieß Daisy, kam vom Zirkus Samel und wurde von Knut Samel trainiert. – Die beliebte Moderatorin Evelyn Lazar von der *Berliner Abendschau* spielte eine Fernsehreporterin.

DIE ELENDEN
(Co-Produktion DDR/Frankreich/Italien)
RE: Jean-Paul Le Chanois, BU: René Barjavel, Jean-Paul Le Chanois, LV: Gleichnamiger Roman von Victor Hugo, DR: Ilse Langosch, KA: Jacques Natteau, MU: Georges van Parys, BA: Karl Schneider, Serge Pimenoff, KO: Marcel Escoffier, Jacqueline Guyot, Luise Schmidt, SC: Emma Le Chanois, Lieselotte Johl, PL: Paul Cadeac, Richard Brandt, Erich Kühne, m: 5653 = 207 min, fa, Tovi / brw, PJ: 1957/58, PM (DDR): 16.1.1959, PM-Ort: Berlin, »Colosseum«, CO: Société Nouvelles Pathé Cinéma; P.A.C., Paris/Frankreich, SERENA-Film, Rom/Italien, Franz. Titel: Les Miserables, Ital. Titel: I Miserabili
DA: Jean Gabin (Jean Valjean), Daniele Delorme (Fantine), Bernard Blier (Javert), Serge Reggiani (Enjolras), Elfriede Florin (Madame Thénardier), Bourvil (Thénardier), Gianni Esposito (Marius), Beatrice Alta Riba (Cosette), Jimmy Urbain (Gavroche), Fernand Ledoux (Bischof Myriel), Jean Murat (Oberst Pontmercy), Gerhard Bienert (Gerichtspräsident), Werner Segtrop, Rolf Moebius, Harry Hindemith, Werner Dissel, Nico Turoff, Christoph Beyertt, Hans-Ulrich Lauffer, Johannes Knittel u. a.
INHALT: Teil I: Jean Valjean, der wegen geringfügiger Vergehen zu 19 Jahren Bagno und Aberkennung der Bürgerrechte auf Lebenszeit verurteilt worden war, taucht nach seiner Entlassung als Mr. Madeleine in der kleinen Stadt Montreuil-sur-Mer unter. Er wird bald zu einem angesehenen Bürger und aufgrund seines Einsatzes für die Armen zum Bürgermeister ernannt. Sein alter Widersacher, Polizeiinspektor Javert, kommt langsam hinter die wahre Identität Madeleines. Doch dieser, dem kein Leid fremd ist, befreit das Freudenmädchen Fantine aus Javerts Gefängnis,

nimmt sich nach deren Tod ihrer Tochter Cosette an und flieht mit ihr nach Paris. Dort lebt er zurückgezogen, widmet sich ganz der Erziehung des Kindes.

Teil II: Während der von fortschrittlichen Studenten angeführten Juli-Revolution 1830 begegnen sie sich auf den Barrikaden wieder. Javert hat sich als Spitzel eingeschlichen, wird enttarnt und gefangengenommen. Unter den Kämpfern ist auch Marius, der Cosette liebt. Ihr Pflegevater Valjean hilft den jungen Revolutionären und übernimmt Javert. Statt ihn hinzurichten, läßt er ihn frei. Diese humane Tat irritiert den verbissenen Gesetzesvertreter. Und als Valjean sich ihm später freiwillig stellt, läßt Javert ihn nach jahrzehntelanger Jagd laufen und nimmt sich das Leben. Marius und Cosette heiraten, und Valjean offenbart dem Schwiegersohn seine Vergangenheit. Der ist schockiert, hält Valjean auch für den Mörder Javerts und fordert eine strikte Trennung. Valjean zieht sich in die Einsamkeit zurück. Erst kurz vor seinem Tode kommt es zur Versöhnung des jungen Paares mit dem Alten. Marius hat erfahren, daß Valjean ihm das Leben rettete, als er auf den Barrikaden schwer verwundet worden war.

ZUM FILM: Um der DDR-Produktion internationale Geltung zu verschaffen, geht die DEFA Co-Produktionen mit westlichen Partnern ein. Von den vier deutsch-französischen Kooperationen in der zweiten Hälfte der fünfziger Jahre ist der Zweiteiler *Die Elenden* (die bis dato angeblich 20. Verfilmung von Hugos Roman) wohl das ehrgeizigste Projekt. Die DEFA verschafft ihren Partnern umfangreiche Rechte, besonders in der künstlerischen Ausführung, aber auch in der Bereitstellung von Technik und Atelierkapazitäten. Letztlich bleibt den DDR-Ideologen die revolutionäre Note des Stoffes zu seicht behandelt. Zudem verärgert, daß diese Co-Produktionen im westlichen Ausland z.T. als rein französische Filme gezeigt werden. In der Bundesrepublik läuft der Film unter dem Titel *Die Miserablen* in einer um 25 Minuten gekürzten Fassung. *Die Elenden* wird in der DEFA-Fassung mit einem Kommentar unterlegt, der die Gesellschaftskritik Hugos stärker akzentuiert.

ECHO: Die Drehbuchautoren René Barjavel und Jean-Paul Le Chanois (gleichzeitig Regisseur) vermochten nicht, eine filmische Version der *Elenden* gemäß unserer Zeit und ihren fortgeschrittenen Anschauungen zu schaffen. (...) Sie deuteten Hugo nicht so, wie es unsere heutigen Erkenntnisse und Untersuchungen ermöglichen und fordern. Sie bleiben hinter ihrer Vorlage zurück. (Hans-Dieter Tok, *Leipziger Volkszeitung*, 14.2.1959)

Jean Paul Le Chanois entwirft ein Menschenbild vor dem Hintergrund der Zeit. Atmosphärische Landschaften und getreu nachgebildete Stadtbilder summieren sich zu einem Bilderbuch, das den Kinogänger in seiner Masse gut drei Stunden unterhält. (KS., *Westdeutsche Allgemeine*, 30.1.1960)

In der vorliegenden, fragmentarischen Fassung ist der revolutionäre Elan, mit Ausnahme einer langen, von roten Fahnen eingerahmten Barrikaden-Sequenz, fast eliminiert; die private, mit Sentiments reichlich aufgeladene Story breitet sich auf der superbreiten Technirama-Leinwand in satten Farben gemächlich aus. Trotz epischer Ausführlichkeit gelangen ein paar intensive Bilder. (hdr, *Süddeutsche Zeitung*, 2.4.1960)

NEBENBEI: In den Babelsberger Ateliers und auf dem Außengelände, wo 1957 acht Wochen lang gedreht wurde, entstanden umfangreiche Bauten, bis hin zu Hafenanlagen. Neben vielen DEFA-Darstellern in Chargenrollen übernahm Elfriede Florin als Mme. Thénardier als einzige Deutsche eine Hauptrolle. Die Schauspielerin, die schon neben Gérard Philipe in → *Die Abenteuer des Till Ulenspiegel* agiert hatte, ist die Mutter der heute populären Schauspielerin Walfriede Schmitt. – Bernard Blier hatte schon 1955 in Babelsberg vor der Kamera gestanden. Er spielte den Koch in der dann abgebrochenen Brecht-Adaption → *Mutter Courage und ihre Kinder*.

ELIXIERE DES TEUFELS

(Co-Produktion DDR/CSSR)

RE: Ralf Kirsten, SZ: Brigitte Kirsten, LV: Gleichnamiger Roman von E. T. A. Hoffmann, DR: Gudrun Deubener, KA: Claus Neumann, MU: André Asriel, SB: Dieter Adam, KO: Inge Kistner, SC: Bärbel Bauersfeld, PL: Manfred Renger, Jaroslav Rericha, GR: KAG »Berlin«, m: 2899 = 106 min, fa, brw, PJ: 1972, PM: 9.3.1973, PM-Ort: Leipzig, »Capitol«, CO: Filmstudio Barrandov, Prag, Tschech. Titel: Elixiry dabla

DA: Benjamin Besson (Franziskus), Jaroslava Schallerová (Aurelie), Andrzej Kopiczynski (Victorin), Milena Dvorska (Euphemie), Maja Komorowska (Äbtissin/Fürstin), Fred Düren (Belcampo), Krzystof Chamiec (Bischof), Norbert Christian (Cyrillus), Radovan Lukavsky (Baron), Gerhard Bienert (Prior), Jürgen Kluckert, Edmund Fetting, Peter Dommisch, Angela Brunner, Klaus-Peter Pleßow u. a.

INHALT: Der Jüngling Franziskus ist Mönch geworden, weil er glaubt, in einem Kloster als Gleicher unter Gleichen leben zu können. Er wird jedoch enttäuscht und will zum Bischof, um Gerechtigkeit zu fordern. Auf dem Weg wird er das Opfer einer raffinierten Intrige. Die Baroness Euphemie, die ihn auf ihrem Gut empfängt, beschuldigt ihn, ihren Mann und dessen Sohn ermordet zu haben. Franziskus, der auf dem Gut seine erste Liebe Aurelie wiedergetroffen hat und davon träumt, sich von seinem Gelübde entbinden zu lassen, muß plötzlich fliehen. Doch man faßt ihn. Von Kirchenvertretern, die den Namen der Institution rein halten wollen, wird er zum Bischof gebracht. Der glaubt, in Franziskus nun einen ergebenen Diener zu haben, doch dieser begehrt auf, als er sieht, daß Aurelie ebenfalls das Gelübde ablegen soll. Er wird ermordet, Aurelie kann entkommen.

ZUM FILM: In den siebziger Jahren wurden mehrere Dichter des 19. Jahrhunderts bei der DEFA verfilmt. Hoffmanns Erzählung war kurz darauf auch Vorlage für einen bundesdeutschen Film, der jedoch die reißerischen Momente des Stoffes stärker betonte.

ECHO: Was bleibt, ist ein eigenartig uneinheitlicher Film, der von vielem etwas hat: ein wenig realistisches Zeitbild, ein wenig kolportierender Schauerroman, wenig vom gewohnten Historienfilm – und sehr wenig von Hoffmann. (...) Gesprochen werden muß aber auch darüber, daß trotz aller ihm innewohnenden Widersprüchlichkeit und trotz aller Ungeübtheit im Umgang mit diesem phantastischen Genre ein Film entstanden ist, der sein Publikum unterhält und der auch in gestalterischer Hinsicht durchaus seine Verdienste hat. (Friedrich Salow, *Filmspiegel* 9/1979)

Die Kameraführung von Claus Neumann erfaßte menschliche Züge wie Landschaften vorbildlich. Das im Phantastischen angesiedelte Thema fand in seiner teils real, teils phantastisch anmutenden Ausdeutung künstlerischen Wert. (Dr. M., *Liberal-Demokratische Zeitung*, 26.4.1973)

NEBENBEI: Der Schweizer Schauspieler Benjamin Besson war damals an der Berliner Volksbühne engagiert und wirkte in mehreren DEFA-Filmen mit.

ELIXIRY DABLA

→ ELIXIERE DES TEUFELS

EMILIA GALOTTI

RE: Martin Hellberg, BU: Martin Hellberg, LV: Gleichnamiges Schauspiel von Gotthold Ephraim Lessing, DR: Gerhard Neumann, KA: Günter Eisinger, MU: Ernst Roters, BA: Artur Günther, KO: Walter Schulze-Mittendorf, SC: Lieselotte Johl, PL: Paul Ramacher, m: 2682 = 98 min, s/w, PJ: 1957, PM: 14.3.1958, PM-Ort: Berlin, »Babylon«

DA: Karin Huebner (Emilia Galotti), Gerhard Bienert (Odoardo Galotti), Maly Delschaft (Claudia Galotti), Hans-Peter Thielen (Hettore Gonzaga, Prinz von Guastalla), Ernst Otto Fuhrmann (Marinelli, Kammerherr des Prinzen), Eduard von Winterstein (Camillo Rota, Ratgeber), Horst

Schulze (Graf Appiani), Gisela Uhlen (Gräfin Orsina), Gerry Wolff (Conti, Maler), A. P. Hoffmann (Crimaldi), Karl-Heinz Peters, Karen Fredersdorf, Marianne Wünscher, Günther Ballier, Willi Michaelis u.a.

INHALT: Der lüsterne, tyrannische Prinz von Guastalla verliebt sich in Emilia, die Tochter des Obersten Odoardo Galotti. Er beauftragt seinen Kammerherrn Marinelli, ihm Emilia zuzuführen und deren bevorstehende Hochzeit mit dem Grafen Appiani zu verhindern. Da eine Abschiebung des Grafen zu einer diplomatischen Mission nicht gelingt, läßt Marinelli die Hochzeitskutsche von Banditen überfallen. Appiani wird erschossen, Emilia und deren Mutter auf des Prinzen Lustschloß gebracht. Die Mutter kennt die Absicht des Prinzen und ahnt die Zusammenhänge. Der herbeigeeilte Vater erfährt sie von der Gräfin Orsina, der eifersüchtigen Geliebten des Prinzen. Er ist außer sich und will Emilia sofort mit nach Hause nehmen, was der Prinz zu verhindern weiß. Als Emilia allein mit dem Vater sprechen kann, bittet sie ihn, sie zu töten. Nicht aus Angst, daß man ihr Gewalt antut, sondern aus Scham davor, der Verführung des Prinzen zu erliegen. Odoardo ersticht die Tochter.

ZUM FILM: Seiner Vorliebe für die klassische Literatur nachkommend, inszenierte Hellberg seine Lessing-Adaption durchaus mit filmischen Mitteln. Ab 1958 wurde jedoch der ideologische Spielraum in der Kunst kleiner, und Hellberg sah sich seitens der SED schwerer Kritik ausgesetzt.

ECHO: Hellberg hat versucht, alle spezifischen filmischen Möglichkeiten zu nutzen und die vom Wort bestimmte Statik der Theaterszene in optisch bestimmte Bewegung aufgelöst. Seinem hervorragenden Kameramann Günter Eisinger gelingen fast überall dort, wo er nicht durch Pappkulissen gehemmt war, sehr gute Bildwirkungen. (Wolfgang Joho, *Sonntag* 12/1958)

Der Gesellschaftskritiker Lessing, auf den der Deutschlehrer bei der sozialistischen Erziehung nicht mehr verzichten kann, war verblaßt; im Film steht die Verurteilung des Feudalismus nicht mehr im Mittelpunkt. Solche Filme entsprechen dem Erziehungsziel Lessings nicht und sind keine Hilfe. (Leserin Elisabeth Bartsch, Lehrerin in Cottbus, *Sonntag* 14/1958)

Ein Film über Lessings *Emilia Galotti,* heute in unserem Staat, mit unserer historischen Sicht und unseren Mitteln gedreht, – ein Film über eines der bedeutendsten und bekanntesten nationalen Werke unserer Vergangenheit – (...) hätte das nicht eine große Sache werden müssen, ein Höhepunkt der Jahresproduktion? (...) Aber *Emilia Galotti* ist nur ein mittelmäßiger Film geworden. Wir können uns freuen, das Drama nun auch auf Zelluloid zu haben, um es einer Vielzahl von Menschen, die es nicht auf der Bühne sehen können, zugänglich zu machen. Das ist viel, aber es konnte nicht alles sein. (Winfried Junge, *Forum* 13/1958)

So rollt vor dem Zuschauer ein Geschehen ab, das in mancher Phase einer erregenden Kriminalstory gleicht, ohne auch nur einen Augenblick die erhabene Sprache Lessingscher Dramatik vermissen zu lassen. (...) Ein in Drehbuch und Regie sehr gekonnter Film, der der DEFA als willkommenes Austauschobjekt für die Bundesrepublik dienen dürfte. (-rg, *Kurier*, 25.3.1958)

Uns gefällt jedoch an den Filmen *Der Richter von Zalamea* und *Emilia Galotti* nicht, daß Hellberg in seiner Gestaltungsweise unter dem bürgerlich-revolutionären Niveau der klassischen Originalwerke blieb und nicht in historisch-konkreter Sicht ihre Wahrheit auf der neuen Stufe unserer

Zeit reproduzierte. (Alexander Abusch, stellv. Kulturminister, in *Deutsche Filmkunst* 9/1958)
NEBENBEI: Über die Schwierigkeiten bei den Dreharbeiten berichtete Martin Hellberg in seinen Memoiren: »So kam es bei der Abnahme des *Galotti*-Films kurz vor Schluß zum Einspruch eines maßgebenden Kollegen. Er hatte bei dem Schwenk, der über ein Wandgemälde mit dem Jüngsten Gericht geht, hinter dem Racheengel mit der Posaune die Kirchenfahne erkannt. Mein Hinweis, die vordergründige Posaune bliese ja in diesem Augenblick den Anfang der Marseillaise und deute damit unmißverständlich den Sinn des Weltgerichts an, fand keine Billigung. Die gewaltige Dekoration des Saales mußte neu gemalt werden. Das bedeutete einige tausend Mark Extrakosten und die darstellerische Wiederholung der schwierigsten Szene.« (*Mit scharfer Optik*, 1982)

ENGEL IM FEGEFEUER
RE: Herrmann Zschoche, BU: Edith und Walter Gorrish, DR: Gerhard Hartwig, KA: Günter Ost, MU: Georg Katzer, BA: Werner Zieschang, KO: Helga Scherff, SC: Brigitte Krex, PL: Heinz Kuschke, GR: KAG »60«, m: 2090 = 77 min, s/w,

PJ: 1964, PM: 4.4.1965, PM-Ort: Berlin, »Babylon«
DA: Fred Delmare (Stelzebein), Heinz Suhr (Pfarrer), Erik S. Klein (Jupp Wolters), Jutta Peters (Frau Wolters), Jutta Hoffmann (Nelli), Werner Schulz-Wittan (Stenzer), Günter Ott (Anton), die Kinder: Eberhard Schaletzky (Achim Wolters), Günter Lupkowski (MG-Schnauze), Wolfgang Grunz (Bischof) sowie Lotte Loebinger, Siegfried Weiß, Horst Friedrich, Günter Junghans, Peter Reusse
INHALT: November 1918 im Ruhrgebiet. Zu einer verschworenen Gemeinschaft von 13jährigen gehört Achim Wolters. In einer gemeinsamen Aktion erbeuten die Kinder auf dem Markt Kartoffeln, um Achims Vater, der Heizer auf einem Minensuchboot ist und auf Urlaub kommt, mit einer guten Mahlzeit zu empfangen. Doch der Vater bleibt aus. Ein Spitzel hat den roten Matrosen auf dem Bahnhof der Polizei ausgeliefert. Achim hört vom Pfarrer von der Verhaftung und betet auf dessen Anraten für die Freilassung des Vaters. Der gottesfürchtige Junge glaubt dem Tischler Stelzebein nicht, der meint, man könne sich nur selbst helfen. Erst als Achim im Gefängnis die Schikanen gegen den Vater miterlebt und außerdem sieht, wie brutal die kaiserliche Polizei gegen Frauen vorgeht, schlägt er sich mit seinen Freunden auf Stelzebeins Seite. Gemeinsam stehen sie auf den Barrikaden, als die Revolution beginnt.
ZUM FILM: Dieser Film markiert den Übergang in Herrmann Zschoches Werk vom Kinderfilm zu einem erwachsenen Publikum. Er drehte in seinem eigenen Verständnis einen Film *mit* Kindern, nicht *für* Kinder. Der Einsatz als Kinderfilm behinderte die Rezeption. Hinzu kam, daß der religionskritische Inhalt bald der Politik der Annäherung von Staat und Kirche zum Opfer fiel, und der Film schon bald nach seiner Premiere nicht mehr eingesetzt wurde. Damit ist er der unbekannteste Film im Werk eines der wichtigen DEFA-Regisseure geblieben.
ECHO: Zum Vorzug des Drehbuches, das keine äußerliche, fertige Lösung des inneren Konflikts vorsetzt, kommen die Vorzüge der satirische Überzeichnung feinfühlig vermeidenden Regie und eine in allem glaubwürdige Darstellung der sehr differenziert gezeichneten Gestalt. (her, *BZ am Abend*, 5.4.1965)

Der begabte junge Regisseur Herrmann Zschoche hat zusammen mit dem Kameramann Günter Ost die Konzeption der Autoren optisch sehr eindringlich gestaltet, in Bildern, in denen die graue Traurigkeit wolkenverhangener Herbsttage, die graue Düsternis des Kriegselends in der Heimat und die graue Armut einer Stadtrandgegend zu bedrückender Stimmung werden und in denen den Gegenständen oft ein aussagekräftiger Symbolwert innewohnt. (...) Es ist ein sehr nüchterner, harter Realismus, der den Stil dieses Films bestimmt, eines Films, der für Kinder wenig geeignet erscheint (weil ihr Verständnis und ihre Geschichtskenntnisse überfordernd), der vielmehr Jugendlichen gezeigt werden sollte und auch die Aufmerksamkeit der Erwachsenen verdient. Dieser Film ist eine geschlossene Leistung, eine künstlerisch höchst beachtenswerte DEFA-Produktion. Dies bleibt festzuhalten vor einer Auseinandersetzung mit seiner weltanschaulichen Problematik. (...) Man muß dem Film in seiner historischen Wahrheit durchaus zustimmen, wenn er das verhängnisvolle Bündnis von Thron und Altar, das vor allem das Leben der evangelischen Kirche in Deutschland so ungut bestimmte, hier im Film übrigens aber in seiner katholischen Ausprägung gezeigt ist, mit aller Entschiedenheit kritisiert. (...) Problematischer jedoch ist, daß zwei Haltungen, der Glaube an Gott und die weltverändernde Tat, als Antinomien einander gegenübergestellt werden. (...) Den historisch konkreten Aussagen des Films über die Rolle der Kirche in der Wilhelminischen Zeit ist zuzustimmen, der Fixierung eines Gegensatzes zwischen Glaube und Tat jedoch nicht. (H. U., *Neue Zeit*, 13.4.1965)

NEBENBEI: Die Hauptrolle des Achim Wolters spielt Eberhard Schaletzky, damals ein bekannter Kinderdarsteller, der mit dem Lustspiel → *Papas neue Freundin* und seinen Folgefilmen populär war. Als Stenzers Sohn tritt der damals zwölfjährige Michael Pan auf, der nach seinem Schauspielstudium in den siebziger und achtziger Jahren in einigen DEFA-Filmen mitwirkte.

DIE ENTDECKUNG DES JULIAN BÖLL

RE: Johannes Knittel, BU: Gerhard Bengsch, DR: Hans-Joachim Wallstein, KA: Erich Gusko, MU: Wolfgang Lesser, BA: Ernst-Rudolf Pech, KO: Marlene Heidebrecher, SC: Ursula Rudzki, PL: Alexander Lösche, GR: KAG »60«, m: 2191 = 80 min, s/w, AT: Lehrgeld, PJ: 1961/62, PM: 19.7. 1962

DA: Raimund Schelcher (Julian Böll), Peter Sturm (Wilhelm Zoch), Ralph Borgwardt (Harry Bending), Jürgen Frohriep (Horst Preuß), Karla Runkehl (Jutta Böll), Werner Dissel (Hauptmann Granzow), Horst Kube (Herbert), Horst Jonischkan (Fredi), Maria Rouvel (Frau Bending), Gerry Wolff (Kaderleiter), Edwin Marian, Erich Mirek, Heinz Behrens, Axel Triebel, Gertrud Brendler u.a.

INHALT: Seit Jahren arbeiten sie gut zusammen, die sechs Mitglieder der Brigade Julian Böll. Eines Tages fehlt dem Brigadier ein 100-Mark-Schein aus der Lohnkassette. Aus Scham über den eigenen Zweifel an seinen Kollegen schweigt er. Böll geht der Frage nach, warum sich die Kollegen der Brigade trotz guter Zusammenarbeit persönlich nicht nähergekommen sind, auch er kein Vertrauen hat, die Angelegenheit im Kollektiv zu klären. Er erkennt Versäumnisse und entschließt sich zur klärenden Aussprache. Es erweist sich, daß das Geld nicht gestohlen wurde.

ZUM FILM: Dieser Gegenwartsfilm blieb in gutgemeinten Ansätzen zur Diskussion von Problemen des Zusammenlebens in einer sozialistischen

Brigade stecken. Hanebüchene Dialoge taten das übrige.
ECHO: Neben anderen Unsäglichkeiten verfügt der Film über einen Sprechertext, in dem bekannte Vorgänge noch einmal – offenbar zum Mitschreiben – zusammengefaßt werden. Und da Regisseur Johannes Knittel auf keinen Fall Mißverständnisse aufkommen lassen möchte, enträt er sogar jeglicher Spannungsmache um den verlorenen Hundertmarkschein. Schon während der ersten Filmmeter sorgt er im Aufenthaltsraum der Brigade so oft für Durchzug, bis auch der schwachsinnigste kriminalistische Analphabet begriffen hat, daß Geldscheine unter Umständen wegfliegen können. (Renate Holland-Moritz, *Eulenspiegel*, 2. August-Ausgabe 1962)
Die Charakterstudien müssen sich so sehr den dramaturgischen Überlegungen beugen, daß sie teilweise ihre Realität verlieren und bloße Demonstrationsobjekte werden. (Heinz Hofmann, *Sonntag* 34/1962)
NEBENBEI: Raimund Schelcher hatte seine Filmlaufbahn bereits 1939 an der Seite von Emil Jannings, Werner Krauß und Heinrich George begonnen, aber George, der auch sein Intendant war, gelang es nicht, ihn vom Kriegseinsatz zu verschonen. Seit Beginn der fünfziger Jahre zählte Schelcher zu den Protagonisten des Berliner Ensembles.

DIE ENTFERNUNG ZWISCHEN DIR UND MIR UND IHR

RE: Michael Kann, SZ: Stefan Kolditz, DR: Andreas Scheinert, KA: Hans Heinrich, MU: Günther Fischer, SB: Dieter Adam, KO: Günther Pohl, SC: Rosemarie Drinkorn, PL: Hans-Uwe Wardeck, GR: GR »Johannisthal«, m: 2552 = 94 min, fa, brw, AT: Die Entfernung zwischen unseren Augen, PJ: 1987, PM: 27.5.1988, PM-Ort: Suhl, »Kulturhaus 7. Oktober«
DA: Silvia Rieger (Anne), Jörg Simonides (Robert), Kirsten Block (Marga), K. Dieter Klebsch (Michael), Jürgen Watzke (Bernie), Achim Wolff (Zadeck), Maximilian Löser (Fotograf), Eckehard Becker, Margit Bendokat (Roberts Geschwister), Peter Kalisch (Roberts Vater), Thomas Neumann (Greimas), Regina Brandt, Diana Gaede, Doris Thalmer, Berthold Schulze, Christine Harbort u.a.
INHALT: Die clevere, attraktive Journalistin Marga wird von ihrem Chef beauftragt, für einen verhinderten Kollegen einzuspringen und eine Rocksängerin zu interviewen. Mit Vorurteilen den »trällernden Halbidioten« gegenüber, geht sie widerwillig zu Anne, stellt ein paar Routinefragen, ist überrascht von den gar nicht idiotischen Antworten. Als Annes Freund Robert dazukommt, hofft sie, über ihn noch mehr von Anne zu erfahren. Robert fühlt sich von Anne überflügelt, die ihre Arbeit als Zerspanerin aufgegeben und Karriere gemacht hat. Er dichtet – für die Schublade –, ansonsten arbeitet er in einem Antiquariat. Marga verliebt sich fast in ihn, läßt ihre distanzierte Haltung fallen und schließlich auch die Vorurteile der Rocksängerin gegenüber.
ZUM FILM: Für Regisseur und Autor war es die jeweils zweite Filmarbeit. Formal wie inhaltlich brachten sie neue Sichten in die DEFA-Dramaturgie. Da der Film (mit kleinen Anspielungen auf Konrad Wolfs → *Solo Sunny*) Ratlosigkeit und Ohnmacht der (nicht mehr ganz) jungen Generation spüren ließ, wurde er nicht am Ort der Handlung, dem Berliner Prenzlauer Berg, sondern in der Satellitenstadt von Marzahn gestartet. Trotzdem wurde er für viele junge DDR-Zuschauer zum Kultfilm, ohne sich allerdings ein breites Publikum zu erobern.

ECHO: Michael Kann spielt mit dem Medium Film auf seine Weise: Da gibt es Zitate, Anspielungen auf bekannte Kinowerke, mit denen der Regisseur gleichzeitig berühmten Berufskollegen seine Reverenz erweisen will. So wenn die Sängerin Anne in einer Bar sitzt und ein Lied aus → *Solo Sunny* erklingt. Immer wieder läßt er die Figuren gleichsam aus der Geschichte heraustreten, sich direkt an den Zuschauer wenden. Bemerkenswert bei Michael Kanns zweitem Film ist sein leichter ironischer Inszenierungsstil, adäquat den lakonisch pointierten Dialogen. (Klaus-Peter Wolf, *BZ am Abend*, 15.6.1988)
Der spielerische Umgang mit dem Medium unterscheidet diese Arbeit zweier Vertreter einer neuen Babelsberger Generation vom geradlinigen Realismus eines Konrad Wolf und Wolfgang Kohlhaase in → *Solo Sunny*. Dem entspricht der kinohafte Schick des Milieus einschließlich fotogener Nacktszenen. Gut ist das Lebensgefühl dieser Generation der Dreißigjährigen getroffen. Dazu gehört auch ein gewisser Westdrall: Robert liebt Bukowski, Anne liest Simone de Beauvoir und trällert mal wie Nina Hagen. (Heinz Kersten, 1988, zit. nach *So viele Träume*)
Hilflosigkeit, Sprachlosigkeit, Angst, Gefühle einzugestehen und sie auszuleben, sind bezeichnend für diese Intellektuellen, deren »Leiden« die Autoren aus ironischem, fast sarkastisch anmutendem Blickwinkel sehen. Die komischen Brüche, die die Dramaturgie bestimmen – anders als gemeinhin in DEFA-Komödien –, geben einen absurden Zustand zu erkennen, in dem die Menschen ein fremdes Ich zu leben scheinen, manipuliert durch die Medien, sich allem verweigernd, reduziert in ihren Wünschen. Hoffnungen und Ideale kommen nicht mehr vor. Allerdings scheint die Sache so ernst, daß ein locker-lakonisches Spiel zwischen den Figuren am Ende nicht durchgehalten wird. (Elke Schieber in *Das zweite Leben der Filmstadt Babelsberg*, 1994)
NEBENBEI: Hauptdarstellerin Silvia Rieger gehörte schon in den 80er Jahren zu den ständigen Protagonistinnen der aufsehenerregenden Theaterinszenierungen von Frank Castorf.

ENTLASSEN AUF BEWÄHRUNG

RE: Richard Groschopp, BU: Gert Billing, Richard Groschopp, DR: Willi Brückner, KA: Rolf Sohre, MU: Günter Hauk, SB: Alfred Tolle, KO: Günther Schmidt, SC: Anneliese Hinze-Sokolow, PL: Anni von Zieten, GR: KAG »konkret«, m: 2463 = 90 min, s/w, AT: Wohin gehst du, Conny?, PJ: 1964/65, AD: 18.6.1965
DA: Heinz Klevenow (Conny Schenk), Angelica Domröse (Ute Lockhoff), Helga Göring (Helga Reichenbach), Krista-Sigrid Lau (Katja Drechsler), Volkmar Kleinert (Hugo Borke), Erik Veldre (Kalle Winkler), Karl Sturm (Rudi Stamann), Gudrun Ritter (Lilo), Ingeborg Ottmann (Frau Lockhoff), Karl Kendzia (Gustav Klemm), Hans Hardt-Hardtloff, Helga Raumer, Otto Mellies, Bärbel Bolle, Erich Brauer u. a.
INHALT: Mit dem Motorrad hat Konrad Schenk, genannt Conny, einen Mann angefahren und Fahrerflucht begangen. Dafür kam er ins Gefängnis, führte sich gut, machte eine Ausbildung als Drucker und wurde vorzeitig entlassen. Nun arbeitet er in einem Betrieb, zwei Jahre auf Bewährung. Als in seiner Brigade Geld gestohlen wird, fällt der Verdacht der Meisterin sofort auf ihn. Sie klärt die Kollegen über sein Vorleben auf. Alle mißtrauen ihm plötzlich. Conny betrinkt sich in seiner Verzweiflung, und in diesem Zustand trifft er auf seine Freundin Ute, die bis dahin zu ihm hielt. Nun wendet auch sie sich von

ihm ab. Conny geht zu einem ehemaligen Mitgefangenen, und der spannt ihn sofort für kriminelle Geschäfte ein. Ohne Führerschein fährt er mit dessen Auto, um einen Auftrag zu erledigen. Er wird von der Polizei gestoppt, und man bittet ihn, einen verletzten Jungen ins Krankenhaus zu bringen. Er leistet die Hilfe und besinnt sich.
ZUM FILM: Nach dem großen Publikumserfolg der → *Glatzkopfbande* fragte das Publikum danach, wie die jugendlichen Kriminellen ins Leben zurückfinden. Richard Groschopp drehte daraufhin diesen Film, in dem er von der Bewährungszeit eines anderen jungen Mannes erzählte. Die interessante soziale Studie fand jedoch nicht den gleichen Zuschauerzuspruch.
ECHO: Einfach und schlicht wird diese Geschichte aus unseren Tagen erzählt, über weite Teile mit guten Schauspielern gediegen und perfekt ins Bild gesetzt. Ein Film, der sich sehen lassen kann, auch wenn einige Liebesszenen allzu süßlich-rührselig geraten sind, Günter Hauks einprägsame Musik oft melodramatisch verwendet wird und der Dialog (Gewerkschaftsversammlung) manchmal konstruiert wirkt. (Hans Lücke, *BZ am Abend*, 24.6.1965)
NEBENBEI: Als sich Richard Groschopp nach Probeaufnahmen für den Filmneuling Heinz Klevenow vom Nationaltheater Weimar entschied, wußte er nicht, daß Klevenow der Sohn der bekannten Schauspielerin Marga Legal war.

DIE ENTSCHEIDUNG DES DR. AHRENDT

RE: Frank Vogel, BU: Hasso Grabner, Frank Vogel, DR: Wolfgang Ebeling, KA: Walter Fehdmer, MU: Gerhard Wohlgemuth, BA: Artur Günther, KO: Dorit Gründel, SC: Friedel Welsandt, PL: Werner Dau, m: 2214 = 81 min, s/w, PM: 9.6.1960, AT: Unsere Kraft, PJ: 1959, PM-Ort: Berlin, »Colosseum«
DA: Johannes Arpe (Dr. Ahrendt), Rudolf Ulrich (Martin Kröger), Willi Schrade (Andreas Morgner), Erika Radtke (Gisela Ahrendt), Josef Stauder (Karl Szepinski), Fritz Diez (Scholz), Hans Klering (Franz), Helga Göring (Irma), Gisela May (Frau Kröger), Hans Hardt-Hardtloff (Erwin), Paul Streckfuß, Werner Lierck, Siegfried Weiß, Hans Flössel, Otmar Richter u. a.
INHALT: Ein neues Roheisenwerk in der DDR arbeitet nach einem von Dr. Heinrich Ahrendt entwickelten Verfahren. Obwohl es noch Probleme gibt, hat Parteisekretär Kröger Erfolgsmeldungen und einen hohen Produktionsplan ans Ministerium geleitet. Die Arbeitsergebnisse aber fallen schlecht aus. Dr. Ahrendt tüftelt an der Verbesserung, während der junge Arbeiter Andreas zusammen mit einem Genossen den Fehler entdeckt hat. Dem Intellektuellen Ahrendt jedoch ist ein Zusammenwirken mit den Arbeitern fremd, und es bedarf der Überwindung bürgerlicher Vorurteile, bis er den Wert des Kollektivs erkennt und sich für die gemeinsame Arbeit entscheidet.
ZUM FILM: Mit diesem Film sollten ökonomische Planvorgaben propagandistisch unterstützt werden. Hier geht es um den Mut zu hohen Planvorgaben in der Stahlindustrie. Davon ließen sich jedoch weder Zuschauer noch Kritiker begeistern.
ECHO: Parteisekretär Rudolf Ulrich hat (...) fortschrittlichen Blicks auf das brausende Geschehen zu schauen. Willi Schrade muß sich zum peinlichen Bilderbucharbeiter mit Chlorodontlächeln entwickeln, und Werner Lierck gelingt es – dank Hasso Grabners und Frank Vogels Hilfe – zum ersten Mal in seiner Laufbahn, sein Publikum zu enttäuschen. Alles in allem ein Film, über den man gern den Mantel des Vergessens breitete, hätte er nicht unser gutes Geld gekostet. Und so wohlfeil sollte dasselbe nun auch in Babelsberg nicht sein. (Renate Holland-Moritz, 1960, zit. nach *Die Eule im Kino*, 1981)
NEBENBEI: Erika Radtke, die die Gisela Ahrendt spielt, wurde im Deutschen Fernsehfunk als Ansagerin und Moderatorin in *Die goldene Note* populär. Heute moderiert ihre Tochter Cathrin Böhme beim SFB die *Abendschau*.

EOLOMEA

RE: Herrmann Zschoche, SZ: Angel Wagenstein, DR: Willi Brückner, KA: Günter Jaeuthe, MU: Günther Fischer, SB: Erich Krüllke, Werner Pieske, KO: Barbara Müller, SC: Helga Gentz, PL: Dorothea Hildebrandt, GR: KAG »Berlin«, m: 2280 = 82 min, Cine und 70 mm, fa, PJ: 1971/72, PM: 21.9.1972, PM-Ort: Berlin, »International«
DA: Cox Habbema (Prof. Maria Scholl), Iwan Andonow (Daniel Lagny), Wsewolod Sanajew (Kun, der Lotse), Rolf Hoppe (Olo Tal), Wolfgang Greese (Ratsvorsitzender), Peter Slabakov (Pierre Brodski), Benjamin Besson (Sima Kun), Holger

Mahlich (Navigator), Evelyn Opoczynski (Scholls Mitarbeiterin), Heidemarie Schneider (Sima Kuns Mitarbeiterin), Arndt-Michael Schade, Harald Wandel, Herbert Dirmoser, Justus Fritzsche, Karl-Heinz Danowski u.a.
INHALT: In ferner Zukunft. Acht Raumschiffe sind spurlos verschwunden, zur Orbitalstation »Margot« ist die Verbindung abgebrochen. Maria Scholl, Leiterin der Station »Erde-Zentrum« beruft eine Konferenz ein, auf der sie mit Professor Olo Tal aneinandergerät und den Verdacht schöpft, daß er Näheres weiß. Seine Tochter befindet sich in einem der Raumschiffe. Angesichts der Ereignisse wird ein absolutes Flugverbot verhängt. Auf einem Asteroiden versehen der Lotse Kun und der Kosmonaut Dan ihren Dienst. Kuns Sohn ist ebenfalls in einem der Raumschiffe. Und Dan möchte zur Erde zurück. Er liebt Maria und sie ihn. Als sich trotz Flugverbots ein Raumschiff auf den Weg zur Station »Margot« macht, bekommt Dan den Befehl, ihm den Weg zu versperren, und Maria setzt in einem anderen Raumschiff nach. Auf »Margot« treffen sich Maria und Dan endlich wieder, und das Geheimnis wird gelüftet. Die verschwundenen Raumschiffe sind einem seit langem bekannten, aber unerforschten Lichtsignal von einer zwölf Lichtjahre entfernten Sonne auf der Spur.
ZUM FILM: Den dritten »utopischen« Film der DEFA inszenierte Herrmann Zschoche aufwendig im 70mm-Format mit Schauspielern aus sechs Ländern und unter Beteiligung von Studios in Moskau und Sofia. Thema sind moralische Qualitäten schöpferischer Menschen zwischen Disziplin und Risikobereitschaft in der klassenlosen Gesellschaft.
ECHO: Was gelungen erscheint: in der Phantastik der Zukunft ihren Alltag zu entdecken – das Hin- und Hergerissensein zwischen Heimweh nach der Erde und Fernweh nach unentdeckten Welten, die Liebe zum Überkommenen (...), die Langeweile im Kosmos und die mit den Augen der Kosmonauten gesehene Schönheit der Erde. (Friedrich Salow, *Filmspiegel* 21/1972)
Zschoches Versuch, aktionsbetontes Geschehen und ideellen Anspruch künstlerisch in Einklang zu bringen, gelang nur teilweise, vor allem dort, wo er die Vielschichtigkeit der Charaktere in konkreten Verhaltensweisen aufdecken konnte, wo sich ihre geistigen Intentionen in fordernden

Bewährungssituationen erlebbar machen ließen. (Christoph Prochnow in *DEFA-Spielfilmregisseure und ihre Kritiker*, 1981)
NEBENBEI: Der Film erhielt auf dem X. Kongreß der UNIATEC in Berlin den Grand Prix.

ERICH KUBAK

RE: Johannes Arpe, BU: Heinz Hafke, Manfred Streubel, DR: Manfred Fritzsche, KA: Karl Plintzner, MU: Eberhard Schmidt, BA: Herbert Nitzschke, KO: Lydia Fiege, SC: Helga Emmrich, PL: Paul Ramacher, m: 2332 = 86 min, s/w, AT: Wie Erich den Riesen bezwang, PJ: 1959, PM: 4.10.1959, PM-Ort: Berlin, »Babylon«
DA: Raimund Schelcher (Erich Kubak), Helga Göring (Martha Kubak), Hans-Edgar Stecher (Ewald Kubak), Angela Brunner (Renate), Dom de Beern (Max Tesche), Horst Kube (Franz Starke), Siegfried Weiß (Egon Hempel), Jochen Thomas (Martin Redlich), Johannes Curth (Otto Turf), Walter E. Fuß (Oskar Stumpf), Gerhard Rachold, Gertrud Brendler, Monika Lennartz, Antje Arpe, Vera Oelschlegel u. a.
INHALT: Erich Kubak ist Baggerführer im Braunkohlenwerk. Eine technische Schwachstelle des Baggers, die immer wieder zu Produk-

tionsausfall führt, macht allen Probleme. Erich tüftelt an einer Verbesserung, die jedoch vom Hauptingenieur nicht akzeptiert wird. Auf eigene Faust fährt Erich einen Versuch und richtet dabei großen Schaden an. Er wird als Baggerführer abgesetzt und kündigt daraufhin. Seinem ebenfalls im Werk arbeitenden Sohn Ewald gelingt es indessen, den Hauptingenieur doch noch für den Verbesserungsvorschlag des Vaters zu interessieren. Gemeinsam arbeiten sie an seiner Vervollkommnung. Als Erich davon erfährt, kehrt er ins Werk zurück.
ZUM FILM: Die Kraft des Kollektivs wird in diesem »Produktionsfilm« propagiert. Trotz guter Schauspieler konnte sich kein breites Publikum für den zum 10. Jahrestag der DDR gestarteten Film begeistern.
ECHO: Der Film häuft Schuld und Folgen nur auf des Arbeiters breite Schultern, und daran nicht zuletzt mag es liegen, daß man keinen rechten Kontakt gewinnt zu seinen Menschen, ja, daß nicht einmal die Atmosphäre der Arbeit, ihr Rhythmus, ihr Tempo wirklich in den Bildern lebt. Drehbuch und Regie kommen da trotz durchaus vernünftiger und schlüssiger Problemstellung nicht über einen lehrhaften, trockenen und kaum sehr überzeugenden Schematismus hinaus. (H. U. E., *Berliner Zeitung*, 25.10.1959)
Beide Filme (gemeint ist auch → *Eine alte Liebe*, f.b.h.) sind Gegenwartsfilme, mit einer starken Aussage über den Kampf, der in der Brust des einzelnen ausgetragen wird und letztlich darüber entschieden hat, daß und wie unser Staat geworden ist, der letztlich darüber entscheidet, daß und wie schnell in ganz Deutschland der Weg zum Frieden und zum Glück eingeschlagen wird. (...) Der alte junge Regisseur Johannes Arpe vermag seine große Erfahrung als Schauspieler und Theaterregisseur vortrefflich auf die Filmarbeit zu übertragen und hält den Handlungsablauf sicher und die Zügel straff in der Hand. (Karl-Eduard v. Schnitzler, *Filmspiegel*, 21/1959)
NEBENBEI: Walter E. Fuß, der den Oskar Stumpf spielt, war im Kinderfernsehen als »Professor Flimmrich« sehr populär.

ERNST THÄLMANN – SOHN SEINER KLASSE

RE: Kurt Maetzig, Dialogregie: Johannes Arpe, SZ: Willi Bredel, Michael Tschesno-Hell, KA: Karl Plintzner, MU: Wilhelm Neef, BA: Willy Schiller, Otto Erdmann, KO: Gerhard Kaddatz, Ursula Leuschner, SC: Lena Neumann, PL: Adolf Fischer, m: 3459 = 127 min, fa, PJ: 1953, PM: 9.3.1954, PM-Ort: Berlin, Friedrichstadt-Palast
DA: Günther Simon (Ernst Thälmann), Hans-Peter Minetti (Fiete Jansen), Erich Franz (Arthur Vierbreiter), Erika Dunkelmann (Martha Vierbreiter), Raimund Schelcher (Krischan Daik), Karla Runkehl (Änne Harms), Gerhard Bienert (Otto Kramer), Walter E. Fuß (Karl Born), Rudolf Klix (Willbrandt), Hans Klering (Asmussen), Robert Trösch (Kuddel Riemöller), Gerhard Lau (Hein Heber), Wolf Kaiser (Major Zinker), Werner Peters (Hauptmann Quadde), Johannes Arpe (Polizeisenator Höhn), Karl Kendzia, Hans-Edgar Stecher, Werner Pledath, Martin Flörchinger, Judith Harms, Peter Schorn, Erich Mirek, Erich Brauer, Charlotte Küter, Hannes Fischer u. a.
INHALT: Der historisch-biographische Film beginnt in den ersten Novembertagen 1918 an der Westfront. Zu den deutschen Soldaten dringt die Nachricht vom revolutionären Aufstand in Kiel. Der junge Thälmann, Soldat wider Willen, möchte bei den sich ausbreitenden Kämpfen neben seinen Genossen in Hamburg stehen. Als die Revolution durch den Verrat rechter Sozial-

demokraten und die Zersplitterung der Arbeiterklasse in Gefahr gerät, versucht er dennoch unermüdlich, die Arbeiter zu einen. Die Reaktion jedoch wird immer stärker und die Not der einfachen Leute immer größer. In dieser Situation will der Hamburger Polizeisenator die Löschung eines Schiffes mit Lebensmitteln, eine Solidaritätssendung Petrograder Arbeiter, verhindern. Thälmann aber setzt das Entladen durch. Den Höhepunkt und Schluß des ersten Teils des »Thälmann-Films« bildet der Hamburger Aufstand im Oktober 1923.

ZUM FILM: Der erste Teil des aufwendigen, mit viel Propaganda in die Kinos gebrachten Films heroisierte den Arbeiterführer und KPD-Vorsitzenden, ohne sich immer eng an historische Fakten zu halten. Vorlage des Szenariums war eine Thälmann-Biografie, die Willi Bredel 1949 herausgebracht hatte. Auf das Szenarium wurde durch die SED und besonders durch Walter Ulbricht massiv Einfluß genommen, was auch in einer Überbetonung der historischen Rolle Ulbrichts zum Ausdruck kommt. Stilistisch war der Film eng an pathetische sowjetische Filme der vierziger Jahre angelehnt. Beide Filmteile blieben bis in die achtziger Jahre in der DDR bestimmend für das öffentliche Bild Ernst Thälmanns.

ECHO: Der großartige *Thälmann*-Film dient zwei Zielen: einmal zeigt er Ernst Thälmann wie er war, wie er kämpfte und welche über seinen Tod weit hinausreichende Bedeutung er für die deutsche Arbeiterbewegung hat; zum zweiten gibt er unserer Jugend eine konkrete Vorstellung vom Wirken jener tapferen Patrioten, die in der Frühzeit der deutschen Revolution unerschrocken die Waffen gegen die Verräter der Revolution richteten, gegen die imperialistische Bourgeoisie und ihre jämmerlichen Helfershelfer im Lager der Arbeiterbewegung. Der Kampf konnte damals nicht entschieden werden. Heute aber bereitet sich die Partei der Arbeiterklasse, als legitimierte Erbin des heroischen Vermächtnisses Ernst Thälmanns und seiner Getreuen, auf die große Aufgabe vor, Deutschland wiederzuvereinen und der Arbeiterklasse die ihr gebührende Position in unserem ganzen Vaterlande zu verschaffen. Der *Thälmann*-Film nimmt als eine starke ideologische Waffe einen wichtigen Platz im Kampf um Deutschland ein. (Wb., *Weltbühne* 13/1954)

Kritisch muß zu dem Szenarium bemerkt werden, daß in ihm in der Regel ungenügend beschrieben ist, was im Innern der handelnden Charaktere vor sich geht. Es mangelt an der Fülle konkreter Anhaltspunkte für die physische Handlung der Schauspieler (...), durch die sowohl die Situation genauer gekennzeichnet als auch vor allem die psychischen Vorgänge in den Charakteren sichtbar gemacht werden. (Konrad Schwalbe, *Deutsche Filmkunst* 3/1954)

NEBENBEI: Auf dem Filmfestival in Karlovy Vary erhielt der Film 1954 den Friedenspreis. Kurt Maetzig, Willi Bredel, Michael Tschesno-Hell, Karl Plintzner und Günther Simon wurden im selben Jahr im Kollektiv mit dem Nationalpreis ausgezeichnet. – Für die Hauptrolle waren u.a. Gustav Knuth und Wilhelm Koch-Hooge im Gespräch. Der parteilose Günther Simon, der erst, nachdem er Thälmann gespielt hatte, SED-Mitglied wurde, drohte während der Dreharbeiten damit, die Rolle niederzulegen, weil sein Schwiegervater als »Wirtschaftsschädling« verhaftet wurde.

Filmtext: Ernst Thälmann – Sohn seiner Klasse. Literarisches Szenarium von Willi Bredel und Michael Tschesno-Hell. Berlin: Henschelverlag 1953

ERNST THÄLMANN – FÜHRER SEINER KLASSE

RE: Kurt Maetzig, Dialogregie: Johannes Arpe, SZ: Willi Bredel, Michael Tschesno-Hell, KA: Karl Plintzner, Horst E. Brandt, MU/ML: Wilhelm Neef, BA: Willy Schiller, Otto Erdmann, KO: Gerhard Kaddatz, SC: Lena Neumann, PL: Adolf Fischer, m: 3826 = 140 min, fa, PJ: 1954/55, PM: 7.10.1955, PM-Ort: Berlin, Volksbühne

DA: Günther Simon (Ernst Thälmann), Hans-Peter Minetti (Fiete Jansen), Karla Runkehl (Änne Jansen), Paul R. Henker (Robert Dirhagen), Hans Wehrl (Wilhelm Pieck), Karl Brenk (Walter Ulbricht), Erich Franz (Arthur Vierbreiter), Erika Dunkelmann (Martha Vierbreiter), Michel Piccoli (Rouger), Werner Peters (Quadde), Fritz Diez (Hitler), Theo Shall (Marcel Cachin), Angela Brunner (Irma Thälmann), Raimund Schelcher (Krischan Daik), Herbert Richter (Kruczinski), Wilhelm Koch-Hooge, Paul Pfingst, Kurt Dunkelmann, Otto Krone, Erich Brauer, Walter Jupé, Werner Peters, Hans-Peter Thielen, Werner Pledath, Hannes Fischer u. a.

INHALT: Der zweite Teil umfaßt den Zeitraum von 1930 bis zur Ermordung Thälmanns 1944. Er zeigt den Kampf Thälmanns um die Einheitsfront der deutschen Arbeiter gegen die Nationalsozialisten, seine Verhaftung nach der Machtergreifung Hitlers und die elf Jahre Kerkerhaft, in denen er standhaft bleibt bis zum Tod. Ein Befreiungsversuch der Genossen scheitert, einem korrumpierenden Freiheits-Angebot Görings erteilt Thälmann eine Absage. Und er muß miterleben, wie seine tapfere Mitkämpferin Änne Jansen im Frauengefängnis gegenüber bei einem Bombenangriff umkommt.

Zur zweiten tragenden Gestalt des Films wird Ännes Mann Fiete Jansen, der bereits im ersten Teil als Freund und Kämpfer an Thälmanns Seite stand. Als Kommandeur des Thälmann-Bataillons kämpft er in Spanien für die Sache des Volkes und später in den Reihen der Roten Armee für eine schnelle Beendigung des faschistischen Krieges.

ZUM FILM: Der zweite Teil des *Thälmann*-Films entstand nicht parallel mit dem ersten, sondern in einer zweiten Drehphase.

ECHO: *Ernst Thälmann – Führer seiner Klasse* – das ist nicht einfach ein zweiter Teil, die bloße Fortsetzung des ersten. Das ist vielmehr ein historisches Filmwerk in zweierlei Sinn: historisch, was seinen Inhalt und seine Bedeutung für unsere Tage angeht, und historisch nach dem Platz, den es in der Geschichte der internationalen Filmkunst einnimmt. Dieser Film tritt würdig neben ein unvergängliches Werk wie *Panzerkreuzer Potemkin*. Er wird die, die nach uns kommen, genauso begeistern und erheben wie uns heute. (Karl-Eduard v. Schnitzler, *Filmspiegel* 22/1955)

Die Rolle des Ernst Thälmann forderte in ihrer historischen Entwicklung wie in ihrer menschlichen Vertiefung vom Darsteller die Größe in der Schlichtheit. Günther Simon zeigt sich dieser Aufgabe gewachsen, weil er selbst in seiner Fähigkeit zur Charakterdarstellung und offenbar auch in seiner ideologischen Entwicklung sichtbar wuchs. (...) Kurt Maetzig machte aus der Not eine beispielhafte künstlerische Tugend: Er läßt die Bilder mit einer solchen Konsequenz für das Wesentliche schneiden und aufeinanderfolgen, daß man anfangs (...) vielleicht verblüfft, dann aber sehr schnell von diesem lakonischen Stil gefesselt ist, der auch nicht einen Augenblick bei unwesentlichen Dingen aufhalten läßt. (Konrad Schwalbe, *Deutsche Filmkunst* 6/1955)

Im *Thälmann*-Film finden sich in konzentrierter Form alle Leitbilder der SED-Propaganda: die führende Rolle der kommunistischen Partei, die Freundschaft mit der Sowjetunion, die internationale Solidarität der Arbeiterklasse, die verräterische Rolle der SPD-Führung, die Zusammenarbeit des amerikanischen Monopolkapitals mit der deutschen Schwerindustrie und später den Nationalsozialisten. (Heinz Kersten, *Das Filmwesen in der Sowjetischen Besatzungszone Deutschlands*, 1963)

NEBENBEI: Die in Hamburger Straßen spielenden Szenen wurden in Dresden-Neustadt gedreht. – Günther Simon wurde für seine Leistung 1956 in Karlovy Vary als bester Schauspieler ausgezeichnet.

Filmtext: Ernst Thälmann – Führer seiner Klasse. Literarisches Szenarium von Willi Bredel und Michael Tschesno-Hell. Berlin: Henschel 1955.

ERNSTE SPIELE

(Co-Produktion DDR/Ungarn, Kinderfilm)

RE: Tamás Fejer, SZ: n.n., LV: Kinderbuch »Heinrich beginnt den Kampf« von Béla Balázs, DR: Tamara Trampe, György Pethö, KA: Péter Jankura, MU: Szabolcs Fényes, SB: Peter Wilde, KO: Lydia Fiege, SC: Mihály Morell, PL: Günter Schwaack, Sándor Tóth, GR: GR »Berlin«, m: 2497 = 92 min, fa, brw, PJ: 1979, PM: 11.7.1980 (DDR), PM-Ort: Meiningen, »Casino-Lichtspiele«, CO: Mafilm Studio, Budapest, Ung. Titel: Veszélyes jatékok

DA: Dirk Schönberger (Peter Klamm), Jenny Gröllmann (Mutter Liesel Klamm), Gunter Sonneson (Vater Robert Klamm), Ernst Meincke (Hauptmann Pannwitz), Gerald Schaale (Anton), Jörg Panknin (Franz Lampe), Rudolf Woschik (Hausmeister Schulz), Hédi Temessy (Dr. Schneiders Mutter), Karin Ugowski (Frau Lampe), Gerry Wolff (Onkel Egon), Monika Woytowicz, Franziska Troegner, Regine Albrecht, Ruth Kommerell, Karin Beewen u. a.

INHALT: Arbeiterviertel einer deutschen Stadt im Jahre 1934. Auf dem Hof spielen die Kinder, statt Räuber und Gendarm, Arbeitslose und Polizisten. Für den sechsjährigen Peter wird das Spiel bitterer Ernst. Sein Vater wird verhaftet, er selbst von den Hausbewohnern als Kommunistensohn gemieden. Er hofft, daß sein Vater fliehen kann und baut in der Wohnung ein Versteck für ihn. Das Versteck rettet eines Tages einem anderen Kommunisten, der verfolgt wird, das Leben. Bei der Aktion wird Peters treuer Hund Klecks von der Polizei erschossen. Der Junge und seine Mutter können nicht in die Wohnung zurück. Genossen des Vaters verstecken sie und verhelfen ihnen zur Flucht.

ZUM FILM: Der ungarische Filmtheoretiker und Schriftsteller Béla Balázs, der kurz vor seinem Tod 1949 auch für die DEFA gearbeitet hatte, schrieb in den dreißiger Jahren im Moskauer Exil zwei antifaschistische Kinderbücher. Eines davon, *Karlchen durchhalten!*, war 1979 durch Siegfried Hartmann für das Kinderfernsehen der DDR adaptiert worden. Die hier vorliegende Adaption des anderen, in der der Name der Hauptfigur in Peter geändert wurde, entstand mit einem erfahrenen ungarischen Kinderfilmregisseur in einer Co-Produktion für das Kino, in der leider viel vom Zeitgefühl der dreißiger Jahre verlorenging.

ECHO: Die Psychologie der Filmhelden ist reduziert auf eine leicht durchschaubare Markierung von Gut und Böse. Darin ähnelt *Ernste Spiele* solchen Arbeiten wie → *Die Jagd nach dem Stiefel* oder → *Rotschlipse*. Doch das macht noch nicht den gravierenden Makel aus –, weit bedenklicher ist, daß über weite Strecken die Hauptperson Peter fast ganz in den Hintergrund gedrängt wird. Der Junge mag zwar mit seinen sechs Jahren kaum in der Lage sein, tiefgründig über seine Lage zu reflektieren, aber seine überwiegend passive Haltung (bereits in der Erzählung so vorhanden) läßt eine Identifikation kaum zu. (Ralf Schenk, *Film und Fernsehen* 8/1980)

Im schleppenden Handlungsablauf fehlt es oft an ausreichender Motivierung, von psychologischer Vertiefung ganz zu schweigen; die Figuren gewinnen keinerlei Kontur, ihre Darsteller bleiben offensichtlich sich selbst überlassen – von der doch sonst gerade in DEFA-Kinderfilmen meist zu rühmenden sorgfältigen Führung der mitwirkenden Kinder hier keine Spur. (Heinz Kersten, 1980, zit. nach *So viele Träume*)

NEBENBEI: Der Filmpublizist und Autor Rolf Richter hatte aus dem Balázs-Stoff ein Szenarium geschrieben, zog aber später seinen Namen zurück, nachdem Regisseur Tamás Fejer Richters Szenarium sehr stark bearbeitet hatte.

ERSCHEINEN PFLICHT

RE: Helmut Dziuba, SZ: Helmut Dziuba, LV: Gleichnamiges Buch von Gerhard Holtz-Baumert, DR: Anne Pfeuffer, KA: Helmut Bergmann, MU: Christian Steyer, SB: Heinz Röske, KO: Elke Hersmann, SC: Barbara Simon, PL: Erich Albrecht, GR: GR »Berlin«, m: 2055 = 75 min, fa, brw, PJ: 1983, PM: 16.5.1984, PM-Ort: Karl-Marx-Stadt, »Stadthalle«

DA: Vivian Hanjohr (Elisabeth Haug), Frank Nowak (Stefan Hanisch), Lissy Tempelhof (Elvira Haug), Peter Sodann (Boltenhagen), Alfred Müller (Kratt), Simone von Zglinicki (Barbara), Gudrun Ritter (Frau Hanisch), Gert Gütschow (Schüttler), Hans-Joachim Hegewald (Elisabeths Vater), Helmut Straßburger (Grabsteinmacher), Jens-Uwe Bogadtke, Uwe Kockisch, Fritz Bartholdt, Else Sanden, Traute Sense u.a.

INHALT: Die 16jährige Oberschülerin Elisabeth ist als wohlbehütete Tochter eines etablierten Genossen und Kreisratsvorsitzenden aufgewachsen. Durch den plötzlichen Tod des Vaters wird sie aus ihrem gleichmäßigen Lebensrhythmus gerissen und sieht sich Wahrheiten ausgesetzt, die sie das Bild vom Vater, der für sie Vorbild ist, differenzierter betrachten lassen. Elisabeth findet heraus, daß nicht alle ihn so positiv beurteilten wie sie. Zum Beispiel Freund Stefan, der mit der Behandlung einer Eingabe nicht einverstanden war, oder der kompromißlose Lehrer Boltenhagen, der seine Schwierigkeiten mit ihm hatte. Elisabeth geht den Widersprüchen nach und findet dabei zu einem neuen Selbstverständnis.

ZUM FILM: Der als ehrliche Auseinandersetzung mit der Gegenwart angelegte Film löste Skepsis bei der Leitung und bei Testvorführungen Meinungsstreit im Publikum um Auffassungen über den Sozialismus aus. Bei einer Vorführung an der Parteihochschule beispielsweise kam es zu leidenschaftlichen Diskussionen, in deren Ergebnis Maßregelungen gegen Studenten ausgesprochen wurden. Auch von seiten des Volksbildungsministeriums gab es eine entschiedene Ablehnung gegen den Film, die letztendlich entscheidend für die Behinderungen in der Aufführungspraxis wurden.

ECHO: Was sich realistisch gebärdet, offenbart sich im Grunde als Realitätsferne. Die künstlerischen Metaphern, die einen Generationskonflikt suggerieren wollen, stehen in allzu deutlichem Gegensatz zu unserer 35jährigen Wirklichkeit. Sie ignorieren oder sie wollen ignorieren, daß die Jugendpolitik unserer Partei, unseres Staates und unserer ganzen Gesellschaft von jeher prinzipiell und praktisch von dem Grundsatz geprägt ist: »Der Jugend Vertrauen und Verantwortung«. (Horst Knietzsch, *Neues Deutschland*, 10.7. 1984)

Über Elisabeths neue Erfahrungen werden sehr stimmige Impressionen aus dem DDR-Alltag vermittelt – mit einem formalen Lakonismus, bei dem die sparsam gesetzten Worte ebenso wichtig sind wie oft nur Gesten und Blicke. Gezeichnet wird hier auch das wahrscheinlich ziemlich genaue Bild einer skeptischen jungen Generation. (Heinz Kersten, 1984, zit. nach *So viele Träume*)

NEBENBEI: Die Hauptdarstellerin Vivian Hanjohr besuchte damals eine Spezialschule für Musikerziehung. Auf dem Spielfilmfestival der DDR wurde dem Film von der Jury der »Findling« zugesprochen, durfte jedoch nicht vergeben werden. Erst Jahre später konnte Helmut Dziuba die Auszeichnung in Empfang nehmen.

ERSTER VERLUST

RE: Maxim Dessau, SZ: Maxim Dessau, LV: Frei nach Motiven der Erzählung »Die Frau am Pranger« von Brigitte Reimann, DR: Andreas Scheinert, Timothy Grossman, KA: Peter Badel, MB: Karl-Ernst Sasse, SB: Richard Schmidt, Maxim Dessau, Peter Badel, KO: Barbara Noack, SC: Dorothea Brühl, PL: Harald Andreas, GR: GR »Johannisthal«, m: 2801 = 102 min, s/w, brw, PJ: 1989/90. PM: 6.10.1990, PM-Ort: Berlin, Filmtheater »Felix«

DA: Pawel Sanajew (Alexej), Julia Jäger (Kathrin Marten), Uta Koschel (Frieda Marten), Jaecki Schwarz (Soldat), Martin Seifert (Otto Lange), Elvira Gracki, Jürgen Melzer, Horst Krause, Wolfgang Thal, Willi Schrade u.a.

INHALT: Ein deutsches Dorf 1942. Der Bauer Heinrich Marten wird eingezogen, zurück bleiben seine Frau Kathrin und seine Schwester Frieda. Da die beiden jungen Frauen allein mit dem Hof nicht zurechtkommen, wird ihnen von staatlicher Seite Hilfe zugeteilt: ein Kriegsgefangener. Der Russe Alexej ist ausgemergelt und muß von den Frauen erst aufgepäppelt werden. Bei der Zusammenarbeit auf Feld und Hof kommen Kathrin und Frieda dem Russen zwangsläufig

näher. Zwischen Kathrin und Alexej bahnt sich eine Liebesbeziehung an. In einem Schuppen kommt es zur Berührung. Doch das Paar wird von einem Soldaten entdeckt, und Alexej flieht. Er wird von jungen Nazis gestellt und abgeführt.
ZUM FILM: Nachdem das erste Projekt des Hochschulabsolventen Maxim Dessau, der Film → *Schnauzer*, abgebrochen worden war, legte Dessau nun mit dieser Literaturadaption sein eigentliches Regiedebüt vor. Der Film war ein künstlerischer Erfolg, der jedoch nur schwer ein Publikum fand.
ECHO: Der radikale Bruch mit den Erzähltraditionen wie -gründen des antifaschistischen DEFA-Filmes ist unübersehbar. (...) Die Faszination dieses mit schwarz-weißem Material gedrehten Filmes erwächst für mich aus der Stringenz, mit der Dessau und Badel die Passivität, die lastende Trauer, die unartikulierte Sehnsucht ihrer Leute in optische Struktur übersetzen, die ein Psychogramm aus Bildern baut. (Henryk Goldberg, *Filmspiegel*, 24/1990)
Das Beziehungsgeflecht der handelnden Personen wird in diesem kammerspielartigen Film feinnervig ausgelotet. Daß man bei den Dialogen eine zweite Ebene mitzuhören glaubt, liegt an der eindringlichen Kameraführung von Peter Badel (...). Badel erinnerte bei *Erster Verlust* daran, wie kunstvoll mit Schwarzweißfilm gearbeitet werden kann. Die Kontraste wie die Zwischentöne seiner Bilder entsprachen der Erzählweise dieses stillen, bewegenden Films. (F.-B. Habel, *Filmklub-Kurier* 5/1990)
NEBENBEI: Der Film wurde 1991 auf dem Cottbusser Filmfestival mit einem Preis ausgezeichnet.

ES IST EINE ALTE GESCHICHTE ...

RE: Lothar Warneke, SZ: Hannes Hüttner, DR: Christel Gräf, KA: Claus Neumann, MU: Uve Schikora, SB: Marlene Willmann, KO: Maria Welzig, SC: Erika Lehmphul, PL: Siegfried Kabitzke, GR: KAG »Roter Kreis«, m: 2439 = 89 min, s/w, brw, AT: Fis-Moll, PJ: 1971/72, PM: 22.9.1972, PM-Ort: Berlin, »Babylon«
DA: Katharina Thalbach (Tini), Cox Habbema (Britta), Benjamin Besson (Udo), Christian Steyer (Tommy), Peter Aust (Dr. Lindenhagen), Uta Schorn (Dörte), Reiner Horst Scheibe (Roland), Gert Gütschow (Stechapfel), Walter Bechstein (Lehmann), Ingeborg Ottmann (Frau Hüttenrauch), Claudia Ottmann, Rainer Toporski, Ruth Kommerell, Ralf Biok u. a.
INHALT: Der Alltag einer Gruppe von Medizinstudenten der Leipziger Karl-Marx-Universität. Vorlesungen, Prüfungen, persönliche Probleme. Die anderen helfen. Britta, die ihren Schauspielerberuf aufgegeben hat, um noch einmal von vorn anzufangen, fragt sich, ob diese Entscheidung richtig war. Udo liebt Tini, mit der sich sein Freund Tommy verloben will. Und Tini fragt sich, ob Tommy der Richtige ist, oder vielleicht doch Udo. Der läuft vor seinen Problemen davon, trampt an die Ostsee, kommt mit der Einsicht zurück, daß Flucht keine Lösung ist. Er wirbt um Tini, die sich wohl für keinen von beiden entscheiden wird.
ZUM FILM: In der zweiten Zusammenarbeit von Lothar Warneke und Hannes Hüttner entstand ein dokumentarer Spielfilm ohne strenge Fabel über den studentischen Alltag, gespielt von Schauspielern und Laien.
ECHO: Der Film verharrt und verfängt sich im Fragmentarischen; ich weiß im Parkett sehr bald nicht mehr, von wem ich warum wozu gebeten

wurde; akustische Textschludrigkeit wirkt wie beabsichtigt; Wirklichkeitstreue erscheint als Teilnahmslosigkeit, gipfelnd in der Altersheimszene, die (ausgerechnet bei Warneke!) auf die bloße Pointe hin erzählt scheint, statt in den Gesichtern der Alten gelebtes oder vertanes Leben zu entdecken als Kontrapunkt zum Suchen der Jungen. (Peter Ahrens, *Weltbühne* 41/1972) Oftmals vergißt man, in einem Spielfilm zu sein (auch dank des Kameramannes Claus Neumann), so unmittelbar wird man mit menschlichem Verhalten konfrontiert. Und dann wieder sehnt man sich danach, in einem Spielfilm zu sein, der sich verständlicher und es einem selbst verständlicher macht ... (Friedrich Salow, *Filmspiegel* 21/1972) Warneke trifft, zusammen mit seinem Kameramann Claus Neumann, dessen Außenaufnahmen alle in weichen Grautönen gehalten sind, genau die dem Inhalt des Films entsprechende Form: immer wieder ironisch-intellektuell gebrochene, poetisch-spielerische Stimmungsskizzen, untermalt von einer Musik zwischen Beat und Classic goes Pop. (Heinz Kersten, 1972, zit. nach *So viele Träume*)

Ete und Ali

NEBENBEI: Die von Uve Schikora geleitete Combo zählte in den frühen siebziger Jahren zu den beliebten Beat-Gruppen der DDR, bis Schikora 1976 von einer West-Reise nicht wiederkam.

ETE UND ALI

RE: Peter Kahane, SZ: Waltraud Meienreis, Henry Schneider, DR: Andreas Scheinert, KA: Andreas Köfer, MU: Rainer Böhm, SB: Paul Lehmann, KO: Ursula Strumpf, SC: Sabine Schmager, PL: Wolfgang Rennebarth, GR: GR: »Johannisthal«, m: 2530 = 93 min, fa, brw, PJ: 1984, PM: 31.5.1985, PM-Ort: Erfurt, »Panorama-Palast-Theater«

DA: Jörg Schüttauf (Ete), Thomas Putensen (Ali), Daniela Hoffmann (Marita), Hilmar Eichhorn (Manni), Karin Gregorek (Frau vom Wohnungsamt), Otto Heidemann (Budak), Heinz Hupfer (Erwin), Ursula Am-Ende (Kollegin), Else Sanden (Hausbesitzerin) u. a.

INHALT: Ete und Ali haben ihren Wehrdienst beendet, aber nach Hause wollen sie beide nicht. Ali graut es vor seinem langweiligen Dorf, und Ete weiß, daß seine Frau Marita einen anderen hat. Der kräftige, tatendurstige Ali überredet Ete, mit ihm zusammen dessen Frau zurückzuerobern. Da Ete zu schüchtern ist, nimmt Ali die Sache in die Hand. Mit Gewalt kommt er bei Marita nicht an, also versucht er, den älteren Liebhaber Manni, Besitzer von Neubauwohnung und Auto, auszustechen. Ehe Ete es sich versieht, hat er einen alten Tatra, ein noch älteres Haus, den Fuhrbetrieb seines Schwiegervaters und eine Menge Schulden am Hals. Marita wird in einer halsbrecherischen Aktion entführt. Sie findet schließlich Gefallen an Ali, und Ete verläßt enttäuscht und der Bevormundung durch den Freund überdrüssig das Dorf. In einem Fernfahrer-Wohnheim treffen sich die beiden Männer eines Tages wieder.

ZUM FILM: Viel DDR-Wirklichkeit verbunden mit einer witzigen Handlung und sympathischen Hauptdarstellern machten den Film zu einem Publikumserfolg.

ECHO: Dieser Balanceakt ist hundertprozentig gelungen. Ete und Ali sind eigenständige, konträre Charaktere, die aneinander wachsen und gleichermaßen liebenswert bleiben. Dazu tragen nicht unwesentlich herrlich pointierte, witzige

Dialoge bei, deren Menge nicht geschwätzig wirkt, sondern geradezu süchtig macht. Manchmal ist man fast ärgerlich, wenn Teile des Gesagten im Publikumsgelächter untergehen. (Renate Holland-Moritz, *Eulenspiegel* 26/1985)
Das Klischee des ungleichen Freundespaares, das den Kinobesuchern schon oft vor der Kulisse der großen weiten Welt Vergnügen bereitete, haben die Drehbuch-Debütanten Waltraud Meienreis und Henry nicht ungeschickt in ein DDR-Provinznest übertragen. Regisseur Peter Kahane spielt vor diesem milieuechten Hintergrund in seiner zweiten Leinwandarbeit ebenso versiert mit vielen bekannten Kinomustern und -stereotypen. (Heinz Kersten, *RIAS Berlin*, 1.6.1985)
NEBENBEI: Auf dem Nationalen Spielfilmfestival erhielt Jörg Schüttauf 1986 in Karl-Marx-Stadt einen Darstellerpreis. Er war zur Drehzeit noch Schauspielschüler, während sein Partner Thomas Putensen Musik studierte.

EUCH WERD ICH'S ZEIGEN
(Kinderfilm)
RE: Rolf Losansky, SZ: Günter Mehnert, DR: Gudrun Deubener, KA: Rolf Sohre, Peter Süring, MU: Karl-Ernst Sasse, SB: Klaus Winter, KO: Helga Scherff, SC: Barbara Simon, PL: Oscar Ludmann, GR: KAG »Berlin«, m: 2406 = 88 min, s/w, PJ: 1971/72, PM: 30.6.1972, PM-Ort: Karl-Marx-Stadt, »Luxor«
DA: Kinder: Friedhelm Barck (Bernd), Frank Wuttig (Schreier), Carmen Pioch (Doris), Holger Teupel (Rolli) u. a., Erwachsene: Manfred Karge (Trainer Kien), Heinz Behrens, Helga Labudda (Bernds Eltern), Angelika Waller (Lehrerin Koelwel), Bruno Carstens (Käptn Fries), Axel Triebel (Eismann), Brigitte Beier, Fritz Links, Ernst Meincke, Wolfgang Winkler, Ruth Kommerell u. a.
INHALT: Der 13jährige Bernd Gaedke zieht mit seinen Eltern von Rostock in das kleine Städtchen Fichtenhainigen. In seiner neuen Klasse läuft nicht alles nach seinen Vorstellungen, es kommt zu Auseinandersetzungen, bei denen sich die Gruppenratsvorsitzende Doris auf seine Seite stellt. Die Rivalitäten fordern zu Mutproben heraus, und der »Neue« blamiert sich – beim Sprung vom 10-Meter-Turm. Judotrainer Kien nimmt ihn in seine Gruppe auf, und Bernd hofft, es den anderen bald »zeigen zu können«. Seine Eltern jedoch verbieten ihm das Training, zu oft hat er schon etwas begonnen und nicht zu Ende geführt. Er geht heimlich, verstrickt sich in Lügen. Das Vertrauen des Trainers und der Kameraden bringt ihn in Gewissenskonflikte, und so beschließt er, Mut zu zeigen und seine Fehler einzugestehen.
ZUM FILM: Der Film, in dem Sport und Sportler eine entscheidende Rolle spielen, ging trotz schöner poetischer Momente über viele Probleme leicht hinweg und blieb so oberflächlich.
ECHO: Und eben hier liegt der eigentliche Wert des Streifens, daß er sich in gleichem Maße an Kinder wie an Erwachsene, an Eltern und an die Lehrer wendet. (Manfred Haedler, *Morgen*, 9.7.1972)
Der sozialistische Alltag ist hier auch nicht zu einer harmonischen Idylle hochstilisiert (...), der Film hält in seinen Konflikten den Prüfungen des Lebens stand. (Horst Knietzsch, *Neues Deutschland*, 16.7.1972)
Der aus heutigem Blick altväterlich-glättend und betuliche Streifen spiegelt in sich selbst die starke weitestgehend akzeptierte Reglementierung des DDR-Alltags und legt zugleich ein beredtes Zeugnis von abstrusen pädagogischen Vorstellungen in der Welt der Erwachsenen ab. Ein Film, der Harmonie herstellt, wo eigentlich Revolte angebracht wäre. (*Zwischen Marx und Muck*, 1996)
NEBENBEI: Der am Berliner Ensemble geschulte Schauspieler und Theaterregisseur Manfred Karge war in den siebziger Jahren, meist in Zusammenarbeit mit Matthias Langhoff, einer der wichtigen Regisseure der Berliner Volksbühne. Ab 1978 arbeitete er überwiegend im Westen, auch am Wiener Burgtheater, als Regisseur und Autor.

F

DER FACKELTRÄGER

RE: Johannes Knittel, BU: Friedrich Karl Hartmann (= F.K. Kaul), Walter Jupé, DR: Hans-Joachim Wallstein, KA: Günter Eisinger, MU: Gottfried Madjera, BA: Herbert Nitzschke, KO: Dorit Gründel, SC: Johanna Rosinski, Wally Gurschke, PL: Richard Brandt, m: 2240 = 82 min, s/w, PJ: 1955, PM: 25.10.1957

DA: Hermann Kiessner (Dr. Sänger), Loni Michelis (seine Frau), Friedrich Gnass (Kabischke), Harry Hindemith (Dr. Hartmann), Horst Kube (Johannes), Ruth-Maria Kubitschek (Dora), Georg Thies (Gottfried), Margret Homeyer (Ingeborg), Norbert Christian (Assessor Großkopf), Charlotte Brummerhoff (Bittrich), Horst Schönemann, Wolf Beneckendorff, Hans W. Hamacher, Annemarie Hase, Egon Vogel u.a.

INHALT: Der Westberliner Oberstaatsanwalt Eitel-Friedrich Sänger hofft auf eine Beförderung an den Bundesgerichtshof und sucht krampfhaft einen Fall, der seine Eignung untermauern könnte. Da kommt ihm sein Hausmeister Kabischke ungewollt entgegen. Der randaliert volltrunken in der S-Bahn und muß daraufhin seinen Rausch bei der Ostberliner Transportpolizei ausschlafen. Johannes Müller, der Kabischke den volksdemokratischen Behörden übergeben hatte, wird in Westberlin als Menschenräuber verhaftet. Sänger plant einen Sensationsprozeß gegen Müller, erleidet aber gegen dessen Rechtsanwalt Dr. Hartmann eine Niederlage. Den Posten beim Bundesgerichtshof bekommt er trotzdem – immerhin hat er Gesinnung bewiesen.

ZUM FILM: Das Regiedebüt des Schauspielers und Synchronregisseurs Johannes Knittel war ein typisches Kind des Kalten Krieges. Von den Autoren als Satire gedacht, wurde der Film gallig und plump. Der im Sommer 1955 gedrehte Film war schon im Herbst für eine Premiere angekündigt. Ob es wirklich den Entspannungsbemühungen während der Genfer Konferenz geschuldet war, daß er zurückgezogen wurde, erscheint bei der Qualität des Streifens zweifelhaft. Ohne publizistische Begleitung wurde er schließlich nach zwei Jahren wohlweislich nur in der Provinz in die Kinos gebracht. Rezensionen sind nur aus Halle bekannt.

ECHO: Hier wird nicht mit dem Florett gefochten, hier wird mit dem Säbel dazwischengehauen. So wirkt alles ein wenig direkt, zu wenig künstlerisch bewältigt. (R.Th., *Freiheit*, 29.10.1957)

Aber selbst unter dem Hinweis, daß eine Satire mit überspitztem Darstellungsstil arbeitet, gleitet doch manches ins Possenhafte ab, was dem Film eher schadet als nützt. (dr., *Liberal-Demokratische Zeitung*, 29.10.1957)

NEBENBEI: Hinter dem Drehbuchautor Hartmann verbarg sich der bekannte Strafverteidiger Friedrich Karl Kaul (der später gemeinsam mit Walter Jupé weitaus bessere, wenn auch nicht unpolitische Filme schreiben sollte). Kaul, der mehrfach Interessen der DDR, auch die KPD und die West-FDJ bei politischen Prozessen im Westen vertrat, hatte einen besonders ungeliebten Gegner in dem Westberliner Oberstaatsanwalt Cantor, den er hier als Dr. Sänger karikierte. Sich selbst sah er – durch sein Pseudonym deutlich gemacht – als friedliebenden Rechtsanwalt Dr. Hartmann.

DIE FAHNE VON KRIWOJ ROG

RE: Kurt Maetzig, BU: Hans-Albert Pederzani, LV: Gleichnamiger Roman von Otto Gotsche, DR: Joachim Plötner, KA: Erich Gusko, Roland Dressel, MU: Gerhard Rosenfeld, SB: Dieter Adam, KO: Katrin Johnsen, SC: Brigitte Krex, PL: Manfred Renger, GR: KAG »Berlin«, m: 2971 = 109 min, s/w, Cine, PJ: 1967/68, PM: 25.10.1967, PM-Ort: Eisleben, »Capitol«

DA: Erwin Geschonneck (Otto Brosowski sen.), Marga Legal (Minna Brosowski), Helmut Schellhardt (Otto Brosowski jun.), Harry Hindemith (Bürgermeister Zonkel), Fred-Artur Geppert (Rüdiger), Eva-Maria Hagen (Elfriede), Manfred Krug (Jule Hammer), Jochen Thomas (Bode), Kaspar Eichel (Walter), Angela Brunner (Olga Bie-

nert), Willi Neuenhahn, Martin Flörchinger, Alfred Müller, Ilse Voigt, Rudolf Ulrich u. a.
INHALT: Am 21. April 1929 findet auf dem Marktplatz der kleinen Bergarbeiterstadt Gerbstedt im Mansfelder Kupferrevier die feierliche Übergabe einer Fahne statt. Ein Solidaritätsgeschenk der Bergleute aus Kriwoj Rog an ihre Klassenbrüder. Der Häuer Otto Brosowski, Funktionär der KPD, nimmt sie in seine Obhut, und sie fehlt bei keiner Demonstration der Arbeiter – bis zur Machtergreifung der Nazis. Diese erkennen die Gefahr, die von der Symbolkraft der Fahne ausgeht, und wollen sie in ihre Hände bekommen. Doch keine Verfolgung, Folter und Haft kann die Bergleute, ihre Familien und Verbündeten dazu bringen, die Fahne »auszuliefern«. Brosowski hatte geschworen, sie in ein sozialistisches Deutschland zu tragen. Im Juli 1945 verlassen die Amerikaner das Mansfelder Gebiet und die Truppen der Roten Armee marschieren ein – die Gerbstedter Genossen ziehen ihnen mit der Fahne aus Kriwoj Rog entgegen.
ZUM FILM: Der Film, entstand nach einer Vorlage von Ulbrichts Sekretär Otto Gotsche. Bei allem ideologischen Ballast vermittelt der Film doch ein genau beobachtetes Bild aus Arbeiterfamilien im mitteldeutschen Industrierevier, hat sowohl Pathos als auch Humor und ist vom dokumentaren Stil beeinflußt.
ECHO: In der *Fahne von Kriwoj Rog* ist es künstlerisch geglückt, die Wurzeln dieser traditionellen Freundschaft (der zur Sowjetunion, f.b.h.) zu zeigen, gestützt auf die dokumentarische Episode, die durch Otto Gotsches Buch einem weiten Leserkreis vertraut ist. Das Menschen- und Milieustudium, das die Maetzig-Mannschaft im mansfeldischen Kupferrevier unter und über Tage betrieben hat, zahlt sich aus. Ich möchte nur den hochvergnüglichen Geist und Ton hervorheben. (Gert Billing, *Weltbühne* 47/1967)
Die Einfachheit ihrer Helden erreichen Pederzani und Maetzig durch mehrerlei Gestaltungsprinzipien, wobei sie neue ästhetische Provinzen erforschen. Sie sind gegenüber eingefahrenen Schemata in der Menschenzeichnung unduldsam, polemisieren mit ihrer Sicht des Menschen gegen jene vereinfachenden Maximen, die im Helden soziologische Ideenträger oder moralische Prinzipien erblicken, sich damit ungerechtfertigt verkleinern, typisieren, eine kühle Distanz zu ihm

aufkommen lassen. Sie entdecken die Alltäglichkeit ihrer Helden, ihre unverkennbaren und kontrollierbaren Lebensgewohnheiten – und damit finden sie Zugang zu ihrer Gedanken- und Gefühlswelt, zu ihrem geistigen Antlitz. (Hans-Dieter Tok, *Film-Wissenschaftliche Mitteilungen* 4/1967)
Im Sog von Jutkewitschs *Lenin in Polen* erhält das Individuelle, Private ungewöhnliche Farbigkeit: die tragenden Figuren präsentieren sich mit kauzigen Ecken und Kanten. (Helmut Regel, *Filmkritik* 9/1969)
Deutsche Geschichte von unten mit Retuschen aus der neuen Sicht von oben. (Klaus Wischnewski in *Das zweite Leben der Filmstadt Babelsberg*, 1994)
NEBENBEI: Für Marga Legal, die Tochter des großen Schauspielers und Regisseurs Ernst Legal (→ *Karriere in Paris*), war die Minna Brosowski unter ihren hunderten Film- und Fernsehrollen die größte Aufgabe. Sie wurde für diese Rolle mit dem Nationalpreis ausgezeichnet.

DAS FAHRRAD
RE: Evelyn Schmidt, SZ: Ernst Wenig, DR: Erika Richter, KA: Roland Dressel, MU: Peter Rabenalt, SB: Marlene Willmann, KO: Ursula Strumpf, SC:

Sabine Schmager, PL: Günter Schwaack, GR: GR »Babelsberg«, m: 2447 = 90 min, fa, brw, PJ: 1981/82, PM: 22.7.1982, PM-Ort: Berlin, »Colosseum«

DA: Heidemarie Schneider (Susanne), Roman Kaminski (Thomas), Anke Friedrich (Kind von Susanne), Heidrun Bartholomäus (Marry), Hilmar Baumann (Riemer), Gisela Bestehorn (Reisebüro-Chefin), Gertrud Brendler (Frau Puschkat), Johanna Clas (Gerda), Birgit Edenharter (Kindergärtnerin), Christine Harbort (Bella), Roland Hemmo, Eugen P. Herden, Anita Herbst, Andrej Hoffmann, Horst Lebinski u. a.

INHALT: Susanne, ungelernte Arbeiterin, allein mit einem Kind, schlägt sich mehr schlecht als recht durchs Leben. Ihre Unzufriedenheit nimmt zu, als sie den erfolgreichen Ingenieur Thomas kennenlernt. Sie gibt ihre Arbeit auf, gerät in finanzielle Schwierigkeiten und meldet ihr Fahrrad als gestohlen, um die Versicherungssumme zu kassieren. Der Betrug fliegt auf, und sie landet vor dem Staatsanwalt. Sie ist deprimiert, und Thomas, der von dem Betrug nichts weiß, kümmert sich um sie. Als sie ihm die Sache und das bevorstehende Verfahren gesteht, stößt sie auf Unverständnis, und ihre Beziehung erhält einen Knacks. Thomas steht ihr zwar bei, aber seine Reaktion macht sie betroffen. Sie trennt sich von ihm, ist aber entschlossen, ihr Leben zu verändern.

ZUM FILM: Seine Kritik an der Gesellschaft formulierte der Film vermittelt, vielleicht etwas undeutlich, aber offen genug, daß er zu einem Streitfall wurde. Während die offizielle Kritik sich in ihrer Ablehnung auffallend einig war, fand der Film bei Filmforen, besonders unter jüngeren Zuschauern, Zuspruch. Heute gilt er als einer der wichtigen realistischen Filme der achtziger Jahre.

ECHO: *Das Fahrrad* ist nach meinem Dafürhalten nichts als eine müde Artikulation muffligen Unbehagens an der Gesellschaft. Den konfliktreichen, realistischen, bewegenden Film über eine junge Arbeiterin sind sie (der Autor und die Regisseurin, f.b.h.) uns jedenfalls schuldig geblieben. (Renate Holland-Moritz, *Eulenspiegel* 35/1982)

Jene Szenen, die unmittelbar Susannes Erleben ausdrücken, gehören, dank der Kameraarbeit Roland Dressels, zu den Lichtpunkten dieses Films. Da wird in langen Einstellungen erzählt. Man läßt sich Zeit für Bilder. Es wird Befindlichkeit spürbar. Die Atmosphäre in der Disko beispielsweise springt von der Leinwand herunter, reicht bis zum Kinosessel. Ich begreife etwas vom Lebensgefühl junger Leute, die träumen wollen, zu sich finden, den vielen Pflichten im Alltag den Rücken zuwenden. (Margit Voss, *Film und Fernsehen* 8/1982)

Der Film ist ein Plädoyer für scheinbare Randfiguren der Gesellschaft, stellt die Qualität menschlicher Beziehungen über reines Leistungsdenken. (...) Die starke sozialkritische Note des Films ließ offensichtlich vielen Kritikern eine eher negative Besprechung opportun erscheinen. Dabei hätte sich Evelyn Schmidt eigentlich als positives Beispiel einer Nachwuchsentwicklung angeboten. (Heinz Kersten, *Frankfurter Rundschau*, 16.11.1982)

NEBENBEI: Einladungen, die Evelyn Schmidt erhielt, mit dem Film auf Veranstaltungen in Wien oder London aufzutreten, durfte sie nicht annehmen: »Solche schlechten Filme zeigen wir im Ausland nicht.« Als der Film jedoch 1985 für gute Devisen ans ZDF verkauft werden konnte, scherte man sich nicht darum, daß der »schlechte Film« damit einem Millionenpublikum bekannt wird – und auch in der DDR zusätzliche Freunde gewann.

FAHRSCHULE

RE: Bernhard Stephan, SZ: Bernd Schirmer, LV: Gleichnamiges Hörspiel von Bernd Schirmer, DR: Peter Jakubeit, KA: Peter Badel, MU: Christian Steyer, SB: Marlene Willmann, KO: Ursula Strumpf, SC: Margrit Brusendorff, PL: Dietmar Richter, GR: GR »Berlin«, m: 2309 = 85 min, fa, brw, PJ: 1985/86, PM: 20.11. 1986, PM-Ort: Berlin, »International«

DA: Jörg Gudzuhn (Steinköhler), Otto Mellies (Hempel), Kata Kanya (Gisela), Detlef Heintze (Reschke), Daniela Hoffmann (Elvira), Simone von Zglinicki (Maria), Bodo Krämer (Triefäugiger), Steffie Spira (resolute alte Dame), Jaecki Schwarz (Arzt), Hilmar Baumann (Hauptwachtmeister Schaarschmidt), Carl-Hermann Risse, Ursula Staack, Marylu Poolman, Ingo Albrecht, Mona Stein u.a.

INHALT: Herr Steinköhler ist Fußgänger aus Passion, doch plötzlich befindet sich seine Familie

im Besitz von zwei Wartburgs. Einen hat Steinköhler aus Mitleid einem Freund abgekauft, der seine geschiedene Frau auszahlen muß, und das zweite hatte seine Frau Gisela vor Jahren heimlich bestellt und nun bekommen. Beide melden sich zur Fahrschule an. Für Steinköhler ist der Unterricht, genauer gesagt der Fahrlehrer Hempel, ein Alptraum. Hempel spielt ihm gegenüber so richtig seine Macht aus. Außerdem ist Steinköhler eifersüchtig, weil seine Frau Gisela mit ihrem Fahrlehrer offensichtlich zu gut auskommt. Der Zufall will, daß eine flotte, junge Fahrschülerin ihn für den Fahrlehrer hält. Ihre Hingabe erhebt und verwirrt ihn gleichermaßen, doch er ist entschlossen, die unverhoffte Chance zu einem Abenteuer zu nutzen.

ZUM FILM: Das Auto war auch des Deutschen in der DDR liebstes Kind, wenngleich es im Sozialismus weitaus schwieriger war, es zu bekommen und zu halten. Die dritte DEFA-Komödie zum Thema geriet Regisseur Bernhard Stephan nach mehrjähriger Schaffenspause vergnüglich.

ECHO: Wo der Wortwitz dem bloßen Filmbild weicht, da allerdings wird es bieder, einfältig mitunter holpert die mit allerlei Ballast befrachtete Handlung durch so manches Schlagloch. Eine Komödie ist *Fahrschule* nicht geworden, eher wohl ein Lustspiel, ein recht erfreuliches sogar. (Hans-Dieter Tok, *Leipziger Volkszeitung*, 22./23.11.1986)

Die Figuren und ihr Verhalten bleiben psychologisch glaubwürdig. Mit billiger Situationskomik wird nicht operiert, Klamottengags kommen nicht vor. Stattdessen immer wieder Momente des Tragikomischen und Szenen, die doch ernsthafter gemeint sind, als es auf den ersten Blick den Anschein hat. (Helmut Ullrich, *Film und Fernsehen* 3/1987)

Die Dialoge verdichten sich zu entlarvenden, treffsicheren Pointen, die wie Sektkorken knallen. (...) Was an darstellerischer Brillanz geboten wird, läßt manche handwerkliche Ungenauigkeit des Regisseurs Bernhard Stephan vergessen. (Renate Holland-Moritz, *Eulenspiegel* 3/1987)

Der Wiedererkennungseffekt bewirkte denn auch bei der Premiere einiges spontane Gelächter im Parkett, schließlich kennt jeder DDR-Bürger nur zu gut die Betriebspausengespräche der Kollegen über ihre neuesten Autoerfahrungen, und wenn auf der Leinwand davon die Rede ist, daß man erst mal eine halbe Ewigkeit auf ein Auto und dann noch mal drei Jahre auf die Fahrschule warten muß, dann erkennen auch darin die meisten Zuschauer eigene Erlebnisse wieder und können auf einmal im Kino über etwas lachen, worauf sie sonst im Alltag eher mit Ärger reagieren. (Heinz Kersten, *RIAS Berlin*, 21.11.1986)

NEBENBEI: Die Schauspielerin Mona Stein, hier in der kleinen Rolle einer Bardame zu sehen, machte in den neunziger Jahren als eine auch in den Medien bekannte Wahrsagerin von sich reden.

DIE FAHRT NACH BAMSDORF

→ *Anhang A*

DER FALL DR. WAGNER

RE: Harald Mannl, CO-RE: Carl Balhaus, BU: Jan Petersen, DR: Willi Brückner, KA: Eugen Klagemann, MU: Gottfried Madjera, BA: Alfred Tolle, KO: Rosemarie Wandelt, SC: Friedel Welsandt, PL: Alexander Lösche, m: 2450 = 90 min, s/w, PJ: 1954, PM: 8.10.1954, PM-Ort: Berlin, »Babylon«/»DEFA-Filmtheater Kastanienallee«

DA: Harald Mannl (Dr. Kurt Wagner), Johanna Endemann (Rita Wagner), Brigitte Hecht (Inge Wagner), Dieter Heusinger (Hans Henning), Hans Wehrl (Gerhard Scholz), Hans-Peter Thielen (Rudolf Neumann), Raimund Schelcher (Erich Rückert), Theo Shall (Rolling), Wolf Kaiser (Feder), Fredy Barten (Meyer), Peter-Paul Goes, Horst Preusker, Aribert Grimmer, Erich Mirek, Friedrich Teitge u. a.

INHALT: Im Ostberliner Astra-Werk steht der Wissenschaftler Dr. Wagner kurz vor einer bedeutenden Erfindung, die den Betrieb vom teuren Kupfer unabhängig machen soll. Das entscheidende Experiment aber schlägt fehl. Noch weiß Wagner nicht, daß Sabotage der Grund ist, und er läßt sich durch eine vom Westen gesteuerte Psycho-Kampagne zur Republikflucht verleiten. In Westberlin, wo er vom RIAS für eine Propaganda-Sendung mißbraucht werden soll, begreift Dr. Wagner die Zusammenhänge. Und mit Hilfe des jungen Betriebsassistenten Hans Henning, der seine Tochter Inge liebt, findet er den Weg zurück.

ZUM FILM: Das Regiedebüt des aus München stammenden Schauspielers Harald Mannl behandelte erstmals im DEFA-Film das Thema der Abwerbung eines Ostberliner Wissenschaftlers.

ECHO: Die ganze hemdsärmelige Skrupellosigkeit der Rias-Agenturzentralen aller Art enthüllt sich in diesem Film auf eine sehr nüchterne und gerade darum überzeugende Art. (...) Die Handlung (...) ist im *Fall Dr. Wagner* nicht ungeschickt vom Drehbuch her angelegt. Wenn der Film trotzdem nur zu einer durchschnittlichen Wirkung kommt, so liegt es daran, daß sie künstlerisch unergiebig bleibt, daß sie schauspielerisch nicht genutzt wird. (H. U. E., *Berliner Zeitung*, 14.10.1954)

Hier wird an einem typischen Beispiel klar, wie eine Filmhandlung immer mehrere politische Anliegen des Herrschaftssystems zu veranschaulichen hat. Einmal geht es in diesem Fall um die angestrebte Bündnispolitik mit der Intelligenz, deren Reserve gegenüber Staat und Partei überwunden werden soll. Zum anderen wird zu vertrauensvoller Zusammenarbeit mit den Vertretern der SED in den Betrieben aufgerufen und die Mahnung zu erhöhter Wachsamkeit gegenüber Agenten und Saboteuren mit der Agitation gegen die zunehmende Fluchtbewegung nach dem Westen verbunden. (Heinz Kersten, *Das Filmwesen in der Sowjetischen Besatzungszone Deutschlands*, 1963)

NEBENBEI: Ulrich Thein, damals Schauspieler am Deutschen Theater und noch ohne Star-Status, spielte die winzige Rolle eines Ingenieurstudenten.
Filmtext: Der Fall Dr. Wagner. Filmnovelle von Jan Petersen. Berlin: Henschelverlag 1954. Auch: Berlin: Aufbau-Verlag 1959

DER FALL GLEIWITZ
RE: Gerhard Klein, BU: Wolfgang Kohlhaase, Günther Rücker, DR: Klaus Wischnewski, KA: Jan Curík, Jan Nemecek (ungenannt), MU: Kurt Schwaen, BA: Gerhard Helwig, KO: Gerhard Kaddatz, SC: Evelyn Carow, PL: Erich Albrecht, GR: Gruppe »Berlin«, m: 1908 = 70 min, s/w, PJ: 1960/61, PM: 24.8. 1961, PM-Ort: Berlin, »Babylon«/»Lunik« Wilhelmsruh
DA: Hannjo Hasse (Helmut Naujocks), Herwart Grosse (Gestapochef Müller), Hilmar Thate (KZ-Häftling), Georg Leopold (Volksdeutscher Wyczorek), Wolfgang Kalweit (Volksdeutscher Kraweit), Rolf Ripperger (Volksdeutscher Bieratzki), Christoph Beyertt (Volksdeutscher Sitte), Rolf Ludwig (SS-Arzt), Friedrich Richter (jüdischer Professor), Paul-Dolf Neis (SD-Chef Gleiwitz), Günter Naumann, Heinz Schröder, Margarethe Taudte, Heinz Isterheil, Werner Dissel u.a.
INHALT: Der Film rekonstruiert minutiös den von den Nazis am 31. August 1939 fingierten polnischen Überfall, der den Grund für den Krieg gegen Polen liefern sollte. Der Rundfunksender Gleiwitz befindet sich nahe der polnischen Grenze. Sechs aus Polen stammende Volksdeutsche kommen von einer SS-Schule im Sonderauftrag nach Gleiwitz und werden von SS-Hauptsturmführer Naujocks empfangen. Am 31. August gibt Heydrich aus Berlin den telefonischen Befehl, die geplante Aktion durchzuführen. Ein KZ-Häftling wird in eine polnische Uniform gesteckt, zum Sender gebracht, erschossen und als »Beweis« für den Überfall der Polen zurückgelassen. Am Morgen darauf wird »zurückgeschossen«.
ZUM FILM: Grundlage des Films waren die Aussagen des SD-Führers Naujocks vor einer britischen Vernehmungsbehörde und im Nürnberger Prozeß. Gerhard Klein und Wolfgang Kohlhaase, die für ihre Berlin-Filme in die Kritik geraten waren, griffen hier ein historisches Thema auf. Sie bevorzugten einen nüchternen Stil ohne jedes

Pathos und mußten sich von Kritikern und Funktionären daraufhin neben »Objektivismus« und »mangelnder Parteilichkeit« auch vorwerfen lassen, die Organisationsfähigkeit der Nazis zu verherrlichen.
ECHO: Der Film macht daraus eine ungemein beteiligende, zu erregenden Höhepunkten gesteigerte Reportage, die den Zuschauer vom ersten bis zum letzten Meter in ihrem Bann hält. (...) Der Inszenierungsstil Gerhard Kleins ist auf eine extreme Sachlichkeit gerichtet: immer da, wo sie erreicht wird, ergeben sich die stärksten Wirkungen, erhebt sich im Zuschauer der leidenschaftliche Protest. (Hans Ulrich Eylau, *Sonntag* 17/1961)
Tatsächlich ist der von Wolfgang Kohlhaase und Günther Rücker geschriebene Film in einem ganz intellektuellen, kühl-dokumentarischen und dabei doch expressiven Stil gehalten. Eine der wesentlichsten Aufgaben fiel dabei neben dem Schnitt der Kamera zu, mit der Jan Curik aus Prag (*Die weiße Taube*) die Ideen des Regisseurs kongenial in bewegte Bilder umsetzte. (...) Die Schöpfer dieses eindrucksvollen Werkes knüpfen an den Stil Eisensteins und der attraktiven Bildmontage an. Seit Staudtes → *Untertan* gelang

ihnen damit der optisch stärkste, seit Konrad Wolfs → *Sterne* der geschlossenste und überzeugendste Film der DEFA. (Heinz Kersten, *Tagesspiegel*, 31.8.1963)
Die im Film dargestellten Massenveranstaltungen der Nazis riefen durch eine auf Symmetrie und Betonung der Geraden ausgerichtete Bildsprache eine beklemmende, abstoßende, auf jeden Fall zu einer distanzierten Haltung führende Wirkung hervor. (...) Die außergewöhnlich erhellende filmische Kraft dieser auf Erkenntnis und Durchschaubarmachung gerichteten Form wurde nicht erkannt und der Film bald nur noch in kleineren und in Kunstkinos gezeigt. Seine unsentimentale und moderne Art, sich mit dem Faschismus auseinanderzusetzen, die ihm damals den Weg zu einem breiteren Verständnis versperrte, ließ den *Fall Gleiwitz* jung bleiben. (Erika Richter in *Das zweite Leben der Filmstadt Babelsberg*, 1994)
MEINUNG: Im Kino geschah dann aber etwas sehr Zwiespältiges: Es entstand die gewünschte Distanz zum Dargestellten, aber auch eine Distanz zu den ungewohnten Mitteln dieses Films. Das war der Preis dafür, den Film mit dieser stilistischen Konsequenz zu erzählen, zu der ich stehe. (Wolfgang Kohlhaase, *Aus Theorie und Praxis des Films* 2/1984)
NEBENBEI: Obwohl 1961 in den Wettbewerb des Moskauer Filmfestivals eingeladen, wurde der Film nicht dorthin entsandt.
Filmtext: Der Fall Gleiwitz. In: Die Verlobte. Texte zu sieben Spielfilmen von Günther Rücker. Berlin: Henschelverlag 1988

DER FALL Ö.

(Co-Produktion)
RE: Rainer Simon, SZ: Ulrich Plenzdorf, LV: Erzählung »König Ödipus« von Franz Fühmann, Redaktion: Dr. Wolfgang Patschke, DR: Peter Jakubeit, KA: Roland Dressel, MU: Friedrich Schenker, SB: Hans Poppe, KO: Günther Heidemann, Susanne Carow, SC: Helga Gentz, Margrit Brusendorff, PL: Dorothea Hildebrandt, Wolfgang Bajorat, GR: GR »Berlin«, m: 2605 = 96 min, fa, brw, PJ: 1990, PM: 4.4.1991, PM-Ort: Berlin, »International«, CO: TORO-Film GmbH, Berlin; ZDF, Mainz
DA: Matthias Habich (Hauptmann), Sebastian Hartmann (Ödipus), Tatjana Lygari (Königin Iokaste), Jan Josef Liefers (Kameramann), Klaus Pönitz (Hauptfeldwebel), Herbert Sand (Maskenbildner), Christos Tsangas (Kreon), Peter Zimmermann (Funker), Wilfried Loll (Koch/Wagenlenker), Hagen Oechel (Kübelfahrer/Requisiteur), Jörg Simonides, Marian Wolf, Frank Haberland, Volker Ranisch, George Moshidis u. a.
INHALT: Sommer 1944. Im von deutschen Truppen besetzten Griechenland dreht ein Hauptmann der Wehrmacht mit Soldaten und einigen Einheimischen einen Amateurfilm nach Sophokles' »König Ödipus«. Im zivilen Leben ist der Hauptmann Professor für Altgriechisch. Der den Ödipus spielende naive Gefreite, der den Stoff nicht kennt, sieht sich plötzlich mit Fragen von Schuld und Sühne konfrontiert. Er und auch sein Vorgesetzter verlieben sich in die griechische Darstellerin der Iokaste. Doch die Kriegsrealität beendet ihr Spiel. Nach einem Partisanenüberfall werden die griechischen Schauspieler als Geiseln genommen. Als sie fliehen, läßt der Hauptmann das Feuer auf sie eröffnen. Der Gefreite »Ödipus« erschießt »Iokaste«, der Hauptmann sich selbst.
ZUM FILM: In strenger Stilisierung verfilmte Rainer Simon als seinen letzten DEFA-Film eine Erzählung von Franz Fühmann, die schon 1974 als Vorlage eines Fernsehfilms von Fühmann-Spezialist Kurt Jung-Alsen gedient hatte. Bei Simon kam Fühmanns Liebe zu Mythen und Märchen stärker zum Zuge und gab dem Film trotz aller Härte eine poetische Note.
ECHO: *Der Fall Ö.*, dicht und geschlossen inszeniert, konzentriert sich ganz auf den intellektuellen Diskurs. Zur geistigen Spannung tragen nicht zuletzt die Brüche und Verfremdungen bei, denen die Figuren beim Wechsel aus der Wehrmachtsuniform in die antiken Gewänder, aus dem Armeejargon in die Sprache Sophokles' (und umgekehrt) unterliegen. (Ralf Schenk, *Filmspiegel* 7/1991)
Die Beteiligten vor und hinter der Kamera verdeutlichen die Deformation und den Zwiespalt, in den Menschen geraten, sobald sie Teil einer Kriegsmaschinerie werden. (...) Rainer Simon ging es in seinem Film um die zeitlose Frage nach der Schuld des Individuums im Geschichtsprozeß. Die stellt sich nun wieder nach dem Umbruch in der DDR. (Heinz Kersten, *Tagesspiegel*, 4.4. 1991)

NEBENBEI: Matthias Habich wurde vor allem durch anspruchsvolle Fernsehrollen bekannt, so in den siebziger Jahren als Simplicius Simplicissimus und als Victor Klemperer Ende der neunziger Jahre.
Filmtext: Der Fall Ö. In: Ulrich Plenzdorf: Filme 2. Rostock: Hinstorff Verlag 1988

FALLADA – LETZTES KAPITEL
RE: Roland Gräf, SZ: Helga Schütz, Roland Gräf, DR: Christel Gräf, KA: Roland Dressel, MU: »Valse Triste« v. Jean Sibelius, »Frag nicht, warum« v. Robert Stolz, SB: Georg Wratsch, KO: Christiane Dorst, SC: Monika Schindler, PL: Herbert Ehler, GR: GR »Roter Kreis«, m: 2766 = 101 min, PJ: 1987, PM: 11.5.1988, PM-Ort: Karl-Marx-Stadt, »Luxor-Palast«
DA: Jörg Gudzuhn (Hans Fallada), Jutta Wachowiak (Anna, seine Frau), Katrin Saß (Ursula Losch), Corinna Harfouch (Elsa-Marie Bujonke), Ulrike Krumbiegel (Anneliese), Marga Legal (Falladas Mutter), Hermann Beyer (Abteilungsleiter), Carl Heinz Choynski (Wächter Paselk), Werner Dissel (Doktor), Werner Godemann (Gendarm), Joachim Lätsch, Herbert Sand, Christine Poisl, Ulrike Stanelle, Werner Kanitz u.a.
INHALT: Die letzten zehn Jahre (1937 – 47) aus dem Leben des Dichters Hans Fallada. Er wohnt mit seiner Familie in Carwitz. Sein Sehnen nach Harmonie kollidiert mit den Zeitumständen und seiner eigenen inneren Zerrissenheit. Er schreibt kaum noch Belangvolles, trinkt, nimmt Tabletten. Seine Frau Anna betreut ihn in den Zeiten tiefster Depressionen, erträgt seine Aggressionen und seine Liaison mit dem Hausmädchen Anneliese. Als er mit der Fabrikantenwitwe Ursula Losch ein Verhältnis beginnt, läßt sie sich scheiden. Die Liebe zu der schönen, jungen Ursula gibt ihm neuen Lebensmut, doch nicht auf Dauer. Sie ist Morphinistin und zieht ihn noch weiter in den Abgrund. Den kurzen Hoch-Zeiten folgen immer größere Tiefs. Nach Ende des Krieges setzt ihn die Rote Armee als Bürgermeister ein, doch Fallada scheitert an der ungewohnten Aufgabe – betäubt sich mit Alkohol und Morphium. Er geht nach Berlin, schreibt in kurzer Zeit unter dem Einfluß von Freunden »Jeder stirbt für sich allein«. Doch körperlich ist er am Ende, wird ins Krankenhaus eingeliefert, wo er im Februar 1947 stirbt.

ZUM FILM: Um dieses Szenarium verfilmen zu können, waren lange Kämpfe nötig, weil Fallada in der DDR zwar als Realist geschätzt wird, menschlich jedoch labil ist und der Gesellschaft »neutral« gegenübersteht. Schließlich entstand ein gültiges, bewegendes Dichterporträt.
ECHO: Roland Gräf, der hier, mit dem sehr genauen, prägenden Szenarium von Helga Schütz, wohl seinen bislang besten, dichtesten Film inszeniert und ganz vorn angekommen ist – thematisch wie ästhetisch – sagte einen Satz, der die Haltung gegenüber der Figur bezeugt, der aber wohl zugleich ein darüber hinausgreifender Grund-Satz ist: »Leben eignet sich nicht zum Besserwissen.« (Henry Goldberg, *Filmspiegel* 13/1988)
Ich bin mir nicht sicher, ob es redlich ist, Lebensstationen eines prominenten Zeitgenossen mit Fiktionen anzureichern. Zumal dann nicht, wenn noch Angehörige und Betroffene leben, die über genaueres Wissen verfügen. Der weniger kenntnisreiche Zuschauer hält die Geschichte, in der ja authentische oder nur leicht verschlüsselte Namen verwendet werden, schließlich doch für die verbürgte Wahrheit. Aber ungeachtet solch

subjektiver, vielleicht anfechtbarer Bedenken ist Roland Gräf ein beachtenswerter Film gelungen. Da gibt es Szenen von elementarer Bild- und Aussagekraft. (Renate Holland-Moritz, *Eulenspiegel* 27/1988)

Leitmotivisch immer wieder von der »Valse triste« von Jean Sibelius begleitet, entwickelt sich die Tragödie eines sensiblen, schwachen Menschen, der vor allem in seinen privaten Verstrickungen gezeigt wird. (Heinz Kersten, 1988, zit. nach *So viele Träume*)

NEBENBEI: Marga Heiden, die Mutter von Katrin Saß, spielt die kleine Rolle der Großmutter Losch. – Der Film erhielt auf dem Nationalen Spielfilmfestival 1988 den Hauptpreis.

FAMILIE BENTHIN

RE: Kollektiv unter Leitung von Slatan Dudow und Kurt Maetzig (nicht genannt: Richard Groschopp), BU: Johannes R. Becher, Slatan Dudow, Kuba, Ehm Welk, DR: Joachim Barckhausen, Alexander Graf Stenbock-Fermor, KA: Robert Baberske, Karl Plintzner, Walter Roßkopf, MU: Ernst Roters, BA: Erich Zander, KO: Georg Schott, SC: Ilse Voigt, PL: Adolf Fischer, m: 2684

= 98 min, s/w, AT: Jahre der Entscheidung, PJ: 1950, PM: 8.9.1950, PM-Ort: Leipzig, »Capitol« DA: Maly Delschaft (Annemarie Naumann), Charlotte Ander (Olga Benthin), Hans-Georg Rudolph (Theo Benthin), Werner Pledath (Gustav Benthin), Brigitte Conrad (Ursel Benthin), Harry Hindemith (Werkleiter Seidel), Ottokar Runze (Peter Naumann), Hannelore Koblentz (Hede Naumann), Karl-Heinz Deickert (Klaus Naumann), Peter Dornseif (Dr. Benthin), Erik Schumann (Hans Bodmer), Helmuth Hinzelmann (Mr. Brown), Axel Triebel, Erich Nadler, Hans Klering, Friedrich Maurer, Albert Venohr, Walter Bechmann, Gustav Püttjer, Friedrich Gnass u. a.

INHALT: Aus der Teilung Deutschlands versuchen die Brüder Theo und Gustav Benthin Gewinn durch Schmuggel zu ziehen. Sie sind Besitzer der »Merkur«-Werke, Theo im Westen und Gustav im Osten. Der ostdeutschen Polizei bleiben die Intrigen nicht lange verborgen. Gustav wird verhaftet, sein Chauffeur Peter Naumann kann nach dem Westen fliehen und landet in der Fremdenlegion. Peters Schwester dagegen, die schon vorher in den Westen gegangen war und weder Arbeit noch Unterkunft fand, kehrt zur Mutter Annemarie in den Osten zurück.

ZUM FILM: Als Parteiauftrag schrieb Johannes R. Becher ein Manuskript, das die gegensätzliche Entwicklung beider deutscher Staaten anhand einer Familiengeschichte erzählte. Drei weitere Autoren wurden an das Prestigeprojekt gesetzt, das anläßlich der Wahlen im Herbst 1950 vorliegen sollte. Nachdem Wolfgang Staudte die Regie ablehnte, erhielt Slatan Dudow den Parteiauftrag dazu. Ihm mußte Kurt Maetzig unter die Arme greifen, und für eine Reihe von Nachtaufnahmen wurde der bis dahin in Dresden tätige Regisseur Richard Groschopp nach Berlin geholt. Der arg schwarzweißzeichnende Film ließ sich propagandistisch gut verwenden, wenngleich viele Zuschauer die allzu deutliche Absicht verstimmt haben mag.

ECHO: Das Große in diesem Film (...) ist das Bewußtsein von der Stärke unseres neuen Lebens, das sich nun aus dieser schweren Vergangenheit gestaltet hat und seinen festen Boden in der Deutschen Demokratischen Republik findet. Aber auch die andere Seite wird sichtbar. Wir sehen die Menschen auch jenseits der künstlich aufgerichteten Zonengrenzen und erkennen die

Kräfte, die nur ein Interesse haben, die Jugend in Westdeutschland durch Arbeitslosigkeit und Schwarzhandel weiter zu zermürben. Nicht neue, freie Menschen sollen sich dort entfalten. Man will sich auf diese Weise die geeigneten Objekte für den Söldnerdienst im vorbereiteten imperialistischen Krieg heranziehen. (*Neue Filmwelt* 10/1950)

Die Figuren sind holzschnittartig angelegt, scharf in Gut und Böse getrennt; der Westen besteht aus verbrecherischen Monopolisten, verblendeten Arbeitern und verführten DDR-Flüchtlingen, die sich in einem tristen Keller, einer Notunterkunft für gestrandete Arbeitslose, wiederfinden. (...) Doch das Ergebnis ist künstlerisch mäßig. Maly Delschaft hat ein paar schöne Momente als Witwe Annemarie Naumann, die mehrere ihrer Kinder in den Wirren der Nachkriegszeit verliert; und einen filmischen Fluß weist besonders eine Szenenfolge auf, in der ein weißer Hut als begleitendes Symbol für den Abstieg des in die Westzonen geflüchteten Peter Naumann (Ottokar Runze) fungiert. (Ralf Schenk in *Das zweite Leben der Filmstadt Babelsberg*, 1994)

NEBENBEI: Die Rolle der Annemarie Naumann übernahm Maly Delschaft, die in der Stummfilmzeit in einigen Filmen von Weltruf (*Der letzte Mann, Varieté*) Hauptrollen gespielt hatte und bis 1961 in zahlreichen DEFA-Rollen auftrat. Ihren Sohn Peter spielte Ottokar Runze, damals Schauspieler am Deutschen Theater, der sich in der Bundesrepublik zu einem renommierten Regisseur entwickelte. Ein weiterer Regisseur war in der kleinen Rolle eines FDJlers zu sehen: Konrad Petzold besuchte damals das DEFA-Nachwuchsstudio und inszenierte nach seinem Regiestudium bei der DEFA vor allem unterhaltende und Kinder- und Jugendfilme.

FAMILIENBANDE

RE: Horst E. Brandt, SZ: Manfred Richter, DR: Anne Pfeuffer, KA: Hans-Jürgen Kruse, MU: Walter Kubiczek, SB: Dieter Adam, KO: Elke Hersmann, SC: Karin Kusche, PL: Erich Kühne, GR: GR »Berlin«, m: 2729 = 100 min, fa, brw, PJ: 1981/82, PM: 11.6.1982, PM-Ort: Rostock, Sport- und Kongreßhalle

DA: Peter Reusse (Markus Raban), Hanns-Jörn Weber (Olaf Raban), Roman Kaminski (Frank Raban), Franziska Troegner (Elke Raban), Antje Kupgisch (Iris Raban), Elsa Grube-Deister (Gerda Raban), Monika Woytowicz (Astrid), Christian Grashof (Lenz Marbold), Dieter Wien (Bienert), Gerd Blahuschek (Günter), Gisbert-Peter Terhorst, Peter Friedrichson, Lothar Schellhorn, Marylu Poolman, Peter Herden u. a.

INHALT: Der Arbeiter Frank Raban lebt mit seiner Frau und der kleinen Tochter in einem Zimmer in der Wohnung der Mutter. Er baut ein Eigenheim, beschafft auch mal auf illegale Weise Material. Als ein Feierabendmaurer in Forumschecks bezahlt werden will, schlägt Frank empört zu und landet vor dem Staatsanwalt. Seine Brigade bürgt. Mit Geld greifen ihm seine beiden Westberliner Brüder Markus und Olaf unter die Arme, doch ihr Preis ist hoch. Markus betreibt einen Antiquitätenhandel – mit geklauten Kunstschätzen aus der DDR. Er benutzt die Familienbande in den Osten für seine Einbrüche. Als dabei von Markus und Olaf ein Museumswächter ermordet wird, erzählt Frank alles seiner Frau. Sie versucht ihn zu überzeugen, sich der Polizei zu stellen.

ZUM FILM: In diesem Kriminalfilm wird nach längerer Zeit wieder die deutsche Zweistaatlichkeit thematisiert. Das Thema des Films lieferte eine Begründung für die weitere Abgrenzung der DDR von der BRD.

ECHO: Die Kriminalgeschichte hat das endgültige Zerbrechen von Familienbindungen zwischen den beiden deutschen Staaten zur Grundlage. Menschliche Beziehungen zwischen Familienmitgliedern in zwei grundsätzlich verschieden gestalteten Bereichen werden in ihrem schlimmsten Stadium, im Zustand der Kriminalisierung, gezeigt. Hier ist auf einen extremen Punkt gebracht, was Vorschläge der dramatischen Kunst in unserem Land zu den brennenden Problemen der beiden deutschen Staaten vorleisteten. (Günter Agde, *Filmspiegel* 14/1982)

Realitätsgehalt zumindest läßt sich dem Film nicht absprechen. Daß in der DDR der Bau eines Eigenheims oft nur mit Mitteln etwas außerhalb der Legalität bewerkstelligt werden kann, wird ebensowenig verschwiegen wie die Existenz einer zweiten Währung in Gestalt der DM. (...) Inszeniert freilich ist der Film simpel, ohne Sinn für Zwischentöne und genauere Figurenzeichnung. Auch gute Schauspieler können da nichts retten. (Heinz Kersten, 1982, zit. nach *So viele Träume*)

NEBENBEI: Auch, wenn es für den geschilderten Fall reale Vorbilder gab, erhält der Film eine besondere Pikanterie vor dem Hintergrund der Tatsache, daß die Staatssicherheit der DDR den Ausverkauf von Antiquitäten an den Westen fest in der Hand hatte.

FARIAHO

RE: Roland Gräf, SZ: Martin Stephan, Roland Gräf, DR: Erika Richter, KA: Jürgen Brauer, MU: Hortus Musicus, Hanns Eisler, Günther Fischer, SB: Georg Wratsch, KO: Lieselotte Sbrzesny, SC: Monika Schindler, PL: Erich Kühne, GR: GR »Babelsberg«, m: 2700 = 99 min, fa, brw, PJ: 1982/83, PM: 1.9.1983, PM-Ort: Berlin, »International«

DA: Franciszek Pieczka (Sebastian Fußberg), André Hiller (Achim Lobau), Arianne Borbach (Marianne), Heide Kipp (Mutter Lobau), Marylu Poolman (Frau Sammet), Karlheinz Welzel (Bruno), Hans-Uwe Bauer (Magnus), Joachim Nimtz (Fleck), Werner Godemann (Fleischer), Jaecki Schwarz (Schiebow), Achim Schmidtchen, Fred Delmare, Eckhard Becker, Arnim Mühlstädt, Lutz Schneider u. a.

INHALT: Ende der fünfziger Jahre zieht der Puppenspieler Sebastian Fußberg durchs Land, Stücke spielend, die schon Generationen vor ihm spielten – »Ritter, Tod und Teufel« und »Stülpner Karl« zum Beispiel. Er nimmt einen jungen Mann, Achim, bei sich auf, den Enkel seines alten Freundes, der im Konzentrationslager ermordet wurde. Diese Erinnerung belastet ihn wie eine Schuld, weil er selbst 1943 entlassen wurde. In Achim sieht er seinen möglichen Nachfolger als Puppenspieler. Fußberg nimmt wenig später noch das Mädchen Marianne auf, das er von einem zweifelhaften Leben auf einer Baustelle wegholt. Die Beziehung zwischen Fußberg und den jungen Leuten ist jedoch nicht von Dauer. Die Jungen verstehen seine psychische Zerrissenheit und seinen Schuldkomplex nicht und verlassen ihn. Er selbst befreit sich endgültig von der Vergangenheit, indem er im Keller verstecktgehaltene Puppen, Abbilder der früheren Feinde, verbrennt.

ZUM FILM: Metaphernreich versuchte sich der Film in Vergangenheitsaufarbeitung, blieb jedoch trotz oder wegen seiner poetischen Bilder schwer entschlüsselbar.

ECHO: Mitgefühl für einen eigenbrötlerischen Kauz, dessen missionarischer Eifer dem falschen Gegenstand gilt, macht sich breit. (...) Auf die Dauer allerdings vermögen die jungen Leute nicht, dem liebenswert-komischen Alten zu folgen. Ähnlich geht es dem Zuschauer, denn gar zu abstrus und konstruiert ist Fußbergs nicht zu bewältigende Vergangenheit. (Renate Holland-Moritz, *Eulenspiegel* 42/1983)

So fächert sich ein ziemlich breites Spektrum an Situationen und Leuten auf, durch das sich der Zuschauer hindurchfinden muß. Das ist nicht immer leicht, weil Roland Gräf diese Reihung sehr dicht baut und weil die einzelnen Episoden von unterschiedlicher künstlerischer Brillanz und wechselnder gesellschaftlicher Relevanz sind. Manchmal bricht er auch unvermittelt ab, springt schnell, packt sogar Anspielungen auf Heutiges in damalige Zusammenhänge. (Günter Agde, *Filmspiegel* 19/1983)

Es ist kein Film über die DDR der fünfziger Jahre. Trotz einiger weniger kleiner Anspielungen auf die damals praktizierte engstirnige Kulturpolitik des sogenannten Bitterfelder Weges bleibt jenes Zeitkolorit fast unkenntlich. In dieser Hinsicht wurden Möglichkeiten, die der Stoff bot, verschenkt. (Heinz Kersten, 1983, zit. nach *So viele Träume*)

NEBENBEI: Franciszek Pieczka (geb. 1928) zählt nicht zuletzt durch seine Filmrollen bei Wajda und Kieslowski zu den großen polnischen Charakterdarstellern und gastierte mehrfach bei der DEFA.

FARSSMANN ODER ZU FUSS IN DIE SACKGASSE

RE: Roland Oehme, SZ: Rudi Strahl, LV: Frei nach Erzählungen von Hermann Kant, DR: Dieter Wolf, KA: Jürgen Lenz, MU: Günther Fischer, SB: Dieter Döhl, KO: Werner Bergemann, SC: Renate Schäfer, PL: Manfred Renger, GR: GR »Babelsberg«, m: 2648 = 97 min, fa, brw, AT: Vor-Zeiten, PJ: 1990, PM: 5.9.1991, PM-Ort: Berlin, »Haus am Köllnischen Park«

DA: Michael Gwisdek (Farßmann), Angelika Waller (Lena Simoneit), Peter Sodann (Direktor Scharrbowski), Käthe Reichel (Frau Lörke), Horst Schulze (Dr. Falke), Chris Howland (Mr. Osbar), Werner Godemann (Mann mit Geigenkasten), Michèle Marian (Doreen Wegmann), Annemone

Haase (Frau Woltermann), Michael Walke (Bäckermeister), Klaus Piontek, Viola Schweizer, Martin Trettau, Gerd Michael Henneberg, Peter Mohrdieck, Eberhard Kirchberg, Detlef Gieß, Manfred Borges, Urs Kilger, Lothar Kusche u. a.
INHALT: Farßmann ist ein kleiner Buchhalter in einem Betrieb, der Orden und Ehrenzeichen herstellt. Das möchte er auch bleiben, doch er ist ungewollt auf dem Wege, Karriere zu machen. Attraktive Frauen umgarnen ihn, beim Bäcker wird er bevorzugt mit frischen Brötchen bedient, und im Betrieb stößt er auf die Spur eines verschollenen Denkmals, das ihn beinahe zu Entdeckerehren gebracht hätte. Von allerhöchster Stelle bekommt er den Auftrag, die Millionenschenkung eines Amerikaners für die Mormonen in der DDR zu verwalten. Wollte er schon nicht Hauptbuchhalter werden, so verunsichert ihn dieses Valutaprojekt ganz gewaltig. Doch wie immer gelingt es ihm schließlich auch hier, sich herauszuhalten.
ZUM FILM: Das Drehbuch setzte Rudi Strahl aus verschiedenen Erzählungen des einst verehrten und nunmehr ungeliebten DDR-Schriftstellerverbandspräsidenen Hermann Kant zusammen. Bereits fünf Jahre lang wartete es bei der DEFA auf die Realisierung. Als das Konglomerat auf die Leinwand kam, lebte es bestenfalls noch von einigen Kabinettstücken der Darsteller.
ECHO: Ein indiskutabler Versuch, unter vorgeblich unterschwellig-kritischer Kalauerei das angeschlagene »Wir«-Gefühl einer aus der Fassung geratenen DDR-Identität zu kitten. Die biedere Geschichte einer »grauen Maus«, die in ihrer Nische ausharrt und alles übersteht, die sich allem zu entziehen weiß, wird – anstatt als Falle enttarnt – zum einvernehmlichen Hohelied auf die miefige Gewieftheit eines planwirtschaftlichen Otto Normalverbrauchers versöhnt. (Roland Rust, *film-dienst* 18/1991)
... dann stellt man fest, daß wir heute ganz andere Sorgen haben, über die man ebenfalls einen komischen Film drehen könnte, bei dem einem das Lachen im Halse stecken bliebe. Dies gelingt dem Film wenigstens an einer Stelle. Denn daß die beiden unauffällig-auffälligen Herren der »zuständigen Organe« gar nicht so komisch sind, wie sie von Regisseur Roland Oehme ins Bild gesetzt werden, zeigt eine Szene mit der Nachbarin, die Käthe Reichel so dicht zwischen Naivität und Bauernschläue hält, daß man unwillkürlich schlucken muß. (F.-B. Habel, *Film und Fernsehen* 1/1992)
NEBENBEI: Der Engländer Chris Howland, Schlagersänger sowie Star von Karl-May-Filmen und bundesdeutschen Filmlustspielen, spielt ohne sich zu verstellen einen amerikanischen Millionär.

FELIX UND DER WOLF

(Kinderfilm)
RE: Evelyn Schmidt, SZ: Sylvia Kabus, DR: Brigitte Bernert, KA: Claus Neumann, MU: Reinhard Lakomy, SB: Joachim Otto, KO: Ulrike Stelzig, SC: Sabine Schmager, PL: Wolfgang Rennebarth, GR: GR »Babelsberg«, m: 1956 = 72 min, fa, PJ: 1987/88, PM: 31.7.1988, PM-Ort: Berlin, »Colosseum«
DA: Hermann Beyer (Wolf), Ulrike Krumbiegel (Mutter Grosser), Joachim Lätsch (Vater Grosser), Nico Wohllebe (Felix), Doris Thalmer (Frau Goldberg), Ute Lubosch (Sinas Mutter), Siegrid Reintsch (Frau Keller), Renate Geißler (Frau Winter), Herbert Olschok (Antiquitätenhändler), Achim Wolff (Bauleiter), die Kinder Henrik Pötzsch, Dunja Diedrich, Nico Thorenz u. a.
INHALT: Ein altes Mietshaus wird rekonstruiert, mit viel Aufregung und Arbeit für die Bewohner. Die alte Frau Goldberg möchte das nicht auf sich nehmen und zieht um. Der siebenjährige Felix hilft ihr beim Räumen und bekommt eine Kiste mit altem Spielzeug geschenkt, die auf dem Boden steht. Seine Eltern sind gestreßt, er will sie nicht bitten, die Kiste herunterzuholen. Nur ein Zauberpferdchen nimmt er mit in die Wohnung. Herr Wolf, der Klempner, interessiert sich ebenfalls für das Spielzeug. Er bietet Felix zwanzig Mark dafür an, doch der Junge lehnt ab. Herr Wolf will das Spielzeug an sich bringen, um es im Antiquitätengeschäft zu verkaufen, Felix aber ist schneller. Er weiht seine Freunde ein, und sie verteilen das Spielzeug unter den Kindern.
ZUM FILM: Der sensible Kinderfilm, Evelyn Schmidts Debüt in diesem Genre, arbeitet mit poetischen Mitteln, die in die Realität verpflanzt werden und ein Nachdenken auslösen.
ECHO: Ein wenig Krimi, spannend-grusliger Gaunerfilm, ein wenig Märchen, dessen malerische Bilder sich mit in jeder Hinsicht weniger poetischen aus dem Schul- und eher tristen aus

dem Familienalltag vermischen. Vor allem aber das subtile Porträt eines Jungen (...). (Marion Thiemann, *Nationalzeitung*, 11.8.1988)
Das ist kein Märchen mehr, das ist ungeschminkte Wirklichkeit. Evelyn Schmidt hat es auch in dieser Arbeit die genaue Beschreibung des Alltags angetan. Das Ungewöhnliche tritt hinter dem Gewöhnlichen zurück. Eine Fülle von Details, im Milieu, in den Bildern, den Figurenbeziehungen, ebenso in den Dialogen, wenn sich auch hier hin und wieder zu Didaktisches einschleicht, machen die Wirklichkeitsnähe des Films aus. Was in diesem Spiegel zu sehen ist, soll nachdenklich machen, Veränderung bewirken. (...) Dennoch: ein wenig mehr Spuk und märchenhafte Überhöhung hätten die Geschichte wohl noch unterhaltsamer, die Botschaft eindringlicher gemacht. (Elke Schieber, *Film und Fernsehen* 12/1988)
NEBENBEI: Der Film wurde auf dem Kinderfilmfestival »Goldener Spatz« 1989 in Gera mit einem Sonderpreis ausgezeichnet. – Hauptdarsteller Nico Wohllebe übernahm wenige Jahre später noch einmal eine Kinderhauptrolle in dem Film → *Versteckte Fallen.*

FERIEN UND DAS ALTE HAUS

→ *Anhang A*

DIE FESTSTELLUNG

→ *Anhang A*

FEUER UNTER DECK

RE: Herrmann Zschoche, SZ: Wolfgang Müller, LV: Erzählband »Flußgeschichten« von Wolfgang Müller, DR: Manfred Wolter, KA: Günter Jaeuthe, MU: Günther Fischer, SB: Georg Kranz, KO: Katrin Johnsen, SC: Monika Schindler, PL: Helmut Klein, GR: GR »Babelsberg«, m: 2524 = 93 min, fa, brw, PJ: 1976, PM: 6.6.1979 (Fernsehen der DDR)
DA: Manfred Krug (Otto Scheidel), Renate Krößner (Caramba), Boleslaw Plotnicki (Jule), Arnim Mühlstädt (Miltz), Jürgen Heinrich (Langer), Thomas Neumann (Heiner), Fred Delmare (Koch), Regine Heintze (Blondine), Hilmar Baumann (Betriebsstellenleiter), Christoph Engel (BGL-Vorsitzender), Joachim Tomaschewsky, Angelika Perdelwitz, Roland Kuchenbuch, Hans Knötzsch, Carl Heinz Choynski u. a.
INHALT: Kapitän Otto Scheidel führt seit über zwanzig Jahren den Elbdampfer »Jenissei«. Es ist der letzte Raddampfer, dessen Stündlein nun auch geschlagen hat. Er soll fortan fest verankert als Restaurantschiff dienen. Otto hat, weil er den Dampfer nicht aufgeben wollte, schon vorher seine langjährige Freundin Carola, genannt Caramba, verloren. Jetzt will er kein anderes Schiff und geht in eine Gleisbaubrigade. Als bei Niedrigwasser der Elbe einige Kähne festsitzen, kapert Otto das Restaurantschiff, dessen Leiterin Caramba geworden ist, um die Kähne freizuschleppen. Mit dem Ruf »Feuer unter Deck« werden die Gäste von Bord gejagt. Während des waghalsigen Manövers geht die »Jenissei« zu Bruch. Zwischen Caramba und Otto kommt es zu handgreiflichen Auseinandersetzungen. Doch beim gefährlichen Einsatz der Männer begreift Caramba, was ihnen die Arbeit und die Schiffe bedeuten. Auch wenn ihr Restaurant nur noch Schrott ist, scheint ein Happy-End in greifbarer Nähe.
ZUM FILM: Die ganz auf den Hauptdarsteller zugeschnittene Klamotte um einen liebenswerten Kraftmeier sollte zu den Sommerfilmtagen 1977 starten. Da Manfred Krug jedoch in jenem Sommer die DDR gen Westen verließ, durfte auch der Film nicht erscheinen. Er wurde 1979 im Fernsehen gezeigt. Im Vorfeld des X. Parteitages der SED 1981 lief er unangekündigt in einigen Kinos, vielleicht, um die Souveränität der Partei im Umgang mit ausgereisten Künstlern zu demonstrieren, doch hatte sie sich mit ihren Restriktionen selbst decouvriert.
ECHO: Während mir der ganze Anfang des Films bei aller Hektik reichlich langatmig vorkommt, geht die Geschichte vom Diebstahl an richtig los, erreicht einen schwungvollen Höhepunkt, wenn der Angriff auf den ersten Dieselkahn gelingt, und kann sich auch dann noch halten, wenn nur noch wenig neue Handlung folgt. (Bernhard Klaar, *Magazin* 6/1977)
Dem Käpt'n macht es gar nichts aus, seine schwangere Braut, die das schwimmende Restaurant leitet, mit brutaler Kraft außer Gefecht zu setzen, weil er noch einmal Dampf machen will. Ein frauenfeindlicher Klamaukfilm. (Ursula Schaaf, *Tagesspiegel*, 8.6.1979)
In geschickter Gegentendenz zur Rahmenhandlung, die den historischen Abschied von einer

bestimmten Art der Binnenschifferei und wohl auch eines dazugehörigen Heldentypus beschreibt, gelingt es noch einmal, einen jener großen aktiven Helden zu etablieren, die der Film offensichtlich immer noch braucht, um handlungsbetontes und sinnlich erlebbares Kino überhaupt stattfinden zu lassen. (Christoph Prochnow, *DEFA-Spielfilm-Regisseure und ihre Kritiker*, 1981)
MEINUNG: Soweit ich seine (Manfred Krugs) Filme kenne, war die Krößner eigentlich die erste, die ihm Paroli bot, auch was das Tempo anbelangt. Da gab es ganz verrückte Szenen, und die haben sich gegenseitig gesteigert. Das Ganze kriegte dann ein enormes Tempo. Manfred Krug sah das kommen und sagte zu ihr: »Du wirst dich noch wundern, das muß ja alles noch synchronisiert werden! Du wirst dich nicht mehr einkriegen.« Und so war es dann auch: die Krößner kam ganz schön ins Schwitzen und Krug sagte nur: »Siehste!« (Herrmann Zschoche in *Manfred Krug, Seine Filme – sein Leben*, 1993)
NEBENBEI: Manfred Krug erwies sich (nach → *Weite Straßen – stille Liebe* und → *Wie füttert man einen Esel?*) bei den Dreharbeiten erneut als begeisterter LKW-Fahrer.

DAS FEUERZEUG

(Kinderfilm)
RE: Siegfried Hartmann, BU: Anneliese Kocialek, Fred Rodrian, Siegfried Hartmann, LV: Gleichnamiges Märchen von Hans Christian Andersen, DR: Margot Beichler, KA: Erich Gusko, MU: Siegfried Bethmann, BA: Hans Poppe, KO: Marianne Schmidt, TR: Ernst Kunstmann, Vera Kunstmann, SC: Hildegard Conrad, PL: Anni von Zieten, m: 2265 = 83 min, fa, PJ: 1958, PM: 18.4.1959
DA: Rolf Ludwig (Der Soldat), Heinz Schubert (Der Geizige), Rolf Defrank (Der Eitle), Hannes Fischer (Der Dicke), Hans Fiebrandt (Der König), Maria Besendahl (Die Königin), Barbara Mehlan (Die Prinzessin), Bella Waldritter (Die Hexe), Senta Bonacker (Die Kammerfrau), Fritz Schlegel (Der Wirt), Steffie Spira, Johannes Maus, Jochen Diestelmann, Günther Ballier, Friedrich Teitge u.a.
INHALT: Ein armer Soldat begegnet einer Hexe, die ihm Gold verspricht, wenn er ihr ein altes Feuerzeug aus einem hohlen Baum holt. Er befördert das Gold zutage, der Hexe aber händigt er das Feuerzeug wegen eines Streits nicht aus. In der nächsten Stadt richtet er sich gut ein, gibt den Armen von seinem Gold, läßt sich jedoch von den Reichen ausnehmen. Als sein Besitz schwindet, hat er nur noch die Freundschaft der Armen – und das Feuerzeug. Als er es ausprobiert, stehen drei Hunde bereit, seine Wünsche zu erfüllen. Er will zur Prinzessin, die der König gefangenhält, weil sie nur einen einfachen Soldaten heiraten soll. Mit Hilfe der Hunde kann er die Prinzessin befreien und alle Bösewichter davonjagen. Bei seiner Hochzeit mit der Prinzessin feiert das ganze Volk mit.
ZUM FILM: Siegfried Hartmanns zweiter Kinderfilm war ein rundum gelungenes Märchen, der die Kraft des Volkes in den Mittelpunkt stellte, aber auch König und Prinzessin nicht denunzierte. Auch in der Bundesrepublik lief der Film ab 1961 mit Erfolg.
ECHO: Größtes Lob gebührt Rolf Ludwig, dem es zunächst zu danken ist, daß er sich für einen Kinderfilm zur Verfügung stellte (hoffentlich werden andere bedeutende Schauspieler seinem Beispiel folgen). Er gibt seinem Soldaten sehr überzeugend liebenswerte Züge, die es den kleinen Zuschauern leicht machen, ganz mit ihrem Helden mitzudenken und mitzuempfinden.

Großartig versteht er es, mimisch zu übertreiben, jedoch nicht aufgesetzt, sondern mit dem echten Gefühl für die Besonderheit des Märchenspiels. (Charlotte Czygan, *BZ am Abend*, 28.4.1959)
Die schlichte und trotz aller Märchenphantastik realistische Fabel verlangte nach einem Inszenierungsstil, der weniger das märchenhafte Dekor bevorzugt und sich stattdessen mehr der inneren Entwicklung der Hauptgestalten zuwendet. Diesen Forderungen ist derRegisseur Siegfried Hartmann überzeugend gerecht geworden. (Friedrich Salow, *Deutsche Filmkunst* 7/1959)
NEBENBEI: Detlef Heintze, nach seinem Schauspielstudium für lange Jahre einer der wichtigsten Protagonisten des Deutschen Nationaltheaters Weimar und Darsteller etlicher DEFA-Rollen, ist hier in der nicht unwichtigen Rolle des Schusterjungen Hans erstmals zu sehen.

FIETE IM NETZ

(Kinderfilm)
RE: Siegfried Hartmann, BU: Fritz Meyer-Scharfenberg, Siegfried Hartmann, DR: Margot Beichler, KA: Erich Gusko, MU: Helmut Nier, BA: Willi Schäfer, KO: Helga Scherff, SC: Wally Gurschke, PL: Hans Mahlich, m: 1602 = 60 min, s/w, AT: Die Enten, Großvater, die Enten!, PJ: 1957, PM: 18.5.1958, PM- Ort: Berlin
DA: Gustav Püttjer (Großvater), Erika Müller-Fürstenau (Fietes Mutter), Brigitte Krause (Lehrerin), Peter Festersen (Lockentolle), Karl-Hermann Steinlein (Freund von Lockentolle), Joachim Schimanski (Fiete), Anton Kuck (Heiner), Ulrike Brunn (Liesa)
INHALT: In einem kleinen Dorf lebt der neunjährige Fiete. Jeden Tag nach der Schule frönt er seiner Lieblingsbeschäftigung, dem Angeln in einem kleinen Bach. Eines Tages stören zwei Rowdys die Idylle, sie ertränken den Erpel des Nachbarn. Aus Angst vor den beiden, die ihn auch noch mit einem Geschenk bestechen, schweigt Fiete über den Vorfall. Am Abend, als die Nachbarstochter Liesa ihren Erpel vergebens sucht, schlägt sein Gewissen, und nachts plagen ihn Alpträume. Aber erst als seiner Familie ein Schaf fehlt und er eine neue Gemeinheit der Rowdys vermutet, gesteht er die Wahrheit.
ZUM FILM: Der Debütfilm von Siegfried Hartmann geriet ins Kreuzfeuer ideologischer Kritik, weil das Spezifische des sozialistischen Alltags darin zu wenig ausgeprägt war.
ECHO: Welche Fabel, welche Konfliktmöglichkeiten hätten sich ergeben, wenn *Fiete im Netz* in einer LPG (Landwirtschaftliche Produktionsgenossenschaft, f.b.h.) gespielt und der Zuchterpel der Genossenschaft gehört hätte? Das Verantwortungsbewußtsein des Kindes gegenüber dem gesellschaftlichen Eigentumsbegriff hätte vermittelt werden können. Heraus aus dem plüschigen Großväter- und Großmüttermilieu gestriger Landstädtchen und Dörfer und hinein in unsere Wirklichkeit, unsere Schulen und Pioniergruppen – das wäre sicher nicht das schlechteste Rezept für die Zukunft. Dieses Neo-Biedermeier hat in unseren Filmen nichts zu suchen. (Friedrich Salow, *Deutsche Filmkunst* 6/1958)
NEBENBEI: Gustav Püttjer, der den Großvater spielte, war in seiner Jugend Dompteur beim Zirkus Hagenbeck, bevor er in verschiedenen Berufen beim Stummfilm arbeitete und schließlich ein gern besetzter Episodendarsteller wurde.

FIGAROS HOCHZEIT

RE: Georg Wildhagen, BU: Georg Wildhagen, LV: Oper »Die Hochzeit des Figaro« nach Beaumarchais von Lorenzo da Ponte und W. A. Mozart, DR: Hans Vietzke, KA: Eugen Klagemann, Karl Plintzner, ML: Prof. Artur Rother, BA: Emil Hasler, KO: Walter Schulze-Mittendorf, SC: Hildegard Tegener, PL: Walter Lehmann, m: 2975 = 109 min, s/w, PJ: 1949, PM: 25.11.1949, PM-Ort: Berlin, »Babylon«/»DEFA-Filmtheater Kastanienallee«, gleichzeitig Premieren in Westberlin, Hamburg und Frankfurt/Main
DA: Angelika Hauff, GE: Erna Berger (Susanna), Willi Domgraf-Fassbaender (Figaro), Sabine Peters, GE: Tiana Lemnitz (Gräfin Rosine), Mathieu Ahlersmeyer (Graf Almaviva), Elsa Wagner, GE: Margarete Klose (Marzelline), Viktor Janson, GE: Eugen Fuchs (Dr. Bartolo), Alfred Balthoff, Franz Weber, Ernst Legal, Willi Puhlmann, Katharina Mayberg u.a.
INHALT: Kammerdiener Figaro möchte die Zofe Susanna heiraten. Graf Almaviva, als Herr der beiden, will sein Recht auf die erste Nacht geltend machen. Figaro kommt durch ein früher gegebenes Heiratsversprechen an die alte Haushälterin Marzelline in Bedrängnis. Die Gräfin ist eifersüchtig auf Susanna. Und der Page Cherubin

ist unsterblich in die Gräfin verliebt. Die vielen Verwicklungen und Intrigen bringen die Hochzeit in Gefahr. Doch Figaro rettet sie mit List und Geschick, trägt zur Versöhnung von Graf und Gräfin bei und bringt letzteren dazu, endlich auf das unmenschliche »Recht auf die erste Nacht« zu verzichten.
ZUM FILM: Die erste Opernverfilmung der DEFA inszenierte der junge Regisseur Georg Wildhagen als sein Debüt voller Leichtigkeit und jugendlichem Schwung. Große Opernsänger liehen beliebten Komödianten ihre Stimmen, und beides ergänzte sich ausgezeichnet. Durch Verzicht auf einige retardierende Arien hatte der Film ein gutes Tempo.
ECHO: Hier entstand ein bezaubernder Film mit dem beschwingten Geiste und dem Reiz Mozartscher Musik. Ein Genuß, wie er selten ist, auf der Leinwand. Die saubere musikalische Leitung hat Artur Rother. (*Sozialdemokrat*, 27.11.1949)
Tatsächlich ergänzen sich Darsteller und Sänger vorzüglich. Das baltische Organ der Elsa Wagner als Marcellina paßt zu Margarete Kloses Gesang ebenso, wie der liebliche Sopran der Erna Berger zur Erscheinung Angelika Hauffs als Susanna. Hier wird Wildhagens Prinzip besonders deutlich. Die Berger war damals schon 49 und hätte das junge Mädchen vor der Kamera nicht glaubhaft machen können, während ihre Stimme ihren vollen Glanz hatte. (F.-B. Habel, *Märkische Allgemeine*, 16.8.1991)
NEBENBEI: Die ehemalige Ufa-Schauspielerin Sabine Peters, die ihre Karriere bereits beendet hatte, kehrte ein letztes Mal auf die Leinwand zurück, um an der Seite ihres Mannes Willi Domgraf-Fassbaender zu spielen.

DIE FLEDERMAUS
→ *RAUSCHENDE MELODIEN*

FLEUR LAFONTAINE
(DFF-Auftragsproduktion)
RE: Horst Seemann, BU: Dinah Nelken, Horst Seemann, SZ: Hans-Albert Pederzani, LV: Roman »Das angstvolle Heldenleben einer gewissen Fleur Lafontaine« von Dinah Nelken, DR: Erika Emuth, KA: Hans-Jürgen Kruse, MU: Karl-Ernst Sasse, SB: Georg Wratsch, KO: Ursula Strumpf, SC: Bärbel Bauersfeld, PL: Manfred Renger, P: DFF, m: 5507 = 200 min (TV), 3444 = 116 min (Kino), fa., PJ: 1977/78, PM: 25./27.12.1978 (TV), 29.12.1978 (Kino)
DA: Angelica Domröse (Fleur Lafontaine), Hilmar Thate (Philipp Pommeranz), Eberhard Esche (Dr. Fritz Goldner), Gisela May (Käthe Lafontaine), Fred Düren (Eberhard Lafontaine), Gerhard Bienert (Opa Schnedderich), Jutta Hoffmann (Lotti Goldner), Hans Teuscher (Jean Louis Lafontaine), Herwart Grosse (Prof. Bardekow), Käthe Reichel (Tussi), Stefan Lisewski, Leon Niemczyk, Irma Münch, Ulrich Anschütz, Anna-Else Paetzold, Angela Brunner, Gerd Ehlers, Sina Fiedler, Hannjo Hasse, Rolf Hoppe u.a.
INHALT: Der Lebensweg der lebenshungrigen Fleur, die über beinahe ein halbes Jahrhundert immer wieder tiefe seelische Konflikte durchlebt, erschließt sich, als sie 1948 nach einem schweren Unfall dem Arzt in einer neurologischen Klinik ihre Lebensgeschichte erzählt. (nach *Lexikon des internationalen Films*)
ZUM FILM: Mit dem Zweiteiler schuf Horst Seemann eine anspruchsvolle und gelungene, wenn auch kolportagehafte Literaturverfilmung nach der Vorlage einer renommierten Westberliner Autorin, eindrucksvoll besonders wegen der intensiven schauspielerischen Leistungen eines

Ensembles großer Stars. Ursprünglich hatte die Autorin den Stoff dem SFB angeboten, der jedoch vor dem hohen Aufwand zurückschreckte. Obwohl in der Kurzfassung notgedrungen einige Handlungsstränge zurückgedrängt waren, blieb doch genügend Substanz für ein anspruchsvolles Kinostück.

ECHO: Mir schien die Kinofassung in ihrer Gedrängtheit kraftvoller, zügiger und auch besser überschaubar im Ablauf, die Fabel schlanker, geschmeidiger, so daß bestimmte Schönheiten – besonders bei den Figuren – heller zutage traten. (Günter Agde, *Filmspiegel* 3/1979)

Es ist ein Film der Schauspieler. Er ist es vor allem deshalb, weil es ein Film mit Charakteren ist, der den Schauspielern »Futter« gibt. Man begegnet keinen Leuten, wie sie sein sollten, sondern Leuten wie sie waren. (Irene Böhme, *Sonntag* 3/1979)

Soweit ich mich erinnern kann, habe ich noch nie vom DDR-Fernsehen einen Film gesehen, der Zeitgeschichte so rasant, so lustig und so bitterernst zugleich anschaulich und nachvollziehbar machte: *Fleur Lafontaine* wird nicht so rasch aus dem Gedächtnis rutschen wie hundert andere Filme (Eckart Kroneberg, *Tagesspiegel*, 9.12. 1979)

Die mit Erzählinhalt randvollen Geschichten wurden in der grundsätzlich hier einmal sinnvoll eingesetzten Rückblendentechnik im Eiltempo serviert. Die Schnitte und Zeitsprünge durch die verschachtelten Filmebenen folgten in einigen Szenen so rasch aufeinander, daß Handlungskausalität und Chronologie für den Zuschauer nicht immer deutlich wurden. (NSF, *Frankfurter Rundschau*, 16.9.1980)

NEBENBEI: Der Film wurde von Kurt Jung-Alsen vorbereitet. Der Regisseur hatte schon einen großen Teil der Besetzung ausgewählt, als er ein Vierteljahr vor Drehbeginn plötzlich verstarb.

DER FLIEGENDE HOLLÄNDER

RE: Joachim Herz, BU: Joachim Herz, Harald Horn, LV: Gleichnamige Oper von Richard Wagner, DR: Lotti Schawohl, KA: Erich Gusko, MU: Richard Wagner, ML: Rolf Reuter, BA: Harald Horn, KO: Gerhard Kaddatz, SC: Ilse Peters, PL: Siegfried Kabitzke, m: 2764 = 101 min, s/w, Tovi/no, 4-Kmgt, PJ: 1964, PM: 25.12.1964, PM-Ort: Berlin, »Gérard Philipe« Treptow

DA: Anna Prucnal, GE: Gerda Hannemann (Senta), Fred Düren, GE: Rainer Lüdecke (Der Holländer), Gerd Ehlers, GE: Hans Krämer (Daland), Mathilde Danegger, GE: Katrin Wölzl (Mary), Herbert Graedtke, GE: Rolf Apreck (Erik), Hans-Peter Reinecke, Albert Zahn, Fredy Barten, Horst Kube, Peter Dommisch, Kurt Rackelmann, Nico Turoff, Friedrich Teitge, Hans Flössel u. a.

INHALT: Verfilmung der Wagnerschen Oper, die die romantische Sage in eine reale Handlung einbettet: Senta, die Tochter eines reichen Reeders, entflieht der Eintönigkeit und Enge ihres Alltags ins Reich der Phantasie und Träume. Dort erscheint ihr jener sagenhafte, kühne Seefahrer, der die Weltmeere bezwang und dessen maßloser Tatendrang durch nichts Befriedigung fand, sodaß er verdammt wurde, als »Fliegender Holländer« ruhelos über die Meere zu irren. In ihrem Traum erlöst Senta ihn durch die Liebe. Und dieser Traum gibt ihr die Kraft, in der Realität ihr Leben sinnvoll zu gestalten.

ZUM FILM: Joachim Herz, einem der profiliertesten Opernregisseure der DDR, gelang mit seiner einzigen Filminszenierung das Kunststück, eine Oper nicht nur optisch sondern auch dra-

maturgisch in das Medium Film zu übertragen, ohne daß die Oper dadurch beschädigt wird. Trotzdem wurde dieser Film ein eigenständiges Kunstwerk, in dem sich Handlung, Musik und Bild zu einem neuen Erlebnis verbinden.
ECHO: Herz filmte weder eine Theaterinszenierung ab, noch löste er die Vorlage nach optischen Aspekten auf. Es gelang ihm – meines Wissens erstmals – eine für das Vorhaben geeignete Oper in eine Filmerzählung zu verwandeln. Ihr episches Prinzip ermöglicht es, die dramatisch gesteigerten Situationen, in denen Musik und Gesang als adäquates Ausdrucksmittel fungieren, aus realistischen Situationen erwachsen zu lassen. Die gesunde Respektlosigkeit gegenüber der Vorlage mit dem Willen, ihr im höheren Sinne treu zu bleiben, gab Freiheit für Kürzungen, Umstellungen und vor allem Erfindungen neuer Handlungsteile. (...) Die Schöpfer des Films wenden einen Bildformatwechsel an, um dem Zuschauer das Erkennen der beiden wechselnden Ebenen zu erleichtern. Weitet sich das Bild bei Sentas Phantasien zur Totalvision, so verengt es sich für die Realszenen zurück zum Normalformat, wodurch in der Rezeption als psychologische Reaktion dieser anteilmäßig geringe Handlungskomplex optisch gemindert wirkt. Außerdem hat dieser nach einem echten dramaturgischen Prinzip angewandte Formatwechsel einen didaktischen Grundzug. (Wolfgang Gersch, *Film-Wissenschaftliche Mitteilungen* 1/1965)
Regisseur Joachim Herz bewies (...) eine glückliche Hand. (...) Regie und Kamera haben Elan, Einfallsreichtum und handwerkliche Perfektion, aus denen Kunst wird. Großartig die Übereinstimmung von Musik und physischer Handlung (...). Die großartigen Volksszenen, etwa die Verlobungsfeier, das Gelage der norwegischen Matrosen, (...) ragen in ihrer vitalen Schönheit heraus. (Bruno Pioch, *Filmspiegel* 2/1965)
NEBENBEI: Die polnische Hauptdarstellerin Anna Prucnal gastierte mehrfach bei der DEFA und trat in ihrer internationalen Karriere auch bei Federico Fellini auf.

FLITTERWOCHEN OHNE EHEMANN

(DFF-Auftragsproduktion)
RE: Helmut Spieß, BU: Karl Georg Külb, Walter Baumert, DR: Wenzel Renner, KA: Rolf Sohre, MU: Walter Ulfig, SB: Ernst-Rudolf Pech, KO:

Dorit Gründel, SC: Anneliese Hinze-Sokolow, PL: Werner Dau, P: DFF, m: 2350 = 85 min, s/w, SD: 30.4.1961, AD: 2.11.1962
DA: Kurt Ulrich (Oskar Müller), Eva-Maria Hagen (Hannelore), Sonja Hörbing (Susi), Lore Frisch (Hildegard), Horst Weinheimer (Horst), Herbert Köfer (Niederbrehm), Carola Braunbock (Heidrun), Eugen P. Herden (Direktor), Agnes Kraus (Kätchen Stumpfinger), Axel Dietrich (Paulchen), Ilse Bastubbe, Gertrud Brendler, Horst Friedrich, Gustav Stähnisch, Werner Wieland
INHALT: Die Abiturientin Hannelore und der Maschinenbauingenieur Oskar haben Hals über Kopf geheiratet. Die junge Frau fühlt sich jedoch mit dem Hausfrauendasein nicht ausgelastet. Eifersucht treibt sie dazu, im Lehrkombinat, das Oskar leitet, einen Lehrvertrag abzuschließen, eine Situation, die allerlei Verwicklungen hervorruft. (f.b.h.)
ZUM FILM: Die schwierigen Versuche einer Frau, Beruf und Familie miteinander zu vereinbaren, erzählt der Film munter und ohne allzu deutlichen sozialistischen Zeigefinger. Anderthalb Jahre nach seiner Erstsendung war der Fernsehfilm dank seiner Hauptdarstellerin Eva-Maria Hagen auch im Kinoprogramm gern gesehen.

ECHO: Zwar ist das Ganze erfreulich lebendig inszeniert, die Darsteller spielen mit Schwung und Talent, und es gibt manch vergnüglichen kleinen Effekt – die meisten Vergnüglichkeiten beziehen ihre Wirkung aus einer reichlich antiquierten Situationskomik. Und diese klamottenhaften Übertreibungen wollen nicht recht zu Ort und Zeit der Filmhandlung passen. (Aus der Filmbesprechung für den innerkirchlichen Gebrauch in der Katholischen Kirche der DDR, 1962)
NEBENBEI: Hauptdarsteller Kurt Ulrich war Westberliner. Nach dem Mauerbau wandte er sich der Fernsehregie zu und inszenierte beim ZDF viele große Shows und unterhaltende Sendungen, u.a. *Der goldene Schuß*. – Der Boxer an Herbert Köfers Seite war sein eigener Hund mit Namen »Aribert von der Tulpe«. Er hatte ihn seiner Kollegin Irene Korb abgekauft.

FLORENTINER 73

(DFF-Auftragsproduktion)
RE: DB: Klaus Gendries, SZ: Kurt Belicke, LV: Erzählung »Das Durchgangszimmer« von Renate Holland-Moritz, DR: Hermann Rodigast, KA: Hans-Jürgen Reinecke, MU: Rolf Kuhl, SB: Paul Lehmann, SC: Margrit Brusendorf, PL: Anni v. Zieten, P: DFF, m: 2704 = 98 min, s/w, SD: 6.2.1972, AD: 19.5.1972
DA: Edda Dentges (Brigitte), Agnes Kraus (Frau Klucke), Steffie Spira (Frau Knatter), Friedrich Richter (Hugo), Anne Wollner (Helga Riechert), Hertha Thiele, Erich Petraschk (Frau u. Herr Hartmann), Günter Sonnenberg (Sohni Hartmann), Gudrun Ritter, Arnim Mühlstädt (Frau u. Herr Regler), Norbert Speer (Wolfgang Engel), Liselott Baumgarten (Frau Engel), Berthold Schulze, Gerd E. Schäfer, Jessy Rameik u.a.
INHALT: Die Witwe Klucke wohnt in einem Altberliner Mietshaus und will untervermieten. Die junge Brigitte, die ein uneheliches Kind erwartet und sich zurückziehen will, zieht ein. Doch sie bewohnt ein Durchgangszimmer, in dem sie nie ungestört sein kann. Bald jedoch gewöhnt sie sich an die Marotten der Witwe Klucke und der anderen Hausbewohner, die dafür sorgen, daß Brigitte sich mit ihrem Wolfgang versöhnt. (f.b.h.)
ZUM FILM: Die Vorlage zu diesem Alltagsfilm lieferte die auch als Filmkritikerin bekannte Satirikerin Renate Holland-Moritz. Die Bewohner des Berliner Mietshauses werden liebevoll und mit Witz gezeichnet. Besonders Agnes Kraus brilliert in dem Volksstück, das den Personen mit Humor und Verständnis begegnet und ihr Milieu sehr genau zeichnet. Für Agnes Kraus bedeutete dieser Film den Durchbruch zum Fernsehstar im Fach der komischen Alten mit dem Herz auf dem rechten Fleck.
ECHO: Der bekannten Berliner Schauspielerin Agnes Kraus bot die Inszenierung unter der Regie von Klaus Gendries die Möglichkeit, zum ersten Mal auf dem Bildschirm mehr zu zeigen als die knappe Andeutung einer Charaktertype. Ihre Mutter Klucke ist die vom Leben und von einer schweren Zeit der Kriegs- und Nachkriegsjahre benachteiligte Frau, ein Mensch, dessen koddriges Mundwerk nicht über das weiche Herz hinwegtäuschen kann. (G.S., *Thüringer Tageblatt*, 10.2.1972)
Zwar sind kleinbürgerliche Denk- und Verhaltensweisen hier überwunden durch beispielhafte Anerkennung der Frau, durch Achtung und Fürsorge der Mitmenschen. Eine Hausgemeinschaft wird in moralischen Aktionen vorgestellt. Jedoch bleiben gesellschaftspolitisch dringliche Aspekte und Standpunkte verschwommen. (Lothar Schmidt-Renny, *Nationalzeitung*, 10.2.1972)
Die Typen, die einem vorgeführt wurden, waren liebevoll gestaltet, und das zeichnete den gesamten Film wohltuend aus: er atmete menschliche Wärme, die aus enger Berührung entsteht, und der übliche Stunk gehört durchaus dazu, ohne das Bild zu trüben – im Gegenteil, uns schien, als gehörten Mief und Stunk ganz wesentlich zu dem, was man als das Humanum bezeichnet. (Eckart Kroneberg, *Tagesspiegel*, 20.10.1976)
NEBENBEI: Des großen Erfolges wegen wurde mit den wesentlichen Hauptfiguren eine Fortsetzung unter dem Titel *Neues aus der Florentiner 73* gedreht, die aber nicht den Weg ins Kino fand.

DIE FLUCHT

RE: Roland Gräf, SZ: Hannes Hüttner, DR: Christel Gräf, KA: Claus Neumann, MU: Günther Fischer, nach Motiven von Mussorgski, SB: Georg Wratsch, KO: Inge Kistner, SC: Monika Schindler, PL: Herbert Ehler, GR: GR »Roter Kreis«, m: 2571 = 94 min, fa, brw, PJ: 1976/77, PM: 13.10.1977, PM-Ort: Berlin, »International«
DA: Armin Mueller-Stahl (Schmith), Jenny Gröllmann (Katharina), Erika Pelikowsky (Mitten-

zwei), Wilhelm Koch-Hooge (Meißner), Karin Gregorek (Gudrun), Simone von Zglinicki (Frau Seebohm), Rolf Hoppe (Der Runde), Winfried Glatzeder (Zeiske), Gerhard Bienert (Schmiths Vater), Trude Bechmann (Zierliche Alte), Carl Heinz Choynski, Johanna Clas, Volkmar Kleinert, Günter Rüger, Marianne Wünscher u. a.

INHALT: Oberarzt Dr. Schmith plant ein Forschungsprojekt zur Senkung der Frühgeburtensterblichkeit. Doch es wird von den übergeordneten Stellen abgelehnt. Daraufhin entschließt sich Schmith, die DDR zu verlassen. Er schließt einen Vertrag mit einer westlichen Fluchthelferorganisation. Kurz darauf wird sein Projekt doch realisiert – in einer internationalen Forschungsgruppe, deren DDR-Sektion er leiten soll. Außerdem findet er in der neuen Kollegin Katharina eine Lebensgefährtin. Schmith ignoriert die Abmachung mit den Fluchthelfern, doch er wird von ihnen erpreßt. Zum zweiten Fluchttermin nimmt er die ahnungslose Katharina mit. Als sie seine Absicht erfährt, flüchtet sie. Die Fluchthelfer werfen Schmith aus dem Auto. Er stirbt auf der nächtlichen Landstraße.

ZUM FILM: Obwohl differenzierte Figurenzeichnungen vorherrschten, war der Film, in dem der Fluchtwillige durch eigene Schuld zugrundegeht, ein Kind des Kalten Krieges. Trotzdem bedeutete er in der damaligen Situation einen Tabu-Bruch, da offiziell das Thema der »Republikflucht« nicht thematisiert wurde.

ECHO: Den Schöpfern gelingt es, den schmalen Grat zwischen tiefer Erfassung des ganzen Charakters Schmiths und der Ablehnung seiner Entscheidung zu behaupten. Sie finden Verständnis für ihn, ohne seine Konsequenz und seine Haltung gutzuheißen oder gar zu akzeptieren. Sie kritisieren ihn, ohne ihn preiszugeben. Solche Haltung – meine ich – steht unserer Kunst gut an, zumal diese sich nicht durch Üppigkeit in der Gestaltung dieser Problematik auszeichnet. (...) Das gilt (...) für etwa das erste Drittel des Films. Dann bröckelt es – dramaturgisch wie psychologisch. (Günter Agde, *Filmspiegel* 23/1977)

Begonnen hat der Film milieuecht und psychologisch stimmig, mogelt sich nicht um die Ursachen für die Absicht mancher DDR-Bürger, ihren Staat zu verlassen, herum. Immer mehr aber verschenkt er sein Thema aber dann einer unglaubhaften Kriminalstory und bleibt damit hinter dem

Realismus, der Gräfs vorangegangene Arbeiten auszeichnete, zurück. Vom → *Geteilten Himmel* trennen *Die Flucht* nicht nur formale Qualitäten, sondern der Verlust ganzer politischer, philosophischer und sozialer Dimensionen. (Heinz Kersten, *Frankfurter Rundschau*, 25.11.1977)

NEBENBEI: Die Mitwirkung des DEFA-Alt-Stars Gerhard Bienert, eines Westberliners, in diesem Fluchthilfe-Film hatte einen makabren Beigeschmack, weil er und seine Frau selbst anderthalb Jahrzehnte zuvor in einen Fluchthelfer-Prozeß verwickelt waren. Ebenfalls pikant war, daß der Hauptdarsteller Armin Mueller-Stahl nach seinem Protest gegen die Biermann-Ausbürgerung und den folgenden Repressalien einen Ausreiseantrag zu laufen hatte. Wenig später begann er seine Karriere im Westen.

DIE FLUCHT AUS DER HÖLLE

(DFF-Auftragsproduktion)

TV-Teile: 1. Das Verbrechen von Tebessa; 2. Der Weg nach Tunis; 3. Der Tod hat viele Hände; 4. Die letzte Chance

RE: Hans-Erich Korbschmitt, DB: Hans-Erich Korbschmitt, Hans-Jürgen Brandt, SZ: Rolf Guddat, Gottfried Grohmann, (nach einer Idee von Arnolt Bronnen) DR: Günter Kaltofen, KA: Erwin

Anders, SB: Karl-Heinz Krehbiel, MU: Jean Kurt Forest, KO: Joachim Dittrich. SC: Helga Emmrich, PL: Willi Teichmann, P: DFF, m: 8182 = 297 min (TV), 184 min (Kino), s/w, PJ: 1959/60, SD: 11., 18., 25.10., 1.11.1960, AD: 6.4.1962
DA: Armin Mueller-Stahl (Hans Röder), Horst Weinheimer (Karl Steppat), Wolfgang Sasse (Achille Surand), Erich Gerberding (Pierre Vaudrin), Paul Berndt (André Berthaud), Robert Trösch (Lemaigre-Delessert), Martin Flörchinger (Mustapha Saadi), Norbert Christian (v. Tettenborn), Sylva Schüler (Ilse Benke), Dietlind (Mueller-)Stahl (Djamila), Siegfried Kilian (Viarice), Gerd Biewer (Mouchon), Ivan Malré, Ralf Bregazzi, Simone Cordet, Horst Friedrich, Irene Korb, Albert Hetterle, Brigitte Krause, Alfred Müller u.a.
INHALT: Hans Röder, ein junger Westdeutscher, gerät in die Fänge von Werbern der »Legion Étrangère«, der Fremdenlegion. Von dort flieht er, als er das verbrecherische Tun und die unmenschlichen Maßnahmen seiner Vorgesetzten erkennt. Er gerät in die Netze der Terrororganisation »Rote Hand«, der er unter großen Schwierigkeiten mit Hilfe der algerischen Befreiungsbewegung über Algier und Tanger entkommen kann und in höchster Not Sicherheit in der DDR findet, nachdem er auch in der Bundesrepublik von Verfolgung bedroht war. (f.b.h.)
ZUM FILM: Der propagandistische Polit-Thriller entstand als Reaktion auf den Erfolg von politisch orientierten Mehrteilern in der ARD. Der Film konnte zusammen mit einer tunesischen Firma realisiert werden. Im DDR-Fernsehen wurde eine gegenüber der zweiteiligen Kinofassung deutlich längere Version in vier Teilen gezeigt.
ECHO: Zwei Welten werden konfrontiert: die des Terrors und die der Menschlichkeit. Das geschieht gewiß mit mancher Konzession an reißerische Effekte, aber stets bleibt die realistische Gestaltungsweise thematisch wie künstlerisch Prinzip der Aussage. (...) Was auf dem kleinen Bildschirm konzentriert war, weitet sich jetzt auf die Großfläche der Kinoleinwand. Die Großaufnahmen, die sprechenden Gesichter der Schauspieler behaupten sich auch hier. Das ist das Wesentlichste. (G. A., *Neuer Weg*, 9.4.1962)
NEBENBEI: Der wegen seiner Haltung in der Nazi-Zeit umstrittene Autor Arnolt Bronnen, dessen Name ungenannt blieb, hatte den Mehrteiler konzipiert, verstarb aber während der Arbeit daran. – Als Djamila spielt die Schwester von Armin Mueller-Stahl, die Theaterschauspielerin Dietlind Stahl, eine ihrer wenigen großen Filmrollen.

FLUCHT INS SCHWEIGEN

RE: Siegfried Hartmann, BU: Siegfried Hartmann, Edmund Kiehl, LV: Motive des Romans »Der Tod zahlt mit Dukaten« von Wolfgang Held, DR: Dieter Wolf, KA: Rolf Sohre, MU: Karl Schinsky, SB: Alfred Thomalla, KO: Günther Schmidt, SC: Helga Emmrich, PL: Alexander Lösche, Horst Klein, GR: KAG »Babelsberg«, m: 2277 = 83 min, s/w, PJ: 1965/66, AD: 27.5.1966
DA: Fritz Diez (Stetter), Dieter Wien (Hoffmann), Marita Böhme (Helga Klink), Regine Albrecht (Inge Klink), Jirí Vrstala (Wills), Hans-Joachim Hanisch (Zschunke), Hans Hardt-Hardtloff (Schindler); Karl-Heinz Liefers (Pfarrer), Wolfgang Brunecker (Möller), Rolf Ludwig (Karl Reinhold), Horst Schön, Ernst-Georg Schwill, Siegfried Weiß, Günter Sonnenberg, Arno Wyzniewski u. a.
INHALT: Zwanzig Jahre nach dem Krieg wird in einem thüringischen Dorf bei Bauarbeiten ein

Skelett gefunden. Die Kriminalisten Stetter und Hoffmann ermitteln, daß es sich um einen ehemaligen SS-Offizier handelt – in dieser Gegend aber wurde nicht gekämpft. Verdächtig ist der damalige Grundstücksbesitzer, und der wird nach Bekanntwerden des Falls ermordet. Eine mittelalterliche Goldmünze führt die Kriminalisten zu Helga Klink, die damals hier lebte und sich nun durch ihr Schweigen verdächtig macht. Auch zwei auffallend interessierte Fremde tauchen auf. Man findet eine zweite Goldmünze. Schließlich entwirren Stetter und Hoffmann die Fäden, die das damalige Verbrechen mit dem heutigen verknüpften und überführen die Täter.
ZUM FILM: Dieser Krimi war einer der wenigen DEFA-Filme, die 1966, im Jahr nach dem berüchtigten 11. Plenum mit seinen Verboten, in die Kinos kommen konnte. Sein Anliegen war Vergangenheitsaufarbeitung, was ihn eher unverdächtig machte.
ECHO: Die Geschichte trägt handfeste kolportagehafte Züge. Leider konnte sich Regisseur Hartmann offensichtlich nicht entschließen, seinen Film entsprechend reißerisch zu inszenieren. Auf der anderen Seite ist seine Inszenierung aber auch nicht sehr kunstvoll geraten. Man spürt wenig Bemühungen um tiefergreifende Motivierungen, im Spiel nur dürftige Kontaktvermittlung zum Mit- oder Gegenspieler. Ergebnis: ein mittelmäßiger Krimi. (Günter Sobe, *Berliner Zeitung*, 2.6.1966)
NEBENBEI: Der in der DDR tätige, aus den USA stammende Journalist Victor Grossman war in diesem Film die Stimme des Londoner Rundfunks. – Hinter dem Pseudonym des Drehbuchautors Edmund Kiehl verbarg sich der bekannte Schriftsteller Rolf Schneider, »weil er die Lohnarbeit an einem DEFA-Gegenwartskrimi eher für rufschädigend hielt« (Dieter Wolf, *Gruppe Babelsberg*).

FOR EYES ONLY (STRENG GEHEIM)
RE: János Veiczi, SZ: Harry Thürk, DR: Heinz Hafke, KA: Karl Plintzner, MU: Günter Hauk, BA: Alfred Drosdek, KO: Gerhard Kaddatz, SC: Christa Ehrlich, PL: Siegfried Kabitzke, GR: KAG »Solidarität«, m: 2818 = 103 min, s/w, Tovi, mgt, PJ: 1962/63, PM: 19.7.1963, PM- Ort: Berlin, »Kosmos«

DA: Alfred Müller (Hansen), Helmut Schreiber (MID-Major Collins), Ivan Palec (Frantisek), Hans Lucke (MID-Colonel Rock), Werner Lierck (Schuck), Martin Flörchinger (Oberst im MfS), Peter Marx (Hartmann), Christine Laszar (Hella), Ingrid Ohlenschläger (Liz), Marion van de Kamp (Adelheid), Eva-Maria Hagen (Peggy), Renate Geißler (Gisela), Fred Ludwig, Horst Schönemann, Gerd E. Schäfer, Rolf Herricht, Eberhard Esche, Georg Gudzent, Hans Dieter Schlegel, Ralph J. Boettner u. a.
INHALT: Die Würzburger »Concordia«-Handelsgesellschaft ist eine getarnte Dienststelle des MID, Geheimdienst der US-Army. Seit Jahren wird von hier aus mit allen Mitteln der Spionage, Sabotage und Diversion versucht, den sozialistischen deutschen Staat zu untergraben. Einen günstigen Zeitpunkt für einen militärischen Schlag sieht man in unmittelbarer Nähe. Die Pläne dafür befinden sich im Safe von Major Collins. Hansen arbeitet seit Jahren für ihn – und den Staatssicherheitsdienst der DDR. Daß es eine undichte Stelle gibt, weiß auch Sicherheitschef Colonel Rock, aber Hansen hat bisher jeder Überprüfung standgehalten. Sein Auftrag lautet jetzt: Beschaffung der Pläne, damit sie öffentlich gemacht wer-

den können. Es gelingt Hansen, sie aus dem Safe zu holen und mit ihnen in einer atemberaubenden Flucht in die DDR zu gelangen.

ZUM FILM: Der nach einer Idee des Schauspielers, Regisseurs und Autors Hans Lucke entstandene Film über einen DDR-Agenten, einen Kundschafter, war gut gebaut und wurde ein Publikumserfolg. Hauptdarsteller Alfred Müller war damit ein neuer Star (mit dem die DEFA dann allerdings nicht allzu viel anfing). Durch zahlreiche Reprisen wurde der Film legendär, eine Art »Vater aller Kundschafterfilme«.

ECHO: Diese Räuberpistole zwischen Guten und Bösen ist jedoch regielich und eben deshalb schauspielerisch vorzüglich gediehen, gewissermaßen ein Edel-Western aus dem Filmstudio eines sozialistischen Landes. (...) Veiczi ist es meisterhaft geglückt, an allen Nahtstellen der gewagt-phantastischen Fabel Spannung zu erzeugen – nie zu viel, nie zu wenig. (Carl Andrießen, *Weltbühne* 32/1963)

Sicher hat das Publikum begrüßt, daß mit Alfred Müller ein neues Gesicht auf der Leinwand erschien. Aber entscheidend ist, daß alle Schauspieler Rollen erhielten, in denen sie sich lebensecht entfalten können und in denen sie sich sichtlich wohlfühlen. Das spürt der Betrachter. (Hans Lohmann, *Sonntag* 35/1963)

Das Drehbuch dieses Films scheut keine Unwahrscheinlichkeit bei der Erfindung hanebüchener Spannungsmomente und auch keine extremen Schwarzweißkontraste bei der Gegenüberstellung westlichen Schurkentums und östlichen Edelmuts. (Ulrich Gregor, *Filmkritik* 6/1964)

Diesen Film über die Abenteuer eines direkten Mitarbeiters von Markus Wolf sieht man auch heute noch mit Spaß, wenn auch der naive Glaube an die moralische und damit historische Überlegenheit des Sozialismus, der dem Film aus jedem Knopfloch blitzt, ohne viel Federlesens von der Geschichte hinweggefegt wurde. (Erika Richter in *Das zweite Leben der Filmstadt Babelsberg*, 1994)

NEBENBEI: Der in der DDR lebende kanadische Protestsänger Perry Friedman verkörperte einen amerikanischen Major.

FRÄULEIN SCHMETTERLING

→ *Anhang B*

DAS FRÄULEIN VON SCUDERI

(Co-Produktion DDR/Schweden)

RE: Eugen York, BU: Joachim Barckhausen, Alexander Graf Stenbock-Fermor, LV: Gleichnamige Novelle von E. T. A. Hoffmann, DR: Marieluise Steinhauer, KA: Eugen Klagemann, MU: Walter Sieber, BA: Erich Zander, KO: Vera Mügge, SC: Hildegard Tegener, PL: Werner Dau, m: 2715 = 100 min, s/w, PJ: 1955, PM: 29.7.1955, PM-Ort: Berlin, »Babylon«/»DEFA-Filmtheater Kastanienallee«, CO: A. B. Pandora Film, Stockholm/Schweden

DA: Henny Porten (Fräulein von Scuderi), Willy A. Kleinau (Cardillac), Anne Vernon (Madelon), Roland Alexandre (Olivier), Angelika Hauff (St. Croix), Richard Häußler (Miossens), Dorothea Wieck (Maintenon), Mathieu Ahlersmeyer (Louis XIV.), Alexander Engel (La Regnie), Hans-Peter Thielen (Degrais), Johannes Arpe, Barbro Hiort af Ornäss, Pat Svensson, Gerhard Frickhöffer, Hansjoachim Büttner u. a.

INHALT: Paris im 17. Jahrhundert. Die Stadt wird von einer furchtbaren Mordserie in Angst und Schrecken versetzt. Auf kostbaren Schmuck hat es der Mörder abgesehen, und keiner, der solchen auf nächtlicher Straße trägt, wird verschont.

Der Leiter des Sondergerichtshofes verhängt eine nächtliche Ausgangssperre, damit gleichzeitig den aufsässigen Adel unter Kontrolle bringend. Das Fräulein von Scuderi, eine bei Hofe geschätzte Dichterin, bringt die Polizeischikane jedoch mit Spottversen zu Fall – und erhält aus Dankbarkeit vom Mörder einen wertvollen Schmuck. Ihr vertraut sich der Geselle Olivier an, der den Mörder in seinem Meister entdeckt hat, dem berühmten Hofgoldschmied Cardillac. Aus besessener Liebe zu seinen Kunstschöpfungen ist er zum Mörder geworden – um die Schmuckstücke zurückzubekommen. Mit Hilfe der Scuderi kann der Fall aufgeklärt werden, doch um einen Skandal bei Hofe zu vermeiden, müssen Olivier und Madelon, die Tochter Cardillacs, die Stadt verlassen.

ZUM FILM: Diese Literaturadaption mit dem Star Henny Porten entstand in Co-Produktion mit einer kleinen schwedischen Firma, die eine internationale Besetzung (darunter Roland Alexandre von der Comédie Francaise) ermöglichte, die das Renommee der DEFA festigen sollte. Der unpolitische Ausstattungsfilm geriet in der DDR jedoch unter ideologische Kritik.

ECHO: Ein sauberer, künstlerisch in jedem Bezug ordentlicher Film ist entstanden, eine »runde Sache«, wie man so sagt. Müßig wäre es, spitzfindig in diesem Film nach besonderen gesellschaftskritischen oder gar geschichtsbildenden Erkenntnissen zu suchen, die hat der Film kaum, ebensowenig übrigens wie die Novelle. (Carl Andrießen, *Weltbühne* 31/1955)

In der Novelle Hoffmanns ist der »Sonnenkönig«, Ludwig XIV., jener Selbstherrscher, der um seiner Macht willen das Volk in tiefster Armut hält. (...) Im Film aber ist der blutige Ludwig ein gutmütiger, gemütlicher Biedermann und Landesvater, seine Minister und Polizisten, die bei E. T. A. Hoffmann den »Abscheu« der Scuderi erwecken, sind harmlose, ehrlich um die Aufdeckung von Verbrechen bemühte Beamte, und die Gesellschaft am Hofe wird zwar als etwas leichtsinnig dargestellt, aber menschlich, sympathisch und allein den schönen Künsten hingegeben. (...) Ihre (der beiden Autoren, f.b.h.) Auslassungen wie ihre hinzugefügten Konstruktionen bewirken, daß der Film den humanistischen Anforderungen nicht genügt. (Karl-Eduard v. Schnitzler, *Filmspiegel* 17/1955)

NEBENBEI: Madeleine de Scudery ist eine historisch verbürgte Gestalt. Sie schrieb zur Zeit Ludwigs XIV. schwärmerische, schwülstige Romane. – Für Henny Porten, die einen Vertrag über drei DEFA-Filme abgeschlossen hatte, blieb dieser zweite der letzte in ihrer Laufbahn. Sie starb 1960 in Westberlin, ohne noch einmal vor der Filmkamera gestanden zu haben.

FRAU HOLLE

(Kinderfilm)

RE: Gottfried Kolditz, BU: Günter Kaltofen, Gottfried Kolditz, LV: Gleichnamiges Märchen der Brüder Grimm, DR: Margot Beichler, Gudrun Rammler, KA: Erich Gusko, MU: Joachim Dietrich Link, BA: Werner Pieske, Erich Krüllke, KO: Gerhard Kaddatz, SC: Hildegard Tegener, PL: Erich Kühne, GR: KAG »60«, m: 1612 = 60 min, fa, PM: 13.10.1963, PM-Ort: Berlin, »Jugend« Weißensee

DA: Mathilde Danegger (Frau Holle), Karin Ugowski (Goldmarie), Katharina Lind (Pechmarie), Elfriede Florin (Witwe), Herbert Graedtke (Mathias) u. a.

INHALT: Eine Witwe hat eine häßliche, faule Tochter und eine fleißige, schöne Stieftochter. Während erstere sich in ihrer Faulheit sonnt, muß die Stieftochter alle Arbeit verrichten. Als ihr eine Spule in den Brunnen fällt, muß sie hineinspringen, um sie wieder herauszuholen. Marie landet auf einer schönen Wiese. Auf der wandert sie fort und kommt zu Frau Holle, wo sie jeden Morgen die Betten kräftig schüttelt, damit es auf der Erde schneit. Als sie wieder nach Hause möchte, wird sie für ihre fleißige Arbeit reich mit Gold gesegnet. Die neidische Stiefschwester will es ihr gleichtun und springt ebenfalls in den Brunnen. Da sie aber unfreundlich und faul ist, wird sie zur Strafe mit Pech überschüttet.

ZUM FILM: Regisseur Gottfried Kolditz erreichte durch die stilisierten Dekorationen eine Überhöhung, die allerdings die deutliche pädagogische Komponente des Films verstärkte.

ECHO: In *Frau Holle* gelang es Regisseur Dr. Kolditz, den Grundgedanken »Fleiß wird belohnt« aus unserer Sicht zu gestalten, ohne dadurch in Widerspruch zur literarischen Vorlage zu geraten. Wesentlich war auch die richtige Akzentuierung des Begriffs der Arbeit, der für unsere Kinder heute eine ganz andere moralische

Bedeutung hat, wie etwa die schweren Dienstleistungen der blonden Marie in der Grimmschen Fabel. (Charlotte Czygan, *Filmspiegel* 11/1964)
Auch wenn das Grimmsche Märchen diese Eindimensionalität vorgibt und das Genre eine solch genügsame Interpretation zuließe, der Film steigert sie ins Unerträgliche. (...) Bei aller löblichen Absicht einer solchen Gesundheitserziehung: die Suggestion der Kinder durch solch absolute Gegeneinandersetzung von vermeintlich guten und schlechten Werten wünschte man sich in den Federbettenwolken erstickt. (*Zwischen Marx und Muck*, 1994)
NEBENBEI: In diesem Film debütierte Karin Ugowski vor der Kamera. Sie sollte im DEFA-Kinderfilm für einige Jahre die »Prinzessin vom Dienst« werden.

DIE FRAU UND DER FREMDE
RE: Rainer Simon, SZ: Rainer Simon, LV: Erzählung »Karl und Anna« von Leonhard Frank, DR: Andreas Scheinert, KA: Roland Dressel, MU: Reiner Bredemeyer, Leopold Mozart, Johann Strauß, SB: Hans Poppe, KO: Werner Bergemann, SC: Helga Gentz, PL: Manfred Renger, GR: GR »Johannisthal«, m: 2669 = 98 min, fa, PJ: 1984,

PM: 31.1.1985, PM-Ort: Berlin, »International« DA: Kathrin Waligura (Anna), Joachim Lätsch (Karl), Peter Zimmermann (Richard), Katrin Knappe (Marie), Christine Schorn (Trude), Siegfried Höchst (Horst), Hans-Uwe Bauer (Verwirrter Soldat), Ulrich Mühe (Revolutionär), Herbert Sand (Kriegsinvalide), Erhard Marggraf (Zigarrenhändler), Mirko Haninger, Reiner Heise, Karl Ernst Horbol, Cornelia Hudl, Gertraut Last u. a.
INHALT: Zwei Deutsche in russischer Gefangenschaft während des Ersten Weltkriegs. Sie bilden zu zweit ein Arbeitskommando, das einen Graben in der Steppe aushebt. Der verheiratete Richard erzählt Karl von seiner Frau Anna. Er erzählt ihm alles, und Anna wird in Karls Gedanken zu seiner Geliebten. Als er fliehen kann, während Richard mit anderen Gefangenen abtransportiert wird, schlägt er sich nach Deutschland durch – zu Anna. Karl gibt sich als Richard aus. Anna weiß, daß er nicht Richard ist, aber es irritiert sie, daß er alles von ihr weiß. Ihr anfänglicher Widerstand legt sich, sie beginnt Karl zu lieben. Eine Liebe, die mit der Lüge lebt. Er gibt sich als Richard, sie nennt ihn Richard. Als der wirkliche Richard aus der Gefangenschaft heimkehrt, entscheidet sie sich für Karl und geht mit ihm davon.
ZUM FILM: Nachdem der Stoff am Ende der Stummfilmzeit bereits von Joe May adaptiert worden war, inszenierte Rainer Simon jetzt einen überhöhten, metaphorischen Kammerspielfilm. Auf der Berlinale 1985 erhielt Rainer Simon den »Goldenen Bären« für den besten Spielfilm, die höchste Auszeichnung, die je ein DEFA-Film auf einem vergleichbaren Festival erhielt.
ECHO: Wenn aber Karl zu Anna kommt, wenn das Spiel um Lüge und Wahrheit beginnt, wenn die Schauspieler sich der Situation und den Charakteren anvertrauen und sich entfalten können, wenn Kamera, Licht und Bild ganz dem leisen und heftigen Geschehen zwischen zwei Menschen untergeordnet wirken, dann gewinnt der Film eine szenische Intensität und psychologische Tiefe, die der Erzählung Franks gemäß ist und in der die Auszeichnung des Films mit dem »Goldenen Bären« der diesjährigen Westberliner »Berlinale« begründet sein dürfte. (Peter Ahrens, *Weltbühne* 12/1985)
Wie Annas Widerstand langsam brüchig wird, schließlich erlahmt und in Liebe umschlägt, weil

Karl genaugenommen der bessere Richard ist – das gehört zu den ganz großen selten erreichten Momenten auf der Leinwand und ist den beiden eminent begabten Kino-Debütanten Kathrin Waligura und Joachim Lätsch zu danken. (Renate Holland-Moritz, *Eulenspiegel* 13/1985)
Simon setzt auf Verhaltenheit, inszenierte ein Kammerspiel, eine volksliedhafte Ballade. Diese Zurückhaltung entspricht vielleicht der Sprachlosigkeit dieser einfachen Leute, die hier im Mittelpunkt stehen, aber ein Mehr an Emotionen hätte dieser Geschichte doch gut getan. (Heinz Kersten, *RIAS Berlin*, 31.1.1985)
Die in Schwarzweiß gedrehten Teile lassen Assoziationen zu *Westfront 1918* oder *Im Westen nichts Neues* aufkommen, können jedoch die Aktualität des Films in keiner Weise beeinträchtigen. (*Volksstimme*, Wien, 1.3.1985)
NEBENBEI: Hauptdarstellerin Kathrin Waligura, damals noch Schauspielstudentin, wurde dem breiten Publikum mit weit Trivialerem bekannt. Sie spielte in den neunziger Jahren die Titelrolle in der ersten Staffel der TV-Serie *Für alle Fälle Stefanie*.

FRAU VENUS UND IHR TEUFEL

RE: Ralf Kirsten, BU: Brigitte Kirsten, Ralf Kirsten, Manfred Krug, DR: Willi Brückner, KA: Hans Heinrich, MU: André Asriel, SB: Hans Poppe, Jochen Keller, KO: Elli-Charlotte Löffler, SC: Christa Helwig, PL: Werner Liebscher, GR: KAG »Babelsberg 67«, m: 2728 = 100 min, fa, Cine, PJ: 1966/67, PM: 25.6.1967, PM-Ort: Erfurt, Freilichtbühne
DA: Manfred Krug (Hans Müller/Tannhäuser), Ursula Werner (Moritz), Inge Keller (Venus), Wolfgang Greese (Landgraf), Helga Labudda (Josephine), Peter Reusse (Walther), Herbert Köfer (Heinrich), Horst Papke (Roderich), Rolf Hoppe (Siegfried), Fritz Decho (Pfaffe), Horst Kube, Hans Hardt-Hardtloff, Axel Triebel, Carola Braunbock, Willi Neuenhahn u.a., GE: Manfred Krug, Reimar Joh. Baur, Ruth Homann und die Jazz-Optimisten
INHALT: Hans Müller aus Berlin befindet sich auf Reisen im Thüringischen, begleitet von der ihn liebenden Moritz. Von Treue hält Hans nicht viel, was zwischen den beiden immer wieder zu Streit führt. Bei einem Wartburgbesuch greift Frau Venus empört ein und versetzt den jungen Mann kurzerhand ins Mittelalter – zwecks Erkennung des wahren Wesens der Liebe. Als Tannhäuser muß er sich nun am Hofe des Landgrafen in einer Schar von Minnesängern behaupten. Beim Sängerwettstreit tritt er natürlich arg ins Fettnäpfchen, und ohne den Beistand von Moritz, die ihm kühn ins 13. Jahrhundert nachgesprungen war, und vor allem der klugen Göttin Venus wäre das Abenteuer sicher böse ausgegangen. So aber gelangt Hans bekehrt in die Gegenwart zurück.
ZUM FILM: Die durch den Gegensatz von Gegenwart und Mittelalter lebende Komödie wirkte teilweise zäh und verschenkte viele Wirkungen, was einige komödiantische Darstellerleistungen wettmachen konnten.
ECHO: Der Ladykiller vom Prenzlauer Berg wird bekehrt, noch ehe er als Tannhäuser einen saftigen Sündenfall begehen kann, und das ist schade, da hatten wir's in *Mir nach, Canaillen!* schon derber. (...) Krug hat sich viele Gags selbst ins Drehbuch geschrieben, improvisiert wohl auch manches. Dem Film bekommt das bestens, und die Pausen zwischen den Lachsalven werden zumeist in frohgemuter Erwartung überbrückt. (Gert Billing, *Weltbühne* 30/1967)

Obwohl man Krugs Sangeskunst wie schon beim ersten Mantel- und Degenfilm wieder miteinbezieht, kann das Kinopublikum mit diesem Film nicht begeistert werden; Brigitte und Ralf Kirstens Versuch, statt Ironie und Humor Romantik mit ins Spiel zu bringen, hat nicht zum Erfolg geführt. (Heiko R. Blum, *Manfred Krug, Seine Filme – sein Leben*, 1993)
NEBENBEI: Der Film war der vierte in der Reihe der erfolgreichen Zusammenarbeit von Ralf Kirsten und Manfred Krug.

FRAUENSCHICKSALE

RE: Slatan Dudow, BU: Slatan Dudow, MI: Ursula Rumin, Gerhard Bengsch, DR: Hans-Robert Bortfeldt, KA: Robert Baberske, MU: Hanns Eisler, BA: Otto Erdmann, KO: Vera Mügge, SC: Lena Neumann, PL: Robert Leistenschneider, m: 2850 = 105 min, fa, PJ: 1951/51, PM: 13.6.1952, PM-Ort: Berlin, »Babylon«
DA: Sonja Sutter (Renate Ludwig), Hanns Groth (Conny Lohmüller), Lotte Loebinger (Hertha Scholz), Anneliese Book (Barbara Berg), Susanne Düllmann (Anni Neumann), Ursula Burg (Isa von Trautwald), Gertrud Meyen (Betty Vogt), Maly Delschaft (Frau Ludwig), Angela Brunner (Ursula Krenz), Charlotte Küter (Gertrud Nemann), Anneliese Matschulat (Frau Becker), Lola Chlud (Staatsanwältin), Friedrich Kühne, Hanna Rieger, Käthe Alving, Albert Garbe, Paul Pfingst, Friedrich Gnass, Alfred Maack, Willi Schwabe u.a.
INHALT: So unterschiedlich die Schicksale der Frauen dieses Films auch sind, sie verbindet eins: die Suche nach Glück. Das heißt für sie vor allem, einen Partner fürs Leben zu finden. Der Verführer und Lebemann Conny, dem sie im geteilten Berlin nacheinander begegnen, ist es nicht. Dennoch fühlen sie sich alle von ihm angezogen: Die aus einer Beamtenfamilie stammende Renate ist ihm verfallen, wird, um ihn zu halten, zur Diebin und schuldig am Tod ihres Bruders. Auch die Jura-Studentin Barbara zieht er in seinen Bann. Sie ist zwar in der Lage, ihn zu durchschauen, aber sich von ihm zu lösen, fällt ihr schwer. Sie hat die besten Jahre ihrer Jugend im KZ verbracht, und die Sehnsucht nach Glück ist übermächtig. Die Näherin Anni ist die nächste. Erst als sie ein Kind von Conny erwartet und er auf die Mitteilung eiskalt und desinteressiert reagiert, erkennt sie sein wahres Wesen. Einzig für die abgetakelte Westberliner Adlige Isa von Trautwald scheint er der passende Partner zu sein. Sie treffen sich in ihrer zynischen Lebenshaltung. Renate indes, aus dem Gefängnis beurlaubt, reiht sich ein in die festliche Parade der Ostberliner Werktätigen.
ZUM FILM: Der zweite Farbfilm der DEFA wandte sich einem Gegenwartsthema zu und stellte mehrere Frauen in ihrem Anspruch auf Glück und Erfüllung in den Mittelpunkt. Als Kristallisationsfigur diente ein windiger Westberliner Lebemann. Bei der damaligen Filmkonferenz wurde Dudow vorgeworfen, eine negative Figur in den Mittelpunkt gestellt zu haben, während die Frauengestalten »nicht typisch für unsere Zeit« seien. Erst spät setzte sich die Ansicht durch, daß hier im besten Sinne ein Klassiker der Frauenemanzipation entstanden war.
ECHO: So wird zur wesentlichen Aussage des Films unter anderem auch diese: daß die Frau in ihrer Gleichberechtigung niemals aufhört, aufhören kann, will und soll, Frau zu sein. (...) Das durchdachte Drehbuch hat Dudow unter Mitarbeit von Ursula Rumin und Gerhard Bengsch geschrieben. Nur gelegentlich leidet es an einer Überfülle von Aktualitäten (...). Dudows Regie ist es aber gelungen, diese Schwächen weitgehend unsichtbar zu machen durch schwungvolle Präzision des filmischen Ablaufs. Namentlich die ausgezeichneten Leistungen der Kameramänner Robert Baberske und Hans Hauptmann unterstützen das. (Lothar Kusche, *Weltbühne* 25/1952)
Frauenschicksale bleibt trotz deklamatorischer und statuarischer Momente, die sich in der zweiten Hälfte massiv in den Vordergrund drängen, einer der wenigen »großen« Filme der frühen Fünfziger: ein sozial genaues Gesellschaftsbild mit Szenen, die cinéastisch kraftvoller sind als der ganze Rest der DEFA-Jahresproduktion. Man denke nur an jene musikalisch strukturierte Sequenz auf dem Rummelplatz, in der der Verführer Conny sich anschickt, eine neue Eroberung zu machen – aufgenommen mit einer scheinbar frei im Raume schwebenden Kamera, ohne störende Schnitte, fast wie bei Ophüls ... (Ralf Schenk in *Das zweite Leben der Filmstadt Babelsberg*, 1994)
NEBENBEI: Slatan Dudow erhielt 1952 auf den Filmfestspielen in Karlovy Vary den Preis für die beste Regie.

FREIES LAND

RE: Milo Harbich, BU: Milo Harbich, Kurt Hahne, (Georg C. Klaren), LV: Roman »Die Hungerbauern« von Paul Körner-Schrader, KA: Otto Baecker, MU: Werner Eisbrenner, BA: Heinrich Beisenherz, SC: Margarete Steinborn, PL: Kurt Hahne, GR: Herstellungsgruppe Kurt Hahne, m: 2097 = 77 min, s/w, PJ: 1946, PM: 18.10.1946, PM-Ort: Potsdam, »Charlott«

DA: Ursula Voss (Frau Jeruscheit), Fritz Wagner (Neubauer Jeruscheit), Herbert Wilk (Bürgermeister Siebold), Hans Sternberg (Altbauer Strunk), Aribert Grimmer (Altbauer Melzig), Peter Marx (Neubauer Schulzke); Oskar Höcker (Neubauer Kubinsky), Elfie Dugal (Küchenmädchen), Kurt Mikulski (Siedler), Hans Ulrich, Karl Platen u. a.

INHALT: Endlose Flüchtlingstrecks durchziehen nach Kriegsende das Land auf der Suche nach einer neuen Heimat. In der Ahnenhalle eines großen Rittergutes stehen ausgemergelte Männer und Frauen und nehmen ihre Besitzurkunden für den aufgeteilten Boden des nach Westen geflohenen Gutsherrn entgegen. Unter ihnen die junge Umsiedlerin Jeruscheit. Auf dem Treck hat sie eines ihrer Kinder am Wegrand begraben müssen, der Mann ist während des Krieges als vermißt gemeldet worden, doch nun hat das Leben wieder einen Sinn bekommen. Man arbeitet, baut auf, hilft sich gegenseitig. Und eines Tages findet auch Jeruscheit zu seiner Familie – eine schreckliche Odyssee ist zu Ende.

ZUM FILM: Der für ein Jahrzehnt einzige auf dem Lande angesiedelte DEFA-Film entstand unter der Regie von Milo Harbich, einem langjährigen Schnittmeister, der zu Beginn der vierziger Jahre erste Spielfilme inszeniert hatte und damals auch für Wochenschau und Kurzfilm arbeitete. Sein Film orientierte sich stilistisch an den sowjetischen Filmen der zwanziger Jahre, wies aber durch seine Arbeit mit Schauspielern und Laien, mit denen er ausschließlich an Originalschauplätzen bei Lebus drehte, eine erstaunliche Verwandtschaft mit dem italienischen Neorealismus auf.

ECHO: Dieses gewaltige Aufbauwerk zeigt der DEFA-Film, der in monatelanger Arbeit unter der Regie von Milo Harbich in der Prignitz gedreht wurde, auf eine ganz unpathetische und ungeheuer packende Weise. Der Film ist dabei weit entfernt von jeglicher Schönfärberei, er zeigt die außerordentliche Härte des Existenzkampfes der Neusiedler. (...) Auf jedem Meter Film spürt man, daß hier kein Drehbuch am Schreibtisch ausgetüftelt und dann im Atelier verfilmt wurde. (Albrecht Zettel, *Tägliche Rundschau*, 10.12. 1946)

Schauspieler agieren neben Laien-Darstellern, bleiben aber wie sie anonym. *Freies Land* ist ein Dokumentar-Film und ein Fiktions-Film. Beides geht hier zusammen. Der Film spricht zum einen mit der Welt, wie sie ist, zum anderen entwirft er ein Modell des Lebens, eines idealen, doch ohne die Realität zu verbiegen. Soziale Aufmerksamkeit gegenüber dem, was ist: Hunger, Flüchtlingselend, wirtschaftliche Anarchie, Resignation. Kontrastierend dazu Bilder eines moralischen Impetus: Menschen sprechen von Hoffnungen, ein bißchen Traum, ein Stück ganz nahe Utopie. Die Realität ist dargestellt, als sei sie eine Geschichte. (Fred Gehler, *Film-Blätter* 228/ 1986)

NEBENBEI: Eigentlich war *Freies Land* der erste DEFA-Spielfilm, der fertiggestellt wurde. Man startete ihn jedoch erst drei Tage nach → *Die Mörder sind unter uns* von Staudte, da dieser Film aufgrund seines Themas ein stärkeres Echo versprach und die Programmatik der DEFA sinnfällig machte.

FREISPRUCH MANGELS BEWEISES

RE: Richard Groschopp, BU: Lothar Creutz, Carl Andrießen, Richard Groschopp, DR: Wolfgang Ebeling, KA: Günter Haubold, MU: Wolfgang Lesser, BA: Harald Horn, KO: Dorit Gründel, SC: Helga Krause, PL: Willi Teichmann, m: 2571 = 94 min, s/w, PJ: 1961/62, PM: 24.5.1962, PM-Ort: Berlin, »Colosseum«

DA: Erich Gerberding (Dr. Alexander Steinhorst), Herwart Grosse (Dr. Fabricius), Lissy Tempelhof (Monika Goslar), Ivan Malré (Direktor Amplinger), Horst Schulze (Hanno Schmidt-Goslar), Stefan Lisewski (Thomas Steinhorst), Monika Bergen (Bruni Greiner), Peter Sturm (Dr. Roth), Fritz Links (Alois Stallbichler), Fred Mahr (Ludwig Greiner), Dorothea Volk (Johanna Greiner), Paul Berndt (Prälat Höpfner), Hans Lucke, Ralph J. Boettner, Kurt Rackelmann, Ruth Kommerell, Hannjo Hasse, Harald Halgardt, Fritz Decho, Ingeborg Nass u. a.

INHALT: Der demokratische Münchener Publizist und Chefredakteur des »Südkurier«, Alexander Steinhorst, hat den Gipfel gesellschaftlicher Reputation und privaten Wohlstands erreicht. Seinem Sohn kann er ein Theater mieten, die Frauen liegen ihm zu Füßen. Da erlaubt er sich, eine Zeitung mit Enthüllungen über die dubiosen Quellen des CSU-Wahlfonds herauszubringen. Der CSU-Justitiar Dr. Fabricius setzt einen Fotografen auf Steinhorsts Privatleben an, um ihn zu Fall zu bringen. Es kommt zur Anklage wegen »Unzucht mit Abhängigen«, doch mangels Beweises zum Freispruch. Steinhorst jedoch ist gesellschaftlich ruiniert, Freunde und Kollegen wenden sich aus Angst um ihre eigene Karriere von ihm ab, sein Vermögen wird beschlagnahmt. Steinhorst geht in den Freitod.
ZUM FILM: Der Kriminalfilm basierte auf dem realen Fall des Chefredakteurs der *Süddeutschen Zeitung*, der 1959 eine Parteispenden-Affäre aufdeckte und einer Rufmordkampagne zum Opfer fiel. Richard Groschopp machte daraus zusammen mit dem Autoren-Team Lothar Creutz und Carl Andrießen einen spannenden Film von zeitloser Aktualität, der spätere Themen von Francesco Rosi oder André Cayatte vorwegnahm.

ECHO: Geschickt eingebaute Spannungselemente, treffende und teilweise sehr pointenreiche Dialoge und eine im großen und ganzen interessante Bildgestaltung lassen den Zuschauer, bis auf kurze Unterbrechungen, der Handlung mit Interesse folgen. Dennoch gibt es keinen triftigen Grund zu übersehen, daß sich die Fabel nicht durch allzu großen Tiefgang auszeichnet. Vieles bleibt nur angedeutet, unausgesprochen – manchmal allzu vieles. (Jurek Becker, *Filmspiegel* 11/1962)
Der Film ist genau gearbeitet und wirkt glaubwürdig, wir verfolgen die Demontage des Mannes mit Interesse. Dennoch berührt uns sein Schicksal nur wenig, und der Film gewinnt trotz des schließlichen Freitodes des Helden keine dramatische Wucht. (Erika Richter, *Das zweite Leben der Filmstadt Babelsberg*, 1994)
NEBENBEI: Erik S. Klein spielt, nur mit den typischen hochgezogenen Schultern von hinten aufgenommen und durch Diktion und Tonfall kenntlich, den CSU-Vorsitzenden Franz Josef Strauß, eine Rolle, die er wenige Jahre später in dem Fernseh-Mehrteiler *Ich – Axel Caesar Springer* nochmals übernahm.

DER FREMDE

RE: Johannes Arpe, SZ: Herbert Jobst, DR: Lea Grosse, KA: Walter Fehdmer, MU: Wilhelm Neef, BA: Oskar Pietsch, KO: Luise Schmidt, SC: Charlotte Peschlow, PL: Adolf Fischer, GR: KAG »Solidarität«, m: 2176 = 80 min, s/w, AT: Neuerer, PJ: 1959/60, AD: 3.3.1961
DA: Günter Grabbert (Willi Palko), Harry Hindemith (Wilhelm), Günther Simon (Parteisekretär Reichert), Helga Göring (Hanna), Rudolf Ulrich (Julius), Fritz Schlegel (Aurich), Erich Brauer (Schachtmeister), Johannes Arpe (Betriebsleiter), Rudolf Donath (Franz), Horst Lommatzsch (Gastwirt), Joachim Tomaschewsky, Antje Arpe, Gertrud Brendler, Fred Delmare, Hans-Joachim Hegewald, Lore Frisch u. a.
INHALT: Nach jahrelangem Umhertreiben kommt Willi Palko ins Braunkohlerevier. Er sucht nicht nur eine neue Arbeit, sondern möchte hier endlich seßhaft werden. Die Parteileitung schickt ihn in die Brigade Schepp, die sich durch enorm hohe Produktionszahlen (auf dem Papier) »verdächtig« gemacht hat. Man bezichtigt den Fremden, ein Spion der Werkleitung zu sein. Willi hat

es schwer sich durchzusetzen, doch der große Bagger, die Aussicht, ihn eines Tages führen zu dürfen, und die forsche Klappenschlägerin Hanna haben es ihm angetan. Er bleibt, und mit seiner Hilfe kann ein Schachtmeister als westlicher Agent entlarvt und die Produktion von Kohle auf ein tatsächlich hohes Niveau gebracht werden.
ZUM FILM: Nachdem man lange gezögert hatte, den Film in die Kinos zu bringen, wurde er schließlich ohne Premiere gestartet und nach kurzer Laufzeit wieder zurückgezogen. Grund war offenbar nicht unbedingt die unbefriedigende Qualität, sondern die negative Zeichnung einiger der »Vertreter der Arbeiterklasse«.
ECHO: Psychologische Motivierungen gibt es in diesem Film nicht. Über den Zuschauer prasseln vielmehr mit erschütternder Ideenarmut fotografierte Dialoge herein, die im wahrsten Sinne des Wortes dauernd auf der Stelle treten. (Christoph Funke, *Morgen*, 4.3.1961)
Günther Simon als Parteisekretär hat mit dem Sirup des Drehbuches zu kämpfen, und Hanna (Helga Göring) weiß nicht recht, ob sie verliebte Witwe oder von Agenten drangsalierte Frau spielen soll. Die komischste Figur aber gibt Betriebsleiter Pfefferkorn (Johannes Arpe) ab. Er jongliert sich als Gestriger mit Dialogen über die Runden, die einfach peinlich sind. (...) Dabei führt Arpe noch Regie! (Heinz Lauckner, *Freie Presse*, 13.3. 1961)
NEBENBEI: Die Rolle einer Kindergärtnerin spielt die aus dem Kinderfernsehen beliebte Moderatorin Bärbel Ola, die bis heute bei vielen öffentlichen Veranstaltungen mit der Puppe »Schnatterinchen« auftritt.

FRIEDRICH SCHILLER
RE: Max Jaap, BU: Gustav Wilhelm Lehmbruck, Max Jaap, KA: Ewald Krause, SB: Max Knaake, Herbert Bielke, MB: Hans Hendrik Wehding, Kurt Grottke, SC: Ingrid Sander, PL: Gerhard Abraham, P: DEFA Studio für Wochenschau und Dokumentarfilme, PJ: 1955/56, DA: Franz Kutschera (Franz Moor), Hermann Stövesand (Karl Moor), August Momber (Graf Moor), Wolfgang Langhoff (Präsident v. Walther), Lothar Blumhagen (Ferdinand), Hans Schölermann (Miller), Mathilde Danegger (Millerin), Margarete Taudte (Luise), Ursula Burg (Lady Milford), Bruno Böning (Kammerdiener), Peter Dornseif (Verrina), Raimund Schelcher (Wallenstein), Fred Düren (Terzky), Gisela Uhlen (Johanna v. Orleans), Eduard v. Winterstein (Rösselmann), Martin Flörchinger (Philipp II.), Hans Peter Thielen (Marquis Posa) u.a., SP: Lothar Blumhagen, Gerry Wolff u.a.
INHALT: Ein Filmessay über Friedrich Schiller, in dem die Stationen seines Lebens anhand von Dokumenten des Schiller-Nationalmuseums in Marbach und der Nationalen Forschungs- und Gedenkstätten Weimar dargestellt werden. Daneben werden Szenen aus den Stücken *Die Räuber, Kabale und Liebe, Fiesco, Wallenstein, Die Jungfrau von Orleans, Wilhelm Tell* und *Don Carlos* aus aktuellen Bühneninszenierungen gezeigt. (f.b.h.)
ZUM FILM: Die Produktion des DEFA-Dokumentarfilmstudios mit ausführlichen Spielszenen, in denen einige der bedeutendsten Bühnendarsteller ihrer Zeit mitwirkten, entstand aus Anlaß des Schiller-Jahres 1955. Regisseur Max Jaap hatte zuvor einen vielbeachteten biografischen Film über Beethoven gedreht.
ZITAT: Schillers kämpferisches Werk (...) hat in unseren Tagen, da das deutsche Volk in einem gewaltigen Ringen um die demokratische Einheit der Nation steht, eine ganz besondere Bedeutung. Möge dieser Film mithelfen, Schillers Vermächtnis endlich zu erfüllen, und unserem ganzen Volk ein Aufruf sein, in seinem Geiste zu handeln, auf daß unsere Nation wieder eins werde. (Franz Fabian, *Progress-Filmillustrierte* 36/1956)
ECHO: Da ist nichts von dem alten Schema der Aneinanderreihung von Daten und Fakten, die durch Aufzeichnungen und Bilder auf der Leinwand erläutert werden, geblieben. Menschen und Landschaft, Gebäude und Denkmäler treten hinzu und erwecken den Dichter zu neuem Leben. (...) So steht der Film hart an der Grenze zwischen Spiel- und Dokumentarfilm und bleibt doch ganz Zeugnis, ohne die Trockenheit der aufzählenden Biographie. (...) Bei den Szenen aus den Dramen hätte sich die Kamera allerdings mehr von den Brettern des Theaters lösen und stärker mit filmischen Mitteln arbeiten sollen, die nun einmal ganz andere sind. (G.K., *Märkische Union*, 22.8.1956)
NEBENBEI: Die Österreicherin Mathilde Danegger hatte hier ihren ersten Filmauftritt in

der DDR, wo sie sich zu einer beliebten Schauspielerin entwickelte.

FROSCHKÖNIG

(Kinderfilm)

RE: Walter Beck, SZ: Brigitte Bernert, LV: Gleichnamiges Märchen der Brüder Grimm, DR: Gerd Gericke, KA: Wolfgang Braumann, MU: Günther Fischer, SB: Christoph Schneider, KO: Dorit Gründel, SC: Rita Hiller, PL: Siegfried Kabitzke, GR: GR »Johannisthal«, m: 1829 = 67 min, fa, PJ: 1986/87, PM: 26.6.1988, PM-Ort: Berlin, »Colosseum«

DA: Jana Mattukat (Henriette), Jens-Uwe Bogadtke (Froschkönig), Peter Sodann (König), Franziska Glöss-Ebermann (Florentine), Susanne Lüning (Geraldine), Thomas Wolff (Askold), Pedro Hebenstreit (Barnabas), Dieter Wien (Carbinian), Günter Schubert (Dagobert), Gunter Friedrich, Karl Sturm, Gunnar Helm, Jürgen Hölzel u. a.

INHALT: Eine Prinzessin läßt beim Spiel eine goldene Kugel in den Brunnen fallen, und ein Frosch gibt sie ihr wieder – unter der Bedingung, daß sie fortan mit ihm Speise, Trank und Bett teilt. Das Versprechen ist schnell gegeben, doch als der Frosch in ihr Bett will, wirft sie ihn empört an die Wand. Er verwandelt sich in einen schönen Prinzen, muß sie aber verlassen, weil sie ihr Versprechen gebrochen hat. Die Prinzessin macht sich auf die Suche nach ihm, übersteht vielfältige Gefahren und gerät zum Schloß des Froschkönigs. Als Junge verkleidet, gelingt es ihr hineinzukommen. Als Gehilfe bei Küfer, Koch und Kammerherrn kann sie ihr Versprechen doch noch erfüllen und den Prinzen erlösen.

ZUM FILM: Die bekannte Geschichte wurde nicht nur wiedergegeben, sondern weitergesponnen und die »Sozialisation« der Prinzessin erzählt.

ECHO: Nicht nur mit dem Frosch gelang eine meisterliche Animationsgestaltung des Kollektivs um Erich Günther, auch die Elemente Feuer, Wasser, Wind sind märchenhaft personifiziert. Die furchterregende Zitadelle und ihr Umfeld »hinter dem Ende der Welt« erhielten durch Szenenbildner Christoph Schneider eine bedrohliche Realität. (...) Die filmische Erzählweise geht allerdings mehr in die Breite als in die Tiefe. Das Spiel der Prinzessin will kein Ende nehmen, und die Umstände, die zur teilweisen Erlösung des Froschkönigs führen, erscheinen unterkühlt. Walter Beck entschied sich durch die Besetzung mit der jungen Jana Mattukat für eine herbe, sachlich-jugendliche Prinzessin. Aber damit wird der Figur nicht Genüge getan. Lebhafte Gesten ersetzen keine Gefühle. (...) Es fehlt ein Hauch Wärme, den ein Märchenfilm doch haben sollte. (Ehrentraud Novotný, *Berliner Zeitung*, 2.7. 1988)

NEBENBEI: Die Prinzessin Jana Mattukat spielte als Kind und junges Mädchen in den achtziger Jahren mehrfach in DEFA-Filmen, so 1981 bei Werner Bergmann in → *Die dicke Tilla*.

DER FRÜHLING BRAUCHT ZEIT

RE: Günter Stahnke, BU: Hermann O. Lauterbach, Konrad Schwalbe, Günter Stahnke, DR: Hans-Joachim Wallstein, Bruno Pioch, KA: Hans-Jürgen Sasse, MU: Gerhard Siebholz, SC: Erika Lemphul, PL: Heinz Herrmann, GR: KAG »Babelsberg«, m: 2606 = 96 min, s/w, PJ: 1965, PM: 25.11.1965, PM-Ort: Berlin, »Colosseum«

DA: Eberhard Mellies (Heinz Solter), Elfriede Nee (Ruth Solter), Doris Abeßer (Inge Solter), Günther Simon (Eberhard Faber), Karla Runkehl (Luise Faber), Rolf Hoppe (Wiesen), Horst Schön (Schellhorn), Kurt Barthel (Jensen), Heinz Scholz (Meermann), Friedrich Richter (Dr. Kranz), Hans Hardt-Hardtloff (Kuhlmey), Erik S. Klein (Burger), Agnes Kraus, Kurt Abeßer, Hans Flössel u. a.

INHALT: Der parteilose Heinz Solter, Ingenieur eines Energieversorgungsbetriebes, wird fristlos entlassen und steht vor dem Untersuchungsrichter. An einer von ihm abgenommenen Ferngasleitung gab es bei starkem Frost eine Havarie. Solter wird grobe Fahrlässigkeit, wenn nicht gar Sabotage angelastet. Er weist die Schuld von sich. Der anfangs gegen ihn eingenommene Untersuchungsrichter beschließt, den Fall im Betrieb aufzurollen. Es stellt sich heraus, daß Solter die Abnahme wider besseres Wissen auf Anweisung der Betriebsleitung vorgenommen hat. Für Direktor Faber stehen Planerfüllung, Erfolg und seine eigene Karriere an erster Stelle. Die Untersuchung des Falles führt zu heftigen Auseinandersetzungen im Betrieb, in deren Verlauf die Leitungs- und Arbeitsmethoden Fabers schonungsloser Kritik ausgesetzt sind. Immer mehr Mitarbeiter stellen sich auf die Seite Solters. Es kommt zur Rücknahme der Anklage.

ZUM FILM: Nach zwei verbotenen Fernsehfilmen stand Regisseur Günter Stahnke mit diesem Film, in dem er sich auftragsgemäß dem Thema der sozialistischen Produktion zuwandte, erneut in der Kritik. Nachdem unmittelbar nach der (hinausgezögerten) Premiere wohlwollende Kritiken erschienen waren, wurden nach dem berüchtigten 11. Plenum des ZK der SED Verrisse lanciert. Dozenten der Jugendhochschule ›Wilhelm Pieck‹ forderten, den Film zu sperren (das war da schon geschehen) und die Verantwortlichen zur Rechenschaft zu ziehen. Günter Stahnke konnte zwar im Regieberuf bleiben, mußte sich jedoch für Jahrzehnte beim Fernsehfunk als Regisseur mehr oder minder gelungener Lustspiele verdingen. Dabei hatte *Der Frühling braucht Zeit* bewiesen, daß er mit Stilwillen und Problembewußtsein anspruchsvolle Filme inszenieren konnte.

ECHO: Die Inszenierung Günter Stahnkes ist erfreulich sicher. Stilisierte Hintergründe der sparsam ausgestatteten Interieurs lenken die Aufmerksamkeit auf die geistigen Auseinandersetzungen. (Hartmut Albrecht, *Nationalzeitung* 27.11.1965)

Es fehlt kein Bekenntnis zu unserer Wirklichkeit, keine tief fundierte ethische Überzeugung, keine Parteilichkeit. Es fehlen nicht einmal anspruchsvolle und darstellenswerte Konflikte, selbst die sind durch die Elefantenhaut aus künstlerischer Unfähigkeit hindurch noch zu erkennen. Aber die Geschichte ist ambitiös, nicht überschaubar und dilettantisch geschachtelt. Gestaltung falsch verstandener Didaktik. Was macht ein Regisseur damit? Stahnke macht folgendes: Er läßt Leute den vorgesehenen Text reden. Weil er ihnen aber auch nicht gerne zuhört, gestaltet er inzwischen den Raum, macht sich mit allen Möglichkeiten zwischen Schwarz und Weiß vertraut, denkt sich Fenster und Blickwinkel aus, Standpunkte für die Kamera und Gehstrecken für die großen Denker, die jede Wahrheit zerreden. Das eine ist so maniriert wie das andere. Sinnlos die Bemühungen der Schauspieler, den großen Atem hineinzupumpen. Mit dem Gestus, der für ein Drama von Shakespeare angemessen wäre, dursten sie sich durch die Wüste. (Gisela Steineckert, *Eulenspiegel*, 3. Dezember-Ausgabe 1965)

In der Diskussion über diesen Film wurde nachgewiesen, wie diese schematische Konzeption zu künstlerischen Mitteln führt, die wir von Regisseuren des kritischen Realismus wie Antonioni, Fellini u.a. kennen. Diese bürgerlich-humanistischen Künstler wollen die Vereinsamung des Menschen in der kapitalistischen Gesellschaft von heute erfassen, für die Kälte, Öde, Einsamkeit kennzeichnend sind. Mit diesen Mitteln und Methoden kann man aber nicht die sich in unserer Gesellschaft herausbildenden neuen menschlichen Beziehungen entdecken und weiterbilden helfen. Da sich die Schöpfer von *Der Frühling braucht Zeit* nicht über eine kritische Position zu erheben vermögen, kommen sie zu einer ähnlichen Formsprache wie die genannten bürgerlichen Künstler. (*Tribüne*, 16.12.1965)

Sicher war das Buch noch zu rhetorisch, aber man sprach über Dinge, die die Leute angingen, die sie so in der Öffentlichkeit nicht gehört hatten. (...) Und der Regisseur erzählt den Film so, daß klar wird, es ist kein Einzelfall, sondern betont mit seinem Stilwillen das Generelle, läßt die Leute vor weißen Wänden reden, zeigt die Entfremdung, die Mißverständnisse, seine Kamera betont die Distanz in den Beziehungen. Er benutzt das

unpsychologische Buch, um die Defekte in der Kommunikation sichtbar zu machen. (Rolf Richter, *Berliner Rundfunk*, 21.1.1990)
NEBENBEI: Der damals 35jährige Eberhard Mellies war am Volkstheater Rostock engagiert. Von 1969 an wirkte er für zwei Jahrzehnte im Fernsehensemble, wo er in vielerlei Rollen seine Vielseitigkeit bewies. Der Bruder des Schauspielers Otto Mellies spielte 1991 noch einmal in → *Der Strass* eine interessante, ironisch gebrochene Funktionärsrolle.

FRÜHLINGSSINFONIE

RE: Peter Schamoni, BU: Peter Schamoni, Hans A. Neunzig, KA: Gérard Vandenberg, MU: Robert Schumann, SB: Alfred Hirschmeier, KO: Christiane Dorst, SC: Elfi Tillack, P: Allianz/Peter Schamoni Film/DEFA, m: 2813 = 103 min, fa, AD: (8.4.1983 (BRD), 4.11.1983 (DDR)
DA: Nastassja Kinski (Clara Wieck), Herbert Grönemeyer (Robert Schumann), Rolf Hoppe (Friedrich Wieck), André Heller (Felix Mendelssohn), Bernhard Wicki (Baron v. Fricken), Gisela Rimpler (Baronin), Edda Seippel (Mutter Schumann), Gidon Kremer (Niccolo Paganini), Wolfgang Greese (Gerichtspräsident), Peter Schamoni (Verleger Härtel) u.a.
INHALT: Die Entwicklung des Jurastudenten Robert Schumann zu einem der bedeutendsten romantischen Komponisten wird hier verfolgt. Darin ist seine wechselvolle Liebesgeschichte mit der Pianistin Clara Wieck eingebunden. Der junge Mann kann Clara nur unter großen Schwierigkeiten von ihrem Vater – Schumanns Lehrer Friedrich Wieck – loslösen, denn der alte Wieck behütet sein »Wunderkind« eifersüchtig. (nach *Lexikon des internationalen Films*)
ZUM FILM: Das gemeinsame Schicksal zweier Wunderkinder des 19. Jahrhunderts als schwungvoll hingetupfte Szenenfolge, die pointierte Einzelepisoden an die Stelle epischer Ausmalung setzt. Der Film vermeidet steifes Pathos und ist sichtlich bemüht, die Leidenschaften und Probleme seiner Figuren einem modernen Publikum nahezubringen - was dank frisch aufspielender Darsteller überzeugend gelingt. Die stimmungsvollen, sorgfältig rekonstruierten Dekors entstanden zum Teil an Originalschauplätzen in der damaligen DDR. (*Lexikon des internationalen Films*)
Schamoni konnte sein Projekt lange nicht realisieren, bis die DEFA als (in der DDR aus politischen Gründen nur als Dienstleister genannter) Co-Produktionspartner einsprang.
ECHO: Ein auf authentischen Geschehnissen beruhender Liebesfilm also, und (...) geschmackvoll, nie langweilig dargeboten. Aber es fehlt ein Bezug zum Gegenwärtigen, eine Aussage, die persönliche Erlebnisse ins Allgemeine »aufhebt«. Immer wieder glaubt man, Ansätze dafür zu finden, so im angedeuteten Aufeinanderprall zwischen Künstler und Konvention oder im Konflikt zwischen gesellschaftlicher Anerkennung und privatem Glück. Aber gerade, wenn man meint, eine konzeptionelle Grundidee aufgespürt zu haben, biegt die Handlung erneut in eine andere Richtung ab, und man sieht sich genarrt. (Ingeborg Pietzsch, *Film und Fernsehen* 2/1984)
Dank Hoppes fein nuanciertem, nie ins Grobe abrutschenden Spiel gerät der Film weniger zu einer Robert-Schumann-Clara-Wieck-Biographie, als vielmehr zur großen, bewegenden Tragödie eines Mannes, der an sich selbst scheitert. (...) Hoppe vermag es, Ablehnung und Verständnis, Zorn und Mitleid des Zuschauers in Balance zu halten. Fürwahr eine überragende Leistung! (Renate Holland-Moritz, *Eulenspiegel* 50/1983)
NEBENBEI: Der legendäre Geigenvirtuose Gidon Kremer tritt in der Rolle des legendären Geigenvirtuosen Paganini auf.

FÜNF PATRONENHÜLSEN

RE: Frank Beyer, BU: Walter Gorrish, DR: Wolfgang Ebeling, KA: Günter Marczinkowsky, MU: Joachim Werzlau, BA: Alfred Hirschmeier, KO: Joachim Dittrich, SC: Evelyn Carow, PL: Willi Teichmann, m: 2398 = 88 min, s/w, AT: Unsterblicher Adler, PJ: 1959/60, PM: 3.11.1960, PM-Ort: Berlin, »Colosseum«
DA: Erwin Geschonneck (Kommissar Witting, Deutscher), Ulrich Thein (Wasja, Russe), Edwin Marian (José, Spanier), Ernst-Georg Schwill (Willi, Deutscher), Armin Mueller-Stahl (Pierre, Franzose), Manfred Krug (Oleg, Pole), Günter Naumann (Dimitr, Bulgare), Fritz Diez (Major Bolanos), Johannes Maus (Karl), Jochen Diestelmann (Jerri), Fritz-Ernst Fechner, Dom de Beern, Hans Finohr, Ralf Bregazzi, Fred Düren u. a., GE: Ernst Busch

INHALT: Während des Spanienkrieges deckt der deutsche Kommissar Witting mit fünf Interbrigadisten den Rückzug ihres Bataillons. Nach ausgeführtem Auftrag müssen sie sich durch die feindlichen Linien schlagen. Witting wird schwer verwundet. Er übergibt seinen Kameraden eine Meldung für den Stab, in Einzelstücke aufgeteilt und in fünf Patronenhülsen gesteckt. Zusammenhalten und durchkommen, heißt die Devise. Der Auftrag spornt sie an, nur der Franzose Pierre kann in der glühenden Hitze der Sierra den Durst nicht aushalten. Er verläßt die Deckung, um an einem Brunnen zu trinken, und fällt feindlichen Kugeln zum Opfer. Die anderen erreichen den Stab. Dort erfahren sie den Inhalt der Meldung, eine Aufforderung ihres klugen Kommandeurs zusammenzubleiben.
ZUM FILM: Die Geschichte, die der ehemalige Spanienkämpfer Walter Gorrish geschrieben hatte, setzte Frank Beyer mit einer erstklassigen Besetzung spannend um.
ECHO: Erst in sorgfältiger Rückschau stellt man fest, daß der Film keine Frauenrolle hat. Der Mut zu solcher Unterlassung ist zu bewundern; man begegnet ihm nicht oft, selbst wenn er – wie hier – durchaus angebracht und gerechtfertigt wäre. Ein Krieg wird dargestellt, eine Handlung andauernden Kampfes. Sehr nahe lag die Gefahr, seine Effekte hervorzuheben, durch Schüsse und Schreie, Blut und Leichen seine emotionale Wirksamkeit zu unterstreichen. Doch Autor und Regisseur wußten auch hierin das rechte Maß zu treffen; keine Szene gibt bloßen Krawall. (Rudi Strahl, *Filmspiegel* 24/1960)
MEINUNG: Wie diese fünf Genossen sich zu ihrem Ziel durchkämpfen, war spannend erzählt, ohne Beschönigung. Wahrscheinlich haben sich auch deshalb viele junge Zuschauer den Film angesehen. (...) Wir haben in unserer Kunst nicht viele Werke zum Spanienthema. Dieser gehört dazu und wird wohl gültig bleiben. (Erwin Geschonneck in *Meine unruhigen Jahre*, 1984/1996)
NEBENBEI: Die spanischen Landschaften setzte Szenenbildner Alfred Hirschmeier nicht nur in Bulgarien, sondern auch in der Nähe von Altenburg um.
Filmtext: Fünf Patronenhülsen. Drehbuch von Walter Gorrish. In: Neue Deutsche Literatur, 1959/12. Außerdem: Berlin: Aufbau-Verlag 1960

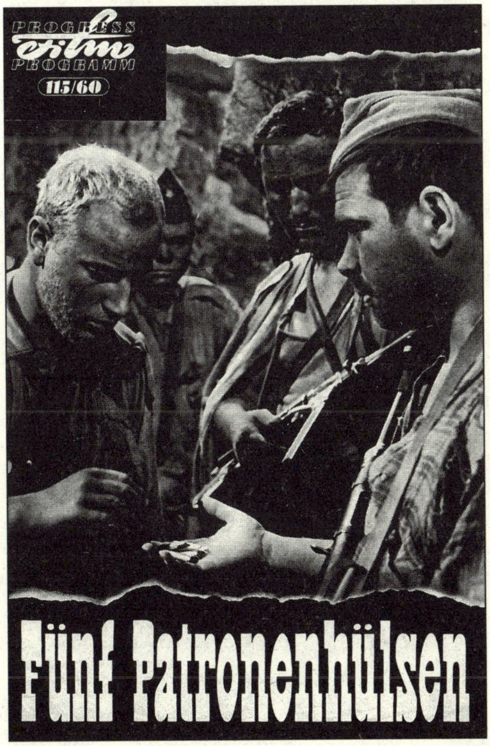

FÜNF TAGE – FÜNF NÄCHTE
(Co-Produktion DDR/Sowjetunion)
RE: Lew Arnschtam, CO-RE: Heinz Thiel, Anatoli Golowanow, BU: Lew Arnschtam, Wolfgang Ebeling, DR: Wolfgang Ebeling, KA: Alexander Schelenkow, Tschen Ju Lan, MU: Dmitri Schostakowitsch, BA: Herbert Nitzschke, Alexej Parchomenko, KO: Walter Schulze-Mittendorf, Nadeshda Busina, SC: Tatjana Lichatschowa, PL: Adolf Fischer, Osman Karajew, m: 2924= 107 min, fa, (Original-Negativ: Eastman-Color; Positive: ORWO-Color), AT: Dresdener Galerie, PJ: 1960, PM(DDR): 7.3.1961, PM-Ort: Leipzig, »Capitol«, CO: Mosfilm, Moskau/UdSSR, Russ. Titel: Pjat dnej - pjat notschej
DA: Heinz-Dieter Knaup (Paul Naumann), Wsewolod Safonow (Hauptmann Leonow), Wsewolod Sanajew (Sergeant Koslow), Annekathrin Bürger (Katrin), Marga Legal (Luise Rank), Wilhelm Koch-Hooge (Erich Braun); Jewgenija Kosirjewa (Nikitina), Michael Majorow, Nikolai Sergejew, Erich Franz, Raimund Schelcher, Ruth Kommerell, Monika Lennartz, Otto Dierichs, Hans Flössel u.a.

INHALT: 8. Mai 1945 in Dresden. In der zerstörten Stadt wird der Maler Paul Naumann von sowjetischen Soldaten aufgefordert, sie zur Gemäldegalerie zu bringen. Hauptmann Leonow hat den Auftrag, die weltberühmten Kunstwerke zu retten. Der seelisch zerstörte Paul kann angesichts des Zusammenbruchs keinen Elan aufbringen, ebensowenig die zwischen den Trümmern sitzende, deprimierte Museumsangestellte Luise Rank. Der Einsatz der Soldaten aber aktiviert die beiden, sich an der Suche nach den ausgelagerten Gemälden zu beteiligen. In einem Bergschacht finden sie die Kunstschätze, doch der Zugang ist vermint. Ein Soldat verliert bei der Bergung sein Leben. Aus der Sowjetunion angereiste Spezialisten beginnen mit der Restauration. Naumann und Luise Rank stellen ihre Kenntnisse zur Verfügung. Und als Paul seine längst totgeglaubte Freundin Katrin, die in einem KZ war, wiederfindet, wird auch für ihn das Ende zu einem neuen Anfang.

ZUM FILM: Die erste Co-Produktion mit der Sowjetunion wurde zwar einerseits als Werk der Freundschaft zweier Völker propagandistisch genutzt. Andererseits wurden erste künstlerische und technische Kräfte zusammengeführt, die durchaus einen wirkungsvollen Film schufen.

ECHO: *Fünf Tage – fünf Nächte* vergibt sich mit dem Bemühen, in panoramahafte Breite zu gehen und ein großes Zeitgemälde zu entwerfen, manche Chance, in die Tiefe der Konflikte vorzustoßen. Die Liebesgeschichte zwischen Paul Naumann und seiner Kathrin bleibt ein wenig vordergründig, und Wilhelm Koch-Hooge als Erich Braun hätte sich sicher auch eine funktionsstärkere Rolle gewünscht. Diese und andere Gestalten kommen über den »Typ« nicht recht hinaus. (Winfried Junge, *Forum* 12/1961)

Ganz hervorragend ist die mit sehr dezenten Tönungen arbeitende Farbphotographie, die auch die hier gezeigten Gemälde Rembrandts, Rubens' und Raffaels in voller Schönheit wiedergibt, ein Genuß für sich die sinfonische Begleitmusik von Dmitri Schostakowitsch. Dem sowjetischen »Hauptregisseur« Lew Arnstam gelang es, die Atmosphäre jener letzten Kriegstage in dem zerstörten Dresden überzeugend wiederzugeben, dessen Ruinen hier zum Teil nach vorhandenen Photographien sehr geschickt im Modell rekonstruiert wurden. (...) Wenn man die östliche Tendenz in Kauf nimmt, ein ganz sehenswerter Film. (O., *Bonner Rundschau*, 25.3.1961)

Der Film wirkt oft konstruiert und ist in einem übersteigerten pathetischen Stil gehalten, die Figuren erscheinen teilweise blaß und typisiert. (Heinz Kersten, *Das Filmwesen in der Sowjetischen Besatzungszone Deutschlands*, 1963)

NEBENBEI: Der deutsche Co-Regisseur Heinz Thiel, der auch in der kleinen Rolle eines SS-Majors mitwirkt, berichtete in seinem Anekdotenbuch *Die nackte DEVA* vom Einsatz einer der Hauptdarstellerinnen für ihre Rolle als KZ-Überlebende und zitierte Regisseur Lew Arnschtam: »Schauspielerinnen, die sich mit dem Regisseur streiten, habe ich oft erlebt. Aber in meiner langen Filmpraxis habe ich noch keine Schauspielerin erlebt, die sich dauernd mit uns stritt, weil sie häßlicher aussehen wollte, als wir es erlauben konnten. Schon deshalb muß man Annekathrin Bürger zu den außergewöhnlich guten Schauspielerinnen rechnen.« – Dmitri Schostakowitsch, der bereits dreißig Jahre zuvor mit Regisseur Lew Arnstam an dem Film *Der Gegenplan* zusammengearbeitet hatte, wurde in die Sächsische Schweiz eingeladen, um sich dort zur Filmmusik inspirieren zu lassen. Hier schrieb er sein berühmtes 8. Streichquartett op. 110, aus dem wesentliche Motive in die Filmmusik (op. 111) eingingen.

Filmtext: Fünf Tage – fünf Nächte. Von Lew Arnschtam und Wolfgang Ebeling. Gestaltet nach dem ersten gemeinsamen deutsch-sowjetischen Spielfilm. Berlin: Henschelverlag 1961

FÜR DIE LIEBE NOCH ZU MAGER?

RE: Bernhard Stephan, SZ: Joachim Nestler, Manfred Freitag, DR: Anne Pfeuffer, KA: Hans-Jürgen Kruse, MU: Levente Szörenyi, Klaus Renft, MB: Gerhard Rosenfeld, SB: Heike Bauersfeld, Hans-Jürgen Deponte, KO: Barbara Braumann, SC: Brigitte Krex, PL: Heinz Herrmann, GR: KAG »Berlin«, m: 2356 = 86 min, fa, brw, AT: Wo die Liebe hinfällt/Das macht, es hat die Nachtigall, PJ 1973, PM: 25.4.1974, PM-Ort: Berlin, »Kosmos«

DA: Simone von Zglinicki (Susanne), Christian Steyer (Lutz), Norbert Christian (Susannes Vater), Ursula Staack (Daisy), Karl Thiele (Martin), Carl-Hermann Risse (Alfons), Uwe Kockisch (Wolfgang), Fred Delmare (Ossi), Karin Beewen (Monika), Rolf Hoppe (Onkel Carlo), Theresia Wider, Jürgen Mai, Fritz Links, Lotte Loebinger, Günter Rüger u.a.

INHALT: Susanne ist 18 Jahre alt und Facharbeiterin in einem Textilbetrieb. Sie ist fleißig und immer da, wenn es Arbeit gibt oder jemand Hilfe braucht, zu Hause und im Betrieb. Am Ende der Maidemonstration werden ihr alle Fahnen in die Hand gedrückt, bei der GST-Übung ist sie die Aktivste, aber beim Tanz wird sie als letzte aufgefordert. Daß auch sie Wünsche hat, bemerkt keiner – auch der etwas versponnene Lutz nicht, in den sie verliebt ist. Die beiden sind zusammen aufgewachsen, doch daß sie inzwischen erwachsen ist, sieht er nicht. Das egoistische Verhalten ihrer Freundin Daisy löst eine Wandlung in Susanne aus. Sie entwickelt Selbstbewußtsein, Rückschläge insbegriffen, und erobert sich Lutz. Die beiden verbringen eine kurze, glückliche Zeit. Als Lutz eines Tages von dannen zieht, er will die Welt erobern, verabschiedet Susanne ihn mit einem weinenden und einem lachenden Auge.

ZUM FILM: Bernhard Stephan inszenierte sein Debüt voller Frische und Frechheit, besonders in den Liedern nach Texten von Gerulf Pannach. Den Film durchzieht eine Sehnsucht nach Entdeckung und Ferne, die typisch für diese Zeit ist.

ECHO: Der Film wird als »Musikfilm« propagiert, vermutlich aus Reklamegründen, denn er gehört nicht in dieses Genre. Hier wird nicht nach Noten und auf Nummern hin inszeniert. Das Illés-Ensemble mit Zsúzsa Koncz und die Klaus Renft-Combo machen viel Musik, laute, gute und vor allem auf die Situationen und den Gedanken der Fabel bezogene Musik. Titel wie »Was machen die Leute, wenn sie keine Fahnen tragen, wenn sie keine Spindeln drehen...« oder »Irgendwann möchte jeder mal raus aus seiner Haut ...« formulieren Programm und Probleme des Films, zugleich Fragen Gefühle, Zustände junger Menschen überhaupt. (Peter Ahrens, *Weltbühne* 20/1974)

Der Film selbst, der hier munter gegen leere Phrasen polemisiert, wie man sie noch zu oft in Funk und Fernsehen hören kann, gibt erfrischend moralinfrei zu verstehen, daß auch die Liebe zu einer sinnvollen Freizeitgestaltung gehört, und er macht an seiner psychologisch genau beobachteten Protagonistin deutlich, wie sie dadurch an Selbstbewußtsein ihrer kleinen Persönlichkeit gewinnt. (Heinz Kersten, 1974, zit. nach *So viele Träume*)

NEBENBEI: Ursprünglich war Katharina Thalbach für die Hauptrolle vorgesehen, die jedoch nicht zur Verfügung stand, weil sie mit ihrer Tochter Anna schwanger war. Simone v. Zglinicki gab nun in dieser Rolle ihr Filmdebüt als Studentin der Theaterhochschule Leipzig. Der Erfolg des Films bewirkte, daß sie ein Angebot erhielt, am Deutschen Theater Berlin vorzusprechen, an dem sie seitdem engagiert ist. – Regisseur Bernhard Stephan entwickelte sich in den neunziger Jahren zu einem erfolgreichen Fernsehregisseur im Bereich unterhaltender Filme und Serien.

FÜR MORD KEIN BEWEIS

RE: Konrad Petzold, SZ: Konrad Petzold, LV: Roman »Der Mann, der über den Hügel steigt« von Rudolf Bartsch, DR: Manfred Hocke, KA: Siegfried Hönicke, MU: Karl-Ernst Sasse, SB: Joachim Otto, KO: Marianne Schmidt, SC: Thea Richter, PL: Dorothea Hildebrandt, GR: AG »Johannisthal«, m: 2629 = 96 min, fa, brw, AT: Der Mann, der über Hügel steigt, PJ: 1978, PM: 19.4.1979, PM-Ort: Berlin, »Kosmos«

DA: Winfried Glatzeder (Hauptmann Lohm), Horst Schulze (Zinn), Peter Bause (Leutnant Gallig), Wolfgang Penz (Unterleutnant Reiß), Wolf Goette (Lorras), Hans-Joachim Hanisch (Zumseil), Micaela Kreißler (Steffi Zinn), Birgit Edenhater (Vera Lohm), Marianne Wünscher (Frau Zoll), Agnes Kraus (Frau Lemke), Friedrich Richter, Werner Lierck, Gerd Michael Henneberg, Christoph Engel, Rudolf Ulrich u. a.

INHALT: Die Leiche der Steffi Zinn wird aus einem See gefischt. Ihr Mann hatte die gemeinsame Wohnung nach einem Streit verlassen, seine Frau am nächsten Morgen nicht mehr angetroffen und als vermißt gemeldet. Das war eine Woche zuvor. Hauptmann Lohm wird mit der Untersuchung beauftragt. Er kann keinen Beweis für Mord finden. Bei der Beerdigung taucht ein Fremder auf und verschwindet wieder. Nach einigen Tagen wird auch er tot aufgefunden. Es sieht nach Selbstmord aus, ein Abschiedsbrief, in dem er sich als Mörder von Steffi Zinn bezichtigt, ist auch da. Zinn gibt vor, diesen Mann nicht zu kennen, doch Lohm beweist ihm das Gegenteil. Er überführt ihn des Mordes an seiner Frau und diesem Mann und deckt das Motiv auf. Zinn lebt unter falschem Namen, er war KZ-Arzt in Dachau. Der Fremde, damals sein Gehilfe, hatte ihn erkannt und Steffi über seine Vergangenheit informiert.

ZUM FILM: Unter Mitarbeit des Ministeriums des Innern entstand der Kriminalfilm, der sich um eine dem Thema angemessene Gesellschaftsanalyse herummogelt. Stattdessen soll der Beweis erbracht werden, daß Kriminalpolizisten ihre Arbeit so gut und gewissenhaft verrichten wie andere Bürger auch.

ECHO: Weil er (Konrad Petzold, f.b.h.) sich beim Ausarbeiten der Filmfabel nur ungenügend von der Vorlage löste, in der Inszenierung dann aber andere Akzente setzte, ist *Für Mord kein Beweis* weder – wie angestrebt – ein Kriminalistenporträt geworden, noch erzählt der Film einen Kriminalfall mit politischem Hintergrund. Diese Inkonsequenz dürfte die entscheidende Ursache des Mißlingens sein, denn dem Stoff wohnen durchaus Voraussetzungen für einen guten, engagierten Kriminalfall inne. (Hans-Dieter Tok, *Film und Fernsehen* 5/1979)

Um als Beweis für filmische Qualitätsarbeit gelten zu können, wirkt die Story freilich allzu konstruiert, und auch die anfänglich vorhandene Spannung hält nicht an. (Heinz Kersten, 1979, zit. nach *So viele Träume*)

NEBENBEI: Wolfgang Penz, der junge Unterleutnant Reiß, spielte unter Konrad Petzolds Regie auch den Neffen in dem beliebten Agnes Kraus-Lustspiel des DFF *Oh, diese Tante!* Der begabte Darsteller kam noch im Sommer desselben Jahres bei einem Unfall ums Leben.

G

DIE GÄNSE VON BÜTZOW

RE: Frank Vogel, SZ: Frank Vogel, LV: Gleichnamige Erzählung von Wilhelm Raabe, DR: Gerd Gericke, KA: Werner Bergmann, Peter Badel, MU: Peter Rabenalt, SB: Marlene Willmann, KO: Lilo Sbrzesny, SC: Ilona Thiel, PL: Hans-Uwe Wardeck, GR: GR »Johannisthal«, m: 2591 = 95 min, fa, brw, PJ: 1984/85, PM: 12.12.1985, PM-Ort: Berlin, »International«

DA: Rolf Hoppe (Dr. Hane), Arno Wyzniewski (Albus), Ursula Karusseit (Witwe Hornborstel), Franziska Troegner (Regina), Carl Heinz Choynski (Gräwedünkel), Kaspar Eichel (Jacobs), Reiner Heise (Herzog), Jürgen Rothert (Schmidt), Martin Trettau (Schlappupp), Lothar Förster (Klafautius), Edgar Külow, Peter Pauli, Jaecki Schwarz, Giso Weißbach, Gerry Wolff, Carmen-Maja Antoni, Angela Brunner, Karin Gregorek, Ruth Kommerell, Christa Löser u. a.

INHALT: Das kleine Städtchen Bützow im Herzogtum Mecklenburg-Schwerin 1794. Die wohlhabende Witwe Hornborstel ist die beste Gänsezüchterin der Gegend. Seit sieben Jahren beköstigt sie den Bürgermeister Dr. Hane in der Hoffnung, ihn vor den Traualtar zu bekommen. Nun reicht es ihr und sie drängt ihn unzweideutig in ihr Schlafzimmer. Hane entflieht durchs Fenster. Um die Hornborstel zu verärgern und sie sich damit vom Leibe zu halten, erläßt der despotische Bürgermeister ein »Gänseedikt«, das den Tieren das freie Herumlaufen verbietet. Zuwiderhandelndes Federvieh wird eingesperrt. Die couragierte Frau aber bringt den sie verehrenden und von der französischen Revolution beeinflußten Magister Albus dazu, die Bürger gegen Hane aufzuwiegeln. Sie revoltieren für die Freiheit der Gänse, der Herzog setzt das Edikt wieder ab und einen neuen Bürgermeister ein. Albus flieht bei Nacht und Nebel über die Grenze, und Bützow hat endlich seine alte Ruhe wieder.

ZUM FILM: Nach Hellbergs → *Schwarzer Galeere* war dies die zweite Adaption eines Stoffes von Wilhelm Raabe, der anhand einer tatsächlichen Begebenheit deutsches Spießertum zur Zeit des Kleinstaatabsolutismus satirisch entlarvte. Regisseur Frank Vogel machte daraus (nach achtjähriger Leinwandabstinenz) doch eher einen Schwank und ließ seine ausnahmslos hervorragenden Schauspieler des öfteren »ihrem Affen zu viel Zucker« geben.

ECHO: Der Film ist im Genre unsicher, pendelt fortwährend zwischen Komödie, Lustspiel und Groteske. Das mag eine Ursache dafür sein, daß neben Derb-Komischem (...) weniger Lustiges, auch Nicht-Gelungenes und auch schlicht Langweiliges steht. Dieser Mischmasch ist ärgerlich. Freilich neigt man oft dazu, diesen Ärger wegzuschieben, weil man große Schauspieler (...) mit Spaß agieren sieht. (Günter Agde, *Filmspiegel* 2/1986)

Frank Vogel wagte und – verlor. Die Betulichkeit seiner Inszenierung erschlägt die Schnurre, für

Die Gänse von Bützow

eine Komödie ist der Gegenstand ohnehin zu klein. Vor allem wird des endlos langen und breiten in einschläfernder Hörspielmanier »disputiert«. Ein mecklenburgisches Provinznest aber, in dem nicht viel mehr passiert, als daß Mensch und Federvieh fortgesetzt schnattern, dürfte bis auf den heutigen Tag eine filmisch nicht sehr ergiebige Angelegenheit sein. (Renate Holland-Moritz, *Eulenspiegel* 4/1986)

NEBENBEI: Ursula Karusseit, die mit der Witwe Hornborstel die wohl gelungenste Rollengestaltung des Films lieferte, arbeitete ab Mitte der achtziger Jahre vorrangig im Westen.

DIE GÄNSEHIRTIN AM BRUNNEN

(DFF-Auftragsproduktion, Kinderfilm)

RE: Ursula Schmenger, SZ: Margot Beichler, LV: Gleichnamiges Märchen der Gebrüder Grimm, DR: Anne Goßens, KA: Eberhard Borkmann, MU: Jürgen Wilbrandt, SB: Joachim Otto, SC: Karin Kusche, PL: Willi Teichmann, P: DFF, m:1687 = 60 min, PJ: 1979/79, SD: 22.12.1979, AD: 23.7.1981

DA: Jaroslava Schallerová (Trulle/Prinzessin Marie), David Schneider (Hans), Christine Schorn (Die Alte/Fee Almuthe), Günter Naumann (König Albrecht), Ingrid Föhr (Königin Margarethe), Manja Göring, Viola Schweizer (2 Prinzessinnen), Joachim Zschocke (König Volkrad), Peter Dommisch (Zeremonienmeister), Klaus-Peter Pleßow (Junker Herzlieb), Thomas Wolff, Annemarie Siemank, Willi Schrade, Horst Papke, Arnim Mühlstädt u.a.

INHALT: Ein junger Schmied erkennt im Traum, daß er eine verstoßene Prinzessin finden und um ihre Hand anhalten muß. Nach vielen Abenteuern findet er endlich sein Glück.

ZUM FILM: Die erfahrene Fernsehregisseurin Ursula Schmenger inszenierte diesen poesievollen Märchenfilm voller Abenteuer, der auch den Weg ins Kino fand.

NEBENBEI: Die tschechoslowakische Schauspielerin Jaroslava Schallerová wurde im ungarischen Film ein Teenager-Star und spielte in der DDR in drei Märchenfilmen Prinzessinnen.

GEFÄHRLICHE FRACHT

RE: Gustav von Wangenheim, BU: Karl Georg Egel, Kurt Bortfeldt, DR: Walter Jupé, KA: Carl Puth, MU: Ernst Hermann Meyer, BA: Alfred Tolle, KO: Sybille Gerstner, SC: Johanna Rosinski, PL: Alexander Lösche, m: 2630 = 96 min, s/w, AT: Kay V, PJ: 1953, PM: 21.5.1954, PM-Ort: Berlin, »Babylon«/»DEFA-Filmtheater Kastanienallee«

DA: Willy A. Kleinau (Tetje Köhlermann), Wilhelm Koch-Hooge (Hein Jensen), Erika Dunkelmann (Bertha Köhlermann), Susanne Düllmann (Helga Martens), Wilhelm Otto Eckhardt (Uhlenboom), Eduard von Winterstein (Konsul Schröder), Kurt Oligmüller (Smith), Theo Shall (General Shaper), Werner Segtrop (Colonel Lawrence), Horst Kube (O'Brien), Harald Mannl, Kurt Jung-Alsen, Alfred Maack, Horst Drinda, Rudolf Ulrich, Albert Hetterle, Walter Jupé, Hannjo Hasse, Elfriede Florin, Gustav Püttjer u. a.

INHALT: Westdeutsche Hafenarbeiter entdecken bei der Entladung des Frachters »Florida« statt der angegebenen Präzisionsmaschinen Napalmbomben – und ein Täuschungsmanöver der amerikanischen Besatzungsmacht: Bereits in Frankreich hatten die Arbeiter die Entladung verweigert, dort trug das Schiff den Namen »Chicago«. Es wurde auf der Fahrt nach Deutschland umgespritzt. Auch die deutschen Hafenarbeiter streiken. Unter ihnen Hein Jensen, dem die Betei-

ligung besonders schwerfällt. Mit Mühe hatte er gerade wieder Arbeit gefunden. Er braucht das Geld, denn er will heiraten. Seine Braut Helga hat gerade entbunden. Als die Amerikaner ihn erpressen wollen, seine Kollegen umzustimmen, weiß er, wo sein Platz ist. Der Streik wird zu einer großen Friedensdemonstration.
ZUM FILM: Mit diesem, dem 60. DEFA-Film, wurde die bundesdeutsche Gesellschaft im Sinne der damaligen Propaganda gestaltet – patriotische Friedenskämpfer, der reaktionäre Konsul, ein »rechter« DGB-Funktionär, Ami-Besatzer mit Kolonialmethoden. Auch der schwankende Familienvater, der sich zum klassenbewußten Kämpfer wandelt, durfte zwischen den klischeehaften Figuren nicht fehlen.
ECHO: Der Film ist ein kämpferischer Aufruf zur Tat und zur Entscheidung; seinem politischen Gehalt verdankt er im wesentlichen seine Wirkung. Die Bildsprache Gustav von Wangenheims, der ihn als Regisseur gestaltete, hat nicht immer den Schwung und die leidenschaftliche Kraft, die diese Aussage ganz zur Geltung brächte. Bereits das Drehbuch (...) zeigt bisweilen im menschlichen Unterbau, der das politische Geschehen trägt, unpräzise Konstruktionen, und auch schauspielerisch gibt es diesmal Lücken und schwache Besetzungen. (H. U. E., *Berliner Zeitung*, 29.5.1954)
NEBENBEI: Walter Jupé, der die Filmidee lieferte und als Dramaturg fungierte, war im Hauptberuf Schauspieler und übernahm hier die Rolle des Tietgen.

DIE GEFRORENEN BLITZE

RE: János Veiczi, BU: Harry Thürk, János Veiczi, LV: Motive des Dokumentarberichts »Geheimnis von Huntsville« von Dr. Julius Mader, DR: Dieter Wolf, KA: Günter Haubold, MU: Günter Hauk, SB: Christoph Schneider, KO: Joachim Dittrich, Gerhard Kaddatz, SC: Ruth Ebel, Bärbel Winzer, Karin Kusche, PL: Erich Kühne, GR: KAG »Babelsberg 67«, m: 4518 = 166 min, s/w, Cine, PJ: 1966, PM: 13.4.1967, PM-Ort: Berlin, »Kosmos«/»International«
DA: Alfred Müller (Dr. Grunwald), Leon Niemczyk (Stefan), Dietrich Körner (Raketenbaron), Emil Karewicz (Jerzy), Renate Blume (Ingrid), Ewa Wisniewska (Hanka), Reimar Joh. Baur (Dr. Kummerow), Werner Lierck (Dräger), Michail Uljanow (Alexej), Achim Schmidtchen (Obergruppenführer Altenburger), Hans-Joachim Hegewald (Lagerkommandant Klamm), Hans Lucke (Albert Kuntz), Helmut Schreiber (Attaché), Gerd Michael Henneberg (Speer), Fritz Diez (Hitler), Heinrich Narenta (Himmler), Georges Aubert (Pater Mollard), Harald Hauser, Norbert Christian, Jirí Vrstala, Vera Oelschlegel, Ingeborg Ottmann, Heinz W. Pätzold, Werner Toelcke, Hans Hardt-Hardtloff, Hannjo Hasse, Christoph Engel, A. P. Hoffmann, Allan Winnington, Ivan Darvas u. a.
INHALT: Teil 1 – Target Peenemünde: Seit 1936 wird in der Heeresversuchsanstalt Peenemünde unter größter Geheimhaltung an der Entwicklung einer ballistischen Fernrakete, die im geplanten Krieg eingesetzt werden soll, gearbeitet. 1939 gibt der antifaschistische Wissenschaftler Dr. Kummerow einen anonymen Bericht darüber an die englische Botschaft in Oslo, den man in London aber jahrelang ignoriert. Widerstandsgruppen in Frankreich, Polen und Deutschland dagegen versuchen, Hitlers »Wunderwaffe« auf die Spur zu kommen. Der Pole Borawski aus Warschau wird in das Peenemünder Objekt eingeschleust. Das polnische Hausmädchen des Wissenschaftlers Grunwald und deren Bewacher Dräger, der später für die Aufklärungsarbeit gewonnen werden kann, helfen ihm. Nachdem die Widerstandsgruppen immer neues Material weitergeleitet haben, entschließt man sich in London endlich zu einem Luftangriff.
Teil 2 – Password Paperclip: Der alliierte Angriff richtet großen Schaden an, trifft die Raketenproduktion jedoch nicht im Kern. Unter den Opfern befinden sich auch Grunwalds Freundin und sein Hausmädchen. Schon lange im Gewissenskonflikt, begibt sich Grunwald jetzt auf die Seite des Widerstands. Die Produktion wird von Peenemünde in eine seit langem vorbereitete unterirdische Anlage im Harz verlegt. Mit organisierter Sabotage versuchen die Antifaschisten, die Raketen untauglich zu machen. Während sie sich auch von brutalsten Vergeltungsschlägen der SS nicht einschüchtern lassen, bereitet der Leiter des Unternehmens sein Arrangement mit den anrückenden Amerikanern vor, die den Experten brauchen.
ZUM FILM: Die Entwicklung der deutschen V 2-Raketen durch Wernher von Braun, im Film der »Raketenbaron« genannt, und die Einord-

nung des Vorgangs in internationale Interessensphären standen im Mittelpunkt des aufwendigen zweiteiligen, mitunter ausufernden Spionagefilms.
ECHO: Das Szenarium schöpfte sein Thema durch Ausweitung und weniger durch Auswahl aus. Die Orientierung auf die umfassende Aktion führte deshalb die Dramaturgie zu einer Dynamik der Szene. Sie bedient sich vielfach der angeschnittenen Handlung und kommt dabei zu intellektuellen Verkürzungen. Damit wird aber auch ein Widerspruch zur Einstimmung des Zuschauers freigesetzt, der, der »großen Aktion« nicht immer gegenwärtig, auf den Informationswert der ablaufenden Vorgänge eingestellt ist. Bekommt er stattdessen im raschen Wechsel Symbolwerte angeboten, verliert er Orientierung und emotionelle Bereitschaft. Das Prinzip der Komposition läßt hier Strenge vermissen und meistert die beschworene Fülle nicht. (Evelin Matschke, *Film-Wissenschaftliche Mitteilungen* 2/1967)
Ausgehend von der in London lange ignorierten anonymen Warnung vor deutscher Atom- und Raketenentwicklung wird mit Hilfe einer »Oben-Unten-Dramaturgie« der Weg der V 2 und das der Produktionsstruktur folgende Mosaik der Informations- und Sabotageaktionen quer durch Europa verfolgt. (...) Der dokumentarisch fundierte und mit Mitteln der Reportage, des Gesellschafts- und Abenteuerfilms inszenierte und gespielte Film leidet unter der zeittypischen Unentschiedenheit zwischen Film-Komposition und Fernseh-Fortsetzungsdramaturgie (...). Formstrenge wird als veraltet erklärt, was für Film und Fernsehen gleichermaßen negative Folgen hat. (Klaus Wischnewski in *Das zweite Leben der Filmstadt Babelsberg*, 1994)
NEBENBEI: Aufgrund seines großen Erfolges in *→ For eyes only* wurde die Hauptrolle für Alfred Müller geschrieben, dessen kluges Understatement dem Stil des Films entgegenkam. Unter den über 100 Darstellern aus neun Ländern befanden sich auch solche, die keine Schauspieler waren. So spielte der Schriftsteller Harald Hauser, der selbst in der Résistance gekämpft hatte, den Prof. Delattré. Der deutsch-australische Autor Walter Kaufmann nahm als Darsteller des Colonel Briggs das Pseudonym John Mercator an. Der britische Journalist John Peet stellte den Chef der britischen Abwehr dar, während sein amerikanischer Kollege Victor Grossman als Sekretär des Premiers auftrat.

GEHEIMAKTEN SOLVAY

RE: Martin Hellberg, BU: Karl Georg Egel, Richard Groschopp, DR: Walter Jupé, KA: Eugen Klagemann, MU: Ernst Roters, BA: Artur Günther, KO: Gerhard Kaddatz, SC: Johanna Rosinski, PL: Walter Lehmann, m: 2866 = 105 min, s/w, PJ: 1952, PM: 23.1.1953, PM-Ort: Berlin, »Babylon«/»DEFA-Filmtheater Kastanienallee«
DA: Wilhelm Koch-Hooge (Hannes Lorenz), Leny Marenbach (Bertha Lorenz), Ulrich Thein (Fritz Lorenz), Rudolf Klix (Hauptbuchhalter Treusch), Johannes Arpe (Walter Schramm), Sigrid Roth (Gerda Schramm), Harald Mannl (Direktor Lütgen), Raimund Schelcher (Mertens), Gertrud Meyen (Elisabeth Bergen), Peter Herden (Ingenieur Fleischer), Hans Wehrl, Paul R. Henker, Carl Balhaus, Friedrich Richter, Theo Shall u. a.
INHALT: Im Werratal, unweit der Zonengrenze, liegt eins der fünf Sodawerke der DDR, das einst dem mächtigen Solvay-Konzern gehörte. Nach Kriegsende hatte dieser seinen Hauptsitz von Bernburg nach Frankfurt am Main verlegt, doch einige treue Anhänger der Konzernherren waren geblieben, um die Produktion des nun Volkseigenen Betriebes zu sabotieren. Einem von ihnen, Direktor Lütgen, gelang es sogar, als Treuhänder eingesetzt zu werden. Nun setzt er Investitionen bewußt in den Sand, unterschlägt Rohstoffe und verschiebt einen Teil der Produktion nach Westberlin. Als ihm die Aktivitäten des Schlossers Hannes Lorenz, der den Ursachen für die ständig sinkende Produktion auf den Grund kommen will, gefährlich werden, plant er einen Mordanschlag. Der jedoch schlägt fehl. Lorenz gelingt es, die Verbrecher zu entlarven und den Abtransport von Archivunterlagen zu verhindern. Dadurch kann auch die Verbindung des Solvay-Konzerns mit der IG Farben während der Nazi-Zeit nachgewiesen werden. Der Film hält sich in seinen Fakten an die Prozeß-Protokolle von 1950.
ZUM FILM: Der Film wurde nach tatsächlichen Vorgängen um den belgischen Solvay-Konzern, die sich 1950 ereignet hatten, gestaltet. Dabei entstand ein realistischer, spannender Film, der auch vor vorsichtiger Kritik an staatlichen Leitern nicht zurückschreckte.

ECHO: *Geheimakten Solvay* ist ein Filmwerk, das im rechten Augenblick kommt, um die Wachsamkeit unserer Werktätigen, ihre revolutionäre Schlagkraft zu erhöhen. (Rosemarie Rehahn, *Neues Deutschland*, 27.1.1953)
Und hier ist der Film ganz auf realistischer Höhe. Er verschweigt die Schwächen der Partei- und Gewerkschaftsarbeit nicht, die in den Solvay-Werken seinerzeit ein bestenfalls formelles Dasein fristete. (...) Jedes Zuviel an äußerlicher Charakteristik, das auf der einen Seite genauso stören würde wie auf der anderen, hat er (Martin Hellberg) sorgfältig vermieden, ohne daß dies bewußte Zurückhalten je die Steigerung der filmischen Höhepunkte zu voller Wirkung hemmen würde. (Hans Ulrich Eylau, *Berliner Zeitung*, 29.1.1953)
Zum ersten Male in einem DEFA-Film werden hier Arbeitergestalten so einfach und wahrheitsgetreu verkörpert, daß sich unsere Werktätigen mit ihnen identifizieren können. (Peter Edel, *BZ am Abend*, 4.2.1953)
NEBENBEI: Karl-Georg Egel hatte 1950 das dokumentarische Hörspiel »Das Hauptbuch der Solvays« geschrieben, das dem Film zugrunde lag.

GEHEIMARCHIV AN DER ELBE
RE: Kurt Jung-Alsen, SZ: Peter Brock, LV: Gleichnamiger Roman von Alexander Nassibow, DR: Heinz Hafke, KA: Peter Krause, MU: André Asriel, BA: Christoph Schneider, KO: Wolf Hochheim, Wolfgang Berndt, SC: Lotti Mehnert, PL: Adolf Fischer, GR: KAG »Solidarität«, m: 2192 = 80 min, s/w, PJ: 1962, PM: 18.4.1963, PM-Ort: Berlin, »Babylon«
DA: Hans-Peter Minetti (Major Kerimow), Albert Hetterle (Oberst Rybin), Günther Simon (SS-Gruppenführer Upitz), Hans-Joachim Martens (Standartenführer Bolm), Günther Haack (Sturmführer Torp), Alfred Struwe (Adjutant von Upitz), Rudolf Ulrich (Herbert Lange), Helga Göring (seine Frau), Hans Lucke (Tedder), Horst Kube, Erich Brauer, Erika Stiska, Hans Pitra, Christoph Engel u. a.
INHALT: In den letzten Monaten vor Ende des Zweiten Weltkrieges verhandelt SS-Gruppenführer Upitz mit dem amerikanischen Geheimdienst über die Übergabe des Geheimarchivs der SS, das eine komplette Kartei des Gestapo-Agentennetzes vom Balkan bis zum Baltikum enthält. Die Übergabe soll seine Versicherung für die Nachkriegszeit sein. Aber auch der sowjetische

Abwehrdienst ist über das Archiv, das sich in einem Felsverlies an der Elbe befinden soll, informiert. Der sowjetische Major Kerimow und der Deutsche Herbert Lange werden mit dem Fallschirm über Deutschland abgesetzt, um das Archiv sicherzustellen. Lange wird verhaftet, aber Kerimow gelingt es, Kontakt zu deutschen Widerstandskämpfern aufzunehmen. In halsbrecherischen Aktionen machen sie das Archiv ausfindig. Kerimow, der sich Upitz als amerikanischer Verbindungsmann präsentiert, gelingt es, die Akten mit einem Flugzeug abzutransportieren – in die Sowjetunion.
ZUM FILM: Als seinen letzten Kinofilm drehte Kurt Jung-Alsen einen Abenteuerfilm vor zeitgeschichtlichem Hintergrund und bediente damit das Genre, das er auch in seinen Fernseh-Mehrteilern zum Erfolg führen sollte.
ECHO: Etwas zu langatmig wird der Zuschauer in die Handlung eingeführt, und die überaus große Zahl der anderen Personen machen es mitunter schwer, den Faden der Handlung und die Zusammenhänge zu erkennen. (*Bauernecho*, 19.4.1963)
Der neue DEFA-Film *Geheimarchiv an der Elbe* will sicher ein guter Abenteuerfilm sein. (...) Kamera, Regie und Schauspieler blieben in gleicher Weise vordergründig und durchschnittlich. Selbst gute Darsteller (...) sind völlig blaß. (Christoph Funke, *Morgen*, 26.4.1963)
NEBENBEI: Produktionsleiter Adolf Fischer und Regisseur Kurt Jung-Alsen waren beide im ersten Beruf Schauspieler, und so übernahmen sie hier die Rollen des Schubert und des Becker.

GEHEIMNIS DER 17

(Kinderfilm)
RE: Rolf Losansky, BU: Günter Mehnert, Gerd Gericke, Rolf Losansky, DR: Joachim Plötner, KA: Karl Neugebauer, MU: Gerhard Rosenfeld, BA: Gerhard Helwig, KO: Joachim Dittrich, SC: Lotti Mehnert, PL: Anni von Zieten, GR: KAG »konkret«, m: 2037 = 75 min, s/w, AT: Hussitenhauptmann/Die Hussiten, PJ: 1962/63, PM: 28.7.1963, PM-Ort: Berlin, »Babylon«
DA: Bruno Carstens (Lehrer Guthmann), Günter Naumann (Brigadier Rothe), Günter Ott (Bürgermeister Ehrlich), Günter Junghans (Otto), Peter Kiwitt (Kugelblitz), Lothar Dimke (Baggerführer), Nico Turoff (Pförtner), die Kinder: Detlef Brätz (Olaf), Rolf Krenck (Lothar), Horst Horbank (Bob) u. a.
INHALT: Lothar, Olaf, Bob und die anderen Pioniere haben die Aufgabe, die oberhalb der Stadt liegende Burg zu pflegen. Sie treiben aber vorwiegend Unsinn, weshalb die Stadtväter ihnen den Auftrag wieder entziehen und sie sogar von der bevorstehenden 800-Jahr-Feier ausschließen. Die Jungen halten Rat, wie die Burg zurückzuerobern ist. Eine Legende sagt, daß die aus Böhmen stammenden Hussiten die Burg einst erstürmt haben, und sie, die sich als deren Nachfahren betrachten, wollen gleiches tun. Olaf ist für den gewaltsamen Weg, doch Lothar und Bob möchten nicht. Sie überzeugen die anderen, daß gute Arbeit der bessere Weg ist, bessern den Burgwall aus und graben überall, um einen bisher fehlenden Beweis für den Wahrheitsgehalt der Sage, die Anwesenheit der Hussiten, zu finden. Es gelingt ihnen tatsächlich. Sie werden wieder in ihre alten Rechte eingesetzt und dürfen natürlich auch an der Feier teilnehmen.
ZUM FILM: Auch das Regiedebüt von Rolf Losansky, der sich in seiner Laufbahn fast ausschließlich ums junge Publikum bemühte, war ein Kinderfilm, in dem es um die Aneignung historischen Erbes, um den Umgang mit geschichtlichen Kenntnissen geht.
ECHO: Ein handfestes, romantisch-abenteuerliches Drehbuch wurde ins Bild gesetzt: eine alte Ritterburg, Hussitensagen und Junge Pioniere, deren heimliche Forschung nach alten Waffen viel Verwirrung stiftet. (...) Für die Kinder ist der Film ein Treffer. (H.Thi., *BZ am Abend*, 5.8.1963)
Der im Ansatz interessante Grundkonflikt gerät in Gestaltung und Konstruktion zunehmend zu einer unglaubwürdigen Nettigkeit zwischen der Welt der Großen und der Kleinen, eine erwünschte und doch unrealistische Harmonie. Sie wird zu Lasten der kindgemäßen Ausdrucksmöglichkeiten hergestellt. Die Jungen Pioniere mutieren zu kleinen Verantwortungsträgern der DDR-Gemeinschaft, ihr Abenteurertum verliert sich im Erkenntnisprozeß, daß die eigenen Ideen wenig Widerhall finden. Das zeitgemäße politisch-ethische Anliegen überschattet die witzigen Momente, die skurrile »Eroberungsgeschichte« und die erkennbare künstlerische Handschrift. (*Zwischen Marx und Muck*, 1996)

NEBENBEI: Die Außenaufnahmen entstanden auf der Burg Stolpen.

DAS GEHEIMNISVOLLE WRACK

(Kinderfilm)

RE: Herbert Ballmann, BU: Kurt Bortfeldt, LV: Gleichnamige Erzählung von Kurt Bortfeldt, DR: Walter Schmitt, KA: Götz Neumann, MU: Joachim Werzlau, BA: Artur Günther, KO: Luise Schmidt, SC: Lieselotte Johl, PL: Eduard Kubat, m: 2159 = 79 min, s/w, PM: 4.6.1954, PM-Ort: Berlin, »Babylon«/»DEFA-Filmtheater Kastanienallee«

DA: Die Erwachsenen: Kurt Ulrich (Karl Drews), Wilfried Ortmann (Oberleutnant Herbert Fröhlich), Hans-Hasso Steube (Leutnant Gerhard Schrader), Horst Naumann (Unteroffizier Heinz Kersten), Charlotte Küter (Nanna Rohrdanz), Erika Dunkelmann (Stine Drews), Maria Besendahl (Augustine Schmalz), Alfred Maack (Großvater Timm), Hans Neie (Soldat Bruno Schulz), Herwart Grosse (Baron v. Bleich), die Kinder Günther Rettschlag, Burkhardt Greber, Brigitte Fink, Jürgen Steffen, Gabriele Brigitte von Lindau, Claus Gerloff u.a.

INHALT: Ein gesprengter Bunker an der Ostseeküste bietet den einheimischen Kindern den idealen Abenteuerspielplatz. Wolfgang, der aus Berlin zu Besuch ist, interessiert sich jedoch mehr für das Wrack vor der Küste. Bei einem nächtlichen Bootsausflug dorthin entdecken die Kinder Spuren, die auf andere Besucher hinweisen. Als sie der Sache auf den Grund zu kommen versuchen, geraten sie in die Hände einer Gangsterbande, die das Wrack als Stützpunkt zum Sprengstoffschmuggel in die DDR benutzt. Während einer Aktion der Polizei, die dem Schmuggel schon länger auf der Spur ist, wird die Situation für die gefangenen Jungen lebensgefährlich. Durch ihre Cleverness und das rechtzeitige Eintreffen der Polizei können sie gerettet und die Gangster dingfest gemacht werden.

ZUM FILM: Die erste Produktion der Kinderfilmgruppe in der DEFA war ein Abenteuerfilm, den Herbert Ballmann als sein Spielfilmdebüt inszenierte, nachdem er zuvor u.a. für die Pionier-Monatsschauen verantwortlich gezeichnet hatte. Ballmann war erster Leiter dieser Gruppe und schuf mit diesem Fim ein »Hohelied auf die Arbeit der Volkspolizei an der Ostseeküste« (Ralf Schenk, *Das zweite Leben der Filmstadt Babelsberg,* 1994).

ZITAT: Was werden unsere Kinder bei diesem Film lernen? Sie erfahren von der verantwortungsvollen Tätigkeit unserer Volkspolizisten. Ihr oft harter Dienst wird auch für sie getan, für die Kinder. Sie sind Freunde der Kinder. Es gibt Feinde der DDR, die versuchen, den Aufbau und das friedliche Leben in unseren Dörfern und Städten zu stören. Gegen sie muß man auf der Hut sein. Und dabei hilft der Polizei die Aufmerksamkeit aller Bürger. Auch Kinder, so jung sie sind und so gering ihre Kräfte erscheinen mögen, können und sollen mithelfen. »Haltet die Augen offen!« – das wird hier den Kindern nahegelegt. (*Neue Filmwelt* 11/1953)

ECHO: Die am besten gelungenen Szenen sind diejenigen, in denen die Kinder ihren geheimnisvollen und geheimgehaltenen Beobachtungen auf den Grund gehen. Sie zeigen deutlich, worauf es ankommt. Sie sind völlig aus der Gedankenwelt des Kindes geschaffen und gestaltet, und es ist kein Zufall, daß die Kinder, die manchmal ein bißchen als kleine Schauspielschüler auftre-

ten, gerade hier ganz unbefangen und echt wirken. (Leo Menter, *Weltbühne* 26/1954)
NEBENBEI: Hans Neie, der den Bruno Schulz spielte, war in den vierziger Jahren als Kind zum Film gekommen, vertrat die DDR als Radrennfahrer und ging später in der Bundesrepublik in einen kaufmännischen Beruf.

GEJAGT BIS ZUM MORGEN

RE: Joachim Hasler, BU: A. Arthur Kuhnert, Ludwig Turek, LV: Nach Erinnerungen von Ludwig Turek, DR: Marieluise Steinhauer, KA: Joachim Hasler, Otto Hanisch, MU: Walter Sieber, BA: Gerhard Helwig, KO: Vera Mügge, SC: Hildegard Tegener, PL: Werner Dau, m: 2212 = 81 min, s/w, AT: Ein Prolet erzählt, PJ: 1957, PM: 6.12.1957, PM-Ort: Berlin, »Colosseum«
DA: Manja Behrens (Martha Kurda), Raimund Schelcher (Karl Baumann), Siegfried Schürenberg (Polizeiinspektor), Annemarie Hase (Mutter Bühnemann), Friedrich Gnass (Vater Baumann), Günther Ballier (Arzt), Wolfgang Obst (Ludwig), Siegfried Ewert (Ulli), Wolf v. Beneckendorf (Mann mit Flasche), A.P. Hoffmann (Kowalski), Frank Michelis, Paul Pfingst, Gustav Püttjer, Werner Senftleben, Traute Sense u. a.

INHALT: Schicksal einer Arbeiterfamilie um die Jahrhundertwende. Nach dem tödlichen Betriebsunfall ihres Mannes steht Martha Kurda ohne Unterstützung und Arbeit mit zwei Kindern allein. Der 13jährige Ludwig versucht mit Bettelei die Not zu lindern. Als der kleine Bruder Ulli an Lungenentzündung erkrankt, fehlt dennoch das Geld für den Arzt und der Junge stirbt. Ludwig will sein Bett opfern, damit Tischler Baumann wenigstens einen Sarg für den Bruder zimmert. Auf dem Friedhof kommt es zu einem Unfall, Baumann ist betrunken und stürzt in die ausgehobene Grabstelle. Wegen der vorausgegangenen Auseinandersetzung, die es um den Sarg gab, verdächtigt die kaiserliche Polizei Ludwig des Mordes. Die ganze Nacht ist der Junge auf der Flucht, bis er am Morgen von Baumanns Sohn Karl gerettet wird. Karl, der als Sozialist mit der Polizei ebenfalls auf Kriegsfuß steht, ist von der Unschuld des Jungen überzeugt. Er liebt außerdem dessen Mutter und verspricht den beiden Arbeit in seiner kleinen Druckerei.
ZUM FILM: Das Regiedebüt des Kameramannes Joachim (Jo) Hasler war eine atmosphärisch dicht und mit expressiven Bildern erzählte Proletariergeschichte aus der Kaiserzeit.
ECHO: Zum anderen geht ein Glanz aus von der gesamten künstlerischen Bewältigung des Stoffes. Wenn auch der Kameramann Hasler den Regisseur Hasler zu einer gewissen Breite verführt hat – diese Kamera versteht derart zu malen und den Gegenstand, die Atmosphäre, das bestimmende Gefühl der Handlung wiederzugeben, wie wir es schon lange nicht mehr sahen. Wenn auch an nervenzerfetzender Spannung und Angst an einigen Stellen des Guten ein wenig zu viel getan wird – die Regie folgt ebenbürtig dem großen Bogen des Drehbuches, nahtlos und ohne Schwanken. (Karl-Eduard v. Schnitzler, *Filmspiegel* 1/1958)
NEBENBEI: In der kleinen Rolle eines Blumenmädchens sieht man Barbara Bertram, die Tochter des damaligen DEFA-Stars Gisela Uhlen, die später im bundesdeutschen Film eine kurze Karriere machte.

GELIEBTE WEISSE MAUS

RE: Gottfried Kolditz, BU: Maurycy Janowski, Gottfried Kolditz, DR: Christel Gräf, KA: Günter Haubold, MU: Conny Odd, BA: Erich Krüllke,

Werner Pieske, KO: Babette Koplowitz, SC: Ursula Zweig, PL: Erich Kühne, GR: KAG »60«, m: 2174 = 80 min, fa, PJ: 1963/64, PM: 15.5.1964, PM-Ort: Berlin, »Colosseum«

DA: Rolf Herricht (Fritz Bachmann), Karin Schröder (Helene Bräuer), Marianne Wünscher (Frau Messmer), Gerd Ehlers (Herr Simmel), Jochen Thomas (Hauptmann Gabler), Mathilde Danegger (Mutter Hirsch), Peter Dommisch (Lörke), Carola Braunbock (Nachbarin), Werner Lierck (Werbeleiter), Johannes Maus (Ekel), Walter E. Fuß, Walter Kainz, Rudolf Donath, Siegfried Göhler, Sabine Thalbach u. a.

INHALT: Jeden Morgen fährt Helene mit ihrem Motorroller an der weißen Maus vorbei, die Fritz heißt und den Verkehr auf der Kreuzung regelt. Er gibt seine Zuneigung zwar durch bevorzugte Grün-Schaltungen zu erkennen, damit die Beziehung der beiden aber in Fahrt kommen kann, muß Helene erst eine Verkehrswidrigkeit begehen – absichtlich. Eine Einladung zur Verkehrserziehung bei Fritz ist die erwünschte Folge. Die Mißgunst der Frau Messmer, deren Verkehrssünde dagegen mit einer Strafgebühr geahndet wird, und die sich darob benachteiligt fühlt, bringt die weiße Maus in Schwierigkeiten. Frau Messmer nämlich zeigt Fritz bei Hauptmann Gabler an. Am Ende aber siegt die freundliche Nachsicht, und die Polizeikapelle begleitet die Hochzeit von Helene und Fritz.

ZUM FILM: Das in Dresden angesiedelte Singspiel war inhaltlich dünnblütig, lebte aber von der Mitwirkung einiger beliebter Komiker, unter denen sich Rolf Herricht mit diesem Film zum Star mauserte.

ECHO: Wir freuen uns darüber, daß Marianne Wünscher und Gerd Ehlers nun endlich auch als Paar für die Leinwand entdeckt worden sind. Reizend ist die natürlich-frische Karin Schröder. Rolf Herricht sollte jedoch nicht allzusehr auf seine Fernsehpopularität bauen. In diesem Film bewies er jedenfalls nicht, daß er die starke Komiker-Persönlichkeit ist, die auch über eine belanglose Fabel hinwegtrösten kann. (Renate Holland-Moritz, *Weltbühne* 23/1964)

NEBENBEI: Conny Odd, der Komponist des Films, ist als Pianist des Tanzorchesters zu sehen.

GENESUNG

RE: Konrad Wolf, SZ: Karl Georg Egel, Paul Wiens, LV: Gleichnamiges Hörspiel von Karl Georg Egel und Paul Wiens, DR: Willi Brückner, KA: Werner Bergmann, MU: Joachim Werzlau, BA: Willy Schiller, KO: Elli-Charlotte Löffler, SC: Friedel Welsandt, PL: Eduard Kubat, m: 2895 = 106 min, s/w, PJ: 1955, PM: 16.2.1956, PM-Ort: Berlin, »Babylon«

DA: Karla Runkehl (Irene Schorn), Wolfgang Kieling (Friedel Walter), Wilhelm Koch-Hooge (Max Kerster), Wolfgang Langhoff (Ernst Mehlin), Harry Hindemith (Staatsanwalt), Eduard von Winterstein (Professor Beheim), Erika Dunkelmann (Oberschwester), Angela Brunner (Schwester Hilde), Erich Franz (Der Bezechte), Gerry Wolff (Dozent Beseler), Rudolf Fleck, Barbara Adolph, Manfred Borges, Hans Fiebrandt, Charlotte Küter u.a.

INHALT: Ein junger Mann, Friedel Walter, stellt sich den Behörden der DDR. Er hat jahrelang unter falschem Namen als Arzt gearbeitet, ohne einer zu sein. Ein klarer Fall, denkt der Staatsanwalt, doch der Ratsvorsitzende Mehlin belehrt ihn eines Besseren. Mehlin ist Walter schon einmal begegnet, 1941, als er aus dem KZ geflohen und schwer verwundet war. Die Widerstands-

kämpferin Irene hatte ihren Freund, den ehemaligen Medizinstudenten Walter, gebeten, dem Genossen zu helfen. Später kam Walter als Sanitäter an die Front, wurde von den Briten gefangengenommen und versehentlich unter dem Namen des gefallenen Dr. Müller registriert. Er klärte den Irrtum nicht auf. Die erfolgreiche Behandlung eines komplizierten Falls konfrontierte ihn nun mit der Vergangenheit. In der Frau des Patienten begegnete er Irene wieder. So entschied er sich, die Wahrheit zu sagen. Das Gericht, das in ihm ein Opfer der Zeitläufte sieht, fällt ein mildes Urteil. Walter wird sein Medizinstudium nachholen können.

ZUM FILM: Mit seinem zweiten Spielfilm ging Konrad Wolf in die Richtung, in der er sich zu Hause fühlte: ein Gegenwartsfilm, der die Wurzeln seines Konflikts in der unbewältigten Vergangenheit hat. Wolf zeigte sich stilsicher und führte die Schauspieler zu eindrucksvollen Leistungen.

ECHO: Mit *Genesung* setzt die DEFA die Reihe ihrer besten Filme fort, und zwar nicht durch einen unwiederholbaren Glücksfall, sondern durch ein Filmwerk, das als Beispiel dienen, das Schule machen sollte. (...) Offensichtlich hat Konrad Wolf eine Spürnase für lohnende, im guten Sinne ausgefallene Drehbücher (...). Von diesem herben Stoff in ganz anderer Weise gefordert als von seinem ersten, heiteren Film, wurde er doch der Aufgabe voll gerecht, das spannungsträchtige Geschehen um die drei Hauptpersonen zu konzentrieren und dabei bis in die Details die Atmosphäre der Kriegszeit und dann des aufbaufreudigen Neubeginns in unserem Staat ins Bildhaft-Szenische umzusetzen, wobei er, dem Geist des Drehbuchs getreu, auf plakative oder gewollte Effekte fast gänzlich verzichtete, was die sich sonst geschickt unterordnende Musik Joachim Werzlaus leider insbesondere während des Vorspanns und am Schluß nicht hinderte, allzu dick aufzutragen. (Gerhard Rostin, *Neue Zeit*, 21.2.1956)

... es ging hier in erster Linie um ethische Fragen, mit denen die politische Tendenz nur indirekt verknüpft war. Was den Film außerdem von früheren Produktionen unterschied, war die Bemühung um eine eigenwilligere optische Gestaltung, die zwar manchmal noch etwas krampfhaft wirkte, sich aber durch eine Kameraarbeit, die einige Jahre zuvor als »formalistisch« abgelehnt worden wäre, von der gewohnten Schablone abhob. Schließlich handelte es sich bei dem Helden des Films nicht um einen von vornherein festgelegten Charakter, der in das übliche Klischee vom positiven oder negativen Helden gepaßt hätte, und die Fabel enthielt echte menschliche Konflikte. (Heinz Kersten, *Das Filmwesen in der Sowjetischen Besatzungszone Deutschlands*, 1963)

NEBENBEI: *Genesung* war der erste DEFA-Film mit Wolfgang Kieling. Der ehemalige Ufa-Kinderstar war gemeinsam mit seiner Frau, der Schauspielerin Gisela Uhlen, in die DDR gekommen. Von 1957 an arbeitete Kieling mehr als zehn Jahre im Westen, bevor er wieder für wenige Jahre seinen Wohnsitz in der DDR nahm und u.a. bei Konrad Wolf in → *Goya* auftrat.

Filmtext: Genesung. Erzählung für den Film von Karl Georg Egel und Paul Wiens. In: Deutsche Filmkunst 1955/4. Außerdem: Berlin: Verlag der Nation 1958.

DIE GERECHTEN VON KUMMEROW

RE: Wolfgang Luderer, SZ: Konrad Reich, LV: Gleichnamiger Roman von Ehm Welk, DR: Gerd Gericke, KA: Hans-Jürgen Sasse, MU: Helmut Nier, SB: Joachim Otto, KO: Günther Pohl, Frank Rettig, SC: Thea Richter, PL: Dieter Dormeier, GR: GR »Johannisthal«, m: 2491 = 91 min, fa, brw, PJ: 1981, PM: 18.3.1982, PM-Ort: Berlin; »Colosseum«

DA: Jan Rohde (Martin), Mario Herrmann (Johannes), Martin Trettau (Grambauer), Erik S. Klein (Pastor Breithaupt), Walter Jupé (Kantor Kannegießer), Rolf Hoppe (Superintendent), Fred Delmare (Krischan), Wolfgang Dehler (Düker), Hans Klering (Bärensprung), Gerd Ehlers (Wendland), Jürgen Zartmann, Siegfried Weiß, Erich Brauer, Peter Brang, Angela Brunner u.a.

INHALT: In einem abgelegenen preußischen Dorf ist der Hirte Krischan mit seinen phantastischen Geschichten der Anziehungspunkt für die Kinder. Eines Tages erleben sie zusammen, wie der Müller Düker sein Pferd zu Tode prügelt, und greifen ein. Düker verklagt sie wegen Körperverletzung beim Amtsgericht, und weil der Hauptbeschuldigte, Krischan, ohne Papiere illegal im Dorf lebt, beschließt die Dorfgemeinde, ihn vor der Verhandlung abzuschieben. Krischan verschwindet. Die Kinder empfinden den Verlust schmerzlich, sind empört über die Erwachsenen. Die Jungen Martin und Johannes suchen auf einer abenteuerlichen Fahrt nach Krischan und werden von der Polizei gestellt. Krischan bleibt verschwunden.

ZUM FILM: Nachdem die vielgelesenen Kummerow-Romane von Ehm Welk 1967 in einer Co-Produktion mit der Bundesrepublik ein Kino-, wenn auch kein künstlerischer Erfolg waren, wurde der erste der beiden Romane erneut bearbeitet und mit Motiven aus dem zweiten versetzt. *Die Gerechten von Kummerow* war jedoch keine Fortsetzung der → *Heiden von Kummerow*, sondern eher eine Neuadaption unter anderem Titel. Fernsehregisseur Wolfgang Luderer gelang ein achtbarer Film, wenn er auch an die Qualität seiner Fontane-Adaption *Effi Briest* nicht anzuknüpfen vermochte.

ECHO: Szenarist Reich und Regisseur Luderer setzen freilich weniger auf Sozialkritik als vielmehr auf das betuliche Milieu, die trauliche Idylle. Dadurch gerät der Film, übrigens auch durch Jürgen Sass' allzu freundliche Kamera, in eine Unverbindlichkeit hinein, die im Detail noch liebenswert sein mag, im Gesamteindruck aber das falsche Bild einer vermeintlich heilen Welt zeichnet, in der nur der übliche Generationskonflikt auszutragen ist. (Georg Antosch, *Der Neue Weg*, 19.3.1982)

Eine heiter-optimistische Grundlinie und jene Welksche Lebensweisheit, die weiterwirkt, machen diesen Streifen zu einem Filmerlebnis für die ganze Familie. (B. Witt, *Bauernecho*, 25.3. 1982)

Der Film zielt in seiner Konfliktdarstellung zu sehr auf das Verhältnis der Kinder zu den Erwachsenen. Die Unschuld der paradiesischen Kindheit wird zerstört durch das Eingreifen der Obrigkeit der Eltern. So reduziert, bleibt der Film weit hinter dem Roman zurück, der viel tiefer die sozialen Bedingungen einbezieht, beweist, daß das Schicksal der kleinen Leute durch List, Lebensmut und Pfiffigkeit allein nicht zu bessern ist. (R. K., *Schweriner Volkszeitung*, 2.4.1982)

Die von Ehm Welk kritisch-ironisch beschriebene Atmosphäre des Dorflebens verkommt zu einer Idylle aus »Auerbachs Kinderkalender«, aus unverwechselbaren Charakteren werden tölpelhafte, grobschlächtige Kasperlefiguren, die kaum das Interesse des Zuschauers, geschweige denn seine Sympathie gewinnen können. (Renate Holland-Moritz, *Eulenspiegel* 18/1982)

NEBENBEI: Als einziger Darsteller der ersten *Kummerow*-Verfilmung wiederholte Hans Klering seine Rolle des Nachtwächters Bärensprung.

GERMANIA ANNO ZERO

→ DEUTSCHLAND IM JAHRE NULL

DIE GESCHICHTE VOM ARMEN HASSAN

(Kinderfilm)

RE: Gerhard Klein, BU: Rosel Klein, LV: Ein ujgurisches Märchen, DR: Margot Beichler, KA: Götz Neumann, MU: Hans-Dieter Hosalla, BA: Hans Poppe, KO: Marianne Schmidt, SC: Evelyn Carow, PL: Erich Albrecht, m: 1635 = 60 min, fa, AT: Hassan und der reiche Kaufmann Machmud, PJ: 1958, PM: 19.7.1958

DA: Ekkehard Schall (Hassan), Erwin Geschonneck (Kaufmann Machmud), Ernst Otto Fuhrmann (Kadi), Georgetta Sager (Fatima), Heinz Schubert (Wasserhändler)

INHALT: Steinig und wasserarm ist das Land in der mittelasiatischen Heimat des armen Hassan. Mit verlangendem Blick schaut er täglich auf den randvollen Brunnen im Garten des reichen Kaufmanns Machmud. Eines Tages fällt ihn dessen Wachhund an, und er muß ihn erschlagen, um sein Leben zu retten. Der Kadi verurteilt Hassan, die Stelle des Wachhundes einzunehmen. Als ein Pferd gestohlen wird, muß er auch noch dessen Arbeit verrichten. Ein belauschter Handel zwischen dem Kaufmann und dem Kadi macht Hassan klar, daß die Weltordnung nicht von Allah bestimmt wird, sondern von den Reichen. Während einer Spazierfahrt der beiden in die Wüste, bei der er die Rolle des Pferdes innehat, streift er seine Fesseln ab. Mit enormer Kraft schleudert er den Wagen samt Insassen gegen einen Felsen, kehrt zurück und öffnet den Garten des Kaufmanns für alle Dürstenden.
ZUM FILM: Die Form des Brechtschen Lehrstücks wurde auf einen Märchenstoff angewandt, der parabelhaft vermitteln wollte, daß aus dem Mut, sich dem Schicksal zu stellen, auch die Kraft zur Bewältigung erwächst. Der Appell an den Intellekt und der Verzicht auf eine »Einfühlung« erschwerte Kindern jedoch das Verständnis.

ECHO: Diese symbolisch verschlüsselte Märchenparabel birgt vielerlei Lehren in sich, die durch die verfremdende Gestalt, in die sie gekleidet sind, besonders deutlich werden. Der Film belehrt über den wahren Charakter des ausgebeuteten Menschen, über den Mißbrauch der Religion, über die riesige Gewalt des Monopolkapitals und über die Kraft des ausgebeuteten Menschen, seinen Wert zu erkennen, seine Herren zu stürzen und in Besitz zu nehmen, was er durch seiner Hände Arbeit geschaffen hat. Eine solche Parabel aber dürfte sich Kindern kaum erschließen, und die offizielle Uraufführung in Anwesenheit zahlreicher Kinder zeigte auch, daß diese sich ausschließlich an das äußere Geschehen hielten. Es kann also keinesfalls empfohlen werden, den Film in Kindervorstellungen zu zeigen. Deshalb verliert der Streifen nicht an Wert, vermag er doch selbst Erwachsenen viel zu sagen. (Christoph Funke, *Der Morgen* 26.11.1958)
Aus Furcht vor Kitsch, vor Sentimentalität bietet sich das Ganze etwas unterkühlt dar, etwas gelehrt und – unter dem Eindruck der wenig melodiösen Musik Hans-Dieter Hosallas – stellenweise sogar bedrückend. Ich glaube, man sollte bei der DEFA in diesem Zusammenhang auch darüber diskutieren, ob man die Dramaturgie Brechts ohne weiteres auf die Leinwand übertragen kann. (Rosemarie Rehahn, *Wochenpost* 50/1958)
Mit dem nötigen theoretischen Rüstzeug ausgestattet, kann *Die Geschichte vom armen Hassan* für Cinéasten auch heute noch interessant sein, doch ist eher zu befürchten, daß sie in ihrer kargen Dramaturgie nur langatmig wirkt und in der sehr einfachen Studioausstattung mitnichten die Magie der Leinwand beschwört. (*Zwischen Marx und Muck*, 1996)
NEBENBEI: Die Drehbuchautorin Rosel Klein war die Frau des Regisseurs Gerhard Klein. – Heinz Schubert, der Darsteller des Wasserträgers, wurde in den siebziger Jahren populär als »Ekel Alfred«, das Oberhaupt der Familie Tetzlaff, in Wolfgang Menges satirischer ARD-Serie *Ein Herz und eine Seele*.

DIE GESCHICHTE VOM KLEINEN MUCK
RE: Wolfgang Staudte, LV: Gleichnamiges Märchen von Wilhelm Hauff, BU: Peter Podehl, Wolfgang Staudte, DR: Helmut Spieß, KA: Robert

Baberske, MU: Ernst Roters, BA: Erich Zander, KO: Walter Schulze-Mittendorf, SC: Ruth Schreiber, TR: Ernst Kunstmann, PL: Willi Teichmann, m: 2732 = 100 min, fa, PJ: 1953, PM: 23.12.1953, PM-Ort: Berlin, »Babylon«
DA: Thomas Schmidt (Der kleine Muck), Johannes Maus (Altgewordener Muck), Friedrich Richter (Mukrah), Trude Hesterberg (Ahavzi), Alwin Lippisch (Sultan), Silja Lesny (Amarza) - Charles Hans Voigt (Magier), Werner Peters (Unterster Ramudschin), Gerhard Hänsel (Hassan), Harry Riebauer (Läufer Murad), Heinz Kammer, Gerhard Frickhöffer, Ursula Kempert, Friedrich Ganss, Wolf v. Beneckendorff, Wolf Kaiser, Willi Schwabe, Jean Brahn, Joe Schorn, Nico Turoff u.a.
INHALT: In einer Stadt im Orient lebt ein kleiner buckliger alter Mann. Von den Kindern gehänselt und gejagt, zieht er sie eines Tages mit einer Geschichte in seinen Bann – seiner Geschichte: Ein kleiner Junge, Muck genannt, wird nach dem Tode des Vaters von den bösen Verwandten aus dem Haus gejagt. Er zieht in die Wüste, um sein Glück zu suchen, und kommt zu einer wundersamen Alten. Hier gelangt er in den Besitz von rasenden Zauberpantoffeln und einem Stab, der vergrabene Schätze aufspürt. Muck glaubt, das Glück gefunden zu haben, und begibt sich in die nächste Stadt, um am Hofe des Sultans eine Stelle als Schnelläufer anzunehmen. Doch Mucks Karriere erregt den Neid der Höflinge, die ihn in ein Intrigenspiel verwickeln und aus dem Palast jagen. Unterwegs entdeckt er das Geheimnis zweier ungewöhnlicher Feigenbäume, das ihn in die Lage versetzt, den Höflingen eine Lehre zu erteilen, indem er ihnen Eselsohren an den Kopf zaubert. Er fordert seine gestohlenen Pantoffeln und das Stöckchen zurück und wandert wieder in die Wüste hinaus. Nicht Reichtum bedeutet Glück, sondern Freundschaft und Hilfsbereitschaft. (f.b.h.)
ZUM FILM: Regisseur Wolfgang Staudte inszenierte den opulenten Farbfilm mit reichen Tricks von Altmeister Erich Kunstmann für großes wie kleines Publikum. Dieses Märchen blieb bis zum Ende der DDR der meistverkaufte Film des DEFA-Außenhandels.
ECHO: Das Märchen ist auf eine neue Art lebendig geworden; es atmet jetzt Geist vom Geiste unserer Zeit, und es ist doch ein ganzes und echtes Märchen geblieben. Nur so sollte man literarische Stoffe für den Film bearbeiten, wenn es überhaupt nötig ist, sie zu bearbeiten, daß ihnen keine Gewalt angetan wird. (H. U. E., *Berliner Zeitung*, 24.12.1953)
Wir kennen heute den Weg zum Glück für die gesamte Menschheit, mit dem auch alle früheren Utopien erfüllt werden. Das berechtigt die Künstler, den humanistischen Ideengehalt auch des Märchens zu bereichern. Dieser Verpflichtung wurden Peter Podehl und Wolfgang Staudte auch in den Motiven gerecht, die sie der Fabel frei hinzufügten. Mit glücklicher Hand haben die Filmautoren das Streben der Völker nach Frieden zum Ausdruck gebracht. Das Entsetzen über die Schrecken des unnötigen Krieges stärkt die Tatkraft des Volkes. Zugleich gelang Wolfgang Staudte eine treffliche Satire auf vergangene und gegenwärtige Hierarchien. (Susanne König, *Neues Deutschland*, 30.12.1953)
Lebendig und sympathisch wirkt Thomas Schmidt als kleiner Muck, kein kleiner Filmstar jener widerwärtigen Sorte, die einem oft westdeutsche Filme verekeln, sondern ein richtiger Junge, der mit Wißbegier und Staunen die geheimnisvollen Eigenschaften des Zauberstäbchens und der wunderbaren Pantoffeln entdeckt und diese Eigenschaften gütig und einfallsreich

zum Nutzen seiner Mitmenschen verwendet. (H.W. Kreutzer, *Weltbühne* 2/1954)
So möchten wir feststellen, daß die *Geschichte vom kleinen Muck* eine erfreuliche Bereicherung des Programms der DEFA darstellt. Nur in einem Staat, in dem das Volk regiert, ist es möglich, mit so großen Mitteln Filme herzustellen, die den Stoff aus dem reichen nationalen Erbe des Volkes schöpfen. (Siegfried Schröder, *Junge Welt*, 1.1.1954)
NEBENBEI: Hauptdarsteller Thomas Schmidt war der Sohn des Regie-Assistenten und Mitautors Peter Podehl. Ab 1955 in München lebend, wirkte er bis 1960 wiederholt in Produktionen seines Vaters mit, nahm dann ein Medizinstudium auf und praktiziert heute als Kinderarzt. – Der Film erhielt 1956 Preise auf Festivals in Edinburgh und Montevideo.

DIE GESCHICHTE VON DER GÄNSEPRINZESSIN UND IHREM TREUEN PFERD FALADA

(Kinderfilm)
RE: Konrad Petzold, SZ: Angelika Mihan, LV: Märchen der Brüder Grimm »Die Gänsemagd«, DR: Marion Wallroth, KA: Hans Heinrich, MU: Zdének John, SB: Heinz Röske, KO: Ursula Strumpf, SC: Erika Lehmphul, PL: Martin Sonnabend, GR: GR »Johannisthal«, m: 2266 = 83 min, AT: Die Gänsemagd, PJ: 1988, PM: 29.1.1989, PM-Ort: Berlin, »Colosseum«
DA: Dana Moravková (Aurinia), Michaela Kuklová (Liesa), Alexander Höchst (Prinz Ivo), Eberhard Mellies (König Ewald), Regina Beyer (junge Königin), Peter Zimmermann (junger König), Gerry Wolff (Soldat Siegbert), Karsten Janzon (Kürdchen), Marylu Poolman (Magd Berta), Anne Kasprik (Magd Marie), Silvia Mißbach, Petr Skarke, Steffie Spira, Wolfgang Jaster, Willi Neuenhahn u.a.
INHALT: Prinzessin Aurinia ist mit ihrer Magd Liesa und ihrem Pferd Falada auf dem Weg zum Schloß des Königs Ewald, dessen Sohn Ivo sie zur Frau versprochen wurde. Unterwegs zwingt Liesa die Prinzessin zum Rollentausch, sie selbst will Königin werden. Im Schloß angekommen, versucht Falada die falsche Braut zu entlarven. Liesa läßt Falada köpfen, den Kopf über dem finsteren Tor aufhängen, und Aurinia muß als Gänsemagd dienen. König und Prinz werden mißtrauisch angesichts der Grausamkeit der vermeintlichen Prinzessin, und Ivo verliebt sich in die freundliche Magd Aurinia. Mit Hilfe des Hirtenjungen Kürdchen gelingt es König und Prinz, den Betrug aufzudecken. Liesa bekommt ihre gerechte Strafe, und die echte Prinzessin feiert mit Ivo Hochzeit.
ZUM FILM: Regisseur Konrad Petzold kehrte mit seinem letzten Film an seine Anfänge als Kinderfilmregisseur zurück und drehte einen schwelgerischen, opulent ausgestatteten Märchenfilm, in dem die Handlung durch Hinzufügung einiger Figuren kräftiger akzentuiert war als in der Vorlage.
ECHO: Petzold sucht Begründungen für das Verhalten der Figuren und vermittelt durch filmische Erzählstrukturen romantische und poetische Stimmungen. Er nutzt bewährte Filmmittel, wie weiche Überblendungen, verschiedene Trickformen, Lichtwirkungen und schafft so das Unwirkliche, Zauberische, das die Märchenwelt geheimnisvoll macht. (Ehrentraud Novotny, *Berliner Zeitung*, 4.2.1989)
Zu artig wird das Märchen um die schöne Königstochter gespielt, die zur Gänsemagd wird, täglich unterm finstren Tor dem sprechenden Haupt des treuen Pferdes Falada ihr Leid klagt. Schöne Bilder, die doch wieder einen Zipfel der gestrichenen Poesie erhaschen, fand der Kameramann Hans Heinrich; vor allem die mittelalterliche Burg Schönfels hatte da einiges zu bieten. (Birgit Galle, *Neues Deutschland*, 9.3.1989)
NEBENBEI: Angelika Mihan, die Autorin des Films, hatte als Jugendliche einige Jahre lang die beliebte Kinderfernseh-Show *Mach mit, mach's nach, mach's besser* moderiert.

GESCHICHTEN JENER NACHT

(Episodenfilm)
m: 2972 = 109 min, s/w, PJ: 1966/67, PM: 8.6.1967, PM-Ort: Berlin, »International«

I. PHÖNIX

RE: Karlheinz Carpentier, BU: Karlheinz Carpentier, DR: Dieter Wolf, KA: Hans-Jürgen Sasse, MU: Georg Katzer, SB: Alfred Drosdek, KO: Babett Koplowitz, SC: Susanne Carpentier, PL: Dieter Dormeier, GR: KAG »Babelsberg 67«
DA: Hans Hardt-Hardtloff (Kommandeur), Peter Reusse (Junger Karl), Peter Sindermann (Bräutigam 1933), Renate Bahn (Braut 1933), Gerry

Wolff (Fremder), Raimund Schelcher (Maler), Werner Lierck (Uniformierter) u. a.

II. DIE PRÜFUNG

RE: Ulrich Thein, BU: Ulrich Thein, Erik Neutsch, Hartwig Strobel, DR: Dieter Wolf, KA: Hartwig Strobel, MU: Wolfgang Pietsch, SB: Harald Horn, KO: Helga Scherff, SC: Brigitte Krex, PL: Dieter Dormeier, GR: KAG »Babelsberg 67«

DA: Dieter Mann (Robert Wagner), Jenny Gröllmann (Jutta Huth), Horst Schulze (Heinrich Huth), Inge Keller (Margitta Huth), Eberhard Esche (Dr. Ernest Huth), Regina Beyer (Gisela), Norbert Speer, Otmar Richter, Martin Flörchinger, Wolfgang Luderer u. a.

III. MATERNA

RE: Frank Vogel, BU: Werner Bräunig, Frank Vogel, DR: Dieter Wolf, KA: Claus Neumann, MU: Günter Hauk, SB: Alfred Hirschmeier, KO: Günther Schmidt, SC: Lotti Mehnert, PL: Dieter Dormeier, GR: KAG »Babelsberg 67«

DA: Ulrich Thein (Materna), Angelika Waller (Hanna), Johannes Wieke (Wiczorek), Werner Dissel (Kilian), Frank Reckslack (Ulli), Werner Kanitz/Winfried Glatzeder (2 Maurer)

IV. DER GROSSE UND DER KLEINE WILLI

RE: Gerhard Klein, BU: Helmut Baierl, Gerhard Klein, DR: Dieter Wolf, KA: Peter Krause, MU: Wilhelm Neef, SB: Alfred Drosdek, KO: Gerold Winkler, SC: Evelyn Carow, PL: Dieter Dormeier, GR: KAG »Babelsberg 67«

DA: Erwin Geschonneck (Willi Lenz), Jaecki Schwarz (Wilfried Zank), Christoph Engel (Kämpfer mit Brille), Rudolf Ulrich (Karl), Ernst-Georg Schwill (Melder), Otto Stark (Müder Kämpfer), Albert Zahn (Mann mit Kostgeld), Marianne Wünscher, Ingeborg Nass (2 Frauen), Willi Schrade (Flüchtling) u. a.

INHALT: Vier Episoden, die unterschiedliche Menschen in Entscheidungssituationen zeigen – in der Nacht vom 12. zum 13. August 1961. In *Phönix* entschließt sich ein Kampfgruppenkommandeur, seinen jungen Genossen in jener Nacht zu Hause zu lassen, denn der feiert gerade Hochzeit. 1933 hatte er eine ähnliche Situation erlebt. Damals kam der Genosse dennoch – wie der junge Mann heute. – In *Die Prüfung* entscheidet sich ein 18jähriges Mädchen, ihren republikflüchtigen Eltern nicht in den Westen zu folgen. – Der Maurer *Materna* hatte sich 1945 geschworen, nie wieder ein Gewehr in die Hand zu nehmen. Die Ereignisse des 17. Juni 1953 veränderten seine Haltung, und auch in dieser Nacht steht er mit dem Gewehr Posten. – *Der große und der kleine Willi* – der kleine versucht, in einer geklauten Kampfgruppenuniform nach Westberlin zu kommen, der große hält ihn auf. Bei einem brutalen Angriff anderer Flüchtlinge schlägt sich der kleine Willi auf die Seite des großen, der ihm durch sein verständnisvolles Verhalten Achtung abgerungen hatte.

ZUM FILM: Der Episodenfilm entstand anläßlich des VII. Parteitages der SED als Selbstverpflichtung des Spielfilmstudios. In historischen Exkursen und mit satirischen Mitteln wurde der Mauerbau von 1961 begründet, wobei das große menschliche Leid, das diese Maßnahme brachte, unerwähnt blieb. Einige Regisseure, Schauspieler und Autoren, die von den Maßregelungen des berüchtigten 11. Plenums von 1965 betroffen

waren, zeigten hier ihren guten Willen der Partei gegenüber. Andere, wie Ulrich Thein, sahen ihre Episode als Chance, erstmals fürs Kino zu arbeiten. Mit der einzigen künstlerisch beachtenswerten Episode drehte Gerhard Klein, der rückblickend zu den großen Regisseuren der DEFA zählt, seinen letzten Film.

ECHO: So unterschiedlich die Geschichten sind, so unterschiedlich werden sie erzählt. Nicht alle sind sie von gleichem künstlerischen Rang. Hauptschwierigkeit scheint die ungenügende Erfahrung zu sein, eine Episode als kleines künstlerisches Ganzes zu erfassen, die das Wesentliche ohne Abschweifungen verlangt und doch prall gefüllt und abgerundet sein muß. (A. Sckerl, *Berliner Zeitung*, 13.6.1967)

Die drei anderen (Episoden) kamen über Rechtfertigung und Bestätigung kaum hinaus, teils karg, teils langatmig. Auch diese (*Der große und der kleine Willi*) war eindeutig affirmativ, doch sie setzte eine Position in Handlung mit Witz um, woran es sonst so oft mangelte. Doch dem ganzen Film fehlte die kontrapunktische Entsprechung. Es war das Satyrspiel, doch wo war die Tragödie? (...) Der historische Moment fand keine ästhetische Entsprechung. Man verharrte im provinziellen Selbstverständnis der Weltgeschichte. (Klaus Wischnewski in *Das zweite Leben der Filmstadt Babelsberg*, 1994)

NEBENBEI: Die Mitwirkung der Kampfgruppen der DDR, deren Arbeit einen wesentlichen Teil des Films bestimmten, führte zu politischen Meinungsverschiedenheiten, die es fraglich machten, daß der Teil *Der große und der kleine Willi* überhaupt gedreht werden konnte. Ihre Einwände machten sich an folgenden Fragen fest: »Wie kann sich ein junger Mensch überhaupt eine Kampfgruppenuniform ergaunern, um damit abzuhauen? Wo bleibt die Wachsamkeit dieser Einheit? Wieso tritt er als ehemaliger potentieller DDR-Flüchtling in der Rahmengeschichte selber als Kämpfer in Erscheinung?« (zit. nach Dieter Wolf in *Aus Theorie und Praxis des Films*, 2/1984)

GESCHWADER FLEDERMAUS

RE: Erich Engel, BU: Hans Székely, MI: Rolf Honold, LV: Gleichnamiges Bühnenstück von Rolf Honold, DR: Ilse Langosch, KA: Karl Plintzner, Erwin Anders, MU: Hanns Eisler, BA: Karl Schneider, KO: Walter Schulze-Mittendorf, TR: Ernst Kunstmann, Vera Kunstmann, SC: Hildegard Tegener, PL: Hans Mahlich, m: 2667 = 98 min, s/w, PJ: 1958, PM: 23.12.1958, PM-Ort: Berlin, »Babylon«

DA: Wolfgang Heinz (General Lee), Christine Laszar (Flessy), Günther Simon (Tex Stankowsky), Kurd Pieritz (Mitch Bryk), Norbert Christian (Terry Varney), Hans Walter Clasen (Andy West), Nguyen Thi Hoa (Thao), Werner Lierck (Sam Kirby), Otto Stark (Leo Cayman), Gerhard Frei (Percy Brown), Horst Schön, Dom de Beern, Johannes Knittel, Gerd Biewer, Fritz Decho u. a.

INHALT: Ein amerikanisches Transportgeschwader unter Führung des ehemaligen Generals Lee unterstützt gegen hohe Bezahlung die französische Kolonialarmee im Vietnam des Jahres 1954. Ursprünglich sollte ihr Einsatz nur den Verwundeten gelten, aber als das Vordringen der vietnamesischen Befreiungsarmee die Franzosen immer mehr in Bedrängnis bringt, fliegen sie auch Munition – gegen noch mehr Geld und unter Mißachtung des Völkerrechts. Chefpilot Bryk weigert sich zu fliegen, die Sekretärin Flessy wird zur Geliebten des skrupellosen Generals, nachdem ein Liebhaber nach dem anderen vom Einsatz nicht zurückkommt, und das restliche

Geschwader wird bei einem Munitionsflug abgeschossen. Im Camp taucht französische Armee auf, um die Dolmetscherin Thao wegen Spionagetätigkeit festzunehmen. Bryk rettet sie und flieht mit ihr in den befreiten Teil Vietnams.
ZUM FILM: Nach knapp zehnjähriger Abwesenheit drehte Altmeister Erich Engel seinen letzten Spielfilm bei der DEFA. Den politischen Stoff formte er zu einem abenteuerlichen, psychologisch in die Tiefe gehenden Film mit erstklassigen Darstellerleistungen.
ECHO: Es ist von Anfang bis Ende ein realistischer Film, wohl einer der stärksten, unmittelbarsten, die die DEFA gedreht hat. Vor dem Betrachter entsteht ein so plastisches, lebensvolles Bild aus dem schmutzigen Alltag eines schmutzigen Unternehmens, und die Bilder sind von einer solchen suggestiven Kraft, daß man das Gefühl hat, dabeigewesen zu sein. (...) Wie diese Besatzung des Geschwaders Fledermaus differenziert dargestellt wird in allen Schattierungen von Brutalität, Zynismus, Zweifeln und Verzweiflung und wie sich bei ihnen fast zwangsläufig der Prozeß der immer stärkeren Demoralisierung vollzieht – das ist die eigentliche Stärke des Films. (Wolfgang Joho, *Sonntag* 52/1958)
Bei Engel pflegt nicht etwas anderes herauszukommen, als er sich vorgenommen hat. Ihm ist nicht ein Reißer, ein »Thriller mit Sinn« (wie Hanns Eisler *vor* Drehbeginn riet) »herausgerutscht«, sondern er hat den Film als Reißer konzipiert und als Reißer verwirklicht. Das war künstlerische Absicht. Und es erhebt sich die Frage: Hätte man an diesen Film überhaupt anders herangehen können? Dann wäre niemals diese Wirkung erzielt worden! Die künstlerischen Mittel waren also nicht nur zulässig und tauglich. Sie waren in diesem Falle unumgänglich. (Karl-Eduard v. Schnitzler, *Filmspiegel* 2/1959)
NEBENBEI: Die vietnamesische Darstellerin Nguyen Thi Hoa kämpfte selbst an der Front, arbeitete als Rundfunksprecherin und trat als Sängerin hervor.

GESCHWISTER
(DFF-Auftragsfilm)
RE: Wolfgang Hübner, SZ: Gisela Richter-Rostalski, DR: Hans-Jürgen Stock, KA: Eberhard Borkmann, MU: Günther Fischer, SB: Erich Krüllke, SC: Helga Emmrich, PL: Walther Kronenthal, P: DFF, m: 2226 = 80 min, fa, PJ: 1975, SD: 28.12.1975, AD: 1978
DA: Marijam Agischewa (Ilona), Stefan Naujokat (Ekkehard), Bert Paul (Andreas), Walfriede Schmitt (Frau Wille), Dietmar Richter-Reinick (Herr Lohner), Elli Jessen-Somann, Hans Klering (Oma u. Opa Hansen), Burkhard Völkel (Siegfried), Angelika Herrmann, Carola Braunbock, Hannelore Erle, Renate Heymer, Ingeborg Krabbe, Heidrun Polack, Günter Schubert u.a.
INHALT: Ein alleinstehender, bei der Reichsbahn beschäftigter Vater lernt eine ebenfalls alleinstehende Kollegin kennen und lieben. Die beiden beschließen zu heiraten. Beide bringen Kinder mit in die Ehe. Die halbwüchsige Ilona und der etwas jüngere Ekkehard sind schon Geschwister. Der kleine Andreas, der bisher bei den Großeltern aufwuchs, kommt dazu. Damit die Familie zusammenwächst, sollen die Kinder ihre Ferien gemeinsam – und zunächst noch ohne Eltern – an der Ostsee verbringen. Als Problem stellt sich heraus, daß Andreas nicht schwimmen kann. Der Film schildert in amüsanter Weise die ungewöhnliche Bewährungsprobe. (f.b.h.)
ZUM FILM: Im Kinderfernsehen gelangen Regisseur Wolfgang Hübner mehrfach Filme, die

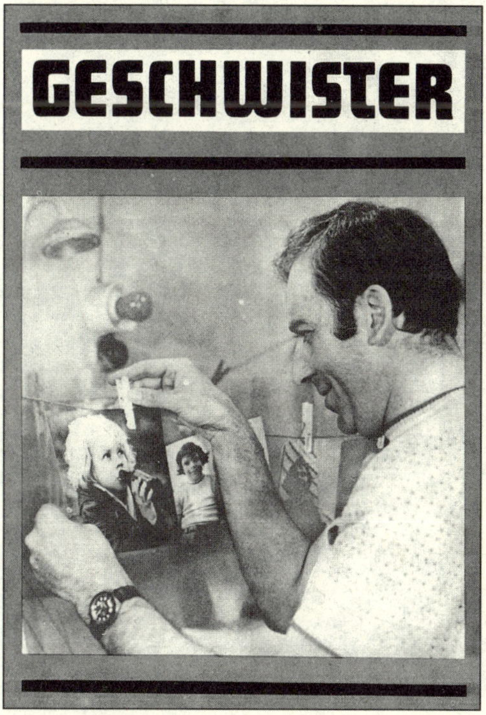

wegen ihrer wirklichkeitsnahen Konfliktgestaltung ein junges wie auch ein erwachsenes Publikum zu fesseln vermochten. Dieser Film wurde – wie beispielsweise auch → *Trampen nach Norden* – nach der Erstsendung im Kino eingesetzt.
ECHO: Kein Film also für Kino-Moritz, den der Regisseur auf den Arm, mithin nicht ernst nimmt. Im Gegenteil: In teils komischen, teils abenteuerlich-dramatischen Episoden werden Konfliktsituationen und deren Konsequenzen durchgespielt. (...) Die Grenze zwischen pfiffiger Kinderphilosophie und altklugem Kindermund bleibt gewahrt; eine gewisse Schnoddrigkeit hilft den jungen Kinogängern, schnell mit den Helden warmzuwerden. (Volker Weidhaas, *Filmspiegel* 10/1978)
NEBENBEI: Regisseur Wolfgang Hübner, der vor seiner Regielaufbahn viele Jahre als Schauspieler arbeitete, spielt in diesem Film einen Arzt.

GESINE

→ Anhang C

DIE GESTOHLENE SCHLACHT

(Co-Produktion DDR/CSSR)
RE: Erwin Stranka, MI-RE: Miroslav Kubista, BU: Erwin Stranka, LV: »Die gestohlene Stadt« von Egon Erwin Kisch, DR: Christel Gräf, Jirí Brdecka, KA: Otto Hanisch, MU: Zdenek Liska, SB: Jochen Keller, Jaroslav Krska, KO: Günther Schmidt, SC: Jaromír Janácek, PL: Hans Mahlich, Jaroslav Rericha, GR: KAG »Roter Kreis«, m: 2613 = 96 min, fa, Cine, AT: Käsebier, PJ: 1971, PM: 1.7.1972, PM-Ort: Zittau, Freilichtbühne, CO: Barrandov-Studio, Prag, Gruppe »Dr. M. Broz«, Tschech. Titel: Ukradena bitva
DA: Manfred Krug (Käsebier), Herwart Grosse (Friedrich II., König von Preußen), Marie Málková (Katka), Jaroslav Satoransky (Vaclav), Josef Kemr (Karl von Lothringen), Helena Ruzicková (Frau von Lothringen), Rolf Hoppe (Barody), Axel Triebel (General v. Schultze), Holger Mahlich (Krusemark), Hannjo Hasse (v. Seydlitz), Karel Augusta, Günter Junghans, Günter Rüger, Johannes Wieke, Hans Klering, Horst Kube u. a.

INHALT: Während des Siebenjährigen Krieges belagert Friedrich II. die Stadt Prag, ohne sie nehmen zu können. Da ersinnt er einen Plan. Er läßt den berühmt-berüchtigten Meisterdieb Käsebier, der seit Jahren in der Festung Stettin seine Sünden büßt, kommen. Dieser soll sich in die Stadt stehlen, um sie dem Preußenkönig in die Hände zu spielen. Käsebier verliebt sich in das tschechische Mädchen Katka, erfährt zudem, daß der König ihn hintergehen will, und stellt sich auf die Seite der Prager. Einen Sturmangriff kann er zwar vereiteln, wird aber bei der Entführung des Königs gefangengenommen. Vorm Galgen rettet ihn die unverhoffte Explosion eines Munitionslagers, und er kann entkommen.
ZUM FILM: Für Manfred Krug entwickelte die DEFA frei nach einer auf historischen Fakten beruhenden Vorlage von Kisch einen Mantel-und-Degen-Film, in dem »vom Mantel-und-Degen nicht so viel Gebrauch gemacht« (Stranka) wurde. Trotz der verfehlten Publikumserwartung wurde die Co-Produktion vor allem wegen des Zusammenspiels von Krug mit Herwart Grosse ein Erfolg.
ECHO: So griff man auch zu satirischer und grotesker Überzeichnung, um Haltungen zu charakterisieren. Natürlich besteht da immer die Gefahr, ins Lächerlich-Kasperlehafte zu geraten. Nicht ganz ist man ihr auch entgangen, auch wenn durch die gute Darstellung von Herwart Grosse ein recht überzeugendes Porträt des Preußenkönigs zu besichtigen ist. (Manfred Heidicke, *Filmspiegel* 18/1972)

Zum ersten Mal der Preußenkönig auf der DEFA-Leinwand; zudem ein abenteuerlich-verschlungenes Spiel, einige satirische Glanzlichter, die sozial-politische Hintergründe erhellen. Manches gerät allerdings auch zu betulich; zu ängstlich bemühen sich Buch und Regie, Klamotte zu verhindern. Ein tritt, was in solchen Fällen oft die Folge ist: der Spaß wird zu klein; die beabsichtigte Doppelbödigkeit scheitert am mangelnden literarischen und inszenatorischen Schliff. (Hans-Dieter Schütt, *DEFA-Spielfilm-Regisseure und ihre Kritiker*, 1983)
NEBENBEI: Herwart Grosse, einer der wichtigen Protagonisten des Deutschen Theaters Berlin, hatte die Rolle des Alten Fritzen schon auf der Bühne in Peter Hacks' Lustspiel »Der Müller von Sanssouci« gespielt.

DER GETEILTE HIMMEL

RE: Konrad Wolf, BU: Christa Wolf, Gerhard Wolf, Konrad Wolf, Willi Brückner, Kurt Barthel, LV: Gleichnamiger Roman von Christa Wolf, DR: Willi Brückner, KA: Werner Bergmann, MU: Hans-Dieter Hosalla, BA: Alfred Hirschmeier, KO: Dorit Gründel, SC: Helga Krause, PL: Hans-Joachim Funk, GR: KAG »Heinrich Greif«, m: 3001 = 110 min, s/w -Tovi, PJ: 1963/64, PM: 3.9.1964, PM-Ort: Berlin, »Kosmos«
DA: Renate Blume (Rita Seidel), Eberhard Esche (Manfred Herrfurth), Hans Hardt-Hardtloff (Rolf Meternagel), Hilmar Thate (Ernst Wendland), Martin Flörchinger (Herr Herrfurth), Erika Pelikowsky (Frau Herrfurth), Günter Grabbert (Ernst Schwarzenbach), Horst Jonischkan (Martin Jung), Petra Kelling (Sigrid), Horst Weinheimer (Ermisch), Hans-Joachim Hanisch, Frank Michelis, Paul Berndt, Christoph Engel, Uwe-Detlef Jessen u. a.
INHALT: Nach einer Nervenkrise kommt Rita Seidel in das kleine Dorf zurück, in dem sie aufgewachsen ist. Die Zeit der Genesung ist verbunden mit einem Rückblick auf die vergangenen Jahre: Als junges Mädchen hat sie sich in den zehn Jahre älteren Chemiker Manfred Herrfurth verliebt. Er nimmt sie mit in die Stadt, fördert ihre Entwicklung. Sie beginnt ein Lehrerstudium. Ihre Beziehung jedoch ist Belastungen ausgesetzt. In Manfreds Haus gibt es Konflikte wegen der spießigen Lebenseinstellung seiner Eltern. Auch im Betrieb hat er Schwierigkeiten, so daß seine Einstellung sich selbst wie seiner Umwelt gegenüber immer zynischer wird. Als man sein neuentwickeltes Verfahren, auf das er große Hoffnungen gesetzt hatte, im Betrieb ohne Begründung ablehnt, geht er verbittert nach Westberlin. Rita besucht ihn zwar, kehrt aber enttäuscht zurück. Sie weiß, daß ihr Platz an der Seite der ehemaligen Kollegen und der Freunde des Lehrerinstituts ist.
ZUM FILM: Schon die Romanvorlage von Christa Wolf wurde scharf kritisiert, weil die unglückliche Teilung Deutschlands und nicht der bundesdeutsche Imperialismus thematisiert wurde. Auch die Filmadaption wurde u.a. wegen der Passivität der Heldin kontrovers diskutiert, und der Film durfte in den folgenden 25 Jahren der Existenz der DDR – je nach politischer Großwetterlage – nicht immer gezeigt werden. Noch heute ist er vielleicht *der* wichtigste Gegenwartsfilm jener Zeit.
ECHO: Mit hohem künstlerischem Anspruch ist der Beweis geliefert worden, daß nach der Literatur auch die Filmkunst Potenzen zu einer unserer Gegenwart angemessenen künstlerischen Auseinandersetzung mit ihren Problemen zeigt. Diese Wertschätzung des *Geteilten Himmels,* dem in der Filmkunst der DDR der Rang einer Durchbruchleistung zukommt, wird in ihrem Kern nicht davon berührt, wenn kritisch festgestellt wird, daß es den Schöpfern nicht in wünschenswertem Maße gelungen ist, die einzelnen dramaturgischen Komplexe in die richtigen Proportionen zueinander zu bringen. (...) Der Regisseur suchte nach einer entsprechenden Methode, und folgerichtig und bewußt brachte er die einzelnen Struktur- und Bauelemente des Films vor allem durch die Montage in dialektisch gesehene Zusammenhänge. Dieses Verfahren sollte nicht länger fälschlich als episch charakterisiert werden, sondern als das, was es ist, als dialektisch. (Günter Karl, *Neues Deutschland*, 5.9.1964)
Wer diesen ostdeutschen Film gesehen hat, der weiß, daß es den ernstzunehmenden westdeutschen Film nicht gibt. Er weiß auch, daß es kein »Gesamtdeutschland« gibt; er kann aber auch die Signale sehen, die ein neues Verständnis ermöglichen. (Friedrich Hitzer, *Filmkritik* 12/1964)
Der Film liefert eine außerordentlich differenzierte Beschreibung der inneren Situation der

DDR, wobei nichts beschönigt wird, und die »Republikflucht« des Chemikers aus seiner Sicht sogar verständlich erscheint. Zwar ist die in West-Berlin spielende Episode des Films mißlungen, jedoch fesselt *Der geteilte Himmel* durch die Modernität und Eigenwilligkeit seiner filmischen Gestaltung, die gegenüber der Romanvorlage von Christa Wolf neue Zeit- und Raumverbindungen herstellt. Wolf erfand viele optische Motive, die im ursprünglichen literarischen Entwurf nicht gegeben waren. (Ulrich Gregor, *Geschichte des Films ab 1960*, 1978)
Faszinierend war und bleibt, daß der Film durch seine überlegte, auf Verdichtung und Metaphorisches zielende, fast expressionistische Bildsprache, durch die Plastizität des Schwarz-Weiß in uns ein Gefühl für die Gefährdung der Welt, für die Zerbrechlichkeit unseres Zuhauses, für die innere Spannung wachsen läßt. Die in den Film integrierten Bilder von Juri Gagarins erstem Weltraumflug unterstreichen dies. Im *Geteilten Himmel* wird über Politik, Wirtschaft und Philosophie, über Liebe und Leid viel und ernsthaft gesprochen, mit einem starken naiven Glauben daran, daß Gespräche nützlich und Veränderung (der Menschen, der Gesellschaft) möglich ist,

dennoch ist er vor allem optisch präsent. (Erika Richter, *Das zweite Leben der Filmstadt Babelsberg*, 1994)
NEBENBEI: Die Stimme Gagarins spricht der Politiker Werner Eberlein, ein Jugendfreund von Konrad Wolf aus dem Moskauer Exil.

GEVATTER TOD

(DFF-Auftragsproduktion, Kinderfilm)
RE: Wolfgang Hübner; SZ: Wera und Claus Küchenmeister, LV: Märchen der Gebrüder Grimm, DR: Beate Hanspach, KA: Hans-Jürgen Sasse, MU: Karl-Ernst Sasse, SB: Werner Pieske, KO: Lydia Fiege, SC: Karin Kusche, PL: Wolfgang Rennebarth, P: DFF, m: 1648 (TV), 2073 = 76 min (Kino), PJ: 1980, SD: 28.12.1980, AD: 13.11.1981
DA: Dieter Franke (Gevatter Tod), Jan Spitzer (Jörg), Hannes Fischer (Bürgermeister), Janina Hartwig (Barbara), Erika Pelikowsky (Muhme Ursel), A. P. Hoffmann (Veit Schütz), Siegfried Kilian (Emmerich), Michael Gerber (Fenske), Volkmar Kleinert (Prediger), Klaus Piontek (Teufel), Christian Steyer, Ursula Staack, Hans-Peter Reinecke, Gisela Morgen, Stefan Lisewski u.a.
INHALT: Ein armer Bauer in einer mittelalterlichen Stadt wählt den Tod zum Gevatter seines 13. Kindes, da vor ihm alle Menschen gleich sind. Der Tod macht aus dem Kind Jörg einen guten Arzt, der sich Geld und Ansehen verdient. Mit der Zeit jedoch wird Jörg überheblich und maßt sich an, den Tod überlisten zu können, was ihm auch zweimal gelingt. Doch beim dritten Mal erteilt der Tod Jörg eine bittere Lehre. (f.b.h.)
ZUM FILM: Die Parabel über die Macht und zugleich die Notwendigkeit des Todes inszenierte Kinderfilmspezialist Wolfgang Hübner für das Fernsehen sensibel und mit philosophischem Tiefgang. Im Fernsehen kam der Film auch ins Abendprogramm. Dieter Franke zeigte in der Titelrolle eine beeindruckende tragikomische Leistung.
ECHO: Wolfgang Hübner (Regie) hat nicht mit visuellen Reizen gespart, dabei auf philosophischen Tiefgang gebaut. So gewann das Markttreiben sinnbildhafte Bedeutung, fand die Unbestechlichkeit des Todes vor diesem Hintergrund von Handeln und Feilschen ihre Härte und Unausweichlichkeit. (Peter Hoff, *Neues Deutschland*, 31.7.1981)

Filmisch durchkomponierte Bilder und hervorragend geführte Dialoge kennzeichnen ein Kunstwerk von Rang, dessen Herausforderungen lange im jungen wie im reifen Zuschauer nachwirken werden, zumal dieser Gevatter Tod durch die Kunst des Schauspielers Dieter Franke dem Leben zugeordnet wird. Leben und Tod – sie gehören zusammen. (Heinz Hofmann, *Nationalzeitung*, 17.11.1981)

NEBENBEI: Wie viele andere DEFA-Filme entstand auch dieser zu einem großen Teil vor den Kulissen der Renaissancebauten von Görlitz. – Auf dem Geraer Kinderfilmfestival »Goldener Spatz« erhielt der Film 1981 einen Sonderpreis und im gleichen Jahr den DDR-Kritikerpreis für den besten Fernseh-Kinderfilm 1980.

GEWISSEN IN AUFRUHR

(DFF-Auftragsproduktion)

RE: Günter Reisch, Hans-Joachim Kasprzik, DB: Hans Oliva-Hagen, Günter Reisch, Hans-Joachim Kasprzik, LV: Gleichnamiger autobiographischer Bericht von Rudolf Petershagen, DR: Wenzel Renner, Hanna Voigt, KA: Horst E. Brandt, Otto Hanisch, Hartwig Strobel, MU: Günter Klück, SB: Alfred Drosdek, Joachim Otto, KO: Günter Schmidt, SC: Lena Neumann, Bärbel Weigel, Hildegard Conrad, PL: Hans Mahlich, Erich Albrecht, m: 10584 (TV), SD: 5.-14.9.1961. AD: 3.11.1961 (Teil 1), 10.11.1961 (Teil 2)

DA: Erwin Geschonneck (Joachim Petershagen), Inge Keller (Angelika Petershagen), Harry Hindemith, Ruth Kommerell (Hans Stiller und Frau), Bruno Carstens (Major Schönemann), Günter Ballier (Oberst Bernbach), Fred Düren (Mathusow), Jochen Thomas (Wassili Gorbatow), Friedrich Richter (Prof. Kornach), Hannjo Hasse (Oberst Steiner), Achim Schmidtchen, Irene Korb (v. Pritznach und Frau), Otto Dierichs, Herbert Körbs, Heinz Hinze, Werner Dissel, Fred Mahr, Harald Halgardt, Helmut Schreiber, Hans-Joachim Büttner u.v.a.

INHALT: Zweiter Weltkrieg. Die Geschichte der Wandlung des Oberst Joachim Ebershagen beginnt im Kessel von Stalingrad, wo er anfängt, über den Sinn des Krieges nachzudenken. Als Kommandant von Greifswald findet er kurz vor Kriegsende den Mut, die Stadt kampflos an die Sowjetarmee zu übergeben. Mit seinen Soldaten tritt er den Weg in die sowjetische Gefangenschaft an. Von den unverbesserlichen Kriegern unter seinen Mithäftlingen wird er als Verräter behandelt und erkennt, daß er mit diesen Menschen nichts mehr gemein hat. Aus der Gefangenschaft entlassen, hilft er als Landrat beim Aufbau auf Usedom. Anläßlich eines Besuches in der Bundesrepublik, wo er mit ehemaligen Kameraden sprechen will, gerät Ebershagen in die Fänge des amerikanischen Geheimdienstes. Er widersteht allen Erpressungsversuchen, die in Zusammenhang mit der Wiederbewaffnung stehen, wird abgeurteilt und in das Kriegsverbrechergefängnis Landsberg eingeliefert. Hier erlebt er mit, wie die Nazi-Kriegsverbrecher relativ gut leben, sich auf eine neue Armee vorbereiten und nach und nach in Freiheit kommen. Jahre später wird er aufgrund seines Gesundheitszustandes entlassen und kehrt nun endgültig heim zu seiner Frau in die DDR. (f.b.h.)

ZUM FILM: Der Stoff war zunächst der DEFA angeboten, doch abgelehnt worden, weil die Befehlsverweigerung eines Offiziers gerade in der Aufbauphase der Nationalen Volksarmee nicht ins Konzept paßte. So kam es glücklicherweise zu dem fünfteiligen Fernsehroman. Die einzelnen Teile von *Gewissen in Aufruhr* wurden von zwei Teams gedreht und sind bis in kleinste Rollen hervorragend besetzt. Psychologische Auseinandersetzungen wechseln mit abenteuerlichen Momenten. Der vierte Teil ist stark von der Situation des Kalten Krieges geprägt, während der fünfte im Kammerspielton durch seine Geschlossenheit überrascht.

ECHO: Es ist das große Verdienst der Schöpfer des Fernsehfilms, daß sie allen Gefahren der Überzeichnung, des falschen Pathos oder eines pompösen Dialogs, die auch ein so großes Thema zur Mittelmäßigkeit hätten herabwürdigen können, widerstanden haben. Die künstlerische Meisterschaft dieses Fernsehromans drückt sich im Gegenteil aus in einer geradezu maßvoll-disziplinierten Bescheidung in den Mitteln, mit denen jede Szene gestaltet wurde. Das Ganze erhielt besonders dadurch seine erregende Atmosphäre und starke Aussagekraft. (Katja Stern, *Neues Deutschland*, 19.9.1961)

Der Fernsehfilm wird in seinem ersten Teil durch vorzügliche Kameraarbeit zu einem Sonderfall, obgleich der Regisseur, Günter Reisch, mit den Großaufnahmen sparsamer umgehen sollte. (...)

Der Oberst Joachim Ebershagen und der mit den Sowjets konspirierende Oberfeldwebel Hans Stiller werden durch Erwin Geschonneck und Harry Hindemith zu lebensechten Gestalten, und wieder beeindruckte Inge Keller als die Gattin des Obersten durch ihr intelligentes Spiel. (Georg Zivier, *Tagesspiegel*, 5.2.1970)
Nicht nur weil der unvergleichliche Erwin Geschonneck die Titelrolle spielte, ging auch jetzt, also fast 20 Jahre später, eine starke Wirkung von diesem Werk aus, und wenn man den gleichen Stoff heute erneut zu verfilmen hätte, könnte man es nicht besser tun, als es damals geschah: Qualität ist dem Wechsel der Film-Mode nicht unterworfen. (Eckart Kroneberg, *Tagesspiegel*, 13.4.1980)
Gewissen in Aufruhr wurde damals für eine Diskussionskampagne in der DDR-Presse zur Frage »Wer ist ein guter Deutscher?« genutzt. Es macht betroffen, daß der Film bei der Erörterung dieses Problems auch heute, sechsunddreißig Jahre nach der Erstsendung, noch aktuell geblieben ist. (Peter Hoff, *Neues Deutschland*, 3./4.5.1997)
NEBENBEI: Die Szene der Heimkehr aus bundesdeutscher Haft hatten Reisch und Kasprzik noch im August 1961 in Berlin unmittelbar vor dem Mauerbau am Brandenburger Tor gedreht.

DIE GLATZKOPFBANDE
RE: Richard Groschopp, BU: Lothar Creutz, Richard Groschopp, DR: Willi Brückner, KA: Siegfried Hönicke, MU: Helmut Nier, BA: Harald Horn, KO: Elli-Charlotte Löffler, SC: Helga Krause, PL: Willi Teichmann, GR: KAG »konkret«, m: 2125 = 78 min, s/w, PJ: 1962, PM: 15.2.1963, PM-Ort: Berlin, »Babylon«
DA: Ulrich Thein (Lothar Czernik, Leutnant der Kriminalpolizei), Erik S. Klein (Abschnittsbevollmächtigter), Paul Berndt (Schriftsteller Helmut Ritter), Thomas Weisgerber (King), Rolf Römer (Johle), Arno Wyzniewski (Conny), Jürgen Rothert (Schnuppi), Carlo Schmidt (Opa), Brigitte Krause (Kirsten Köster), Jutta Wachowiak (Marianne Pohl), Erika Dunkelmann (Ihre Mutter), Klaus Gendries (Leutnant Hansen), Steffie Spira, Horst Friedrich, Hans Knötzsch, Gerhard Lau, Mathilde Danegger, Monika Hildebrand, Jürgen Pörschmann, Günter Meier u. a.
INHALT: Ende August 1961. Der ehemalige Fremdenlegionär King hat eine Bande Rowdys um sich versammelt, mit der er in der DDR sein Unwesen treibt. Nach schlampiger Arbeit auf einer Baustelle, in deren Folge zwei Menschen ums Leben kamen, ziehen sie auf den Zeltplatz Bansin an der Ostsee. Mit Mopedgeknatter, Radiolärm und Gewalttätigkeiten macht die Bande Kahlköpfiger den Urlaubern das Leben zur Hölle. – Leutnant Czernik stellt durch Zufall eine Verbindung zwischen dem Unfall auf der Baustelle und den Randalierern in Bansin fest. Da ihnen der Fluchtweg nach Westberlin abgeschnitten ist, gelingt es der Polizei und Czernik, die Bandenmitglieder nacheinander zu verhaften. Als letzten, nach einer aufregenden Verfolgungsjagd, den Anführer King.
ZUM FILM: Richard Groschopp drehte bewußt einen Genre-Film mit realem Hintergrund. Jugendliche, die den damals populären amerikanischen Glatzkopf Yul Brynner als Vorbild sahen, ließen sich kahlscheren und bildeten eine Bande. Der große Publikumserfolg des Films und ein kontroverses Presseecho riefen ängstliche Funktionäre auf den Plan, so daß der Film nach wenigen Monaten aus den Spielplänen verschwinden mußte.

ECHO: Ein anderes, sehr wesentliches Problem des Films ist die Attraktivität. Ist hier die Verteilung der Akzente im Kriminalfilm schlechthin schon schwierig, so wird sie in einem Streifen, der sich mit dem Halbstarkentum, dem man sich nicht selten mit Augenzwinkern nähert, besonders diffizil. Gleich vorweggenommen: Die Glatzköpfe sind nie sympathisch gezeichnet – aber interessant und damit attraktiv. Das kommt nicht nur daher, daß ihre Dialoge förmlich zu »Büchmanns gesammeltem Zitatenschatz der deutschen Lederjacken« geworden sind, sondern daß diese Burschen aktiv und phantasiereich erscheinen.« (Friedrich Salow, *Sonntag* 9/1963)
Endlich mal wieder ein spannendes Lichtspiel aus heimischen Ateliers! Es geschieht auf der Leinwand allerhand, man bleibt nicht kühl-distanziert, freut sich, ist erbost, fiebert mit und konstatiert am Ende zufrieden die Dingfestmachung der Glatzköpfe. Die Frage nach dem gesellschaftlichen Charakter jugendlichen Rowdytums ist durchaus akut; die Autoren (...) haben bekanntlich authentische Ereignisse aus dem Spätsommer 1961 zu ihrem Drehbuch verarbeitet. Der Film ist spannend, unterhaltend, weist erzieherische Aspekte auf, ohne den Zeigefinger zu betonen. Was will man also mehr? (Fred Gehler, *Filmspiegel* 6/1963)
Der reichlich anspruchslos gemachte Film (...) sucht sein Publikum mit reißerischen Stilmitteln zu fesseln und mag nichtsdestoweniger symptomatisch für eine gewisse selbstkritische Auflockerung erscheinen, die sich in einigen DEFA-Filmen neuerdings abzeichnet. (Ulrich Gregor, *Filmkritik* 6/1964)
NEBENBEI: Filmbösewicht Thomas Weisgerber freundete sich während der Dreharbeiten mit dem Filmhund an, so daß der sich, obwohl er ein preisgekrönter Dressurhund war, bei seinem Einsatz in den letzten Szenen weigerte, Weisgerber anzugreifen. Für diesen sekundenlangen Auftritt mußte ein Hunde-»Double« von der Grenzpolizei eingesetzt werden. – Bandenmitglied Opa wurde von Karl-Richard Schmidt gespielt, der seinen Spitznamen Carlo (in Anlehnung an den SPD-Politiker) zu seinem Künstlernamen machte.

GLÜCK IM HINTERHAUS
RE: Herrmann Zschoche, SZ: Ulrich Plenzdorf, LV: »Buridans Esel« von Günter de Bruyn, DR: Werner Beck, KA: Günter Jaeuthe, MU: Günther Fischer, SB: Peter Wilde, KO: Christiane Dorst, SC: Monika Schindler, PL: Rolf Martius, GR: GR »Berlin«, m: 2684 = 97 min, fa, AT: Buridans Esel, PJ: 1979, PM: 5.3.1980, PM-Ort: Berlin, »Kosmos«
DA: Dieter Mann (Karl Erp), Ute Lubosch (Fräulein Broder), Jutta Wachowiak (Elisabeth Erp), Peter Bause (Haßler), Gerry Wolff (Mantek), Käthe Reichel (Frau Wolff), Fritz Diez (Erps Vater), Joachim Tomaschewsky, Gisela Morgen (Elisabeths Eltern), Annemone Haase (Manteks Frau), Ursula Werner, Fred Delmare, Thomas Neumann, Jaecki Schwarz, Rolf Römer u. a.
INHALT: Der gutsituierte Bibliothekar Karl Erp, Mitte vierzig, zwei Kinder, führt seit Jahren eine langweilige Ehe. Die Liebe zu seiner jungen Praktikantin Fräulein Broder reißt ihn aus der Lethargie. Er sagt seiner Frau Elisabeth, daß zwischen ihnen nie Liebe gewesen sei, er sie nur geheiratet habe, um ihr einen Gefallen zu tun, und zieht zu Fräulein Broder. Von deren Mutter zur Rede gestellt, verspricht er die Scheidung und spätere Hochzeit mit ihrer Tochter. Doch der Auftrieb, den Karls Elan durch die neue Beziehung bekommen hat, erlischt im bescheidenen Alltag. Er bringt nicht die Kraft auf, ein neues

Leben zu beginnen, sehnt sich nach der alten Bequemlichkeit und geht schließlich zu Elisabeth, in eine zerrüttete Ehe, zurück.
ZUM FILM: Günter de Bruyns 1968 erschienener »Lebens-, Frauen-, Ehe-, Moral-, Bibliothekars-, Sitten-, Gegenwarts-, Gesellschafts- und Berlin-Bericht« (wie der Autor den Roman bezeichnete) »Buridans Esel« lag als Szenarium bereits 1973 vor. Doch die sarkastische Bestandsaufnahme verspießerter Auffassungen unter »gefestigten Mitgliedern der sozialistischen Gesellschaft« erweckte den Argwohn der Kulturpolitikern. Erst nach Änderungen konnte der nun entschärfte und selbst nach der Abnahme noch veränderte Stoff auf der Leinwand erscheinen.
ECHO: Herrmann Zschoches präzise Inszenierung stützt sich auf die konzentrierte Dramaturgie des Drehbuchs und auf eine glückliche und kluge Besetzung. Aber auch von der Regie hat dieser Film – und das ist kein handwerkliches Problem! – nicht die Frische, Unmittelbarkeit und Kraft wie → *Sieben Sommersprossen.* Er bleibt, gemessen an seiner Vorlage, einschichtiger; es fehlen Untertext, Assoziationsmöglichkeiten und die für den Roman so wesentliche Dialektik von Privatem und Gesellschaftlichem, es fehlt jene »dritte Dimension«, die eins der Geheimnisse der Filmkunst ausmacht. Ist dieser Mangel der Verjährung anzulasten oder einer konzeptionellen Selbstbeschränkung bei der Umsetzung dieser Prosa in eine Filmform? (Peter Ahrens, *Weltbühne* 16/1980)
Wieder stellt ein DEFA-Film die Frage, ob Karriere und Wohlstand denn alles sein können, wofür sich zu leben lohnt. Dieter Mann vom Ost-Berliner Deutschen Theater spielt, nicht von vornherein unsympathisch, den Typ des beruflich Erfolgreichen und Angepaßten, der sich der Herausforderung durch eine junge, unverbrauchte, noch von Idealen erfüllte Generation – hier überzeugend verkörpert durch Ute Lubosch – nicht gewachsen zeigt. Leider erreicht der Film aber nicht die Qualität seiner literarischen Vorlage. (Heinz Kersten, 1980, zit. nach *So viele Träume*)
NEBENBEI: Gisela Morgen und Joachim Tomaschewsky, beide damals an der Volksbühne in Berlin engagiert, spielten ein Ehepaar und waren und sind miteinander verheiratet.
Filmtext: Glück im Hinterhaus. In: Ulrich Plenzdorf: Filme 1. Rostock: Hinstorff Verlag 1986

GOJA

→ *GOYA*

DIE GOLDENE GANS

(Kinderfilm)
RE: Siegfried Hartmann, BU: Günter Kaltofen, Siegfried Hartmann, LV: Gleichnamiges Märchen der Brüder Grimm, DR: Margot Beichler, Gudrun Rammler, KA: Karl Plintzner, MU: Siegfried Bethmann, BA: Hans-Jorg Mirr, Georg Kranz, KO: Ingeborg Wilfert, SC: Hildegard Conrad, PL: Erich Kühne, GR: KAG »60«, m: 1828 = 67 min, fa, PJ: 1964, PM: 27.9.1964, PM-Ort: Berlin, »Babylon«
DA: Kaspar Eichel (Klaus), Karin Ugowski (Prinzessin), Uwe-Detlev Jessen (Kunz), Peter Dommisch (Franz), Heinz Scholz (König), Gerd E. Schäfer (Hofgelehrter), Katharina Lind (Lies), Fritz Schlegel (Wirt), Gerhard Rachold (Prinz Störenfried), Fritz Decho (Graf Ohnewitz), Jochen Thomas, Joachim Fuchs, Renate Usko, Walter E. Fuß, Ralph J. Boettner u. a.
INHALT: Klaus lebt mit seinen beiden faulen Brüdern in einer Schusterwerkstatt. Er muß alle Arbeit allein machen. Eines Tages trifft er beim Holzfällen im Wald eine alte Frau, die ihm seine Freundlichkeit mit einer goldenen Gans vergilt. Die hat eine besondere Eigenschaft: Alle Neugierigen, Neidischen, Habgierigen bleiben an ihr hängen. Auf seiner Wanderschaft sammelt Klaus so ein buntes Gefolge, selbst ein Müller mit seinem Esel ist klebengeblieben. In der nächsten Stadt bringt er damit die aus Langeweile in Schwermut verfallene Königstochter zum Lachen. Der König, der demjenigen seine Tochter als Lohn versprach, der dies schafft, stellt angesichts des armen Klaus neue Bedingungen. Klaus löst sie jedoch mit viel Geschick und bekommt die Königstochter.
ZUM FILM: Siegfried Hartmanns zweite Märchenadaption entstand überwiegend im Atelier und geriet theatralischer als sein → *Feuerzeug.* Komödiantische Leistungen der Darsteller und eine zauberhafte Ausstattung machten den Mangel wett.
ECHO: Regisseur Siegfried Hartmann und Günter Kaltofen schrieben das Drehbuch für diesen programmfüllenden Farbfilm, der in naturalistischen märchenhaft bunten Bildern abläuft. Es gibt viele nette Einfälle und die jungen Zuschauer

folgten bei der Premiere mit großem Interesse und Anteilnahme dem Handlungsablauf. Kaspar Eichel gab mit der Darstellung des Klaus sein Filmdebüt und überzeugte durch natürliches, unbeschwertes Spiel. Besondere Heiterkeitsstürme löste Gerd E. Schäfer als Hofgelehrter Weisenstein aus. Alles in allem: Ein heiterer Märchenfilm, der mit einigem Zuspruch rechnen kann. (Mars, *Berliner Zeitung*, 30.9.1964)
NEBENBEI: Der damals 21jährige Kaspar Eichel gab mit der Rolle des Klaus sein Filmdebüt. Später war er lange Jahre Mitglied des Fernsehensembles.

DIE GOLDENE JURTE

(Co-Produktion DDR/Mongolei, Kinderfilm)
RE: Gottfried Kolditz, Rabschaa Dordschpalam, BU: Kurt Bortfeldt, S. Erdene, DR: Willi Brückner, KA: Erich Gusko, MU: L. Mordorsch, BA: Alfred Tolle, KO: Martin Dörre, TR: Ernst Kunstmann, SC: Hildegard Tegener, PL: Alexander Lösche, Damdini Sambuu, m: 2167 = 79 min, fa, PJ: 1960/61, PM: 13.7.1961, PM-Ort: Berlin, »Babylon«, CO: Mongolkino, Mongolische VR, Mongol. Titel: Altan Orgoo
DA: Dshambaagijn Lubsandshamdz (Weiser Arat / Wolfsjäger Arrasch), Zaagani Zegmed (Pagwa), Batsuchijn Zorig (Dawadorshi), Surengijn Suchbaatar (Jorrup), Gambodshawin Zegmed, Zedendambin Nordshmaa (Sarren-Gerrel), Kurt Mühlhardt, Evelyn Cron (Wasserkhan und seine Tochter) u. a.
INHALT: Der weise Arat bricht gegen das Gebot der Lamas die mongolische Erde auf, um Korn zu säen und die Hungersnot im Land zu beseitigen. Er lehrt den Hirten Pagwa im Tal der Roten Blumen, ebenso zu handeln. Doch Pagwa läßt das Tal verdorren. Dawadorshi, sein jüngster Sohn, macht sich auf den Weg zum weisen Arat, um Rat zu erbitten. Er hört aufmerksam den Lehren des Alten zu und macht sich auf den Heimweg. Unterwegs bewahrt er die Bauern eines Dorfes vor dem Verdursten, heilt ein blindes Mädchen und rettet die Tochter des Wasserkhans, wofür er drei wertvolle Geschenke erhält. Schließlich kommt er glücklich zu Hause an und bringt das Tal wieder zum Erblühen.
ZUM FILM: Gottfried Kolditz und Rabschaa Dordschpalam schufen mit dem überwiegend in der Mongolei gedrehten Film ein phantasievolles Märchen.
ECHO: Der vorwiegend mit mongolischen Schauspielern im Originalmilieu gedrehte Film lebt durch die fotografisch hervorragende Verbindung von Mensch und Landschaft (...) und erhält realistische märchenhafte Akzente durch die Trickaufnahmen Ernst Kunstmanns. Das Schauspielerkollektiv verdient unsere Zuneigung, und auch den Synchrondarstellern gebührt Lob. Zum 40. Jahrestag der Mongolischen Volksrepublik in Berlin uraufgeführt, wurde der Film zu einem farbenfrohen Gruß an das Volk, das nach seinem Willen das Tal der Roten Blume zum Nutzen aller pfleglich in Besitz nahm. (H. H., *Neues Deutschland*, 16.7.1961)
Eine Entgleisung war das Unterwasserstriptease der blau-grün schillernden Gespielinnen im Reiche des Wasserkhans, eine Szene, die in ihrer Geschmacklosigkeit schwerlich zur ästhetischen Erziehung unserer jüngsten Filmbesucher beitragen dürfte. (Manfred Haedler, *Morgen*, 13.7. 1961)
Der Film entführt in eine fremde Welt. Das realistische Szenenbild, dem die Verliebtheit des Drehteams in die mongolische Landschaft anzu-

merken ist, sowie die bis ins Detail liebevolle Ausstattung vermitteln Eindrücke von der Lebensweise der Hirten, wie sie wohnen und wie sie sich kleiden. (...) Noch heute kann die Inszenierung, die auch ein Stück Fernweh spiegelt, große und kleine Leute verzaubern. (*Zwischen Marx und Muck*, 1996)
NEBENBEI: Noch immer fasziniert von der mongolischen Landschaft schrieb Gottfried Kolditz Jahre später, kurz vor seinem Tod, den in der Mongolei dann durch Konrad Petzold realisierten Indianerfilm → *Der Scout*.

GOYA

(Co-Produktion DDR/UdSSR)
RE: Konrad Wolf, SZ: Angel Wagenstein, LV: Roman »Goya oder Der arge Weg der Erkenntnis« von Lion Feuchtwanger, DR: Walter Janka, Alexander Dymschitz, KA: Werner Bergmann, Konstantin Ryshow, MU: Kara und Faradsh Karajew, SB: Alfred Hirschmeier, Waleri Jurkewitsch, KO: Ludmila Schildknecht, Joachim Dittrich, SC: Alexandra Borowskaja, PL: Herbert Ehler, Genrich Chochlow, GR: KAG »Babelsberg«, m: 3662 = 134 min, fa, Cine / m: 4848 = 161 min, fa, 70 mm, PJ: 1970/71, PM: 16.9.1971 (70 mm), PM-Ort: Berlin, »Kosmos«, CO: Lenfilm, Leningrad, Russ. Titel: Goja
DA: Donatas Banionis (Goya), Olivera Katarina = Olivera Vuco (Herzogin Alba), Fred Düren (Esteve), Tatjana Lolowa (Königin Maria Luisa), Rolf Hoppe (Karl IV.), Ernst Busch (Jovellanos), Carmela (Maria Rosario), Wolfgang Kieling (Godoy), Mieczyslaw Voit (Großinquisitor), Gustaw Holoubek (Bermudez), Iren Sütö (Dona Lucia), Martin Flörchinger (Otero), Arno Wyzniewski, Peter Slabakov, Günter Grabbert, Kurt Radeke, Walter Bechstein, Fredy Barten, Michael Gerber, Friedrich Richter u. a.

INHALT: Als Hofmaler Karls IV. von Spanien ist Don Francisco de Goya Lucientes zu Ansehen und Wohlstand gekommen. Seine Gemälde zieren die Galerien der Schlösser. In leidenschaftlicher Liebe fühlt er sich zu der Herzogin Alba hingezogen, und gleichzeitig haßt er die hochnäsige Aristokratin in ihr. Er glaubt an den König und die Kirche, genießt seine Stellung bei Hofe. Doch er ist durch und durch Spanier und liebt das Volk. Dieser Widerspruch bringt ihn auf den »argen Weg der Erkenntnis«. Sein Mitarbeiter und Freund Esteve führt ihn zu den wahren Patrioten des Landes. In einer Madrider Taverne begegnet er der Sängerin Maria Rosario, später muß er miterleben, wie sie von der Inquisition verurteilt wird. Von dem Lied, das Maria als Beweis ihrer Schuld vortragen muß, ist er tief erschüttert. Je weiter er in das Leben des Volkes eindringt, daraus Motive für seine Kunst schöpft, desto größer wird seine innere Pein angesichts der Zustände im Land. Seine Kunst wird zum adäquaten Ausdruck der revolutionären Bewegung des Volkes. So gerät er selbst in die Fänge der Inquisition. Aber er schwört der Wahrheit seiner Bilder nicht ab und wählt das Exil.
ZUM FILM: Die guten Beziehungen des damaligen DEFA-Dramaturgen Walter Janka zu Marta Feuchtwanger bewirkten, daß die DEFA die Weltverfilmungsrechte des Romas »Goya« erhielt. Schon 1966 lag Angel Wagensteins Szenarium vor. Daß der Film erst vier Jahre später produziert wurde, hing nicht nur mit dem technisch-organisatorischen Aufwand zusammen, sondern auch mit der Behandlung des Themas der Abhängigkeit des Künstlers von der Obrigkeit. Die Brisanz des Problems – auch im historischen Kostüm – war auch in den siebziger Jahren deutlich.

ECHO: Es ist ein großer Film geworden – nicht nur im Hinblick auf Aufwand, Format und Länge. Wenn wir uns darin recht verstehen, daß Monumentalität nicht mit der Elle zu messen ist, sondern dem großen Gegenstand angemessene innere Größe bedeutet, so darf man den Film durchaus mit Recht als monumental bezeichnen. (H.W., *Thüringer Tageblatt*, 5.1.1972)
Im ersten Teil war die Erfindung einer neuen Figur, der Maria Rosario, ein glänzendes Mittel, Gedanken des Romans bildhaft im Film zu spiegeln und Goyas inneren Kontrast sichtbar zu machen. Im zweiten Teil wird die Sinfonie von Landschaft, Menschen, Musik und Rhythmus auf der Reise zum ebenso starken Ausdruck für diebeginnende Lösung dieses inneren Konflikts – beeinträchtigt nur durch gewisse Längen und die seltsam pappige, ungefährliche Darstellung der Dämonen, die weder den Bildern Goyas noch dem Maßstab der sonst so genauen Ausstattung standhalten. Dann gipfelt der Film, in der Montage von Aufstand und Kritik, mit den »Desastres de la Guerra« und den »Schwarzen Bildern«, ehe der ins Exil gezwungene Goya vom Großinquisitor »zu ewigem Vergessen« verdammt wird, eine Schlußpointe, die Pathos und Ironie treffend in sich vereinigt. (Peter Ahrens, *Weltbühne* 39/ 1971)
Daß Wolf, dem es bisher fast immer um eine Auseinandersetzung mit der faschistischen deutschen Vergangenheit ging, und der mit → *Der geteilte Himmel* den vielleicht besten DDR-Gegenwartsfilm schuf, schließlich doch ein so ganz andersartiges Thema wie den *Goya* akzeptierte, mag vor allem darin begründet sein, daß die Romanvorlage einen Menschen in Entscheidungssituationen darstellt – das Hauptmotiv im Schaffen des Regisseurs. (Heinz Kersten, *Tagesspiegel*, 26.9. 1971)
NEBENBEI: Viele Mitwirkende erhielten National- und Kunstpreise der DDR. Auf dem Moskauer Filmfestival wurde der Film 1971 mit dem Spezialpreis der Jury ausgezeichnet. – Die Aufnahmen entstanden mit technischer Unterstützung eines bulgarischen und eines jugoslawischen Studios in Leningrad, Dubrovnik, Jalta, einem serbischen Zigeunerdorf und in den bulgarischen Rhodopen. Für die Darsteller aus acht Ländern wurden mehr als 3000 Kostüme angefertigt. – Wolfgang Kieling, der den Premierminister Godoy spielt, hatte die DDR nach den Dreharbeiten wieder verlassen und stand für die Synchronisation nicht mehr zur Verfügung, so daß er hier mit fremder Stimme spricht. – Die damals fünfjährige Gerit Kling, heute eine bekannte Schauspielerin, stand damals als Goyas kleine Tochter Elenita erstmals vor der Kamera.

GRITTA VON RATTENZUHAUSBEIUNS

(Kinderfilm)
RE: Jürgen Brauer, SZ: Christa Kozik, LV: Märchenroman »Das Leben der Hochgräfin Gritta von Rattenzuhausbeiuns« von Bettina und Gisela von Arnim, DR: Gabriele Herzog, KA: Jürgen Brauer, Peter Ziesche, MU: Stefan Carow, SB: Alfred Hirschmeier, KO: Christiane Dorst, SC: Evelyn Carow, PL: Hans-Erich Busch, GR: GR »Johannisthal«, m: 2262 = 83 min, fa, brw, PJ: PM: 7.3.1985, PM-Ort: Berlin, »International«, Westdt. Titel: Gritta vom Rattenschloß
DA: Nadja Klier (Gritta), Hermann Beyer (Julius Ortel von Rattenzuhausbeiuns), Suheer Saleh (Anna Bollena Maria Nesselkrautia), Fred Delmare (Kuno Gebhardt Müffert), Mark Lubosch (Peter), Wolf-Dieter Lingk (Pekavus), Peter Sodann (König), Heide Kipp (Äbtissin), Ilja Kriwoluzky (Prinz Bonus), Ilse Voigt (Wachnonne), Peter Dommisch, Horst Papke, Christel Peters, Gertraut Last, Manfred Richter u. a. SP: Kurt Böwe
INHALT: In einem alten, verwitterten Schloß lebt die dreizehnjährige Hochgräfin Gritta mit ihrem verarmten Vater, dem Hochgrafen Julius Ortel von Rattenzuhausbeiuns. Der Hirte Peter ist Grittas Partner bei übermütigen Spielen und Abenteuern in der freien Natur, während der Vater, ein Erfinder, an einer Thronrettungsmaschine für den König arbeitet. Er hofft, damit wieder zu Geld und Ehre zu gelangen. Als er die vornehme Gräfin Nesselkrautia heiratet, ist es mit Grittas wildem Leben vorbei, sie wird auf Wunsch der Stiefmutter in ein Kloster gesteckt. Empört über den dortigen Zwang und die betrügerischen Machenschaften der Äbtissin, die mit dem Statthalter des Königs unter einer Decke steckt, flieht sie mit ihren Freundinnen in den Wald. Dort begegnen sie dem Prinzen und freunden sich mit ihm an. Aber der Statthalter ist ihnen auf der Spur. Mit Hilfe des Prinzen gelangen sie ins Schloß, und die Thronrettungsmaschine des Vaters –

nichts anderes als ein Schleudersitz – befördert den finsteren Statthalter außer Landes.
ZUM FILM: Kinderbuchautorin Christa Kozik, die schon mehrfach für die DEFA gearbeitet hatte, stöberte das Buch auf Schloß Wiepersdorf auf, wo die Arnims gelebt hatten. Sie erkannte schnell, daß es die Grundlage für einen satirisch-witzigen Märchenfilm sein konnte.
ECHO: Daß aus diesem mehr als 100jährigen Märchen von Mutter Bettina und Tochter Gisela von Arnim ein ganz und gar heutiges, herrlich witziges und zudem altersklassenloses Kino-Kunststückchen wurde, ist der heiteren Poetin Christa Kozik und dem stilsicheren Kamera-Regisseur Jürgen Brauer zu danken. Den beiden stand allerdings erstklassiges Personal zur Verfügung. (...) Dieser Film versetzte mich in solches Entzücken, daß ich schließlich sogar Sympathie für Grittas vierbeinige Freunde und Namensgeber empfand, die ansonsten jedem ordentlichen Kreuzwortrater als »schädliche Nagetiere« zutiefst verhaßt sind. (Renate Holland-Moritz, *Eulenspiegel* 15/1985)
... alle guten Zutaten des Märchens sind versammelt und dank des Geschicks der Autorinnen ins gute (heißt: wohldosierte) Verhältnis zueinander gebracht. Brauer folgt ihnen, gibt hinzu und formt aus: reiche optische Phantasie – bestens unterstützt von Szenographie-Zauberer Alfred Hirschmeier, der wunderschöne, versponnen-brüchige Dekorationen baute; eine sichere Besetzung, weitgehend nach Typ, aber er läßt seinen Darstellern viel Raum für Spielfreude und fordert sie auch. (Günter Agde, *Filmspiegel* 8/1985)
Der Film (...) will in erster Linie vergnüglich-ironisch unterhalten. Das hat Regisseur und Kameramann Jürgen Brauer erreicht, wobei dem jungen Publikum auch eine emanzipatorisch-weibliche Identifikationsfigur präsentiert wird: ein Antimodell zur höfischen – heute könnte man auch sagen – autoritären Erziehung. (Heinz Kersten, *Frankfurter Rundschau*, 2.9.1985)
NEBENBEI: Regisseur Jürgen Brauer und Hauptdarsteller Hermann Beyer setzten sich massiv für Nadja Klier als Trägerin der Titelrolle ein. Die DEFA-Leitung lehnte das Mädchen zunächst ab, da sie die Tochter der Bürgerrechtlerin und Bühnenregisseurin Freya Klier war.

GRUBE MORGENROT

RE: Wolfgang Schleif, Erich Freund, BU: Jo-achim Barckhausen, Alexander Graf Stenbock-Fermor, DR: Gerhard Born, KA: E. W. Fiedler, Alfred Westphal, MU: Wolfgang Zeller, BA: Franz F. Fürst, KO: Fleischer, SC: Hermann Ludwig, PL: Adolf Hannemann, m: 2413 = 88 min, s/w, PJ: 1947/48, PM: 9.7.1948, PM-Ort: Berlin, »Babylon«
DA: Claus Holm (Ernst Rothkegel), Hans Klering (Henschel), Albert Venohr (Wagner), Karl Hellmer (Buckel-Jakob), Hans Emons (Boxer), Charlotte Küter (seine Frau), Aribert Grimmer (Himmelsziege), Arno Paulsen (Gomolla), Lothar Firmans (Direktor Hoffmann), Gisela Trowe (Hertha Rothkegel), Lotte Loebinger, Fred Mahr, Gustav Wehrle, Maria Rouvel, Magdalena v. Nußbaum, Curt Trepte u. a.
INHALT: In der Zeit der großen Weltwirtschaftskrise soll die Grube »Morgenrot« wegen Unrentabilität geschlossen werden. Der junge Bergmann Ernst, gerade mit bestandenem Steigerexamen nach Hause gekommen, setzt sich an die Spitze des Widerstands der Kumpel. Im Einsatz der aus Sicherheitsgründen verbotenen Schrämmaschine sieht er die einzige Möglichkeit

der Kostensenkung. Als ein Unglück passiert, schiebt man die Schuld auf Ernst, doch die Arbeiter stellen sich hinter ihn. Nun greift die Grubenleitung zu einem raffinierten Mittel. Sie schenkt den Arbeitern die Grube – in dem Wissen, daß sie im harten Konkurrenzkampf nicht mithalten kann. Ernst sieht das voraus, doch die Kumpel verstehen ihn nicht. Nach siebzig Tagen müssen sie ihre Grube wegen Geldmangels schließen. – 1945 wird Ernst, von den Nazis ins KZ geworfen, zum Leiter des Bergwerks berufen.
ZUM FILM: Das Thema hatte Autor Joachim Barckhausen schon 1934 der Ufa angeboten, die ein Jahr nach der Machtübernahme der Nazis jedoch keine Stoffe mit anfangs noch erwünschten antikapitalistischen Tendenzen mehr produzieren wollte. Kurz nach Gründung der DEFA setzte sich Slatan Dudow sehr für diesen Stoff ein, mit dem Erich Freund und Wolfgang Schleif ihr Regiedebüt vorlegten. Der beachtliche Film, der erstmals in der DEFA-Geschichte ein Arbeiterthema zur Grundlage hatte, mußte sich auch Kritik gefallen lassen, weil er seinen Konflikt nicht in der Gegenwart angesiedelt hatte.
ECHO: Der oftmals tragische Ernst seiner menschlichen Schicksale, so schlicht und sauber sie gezeichnet sind und so wahr und eindringlich sie dargestellt werden, unterstreicht eher, als daß er sie verwischte, die falsche Linie des Ganzen. Arbeitslosigkeit und Hunger, Liebe ohne Zukunft und der Gasschlauch als der letzte Ausweg – das sind kaum die angemessenen Requisiten für einen Film, der mit seinen künstlerischen Möglichkeiten durchaus das Zeug dazu gehabt hätte, das Hohelied der Arbeit von heute zu werden. (Hugo Hermann, *Tägliche Rundschau*, 11.7.1948)
Die Wirkung des Films liegt zu einem nicht geringen Teil daran, wie diese Menschen im Dunkel von den Regisseuren Wolfgang Schleif und Erich Freund zum Leben gebracht werden. Es ist ein schleppendes, düsteres Leben. Der Kohlenstaub liegt nicht nur im Schacht und auf den Gesichtern, er drückt auf alles. Das wurde mit sehr einfachen Mitteln spürbar gemacht, ohne Überspitzungen, ohne gesuchte Bildeffekte. Die vorzüglichen Bergwerksaufnahmen bleiben im Gedächtnis haften; die Wiedergabe der Katastrophe hält den Vergleich mit den großartigen Aufnahmen des berühmten *San-Francisco*-Films aus. (Leo Menter, *Weltbühne* 29/1948)
Zweifellos herrscht didaktische Rhetorik und Pathetik vor, aber es ist das selbstverständliche Pathos an einer historischen Zäsur, es ist das Lehrstück vom großen Beginnen. Die »Geschichtsträchtigkeit« der historischen Episode erkannt und so erzählt zu haben, kann den Autoren respektvoll lobend versichert werden. (...) Eine rhythmisch akzentuierte Bildfolge erzählt den Einsatz der Schrämmaschine: beeindruckend sind Montagen der Katastrophe und der Rettungsaktion. Der Sinn für visuelle Effekte dominiert noch über der Statik mancher Agitations- und Argumentationsszene. (Fred Gehler, *Film und Fernsehen* 3/1984)
MEINUNG: 1946 besann sich der Film, einst stumm geboren, noch recht gut auf seine Kindheit. (...) Auch wir versuchten, mit den Mitteln des Stummfilms zu erzählen, in welcher Situation sich unsere Grube kurz nach Kriegsende befand. (Autor Joachim Barckhausen in *Der rote Graf*, 1973)
NEBENBEI: In dem Film wirkten viele Arbeiter der Gruben »Estav«/Zwickau und »Gottessegen«/Oelsnitz mit, wo große Teile der Dreharbeiten durchgeführt wurden. – Auf dem Filmfestival in Karlovy Vary erhielten die Autoren 1949 eine ehrende Anerkennung.

GRÜNE HOCHZEIT

RE: Herrmann Zschoche, SZ: Christa Kozik, DR: Gabriele Herzog, KA: Günter Jaeuthe, MU: Günther Fischer, SB: Paul Lehmann, KO: Rene le Doil, SC: Monika Schindler, PL: Hans-Erich Busch, GR: GR »Johannisthal«, m: 2770 = 101 min, fa, brw, PJ: 1988, PM: 26.5.1989, PM-Ort: Halle-Neustadt, »Prisma«
DA: Anja Kling (Susanne), Marc Lubosch (Robert), Heike Krone (Jeanine), Horst-Alexander Hardt (Paul), Ursula Werner (Susannes Mutter), Ute Lubosch, Achim Wolff (Roberts Eltern), Klaus Manchen (Meister), Klausjürgen Steinmann (Hausmeister), Heide Kipp (Standesbeamtin), Christel Bodenstein, Martin Seifert, Lotte Loebinger, Gerd Michael Henneberg, Margit Bendokat, Peter Brasch, Wilfried Pucher, Florian Martens, Christel Peters u. a.
INHALT: *Sieben Sommersprossen* einige Jahre später. Robert (18) und Susanne (17) lieben sich und heiraten, weil Susanne schwanger ist. Sie

Grüne Hochzeit

bekommen eine Ausbauwohnung – und Zwillinge, die sie Romeo und Julia nennen. Das Hochgefühl der jungen Liebenden hält den Schwierigkeiten des Alltags nicht lange stand. Robert arbeitet als Bauarbeiter bei Tag, nachts fährt er schwarz Taxi, um mehr Geld zu verdienen. Susanne hat den Haushalt und die Zwillinge. Wenn Robert müde nach Hause kommt, schreien die Kinder, Susanne läuft in Kittelschürze und Lockenwicklern herum, sitzt vor dem Fernseher. Sie ist wütend, daß er sich zu Hause um nichts kümmert, für die Liebe auch meist zu müde ist. Das Geld reicht nie, die Stimmung sinkt auf den Nullpunkt. Robert zieht aus, geht zu dem attraktiven Mannequin Jeanine. Susanne läßt den hilfreichen Kumpel Paul bei sich wohnen. Doch mit den neuen Partnern geht es auch nicht gut. Susanne unternimmt einen Selbstmordversuch, wird gerettet. Zwischen beiden ist immer noch Liebe – und somit Hoffnung auf einen neuen Anfang.
ZUM FILM: Wieder versuchte Herrmann Zschoche die Probleme junger Menschen in der Partnerschaft näher zu beleuchten. In der Entwicklung knüpfte er an das Verhältnis der jungen Leute in *Sieben Sommersprossen* an.
ECHO: Der Film schaut sich beinahe an wie das Leben selbst. Das zu bestehen, sagt man, ist eine Kunst, aber Kunst ist es nicht. Wie aus dem soziologischen Baukasten entwickelt Christa Kozik die Konfliktlinie (...). Ein Lehrstück von der Liebe. So längelt sich für mich die Geschichte doch sehr dahin. (Henryk Goldberg, *Filmspiegel* 13/1989)
Zum eigentlichen Sympathie-Träger avancierte eine uniformierte Alltags-Erscheinung. Auf umwerfend komische Weise verkörpert Jürgen Huth einen an seiner Machtvollkommenheit leidenden Ordnungshüter und erfüllt damit den in Polizeikreisen ziemlich ungewöhnlichen Tatbestand der Selbstironie. (Renate Holland-Moritz, *Eulenspiegel* 27/1989)
Der Film pendelt zwischen Realismus und Kintopp. Einmal die psychologisch genaue Beobachtung von frischer Verliebtheit bis zu aggressiven Reaktionen auf desillusionierenden alltäglichen Frust, zum anderen die weiße Hochzeitskutsche, das Ständchen unterm Neubaubalkon der nächsten Angebeteten, die auch noch Mannequin ist (...). Öfters werden Assoziationen an Heiner Carows → *Bis daß der Tod euch scheidet* hervorgerufen. Da wurden die Konflikte einer zu früh geschlossenen Ehe freilich härter und kompromißloser, provokant vor Augen geführt. (Heinz Kersten, *Tagesspiegel*, 25.6.1989)
NEBENBEI: Marc Lubosch, in → *Stiehlke, Heinz, 15 Jahre* noch fast kindlich, spielt hier als junger Mann die Hauptrolle. Seine Mutter ist auch die Mutter im Film. Marc Lubosch blieb im Metier, wenn auch nicht als Schauspieler. Er hat an der HFF Babelsberg ein Kamerastudium abgeschlossen. – Anja Klings große Schwester Gerit, seit zwei Jahren bereits eine bekannte Schauspielerin, spielt in Anjas Debütfilm die kleine Rolle der Karin.

DAS GRÜNE UNGEHEUER
(2 Teile; DFF-Auftragsproduktion)
RE: Rudi Kurz, BU: Paul Herbert Freyer, Rudi Kurz, LV: Roman »Der grüne Papst« von Wolfgang Schreyer, DR: Werner Fehling, KA: Hartwig Strobel, MU: Wolfgang Hohensee, SB: Ernst-Rudolf Pech, KO: Elli-Charlotte Löffler, SC: Thea Richter, PL: Willi Teichmann, P: DFF, m: 10541 (TV), 4830 = 160 min (Kino, Teil 1), 3960 = 147 min, SD: 16.-23.12.1961 (5 Teile), AD: 26.4.1963 (Teil 1), 3.5.1963 (Teil 2)

DA: Jürgen Frohriep (Morena), Kati Székely (Chabelita, Erik S. Klein (Steve), Werner Dissel (Dr. Guerra), Wolfgang Brunecker (Mr. Brandon, Gerd Biewer (Gusano), Wilhelm Koch-Hooge (Frantisek, der Tschechoslowake), Ivan Malré (Fuentes), Eva-Maria Hagen (Joan), Fred Düren (Larbas), Gerd Ehlers (Mendoza), Joachim Tomaschewsky (Reyes), O. E. Stübler (Hardenberg), Carlo Schmidt (Camillo), Günter Sonnenberg (Deutscher), Gerhard Rachold, Willi Neuenhahn, Lin Jaldati, Wolfgang Greese, Paul Berndt u.a.

INHALT: Antonio Morena, ein junger deutscher Pilot, gerät 1954 während des guatemaltekischen »Bananenkrieges« in eine Gangsterarmee, die mit Unterstützung der United Fruit Company Guatemala überfällt und die Errungenschaften des Landes zunichte machen will. Nachdem der Deutsche mit Hilfe des Journalisten Dr. Guerra die verbrecherische Politik seines Auftraggebers erkannt hat, entschließt er sich zur Flucht. – In Guatemala haben inzwischen reaktionäre Kräfte die Oberhand gewonnen. Trotzdem gelingt es ihm, Chabelita Guerra zu befreien und nach Kuba zu entkommen. (f.b.h.)

ZUM FILM: Der erste Abenteuer-Mehrteiler von Rudi Kurz war inszenatorisch unausgewogen, bot aber spannende Unterhaltung, auch mit reißerischen Effekten. Dabei wurde freilich die Personenzeichnung vernachlässigt. – Die fünfteilige Fernsehfassung hätte für die zwei Kino-Teile stärker gekürzt werden müssen.

ECHO: Bewußt konzentrieren sie (die Autoren, f.b.h.) die Handlung auf den recht zweifelhaften Helden Morena, dessen große und kleine Abenteuer und seine Zuneigung zu dem Mädchen Chabelita. Die gesellschaftlichen Umstände, aus denen die Geschichte Morenas und sein schließlicher Wandel vom ewigen Landsknecht zum bewußt denkenden Menschen wachsen, sind jedoch so oberflächlich gezeichnet, daß die verbrecherische Aktion gegen Guatemala wie ein Operettenkrieg wirkt. (G.A., *Neuer Weg*, 29.4.1963)

NEBENBEI: Káti Székely und Jürgen Frohriep waren bis zu Frohrieps Tod 1995 miteinander verheiratet. – Lin Jaldati, hier in der Rolle einer Funktionärin, war eine international anerkannte Interpretin jiddischer Lieder.

DIE GRÜNSTEIN-VARIANTE

(Auftragsfilm, BRD)

RE: Bernhard Wicki, BU: Bernhard Wicki, Wolfgang Kohlhaase, LV: Gleichnamiges Hörspiel von

Wolfgang Kohlhaase, KA: Edward Klosinski, MU: Günther Fischer, SB: Alfred Hirschmeier, SC: Tanja Schmidbauer, Gudrun Kieckheim, PL: Lilo Pleimes, Giselher Venzke, P: Allianz-Filmproduktion, Berlin-West, m: 2864 = 102 min, PJ: 1983/84, AD: 18.4.1985 (BRD), 1.11.1985 (DDR)

DA: Fred Düren (Grünstein), Klaus Schwarzkopf (Grieche), Jörg Gudzuhn (Lodeck), Rolf Ludwig (Garstecki), Rolf Hoppe (Gefängnisdirektor), Arno Wyzniewski (Kaminski), Willi Schrade, Hubert Gleissner (2 Wächter), Till Kretzschmar (Junger Mann) u.a.

INHALT: In einem Pariser Gefängnis kommen sich im Sommer 1939 drei Gefangene unterschiedlicher Herkunft – ein Seemann, ein Jude und ein Grieche – durch Gespräche, Interaktionen und ein selbstgefertigtes Schachspiel näher. Jahre später versucht einer der Inhaftierten vergeblich, sich an einen von seinem jüdischen Mithäftling erfundenen genialen Schachzug zu erinnern. (*Lexikon des Internationalen Films*)

ZUM FILM: Eine atmosphärisch dichte, spannende und humorvolle Parabel über die Macht des Vergessens, praktizierte Solidarität unter Extrembedingungen und die Suche nach Lebenssinn; ausgezeichnet gespielt, mit hervorragender Kameraarbeit und intelligent-prägnanten Dialogen. (*Lexikon des Internationalen Films*) – Der renommierte bundesdeutsche Regisseur Bernhard Wicki inszenierte bei der DEFA auch den deutsch-deutschen Fernsehfilm *Sansibar.*

ECHO: Erstaunlich erst einmal das: Wicki behält den Charakter des Hörspiels (das er »aufregend gut« fand) bei, trachtet nicht nach filmischen Finessen, optischen Glanzlichtern. Er bekennt sich zum Kammerspiel, zum Dialog – und bietet doch *Film.* Die Kamera findet in der geräumigen Zelle immer wieder neue Standorte und Blickwinkel, tastet immer wieder und vor allem das menschliche Angesicht ab, forscht, beobachtet, liest in ihm und entdeckt dabei Geschicke, Biographien, Sichten, die anrühren, aufrütteln. (Hans-Dieter Tok, *Leipziger Volkszeitung*, 9./10.11.1985)

Plakativer Optimismus, blinde Hoffnungsgläubigkeit ist dem Film fremd, aber auch eine fatalistische Endzeit-Stimmung. Weder ein Nekrolog auf die resignierende menschliche Kreatur noch ein hymnisches Hohelied. Trauer um die vielen Grünsteins, um die mit ihnen dahingeschwundenen »Varianten« des Lebens und der Kunst. Ein melancholisches Nachsinnen und Erinnern, aber auch ein Aufblitzen vitaler Energien, ein Spaß an Sarkasmen. Ironisches Reflektieren von Grundtorheiten und persönlichen Narreteien. (Fred Gehler, *Sonntag* 49/1985)

Im Zentrum steht bei Wicki der Schauspieler. Aber er kann diese Schauspieler auch in einen Raum stellen, der von DEFA-Szenenbildner Alfred Hirschmeier entworfen wurde. Und in diesem Raum entdeckt der Apparat des Wajda-Kameramannes Edward Klosinski jedes Detail, wird aus Licht und Schatten eine dichte Atmosphäre gestaltet. (...) Ein Kunstwerk wie aus einem Guß, ohne Längen, ohne Kunststückchen. Ein großer Film. Wo gibt es heute noch großes, bewegendes Kino? In diesem Film von Bernhard Wicki. (Michael Hanisch, *Filmspiegel* 25/1985)

NEBENBEI: Der Film erhielt 1986 den DDR-Kritikerpreis »Große Klappe«.

GUTEN TAG, LIEBER TAG

RE: Gerhard Klingenberg, BU: Günter Kunert, Gerhard Klingenberg, DR: Anne Pfeuffer, KA: Horst E. Brandt, MU: Peter Fischer, Wolfgang Pietsch, BA: Gerhard Helwig, KO: Rosemarie

Wandelt, SC: Friedel Welsandt, PL: Erich Albrecht, GR: Gruppe »Berlin«, m: 2450 = 90 min, s/w, AT: Trompete gesucht, PJ: 1960/61), PM: 2.11.1961, PM-Ort: Berlin, »Babylon«

DA: Rudolf Wessely (Strebel), Margret Homeyer (Jutta Fröhlich), Hedi Marek (Tina), Manfred Krug (Peter), Peter Festersen (Hajo), Hans-Edgar Stecher (Knoby), Horst Buder (Krümel), Eckart Friedrichson (Benno), Annekathrin Bürger (Lollo), Ellinor Vogel (Tante Olly), Walter Jupé, Herbert Köfer, Willi Narloch, Trude Bechmann, Gert Andrae u. a.

INHALT: Die Lehrlinge eines Betriebes interessieren sich mehr für flotte Rhythmen als für ihre Arbeit, sehr zum Unmut des Ingenieurs Strebel. Als sogar das Fernsehen mit dem flotten Sextett der Jungen einen öffentlichen Auftritt plant, ist Strebel außer sich. Die Jugendgruppen-Sekretärin Jutta, die dem verklemmten Strebel sehr zugetan ist, ringt ihm ein Abkommen ab: bessere Zensuren, dann Fernsehauftritt. Und plötzlich entpuppt sich auch Strebel als Musik-Enthusiast, kramt seine alte Trompete hervor und findet sich unversehens als Solist der Gruppe wieder.

ZUM FILM: Da die DEFA-Leitung mit der Unverbindlichkeit seines Lustspiels → *Meine Frau macht Musik* unzufrieden ist, entzieht sie Hans Heinrich die Regie dieses Films und überträgt sie dem Österreicher Gerhard Klingenberg (dem späteren Wiener Burgtheater-Intendanten). Der dünnblütige Stoff wird durch herrliche Komödianten wie Rudolf Wessely und Manfred Krug zu einem passablen Spaß.

ECHO: Selbst ein trainiertes Gedächtnis versagt leicht den Dienst. Wo man sich der Vorzüge des Streifens erinnern will, kommt man immer nur auf Bruchstücke und Einzelheiten. Denn dem Film fehlt nicht mehr und nicht weniger als eine handfeste Geschichte, die beispielsweise einem Daheimgebliebenen zu erzählen wäre. Es ist eigentlich nichts passiert, was der Rede wert wäre – im großen und ganzen jedenfalls ... (Rudi Strahl, *Filmspiegel* 23/1961)

Dieses dürftige Ideen-Mahl wird jedoch angereichert durch einen ganzen Sack voll Gags, wovon die meisten alt, aber nichtsdestoweniger zum Lachen sind. (...) Hinter einem heiteren Musikfilmchen wird niemand große Kunst aufspüren wollen. Doch ein bißchen gehaltvoller darfs schon sein, besonders wenn ein Autor wie Günter Kunert am Werk ist. (Renate Holland-Moritz, *Eulenspiegel*, 1. Dezember-Ausgabe 1961)

NEBENBEI: Kurz bevor Manfred Krug mit → *Auf der Sonnenseite* Star-Status erlangte, spielte er in diesem Lustspiel vor ähnlichem Hintergrund und steuerte bereits zwei eigene Lieder bei. – Die damals als Fernsehansagerin populäre Margot Ebert trat als sie selbst auf.

H

HÄNDE HOCH – ODER ICH SCHIESSE
→ Anhang B

DER HAIFISCHFÜTTERER
RE: Erwin Stranka, SZ: Erwin Stranka, DR: Andreas Scheinert, KA: Otto Hanisch, MU: Karl-Ernst Sasse, SB: Heinz Röske, KO: Elke Hersmann, SC: Christa Helwig, PL: Volkmar Leweck, GR: GR »Johannisthal«, m: 2475 = 91 min, fa, brw, PJ: 1984/85, PM: 17.9.1985, PM-Ort: Frankfurt/ Oder, »Filmtheater der Jugend«

DA: Andreas Herrmann (Stefan), Udo Kroschwald (Danny), Gabriele Naumann (Maria), Kathrin Funke (Doreen), Ulrike Kunze(-Mai), (Julia), Sabine Unger (Ulrike), Bettina Sonntag (Blondi), Ernst-Georg Schwill (Egon), Carl Heinz Choynski (Werni), Walfriede Schmitt (Stefans Mutter), Horst Rehberg, Trude Brentina, Ilse Voigt, Steffie Spira, Jaecki Schwarz u.a.

INHALT: Zehn Tage bleiben dem Möbelfahrer Stefan noch, bis er zur Armee einrücken muß, und er will sie nutzen, um einen Schatten zu werfen, der »breiter ist als er selbst«. Stefan gibt nicht nur groß in der Disco an, er greift auch überall ein, wo ihm Unredlichkeit oder Ungerechtigkeit begegnen. Außerdem nimmt er die Mädchen genau unter die Lupe, will sich vor der Abfahrt noch für eins entscheiden. Seine bisherige Freundin Julia, die sich schrecklich ziert, wird es nicht, auch Doreen nicht, deren unsaubere Geschäfte ihm mißfallen. Die schöne Blondi ist ihm zu dumm, Ulrike lehnt jede dauerhafte Bindung ab. Da lernt Stefan die gehörlose Maria kennen, setzt sich für sie ein und empfindet starke Zuneigung. Als Stefan in den Zug steigt, steht Maria auf dem Bahnhof, zeigt sich ihm aber nicht. Über ihre Lippen kommt sein Name.

ZUM FILM: In seinem neuen Gegenwartsfilm ging Erwin Stranka ernsthaften Problemstellungen aus dem Weg und erregte außer bei Kritikern bei niemandem Anstoß.

ECHO: ... ersann der Meister des Klischees Erwin Stranka (Buch und Regie) drei Retorten-Babys: das spießige Blümchen Rührmichnichtan, die flittchenhafte, weil vernachlässigte Ehefrau und den sogenannten kaputten Typ mit Werkhof-Vergangenheit (→ *Sabine Wulff* läßt grüßen). Weitere Episodenfiguren sind so oberflächlich und vordergründig konzipiert, daß sie und ihre konstruierten Verhaltenssituationen immer wieder in blanke Trivialität, wenn nicht Vulgarität abrutschen. (Renate Holland-Moritz, *Eulenspiegel* 43/1985)

Autor-Regisseur Erwin Stranka wollte es offensichtlich jedem recht machen: den jungen Leuten, die 80 Prozent der Kinobesucher in der DDR stellen, und den älteren Leuten, die bestimmen, was auf die Leinwand kommt. Für die einen, die ihren Obulus von immer noch nicht mehr als durchschnittlich 20 Groschen an der Kasse entrichten, hält der Film ein paar lockere Sprüche, ein bißchen Sex und Spaß bereit, für die anderen, die, wenn auch nicht selbst, die Produktion bezahlen, gibt's etwas pädagogisch Positives und ein bißchen Wehrkraftstärkendes. (Heinz Kersten, *Tagesspiegel*, 27.10.1985)

Für drei Jahre hat dieser Stefan sich verpflichtet. Dieses Übersoll an Wehrbereitschaft verteidigt er ausgiebig in den geführten Dialogen. Und wo die Argumente nicht reichen, kommt im rechten Augenblick die Meldung aus dem Radio von der Stationierung der Pershing-Raketen in Mutlangen. Pädagogisch wertvoll ist ebenso sein Verhältnis zur Arbeit. Unzählige Meter sind darauf verwendet zu zeigen, wie er zupacken kann, im Kollegenkreis produktive Denkanstöße verteilt, mit Kumpel Danny das Abenteuer Arbeit teilt. (Peter Glaß, *Kino ist mehr als Film*, 1999)

NEBENBEI: Erwin Stranka entdeckte für diesen Film nicht nur den Schauspieler Andreas Herrmann in Karl-Marx-Stadt, sondern auch zwei Amateurinnen, die Physiotherapeutin Kathrin Funke und die Pädagogikstudentin Gabriele Naumann.

HÄLFTE DES LEBENS

RE: Herrmann Zschoche, SZ: Christa Kozik, DR: Gabriele Herzog, KA: Günter Jaeuthe, MU: Georg Katzer, SB: Dieter Adam, KO: Anne Hoffmann, SC: Monika Schindler, PL: Herbert Ehler, GR: GR »Johannisthal«, m: 2671 = 98 min, fa, PJ: 1984, PM: 18.4.1985, PM-Ort: Berlin, »International«
DA: Ulrich Mühe (Friedrich Hölderlin), Jenny Gröllmann (Susette Gontard), Swetlana Schönfeld (Marie Rätzer), Michael Gwisdek (Jakob Gontard), Peter-Mario Grau (Isaac von Sinclair), Christine Gloger (Hölderlins Mutter), Simone Frost (Seine Schwester), Christine Harbort (Haushälterin Wilhelmine), Reimar Joh. Baur (Dr. Ebel), Rolf Hoppe (Wilhelm Heinse), Matthias Günther, Hilmar Baumann, Peter Bause, Trude Brentina, Gerd Michael Henneberg u. a.

INHALT: Zehn Jahre aus dem Leben Friedrich Hölderlins, von 1796 bis 1806. Der junge, geniale Dichter tritt in das Haus des Frankfurter Bankiers Gontard ein, um als Hauslehrer seinen Lebensunterhalt zu verdienen. Er unterrichtet dessen vier Kinder und verliebt sich leidenschaftlich in Gontards Frau Susette, die seine Zuneigung erwidert. Doch es ist eine hoffnungslose Liebe, die nur eine kurze Zeit Erfüllung findet. Gontard weist Hölderlin aus dem Haus. Nach der Trennung sind beide gebrochene Menschen. Susette verweigert sich dem Leben, kränkelt und stirbt 1802, dreiunddreißigjährig. Ihr Tod stürzt Hölderlin in tiefe Depressionen, von denen er sich nie wieder erholt. 1806 wird er in eine Tübinger Nervenklinik eingewiesen.

ZUM FILM: Christa Kozik und Herrmann Zschoche schufen einen emotionalen Film für das breite Publikum, der vor allem durch die Interpretation der beiden Hauptrollen überzeugte. Für Ulrich Mühe war es der Durchbruch als Filmdarsteller.

ECHO: Daß in dem DEFA-Film *Hälfte des Lebens* ein realistisches Hölderlin-Bild vermittelt werden soll, versteht sich von selbst. Daß dies einer soliden wissenschaftlichen Grundlage bedarf, ist ebenso selbstverständlich. Die Szenaristin Christa Kozik folgt weitgehend Bertaux, wenn sie das Verhältnis zwischen dem Dichter und Susette als eine auch sinnlich-erotische Liebesbeziehung zeichnet und es auch zum physischen Liebesvollzug kommen läßt. Und es fällt weiterhin auf, wie oft in den Dialogen des Films aus den Dichtungen Hölderlins und aus seinen

und Susettes Briefen zitiert wird, in übrigens geglückter Verwandlung dieser Zitate in wörtliche Rede, und wie genau einzelne Situationen den Zeugnissen von Zeitgenossen nachgezeichnet sind. (Helmut Ullrich, *Film und Fernsehen* 6/1985)
Natürlich war so hoher Anspruch nur einzulösen in Gemeinschaft gleich guter Verbündeter. Da wären zu nennen Dieter Adam (Szenenbild) und Anne Hoffmann (Kostüme), die dem historischen Zeitabschnitt treu blieben, ohne sich der sattsam bekannten, hinlänglich langweilenden Klischees üblicher Historienfilme zu bedienen. Die also die romantische Epoche dergestalt nachempfanden, daß sie von Kameramann Günter Jaeuthe auf erlesene Weise ins Bild gesetzt werden konnte. Bereichert durch die stimmungsvolle, effektsicher eingesetzte Musik Georg Katzers und die dramaturgisch pointierte Schnittechnik Monika Schindlers wurde ein Höchstmaß an oft geforderter und so selten stattfindender Kinowirksamkeit erzielt. (Renate Holland-Moritz, *Eulenspiegel* 22/1985)
NEBENBEI: Der Film entstand in Schlössern und Gärten zu Berlin, Potsdam, Rudolstadt, Weimar und Wörlitz-Oranienbaum. – Auf dem Nationalen Spielfilmfestival 1986 erhielt der Film den »Großen Steiger« für den publikumswirksamsten Film, ferner den DDR-Kritikerpreis 1986. Ulrich Mühe wurde von den Kritikern als bester männlicher Darsteller geehrt. – In der Neuverfilmung von Motiven aus Hölderlins Leben unter dem Titel *Feuerreiter* spielte Ulrich Mühe 1998 den Jakob Gontard.

HAMIDA

(Co-Produktion DDR/Tunesien, Kinderfilm)
RE: Jean Michaud-Mailland, BU: J. L. Bost, Khaled Abdul Wahab, LV: Novelle »Pas de cheval pour Hamida« von Gabrielle Estivals, DR: Walter Janka, KA: Otto Hanisch, MU: Karl-Ernst Sasse, SB: Hatem ben Milad, KO: Annik Michaud, SC: Helga Emmrich, PL: Alexander Lösche, Noureddine Mechri, GR: KAG »Babelsberg 65«, CO: Satpec, Tunis, Tunes. Titel: H' mida, m: 2125 = 78 min, s/w, AT: Kein Pferd für Hamida, PJ: 1965, AD: 28.1.1966
DA: Jean Davy (Der Chef, Großvater Renauds), Christine Laszar (Helene, Renauds Mutter), Amor Aouini (Hamida), Francis Lefebvre (Renaud), Abdellatif B. Eljia (Salah) u. a. sowie die Arbeiter des Staatsgutes Saf-Saf
INHALT: Eine Farm in Tunesien, 1950, zur Zeit der französischen Kolonialherrschaft. Die Kinder Renaud, Enkel des französischen Farmbesitzers, und Hamida, der sein Leben als Hirte fristet, sind Freunde. Eines Tages stürzt der elfjährige elternlose Hamida bei der Suche nach einem Schaf in den Fluß. Renaud, der den Verlust des Schafes versehentlich verschuldet hatte, rettet ihn, doch Hamida erkrankt lebensgefährlich an einer Lungenentzündung. Der Farmeigentümer lehnt die flehentlichen Bitten seines Enkels ab, einen Arzt zu holen. Für einen arabischen »Sklaven« gibt er kein Geld aus. Hamida stirbt. Seine Beerdigung wird zu einer Demonstration aller Landarbeiter gegen den französischen Unterdrücker.
ZUM FILM: Der Kinderfilm, der einfühlsam eine Geschichte vom Krieg erzählt, war nach längerer Zeit wieder eine Co-Produktion mit einem nichtsozialistischen Land. Der französische Regisseur lieferte mit seinem Erstling einen überzeugenden Talentbeweis.
ECHO: Das alles ist sehr dezent erzählt. Regisseur Michaud-Mailland (...) hat in Zusammenarbeit mit dem Kameramann Otto Hanisch einen sehr zurückhaltenden, sehr novellistischen Erzählstil gefunden, der sich ganz an die französische Filmschule anlehnt. Man könnte sich glücklich schätzen, wenn mancher DEFA-Film mit so viel Gefühl für den richtigen Bildrhythmus, für knapp gehaltene Szenen und psychologisch weit ausmalende Details inszeniert wäre. (Günter Sobe, *Berliner Zeitung*, 2.2.1966)
NEBENBEI: Christine Laszar, die Darstellerin der Helene, wurde Ende der fünfziger Jahre in München für die DEFA entdeckt und war in den sechziger Jahren eine der führenden Schauspielerinnen bei Film und Fernsehen, u.a. auch in polnischen und jugoslawischen Produktionen.

EINE HANDVOLL HOFFNUNG

RE: Frank Vogel – SZ: Günter Karl – DR: Thea Richter – KA: Otto Hanisch – MU: Günther Fischer – SB: Hans Poppe – KO: Christiane Dorst – SC: Evelyn Carow – PL: Fritz Brix – GR: GR »Roter Kreis« – m: 2127 = 78 min – fa – brw – PM: 12.1.1978 – AT: Berlin, O 116, PJ: 1976/77, PM-Ort: Berlin, »International«

DA: Simone von Zglinicki (Anneliese Weyher) – Katja Paryla (Martha Menzel) – Dieter Franke (Albert Neuenfeld) – Peter Reusse (Dieter Wollnick) – Detlef Gieß (Manfred Lebus) – Peter Prager (Kurt Danneberg), Michael Gerber (Jürgen Niewisch), Helga Göring (Edith Radecke), Walter Lendrich (Erich Radecke), Carl Heinz Choynski (Heide), Christoph Engel, Peter Kalisch, Anneliese Matschulat, Jörg Panknin, Carola Braunbock u. a.

INHALT: Berlin 1948/49. Die Telefonistin Anneliese Weyher, Anfang zwanzig, hat im Krieg ihre Eltern verloren und lebt bei der Tante. Sie ist innerlich zerstört, geht mechanisch ihrer Arbeit nach, hat ein Verhältnis mit einem Schieber. Auch als sie Zeugin eines Verbrechens von Dieter Wollnick wird. Der ist Chef einer Bande Krimineller, die von Raubüberfällen lebt, und wird von Kommissar Neuenfeld gesucht, dem Freund ihrer Tante. Unverhofft trifft sie ihre erste Liebe wieder, den Uhrmacher Kurt Danneberg. Sie hofft, mit ihm ein bißchen Glück zu finden. Doch bei einem Überfall wird Kurt von Wollnick erschossen. Wollnick wird gestellt und Anneliese erkennt, daß sie durch ihr Schweigen mitschuldig wurde am Tod Kurts. Sie unternimmt einen Selbstmordversuch.

ZUM FILM: Der Film orientierte sich an dem tatsächlichen Fall der Gladow-Bande in der unmittelbaren Nachkriegszeit, benutzte von der Originalstory jedoch nur Motive. Wegen der eher konfusen Geschichte und mangelnden Zeitkolorits erhielt der Film zahlreiche Verrisse.

ECHO: Wenn man die Möglichkeiten, die in der historischen Gladow-Figur steckten, nicht nutzen wollte oder konnte, mußte man die Hände von einem solchen Stoff lassen: die Wirklichkeit läßt sich in der Kunst nicht auf Küchensprüche heruntermetrieren. Die zerstörte Liebe des Mädchens berührt nicht, weil Erotik, Sinnlichkeit, Lebensgier und vitale Träume nicht stattfinden, sondern alles mehr nach einer Katechismus-Moral vorgeführt und vorgewertet wird; hinter dem versöhnlichen Schluß mit dem treuen Eisenbahner mit Kind kann, wer will, schon die ersten sonnenüberglänzten Neubauten ahnen. (Peter Ahrens, *Weltbühne* 7/1978)

Wie er (Frank Vogel, f.b.h.) jedoch die Karlsche Schauermär ins Bild setzte, spottet jeder Beschreibung. Das beginnt schon mit der Milieuzeichnung, die nicht im entferntesten an das Berlin des Jahres 1948 erinnert. Anstelle einer das Zeitkolorit unterstreichenden Musik muß man sich, wie neuerdings in fast jedem DEFA-Film, etwas von Günther Fischer beaten lassen. (...) *Eine Handvoll Hoffnung*? Treffender hieße der Film »Die vollkommene Trostlosigkeit«. (Renate Holland-Moritz, *Eulenspiegel* 7/1978)

NEBENBEI: Katja Paryla, die Darstellerin der Martha, war die Tochter des österreichischen Schauspielers Emil Stöhr (→ *Robert Mayer, der Arzt aus Heilbronn*).

EINE HANDVOLL NOTEN

RE: Otto Schneidereit, Helmut Spieß, BU: Otto Schneidereit, DR: Lieselotte Bortfeldt, KA: Otto Hanisch, MU: Martin Hattwig, BA: Oskar Pietsch, KO: Dorit Gründel, SC: Anneliese Hinze-Sokolow, PL: Werner Dau, m: 2192 = 80 min, fa, Tovi / 4-Kmgt, no / lto, AT: Der glücklichste Mensch, PJ: 1961, PM: 25.12.1961, PM-Ort: Berlin, »Filmtheater am Friedrichshain«

DA: Günther Simon (Paul Steinmetz), Ingeborg Dirgardt (Hannchen Hasemann), Stefan Lisewski (Andreas Blume), Angela Brunner (Gerti Oswald), Albert Garbe (Vater Blume), Erika Dunkelmann

(Mutter Blume), Rudolf Ulrich (Herbert Stracke), Werner Lierck (Trompetenkarl), Heinz Quermann (Herr Strampel), Agnes Kraus (Frau Ziebarth), Axel Dietrich, Gerd Michael Henneberg, Walter Lendrich, Hans Klering, Peter Dommisch u. a. GE: Fred Frohberg, die Colibris u.a.

INHALT: Bäckergeselle Andreas Blume ist ein begeisterter Trompeter und möchte gern Musik studieren. Sein Vater und Meister aber ist dagegen. So bleibt Andreas auch nicht länger in der kleinstädtischen Bäckerei des Vaters, sondern geht nach Berlin zu Freund Paul in eine Großbäckerei. Und wie es sich trifft, fehlt der Kapelle des Betriebes gerade ein Trompeter. Andreas steigt ein, wird sogleich Kapellenleiter. Sein plötzlicher Ruhm kommt auch dem Vater zu Ohren. Nachdem Paul und Andreas ihre Liebesverwicklungen mit der Sekretärin Gerti und der Verkäuferin Hannchen geklärt haben, steht alles zum besten, und Andreas' Vater setzt sich nun sogar für das Musikstudium seines Sohnes ein.

ZUM FILM: Ursprünglich hatte Helmut Spieß die Regie des Films, die ihm jedoch während der Dreharbeiten aus unbekannten Gründen entzogen wurde. Der vielseitige Autor Otto Schneidereit, u.a. Schauspieler und erfolgreicher Librettist, bekam damit die Gelegenheit seinen eigenen heiteren Stoff zu verfilmen, ohne damit allerdings einen überdurchschnittlichen Musikfilm zu schaffen.

ECHO: Sprach man früher von der Traumfabrik, so kommt dieser Film aus der Traumbrotfabrik. Es singt und klingt und blitzt und blinkt in dieser Großbäckerei, aber künstlerisch, würde mein Freund Creutz sagen, werden nur kleine Brötchen gebacken. (...) Dabei will ich nicht leugnen, daß namhafte Darsteller sich alle Mühe geben, den genormten Operettenrollen kleine und manchmal winzige psychologische Glanzlichter aufzusetzen. (Carl Andrießen, *Weltbühne* 5/1962)

Die Hauptrolle übertrug der Genius Schneidereit einer Operettendiva namens Ingeborg Dirgardt, die ihrem stereotypen Lächeln zufolge in den Chlorodont-Werken debütiert haben muß. Ferner gelang es Schneidereit, die Herren Günther Simon und Stefan Lisewski in Trance zu versetzen und sie für zwei weitere unspielbare Hauptrollen zu gewinnen. Am Tage der Premiere war die Hypnose vermutlich nicht mehr wirksam, weshalb sich Simon und Lisewski dem ergriffenen Publikum lieber nicht zeigten. (Renate Holland-Moritz, 1961, zit. nach *Die Eule im Kino*)

NEBENBEI: Der von Funk und Fernsehen beliebte Conférencier Heinz Quermann ist hier in einer seiner wenigen Filmrollen zu sehen. Ilse Kuklinski, die die Milchverkäuferin spielt, trat nach ihrer Heirat mit Albert Garbe unter dem Namen Kuki Garbe auf.

HANS RÖCKLE UND DER TEUFEL

(Kinderfilm)

RE: Hans Kratzert, SZ: Gudrun Deubener, LV: Märchen »Meister Hans Röckle und Mister Flammfuß« von Ilse und Vilmos Korn, DR: Klaus Richter de Vroe, KA: Wolfgang Braumann, MU: Günther Fischer, SB: Klaus Winter, KO: Barbara Braumann, SC: Bärbel Weigel, PL: Wolfgang Rennebarth, GR: AG »Berlin«, m: 2130 = 78 min, fa, brw, PJ: 1973/74, PM: 8.7.1974, PM-Ort: Schwerin, Zentrales Pionierlager

DA: Rolf Hoppe (Meister Hans Röckle), Peter Aust (Flammfuß), Simone von Zglinicki (Luisa), Matthias Günther (Jacob), Christa Lehmann (Ellermutter), Herbert Köfer (Reichenbach), Regina

Beyer (Base Margret), Helmut Schreiber (Baron), Joe Schorn (Zacharias), Theresia Wider (Resolute Frau), Pedro Hebenstreit, Klaus Ebeling, Peter Heiland, Viet-Peter Treuholz, Janus Rehor u. a.
INHALT: Dem Puppenspieler und erfindungsreichen Mechanikus Röckle erscheint eines Tages der Teufel Flammfuß und bietet ihm einen Pakt an. Röckle erhält Zauberkraft, verfällt aber dem Teufel, wenn er in sieben mal sieben Stunden nichts Neues schafft. Röckle nutzt den Zauber, um den Menschen zu helfen. Für die Näherin Luise schafft er eine Nadel, die selber näht, und für Jacob eine Flöte, mit der er den Bauern Regen bringen kann. Der Teufel holt sich die wunderbaren Dinge, muß sie aber zurückgeben, weil er sie nicht beherrscht. Zum Segen der Menschen jedoch können sie auch nicht verwendet werden, denn der Manufakturbesitzer setzt den Lohn für die Näherinnen herunter, und der Grundbesitzer verlangt die Flöte, um nur seine Felder zu beregnen. Da erfindet Röckle ein Fernrohr, mit dem man in die Zukunft sehen kann, und dorthin bringt er seine Wunderdinge.
ZUM FILM: Genau genommen ist diese Märchenadaption die erste Verfilmung eines Werkes von Karl Marx, der sich die Geschichte ausdachte, die Ilse und Vilmos Korn schließlich zu einem Buch formten. Die Ausstattung und die Komödianten sind herrlich, allerdings gerieten Inszenierung und Montage sehr betulich. Zur Attraktion trug jedoch entscheidend bei, daß sich die DEFA-Trickabteilung nicht schonte.
ECHO: Kratzert inszenierte mit pädagogischem Einfühlungsvermögen. So wirkt die in die Zukunft weisende Aussage, daß das Gute einmal das Böse besiegen wird, nicht vordergründig. (a.K., *Mitteldeutsche Neueste Nachrichten*, 16.7.1974)
Kratzert bietet eine Fülle poetischer Szenen (...) und ein Arsenal filmischer Tricks, wie man sie wohl seit dem → *Kalten Herzen* und dem → *Kleinen Muck* nicht mehr in dieser verblüffenden Originalität sah (so, wenn die Zaubernadel am Werke ist oder wenn die Hölle überschwemmt wird). Zudem ist der Film glanzvoll besetzt. (Hans-Dieter Tok, *Wochenpost* 30/1974)
Doch ebenso wie sein Kollege Dziuba neigt Regisseur Hans Kratzert zu einer angestrengten Betulichkeit, die minderjährige Zuschauer (und nicht nur diese) einfach langweilt. Wenn Hans Röckle in seinem riesigen Arbeitsraum lange Gänge unternimmt, vielsagende Blicke versendet, Papier entrollt, Vorhänge schließt, Schranktüren öffnet und schließlich, nach minutenlangem Treiben, nichts weiter als ein Fernrohr auf den Tisch legt, sind die Kinder längst wieder mit Bonbonverteilung, kleinen Prügeleien und anderen zwischenmenschlichen Problemen beschäftigt. (Renate Holland-Moritz, *Eulenspiegel* 35/1974)
NEBENBEI: Christa Lehmann, die die Ellermutter zu einer köstlichen Studie machte, war von 1947 an für fast fünf Jahrzehnte eine der wichtigsten Protagonistinnen des Deutschen Nationaltheaters Weimar und trat auch als Regisseurin und Schauspielpädagogin hervor.

HART AM WIND

RE: Heinz Thiel, SZ: Margot Beichler, DR: Willi Brückner, KA: Erwin Anders, Günter Heimann, MU: Gerd Natschinski, SB: Hans Poppe, KO: Dorit Gründel, SC: Bärbel Weigel, PL: Siegfried Nürnberger, GR: KAG »Johannisthal«, m: 2235 = 99 min, fa, Cine, PJ: 1969, PM: 26.6.1970, PM-Ort: Dresden, Freilichtbühne »Junge Garde« DA: Frank Obermann (Peter Drews), Regina Beyer (Brigitte Jansen), Klaus-Peter Thiele (Leutnant Werner Asmus), Dieter Jäger (Atze Boll), Lutz

Dechant (Karl Karsten), Ulrich Brehm (Hans Berger), Hans-Peter Minetti (Kapitän Baumert), Rudolf Ulrich (Kapitän Bärwald), Norbert Speer (Bernd Winecke), Ernst-Georg Schwill (Achim Bräse), Paul Berndt, Klaus Urban, Agnes Kraus, Winfried Glatzeder, Ulrich Anschütz u. a. GE: Frank Schöbel, die Kolibris, die Dominos

INHALT: Peter Drews ist Brigadier auf einer Volkswerft an der Ostsee. Seine Elektrikerbrigade gehört zu den tüchtigsten. Er liebt Brigitte, die einzige weibliche Mitarbeiterin, und sie mag ihn auch. Die Beziehung wird lediglich durch seine Selbstherrlichkeit getrübt. Peter denkt nicht daran, seine Leute in Entscheidungsfindungen einzubeziehen. Als er den Einberufungsbefehl zur Marine bekommt, verkündet er seinen Beschluß, daß sich die Brigade geschlossen meldet. Brigitte ist empört. Vier Mann rücken mit Peter ein. Brigitte leitet nun den Rest der Brigade, die am gleichen Schiff arbeitet wie die frischgebackenen Marinesoldaten. Dabei lernt sie den jungen Leutnant Werner Asmus kennen, fühlt sich zu ihm hingezogen. Aber sie kann trotz allem Peter nicht vergessen. Der erfährt inzwischen, daß er mit seinen Methoden bei der Marine nicht durchkommt, gerät auch mit den Freunden in Konflikt. Der erfahrene Kapitän Baumert nimmt sich seiner und Brigittes an und ist am Happy-End nicht ganz unbeteiligt.

ZUM FILM: Der Film, der in Zusammenarbeit mit dem Verteidigungsministerium entstand, zeigte das frohe Leben bei der Volksmarine und klammerte jegliches Problembewußtsein aus. Ziel war, die Akzeptanz der NVA in der Bevölkerung und vor allem bei der Jugend zu heben. Die Auftraggeber waren zufrieden.

ECHO: Optimistisch wohl, jung und frisch auch, bietet sich die Umsetzung des Themas dar: Und doch verpaßt der Film in manchem die Wellenlänge seiner Zuschauer, eines Publikums, das erwiesenermaßen zunehmend anspruchsvoller wird, das nicht befriedigt ist von – zugegeben reizvoll präsentierten – Bilderbogen, von zwar aufrichtigen, aber zu vordergründigen und oft plakativen Dialogen und von einer friedlichen Glättung aller Reibeflächen. (...) Man kann ihn sehen, allerdings – so hart am Wind liegt der Film nun mal nicht. (Marlis Tico, *Filmspiegel* 14/1970)
Bisher gab es keinen Spielfilm, in dem so konsequent die beiden Bereiche Produktion und Armee in einer Handlung verknüpft sind, wie in *Hart am Wind.* Der Film über Peters und Brigittes Welt hat einen nicht zu unterschätzenden Unterhaltungswert. Mit dem Mittel der Farbe wie dem der Musik bringt der Film ein Lebensgefühl, das die Gedanken der Helden, ihre Sehnsüchte, Freuden vertieft. (Wera Küchenmeister auf einer Tagung des Verbandes der Film- und Fernsehschaffenden der DDR, zit. nach *So viele Träume*)

NEBENBEI: Helmut Roßmann, Hauptdarsteller aus →*Alfons Zitterbacke,* spielt hier, schon etwas größer, den Jungen Willi.

DER HASENHÜTER

→*Anhang A*

HASENHERZ

(Kinderfilm)

RE: Gunter Friedrich, SZ: Anne Goßens, DR: Gerd Gericke, KA: Hans Heinrich, MU: Bernd Wefelmeyer, SB: Marlene Willmann, KO: Lilo Sbrzesny, SC: Ilona Thiel, PL: Hans-Uwe Wardeck, GR: GR »Johannisthal«, m: 2135 = 78 min, fa, brw, PJ: 1986/87, PM: 13.12.1987, PM: Berlin, »Colosseum«

DA: Bettina Hohensee (Janni), Susanne Kusche (Birgit), Frank Ruttloff (Michael), Charlotte Bastian (Sabine), Clemens Ziesenitz (Sebastian), Juliane Koren (Jannis Mutter), Gisela Morgen (Jannis Oma), Marylu Poolman (Lehrerin), Volkmar Kleinert (Regisseur), Mario Schneidenbach v. Jascheroff (Regie-Assistent), Jaecki Schwarz, Heide Kipp, Susanne Schwab, Hartmut Beer, Ernst-Georg Schwill, Regina Beyer, Helmut Straßburger Detlef Neuhaus, Waltraut Kramm, Gertraut Last u.a.

INHALT: Die dreizehnjährige Janni ist bedrückt, weil sie in ihrer körperlichen Entwicklung, die »weiblichen Attribute« betreffend, noch etwas zurück ist. Dieser Umstand führt bei ihren Klassenkameraden zu diskriminierenden Bemerkungen. Und der umschwärmte Michael interessiert sich überhaupt nicht für sie. Eines Tages kommt ein Filmteam in die Klasse, um eine Besetzung für die Rolle eines Prinzen zu suchen. Sie wählen Janni, die sie für einen Jungen halten. Nach anfänglicher Weigerung nimmt sie die Rolle an. In der Schule erzählt sie, daß sie eine Prinzessin spielt. Während der Dreharbeiten findet sie Anerkennung. Und als die Stunde der Wahrheit näherrückt, nämlich die Aufführung des Films, hat sie so viel Selbstbewußtsein gewonnen, daß sie die Klasse zur Premiere einlädt.

ZUM FILM: In diesem Film steht die Selbstfindung Heranwachsender im Mittelpunkt, poetisch verdichtet durch die zweite Handlungsebene um den »Film im Film«. Hier spielt ein ängstlicher Prinz, der nicht an sich zu glauben vermag, eine wichtige Rolle. Fernsehregisseur Gunter Friedrich drehte einen Film, der in seiner Problemstellung, aber auch in seiner Umsetzung fast zeitlos ist.

ECHO: In dem Film gibt es viel zu entdecken. Etwa wie Kinder voneinander mehr erfahren als das, was man auf den ersten Blick ausmacht. Man darf auch, Film im Film bringt's mit sich, nebenbei noch hinter die Kulissen von Babelsberg schauen. Für viele Kinder sicher ein Erlebnis: wie beim Filmen »doll geschummelt« wird. Kurz. Die ganze Sache hat es in sich und wird – nach einem etwas mühevollen Anfang – ganz und gar nicht langweilig. Der Spaß kommt nicht zu kurz, es gibt ebenso verzwickte wie komisch-spannende Situationen. (Birgit Galle, *Neues Deutschland*, 21.12. 1987)

Mit *Hasenherz* ist ein rundum gelungener Film in unsere Kinos gekommen – unterhaltsam und mit vielen Denkanstößen für ein elf- bis 16jähriges Publikum. Ernsthaftigkeit und Einfühlsamkeit mit den Problemen Heranwachsender kann man sowohl der Szenaristin Anne Goßens als auch dem Regisseur Gunter Friedrich bescheinigen, der die Geschichte der 13jährigen Janni sensibel inszenierte und seine Laiendarstellerin Bettina Hohensee zu einem hervorragenden Spiel führte. (Ute Semkat, *Volksstimme*, 3.3.1988)

NEBENBEI: Einige Mitglieder des Drehstabes spielten sich selbst, so der Produktionsleiter Hans-Uwe Wardeck. Die Fernsehmoderatorin Antje Garden war als Fernsehansagerin zu sehen. – Auf der Berlinale 1988 wurde der Film mit den Preisen der UNICEF und der Kinder-Jury ausgezeichnet und erhielt auch Preise auf Festivals in Essen 1988 und Gera 1989.

HATIFA

(Kinderfilm)

RE: Siegfried Hartmann, BU: Willi Meinck, Siegfried Hartmann, LV: Gleichnamige Erzählung von Willi Meinck, DR: Margot Beichler, KA: E. W. Fiedler, MU: Siegfried Bethmann, BA: Hans Poppe, KO: Marianne Schmidt, SC: Hildegard Conrad, PL: Anni von Zieten, m: 2345 = 86 min, fa, AT: Hatifa und das Kätzchen, PJ: 1959/60, PM: 25.7.1960

DA: Gisela Büttner (Hatifa), Harry Hindemith (Simsal), Axel Kausmann (Hodja), Jochen Thomas (Ganem), Gerhard Lau (Stelzbein), Fred Düren (Zadok), Herbert Grünbaum (Anaximandros), Friedrich Richter, Karl Schnog (Zwei alte Eseltreiber), Hans-Joachim Hegewald (Enki), Otto-Erich Edenharter, Else Korén, Alfred Lux, Johannes Knittel, Fritz Decho u. a.

INHALT: Der Film spielt etwa ein halbes Jahrtausend vor Beginn unserer Zeitrechnung in Assyrien. Der mit einer Karawane des Kaufmanns Ganem reisende Weise Simsal findet die aus einem Steinbruch geflohene Sklavin Hatifa. Um Simsal nicht zu gefährden, denn auf das Verstecken von Sklaven steht der Tod, vertraut sie ihre Herkunft dem Knecht Hodja an, mit dem sie sich angefreundet hat. Sie fliehen zusammen, werden aber aufgegriffen, und Ganem schleppt Hatifa in einen Steinbruch zurück. Mit einem Sklavenschiff soll sie in ein fernes Land gebracht werden, doch dazu kommt es nicht. Der Seeräu-

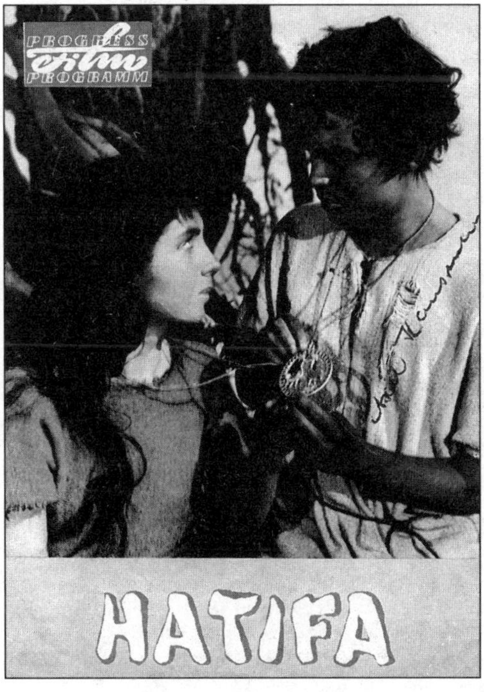

ber Zadok, selbst ein entlaufener Sklave, überfällt das Schiff und befreit die Gepeinigten. Als er Hatifas Amulett sieht, erkennt er in ihr seine Tochter, von der er bei einem Angriff assyrischer Krieger getrennt worden war.
ZUM FILM: Nach Willi Meincks spannendem Roman erteilte Hartmanns Film anschaulichen Geschichtsunterricht über die Sklavenhaltergesellschaft in der Antike. Trotz aller Mühen war der Film stilistisch uneinheitlich und wirkte uninspiriert. Trotzdem wurde Hauptdarstellerin Gisela Büttner für einige Jahre ein Idol des jungen Publikums.
ECHO: Der Film (...) behält den erzählenden Charakter der literarischen Vorlage bei. Der erwachsene Zuschauer spürt deutlich das Bemühen, keine spannenden Szenen um ihrer selbst willen zu schaffen. Und doch läßt sich denken, daß vieles, wovon nur gesprochen wird und manches andere bunter, bewegter und interessanter, oft auch aufschlußreicher hätte geschildert werden können. (Norbert Peschke, *BZ am Abend*, 23.9.1960)
Eine farbige orientalische Welt entsteht in den Bauten Hans Poppes, Franz Fürsts und Joachim Kellers, in den Bildern des verstorbenen Kameramannes E.W. Fiedler, eine Welt exotisch und realistisch zugleich. Regisseur Siegfried Hartmann baute behutsam kleine Spannungsbögen, ließ sie ausklingen, gab den Kindern Zeit zum Nachdenken. Deren lebhafte und richtige Reaktion bei den turbulenten Schlußszenen geben aber zu bedenken, ob nicht eine dichtere Spannungsfolge den ganz offensichtlich vorhandenen gewissen gesellschaftlichen Einsichten der Schulkinder und ihrer Wesensart mehr entspricht. (H. A., *Nationalzeitung*, 4.10.1960)
Dieser DEFA-Film (...) strahlt den Zauber orientalischer Märchen aus und verbindet damit zugleich eine Spannungsgeladenheit, die die kindliche Phantasie und Abenteuerlust gefangennehmen wird. Unaufdringlich aus der Handlung spricht die tiefe menschliche Aussage, daß der einzelne mit Hilfe seiner Freunde nie verloren ist, daß die gemeinsame Kraft aller Menschen guten Willens das Böse besiegen kann. (G. S., *Neue Zeit*, 10.12.1960)
NEBENBEI: Auf dem Internationalen Filmfestival Neu Delhi wurde der Film 1961 mit der »Silbernen Lotosblume« ausgezeichnet.

HAUPTMANN FLORIAN VON DER MÜHLE
RE: Werner W. Wallroth, SZ: Werner W. Wallroth, Joachim Kupsch, LV: Erzählung »Die Winternachtsabenteuer« von Joachim Kupsch, DR: Werner Beck, KA: Eberhard Borkmann, Hans-Jürgen Kruse, MU: Karl-Ernst Sasse, SB: Joachim Otto, KO: Barbara Müller, SC: Helga Emmrich, PL: Werner Liebscher, GR: KAG »Berlin«, m: 3812 = 140 min, fa, Cine, 70 mm, PJ: 1967/68, PM: 21.11.1968, PM-Ort: Berlin, »Kosmos«
DA: Manfred Krug (Hauptmann Florian), Regina Beyer (Duchessa von Guastalla), Rolf Herricht (Amadeus), Gisela Bestehorn (Freifrau von Colloredo), Jutta Klöppel (Fanny Schauendorf), Hans Hardt-Hardtloff (Nepomuk), Doris Abeßer (Nanderl), Rolf Hoppe (Polizeidirektor), Wolf Sabo (Fürstkanzler), Werner Lierck (Adjutant), Eberhard Cohrs (Dorfgendarm), Herbert Köfer (Medicus), Lilo Grahn, Karl Heinz Oppel, Gerhard Rachold, Horst Ruprecht, Fritz Marquardt, Günter Schubert, Gerd Staiger, Nico Turoff u. a.
INHALT: Sehr frei nach historischen Tatsachen ist die Geschichte des Müllers Florian gestaltet, der sein Geld für den Krieg gegen Napoleon gab. Nach dem Krieg wird ihm der Ersatz streitig gemacht, und für seine zerstörte Mühle soll er

auch noch Steuern zahlen. Er wehrt sich gegen die Pfänder und macht sich auf nach Wien, um beim Kongreß sein Recht einzuklagen. Auf dem Weg rettet er die Duchessa von Guastalla bei einem Überfall. Sie will in Wien auch ihr Recht, denn seine Majestät Franz II. macht ihr zugunsten seiner Tochter das Erbe streitig. Mit List, Glück und Degen kämpft Florian sich durch den Wiener Adelssumpf und dessen Geheimpolizei, bekommt am Ende ein Vielfaches seines Anspruchs – und die Duchessa bekommt ihn.

ZUM FILM: Der – nach einer Kurzmetrage-Probe – erste 70mm-Film der DEFA bediente sich des wirksamen Genres des Mantel-und-Degen-Films und war ein großer Publikumserfolg. Damit war die DDR nach den USA, der Sowjetunion und Frankreich das vierte Land, in dem diese moderne und aufwendige Technik eingesetzt wurde.

ECHO: Sein (Werner W. Wallroths, f.b.h.) Film ist, wünschte man sich auch die schwerfällige 70mm-Kamera gelegentlich etwas beweglicher, wünschte man sich auch hin und wieder etwas mehr Straffheit und damit Turbulenz, in seinem Genre ohne Frage international konkurrenzfähig. Wohltuend erscheint mir besonders die

distanziert-ironische Haltung, dieses Sich-nicht-ernst-Nehmen, das aus jeder Szene des Films deutlich wird. Der Streifen ist damit von einer wirklich angenehmen Humorigkeit. In diesem Zusammenhang ist die parodistische, pointiert eingesetzte Musik Karl-Ernst Sasses (große romantische Oper) nicht unwesentlich. (Günter Sobe, *Berliner Zeitung*, 4.12.1968)

Überhaupt wird den ostdeutschen Konsumenten solcher bisher vornehmlich aus westlichen Breiten importierten Kinokost allerlei für Auge und Ohr geboten: Die Weiblichkeiten geizen nicht mit runden Reizen, man tanzt, mal höfisch auf Parkett, mal folkloristisch auf der Wiese, und gelegentlich begleitet der Berliner Rundfunkchor sechs-kanalig-stereophon das dramatische Geschehen mit munterem Singsang. (Heinz Kersten, 1968, zit. nach *So viele Träume*)

NEBENBEI: Filmkomponist Karl-Ernst Sasse ist in der Rolle eines Stehgeigers zu sehen.

DER HAUPTMANN VON KÖLN

RE: Slatan Dudow, BU: Henryk Keisch, Michael Tschesno-Hell, Slatan Dudow, DR: Karl Georg Egel, KA: Werner Bergmann, Helmut Bergmann, MU: Wilhelm Neef, BA: Oskar Pietsch, KO: Gerhard Kaddatz, SC: Lena Neumann, PL: Adolf Fischer, m: 3228 = 118 min, fa, PJ: 1956, PM: 7.12.1956, PM-Ort: Berlin, »Babylon«

DA: Rolf Ludwig (Albert Hauptmann), Erwin Geschonneck (Hans Karjanke), Else Wolz (Adele Karjanke), Christel Bodenstein (Hannelore Ullrich), Manfred Borges (Max Steinmetz), Kurt Steingraf (Pferdapfel, Baron von Kohlen und Stahlbach), Ruth Baldor (seine Frau), Johannes Arpe (Bürgermeister Dr. Seekatz), Hans W. Hamacher (Bundestagsabgeordneter Dr. Brandstätter), Herbert Körbs (General Haudorf), Johannes Curth, Peter Kiwitt, Peter Marx, Herbert Richter, Hella Jansen, Wolf v. Beneckendorff, Ingeborg Nass, Hubert Suschka, Heinz Hinze, Harry Riebauer u. a.

INHALT: Der stellungslose Kellner Albert Hauptmann wird im Köln der Adenauerzeit mit einem ehemaligen Hauptmann der faschistischen Wehrmacht verwechselt – und macht Karriere. Er wird Direktor der Montan AG, Mitglied des Bundestages und hat beste Aussichten, zum Schwiegersohn des millionenschweren Industriellen Pferdapfel zu avancieren. Herr Karjanke

allerdings, der bei seiner eigenen »Witwe« unter falschem Namen wohnt, möchte ihn zu Fall bringen. Er ist der wahre Hauptmann, doch weil er ein Kriegsverbrecher ist, kann er erst wieder auftauchen, wenn sein Doppelgänger im Bundestag die Amnestiegesetze durchgeboxt hat. Am Ende steht der Kellner als Hochstapler vor dem Richter, die Amnestie gilt nicht für ihn.

ZUM FILM: In der Satire, Dudows zweitem Versuch in diesem Genre nach einem Kurzspielfilm in den 30er Jahren, sind einige Überspitzungen dem Klima des Kalten Krieges geschuldet.

ECHO: Ist es überhaupt ein Kunstwerk und nicht nur »Tendenz«? *Der Hauptmann von Köln* ist unzweifelhaft eins. Einmal deshalb, weil er mit den verschiedenen künstlerischen Mitteln die Menschen lachen macht und nicht doziert, belehrt, »schult«, den berüchtigten Holzhammer gebraucht, sondern gleichsam auf dem Umweg über das Zwerchfell ins Gehirn zielt und dort, schier unbemerkt vom Lachenden, Erkenntnisse erweckt und Parteinahme veranlaßt – ob man will oder nicht. (Karl-Eduard v. Schnitzler, *Filmspiegel* 1/1957)

Eine schnörkellos und geradlinig inszenierte Satire, die engagiert eine klare politische Stellung gegen militaristische und faschistische Tendenzen in der Bundesrepublik Deutschland bezieht. Solide inszeniert, überzeugend gespielt, zwangsläufig parteiisch in seiner konsequenten Haltung gegenüber dem kapitalistischen »Rivalen«. (*Lexikon des internationalen Films*, 1995)

NEBENBEI: Für diesen Film wurden die drei Autoren 1957 mit dem Nationalpreis geehrt.

Filmtext: Der Hauptmann von Köln. Satirische Filmkomödie von Henryk Keisch, Michael Tschesno-Hell und Slatan Dudow. Berlin: Henschelverlag 1956.

DAS HAUS AM FLUSS

RE: Roland Gräf, SZ: Roland Gräf, LV: Erzählung »Der Russenpelz« von Friedrich Wolf, DR: Christel Gräf, KA: Roland Dressel, MU: Günther Fischer, SB: Alfred Hirschmeier, KO: Christiane Dorst, SC: Monika Schindler, PL: Herbert Ehler, GR: GR »Roter Kreis«, m: 2439 = 89 min, fa, brw, PM: 16.1.1986, PM-Ort: Berlin, »International«

DA: Katrin Saß (Agnes Eckert), Sylvester Groth (Heinz Hüsgen), Manfred Gorr (Jupp Eckert), Jutta Wachowiak (Mutter Voß), Rolf Hoppe (Direktor Hüsgen), Corinna Harfouch (Emmi Voß), Johanna Schall (Lena Brinken), Arianne Borbach (Lisbeth Voß); Peter Zimmermann (Werner Tiedemann), Werner Godemann (Schimmelpfennig), Mathis Schrader, Hermann Beyer, Eckhard Becker, Justus Carrière, André Hiller u.a.

INHALT: Geschichte einer deutschen Familie während des Zweiten Weltkrieges. Im Mittelpunkt stehen vier Frauen, die im Haus am Fluß leben. Mutter Voß, ihre beiden Töchter Agnes und Lisbeth und die Schwiegertochter Emmi. Den Krieg nehmen sie als unvermeidlich hin und wollen für sich das Beste daraus machen. Eine ukrainische Bauernbluse hat Emmi von ihrem Mann Paul bekommen. Agnes wünscht sich von ihrem Mann Jupp, der ebenfalls an die Ostfront muß, einen Pelz. Während die Männer im Krieg sind, erliegt Agnes in einer schwachen Stunde der Verführung ihres Chefs, des Transportunternehmers Hüsgen. Emmi nimmt sich das Leben, als sie die Nachricht vom Tod Pauls erhält. Agnes hat schließlich ihren Russenpelz, doch der Preis ist hoch: Jupp kommt als Krüppel nach Hause. Als Agnes den zudringlichen Hüsgen in ihrer Not erschlägt, ergreift Mutter Voß, die bis dahin alles ertragen hat, die Initiative. Mit ihrer jüngsten

Tochter Lisbeth beseitigt sie die Leiche und den Russenpelz gleich mit.
ZUM FILM: In der Adaption der Erzählung von Friedrich Wolf über den Zweiten Weltkrieg, der diese Zeit im sowjetischen Exil erlebt hatte, wurde erstmals der Versuch unternommen, die Kriegsvorgänge aus Sicht der Mitläufer, der mehr oder minder unpolitischen Bevölkerung nicht ohne Verständnis für die Betroffenen zu erzählen.
ECHO: Er (Roland Gräf, f.b.h.) bekennt sich ganz zu einer nationalen Sicht auf die Vorgänge, stellt sich nicht über die von ihm konzipierten Figuren, sondern zwischen sie, um dem Zuschauer die Freiheit zu lassen, sie anzunehmen, betroffen zu sein, ihre Schicksale zu beklagen, ohne sie zu richten. Gräf setzt leise Verfremdungselemente, indem er Grauen und Bedrohung, die seine Charaktere immer mehr erfahren, in eine von Kameramann Roland Dressel sensibel erfaßte, jahreszeitlich wechselnde Flußlandschaft stellt. In dieser Heimat ist das alles passiert. Wir kennen die dottergelben Wiesen im Mai, die neblige Trübe des November. (Margit Voss, *Berliner Rundfunk*, 19.1.1986)

Obwohl mir die zum Teil überragenden Leistungen der Schauspieler und die Stimmigkeit der Szenerie größte Achtung abnötigten, vermochte mich der Fluß der Handlung nicht mitzureißen. (...) Möglicherweise trieb Roland Gräf seinen Versuch, den Tücken vorgegebener Kolportage und Melodramatik durch Komprimierung zu begegnen, in solche Höhen, wo Kunst leicht zur Künstlichkeit erstarren kann. Und vielleicht bleibt einer solchen Geschichte dann nicht mehr genug Schubkraft, um das subjektive Gefühl jedes einzelnen im Parkett zu erreichen. (Renate Holland-Moritz, *Eulenspiegel* 8/1986)
Roland Gräf ist ein Regisseur der leisen Töne. Man muß bei ihm oft zwischen den Bildern lesen. Differenziert zeichnet er auch die Industriellenfamilie, ohne jedoch hier ganz den Klischees zu entgehen. (...) Da kommt zum Schluß noch etwas Kolportage und Melodram ins Spiel. Aber Gräf dämpft auch hier und beglaubigt sein Milieubild aus dem Deutschland des Jahres 1942 stets durch die ausgezeichneten Darstellerleistungen. (Heinz Kersten, *Frankfurter Rundschau*, 3.2.1986)
NEBENBEI: Hauptdarsteller Sylvester Groth, durch → *Der Aufenthalt* ein international anerkannter Schauspieler geworden, hatte zum Zeitpunkt der Premiere des Films der DDR den Rücken gekehrt und ein Engagement an der Westberliner Schaubühne angetreten.

HAUS IM FEUER
→ Anhang A

HE, DU!
RE: Rolf Römer, BU: Rolf Römer, DR: Wolfgang Ebeling, KA: Peter Krause, MU: Klaus Lenz, MB: Karl-Ernst Sasse, SB: Heike Bauersfeld, KO: Günther Schmidt, SC: Brigitte Krex, PL: Bernd Gerwien, GR: KAG »Roter Kreis«, m: 2645 = 97 min, s/w, Cine, PM: 29.1.1970, PM-Ort: Berlin, »International«
DA: Annekathrin Bürger (Ellen Volkmann), Frank Obermann (Frank Rothe), Petra Hinze (Ulli), Heinz-Dieter Knaup (Horst Bach), Rolf Specht (Maxe Krahl), Wolfgang Greese (Psychologe), Ute Boeden (Jutta), Dietmar Richter-Reinick (Abraham), Horst Kube (Karl), Winfried Wagner (Dr. Rolf Lindberg), Dieter Mann, Karl Sturm, Dieter Wien, Brigitte Beier, Susanne Düllmann u. a. GE: Etta Cameron

INHALT: Die 28jährige Ellen Volkmann ist eine emanzipierte Frau und Lehrerin aus Passion. In der Schule tritt sie entschieden gegen Selbstgefälligkeit und Routine auf. Beim Besuch der Mutter eines ihrer Sorgenkinder in der Klasse lernt sie den Baubrigadier Frank kennen. Als Onkel ist er in die Erziehung des Jungen einbezogen. Und obwohl seine drastischen Methoden nicht Ellens Zustimmung finden, ist sie von ihm angetan. Er steht mit beiden Beinen im Leben, ist kompromißlos und voller Elan – ganz anders als ihr Kollege Bach, mit dem sie seit längerem befreundet ist. Als Bach ihr einen Heiratsantrag macht, weil er glaubt, dazu verpflichtet zu sein, löst sie die Verbindung. In Frank findet sie einen Menschen, der sie glücklich macht und ihr ein ebenbürtiger Partner ist.

ZUM FILM: Das Regiedebüt des als Schauspieler populären und als Drehbuchautor schon hervorgetretenen Rolf Römer war eine sympathische, thematisch nicht allzu tief lotende Alltagsgeschichte.

ECHO: Es geht um das Versagen mancher Lehrer als politische Erzieher, die Fehlentwicklung einiger Schüler durch Wohlstandsdenken, die Mitverantwortung des Schauspielers am theatralischen Finalprodukt, um Vietnam, Black Power u.v.a.m. Das alles wird angetippt, gestreift, mit teils altklugen, teils plakativen Dialogen abgehandelt. Bescheiden gibt Römer zu bedenken, daß er »einfach ›Film‹ machen möchte, nicht illustrierte Hörspiele«. Das hat er wirklich nicht getan, er beschränkt sich auf eine tönende Illustrierte. (Renate Holland-Moritz, *Eulenspiegel* 8/1970)

Inhaltlich bestätigt der Film einen Trend, der vielleicht noch als eine Folgeerscheinung des Autodafés der Jahreswende 1965/66 anzusehen ist: Es kommt fast nur die sonnige Seite des DDR-Alltags ins Bild, Probleme werden jeweils nur angetippt, Konflikte nie tiefer ausgelotet. (...) Er (Rolf Römer, f.b.h.) ließ sich offensichtlich ebenso von Stanislaw Rostotzkis im sowjetischen Schulmilieu spielenden Film *Warten wir den Montag ab* anregen wie von dem Jugoslawen Dusan Makavejew, dessen Film *Ein Liebesfall* er die Idee entnahm, Fernsehkommentare eines Wissenschaftlers einzublenden. (Heinz Kersten, 1970, zit. nach *So viele Träume*)

NEBENBEI: Nachdem Rolf Römer den Film in Personalunion als Regisseur und Autor zu verantworten hatte, trat er als Schauspieler hier ein letztes Mal unter seinem bürgerlichen Namen Rolf Specht auf.

DIE HEIDEN VON KUMMEROW UND IHRE LUSTIGEN STREICHE

(BRD-Auftragsproduktion)

RE: Werner Jacobs, DB: Johanna Sibelius, Eberhard Keindorff, LV: Gleichnamiger Roman von Ehm Welk, KA: Günter Haubold, Siegfried Mogel, MU: Rolf Wilhelm; SB: Alfred Tolle, Senta Ochs, KO: Dorit Gründel, SC: Monika Schindler, PL: Kurt Hahne, P: Neue Realfilm Walter Koppel/NDF/DEFA, m: 2568 = 94 min, fa, AD: 21.12.1967

DA: Ralf Wolter (Krischan Klammbüdel), Paul Dahlke (Pastor Breithaupt), Irene Korb (Hermine Breithaupt, Rainer Penkert (Grambauer), Erika Müller-Fürstenau (seine Frau), Jörg Resler (Martin Grambauer), Fritz Tillmann (Müller Düker), Tatjana Iwanow (Frau Düker), Angela Brunner (Luise Bärensprung), Hans Klering (Nachtwächter Bärensprung), Gerald Schraml (Johannes Bärensprung), Theo Lingen (Sanftleben), Wolf-

gang Jansen, Günther Jerschke, Horst Kube, Hans Bussenius, Albert Zahn, Günter Drescher, Nico Turoff, Jochen Sehrndt u.a.

INHALT: Erzählt werden die Sorgen und Nöte des streitbaren protestantischen Pastors Breithaupt zu Beginn dieses Jahrhunderts in dem pommerschen Ort Kummerow mit seiner Gemeinde und seinem sozialdemokratischen Gegenspieler Grambauer. Breithaupt verschließt sich in konservativer Engstirnigkeit allem Neuen, und seine Schäfchen – allen voran die Kinder – spielen ihm muntere Streiche. Sie lieben den Kuhhirten Krischan, und kämpfen für seine Festanstellung bei der Gemeinde. (f.b.h.)

ZUM FILM: Zum ersten Mal seit der Teilung Deutschlands kam eine gesamtdeutsche Produktion zustande. Es gelang dem Produzenten Walter Koppel, einem alten Antifaschisten, die notwendigen Genehmigungen in der DDR zu erhalten. Als Gegenleistung für Ateliers, Technik und Rohfilm erhielt die DEFA für ihren Außenhandelsbetrieb die Auswertungsrechte für die sozialistischen Länder. Die künstlerische Verantwortung für den Film, der den sozial engagierten politischen Hintergrund der Romanvorlage zu einem guten Teil ausklammerte und sich stark am Genre des bunten Heimatfilms orientierte, lag bei der bundesdeutschen Seite. Das *Lexikon des internationalen Films* wertete: »Schablonenhafte, gelegentlich derbe Unterhaltung im Stil eines nostalgischen Bilderbuchs«.

ECHO: In der westdeutschen Verfilmung, an deren Zustandekommen unsere DEFA nicht nur mit technischer Hilfe beteiligt ist, wird Welks derber, norddeutscher Humor überzeugend sichtbar gemacht. Vom poetischen Tiefgang des Buches bleibt allerdings nicht viel übrig, denn der Film pendelt zwischen Klamauk und Sentimentalität hin und her. (...) Doch was die Rügener Dorfkinder, welche die DEFA für den Regisseur Werner Jacobs ausfindig gemacht hat, an natürlicher Frische und Fröhlichkeit zu bieten haben, mag kritische Zuschauer auch mit dem kitschigen Happy-End aussöhnen, das den Intentionen von Ehm Welk gar nicht entspricht. (Lothar Kusche, *Weltbühne* 8/1968)

Wer allerdings von der Ehm-Welk-Adaption durch Werner Jacobs besondere künstlerische Offenbarungen erwartet hat, der wird enttäuscht sein. (...) Gewiß, es sind hin und wieder schon

Töne sozialer Verantwortung zu vernehmen, im Ganzen aber ist doch alles recht harmlos unterhaltend, harmloser jedenfalls, als man es bei Ehm Welk lesen kann. (Volker Baer, *Tagesspiegel*, 7.3.1968)

NEBENBEI: Der Film wurde in der Nähe von Ueckermünde, nahe dem kleinen Stettiner Haff und zum größeren Teil auf Rügen gedreht. Die begabten Kinderdarsteller schlugen andere berufliche Laufbahnen ein: Gerald Schraml, der den Johannes spielte, ist heute Elektromeister, und die Ulrike des Films, Karin Kaltenbach (damals Heidemann), arbeitet noch heute in der Landschaft der Kummerower Heiden als Lehrerin. Übrigens: Die prominenten Schauspieler aus dem Westen bekamen pro Tag sieben DDR-Mark Spesen.

HEIMLICHE EHEN

RE: Gustav von Wangenheim, BU: Gustav von Wangenheim, DR: Hans-Joachim Wallstein, KA: Eugen Klagemann, MU: Günter Kochan, BA: Artur Günther, KO: Dorit Gründel, SC:Wally Gurschke, PL: Werner Dau, m: 2529 = 93 min, s/w, PM: 27.1.1956, PM-Ort: Berlin, »Babylon«/»DEFA-Filmtheater Kastanienallee«

DA: Eduard von Winterstein (Hillebrandt), Franz Kutschera (Raugraff), Helga Jordan (Hanni), Paul Heidemann (Trucks), Theo Shall (Steinschneider), Marga Legal (Frau Oberlin), Armin Mueller-Stahl (Norbert), Hans Klering (Knetsch), Steffie Spira (Frau Rotter), Hubert Suschka (Architekt Weber), Gerd Michael Henneberg, Werner Lierck, Reinhold Pasch, Dieter Perlwitz, Hans Rose u. a.

INHALT: In Eschenhöhe sind die Gebäude am Zusammenbrechen. Im Institut für Bauwesen in Berlin jedoch werden die Pläne für den Neuaufbau des Dorfes vom Chefarchitekten hintertrieben. Der möchte mit seinem Entwurf »Neue Stadt« beim Preisausschreiben glänzen, weil er glaubt, mit Schweineställen für Eschenhöhe nicht gewinnen zu können. Die Mitarbeiterin Oberlin, die sich für das Dorf stark macht, wird kurzerhand entlassen. Ihre Nachfolgerin Hanni aber durchschaut das üble Spiel, bringt die unfruchtbare »Arbeitsehe« zwischen Chefarchitekten und technischem Direktor zu Fall, schließt eine heimliche Ehe mit dem Architekten Raugraff, wodurch das Projekt »Eschenhöhe« doch noch zum Abschluß gebracht werden kann.

ZUM FILM: Der Versuch einer Komödie um wetteifernde Architekten-Kollektive mißlang.

Der Regisseur und Filmpionier Gustav v. Wangenheim zog sich danach vom Film zurück.

ECHO: Die Architekten im Film lachen weit mehr als die Leute im Kino; leider war nicht zu merken, worüber sie lachen. (...) *Heimliche Ehen* ist eine Komödie ohne Humor, eine langweilige, wortreiche Geschichte, mühsam erzählt. Eugen Klagemann hat sie fotografiert – aber was hatte er da schon zu fotografieren! Die gewichtige Musik stammt von Günter Kochan. Heiter ist das Leben, ernst die Kunst! (Theodor Christoph, *Weltbühne* 6/1956)

NEBENBEI: Der Film war das Debüt von Armin Mueller-Stahl, der berichtet, sich bei der Premiere geschämt zu haben. Für Eduard v. Winterstein, den damaligen »Nestor der deutschen Schauspielkunst« und Vater des Regisseurs, war der Hillebrandt eine seiner letzten Rollen. Wie die Anekdote berichtet, mußte sich der Mittachtziger dennoch auf Wunsch des Regisseurs verstellen, um sich nicht zu jugendlich zu bewegen.

HEISSER SOMMER

RE: Joachim Hasler, BU: Maurycy Janowski, Joachim Hasler, DR: Dieter Scharfenberg, KA: Joachim Hasler, Roland Dressel, MU: Gerd Natschinski, Thomas Natschinski, SB: Alfred Tolle, KO: Dorit Gründel, SC: Anneliese Hinze-Sokolow, PL: Horst Dau, GR: KAG »Johannisthal«, m: 2636 = 97 min, fa, Cine, PM: 21.6.1968, PM-Ort: Rostock, Freilichtbühne

DA: Frank Schöbel (Kai), Hanns-Michael Schmidt (Wolf), Georg-Peter Welzel (»Schpack«), Hans Mietzner (»Schelle«), Norbert Speer (»Rechtsanwalt«), Gerd Nordheim (Tom), Regine Albrecht (Brit), Chris Doerk (Stupsi), Madeleine Lierck (Thalia), Bruno Carstens (Meister Klaus), Werner Lierck, Marianne Wünscher, Erich Brauer, Hans Flössel u. a.

INHALT: Zwei Gruppen von Oberschülern trampen in den Sommerferien an die Ostsee und kommen sich auf der Autobahn in die Quere. Die elf Mädchen aus Leipzig geben den zehn Jungen aus Karl-Marx-Stadt das Nachsehen. An der See trifft man sich wieder. Die Jungen sind auf Vergeltung aus, führen die Mädchen in eine Mückenhölle. Der Spaß ist größer als der Ärger, und man kommt sich näher. Stupsi, die die Reise ihrer Gruppe organisierte, hat ein Auge auf Kai geworfen. Der jedoch ist hinter der flotten Brit her und kommt deshalb mit Wolf ins Gehege. Aber auch die kleinen Rivalitäten und so mancher Unfug stören den letztlich gelungenen Urlaub nicht, in dem einige neue Freundschaften geschlossen werden.

ZUM FILM: Chris & Frank waren damals ein beliebtes Paar der DDR-Schlagerszene. Somit war der Erfolg des Filmes damals vorprogrammiert. Doch die schmissige Musik der Natschinskis und der Chic der späten sechziger Jahre, gewürzt mit DDR-spezifischen Anspielungen bewirkten, daß der Film trotz seiner dürftigen Handlung immer wieder gern gesehen wurde und mittlerweile eine Art »Kultfilmstatus« besitzt.

ECHO: *Heißer Sommer* dürfte wohl auch gleichzeitig der beste der bisher produzierten Reihe (von Musikfilmen, f.b.h.) sein. Er bereitet Auge und Ohr über weite Passagen hin Vergnügen – wobei hier speziell die tänzerisch-choreographische Gestaltung (Gisela Walther) sowie das Angebot musikalisch und textlich überwiegend origineller Schlager und Lieder (Musik: Gerd und Thomas Natschinski, Texte: Jürgen Degenhardt und Hartmut König) gemeint ist. Dem Schlagerfreund wird es auch eine echte Überraschung sein, Chris Doerk nicht nur singend, sondern auch spielend zu erleben (wobei sie ihren Part mit Sicherheit bewältigt), desgleichen Frank Schöbel, dem wir nunmehr zum wiederholten Mal als Schauspieler auf der Leinwand begegnen. (...) Die Schwächen des Films liegen meines Erachtens in dem Mißverständnis begründet, ein heiterer musikalischer Film bedürfe keiner besonderen Geschichte. (Friedrich Salow, *Filmspiegel* 14/1968)

Das dürftige Gerippe scheint von Maurycy Janowski vor allem als Beschäftigungstherapie für eine Schar jugendlicher Anfänger erdacht worden zu sein. Zehn Jungen und elf Mädchen – etwa im Alter von zehn bis achtzehn Jahren – treffen sich beim Tramp an die Ostsee. Sie benehmen sich dabei nicht wie normale Jugendliche, sondern wie zwei verbiesterte Tanzensembles, die mangels besserer Auftrittsmöglichkeiten ihre bescheidenen Ballettdarbietungen auf den Straßen und den Bahnen unserer Republik absolvieren. (...) Fazit: Die erstklassigen Schlager von Vater und Sohn Natschinski – ebenso erstklassig gesungen von Chris Doerk, Frank Schöbel, Gerti Möller und Ingo Graf – sind schon seit vielen Monaten in

aller Munde. Angesichts dieser Tatsache wirkt der Film völlig überflüssig. (Renate Holland-Moritz, *Eulenspiegel* 28/1968)

NEBENBEI: Dieser Streifen war in mehrfacher Hinsicht ein »Familienfilm«. Nicht nur, daß die Komponisten Vater und Sohn waren, auch der »Abschnittsbevollmächtigte« Werner Lierck war der Vater der Thalia-Darstellerin Madeleine Lierck. Chris Doerk und Frank Schöbel waren im Leben ebenso ein Paar wie Regisseur Jo Hasler und seine Choreographin Gisela Walther. – Nach den sommerlichen Dreharbeiten stellte sich heraus, daß Nachaufnahmen unumgänglich waren, in denen im November 1967 die Darsteller nochmals Strandvergnügen herzustellen hatten. Für Chris Doerk waren die Aufnahmen besonders strapaziös, weil sie damals schon hochschwanger war.

DES HENKERS BRUDER

(Kinderfilm)

RE: Walter Beck, SZ: Brigitte Kirsten, Gudrun Deubener, LV: Gleichnamiger Roman von Hanna-Heide Kraze, DR: Gudrun Deubener, KA: Günter Heimann, MU: Günther Fischer, SB: Erich Krüllke, KO: Lydia Fiege, SC: Ilse Peters, PL: Sieg-

fried Kabitzke, GR: AG »Berlin«, m: 2313 = 83 min, fa, brw, PJ: 1978, PM: 2.2.1979, PM-Ort: Gera, »Panorama-Palast«

DA: Frank Grunwald (Christoph), Gunter Friedrich (Joß), Thomas Wolff (Hieronymus), Holger Mahlich (Henker Jakob), Fred Delmare (Octavio), Walter Lendrich (Herlinger), Frank Ciazynski (Ritter Scharfenstein), Rita Feldmeier (Maria), Brigitte Krause (Elsa Joß), Hans Klering (Lukas), Gerry Wolff, Ottofritz Gaillard, Kaspar Eichel, Jürgen Huth, Leon Niemczyk u.a.

INHALT: Am Vorabend des Deutschen Bauernkrieges wird die Familie des Jungen Christoph Opfer eines Racheaktes des Ritters Scharfenstein. Der Bauernführer Joß nimmt Christoph zu sich. Er lernt lesen, schreiben und mit der Waffe umzugehen. Als Hieronymus unterwegs ist, um eine Fahne zu holen, die das Signal zum Aufstand geben soll, entdeckt Christoph Verrat. Um Hieronymus zu warnen, reitet er ihm nach. Doch er kann ihn vor der Verhaftung nicht mehr retten und holt selbst die Fahne. Auf dem Rückweg wird er mit ihr festgenommen. Im Kerker trifft er Hieronymus wieder – und seinen älteren Bruder Jakob, der Henker ist. Jakob will den Bruder laufen lassen, wenn dieser sich vom Bauernbund lossagt. Christoph weigert sich und kann mit der Fahne fliehen.

ZUM FILM: Der Film vermochte, auf unterhaltsame Weise Geschichtswissen zu vermitteln und lieferte mit dem Jungen Christoph eine Identifikationsfigur für junge Zuschauer.

ECHO: Plastisch, direkt, sinnlich kommt das Geschehen auf die Leinwand, erfaßt mit den Augen des Jungen, der durch seine schmerzlichen Erfahrungen Recht und Unrecht schärfer zu unterscheiden vermag und mit heißerem Herzen Partei ergreift als ein Kind seines Alters wohl sonst. Es gibt durchgängige Spannung, die über weite Strecken hinweg die Zuschauer von den Plätzen riß, viele höchst abenteuerliche, dabei optisch schöne Passagen. (Gis, *Union*, 22.2.1979)

Des Henkers Bruder (...) gehörte zu den wenigen Lichtblicken des diesjährigen Kinderfilmfestivals: hier wurde stimmig über die Bedeutung von Gerechtigkeit berichtet, und zwar so, daß die kleinen Zuschauer durchaus begriffen, warum Christoph Herlinger, Sohn eines leibeigenen Bauern, Lesen und Schreiben lernt, bevor er in die Bauernzunft eintritt, um gegen die Leibeigenschaft zu kämpfen. Das ist natürlich auch ein politisch-ideologischer Film, der ziemlich direkt Folterszenen in den Burgverliesen suggeriert: hier allerdings scheint es doch fraglich, ob solche emotional aufrüttelnden Szenen kleineren Kindern zugemutet werden dürfen. (Jutta Kamke, *Tagesspiegel*, 8.3.1980)

NEBENBEI: Die Rolle des Bauernführers Joß spielt Gunter Friedrich, ein anderer erfolgreicher Kinderfilmregisseur.

HEROIN

RE: Heinz Thiel, Horst E. Brandt, BU: Gerhard Bengsch, DR: Hans-Joachim Wallstein, KA: Horst E. Brandt, Horst Orgel, MU: Helmut Nier, SB: Paul Lehmann, KO: Lydia Fiege, SC: Hildegard Conrad-Nöller, PL: Martin Sonnabend, GR: KAG »Roter Kreis«, m: 2388 = 88 min, s/w, Cine, PJ: 1967, PM: 14.3.1968, PM-Ort: Berlin, »International«

DA: Günther Simon (Zollkommissar Peter Zinn), Werner Dissel (Zollrat Donkenberg), Sylva Schüler (Zollassistentin), Günter Wolf (Hauptmann Kremm), Walter Jupé (Chevonne), Wolfgang Greese (Armiac), Peter Sturm (Doboka), Eva-

Maria Hagen (Danuta Tisza), Willi Schrade (Runge), Predag Milinkovic (Ferri), Alenka Rancic (Lucia), Walter Lendrich (Milan Nemanja), Brigitte Lindenberg, Fredy Barten, Gerd Ehlers, Gerhard Rachold, Willi Neuenhahn, Annemarie Brodhagen, Joe Schorn, Franz Bonnet u. a.

INHALT: An einem Bahndamm unweit Berlins werden zwei Tote gefunden, der Schlafwagenschaffner Runge und ein französischer Geschäftsmann, dazu mit Heroin gefüllte Tomatensaft-Büchsen. Kommissar Peter Zinn vom Zoll wird mit der Untersuchung beauftragt. Als neuer Schlafwagenschaffner getarnt, schleust er sich in einen internationalen Schmugglerring ein. Über Budapest nach Belgrad führt die Spur – in den Friseurladen von Ferri. Er und dessen Schwester Lucia wollen Zinn den Stoff verkaufen, doch dieser muß erst vom Grunde der Adria gehoben werden. Während des Tauchens kommt es zwischen Ferri und Zinn zum Kampf. Lucia hatte Zinns wahre Identität herausbekommen und den Bruder informiert. Zinn besiegt Ferri, und am Ufer warten schon jugoslawische Zollbeamte.

ZUM FILM: Der zweite Kinofilm, den Kameramann Horst E. Brandt in Co-Regie mit Heinz Thiel drehte, sollte abenteuerlich-spannend werden, geriet aber durch die Betonung der Arbeit der Zollorgane eher bieder.

ECHO: Was dem (...) Film jedoch trotz einiger dramatischer Höhepunkte fehlt, ist die durchgehende Spannung. Vielleicht ist die Aufklärungsarbeit des Zollkommissars Zinn auch für den Nichteingeweihten durchschaubar. Zu einschichtig sind die Bösewichte angelegt. Zu wenig hat man die Möglichkeit, beteiligt zu sein. (Dr. Manfred Jelenski, *Berliner Zeitung*, 19.3.1968)

Trotz des filmischen Wasserreichtums bleiben die Dialoge bemerkenswert trocken, und die Handlung schleppt sich dahin wie ein Segelschiff bei Windstille. Wenn die dalmatinische Sonne das Filmbild erhellt, riskiert man gern einen Blick auf die Armbanduhr. Denn mag man sich auch leichtfertig auf einen spannenden Kriminalfilm gefreut haben – hier wird man mit dem Ernst und der ermüdenden Plage des Zöllnerlebens konfrontiert. (Renate Holland-Moritz, *Eulenspiegel* 16/1968)

NEBENBEI: Zu den wirklichen Attraktionen des Films zählten die Unterwasseraufnahmen von Horst Orgel.

DAS HERZ DES PIRATEN

(Kinderfilm)

RE: Jürgen Brauer, SZ: Gabriele Herzog, LV: Gleichnamiges Buch von Benno Pludra, DR: Gerd Gericke, KA: Jürgen Brauer, Dieter Chill, MU: Ralf Hoyer, SB: Heinz Röske, KO: Günther Heidemann, SC: Evelyn Carow, PL: Gerrit List, GR: GR »Johannisthal«, m: 2271 = 83 min, fa, brw, PJ: 1986/87, PM: 25.3.1988, PM-Ort: Magdeburg, »Theater des Friedens«

DA: Franziska Alberg (Jessi), Johanna Schall (Jessis Mutter), Gojko Mitic (Vater Jakko/Älterer William), Hermann Beyer (Albert Wagenführ), Wenke Kleine-Benne (Tine), Karsten Janson (Hannes), Robert Haase (Ingo), Wolfgang Winkler (Freund der Mutter), Thomas Neumann (Würzbach), Peter Hölzel (Pirat) u.a.

INHALT: Die zehnjährige Jessi lebt mit ihrer Mutter in einem Dorf an der Ostsee. Den Vater, einen Zirkusreiter, kennt sie nicht. Eines Tages findet sie am Strand einen ungewöhnlichen Stein. Er leuchtet, fühlt sich warm an und spricht mit Jessi. Der Stein erklärt ihr, daß er das versteinerte Herz des Piraten William Reds sei, und erzählt ihm dessen Geschichte. Vor Jessis geistigem Auge

Das Herz des Piraten

nimmt Reds die Gestalt ihres Vaters an, von dem sie nur eine vage Vorstellung hat. Die anderen halten Jessi für eine Spinnerin, für sie ist der Stein ganz gewöhnlich. Doch plötzlich steht ein weißes Pferd vor dem Haus des Mädchens, der Vater ist gekommen. Sein Zirkus gastiert in der naheliegenden Stadt. Jessi feiert einen großen Triumph, als er mit ihr durchs Dorf reitet, und sie hofft auf ein Familienleben mit ihm. Doch für die Mutter ist der Mann längst passé, und auch Jessi wird von ihm enttäuscht, als er eine Verabredung nicht einhält. Sie wirft den Stein zurück ins Meer.
ZUM FILM: In seiner dritten Regiearbeit verknüpft Kameramann Jürgen Brauer Phantasie und Realität in der Welt eines jungen Mädchens geschickt miteinander, so daß eine poesievolle Aneignung des Alltags entsteht. Teenager-Idol Gojko Mitic erweist sich dafür als ideale Projektionsfläche.
ECHO: Der Film hat eine besondere Atmosphäre, einen glücklichen Rhythmus im Wechsel zwischen Realität und Traum, einen unaufdringlichen, eher behutsamen Grundgestus. Brauer verläßt sich auf die Kraft seiner Bilder, auf die Ausstrahlung seiner Figuren, auf die innere Spannung, die sich aus der Geschichte ergibt. (...) Die Profis rund um Franziska Alberg haben deren Wirkung Raum gelassen. Johanna Schall spielt eine Mischung von Sprödigkeit und großer Zuneigung, zeigt die wiederkehrende Überforderung einer alleinstehenden Mutter wie ihren oft unterdrückten Glücksanspruch und dazu die Akzeptanz, die im Zusammenleben mit Heranwachsenden besonders nötig ist. Gojko Mitic ist Pirat und Vater in einem, verführerisch stark und verletzlich auch er, eine Vision, die verblaßt, als Jessi ihrer nicht länger bedarf. (Gisela Hoyer *Morgen*, 23./24.4.1988)
NEBENBEI: Johanna Schall, die Darstellerin von Jessis Mutter, ist die Tochter von Schauspieler Ekkehard Schall (→ *Berlin – Ecke Schönhauser*). In den neunziger Jahren ist sie auch als Theaterregisseurin hervorgetreten.

HERZSPRUNG

(Co-Produktion)
RE: Helke Misselwitz, BU: Helke Misselwitz, RD: Christoph Holch, KA: Thomas Plenert, MU: Poems for Laila, Georges Bizet, Giuseppe Verdi u.a., SB: Lothar Holler, KO: Ursula Wolf, SC: Gudrun Steinbrück, PL: Andrea Hoffmann, CO: Thomas Wilkening Filmgesellschaft, Potsdam-Babelsberg; ZDF, Mainz, m: 2389 = 87 min, fa, PJ: 1992, PM: 19.11. 1992, PM-Ort: Berlin
DA: Claudia Geisler (Johanna), Günther Lamprecht (ihr Vater), Eva-Maria Hagen (Elsa), Nino Sandow (Fremder), Ben Becker (Jan/Soljanka), Tatjana Besson (Lisa), Steffen Schult (Schnauze), Peter Planitzer (Glatze), Gabriele Gysi (Verrückte), Hanns Zischler (Herr Papenfuß), Bärbel Bolle, Margit Bendokat, Peter Brasch, Heike Ludwig, Lutz Schneider u. a.
INHALT: Ein kleiner Ort im Nordosten Deutschlands, Herzsprung, nach der Wiedervereinigung. Alles ist in Auflösung. Die russischen Soldaten ziehen ab, die Betriebe schließen, die Leute verlieren ihre Arbeit. Auch die junge Johanna, die in einer Betriebsküche gearbeitet hat. Sie begegnet einem fremden, dunkelhäutigen Mann. Ihr eigener Mann ist durch die Arbeitslosigkeit aus der Bahn geworfen worden, läuft Amok und kommt ums Leben. Ihr Vater verbindet sich mit ihrer älteren Kollegin Elsa, die nicht allein sein möchte. Ihre Freundin Lisa erfüllt sich ihren langgehegten Traum. Sie übergibt Johanna ihren Frisiersalon und macht sich auf den Weg in den Süden. Johanna verliebt sich in den Fremden, der in einem Imbißwagen an der Autobahn arbeitet. Ein junger Arbeitsloser, Soljanka, der sich mit seinen Freunden zu einer Bande zusammengeschlossen hat, ist empört darüber. Schon lange begehrt er Johanna und zündet nun den Wagen des Fremden an, will ihn erstechen und tötet dabei das Mädchen, das sich schützend vor den Geliebten stellt.
ZUM FILM: Nachdem Helke Misselwitz mit ihren Hochschulfilmen nachhaltig auf sich aufmerksam gemacht hatte und zunächst im Dokumentarfilm arbeitete, legte sie hier in Zusammenarbeit mit der aus der DEFA-Nachwuchsgruppe hervorgegangenen Gruppe DaDaEr ihr Spielfilmdebüt vor, das ungeachtet einiger Schwankungen in Gewichtung und Rhythmus der Geschichte ein atmosphärisch dichter und thematisch wichtiger Film wurde.
ECHO: *Herzsprung* ist ein seltenes Beispiel dafür, daß es im (gesamt-)deutschen Film doch noch möglich sein kann, politische und gesellschaftliche Aktualität einzufangen, ohne ihr nachzuhinken; daß der Film durch die rechtsradikalen

Übergriffe auf Ausländer in Deutschland noch an Brisanz gewonnen hat, ist dabei vielleicht weniger ein Zufall als Teil einer deprimierenden Voraussehbarkeit schon lange schwelender Tendenzen. Vor allem ist es der hervorragenden Kameraarbeit zu verdanken, daß sich die angesprochenen Stimmungen zu einer äußerst dichten Bestandsaufnahme zusammensetzen. (Horst Peter Koll, *film-dienst* 24/1992)
Alle Figuren atmen Lebendigkeit und Würde, sind mit mehreren Eigenschaften ausgestattet, und diese Eigenschaften sind wahrnehmbar in Gesten und Blicken und in den Pausen zwischen den Dialogen, eine ziemliche Leistung, finde ich. Nein, melodramatisch ist *Herzsprung* nicht, dazu fehlt dem Film der schwere Schritt des Melodrams, aber er hat natürlich etwas davon, und diese melodramatische »Aura« schwingt auch hier und da kräftig aus. Eigentlich aber ist alles leicht und zart, gleichsam wie ein Walzer mit Pausen. (Hannes Schönemann, *Film und Fernsehen* 6/1992+1/1993)
NEBENBEI: Nino Sandow, der damals mit der Band »Poems for Laila« auftrat, singt eigene Songs und spielt dazu auf dem Akkordeon.

HEUTE STERBEN IMMER NUR DIE ANDERN

RE: Siegfried Kühn, SZ: Brigitte Bernert, LV: Gleichnamige Erzählung von Charlotte Worgitzky, DR: Erika Richter, KA: Andreas Köfer, MU: Simone Danaylowa, SB: Georg Wratsch, KO: Inge Kistner, SC: Eva-Maria Schumann, PL: Volkmar Leweck, GR: GR »Johannisthal«, m: 2126 = 77 min, fa, brw, AT: Der schwarze Engel, Das Letzte Hemd, PJ: 1990, PM: 24.1.1991, PM-Ort: Berlin, »International«
DA: Katrin Saß (Hanna), Gudrun Ritter (Maria), Volker Ranisch (Tobias), Friedhelm Eberle (Gustav), Ulrike Krumbiegel (Lisa), Wolf-Dieter Rammler (Ortwig), Annette Straube (Ruth), Hans Bergermann (Pommer), Ruth Glöss (Nachbarin), Eckhard Becker (Oberarzt), Michael Gerber, Gerd Staiger, Dieter Bellmann, Marga Heiden, Edgar Külow u.a.
INHALT: Die drei Schauspielerinnen Hanna, Maria und Lisa haben in ihrer Anfängerzeit Tschechows »Drei Schwestern« gespielt. Nach Jahren treffen sie sich wieder. Maria hat Krebs und nicht mehr lange zu leben. Hanna, die es als erste erfährt, klärt die Kranke über ihren Zustand auf und bietet ihr ein Mittel an, ihrem Leben ein Ende zu setzen, wenn die Qualen unerträglich werden. Maria ist schockiert, wendet sich von ihr ab. Lisa zieht sich von selbst zurück, sie kann den Kontakt mit der Todgeweihten nicht ertragen. Maria und Hanna versöhnen sich und verbringen die letzte Zeit gemeinsam. Und schließlich gibt Hanna der Freundin die erlösende Spritze.
ZUM FILM: Das Thema Sterbehilfe, neu bei der DEFA und noch immer kontrovers diskutiert, nimmt Siegfried Kühn nicht zum Anlaß für Psychogramme seiner Protagonistinnen, sondern kreist immer wieder spielerisch um das Thema Sterben. Die literarische Vorlage änderte er entscheidend ab, denn die Autorin ließ Maria das todbringende und erlösende Medikament zurückweisen.
ECHO: Siegfried Kühns Hang zum Theatralisch-Skurrilen (...) gerät hier vollends außer Kontrolle. Ein über die Fahrbahn huschender Engel aus der Komparserie, gurrende Tauben auf kerzenbekränztem Klavier oder eine »lebendige« Marionette auf Marias letzter Geburtstagsfeier bleiben als kunstgewerblich-symbolistische Zutat ebenso unmotiviert wie die in Zeitlupe zerdehnten kitschigen Illustrationen zu Marias Kindheitserinnerungen. Ständig wiederkehrende Reminiszenzen an eine Gondelfahrt auf Venedigs Kanälen werfen in ihrer penetranten Beschwörung des Morbiden zu den Klängen von Verdis »Requiem« auch noch die letzten kritischen Ansätze der filmischen Gratwanderung über Bord. (Roland Rust, *film-dienst* 3/1991)
Gebündelt wird dieser fahrige Bilderbogen allein durch die Schauspielerin Gudrun Ritter in der Rolle der Maria. Da ist das Leid der einsamen, die das Unausweichliche nahen sieht, ganz pur, in Stille, Gefaßtheit und auch Protest zu erleben. Die Ritter, scheint's, hat allein das Wesentliche sichtbar verinnerlicht. (Margit Voss, *Berliner Zeitung*, 24.1.1991)
NEBENBEI: Assistenz-Regisseur Ulrich Kanakowski spielt in der Rolle des Synchronregisseurs mit.

HEXEN

RE: Helmut Spieß, BU: Kuba, DR: Willi Brückner, KA: Günter Eisinger, MU: Gerd Natschinski, BA: Karl Schneider, KO: Dorit Gründel, SC: Friedel Welsandt, PL: Richard Brandt, m: 2722 = 100

min, s/w, PJ: 1953/54, PM: 3.9.1954, PM-Ort: Berlin, »Babylon«
DA: Lothar Blumhagen (Werner Kühlemann), Albert Garbe (Bürgermeister Seidel-Großkopf), Alfred Maack (August Bast), Helene Riechers (Milda Bast), Heinz Triebel (Peter Bast), Aribert Grimmer (Pfundstüten-Enderlein), Karla Runkehl (Neulehrerin Marianne), Hans Klering (Hilsenthaler), Rudi Schiemann (Hinke-Seidel), Lisa Wehn (Hexenguste), Amy Frank, Gerd Michael Henneberg, Edith Volkmann, Hans Wehrl, Ulrich v. d. Trenck u. a.
INHALT: Ein thüringisches Dorf – Hunsdorf genannt – im Jahre 1949. Der Aberglaube treibt hier noch immer seine Blüten, und das mysteriöse Verschwinden ihrer Schweine führen die Bauern auf Hexerei zurück. Oberwachtmeister Kühlemann wird nach Hunsdorf beordert, die Vorkommnisse zu untersuchen. Auf Unterstützung kann er kaum rechnen, und so versucht er, wenigstens den kleinen Peter davon zu überzeugen, daß es keine Hexen gibt. Dabei allerdings kommt er Schritt für Schritt der Wahrheit auf den Grund, und es gelingt ihm – wobei er in Peters Großvater August und der Lehrerin Marianne doch noch Mitstreiter findet –, eine bestens organisierte Diebesbande zu entlarven.

ZUM FILM: Nachdem Wolfgang Schleif die Regie des Films niedergelegt hatte, inszenierte Helmut Spieß *Hexen* als sein Debüt. Es gelang ihm ein wirklich heiterer Film mit burlesken und satirischen Elementen. Trotzdem geriet er in die Kritik von Kulturpolitikern, die bemängelten, die dargestellten Figuren seien nicht typisch für die Dörfer der DDR.
ECHO: Meiner Meinung nach stimmt alles akkurat, was im Film *Hexen* geschieht. Ich kenne einige sächsische Dörfer aus langjähriger »Mitwisserschaft«, jetzt muß ich sagen: Hunsdorf, das Filmdorf, gibt es, so und nicht anders geht es in Hunsdorf zu. (...) Der Regisseur Helmut Spieß, dessen erster Spielfilm gleich ein Treffer wurde, hat die wichtigsten Rollen des Films mit Schauspielern besetzt, die für Kubas Komödie geboren zu sein scheinen. Die Herren Garbe, Grimmer, Maack, Schiemann sprechen ein original Thüringer Sächsisch, das den höchsten Ansprüchen in dieser Beziehung genügt, außerdem stellen sie Dorfcharaktere dar, die in ihrer prinzipienfesten Charakterlosigkeit glänzend echt sind, echt auch in ihrer komödiantischen Zuspitzung. (Carl Andrießen, *Weltbühne* 39/1954)
NEBENBEI: Die Schauspielerin Helene Riechers (1869 – 1957) hatte ihre Laufbahn für vier Jahrzehnte unterbrochen und kehrte erst nach dem Zweiten Weltkrieg auf die Bühne zurück. Auch in einigen DEFA-Filmen spielte sie herrlich skurrile alte Damen.
Filmtext: Hexen. Vergeßt mir meine Traudel nicht. Filmerzählungen von Kuba. Halle/Saale: Mitteldeutscher Verlag 1974.

DIE HEXEN VON SALEM
(Co-Produktion DDR/Frankreich)
RE: Raymond Rouleau, BU: Jean-Paul Sartre, LV: Schauspiel »Hexenjagd« von Arthur Miller, KA: Claude Renoir, MU: Hanns Eisler, ML: Georges Delerue, BA: René Moulaert, Artur Günther, KO: Lila de Nobili, Lydia Fiege, SC: Marguerite Renoir, PL: Charles Borderie, Richard Brandt, m: 3153 = 116 min, s/w, PJ: 1956/57, PM (DDR): 4.10.1957, PM-Ort: Berlin, »Babylon«/»Colosseum«, CO: Films Borderie (CICC), Pathé Cinéma, Paris/Frankreich, Franz. Titel: Les Sorcières de Salem
DA: Simone Signoret (Elisabeth Proctor), Yves Montand (John Proctor), Mylène Demongeot

(Abigail), Pascale Petit (Mary Warren), Sabine Thalbach (Kitty), Ursula Körbs (Wolitt), Jean Debucourt (Pfarrer Parris), Raymond Rouleau (Danforth), Alfred Adam (Thomas Putnam), Aribert Grimmer (Gilles Corey), Hans Klering, Werner Segtrop, Gerd Michael Henneberg, Michel Piccoli, Willi Neuenhahn u.a.

INHALT: Salem, Massachusetts, im Jahre 1692. Die schottisch-englischen Puritaner führen ein kärgliches Kolonistenleben, das durch ihre strengen religiösen Sitten zusätzlich erschwert wird. Die Farmersfrau Elisabeth Proctor huldigt einer besonders strengen Frömmigkeit, so daß es der jungen Abigail leichtfällt, deren Ehemann John zu verführen. Um John ganz für sich zu haben, bezichtigt sie Elisabeth der Hexerei, was den Scheiterhaufen bedeutet. John offenbart seinen Ehebruch und die wahren Absichten von Abigail, um seine Frau zu retten. Vergebens. Dem fanatischen Pfarrer Parris und dem Richter Danforth geht es um ein Exempel zur Stärkung ihrer Unterdrückungs-Politik und nicht um Gerechtigkeit. Zusammen mit anderen der Hexerei bezichtigten Frauen wird das Ehepaar Proctor zum Tode verurteilt. Elisabeth aber darf nicht hingerichtet werden, da sie schwanger ist. Noch vor dem festgesetzten Hinrichtungstermin werden die anderen heimlich umgebracht. Als das Gewissen der Bürger von Salem angesichts dieses Hexenwahns erwacht und sie eingreifen wollen, ist es bereits zu spät.

ZUM FILM: Angesichts der Verfolgungen in der McCarthy-Ära griff der US-amerikanische Autor Arthur Miller auf historische Ereignisse zurück, die bereits Lion Feuchtwanger in seinem Stück »Wahn in Boston« als Vorlage gedient hatten.

Das Drehbuch schrieb der noch zu Beginn der fünfziger Jahre in der DDR verpönte Jean Paul Sartre. Obwohl der Film in Babelsberg produziert wurde, blieb der Einfluß der DEFA auf die Umsetzung gering, was zu Kritik in der Kulturadministration führte. In Frankreich lief der Film in einer wesentlich längeren Fassung.

ECHO: Dieses Bilddrama (...) legt lebendiges Zeugnis dafür ab, welche hervorragende Leistung durch sinnvolles Zusammenwirken bedeutender künstlerischer Potenzen zweier Völker erreicht werden kann. Regisseur Raymond Rouleau spürte, wirkungsvoll unterstützt von der Kamera Claude Renoirs, allen feinen Verästelungen der Handlung und Charaktere nach. Organisch wächst das Allgemeine aus dem Einzelschicksal. In feinster Nuancierung sind Licht und Schatten verteilt. Immer wieder ballen sich Wahn, zynische Brutalität und menschliche Größe in Bildern von monumentaler Ausdruckskraft. Die bemerkenswerte Musik Hanns Eislers ist wesentliches Element dieses ungemein suggestiven Werkes. (Hartmut Albrecht, *Nationalzeitung*, 8.10.1957)

... wie denn der Film auch im ganzen durchaus französischen Zuschnitt haben dürfte, ein Umstand, den zu bedauern wir allerdings keine Veranlassung haben. (...) Sartre hat diese Fabel psychologisch vertieft, wobei den psychologischen Motivierungen mitunter eine Breite zugestanden wird, welche die Klarheit der Hauptfabel beeinträchtigt. Verständlich, daß ein Autor von der Art Sartres einem Ehebruch in einer puritanischen Siedlung besonderen Reiz abgewinnt. Nicht zu leugnen ist aber auch, daß Sartre die psychologisch-privaten Konflikte dramaturgisch geschickt mit der gesellschaftskritischen Hauptfabel verzahnte. Das Ehepaar Proctor wird auf diese Weise auch individuell hochinteressant. Die Leidenschaftlichkeit der erotischen Szenen

wurde vermutlich auf französischem Boden und kaum in den Babelsberger dramaturgischen Büros gestattet. (C.A., *Weltbühne* 42/1957)
NEBENBEI: Die Rolle des jungen Putnam spielte Michel Piccoli. Der spätere Weltstar stand hier nach → *Ernst Thälmann – Führer seiner Klasse* zum zweiten Mal in Babelsberg vor der Kamera. – Auf dem Filmfestival von Karlovy Vary, wo der Film als französische Produktion lief, erhielten Simone Signoret und Yves Montand Darstellerpreise.

HIEV UP

(Co-Produktion mit dem Fernsehen der DDR)
RE: Joachim Hasler, SZ: Joachim Hasler, MI: Hermann Rodigast, DR: Willi Brückner, Just Wagner, KA: Peter Krause, MU: Gerd Natschinski, SB: Georg Wratsch, KO: Joachim Dittrich, SC: Anneliese Hinze-Sokolowa, PL: Dieter Dormeier, GR: GR »Johannisthal«, m: 2430 = 89 min, fa, PJ: 1977, PM: 29.6.1978, PM-Ort: Demmin, Waldbühne
DA: Alfred Müller (Kapitän Odje), Regina Beyer (Biggy), Jürgen Heinrich (Smutje Eduard), Solveig Müller (junge Lehrerin), Dietmar Richter-Reinick (Steuermann Karstens), Madeleine Lierck (Marianne), Fred Delmare (Bestmann Heinrich), Rüdiger Joswig (Mischa), Erik S. Klein (Fangleiter), Peter Friedrichson (Sven), Regine Heintze, Arnim Mühlstädt, Ernst-Georg Schwill, Rica Deus, Dieter Wien u.a.

Hiev up

INHALT: Odje ist Kapitän auf einem Kutter des Fischereikombinats Saßnitz. Mit ihren hervorragenden Fangergebnissen ist seine Mannschaft daran gewöhnt, im Wettbewerb den ersten Platz zu belegen. Doch plötzlich sind sie nur dritter, und eine Prämie gibt's auch nicht. Was der Brigade fehlt, ist das »Brigadeleben«. Beim nächsten Landurlaub versucht Kapitän Odje mit drastischen Mitteln, den Minuspunkt wettzumachen. Er verordnet einen mehrtägigen Brigadeausflug mit Ehe- und anderen Partnerinnen, einer noch aufzutreibenden Patenklasse und natürlich mit Kultur. Zu seiner Überraschung gibt es einige Verwicklungen, in deren Verlauf eine Hochzeit stattfindet, eine Ehekrise ans Licht kommt und der Casanova der Brigade sich ausgerechnet in die Tochter seiner Chefs verliebt.
ZUM FILM: Die Attraktivität der Seefahrt, die gerade mit dem Erfolg der Fernsehserie *Zur See* bewiesen worden war, sollte mit diesem Streifen über eine Brigade von Heringsfischern auf Landgang ausgenutzt und dabei etwas über die Bedeutung eines abwechslungsreichen Brigadelebens vermittelt werden. Die Handlung diente vorrangig als Mittel, beliebte Schauspieler in bekannten Situationen zu zeigen.
ECHO: Mit einem durchweg guten Schauspielerensemble entsteht ein handwerklich gut gemachter Unterhaltungsfilm. Hasler verzichtet auch nicht auf Possenelemente, versagt sich aber den Griff in die Gagkiste. Da fehlt der nackte Liebhaber auf dem Balkon ebensowenig wie der geprellte Geizhals. Alfred Müller hat mehrfach die Möglichkeit zu Privatissima per Telefon im Gespräch mit seiner ständig sich auf Lehrgang befindlichen Frau. Das alles wird unaufdringlich und artistisch sauber dargeboten. (Peter Hoff, *Film und Fernsehen* 8/1978)
Bis zum obligaten Lustspiel-Happy-End ist der Witz dann auf der Strecke geblieben. Vielleicht kann man die letzten Worte des Films »Was ist denn daran komisch?« seinen Schöpfern wenigstens als Selbstironie zugutehalten. Auch wenn man an sommerliche Filmvergnügen nicht allzu

hohe Ansprüche stellt: Ein bißchen mehr hätte es schon sein dürfen. (Heinz Kersten, 1978, zit. nach *So viele Träume*)
NEBENBEI: Der Film entstand mit Unterstützung des VEB Fischkombinats Saßnitz.

HILDE, DAS DIENSTMÄDCHEN

RE: Günther Rücker, Jürgen Brauer, SZ: Günther Rücker, LV: Gleichnamige Erzählung von Günther Rücker, DR: Werner Beck, KA: Jürgen Brauer, MB: Karl-Ernst Sasse, SB: Harry Leupold, Georg Wratsch, KO: Christiane Dorst, SC: Helga Gentz, PL: Hans-Erich Busch, GR: GR »Berlin«, m: 2653 = 97 min, fa, brw, PJ: 1985, PM: 27.5.1986, PM-Ort: Karl-Marx-Stadt, Stadthalle
DA: Jana Krausová-Pehrová (Hilde), Peter Kunev (Knabe), Achim Wolff (Vater), Heide Kipp (Mutter), Eberhard Kirchberg (Erich), Wilfried Scheutz (Netschasek), Ute Schmidt (Janka), Elisabeth Richter (Mariechen), Wolfgang Winkler (Mann mit Hund), Günter Sonnenberg (Wirt) u.a.
INHALT: 1938 begibt sich eine junge Frau von Deutschland nach Reichenberg in Böhmen, um Erich, ihren Liebsten, zu suchen. Erich kämpft in der Illegalität gegen die Faschisten, und Hilde geht als Dienstmädchen in den Haushalt eines deutschen Tischlers. Dessen Sohn beobachtet die leidenschaftlichen Liebesszenen zwischen Erich und Hilde. Die Frau wird für ihn zum Inbegriff begehrenswerter Weiblichkeit. Als Hilde die Nachricht vom Tode Erichs erhält, stürzt sie sich in ein zügelloses Leben, um zu vergessen. Der Junge registriert ihre Veränderung mit Entsetzen und Enttäuschung. Hilde spürt, daß ihr Verhalten auf den pubertären Jungen eine fatale Wirkung hat. Sie nimmt sich seiner an und führt ihn in die Geheimnisse der Liebe ein.
ZUM FILM: Nach seiner Erzählung über eigene Jugenderinnerungen inszenierte Autor Günther Rücker in Co-Regie mit Kameramann Jürgen Brauer seinen dritten Spielfilm. Trotz schöner Motive und kraftvoller Bilder blieb der Film über eine Jugend im Dritten Reich durch eine unentschiedene Inszenierung und schwache Darsteller unter den Erwartungen.
ECHO: Der Film krankt an seiner Dramaturgie. Offenbar konnten sich die Schöpfer nicht entscheiden, ob sie nun die Geschichte des Knaben oder die der Hilde erzählen sollten. Die Folge ist ein Episoden-Ragout, das mich nicht teilhaben läßt an der Entwicklung einer Figur zum Charakter. (...) Wenn der Film denn auch ein Flop sein sollte, so doch ein partiell meisterhafter. Und das ist allemal verzeihlicher als der häufig zu beobachtende Dilettantismus. (Renate Holland-Moritz, *Eulenspiegel* 39/1986)
So kommen Günther Rückers Erinnerungen in bezug auf die handelnden Figuren im Film nicht nahe genug an mich heran. Es bleibt kühle Distanz, rationelles Erfassen. Dazu tragen sicherlich auch die unentschiedene Erzählperspektive und wenig überzeugende darstellerische Leistungen bei. In der Besetzung seiner Hauptfiguren hatte Regisseur Günther Rücker diesmal keine glückliche Hand. (Klaus Baschleben, *Neue Zeit*, 17.9.1986)
Zum Plus des Films gehören die schönen Landschaftsaufnahmen Jürgen Brauers: friedlicher Kontrast zu einer unfriedlichen Zeit, Heimatgefühl beschwörend, das ebenso mißbraucht wurde. (...) Impressionen aus bewegter Zeit fügen sich nicht zu einer ganzen Geschichte; auch der historische Hintergrund ist für ein damit nicht vertrautes jüngeres Publikum wohl nur unscharf erkennbar. Es scheint, als sei Günther Rücker von seinen persönlichen Erinnerungen so überwältigt worden, daß ihm der Abstand fehlte, sie anderen in künstlerischer Verdichtung zu vermitteln. (Heinz Kersten, *Tagesspiegel*, 14.9.1986)
NEBENBEI: Der 1924 geborene Günther Rücker schrieb seit 1952 Hörspiele, seit 1955 zahlreiche Texte und Szenarien zu Dokumentar- und Spielfilmen, und führte insgesamt bei vier vielbeachteten Kino- und Fernsehfilmen Regie.
Filmtext: Hilde, das Dienstmädchen. In: Günther Rücker: Die Verlobte. Texte zu sieben Spielfilmen. Berlin: Henschelverlag 1988

H'MIDA

→ *HAMIDA*

HOCHMUT KOMMT VOR DEM KNALL

RE: Kurt Jung-Alsen, BU: Hans Lucke, Kurt Jung-Alsen, LV: Theaterstück »Der Knall« von Jens Gerlach, DR: Manfred Fritzsche, KA: Hans Hauptmann, MU: Gerd Natschinski, BA: Artur Günther, Manfred Schröter, KO: Dorit Gründel, SC: Anneliese Hinze, PL: Werner Dau, m: 2232 = 82 min, s/w, AT: Der Knall, PJ: 1959/60, PM: 25.6.1960, PM-Ort: Berlin, Regattastrecke Grünau

DA: Johannes Arpe (Oskar Müller), Lisa Macheiner (Melanie Müller), Steffi Freund (Madeleine Müller), Horst Drinda (Harry Kyritz), Rolf Ludwig (Anton Wiesel), Peter Herden (Hans-Joachim Fechtner), Hannes Fischer (Filmregisseur), Christine Laszar (Amy Taylor), Horst Schulze (Uwe Angler), Helga Göring (Sylvia Lehmann), Gerd Biewer, Norbert Christian, Peter Kiwitt, Hans Hardt-Hardtloff, Hubert Hoelzke u. a.

INHALT: Auf politischen Druck hin inszeniert ein westdeutscher Radiosender ein Hörspiel, das einen Überfall der Russen auf die Bundesrepublik zum Inhalt hat. Eine ansehnliche Gage überzeugte den arbeitslosen Anton Wiesel, die Regie zu übernehmen. Zur selben Zeit macht der Kraftfahrer Harry Kyritz eine Erbschaft: einen altersschwachen Frachtkahn, mit dem er den Aufstieg zum Unternehmer schaffen will. Die Bekanntschaft mit Madeleine Müller, Tochter eines Kohlengroßhändlers, kommt ihm da gerade recht. Herrn Müller aber auch, denn der ist pleite. So gibt er ein großes Fest, um seine Tochter als letztes Kapital gewinnträchtig an den Mann zu bringen. Der hochstapelnde Harry hat gute Chancen, da tönt aus dem Radio das Hörspiel vom Russenüberfall. Die Gäste fassen es als Tatsachenbericht auf und flüchten in den Keller. Harry offenbart seine wahre finanzielle Lage, Müller akzeptiert ihn trotzdem – als Vorzeige-Arbeiter für die Russen. Als sich der Irrtum aufklärt, ist Harry dann aber doch aus dem Rennen, zugunsten eines vermögenderen Schwiegersohns.

ZUM FILM: Der satirische Stoff dieser eher bescheidenen Farce lehnte sich entfernt an einen Vorfall an, der Jahre zuvor aus dem US-Radio bekannt geworden war.

ECHO: ... daß die meisten Pointen nicht ins Schwarze knallen, sondern mehr oder weniger entfernt auf dem Rande der Zielscheibe gelandet sind. (...) Verdrehte Weiber, überkandidelte Rundfunkleute, vom Pleitegeier benagte Großhändler sind allein wohl zu wenig typisch, als daß an ihnen die Korruptheit des Bonner Staatswesens schlagend nachzuweisen wäre. (H. U. E., *Berliner Zeitung*, 5.7.1960)

Obwohl es sich um einen relativ unbedeutenden Film handelt, der seiner Form entsprechend auch nicht allzu ernst gemeint war, muß er doch im Zusammenhang mit dem Bemühen des SED-Regimes gesehen werden, der Bevölkerung mit allen Mitteln der Propaganda eine Vorstellung von der Bundesrepublik zu suggerieren, die den Bedürfnissen der eigenen Politik dient. (Heinz Kersten, *Das Filmwesen in der Sowjetischen Besatzungszone Deutschlands*, 1963)

NEBENBEI: Lisa Macheiner und Christine Laszar waren zwei Hauptdarstellerinnen, die – wie angenommen werden darf – aus politischer Überzeugung wenige Jahre zuvor aus der Bundesrepublik in die DDR übergesiedelt waren.

DIE HOCHZEIT VON LÄNNEKEN

RE: Heiner Carow, BU: Herbert Nachbar, Heiner Carow, LV: Gleichnamiger Roman von Herbert Nachbar, DR: Anne Pfeuffer, KA: Peter Krause, MU: Günter Kochan, BA: Willy Schiller, KO: Marlene Froese, SC: Bärbel Winzer, PL: Erich Albrecht, GR: KAG »Berlin«, m: 2282 = 84 min, s/w, PJ: 1963, PM: 28.2.1964, PM-Ort: Berlin, »International«

DA: Otmar Richter (Henning Grabe), Brigitte Beier (Bärbel Pröpping), Hanns Anselm Perten (Heinrich Pröpping, genannt König), Agnes Kraus (Friederike Pröpping), Harry Hindemith (Johannes Grabe, genannt Admiral), Dorothea Thiesing (Marta Fögenteich), Ruth Kommerell (Helene

Wussow), Fritz Bartholdt (Klaus Wussow), Wolfgang Arnst (Fritz Kemper), Fred Delmare (Karli), Maria Besendahl, Ralph Borgwardt, Hermann Wagemann, Hans Klering, Willi Schwabe u. a.
INHALT: Auf der Boddeninsel Länneken halten sich die alten Sitten und Machtverhältnisse zäh. Auch die Gründung der Fischereigenossenschaft hat den Einfluß der reichsten Fischer, Heinrich Pröpping und Johannes Grabe, nicht brechen können. In ihren Kindern, Henning Grabe und Bärbel Pröpping, sind ihnen jedoch nicht nur Widersacher im Hinblick auf den alten Familien-Konkurrenzkampf erwachsen, sondern auch Verfechter der neuen Zeit. Henning wird von seinem Vater des Hauses verwiesen, weil er Bärbel heiraten will, von deren Vater aber freudig aufgenommen. Der hofft, durch diese Vereinigung im Kampf um die seit langem umstrittenen besten Fangplätze den Sieg davonzutragen. Doch Henning und Bärbel setzen sich für eine Genossenschaft höheren Typs ein, die die Konkurrenz der einzelnen Brigaden beseitigt und eine gerechte Verteilung der Fangplätze an alle Fischer herbeiführen soll. Der alte Pröpping enterbt daraufhin seine Tochter. Die Hochzeit der jungen Leute und den Fortschritt können die beiden Alten jedoch nicht aufhalten.

ZUM FILM: Die Romanadaption hatte interessante Ansätze, bewältigte den Stoff jedoch nicht vollends. Regisseur Heiner Carow brachte unverbrauchte Gesichter auf die Leinwand, von denen sich einige im Film etablieren sollten.
ECHO: Der Regisseur verliert sich in Impressionen, er spielt Variationen auf ein Thema, mit dem er sein Publikum nur sehr flüchtig bekannt gemacht hat. Der eigentliche Konflikt, nämlich der seit Generationen andauernde Streit zwischen den Familien Pröpping und Grabe, wird nicht im mindesten psychologisch verdeutlicht und auch nicht gelöst. (Renate Holland-Moritz, *Eulenspiegel*, 1. April-Ausgabe 1964)
Ein interessanter, ja ein großartiger Vorwurf. Wohl zum ersten Mal in dieser Deutlichkeit wird die Zähigkeit anachronistischer Lebensformen auf die Leinwand gebracht, die tiefen Wurzeln der »Traditionen«. Dem Film gelingt weitgehend die Fixierung einer sozialen Auseinandersetzung, die Bestandsaufnahme eines moralisch-ethischen Konflikts, ohne bei Antagonismen Anleihen machen zu müssen. Damit werden Akzente gesetzt, die es gestatten, Erscheinungen unserer Gesellschaft unschematischer zu analysieren. *Die Hochzeit von Länneken* gelangt jedoch nicht sonderlich über die Charakterisierung dieser Fronten hinaus. Die eigentliche Auseinandersetzung wird dramaturgisch-geistig noch nicht bewältigt. Die Fabel zerflattert merkwürdig, optische Impressionen müssen die geistige Alternative ersetzen, und am Ende geht es nicht ohne deus ex machina. (Fred Gehler, *Sonntag* 15/1964)
NEBENBEI: Die Darstellerin der Marta Fögenteich, hier in einer ihrer seltenen größeren Filmrollen, war Dorothea Thiesing, die Frau des populären Schauspielers Willi Schwabe, der als Pastor mitwirkte.

HOCHZEITSNACHT IM REGEN
RE: Horst Seemann, BU: Karl-Heinz Lennartz, Horst Seemann, DR: Gerd Gericke, KA: Helmut Grewald, MU: Wolfram Heicking, Klaus Hugo, Gerhard Siebholz, Klaus Lenz, Jürgen Hermann, Thomas Natschinski, ML: Wolfram Heicking, SB: Alfred Hirschmeier, KO: Dorit Gründel, SC: Erika Lehmphul, PL: Horst Dau, GR: KAG »Johannisthal«, m: 2862 = 105 min, fa, Cine, AT: Liebe im Galopp, PJ: 1966, PM: 14.5.1967, PM-Ort: Karl-Marx-Stadt, »Europa-Lichtspiele«

DA: Traudl Kulikowsky (Gabi), Frank Schöbel (Freddy), Gerhard Bienert (Futtermeister), Günter Junghans (der Verlobte), Elke Rieckhoff (die Verlobte), Herbert Köfer (Cheftrainer), Gerd Ehlers (Wirt), Peter Reusse (Fritz), Dietmar Obst (Hans), Axel Dietrich (Kalle), Ina Martell, Gerd E. Schäfer, Evamaria Bath, Gina Presgott, Agnes Kraus u. a., GE: Chris Doerk, Ruth Homann, Manfred Krug, Vera Schneidenbach, Horst Krüger, Gerd Michaelis-Chor u.a.

INHALT: Die junge Friseuse Gabi von der Ostseeküste möchte unbedingt Jockey werden. Sie packt ihre Sachen, fährt nach Hoppegarten – und bekommt vom Cheftrainer eine Absage. Aufgeben will sie nicht, und um wenigstens ein Dach überm Kopf zu haben, heiratet sie überstürzt den sympathischen Freddy. Zweiter Reinfall. Freddy kampiert auf dem Zeltplatz, und daß sie Jockey werden will, gefällt ihm auch nicht. Erster Lichtblick: Der Stallmeister in Hoppegarten hat ein gutes Herz und läßt sie heimlich trainieren. Nun zeigt auch Freddy Einsicht, verkauft sein Motorrad, um Gabi die Teilnahme an einem internationalen Nachwuchsrennen in Budapest zu finanzieren. Natürlich siegt sie, und aus Freude darüber findet die nachträgliche Hochzeitsfeier in Budapest statt.

ZUM FILM: Der zweite Versuch der DEFA zu einem Filmmusical war auch das Regiedebüt von Horst Seemann, der zwar immer der Musik in seinen Filmen einen besonderen Rang zuwies, in dieses Genre jedoch nicht zurückkehrte.

ECHO: Das Original-Ehepaar Frank Schöbel – Chris Doerk kann sehr hübsch singen. Der Beweis dafür, daß Hauptdarstellerin Traudl Kulikowsky auch spielen kann, wurde nicht erbracht. Vielleicht wäre uns ihr Schmollmündchen weniger stereotyp vorgekommen, wenn der Regisseur auf zwei bis drei Dutzend Großaufnahmen verzichtet hätte. (Renate Holland-Moritz, *Eulenspiegel* 27/1967)

Mit einer gewissen Bedingungslosigkeit beutet der Regisseur alle Wirkungsmöglichkeiten aus, die im Zusammenklang von Bild und Musik liegen. Szenographische Effekte werden kräftig genutzt: sorgfältig komponierte Arrangements vor attraktiven Landschaftshintergründen oder in Schauplätzen mit genau komponierten dekorativen Elementen der Form- und Farbgebung, auf visuelle Reize bedachte Requisitenwahl, auf Tempo und rhythmische Attraktivität orientierte Montagetechnik. (Dieter Wolf in *DEFA-Spielfilm-Regisseure und ihre Kritiker*, 1981)

Große Ansprüche werden annonciert – Selbstbestimmung und Gleichberechtigung, Schau-Opulenz und Musical. Aber die hektische Erzählweise und der forcierte Witz verschütten die bemerkenswerten Momente, in denen Bildphantasie und Musikalität zur Synthese, zu persönlichem filmischen Ausdruck drängen. (Klaus Wischnewski in *Das zweite Leben der Filmstadt Babelsberg*, 1994)

NEBENBEI: Eine Zeitungsnotiz über den ersten weiblichen Jockey der DDR brachte Horst Seemann die Anregung zu diesem Stoff. – Daß Frank Schöbel in diesem Film durchgängig von Ingolf Gorges synchronisiert wurde, lag weniger an seinem Sprechvermögen, das Frank in anderen Filmen unter Beweis stellte, sondern war laut Fama auf die Eifersucht Horst Seemanns zurückzuführen, der damals – und für viele Jahre – mit Traudl Kulikowsky liiert war.

DAS HÖLZERNE KÄLBCHEN

(Kinderfilm)

RE: Bernhard Thieme, BU: Anneliese Kocialek, Bernhard Thieme, LV: Märchen »Das Bürle« der

Brüder Grimm, DR: Margot Beichler, KA: Günter Eisinger, MU: Hans-Dieter Hosalla, BA: Herbert Nitzschke, KO: Lydia Fiege, SC: Bärbel Weigel, PL: Hans Mahlich, m: 1787 = 66 min, s/w, AT: Das Bürle, PJ: 1959, PM: 8.5.1961, PM-Ort: Berlin

DA: Günther Haack (Bürle), Ursula Alberts (Frau des Bürle), Kurt Steingraf (Schultheiß), Gertrud Brendler (Frau des Schultheiß), Willi Neuenhahn (Schmied), Lore Frisch (Frau des Schmieds), Walter Jupé (Pfarrer), Hans-Peter Reinecke (Hirte), Rolf Losansky (Armer Bauer), die Kinder Franz Christoph Giercke, Iris Hewald, Manfred Kroop u. a.

INHALT: Dem armen Hirten Bürle werden Kälbchen von der Weide gestohlen, sogar das hölzerne. Vor Gericht klagt man die Armen des Dorfes an, doch die sind unschuldig. Und sie wissen, daß es die habgierigen Reichen waren, die die Weide für sich allein haben wollen. Das schlaue Bürle ersinnt mit den Bauern einen Plan, die Reichen werden überführt und mit Schimpf und Schande aus dem Dorf gejagt.

ZUM FILM: Das Debüt und der einzige Kino-Spielfilm des Regisseurs, der viele Jahre lang auf dem Gebiet des Dokumentarfilms und für den DFF tätig sein sollte, entstand nach einem Grimm-Märchen, dessen Motive aus der Fassung von Andersen als »Der kleine und der große Klaus« besser bekannt sind. Ursprünglich war die Konfrontation mit der Kirche stärker akzentuiert, wurde aber durch Schnitte und Nachaufnahmen verändert, weil derartige Konflikte nicht erwünscht waren.

ECHO: Das besondere Anliegen in diesem Film, nämlich die Überlistung der Reichen (...), ist daher auch ungelöst, weil es nicht märchenhaft – phantasievoll, sondern eben naturalistisch gestaltet wurde. Der Zuschauer erheitert sich allenfalls am Geschehen, er erkennt aber in der Handlungsweise der Armen nicht klar genug, wie notwendig es für sie ist, sich mit allen Mitteln zur Wehr zu setzen. So gehen die echten sozialkritischen Hintergründe im Film verloren. (Charlotte Czygan, *Deutsche Filmkunst* 9/1961)

NEBENBEI: Rolf Losansky, später einer der erfolgreichsten Kinderfilmregisseure der DEFA, trat hier in der Rolle eines armen Bauern als Schauspieler auf.

HOFFMANNS ERZÄHLUNGEN

(DFF-Auftragsproduktion)

Regie: Walter Felsenstein, Georg F. Mielke; BU: Walter Felsenstein, Georg F. Mielke, LV: Gleichnamige phantastische Oper von Jacques Offenbach und Jules Barbier, KA: Otto Merz, MU: Jacques Offenbach, SB: Reinhart Zimmermann, Rudolf Heinrich, Paul Lehmann, KO: Helga Scherff, SC: Thea Richter, PL: Rita Arendt, P: DFF, m: 3730 = 136 min, fa; PJ: 1970, SD: 26.12. 1970, AD: 17.12.1971

DA: Hanns Nocker (Hoffmann), Melitta Muszely (Olympia, Antonia, Giulietta, Stella, Donna Anna), Rudolf Asmus (Lindorf, Coppelius, Dapertutto, Dr. Mirakel), Werner Enders (Andreas, Cochenille, Franz, Pitichinaccio), Sylvia Kuziemski (Muse, Niklaus), Alfred Wroblewski (Rat Crespel), Vladimir Bauer (Spalanzani), Horst-Dieter Kaschel (Schlemihl), Heinz Kögel (Lutter), Uwe Kreyssig (Nathanael) u.a.

INHALT: Im Berliner Weinrestaurant Lutter & Wegener zu Beginn des 19. Jahrhunderts trifft sich der Dichter E. T. A. Hoffmann mit Freunden und Mitgliedern der Berliner Gesellschaft. Während er dem Wein zuspricht, erzählt er drei seiner Geschichten, in denen er – anders als in der gedruckten Version – jeweils selbst im Mittelpunkt steht. Am Ende des Abends steht für ihn die Erkenntnis, daß er flüchtigen Liebschaften entsagt, weil sein Leben der Kunst gehört. (f.b.h.)

ZUM FILM: Die Verfilmung einer Aufführung von Offenbachs fantastischer Oper, die 1958 von Walter Felsenstein in der Komischen Oper in Berlin inszeniert wurde. Filmisch weniger reizvoll als ein Dokument, durch das das Werk Felsensteins sichtbar fortlebt: Einfallsreichtum, reiche Ausstattung, gute Schauspielerführung, eindrucksvolle Massenszenen und vor allem die hervorragenden Leistungen der Sänger tragen deutlich seine Handschrift. (*Lexikon des internationalen Films*)

ECHO: Ein Regisseur freilich, der mit dem Normalformat arbeiten muß (und anders kann er den Bildschirm ja nicht beliefern), ist von vornherein ein wenig begrenzt. Nun muß man Walter Felsenstein und seinem Mitregisseur Georg Mielke einräumen, daß sie dieses Handikap elegant zu überspielen versuchten, aber natürlich konnten sie es nicht ganz aus dem Wege räumen. Mit anderen Worten: den hinreißenden Eindruck der

Theater-Aufführung von *Hoffmanns Erzählungen* mit ihrem prächtigen Realismus und ihrer realistischen Pracht wird man von dem Film wohl nicht in gleichem Maße empfangen können. (...) An der Kamera stand der bewährte Künstler Otto Merz, und ich wüßte nicht, was man an seiner Arbeit bemängeln könnte. Daß freilich Sänger, während sie singen, in der Großaufnahme dem Zuschauer ein ähnliches Bild bieten wie der Patient dem Zahnarzt – dafür kann man natürlich nicht Otto Merz verantwortlich machen. (Lothar Kusche, *Weltbühne* 52/1970)

Erst jetzt kommt die Fernsehfassung aus Ostberlin zu uns, aber so wenig Staub hat das hintersinnig glitzernde Milieu der Romantik angesetzt, daß man die Verspätung kaum bedauern mag. Im Gegenteil: Felsenstein meidet Modemätzchen, geizt mit den elektronischen Räuschen seiner jüngeren Kollegen, er nutzt das Medium, aber er spielt nicht medienverrückt. (W. B., *Süddeutsche Zeitung*, 21.3.1972)

Ein singender, klingender Albtraum. (...) Was ins Bild kommt, ist die totale Meiningerei, schwerfällig, schwerfüßig; Opas Oper in ihrer trübsten Form. Und was man in Felsensteins Theater gern übersieht, den Provinzialismus des Musikalischen, drückt einem der häusliche Lautsprecher rücksichtslos in die Ohren. (Klaus Geitel, *Welt*, 21.3.1972)

NEBENBEI: Der Tenor Hanns Nocker, einer der langjährigen Protagonisten an Felsensteins Komischer Oper, war auch in den Titelpartien der Felsenstein-Filme *Othello* und → *Ritter Blaubart* zu erleben.

DIE HOSEN DES RITTERS VON BREDOW

RE: Konrad Petzold, SZ: Günter Kaltofen, LV: Roman »Die Hosen der Herrn von Bredow« von Willibald Alexis, DR: Margot Beichler, KA: Hans Heinrich, MU: Günter Hauk, SB: Georg Wratsch, KO: Christiane Dorst, SC: Ilse Peters, PL: Hans Mahlich, GR: KAG »Johannisthal«, m: 2961 = 109 min, fa, brw, PJ: 1972/73, PM: 31.8.1973, PM-Ort: Leipzig, »Capitol«

DA: Rolf Hoppe (Ritter Götz von Bredow), Lissy Tempelhof (Brigitte von Bredow), Kati Bus (Eva), Petr Skarke (Hans-Jürgen), Gerry Wolff (Kaspar), Armin Mueller-Stahl (Dechant), Hannjo Hasse (Lindenberg), Arno Wyzniewski (Kurfürst Joachim I.), Ezard Haußmann (Melchior), Fred Delmare (Hedderich), Eva-Maria Hagen, Axel Triebel, Stefan Lisewski, Juliane Korén, Walter Lendrich, Fred Ludwig, Harald Halgardt, Gerd Ehlers, Alfred Struwe, Peter Brang u. a.

INHALT: Mit der elchledernen Hose des Götz von Bredow hat es eine eigene Bewandtnis: Wer sie trägt, kann nicht zu Schaden kommen. Nur gewaschen werden darf sie nicht. Die penible Frau Brigitte säubert sie dennoch – wobei sie abhanden kommt, weil der sie bewachende Junker Hans-Jürgen der in einem Waschfaß treibenden Eva von Bredow das Leben retten muß. Derweil ist bei den Bredows der Geheime Rat Lindenberg eingetroffen und verliert im Spiel eine große Summe, die ihm nicht gehört. Mit einem Raubüberfall will er den Verlust wettmachen. Der Verdacht fällt erst auf Bredow, weil seine Hose beteiligt war, aber Lindenberg wird doch überführt und zum Tode verurteilt. Das bringt die Ritterschaft in Aufruhr, da Überfälle eine wichtige Einnahmequelle für sie bilden. Zu viert ziehen sie gegen den Kurfürsten, der sich auf der Jagd in der Köpenicker Heide befindet. Doch Bredow, der seine schützende Hose wieder hat, kommt ihm zu Hilfe.

ZUM FILM: Die derb-komische Variante der zahlreichen Romantik-Adaptionen der siebziger Jahre lebte vor allem durch zahlreiche Komödianten, wobei Rolf Hoppe den Titelhelden anders als in der Vorlage zu einer lebensprallen, drastischen Figur werden ließ.
ECHO: In diesem, dank Kostüm-, Masken- und Szenenbildner farbenfrohen, turbulenten Film begegnen uns selbst in kleinsten Rollen hervorragende Darsteller. (Herrmann Schirrmeister, *Tribüne*, 7.9.1973)
Mit einer ellenlangen Wirtshausrauferei, einem ebensolchen Wäschefest und den humorlosen Plänkeleien zwischen Kurfürst und Krautjunkern wirft er uns »Bälle« zu, die wir schon nach kurzer Zeit als Gähnen zur Leinwand zurückschicken. Natürlich gibt es auch Szenen, die diesen Film bewegt und unter Lachen ablaufen lassen. Wie etwa bei Lissy Tempelhofs praller und listiger Rittersfrau. Auch Armin Mueller-Stahl hat Sinn für das maßvolle Ausspielen komischer Situationen, lockert mit seinem spiel- und liebestollen Würdenträger ein wenig unsere Lachmuskeln. (Hans-Dieter Schütt, *Junge Welt*, 11.9. 1973)
Es ist eine humorvolle Geschichte, die hier in der Inszenierung des Regisseurs Konrad Petzold erzählt wird (...), dennoch darf nicht vergessen werden, daß Ort und Zeit der Handlung ein finsteres Bild boten. (...) In diesem Punkte mangelt es dem Film an historischem Geist. Das Komödiantische entfaltet sich auf einem verharmlosenden Hintergrund und verliert so an Tiefe der Sicht (Friedrich Salow, *Filmspiegel* 20/1973)
NEBENBEI: Lissy Tempelhof vom Deutschen Theater Berlin, prädestiniert für starke Frauengestalten in Gegenwartsfilmen, erwies sich im Kostümfilm als große Komödiantin.

HOSTESS

RE: Rolf Römer, SZ: Rolf Römer, Wolfgang Ebeling, Gisela Steineckert, DR: Willi Brückner, KA: Siegfried Mogel, MU: Franz Bartsch, Rainer Böhm, Günther Fischer, Stern-Combo Meißen; ML: Rainer Böhm, SB: Christoph Schneider, KO: Helga Scherff, SC: Monika Schindler, PL: Siegfried Kabitzke, GR: AG »Johannisthal«, m: 2698 = 99 min, fa, brw, PJ: 1975, PM: 12.2.1976, PM-Ort: Berlin, »Kosmos«
DA: Annekathrin Bürger (Jette), Jürgen Heinrich (Johannes), Roswitha Marks (Conny), Bernd Stichler (Geerd), Manfred Karge (Robert), Angela Brunner (Christa), Rolf Römer (Peter), Wolfgang Dehler (Karl), Marion van de Kamp (Frau Sommer), Gerhard Bienert (Heinrich), Gertrud Brendler, Hertha Thiele, Michael Gwisdek, Fred Delmare, Hannjo Hasse u. a., GE: Veronika Fischer, Nina Hagen, Christiane Ufholz, Stern-Combo Meißen u.a.
INHALT: Seit zwei Jahren leben Jette und Johannes zusammen, da schlägt Johannes ganz prosaisch vor, das Verhältnis auf dem Standesamt zu »legalisieren«. Jette liebt ihn, aber die Art des Heiratsantrags verletzt ihre Gefühle. Es kommt zu Spannungen, sie zieht aus. Das Nachdenken darüber, was sie von der Ehe erwartet, läßt sie die Beziehungen anderer mit schärferen Augen sehen – die Ehekrise ihres Bruders Robert, bei dem sie Zeuge einer schweren Auseinandersetzung wird, und auch die Probleme ihrer jüngeren Kollegin Conny, deren erste Liebe in die Brüche geht. Die Stärke ihrer eigenen Liebe überprüft sie bei einem Flirt mit dem früheren Freund Peter. Gegenseitige Annäherungsversuche von Jette und Johannes enden mit Mißverständnissen, die schließlich

ausgeräumt werden, so daß einem neuen Anfang nichts mehr im Wege steht.
ZUM FILM: Rolf Römers zweite war zugleich seine letzte Spielfilm-Regie-Arbeit. Der Film, der bei aller Kolportage doch ein Stück Zeitgefühl vermittelte, war ein großer Publikumserfolg, aber wurde von der Kritik nicht anerkannt.
ECHO: Daß der Film verblüffende Besucherzahlen verzeichnen kann, ist gewiß kein Verdienst des Autors Rolf Römer. Doch dem weitaus geschickteren Regisseur gleichen Namens gelang es, die vordergründige, hohle Geschichte mit ein paar todsicheren Lustspiel-Effekten aufzumutzen. Außerdem finden gutbesuchte Film-Betten immer ihr Publikum, desgleichen die von den Jugendlichen favorisierten Beatgruppen und Popsängerinnen. Am besten gefielen mir Angela Brunner und Manfred Karge als Spießbürgerehepaar. Die beiden machten aus ihren Klischee-Rollen das einzig Mögliche, nämlich eine perfekte Parodie. (Renate Holland-Moritz, *Eulenspiegel* 13/1976)
Um zum Nachdenken über falsche und richtige Formen menschlichen Zusammenlebens anzuregen, was Römer vielleicht beabsichtigt haben mag, ist das, was der Film an Handlung bietet, doch allzu oberflächlich und wird zudem überdeckt von Äußerlichkeiten. Römer verrät eine Vorliebe für modische Montagespielereien in Reklamespot-Manier und schicke Dekors, und so macht sein Film mehr den Eindruck einer Produktion für die Ostberliner Touristenwerbung mit Annekathrin Bürger als perfekt dreisprachiger Stadtführerin. (Heinz Kersten, 1976, zit. nach *So viele Träume*)
NEBENBEI: Viele der Mitwirkenden verließen nach der Biermann-Ausbürgerung desselben Jahres – oft nach zähen Bemühungen – die DDR, oder sie galten als politisch unzuverlässig, wie der Regisseur, so daß der Film trotz seines Publikumszuspruches bald schon nicht mehr zu sehen war.

HOTELBOY ED MARTIN

RE: Ernst Kahler, Karl-Heinz Bieber, LV: Schauspiel »Merry-Go-Round« von Albert Maltz; Deutsche Neufassung »Hotelboy Ed Martin« von Maximilian Scheer, DR: Gerhard Neumann, KA: Günter Eisinger, MU: Peter Fischer, BA: Herbert Nitzschke, Siegfried Stepanek, KO: Siegfried Stepanek, SC: Wally Gurschke, PL: Richard Brandt, m: 2248 = 82 min, s/w, PJ: 1954, PM: 11.3.1955, PM-Ort: Berlin, »Babylon«/»DEFA-Filmtheater Kastanienallee«
DA: Ulrich Thein (Ed Martin), Katharina Matz (Pegs), Kurt Wenkhaus (Anderson), Horst Schönemann (Wade), Heinz Voss (Varvey), Theo Shall (Boß), Werner Pledath (Manning), Werner Segtrop (Dougherty), Hubert Suschka (Zelli), Gisela May (Marge), Hans Stetter, Martin Flörchinger, Friedrich Richter, Walter Lendrich, Hermann Wagemann u. a.
INHALT: Im Hotel wird Ed Martin Zeuge eines Mordes. Der Täter konnte zwar gefaßt werden, doch er hatte vorher der Tasche des Opfers Papiere entnommen, die eine kriminelle Verflechtung von Politikern und Gangstern beweisen. Das Schweigen des Mörders erkauft man sich mit dessen Freilassung. Da der Fall aber zu viel Staub aufgewirbelt hat, muß ein neuer Täter her: Ed Martin, der alles beobachtet hat. Halbtot geprügelt, gesteht er das Verbrechen, widerruft aber später. Inzwischen hat er auch Freunde gefunden, die ihn verteidigen wollen. Da wird er in seiner Zelle tot aufgefunden. Die Polizei, die ihn erhängt hat, gibt einen Selbstmord vor.
ZUM FILM: Der seltene Fall, daß die DEFA einen Hollywood-Autor verfilmte, trug keine sonderlichen Früchte. Albert Maltz war einer der in der McCarthy-Ära geächteten »Hollywood Ten«. Sein Stück *Hotelboy Ed Martin* hatte Ernst Kahler in den Kammerspielen des Deutschen Theaters inszeniert. Die DEFA schob diesen publikumswirksamen Stoff kurzfristig in den Produktionsplan, um die staatlichen Prämien für die Planerfüllung 1954 zu erhalten. Kahler und seinem Co-Regisseur Karl-Heinz Bieber, die ansonsten nur mit Kurzfilmen der *Stacheltier*-Produktionen als Filmregisseure hervortraten, blieb nicht viel mehr übrig, als die leicht geänderte Bühnenkonzeption (mit einem filmischen Schluß versehen) optisch unter Verwendung wirkungsvoller Großaufnahmen umzusetzen.
ECHO: Man hat in der Rekordzeit von sechzehn Tagen (...) einen Film hergestellt, der keiner ist. Man hat einen der erregendsten, aktuellsten Filmstoffe der letzten Zeit – denn das wäre der *Ed Martin* bei sachgemäßer Bearbeitung ohne Frage gewesen – weit unter seinem Wert verge-

ben, ja verschenkt. (Hans Ulrich Eylau, *Berliner Zeitung*, 15.3.1955)

Peter Fischers auf ein Minimum beschränkte Musik erfüllt genau ihre Funktion und steigert die Dynamik des Bildablaufs zu einer oft atemberaubenden Gegenwärtigkeit. Die von Siegfried Stepanek geschaffenen Bühnenbilder, durch Bauten Herbert Nitzschkes großflächiger und gewichtiger erscheinend, lassen in der Begrenzung auf die wenigen Schauplätze der Handlung doch echte Filmatmosphäre aufkommen. Es hätte aber mehr sein können. In Zukunft sollte es sich die DEFA nicht entgehen lassen, einen so zugkräftigen Stoff, der sicher auch in dieser Form ein großes Publikum findet, zum echten, großen Film auszubauen. (Heinz Hofmann, *Deutsche Filmkunst* 2/1955)

NEBENBEI: Theo Shall, der den Boß spielte, hatte zu Beginn der dreißiger Jahre in Hollywood gearbeitet und war u.a. Greta Garbos Partner in *Anna Christie*. Unter Kollegen trug er den Beinamen »Der Mann, der die Garbo küßte«.

HÜHNCHEN UND HÄHNCHEN

→ *Anhang C*

HUSAREN IN BERLIN

RE: Erwin Stranka, BU: Erwin Stranka, DR: Christel Gräf, KA: Otto Hanisch, MU: Wilhelm Neef, SB: Jochen Keller, KO: Günther Schmidt, SC: Ilse Peters, PL: Hans Mahlich, GR: KAG »Roter Kreis«, m: 2530 = 93 min, fa, Cine, PJ: 1970, PM: 26.6.1971, PM-Ort: Berlin, Freilichtbühne Grünau

DA: Manfred Krug (Hadik), Evelyn Opoczynski (Andrea), Rolf Herricht (Augustin), István Iglodi (Pali), Gábor Agárdi (Baboczay), Antol Farkas (Tschurtschenthaler), Herwart Grosse (v. Rochow), Norbert Christian (Splitgerber), Siegfried Weiß (Gotzkowsky), Günter Rüger (Kovacz), Günter Schubert, Hans Klering, Holger Mahlich, Lutz Jahoda; Hertha Thiele u. a.

INHALT: Gastwirt Augustin aus dem Märkischen hat für seine Tochter Andrea eine »gute Partie« ausgewählt: einen Berliner Kaufmann. Auf dem Weg zu ihm werden sie von ungarischen Husaren unter Marschall Hadik gefangengenommen. Man schreibt das Jahr 1757, es wütet der 7jährige Krieg. Andrea, die den Kaufmann ohnehin nicht wollte, verliebt sich in den schneidigen Trompeter Pali. Die Husaren ziehen nach Berlin, besetzen die nur von einer schwachen Truppe gesicherte Stadt. Als der Kommandant zur Verteidigung der preußischen Metropole schreiten will, kommt es jedoch nicht zum Kampf, sondern zu einer Verbrüderung zwischen Husaren und Bevölkerung, die von Pali und Andrea angeführt wird. Einen Tag lang dauert die Besatzung, dann müssen die Husaren vor dem nahenden preußischen Herr fliehen.

ZUM FILM: Die Geschichte des Films basiert auf einer tatsächlichen Begebenheit aus dem Siebenjährigen Krieg, als Preußens Truppen verstreut waren und es einem Husaren General ein leichtes war, für einen Sonntag Berlin zu besetzen. Die kuriose Geschichte mündete in einen amüsanten Mantel-und Degen-Film mit dem erprobten Manfred Krug.

ECHO: Der Schwerpunkt der Komik liegt auf einem pointen- und einfallsreichen Dialog, in dem sich wesentliche Seiten der Haltung einzelner Figuren offenbaren. Ein Mangel der Umsetzung ist dabei die Tatsache, daß nicht immer der entsprechende filmische Ausdruck gefunden wurde, zu wenig vermocht wird, den Dialog vom Bild her zu stützen. (...) Der streckenweise Ver-

zicht auf äußere Aktionen, die nun einmal zu diesem Genre gehören, wirkt mitunter als Mangel. (Hasso Hartmann, *Filmspiegel* 15/1971)
NEBENBEI: Unter den ungarischen Darstellern ist der damals am Beginn seiner Laufbahn stehende István Iglódi (geb. 1944) der wohl prominenteste. Er wurde im Laufe seiner Karriere auch mit dem Bundesfilmpreis ausgezeichnet und übernahm 1999 die Intendanz des Budapester Nationaltheaters.

DER HUT

RE: Evelyn Schmidt, SZ: Gabriele Kotte, DR: Carmen Blazejewski, KA: Claus Neumann, MU: Karl-Ernst Sasse, SB: Peter Wilde, KO: Ulrike Stelzig, SC: Sabine Schmager, PL: Alexander Gehrke, GR: GR »Roter Kreis«, m: 2566 = 94 min, PJ: 1990, PM: 27.6.1991, PM-Ort: Berlin, »Felix«
DA: Rita Feldmeier (Marie-Luise), Peter Prager (Hans), Heidemarie Schneider (Karin), Angelika Ritter (Frau Heltmann), Dietrich Mechow (Prof. Heltmann), Bodo Krämer (Herr Werner), Herbert Olschok (Herr Ott), Manfred Richter (Direktor), Susann Thiede (Hanna), Lydia Billiet, Heike Jonca, Rosemarie Bärhold, Peter Pauli, Günter Margo u.a.

INHALT: Die Putzfrau Marie-Luise, alleinstehende Mutter dreier Kinder und schon über die Dreißig, entschließt sich, ihr Graue-Maus-Dasein zu beenden. Sie kauft sich einen großen, mondänen Hut. Mit Hut, den Kindern und klapprigem Wartburg macht sie sich auf die Reise ins FDGB-Ferienheim, bekommt dort – aufgrund eines Irrtums – ein Luxusappartement. Ihrem erwachten Selbstwertgefühl kann auch der Spott der Kinder nichts anhaben. Im überfüllten Fahrstuhl des Ferienheims wird sie mit ihrem Hut zum Ärgernis für den Fahrstuhlführer Hans. Er beschimpft sie. Und ausgerechnet in diesen eingebildeten Typ verliebt sie sich. Aber auch ein Liebesabenteuer auf dem Dachboden des Ferienheims setzt ihrem Zwist um Marie-Luises Hut und ihrem Lebensanspruch kein Ende.
ZUM FILM: Evelyn Schmidts einziger »Nach-Wende-Film« gab ihr nicht die Möglichkeit, ihr ganzes Können zu zeigen. Herrlich komödiantische Szenen standen wie Fremdkörper in einer dramaturgisch nicht bewältigten Handlung.
ECHO: Die Hauptdarsteller Rita Feldmeier und Peter Prager haben so viel Ausstrahlung, daß man sich am komödiantischen Spiel (schon allein der Gang der Feldmeier ist sehenswert) erfreuen kann. Leider aber wird der Film von Regisseurin Evelyn Schmidt ohne jegliches Gefühl für Tempo oder Pointen inszeniert. Die Dialoge tröpfeln, wo sie perlen müßten. (Frank Burkhard, *Märkische Allgemeine*, 20.7.1991)
Was Evelyn Schmidts alberner Klamauk unter einen uralten Hut zu bringen versucht, ist zwar nie komisch, in seinem Anachronismus aber gelegentlich von unfreiwilligem Reiz. Worüber sie sich an Defiziten des miefigen Alltags in der ehemaligen DDR mokiert, ließe in seinem beiläufigen Zynismus das Lachen im Halse steckenbleiben, machte sich nicht die dilettantische Inszenierung selbst in einem Maße lächerlich, daß zumindest ein begrenztes Amüsement auf Kosten des Films möglich erscheint. (Roland Rust, *film-dienst* 8/1991)
Mir gefallen die Ecken und Kanten dieses Films, ich mag das Spöttische, Groteske, Absurde. Ich entdecke in manchen Szenen spielerische Leichtigkeit, zärtlichen Humor. Das Provinzielle unseres Lebens wird in Motiven ausgedrückt, die den Mut zum Sarkasmus haben. (Martin Mund, *Weltbühne* 36/1991)

NEBENBEI: Der Film ist »der letzten DDR-Bürgerin« gewidmet.

HUT AB, WENN DU KÜSST!

RE: Rolf Losansky, SZ: Maurycy Janowski, DR: Dieter Scharfenberg, KA: Wolfgang Braumann, MU: Klaus Hugo, SB: Hans-Jorg Mirr, KO: Barbara Müller, SC: Christa Helwig, PL: Willi Teichmann, GR: KAG »Johannisthal«, m: 2373 = 87 min, fa, PJ: 1971, PM: 30.9.1971, PM-Ort: Berlin, »Colosseum«

DA: Angelika Waller (Petra), Alexander Lang (Fred), Rolf Römer (Juan), Günter Junghans (Horst), Günter Grabbert (Onkel Valeraz), Peter Borgelt (Oskar), Gerd E. Schäfer (Blütenrein), Bruno Carstens (Direktor Waltershausen), Johannes Maus (Meister), Carola Braunbock (Tante), Axel Triebel, Heide Kipp, Helga Sasse, Ulrich Anschütz, Thomas Langhoff u. a.

INHALT: Der Ingenieur und Testfahrer Fred kann sich mit dem Beruf seiner Freundin Petra nicht abfinden. Sie ist Automechanikerin und er der Meinung, dies schade ihrer Weiblichkeit. Da Petra ihre Arbeit liebt und nicht bereit ist, sie gegen eine »weibliche« einzutauschen, kommt es ständig zu Streit – bis der Trubel der Leipziger Messe, auf die Petra unversehens gerät, der anachronistischen Einstellung Freds ein Ende bereitet. Und zwar durch Eifersucht. Er muß erleben, daß der zauberhaft aussehenden Freundin die Männer scharenweise den Hof machen. Und wäre Petras Liebe zu ihm nicht so groß, dann hätte seine späte Einsicht auch nichts genützt.

ZUM FILM: Rolf Losansky, einem Meister des Kinderfilms, war bei seinen wenigen Ausflügen ins Lustspielfach keine glückliche Hand beschieden. Selbst anerkannte Komödianten konnten dem Stoff kein dauerhaftes Leben einhauchen.

ECHO: Nun fehlt dem Film leider auch alles, was zum Erfolg hätte führen können: eine originelle, tragfähige Fabel, gute Dialoge, ein Regisseur, der die bedauernswerten Schauspieler mit ihren unspielbaren Rollen nicht verhungern läßt, spritzige, vor allem jugendlichen Ohren imponierende Musik und Texte dazu, die nicht lyrischem Dilettantismus entsprechen. So gesehen – und von den recht ulkigen, aber beziehungslosen Slapstick-Einlagen mal abgesehen – ist der Film eigentlich ein gelungenes Beispiel. Allerdings nur dafür, wie man heutzutage keinesfalls mehr einen Lustspielfilm machen kann. (Renate Holland-Moritz, *Eulenspiegel* 46/1971)

NEBENBEI: Axel Triebel, eine der skurrilsten Erscheinungen des DEFA-Films, geisterte in gleich vier Rollen durch dieses Lustspiel.

DER HUT DES BRIGADIERS

RE: Horst E. Brandt, SZ: Manfred Richter, DR: Anne Pfeuffer, Werner Beck, KA: Hans-Jürgen Kruse, MU: Walter Kubiczek, SB: Erich Krüllke, KO: Ewald Forchner, Andrea Bösl, SC: Karin Kusche, PL: Uwe Klimek, GR: GR »Berlin«, m: 2518 = 92 min, fa, brw, PJ: 1985, PM: 20.3.1986, PM-Ort: Berlin, »Kosmos«

DA: Roman Kaminski (Ralf Reider), Peter Sodann (Fritz Siegert), Reiner Heise (Manne Herford, genannt Maus), Manuel Soubeyrand (Pickel, Müller 2), Joachim Unger (Frosch), André Hiller (Seife), Peter Trillhose (Paulchen Vogt), Albert Hetterle (Ronnseil), Arianne Borbach (Charlie), Ulrike Krumbiegel (Heide), Helga Göring, Rudolf Ulrich, Hans-Uwe Bauer, Hans-Otto Reintsch, Wolfgang Winkler u. a.

INHALT: Dem Ruf der »Berlin-Initiative« folgt auch der junge Bauarbeiter Ralf Reider aus dem Rhöndorf Katzsprung. Ein Jahr will er in Berlin gutes Geld verdienen für Frau und Kind und den Eigenheimbau. Er ist ein unbequemer Typ, und als er Betonlieferungen nach seinem Gerechtigkeitssinn verteilt, eckt er bei Bauleiter Ronnseil an. Reider wird in die Brigade von Fritz Siegert versetzt. Aber dort eckt er ebenfalls an, wenn er bei Regen arbeitet, gegen Alkohol während der Arbeit protestiert – und zwar sehr handgreiflich. Andererseits lehnt er eine Sonderschicht ab, weil er am Wochenende nach Hause will. Er ändert seinen Entschluß im letzten Moment und kommt dann doch noch – mit dem Taxi. Als Brigadier Siegert tödlich verunglückt, traut sich keiner zu, die Brigade zu leiten. Reider übernimmt den Posten – gegen den Willen der meisten Brigademitglieder. Er ist entschlossen, die Konflikte auszutragen. Seine Frau muß sich mit seiner Entscheidung, länger in Berlin zu bleiben, abfinden.

ZUM FILM: Horst E. Brandt versuchte, in die Handlung einen Touch von Western zu bringen: Ein Hilfssheriff muß plötzlich den Sheriff ersetzen und wächst über sich selbst hinaus. Letztlich fand der Film nur ein geteiltes Echo.

ECHO: Das Erstaunliche an diesem Film, der mitunter recht spröde und kantig einherkommt, Konflikte mehr benennt als gestaltet, also sehr dialogreich, reportagehaft ist, besteht wohl darin: Er erzählt eine Geschichte aus dem unmittelbaren Heute, erforscht die Reibflächen zwischen Ideal und Wirklichkeit, porträtiert einen, der für viele der Arbeiterklasse steht mit seinem Vermögen, seinem Anspruch, seiner Unduldsamkeit, seiner Empfindsamkeit. Und Roman Kaminski gelingt es, diesen Reider als einen an Individualität reichen Arbeiter vorzuführen, der mit sich und seiner Zeit in harmonische Übereinkunft kommen will – und wird. (Hans-Dieter Tok, *Wochenpost* 16/1986)

Auf der Leinwand kommt auch er (Roman Kaminski, f.b.h.) nicht gegen den Eindruck an, daß dieser Ralf Reider doch allzusehr ein positiver Held aus der Retorte ist, konstruiert in Babelsberger Dramaturgenbüros nach Rezepten aus Referaten von Kulturkonferenzen. (...) Mir schien der Film ein alter Hut aus der dramaturgischen Mottenkiste der fünfziger Jahre. (Heinz Kersten, *Tagesspiegel*, 27.4.1986)

NEBENBEI: Der Film, der zum Teil im Kombinat VEB Tiefbau gedreht wurde und dem XI. (und letzten) Parteitag der SED gewidmet war, erhielt seinen Titelsong von der Gruppe Silly. Roman Kaminski, der wenig später in den Westen ging, bekam 1986 auf dem Nationalen Spielfilmfestival in Karl-Marx-Stadt den »Großen Steiger« für die gelungenste Darstellung einer sozialistischen Arbeiterpersönlichkeit.

I

ICH LIEBE DICH – APRIL! APRIL!

RE: Iris Gusner, SZ: Jochen Kramer, Iris Gusner, LV: Gleichnamiges Theaterstück von Jochen Kramer, DR: Erika Richter, KA: Peter Brand, MU: Siegfried Schäfer, SB: Hans Poppe, KO: Elke Hersmann, SC: Karin Kusche, PL: Ralph Retzlaff, GR: GR »Babelsberg«, m: 2348 = 86 min, fa, brw, PJ: 1987, PM: 2.6.1988, PM-Ort: Berlin, »Colosseum«

DA: Cornelia Schmaus (Hella), Jan Nowicki (Prof. Bertram Schneider), Amina Gusner (Caroline), Slawomir Jozwik (Tom), Jaecki Schwarz (Toni), Siegrid Reintsch (Karla), Gertraud Kreißig (Frau Heinrich), Gerd Michael Henneberg (Prof. Stein), Jürgen Haase (Benni), Hilmar Baumann (Klaus), Ursula Werner, Eckhard Müller, Katrin Martin, Swetlana Schönfeld, Gerit Kling u. a.

INHALT: Die Jurastudentin Caroline ist mit Tom, dem Assistenten ihres Professors, heimlich verheiratet. Sie hat Angst, ihrer Mutter Hella die Ehe einzugestehen, da diese seit zwanzig Jahren geschieden und Männern gegenüber skeptisch ist. Tom hat Angst vor Professor Schneider, der als Familienrechtler nichts von der Ehe hält. Hella weigerte sich stets, der Tochter den Namen des Vaters zu nennen. Durch Zufall erfährt Caroline, daß es Professor Schneider ist, und sie versucht, die Eltern wieder zusammenzubringen. Darüber vernachlässigt sie sowohl ihr Studium als auch ihren Mann Tom – während die Eltern ihre Einmischung gar nicht brauchen.

ZUM FILM: Mit dieser sich tiefsinnig gebenden Komödie vermochte Iris Gusner nicht an die Doppelbödigkeit ihres Films → *Kaskade rückwärts* anzuknüpfen.

ECHO: Das alberne Gerangel innerhalb einer Juristenfamilie, die keine ist, nimmt sich wie ein mißglückter Schwank aus dem vorigen Jahrhundert aus. Fehlbesetzte und fehlgeführte Schauspieler agieren ohne Spurenelemente von Charme, Diskretion oder Geschmack. (Renate Holland-Moritz, 1988, zit. nach *Die Eule im Kino, 1994*)

Für 85 Filmminuten reichen diese Konstruktionen gerade. Jochen Kramer hat sie für ein bisher nicht aufgeführtes Theaterstück erdacht, und Iris Gusner machte daraus so etwas wie ein Kinoboulevardstück, das, ungeachtet kleiner DDR-spezifischer Schlenker, in so schickem Kino-Ambiente eigentlich überall und nirgends spielen könnte. Vielleicht haben es deshalb fast alle sozialistischen Länder gekauft. (Heinz Kersten, 1988, zit. nach *So viele Träume*)

NEBENBEI: Der polnische Hauptdarsteller Jan Nowicki war damals der Lebensgefährte der bekannten ungarischen Regisseurin Márta Mészaros, die in diesem Film ebenfalls für Augenblicke auftaucht.

ICH WAR NEUNZEHN

RE: Konrad Wolf, BU: Wolfgang Kohlhaase, Konrad Wolf, DR: Gerhard Wolf, KA: Werner Bergmann, SB: Alfred Hirschmeier, KO: Werner Bergemann, SC: Evelyn Carow, PL: Herbert Ehler, GR: KAG »Babelsberg 67«, m: 3262 = 120 min, s/w, AT: Heimkehr, PJ: 1967, PM: 1.2.1968, PM-Ort: Berlin, »Kosmos«/»International«

DA: Jaecki Schwarz (Gregor), Wassili Liwanow (Wadim), Alexej Ejboshenko (Sascha), Galina Polskich (sowjetisches Mädchen), Jenny Gröllmann (deutsches Mädchen), Michail Glusski (General), Anatoli Slowjow (Starschina), Rolf Hoppe (Etappenmajor), Wolfgang Greese (Landschaftsgestalter), Johannes Wieke (Festungskommandant), Jürgen Hentsch, Kurt Böwe, Klaus Manchen, Dieter Mann, Wolfgang Winkler u. a., GE: Ernst Busch

INHALT: April 1945. In der Uniform eines sowjetischen Leutnants kommt der 19jährige Deutsche Gregor Hecker in seine Heimat zurück. Er war acht, als seine Eltern mit ihm nach Moskau emigrierten. Vom 16. April bis 2. Mai fährt er im sowjetischen Militärfahrzeug auf dem Weg der 48. Armee von der Oder nördlich an Berlin vorbei. Mit einem Lautsprecher fordert Gregor die noch vereinzelt kämpfenden Soldaten zum Überlaufen auf. Einige kommen, andere antworten

mit Schüssen. Täglich begegnet Gregor Menschen unterschiedlicher Art, hoffnungsvollen, verwirrten, verzweifelten. Bei seinen russischen Freunden fühlt er sich zu Hause, viele der Deutschen geben ihm Rätsel auf. Langsam begreift er, daß es »die Deutschen« nicht gibt. Er trifft einfache Leute, Mitläufer, Rückversicherer, Überläufer, Durchhaltefanatiker, eingefleischte Faschisten. Die erste Begegnung mit aus dem Konzentrationslager befreiten Antifaschisten wird für ihn zu einem bewegenden Erlebnis. Und als sein Freund Sascha bei einem letzten Kampfeinsatz fällt, steht für den erschütterten Gregor fest, daß er hier am Aufbau eines anderen, besseren Deutschland wirken wird.
ZUM FILM: Den autobiografischen Stoff bewältigte Regisseur Konrad Wolf mit formaler Strenge und – trotz seiner Sprödigkeit – emotionaler Kraft. Er brachte einen neuen Ton in den Kanon der Stoffe, die sich in der DDR mit der Aufarbeitung der jüngsten deutschen Vergangenheit befaßten. Der international weithin beachtete Film beeinflußte viele andere Filmemacher und ist heute einer der großen Filmklassiker der DDR-Geschichte.

ECHO: Hier ist etwas gelungen, was in der Filmkunst selten erreicht wird: die vollendete Übereinstimmung von Inhalt und Form, emotionale Wirksamkeit ohne jede Spur von Sentimentalität, historische Wahrhaftigkeit ohne dozierend erhobenen Zeigefinger. Der Film erfüllt die Brechtsche Forderung nach dem Vergnügen des Mitdenkens. Er oktroyiert keine vorgefaßten Meinungen; er ist parteilich und nicht mit Hilfe jener Schablone gefertigt, wonach das Gute konsequent gut und das Böse in jeder Phase grauenhaft ist. Er ist realistisch, ehrlich, heiter und erschütternd. (Renate Holland-Moritz, *Eulenspiegel* 8/1968)
Wolf knüpft scheinbar an Bekanntes an, an »gesicherte« Erkenntnisse und Fakten, gibt ihnen jedoch durch die eigenwillige Dramaturgie und durch die individuelle Sicht neue überraschende Aspekte. Die Beziehungen deutscher und sowjetischer Menschen sind höchst differenziert wiedergegeben. Das Klischee von den strahlenden Befreiern und den glücklichen Befreiten dürfte durch Wolfs Film endgültig denunziert worden sein. Sachlichkeit und Schlichtheit herrschen vor, die andererseits wieder einen Zugang zu echten Emotionen ermöglichen. Historische Vorgänge werden nicht didaktisch erklärt, sondern in Haltungen gespiegelt. Die Aktion, das Geschehen treten hinter die Motive zurück. (Fred Gehler, *Filmkritik* 5/1968)
Der Film bricht mit einer propagandistischen Betrachtungsweise, die bisher Darstellungen des Kriegsendes in DDR-Medien beherrscht und so einer gewissen Legendenbildung Vorschub geleistet hat. Er macht zwar deutlich, daß die deutsche Niederlage Befreiung vom Faschismus bedeutete, aber er läßt auch keinen Zweifel, daß wohl nur wenige Deutsche jene Tage mit diesem Gefühl, befreit worden zu sein, erlebten. Der Einmarsch der Roten Armee wird nicht mehr als makelloser Triumphzug vorgeführt, die erste Begegnung von Russen und Deutschen nicht mehr idyllisiert und idealisiert. (Heinz Kersten, 1968, zit. nach *So viele Träume*)
NEBENBEI: Konrad Wolf, der als Kind mit seinem Vater, dem Schriftsteller Friedrich Wolf, ins Moskauer Exil ging, kam als neunzehnjähriger sowjetischer Leutnant 1945 wieder auf deutschen Boden. Für kurze Zeit wurde er erster Stadtkommandant von Bernau in der Nähe Ber-

lins. – Von Kritikern wurde hervorgehoben, daß die »frei gehandhabte Kamera der Arbeit eines Kriegsberichterstatters unter Frontbedingungen gleicht« (Kersten). Tatsächlich war Werner Bergmann, Wolfs ständiger Kameramann, als Kriegsberichterstatter für die faschistische *Ufa-Wochenschau* tätig (bis er einen Arm verlor). Die beiden Deutschen Bergmann und Wolf standen sich also an der Front als Feinde gegenüber. Um so größer war ihr Respekt füreinander.

ICH WILL EUCH SEHEN

RE: János Veiczi, SZ: Igor Bolgarin, János Veiczi, DR: Dieter Wolf, KA: Helmut Bergmann, MU: Günter Hörig, SB: Jewgeni Gankin, Joachim Otto, KO: Ala Gribowa, Günther Pohl, SC: Lotti Mehnert, Thea Richter, MI: Eva-Maria Schumann, PL: Dorothea Hildebrandt, GR: GR »Babelsberg«, m: 2611 = 96 min, fa, brw, PJ: 1977, PM: 4.5.1978, PM-Ort: Berlin, »Kosmos«

DA: Walter Plathe (Fritz Schmenkel), Jewgeni Sharikow (Miron), Leon Niemczyk (Kommandeur), Grigori Grigoriu (Kommissar Ardatow), Swetlana Suchowej (Shura), Iwan Gawriljuk (Konoplow), Gojko Mitic (Muratow), Dieter Mann (SD-Offizier), Nina Maslowa (Nadja), Milan Beli (Flieger), Jürgen Frohriep, Klaus-Peter Thiele, Lothar Schellhorn, Ralph J. Boettner, Hans Klering u.a.

INHALT: Der Landarbeiter und Soldat der faschistischen Wehrmacht Fritz Schmenkel desertiert 1941 in Belorußland. Er will überleben, schlägt sich zu russischen Bauern durch und bekommt Kontakt zu sowjetischen Partisanen, die ihn nach langen Verhören durch den Deutschlehrer und jetzigen Partisan Miron als einen der ihren aufnehmen. Schmenkel stellt in etlichen waghalsigen Aktionen seine Zuverlässigkeit unter Beweis und wird mit dem Rotbannerorden ausgezeichnet. Im Winter 1943/44 erhält er einen Aufklärungsauftrag und gerät in Minsk in die Hände der Faschisten. Nach tagelangen Verhören, denen er standhält, richten ihn die Nazis hin.

ZUM FILM: Der Film mit dem Untertitel »in memoriam Fritz Schmenkel – Held der Sowjetunion« entstand nach jahrelanger Vorbereitung nach einem authentischen Schicksal, unter Beteiligung von Filmstudios in Moskau und Minsk.

ECHO: Die Thematik, die vielen der Älteren unter uns abgegriffen vorkommen will, ist leider brandaktuell. Ein Blick ins Nachbarland BRD beweist, wie leicht sich von historischer Wahrheit ferngehaltene Jugendliche wieder zur Hitler-Jugend formieren lassen. Daß sich Janos Veiczi und sein ausgezeichneter Kameramann Helmut Bergmann um einen Inszenierungsstil bemühten, der das Abenteuerliche des Stoffes betont, verdient Anerkennung. Doch manchmal erschlägt der Aufwand die Attraktion. (Renate Holland-Moritz, *Eulenspiegel* 22/1978)

Im Film erscheinen die Stationen dieser Wandlung im realistischen Erzählstil eines konventionellen Kriegsfilms, mehr auf äußere Aktionen konzentriert als auf innere Bewußtseinsprozesse des Helden. Dessen Entwicklung vom eher naiv wirkenden Kriegsdienstverweigerer zum intelligenten antifaschistischen Kämpfer aus Überzeugung wird kaum glaubhaft vermittelt. Die Figur bleibt blaß und konturlos, und dies macht es dem Zuschauer auch schwer, eine tiefere Beziehung zu ihr zu gewinnen. Fritz Schmenkel hätte ein würdigeres filmisches Denkmal verdient. (Heinz Kersten, 1978, zit. nach *So viele Träume*)

NEBENBEI: Hauptdarsteller Walter Plathe wurde in der DDR mehrfach zum Fernsehliebling des Jahres gewählt und wurde durch die Titelrolle in der TV-Serie *Der Landarzt* auch ein gesamtdeutscher Prominenter.

ICH ZWING DICH ZU LEBEN

RE: Ralf Kirsten, SZ: Ralf Kirsten, LV: Erzählung »Gambit« von Karl Sewart, DR: Brigitte Gotthardt, KA: Jürgen Brauer, MU: Siegfried Matthus, SB: Dieter Adam, KO: Werner Bergemann, Andrea Noack, SC: Ursula Zweig, PL: Erich Albrecht, GR: GR »Babelsberg«, m: 2388 = 88 min, fa, brw, AT: Gambit, PJ: 1977, PM: 20.4.1978, PM-Ort: Berlin, »Kosmos«

DA: Rolf Ludwig (Lehrer Grübler), Peter Welz (Sohn Wolfgang), Anne-Else Paetzold (Helga Grübler), Elsa Grube-Deister (Frau Kuhnert), Robert Pfeiffer (Direktor Heschke), Erich Mirek (Vater Kuhnert), Eberhard Kirchberg (SS-Offizier), Horst Kotterba (Fähnleinführer Wulf), Dieter Bellmann (Flüchtiger Landser) u. a.

INHALT: Ein kleines Dorf im Erzgebirge kurz vor Ende des Zweiten Weltkriegs. Wolfgang, 15jähriger Sohn des Lehrers Werner Grübler, meldet sich freiwillig zur Waffen-SS. NSDAP-Mitglied Grübler hat seine Schüler entsprechend

erzogen. Die Handlung seines eigenen Sohnes aber schockiert ihn. Wolfgang haßt den Vater, weil er ihn für feige hält. In der Nacht fesselt Grübler seinen Sohn und bringt ihn in den Wald, wo er eine Erdhöhle baut, um sich mit dem Jungen bis zum Kriegsende dort zu verstecken. Zwischen beiden kommt es zu heftigen Auseinandersetzungen. Am Ende muß Grübler sich jungen fanatischen Durchhalte-Nazis opfern, damit Wolfgang überleben kann.
ZUM FILM: Ralf Kirsten inszeniert seinen antifaschistischen Stoff mit weitgehend kammerspielhaften Momenten, wobei nicht alle Momente der Psychologie der Helden ausgeschritten wurden.
ECHO: Die ungewöhnliche Konstellation der Figuren und die angestrebte Gleichnishaftigkeit machen einen großen Reiz der Handlung aus, wenngleich sich jener historische Abschnitt einer allzu starken künstlerischen Überhöhung widersetzt. Neues will die Geschichte nicht bringen, kann sie auch nicht, lediglich eine neue Sicht. Und die, scheint mir, liegt in der plötzlichen, sehr heftigen, nahezu rücksichtslosen Mobilisierung aller humanistischen Momente, die nur verschüttet und noch nicht zerstört waren. Der grelle Umschlag vom Kontemplativen, vom Hinnehmen, Danebenstehen zum höchsten, angespanntesten, einfallsreichen Tun erfolgt, als die Barbarei in das Persönliche einbricht. Damit wird die Grenze dieser Konstellation sichtbar und die tragische Konsequenz in der Figur des Vaters folgerichtig. (Günter Agde, *Filmspiegel* 10/1978)
Ralf Kirsten inszenierte keinen Kriegsfilm, sondern ein psychologisches Kammerspiel, ganz konzentriert auf die Spannungen zwischen Vater und Sohn, erzählt in einer zwischen Großeinstellungen und Totalen wechselnden intensiven Bildsprache (Kamera: Jürgen Brauer), der Siegfried Matthus einige expressive musikalische Akzente setzt. Rolf Ludwig, sonst gern auf komische Rollen festgelegt, beweist als mit der eigenen Vergangenheit brechender Lehrer und verzweifelt um sein Kind ringender Vater wieder einmal, daß er ein ausgezeichneter Charakterschauspieler ist. (Heinz Kersten, 1978, zit. nach *So viele Träume*)
NEBENBEI: Das schon aus Heiner Carows → *Ikarus* bekannte Filmkind Peter Welz studierte später Regie an der HFF »Konrad Wolf« und ist seit Beginn der neunziger Jahre ein erfolgreicher Film- und Fernsehregisseur.

DIE IGELFREUNDSCHAFT

(Co-Produktion DDR/CSSR, Kinderfilm)
RE: Herrmann Zschoche, BU: Martin Viertel, Herrmann Zschoche, Jan Procházka, LV: Gleichnamige Erzählung von Martin Viertel, DR: Margot Beichler, Vaclav Jelínek, KA: Josef Novotny, MU: Milos Vacek, BA: Paul Lehmann, Jaroslav Krska, KO: Ilse Winkle, Ruzena Adamcová, SC: Jirina Lukesová, PL: Hans Mahlich, Jirí Becka, GR: Gruppe »Roter Kreis«, Gruppe Rouha-Jelinek, m: 1817 = 67 min, fa, PJ: 1961, PM (DDR): 25.3.1962, CO: Filmstudio Barrandov, Prag/CSSR, Tschech. Titel: Uprchlík
DA: Otto Dierichs (Der Lehrer), Karla Runkehl (Heiners Mutter), Horst Kube (Heiners Vater), Oldrich Lukes (Janas Vater), Dieter Perlwitz/Adolf Kral (zwei Grenzsoldaten), Die Kinder: Lutz Manke (Heiner), Anicka Kotrousová (Jana) u.a.
INHALT: In einem Dorf an der tschechoslowakischen Grenze lebt Heiner. Dem Jungen läuft eines Tages ein Igel zu, der ihm sehr gefällt und bald sein bester Freund wird. Der Igel trägt zwar einen Ring, er gehört also einem anderen. Heiner will ihn jedoch behalten, versteckt ihn. Als sich seine Klasse mit einer Gruppe tschechischer Pioniere trifft, lernt er Jana kennen und erfährt, daß ihr ein Igel weggelaufen ist. Heiner schweigt. Erst als die tschechischen Kinder den deutschen Freunden ihr schönstes Kaninchen schicken, schämt er sich für sein Verhalten. Heimlich will er den Igel über die Grenze bringen. Er wird von Grenzern entdeckt, die für seine Lage Verständnis zeigen und ihm helfen.
ZUM FILM: Herrmann Zschoches zweiter Kinderfilm war rundum gelungen, sowohl in der Glaubwürdigkeit der Geschichte als auch in der Umsetzung.
ECHO: Bemerkenswert ist, wie gut und natürlich der junge Regisseur Herrmann Zschoche die Kinder geführt hat. Da gibt es nichts Unechtes und Gestelltes, weder in der Sprache noch in der Darstellung. Lediglich Heiners Zweigespräch mit dem zugelaufenen Igel zu Beginn des Films wirkt etwas unkindlich. (-os-, *Morgen*, 26.4.1962)
Der Igel Frantisek, ein unfotogener Stachelpelz mit einer schwarzen feuchten Nase und zwei stecknadelgroßen Äuglein, wird zum Freund und

Gefährten der Zuschauer. Und das nicht nur, weil Heiner ihn wie seinen besten Freund liebt, sondern vor allem durch die ihm zugestandene Individualität: Er ist von zu Hause ausgerissen, er läuft Heiner nach, er liebt das Flötenspiel, und er hat ein gefährliches Abenteuer mit einem Fuchs zu bestehen. Der Igel hat ein konkretes, der kindlichen Psyche entsprechendes Eigenleben, das den Zuschauer bewegt. (Ursula Geisler, *Deutsche Filmkunst* 7/1962)
NEBENBEI: Während der Dreharbeiten hätte der Darsteller des Heiner, Lutz Manke, am liebsten »das Handtuch geworfen«, als er im Nachthemd durch den von der Feuerwehr erzeugten Regen laufen mußte und die Aufnahme zwölfmal wiederholt wurde.

IKARUS

RE: Heiner Carow, SZ: Klaus Schlesinger, DR: Inge Wüste-Heym, KA: Jürgen Brauer, MU: Peter Gotthardt, Lieder: Bettina Wegner, SB: Dieter Adam, KO: Ewald Forchner, SC: Evelyn Carow, PL: Hans-Erich Busch, GR: AG »Babelsberg«, m: 2491 = 91 min, fa, brw, PJ: 1974/75, PM: 19. 9.1975, PM-Ort: Karl-Marx-Stadt, »Europa 70«
DA: Peter Welz (Mathias), Karin Gregorek (Mutter), Peter Aust (Vater), Hermann Beyer (Onkel Jochen), Günter Junghans (Kriminalpolizist), Rolf Hoppe (Brigadier), Heidemarie Wenzel (Fräulein Sandke), Günter Schubert (Volkspolizist), Jarmila Kalovska (Großmutter), Carl Heinz Choynski (Dieb), Fred Delmare, Willi Schrade, Ursula Staack, Frank Schenk, Klausjürgen Steinmann u.a.
INHALT: Der achtjährige Mathias träumt davon, Pilot zu werden, und daß seine geschiedenen Eltern wieder zusammenkommen. Er wartet sehnsüchtig auf seinen neunten Geburtstag, denn der Vater hat ihm die Geschichte von Ikarus erzählt und versprochen, zum Geburtstag einen Rundflug mit ihm zu machen. Mathias ist tief getroffen, als der Vater nicht kommt. Er läuft durch die Stadt, spricht mit seinem Freund über die Beziehungen der Erwachsenen, sucht den Vater in dessen Zeitungsredaktion, gerät sogar mit der Polizei in Konflikt. Allein auf dem Dach eines Hauses kommt er zu dem Schluß, daß Ikarus nicht abgestürzt ist, weil er nicht auf seinen Vater hörte, sondern weil der ihn vergessen hat.
ZUM FILM: Für Erwachsene inszenierte Heiner Carow einen Film über ein Kind. Die Erwachsenenwelt wird durch den Kinderblick reflektiert und liegt erschreckend klar vor dem Zuschauer. Der unbequeme Stoff war nicht gern geduldet, und der Film verschwand allzu bald wieder von den Spielplänen.
ECHO: In der Tradition eines Slatan Dudow stehend, führt bei Carow eine greifbar genaue Abbildung der Wirklichkeit, sicht- und spürbar im kleinsten Detail der Straßen und Plätze, doch immer hinaus über bloßen Dokumentarismus. Vielleicht kann man sagen, er benutzte die geschaffene Authentizität als Sprungbrett für poetische Verdichtungen, für Symbole. (Rosemarie Rehahn, *Wochenpost* 39/1975)
Und mit den Augen eines Neunjährigen blicken wir auf uns selbst. Auf unsere Gedankenlosigkeit, auf Oberflächlichkeit, manchmal Gleichgültigkeit, auf das nicht Ernst-Nehmen des einmal Gesagten, auf unseren Egoismus, auf das schnelle alltägliche, oft leichtfertige Wort. Es ist das, was unseren Kindern jeden Tag begegnet. (Renate Seydel, *Filmspiegel* 23/1975)
So brutal-realistisch war die Wirklichkeit des Zusammenlebens von Menschen noch in keinem

DEFA-Gegenwartsfilm zu sehen. Spontane, warme Menschlichkeit entsteht immer nur für kurze Augenblicke, durch väterliche Freunde, die sich des kleinen Mathias annehmen, der Brigadier auf der Baustelle, der Zeitungsredakteur und Kollege des Vaters, ein Kriminalbeamter. Der Rest ist fratzenhafte, menschenfeindliche Umwelt. (...) Schade, daß die filmischen Möglichkeiten nicht ausgeschöpft wurden; Kameraführung und Schnitt sind unbefriedigend, einen graust die schmalzige Musik. Und dem Schluß merkt man an, daß er, aufgesetzt positiv, von Gott weiß wem angeordnet wurde, weil es doch nicht angehen darf, daß ein Kind in der sozialistischen Gesellschaft Schaden nimmt. (Manfred Rieger, *RIAS Berlin*, 19.9.1975)

ZITAT: *Ikarus* fand Mißfallen bei höchster Stelle. Wie aus Stasi-Unterlagen hervorgeht, hatte DEFA-Generaldirektor Hans-Dieter Mäde am 10. Mai 1977 ein Gespräch mit Erich Honecker, der Carow und Schlesinger »ideologische Schwankungen« attestierte und *Ikarus* als ebenso gefährlich wie → *Das Kaninchen bin ich* bezeichnete. In dem internen Bericht heißt es weiter: »Seine Meinung begründete er damit, daß wir unter den konkreten Klassenkampfbedingungen beispielsweise keine Filme machen dürfen, die die Schattenseiten der sozialistischen Entwicklung hervorheben. Konkret sagte er dazu, uns allen sei bekannt, daß die BRD das kinderfeindlichste Land ist. Wenn wir den westdeutschen Arbeiter davon überzeugen wollen, daß der Sozialismus die Alternative für die Entwicklung der Gesellschaft ist, dann dürfen wir keine Filme zeigen, in denen dem Zuschauer klargemacht wird, daß es die Kinder in der DDR auch nicht einfach haben.« (zit. nach *Repression und Freiheit*, 1997)

NEBENBEI: Für den damals elfjährigen, noch jünger wirkenden Hauptdarsteller Peter Welz war dieser Film das Debüt. Er trat in weiteren Filmen als Kind und Jugendlicher auf, studierte in Potsdam-Babelsberg Regie und drehte mit → *Banale Tage* einen der letzten DEFA-Filme. Heute ist der Grimme-Preisträger ein anerkannter Film- und Fernsehregisseur. – Da Plattenaufnahmen mit der kritischen Liedermacherin Bettina Wegner abgelehnt wurden und sie ab 1980 Auftrittsverbot erhielt, verließ sie 1982 zusammen mit ihrem Mann, dem Autor Klaus Schlesinger, die DDR und arbeitete im Westen.
– Für Dramaturgin Inge Wüste-Heym war *Ikarus* einer der letzten Filme in dieser Funktion. Hauptdramaturg Dieter Wolf berichtete, Inge Heym sei »aus der Dramaturgie in den Autoren-Festvertrag fortgelobt (worden), weil die Auguren der Potsdamer Hegel-Allee (Bezirks-Stasi-Zentrale, f.b.h.) Stefan Heym (ihren Ehemann, f.b.h.) verdächtigten, die Gruppe »Babelsberg« ideologisch zu infiltrieren, mindestens aber auf familiärem Wege DEFA-Insider-Wissen zu erlangen, das man vor westlichem Medien-Zugriff glaubte schützen zu müssen.« (in *Gruppe Babelsberg – Unsere nichtgedrehten Filme*, 2000)

Filmtext: Ikarus. Filmszenarium von Klaus Schlesinger. Berlin: Henschelverlag 1975

IM HIMMEL IST DOCH JAHRMARKT

RE: Rolf Losansky, BU: Günter Mehnert, Ulrich Speitel, DR: Gerd Gericke, KA: Helmut Grewald, Felix Pawlowitsch Neimark, MU: Gerd Natschinski, SB: Hans-Jorg Mirr, KO: Barbara Müller, TR: Helga Christ, SC: Erika Lehmphul, PL: Fried Eichel, Anni von Zieten, GR: KAG »Johannisthal«, m: 2196 = 81 min, fa, Cine, AT: Spring, wenn du kannst, PJ: 1968, PM: 17.4.1969, PM-Ort: Berlin, »Kosmos«

DA: Regina Beyer (Gitta), Christel Bodenstein (Isot), Angelika Waller (Eva), Heidrun Schwarz-Pollack (Barbara), Gesine Rosenberg (Maria), Ingolf Gorges (Thomas), Siegfried Höchst (Hannes), Günter Junghans (Ede), Peter Pollatschek (Lutz), Klaus Bamberg (Adam), Berko Acker (Peter), Ingeborg Nass (Schloßherrin), Bruno Carstens, Agnes Kraus, Hubert Hoelzke, Gerd E. Schäfer, Eberhard Cohrs, Ruth Kommerell, Werner Lierck, Axel Triebel u. a.

INHALT: Amor spielt eine gewichtige Rolle in dieser Geschichte um fünf junge, hübsche Sportlerinnen, die vom Himmel fallen – sozusagen direkt in die Arme netter junger Männer. Dem Trainer der Fallschirmspringerinnen ist das gar nicht recht, da ein bevorstehender internationaler Leistungsvergleich die ganze Kraft seiner Schützlinge fordert. Er verlangt Enthaltsamkeit in der Liebe. Dennoch gelingt es den Männern nach allerlei Abenteuern, die Mädchen zu erobern. Am Ende ist auch der Trainer zufrieden, denn seine Mädchen erreichen im Sport ihr Ziel.

ZUM FILM: Attraktive Luftaufnahmen und sympathische Besetzung machten das Lustspiel-Debüt von Rolf Losansky ohne eine tragfähige Fabel zu bestenfalls durchschnittlicher Unterhaltung.

ECHO: Für den turbulenten Spaß sorgen bewährte Ulkmacher wie Gerd E. Schäfer, Werner Lierck, Eberhard Cohrs und andere. Es kann einem bloß leid tun, daß ihre Auftritte so kurz sind. Am kürzesten ist die witzige Szene mit Gerhard Rachold, der mit wenigen Worten, Gesten und Blicken einen Oberkellner auf die Leinwand zaubert und dem Zuschauer durch die porträtgenaue Abbildung all dessen, was einem an vielen Oberkellnern so wenig Freude macht, so viel Freude macht. (Lothar Kusche, *Weltbühne* 18/1969)

Würde man aus dem faden Jahrmarktsrummel die ästhetisch schönen, von Sprungkameramann Felix Pawlowitsch Meimark erstklassig fotografierten Sprünge unserer GST-Damenmannschaft (GST = Gesellschaft für Sport und Technik, f.b.h.) herausnehmen, ergäben diese Ausschnitte immerhin eine wertvolle Bereicherung für das Beiprogramm. (Renate Holland-Moritz, *Eulenspiegel* 21/1969)

NEBENBEI: Erste Lustspiel-Erfahrungen hatte Rolf Losansky 1964 mit dem *Stacheltier*-Kurzfilm *Motorradhelden* gesammelt.

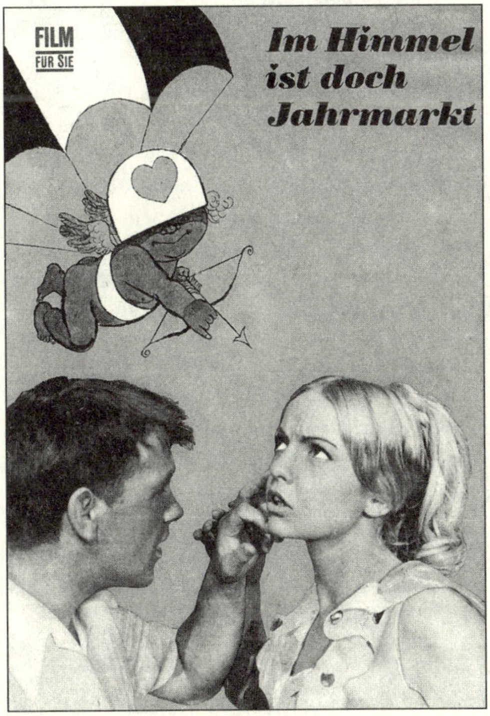

IM SONDERAUFTRAG

RE: Heinz Thiel, SZ: Hans Oliva, DR: Joachim Plötner, KA: Horst E. Brandt, MU: Helmut Nier, BA: Alfred Hirschmeier, KO: Joachim Dittrich, SC: Wally Gurschke, PL: Hans Mahlich, m: 2144 = 79 min, s/w, AT: Der Kommunist, PJ: 1958, PM: 3.1.1959, PM-Ort: Guben

DA: Hans-Peter Minetti (Kapitänleutnant Fischer), Rolf Ludwig (Arendt), Horst Kube (Gefreiter Lutz), Wilhelm Koch-Hooge (Petersen), Werner Lierck (Feldwebel Kohl), Fritz Diez (Kapitänleutnant Wegner), Katharina Matz (Ike), Dieter Perlwitz (Jens Dahl), Wolfgang Hübner (Leutnant Berger), Manfred Borges (Oberfeldwebel Schneider), Günter Grabbert, Herbert Körbs, Gerd Michael Henneberg, Gustav Püttjer, Albert Zahn u. a.

INHALT: Kapitänleutnant Fischer ist mit seinem Minenräumkommando vor Kap Arkona, als ihm der Auftrag erteilt wird, einen westdeutschen Kutter aufzubringen, der die DDR-Hoheitsgrenze verletzt hat. Im Kapitän des Kutters erkennt er einen alten Bekannten: Oberleutnant

Arendt, mit dem er 1943 bei einer Küstenbatterie in Dänemark stationiert war. Fischer erinnert sich: Ihr Batteriechef war wegen Verbindung zu dänischen Antifaschisten standrechtlich erschossen worden. Fischer wußte von einem geplanten Treff und entschied sich, die Dänen zu warnen und zu ihnen überzulaufen. Er überredete auch Arendt dazu. Doch der Treff wurde verraten, und auf der Flucht blieb Arendt angeblich verwundet zurück. Fischer rekonstruiert nun die Zusammenhänge, erkennt in Arendt den damaligen Verräter und entlarvt ihn als jetzigen Spion.

ZUM FILM: Nachdem Heinz Thiel und sein Kameramann Horst E. Brandt bereits gemeinsam vier Kurzfilme der satirischen *Stacheltier*-Produktion gedreht hatten, begründeten sie hier ihre ein Jahrzehnt währende Zusammenarbeit auf dem Gebiet des politischen Abenteuerfilms mit meist antifaschistischer Thematik, die in eine gemeinsame Regiearbeit münden sollte. Vielfach, wie auch in diesem Falle, war die Handlung an eine kritische Gegenüberstellung der Entwicklung beider deutscher Staaten gebunden – die natürlich immer die Überlegenheit des DDR-Systems bewies.

ECHO: Es ist noch nicht der Film über unsere nationalen Streitkräfte, wie wir ihn brauchen und von der DEFA erwarten, denn die Seestreitkräfte geben nur die Rahmenhandlung her. Aber es ist dennoch eine überzeugende Aussage über den demokratischen Charakter unserer Armee und ihrer Offiziere, über die wertvollen Traditionen, auf die sie sich stützt, über ihre verantwortungsvollen Aufgaben. Und das ganze ist gutes Filmhandwerk. (...) Hans-Peter Minetti knüpft mit seinem Widerstand leistenden Fähnrich der Nazi-Wehrmacht und dem geläuterten Kapitänleutnant der nationalen Seestreitkräfte an seine Leistung als Fiete Jansen an. Frei von Starrheit oder Krampf, schlicht und natürlich spielt er einen Offizier, der aus seinen damaligen Erlebnissen und Erfahrungen Lehren zieht und die Befähigung erwirbt, heute der richtigen, gerechten Sache zu dienen. (Karl-Eduard v. Schnitzler, *Filmspiegel* 3/1959)

Zweck des Films war, die Notwendigkeit der Verteidigung der »DDR« zu beweisen und in den Gestalten der beiden Offiziere den Unterschied zwischen den Streitkräften der Bundesrepublik und der Sowjetzone deutlich zu machen. (Heinz Kersten, *Das Filmwesen in der Sowjetischen Besatzungszone Deutschlands*, 1963)

NEBENBEI: Heinz Thiels Debütfilm wurde zugleich der DEFA-Streifen mit den vermutlich meisten Zuschauern weltweit. Rund 800 Millionen Menschen sahen *Im Sonderauftrag*. Den Grund erläuterte der Regisseur in seiner Anekdotensammlung *Die nackte DEVA*: »Unser Film (...) schildert den abenteuerlichen Weg eines Fähnrichs der faschistischen Kriegsmarine über seine Gefangenschaft zum späteren Offizier der jungen Seestreitkräfte der DDR. Für Mao Tsetung war das ein lehrhaftes Beispiel für die erhoffte Eingliederung der Tschiang-Kai-schek-Truppen in seine ›Große Volksarmee‹. So wurde angeordnet, daß der Film in Stadt und Land zu zeigen sei, womit zwangsläufig die Besucherzahl eine bis dato ungeahnte astronomische Höhe erreichte.«

Filmtext: Im Sonderauftrag. Eine Filmerzählung von Hans Oliva. Berlin: Verlag des Ministeriums für Nationale Verteidigung 1960

IM SPANNUNGSFELD

RE: Siegfried Kühn, SZ: Helfried Schreiter, DR: Dieter Scharfenberg, KA: Günter Haubold, MU: Motive nach Joseph Haydn, SB: Georg Wratsch, KO: Katrin Johnsen, SC: Helga Krause, PL: Horst Dau, GR: KAG »Johannisthal«, m: 2176 = 80 min, s/w, brw, AT: Datum, PJ: 1969, PM: 12.2.1970, PM-Ort: Berlin, »International«

DA: Ekkehard Schall (Dr. Jochen Bernhardt), Manfred Zetzsche (Karl Hoppe), Sabine Lorenz (Jutta), Karla Runkehl (Parteisekretärin), Johannes Wieke (Paul Keßler), Volkmar Kleinert (Willy Wendrin), Manfred Borges (Schwerdtfeger), Peter Kalisch (Bittner) Ingeborg Nass (Hoppes Sekretärin), Dietrich Körner, Erik S. Klein, Lothar Schellhorn, Gudrun Wendler, Günter Rüger u. a.

INHALT: Die Elektronische Datenverarbeitung (EDV) ist für eine optimale Arbeit im Zeitalter der wissenschaftlich-technischen Revolution unerläßlich. Das weiß auch Karl Hoppe, der Leiter eines großen Werkes. Mit dem Mathematiker Dr. Jochen Bernhardt holt er sich einen Experten, den er mit der Einführung der EDV in seinem Werk beauftragt. Bereits die ersten Berechnungen mit der neuen Elektronik ergeben, daß eine neue Halle, deren Bau gerade begonnen hat, uneffektiv ist. Zwischen den Mitarbeitern kommt es zu großen Spannungen und heftigen Auseinandersetzungen darüber, wie zu verfahren sei. Der kühle Rechner Dr. Bernhardt streitet rigoros für die Effektivität, verliert dabei die Menschen aus den Augen. Sogar seine Freundin verläßt ihn. Im Werk kündigen in kürzester Zeit fünf Mitarbeiter. Die Arbeiter, allen voran Meister Keßler, fürchten um ihre Stellung. Zahlreiche Diskussionen fördern den Prozeß des Umdenkens. Die einen begreifen, daß man an der neuen Methode nicht vorbeikommt, und Dr. Bernhardt erkennt, daß die Menschen nicht zum Anhängsel der Rechner werden dürfen.

ZUM FILM: Für Siegfried Kühn, der an der Moskauer Filmhochschule WGIK studiert hatte, war dieser Film über Auseinandersetzungen im Milieu sozialistischer Leiter um die EDV das Filmdebüt. Das Thema stand in diesen Jahren mehrfach im Mittelpunkt von Kino- und Fernsehfilmen.

ZITAT: Dem Film wurde ein Motto des Physikers Max Steenbeck vorangestellt: »Wie soll, wie kann die Welt aussehen, wenn unsere Enkel so alt sind wie wir heute? Bis dahin müssen die gesellschaftlichen Entwicklungen entschieden sein; denn mehr Zeit läßt uns die wissenschaftlich-technische Revolution mit ihrem sich überstürzenden Tempo nicht, um ihre Möglichkeiten sinnvoll anwenden und beherrschen zu lernen.«

ECHO: Der Film zeichnet sich durch eine intensive Schauspielerführung aus. Die Kameraarbeit bietet phantasievolle Lösungen. Die Dialoge sind von prägnanter Diktion. Oftmals indes überwiegen sie und erschweren den Zugang zur Handlung, sind sie in ihrer schnellen Abfolge nur bei äußerster Konzentration verständlich und zu verarbeiten. (Friedrich Salow, *Filmspiegel* 5/1970)

Er (der Film, f.b.h.) zeichnet sich durch einen dokumentarisch-nüchternen Stil aus, der dem Thema angemessen ist und entfernt an Michail Romms *Neun Tage eines Jahres* erinnert, wo ja auch eine Welt der Technokraten gezeigt wurde. (...) Im Vergleich zu Seemanns Film → *Zeit zu leben* und den vielgelobten, thematisch verwandten Fernsehspielen Benito Wogatzkis (*Die Geduld der Kühnen, Zeit ist Glück, Die Zeichen der Ersten*) zeichnet sich der Film Siegfried Kühns durch eine nüchterne Diktion und einen unpathetischen Realismus aus. Trotz dieser Vorzüge kam

der Film, der auf alle äußerlichen Attraktionen wie Farbe, Totalvision und zugkräftiges Milieu verzichtet, in seiner Sachlichkeit beim breiten Publikum erwartungsgemäß weniger an. (Heinz Kersten, 1970, zit. nach *So viele Träume*)
NEBENBEI: Zwei in der Öffentlichkeit bekannte Persönlichkeiten traten hier in ihren Berufen vor die Filmkamera: Annerose Neumann, damals oft zu sehen in der *Aktuellen Kamera,* war die Fernsehansagerin, und der Fotoreporter Helmut Raddatz war der Fotograf auf der Großbaustelle.

IM STAUB DER STERNE

RE: Gottfried Kolditz, SZ: Gottfried Kolditz, DR: Joachim Hellwig, KA: Peter Süring, MU: Karl-Ernst Sasse, SB: Gerhard Helwig, KO: Katrin Johnsen, SC: Christa Helwig, PL: Helmut Klein, GR: GR »Futurum«, m: 2732 = 100 min, fa, brw, PJ: 1975/76, PM: 1.7.1976, PM-Ort: Eisenhüttenstadt, Freilichtbühne »Dielower Höhe«
DA: Jana Brejchová (Akala, Kommandant), Alfred Struwe (Suko, Navigator), Ekkehard Schall (Chef), Milan Beli (Ronk, Leiter der Überwachungszentrale), Sylvia Popovici (Illic, Bordärztin), Violeta Andrei (Rall, Energetikerin), Leon Niemczyk (Thom, Analytiker), Regine Heintze (My, Psychologin) u.a.

INHALT: Auf der Erde wird ein Hilferuf vom Planeten TEM 4 empfangen. Die Kommandantin Akala landet mit ihrem Raumschiff Cynro auf TEM 4, aber von einer Notsituation keine Spur. Der Herrscher des Planeten gibt für seine Gäste ein rauschendes Fest, bei dem er ihr Bewußtsein manipuliert. Der an Bord gebliebene Navigator Suko bemerkt das und versucht nun, das Geheimnis des Planeten zu entschlüsseln. Er entdeckt ein Bergwerk, in dem die Turi, Ureinwohner des TEM 4, Sklavenarbeit verrichten müssen. Von ihnen stammte auch der Hilferuf. Die Kosmonauten stehen vor der Frage, wie sie den Turi helfen können, doch deren Unterdrücker wollen sie zum Abflug zwingen. Es kommt zum Kampf, Suko wird getötet. Die anderen starten mit ihrem Raumschiff, während die Turi zum Aufstand rüsten.
ZUM FILM: Mit einem neuen Science-fiction-Film sollte das nachlassende Publikumsinteresse an der einheimischen Produktion aufgebessert werden. Leider geriet das auf weite Strecken zu spekulativ und ließ die Substanz nicht mehr erkennen.
ECHO: Für mich ist das ein erstaunlicher Film: Immer dann, wenn man denkt, nun sei die Grenze des Platten erreicht, der Born der Geschmacklosigkeit erschöpft, zwingt eine neue Giftschlange im Kalten Büffet oder ein weiterer um Verruchtheit bemühter Schleiertanz des Sklavenballetts zu trauriger Korrektur. (...) Ist das nicht ein klassischer Fall von Simplifizierung einer außerordentlich komplizierten, heroischen, tragischen und anspruchsvollen Wirklichkeit – Weltpolitik und Revolutionsproblematik für das Klein-Fritzchen-Gemüt? (Peter Ahrens, *Weltbühne* 32/1976)
Die utopische Story reflektiert also auch ganz aktuelle politische Probleme, die man etwa auf die Formel bringen könnte: Wie praktiziert man Klassenkampf und internationale Solidarität in einer Situation, da das Gleichgewicht der Kräfte gegensätzliche Gesellschaftssysteme zu friedlicher Koexistenz zwingt? Trotzdem ist der Film weder ein ideologisches Lehrstück noch ein Kunstwerk mit philosophischem Tiefgang wie Tarkowskis *Solaris*. Eher hat hier schon Fritz Langs *Metropolis* Pate gestanden. Regisseur Gott-

fried Kolditz zielt auf äußere Attraktivität und spannende Unterhaltung. (Heinz Kersten, 1976, zit. nach *So viele Träume*)
NEBENBEI: Das Zentralinstitut für Isotopen- und Strahlenforschung unterstützte die Dreharbeiten mit dem elektronischen Bildauswertegerät »Densitron«.

IN EINEM ATEM

RE: Dietmar Hochmuth, SZ: Oksana Bulgakowa, Dietmar Hochmuth, LV: Erzählung »Na perwom dychanii« (dt. »Das Mädchen mit den grauen Augen«) von Wladimir Makanin, DR: Peter Jakubeit, KA: Jürgen Lenz, Erich Gusko, MU: Bizet; Stschedrin; Verdi, SB: Marlene Willmann, KO: Helmut Pock, SC: Christine Schöne _ PL: Uwe Kraft, GR: KAG »Babelsberg«, m: 2545 = 93 min, fa, brw, PJ: 1987/88, PM: 3.11.1988, PM-Ort: Berlin, »International«
DA: Steffen Mensching (Andreas), Simone Thomalla (Sabine), Cornelia Kaupert (Heidi), Michael Walke (Robert), Ralf Lindermann (Wasserballer/Bräutigam), Jürgen Reuter (Kowalski), Peter Zimmermann (Junger Arzt), Holger Franke (Cousin), Thomas Weisgerber (Abteilungsleiter), Peter Voigt (sein Stellvertreter), Ulrich Teschner, Katharina Lange, Götz Schubert, Gisela Rubbel, Dierk Sommerer u. a.
INHALT: Eine Tunnelbaustelle in den fernen Rhodopen und ein junger DDR-Bauarbeiter, Andreas, der erfährt, daß sein Mädchen zu Hause in Berlin heiraten will. Einen anderen. Er rastet aus, legt sich mit seinem Chef an und macht sich auf den Weg nach Berlin, die Heirat zu verhindern. Die Angebetete, Sabine, weigert sich, ihn zu sehen. Er verschafft sich gewaltsam Zutritt zur Wohnung, wird vom Bräutigam, einem kräftigen Wasserballer, ebenso gewaltsam wieder vor die Tür gesetzt. Andreas gibt jedoch nicht auf, bestürmt sie weiter, dringt auf abenteuerliche Weise ins Krankenhaus ein, in dem Sabine durch seine Mitschuld gelandet ist. Sabine nimmt am Ende weder Andreas noch den Wasserballer – sondern den Arzt.
ZUM FILM: Sechs Jahre nach seinem Kinderfilm → *Mein Vater ist ein Dieb* konnte Hochmuth, der sein Filmstudium in Moskau absolviert hatte, endlich seinen ersten Film für ein erwachsenes Publikum vorlegen. Der ambitionierte Film litt jedoch an einer Überfülle von Ideen.
ECHO: Der Film ist kein Konterfei unseres Lebens, sondern wie ein Spiegelkabinett angelegt: das Lange erscheint noch länger, der Magere noch magerer, der Dicke plötzlich dünn, das schiefe Gesicht gerade, das schöne verzerrt ... Bilder werden entworfen, die verblüffen, erschrecken, aufregen, traurig machen. Nein, optimistisch stimmt die Komödie nicht. Und dabei wirken die Milieu-Bilder so ungewöhnlich gewöhnlich, die Situationen so alltäglich, die Dialoge, als wären sie nicht erfunden und die Schauspieler eng verwachsen mit ihren Rollen (wie die Hauptfigur sind viele Rollen mit Laien besetzt). (Elke Schieber, *Film und Fernsehen* 11/1988)
Der Titel ihres (Bulgakowa/Hochmuths, f.b.h.) Films *In einem Atem* erinnert gewiß nicht zufällig an den ersten langen Spielfilm des Welsch-Schweizers Jean-Luc Godard *Außer Atem*. Wohl beabsichtigte Ähnlichkeiten sind zu erkennen in der Atemlosigkeit des Rhythmus, auch im anarchischen Gestus des Helden. (...) Wie hier ist der Film bei aller bewußt kintoppmäßigen Überdrehtheit doch immer nahe einer in Typen und Situationen genau getroffenen DDR-Realität. Aber die Wirklichkeit wird, durch eine Cineastenbrille gesehen, nicht mehr ganz ernstgenommen. (Heinz Kersten, *Tagesspiegel*, 8.1.1989)
NEBENBEI: Steffen Menschings ständiger Bühnenpartner Hans-Eckardt Wenzel wie auch Reinhold Andert, alle aus der DDR-Liedermacherszene, spielen hier in kleinen Rollen. – Co-Szenaristin Oksana Bulgakowa, mit Dietmar Hochmuth verheiratet, arbeitete auch als Regie-Assistentin mit.

INSEL DER SCHWÄNE

RE: Herrmann Zschoche, SZ: Ulrich Plenzdorf, LV: Gleichnamiger Roman von Benno Pludra, DR: Gabriele Herzog, KA: Günter Jaeuthe, MU: Peter Gotthardt, SB: Harry Leupold, KO: Joachim Dittrich, Renee Hendrix, SC: Erika Lehmphul, PL: Hans-Erich Busch, GR: GR »Johannisthal«, m: 2417 = 89 min, fa, brw, PJ: 1981/82, PM: 28.4.1983, PM-Ort: Berlin, »International«
DA: Axel Bunke (Stefan), Mathias Müller (Hubert), Sven Martinek (Windjacke), Britt Baumann (Rita), Kerstin Reiseck (Anja), Ursula Werner (Stefans Mutter), Christian Grashof (Stefans Vater), Dietrich Körner (Hausmeister Bremer), Monika Lennartz (Frau Meinelt), Fritz Marquardt

(Angler); Marga Legal, Ruth Kommerell, Robert Trösch, Heidemarie Wenzel, Peter Bause u.a.
INHALT: Der vierzehnjährige Stefan Kolbe zieht mit Mutter und Schwester aus einem idyllischen Dorf in das Neubaugebiet Berlin-Marzahn, wo sein Vater Bauarbeiter ist. Er muß sich in einer völlig neuen Umgebung und unter fremden Menschen zurechtfinden. Stefan lernt zwei Mädchen kennen, die ihn zu verführen suchen, gerät mit dem Hausmeister in Konflikt, der sich vor sozial Höherstehenden beugt und nach unten tritt. Mit dem ängstlichen Hubert schließt er Freundschaft, verteidigt ihn gegen die ständigen Demütigungen des älteren Schülers Windjacke und ermutigt ihn, sich selbst gegen dessen Terror zur Wehr zu setzen. Zwischen Stefan und Windjacke kommt es schließlich zu einem erbittertem Kampf, der tragisch endet: an einem Fahrstuhlschacht ...
ZUM FILM: Mit seinem Jugendfilm über das Lebensgefühl in Satellitenstädten stieß Herrmann Zschoche erneut an Grenzen. Das Wohnungsbauprogramm der DDR war ein Thema, das keinerlei Kritik ausgesetzt werden durfte. Zschoche kritisierte jedoch nicht nur das, sondern auch alltägliche Verhaltensweisen, den Umgang der Generationen miteinander. Bevor der Film eine staatliche Abnahme bekam, mußte er mehrfach geändert werden und erhielt statt der bitteren, offenen eine positive Schlußlösung. Schließlich kam er auf die Leinwand und sah sich schwerer Kritik von seiten der Partei-Presse ausgesetzt. Die Jugendzeitung *Junge Welt* druckte eine Seite voller bestellter Leserstimmen unter der Überschrift »Das ist wieder kein DEFA-Film über uns!« Allerdings war es offenbar – anders als früher – der übrigen Presse gestattet, abgewogene, sogar positive Rezensionen zu drucken. Immerhin behandelte der Film einen schwelenden Unmut, der noch heute in Neubauvierteln nistet und zu einer Gefahr werden kann.
ECHO: Wieviel Ahnungslosigkeit oder Borniertheit gehört z.B. dazu, einen Film um Jugendliche zu machen und dabei jene Leistung, die gerade von ungezählten jungen Menschen mit vollbracht worden ist, moderne neue Wohnviertel, als eine furchterregende und niederdrückende »Betonwelt« abzuwerten. (...) So wurde aus der möglichen Identifikationsfigur des Jungen Stefan ein Außenseiter in einer »kaputten«, unwirklichen, kinderfeindlichen Welt. Einer Welt, die nicht die unsere ist. (Horst Knietzsch, *Neues Deutschland*, 4.5.1983)
Insel der Schwäne – ein Film über die Jugend und für die Jugend, und dafür ist auch der richtige Stil gefunden. Mit einer Sicht auf die Welt, wie sie eben Jugendliche haben. Mit realistisch genauen Beobachtungen aus ihrer Lebenssphäre und mit phantasievollen Überhöhungen, mit ihren Liedern und ihrer Musik (Peter Gotthardt) und mit einem Grundton ihrer Aufsässigkeit und mit ihrem Blick auf die Erwachsenen. (Helmut Ullrich, *Neue Zeit*, 29.4.1983)
Herrmann Zschoches Fähigkeit der Alltagsbeobachtung und -bewertung, Günter Jaeuthes unauffällig eingesetzte Kamera, die den Neubaubereich in seiner Unfertigkeit und seinen Möglichkeiten entdecken hilft, bewähren sich erneut eindringlich in diesem DEFA-Streifen. (Hans Braunseis, *Morgen*, 30.4.1983)
Wo es der psychologischen Erhellung der Figuren bedurft hätte, gibt es blanke Klischees. Das wird am deutlichsten bei den Helden Stefan und »Windjacke«: Der eine ist rein, edel und damit steril wie ein Engel, der andere heuchlerisch, perfide und gemeingefährlich wie Beelzebub persönlich. (...) Das Auftreten der Pop-Gruppe »Ritter, Tod und Teufel« ist pure dramaturgische Krücke, von der man allerdings nicht weiß, wem sie nun eigentlich auf die Beine helfen soll. (Renate Holland-Moritz, *Eulenspiegel* 26/1983)
Umweltschädigung dieser Art konnte man schon thematisiert sehen in einigen Bildern auf der Großen Kunstausstellung der DDR in Dresden. Durch *Insel der Schwäne* wird dieses an keine Gesellschaftsordnung gebundene Problem erstmals auch von der DEFA aufgegriffen. Ulrich Plenzdorf hat dazu den Romanstoff von Benno Pludra in seinem Drehbuch zugespitzt und schärfer akzentuiert. Die Regie Herrmann Zschoches unterstützt ihn darin. Günter Jaeuthes Kamera läßt das Innere des Hochhauses manchmal wie ein bedrohliches Labyrinth erscheinen; Kellerräume wirken fast wie Gefängniszellen, bei dem mehrfach von unten aufgenommenen Fahrstuhl könnte man ein herabsausendes Fallbeil assoziieren. (Heinz Kersten, *Tagesspiegel*, 8.5.1983)
NEBENBEI: Auf dem Nationalen Spielfilmfestival durfte der Film einzig den Preis für die beste weibliche Nebenrolle erhalten. – Der jugendliche

Darsteller des »Windjacke«, Sven Martinek, entwickelte sich in den neunziger Jahren zu einem bekannten Fernsehschauspieler.
Filmtext: Insel der Schwäne. In: Ulrich Plenzdorf: Filme 1. Rostock: Hinstorff Verlag 1986

DIE INSEL DER SILBERREIHER

(Co-Produktion DDR/CSSR, Kinderfilm)
RE: Jaromil Jires, SZ: Vera Kalabová, LV: Gleichnamige Erzählung von Ladislav Dvorsky, DR: Christel Gräf, Ivan Urban, KA: Jan Curík, Oldrich Hubácek, MU: Lubos Fiser, SB: Marlene Willmann, KO: Svata Sophová, Uwe Bornemann, SC: Josef Valusiak, PL: Oscar Ludmann, Zdenek Oves, GR: GR »Roter Kreis«, m: 2166 = 79 min, fa, brw, PJ: 1976, PM: 22.5.1977, PM-Ort: Berlin, »Kosmos«, CO: Filmstudio Barrandov, Prag, Kinderfilmgruppe Ota Hofman, Tschech. Titel: Ostrov stríbrnych volavek
DA: Erwin Geschonneck (Oberst von Bülow), Günter Naumann (Sepp), Heidemarie Wenzel (Frau von Bülow, Heinrichs Mutter), Vladimír Dlouhy (Toni), Michal Vavrusa (Heinrich von Bülow), Wolfgang Greese (Gendarmeriekommandant), Petr Vorisek (Paul), Tomás Vacek (Willi); Erich Mirek (Opa Meyer), Peter Kalisch (Bahnhofsvorsteher), Dieter Knust, Frank Ciazynski, Klaus Tilsner, Brigitte Beier, Hannes Stelzer u. a.
INHALT: Das letzte Jahr des Ersten Weltkrieges. Der 13jährige Heinrich von Bülow, Sohn eines gefallenen Offiziers, lebt im Haus des Großvaters. Der erwartet von ihm standesgemäßes Verhalten. Aber Heinrich fühlt sich zu den Arbeiterjungen Paul und Willi hingezogen. Gemeinsam durchstreifen sie die Wälder. Dabei entdecken sie zwei desertierte Soldaten. Heinrich gerät in eine Konfliktsituation, denn nach dem Verständnis seiner Erzieher handelt es sich um Verräter. In dem Jungen aber hat bereits eine Wandlung zu humanistischen Wertvorstellungen begonnen. Heinrich erfährt auch, daß sein Vater an der Front den Tod gesucht hat, nachdem er den Befehl zu einer Geiselerschießung verweigerte. Die Kinder retten die Deserteure.
ZUM FILM: Der Film setzte die Tradition der Zusammenarbeit von DDR und CSSR auf dem Gebiet des Kinderfilms fort, einem Gebiet, auf dem beide Länder (neben der Sowjetunion) im sozialistischen Lager führend waren.
ECHO: In der Anlage der Figur nicht motiviert ist das urplötzliche Umkippen des Oberst von Bülow, die absolute Verkörperung preußischen Militaristengeistes, in die tragische Figur eines gebrochenen, um die Zuneigung seines Sohnes Heinrich winselnden Alten. Damit wird die Gefährlichkeit dieser Kaste verkleistert, wird Mitleid und Mitgefühl erzeugt, wo sie beileibe nicht angebracht sind. (...) Die stark in die Geschichte einbezogenen Landschaftsaufnahmen verselbständigen sich anfangs zu stark, zumal die offensichtliche funktionelle Absicht erst am Schluß des Films zum Tragen kommt. (Ingeborg Zimmerling, *Filmspiegel* 17/1977)
NEBENBEI: Kameramann Jan Curik hatte bei der DEFA den Film → *Der Fall Gleiwitz* fotografiert. – *Die Insel der Silberreiher* erhielt 1977 auf dem Kinderfilmfestival in Gottwaldov Preise für die beste Regie und das beste Szenenbild.

IRGENDWO IN BERLIN

RE: Gerhard Lamprecht, BU: Gerhard Lamprecht, KA: Werner Krien, MU: Erich Einegg, BA: Otto Erdmann, Wilhelm Vorwerg, SC: Lena Neumann, PL: Georg Kiaup, m: 2329 = 85 min, s/w, PJ: 1946, PM: 18.12.1946, PM-Ort: Berlin, Deutsche Staatsoper

DA: Hans Leibelt (Eckmann), Harry Hindemith (Iller), Hedda Sarnow (Frau Iller), Charles Knetschke (Gustav, beider Sohn), Hans Trinkaus (Willi, sein Freund), Paul Bildt (Birke), Fritz Rasp (Waldemar), Lotte Loebinger (Frau Steidel), Walter Bluhm (Onkel Kalle), Magdalena v. Nußbaum (Frau Schelp), Lili Schönborn, Karl Hannemann, Gaston Briese, Peter Marx, Eduard Wenck u.a.

INHALT: Die Kinder der zerstörten Stadt machen aus der Not eine Tugend und die Trümmerlandschaft zum Abenteuerspielplatz. Gustav erwartet mit seiner Mutter auf den Resten ihrer ehemaligen Großgarage die Rückkehr des Vaters aus der Gefangenschaft, damit der Neuaufbau beginnen kann. Doch als der Mann endlich da ist, weicht die Freude einer großen Enttäuschung: Er ist physisch und psychisch ein Wrack. Die Kinder, allen voran der Bandenführer »Kapitän«, beschimpfen ihn als »dreckigen Jammerlappen«. Einzig Freund Willi hält zu Gustav und kommt durch seine gutgemeinte Hilfe in Schwierigkeiten, die ihn das Leben kosten. Der tragische Unglücksfall bewirkt Einsicht bei den Kindern, die das Kriegsspiel aufgeben und Gustavs Vater zum Neubeginn motivieren.

ZUM FILM: Der dritte DEFA-Film wandte sich an ein erwachsenes wie auch an ein Kinderpublikum. Trotzdem er an Originalschauplätzen gedreht wurde, hatte er wenige neorealistische Züge. In Erzählweise und Bildkultur erkannte man in Gerhard Lamprecht und Werner Krien Meister, deren Maßstäbe aus der Stummfilmära kamen.

ECHO: Gerhard Lamprecht führt eine bewegliche, rastlose und forschende Regie. Er späht seinen Gestalten gerne nach, er belauert sie bei ihren kleinsten und alltäglichsten Verrichtungen, ihm liegt das Mosaik mehr als das la fresco. Auch sein Buch ist locker und skizzenhaft-detaillistisch angelegt, es ging ihm augenscheinlich weniger um eine konsequent durchkomponierte Story, als darum, ein Höchstmaß an Beobachtungen und Bezüglichkeiten an die thematische Schnur zu reihen. (Walter Lennig, *Berliner Zeitung*, 20.12. 1946)

Insgesamt hinterläßt der Film einen episodischen Eindruck. Lamprecht hat möglichst viele Probleme behandeln wollen und rast in kurzen Sequenzen durch die Geschichte. In einem Tempo, das zwar manchmal zu Lasten der Figuren und der Handlung geht, das andererseits aber über die manchmal schwerfälligen Phasen hinweghilft, in denen die Erwachsenen und ihre Philosophien im Mittelpunkt stehen. Die Stärken des Films liegen zweifellos in der Authentizität von Dialogen und Schauplätzen sowie der konsequenten Erzählperspektive aus Sicht der Kinder. (...) Die unbestrittenen Qualitäten von *Irgendwo in Berlin* aber, das haben Veranstaltungen 1994 mit Schülern der zweiten bis fünften Klasse in Ost und West gezeigt, sichern dem Film auch heute noch ein begeistertes Kinderpublikum. (*Zwischen Marx und Muck*, 1996)

NEBENBEI: Der kindliche Hauptdarsteller Charles Knetschke ging später zur Schauspielschule und gehört heute unter dem Namen Charles Brauer zu den populären Fernsehstars. – Fritz Rasp, der den undurchsichtigen Ganoven Waldemar spielt, lehnte sich an seine Rolle des Herrn Grundeis in Lamprechts Kästner-Adaption *Emil und die Detektive* von 1931 an.

EIN IRRER DUFT VON FRISCHEM HEU

RE: Roland Oehme, SZ: Rudi Strahl, Roland Oehme, LV: Gleichnamiges Lustspiel von Rudi Strahl, DR: Anne Pfeuffer, KA: Jürgen Lenz, MU: Günther Fischer, SB: Dieter Adam, KO: Ursula

Strumpf, SC: Helga Emmrich, PL: Volkmar Leweck, GR: GR »Berlin«, m: 2506 = 92 min, fa, brw, PJ: 1976777, PM: 23.9.1977, PM-Ort: Halle, »Urania 70«

DA: Ursula Werner (Dr. Angelika Unglaube), Peter Reusse (Mattes), Martin Hellberg (Pastor Himmelsknecht), Jan Triska (Aventuro), Ursula Staack (Lydia), Roland Knappe (Paul), Thomas Neumann (Anton), Gertrud Brendler (Mutter Roloff), Otto Dierichs (Willem), Thomas Wolff (Tramp), Oswald Foerderer, Heinz Schröder, Heinz Laggies, Alfred Lux, Eva Weißenborn u. a.

INHALT: Dem LPG-Bauern und Parteisekretär Mattes aus Trutzlaff sagt man das zweite Gesicht nach. Nicht nur seine Wettervorhersagen sind präzise, er weiß auch, wo verlorengegangene Ehemänner zu finden sind, und wundersame Dinge gelingen ihm. Das dringt bis in die Bezirksstadt und zum Vatikan, die jeweils einen Beauftragten senden, den Wundern auf den Grund zu gehen: Genossin Dr. Unglaube und Monsignore Romeo Aventuro. Die beiden erleben tatsächlich einige »Wunder«, und Dr. Unglaube geht mit Eifer daran, eine natürliche Erklärung zu finden. Mattes nimmt's gelassen, schließlich weiß er, daß die genaue Kenntnis der Leute und der Umstände eine wichtige Voraussetzung für seine Weissagungen sind. Pfarrer Himmelsknecht, der mit dem Parteisekretär ständig im Streit ist, glaubt auch nicht an dessen Wunderkräfte. Und Dr. Unglaube erliegt am Ende Mattes' Charme.

ZUM FILM: Ein vielgespieltes Lustspiel von Rudi Strahl um Wundergläubigkeit, das entfernt an die → *Hexen* der fünfziger Jahre erinnert und nicht frei von Anlehnungen an *Don Camillo und Peppone* bleibt, setzte Roland Oehme – vielleicht etwas zu bieder – in einen amüsanten Film um.

ECHO: Wo eine elegant gesetzte Pointe am Platz gewesen wäre, setzt es dicke, plumpe Klamottengags. Wo man sich vom Charme des Abstrusen bezaubern lassen möchte, bleiben Regie und Kamera allemal auf dem Boden jener Tatsachen, auf dem das Heu gar nicht so irre duftet. (Renate Holland-Moritz, *Eulenspiegel* 48/1977)

Er (der Film, f.b.h.) bleibt geschmackvoll – auch beim ältesten Gag. Er wird nie besserwisserisch. Seine Witze gehen nie an die Substanz menschlicher Qualitäten oder auf ihre Kosten. (...) Das Ganze getragen von einem witzigen, pointenreichen Dialog. Ein bissel Erotik ist auch dabei. Und Marx lächelt dazu. (Günter Agde, *Filmspiegel* 25/1977)

Die Konstruktion der Fabel wirkt freilich allzu künstlich, und der Versuch, Ideologie einmal mit Ironie zu betrachten, erreicht nur selten den Witz, wie er eigentlich im Disput zwischen theoriegläubigen städtischen SED-Abgesandten und dem praxisverbundenen örtlichen Parteisekretär zum Ausdruck kommt. Zum happy-endlichen Schluß fallen die beiden Kontrahenten gemeinsam ins Heu, dessen irrer Duft freilich nichts am etwas faden Geschmack dieses neuen DEFA-Lustspiels ändert. (Heinz Kersten, 1977, zit. nach *So viele Träume*)

NEBENBEI: Der Film wurde 1978 mit dem Kritikerpreis als bester komischer Film ausgezeichnet.

ISABEL AUF DER TREPPE

(Kinderfilm)

RE: Hannelore Unterberg, SZ: Waldtraud Lewin, LV: Gleichnamiges Hörspiel von Waldtraud Lewin, DR: Anne Pfeuffer, KA: Eberhard Geick, MU: Karl-Ernst Sasse, Julio Alegria, SB: Werner Pieske, KO: Isolde Warscycek, SC: Helga Krause, PL: Martin Sonnabend, GR: GR »Berlin«, m:

1876 = 69 min, fa, brw, PJ: 1983/84, PM: 8.9.1984, PM-Ort: Berlin, »Colosseum«
DA: Irina Gallardo (Isabel), Mario Krüger (Philipp), Teresa Polle (Rosita Perez), Jenny Gröllmann (Margot Kunze), Jaecki Schwarz (Dieter Kunze), Horst Hiemer (Opa Kunze), Ruth Kommerell (Frau Flickenschild), Gert Klisch (Hausmeister), Barbara Dittus (Stellv. Direktorin), Ilse Voigt (Oma Soickert), Harald Arnold, Eva Schäfer, Ilse Bastubbe, Rolf Staude, Fernando Gallardo u. a.
INHALT: Rosita Perez und ihre zwölfjährige Tochter Isabel leben seit sechs Jahren in der DDR. Sie sind Emigranten aus Chile. Als sie kamen, hatten die Nachbarn Margot und Dieter Kunze die Patenschaft übernommen, doch die ist im Alltag längst eingeschlafen. Rosita hat Arbeit, auch Kontakt zu anderen Emigranten, aber sie fühlt sich einsam, ist bedrückt. Isabel sitzt oft auf der Treppe, aus Angst, der Briefträger könnte eine Todesnachricht vom Vater aus Chile bringen. Diese würde sie der Mutter nicht geben, um deren Kummer nicht noch zu vergrößern. Philipp, Sohn der Kunzes und mit Isabel befreundet, merkt, daß die beiden Probleme haben und Zuwendung brauchen. Als die Nachricht vom Tod des Vaters tatsächlich eintrifft und Rosita zusammenbricht,

findet Isabel bei Philipp und seinen Eltern liebevolle Aufnahme.
ZUM FILM: Der Film, der Gleichgültigkeit gegenüber Emigranten anprangert, die in Ausländerfeindlichkeit umschlagen kann, leidet in einigen Szenen an der zu platt-satirischen Darstellung der Familie Kunze, ohne die das Anliegen zugespitzter formuliert worden wäre.
ECHO: Die Vorzüge dieses Films liegen in seiner Ehrlichkeit, daß er Probleme anspricht, Situationen vor Augen führt, die jeder kennt. Und gerade dadurch wird man angeregt, über solche »Alltäglichkeiten« nachzudenken. Der Appell an unsere wirkliche Solidarität, die mehr bedeutet als Geld zu spenden, nämlich Solidarität im täglichen Leben, in den zwischenmenschlichen Beziehungen – dieser Appell wird durch Szenen erreicht, die das Gefühl des Zuschauers ansprechen. (...) Ein Kinderfilm, der auch Erwachsenen eine Menge zu sagen hat. (Marlene Köhler, *Freiheit*, 12.9.1984)
Waltraud Lewins Absicht ging in ihrem Hörspiel auf, es hinterließ im Hörer einen starken emotionalen Eindruck, konkretes Betroffensein. Verglichen damit, läßt der Film viel zu wünschen übrig. Da gibt es zwar genaue Details, stimmige Bilder, doch sie werden im Ganzen zu undifferenziert zusammengesetzt, werden undialektisch behandelt, bilden eine bloße Zustandsbeschreibung, die nicht zu überzeugen vermag, weil sie nicht nachvollziehbar gemacht wird. (Gisela Hoyer, *Morgen*, 19.9.1984)
Die »Moral« dieser realistischen Alltagsbeschreibungen meint eigentlich mehr noch die Erwachsenen. Sie sind es, die zunächst einmal versagen in diesem Film, der den in der DDR vielstrapazierten Begriff »Solidarität« an der Praxis mißt. (...) Der kritische Blick (...) beweist, daß oft gerade Kinderfilme in der DDR näher an dortiger Realität sind, als – besonders in letzter Zeit – Produktionen für Erwachsene. (Heinz Kersten, *Tagesspiegel*, 17.3.1985)
NEBENBEI: Der Aufnahmeleiter Paul Schimanski spielte hier aufgrund seiner Statur den »Mann mit schwarzem Capa/Pinochet«. – In der kleinen Rolle des Rodrigo ist Fernando Gallardo zu sehen, der Vater der zehnjährigen Hauptdarstellerin Irina Gallardo. Fernando Gallardo war vor dem Militärputsch in Chile ein bekannter Bühnendarsteller, Regisseur und als »Cachen-

cho« ein Liebling des chilenischen Kinderfernsehens.

ITALIENISCHES CAPRICCIO

RE: Glauco Pellegrini, BU: Ugo Pirro, Glauco Pellegrini, Liana Ferri, DR: Manfred Fritzsche, KA: Helmut Bergmann, MU: Günter Kochan, BA: Artur Günther, Ernst-Rudolf Pech, KO: Ingeborg Wilfert, SC: Christa Wernicke, PL: Werner Dau, m: 2883 = 106 min - fa, AT: Goldoni, PJ 1960/61, PM: 9.6.1961, PM-Ort: Magdeburg (3. Arbeiterfestspiele)

DA: Claude Laydu (Carlo Goldoni), Christel Bodenstein (Nicoletta Goldoni), Rolf Ludwig (Carlo Gozzi), Dana Smutna (Teodora Ricci), Jan Werich (Don Marzio), Nico Pepe (Antonio Sacchi/Pantalone), Gerd Biewer (Theaterdirektor Medebac), Norbert Christian (Abate Chiari), Otto-Erich Edenharter (Connio), Charlotte Brummerhoff (Comtessa), Ferruccio Soleri, Harry Gillmann, Heinz Schubert, Harry Hindemith, Eva-Maria Hagen u. a.

INHALT: Der biographische Film über Italiens großen Komödienschreiber Carlo Goldoni (1707–1793) setzt ein, als der gebürtige Venezianer noch Student ist und am Theater nebenbei den Handlanger macht. Weil er angeblich der Schauspielerin Teodora nachstellt, wird er davongejagt, begegnet ihr aber später wieder. Sie ist Primadonna, er Rechtsanwalt und soll sie im Prozeß gegen ihren Prinzipal Medebac vertreten. Teodora ignoriert Goldoni anschließend, aber Medebac möchte ihn, der auch ein brillanter Stückeschreiber ist, für sein Theater in Venedig gewinnen. Mit Hilfe der in Goldoni verliebten Nicoletta gelingt es ihm. In Venedig findet Goldoni großen Beifall beim Publikum, aber er hat auch erbitterte Feinde, vor allem seinen Konkurrenten Graf Carlo Gozzi, der Goldonis Erneuerung des Theaters entschieden bekämpft. So folgt Goldoni 1762 einem Angebot Ludwigs XV. nach Paris an die »Comédie Italienne«.

ZUM FILM: Der Film entstand aufgrund einer Bitte italienischer Genossen, man möge doch Glauco Pellegrini Arbeit verschaffen. Der aufwendige und teure Kostümfilm mit etwa 1000 Mitwirkenden, dessen Drehzeit mehrfach überschritten wurde, war dramaturgisch völlig unübersichtlich und blieb nichts als ein lautes, grellbuntes Spektakel.

ECHO: Das *Italienische Capriccio* ist – gelinde gesagt – eine Zumutung. Von Beginn an ist niemand mehr imstande, der Handlung zu folgen, bietet sie doch Theater im Theater im Filmtheater. Aber selbst die Entwirrung dieses komplizierten Vorgangs nützt einem so gut wie gar nichts, denn die Stimmen der Bühnengestalten ähnelten verzweifelt einem mit doppelter Geschwindigkeit rückwärtslaufenden Tonband. (...) Doch nach zweimaliger Besichtigung des Streifens – eine Selbstkasteiung, welcher sich nur kräftige Naturen unterziehen sollten – verdichtet sich der Eindruck, daß der Film insgesamt mehr im Stil der Commedia dell' arte als in dem echter Goldoni-Komödien verfertigt ist. Womit sich der Unwert des Machwerks potenziert. (Renate Holland-Moritz, *Eulenspiegel*, 4. August-Ausgabe 1961)

Das Ergebnis war ein Fiasko. Konfuse Handlungsführung und dilettantische Gestaltung machten diesen dem Publikum kaum zumutbaren Streifen zum schwersten Versager der DEFA-Produktion. Er fiel auch auf dem Moskauer Filmfestival im Juli 1961, wohin man ihn unverständlicherweise entsandt hatte, eindeutig durch. (Heinz Kersten, *Das Filmwesen in der Sowjetischen Besatzungszone Deutschlands*, 1963)

NEBENBEI: In der Rolle des Don Marzio gab der große tschechische Charakterkomiker Jan Werich sein einziges DEFA-Gastspiel.

J

JACKE WIE HOSE

RE: Eduard Kubat, BU: Jan Koplowitz, DR: Walter Jupé, KA: Fritz Lehmann, MU: Joachim Werzlau, BA: Oskar Pietsch, KO: Hans Kieselbach, SC: Ruth Schreiber, PL: Werner Dau, m: 2372 = 87 min, s/w, PJ: 1952, PM: 30.4.1953, PM-Ort: Berlin, »Babylon«/»DEFA-Filmtheater Kastanienallee«

DA: Irene Korb (Hilde), Günther Simon (Ernst), Charlotte Küter (Johanna), Regine Lutz (Lisa), Theo Shall (Mühlberger), Fritz Diez (Hellwand), Herbert Richter (Meider), Albert Garbe (Hammerweber), Harry Hindemith (Steiger), Ruth-Maria Kubitschek (Eva), Aribert Grimmer, Wolfgang Erich Parge, Edwin Marian, Erich Mirek, Jochen Thomas u.a., GE: Chor der Maxhütte Unterwellenborn

INHALT: Ein Ministeriumsbeschluß verbietet den Frauen eines Stahlwerkes die Arbeit an Stahlpressen über 250 Kilogramm. Die Frauen wollen sich den Arbeitsplatz jedoch nicht nehmen lassen und kämpfen um ihre Gleichberechtigung, indem sie die Männer zu einem Wettbewerb herausfordern. Diese sind sich ihres Sieges sicher. Dennoch ist Ernst Hollup wütend, daß seine Frau Hilde, die er ohnehin lieber zu Hause sehen würde, mitmacht. Während die Männer sich auf ihre Kraft verlassen, setzen die Frauen ihren Kopf ein und entwickeln eine Karre, die die glühenden Eisenstücke auf Schienen zur Presse bringt. Damit gewinnen sie nicht nur den Wettbewerb, sondern auch die Achtung ihrer Rivalen. Das Ministerium hebt seinen Beschluß aufgrund der neugeschaffenen Arbeitserleichterung auf.

ZUM FILM: Hier wurden die Forderungen ernst genommen, einen Produktionsstoff, eine Liebesgeschichte und ein Lustspiel miteinander zu verbinden. Was dabei herauskam, war die »Karikatur eines Lustspiels« (Kersten), das die Zuschauer mit vordergründigen Produktionsproblemen erschlug.

ECHO: Durch die Armut an wirklich menschlichen Zügen, die leider viele Gestalten in *Jacke wie Hose* kennzeichnet, haben die Schauspieler zumeist keine richtigen Rollen zu spielen, sondern nur Chargen im Umfang mittlerer Rollen. (...) Charlotte Küter und Harry Hindemith kämpfen gegen die Untiefen ihrer Rollen an, indem sie einzelne Vorgänge besonders realistisch darstellen, so z.B. die Kontrolle der Arbeitsgeschwindigkeit mit der Stoppuhr und die Fertigung eines Transportwagens. (...) Trotz aller Mängel ist der Film wegen seiner wertvollen Idee ein Schritt auf dem Wege zur Filmkomödie der neuen Art. (Lothar Kusche, *Weltbühne* 18/1953)
Ich würde mich nicht wundern, wenn in dem Film Hilde ihrem Mann bei der Hochzeit einen Vortrag über Neuerermethoden halten würde. (...) Warum zeigt man immer nur den Menschen als Funktionär oder im Betrieb? In *Jacke wie Hose* fehlt das Menschliche, das Private. Ich kann mir nicht vorstellen, daß die Rede immer nur vom Betrieb und von Planerfüllung ist, besonders bei

Liebenden wie Hilde und Ernst. (Volkskorrespondent Rolf Behrends in *Neue Filmwelt* 7/1953)
NEBENBEI: Abgesehen von wenigen Auftritten im *Stacheltier*-Kurzfilm und in Film- und Fernsehadaptionen von Brechts Stücken stand Regine Lutz, eine der wichtigen Protagonistinnen des damaligen Berliner Ensembles, hier zum einzigen Mal vor DDR-Kameras. – Als Günter spielte der später erfolgreiche Musiktheater-Regisseur Horst Bonnet (→ *Orpheus in der Unterwelt*) eine seiner wenigen DEFA-Rollen.

JADUP UND BOEL

RE: Rainer Simon, SZ: Paul Kanut Schäfer, LV: Roman »Jadup« von Paul Kanut Schäfer, DR: Erika Richter, KA: Roland Dressel, MU: Reiner Bredemeyer, SB: Hans Poppe, KO: Werner Bergemann, SC: Helga Gentz, PL: Herbert Ehler, GR: GR »Babelsberg«, m: 2824 = 104 min, fa, brw, PJ: 1980/81, PM: 12.5.1988, PM-Ort: Karl-Marx-Stadt, Stadthalle (Kleiner Saal)
DA: Kurt Böwe (Jadup), Katrin Knappe (Boel), Gudrun Ritter (Barbara), Timo Jacob (Max), Käthe Reichel (Frau Martin), Franciszek Pieczka (Unger), Michael Gwisdek (Gwissen), Christian Grashoff (Kaufhallenleiter), Annette Roth (Lehrerin), Rolf Martin-Kruckenberg, Evelyn Cron, Heide Kipp, Dirk Nawrocki, Heidemarie Schneider, Berthold Schulze, Hildegard Alex u.a.
INHALT: Jadup ist der angesehene Bürgermeister der altmärkischen Kleinstadt Wickenhausen. Ein Ereignis versetzt den selbstbewußten, routinierten Politiker in Unruhe. Beim Einsturz eines alten Hauses ist ein Buch zum Vorschein gekommen, das Jadup als junger Bursche kurz nach dem Krieg dem Mädchen Boel geschenkt hatte. Durch das Buch werden alte Gerüchte wieder lebendig. Jadup war Umsiedlerkind. Zwischen beiden entwickelte sich eine enge Freundschaft. Jadup hatte ihr Lesen und Schreiben beigebracht, seine Begeisterung für die neue Zeit auf sie zu übertragen versucht. Boel liebte ihn, und seinetwegen wollte sie ihre Warzen auf den Händen loswerden. Sie ließ sie von jemandem besprechen und wurde dabei vergewaltigt. Der Vorfall wirbelte viel Staub auf. Einige wollten den Russen die Vergewaltigung in die Schuhe schieben. Man bedrängte Boel, doch sie offenbarte den Täter nicht. Jadup stand ihr in der schweren Situation nicht bei. Boel verließ die Stadt und blieb verschwunden. Die Auseinandersetzung mit der Vergangenheit läßt Jadup seine gegenwärtige Haltung kritisch sehen – und verändern. Er korrigiert auch sein Verhältnis zum Sohn, der sich in einer vergleichbar schwierigen Situation befindet. Sein Credo heißt nun, für die Wahrheit zu leben.
ZUM FILM: Die Verfilmung des 1980 in der DDR erschienenen Romans *Jadup* geriet zu einer poesievollen Satire auf kritikwürdige Zustände im Arbeiter- und Bauernstaat. Der Film wurde mehrmals verändert und schließlich doch nicht zugelassen. Das Protokoll vom 8.2.1983 spricht ein Verbot des Films aus, da sich »Bedenken erhärtet haben, daß Aussage und Wirkung des Films nicht mit der kulturpolitischen Aufgabenstellung für die DEFA-Spielfilmproduktion zu vereinbaren ist. Damit sind die Überlegungen, die zur Zulassung des Films unter eingeschränkten Bedingungen führten, überholt.« Nachdem Regisseur Rainer Simon 1985 mit dem »Goldenen Bären« für seinen Film *Die Frau und der Fremde* internationales Ansehen gewonnen hatte und in den folgenden Jahren der Druck zu mehr Glasnost in der DDR zunahm, wurde *Jadup und Boel* 1988 endlich mit wenigen Kopien in den Studiokinos gestartet.
ECHO: Das Drehbuch – nach Paul Kanut Schäfer – gibt Splitter nur eines Spiegels, eine Art Puzzle, dessen Vollendung ein derart komplizierter Vorgang ist, daß dem Betrachter wenig Ruhe bleibt, das schließlich entstehende Bild sinnlich-emotional wahrzunehmen. Fabelstränge zerfasern. Die kühlen Linien der Konstruktion, es bleiben Gedanken mehr als Bilder, Sätze mehr als Menschen. (Henryk Goldberg, *Filmspiegel* 13/1988)
Die Geschehnisse und Zeichen sind aufs äußerste komprimiert, als müsse in kurzer Zeit so viel wie möglich gesagt werden. Skepsis und Hoffnung überkreuzen sich, behindern einander zuweilen in Simons Film. Ich würde mir vom Helden mehr Bewegung (auch in seinem Amt) wünschen, damit sich der Blick für die große Dimension dieser Leninschen Definition unserer Verantwortung für den Sozialismus auftut: Der zitierte Satz aus »Lieber besser, aber weniger« endet mit der Aufforderung, »jede Schwierigkeit einzugestehen und vor keinem Kampf zur Errei-

chung des Zieles zurückzuschrecken«. (Hans-Jörg Rother, *Film und Fernsehen* 11/1988)
Wie schon Paul Kanut Schäfer in seinem Roman, erzählt Rainer Simon nun mit filmischen Mitteln die Geschichte in der Schwebe zwischen metaphorischer, poetischer Überhöhung und ungeschönter Darstellung des Milieus einer DDR-Kleinstadt. Kurt Böwe als Jadup macht die Krise und Wandlung des Bürgermeisters sympathisch glaubhaft. Rainer Simons Plädoyer für ein unverkrampftes Verhältnis zur eigenen Geschichte, für ein offenes Aussprechen der Wahrheit über Vergangenheit und Gegenwart hat im Archiv keine Patina angesetzt. (Heinz Kersten, 1988, zit. nach *So viele Träume*)
ZITAT: Die Drehbuchfassung vom Ende Oktober 1979 läßt die Absicht des Regisseurs Simon erkennen, bei der Realisierung des Films seine Ressentiments, Vorurteile und widerspruchsvollen Wertungen gegenüber der Politik der DDR, insbesondere gegenüber der sozialistischen Kulturpolitik darzustellen. (Information der Abteilung XX/7 der Bezirksverwaltung Potsdam des Staatssicherheitsdienstes v. 15.5.1980, zit. nach *Repression und Freiheit*)

MEINUNG: Selbst, wenn wir damals noch nicht ahnten, daß wir Gorbatschowsche Ideen gewissermaßen vorwegnahmen, der Darstellung unserer Wirklichkeit haben wir uns sehr bewußt und programmatisch genähert. Und beim Drehen haben wir diese Problematik immer stärker empfunden. Deshalb waren wir uns einig, den Film mit aller Konsequenz zu machen, vor allem die Selbstzensur, die schlimmste aller Zensuren, auszuschalten. (Kameramannn Roland Dressel, *Film und Fernsehen* 5/1991)
NEBENBEI: Katrin Knappe, die die Boel spielte, gehörte damals zum Ensemble der Berliner Volksbühne. Sie nahm nur sehr selten Film- oder Fernsehrollen an.

DIE JAGD NACH DEM STIEFEL
(Kinderfilm)
RE: Konrad Petzold, BU: Hans-Albert Pederzani, Konrad Petzold, LV: Gleichnamige Erzählung von Max Zimmering, DR: Dieter Scharfenberg, KA: Siegfried Hönicke, MU: Günter Hauk, BA: Hans Poppe, KO: Werner Bergemann, SC: Ilse Peters, PL: Fried Eichel, GR: KAG »konkret«, m: 2341 = 85 min, s/w, PJ: 1961/62, PM: 14.8.1962, PM-Ort: Berlin, »Kosmos«
DA: Gerry Wolff (Friedberg), Günter Naumann (Kurt Büttner), Raimund Schelcher (Julius Gemse), Stefan Lisewski (Ernst Schiemann), Peter Kiwitt (Kommissar Huschke), Siegfried Kilian (Schutzmann Krüger), Paul Berndt (Hans Müller), Werner Senftleben (Karl Bullrich), Hannes Fischer (Polizeirat Klisch), Heinz Schröder (Sturmführer Barsch), Werner Lierck, Nico Turoff, die Kinder: Wolfgang u. Mathias Böhme, Ursula Hertting, Karin Kreiner u.a.
INHALT: Im Winter 1932 wird ein kommunistischer Pionierleiter in einem Berliner Arbeiterviertel erschlagen aufgefunden. Die Polizei versucht, den Kommunisten selbst den Mord in die Schuhe zu schieben und verhaftet den Freund und Genossen des Toten, Kurt Büttner. Büttners 12jähriger Sohn Jack und andere Pioniere machen indessen Jagd auf den wirklichen Mörder. Sie hatten neben dem Toten eine Nazi-Zeitung mit einem Stiefelabdruck gefunden, der nur vom Mörder stammen konnte. Viele Sohlen müssen begutachtet werden, bis der Schuldige endlich gefunden ist – ein SA-Mann. Die Polizei muß sich den überzeugenden Beweisen beugen.

ZUM FILM: Spannend, und für Kinder gut verständlich erzählt der Film von verschiedenen ideologischen Strömungen in Deutschland zu Beginn der dreißiger Jahre. Der Film, der als erstes Jugendobjekt der DEFA realisiert wurde, war eine der besten Inszenierungen von Konrad Petzold und hat noch heute Bestand.
ECHO: Viele echte, gute Spannungsmomente enthält der Film. Er wird sein junges Publikum mitreißen. Es ist eine in Szene gesetzte Lektion aus einem recht komplizierten Abschnitt unserer Geschichte, die nicht allein infolge der guten Darstellung und der Spannungsmomente begeisterte Zuschauer finden wird, sondern auch deshalb, weil der junge Filmbesucher nicht unnötig überfordert wird, die Zusammenhänge des Geschehens jener Jahre gut verstehen kann und – ohne aufdringlich dahin geführt zu werden – für die wahrhafte Sache der Arbeiterkinder Partei ergreift. (Dorle Rechlin, *Tribüne*, 18.8.1962)
In Schwarzweiß in 90 spannenden Minuten mit einer handwerklich perfekten Licht- und Kameraführung, von der Fernsehkonsumenten von heute nur träumen können. Wenn sie denn doch derlei Unterschiede wahrzunehmen in der Lage sind. Doch solche Filme helfen dabei. (*Göttinger Tageblatt*, 1.10.1994)
NEBENBEI: Weil die Dreharbeiten für ein Kind, das die Hauptrolle spielt, zu aufreibend geworden wäre, besetzte Konrad Petzold den Jack mit den Zwillingen Wolfgang und Mathias, die sich die Rolle teilten.

JAHRGANG 21
(Co-Produktion DDR/CSSR)
RE: Václav Gajer, BU: Ota Hofman, Walter Gorrish, Václav Gajer, LV: Gleichnamiger Roman von Karel Ptácník, DR: Ilse Langosch, KA: Jan Kalis, MU: Jirí Srnka, BA: Herbert Nitzschke, Karel Lier, KO: Ingeborg Wilfert, TR: Ernst Kunstmann, SC: Ursula Kahlbaum, PL: Adolf Fischer, Zdenek Oves, m: 2644 = 97 min, s/w, PJ: 1957, PM (DDR): 28.2.1958, PM-Ort: Berlin, »Babylon«, CO: Filmstudio Prag /CSSR, Tschechischer Titel: Rocník jedena-dvacet
DA: Eva Kotthaus (Käthe), Ludek Munzar (Honzík), Jiri Sovák (Kovanda), Josef Vinklár (Olin), Stanislav Fiser (Mirek), Raimund Schelcher (Weiß), Rudolf Ulrich (Hill), Eduard Cupák (Pepous), Hans W. Hamacher (Bent), Irene Korb (Schaffnerin), Wilhelm Koch-Hooge, Johannes Arpe, Lotte Loebinger, Herbert Körbs, Gisela Fritsch u. a.
INHALT: Sie waren 18, als der Zweite Weltkrieg begann: der Prager Musikstudent Honzík, dessen Vater ins KZ Buchenwald verschleppt wurde, und die deutsche Krankenschwester Käthe. Honzík kommt in eine Fremdarbeiterkompanie nach Deutschland. Bei einem Marsch durch das zerbombte Stralsund rettet er einen Jungen aus den Trümmern – gegen den Befehl des Unteroffiziers. Er wird dabei schwer verletzt. Im überfüllten Krankenhaus haben Deutsche den Vorrang, doch Käthe nimmt sich seiner an. Zwischen ihr und dem jungen Tschechen entsteht eine zarte Liebe. Doch das ist verboten, und Denunzianten gibt es überall. Käthe wird strafversetzt, Honzík kehrt in seine Kompanie zurück. Im zerstörten Dresden begegnen sie sich wieder, das Glück aber ist nur kurz. Käthe wird von der Gestapo verhaftet, den tschechischen Fremdarbeitern hilft ein Widerstandskämpfer bei der Flucht. Die Befreiung steht kurz bevor ...
ZUM FILM: Noch gab es starke Vorbehalte zwischen Deutschen und Tschechen in der Bevölkerung, die zwischen der DDR und der CSSR durch

enge politische und wirtschaftliche Zusammenarbeit abgebaut wurde. Dieser durchaus beachtliche Film, die erste Co-Produktion beider Länder, war ein wirksamer Schritt auf diesem Wege.
ECHO: Das ist naturgemäß ein sehr schwieriges Thema, das (...) zu einem Filmdrehbuch gestaltet wurde. Mit viel Liebe, Verstand und Kunstfertigkeit; wenngleich nicht verschwiegen werden soll: auch mit einigen Längen. Eine Straffung und die stärkere Konzentration auf die Haupthandlung und die Hauptpersonen hätten Wert und Wirksamkeit des Films noch erhöht. Auch ein Anziehen des Tempos durch die Regie wäre der Sache dienlich gewesen. (Karl-Eduard v. Schnitzler, *Filmspiegel* 5/1958)
Dies wird in menschlich ergreifenden Tönen und mit völkerversöhnender Tendenz erzählt. (...) Sehr echt waren die Gestalten aus beiden Lagern getroffen, man verzichtete auf die sonst übliche billige Schwarz-Weiß-Malerei, und es entstand ein eindringliches Bild der düsteren Tage vor dem Zusammenbruch. (Heinz Kersten, *Das Filmwesen in der Sowjetischen Besatzungszone Deutschlands*, 1963)
NEBENBEI: Daß die Verständigung zwischen der DDR und der CSSR damals offenbar leichter war als die zwischen beiden deutschen Staaten, zeigte sich auch in Schnitzlers an gleicher Stelle geäußerten Kritik an der Besetzung: »... muß die Frage gestellt werden, ob von der DEFA ausgerechnet für einen Film, der der Völkerverständigung dienen soll, eine Schauspielerin empfohlen werden mußte, die für ihre Mitwirkung in einem westdeutschen Film, der unsere Republik verzerrt darstellte und der Verständigung äußerst abträglich war, aus den Händen von Innenminister Schröder den ›Bundesfilmpreis‹ erhalten hat.« Gemeint ist Eva Kotthaus, die in Helmut Käutners *Himmel ohne Sterne* (1955), der sich sachlich, wenn auch aus bundesdeutscher, nicht ganz objektiver Sicht, mit deutschdeutscher Problematik befaßte, eine Hauptrolle gespielt hatte.

JAHRGANG 45

RE: Jürgen Böttcher, BU: Klaus Poche, Jürgen Böttcher, DR: Christel Gräf, KA: Roland Gräf, MU: Henry Purcell, Wolf Biermann, Matthias Suschke, SB: Harry Leupold, KO: Günther Schmidt, SC: Helga Gentz, PL: Dorothea Hildebrandt, GR: KAG »Roter Kreis«, m: 2557 = 94 min, s/w, PJ: 1965/66, PM: 11.10.1990, PM-Ort: Berlin, »Babylon«
DA: Monika Hildebrand (Li), Rolf Römer (Al), Paul Eichbaum (Mogul), Holger Mahlich (Hans), Gesine Rosenberg (Rita), Walter Stolp (Kaderleiter), Werner Kanitz (Napoleon), A. R. Penck (Freund), Ruth Kommerell (Mutter), Richard Rückheim (Opa) u.a., GE: Eva-Maria Hagen
INHALT: Alfred und Lisa, genannt Al und Li, ein junges Ehepaar vom Prenzlauer Berg, haben beschlossen, sich zu trennen. Die Decke des kleinen Altbau-Zimmers, in dem sie leben, scheint ihnen auf den Kopf zu fallen – und vor allem Al, der leidenschaftliche Automechaniker und Motorradliebhaber, leidet unter der Empfindung, sich nicht entfalten und ausprobieren zu können. Er nimmt ein paar Tage Urlaub, bummelt durch Berlin, trifft Freunde und Fremde, läßt sich treiben. Der Kaderleiter seines Betriebes stellt ihn zur Rede. Li, die als Säuglingsschwester arbeitet, leidet unter der bevorstehenden Trennung, macht kein Hehl aus ihren verletzten Gefühlen und wartet darauf, daß Al sich mit ihr ausspricht. Vielleicht kommen sie doch wieder zusammen ...
ZUM FILM: Jürgen Böttchers Film war ein Vorläufer des dokumentaren Spielfilms, der sich bei der DEFA seit Ende der sechziger Jahre durchsetzte, und deren Hauptvertreter Roland Gräf und Lothar Warneke waren. Jürgen Böttcher jedoch konnte keinen Spielfilm mehr drehen (wurde allerdings ein ausgezeichneter Dokumentarfilmregisseur). Nach dem berüchtigten 11. Plenum des ZK der SED von 1965 wurde sein einziger Spielfilm verboten, offenbar weil sein Held eine Außenseiterposition einnahm, einen der »sozialistischen Entwicklung« widersprechenden Lebensplan verfolgte. Wie die anderen »Plenums-Filme« wurde auch *Jahrgang 45* erst 1990 fertiggestellt und uraufgeführt.
ZITAT: Al (...) ist bewußt als ein indifferenter, gedankenloser und unreifer junger Mann gezeichnet, der seine Arbeit macht, dann aber ohne Phantasie und Initiative seine Freizeit verbringt (...) der Typ eines Jugendlichen, der in unserer Republik mehr und mehr verschwunden ist. Al wirkt in seinem Habitus nahezu asozial. (...) Personen und Umwelt sind vielmehr so gestaltet, daß sie eher der kapitalistischen als der

sozialistischen Lebenssphäre zugerechnet werden könnten. Da der Film jedoch eindeutig vorgibt, einen Ausschnitt aus unseren gesellschaftlichen Verhältnissen zu reflektieren, wird er zutiefst unwahr. Seine zur Schau gestellte »unverbindliche Objektivität« führt zu Aussagen, die gegen die sozialistische Gesellschaft gerichtet sind. (Dr. Franz Jahrow, 1966, Stellungnahme der Abt. Filmproduktion, zit. nach *Das zweite Leben der Filmstadt Babelsberg*)

ECHO: Als ich 1966 Böttchers *Jahrgang 45* sah, gab es schon keinen Zweifel: der Film würde nicht aufgeführt werden. Wir, eine Gruppe von Filmleuten, Kritikern, standen nach der Vorführung noch zusammen und gaben Sätze von uns, die das zu erwartende Verbot kommentierten. Warum wurde auch noch dieser Film verboten, diese so gar nicht vordergründig-politische Geschichte? Was gab es gegen diesen wunderbaren Fluß der Bilder, gegen die gestische Welt, die der Schauspieler Rolf Römer entwickelt, einzuwenden? Er tastete sich zu einer Lässigkeit vor – verspielt, unsicher und schon ein wenig verzweifelt. Würde er (sein Al) noch die Kraft finden, auszubrechen; ist es noch das Spiel eines unbewußten Widerstandes, oder ist er schon dabei, sich anzupassen und Stück für Stück seines Protestes aufzugeben? (Rolf Richter, 1990, zit. nach *Das zweite Leben der Filmstadt Babelsberg*)

Wenn die Kamera Roland Gräfs am Anfang und am Ende des Films über die Dächer Berlins blickt, erklingt ein schönes musikalisches Thema von Purcell, zwischendurch Jazz von alten Platten, und einmal auch, als Radiomusik eingeschmuggelt, singt Eva-Maria Hagen ein Liebeslied, begleitet von der Gitarre des damals schon verfemten Wolf Biermann. Jürgen Böttchers *Jahrgang 45* ist ein sehr lyrischer Film mit poesievollen Alltagsimpressionen aus dem Milieu vom Prenzlauer Berg. (Heinz Kersten, *Tagesspiegel*, 18.2.1990)

NEBENBEI: Jürgen Böttcher, eigentlich Maler, war mit Ralf Winkler befreundet, der hier einen kleinen Part übernahm, und unter dem Namen A. R. Penck die Bildende Kunst der letzten Jahrzehnte maßgeblich beeinflußte.

JAKOB DER LÜGNER

(Co-Produktion mit dem Fernsehen der DDR)
RE: Frank Beyer, SZ: Jurek Becker, DR: Gerd Gericke, KA: Günter Marczinkowsky, MU: Joachim Werzlau, SB: Alfred Hirschmeier, KO: Joachim Dittrich, SC: Rita Hiller, PL: Herbert Ehler, GR: AG »Johannisthal«, m: 2743 = 101 min, fa, PJ: 1974, PM: 22.12.1974 (DDR-F)/17.4.1975, PM-Ort: Berlin, »Kosmos«
DA: Vlastimil Brodsky (Jakob), Erwin Geschonneck (Kowalski), Henry Hübchen (Mischa), Blanche Kommerell (Rosa), Manuela Simon (Lina), Margit Bara (Josefa Litwin); Dezsö Garás, Zsuzsa Gordon (Herr u. Frau Frankfurter), Reimar Joh. Baur, Armin Mueller-Stahl (Herschel u. Roman Schtamm), Hermann Beyer, Klaus Brasch, Paul Lewitt, Fritz Links, Edwin Marian, Hans-Peter Reinecke, Friedrich Richter, Peter Sturm, Helmut Schellhardt, Gabriele Gysi u. a.

INHALT: Ein osteuropäisches jüdisches Ghetto im Jahre 1944. Jakob Heym wird wegen angeblicher Überschreitung der Ausgangssperre von einem Posten zum Gestapo-Revier geschickt. Durch Zufall kommt er mit dem Leben davon, und zufällig hat er dort im Radio eine Meldung über den Vormarsch der Roten Armee gehört. Er möchte die Nachricht an seine Leidensgefährten weitergeben, um ihnen Hoffnung zu machen, hat aber Angst, man würde ihn wegen seiner »Verbindung« zur Gestapo für einen Spitzel halten. So greift er zu einer Lüge, gibt vor, ein Radio versteckt zu haben. Die Menschen im Ghetto schöpfen neuen Lebensmut, es gibt keine Selbstmorde mehr, und man möchte von Jakob immer neue Informationen über den Vormarsch. Er muß weiterlügen, damit die Hoffnung bleibt. Sein Freund Kowalski hilft, die Nachrichten zu verbreiten, läßt sich sogar von einem Wachposten zusammenschlagen, um Jakob zu schützen, als der auf der Toilette aus Zeitungsfetzen der Nazis wahre Nachrichten zu finden sucht. Ein kleines Mädchen entdeckt kurz vor der Deportation, daß Jakob kein Radio hat, aber seine Lüge und mit ihr die Hoffnung erweisen sich stärker als die Realität.

ZUM FILM: Bereits 1965 lag das Szenarium bei der DEFA vor, und Beyer plante damals diesen Film. Nach seiner Maßregelung für → *Spur der Steine* durfte er keinen weiteren Spielfilm drehen, bis endlich der Stoff, den Jurek Becker inzwischen als Roman umgearbeitet hatte, endlich in Co-Produktion mit dem DFF produziert werden konnte. Es wurde eines der schönsten und ergreifendsten Werke des internationalen Films.

ECHO: Regie- und Darstellungsstil des Films sind von harmonischer Übereinstimmung: zurückhaltend, ohne Dramatisierung und Effekte. An einigen wenigen Stellen scheint mir diese »unbetonte« Erzählweise sogar szenische Konturen zu verwischen; im ganzen gibt sie dem Film aber eine große Einfachheit, Sensibilität und Überzeugungskraft und läßt ihn zu einem der stärksten Spielfilme werden, die in den letzten Jahren bei uns produziert wurden. (Peter Ahrens, *Weltbühne* 51/1974)

Der Film verzichtet bewußt auf die Darstellung von Brutalität. Diese Dinge sind bekannt. Sie fanden so häufigen, teilweise naturalistischen Ausdruck in der Kunst, daß eine Wiederholung das Gefühl eher abstumpfen als erreichen könnte. Frank Beyer bewirkt emotionale Erschütterung durch Indirektheit. (Renate Holland-Moritz, *Eulenspiegel* 8/1975)

Frank Beyer inszenierte die Geschichte von Jakob, dem Lügner ganz verhalten zwischen Komik und Tragik. Knappe Traumsequenzen und Rückblenden lassen nie die Realität vergessen, bewirken beim Betrachter durch die enge Verknüpfung mit Detailbeobachtungen des Ghettodaseins ein tieferes Erfassen des heute eigentlich schon Unfaßbaren. Ein Märchenmotiv und eine einfache Geigenmelodie bestimmen leitmotivisch den poetischen Grundton der Geschichte, unterstützt von den unprätentiösen klaren Bildern Günter Marczinkowskys, Beyers ständigem Kameramann. (Heinz Kersten, 1975, zit. nach *So viele Träume*)

NEBENBEI: Auf der Berlinale 1975 erhielt der Hauptdarsteller Vlastimil Brodský einen Silbernen Bären. Als einziger DEFA-Film wurde *Jakob der Lügner* 1976 für einen »Oscar« nominiert. – Bevor Frank Beyer Vlastimil Brodsky besetzte, den er noch aus seiner Studienzeit an der FAMU Prag kannte und schon in der ersten Planungsphase 1965 für diese Rolle vorgesehen war, sollte auf Wunsch des vorgesehenen Co-Produktionspartners ZDF Heinz Rühmann die Hauptrolle spielen. Der West-Star sagte auch zu. Diese Besetzung eines populären, aber durch Nazi-Mitläufertum belasteten bundesdeutschen Schauspielers mußte aber von Erich Honecker persönlich abgesegnet werden. »Der ließ mich bitten, ›zum gegenwärtigen Zeitpunkt auf eine solche Besetzung zu verzichten‹. Das hing mit deutsch-deutschen Komplikationen zusammen; Honecker wollte alles vermeiden, was auf eine ›einheitliche deutsche Kulturnation‹ hinweisen könnte.« (Frank Beyer in *Regie: Frank Beyer*, 1995)

JAN AUF DER ZILLE

(Kinderfilm)

RE: Helmut Dziuba, BU: Helmut Dziuba, Hans-Albert Pederzani, LV: Gleichnamige Erzählung von Auguste Lazar, DR: Anne Pfeuffer, KA: Helmut Bergmann, MU: Christian Steyer, SB: Heinz Röske, KO: Elke Hersmann, SC: Barbara Simon, PL: Erich Albrecht, Rolf Martius, GR: GR »Berlin«, m: 2333 = 86 min, fa, brw, PM: 26.3.1986, PJ: 1984/85, PM-Ort: Berlin, »Colosseum«

DA: Peter Scholz (Jan), Helene Anders (Erika), Hartmut Pohl (Max), Peter Sodann (Martin), Hermann Beyer (»Professor«), Siegfried Voß (Wiese), Volkmar Kleinert (Hinkender), Heide Kipp (Tante), Lotte Loebinger (Muttchen), Evamaria Bath (Minna), Christoph Engel, Michael Narloch, Klausjürgen Steinmann, Christa Löser, Wolfram Handel u. a.

INHALT: 1934. Der dreizehnjährige Jan wartet auf dem Bahnhof von Bitterholm auf seinen

Vater, doch der kommt nicht. Die Polizei teilt ihm mit, daß der Vater einen Mann ermordet habe und auf der Flucht umgekommen sei. Die Zeitungen nennen ihn einen Kommunisten. Jan, dessen Mutter schon länger tot ist, muß zur Tante. Dort wird der »Kommunisten-Sohn« von den Leuten gemieden. Nur in dem älteren Jungen Max findet er einen Freund. Er hat Kontakt zum Widerstand und will Jan, der an der Aussage der Polizei zweifelt, helfen, den Vater zu finden. Ein Treffen mit Antifaschisten fliegt auf. Max wird erschossen, Jan kann fliehen. Er hat aber erfahren, daß ein »Mann auf der Zille« Bescheid weiß. In einem Boot fährt er auf die Elbe, um zu einer Zille zu gelangen. Er kentert und wird von Schiffern gerettet. Der Bootsbesitzer, seine Tochter Erika und der Bootsmann verstecken ihn vor der Polizei. Jan vertraut sich Erikas Lehrer an. Als er in ihm einen Verräter erkennt, stößt er ihn ins Wasser. Doch er hat einen wichtigen Hinweis bekommen, der ihn zu dem »Mann auf der Zille« führt.

ZUM FILM: Helmut Dziuba schuf einen dauerhaft gültigen Film über die Zeit des Nationalsozialismus aus der Sicht eines Kindes.

ECHO: Dziuba präsentiert uns Bilder von herber Poesie, Szenen, die bei starker innerer Dramatik eine eigenartige Ruhe ausstrahlen und unversehens tiefes Beteiligtsein an einem anderen Schicksal erzeugen. Erschrocken, weil betroffen, erfährt man durch Dziubas Weise, eine Geschichte einfach, dabei phantasievoll, sensibel und lebendig zu erzählen, wie eigentlich Bekanntes eine neue Dimension gewinnt, sich aufregend darstellt als ein Kapitel des schweren und widerspruchsvollen Vorgangs, in dem sich menschlicher Fortschritt vollzieht. (Gisela Hoyer, *Morgen*, 6.4.1986)

Hier liegt die zweite Wurzel des Films. Sämtliche Rollen der »großen Leute« sind vielschichtig, in sich widersprüchlich angelegt, jede läßt sich bis kurz vors Filmende nicht völlig durchschauen. (Ute Semkat, *Volksstimme*, 17.4.1986)

Selten ist die Atmosphäre der Furcht und Bedrohung unter den Nazis bei aller Zurückhaltung so eindrucksvoll vermittelt worden wie hier. Selten auch sah man das Milieu jener Zeit filmisch bis ins Detail so stimmig und echt dargestellt. Ebenso überzeugend die psychologische Genauigkeit, mit der Helmut Dziuba und sein Drehbuch-Koautor Hans-Albert Pederzani ihre Geschichte erzählen: sparsam mit Worten, oft vertrauend auf bloße Blicke und Gesten. (...) *Jan auf der Zille* ist ein Film ohne Schwachstellen – wann läßt sich das schon einmal sagen: eine der besten DEFA-Arbeiten seit langem. (Heinz Kersten, *Tagesspiegel*, 11.5.1986)

NEBENBEI: Der Kameramann des Films, Helmut Bergmann, war der jüngere Bruder von Konrad Wolfs ständigem Kameramann Werner Bergmann.

JANA UND JAN

(Co-Produktion)

RE: Helmut Dziuba, SZ: Helmut Dziuba, DR: Peter Jakubeit, Redaktion: Christoph Holch, KA: Helmut Bergmann, MU: Christian Steyer, SB: Heinz Röske, KO: Elke Hersmann, SC: Rita Reinhardt, PL: Uwe Kraft, m: 2382 = 87 min, fa, brw, PM: 26.5.1992, PJ: 1991, PM-Ort: Berlin, »Rio«, CO: Zweites Deutsches Fernsehen, Mainz

DA: Kristin Scheffer (Jana), René Guß (Jan), Karin Gregorek (Natter), Harald Warmbrunn (Bulling), Peter Sodann (Chef), Bärbel Röhl (Patientin), Julia Brendler (Julia), Dirk Müller (Sir), Eduard Burza (Schwarzer Teufel), Corinna Stockmann (Lady) u. a.

INHALT: Ein Jugendwerkhof 1989 in der DDR. Ein Neuer wird eingeliefert, der fünfzehnjährige elternlose Jan. Die zwei Jahre ältere Jana wettet, daß sie Jan zum Mann machen wird. Aus der Verführung wird eine gegenseitige tiefe Zuneigung. Die anderen sind wütend, daß Jana ihnen den Spaß verdorben hat, sie terrorisieren die beiden, die sich auf dem Dachboden ein Versteck für zärtliche Stunden schaffen. Jana wird schwanger, will das Kind trotz der dunklen Zukunftsaussichten behalten. Jan wird zeitweise in eine andere Anstalt verlegt. Die beiden kommen jedoch wieder zusammen und ihre Liebe erweist sich als stärker, als alle glaubten. Nach der Öffnung der Mauer im Herbst 1989 fliehen sie aus dem Werkhof. An der ehemals so stark bewachten Grenze angekommen, setzen bei Jana die Wehen ein.

ZUM FILM: Seinen vor der politischen Wende konzipierten Stoff konnte Helmut Dziuba unter den veränderten Bedingungen direkter und härter umsetzen. Obwohl im DEFA-Film bereits Helden aus dem Jugendwerkhof gekommen waren, etwa in → *Ein Mädchen von 16 1/2* oder → *Sabine*

Wulff, blieb die Darstellung des Lebens in diesen Einrichtungen weitgehend ausgespart und kam hier zum einzigen Mal in einem DEFA-Film zur Darstellung.
ECHO: Dziubas Anliegen war es immer, daß sich seine Helden mit ihren Ansprüchen durchsetzen. So auch hier. Doch inzwischen hat sich der historische Hintergrund für die Geschichte völlig geändert. Jana und Jan befreien sich nicht aus der Enge des Werkhofes, um in eine Welt zu kommen, wo eine Kleinfamilie mit Kind einen anerkannten Wert darstellt. Der bisher gültige gesellschaftliche Hintergrund in Form der DDR ist inzwischen für die Helden genauso zusammengebrochen wie für den Regisseur. Dziuba versucht den Wandel in die Geschichte einzubinden. Er tut es mit bösen Dokumentarbildern aus der deutschen Vereinigung, mit einem deutlichen Desinteresse der Jugendlichen am Geschehen außerhalb des Werkhofes, mit dem Hinweis auf oberflächliches Austauschen von Symbolen und Personen und schließlich dem Zeigen der Ratlosigkeit von Jana und Jan angesichts einer plötzlichen Freiheit, mit der sie nichts anzufangen wissen. (*Filmklubkurier* 2/1992)

Schade, daß ein Film wie *Jana und Jan* auf dermaßen massive Verleih-Schwierigkeiten stößt. Dabei ist Dziubas Film in keiner Sekunde belehrend oder »akademisch«. Ihm geht es um die Darstellung der Gefühlswelt einer selbst im professionell pädagogischen Umfeld alleingelassenen Jugend, die nicht nur gegen das Unverständnis ihrer Erzieher, sondern auch gegen die Feindseligkeiten ihrer Schicksalsgenossen ankämpfen muß. (Rolf-Ruediger Hamacher, *film-dienst* 15/1992)
NEBENBEI: Der Film wurde 1993 auf dem Filmfestival in San Remo ausgezeichnet. Helmut Dziuba erhielt für seine Leistung den Bayerischen Filmpreis.

JANUSKOPF

RE: Kurt Maetzig, BU: Helfried Schreiter, SZ: Hans-Albert Pederzani, DR: Willi Brückner, KA: Werner Bergmann, Jürgen Brauer, MU: Karl-Ernst Sasse, SB: Heike Bauersfeld, KO: Christiane Dorst, SC: Brigitte Krex, PL: Helmut Klein, GR: KAG »Johannisthal«, m: 2535 = 93 min, fa, brw, AT: Die große Entscheidung, PJ: 1971/72, PM: 31.8.1972, PM-Ort: Berlin, »International«
DA: Armin Mueller-Stahl (Dr. Brock), Katja Paryla (Vera, seine Frau), Wiktor Awdjuschko (Slatkow), Galina Polskich (Walja, Slatkows Frau), Norbert Christian (Professor Hülsenbeck), Mathilde Danegger (Clara, seine Frau), Fred Delmare (Prof. Bergmann), Werner Ehrlicher, Ursula Am-Ende (Werner u. Gerti Bengsdorf), Valeria Marian (Kari), Harald Hauser, Frank Beyer, Günter Drescher, Heinz Suhr, Paul Berndt u.a.
INHALT: Der 63jährige Biologe und Biochemiker Professor Hülsenbeck verweigert seine wissenschaftliche Mitarbeit an einem humangenetischen Forschungsprojekt der sozialistischen Staaten, für das ihn die DDR-Regierung vorgesehen hat. Er hatte geschworen, sich nie wieder an Forschungen zu beteiligen, die zum Schaden der Menschheit mißbraucht werden können, und er möchte seinen gleichgesinnten Kollegen im Westen nicht in den Rücken fallen. Aus Gewissensgründen hatte er 1935 Nazi-Deutschland verlassen, nach 20jähriger Arbeit in den USA wurde ihm bewußt, daß seine Forschung auch hier inhumanen Zwecken dient. Nach einem kurzen Aufenthalt in Stuttgart kam er mit seiner Frau in die DDR, in dem Glauben, hier mit ruhigem

Gewissen arbeiten zu können. Und nun dieser Auftrag. In konfliktreichen Auseinandersetzungen, vor allem mit dem DDR-Staatssekretär Brock und dem sowjetischen Minister Slatkow, erkennt Hülsenbeck das grundsätzlich andere Verhältnis der sozialistischen Gesellschaft zur Wissenschaft. Der Besuch bei einem westdeutschen Kollegen und Freund gibt den letzten Anstoß, seine Entscheidung zu korrigieren.
ZUM FILM: Wie schon viele Jahre zuvor in → *Der Rat der Götter* griff Kurt Maetzig erneut das Thema der Verantwortung des Wissenschaftlers für die Ergebnisse seiner Arbeit auf. Gleichzeitig stand der Film in einer Reihe von Werken, die Probleme der wissenschaftlich-technischen Revolution mit künstlerischen Mitteln zur Debatte stellten.
ECHO: In der Mitte des Films fällt etwa folgender Satz: »Wenn ich dich nicht so gut kennen würde ... Aber ich weiß, du wirst es schaffen.« Hier liegt, glaube ich, einer der Irrtümer des Films, und dieser ist unerlaubt alt. Der Zuschauer erträgt nämlich die noch folgenden Debatten nur mit Mühe, weil auch er sich des vorprogrammierten Ausgangs gewiß ist und auf dem Wege dahin keine neuen gedanklichen oder charakterlichen Entdeckungen mehr machen kann. (Peter Ahrens, *Weltbühne* 41/1972)
Nicht einem Spiel von Figuren wohnt der Zuschauer bei, sondern einem Gefecht von Ideen, Theorien und deren Interpretationen. Doch verlangen die gedankliche Intensität, mit der der Konflikt strukturiert und ausgetragen wird, und die Abstraktheit wie »Fremdheit« (Neuheit) der verhandelten Materie vom Zuschauer ein hohes Maß geistigen Eindringens und Mitgehens, das gemeinhin in unseren Filmen nicht erwartet wird. Aber der Aufklärer Maetzig wollte sein Anliegen lieber so vortragen und dabei Schwierigkeiten bei der Rezeption in Kauf nehmen als ungesagt lassen, was nach seiner Meinung zu jenem Zeitpunkt unbedingt auch im Film gesagt werden mußte. (Günter Agde in *DEFA-Spielfilm-Regisseure und ihre Kritiker*, 1983)
Angesichts der Herkunft des Films ist der Ausgang von Anbeginn klar, und die gute Besetzung kann nichts retten. (Klaus Wischnewski, *Das zweite Leben der Filmstadt Babelsberg*, 1994)
NEBENBEI: Um einen authentischen Gestus zu erreichen, besetzte Kurt Maetzig auch Laien, darunter den Schriftsteller Harald Hauser als Rice und seinen Regie-Kollegen Frank Beyer als Parker.

JE T'AIME, CHERIE

RE: Roland Oehme, SZ: Rudi Strahl, DR: Anne Pfeuffer, KA: Peter Brand, MU: Thomas Natschinski, SB: Georg Kranz, KO: Ursula Strumpf, SC: Helga Emmrich, PL: Horst Dau, GR: GR »Berlin«, m: 2307 = 85 min, fa, brw, PJ: 1985, PM: 6.6.1986, PM-Ort: Rostock, »Metropol«
DA: Marie Gruber (Martina), Peter Kube (Thomas), Swetosar Nedeltschew (Sportfunktionär), Kiril Janew (Minister), Anna Petrowa (Untersuchungsrichterin), Gerd Staiger (Botschaftsangestellter), Sabine Unger (Schöne Sächsin), Günter Junghans (DDR-Tourist), Gertraut Last, Ruth Kommerell (Alte Damen im Flugzeug), Katharina Rothärmel, Manfred Möck, Wolfgang Sasse, Juana Zorn, Rita Barg u. a.
INHALT: Martina, eine junge Arbeiterin aus Berlin, reist nach Bulgarien, um den Vater ihres halbjährigen Sohnes zu suchen. Sie hat im Urlaub mit ihm nur eine kurze Nacht am Strand verbracht, weiß nicht einmal den Namen, sondern nur, daß er ein bulgarischer Volleyballspieler war – sie hat sein Jersey als Andenken. Für ihre Suche bekommt sie von der DDR-Botschaft einen Begleiter, der diplomatische Komplikationen verhindern soll: den peniblen, schüchternen Thomas. Auf ihrer Reise durchs Land, bei der sich die beiden ungleichen Typen hin und wieder etwas näherkommen, begutachten sie einige Spieler – der richtige ist nicht dabei. Schließlich landen sie bei der Hochzeit eines Nationalspielers, und Martina meint, daß er der Vater sei – zum Beweis hat sie das Jersey. Doch sie muß erfahren, daß nach dem Spiel die Jerseys mit dem Gegner ausgetauscht worden waren und der Gesuchte somit nur ein DDR-Spieler sein kann. Er hatte in der fraglichen Nacht nur drei Worte zu ihr gesagt: Je t'aime, chérie.
ZUM FILM: Das Lustspiel des bewährten Gespanns Oehme/Strahl setzte auf schwache Charaktere und uralte Gags und enttäuschte seine Anhänger.
ECHO: Eine richtige Geschichte gibt es, nebenbei bemerkt, nicht. Nur aneinandergereihte Episoden, die Kameramann Peter Brandt mit Postkartenansichten vom schönen Reiseland Bulga-

rien aufzupeppen versucht. Aber was hilft's, wenn zwei nicht sonderlich sympathische Leute wie Martina (Marie Gruber), angeblich Schichtarbeiterin aus dem Berliner Kabelwerk Oberspree, und Tommi (Peter Kube), tapsig-ungelenker Botschaftssekretär, unglaubwürdige Situationen bestehen und bis zur Peinlichkeit witzlose, gar zotige Dialoge von sich geben müssen. (Renate Holland-Moritz, *Eulenspiegel* 27/1986) *Je t'aime, chérie* flattert nur und fliegt nicht. Das mag zu einem Gutteil an den Gags liegen, Uralt-Kalauer aus dem obersten Schub – schnell aufgezogen und zugegriffen. (...) Vor allem jedoch liegt es an der völlig unmotivierten, dafür um so mehr kultivierten Dramaturgie des Hastens, Stürzens und Stolperns. Dynamik und Rhythmus werden hier verwechselt mit Hektik und Durcheinander, statt Abwechslung stellt sich Eintönigkeit her, statt Spannung entsteht Langeweile. (Jürgen Bretschneider, *Film und Fernsehen* 3/1987)
NEBENBEI: Der Film entstand in enger Zusammenarbeit mit dem Filmstudio Bojana in Sofia.

JETZT UND IN DER STUNDE MEINES TODES

RE: Konrad Petzold, BU: Egon Günther, DR: Dieter Scharfenberg, KA: Siegfried Hönicke, MU: Günter Hauk, BA: Hans Poppe, Jochen Keller, KO: Joachim Dittrich, SC: Lotti Mehnert, PL: Fried Eichel, GR: KAG »konkret«, m: 2660 = 98 min, s/w, Tovi, AT: Anschrift und Gesicht, PJ: 1963, PM: 31.10. 1963, PM-Ort: Berlin, »Colosseum«

DA: Inge Keller (Ella Conradi), Ulrich Thein (Ralf Jordan), Hannes Fischer (Frank Müller), Bruno Carstens (Kommissar Hendrik), Gerhard Rachold (Hendriks Assistent), Hanns Anselm Perten (Dr. Welk), Wolf Kaiser (Adrian Haupt), Gerd Ehlers (Polizeipräsident Gamme), Horst Schulze (Georg Kirchner), Ursula Körbs (Beate), Günter Naumann, Gerry Wolff, Martin Flörchinger, Sabine Thalbach, Werner Dissel, Peter Kiwitt, Hans Klering, Ingrid Ohlenschläger, Herbert Köfer, Monika Hildebrandt u.a.
INHALT: Die Journalistin Ella Conradi, gerade entnervt von den im Eichmann-Prozeß zur Sprache gekommenen Ungeheuerlichkeiten aus Jerusalem geflohen, bekommt von ihrer Zeitung in Westdeutschland den Auftrag, über einen »normalen« Mordprozeß zu berichten. Der Angeklagte, Ralf Jordan, gibt sich unschuldig. Sie versucht, ihm zu helfen. Bei den Recherchen stößt sie auf politische Hintergründe, die ihre Wurzeln in der Nazizeit haben. Die alten faschistischen Kräfte, inzwischen wieder zu Amt und Macht gekommen, wollen sich durch ihre Enthüllungen nicht gefährden lassen. Doch Ella Conradi ist nicht einzuschüchtern. Sie bezahlt ihren Mut mit dem Leben. Aber auch Jordan, der sie auf dem Gewissen hat, stirbt – als unbequemer Mitwisser.
ZUM FILM: Unter dem Eindruck des Eichmann-Prozesses in Israel schrieb Egon Günther diesen von Konrad Petzold spannend inszenierten politischen Kriminalfilm, bei dem die mangelnde Verzahnung von Krimi- und politischen Elementen von der Kritik bemängelt wurde.
ECHO: Eigentlich klingt alles irgendwie und irgendwo an: der Eichmann-Prozeß, der Antikommunismus, die politische Blindheit mancher Intellektuellen, die Refaschisierung der Justiz und der Polizeiorgane, der Antisemitismus, das System eines Rufmordes, der Pressekonformismus. Zum Unglück des Films sind diese Symptome dem Stoff nicht inhärent. Kaum eines ist nahtlos in die Geschichte der drei Morde eingearbeitet. So erscheint das Merkwürdige, daß die für die bundesdeutsche Gegenwart so bezeich-

nenden Momente hier meist als Schablonen erscheinen, als überflüssige Beschwörungen. (Fred Gehler, *Filmspiegel* 25/1963)
Vom Optischen erscheint manches in diesem als Ganzes mißlungenen Film gut gelöst. Das große Aufgebot ausgezeichneter Darsteller (...) wurde jedoch nicht zu intensiver, psychologisch vertiefender Charakterisierung geführt, sondern in den meisten Fällen in eine starke Typik gedrängt. (H. U., *Neue Zeit*, 8.11.1963)
NEBENBEI: Die begabte junge Schauspielerin Ursula Körbs, die die Beate spielte, starb schon 1964, nur 25jährig.

JÖRG RATGEB – MALER

RE: Bernhard Stephan, SZ: Manfred Freitag, Joachim Nestler, DR: Werner Beck, KA: Otto Hanisch, MU: Andrzej Korzynski, SB: Peter Wilde, KO: Dorit Gründel, SC: Brigitte Krex, PL: Helmut Klein, Rolf Martius, GR: GR »Berlin«, m: 2715 = 100 min, fa, brw, PJ: 1977, PM: 25.5. 1978, PM-Ort: Berlin, »Kosmos«
DA: Alois Svehlík (Jörg Ratgeb), Margrit Tenner (Barbara), Olgierd Lukaszewicz (Bischof), Günter Naumann (Joß Fritz), Malgorzata Braunek (junge Bäuerin), Henry Hübchen (Thomas Niedler), Martin Trettau (Albrecht Dürer), Helga Göring (Agnes Dürer), Rolf Hoppe (Gaukler), Hilmar Baumann (Vogt), Thomas Neumann, Marylu Poolman, Günter Rüger, Giso Weißbach, Monika Hildebrand u. a.
INHALT: Am Vorabend des Bauernkrieges ist der Maler Jörg Ratgeb auf der Suche nach einem Christus-Modell. Er findet niemanden, der seinen Vorstellungen entspricht. An sich selbst zweifelnd, verläßt der Mittdreißiger Frau und Kinder und macht sich auf den Weg zu seinem Vorbild Albrecht Dürer. Bisher hatte er sich aus den politischen Kämpfen herausgehalten, sich auch von den Bundschuhleuten, denen er eine Fahne malen sollte, nicht vereinnahmen lassen. Die Erlebnisse der Reise, auf der ihm überall Gewalt begegnet, ziehen ihn in den politischen Kampf hinein. Er sieht, wie die stumme Barbara, die ihm das Leben rettete, von einem Bischof in den Tod getrieben wird. Ein Bauernbursche, der ihm Christus-Modell sein soll, wird zum Henker und dann selbst gehängt. Ein Gaukler muß die Verkündung der Wahrheit mit dem Leben bezahlen. Ratgeb malt nun, wie er die Dinge sieht. Die Gewalt verabscheuend, wird er dennoch zu einem Führer der Aufständischen und 1526 hingerichtet.
ZUM FILM: Bernhard Stephan läßt in seinem biografischen Film, auf dessen Thema die Drehbuchautoren bei ihrer Arbeit an →*Johannes Kepler* stießen, trotz vieler schöner Momente einige Episoden zu stark ausufern und verliebt sich mitunter in Details.
ECHO: Dabei gelingen wechselvolle, widersprüchliche, ungeglättete Gestalten, lebendig und markant. (...) Bernhard Stephan gelang es weitgehend, ihre Persönlichkeit mit dem Wesen der Rolle zu vereinen und optisch sichtbar zu machen. Zudem liebt der Regisseur Großaufnahmen von Details – Gesichter, Hände, Requisiten. Er montiert sie so in den Film, daß ein zügiger, ungeduldiger Ablauf entsteht, der dem ungebärdigen Drängen und Suchen Ratgebs entspricht. (Günter Agde, *Filmspiegel* 14/1978)
Ich konstatiere historische Tatbestände mit kühlem Kopf. Die Emotionen haben Sendepause. Vielleicht liegt es am tschechischen Hauptdarsteller Alois Svehlik, der in seiner proletarischen Derbheit, verstärkt durch die wenig klangvolle Synchronstimme Hans-Peter Reineckes, kaum einen hypersensiblen, dem reinen Schönheits-

ideal verpflichteten Maler glaubwürdig machen kann. Gewiß auch erschweren den Bereich des Psychopathologischen berührende Vorgänge den Zugang zum Film. (Renate Holland-Moritz, *Eulenspiegel* 25/1978)

Keinen biografischen Film hatten die beiden bewährten Babelsberger Szenaristen im Sinn, sondern eher eine auch für die Gegenwart gültige Parabel. Episoden von den Begegnungen Ratgebs mit den Bauern des Bundschuh und ihren Unterdrückern, einem Bischof und dem von ihm bewunderten Dürer inszenierte Regisseur Bernhard Stephan als actionreiches Kino für ein breites Publikum. Erklärtermaßen haben ihn dabei auch Vorbilder des Italo-Western beeinflußt. (Heinz Kersten, 1978, zit. nach *So viele Träume*)

NEBENBEI: Zum optischen Höhepunkt des Films wird der Tod des Gauklers, den Rolf Hoppe als ausgebildeter Artist eindrucksvoll darstellt.

JOHANN SEBASTIAN BACHS VERGEBLICHE REISE IN DEN RUHM

(BRD-Auftragsproduktion)

RE: Victor Vicas, BU: Victor Vicas, Heiner Michel, RD: Wolfgang Hammerschmidt, KA: Lothar Elias Stickelbrucks, MB: Ludwig Walter, SB: Heinz Röske, KO: Günter Schmidt, SC: Renate Prill, PL: Erich Albrecht, Karl-Heinz Menzinger, P: Allianz, m: 2932 = 109 min, PJ: 1979, AD: 25.4.1980

DA: Alexander May (Johann Sebastian Bach), Renate Richter (Anna Magdalena Bach), Peter Reusse (Friedemann Bach), Henry Hübchen (Carl Philipp Emanuel Bach), Regina Beyer (Johann Maria Bach), Jürgen Holtz (Friedrich II.), Bärbel Bolle (Katharina Dorothea Käthe), Christian Steyer (Altnickol), Michael Gerber (Nichelmann), Werner Dissel (Vater Nichelmann), Winfried Glatzeder (Postknecht), Hansjürgen Hürrig (Dorides), Thomas Wolff, Blanche Kommerell, Harald Warmbrunn, Peter Sturm, Gerd Staiger, Harald Halgardt, Walter Lendrich, Fritz Decho u.a.

INHALT: Von Leipzig nach Potsdam führt die letzte große Reise des Thomaskantors Johann Sebastian Bach. Bereits 60jährig, erhofft er sich von einem Vorspiel beim Preußenkönig Friedrich II. nicht nur künstlerische Anerkennung und erneute Aufwertung, sondern auch das Ende der zermürbenden finanziellen Sorgen. (*Lexikon des Internationalen Films*)

ZUM FILM: Der musikhistorisch interessante Film ist konventionell erzählt, aber detailgenau wiedergegeben und von hervorragenden Schauspielern getragen.

ECHO: Die Schilderung der ärmlichen Verhältnisse, in denen Bach und seine Angehörigen hausen, und der hoffnungsvollen Fahrt nach Preußen ist eingebettet in ein buntes Zeitbild: Markt- und Kaffeehausszenen, die heftig und deftig sind; preußische Soldatenzucht; das unter fast ebenso strengem Reglement stehende politische Leben in und um Potsdam; Anzeichen von aufkommendem Antisemitismus. Der Film ist voller Episoden, die Zeitkolorit »einfangen« sollen, und hat man sie dann gesehen, werden sie von Alexander May noch ausgiebig erklärt. (...) Victor Vicas streckenweise lehrbuchhafter Film mag gut sein, um im Musikunterricht unserer Schulen Meister Bach und seine Zeit auch einmal optisch zu präsentieren; als Kunstwerk fürs Kino (oder auch fürs Fernsehen) ist er eine Nummer zu klein geraten, trotz der Genauigkeit vieler Details, trotz des überwiegend disziplinierten Spiels der Darsteller. (Martin Mund, *Weltbühne* 27/1980)

NEBENBEI: Der 1918 als russischer Jude geborene Victor Vicas lebte viele Jahrzehnte in Frankreich. Während des Krieges kämpfte er in den Reihen der US Army und drehte später in der Bundesrepublik zwei Spielfilme über das geteilte Berlin.

JOHANN STRAUSS – DER UNGEKRÖNTE KÖNIG

(Co-Produktion DDR/Österreich)

RE: Franz Antel, BU: Frederic Morton, MI: Tom W. Priman, Georg Kövary, Klaus Eidam, Franz Antel, Carl Szokoll, KA: Hanns Matula, MU: Johann Strauß; MB/ML: Erwin Halletz, SB: Harald Horn, Ferry Windberger, KO: Günther Heidemann, Gerdago, SC: Harry M. Scholz, Michel Lewin, PL: Werner Langer, Kurt Kodal, m: 3260 = 120 min, fa, brw, Dolby Stereo, PJ: 1986, PM: 19.3.1987, Festl. Aufführung (DDR): 21.3.1987, PM-Ort: Berlin, »Kosmos«, CO: Johann-Strauß-Film GmbH & Co. KG, Wien

DA: Oliver Tobias (Johann Strauß), Mary Crosby (Adele Strauß), Audrey Landers (Lili), Karin Dor (Jette), Hugh Futscher (Steidl), Mathieu Carriere (Eduard Strauß), Rolf Hoppe (Herzog Ernst), Zsa

Zsa Gabor (Baronin), Dagmar Koller (Geistinger), Volkmar Kleinert (General Abrahamowicz), Marijam Agischewa, Mijou Kovacs, Carl Hermann Risse, Daniela Hoffmann, Jürgen Zartmann u. a. GE: Waldemar Kment, Harald Serafin u.a.

INHALT: Von einem Opernball im Jahre 1986 wird beim Donauwalzer zurückgeblendet ins Wien der Jahrhundertwende – zu Stationen aus dem Leben des Walzerkönigs Johann Strauß. Triumphe und Mißerfolge, Glanz und private Nöte. Auftritte führen ihn unter anderem nach Warschau, Paris und Berlin. Drei Ehefrauen und zahlreiche Affären sorgen für Aufsehen und Schwierigkeiten. Die erste Ehefrau, Jette, umsorgt ihn rührend. Die zweite, die Soubrette Lili, traktiert ihn mit ihrem Ehrgeiz. Er verliebt sich in die schöne Witwe Adele. Da die Scheidung seiner katholischen Ehe mit Lili nicht anerkannt wird, bricht er mit Wien und dem Kaiser. Er geht zu Adele, die zu ihrer Tante nach Sachsen geflohen ist, wird sächsischer Bürger, konventiert zum Protestantismus und heiratet Adele. Der Kaiser ruft ihn jedoch nach Wien zurück, und mit der Aufführung der »Fledermaus« in der Hofoper erfüllt sich sein Lebenstraum.

ZUM FILM: Der durch seinen antifaschistischen Film *Der Bockerer* hoffähig gewordene österreichische Routinier Franz Antel wollte aus seinem schon mehrfach verfilmten Stoff einen Welterfolg erzwingen. Dabei ging alles spezifisch Österreichische verloren. Die DEFA hoffte mit diesem Film vergeblich auf internationales Renommee.

ECHO: Trotz der Bemühungen von sechs Autoren (darunter der Hollywood-Profi Frederic Morton und der DDR-Dramatiker Klaus Eidam) ließ sich kein auch nur einigermaßen schlüssiger, interessanter oder gar spannender Handlungsablauf bewerkstelligen. Da der Regisseur schon der Bildwirksamkeit seiner Anfangsszene mit Recht mißtraute, bediente er sich in Schulfunkmanier eines Kommentarsprechers, der auch im weiteren Verlauf noch zu Wort kam. (...) Es ist geradezu sensationell, mit welch biederer Betulichkeit und wie ohne jeden Witz und Charme Franz Antel sein Alterswerk in Szene setzte. Dabei wurde er aufs unglücklichste unterstützt von seinem Kameramann Hans Matula, der die Totalen grundsätzlich als starre Postkarten abliefert und die Sänger durch brutale Großaufnahmen zur Strecke bringt. (Renate Holland-Moritz, *Eulenspiegel* 17/1987)

Der Titel ließ gespenstische Ahnungen aufkommen, doch was nun auf der Leinwand zu sehen ist, glaubt man kaum für möglich zu halten. Oliver Tobias mimt einen steifen Widerling, der nebenbei auch komponiert, aber vor allem damit beschäftigt ist, sich mit sehnsüchtig aufblickenden Frauen zu umgeben. Dazwischen Operettenkitsch und abgehackte Walzerseligkeit für den anachronistischen Kulturexport ... (*Volksstimme* Wien, 20.4.1987)

Daß auf dem Hof eines ungarischen Landgasthofs eine Zigeunerkapelle dem Johann und seiner Adele ein Potpourri aus dem »Zigeunerbaron« vorspielt, bevor diese Operette überhaupt komponiert ist – das Libretto bekommt der Maestro erst in der nächsten Szene –, gehört sicher zu den »künstlerischen« Freiheiten. (Heinz Kersten, 1987, zit. nach *So viele Träume*)

NEBENBEI: Während die Wiener Premiere in Anwesenheit des Bundespräsidenten Kurt Waldheim stattfand, war bei der Berliner Premiere immerhin noch Kulturminister Hoffmann unter den Gästen.

JOHANNES KEPLER

RE: Frank Vogel, SZ: Manfred Freitag, Joachim Nestler, DR: Christel Gräf, Günter Karl, KA: Otto Hanisch, MU: Gerhard Rosenfeld, SB: Hans Poppe, Jochen Keller, KO: Christiane Dorst, SC: Evelyn Carow, PL: Erich Kühne, GR: AG »Roter Kreis«, m: 2578 = 95 min, fa, brw, AT: Putzt das Licht der Vernunft!, PJ: 1973/74, PM: 14.11.1974, PM-Ort: Berlin, »International«

DA: Reimar Joh. Baur (Johannes Kepler), Trude Bechmann (Keplers Mutter), Kurt Böwe (Tycho Brahe), Karin Gregorek (Keplers Schwester Margarete), Dieter Franke (Pfarrer Binder), Katharina Thalbach (Ursula Haller), Arno Wyzniewski (Vogt Aulber), Martin Trettau (Pater Guldin), Günter Grabbert (Gabelkofer), Rolf Hoppe (Rudolf II.), Manfred Zetzsche (Ernst von Köln), Friedo Solter (Lucas Leyser), Friedrich Richter, Käthe Reichel, Eva-Maria Hagen, Barbara Dittus, Günter Schubert, Gerd Ehlers, Fred Delmare, Erik S. Klein u.a.

INHALT: Im Jahre 1620 reist der berühmte Astronom und Mathematiker Johannes Kepler, Hochschullehrer in Linz, nach Württemberg, um seine als Hexe angeklagte Mutter zu retten. Aufgrund einer Denunziation durch eine frühere Freundin, mit der sie sich zerstritten hat, wird ihr nun der Prozeß gemacht. Zur selben Zeit, es herrscht der Dreißigjährige Krieg, verlieren die Protestanten bei Prag eine entscheidende Schlacht, was der Ankläger nutzt, die Pogromstimmung anzuheizen. Kepler versucht, Unterstützung bei der protestantischen Obrigkeit zu erhalten, die ihm jedoch verweigert wird. Ein Jesuit, ehemaliger Studienfreund Keplers, macht nun seinen Einfluß bei der Inquisition geltend. Das aussichtslos Scheinende gelingt nach langem Streit: Keplers Mutter kommt frei. Episoden des Kampfes Keplers für die Durchsetzung seiner wissenschaftlichen Erkenntnisse und Begegnungen mit anderen berühmten Persönlichkeiten, wie mit seinem Förderer Tycho Brahe, sind als Erinnerungen in die Handlung eingeflochten.

ZUM FILM: Regisseur Frank Vogel und seine Szenaristen Manfred Freitag und Jochen Nestler hatten den Schock des Verbots ihres Films → *Denk bloß nicht, ich heule* noch zu verarbeiten. In der Phase scheinbar liberalerer Kulturpolitik versuchten sie es mit dem Porträt des Ketzers und Bekenners Kepler. Leider zerfiel die Handlung in zu viele unübersichtliche Episoden.

ECHO: Die Absicht des Films realisiert sich nicht oder nur teilweise im Zuschauer, Gegenwart und Vergangenheit vermengen sich miteinander; das verhindert auch die als zeitliche Orientierungshilfe gedachte braunstichige Einfärbung der um 1600 spielenden Episoden nicht – es mangelt an der klaren gedanklichen Hilfestellung. Die Dialoge erscheinen oftmals mehr zum Lesen geschrieben als zum Sprechen; sie entlassen das Publikum auch häufig aus der Konzentration. (Friedrich Salow, *Filmspiegel* 26/1974)

Vieles von diesem (...) historischen Hintergrund bleibt dem Zuschauer allerdings unklar. Der mit renommierten DDR-Schauspielern besetzte Film zerfällt zu sehr in einzelne Episoden und vermag die beiden Handlungsebenen nicht schlüssig miteinander zu verbinden. Regie führte Frank Vogel (...). Offensichtlich schwebte ihm ein die Spannungen zwischen großer Persönlichkeit und Gesellschaft reflektierendes mittelalterliches Zeitgemälde à la *Andrej Rubljow* vor. Manchmal fühlt man sich entfernt an dieses Filmkunstwerk des sowjetischen Regisseurs Andrej Tarkowski erinnert. (Heinz Kersten, *Tagesspiegel*, 19.1. 1975)

NEBENBEI: Der 1928 geborene Charakterdarsteller Reimar Joh. Baur ist langjähriger Protagonist des Deutschen Theaters Berlin. Hier spielte er seine einzige Kino-Hauptrolle, während er im Fernsehen häufiger in wesentlichen Rollen zu sehen war. – Die österreichische Schauspielerin Trude Bechmann, die Keplers Mutter spielte, trat auch unter dem Namen Gertrud Bechmann auf.

JULIA LEBT

RE: Frank Vogel, BU: Konrad Schwalbe, Manfred Freitag, Joachim Nestler, DR: Willi Brückner, KA: Werner Bergmann, Peter Brand, MU: Hans-Dieter Hosalla, BA: Harald Horn, KO: Dorit Gründel, SC: Helga Krause, PL: Dieter Dormeier, GR: KAG »Heinrich Greif«, m: 2262 = 83 min, s/w, AT: Morgen vielleicht, PJ: 1963, PM: 1.10.1963, PM-Ort: Potsdam-Babelsberg, »Thalia«

DA: Jutta Hoffmann (Penny Berger), Angelica Domröse (Li), Peter Sindermann (Gunter Rist), Heinz-Dieter Knaup (Bob Hasslinger), Günter Junghans (Struppel), Erik S. Klein (Oberleutnant), Martin Flörchinger (Prof. Berger), Peter Reusse (Kalle), Hans-Peter Reinecke (Zatopek), Herbert Gradtke (Helmut), Ruth Kommerell, Alfred Thomalla, Maria Besendahl, Doris Thalmer, Manfred Ott u.a.

INHALT: Auf einem Schwimmfest lernt der Soldat Gunter Rist die Professorentochter Penny kennen. Aus dem einfachen Jungen und dem verwöhnten Mädchen wird ein Liebespaar. Gunter jedoch paßt nicht in ihre Kreise, wird von Pennys versnobten, intellektuellen Freunden brüskiert. Penny ödet diese Art und ihr bisheriger Lebensstil an, dennoch ist sie ihm verhaftet und traut ihrer Liebe zu Gunter nicht. Schließlich fährt sie mit ihrem alten Verehrer Bob in Urlaub. Gunter, der nach einem Unfall im Krankenhaus liegt, begegnet dort der Krankenschwester Li. Sie verstehen sich gut. Doch als Penny nach Gunter ruft, weil sie ihn braucht, geht er zu ihr zurück. Li ist schwanger, aber versucht nicht, ihn zu halten. Da wird der Grenzsoldat Gunter von feindlichen Schüssen schwer verletzt ...

ZUM FILM: Der Film war eine ausdrückliche Talentprobe aller Mitwirkenden für einen streitbaren Gegenwartsstreifen, wenngleich die komplizierte Struktur noch Geschlossenheit vermissen ließ.

ECHO: Vermutlich wollten die Autoren nur episodenhaft in das Leben ihrer Helden leuchten; möglicherweise lag ihnen ganz besonders daran, mehr Fragen zu stellen als zu beantworten. (...) Mit Jutta Hoffmann ist eine Filmschauspielerin entdeckt worden, die (...) zu großen Hoffnungen berechtigt (Shakespeare-Szene). Sie ist mimisch verhalten, stets überlegen, kann das eigene Wort durch das Minenspiel gleichzeitig ironisieren, sie kann kraftvoll sein und ganz leise und lyrisch verspielt. Werner Bergmann, einer unserer besten Kameramänner, ständig auf der Suche nach neuen, filmwirksamen Ausdrucksmitteln, vermochte zum ersten Male völlig das manchmal etwas Statische in seiner Fotografie in einen durchgehenden Bilderfluß zu bringen. (Günter Sobe, *Berliner Zeitung*, 23.10.1963)

Vogel arbeitet mit literarischen Anspielungen (der Titel soll ein Hinweis auf Shakespeare sein), die Fotografie schwelgt in delikaten, ausgeklügelten und oft symbolschweren Einstellungen, die Dramaturgie nimmt Mitte und Schluß der Aktion vorweg, ehe der Film noch recht begonnen hat; abrupt, ohne Übergang prallen die einzelnen Episoden aufeinander. (...) Interessant mag scheinen, daß der Film ein Milieu, welches wir mit »neureich« bezeichnen würden und in dem man für den Sozialismus nur Spott und Ver-

achtung übrig hat (ohne deswegen gleich »Volksfeind« zu sein), als mitten in der DDR bestehend zugibt. Aber er zeichnet dieses Milieu mit den Mitteln billiger Persiflage. Weitaus bemerkenswerter scheinen da einige kritische Anmerkungen über die fragwürdige »Stubenmoral« in Kasernen der Volksarmee. (Ulrich Gregor, *Filmkritik* 6/1964)
NEBENBEI: Der junge Szenenbildassistent und später vielbeschäftigte DEFA-Szenenbildner Alfred Thomalla, dessen erster eigener Kinofilm → *Flucht ins Schweigen* werden sollte, übernahm die Rolle des Macky. Seine Tochter Simone (die damals noch nicht auf der Welt war) trat Ende der achtziger Jahre in Vaters Fußstapfen und wurde eine bekannte Fernsehschauspielerin. – Den Günter spielt Peter Sindermann als eine seiner wenigen großen DEFA-Rollen. Der Sohn des SED-Funktionärs und späteren langjährigen DDR-Volkskammerpräsidenten Horst Sindermann kam 1971 beim Absturz einer Sportmaschine ums Leben.

JULIANE

→ JULE, JULIA, JULIANE (Anhang 3)

DER JUNGE ENGLÄNDER

RE: Gottfried Kolditz, BU: Susanne Dancker, Gottfried Kolditz, LV: Frei nach Wilhelm Hauff, DR: Eva Seemann, KA: Günter Eisinger, MU: Hans-Dieter Hosalla, BA: Herbert Nitzschke, KO: Hans Kieselbach, SC: Charlotte Peschlow, PL: Helmut Klein, GR: Gruppe »Stacheltier« im DEFA-Studio für Spielfilme, m: 1910 = 70 min, s/w, PJ: 1958, PM: 31.10.1958, PM-Ort: Berlin, »Colosseum«
DA: Jean Soubeyran (Der junge Engländer), Josef Burgwinkel (Bürgermeister)- Charlotte Brummerhoff (seine Frau), Rita Zabekow (beider Tochter), Paul Lewitt (der fremde Herr), Otto Eduard Stübler (Oberpfarrer), Brigitte Hosalla (seine Tochter), Anneliese Reppel (seine Frau), Wolf v. Beneckendorff, Carola Braunbock (Apotheker u. Frau), Elfriede Florin, Myriam Sello-Christian, Norbert Christian, Rudi Schiemann, Heinz Schubert u. a.
INHALT: Die mit modernen Elementen versehene musikalische Pantomime nach Wilhelm Hauffs Märchen führt ins süddeutsche Städtchen Grünwiesel des Jahres 1825. Ein Fremder hat sich dorthin zurückgezogen, um ein ruhiges Leben zu führen. Dem klatschsüchtigen Spießertum aber ist er ein Dorn im Auge. Eines Tages kommt ein Zirkus in den Ort, und kurz darauf präsentiert der Fremde den Bürgern seinen »Neffen«. Ungewöhnliche Erscheinung und Sitten desselben deuten die Leute als »ausländisch«, und glauben in ihm einen Engländer zu erkennen. Die Gesellschaft hofiert den »Mann von Welt«, ahmt ihn nach, präsentiert ihm die heiratsfähigen Töchter. Als die Huldigungen auf dem Höhepunkt angelangt sind, macht der Fremde seinem rachsüchtigen Scherz ein Ende. Er offenbart den Spießern, wem sie nachäffen: einem dressierten Affen.
ZUM FILM: Der ambitionierte Film ohne Dialoge, jedoch mit einem ironischen Kommentar von Lothar Kusche versehen, versuchte im historischen Gewand, Gegenwart widerzuspiegeln, wurde jedoch kein Publikumserfolg.
ECHO: Die Stacheltierproduktion der DEFA war gut beraten, als sie sich diese glänzende Parodie zum Vorbild nahm. (...) Auch die zeitgemäße Persiflage der Rock'n'Roll-Tollheiten made in USA (siehe letzte Vorkommnisse um Bill Haley in Westberlin) war naheliegend. (...) Aufgabe des erzählenden Textes (Lothar Kusche) war es, die

Lücke der Handlung zu schließen, die das rein Pantomimische offenließ. Kusche muß ein besonderes Lob gezollt werden. Er hat es verstanden, gerade das Zeitgemäße glänzend ironisch einzubeziehen, z.B. den Amerikafimmel. (V.L., *Berliner Zeitung*, 4.11.1958)
Ein Affe, als Mensch abgerichtet und herausgeputzt: das große Vorbild für eine ganze Stadt. Die Jugend äfft ihm nach in Gehabe und Kleidung (das soll es nicht nur in Schöneberg geben). Die Alten machen den Rummel mit, entwürdigen sich selbst und verdienen daran (eine spezifisch westdeutsche und Westberliner Eigenart). Das ist ein köstlicher Gedanke mit herrlich aktueller Zeitbezogenheit, obwohl die Grundidee aus einem Märchen von Wilhelm Hauff stammt und der Film im Jahre 1825 spielt. Und das alles wird mit einer leichten Hand dargeboten, wie wir sie noch nie in einem unserer Filme sahen. Eine Satire, ein Ulk, gefällig, locker, übermütig, tänzerisch aufgelöst; spielerisch, ohne verspielt zu sein; verdichtet und ohne Länge; Aufmerksamkeit erheischend, damit nicht eine der zahllosen optischen, darstellerischen oder sprachlichen Pointen verlorengeht. (Karl-Eduard v. Schnitzler, *Filmspiegel* 26/1958)
NEBENBEI: Der französische Pantomime Jean Soubeyran gehörte dem Ensemble von Marcel Marceau an, in welchem er bei der DEFA schon in dem Kurzfilm *Der Mantel* aufgetreten war. Sein Gegenspieler als Bürgermeister war der Bariton Josef Burgwinkel, der u.a. an der Deutschen Staatsoper und der Komischen Oper Erfolge feierte und gelegentlich Filmrollen übernahm. – Für den Vorspann schuf die bekannte Grafikerin Elizabeth Shaw einige Vignetten.

JUNGE FRAU VON 1914

(DFF-Auftragsproduktion)
RE: Egon Günther, BU: Egon Günther, Heinz Kamnitzer, LV: Gleichnamiger Roman von Arnold Zweig, DR: Dorothea Uebrig, KA: Erich Gusko, MU: Karl-Ernst Sasse, SB: Harald Horn, KO: Werner Bergemann, SC: Christa Helwig, PL: Anni v. Zieten, P: DFF, m: 4273 = 156 min, fa, SD: 17./18.1.1970, AD: 1971
DA: Jutta Hoffmann (Leonore), Klaus Piontek (Bertin), Inge Keller (Mathilde Wahl), Fred Düren (Hugo Wahl), Martin Flörchinger (Markus Wahl), Thomas Wolff (David Wahl), Heidemarie Wenzel (Paula Weber), Elsa Grube Deister (Frau Pahl), Manfred Krug (Wilhelm Pahl), Ruth Kommerell, Johannes Wieke (Bertins Eltern), Norbert Christian (Schilles), Jürgen Holtz, Angela Brunner, Winfried Glatzeder, Kurt Kachlicki, Walter Lendrich, Wolfgang Pampel, Willi Schwabe, Peter Kiwitt u.a.
INHALT: Die Liebe der Tochter eines reichen Bankiers zu einem mittellosen Schriftsteller wird zu Beginn des Ersten Weltkrieges harten Prüfungen ausgesetzt, die ihre Ursachen in den Zeitverhältnissen haben. Nach bitteren Erlebnissen beginnen die beiden Menschen einige gesellschaftliche Zusammenhänge zu begreifen. (*Lexikon des Internationalen Films*)
ZUM FILM: In der Trilogie »Der große Krieg des weißen Männer« von Arnold Zweig, die der DFF in mehrteiligen Adaptionen verfilmte, spielte Klaus Piontek den Schriftsteller Bertin, das alter ego des Autors. Egon Günther schuf mit avantgardistischen Zutaten ein interessant gestaltetes Zeitbild, das nicht zuletzt wegen der erlesenen Besetzung auch im Kino viele Freunde fand.
ECHO: Egon Günther arbeitete dabei mit sehr starken bildkünstlerischen Emotionen, die auch in Schwarz-Weiß – so sahen die meisten Zuschauer den Film – große Wirkung besaßen. Die interessante Farbdramaturgie spricht (...) sehr für eine Aufführung des zweiteiligen Films zumindest in den Filmkunsttheatern der DDR, weil sie interessante Ansatzpunkte für die Diskussion auf diesem Gebiet vermittelt. Denn Egon Günther arbeitete nicht mit der Farbe schlechthin, sondern mit jeweils unterschiedlichen Farbtönen für die verschiedenen Handlungslinien des Films. (Katja Stern, *Neues Deutschland*, 22.1. 1970)
Die literarische Formulierung der Dialoge wurde weitestgehend beibehalten. Mir erscheint diese Tatsache wichtig. Bleiben damit doch zunächst die ursprünglichen Vorzüge damit erhalten: Dichte, Knappheit, Präzision. (...) Selten, zu selten sieht und sah man in unseren Filmen dieses bewußte Verhältnis zur Sprache, dieses konsequente Vermeiden des sprachlichen Ungefährs. (Fred Gehler, *Filmspiegel* 11/1971)
Günthers meist assoziative Montage ließ authentische Atmosphäre entstehen, ohne das historische Spektakel zu streifen: menschliches Versagen blieb so klein und zeitlich bedingt, deshalb auch verständlich. Wie er dabei die Möglichkei-

ten der Farbe nutzte, vom Schwarzweiß zu braun- und grünstichigen Bildern überging, seltene Farbakzente setzte, ständig mit der historischen Distanz spielte und Einsichten, auch Ansichten vermittelte, das war es fast schon wert, zwei Abende im Fernsehsessel zu verbringen. (-wor-, *Süddeutsche Zeitung*, 28.9.1971)
Ein parteilicher Film, gewiß und Gott sei Dank, aber ein Film, der es nie bei kruder Antithetik beließ (die bösen Kapitalisten und das kampfbereite Proletariat), sondern, dialektisch vorgehend, die gesamtgesellschaftlichen Widersprüche innerhalb der Klassen, festgemacht an einzelnen Vertretern, analysierte. (...) ... ja, das alles war meisterlich. (Momos, d.i. Walter Jens, *Zeit* 40/1971)
NEBENBEI: Die 1941 in Halle geborene Jutta Hoffmann wurde in einer Kritiker-Umfrage der Zeitschrift *Film und Fernsehen* 1992 zur besten Schauspielerin in der DDR (in der sie seit Mitte der achtziger Jahre nicht mehr gearbeitet hatte) gekürt.

JUNGE LEUTE IN DER STADT

RE: Karl Heinz Lotz, SZ: Karl Heinz Lotz, MI: Manfred Wolter, LV: Gleichnamiger Roman von Rudolf Braune, DR: Tamara Trampe, KA: Günter Haubold, MU: Andreas Aigmüller, SB: Hans-Jorg Mirr, KO: Regina Viertel, SC: Helga Gentz, PL: Wolfgang Rennebarth, GR: GR »Berlin«, m: 2332 = 86 min, fa, brw, AT: Kinder der Großstadt, PJ: 1984/85, PM: 21.11.1985, PM-Ort: Berlin, »International«
DA: Mirko Haninger (Emanuel), Maria Probosz (Susi), Beata Maj-Dabal (Gerda), Jochen Noch (Langlotz), Ulrike Krumbiegel (Frieda), Sylvester Groth (Reinhardt), Andreas Schumann (Fritz), André Hennicke (Robert), Stefan M. Müller (Polizist Korn), Wolfgang Krause (Conférencier), Lutz Hollburg, Holger Franke, Ortwin Spieler, Wolfgang Winkler, Viktor Deiß u.a.
INHALT: Ein Tag in Berlin während der Weltwirtschaftskrise Ende der zwanziger Jahre. Die Wege unterschiedlicher junger Leute kreuzen sich. Der arbeitslose Taxifahrer Emanuel ist im Begriff, die Stadt zu verlassen. Aber noch einmal will er sie im Auto durchqueren. Sein Freund Fritz leiht ihm sein Taxi. Fritz hat auch Probleme, er leidet darunter, daß seine Freundin Frieda von ihrem Chef sexuell erpreßt wird. Emanuel lernt während der Fahrt zwei Tanzgirls kennen und verliebt sich in das eine – Susi, die von dem schüchternen jungen Mann auch angetan ist. Ihre Freundin Gerda entscheidet sich für einen Polizeibeamten, den sie nicht liebt, der ihr aber eine gewisse soziale Sicherheit bietet. Emanuel gerät auf eine Arbeitslosendemonstration, wo in seiner Nähe ein Polizist niedergestochen wird. Man verdächtigt ihn, und als er abends zu Susi in die Revue geht, wird er verhaftet.
ZUM FILM: Karl-Heinz Lotz drehte mit dieser Roman-Adaption einen stilbewußten Film, der durch das gelungene Ineinandergreifen von Dokumentarmaterial und inszeniertem Spiel viel Zeitkolorit wiedergab.
ECHO: Ich halte eine solche künstlerische Optik auf die zwanziger Jahre für produktiver, anregender und sinnlicher als die ewige Wiederholung der gleichen Erzählmuster, das Zitieren der bekannten Handlungsklischees. Das Dilemma des Films liegt in der Anstrengung, eine originelle Lesart mit der Konvention in Übereinstimmung zu bringen. (Fred Gehler, *Sonntag* 51/1985)
Karl Heinz Lotz (...) gelang am besten, das Berliner Milieu jener Zeit wiederzugeben. Er nutzte dazu ausführlich Dokumentarmaterial. Fast nahtlos verband er es mit den Spielsequenzen, gab diesen entsprechend vielfach die gleiche Farbtönung. Erfreulich auch: fast lauter neue Gesichter auf der Leinwand. Ballett- und Conférencierauftritt im Nachtlokal gerieten freilich zu angestrengt kunstvoll: ein Stilbruch gegenüber dem sonst angestrebten dokumentarisch gestützten Realismus. (Heinz Kersten, *RIAS Berlin*, 22.11. 1985)
NEBENBEI: In Saarbrücken erhielt der Film 1987 den Preis der Interfilm-Jury.

DER JUNGE MIT DEM GROSSEN SCHWARZEN HUND

(Kinderfilm)
RE: Hannelore Unterberg, SZ: Margot Beichler, LV: Gleichnamiges Kinderbuch von Hildegard und Siegfried Schumacher, DR: Gerd Gericke, KA: Michael Göthe, MU: Dieter Beckert, Gerhard Schöne, Wolfgang Heisig, SB: Jochen Keller, KO: Isolde Warscycek, SC: Helga Krause, PL: Ralph Retzlaff, GR: GR »Johannisthal, m: 2161 = 79 min, fa, brw, PJ: 1984/85, PM: 15.6.1986, PM-Ort: Berlin, »Colosseum«

DA: Niels Anschütz (Ulf), Miriam Knabe (Sabine), Kurt Böwe (Oscar), Dagmar Manzel/Horst Hiemer (Ulfs Eltern), Andrea Meissner/Andreas Schmidt-Schaller (Sabines Eltern), Rita Feldmeier (Frau Schmiedel), Marliese Mirkoff (Frau Tetzlaff), Peter Pauli (Herr Schmidtchen), Gerhard Schöne, Roland Kuchenbuch, Annette Richter, Michael Klobe, der Hund Amigo vom Butzenhof u.a.

INHALT: Dem zehnjährigen Ulf läuft eines Tages ein riesiger herrenloser Neufundländer zu. Ulf ist glücklich, nimmt ihn mit nach Hause und nennt ihn Nepomuk. Bei seinen Eltern stößt der Familienzuwachs nicht auf Begeisterung und bei den Nachbarn im Neubaublock ebensowenig. Die Eltern geben Nepomuk in ein Tierheim, doch Ulf holt ihn in einem kühnen Handstreich wieder heraus. Bei dem etwas merkwürdigen Kleingärtner Oscar findet er für Nepomuk eine neue Unterkunft, und bei der Versorgung des Hundes hilft ihm seine Klassenkameradin Sabine. Sie freunden sich mit Oscar an – und am Ende geben sie mit ihm, dem ehemaligen Rummelplatz-Artisten, und Nepomuk eine Vorstellung im Wohnviertel, die für alle ein Vergnügen ist.

ZUM FILM: Die Probleme, die sich an die Tierhaltung bei Kindern knüpfen, wurden in diesem Film angesprochen, aber nicht endgültig gelöst. In Manchem verließ sich die Regie zu stark auf die zweifellos vorhandene Ausstrahlung von Kurt Böwe.

ECHO: So heiter und traurig, komisch und melancholisch der Film auch ist, so richtig rundum harmonisch wirkt er nicht. Hannelore Unterberg ist noch immer recht unsicher im Arrangement großer Szenen, wie dem mächtigen Tumult im Treppenhaus und dem versöhnenden Zirkusspielfinale, und der (offensichtlich schon vom Szenarium her nur in vagen Konturen vorgegebenen) lebensvollen Anlage von Erwachsenenrollen, so der recht steif und einschichtig gezeichneten Eltern Ulfs, besonders aber der seiner Freundin Sabine. (Hans-Dieter Tok, *Wochenpost* 28/1986)

Da der Konfliktstoff nie wirklich ausgereizt wird, reißt der Film sein Thema nur an, bleibt an der Oberfläche und bietet keine plausiblen Lösungen. Die Variante, die zum Schlüß als Ausweg offeriert wird, ist eine – wenig wahrscheinliche – romantische Fiktion. (*Zwischen Marx und Muck*, 1996)

NEBENBEI: Der bekannte Liedermacher Gerhard Schöne, der besonders viel für Kinder arbeitet, tritt als Begleiter Oscars selbst auf und singt das Titellied.

DIE JUNGEN VON KRANICHSEE

RE: Artur Pohl, BU: Artur Pohl, DR: Kurt Stahlschmidt, KA: Fritz Lehmann, MU: Horst Hanns Sieber, BA: Erich Zander, Karl Schneider, KO: Georg Schott, SC: Hildegard Tegener, PL: Walter Lehmann, m: 2713 = 99 min, s/w, AT: Lehrer Heider, PJ: 1950, PM: 20.10.1950, PM-Ort: Berlin, »Babylon«/»DEFA-Filmtheater Kastanienallee«

DA: Gunnar Möller (Heider, Schulhelfer), Monika Siemer (Hilde), Theodor Vogeler (Ruppert), Eduard von Winterstein (Buchholz, Schulleiter), Paul Wagner (Dr. Klitsch), Maly Delschaft (Frau Klitsch), Werner Pledath (Bürgermeister), Herbert Richter (Roland), Helene Riechers (Frau Schmitt), Reinhold Bernt (Fabrikdirektor), Walter Strasen, Aribert Grimmer, Walter Bechmann, Eduard Bornträger, Jutta Heinisch u. a.

INHALT: Mit viel Enthusiasmus übernimmt Neulehrer Heider sein Amt. Seine unkonventionellen Ideen stoßen beim alten Hauptlehrer Ruppert auf Unverständnis und Mißtrauen. Als bei einem Schulausflug ein Junge verunglückt, schieben die Kinder Heider die Schuld in die Schuhe. Die Eltern stellen sich gegen ihn, sodaß er vom Dienst suspendiert wird. Doch Ruppert hat inzwischen Achtung vor dem Neuen. Er glaubt nicht an dessen Schuld. Die Kinder indes bereiten den nächsten Unfug vor. Mit im Wald gefundenem Sprengstoff wollen sie eine Ruine in die Luft jagen. Heider kann das in letzter Minute verhindern. Er wird rehabilitiert, und alle erwarten ihn freudig in der Schule zurück.
ZUM FILM: Dieser Film sah sich massiver Kritik durch die staatliche Leitung ausgesetzt. Man bemängelte, daß die Erziehung zu Frieden und Demokratie und die fortschrittlichen Inhalte der demokratischen Schulreform fehlten, sogar, daß der aus den Schulbibliotheken entfernte amerikanische Roman »Onkel Toms Hütte« erwähnt wurde. Schließlich sei (im Geiste Mitschurins) Wert und Bedeutung des Schulgartens zur Erarbeitung wissenschaftlicher Erkenntnisse herauszustellen. Im Ergebnis wurde angeordnet, daß zukünftig alle Filme mit Jugendthematik vom Zentralrat der FDJ geprüft würden.

ECHO: Kinder spielen diesen Film, und sie spielen ihn beglückend, weil sie keine Schauspieler sind, sondern nur ihr junges, unverfälschtes Leben spielen. Niemand zwingt ihnen auf, etwas Fremdes darzustellen. Ein bißchen zu nah an falsche Filmkonstruktion gerät die im allerletzten Moment verhinderte Explosionskatastrophe; ein bißchen zu sicher im jugendlichen Selbstbewußtsein des Junglehrers ist Gunnar Möller, der ihn sonst recht grade, wenn nicht vielleicht zu grade spielt; jedoch im übrigen ist es ein Film, der heiter an ein ernstes Thema herangeht und großartig mit ihm fertig wird. (Leo Menter, *Weltbühne* 43/1950)
Etwas Wesentliches haben wir aber in diesem neuen DEFA-Film vermißt: nirgends werden die gesellschaftlichen Kräfte sichtbar, die hinter dem »Neuen« stehen, das sich in dem märkischen Dorf begibt. Wir sehen das abgebrochene Herrenhaus eines ehemaligen Rittergutes, aber keinen einzigen Neubauer. Es wird angedeutet, daß in der Gemeinde eine MAS (Maschinen-Ausleihstation, f.b.h.) steht, aber wir hören nichts davon, daß das (wie auch die demokratische Schulreform) auf Initiative der stärksten Partei im Lande, der Sozialistischen Einheitspartei Deutschlands, geschah. So wird der Eindruck erweckt, als stünde das ganze Dorf und in ihm der Lehrer Heider, der Bürgermeister und einige fortschrittliche Kräfte völlig isoliert in unserer neuen Zeit. Das ist ein entscheidender Mangel dieses Films, und die DEFA sollte für ihre weitere Produktion die Lehren daraus ziehen. (-ke, *Leipziger Volkszeitung*, 27.10.1950)
NEBENBEI: Der 1928 geborene Gunnar Möller hatte als Elfjähriger erstmals vor der Kamera gestanden und bei der DEFA zum ersten Mal als Student in → *Wozzeck* agiert. Besonders beliebt wurde er Mitte der 50er Jahre an Liselotte Pulvers Seite in *Ich denke oft an Piroschka.* In den siebziger Jahren verkörperte er in einer tschechoslowakischen Filmtrilogie Adolf Hitler.

JUNGES GEMÜSE

RE: Günter Reisch, BU: Günther Rücker, Kurt Bortfeldt, DR: Gerhard Neumann, KA: Horst E. Brandt, MU: Peter Fischer, BA: Alfred Hirschmeier,

KO: Luise Schmidt, SC: Lena Neumann, PL: Richard Brandt, m: 2152 = 79 min, s/w, PM: 29.3.1956, PM-Ort: Berlin, »DEFA-Filmtheater Kastanienallee«

DA: Herbert Richter (Amann), Angela Brunner (Gritt Liebig), Christoph Engel (Hans Brauer), Paul Heidemann (Hoppedietz), Rudi Schiemann (Nickel), Marianne Rudolph (Frau Amann), Maria Besendahl (Frau Kunze), Willi Neuenhahn (Jupp), Dieter Perlwitz (Kalle), Margret Homeyer (Renate), Norbert Christian, Walter E. Fuß, Albert Zahn, Georg Thies, Fritz Decho u. a.

INHALT: Der Weißkohl-Ernte der LPG »Neuland« ist ein verderbliches Schicksal beschieden, da der anmaßende Leiter des VEAB (Volkseigener Erfassungs- und Aufkaufbetrieb) Amann entschieden hat, daß Blumenkohl für die Ernährung der Bevölkerung besser sei. Die hübsche, flotte Buchhalterin der LPG, Gritt, gerät über solcherart Amtsanmaßung außer sich und ist wild entschlossen, Amann gehörig auf die Füße zu treten. Da kommt ihr der Zufall zu Hilfe – in Gestalt des Schriftstellers Hans Brauer, der eigentlich nur Stoff für sein neues literarisches Werk sucht, aber irrtümlich für einen Instrukteur aus Berlin gehalten wird. Amann zittert vor Angst, tritt die Flucht nach vorn an und bringt alles ins reine. Der vermeintliche Instrukteur hat sich unterdessen in die Buchhalterin verliebt...

ZUM FILM: Das Buch transponierte die »Revisor«-Situation in ein kleines DDR-Kaff der fünfziger Jahre und fand viele satirische Töne, an denen sich einige Funktionäre stießen. Der Film mußte mehrfach verändert und nachsynchronisiert werden.

ECHO: Den VEAB-Leiter spielt Herbert Richter, der sich auf die Darstellung von vergnatzten Kerlen ja ausgezeichnet versteht, auch hat er wirklich einen überzeugenden Alltagston, und meckern kann er geradezu vorzüglich. Der ölige Oberkellner alter Schule ist so recht eine Rolle für Paul Heidemann. Die hübsche junge Angela Brunner bezaubert als Gritt den Schriftsteller (Christoph Engel, sympathischer und bescheidener auftretend, als Schriftsteller im allgemeinen auftreten) und das Publikum. Der Regisseur Günter Reisch hat den Film etwas langweilig, weil zu breit angefangen und die Mittel der Groteske nur sparsam eingesetzt. (Theodor Christoph, *Weltbühne* 17/1956)

NEBENBEI: Der Film war das Debüt dreier junger Leute, die das Profil der DEFA auf Jahrzehnte entscheidend mitbestimmen sollten: Regisseur Günter Reisch, Autor (und gelegentlicher Regisseur) Günther Rücker und Szenenbildner Alfred Hirschmeier.

JUNGFER, SIE GEFÄLLT MIR

RE: Günter Reisch, BU: Jurek Becker, Günter Reisch, LV: Frei nach Kleists »Der zerbrochene Krug«, DR: Gerd Gericke, KA: Otto Hanisch, MU: Wolfram Heicking, SB: Joachim Otto, KO: Annemarie Rost, SC: Hildegard Conrad-Nöller, PL: Horst Dau, GR: KAG »Johannisthal«, m: 2855 = 105 min, fa, Cine, AT: Nachts sind alle Kater grau, PJ: 1968, PM: 20.3.1969, PM-Ort: Berlin, »International«/»Kosmos«

DA: Wolfgang Kieling (Adam), Monika Gabriel (Ev), Jan Spitzer (Ruprecht), Rolf Ludwig (Schreiber Licht), Marianne Wünscher (Marthe), Horst Schulze (Justizrat Walter), Ingeborg Nass (Annabella, seine Frau), Joachim Zschocke (Wachtmeister Knoll), Herbert Köfer (Hauptmann), Nico Turoff (Büttel), Elsa Grube-Deister, Agnes Kraus, Rolf Hoppe, Otto-Erich Edenharter, Albert Garbe u.a.

INHALT: 1792 im Sächsischen. Dorfrichter Adam hat es auf Jungfer Ev abgesehen, und deshalb ist ihm der Schmied Ruprecht, der sie heiraten will, ein Dorn im Auge. Beim nächtlichen Fensterln wird er von Ruprecht überrascht, bekommt zwar von diesem einen Krug auf den Kopf, kann aber unerkannt entkommen. Evs Mutter verklagt Ruprecht wegen des zerbrochenen Krugs beim Richter Adam, der in arge Verlegenheit gerät. Trotz seiner Intrigen kommt die Wahrheit an den Tag. Justizrat Walter aus Dresden rettet das Ansehen der Obrigkeit und sperrt Ruprecht wegen Körperverletzung ein. Da er es aber auch auf Ev abgesehen hat, geht auf seinem Kopf ebenfalls ein Krug zu Bruch, während Adam von durchziehenden preußischen Soldaten als einstiger Dieb ihrer Regimentskasse wiedererkannt und festgesetzt wird.

ZUM FILM: Der Film, der, wie von den Machern selbstironisch bemerkt, »unter sträflich freier Verwendung« seiner literarischen Vorlage entstand, machte aus dem klassischen Lustspiel eine derbe Bauernposse, an der kleine erotische Zutaten vielleicht noch das Beste waren.

ECHO: Die Turbulenz des in Farbe gedrehten Films ist nicht nur den wildbewegten Aktionen, sondern auch der virtuosen Kameraführung von Otto Hanisch und der oft sehr schnellen Schnittfolge zu verdanken. (...) Helles Vergnügen bereitend, spielt Rolf Ludwig den Licht als köstlich sächselnde Type. Dieser Licht ist kein eiskalter Rechner, sondern folgt mehr spontan seinen Einfällen, was ihm dann immer wieder zu schaffen macht. (Manfred Jelenski, *Filmspiegel* 8/1969)

In dem ebenso breiten wie bunten und langen Film geht es drüber und drunter, und zwar mehr drunter als drüber. Eine Klamotte jagt die andere und diese dann die Leute aus dem Kino. (...) Großartig wußte Otto Hanisch viele Vorgänge zu fotografieren, die zu fotografieren sich genaugenommen nicht gelohnt hätte. (Lothar Kusche, *Weltbühne* 18/1969)

Die Regieführung von Günter Reisch ist übersichtlich und die Aussage eindeutig. Allerdings: sind die von Ingeborg Nass dargestellten Szenen nicht ein bißchen zu frei gewesen? (Leserin Christa Hoffmann aus Frankfurt/Oder in *Filmspiegel* 10/1969)

Auch sonst waren sie (die Autoren, f.b.h.) nicht um zusätzliche Einfälle verlegen. So sind vor der Kulisse des Görlitzer Untermarktes Studenten der dortigen Ingenieurschule für Maschinenbau in preußischen Uniformen bei albernen Exerzierübungen zu besichtigen, wozu versucht wurde, die Komik noch durch eine Latrinenszene und den Auftritt eines Offiziers in Unterhosen zu steigern. (Heinz Kersten, 1969, zit. nach *So viele Träume*)

NEBENBEI: Für die Paraderolle des Dorfrichters hatte Günter Reisch Rolf Ludwig vorgesehen. Da aber die DEFA gerade händeringend nach einer attraktiven Hauptrolle für den aus der BRD in die DDR übergesiedelten Wolfgang Kieling suchte, wurde die Besetzung geändert. Aber auch in der kleineren Rolle des Licht gelang es Ludwig mühelos, der heimliche Star des Films zu werden.

JUNOST PJOTRA

→ *PETERS JUGEND*

K

KABALE UND LIEBE

RE: Martin Hellberg, BU: Martin Hellberg, LV: Gleichnamiges Drama von Friedrich Schiller, DR: Hans-Joachim Wallstein, KA: Karl Plintzner, MU: Wilhelm Neef, BA: Harald Horn, KO: Walter Schulze-Mittendorf, SC: Ursula Rudzki, PL: Paul Ramacher, m: 3150 = 118 min, Tovi, m: 3100 = 117 min, no, s/w, PJ: 1959, PM: 9.11.1959, PM-Ort: Weimar, »Theater des Friedens«/Jena, »Palast-Theater«

DA: Wolf Kaiser (Präsident von Walther), Otto Mellies (Ferdinand), Karola Ebeling (Luise Millerin), Marion van de Kamp (Lady Milford), Willi Schwabe (Hofmarschall von Kalb), Martin Hellberg (Stadtmusikant Miller), Marianne Wünscher (seine Frau), Uwe-Jens Pape (Wurm), Gustav-Karl Egerer (Herzog), Hans Finohr (Kammerdiener), Jochen Diestelmann, Marianne Epheser, Otto-Erich Edenharter, Hannjo Hasse, Christa Lehmann u. a.

INHALT: Am Hofe eines deutschen Herzogs im 18. Jahrhundert. Der absolutistische Herrscher verkauft Landeskinder als Söldner nach Amerika, um sein luxuriöses Hofleben und seine Mätresse Lady Milford zu finanzieren. Aus Etikettegründen soll die Lady verheiratet werden. Präsident von Walther bietet dem Fürsten seinen Sohn Ferdinand dafür an. Ferdinand aber liebt die Bürgerstochter Luise und will sie heiraten. Als Drohungen Ferdinand nicht umstimmen können, schlägt Sekretär Wurm dem Präsidenten eine Intrige vor. Luise wird erpreßt, ihre Liebe zu Ferdinand als Betrug auszuweisen. Dieser, von der Unmoral der Gesellschaft angewidert, vergiftet Luise und sich selbst. Sterbend gesteht Luise ihm die Zusammenhänge. Der herbeigeeilte Präsident steht entsetzt vor der toten Luise und dem sterbenden Sohn und begreift seine Schuld.

ZUM FILM: Durch Kürzungen und Hinzufügen von Volksszenen gelang es Martin Hellberg, aus Schillers Drama einen lebendigen Film werden zu lassen. Glänzende Darsteller bestachen durch ihr unpathetisches, manchmal etwas kühl wirkendes Spiel.

ECHO: Dies alles – die kühne Konzeption bei Wahrung des Schillerschen Werkes, die Unmittelbarkeit der Darstellung, Neefs Musik und die wie immer ausgezeichnete Kameraführung Karl Plintzners – bewirken, daß man ergriffen Schiller in diesem Film auf eine zugleich vertraute und doch auch bestürzend neue und gegenwärtige Art erlebt. (Wolfgang Joho, *Sonntag* 48/1959)

Dabei widerlegt bereits das Drehbuch den möglichen Einwand, der Fluß der Sprache eines klassischen Dichters vertrage es nicht, durch filmische Einschübe unterbrochen zu werden. Sie sind nicht nur möglich, sondern unumgänglich erforderlich, wenn sie organisch aus der Handlung erwachsen und ihrer Verdeutlichung dienen. Für die filmische Gestaltung eines klassischen Dramas nicht weniger legitim ist auch die Methode, die im Drama natürlich jeweils in einem Raum

vor sich gehenden Szenen an verschiedenen Orten spielen zu lassen, wenn dadurch, wie hier beim Zuschauer als unmittelbar Miterlebenden, ein plastischer Eindruck von Raum, Zeit und Ort der Handlung hervorgerufen werden kann. (...) Diese starke bildmäßige Akzentuierung ist bezeichnend für den Stil des gesamten Films. Sie äußert sich in der Kameraführung von Karl Plintzner, der die objektive Sicht mit der subjektiven vorbildlich verband, das Totalvisions-Verfahren vor allem bei den Massenszenen wirksam zur Geltung brachte und nicht nur die einzelnen Hauptakteure nach dem jeweiligen Bedeutungsgehalt der Szenen aus ihrer Umgebung heraushob (...). Sie äußert sich in der Ausleuchtung der Szenen durch Hans Helmstedt, der beispielsweise die Millersche Wohnung stets in einem gewissen Halbdunkel hielt, während er das Palais der Lady geradezu lichtdurchflutete. Sie äußerte sich in dem hart zwischen der Familie Miller und dem Volk auf der einen Seite und der höfischen Welt auf der anderen Seite kontrastierenden Schnitt von Ursula Rudzki. (Manfred Jelenski, *Deutsche Filmkunst* 1/1960)

NEBENBEI: Ursprünglich sollte die Rolle des alten Miller in diesem zu großen Teilen in Weimar gedrehten Film Karl Paryla spielen. Da Fritz Kortner jedoch aus München intervenierte, weil er Paryla dort für eine Inszenierung brauchte, entschloß sich Martin Hellberg, die Rolle selbst zu übernehmen und schaffte ein glänzendes Comeback als Darsteller. Als Millerin debütierte die damals 28jährige Marianne Wünscher im Mütterfach, in dem sie in den folgenden Jahrzehnten eine der populären Figuren bei Film und Fernsehen in der DDR werden sollte.

KÄTHE KOLLWITZ – BILDER EINES LEBENS

RE: Ralf Kirsten, SZ: Ralf Kirsten, DR: Dieter Wolf, KA: Otto Hanisch, MU: Peter Gotthardt, SB: Hans Poppe, KO: Ewald Forchner, SC: Evelyn Carow, PL: Horst Hartwig, GR: GR »Babelsberg«, m: 2630 = 96 min, fa, PJ: 1986, PM: 23.4.1987, PM-Ort: Berlin, »International«

DA: Jutta Wachowiak (Käthe Kollwitz), Fred Düren (Karl Kollwitz), Carmen-Maja Antoni (Lina), Gerd Baltus (Sander), Gabriele Barth (Malermodell), Eckhard Becker (Kritiker), Matthias Freihof (Peter Kollwitz), Jens-Uwe Bogadtke (Sanitäter), Peter Buchheim (Georg Stern), Christoph Engel (Feldprediger), Horst Hiemer, Marion van de Kamp, Brigitte Krause, Gertraut Last, Marga Legal, Lotte Loebinger, Christa Löser, Rolf Ludwig, Hans-Peter Minetti, Walfriede Schmitt u.a.

INHALT: Stationen aus dem Leben der großen Künstlerin, verbunden mit wichtigen Zeitereignissen – von 1914 bis kurz vor ihrem Tod im Jahre 1945. Käthe Kollwitz ist 47 Jahre zu Beginn des Ersten Weltkrieges, bekannt, geschätzt und Inhaberin mehrerer Preise. Ihr jüngster Sohn Peter meldet sich zu ihrem Entsetzen freiwillig als Soldat und fällt bereits zwei Wochen später. Dieses schmerzliche Ereignis wird sie nie wieder loslassen und findet Niederschlag in ihrer Kunst. Ebenso wie das Schicksal der Armen, denen sie täglich begegnet. Sie lebt mit ihrem Mann, dem Armenarzt Karl Kollwitz, im Berliner Arbeiterviertel Prenzlauer Berg. Das blutige Ende der Novemberrevolution zerstört ihre Hoffnung auf eine baldige Verbesserung der Lebensverhältnisse, doch mit ihrer Kunst tritt sie auch weiter dafür ein. Bei den Nazis steht sie bald auf dem Index und wird gezwungen, »freiwillig« aus der

Akademie auszutreten. Während des Zweiten Weltkriegs wird sie aus Berlin verwiesen. Die letzte Zeit vor ihrem Tod verbringt sie einsam und krank in Dresden.

ZUM FILM: Viele Jahre nach seinem Erfolg des Barlach-Films → *Der verlorene Engel* versucht Ralf Kirsten an diesen Geist anzuknüpfen, kann aber das immense Material aus der Biographie der Käthe Kollwitz nicht schlüssig strukturieren, so daß der Zuschauer in der Flut von Rückblenden überfordert ist.

ECHO: Der Film beginnt in der Gegenwart, nämlich in einem Maskenbildnerraum der DEFA. Die Schauspielerin Jutta Wachowiak sitzt vor dem Schminktisch und spielt nach vorgegebenem Text eine Schauspielerin, die sich ebenso vorsichtig wie ehrfurchtsvoll der von ihr zu gestaltenden Rolle anzunähern versucht. Als erfolge solcher Prozeß nicht lange vor Drehbeginn! Möglicherweise waren die dramaturgisch völlig überflüssigen Einschübe auch nur als Reverenz an die Maskenbildnerin Karin Wacker gedacht, welche die wohlansehnliche, noch immer jugendliche Jutta Wachowiak höchst glaubwürdig in die fünfzigbis achtzigjährige Käthe Kollwitz verwandelte. (Renate Holland-Moritz, *Eulenspiegel* 22/1987) Immer wieder fällt der Blick aus dem Fenster auf eine Eckkneipe, die den Wandel der Zeiten sichtbar macht: als Armenküche am Ende des Ersten Weltkrieges, später SA-Sturmlokal, an dem schließlich ein Transport von Juden zur Deportation vorüberzieht. Doch das bleibt wie alles andere in diesem Film illustrativ, die Episoden huschen schemenhaft und allzu flüchtig vorüber. Wichtiges wird oft nur in authentischen Zitaten deklamatorisch abgehakt. (Heinz Kersten, *Tagesspiegel*, 10.5.1987)

NEBENBEI: Das ZDF hatte noch vor Drehbeginn die Senderechte des Films erworben, wodurch die Besetzung bundesdeutscher Schauspieler wie Gerd Baltus möglich wurde.

KÄUZCHENKUHLE

(Kinderfilm)

RE: Walter Beck, BU: Günter Kaltofen, Walter Beck, LV: Gleichnamiger Roman von Horst Beseler, DR: Margot Beichler, Gudrun Rammler, KA: Lothar Gerber, MU: Klaus Lenz, SB: Erich Krüllke, Werner Pieske, KO: Inge Kistner, SC: Brigitte Krex, PL: Siegfried Kabitzke, GR: KAG »Jugend- und Kinderfilm«, m: 2155 = 79 min, s/w, PJ: 1968, PM: 9.2.1969, PM-Ort: Berlin, »Kosmos«

DA: Martin Flörchinger, Gertrud Brendler (Großvater u. Großmutter Kalmus), Dieter Wien (Kohlweis), Manfred Krug (Hauptmann), Peter Pollatschek (Abschnittsbevollmächtigter), Nico Turoff (Gotthold), Regina Beyer (Hilde), Thomas Langhoff (Zweiter), Berko Acker (Lieberich), Vera Oelschlegel (Bahnhofsaufsicht) u.a. sowie die Kinder: Anette Böttche, Rainer Haupt, Jürgen Schoberth, Peter Brock

INHALT: Als der kleine Jampoll wie jedes Jahr in den Ferien zum Großvater aufs Land kommt, findet er diesen verändert: Er ist schweigsam, schließt sich in seiner Kammer ein und schreibt etwas auf. Jampoll und seine Freunde wissen, daß dieses Verhalten mit Kohlweis, einem Fremden, der seit kurzem hier lebt, zu tun hat. Die Kinder beobachten Kohlweis und kommen langsam hinter dessen Geheimnis. Gegen Ende des Krieges hatte er als SS-Offizier einen Behälter im Mummelsee versenkt. Der Großvater aber lagerte dieses Behältnis, gemeinsam mit dem stummen Gotthold, in die Käuzchenkuhle um. Gotthold ertrank dabei, was das Gewissen des Großvaters

seit damals stark belastet und der Grund für sein jetziges Schweigen ist. Die Kinder informieren den ABV. Sie stellen Kohlweis eine Falle. Als der mit einem Kumpan den Behälter heben will, in dem sich geraubte Kunstschätze befinden, ist die Polizei zur Stelle.
ZUM FILM: Walter Beck gelang ein spannender Kinderfilm mit einer ausgezeichneten Besetzung, der geschickt Momente der nationalsozialistischen Geschichte mit dem Alltag der damaligen Gegenwart verknüpfte.
ECHO: *Käuzchenkuhle* (bleibt) ein spannungsgeladener und frischer Kinderfilm. Ohne erhobenen Zeigefinger wird den Kindern hier Geschichte verständlich gemacht. Wenige Rückblenden, kurze, prägnante Dialoge und eine zügige Handlung zeichnen den Film aus. Auch eine Portion Mut zum Experimentieren bewiesen die Filmschöpfer. Erstmals wird kein Vorspann gebracht, sondern ein Abspann, der sehr wirkungsvoll durch ein hübsches Ferienlied, gesungen von Manfred Krug, unterstützt wird. (R. Mäurer, *Freies Wort*, 17.2.1969)
Was die mit Recht auch von Kindern verlangte Spannung betrifft, hält der Film durchaus, was er verspricht. Dr. Günter Kaltofen und Walter Beck reduzierten die Handlungsfülle des Buches auf eine klar überschaubare geradlinige Fabel, wobei sie bemüht waren, den Gegenwartscharakter des Stoffes zu betonen und die in die faschistische Vergangenheit zurückführenden Rückblenden sparsam einzusetzen und eindeutig in der Aussage zu halten. (H.R., *Neuer Tag*, 18.2.1969)
Käuzchenkuhle, eine der besten Regiearbeiten Walter Becks, die auch heute noch großes Interesse verdient, zählt zu den wirklich geglückten Versuchen der Verquickung eines brisanten historischen Themas mit der Gegenwart und der kindlichen Erlebniswelt. (*Zwischen Marx und Muck*, 1996)
NEBENBEI: Der 1930 geborene Walter Beck inszenierte fast ausschließlich Filme für Kinder. Dabei gelangen ihm Erfolge in verschiedenen Genres, und einige seiner Filme werden noch Generationen von Kindern spannende Stunden bereiten.

DER KAHN DER FRÖHLICHEN LEUTE
RE: Hans Heinrich, BU: Richard Nicolas, LV: Gleichnamiger Roman von Jochen Klepper, DR: Marieluise Steinhauer, KA: Fritz Lehmann, MU: Horst Hanns Sieber, BA: Artur Günther, KO: Walter Schulze-Mittendorf, SC: Lilian Seng, PL: Adolf Hannemann, m: 2475 = 91 min, s/w, PJ: 1949, PM: 17.2.1950, PM-Ort: Berlin, »Babylon«/ »DEFA-Filmtheater Kastanienallee«
DA: Petra Peters (Marianne Butenschön), Fritz Wagner (Michel Staude), Joachim Brennecke (Hans), Paul Esser (Heinrich), Werner Peters (Hugo), Alfred Maack (August), Maly Delschaft (Emmi Gutwein), Herbert Kiper (Otto Woitasch), Inge van der Straaten (Anna Woitasch), Albert Venohr (Paul Finke), Gustav Püttjer, Hans-Erich Korbschmitt, Herbert Richter, Erich Dunskus, Renate Fischer u.a.
INHALT: Das Mädchen Marianne hat von ihren Eltern einen Motorkahn namens »Eintracht« geerbt und mit Mühe durchgesetzt, daß sie ihn zusammen mit ihrem Onkel führen darf. Mit dem neuen Maschinisten Michel gibt es gleich am Abend nach der ersten Fahrt Krach. Er geht – aus Eifersucht. Statt seiner nimmt Marianne drei lustige Musiker mit, die auf Arbeitssuche sind. Die Elbfahrt nach Hamburg endet zunächst auf einer Sandbank, von der sie ein anderer Fracht-

kahn, der »Sturmvogel«, befreit. Dort hat Michel inzwischen angeheuert. Nach einigen Verwicklungen und grundlosen Schlägereien, denn Marianne ist längst in Michel verliebt, gibt es das verdiente Happy-End.
ZUM FILM: Der Debütfilm von Hans Heinrich zeichnete sich durch viel Humor ohne ideologische Einsprengsel aus, und war damals der bestbesuchte aller heiteren DEFA-Filme.
ECHO: Der Erfolg des Films liegt in den Einzelszenen, die Hans Heinrich sehr gut beobachtet und zusammengestellt hat. Knapp begrenzte Bildausschnitte sind seine Stärke; er sollte sich aber nicht fast ausschließlich darauf beschränken, gerade in einem Film, der auch landschaftlich hätte reizvoll sein können. Als endlich ein offener, weiter Blick in die Elbniederung ging, war der Film zu Ende. Die Szene auf dem Hintergrund einer Hamburger Hafenkneipe hätte man sich dafür sparen können. Da ging es denn doch ein bißchen zu wüst zu, und es roch nach Clark Gable. Das Publikum ist gar nicht erpicht auf so etwas, es freute sich viel mehr über den natürlichen Humor, der sonst ausgiebig vorhanden war und ganz aus der Handlung kam. (mtr., *Weltbühne* 9/1950)
NEBENBEI: Der Westberliner Regisseur Hans Heinrich (nicht mit dem gleichnamigen Kameramann zu verwechseln) arbeitete bis 1958 für die DEFA und später viel fürs bundesdeutsche Fernsehen, so als Regisseur der Endlos-Serie *Drei Damen vom Grill*.

KAI AUS DER KISTE

(DFF-Auftragsfilm, Kinderfilm)
RE: Günter Meyer, SZ: Günter Meyer, LV: Gleichnamige Geschichte von Wolf Durian, DR: Anne Goßens, KA: Wolfgang Braumann, MU: Johannes Schlecht, SB: Christoph Schneider, KO: Barbara Braumann, SC: Helga Wardeck, PL: Oscar Ludmann, P: DEFA für DFF, m: 2560 = 93 min, fa, no, PJ: 1987/88, SD: 4.2.1989, AD: 24.3.1989
DA: Christoph Zeller (Kai), Jürgen Watzke (Mac Allen), Klaus-Dieter Klebsch (Kubalksi), Brigitte Möhring (Kais Mutter), Kirsten Block (Fräulein Lydia), Torsten Michaelis (Kais Bruder), Klaus Hecke (Kriminalinspektor Fliegenpfiff), Michael Kind (Kriminalassistent Schleicher), Fritz Decho (Herr Balluschka), Hans Klima (Portier Krüger), Hajo Müller, Thomas Putensen, Heinz Rennhack, Peter Jahoda, Doris Thalmer u.a.
INHALT: Berlin Anfang der 20er Jahre: Arbeitslosigkeit, Hunger und Inflation diktieren das Leben der Menschen in den Arbeitervierteln. Da erscheint ein reicher Amerikaner, der mit einer großangelegten Werbekampagne den Kaugummi nach Deutschland bringen will. Beim Wettbewerb um den Titel des Reklamekönigs machen Kai und seine Bande »Die schwarze Hand« das Rennen gegen einen eitlen Konkurrenten. (*Lexikon des internationalen Films*)
ZUM FILM: Günter Meyer inszenierte nach einem populären Jugendbuch der zwanziger Jahre ein schwungvolles, üppig ausgestattetes Kinder-Musical, das – zuweilen sehr komisch, dann wieder einfühlsam – ein authentisches Bild der Zeit zeichnet. Die Zeit der Handlung wurde um wenige Jahre in die Zeit der Inflation vorverlegt.
ECHO: Konsequenterweise nahm der Regisseur auch künstlerische Elemente jener Zeit in die Filmgestaltung auf. Stummfilmgestaltungsmittel – Zwischentexte auf Schrifttafeln, musikalische Anspielungen, Slapstick-Komik, pantomimische Ausdrucksformen – erzeugen eine Atmosphäre, die in jene Zeit versetzt. Bedauerlicherweise verläßt er diese Exposition etwa in der Mitte des Films. (Ehrentraud Novotný, *Berliner Zeitung*, 15.3.1989)
Die Erwachsenen, jedenfalls die Männer, erscheinen ausnahmslos als lebendige Karikaturen ihrer selbst, und die von ihnen behauptete Autorität wurde systematisch demontiert und lächerlich gemacht. Ich verstehe schon, warum den Nazis dieses Buch nicht gefiel. (Eckart Kroneberg, *Tagesspiegel*, 7.2.1989)
Trotz einiger Übertreibungen und Simplifizierungen, was die Werbegags betrifft oder auch die Zeichnung der Erwachsenen, ist *Kai aus der Kiste* ein empfehlenswerter Film, der nicht nur Vergnügen macht, sondern zugleich neugierige Fragen bei den Kindern auslöst. (Gudrun Lukasz-Aden/Christel Strobel, *Kinder-Jugend-Film-Korrespondenz* 2/1989)
NEBENBEI: Über die Darstellersuche für den Titelhelden drehte Günter Meyer den kurzen Dokumentarfilm *Kai für Kiste gesucht*. – Die kleine Rolle des Friseurs spielte C.U. Wiesner, bekannt als Autor der satirischen Geschichten um

den »Frisör Kleinekorte«. – Auf dem Kinderfilmfestival »Goldener Spatz« erhielt *Kai aus der Kiste* in Gera 1989 zwei Preise.

DAS KALTE HERZ

RE: Paul Verhoeven, BU: Paul Verhoeven, Wolff von Gordon, LV: Gleichnamiges Märchen von Wilhelm Hauff, DR: Marieluise Steinhauer, KA: Bruno Mondi, TR: Ernst Kunstmann, MU: Herbert Trantow, BA: Emil Hasler, KO: Walter Schulze-Mittendorf, SC: Lena Neumann, PL: Fritz Klotzsch, m: 2856 = 105 min, fa (Agfacolor), PJ: 1950, –PM: 8.12.1950, PM-Ort: Berlin, »Babylon«/»DEFA-Filmtheater Kastanienallee«
DA: Lutz Moik (Peter Munk), Hanna Rucker (Lisbeth), Paul Bildt (Das Glasmännlein), Erwin Geschonneck (Der Holländer-Michel), Lotte Loebinger (Peter Munks Mutter), Paul Esser (Ezechiel), Hans-Georg Laubenthal (Hannes), Walter Tarrach (Der Amtmann), Alexander Engel (Lisbeths Oheim), Eva Probst (Bärbel), Herbert Kiper, Karl Hellmer, Bernhard Goetzke, Viktor Janson, Renée Stobrawa u. a.
INHALT: Da wo der Schwarzwald am dichtesten ist, lebt der Köhler Peter Munk. Als er die schöne Lisbeth heiraten will, wird ihm seine Armut schmerzlich bewußt, und er bittet das Glasmännlein, den guten Geist des Waldes, um Hilfe. Er bekommt sie auch, doch er verspielt sie leichtfertig. Nun ruft er den bösen Geist, Holländer-Michel. Der verspricht ihm allen Reichtum der Welt, wenn er sein Herz gegen einen kalten Stein eintauscht. Peter ist einverstanden, und von Stund an wird er reich und reicher, aber auch brutal und gemein. Erst als er Lisbeth aus Wut über ihre Gutmütigkeit erschlägt, kommt er zur Besinnung. Noch einmal soll ihm das Glasmännlein helfen. Für Peter gibt es jedoch nur Hoffnung, wenn er sein wahres Herz von Michel zurückerhält. Peter muß eine List anwenden, um wieder der werden zu können, der er einst war.
ZUM FILM: Nachdem der vorgesehene Regisseur Erich Engel die DEFA verlassen hatte, wurde der erste Farbfilm der DEFA dem Münchner Paul Verhoeven übertragen, der bereits mit *Das kleine Hofkonzert* Farbfilm-Erfahrung gesammelt hatte. Mit der Hauff-Adaption wurde zum ersten Mal seit der Stummfilmzeit wieder ein Märchenstoff für Erwachsene verfilmt. Trotz dieses Zielpublikums wurden dem Film von seiten der DDR-Kulturpolitik übertriebene Grausamkeiten in der Darstellung vorgeworfen. Nichtsdestotrotz gehört der Film dank seiner poetischen Elemente, seiner Ausstattung und Tricks, aber auch guter Schauspieler heute zum goldenen Fonds des Märchenfilms – auch für Kinder.
ECHO: Seine (Verhoevens, f.b.h.) Regie hat mit dem offenen, naiven Charakter des Märchens nichts zu tun. Er benutzt den Märchenrahmen, um seiner eigenen – wie das Ergebnis zeigt! – verworrenen Phantasie die Zügel schießen zu lassen. So kommt es, daß aus der Begegnung Köhler-Peters mit dem Holländer-Michel, aus dem allegorischen Tausch des Herzens, um reich zu werden – ohne daß bei Hauff ein Wort davon steht!–, eine blutrünstige Folterkammergeschichte wird. Kochende Bluttümpel werden gezeigt, scheußlich gurgelnde Geräusche, Bordellszenen »eingelegt«, der Holländer-Michel zu einer Gestalt aus dem Abnormitätenkabinett gemacht. (...) Wie anders hätte die Aufführung werden können, wenn der Regisseur z.B. von dem herrlichen sowjetischen Märchenfarbfilm *Die steinerne Blume* gelernt hätte, statt bei dem heute amerikanisch zersetzten französischen Film in die Schule zu gehen, der in dem Cocteauschen »Märchen«film *La belle et la bête* dieselben dekadenten Züge zeigt. (Hermann Müller, *Neues Deutschland*, 12.12.1950)
Im Märchenwald mit jenen märchenüblichen guten und bösen Zauberfiguren gelingen einige tricktechnisch brillante und auch sehr schön gespielte Passagen, die sich mit heutigen Märchen à la *Unendliche Geschichte* durchaus messen können. Doch der Rest der Geschichte wirkt äußerst antiquiert und auch verworren. Schwer vorstellbar, daß Kinder, die direkt erzählte, aktionsreiche Geschichten gewohnt sind, zu diesem überladenen Biedermeiermärchen noch Zugang finden. (Karl Klusen, *film-dienst* 14/1985)
MEINUNG: Der Regisseur Paul Verhoeven und ich sind auf den Gedanken gekommen, daß der Holländer-Michel ein Glasauge haben müßte. Aber woher sollte man damals ein Glasauge nehmen? (...) Und da habe ich mir eine Haftschale einsetzen lassen, die weiß angestrichen war. Dadurch wurde ein Auge tot. (...) Ich habe versucht, mein Gesicht häßlich zu machen: Die Ohren habe ich umgebogen und festgeklebt, mir Watte in die Nasenlöcher gesteckt, in den Mund

Watte gestopft, damit das Kinn verunstaltet wird. Die verschiedensten Sachen haben wir versucht und dann auch gemacht. Einige Zähne wurden schwarz angestrichen, damit sie als Lücken erscheinen. Wenn ich mich heute sehe, finde ich, daß wir damals eine ganz gute Maske hingekriegt haben. (Erwin Geschonneck, *Meine unruhigen Jahre*, 1984, 1996)

NEBENBEI: Der erste Farbfilm der DDR entstand damals parallel zum ersten Farbfilm in der BRD, der im gleichen Gebirge handelte: *Schwarzwaldmädel. Das kalte Herz* wurde 1951 in Karlovy Vary als bester Farbfilm ausgezeichnet. Weil das Budget des Films überzogen worden war, wurde Produktionsleiter Fritz Klotzsch nicht wieder bei der DEFA beschäftigt. Auch Regisseur Paul Verhoeven arbeitete nicht wieder für die DEFA. In seinem nächsten Film im Westen besetzte er auch Hauptdarsteller Lutz Moik, der im bundesdeutschen Film noch zahlreiche Rollen spielte.

DAS KANINCHEN BIN ICH

RE: Kurt Maetzig, BU: Manfred Bieler, LV: Nach dem Roman »Maria Morzeck oder Das Kaninchen bin ich« von Manfred Bieler, DR: Christel Gräf, KA: Erich Gusko, MU: Gerhard Rosenfeld, Reiner Bredemeyer, SB: Alfred Thomalla, KO: Rita Bieler, SC: Helga Krause, PL: Martin Sonnabend, GR: KAG »Roter Kreis«, m: 3237 = 118 min, s/w, PJ: 1964/65, PM: 8.3.1990, PM-Ort: Berlin, »International«

DA: Angelika Waller (Maria Morzeck), Alfred Müller (Paul Deister), Ilse Voigt (Tante Hete), Wolfgang Winkler (Dieter), Irma Münch (Gabriele Deister), Rudolf Ulrich (Grambow), Helmut Schellhardt (Bürgermeister), Willi Schrade (Sportlehrer Ulli), Willi Narloch (Kellner Oskar), Maria Besendahl (Wirtin), Peter Borgelt, Christoph Engel, Hans Hardt-Hardtloff, Walter Jupé, Hans Klering, Erhard Köster, Walter Lendrich, Werner Wieland, Dieter Wien, Else Wolz u.a.

INHALT: Maria Morzeck ist 19 Jahre alt und arbeitet als Kellnerin. Eigentlich wollte sie Slawistik studieren und Dolmetscherin werden. Doch weil ihr Bruder Dieter wegen »staatsgefährdender Hetze« zu drei Jahren Zuchthaus verurteilt wurde, ließ der Staat sie nicht zum Studium zu. Maria verliebt sich in den wesentlich älteren Paul Deister, erfährt, daß er der Richter war, der Dieter zu der hohen Strafe in dem dubiosen Prozeß – unter Ausschluß der Öffentlichkeit – verurteilt hat. Sie verwirft die anfängliche Absicht, die Beziehung zu Dieters Gunsten zu nutzen, will die Liebe und den Fall auseinanderhalten. Doch sie möchte von Paul die ganze Wahrheit wissen. Sein Verhalten macht deutlich, daß er Gesetze wie Menschen nur für seine Karriere benutzt. Maria verläßt ihn enttäuscht. Als der vorzeitig entlassene Bruder von dem Verhältnis erfährt, schlägt er seine Schwester zusammen. Sie zieht aus der gemeinsamen Wohnung aus, entschlossen, um ihren Studienplatz zu kämpfen.

ZUM FILM: Kurt Maetzigs nach einem in der DDR nicht erschienenen Roman von Manfred Bieler entstandener kritischer Film über die Rechtspflege in der DDR stand im Mittelpunkt des berüchtigten 11. Plenums des ZK der SED im Dezember 1965. Ihm wie auch mehreren anderen zur gleichen Zeit entstandenen DEFA-Filmen, die sich solidarisch, aber kritisch mit Erscheinungen der DDR-Gegenwart auseinandersetzten, wurde vorgeworfen, sich gegen den Staat und seine richtige Politik zu richten, dem Klassenfeind in die Hände zu arbeiten und eine feindliche Wirkung zu haben. Maetzig als besonders renommierter Regisseur übte Selbstkritik in der Hoffnung, damit auch andere Kollegen vor Repressalien schützen zu können. Manfred Bieler ging nach einem kurzen Exil in Prag in die BRD, wo eine bearbeitete Fassung seines Romans erschien und 1976 vom ZDF verfilmt wurde. *Das Kaninchen bin ich* blieb, ebenso wie alle anderen vom Plenum und seinen Folgen verdammten, auch als »Kaninchen«-Filme bezeichneten DEFA-Streifen für ein Vierteljahrhundert streng verboten, wirkte aber auch bei seiner endlichen Erstaufführung noch immer aktuell.

ZITAT: Wenn es unter den Künstlern jetzt wieder einige gibt, die von einem neuen »harten Kurs« faseln, muß ich die Frage stellen: Ist das nicht eine Umkehrung der Wahrheit? Ist nicht Ihr Film, sind nicht ähnlich gestaltete Theaterstücke, Filme und Schlager der härteste Kurs gegen unsere Partei, gegen die DDR? (...) Denken Sie auch daran, der begabten jungen Schauspielerin, der Sie die Hauptrolle in Ihrem Film gegeben haben, zu helfen, nicht enttäuscht zu sein, sondern zu einer echten politischen Klarheit zu kommen und an neuen würdigen Aufgaben ihr

Talent neu unter Beweis zu stellen. (Walter Ulbricht in einem Brief an Kurt Maetzig, veröffentlicht in *Neues Deutschland*, 23.1.1966)
MEINUNG: Mir ist jetzt, nachdem ich sehr nachdrücklich darauf hingewiesen worden bin, klargeworden, daß man tatsächlich aus dem Film entnehmen kann: Bis zum Rechtspflegeerlaß des Staatsrates war die Justiz bei uns von Entstellungen und Fehlentscheidungen beherrscht, erst danach ist es zur Demokratisierung gekommen. Das ist im Prinzip verkehrt und war auch so nicht beabsichtigt. (Kurt Maetzig in einer Stellungnahme, veröffentlicht in *Neues Deutschland*, 6.1.1966)
Mein Verhältnis zu unserer Gesellschaft, zum Sozialismus, zeichnete sich immer durch eine Beziehung von Zustimmung und Kritik aus. Eine entartete, im Grunde stalinistische Kulturpolitik verlangte von mir und anderen jedoch vornehmlich Bestätigung und Zustimmung. Der notwendige Anteil von Kritik wurde zurückgedrängt. (Kurt Maetzig im Interview mit Hannes Schmidt, 13.1.1990, in *20. Internationales forum des jungen films berlin 1990*, Blatt 16)

ECHO: Die konsequente subjektive Erzählweise – Maria berichtet dem Zuschauer direkt ihre Geschichte – gibt dem Film etwas Hartnäckig-Drängendes und fordert eigene Haltungen dazu. (Günter Agde, *Filmspiegel* 1/1990)
Maetzig wollte sich mit der kritischen Darstellung der Figur des Richters und darüber hinaus mit der Einbeziehung eines weiteren Gerichtsfalles an der Debatte um die Verbesserung der Rechtspflege in der DDR beteiligen, die ihn als Teil einer notwendigen Demokratisierung der Gesellschaft sehr interessiert hat. (...) Er fand für *Das Kaninchen bin ich* einen modernen, phrasenlosen Erzählton mit wirkungsvoller Montage von Wort und Bild. Man merkt es dem Film an, daß Maetzig ihn unbedingt machen wollte. Unter seinen späteren Arbeiten gibt es nichts Vergleichbares. Der kostbare Stoff der künstlerischen Kraft versiegte nach dieser Katastrophe. (Erika Richter in *Das zweite Leben der Filmstadt Babelsberg*, 1994)
NEBENBEI: Walter Ulbrichts Wunsch nach einer baldigen neuen *würdigen* Rolle für Angelika Waller ging nicht sofort in Erfüllung. Sie trat als nächstes in dem schwachen Zirkusfilm → *Schwarze Panther* auf. Übrigens war *Das Kaninchen bin ich* nicht wirklich Angelika Wallers Filmdebüt, sie war zuvor schon in → *Die Glatzkopfbande* in einer kleinen Rolle aufgetreten.
Filmtext: Das Kaninchen bin ich. In: Prädikat: Besonders schädlich. Filmtexte. Herausgegeben von Christiane Mückenberger. Berlin: Henschelverlag 1990

KAPITÄNE BLEIBEN AN BORD

RE: Martin Hellberg, BU: Jürgen Lenz, LV: Gleichnamiger Roman von Jürgen Lenz, DR: Hanns Julius Wille, KA: Walter Fehdmer; Günter Marczinkowsky, MU: Wolfgang Pietsch, BA: Harald Horn, KO: Lydia Fiege, SC: Lieselotte Johl, PL: Paul Ramacher, m: 2473 = 90 min, s/w, PJ: 1958, PM: 27.2.1959, PM-Ort: Berlin, »Babylon«
DA: Erika Müller-Fürstenau (Hanna Kars), Rudolf Ulrich (Kurt Kars), Johannes Arpe (Hannes Tiedeböhl), Albert Hetterle (Geelhaar), Otto-Erich Edenharter (Fünnig), Christel Bodenstein (Karin), Uwe-Jens Pape (Forschungsassistent), Ruth-Maria Kubitschek (Bardame), Albert Zahn (Postmann), Walter E. Fuß, Hannjo Hasse (Steu-

ermänner), Alexander Papendiek, Karl-Heinz Rothin, Hans-Ulrich Lauffer, Karl Brenk, Peter Bosse u. a.
INHALT: Kurt Kars, der junge, enthusiastische, aber recht unerfahrene Kapitän eines Fischfangschiffes, läßt sich von seinem Ehrgeiz in ein riskantes Unternehmen treiben. Laut einer Zeitungsmeldung sollen sich im Eismeer ausgezeichnete Fischgründe befinden. Gegen die Anordnung des Kombinats steuert er sie an. Eine Kollision mit Treibeis bringt Mannschaft und Schiff in äußerste Gefahr. In dieser Notsituation bewährt Kurt sich zwar hervorragend, wird aber nach der Rückkehr zur Rechenschaft gezogen. Anfänglich will er aus Trotz den Dienst quittieren, besinnt sich aber dann, seine Schuld einsehend. Die älteren Kapitäne, die ihre Fischfanggegenden bisher immer geheimhielten und ihre Erfahrungen kaum ans Kollektiv weitergaben, begreifen, daß auch sie am »Fall Kars« nicht ganz unschuldig waren.
ZUM FILM: Martin Hellberg, inzwischen auf historische Stoffe festgelegt, wollte seinen guten Willen zeigen und sich erneut einem Gegenwartsthema stellen. Der Film geriet jedoch recht didaktisch und hatte klischeehaften Figuren.
ECHO: Das ist insgesamt ein bißchen viel Pädagogik. Das Schifflein der Handlung steuert unter so schwerer Fracht ziemlich mühsam durch die Gewässer. Dabei wäre so viel zu zeigen gewesen! Das Meer, die Schiffe und die Fahrensleute sind ja von jeher eins der dankbarsten Filmmilieus. Hier wird es nicht in allen Möglichkeiten genutzt, bewahrt aber dennoch in manchen schönen Aufnahmen der Kameraleute Fehdmer und Marczinkowsky seinen alten Reiz. (H. U. E., *Berliner Zeitung*, 3.3.1959)
MEINUNG: Der Titel *Kapitäne bleiben an Bord* wies deutlich auf meine Absicht hin, als einer der verantwortlichen Kapitäne der DEFA auch künftig für gute Besucher-Fangquoten zu sorgen. (...) Unser Staat hatte mir, bildlich gesprochen, immer wieder, Fang für Fang, neue Schiffe anvertraut, und ich wollte – Eisberge nicht fürchtend – kulturpolitische Arbeit leisten. Auch den »Jungkapitänen« der DEFA wollte ich durch Verzicht auf den »großen Gegenstand« mit einer Reverenz meine kameradschaftliche Achtung beweisen, allen gegenteiligen Behauptungen zum Trotz. (Martin Hellberg in *Mit scharfer Optik*, 1982)
NEBENBEI: Der junge Kameramann Günter Marczinkowsky zeigte eine bewundernswürdige Leistung, als er sich außerhalb des Schiffes auf hoher See anseilen ließ, und auch bei hohem Seegang die Aufnahmen von den Fangmanövern machte. – Als Matrose bei Tiedeböhl spielte Peter Bosse mit, der in den dreißiger Jahren ein beliebter Kinderstar war und nun im Begriff stand, ein ebenso beliebter Radiomoderator zu werden.

KARBID UND SAUERAMPFER
RE: Frank Beyer, SZ: Hans Oliva, DR: Christel Gräf, KA: Günter Marczinkowsky, MU: Joachim Werzlau, BA: Alfred Hirschmeier, KO: Helga Scherff, SC: Hildegard Conrad, PL: Martin Sonnabend, GR: KAG »Roter Kreis«, m: 2316 = 85 min, s/w, AT: Karbid-Kalle, PJ: 1963, PM: 27.12.1963, PM-Ort: Berlin, »Kosmos«
DA: Erwin Geschonneck (Kalle), Marita Böhme (Karla), Manja Behrens (Clara), Margot Busse (Karin), Kurt Rackelmann (Riese), Rudolf Asmus (Sänger), Hans-Dieter Schlegel (Amerikanischer Offizier), Fred Delmare (Kutscher), Bruno Carstens (Polizeikommissar), Hanna Rieger (Frau Riese), Fred Ludwig, Günter Rüger, Fritz Diez, Jochen Thomas, Peter Dommisch u. a.
INHALT: Zu Kriegsende liegt auch die Dresdener Zigarettenfabrik in Schutt und Asche. Obwohl Nichtraucher, blutet Kalle das Herz – schließlich war es seine Arbeitsstätte. Um sie wieder aufzubauen, braucht man vor allem Karbid zum Schweißen. Kalle hat eine Quelle in Wittenberg. Er macht sich auf den Weg dorthin und muß nun – mit sieben Fässern – zurück: per Anhalter. Das Abenteuer läßt sich gut an. Die sympathische Karla nimmt ihn ein Stück in ihrem Fuhrwerk mit. Am liebsten würde er bei ihr bleiben, aber die Pflicht treibt ihn weiter. Daß er zurückkommen wird, ist versprochen. Sein einziges Zahlungsmittel, Zigaretten, nimmt ihm ein LKW-Fahrer für eine kleine Wegstrecke ab. Bis er Dresden erreicht, muß er sich noch vom Verdacht der Plünderei reinwaschen, einen Schiffbruch überstehen, sich eines geschäftstüchtigen US-Offiziers und einer mannstollen Witwe entledigen. Zwei Fässer bringt er glücklich durch – genug für den Neuanfang.
ZUM FILM: Frank Beyer machte aus dem Buch von Hans Oliva-Hagen das anspruchsvollste und treffendste Lustspiel, das bei der DEFA entstand.

Mit der Paraderolle des Kalle schaffte Erwin Geschonneck den späten Durchbruch als Charakterkomiker.

ECHO: Regisseur Beyer und Kameramann Günter Marczinkowski entdeckten so etwas wie den »optischen Witz«, wenn sie meist vom Detail in die Totale gehen, wenn sie komische Situationen als Ganzes erfassen, den Schauspieler stets in Beziehung zur Umwelt zeigen, dabei aber ganz knapp bleiben, die Pointen oft durch den Schnitt oder die Klappblende setzen. (Christoph Funke, *Morgen*, 9.1.1964)

Hier wird Komik nicht als Surrogat aus der Traumfabrik geboten, sondern ist aus einer Realität gewonnen, die die meisten Zuschauer noch miterlebt haben, damals aber kaum zum Lachen fanden. Hinzu kommt als weiteres Plus ein komischer Held, mit dem wiederum Identifikation möglich ist: ein Arbeiter, dessen scheinbar unerschütterlicher Gleichmut und schlauer Witz sich in allen Situationen bewähren und der in der Darstellung von Erwin Geschonneck (...) echtes Lustspielformat erhält. (Heinz Kersten, *Tagesspiegel*, 16.12.1973)

NEBENBEI: Die auf wahren Begebenheiten fußende Geschichte notierte Hans Oliva-Hagen schon während der Arbeit an → *Gewissen in Aufruhr* mit dem Ziel, diesen Stoff mit Günter Reisch umzusetzen. Als Reisch mit einem anderen Stoff unabkömmlich war, übernahm Frank Beyer das Projekt, der jedoch Schwierigkeiten hatte, bei der DEFA-Leitung Erwin Geschonneck als Hauptdarsteller durchzusetzen, da man gern einen jüngeren Schauspieler gesehen hätte. – Das Vorbild des Karbid-Kalle in der Wirklichkeit hieß Richard Hartmann. Erwin Geschonneck lernte ihn erst nach den Dreharbeiten kennen und berichtete in seinen Memoiren: »Richard hatte zusammen mit einem Kollegen neun Fässer zu transportieren gehabt und immer in überfüllten Eisenbahnzügen! Er hatte alle neun nach Dresden gebracht und war also erfolgreicher als Kalle. Er hat bei seiner Reise jedoch kein lebendes Andenken hinterlassen wie Kalle bei dem hübschen Bauernmädchen Karla im Film.« (*Meine unruhigen Jahre*, 1984, 1996) – Die Episode vom Pilzesuchen im Minenfeld basiert auf persönlichen Erlebnissen von DEFA-Regisseur Kurt Maetzig. – Zu einem besonderen Spaß wurden die Szenen mit dem komödiantischen Opernsänger Rudolf Asmus, der ansonsten nur in Walter Felsensteins Opernverfilmungen (→ *Hoffmanns Erzählungen*) vor der Kamera stand.

KARLA

RE: Herrmann Zschoche, BU: Ulrich Plenzdorf, Herrmann Zschoche, DR: Manfred Fritzsche, Manfred Kieseler, KA: Günter Ost, MU: Karl-Ernst Sasse, SB: Dieter Adam, KO: Luise Schmidt, SC: Brigitte Krex, PL: Gert Golde, GR: KAG »Berlin«, m: 3350 = 123 min, s/w, Tovi, PJ: 1965/66, PM: 14.6.1990, PM-Ort: Berlin, »International«
DA: Jutta Hoffmann (Karla), Jürgen Hentsch (Kaspar), Hans Hardt-Hardtloff (Direktor), Inge Keller (Frau Janson), Rolf Hoppe (Eifler), Jörg Knochee (Rudi), Klaus-Peter Pleßow (Uwe Wenndorf), Gisela Morgen (Frau Wenndorf), Herwart Grosse (Lehrer Jott), Heidemarie Schneider (Erna), Dieter Wien, Fred Delmare, Peter Sturm, Regine Albrecht, Harald Moszdorf u. a.

INHALT: Karla tritt nach Abschluß der Universität mit großen Ambitionen eine Lehrerstelle in einer Kleinstadt im Norden der DDR an. Sie möchte den Kindern nicht nur Fakten vermitteln, sondern sie vor allem zu selbständigem Denken anregen. Mit Direktor Hirte versteht sie sich

anfangs recht gut. Doch ihre Ideale stoßen auf Unverständnis – auch bei den Schülern, die längst wissen, was zu sagen ist und was man besser verschweigt. Ihr unkonventionelles Verhalten, sie hat auch noch eine Beziehung zu dem »Aussteiger« Kaspar, fällt unangenehm auf. Nach einer Niederlage paßt sich Karla an. Kurz vor dem Abitur begehrt sie jedoch auf, sagt ihren Schülern die Meinung. Am Ende des Schuljahres wird sie in eine andere Schule versetzt, Kaspar begleitet sie.
ZUM FILM: Nach einigen Filmen für und über Kinder drehte Herrmann Zschoche 1965 seinen ersten großen Gegenwartsfilm über Wahrheit und Lüge, Verschweigen und Ehrlichkeit in der Gesellschaft am Beispiel der Erziehung von Jugendlichen. Nach dem berüchtigten 11. Plenum des ZK der SED, dem viele DEFA-Filme zum Opfer fielen, wurde dem Film eine pessimistische und skeptizistische Grundhaltung verbunden mit einer teilweise falschen Geschichtsbetrachtung vorgeworfen. Es seien die Grundprinzipien des sozialistischen Realismus aufgegeben und ein künstlicher Widerspruch zwischen Ideal und unvollkommener Wirklichkeit in der DDR aufgestellt worden.
ECHO: Die Genauigkeit und Klarsicht, mit der hier ein Erziehungsideal sinnlich faßbar gemacht wird, sowie die Methoden, die es scheitern lassen, erlauben dem Zuschauer die Aufarbeitung von DDR-Geschichte in Figurenkonstellationen, die Erkenntnis geradezu herausfordern. (Margit Voss, *Filmspiegel* 14/1990)
Das Erlebnis dieses Films ist Jutta Hoffmann als Karla. Sie strahlt eine reine, kristallklare menschliche Kraft aus, Glauben an die Möglichkeit, aufrecht, nicht anpasserisch durchs Leben zu gehen, Vertrauen in die jungen Leute. Man konnte und kann diesen Film nicht anders als mit großer innerer Bewegung sehen. Herrmann Zschoche bezeichnet diese Figur in einem Gespräch von 1990 zurecht als eine Heilige Johanna. Er führte Jutta Hoffmann, mit der er damals verheiratet war, so, daß sie einerseits streng und stark wirkt, keine Feder im Wind, sondern ein junges Mädchen mit Charakter. Zugleich gibt es viele intime, spontane kleine Reaktionen in Sprache und Gestus, durch die man das Gefühl der Begegnung mit einem Zauberwesen hat. (Erika Richter, *Das zweite Leben der Filmstadt Babelsberg*, 1994)

NEBENBEI: Kameramann Günter Ost übernahm nach 25 Jahren die Rekonstruktion des Films, der 1965 in Babelsberg, Berlin und Greifswald, am Schwielowsee, in der Mark Brandenburg und auf Zingst gedreht worden war.
Filmtext: Karla. Der alte Mann, das Pferd, die Straße. Texte zu Filmen von Ulrich Plenzdorf. Berlin: Henschelverlag 1978. Auch in: Ulrich Plenzdorf: Filme 2. Rostock: Hinstorff Verlag 1988

KARRIERE

RE: Heiner Carow, BU: Heiner Carow, Hermann Herlinghaus, Claus Küchenmeister, LV: Motive der Erzählung »Die Anzeige« aus dem Band »Ferien am Feuer« von Egon Richter, DR: Willi Pech, KA: Jürgen Brauer, MU: Peter Gotthardt, SB: Alfred Thomalla, KO: Werner Bergemann, Ursula Strumpf, SC: Evelyn Carow, PL: Dieter Dormeier, Siegfried Kabitzke, m: 2505 = 92 min, s/w, Cine, AT: Die Russen kommen, Um den Preis unseres Lebens, Kompliment EK II, PJ: 1968-70, PM: 15.4.1971, PM-Ort: Berlin, »International«
DA: Horst Hiemer (Günter Walcher, 40 Jahre), Katja Paryla (Margot Walcher), Gerd Krause (Günter Walcher, 16 Jahre), Rüdiger Joswig (Ha-

rald Walcher), Wsewolod Safonow (Golubkow), Wiktor Perewalow (russischer Junge Igor), Friedrich Hitzer (Zacharias), Elke Brosch (Gabriele Wiener), Norbert Christian (Vater Bergschicker), Gert Gütschow (Brennecke), Hans Hardt-Hardtloff, Jürgen Hentsch, Brigitte Krause, Thomas Langhoff, Rolf Ludwig u. a.

INHALT: Der 40jährige Günter Walcher, Angestellter eines westdeutschen Konzerns, ist ein arbeitsamer, unpolitischer Bürger, der im Grunde nur friedlich leben möchte. Er gerät in Gewissenskonflikte, als man ihm eine Beförderung zum Abteilungsleiter anbietet – mit der Auflage, einen Grund für die Entlassung des kommunistischen Betriebsratsvorsitzenden Zacharias zu finden. Walcher schätzt Zacharias, obwohl er dessen politische Ansichten nicht teilt. Er erinnert sich an die Nazizeit, da war er schon einmal verführt worden und als Hitlerjunge mitschuldig am Tod eines Menschen geworden. Konsequenzen zieht er nicht, läßt sich erneut korrumpieren. Sein Sohn Harald verläßt ihn enttäuscht.

ZUM FILM: Mit dem Film versuchte Heiner Carow einen Teil des Materials seiner 1968 verbotenen Arbeit → *Die Russen kommen* zu retten. In eine Gegenwartshandlung fügte er ausgedehnte Rückblenden mit dem gedrehten Material. Erst 1987 konnte er *Die Russen kommen* rekonstruieren und zur Uraufführung bringen. Von dem eher mißglückten Film *Karriere* distanzierte er sich später ausdrücklich.

ECHO: Der Film ist dramaturgisch in einer Rückblendentechnik gestaltet. Wiederholte, ausgedehnte, optisch miterlebbare, am Ende des Zweiten Weltkrieges angesiedelte Reminiszenzen wollen bestimmte Haltungen Walchers motivieren. Leider tun sie das aber nicht. Und so fällt der Film psychisch und optisch dazu in zwei sich gegenseitig kaum begründende Bereiche. Die Rückblenden ins Historische haben spürbar emotionale Ausstrahlung, machen das Beteiligtsein des Regisseurs unmitelbar deutlich. Die Ebene des Gegenwärtigen dagegen wirkt steril, wirkt aseptisch, wirkt wie eine Welt aus der Retorte. (...) Alle möglichen Stilelemente sind bunt gemischt. Der Film hat Züge von Agitprop, hat Satirisches, hat Realistisches, will wohl streckenweise sogar als Dokumentation wirken – aber im Künstlerischen eint sich nichts. (Günter Sobe, *Berliner Zeitung*, 27.4.1971)

MEINUNG: Wenn die Gegenwartsebene von der Idee her ebenso wie von der Tatsache, daß der Antisowjetismus in der BRD zur Staats- und Lebensdoktrin gehört, berechtigt war, erschien sie von der gesamten Anlage des Films her doch nachträglich aufgepfropft. (Hermann Herlinghaus in *DEFA-Spielfilm-Regisseure und ihre Kritiker*, 1983)

NEBENBEI: Die Songs des Films stammten von Dietrich Kittner, dem streitbaren Kabarettisten aus Hannover.

KARRIERE IN PARIS

RE: Georg C. Klaren, Hans-Georg Rudolph, BU: Joachim Barckhausen, Alexander Graf Stenbock-Fermor, LV: Roman »Vater Goriot« von Honoré de Balzac, DR: Marieluise Steinhauer, KA: Fritz Lehmann, MU: Ernst Roters, BA: Willy Schiller, KO: Walter Schulze-Mittendorf, SC: Friedel Welsandt, PL: Adolf Fischer, m: 2605 = 96 min, s/w, AT: Vater Goriot, PJ: 1951, PM: 25.1.1952, PM-Ort: Berlin, »Babylon«/»DEFA-Filmtheater Kastanienallee«

DA: Ernst Legal (Vater Goriot), Joachim Hildebrandt (Eugén von Rastignac), Ursula Burg (Anastasie Gräfin Restaud), Klaramaria Skala (Delphine Nucingen), Ruth Hausmeister (Gräfin Beauséant), Erika Gläßner (Herzogin von Meaufraigneuse), Albert Garbe (Bankier Nucingen), Willy A. Kleinau (Vautrin), Ursula von Manescul (Yvette), Ilse Nürnberg (Victorine), Werner Peters (deren Bruder), Hans-Peter Thielen (Maxime von Traillers), Wolfgang Kühne, Friedrich Teitge, Erna Sellmer, Friedrich Maurer, Herwart Grosse u. a.

INHALT: Frankreich zur Zeit der Restauration. Der junge Landedelmann Rastignac kommt nach Paris, um zu studieren. Er quartiert sich in einer ärmlichen Pension ein, in der auch der von seinen Töchtern ausgenommene Vater Goriot lebt. Der mittellose Rastignac ist bestrebt, in der vornehmen Pariser Gesellschaft Fuß zu fassen. Seine Cousine rät ihm, sich die reiche Bankiersfrau Delphine, eine Tochter Goriots, zur Geliebten zu nehmen, was er auch tut. Zur gleichen Zeit verliebt er sich aber in die Wäscherin Yvette. Er kann sich nicht entscheiden, da schlägt ihm der Pensionsgast Vautrin eine dritte Möglichkeit vor: Victorine, die enterbte Tochter eines Millionärs, zu heiraten, deren Bruder im Duell zu töten, um doch noch an das Erbe zu kommen. Rastignac

willigt ein. Das ist sein Untergang. Statt in der höheren Gesellschaft landet er in der Gosse.
ZUM FILM: Mit Stilwillen, Betonung sozialkritischer Momente, aber ohne Modernisierungen des Stoffes inszenierten der erste Chefdramaturg der DEFA, Georg C. Klaren, und der Schauspieler Hans-Georg Rudolph die Balzac-Adaption mit gediegener Besetzung. Doch gerade die mangelnde Politisierung des Stoffes stieß damals auf Kritik.
ECHO: Den Autoren des ersten deutschen Balzac-Films seit dem Krieg ist (...) Balzacs stofflicher Reichtum (...) sicherlich zugute gekommen. Sie schrieben ein Buch, das in seiner plastischen Menschen- und Charakterzeichnung viele Vorzüge hat. Ohne dem Dichter Gewalt anzutun – und ohne daß der Dichter den Film vergewaltigte – rücken sie die Gestalten der Handlung leichthin in unsere Zeit. (Hans Ulrich Eylau, *Berliner Zeitung*, 27.1.1952)
Einmal besuchen die Stützen der Gesellschaft eine Moritaten-Schau; ein Bild dieser Schau zeigt den Sturm auf die Bastille. Dabei greift sich der Bankier Nucingen verschämt an den Hals, der Graf Restaud verläßt unangenehm berührt den Saal, und der DEFA-Film *Karriere in Paris* hat sein politisches Pulver restlos verschossen; ganz im Gegensatz zu den Franzosen um das Jahr 1830, das immerhin die Juli-Revolution brachte – ein Ereignis, das in den Dramaturgie-Büros der DEFA offenbar kaum bekannt zu sein scheint. (...) Eine merkwürdige Geschichtsauffassung hat bei diesem Film Pate gestanden. Schon häufig wurden in historische DEFA-Filme Personen eingebaut, die nicht in die gesellschaftliche Entwicklung paßten, die ihr ungebührlich voraus waren. In diesem Film dagegen, wo fortschrittliches Gedankengut mit der Geschichte in voller Übereinstimmung vertreten werden könnte, geschieht es nicht. (Carl Andrießen, *Weltbühne* 5/1952)
NEBENBEI: Der Vater Goriot war die einzige Film-Hauptrolle des großen Charakterschauspielers und Bühnenregisseurs Ernst Legal, der damals Intendant der im Wiederaufbau befindlichen Deutschen Staatsoper war.

KASKADE RÜCKWÄRTS

RE: Iris Gusner, SZ: Iris Gusner, Roland Kästner, DR: Dieter Wolf, KA: Roland Dressel, MU: Gerhard Rosenfeld, Christian Kozik, SB: Peter Wilde, KO: Elke Hersmann, SC: Karin Kusche, PL: Erich Kühne, Manfred Renger, GR: GR »Babelsberg«, m: 2560 = 94 min, fa, brw, PJ: 1983, PM: 9.2.1984, PM-Ort: Berlin, »International«
DA: Marion Wiegmann (Maja Wegner), Johanna Schall (Carola Brehme), Siegfried Höchst (Gerd »K«), Jaecki Schwarz (Toni), Gertraud Kreißig (Margot Eberle), Swetlana Schönfeld (Sylvi), Achim Wolf (Ali), Amina Gusner (Zoppi), Jörg Panknin (Prof. Brehme), Hilmar Baumann (Brettschneider), Hermann Beyer (Dr. Mann), Bernd-Michael Lade (Wilfried), Regine Albrecht, Carl Heinz Choynski, Rosemarie Bärhold, Dieter Wardetzky, Eckhard Becker, Willi Neuenhahn, Klaus-Dieter Klebsch, Christine Harbort u.a.
INHALT: Maja Wegner, eine Frau Ende Dreißig mit halbwüchsiger Tochter, will die eingefahrenen Gleise verlassen und ein neues Leben beginnen. Sie gibt ihre Stellung als Dispatcherin beim Kraftverkehr auf, verkauft ihr Landhäuschen, zieht in die Großstadt und sucht sich Arbeit bei der Reichsbahn – als Zugschaffnerin. Um einen Mann zu finden, gibt sie eine Annonce auf. Zusammen mit ihrer Freundin Carola befindet sie den Bewerber für ungeeignet. In dem großen Mietshaus schließt sie schnell Freundschaften.

Mit dem Schlagerkomponisten, der über ihr wohnt, hat sie eine engere Beziehung, wird jedoch von ihm enttäuscht. Am Ende erweist sich ihr Kollege Gerd, der sie schon länger heimlich verehrt, als möglicher Lebenspartner.
ZUM FILM: Mit ihrem stark satirisch gefärbten Film gelang es Iris Gusner, alle Genregrenzen zu sprengen und einen großen Teil Kritiker zu verunsichern. Der amüsante, bissige Film mit starken Frauenrollen, aber auch einem umwerfenden Siegfried Höchst fand in der Bundesrepublik ein positiveres Echo als in der DDR.
ECHO: Der Film ist immer dann, wenn er seine »Botschaft« vergißt, unterhaltend, ja ab und an witzig und vergnüglich (mir scheint unterhaltender als alle ähnlich gelagerten Versuche im letzten Kinojahr zusammen). Iris Gusner hat ein hierzulande seltenes Talent füt exzentrische Spielmomente, für Burlesken und Harlekinaden. (Fred Gehler, *Sonntag* 13/1983)
Bei einem schmalbrüstigen Sujet kommt es ganz auf die Erzählweise an. Iris Gusner griff in das schwierigste Genre-Fach, erschrak offenbar auf halbem Wege und legte den Rest vergleichsweise verzagt zurück. (Margit Voss, *Film und Fernsehen* 3/1984)

Mit den Mitteln von Komik, Kitsch und Satire geht es durch Eisenbahnzüge, Cafés und Ballhäuser, durch Künstler- und Arbeiterwelten, werden Originale, Lebensweisheiten austauschend, aufeinander losgelassen, wird zudem auch mit Musik und Tanz demonstriert, daß »koom eener zurechtkommt mit sein bißchen Scheißleben« – kaum anders, als im Westen auch, mit dem Unterschied, daß es hier, für viele tragischerweise, besser voreinander versteckt wird. (Simone Mahrenholz, *Tagesspiegel*, 19.1.1988)
NEBENBEI: Co-Autor Roland Kästner, der viel vom Kaskadieren versteht, spielte die Rolle des Roland.

DER KATZENPRINZ

(Co-Produktion DDR/CSSR, Kinderfilm)
RE: Ota Koval, SZ: Ota Hofman, MI: Ota Koval, DR: Marcela Pittermannová, Christel Gräf, KA: Andrej Barla, Pavel Dosoudil, MU: Lubos Sluka, SB: Vladimir Labsky, Christoph Schneider, KO: Theodor Pistek, Venceslava Vrtisková, SC: Zdenek Stehlík, PL: Jan Vild, Heinz Herrmann, GR: GR »Roter Kreis«, m: 2235 = 82 min, fa, brw, PJ: 1978/79, PM: 14.10.1979 (DDR), PM-Ort: Berlin, Pionierpalast »Ernst Thälmann«/»Colosseum«, CO: Filmstudio Barrandov, Prag, Dramaturgengruppe Ota Hofman, Tschech. Titel: Kocicí princ
DA: Pavel Hachle (Radek), Zaneta Janetová (Theresa), Winfried Glatzeder (Albert), Jana Andrsová-Vectomová (Mutter), Vlastimil Hasek (Vater), Bohumil Vávra (Fischer/Großvater/Kutscher), Terezka Brodská (Prinzessin), Jaroslava Schallerová (Schneewittchen), Alena Kreuzmannová (Alte Magd), Kurt Sperling (Bauer) u.a.
INHALT: Der Vater von Radek und Theresa wird zum Verwalter eines Schlosses ernannt, und die ganze Familie zieht um, einschließlich der Katze. In dem Schloß arbeitet der Restaurator Albert, der Kinder und Katzen nicht mag. Eines Tages finden die Kinder ihre Katze samt Jungen in einem Bach. Sie glauben, daß das Schloß verwunschen ist und machen sich auf ins Märchenland, um das »Wasser des Lebens« zu holen. Es muß aus dem Blut dreier Ungeheuer gebraut werden. Auf ihrem Weg begegnen sie zahlreichen Märchenfiguren und bekommen nach gefahrvollen Abenteuern das Blut für ihren Trank, mit dem sie das ganze Schloß entzaubern. Der fin-

stere Albert verwandelt sich in einen freundlichen Mann.
ZUM FILM: Die Co-Produktion, für die vor allem renommierte tschechische Künstler (wie Clown Ferdinands geistiger Vater Ota Hofmann) verantwortlich zeichnen, setzt stark auf das phantasievolle Zusammenspiel der beiden kindlichen Hauptdarsteller und spielt mit verschiedenen Märchenmotiven.
ECHO: Das ist ein sehr schöner und psychologisch klug gemachter Film, dem wir unsere Kinder – die kleinen vor allem, in dem Alter, wo sie mit Märchen aufwachsen – gern für anderthalb Stunden anvertrauen können. (...) Freilich bleibt an abenteuerlicher Spannung, wie sie die Größeren erwarten, Spannung auf das Unbekannte, Unerwartete – auch auf das bildhaft Unerwartete – manches aus. Der Gefühlswelt der Kleineren – und für die ist der Film ja gedacht – aber wird in wunderbarer Weise entsprochen: Sie wollen den Sieg des Guten über das Böse selber ausfechten, auf ihre Weise und für das, was sie lieben. Wie Radek für sein Kätzchen. (Roland Burkhardt, *Sächsische Zeitung*, 25.10.1979)
NEBENBEI: Winfried Glatzeder, einer der wenigen deutschen Schauspieler dieses Märchens, sprach seine Rolle auf tschechisch.

EIN KATZENSPRUNG

RE: Claus Dobberke, SZ: Walter Flegel, Wolfgang Ebeling, LV: Gleichnamiger Erzählband von Walter Flegel, DR: Hans-Joachim Wallstein, KA: Hans Heinrich, MU: Stern-Combo Meißen, MB: Karl-Ernst Sasse, SB: Werner Pieske, SC: Christa Helwig, PL: Gerrit List, Manfred Peetz, GR: GR »Roter Kreis«, m: 2214 = 81 min, fa, brw, PJ: 1976, PM: 30.6.1977, PM-Ort: Berlin, »Kosmos«
DA: Walter Plathe (Leutnant Riedel), Ute Drewniok (Maria), Willi Schrade (Oberleutnant Melchert), Gisbert-Peter Terhorst (Feldwebel Kranz), Ursula Staack (Kellnerin Margit), Eberhard Prüter (Soldat Radewald), Rudolf Ulrich (Oberst Strauch), Holger Mahlich (Gefreiter Weißenbach), Veit Stübner (Soldat Maier), Jörg Panknin (Hauptmann Kaiser), Maximilian Löser, Gerald Schaale, Jürgen Watzke, Roland Kuchenbuch, Günter Rüger u.a.
INHALT: Der junge Leutnant Riedel kehrt nach einem Urlaub, in dem er geheiratet hat, zu seiner Truppe zurück. Inzwischen sind die neuen Wehrpflichtigen eingerückt, und alles läuft gut. Auf den Gefreiten Weißenbach, Stubenältester und hervorragender Schützenpanzerwagen-Fahrer, ist Verlaß. Doch Riedel erfährt, daß Weißenbach mit Tricks und drastischen Methoden für die guten Leistungen sorgt. Den Nichtschwimmer Maier beispielsweise meldet er krank, als das Durchschwimmen eines Flusses auf dem Plan steht, und anschließend zwingt er ihn im Geheimen, Schwimmen zu lernen, wobei Maier fast ertrinkt. Die Soldaten protestieren, und Riedel setzt Weißenbach von seiner Funktion ab. Der Neue allerdings versagt bei einem Manöver, woraufhin Riedel vom Kompaniechef Hauptmann Kaiser zur Rede gestellt wird. Kaiser setzt Weißenbach wieder ein, denn Gefechtsbereitschaft ist alles. Riedel sieht ein, daß er vorschnell gehandelt und vor allem den Menschen Weißenbach vergessen hat.
ZUM FILM: Der mit Unterstützung des Ministeriums für Nationale Verteidigung entstandene »Gegenwartsfilm aus dem Lebensbereich Armee« sollte zeigen, daß Bewährungssituationen durchaus zu bewältigen sind und damit die Wehrbereitschaft stärken.
ECHO: Dem Vernehmen nach soll es für junge Männer angenehmere und weniger strapaziöse

Zeiten geben als die obligatorischen anderthalb Jahre innerhalb des »Lebensbereiches Armee«. Daß dergleichen in einem Film gezeigt und schlüssig bewiesen wird, ist ebenso neu wie sympathisch. Denn hier geht es nicht um die Härte des Soldatenlebens schlechthin, sondern um die Härte und Kaltschnäuzigkeit gewisser Typen, die Ordung und Disziplin durch Pression erzwingen wollen. (Renate Holland-Moritz, *Eulenspiegel* 32/1977)
Bestimmt wird der aufgeschlossene Betrachter so manche Anregung aus dem Kino mitnehmen. So auch die Gewißheit, daß bei allen differenzierten Anschauungen und Lebenserfahrungen, persönlichen Zielsetzungen oder selbst nicht gelösten privaten Problemen in den Einheiten der NVA um neue moralische Normen des Zusammenseins gerungen wird. (Klaus Lippert, *Filmspiegel* 16/1977)
NEBENBEI: Die Darsteller der jungen Soldaten waren damals Studenten der Staatlichen Schauspielschule Berlin-Schöneweide.

KATZGRABEN

RE: Bertolt Brecht, Max Jaap, Manfred Wekwerth, LV: Gleichnamiges Stück von Erwin Strittmatter, DR: Käthe Rülicke(-Weiler), KA: Harry Bremer, SB: Karl v. Appen, MU: Hanns Eisler, P: DEFA-Studio für Wochenschau und Dokumentarfilm u. Berliner Ensemble, L: 98 min, PJ: 1957, SD: 20.10.1957
DA: Friedrich Gnass (Kleinschmidt), Angelika Hurwicz (Frau Kleinschmidt), Harry Gillmann (Mittelländer), Bella Waldritter (Frau Mittelländer), Erwind Geschonneck (Großmann), Helene Weigel (Frau Großmann), Norbert Christian (Steinert), Ekkehard Schall (Hermann) u.a.
INHALT: Das Stück führt in das kleine Dorf Katzgraben und zeigt in einzelnen, von März 1947 bis September 1949 angesiedelten Szenen die Veränderungen, die aufgrund der Bodenreform vor sich gehen. Dabei stehen Auseinandersetzungen zwischen dem Großbauern Großmann, dem Neubauern Kleinschmidt und dem Parteisekretär Steinert im Mittelpunkt. (f.b.h.)
ZUM FILM: Erwin Strittmatter hatte das Stück im Auftrag des Berliner Ensembles entwickelt. Die Veränderungen des Lebens auf dem Lande war ein wichtiges Thema, das auch in der Kunst seinen Niederschlag finden sollte. Nach Brechts Tod wurde beschlossen, seine Inszenierungen zu dokumentieren. Dabei sollte der Einfluß des Films als künstlerisches Medium so weit wie möglich zurückgedrängt werden. Daher wurde die Inszenierung mit einer feststehenden Kamera, die die Bühnentotale zeigte, aufgenommen. Nach einer Fernsehsendung wurde der Film nur in Sondervorführungen gezeigt.
ECHO: Aber es ist dem Autor Strittmatter nicht gelungen, einen echten Konflikt herauszuarbeiten. Es wäre gut gewesen, dem Stück eine Hauptfigur zu geben, die in sich selbst den Kampf um das Neue austragen müßte. (...) Bestreitbar ist auch, ob sich Dorfmädchen so unweiblich in ihren groben Röcken und Blusen bewegen müssen. Die Darstellung entspricht nicht dem, was Erwin Strittmatter durch diese beiden jungen Mädchentypen im Zuschauer an Hoffnungen auf eine neue Dorfjugend erwecken wollte. (Lily Leder zur Theater-Uraufführung, *Theater der Zeit* 6/1953)
NEBENBEI: Erwin Geschonneck, der den Großmann in der Uraufführung gespielt hatte, trennte sich später im Streit von Brecht. Für diese Filmdokumentation kehrte er ins Berliner Ensemble zurück.

KAULE

(Kinderfilm)
RE: Rainer Bär, BU: Rainer Bär, LV: Motive des gleichnamigen Kinderbuches von Alfred Wellm, DR: Margot Beichler, KA: Hans-Jürgen Sasse, MU: Peter Rabenalt, SB: Werner Zieschang, KO: Lydia Fiege, SC: Evelyn Carow, PL: Anni von Zieten, GR: KAG »Jugend- und Kinderfilm«, m: 2212 = 81 min, s/w, PJ: 1966, PM: 7.5.1967, PM-Ort: Berlin, »Kosmos«
DA: Hartmut Schwerdtfeger (Kaule), Karin Asmus (Karola), Reinhard Jacht (Otto), Ulf-Peter Tannert (Pjotr), Kazimierz Opalinski (Vater Pietsch), Erik Veldre, Angela Brunner (Herr u. Frau Hollnagel), Johanna Clas (Tante Sophie), Horst Jonischkan (Knittel), Ernst-Georg Schwill (LKW-Fahrer) u.a.
INHALT: Im kleinen Dorf Hinrichsfelde lebt der 11jährige Kaule, ein aufgeweckter Junge mit großem Unternehmungsgeist. Doch irgendwie schafft er es immer, daß seine gutgemeinten Aktionen den anderen nicht zur Freude geraten. Die Komplikationen mehren sich, als der neue

Zootechniker Hollnagel mit seiner Tochter Karola ins Dorf kommt. Karola ist das schönste Mädchen, das Kaule je sah, und sie ist so alt wie er. Er möchte ihr gefallen und macht wieder alles falsch. In seiner Verzweiflung erweist sich ihr Vater aber als verständnisvoll. Kaule kann sein Herz ausschütten, was seinen Kummer lindert.
ZUM FILM: Mit diesem seinem Debüt bewies Rainer Bär bereits, daß er über einen ausgeprägten Blick für die optische Seite des Films verfügt. Mit dieser Fähigkeit machte er in den siebziger und achtziger Jahren besonders Fernsehfilme zu künstlerischen Ereignissen.
ECHO: Der Film spricht seine Moral, daß in unserer Welt keiner für sich allein wirken kann und Erfahrung und Wissen zusammenkommen müssen, ganz unaufdringlich, ja poetisch aus. Er regt durch die Wahl seines Helden gleichzeitig zum Nachdenken darüber an, daß Kinder Auseinandersetzungen ganz anders empfinden als Erwachsene. (...) Aber auch wenn man die Absicht Rainer Bärs und seiner Mitarbeiter, nicht zuletzt des Kameramannes Hans-Jürgen Sasse, mit dem Stil dieses Films zur musischen Erziehung beizutragen, als lobenswert anerkennt, scheint der äußeren Handlung für einen Kinderfilm doch zu wenig Aufmerksamkeit gewidmet zu sein. Zugespitzt könnte man sogar sagen, sie erstarrt an mehreren Stellen in Schönheit. Deshalb dürfte *Kaule* auch in erster Linie ein optisch sehr geschultes erwachsenes Publikum ansprechen. (Dr. Manfred Jelenski, *Berliner Zeitung*, 18.5.1967)
NEBENBEI: Romane des 1927 geborenen Autors Alfred Wellm wurden mehrfach für den Film adaptiert (→ *Das Pferdemädchen*). *Pause für Wanzka* konnte wegen seiner Kritik an Erscheinungen im Schulsystem der DDR erst zur Wendezeit auf dem Bildschirm erscheinen.

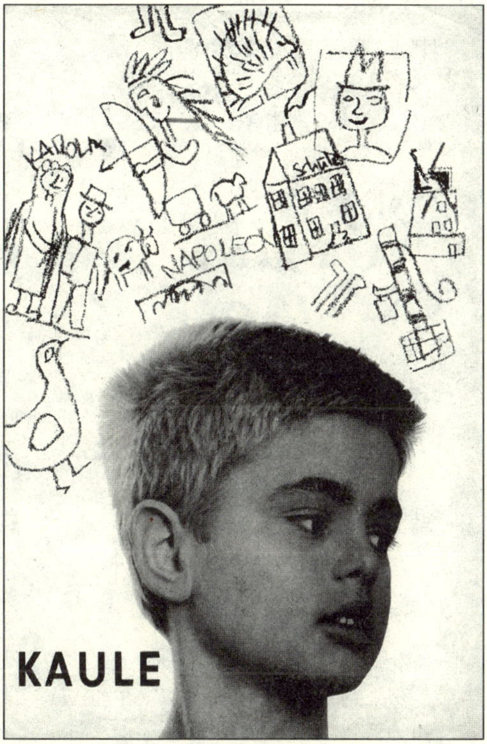

KEIN ÄRGER MIT CLEOPATRA

RE: Helmut Schneider, BU: Manfred Petzold, Helmut Schneider, DR: Hans-Joachim Wallstein, KA: Günter Eisinger, Hans Hauptmann, MU: Kurt Grottke, BA: Artur Günther, KO: Ingeborg Wilfert, SC: Friedel Welsandt, PL: Werner Dau, m: 2250 = 83 min, s/w, AT: Der himmlische Wink, PJ: 1959/60, PM: 6.12.1960
DA: Peter Sturm (Mathias Kahlow), Carola Braunbock (Caroline Kahlow), Maly Delschaft (Oma Kahlow), Gerd Ehlers (Gottlieb Grossig), Angela Brunner (Inge Reinert), Monika Lennartz (Irmchen Grossig), Dieter Perlwitz (Claus Kahlow), Horst Kube (Jan Lubenski), Peter Dommisch (Peter Paschke), Günther Simon (LPG-Vorsitzender), Heinz Scholz, Agnes Kraus, Margit Schaumäker, Maria Besendahl, Hans Klering u. a.
INHALT: Was den Funktionären der LPG in Bolbitz nicht gelingt, das schafft der schwarze Genossenschafts-Cornwall-Eber sozusagen im Alleingang. Er nimmt den Einzelbauern die Scheu vor der LPG, indem er nachts heimlich deren Säue deckt. Die schwarzen Ferkel versetzen die Bauern erst in Schrecken, denn schwarze Würfe bedeuten Unglück und setzen eine Sünde voraus. Als Sünde wird von den Abergläubischen, allen voran Oma Kahlow, die Kollektivierung angesehen. Doch als selbst des Pfarrers Sau nicht verschont bleibt, und man herausfindet, wer der »Übeltäter« ist, löst sich der Aberglaube in Gelächter auf, und die Scheu vor der LPG ist gebannt.
ZUM FILM: Das Lustspiel sollte den Kollektivierungsgedanken in der Landwirtschaft stärken. Ursprünglich war er für 1959 zur Premiere vor-

gesehen. Die erste Fassung wurde jedoch vom ZK der SED abgelehnt, weil der katholische Dorfpfarrer als Gegner der Kollektivierung eine negative Rolle spielte. Wegen aktueller Verhandlungen zwischen Kirchen und Staat wollte man den Klerus nicht verärgern. Der Film wurde geändert und mit einer Rahmenhandlung versehen, die die Haupthandlung in die Vergangenheit verwies.
ECHO: Selbst der Herr Pfarrer ist in seiner positiv-zwiespältigen Rolle noch mal liebenswürdig davongekommen. Aber wenn dann geklärt ist, daß es sich hier um keinen warnenden Fingerzeig Gottes, sondern um die ganz realen Folgen artistischer Liebeskunst des LPG-Ebers Brutus handelt, gleitet das bis dahin beinahe satirische Geschehen wieder mal in einen original zähledernen Bauernschwank ab. Probleme gibt's nicht, die Liebe nimmt ihren dünnflüssigen Verlauf, und alle marschieren – strahlendes Lächeln verbreitend – in die frohe Zukunft sowie in die LPG gleichen Namens. (Renate Holland-Moritz, 1960, zit. nach *Die Eule im Kino,* 1981)
NEBENBEI: Die Darsteller des Ehepaars Kahlow stammten beide aus dem süddeutschen Sprachraum: Peter Sturm war Wiener, Carola Braunbock in Böhmen aufgewachsen.

KEIN HÜSUNG

RE: Artur Pohl, BU: Ehm Welk, LV: Gleichnamige Verserzählung von Fritz Reuter sowie andere Werke und Aufzeichnungen des Autors, DR: Marieluise Steinhauer, KA: Joachim Hasler, MU: Hans Hendrik Wehding, BA: Oskar Pietsch, KO: Hans Kieselbach, SC: Hildegard Tegener, PL: Adelheid Krüger, Harry Studt, m: 2569 = 94 min, s/w, PJ: 1953/54, PM: 29.4.1954, PM-Ort: Berlin, »Babylon«/»DEFA-Filmtheater Kastanienallee«
DA: Eva Kotthaus (Mariken), Rudolf H. Krieg (Johann), Willy A. Kleinau (Oll Daniel), Hanns Anselm Perten (Baron), Ursula Burg (Baronin), Otto Blumenthal (Susemihl), Norbert Christian (Pastor), Dorothea Thiesing (Mutter Toppel), Rudolf Klix (Vater Brandt), Siegfried Weiß (Graf Pfeil), Karen Fredersdorf, Otto Saltzmann, Herbert Rüdiger, Hans-Edgar Stecher, Antje Ruge, Maria Besendahl, Willi Schwabe, Marianne Wünscher, Friedrich Teitge, Hermann Stetza u.a.
INHALT: Mitte des 19. Jahrhunderts in einem mecklenburgischen Dorf. Johann und Mariken stehen im Dienst des Barons, und nach den mittelalterlichen Landesgesetzen brauchen sie, um heiraten zu können, seine Einwilligung und sein Hüsung (Wohnrecht auf seinem Land). Johann

bittet ihn darum, doch der Baron verweigert es, weil die hübsche Mariken ihn einst abgewiesen hat. Mariken versucht es nun bei der Baronin. Als diese jedoch merkt, daß das Mädchen schwanger ist, jagt sie es empört davon. Im Streit tötet Johann den Baron und muß fliehen. Mariken bringt ihr Kind zur Welt und stirbt kurz darauf. Nach zehn Jahren kommt Johann zurück, seinen Sohn zu holen. Er ist in der Welt herumgekommen, hat die 48er Revolution miterlebt und hofft, daß der Sohn es einmal besser haben wird.
ZUM FILM: Ehm Welk und Artur Pohl gelang eine eindrucksvolle Umsetzung des Versepos von Fritz Reuter, nachdem der erste Anlauf einer Verfilmung fehlgeschlagen war. Siehe auch Anhang »Abgebrochene Filme«: *Kein Hüsung*/ 1952/ RE: Hans-Georg Rudolph.
ECHO: In diesem Film treffen wir auf meist furchtbar aufgeregte Menschen, die nach Charakter und Verhalten in Schablonen gezwungen sind: der unentwegt aufbrausende Feuerkopf; das liebende und nichts als liebende Mädchen; die weisen alten Papas; der Baron, das Scheusal; die arrogant-frömmelnde Baronin. Man sieht es ihnen von vornherein an den Nasenspitzen an, wie sie sich entpuppen, wie sie handeln werden. (...) Sterbestunden, Tränen an Gräbern, Abschied und Wiedersehen – solche Szenen werden im Film ganz breit ausgespielt, so daß sie die ihnen zukommende Funktion verlieren und wie kalkulierte Rührszenen anmuten. (Carl Andrießen, *Weltbühne* 17/1954)
NEBENBEI: Die Hauptdarsteller Eva Kotthaus und Rudolf H. Krieg waren miteinander verheiratet.

KEIN PLATZ FÜR LIEBE
RE: Hans Deppe, BU: Margarete Hackebeil, Hans Deppe, DR: Wolff von Gordon, KA: Kurt Schulz, MU: Hanson Milde-Meißner, BA: Otto Erdmann, Kurt Herlth, SC: Lilian Seng, PL: Adolf Fischer, m: 2103 = 77 min, s/w, AT: Meine Frau, das Fräulein, PJ: 1946, PM: 31.3.1947, PM-Ort: Berlin, »Filmtheater am Friedrichshain«
DA: Bruni Löbel (Monika Winkelmann), Heinz Lausch (Hans Winkelmann), Ernst Legal (William Spier), Elsa Wagner (Frau Niobe), Margarete Kupfer (Frau Kruse), Wilhelm Bendow (Der Verdrießliche), Franz Otto Krüger (Der Sehnsüchtige), Hans Neie (Peter), Ewald Wenck (Portier), Albert Venohr (Polizist), Erich Dunskus, Lili Schönborn, Egon Vogel, Eva-Ingeborg Scholz, Walter Gross u.a.
INHALT: Hans hatte während eines Fronturlaubs Monika kennengelernt und sich kurz danach ferntrauen lassen. Sie träumten gemeinsam von einer schönen Zukunft nach dem Krieg – in einer gemütlichen Zwei-Zimmer-Wohnung. Doch für das ersehnte Eheglück bietet das zerbombte Berlin dem Heimkehrer alles andere als ein trautes Heim. Monika muß mit ihrem wunderlichen Großvater William ein Zimmer teilen, und der junge Ehemann kommt vorerst bei der Mutter eines Kameraden unter. Not macht allerdings erfinderisch, und so gewinnen die beiden dem Leben auch unter widrigen Umständen durchaus gute Seiten ab.
ZUM FILM: Das erste DEFA-Lustspiel schuf Routinier Hans Deppe zeitnah vor dem Hintergrund der Wohnungsnot in der Nachkriegszeit.
ECHO: Milieuecht und unpathetisch vermittelt er (der Film) eine Atmosphäre, die an gute französische Filme denken läßt. (Monika Melis, *Neues Deutschland*, 2.4.1947)
Wenn Ernst Legal mit einer guten Charakterdarstellerin wie Elsa Wagner zusammentrifft, entsteht bestes Theater. (W. Lg., *Berliner Zeitung*, 2.4.1947)
Hans Deppe hat das Such- und Verwechslungsspiel in zügigem Tempo inszeniert, tradierte Muster des Unterhaltungskinos liegen wie Brocken herum. Ein neues Erzählen ist nicht auszumachen, aber ein routiniertes Fortsetzen erprobter Stilmittel, durchaus akzeptabel und temperiert eingesetzt. Was nach 40 Jahren die Neugier an den alten Bildern und bekannten Szenen "füttert", das ist der genaue Umgang mit der Realität des Nachkrieges, das ist jenes authentische Milieu zwischen Schäbigkeit und kleiner Bürgerwelt. (...) Letztlich siegt das Kino der Wahrheit über das Kino der Illusion. Film als scharfer Spiegel des Alltags und als gelassener Chronist. (W., *Mitteldeutsche Neueste Nachrichten*, 3.7.1987)
NEBENBEI: Wilhelm Bendow, der unvergleichliche Komiker der zwanziger Jahre, und Franz Otto Krüger, hier als der Verdrießliche und der Sehnsüchtige, waren damals ein bekanntes Komiker-Duo, deren Aufnahme »Auf der Rennbahn« legendär wurde, nachdem sie von Loriot viele

Jahre später in einem Zeichentrickfilm umgesetzt wurde.

KENNEN SIE URBAN?

RE: Ingrid Reschke, SZ: Ulrich Plenzdorf, LV: Nach Berichten in »BZ am Abend« von Gisela Karau, DR: Anne Pfeuffer, KA: Claus Neumann, MU: Rudi Werion, SB: Heike Bauersfeld, KO: Katrin Johnsen, SC: Barbara Simon, PL: Helmut Klein, m: 2608 = 96 min, s/w, Cine, PJ: 1970, PM: 14.1.1971, PM-Ort: Berlin, »International«
DA: Berndt Renné (Hoffi), Jenny Gröllmann (Gila), Harald Wandel (Keule), Irma Münch (Frau Hoffmann), Manfred Karge (Urban), Katja Paryla (Katja), Jürgen Heinrich (Latowski), Thomas Neumann (Kirsche), Maria Rouvel (Wanda), Evamaria Bath, Ralph Borgwardt (Ehepaar Laabs), Peter Bause, Waltraut Kramm, Kurt Radeke, Agnes Kraus u. a.

INHALT: Hoffi, der wegen Körperverletzung im Gefängnis war, und sein Bruder Keule wandern von einer Großbaustelle zur anderen. Hoffi ist auf der Suche nach Urban. Der Vermessungsingenieur und Genosse ist ihm während eines gemeinsamen Krankenhausaufenthalts zum Vorbild geworden. Während ihrer Suche bleiben sie auf einer Großbaustelle hängen. Hoffi ist der Praktikantin Gila begegnet, und auch in der Brigade, die sich sehr für ihn einsetzt, fühlt er sich wohl. Aber Gilas Eltern lehnen ihn wegen seiner Vergangenheit ab. Mit ihnen kommt es zum Zerwürfnis, als Gila ein Kind erwartet. Sie zieht aus. Hoffi gerät in neue Konflikte, kann sich zu einer Heirat nicht entschließen. Gila ist schwer enttäuscht. Doch Hoffi erkennt sein falsches Verhalten, wobei ihm viele »Urbans« in seinem neuen Umfeld geholfen haben. Und so gibt es für die beiden eine neue Chance.

ZUM FILM: Trotz vieler realistischer Ansätze, die über bisherige Filme hinausgingen, zeigte der Film ein geglättetes Bild der Gegenwart.

ECHO: Dieses Sujet für eine Filmgeschichte bietet jede Möglichkeit für ein künstlerisch gültiges Zeitbild über die Jugendlichen unseres Landes. Doch ich fürchte, daß Ingrid Reschke und ihr Szenarist Ulrich Plenzdorf derart hochgesteckte Erwartungen nicht erfüllt haben. Selbst verwirrende Schnittmontagen täuschen nicht darüber hinweg, daß die Fabel reichlich glatt und konfliktlos verläuft. (...) Man fragt sich direkt, wie dieses Muster an Charakterfestigkeit überhaupt zu seinem sogenannten Vorleben gekommen ist. (Renate Holland-Moritz, *Eulenspiegel* 5/1971)
Man kann vermerken, daß dieser Film einen bemerkenswerten Erfolg darstellt in dem Bemühen, unsere Gegenwart kritisch zu analysieren und nach vorn zu weisen. Seine optimistisch nüchterne Atmosphäre besticht; ebenso die unklischeehafte Darstellung unseres Alltags. (Leser Lutz Rathenow aus 69 Jena in *Filmspiegel* 5/1971)
... ein spielerisches, scheinbar saloppes Plädoyer für die Suche nach sinnvollem Leben, ein Roadmovie made in DDR, mit komisch ernsthafter Suche nach einem gefundenen und verschwundenen Vorbild und einem tiefen Gefühl für Land und Leute. (Klaus Wischnewski in *Das zweite Leben der Filmstadt Babelsberg*, 1994)

NEBENBEI: Durch seine Natürlichkeit und seinen trockenen Humor wurde Harald Wandel, der Darsteller des Keule, zum heimlichen Star des Films. Der damals neunzehnjährige Bauarbeiter nahm später in Weimar ein Ingenieurstudium auf und wirkte in seiner Studentenzeit zur Freude des Publikums noch mehrfach in originellen Nebenrollen, so in → *Der Mann, der nach der Oma kam*. – Für die vielversprechende Regisseurin Ingrid

Reschke wurde es der letzte Film. Sie kam bei einem Autounfall ums Leben.

KINDHEIT

RE: Siegfried Kühn, SZ: Siegfried Kühn, DR: Dieter Wolf, KA: Peter Ziesche, MU: Hans Jürgen Wenzel, SB: Georg Wratsch, KO: Katrine Cremer, SC: Brigitte Krex, PL: Volkmar Leweck, GR: GR »Babelsberg«, m: 2408 = 88 min, fa, brw, PJ: 1986/87, PM: 25.8.1987, PM-Ort: Berlin, »International«/»Babylon«

DA: Carmen-Maja Antoni (Großmutter), Marc Poser (Alfons, neun Jahre), Fritz Marquardt (Nardini), Helmut Müller-Lankow (Großvater), Angelika Böttiger (Tante Hede), Martina Eitner (Tante Mieke), Renate Usko (Magd Karin), Andrzej Pieczynski (Johann), Heide Kipp (Cielchen), Hermann Beyer (Schräter), Günter Junghans, Carl Heinz Choynski, Werner Dissel, Peter Kalisch, Siegrid Reintsch u.a.

INHALT: In einem schlesischen Dorf 1944. Der neunjährige Alfons lebt bei seinen Großeltern auf dem Bauernhof. Nach einem Unfall stirbt der Großvater. Alfons liebt und vergöttert die Großmutter, sie hat nicht nur die Wirtschaft fest im Griff, sie gibt ihm Zärtlichkeit und führt ihn oft mit kuriosen Geschichten ins Reich der Phantasie. Eines Tages kommt der Schausteller Nardini mit Pferd, Wagen und einem Wunderschwein ins Dorf. Die Leute betrachten den »Zigeuner« mit Mißtrauen und Feindseligkeit. Der Ortsbauernführer will sogar sein Schwein requirieren. Die Großmutter bewahrt Nardini vor Prügel. Zwischen den beiden blitzt Liebe auf, leidenschaftlich und zart. Alfons beobachtet es mit Eifersucht. Für die Großmutter aber ist dies ein Ausbruch aus ihrem bisherigen Leben, ein Aufbruch zu ihrem wahren Ich. Als der »Zigeuner«, ein Italiener, fort muß, folgt sie ihm mit Alfons.

ZUM FILM: Siegfried Kühn trieb die Kindheitserinnerungen an seine eigene Großmutter in Dimensionen, da der Irrwitz poetische Größe gewann und zuweilen an seinen Film → *Das zweite Leben des Friedrich Wilhelm Georg Platow* erinnerte.

MEINUNG: Alfons, der Junge in meiner Geschichte, hat die Pubertät noch nicht erreicht, er wertet noch nicht, er sieht nur und staunt über die Welt der Erwachsenen. Ich konnte die Geschichte daher unschuldiger, einfacher – so einfach wie ein Märchen – erzählen. (Siegfried Kühn in *Sonntag* 39/1987)

ECHO: Die (nach dem mäßigen Vorfilm, f.b.h.) verbliebenen (Zuschauer) hatten wirklich einigen Spaß an den poetisch-skurrilen Erlebnissen des neunjährigen Alfons, der aus nicht ganz ersichtlicher Ursache bei der herrlichsten, verrücktesten Großmutter der Welt aufwachsen darf. (...) Welche Vorgabe für eine richtige Komödie, hätten nicht die dichterischen Schwächen des Autors Siegfried Kühn gelegentlich mit den inszenatorischen Unvollkommenheiten des gleichnamigen Regisseurs kollidiert. Wo konsequent und souverän aus dem phantastischen Blickwinkel des Knaben erzählt werden müßte, verstellt immer wieder Bedeutungsschwangeres, ja banal Symbolisches die Sicht. (Renate Holland-Moritz, *Eulenspiegel* 41/1987)

Gerade die Mischung aus Fiktion und realer Erinnerung scheint mir die Crux des Films. Die Befangenheit im Autobiografischen hat wahrscheinlich die bei der Entwicklung des wichtigsten Fabelstrangs erforderliche Phantasie eher gebremst als beflügelt. (...) Siegfried Kühns *Kindheit* besitzt leider nicht die Intensität und den auch optischen Einfallsreichtum, die andere Arbeiten dieses Regisseurs auszeichneten, und das, obwohl mit Carmen-Maja Antoni und Fritz Marquardt eine ziemlich ideale Besetzung der Hauptrollen zur Verfügung stand. (Heinz Kersten, *Tagesspiegel*, 27.9.1987)

NEBENBEI: Die bekannte Hochseiltruppe »Geschwister Weisheit« wirkte in den artistischen Szenen mit. – Die DDR-Kritiker verliehen dem Film 1988 ihre »Große Klappe«, wie auch Carmen-Maja Antoni als beste Darstellerin einen Kritikerpreis erhielt, nachdem sie schon auf dem Nationalen Spielfilmfestival 1987 als beste Darstellerin ausgezeichnet worden war. Auch Hermann Beyer wurde dort bester Darsteller einer Nebenrolle.

DER KINNHAKEN

RE: Heinz Thiel, BU: Manfred Krug, Horst Bastian, DR: Willi Brückner, Hans-Joachim Wallstein, KA: Josef Novotny, Milos Saurer, MU: André Asriel, BA: Christoph Schneider, KO: Gerhard Kaddatz, SC: Anneliese Hinze-Sokolow, PL: Werner Liebscher, GR: KAG »60«/»Heinrich Greif«,

m: 2145 = 79 min, s/w, PJ: 1962, PM: 29.11. 1962, PM-Ort: Berlin, »Kosmos«
DA: Manfred Krug (Georg Nikolaus), Dietlinde Greiff (Carolin Merzen), Marita Böhme (Rose), Jürgen Frohriep (Bubi), Erik S. Klein (Frank Hübner), Marga Legal (Mutter von Carolin), Gerry Wolff (Genosse der Kripo), Gerd E. Schäfer (Straßenhändler), Hans Flössel (Zugschaffner), Werner Troegner (Kampfgruppenmann), Ellinor Vogel, Bella Waldritter, Albert Zahn, Jürgen Rothert, Axel Triebel u.a.
INHALT: Am 13. August 1961 beginnt die Liebesgeschichte zwischen Carolin und Georg. Sie macht dem Kampfgruppen-Mann schöne Augen – in der Hoffnung, er würde ihr beim illegalen Grenzübertritt behilflich sein. Carolins Arbeitsstelle befindet sich in einer Bar im Westsektor. Er läßt sie abblitzen – jedoch nur, was die Flucht betrifft. Georg hat sich in das Mädchen verliebt, und Carolin in ihre »Zweck-Bekanntschaft« ebenfalls. Eines Tages holt ihre Vergangenheit sie ein, in Gestalt des Zuhälters Bubi, der einen alten, in Schweizer Franken zahlenden Kunden Carolins nicht verlieren will. Bubi erpreßt sie mit der Drohung, Georg ihre Vergangenheit zu offenbaren. Carolin verschwindet aus Scham aus Georgs Leben. Ihre Freundin Rose jedoch klärt ihn auf, und nach überwundenem Schock steht er zu Carolin, versetzt Bubi einen Kinnhaken und bringt ihn dann hinter Gitter.
ZUM FILM: Dieser Rechtfertigungs-Film des Mauerbaus blieb die einzige Drehbucharbeit von Manfred Krug, auch wenn der Star später immer wieder auf die Drehbücher seiner Filme Einfluß nahm.
ECHO: Ein Kinnhaken hat bereits bei Beginn dieses Films voll getroffen. Es ist jener Schlag, den unser Staat am 13. August 1961 den Möchtegern-Kriegern in Westberlin und Bonn und ihrem Anhang versetzte. (...) Getragen wird der Film aber in erster Linie von Manfred Krug, der die Idee zum *Kinnhaken* hatte, unter Mithilfe von Horst Bastian das Drehbuch und sich die Rolle des Georg Nikolaus schrieb. Mit seinem nun allmählich sprichwörtlichen rauhen Charme gewinnt er Carolin und die Zuschauer, macht er hier ein verlegen klingendes Kompliment, ist er dort von Wut erfüllt, nimmt er sich auch einmal selbst auf die Schippe. Überhaupt gereicht es dem ernsten Thema zum Nutzen, daß es durch heitere Episoden, wie der Vorführung von Nikolaus' vollautomatischer Küche, aufgelockert wird. (Dr. Manfred Jelenski, *Berliner Zeitung*, 4.12.1962)
NEBENBEI: Einige Szenen über den August 1961 mußten bei winterlichen Temperaturen gedreht werden, so daß es sich nicht verhindern ließ, daß beim Sprechen der »Kältehauch« sichtbar wurde. – Manfred Krug selbst hielt sich an jenem historischen 13. August zu einem Besuch in der Bundesrepublik auf, kam aber nach Ostberlin zurück, um seine gerade begonnene Karriere hier fortzusetzen.

KIT & CO

RE: Konrad Petzold – SZ: Günter Karl – LV: Erzählungen von Jack London – DR: Thea Richter – KA: Hans Heinrich – MU: Karl-Ernst Sasse – SB: Heinz Röske – KO: Günther Schmidt – SC: Barbara Leuschner – PL: Dorothea Hildebrandt – GR: AG »Roter Kreis« – m: 2888 = 106 min – fa – brw – PJ: 1974, PM: 19.12.1974 – PM-Ort: Berlin, »International«
DA: Dean Reed (Kit Bellow) – Rolf Hoppe (Shorty) – Renate Blume (Joy Gastell) – Siegfried Kilian (Louis Gastell) – Manfred Krug (Wild Water Bill) – Monika Woytowicz (Lucille Arral), Armin Mueller-Stahl (Slavovitz), Hans Lucke (Colonel Bowie), Hannjo Hasse (Captain Consadine), Gerry Wolff (Shunk Wilson), Christoph Beyertt, Ralph J. Boettner, Willi Schrade, Edgar Külow, Alfred Lux u.a.
INHALT: Vom Abenteuer und sensationellen Goldfunden angezogen, macht sich der Journalist Kit Bellow Ende des vergangenen Jahrhunderts auf den Weg nach Alaska. Gerade mit dem Schiff angekommen, wird er von der schönen und erfolgreichen Goldgräberin Joy als Greenhorn belächelt. Mit seinem neuen Freund Shorty, der den Erschöpften am Wegrand aus der Pfütze zog, kommt er doch in Dawson City an – zum Erstaunen von Joy. Er schlägt sich für sie, macht beim Roulette große Gewinne und wird von Wild Water Bill vor dem Strick gerettet. Mit Shorty wird er auf der Goldsuche von Joy und deren Vater überlistet, schließlich aber finden die beiden den sagenumwobenen Goldsee. Das Gold jedoch können sie ohne enorme finanzielle Mittel nicht heben, und einer Partnerschaft mit der schwerreichen Firma »Guggenheim & Söhne« lehnen sie ab. Dafür nimmt Kit an einem Hun-

deschlittenrennen um einen ertragreichen, freigewordenen Claim teil. Shorty besorgt die besten Hunde, Joy hilft mit ihrem Gespann, und Arm in Arm mit Wild Water Bill erreicht Kit das Ziel.
ZUM FILM: Der mit international bekannten Schauspielern gedrehte Film verband Jack Londons Kurzgeschichten leider nicht zu einer straffen Geschichte, wurde aber dennoch ein Publikumserfolg.
ECHO: Anstelle einer durchgängigen, spannungsgeladenen, überschaubaren Fabel, die mir für einen solchen Film unerläßlich scheint, bieten die Schöpfer ein Episoden-Ragout, dessen Ingredienzen sich nicht miteinander verbinden wollen. Immer, wenn man glaubt, nun sei man einem gewissen Handlungsablauf auf der Spur und werden demnächst sogar Zusammenhänge verstehen, erfolgt ein Schnitt, und neue Rätsel türmen sich auf. (Renate Holland-Moritz, *Eulenspiegel* 2/1975)
Atemlose Spannung, Erregung, Anteilnahme am Helden, Bangen um sein Leben, Freude am Dialog, all das stellt sich gar nicht erst ein oder bleibt auf der Strecke. Der Dialog ist oft simpel. Am schlechtesten kommen die beiden Frauengestalten weg. (Renate Seydel, *Filmspiegel* 2/1975)
MEINUNG: Mit Konrad Petzold hatte ich folgende Vereinbarung: Ich spielte bei ihm kleine Rollen, die ich selbst erfinden durfte. In *Kit & Co* war ich nur ein Kellner, eine Figur, die im Drehbuch gar nicht vorhanden war, und er ließ mich improvisieren. Ich saß in der Maske, habe mir eine Perücke, dazu Brille und Bauch, ausgedacht und mir die ganze Rolle selbst geschrieben. Nebenbei gesagt, wurde es die erfolgreichste Rolle im Stück. (Armin Mueller Stahl in *Armin Mueller-Stahl, Seine Filme – sein Leben*, 1992)
NEBENBEI: Während der Dreharbeiten hatte Dean Reed, der Star des Films, der in Zusammenarbeit mit den Studios Mosfilm und Barrandov entstand, mit einem wilden Hund zu kämpfen. Die Produktionsleiterin Dorothea Hildebrandt hatte ein entsprechend umfangreiches, dafür aber sehr phlegmatisches Tier besorgen lassen. Die einzige Gefühlsaufwallung des Hundes war, daß er mit Dean spielen wollte. Regisseur Konrad Petzold bekam die Aufnahme nicht in den Kasten. So beauftragte er zwei Bühnenarbeiter, die den Hund packten und gegen Dean schleuderten, als ob der Hund ihn anspringen würde. Davor erschrak das brave Tier dermaßen, daß es ausbüxte und querfeldein davonjagte – leider

über eine glatte Schneefläche, die als unberührte Landschaft im Film erscheinen sollte. Die Bühnenarbeiter hatten einen halben Tag lang zu tun, das Bild wiedererstehen zu lassen.

KLAUS UND KLÄUSCHEN

→ *DER KLEINE UND DER GROSSE KLAUS*

DAS KLEID

RE: Konrad Petzold, RE-MI: Egon Günther, BU: Egon Günther, LV: Märchen »Des Kaisers neue Kleider« von Hans Christian Andersen, DR: Manfred Fritzsche, Dieter Scharfenberg, KA: Hans Hauptmann, MU: Günter Hauk, SB: Oskar Pietzsch, KO: Gerhard Kaddatz, SC: Ilse Peters (1961), Thea Richter (1991), PL: Anni von Zieten, GR: KAG »konkret«, m: 2413 = 88 min, fa, PJ: 1961, PM: 9.2.1991, PM-Ort: Berlin, »Babylon«

DA: Wolf Kaiser (Kaiser), Horst Drinda (Hans), Werner Lierck (Kumpan), Eva-Maria Hagen (Kattrin), Gerd E. Schäfer (Außenminister), Günther Simon (Fleischer), Kurt Rackelmann (Innenminister), Erik S. Klein (Küchenminister), Lore Frisch (Bekleidungsminister), Hannes Fischer (Der Dicke), Harry Riebauer (Der Dünne), Hans Klering, Harry Gillmann, Gerhard Rachold, Ernst-Georg Schwill, Nico Turoff u.a.

INHALT: Die beiden Tuchwebergesellen Hans und Kumpan kommen an eine von einer hohen Mauer umgebene Stadt, in der angeblich nur zufriedene Leute wohnen. Die Wache will sie nicht einlassen, aber mit einem Trick kommen sie doch hinein. Von den Haustüren, an denen sie um Essen und Quartier bitten, werden sie verjagt. Am nächsten Morgen gelingt es ihnen mit Hilfe der hübschen Magd Kattrin, ins Schloß zu gelangen. Der tyrannische Kaiser verlangt von ihnen, daß sie ihm ein Kleid machen, bei dessen Anblick jede Kreatur in die Knie geht. Die beiden lassen sich einen Sack Gold und eine Feile bringen und dem Kaiser ausrichten, daß das Kleid nur von denen gesehen werden kann, die nicht dumm sind und für ihr Amt taugen. Die Diener gewinnen sie als Verbündete und geben ihnen vom Gold ab. Die Regierung ist entschlossen, das Kleid zu sehen. Der Kaiser kann nicht zugeben, daß er nichts sieht und präsentiert sich auf einer großen Parade dem Volk – nackt, nur mit den Macht-Insignien angetan. Die Diener treten ebenfalls nackt vor ihn und lösen damit großes Gelächter beim Volk aus. Der Kaiser ist blamiert, seine Regierung tanzt ihm auf der Nase herum, Hans und Kumpan verlassen froh die Stadt.

ZUM FILM: Die Märchenparabel setzte auf den Mutterwitz der Volksfiguren, die Kritik an Willkür, Luxusbedürfnis und Geistlosigkeit des Herrschers übten. Zudem schützte sich der Herrscher hinter hohen, fast unüberwindlichen Mauern. Kurz nachdem Ulbricht und Honecker die Berliner Mauer errichtet hatten, waren Assoziationen unumgänglich, und der Film wurde verboten. Erst knappe dreißig Jahre später erwies sich bei der Uraufführung, daß Konrad Petzold hier ein frühes Meisterwerk geschaffen hatte.

ECHO: Egon Günther und Konrad Petzold orientierten sich mit ihrer Bearbeitung von »Des Kaisers neue Kleider« für ein erwachsenes Publikum an Brechts verfremdendem Umgang mit Märchen und Legenden und teilten das Märchen für Erwachsene anhand von Zwischentiteln in Kapitel ein, in denen konkrete Verhaltensweisen exemplifiziert wurden. Dabei setzten sie stark auf Typisierungen und besetzten die Schauspieler entsprechend. (...) Als ein besonderes Bonbon in dieser in Totalvision auf Agfacolor gedrehten Filmparabel erweisen sich Zeichentrickfilmsequenzen, die die Überhöhung des Stoffes unterstrichen und sich doch organisch einfügten. (F.-B. Habel, *die andere* 21/1991)

Der Film ist dann am schönsten, wenn er, mit Hilfe grotesker Übertreibungen, einen übermäßig von sich überzeugten, realitätsblinden, sich aber allwissend gebärdenden Hofstaat vorführt. Bornierte Minister, von einer Garde Geheimpolizei umgeben, sind nur auf ihren Eigennutz bedacht. Der Schluß nimmt gleichsam prophetisch vorweg, was mit der DDR im Sommer und Herbst 1989 geschah: Der Kaiser präsentiert sich in aller Öffentlichkeit nackt, das Volk stiebt auseinander; zurück bleibt ein verwaister Platz, auf dem die Reliquien der Macht verstreut liegen. Und selbst in dieser Situation noch fragt der Herrscher: »Wieviel Prozent der Bevölkerung haben gelacht?« – »Achtzig Prozent.« – »Dann lassen wir sie ausweisen.« (Ralf Schenk, *epd Film* 12/1991)

NEBENBEI: Da nicht mehr alle Originaltöne erhalten waren, mußte für die Rekonstruktion ein Teil nachsynchronisiert werden, teilweise mit fremden Stimmen. Für einige der Beteiligten, auch für Regisseur Konrad Petzold und Hauptdarsteller Wolf Kaiser, blieb dies die letzte Arbeit für einen Film.

DER KLEINE KOMMANDEUR

(Kinderfilm)

RE: Siegfried Hartmann, SZ: Margot Beichler, Anne Geelhaar, LV: Gleichnamiges Kinderbuch von Anne Geelhaar, DR: Willi Brückner, KA: Siegfried Mogel, MU: Peter Gotthardt, SB: Joachim Otto, Marlene Willmann, KO: Dorit Gründel, SC: Hildegard Conrad, PL: Fritz Brix, GR: KAG »Johannisthal«, m: 1889 = 69 min, fa, PJ: 1972, PM: 18.2.1973, PM- Ort: Erfurt, »Panorama-Palasttheater«

DA: Alfred Müller (Major Krause), Marita Böhme (Frau Krause), Micaela Kreißler (Frau Laube), Jürgen Huth (Soldat Winfried), Erika Pelikowsky (Frau Honigmann), Dieter Mann (Oberleutnant Schulz), Helmut Müller-Lankow, Marianne Wünscher (Kapitän und Frau), die Kinder: Sven Kaden (Florian), May Schubert, André Hanisch, Michaela Gabriel u.a.

INHALT: Der sechsjährige Florian, genannt Flo, lebt zur Zeit allein mit seinem Vater, einem NVA-Offizier, in Burgstadt. Die Mutter ist zum Studium in Berlin. Mit seiner Kindergartengruppe will er sich an der Maidemonstration beteiligen, und er ist der verantwortliche »Kommandeur« für die Vorbereitung. Plötzlich wird der Vater nach Berlin abkommandiert, um dort an der Maiparade mitzuwirken. Flo fühlt sich alleingelassen, ist traurig, richtet Schaden im Kindergarten an und schämt sich dafür, besonders vor seiner Freundin Fanni. Er will zum Vater, rückt aus und schleicht sich als blinder Passagier auf einen Elbkahn. Dort wird er entdeckt und erfährt, daß der Kahn gar nicht nach Berlin fährt. Dafür bringt ihn die Polizei nach Berlin. Dort nehmen ihn die Eltern in Empfang, und seine Freunde sind auch da.

ZUM FILM: Der Film erfüllte die politische Vorgabe, auch die Jüngsten schon mit der Bedeutung der Nationalen Volksarmee bekannt zu machen, um sich ihren Aufgaben dann als Erwachsene freudig zu stellen.

ECHO: Das ist überhaupt das Wesentliche dieses Streifens: Alles erscheint ganz normal. Die Anforderungen, die Gesellschaft (Kindergarten) und Elternhaus an die Kinder stellen, ihre kleinen Pflichten, die Gemeinsamkeit der Erwachsenen, wenn es gilt, die Kindergruppe oder die Kindergärtnerin zu unterstützen, die Nachbarschaftshilfe, der Einsatz von Polizei und Armee, wenn ein Kind gesucht wird, die Belohnung bei Einsicht (auf beiden Seiten, sowohl beim Kind als auch bei den Erwachsenen), es sind die normalen Erscheinungen unserer Gesellschaft. (Ehrentraud Novotný, *Berliner Zeitung*, 9.3.1973)
Der Film ist einfach und verständlich in Szene gesetzt, und die Schöpfer haben sich bemüht, eine kindgemäße Erzählweise zu finden. (...) Problematisch erscheinen mir indes einige vorgeführte Haltungen. Es ist schade, so meine ich, daß Florian bei seinem Besuch in der NVA-Einheit eine gewisse Sonderrolle spielt. Geschieht das, weil er so klein ist, weil er einen Kommandeur zum Vater hat, oder da alle Mitleid mit ihm haben, weil seine Mutter zum Lehrgang fuhr? Auch bleiben die anderen Kinder hier zu sehr im Hintergrund, und er darf sogar ohne ihren Einspruch an der Spitze der Musikgruppe marschieren. (Irmgard Zauleck, *Filmspiegel* 6/1973)

NEBENBEI: Das Zentrale Orchester der Nationalen Volksarmee spielte den Parademarsch Nr. 1 von MD Heinz Schulz.

DER KLEINE KUNO

→ Anhang A

DAS KLEINE UND DAS GROSSE GLÜCK

RE: Martin Hellberg – BU: Paul Wiens – DR: Eva Seemann – KA: Werner Bergmann – MU: Fritz Steinmann – BA: Artur Günther – KO: Helga Scherff – SC: Marianne Karras – PL: Werner Dau – m: 2669 = 98 min – s/w – PJ: 1953, PM: 13.11.1953 – PM-Ort: Berlin, »Babylon«/»DEFA-Filmtheater Kastanienallee«

DA: Susanne Düllmann (Erika Brandt) – Wilfried Ortmann (Karl Schwalk) – Hansjoachim Büttner (Stockberger) – Hans Wehrl (Hans Buchner) – Paul Pfingst (Anton Nowatzki) – Rudolf Schröder (Opa Muschler) – Ruth-Maria Kubitschek (Mariechen), Else Korén (Witwe Schenk), Ostara Körner (Inge), Fritz Decho (Gotthold), Edwin Marian, Klaus Gendries, Klaus Mertens, Helga Raumer, Otto Dierichs u.a.

INHALT: Schwalk, der neue Schachtmeister einer Straßenbaubrigade, ist ein Draufgänger und

Erfolg gewöhnt – in der Arbeit wie bei den Frauen. Doch diesmal geht es nicht so glatt. Zwar hat er anfangs leichtes Spiel mit der Brigadierin Erika, die sich in ihn verliebt, doch bei der Arbeit kommt es zum Eklat. Sein Ehrgeiz, einen Wettbewerb zu gewinnen, läßt ihn beim Straßenbau schludern. Erika ist ob seines egoistischen Verhaltens empört, zudem hat sie den Verdacht, daß er mit ihr nur ein erotisches Abenteuer sucht. Sie wendet sich von ihm ab. Schwalk erkennt jedoch seine Fehler und setzt alles daran, den Schaden wiedergutzumachen – beim Bau und bei Erika. Die Straße wird termingerecht übergeben.
ZUM FILM: Den immer lauter werdenden Forderungen nach einem DEFA-Film, der persönliches Glück mit den Anforderungen des sozialistischen Aufbaus verbindet, stellten sich Paul Wiens und Martin Hellberg. Wiens mußte sein zunächst weniger pathetisch-kitschiges Buch auf Geheiß der staatlichen Leitung mehrfach ändern, und als nach den Ereignissen des 17. Juni 1953 der offizielle Kurs in der Kunst geändert wurde, galten die Auffassungen, die im vorliegenden Film ihren Ausdruck fanden, als völlig veraltet.
ZITAT: Wer das große Glück des Volkes vergißt, / und schaut nur auf das eigene, kleine, / er mag stark, er mag schlau und ehrgeizig sein – / sein Leben bleibt leer, und er bleibt allein / und kommt mit dem Glück nicht ins reine. / Denn das kleine und das große Glück, / die wohnen als Brüder beisammen, / und den Himmel, den holen wir uns herab, / doch zusammen, zusammen, zusammen. (Liedtext von Paul Wiens)

ECHO: Die Art und Weise, in der Susanne Düllmann eine Schaufel handhabt, ist sehr befremdend. Das einzige, was in diesem Film Anstrengung der Menschen ausdrückt, ist etwas, das gerade keine Anstrengung ausdrücken dürfte: nämlich ihr Lachen. Gebisse über Gebisse strahlen uns an, aber damit ist, das sollte man nun endlich einmal begreifen, der tiefe Optimismus der arbeitenden Menschen nicht nur höchst ungenügend, sondern überhaupt nicht dargestellt. Von der Tatsache, daß unsere Werktätigen meist über echten Humor und bissige Ironie verfügen, haben weder Wiens noch Hellberg Kenntnis genommen. (...) Zum Schluß ist die Straße gebaut. Fröhlich singend marschieren alle ins große Glück. Das kleine ...? Gewiß, es ist auch da. Aber wie es dazu kam, das wurde noch oberflächlicher gezeigt als der Weg zum großen Glück. (Hanns W. Kreutzer, *Weltbühne* 47/1953)
Statt des fröhlichen Ausflugs mit leichtem Gepäck, auf den man sich gefreut hatte, gibt es die Versuchsfahrt eines Schwerlastzuges mit Rekordfracht an ideologischem Stückgut. (Hans Ulrich Eylau, *Berliner Zeitung*, 21.11.1953)
Voller Erwartung besuchten wir die Vorstellung. Wir waren und sind entsetzt! Während der Vorstellung mußten wir an uns halten, um nicht entweder lauthals zu lachen oder spornstreichs davonzulaufen. Wie schrecklich, sähe unsere Wirklichkeit so aus! (...) Es gäbe noch Hunderte von Einzelheiten zu bemängeln. Die wenigen durchaus guten Szenen werden jedoch von den vielen unrealistischen, kitschigen vollkommen überdeckt. Wir wollen auf der Leinwand nichts Konstruiertes, an den Haaren Herbeigezogenes sehen, sondern wirkliches Leben. (Zuschauerinnen Ursula Müller, Jutta Wilm, Rosemarie Großmann, Christine Stendtner, Charlotte Schroeder, Leipzig, in einem Brief an Martin Hellberg, zit. nach *Mit scharfer Optik*)
Wieder trifft man auf die stereotypen Gestalten des Parteisekretärs, des Vertreters der »fortschrittlichen Intelligenz«, des FDJlers, des Reak-

tionärs und der Volkspolizei. Wieder ist der unvermeidliche »sozialistische Wettbewerb« Teil der Handlung. (Heinz Kersten, *Das Filmwesen in der Sowjetischen Besatzungszone Deutschlands*, 1963)
NEBENBEI: Nach dem niedergeschlagenen Volksaufstand des 17. Juni sandte das Filmkollektiv an die Regierung eine Gruß- und Dankesadresse. – Der gerade mit dem Weltfriedenspreis ausgezeichnete Martin Hellberg unternahm nach den verheerenden Verrissen des Films, wie er in seinen Memoiren berichtet, einen Selbstmordversuch.
Filmtext: Das kleine und das große Glück. Literarisches Szenarium von Paul Wiens. In: Deutsche Filmkunst, Berlin, 1953/2.

DER KLEINE UND DER GROSSE KLAUS

(DFF-Auftragsproduktion, Kinderfilm)
RE: Celino Bleiweiß; SZ: Wera und Claus Küchenmeister, LV: Märchen »Der kleine und der große Klaus« von Hans Christian Andersen; DR: Bernhard Geng, KA: Horst Hardt, MU: Rainer Hornig, SB: Alfred Hirschmeier, KO: Lydia Fiege, SC: Erika Lehmphul, PL: Walter Ehle, P: DFF, m: 1835 = 67 min, fa, PJ: 1971, SD: 25.12.1971, AD: 25.2.1972
DA: Fred Düren (Kleiner Klaus), Siegfried Kilian (Großer Klaus), Hannes Fischer (Müller), Monika Poolmann (Frau vom Müller), Monika Woytowicz (Frau vom Kleinen Klaus), Jirí Vrstala (Bauer Preben), Arno Wyzniewski (Küster), Volker Trauth (Feuerwehrmann), Christiane Lanzke (Magd), Peter Köhnke (Offizier), Rosemarie Herzog, Eva Schäfer, Jürgen Huth, Johannes Wieke, Willi Neuenhahn u.a.
INHALT: Laut Abmachung muß der kleine Klaus mit einem einzigen Pferd die weiten Felder des großen Klaus bestellen; dafür stellt dieser ihm vier Pferde zur Verfügung, damit er sein kleines Feld am Sonntag umpflügen kann. Der kleine Klaus hält sich an diese Abmachung, der große nicht. (*Lexikon des Internationalen Films*)
ZUM FILM: Die besondere Stärke dieses Märchenfilms lag in der sozial genauen, aber dennoch komödiantischen Darstellung der Figuren durch namhafte Schauspieler. Der Fernsehfilm kam nicht nur in der DDR ins Kino. Sein westdeutscher Verleihtitel war *Klaus und Kläuschen*.
ECHO: Die Autoren verzichteten auf eine allzu grauslige Handlung und legten den Akzent auf den Triumph des gesunden Menschenverstandes über Dummheit und Dünkelhaftigkeit. Wie in jedem Märchen siegt das Gute über das Böse; den Kindern wird deutlich, daß Zauberwahn und Teufelsglauben nur in den Köpfen der Menschen leben. (...) Erst auf der Filmleinwand enthüllt sich ganz der Zauber dieser stimmungsvollen Farbaufnahmen, der auch das jüngste Publikum anrührt, während sich ihm der tiefere Sinn mancher Szenen vielleicht nicht auf den ersten Blick erschließt. (G.S., *Neue Zeit*, 25.3.1972)
Die (...) zur parteilichen Interpretation zwingenden Szenen ermöglichen dem jungen Zuschauer, ein wahres Urteil über Recht und Unrecht in einer Klassengesellschaft abzugeben. Und damit geht der Film mit seiner Aussage zwar weit über die Absicht Andersens hinaus, doch niemals wird das Anliegen des dänischen Dichters gewaltsam verletzt. (B. Geng, *Märkische Union*, 4.3.1972)
NEBENBEI: Der Prager Schauspieler Jirí Vrstala, der den Bauer Preben spielte, war im Kinderfernsehen als Clown Ferdinand populär.

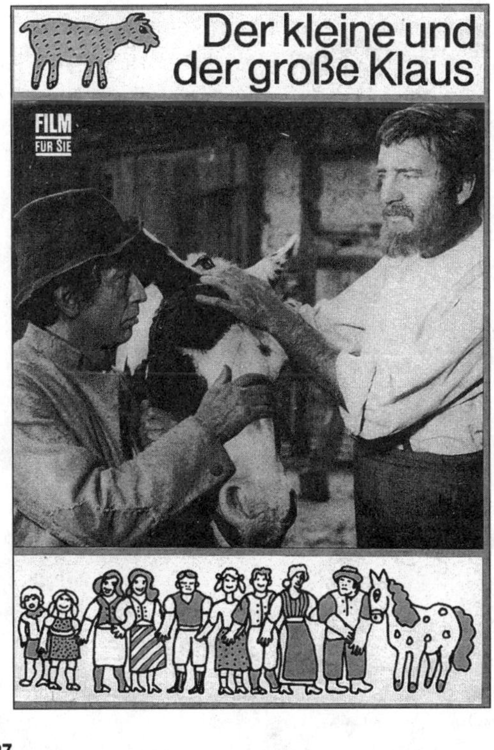

DER KLEINE ZAUBERER UND DIE GROSSE FÜNF

(Kinderfilm)

RE: Erwin Stranka, SZ: Erwin Stranka, LV: Gleichnamige Erzählung von Uwe Kant, DR: Brigitte Gotthardt, KA: Peter Brand, MU: Uve Schikora, SB: Jochen Keller, KO: Barbara Braumann, SC: Barbara Simon, TR: Siegfried Wunsch, Ingo Baar, PL: Willi Teichmann, GR: GR »Babelsberg«, m: 1828 = 67 min, fa, PJ: 1976, PM: 4.2.1977, PM-Ort: Jena, »Palast-Theater«

DA: Jürgen Heinrich (Vater Schneidewind), Karin Schröder (Mutter Schneidewind), Fred Delmare (Lehrer Fiebig), Heinz Behrens (Lehrer Bruckbach), Erich Petraschk (Opa), Ernst-Georg Schwill (Egon Krampiehl), Arnim Mühlstädt (Zahnarzt/Königsohn), Carola Braunbock (Dame im Schuhhaus), die Kinder Jörn Gust (Oliver Schneidewind), Ralph Schäfer (Merkel), Bernd Meier, Holger Koch u.a.

INHALT: Oliver geht in die 4. Klasse. Im Fach Zauberkunde hat er nicht gut aufgepaßt und erhält bei einer Kontrollarbeit eine große, dicke Fünf. Er muß die Arbeit von seinen Eltern unterschreiben lassen, doch er schämt sich und möchte auch den Eltern keinen Kummer bereiten. So versucht er, die Fünf mit Zaubern wegzubekommen oder wenigstens in eine Drei zu verwandeln. Dabei bringt er zwar sprechende Meerschweine und singende Gänse zustande, die Fünf aber bleibt. Die anderen Kinder sind schon böse auf ihn, weil er vor lauter Zauberübungen keine Zeit mehr zum Spielen hat. Und so entschließt er sich, den Eltern sein Malheur zu gestehen. Die Mutter zeigt ihm, wie er die Fünf in eine bessere Note verwandeln kann – und das hat mit Lernen zu tun.

ZUM FILM: Der Film setzt die Moral des bekannten Kinderbuchs inkonsequent um, bietet aber dennoch viele witzige Passagen.

ECHO: Dieser Film ist mit vielen phantasievollen Gags und Schnurren inszeniert, die den kleinen Zuschauern außerordentliches Vergnügen bereiten: eine Englisch lernende Katze, ein sprechender Hund, ein am Morgen singender Wecker und ein Fußball, der von selbst in das gegnerische Tor fällt, gehören zu den Dingen, die den Kindern Spaß machen. (*Die Union*, 14.2.1977)

Das phantastische Moment des Zaubern-Könnens steuert sehr direkt die »Moral« der überschaubaren und relativ handlungsarmen Geschichte an. Bereits ab Mitte gibt es keine neuen Aspekte mehr, so bleiben Wiederholungen an immer anderen Gewändern nicht aus, Spaß und Freude lassen nach, Ermüdung ist die Folge. Unverständlich, warum der reizvolle Einfall nicht gründlicher und vor allem konsequent für eine trächtige Fabel mit umfangreicheren und zugleich auch tieferen Erkenntnissen genutzt wurde. (Karla Anders, *Filmspiegel* 12/1977)

Dürftig entwickelt sich die Geschichte: Sie wirkt farblos und flach, bis auf die wenigen heiteren Momente, in denen wirklich gezaubert und sich verzaubert wird, durch die der Film seine Botschaft von einer notwendigen, maßvollen, auf Wissen basierenden Zauberei zum Wohle des Volkes konterkariert. Am Ende wird, was eigentlich Lustgewinn bringen soll, auf eine mathematische Durchschnittsrechnung reduziert. (*Zwischen Marx und Muck*, 1996)

NEBENBEI: Der Darsteller des Vaters Schneidewind, Jürgen Heinrich, wurde in den neunziger Jahren durch die Krimi-Fernsehserie *Wolffs Revier* populär.

KLK AN PTX – DIE ROTE KAPELLE

RE: Horst E. Brandt, SZ: Wera und Claus Küchenmeister, DR: Anne Pfeuffer, KA: Günter Haubold, Werner Heydn, MU: Helmut Nier, SB: Dieter Adam, KO: Lydia Fiege, SC: Erika Lehmphul, PL: Heinz Herrmann, Wolfgang Rennebarth, GR: KAG »Berlin«, m: 4850 = 178 min, fa, 70 mm ; m: 4888 = 179 min, fa -Cine, PJ: 1970, PM: 25.3.1971, PM-Ort: Berlin, »Kosmos«

DA: Horst Drinda (Arvid Harnack), Horst Schulze (Adam Kuckhoff), Barbara Adolph (Greta Kuckhoff), Klaus Piontek (Harro Schulze-Boysen), Jutta Wachowiak (Libertas Schulze-Boysen), Harry Pietzsch (Walter Küchenmeister), Irma Münch (Mildred Harnack), Katharina Lind (Oda Schottmüller), Manfred Karge (Hans Coppi), Ursula Karusseit (Hilde Coppi), Siegfried Weiß (Canaris), Joe Schorn (Udet), Günther Simon (John Sieg), Johannes Wieke (Papa Schulze), Rudolf Ulrich (Franz Gauss), Heidemarie Wenzel (Ina Schreier), Marilou Poolman, Eberhard Esche (Elisabeth und Kurt Schumacher), Karin Lesch (Dr. med. Elfriede Paul), Alfred Müller (Wolfgang Langhoff), Manuela Marx, Peter Sindermann, Hans-Peter Reinecke, Jessy Rameik, Alexander

Wikarski, Herbert Köfer, Wilhelm Koch-Hooge, Leon Niemczyk, Alfred Struwe, Peter Sturm u.a.
INHALT: Im Dezember 1932 hält der Jurist und Wirtschaftsexperte Arvid Harnack in Berlin einen Vortrag über seine bei einer Studienreise in der Sowjetunion gesammelten Erfahrungen – mit Hinblick auf eine Erneuerung Deutschlands. Die Machtergreifung Hitlers fordert seinen Widerstand heraus. Eine Gruppe von Patrioten unterschiedlicher sozialer Schichten und Weltanschauungen sammelt sich und wird zu einer der bedeutendsten Widerstandsorganisationen Deutschlands. Zu ihr gehören neben Harnack unter anderem auch Harro Schulze-Boysen, hoher Offizier im Luftfahrtministerium, der Dichter Adam Kuckhoff, der kommunistische Redakteur John Sieg und der Arbeiter Papa Schulze, der den jungen Dreher Hans Coppi im Funken ausbildet. Sie arbeiten auf der Grundlage der Beschlüsse der KPD, leiten wichtige Informationen ins Ausland. Nach dem Überfall auf die Sowjetunion wird ihr Kampf noch intensiver und damit gefährlicher. Die Gestapo kommt der Gruppe auf die Spur. Schulze-Boysen wird als erster verhaftet, viele der anderen folgen.
ZUM FILM: Der aufwendige, im 70mm-Format produzierte (mit Pause gezeigte) Zweiteiler über die Widerstandsorganisation Schulze-Boysen/Harnack hatte eine beträchtliche Wirkung, da hier – anders als bisher gewohnt – auch der nichtkommunistische Widerstand gegen den Faschismus eine Rolle spielte. Andererseits gab es auch Fragen, die nicht angesprochen wurden und am Schluß offen blieben.
ECHO: Der Film (...) will auch verdeutlichen, daß sich die Welt der Nazis für einen oberflächlichen Betrachter relativ harmlos ausnehmen konnte, daß die Kulissen durchaus zu täuschen vermochten. Er legt großen Wert auf die Wiedergabe bestimmter Milieus, bringt viele Gespräche und Erörterungen ins Bild, zeigt nur einige Aktionen der Organisation, verzichtet auch bewußt darauf, Folterungen durch die Gestapo direkt darzustellen. Er ist somit ein Film, in dem der Dialog, das Gedankliche dominiert. (Dr. Manfred Jelenski, *Berliner Zeitung*, 30.3.1971)
Die sachliche Schilderung unterbricht er (der Regisseur, f.b.h.) durch geschickt gesetzte, attraktive atmosphärische Situationen, die ein Zeitbild vom Deutschland des Faschismus vermitteln. Durch diese mehr berichtenden, Milieu und Umstände schildernden Szenen gelang ein breiter Überblick über die politische Situation, in der sich die Gruppe bewähren muß. (...) *KLK an PTX – Die Rote Kapelle* beweist Horst E. Brandts Geschick, politische Situationen effektvoll und in ihren wichtigsten Auswirkungen für die Gegenwart darzustellen. So wird beispielsweise durch die Gestaltung ganz unterschiedlicher sozialer Lebensräume durchaus aktuell die Notwendigkeit des Zusammenwirkens verschiedener sozialer, weltanschaulicher und religiöser Schichten bei antiimperialistischen politischen Aktionen erkennbar. (Beate Schönfeldt in *DEFA-Spielfilm-Regisseure und ihre Kritiker*, 1983)
Die aktive Spionage, Sabotage und der Funkverkehr mit Moskau sind Teil der Handlung, wichtiger aber werden im Film Motive, Argumente, Beziehungen. Bild und Gestus betonen einerseits das Bedeutsame, andererseits das Milieu, bürgerliche Normalität in Deutschland unter Hitler, was für junge Zuschauer überraschend und interessant war. (Klaus Wischnewski in *Das zweite Leben der Filmstadt Babelsberg*, 1994)

NEBENBEI: Walter Küchenmeister, Mitglied der Widerstandsorganisation, war der Vater des Drehbuchautors Claus Küchenmeister.

KLOTZ AM BEIN

RE: Frank Vogel, BU: Max Walter Schulz, Frank Vogel, DR: Wolfgang Ebeling, KA: Erich Gusko, MU: Gerd Natschinski, BA: Artur Günther, KO: Helga Scherff, SC: Friedel Welsandt, PL: Werner Dau, m: 1970 = 72 min, s/w, AT: Der sparsame Gustav, PJ: 1958, PM: 14.11.1958, PM-Ort: Berlin, »DEFA-Filmtheater Kastanienallee«

DA: Horst Drinda (Gustav Hauschild), Christel Bodenstein (Christl Hauschild), Gerhard Bienert (Vater Weber), Erika Dunkelmann (Mutter Weber), Paul R. Henker (Willi), Hans-Joachim Martens (Alfred), Marga Legal (Tante Minne), Harry Gillmann (Spittel-Karl), Sabine Thalbach (Lotte), Marianne Wünscher (Verkäuferin), Hans Flössel, Hans Hardt-Hardtloff, Georg Michael Wagner, Karl-Heinz Weiß, Vera Oelschlegel u. a.

INHALT: Der junge Elektroinstallateur Gustav Hauschild lebt mit seiner Frau Christl bei den Schwiegereltern. Um der Enge zu entfliehen und ein eigenes Heim zu bekommen, ist er in der Wohnungsbau-Genossenschaft. Aber plötzlich erbt er ein Haus. Eine Bruchbude zwar, doch im Gegensatz zu Christl ist Gustav begeistert. Er kündigt bei der Genossenschaft und macht sich mit tatkräftiger Unterstützung des Schwiegervaters an den Ausbau. Doch das baufällige Gemäuer ist nicht zu retten, und als das Chaos nicht mehr zu überbieten ist, kehrt er reumütig zu Christl zurück – und in die Genossenschaft.

ZUM FILM: Frank Vogel, der an der Moskauer Filmhochschule WGIK bei Sergej Jutkewitsch studiert hatte, erhielt für diesen seinen ersten Film das Regiediplom. Das dünnblütige Lustspiel, das die Vorteile der Arbeiterwohnungsbaugenossenschaften (AWG) propagieren sollte, war für ihn eine erste Fingerübung.

ECHO: Es hätten sich auch andere Lösungen des Konflikts denken lassen, die weniger an der Oberfläche gblieben wären als diese. Aber sei's drum – vielleicht wollte man es absichtlich mal mit der unbeschwerten Heiterkeit versuchen, und einiges Bemühen immerhin um die Verbindung der schwankhaften Elemente mit einer gesellschaftlichen Grundidee ist unverkennbar. Daß das Ganze unter der Regie von Frank Vogel dennoch recht anspruchslos geraten ist, läßt sich freilich nicht übersehen. (H. U. E., *Berliner Zeitung*, 19.11.1958)

NEBENBEI: Harry Gillmann, der den Spittel-Karl spielt, war Mitglied des Berliner Ensembles und bei der DEFA, besonders in *Stacheltier*-Filmen, ein komödiantischer Charakter mit trockenem Humor.

KOCICI PRINC

→ DER KATZENPRINZ

KÖNIG DROSSELBART

(Kinderfilm)

RE: Walter Beck, BU: Günter Kaltofen, Walter Beck, LV: Gleichnamiges Märchen der Brüder Grimm, DR: Margot Beichler, Gudrun Rammler, KA: Lothar Gerber, MU: Wolfgang Lesser, SB: Erich Krüllke, Werner Pieske, KO: Dorit Gründel, SC: Christel Ehrlich, PL: Siegfried Kabitzke, GR: KAG »Kinderfilm«, m: 1981 = 73 min, fa, PJ: 1964/65, AD: 16.7.1965

DA: Karin Ugowski (Prinzessin Roswitha), Manfred Krug (König Drosselbart), Martin Flörchinger (König Löwenzahn), Evamaria Heyse (Hofdame Beatrix), Helmut Schreiber (König Heinz Eduard), Achim Schmidtchen (König Wenzel),

Gerd E. Schäfer (Herzog Adolar), Arno Wyzniewski (Prinz Kasimir), Fritz Decho (Graf Eitelfritz), Bruno Carstens (Fürst Zacharias), Horst Buder, Nico Turoff, Manfred Heine, Lothar Förster, Klaus Piontek, Marianne Wünscher, Jutta Wachowiak, Werner Kamenik, Axel Triebel, Trude Brentina u.a.

INHALT: Prinzessin Roswitha verunglückt mit ihrer Kutsche im Wald. Ein junger Reiter hilft ihr, doch sie behandelt ihn schnippisch. Im Schloß angekommen, wird sie schon von Freiern erwartet. Sie kann wählen, aber keiner ist ihr gut genug, auch nicht der letzte, jener Reiter aus dem Wald – weil er einen Bart wie eine Drossel hat. Roswitha ist derart verletzend, daß der König beschließt, ihr den nächsten Bettler zum Mann zu geben, der aufs Schloß kommt. Es ist ein Spielmann, und Roswitha muß ihm in seine ärmliche Hütte folgen. Ihre Widerborstigkeit verfliegt angesichts der Güte des Mannes langsam. Nachdem dieser ihr einige heilsame Lehren erteilt hat, ändert sie sich, und der Spielmann gibt sich als König Drosselbart, den sie einst verspottete, zu erkennen. Aus den beiden wird ein glückliches Paar.

ZUM FILM: Dank einer schlüssigen Konzeption der gegenseitig lustvollen Zähmung einer Widerspenstigen und glänzender Schauspielerleistungen wurde dieser Märchenfilm ein noch heute gern gesehener Klassiker.

ECHO: Manfred Krug wirft Gesang und seinen ganzen Charme in die Waagschale für den Spielmann Drosselbart, denn was jener seiner jungen Frau im Erziehungsprozeß so alles zumutet, ist hart, und schließlich ist er ein liebender Mann und nicht Ausbilder im politechnischen Unterricht. (...) Anliegen von Walter Beck ist ein realistischer Darstellungsstil; das bedeutet ein Schloß, das nicht irgendwo im Märchenland schwebt, sondern in Deutschland steht. (Yvonne Merin, *Filmspiegel* 6/1965)

Ein Kabinettstückchen gelang Beck mit der zeremoniellen Brautschau der Heiratskandidaten, deren albernes Gebaren als Marionetten auf Schachbrettparkett nicht von ungefähr an die ergreisten Machtspiele zu Zeiten der Potentaten der SED erinnert. Das Markttreiben mit seiner den Kunden vergraulenden »Verkaufsstrategie« ist einer der weiteren zahlreichen Seitenhiebe auf seinerzeitige Mißstände. Auch die Schilderung der Arbeitswelt hält sich von den offiziösen Doktrinen der Zeit weit entfernt. (Roland Rust, *film-dienst* 18/1991)

In skizzenhafter Abstraktion deuten architektonische Fragmente wie Türrahmen und Säulen Umgebungen nur an – ein Konzept, das nicht immer aufgeht, da Kamera und Beleuchtung diesen Stil nicht konsequent mittragen. So bleibt der Bühnenraum etwas steril und leblos, doch viel desillusionierender und störender wirkt, wenn in dramatischen Momenten und im Schwung der Ereignisse die Kulissen wackeln. Letztlich geht alle Dynamik von den Akteuren aus, denen es gelingt, einer werkgetreuen Märchenadaption prachtvolles Leben einzuhauchen. (*Zwischen Marx und Muck*, 1996)

NEBENBEI: Der ursprünglich vorgesehene Hauptdarsteller Arno Wyzniewski erkrankte kurz vor den Dreharbeiten, so daß er auf eine kleinere Rolle ausweichen mußte und Manfred Krug Gelegenheit bekam, in seinem ersten Filmmärchen zu brillieren.

KÖNIGSKINDER

RE: Frank Beyer, BU: Edith und Walter Gorrish, DR: Gerhard Hartwig, KA: Günter Marczinkowsky, MU: Joachim Werzlau, BA: Alfred Hirschmeier, KO: Joachim Dittrich, SC: Hildegard Conrad, PL: Hans Mahlich, GR: KAG »Roter Kreis«,

m: 2435 = 89 min, s/w, PJ: 1961/62, PM: 8.6.1962, PM-Ort: Gotha (4. Arbeiterfestspiele)
DA: Annekathrin Bürger (Magdalena), Armin Mueller-Stahl (Michael), Ulrich Thein (Jürgen), Marga Legal (Mutter Seifert), Charlotte Küter (Hanna Bartels), Monika Lennartz (Katja), Gertraud Kreißig (Lehrmädchen Ursula), Walter Lendrich (Schröter), Günter Naumann (Soldat Herbert), Fred Delmare (Soldat Albert), Erik Veldre, Manfred Krug, Erich Brauer, Johannes Maus, Horst Jonischkan u.a.
INHALT: Magdalena und Michael, die »Königskinder«, die zusammen nicht kommen können, sind zwei Arbeiterkinder aus Berlin. Sie haben sich ewige Treue geschworen. Mit der Machtergreifung der Nazis wird ihre Liebe auf eine lange, harte Probe gestellt. Michael, der junge Maurer und Kommunist, der sich den Faschisten nicht beugt, wird zu 15 Jahren Zuchthaus verurteilt. Magdalena, die seine politischen Aktivitäten immer ängstlich betrachtet hat, tritt nun an seine Stelle. Als auch sie in Gefahr gerät, rettet Jürgen sie, ein ehemaliger Freund, der sich auf die Seite der SA geschlagen, aber sein Gewissen nicht verloren hat. Als Michael aus dem Lager in ein Strafbataillon gesteckt wird, trifft er Jürgen wieder, der es zum Unteroffizier gebracht hat. Gemeinsam liegen sie in den Schützengräben des Zweiten Weltkrieges, gemeinsam laufen sie zur Roten Armee über. Eines Tages, so hofft Michael, wird er Magdalena wiedersehen.

ZUM FILM: Seinen zweiten Film der Auseinandersetzung mit dem Faschismus führte Frank Beyer zwischen die Pole von Liebe und Verrat. Er setzte diese Geschichte zusammen mit Günter Marczinkowsy in einer mitunter an Tarkowski gemahnenden stilisierten Bildsprache um, die den Film noch heute aus der DEFA-Produktion heraushebt.
ECHO: Die meisterhaft geführte Kamera trifft auf beachtliche Substanz im Darstellerischen: von verhaltener, geballter Energie und doch locker in allen Wesensäußerungen Armin Mueller-Stahl als Michael; menschlich reif, sicher, völlig unprätentiös Annekathrin Bürger als Magdalena, und mit der sich steigernden Unsicherheit und Fahrigkeit eines innerlich Zerrissenen, der dann explodiert, Ulrich Thein in der Rolle des Jürgen. (Hartmut Albrecht, *Nationalzeitung*, 1.6.1962)
Die Handlung setzt sich aus zahlreichen, ineinandergeschachtelten Rückblenden zusammen; die Kamera kann sich an stilisierten Bildern nicht genug tun. Hier häufen sich die Aufnahmen bizarr beleuchteter Häuser und in den Himmel ragender kahler Bäume derart, daß einem der verspätete Avantgardismus der Fotografie bald auf die Nerven fällt. (Ulrich Gregor, *Filmkritik* 6/1964)
Der leitmotivisch aufgebaute Film lebt von einer Fülle optischer Einfälle, die, je nach dem Grad innerer und äußerer Dramatik, zu Allegorien des Lebens oder Metaphern der Bedrohung werden können: die breitangelegte Pappelallee, die über eine Treppe zum Brunnen mit den Statuetten der Königskinder führt, kann verengt werden, kann das Paar verbergen, die Spitzen der Pappeln können zu Messern werden, der Platz auf dem Kettenkarussell kann mit der lachenden Magdalene besetzt sein, er kann leer und bedrohlich schaukeln. (Manfred Behn in *CineGraph*, 1985)
NEBENBEI: In dem Film, der 1962 in Karlovy Vary eine Anerkennungsmedaille errang, singt der Thomaner-Chor unter Prof. Erhard Mauersberger »Es waren zwei Königskinder«.

KOFFER MIT DYNAMIT

(Co-Produktion DDR/CSSR)

RE: Milos Makovec, BU: Milos Makovec, deutsche Version: Jan Koplowitz, LV: Episode aus dem Roman »Herzstation« von Jan Koplowitz, DR: Werner Beck, KA: Rudolf Stahl, MU: Milivoj Uzelac, BA: Vladimir Labsky, KO: Werner Bergemann, Alena Novotna, SC: Zdenek Stehlík, PL: Hans-Joachim Funk, Jiri Becka, GR: KAG »Heinrich Greif«, Gruppe Felix-Broz, m: 2158 = 79 min, s/w, AT: Das bewegliche Bett, Prag Stunde Null, Das Gitter, PJ: 1963, PM (DDR): 15.11. 1963, PM-Ort: Berlin, »Colosseum«, CO: Barrandov-Filmstudio, Prag/ CSSR, Tschech. Titel: Praha nultá hodina

DA: Josef Bek (Kilian), Ivan Palec (Honza Král), Jutta Hoffmann (Toni Halbe), Ernst Kahler (Hermann Schneider), Hans Finohr (Siegfried Adler), Lubor Tokos (Dr. Zeman), Stefan Lisewski (Otto Thüringer), Vladimir Brabec (Dr. Fahoun), Hans-Dieter Schlegel (Kluge), Horst Preusker (Balthazar), Paul Berndt, Gisela Graupner, Werner Pfeifer, Fred Delmare, Helmut Schreiber u.a.

INHALT: Als 1939 Hitler-Deutschland die Tschechoslowakei besetzt, sind deutsche Emigranten in Gefahr. Zu ihnen gehört Toni Halbe, die den Tschechen Honza liebt. Honza möchte mit Toni glücklich sein, Politik interessiert ihn nicht. Die Ereignisse aber fordern auch ihn zum Handeln heraus. Im Ministerium rettet ein Heizer einen Koffer mit Pässen, die für deutsche Emigranten bestimmt waren und nun aufgrund der veränderten Verhältnisse verbrannt werden sollen. Der Antifaschist Schneider bekommt den Koffer, wird aber verhaftet. Inzwischen hat Honza den Koffer an sich gebracht und flüchtet. Er rettet die Pässe und damit das Leben vieler Antifaschisten.

ZUM FILM: Die Co-Produktion blieb dem politischen Anliegen verpflichtet, ohne eine besondere Filmsprache zu entwickeln oder Spannungsmomente genügend zu bedienen.

ECHO: Den Schöpfern der Gemeinschaftsproduktion gelang es nur zum Teil, Dramatisches und Heroisches am Beispiel einzelner zu gestalten. Es wird allzusehr berichtet, mitgeteilt und filmisch notiert, und die Handlung ist oft von Zufällen getragen. Auch die Liebesbeziehungen zwischen den Hauptdarstellern werden als Anknüpfungspunkt für die Beweisführung und Aussagekraft kaum genutzt und fügen sich zu wenig in die Handlung ein. (G.B., *Berliner Zeitung*, 3.12. 1963)

NEBENBEI: Der 1909 geborene Autor Jan Koplowitz, der 1929 in die KPD eintrat und ab 1933 vor den Nazis durch halb Europa fliehen mußte, hatte in den achtziger Jahren einen großen Fernseherfolg mit Horst Seemanns Mehrteiler *Bohemia – mein Schicksal.*

DIE KOLONIE

RE: Horst E. Brandt, SZ: Eva und Wolfgang Stein, DR: Werner Beck, KA: Hans-Jürgen Kruse, MU: Marcelo Fortin, SB: Erich Krüllke, KO: Christiane Dorst, SC: Karin Kusche, PL: Hans-Erich Busch, GR: GR »Berlin«, m: 2335 = 86 min, fa, brw, PJ: 1980/81, PM: 1.9.1981, PM-Ort: Berlin, »International«

DA: Winfried Glatzeder (Oswaldo Barray), Alicja Jachiewicz (Dr. Maria Arnswaldt), Juosas Budurajtis (Kommissar Lopez), Klaus-Peter Thiele (Claudio Delgado), Emanuil Witorgan (Don Emilio), Achim Petry (Innenminister), Rudolf Ulrich (Heimleiter Giese), Günter Naumann (Schmitt), Karla Runkehl (Frau Lindemann), Ingeborg Ottmann (Dr. Seewaldt), Walter Wickenhauser, Karl

Sturm, Leon Niemczyk, Peter Sturm, Alfred Lux u. a.
INHALT: Ein südamerikanisches Land Anfang der achtziger Jahre. Auf der Flucht wird ein junger Mann von seinen Verfolgern erschossen. Eine Zeugin, Maria, erzählt ihrem Freund, dem Journalisten Oswaldo, davon, und er verfolgt den Fall. Die Polizei gelangt auf der Spur der Täter zu einer deutschen Farm, doch dort hat sie keinen Zutritt. Die Farm gilt als exterritoriales Gebiet. Oswaldo ermittelt weiter, obwohl Maria gefoltert wird und er Morddrohungen bekommt. Er findet heraus, daß die Farm eine faschistische Kolonie ist, in der alte Nazis junge Deutsche in ihrem Geist erziehen. Oswaldo bezahlt seine Entdeckung mit dem Leben.
ZUM FILM: Der Politkrimi erzählte eine fiktive Geschichte vor realem Hintergrund. Derartige Kolonien gab und gibt es. So kam in den neunziger Jahren die chilenische »Colonia Dignidad« mehrfach in die Schlagzeilen der Weltöffentlichkeit. Die Autoren Eva und Wolfgang Stein knüpften an Erfahrungen an, die sie in ihrer Zeit als Auslandskorrespondenten gemacht hatten.
ECHO: Unter seiner (Horst E. Brandts, f.b.h.) Leitung gerät die hochbrisante Story (...) zu einer psychologisch fragwürdigen, dilettantisch abfotografierten Bildfolge, in der schlecht geführte Schauspieler miserable Dialoge aufsagen müssen. Nach einer spannenden, verständlichen und darüber hinaus politisch informativen Fabel fahndet der Zuschauer vergebens. (Renate Holland-Moritz, *Eulenspiegel* 41/1981)
Die dramaturgischen Schwächen des Buches verstärkt ein Hang der Regie zur Sachlichkeit und Unterkühlung bei der Gestaltung emotionaler Höhepunkte (wie etwa in den Liebesszenen zwischen Barray und der Ärztin Dr. Maria Arnswaldt), der die tiefere Auslotung zwischenmenschlicher Beziehungen verhindert. (Klaus Rümmler, *Film und Fernsehen* 10/1981)
NEBENBEI: Daß der in Jalta und auf Kuba gedrehte Film schnell aus den Kinos verschwand, lag nicht allein an seinen künstlerischen Schwächen, sondern auch am Hauptdarsteller Winfried Glatzeder. Der hatte einen Ausreiseantrag zu laufen, dem schließlich stattgegeben wurde. Über die dabei angestellten Überlegungen erfährt man aus einem Brief von Politbüromitglied Kurt Hager an den Kulturminister Hoffmann vom 13. März 1981: »Die Aussprache des Genossen Dieter Mäde (Generaldirektor der DEFA, f.b.h.) mit dem Schauspieler Glatzeder hat ergeben, daß dieser absolut uneinsichtig ist und auf jeden Fall auf seiner Entlassung aus der Staatsbürgerschaft der DDR beharren will. Er droht damit, wenn es sein muß, jahrelang darum zu kämpfen. Die Aussprache hat gezeigt, daß Glatzeder keine Bindung an die DDR hat und ausschließlich unter dem Aspekt seiner Entwicklung als Schauspieler handelt. Aufgrund dieser Haltung Glatzeders sind wir zu der Schlußfolgerung gekommen, seinen Antrag zu genehmigen. Allerdings kann die Ausreise erst erfolgen, wenn die beiden Filme (1 DEFA-Film und 1 Fernsehfilm), an denen er mitwirkt, abgedreht und öffentlich vorgeführt sind. Daraus ergibt sich, daß Glatzeder nicht vor dem Frühjahr 1982 ausreisen kann.« (zit. nach *Kino ist mehr als Film*)

KOMÖDIANTEN-EMIL
RE: Joachim Hasler, SZ: Joachim Hasler, Wera und Claus Küchenmeister, DR: Anne Pfeuffer, KA: Peter Krause, MU: Gerd Natschinski, SB: Georg Kranz, KO: Joachim Dittrich, Eleonore Kleiber, SC: Anneliese Hinze-Sokolowa, PL: Dieter Dormeier, GR: GR »Berlin«, m: 2591 = 95 min, fa, brw, PJ: 1979, PM: 3.4.1980, PM-Ort: Berlin, »Kosmos«
DA: Zsuzsa Palos (Ida), Gunter Sonneson (Emil Damaschke), Wolfgang Greese (Chef), Dietmar Richter-Reinick (Kassenscheich), Karl-Ernst Horbol (Maskenbildner), Rolf Hoppe (Kommissar), Volkmar Kleinert (Hakenjakob), Ingeborg Nass (Wirtin Kuhlke), Gerd Blahuschek, Siegfried Weiß (Meyer jun. u. sen.), Karl Zugowski, Klaus-Peter Pleßow, Willi Schrade, Willi Neuenhahn, Paul Arenkens u. a.
INHALT: Anfang der dreißiger Jahre in Berlin. Der Kabarettist Emil Damaschke möchte mit seinem Programm die Leute gut unterhalten – zusammen mit Ida, der Attraktion aus Ungarn. Weil er eine zu große Lippe riskiert, fliegt er aber erst einmal aus dem Kabarett »Rosenthaler«, landet auf der kriminellen Bahn und kurzzeitig im Gefängnis. Wieder draußen, pachtet er mit Kollegen das »Rosenthaler«, dessen jüdische Besitzer vor den Nazis ins Ausland geflohen sind. Sie gründen eine Genossenschaft. An den Einnahmen aber will eine Verbrecherbande beteiligt werden,

die sich zu den Nazis bekennt und glaubt, damit einen Freifahrtschein zu besitzen. Emil verschließt sich der Absicht Idas, die Arbeiter als neues Publikum zu gewinnen, er macht Geld mit Werbung und verweigert sich den Verbrechern. Die entführten Ida, ermorden sie im Wald und sorgen dafür, daß Emil der Mord angehängt wird. Emil landet im Zuchthaus und die Verbrecher übernehmen das Kabarett – in Naziuniform.
ZUM FILM: Joachim Haslers Versuch, seine beiden Hauptthemen Faschismus und Musical miteinander zu verbinden, mußte sich vom Sujet her an Welterfolgen wie *Cabaret* und *Das Schlangenei* messen lassen, ein Vergleich, dem der Film nicht standhalten konnte.
ECHO: Joachim Hasler bezeichnete seinen *Komödianten-Emil* als »eine Art Kolportage mit Musik«. Das erklärt sowohl die Wahl der Gestaltungsmittel wie den Trend zu vergröbernder, vereinfachender Inszenierung psychischen Verhaltens und detaillierter Zeitumstände. Jedoch rechtfertigt das Bekenntnis zur Kolportage nicht, die Wahrhaftigkeit eines konkreten Zeitbildes zu beschädigen. Das aber tut Hasler: Er erliegt der Verlockung des ebenso exzentrischen wie attraktiven Milieus und ergibt sich einer Operettenhaftigkeit, die gegen den Realismus der Geschichte und der Handlung verstößt. Was Bergman und Fosse gelungen ist, bleibt ihm weitgehend verwehrt: Das Tingeltangel wird nicht zum Symbol gesellschaftlicher Verfallszeit, es ist hier nur zufälliger Schauplatz einer Liebesgeschichte, die an den plakativ ausgestellten historischen Verhältnissen scheitert. (Hans-Dieter Tok, *Film und Fernsehen* 7/1980)
Was dieser Film allein an Choreographie und Kostümgestaltung bietet, hätte bestenfalls für einen um die Jahrhundertwende pensionierten mecklenburgischen Briefträger den Anstrich von Verruchtheit gehabt. Aber weit schlimmer erscheint mir die auf spießiges Vergnügen gerichtete Zurschaustellung von Transvestiten und Homosexuellen, die zugleich als Parteigänger der Nazis denunziert werden. Spätestens nach dem sogenannten Röhm-Putsch 1934 waren diese Leute ihres Lebens nicht mehr sicher. Sie landeten in den Konzentrationslagern wie die politisch Verfolgten, die Juden und die Zigeuner. Kann man erwarten, daß besonders jugendlichen Zuschauern diese historischen Zusammenhänge bewußt sind? (Renate Holland-Moritz, *Eulenspiegel* 18/1980)
NEBENBEI: In den Varieté-Szenen waren einige bekannte Unterhaltungskünstler der DDR zu sehen, darunter Clément und Helga de Wroblewski sowie Anke Gerber als Clowns, aber auch das »pfundige« Duo der Molly-Sisters.

KONZERT FÜR BRATPFANNE UND ORCHESTER

(Kinderfilm)
RE: Hannelore Unterberg, SZ: Hannelore Unterberg, DR: Gudrun Deubener, KA: Wolfgang Braumann, MU: Rainer Hornig, Karl-Ernst Sasse, SB: Hans Poppe, KO: Dorit Gründel, SC: Ursula Zweig, TR: Kurt Weiler, Erich Günther, Heiko Ebert, Siegfried Wunsch, PL: Alexander Lösche, GR: AG »Berlin«, m: 2040 = 75 min, fa, PJ: 1974/75, PM: 16.5.1976, PM-Ort: Berlin, »Kosmos«
DA: Jaecki Schwarz (Herr Kling), Wolfgang Greese (Ottmar Dohlenei), Marga Legal (Frau Bolz), Ilse Voigt (Oma Taubert), Arnim Mühlstädt (Herr Drechsler), Else Korén (Frau Probst), Marianne Wünscher (Polizeisekretärin), Iris Bohnau, Dieter Jäger (Bums Eltern), die Kinder Tobias Unterberg (Bum), Jörg Lehmann, Ronny Schreiber, Mirko Tuma, Grit Mühlstein, Sandra Lampe u.a.
INHALT: Bum und seine Freunde sind musikbegeisterte Kinder. Mit Pfanne, Kanne, Hupe und allerlei Gerümpel lassen sie ihrer Neigung freien Lauf, was bei den Erwachsenen auf großes Mißfallen stößt. Für das »Fest der guten Einfälle«, das im Wohnviertel stattfinden soll, hat Bum eine phantastische Idee: ein richtiges Konzert. Angesichts des ernsthaften Vorsatzes finden die Kinder Unterstützung. Gebrauchtwarenhändler Dohlenei spendet das Oberteil eines fürstlichen Bettes, dessen Gitterstäbe sich hervorragend zum Musizieren eignen, und sogar ein richtiger Musiker, Herr Kling vom Sinfonieorchester, hilft. Nun gehen sie daran, ihre Darbietungen in Einklang zu bringen, und beim Fest treten sie mit großem Erfolg mit einem richtigen Orchester auf.
ZUM FILM: Der Debütfilm von Hannelore Unterberg, die bis zum Ende der DEFA eine der prägenden Kinderfilmregisseurinnen blieb, zeichnete sich durch Musikalität, Witz und phantasievolle Tricks aus.

ECHO: Das quillt über von Einfällen, der Trick (Kurt Weiler, Erich Günther, Heiko Ebert, Siegfried Wunsch) ist nicht nur technisch einwandfrei, er bringt auch Witz und Charme in die Spielhandlung mit ein. Die Kamera Wolfgang Braumanns findet unendlich viele abwechslungsreiche und beredte Einstellungen, um die Kinder individuell zu charakterisieren. Der Regisseurin gelingt es, die Kleinen zu ungehemmten Gefühlsäußerungen zu animieren. (Ehrentraud Novotný, *Berliner Zeitung*, 27.5.1976)
Reale Vorgänge und phantastisches Geschehen gehen ineinander über, damit andeutend, wie die kindliche Vorstellungskraft die Welt eben noch mit dem Traum erobert. Allerdings stellt diese Erzählweise recht hohe Anforderungen an das Begriffsvermögen der kleinen Zuschauer. (K. J. Wendlandt, *Neues Deutschland*, 20.6.1976)
Schade, daß dem furiosen Abschlußkonzert jegliche spontane Kreativität fehlt, mit der der Film so hoffnungsvoll begonnen hat. Statt dessen handelt es sich um eine sorgfältig geprobte, disziplinierte Pionierveranstaltung mit kitschiger Musik im Stil der Zeit. (*Zwischen Marx und Muck*, 1996)
NEBENBEI: Für die Hauptrolle des Jungen Bum testete Hannelore Unterberg ca. 3000 Kinder. Ihr Sohn Tobias war zwar musikalisch, aber sie glaubte nicht daran, daß er diese Rolle bewältigen würde. Erst durch das Zureden von Kollegen, besonders von Szenenbildner Hans Poppe, entschloß sie sich, Tobias zu besetzen – und tat damit einen Glücksgriff. Tobias Unterberg wurde später Cellist und ist heute Mitglied der Gruppe »Inchtabokatables«. Als erwachsener Musiker hat er auch in den neunziger Jahren noch einmal in einem Kinderfilm des ZDF bei seiner Mutter vor der Kamera gestanden.

KOPERNIK

→ *COPERNICUS*

KRÜCKE

(Co-Produktion)
RE: Jörg Grünler, BU: Jörg Grünler, LV: Nach dem Roman von Peter Härtling, RD: Karla Krause, Heribert Beigel, KA: Gernot Roll, MU: Mick Baumeister, SB: Heike Bauersfeld, KO: Inge Konicek, SC: Jörg Baumeister, PL: Wolfgang Rennebarth, m: 2669 = 98 min, fa, PJ: 1992, PM: 1.6.1994, PM-Ort: Berlin, Kino »Balázs«, CO: Eikon-Film, München; ZDF, Mainz
DA: Heinz Hoenig (Krücke), Götz Behrendt (Tom), Martina Gedeck (Bronka), Peter Simonischek (Ferdi), Florian Martens (Transportleiter), Kirsten Block (Eva), Susanne Lüning (Die Schwangere), Jochen Horst (Ehemann), Susanne Schwab (Soldatenwitwe), Petra Hinze (Die Bestohlene), Michael Kind, Markus Becker, Willi Schrade, Erwin Leder, Johannes Silberschneider u. a.
INHALT: Februar 1945. In den Kriegswirren, auf der Flucht, verliert der dreizehnjährige Tom auf dem Bahnhof einer kleinen Stadt in Schlesien seine Mutter. Er kommt allein nach Wien und lernt dort »Krücke« kennen, einen Krüppel, der im Krieg ein Bein eingebüßt hat. »Krücke« ist zugleich ein gewitzter Schieber und ein hinreißender Freund. Der Junge hängt sich an ihn, trifft auf Nazis und Juden, auf Krankheit, Irrsinn und Tod. Als der Schwarzmarkt geschlossen wird, machen sich Tom und »Krücke« auf die Reise zurück nach Deutschland. Nach einer langen, abenteuerlichen Zugfahrt, nach schier unendlichem Warten irgendwo auf den Gleisen in der Provinz, als die Kohlen zur Neige gegangen sind, und einem Malariaanfall »Krückes« kommen sie nach Passau. Dort wartet Toms Mutter auf ihren

Sohn, der mit dem Abschied von »Krücke« zugleich seinen besten Freund verliert.
ZUM FILM: Obwohl der einfühlsame und thematisch wichtige Kinderfilm zahlreiche Preise erhielt, dauerte es zwei Jahre, bis er einen Verleih fand und als einer der letzten DEFA-Filme überhaupt auf die Leinwand kam.
ECHO: Mit *Krücke* ist Fernsehregisseur Jörg Grünler (...) ein Film gelungen, der auf eine genaue und tief berührende Weise zeigt, was der Krieg aus Menschen macht, welche Verletzungen und Wunden er hinterläßt. Und er schildert, was selbst in Extremsituationen an menschlicher Wärme, Freundschaft und Solidarität möglich ist. Festgemacht an den Verhältnissen am Ende des II. Weltkriegs regt dieser Film einerseits an, sich mit einem Stück deutscher Geschichte auseinanderzusetzen, kann er Kindern und deren Großeltern einen Anstoß geben, über diese Zeit gemeinsam zu reden. Wie wichtig eine solche Auseinandersetzung gerade heute ist, zeigt die zunehmende Rechtsentwicklung unter Jugendlichen. (Barbara Felsmann, *Film und Fernsehen* 4+5/1994)
NEBENBEI: Es wurde auch eine dreiteilige Fernsehversion des Filmes hergestellt, der 1993 den Deutschen Filmpreis für Kamera (Gernot Roll), Szenenbild (Heike Bauersfeld) und besten Darsteller (Heinz Hoenig) erhielt. Ferner errang der Film 1993 den Publikumspreis in Saarbrücken und den Hessischen Filmpreis. – Der Hauptdarsteller Götz Behrendt stammt aus Frankfurt/Oder, und im Brandenburgischen wurden große Teile des Films gedreht. Bei Dreharbeiten auf dem Bahnhof Kremmen bei Oranienburg mußte ein Drehtag abgebrochen werden, weil jugendliche Mitglieder der Nationalistischen Front die Arbeiten massiv behinderten und Flugblätter verteilten.

DIE KUCKUCKS

RE: Hans Deppe, BU: Robert A. Stemmle, Marta Moyland, DR: Hans Vietzke, KA: Robert Baberske, Walter Roßkopf, MU: Ernst Roters, BA: Wilhelm Vorwerg, Alfred Schulz, SC: Lisa Thiemann, PL: Adolf Fischer, m: 2534 = 93 min, s/w, PJ: 1948, PM: 8.4.1949, PM-Ort: Berlin, »Babylon«
DA: Ina Halley (Inge Kuckert), Rainer Penkert (Hans Gersdorf), Günther Güssefeldt (Heinz Krüger), Aribert Wäscher (Eberhard Schultz), Carsta Löck (Wanda Merian), Hans Neie (Rolf Kuckert), Gertrud Wolle (Frau Pöhler), Marliese Ludwig (Frau Bissig), Heinz Schröder (Max Kuckert), Thomas Dunskus (Maurerlehrling Erwin), Klaus Deppe, Elly Burgmer, Lotte Lieck, Erich Dunskus, Karl Hannemann u. a.
INHALT: Im Nachkriegsberlin muß die 18jährige Inge Kuckert sich und ihre vier jüngeren Geschwister durchbringen. Keine leichte Aufgabe, denn niemand will die Rasselbande haben. Da finden sie eine zerbombte Villa im Grunewald, die so recht als Kuckucksheim geeignet scheint. Mit Feuereifer gehen sie an den Ausbau. Doch ein Herr Schultz, seines Zeichens »Verfügungsberechtigter«, will ihnen einen Strich durch die Rechnung machen. Da tritt der freundliche Nachbar, ein junger Journalist, auf den Plan und nimmt Herrn Schultz etwas genauer unter die Lupe, woraufhin der das Weite sucht. Die Kuckucks sind glücklich, und ein neues Familienoberhaupt lacht auch schon über den Zaun.
ZUM FILM: Der muntere Film mit viel Zeitkolorit geriet wiederum ins Visier von Funktionären. Daß die positive Schlußlösung auf den »edlen Kapitalistensohn« zurückzuführen war, erinnere an die »überwundene Volksgemein-

schaft im nationalsozialistischen Sinne«. Der Film blieb Hans Deppes letzte Arbeit bei der DEFA.
ECHO: Doch warum soll ein so brennendes Zeitthema nicht auch einmal (wie es hier geschieht) etwas erfreulicher abgehandelt werden?! Der Erfolg bestätigt den Autoren des Films, Marta Moyland und R. A. Stemmle, daß sie gar nicht so unrecht hatten, das böse Kuckucksei mit frischen, bunten Farben zu tünchen. Vielen Menschen gehen eben gewisse Wahrheiten besser ein, wenn sie mit einem Lächeln gesagt werden. Selbstverständlich muß auch ein modernes Märchen eine Moral haben. Daß diese Moral jedoch nicht in Form einer am Schluß angehängten Belehrung in Erscheinung tritt, sondern sich logisch aus der Handlung selbst entwickelt, ist ein Verdienst, das hauptsächlich dem Regisseur Hans Deppe zuzuschreiben ist. (Peter Edel, *Weltbühne* 16/1949)
NEBENBEI: Marliese Ludwig, die Darstellerin der Frau Bissig, war nicht nur eine anerkannte Chargenspielerin, sondern auch eine der erfolgreichsten Berliner Schauspiellehrerinnen.

KÜSSCHEN UND DER GENERAL

(Kinderfilm)
RE: Wolfgang Bartsch, SZ: Peter Brock, DR: Gudrun Rammler (Deubener), KA: Roland Gräf, MU: Wolfgang Hohensee, BA: Karl-Heinz Krehbiel, KO: Günther Schmidt, SC: Helga Emmrich, PL: Willi Teichmann, m: 1899 = 70 min, s/w, PJ: 1960/61, AD: 3.11.1961
DA: Kinder: Bernd Kersten (Küßchen), Rolf Furkert (General), Axel Stage (Herbert), Ingo Oldag (Pinguin), Frank Lamla (Stulle), Astrid Oldag (Renate), Gudrun Wiesenberg (Punkt), Gudrun Vogel (Mädchen mit der Mundharmonika), Erwachsene: Jürgen Frohriep (Leutnant), Helga Raumer (Frau Kuß), Brigitte Lindenberg (Frau Höflich, Lehrerin), Werner Senftleben (Hauptmann der VP), Dieter Bisetzky (Unteroffizier) u. a.
INHALT: Die Gruppenratsvorsitzende der 7 b, Punkt, hat einen schweren Stand, denn in der Klasse gibt General den Ton an – zu dummen Streichen. Da ist der Neue, Küßchen, ganz anders. Er bastelt gern, hat ein eigenes Feldtelefon. General und seine Clique wollen ihm eins auswischen und bauen eine Fallgrube, doch nicht Küßchen, sondern ein Leutnant der NVA stürzt hinein. Er bricht sich einen Arm, und Küßchen besucht ihn im Krankenhaus. Verrat – denken die anderen. Aber die beiden freunden sich an, und der Leutnant hilft den Kindern beim Bau einer Amateurfunkanlage. Der dazukommende General ist interessiert. Er verleitet Küßchen zum illegalen Funken, was die Polizei auf den Plan ruft. Und nun zeigt der General, daß er doch ein anständiger Kerl ist.
ZUM FILM: Der Regisseur Wolfgang Bartsch legte mit diesem Streifen aus dem Pionierleben seinen einzigen DEFA-Spielfilm vor. Als Regisseur des populärwissenschaftlichen bzw. Kurzfilmstudios beschäftigte er sich wiederholt mit Kinderthemen, wie in dem Mittelmetrage-Film → *Ferien und das alte Haus,* die in Kinderprogrammen liefen.
ECHO: Die Fabel ist spannend und enthält viel Lehrreiches, allerdings artet sie häufig allzusehr in Lehrhaftigkeit aus, wodurch die konstruierte Handlung noch unterstrichen wird. Doch was den → *Neuen Fimmel* so sehenswert macht, fehlt hier fast völlig: das Heitere, Fröhliche im Alltag unserer Kinder. Das liegt zum Teil auch an der Regie, die nicht mit der notwendigen leichten Hand die zweifellos echten Konflikte der Kinder gestaltete. Die Jungen und Mädchen – zum Teil nicht glücklich ausgewählt – tragen wie uralte Parlamentarier, sich meist laut anschreiend, ihre Streitigkeiten aus. Und da, wo es nach einem lustigen Sketch geradezu riecht, wirkt er aufgesetzt. (Charlotte Czygan, *BZ am Abend*, 2.11.1961)
NEBENBEI: *Küßchen und der General* war der erste Spielfilm, bei dem der junge Roland Gräf hinter der Kamera stand. Er wurde später einer der profiliertesten DEFA-Regisseure (u.a. → *Märkische Forschungen*).

KUTTEL

(Kinderfilm)
RE: Siegfried Menzel, BU: Werner Wendt, Siegfried Menzel, DR: Eleonore Schmidt-Schwarze, KA: Hans Hauptmann, MU: Günter Hauk, BA: Erich Kulicke, KO: Lydia Fiege, SC: Wally Gurschke, PL: Anni von Zieten, m: 1797 = 66 min, s/w, PJ: 1960/61, PM: 9.6.1961, PM-Ort: Magdeburg (3. Arbeiterfestspiele)
DA: Hans-Peter Minetti (Bernhard Grünberg), Waltraut Kramm (Lisa Grünberg), Christoph Beyertt (Frenzel), Dieter Perlwitz (Gustl), Horst Lommatzsch (Dicker Mann), Harry Hindemith (Lehrer Rasche), Norbert Flohr (Kuttel), Ursula Her-

ting (Wally), Herbert Dirmoser (Ingenieur), Georg Helge (Parkwächter Nelke), Johannes Maus, Jean Brahn, Heinz Hellmich, Christel Thein, Trude Bechmann u.a.

INHALT: Während der Sommerferien des Jahres 1931 plant eine Gruppe von Arbeiterkindern, eine Wettfahrt mit Modellbooten im Parkbassin ihres Stadtviertels zu veranstalten. Sie informieren alle Kinder, doch ein Verräter meldet das Vorhaben der Polizei, die ohnehin ein Auge auf die »Roten« hat. Das Wasser wird aus dem Bassin gelassen und Kuttel, von dem die Idee stammte, wird mit seiner Freundin Wally auf die Wache gebracht. Von den Genossen des Kommunistischen Jugendverbandes und der KPD organisierte Solidaritätsaktionen erzwingen ihre Freilassung. Und schließlich findet das Bootsrennen doch noch statt.

ZUM FILM: In seiner einzigen Spielfilm-Regie konnte der Regisseur das Leben proletarischer Kinder der dreißiger Jahre nicht überzeugend zur Plastizität bringen. Thematisch ähnlich gelagerte Filme produzierte die DEFA vorher und nachher mit stärkerer künstlerischer Kraft.

ECHO: So sauber auch Regie und Kamera gearbeitet haben, frage ich mich doch (...), ob die Alltagswelt mit Kinderaugen betrachtet nicht doch anders, vielfältiger und interessanter aussieht. Der Kinderfilm sollte neben seiner erzieherischen und unterhaltenden Funktion auch versuchen, den Kindern das Sehen beizubringen, ihren Blick für Eigenart und Schönheit ganz alltäglicher Wesen und Dinge zu schärfen. Das ist mit konventionellen künstlerischen Mitteln kaum zu erreichen. (Sybill Mehnert, *Junge Welt*, 23.9. 1961)

Kuttel hat kaum Gelegenheit, wirklich aktiv zu werden und die Handlung zu bestimmen. Nicht anders ergeht es den Kindern Wally, »Professor« und besonders »Latte«. Man kann sich des Eindrucks nicht erwehren, daß sie als »Prinzipienvertreter« mit bestimmten Merkmalen fungieren sollen. Dieser Mangel an Charakterzeichnung drückt sich zwangsläufig im Spiel und in der Besetzung der Rollen aus, von dem die Erwachsenen nicht ausgeschlossen sind. (Ernst-Günter Jahnke, *Deutsche Filmkunst* 1/1962)

NEBENBEI: Der 1928 geborene Siegfried Menzel war langjährig als Schauspieler an der Berliner Kinder- und Jugendbühne Theater der Freundschaft engagiert und stand auch bei DFF und DEFA mehrfach vor der Kamera.

L

LACHTAUBEN WEINEN NICHT

RE: Ralf Kirsten, SZ: Helmut Baierl, LV: Bühnenstück »Die Lachtaube« von Helmut Baierl, DR: Herbert Fischer, KA: Jürgen Brauer, MU: Karl-Ernst Sasse, SB: Harry Leupold, KO: Christiane Dorst, SC: Ursula Zweig, PL: Manfred Renger, GR: GR »Johannisthal«, m: 2259 = 81 min, fa, brw, AT: Die Feuerfesten, PJ: 1978/79, PM: 19.9.1979, PM-Ort: Berlin, »Kosmos«

DA: Uwe Kockisch (Rolf Ziener, »Lachtaube«), Günter Naumann (Hubert Zementhin), Eberhard Mellies (Heinz Flatow), Günter Junghans (Dr.-Ing. Dörster), Klaus Manchen (Enders), Dieter Bellmann (Manfred Nasse), Jürgen Kluckert (Dieter Krampe), Jörg Panknin (Georg Fletscher), Ernst-Georg Schwill (Schweyk), Herwart Grosse (Alfred Pöpel), Waltraut Kramm, Berndt Stübner, Andrzej Pieczynski, Gert Gütschow, Werner Godemann, Ingeborg Westphal, Dieter Montag, Helga Ziaja, Angela Brunner, Joachim Tomaschewsky u. a.

INHALT: Eine Schmelzerbrigade eines Martin-Stahlwerkes. Zu ihr gehören unter anderem der junge Rolf Ziener, genannt Lachtaube, der sich einmischt, wenn etwas nicht in Ordnung ist; Hubert Zementhin, der als Leiter eines Werkes abgesetzt wurde und nun wieder Schmelzer ist; Manfred Nasse, der seinen Fähigkeiten entsprechend Brigadier sein müßte, aber es als Nichtgenosse nicht sein darf. Letzterem fällt eher zufällig das Intensivierungsprogramm des Werkes in die Hände, aus dem hervorgeht, daß ihre überalterten Martinöfen stillgelegt werden und damit ihre Arbeitsplätze verloren gehen sollen. Die Brigademitglieder sind empört, daß der Beschluß gefaßt wurde, ohne mit ihnen zu sprechen. Sie verweigern die Arbeit und erzwingen eine Auseinandersetzung mit der Werksleitung, in der der Leitungsstil von Direktor Flatow scharf attackiert wird.

ZUM FILM: Der Film von Kirsten und Baierl war mehr als ein weiterer Film zum Arbeiterthema anläßlich eines Jahrestages. Hier wurden anhand undemokratischer Leitungsentscheidungen Probleme kritisch zur Diskussion gestellt, ohne jedoch die Schuld des Systems letztlich aussprechen zu dürfen.

ECHO: Ralf Kirstens Filme zeichnen sich u.a. dadurch aus, daß er Schauspieler entdeckt oder neu, ungewohnt einsetzt. Das realistische Klima des Films lebt von der schönen, weil sachlichen Kamerasicht Jürgen Brauers (störend nur ein Kino-Touch in einigen Innendekorationen und Frauen-Szenen) *und* einem großen Figurenensemble, das auch in kleinen Momenten charakterisiert, nicht durch gewohnte, bewährte Besetzungen geglättet ist. Lange nicht sind Arbeit und Arbeiter in einem DEFA-Film so kräftig beobachtet, entdeckt und gestaltet worden. Die Fragen, die der Film aufreißt und bewußt offenläßt, an uns weitergibt, bestätigen nur, daß gerade in diesem Lebensbereich die entscheidenden Probleme unserer Gesellschaft zu entdecken sind. (Peter Ahrens, *Weltbühne* 42/1979)

Zur Sprache kommt dabei aber im Film die Scheu vieler Kollegen, in einem solchen Konflikt den Mund aufzumachen; zu oft haben Erfahrungen gelehrt, daß ein offenes Wort Nachteile bringt. (...) Auch Kirstens Film bietet nur Impressionen, reißt Probleme und Konflikte lediglich an, ohne ihre Lösung mitzuliefern; er spielt nicht in jener Werbespot-ähnlichen Neubau-Atmosphäre, die bevorzugter Schauplatz manch anderer DEFA-Filme war, sondern führt ein weniger fotogenes, aber dafür wirklichkeitsnäheres Kleinstadt- und Industriemilieu bei trübem Winterwetter vor. (Heinz Kersten, 1979, zit. nach *So viele Träume*)

NEBENBEI: Uwe Kockisch, lange Jahre Protagonist des Berliner Maxim Gorki Theaters, wurde in den neunziger Jahren ein gesamtdeutscher Fernsehstar.

DAS LAND HINTER DEM REGENBOGEN

RE: Herwig Kipping, SZ: Herwig Kipping, DR: Erika Richter, KA: Roland Dressel, MU: Gustav Mahler, SB: Peter Wilde, KO: Inken Gusner, SC: Barbara Simon, PL: Wolfgang Rennebarth, GR:

GR »DaDaeR«, m: 2450 = 89 min, fa, brw, AT: Schaukelpferd im Regen, PJ: 1990/91, PM: 19.3.1992, PM-Ort: Dresden
DA: Franciszek Pieczka (Großvater), Winfried Glatzeder (Vater), Axel Werner (Heinrich), Stefanie Janke (Marie), Thomas Ewert (Hans), Sebastian Reznicek (Regenbogenmacher), Fred Delmare (Kreissekretär), Swetlana Schönfeld (Mutter Paula), Sewan Latchinian (Alouis), Franziska Matthus (Liesbeth), Kathi Liers, Ildiko Vollner-Kippingné, Thomas Putensen, Rolf Ludwig, Christine Harbort u.a.
INHALT: Kindheit Anfang der fünziger Jahre in Stalina, einem Dorf in der DDR. Der Großvater des Regenbogenmachers will in der LPG das Paradies errichten. Der Junge liebt die schöne Marie, in deren Augen der Traum vom Regenbogenland leuchtet. Das Paradies des Großvaters hingegen entpuppt sich als Vorhof zur Hölle, in dem die Vertreter des Sozialismus über Leichen gehen und in grotesken Ritualen den Götzen Stalin anbeten. Nach Stalins Tod geht der zerstörerische Alltag weiter. Die Aufruhr der Dorfbewohner wird von sowjetischen Soldaten niedergeschlagen. Doch der Untergang nimmt in einer Gewaltorgie seinen Lauf. Den Kindern bleibt der Traum vom Regenbogenland. Marie und der Regenbogenmacher ziehen unter ihm hindurch in die Wüste, in der die Karl-Marx-Büste abgestellt wurde, einem neuen Land der Utopie entgegen.
ZUM FILM: Herwig Kipping, der wegen der Hartnäckigkeit, mit der er unkonventionelle und damit unbequeme künstlerische Auffassungen verfocht, aus der SED ausgeschlossen worden war und in seiner Laufbahn massiv behindert wurde, hatte durch die Gründung der Nachwuchs-Gruppe DaDaeR im Januar 1990 die Möglichkeit, sein längst fälliges Spielfilmdebüt zu drehen. Der Film, der es wegen seiner metaphernreichen Sprache beim Publikum schwer hatte, wurde bei der Kritik ein großer Erfolg und errang zahlreiche Preise.
ECHO: Herwig Kippings DEFA-Debüt *Das Land hinter dem Regenbogen*, das für mich zu den wichtigsten Entdeckungen am Ende der »alten« DEFA zählt, wird von malerischen Tableaus dominiert; Gemälde zum filmischen Leben erweckt; Zeitgeschichte in Totalen gebündelt. Der rote Stern an einem vertrockneten Baum über dem Misthaufen, dem Zentrum des absonderlichen Geschehens. Darauf ein Toilettenhäuschen mit Ulbrichtbild und Sowjetwimpel, vor dem der Kreisleitungs-Sekretär seine Entscheidungen verkündet. Sinnfällige Metaphern. Aus den Ruinen kriechen rote Fahnen, Zeichen der Hoffnung auf ein besseres Dasein. Doch der Alltag ist, trotz dröhnender Worte, ausladender Gesten, geprägt von Dumpfheit, Schmutz und Egoismus. Das wird sich nie aus unserer Gegenwart verlieren. (Ralf Schenk, *Film und Fernsehen* 8+9/1991)
... schildert Herwig Kipping in Bildern, die einer Mischung aus Hieronimus Bosch und Breughel gleichen, seine eigene Kindheit in einem Dorf der DDR des Jahres 1953. Damals war er gerade mal fünf Jahre alt, und die Welt, die er jetzt als 43jähriger auf die Leinwand brachte, malte sich im Kopf eines phantasievollen Knaben vielleicht so, wie sie nun da erscheint, ergänzt durch Bilder aus den Filmwelten eines Tarkowski oder Zoltán Huszárik, die später der Regiestudent Kipping an der Babelsberger Filmhochschule in sich aufnahm. (...) Obskur mögen die Visonen (...) westlichen Betrachtern in der Tat erscheinen. Ex-DDR-Bürger seiner und einer älteren Generation werden darin aber Reklikte und Erinnerungen eigener Vergangenheit wiedererkennen. (...) Seine drastischen und poetischen Szenen aus dem stalinistischen Dorfleben präsentieren sich als ein allegorisches Pandämonium überbordender Phantasie. Eine eigentliche Handlung gibt es nicht. (Heinz Kersten, *Freitag* 30/1991)
NEBENBEI: Der Film erhielt 1992 das Filmband in Silber zum Deutschen Filmpreis.

DER LANGE RITT ZUR SCHULE

(Kinderfilm)
RE: Rolf Losansky, SZ: Gisela und Günter Karau, LV: Gleichnamige Erzählung von Gerhard Holtz-Baumert, DR: Anne Pfeuffer, KA: Helmut Grewald, Michael Göthe, MU: Karl-Ernst Sasse, SB: Jochen Keller, KO: Joachim Dittrich, SC: Ursula Zweig, PL: Wolfgang Rennebarth, GR: GR »Berlin«, m: 2291 = 84 min, fa, brw, PJ: 1980/81, PM: 13.7.1982, PM-Ort: Wittenberg, »Zentraltheater«
DA: Frank Träger (Alex), Iris Riffert (Maren), Klaus Piontek (Direktor), Barbara Schnitzler (Lehrerin), Dieter Franke (Hausmeister), Fritz Marquardt (Pferdekrüger), Gojko Mitic (Sportlehrer Geisel/Roter Milan), Klaus Manchen (Bullenjack),

Ellen Hellwig, Günter Schubert (Die Eltern), Rolf Hoppe, Alfred Struwe, Jörg Panknin, Petr Skarke, Leon Niemczyk, Fred Delmare, Bruno Carstens, Gerhard Rachold, Sabine Unger, Brigitte Beier u.a.
INHALT: Der zehnjährige Alex sieht heimlich einen Western im Fernsehen, und ehe er sich's versieht, stehen die Westernhelden in seinem Wohnzimmer. Sie drohen, das Spartakiade-Gold, das er noch zu gewinnen denkt, zu stehlen. Am Morgen verwandelt sich sein Fahrrad in einen Mustang und der Weg zur Schule in ein Westernabenteuer, bei dem sich die Lehrer in Indianer oder Cowboys und die Klassenleiterin in eine Saloon-Dame verwandeln. Gemeinsam mit seinem Helden, dem Roten Milan, erobert er das Spartakiade-Gold, das er an die bösen Gegner eingebüßt hat, zurück. Das alles dauert ziemlich lange, und so kommt Alex wieder einmal zu spät zur Schule. Eifrig erklärt er dem Direktor die Ursachen – und der sieht plötzlich auch einen Mustang im Flur stehen.
ZUM FILM: Losanskys Plädoyer für Phantasie lebte entscheidend von der Besetzung mit Stars der DEFA-Indianerfilme – sowohl die »Guten« als auch die »Bösen« waren leicht wiederzuerkennen, und Alt und Jung hatten ihren Spaß daran.
ECHO: So dürfte die Moral dann lauten: Träume, Phantasie gehören zu unserem Leben, ohne sie wären wir um vieles ärmer. Auch bei allen Filmbeteiligten, egal, ob groß oder klein, hat man den Eindruck, sie sind beim Drehen mit ausgerissen ins Land der Phantasie, so sehr sind alle bei der Sache. (Klaus-Peter Wolf, *Tribüne*, 13.7.1982)
Einige der humorvollen Seitenhiebe des Films sind wohl an Lehrer und andere Erwachsene gerichtet, die allzuoft unter der Phantasie ihrer Sprößlinge stöhnen. (Marlene Köhler, *Freiheit*, 14.7.1982)
Bekannte Schauspieler stehen Losansky zur Seite, haben, wie man ihnen unschwer anmerkt, einen Heidenspaß, in solch turbulentem Western – und oft zudem in einer Doppelrolle – spielen zu können. (...) Die eigentliche Handlung erweist sich als ziemlich dürftig und über Gebühr zerdehnt, der Westernulk derart aufgebläht, so daß der Film glattweg in zwei selbständige, uneinheitliche Teile zerfällt. Da ging wohl Losansky und seinem Stab die Phantasie derart durch, daß sie völlig »vergaßen«, daß Filmemachen eben auch Konsequenz, Konzentration und Kunstfertigkeit verlangt. (Hans-Dieter Tok, *Leipziger Volkszeitung*, 24.7.1982)
NEBENBEI: Komponist Karl-Ernst Sasse spielt einen Musiklehrer.

LASST MICH DOCH EINE TAUBE SEIN

(Co-Produktion DDR/Jugoslawien)
RE: Miomir Stamenkovic, SZ: Wolfgang Held, DR: Dieter Wolf, KA: Danijal Sukalo, MU: Peter Rabenalt, SB: Paul Lehmann, KO: Danka Petrovska, SC: Jelena Djokic, PL: Horst Hartwig, Zikrija-Zijo Passik, GR: GR »Babelsberg«, m: 2779 = 102 min, fa, brw, PJ: 1988/89, PM: 22.2.1990, PM-Ort: Berlin, »International«, CO: Sutjeska-Film, Sarajevo, Serbokroat. Titel: Volio bih da sam golub
DA: Vanja Drach (Hans Sulka), Manfred Möck (Josef Sulka), Marina Markovic (Anna Sulka), Lutz Leyh (Milan Folk), Slobodan Negic (Boris), Peter Mohrdieck (Schnitzinger), Gojko Mitic (Lukas Mattheis), Michael Lucke (Blanuschka), Joachim Nimtz, Hildegard Alex, Michael Gerber, Jens Knospe, Maren Schumacher, Susanne Schwab, Christel Peters u.a.
INHALT: 1943 wird in Slowenien die Partisaneneinheit »Ernst Thälmann« gebildet. Sie setzt sich aus Angehörigen der deutschen Minderheit und Überläufern der Wehrmacht zusammen. Auch die junge Anna Sulka gehört dazu. Ihr Bruder Josef dagegen ist bei der Waffen-SS. Der Vater, Hans Sulka, möchte sich aus den Kämpfen heraushalten. Er betreibt einen Handel und ist – wegen der Passierscheine – auf die Hilfe des SS-Kommandeurs Schnitzinger angewiesen. Der versucht, über Sulka an die Partisanen heranzukommen. Nach der gewaltsamen Befreiung von Geiseln durch Partisanen erpreßt er den jungen Josef Sulka. Die Partisanen werden von der SS aufgerieben, der den Betrug erkennende Vater erschießt seinen Sohn.
ZUM FILM: Der Film ist ein weniger gelungenes Beispiel für die jahrzehntelange thematische Auseinandersetzung mit dem Faschismus und kritisiert neutralistische Haltungen. Er sollte im Februar 1990 der Beitrag zur »Woche der Waffenbrüderschaft« werden, zu der es nicht mehr kam.

ECHO: *Laßt mich doch eine Taube sein* heißt dieses Werk, und einen Vogel, in der Tat, muß wohl haben, wer dies so ermöglichte. Daß der jugoslawische Regisseur (...) Miomir Stamenkovic ein Dilettant ist, der Film inszeniert auf dem Niveau unserer kindlichen »Räuber-und-Gendarm-Spiele«, das ist sein Problem, es gibt überall Leute, die nichts können. Aber warum, um Himmels Willen, müssen wir, mußten wir dieses Problem zu dem unseren machen? (Henryk Goldberg, *Filmspiegel* 6/1990)

NEBENBEI: Manfed Möck, der den Josef Sulka spielt, wurde 1988 durch die Rolle des Vikars in → *Einer trage des andern Last* bekannt.

LAUT UND LEISE IST DIE LIEBE

RE: Helmut Dziuba, SZ: Wolfgang Ebeling, Helmut Dziuba, Heinz Kahlau, DR: Thea Richter, KA: Hans-Jürgen Sasse, MU: Karl-Ernst Sasse, SB: Harald Horn, KO: Katrin Johnsen, SC: Bärbel Weigel, PL: Erich Albrecht, GR: KAG »Roter Kreis«, m: 1829 = 67 min, fa, brw, AT: Das Haus hat viele Fenster, PJ: 1971/72, PM: 1.12.1972, PM-Ort: Berlin, »Colosseum«

DA: Margot Busse (Helga Baumann), Werner Tietze (Baumann), Alfred Müller (Fritz Hempel), Irma Münch (Tante Magda), Dieter Franke (Parteisekretär Wolter), Wolfgang Sasse (Werkleiter Schmidt), Günter Wolf (Dr. Stein), Hermann Wagemann (Schwiegervater), Hans-Dieter Schlegel (Meister Böhmke), Eckhard Becker (Andreas), Hannelore Telloke, Victor Keune, Horst Giese, Karl Sturm, Hannes Stelzer u.a.

INHALT: Helga Baumann, 28 Jahre, geschieden, zwei Kinder, kommt von einem Meisterlehrgang zurück und trifft ihren geschiedenen Mann Fred. Ihre Schwester hat diese Begegnung arrangiert. Scheidungsgrund war seine kleinbürgerliche Haltung: Fred hatte sie nur als Ehefrau und Mutter seiner Kinder akzeptiert, nicht aber als eigene Persönlichkeit. Sie geht zu dem Treffen in der Hoffnung, daß er sich geändert hat. Es scheint auch so, sie erliegt erneut seinem Charme. Sie arbeitet sogar im Betrieb recht gut mit ihm zusammen. Ein Mißerfolg auf der Messe in Taschkent läßt jedoch deutlich werden, daß Fred sich im Grunde nicht geändert hat. Er erklärt angesichts ihrer Niedergeschlagenheit, daß sie es nicht nötig hätte zu arbeiten. Bei der Prämienverteilung im Betrieb nimmt Fred seine Prämie trotz ungenügender Leistung an. Helga verzichtet und trennt sich endgültig von ihm.

ZUM FILM: Nachdem Erich Honecker auf dem VIII. Parteitag der SED erklärte, es dürfe in der Kunst der DDR keine Tabus geben, wurde mutig dieser Film konzipiert, in dem Auswüchse des sozialistischen Wettbewerbs an sozialistischen Moral-Grundsätzen gemessen wurde. Schönfärberei wurde kritisiert, und Zweifel einiger Arbeiter an den Methoden von Planung und Leitung wurden laut. Als der fertiggestellte Film zur Abnahme kam, war es mit der Tabulosigkeit nicht weit her. So wie er war, durfte der Film nicht an die Öffentlichkeit. Es wurde beschlossen, ihn vollkommen umzuarbeiten, um ihn zu »retten«. Autor Heinz Kahlau wurde zu Rate gezogen, der – einmalig in der Filmgeschichte – auf den fertigen Film eine völlig neue Geschichte schrieb, die mit Hilfe von Nachsynchronisation und umfangreichen Gedankenstimmen auf das vorhandene Bild gelegt wurde. Während die Heldin sich in der ersten Fassung in einen neuen Mann verliebte, traf sie in der zweiten Fassung ihren geschiedenen wieder. Aus einem Arbeitskollegen wird nun ihr Schwiegervater. Weil sich die Haupt-

darstellerin Margot Busse weigerte, an dieser Verfälschung mitzuwirken, wurde sie von Friederike Aust synchronisiert. Es entstand einer der unglückseligsten Filme der DEFA-Geschichte.
ECHO: Die Neufassung ist aber dem Streifen wenig bekommen, der in dieser nunmehr vorliegenden Form Film als Kunst ziemlich mißverstanden hat. (Hans-Dieter Tok, *Wochenpost* 2/1973)
Das Buch zu diesem Lichtspiel hätte m.E. in dieser verunglückten Fassung niemals auf Zelluloid geraten dürfen (...). Summa: eine unfertige literarische Vorlage, eine konfliktlos angelegte Fabel, eine hilflose Regie und noch dazu eine glatte Kamera. Das konnte nur danebengehen. (Renate Seydel, *Filmspiegel* 25/1972)
Mich plagt die Neugier. Ich wüßte für mein Leben gern, was Irma Münch, Margot Busse und Werner Tietze in den ersten Szenen des DEFA-Films *Laut und leise ist die Liebe* miteinander reden. Das, was man zu hören bekommt, haben sie zur Zeit der Filmaufnahmen nicht gesagt. Der Text wurde nachsynchronisiert und ist, wie die völlig asynchronen Lippenbewegungen beweisen, nicht mit dem ursprünglichen Dialog identisch. Auch Mimik und Gestik deuten auf ein anderes Konzept hin. Auf welches nur? Regisseur Helmut Dziuba und Szenarist Wolfgang Ebeling verrieten es nicht. Sie besorgten einfach einen dritten Mann, nämlich Heinz Kahlau, den Inhaber einer literarischen Reparaturwerkstatt, und als trotz vereinter Bemühungen nichts Rechtes entstehen wollte, kriegten auch wir unser Fett ab: Der Film kam ins Kino. (Renate Holland-Moritz, *Eulenspiegel* 3/1973)
NEBENBEI: Hauptdarsteller Werner Tietze gehörte eine Zeitlang zum Kriminalisten-Team des *Polizeiruf 110*.

DAS LEBEN BEGINNT
RE: Heiner Carow, BU: Jeanne und Kurt Stern, DR: Konrad Schwalbe, KA: Götz Neumann, MU: Kurt Schwaen, BA: Willy Schiller, KO: Rosemarie Wandelt, SC: Ilse Peters, PL: Erich Albrecht, m: 3254 = 119 min, s/w, AT: Probleme der Jugend, PJ: 1959, PM: 8.4.1960, PM-Ort: Berlin, »Babylon«
DA: Doris Abeßer (Erika Schenk), Erik Veldre (Rolf Gruber), Wilhelm Koch-Hooge (Dr. Schenk), Raimund Schelcher (Direktor Gruber), Manja Behrens (Frau Brenner), Adolf Peter Hoffmann (Willi Brenner), Rolf Ludwig (Benno Brenner), Hans Lucke (Lehrer Lietzow), Marga Legal (Frau Gruber), Gertrud Brendler (Frau Zauleck), Horst Kube, Hartmut Reck, Gisela May, Inge Keller, Ruth-Maria Kubitschek u. a.
INHALT: Erika Schenk und Rolf Gruber leben in einer Kleinstadt unweit Berlins und besuchen die 12. Klasse der Oberschule. Sie sind glücklich zusammen, doch ihre Liebe wird einer schweren Belastung ausgesetzt. Erikas Vater, Oberarzt im Krankenhaus und ehemaliger Chef einer Privatklinik in Tilsit, ist unzufrieden und flieht nach Westberlin. Die Tochter entscheidet sich schweren Herzens, mit dem Vater zu gehen. Nachdem die Faszination des Neuen verflogen ist, der Vater keine Arbeit bekommt und zur Bundeswehr ausweicht, Erika allein in Westberlin zurückbleibt, ist ihre Stimmung auf dem Nullpunkt. Ein Besuch Rolfs bewegt sie nicht zur Rückkehr, da sie sich in ihren Cousin Benno verliebt hat. Rolf bekommt wegen seiner Westberlinreise Schwierigkeiten und verläßt die Schule. Nach einem Selbstmordversuch entschließt sich Erika dann doch, in die DDR zurückzukehren.
ZUM FILM: Die Autoren hatten den Stoff über die brennend aktuelle Problematik der »Repu-

blikflucht« für Slatan Dudow geschrieben, der jedoch die moralisch fragwürdigen Probleme darin deutlich sah und den Stoff ablehnte. Der begabte, junge Heiner Carow bemerkte die Unstimmigkeiten des Stoffes zu spät, schuf aber einen achtbaren, heute aus historischer Sicht interessanten Film.

ECHO: Dem jungen Regisseur Heiner Carow ist es gelungen, Härte, Poesie und das politisch-künstlerische Niveau des Drehbuchs ohne Einbuße auf das Zelluloid zu übertragen. Er ist ein junger Regisseur – dennoch schon mit ausgeprägter eigener Note, persönlichem Stil und einem besonderen Talent, gedrängte Spannung, Reportage und feine Poesie organisch zusammenzufassen. Daß dabei innere menschliche Vorgänge gelegentlich noch zeitlich-optisch überdehnt werden, ist eine »läßliche Sünde« und leicht überwindbar. (Karl-Eduard v. Schnitzler, *Filmspiegel* 18/1960)

Mit der abgestandenen Form der Schwarzweißmalerei lockten schon verflossene DEFA-Filme keinen Hund mehr hinter dem Ofen hervor. Foine West-Neureiche schreien selbstverständlich ihre Dienstmädchen an, daß die Wände zittern; Jugendliche befinden sich in ständiger Rock 'n'Roll-Ekstase; West-Sekretärinnen wackeln impertinent mit dem unmoralischen Hinterteil; West-Wirtinnen sind giftspeiende Drachen; in allen West-Villen hängen abstrakte Bilder. Was es absolut nicht gibt, sind normale Menschen, Menschen mit Herz und wenigstens einem Rest Anstand. (Renate Holland-Moritz, 1960, zit. nach *Die Eule im Kino, 1981*)

Von früheren diesem Thema (der Republikflucht, f.b.h.) gewidmeten DEFA-Produktionen unterschied er (der Film, f.b.h.) sich (...) durch eine interessante Fabel mit teilweise echten Konfliktsituationen und eine differenzierte Charakterzeichnung. Die Darstellung der gegen einen Schüler in der Sowjetzone angewandten Erziehungsmethoden war sogar entlarvend realistisch und erzielte beim Publikum das Gegenteil der beabsichtigten Wirkung. Auch sonst erscheint der Inhalt im Vergleich zu vielen anderen konstruierten Geschichten glaubwürdiger, wenn auch das Grundschema der SED-Propaganda beibehalten wird. (Heinz Kersten, *Das Filmwesen in der Sowjetischen Besatzungszone Deutschlands*, 1963)

NEBENBEI: In der Schlußszene von Brechts »Mutter Courage und ihre Kinder« in der legendären Aufführung des Berliner Ensembles spielt Helene Weigel die Titelrolle.

Filmtext: Das Leben beginnt. Eine Filmerzählung von Kurt und Jeanne Stern. Berlin: Aufbau-Verlag 1959

LEBEN MIT UWE

RE: Lothar Warneke, SZ: Siegfried Pitschmann, Lothar Warneke, DR: Christel Gräf, Christa Müller, KA: Claus Neumann, MU: Gerhard Rosenfeld, SB: Marlene Willmann, KO: Dorit Gründel, SC: Erika Lehmphul, PL: Siegfried Kabitzke, GR: KAG »Roter Kreis«, m: 2802 = 103 min, fa, brw, AT: Doppelhelix, Das eine und das andere, PJ: 1973, PM: 8.3.1974, PM-Ort: Leipzig, »Capitol«

DA: Eberhard Esche (Uwe Polzin), Cox Habbema (Alla Polzin), Karin Gregorek (Ruth Polzin), Dieter Mann (Dr. Hunger), Friedo Solter (Prof. Holzmann), Carl Heinz Choynski (Jonas), Rolf Hoppe (Dr. Bohnsack), Renate Reinecke (Frl. Engel), Ruth Kommerell (Uwes Mutter), Micaela Kreißler (Karin), Gert Gütschow, Marianne Christina Schilling, Walter Bechstein, Jürgen Heinrich, Shadegh Shabaviz u. a.

INHALT: Der Biologe Uwe Polzin steht vor der Verteidigung seiner Dissertation. Es ist ein Tag, der ihn nachdenken läßt über sein bisheriges Leben. Seine Frau Alla trägt sich mit Scheidungsgedanken. Beide haben immer alles gewollt, Erfüllung in der Arbeit und in der Liebe. Sie waren sich einig, auch darüber, daß dies nicht einfach sein wird. Uwes wissenschaftliche Arbeit fordert den größten Teil seiner Zeit und Energie, für Alla und die beiden Kinder ist oft nicht viel geblieben. Alla, die ihre Arbeit als Dolmetscherin ebenso liebt, mußte oft zurückstecken, der Familie wegen. Sie fühlt sich ausgenutzt. Uwe vergleicht sein Leben mit dem seiner Schwester Ruth, die Ärztin ist. Sie hat, um sich ihrem Beruf ganz widmen zu können, auf eine Familie verzichtet. Für Uwe scheint dies keine Alternative. Auch Alla hat an diesem Tag über vieles nachgedacht, und als Uwe zur Verteidigung seiner Dissertation im Hörsaal erscheint, sitzt Alla unter den Zuhörern.

ZUM FILM: Der im damals wie heute vieldiskutierten Bereich der Gen-Forschung angesiedelte Film stellte Fragen des Gleichgewichts von

beruflichem und Familienleben zur Diskussion.
ECHO: Wäre der Begriff »Plädoyer« nicht so abgenutzt, man könnte sagen, Warneke und Pitschmann haben mit ihrem Film ein Plädoyer für die Ehe gehalten, ein Leben verteidigt, in dem Konflikte nicht als Katastrophen, sondern als Aufgabe begriffen werden. (Jutta Voigt, *Sonntag* 13/1974)

Leben mit Uwe ist ein Problemfilm im guten, aber auch im negativen Sinne. Die Szenen sind meist »von oben«, vom Problem her konzipiert und gebaut, statt »von unten«, aus realen Situationen auf Problementwicklung hin entwickelt. Zum Ehepaar (sehr genau, betont gefühlsbeherrscht: Cox Habbema, Eberhard Esche) werden Variantenfiguren angeboten, das *Problem* wird vielseitig formuliert und in einer komplizierten Struktur gedanklich eingekreist, aber die *Geschichte* erhält kein Zentrum, kommt nicht zum Zuge. (Peter Ahrens, *Weltbühne* 14/1974)

Immer wieder wird der Fluß der Handlung durch Rückblenden, Träume, Visionen, Wunschvorstellungen des Helden unterbrochen. Manchmal sogar mischen sich Realität und Erinnerung, so daß der Zuschauer in heillose Verwirrung gerät. Wenn künstlerische Ambition aber der Verständlichkeit des Vorgangs im Wege steht, führt sie sich selbst ad absurdum. (Renate Holland-Moritz, *Eulenspiegel* 18/1974)

... besticht die genaue psychologische Beobachtung aller registrierten Reaktionen, auch der Humor kommt nicht zu kurz, und die Kamera des schon vielfach bewährten Claus Neumann bietet dem Auge oft Bilder von hohem ästhetischen Reiz. Lothar Warneke erweist sich mit diesem Film wieder als eine der stilbewußtesten, ernsthaftesten Babelsberger Begabungen. (Heinz Kersten, *Tagesspiegel*, 21.4.1974)

NEBENBEI: Neben dem Schauspielerehepaar Cox Habbema und Eberhard Esche setzte Lothar Warneke in kleinen Rollen Künstler aus anderen Berufen ein, so den Autor des Szenariums, Siegfried Pitschmann, als Wissenschaftler, den Maler und Geschichtenerzähler Karl Hermann Röhricht in der stummen Studie als Uwes Vater, Produktionsleiter Siegfried Kabitzke als Ausbilder Karl, und Warneke selbst spielte einen Oberassistenten.

LEBEN ZU ZWEIT

RE: Herrmann Zschoche, BU: Gisela Steineckert, DR: Anne Pfeuffer, KA: Roland Gräf, MU: Georg Katzer, SB: Christoph Schneider, KO: Marlene Froese, SC: Rita Hiller, PL: Erich Kühne, GR: KAG »Berlin«, m: 2297 = 84 min, s/w, PJ: 1967, PM: 16.2.1968, PM-Ort: Gera, »Panorama-Palast«

DA: Marita Böhme (Karin Werner), Alfred Müller (Peter Freund), Evelyn Opoczynski (Nora Werner), Jan Bereska (Mark), Hanns-Michael Schmidt (Sascha), Ilse Voigt (Frau Braun), Marga Legal (Prof. Wolle), Walter Lendrich (Bibliothekar), Brigitte Lindenberg (Sekretärin), Volkmar Kleinert (Klapproth) u. a.

INHALT: Die Standesbeamtin Karin, Mitte Dreißig, seit langem geschieden, lebt mit ihrer 16jährigen Tochter Nora allein. Sie hat sich daran gewöhnt, vor allem an die Unabhängigkeit, die sie nicht mehr aufgeben möchte. Ihr neuer Freund dagegen, der Mathematiker Peter, will die Ehe. Karin findet Ausreden, schiebt ihre Tochter vor, der sie eine solche Lebensveränderung nicht zumuten könne. Doch Peter bleibt hartnäckig, und so ersinnt Karin einen etwas abwegigen Plan: Peter soll sich an Nora heranmachen, ihre Sympathie gewinnen, sich von ihr einladen lassen, um sich dann in die Mutter zu verlieben. Nora allerdings durchschaut nicht nur den Plan, sondern hat bereits eigene Liebesprobleme. Und so nimmt die Geschichte ihren eigenen – unplanmäßigen – Verlauf, bis zum Happy-End.

ZUM FILM: Nach seinem kritischen Gegenwartsfilm → *Karla,* der verboten wurde, konnte Herrmann Zschoche ein heiteres Lustspiel inszenieren, das Gisela Steineckert mit autobiografischen Zügen versetzt hatte.

ECHO: Der unterhaltsame kleine Film hat seine größten Vorzüge in der realistischen, nie zweideutigen Sicht der Dinge und in den vielfach hübsch pointierten Dialogen. Regisseur Herrmann Zschoche, der nach vielen Kinderfilmen nun seinen ersten Streifen für große Leute drehte, hatte offenbar gelegentlich Schwierigkeiten, seine Darsteller zurückzuhalten. So passiert es, daß Marita Böhme und Alfred Müller in einigen Szenen ein bißchen zu viel des Guten tun und *schau*spielen. (Günter Sobe, *Berliner Zeitung*, 27.2.1968)

Zschoche verstand es geschickt, gängige Kino- und Lustspielklischees zu nutzen, teilweise ironisch zu unterlaufen, in das zunächst ungebrochene Amüsement des Zuschauers kleine Widerhaken der Verunsicherung und der Nachdenklichkeit zu integrieren. Am prägnantesten zeigt sich das hier in der Art und Weise, wie Zschoche die Dreiecks-Liebesgeschichte um die Tochter (Evelyn Opoczynski) entwickelt. (Christoph Prochnow in *DEFA-Spielfilm-Regisseure und ihre Kritiker*, 1981)

NEBENBEI: Der Berliner Oktoberklub singt das Lied »Wir sind jung«, das dessen Mitglied Jürgen Pippig (heute bekannt als Jürgen Walther) geschrieben hatte.

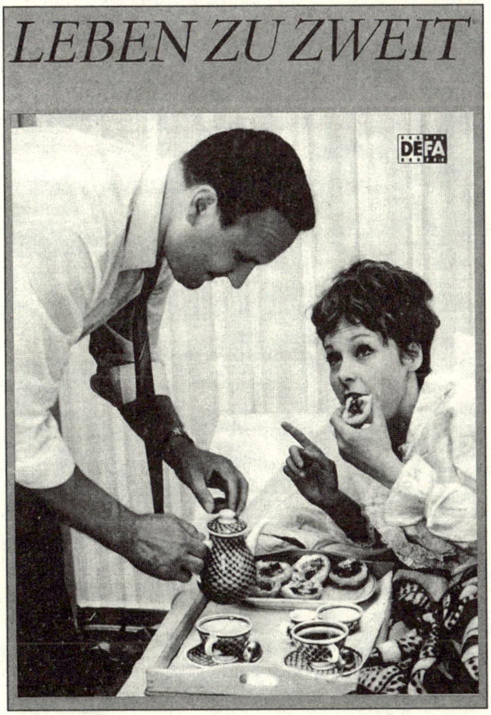

LEBENDE WARE

RE: Wolfgang Luderer, BU: Walter Jupé, Friedrich Karl Kaul, Wolfgang Luderer, DR: Aenne Keller, KA: Hans Heinrich, MU: Wolfgang Lesser, SB: Alfred Drosdek, KO: Joachim Dittrich, SC: Wally Gurschke, PL: Fried Eichel, GR: KAG »Heinrich Greif«, m: 2638 = 97 min, s/w, Cine, PJ: 1965/66, AD: 9.9.1966

DA: Horst Schulze (Becher), Marion van de Kamp (Gräfin), Hannjo Hasse (Eichmann), Siegfried Weiß (Chorin), Wolfgang Greese (Kastner), Peter Sturm (Mahlmann), Erika Pelikowsky (Frau Mahlmann), Rolf Hoppe (Grabau), Thomas Weisgerber (Krumrey), Hannes Fischer (Wisliceny), Wolfram Handel, Albert Hetterle, Kurt Steingraf, Friedrich Richter, Ivan Malré u.a.

INHALT: Im Mittelpunkt dieses auf einem authentischen Fall basierenden Films steht die Vergangenheit des in der Bundesrepublik unbehelligt lebenden Geschäftsmanns Kurt Andreas Becher. 1944 nimmt der SS-Obersturmbannführer und Chef des SS-Ausräumkommandos in der Budapester Villa des Juden Dr. Chorin, Hauptaktionär eines Konzerns, Quartier. Er stellt Chorin vor die Alternative: Deportation in ein Vernichtungslager oder Rettung ins Ausland für alle Familienangehörigen der Aktionäre, wenn er Becher »freiwillig« den Konzern in Treuhand gibt. Chorin wählt das Leben. Für Becher ist dies der Anfang eines bestialischen Handels: Vermögen gegen Leben. Es gelingt ihm, den Leiter der zionistischen Bewegung Ungarns zu seinem Handlanger zu machen. Den größten Teil der Beute bringt Becher auf ein Schweizer Konto. Nach dem Krieg gelingt es ihm, alle Verfahren gegen ihn unbeschadet zu überstehen und mit den erbeuteten Millionen ein Unternehmen aufzubauen.

ZUM FILM: Der Rechtsanwalt Friedrich Karl Kaul, der sich in besonderem Maße der (auch juristischen) Aufarbeitung der Nazi-Vergangenheit widmete, stellte zusammen mit seinem damaligen ständigen Co-Autor Walter Jupé mit dem SS-Obersturmbannführer Kurt-Andreas Becher eine authentische Figur in den Mittelpunkt. Der Film mit antifaschistischer Thematik war nach dem Verbot fast einer gesamten Jahresproduktion einer der wenigen DEFA-Streifen, die 1966 auf die Leinwand kamen.

ECHO: Der Film kann nicht verleugnen, daß seine Schöpfer die Schöpfer der Fernseh-Pitavalserien sind. Immer wieder wird das deutlich, und hier, wo man nämlich film- bzw. fernsehgemäße Ausdrucksmittel nicht aufmerksam genug auseinanderhielt, liegen auch die Schwächen des Films. So wußten z.B. bei der vorhandenen Vorlage weder Kameramann noch Regisseur viel mit der Breitwand (der Film ist in Totalvision gedreht) anzufangen. (Günter Sobe, *Berliner Zeitung*, 14.6.1966)

NEBENBEI: Co-Autor Walter Jupé, einer der herausragenden Schauspieler des Berliner Maxim Gorki Theaters, spielte in diesem Film den damaligen Reichsinnenminister und Reichsführer der SS, Heinrich Himmler.

DIE LEGENDE VON PAUL UND PAULA

RE: Heiner Carow, SZ: Ulrich Plenzdorf, DR: Anne Pfeuffer, KA: Jürgen Brauer, MU: Peter Gotthardt, SB: Harry Leupold, KO: Barbara Braumann, SC: Evelyn Carow, PL: Erich Albrecht, GR: KAG »Berlin«, m: 2881 = 106 min, fa, brw, PJ: 1972, PM: 29.4.1973, PM-Ort: Berlin, »Kosmos«

DA: Angelica Domröse (Paula), Winfried Glatzeder (Paul), Heidemarie Wenzel (die Schöne), Christian Steyer (Colli), Fred Delmare (Reifen-Saft), Rolf Ludwig (Professor), Hans Hardt-Hardtloff (der Schießbudenbesitzer), Käthe Reichel (seine Frau), Frank Schenk (Kollege Schmidt), Dietmar Richter-Reinick (Kumpel), Jürgen Frohriep, Eva-Maria Hagen, Willi Schrade, Marga Legal, Jessy Rameik u. a.

INHALT: Paul und Paula kennen sich schon lange – vom Sehen. Sie sind im selben Viertel aufgewachsen. Paul hat beruflich Karriere gemacht, aber führt eine unglückliche, zur Routine erstarrte Ehe. Paula lebt allein mit ihren beiden Kindern. Bei ihrer ersten wirklichen Begegnung werden beide von einer leidenschaftlichen Liebe erfaßt. Für Paula, die schon mit dem Gedanken gespielt hat, eine »Sicherheits-Ehe« mit Reifen-Saft einzugehen, ein Glücksgefühl, dem sie sich kompromißlos hingibt. Paul dagegen ist verwirrt und nicht bereit, seine gesellschaftliche Position als Mitarbeiter im Ministerium für Außenhandel aufs Spiel zu setzen. Er genießt den kurzen Augenblick des Glücks und wahrt ansonsten den Schein – in der Ehe und vor seinen Kollegen. Für Paula wird der Unfalltod ihres Kindes zum auslösenden Moment, sich von Paul, der sich nicht zu ihr bekennt, zu trennen. Erst angesichts des Verlusts erkennt er die Tiefe seiner Liebe, und auch daß Paula ihn braucht. Aber nun verweigert sie sich. Paul wirft alle Scheu und die Angst vor den zu erwartenden Konsequenzen von sich, belagert tagelang Paulas Wohnungstür, die er schließlich unter dem Beifall der Hausbewohner mit einer Axt einschlägt – und erobert Paula zurück. Doch das gemeinsame Kind, Paulas drittes, bringt ihr den Tod ...

ZUM FILM: Der von Ingrid Reschke vorbereitete Film wurde nach ihrem Unfalltod von Heiner Carow übernommen, der ihm jedoch seine eigene Handschrift gab. Eine für DDR-Verhältnisse ungewöhnliche Vorab-Mundpropaganda erzeugte einen ungeheueren Erwartungsdruck, dem der Film schließlich standhielt. *Die Legende von Paul und Paula* wurde – nicht zuletzt durch die von den Puhdys interpretierten Songs – zu einem der wenigen wirklichen »Kult-Filme« der DEFA, ein Ruf, den er auch in den Jahren behielt, in denen er nicht gezeigt werden durfte, weil die Protagonisten die DDR verlassen hatten.

ECHO: Soweit der Film von märchenhaft-poetischer Überhöhung lebt, ist er einfach hinreißend. Wo er nur reine Karikaturen und keine Charaktere zeigt, verliert er sein Format. (...) Den stärksten Eindruck hinterlassen die beiden Hauptdarsteller. Angelica Domröse war im Film noch nie so hervorragend, was daran liegen mag, daß sie noch nie so eine gute Rolle hatte. Winfried Glatzeder kann es sich leisten, auf sein betörendes Belmondo-Flair zu vertrauen. Es arbeitet zuverlässig, und er bietet darüber hinaus eine hochachtbare schauspielerische Leistung. (Renate Holland-Moritz, *Eulenspiegel* 16/1973)

In dem Film steckt weit mehr als die moritatenhafte Liebesgeschichte, die er erzählt. Er ist auch eine Reflexion über Liebe im allgemeinen, über Anpassung, über die Dialektik von Ideal und Wirklichkeit und am Rande auch über das Kino selbst. Er verschweigt nicht, daß es in der DDR noch Klassenunterschiede gibt, und er zeigt, daß in Ost-Berlin auch noch alte, abbruchreife Häuser stehen, die allerdings immer neuen, modernen Wohnblocks weichen müssen, und durch den Kontrast erscheint die Aufbauleistung imponierender als in den Filmen, die den Eindruck erwecken wollen, das Neue habe das Alte schon überall völlig verdrängt. (Heinz Kersten, 1973, zit. nach *So viele Träume*)

Heiner Carow hat die »Legende« – ein Wort, das schon eine gewisse Distanz zur Ost-Berliner Realität andeutet, zwischen Wirklichkeit und Wunschvorstellung einfallsreich und locker inszeniert (...), hat vor allem aber seinen Gestalten einen gewissen ironischen Abstand gewonnen. (Volker Baer, *Tagesspiegel*, 18.4.1974)

Die Legende von Paul und Paula verstörte die Obrigkeit vermutlich aus zwei Gründen: Paulas extreme Willenskraft, die sich der vorgefundenen Realität nicht unterordnet und auf ihr unbedingtes Solo (zu zweit) hofft, und Pauls soziales Umfeld. Paul (...) erschien als sozialistischer Staatsbeamter, Mitarbeiter des Außenhandelsministeriums und in seiner Psyche von der Behörde bis zur Unkenntlichkeit verstümmelt. Erst Jahre später bekennt er sich zu seiner Liebe, dann aber radikal. (...) Schon ein paar Bilder vorher hatte ihn Paula, mit Blumen im Haar und auf dem Bett, aus einer Kampfgruppenuniform »befreit«: eine Szene, in der die damals ganz aktuelle Ideologie der Blumenkinder über das strenge Reglement des militarisierten sozialistischen Alltags triumphierte. (Martin Mund, *Weltbühne* 25/1993)

Carows Art war nicht moderate Nüchternheit, lapidare Zustandsbeschreibung, gezügeltes Temperament; er setzte auf die kraftvoll-sinnliche Geschichte, die poetische Überhöhung, auf existentielle Konflikte und drastische Lösungen. Mit seinem Drang nach Expressivität, Dynamik, Körperspiel gab er dem Kino, was des Kinos ist; obwohl eingebunden in einen speziellen Ausschnitt von DDR-Realität, funktionierten die Entwürfe auch andernorts und überzeitlich. (Jürgen Bretschneider in *Babelsberg – Das Filmstudio*, 1994)

NEBENBEI: Nachdem der damalige Rostocker SED-Bezirkschef Harry Tisch kurz vor der Pre-

miere ein Verbot des Films verlangt hatte, entschied Erich Honecker persönlich am Premierentag, daß der Film aufgeführt werden dürfe. Der riesige Publikumsandrang machte die Staatsführung jedoch nervös, so daß thematisch ähnlich gelagerte Filme nicht mehr produziert werden konnten. – Der Sohn Michael von Paul und seiner Frau wurde von den wirklichen (aber nicht gemeinsamen) Kindern von Heidemarie Wenzel und Winfried Glatzeder dargestellt. Als Säugling war David Wenzel-Veth der Michael, als Einjähriger Robert Glatzeder, der in den neunziger Jahren eine Karriere als Schauspieler begann.
Filmtext: Die Legende von Paul & Paula. Filmerzählung von Ulrich Plenzdorf. Berlin: Henschelverlag 1974/Frankfurt am Main: Suhrkamp Verlag 1974/Rostock: Hinstorff Verlag 1988

LEICHENSACHE ZERNIK

RE: Helmut Nitzschke, SZ: Gerhard Klein, Joachim Plötner, Wolfgang Kohlhaase, Helmut Nitzschke, DR: Anne Pfeuffer, KA: Claus Neumann, MU: Hans-Dieter Hosalla, SB: Georg Kranz, KO: Eva Sickert, SC: Evelyn Carow, PL: Horst Dau, GR: KAG »Berlin«, m: 2720 = 100 min, s/w, PJ: 1971, PM: 30.3.1972, PM-Ort: Berlin, »Kosmos«

DA: Alexander Lang (Kriminalanwärter Horst Kramm), Gert Gütschow (Erwin Retzmann), Norbert Christian (Oberrat Kleinert, Leiter der Direktion K), Kurt Böwe (Kriminalrat Stübner, Leiter der Mordkommission), Hans Hardt-Hardtloff (Josef Probst, Kommissariatsleiter), Annemone Haase (Katharina Zernik), Lissy Tempelhof (Ingrid Walter), Käthe Reichel (Goldlucie), Jürgen Holtz (Berchtold), Günter Naumann (Brucker), Dieter Wien (Neltner), Rolf Hoppe (Fuhrunternehmer Bergmann), Agnes Kraus, Justus Fritzsche, Heinz Scholz, Horst Hiemer, Franz Viemann, Gerd Ehlers, Fritz Links, Friedel Nowack u.a.

INHALT: Berlin 1948. Der Maschinenwärter Horst Kramm ist soeben in den Dienst der Kriminalpolizei eingetreten. Sein erster Fall, er soll eine diebische Nutte verhaften, entbehrt nicht einer gewissen Komik. Der nächste jedoch ist bitterernst. Ein Frauenmörder treibt sein Unwesen in der Vier-Sektoren-Stadt, die geteilten Kompetenzen raffiniert ausnutzend. Zwei Leichen, bis zur Unkenntlichkeit durch Säure verätzt, wurden bereits in Berlin-Buch gefunden. Die Kriminalisten des demokratischen Sektors haben inzwischen das Tatmotiv ermittelt, doch ihre weitere Arbeit wird durch die Bildung eines eigenen Polizeipräsidiums für die drei Westsektoren unterbrochen. So können sie zwei weitere Morde nicht verhindern. In einer angesichts der politischen Situation grotesken Lage gelingt es ihnen unter großen Anstrengungen dennoch, den Täter zu fassen. – Siehe auch Anhang »Abgebrochene Filme«.

ZUM FILM: Gerhard Klein, Spezialist für Berlin-Filme, hatte Bekannte, die in der unmittelbaren Nachkriegszeit bei der Volkspolizei tätig waren und ihm Anregungen für seinen Stoff gaben. Nach zehn Drehtagen erkrankte Klein schwer und starb. Der Film wurde abgebrochen, aber Kleins früherer Assistent Helmut Nitzschke begann den Film mit verändertem Buch und großenteils neuer Besetzung ein zweites Mal. Er legte das Schwergewicht in der Personnage auf den Kriminalanwärter Horst Kramm, der jung, unerfahren, aber tatendurstig eine Identifikationsfigur bildete. Gleichzeitig wurde mit den Umständen der Berliner Teilung – auch in der Polizei – ein stimmiges Zeitbild geliefert.

ECHO: Er (Helmut Nitzschke) wählte einen genau erfaßten dokumentarischen Stil, ohne

dabei in ernüchternden Naturalismus zu verfallen. Die Verflechtung des verwandten Dokumentarfilmmaterials mit dem Spielfilm verrät ausgezeichnetes handwerkliches Können. Aber noch etwas, was leider gar nicht allzu häufig im DEFA-Spielfilm ist, fällt auf – eine Schauspielerführung, die immer motivierte Spielweisen und mehrfach ausgesprochene Kabinettstücke zur Folge hat. (Günter Sobe, *Berliner Zeitung*, 19.4.1972)
Leichensache Zernik – ein äußerlich bescheidener Film (Normalformat, Schwarzweiß) – erfüllt selbst unbescheidenste Forderungen: Er ist realistisch, milieugetreu, heiter, spannend und in jedem Detail überzeugend. Kameramann Claus Neumann, Szenenbildner Georg Kranz, Komponist Hans-Dieter Hosalla und Kostümbildnerin Eva Sickert taten, was sie konnten: ihr Bestes! Regisseur Helmut Nitzschke sei bedankt dafür, daß er aus einem Riesenaufgebot teils berühmter, teils unbekannter Darsteller ein Kollektiv der hervorragenden Schauspielqualität machte. (Renate Holland-Moritz, *Eulenspiegel* 22/1972)
NEBENBEI: Elfriede Hiesgen, die langjährige Kantinenchefin des Berliner Maxim Gorki Theaters und heute schon lebende Legende, war in der kleinen Rolle einer Wirtin zu sehen.

DIE LEIDEN DES JUNGEN WERTHERS
(Co-Produktion mit dem Fernsehen der DDR)
RE: Egon Günther, SZ: Helga Schütz, LV: Gleichnamiger Roman von Johann Wolfgang von Goethe, DR: Peter Jakubeit, Manfred Wolter, KA: Erich Gusko, MU: Siegfried Matthus; Violinkonzert G-Dur von Wolfgang Amadeus Mozart, SB: Harald Horn, KO: Christiane Dorst, SC: Rita Hiller, PL: Erich Kühne, GR: GR »Babelsberg«, m: 2889 = 106 min, fa, brw, PJ: 1976, PM: 26.8.1976, PM-Ort: Berlin, »International«
DA: Hans-Jürgen Wolf (Werther), Katharina Thalbach (Lotte), Hilmar Baumann (Albert), Heinz Dieter Knaup (Amtmann), Herwart Grosse (Gesandter), Dieter Mann (v. Steinfeld), Klaus Piontek (Wilhelm), Stefan Lisewski (Herausgeber), Barbara Dittus (Frau Heilmann), Angelika Mann (Cousine), Juliane Korén, Kurt Goldstein, Gerhard Bienert, Paul Arenkens, Simone Frost, Michael Gerber, Maria Rouvel, Johanna Schall, Friedrich Teitge, Bodo Krämer u. a. –
INHALT: Wilhelm übergibt einem Verleger in Leipzig die Briefe seines Freundes Werther. Gemeinsam lesen sie, das Schicksal des jungen Mannes lebt vor ihren Augen auf: Auf einem Ball lernt Werther die junge Lotte, Tochter eines Amtmanns, kennen. Er wird ständiger Gast in ihrem Haus und ein Freund der Familie. Seine Liebe zu Lotte ist hoffnungslos, denn sie ist mit Albert verlobt, einem Mann, der ihr eine gesicherte Zukunft garantiert. Werther dagegen ist ein Schwärmer, der gegen die gesellschaftlichen Verhältnisse aufbegehrt. Er trennt sich von Lotte, nimmt eine stupide Arbeit in der Kanzlei eines Gesandten auf. Die Unerträglichkeit der Arbeit und die Brüskierung durch dünkelhaften Adel lassen ihn fliehen und in die Umgebung von Lotte, die inzwischen mit Albert verheiratet ist, zurückkehren. Er bedrängt sie mit seiner leidenschaftlichen Liebe, doch sie weist ihn von sich. An seiner unglücklichen Liebe und dem Leben verzweifelt, wählt er den Freitod.
ZUM FILM: Nach dem als Provokation aufgefaßten Gegenwartsfilm → *Die Schlüssel* wurden Egon Günther nur noch historische Stoffe angeboten. Sein großes Interesse für Goethes Werk kam diesen Wünschen entgegen, doch Günther

brachte auch in diesen Stoffen viele versteckte gegenwärtige Anspielungen unter.
ECHO: Ohne den Text zu vergewaltigen, zeigt der Film einen auf der einen Seite fast burschikosen, auf der anderen Seite aber unendlich leidenden Werther. Günther und die Szenaristin Helga Schütz schaffen es, dieses doppelte Leiden des jungen Werther ausbalanciert bewußt werden zu lassen. (...) Hervorzuheben sind aber auch die anderen Mitarbeiter, vor allem Erich Gusko und Siegfried Matthus. Gusko, dem langjährigen Kameramann Günthers, gelingen Landschaftsbilder, die durch die wiedergegebene Stimmung und Atmosphäre zum Einprägsamsten gehören, was ich in letzter Zeit im Kino sah. Und Siegfried Matthus schuf für diesen Film des einstigen Gegners von Filmmusik, Egon Günther, eine die Bilder sehr wirkungsvoll unterstützende Musik. (Michael Hanisch, *Filmspiegel* 19/1976)
Die leidenschaftlich geschriebene, zugleich klug kalkulierte Liebesgeschichte, biographisch, historisch und zeitlos in einem, die elementare Glut und Über-Nervigkeit der Gefühle und Reaktionen erfährt eine kulturvolle, sensibel komponierte filmische Formung. Gewaltige und liebliche Natur, bürgerliche Idylle und kleinfeudale Welt werden zu Partnern im Geschehen. Große Szenen prägen sich ein, wie Werthers erste Begegnung mit Lotte. Katharina Thalbach ist eine unübertreffliche Lotte, sensibel, hoch erotisch und durch Natur gewordene Erziehung beherrscht. (Klaus Wischnewski, *Das zweite Leben der Filmstadt Babelsberg*, 1994)
NEBENBEI: Regisseur Egon Günther und seine Szenaristin Helga Schütz treten als Reiter und Reiterin in Erscheinung.

DIE LETZTE HEUER

RE: E. W. Fiedler; (Hans Heinrich, ungenannt), BU: Richard Nicolas, LV: Gleichnamiger Roman von Ludwig Turek, DR: Marieluise Steinhauer, KA: Karl Plintzner, MU: Horst Hanns Sieber, BA: Artur Günther, Wilhelm Depenau, KO: Hans Kieselbach, SC: Anneliese Schlüter, PL: Eduard Kubat, m: 2450 = 90 min, s/w, PJ: 1950, PM: 12.4.1951, PM-Ort: Berlin, »Babylon«/»DEFA-Filmtheater Kastanienallee«
DA: Inge Keller (Charly), Hans Klering (Heini Holler), Hermann Stövesand (Ferdinand), Peter Marx (Schorsch), Gustav Püttjer (Gustav), Gerhard Frickhöffer (Blaque), Otto Eduard Stübler (Konsul), Reinhard Kolldehoff (Kommissar), Werner Pledath (Kapitän), Herbert Richter (Bootsmann), Peter Lehmbrock, Hans Rose, Lutz Götz, Hans-Erich Korbschmitt, Martin Rickelt u.a.
INHALT: Der Schiffsheizer Heini Holler mustert aus gesundheitlichen Gründen in Griechenland ab und meldet sich im Konsulat des faschistischen Deutschland. Der Konsul schickt ihn nach Hamburg zurück. Vorher hat er ihn der dortigen Gestapo als politisch verdächtig gemeldet. Bei seiner Ankunft wird Holler sofort verhaftet. Seine Kameraden entführen den Konsul und fordern einen Austausch gegen Heini, der in Marseille stattfinden soll. Die Gestapo geht zum Schein darauf ein, sichert sich die Unterstützung der französischen Polizei, um der Entführer habhaft zu werden. Die Solidarität der Seeleute in Marseille jedoch ist stärker, Heini wird seine Lungenkrankheit in der Sowjetunion auskurieren können.
ZUM FILM: Der mit dem im Schiffermilieu angesiedelten Lustspiel → *Der Kahn der fröhlichen Leute* erfolgreiche Regisseur Hans Heinrich begann diesen Film. Während der ersten Dreh-

arbeiten an der Ostsee wurde der in Westberlin ansässige Regisseur wegen Spionageverdachts festgenommen. Trotzdem sich das Mißverständnis aufklärte, legte Heinrich die Arbeit nieder. Nachdem der Kameramann E.W. Fiedler die Regie übernahm, wurde Heinrichs Hauptdarsteller Raimund Schelcher durch den ehemaligen DEFA-Direktor Hans Klering ersetzt, der damit Gelegenheit bekam, eine seiner wenigen Hauptrollen zu spielen. Der Film verband reißerische Effekte und antifaschistischen Widerstandskampf miteinander.
ECHO: Sie (die DEFA) hat mit diesem Film bewiesen, daß sie sehr wohl in der Lage ist, ein kräftiges Stück Leben abenteuerlich, spannend und wirklichkeitsnah auf die Leinwand zu bringen, einen richtigen Film, der 1 ½ Stunden lang den Zuschauer in seinen Bann zieht. Eine aufregend-interessante Handlung, echte und nicht konstruierte Menschengestalten lassen den Zuschauer an fremden Schicksalen teilnehmen, an Begebenheiten, die zurückliegen, und die doch in ihrem Inhalt gegenwärtig, ja aktuell sind. (...) Bewegte Handlung, Spannung, Humor und Ernst, kurze Szenen und schnell wechselnde Bilder mit sparsamen, aufs Wesentliche gehenden Dialogen, das ist es, was dieser Film von Anfang bis Ende bietet. (Barkhoff, *Tägliche Rundschau*, 18.4.1951)
NEBENBEI: Als 1. deutscher Seemann agierte Martin Rickelt, der Jahrzehnte später in der ARD-Serie *Lindenstraße* als Onkel Franz populär wurde. – Hans Rose, der den 2. Heizer spielt und bei der DEFA nur in Nebenrollen in Erscheinung trat, war einer der Direktoren des im Kriege ausgebombten legendären Rose-Theaters in Berlins Osten. Später gehörte er jahrzehntelang zum Ensemble des Metropol-Theaters.

DER LETZTE KAMPF DER APACHEN – ULZANA
→ ULZANA

LETZTES AUS DER DADAER
RE: Jörg Foth, BU: Steffen Mensching, Hans-Eckardt Wenzel, LV: Gleichnamiges Clownspiel von Mensching & Wenzel, DR: Angelika Nguyen, KA: Thomas Plenert, MU: Dietmar Staskowiak, SB: Mathias Belkner, KO: Charlotte Busse, SC: Renate Schäfer, PL: Manfred Renger, GR: Künstlerische Gruppe »DaDaeR«, m: 2363 = 86 min, fa, brw, PJ: 1990, PM: 8.10.1990, PM-Ort: Berlin, »Babylon«
DA: Steffen Mensching (Clown Meh), Hans-Eckardt Wenzel (Clown Weh), Irm Hermann (Margot), Peter Dommisch (Moderator), Christoph Hein (Müllmann), Gustav-Adolf Schur (Postbote), André Hennicke (Menschenaffe), Gerd Wolf (Fährmann) u. a.
INHALT: Zwei Clowns, Meh und Weh, sitzen in einer düsteren Gefängniszelle. Eine Dame mit Revolver serviert ihnen das Frühstück. Als sie es verspeist haben, brechen sie auf zu einer kabarettistischen Odyssee durch die DaDaeR. Stationen sind unter anderem das Rüdersdorfer Zementwerk, in dem Gefangene den Zement für den Mauerbau produzierten, Industrieruinen, Mülldeponien, eine Veranstaltung im Kulturhaus, eine Ordensverleihung im Staatsratsgebäude und die Walpurgisnacht, wo sie sich in die Wiedervereinigungsfeier mischen und belächelt, beschimpft und schließlich verjagt werden.
ZUM FILM: Seit 1988 bemühte sich Jörg Foth bei der DEFA-Leitung vergeblich, einen Film mit den Clownerien von Weh und Meh zu drehen. Ein elfminütiger Kurzfilm durfte nicht aufgeführt werden. Erst, als nach dem umstürzlerischen Herbst von 1989 die Nachwuchsgruppe DaDaeR gegründet wurde, erhielt er die Möglichkeit dazu. Als der Film am 41. Jahrestag der vier Tage zuvor dahingeschiedenen DDR Premiere hatte, lagen die Widerborstigkeiten der Clowns schon in der herrschenden Linie.
ECHO: Für die Verfilmung wurde den Texten manche aktuelle Bezüglichkeit genommen, so daß ihre Substanz jetzt oftmals nackt dasteht, und man merkt, wie tiefgründig man sein wollte. Daß man es nicht ist, ist der Trick des Genres: Wir sind ja Clowns und nehmen jeden – also auch uns und euch – auf den Arm. (...) Was von Regisseur Jörg Foth und seinem Kameramann Thomas Plenert an filmischem Beiwerk eingebracht wurde, verhilft Menschings und Wenzels Krücken zu neuem Leben. Da werden Müllhalden, Gefängnisse, S-Bahn- und Friedhöfe ausgekostet, daß es immer was zu gucken gibt. Auch Irm Herrmann ist als rotes Revolverweib eine Delikatesse. (f.b.h., *Filmklub-Kurier* 5/1990)
Irgendwie hat das schon seine absurde Logik: Als wir aus der DaDaeR uns diesen Film ökonomisch hätten leisten können, da haben wir ihn uns ideo-

logisch nicht geleistet, weil er wichtig gewesen wäre. Und als wir ihn uns ideologisch leisten konnten, weil er nicht mehr wichtig war, waren wir pleite: Und da haben wir ihn gemacht. So ist dieser Film von Jörg Foth (...) vielleicht der letzte grimme Jux, den das Filmwesen der DaDaeR sich machte. Gewissermaßen der filmpolitische DaDa(eR)ismus. (Henryk Goldberg, *Filmspiegel* 23/1990)

MEINUNG: Diese Clownstypen sind nicht in der Endzeit der DDR entstanden, die existierten mit Masken und Kostümen seit '82, also sagen wir einmal, in den Zeiten des sogenannten absteigenden Astes der DDR sind die aufgeblüht. Und sie sind von uns auch deswegen erfunden worden, weil wir es irgendwie über hatten, uns den unmittelbaren empirischen Nötigungen der Umwelt zu stellen. Wir hatten ein Recht auf Poesie, und das hat man sich über eine Clownerie sozusagen erzwungen, indem man sich kostümierte. (Hans-Eckardt Wenzel in *DEFA 50 – Gespräche aus acht Filmnächten*, 1997)

NEBENBEI: Der bekannte Radrennfahrer Gustav-Adolf »Täve« Schur, bis März 1990 Volkskammerabgeordneter und seit 1998 Bundestagsabgeordneter, stand Jahrzehnte zuvor in dem DEFA-Film → *Daniel und der Weltmeister* (*Anhang A*) im Mittelpunkt. – Eigentlich sollte es eine Platte mit den Songs geben, aber bei der DEFA wurden die Musikbänder versehentlich gelöscht.

LEUCHTFEUER

(Co-Produktion DDR/Schweden)

RE: Wolfgang Staudte, BU: Wolfgang Staudte, Werner Jörg Lüddecke, DR: Marieluise Steinhauer, KA: Robert Baberske, MU: Herbert Windt, BA: Erich Zander, KO: Walter Schulze-Mittendorf, SC: Ruth Moegelin, PL: Willi Teichmann, m: 2599 = 95 min, s/w, AT: Fortunas letzte Reise, Insel ohne Hafen, PJ: 1954, PM: 3.12.1954, PM-Ort: Berlin, »Babylon«/»DEFA-Filmtheater Kastanienallee«, CO: Pandora-Film, Stockholm/Schweden

DA: Leonhard Ritter (Leuchtturmwärter), Horst Naumann (Mastfischer), Jochen Thomas (Masträuber), Gertrud Seelhorst (Fischerin), Elfriede Florin (Fischerin), Waltraud Kramm (Frau des Mastfischers), Maly Delschaft (Dame in der Küche), Friedrich Richter (Kapitän der »Akra«), Willi Schwabe (Geistlicher), Alfred Maack (Kapitän der »Fortuna«), Gerhard Lau (Bootsmann der »Rio Pecos«), Raimund Schelcher (Betrunkener), Friedrich Gnass, Hans Klering, Frank Michelis, Paul Pfingst, Alfred Struwe, Lisa Wehn, Barbara Adolph, Else Korén u. a.

INHALT: Auf einer öden, sturmumtobten Insel im Atlantik fristen einige Fischerfamilien ihr karges Leben – im Sommer vom Fischfang existierend, im Winter vom Strandgut. Die Strandgutausbeute aber wird immer kläglicher, die Not größer. Die Älteren erinnern sich noch an eine Nacht vor zwanzig Jahren, als das Licht des Leuchtturms erlosch und ein Frachter auf die Klippen lief – für die Fischer ein Fest. Heute betrachten alle den gewissenhaften Leuchtturmwärter mit bösen, auffordernden Augen. Bis eines Nachts tatsächlich dessen Licht ausgeht. Ein Schiff verunglückt und sendet Notruf: SOS-Kindertransport. Die Fischer laufen entsetzt zu ihren Booten, um die Kinder und die Mannschaft zu retten. Der Leuchtturmwärter, der ihrem Drängen nachgegeben hatte, stellt sich dem Kapitän.

ZUM FILM: Schon seit 1949 arbeiteten Staudte und Lüddecke für die Hamburger Real-Film an dem Stoff. Als die Firma die Verfilmung zugunsten publikumsträchtigerer Stoffe ablehnte, bot Staudte das Szenarium der DEFA an. Wegen der Notwendigkeit von Außenaufnahmen im westli-

chen Ausland entstand Wolfgang Staudtes letzter vollendeter DEFA-Film – da deutsch-deutsche Co-Produktionen aus politischen Gründen nicht möglich waren – auf von dem westdeutschen Filmkaufmann Erich Mehl organisierten Umwegen mit einer schwedischen Firma als Co-Produzenten, die den Film jedoch in Schweden nicht zur Aufführung brachte. Staudtes schwerblütiger, sozialkritischer und symbolbeladener Film wurde ein Achtungserfolg.
ECHO: In diesem Staudte-Film sind alle, aber wirklich alle wesentlichen Gedanken des Filmthemas in Handlung aufgelöst und werden vollständig aus der Handlung evident. Es wird sogar sehr wenig im Film gesprochen. Aber jede Gestalt des Films, jedes Motiv dient ohne Anflug von Konstruktion der Klärung einer schwierigen geistigen Problematik: Not und Notwehr, Unzulänglichkeit oder Verbrechen, Recht oder Unrecht. Die Genauigkeit, mit der Staudte die sozialen und psychologischen Determinanten einer unseligen Tat setzt, kann man getrost, meine ich, dem Format der Justizfilme André Cayattes gleichsetzen, wiewohl im Staudte-Film der Justizfall vor Gericht erst als Folgerung zu behandeln wäre. (Carl Andrießen, *Weltbühne* 49/1954)
Staudte führt mit seinem Film den Zuschauer nicht zum Bewußtsein des Klassenkampfes, sondern er empfiehlt, die sozialen Konflikte durch die Solidarität der Arbeitenden zu überwinden. Das entsprach offensichtlich zu jener Zeit Staudtes eigenen, durch pazifistische Auffassungen getrübten weltanschaulichen und politischen Vorstellungen. Und er mochte selber spüren, daß dies nicht die Filme waren, die der sozialistischen deutschen Filmproduktion künstlerisches Profil geben konnten. (Horst Knietzsch, *Wolfgang Staudte*, 1966)
NEBENBEI: Wesentliche Außenaufnahmen entstanden auf den schwedischen Paternoster-Inseln.

LEUTE MIT FLÜGELN

RE: Konrad Wolf, BU: Karl Georg Egel, Paul Wiens, DR: Willi Brückner, KA: Werner Bergmann, Hans Heinrich, MU: Hans-Dieter Hosalla, BA: Gerhard Helwig, KO: Gerhard Kaddatz, Werner Bergemann, TR: Ernst Kunstmann, Vera Kunstmann, SC: Christa Wernicke, PL: Siegfried Nürnberger, GR: KAG »Heinrich Greif«, m: 3294 = 121 min, s/w, fa, AT: Fundamente, PJ: 1959/60, PM: 8.5.1960, PM-Ort: Berlin, »Babylon«
DA: Erwin Geschonneck (Bartuscheck), Wilhelm Koch-Hooge (Dr. Lampert), Hilmar Thate (Henne), Franz Kutschera (Dr. Dehringer), Rosita Fernandez (Ines), Otto Dierichs (Dr. Klinger), Brigitte Krause (Betty Bartuscheck), Fred Mahr (Friedrich), Mathilde Danegger (Mutter Friedrich), Norbert Christian (Kneipack), Albert Hetterle, Erik S. Klein, Sabine Thalbach, Gert Andrae, Manfred Krug u. a.
INHALT: Die Geschichte des Funkers und Kommunisten Ludwig Bartuscheck aus dem → *Lied der Matrosen* nimmt hier ihre Fortsetzung. Am Ende der Weimarer Republik ist er Mechaniker in den Sperber-Flugzeugwerken, geachtet von den Arbeitern wie von Generaldirektor Dehringer. Der bietet ihm eine Ausbildung zum Flugzeugkonstrukteur an und Schutz vor den neuen faschistischen Machthabern, wenn er seiner politischen Überzeugung als Kommunist abschwört. Bartuscheck lehnt ab und geht in die Illegalität. Seine Frau wird verhaftet, Sohn Henne vom Kollegen Otto Friedrich aufgenommen. Nach langem Widerstandskampf gegen Naziregime und Krieg wird Ludwig 1944, als französischer Fremdarbeiter getarnt, von der Roten Armee über Gördeberg, nahe der Sperber-Werke, mit dem Fallschirm abgesetzt. Er soll die dortige Widerstandsbewegung organisieren, wird aber gefaßt und ins KZ gebracht. Nach der Befreiung trifft er Henne wieder. Beide wollen das Werk wieder aufbauen, aber erst gibt es wichtigere Aufgaben im zerstörten Land. Nach Jahren steht auf einem Rollfeld ein neuer Flugzeugtyp, konstruiert und gebaut in der jungen DDR, zum Probestart bereit.
ZUM FILM: Der didaktische, plakative Film, der wirkt, als habe Konrad Wolf das Verbot seines Films → *Sonnesucher* noch nicht überwunden, erzählte seine Geschichte anhand des Aufbaus der Flugzeugindustrie der DDR. Als die kurz darauf im Rahmen des RGW zugunsten der sowjetischen Flugzeugindustrie eingestellt wird, verschwindet der Film schnell aus den Kinos.
ECHO: Ein buntes Leben auf vielen Schauplätzen. Siebenundzwanzig Jahre in 118 Filmminuten. Ein atemberaubendes Leben, voller Dramatik, Tragik, Abenteuer. Man läßt es nicht – bequem zurückgelehnt – vor seinen Augen abrol-

len, sondern freut sich mit, leidet mit, lebt mit. Im Schicksal einer Handvoll Menschen: unser aller Schicksal! Im erdachten, packenden Ablauf der Handlung: entscheidende Jahre deutscher Geschichte! Als Ergebnis bewegter Gefühle und Empfindungen: Erkenntnis! Es sind kunstvoll verflochtene Lebenswege verschiedener Menschen: junge und alte, Arbeiter und Manager, Väter und Söhne, Konstrukteure und Flieger, Soldaten und Funktionäre, Frauen und Mädchen, Deutsche, Spanier, Russen. Und doch geht es nur um eins: Wie war es, wie kam es, wie geht es weiter? Denn Geschichte ist nicht von Gott, sondern von Menschen gemacht, von Leuten mit und ohne Flügeln ... (Karl-Eduard v. Schnitzler, *Filmspiegel* 18/1960)

Die Hauptfigur des Films, Ludwig Bartuschek, ist die bisher gelungenste Verkörperung eines deutschen Kommunisten; speziell in ihm, in seinem Verhältnis zur Arbeit, wird die Idee des Films – der historische Anspruch der deutschen Arbeiterklasse auf ihre führende Rolle – künstlerisch gestaltet. (Klaus Lippert, *Deutsche Filmkunst* 9/1960)

Man hat also den Film mit einer verwirrenden Vielzahl von Themen überfrachtet, die Rollen sind Personifizierungen soziologischer Typen, ein gewisser pathetischer Stil und teilweise agitatorische Dialoge tun der Wirkung des Streifens außerdem Abbruch. Selbst die Bemühungen des Regisseures Konrad Wolf und seines Kameramannes Werner Bergmann um eigenwillige formale Gestaltung führen zu wenig befriedigenden Lösungen. (Heinz Kersten, *Das Filmwesen in der Sowjetischen Besatzungszone Deutschlands*, 1963)

NEBENBEI: Auf dem Festival in Karlovy Vary wurde Erwin Geschonneck für seine Rolle als bester Schauspieler ex aequo mit Laurence Olivier (damals noch nicht geadelt) ausgezeichnet.

LEVINS MÜHLE

RE: Horst Seemann, SZ: Horst Seemann, LV: Gleichnamiger Roman von Johannes Bobrowski, DR: Werner Beck, KA: Hans-Jürgen Kruse, MU: Horst Seemann, SB: Georg Wratsch, KO: Inge Kistner, SC: Bärbel Bauersfeld, PL: Manfred Renger, GR: GR »Berlin«, m: 3213 = 118 min, fa, brw, PJ: 1979/80, PM: 13.11.1980, PM-Ort: Berlin, »International«

DA: Erwin Geschonneck (Johann, deutscher Mühlenbesitzer), Katja Paryla (Christina, seine Frau), Christian Grashof (Levin), Ionka Iliewa (Marie), Fred Düren (Prediger Feller), Käthe Reichel (Josepha, seine Frau), Eberhard Esche (Krolikowski), Kurt Böwe (Philippi), Rolf Ludwig (Scarletto), Peter Slabakow (Habedank), Dieter Franke (Willun), Elsa Grube-Deister (Tante Huse), Kalina Jedrusik, Stefan Lisewski, Hans Teuscher, Leon Niemczyk, Herwart Grosse, Dieter Mann, Horst Schulze, Rolf Hoppe u.a.

INHALT: In einem kleinen Dorf im Westpreußischen, nahe der unteren Weichsel, leben in den siebziger Jahren des vorigen Jahrhunderts Deutsche, Polen, Juden und Zigeuner nebeneinander. Der wohlhabende deutsche Mühlenbesitzer Johann leidet es nicht, daß der Jude Levin in seiner Bootsmühle auch Korn mahlt. Im Glauben, daß die Justiz auf Seiten der Deutschen sein wird, öffnet er nachts das Wehr und schwemmt Levins Mühle weg. Seine Rechnung aber geht nur zum Teil auf. Levin bekommt kein Recht und flieht resigniert mit seiner Freundin Marie, einer Zigeunerin. Johann aber wird seines Lebens auch nicht mehr froh. Die anständigen Menschen des

Ortes solidarisieren sich – über Nationalitätenunterschiede hinweg – und verurteilen ihn moralisch. Auch er verläßt den Ort und geht als Rentier in die Kreisstadt.
ZUM FILM: Horst Seemann gelang es, den als unverfilmbar geltenden Roman von Bobrowski über Fremdenfeindlichkeit und das Fremdsein im eigenen Land zu strukturieren und unter Beibehaltung des Sinnes und der Atmosphäre in das Medium Film zu adaptieren. Bestimmte Zusammenhänge erschlossen sich noch besser in der um eine knappe Stunde längeren zweiteiligen Fernsehfassung, die aber erst drei Jahre später gesendet wurde.
ECHO: Wer jedoch Bobrowskis Roman gelesen hat, dem wird ein ästhetisches Vergnügen ungewöhnlicher Art zuteil. Horst Seemanns Arrangements und Bildkompositionen (Kamera: Jürgen Kruse) sind einfach hinreißend. Daß er beinahe die gesamte Darsteller-Elite unseres Landes (...) und die beiden exzellenten bulgarischen Mimen Ionka Iliewa und Petr Slabakow unter Vertrag bekam und jedem von ihnen Kabinettstücke der Schauspielkunst abgewann, soll ihm ebenso unvergessen bleiben wie das schöne Lied vom »Großen Wasser«, welches den Film durchzieht und einem noch lange nach Verlassen des Kinos im Ohr bleibt. (...) Ich kann mich nicht erinnern, je so faszinierende lebende Illustrationen zu einem wunderbaren Buch gesehen zu haben. Ob es sich dabei um einen selbst für anspruchsvolle Zuschauer ohne weiteres rezipierbaren Film handelt, wage ich allerdings zu bezweifeln. (Renate Holland-Moritz, *Eulenspiegel* 1/1981)
Horst Seemann (...) hat sich bis zu meist wörtlicher Übernahme der Originaldialoge fast sklavisch an die Vorlage gehalten und daraus ein poetisches Genrebild einer versunkenen Welt des Ostens entstehen lassen, wobei die Menschen dieser Landschaft auch mit Humor gesehen sind. Das kritische Anliegen geht dabei glücklicherweise nie verloren. (Heinz Kersten, *Tagesspiegel*, 14.12.1980)
NEBENBEI: Auf dem Nationalen Spielfilmfestival der DDR erhielt Horst Seemann, der auch das leitmotivische Lied des Films komponierte und in der kleinen Rolle des Swist Powist selbst mitspielte, 1982 den Spezialpreis für sein Engagement gegen Intoleranz und Chauvinismus. – Die Bulgarin Ionka Iliewa wurde von der Polin Barbara Brylska synchronisiert, die das gebrochene Deutsch glaubwürdig beherrschte.

LIANE

RE: Erwin Stranka, SZ: Erwin Stranka, LV: Hörspiel »Warum ausgerechnet ich?« von Daniela Dahn, DR: Dieter Wolf, KA: Helmut Bergmann, MU: Reinhard Lakomy, SB: Christoph Schneider, KO: Günther Pohl, SC: Helga Krause, PL: Volkmar Leweck, GR: GR »Babelsberg«, m: 2628 = 96 min, fa, brw, PJ: 1986/87, PM: 22.9.1987, PM-Ort: Halle-Neustadt, »Prisma«
DA: Arianne Borbach (Liane), Torsten Bauer (Kalle), Thomas Putensen (Jürgen), Kathrin Funke (Marion), Ingo Zahlmann (Freddy), Christine Schorn (Lianes Mutter), Peter Sodann (Lianes Vater), Rolf Hoppe (Jürgens Vater), Gertraud Kreißig (Meisterin Röwer), Waltraut Kramm (Frau Pagel), Andreas Herrmann, Wolfgang Winkler, Gerd Staiger, Rita Feldmeier, Ulrich Thein u. a.
INHALT: Liane ist zwanzig Jahre alt, Elektronikfacharbeiterin und hat eine Menge Probleme. Doch sie stellt Ansprüche an sich und das Leben. Sie sucht eine Bleibe, um dem zerrütteten Elternhaus zu entkommen. Im Betrieb meldet sie Widerspruch an, als man sie in eine andere Abteilung zu einer weniger anspruchsvollen Arbeit versetzt – allerdings vergebens. Sie verliebt sich in den Forschungsstudenten Jürgen. Und obwohl sie mit ihren eigenen Angelegenheiten völlig ausgelastet wäre, mischt sie sich überall ein, wo sie Ungerechtigkeit sieht. Zum Beispiel, als ihr Kollege Kalle von den anderen angegriffen wird, weil er im Gegensatz zu ihnen fast keinen Ausschuß produziert. Sie werfen ihm Betrug oder Verheimlichung einer besseren Arbeitsmethode vor. Der stille Kalle resigniert bald, was Liane ihm zum Vorwurf macht. Kalle liebt Liane, doch sie hängt an Jürgen, und sie ist schwanger. Als Jürgen sie betrügt und sie erkennt, daß seine Gefühle so tief nicht sind, bricht sie zusammen. Vielleicht gelingt ihr mit Kalle ein neuer Anfang.
ZUM FILM: Zeitgeist kam in Erwin Strankas Film insofern zum Ausdruck, als er vorgab, von Problemen in der sozialistischen Produktion zu handeln und doch diese Probleme nur gnädig antippte.
ECHO: Regisseur Erwin Stranka war klug genug, die authentischen Aussagen in sein Szenarium zu übernehmen. Das schaffte im Parkett nicht nur

Vertrauen und Sympathie, sondern auch die Möglichkeit zur Identifikation mit den Konterfeiten. Ein seltener Fall bei einem Film, der – um die Titelheldin Liane zu zitieren – wieder mal »vonne Arbeit« handelt. (Renate Holland-Moritz, *Eulenspiegel* 40/1987)
Mit der Einbeziehung von Lianes Liebeslust und -leid wollte der Autor und Regisseur wohl den Verdacht vermeiden, einen nicht gerade in Publikumsgunst stehenden »Produktionsfilm« gedreht zu haben, und schließlich ist ja auch der Mensch unteilbar. Das Ergebnis von Strankas Kalkül aber ist, daß nun von jedem etwas vorkommt, aber nichts richtig ausgespielt wird. (Heinz Kersten, 1987. Zit. nach *So viele Träume*)
Tatsächlich, der Film war von jener konfliktlosen Dramatik, erfüllt vom Kampf des Guten mit dem Besseren, daß er auf jeden Fall dem Vorwurf entging, ein brisantes Thema behandelt zu haben. Lianes Anspruch auf Ehrlichkeit in der Arbeit und in der Liebe verläppert sich, weil die dazu gehörenden Konfliktpartner fehlen. Einen sich anbahnenden Konflikt mit einem Kollegen, der keinen Ausschuß produziert und deshalb der betrügerischen Manipulation bezichtigt ist, löst die Parteikontrollkommission hinter verschlossenen Türen, und ihr (Lianes) eigenes Aufbegehren endet in einer Ohnmacht, die sich aus ihrer Schwangerschaft erklärt. So ist der Protest privatisiert, der gesellschaftlichen Dimension beraubt. (Peter Glaß in *Kino ist mehr als Film*, 1999)
NEBENBEI: Auf dem Nationalen Spielfilmfestival der DDR erhielt Arianne Borbach 1988 einen Preis für die gelungene Darstellung einer sozialistischen Arbeiterpersönlichkeit. – Daniela Dahn, die Autorin der Buchvorlage, stand als Kind selbst mehrfach vor DEFA-Kameras unter ihrem Geburtsnamen Daniela Gerstner.

DAS LICHT AUF DEM GALGEN

RE: Helmut Nitzschke, SZ: Helmut Nitzschke, MI: Gert Billing, LV: Gleichnamige Erzählung von Anna Seghers, DR: Thea Richter, KA: Claus Neumann, MB: Karl-Ernst Sasse, SB: Heinz Röske, KO: Marianne Schmidt, Günther Schmidt, SC: Evelyn Carow, PL: Dorothea Hildebrandt, GR: GR »Roter Kreis«, m: 2812 = 103 min, fa, brw, PJ: 1975, PM: 13.5.1976, PM-Ort: Berlin, »Kosmos«
DA: Alexander Lang (Sasportas), Amza Pelea (Debuisson), Jürgen Holtz (Galloudec), Erwin Geschonneck (Bering), Szymon Szurmiej (Stefford), Heidemarie Wenzel (Elisabeth), Käthe Reichel (Tante), Gloria Herrera (Ann), (Raffael Sosa (Douglas), Milan Beli (Bloomfield), Herbert Köfer, Beauty Milton, Axel Triebel, Volkmar Kleinert, Rolf Hoppe u. a.
INHALT: Aus Frankreich, das sich seit Jahren mit England im Krieg befindet, werden 1793 drei Männer in die englische Kolonie Jamaika abgesandt, um einen Aufstand der Sklaven zu organisieren: Debuisson, er ist der Enkel eines jamaikanischen Rumfabrikanten und auf der Insel aufgewachsen, sein Freund Sasportas und der Matrose Galloudec. Mit Mühe knüpfen sie Verbindungen zu den zersplitterten Rebellen, gewinnen Unzufriedene für ihr Vorhaben. Da kommt die Nachricht, daß Napoleon Konsul geworden ist. Debuisson will den Aufstand verschieben, bis er Instruktionen der neuen Regierung in Frankreich erhält. Außerdem gefällt er sich inzwischen in der Rolle des reichen Erben. Die anderen sind nicht einverstanden. Als ein Schwarzer einen Aufseher erschlägt, überstürzen sich die Ereignisse. Galloudec kann fliehen, Debuisson verrät die revolutionäre Idee und rettet damit sein Leben, Sasportas bekennt sich zu ihr und wird gehängt.
ZUM FILM: Helmut Nitzschkes Seghers-Adaption, die die Schriftstellerin als gelungen betrachtete, fand weder bei Kritik noch Publikum eine begeisterte Aufnahme. Das revolutionäre Gedankengut der Helden schreckte die Funktionäre. Der Film wurde nach der Premiere noch verändert, verschwand aber bald in Archiven.
ECHO: Der Film hat zu wenig Zeit, sich seinen Personen zu nähern, ihren Empfindungen und Gedanken nachzugehen, den Schauspielern ausreichend die Möglichkeit zu geben, Vorgänge anzuspielen, zu entwickeln, Wirkungen vorzuführen. Hier wirken oft Szenen und Dialoge wie zitiert. Vieles wird erzählt, aber weniges in einem sinnlichen Vorgang. Spannung kommt selten auf. Die Menge der Episoden läßt keinen Raum für die reiche Ausführung jeder einzelnen. Ich hätte zum Beispiel der Kamera Claus Neumanns noch mehr Gelegenheit gewünscht, Zusätzliches zu entdecken, Kolorit zu geben. Angenehm fällt auf, daß sie sich vorwiegend in Bildformaten bewegt – Halbnah bis Halbtotal –, die dem Zuschauer

seine Souveränität läßt, Darsteller und Geschehnisse im Bezug zum Milieu, zum Umfeld zu sehen. In der kubanischen Landschaft entdeckte Claus Neumann eine herbe Schönheit, die fern jeder Postkarten-Attraktivität liegt. (Eckart Jahnke, *Filmspiegel* 12/1976)

Als Regisseur verläßt sich Nitzschke allein auf die durch folkloristische Elemente angereicherte äußerliche Attraktivität der exotischen Landschaft, für die Drehorte in Kuba und Bulgarien die Kulisse lieferten. Aus dem internationalen Ensemble von Schauspielern aus der DDR, Rumänien, Polen, Jugoslawien und Afrika ragt der jugendliche Held des Ostberliner Deutschen Theaters Alexander Lang als an sich ideale Besetzung des tragisch endenden revolutionären Feuerkopfs Sasportas heraus. Aber auch er erhält durch das Drehbuch kaum Gelegenheit, sich zu profilieren. (Heinz Kersten, 1976, zit. nach *So viele Träume*)

NEBENBEI: Die gleiche Vorlage verwendete Heiner Müller für sein Stück »Der Auftrag«.

DAS LICHT DER LIEBE

(Kinderfilm)

RE: Gunther Scholz, SZ: Wolf Müller, LV: Nach Motiven des Versepos »König Renés Tochter« von Henrik Hertz, DR: Werner Beck, KA: Claus Neumann, MU: Friedbert Wissmann, SB: Alfred Hirschmeier, KO: Ulrike Stelzig, SC: Karin Kusche, PL: Oscar Ludmann, Wolfgang Rennebarth, GR: GR »Berlin«, m: 2264 = 83 min, fa, PJ: 1989, PM: 28.2.1991, PM-Ort: Berlin, »International«

DA: Sven Jansen (Bengel), Eva Vejmelková (Reglindis), Rolf Hoppe (Markgraf), Dietrich Mechow (Arzt), Linde Sommer (Äbtissin), Petr Slabakov (Schwarzer Reiter), Gudrun Okras (Amme), Manfred Zetzsche (Kaiser Karl), Peter Bause (König), Hellena Büttner (König Slavomirs Frau), Bärbel Bolle, Maren Schumacher, Gertraud Kreißig, Romeo Riemer, Klaus Manchen u. a.

INHALT: Anno 804 in Thüringen. Ein Waisenjunge, Bengel genannt, lebt im Kloster und wird wegen seiner Häßlichkeit von den Nonnen gehänselt. Er pflegt einen von allen gemiedenen Schwarzen Reiter, der die Pest haben soll, gesund. Der Reiter erzählt ihm vom verschwundenen Bogumil, Sohn des Slawenkönigs Slawomir, der auf Anordnung Karls des Großen die Tochter des Markgrafen von Thüringen, Reglindis, heiraten sollte. Und er fragt Bengel nach seiner Herkunft. Bengel glaubt nun, Bogumil zu sein. Er geht zum Schloß und begegnet dort einem wunderschönen Mädchen, das auch ihn für schön hält. Es ist Reglindis, sie ist blind. Das Mädchen spürt die innere Schönheit des Jungen und ist ihm sehr zugetan. Ihr Vater jedoch will ihn beseitigen. Bengel entgeht zweimal knapp dem Tode, der Schwarze Reiter beweist auf eindrucksvolle Weise seine Identität mit Bogumil und schließlich kommt es doch zum Happy-End.

ZUM FILM: Einer der wenigen im Mittelalter angesiedelten Kinderfilme beschwört die Macht der Liebe als in allen Zeiten aktuelle Kraft.

ECHO: ... entstand alles andere als ein trockenes Lehrstück im zuweilen recht naiv interpretierten christlichen Kontext. Das liegt zum einen im bewundernswert unbefangenen (Laien-)Spiel des Protagonisten, sowie an den unprätentiösen, heutigem Sprachgestus nachempfundenen Dialogen. Vor allem aber ist die opulent-phantastische Ausstattung durch den renommierten Szenografen Alfred Hirschmeier eine wahre Augenweide. Ruinöse Klöster in lichter Landschaft, von unzäh-

ligen leuchtenden Fahnen bekrönte Zinnen, im Interieur rustikale Derbheit kontrastierend mit edlem Raffinement, farbenprächtige Kostüme und Rüstungen, die natürliche Umwelt wird im gesteigerten Lebensgefühl so weit ästhetisiert, daß selbst gewöhnliche Haustiere wie exotische Fabelwesen auftreten. Der Liebenden Überschwang an Daseinsfreude kulminiert in der Ausmalung ihrer Kammer zu einem sinnenfrohen Zauberreich von Blüten und Getier. (Roland Rust, *film-dienst* 6/1991)
Eine Geschichte, nicht ohne Anmut und Poesie, würde sie nicht in einem bescheiden angelegten Film konkretisiert und zurechtgestutzt. Die Phantastik der Fabel zerbricht an inszenatorischen Irritationen. (*Zwischen Marx und Muck*, 1996)
NEBENBEI: Der später in der TV-Serie *Fahnder* populäre Jörg Schüttauf spielt hier die kleine Rolle eines Mönchs.

LIEBE MIT 16
RE: Herrmann Zschoche, SZ: Gisela Stein-eckert, Rainer Simon, Ulrich Plenzdorf, DR: Anne Pfeuffer, KA: Günter Jaeuthe, MU: Ulrich Gumpert, SB: Dieter Adam, KO: Isolde Warscycek, SC: Christa Helwig, PL: Gerrit List, GR: AG »Berlin«, m: 2273 = 83 min, fa, brw, AT: Beginn einer neuen Liebe, PJ: 1973/74, PM: 29.6.1974, PM-Ort: Neubrandenburg, Freilichtbühne

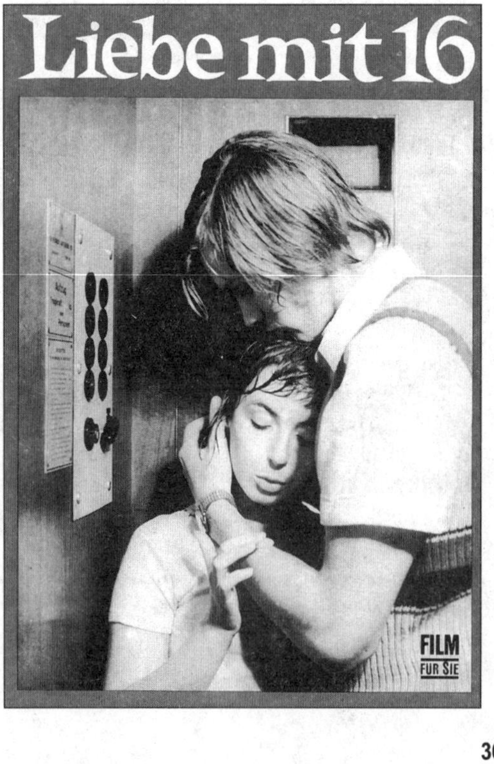

DA: Simone von Zglinicki (Ina), Peter Linse (Matti), Katharina Lind (Inas Mutter), Martin Trettau (Inas Vater), Marylu Poolman (Mattis Mutter), Christoph Engel (Mattis Vater), Herbert Köfer (Tanzlehrer), Walter Lendrich (Postangestellter), Angelika Perdelwitz (Mädchen auf der LPG), Willi Schrade (Tennistrainer) u. a.
INHALT: Der 18jährige Matti hat ein Auge auf die 16jährige Ina geworfen, die ihn anfangs aber kaum beachtet. In der Tanzstunde kommen sie sich näher. Die Eltern sind darüber nicht begeistert, es gibt Auseinandersetzungen. Ina und Matti lassen sich jedoch nicht auseinanderbringen, in einem Bootshaus schlafen sie zum ersten Mal miteinander. Das erste Liebeserlebnis hinterläßt zwiespältige Eindrücke bei Ina, die ganz große Erfüllung war es für sie nicht. Als sich die Eltern der beiden beim Tanzstundenball treffen, begraben sie ihre Vorbehalte und denken gleich an eine feste Bindung. Ina und Matti betrachten das mit Unverständnis. Sie wissen, daß ihre Beziehung vielleicht nichts Endgültiges ist.
ZUM FILM: Der sympathische Film war unentschieden inszeniert und fand ein geringeres Interesse als das furiose Debüt der Simone v. Zglinicki in → *Für die Liebe noch zu mager?*
ECHO: Geradlinig und überschaubar – nur auf die zwei Hauptfiguren konzentriert, wird diese Geschichte einer ersten Liebe erzählt, die sich im Verlauf eines Sommers, eines Tanzstundenkurses, zuträgt. (...) Verzichtend auf inhaltliche und formale Außergewöhnlichkeiten zählt *Liebe mit 16* zu den sogenannten »kleinen«, aber nicht weniger wichtigen Filmen aus Babelsberg, die sich im Grunde durch stimmige Haltungen und Handlungen der Figuren auszeichnen, durch Szenen und Situationen, in denen das Fluidum unseres heutigen Alltags durchaus spürbar wird. (Karla Anders, *Filmspiegel* 17/1974)
Wie die kritische Sicht auf die verschiedenen Elternteile immer wieder in versöhnender Sympathie aufgehoben und das schon weitgehende Verhaftetsein der »Julia« in dieser kleinlich-spießigen Welt nur spielerisch angedeutet wird, so bleibt auch die Opposition des »Romeo« vorwiegend verbal und wird eher aus einer pubertären als aus einer weltanschaulich-moralischen

Haltung heraus artikuliert. Die Kleinstadt gerät mehr zur freundlichen, letztendlich sympathischen Idylle, als daß ihre verborgenen Gefahren offengelegt werden. (Christoph Prochnow, *DEFA-Spielfilm-Regisseure und ihre Kritiker*, 1981)

NEBENBEI: Hauptdarsteller Peter Linse war Laie und schlug später eine Laufbahn auf dem Gebiet der Filmproduktion ein.

DIE LIEBE UND DER CO-PILOT

RE: Richard Groschopp, BU: Lothar Creutz, Carl Andrießen, Richard Groschopp, DR: Willi Brückner, KA: Eugen Klagemann, MU: Hans Hendrik Wehding, BA: Erich Zander, KO: Elli-Charlotte Löffler, SC: Friedel Welsandt, PL: Willi Teichmann, m: 2634 = 97 min, s/w, brw, AT: Der Co-Pilot, PJ: 1960, PM: 26.1.1961, PM-Ort: Berlin, »Babylon«

DA: Horst Drinda (Horst Schubert, Co-Pilot), Günther Simon (Richard Wagner, Kommandant), Günther Haack (Lutz Hempel, Bordfunker), Wilfried Weschke (Klaus Büttner, Bordmechaniker), Gerlind Ahnert (Ilse Lienhardt, Stewardeß), Sylva Schüler (Ingrid, Stewardeß), Angelica Domröse (Madelon Lussi, junge Schweizerin), Helga Piur (Gudrun), Helga Labudda (Anne), Rudolf Ulrich (Kretzschmar), Harry Hindemith, Bruno Carstens, Jürgen Frohriep, Brigitte Krause, Lore Frisch u.a., GE: Helga Brauer

INHALT: Beim Dienstantritt in einer IL-14-Crew erlebt der neue Co-Pilot Horst Schubert eine peinliche Überraschung. Ilse, der er kurz vorher noch hochstapelnd als »Flugzeug-Kommandant« den Hof gemacht hat, tritt ihm als Stewardeß gegenüber. Aber damit nicht genug. Der im Dienst höfliche und gewissenhafte Horst erweist sich im Privatleben als Don Juan. Als die Chartermaschine in Varna landet, interessiert sich gar die bulgarische Polizei für ihn, weil seine frühere Liebschaft Madelon spurlos verschwunden ist. Und von der Wirtin zu Hause, die der vielen verflossenen und nicht verflossenen Freundinnen ihres Untermieters kaum »Herr« werden kann, ganz zu schweigen. Den bequemen, paschahaften Kommandanten Richard kümmern die privaten Eskapaden seines Co-Piloten nicht, deshalb nehmen die anderen Crew-Mitglieder, allen voran Ilse, seine »Erziehung« in die Hand. Daß aus Horst und Ilse ein Paar wird, ist schließlich nur eine Frage der Zeit.

ZUM FILM: Das Thema des Films bot sich kurze Zeit nach Gründung der DDR-Zivilluftfahrtgesellschaft, die damals noch Lufthansa hieß, durchaus an. Obwohl in Farbe konzipiert, entstand der Film aus Kostengründen dann doch in Schwarzweiß.

ECHO: Sehens- und begrüßenswert ist das heitere Filmchen *Die Liebe und der Co-Pilot*, welches geradezu nach Farbe und Breitwand schreit. Aber wo werden wir denn so großzügig sein, wenns um was Lustiges geht! Hübsche Mädchen sind auch ohne technische Zutaten hübsch, und das Schwarze Meer ist, wie der Name sagt, sowieso schwarz. Der Blick zur Leinwand lohnt sich dennoch. Carl Andrießen und Lothar Creutz, die einzigen Sterne am sonst stockfinsteren Lustspielhimmel, haben wieder mal eine nette Fabel ausgekocht. (Renate Holland-Moritz, 1961, zit. nach *Die Eule im Kino, 1981*)

NEBENBEI: Die damals durch ihre Fernsehsendung *Wünsch dir was* bekannte Irmgard Düren trat in der Rolle der Chefstewardeß auf. Hauptdarstellerin Gerlind Ahnert war viele Jahre eine beliebte Fernsehansagerin. – Dokumentarfilmka-

meramann Niko Pawloff spielt einen bulgarischen Zöllner.

LIEBESERKLÄRUNG AN G. T.

RE: Horst Seemann, BU: Helfried Schreiter, Horst Seemann, DR: Dieter Scharfenberg, KA: Helmut Bergmann, MU: Klaus Hugo, SB: Hans Poppe, KO: Barbara Müller, SC: Bärbel Weigel, PL: Bernd Gerwien, GR: KAG »Johannisthal«, m: 2445 = 90 min, fa, Cine, AT: Geliebtes Leben, PJ: 1970/71, PM: 3.6.1971, PM-Ort: Leipzig, »Capitol«

DA: Ewa Krzyzewska (Gisa Tonius), Jürgen Frohriep (Werner Tonius), Herwart Grosse (Prof. Ebert), Traudl Kulikowsky (Annette Haferkorn), Holger Mahlich (Bernd Stübener), Erika Pelikowsky (Prof. Bergholz), Erik S. Klein (Generaldirektor Reinicke), Otto Dierichs (Berger), Klaus-Peter Thiele (Hubert), Jörg Knochee (Peter), Walter Jupé, Martin Flörchinger, Jewgeni Sharikow, Arno Wyzniewski, Lotte Loebinger, Agnes Kraus, Wsewolod Safonow, Peter Festersen, Thomas Weisgerber, Burghardt Mann u.a.

INHALT: Der Physikerin Dr. Gisa Tonius soll die Leitung eines großen Forschungsprojektes, an dem rund 500 Mitarbeiter verschiedener Wissenschaftsdisziplinen beteiligt sind, übernehmen. Gisa zögert. Sie ist Mitte Dreißig, verheiratet, hat eine 17jährige Stieftochter und möchte noch ein eigenes Kind. Sie zweifelt, persönliches Glück und berufliche Erfüllung in Einklang bringen zu können, sucht Antworten bei Menschen ihrer Umgebung. Ehemann Werner fürchtet, daß das Privatleben noch mehr leidet als bisher. Professor Ebert, der sie für die Fortsetzung seines Werkes vorschlug, meint, ihre Begabung sei Verpflichtung. Der Vater rät ihr zu, er weiß aus eigener Erfahrung, daß die Reue für Versäumtes eines Tages kommt. Professorin Bergholz hat im Dienste der Wissenschaft auf vieles verzichtet und ist eine einsame Frau geworden – sie will Gisa mit allen Kräften unterstützen. Auf einer Studienreise lernt Gisa eine sowjetische Wissenschaftlerin kennen, die ihren Mann, der Geologe ist, einmal im Jahr sieht und ihre Liebe dennoch nicht aufgibt. Gisa entscheidet sich für beides: ein Kind und das Forschungsprojekt.

ZUM FILM: Seemanns Film litt darunter, daß das sehr undramatische lange Abwägen der Heldin in einer Entscheidungssituation in den Mittelpunkt gestellt wurde. Der Film fand trotz guter Besetzung wenige Zuschauer.

ECHO: Ich halte es für keinen besonders glücklichen Griff, Gisa T. in eine Art dramatische Windstille zwischen Auftrag und Entscheidung zu versetzen und den Zuschauer lediglich mit der Erklärung zu entlassen, daß man sich »ganz ausschöpfen« (wie macht man das?), sich große Ziele setzen muß. Seemann und Schreiter aber geben ihrer Heldin immer neue Gesprächssituationen, in denen über Leben und Glück meditiert, Wolken vergangener Konflikte und Schleier möglicher zukünftiger Probleme an den Denkhimmel projiziert werden. Die Katalogisierung von Konflikten – an Stelle ihrer Gestaltung – errichtet zwischen Film und Realität eine eigentümliche Glaswand; die Realität, die man zu sehen glaubt, ist nicht wirklich da. (Peter Ahrens, *Weltbühne* 25/1971)

Im Wechsel ernster und heiterer Szenen, mit gewachsenem professionellem Vermögen hat Seemann den geistigen Entscheidungsweg seiner Heldin ohne Schönfärberei und Oberflächlichkeit nachgezeichnet. Trotzdem blieb diese Arbeit weit hinter Besuch und Wirkung von → *Zeit zu leben* zurück. Das liegt nicht an der zuweilen kri-

tisierten Ausnahmesituation der Zentralfigur. Sie ist nur graduell unterschieden von der anderer berufstätiger Frauen. Eine Erlebnisbarriere dagegen ist das unanschauliche Arbeitsfeld dieser G.T. So entwickelt sich die Handlung vorwiegend in langen und nicht immer pointierten Dialogsequenzen. (...) Dankbar folgen wir deshalb dem eindrucksvoll ins Bild gebrachten Studienaufenthalt der Wissenschaftlerin nach Akademgorodok und zur Schneehasenjagd ins ferne Sibirien, selbst wenn die Begegnungen mit ihren sowjetischen Kollegen für den zu erwartenden Entschluß entbehrlich wären. (Dieter Wolf in *DEFA-Spielfilm-Regisseure und ihre Kritiker*, 1981)
NEBENBEI: Der 1928 geborene Jürgen Frohriep zählte bis zu seinem Tode 1993 für zwei Jahrzehnte zum Ermittler-Team der Fernsehreihe *Polizeiruf 110*.

LIEBESFALLEN

RE: Werner W. Wallroth, BU: Werner W. Wallroth, LV: Episoden aus dem Buch »Liebesfallen« von Ludwig Turek, DR: Anne Pfeuffer, KA: Werner Bergmann, MU: Walter Kubiczek, SB: Erich Krüllke, KO: Barbara Braumann, SC: Lotti Mehnert, PL: Gerrit List, GR: GR »Berlin«, m: 2966 = 109 min, fa, brw, PJ: 1975/76, PM: 2.7.1976, PM-Ort: Fürstenwalde, Freilichtbühne
DA: Marianne Wünscher (Bettina Gürtelschmidt), Fred Delmare (Udo Klüterjahn), Eva-Maria Hagen (Frau Reitstock), Heidemarie Wenzel (Renate Mauerbusch), Dieter Wien (Dr. Biebermann), Angela Brunner (Gabriele Metzke), Thomas Lück (Herr Reitstock), Herbert Köfer (Prof. Kallmann), Nina Hagen (Liane), Carl Heinz Choynski (Kollege Rochmann), Werner Lierck, Edwin Marian, Ingeborg Krabbe, Harry Merkel, Gertraud Last u. a., GE: Chris Doerk, Nina Hagen, Thomas Lück, Vlady Slezak, Holger Biege, Gerd Michaelis Chor
INHALT: Der Liebesreigen beginnt beim Schiffskoch Udo Klüterjahn, der mit Segelboot und delikaten Gerichten Frauen angelt und letztlich selber ins Netz geht – in Bettinas. Deren frisches Eheglück macht Renate Mauerbusch, Abteilungsleiterin eines Textilbetriebes, neidisch. Sie hat es schon länger auf ihren Pensionsmitbewohner Dr. Biebermann abgesehen, doch leider ist es ihr Vermieter Reitstock, der sich ständig »ganz aus Versehen« in der Zimmertür irrt. Mit dessen Frau schmiedet sie ein Komplott, das die Herren an die Seite der richtigen Damen bringt. Damit fällt Dr. Biebermann als Hoffnung für seine Sekretärin Gabriele Metzke aus, die das Eheglück nun mit einer Heiratsannonce sucht. Da ihr die Bewerber nicht zusagen, dreht sie den Spieß um, bewirbt sich selbst und findet Professor Kallmann »zwecks Heirat«. Der forscht gerade in einem Betrieb über die Selbstverwirklichung der Frau. Dort erregt die von Männern sehr begehrte junge Liane die Eifersucht der Kolleginnen, die ihr zwecks »Moralbelehrung« den neuen BGL-Vorsitzenden schicken. Und der, mit zwei Kindern und von der Frau verlassen, ist für Liane der Richtige.
ZUM FILM: Der unterhaltsame Film ohne vordergründige Aktualisierungen bedient sich teilweise alter Lustspielsituationen, die jedoch komödiantisch ausgekostet werden. Wären die einzelnen Episoden miteinander verzahnt worden, hätte der Film an Tempo gewinnen können.
ECHO: Die letzte Episode ist für mich deshalb die schönste, weil sie am deutlichsten heute, hier, »bei uns« spielt, während die anderen, unter Berufung auf das angeblich und das tatsächlich »Ewige« in Liebesleid und -lust vielleicht doch ein wenig zu sehr austauschbar sind, um, bei allem Spaß, genaue, neue Mitteilungen über diese so wichtige Sphäre »sozialer Kommunikation« zu geben. Sei's drum – in diesen »alten« Späßen steckt immer noch viel Heutiges, das sicher auch noch für morgen reicht ... (Peter Ahrens, *Weltbühne* 32/1976)
NEBENBEI: Das Lustspiel, das sich auch in den folgenden Jahren als Reprise geeignet hätte, wurde nach wenigen Monaten aus dem Verkehr gezogen, weil die Hauptdarstellerinnen Eva-Maria und Nina Hagen im Zuge der Biermann-Affäre die DDR verließen. Über sie durfte nicht einmal mehr gelacht werden.

DAS LIED DER MATROSEN

RE: Kurt Maetzig, Günter Reisch, BU: Karl Georg Egel, Paul Wiens, DR: Willi Brückner, Hans-Joachim Wallstein, KA: Joachim Hasler, Otto Merz, MU: Wilhelm Neef, BA: Gerhard Helwig, KO: Elli-Charlotte Löffler, Rosemarie Wandelt, SC: Lena Neumann, PL: Hans Mahlich, m: 3423 = 126 min, s/w, Tovi u. no, AT: Lied von den sieben

Matrosen, PJ: 1958, PM: 9.11.1958, PM-Ort: Berlin, Werner-Seelenbinder-Halle
DA: Günther Simon (Erich Steigert), Raimund Schelcher (August Lenz), Ulrich Thein (Henne Lobke), Horst Kube (Jens Kasten), Hilmar Thate (Ludwig Bartuschek), Wolfgang Langhoff (Rechtsanwalt), Stefan Lisewski (Jupp König), Ekkehard Schall (Eberhard Schuckert), Jochen Thomas (Sebastian Huber), Rita Gödikmeier (Anna), Elfriede Née, Wolf v. Beneckendorff, A. P. Hoffmann, Horst Schönemann, Werner Lierck, Fred Düren, Monika Lennartz, Rolf Römer, Eduard v. Winterstein, Günter Grabbert u.a.
INHALT: Herbst 1917. In Rußland hat die Revolution gesiegt. An der Verbrüderung deutscher und russischer Soldaten sind auch der Maschinist Henne Lobke und der Heizer Jens Kasten beteiligt, die ihre Offiziere entwaffnen, um die Versenkung eines russischen Frachters zu verhindern. Nach Deutschland zurückgekehrt, geht der Kampf weiter. Die Kieler Hafenarbeiter und Matrosen rufen zum Massenstreik auf, fordern die Beendigung des Krieges und die Absetzung des Kaisers und seiner Offiziere. Daraufhin beschließt die Admiralität die Operation »Nibelungen«. Durch sie soll die gesamte deutsche Flotte in einer Schlacht gegen die Engländer der Vernichtung ausgesetzt werden, um die Revolution zu ersticken. Die unterschiedlichen politischen Gruppierungen angehörenden Arbeiter in Uniform, unter ihnen der Oberheizer August Lenz, der Funker Ludwig Bartuschek und der Bursche des Vizeadmirals Jupp König, verhindern gemeinsam diese Aktion. Der Film endet mit dem Gründungsparteitag der KPD.

ZUM FILM: Die DEFA verpflichtet sich, den breit angelegten Film als Beitrag zum 40. Jahrestag der Novemberrevolution pünktlich herzustellen. Um das zu gewährleisten, werden zwei Aufnahmestäbe gebildet. Kurt Maetzig und Günter Reisch (der Maetzig bei den beiden → *Ernst-Thälmann*-Filmen assistiert hatte) teilen sich die Regie. Während Reisch vorrangig die Szenenkomplexe mit den Matrosen übernimmt, inszeniert Maetzig die um die Offiziere und die Admiralität. Obwohl eindrucksvolle Szenen gelingen, leidet der Film unter der tendenziösen historischen Darstellung, die die Rolle des Matrosenaufstandes und des Spartakusbundes überbetont.
ECHO: Besonders lehrreich wird dieser Film für unsere Klassenbrüder in Westdeutschland sein, vor allem für die Mitglieder der SPD. Burgfrieden, Zusammenarbeit mit der Reaktion, »theoretische Überwindung« des Marxismus, Antibolschewismus, alles war schon einmal da und ist heute wieder zu finden, was vor 40 Jahren Ursache für die Niederlage der Arbeiterklasse war. Weil dieser Film von der Kraft des Proletariats berichtet, weil er uns aus Fehlern lernen läßt, ist er eine gewichtige Waffe im politischen Kampf unserer Tage. (Horst Knietzsch, *Neues Deutschland*, 11.11.1958)
Die Leistung der beiden Kameraleute – Otto Merz und Joachim Hasler – verdiente eine ausführliche Spezialwürdigung. Denn (...) sie sind mit ihren Kameras neue Wege gegangen, fanden kühne und ungewöhnliche Bildkompositionen und Kamerabewegungen, so daß der Zuschauer – nach Meinung des Kritikers – noch niemals so dicht ans Geschehen und an die dargestellten Menschen herangeführt, noch nie derart unmittelbar einbezogen wurde wie hier. Der Verzicht auf die Farbe, die bewußte Verwendung des hart kontrastierenden Schwarzweiß müssen dankbar begrüßt werden. (Karl-Eduard v. Schnitzler, *Filmspiegel* 24/1958)

Die Gestalten wirken flach und entbehren individueller Züge, die Handlungsführung ist unkonzentriert und vermag nicht zu fesseln. Man spürt die Hast, mit der dieser Streifen produziert werden mußte. (Heinz Kersten, *Das Filmwesen in der Sowjetischen Besatzungszone Deutschlands*, 1963)
NEBENBEI: Der Film, der seine Premiere im Rahmen eines Festaktes des ZK der SED, des Ministerrates der DDR und des Nationalrates der Nationalen Front erlebte, erhielt auf dem Moskauer Filmfestival 1959 ein Ehrendiplom. – Die Figur des von Hilmar Thate gespielten Funkers Bartuschek wurde in Konrad Wolfs 1960 entstandenem Film → *Leute mit Flügeln* wieder aufgenommen. Während Erwin Geschonneck den dann alten Bartuschek spielte, agierte Hilmar Thate bei Wolf als Bartuscheks (quasi als sein eigener) Sohn.
Filmtext: Das Lied der Matrosen. Erzählung für den Film von Karl Georg Egel und Paul Wiens. Berlin: Henschelverlag 1958

LIED ÜBER DEM TAL
→ Anhang B

DAS LIED VOM TROMPETER
(Kinderfilm)
RE: Konrad Petzold, SZ: Hans-Albert Pederzani, LV: Roman »Unser kleiner Trompeter« von Otto Gotsche, DR: Dieter Scharfenberg, KA: Günter Haubold, MU: Gerhard Rosenfeld, BA: Joachim Otto, KO: Joachim Dittrich, SC: Thea Richter, PL: Willi Teichmann, GR: KAG »konkret«, m: 2334 = 85 min, s/w, Tovi, PJ: 1964, PM: 1.10.1964, PM-Ort: Halle, CT-Lichtspiele
DA: Horst Jonischkan (Fritz Weineck), Erik Veldre (Paul Hepner), Doris Abeßer (Käthe Mielfe), Ezard Haußmann (Georg Füllbrink), Jürgen Frohriep (Walter Ebersdorf), Traudl Kulikowsky (Lene Langner), Rolf Römer (Alfons Wieland), Günther Simon (Ernst Thälmann), Fred Delmare (Kleckchen), Wolfgang Greese (Karl Borsdorff), Helga Göring, Bruno Carstens, Hannjo Hasse, Horst Friedrich, Hannes Fischer u. a.
INHALT: Der Arbeitersohn Fritz Weineck aus Halle möchte ganz für die Musik leben. Sein Freund Alfons, der im Ersten Weltkrieg einen Arm verloren hat, schenkt Fritz seine Trompete. Doch der Junge stellt fest, daß die einfachen Leute auch nach dem Sturz des Kaiserreichs um ihre Rechte kämpfen müssen. Er nutzt das Instrument als Signalhorn bei Veranstaltungen der Arbeiter, in deren Kampfbewegung er sich einreiht. Bei einer Aktion um ein Waffenlager geht der Sieg durch seine Unerfahrenheit verloren, aber er lernt daraus und entwickelt sich zu einem zuverlässigen Mitkämpfer. Als Thälmann auf einer Großveranstaltung am 13. März 1925 in Halle spricht, bläst er mit seiner Trompete Alarm, während die Polizei anrückt. Die Genossen können Thälmann retten, Fritz stirbt im Kugelhagel der Uniformierten.
ZUM FILM: Das bekannte Jugendbuch über eine authentische Figur aus der Arbeiterbewegung wurde durchaus filmgemäß umgesetzt, wobei im Totalvisionsformat besonders die Massenszenen zur Geltung kamen.
ECHO: Drei Komplexen haben die Schöpfer des Streifens besondere Aufmerksamkeit gewidmet: Die Szenen vom Ausmarsch der Hallenser Garnison bei Ausbruch des Ersten Weltkrieges haben eine starke, dynamische Wirkung. Von großer äußerer Spannung getragen ist die Jagd über die Dächer der Stadt bei der Rettung eines führenden Genossen. Schließlich sind es die Massen-

szenen bei der Saalschlacht im »Volkspark«, die beeindrucken. (S., *Berliner Zeitung*, 3.10.1964)
NEBENBEI: Ein knappes Jahrzehnt nach dem Thälmann-Zweiteiler, durch den Günther Simon als positiver Heros abgestempelt worden war, stellte der Schauspieler nochmals den Arbeiterführer dar.

LISSY

RE: Konrad Wolf, BU: Alex Wedding, Konrad Wolf, LV: Gleichnamiger Roman von F.C. Weiskopf, DR: Hans-Joachim Wallstein, KA: Werner Bergmann, MU: Joachim Werzlau, BA: Gerhard Helwig, KO: Elli-Charlotte Löffler, SC: Lena Neumann, PL: Eduard Kubat, m: 2425 = 89 min, s/w, PJ: 1957, PM: 30.5.1957, PM-Ort: Berlin, »Babylon«/ »Freilichtbühne Bürgerpark«
DA: Sonja Sutter (Lissy), Horst Drinda (Fromeyer), Hans-Peter Minetti (Paul Schröder), Kurt Oligmüller (Kaczmierczik), Gerhard Bienert (Vater Schröder), Else Wolz (Mutter Schröder), Raimund Schelcher (Max Franke), Christa Gottschalk (Toni Franke), Horst Friedrich (Warnke), Annemarie Hase (Frau Kaluweit), O. E. Stübler, Willi Schwabe, Gerd Michael Henneberg, Else Korén, Walter E. Fuß u. a.

INHALT: Berlin 1932. Lissy ist die Tochter eines sozialdemokratischen Arbeiters und wohnt im Berliner Wedding. Sie möchte heraus aus dem elenden Milieu und arbeitet als Verkäuferin an einem Tabakstand in der Nähe des Kurfürstendamms. Einer der Kunden, der gutaussehende Angestellte Alfred Fromeyer, ist ihr sehr zugetan. Sie hofft, durch eine Heirat mit ihm den sozialen Aufstieg zu schaffen. Doch kaum ist ihr erstes Kind geboren, hat Fromeyer seine so sicher geglaubte Stellung verloren. Seine Verzweiflung und die Begegnung mit einem alten Freund führen ihn in die SA: In der braunen Uniform gelingt ihm – und damit auch seiner Frau – ein schneller »gesellschaftlicher Aufstieg«, bis zum SA-Sturmführer. Lissy jedoch wird ob dieser Karriere von schmerzhaften Zweifeln geplagt. Ihr Bruder Paul, einst Jungkommunist, trägt nun auch die SA-Uniform. Seine Agitation gegen die reichen Kapitalisten allerdings paßt den Nazis nicht ins neue Konzept. Er wird von seinen eigenen Kumpanen erschossen. Durch diesen Vorfall erkennt Lissy nun deutlich ihren fatalen Irrtum. Sie trennt sich von Fromeyer.
ZUM FILM: Mit der Weiskopf-Adaption gelang Konrad Wolf ein treffendes Porträt sogenannter »unpolitischer« Menschen, die den Erfolg des Faschismus möglich machten. *Lissy* wurde ein »Klassiker« des DEFA-Films und immer wieder gezeigt. Zur Entstehungszeit wurde der Film jedoch scharf angegriffen, weil die Rollen des kommunistischen Ehepaares nicht stärker in den Vordergrund gerückt wurden.
ECHO: Regisseur Konrad Wolf und Kameramann Werner Bergmann, beide jung und sogenannter Nachwuchs, sind ein gutes Gespann. Sie vermeiden Herkömmlich-Übliches, scheuen sich nicht, gute Traditionen aus zurückliegenden guten Filmzeiten fortzuführen und lassen sich manch Neues einfallen. (Daß sie dabei gelegentlich in Symbolismen verfallen und diesen oder jenen Spiegeleffekt bis zum Überdruß wiederholen, tut ihrer guten, ermutigenden Arbeit keinen Abbruch.) (Karl-Eduard v. Schnitzler, *Filmspiegel* 13/1957)
Alles, was in diesem Film vielleicht als »Atmosphäre« erscheinen mag, steht in einer präzisen Beziehung zum Inhalt. Zum künstlerischen Prinzip des Films gehört es, seine Aussage aus einem ständigen Wechselspiel der Objekte heraus zu

entwickeln. Darin liegt zugleich ein bedeutendes »filmisches« Moment. (...) Mit der Bedeutung, die das Detail im Stil Konrad Wolfs einnimmt, steht der oft episodische Charakter von *Lissy* im Zusammenhang. Was der Film zu sagen hat, ergibt sich weit häufiger aus der Konstellation des Augenblicks, als aus der Entwicklung, aus einem dramatischen »Bogen«. Diese Art der Dramaturgie birgt auch Gefahren: die Kommentare Weiskopfs, die zwischen einzelnen Szenen vermitteln, wirken mehrmals als Notlösungen. Gleichwohl handelt es sich bei *Lissy* um den bemerkenswertesten deutschen Film seit Jahren. (Ulrich Gregor, *Filmkritik* 3/1958)
NEBENBEI: Drehbuchautorin Alex Wedding, die selbst Vorlagen für einige Kinderfilme lieferte, war die Witwe des Schriftstellers F. C. Weiskopf.

LJUDI I SWERI
→ MENSCHEN UND TIERE

LOOPING
RE: Kurt Tetzlaff, SZ: Manfred Freitag, Joachim Nestler, LV: Gleichnamige Erzählung von Joachim Plötner, DR: Anne Pfeuffer, KA: Detlef Tetzke, MU: Peter Rabenalt, SB: Hans-Jorg Mirr, KO: Regina Viertel, SC: Bärbel Weigel, PL: Manfred Renger, GR: AG »Berlin«, m: 2349 = 86 min, fa, brw, AT: Verantwortung, PJ: 1974, PM: 16.1. 1975, PM-Ort: Berlin, »International«
DA: Hans-Gerd Sonnenburg (Lothar Schwendt, genannt Biene), Dieter Franke (Stefan Burger), Marina Krogull (Katrin, genannt Lottchen), Erwin Geschonneck (Bienes Vater), Norbert Christian (Willi Schlaatz), Doris Thalmer (Frau Schlaatz), Günter Schubert (Mayer), Matthias Günther (Benno), Jörg Panknin (Klaus Ermler), Peter Kalisch (Paul Riemer), Herbert Körbs, Günter Wolf, Ruth Kommerell, Johannes Curth, Monica Bielenstein u. a.
INHALT: Der dreißigjährige Biene ist ein Draufgänger, alles scheint ihm zu glücken. Doch plötzlich reißt ihn ein tragisches Ereignis aus seiner Unbekümmertheit. Bei der Explosion eines Karbidofens im Betrieb wird ein Kollege getötet. Biene war Schichtleiter. Brigadier Stefan Burger, nach dessen neu entwickelter Methode die Öfen seit einiger Zeit arbeiten, führt die Havarie auf ein Versagen Bienes zurück, sagt dies auch bei der Gerichtsverhandlung. Biene erträgt die Situation im Betrieb nicht und geht. Bei seiner neuen Arbeit lernt er Katrin kennen. Die Beziehung zu ihr lenkt ihn kurze Zeit von seinen Problemen ab. Dann trifft er Stefan wieder, der ihn zurückholen und die Unfallursache genau untersuchen möchte. Katrin will Biene heiraten, auch wenn er verurteilt werden sollte. Biene begreift, daß er vor der Verantwortung nicht davonlaufen kann, er geht zurück. Ein Versuch unter den gleichen Bedingungen wie bei der Havarie zeigt, daß er schuldlos ist.
ZUM FILM: Trotz interessanter Ansätze blieb das Spielfilmdebüt des Dokumentarfilmers Kurt Tetzlaff zu beliebig. Man hätte sich gewünscht, von ihm einen weiteren Spielfilm zu sehen, aber es blieb sein einziger.
ECHO: Obwohl eine Reihe von Szenen manche psychischen Einsichten erlauben, etwa wenn Biene mit Katrin beim Beatkonzert sitzt und sich plötzlich seines Alters bewußt wird, ist doch der von den Autoren zitierte »Weg der Reife«, der Prozeß also, nicht erkennbar. (...) Hier liegt eine Stärke des Films: Das Detail, das Milieu, viele einzelne Situationen, die Ausdrucksweise stimmen. Ohne Zweifel ein Ergebnis der Zusammenarbeit des Dokumentarfilmregisseurs Kurt

Tetzlaff mit seinem Kameramann Detlef Tetzke, die hier ihr Spielfilmdebüt geben. (Eckart Jahnke, *Filmspiegel* 4/1975)

Kurt Tetzlaff bemüht sich, die vertane Gelegenheit zu einer richtigen Filmgeschichte durch Äußerlichkeiten aufzubereiten. Dabei gelingt ihm jedoch nicht mehr, als einen Zigaretten-, einen Badewannen- und einen Nackte-Männer-Komplex abzureagieren. (Renate Holland Moritz, *Eulenspiegel* 8/1975)

Erfreulich wirkt die Darstellung der Arbeitswelt ganz ohne Pathos und Redseligkeit. Kameramann Detlef Tetzke, der wie der Regisseur vom Dokumentarfilm kommt, gelangen einige schöne Bilder. (...) Ob der Film den erhofften Erfolg beim Publikum haben wird, bleibt abzuwarten. Stilistisch unausgewogen, dramaturgisch etwas klapprig und inhaltlich ein bißchen mager, hinterläßt er einen zwiespältigen Eindruck. (Heinz Kersten, 1975, zit. nach *So viele Träume*)

NEBENBEI: Kurt Tetzlaff und sein Assistent Ulrich Kanakowski spielten sich quasi selbst – als Regisseur und Regieassistent.

LOTS WEIB

RE: Egon Günther, BU: Egon Günther, Helga Schütz, DR: Christel Gräf, KA: Otto Merz, MU: Karl-Ernst Sasse, SB: Werner Zieschang, KO: Lydia Fiege, SC: Christa Stritt, PL: Hans Mahlich, GR: KAG »Roter Kreis«, m: 2903 = 106 min, s/w, Cine, PJ: 1965, AD: 27.8.1965

DA: Marita Böhme (Katrin Lot), Günther Simon (Richard Lot), Klaus Piontek (Paul Lehmann), Gerry Wolff (Max Braun), Rolf Römer (Lehrer Hempel), Elsa Grube-Deister (Lehrerin Jungnickel), Wolfgang Greese (Scheidungsrichter), Evamaria Bath (Hortleiterin), Arthur Jopp (Lehrer Streussel), Walter E. Fuß (Lehrer Zapf), Harry Hindemith, Marianne Christina Schilling, Hans Klering, Hans Hardt-Hardtloff, Herbert Köfer u.a., GE: Ruth Homann

INHALT: Die Ehe von Katrin und Richard Lot ist zur Routine geworden. Sie hat einen Beruf, der sie ausfüllt, er kommt als Marine-Offizier nur alle vierzehn Tage nach Hause. Die Kinder begrüßen ihn freudig, Katrin mit Unbehagen, denn ihrer Ehe fehlt das Entscheidende: Liebe. Sie will die Scheidung. Er lehnt ab, vorwiegend aus Bequemlichkeit und wegen der zu erwartenden Vorhaltungen in seiner Parteigruppe. Katrin greift zu einem ungewöhnlichen Mittel. Sie stiehlt in einem Kaufhaus, wird zu drei Monaten auf Bewährung verurteilt. Nun reicht er die Scheidung ein wegen »moralischer Labilität« seiner Frau. Katrin hat ihren Willen durchgesetzt, sie bekommt sogar die Kinder zugesprochen. Zwar ist sie als Lehrerin mit ihrer Verurteilung wegen Diebstahls nicht mehr »tragbar«, aber sie ist frei und muß nicht länger mit einer Lüge leben.

ZUM FILM: Die erste Regiearbeit des Drehbuchautors Egon Günther erwies sich als ambitionierter Film, der wichtige gesellschaftliche Probleme durchaus unterhaltsam zur Debatte stellte. Dabei stieß besonders die satirisch überhöhte Darstellung der Wirklichkeit auf Kritik.

ECHO: Die Verwendung satirischer Mittel in der Lehrerversammlung, die über das Verhalten der Kollegin Lot zu Gericht sitzt, soll parteiliche Distanzierung von negativen Zeitgenossen, Erscheinungen und Auffassungen bewirken. Das Kollegium besteht mit Ausnahme des Parteisekretärs (...) aus Wichtigtuern, Pharisäern und Schweigern. (...) Diese Szene ist im Kabarett wirksam und treffsicher, hier aber verselbständigt sie

sich durch den Rückgriff auf Typen als ausschließliche Summierung negativer Verhaltensweisen. (Brigitta Hansen, *Film-Wissenschaftliche Mitteilungen* 1/1966)
Konzentrierte Wirklichkeiten, montierte Geräusche, überstürzend Aneinandergeschnittenes, Überblendetes, fast ohne Sprache, erheben eine Art optischen »inneren Monolog«. In solchen filmisch-lyrischen Sequenzen wird vor allem eine Eigen- und Gegenwelt von *Lots Weib* geschaffen, Voraussetzungen zur Entscheidung für sich und ihr Publikum. (Bernhard Frank, *Frankfurter Allgemeine*, 12.5.1966)
Der Film verbindet die Probleme der Befreiung der Frau direkt mit der Existenz einer gesellschaftlichen Hierarchie und damit einhergehenden Normen und Verkrustungen des Denkens und Fühlens. Er brachte damals durch seine freche Erzählweise, seinen leichten Umgang mit schwerem Geschütz Freude und Erneuerung in unsere Filmlandschaft und hat seine heitere Ausstrahlung bis heute bewahrt. (Erika Richter, *Das zweite Leben der Filmstadt Babelsberg*, 1994)
NEBENBEI: Der Film basierte auf einem authentischen Gerichtsfall. Das reale Vorbild für den Richard Lot versuchte mehrfach vergeblich, den Film wegen angeblicher Verunglimpfung seiner Person verbieten zu lassen. – Als Lehrer Zapf spielte Walter E. Fuß eine seiner wenigen größeren Filmrollen. Er war besonders durch das Kinderfernsehen als »Prof. Flimmrich« populär.

LOTTE IN WEIMAR

RE: Egon Günther, SZ: Egon Günther, LV: Gleichnamiger Roman von Thomas Mann, DR: Walter Janka, KA: Erich Gusko, MU: 6. Sinfonie a-Moll von Gustav Mahler; MB: Karl-Ernst Sasse, SB: Harald Horn, KO: Christiane Dorst, SC: Rita Hiller, PL: Erich Albrecht, GR: AG »Babelsberg«, m: 3400 = 125 min, fa, brw, PJ: 1974/75, PM: 6.6.1975, PM-Ort: Berlin, »International«
DA: Lilli Palmer (Lotte), Martin Hellberg (Goethe), Rolf Ludwig (Kellner Mager), Hilmar Baumann (Goethes Sohn August), Jutta Hoffmann (Adele Schopenhauer), Katharina Thalbach (Ottilie von Pogwisch), Monika Lennartz (Lottes Tochter), Dieter Mann (Diener Carl), Norbert Christian (Prof. Meyer), Hans-Joachim Hegewald (Dr. Riemer), Walter Lendrich, Annemone Haase (Landkammerrat Ridel u. Frau), Angelika Ritter, Christa Lehmann, Linde Sommer, Sonja Hörbing, Viktor Deiß, Hans-Dieter Schlegel, Thomas Neumann, Hilmar Eichhorn u. a.
INHALT: Im September 1816 kommt die Hofrätin Charlotte Kestner, geborene Buff, nach Weimar, einen Vorwand nutzend, um nach 44 Jahren ihre Jugendliebe wiederzusehen – Goethe, der sie durch »Die Leiden des jungen Werthers« unsterblich gemacht hat. Die Nachricht ihrer Ankunft spricht sich in Weimar schnell herum, der sie bewundernde Kellner Mager sorgt dafür. Neugierige Besucher stellen sich ein, alles fiebert auf die Begegnung zwischen dem jetzt 67jährigen Dichterfürsten und der frühen Liebe aus Wetzlar. Das gemeinsame Essen im größeren Kreis ist geprägt von Goethes Zurückhaltung und unverbindlicher Liebenswürdigkeit sowie dem Eifer der Gäste, sich geistreich zu präsentieren. Durch Begegnungen wie mit Adele Schopenhauer bekommt Charlotte auch Kritisches über den Staatsmann Goethe zu hören. Allein mit Goethe hat sie ein kurzes Gespräch in der Kutsche bei einem Theaterbesuch. Sie reist in der Gewißheit ab, daß dieses Kapitel ihres Lebens endgültig abgeschlossen ist.

ZUM FILM: Durch die engen Beziehungen des Dramaturgen (und früheren DEFA-Direktors sowie zeitweiligen Leiter des Aufbau-Verlages) Walter Janka zur Familie Thomas Manns (die sich während seiner politischen Inhaftierung in der DDR für Janka eingesetzt hatte), lagen die Verfilmungsrechte des Romans bei der DEFA. Egon Günther, dem man durch zahlreiche Angriffe die Lust an Gegenwartsfilmen genommen hatte, übernahm den Stoff und zauberte daraus eine philosophisch-vergnügliche Attacke gegen deutsche Kleingeistigkeit. Die erlesene Besetzung, in der Rolf Ludwig als Kellner Mager brillierte, wurde durch die Mitwirkung des Weltstars Lilli Palmer gekrönt, was eine besondere Medienaufmerksamkeit hervorrief. Schließlich war es die erste Filmdarstellung des deutschen Nationaldichters Goethe.

ECHO: Da Egon Günther eine Fabel erzählt und inszeniert, die bei höchstem künstlerischen Anspruch und bemerkenswerter Worttreue gegenüber dem Dichter – auch ohne Kenntnis der großen Vorbilder – verständlich bleibt, wohl aber zu ihnen führt, wird er seinem Metier gerecht, wird *Lotte in Weimar* nach *Jakob der Lügner* zur gültigsten DEFA-Produktion des bisherigen Kinojahres. (Georg Antosch, *Der Neue Weg*, 6.6.1975)

Obwohl man als Zuschauer an diesen Szenen (mit Adele und Ottilie, f.b.h.) Spaß hat, geht doch mit dem Fehlen des geistigen Zusammenhangs ein Teil der Spannung verloren, die erst allmählich wieder aufgebaut wird. Nur schwer kann man sich mit dem Gedanken abfinden, daß zugunsten dieser Episoden der darauffolgende Monolog und die Morgen-Szene Goethes auf ein fragmentarisches Zitat reduziert worden seien ... (Peter Ahrens, *Weltbühne* 24/1975)

Der Schluß des Films: Die große Szene in der Equipage. (...) Das Gewicht verlagert sich, mehr als erlaubt, zu Lotte. Die Palmer allerdings wächst in dieser Szene weit über alle anderen Szenen hinaus. Für einen kurzen Augenblick, scheint mir, werden hier Grenzen überschritten, die zwischen Leben und Kunst gezogen sind. Aber wie so oft in der Kunst kann die Verletzung eines Gesetzes der Gewinn einer großen Schönheit sein. Der Palmer gelingt das Außerordentliche. Für Augenblicke mischen sich in der Darstellung der Palmer Kunst und Leben. Die Aussage der Figur wird zur großen, später vielleicht einmal als endgültig erkannten Aussage der Darstellerin. (Günther Rücker, *Film und Fernsehen* 6/1975)

In seiner (Egon Günthers, f.b.h.) Inszenierung steckt – wenn auch leider nicht durchgehend – manches von Thomas Mann'scher Ironie, die durch indirekte Anspielungen noch eine DDR-spezifische Dimension erhält. (...) Durch Jutta Hoffmanns Darstellung der Adele wird der Besuch dieser Vertreterin des Weimarschen »Musenvereins« zu einem der Höhepunkte des Films. Der andere: die Tischgesellschaft bei Goethe, wo die phrasierende Selbstgefälligkeit des Olympiers und die Reaktionen seiner Gäste zwischen Devotion und Auflehnung atmosphärisch ins Bild kommen. (Heinz Kersten, 1975, zit. nach *So viele Träume*)

NEBENBEI: Die Besetzung der Titelrolle war nicht leicht. Sowohl Inge Keller als auch Mathilde Danegger kamen dafür in Frage. Nachdem sich Lilli Palmer für die Titelrolle beworben hatte (die kurioserweise von Bundespräsident Scheel auf dieses Filmprojekt aufmerksam gemacht worden war), waren zunächst auch für die Rolle des Goethe mit Vittorio De Sica und Max v. Sydow internationale Stars im Gespräch. Auch mit Wolf

Kaiser wurden Probeaufnahmen gemacht, bis sich Egon Günther schließlich für Martin Hellberg entschied und dem ehemaligen DEFA-Regisseur ein glänzendes Comeback als Schauspieler ermöglichte. Als Frau Elmenreich, Wirtin des »Elephant«, spielte Bertolt Brechts Tochter Barbara Berg eine ihrer letzten Filmrollen, bevor sie sich aus dem Beruf zurückzog. – Das Interieur des Goethe-Hauses am Weimarer Frauenplan ließ Szenenbildner Harald Horn in Babelsberg im Atelier frappierend echt nachbauen.

DER LOTTERIESCHWEDE

RE: Joachim Kunert, BU: Joachim Kunert, Jens Gerlach, LV: Gleichnamige Novelle von Martin Andersen Nexö, DR: Hanns Julius Wille, KA: Otto Merz, MU: André Asriel, BA: Gerhard Helwig, KO: Luise Schmidt, SC: Hildegard Conrad, PL: Erich Albrecht, m: 1941 = 71 min, s/w, PJ: 1958, PM: 11.9.1958, PM-Ort: Berlin, »Babylon«

DA: Erwin Geschonneck (Johan Jönsson, der Lotterieschwede), Sonja Sutter (Frau Jönsson), Harry Hindemith (Bergendal), Jochen Thomas (Lindquist), Hans Emons (Svendsen), Gerhard Lau (Elström), Gustav Püttjer (Hinkebein), Günther Simon (Arzt), Lore Frisch (Wirtsfrau Julie), Horst Kube (Wirt), Albert Garbe, Hans Klering, Marga Legal, Friedrich Teitge, Helmut Müller-Steinhoff, Peter A. Stiege u. a.

INHALT: Die erste große Prosaarbeit Nexös führt auf die Insel Bornholm, im Jahre 1880. Der Steinbrucharbeiter Johan Jönsson fristet mit seiner Frau und den Kindern ein armseliges Leben. Mit einem Lotterielos, durch das er sich einen großen Gewinn verspricht, will er der Not entfliehen. Doch es bringt ihm kein Glück. Statt sein bißchen Geld für einen Arzt auszugeben, um sein krankes Kind behandeln zu lassen, verlängert er das Los. Das Kind stirbt, und Johan verfällt, von Gewissensbissen geplagt, dem Alkohol. Nachdem er alles verspielt hat, bringt das Lotterielos einem anderen den Hauptgewinn. Johan begeht Selbstmord, sein Sohn Per hat indessen begriffen, daß Glücksspiel nicht das Mittel ist, das erbärmliche Dasein der Arbeiter zu verändern.

ZUM FILM: Die Adaption der Novelle ist nur teilweise gelungen. Trotz realistischer Schilderung sozialen Elends und guter Schauspielerleistungen fand der junge Joachim Kunert noch nicht zur nötigen Dichte des Stoffes.

ECHO: Das ist ein fürwahr erschütternder Film, und man müßte ihn als bedrückend, als trostlos bezeichnen, wenn diese entsetzlichen Arbeits- und Lebensbedingungen der achtziger Jahre nicht heute durch den Kampf der Arbeiterklasse im Kapitalismus gemildert und im Sozialismus überwunden wären. (...) Der Regisseur Joachim Kunert hat das alles in der epischen Breite der Novelle angelegt, oft zu breit, zu lang, zu sehr ohne Spannung. Man weiß – auch ohne die Novellenvorlage zu kennen – stets vorher, was geschieht, und daß es immer etwas Düsteres, Schreckliches ist. Andererseits gelingen Joachim Kunert einige Szenen und Momente, die nahezu vollendet sind, was Stimmung und Spannung angeht, so die Sterbeszene des Säuglings, das Würfelspiel im Wirtshaus, die Versöhnung des betrunkenen Lotterieschweden durch die Kinder und anderes mehr. (Karl-Eduard v. Schnitzler, *Filmspiegel* 20/1958)

NEBENBEI: Der dänische Schriftsteller Martin Andersen Nexö (1869–1954), dessen Hauptwerke *Ditte Menschenkind* und *Pelle, der Eroberer* mehrfach verfilmt wurden, erhielt 1951 den Nationalpreis der DDR und verbrachte seinen Lebensabend in Dresden.

DER LUDE

RE: Horst E. Brandt – SZ: Wera und Claus Küchenmeister – DR: Anne Pfeuffer – KA: Hans-Jürgen Kruse, KF: Ingo Raatzke – MU: Walter Kubiczek – SB: Erich Krüllke – KO: Günther Schmidt – SC: Karin Kusche – PL: Uwe Klimek – GR: GR »Berlin« – m: 2524 = 93 min – fa – brw – PJ: 1983/84, PM: 6.12.1984 – PM-Ort: Berlin, »International«

DA: Peer-Uwe Teska (Wilhelm Knaupe, genannt Bello) – Michele Marian (Frieda) – Franziska Troegner (Klara) – Michael Pan (Sally Epstein) – Dieter Montag (Eberhard Tann) – Manfred Gorr (Ali Höhler) – Martin Trettau (Kommissar) – Erwin Berner (Horst Wessel) – Walter Jäckel (Goebbels), Karin Düwel (Erna Jänichen), Carl Heinz Choynski, Helmut Geffke, Katharina Rothärmel, Klaus-Dieter Klebsch, Rudolf Ulrich u. a.

INHALT: Berlin Anfang der dreißiger Jahre. Bello ist ein arbeitsloser junger Mann, der die minderjährige Frieda liebt. Um den Lebensunterhalt für beide zu verdienen, geht Frieda auf den Strich. Das nutzt ein Kommissar der politischen Abteilung, um Bello zu Spitzeldiensten zu erpressen. Doch damit nicht genug. Einen Eifersuchtsmord unter Zuhältern, dessen Opfer ein hoher Nazi ist, will man den Kommunisten in die Schuhe schieben, und Bello soll Kronzeuge sein. Er weigert sich. Als die Nazis an die Macht kommen, nehmen sie den Fall wieder auf, um den Ermordeten zum Märtyrer zu machen. Bello weigert sich noch immer. Er glaubt sich jetzt sicher, weil Frieda inzwischen volljährig ist. Doch er bezahlt seine Weigerung mit dem Leben.

ZUM FILM: Das Thema um den Nazi-Märtyrer Horst Wessel wurde verschenkt. Statt einer historisch stimmigen, psychologisch glaubwürdigen Geschichte wurde ein »auf Wirkung« inszenierter, nichtsdestoweniger wirkungsloser Krimi vor historischem Hintergrund geliefert.

ECHO: Die Verknüpfung von authentischen und fiktiven Ereignissen und Personen geht m. E. nicht nahtlos auf, weil man nur bedingt der Sympathie der Autoren für den Zuhälter folgen kann, weil man Bellos »ethischem« Ringen nur begrenzt folgen kann, weil immer mal zwischendurch verbale Adressen an den Zuschauer gerichtet werden (damit er die verworrenen Vorgänge ja »richtig« werte!), weil zuweilen auch Streckungen der Handlung und Figurenschematisierungen schlichte Langeweile erzeugen, weil der »Blick durchs Schlüsselloch« in eine etwas klebrige, leicht anrüchige Szene zuweilen doch sehr kalkuliert erscheint. Die wünschenswerte Erweiterung der Faschismus-Auseinandersetzung bleibt auf eine schmale soziale Komponente beschränkt. (Günter Agde, *Filmspiegel* 1/1985)
An den drei unterschiedlichen Paaren wollten die Autoren Wera und Claus Küchenmeister demonstrieren, wie sich ganz einfache Leute in jener Krisenzeit zu Beginn der dreißiger Jahre verhielten, wie sich keiner politischen und gesellschaftlichen Zusammenhängen entziehen kann. (...) Zwischen Leierkasten-Moritat und aufdringlicher Action-Krimi-Musikuntermalung bleibt *Der Lude* nur an der Oberfläche der da geschilderten tatsächlichen und erdachten Ereignisse – eindimensional wie seine soziologisch typisierten Figuren. (Heinz Kersten, 1984, zit. nach *So viele Träume*)

NEBENBEI: Bettina Ulrich-Rosié, die Tochter des DEFA-Altstars Rudolf Ulrich, der hier den Wirt spielt, ist in einer ihrer wenigen kleinen Filmrollen als eins der »leichten Mädchen« zu sehen.

DIE LÜGNERIN

RE: Siegfried Kühn, BU: Regine Kühn, DR: Erika Richter, KA: Peter Ziesche, MU: Simone Danaylowa, Thomas Klemm, SB: Harry Leupold, KO: Regina Viertel, SC: Margrit Brusendorff, PL: Dorothea Hildebrandt, m: 2353 = 86 min, fa, PJ: 1991, PM: 2.9.1992, PM-Ort: Montreal, Filmfestival, BE: ohne Verleih

DA: Katharina Thalbach (Titta), Vadim Glowna (Fred), Reiner Heise (Thomas), Peter Prager (Ludwig), Lotti Huber (Frau Kapahnke), Klaus Pönitz (Wirt Leo), Axel Werner (Fremder), Rita Feldmeier (Betrunkene), Klaus Piontek (Regisseur), Katka Kurze (Schauspielerin), Hans Bergermann, Paul-Dolf Neis, Marian Wolf, Gertraut Last, Carlo Schmidt u. a.

INHALT: Titta, Mitte dreißig und Dolmetscherin, scheint mit Mann und Kindern ein ganz normales Familienleben zu führen. Doch der Alltagsstreß belastet ihre Seele. Eines Tages begegnet sie einem fremden Mann und erzählt diesem, daß sie nach Neuseeland gehen will. Sie ändert ihr Leben radikal, macht eine Fotografenausbil-

dung, besetzt eine Wohnung, provoziert ihren Mann mit erfundenen Geschichten von Seitensprüngen. Sie lernt Ludwig kennen und hofft, mit ihm den Traum von Neuseeland verwirklichen zu können. Doch auch er enttäuscht sie. Titta gerät in eine Krise, gibt jedoch nicht auf. Schwanger und mit Alltagssorgen belastet, verfolgt sie weiter ihren Traum.
ZUM FILM: Das Thema der durch das Spannungsverhältnis von Lüge und Wahrheit erschütterten Beziehungen war gerade in der Nachwende-Zeit brennend aktuell. Trotz eines poetischen Buches mit überraschenden Wendungen und großartigen Schauspielern blieb der Film ohne Verleih und wurde selten aufgeführt.
ECHO: So war Katharina Thalbach nach anderthalb Jahrzehnten für den angeblich letzten DEFA-Film nach Babelsberg zurückgekehrt. Tatsächlich hat sie in dem Film, den Siegfried Kühn inszenierte, eine Vielzahl faszinierender Szenen zu spielen. Leider ist die Geschichte einer jungen Frau, die mit dem Einerlei ihres Lebens unzufrieden ist, nicht ganz neu. Titta überrascht ihren Mann (Reiner Heise) mit Erzählungen von phantasievollen Affären, hat Männergeschichten, die sie anregen und doch nicht befriedigen (Vadim Glowna, Peter Prager) und lernt plötzlich bei einer alten Fotografin (Lotti Huber) einen neuen Beruf. Was sie wirklich will und was sie wirklich bedrückt, kann sie nicht sagen. Hier ist der Zuschauer gefordert, seine eigenen Erfahrungen einzubringen, und ich kenne eine Menge Leute, die daran Freude hätten. (F.-B. Habel, *Filmklub-Kurier* 1/1993)
NEBENBEI: Gertraut Last, die zahlreiche DEFA- und Fernsehfilme durch ihre skurrilen Berliner Typen angereichert hatte, spielte hier eine ihrer letzten Rollen. Eigentlich war sie keine Schauspielerin, aber ein originelles Talent. Hauptberuflich leitete sie das Künstlerische Betriebsbüro des Deutschen Theaters Berlin.

LÜTT MATTEN UND DIE WEISSE MUSCHEL

(Kinderfilm)
RE: Herrmann Zschoche, BU: Benno Pludra, Herrmann Zschoche, LV: Gleichnamiges Kinderbuch von Benno Pludra, DR: Gudrun Rammler, KA: Horst Hardt, MU: Georg Katzer, SC: Brigitte Krex, PL: Heinz Kuschke, GR: KAG »60«, m: 2169 = 80 min, s/w, PJ. 1963, PM: 26.1.1964, PM-Ort: Berlin, »Kosmos«
DA: Lutz Bosselmann (Lütt Matten), Heike Lange (Mariken), Joachim Krause (Kaule), Erik S. Klein (Vater), Johanna Clas (Mutter), Otto Saltzmann (Großvater), Herbert Köfer, Herbert Sturm u.a.
INHALT: Der Fischerssohn Lütt Matten hat sich eine eigene Reuse gebaut, fängt aber keinen Fisch. Enttäuscht und von den Erwachsenen verspottet, fährt er nachts auf den Bodden hinaus, um die Weiße Muschel zu suchen. Von ihr sagt man, daß sie die Fische herbeizaubert. Aber ein Sturm kommt auf und der Junge verfängt sich in den großen Reusen. Die Fischer retten ihn. Unter ihnen ist auch der Vater, der jetzt langsam begreift, daß er sich zu wenig um seinen Sohn gekümmert hat. Er baut zusammen mit Lütt Matten und dessen kleiner Freundin Mariken eine neue Reuse. Und nun gehen endlich die Aale ins Netz.
ZUM FILM: Die sensibel umgesetzte Adaption der Vorlage von Benno Pludra war der dritte Kinderfilm, den Herrmann Zschoche für die DEFA inszenierte.
ECHO: ... ein Film, zu dem die Kinder ihre Eltern an die Hand nehmen sollten, so wie Lütt Matten

seinen Vadding, eine Rolle, die Erik S. Klein mit viel Liebe und großem Verständnis für die oft leichtfertig aus Zeitnot übersehenen Probleme unserer Kinder – manchen unter uns nachdenklich stimmend – beispielgebend gestaltet. (Herrmann Schirrmeister, *Tribüne*, 25.1.1964)
Poetisch, liebenswert und kindgemäß wurde die Einheit von Thema und Gestaltung gefunden. Der Zuschauer lernt lebenswahre Menschen kennen, deren gesellschaftliche Beziehungen sich beispielsweise in schöner Schlichtheit bei der gemeinsamen Suche der Fischer nach Lütt Matten offenbaren. (Charlotte Czygan, *Filmspiegel* 11/1964)
Aktuellen Sehgewohnheiten kommt die leise und empfindsame Ausdrucksweise sicher nicht entgegen. Die Betulichkeit und das Ausharren der Kamera sowie das etwas befremdliche Ambiente mag manche Zuschauer irritieren oder langweilen. Sechs- bis Achtjährige aber kann dieses stille Abenteuer ebenso in seinen Bann ziehen wie Erwachsene, die der turbulenten Welt der Neunziger für 80 Minuten entschlüpfen möchten. (*Zwischen Marx und Muck*, 1996)
NEBENBEI: Der kleine Lutz Bosselmann hatte bereits in Zschoches Film → *Das Märchenschloß* Erfahrungen vor der Kamera gesammelt.

LÜTZOWER

RE: Werner W. Wallroth, SZ: Werner W. Wallroth, Hedda Zinner, LV: Gleichnamiges Schauspiel von Hedda Zinner, DR: Walter Janka, KA: Hans-Jürgen Kruse, Jürgen Lenz, MU: Karl-Ernst Sasse, SB: Alfred Thomalla, KO: Werner Bergemann, SC: Helga Emmrich, PL: Walther Kronenthal, GR: KAG »Babelsberg«, m: 2530 = 93 min, 70 mm; m: 2530 = 93 min, Cine, fa, PJ: 1971/72, PM: 1.9.1972, PM-Ort: Leipzig, »Capitol«
DA: Jürgen Reuter (Hauptmann Friesen), Herta Knoll (Marie), Lew Prygunow (Sergeant Fleuron), Jaecki Schwarz (Schreiber Püttchen), Karlheinz Liefers (Major Lützow), Wolfgang Dehler (Ratsherr Kerstinn), Frank Obermann (Jäger Knaup), Johannes Wieke (Oberleutnant Röder), Oleg Widow (Major Margent), Hans Teuscher (Hauptmann Bredow), Peter Reusse (Leutnant Kranz), Hermann Beyer (Korporal), Sina Fiedler, Kurt Goldstein, Wolfgang Winkler, Dieter Montag, Jürgen Heinrich, Burghardt Mann, Arnim Mühlstädt, Hertha Thiele u.a.
INHALT: Im Sommer 1813 raubt eine Schar Lützower unter Hauptmann Friesen aus dem Haus des Kollaborateurs Kerstinn in einer von napoleonischen Truppen besetzten Stadt die französische Kriegskasse. Friesen wird dabei gefangen und zum Tode verurteilt. Doch der napoleonische Sergeant Fleuron rettet ihn. Sie fliehen gemeinsam zu den Lützowern. Die Tochter Kerstinns, Marie, ist vom Verrat ihres Vaters angewidert, außerdem liebt sie Friesen. Als sie erfährt, daß auf Befehl des Königs Friedrich Wilhelm III. Lützows Freischar nicht über den mit Napoleon geschlossenen Waffenstillstand informiert werden soll, um sie in eine Falle zu locken, geht sie mit dem Schreiber Püttchen ins Lager, um die Freischärler zu informieren. Lützow glaubt nicht an einen Verrat des Königs, und so gerät ein Teil seiner Truppe in einen Hinterhalt. Daß der in den Freicorps herrschende Geist für den König eine Gefahr bedeutet und sie deshalb unschädlich gemacht werden sollen, begreift er zu spät.
ZUM FILM: Trotz des aufwendigen 70mm-Formats, das nach einer filmgemäßen, aktionsreichen Handlung schrie, wurde die Theatervorlage ideenarm und trocken, immerhin in ästhetisch schönen Gegenlichtaufnahmen zu Lützows »milder, verlegener Jagd« (Sobe) umgesetzt
ECHO: Man kann richtig verfolgen, wie der Theatervorhang für die 5. Szene, I. Akt, geöffnet wird, der Theaterdialog befreiungskriegsfestspielhaft verkündet wird und – schwupp – der Vorhang wieder geschlossen wird. Folgen einige Geschehnisse auf der Vorbühne, indes der Umbau ja seine Zeit dauert. Dabei sind die Dialogproklamationen bemerkenswert nichtssagend. (Günter Sobe, *Berliner Zeitung*, 28.10.1972)
... daß sich Dialogszenen und filmische Erzählweise innerhalb des ganzen Films nicht recht verbinden. Daß die Kamera Hans-Jürgen Kruses oftmals ganz unmotiviert in der Natur schwelgt, während der Zuschauer Mühe hat, sich in der komplizierten politischen Landschaft zurechtzufinden. Daß Dialoge förmlich Theaterluft verbreiten und Gestelztheit in die Szene tragen. Daß der Film insgesamt sehr aufgebläht wirkt, wozu Regie, Kamera und Musik gleichermaßen beitragen. (Margit Voss, *Filmspiegel* 23/1972)
NEBENBEI: Für Herta Knoll, die damals in Senftenberg engagiert war, blieb die Marie die einzige Hauptrolle in einem DEFA-Film.

DAS LUFTSCHIFF

RE: Rainer Simon, BU: Fritz Rudolf Fries, Rainer Simon, LV: Gleichnamiger Roman von Fritz Rudolf Fries, DR: Manfred Hocke, KA: Roland Dressel, MU: Friedrich Goldmann, Karl-Ernst Sasse, SB: Hans Poppe, KO: Werner Bergemann, SC: Helga Gentz, PL: Dorothea Hildebrandt, GR: GR »Johannisthal«, m: 3178 = 117 min, fa, brw, PJ:1982, PM: 17.3.1983, PM-Ort: Berlin, »International«

DA: Jörg Gudzuhn (Stannebein), Elisa Montes (Dona Matilde), Victor Carvajal (Sorigueta), Daniel Roth (Chico), Katrin Knappe (Flora), Gudrun Ritter (Polonia als Frau Jonas), Johanna Schall (Johanna), Hermann Beyer (Kießling), Jürgen Holtz (Schotte), Arno Wyzniewski (Levin), Kurt Böwe, Friedo Solter, Viktor Deiß, Ute Lubosch, Reinhard Straube u. a.

INHALT: Franz Xaver Stannebein schließt sich 1895 als 15jähriger einem Luftfahrt-Verein in Leipzig an. Er wird zu einem besessenen Erfinder, dessen Traum ein Windmühlenluftschiff ist, an dem er arbeitet – auf dem Papier. Er wandert nach Spanien aus, gründet dort eine Familie, macht als Handelsvertreter Karriere. Seinen Träumen nachjagend, verläßt er die Familie, trifft in Berlin mit Großindustriellen zusammen, die angeblich sein Luftschiff-Projekt fördern wollen. Er baut in ihrem Auftrag in Spanien eine Landebahn, erkennt, daß er betrogen wurde und die Landebahn den deutschen Truppen im spanischen Bürgerkrieg dienen soll. Auf seinem wechselvollen Lebensweg befreit er gefangene Republikaner und kehrt dann nach Berlin zurück. Er will sich über den Betrug mit der Landebahn beschweren und wird in eine Irrenanstalt gesperrt. 1945 sucht ihn dort seine Familie. Sie stellt fest, daß er der Euthanasie zum Opfer gefallen ist.

ZUM FILM: Das filmische Experiment, das Rainer Simon nach dem Verbot seines Gegenwartsfilms → *Jadup und Boel* einging, ließ sich formal auf grundlegende filmische Ausdrucksmittel, wie die Non-Camera-Animation, ein und benutzte das Thema vom Fliegen als Metapher für Freiheit und Selbstverwirklichung.

ECHO: Der Film muß vor unbilligen Vorwürfen und unstimmigen Etiketts in Schutz genommen werden. Vor einem vor allem, das ihm Anfang des Jahres in Dresden aufgeklebt wurde: Er habe alle Konventionen über Bord geworfen. Umgekehrt wird wohl ein Schuh daraus. *Das Luftschiff* ist ein Besinnen auf Dinge, die Film erst ausmachen, in seiner Urform und in seiner Fortentwicklung. Hier wird sich eingelassen auf die Grundkonventionen des filmischen Mediums. (Fred Gehler, *Film und Fernsehen* 5/1983)

Was jetzt auf der Leinwand zu sehen ist, präsentiert sich nicht als geradlinig erzählte Geschichte mit einer überschaubaren Fabel. Es läßt sich eigentlich überhaupt nicht mit herkömmlichen Maßstäben messen, verlangt neue Sehgewohnheiten und die Lust am Zusammensetzen eines optischen Puzzles. Zugespitzt könnte man sagen: Rainer Simons *Luftschiff* ist der erste abendfüllende Experimentalfilm der DEFA. Beteiligt waren denn auch Leute mit Erfahrung in diesem seltenen Genre: Lutz Dammbeck, der Leipziger Grafiker, der schon einige kurze experimentelle Streifen gedreht hat, verfremdete einige Bilder zusätzlich durch abstrakte Trick-Zeichnungen, und der avantgardistische Neutöner Friedrich Goldmann zeichnet für die Musik verantwortlich. (Heinz Kersten, *RIAS Berlin*, 18.3.1983)

NEBENBEI: Da man dem intern als »feindlich-negativ« eingeschätzten Regisseur Rainer Simon keinen Erfolg im Ausland zubilligte, wurde der in Zusammenarbeit mit Studios in Prag, Madrid und Sofia entstandene Film auf keine ausländischen Festivals entsandt, erhielt aber auf dem Nationalen Spielfilmfestial der DDR in Karl-Marx-Stadt 1984 den Kamerapreis, verliehen an Roland Dressel. – Den Paco als Jugendlichern spielte Stefan Trampe, der später an der HFF »Konrad Wolf« studierte und Regisseur wurde.

Filmtext: Das Luftschiff. Treatment, Drehbuch von Fritz Rudolf Fries und Rainer Simon. In: Das Filmbuch zum Luft-Schiff. Rostock: Hinstorff Verlag 1983

DIE LUSTIGEN WEIBER VON WINDSOR

RE: Georg Wildhagen, BU: Wolff von Gordon, Georg Wildhagen, LV: Gleichnamiges Lustspiel von William Shakespeare und Oper von Otto Nicolai und Salomon Mosenthal, DR: Marieluise Steinhauer, KA: Eugen Klagemann, Karl Plintzner, BA: Otto Erdmann, Franz F. Fürst, Robert Herlth, KO: Vera Mügge, SC: Johanna Rosinski, PL: Walter Lehmann, m: 2608 = 96 min, s/w, PJ: 1950, PM: 22.12.1950, PM-Ort: Leipzig, »Capitol«

DA: Sonja Ziemann, GE: Rita Streich (Frau Fluth), Camilla Spira, GE: Martha Mödl (Frau Reich), Paul Esser, GE: Hans Krämer (Sir John Falstaff), Claus Holm, GE: Herbert Brauer (Herr Fluth), Alexander Engel, GE: Willi Heyer (Herr Reich), Ina Halley (Anna Reich), Eckart Dux (Fenton), Joachim Teege (Spärlich), Gerhard Frickhöffer (Dr. Cajus), Kurt Mühlhardt (Metzger), Berta Monnard, Erich Gühne, Herbert Richter, Edith Hancke, Elfie Dugal u. a.

INHALT: Der Adlige Sir John Falstaff hat nur Essen, Trinken und Frauen im Kopf. Er ist Stammgast im Wirtshaus von Windsor, ohne jemals die Zeche zu bezahlen, und von den Bürgersfrauen des Ortes ist keine vor ihm sicher. Diesmal hat er es gleich auf zwei abgesehen, Frau Fluth und Frau Reich. Bei den beiden ist er allerdings an die falschen geraten. Zusammen mit den Dorfbewohnern schmieden sie einen Plan, um den dicken Tunichtgut für immer davonzujagen.

ZUM FILM: Nach dem Erfolgsmuster seiner Adaption von → *Figaros Hochzeit* inszenierte Georg Wildhagen seinen zweiten Opernfilm. Ihm wurde jedoch vorgeworfen, den Adligen Falstaff mit den beiden bürgerlichen Frauen zu versöhnen. So mußte kurz vor der Premiere der Schluß verändert werden und nur durch eine Intervention der Filmemacher konnte wenigstens das Schlußterzett erhalten bleiben. Wildhagen arbeitete danach nicht mehr für die DEFA.

ECHO: Die Drehbuchverfasser Wolff von Gordon und Georg Wildhagen folgen nicht nur (dem Librettisten, f.b.h.) Mosenthal allzu willig, sondern sie ziehen die Handlung durch eigene Zutaten vergröbernd ins possenhaft Vulgäre. Gezeigt wird beispielsweise, wie der fette, epikureische Junker in tausend Ängsten vor dem eifersüchtigen Ehemann in den Schweinestall flüchtet, sich dort als Muhme verkleidet und wie er dann, verknäult zwischen den quietschenden Borstenviechern, von seinen Verfolgern verprügelt wird. Der Jux erregt natürlich ein Gaudi im Publikum, das allzu billig erreicht wird. (...) Aus solcherlei Gründen, die sich vermehren lassen, ist der Film vom Standpunkt der Volksbildung aus abzulehnen. Er überzeugt weder künstlerisch als Unterhaltungsfilm, noch gibt er einen richtigen Eindruck von der Oper, die diesmal wirklich verunstaltet wurde. (Karl Schönewolf, *Weltbühne* 1/1951)

Wildhagen hat (...) mit optischen Zutaten so geschickt aufgelockert und abwechslungsreiche Szenenbilder geschaffen, daß alles konventionell Opernhafte geschwunden ist. Kein orthodoxer Opernfilm, sondern ein pralles, sprudelndes Filmlustspiel mit Musikeinlagen! (Sabine Tomzig, *Hamburger Abendblatt*, 6.1.1962)

NEBENBEI: Sonja Ziemann begann mit dem Erfolg von *Schwarzwaldmädel* im gleichen Monat ihre große Karriere in der Bundesrepublik. – Die Musikaufnahmen entstanden mit Chor und Orchester der Deutschen Staatsoper unter Paul Schmidt.

M

DAS MÄDCHEN AUF DEM BRETT

RE: Kurt Maetzig, BU: Ralph Knebel, DR: Christel Gräf, KA: Erich Gusko, MU: Gerhard Rosenfeld, SB: Dieter Adam, KO: Katrin Johnsen, SC: Brigitte Krex, PL: Heinz Herrmann, GR: KAG »Roter Kreis«, m: 2612 = 96 min, s/w, PJ: 1966, PM: 16.2.1967, PM-Ort: Berlin, »Kosmos«
DA: Christiane Lanzke (Katharina), Klaus Piontek (Peter), Hannjo Hasse (Klemm), Monika Woytowicz (Claudia), Irene Korb (Katharinas Mutter), Norbert Christian (Deutschlehrer), Günter Grabbert (Trainer Korn), Helga Göring (Chemielehrerin), Irma Münch (Eboli), Fritz Marquardt (Theo), Agnes Kraus, Wolfgang Winkler, Harald Moszdorf, Willi Neuenhahn, Werner Wieland u.a.
INHALT: Katharina Jens ist mit ihren achtzehn Jahren bereits eine erfolggewöhnte Wasserspringerin. Bei einem internationalen Wettkampf soll sie statt der ausgefallenen Teamgefährtin Claudia den schwierigen anderthalbfachen Salto mit doppelter Schraube springen, um den Sieg für die Mannschaft zu sichern. Sie versagt. Zu der Enttäuschung kommen Zweifel an ihrer Leistungsfähigkeit. Trainer Korn stellt sie eine Woche vom Training frei – Zeit zum Besinnen. Aber Katharina ist deprimiert über diesen Ausschluß. Die Begegnung mit verschiedenen Menschen, dem Dramaturgen Klemm beispielsweise, der mit ihr über das Wesen der Angst spricht, gibt ihr Hilfe. Und Peter, ein junger Mann, den sie auf den ersten Blick mag, bringt sie auf einfühlsame Weise dazu, über ihren Schatten zu springen.
ZUM FILM: Kurt Maetzigs erste Filmarbeit nach der verheerenden Verbotswelle wurde als 300. DEFA-Spielfilm registriert. Trotz realistischer Ansätze blieb der Film zwischen theoretisierenden Dialogen und aufgesetzten filmischen Elementen uneinheitlich.
ECHO: Was für den Film einnimmt, ist zunächst die Tatsache, daß der Konflikt und seine Lösung über den Bereich des Sports hinausreicht. Höhere Anforderungen werden im Leben unserer Gesellschaft an jeden einmal gestellt und wollen bewältigt sein. Die Voraussetzungen dafür sind bei unseren neuen zwischenmenschlichen Beziehungen denkbar günstig, so günstig wie unter keinen anderen Bedingungen. (...) Ihm (Kurt Maetzig) und Kameramann Erich Gusko wird es auch zu verdanken sein, daß man die Schwächen des Drehbuchs nicht in jedem Fall zu deutlich merkt. So intelligent der Dialog auch ist, seiner Natur nach ist er mehr auf eine sprachliche, weniger auf eine bildmäßige Umsetzung hin geschrieben. (Dr. Manfred Jelenski, *Berliner Zeitung*, 21.2.1967)
Der Vorzug, daß die Hauptdarstellerin zum großen Teil sich selbst spielen kann, unterstützt zweifellos eine dokumentare Konzeption. Wenn die Kamera in den Szenen, die in Verbindung zum Springen stehen, das Gesicht von Christiane Lanzke zeigt, dann blickt der Zuschauer tatsächlich in das Gesicht der Sportlerin und nicht in das einer Schauspielerin. Diese Momente, ebenso die

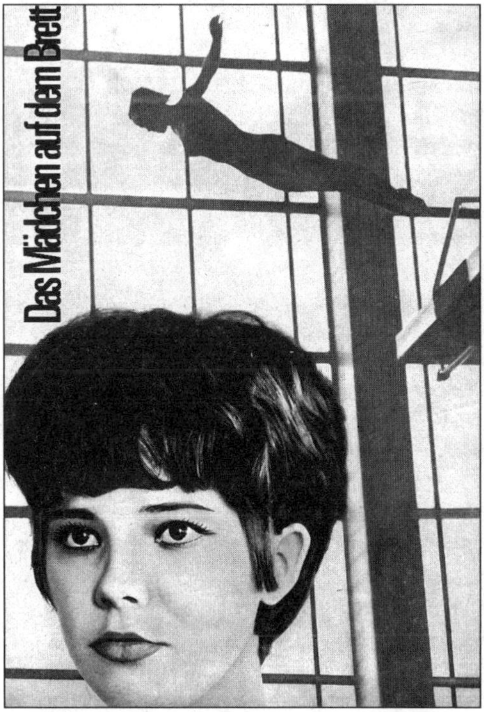

charakteristischen Haltungen beim Wettkampf und beim Training können interessieren und fesseln, sie bauen emotionale Beziehungen zur Filmfigur auf. (Peter Rabenalt, *Film-Wissenschaftliche Mitteilungen* 2/1967)
Ein Schwarzweiß-Film, dokumentarisch recherchiert im Kontakt zu einer Meisterschwimmerin, ihre Komplexe und Konflikte um einen außerordentlichen Sprung verallgemeinernd zur Reflexion über Angst, Selbstbewußtsein, Verantwortung und Motivation. (Klaus Wischnewski, *Das zweite Leben der Filmstadt Babelsberg*, 1994)
NEBENBEI
Die Wasserspringerin Christiane Lanzke aus Potsdam, die beim SC Empor Rostock trainierte, war u.a. 1962 EM-Zweite im Kunstspringen und Olympia-Fünfte vom Turm in Tokio 1964. Mit neunzehn Jahren beendete sie ihre Laufbahn wegen einer Schulterverletzung. Nach ihrer Hauptrolle als *Mädchen auf dem Brett* studierte sie an der Babelsberger Filmhochschule Schauspiel, hatte Engagements in Halle und Greifswald und stand in kleineren Rollen auch wieder vor der Kamera.

DAS MÄDCHEN AUF DEM TITELBLATT, DAS MÄDCHEN AUF DER TITELSEITE
→ *Anhang C*

DAS MÄDCHEN AUS DEM FAHRSTUHL
RE: Herrmann Zschoche, BU: Gabriele Herzog, LV: Gleichnamige Erzählung von Gabriele Herzog, DR: Hasso Hartmann, KA: Dieter Chill, MU: Johannes Schlecht, SB: Marlene Willmann, KO: Inken Gusner, SC: Monika Schindler, PL: Ralph Retzlaff, GR: GR »Roter Kreis«, m: 2617 = 96 min, fa, AT: Mädchen im Fahrstuhl, PJ: 1989/90, PM: 10.1.1991, PM-Ort: Berlin, »Felix«
DA: Rolf Lukoschek (Frank), Barbara Sommer (Regine), Karin Gregorek (Direktorin), Monika Lennartz (Klassenlehrerin), Rita Feldmeier, Hanns Jörn Weber (Franks Eltern), Jan Opoczynski (Matthias), Maximilian Löser (Becker), Martin Seifert (Betrunkener), Peter Friedrichson (Hausmeister), Stefan Martin Müller, Gerd Grasse, die Kinder Christian Anders, Michelle Herrmann, Philipp Tietz u.a.
INHALT: Frank ist Schüler der 10. Klasse und hat die besten Zukunftschancen. Er ist mathematisch hochbegabt, FDJ-Sekretär und hat einen Vater, der Betriebsdirektor ist. Ein neues Mädchen kommt in die Klasse, Regine. Sie wohnt in seinem Haus auf der Berliner Fischerinsel, er ist ihr schon im Fahrstuhl begegnet. Frank mag sie, und als sie unentschuldigt in der Schule fehlt, kümmert er sich um sie. Er entdeckt, daß Regine in komplizierten Verhältnissen lebt. Die Mutter ist im Krankenhaus, und sie versorgt die drei kleinen Geschwister. Die vier verschiedenen Väter kümmern sich nicht, Geld ist auch wenig da. Frank hilft ihr – bei den persönlichen Dingen wie bei den Schularbeiten. Doch ihre Leistungen sind schlecht, für eine Ausbildung zur Kindergärtnerin kommt sie nicht in Frage, obwohl es ihr sehnlichster Wunsch ist und sie dafür auch Eignung besitzt. Frank opponiert in der Schule mit Nachdruck gegen diese Entscheidung. Vergebens, er wird wegen seiner Haltung aus der FDJ ausgeschlossen. Damit wäre seine Entwicklung gefährdet – wenn der Vater nicht gute Beziehungen hätte. Er besorgt ihm einen Platz an einer Spezialklasse der TU Dresden. Frank geht, Regine bleibt zurück.
ZUM FILM: Sein 20. war zugleich auch Herrmann Zschoches letzter DEFA-Film. Das Szenarium war 1988 abgelehnt worden, weil die Kritik an einem Bildungssystem für Privilegierte unerwünscht war, und konnte erst nach einem Leitungswechsel in der DEFA in Produktion gehen.
ECHO: Sein (Zschoches, f.b.h.) Film tut so, als wüßte er von den – parallel zu den Dreharbeiten ablaufenden – Umwälzungen nichts und fällt entsprechend retrospektiv aus. Sein bewußtes Nicht-zur-Kenntnis-nehmen-Wollen ist vielleicht die bedenklichste Stellungnahme. (...) Die glättende Dramaturgie läßt alles vorhersehen, die Bilder zeigen alles, ohne daß es etwas zu entdecken gäbe. Lediglich der Wortwitz sprüht gelegentlich und durchbricht das künstlerische Phlegma. (Roland Rust, *film-dienst* 2/1991)
Vor zwei Jahren hätte der Film wie ein Paukenschlag gewirkt, nicht zuletzt wegen seiner Symbolkraft. Konflikte, Gespräche und Interieurs spiegeln Enge und Provinzialismus wider; das Computerkabinett, in dem Frank seine zukünftigen Mitschüler besucht, könnte durchaus als eine Art Fluchtstätte, als Ort einer inneren Emigration gedeutet werden. (...) Herrmann Zschoche inszenierte, wie man das aus seinen besseren Fil-

men kennt, mit viel Sorgfalt in der Beschreibung der Lebensumstände, aber eben auch ein bißchen brav, gemächlich, umständlich ... (Ralf Schenk, *Filmspiegel* 4/1991)
NEBENBEI: Maximilian Löser, der den Becker spielt, ist der Sohn der Schauspielerin Christa Löser, die u.a. durch Zschoches Film → *Sieben Sommersprossen* als Lagerleiterin bekannt wurde.

EIN MÄDCHEN AUS SCHNEE
→ Anhang A

DAS MÄDCHEN CHRISTINE
RE: Arthur Maria Rabenalt, BU: Frank Clifford, LV: Gleichnamige Novelle von Hans Rabl, KA: Eugen Klagemann, MU: Herbert Trantow, BA: Emil Hasler, KO: Werner Schulz, SC: Hildegard Tegener, PL: Walter Lehmann, m: 2606 = 96 min, s/w, PJ: 1948, PM: 14.1.1949, PM-Ort: Berlin, »Babylon«
DA: Wolfgang Lukschy (Merian), Petra Peters (Christine), Tilly Lauenstein (Courasche), Ilse Hülper (Lady Winterton), Gerhard Frickhöffer (Jakob), Hans Emons (Hauptmann), Yvonne Sturm (Barbara), Guido Goroll (Sekretär), Erich Dunskus (Melchior), Maria Milde (Laura), Reinhard Kolldehoff, Nico Turoff, Fred Kronström, Wolfgang Kühne, Jean Brahn, Traute Wiehre u. a.
INHALT: Während des Dreißigjährigen Krieges verliebt sich Christine, ein Waisenkind, in den Obristen Graf Merian. Um immer bei ihm zu sein, zieht sie sich Männerkleider an, wird Troßjunge und später sogar Kornett – nur die Marketenderin kennt ihr Geheimnis. Nach und nach begreift Christine, daß der Mann, den sie liebt, vom Kriege verroht und keines wahren Gefühls mehr fähig ist. Als sie sich ihm an Stelle einer Bauerndirne hingibt, ist sie entsetzt von seiner Brutalität. Sie erschießt ihn im Duell. Als Kornett wird sie zum Tode verurteilt, doch als Frau freigesprochen.
ZUM FILM: Der Film kam zur Premiere, als gerade Brechts vor dem gleichen historischen Hintergrund handelndes Stück »Mutter Courage und ihre Kinder« zur deutschen Erstaufführung gekommen und in aller Munde war. Für diesen Vergleich war dieser Unterhaltungsfilm nicht erdacht. Trotz seiner Geißelung jeglichen Kriegsgeschehens wurde dem Film in einem Teil der SED-Presse eine »Verherrlichung faschistischer Gedankengänge« vorgeworfen. Es sein »ein Film, in dem das Landknechtsleben als sympathisch und erstrebenswert dargestellt wird.« Nach diesen haltlosen Vorwürfen arbeitete Rabenalt nicht wieder für die DEFA.
ECHO: Das mordgierige, lasterhafte Landsknechts(un)wesen wird wohl in verschiedenen milieuechten Szenen demaskiert, aber die Gestaltung bleibt dennoch am Herkömmlichen hängen. Trotz vieler gelungener, fesselnd gesehener Einzelheiten wirkt der überwiegende Teil des Films zu adrett-konventionell. An dieser Gefälligkeit vermögen weder der rustikale Wortschatz der Landsknechte und Marketenderinnen, noch drastische Folterszenen etwas zu ändern. (...) Daß der Film dennoch ein guter Durchschnittsfilm wurde und ein sehenswerter Versuch in einem historischen Kammerspiel die Verwerflichkeit jedes Krieges anzuprangern, dankt er der lebendigen Regie Rabenalts und der verhaltenen, herben Darstellungskunst der Petra Peters. (Peter Edel, *Weltbühne* 4/1949)
Beeindruckend die Ausstattung, die leichte Inszenierung, die sorgfältig gebauten und im schar-

fen Schwarzweiß-Kontrast fotografierten Bilder. Rabenalts handwerkliche Professionalität sorgt für Milieustudie im Faltenwurf des Konversations-Stücks, die mehr über die seelische Zerstörung des Krieges berichtet, als manch nachfolgendes Großetat-Epos. (Norbert Wehrstedt, *Film und Fernsehen* 5/1991)
NEBENBEI: Artur Maria Rabenalt leitete damals das Berliner Metropoltheater, aus dessen Ensemble er etliche Darsteller besetzte. – Die Darstellerin der Laura nannte sich damals noch Ilse-Maria Milde und wurde später als Maria Milde eine erfolgreiche Autorin.

EIN MÄDCHEN VON 16 1/2
RE: Carl Balhaus, BU: Ilse Czech-Kuckhoff, Carl Balhaus, DR: Manfred Kieseler, KA: Götz Neumann, MU: Günter Klück, BA: Alfred Tolle, KO: Hans Kieselbach, SC: Helga Emmrich, PL: Alexander Lösche, m: 2656 = 97 min, s/w, AT: Das Mädchen vom Werkhof, PJ: 1957, PM: 16.5.1958, PM-Ort: Berlin, »Colosseum«
DA: Nana Schwebs (Helga), Erika Dunkelmann (Frau Fritsche), Helga Göring (Fräulein Peters), Wolfgang Stumpf (Baum), Gerhard Bienert (Oskar Genz), Hartmut Reck (Rolf), Uwe-Jens Pape (Egon), Edwin Marian (Hans), Hans-Joachim Martens (Müller), Manfred Krug (Freddy), Fred Delmare, Horst Buder, Werner Dissel, Ursula Körbs, Gertrud Brendler u. a.

INHALT: Helga hat im Krieg ihre Eltern verloren und ist bei einer Tante aufgewachsen, der sie eines Tages davonläuft. Sie treibt sich im nächtlichen Berlin herum, macht Männerbekanntschaften und landet schließlich in einem Jugendwerkhof. Rolf, mit dem sie eine kurze Fluchtepisode erlebt hat, verliebt sich in sie. Helga jedoch denkt noch immer an den zwielichtigen Egon, den sie auf ihren abendlichen Streifzügen kennengelernt hatte, und mit dem sie sich ein angenehmes Leben erhofft. Sie flieht aus dem Werkhof zu ihm. Als sie ihn endlich in einer Bar findet, völlig pleite und heruntergekommen, will der sie auf den Strich schicken. Helga aber hat inzwischen genügend Reife, um zu wissen, daß das nicht ihr Weg ist. Sie geht freiwillig zurück in den Werkhof – und zu Rolf.
ZUM FILM: Zwar wurde mit dem Jugendstrafvollzug mutig ein bisher im DEFA-Film nicht behandeltes Thema angegangen, aber Drehbuch wie Inszenierung wirkten in vielen Punkten unglaubwürdig. Die Kritik der Filmkonferenz von 1958 an diesem Film galt jedoch nicht handwerklichen Schwächen, sondern generell der Themenwahl. Nicht gestrauchelte Jugendliche, sondern die, die sich freudig dem sozialistischen Aufbau verschreiben, seien für die Heldenwahl maßgeblich.
ECHO: Der Jugendwerkhof und die Mehrzahl der dargestellten Personen sind in einem Maße idealisiert und jeglicher Konflikte entrückt, daß man sich einerseits fragt, wie denn diese jungen Menschen überhaupt mit dem Gesetz aneinandergeraten konnten; zum anderen aber scheint es fast eine Lust zu sein, bei uns eine Jugendstrafe zu verbüßen, und man hegt unwillkürlich den stillen Wunsch, daß möglichst viele Jungen und Mädel in den Ferien in den Genuß der Segnungen unseres Jugendstrafvollzugs gelangen (...) Es muß nun endlich sehr ernst die Frage gestellt werden, ob Carl Balhaus mit der Gründlichkeit, Genauigkeit, Gewissenhaftigkeit und inneren Anteilnahme, die wir von unseren Regisseuren verlangen müssen, an seine Arbeit herangeht, oder ob er nicht mit einer gewissen oberflächlichen Routine einen Streifen nach dem anderen abdreht.

Dieses Werk ist unwiderleglich eine Schluderei. (Karl-Eduard v. Schnitzler, *Filmspiegel* 12/1958)
NEBENBEI: Die siebzehnjährige Hauptdarstellerin, die eigentlich Renate Schwebs hieß, ging bald in den Westen, wo sie bis Anfang der sechziger Jahre unter dem Namen Nana Osten Filmrollen übernahm.

MÄNNER OHNE BART

RE: Rainer Simon, BU: Inge Wüste, Rainer Simon, LV: Roman »Das Klassenfest« von Uwe Kant, DR: Gudrun Deubener, KA: Claus Neumann, MU: Peter Rabenalt, SB: Georg Wratsch, KO: Werner Bergemann, SC: Helga Gentz, PL: Alexander Lösche, m: 2224 = 82 min, s/w, PJ: 1970, PM: 20.5.1971, PM-Ort: Berlin, »Colosseum«
DA: Hermann Beyer (Lehrer Nickel), Manfred Böhm (Otto Hintz), Käthe Reichel (Frau Hintz), Dieter Franke (Direktor Menschke), Gerd Grasse (Blaustock), Barbara Döbel (Hannchen), Rolf Hoppe (Gangster), Margot Busse (Rita), Ursula Staack (Rosi Schucht), Horst Hiemer (Richard), Ostara Körner, Kurt Radeke, Erdmute Schmidt, Petra Thierbach, Angelika Witzsch u. a.
INHALT: Der 15jährige Otto Hintz, Schüler einer 9. Klasse, hat eine blühende Phantasie, sieht sich gefährliche Situationen bestehen und außergewöhnliche Leistungen vollbringen. In Wirklichkeit ist er mit seinen schlechten Schulnoten versetzungsgefährdet. Nicht nur Lehrer Nickel weiß, daß dies nichts mit mangelhafter Intelligenz zu tun hat. Vielmehr fällt es dem vielseitig interessierten Otto schwer, seine Phantasie mit den Forderungen des Alltags in Übereinstimmung zu bringen. Schulleiter Menschke führt das Problem auf den Punkt: Wie bringen wir den Schüler Hintz dazu, seine Aufmerksamkeit gerecht und nutzbringend zu verteilen, zwischen Schule und Vögelfangen? Otto weicht der Frage aus, aber er hat einiges begriffen. Und Nickel, der die Lage des Jungen gut nachvollziehen kann, wird sein Bestes tun, ihm zu helfen.
ZUM FILM: Obwohl Rainer Simon einen sympatischen, phantasievollen Jugendfilm drehte, mußte er sich im Filmverband »DDR-Revisionismus« und »besondere Nähe zur SPD-Ideologie vorwerfen lassen.
ECHO: Der Streifen ist dramaturgisch nicht nach der handelsüblichen Methode aufgebaut. Eine Kette mehr oder minder wichtiger Vorkommnisse fügt sich zum Bild des Otto Hintz und seines Lehrers Nickel. Der Ausgang bleibt offen, allzu offen. Wie Studien – künstlerisch beachtenswerte und in vielem gelungene Studien! – zu einem Film, so gibt sich hier der fertige Film. (Günter Sobe, *Berliner Zeitung*, 25.5.1971)
Die Freude, die uns dieser Film bereitet, rührt nicht zuletzt daher, daß er sowohl für das »Genaue« als auch für das »Nicht-ganz-Genaue« plädiert, das heißt für Pflichten, Leistung *und* für Phantasie, ohne die Denk- und Verhaltensweisen des Jungen nicht zu verstehen sind. (...) Man merkt diesem Film Simons konsequentes Bestreben an, keine besondere Geschichte zu erzählen, keine außergewöhnlichen Zuspitzungen oder ähnliches zu nutzen, um zu wirken. Er bietet aus dem relativ gleichförmigen Alltag heraus Bilder an, die uns, zusammengefügt, die Besonderheit einer Situation, einer Gestalt und deren Wesenszüge aufdecken, erschauen lassen und uns darüber hinaus auch eine Aufforderung zu einer den ganzen Menschen bedenkenden Wertung eines Schülers, zum verständnisvollen Umgang mit der jungen Generation und zwischen den Generationen bewußt machen. (Rudolf Jürschik in *DEFA-Spielfilm-Regisseure und ihre Kritiker*, 1981)

NEBENBEI: Die Drehbuchautorin und damalige DEFA-Dramaturgin Inge Wüste wurde nach ihrer Heirat mit dem Schriftsteller Stefan Heym unter dem Namen Inge Wüste-Heym auch als Erzählerin bekannt. Da nicht nur Stefan Heym, sondern auch Christa Wolf und Wolf Biermann zu den Premierengästen zählten, mußte sich Rainer Simon schon am nächsten Tag vor der Parteileitung rechtfertigen.

DAS MÄRCHENSCHLOSS

→ *Anhang A*

MÄRKISCHE FORSCHUNGEN

RE: Roland Gräf, SZ: Roland Gräf, LV: Gleichnamige Erzählung von Günter de Bruyn, DR: Christel Gräf, KA: Peter Brand, MU: Günther Fischer, SB: Dieter Adam, KO: Barbara Braumann, SC: Monika Schindler, PL: Volkmar Leweck, GR: GR »Roter Kreis«, m: 2625 = 96 min, fa, brw, PJ: 1981, PM: 21.4.1982, PM-Ort: Karl-Marx-Stadt, »Stadthalle«

DA: Hermann Beyer (Pötsch), Kurt Böwe (Prof. Menzel), Jutta Wachowiak (Frau Pötsch), Dieter Franke (Fritz), Trude Bechmann (Oma Alwine), Eberhard Esche (Bradtke), Marylu Poolman (Frau Eggenfels), Michael Gwisdek (Dr. Albin), Simone v. Zglinicki (Frau Unverloren), Horst Schulze (Lepetit), Günter Schubert, Christa Löser, Jaecki Schwarz, Barbara Dittus, Hilmar Baumann, Doris Thalmer, Joachim Tomaschewsky, Walter Lendrich, Carl Heinz Choynski, Sina Fiedler u. a.

INHALT: Der angesehene Berliner Professor Winfried Menzel hat einen vergessenen märkischen Dichter, Max von Schwedenow, wiederentdeckt. Bei einer Reise trifft er den Landlehrer Pötsch und muß überrascht feststellen, daß der ebenfalls auf Schwedenows Spuren forscht und beinahe mehr weiß als er selbst. Er bietet Pötsch eine Zusammenarbeit nebst Assistentenstelle in Berlin an. Pötsch ist begeistert. Bei seiner Forschung stößt er auf Ergebnisse, die das revolutionäre Bild, das Menzel von Schwedenow gezeichnet hat, in Frage stellen. Er hat entdeckt, daß der in seiner Jugend progressive Schwedenow später als reaktionärer Zensor der preußischen Regierung gearbeitet hat – unter anderem Namen. Menzel will, daß Pötsch das ignoriert, um sein eigenes Werk nicht zu gefährden. Als Pötsch darauf beharrt, nutzt Menzel seine Position, um ihn zu Fall zu bringen. Pötsch sucht weiter wie ein Besessener nach dem letzten Beweis.

ZUM FILM: Roland Gräf gelang es, aus dem Stoff eine bittere Satire zu machen, eine Tragikomödie um Erscheinungen und Verhaltensweisen, die es in jeder Gesellschaft geben mag, die jedoch dem Dogma zufolge in der DDR nicht existierten oder zumindest nicht »typisch« für den Sozialismus wären. Daß der ebenso anspruchsvolle wie unterhaltende Film keinem Verbot zum Opfer fiel, ist ein seltener Glücksfall.

ECHO: Die Erzählung erlaubt dem Film fast Vollständigkeit, Ton und Klima, leise Ironie und unverkrampfte Souveränität sind genau getroffen, es wird Leben erzählt, nicht Problem-Polemik getrieben. Es gibt eine höchst kräftig-individuelle Besetzung, die zugleich eine spannungsvolle Ensembleleistung ergibt. (Klaus Wischnewski, *Film und Fernsehen* 5/1982)

Das Ergebnis ist eine faszinierende Tragikomödie, die sich ganz auf Vermögen und Ausstrahlung der Schauspieler verläßt und recht daran tut. Hermann Beyer versieht den Dorfschullehrer Pötsch mit allen Nuancen des scheuen, weltfremden, kauzigen, aber selbstbewußten Eigenbrötlers, unanfällig für eitles Blendwerk und modischen Zynismus, aber nicht ungefährdet von sektiererhafter Besessenheit. (...) Ihm ebenbürtig agiert das agile Schwergewicht Kurt Böwe, der dem negativen Helden Prof. Menzel soviel Souveränität und Charme beläßt, daß den Zuschauer bei allem Abscheu angesichts des saturierten Mieslings auch leises Mitleid beschleicht. Was mag mit einem so flexiblen Geist geschehen sein, bis er sich auf dem Piedestal der Selbstgefälligkeit häuslich einrichtete! (Renate Holland-Moritz, *Eulenspiegel* 22/1982)

Das Publikum sah in dieser Geschichte eine Parabel auf das herrschende System, das keinen Zweifel an Leitbildern dulden wollte. In Menzels Mitarbeitern, die dem Treiben ihres Chefs nichts entgegenzusetzen wissen als Ironie, Resignation, Unterwürfigkeit und offene Feigheit, erkannte es sich selbst. (Elke Schieber in *Das zweite Leben der Filmstadt Babelsberg*, 1994)

NEBENBEI: Auf dem Nationalen Spielfilmfestival der DDR erhielt der Film 1982 den »Findling« der Filmklubs der DDR. Diese als »Trostpreis« angesehene Auszeichnung wurde eigens ins Leben gerufen, um den Film nicht zu übergehen und ihm trotzdem eine bescheidene Anerkennung zukommen zu lassen. Sparten-Preise an Dieter Adam, Hermann Beyer und Kurt Böwe waren jedoch kein Politikum und wurden als akzeptabel angesehen. Im Jahr darauf wurde dem von vielen Funktionären scheel angesehenen Film der DDR-Kritikerpreis verliehen.

DER MAGDALENENBAUM

RE: Rainer Behrend, SZ: Friedhold Bauer, LV: Gleichnamiges Buch von Armin Müller, DR: Manfred Hocke, KA: Günter Haubold, Dieter Chill, MU: Reiner Bredemeyer, SB: Hans-Jorg Mirr, KO: Ursula Strumpf, SC: Renate Schäfer, PL: Rolf Martius, GR: GR »Johannisthal«, m: 2300 = 84 min, fa, PJ: 1988, PM: 7.12.1989, PM-Ort: Berlin, »Colosseum«

DA: Christine Schorn (Magda), Christian Steyer (Ramboll), Thomas Redlich/Thomas Stecher (Felix), Dagmar Manzel (Rosie), Hermann Stövesand (Gustav Striebel), Doris Thalmer (Berta Striebel), Klaus Piontek (Pfützner), Annett Kruschke (Hilde Konzak), Werner Dissel (Opa Panse), Gerhard Hähndel, Ilse Voigt, Ulrich Voss, André Hennicke, Lutz Schneider u. a.

INHALT: Der Matrose Felix Striebel fährt im Urlaub in ein Dorf und besucht das frische Grab von »Mutter Magda«. Erinnerungen an seine Kindheit kommen auf: Nach der Gemeindeschwester Magda ist eine Eiche benannt worden, der Magdalenenbaum, Symbol für Geborgenheit und Beständigkeit. Sie hatte ihn gerettet, als Bulldozer ihm zu Leibe rücken wollten. Sie war überhaupt die Seele des Ortes, nahm sich der anderen an und kam dabei selbst zu kurz. Kurze Zeit lebte Felix bei ihr, als seine Mutter Rosie, eine Alkoholikerin, ins Krankenhaus mußte. Zu der Zeit war auch der Maler Ramboll im Dorf, der der Großstadt in einer depressiven Phase den Rücken gekehrt hat.

Zwischen Magda und ihm entwickelte sich eine Liebesbeziehung, und als Felix bei Magda wohnte, erlebte die Gemeindeschwester fast so etwas wie Familienglück. Doch als Rosie aus dem Krankenhaus kam, nahm sie Felix wieder zurück. Und mit Ramboll, der sie mit in die Stadt nehmen wollte, ging Magda auch nicht. Sie ahnte, daß er sie nur brauchte, um wieder zu sich selbst zu finden. – Geblieben ist nur der Baum, der immer an Magda erinnern wird.

ZUM FILM: Der Debütfilm des jung verstorbenen Regieabsolventen der HFF Potsdam-Babelsberg zeugt von handwerklichem Geschick und wirkt zeitlos.

ECHO: Die Erzählweise begnügt sich mit Dialogkürzeln, schleppend reihen sich episodische Szenen, beinahe unterkühlt in ihrer prosaischen Alltäglichkeit, bis Mutter Magda in ihrem menschlichen Wirkungskreis unter den Bedürftigen des Ortes etabliert ist. Mit der Temposteigerung rhythmisiert sich das Erzählen nach dreißig Filmminuten und gewinnt Plastizität. (Beatrix Langner, *Film und Fernsehen* 2/1990)

Überhaupt – und das ist sein Plus – sind es Bilder, die diesen wortkargen Film bestimmen: nicht nur die von Kameramann Günter Haubold schön fotografierten, sondern auch die von Autor Armin Müller im Stil zwischen naiv und surrealistisch gemalten. Diese Gemälde strukturieren den Film, geben ihm eine poetische Überhöhung, wie die Sammlung alter Uhren, die Magda in Erinnerung an ihren im Kriege gebliebenen Mann überall im Wohnzimmer hängen hat – Symbol für Überdauerndes, Zeitloses. In diese hektische Zeit scheint der Film so gar nicht zu passen, aber er könnte in einer totalen Wertekrise an Leben erinnern, das davon unberührt bleibt. (Heinz Kersten, *Tagesspiegel*, 24.12.1989)

NEBENBEI: Seit ihrem Debüt am Deutschen Theater zählte und zählt Christine Schorn zu den großen Charakterdarstellerinnen Berlins und stand häufig vor der Kamera, wobei sie in Filmen von Lothar Warneke besondere Erfolge errang.

DIE MAHNUNG

(Co-Produktion DDR/Bulgarien/UdSSR)

RE: Juan Antonio Bardem, SZ: Ljuben Stanew, Juan Antonio Bardem, DR: Assen Todorow, KA: Plamen Wagenstein, MU: Kiril Cibulka -SB: Konstantin Russakow, Lothar Kuhn, Grigori Pawlenko, KO: Marija Sotirowa, Werner Bergemann, Nadeshda Kowalenko, SC: Iliana Michowa, PL: Sdrawko Watew, Werner Langer, Tamara Schilenko, m: 4293 = 157 min, fa, PJ: 1981/82, PM (DDR): 22.10.1982, PM-Ort: Leipzig, »Capitol«, CO: Kinostudio »Bojana«, Sofia; Kinostudio »Alexander Dowshenko«, Kiew, Russ. Titel: Predupreshdenije

DA: Petyr Gjurow (Georgi Dimitroff), Assen Dimitrow (Marinus van der Lubbe), Boris Luka-

now (Wassil Kolarow), Lutz Riemann (Thälmann), Willi Schrade (Torgler), Christoph Kamcke (Holzhäuser), Uwe Schweikowski (Göring), Karl Heinz Oppel (Conférencier), Hilmar Baumann (Heller), Newena Kokanowa (Ljuba Iwoschewitsch), Eckhard Becker (Heinz), Petra Blossey (Ruth), Ralph J. Boettner, Klaus-Peter Thiele, Joachim Tomaschewsky, Georg Leopold, Heinz Schröder, Manfred Zetzsche, Herta Knoll, Ruth Kommerell u. a.

INHALT: 1935 in Moskau hält Georgi Dimitroff auf einer Tagung der Kommunistischen Internationale seine Rede mit dem Aufruf zur Einheitsfront aller fortschrittlichen Kräfte. In Rückblenden werden Stationen seines Lebens dargestellt, ergänzt durch Zeitdokumente. Der Abschied von seiner Lebensgefährtin, als er nach der Niederlage des bulgarischen Aufstands 1923 ins Exil gehen muß. Leben in der Illegalität, Begegnungen mit Thälmann und anderen Genossen in vielen Ländern, wo er den Kampf gegen den Faschismus unterstützt. Vorbereitung einer Friedenskonferenz in Amsterdam und schließlich der Reichstagsbrandprozeß, in dem er einen Sieg gegen die faschistischen Machthaber Deutschlands erringt und sie vor der Weltöffentlichkeit bloßstellt.

ZUM FILM: Der Film, der zum 100. Geburtstag Dimitroffs konzipiert wurde, sollte eigentlich Dimitroffs Kämpfe um die Einheit der Linken im Jahre 1932 in den Mittelpunkt stellen. Nachdem jedoch der renommierte Spanier Bardem für die Regie gewonnen wurde, wollte der lieber den Reichtagsbrandprozeß ins Zentrum stellen (wie schon in den DEFA-Filmen → *Der Teufelskreis* und → *Amboß oder Hammer sein*), und das Szenarium wurde entsprechend verändert.

ECHO: Das berühmte Rededuell zwischen Göring und Dimitroff ließ Bardem durch eine Art Agitprop-Puppentheater auf einem Berliner Hinterhof aufführen. Und gerade bei dieser eigentlich originellen Lösung zeigte sich, wie sehr ein Regisseur seiner nationalen Mentalität verhaftet ist, wie wenig es ihm also gelingen kann, bis zu den letzten Feinheiten eines fremden Kulturkreises vorzudringen. Jedem Kenner der Berliner Hinterhöfe und seiner Bewohner, unter besonderer Berücksichtigung der Situation im Jahre 33, mußte diese Szene absolut spanisch vorkommen. (Renate Holland-Moritz, *Eulenspiegel* 31/1980)

Es liegt auf der Hand, daß ein Künstler vom Format Bardems über historisch fixierte Situationen hinaus Heutiges, z.B. den heutigen Faschismus, meint. Eine reine Historienmalerei ist ihm fern. Aber die Dialektik zwischen Historisch-Authentischem und Gegenwärtigem birgt Schwierigkeiten, denen filmisch heutzutage mit bloßem Biographischem nicht schlüssig zu begegnen ist. (...) Der Titel ist wörtlich zu nehmen. Den didaktischen Kern kann man nicht übersehen. Hier liegt offensichtlich die Grenze des Films. (Günter Agde, *Filmspiegel* 24/1982)

Herausgekommen ist nun eine chronologisch sprunghafte Rückblendendramaturgie, der ein mit den historischen Fakten weniger vertrauter Zuschauer schwer zu folgen vermag. (...) Überhaupt vereint der Film in sich sehr heterogene Stilelemente, pendelt zwischen der Rekonstruktion tatsächlicher Vorgänge, realistisch inszenierten fiktiven Sequenzen und grotesker Verfremdung. (...) So ist es gerade die uneinheitliche, aber eben auch unkonventionelle Stilistik, die das Interesse an dem Film über zweieinhalb Stunden doch noch wachhält. (Heinz Kersten, 1982, zit. nach *So viele Träume*)

NEBENBEI: Der Film lief 1982 als Eröffnungsbeitrag des Internationalen Filmfestivals Karlovy Vary und erhielt den Großen Spezialpreis der Jury. – Der deutsche Regieassistent des spanischen Regisseurs Juan Antonio Bardem, Michael Kann, der ursprünglich Schauspieler ist, übernahm im Film den Part des holländischen Dolmetschers.

MAIBOWLE

RE: Günter Reisch, SZ: Marianne Libera, Gerhard Weise, DR: Ilse Langosch, KA: Otto Merz, MU: Helmut Nier, BA: Paul Lehmann, KO: Luise Schmidt, SC: Hildegard Conrad, PL: Hans Mahlich, m: 2580 = 94 min, fa, AT: Familienfest mit Hindernissen, PJ: 1959, PM: 5.10.1959, PM-Ort: Berlin, »Babylon«

DA: Erich Franz (Wilhelm Lehmann), Friedel Nowack (Auguste Lehmann), Albert Hetterle (Gustav Lehmann), Erika Dunkelmann (Marion Lehmann), Christel Bodenstein (Suse Lehmann), Heinz Draehn (Franz Lehmann), Ekkehard Schall (Günther Lehmann), Stefan Lisewski (Paul Lehmann), Horst Kube (Albert Lehmann), Ernst-Georg Schwill (Knispel), Fritz Diez, Karla Run-

kehl, Hubert Hoelzke, Yvonne Merin, Herbert Richter u. a.

INHALT: Wilhelm Lehmann, Meister eines Chemiebetriebes, feiert seinen 65. Geburtstag. Seine Frau Auguste bereitet die Tafel vor, denn alle Mitglieder der großen Familie werden erwartet. Im Betrieb werden die Vorbereitungen für die Auszeichnung Wilhelms mit dem »Banner der Arbeit« getroffen. Für die Maibowle aber sind wie jedes Jahr die Söhne zuständig. Sohn Franz stellt alles bereit und hofft, die aus allen Richtungen anreisenden Brüder werden ihren Beitrag schon leisten. Er selbst muß zur LPG-Sitzung. Doch statt der Familienmitglieder flattern Telegramme mit Absagen ins Haus. Jeder ist aus dringenden beruflichen Gründen unabkömmlich. Die Maibowle wie der Familientreff scheinen ins Wasser zu fallen. Als der Auszeichnungsakt Wilhelms plötzlich auf dem Fernsehbildschirm erscheint, haben sich alle aber längst besonnen und treffen – stolz auf ihren Vater – in dessen Städtchen ein.

ZUM FILM: Zwar entstand das Drehbuch des Films als Verpflichtung zum V. Parteitag der SED, und der 10. Jahrestag der DDR war ein würdiger Anlaß für die Premiere, aber dennoch versteckten die Filmemacher in diesem »Werbefilm« für das Chemieprogramm der DDR allerhand satirische Seitenhiebe auf die nicht immer ganz sozialistische Gegenwart der DDR, sei es der Fernsehfunk, der die Wirklichkeit frisiert oder eine egozentrische Ehehälfte aus dem Staatsapparat.

ECHO: Gute Schauspieler in Menge finden sich zusammen in diesem buntfarbigen, sonnenüberstrahlten Bild. (...) Denn das ist das Schöne, was ihr Spiel und die Regie von Günter Reisch hinter aller Turbulenz der heiteren Vorgänge spürbar macht: wie die zwei Feste, das des alten Arbeiters und das »seines« Werkes, zu einem verschmelzen und wie in diesem Fest die höhere, die sozialistische Gemeinschaft von Mensch und Arbeit lebt. (H. U. E., *Berliner Zeitung*, 20.10.1959)

Der junge Regisseur Günter Reisch und sein Kameramann, der bewährte Otto Merz, treiben es manchmal ein bißchen zu bunt (sowohl wörtlich als auch übertragen zu verstehen), doch das Rezept der *Maibowle* stimmt. Nur ein Freundesrat für die Fortsetzung, an der bereits gebraut wird: sparsamer im Zuckerverbrauch! (Rosemarie Rehahn, *Wochenpost* 50/1959)

NEBENBEI: Die Geschichte der Familie Lehmann wurde ein Jahr später in dem Lustspiel → *Silvesterpunsch* fortgesetzt.

MAIHIME

→ *DIE TÄNZERIN*

MAMA, ICH LEBE

RE: Konrad Wolf, SZ: Wolfgang Kohlhaase, DR: Wolfgang Beck, Günter Klein, Klaus Wischnewski, Dieter Wolf, KA: Werner Bergmann, MU: Rainer Böhm, SB: Alfred Hirsch-meier, KO: Werner Bergemann, SC: Evelyn Carow, PL: Herbert Ehler, GR: GR »Babelsberg«, m: 2820 = 103 min, fa, brw, PJ: 1976, PM: 24.2.1977, PM-Ort: Berlin, »International«

DA: Peter Prager (Becker), Uwe Zerbe (Pankonin), Eberhard Kirchberg (Koralewski), Detlef Gieß (Kuschke), Donatas Banionis (Mauris), Margarita Terechowa (Swetlana), Michail Wasskow (Kolja), Jewgeni Kindinow (Glunski), Iwan Lapikow (General), Martin Trettau (Kosel), Pawel Saizew, Viktor Uralski, Uwe Steinbruch, Michael Watzke, Norbert Christian u. a.

INHALT: Ein Kriegsgefangenenlager in der Sowjetunion. Vier junge Deutsche tauschen ihre Uniform, um an der Seite des ehemaligen Fein-

des für eine schnellere Beendigung des Krieges zu kämpfen. In sowjetischer Uniform fahren sie mit ihrem Betreuer im Zug an die Front. Den Mitreisenden bleibt nicht lange verborgen, daß sie Deutsche sind. Für sie ist es nicht einfach, mit der neuen Identität fertigzuwerden. Im Lager wurden sie von einigen Kameraden als Verräter bezeichnet. Das Verhalten der sowjetischen Soldaten ihnen gegenüber ist unterschiedlich. Einige sind unsicher, andere betrachten sie als Gleiche. An der Front angekommen, müssen sie sich entscheiden, ob sie einen Auftrag hinter den deutschen Linien übernehmen. Einer bleibt zurück. Die drei anderen gehen in den Wald, um sich auf den Partisanenkampf einzustellen, und begegnen plötzlich abgeschossenen deutschen Fliegern. Sie sind nicht fähig, auf die Deutschen zu schießen; ihren Betreuer Kolja kostet dies das Leben. Sein Tod löst große Betroffenheit bei ihnen aus. In der Zwischenzeit haben sich der zurückgebliebene Deutsche und die sowjetische Funkerin Swetlana ineinander verliebt. Sie hält zu ihm, obwohl er von einigen Russen kritisiert wird. Schließlich entscheidet auch er sich für den Einsatz.

ZUM FILM: Anknüpfend an das Thema, das Konrad Wolf zuletzt in → *Ich war neunzehn* autobiografisch verarbeitet hatte, erzählt er diesmal von jungen Wehrmachtssoldaten, die als Kriegsgefangene schließlich für den Feind, aber damit gleichzeitig doch für ihre Heimat kämpfen. Den Stoff, aus dem Wolfgang Kohlhaase schon ein Hörspiel gestaltet hatte, entwickelte er auf Grundlage von Gesprächen mit Zeitzeugen, auch des ehemaligen DDR-Filmministers Günter Klein.

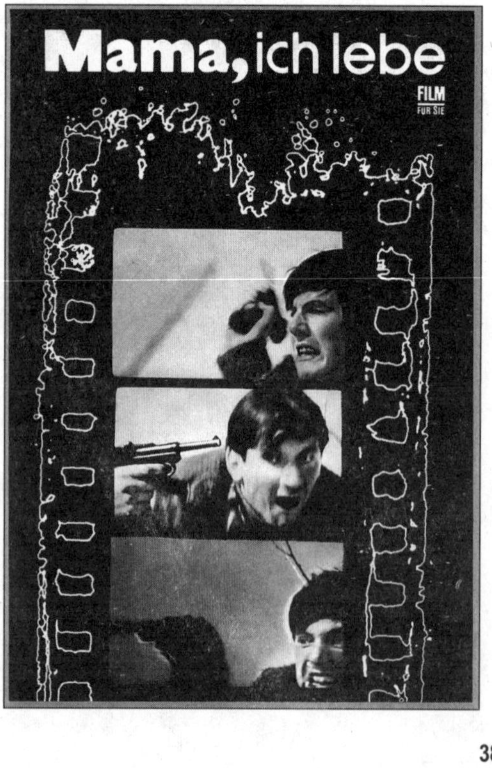

ECHO: Alles ist sehr genau komponiert, rhythmisch ausgewogen; aber es gibt keine konstruierten Spannungen, keine äußere Dramatisierung eines Vorgangs, dessen Dramatik im Detail, in der Summe von Begegnungen, Fragen, Antworten und neuen Fragen liegt. (...) Der Regisseur hat den vier jungen Schauspielern den Raum gegeben, sich in den aktionsarmen Szenen zu profilieren, immer sehr genau und unaufdringlich verfolgt, beobachtet von Werner Bergmanns Kamera; es entsteht ein bestechend dokumentarer Eindruck ihres Verhaltens, es gibt keine falschen Töne, theatralische oder sentimentale Effekte. (Peter Ahrens, *Weltbühne* 8/1977)

Der Film behält, weitab jeder möglichen Belehrung für den historisch schon ferngerückten Zuschauer von heute, einen fast intimen Erinnerungscharakter. Dies freilich setzt beim Publikum ein hohes Maß an Einfühlungsbereitschaft voraus, zumal es – und darin liegt eine Schwäche des Films – so gut wie gar nichts über die Motive der darin vorgestellten vier jungen Kriegsgefangenen für ihren Schritt auf die andere Seite erfährt. (Heinz Kersten, *Frankfurter Rundschau*, 10.4. 1977)

NEBENBEI: Der Film entstand in Zusammenarbeit mit den sowjetischen Studios Sovinfilm und Lenfilm. Trotzdem gab es Schwierigkeiten mit der Übernahme des Films in der Sowjetunion. Der sowjetische Botschafter in der DDR, Pjotr Abrassimow, beanstandete den Handlungsstrang mit der Liebesgeschichte eines weiblichen sowjetischen Offiziers mit einem deutschen Soldaten. Konrad Wolf ging schließlich kleine Kompromisse ein und kürzte den Film minimal.

Filmtext: Mama, ich lebe. Ein Drehbuch von Wolfgang Kohlhaase. In: *Film und Fernsehen* 1977/5.

DER MANN, DER NACH DER OMA KAM

RE: Roland Oehme, SZ: Maurycy Janowski, Lothar Kusche, LV: Erzählung »Graffunda räumt auf« von Renate Holland-Moritz, DR: Willi Brückner, KA: Wolfgang Braumann, MU: Gerd Natschinski, SB: Hans Poppe, KO: Maria Welzig, SC: Hildegard Conrad-Nöller, PL: Siegfried Kabitzke, GR: KAG »Johannisthal«, m: 2530 = 93 min, fa, brw, PJ: 1971, PM: 10.2.1972, PM-Ort: Berlin, »International«

DA: Winfried Glatzeder (Erwin Graffunda), Rolf Herricht (Günter Piesold), Marita Böhme (Gudrun Piesold), Katrin Martin (Gaby Piesold), Rolf Kuhlbach (Danny Piesold), Herbert Köfer, Marianne Wünscher (Herr u. Frau Kotschmann), Harald Wandel (Hans-Joachim), Ilse Voigt (Oma Piesold), Margot Busse (Marianne), Fred Delmare, Agnes Kraus (Herr u. Frau Köppe), Angela Brunner, Wolfgang Greese, Carmen-Maja Antoni, Jochen Thomas, Otto Stark, Ilse Maybrid, Senta Bonacker, Fritz Decho u. a., GE: Manfred Krug

INHALT: Günter und Gudrun Piesold sind ein vielbeschäftigtes Ehepaar. Er ist Fernsehkomiker, sie Schauspielerin. Für Haushalt und Kinder ist die Oma zuständig. Doch die lebenslustige ältere Dame tritt wieder in den Stand der Ehe, und am Polterabend stehen die Piesolds nicht nur vor einem großen Scherbenhaufen, sondern auch vor der Frage: Wie soll es mit dem Haushalt weitergehen? Nachdem das häusliche Chaos ein kaum zu übertreffendes Maß angenommen hat, wird per Annonce eine Hilfe gesucht. Die Überraschung ist groß, als sich ein junger Mann meldet: Graffunda – gutaussehend, charmant, intelligent. Er bringt den Haushalt auf Vordermann und die Nachbarn zum Tratschen. Keiner glaubt, daß da nicht irgendetwas dahintersteckt. Auch Günter kommt ins Grübeln, ob Graffunda vielleicht der Liebhaber seiner Frau ist. Des ungewöhnlichen Rätsels Lösung: Graffunda sammelt praktische Erfahrungen für seine Dissertation über die Emanzipation der Frau. Ein Thema, das ihn ganz persönlich weiterbeschäftigen wird – als inzwischen verheirateter und bald Vater werdender Mann.

ZUM FILM: Nach einer Erzählung der auch als ständige Filmkritikerin des *Eulenspiegel* bekannten Satirikerin Renate Holland-Moritz entstand eines der erfolgreichsten Lustspiele der DEFA (in den ersten zwei Wochen eine Viertelmillion

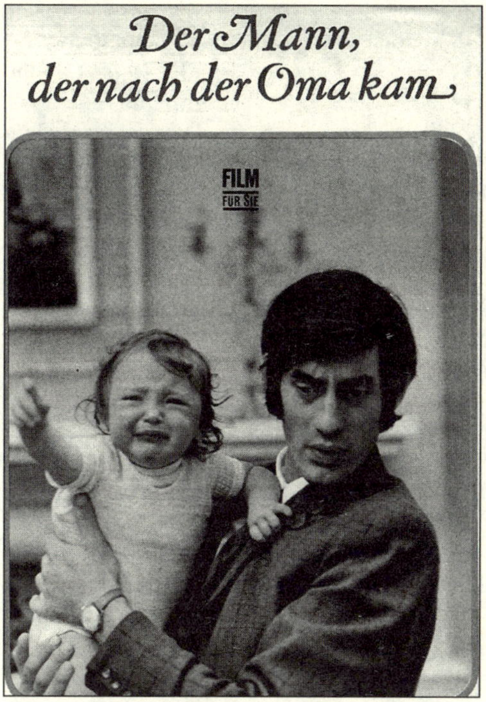

Zuschauer). Neben allen anderen geschickt genutzten Wirkungselementen waren es die kleinen Spitzen auf die Emanzipation der berufstätigen Frau in der DDR (wenn auch am untypischen Beispiel einer Künstlerfamilie), die den gegenwärtigen Spaß an dem Film hervorriefen.

ECHO: Dieser farbige Lustspielfilm ist mit viel Witz und Spaß, vielen Einfällen, Gags, Wortwitzen, Klamauk, Alberei und Situationskomik inszeniert. Man spürt, daß Regisseur Roland Oehme und den Darstellern am Herzen lag, frohe Unterhaltung mit zeitbezogener Problematik auf die Leinwand zu bringen. (...) Winfried Glatzeder als »Graf Funda« ist eine Spur zu ernst und trocken, eine Spur zu selbstsicher ohne Augenzwinkern, ein wenig zu allwissend-überlegen. Vielleicht hätte seinem Graffunda ein burschikoser, salopper Ton besser zu Gesicht gestanden. (Renate Seydel, *Filmspiegel* 4/1972)

Roland Oehmes Regie: keine originalitätssüchtigen Eskapaden, sondern sicherer Rhythmus, der Pointen setzt, Figuren sich profilieren, Situationen bis zum richtigen Zeitpunkt ausspielen läßt (die Szene mit der Küchenmaschine); kluge Besetzung, die genau die Erwartungen weckt, die sie erfüllen kann und will (die Leute gehen eben

auch wegen Herricht und Köfer ins Kino), und zugleich auch in Episoden entdeckungsfreudig ist (Carmen-Maja Antoni); Sinn für Ironie (Traumszenen, Möbelträger) ebenso wie für Situationskomik, die durch Wiederholungen augenzwinkernd »geadelt« wird – eine leichte Hand, unprätentiös. (Peter Ahrens, *Weltbühne* 9/1972)
NEBENBEI: Viele damalige Prominente hatten Kurz-Auftritte als sie selbst: Rumpelkämmerer Willi Schwabe, DEFA-Chefindianer Gojko Mitic, Fernsehregisseur Hubert Hoelzke, Fischkoch Rudolf Krohbroth und Sportreporter Heinz-Florian Oertel. Lothar Kusche, der Mitautor des Szenariums, war ein Möbelträger, und die 25 Jahre später prominente Fernsehschauspielerin Deborah Kaufmann saß als Klein Annchen noch im Kinderwagen bei ihrer Mutter Angela Brunner.

MANN GEGEN MANN

RE: Kurt Maetzig, SZ: Kurt Maetzig, LV: Roman »Das Duell« von Kurt Biesalski, DR: Anne Pfeuffer, KA: Erich Gusko, MU: Gerhard Wohlgemuth, SB: Jochen Keller, KO: Barbara Pitra, SC: Ursula Rudzki, PL: Volkmar Leweck, GR: AG »Berlin«, m: 2878 = 106 min, fa, brw, PJ: 1975, PM: 22.1.1976, PM-Ort: Berlin, »International«

DA: Regimantas Adomaitis (Robert Niemann), Karin Schröder (Anna), Klaus-Peter Thiele (Eduard Tornten), Michael Gwisdek (Michael Mähr), Karin Gregorek (Helga), Werner Dissel (Angler), Martin Flörchinger (Alter), Peter Bause (Kartoffelbauer), Jurij Kramer (Dolmetscher), Rolf Martin-Kruckenberg (Nachbar), Anne Wollner, Barbara Bachmann, Marga Heiden, Maria Besendahl, Peter Hölzel u. a.
INHALT: Zwei Männer kommen aus dem Krieg. Aus ihren Gesprächen erkennen sie plötzlich, daß sie beide mit derselben Frau verheiratet sind. Robert war schon lange für tot erklärt, als Michael sie heiratete. Sie lassen den Zufall entscheiden, wer zu ihr zurückkehrt – beim Lauf durch ein Minenfeld. Robert überlebt, aber die Frau will ihn nicht, sie hat auf Michael gewartet. Robert geht, lernt Anna kennen, die mit zwei Kindern allein lebt. Eine neue Liebe, aber Robert kann sich nicht endgültig für sie entscheiden, die Enttäuschung über seine erste Frau wirkt nach. Bei der Arbeit begegnet ihm Eduard, er entschärft Minen wie Robert. Auch er verliebt sich in Anna. Als sie von Eduard schwanger ist, fordert Robert erneut eine Entscheidung – diesmal überläßt er sie der Frau.
ZUM FILM: In dem Kammerspiel, das von den mittelbaren Folgen des Krieges erzählt, erprobte sich Kurt Maetzig noch einmal erfolgreich in einer neuen Stilistik, ohne daß er mit seinem letzten DEFA-Film einen großen Publikumszuspruch erringen konnte.
ECHO: Das Symbolische nicht übermäßig strapaziert zu haben, erweist sich als großes Plus der Arbeit Kurt Maetzigs und seiner gut ausgewählten Schauspieler (...) und Erich Guskos an der Kamera. Die Szenen werden klar und real erzählt, es gibt Ruhe für den Aufbau und die Entwicklung der Beziehungen zwischen den Partnern, manchmal auf Kosten des Rhythmus. Nur gelegentlich drängt sich Symbolisches vor, etwa ein Baum oder die Sonne als Zeichen aufbrechender Leidenschaften oder ähnliches. (Peter Ahrens, *Weltbühne* 19/1976)
Maetzig erzählt diese Geschichte balladesk, ohne viele Worte auf das Wesentliche konzentriert, in klaren Bildern, die oft den Sinn von Metaphern erhalten. (...) Unterstützt durch die gelegentlich allzu dramatisierende Musik Gerhard Wohlgemuths gerät dabei manches freilich allzu bedeu-

tungsschwer und im Ganzen bleibt der Eindruck einer gewissen angestrengten Künstlichkeit. (Heinz Kersten, 1976, zit. nach *So viele Träume*)
NEBENBEI: Auf den Internationalen Filmfestspielen in Karlovy Vary erhielt Karin Schröder 1976 den Preis als beste Schauspielerin.

DER MANN MIT DEM OBJEKTIV

RE: Frank Vogel, BU: Paul Wiens, DR: Willi Brückner, KA: Horst Hardt, MU: Gerd Natschinski, BA: Hans Poppe, KO: Marianne Schmidt, SC: Christa Wernicke, PL: Siegfried Nürnberger, GR: Gruppe »Heinrich Greif«, m: 2205 = 81 min, s/w, AT: Der Mann mit dem GGO, PJ: 1960/61, PM: 1.10. 1961, PM-Ort: Berlin, »Colosseum«

DA: Rolf Ludwig (Os/Martin Marten), Christine Laszar (Maja Mayer), Helga Labudda (Anita), Micaela Kreißler (Böckchen), Otto Stark (Eugen), Erik S. Klein (Benno), Erich Franz (Schmitt), Sabine Thalbach (Betriebsfunk-Kollegin), Heinz Schubert (Leiter der HO), Marianne Wünscher (Verkäuferin), Maika Joseph (Hertha), Gertraud Kreißig, Monika Hildebrand, Werner Dissel, Hans Lucke, Achim Wolff u. a.

INHALT: Raketenpilot Os gerät aus dem Jahre 2222 durch eine technische Panne ins Jahr 1960. Vor den Augen Anitas taucht er aus einem See auf – nackt. Sie glaubt ihm zwar die Geschichte nicht, leiht ihm dennoch ihren Bademantel, damit er sich Kleidung besorgen kann. 24 Stunden dauert sein Aufenthalt, und er bringt so manche Überraschung – für ihn und die anderen. Daß Os kein Geld hat, ist noch das Geringste. Man hält ihn für den bekannten Schauspieler Marten und gibt ihm Kredit. Aber mit seinem GGO (Gefühls- und Gedanken-Objektiv) kann er hinter die Fassaden der Menschen blicken und sich nicht verkneifen, regulierend einzugreifen. Nachdem er einigen Wirbel angerichtet hat, ist die technische Panne an der Zeitenstrahlwand wieder behoben, und von Os bleibt nur ein Häufchen Kleidung übrig. Er aber nimmt die Gewißheit mit in die Zukunft, daß die Leute des Jahres 1960 noch nicht reif fürs GGO sind.

ZUM FILM: Zwar wurden die Möglichkeiten, die in der Idee steckten, nicht ausgeschöpft, aber trotzdem entstand ein amüsantes Lustspiel, das Rolf Ludwigs Ruf als Komiker festigte. Der von ihm und Micaela Kreißler gesungene Schlager »Du hast nen kleinen Mann im Ohr« wurde populär. Die Grundidee, mit einem »Zaubergerät« erraten zu können, was Menschen wirklich denken, wurde 1965 in Egon Günthers → *Wenn du groß bist, lieber Adam* erneut und konsequenter aufgegriffen. Dieser Film wurde prompt verboten.

ECHO: Im Besitz einer so trefflichen Idee haben die Filmschöpfer leider darauf verzichtet, Gesellschaftskritik zu üben, die den Namen verdient. Was der Mann mit dem Objektiv zu beanstanden hat, was ihn wundert oder belustigt, wird gemeinhin bei uns auf der Passivisten-Seite des *Eulenspiegel* breitgetreten: Krümelkäse. (...) Immerhin, soweit in diesem Film mit ironischer Distanz der Grundeinfall ausgespielt wird, kann von einem unbestreitbaren Erfolg gesprochen werden; angehängt ist aber eine Doppelrollen-Einlage, und die ist, gemessen an der ganzen Fabel, weiter hergeholt als der Mann vom anderen Stern. (Carl Andrießen, *Weltbühne* 44/1961)
Wenn man im Abspann liest, daß trotz der Unwahrscheinlichkeit der Handlung eines sicher sei, nämlich daß wir im 21. Jahrhundert im Kommunismus leben werden, weiß man heute nicht, ob man lachen oder weinen soll. Natürlich ist dies komisch übertrieben, aber der feste, unumstöß-

liche Kinderglauben an eine glücklichere Gesellschaft tritt einem aus dem gesamten Film entgegen. (Erika Richter in *Das zweite Leben der Filmstadt Babelsberg*, 1994)
NEBENBEI: Die zwanzigjährige Micaela Kreißler, die aus einem künstlerischen Elternhaus stammte, hatte damals schon fünfzehn Jahre »Berufserfahrung« hinter sich, denn sie hatte schon als Kind von 1947-50 in mehreren DEFA-Filmen mitgewirkt.

DER MANN MIT DEM RING IM OHR

RE: Joachim Hasler, SZ: Wolfgang Ebeling, LV: Roman »Der Harmonikaspieler« von Bernhard Seeger, DR: Andreas Scheinert, KA: Hans Heinrich, MU: Karl-Ernst Sasse, SB: Heinz Röske, KO: Ursula Wolf, SC: Ilona Thiel, PL: Uwe Klimek, GR: GR »Johannisthal«, m: 2362 = 87 min, fa, brw, PJ: 1983, PM: 6.4.1984, PM-Ort: Heldburg/ Krs. Hildburghausen, »Volkshaus«
DA: Vladimir Gaitan (Tillmann Rutenschneider), Oana Pelea (Wanda), Dominica Pelea (Wandas Mutter), Heidrun Perdelwitz (Liane Gäbe), Jörg Panknin (Jürgen Lukas), Lotte Loebinger (Marta Leisering), Karin Düwel (Ella Lukas), Erik S. Klein (Neugebauer), Heidemarie Wenzel, Rudolf Ulrich (Frau u. Herr Knackbusch), Helmut Scheiber, Winfried Wagner, Bruno Carstens, Harry Pietzsch, Ruth Kommerell, Johanna Clas, Detlef Gieß, Lutz Schneider, Rita Feldmeier, Peter Kalisch u. a.
INHALT: Jahrelang ist der Zimmermann Tillmann Rutenschneider umhergezogen. Dreißigjährig kommt er 1932 zurück in sein märkisches Dorf, mit einer fremdländischen Frau. Er baut ein Haus, gründet eine Familie. Es dauert nicht lange, da wird er Opfer der neuen Rassengesetze. Man zündet ihm das Haus an, seine Frau und sein Kind verbrennen in den Flammen. Er selbst muß ins KZ. Nach der Befreiung geht er wieder in sein Heimatdorf, gründet eine neue Familie, baut ein neues Haus. Er schließt sich mit Umsiedlern zu einer Genossenschaft zusammen, dabei die Bodenreform auf sehr eigene Weise durchsetzend. Tillmann verschuldet sich, gerät in Schwierigkeiten und landet im Gefängnis. Sein Haus muß er verkaufen, um die Schulden zu bezahlen. Aus dem Gefängnis entlassen, macht sich Tillmann Rutenschneider erneut auf den Weg in sein Dorf.
ZUM FILM: Jo Hasler schuf mit dem Tillmann Rutenschneider bewußt eine verknappte, holzschnittartige Figur. Durch dieses Prinzip wurde der Held einschichtig, idealisiert. Zudem wurde die Fülle der über ein Vierteljahrhundert führenden Handlungsteile nicht in ihrer Prägnanz erfaßt.
ECHO: Er (Hasler) nimmt eine progressive Ideologie, sucht Typen, um sie zu verkörpern, stellt sie in eine passende Lebenssphäre, bastelt die entsprechende Geschichte und führt damit den Realismus ad absurdum. (U.-E. Böttger, *Film und Fernsehen* 5/1984)
Regisseur Jo Hasler (...) hat schlimme Erfahrungen deutscher Geschichte auf den einfachsten Nenner gebracht und stark verkürzt. Die Handlung des umfangreichen Romans (...) packte er in anderthalb Kinostunden. *Der Mann mit dem Ring im Ohr* ringt von 1932 bis in die fünfziger Jahre mit vielen Schicksalsschlägen und erweist sich immer wieder als der Stärkere. 1945 entkommt er einem KZ-Transport in ungebrochener Frische und wird von einem gerade rechtzeitig auftauchenden Rotarmisten eben noch daran gehindert, persönliche Rache am SA-Häuptling des Dorfes zu nehmen, der seine Frau auf dem Gewissen hat. Nach kurzer Haft, diesmal in sowjetischem Gewahrsam, findet der Unbeugsame bald eine neue Frau. (Heinz Kersten, *Tagesspiegel*, 8.7. 1985)
NEBENBEI: Die Harmonika spielte der bulgarische Solist Lubomir Pleva.

MARIBELLA, DAS MÄDCHEN AUF DEM TITELBLATT

→ Anhang C: DAS MÄDCHEN AUF DEM TITELBLATT

MAX UND SIEBENEINHALB JUNGEN

(Kinderfilm)
RE: Egon Schlegel, SZ: Manfred Freitag, Jo-achim Nestler, DR: Tamara Trampe, KA: Wolfgang Braumann, MU: Jürgen Ecke, SB: Georg Kranz, KO: Marianne Schmidt, SC: Ilona Thiel, PL: Werner Langer, GR: GR »Berlin«, m: 2415 = 89 min, fa, brw, PJ: 1979/80, PM: 4.12.1980, PM-Ort: Berlin, »International«
DA: Peter Sturm (Max), Katrin Martin (Frl. Zahn, Lehrerin), Wolfgang Winkler (Cornelias Vater), Heide Kipp (Designerin), Wolfgang Dehler (LKW-

Fahrer), Wolfgang Greese (Wachtmeister), Waltraut Kramm (Gemeindeschwester), Marie-Anne Fliegel (Cornelias Mutter), Carmen-Maja Antoni (Postangestellte), Hans-Gerd Sonnenburg (Polizist), die Kinder Dirk Bohms, Matthias Grünes, Ingolf Wilpert, Heike Neumann, Roland Hammermann u. a.

INHALT: Der alte Antifaschist Max Stricker hält vor Jungen und Mädchen einer 8. Klasse einen Lichtbildervortrag zur Vorbereitung einer Buchenwald-Fahrt. Die Kinder bringen aus purer Lust am Stören den Vortrag zum Platzen. Gleiches haben sie auf der Fahrt vor. In Luckenwalde verläßt eine Gruppe den Zug. Max bemerkt das und steigt ebenfalls aus. Er schlägt den überraschten Kindern eine Wette vor: Sie sollen sich auf eigene Faust nach Weimar durchschlagen. Jeder bekommt nur fünf Mark, Treffpunkt ist der Abend des nächsten Tages. Die Kinder nehmen die Herausforderung an. Einige bleiben zusammen, andere versuchen es allein. Der Anführer und Angeber King erweist sich als unfähig, während der bescheidene Böhnchen in der außergewöhnlichen Situation durch Logik und Kollektivgeist überzeugt. Der alleinreisende Freddy fährt schwarz, klaut und landet bei der Polizei. Am Ende sind alle ein bißchen klüger und haben Achtung vor Max – wissend, welches Risiko er mit diesem Abenteuer eingegangen ist.

ZUM FILM: Eine ungewöhnliche Grundidee stand für einen ganz anderen antifaschistischen Jugendfilm, als man ihn bis dato in der DDR kannte, Pate. Nicht das Mitmachertum sondern die Opposition wurde gefordert. Daher erregte der in mancherlei Hinsicht gewagte Streifen auch Mißfallen, besonders bei Vertretern der Volksbildung. Ein Glücksfall war die Besetzung der Hauptrolle mit Peter Sturm, der selbst durch die Hölle der Konzentrationslager gegangen war, und der Unerbittlichkeit mit tiefem Verständnis paarte.

ECHO: Die Idee stammt von der Dramaturgin Tamara Trampe, und die kann nicht laut genug gerühmt werden. Denn sie erweist sich immer noch von untadeligem Glanz, auch wenn die künstlerische Ausführung weit hinter ihrem Anspruch zurückbleibt. (Margit Voss, *Berliner Rundfunk*, 7.12.1980)

Schlegel bedient in seiner Inszenierung die abenteuerliche Situation, ohne übergreifende Intentionen im lauten Klamauk untergehen zu lassen, ein nicht einfacher, aber geglückter Balanceakt. (Henryk Goldberg, *Neues Deutschland*, 8.12. 1980)

Freilich, einiges, was der Film da an Realität vorführt, scheint bei näherer Betrachtung doch eher etwas unwirklich. Die Erwachsenen, denen die Jungen begegnen, sind nämlich eigentlich alles nur liebe, nette, hilfreiche und verständnisvolle Menschen, und die DDR zeigt hier nur ein Sonntagsgesicht – durch die Kamera Wolfgang Braumanns wirkt selbst die schmutzigste Industrielandschaft verklärt. (Heinz Kersten, *Tagesspiegel*, 18.1.1981)

Bemerkenswert ist (...) auch die Figur des Max Stricker: kein glorifizierter kommunistischer Kämpfer, nicht dogmatisch, unerbittlich, sondern eher ein von Selbstzweifeln geplagter, unkonventioneller Erwachsener. Bis zum Ende steht er auf seiten der Jugendlichen, in – auch bildlich hervorgehobener – Opposition zu den »herrschenden Mächten« Schule und Polizei sowie zu den ordentlich-angepaßt gereisten Mitschülern. Ein Ausklang ohne Versöhnung und kollektives Schlußbild. (*Zwischen Marx und Muck*, 1996)

NEBENBEI: Auf Filmfestivals in Gera und Neusiedl bei Wien erhielt der Film 1981 insgesamt vier Preise der Kinderjurys, der Fach- und der Publikumsjurys.

MAZURKA DER LIEBE

RE: Hans Müller, BU: A. Arthur Kuhnert, LV: Operette »Der Bettelstudent« von Carl Millöcker, DR: Hans-Joachim Wallstein, KA: Karl Plintzner, MU: Carl Millöcker, MB: Gerd Natschinski, BA: Erich Zander, KO: Walter Schulze-Mittendorf, SC: Helga Emmrich, PL: Harry Studt, m: 2375 = 87 min, fa, Tovi u. no, AT: Der Bettelstudent, PJ: 1956, PM: 1.5.1957, PM-Ort: Berlin, »Colosseum«

DA: Albert Garbe (Gouverneur Ollendorf), Bert Fortell (Simon), Eberhard Krug (Jan), Katharina Mayberg (Bronislawa), Susanne Christian (Laura), Jarmila Ksirova (Gräfin Kowalska), Kurt Mühlhardt (v. Henrici), Charles H. Voigt (Onouphrie), Otto E. Stübler (Entrich), Michael Günther (v. Rochow), Hans Wehrl, Herbert Köfer, Maximilian Larsen, Jochen Diestelmann, Joe Schorn u. a.

INHALT: Die Verfilmung des Anfang des 18. Jahrhunderts in Krakau angesiedelten »Bettelstudenten« von Millöcker beginnt mit der Begegnung Simons und des polnischen Freiheitskämpfers Jan – in der Kutsche der gräflichen Familie Kowalska. Simon zieht mit der Gitarre durchs Land, um sich sein Studium zu verdienen, Jan ist auf der Flucht vor sächsischen Besatzungs-Soldaten. Sie verlieben sich in die beiden Kowalska-Töchter Laura und Bronislawa und fahren mit ihnen zum Fest des Adligen Ollendorf, des von August dem Starken eingesetzten Gouverneurs. Als Ollendorf Laura zu nahe tritt, versetzt deren Mutter ihm einen Schlag mit dem Fächer. Simon und Jan werden aufgrund ihres höhnischen Lachens von Ollendorf eingesperrt. Aus Rache an Mutter Kowalska will er den armen Studenten Simon als Fürsten verkleiden und mit Laura verheiraten. Doch Jan und Simon überrumpeln Ollendorf und jagen ihn mit Hilfe politischer Häftlinge davon.
ZUM FILM: Der erste Film im neu entwickelten Totalvisions-Verfahren war eine Operettenadaption, die gegenüber der Vorlage die Handlung verdichtete, wodurch mitunter die Musik zu kurz kam.
ECHO: Für das weite, großflächige Panorama vor allem ist es (das neue Format, f.b.h.) unübertrefflich. (...) So tat man gut, (...) einen Operettenstoff mit seinen vorwiegend raumfüllenden Tanz- und Massenszenen zu wählen. (...) Die DEFA hat sich, im Rahmen des Möglichen, die Handlung vom dicksten Staub der Jahrzehnte reinigen lassen, hat die Schilderung der »polnischen Wirtschaft« mit allem Recht zurücktreten lassen hinter dem nationalen Motiv der Empörung des polnischen Volkes gegen die sächsischen Herren im Lande. (H. U. E., *Berliner Zeitung*, 5.5.1957)
Der Titel des Films (...) läßt bereits erkennen, daß der Drehbuchautor A. A. Kuhnert, der Musikus Gerd Natschinski und Hans Müller als Regisseur Millöckers Operette wohl die Grundhaltung und seine Melodien entnahmen, aber für den Film die Fabel verdichteten und die Melodien moderner interpretierten. Worüber Millöcker in seinem Musenhimmel sicherlich nicht böse wäre, denn Musik, Tanz, Schwung und Rhythmik auch in der Bildkomposition Karl Plintzners verschmelzen sich zu einem geschlossenen Ganzen. (Günter Stahnke, *Junge Welt*, 7.5.1957)
NEBENBEI: Für die Rolle der Gräfin Kowalska wurde zunächst mit Marika Rökk verhandelt, eine spektakuläre Besetzung, die sich jedoch zerschlug.

DIE MEERE RUFEN

RE: Eduard Kubat, SZ: Jan Petersen, DR: Marieluise Steinhauer, KA: Emil Schünemann, MU: Horst Hanns Sieber, BA: Artur Günther, KO: Gerhard Kaddatz, SC: Ruth Schreiber, PL: Richard Brandt, m: 2355 = 86 min, s/w, PJ: 1951, PM: 14.12.1951, PM-Ort: Berlin, »Babylon«/»DEFA-Filmtheater Kastanienallee«
DA: Hans Klering (Ernst Reinhardt), Käthe Alving (Ida Reinhardt), Evamaria Bath (Gisela Reinhardt), Helmut Ahner (Walter Reinhardt), Herbert Richter (Franz Nölte), Magdalena von Nußbaum (Emmi Nölte), Viola Recklies, Hans-Joachim Martens (Inge u. Heinz Nölte), Johannes Schmidt (Heinrich Stüber), Martin Flörchinger (Kurt Schöller), Hans Maikowski, Willi Narloch, Gustav Püttjer, Friedrich Siemers, Günther Ballier u. a.
INHALT: In dem kleinen Küstenort Wolkow wird in den Nachkriegsjahren ein neuer Fischereibetrieb aufgebaut. Auch Ernst Reinhardt be-

wirbt sich. Bei einer Reise nach Westdeutschland, Ernst will seine Tochter zurückholen, wird er vom amerikanischen Geheimdienst erpreßt. Man weiß, daß er im Betrieb seinen Fragebogen gefälscht, die Mitgliedschaft in der NSDAP verschwiegen hat. Er soll dem Geheimdienst gefügig gemacht werden, doch er entscheidet sich für das einzig richtige: Er geht zur Betriebsleitung.
ZUM FILM: Nachdem u.a. Artur Pohl, Wolfgang Schleif, Falk Harnack und Wolfgang Langhoff nicht für die Regie zur Verfügung standen, übernahm der erfahrene Produktionsleiter Eduard Kubat den Stoff und gab damit sein Regiedebüt. Der Film spielt zwei Heimatvertriebene gegeneinander aus, von denen der eine in die Bundesrepublik geht, der andere sich jedoch in der DDR dem sozialistischen Wiederaufbau widmet. Zu allem Überfluß wird auch noch eine Sabotage-Geschichte mit der Handlung verbunden, in der Adenauers Leuten der Plan jedoch durchkreuzt wird.
ZITAT: Hein wünscht Adenauer zum Teufel. Er will fischen und leben. Für ihn ist das Saßnitzer Kombinat ein politisches Barometer: Bei jeder neuen Ladung ist es ein Stück weiter, ein Schritt vorwärts zum Wohlstand, Frieden und Glück, für

den Werktätigen in der Deutschen Demokratischen Republik. (*PROGRESS-Filmillustrierte*, 1951)
ECHO: Dem erfahrenen Regisseur hätte das Studium des Drehbuches allein sagen müssen, daß er den Schwerpunkt seiner Arbeit an die Küste und auf das Meer zu verlegen hat. Leider scheint sich der Regisseur Eduard Kubat im Atelier viel wohler gefühlt zu haben als auf der Ostsee, für die er auch nur dann einen Blick übrig hatte, wenn sie mit dem Berliner Wannsee verwechselt werden konnte. Dadurch wurde das Meer zu einer blassen Kulisse und konnte nicht selber zum Mitspieler werden, wie es der wohl etwas zu prätentiöse Filmtitel verheißen hatte. (...) Die Entwicklung aus den Charakteren heraus entstand nicht, konnte nicht entstehen, weil die Regie bei den vielen Problemen (Frage West-Ost, Neuaufbau, Sabotage, Wachsamkeit usw.) das Wesentliche vom Unwesentlichen zu unterscheiden vergaß. Der Film verlor notwendig seine politische Konzeption. (LUX., *Weltbühne* 2/1952)
NEBENBEI: Die damals 22jährige Hauptdarstellerin Evamaria Bath war jahrzehntelang Ensemblemitglied des Berliner Maxim Gorki Theaters. Bei Film und Fernsehen hat sie bis in jüngste Zeit immer wieder in markanten Rollen aller Genres vor der Kamera gestanden.

MEIN BLAUER VOGEL FLIEGT

(Kinderfilm)
RE: Celino Bleiweiß, SZ: Gisela Karau, Celino Bleiweiß, LV: Kinderbuch »Der gute Stern des Janusz K.« von Gisela Karau, DR: Anne Pfeuffer, KA: Günter Jaeuthe, MU: Andrzej Korzynski, SB: Peter Wilde, KO: Regina Viertel, SC: Erika Lehmphul, PL: Dieter Dormeier, GR: AG »Berlin«, m: 2120 = 78 min, fa, brw, PJ: 1974/75, PM: 23.10.1975, PM-Ort: Berlin, »International«
DA: Martin Trettau (Robert), Bogdan Izdebski (Janusz), Arno Wyzniewski (Marcel), Jindrich Janda (Honza), Leon Niemczyk (Onkel Marian), Frank Schenk (Schmidt), Wolfgang Greese (Kommandant Dübel), Jörg Panknin (Der Heisere), Wilfried Pucher (Bauführer), Holm Henning Freier (SS-Mann), Jochen Diestelmann, Bodo Schmidt, Waltraut Kramm, Klaus Nietz, Pjotr Sot u.a.
INHALT: Eine frei nach authentischen Ereignissen gestaltete Geschichte über polnische Kinder, die mit einem Transport in einem Konzentrati-

onslager eintreffen. Der deutsche Kapo Robert, ein Kommunist, der seine Position nutzt, um den Häftlingen zu helfen, sucht nach einer Möglichkeit, die Kinder vor der Vernichtung zu retten. Er setzt durch, daß er sie zu Maurern ausbilden und in seine Baukolonne nehmen kann. Das Vertrauen der Jungen zu gewinnen ist jedoch schwierig. Besonders Janusz, ein kluger, aber eigensinniger Junge, braucht lange, bis er die Solidarität erkennt und die Vorurteile gegen den Deutschen Robert überwindet. Als Robert in Einzelhaft gesperrt wird, sammelt Janusz bei den Kindern Brot für ihn.

ZUM FILM: Der Film unternahm den Versuch, Kinder und Jugendliche mit der nationalsozialistischen deutschen Vergangenheit vertraut zu machen. Trotz dramaturgischer Mängel erzielte der Film eine aufklärerische Wirkung, die er auch heute noch entfalten kann.

ECHO: Die Regie schwankt deutlich zwischen einem poetisch überhöhten Grundzug, den sie in die Geschichte einbringen möchte, und einer manchmal äußerst direkten Darstellung der Vorgänge. Zu wenig Konzentration wurde bei dieser Unentschiedenheit auf die Ausprägung der handlungstragenden Charaktere verwendet. Sie bleiben leider nur Skizzen. Vor allem Seifert, dargestellt durch Martin Trettau, und der polnische Junge Janusz, ihn spielt der Warschauer Oberschüler Bogdan Izdebski, können sich zu wenig profilieren. Ihre Haltungen und Handlungen besitzen innerhalb der konkreten Geschichte oft nur symbolischen Charakter, sind so besonders für jugendliches Publikum schwer verständlich. (Joachim Giera, *Wochenpost* 44/1975)

Dank Trettaus Kunst wird der Robert zur zentralen Gestalt des Films. Der Zuschauer wünscht, über sein weiteres Schicksal informiert zu werden, nachdem er gesehen hat, wie die polnischen Jungen ihrem deutschen Freund Brot in den Bunker geschmuggelt haben. Aber hier endet der Film abrupt und deshalb unbefriedigend. (Renate Holland-Moritz, *Eulenspiegel* 48/1975)

NEBENBEI: Die Erlebnisse des deutschen Kommunisten Robert Siewert (1887 – 1973), der im KZ Buchenwald Kapo eines Baukommandos war, bildeten die Grundlage für diesen Film. Er überlebte und setzte sich dafür ein, daß junge Menschen diesen Teil der Vergangenheit kennen und einschätzen lernten. Er war unmittelbar nach Kriegsende erster Innenminister von Sachsen-Anhalt und erwarb sich Verdienste um die Durchführung der Bodenreform.

MEIN LIEBER ROBINSON

RE: Roland Gräf, SZ: Klaus Poche, DR: Christel Gräf, KA: Roland Gräf, 2. KA: Jürgen Lenz, MU: Gerhard Rosenfeld, SB: Peter Wilde, KO: Katrin Johnsen, SC: Monika Schindler, PL: Erich Albrecht, GR: KAG »Roter Kreis«, m: 2140 = 78 min, s/w, fa, AT: Die Sache mit dem S., Sohn und Vater, PJ: 1970, PM: 2.3.1971, PM-Ort: Berlin, »International«

DA: Jan Bereska (Peter Gruner), Gabriele Simon (Karin), Alfred Müller (Vater Gruner), Dieter Franke (Adam Kowalski), Karin Gregorek (Barbara), Käthe Reichel (Karins Wirtin), Lothar Tarelkin (Antenne), Marga Legal (Alte kranke Frau), Günter Wolf (Martin), Michael Pan (Motorradfahrer), Erika Stiska, Frank Michelis, Fred Ludwig, Ruth Kommerell, Christiane Lanzke u.a.

INHALT: Robinson ist ein phantasievoller Junge von neunzehn Jahren, der als Krankenfahrer zusammen mit seinem bulligen Partner Kowalski ein gutes Team abgibt und sich außerdem auf sein

Studium vorbereitet. Privat ist er ein Träumer und lebt in phantastischen Geschichten. Als solche erscheint ihm auch die Begegnung mit der Studentin Karin, die er eines Tages auf der Krankentrage hat. Die beiden verlieben sich, Karin wird schwanger, Robinson richtet ihr ein Heim ein. Doch er kann sich nicht entschließen, Abschied von zu Hause, von der Kindheit zu nehmen. So pendelt er zwischen dem Elternhaus und seiner eigenen »Familie«, das Kind ist inzwischen da, hin und her – bis Karin ihn aus seinen Träumen reißt. Sie fordert sein Bleiben und das endgültige Bekenntnis zu ihr durch die Ehe.

ZUM FILM: Der Kameramann Roland Gräf gab mit diesem Alltags- und Porträtfilm sein Regie-Debüt, ganz dem dokumentaren Stil verpflichtet, mit Laien in wesentlichen Rollen und gedreht an Originalschauplätzen.

ECHO: Als offensichtlicher dramaturgischer Mangel jedoch erweist sich das geschilderte Verhältnis zwischen Karin und Robinson, das – will man dem Autor glauben – unantastbar und fest ist, und das, wie es in der Natur einer solchen Beziehung liegt, das Bewegende für Robinsons Entwicklung sein sollte. Da spürt man nur Abwarten oder Ausweichen, keine Bindung und keine Annäherung. Da fehlt das Knistern zwischen zwei immerhin noch nicht ganz erwachsenen Partnern, das Ergänzen der Charaktere in der Gemeinsamkeit. Möglicherweise wird dieser Umstand, der als Tendenz bereits im Drehbuch liegt, begünstigt durch die Besetzung mit zwei Laiendarstellern. (Marlis Tico, *Filmspiegel* 6/1971)

Gräfs außerordentliches Talent für Fotografie und Bildgestaltung ist auch diesmal exemplarisch. Der junge Meister versteht es, selbst einem schmutzigen Straßenbahnfenster Poesie und typisch berlinisches Fluidum abzugewinnen. Er schwelgt mit der Kamera, er ist so in seine Bilder verliebt, daß er sich um die Dramaturgie des Films kaum noch kümmert. (Renate Holland-Moritz, *Eulenspiegel* 14/1971)

Im besonderen der komischen Situation ist hier die unbewußte Befindlichkeit junger Leute erfaßt, im Verhältnis zum Vater (Alfred Müller) und zum älteren Kollegen (Dieter Franke) sind auch die Unterschiede und Grenzüberschreitungen in Konvention und Moral und die offene Frage nach neuen Übereinkünften festgehalten. (Klaus Wischnewski in *Das zweite Leben der Filmstadt Babelsberg*, 1994)

MEINUNG: Die Dreharbeiten machten keinen Spaß, mir gefiel weder das ständige Wiederholen von Szenen, noch vermochte ich mich für meine Filmpartnerin oder die politisch nötigen Szenen zu begeistern. (...) Auch während meiner Armeezeit konnte ich keinen Vorteil aus der »Schauspielerei« ziehen, im Gegenteil. Natürlich war meine Vorstrafe bekannt, und dann noch ein »Schauspieler«! Ich war ein bunter Hund, und das ist bei der Armee nicht von Vorteil. Einmal sagte der Major, ein Politoffizier: »Ihnen glaube ich sowieso kein Wort, Sie sind doch ein Schauspieler!« Damit hatte ich ungewollt mein erstes Zusammentreffen mit der DDR-Kulturpolitik, denn hinter den mir damals unverständlichen Worten verbarg sich die Unsicherheit der politisch Verantwortlichen gegenüber den »Künstlern«. (Jan Bereska in *DEFA NOVA – nach wie vor?*, 1993)

NEBENBEI: Hauptdarsteller Jan Bereska, der zuvor in Herrmann Zschoches → *Leben zu zweit* eine Hauptrolle gespielt hatte, war inzwischen als oppositioneller Jugendlicher aufgefallen, so daß es Roland Gräf Mühe kostete, seine Besetzung

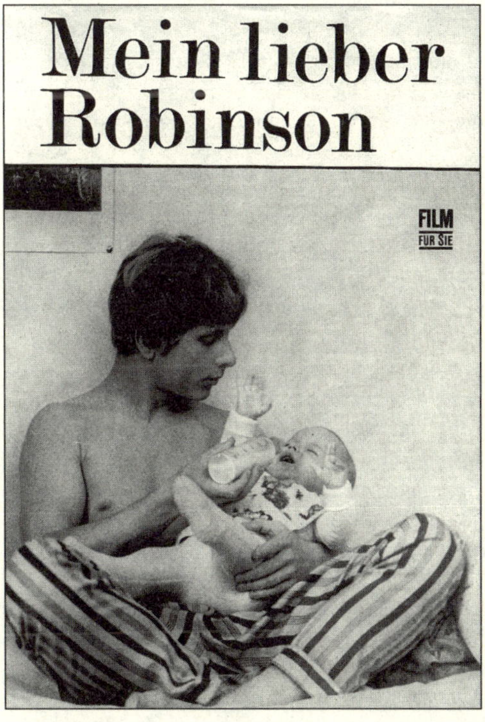

durchzusetzen. Jan Bereska übernahm kleine und mittlere Rollen in weiteren Filmen und studierte in den siebziger Jahren in Babelsberg Regie, fand jedoch weder bei der DEFA noch beim DDR-Fernsehen die Möglichkeit einer Regiearbeit.

MEIN VATER ALFONS

(Kinderfilm)

RE: Hans Kratzert, SZ: Günter Ebert, Hans Kratzert, LV: Gleichnamige Erzählung von Günter Ebert, DR: Barbara Rogall, KA: Günter Heimann, MU: Karl-Ernst Sasse, SB: Marlene Willmann, KO: Ewald Forchner, SC: Rita Hiller, PL: Siegfried Kabitzke, GR: GR »Babelsberg«, m: 1997 = 73 min, fa, PJ: 1980, PM: 14.7.1981, PM-Ort: Neubrandenburg, »Filmpalast«

DA: Jürgen Huth (Alfons Markgraf), Jan King Lauschus (Ernst Markgraf), Petra Hinze (Margot Markgraf), Fred Delmare (Dixi-Mensch), Wolfgang Greese (Erfinder Kieselmeier), Günter Schubert (Wirt Zastrow), Kareen Schröter (Susanne Marggraf), Andreas Hirschfeld (Wilfried), Ursula Staack (Elise Bierbach), Marga Legal (Dahlien-Dame), Jaecki Schwarz, Viola Schweizer, Horst Beeck, Steffie Spira, Johannes Wieke u. a.

INHALT: Der zehnjährige Ernst will mit seinem Vater Alfons eine Fahrradtour machen, doch die Mutter bestimmt, daß sie alle gemeinsam zur Goldenen Hochzeit nach Seifertsgrün fahren. Schließlich läßt sie sich erweichen, daß die beiden mit dem Fahrrad fahren dürfen, wenn sie versprechen, pünktlich anzukommen. Ernst und Alfons machen sich auf den Weg – von Mecklenburg ins Erzgebirge. Es wird eine Reise mit vielen Hindernissen und abenteuerlichen Erlebnissen, denn Alfons greift überall ein, wo Hilfe gebraucht wird. Unter anderem rettet er eine Fallschirmspringerbraut, die in ihrem Hochzeitskleid in einem Baum gelandet ist. So rückt der vereinbarte Zeitpunkt immer näher, und Vater und Sohn sind von Seifertsgrün noch weit entfernt. Aber auch sie bekommen Hilfe und landen mit einem Flugzeug an der Festtafel.

ZUM FILM: Kinderfilmspezialist Hans Kratzert legte mit diesem Stoff einen weiteren, solide inszenierten Gegenwartsfilm vor.

ECHO: Aber die Aktionen, die sich im Verlaufe des Films ins Komische steigern, zerfließen ohne treffende Pointen, Langeweile breitet sich aus. Schade, daß die Beziehungen zwischen Vater und Sohn nicht stärker vertieft worden sind. So bleibt Ernst im Schlepptau seines Vaters, dessen ethische Normen nicht recht überzeugen wollen. Gespielt wird Vater Alfons von Jürgen Huth, und wenn er in seinem nicht zu übertreffenden Engagement für andere bisweilen unfreiwillig vertrottelt wirkt, so ist das gewiß dem Drehbuch anzulasten. (e.o., *Neue Zeit* 9.7.1981)

Mutter, Tochter, Schwiegersohn in spe, alle wesentlichen Nebenfiguren sind nicht genug ausgeformt, um irgendeinen Eindruck zu hinterlassen. In den einzelnen abenteuerlichen Begebenheiten tauchen immer neue Figuren auf, von denen manche den Scheinanspruch erheben, auf das Geschehen Einfluß zu nehmen, letztlich aber bleiben sie doch nur Farbtupfer in der mühsam ausgedehnten Reisegeschichte. (Ehrentraud Novotný, *Mein Vater Alfons*, 13.8.1981)

NEBENBEI: Peter Linse, der Hauptdarsteller aus → *Liebe mit sechzehn*, gab hier als GST-Sportlehrer ebenso ein weiteres Gastspiel vor der Kamera wie Kareen Schröter als Susanne Marggraf, die in → *Sieben Sommersprossen* die Hauptrolle gespielt hatte.

MEIN VATER IST EIN DIEB

(Kinderfilm)

RE: Dietmar Hochmuth, SZ: Dietmar Hochmuth, Jörg-Michael Koerbl, LV: Kinderbuch »Til und der Körnerdieb« von Barbara Kühl, DR: Manfred Fließ, KA: Jürgen Lenz, MU: Rainer Böhm, SB: Dieter Adam, KO: Dorit Gründel, SC: Karin Kusche, PL: Günter Schwaack, GR: GR »Berlin«, m: 2069 = 76 min, fa, PJ: 1982/83, PM: 5.8.1983, PM-Ort: Berlin, »Colosseum«

DA: Andreas Krug (Til), Ute Noack (Wiesel), Lars Bohnet (Locke), Matthias Merz (Bruno), Eberhard Kirchberg (Hannes Burmeister), Rolf Hoppe (Tümmler), Carl Heinz Choynski (Paul), Thomas Thieme (Bandelow), Helmut Straßburger (Gutachter), Reinhard Straube (Mähdrescherfahrer) u.a.

INHALT: Während eines Regengusses stellen sich der zehnjährige Til und seine beiden Freunde in einer Scheune unter, und sie beobachten, wie ein Mann, den sie nicht erkennen, Getreide stiehlt. Sie beschließen, Detektiv zu spielen. Für Til ist der Fall bald klar. Er weiß, daß es der eigene Vater war, und ist ob dieser Entdeckung tief betroffen. Vor den anderen verheimlicht er sein

Wissen, lenkt sie von der Spur ab. Er würde sich gern mit dem Vater aussprechen, aber er traut sich nicht, und außerdem ist der Vater durch die Probleme bei der Ernte schwer beschäftigt. Til vertraut sich schließlich dem Gespannführer Paul an, doch seine Freunde haben den Dieb schon identifiziert. Der Fall wird öffentlich.
ZUM FILM: Dietmar Hochmuth, Regieabsolvent vom Moskauer WGIK, legte als Debüt einen Film vor, in dem moralische Probleme im Mittelpunkt standen und der kindliche Zuschauer als Partner begriffen wurde. Trotzdem ließ der Film zuweilen Spannung vermissen.
ECHO: Die Geschichten werden kaum zu sinnbildhafter Einheit geführt. Dramaturgische Schwächen in Figurenaufbau und Motivik kommen hinzu. So entstehen Unsicherheiten beim Zuschauer (der Film ist für Kinder gemacht!), die dazu beitragen, daß ein doch sehr gedehnter Gesamteindruck entsteht. Von Schauspielerregie ist nichts zu spüren. (...) Am beeindruckendsten in dieser Debütarbeit scheinen mir die dörflichen Impressionen. (...) Mit Bildern also vermag Dietmar Hochmuth umzugehen. (U.-E. Böttger, *Neue Zeit*, 11.8.1983)
In langen ruhigen Einstellungen erfaßt die Kamera von Jürgen Lenz die mecklenburgische Landschaft auch als Arbeitsumwelt. Ein offener Schluß bietet keine bequemen Lösungen der aufgeworfenen Fragen – weder innerhalb der LPG noch zwischen Vater und Sohn. Die Antworten werden an das junge Publikum delegiert. (Heinz Kersten, 1983, zit. nach *So viele Träume*)
Zwar wird der nicht uninteressante Konflikt um einen in seiner Arbeit sehr verantwortungsbewußten Vater – der aber eben auch klaut – gut beobachtet, doch kann selbst diese zweite Ebene dem Film nicht über Längen hinweghelfen. (...) Oft stehen die Kinder steif in der Landschaft herum, wissen nicht so recht wohin mit ihren Armen und deklamieren Texte in einer Erwachsenensprache. Das einfache Fazit: Achtzig Minuten versucht ein Junge, den Mund aufzumachen. Warum er soviel Zeit braucht, gelingt dem Film nicht zu erklären. (*Zwischen Marx und Muck*, 1996)
NEBENBEI: Eberhard Kirchberg, der den Hannes spielte, war als einer der Hauptdarsteller in Konrad Wolfs → *Mama, ich lebe* bekannt geworden.

MEINE FRAU INGE UND MEINE FRAU SCHMIDT
RE: Roland Oehme, SZ: Joachim Brehmer, Roland Oehme, LV: Gleichnamiges Hörspiel von Joachim Brehmer, DR: Dieter Wolf, KA: Werner Bergmann, MU: Günther Fischer, SB: Georg Kranz, KO: Inge Kistner, SC: Helga Emmrich, PL: Dorothea Hildebrandt, GR: GR »Babelsberg«, m: 2343 = 86 min, fa, brw, PJ: 1983/84, PM: 21.2.1985, PM-Ort: Berlin, »Kosmos«
DA: Walter Plathe (Karl Lehmann), Katrin Saß (Frau Brigitte Schmidt), Viola Schweizer (Frau Inge Lehmann), Carl-Hermann Risse (Chef Walburg), Ursula Werner (Maria), Lutz Stückrath (Kollege Hans Beyer), Ellen Hellwig (Frau Beyer), Werner Godemann (ABV), Reinhard Straube (Manuel Schmidt), Willi Schrade (Arthur), Arnim Mühlstädt, Erika Stiska (Otto u. Frau), Margrit Straßburger, Lars Jung, Rolf Ludwig, Christa Löser, Rudolf Ulrich, Günter Drescher, Barbara Dittus, Peter Welz u.a.
INHALT: Der glücklich verheiratete Karl Lehmann wird eines Tages von seiner alleinstehenden Kollegin, Frau Schmidt, um einen ungewöhnlichen Dienst gebeten: Sie möchte ein Kind. Lehmann ist hilfsbereit. Seine Ehefrau Inge und

Frau Schmidt bekommen zur selben Zeit ein Kind, und da die Frauen sich sympathisch sind, treffen sie ein Abkommen. Sie teilen sich Karl Lehmann. Eine Woche bekommt ihn Inge, eine Woche Frau Schmidt – immer im Wechsel. Das könnte schön sein, wenn die prüden, schockierten oder auch neidischen Mitmenschen nicht wären. Manche allerdings sehen es auch ganz positiv. Ein Herr Schmidt interessiert sich für die freie Woche bei Inge und ein Kollege Lehmann für die der Frau Schmidt. Und es dauert nicht lange, da ist Herr Karl Lehmann ausgebootet und sucht Zuflucht bei einer Serviererin.

ZUM FILM: In eine ironische Märchenhaftigkeit verpackt, erzählten Brehmer und Oehme die Geschichte eines neuen Rollenverhaltens zwischen Männern und Frauen in der sozialistischen Gesellschaft. Die Kritik in der DDR ging recht beckmesserisch mit dem amüsanten Film um.

ECHO: Roland Oehme (...) geriet (...) mit allen möglichen Filmgesetzen in Konflikt. Wollte er nun ein Lustspiel machen mit satirischen Seitenhieben auf menschliche und gesellschaftliche Unzulänglichkeiten? Oder eine Groteske mit märchenhaften Elementen? Einen Problemfilm gar, der die – einst von Friedrich Engels postulierte – Fragwürdigkeit der Institution Ehe spielerisch aufgreift? Von allem wohl etwas, denn Oehme bekennt sich zu Genre-Mischformen, wenn sie »stimmig und lustig« sind. (Renate Holland-Moritz, *Eulenspiegel* 15/1985)

Der Vorwurf mangelnder psychologischer Vertiefung der Figuren ist angesichts der bewußten Konstruktion des »Falles« als Denkmodell ungerecht. Und einen »Hauch Frivolität« zu vermissen, heißt gar ganz die Absicht der Autoren zu verkennen, das von ihnen vorgeführte Verhalten gerade von einem solchen Geruch zu befreien. (...) Roland Oehme, der DEFA-Spezialist für Heiteres, hat diesmal ein (meinetwegen: typisch deutsch) ernsthaftes Lustspiel gedreht, erweist sich als Moralist, der die schöne Utopie allseitiger menschlicher Harmonie auf die Leinwand malt. (Heinz Kersten, 1985, zit. nach *So viele Träume*)

NEBENBEI: Von den Lesern der Programmillustrierten *FF dabei* war Walter Plathe zum Fernsehliebling 1984 gewählt worden. In den neunziger Jahren kam er mit der Rolle des ZDF-*Landarztes* zu gesamtdeutscher Popularität.

MEINE FRAU MACHT MUSIK

RE: Hans Heinrich, SZ: Walter Niklaus, DR: Marieluise Steinhauer, KA: Eugen Klagemann, MU: Gerd Natschinski, BA: Oskar Pietsch, KO: Gerhard Kaddatz, SC: Friedel Welsandt, PL: Werner Dau, m: 2501 = 92 min, fa, AT: Solo zu viert, PJ: 1957, PM: 3.4.1958, PM-Ort: Berlin, »Babylon«

DA: Lore Frisch, GE: Gitta Lind (Gerda Wagner), Günther Simon (Gustl Wagner), Maly Delschaft (Susi Rettig), Alice Prill (Eva Rettig), Herbert Kiper (Fritz Rettig), Evelyn Künneke (Daisy), Alexander Hegarth (Fabiani), Lou Seitz (Jette), Kurt Schmidtchen (Arthur Papke), Paul Heidemann (Direktor Nielsen), Mario Lerch, Alfred Maack, Walter E. Fuß, Ingeborg Nass, Heinz Schubert u. a.

INHALT: Nach zehnjähriger glücklicher Ehe kommt es Gerda Wagner, Mutter zweier Kinder, plötzlich in den Sinn, eine Karriere als Schlagersängerin zu versuchen. Eine zufällige Begegnung der ehemaligen Gesangsschülerin mit noch immer schöner Stimme und dem umschwärmten italienischen Sänger Fabiani ließ den alten Traum wieder aufleben. Nun setzt sie alles daran, ihn zu verwirklichen – sehr zum Ärger ihres Gatten Gustl, Leiter der Schallplattenabteilung eines Warenhauses. Ihn treibt die Eifersucht auf Fabiani zum Alkohol, und der wiederum treibt ihn zum Varieté, in dem Gerda bereits großen Erfolg hat. Mit seinem »Auftritt« richtet Gustl einigen Trubel an, bis er am Ende erkennt, daß es seiner Frau wirklich nur um die Musik und nicht um Fabiani geht.

ZUM FILM: Der lange unerhört gebliebene Ruf nach einem modernen DEFA-Musikfilm wurde endlich erhört. Das Echo blieb geteilt, weil trotz der gelungenen unterhaltsamen Elemente einigen Kritikern die DDR-Wirklichkeit zu gering geblieben war. Auch fand man die Mitwirkung vieler West-Schauspieler entbehrlich.

ECHO: Dieser Film ist zu begrüßen. Freunde der leichtesten Muse werden weitgehend befriedigt. Es ist ein großer Bunter Abend – mit allen Schwächen, die dieser Kunstgattung zur Zeit eigen sind, aber auch mit den harmlosen Belustigungen, die sie bietet. (Karl-Eduard v. Schnitzler, *Filmspiegel* 9/1958)

Anscheinend vertraten Autoren und Dramaturgie die Auffassung, dem Revuefilm gebühre in unserer sozialistischen Kulturpolitik eine Ausnahmestellung. Dem ist nicht so! (...) Man hat meines Erachtens vergessen, daß die Methode des sozialistischen Realismus auch die Grundlage der Filmrevue bildet. (Karl Schinsky, *Deutsche Filmkunst* 5/1958)

NEBENBEI: West-Star Evelyn Künneke in der Rolle der sündigen Verführerin des braven Günther Simon hatte sich von Siegfried Wegener aus der RIAS-Tanzmusikabteilung zwei Schlager auf den Leib schreiben lassen, die sie bei den Dreharbeiten auch sang. Als Wegeners Identität als Repräsentant des schlimmsten Klassenfeindes, als der der RIAS damals galt, offenbar wurde, mußte die Künneke Nachaufnahmen mit zwei Natschinski-Liedern machen, die dann unter das Bild gelegt wurden. – Hans Klering und Else Korén, die damals ein Paar waren, spielten den Hutkäufer und seine Frau.

MEINE FREUNDIN SYBILLE

RE: Wolfgang Luderer, BU: Rudi Strahl, Wolfgang Luderer, LV: Motive der gleichnamigen Erzählung von Rudi Strahl, DR: Anne Pfeuffer, KA: Rolf Sohre, MU: Wolfram Heicking, SB: Alfred Drosdek, KO: Barbara Müller, SC: Ilse Peters, PL: Manfred Renger, GR: KAG »Berlin«, m: 2282 = 84 min, fa, Cine, PJ: 1966/67, PM: 24.6.1967, PM-Ort: Berlin-Grünau, Freilichtbühne

DA: Rolf Herricht (Hurtig), Hanns-Michael Schmidt (Ronny), Evelyn Opoczynski (Sybille), Eva-Maria Hagen (Helena), Helga Göring (Psychiaterin), Arthur Jopp, Marianne Behrens (Sybilles Eltern), Hans-Joachim Preil (Hauptreiseleiter), Werner Lierck (Reiseleiter), Rolf Ripperger (Dr. Meier), Klaus Bergatt, Erika Stiska, Hanna Rieger, Willi Narloch, Hubert Hoelzke u.a.

INHALT: Auf einer Schwarzmeerreise hat Hilfsreiseleiter Hurtig alle Hände voll zu tun, die – teils kuriosen – Wünsche seiner Gruppe zu erfüllen. Zu dem bunten Reisevölkchen gehört die 17jährige Sybille, die sich auf Anhieb in den flotten, Gitarre spielenden Ronny verliebt. Dessen Blick jedoch fällt auf eine andere. Durch die nicht unerhebliche Schuld des gestreßten Hurtig kommt es dazu, daß die beiden jungen Leute in Suchumi das Schiff verpassen. Teils getrennt, teils zusammen, mal heiter, mal verärgert machen sie sich auf die Landreise durch den schönen Kau-

kasus, um den nächsten Ankerplatz in Sotschi zu erreichen. Der schuldbewußte Hurtig, seine Betreuerpflicht sehr ernst nehmend, hinterher. Nach vielfältigen Abenteuern gelangen sie mit Hilfe freundlicher Sowjetbürger rechtzeitig in den richtigen Hafen.
ZUM FILM: Das eher dünne Lustspiel lebte von Rolf Herrichts Komik und ausgedehnten Landschaftsaufnahmen, die in einer Zeit, da Bulgarien noch nicht für jedermann als Reiseziel erschwinglich war, das Schaubedürfnis befriedigten.
ECHO: Mit diesem harmlosen Spaß braucht man niemanden hinter dem Ofen hervorzulocken, weil er speziell für warme Sommerabende geeignet ist. Statt edler Kunst gibt's bewährte Herricht/Preil-Klamotte sowie etliche hundert Meter Kulturfilm über die herrliche grusinische Landschaft. (Renate Holland-Moritz, *Eulenspiegel* 27/1967)
Daß dabei viel gelacht werden darf, vor allem, wenn Rolf Herricht diesen Reiseleiter mit naiver Gutgläubigkeit spielt, ist klar. Der Film verliert jedoch an Interessantheit, wenn Protagonist Herricht nicht im Bild ist. (Manfred Heidicke, *Filmspiegel* 15/1967)

NEBENBEI: Regisseur Wolfgang Luderer selbst trat als der Regisseur vor die Kamera.
Filmtext: Meine Freundin Sybille. Erzählung von Rudi Strahl. Berlin: Eulenspiegel Verlag 1967

MEINE STUNDE NULL

RE: Joachim Hasler, BU: Joachim Hasler, Jurek Becker, MI: Karl Krug, DR: Gerd Gericke, KA: Joachim Hasler, Rolf Schrade, MU: Roman Ledenjow, SB: Paul Lehmann, KO: Marlene Froese, SC: Barbara Simon, PL: Walter Ehle, GR: KAG »Johannisthal«, m: 2699 = 99 min, fa, Cine, PJ: 1969, PM: 28.4.1970, PM-Ort: Berlin, »Kosmos«/»International«
DA: Manfred Krug (Hartung), Anatoli Kusnezow (Gornin), Kurt Jung-Alsen (Steckbeck), Gleb Strychenow (Netrebin), Alfred Müller (Blumhagen), Lew Prygunow (Mitja), Friedo Solter (Blank), Harry Hindemith (Scheffler), Wolfgang Greese (Schäfer), Thomas Weisgerber (Diegenhardt), Karl Sturm, Edwin Marian, Dietmar Richter-Reinick, Horst Schön, Harry Pietzsch u.a.
INHALT: 1943 an der Ostfront. Der Berliner Arbeiter Kurt Hartung, jetzt Gefreiter, überlebt einen Bombenangriff, obwohl ihn sein Vorgesetzter Steckbeck mit dem Auftrag, einen Blindgänger zu entschärfen, beinahe ins Jenseits befördert hätte. Kurz darauf wird er, als Späher unterwegs, von einer russischen Patrouille gefangengenommen. In der Gefangenschaft gewinnt Hartung, ohnehin kein Nazisympathisant, neue Einsichten, vor allem die, daß man etwas tun muß, um den Krieg so schnell wie möglich zu beenden. Er übernimmt den Auftrag, zusammen mit zwei Russen einen deutschen Offizier zu entführen, um aus diesem militärische Informationen zu pressen. Das Unternehmen gestaltet sich zu einem halsbrecherischen, aber erfolgreichen Abenteuer, in dessen Verlauf die drei zu guten Freunden werden.
ZUM FILM: Die erstmalige Behandlung der Kriegsthematik in einem heiteren Stoff verursachte Diskussionen über ethische, wie auch über Genre-Fragen. Beim Publikum war der Film ein Erfolg.
ECHO: Der vorliegende Film läßt nun die Unsicherheiten offenbar werden, mit denen sich die Filmschöpfer auseinandersetzen mußten; gleichzeitig bestätigt er aber auch, daß der beschrittene Weg gangbar ist. Grundsätzlich geht es doch wohl

um das Problem, ob die historische Realität gewahrt bleibt, gleichzeitig wohl auch darum, ob der Film den Gefühlen der vielen Millionen Bürger unserer Republik Rechnung trägt, die mit dem Krieg die verschiedenartigsten, im letzten aber erschütternde Erlebnisse und Erinnerungen verbinden. (Friedrich Salow, *Filmspiegel* 11/ 1970)

Nichts gegen Humor und schon gar nichts gegen Entheroisierung, aber man scheint hier wieder einmal von einem Extrem ins andere zu fallen. Gerade zur Anwendung solcher Stilmittel gehört die vielbeschworene »künstlerische Meisterschaft«. Daran jedoch fehlt es bei den jüngsten Produktionen. (Heinz Kersten, 1970, zit. nach *So viele Träume*)

NEBENBEI: Der Film entstand unter Mitarbeit einer sowjetischen Einheit aus Potsdam, die für die Dreharbeiten ihr Übungsgelände zur Verfügung stellte. – Filmregisseur und Schauspieler Kurt Jung-Alsen, der seit den sechziger Jahren ausschließlich fürs Fernsehen Abenteuerfilme und Literaturadaptionen drehte, spielte mit dem Steckbeck seine einzige große Filmrolle.

DER MEISTERDIEB

(DFF-Auftragsproduktion, Kinderfilm)

RE: Wolfgang Hübner, SZ: Wera und Claus Küchenmeister, LV: Gleichnamiges Märchen der Gebrüder Grimm, DR: Beate Hanspach, Bernhard Geng, KA: Peter Süring, MU: Günther Fischer, SB: Hans Jorg Mirr, KO: Lydia Fiege, SC: Ursula Zweig, Karin Kusche, PL: Horst Dau, P: DFF, m: 1833 = 66 min, fa, PJ: 1976/77, SD: 1.1.1978, AD: 23.3.1979

DA: Klaus Piontek (Meisterdieb), Dieter Franke (Graf), Margit Bendokat (Gräfin), Erika Pelikowsky (die Alte), Johannes Wieke (Der Alte), Michael Gerber (Bertel), Hubert Hoelzke (Pastor), Peter Dommisch (Romantiker), Wolfgang Holz (Riese), Hans Klering (Veteran), Johannes Maus, Willi Neuenhahn, Otmar Richter, Siegfried Seibt, Ruth Kommerell u.a.

INHALT: Ein junger Mann hat in der Fremde als Handwerk das Stehlen meisterlich erlernt. Er nimmt den Reichen, gibt aber den Armen. Als vornehmer Herr nach Haus zurückgekehrt, wird er vom Grafen eingeladen, bei dem er mit den eigenen Fähigkeiten kokettiert. Deshalb stellt der Graf ihm drei fast unlösbare Aufgaben, und unser junger Mann wäre kein Meisterdieb, wenn er da dem reichen Grafen nicht eins auswischte. (f.b.h.)

ZUM FILM: Märchenspezialist Wolfgang Hübner gelang eine geistreiche und stimmige Umsetzung der Grimmschen Vorlage. Der Fernsehfilm wurde nach einem guten Jahr auch in die Kinos übernommen.

ECHO: Der Meisterdieb handelt mehr als ein Gerechter, auch ein bißchen als Eulenspiegel, keinesfalls aber als krimineller Unhold. So wird natürliche Phantasie für eine pfiffige Volksfigur geweckt. (Günter Agde, *Neues Deutschland*, 4.1.1978)

Bei diesem Neujahrsmärchen ließ man sich besser kein Wort und kein Bild entgehen. (...) Hier boten sich soziale Bezüge und Motivierungen an, ohne daß der Vorlage Gewalt angetan werden mußte. In einfachen, schlicht-poetischen Vorgängen voller Witz wird die drastische Wahrheit der Unversöhnlichkeit von arm und reich demonstriert. (Jochen Martin, *Freie Presse*, 5.1.1978)

NEBENBEI: Sechs der Hauptdarsteller dieser erstklassigen Besetzung stammten aus dem Ensemble des renommierten Deutschen Theaters Berlin.

MENSCH, MEIN PAPA ... !

RE: Ulrich Thein, SZ: Ulrich Thein, DR: Andreas Scheinert, KA: Günter Haubold, MU: Thomas Natschinski, Ulrich Thein (»Rosenlied«), SB: Hans-Jorg Mirr, KO: Joachim Dittrich, SC: Ilse Peters, PL: Horst Hartwig, GR: GR »Johannisthal«, m: 2825 = 104 min, fa, brw, AT: Der Alte und seine Taube, PJ: 1987/88, PM: 20.9.1988, PM-Ort: Dresden, Filmtheater Prager Straße

DA: Erwin Geschonneck (Erich Zarling), Franziska Troegner (Ulrike Zarling), Wolfgang Winkler (Amadeus Bomberczitschewski), Ulrich Thein (Hundesportler Michael), Jürgen Walter (Balter), Alfred Struwe (Der Besorgte), Edgar Külow (Otto Hundertmark), Wolfgang Dehler (Wirt), Madeleine Lierck (Die Lustige), Karl Heinz Oppel (Der Sensible), Hans-Joachim Hanisch, Ulrike Mai, Fred Delmare, Erik S. Klein, Marianne Kiefer, Michael Gerber, Fred Alexander, Carl Heinz Choynski, Franz Viehmann, Eduard Burza u. a.

INHALT: Der Rentner Erich Zarling liebt zwei Dinge, seine Tochter Ulrike und seinen Hundesportverein, bei dem er Vorsitzender ist. Dieser Posten aber ist in Gefahr, und deshalb will er sich mit einer tollkühnen Aktion unentbehrlich machen: Er möchte ein Sportlerheim bauen. Für den Finanzierungsanschub hat er sich etwas Kurioses ausgedacht: den Verkauf von dreißig volkseigenen Bäumen der Berliner Puschkinallee. Seine Tochter Ulrike, die gerne singt und tanzt, ist Zimmermädchen im Hotel »Stadt Berlin«. Und sie träumt gegen den Willen des Vaters von den Brettern, die die Welt bedeuten. Ein Gast, der Schlagersänger Balter, engagiert sie als Ersatz für seine ausgefallene Partnerin bei der »Nacht der Prominenten«. Er verspricht ihr mehr, enttäuscht sie aber. Vater Zarling tröstet sie, und in seinem mit vielen Tricks gebauten Sportlerheim singen sie gemeinsam das »Rosenlied«.

ZUM FILM: Die Grundepisode fand Ulrich Thein in einem Gerichtsbericht der *Wochenpost* über einen Gauner, der tatsächlich Treptower Alleebäume verscherbeln wollte. Um diesen Vorfall herum fand Thein eine schöne, volksstückhafte Geschichte mit Paraderollen für Erwin Geschonneck und Franziska Troegner. Dahinein packte er mit viel Ironie einige der gegenwärtigen Probleme der DDR, die bereits seit vier Jahrzehnten mit Versorgungsengpässen, gastronomischem Unwesen u.ä. zu kämpfen hatte. Daß es für seine Helden kein Happy-End gab, deutete vielleicht schon das Schicksal der DDR an.

ECHO: Der Berliner liebt bekanntlich Musike, Molle und Korn sowie Hunde. Von allem hat der Film reichlich, von letzterem überreichlich. Und er hat den genauen Tonfall, den trockenen Witz, das radikal Unpathetische des Berliners. Auch sein Hang zur Sentimentalität, die jeweils vor Erreichung der ästhetischen Schmerzgrenze durch Ruppigkeit katalysiert wird. (Renate Holland-Moritz, *Eulenspiegel* 43/1988)

In den Wirrungen und Verwirrungen entdecke ich auch sehr schnell die Qualitäten. In den ausgespielten Milieu-Szenerien und Typen-Szenen, in den kräftig – gestisch wie mimisch – agierenden Schauspielern und ihren deutlich gekennzeichneten (gelegentlich überchargierten) Figuren leben Genre-Traditionen auf, der plebejische Humor des Volksstücks und die melodramatischen Varianten der »großen Gefühle und Gedanken« der hohen Literatur, was immer diese sei. (...) Natürlich ist nicht zu übersehen, daß der Autor, Schauspieler und Regisseur Ulrich Thein gelegentlich Szenen oder Figuren etwas verliebt ausufern oder übertreiben läßt; auch das gehört zu den professionellen Schwächen des Films, kommt aber aus einer produktiven und sympathischen Quelle, der komödiantischen, viel zu seltenen! (Klaus Wischnewski, *Film und Fernsehen* 3/1989)

NEBENBEI: Regisseur Ulrich Thein, mit seiner Hauptdarstellerin Franziska Troegner verheiratet, war selbst leidenschaftlicher Hundefreund und in einer Hundesport-Gemeinschaft. – Der Kabarettist Werner Troegner, der den ausreisewilligen Rentner Hyazinthe spielt, ist hier zum einzigen Mal in einem Film mit seiner Tochter Franziska zu sehen. – Gerd Ehlers, der noch vor der Premiere verstorben war, hatte hier als Kutte seinen letzten Filmauftritt.

MENSCHEN UND TIERE

(Co-Produktion DDR/Sowjetunion)

RE: Sergej Gerassimow, CO-RE: Lutz Köhlert, K. Tawrisan, BU: Sergej Gerassimow, LV: Filmroman von Tamara Makarowa, KA: Wladimir Rapoport, MU: Aram Chatschaturjan, P. Tschekalowa, Rolf Kuhl, BA: Paul Lehmann, Boris Dulenkow, KO: Joachim Dittrich, M. Bichowskaja, SC: L. Schutschkowa, Monika Behrendt, PL: Martin

Sonnabend, Jakob Swetosarow, GR: KAG »Roter Kreis«, CO: Filmstudio Maxim Gorki, Moskau/ UdSSR, Russ. Titel: Ljudi i sweri, m: 4851 = 178 min, s/w, PJ: 1961/62, PM (DDR): 12.10.1962, PM-Ort: Berlin, »Colosseum«

DA: Nikolai Eremenko (Alexej Iwanowitsch Pawlow), Tamara Makarowa (Anna Andrejewna), Shanna Bolotowa (Tanja), Maria Rouvel (Frau Wilde), Werner Toelcke (Caesar Carsten), Friedrich Wilhelm Junge (Siegfried Haslinger), Peter Reusse (Bert Haslinger), Jürgen Frohriep (Gefreiter), Hans-Joachim Hegewald (Deutscher Soldat), Fredy Barten (Koch), Erich Giesa, Gertraud Kreißig, A.P. Hoffmann, Erika Dunkelmann, Evelyn Cron u. a.

INHALT: Während der Leningrader Blockade ist Alexej Pawlow in deutsche Gefangenschaft geraten und in ein Konzentrationslager verschleppt worden. Nach der Befreiung zieht er als Staatenloser durch die Welt. Er arbeitet als Kammerdiener in Argentinien und als Chauffeur in Hamburg, lernt gute und schlechte Menschen kennen und das Wolfsgesetz des Kapitalismus. Heimatlos und verzweifelt, ist er zum Freitod entschlossen, wird aber von einer deutschen Frau gerettet. Er kehrt in die Sowjetunion zurück, fährt zu seinem älteren Bruder nach Sewastopol. Doch dessen Frau will aus Angst mit dem aus dem Ausland kommenden Mann keinen Kontakt. Alexej entschließt sich, in der Industriestadt Saporoshje ein neues Leben zu beginnen. In der Ärztin Anna, der er während des Krieges das Leben gerettet hatte, findet er eine Vertraute.

ZUM FILM: Der zweiteilige Film hatte als brisanten Ansatz die Auseinandersetzungen mit den Auswirkungen des Stalinschen »Personenkultes«, wie die damalige Sprachregelung lautete. Dabei gerieten jedoch weite Teile der Handlung schematisch, Personenzeichnungen klischeehaft.

ECHO: Jeder, der ihre (Gerassimows und Raports) Werke kennt, erwartet von einem Film dieser beiden Künstler gehaltvolle Gespräche über Menschen, Charaktere und Schicksale, ebenso wie viele treffend beobachtete Details, mit wenigen Strichen treffend gezeichnete episodenhafte Gestalten. All das finden wir auch in dem neuen Film, in dem Gerassimow sich und seinen Gestaltungsprinzipien treu bleibt. (...) Nicht alle Episoden, die im Ausland spielen, sind gleich gut geworden. Meiner Meinung nach zeugt die Zeichnung der argentinischen Millionärin von schlechtem Geschmack. Daneben aber sind die Szenen in Deutschland glänzend herausgebracht, die Gestalt der deutschen Frau (gespielt von M. Rouvel) sehr gut getroffen. (L. Pogoshewa, *Iswestija*, 15.7.1962)

Es ist schade, daß die große gedankliche Konzeption dieses Films nicht eine angemessene künstlerisch überzeugende Form gefunden hat. Sergej Gerassimow (deutscher Regisseur war Dr. Lutz Köhlert) hat den Film als einen breiten epischen retrospektiven Bilderbogen konzipiert. So wurde mehr Aufmerksamkeit auf die Gestaltung der sehr vordergründig wiedergegebenen Erlebnisse des Helden in der kapitalistischen Welt gerichtet, als auf eine überzeugende Mitteilung, warum der Held seinen Weg so und nicht anders gegangen ist. (Horst Knietzsch, *Neues Deutschland*, 15.10.1962)

Daß der sehr großzügig gedrehte Film neben manchen überflüssigen Längen auch sehr überzeugende Passagen hat, sei jedoch festgestellt. Es gibt Szenen zarter Poesie, psychologischer Tiefe, moralischer Überzeugungskraft. (H. U., *Neue Zeit*, 24.10.1962)

NEBENBEI: Der deutsche Co-Regisseur Lutz Köhlert spielt einen Verwalter, und auch Hauptregisseur Sergej Gerassimow hat einen kleinen Auftritt. Über Jahrzehnte war Tamara Makarowa die Lebensgefährtin Sergej Gerassimows und spielte in fast allen seiner Filme wichtige Rollen oder war an den Drehbüchern beteiligt. Bei der DEFA drehten beide zwei Jahrzehnte später den Film → *Peters Jugend.*

MEPHISTO

(Ungarn/BRD)

RE: István Szábo, DB: István Szábo, Péter Dobai, LV: Gleichnamiger Roman von Klaus Mann, KA: Lajos Koltai, MU: Zdenkó Tamássy, SC: Zsuzsa Csákány, PL: Martin Sonnabend (nur DDR), P: Mafilm/Objektiv-Studio, Budapest, Manfred Durniok Produktion, BRD, m: 3957 = 144 min, PJ: 1980/81, AD: 9.10.1981

DA: Klaus Maria Brandauer (Hendrik Höfgen), Rolf Hoppe (General), Krystyna Janda (Barbara Bruckner), Karin Boyd (Juliette Martens), Ildikó Bansági (Nicoletta von Niebuhr), Christine Harbort (Lotte Lindenthal), György Cserhalmi (Miklas), Martin Hellberg (Professor), Christian Grashoff (Cesar v. Muck) Péter Andorai (Ulrichs), Tamás Major, Ildiko Kishonti, Margrid u. Kerstin Hellberg u.a.

INHALT: Nach dem Schlüsselroman von Klaus Mann erzählt der Film den Aufstieg des Theaterschauspielers Hendrik Höfgen vom Provinzmimen in Hamburg über das umjubelte Mitglied des Berliner Staatstheaters, dem linksorientierten Kabarettisten und gern gesehenen Gast der vornehmen Salons zum Intendanten der Berliner Staatsschauspiele während der Nazi-Zeit. Er nutzt geschickt die Protektion verschiedener Frauen, bis er die Gunst des »Generals«, eines der einflußreichsten Mitglieder von Hitlers Regierung, gewinnt. Der zwingt den Schauspieler, sich für seinen Aufstieg und gegen die Bindungen und Ideale seiner Vergangenheit zu entscheiden. So macht der Erfolg ihn innerlich einsam. (f.b.h.)

ZUM FILM: István Szábo gestaltetete nach Motiven des Schlüsselromans von Klaus Mann das Psychogramm eines Karrierebesessenen, der seine Überzeugungen dem Erfolg opfert. Leicht erkennbar gestalten Mann und auch Szábo Personen der Zeitgeschichte, wie Gustaf Gründgens (Brandauer), Hermann Göring und Emmy Sonnemann-Göring (Rolf Hoppe, Christine Harbort), Max Reinhardt (Martin Hellberg) oder Hans Otto (Péter Andorai), um nur einige zu nennen. Der Film entstand in ungarisch-westdeutscher Co-Produktion unter Beteiligung der DEFA als »Dienstleister«. In der DDR wurden u.a. Aufnahmen in Potsdam und Berlin-Pankow gedreht.

ECHO: Inzwischen erfuhr Klaus Manns Erstling eine Metamorphose, die in ihrer künstlerischen Geschlossenheit und politischen Aussagekraft noch über die literarische Vorlage hinausgeht. Gemeint ist der ungarische Zweieinhalbstundenfilm *Mephisto* (...). Dieser Film gehört zweifellos zu den bedeutendsten Werken der antifaschistischen Weltfilmkunst. (Renate Holland-Moritz, *Eulenspiegel* 46/1981)

Mephisto funktioniert und fasziniert unter anderem dadurch, daß Szábo Szenen furios und präzis inszeniert; auf längere Dialoge läßt er sich nur ausnahmsweise ein: das sind dann immer wichtige Schlüssel-Sequenzen des Films. Ebenso wirken die Ausschnitte aus Höfgens Theater-Auftritten: an bestimmten Stellen der Handlung eingefügt, werden die klassischen Texte nun beklemmend doppelbödig, Kunst und Wirklichkeit im Film gehen ineinander über. (Marin Mund, *Weltbühne* 46/1981)

Höfgens Aufstieg ist zugleich ein Modellfall für einen vielschichtigen filmischen Diskurs über Politik, Macht, Moral, Kunst und Kultur unter den Bedingungen totalitärer Systeme. (*Lexikon des internationalen Films,* 1996)

NEBENBEI: Während der Film, der 1981 in Cannes mit zwei Preisen ausgezeichnet wurde und 1982 einen »Oscar« erhielt, für Rolf Hoppe den internationalen Durchbruch brachte, erhielten die beiden DDR-Schauspielerinnen Christine Harbort und Karin Boyd durch die DDR-Administration keine Gelegenheit für weitere Hauptrollen, obwohl Angebote vorlagen. Karin Boyd ging 1983 in den Westen, wo sie hauptsächlich für das Fernsehen arbeitete. Christine Harbort spielte kleinere Rollen in der DDR und begann eine Laufbahn als Theaterregisseurin. – Bei einem Besuch in Martin Hellbergs Haus, bei dem er ihm die Rolle des Professors antrug, lernte Istvan Szábo dessen musikalische Töchter kennen und beschloß, sie in eine Schlüsselszene seines Films einzubauen.

MICH DÜRSTET

RE: Karl Paryla, BU: Walter Gorrish, Karl Paryla, LV: Gleichnamiges Buch von Walter Gorrish, DR: Horst Reinecke, KA: Otto Merz, MU: Eberhard Schmidt, BA: Gerhard Helwig, KO: Hans Kieselbach, Joachim Dittrich, SC: Hildegard Tegener, Ferdinand Weintraub, PL: Alexander Lösche, m: 2518 = 92 min, s/w, PJ: 1955/56, PM: 20.7.1956, PM-Ort: Berlin, »Babylon«

DA: Edwin Marian (Pablo), Ilsabè Caregnato (Magdalena), Harry Hindemith (Taga), Uwe-Jens Pape (Carlos), Maria Wendt (Pilar), Curt Paulus (Jacinto), Johannes Knittel (Pierre), Hans Klering (Alkade), Rolf Ludwig (Cerefino), Charles H. Vogt (Rodriguez), Elfriede Florin (Barbara), Else Korén, Rolf Ripperger, Fritz Decho, Hans-Joachim Martens, Hermann Kiessner, Gerd Beinemann, Harald Jopt, Karl Block, Fritz Wolff, Karl Schnog u.a.

INHALT: Spanien 1936. Trotz des Sieges der Volksfront hat sich für die Bauern nichts geändert, die Granden unterdrücken sie nach wie vor. Der arme Bauernsohn Pablo wehrt sich und animiert die anderen, ihr Recht zu fordern. Der Grande flieht. Studenten aus Madrid kommen und helfen der Landbevölkerung bei der Demokratisierung. Pablo verliebt sich in Magdalena, lernt von ihr Lesen und Schreiben. Als Franco seinen blutigen Angriff auf die junge Republik beginnt, verteidigen sie gemeinsam das Dorf. Als Magdalena bei einem Bombenangriff deutscher Flieger ums Leben kommt, beginnt Pablo die Deutschen zu hassen. Im gemeinsamen Kampf mit den Internationalen Brigaden begreift er aber, daß es auch andere Deutsche gibt, und daß der Feind ein gemeinsamer ist.

ZUM FILM: Dem wichtigen Thema des Spanien-Krieges wurden durch die Verwendung von Dokumentarfilmmaterial zwar neue Impulse gegeben, doch blieb die Inszenierung Karl Parylas, der zuvor in Österreich Filme inszeniert hatte, unter dem erhobenen Anspruch.

ECHO: ... muß der um die künstlerische Meisterschaft unserer Filme Besorgte in den Ruf ausbrechen: Endlich! Endlich die Darstellung des Großen durch die Darstellung des Kleinen, die Vermittlung der Weltgeschichte durch das Beispiel aus dem Leben der einfachen Menschen; und endlich der Mut zu moderner Führung von Schauspieler, Dialog und Kamera. Hier waren Künstler am Werk, die sich von Herkömmlichem und »Bewährtem« frei gemacht haben. (Karl-Eduard v. Schnitzler, *Filmspiegel* 16/1956)

Statt der Geschichte eines Dorfes, in deren Verlauf sehr wohl Zuversicht, Verzweiflung und der heldenhafte Mut eines ganzen Volkes zum Ausdruck hätte kommen können, bot sich das unwirkliche Schauspiel eines Babelsberger Filmdorfes, hinter dessen Pappmaché-Gemäuer wortgewaltige Männer sich umständlich und ausdauernd bemühten, die gesamte Geschichte des spanischen Bürgerkriegs abzuspulen. (...) Es ist bedauerlich festzustellen, daß Karl Paryla als erfahrener Regisseur in diesem Falle sein Können nicht zum Besten versehen hat. All die Fehler, über die nun schon seit Jahren geredet wird, wurden hier wiederholt. (Hans J. Stein, *Weltbühne* 31/1956)

Sehr bald aber krankt *Mich dürstet* an seiner Didaktik sowie am Gegensatz zwischen Dokumentarszenen und dominierender Studiorealität; die Schauspieler agieren in ihren Verkleidungen merkwürdig fremd, allen voran Edwin Marian als Pablo, dessen Dumpfheit ebenso überzeichnet ist wie sein spontanes »Erwachen«. (Ralf Schenk, *Das zweite Leben der Filmstadt Babelsberg*, 1994)

NEBENBEI: Regisseur Karl Paryla, sonst bei der DEFA ausschließlich als Schauspieler (u.a. → *Semmelweis – Retter der Mütter*) spricht den Kommentar und spielt (ungenannt) die kleine Rolle eines Arbeiters, der bei der Verteidigung der flüchtenden Bauern fällt.

MILCZACA GWIAZDA

→ DER SCHWEIGENDE STERN

DIE MILLIONEN DER YVETTE

RE: Martin Hellberg, BU: Martin Hellberg, DR: Marieluise Steinhauer, KA: Götz Neumann, MU: Ernst Roters, BA: Erich Zander, KO: Elli-Charlotte Löffler, SC: Lieselotte Johl, PL: Paul Ramacher, m: 2836 = 104 min, s/w, AT: Prozeß ohne Gegner, PJ: 1956, PM: 23.11.1956, PM-Ort: Berlin, »Babylon«/»Filmtheater am Friedrichshain«

DA: Josephine Back (Yvette Leblanc), Wolf Kaiser (Daurignac), Anne Dessau (Bertha, genannt Desirée), Peter Herden (Dr. Robert Hellmer), Otto Eduard Stübler (Dr. Neubach, sein Onkel), Gerhard Bienert (Bankier Bleichstätter), Sabine Thalbach (Elvira, seine Tochter), Hansjoachim Büttner, Ruth Baldor (Direktor Huppertz u. Frau), Rolf Defrank (Philipp, beider Sohn), Axel Triebel, Hans Schoelermann, Walter Jupé, Gustav Püttjer, Karl Schnog u. a.

INHALT: Die französische Modistin Yvette hat in Düsseldorf einen kleinen Modesalon. Die jungen Herren der Gesellschaft liegen ihr zu Füßen, aber in ihre Kreise wird sie nicht aufgenommen. Darum gelingt es auch ihrem verflossenen Liebhaber Maurice Daurignac, sie zu einem großen Coup zu überreden, mit dem sie sich an der »feinen Gesellschaft« rächen kann. Sie gibt sich als Erbin von zehn Millionen Goldfranc aus. Aus Paris kommt ein Notar in Begleitung von zwei vermeintlichen Polizisten und liefert das angebliche Geld in einem versiegelten Päckchen dem Düsseldorfer Bankhaus Bleichstetter aus, wo es bis zum Ende des Erbschaftsprozesses ruht. Der zieht sich hin, und unterdessen leben die beiden auf großem Fuß. Als die Bombe platzt, verdankt Yvette dem jungen Rechtsanwalt Dr. Hellmer, daß sie den erbosten Bürgern nicht zum Fraß vorgeworfen werden kann.

ZUM FILM: Eine Satire auf das korrupte Großbürgertum um die Jahrhundertwende.

MEINUNG: Mit meiner neuen Arbeit wollte ich das einst so gefragte Konversationsstück, modifiziert und mit konsequenter Gesellschaftskritik, nostalgisch aufleben lassen. (...) Der von Maximilian Harden publik gemachte Hochstapler-Skandal wurde aus Paris nach Düsseldorf transponiert. Ich wollte eine liebenswürdig-bürgerliche Persiflage im Stile der *Gartenlaube* zeigen. (Martin Hellberg in *Die bunte Lüge*, 1982)

ECHO: Seine (Hellbergs) stärkste Stütze ist Wolf Kaiser, der als Daurignac den richtigen Grundton angibt und ungetrübtes Vergnügen beschert. Herrlich in Sprache und Ausdruck, wie er ironisch und souverän den internationalen Gauner spielt, einen Mann von (Halb-)Welt und erotisch unbekümmerter Eleganz. Die zugespitzten Pointen fallen fast beiläufig. Hier ist der Schauspieler, auf den man eine Filmkomödie stellen kann! (Hartmut Albrecht, *Nationalzeitung*, 25.11.1956)

In diesem Falle nehmen wir Partei gegen die morsche kapitalistische Welt, in der ein ganz gerissener Hochstapler über fast ebenso gerissene Bankiers triumphiert und schließlich sogar als Schwiegersohn in ihren Reihen aufgenommen wird. (-ip., *Volk*, 28.11.1956)

NEBENBEI: Da sich in der zweiten Hälfte der fünfziger Jahre die Beziehungen zwischen den beiden deutschen Staaten leicht normalisiert hatten, erlebte der Film 1958 auch eine Premiere am Ort der Handlung, in Düsseldorf, wo die Presse schmeichelhafte Vergleiche mit einer anderen Hochstapler-Geschichte, dem *Hauptmann von Köpenick*, zog.

Filmtext: Die Millionen der Yvette. Filmerzählung von Hanns Julius Wille. Berlin: Henschelverlag 1956

MINNA VON BARNHELM ODER DAS SOLDATENGLÜCK

RE: Martin Hellberg, BU: Martin Hellberg, LV: Gleichnamiges Schauspiel von Gotthold Ephraim Lessing, DR: Dieter Wolf, KA: Karl Plintzner, MU: Wilhelm Neef, BA: Christoph Schneider, KO: Lydia Fiege, SC: Brigitte Krex, PL: Siegfried Kabitzke, GR: KAG »Solidarität«, m: 2925 = 107 min, fa, PJ: 1962, PM: 1.11.1962, PM-Ort: Berlin, »Kosmos«

DA: Marita Böhme (Minna), Otto Mellies (Tellheim), Christel Bodenstein (Franziska), Johannes Arpe (Bruchsaal), Manfred Krug (Werner), Her-

wart Grosse (Wirt), Gerhard Vogt (Just), Fred Düren (Riccaut), Helga Göring (Dame in Schwarz), Alexander Papendiek (Feldjäger) u. a.
INHALT: Während des Siebenjährigen Krieges hatte sich der preußische Major von Tellheim mit dem sächsischen Fräulein von Barnhelm verlobt. Nach dem Krieg vom König ungerechterweise seiner Ehre beraubt und verarmt, bricht er die Verbindung zu Minna aus Scham ab. Nun wird er von seinem Berliner Wirt, dem er einige Monatsmieten schuldet, in ein schäbiges Dachzimmer umquartiert. Grund: Zwei wohlhabende Damen suchen ein Zimmer. Es handelt sich um niemand anderen als Minna und ihre Zofe Franziska. Mit List gelingt es Minna, den Major zu bewegen, ihr erneut seine Liebe zu erklären und der eine Notsituation vortäuschenden Frau Hilfe anzubieten. Sie läßt den inzwischen vom König Rehabilitierten allerdings noch eine Weile zappeln, bevor es zur glücklichen »Wiedervereinigung« kommt. Unterdessen hat auch Franziska ihr Glück gefunden – in Werner, dem ehemaligen Wachtmeister des Majors.
ZUM FILM: In der Tradition seiner früheren Klassiker-Adaptionen gelang Hellberg eine werkgetreue Verfilmung des Lessing-Stückes in zeitgemäßer Interpretation und mit glänzender Besetzung.
ECHO: Wichtig ist, daß Hellberg sich in seinem Drehbuch fast ohne Streichungen an Lessings Text hielt. Die Dialoge mit pointierter Schlagkraft und der Handlungsverlauf sind (...) exakt verdeutlicht, und die Möglichkeiten der optischen Unterstreichungen werden genutzt. Der Schauplatz wird gelegentlich erweitert, auch eine Massenszene muß sein. Alles in allem dominiert erfreulicherweise das Wort des Dichters. Was den Film vor allem auszeichnet, ist die glanzvolle Besetzung, die die Charakterisierung jeder Gestalt durch den Dichter nachformt. (ils, *Thüringische Landeszeitung*, 8.12.1962)
MEINUNG: Ich wollte den Werner als einen spielen, der manipuliert wird wie so viele Landser in der Nazi-Zeit, die gute Kerle waren und trotzdem dazu gebracht wurden, alles mitzumachen und zu singen »Wir fahren gegen Engeland«. (Manfred Krug in *Manfred Krug*, 1972)
NEBENBEI: Marita Böhme, damals am Anfang ihrer Karriere, war in den neunziger Jahren Partnerin von Jaecki Schwarz im *Polizeiruf 110*.

MIR NACH, CANAILLEN!
RE: Ralf Kirsten, SZ: Joachim Kupsch, Ulrich Plenzdorf, LV: Roman »Eine Sommerabenddreistigkeit« von Joachim Kupsch, DR: Werner Beck, KA: Hans Heinrich, MU: André Asriel, BA: Hans Poppe, Jochen Keller, KO: Ingeborg Wilfert, SC: Christel Röhl, PL: Werner Liebscher, GR: KAG »60«, m: 2957 = 108 min, fa, Tovi, 4-Kmgt, lto, AT: Eine Sommerabenddreistigkeit, PJ: 1963/64, PM: 25.7.1964, PM-Ort: Berlin, Freilichtbühne Regattastrecke Grünau
DA: Manfred Krug (Alexander), Monika Woytowicz (Ulrike), Erik S. Klein (August der Starke), Fred Düren (Leutnant Lübbenau), Carola Braunbock (Baronin Lübbenau), Norbert Christian (Gerichtsherr), Marion van de Kamp (Gräfin Denhoff), Helga Göring (Freiin v. Übbenau), Marianne Wünscher (Wäscherin), Fritz Decho (Sekretär), Harald Halgardt, Helmut Schreiber, Walter Lendrich, Heinz Scholz, Jutta Wachowiak, Fritz Links, Hans Hardt-Hardtloff, Otto-Erich Edenharter, Axel Triebel, Friedrich Teitge u.a.
INHALT: Preußen 1730. Der Leutnant von Lübbenau macht sich auf ins Hannoversche, um Rekruten für seinen König zu pressen. Der Hirt Alexander scheint ihm geeignet, doch der setzt

den Leutnant fest. – Dank einer Weiberlist kann er sich vor dem Galgen retten: Er übernimmt die Vaterschaft für Alexander. Dieser reist sofort nach Preußen, um sein »Erbe« in Augenschein zu nehmen, verliebt sich in seine »Schwester« Ulrike, muß aber dem herbeieilenden Leutnant entfliehen. So kommt er ins Sächsische, an den Hof Augusts des Starken, wo er die Gunst des Königs durch Aufdeckung eines Betruges des Finanzministers erringt.

Ulrike wurde indes von ihrem Vater wegen ihrer schändlichen Affäre mit Alexander aus Lübbenau verbannt – an Augusts Hof. Die beiden finden wieder zusammen, doch der König erhebt Anspruch auf Ulrike – und seine Freundin, Gräfin Denhoff, auf Alexander. Nach einem kühnen Gefecht und einer abenteuerlichen Flucht gelangen Alexander und Ulrike schließlich ins Hannöversche, wo sie endlich Zeit füreinander finden.

ZUM FILM: Die dritte Zusammenarbeit von Regisseur Ralf Kirsten und dem durch ihn zum Star gewordenen Manfred Krug war einer der seltenen Genre-Filme der DEFA. *Mir nach, Canaillen!* war ein Mantel-und-Degen-Film par excellence, ein großer Publikumserfolg, inhaltlich leichtgewichtig, aber bis in kleinste Rollen voller komödiantischer Glanzstücke.

ECHO: Manfred Krug wäre aber nicht Manfred Krug, wenn der auf ihn zugeschnittene Alexander nicht ein Held besonderer Art wäre. Er ist wirklich ein ebenso tollkühner wie tolldreister Fürchtenichts, der alle Heldentaten treu und brav absolviert, die für einen historischen Filmhelden obligatorisch sind, aber er tut's mit einem Augenzwinkern und mit einer wegwerfenden Handbewegung: halb so wild, liebe Leute, alles nicht so ernst gemeint. Manfred Krug hat darin eine ganz moderne Lässigkeit. Mit sympathischer Jungenhaftigkeit und in unbekümmerter Natürlichkeit macht er Alexander zu einer Figur der überlegenen plebejischen Lebenskraft. (H. U., *Neue Zeit*, 26.7.1964)

Notwendig erschien beiden (Ralf Kirsten und Manfred Krug) ein nicht allzu schwergewichtiger historischer Rahmen, in den alles paßt, wonach junge Menschen nun einmal lechzen: Prügelarien, Liebesränke, übers Ohr gehauene Fürschten, wilde Pferde, flotte Reden und ein Superheld namens Krug. (...) Einige Kollegen hat es schier aus dem Häuschen getrieben, daß Krug auch fechten und reiten kann; sich darüber zu begeistern, daß ein Berufsschauspieler die einzelnen Disziplinen seines Faches beherrscht, kommt mir allerdings ein wenig übertrieben vor. (Renate Holland-Moritz, *Weltbühne* 34/1964)

NEBENBEI: Monika Woytowicz, die sich zu einer führenden Schauspielerin bei Film und Fernsehen entwickeln sollte, gab hier, noch als Schauspielstudentin, ihr Filmdebüt.

MIRACULI

(Co-Produktion)

RE: Ulrich Weiß, BU: Ulrich Weiß, DA: Tamara Trampe, KA: Eberhard Geick, Johann Feindt, MU: Peter Rabenalt, SB: Solvejg Paschkowski, KO: Werner Bergemann, SC: Evelyn Carow, PL: Andrea Hoffmann, GR: GR »Berlin«, m: 2850 = 105 min, fa, brw, PJ: 1990/91, PM: 17.11.1992, PM-Ort: Berlin, »Babylon«, CO: ZDF, Mainz

DA: Volker Ranisch (Sebastian Müller), Thomas Lawinky, Eduard Burza, Sebastian Hartmann, Uwe Kockisch (4 Freunde), Katrin Vogt (Fine), Hans-Peter Minetti (Oberkontrolleur), Klaus Manchen (Vater), Kathrin Waligura (Mutter), Käthe Reichel (Großmutter), Karin Gregorek (Psy-

chologin), Johanna Schall (Vermessungsingenieurin), Ulrike Krumbiegel (Maria Magdalena, die fremde Schöne), Carl-Hermann Risse, Ute Lubosch, Barbara Dittus, Michael Gerber, Marie Gruber, Arno Wyzniewski, Horst Krause, Aniko Sáfár, André Hennicke, Silvia Rieger, Peter Dommisch, Peter Wohlfeil u. a.

INHALT: Ein Gewitterregen. Nach ihm kommen die Fliegen. Eine dringt durch ein offenes Fenster in einen Raum, in dem fünf junge Männer Billard spielen. Einer schlägt nach ihr, stößt den Queue des Spielers an. Die Kugel trifft eine auf dem Rand stehende Schachtel »Juwel«, die Zigaretten fallen in ein Bierglas. Das Los entscheidet, daß Sebastian Müller in einen Kiosk einbrechen muß, um neue Zigaretten zu holen. Mit der geklauten Schachtel in der Hand sieht er sich auf sich zukommen – im Spiegel. Er stellt sich seinem Selbst. Wartet auf die Polizei. Sein Diebstahl erfordert Strafe. Er zahlt ein Bußgeld und sinnt weiter auf Wiedergutmachung, wird ehrenamtlicher Kontrolleur bei der Straßenbahn. Der Oberkontrolleur testet ihn. Sebastian darf die Fahrgäste kontrollieren. Sein Vater beschimpft ihn als Verräter. Sebastian kassiert schließlich kein Bußgeld mehr, sondern versucht, in Christuskutte und mit entsprechend wallendem Bart, die Leute zu bessern. Auf einer Party in seinem Haus am See will ein reicher Fahrgast ihn korrumpieren. Eine Schöne, die nie bezahlte und von Sebastian nie kontrolliert wurde, soll ihn verführen. Doch die beiden verschwinden auf rätselhafte Weise – und am Morgen ist auch der See verschwunden.

ZUM FILM: Ulrich Weiß, einer der besten und von der staatlichen Leitung bestgehaßten DEFA-Regisseure, hatte sechs Jahre lang keinen Film drehen können und als Ausgleich unter Pseudonym Maria Knillis österreichischen Film *Follow Me* geschrieben. Zur Wendezeit holte er zwei Stoffe, die er schon zuvor vergeblich angeboten hatte, wieder hervor und verdichtete sie zu der phantasievollen Parabel *Miraculi*. Es blieb seine vorerst letzte Filmarbeit.

ECHO: Auf den ersten Blick eine Arbeit, die den Exitus des realsozialistischen deutschen Staats in metaphorische Bilder faßt, nach Ursachen für den Zusammenbruch jenes Landes forscht, das für viele von einer Hoffnung zu einem Alptraum mutiert war. Weiß stellt seine Figuren wie unter ein Mikroskop, beobachtet die Auswirkungen gesellschaftlicher Zwänge und Rituale auf individuelles Verhalten ebenso wie die Auswirkungen der Handlungen von Individuen auf den Zustand der Welt. (...) Das Ende der alten Welt ist gleichzeitig der Beginn einer neuen; alles fließt, nichts geht verloren. Und: »Wer eine Vergangenheit hat, muß die Zukunft nicht fürchten«, wie es im Drehbuch heißt. Spätestens mit diesem Motiv, einem von vielen einprägsamen Bildern, wird offenkundig, daß *Miraculi* trotz vieler DDR-typischer Szenendetails durchaus nicht nur ein Gleichnis auf das Finale der DDR bedeutet. Der Film bezieht sich vielmehr auf die Welt in ihrem gegenwärtigen Zustand, ist eine Parabel auf den globalen Umgang des Menschen mit der Natur und mit sich selbst. Ein sprödes, ruppiges Menetekel. (Ralf Schenk, *Film und Fernsehen* 5/1992)

NEBENBEI: In der umfangreichen und illustren Besetzung finden sich auch die vorrangig als Theaterregisseure arbeitenden Schauspieler Siegfried Höchst (in seiner letzten Rolle) und Jürgen Gosch sowie Peter Sodann, dessen Ensemblemitglieder des »Neuen Theaters Halle« zu den Mitwirkenden zählten.

I MISERABILI
→ *DIE ELENDEN*

DIE MISERABLEN
→ *DIE ELENDEN*

LES MISERABLES
→ *DIE ELENDEN*

MIT LEIB UND SEELE

RE: Bernhard Stephan, SZ: Sylvia Kabus, DR: Brigitte Bernert, KA: Peter Badel, MU: Peter Kuno-Kühnel, SB: Heike Bauersfeld, KO: Ines Fritzsche, SC: Brigitte Krex, Margrit Brusendorff, PL: Volkmar Leweck, GR: GR »Babelsberg«, m: 2476 = 91 min, fa, brw, PJ: 1986/87, PM: 17.3.1988, PM-Ort: Berlin, »International«

DA: Mathias Noack (Jonas), Andrea Lüdke (Melanie), Ulrich Thein (Hannes Ritter), Regine Heintze (Melanies Mutter), Dieter Montag (Pache), Wolfgang Winkler (Weber), Jürgen Mai (Ulrich Most), Mathis Schrader (Adam), Franz Viehmann (Kurz), Manfred Ernst (Pfarrer), Ursula Staack, Michael Schweighöfer, Carl-Hermann Risse, Karl Thiele, Achim Wolff u.a.

INHALT: Der siebzehnjährige Lehrling Jonas, der seit dem Tod der Mutter allein mit seinem Vater Hannes lebt, liebt die gleichaltrige Oberschülerin Melanie. Das Mädchen zieht zu ihm, als er Probleme mit dem Vater hat. Der ist schwer herzkrank und kann sich nach einem arbeitsreichen Leben nicht mit Untätigkeit und Hilfsbedürftigkeit abfinden. Jonas stürzt sich in eine andere Aufgabe. Auf einem mecklenburgischen See liegt ein verrottetes Schiff, das einst Ferienobjekt der Lehrlinge war. Er will es mit einigen anderen Lehrlingen wieder instandsetzen. Darüber vernachlässigt er alles andere. Melanie verläßt ihn enttäuscht. Für die Arbeit am Boot findet er im Betrieb wenig Unterstützung, sodaß er resigniert. Durch seine Unachtsamkeit brennt das Boot ab. Bei der Lehrabschlußfeier, an der auch der Vater – nach überstandenem Herzinfarkt – teilnimmt, kommt es zwischen beiden zur Versöhnung.

ZUM FILM: Wieder entstand ein typischer Heile-Welt-Film (mit einem Allerwelts-Titel), in dem Probleme vorgeblich behandelt, in Wirklichkeit jedoch unter vielen Teppichen versteckt wurden. Die Unduldsamkeit des jugendlichen Helden, sein Mehr-Wollen münden in die Botschaft, daß er seinem Vater nacheifern wird; die weibliche Hauptfigur, die sich von kirchlicher Arbeit einen Sinn erhofft, wird in ihrer Suche vor den Kopf gestoßen. DDR-Realität wird nur ganz selten eingefangen.

Mit Leib und Seele

ECHO: Der Hauptmangel des Films besteht in einer unverbindlichen Einschichtigkeit (oder einschichtigen Unverbindlichkeit), die jeden Anflug von Schärfe und tieferer Problemsicht im Keime erstickt. Die Geschichte läppert sich halbherzig dahin, nichts an Motivation ist ausreichend und überzeugend begründet, nichts wirklich auf die Spitze getrieben. (Jürgen Bretschneider, *Film und Fernsehen* 6/1988)

Die eigentliche Geschichte entgleitet ihnen (Bernhard Stephan und Sylvia Kabus) unmittelbar nach dem verheißungsvollen Start. Ab sofort strapazieren sie die Geduld des Zuschauers mit einer eklektisch montierten Bildabfolge, in der Charaktere und Situationen immer nur behauptet, nie aber glaubwürdig entwickelt werden. Augenfällig ist die menschliche Beziehungslosigkeit der Figuren. Sie reden nicht wirklich miteinander, sie schwatzen nur. Und zwar vorwiegend hochgestochen-banales Zeug. Gefühle werden durch Requisiten ersetzt, wobei der Griff in den Babelsberger Lichterfundus diesmal nicht nur Stearinerzeugnisse, sondern auch elektrischen Weihnachtsbaumschmuck und Wunderkerzen zutage förderte. (Renate Holland-Moritz, *Eulenspiegel* 15/1988)

NEBENBEI: Die damals siebzehnjährige Anja Kling spielte hier am Beginn ihrer Karriere die kleine Rolle einer Freundin von Melanie.

MIT MIR NICHT, MADAM!

RE: Roland Oehme, Lothar Warneke, BU: Wolfgang Ebeling, Rolf Römer, DR: Günter Karl, KA: Peter Krause, Hans-Joachim Reinicke, MU: Klaus Lenz, SB: Alfred Hirschmeier, KO: Inge Kistner, Heinz Bormann, SC: Ursula Zweig, PL: Martin Sonnabend, GR: KAG »Roter Kreis«, m: 2576 = 94 min, fa, Cine, PJ: 1968, PM: 16.5.1969, PM-Ort: Karl-Marx-Stadt

DA: Rolf Römer (Thomas und Padre), Annekathrin Bürger (Engländerin Mabel Patrick), Krystyna Mikolajewska (Eva), Rolf Herricht (Haselhuhn), Milivoj Popovic-Mavid (Menzano), Etta Cameron (Carol X), Alfredo Lugo (Cesare),

Peter Dommisch (Bob), Edwin Marian (Josef), Annemarie Brodhagen (Teamchefin) u.a.

INHALT: Der Journalist Thomas Ahrens reist mit einer DDR-Delegation zu einem internationalen Modefestival. Doch statt seiner Arbeit nachgehen zu können, muß er sich im wahrsten Sinne des Wortes seiner Haut erwehren. Er wird mit einem französischen Couturier verwechselt, den die Konkurrenz aus London und Rom auszuschalten versucht. Clever entzieht er sich den Angriffen, gibt auch dem mit raffinierten Mitteln vorgehenden weiblichen Boß der englischen »Gentlemen«, Miß Mabel, das Nachsehen. Und er verliebt sich auch noch in die von ihrem Onkel scharf bewachte hübsche Eva, die er am Ende sogar bekommt. Den echten Franzosen, der inzwischen enttarnt wurde, rettet er zu guter Letzt vor seinen finsteren Konkurrenten.

ZUM FILM: Das Lustspiel war ein mehrfaches Debüt: das von Rolf Römer als Szenarist und das der beiden Regisseure Roland Oehme und Lothar Warneke, die sich vom Babelsberger Studium kannten und miteinander »konnten«. Für viele Zuschauer war es wohltuend, daß hier keine »ideologische Keule« geschwungen wurde. Leider war für derartige Fingerübungen im Produktionsplan der DEFA ansonsten wenig Platz.

ECHO: Der Streifen ist heiter, er vergnügt sein Publikum und das – wie mir scheint – durchaus nicht in Ermangelung von etwas Besserem, sondern weil er eigenständige Qualitäten mit sich bringt. (...) Die Schwächen des Films liegen in seiner Konzeption. Szenenkomplexe, in denen die Persiflage auf den Gangsterfilm vorherrscht, stehen neben solchen, die von Lustspielelementen geprägt sind, daneben wiederum – übrigens sehr gut inszenierte – heiter-lyrische Liebespassagen. Hier hat man sich nicht auf einen durchgehenden Grundton geeinigt. (...) Unerfindlich bleibt, warum die Handlung in eine anonyme Landschaft verlegt wird. Hier entzieht er sich politischen Gegebenheiten, die sich doch aber weitgehend bestimmend auf ein jedes Kunstwerk auswirken, das sich, gleich in welchem Genre, mit der Gegenwart befaßt. (Friedrich Salow, *Filmspiegel* 13/1969)

Schwieriger (als Manfred Krug, f.b.h.) hat es Rolf Römer als doppelter Hauptdarsteller, weil er einen ganzen Film über optisch präsent zu sein hat, auch wenn die Einfälle nur für einen halben ausreichten. Er versucht's mit durchaus eignem, lässig elegantem, komischem Charme. (Rosemarie Rehahn, *Wochenpost* 24/1969)

Der Zuschauer hat noch heute sein Vergnügen am spürbaren Spaß der Akteure. Doch ist nicht zu übersehen, daß sie nicht zu einem Ensemblespiel angehalten waren und manches in der Darstellung überzogen wurde. Den jungen Regisseuren mangelte es noch an Gefühl für Rhythmus. (Margit Voss in *DEFA-Spielfilm-Regisseure und ihre Kritiker*, 1981)

NEBENBEI: In der DDR gab es ein Preisausschreiben zu diesem in Zusammenarbeit mit Bosna-Film, Sarajevo, gedrehten Film. Die Zuschauer sollten erkennen, in welchen verschiedenen Verkleidungen Publikumsliebling Manfred Krug in diesem Film auftaucht, was nicht nur durch Manfred Krugs komödiantisches Spiel, sondern auch die Maskenkunst von Lothar Stäglich recht schwer gemacht wurde. Hier sei es verraten: Krug war Evas Onkel, Portier, Schafhirt, Barkeeper, Bautruppführer, Flugkapitän, Neger und Zigeunerprimas – aber vor allem im Fummel unschlagbar! – Die bekannte amerikanische Jazz-Sängerin Etta Cameron spielte hier ihre einzige DEFA-Rolle.

MODELL BIANKA

RE: Richard Groschopp, BU: Erich Conradi; MI: Richard Groschopp, Adolf Hannemann, Idee: Wolfgang Krüger, , DR: Helmut Spieß, KA: Walter Roßkopf, MU: Horst Hanns Sieber, BA: Wilhelm Vorwerg, Alfred Schulz, KO: Gerhard Kaddatz, SC: Lieselotte Johl, PL: Adolf Hannemann, m: 2348 = 86 min, s/w, PJ: 1951, PM: 15.6.1951, PM-Ort: Berlin, »DEFA-Filmtheater Kastanienallee«

DA: Gerda Falk (Ursel Altmann, 1. Direktrice, Berolina), Fritz Wagner (Gerd Neumann, Verkaufsstellenleiter, Saxonia), Werner Peters (Hans Obermann, Maschinenmeister, Berolina), Margit Schaumäker (Hilde Meißner, 1. Schneiderin, Berolina), Siegfried Dornbusch (Jochen Rauhut, Modellzeichner, Saxonia), Karl Hellmer (Emil Klein, Zuschneider, Saxonia), Edith Hancke (Inge Lang, Jungarbeiterin in der Zuschneiderei, Saxonia), Herbert Kiper, Trude Lehmann (Vater u. Mutter Krause, Berolina), Friedel Nowack (Eva Schulze, Betriebsleiterin d. Berolina), Peter Dornseif (Johannes Müller, Betriebsleiter d. Saxonia), Hans Neie, Albert Venohr, Elfie Dugal, Carola Braunbock u.a.

INHALT: Der Streit um ein Kleidermodell trübt die Urlaubsstimmung von Jochen und Gerd. Dabei könnte es so nett sein, denn die beiden unrechtmäßigen »Trägerinnen« des Modells, Ursel und Hilde, gefallen ihnen. Sie gehören zum Konkurrenz-Unternehmen »Berolina«, während die jungen Männer, von denen die Modelle stammen, vom »Saxonia«-Werk sind. Wieder zu Hause, wird ihnen die Unsinnigkeit ihres Streits bewußt, und auf der Leipziger Messe findet die Versöhnung statt. Das Modell wird als Gemeinschaftsproduktion angekündigt, und zwei Paare machen eine Doppelhochzeit.

ZUM FILM: Nach der Kollektivarbeit → *Familie Benthin* lag hier nun das eigentliche Spielfilmdebüt Richard Groschopps vor, der zuvor ausschließlich in Dresden für die Kurzfilmproduktion gearbeitet hatte. Sein Lustspiel, das sich auf heitere Weise um den sozialistischen Wettbewerb rankt, ohne sich über ihn lustig zu machen, war ein großer Publikumserfolg.

ECHO: Wie das geschieht, wird recht heiter entwickelt, nicht ganz heil vorbei an der Ecke der Zufälle, die nicht nur aus der Vielfalt einer Kleiderbetriebswerkstätte kommen, sondern auch aus der Werkstatt des Filmdichters. Der ernste Hintergrund, der dabei aufleuchtet, ist die Leistungssteigerung im Wettbewerb, der so etwas ganz anderes ist als der Konkurrenzkampf in der Konfektion seligen Angedenkens. Zwar wird der Gedanke mehr dialogisiert als ausgedrückt, aber die Offenheit unseres neuen Lebens spricht so heiter aus dem Film, daß er mit Recht seinen Beifall beim Publikum fand. (mtr., *Weltbühne* 25/1951)

MEINUNG: Die Bevölkerung verlangte schon kurze Zeit nach dem Krieg durchaus nach modischen Dingen; aber es mangelte vorn und hinten an Material: Stoffen, Zwirn, Knöpfen, Leder, Accessoires; und bei offener Grenze schwappte das Möglichsein von Schuhen mit Rubbersohlen, Manchesteranzügen, Trenchcoats und Ringelsöckchen zu uns. Übertriebene Forderungen nach einer eigenständigen, den Werktätigen entsprechenden sozialistischen Mode mußten am Mangel scheitern. Zeitweise wurde über den imperialistischen Einfluß der Ringelsöckchen ernsthaft diskutiert. (Richard Groschopp, *Aus Theorie und Praxis des Films* 3/1987)

NEBENBEI: Viele Bewohner von Bärenfels/Erzgeb., wo Teile des Films gedreht wurden, wirkten ebenfalls im Film mit. – Peter Dornseif, der den Leiter der Saxonia spielte, arbeitete damals unter dem Kürzel J. P. Dornseif. – Die Szenen mit Werner Peters mußten – mitunter auch ohne Dialogpartner – vorgezogen werden, weil parallel schon die Dreharbeiten zu Wolfgang Staudtes → *Untertan* im Gange waren. Als *Untertan* trug Peters kurze Haare, weshalb für *Modell Bianka* für ihn eine Perücke angefertigt wurde.

MÖRDER AUF URLAUB

(Co-Produktion DDR/Jugoslawien)

RE: Bosko Boskovic, BU: Djordje Lebovic, Bosko Boskovic, DR: Dieter Scharfenberg, KA: Werner Bergmann, Ognjen Milicevic, MU: Darko Kraljic, SB: Harald Horn, Demo Cesovic, KO: Brigitte Schulz, Gerhard Kaddatz, SC: Christel Röhl, PL: Werner Liebscher, Bozidar Radic, GR: KAG »Heinrich Greif«, m: 2299 = 84 min, s/w, Cine, AT: Sankt Stephan, PJ: 1964/65, AD: 30.7.1965, CO: Bosna-Film, Sarajewo/Jugoslawien, Jugosl. Titel: Ubica na odsustvu

DA: Christine Laszar (Therese Jasseline), Annekathrin Bürger (Valerie Jasseline), Doris Abeßer (Seline Jasseline), Harry Studt (Paul Jasseline), Helmut Schreiber (Jacques Jasseline), Jirí Vrstala (Max Scheffler), Vjeko Afric (Untersuchungsrichter), Peter Kiwitt (Fotograf) u.a.

INHALT: Im jugoslawischen Ferienparadies St. Stephan wird am Strand die Leiche des Schweizer Hotelgastes Scheffler gefunden. Wie die Polizei sehr schnell entdeckt, wurde er ermordet. Verdächtig ist vor allem die Familie des Schweizer Fabrikanten Paul Jasseline, ebenfalls Urlauber. Der Ermordete hatte offensichtlich ein Verhältnis mit Pauls Schwiegertochter Valerie. Eifersucht könnte ein Motiv sein. Da stoßen die Kriminalisten auf einen Hinweis, daß das Opfer ein Erpresser war. Die Ermittlungen vor Ort und Recherchen im Ausland laufen auf Hochtouren. Am Ende macht die Polizei zwei Verbrecher dingfest: den Mörder Schefflers und einen untergetauchten ehemaligen KZ-Kommandanten.

ZUM FILM: Bei der Co-Produktion DDR/Jugoslawien traf man sich thematisch im Antifaschismus, fand aber für den zu glatt und äußerlich wirkenden Film keinen wirksamen Stil.

ECHO: Die Handlung ist nicht nur streckenweise recht spannend, es wird auch viel Spannung »hineinfotografiert«, vor allem durch wirklich gekonnte Nachtaufnahmen, ein wenig aber auch durch herkömmliche und nervenkitzelnde »Schattenspielchen« zwischen Täter und »Opfer« an Gardinen, Wänden usw. Die an und für sich sparsam eingesetzten Rückblenden (...) wirken allerdings mitunter etwas störend. (R. Muth, *Freie Welt*, 17.5.1965)

Nur krankt der Film von vornherein daran, daß alle Personen schon im Drehbuch sehr vordergründig angelegt sind und ein luxuriöses Urlaubermilieu zur weiteren Veräußerlichung beiträgt. Vor allem aber passen die Szenen zwischen dem jugoslawischen Untersuchungsrichter, der KZ-Häftling war, und dem ehemaligen KZ-Kommandanten, der bis dahin untertauchen konnte, hier einfach nicht mehr hinein. (Manfred Jelenski, *Berliner Zeitung*, 27.7.1965)

NEBENBEI: Als Schweizer Industrieller spielt Harry Studt in diesem Film seine größte DEFA-Rolle. Eigentlich Schauspieler, arbeitete er bei der DEFA in den 50er Jahren vor allem als Produktionsleiter.

DIE MÖRDER SIND UNTER UNS

RE: Wolfgang Staudte, BU: Wolfgang Staudte, KA: Friedl Behn-Grund, Eugen Klagemann, MU: Ernst Roters, BA: Otto Hunte, Bruno Monden, KO: Gertraude Recke, SC: Hans Heinrich, PL: Herbert Uhlich, GR: Herstellungsgruppe Herbert Uhlich, m: 2475 = 91 min, s/w, AT: Der Mann, den ich erschießen werde, PJ: 1946, PM: 15.10. 1946, PM-Ort: Berlin, Deutsche Staatsoper

DA: Ernst Wilhelm Borchert (Dr. Mertens), Hildegard Knef (Susanne Wallner), Arno Paulsen (Ferdinand Brückner), Erna Sellmer (Frau Brückner), Robert Forsch (Mondschein), Elly Burgmer, Marliese Ludwig, Ursula Kriegk, Ernst Stahl-Nachbaur, Käthe Jöken-König u. a.

INHALT: Berlin 1945. Susanne Wallner, eine junge Fotografin, kehrt aus dem Konzentrationslager zurück, doch ihre Wohnung ist besetzt. Hier lebt seit kurzem der aus dem Krieg heimgekommene Chirurg Mertens, der seine furchtbaren Erinnerungen mit übermäßigem Alkoholgenuß zu verdrängen sucht. Die beiden arrangieren sich, und mit Susannes Hilfe findet Dr. Mertens langsam wieder zu sich selbst. Da begegnet ihm sein ehemaliger Hauptmann Brückner, nun ein aalglatter Geschäftsmann, dem es egal ist, ob er aus Stahlhelmen Kochtöpfe macht oder umgekehrt. Mertens' Gewissen rebelliert, und am Weihnachtsabend 1945 will er Sühne fordern für ein von Brückner drei Jahre zuvor im Osten befohlenes Massaker an Frauen, Kindern und Männern. Im letzten Moment kann Susanne ihn davon überzeugen, daß die Vergeltung solcher Schuld keine Privatangelegenheit ist, sondern der Kriegsverbrecher vor ein Gericht gehört.

ZUM FILM: Mit dem Stoff, den Wolfgang Staudte schon vor Kriegsende konzipiert hatte, ging er auch zu den Alliierten der Berliner Westbezirke. Nur im sowjetischen Sektor jedoch war man daran interessiert und sah die Möglichkeit, damit den neuen, antifaschistischen deutschen Film ins Leben zu rufen. Die Produktion verlief von großer öffentlicher Aufmerksamkeit begleitet, die Premiere als erster deutscher Nachkriegs-Spielfilm mit zahlreichen Gästen des öffentlichen und politischen Lebens. Die DEFA brachte mit → *Freies Land* drei Tage später auch den zweiten deutschen Nachkriegsfilm zur Uraufführung.

ECHO: Beide (Wolfgang Staudte und Friedl Behn-Grund, f.b.h.) schwören auf die beseelte und beseelende Fototechnik als das bestimmende Kunstmittel des Films. Tatsächlich zaubert ihre Kamera aus Berlins Ruinenwelt Bilder, Ausblicke und Panoramen von todtrauriger Plastik, bannt Szenen, in denen schwarze Schatten die dramatische Wucht der Handlung sekundenweise ins Unheimliche steigern und schafft endlich durch Einstellng und Ausleuchtung auf Gesichtern und in Räumen höchste Intensität und dichteste Atmosphäre. (Peter Kast, *Vorwärts*, 17.10.1946)

Die Mörder sind unter uns hieß der Film, mit dem noch einmal, am Vorabend der Vollstreckung des Nürnberg-Urteils, die deutsche Kunst und das deutsche Volk nachdrücklich Abrechnung mit den Verbrechen des Krieges und der Vorkriegszeit verlangen. Nicht, daß der Film inhaltlich in irgendeiner Weise auf den Prozeß Bezug nahm, aber jener Hauptmann Brückner (...) ist Fleisch vom Fleisch und Geist vom Geist jener Angeklagten, die auch nichts wissen wollten von der Schuld ihrer Taten und nur vollbracht zu haben behaupten, was ihre Pflicht gewesen sei. (*Tägliche Rundschau*, 19.10.1946)

Mit dem gefühlsbetonten expressiven Ausdruck entspricht das Klima des Films den großen Gefühlen von Haß, Vergeltung, Liebe und Katharsis. Staudte hat eine besondere Affinität zur Metapher und zu kontrapunktisch eingesetzten Gestaltungselementen im dramaturgischen Aufbau, bei der Kameraführung, beim Szenenbild und bei der Montage. Vorgänge und Aktionsorte enthalten eine zweite, kommentierende Ebene. Gegenständen gibt er einen Hintersinn und ist damit dem deutschen Kammerspielfilm nahe. (Christiane Mückenberger in *Das zweite Leben der Filmstadt Babelsberg*, 1994)

NEBENBEI: Vor der Premiere wurde Hauptdarsteller E. W. Borchert von den Amerikanern verhaftet, weil er in einem Fragebogen seine Mitgliedschaft in der NSDAP verschwiegen hatte. Dadurch wurde auch sein Name auf den Plakaten getilgt und die Reklame des Films stützte sich auf Hildegard Knef, die der schwächeren Rolle der Susanne Gewicht gegeben hatte. Bald stellte sich heraus, daß Borchert nicht mehr als ein kleiner Mitläufer der Nazis gewesen war. An der Premierenfeier des Films konnte er teilnehmen.

Filmtext: Ellen Blauert (Hrsg.): Die Mörder sind unter uns. Vier Filmerzählungen nach bekannten DEFA-Filmen. Berlin: Henschelverlag 1969

MOHR UND DIE RABEN VON LONDON

(Kinderfilm)

RE: Helmut Dziuba, SZ: Margot Beichler, Gudrun Rammler (Deubner), LV: Gleichnamiger Roman von Ilse und Vilmos Korn, KA: Helmut Bergmann, MU: Peter Rabenalt, SB: Harry Leupold, KO: Katrin Johnsen, SC: Bärbel Weigel, PL: Manfred Renger, GR: KAG »Berlin«, m: 2604 = 95 min, s/w, Cine, PJ: 1968, PM: 22.3.1969, PM-Ort: Halle

DA: Alfred Müller (Karl Marx), Barbara Adolph (Jenny Marx), Marina Propp, Christina Daum, Mathias Redweik (ihre Kinder Laura, Jenny u. Edgar), Barbara Dittus (Lenchen Demut), Helmut Straßburger (Friedrich Engels), Thomas Karl (Joe), Peter Reusse (Billy), Wolfgang Greese (Bell), Hans Hardt-Hardtloff (Patt), Gudrun Lenski, Wolfgang Sasse, Ruth Kommerell, Ina Merkel, Axel Dietrich, Jörg Gillner, Manfred Richter, Hannjo Hasse, Gerry Wolff, Christoph Engel u.a.

INHALT: London 1856. Karl Marx, von seinen Freunden »Mohr« genannt, lebt in der englischen Hauptstadt im Exil. Er lernt den 13jährigen Arbeiterjungen Joe kennen, der zwölf Stunden täglich in einer Spinnerei arbeitet – auch in Nachtschicht, obwohl das Gesetz Nachtarbeit für Kinder untersagt. Joes Bruder Billy versucht mit seiner »Rabenbande«, der Ausbeutung auf eigene Weise zu entgehen: durch Stehlen. Eines Nachts taucht Marx mit einem Inspektor in der Spinnerei auf, um das Recht der Kinder durchzusetzen. Er ermutigt die Jungen, über ihre Lage zu sprechen. Einen Diebstahl, den kurz darauf die »Rabenbande« begeht, schieben die Unternehmer den »Aufsässigen« in die Schuhe. Marx setzt sich für sie ein und nimmt sich auch der »Rabenbande« an. Er überzeugt sie von der Sinnlosigkeit ihres Handelns und zeigt ihnen den einzig richtigen Weg. Bei einem Streik der Arbeiter sind dann auch die Jungen dabei.

ZUM FILM: In seinem Regiedebüt stellt Helmut Dziuba anläßlich des 150. Geburtstages zum ersten und einzigen Male in einem DEFA-Film Karl Marx in den Mittelpunkt. Neben gelungenen sozialen Beobachtungen hat der Film allerdings auch lange didaktische Passagen.

ECHO: Das Streben nach Deutlichkeit der Aussage verleitete die Filmschöpfer freilich mitunter zu einer gewissen Ausführlichkeit in den Dialogen – ein Faktum, das einer allseitig überzeugenden Interpretation des Stoffs im Wege steht. Die didaktische Absicht mag hier über spezifische filmische Methoden die Oberhand gewonnen haben. (Friedrich Salow, *Filmspiegel* 9/1969)

Man sieht einen sehr unfeierlichen Karl Marx. Etwa, wenn er für seine erkrankte Familie kochen muß und sich dabei beim Zwiebelschneiden nicht gerade geschickt anstellt. Alfred Müller versteht es, in vielen solchen alltäglichen Kleinigkeiten die Charakterstärke, den Gerechtigkeitssinn, die Gedankenklarheit von Marx sichtbar werden zu lassen. (Helmut Ullrich, *Volksstimme*, Wien, 18.10. 1969)

Vor allem aber, das ist der Kern des Films, gelingt es ihm (Marx), einige Jugendliche, die »Raben«, die sich zu einer Diebesbande zusammengetan haben, davon zu überzeugen, daß man nicht durch Anarchismus, sondern die Ausnützung aller gesetzlichen Möglichkeiten, nicht von einer Außenseiterposition her, sondern durch aktive, aber disziplinierte Teilnahme am Klassenkampf das Los der Arbeiter bessern und auf dem Weg zur Revolution vorankommen kann: DKP also und nicht SDS. (Wilhelm Roth, *Filmkritik* 9/1969)

Die über weite Strecken bestechende Schwarzweiß-Produktion zeichnet sich durch eine ungewöhnlich genaue und beeindruckende Schilderung der Lebensumstände jener englischen Fabrikkinder aus. Ein authentischer Eindruck entsteht vor allem durch die Szenen in der Werkhalle der Tuchfabrik. Hier zeigen sich das inszenatorische Können Helmut Dziubas und die großartige Fotografie Helmut Bergmanns, getragen von den überzeugenden schauspielerischen Leistungen der jungen Darstellerinnen und Darsteller. Die Charaktere bleiben insgesamt jedoch symbolhaft; geprägt aus dem Grundstock kommunistischer Geschichtsschreibung. (*Zwischen Marx und Muck*, 1996)
NEBENBEI: Alfred Müller erhielt für sein schauspielerisches Gesamtwerk, besonders aber für die Darstellung des Karl Marx, 1969 einen Nationalpreis. – Die damals zehnjährige Ina Merkel wurde für die Rolle der Becky, ihre bislang einzige Filmrolle, in der Schule in Potsdam entdeckt. Sie wurde Kulturwissenschaftlerin und war in Wendezeiten Mitbegründerin des Unabhängigen Frauenverbandes. Seit Beginn der neunziger Jahre veröffentlichte sie mehrere Bücher, darunter »Wir sind doch nicht die Meckerecke der Nation« bei Schwarzkopf & Schwarzkopf.

DER MOORHUND

(Kinderfilm)
RE: Konrad Petzold, SZ: Signe Thiessen, Konrad Petzold, DR: Dieter Scharfenberg, KA: Otto Merz, MU: Günter Hauk, BA: Hans Poppe, KO: Marianne Schmidt, SC: Ilse Peters, PL: Anni von Zieten, m: 2132 = 78 min, s/w, PJ: 1959/60, PM: 25.12.1960, PM-Ort: Berlin; »Babylon«/Kulturhaus der deutschen Grenzpolizei
DA: Günther Simon (Oberleutnant Suter), Rolf Ripperger (Leutnant Neumann), Horst Kube (Fischer), Peter Sturm (Karl Schultz), Elfriede Florin (Mutter Schultz), Wolfgang Glaser (Klaus), Wolfgang Jochmann (Fritzchen), Dieter Perlwitz (Paul Schultz), Klaus Urban (Hinrichs), Lotte Loebinger (alte Frau), Maika Joseph, Erich Brauer, Konrad Petzold u. a.
INHALT: Der zwölfjährige Klaus verbringt die Ferien bei seinem Vater, dem Chef einer Grenzkompanie. Mit dem jüngeren Freund Fritzchen streift er durch die Wälder – auf der Suche nach dem geheimnisvollen Moorhund, um den sich ein Aberglaube rankt. Eines Tages entdecken sie einen eingesperrten Schäferhund, gewinnen sein Zutrauen und wollen ihn zur Kompanie bringen. Bei einem mysteriösen Pfiff aber verschwindet das Tier. Klaus' Vater ahnt die Zusammenhänge. Die Kompanie unternimmt eine Suchaktion, der sich die Kinder heimlich anschließen. Sie finden den Hund wieder, und gemeinsam mit den Soldaten können sie einen Agenten fassen: den Fischer.
ZUM FILM: Der spannend inszenierte Kinderfilm war thematisch ungewöhnlich, weil er die deutsch-deutsche Grenze in den Mittelpunkt stellte. Neben der Erziehung zur Wachsamkeit wurde dem jungen Publikum die Arbeit der Grenztruppen auf faßliche Weise nahegebracht.
ECHO: Lobenswert an diesem Streifen (...) ist zunächst, daß er den Versuch unternimmt, langersehntes abenteuerliches Geschehen am Beispiel eines nützlichen Gegenwartsproblems zu gestalten. Jedoch sollte gerade eine solche Konzeption bis ins Detail realistisch sein und nicht zugunsten spannender Effekte und Konstruktionen falsche Vorstellungen erwecken. (...) Wenn bisher mit Recht Kritik an Kinderfilmen geübt wurde, in denen Erwachsene unentwegt Ratschläge erteilen, so kann das nun nicht zum Gegenteil führen. Klaus hätte wissen müssen, daß man das Moor nicht betreten darf, und er hätte, da er es doch tat, eine Rüge verdient. Im Film muß der Eindruck bleiben: Etwas Verbotenes ist nicht schlimm, wenn man hinterher ein Held ist. (Ch. Cz., *BZ am Abend*, 28.12.1960)
NEBENBEI: Regisseur Konrad Petzold, im ursprünglichen Beruf Schauspieler, spielte die kleine Rolle eines Wachhabenden.

DIE MORAL DER BANDITEN

RE: Erwin Stranka, SZ: Horst Bastian, Erwin Stranka, LV: Gleichnamiger Roman von Horst Bastian, DR: Hans-Joachim Wallstein, KA: Peter Brand, MU: Uve Schikora, SB: Marlene Willmann, KO: Günther Pohl, SC: Helga Gentz, PL: Herbert Ehler, GR: AG »Roter Kreis«, m: 2505 = 92 min, fa, brw, PJ: 1975, PM: 11.3.1976, PM-Ort: Berlin, »International«
DA: Reiner Wilhelm (Albert Berg), Jörg Braune (Druga), Hans-Peter Reinecke (Bürgermeister Sandberg), Henry Hübchen (Lehrer Lindner), Harald Halgardt (Lehrer Grabo), Günter Rüger

(Kreisschulrat), Fred Delmare (Bauer Berg), Johannes Knittel (Bauer Lolies), Roland Knappe (Bauer Böttcher), Sina Fiedler (Frau Torsten), Karola Köstel, Michael Willis, Eugen Freier, Jürgen Heinrich, Jurij Kramer u. a.
INHALT: Im Jahre 1947 wird ein brandenburgisches Dorf von einer Bande Jugendlicher terrorisiert. Angeführt von dem gewalttätigen Albert, gehen sie gegen alle vor, die ihren Moralvorstellungen nicht entsprechen: Schieber, Väter, die ihre Kinder prügeln, und die Vertreter der neuen Ordnung, die sie schon wieder bevormunden wollen. Bürgermeister Sandberg und Neulehrer Lindner sind uneins im Vorgehen gegen die Bande. Sandberg will sie im Jugendwerkhof sehen, während Lindner an Umerziehung denkt. In Bandenmitglied Druga, einem sensiblen Jungen, der die Gewalt von Albert verabscheut, findet der Lehrer einen Partner. Das Verhältnis der Bande zu ihrem Anführer wird immer gespannter – bis ein Todesfall beim Spielen mit Munition die Wende bringt. Albert kommt in den Jugendwerkhof.
ZUM FILM: Die Verfilmung des Bestsellers von Horst Bastian war spannungsreich und sollte anhand der Geschichte vom »schweren Anfang« anläßlich des 30. Jahrestages der SED zeigen, wie weit man inzwischen unter der bewährten Führung der Partei in der DDR gekommen war. – Bereits 1966 sollte Rainer Simon eine Adaption des Romans auf die Leinwand bringen, ein Projekt, das nach dem 11. Plenum in letzter Minute abgesagt wurde.
ECHO: Stranka legt im Interesse der Wirkung viel Gewicht auf Aktion, auf Überfälle und Prügeleien, aber die Härte solcher Szenen kommt selten zu voller, nämlich moralischer Wirkung. Die psychologische und sozial-biografische Motivation der Jugendlichen wird vernachlässigt, findet keine filmische Übersetzung. (Peter Ahrens, *Weltbühne* 19/1976)
Die Mischung aus einem Hohen Lied jugendlicher Freundschaft, einem herzhaften Schuß Räuber-Romantik und inzwischen schon fast legendärem Nachkriegs-Zeitkolorit verfehlt auch auf der Kino-Leinwand nicht ihre Wirkung. Die positive Entwicklung der Jungen wird ganz ohne pädagogisch gereckten Zeigefinger vorgeführt, mit viel psychologischem Einfühlungsvermögen und genau ausgeleuchtetem Zeit-Hintergrund. (Heinz Kersten, 1976, zit. nach *So viele Träume*)
NEBENBEI: Das Buch *Die Moral der Banditen* war 1964 der erste große Erfolg des Autors Horst Bastian (1939–1986), der mit dem fünfbändigen Roman *Gewalt und Zärtlichkeit* sein Hauptwerk schrieb.

MORD AM MONTAG
RE: Hans Kratzert, BU: Heiner Rank, LV: Nach Motiven von Fritz Wysbar, DR: Gerhard Hartwig, KA: Peter Krause, MU: Karl-Ernst Sasse, SB: Alfred Hirschmeier, KO: Günther Schmidt, SC: Ursula Zweig, PL: Martin Sonnabend, GR: KAG »Roter Kreis«, m: 2823 = 104 min, s/w, Cine, PJ: 1967/68, PM: 12.9.1968, PM-Ort: Berlin, »International«
DA: Eberhard Esche (Kriminalassistent Bentheim), Barbara Brylska (Hanna Stern), Herbert Köfer (Kriminalinspektor Laube), Helga Göring (Lydia Amberger), Horst Schulze (Dr. Ingo Vogelsang), Lilo Grahn (Gitte Moosbauer), Angelika Waller (Monika Stangel), Joachim Tomaschewsky (Herr Brösel), Carlo Schmidt (Peter Lacour), Rolf Ripperger (Dr. Sauer), Otmar Richter, Helmut Schreiber, Dieter Wien, Holger Mahlich, Friedrich

Teitge, Günter Rüger, Ernst-Georg Schwill, Herbert Körbs, Werner Lierck, Jan Bereska u. a.
INHALT: In einer westdeutschen Großstadt wird das Fotomodell Monika Stangel in ihrem Appartement ermordet aufgefunden. Die von einer anonymen Frauenstimme benachrichtigte Polizei sieht gerade noch einen Mann verschwinden. Die Kriminalisten Bentheim und Laube finden im Appartement versteckte Rohdiamanten. Die Spur führt zu einem Schieberring mit Verbindung nach Kapstadt und zu dem einflußreichen Industriellen Dr. Vogelsang. Der ist unter keinen Umständen bereit, sich in einen Mordfall verwickeln zu lassen und verweigert die Aussage. Inspektor Laube, der den Fall ohne seinen Kollegen lösen will, wird ermordet. Doch der junge Bentheim hat die Zusammenhänge inzwischen selbst ermittelt. Die Überführung der Hauptschuldigen gelingt ihm aber nicht, er kommt gegen ihren Einfluß nicht an.
ZUM FILM: Regiedebütant Hans Kratzert machte aus dem an den Fall Nitribitt (*Das Mädchen Rosemarie*) erinnernden Stoff einen durchschnittlich spannenden Film, der leider an zu vielen Klischees litt.

ECHO: Der Film überfällt den Zuschauer nicht mit nervenzerfetzender Spannung, verlangt aber gespannte Aufmerksamkeit. Man muß ganz schön am Ball, sagen wir am Detail bleiben, um nichts zu verpassen. (...) Ein Lob dem jungen Regisseur Hans Kratzert (...), der hier (...) seinen Spielfilm-Erstling vorstellt, zügig und präzis inszeniert, wie sich's fürs Genre gehört – dazu mit sozialkritischen Schlaglichtern auf die bundesrepublikanische Landschaft, die sich durch eine Rekordzahl unaufgeklärter oder vertuschter Verbrechen bestens als Krimischauplatz empfiehlt. (Rosemarie Rehahn, *Wochenpost* 40/1968)
Heiner Ranks Leitmotiv war offenbar: Begib dich außer Landes und klischiere redlich.. (...) Unter dem Motto: Pfui, wie schön! schillern die Fassaden und hinter dem falschen Glanz intakter Neonreklame verbirgt sich ein Sündenbabel der Preisklasse III. (Renate Holland-Moritz, *Eulenspiegel* 43/1968)
NEBENBEI: Heiner Ranks Krimis waren nicht nur in der DDR Bestseller. Mehrfach griff die DEFA auf seine Storys zurück. Auch als Science-fiction-Autor hatte er eine große Anhängerschaft.

MORD AN RATHENAU
(DFF-Auftragsfilm)
RE: Max Jaap, DB: Alexander Stenbock-Fermor, Heinz Kamnitzer, DR: Rudolf Böhm, KA: Rolf Sohre, MU: Gerhard Wohlgemuth, SB: Ernst-Rudolf Pech, KO: Helga Scherff, SC: Charlotte Peschlow, PL: Werner Dau, P: DEFA für DFF, m: 2275 = 82 min, sw, PJ: 1961, SD: 23.11.1961, AD: 5.10.1962
DA: Jürgen Frohriep (Horst Bergmann), Karla Runkehl (Hilde Buchholz), Harry Hindemith (Walther Rathenau), Horst Hiemer (Fritz Buchholz), Gerhard Rachold (Erwin Kern), Rolf Ripperger (Hermann Fischer), Willi Schrade (Ernst Werner Teschow), Johannes Arpe (Dr. Bergmann), Karen Fredersdorf (Mutter Rathenau), Ingeborg Ottmann (Lilly Deutsch), Ingolf Gorges, Harald Halgardt, Hans Hardt-Hardtloff, Herwart Grosse, Peter Sturm u.a.
INHALT: Im Mittelpunkt des Films über die Vorbereitung und Durchführung des Mordes an Walther Rathenau, Eberts Außenminister im Jahre 1922, steht der junge Ingenieur Horst Bergmann, der keine rechte Arbeit hat und von alten Kameraden dafür vorgesehen wird, den

Anschlag zu begehen. Gegen sein besseres Wissen hilft Bergmann den Mördern und wird selbst ihr Opfer. (f.b.h.)
ZUM FILM: Der die Zeitumstände und politische Interessenlagen akribisch darstellende Film war eine der wenigen Spielfilmarbeiten des Dokumentarfilmregisseurs Max Jaap. Der Fernsehfilm kam auch in den Kinoeinsatz.
ECHO: Die Hintergründe des Mordes an Rathenau erhellend, vermittelt der Film nicht zuletzt die Lehre, daß im Kampf zwischen Fortschritt und Reaktion niemand zwischen den Fronten stehen kann, daß sich jeder für die historische Vernunft entscheiden muß. (W. O., *Morgen*, 15.12. 1987)
NEBENBEI: Harry Hindemith, der den Rathenau verkörperte, nahm Ende der zwanziger Jahre bei dem späteren DEFA-Schauspieler Hans Finohr Schauspielunterricht. Er gehörte von 1946 bis zu seinem Tode 1973 zu den meistbeschäftigten Schauspielern bei Film und Fernsehen.

DER MORD, DER NIE VERJÄHRT

RE: Wolfgang Luderer, BU: Friedrich Karl Kaul, Walter Jupé, Wolfgang Luderer, KA: Otto Hanisch, MU: Wolfgang Pietsch, SB: Alfred Drosdek, KO: Luise Schmidt, SC: Ilse Peters, PL: Herbert Ehler, GR: KAG »Babelsberg«, m: 2941 = 108 min, s/w, Cine, AT: Der Fall Jörns, PJ: 1966/67, PM: 11.1.1968, PM-Ort: Berlin, »International«
DA: Walter Jupé (Jörns), Horst Drinda (Pabst), Jochen Thomas (Runge), Rolf Römer (Liepmann), Gerhard Rachold (Vogel), Hannjo Hasse (Kapitänleutnant Pflugk-Hartung), Wolfgang Greese (Bornstein), Helmut Schreiber (Hauptmann Pflugk-Hartung), Wolfgang Sasse (Schregel), Hans-Hartmut Krüger (Bassler), Horst Schulze (Levi), Helga Labudda (Anna Bälger), A. P. Hoffmann, Klaus-Peter Thiele, Herbert Köfer, Kurt Steingraf, Norbert Christian, Horst Friedrich, Siegfried Weiß, Wilhelm Koch-Hooge u.a.
INHALT: Im Berlin des Jahres 1929 steht der fortschrittliche Chefredakteur Bornstein wegen Verleumdung vor Gericht. In einem Artikel seiner Zeitschrift wurde versucht aufzudecken, welche Rolle Reichsanwalt Jörns zehn Jahre zuvor bei der »Aufklärung« der Morde an Rosa Luxemburg und Karl Liebknecht gespielt hat. Der Artikel legte dar, daß der damalige Kriegsgerichtsrat die Mörder wissentlich deckte und die Verhandlung verschleppte. In der Gerichtsverhandlung gelingt es, durch die Aussagen von Zeugen den Wahrheitsgehalt der Veröffentlichung zu beweisen und die Hintermänner des Mordes als jene zu entlarven, die den Faschismus vorbereiten.
ZUM FILM: Mit den Autoren Kaul und Jupé und dem Regisseur Luderer war es das bewährte Team des *Fernseh-Pitavals* des DFF, das diesen Spielfilm entwickelte. Kaul war selbst als junger Referendar bei dem geschilderten Fall zugegen und porträtierte sich in der Figur des Lautenberg (Klaus-Peter Thiele). Die politischen und personellen Hintergründe des Mordes an Luxemburg und Liebknecht, die eindeutig bei der rechten SPD-Führung zu suchen waren, standen auch im Mittelpunkt von Büchern und Fernsehproduktionen in der Bundesrepublik in den sechziger und siebziger Jahren.
ECHO: Im dramaturgischen Aufbau hält sich der Film (...) recht genau an die bei den *Fernseh-Pitaval*-Serien geübten Praktiken. Ob das allerdings fürs Kino so weit übernommen werden sollte, daß man sogar die kommentierenden Schlußsätze hier auch anhängt, bleibt fraglich. Auch schienen mir manche didaktische Züge zu deutlich in den

Vordergrund gebracht. (Günter Sobe, *Berliner Zeitung*, 16.1.1968)
Der Film weist einige dramaturgische Schwächen auf; ich stieß mich auch daran, daß Rosa Luxemburg und Karl Liebknecht, deren Ermordung in Rückblenden gezeigt wird, nur in verschwommener Kontur auftauchen. Wie sehr Noskes Mordhelfer die marxistischen Revolutionäre fürchteten, wird nur indirekt, nur an der hastigen Brutalität ihres Vorgehens erkennbar. (Gert Billing, *Weltbühne* 4/1968)
NEBENBEI: Regisseur Wolfgang Luderer übernahm selbst die Rolle des Gustav Noske.

MORD OHNE SÜHNE

RE: Carl Balhaus, BU: Joachim Barckhausen, Alexander Graf Stenbock-Fermor, LV: Roman »Im Namen des Volkes« von Theo Harych, DR: Marieluise Steinhauer, KA: Peter Krause, MU: Wolfgang Hohensee, BA: Christoph Schneider, KO: Luise Schmidt, SC: Ursula Rudzki, PL: Adolf Fischer, GR: KAG »Solidarität«, m: 2375 = 87 min, s/w, AT: Der Fall Jakubowski, Im Namen des Volkes, Mordprozeß Jakubowski, PJ: 1961/62, PM: 28.6. 1962, PM-Ort: Berlin, Babylon«

DA: Günther Simon (Heinz Lippert, Oberlandjäger), Johanna Clas (seine Frau), Wojciech Siemion (Josef Jakubowski), Karla Runkehl (Dora Mettner), Manja Behrens (Frau Nogens), Wilhelm Koch-Hooge (Rechtsanwalt Dr. Koch), Horst Schönemann (Staatsanwalt Becker), Erik S. Klein (Redakteur Hartmann), Fred Delmare (August Nogens), Rudolf Ulrich (Blöcker), Harry Gillmann, Kurt Steingraf, Johannes Arpe, Gertrud Brendler, Annegret Golding, Horst Friedrich, Siegfried Weiß, Herbert Dirmoser, Marita Böhme, Friedrich Teitge u.a.
INHALT: Nach einem authentischen Fall aus den zwanziger Jahren. Der Oberlandjäger Heinz Lippert verhaftet den polnischen Landarbeiter Jakubowski unter dem Verdacht, ein Kind – seinen angenommenen Sohn – ermordet zu haben. Obwohl er nur unzureichende Indizien hat, bringt Staatsanwalt Becker den Fall vor Gericht. Jakubowski wird zum Tode verurteilt, der »polnische Mörder« paßt in die Propaganda der Zeit. Lippert versucht, ermutigt durch den kommunistischen Redakteur Hartmann, die Vollstreckung des Urteils zu verhindern und ermittelt sogar den wahren Täter. Vergebens, das Todesurteil wurde vorzeitig ausgeführt. Nach der Machtergreifung der Nazis läßt der Staatsanwalt, inzwischen SS-Führer, die Männer, die den wahren Sachverhalt aufdeckten, verhaften. Lippert schließt sich im Untergrund dem Widerstand an.
ZUM FILM: Der Stoff, dem einer der größten Justizskandale der Weimarer Republik zugrundeliegt, knüpfte thematisch an →*Affäre Blum* an. Carl Balhaus' Inszenierung setzte besonders auf schauspielerische Leistungen.
ECHO: Daß *Mord ohne Sühne* dokumentarischen Charakter hat, hindert nicht, daß starke emotionale Wirkungen von diesem Film ausgehen. Die sachlich-nüchtern vorgetragene gesellschaftskritische Aussage des Films ist mit einer großen menschlichen Eindringlichkeit verknüpft, wird so zur erschütternden Anklage. Regisseur Carl Balhaus hat den schauspielerischen Ausdruck zum hauptsächlichen Ausdrucksmittel seines Films gemacht. (...) Und das ist überhaupt das Interessante an der Besetzung des Films, daß uns hier die meisten Schauspieler wie »neu« begegnen, wie »noch nie gesehen«, weil sie aus der Festlegung auf einen bestimmten Typ befreit sind und so zu ganz gelöster Darstellung

finden. (H. U., *Neue Zeit*, 5.7.1962) Trotz der Einwände, die sich vornehmlich gegen das Drehbuch richten, erweist sich *Mord ohne Sühne* als ein sehenswerter Film. Seine Qualitäten liegen in der sorgfältigen Arbeit der Kamera (Peter Krause), die bewußt und konsequent auf die Gesichter der Darsteller gerichtet ist, und in einer richtigen Schnittfolge, die im Gegensatz zu der ein wenig melodramatischen Musik W. Hohensees der Logik des Geschehens genau entspricht, den Film erzählt. (Christoph Funke, *Deutsche Filmkunst* 9/1962)
NEBENBEI: Harry Gillmann vom Berliner Ensemble, der als Westberliner nach dem Mauerbau keine Arbeitsgenehmigung mehr von der DDR erhielt, spielte hier eine seiner letzten Filmrollen.

MORFARS RESA
→ GROSSVATERS REISE (Anhang B)

MORITZ IN DER LITFASSÄULE
(Kinderfilm)
RE: Rolf Losansky, SZ: Christa Kozik, Gleichnamiges Kinderbuch von Christa Kozik, DR: Gabriele Herzog, KA: Helmut Grewald, MU: Karl-Ernst Sasse, SB: Jochen Keller, KO: Joachim Dittrich, TR: Erich Günther, Heiko Ebert, Frank Wittstock, Wolfgang Chevallier, SC: Ilse Peters, PL: Manfred Renger, GR: GR »Johannisthal«, m: 2346 = 86 min, fa, brw, PJ: 1982/83, PM: 27.11.1983, PM-Ort: Berlin, »Colosseum«
DA: Dirk Müller (Moritz), Dieter Mann (Vater Zack), Walfriede Schmitt (Mutter Zack), Rolf Ludwig (Straßenfeger), Dorit Gäbler (Tante Pia), Dietmar Richter-Reinick (Polizist Zampe), Franziska Troegner, Jörg Panknin (Zwei Lehrer), Gertraud Kreißig (Frau Zampe), Barbara Schnitzler (Clown-Frau), Gerd Staiger, Brigitte Beier, Ruth Kommerell, Helmut Schreiber, Willi Neuenhahn u.a.
INHALT: Moritz ist ein neunjähriger Junge, der seine Umwelt mit seiner Langsamkeit zur Verzweiflung bringt: den Vater, der ein kühler Rechner ist, die Mutter, zwischen Arbeit, Haushalt und Fernstudium immer in Eile, den Mathelehrer, weil er wegen Moritz nie den Plan schafft. Seine drei Schwestern nennen ihn einfach Trödelhannes. Dabei ist Moritz nur ein Junge, der über alles gründlich nachdenkt und den selbst die alltäglichsten Gegenstände zu Phantasie-Exkursen anregen. Sich von allen mißverstanden fühlend, flieht er eines Tages und versteckt sich in der Litfaßsäule am Marktplatz. Dort kampiert er ein paar Tage, lernt eine sprechende Katze kennen, die ihn über das Leben aufklärt, ein Mädchen vom Zirkus und den Straßenfeger, der sein Freund wird. Er macht dem Jungen begreiflich, daß Weglaufen nicht zur Lösung seiner Probleme führt. Während Moritz von allen gesucht wird, entschließt er sich freiwillig, zurückzugehen und sich durchzuboxen.
ZUM FILM: Ursprünglich war die Romanadaption Jörg Foth angeboten worden, nach dessen Konzeption alle Rollen, auch die Erwachsenen, von Kindern gespielt werden sollten. Rolf Losansky setzte das Buch zwar konventioneller, aber doch mit vielen phantastischen Elementen um.
ECHO: Losansky vereint harmonisch eine sehr genau und problembewußt gesehene Wirklichkeit mit einer einfallsreich und vergnüglich geschilderten Traumwelt zu einer Filmrealität, die freundlich auffordert, Kinder in all ihren Eigenheiten ernst zu nehmen. (Hans-Dieter Tok, *Wochenpost* 53/1983)
So gesehen, besitzt der Film – obwohl in seinen Einzelheiten perfekt, amüsant, unterhaltend und belehrend – eben doch keine runde Geschichte: Der exponierte Konflikt wird nicht ausgeführt. Manche der Episoden bleiben – lustig anzuschauendes – Beiwerk. Christa Koziks gleichnamiges Kinderbuch (...) lotet tiefer. Was jedoch die handwerkliche Perfektion dieses Streifens betrifft (...), da gibt es keine Abstriche! (Joachim Giera, *Filmspiegel* 26/1983)
NEBENBEI: Auf dem Festival »Goldener Spatz« in Gera erhielt der Film 1985 zwei Preise.

MOTIVSUCHE
RE: Dietmar Hochmuth, SZ: Henry Schneider, DR: Andreas Scheinert, KA: Dieter Chill, MU: Georg Friedrich Händel, Johann Sebastian Bach, SB: Solvejg Paschkowski, KO: Inken Gusner, Heike Krause, SC: Sabine Schmager, PL: Andrea Hoffmann, GR: GR »Johannisthal«, m: 3047 = 112 min, fa, PJ: 1989, PM: 7.6.1990, PM-Ort: Berlin, »International«
DA: Peter Zimmermann (Rüdiger), Arianne Borbach (Christa), Dorothea Rohde (Manuela), Mario Klaszynski (Klaus), Florian Martens

(Andy), Lothar Bisky (Gerd), Beate Hanspach (Frau Kiefert), Dorothea Moritz (Hebamme), Andreas Scheinert (Oberarzt), Bärbel Bolle, Gisela Rubbel, Michael Gerber, Erwin Priefert u. a.

INHALT: Dokumentarfilmer Rüdiger Stein, ein Enddreißiger, hat sich vor allem mit Filmen über »Renaissanceriesen« beschäftigt. Doch er möchte endlich das wirkliche Leben vor die Kamera bekommen. Da läuft ihm ein minderjähriges Pärchen über den Weg, Klaus und Manuela. Sie ist schwanger, und die beiden wollen zusammen leben. Ein Stoff für Stein. Er setzt sein Projekt im Studio durch, scheitert aber an den Protagonisten, die nicht so wollen wie er. Sie zerstreiten sich. Als der Vater von Klaus stirbt, soll Stein Vormund werden. Er nimmt an, versucht die jungen Leute zu versöhnen. Es mißlingt. Auch seine eigene Beziehung scheitert. Stein sucht Unterschlupf bei seinem Mündel Klaus, während Manuela mit ihrem Kind bei einem anderen Mann lebt.

ZUM FILM: Der Film, dessen Dreharbeiten drei Wochen vor dem Mauerfall endeten, schlägt kritische Töne gegenüber Anspruch und Wirklichkeit in der DDR an. Er konnte mehrere Preise erringen.

ECHO: Das hat einen untergründigen Witz, eine Art von intellektuellem Exhibitionismus, ein Understatement auch, wie es nicht sonderlich häufig der Brauch ist. Da werden Figuren durch Sprache gekennzeichnet, das bringt Authentizität in den Film, der dennoch immer den Sprung auf die Ebene schafft, wo Kunst stattfindet. (Henryk Goldberg, *Filmspiegel* 14/1990)

Immerhin gelang den Schöpfern eine bis ins optische Detail milieugetreue Tragikomödie, die im Kino auf spürbare Gegenliebe stößt. Das liegt vor allem an den ausgezeichnet agierenden, weil gut geführten Laien Dorothea Rohde und Mario Klaszynski als jugendliches Pärchen Manuela und Klaus. Die Auftritte der beiden sind getragen von vorrevolutionärer Aufmüpfigkeit, hilfloser Melancholie und echt berlinischem Mutterwitz. Fast beklommene Heiterkeit lösen jene Szenen aus, da in Amtsstuben unterm Schutz des obligatorischen eisblauen Potentaten-Porträts alltäglicher Machtmißbrauch betrieben wurde. (Renate Holland-Moritz, *Eulenspiegel* 29/1990)

NEBENBEI: Der Regisseur Dietmar Hochmuth besuchte Darsteller und Mitarbeiter des Films nach sechs Jahren noch einmal und drehte darüber den Dokumentarfilm *Motivsuche – Schlußklappe 1995*, in dem er erzählte, wie es ihnen seither ergangen war.

MUSTERKNABEN

RE: Johannes Knittel, BU: Gerhard Bengsch, Johannes Knittel, DR: Hans-Joachim Wallstein, KA: E.W. Fiedler, MU: Günter Hörig, BA: Alfred Tolle, KO: Walter Schulze-Mittendorf, SC: Wally Gurschke, PL: Alexander Lösche, m: 2014 = 74 min, s/w, AT: Das Beschwerdebuch, Alles aus Liebe, PJ: 1959, PM: 27.11.1959, PM-Ort: Berlin, »Filmtheater am Friedrichshain«

DA: Hartmut Reck (Bassi), Rolf Herricht (Edwin), Brigitte Krause (Thea), Gudrun Wichert (Susi), Erwin Geschonneck (Arthur Wedel), Peter Marx (Kaiser), Paul R. Henker (Scholz), Fritz Diez (Weber), Gerd Biewer (Benno Graf), Hans Klering (Grimm), Peter Kiwitt, Werner Lierck, Lotte Loebinger, Edith Volkmann, Sabine Thalbach u.a.

INHALT: Die jungen Bauarbeiter Bassi und Edwin sind die ständig verschlafenden schwarzen Schafe ihrer Brigade. Die Brigade wiederum vernachlässigt ihre Paten-Hausgemeinschaft. Und wie der Zufall es will, begegnen Bassi und Edwin

zwei netten Mädchen, Thea und Susi, die in eben dieser Hausgemeinschaft leben. Als die beiden Jungen den Mädchen ihre Aufwartung machen wollen, geraten sie in eine turbulente Hausversammlung. Der Vorsitzende Wedel ist mit untauglichen Methoden dabei, die inaktiven Kleinbürger aufzurütteln, und erwartet zur Unterstützung einen Funktionär. Bassi und Edwin übernehmen spaßeshalber dessen Funktion und geraten unversehens in die Pflicht. Sie hatten nicht gewußt, daß es sich um »ihre« Hausgemeinschaft handelt. So wandelt sich das Liebesabenteuer nicht nur privat in eine ernste Angelegenheit.
ZUM FILM: Der muntere, aber nicht tiefschürfende Gegenwartsschwank war das Filmdebüt von Komiker-Star Rolf Herricht.
ECHO: Der Film wurzelt im Alltag unserer Deutschen Demokratischen Republik, und doch bildet er diesen Alltag nicht mit sorgfältig tüftelnder Realistik ab. Dafür wird lustig übertrieben, und eine ergötzliche Familie von komischen Typen findet sich zusammen. (Christoph Funke, *Morgen*, 28.11.1959)
Was nun über die Leinwand geht, ist eine etwas magere Geschichte (...), aufgemöbelt durch eine Fülle komischer Situationen, die direkt aufs Zwerchfell zielen. Man war nicht wählerisch in den Mitteln. In einer Posse werden eben Possen getrieben, manche sind sogar ausgesprochen lustig (...). Doch daß die Typen in der Hausgemeinschaft so ganz und gar zeitlos waren in ihrer Komik, verstimmte ein wenig. (Rosemarie Rehahn, *Wochenpost* 50/1959)
NEBENBEI: Die Darstellerin der Thea und der des Benno, Brigitte Krause und Gerd Biewer, heirateten und wurden Eltern von Maxi Biewer, die heute als Schauspielerin und Fernsehmoderatorin bekannt ist.

DIE MUTTER

RE: Bertolt Brecht, Manfred Wekwerth, Harry Bremer, SZ: Manfred Wekwerth, Harry Bremer, Isot Kilian, LV: Gleichnamiges Schauspiel von Bertolt Brecht und Günter Weisenborn nach dem Roman von Maxim Gorki, DR: Käthe Rülicke (-Weiler), KA: Harry Bremer, SB: Caspar Neher, MU: Hanns Eisler, P: DEFA-Studio für Wochenschau und Dokumentarfilm u. Berliner Ensemble, L: 150 min, PJ: 1958
DA: Helene Weigel (Wlassowa), Fred Düren (Pawel), Erich Franz (Napkin), Fritz Hollenbeck (Archip), Günter Naumann (Stepan), Helga Raumer (Mascha), Norbert Christian (Fjodor Labkin) u.a.
INHALT: Pelagea Wlassowa, die Witwe eines russischen Arbeiters zur Zarenzeit, weiß sich in ihrer Armut keinen Rat. Unter dem Einfluß ihres Sohnes schließt sie sich revolutionären Arbeitern an. Sie veranlaßt einen Lehrer, Arbeitern Unterricht zu erteilen. Nachdem ihr Sohn auf der Flucht aus der Verbannung erschossen wird, setzt die Wlassowa ihre Unterstützung der Revolutionäre fort und trägt in der Oktoberrevolution die Rote Fahne. (f.b.h.)
ZUM FILM: Nach Brechts Tod wurde beschlossen, alle seine Inszenierungen in Filmen festzuhalten. Die DDR-Erstaufführung der *Mutter* hatte 1951 bei Funktionären Unverständnis und Kritik ausgelöst. Danach war die Modell-Inszenierung (die auf Grundlage der Uraufführung von 1932 entstanden war) noch zweimal mit kleinen Änderungen wiederaufgenommen worden. Die Filmadaption dokumentiert die Aufführung des Berliner Ensembles bei ständiger Darstellung der Bühnentotalen. Der Film wurde nur in Sonderaufführungen gezeigt, u.a. in den siebziger Jahren mehrfach in den »Camera«-Spielstellen des Staatlichen Filmarchivs der DDR.
ZITAT: Kein Mensch wird bestreiten, daß in dieser *Mutter* von Bert Brecht außerordentlich gekonnte Sachen sind, außerordentlich gekonnte, außerordentlich wirkungsvolle Szenen, die tatsächlich die Massen packen. Aber ich frage, ist das wirklich Realismus? Sind hier typische Gestalten in typischer Umgebung dargestellt? Ich will schon gar nicht reden von den Formen. Warum nicht? Entschuldigt, ich bin der Auffassung, das ist kein Theater; das ist irgendwie eine Kreuzung oder Synthese von Meyerholdt und Proletkult. Wenn der Mensch, wenn der so begabt ist, wenn der ein wirklich zusammenhängendes, komponiertes Theaterstück schreiben würde, welch gewaltiges Kunstwerk könnten wir bekommen! (Fred Oelßner, Sekretär des ZK der SED auf der 5. Tagung, 17.3.1951)
ECHO: Die Kamera, feststehend, nahm vom Parkett aus mit Totalbildeinstellung das Bühnengeschehen auf. Das Resultat war eine archivarische Konserve. Bedeutsam für die Theaterwissen-

schaft, ungeeignet als Spielfilm. (André Müller, *Theater der Zeit* 4/1961)
NEBENBEI: Die Pelagea Wlassowa, die Helene Weigel schon in der Uraufführung 1932 gespielt hatte, war auch ihre letzte Rolle. Sie trat damit wenige Tage vor ihrem Tod 1971 in einem Pariser Vorort vor einem begeisterten Arbeiterpublikum auf.

MUTTER COURAGE UND IHRE KINDER
RE: Peter Palitzsch, Manfred Wekwerth, BU: Peter Palitzsch, Manfred Wekwerth, LV: Gleichnamiges Bühnenstück von Bertolt Brecht, DR: Egon Günther, KA: Harry Bremer, MU: Paul Dessau, BA: Heinrich Kilger, Erich Kulicke, KO: Heinrich Kilger, SC: Ella Ensink, PL: Alexander Lösche, m: 4125 = 151 min, s/w, Tovi, PJ: 1959/60, PM: 10.2.1961, PM-Ort: Berlin, »O.T.L.«, Oranienburger Str.
DA: Helene Weigel (Mutter Courage), Angelika Hurwicz (Kattrin), Ekkehard Schall (Eilif), Heinz Schubert (Schweizerkas)- Willi Schwabe (Werber), Gerhard Bienert (Feldwebel), Ernst Busch (Koch), Wolf Kaiser (Feldprediger), Regine Lutz (Yvette), Norbert Christian (Feldhauptmann), Hilmar Thate, Harry Gillmann, Erik S. Klein, Wolf v. Beneckendorff, Ralf Bregazzi u.a.
INHALT: Die Marketenderin Anna Fierling, genannt »Mutter Courage«, zieht mit ihrem Planwagen während des Dreißigjährigen Krieges kreuz und quer durch Europa. Sie meint, daß man am Krieg besser verdienen kann als am Frieden. Ihr Geschäft kennt keine Politik, sie handelt mit Katholiken wie mit Protestanten. Während des Krieges verliert sie nacheinander ihre Kinder, zwei Söhne und eine Tochter: Schweizerkas wird erschossen, weil er die Regimentskasse nicht dem Feind übergeben wollte; Eilif wird in einer kurzen Friedensperiode für eine Missetat hingerichtet, die ihm kurz zuvor im Kriege noch Ehre einbrachte. Und die stumme Kattrin wird erschossen, weil sie durch Trommeln die Stadt Halle vor dem Einmarsch feindlicher Soldaten warnt. Die Courage aber läßt sich den Krieg nicht »madig« machen, sie spannt sich vor ihren Planwagen und zieht weiter.
ZUM FILM: Nach dem Abbruch der Dreharbeiten an der ersten Film-Adaption des Brecht-Stückes – → *Anhang* »Abgebrochene Filme«: *Mutter Courage und ihre Kinder* (1955, RE: Wolfgang Staudte) – wurde erstmals unmittelbar nach Brechts Tod 1956 daran gedacht, *Mutter Courage und ihre Kinder* erneut zu verfilmen. Erich Engel bildete ein Regiekollektiv, zu dem als Konsultanten auch Joris Ivens, Slatan Dudow und Joachim Hasler zählten, und mit dem 1957 erste Probeaufnahmen entstanden. Hier wurde versucht, mit monochrom eingefärbtem Material zu arbeiten. Schließlich entschied man sich, die Modell-Inszenierung von Brecht und Engel optisch aufgelöst in den Film zu übertragen. Die Aufnahmen begannen 1959.
ECHO: Im Gegensatz zur Bühne, wo der Rundhorizont die Szenen abschließt, wird im Film der Kamera gestattet, den Hintergrund des jeweiligen Geschehens – Landschaft, Feldlager, Straße – einzubeziehen. Aber man verzichtet auf bunt bewegte Bilder, wie sie der Spielfilm so gern zeigt. Die Dekorationen bleiben knapp, sparsam, auf das Wesentliche beschränkt. (...) Einige Szenen des Films zeigen simultane Vorgänge von gleicher Wichtigkeit. Der Film läßt auch hier das einheitliche Bild kaltblütig fallen. (André Müller, *Theater der Zeit* 4/1961)
Theater ist das nicht mehr, offensichtlich, und Film ist es auch nicht geworden, obgleich die beiden Brecht-Scholastiker Palitzsch und Wekwerth sich alle Mühe geben, dem Kino zu geben, was des Kinos ist. (Friedrich Luft, *Welt*, 18.2.1961)
Im wesentlichen freilich steht er (der Film, f.b.h.) doch auf der Stufe des Theaters: die Szenerie ist karg und stilisiert, bar jedes Illusion erzeugenden Details, nur aus Requisiten der Bühne zusammengesetzt; der Wagen der Mutter Courage rollt auf einer deutlich erkennbaren Bühne mit Rundhorizont; die Darsteller agieren, als nähmen sie Rücksicht auf unsichtbare Kulissenwände. Andererseits öffnen sich zwischendurch Ausblicke in eine stilisierte Unendlichkeit; die Kamera wird mitunter beweglich, mischt sich ins Geschehen, fixiert Gesichter in Großaufnahmen und erfaßt Gruppen in unerwarteter, fast expressionistischer Manier (so die vor denWagen gespannten Schweizerkas und Eilif). Und doch bleibt dieser Film im Ganzen ein ästhetisch befremdliches Gebilde – gerade weil er »den Kuchen haben und ihn essen«, die Intentionstreue verbürgende Original-Inszenierung nicht verlassen, aber auch dem Film entgegenkommen will. Das hindert aber nicht, daß die »Verfilmung« immer noch eine

Reihe gelungener Sequenzen enthält. (Ulrich Gregor, *Filmkritik* 4/1961)
Lediglich durch die Einblendung zeitgenössischer Stiche von Callot, durch die Einfügung des undeutlich grau im Hintergrund vorüberziehenden Trauerzuges beim Begräbnis des Marschalls Tilly und einige aus dem Marketenderwagen heraus aufgenommene Bildeinstellungen unterscheidet sich der Film von dem, was man schon auf der Bühne sah. Das Ganze läuft zweieinhalb Stunden lang in Schwarz-Weiß über die Breitwand, die dann bei manchen Szenen, besonders beim Vortrag der Songs, kurzerhand verkleinert wird. (Heinz Kersten, 1961, zit. nach *So viele Träume*)
NEBENBEI: Auf dem Internationalen Filmfestival von Locarno erhielt der Film 1961 ein Anerkennungsdiplom. – Als Diener der Yvette hat hier der vor allem aus dem *Eulenspiegel* bekannte Satiriker Johannes Conrad, der im Berliner Ensemble jahrzehntelang kleine Rollen spielte, seinen einzigen Filmauftritt.

DIE MUTTER UND DAS SCHWEIGEN

(DFF-Auftragsproduktion)
RE: Wolfgang Luderer, BU: Ursula u. Michael Tschesno-Hell, DR: Horst Enders, KA: Hans Heinrich, MU: Wolfgang Pietsch, SB: Joachim Otto, KO: Luise Schmidt, SC: Ilse Peters, PL: Adolf Fischer, P: DFF, m: 4727 = 172 min, sw, PJ: 1965, SD: 21.11.1965, AD: 4.3.1966
DA: Erika Dunkelmann (Klara Baumann), Manfred Borges (Ernst Baumann), Günter Naumann (Fritz Beyer), Wilfried Ortmann (Kommissar), Horst Westphal (Herbert Schwarze), Helga Göring (Else Ackerknecht), Ruth-Maria Kemper (Trude Geistlinger), Angela Brunner (Alena), Jutta Wachowiak (Lili Hermann), Willi Narloch (Dreilitter), Bruno Carstens (Frantisek), Walter Lendrich (Haberland), Stefan Lisewski, Martin Flörchinger, Kurt Steingraf, Adolf Fischer, Gerd Ehlers, Bella Waldritter, Günther Ballier, Else Wolz, Hans Hardt-Hardtloff, Ruth Kommerell, Steffie Spira, Heinz Kögel, Kurt Böwe u.a.
INHALT: Der Film erzählt die authentische Geschichte einer Kommunistin, im Film Klara Baumann genannt, einer Mutter, die anstelle ihres verhafteten Sohnes Ernst unter Überwindung ihrer Ängste illegale Arbeit gegen die Nazis übernimmt. Sie flieht 1936 aus ihrer deutschen Heimat in die benachbarte Tschechoslowakei. Als Kurier kehrt sie viele Male unter Einsatz ihres Lebens illegal zurück. (f.b.h.)
ZUM FILM: Ein politischer Film, der mit dem Widerstand der Arbeiter während des Nationalsozialismus vertraut machen will; zugleich ein darstellerisch überzeugendes Loblied auf die Frauen und Mütter, die ihr Leben für eine Idee einsetzen. Zudem war der Film ein überwältigender künstlerischer Erfolg für Erika Dunkelmann.
ECHO: Die Sprache des Films ist unpathetisch, fast nüchtern zu nennen, die Zwischentöne überwiegen. Regisseur Wolfgang Luderer hat sich mit seiner Inszenierung ganz auf diesen Stil eingestellt, und er kommt damit wohl den Absichten der Autoren am besten entgegen. Mit dokumentarischer Sachlichkeit zeichnet er den Weg Klara Baumanns und ihrer Freunde nach und erreicht gerade durch diese Zurückhaltung, daß der Film aufwühlt, erschüttert. (Katja Stern, *Neues Deutschland*, 22.11.1965)
Der Film ist immer dann am stärksten, wenn er Aktion zeigt und wenig Dialoge hat, er lebt von der Sprache der Augen. Schleppende Stellen

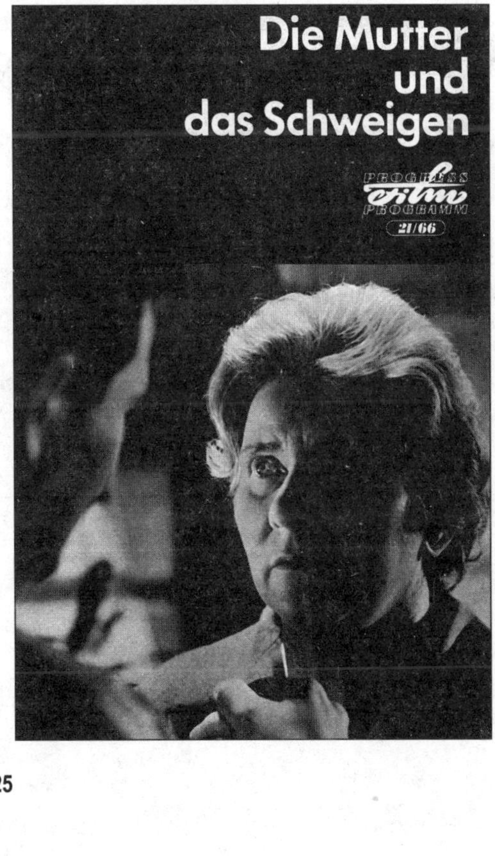

schleichen sich ein, wenn im Nachbarland langwierige Tischgespräche geführt werden oder bei der Flugblattaktion am Märkischen Museum die greifbare Assoziation unter überflüssigem Kommentar leidet. (Hannes Würtz, *Wochenpost* 12/1966)

Der antifaschistische Widerstandskampf der sozialistischen Arbeiterbewegung ist bei uns längst kein Thema mehr; das Wort Antifaschismus ist aus unserer politischen Terminologie verschwunden. Das DDR-Fernsehen vergißt nicht, zu erinnern. (...) Warum scheint es so gänzlich ausgeschlossen, daß unsere Medien einen solchen Film einmal übernehmen? Er hat in jeder Weise Qualität und vermittelt ein Zeitbild, das sich schon bald nicht mehr rekonstruieren läßt. (Ursula Schaaf, *Tagesspiegel*, 5.9.1979)

NEBENBEI: Erika Dunkelmann (1913 – 2000) gehörte zu den großen Charakterdarstellerinnen des Landes und leitete für einige Jahre die Rostocker Schauspielschule.

N

NA PUTI LENINU

→ UNTERWEGS ZU LENIN

DIE NACHT IM GRENZWALD

(Kinderfilm)

RE: Kurt Barthel, BU: Kurt Barthel, LV: Gleichnamige Erzählung von Peter Kast, DR: Inge Wüste(-Heym), KA: Wolfgang Braumann, MU: Peter Rabenalt, SB: Hans-Jorg Mirr, KO: Marlene Froese, SC: Brigitte Krex, PL: Anni von Zieten, GR: KAG »Jugend- und Kinderfilm«, m: 1866 = 68 min, s/w, Cine, PJ: 1967/68, PM: 16.6.1968, PM-Ort: Berlin, »Kosmos«

DA: Harald Domröse (Harald Klose), Lutz Fremde (Lutz Brüggemann), Jirí Vrstala (Toni Gleiser), Waltraut Kramm (Mutter Klose), Rudolf Ulrich (Vater Klose), Gerhard Rachold (Lehrer Wagner), Herbert Sievers (Brüggemann), Rolf Hoppe (Benningsen), Werner Lierck (Rudi), Johanna Clas (Erna), Fred Kötteritzsch, Hans Klering, die Kinder Werner Radloff, Joachim Engbers, Knut Schulz u.a.

INHALT: 1936 in einer Kleinstadt nahe der tschechoslowakischen Grenze. Die Jungen Lutz und Harald verbindet eine enge Freundschaft. Lutz lebt bei seiner den Nazis ergebenen Tante. Sein Vater, ein Antifaschist, ist in der Illegalität, er sieht ihn nur manchmal heimlich. Die Mutter ist im Zuchthaus. Haralds Vater, ein SPD-Mann, hat sich offiziell aus der Politik zurückgezogen. Auch Harald weiß nicht, daß er illegale Arbeit macht und ist von der scheinbaren Untätigkeit seines Vaters enttäuscht. Gemeinsam mit Lutz versucht er, den Hitlerjungen und dem Nazilehrer Wagner Paroli zu bieten. Mit dem Hissen der roten Fahne auf dem Rathaus bringt er seine Eltern in die Hände der Gestapo. Seine Mutter hält dem brutalen Verhör nicht stand und gibt den Namen eines Kommunisten preis. Die Jungen informieren den Mann und flüchten mit ihm über die Grenze in die Tschechoslowakei.

ZUM FILM: Nachdem die Arbeiten an seinem Film → *Fräulein Schmetterling* (Anhang b) nach dem berüchtigten 11. Plenum des ZK der SED abgebrochen werden mußten, wurde nun dieser Kinderfilm zum leider wenig geglückten Debüt des jungen Regisseurs. Er wechselte 1970 zum DEFA-Dokumentarfilmstudio, wo er sich zu einem der profiliertesten Regisseure entwickelte.

ECHO: Dem DEFA-Film *Die Nacht im Grenzwald,* einem Film für Jugendliche, fehlt es nicht an Spannung. (...) Dennoch ist der Film im ganzen unbefriedigend. Die Dialoge wirken schwerfällig, gezwungen; manche Passagen (...) gelangen nicht ganz glaubwürdig. Hinzu kommt, daß einzelne Figuren ungenügend profiliert worden sind, so daß die Handlung – die ansonsten von Kindern und Jugendlichen leicht nachzuerleben ist – stellenweise unverständlich bleibt. Am stärksten wird der Film jedoch dadurch beeinträchtigt, daß es der Regie nicht gelungen ist, die Kinder zu natürlichem Spiel zu bewegen. (e.o., *Neue Zeit*, 28.6.1968)

NEBENBEI: Der Prager Schauspieler Jirí Vrstala, in seiner Heimat wie in der DDR gleichermaßen beliebt als Clown Ferdinand, war inzwischen nach Berlin übergesiedelt und übernahm gern, wie hier, Rollen gegen sein vorgeprägtes Klischee.

NACHTSPIELE

RE: Werner Bergmann, SZ: Werner Bergmann, DR.: Werner Beck, KA: Michael Göthe, MU: Kiril Cibulka, SB: Marlene Willmann, KO: Maria Welzig, SC: Lotti Mehnert, PL: Willi Teichmann, GR: AG »Berlin«, m: 2244 = 82 min, fa, brw, PJ: 1978, PM: 22.2.1979, PM- Ort: Berlin, »Colosseum«

DA: Christine Schorn (Frau Sbrchylinska), Horst Drinda (Herr Paul), Doris Plenert (Mädchenfrau), Thomas Neumann (Martin), Elsa Grube-Deister (Zimmerfrau), Christine Harbort (Mutter mit Kind), Brigitte Scholz-Lindenberg (Empfangssekretärin), Wilfried Pucher (Hoteldirektor), Fred Mahr, Gert Klisch, Manfred Richter, Frank Ciazynski u.a.

INHALT: Eine Nacht im Potsdamer Interhotel. Herr Paul, ein Dienstreisender, hat hier ein Zimmer. Er begegnet Frau S., die er von früher flüch-

tig kennt. Sie ist mit einer Autopanne liegengeblieben und sucht eine Unterkunft, aber es gibt keine. Die beiden kommen sich näher, gehen ins Restaurant und schließlich in die Bar. Sie geraten mit einem jungen Paar an einen Tisch, das bei den Eltern wohnt und im Hotel endlich einmal für sich allein sein will. Die jungen Leute sind gehemmt, wissen mit sich nichts anzufangen, Mißstimmung kommt auf. Frau S. und Herr Paul hingegen genießen es, sich ungezwungen zu unterhalten, ihr Inneres zu offenbaren. Am nächsten Morgen holt der Alltag sie wieder ein.
ZUM FILM: Das Debüt des Kameramannes Werner Bergmann als Autor und Regisseur eines abendfüllenden Spielfilms war ein Kammerspiel, ein sympathischer Alltagsfilm mit einer brillanten Christine Schorn.
ECHO: Nein, ihrer Belanglosigkeit, ihres »fehlenden« Konflikts wegen würde ich die Nachtspiele nicht abtun. Was aber den *Nachtspielen* fehlt, ist die leichte Hand, diesen Stil des »Belanglosen« auch durchzuhalten, ist ein bißchen mehr Witz, ein Schuß geistvoller Ironie, sind lockere Dialoge – die Fähigkeit, Unbeschwertes auch unbeschwert zu erzählen. (Roland Burkhardt, *Sächsische Zeitung*, 6.3.1979) Leider bleiben nahezu alle Wünsche unerfüllt, die an ein psychologisches Kammerspiel gestellt werden müssen. (Renate Holland-Moritz, *Eulenspiegel* 14/1979)
Das soll Kino sein? Ja, auch das ist Kino, in seiner Besinnung auf Psychologisches, auf Zwischentöne, auf anspruchsvolle Bescheidenheit in Bild und Bewegungsablauf. Hier wird nichts vorgesetzt. Eher suggeriert die Kamera, man habe sich zu den Akteuren an den Tisch gesetzt, um hineinzulauschen in das, was da gesprochen, gelacht, geschwiegen und bedacht wird. Bemühung also um den Eindruck von Alltäglichkeit in den angebotenen Blickwinkeln. Reportage. Detailsuche. Die Kamera oft in Augenhöhe. Dabei sorgsames Vermeiden von Wiederholungen, konzentriertes Ausnutzen des Raumes, ohne in Manierismen zu verfallen, Originalität um jeden Preis anzustreben. Beispielhaft für eine Erzählweise, die nicht auffällt, sich nicht zwischen die Schauspieler drängt. (Hans-Dieter Schütt, *Film und Fernsehen* 5/1979)
NEBENBEI: Der Schauspieler und Fernsehregisseur Fred Mahr lieferte in gleich drei Rollen kleine Kabinettstückchen.

NACKT UNTER WÖLFEN
RE: Frank Beyer, BU: Bruno Apitz, Frank Beyer, LV: Gleichnamiger Roman von Bruno Apitz, KA: Günter Marczinkowsky, MU: Joachim Werzlau, BA: Alfred Hirschmeier, KO: Günther Schmidt, SC: Hildegard Conrad, PL: Hans Mahlich, GR: KAG »Roter Kreis«, m: 3384 = 124 min, s/w, Tovi, mgt, PM: 10.4.1963, PJ: 1962, PM-Ort: Berlin, »Colosseum«
DA: Erwin Geschonneck (Krämer), Armin Mueller-Stahl (Höfel), Krzysztyn Wójcik (Kopinski), Fred Delmare (Pippig), Gerry Wolff (Bochow), Viktor Awdjuschko (Bogorski), Boleslaw Plotnicki (Jankowski), Peter Sturm (Rose), Herbert Köfer (Kluttig), Wolfram Handel (Zweiling), Erik S. Klein, Heinz Scholz, Bruno Apitz, Fred Ludwig, Angela Brunner u.a.
INHALT: Wenige Wochen vor der Befreiung kommt der Pole Jankowski mit einem Transport ins KZ Buchenwald. Er trägt einen Koffer bei sich, den er nicht aus der Hand geben will. Die in der Effektenkammer arbeitenden Häftlinge Pippig und Höfel erschrecken zutiefst, als sie ein Kind in dem Koffer entdecken. Das Kind im Lager zu verbergen, ist nicht nur äußerst schwierig, es gefährdet auch die Arbeit der illegalen Widerstandsgruppe. Nachdem das Kind mehrere Tage in der Effektenkammer versteckt wurde, entscheidet der Leiter der KP-Organisation schweren Herzens, den Polen und das Kind mit dem nächsten Transport ins Vernichtungslager zu schicken. Der Lagerälteste, Walter Krämer, läßt es jedoch nicht zu, und er findet viele Helfer, die mit Mut und Einfallsreichtum der SS die Stirn bieten und der Menschlichkeit zu einem Sieg verhelfen. Es gelingt ihnen, das Kind zu retten.
ZUM FILM: Der 1958 erschienene Roman des ehemaligen DEFA-Dramaturgen Bruno Apitz wurde ein Welterfolg und gab 1960 die Grundlage für einen Fernsehfilm, nachdem die DEFA zunächst kein Interesse an dem Stoff gezeigt hatte. Der Spielfilm, der am Originalschauplatz gedreht wurde, bestach durch seine ausgezeichnete Besetzung bis in kleinste Rollen, aber auch durch seine konzentrierte optische Umsetzung. Er ist einer der Klassiker des antifaschistischen Films in Deutschland geworden.
ECHO: Die genaue, psychologisch durchgearbeitete Erfassung der Figuren des Romans, ohne Verzerrung der einen, ohne Heroisierung der

anderen Seite, ist charakteristisch für die künstlerische Methode dieser Verfilmung. Voller Hochachtung vor dem Roman erzählen die Schöpfer sachlich und genau die Ereignisse, im Vertrauen auf die Geschichte und auf das Publikum. (...) Es zeigt sich, daß gerade die Einfachheit und Schlichtheit der filmischen Form das Wesentliche, namlich die Größe und das Heldentum der einen wie das Ausmaß der Verbrechen der anderen Seite transparent werden lassen. (Erika Richter, *Filmspiegel* 8/1963)

Eine notwendige Korrektur liefert der Film bei der Zeichnung der KZ-Wächter. Hier gibt es keine Dämonisierung und Verteufelung. (...) Am Ende rundet eine gespenstische Schlüsselszene das Porträt ab: Das Vertauschen der Mörderuniform mit Zivil. Ohne Götterdämmerungspose, ohne übergroße Hysterie, tritt man (zunächst!) ab. Man hat Pech gehabt, man wird wiederkommen. Man bleibt verwendungsfähig. (Fred Gehler, *Filmstudio* 44/1964)

Das Grauen ist grauenhaft banal, schon dadurch erklärt sich der Verzicht auf filmsprachliche Stilisierungen. Besonders gelungen ist das Porträt des zwischen den Fronten lavierenden Kleinbürgers Zweiling, dem sein eigener Opportunismus zum Verhängnis wird: eher ein jämmerliches Opfer als ein schneidiger Scherge. (Hans C. Blumenberg in *Film in der DDR*, 1977)

MEINUNG: Ich habe (zuerst) Franks Angebot abgelehnt. Immerhin sollte ich gewissermaßen mein eigenes Schicksal spielen. Zwar bin ich nie Lagerältester gewesen, sondern Blockältester. Auch bin ich nicht im KZ Buchenwald inhaftiert gewesen. Und an der Rettung eines Kindes, wie Bruno Apitz sie beschreibt, war ich auch nicht beteiligt. Aber ich bin sechs Jahre im KZ gewesen. Nur knapp war ich am Leben geblieben. Ich hatte nichts vergessen und werde nichts vergessen. Zu lebendig und zu nah war all das Schreckliche noch für mich. Ich glaubte, daß ich es nicht durchstehen würde, das alles bei der Gestaltung dieser Rolle noch einmal zu erleben. Ich hatte Angst vor der Wiederbegegnung mit dem Grauen. (Erwin Geschonneck, *Meine unruhigen Jahre*, 1984, 1996)

Authentisch ist die Geschichte des Kindes, wie es in Buchenwald ankam und versteckt wurde, und daß ihm die SS auf der Spur war. (...) nicht authentisch ist, daß es das einzige Kind war. Im Lager Buchenwald gab es immer wieder mal Kinder. Authentisch ist, daß die politischen Häftlinge mit der Lagerverwaltung betraut wurden. Das brachte für sie eine wahnwitzige Verantwortung mit sich, der Lagerälteste mußte zum Beispiel die Listen für die Transporte zusammenstellen. Aber jemanden auf Transport zu senden, hieß, ihn mit großer Wahrscheinlichkeit in den Tod zu schicken. Authentisch ist weiterhin, daß es in Buchenwald eine internationale bewaffnete Widerstandsgruppe gegeben hat. Ein wenig überhöht in Buch und Film ist die Befreiung. Ich weiß nicht, ob tatsächlich Tausende von Häftlingen auf das Tor zugelaufen sind. Mich hat aber auch nicht interessiert, ob das der Realität entsprach. Ich wollte diesen großen Gegensatz zeigen: Die Euphorie der Masse, die sich befreit fühlt, und das weinende Kind, das nichts versteht, unter dem Arm des Lagerältesten Krämer. Das schien mir ein großes filmisches Finale zu sein. (Frank Beyer in *Regie: Frank Beyer*, 1995)

NEBENBEI: Auf dem Internationalen Filmfestival erhielt Frank Beyer in Moskau 1963 den Regiepreis. Für ihre Leistungen in dem Film erhielten Bruno Apitz, Frank Beyer, Günter Marczinkowsky und Alfred Hirschmeier 1963 den

Nationalpreis der DDR, Wolfram Handel, Erik S. Klein, Herbert Köfer und Gerry Wolff 1964 den Heinrich-Greif-Preis. – Die Rolle des Lagerältesten Krämer sollte (abgesehen von der Bühnenadaption → *Mutter Courage und ihre Kinder*) die erste Nachkriegsfilmrolle von Ernst Busch werden. Durch eine schwere Erkrankung mußte er umbesetzt werden, und Frank Beyer fand in Erwin Geschonneck einen ebenbürtigen Darsteller. – Romanautor Bruno Apitz spielt die kleine, von Frank Beyer hinzuerfundene Rolle eines Häftlings, der bei der Befreiung das Kind freudig auf den Arm nimmt und kurz darauf tot zusammenbricht. – Auch der Darsteller des Häftlings Rose, Peter Sturm, hatte viele Jahre in den Konzentrationslagern Dachau und Buchenwald verbringen müssen. – Das Kind von Buchenwald hieß Stefan Jerzy Zweig. Der junge Mann kam nach dem Filmerfolg in die DDR und studierte hier an der Babelsberger Filmhochschule. Heute lebt er in Wien.

DER NACKTE MANN AUF DEM SPORTPLATZ

RE: Konrad Wolf, SZ: Wolfgang Kohlhaase, DR: Gerhard Wolf, KA: Werner Bergmann, MB: Karl-Ernst Sasse, SB: Alfred Hirschmeier, KO: Rita Bieler, SC: Evelyn Carow, PL: Herbert Ehler, GR: KAG »Babelsberg«, m: 2766 = 101 min, fa (Eastman-Color), brw, PJ: 1973, PM: 4.4.1974, PM-Ort: Berlin, »International«

DA: Kurt Böwe (Kemmel), Ursula Karusseit (Gisi Kemmel), Martin Trettau (Hannes), Elsa Grube-Deister (LPG-Vorsitzende), Marga Legal (Referentin), Ute Lubosch (Regine), Günter Schubert (Maurer), Erika Pelikowsky (Tante Marie), Dieter Franke (SG-Vorsitzender), Walter Lendrich (SG-Kassierer), Gerhard Bienert (Wilhelm), Wolfgang Heinz (Prof. Hanke), Helmut Straßburger, Hermann Hiesgen, Johannes Wieke, Matti Geschonneck, Katharina Thalbach, Dieter Montag, Rolf Hoppe, Reimar Joh. Baur u.a.

INHALT: Kemmel ist Bildhauer, ein Künstler, der es sich und anderen nicht leicht macht. Auf die Vierzig zugehend, fragt er sich, was er bisher Bedeutendes geschaffen hat. Einige Arbeiten werden von den Leuten nicht angenommen. Sein Relief zum Beispiel, das er für ein Dorf angefertigt hat, verschwindet in einem Abstellraum. Der Arbeiter Hannes, den er als Modell für eine Porträtplastik haben will, zeigt kein Interesse. Dann läßt er sich doch darauf ein. Kemmels Arbeit mißlingt, aber die stundenlangen Sitzungen sind für beide ein Gewinn, jeder dringt ein wenig in die Welt des jeweils anderen ein. Kemmel fährt in sein Heimatdorf und bekommt den Auftrag, eine Skulptur für den Sportplatz zu schaffen. Einen Fußballer stellt man sich vor. Was Kemmel schließlich bringt, ist ein Läufer – ein nackter dazu. Die Leute sind peinlich berührt, ablehnend. Doch die Konfrontation mit dem Werk, der vorsichtig einsetzende Umgang mit ihm, führt sie schließlich dazu, es anzunehmen.

ZUM FILM: In dem unspektakulären, aber lange nachwirkenden Film behandelten Kohlhaase und Wolf das brisante Thema der Stellung des Künstlers in der sozialistischen Gesellschaft und sein Verhältnis zu den arbeitenden Menschen, für die die Kunst letztendlich bestimmt ist.

ECHO: *Der nackte Mann auf dem Sportplatz* hat viele Schönheiten. Er zeigt Menschen und Situationen, ist immer sinnlich-konkret, nüchtern und real, ernst und – nicht zu knapp – voller Humor. Er stellt sich dem Problem Künstler – Kunst – Leben, aber er stellt dieses Problem nicht *vor*. Nie dient eine Szene der Problemerörterung, selten gibt es ein bloßes Genrebild, verselbständigt sich eine Szene. Der Film wird in Bildern erzählt, die nie bloßen Spielraum, schön fotografierten Kino-

Hintergrund oder akzentuiertes Milieu bieten. Werner Bergmanns Kamera ist Mit-Autor und Mit-Regisseur, seine Bilder schreiben die Situationen mit, stellen sie her, gemeinsam mit Autor, Regisseur und Schauspielern (und dem Szenenbildner Alfred Hirschmeier!). (Peter Ahrens, *Weltbühne* 16/1974)

Eigene Erfahrungen des Regisseurs mit der Kunst sind da eingeflossen, und wer aufmerksam hinhört und -sieht, kann Anspielungen auf Konrad Wolfs lange zurückgehaltenen Film über die Nachkriegsverhältnisse im erzgebirgischen Wismut-Bergbau, → *Sonnensucher*, entdecken und auf das Generalthema seiner meisten früheren Arbeiten: die Auseinandersetzung mit faschistischer Vergangenheit und Judenverfolgung. Es gibt überhaupt vieles zu entdecken in diesem leisen Film, der von einer großen Liebe zur Kunst und zu den Menschen zeugt. (Heinz Kersten, *Tagesspiegel*, 26.5.1974)

NEBENBEI: Die Plastiken des Films stammen von dem Bildhauer Werner Stötzer, der auch den Bürgermeister spielt. Weiter sind Arbeiten von Will Lammert und Albert Ebert zu sehen. – Der aus der Fernsehreihe *Außenseiter – Spitzenreiter* bekannte Reporter Hans-Joachim Wolle spielt auch hier einen Reporter.

NAKOWALNIJA ILI CZUK / NAKOWALNIJA ILI MOLOT
→ AMBOSS ODER HAMMER SEIN

NATÜRLICH DIE NELLI !
→ Anhang A

NEBEL

RE: Joachim Hasler, BU: Horst Beseler, Joachim Hasler, DR: Willi Brückner, KA: Helmut Grewald, Joachim Hasler, MU: Hans-Dieter Hosalla, BA: Willy Schiller, KO: Luise Schmidt, SC: Hildegard Tegener, PL: Dieter Dormeier, GR: KAG »Heinrich Greif«, m: 2659 = 97 min, s/w, Tovi, PJ: 1962, PM: 14.3.1963, PM-Ort: Berlin, »Kosmos«
DA: Eberhard Esche (Bill Smith), Johannes Arpe (Inspektor Benson), Doris Weikow (Bessy Benson), Helmut Schreiber (Eberhard Wedel), Ingeborg Ottmann (Mrs. Lindsay), Werner Lierck (Harry Growe), Helmut Bruchhausen (Mr. Hyde), Siegfried Weiß (Mr. Wolseley), Hannjo Hasse (Mr. Edwards), Heinz-Dieter Knaup (Unterinspektor Stone), Heinz Scholz, Hannes Fischer, Günther Simon, Gerd Michael Henneberg, Herbert Dirmoser, Friedrich Teitge, Renate Heymer, Walter Niklaus, Günther Ballier, Walter E. Fuß u.a., GE: Manfred Krug mit den Jazz-Optimisten

INHALT: Im englichen Rocksmouth taucht ein Deutscher auf, der im Auftrag der NATO, die hier einen Flottenstützpunkt errichten will, ein Wrack heben soll. Mit diesem Wrack verbinden sich nicht nur für den Taucher Bill Smith schreckliche Erinnerungen. Vor zwanzig Jahren, im September 1942, ist die »Princess of India«, die mit einem Kindertransport nach Kanada ausgelaufen war, von einem deutschen U-Boot versenkt worden. 58 Menschen, meist Kinder, fanden den Tod. Der U-Boot-Kommandant hieß Eberhard Wedel und ist jener Deutsche, der jetzt das Wrack heben will. Bill Smith ist einer der Überlebenden. Er hat sich gerade mit Bessy verlobt, die einen Schlußstrich unter dieses Ereignis ziehen möchte. Doch Bill kann nicht fassen, daß Wedels Schuld ungesühnt bleiben soll. Am nächsten Tag wird Wedel tot aus der See gefischt. Der Verdacht fällt auf Bill. In der Gerichtsverhandlung wird der Fall aufgerollt.

ZUM FILM: Die dritte gemeinsame Arbeit von Autor Horst Beseler und Regisseur Joachim Hasler entstand nach Tatsachen auf Grundlage einer Zeitungsmeldung.
ECHO: Joachim Hasler ist auch als Regisseur vor allem Bildgestalter, und es gelang ihm, im Gegensatz zum intimen Fernsehfilm, mit *Nebel* einen echten Kinofilm zu schaffen, der nicht nur infolge ausgezeichnet beherrschter Totalvisionstechnik anzieht, sondern auch das Intime eines stimmungsmäßigen Details oder eines seelischen Vorganges durch entsprechend ruhige Bildkompositionen verdeutlicht. (...) Selten habe ich bei einem DEFA-Film eine so gute dramaturgische Verbindung von Vergangenheit und Gegenwart gesehen. Rückblenden ergeben sich zwangsläufig aus der erzählenden Beweisaufnahme, aus der genauen Lebensschilderung. (Heinz Hofmann, *Märkische Volksstimme*, 15.3.1963)
Hasler hat ein genaues Gefühl für die Entwicklung von Spannung. Lange bleiben wir im Ungewissen über die wirklichen Zusammenhänge des Schiffsunglücks, das noch immer wie ein großer Schatten auf der Stadt lastet. (...) Erst während des Prozesses begreifen wir das Ausmaß der Schiffskatastrophe und der Bestialität Wedels, der von seinen eigenen Leuten auf die Bestialität des Vorgangs hingewiesen wurde. Die Szenen des Schiffsuntergangs mit den aufgeregten Kindern sind so schrecklich, daß sie noch lange in unserem emotionalen Gedächtnis haften bleiben. (Erika Richter in *Das zweite Leben der Filmstadt Babelsberg*, 1994)

NEBENBEI: Doris Weikow, die die Bessy spielt, kannte man auch als Fernsehansagerin. Eine Zeitlang war sie mit Erwin Geschonneck verheiratet.

DIE NEBELFAHRT
→ *Anhang A*

NEBELNACHT
RE: Helmut Nitzschke, BU: Heiner Rank, Helmut Nitzschke, LV: Roman »Nebelnacht« von Heiner Rank, DR: Gerhard Hartwig, KA: Wolfgang Pietsch, MU: Hans-Dieter Hosalla, SB: Harry Leupold, KO: Günther Schmidt, SC: Brigitte Krex, PL: Bernd Gerwien, GR: KAG »Roter Kreis«, m: 2316 = 85 min, s/w -Cine, PJ: 1968, PM: 12.6.1969, PM-Ort: Karl-Marx-Stadt
DA: Peter Borgelt (Oberleutnant Kreutzer), Gunter Schoß (Unterleutnant Arnold), Hannjo Hasse (Dr. Egbert Nikolai), Hans-Peter Minetti (Karl Svenson), Gisela Büttner (Katja Alverdes), Inge Keller (Mathilde Nikolai), Rolf Hoppe, Sabine Krug (Herr u. Frau Kranepuhl), Käthe Reichel (Sachbearbeiterin), Erika Pelikowsky (Frau Klettenbaum), Marianne Wünscher, Lissy Tempelhof, Hans Hardt-Hardtloff, Wolfgang Pampel, Barbara Adolph u.a.
INHALT: Oberleutnant Kreutzer untersucht mit seinem jüngeren Kollegen Arnold einen Verkehrsunfall, bei dem ein Motorradfahrer ums Leben kam. Die Spuren deuten auf vorsätzliche Tötung. Verdächtig ist der Chefarzt Dr. Nikolai, dessen Wartburg am Unfall beteiligt war. Trotz eines Alibis verhält er sich merkwürdig, unter den Kollegen seiner Klinik gibt es Spannungen, auch sein Sohn zeigt auffälliges Benehmen. Kreutzer geht in präziser Kleinarbeit allen Spuren, jedem Verdacht nach, gerät dabei manches Mal in Widerspruch zu seinem jungen Assistenten, der zu vorschnellen Schlußfolgerungen neigt. Am Ende hat sich seine Methode ausgezahlt. Er kann den Täter, der Dr. Nikolais Wagen für krumme Geschäfte benutzte, stellen.
ZUM FILM: Der Kriminalfilm war das Debüt von Helmut Nitzschke, der nach diesem Talent-

beweis kurz darauf mit → *Leichensache Zernick* einen der besten DEFA-Krimis überhaupt drehen sollte. In *Nebelnacht* war der Zuschauer zum Mitkombinieren aufgefordert, was wegen der Unübersichtlichkeit der Handlung nicht leicht, wenn nicht unmöglich war.

ECHO: Die Geschichte ist von A bis Z unglaubwürdig, weil unmotiviert, auf der Leinwand agieren keine Charaktere, sondern Schemen, und als Kriminalisten begegnen uns wieder jene desinfizierten Typen, die gewiß allen Anforderungen der Dienstvorschrift entsprechen, aber in der Kunst nur zu geringer Wirkung fähig sind. (Renate Holland-Moritz, *Filmspiegel* 28/1969)

Beachtenswert ist die Inszenierung Helmut Nitzschkes speziell in der Schauspielerführung. Er findet hier eine sachliche Grundposition, die dem Genre entspricht, gleichzeitig aber auch Spielraum läßt für eine beabsichtigte Zwielichtigkeit einzelner Rollen, aber auch für schon fast kabarettistisch zu nennende Einlagen – allerdings mit der Gefahr verbunden, die gesamtstilistische Anlage zu zerbrechen. (Friedrich Salow, *Filmspiegel* 15/1969)

NEBENBEI: Zwei renommierte, auch durchs Fernsehen bekannte Bühnendarstellerinnen spielten hier ihre ersten großen Filmrollen: Sabine Krug konnte ihre Laufbahn nicht fortsetzen, da sie im Sommer 1969 tödlich verunglückte, für Käthe Reichel stand der Film jedoch am Beginn einer großen Filmkarriere in skurrilen, hintergründigen Rollen. – Als Schwester Ursula spielte Heidi Weigelt eine ihrer ersten Rollen. Sie wurde später mit der Fernsehsendung *Wunschbriefkasten* populär.

NELKEN IN ASPIK

RE: Günter Reisch, SZ: Kurt Belicke, Günter Reisch, DR: Gabriele Herzog, KA: Günter Haubold, MU: Reinhard Lakomy, SB: Harry Leupold, KO: Werner Bergemann, SC: Monika Schindler, PL: Martin Sonnabend, GR: GR »Johannisthal«, m: 2573 = 94 min, fa, PJ: 1976, PM: 24.9.1976, PM-Ort: Erfurt, »Panorama-Palast«

DA: Armin Mueller-Stahl (Wolfgang Schmidt, der »große Schweiger«), Helga Sasse (Cilly), Erik S. Klein (Siegfried Huster, Leiter der »Zentralstelle für Leichte Druckerzeugnisse«), Helga Göring (Kollegin Kühn, Direktorin des »Hauses der Werbung«), Herbert Köfer (Dietmar Freiherr von Fredersdorff-Lützenheim, Kraftfahrer und BGL-Vorsitzender), Eva-Maria Hagen (Helene), Edwin Marian (Bernie), Eberhard Cohrs (Eberhard Kurz, Puppenspieler), Norbert Christian (Psychiater), Winfried Glatzeder (Zahnarzt), Jürgen Zartmann, (Oberwachtmeister Schwanenkauz), Lutz Stückrath (Mitarbeiter von Bleurop), Brigitte Krause, Hans-Joachim Hanisch, Erich Mirek, Werner Godemann, Carl Heinz Choynski, Werner Lierck, Stefan Lisewski, David Gelbin u.a., GE: Reinhard Lakomy, die 4 Brummers

INHALT: Werbezeichner Wolfgang Schmidt ist ein miserabler Zeichner, dafür aber ein gewandter Redner und hat zahlreiche gesellschaftliche Ämter im Haus der Werbung inne. Plötzlich erscheint Siegfried Huster von der übergeordneten Dienststelle, um einen neuen Mitarbeiter für die Hauptverwaltung auszuwählen. Schmidts Kaderakte macht Eindruck, und dessen als weise eingestuftes plötzliches schweigsames Verhalten auch – er hat gerade zwei Schneidezähne eingebüßt. So macht Schmidt schweigend Karriere und fühlt sich gar nicht wohl, weil er den Aufgaben nicht gewachsen ist. Alles was er unternimmt, um sich selbst zu Fall zu bringen, wird ein Erfolg. Nur bei seiner Kollegin Cilly kommt er mit seinem Schweigen nicht so recht voran. Als er es bis zum Generaldirektor gebracht hat, wird die Fehlbesetzung erkannt. Es kommt zu seinem Fall – ins Glück. Er erobert Cilly und findet – wieder mit Zähnen – als Führer bei Stadtrundfahrten eine seinem Redetalent angemessene Beschäftigung.

ZUM FILM: Zusammen mit Kurt Belicke, mit dem er schon in → *Ein Lord am Alexanderplatz* zusammengearbeitet hatte, schrieb Regisseur Günter Reisch nach dem Vorbild sowjetischer »exzentrischer Komödien« einen heiteren Film für Armin Mueller-Stahl, der auch im *Lord* schon komisch brillierte. Leider fehlte dem Film das richtige Timing, und manche Gags waren zu flau, als daß sie bei der Wiederholung noch funktionierten. Trotzdem gab es bei dem Riesenaufgebot an Komödianten noch genügend Spaß für den Zuschauer.

ECHO: Bar jeder Realitätsbezogenheit beginnt ein Klamauk, dessen Gags gelegentlich wirklich ganz ulkig sind. Spaß für Feinschmecker, insonderheit für intime Kenner der DEFA, enthält allerdings nur der Vorspann. (Renate Holland-Moritz, *Eulenspiegel* 43/1976)

Beim erfreulichen Unternehmen, Überholtes und Schädliches lächerlich zu machen, waren Günter Reisch und seinem Kollektiv alle dem Spaß und Humor verbundenen Mittel recht. Es wird parodiert und ironisiert, Zeit gerafft und Klamauk gemacht. (...) Und doch bietet diese »exzentrische Komödie« nicht das große Vergnügen, das Aufwand, Besetzung und Thema erwarten ließen. Nicht jeder »Tiefsinn im Unsinn« gelangt an die Oberfläche. (ele, *Sächsische Neueste Nachrichten*, 12.9.1976)

Die sich bietenden Möglichkeiten werden zu vielen, den Beschauer oft überrumpelnden komischen Episoden und Situationen genutzt. Vielerlei bewährte genremäßige und stilistische Mittel, kabarettistische Einlagen und auch optische Gags werden eingesetzt. Mueller-Stahls famose Lispel-Effekte überflügeln bisher bekannte Schwank-Stottereien. (Klaus Lippert, *Filmspiegel* 22/1976)

NEBENBEI: Der Film ist reich gespickt mit Anspielungen auf prominente Zeitgenossen. Herausgreifen könnte man nur, daß »Hansi« Hanisch Sportreporter Heinz-Florian Oertel parodierte, und sich Günter Reisch nicht scheute, auch die gestrenge »Kino-Eule« Renate Holland-Moritz in Gestalt von Brigitte Krause auf die Schippe zu nehmen. Ob der darauf folgende, ungewohnt zurückhaltende Verriß der Kritikerin damit in ursächlichem Zusammenhang steht, ist nicht bekannt. – Dem amüsanten Film war keine lange Laufzeit vergönnt, weil sich viele Mitwirkende angesichts der durch die Biermann-Ausbürgerung ausgelösten verschärften Konfrontation von Staat und Künstlern von der DDR verabschiedeten, darunter Armin Mueller-Stahl, Eva-Maria Hagen, Eberhard Cohrs und Edwin Marian.

NETZWERK

RE: Ralf Kirsten, SZ: Ralf Kirsten, Eberhard Panitz, DR: Anne Pfeuffer, KA: Claus Neumann, MU: André Asriel, SB: Hans Poppe, Jochen Keller, KO: Werner Bergemann, SC: Evelyn Carow, PL: Erich Albrecht, GR: KAG »Berlin«, m: 2178 = 80 min, s/w, brw, PJ: 1969, PM: 3.9.1970, PM-Ort: Berlin, »International«

DA: Alfred Müller (Kahler), Jutta Wachowiak (Ruth Kahler), Manfred Krug (Schaffrath), Rolf Ludwig (Melzer), Fred Düren (Ragosch), Katja Paryla (Katja Ragosch), Wolfgang Greese, Helga Göring (Heinicke u. Frau), Günter Junghans (Püschel), Klaus Manchen (Jakob), Jenny Gröllmann, Heidemarie Wenzel, Walter Lendrich, Herwart Grosse, Ursula Werner u.a.

INHALT: In einem neuen Betriebsteil eines Erdölverarbeitungswerkes bricht der etwa 40jährige Meister Peter Ragosch plötzlich zusammen und wird ins Krankenhaus gebracht. Die Reaktionen der teils bewährten, teils neuen Mitarbeiter sind unterschiedlich. Betriebsleiter Heinicke glaubt sich nur für die Effektivität der Arbeit zuständig. Der junge Hochschulabsolvent Püschel, vorwiegend nach eigenen Entwicklungschancen schielend, ist rigoros für die Ablösung jener, die ihren Aufgaben nicht gewachsen scheinen. Parteisekretär Kahler dagegen fühlt sich für die Menschen verantwortlich, versucht den Mitarbeitern klarzumachen, daß die Beziehungen zueinander genauso wichtig sind wie die Arbeit. Er geht den Ursachen für Ragoschs Zusammenbruch nach. Dieser hat sich seit Kriegsende mit aller Kraft für den Neuaufbau eingesetzt, darüber seine eigene Qualifizierung wie auch seine Ehe vernachlässigt. Nun hat er Angst, den Anforderungen nicht mehr gewachsen zu sein. Seine Frau, die seinetwegen ihre Arbeit aufgab, will ihn verlassen, weil er sie nicht zu brauchen scheint.

Kahler bringt beide zu der Einsicht, daß jeder für sich einen neuen Anfang wagen muß, damit sie vielleicht eine gemeinsame Zukunft haben. Und er bewirkt, daß einige Kollegen ihr vorschnelles Urteil revidieren.
ZUM FILM: Die Probleme der wissenschaftlich-technischen Revolution standen damals häufig im Mittelpunkt von Film- und Fernsehproduktionen. Dabei wurde die Problematik zumeist in der Entwicklungsphase mit Betroffenen in Forschung und Produktion beraten. Ralf Kirstens Film wirkt durchdacht, aber auch sehr spröde.
ECHO: Die Filmschöpfer verzichten auf äußere Dramatik, sie einigten sich auf die Gestaltung von Denkprozessen. (...) Besondere Liebe widmeten die Filmschöpfer der Figur des Parteisekretärs Dr. Kahler, gespielt von Alfred Müller. Dieser Mensch wird plastisch durch eine dramaturgisch kluge Nutzung des Figurenensembles, des dramaturgischen »Netzwerks«. Allerdings zeigen sich hierbei auch die reportagehaften Strukturen, die den Film prägen. Eigene Aktionen plus die Aussagen seiner Freunde, der Ehefrau und des Lehrers fügen sich zum Mosaik. Im Endergebnis erhalten wir das Bild eines Parteisekretärs, wie es in bisherigen DEFA-Filmen nur im Ansatz zu erkennen war. Kahler/Müller vereinigt die ungeteilte Sympathie des Publikums auf sich. Diese Gestalt erfüllt eine moralisch-politische Vorbildfunktion. (Friedrich Salow, *Filmspiegel* 19/1970)
Auch er (der Film, f.b.h.) bedient sich des dokumentarisch-realistischen Stils und bestätigt die in größter Wirklichkeitsnähe und dem Verzicht auf das Anbieten von Patentlösungen für alle angesprochenen Probleme liegenden Vorzüge dieser Richtung. Trotzdem verleugnet auch *Netzwerk* keineswegs die Funktion aller DEFA-Produktionen: dem Publikum »Lebenshilfe« zu geben. Dabei enträt der Film nicht der Gefahr, daß seine Dialoge ins Sentenziöse abgleiten. »Wir müssen den Jungen im Jahre 2000 nicht nur Maschinen, sondern auch unsere Vorstellungen vom menschlichen Glück übergeben«, heißt es einmal. Hier ist auf eine Formel gebracht, was die SED jetzt als eine besonders wichtige Aufgabe der Kunst betrachtet. (Heinz Kersten, *Deutsches Allgemeines Sonntagsblatt*, 11.10.1970)
Handlungs- und Gedankenführung wirken in *Netzwerk* teilweise unübersichtlich, auch rhetorisch, dem nachdenklichen Film bleibt der breite

Erfolg versagt, den → *Zeit zu leben* mit der Sieger-Verve errang, gegen die hier vermutlich polemisiert wurde. (Klaus Wischnewski in *Das zweite Leben der Filmstadt Babelsberg*, 1994)
NEBENBEI: Klaus Manchen in der Rolle des Jakob stand noch am Anfang seiner Laufbahn. Der junge Schauspieler entwickelte sich von 1965 an zu einem der wichtigen Protagonisten des Berliner Maxim Gorki Theaters, spielte aber auch vor der Kamera bemerkenswerte Charaktere.

DER NEUE (TEIL 1)
(DFF-Auftragsproduktion)
RE, DB: Gerhard Respondek, SZ u. Idee: Bruno Wagner, Gerhard Bodeit, Sigurd Darac, DR: Helga Korff-Edel, KA: Wolfgang Pietsch, MU: Wolfgang Lesser, SB: Christoph Schneider, KO: Werner Bergemann, SC: Helga Emmrich, PL: Siegfried Kabitzke, P: DEFA für DFF, m: 2876 = 104 min, sw, no, PJ: 1962/63, SD: 30.6.1963, AD: 15.9. 1963
DA: Friedo Solter (Hannes Fröhlich), Susanne Düllmann (seine Frau Anita), Gerd Biewer (Paul Janetzky), Elsa Grube-Deister (Lotte Landgraf), Ingolf Gorges (ihr Sohn Günter), Hans Finohr (Oskar Krüger), Gisela Büttner (Barbara), Hans-Joachim Hanisch (Franz Tittelbach), Ruth Kom-

merell (Elfriede Flemming), Rudolf Ulrich (Traktorist Eisermann), Erich Mirek, Fritz Diez, Maika Joseph, Ingeborg Krabbe, Sabine Thalbach u.a.
INHALT: Die rentable LPG läßt ein Vorsitzender hinter sich, um eine sehr schwache Genossenschaft zu übernehmen. Er will mit seinen Erfahrungen und Kenntnissen über die Schwierigkeiten hinweghelfen. In den ersten schweren Wochen wird er mit alltäglichen Problemen konfrontiert. Aber er muß auch persönliche Opfer bringen. (nach *Filmarchiv)*
ZUM FILM: Dem Film, der einer politischen Maßgabe entsprechend um die Rentabilität von LPGen gebaut wurde, folgte der 2. Teil ein Jahr später, aber wurde nicht mehr im Kino eingesetzt.
NEBENBEI: Die neunjährige Tochter von Sabine Thalbach, Katharina, spielte die kleine Doris. Es war nicht die erste Rolle von Katharina Thalbach, die schon in den fünfziger Jahren debütierte, und – wie man weiß – längst nicht die letzte.

DIE NEUE BOOTSBESATZUNG
→ *Anhang A*

DER NEUE FIMMEL
(Kinderfilm)
RE: Walter Beck, BU: Walter Beck, LV: Filmerzählung von Friedel Hart, DR: Joachim Plötner, KA: Günter Haubold, MU: Wolfgang Lesser, BA: Willy Schiller, KO: Helga Scherff, SC: Christel Röhl, PL: Anni von Zieten, m: 2248 = 82 min, s/w, AT: Das Ei des Columbus, PJ: 1960, PM: 1.6.1960
DA: Paul R. Henker (Bürgermeister Kallenbach), Paul Lewitt (Lehrer Berger), Manfred Borges (Kuddel Moll), Werner Troegner (Fahrdienstleiter), Gisela Freund (Pionierleiterin Annemarie), Walter Hunger (BSG-Vorsitzender), Eberhard Mellies (Sportfreund), Maria Besendahl (Frau Purz), die Kinder Hans-Jürgen Meinshausen (Rudi Kallenbach), Peter Wollmann (Fritz Paschen) u.a., sowie Thälmann-Pioniere aus den Bezirken Rostock, Schwerin, Neubrandenburg und Potsdam
INHALT: Die Kinder von Hangelin, allen voran Rudi Kallenbach, der zwölfjährige Sohn des Bürgermeisters, frönen einer neuen Leidenschaft: dem Fußballspiel. Alle anderen Aufgaben, auch die Schularbeiten, sind vergessen. Die Erwachsenen hoffen, daß es nur eine vorübergehende Mode ist. Die Kinder aber entrümpeln einen Schuttplatz und richten sich ein Spielfeld ein. Ein verirrter Ball führt dazu, daß der vorbeifahrende Oberligaspieler Kuddel Moll nebst Auto an einem Baum landet. Kuddel nimmt sich nun der Kinder an und organisiert das Training. Er dringt aber auch auf die Erfüllung der anderen Pflichten, was erst zu Auseinandersetzungen, dann zur Einsicht der kleinen Fußballfans führt.
ZUM FILM: In diesem Kinderfilm mit maßvoller Kritik an gedankenloser Kommunalpolitik erscheint wieder das Motiv des jungen Außenseiters, der sich schließlich überzeugt in das Pionierkollektiv einfügt.
ECHO: Es entsteht ein falsches Bild, wenn nur Außenseiter zu den Helden der Filme werden und ihnen der Hauptanteil der Phantasie und Leidenschaft gehört. Das Leben ist reicher. *Der neue Fimmel* setzt leider diese Tradition fort.(...) Auch bei diesem Film gab es (...) Schwierigkeiten für die filmische Gestaltung. Der Regisseur Walter Beck findet für seine oftmals dramaturgisch richtig angelegten Szenen nicht immer die ihnen gemäße filmische Interpretation. (...) In anderer Hinsicht hat der Film schöne Momente. So sind einige Kinder gut geführt, besonders Rudi (...). Auch hat der Film teilweise wirkliche Spannung. Die Kinder sehen ihn mit Interesse. (Rolf Richter, *Deutsche Filmkunst* 8/1960)
NEBENBEI: Paul R. Henker, beliebter Darsteller rundlicher älterer Herren, spielte mit dem Bürgermeister seine letzte Filmrolle. Er starb im Sommer 1960 nur 62jährig.

NGON THÁP HÀ NOI
→ *DSCHUNGELZEIT*

NICHT SCHUMMELN, LIEBLING!
RE: Joachim Hasler, BU: Joachim Hasler, Heinz Kahlow, DR: Maurycy Janowski, KA: Joachim Hasler, Peter Süring, MU: Gerhard Siebholz, Frank Schöbel, ML: Gerhard Siebholz, SB: Alfred Thomalla, KO: Helga Scherff, SC: Barbara Weigel, PL: Helmut Klein, GR: KAG »Johannisthal«, m: 2516 = 92 min, fa, PJ: 1972, PM: 28.6.1973, PM-Ort: Erfurt, iga-Freilichtbühne
DA: Chris Doerk (Brigitte), Frank Schöbel (Bernd), Dorit Gäbler (Dr. Barbara Schwalbe), Christel Bodenstein (Lise Bredemeier, Stadtrat für Handel), Karel Fiala (Bürgermeister), Rolf Her-

richt (Eduard Groß, Kulturrat), Gerd E. Schäfer (Kalluweit, Stadtrat für Finanzen), Ingeborg Nass (Wirtin), Madeleine Lierck (Paule, Elektrikerlehrling), Werner Lierck (Fritze, Elektriker), Stefan Lisewski, Joachim Zschocke, Peter Bause, Heinz Behrens, Maria Besendahl u.a.

INHALT: Im kleinen Städtchen Sonnethal dreht sich alles um Fußball – nach dem Willen des Bürgermeisters. Er will die Mannschaft in die Bezirksliga bringen und sich damit ins Licht der Öffentlichkeit. Dazu sind ihm alle Mittel recht. Um dem einseitigen Treiben Einhalt zu gebieten und den Bau eines Jugendklubs durchzusetzen, beschließt die neue Fachschuldirektorin Barbara Schwalbe, ihn mit den eigenen Mitteln zu schlagen. Sie gründet eine Mädchen-Mannschaft, die den Jungen den Schneid abkauft. Der Bürgermeister ist wütend auf Barbara, und auch zwischen den beiden Mannschaftskapitänen Brigitte und Bernd gibt es Reibereien. Doch mit weiblicher List setzen die Mädchen den Bau des Jugendklubs durch, die Jungen beteiligen sich am freiwilligen Arbeitseinsatz, und zwei glückliche Paare finden sich: Brigitte und Bernd, Barbara und der Bürgermeister.

ZUM FILM: Der dritte Schlager-Film von Jo Hasler mit Frank Schöbel als Kassenmagnet hatte als Hintergrund halbkriminelle Machenschaften eines Kleinstadt-Bürgermeisters. Daß seine Machenschaften als läßliche Sünden dargestellt wurden, warf ein Licht auf die Demokratie-Auffassung, die beim jugendlichen Publikum vorausgesetzt wurde.

ECHO: Was da an Schlagern geboten wird, läßt sich hören, und man kann den Interpreten auch zuschauen. (...) Wenn die Sänger nur »spielen« müssen, kommt so recht das dünne Skelett des Films zum Vorschein. Dann schleppt sich der Film von Szene zu Szene, man hofft auf den nächsten Gesangstitel. (Manfred Beckmann, *Filmspiegel* 16/1973)

Etwas derart Dummes, Konstruiertes und Witzloses hat es – das behaupte ich kühn – seit Bestehen der DEFA noch nicht gegeben. (Renate Holland-Moritz, *Eulenspiegel* 29/1973)

NEBENBEI: Die Außenaufnahmen entstanden vor der historischen Kulisse Quedlinburgs. – Elektriker Fritze und Lehrling Paule, Werner und Madeleine Lierck, waren Vater und Tochter. Mittlerweile steht mit Fabian Oscar Wien (*Lorenz

im Land der Lügner) auch Werner Liercks Enkelsohn vor der Kamera.

NICHTS ALS SÜNDE

RE: Hanus Burger, BU: Hanus Burger, Helmut Grewald, Alfred Hirschmeier, Ingrid Reschke, LV: Komödie »Was ihr wollt« von William Shakespeare in der Musical-Fassung von Günter Deicke und Klaus Fehmel, DR: Maurycy Janowski, Traudl Kühn, KA: Helmut Grewald, MU: Klaus Fehmel, MB: Karl-Ernst Sasse, SB: Alfred Hirschmeier, KO: Gerhard Kaddatz, Bärbel Winzer, PL: Helmut Klein, GR: KAG »Johannisthal«, m: 2890 = 106 min, fa, Cine, AT: Was ihr wollt, PJ: 1964/65, AD: 15.10.1965

DA: Helga Cocková, GE: Jutta Hoffmann (Viola), Annekathrin Bürger (Olivia), Brigitte Krause (Maria), Arno Wyzniewski, GE: Fred Frohberg (Herzog Orsino), Herwart Grosse, GE: Gerry Wolff (Malvolio), Hans Lucke, GE: Manfred Krug (Narr), Hans-Joachim Hegewald (Junker Tobias), Rolf Römer (Junker Andreas), Herbert Graedtke, GE: Manfred Raasch (Sebastian), Jochen Thomas (Antonio), Rolf Herricht, Peter Kiwitt, Günter Rüger, Hannes Vohrer, Elke Rieckhoff u.a.

INHALT: Der liebestrunkene Herzog von Illyrien sendet seinen Pagen als Boten zur angebeteten Gräfin Olivia, die sich der Werbung des Herzogs schon lange entzieht und nun in dessen Pagen verliebt. Der aber ist ein Mädchen: Viola, die nach einem Schiffbruch an Illyriens Küste strandete und sich in Männerkleidern als ihr verschollener Bruder ausgibt. Sie wiederum ist in ihren Herren, den Herzog, verliebt. Ein turbulentes Verwechslungsspiel beginnt, in dessen Verlauf Violas Bruder wieder auftaucht. Am Ende bekommen beide Frauen den Mann ihres Herzens.
ZUM FILM: Das Erfolgsmusical brachte der Prager Regisseur der Berliner Uraufführung auf die Leinwand, wobei filmische Gesetze gröblichst mißachtet wurden, so daß nur noch einzelne Nummern zu bewundern waren.
ECHO: Denn was ist Film? Film ist, wenn alles grundsätzlich anders gemacht wird – so wenigstens scheint Hanus Burger gedacht zu haben, der das zauberhafte Musical auf die ORWO-Color-Breitwand zerrte und dabei die glückliche Hand vermissen ließ, die er bei der Theaterregie hatte. Da ist zwar noch die Ausstattung Alfred Hirschmeiers, mitunter ein Traum in Rot und Weiß, anmutig antinaturalistisch und poetisch verspielt, da ist noch die Musik Klaus Fehmels (...), aber nichts fügt sich zusammen. (Christoph Funke, *Morgen*, 23.10.1965)
Vollends in Lächerlichkeit getunkt fühlt man sich, wenn die Olivia, zehn Minuten nach ihrem Sündenfall am hellichten Tage, eben aus dem Bett kommend, wo sie den Bruder aber nun wirklich aus allernächster Nähe betrachten konnte, die Schwester für diesen hält, obwohl die beiden sich nicht ähnlicher sehen als andere Leute auch. Da hätte man sich nun eben etwas einfallen lassen müssen, und man kann sich nicht auf Shakespeare herausreden, denn der hätte für den Film halt anders geschrieben als für das Theater. (Gisela Steineckert, *Eulenspiegel*, 3. November-Ausgabe 1965)
NEBENBEI: Der tschechischen Schauspielerin Helga Cocková lieh Jutta Hoffmann ihre Stimme, die die Rolle in der Uraufführung am Berliner Theater der Freundschaft gespielt hatte.

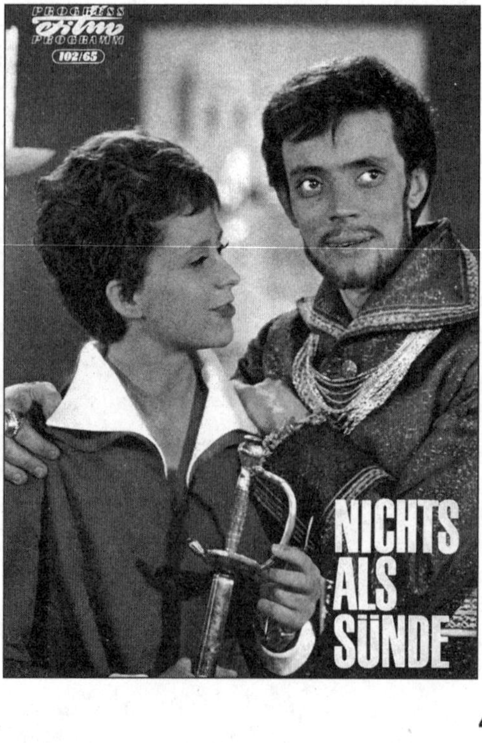

NICKI

(Kinderfilm)

RE: Gunther Scholz, SZ: Jens Bahre, LV: Erzählung »Nicki oder die Liebe einer Königin« von Jens Bahre, DR: Gabriele Herzog, KA: Siegfried Mogel, MU: Karl-Ernst Sasse, SB: Harry Leupold, KO: Ingrid Mogel, SC: Rita Hiller, PL: Walther Kronenthal, GR: GR »Johannisthal«, m: 1952 = 72 min, fa, PJ: 1979, PM: 23.3.1980, PM-Ort: Berlin, »Colosseum«
DA: Katrin Raukopf (Nicki), Ralf Häger (Jupp), Andrea Brose (Cornelia), Jörg Panknin (Vater), Margot Busse (Josephine, Lehrerin), Klaus Manchen (Johann), Hans-Otto Reintsch (Ludwig), Reimar-Joh. Baur (Minister), Petra Hinze (Zahnärztin), Klaus Gehrke (Cornelias Vater), Eva Schäfer, Bert Brunn, Hans-Werner Zebunke u.a.
INHALT: Nicki ist zwölf Jahre alt und hat schon eine Menge Pflichten. Seit die Mutter tot ist, führt sie praktisch den Haushalt und kümmert sich um die drei jüngeren Geschwister. Das bringt Probleme, auch in der Schule hat sie zur Zeit Schwierigkeiten, besonders in Mathe. Und die Mathelehrerin, Fräulein Lorenz, kann sie überhaupt nicht leiden. Manchmal flüchtet sich Nicki in den Traum, eine Königin zu sein. Dann holt sie sich vom Lordkanzler Ratschläge, wie ihre Probleme zu lösen sind. Er empfiehlt ihr zu lernen und Fräulein Lorenz durch gute Leistungen zu verblüffen.

Was sie auch tut. Und als der Vater ausgerechnet die Lehrerin heiraten will, da sind die Fronten schon etwas gelockert.
ZUM FILM: Mit diesem Film unterstrich Gunther Scholz seine gute Hand für Kinderstoffe und ihre ideenreiche filmische Umsetzung.
ECHO: Diese Alltagsereignisse werden gut beobachtet, handwerklich genau wiedergegeben. Sie mögen Kinder dazu ermuntern, Schwierigkeiten durch Selbstüberwindung zu überwinden. Sie regen aber auch dazu an, Spaß an Land und Leuten und Leben zu haben, dem anderen mit Aufmerksamkeit entgegenzugehen. (Irma Zimm, *BZ am Abend*, 25.3.1980)
Man vermißt bei *Nicki* eine psychologisch tiefergehende Behandlung des Vater-Tochter-Verhältnisses. Zwar färbt Scholz in keiner Weise schön; aber er nimmt den Konflikt, den wohl beinahe ein jedes Kind austrägt, das, in einem ohnehin schwierigen Alter stehend, eine neue Mutter bekommen soll, doch wohl etwas zu leicht. (ak, *Mitteldeutsche Neueste Nachrichten*, 28.3.1980)
Daß der neue Kinderfilm trotzdem sehenswert und streckenweise sogar lustig ist, liegt an der sicheren Hand des Regisseurs, der die bezaubernde kleine Katrin Raukopf führt, an seinen schönen Regie-Einfällen, besonders in den Traumszenen mit meinem Idol Reimar Joh. Baur, und den frech-fröhlichen Dialogen von Jens Bahre. (Renate Holland-Moritz, *Eulenspiegel* 14/1980)
Nicki ist ein amüsantes Plädoyer für Phantasie und Ideenreichtum im Alltag, eine nachdenklich-heitere Geschichte, die in indirekter, nie moralisierender Weise Teenagern in vergleichbaren Situationen auch heute noch ein Stückchen Lebenshilfe bieten kann. (*Zwischen Marx und Muck*, 1996)
NEBENBEI: Jens Bahre, der Autor des Films, spielte hier einen dicken Mann, während Oberbeleuchter Herbert Ikker als Kollege des Vaters einen seiner wenigen Auftritte vor der Kamera hatte.

NOVALIS – DIE BLAUE BLUME
(Co-Produktion)
RE: Herwig Kipping, BU: Herwig Kipping, KA: Matthias Tschiedel, MU: Johann Sebastian Bach, Ludwig van Beethoven, Wolf Biermann, Wolfgang Amadeus Mozart, Claude Debussy, Pestilence, Johann Strauß, Bolt Thrower, Antonio Vivaldi, SB: Günther Petzold, KO: Karin Pas, SC: Bettina Böhler, PL: Barbara Christian-Kropp, m: 2665 = 97 min, fa, CO: Thomas Wilkening Filmgesellschaft mbH, PJ: 1993, PM: 13.10.1993 (Voraufführung), 4.5.1994, PM-Ort: Cottbus, Filmfestival (Voraufführung), Schwerin, »Capitol«
DA: Agathe de la Fontaine (Sophie), Christoph Schiller (Friedrich /Novalis), Hansjürgen Hürrig (Vater Hardenberg), Eva-Maria Hagen (Mutter Hardenberg), Marijam Agischewa (Mutter Sophie), Gottfried John (Rockenthien), Eberhard Esche (Großkreuz), Arno Wyzniewski (Just), Volker Ranisch (Erasmus), Reiner Heise (Tod), André Hennicke (Leutnant Selmnitz), Margret Völker, Steffen Wink, Sharon Brauner, Eugen Krößner, Özlem Soydan u.a.
INHALT: In einer Art Sterbetraum läuft die Vision seines Lebens vor Friedrich von Hardenberg (genannt Novalis) ab. Sein strenger Vater zwingt ihn ins Joch, erinnert ihn an die Mannespflicht zur Erhaltung des Geschlechtes. Als ein Lernender des Rechts sucht sich Friedrich verzweifelt in die weltlichen Dinge einzumischen und nimmt ein Amt an. Sein Onkel, das Großkreuz, versucht, ihm seine Philosophie einer neuen Poesie des Krieges einzugeben. Doch Friedrich verweigert sich beiden. – Die Begegnung mit der zwölfjährigen Sophie von Kühn erlöst ihn von der Erdenschwere und befreit den Dichter in ihm. Er sucht Sophies Nähe, ihre Inspiration, das Beglückende ihres Wesens, das sein Medium ist. Bis sie stirbt ... – Nur in seinem Traum vermählt er sich mit ihr. In der blauen Blume, dem Sinnbild ihrer ewigen Liebe, ist die Vereinigung mit dem Ideal möglich. – Die Form des Films folgt seinen geistigen Intentionen. Die Realität findet sich aufgelöst im Mystischen, Irrealen, Metaphysischen. Biographische Landschaften des romantischen Dichters gehen auf in offenen Dekorationen (Ruinen, Schlösser, Vorsatzmodelle, Glasmalereien) und werden verwoben mit Malerei.
ZUM FILM: Nachdem Herwig Kipping, dem in der DDR verwehrt war, Filme zu drehen, für → *Das Land hinter dem Regenbogen* einen Bundesfilmpreis erhalten hatte, war es ihm möglich, in einem weiteren Stoff spielerisch mit deutscher Geschichte umzugehen. *Novalis* war der letzte

Film, der unter dem DEFA-Signet erschien, leider bislang auch Kippings letzter Film, der auch in der Bundesrepublik ein Außenseiter bleibt.
ECHO: Die Kamera von Matthias Tschiedel schwelgt in romantisch-schönen, in aufregenden Bildern, untermalt von klassischer Musik, die mitunter stärkere Brüche vertragen hätte. Das Aufeinandertreffen der beiden Liebenden war so aufregend, daß man Herzklopfen bekam. Doch Kipping wäre nicht er selbst, wenn er nicht deutliche Widerhaken gelegt hätte. Sparsam, aber wirkungsvoll baut er Verweise auf die Gegenwart ein: Gebrauchsgegenstände, Beton, geschichtsträchtige Bauwerke der deutschen Hauptstadt. Unvermutet trifft Novalis auf Bilder derer, die nach ihm Symbole des deutschen Weges wurden: Bismarck oder die Dietrich pur, Hitler in der Entstellung durch Chaplin, Zitate aus den berüchtigten tausend Jahren, gesprochen am Ende des 18. Jahrhunderts, verweisen auf die Wurzeln unserer heutigen Kultur. (F.-B. Habel, *Märkische Allgemeine*, 20.10.1993)
Offenbar hat sich Kipping mit seinem zweiten abendfüllenden Film konsequent zwischen alle Stühle gesetzt. Auch ich habe Schwierigkeiten mit dem Film. Aber ich finde ihn in seiner Zerrissenheit zwischen Liebe zu Novalis und Zerstörungswut gegenüber jeglicher Identifikation mit dem Helden höchst bemerkenswert. Er überfällt uns mit einem eigenartigen Gemenge aus bitterernstem romantischem Pathos und Videoclip-Ästhetik, schwankt zwischen Todessehnsüchtiger Selbstzerstörung und konsumorientierter modisch-dekorativer Bilderwelt in exzessiver Weise hin und her. Dieses sperrig Disparate macht *Novalis* für mich direkt wie indirekt zu einem wesentlichen Dokument gegenwärtiger deutscher Befindlichkeit. Kein Film zum Übersehen auf jeden Fall. (Erika Richter, *Film und Fernsehen* 3/1994)
NEBENBEI: Eva-Maria Hagen singt ein Lied von Wolf Biermann.

NUR EINE FRAU

RE: Carl Balhaus, BU: Erich Ebermayer, Hedda Zinner, LV: Gleichnamiger Roman von Hedda Zinner, DR: Marieluise Steinhauer, KA: Götz Neumann, MU: Eberhard Schmidt, BA: Erich Zander, KO: Hans Kieselbach, SC: Helga Emmrich, PL: Alexander Lösche, m: 2863 = 105 min, s/w, AT: Nachtigall im Winter, Luise Otto-Peters, PJ: 1957, PM: 6.3.1958, PM-Ort: Leipzig, »Capitol«
DA: Karla Runkehl (Luise Otto-Peters), Rudolf Grabow (August Peters), Lore Frisch (Antonie), Helga Göring (Melanie), Ruth Baldor (Tanta Amalie), Hanns Anselm Perten (Dennhardt), Maly Delschaft (Frau Führmann), Hans Finohr (Vater Otto), Albert Garbe (Robert Blum), Eva-Maria Hagen (Franziska), Hans Stetter, Hermann Matt, Hansjoachim Büttner, Marianne Wünscher, Marga Legal, Bella Waldritter, Edith Volkmann, Maria Besendahl, Charlotte Küter, Nana Schwebs
INHALT: Ein biographischer Film über die Frauenrechtlerin Luise Otto-Peters (1819 – 1895). Als wohlbehütete Tochter eines angesehenen Juristen wächst sie in Meißen auf. In ihrer bürgerlichen Umgebung stößt die junge Luise mit ihrer Anteilnahme an politischen und sozialen Problemen auf Unverständnis. Doch sie geht ihren eigenen Weg, schlägt die Werbung eines reichen Adligen aus und beginnt zu arbeiten. Ihre Gedichte und fortschrittlichen Artikel werden von den Zeitungen gedruckt. Ein Aufenthalt beim Schwager, der eine Weberei besitzt, konfrontiert sie mit dem Elend der Fabrikarbeiter. Ihr Mitleid und ihre

Empörung ob dieser Ausbeutung lassen sie Partei ergreifen. Verständnis für ihr Engagement findet sie bei dem jungen Lehrer August Peters, der die von der Fabrikarbeit übermüdeten Kinder in den Abendstunden unterrichtet. Eine Verbindung der beiden wird von der Familie hintertrieben. Luise schreibt sozialkritische Romane und gründet die erste Frauenzeitschrift Deutschlands. In den Kämpfen der 48er Revolution trifft sie August wieder. Er ist verwundet, und sie verbirgt ihn, kann aber seine Verhaftung nicht verhindern. Als er nach zehnjähriger Haft aus dem Gefängnis entlassen wird, heiraten sie.
ZUM FILM: Der biografische Film, dem einige der Darsteller ironische Glanzlichter aufsteckten, erzählte durchaus frei die Biografie der Frauenrechtlerin mit sozialkritischen Akzenten.
ECHO: Es ist kein großer, sensationeller, aber ein empfehlenswerter, guter Streifen geworden. Sehr schön die schauspielerische Leistung von Karla Runkehl in der Tietlrolle: kein dünnblütiger, blaustrümpfiger Frauenrechtlerinnentyp, sondern ein lebensvoller Mensch und Charakter, ungemein liebenswert in seiner klaren, tatkräftigen Entschiedenheit. Das Ganze ist ein wenig hausbacken, aber verdient dennoch Interesse und Achtung. Carl Balhaus führt eine seriöse, manchmal etwas breite Regie. Das Elend und die für Luise wie für manche von uns unvorstellbare Ausbeutung der Frauen und Kinder geraten ihm teilweise sentimental, statt hart. Einige Passagen entbehren der Spannung. Die Schauspieler werden im allgemeinen gut geführt, und die Kamera Götz Neumanns, der schon einfallsreicher war, wird vom Regisseur herkömmlich eingesetzt. (Karl-Eduard v. Schnitzler, *Filmspiegel* 10/1958)
NEBENBEI: Als Schönemann ist Hermann Matt, später ein beliebter Rundfunksprecher, in seiner einzigen größeren DEFA-Rolle zu sehen. – In der kleinen Rolle eines Assessors agierte Jörg d' Bomba, der einer der wichtigen DEFA-Trickfilmregisseure werden sollte.

O

THE OATH OF THE SOLDIER POOLEY
→ DER SCHWUR DES SOLDATEN POOLEY

DER OCHSE VON KULM
RE: Martin Hellberg, BU: W .K. Schweickert, LV: Gleichnamiger Roman von W. K. Schweickert, DR: Hans-Joachim Wallstein, Gerhard Neumann, KA: Eugen Klagemann, MU: Günter Klück, BA: Oskar Pietsch, KO: Ruth Herschmann, SC: Gisela Klagemann, PL: Paul Ramacher, m: 2408 = 88 min, s/w, PJ: 1954, PM: 27.1.1955, PM-Ort: Berlin, »DEFA-Filmtheater Kastanienallee«
DA: Ferdinand Anton (Alois), Lore Frisch (Resel), Franz Loskarn (Bürgermeister), Thea Aichbichler (Theres), Theo Prosel (Meierhofbauer), Harald Mannl (Waaghuber), Gustav Trombke (Staatsanwalt), Wolf Goette (Schneidzwirbel), Hans Stadtmüller (Bollinger), Paul Lewitt (Richter), Raimund Schelcher, Axel Triebel, Otto Sauter-Sarto, Wolf Kaiser, Lou Seitz u.a.

INHALT: Auf einer Weide im Bayrischen versetzt ein Ochse Angehörige der amerikanischen Besatzungsmacht in Angst und Schrecken. Für dieses »politische« Vergehen wird der Bauer Alois, Besitzer des Tieres, zu dreißig Tagen Haft verurteilt. Während Alois seine Strafe antritt, tobt der Ochse auf dem Gefängnishof. Niemand kann ihn bändigen, und alle Bauern verweigern es, den Ochsen in Obhut zu nehmen. Die hilflose Verwaltung läßt sich eine irrwitzige Lösung einfallen: Alois muß seine Person spalten. Als Häftling Alois wird er zum Außendienst beim Tierhalter Alois abkommandiert, um den Ochsen zu beaufsichtigen, während er als Tierhalter Alois den Häftling Alois zu beaufsichtigen hat. Die Rechnung, die er anschließend für die doppelte Leistung präsentiert, ist gewaltig.
ZUM FILM: Martin Hellberg gelang ein amüsantes Lustspiel mit treffender Typenzeichnung. Der Film galt lange Zeit als Paradebeispiel einer guten DEFA-Komödie.
ECHO: ... daß sie (die Geschichte, f.b.h.) in Martin Hellberg einen Regisseur gefunden hat, der all ihre lustigen Zutaten mit liebevollem Temperament und mancherlei originellen Einfällen zusammenmischte und verband, so daß das Ganze wie aus einem Guß erscheint. (H. U. E., *Berliner Zeitung*, 30.1.1955)
Im Gegensatz zu früheren, in Westdeutschland spielenden Filmen verzichtet die DEFA nun auf das Traumbild einer Volksfront; stattdessen tritt ein einzelner bayerischer Bauer, ein verschmitzter Sturschädel, aus der Masse heraus und verdeutlicht den Justizbehörden seines Freistaats, daß man mit »gesundem Menschenverstand« noch immer am weitesten kommt. (Ralf Schenk, *Das zweite Leben der Filmstadt Babelsberg*, 1994)
NEBENBEI: Unter den vielen bayerischen Schauspielern, die Hellberg verpflichtete, war auch Lore Frisch, die in Hellbergs Münchener Zeit seine Schülerin gewesen war und bereits im bundesdeutschen Heimatfilm debütiert hatte. Bis zu ihrem Freitod im Jahre 1962 war sie fortan eine der beliebtesten DEFA-Schauspielerinnen. Der

Star des Films war jedoch der Träger der Titelrolle namens Hansel, der vom Regisseur täglich mit Kohlrübenblättern und hartem Brot verwöhnt wurde. In seinen Erinnerungen berichtet Hellberg von der Szene, in der Hansel die Waden eines Ami-Liebchens belecken sollte. Zunächst fand der Prachtochse kein Interesse an der Dame. Hellberg erzählt: »Da ging unserem treffsicheren Requisiteur Schütz ein Licht auf: Er bestrich die nackten Waden der Sexbombe mit Viehsalz und – die Sache klappte. Hansel trottete pflichtschuldigst den vorgeschriebenen Weg, stutzte, wie probiert – aber dann kam Instinkt ins Spiel, und er wuchs als Darsteller über sich hinaus: Mit rauher, rissiger Zunge bestrich er die strampelnden Beine von Waltraud Backmann, die mit grellem Gekreisch den Aktus krönte.« (*Mit scharfer Optik*, 1982)

OH, DIESE JUGEND

→*Anhang C*

OHNE PASS IN FREMDEN BETTEN

RE: Vladimir Brebera, BU: Jurek Becker, Kurt Belicke, DR: Maurycy Janowski, Thea Richter, KA: Horst Hardt, MU: Karel Krautgartner, SB: Ernst-Rudolf Pech, KO: Elisabeth Selle, SC: Wally Gurschke, PL: Helmut Klein, GR: KAG »Johannisthal«, m: 2481 = 91 min, s/w, AT: Das Riesenrad, PJ: 1964/65, AD: 12.11.1965

DA: Miroslav Hornicek (Jelinek), Christel Bodenstein (Susi), Kurt Kachlicki (Eddy), Eva-Maria Hagen (Yvonne), Carola Braunbock (Trude Kabuffke), Gerhard Bienert (Wilhelm Kabuffke), Gerd E. Schäfer (Eisenbahner Müller), Otto Stark, Werner Lierck (Polizisten), Helga Göring (Eddys Regieassistentin), Günter Ott, Norbert Christian, Werner Kamenik, Edgar Külow, Ellen Tiedtke u.a.

INHALT: Eine Stunde Zugaufenthalt in Berlin will der Tschechoslowake Jelinek auf dem Rummel verbringen. Doch als er in der Gondel des Riesenrads ganz oben ist, bleibt das Gefährt mit einem Defekt stehen, und er verpaßt den Zug, in dem sich Gepäck und Paß befinden. Da die Botschaft am Sonnabend geschlossen ist, hilft der Riesenradbesitzer – mit einem Bett im Wohnwagen eines Freundes. Der Wagen setzt sich in der Frühe plötzlich in Bewegung, und Jelinek landet weit außerhalb Berlins an einem See. Ein kühles Bad beschert ihm die Bekanntschaft mit der hübschen Susi. Damit fangen die Schwierigkeiten erst richtig an, denn Susis Verlobter mißversteht ihre Hilfsbereitschaft. Sogar die Polizei muß eingreifen, wobei sich herausstellt, daß ein Bahnbeamter freundlicherweise Jelineks Papiere aus dem abfahrenden Zug gerettet hat.

ZUM FILM: Als deutsch-tschechoslowakischer Humorpakt entstand ein harmloses Lustspiel, dem köstliche Komiker aus beiden Ländern Leben einhauchten.

ECHO: Wenn auch nur einer in Ruhe zwei Minuten zuhören, zwei Minuten nachdenken und zwei Minuten antworten würde, wäre der Film in sechs Minuten aus. Er dauert aber fünfundneunzig Minuten. Seine Schwäche: Die Komplikationen werden mitunter krampfhaft weitergeführt. Seine Hübschheit: Die Autoren Jurek Becker und Kurt Belicke haben ein Ohr und einen Blick für Mitmenschen. (...) Das ist liebenswürdig und freundlich, mitunter sogar elegant. Man ist nicht gerade mitgerissen, aber auch nicht gelangweilt. (Gisela Steineckert, *Eulenspiegel* 49/1965)

NEBENBEI: Karel Krautgartner leitete in Prag ein bekanntes Tanzorchester, das die Begleitung für diesen Film einspielte.

OLLE HENRY

RE: Ulrich Weiß, SZ: Dieter Schubert, DR: Gabriele Herzog, KA: Roland Dressel, MU: Peter Rabenalt, SB: Hans Poppe, KO: Ewald Forchner, Katrine Cremer, SC: Evelyn Carow, PL: Wolfgang Rennebarth, GR: GR »Johannisthal«, m: 2741 = 101 min, fa, PJ: 1983, PM: 24.11.1983, PM-Ort: Berlin, »International«

DA: Michael Gwisdek (Henry Wolters), Anikó Sáfár (Xenia), Siegfried Höchst (Bruno), Hermann Beyer (Hannes), Ursula Karusseit (Dame Lola), Christian Grashof (Karl-Heinz), Gheorghe Patru (Vater Findeisen), Carl-Hermann Risse (Herr Schramm), Ulrich Mühe (Junger Mann), Katrin Knappe (Junge Frau), Dieter Wardetzky, Detlef Bierstedt, Gisa Stoll, Horst Krause, Roland Kuchenbuch u.a.

INHALT: Kurz nach dem Ende des Zweiten Weltkriegs begegnen sich in Berlin Henry und Xenia. Er, ein ehemaliger Profiboxer, durch den Krieg entwurzelt und ohne Hoffnung, fällt bei einer Hamsterfahrt aus dem überfüllten Zug. Er landet in der Nähe von Xenias Behausung, einem ausrangierten Waggon auf einem Abstellgleis. Xenia, die sich in einer noblen Nachtbar als Animiermädchen verdingt, nimmt ihn auf, pflegt ihn, treibt ihn dazu, wieder zu boxen. In Henry keimt neue Hoffnung, er will sich auch nicht von der Frau aushalten lassen, die sich in ihn verliebt hat. Zuerst tritt er in einer Rummelplatzbude auf. Xenia bringt den sie verehrenden Bruno dazu, seine Beziehungen einzusetzen, damit Henry erneut ins Profigeschäft einsteigen kann. Endlich wieder in einem richtigen Ring, muß Henry eine Niederlage einstecken. Er bricht zusammen, doch Xenia hält zu ihm.

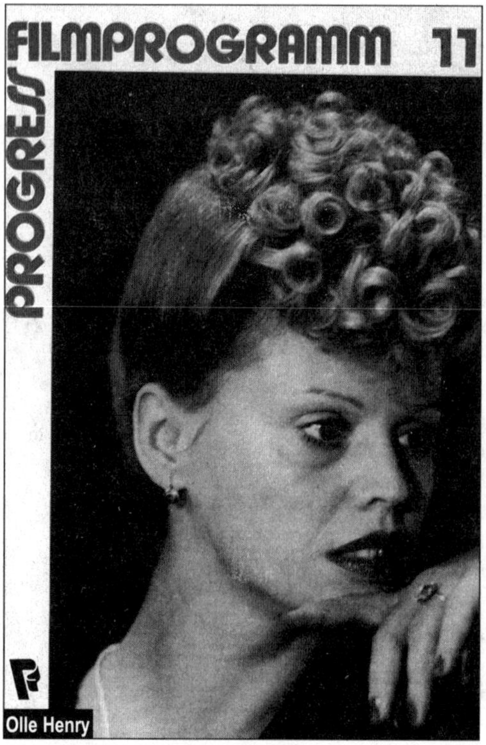

ZUM FILM: Mit seinem Bruch der Konventionen (»Ich habe ihnen ihr Spielzeug kaputtgemacht«, Weiß, 1992), der ihm besonders beim antifaschistischen Thema (→ *Dein unbekannter Bruder*) übelgenommen worden war, geriet Ulrich Weiß bei der DEFA ins Abseits. Er stand im Mittelpunkt des Operativen Vorgangs »Bruder« beim Ministerium für Staatssicherheit, der auch fortgesetzt wurde, als ihm ein neues Szenarium zur Verfilmung angeboten wurde, das Weiß auf Anhieb gefiel. Das MfS schätzte den Regieauftrag an Weiß als »vertrauensbildende Maßnahme« ein. Trotzdem wurde er von Inoffiziellen Mitarbeitern des MfS überwacht, »mit dem Ziel, subjektivistische Aussagen von W. rechtzeitig aufzudecken und zu verhindern«. Dreharbeiten, Endfertigung und Abnahme erfolgten ohne Schwierigkeiten. Doch nach der Premiere des Films mit sehr geteilter Presseresonanz wurden Weiß die Reisen zum Saarbrücker Max-Ophüls-Preis und zur Berlinale, zu der der Fim eingeladen war, aber nicht entsandt wurde, verweigert. Erst nach einer Intervention von Oberbürgermeister Oskar Lafontaine konnte der Film 1985 in Saarbrücken laufen und erhielt den Sonderpreis des Oberbürgermeisters. Bis 1990 konnte Ulrich Weiß jedoch keinen Film mehr bei der DEFA inszenieren.

ZITATE: Gegenwärtig arbeitet W. an dem Filmstoff *Olle Henry.* (...) Dabei handle es sich um die Geschichte eines Boxers im Nachkriegsberlin, nach Einschätzung der IM ein insgesamt politisch belangloser Stoff. (Notiz MfS-Akte OPK »Bruder« v. 1.9.1982, zit. nach *Repression und Freiheit*)

Einige Übersteigerungen gab es, als W. in den Film einstieg. Da fragte er, wo man denn das »Nuttenmilieu« studieren könne, worauf ihm eindringlich gesagt wurde, daß er vom Studio keine

Dienstreise auf die Reeperbahn finanziert bekommt. (Notiz MfS-Akte OPK »Bruder« v. 6.10.1982, zit. nach *Repression und Freiheit*)
Ulrich Weiß wird allgemein als überdurchschnittlich begabt eingeschätzt, sein Weltbild und sein gesellschaftlicher Standort sind jedoch stark individualistisch gefärbt und diffus. Deshalb ist seine Haltung schwer kalkulierbar. (DEFA-Generaldirektor Hans-Dieter Mäde in einem Brief an Politbüromitglied Kurt Hager, 27.12.1984, zit. nach *Repression und Freiheit*)
ECHO: Weiß findet allenthalben kräftige, ja grelle Szenen, die die einfachsten Abläufe brüchig, mehrdeutig, beziehungsvoll, widersprüchlich, rauh – und dies alles zusammen – erscheinen lassen. (...) Ein Film, der betroffen macht. Auch Filme solcher Art brauchen wir, obwohl sie nicht bequem sind und nicht auf schnellem Weg Optimismus produzieren. (Günter Agde, *Filmspiegel* 25/1983)
Olle Henry (ist) alles andere als ein Reißer und kaum empfehlenswert für Leute, die sich im Kino gern psychologische Geschichten voll starker Emotionen erzählen lassen. Ulrich Weiß ist eindeutig gegen das Emotions- und Erzählkino. Er will »niemanden hineinziehen«, und ich fürchte, das wird ihm bei so viel kühler Distanz, Verfremdung und umständlicher Symbolhaftigkeit ohne weiteres gelingen. (Renate Holland-Moritz, *Eulenspiegel* 50/1983)
Wie da Nazi-Diktatur und Widerstand (in *Dein unbekannter Bruder*, f.b.h.) sieht der 42jährige jetzt auch die unmittelbare Nachkriegszeit mit dem illusionslosen Blick einer Generation, die jene Jahre nicht mehr selbst, zumindest nicht bewußt erlebt hat. Aber er gibt nicht vor, mehr zu wissen als die Menschen von damals, sieht seine Figuren ganz unideologisch, ganz psychologisch. (...) Manches erinnert bei Ulrich Weiß an Filme, die in jenen frühen Jahren selbst entstanden. Menschen und Ambiente seines Films von heute lassen auch an die Geschichten Wolfgang Borcherts denken. (Heinz Kersten, *Tagesspiegel*, 15.1.1984)
MEINUNG: Die »Wir-sind-Killer«-Szene aus *Olle Henry* zum Beispiel, in der Überlebende eines Krieges im herausbrechenden Kindertanz sich begreifen und daran fast verzweifeln und sich doch wieder fangen und Ruhe schöpfen und neuen Mut, gehört für mich zu den Erlebnissen der letzten Kinojahre. (Jörg Foth, *Sonntag* 20/1984)
NEBENBEI: DEFA-Nachwuchsregisseur Jörg Foth (→ *Das Eismeer ruft*), mit Ulrich Weiß befreundet, trat als Entfesselungskünstler auf. – Szenarist Dieter Schubert war in der Nachkriegszeit selbst Boxer und von 1949-54 Mitglied der DDR-Nationalmannschaft. 1951 errang er den Berliner Meistertitel im Halbmittelgewicht. Er schlug die Journalistenlaufbahn ein, begann Romane, Erzählungen und Filme (→ *Der Wüstenkönig von Brandenburg*) zu schreiben. Seine Erzählung »Kleider machen Bräute« gab den Urstoff für diesen Film.

OLLE HEXE

(Kinderfilm)
RE: Günter Meyer, SZ: Anne Goßens, DR: Gerd Gericke, KA: Helmut Bergmann, Eliane Rehor, MU: Johannes Schlecht, SB: Heinz Röske, KO: Barbara Braumann, TR: Kurt Marks u.a., Animation: Tony Loeser u.a., SC: Helga Wardeck, PL: Oscar Ludmann, GR: GR »Johannisthal«, m: 2165 = 79 min, fa, brw, PJ: 1990, PM: 11.2. 1991, PM-Ort: Gera, »Palast-Theater«
DA: Anne Szarvasy (Anna), Tobias Gottschlich (Paul), Anne-Else Paetzold (Hexe), Hajo Müller (Ritter), Joachim Schönitz (Hausmeister), Ulrike Hanke-Häntsch (Frau Wolle), Heike Katzwinkel, Dieter Knust, Heini Müller, Klaus Ziemer
INHALT: Paul und Anna streiten sich im Fahrstuhl, und plötzlich fährt dieser mit ihnen tiefer, immer tiefer – bis sie in einem wüsten Märchenland ankommen. Das blinde Pferd Andante erklärt ihnen, daß sie im Land einer bösen alten Hexe sind, die es auf ihre Jugend abgesehen hat. Zu dritt machen sie sich auf den Weg zum Hexenschloß, um die Alte zu besiegen. Unterwegs nehmen sie einen Wecker mit, dem die Hexe die Zeiger gestohlen hat, und einen Ritter, der sich von ihr seinen Mut abnehmen ließ. Die Hexe versucht, sie in Annas Gestalt auszutricksen. Andante entlarvt jedoch den Schwindel. Paul erweckt die eingeschläferte Anna mit einem Kuß und besiegt die Hexe. Sie kehren auf die Erde zurück, Paul und Anna sind Freunde geworden.
ZUM FILM: In ein märchenhaftes Kleid gehüllt weist der Film auf Gefahren der Gegenwart, wie Umweltverschmutzung, Fernseh- und Automatensucht, hin und übt en passant auch ein bißchen

Vergangenheitsbewältigung mit Anspielungen auf die gefallene Mauer. Der Film ist fröhlich, und wenig furchterregend.
ECHO: Anne Goßens steuerte, wie auch zu den Fernsehserien (gemeint ist die → *Spuk*-Reihe, f.b.h.), das Szenarium für ein Kinoerlebnis bei, in dem es vor Überrraschungen nur so wimmelt, ein Trick den anderen ablöst, es manchmal gruselig wird und doch alles ein gutes Ende nimmt. *Olle Hexe* ist ein aufwendiger Film geworden, in dem es immer wieder etwas Neues zu sehen gibt (dank der DEFA-Trickleute und der Kamera von Helmut Bergmann und Eliane Rehor) und in dem auch das ältere Publikum aufgrund seiner Lebenserfahrung in Dialogen Doppelbödigkeiten entdecken darf. (Hannes John, *Märkische Allgemeine*, 12.2.1991)
In seinem neuen Film *Olle Hexe* spart er (Günter Meyer) nicht mit Tricks und Überraschungen, aber auch nicht mit Symbolik. Seine Botschaft hört man wohl, und ist doch ein bißchen verstimmt. Günter Meyers Kritik an den Mißständen der Zeit und der Zerstörung der Umwelt entbehrt jeglicher Finesse, wird eher mit dem Holzhammer vorgetragen. (Jane Faber, *Berliner Morgenpost*, 7.2.1991)
Wie schon in → *Kai aus der Kiste* gibt es auch hier einige zum Mitsingen animierende Lieder, die einen – wie das Pfeifen im dunklen Wald – vielleicht ein wenig von der Spannung befreien. (Rolf-Rüdiger Hamacher, *film-dienst* 7/1991)

ORPHEUS IN DER UNTERWELT
RE: Horst Bonnet, BU: Horst Bonnet, LV: Gleichnamige Operette von Hector Cremieux und Jacques Offenbach, DR: Maurycy Janowski, KA: Otto Hanisch, MU: Jacques Offenbach, MU-Einrichtung: Robert Hanell, SB: Alfred Hirschmeier, KO: Christiane Dorst, Werner Schulz, SC: Thea Richter, PL: Helmut Klein, GR: KAG »Johannisthal«, m: 2403 = 88 min, fa, Cine und 70 mm, PJ: 1973, PM: 7.2.1974 (70 mm), PM-Ort: Berlin, »Kosmos«
DA: Gerry Wolff (Jacques), Wolfgang Greese, GE: Horst Hiestermann (Orpheus), Dorit Gäbler, GE: Ingrid Czerny (Eurydike), Rolf Hoppe, GE: Siegfried Vogel (Jupiter), Lisa Macheiner, GE: Gertraude Prenzlow (Juno), Achim Wichert (Pluto), Fred Düren (Styx), Gisela Bestehorn (Venus), Helga Piur (Diana), Fred Delmare (Merkur), Mona Boxberger, Werner Senftleben, Helmut Bez, Harry Küster, Ursula Am-Ende u.a.

INHALT: Orpheus, Musikprofessor zu Theben, ist glücklich, als seine untreue Frau Eurydike von Pluto in die Unterwelt entführt wird. Kann er sich doch nun in aller Ruhe seinen eigenen Schäferstündchen hingeben. Doch Jacques Offenbach persönlich zwingt ihn, Eurydike von den Göttern zurückzufordern, da er sonst auf seine Liebesgespielinnen verzichten muß. Gemeinsam begeben sie sich zum Olymp, wo sie eine desolate Göttergesellschaft vorfinden. Pluto, der zufällig erscheint, leugnet die Entführung und lädt alle in die Unterwelt ein. Die versteckte und von Höllenhund Styx, einst Prinz von Arkadien, bewachte Eurydike langweilt sich. In Gestalt einer Fliege dringt Göttervater Jupiter zu ihr vor und befreit sie. Orpheus hat sie wieder, was ihm gar nicht recht ist. Zu seinem Glück Pluto auch nicht. Der kann Eurydikes Rückkehr im letzten Moment noch verhindern.

ZUM FILM: Die witzige Offenbach-Adaption war nach dem Mittelmetrage-Film der *Stacheltier*-Produktion *Salon Pitzelberger* (ebenfalls nach Offenbach) die zweite Filmregie von Horst Bonnet, einem international geschätzten Regisseur des Musiktheaters, und gleichzeitig eine der letzten DEFA-Produktionen im aufwendigen 70mm-Verfahren.

ECHO: Bonnets Sinn für Anachronismen: Ein Polizist, der Schafsverkehr im staubigen, kleinstädtischen Theben regelt, das Alfred Hirschmeier ebenso wie Olymp und Unterwelt mit detailversessener Phantasie gebaut hat; die symbolisch zu deutenden Vogelkäfige, in denen sich Plutos nackte Beuteweibchen langweilen. (...) Die Kamera Otto Hanischs, der den höllischen Galopp geradezu musikalisch faszinierend fotografiert hat, weidet sich besonders an der mimischen Virtuosität Rolf Hoppes. (Wolfgang Lange, *Filmspiegel* 5/1974)

Was Offenbach zum perfekten Musikfilmmacher fehlte, fügten Bonnet und sein erstklassiges Team hinzu: herrliche Farben (...), zeitbezogene, zum Teil kabarettistische Dialoge, sparsame Kostüme, prunkvolle Dekorationen und moderne musikalische Arrangements. Es ist, als solle jahrelange Unfähigkeit beziehungsweise Abstinenz bei der Musikfilmproduktion mit einem Schlage vergessen gemacht werden. Waren wir je prüde? Bonnets bombastische Busenschau beweist das Gegenteil, ob pur, ob Piur (in hygienischer Klarsichtverpackung). (Renate Holland-Moritz, *Eulenspiegel* 13/1974)

NEBENBEI: Der musikalische Leiter des Films, Robert Hanell, der ansonsten das DEFA-Sinfonieorchester mit dem Violinsolisten Egon Morbitzer dirigiert, tritt selbstironisch als Leierkastenmann auf. – Das Szenarium verwandelte die Rolle der »Öffentlichen Meinung« in den Meister Jacques Offenbach persönlich, der durch das Spiel führte. Bonnet gab hier dem singenden Schauspieler Gerry Wolff eine seiner schönsten Rollen.

OSCEOLA

RE: Konrad Petzold, BU: Günter Karl, Walter Püschel, DR: Hans-Joachim Wallstein, KA: Hans Heinrich, MU: Wilhelm Neef, SB: Heinz Röske, KO: Günther Schmidt, Marianne Schmidt, SC: Thea Richter, PL: Dorothea Hildebrandt, GR: KAG »Roter Kreis«, m: 2976 = 109 min, fa, Cine, PJ. 1970/71, PM: 26.6.1971, PM-Ort: Rostock, Freilichtbühne

DA: Gojko Mitic (Osceola), Horst Schulze (Raynes), Iurie Darie (Moore), Karin Ugowski (Gladis), Kati Bus (Zilla), Pepa Nikolova (Rhea), Aubrey Pankey (Benjamin), Gerhard Rachold (Hammer), Werner Kanitz (Phipps), Gerry Wolff (Gouverneur), Wolfgang Greese, Bruno Carstens, Kurt Kachlicki, Monika Woytowicz, Jürgen Frohriep u.a.

INHALT: Die Indianer des Stammes der Seminolen haben sich als einzige der Deportation in Reservate widersetzt, sich nach Florida zurückgezogen und treiben nun Ackerbau und Viehzucht. Doch sie sind den weißen Pflanzern im Weg. Diese wollen erstens das Land, zweitens sehen sie ihre Existenz dadurch gefährdet, daß immer mehr schwarze Sklaven zu den Seminolen flüchten. Der aus den Nordstaaten stammende Sägewerksbesitzer Moore, mit einer Seminolin verheiratet, ist für friedliche Einigung und gegen die Sklaverei – weil er glaubt, mit freien Lohnarbeitern besseren Profit machen zu können. Plantagenbesitzer Raynes jedoch ist für einen militärischen Vernichtungsschlag. Häuptling Osceola erkennt die Gefahr und versucht, den Provokationen der Weißen auszuweichen. Doch er kann den Ausbruch des Krieges (1835) nicht verhindern.

ZUM FILM: Der Film wirkte durch seine Botschaft der Solidarität über Rassengrenzen hinweg besonders sympathisch. Die Aufnahmen in Kuba ermöglichten eine typische Südstaaten-Atmosphäre, in der eine spannende Handlung angesiedelt war, so daß dieser Film zu einem der besten seines Genres wurde.

ECHO: Aktionsbetonter, abenteuerlicher Film: Zum ersten Male werden konsequent und erkennbar bewußt alle Register gezogen, um Spannung zu erzeugen. Dieser Osceola darf wirklich fast alle nur möglichen Bravourstücke zeigen, darf selbstverständlich reiten, darf schießen, aber darf auch kanonenbestückte Raddampfer attackieren und schwimmend mit Alligatoren kämpfen! Und es ist richtig, daß die Autoren Dr. Günter Karl und Walter Püschel ihm das erlaubten und Regisseur Konrad Petzold das möglich machte. Man sollte das für dieses Genre nie wieder vergessen. (Günter Sobe, *Berliner Zeitung*, 28.6.1971)

Osceola selbst ist im Sextett der einschlägigen DEFA-Produktionen der unseres Erachtens gültigste Film, weil er historisch stimmig wie kaum ein anderer und in der Machart ungewöhnlich fesselnd ist. Allerdings prägen sich mehr und mehr Klischees in den Rollenanlagen und in der Besetzung heraus. (Georg Antosch, *Der neue Weg*, 23.7.1971)

Er ist von allen bisherigen DEFA-Filmen zu diesem Thema der dramaturgisch am besten durchdachte. Zudem ist er, der Konzeption entsprechend, auf Spannung und Aktion gebaut. Auffallend ist die sorgfältige Ausstattung (Szenenbild: Heinz Röske), die vom Kolonialstil des Pflanzerhauses bis zur zeitentsprechenden Ausrüstung des Sägewerkes reicht, wie auch der Kostümgestaltung (Günter Schmidt), die aufgewandte Präzision zeigt. Dem Kameramann Hans Heinrich gelang es, die in Kuba, Bulgarien und der DDR aufgenommenen Komplexe in Farbe und Bildstimmung übergangslos aufeinander abzustimmen. Der erfahrene Komponist Wilhelm Neef schuf eine adäquate Musik. (Friedrich Salow, *Filmspiegel* 16/1971)

Frühe Hollywood-Western zum Thema Indianer wirken angesichts der deftigen Schwarzweiß-Zeichnung, die Regisseur Konrad Petzold hier vornimmt, geradezu wie die differenzierte historische Bestandsaufnahme. (...) Das von der DEFA angerichtete Kasperltheater ist, nimmt man es so ernst wie es sich selbst nimmt, so lachhaft, daß man den möglicherweise authentischen Ansatzpunkt des Films – die ökonomischen Hintergründe der Auseinandersetzungen zwischen Weiß und Rot – so gut wie aus den Augen verliert. Zur einfältigen Dramaturgie, wie sie sich heute selbst ein Dutzend-Western aus Italien nicht mehr leisten könnte, kommt handwerkliche Unbeholfenheit. (E. Sch., *Süddeutsche Zeitung*, 23.7.1976)

NEBENBEI: Drehbuchautor und Regisseur Konrad Petzold hatte von vornherein vor, um die Authentie zu wahren, innerhalb von etwa zehn Filmminuten jeweils 3 bis 4 Einstellungen aus Kuba einzubauen. Dort entstanden u.a. alle Urwaldaufnahmen. Die Flußüberquerung wurde in Bulgarien gedreht. Das Sägewerk stand an einem See bei Neuruppin. Die Krokodile stammten von einer kubanischen Krokodilfarm. – »Osceola« war der einzige Indianerfilm, bei dem Gojko Mitic auf eine Perücke verzichtete. Maskenbildner Lothar Stäglich hatte jedoch seine liebe Not mit der Haarpracht, weil sich Gojkos Haare durch die hohe Luftfeuchtigkeit auf Kuba sehr schnell auf unindianische Weise wieder kräuselten. – Die beiden Darsteller der Negersklaven waren afrikanische Studenten in der DDR.

OSTROV STRIBRNYCH VOLAVEK
→ DIE INSEL DER SILBERREIHER

OSWOBOSHDENIJE
→ BEFREIUNG

OTTOKAR DER WELTVERBESSERER
(Kinderfilm)
RE: Hans Kratzert, SZ: Gudrun Deubener, LV: Gleichnamiger Roman von Ottokar Domma, DR: Gerhard Hartwig, KA: Wolfgang Braumann, MU: Günther Fischer, SB: Joachim Otto, KO: Barbara Braumann, SC: Ruth Ebel, PL: Dieter Dormeier, GR: GR »Roter Kreis«, m: 2333 = 86 min, fa, brw, PJ: 1976, PM: 7.7.1977, PM-Ort: Kinderferienlager Dresdener Mühle/Am Plauer See, Freilichtbühne
DA: Lars Herrmann (Ottokar), Micaela Kreißler (Mutter Domma), Günter Junghans (Vater Domma), Kurt Böwe (Lehrer Burschelmann), Dieter Wien (Lehrer Kurz), Karin Gregorek (Fräulein Pittuhn), Simone v. Zglinicki (Fräulein Kinzel), Marianne Wünscher (Lehrerin Seidenschnur), Wolfgang Winkler (Vater Kugler), Fred-Artur Geppert (Lehrer Luschmihl) und die Kinder, Uwe Hoffmeister, Astrid Heinze, Stefan Bannischka, Stefan Endert, Kai-Torsten Jung u.a.
INHALT: Ottokar geht in die 5. Klasse und hat eine auffallende Eigenart: Er mischt sich überall ein, wo er Ungerechtigkeiten zu entdecken glaubt, außerdem ist er sehr hilfsbereit und schreckt dabei auch vor kleinen Lügen nicht zurück. An Lehrer Kunz rächt er sich, weil der die Mädchen bevorzugt und schwache Schüler demütigt. Mit dem Heuchler Pillenheini, der bei der Gruppenratswahl gegen ihn stimmt, prügelt er sich. Zusammen mit Freund Sigi schleppt er einen betrunkenen Schüler aus der 10. Klasse nach Hause, was ihm Ärger mit dessen Mutter einbringt. Ruhm erntet er nicht mit seinen Taten, aber der neue Lehrer Burschelmann erkennt den guten Kern in ihm und bringt ihn in den Gruppenrat, um seine Aktivitäten in für alle nützliche Bahnen zu lenken. Für Ottokar allerdings ist der nächste Ärger schon programmiert, er mischt sich auch weiterhin überall ein.
ZUM FILM: Hans Kratzert gelang eine der Vorlage adäquate Umsetzung der »Ottokar«-Geschichten, die alle Erwachsenen als satirische Kurzgeschichten im *Eulenspiegel* verschlangen und als Bücher eine beliebte Kinderlektüre sind.
ZITAT: Die Ehrlichkeit ist oft schwierig, aber wir wollen uns bemühen, den Erwachsenen ein Vorbild zu sein! (Ottokar)
ECHO: Regisseur Hans Kratzert hat vorsätzlich einen Film für Kinder gemacht. Herausgekommen ist ein sehr amüsanter Gegenwartsfilm, also etwas, was man nicht alle Tage zu sehen bekommt. Und weil er einfühlsam gemacht, liebevoll fotografiert (...) und liebevoll besetzt ist, dürfen die Erwachsenen auch auf ihre Kosten kommen. (Ursula Frölich, *Wochenpost* 30/1977)
... wird auch eine gehörige Portion diebischen Vergnügens verabfolgt, wenn nämlich gewisse Verhaltensformen gewisser Volksbildungsvertreter satirisch unter Beschuß genommen werden. Womit eine weitere hartnäckige DEFA-These – »Unsere Menschen mögen keine Satire!« – erfolgreich über Bord gegangen wäre. (Renate Holland-Moritz, *Eulenspiegel* 32/1977)
Daher schien das ganze ein riskantes Unternehmen, weil nämlich der vertrackte, um mehrere Ecken gehende Häusersche Originalhumor durchaus seine Klippen hat. Daß dennoch ein außerordentlich vergnüglicher Film daraus wurde, ist umso höher zu bewerten, wenn auch hier und da die Hintergründigkeit des Witzes vom braven Schüler Ottokar ein wenig vermißt wird. (Harald Scheffler, *Freiheit* 26.7.1977)
NEBENBEI: Hinter Ottokar Domma verbirgt sich der Pädagoge Otto Häuser, der seinen Familiennamen als Pseudonym »russifizierte«.

P

PAPAS NEUE FREUNDIN

(DFF-Auftragsprosduktion)

RE: Georg Leopold; SZ: Hermann Rodigast, Idee: Gertrud Nüsken, DR: Walter Baumert, KA: Walter Fehdmer, MU: Walter Ulfig, SB: Joachim Otto, KO: Luise Schmidt, SC: Ursula Zweig, PL: Paul Ramacher, P: DEFA für DFF, m: 2650 = 96 min, sw, no, PJ: 1960, SD: 25.12.1960, AD: 15.9.1961

DA: Peter Herden (Franz Bach), Helga Raumer (Margarete Bach, seine Frau), Claus Jurichs (Klaus Bach), Birgit Neubert (Sabine Bach), Eberhard Schaletzky (Täve Bach), Klaus Adamski (Atze), Angelica Domröse (Irene Sauer), Erich Franz (Heinrich Wolle), Kuki Garbe (Frau Zülch), Friedrich Teitge (Elefantenwärter), Gustav Stähnisch, Fredy Barten, Hansjoachim Büttner, Bella Waldritter, Peter Dommisch u.a., GE: Monika Grimm

INHALT: Franz Bach, ein Mann in den besten Jahren mit einer netten Familie, Wartburg-Fahrer, wird in Gestalt der jungen Praktikantin Irene in Versuchung geführt. Damit löst er eine vergnüglich-dramatische Eherettungsaktion aus, an deren Ende Irene schließlich zur Familie Bach gehört. (f.b.h.)

ZUM FILM: Hermann Rodigast, Spezialist für heitere Stoffe im Fernsehfunk, entwarf mit den Bachs nach der Idee einer Hausfrau, die einen DEFA-Lustspielwettbewerb gewonnen hatte, eine sympathische Durchschnittsfamilie. Der Publikumserfolg bewirkte, daß im Jahresabstand zwei weitere Filme um die Bachs entstanden, die ebenfalls ins Kino kamen. Diese Filme hießen → *Vielgeliebtes Sternchen* und → *Oh, diese Jugend.*

ECHO: Ein neuer, hübscher Farbklecks auf der Filmpalette: ein Film, bei dem die ganze Familie sich herrlich amüsiert und dabei sogar noch moralisch profitiert. Der Familienfilm gewissermaßen. (Rosemarie Rehahn, *Wochenpost* 39/1961)

Vier aufgeweckte, in ihrem Spiel bezaubernde Kinder erweisen sich als erstklassige Erzieher. Durch ihre umwerfenden Bravourstückchen heilen sie nicht nur den leichtfertigen Vater, sondern auch die in ihrer hausfraulichen Betulichkeit nachlässig gewordene Mutter. Der attraktive Stein des Anstoßes (Angelica Domröse) wird nicht etwa mit einem Vermerk in der Kaderakte abgeschoben, sondern glückstrahlende Hauptperson eines wirklichen Happy-Ends.
(Renate Holland-Moritz, zit. nach *Die Eule im Kino*, 1981)

NEBENBEI: Birgit Neubert, die die (noch) kleine Sabine spielt, war die Titelheldin des Kinderfilms → *Natürlich die Nelli!*. – In der kleinen Rolle eines jungen Mannes begann Helmut Krätzig, der Regie-Assistent dieses Films, seine Laufbahn als »Filmschauspieler«. Krätzig wurde ein erfolgreicher Fernseh-Regisseur und sollte schon 1962 seinen ersten Toelcke-Krimi → *Tote reden nicht* herausbringen. Ähnlich wie berühmte Vorbilder war er in seinen Filmen immer wieder kurz zu sehen.

PARKPLATZ DER GROSSEN SEHNSUCHT
→ SPIELBANK-AFFÄRE

PENSION BOULANKA
RE: Helmut Krätzig, BU: Kurt Bortfeldt, Helmut Krätzig, LV: Roman »Künstlerpension Boulanka« von Fritz Erpenbeck, DR: Margot Beichler, KA: Hans Heinrich, MU: Wolfgang Pietsch, BA: Hans Poppe, Heinz Leuendorf, KO: Helga Scherff, SC: Christel Röhl, PL: Werner Liebscher, GR: KAG »60«, m: 2757 = 101 min, s/w, PM: 3.12.1964, PM-Ort: Berlin, »Kosmos«
DA: Erika Pelikowsky (Pensionsinhaberin Boulanka), Christine Laszar (Frau Sievers), Doris Weikow (Lore), Bärbel Bolle (Gina), Karin Schröder (Alti), Otto Mellies (Robert), Peter Herden (Jan Gruyter), Horst Weinheimer (Hauptmann Brückner), Herbert Köfer (Colanta), Herwart Grosse (Clown Ulf), Harry Pietzsch, Ingolf Gorges, Werner Dissel, Erik Veldre, Ursula Braun, Peter Dommisch, Hans-Edgar Stecher, Agnes Kraus, Elsa Grube-Deister, Kurt Böwe u. a.
INHALT: In der renommierten Artisten-Pension passiert ein Mord. Hauptmann Brückner leitet die Ermittlungen. Verdächtig sind alle im Haus, sind sie doch ehemalige Kollegen des ermordeten Artisten Jan Gruyter. Und dessen zwielichtiges Leben bietet viele Motive an. Zauberer Colanta beispielsweise weiß, daß Gruyter vor zwanzig Jahren Antifaschisten an die Gestapo verraten hat. Ein unauffälliger Schlüsselabdruck führt die Kriminalisten schließlich auf die richtige Spur: die Hundedresseurin Sievers. Sie wird als ehemalige Komplizin und Mörderin Gruyters, der mit Rauschgift handelte, entlarvt.

ZUM FILM: Als in der Gegenwart der DDR angesiedelter Krimi war dieser Film eine Ausnahme in der DEFA-Produktion und der einzige Kinofilm des renommierten Fernsehregisseurs Helmut Krätzig, der u.a. Dutzende Filme der *Polizeiruf*-Reihe inszenierte.
ECHO: Erika Pelikowsky macht aus der Frau Boulanka eine hinreißende Studie, eine dralle, quicke Persönlichkeit, die mitunter girrt wie ein Täubchen, aber auch in Verzweiflung fällt wie eine große, leidenschaftsbefeuerte Heroine. Allein (schon) diese mit leiser Ironie, warmherzigem Humor und köstlicher Genauigkeit servierte Rolle macht den DEFA-Kriminalfilm *Pension Boulanka* sehenswert. (Christoph Funke, *Morgen*, 3.12.1964)
Sie (Krätzig und Bortfeld, f.b.h.) waren nicht darauf aus, durch sich überstürzende Ereignisse und wilde Schnitte künstlich hektisches Tempo zu erzeugen; aber der Film hat von der ersten bis zur letzten Szene Atmosphäre, und man konstruierte logisch. Das heißt: Der Betrachter hat das für Kriminalfilme leider schon seltene Vergnügen, durch eigene Kombinationen den Mörder schon fünf Minuten vor der Filmpolizei zu finden. (Günter Sobe, *Berliner Zeitung*, 8.12.1964)
NEBENBEI: Unter den zahlreichen Künstlern des im Artisten-Milieu angesiedelten Films sah man u.a. die Tänzer Emöke Pöstenyi, Elke Rieckhoff und Rolf Pfannenstein, den Musikclown Mr. Malheur, die Dorantos mit ihrer Pudelnummer, aber auch den Komponisten des Films (und Ehemann der bekannten Schauspielerin Marianne Wünscher), Wolfgang Pietsch.

PESTALOZZIS BERG
(Co-Produktion DDR/Schweiz)
RE: Peter von Gunten, BU: Peter von Gunten, Peter Schneider, Lukas Hartmann, LV: Gleichnamiger Roman von Lukas Hartmann, DR: Dieter Wolf, KA: Jürgen Lenz, MU: Heinz Reber, SB:

Harry Leupold, KO: Werner Bergemann, Greti Kläy, SC: Lotti Mehnert, Anna Klimczsch, PL: Werner Langer, Peter Spoerri, GR: GR »Babelsberg«, m: 3250 = 119 min, fa, brw, PJ: 1988, PM (DDR): 16.3.1989, PM-Ort (DDR): Berlin, »International«, CO: Präsens-Film AG, Stella Film GmbH, Ellepi Film S.R.L.

DA: Gian Maria Volonté (Pestalozzi), Rolf Hoppe (Zehender), Heidi Züger (Mädi), Christian Grashof (Zschokke), Michael Gwisdek (Perrault), Corinna Harfouch (Juliette Benoit), Angelica Ippolito (Anna), Käthe Reichel (Alte Köchin), Isolde Barth (Rosalia), Mathias Gnädinger (Büttel), Silvia Jost, Heike Jonca, Karl-Ernst Sasse, Martin Trettau, Otto Schenk u.a.

INHALT: 1799 sucht der weltbekannte Aufklärer, Humanist und Pädagoge Johann Heinrich Pestalozzi Zuflucht in einem Sanatorium in Bad Gurnigel. Sein Experiment, im Kloster von St. Clara vierzig verwaisten und verwahrlosten Kindern ein menschenwürdiges Zuhause und Bildung zu geben, ist am Unverständnis der Behörden gescheitert. Der Mittfünfziger befindet sich in einer tiefen Krise. Finanziell am Ende und an der Trennung von seiner Frau Anna leidend, sucht er sich selbst wiederzufinden in der Einsamkeit der Berge, von Bildern unbewältigter Vergangenheit bedrängt. Er meidet die Menschen und brüskiert die wohlsituierten anderen Kurgäste, was selbst seinen ihm freundlich gesonnenen Wirt Zehender aufbringt. Durch den Kontakt zu einem Mädchen aus dem Volke beginnt er neuen Lebensmut zu schöpfen.

ZUM FILM: Der Porträtfilm über den deutsch-Schweizer Aufklärer und Pädagogen Pestalozzi war die einzige Co-Produktion der DEFA mit einer Schweizer Firma. Der Film war anregend, blieb aber auch vieles an Erklärung schuldig, so daß seine Aufnahme zwiespältig war.

ECHO: Peter von Gunten, der das Werk schrieb und inszenierte, erzählt mit einem gleichsam dokumentarischen Gestus des Beobachters. Das, was den eigentlichen dramatischen Vorgang der Geschichte ausmacht – die Krise des Mannes, der Versuch einer Selbstfindung – begibt sich in der seelischen Innenwelt Pestalozzis. (...) Indessen vermag von Gunten es weder als Autor noch als Regisseur diese Innenwelt abzubilden, sichtbar, fühlbar abzubilden. Er hält den doch immerhin Weltstar Gian Maria Volonté an, unbewegt, unbeteiligt und unbeteiligend durch die Alpen zu wandern. (...) So schleppt sich das Werk hin in geistiger wie ästhetischer Monotonie, so fehlt dem Mann in den Bergen wie dem Publikum im Saal letztendlich jeglicher geistige Impuls, psychologische und weltanschauliche Konturen verwehen bis zur Unendlichkeit. (Henryk Goldberg, *Filmspiegel* 8/1989)

Pestalozzios Berg ist kein Film aus einem Guss. (...) Ein Gegengewicht zum leicht museal getönten Timbre der in den Babelsberger DEFA-Studios aufgenommenen Interieurs schafft die Musik von Heinz Reber, einen leise knisternden Geräuschteppich der Beunruhigung. (-che, *Neue Zürcher Zeitung*, 2.3.1989)

NEBENBEI: Der italienische Star Gian Maria Volonté (1933 – 1994) war damals in dem entsprechenden Alter Pestalozzis und bestach in seiner Darstellung durch seine Leidenschaftlichkeit.

PETER UND DAS EINMALEINS MIT DER SIEBEN

→ *Anhang A*

PETERS JUGEND

(Co-Produktion DDR/UdSSR)

RE: Sergej Gerassimow, SZ: Sergej Gerassimow, Juri Kawtaradse, LV: Roman »Peter der Erste« von Alexej Tolstoi, DR: T. Protopopowa, KA: Sergej Filippow, Horst Hardt, MU: Wladimir Martynow, SB: Boris Dulenkow, Jochen Keller, A. Popow, KO: Ella Maklakowa, Günther Schmidt, SC: Ida Dorofejewa, PL: Arkadi Kuschljanski, Hans Mahlich, m: 6030 = 221 min, fa, PM (DDR): 29.10.1981, PM-Ort: Berlin, »Kosmos«, CO: Gorkistudio, Moskau, Russ. Titel: Junost Pjotra

DA: Dmitri Solotuchin (Peter), Tamara Makarowa (Natalja Kirillowna), Natalja Bondartschuk (Zarin Sofija), Nikolai Jeremenko (Menschikow), Oleg Strishenow (Wassili Golizyn), Wadim Spiridonow (Schaklowity), Ulrike Mai-Kunze (Anna Mons), Peter Reusse (Lefort), Helmut Schreiber (Gordon), Joachim Tomaschewsky (Johann Mons), Bodo Wolf, Klaus-Peter Pleßow, Traute Richter, Viola Schweizer, Erich Gerberding, Manfred Zetzsche, Hannjo Hasse, Peter Bause, Rolf Hoppe, Gerd Michael Henneberg, Petra Dobbertin u.a.

INHALT: Als der russische Zar Alexej 1676 stirbt, ist sein Sohn Peter noch ein Kind. Die Mutter flieht mit ihm vor den Machtkämpfen bei Hofe nach Preobrashenskoje, während seine ältere Halbschwester Sofija, sich der Unterstützung der Strelitzen versichernd, die Regentschaft übernimmt – zusammen mit ihrem Liebhaber, dem Fürsten Golizyn. In einer nahe Preobrashenskoje gelegenen deutschen Siedlung verliebt sich der heranwachsende Peter in Anna, die Tochter eines Weinhändlers, lernt die handwerkliche Fertigkeit der Deutschen kennen. Als Sofija nach militärischen Niederlagen ins Kloster flieht, kehrt Peter mit der Mutter an den Zarenhof zurück und übernimmt nach deren Tod die Regierung. Er geht auf Reisen ins Ausland, fördert Wissenschaft, Handwerk, Handel und Künste, baut eine starke Flotte auf. So schafft er die Voraussetzungen für Rußlands Aufstieg zur Großmacht.

ZUM FILM: Der breit angelegte Historienfilm nach den beiden ersten Teilen von Tolstois Romanwerk über Peter den Großen entstand zu großen Teilen in der DDR, wenngleich die Hauptrollen vorrangig mit sowjetischen Schauspielern besetzt waren. Für den Altmeister des sowjetischen Films, Sergej Gerassimow, war es die letzte Filmarbeit.

ECHO: Gerassimow entfaltet ein breites Panorama, ein Gemälde mit gewaltigen Abläufen, personenreich und detailgetreu gemalt, dem man mit Muße und Genuß folgen soll. Der Regisseur läßt sich dafür Zeit und Raum, er nutzt alle bewährten, vielfach erprobten Beigaben des Historienfilms. Ohne Zweifel genießt der Zuschauer diese Opulenz. (...) Der Rezensent freilich findet, daß Hauptfigur, Stoff, literarische Vorlage und heutiges Bezugsfeld hätten Kräftigeres an Impulsen, auch Provokationen hervorbringen können. Diese Weichstellen fallen zusätzlich auf, weil Gerassimow diesen ganzen umfangreichen Gang in die Geschichte sehr gemessen, mit viel Ausführlichkeit und Gelassenheit unternimmt. Die Langsamkeit, Langwierigkeit grenzt manchmal an Langeweile. (Günter Agde, *Filmspiegel* 24/1981)

NEBENBEI: Neben Gerassimows Frau Tamara Makarowa als Natalja spielte Ulrike Kunze, die später als Ulrike Mai bekannt wurde, die zentrale weibliche Rolle der deutschen Weinhändlerstochter Anna.

DAS PFERDEMÄDCHEN

(Kinderfilm)

RE: Egon Schlegel, SZ: Margot Beichler, LV: Gleichnamige Erzählung von Alfred Wellm, DR: Willi Brückner, KA: Wolfgang Braumann, MU: Gunther Erdmann, SB: Georg Kranz, KO: Barbara Braumann, SC: Anneliese Hinze-Sokolowa, PL: Erich Kühne, GR: GR »Johannisthal«, m: 2331 = 85 min, fa, brw, PJ: 1978/79, PM: 5.7.1979, PM-Ort: Erfurt, »Panorama-Palast«

DA: Märtke Wellm (Irka), Wolfgang Winkler (Vater), Annette Roth (Mutter), Hans Klering (Möller), Ilse Voigt (Frau Zimmermann), Harry Merkel (Direktor) u.a.

INHALT: Das Mädchen Irka und die blinde, alte Stute Raya, einst ein stolzes Turnierpferd, sind Freunde. Sie reiten gemeinsam aus, das Tier hört auf die kleinste Regung Irkas. Als Raya ein Fohlen bekommt, wendet sich Irka jedoch mehr dem Kleinen zu. Der Vater verspricht, sie könne das Fohlen behalten. Eines Tages jedoch eröffnet er ihr, daß sie sich von einem Pferd trennen müßte. Irka soll selbst entscheiden, von welchem. Das Mädchen ist sehr betroffen, doch es entscheidet

sich, die alte Stute Raya zu behalten, da diese nur bei ihr eine Lebensmöglichkeit hat.
ZUM FILM: Die nach → *Kaule* zweite Adaption eines Kinderbuches von Alfred Wellm zeichnete sich in der Regie von Egon Schlegel durch eine ungewöhnliche poetische Qualität aus.
ECHO: *Das Pferdemädchen* dürfte vielleicht der schönste und künstlerisch gelungenste Kinderfilm sein, der je bei der DEFA gedreht wurde. (...) Der Film orientiert sich ganz auf die Beziehung von Mensch, Tier und Natur und läßt sich darin nicht ablenken von Äußerlichem – es ist im kleinen wie eine Besinnung auf große, grundsätzliche, ewige Werte. In entscheidendem Maße wird dieser Eindruck durch die von Wolfgang Braumann (Kamera) eingebrachten, stimmungsstarken, malenden Landschaftsbilder mitbestimmt. Darin ist dem Film seine nie sentimentale Poesie der Grundstimmung gegeben. (Günter Sobe, *Berliner Zeitung*, 3.8.1979)
Mitunter hat es den Anschein, als müßte sich der Kameramann Wolfgang Braumann mit Gewalt zurückhalten, um nicht einen zauberhaften Pferdefilm zu fotografieren. Ästhetisch schöne Pferdeaufnahmen gelingen, die allgemeines Entzücken finden. Der Zusammenklang von Tier und Landschaft stellt sich als eine besondere Stärke des Films heraus, der auffallende Vorzüge dort beweist, wo er die Atmosphäre der mecklenburgischen Landschaft, deren Ruhe und sanfte Herbheit einfängt. Schwächer ist er da, wo es um die Gestaltung der Menschen geht. (Wolfgang Lange, *Film und Fernsehen* 6/1979)
Der Betrachter kann Irkas Wandlungsprozeß und die damit verbundenen Schmerzen gerade durch den Rückgriff auf die Exposition in seiner ganzen Härte emotional nachvollziehen. Die eingangs angeschlagene Saite scheint jetzt erst in ihrer vollen Schönheit wahrnehmbar, und so vollendet sich auch durch die gestaltende Mitwirkung der Landschaft ein Gesamtkunstwerk von seltener poetischer Kraft. (...) Schlegel weiß um die Notwendigkeit, Kinder auch auf schmerzliche Lebenserfahrungen vorzubereiten. So gelingt ihm ein Film, der fernab von schönfärberischer Kindertümelei große Betroffenheit auslöst. (*Zwischen Marx und Muck*, 1996)
NEBENBEI: Auf dem Internationalen Festival für Kinder- und Jugendfilme in Gijon wurde *Das Pferdemädchen* 1980 als bester Kinderfilm ausgezeichnet, in Gera erhielt der Streifen 1981 ein Ehrendiplom für die künstlerische Gesamtleistung.

PHILIPP DER KLEINE

(Kinderfilm)
RE: Herrmann Zschoche, SZ: Christa Kozik, DR: Gabriele Herzog, Katharina Zeiske, KA: Günter Jaeuthe, MU: Gunther Erdmann, SB: Joachim Otto, KO: Isolde Warscycek, SC: Rita Hiller, PL: Fritz Brix, GR: AG »Johannisthal«, m: 1680 = 62 min, fa, PM: 8.7.1976, PM-Ort: Bad Saarow, »Strandkino«
DA: Andij Greissel (Philipp), Jan Spitzer (Philipps Vater), Katrin Jakubeit (Trixi), Volkmar Kleinert (Musiklehrer Breitkreuz), Ilse Voigt (Oma Hundertgramm), Szymon Szurmiej (Musikalienhändler), Fred Delmare (Wachtmeister Schwuppke), Arnim Mühlstädt (Möbelwagenfahrer), Petra Kelling (Verkehrspolizistin), Ruth Kommerell (Frau Pingel), Ursula Staack, Carola Braunbock, Katharina Rothärmel, Manfred Ott, Harald Wandel u.a.
INHALT: Philipp ist zu klein für sein Alter und erntet häufig den Spott seiner Kameraden, wenn er beispielsweise in der Schule kaum an die Tafel

reicht. Er träumt davon, große Taten zu vollbringen, um die Achtung der anderen zu gewinnen. Als er seine Flöte verliert, bekommt er von einem Mann eine neue geschenkt – eine Wunderflöte. Mit einer Melodie kann er Gegenstände und Lebewesen größer oder kleiner werden lassen, nur sich selbst nicht. Im Städtchen stiftet er einige Verwirrung an, als er die Katze zum Raubtier macht und die Schulglocke ganz klein. Aber auch die gutgemeinten Taten bringen ihm keinen Erfolg. Den erntet er eines Tages mit seiner Musik. Das ausgiebige Spielen auf seiner Flöte hat ihn zu einem kleinen Meister gemacht. Verzaubert bleiben die Leute auf dem Marktplatz stehen und lauschen seiner Melodie.

ZUM FILM: Obwohl Herrmann Zschoche in vielen Genres Erfolge hatte, galt er doch in erster Linie (und an seine Anfänge anknüpfend) als Spezialist für Kinder- und Jugendfilme. *Philipp der Kleine* war ein »modernes Märchen«, die phantasievolle Widerspiegelung der Gegenwart. Mit Kinderfilmen dieser Art hatte die DEFA vor allem in den siebziger Jahren Erfolge, die über die Landesgrenzen hinausgingen.

ECHO: Ein Film zwischen Phantasie und Wirklichkeit. Den Kindern macht es viel Spaß, wenn Philipp etwas verwandelt, am meisten wohl, wenn der Löwe Mia durch die Straßen läuft und die Stadt erschreckt. Doch der Film will mehr. Er will den Kindern zeigen, daß man nicht unbedingt groß sein muß, um Großes, Schönes zu vollbringen und anerkannt zu werden. Das aber überfordert die kleinen Zuschauer, die zwar mit Philipp leiden und sich mit ihm freuen, bei seiner Zauberei lachen oder auch mal begeistert klatschen, das darüber hinausgehende Lehr-Motiv »Fleiß-Anerkennung« jedoch nicht erkennen. (Marlene Köhler, *Freiheit*, 21.7.1976)

Realität und Phantasie gehen ganz selbstverständlich ineinander über. Kein Bruch dazwischen, keine Trennung voneinander: das wirkliche Leben und das Wunderbare bilden eine organische Einheit. Und die Moral von Philipps Geschichte wird ganz ohne didaktische Vordergründigkeit vermittelt, entwickelt sich ganz unaufdringlich aus der Handlung. In der genauen Beobachtung eines sympathischen Kleinstadtmilieus waltet auch einige liebenswürdige Ironie, wenn der Blick auf die Welt der Erwachsenen fällt. (H. U., *Neue Zeit*, 22.7.1976)

NEBENBEI: In dem Film wirkte auch die Kindergruppe »Musik und Bewegung« aus dem Ber-

liner Haus der jungen Talente mit, die jahrzehntelang von der Musikpädagogin Anni Sauer geleitet wurde, und aus der viele Musikertalente hervorgingen. – Auf der Geraer Kinderfilmwoche 1977 erhielt der Film den Preis des Ministers für Volksbildung.

PIRATEN AUF DER PFERDEINSEL
(Kinderfilm)
RE: Michael Englberger, BU: Werner Wendt, Michael Englberger, DR: Eleonore Schmidt-Schwarze, KA: Peter Brand, MU: Joachim Thurm, BA: Erich Kulicke, KO: Marianne Schmidt, SC: Charlotte Peschlow, PL: Hans-Joachim Funk, GR: KAG »Heinrich Greif«, m: 1616 = 59 min, s/w, AT: Haubentaucher, PJ: 1962/63, AD: 30.8.1963
DA: Robert Bollmann (Großvater), Adolf Rakow (Bauer), die Kinder Klaus Adamski (Atze), Günter Barkow (Benno), Edeltraut Mienert (Gudrun), Eberhard Schaletzki (Horst), Horst Weber (Ole), Renate Hinz (Elvira) u. a.
INHALT: Horst will die Ferien bei seinem Freund Benno auf dem Dorf verleben. Er freut sich auf das Piratenspiel mit den Kindern, deren Kapitän Benno ist. Sein Ferienabenteuer beginnt aber eher als gedacht. Horst steigt zu früh aus dem Bus aus, lernt auf dem Weg zum Dorf Gudrun kennen, die ihn in ihrem Boot mitnimmt. Er erfährt, daß sie sich mit den Piraten überworfen hat, weil diese sie bei der Beobachtung eines seltenen Vogels überfallen und verletzt haben. Horst und Gudrun verstehen sich gut, und als Benno das merkt, will er dem Mädchen erneut einen üblen Streich spielen. Die anderen aber weigern sich mitzumachen. Nach einigen Querelen kommt es zur Versöhnung, und sie gehen gemeinsam auf die Suche nach dem seltenen Kormoran.
ZUM FILM: Der heiter-abenteuerliche Ferienfilm war die einzige eigenständige Spielfilmregiearbeit von Michael Englberger, der vor allem als Assistenz- und Co-Regisseur umfangreicher Produktionen mit ausländischen Partnern tätig war.
ECHO: Leider führt der Film nicht über das äußere Handlungsgeschehen hinaus, wird nicht getragen von Konflikt- und Charaktergestaltung. (Hellmuth Häntzsche, *Kinder- und Jugendfilme der DEFA*, 1975)
NEBENBEI: Klaus Adamski und Eberhard Schaletzki als Atze und Horst waren damals bekannte Filmkinder, die durch den Fernsehfilm → *Papas neue Freundin* und seine Nachfolger eine gewisse Popularität genossen.

PJAT DNEJ – PJAT NOTSCHEJ
→ FÜNF TAGE, FÜNF NÄCHTE

PLATZ ODER SIEG?
RE: Claus Dobberke, SZ: Gudrun Deubener, LV: Erzählung »Sattel im Gepäck« von Sieglinde Dick, MI/DR: Brigitte Bernert, KA: Wolfgang Pietsch, 2.KA: Hans-Jürgen Hoeftmann, Andreas Köfer, MU: Stefan Diestelmann, SB: Lothar Kuhn, KO: Günther Pohl, SC: Ilona Thiel, PL: Rolf Martius, GR: GR »Babelsberg«, m: 2064 = 76 min, fa, brw, AT: Sieger des Tages, PJ: 1980, PM: 13.6.1981, PM-Ort: Crispendorf b. Schleiz, Freilichtbühne
DA: Ulrike Mai-Kunze (Silvia), Detlef Gieß (Lutz), Rainer Kleinstück (Kassenbrink), Holger Mahlich (Matthes), Franziska Troegner (Frau Bertram), Petra Dobbertin (Nanni), Uwe Zerbe (Bertram), Hans Klering (Opa Klinger), Erhard Löster (Kulle), Erik Veldre (Dieter), Katharina Rothärmel, Harald Moszdorf, Tobias Zander, Hildegard Walter, Olaf Kaiser u.a.
INHALT: Die zwanzigjährige Silvia ist Jockei wie ihr Freund Lutz. Die Liebe zum Beruf verbindet sie, aber Lutz will mehr. Er möchte Silvia heiraten, eine Familie gründen. Silvia ist als Jockei erfolgreich und will sich noch nicht binden. Sie sucht neue Aufgaben, wendet sich dem Hindernisreiten zu. Dabei lernt sie den Tierarzt Clemens kennen, der ihr sehr gefällt. Doch der Erfolg ist ihr alles. Ihrem Ehrgeiz fällt ihr Lieblingspferd bei einem von ihr verschuldeten Unfall zum Opfer. Es kommt zu Auseinandersetzungen mit Trainer und Kollegen. Silvia zieht sich zurück, doch Clemens bringt sie dazu, sich der Kritik zu stellen und die Verantwortung für ihr Handeln zu übernehmen.
ZUM FILM: Der Film war ein offenbar halbherziger Versuch, das attraktive Milieu des Pferdesports zu nutzen, aber die Geschichte von der schwierigen Eingliederung der Heldin ins Kollektiv litt unter zu schematischer Darstellung.
ECHO: Auch als Angehöriger der nichtreitenden Bevölkerungsschichten muß man schon sehr an sich halten, um hier nicht kräftig auszuschlagen. Im übrigen ist *Platz oder Sieg?* bis zu seinem fragwürdigen Ende nicht einmal für Pferdenarren

oder wettsüchtige Turfbrüder eine ansehenswerte Dokumentarstudie, weil jedes Kamera-Team einen simplen Trainingsvorgang aufregender zu fotografieren wüßte, als es hier dem DEFA-Kameramann Wolfgang Pietsch bei dramatischen Rennen gelang. Von einem Spielfilm mit interessanter Handlung kann schon überhaupt gar keine Rede sein. (Renate Holland-Moritz, *Eulenspiegel* 26/1981)
Der Film ist bereits vom Drehbuch her so angelegt, daß man innerhalb der ersten Viertelstunde weiß, wie er ausgehen wird. Die Menschen leben nicht, sie sind wie der Retorte entstiegen. (Ingeborg Pietzsch, *Film und Fernsehen* 10/1981)
NEBENBEI: Filmkomponist Stefan Diestelmann, auch als Darsteller filmerfahren, stand in diesem Streifen, der mit Unterstützung des VEB Vollblutrennbahnen der DDR entstand, an der Spitze seiner Combo mit eigenem Song vor der Kamera.

POBJEDA
→ *DER SIEG*

POLE POPPENSPÄLER
RE: Artur Pohl, BU: Artur Pohl, LV: Gleichnamige Novelle von Theodor Storm, DR: Marieluise Steinhauer, KA: Joachim Hasler, MU: Alfred Strasser, BA: Erich Zander, KO: Hans Kieselbach, Marionetten: Karl u. Ilse Iwowski, SC: Hildegard Tegener, PL: Werner Dau, m: 2403 = 88 min, fa, PJ: 1954, PM: 25.12.1954, PM-Ort: Berlin, »Babylon«/»DEFA-Filmtheater Kastanienallee«
DA: Heliane Bei (Lisei), Heinz Höpner (Paul Paulsen), Willi Kleinoschegg (Vater Tendler), Annemarie Hase (Kröpellieschen), Leny Marenbach (Frau Paulsen), Wilhelm Koch-Hooge (Herr Paulsen), Lou Seitz (Meisterin), Rudolf Klix (Probst), Aribert Grimmer (Mechaniker Schmidt), Paula Braend (Frau Tendler), Herbert Richter, Agnes Kraus, Egon Vogel, Charles H. Voigt, Willi Puhlmann u.a.
INHALT: Auf seiner Wanderschaft begegnet der norddeutsche Handwerker-Geselle Paul seiner Freundin aus Kindertagen wieder, der Puppenspieler-Tochter Lisei. Die beiden lieben sich, heiraten, und Paul kehrt mit Lisei und ihrem alten Vater in seine Heimatstadt zurück. Er ist ein angesehener Handwerker, doch die von Standesdünkel geprägten Bürger sind nicht bereit, die Ehefrau zu akzeptieren. Die fortwährenden Schmähungen bedrücken Lisei und den Vater, doch Paul steht fest zu ihnen. Er ist sogar einverstanden, daß der Schwiegervater sein Puppenspiel wieder aufnimmt. Die erste Vorstellung wird zu einem Fiasko, das der Alte nicht überlebt. Die Liebe von Lisei und Paul jedoch ist stark, sie trotzen dem Spott und dem Hochmut der Leute.
ZUM FILM: Artur Pohls Storm-Adaption kam über eine ansprechende Literaturverfilmung nicht hinaus und litt an der blassen Darstellung der beiden Hauptrollen. In der Bundesrepublik wurde der Film 1956 unter dem Titel *Das Dorf in der Heimat* verliehen.
ECHO: Der Film in Farben versetzt uns nun in eine blitzblanke Kleinbürgerlichkeit, welche sich in Butzenscheiben spiegelt, und die Sorgen edelgesinnter Menschen sind so beschaulich wie das Knabbern am Knusperhäuschen. Die Dialoge, in Storms Erzählung dem Fluß der Dichtung untergeordnet, wirken im Film etwas bescheiden in ihrer gefühlsseligen Schlichtheit. (...) Der Film *Pole Poppenspäler* blättert für uns ein Poesiealbum aus »guter, alter Zeit« auf, und die Menschen im Film wirken mitunter etwas schwerfällig,

nicht ganz begreiflich, nicht ganz lebendig – so, als seien sie dem Poesiealbum entstiegen. (Carl Andrießen, *Weltbühne* 1/1955)
Selbstverständlich sind wir über das Mitwirken der beiden jungen westdeutschen Schauspieler (Heliane Bei und Heinz Höpner, f.b.h.) an einem DEFA-Film sehr erfreut. Wir gestatten uns jedoch eine offene Kritik im Interesse ihrer eigenen künstlerischen Entwicklung. Wo dem Regisseur erfahrene Schauspieler zur Verfügung standen, ist auch seine eigene Arbeitsfreude deutlich zu spüren. So haben alle Szenen mit Nationalpreisträger Willi Kleinoschegg (...) sowohl von der Darstellung als auch von der Regie her die Intensität, die man so gern dem ganzen Film gewünscht hätte. Ebenso stark setzt sich auch die gestaltende Kraft von Annemarie Hase durch, die als Kröpellieschen zwar nur weniges zu sagen hat, dies jedoch mit so hintergründigem Komödiantentum tut, daß sie in der Erinnerung die meisten anderen Gestalten des Films überdauert. (Dr. Joachim Weinert, *Deutsche Filmkunst* 1/1955)
NEBENBEI: Schon 1944/45 drehte Alfred Braun nach eigenem Drehbuch (an dem Veit Harlan mitgearbeitet hatte) bei der Ufa den Film *Der Puppenspieler,* für den Storms Novelle die Vorlage gegeben hatte. Der Film war bei Kriegsende zur Hälfte abgedreht und wurde nie fertiggestellt. Personelle Überschneidungen mit der DEFA-Adaption sind nicht bekannt. – Die Kabarettistin und Diseuse Annemarie Hase, für die Kurt Tucholsky viele Texte schrieb und die in der Londoner Emigration über die BBC kabarettistisch-bissig Aufklärungsarbeit gegen die Nazis leistete, spielte mit dem Kröpellieschen ihre wohl schönste DEFA-Rolle.

POLONIA-EXPRESS

RE: Kurt Jung-Alsen, BU: Kurt Jung-Alsen, Frank Beyer, nach Erlebnissen des Arbeiterveteranen Otto Kühne aus dem Jahre 1920, DR: Wolfgang Ebeling, KA: Walter Fehdmer, MU: Joachim Werzlau, BA: Willy Schiller, KO: Rosemarie Wandelt, SC: Ruth Moegelin, PL: Erich Albrecht, m: 2043 = 75 min, s/w, AT: Roter Funken, PJ: 1957, PM: 7.11.1957, PM-Ort: Berlin, »Colosseum«/Erfurt, »Palast-Theater«
DA: Alice Graf (Hella Merkel), Horst Schön (Fritz Marr), Gerhard Bienert (Wilhelm Merkel), Martin Flörchinger (Direktor Ralow), Rudolf Ulrich (Althoff), Hans Klering (Schwerte), Harry Gillmann (Riemer), Hans-Peter Minetti (Lehnert), Hans W. Hamacher (v. Ulmer), Jochen Thomas (Baßtreter), Hans Wehrl, Gerd Biewer, Wilhelm Gröhl, Horst Kube, Erik S. Klein u.a.
INHALT: 1920. Über den Eisenbahnknotenpunkt Erfurt rollen mit Waffen beladene Züge in Richtung Osten. Waffen, die zum Kampf gegen den jungen Sowjetstaat bestimmt sind. Der Eisenbahner Fritz Marr weiß um die illegalen Transporte und versucht, die Arbeiter zu Gegenmaßnahmen zu mobilisieren. Man versetzt ihn auf eine abgelegene Gleisbaustelle. Als ein Waggon unweit von Erfurt in die Luft fliegt, gibt man eine Chemikalien-Explosion an. Doch Marr weiß, daß es Munition war. Der Sonderbeauftragte für die Transporte und die Reichsbahndirektion tun alles, um Marr als Lügner hinzustellen. Auch seine Freundin Hella zweifelt an seinen Worten. Erst als ein Mordanschlag gegen ihn geplant wird und Hella sein Haus umstellt sieht, holt sie andere Arbeiter zu Hilfe. Der Mord wird verhindert, und gemeinsam gehen die Arbeiter zum Bahnhof, um den mit Waffen beladenen Polonia-Expreß zu stoppen. Die den Zug bewachenden französi-

schen Soldaten solidarisieren sich mit den Erfurter Werktätigen.

ZUM FILM: Aus der authentischen Geschichte aus der deutschen Arbeiterbewegung machte Kurt Jung-Alsen einen weitgehend spannenden Film, der die Tendenz streckenweise vergessen ließ.

ECHO: ... daß Horst Schön den jungen Kommunisten schwerfällig und fast ein wenig begriffsstutzig gibt und sich – gewiß nicht ohne Mitschuld des Regisseurs Kurt Jung-Alsen und des sonst ausgezeichneten Kameramannes Walter-Fehdmer – zu ausschließlich auf sein schönes Profil und seine sorgfältig ausgeleuchteten blonden Haare verläßt. Hier taucht die prinzipielle – und längst mit einem entschiedenen Nein beantwortete – Frage wieder auf, ob man den Helden derart herausheben, verschönern und mit heroischem Zuckerguß glacieren darf. Wie schlicht, aus sich selbst heraus, gestaltet dagegen Gerhard Bienert seinen (Sozialdemokraten) Wilhelm Merkel. (Karl-Eduard v. Schnitzler, *Filmspiegel* 25/1957)

NEBENBEI: Der damals 30jährige Horst Schön spielte in der Folgezeit mehrfach Hauptrollen in Kurt Jung-Alsens Filmen, häufig in Rollen als Kriminalist. Nach politisch bedingter Haft wurde er Mitte der siebziger Jahre in die Bundesrepublik entlassen, wo er neben Fernsehrollen besonders im Synchrongeschäft Anschluß fand.

EIN POLTERABEND

RE: Curt Bois, BU: Curt Bois, Werner Bernhardy, LV: Gleichnamige Alt-Berliner Posse von Werner Bernhardy, KA: Robert Baberske, MU: Paul Strasser, BA: Rochus Gliese, KO: Walter Schulze-Mittendorf, SC: Lena Neumann, PL: Harry Studt, m: 2460 = 90 min, fa, PM: 11.3.1955, PM-Ort: Berlin, »Babylon«/»DEFA-Filmtheater Kastanienallee«

DA: Rolf Moebius (Brennglas), Hella Ferstl (Adele Peroni), Eva Brumby (Rieke), Johannes Maus (Pulecke), Werner Peters (Vize-Gefreiter Pippich), Gerhard Bienert (Rentier Buffey), Paul Heidemann (Presskopp), Herbert Köfer (v. Blötzow), Charlotte Brummerhoff (Baronin v. Dunklage), Harry Gillmann (Hausdiener Friedrich), Ellinor Vogel (Eleonore Dusche), Willy A. Kleinau (Guckkastenmann), Barbara Berg, Gerhard Wollner, Josef-Peter Burgwinkel, Martin Rosen, Marianne Wünscher, Eckart Friedrichson, Horst Gentzen, Ludwig Trautmann u.a.

INHALT: Die Posse um den Satiriker Adolf Glasbrenner spielt im Berlin des Jahres 1849. Der demokratische Publizist, genannt Brennglas, steht im Begriff, die Schauspielerin Adele Peroni zu heiraten. Doch die gerät zwischen die Fronten ihres fortschrittlichen Bräutigams und der preußischen Reaktion. Und der Kultusminister glaubt, Brennglas in der Falle zu haben: Entweder Adele unterschreibt einen Vertrag mit dem Königlichen Schauspielhaus, wodurch die Ehe für den Demokraten kompromittierend würde, oder er verhaftet Brennglas. Mit eben dieser Haftandrohung zwingt er Adele zur Unterschrift. Am Ende jedoch werden die Reaktionäre kompromittiert, und Adele ist mit Brennglas glücklich vereint.

ZUM FILM: Die Filmadaption einer auf Episoden aus Glasbrenners Leben fußenden Posse, die Curt Bois am Deutschen Theater inszeniert hatte, wurde ihm übertragen, nachdem der Schauspieler bei der DEFA seit Jahren unter Vertrag war, jedoch – mit dem »Makel« des vormaligen Hollywood-Schauspielers versehen – keine Rollenangebote erhalten hatte. Wie in seiner schauspiele-

rischen Arbeit offenbarten sich auch in der Regiearbeit anarchische Züge, die sich nicht immer vorteilhaft auf das Possenspiel auswirkten.
ECHO: Und hier zeigt nun der Film ein ganzes Register von kuriosen Zwischenfällen und Szenen, die förmlich Purzelbäume schlagen. Freilich manchmal etwas zu komisch und zu pathetisch. Es poltert wahrhaftig an allen Ecken und Enden, erheiternd und auch störend. (...) Neben den Schwächen des Films gibt es aber auch eine ganze Reihe von treffenden Pointen und Vorzügen: die zum Teil höchst amüsanten Dialoge und zahlreiche gute schauspielerische Einzelleistungen. (-ack, *Märkische Union*, 25.8.1955)
Man muß die Frage stellen: Was nehmen unsere Werktätigen von diesem Film mit nach Hause? Welches Bild gewinnt der literarisch wenig Vorgebildete von dem revolutionär-demokratischen Schriftsteller Adolf Glasbrenner und der Zeit um 1849? Können wir einer Posse zuliebe eine historische Epoche verniedlichen? (-l-, *Volkswacht*, 2.9.1955)
Polterabend ist wirklich ein Film mit altem Berliner Humor gewürzt. Einzelne Szenen des Films wurden so belacht, daß selbst der Bildwerfer im DEFA-Filmtheater Kastanienallee einen Augenblick aussetzte. Leider gingen uns dadurch einige Szenen verloren. (Leser H. Heindorff, Berlin N 54, *BZ am Abend*, 1.9.1955)
NEBENBEI: Der damalige Komiker-Star Curt Bois inszenierte als erste Fingerübung 1932 einen Kurzspielfilm. Dann wurde seine Laufbahn abgebrochen, weil er als Jude aus Deutschland emigrieren mußte. Die in Hollywood aufgenommenen Einflüsse aus der Zusammenarbeit mit Buster Keaton oder Busby Berkley griff er in seiner ersten abendfüllenden Film-Regiearbeit auf. Nach überwiegend negativen Kritiken inszenierte er keinen weiteren Film.

PRAHA NULTÁ HODINA
→ KOFFER MIT DYNAMIT

PREDUPRESHDENIJE
→ DIE MAHNUNG

PRELUDIO 11
(Co-Produktion DDR/Kuba)
RE: Kurt Maetzig, BU: Wolfgang Schreyer, LV: Gleichnamiger Roman von Wolfgang Schreyer, DR: Gerhard Hartwig, KA: Günter Haubold, MU: Marta Valdés, BA: Alfred Hirschmeier, KO: Günther Schmidt, Carmelia Garcia, SC: Bärbel Weigel, PL: Hans Mahlich, Margarita Alexandre, GR: KAG »Roter Kreis«, m: 2471 = 91 min, s/w, Tovi, 4-Kmgt, mgt, AT: Operation Cubana, PJ: 1962/63, PM (DDR): 19.3.1964, PM-Ort: Berlin, »Colosseum«/»Babylon«, CO: Instituto Cubano del Arte e Industrie Cinematograficos (ICAIC), Havanna/Kuba, Kuban. Titel: Preludio 11
DA: Roberto Blanco (Miguel), Aurora Depestre (Daniela), Günther Simon (Palomino), Armin Mueller-Stahl (Quintana), Gerry Wolff (Figueras), Carlos Moctezuma (Ravelo), Günter Ott (McLash), Rafael Sosa (Rico), Alejandro Lugo (Barro), Fred Delmare (Esteban), Joachim Tomaschewsky, Manfred Ott, Marga Legal, Gerd Staiger, Heinz Klevenow u.a.
INHALT: Mit dem amerikanischen Offizier McLash landen vier Exilkubaner und ein Guatemalteke zur Vorbereitung einer unter dem Codewort »Preludio« geplanten Invasion an der Küste Kubas. Eine wichtige Brücke soll gesprengt werden. Kommandant Palomino ist der Verbündete der Invasoren. In seinem Stab arbeitet Daniela,

deren ehemaliger Freund Miguel unter den Söldnern ist. Ihnen hat man in Florida eingeredet, daß die kubanische Bevölkerung sie als Befreier empfangen werde. Doch sie stoßen auf Widerstand. Verräter Palomino, dem sich Daniela offenbart, benutzt die Ahnungslose, um den Konterrevolutionären zu helfen. Die Sicherheitskräfte in Havanna aber sind schneller. Leutnant Quintana vereitelt das Unternehmen und rettet Daniela, die sich endgültig von Miguel abwendet. Palomino begeht Selbstmord.
ZUM FILM: Das sozialistische Lager unterstützte Fidel Castros Bemühungen der politischen Umgestaltung, auch auf dem Gebiet von Kunst und Kultur. So schrieb Wolfgang Schreyer, mehrfach verfilmter Bestseller-Autor auf dem Gebiet des (oft in Lateinamerika angesiedelten) politischen Abenteuerromans eine Geschichte, die die Machenschaften kurz vor der historischen Invasion in der Schweinebucht erzählt. Es gelang dem Team um Kurt Maetzig jedoch nicht, in dem stark schwarzweiß zeichnenden Abenteuerfilm die Situation überzeugend darzustellen.
ECHO: Es geht mir gegen jeden Nerv, einen Stoff aus dem heutigen Kuba so routinemäßig gestaltet zu sehen, so simple Dialoge anhören zu müssen wie hier. (...) Es gelingt dem Film weder eine tiefergehende Studie des verlorenen Haufens, der da konfrontiert mit der historischen Realität eines Volkes, das die Ausbeuterordnung abgeschüttelt hat, an dieser Realität und an den eigenen Widersprüchen kaputtgeht, noch gelingt es ihm, den Herzschlag des revolutionären Kuba spürbar zu machen. (Rosemarie Rehahn, *Wochenpost* 14/1964)
Mit Ausnahme des wiederum über die ursprüngliche Rollenanlage hinaus zu menschlich überzeugender Charakterdarstellung vordringenden Gerry Wolff vermögen die deutschen Darsteller diesmal wenig zu überzeugen. Günther Simon bleibt als verräterischer Commandante nahezu profillos, und Armin Mueller-Stahl (Quintana) hat lediglich die Aufgabe, Treue zur Revolution und Liebesempfinden plakathaft zu bekunden. (G. A., *Der Neue Weg*, 31.3.1964)
MEINUNG: Die Kuba-Krise hatte gerade ihren Höhepunkt erreicht. Maetzig wollte deshalb die Arbeit sofort abbrechen. Aber wir saßen, zusammen mit einer französischen und einer russischen Produktion, im Hotel fest und warteten auf den Angriff. Auf eine gemeinsame Vorgehensweise konnte man sich nicht einigen. Die Deutschen wollten nur schnell nach Hause, die Russen waren besoffen, und die Franzosen wollten gegen die Amerikaner kämpfen. (Armin Mueller-Stahl in *Armin Mueller-Stahl, Seine Filme – sein Leben*, 1992)
NEBENBEI: Auch während der Dreharbeiten auf Cuba kam es in der Auseinandersetzung mit den USA zu politisch gefährlichen Situationen, die eine vorzeitige Abreise der DDR-Filmleute erforderlich machte. Nach der Rückkehr wurden Prof. Kurt Maetzig als dem Team-Chef schwere Vorwürfe gemacht. Er erhielt ein Parteiverfahren, in dem Günther Simon (der erst durch Maetzigs Einfluß in die Partei gekommen war) als Kronzeuge gegen den Regisseur aussagte. – Der Hauptdarsteller mit dem auf Cuba geläufigen Namen Roberto Blanco ist mit dem bundesdeutschen Schlagersänger nicht identisch.

DIE PREMIERE FÄLLT AUS

RE: Kurt Jung-Alsen, BU: Gerhard Neumann, Hans-Albert Pederzani, LV: Gleichnamiges Bühnenstück von A.G. Petermann, DR: Hans Sasse, KA: Walter Fehdmer, MU: Gerd Natschinski, BA: Artur Günther, KO: Dorit Gründel, SC: Friedel Welsandt, PL: Werner Dau, m: 2040 = 75 min, s/w, PM: 13.2.1959, PM-Ort: Berlin, »Colosseum«
DA: Christine Laszar (Vera Herrmann, Schauspielerin), Peter Herden (Dr. Born, Oberspielleiter), Rudolf Ulrich (Hauptmann Jentsch), Paul R. Henker (Intendant Probst), Fred Mahr (Major Koch), Gerd Biewer (Alexander Gorsky, Schauspieler), Harry Gillmann (Inspizient Weber), Georg Michael Wagner (Laborant Neumann), Willi Schwabe (Dr. Rex, Theaterarzt), Angelika Hurwicz (Frau Krawutschke, Requisiteuse), Sabine Thalbach, Helga Göring, Erich Mirek, Horst Schön, Reinhold Stövesand, Dieter Perlwitz, Erich Brauer, Johannes Arpe, Kurt Steingraf, Ingeborg Nass u.a.
INHALT: Aus dem Versuchslabor eines Chemiebetriebes im fiktiven Städtchen Bärenfurt in der DDR werden Forschungsergebnisse von enormem Wert gestohlen und an der Berliner Sektorengrenze sichergestellt. Die Spur führt zu dem Agenten »Haas« ans Bärenfurter Stadttheater. Um seine Identität aufzudecken und ihn festzu-

nehmen, ist Hauptmann Jentsch im Theater. Während der »Fiesco«-Premiere geschieht ein Mord. Verdächtig machen sich viele, z.B. der mit der Schauspielerin Vera verlobte Oberspielleiter Born, dessen bemüht unpolitische Haltung auffällig ist. Es ist keine leichte Aufgabe für die Sicherheitsbeamten, in diesem Milieu Sein und Schein auseinanderzuhalten. Durch präzise Arbeit gelingt es ihnen, den Täter zu entlarven und nach einer Verfolgungsjagd durchs Theater zu verhaften.

ZUM FILM: Das Motiv des Täters in diesem durchaus spannenden Krimi lag wieder einmal in der Auseinandersetzung begründet, die die damals offene Grenze so brisant machte. Die Arbeit von Volkspolizei und Staatssicherheitsdienst hatte hier ihre Legitimation.

ECHO: Schon das Milieu des Films, das Leben hinter der Bühne, ist nicht nur außerordentlich anziehend für den Zuschauer, es ist auch mit Behutsamkeit und Sachkenntnis dargestellt worden. Regisseur Kurt Jung-Alsen bewies wieder seine Fähigkeit, Atmosphäre zu zaubern und bekannte sowie unbekannte Schauspieler geschickt zu führen. (Christoph Funke, *Morgen*, 15.2.1959)

Höchst erregend, fesselnd und spannend erleben wir (...) die aufopferungsvolle Arbeit unserer Sicherheitsorgane. (Günter Stahnke, *Junge Welt*, 21.2.1959)

NEBENBEI: Hinter dem Autor A. G. Petermann, dessen Stück die Vorlage bot, verbarg sich ein kleines Team, zu dem neben Pederzani auch Heiner Rank gehörte – Regisseur Kurt Jung-Alsen und Willi Schwabe, der den Dr. Rex spielte, waren in den zwanziger Jahren Klassenkameraden. Jung-Alsen gab Schwabe hier Gelegenheit, seinem als sympathisch geprägten Ruf zu entkommen, was allerdings Zuschauerproteste nach sich zog.

DER PRINZ HINTER DEN SIEBEN MEEREN

(Kinderfilm)

RE: Walter Beck, SZ: Gudrun Deubener, LV: Märchen »Das singende, springende Löweneckerchen« und andere Märchenmotive der Brüder Grimm, DR: Manfred Hocke, KA: Wolfgang Braumann, MU: Günther Fischer, SB: Erich Krüllke, KO: Dorit Gründel, Uwe Bornemann, Elvira Fricke, TR: Erich Günther u.a., SC: Ilse Peters, PL: Horst Hartwig, GR: GR »Johannisthal«, m: 2386 = 87 min, fa, PJ: 1981/82, PM: 28.11.1982, PM-Ort: Berlin, »Colosseum«

DA: Marina Krogull (Constance), Bodo Wolf (Leonhard), Renate Blume (Annunziata), Manfred Heine (Florian), Leon Niemczyk (Kaufmann), Franziska Troegner (Candida), Tim Hoffmann (Elegius), Thomas Wolff (Thomas), Lotte Loebinger (Fee), Ostara Körner (Thomas' Mutter), Holger Mahlich, Gerry Wolff, Willi Neuenhahn, Ilse Bastubbe, Theresia Wider u.a.

INHALT: Die Kaufmannstochter Constance hat sich ein Löweneckerchen gewünscht, und der Vater hat es von einem Löwen bekommen – unter der Bedingung, daß ihm der erste Mensch auszuliefern sei, dem der Vater zu Hause begegnet. Es ist Constance. Gegen den Willen des Vaters geht sie zu dem Löwen, entdeckt, daß dieser ein verwunschener Prinz ist, den nur die Liebe einer Frau erlösen kann. Sie bleibt bei ihm, hat ein Kind mit ihm. Als sie ihn kurz verläßt, um zur Hochzeit ihrer Schwester zu fahren, wird der Löwe in eine Taube verwandelt und fliegt davon. Constance folgt ihm – sieben Jahre über sieben Meere, bis sie ihn endlich befreien kann.

ZUM FILM: Walter Becks Grimm-Adaption war phantasievoll umgesetzt und frappierte durch ihre Trickaufnahmen. Leider war sie dramaturgisch nicht in jedem Punkt schlüssig.
ECHO: Walter Beck erzählt die Geschichte, wie sie geschrieben ist, ohne sonderliche Höhepunkte also, langsam dahinfließend. Viel Liebe und Arbeit wurde aufgewendet für den einzelnen Trick, die Nummer. Die größte davon ist die mit dem Löwen: Unser Prinz verwandelt sich in einen wirklichen Löwen. Das scheint mir keine gute Idee, bei aller Achtung vor der Courage. Das dressierte Tier nur hat nichts von dem geheimnisvollen Zauber eines Märchenlöwen, es ist eben nur ein Löwe von natürlicher Schlichtheit – und Märchen sind nicht natürlich. (Heinrich Wiggenhauser, *Neues Deutschland*, 23.12.1982)
Bestechend an diesem Kinderfilm (...) ist die optische Realisierung des Märchens. Unterschiedliche Stilrichtungen von der Romantik bis zum Jugendstil werden zitiert, um eine zauberhafte Märchenatmosphäre ohne Kitsch und Pomp zu schaffen. So wird durch ein realistisches Interieur um 1900 beim Zuschauer von 1983 die Empfindung einer Wunderwelt ausgelöst. Eine schöne, undidaktische Weise, Kultur- und Kunstgeschichte für Kinder lebendig werden zu lassen. (Julia Michelis, *Für dich*, 23.6.1983)
Der *Prinz* ist mitnichten normale Kino- und Fernsehkost. Er ist vielmehr ein artifiziell gemachtes Meisterwerk, das nicht Wirklichkeit vorgaukelt, sondern das Märchenhafte auch in Bauten und Effekten stets deutlich werden läßt. Er erzählt eine gute, wahre Geschichte. Wenn denn also ein solcher Märchenfilm frenetischen Beifall erhält – und er hat keine reaktionäre Aussage, ist keine Gewaltorgie –, dann sei die Frage erlaubt, warum hierzulande nicht mehr Märchenfilme produziert werden. (Reinhold Elschot, *Frankfurter Rundschau*, 1.9.1983)
NEBENBEI: Auf dem Internationalen Kinder- und Jugendfilmfestival Giffoni Valle Piana in Italien erhielt der Film 1983 den »Silbernen Greif«, den 1. Preis in der Kategorie Spielfilm. – Die Tieraufnahmen entstanden mit Unterstützung des Zoologischen Gartens Leipzig und des Zirkus Probst. An den Tierdressuren arbeiteten die »Sperentinis«, Gerhard Strejcek und Kurt Götz. – Als Elegius spielte hier Tim Hoffmann, Ensemblemitglied des Berliner Maxim Gorki Theaters, eine seiner wenigen Filmrollen. Sein Vater war der bekannte Charakterdarsteller A. P. Hoffmann.

PROFESSOR MAMLOCK

RE: Konrad Wolf, BU: Karl Georg Egel, Konrad Wolf, LV: Gleichnamiges Drama von Friedrich Wolf, DR: Willi Brückner, KA: Werner Bergmann, MU: Hans-Dieter Hosalla, BA: Harald Horn, KO: Werner Bergemann, SC: Christa Wernicke, PL: Hans-Joachim Funk, GR: KAG »Heinrich Greif«, m: 2735 = 100 min, s/w, PJ: 1960/61, PM: 17.5.1961, PM-Ort: Berlin, »Colosseum«
DA: Wolfgang Heinz (Prof. Mamlock), Ursula Burg (Ellen Mamlock), Hilmar Thate (Rolf Mamlock), Lissy Tempelhof (Dr. Inge Ruoff), Doris Abeßer (Ruth Mamlock), Ulrich Thein (Ernst), Günter Naumann (Kurt Walter), Harald Halgardt (Dr. Hellpach), Herwart Grosse (Oberarzt Dr. Carlsen), Franz Kutschera (Dr. Werner Seidel), Peter Sturm (Dr. Hirsch), Kurt Jung-Alsen (Bankier Schneider), Agnes Kraus, Günter Grabbert, Manfred Krug u.a.
INHALT: Eine deutsche Universitätsstadt zu Beginn des Jahres 1933. Professor Mamlock ist Jude und Chef einer chirurgischen Klinik. Politik interessiert ihn nicht, auch nicht die Warnung vor den Nazis. Er setzt auf Staat, Familie und humanistische Prinzipien. Den verwundeten Kommunisten Walter versorgt er zwar medizinisch, aber er versteht ihn nicht. Seinem Sohn Rolf weist er die Tür, als dieser zum Widerstandskämpfer wird. Seiner Tochter Ruth glaubt er nicht, daß man sie als Jüdin aus der Schule geworfen hat. Auch die völkischen Reden des Dr. Hellpach hat er nie ernst genommen. Erst als auch er seine Arbeit verliert und von SA-Leuten aus der Klinik geführt wird, bricht sein Glaube an Recht und Ordnung zusammen. Durch die Intervention eines einflußreichen Unternehmers bekommt er seine Arbeitserlaubnis wieder. Als Chefchirurg muß er jedoch die Entlassungsliste der anderen jüdischen Mitarbeiter unterschreiben. Mamlock weigert sich, es kommt zur Auseinandersetzung mit dem kommissarischen Leiter Dr. Hellpach, in deren Verlauf sich die Ärztin Inge Ruoff, Mitglied der NSDAP, auf die Seite Mamlocks stellt. Aber Mamlock sieht für sich keinen Ausweg und wählt den Freitod.

ZUM FILM: Nachdem Friedrich Wolfs Stück schon 1936 in der Sowjetunion erstmals die Vorlage für einen Spielfilm gab, nahm sich nun der Sohn des Dichters des Stoffes an. Die eindringliche und beeindruckende Warnung vor einer Unterschätzung faschistischer Gefahr wirkte manchen Kritikern zu angestrengt, bestach aber durch darstellerische Glanzstücke.
ECHO: Es mag sein, daß für manchen Betrachter (...) der Eindruck einer zu starken Betonung der Form entsteht. Aber eine Fülle von bildmäßig aufzulösenden dramatischen Situationen erfordert doch einfach eine expressive Kameraführung. Dank der intensiven Bemühungen um die Bildkompositionen kommen auch die von Harald Horn entworfenen und von Walter Colani ausgeführten Bauten und die Requisiten derart zur Geltung, daß sie entweder den Anschein der Harmonie des Milieus verbreiten oder die Bedrohung und sich ankündigende Zerstörung dieser Harmonie charakterisieren. (Manfred Jelenski, *Deutsche Filmkunst* 7/1961)
Die Anfangsszene und besonders der verfremdet gesprochene, Wort für Wort betonte Monolog Mamlocks geben dem Film einen Auftakt, der anrührt und nachdenklich macht. Die darauffolgende Familienfeier wirkt freilich unglücklich gestelzt in den Dialogen und konventionell in der Inszenierung – allzu deutlich wird mit dem Zeigefinger auf die »bürgerliche« Kultiviertheit des Hauses Mamlock gewiesen. (...) Wolf (wurde) das Opfer seiner eigenen Skrupel; vor lauter Genauigkeit im Detail, vor lauter filmischer Kunstfertigkeit verfehlte er die lebendige Realität des Stückes. Der ganze Film besitzt die Abstraktheit einer Lektion, die die Wirklichkeit zwar der Intention nach trifft, aber nicht mit ihr verschmilzt. (Ulrich Gregor, *Filmkritik* 9/1961)
NEBENBEI: Auf dem Moskauer Filmfestival erhielt der Film 1961 eine Goldmedaille, auf dem von Neu Delhi im gleichen Jahr die »Silberne Lotosblume«. – Entscheidend wird der Film durch Wolfgang Heinz in der Titelrolle, seine wohl bedeutendste Leistung vor der Kamera, geprägt. Der österreichische Bühnendarsteller und -regisseur und zeitweilige Theaterleiter hatte zwar schon 1922 im Film debütiert (*Nosferatu*), aber stets dem Theater den Vorrang gegeben. Bei Wolf trat er 1973 noch einmal in einer kleinen Rolle des Films → *Der nackte Mann auf dem Sportplatz* auf.

DER PROZESS WIRD VERTAGT

RE: Herbert Ballmann, BU: Herbert Ballmann, LV: Novelle »Michaels Rückkehr« von Leonhard Frank, DR: Dieter Scharfenberg, KA: E.W. Fiedler, Otto Hanisch, MU: Jean Kurt Forest, BA: Oskar Pietsch, KO: Walter Schulze-Mittendorf, SC: Helga Emmrich, PL: Adolf Fischer, m: 2657 = 97 min, s/w, AT: Michaels Rückkehr, PJ: 1958, PM: 25.9.1958, PM-Ort: Berlin, »Babylon«
DA: Gisela Uhlen (Maria Jäger), Raimund Schelcher (Michael Vierkant), Gerhard Bienert (Gefängnisdirektor), Gerry Wolff (Crossert), Friedrich Richter (Dr. Waldegg), Waltraut Kramm (Sophie), Kurt Steingraf (Dr. Korn), Brigitte Krause (Lotti), Peter Kiwitt (Dr. Seift), Alexander Hegart (Puntschi), Marianne Wünscher, Hans W. Hamacher, Hans Wehrl, Herbert Grünbaum, Peter Bosse u.a.
INHALT: 1955 kehrt der in der Nazi-Zeit emigrierte Jude Michael Vierkant aus dem Ausland in die Bundesrepublik Deutschland zurück, um die Verurteilung des damaligen Denunzianten Korn zu erwirken, der für die Ermordung seiner Schwester verantwortlich war. Korn ist wieder in

Amt und Würden; Michaels Bemühungen bleiben erfolglos. Es kommt zur direkten Auseinandersetzung zwischen den beiden, wobei Michael Korn in Notwehr erschießt. Er flieht und wird von der jungen, zurückgezogen lebenden Künstlerin Maria Jäger versteckt, dann doch von der Polizei gestellt und des vorsätzlichen Mordes angeklagt. Der Kriminalpolizei wird der Fall vom Verfassungsschutz aus der Hand genommen, der einen politischen Racheakt in kommunistischem Auftrag konstruiert. Michael gelingt es, aus dem Gefängnis zu entkommen. Maria und deren Freunde organisieren eine Pressekonferenz, auf der Michael die Zusammenhänge offenlegt. Der Prozeß wird vertagt.
ZUM FILM: In Ballmanns Adaption von Leonhard Franks 1954 in München geschriebener Erzählung wird der gezielte Schuß auf den Denunzianten in eine Notwehrsituation umgeändert. Das nahm dem Konflikt die Schärfe und entsprach nicht den Intentionen des Autors.
ECHO: Auch trotz der manchmal etwas verwirrenden, unmotivierten oder nicht genügend Milieu und Stimmung wechselnden Schnitte ist der Film sehenswert. Man wünschte, häufiger einer derartig gewissenhaften, sorgfältigen, liebevollen Regie zu begegnen wie der Herbert Ballmanns. Hier ist auf dem ganzen Streifen nicht ein Detail zu finden, welches Flüchtigkeit aufwies, es gibt keine »Stiefkinder« des Regisseurs. Auch mit den Darstellern kleinster, textloser Rollen ist gearbeitet worden. (...) Dem Fachmann fällt die sorgfältige Ausleuchtung auf. Und was sich Regisseur Ballmann und Erich W. Fiedler an Einstellungen und Fahrten haben einfallen lassen, ist ermutigend. (Karl-Eduard v. Schnitzler, *Filmspiegel* 21/1958)
NEBENBEI: Regisseur Herbert Ballmann und sein Star Gisela Uhlen lebten damals zusammen.

P. S.

RE: Roland Gräf, SZ: Helga Schütz, DR: Christel Gräf, KA: Claus Neumann, MU: Günther Fischer, SB: Peter Wilde, KO: Barbara Braumann, SC: Monika Schindler, PL: Manfred Renger, GR: AG »Roter Kreis«, m: 2643 = 97 min, fa, brw, AT: Peters Briefe aus der Stadt, PJ: 1978, PM: 29.3.1979, PM-Ort: Berlin, »Kosmos«
DA: Andrzej Pieczynski (Peter Seidel), Jutta Wachowiak (Margot), Sigrid Röhl-Reintsch (Sabine Vollbrecht), Dieter Franke (Heimleiter Böttcher), Franziska Troegner (Marlies), Hans-Joachim Rodewald (Christoph), Christian Grashof (Henni), Barbara Dittus, Hilmar Baumann (Sabines Eltern), Katja Paryla (Frau Ziehwein), Werner Godemann, Hans Klering, Walter Lendrich, Martin Trettau, Liselott Baumgarten, Ursula Staack, Lothar Tarelkin, Hans-Uwe Bauer, Carola Braunbock, Christine Harbort u.a.
INHALT: Mit achtzehn Jahren verläßt Peter das Waisenhaus, in dem er aufgewachsen ist, und geht nach Berlin. Er arbeitet in einer Baubrigade und ist befreundet mit Marlies, die ebenfalls aus dem Heim kommt, Sabine, die ihn liebt, und Christoph, der Sabine liebt. Die Arbeit beim Bau gefällt ihm nicht, und er geht als Kraftfahrer zu Minol. Bei einem Ausflug mit den Freunden wird sein Betriebs-Wolga, den er unberechtigt fuhr, von Rowdys demoliert. Peter wird festgenommen und bekommt dann eine Bewährungshelferin, die Mittdreißigerin Margot. Er verliebt sich in sie, beide erleben eine kurze Zeit des Glücks. Sabine, die von Peter schwanger ist, zieht sich ohne etwas zu sagen zurück, als sie das bemerkt, und heiratet Christoph. Sie wird nicht glücklich und unternimmt einen Selbstmordversuch. Als Margot von

Peters Kind und Sabines Liebe zu Peter erfährt, trennt sie sich von ihm. Peter ist tief getroffen, aber er entscheidet sich für sein Kind.
ZUM FILM: In seinem vierten Spielfilm knüpfte Regisseur Roland Gräf thematisch an sein Debüt → *Mein lieber Robinson* an, wobei Konflikte zugespitzter behandelt wurden. Der Film litt jedoch an der episodischen Strukur des Szenariums.
ECHO: Der Film, der umständlich und undeutlich anläuft und teilweise sprunghaft wirkt, ist vital, überall dort, wo es um die Beziehung zwischen Peter und Margot geht. Auch nur mit dieser Geschichte wäre ein Film denkbar, sicher ein guter Film. Nicht darum geht es, sondern darum, daß für die anderen Figuren derartig adäquate dramaturgisch konsequente und szenisch schlüssige Angebote kaum gefunden wurden. (Peter Ahrens, *Weltbühne* 19/1979)
Das Schicksal jeder einzelnen (der vier Hauptfiguren, f.b.h.) könnte eine interessante Geschichte sein, aber offenbar hatten weder die Autorin noch der Regisseur die Absicht, uns richtige Geschichten zu erzählen. Sie nähern sich ihren Helden zögernd, sachlich, fast von einer kühl-neutralen Beobachterposition. Im Stile des dokumentaren Spielfilms, den ein malträtiertes Publikum endlich überwunden glaubte, kriegen wir wieder mal ein Puzzle serviert, dessen Zusammensetzung nicht ohne Anstrengung zu bewerkstelligen ist. (Renate Holland-Moritz, *Eulenspiegel* 20/1979)
Es wird nicht harmonisiert und wohl auch ein ziemlich realistisches Bild heutiger DDR-Jugend gezeichnet – verloren ging die frühere dokumentarische Echtheit, und vermißt habe ich auch jene künstlerische Überhöhung, die Gräfs zweite Arbeit → *Bankett für Achilles* auszeichnete. (...) Peter und die Frauen: das wäre vielleicht die treffendste Überschrift der Geschichte, die da mit der Kamera Claus Neumanns etwas sprunghaft erzählt wird. (Heinz Kersten, 1979, zit. nach *So viele Träume*)
NEBENBEI: Auf dem Nationalen Spielfilmfestival der DDR wurden 1980 in Karl-Marx-Stadt Roland Gräf mit dem Regiepreis und Barbara Dittus als beste Nebendarstellerin ausgezeichnet. Im gleichen Jahr erhielt Roland Gräf auf dem Festival in San Remo den Spezialpreis der Jury.

PUGOWITZA

RE: Jürgen Brauer, SZ: Margot Beichler, LV: Roman »Pugowitza oder Die silberne Schlüsseluhr« von Alfred Wellm, DR: Willi Brückner, Gerd Gericke, Künstlerische Mitarbeit: Heiner Carow, KA: Jürgen Brauer, MU: Günther Fischer, SB: Dieter Adam, KO: Ursula Strumpf, SC: Evelyn Carow, PL: Oscar Ludmann, GR: GR »Johannisthal«, m: 2764 = 101 min, fa, brw, PJ: 1980, PM: 26.3.1981, PM-Ort: Berlin, »International«
DA: Axel Griesau (Heinrich), Szymon Szurmiej (Komarek), Käthe Reichel (Mutter Kriepsch), Karla Runkehl (Frau Sagoreit), Viola Schweizer (Frau Kirsch), Ursula Staack (Frau Puwalewski), Kurt Böwe (Berniko), Rolf Hoppe (Hopf), Jörg Panknin (Spanier), Peter Welz (Volksgenosse), Jörg Gillner, Ellis Heiden, Heide Kipp, Gertraut Last, Sina Fiedler u.a.
INHALT: Während der letzten Kriegswochen 1945 schließt sich der elternlose elfjährige Heinrich einem Treck an, der von dem alten Fischer Komarek geführt wird. Der Alte duldet ihn lediglich, doch nachdem Heinrich unter dem Verdacht, einen Wehrpflichtigen verraten zu haben, sehr leidet, nimmt er sich des Jungen an. Er nimmt ihm die Illusion vom Endsieg und erzählt

ihm von der Verbrüderung russischer und deutscher Soldaten 1917. Heinrich verliert den Treck und wartet in einem Dorf. Inzwischen marschieren die Russen ein. Heinrich freundet sich mit ihnen an, und als sie einen Kommunisten für das Bürgermeisteramt brauchen, sucht er Komarek. Doch der unerfahrene Fischer scheitert an den Schwierigkeiten. Der Junge begegnet einem ehemaligen Spanienkämpfer und nimmt ihn mit, kurz darauf schließt sich ihnen eine Frau an. Zusammen wollen sie nach Berlin, doch Komarek verläßt sie – in dem Glauben, daß Heinrich bei den Jüngeren gut aufgehoben ist.

ZUM FILM: Das Regiedebüt des langjährigen Kameramannes Jürgen Brauer (→ *Die Legende von Paul und Paula*, → *Die Verlobte*) kam zustande, weil Heiner Carow, der den Film vorbereitet hatte, kurzfristig ausfiel. Nach der Arbeit an dieser achtbaren Literaturadaption entwickelte sich Brauer zu einem stilsicheren Regisseur von Literaturadaptionen und Kinderfilmen, die durch ihre kluge Optik auffielen.

ECHO: Das Ergebnis ist durchaus beeindruckend, bildkompositorisch geradezu meisterhaft. Leider ist die Diskrepanz zwischen Optik und Akustik unüberhörbar, wenn nämlich die Poesie der Bilder gelegentlich von zu lauten, ja schrillen Tönen erschlagen wird. (Renate Holland-Moritz, *Eulenspiegel* 17/1981)

Märkische Landschaft, eine leere Dorfstraße, weiße Fahnen, eine verlassene Bahnstation, eine Chaussee in weiter Ebene, silhouettenhaft eine verlorene Gruppe von Menschen – hier erzählen Bilder (oft weite, lange Totalen!) die »Stunde Null«; die Stille atmet Erwartung, Angst. Zugleich sind die Bilder schön – der Widerspruch von Stimmung und Situation reizt, ist produktiv, stimmt ästhetisch und historisch. Zum Schrecken wird die Chance eingebracht, die Hoffnung. (Peter Ahrens, *Weltbühne* 17/1981)

Eine rührende Geschichte, die zwar ohne Sentimentalität erzählt wird, aber zunehmend zur reinen Idylle gerät und von den wahren Problemen und Lebensumständen der schweren Zeit nach dem Kriege kaum etwas vermittelt. In Babelsberg war man mit diesem Thema schon einmal viel weiter. (Heinz Kersten, 1981, zit. nach *So viele Träume*)

NEBENBEI: Szymon Szurmiej, der Darsteller des Komarek, war Direktor des Jüdischen Theaters in Warschau und hatte bereits in dem Kinderfilm → *Philipp der Kleine* gespielt. Szurmiej wurde in *Pugowitza* von Kurt Böwe synchronisiert, der seinerseits wiederum mit der Stimme seines Kollegen Dieter Franke sprach.

EINE PYRAMIDE FÜR MICH

RE: Ralf Kirsten, SZ: Karl-Heinz Jakobs, Ralf Kirsten, LV: Gleichnamiger Roman von Karl-Heinz Jakobs, DR: Manfred Wolter, Dieter Wolf, KA: Hans-Jürgen Kruse, MB: André Asriel, SB: Dieter Adam, KO: Inge Kistner, SC: Ursula Zweig, PL: Hans-Erich Busch, GR: AG »Babelsberg«, m: 2783 = 102 min, fa, brw, PJ: 1974, PM: 4.12. 1975, PM-Ort: Berlin, »Kosmos«

DA: Justus Fritzsche (Satie), Monika Hildebrand (Hanka), Günter Junghans (Trümpi), Rolf Ludwig (Balaschin), Karin Gregorek (Annie), Renate Krößner (Margot), Ulrich Anschütz (Petipa), Gabriele Methner (Irmchen), Christine Reinhardt (Gerda), Eckhard Becker (Warkowitzki), Anna-Else Paetzold (Hannelore), Michael Christian (Struller), Albrecht Goette, Jörg Panknin, Harry Pietzsch, Birgit Edenharter, Rüdiger Joswig, Ilse Voigt, Helmut Schreiber, Micaela Kreißler u.a.

INHALT: Professor Paul Satie ist auf dem Weg zu einer Konferenz. Noch einmal soll über den Bau eines neuen Staudamms beraten werden, den Satie ablehnt. In Wolfsgrün verläßt er spontan den Zug, hier hat er von 1948 bis 1950 als Jugendbrigadier am Bau des alten Dammes mitgewirkt, der jetzt zu klein ist. Ein Denkmal hatten sich die Erbauer damals selbst gesetzt – mit seinem Namen drauf. Die Frage, ob er deshalb gegen den neuen Damm ist, läßt die Erinnerung aufleben: an überschäumenden Tatendrang, auch an Fehler, und vor allem an die damaligen Freunde und Feinde. Da ist Trümpi, der Friseur und Betonierer, Hanka, die damalige Geliebte, die er verlassen hat, und Balaschin, dem sie den Hof zerstörten, weil er sich dem Fortschritt in den Weg stellte. Sie sind in Wolfsgrün geblieben, nun trifft er sie wieder. Balaschin ist noch immer verbittert, Trümpi setzt sich für eine Friseur-PGH ein, Hanka hat eine leitende Stellung im Kaliwerk. Er erfährt auch, daß Hanka einen Sohn von ihm bekam. Als Satie wieder abreist, weiß er, daß er für den neuen Damm stimmen wird.

ZUM FILM: Nach → *Beschreibung eines Sommers* adaptierte Ralf Kirsten zum zweiten Mal einen Roman von Karl-Heinz Jakobs. Die kritische Betrachtung einer Generation, die ihre Entwicklung in der DDR nahm, sollte zum 25. Jahrestag in die Kinos kommen, wurde aber nicht abgenommen. Erst nach zahlreichen Änderungen und Umschnitten kam der ambitionierte Film mit über einjähriger Verspätung auf die Leinwand und ließ doch viele Wünsche offen.

ECHO: Der Film verfällt weder in das Ausmalen von Not und Depression noch in das Erzählen von Anekdoten. Die Autoren versuchen, der Geschichte angemessen, zu stilisieren, lassen manchmal fast bühnenmäßig agieren, Szenen zitieren und blenden eine Gedankenstimme ein, die den Erkenntnisprozeß Saties verständlich machen soll. Für diese durchaus legitimen Schritte in eine Kunstwirklichkeit wurden jedoch meines Erachtens nur wenige interessante filmische Lösungen gefunden. Zuviel wird über den Dialog erzählt. Originelle Szenenlösungen sind selten. (Eckart Jahnke, *Filmspiegel* 27/1975)

Warum dies filmische Denkmal für einen Kaputten, der in der Auseinandersetzung mit dem reaktionären Bauern Balanschin (großartig Rolf Ludwig!) eine so jämmerliche Figur abgibt, daß die Sympathien des Zuschauers auf die falsche Seite geraten? (...) Obwohl die Schöpfer stolz darauf sind, daß ihre Helden keine Alltagssprache reden, möchte ich die Fragwürdigkeit von Dialogen anmelden, die einen Dachdecker, einen Professor, einen Friseur und eine Ökonomin mit dem gleichen Vokabular ausstatten. (Renate Holland-Moritz, *Eulenspiegel* 2/1976)

Aus dieser Geschichte hätte ein guter Film werden können – leider aber ist Regisseur Ralf Kirsten seinem interessanten Thema vieles schuldig geblieben. Die Darstellung auf der Gegenwartsebene strebt möglicherweise eine literarische Überhöhung an, wirkt aber oft nur unnatürlich, die Schauspieler – ein Positivum: meist neue Gesichter – agieren teilweise wie Laien, die einen eingelernten Text aufsagen. Die Erinnerungsrückblenden schwanken zwischen Realismus und bloßer Andeutung des Zeitkolorits; der als dritte Ebene anvisierten Zukunftsdimension mangelt in der Konfrontation des Helden mit heutiger DDR-Jugend die Vertiefung, weil man sich vor schärferer Akzentuierung von Kontrasten scheute. (Heinz Kersten, 1975, zit. nach *So viele Träume*)

NEBENBEI: Die Rolle des Struller spielte Michael Christian, der Sohn des aus vielen DEFA- und Fernsehfilmen bekannten Charakterdarstellers Norbert Christian.

Q

QUARTETT ZU FÜNFT

RE: Gerhard Lamprecht, BU: Wolf Neumeister, Erich Conradi, DR: Hans Vietzke, KA: Karl Hasselmann, MU: Franz R. Friedl, BA: Erich Zander, Artur Günther, Karl Schneider, KO: Charlotte Flemming, SC: Johanna Meisel, PL: Eduard Kubat, m: 2611 = 96 min, s/w, PJ: 1948/49, PM: 27.5.1949, PM-Ort: Berlin, »Babylon«

DA: Claus Holm (Martin Bergau), Yvonne Merin (Anne Treibel), Ruth Piepho (Helga Schilling), Inge Keller (Irene Gabriel), Ursula Rank (Betti Krull), Maria Rouvel (Kathrin Winkler), Harry Hindemith (Stefan Winkler), Alfred Schieske (Prof. Mangold), Arnold Marquis (Toni Zieseler), Karl Hellmer (Dinklage), Ralph Lothar, Margarethe Schön, Clemens Hasse, Gustav Püttjer, Walter Gross u.a.

INHALT: Vier Frauen und ein Mann unter einem Dach. Anne Treibel ist die Besitzerin des kleinen Hauses, in dem sie zusammen leben. Sie hat den schwerverletzt aus dem Krieg heimgekehrten Martin aufgenommen. Auch die anderen Frauen interessieren sich für ihn. Helga überredet Martin, sich einer Operation zu unterziehen, die ihn retten könnte. Er willigt ein – für Anne, die ihn liebt. Daß es unter den vier Frauen zu keinem Streit um Martin kommt, liegt vor allem daran, daß zur rechten Zeit drei weitere passable Männer auftauchen.

ZUM FILM: Mit seinem zweiten und letzten DEFA-Film konnte Altmeister Gerhard Lamprecht nicht an seine frühen Erfolge anknüpfen. Trotz der thematischen Ansiedelung in der Gegenwart wirkte er in Buch und Inszenierung verstaubt.

ECHO: Hier war genau das, was nicht mehr sein sollte. Die Privatsekretärin im Overall des Autoschlossers und das ahnungslose Lehrmädchen im Luxus-Frisiersalon. Dazu die Polizistin. Jedoch, alles war aus dem Filmjournal geschnitten und lief auch genau so ab. (...) Es fehlte auch nicht an Großaufnahmen der regelmäßig fällig werdenden Umarmungen oder Seufzer. Dazwischen vermeinte man immer den Ruf zu hören: Kinder, Aufnahme! Macht ein freundliches Gesicht, wir drehen einen optimistischen Aufbaufilm. Das Publikum lachte dann auch da, wo es eigentlich nicht sollte, aber so unrecht hatte es nicht. (Leo Menter, *Weltbühne* 24/1949)

Spürbar konstruiert, im Dialog geschwätzig – ein schwacher Film, dem es nicht gelang, Zeitnähe herzustellen. (*Lexikon des internationalen Films*, 1995)

NEBENBEI: Margarethe Schön, die hier die Oberschwester spielt, war in Fritz Langs *Nibelungen*-Zweiteiler die Kriemhild. Martin Rickelt stand der große Ruhm noch bevor: Jahrzehnte später wurde er der Onkel Franz in der *Lindenstraße*. – DEFA-Regisseur Roland Gräf drehte 1995 für die ARD einen Film mit dem gleichen Titel, aber völlig anderer Handlung.

R

DAS RABAUKEN-KABARETT

RE: Werner W. Wallroth, BU: Werner W. Wallroth, DR: Manfred Fritzsche, KA: Günter Ost, MU: Conny Odd, BA: Joachim Otto, KO: Marianne Schmidt, Martin Dörre, SC: Ursula Rudzki, PL: Anni von Zieten, m: 2626 = 96 min, s/w, AT: Denn sie wissen, was sie tun, PJ: 1960, PM: 13.4.1961, PM-Ort: Berlin, »Babylon«
DA: Horst Jonischkan (Wolfgang), Albert Hetterle (Herold, Direktor des Lehrkombinats), Werner Schulz-Wittan (Internatsleiter Dölz), Jutta Hoffmann (Karin), Peter Sindermann (Detlef), Ernst-Georg Schwill (Mäcki), Carlo Schmidt (Helmut), Günter Junghans (Semmel), Peter Reusse (Freitag), Gert Schäfer (Parteisekretär Berger), Helmut Schreiber, Alexander Papendiek, Hilmar Baumann, Ingolf Gorges, Freimut Götsch u.a.

INHALT: Wolfgang ist Oberrabauke und überhaupt ein toller Kerl. Allerdings sind nicht alle in der thüringischen Schiefergrube, wo er Lehrling ist, von ihm und seinen Kumpels begeistert. Seine tollkühnen Eskapaden gehen oft zu weit – bis zum Einbruch in den Betriebskonsum, mit Diebstahl von drei Flaschen Schnaps. Der neue Internatsleiter indes weiß die unbestrittenen Fähigkeiten der Rabauken zum Nutzen aller einzusetzen. Er gründet mit ihnen das »Rabaukenkabarett«. Mit flotten Sprüchen und Musik ziehen sie nun gegen Bummelanten, Pfuscher, Säufer her – und ändern sich dabei langsam selbst.
ZUM FILM: Regisseur Werner W. Wallroth und sein Kameramann Günter Ost legten mit diesem frischen Film um junge Leute nach allerdings magerem Drehbuch als Absolventen der Babelsberger Filmhochschule ihr Debüt vor. Auch einige der Darsteller waren Babelsberger Studenten.
ECHO: Der Titel verheißt ein *Rabaukenkabatett*. Doch statt der angekündigten Rabauken sieht man so brave Knaben, daß einem das Los eines Erziehers als beruflicher Hauptgewinn vorkommt. (...) Es bleibt unerfindlich, warum der echte Konflikt so rasch entwertet und dann über Gebühr strapaziert wird. Nur um nachzuweisen, daß die Jugend doch viel, viel besser ist, als die Erwachsenen glauben? Solche Aussage ist denn doch zu wenig, auch für einen Lustspielfilm. (Rudi Strahl, *Filmspiegel* 10/1961)
Trotz der unergiebigen Fabel ließ der Film in optischer Beziehung Ansätze zu eigenwilligerer Gestaltungskraft erkennen, die die Erwartung rechtfertigen, daß der DEFA von der Hochschule neue Impulse zufließen werden. (Heinz Kersten, *Das Filmwesen in der Sowjetischen Besatzungszone Deutschlands*, 1963)
NEBENBEI: Unter den vielen jungen Schauspielern, von denen die meisten viele Jahre lang ständig bei DEFA und Fernsehen zu sehen sein sollten, war auch (Hans-)Peter Reusses spätere Ehefrau Sigrid Göhler (*Polizeiruf 110*), hier noch – nicht ganz zu Unrecht – in der Rolle des »Pummelchen«.

RABENVATER

RE: Karl-Heinz Heymann, SZ: Thomas Knauf, DR: Barbara Rogall, Dieter Wolf, KA: Andreas Köfer, MU: Rolf Fischer, SB: Peter Wilde, KO: Katrin Johnsen, SC: Vera Nowark, PL: Irene Ikker, GR: GR »Babelsberg«, m: 2419 = 89 min, fa, brw, PJ: 1985, PM: 30.4.1986, PM-Ort: Berlin, »International«

DA: Roland Gawlik (Jonathan), Alexander Korth (David), Gabriela Zion (Ruth), Uwe Kockisch (Franz), Herbert Köfer (Radetzki), Thomas Putensen (Werner), Iris Bohnau (Alice), Marlis Ludwig (Yvonne), Gisela Bestehorn (Jonathans Mutter), Dieter Montag (Ludwig), Katrin Saß, Wolfgang Winkler, Karla Runkehl, Ilse Voigt, Günter Rüger u.a.

INHALT: An Davids neuntem Geburtstag taucht unerwartet sein Vater Jonathan auf. Bei der Scheidung von Davids Mutter Ruth vor zwei Jahren war er einverstanden, auf den Jungen zu verzichten. Ruth lebt inzwischen mit Franz zusammen, den David sehr mag und als Vater akzeptiert. Ruth und Franz verhalten sich tolerant gegenüber Jonathan, und der Junge nimmt sein Erscheinen problemlos auf. Jonathan möchte den Kontakt festigen, und David nutzt den Umstand aus, zwei Väter zu haben. Die Konkurrenz der Väter wird nach einem Unfall Davids beendet. Man vereinbart, daß der Junge, wann immer er am Wochenende will, zu Jonathan darf. Am Ende »entführt« Jonathan seinen Sohn bei einer Fahrt ins Ferienlager, verbringt ein paar abenteuerliche Trampertage mit ihm und liefert ihn dann im Lager ab.

ZUM FILM: Karl-Heinz Heymann gelang in seinem dritten Film gemeinsam mit dem als Szenarist debütierenden Thomas Knauf ein ungewöhnliches, fast subversives, amüsantes Werk über neue Auffassungen von Leben, voller Zitate aus Filmen, die in DDR-Kinos nicht liefen, und in der ungenierten Ausstellung der verfallenden Innenstadt von Halle voller Bitterkeit. Aufgrund seiner Innovationen stieß der Film bei vielen Kritikern auf Unverständnis und Ablehnung.

ECHO: Natürlich hat *Rabenvater* seine Ecken und Kanten, seine Geschmacklosigkeiten und Fehlgriffe. Aber – und das nimmt für diesen Film ein – hier bekennt sich jemand ohne Kopflastigkeit zu einer kinogemäßen Erzählweise und zu seinen »Kinovätern«, hier problematisiert niemand mit gewichtigem Vibrato in der Stimme, hier variiert jemand mit heiterem Touch und leichter Hand ein arg strapaziertes Thema. (...) Heymann erzählt seine Alltagsgeschichte durchaus mit natürlicher Frische im Detail und im Episodischen, mit unkonventionellem Duktus in den Bildkompositionen, mit atmosphärischer Poesie in den Stadt- und Lebensfeldern des unentschlossenen Einsiedlers Jonathan. Ein Realismus der Zwischentöne und Auslassungen, der unspektakulären Beobachtung und des lapidaren Registrierens. Die Skizze eines Zustandes, einer Zwischenstation, eines Luftholens. Ohne Punktum-Endgültigkeit und der Partnerschaftslösung letztem Schluß. Raum zum Weiterdenken und Assoziieren allemal. (Norbert Wehrstedt, *Mitteldeutsche Neueste Nachrichten*, 17.5.1986)

Andreas Köfers Kameraführung eröffnet uns wieder und wieder Ansichten einer bekannten, aber eben noch nie *so* gesehenen Wirklichkeit. (...) Ein Baggersee bei Halle-Neustadt, die vom Abendlicht beschienene Fassade eines Halleschen Altbaus, ein im Sommerabend versinkender mecklenburgischer Heuschober, Vater und Sohn unter der auf sie herabschäumenden Dusche – Bilder, die man so schnell nicht vergißt. (Piotr Niemiec, *Filmspiegel* 16/1986)

NEBENBEI: Szenarist Thomas Knauf spielte den Mann im hellen Anzug mit der Spiegelbrille, und Regisseur Karl-Heinz Heymann war als Regisseur Lazarus zu sehen. – Hauptdarsteller Roland Gawlik war Tänzer und bei Heymann bereits in → *Darf ich Petruschka zu dir sagen?* aufgetreten.

LA RABOUILLEUSE

→ *TRÜBE WASSER*

DER RAT DER GÖTTER

RE: Kurt Maetzig, BU: Friedrich Wolf, Philipp Gecht, KA: Friedl Behn-Grund, MU: Hanns Eisler, Erwin Lehn, BA: Willy Schiller, KO: Vera Mügge, Georg Schott, TR: Ernst Kunstmann, SC: Ilse Voigt, PL: Adolf Fischer, m: 3025 = 111 min, s/w, PJ: 1949/50, PM: 12.5.1950, PM-Ort: Berlin, »Babylon«/»DEFA-Filmtheater Kastanienallee«

DA: Paul Bildt (Geheimrat Mauch, Vorsitzender des »Rates der Götter«), Fritz Tillmann (Dr. Hans Scholz, Chemiker), Willy A. Kleinau (Mr. Lawson), Hans-Georg Rudolph (Direktor Tilgner),

Albert Garbe (Onkel Karl), Helmuth Hinzelmann (Oberst Schirrwind), Inge Keller (Edith Scholz), Yvonne Merin (Claudia Mauch), Herwart Grosse (Direktor v. Decken), Karl-Heinz Deickert (Dieter Scholz), Eva Pflug (Mabel Lawson), Agnes Windeck, Theodor Vogeler, Helene Riechers, Brigitte Krause, Laya Raki, Franz Weber, Werner Pledath, Artur Wiesner u.a.

INHALT: Grundlage des Films, der den Weg des IG-Farben-Konzerns von der Wahlunterstützung Hitlers bis in die Nachkriegszeit verfolgt, sind eine aufsehenerregende, 1947 erschienene Dokumentation von Richard Sasuly und die Akten des Nürnberger Kriegsverbrecherprozesses. Im Mittelpunkt der Handlung stehen der Vorstandsvorsitzende Mauch und der Chemiker Dr. Scholz. Sie sind mitverantwortlich für die Entwicklung des Konzerns, seine Rüstungsproduktion und Giftgasherstellung, ohne die weder Krieg noch Massenvernichtung in den Konzentrationslagern möglich gewesen wären. Geheimrat Mauch geht es um Expansion und Gewinn um jeden Preis. Dr. Scholz ist ein Mitläufer, der aus Angst um Stellung und Familie die Augen vor der Wahrheit verschließt. Erst 1948 ist Scholz nicht mehr still, als eine verheerende Explosionskatastrophe in Ludwigshafen beweist, daß der Konzern sich trotz Verbotes wieder mit Sprengstoffen befaßt.

ZUM FILM: Der Film entstand nach Protokollen des Nürnberger Kriegsverbrecherprozesses gegen leitende Vertreter des IG Farben-Konzerns. Parallel zur Geschichte der IG Farben und ihrer – ganz dem Klima des Kalten Krieges verpflichteten – Verknüpfung mit der US-Industrie verläuft die Handlung um Dr. Scholz, der erkennen muß, daß vermeintliche Neutralität zum Verbrechen werden kann.

MEINUNG: Gegen die Aufrüstungsmontage ist Schlachtenlärm gegenmontiert. Zeigen die Bilder beispielsweise den Stapellauf des Panzerkreuzers »Eugen«, so beschreibt der Klang bereits seinen Untergang. Wird der Aufbau der Rüstungsindustrie gezeigt, so stellt der Klang den Schlachtenlärm dar. (Hanns Eisler in *Berliner Zeitung*, 4.5.1950)

ECHO: Das Drehbuch hat in vorbildlicher Weise Dokumentarisches mit persönlichen Schicksalen verkettet. Beide Teile stehen sich nicht fremd gegenüber, sondern sind zwei Seiten einer Sache. Anders ausgedrückt: persönliches Schicksal und gesellschaftliche Entwicklung sind, wie im Leben, auch hier kein Widerspruch. (...) Es scheint, als ob hier ein neuer Filmstil, eine neue Art der Komposition entsteht, die in der Lage ist, Wahrheiten in einer operativen und künstlerischen Form zu verbreiten. (Hermann Müller, *Neues Deutschland*, 13.5.1950)

Der Rat der Götter, das neue Werk der DEFA, hat dem Wort Film eine neue Bedeutung gegeben. Hier ist ein Dokumentarfilm in einem bisher unbekannten Sinne entstanden. Aus einem Spielfilm steigen die Ereignisse herauf, die die Geschichte geschrieben hat. (...) Hier ist keine Spur von trockener Geschichte vorhanden, und doch, es sind die nackten, aller Phrasen entkleideten Wahrheiten, die sich immer tiefer und selbstverständlicher offenbaren. Eine ungeheure Fülle von Tatsachenmaterial enthüllt sich aus knappen Dialogen und sehr beweglichen Bildern. (Leo Menter, *Weltbühne* 20/1950)

Regisseur und Nationalpreisträger Dr. Kurt Maetzig hat viel optische Kunst an das Thema verwendet. Die Ludwigshafener Explosionskatastrophe vom Juli 1948 hat Maetzig nach bestem Pudowkin-Eisenstein-Vorbild in erregende Massenbilder umgesetzt. Selbst wenn er die demon-

strierende FDJ mit Antikriegshetzer-Transparenten lenkt, ist Maetzig den alten russischen Filmpionieren näher als den neuen russischen Filmfunktionären. (*Spiegel* 20/1950)
Es ist kein Zufall, daß *Rat der Götter* in der BRD lange nicht aufgeführt wurde, auch wenn man heute von diesem Verbot nichts mehr wissen will. Darum ist Maetzigs Film noch so aktuell, zeigt er doch den Umgang mit der Macht dieser nichtgewählten Privilegierten, die sich nur ihren Hauptaktionären zu verantworten haben. Eine Kontrolle fand und findet nicht statt. (André Simonoviescz, *Film und Fernsehen* 5/1991)
Kurt Maetzig, stets um filmsprachliche Innovationen bemüht, arbeitet im *Rat der Götter* mit »exzentrischen Totalen«, bei denen die Figuren auch bei Naheinstellungen aus der Mitte des Bildes an dessen Rand gerückt werden, um unter Anwendung großer Tiefenschärfe den Hintergrund mitspielen zu lassen. Und er läßt elektronische Musik ertönen, die – von Hanns Eisler komponiert und von Oskar Sala intoniert – unter anderem zu Aufnahmen vom Stalingrader Inferno erklingt: ein Kontrastmittel. (Ralf Schenk, *Das zweite Leben der Filmstadt Babelsberg*, 1994)
NEBENBEI: In der winzigen Rolle eines der Direktoren im Rat tritt der spätere Star des Hamburger Ohnsorg-Theaters, Henry Vahl, auf. – In den Schlußsequenzen fanden Aufnahmen der gerade elf Tage zurückliegenden Mai-Demonstration Eingang. – Auf dem Internationalen Filmfestival von Mariánské Lázné/Karlovy Vary erhielt der Film 1950 ein Sonder-Ehrendiplom. Kurt Maetzig, Friedrich Wolf, Friedl Behn-Grund und Willy Schiller wurden im gleichen Jahr mit dem Nationalpreis ausgezeichnet.
Filmtext: Friedrich Wolf: Filmerzählungen. Berlin: Aufbau-Verlag 1959 (Treatment). – Außerdem: Der Rat der Götter. Nacherzählt nach dem gleichnamigen DEFA-Film von Franz Fabian. Berlin: Deutscher Filmverlag 1950.

DAS RAUBTIER
(Kinderfilm)
RE: Walter Beck, SZ: Rosel Klein, DR: Margot Beichler, KA: Günter Heimann, MU: Günther Fischer, SB: Erich Krüllke, KO: Helga Scherff, SC: Erika Lehmphul, PL: Siegfried Kabitzke, GR: GR »Johannisthal«, m: 2113 = 77 min, fa, brw, PJ: 1977, PM: 29.1.1978, PM-Ort: Berlin, »Colosseum«
DA: Hanjo Mende (Roland), Michael Gieseler (Hugo), Holger Mahlich (Vater Krauß), Dieter Wien (Eberhard), Thomas Langhoff (Horst), Gunter Friedrich (Klaus), Madeleine Lierck (Hannchen), Ostara Körner (Oma), Gunnar Helm (Berni), Jaecki Schwarz (Lehrer Weise), Angela Brunner, Theresia Wider, Hannes Stelzer, Jürgen Huth, Ilse Bastubbe u.a.
INHALT: Der zwölfjährige Roland und sein Freund Hugo verfolgen die Spur eines Wolfes, der in ihrem Dorf ein Schaf gerissen hat. Sie wollen eine Falle bauen. Roland erzählt seinem Vater davon, weil er dessen Rat braucht. Doch im Vater erwacht das Jagdfieber. Mit dem Jagdkollektiv will er den Wolf erlegen, doch Roland verhindert das. Vater und Sohn werden Rivalen. Der Vater nimmt Urlaub, um dem Wolf aufzulauern. Roland schwänzt die Schule, um die Falle zu bauen. Der Junge will den Wolf lebendig. Der Vater bekommt ihn dann doch vor seine Flinte, verletzt ihn aber nur leicht, und der Wolf geht in Rolands Falle. Das ganze Dorf ist froh darüber und schenkt ihn einem Zoo.

ZUM FILM: Walter Becks Streifen, der den Hauptakzent nicht auf die unterschiedlichen Auffassungen von Vater und Sohn, sondern auf die Pflichterfüllung der Gesellschaft gegenüber legt, galt als der 100. Kinderfilm der DEFA, wirkte aber nur halbherzig ausgeführt.
ECHO: Die pädagogischen Zielstellungen des Films sind erfrischend. (Horst Knietzsch, *Neues Deutschland*, 2.2.1978)
Da gibt es Szenen, die den Erwartungen junger Zuschauer entgegenkommen. Unverständlich allerdings, warum Walter Beck die Spannungsmomente so dosierte. Hier sind längst nicht alle Möglichkeiten, die die Handlung vorgibt, ausgeschöpft. Wenn man sich schon auf Wolfsjagd begibt, sollte man dies auch mit der Konsequenz dramatischer Zwischenfälle tun. Das hätte auch den Kontrast zu den sehr stimmungsvollen Bildern, der poetischen Schilderung der Landschaft, noch verstärkt. (Manfred Heidicke, *Berliner Zeitung*, 18.2.1978)
So wird der interessante Konflikt (zwischen Vater und Sohn, f.b.h.) leider umgebogen zu einem wenig attraktiven Streit über Fragen der Arbeits- und Lernmoral, die zudem noch an erstarrten gesellschaftlichen Normen gemessen werden. Die ästhetischen Konsequenzen für den Film sind unausweichlich: Die Geschichte erhält eine plakative pädagogische Tendenz, was sich nicht zuletzt auf die Dialoge auswirkt, die insgesamt hölzern und bisweilen phrasenhaft klingen. (*Zwischen Marx und Muck*, 1996)
NEBENBEI: Der Film wurde 1979 auf dem Geraer Kinderfilmfestival ausgezeichnet.

RAUCH OHNE FEUER
→ Anhang A

RAUMSCHIFF VENUS ANTWORTET NICHT
→ DER SCHWEIGENDE STERN

RAUSCHENDE MELODIEN
RE, BU, KA: E.W. Fiedler, LV: Operette »Die Fledermaus« von Johann Strauß, DR: Gerhard Neumann, MU: Johann Strauß, MB: Heinz Butz, BO: DEFA-Sinfonieorchester unter Otto Dobrindt, BA: Artur Günther, KO: Hans Kieselbach, SC: Ursula Kahlbaum, PL: Eduard Kubat: BRD-Titel: Die Fledermaus, m: 2351 = 86 min, fa, PJ: 1954, PM: 20.5.1955, PM-Ort: Berlin, »Babylon«/ »DEFA-Filmtheater Kastanienallee«
DA: Jarmila Ksirova (Rosalinde von Eisenstein), Sonja Schöner (Adele, Zofe bei Eisenstein), Erich Arnold (Gabriel von Eisenstein), Herbert Kiper (Dr. Falke, Hausarzt), Gerhard Frickhöffer (Prinz Orlofsky), Rolf Weih (Alfred, ein Tenor), Josef Egger (Frosch, Gefängniswärter), Hans Wocke (Frank), Hans Klering (Dr. Blind), Elvira Sternbeck, Nico Turoff, Hella Jansen u. a.
INHALT: Die Filmversion von Johann Strauß' »Fledermaus« hält sich im wesentlichen an die Operette. Den Ball des Prinzen Orlofsky, auf dem die honorigen Herren der Wiener Gesellschaft sich mit den Ballettmädchen der Oper zu amüsieren pflegen, nutzt Notar Falke für eine Rache an Dr. Eisenstein, der ihn einmal nach einem Saufgelage blamierte. Falke lädt auch Eisensteins Frau Rosalinde ein. Während des rauschenden Fests macht Eisenstein seiner eigenen Frau, die als ungarische Gräfin verkleidet ist, den Hof. Am Morgen eilt er ins Gefängnis, um eine kleine Haftstrafe abzusitzen. Seine Empörung ist groß, als dort schon ein Dr. Eisenstein sitzt. Den hatte man abends zuvor aus den Armen seiner Frau abgeführt. Er macht Rosalinde eine Szene, doch die überführt ihn der Untreue mit der ungarischen Gräfin.

ZUM FILM: In einer Reihe von ambitionierten Adaptionen musikalischer Bühnenwerke war *Rauschende Melodien* die erste Umsetzung einer Operette bei der DEFA.
ECHO: Fiedler, der nicht nur Autor, sondern auch Regisseur und Kameramann ist, hat es ängstlich vermieden, satirisch zu werden. Er sieht das *Fledermaus*-Milieu nicht mit den Augen des *Simplicissimus*, sondern mit denen eines zeitgenössischen Mode-Journals. Wenn es unter dem Protektorat Wilhelms des Zwoten schon Farbfilme gegeben hätte – man hätte die *Fledermaus* dazumal kaum unkritischer drehen können. (Hanns W. Kreutzer, *Die Weltbühne* 22/1955)
Freut sich nicht die Kinobesucherin Lieschen Würtz darüber, daß sich die albernen »Probleme« dieser Schmarotzer glücklich und endlich in Wohlgefallen auflösen? Werden nicht Neigung und Sehnsucht erweckt nach dieser angeblich »guten alten Zeit«, nach dem festlichen Wohlleben, das doch nur für eine Minderheit möglich war, weil die Massen in Not und Armut für sie schuften mußten? (...) Es erhebt sich die Frage, ob es überhaupt notwendig ist, Stoffe wie *Die Fledermaus* zu verfilmen. (Karl-Eduard v. Schnitzler, *Filmspiegel* 11/1955)
NEBENBEI: Der Österreicher Josef Egger spielte die Rolle des Frosch in mehreren Verfilmungen des Stoffes. – Kurz nach *Rauschende Melodien* kam eine englisch-deutsche Version der Vorlage in die Kinos der Bundesrepublik.

RAZZIA

RE: Werner Klingler, BU: H. G. Petersson, KA: Friedl Behn-Grund, Eugen Klagemann, MU: Werner Eisbrenner, BA : Otto Hunte, Bruno Monden, SC: Günter Stapenhorst, PL: Willi Herrmann, m: 2618 = 96 min, s/w, PM: 2.5.1947, PJ: 1946/47, PM-Ort: Berlin, Deutsche Staatsoper
DA: Paul Bildt (Friedrich Naumann, Kriminalkommissar), Elly Burgmer (Auguste Naumann, seine Frau), Agathe Poschmann (Anna Naumann, seine Tochter), Friedhelm von Petersson (Paul Naumann, sein Sohn), Nina Konsta (Yvonne), Claus Holm (Karl Lorenz, Kriminal-Anwärter), Hans Leibelt (Hugo Lembke, Kriminalrat), Harry Frank (Goll), Heinz Welzel (Heinz Becker), Arno Paulsen, Walter Gross, Undine v. Medvey, Erwin Biegel, Martha Hübner u.a.

INHALT: Der Mangel im Nachkriegsberlin läßt den Schwarzmarkt blühen. Bei einer Großrazzia werden unterschiedlichste Waren beschlagnahmt, die alle aus derselben Quelle zu stammen scheinen. Die Spur führt in die Tanzbar »Alibaba«, deren Besitzer Goll man aber nichts nachweisen kann. Der Verdacht erhärtet sich jedoch, als Kommissar Naumann ermordet aufgefunden wird. Goll glaubt sich sicher, da er einen Verbündeten bei der Kripo hat, den er mit seiner attraktiven Sängerin Yvonne ködert. Doch Naumanns Nachfolger Karl Lorenz gibt nicht auf. Er läßt die Bar umstellen, und in einem wilden Feuergefecht werden die Banditen unschädlich gemacht.
ZUM FILM: Der manchmal etwas betuliche und berlintümelnde Film gewann doch durch seine Darsteller die Sympathien des Publikums – mit Ausnahme der Kritiker.
ECHO: Der Film entbehrt etwas der prickelnden Spannung, die den echten Kriminalfilm – der er auch nicht sein will – auszeichnet. Wir kennen von vornherein die Täter und die Mittel, mit denen sie arbeiten. Der »große Unbekannte« fehlt, und man ahnt, daß und wie sich alles zur Befriedigung des Publikums auflösen wird. (Helmut Eisel, *Sonntag* 19/1947)

Razzia bezieht seine Reize aus der Unmittelbarkeit des Milieus, aus dem dokumentaren Duktus, mit dem eine orthodoxe Fabel transportiert wird. Zeitfilm hat man das einst etwas einengend genannt. Unverkennbar sind die demokratische Grundstimmung dieser Produktion, seine moralischen Intentionen, seine aufklärerische Absicht. (W., *Mitteldeutsche Neueste Nachrichten*, 27.5. 1987)

Weil das Thema jeden anging, das Publikum eine spannende Geschichte zu sehen bekam und *Razzia* trotz einiger Klischees etwas von der Berliner Nachkriegszeit zeigte, war er nach → *Ehe im Schatten* der bestbesuchte DEFA-Film jener Jahre. (Christiane Mückenberger, *Das zweite Leben der Filmstadt Babelsberg*, 1994)

NEBENBEI: Während der Dreharbeiten in den schlimmen Notzeiten wurde Hauptdarsteller Claus Holm der Anzug gestohlen. – Harry Frank, der den Goll spielt, war vor 1933 ein bekannter Filmschauspieler und war dann jahrelang im Synchrongeschäft tätig.

DIE REGENTRUDE

(DFF-Auftragsproduktion, Kinderfilm)

RE: Ursula Schmenger, SZ: Fritz Gottschalk, LV: Gleichnamige Märchennovelle von Theodor Storm, DR: Hans-Jürgen Stock, KA: Siegfried Hönicke, MU: Jürgen Wilbrandt, SB: Alfred Hirschmeier, KO: Dorit Gründel, SC: Bärbel Bauersfeld, PL: Adolf Fischer, P: DEFA für DFF, m: 1894 = 64 min, fa, no, AT: Feuermann und Regenfrau, PJ: 1975/76, SD: 25.12.1976, AD: 7.12.1979

DA: Cox Habbema (Regentrude), Brigitte Heinrich (Maren), Ingolf Gorges (Andrees), Fred Delmare (Schäfer), Helga Göring (Mutter Stine), Hans-Joachim Hanisch (Moorbauer), Gerd Ehlers (Wiesenbauer), Wolfgang Brunecker, Gudrun u. Wolfgang Jaster, Nico Turoff, Annemarie Siemank u.a.

INHALT: Zwei Kinder; Maren und Andrees, machen sich auf den Weg, die Regentrude zu finden, um so ihr Land von der Dürre zu befreien.

NEBENBEI: Als der Film in die Kinos kam, hatte Hauptdarsteller Ingolf Gorges die DDR bereits verlassen, desillusioniert nach dem Eklat der Biermann-Ausbürgerung.

REIFE KIRSCHEN

RE: Horst Seemann, SZ: Manfred Richter, Horst Seemann, DR: Walter Janka, KA: Helmut Bergmann, MU: Klaus Hugo, SB: Hans Poppe, KO: Barbara Müller, SC: Anneliese Hinze-Sokoloff, PL: Heinz Mentel, GR: KAG »Babelsberg«, m: 2699 = 99 min, fa, Cine, PM: 28.9.1972, PJ: 1971/72, PM-Ort: Berlin, »Kosmos«

DA: Günther Simon (Helmut Kamp), Traudl Kulikowsky (Ingrid Kamp), Helga Raumer (Elfriede Kamp, seine Frau), Martin Trettau (Tiller), Arno Wyzniewski (Dr. Beiert), Eberhard Esche (Dr. Ika), Margarita Wolodina (Swetlana Saizowa), Fred Delmare (Lehnert), Günter Wolf (Scholz), Werner Lierck (Figaro), Willi Schrade, Horst Jonischkan, Jörg Knochee, Hertha Thiele, Sonja Hörbing u.a., GE: Christel Schulze

INHALT: Brigadier Helmut Kamp, Mitte Vierzig, ist ein erfahrener und geschätzter Fundamentbauer. Er hat ein Haus in Thüringen, zwei erwachsene Töchter. Da eröffnet ihm seine Frau Elfriede, auch über die Vierzig, daß sie ein Kind erwartet. Zur gleichen Zeit erhält Kamp den Auftrag, am Fundamentbau eines Kernkraftwerks an der Ostsee mitzuarbeiten. Kurz nach der Geburt ihres Kindes stirbt Elfriede bei einem Verkehrsunfall. Tochter Ingrid, die selbst ein kleines Kind hat, trennt sich von ihrem egoistischen Freund

und geht mit den beiden Kindern zum Vater in den Norden, während die jüngere Tochter in Thüringen bleibt, um das Abitur zu machen. Ingrid lernt auf der Baustelle einen sympathischen Mann kennen und Kamp eine sowjetische Ingenieurin. Nach der Überwindung seiner Depressionen übernimmt Kamp eine neue verantwortungsvolle Tätigkeit. Er wird Parteisekretär.

ZUM FILM: Trotz des Aufwandes von Geburt und Tod, trotz Gewissensentscheidungen und nachdenklichen Momenten geriet Horst Seemanns neuer Gegenwartsfilm oberflächlich, wurde jedoch ein Publikumserfolg.

ECHO: Es gibt schöne Momente, leise Töne in diesem Film. (...) Aber alles Leise, Einfache, Reale wird in diesem Film zugedeckt: Der Drang zur »Kompexität« verleitet Seemann zu einem bedenkenlosen, unkritischen Einsatz des ganzen »Signalsystems« von Motiven und Wirkungsmitteln, die sich seit Jahrzehnten im Filmbetrieb überall dort »bewährt« haben, wo Realität gefällig für den leichten Konsum aufbereitet wurde und denen wir gerade deshalb mißtrauen sollten. (Peter Ahrens, *Weltbühne* 41/1972)

Der Film ist von einer gewissen Maßlosigkeit. Hier wird nichts mit der Apothekerwaage ausgewogen, es kommt immer gleich knüppeldick. Also gibt es nun auch auf Biegen und Brechen ein Happy-End: Der Vater findet Erfüllung in der Arbeit am Atomkraftwerk, die Tochter – nachdem sie den promovierten Bettgespielen durchschaut und zum Teufel geschickt – folgt ihm mit Sohn und kleinem Brüderchen und macht, per Zufall gleich wieder ohne Oberbekleidung, die Bekanntschaft eines neuen Mannes. (Renate Holland-Moritz, *Eulenspiegel* 46/1972)

Was mir absolut nicht gefallen hat: Die Tochter (Traudl Kulikowski) steht am Waschbrett, oben nur mit einer Büstenhebe angetan. Gehört diese Aufmachung beim Wäschewaschen auch zur Lösung der Probleme zwischenmenschlicher Beziehungen? Gab es im Film wirklich keine Möglichkeit, die Reize dieser Schauspielerin bei anderen Gelegenheiten zur Schau zu stellen? (Leserin Gertrud Krebs, 1071 Berlin, in *Filmspiegel* 23/1972)

Ungewohnt für den Zuschauer noch, nach jahrzehntelanger Prüderie auf Leinwand und Bildschirm, und darum um so erfrischender, eine gute Portion Erotik. Daß Arbeit, Privatleben, Liebe einander nicht ausschließen, zeigt der Film – unaufdringlich, poesievoll, unkonventionell. (Leser Bert Schulz, 1195 Berlin, in *Filmspiegel* 23/1972)

NEBENBEI: Mitten aus den Dreharbeiten an einem neuen Fernsehfilm gerissen starb DEFA-Star Günther Simon noch vor der Premiere von *Reife Kirschen.*

REIFENDER SOMMER

RE: Horst Reinecke, Walter Beck (ungenannt), BU: Helmut Brandis, LV: Roman »Das Lied über dem Tal« von August Hild, DR: Ilse Langosch, KA: Horst E. Brandt, MU: Hans Hendrik Wehding, BA: Gerhard Helwig, KO: Marianne Schmidt, SC: Ursula Rudzki, PL: Paul Ramacher, m: 2126 = 78 min, s/w, AT: Das Lied über dem Tal, Das Leben ist stärker, PJ: 1957/58, PM: 8.5.1959

DA: Willy A. Kleinau (Erich Kattner), Gisela Uhlen (Sabine Gärtner), Christa Gottschalk (Thekla Wiesner), Otto Eduard Stübler (Heinrich Döring), Hans Klering (Fritz Büttner), Otto Krone, Maika Joseph (August u. Johanna Schlomach), Paul Pfingst (Jochen Burmeister), Paul R.

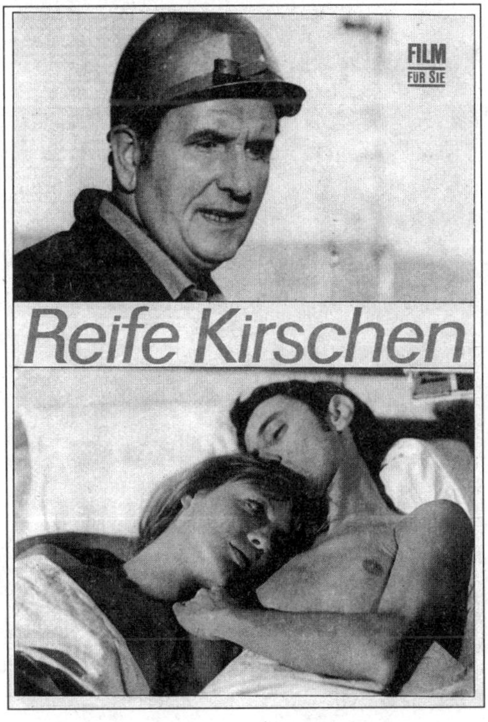

Henker (Karl Roland), Hans-Joachim Martens (Uli Bamberger), Hansjoachim Büttner, Brigitte Krause, Egon Vogel, Felicitas Wenck, Jean Brahn u.a.

INHALT: 1952 kommt der ehemalige Knecht Erich Kattner aus Westdeutschland in ein mecklenburgisches Dorf, um eine Neubauernstelle zu übernehmen. Seine Frau ist kurz zuvor gestorben, und so steht er allein vor der kaum zu bewältigenden Arbeit. Fremder Hilfe gegenüber ist er skeptisch. Thekla, der Magd des reichsten Bauern, macht er einen Antrag, den sie aber ablehnt. Als sie nach einem Annäherungsversuch ihres »Herrn« dann doch zu Kattner geht, sieht er in ihr nur die Arbeits-Partnerin. Während Thekla darauf hofft, daß er sie auch als Frau begreift, verliebt sich Kattner in die neu angekommene Lehrerin Sabine. Seine Landwirtschaft gedeiht, das Haus ist zu einem schmucken Heim geworden und der Kollektivgeist unter den Bauern wächst, aber Kattner bedrückt der persönliche Konflikt. Sabine trifft schließlich die Entscheidung: Sie verläßt das Dorf. Kattner und Thekla finden zusammen.

ZUM FILM: *Reifender Sommer* ist die Neuverfilmung des Stoffes; der schon zwei Jahre zuvor die Vorlage für ein Filmprojekt abgegeben hatte. (→ *Anhang B*) »Abgebrochene Filme«: *Lied über dem Tal*/1955/RE: Gustav von Wangenheim) Der im ländlichen Milieu angesiedelte Streifen stand auch im zweiten Anlauf unter keinem guten Stern: Die Hauptdarsteller Willy A. Kleinau und Christa Gottschalk verunglückten während der Dreharbeiten mit dem Auto. Willy A. Kleinau starb, und Christa Gottschalk konnte für Monate nicht vor die Kamera treten. Horst Reinecke hatte schließlich neue Verpflichtungen, so daß Walter Beck den Film zu Ende führte.

ECHO: ... haben es die Schauspieler nicht leicht, die blutarmen Konstruktionen des Films mit Leben zu erfüllen – wobei die geschraubten, gestelzten Dialoge noch ein zusätzliches Erschwernis sind. Gisela Uhlen kommt der Lehrerin Sabine aus der Sicherheit ihrer erfahrenen Routine bei. Christa Gottschalk gibt der Thekla eine warmherzige, schlichte Menschlichkeit, die über manches Schiefe in der Anlage der Rolle hinwegträgt. (H. U. E., *Berliner Zeitung*, 13.5.1959)
Die späte Aufführung ist auf Bedenken der Abnahmekommission zurückzuführen, ob eine Freigabe unter den inzwischen veränderten Verhältnissen noch zweckmäßig sei. In dem Streifen kommt nämlich eine LPG überhaupt nicht vor, und die Arbeit dient bei der Schilderung der privaten Liebesaffäre eines zwischen zwei Frauen stehenden Neubauern nur als illustratives Element. Gerade diese Betonung des Menschlichen machte den an sich unbedeutenden Film aber sympathischer als die anderen (Filme mit Landproblematik, f.b.h.). (Heinz Kersten, *Das Filmwesen in der Sowjetischen Besatzungszone Deutschlands*, 1963)

NEBENBEI: Willy A. Kleinau war der einzige führende DDR-Schauspieler, der auch im bundesdeutschen Film zahlreiche Hauptrollen übernahm (*Der Hauptmann von Köpenick, Wie ein Sturmwind*). Er lebte mit seiner Filmpartnerin Christa Gottschalk zusammen, die seit vielen Jahrzehnten zu den Protagonistinnen des Leipziger Schauspielhauses zählt.

REISE INS EHEBETT

RE: Joachim Hasler, BU: Maurycy Janowski, Joachim Hasler, Claus Hammel, DR: Dieter Scharfenberg, KA: Joachim Hasler, Hans-Jürgen

Reinecke, MU: Gerd Natschinski, SB: Alfred Tolle, KO: Dorit Gründel, SC: Hildegard Tegener, PL: Horst Dau, GR: KAG »Johannisthal«, m: 2443 = 90 min, fa, Cine, PJ: 1965/66, AD: 8.4.1966
DA: Anna Prucnal (Eva), Claus Jurichs (Bootsmann), Eva-Maria Hagen (Marylou), Günther Simon (Kapitän), Werner Lierck (Obermeier), Frank Schöbel (Moses), Erich Gerberding (Chef der Reederei), Peter Bause (Schweiger), Willi Neuenhahn (Doppelnelson), Hannes Vohrer (Kräftiger Matrose), Maria Besendahl (Toilettenfrau) u.a., GE: Robby Lind, die Kolibris u.a.
INHALT: Der Bootsmann eines 5000-Tonners der Handelsmarine ist ein guter Seemann, aber ein Filou. Die zahlreichen Landgänge sind mit ebenso zahlreichen Frauengeschichten verbunden, die nicht selten zu Ärger Anlaß geben. Das soll anders werden, und dazu muß der Bootsmann in feste Hände geraten. Zu diesem Zweck wird für die Tour nach Leningrad die reizende Journalistin Eva, die es in sich hat, an Bord genommen. Es läßt sich auch gut an – bis ein blinder Passagier auftaucht. Marylou von der Haifischbar ist ihrem angebeteten Bootsmann gefolgt. Als die beiden Frauen herausfinden, was gespielt wird, verbünden sie sich gegen die Männer. Am Ende landen sowohl der Bootsmann als auch der Kapitän im Hafen der Ehe.
ZUM FILM: In dem bitteren Jahr 1966, als fast die gesamte Jahresproduktion verboten worden war, war dieses Filmmusical neben dem neuen Indianerfilm der größte Publikumserfolg – nicht zuletzt wegen des Einstands von Schlagerstar Frank Schöbel als Filmschauspieler.
ECHO: Witzig wird's immer nur dann, wenn der DEFA-Komiker vom Dienst Werner Lierck ins Bild kommt. (...) Auf den restlichen Filmmetern behelfen sich Hasler und seine Mitautoren Maurycy Janowski und Claus Hammel mit Kalauern und Frivolitäten, die allesamt so altbacken wie kleinbürgerlich sind. Doch damit kann das Filmgeschäft heute nicht mehr florieren. Ohne Zeitnähe und Selbstironie ist 1966 kein lustiger Film zu machen. (Renate Holland-Moritz, *Weltbühne* 21/1966)
NEBENBEI: Der Bootsmann Claus Jurichs war neben dem ständig in der DDR auftretenden Gerhard Bienert der einzige Westberliner Schauspieler, der in den sechziger Jahren hin und wieder in DEFA-Filmen spielte.

DIE REISE NACH SUNDEVIT
(Kinderfilm)
RE: Heiner Carow, BU: Heiner Carow, Benno Pludra, LV: Gleichnamige Erzählung von Benno Pludra, DR: Gudrun Rammler (Deubener), KA: Jürgen Brauer, MU: Karl-Ernst Sasse, SB: Georg Wratsch, SC: Erika Lemphul, PL: Siegfried Kabitzke, GR: KAG »Kinderfilm«, m: 2042 = 75 min, s/w, PJ: 1965/66, AD: 20.5.1966
DA: Ralf Strohbach (Tim Tammer), Siegfried Höchst (Kalli), Horst Drinda (Abschnittsbevollmächtigter), Arno Wyzniewski (Oberwachtmeister Schröder), Ralph Borgwardt (Theo Brom), Fritz Bartholdt, Ursula Wolf (Vater u. Mutter Tammer), Hans Hardt-Hardtloff (Bradenkuhl), Otmar Richter (Herbertchen), Ernst-Georg Schwill (Arbeiter), Günter Drescher, Detlef Heintze, Peter Dommisch, Petra Kelling u.a.
INHALT: Tim, der als Sohn eines Leuchtturmwärters ein recht einsames Leben führt, ist glücklich, als Pioniere ihre Zelte bei ihm aufschlagen. Die Kinder freunden sich an, und er darf mit ihnen nach Sundevit fahren, um dort die Ferien zu verbringen. Einen Auftrag aber muß er vor der Reise noch schnell erledigen. Unterwegs trifft er immer wieder auf Menschen, die seine Hilfe

brauchen. Er hilft, obwohl ihm die Zeit davonläuft. Endlich zurück, sind die Pioniere weg. Tim fährt ihnen nach und gerät dabei durch Unvorsichtigkeit in Gefahr. Auf einem Manövergelände wird er aufgegriffen und zur Polizei gebracht. Als er seine Geschichte erzählt, finden sich Menschen, die jetzt ihm helfen. So erreicht er Sundevit und seine Freunde doch noch.

ZUM FILM: Heiner Carows nach → *Sheriff Teddy* zweite Adaption eines Buches von Benno Pludra wird der Vorlage, die in der DDR Schullektüre war, vollkommen gerecht.

ECHO: Der Film weicht etwas vom Buch ab. Er verzichtet auf die parabelhaften, kindlich vereinfachten Passagen und verstärkt die Situationen, in denen Tim vor Entscheidungen gestellt, mit Hindernissen konfrontiert wird. (...) *Die Reise nach Sundevit* nimmt die Persönlichkeit des Kindes ernst, entdeckt unaufdringlich, aber zwingend – was die Kinder selbst meist unbewußt erfahren: daß man sich dem Leben stellen, daß man etwas leisten muß, um fordern zu können. Eine für Kinder wie Erwachsene gleichermaßen nützliche Erkenntnis, die überaus unterhaltsam vermittelt wird. (Ursula Frölich, *Wochenpost* 24/1966)

Besonders zu danken ist dem Film, daß er den Charakter seines Haupthelden nicht vereinfacht. Tim ist kein Tugendbold, er ist so lebendig wie jedes Kind seines Alters. Im inneren Ringen, sich selbst überwindend, entscheidet er sich und macht dadurch seine Handlungsweise dem Zuschauer verständlich und nacherlebbar. (...) Jürgen Brauers Kamera konzentriert sich ohne Verspieltheit auf Gestik und Mimik des kleinen Haupthelden und findet treffende Perspektiven und Stimmungen, die psychischen Situationen Tims zu enthüllen. (Rainer Simon, *Film-Wissenschaftliche Mitteilungen* 3/4/1966)

Der künstlerisch gelungene und pädagogisch überaus wertvolle Film *Die Reise nach Sundevit* (...) berührt (wie alle gute Kunst für Kinder) die Kinder und die Eltern gleichermaßen. Hier ist keine künstliche Trennung zwischen der Welt der »Großen« und der »Kleinen«, hier haben die Konflikte der Kinder ganz natürlich mit den Konflikten der Erwachsenen zu tun. (Anneliese Gottschalk, *Deutsche Volkszeitung*, 31.1.1969)

Hier werden moralische Problemfelder benannt, die nicht nur DDR-typisch sind, sondern in ihrem Anspruch auch Aspekte der christlichen Ethik berühren. Themen wie kindliche Einsamkeit, Verantwortung und Selbständigkeit erscheinen ebenso alltäglich wie die Situationen, in die der Junge gerät. Durch diesen Eindruck des Vertrauten und doch Ungewöhnlichen gelingt es Heiner Carow meisterlich, dem Zuschauer jedes einfache Urteil zu verwehren. (*Zwischen Marx und Muck*, 1996)

NEBENBEI: Der kleine Ralf Strohbach, der die Hauptrolle so spielte, »daß man meinen könnte, Benno Pludra habe diesen Jungen gekannt, als er das (...) Buch schrieb« (Frölich), war damals in Stralsund zu Hause. – In der kleinen Rolle des LPG-Vorsitzenden ist der aus dem *Eulenspiegel* bekannte Zeichner Kurt Klamann zu sehen.

REISEZIEL ERFURT

(Kinderfilm)

RE: Heinz Fischer, BU: Klaus Beuchler, Fred Rodrian, DR: Margot Beichler, KA: Karl Plintzner, Hartwig Strobel, Günter Weschke, Gustav Voigt, MU: Ernst Peter Hoyer, Wolfgang Richter, BA: Ernst-Rudolf Pech, KO: Marlene Froese, SC: Bärbel Weigel, PL: Heinz Kuschke, GR: KAG »60«,

m: 2146 = 79 min, fa, AT: IV. Pioniertreffen, Treffpunkt Erfurt, PJ: 1961/62, PM: 1.6.1962
DA: Friedhelm Eberle (LPG-Vorsitzender), Horst Ludwig (Gemeindediener), Die Kinder: Ulrich Brehm (Tim), Annerose Böttcher (Anne), Rainer Henning (Bulette), Monika Reeh (Bärbel), Bernd Stellmacher (Peter), Bernd Gurlt (Paul)
INHALT: Zwanzigtausend Jungen und Mädchen machen sich in allen Teilen der DDR auf den Weg zum Pioniertreffen in Erfurt. Nur Tim aus Elsterwerder verpaßt den Zug. Das ist schlimm für ihn und seine Gruppe, denn zum Sportprogramm wird er gebraucht. Also macht er sich per Anhalter auf die Reise, die zu einem großen Abenteuer wird und Begegnungen mit vielen freundlichen, hilfsbereiten Menschen bringt. Inzwischen sorgen sich die Klassenkameraden um ihren Programmbeitrag. In allerletzter Minute trifft Tim in Erfurt ein und sorgt mit dafür, daß seine Gruppe eine Goldmedaille gewinnt.
ZUM FILM: Auf leicht verständliche Art sollte durch den abenteuerlichen Film vor dem Hintergrund des IV. Pioniertreffens die Bindung der Kinder an die Pionierorganisation unterstrichen werden.
ECHO: Unter der Regie von Heinz Fischer ist nach dem Drehbuch von Klaus Beuchler und Fred Rodrian ein eindrucksvoller Film über das IV. Pioniertreffen entstanden. Die sehr gut fotografierten Dokumentaraufnahmen – Kamera: Karl Plintzner – vermitteln ein buntes, vielseitiges Bild. Die kleine Spielhandlung lockert den Film auf. Bei allen, die in Erfurt dabeisein durften, weckt der Film Erinnerungen, den anderen vermittelt er ein schönes Erlebnis. Darum sollten die Pioniere ihn gemeinsam mit ihrer Gruppe besuchen. (M. S., *Neues Deutschland*, 17.6.1962)
NEBENBEI: Für den ausgebildeten Schauspieler und Theaterregisseur Heinz Fischer, der am DEFA-Studio für populärwissenschaftliche Filme arbeitete, war diese Inszenierung einer der wenigen Ausflüge auf das Gebiet des Spielfilms.

REPORTAGE 57
RE: János Veiczi, SZ: Lothar Dutombé, DR: Dieter Scharfenberg, KA: Hans Hauptmann, MU: Peter Fischer, BA: Herbert Nitzschke, KO: Ingeborg Wilfert, SC: Ursula Kahlbaum, PL: Willi Teichmann, m: 2866 = 105 min, s/w, AT: Was der Mensch braucht, PJ: 1958, PM: 3.4.1959, PM-Ort: Berlin, »Babylon«
DA: Annekathrin Bürger (Inge), Willi Schrade (Heinz), Gerhard Bienert (Vater Kramer), Wilhelm Koch-Hooge (Lowinsky), Edwin Marian (Leimtüte), Paul Berndt (Godelmann), Manfred Krug (Biene), Gert Andrae (Boy), Eckart Friedrichson (Knopp), Hans W. Hamacher (Hauptmann Grünert), Helga Göring, Gertrud Brendler, Werner Lierck, Jean Brahn, Ivan Malré u.a.
INHALT: Berlin 1957. Inge und Heinz sind ein junges Ehepaar in der Krise. Sie arbeitet als Animiermädchen in der Kneipe des Onkels, er ein paar Tage die Woche in einer Westberliner Autowerkstatt, in der sein Vater Meister ist. Inge behagen die Situation und das Milieu, in dem sie leben, nicht. Sie bewirbt sich in der HO-Gaststätte »Zenner« als Serviererin und fordert Heinz auf, sich eine geregelte Arbeit im demokratischen Sektor, wo sie wohnen, zu suchen. Bevor es dazu kommt, gerät er – ahnungslos – in eine Schieberbande. Er erkennt aber noch rechtzeitig, worin er sich zu verstricken im Begriff ist, und verständigt die Volkspolizei. Die Bande wird festgenommen, und Inge holt Heinz, der entschlossen ist, ein neues Leben zu beginnen, vom Revier ab.

ZUM FILM: Der zweite Film des in der DDR lebenden Ungarn János Veiczi war ein handwerklich durchschnittlicher Berlin-Film, der jedoch durch die Tatsache interessant wurde, daß er zum ersten Mal das Problem der »Grenzgänger«, der Menschen, die in einem Sektor der geteilten Stadt lebten und im anderen arbeiteten, aufgriff.
ECHO: Zunächst ist der Stoff dramaturgisch nicht bewältigt. Das hektische Hin- und Herspringen zwischen Ost und West ist nur schwer zu verfolgen (und wird durch die unschönen weißen Blenden nicht verständlicher). (...) Zum anderen tragen Regie und einige Besetzungen nicht sonderlich dazu bei, den Stoff zu vertiefen und zu vereinfachen. (...) Das Tröstliche an diesem Streifen, der nicht gerade zu den DEFA-Spitzenerzeugnissen gehört: Trotzdem zeigen sich hier – von der Regie über die Darstellung und die Musik bis zur Kamera – Talente und Potenzen, von denen Gelungeneres und Gewichtigeres zu erwarten ist. (Karl-Eduard v. Schnitzler, *Filmspiegel* 9/1959)
NEBENBEI: Die Schauspielerin Gerlind Ahnert, vor allem als Fernsehansagerin bekannt, spielte die Platzanweiserin im Kino Babylon, dem damaligen ersten Ostberliner Uraufführungskino. Hier hatte auch dieser Film Premiere, und heute ist das Filmkunsthaus Babylon die Berliner Spielstätte, in der alte DEFA-Filme noch häufig im Spielplan sind. – Als Gäste im Lokal »Zur Tonne« wurden drei prominente Kabarettisten der Berliner »Distel« engagiert: Herbert Köfer, Gustav Müller und Heinz Draehn.

DER RESERVEHELD
RE: Wolfgang Luderer, BU: Rudi Strahl, Wolfgang Luderer, DR: Anne Pfeuffer, KA: Hans Heinrich, MU: Wolfgang Pietsch, BA: Joachim Otto, KO: Lydia Fiege, Günter Pohl, SC: Ilse Peters, PL: Erich Albrecht, GR: KAG »Berlin«, m: 2141 = 79 min, s/w, PJ: 1964, PM: 27.2.1965, PM-Ort: Sondershausen, Theater der Freundschaft
DA: Rolf Herricht (Ralf Horricht), Marita Böhme (Susanne), Gerhard Rachold (Hauptmann Hottas), Günther Simon (Oberst), Peer Jäger (Leutnant Malorti), Horst Jonischkan (Unteroffizier Bellmann), Bodo Schmidt (Gefreiter Beese), Herbert Köfer (Regisseur), Wilhelm Gröhl (Drehbuchautor), Peter Dommisch (Kraftfahrer), Helmut Bez, Christoph Engel, Werner Röwekamp, Traudl Kulikowski, Carmen-Maja Antoni u.a.
INHALT: Der berühmte Filmschauspieler Horricht ist in den Stand der Ehe getreten, doch die ersehnten Flitterwochen fallen aus. Er wird von zwei Polizisten zwangsvorgeführt, weil er den Einberufungsbefehl zur Reserve versehentlich verbrannt hat. Der Versuch sich zu drücken schlägt fehl. Die anderen Soldaten bewundern und verhätscheln den Star, nur Hauptmann Hottas, genannt Dynamit, nicht. Als Horrichts frisch angetraute Susanne zu Besuch in die Garnison kommt, zeigt Hottas sich plötzlich von der netten Seite. Horricht vermutet, daß er mit seiner Frau flirtet und liest ihm, als General verkleidet, die Leviten. Der Vorgesetzte hat jedoch ein Einsehen. Horricht revanchiert sich, indem er fortan einen guten Soldaten abgibt.
ZUM FILM: Der Film, der für den Komiker-Star Rolf Herricht geschrieben wurde, verpflanzte Schwank-Situationen aus altbekannten Militärklamotten in die Gegenwart, was zwar lustig war, aber doch die Kritik der Kulturwächter auf den Plan rief. Nachdem der Film ein Publikumserfolg

geworden war, wurde er in späteren Jahren nie mehr als Reprise gezeigt.
ECHO: Es mag lustig sein, wenn ein einfacher Reservist im Generalskostüm durch das Kasernentor stolpert oder wenn besagter Held hoch zu Roß seiner Einheit entgegenreitet, aber solche deftigen Gags bleiben flache Späße, weil sie auf nichts zielen, weil sie ein Gelächter auslösen, dem kein geistig-psychologischer Reiz das Gewürz gibt. (Christoph Funke, *Morgen*, 20.2.1965)
Bei unserer Volksarmee gibt's Humor, wie man sieht. Und das ist das Menschliche an diesem Film: Er erzählt von den heiteren Seiten einer an sich ernsten Sache, ohne dabei zu verniedlichen und ohne daß er es nötig hätte, mit penetranter »Unaufdringlichkeit« den Dienst in der Armee schmackhaft machen zu wollen. (...) Daß die Väter dieses strammen *Reservehelden* Rudi Strahl (Drehbuch) und Wolfgang Luderer (Buch und Regie) hier und da ein bißchen tief in die Klamottenkiste griffen, sei ihnen verziehen. Denn es bleiben wirklich noch eine ganze Reihe hübscher Einfälle, und vor allem wurde das Ganze durch eine flotte Inszenierung wieder wettgemacht. (Margot Schröder, *Junge Welt* 7.3.1965)
NEBENBEI: Da hier Film im Film dargestellt wurde, spielten einige Mitglieder des Drehstabes sich selbst: Aufnahmeleiter Günter Propp spielte den Aufnahmeleiter und Maskenbildner Alfred Fleischert den Maskenbildner.

RESERVIERT FÜR DEN TOD

RE: Heinz Thiel, BU: Gerhard Bengsch, DR: Willi Brückner, Hans-Joachim Wallstein, KA: Horst E. Brandt, MU: Helmut Nier, BA: Alfred Tolle, KO: Werner Bergemann, SC: Anneliese Hinze-Sokolow, PL: Erich Kühne, GR: KAG »60«, m: 2309 = 85 min, s/w, AT: Unbarmherzige Stunde, PJ: 1962/63, PM: 6.6.1963, PM-Ort: Berlin, »Babylon«
DA: Hans-Peter Minetti (Erich Becker), Peter Herden (Harry Korb), Irma Münch (Hanna Melvien), Martin Flörchinger (Dr. Jadenburg), Hannjo Hasse (Hauptmann Donath), Peter Sturm (Zugschaffner), Heinz Hinze (Charles Renier), Harry Studt (Grott), Horst Schönemann (Stein), Hans Klering (Blaßblonder), Herbert Köfer, Gertrud Brendler, Klaus Gendries, Werner Lierck, Ingeborg Krabbe u. a.

INHALT: Für einen harmlosen Auftrag in Stockholm mit lukrativer Entlohnung hat sich der Ingenieur Erich Becker vom Geheimdienst anwerben lassen. Nun ist er für einen wichtigeren Dienst vorgesehen: Militärspionage in Erfurt, der Stadt, in der er einst zu Hause war. Den konkreten Auftrag allerdings kennt er noch nicht, als er im Interzonenzug seiner Partnerin Hanna gegenübersitzt. Angeblich geht es darum, einen Spezialisten zum Verlassen der DDR zu bewegen. Im Zug teilt ihm Hanna mit, daß ihr dritter Mann, der in Fulda zusteigen soll, ein Verräter ist. Becker soll ihn kurz vor der Grenze aus dem Zug werfen. Becker ist entsetzt. Dann muß er auch noch feststellen, daß es sich bei dem Opfer um seinen ehemaligen Freund Harry Korb handelt. Becker gesteht ihm den Auftrag und muß dafür mit seinem Leben bezahlen, denn er hat den Zuverlässigkeitstest nicht bestanden.
ZUM FILM: Dieser Streifen gehört in die Reihe der Kriminalfilme, in denen stets die Kriminalität von außerhalb des Landes, also meist aus der Bundesrepublik, kam und durch die aufopferungsvolle Arbeit des Staatssicherheitsdienstes besiegt wurde.

ECHO: Regisseur Heinz Thiel, der auf einen überhöht dokumentarischen Stil Wert legte, verstand es, seinen Film in Wort, Bild und Spiel sehr einheitlich zu inszenieren. So wird *Reserviert für den Tod* ein recht diskutabler, über dem Durchschnitt des Kinoalltags stehender Kriminalfilm, dessen gute Aufnahme beim Publikum gewiß sein dürfte. (G. S., *Berliner Zeitung*, 13.6.1963)
Die Geschichte wurde so gebaut, daß sie immer neue Überraschungsmomente bereithält. Es fehlen weder Ablenkungs- und Täuschungsmanöver, noch für den Zuschauer gedachte Rätsel, die seine Kombinationsgabe und Phantasie herausfordern. (Fred Gehler, *Filmspiegel* 13/1963)
Ein Offizier des kommunistischen Staatssicherheitsdienstes, kaltblütig, kühn, allwissend, ein sozialistischer Maigret sozusagen, tut das Seinige – und der Hauptschurke findet den Tod. Die Moral von der Geschichte: Verbrechen und Verrat an der sozialistischen Gesellschaft zahlen sich nicht aus. Punktum. (F. K., *Rheinischer Merkur*, 5.7.1963)
NEBENBEI: Für die schwungvolle Musik sorgte die Dixieland-Gruppe der Dresdner Tanzsinfoniker unter Leitung von Günter Hörig.

DER REVOLVER DES CORPORALS

RE: Rolf Losansky, BU: Günter Mehnert, Rolf Losansky, LV: Nach Motiven der Erzählung von Eberhard Panitz, DR: Gudrun Rammler, KA: Günter Eisinger, MU: Karl-Ernst Sasse, SB: Hans-Jorg Mirr, KO: Joachim Dittrich, SC: Anneliese Hinze-Sokolow, PL: Siegfried Kabitzke, GR: KAG »Jugend- und Kinderfilm«, m: 2533 = 93 min, s/w, PJ: 1966/67, PM: 1.6.1967, PM-Ort: Berlin, »Babylon«
DA: Peter Donat, SP: Michael Herbst (Hilario), Heinz Tischer, SP: Bernd Rogahn (José), Günter Naumann (Corporal Camillo Calzado), Ruth Kommerell (Mutter von José), Bruno Carstens (Vater von José), Sylvia Kuziemski (Schwester von José), Stefan Iliev (René), Günter Junghans (Raoul), Siegfried Höchst (Capitan Ortiz), Harald Warmbrunn (Sergeant), Horst Jonischkan, Gerard Rachold, Gerd Hänsch, Achim Wolff, Michael Gerber u.a., GE: Robby Lind, Eva-Maria Detomski, Carlos Cuesta
INHALT: Kuba in den 50er Jahren, zur Zeit der Batista-Diktatur. Die beiden Jungen Hilario und José wollen in die Berge zu den Rebellen, wo ihre älteren Brüder längst sind. Doch bei der Beschaffung einer Waffe fällt Hilario den Söldnern in die Hände. Ein Corporal hilft ihm, und der glaubt, in ihm seinen Bruder zu erkennen. José macht sich allein auf den Weg, während Hilario seinen Bruder sucht, um ihn auf die richtige Seite zu bringen. Er wird eingesperrt, aber wieder freigelassen. Mit dem Bruder vereinbart er einen Treffpunkt, zu dem der Corporal Waffen für die Rebellen bringen will. Als Hilario dort eintrifft, entdeckt er die Waffen, statt des Bruders aber eine Truppe von Söldnern. Man hat ihm eine Falle gestellt. Da tauchen die von José alarmierten Partisanen auf. Nach einem Feuergefecht flieht Hilario mit ihnen in die Berge, den Revolver des Bruders fest in der Hand.
ZUM FILM: Der spannende Jugendfilm, der im Zeichen der Solidarität mit der jungen Republik Cuba entstand, wurde auch im Kino-Abendprogramm gezeigt.
ECHO: Es mangelt nicht an Kampfszenen, aber ebensowenig an einer tiefergehenden Dramatik. (...) Die äußerlich so wildromantische Landschaft hat in den Aufnahmen von Günter Eisinger die ihr gebührende Berücksichtigung gefunden. Doch bleibt die Aufmerksamkeit dank der konsequenten Durchführung der Fabel stets bei den Akteuren. (Dr. Manfred Jelenski, *Berliner Zeitung*, 6.6.67)
NEBENBEI: Rolf Losansky blieb dem Kinderfilm nach dem Ende der DEFA treu. Auch in den späten neunziger Jahren arbeitete er für Kinder, beispielsweise mit dem Märchenfilm *Hans im Glück*.

REVUE UM MITTERNACHT

RE: Gottfried Kolditz, BU: Kurt Bortfeldt, Gerhard Bengsch, DR: Hans-Joachim Wallstein, KA: Erich Gusko, MU: Gerd Natschinski, BA: Alfred Tolle, KO: Hans Kieselbach, Helga Scherff, SC: Hildegard Tegener, PL: Erich Kühne, GR: KAG »60«, m: 2833 = 104 min, fa, Tovi / 4-Kmgt, mgt, AT: Prügelknaben, Keiner will's kalt, PJ: 1961/62, PM: 7.7.1962, PM-Ort: Berlin, »Colosseum«
DA: Christel Bodenstein (Claudia Glück), Manfred Krug (Alexander Ritter), Werner Lierck (Theo), Claus Schulz (Eberhard Gallstein), Hans Klering (Herbert Schöninger), Gerry Wolff (Jens Holle), Johannes Arpe (Otto Kruse), Jochen Thomas (Hans Knüller), Willi Schwabe (Paul Biesack),

Nico Turoff (Max), Agnes Kraus, Nicole Felix, Julia Axen, Helga Brauer, Hartmut Eichler u.a., GE: Fred Frohberg, Günter Hapke, Fanny Daal u.a.

INHALT: Vier Personen – ein Dramaturg, ein Komponist, ein Autor und ein Architekt – werden vom Produktionsleiter Kruse, der sich etwas leichtfertig verpflichtet hat, einen Revuefilm zu drehen, zur Realisierung des kühnen Vorhabens zusammengerufen. Der einzige, der sich hemmungslos an die große Aufgabe herantraut, ist der kleine Komponist Ritter. Die Produktionsassistentin Claudia ist nicht die einzige, die dem unerfahrenen, aber enthusiastischen Mann mißtraut. Ritter jedoch gelingt es nicht nur, die Bedenken der anderen zu zerstreuen und ihre Kreativität zu aktivieren, er gewinnt am Ende auch Claudia. Und selbstverständlich gelingt das Werk zu einer flotten, mitreißenden Revue, deren musikalische, tänzerische und artistische Nummern sich sehen lassen können.

ZUM FILM: Der verschwenderisch ausgestattete Revuefilm lebte vor allem von musikalischen und Komiker-Auftritten, hatte aber leider keine tragfähige Handlung.

ECHO: Zwischen dem Liebespaar besteht kein echter Konflikt. Und so reduziert sich sein Auftreten und damit die Handlung des Films vor allem im zweiten Teil weitgehend auf eine Unterbrechung der Revueszenen. Außerdem wurde versäumt, das von Manfred Krug kürzlich in → *Auf der Sonnenseite* so eindeutig bewiesene Gesangstalent genügend auszuschöpfen. Ohne diese beiden Mängel hätte der Streifen noch wesentlich gewonnen. (Dr. Manfred Jelenski, *Berliner Zeitung*, 22.8.1962)

Hauptmangel: das Fehlen einer tragfähigen Geschichte. Statt dessen wurde mit Gags und Umständlichkeiten erst einmal bewiesen, was eine Revue heute alles nicht sein kann. (...) Beliebte Komiker trieben ihre Späße. Nur blieb alles ziemlich konfus, und Krug geisterte durch die Szenen, ohne daß er so recht wußte, was er dort sollte. (Manfred Haedler, *Manfred Krug*, 1972)

NEBENBEI: Zu den Tanzsolisten Renate Tschenett und Walter Schumann, die einen Apachen-Tanz zeigten, kamen Solisten und Ensemblemitglieder des Balletts der Deutschen Staatsoper, wie Pedro Hebenstreit, Janus Rehor, Hannes Vohrer und Hadmut Fritsche, und vom Friedrichstadtpalast-Ballett, wie Hanna Fischer, Jutta Klöppel, Elke Rieckhoff und Manfred Weisspflog. Das Tanzorchester des Berliner Rundfunks spielte unter Günter Gollasch und das DEFA-Sinfonieorchester unter Karl-Ernst Sasse.

DER RICHTER VON ZALAMEA

RE: Martin Hellberg, BU: Martin Hellberg, LV: Gleichnamiges Drama von Pedro Calderon de la Barca, DR: Gerhard Neumann, KA: Götz Neumann, MU: Wilhelm Neef, BA: Artur Günther, KO: Elli-Charlotte Löffler, SC: Lieselotte Johl, PL: Paul Ramacher, m: 2825 = 104 min, s/w, PJ: 1955, PM: 20.4.1956, PM-Ort: Berlin; »Babylon«/»DEFA-Filmtheater Kastanienallee«

DA: Hanjoachim Büttner (Pedro Crespo), Gudrun Schmidt-Ahrends (Isabel), Albert Garbe (Don Lope), Hans Rüdiger Renn (Don Alvaro), Rolf Ludwig (Rebolledo), Ursula Braun (Chispa), Günther Ballier (König Philipp II.), Annegret Golding (Ines), Alexander Papendiek (Juan), Raimund Schelcher (Sergeant), Walter Lendrich, Paul Pfingst, Else Korén, Günter Sonnenberg, Ilse Voigt u.a.

INHALT: Spanien zur Zeit Philipps II. Im Dorf Zalamea machen Soldaten Quartier. Hauptmann Don Alvaro findet im Hause des wohlhabenden, von allen geachteten Bauern Pedro Crespo freundliche Aufnahme. Alvaro stellt Isabel, der Tochter des Hauses, nach und vergewaltigt sie. Die Dorfbewohner ernennen Pedro zum Richter. Ihm als Ankläger obliegt es nun auch, das Urteil zu sprechen. General Don Lope, früher gegen den wüsten Hauptmann eingenommen, steht nun aus Standesgründen zu ihm und bestreitet Pedros Befugnis. Pedro hält trotz der Drohungen des Generals Gericht und verurteilt Alvaro zum Tode. Überraschend trifft der König ein. Er bestätigt zwar das Urteil, will seine Vollstreckung jedoch verhindern. Zu spät. Pedro hat sein Recht gegen Standesschranken durchgesetzt, und er wird Richter von Zalamea auf Lebenszeit.
ZUM FILM: Auf Grundlage seiner eigenen Inszenierung an der Berliner Volksbühne gelingt Martin Hellberg eine optisch reizvolle, von Theaterstaub freie, stilisierte Adaption des Calderon-Stückes. Vor der Zulassung gibt es jedoch Kritik, die sich an der Tatsache einer Vergewaltigungsszene entzündet. Obwohl der Film auch im Ausland Anerkennung findet, wird er von Kulturpolitikern und -funktionären in der DDR kritisiert, weil der Gegenwartsbezug zu undeutlich sei.
ECHO: Wechsel von Großaufnahmen, Halbtotale und Totale erfolgen um des inneren Geschehens, um der Veranschaulichung der Thematik und um der inneren Dramatik des Gehalts, nie um der Form willen. Hellberg und sein Kameramann Götz Neumann regieren die Kamera auf eine meisterhafte Art, wie wir es aus den besten internationalen Filmen kennen und leider bei unseren Filmen oft vermissen. Nur deshalb, weil er das Bild in seinen vielen Variationsmöglichkeiten sprechen läßt, kann der Regisseur mit dem Text sparsam umgehen, ohne daß die Geschlossenheit des Films leidet. Endlich bewährt hier Hellberg seine spezifische Fähigkeit, die Schauspieler richtig einzusetzen, zu führen und durch sein beträchtliches Temperament mitzureißen. Das gilt vor allem für Hansjoachim Büttner in der Titelrolle, der den Richter eindrucksvoll verkörpert, eine große Gestalt aus einem Guß. (Wolfgang Joho, *Sonntag* 18/1956)
Ich sehe auch in den beiden Filmen *Der Richter von Zalamea* und → *Emilia Galotti* ein unbewußtes Nachgeben des Regisseurs an Tendenzen der politischen Unverbindlichkeit, die sich in den letzten Jahren in unserem Filmschaffen ausgebreitet hat. (Alexander Abusch auf der Filmkonferenz 1958, zit. n. *Deutsche Filmkunst* 9/ 1958)
Regisseur Hellberg (...) behält die gebundene Rede der Vorlage bei und versucht, durch häufige Schauplatzwechsel eine spezifisch filmische Qualität zu erreichen. Ein achtbares, wenn auch nicht restlos gelungenes Experiment. (*Lexikon des internationalen Films*, 1995)
NEBENBEI: Über sonderbare Zwänge, die künstlerische Fragen beeinträchtigten, schrieb Martin Hellberg in seinen Erinnerungen: »Kaum zu glaubende Tatsache bleibt, daß ich die gelungenen Szenen des Komikerpaares Wolf von Beneckendorff (Don Mendo) und Manfred Schäffer (Nuno) aus dem Film herausschneiden mußte, damit neben ihm der nützliche Beifilm *Aus Altöl mach Neuöl* gezeigt werden konnte. Eine schmerzliche Wirkungsminderung und Schädigung der Künstler!« (*Mit scharfer Optik*, 1982)

RITTER BLAUBART
(DFF-Auftragsproduktion)
RE: Walter Felsenstein, Georg F. Mielke, BU: Walter Felsenstein, Georg F. Mielke, Opernbearbei-

tung: Walter Felsenstein, Horst Seeger, KA: Otto Merz, Hans-Jürgen Reinecke, MU: Jacques Offenbach, SB: Paul Lehmann, KO: Helga Scherff, SC: Thea Richter, PL: Willi Teichmann, P: DEFA für DFF, m: 4113 = 150 min, PJ: 1972/73, SD: 10.6.1973, AD: 5.10.1973

DA: Hanns Nocker (Ritter Blaubart), Manfred Hopp (Daphnis, ein Schäfer), Ingrid Czerny (Fleurette), Anny Schlemm (Boulotte), Rudolf Asmus (Popolani), Helmut Polze (Graf Oscar), Werner Enders (König Bobèche), Ruth Schob-Lipka (Königin Clémentine), Irmgard Arnold (Isaure), Hans-Otto Rogge (Alvarez), Evelyn Bölicke, Christa Noack von Kamptz, Eva-Maria Baum, Ute Trekel-Burckhardt und die Chorsolisten der Komischen Oper Berlin sowie das Orchester der Komischen Oper Berlin unter der Leitung von Karl-Fritz Voigtmann

INHALT: Blaubart führt seine gerade erkorene sechste Frau Boulotte hoch zu Roß in seine Burg. Deren Vitalität wirft den degenerierten König Bobèche glattweg vom Thron. Eine Schlüsselrolle nimmt der Alchimist Popolani ein, der sich um Blaubarts Opfer auf verschiedene Weise »verdient« macht. (f.b.h.)

ZUM FILM: Jacques Offenbachs Opera bouffe über die Liebesabenteuer des Ritters Blaubart nach der anspielungsreichen Inszenierung Walter Felsensteins an der Komischen Oper Berlin wurde für die Filmversion, in der Felsenstein und Mielke geschickt mit Großaufnahmen arbeiten, durch eine Rahmenhandlung im Filmatelier ergänzt.

ECHO: Mit wissenschaftlicher Gründlichkeit wird zu Werke gegangen und Verblüffendes ausgetüftelt. Da steht die Ensembleleistung gleichwertig neben dem Solopart in einer durchexerzierten, ebenso an den Verstand appellierenden wie sinnenfreudigen Konzeption. (Mimosa Künzel, *Neue Zeit*, 13.6.1973)

Felsensteins Prinzip ist dialektisch: Aktualität versucht er nicht unvermittelt aus einer heutigen Perspektive dem Stück aufzupfropfen, sondern aus der Treue zum historischen Original zu entfalten. In dieser Hinsicht ist die Zentralfigur der *Ritter Blaubart*-Inszenierung der König Bobèche: groteske Karikatur aus dem zweiten französischen Kaiserreich und zugleich Reflex Hitlers. (...) Felsensteins Regieprinzip gleichzeitiger und aufeinander bezogener Aktionen und Reaktionen (...) wird ein wenig verflacht auf den Bildschirm transponiert. (Gerhard R. Koch, *Frankfurter Allgemeine*, 4.5.1974)

NEBENBEI: Der 1924 geborene Charakter-Tenor Werner Enders, der mit dem Bobèche einen seiner größten Erfolge feierte, war über Jahrzehnte einer der wichtigsten Protagonisten der Komischen Oper Berlin.

RITTER DES REGENS

→ *Anhang A*

RIVALEN AM STEUER

RE: E.W. Fiedler, BU: Günter Hofé, nach Erlebnissen von Manfred von Brauchitsch, DR: Hans-Joachim Wallstein, KA: E. W. Fiedler, Günter Marczinkowsky, MU: Manfred Nitschke, BA: Oskar Pietsch, KO: Luise Schmidt, SC: Ursula Kahlbaum, PL: Willi Teichmann, m: 2762 = 101 min, s/w, AT: Das große Rennen, PJ: 1956, PM: 26.4.1957, PM-Ort: Berlin, »Babylon«

DA: Axel Monjé (Manfred Falk), Wilhelm Koch-Hooge (Hermann Seering), Christa Fügner (Inge Thorwald), Edelweiß Malchin (Manuela), Johannes Arpe (Altwirt), Richard Lauffen (Roseiro), Kurt Oligmüller (Dr. Schröter), Hans Klering

(Kuhn), Jochen Thomas (Satulotti), Kurt Ulrich (Neumann), Siegfried Weiß, Paul Pfingst, Joe Schorn, Gustav Püttjer, Fred Ludwig u.a.

INHALT: Während eines Autorennens in Westdeutschland wird der erfahrene Eisenacher Fahrer Manfred Falk von den südamerikanischen Alvarez-Werken abgeworben. Die rassige Alvarez-Tochter Manuela brachte ihn dazu, sein Kollektiv und auch Freundin Inge im Stich zu lassen. Nach großen Erfolgen in Amerika wird sein Siegeseifer aus geschäftlichen Gründen von seinem neuen Arbeitsgeber gedrosselt. Er ist enttäuscht, und nach einem Rennen in Frankreich kehrt er nach Deutschland zurück. Das lukrative Angebot der westdeutschen Phönix-Werke ausschlagend, geht er wieder nach Eisenach und rehabilitiert sich, indem er seinem Freund und Team-Partner Seering zum Sieg verhilft. Auch Inge scheint danach versöhnt.

ZUM FILM: Der abenteuerliche Film fand vor den Augen der Kulturadministration nur bedingt Gnade. Ihm wurde vorgeworfen, in kleinbürgerlicher Opposition zu den kapitalistischen Verhältnissen steckenzubleiben.

ECHO: Zwangsläufig müssen die Rennszenen alle übrigen Partien des Films überrunden. (...) Wenn jedoch der Kontrast zwischen dem dokumentarisch-reportagehaften, durch Wochenschauaufnahmen aus Monte Carlo und von anderen Rennstrecken ergänzten Teil und der Spielfilmhandlung oft allzu kraß erscheint, so liegt das vor allem am Drehbuch (Günter Hofé), das die Verschmelzung beider Komplexe in nur ungenügendem Maße erreicht hat. (Gerhard Kleinlein, *BZ am Abend*, 29.4.1957).

Dieses gewaltsame Hineinpressen meist älterer, zurückliegender Vorgänge in unsere Tage führt in diesem Film zur simplen Schwarzweiß-Malerei: hier die edlen, selbstlosen Fahrer und Mitarbeiter des volkseigenen Automobilrennsports, dort die abgrundschlechten, finsteren Gesellen der nach Profit jagenden, konkurrierenden westlichen Rennsportunternehmer, die mit Verschwörerblick, Dollars und verworfen-schönen Frauen unser braves EMW-Kollektiv (EMW = Eisenacher Motoren-Werke, f.b.h.) sprengen wollen. Dazwischen ein paar Schwankende. Das ist primitiver, als es auch in einem anspruchslosen Rennfahrerfilm erlaubt ist. (...) Und so arbeitet auch die Kamera in diesem Film – mit Ausnahme der gut fotografierten Rennsituationen – ohne Einfall, Originalität und Temperament. (Karl-Eduard v. Schnitzler, *Filmspiegel* 11/1957)

NEBENBEI: Der in den dreißiger Jahren durch seine Rennsiege für »Mercedes« populäre Rennfahrer Manfred v. Brauchitsch, der 1932 selbst die Hauptrolle in dem Spielfilm *Kampf* gespielt hatte, war aus der BRD in die DDR übergesiedelt und wurde hier ein verdienstvoller Sportfunktionär. In den sechziger Jahren verfilmte der DFF die Erinnerungen v. Brauchitschs unter dem Titel *Ohne Kampf kein Sieg*. *Rivalen am Steuer* entstand mit Unterstützung des Rennkollektivs Automobilbau Eisenach, der Sektion Motorrennsport und der Hauptverwaltung Automobilbau.

ROBERT MAYER – DER ARZT AUS HEILBRONN

RE: Helmut Spieß, BU: Alfred R. Böttcher, DR: Marieluise Steinhauer, KA: Robert Baberske, MU: Joachim Werzlau, BA: Karl Schneider, KO: Hans Kieselbach, SC: Ruth Moegelin, PL: Harry Studt, m: 2626 = 96 min, s/w, PJ: 1955, PM: 28.10. 1955, PM-Ort: Berlin, »Babylon«/»DEFA-Filmtheater Kastanienallee«

DA: Emil Stöhr (Robert Mayer), Gisela Uhlen (Wilhelmine Mayer), Otto Eduard Stübler (Cloß),

Martin Flörchinger (Fritz Mayer), Walther Süssenguth (Geheimrat Liebig), Herwart Grosse (Hofrat v. Zeller), Hilmar Thate (Dr. Bohn), Harald Halgardt (Dr. Landerer), Gerd Michael Henneberg (Prof. Rümelin), Werner Segtrop (v. Rauch), Kurt Mühlhardt, Fred Mahr, Fred Düren, Harry Gillmann, Wolf Goette u.a.

INHALT: 1840 entdeckt der junge Arzt Robert Mayer durch Zufall das Gesetz von der Erhaltung der Energie. Zwei Jahre später wird seine Arbeit dazu in den »Annalen« des weltbekannten Physikers Justus Liebig veröffentlicht. Mayer, der in Heilbronn die Kaufmannstochter Wilhelmine heiratet, wird aufgrund seiner Entdeckung von den Bürgern zum Stadtarzt ernannt. Danach aber wird es still um ihn, seine umwälzende Entdeckung von einflußreichen Wissenschaftlern totgeschwiegen. Auch Liebig, der andere Auffassungen vertritt, wendet sich von Mayer ab. Wilhelmine hält zu ihm, trotz einiger Zweifel. Mayers Einweisung in eine Irrenanstalt kann sie nicht verhindern. Erst einem Schüler Liebigs gelingt es, die Erkenntnisse Mayers durchzusetzen. Zehn Jahre nach seiner Entdeckung wird ihm endlich die ihm gebührende Ehre zuteil.

ZUM FILM: Der biografische Film legte Wert auf die dem Schicksal Mayers innewohnenden sozialkritischen Akzente. Dem noch unerfahrenen Regisseur stand Artur Pohl beratend zur Seite.

ECHO: Das Schicksal eines deutschen Wissenschaftlers wird im Spielfilm gezeigt, und es sei vorweg gesagt: ein Film, der die individuelle und gesellschaftliche Problematik jenes Arztes deutlich macht. (...) Psychologisch recht bemerkenswert werden im Film die gesellschaftlichen Bedingungen gedeutet, unter denen der Arzt zu leiden hat. (...) Emil Stöhrs gefühlsbetonte Darstellung hat den Robert Mayer wohl richtig charakterisiert. Gisela Uhlen nuanciert weit mehr, als man es von der etwas schematischen Rolle »treue Gattin des verkannten Genies« erwarten darf. (Carl Andrießen, *Weltbühne* 45/1955)

Mir scheinen der Anstaltsdirektor von Zeller, der Fabrikbesitzer von Rauch und der Kaufmann Cloß schon vom Buch her keineswegs überzeichnet, sondern erbarmungslos realistisch. (...) Diese und eine Reihe anderer Erscheinungen sind so typisch und wahrhaftig gezeichnet, daß man in ihnen Bundesverfassungsrichter, Bonner Professoren, Düsseldorfer Besitzbürger und andere Feinde des Fortschritts, wie etwa den Bischof Dibelius, in historischen Trachten verkleidet, zu sehen glaubt. (...) Ein großer Film, ein würdiges Bekenntnis zu unserer Geschichte und unserer Kultur. (Karl-Eduard v. Schnitzler, *Filmspiegel* 23/1955)

NEBENBEI: Drehbuchautor Alfred R. Böttcher hatte bereits den Erfolgsfilm → *Die blauen Schwerter* geschrieben. Er wandte sich später der Kinderliteratur zu und lieferte die Vorlage zu dem Film → *Warum kann ich nicht artig sein?*

ROCNIK JEDENADVACET

→ *JAHRGANG 21*

ROMAN EINER JUNGEN EHE

RE: Kurt Maetzig, BU: Bodo Uhse, Kurt Maetzig, KA: Karl Plintzner, MU: Wilhelm Neef, BA: Otto Erdmann, Franz F. Fürst, KO: Hans Kieselbach, SC: Lena Neumann, PL: Alexander Lösche, m: 2824 = 104 min, s/w, PJ: 1951, PM: 18.1.1952, PM-Ort: Berlin, »Babylon«/»DEFA-Filmtheater Kastanienallee«

DA: Yvonne Merin (Agnes Sailer), Hans-Peter Thielen (Jochen Karsten), Willy A. Kleinau (Dr. Ulrich Plisch), Hilde Sessak (Carla), Harry Hindemith (Burmeister), Martin Hellberg (Möbius), Hanns Groth (Lutz Frank), Albert Garbe (Otto

Dulz), Brigitte Krause (Brigitte Dulz), Alfons Mühlhofer (Ernst Winkler), Horst Preusker, Gisela Rimpler, Friedrich Gnass, Alwin Lippisch, Robert Trösch u.a.

INHALT: Eine junge Schauspielerehe im geteilten Berlin droht zu zerbrechen. Jochen arbeitet am Westend-Theater und Agnes filmt in Ostberlin. Ihre Ansichten, von den unterschiedlichen politischen Milieus geprägt, driften immer mehr auseinander. Agnes ist stolz auf ihren neuen Film, Jochen ist entsetzt über dessen Thema. Es kommt zum Bruch, Anna zieht ganz nach Ostberlin. Als sie sich im Gericht zum Scheidungsprozeß treffen, versöhnen sie sich. Jochen hat inzwischen keine Arbeit mehr und begreift, daß Agnes den richtigen Weg gegangen ist.

ZUM FILM: Die Figurenkonstellation aus seinem Erfolgsfilm → *Ehe im Schatten* im Nachkriegs-Berlin: Kurt Maetzig vermochte bei einem schwarzweiß zeichnenden Drehbuch nicht an die Kraft dieses Stoffes anzuknüpfen. In der Schilderung der Lebenssituation der beiden Schauspieler wird vor allem die Kulturpolitik in Ost und West gegeneinander ausgespielt. Unschwer erkennbar treten die Theaterintendanten Wolfgang Langhoff und Boleslaw Barlog und der Nazi-Regisseur Veit Harlan als Schlüsselfiguren auf. Aber die klischeehafte Darstellung wirkt ebenso peinlich wie der Jubel um Stalin und die nach ihm benannte Allee.

ZITAT: Auf dieser Straße ist der Friede in die Stadt gekommen – / Die Stadt war Staub / – Wir waren Staub und Scherben / und sterbensmüde. / Aber sagt, wie soll man sterben? / Hat uns doch Stalin selber bei der Hand genommen / und hieß uns, unsre Köpfe stolz erheben – / Und als wir Schutt wegräumten und uns Pläne machten, / den grünen Steifen und die Häuserblocks erdachten, / da war'n wir Sieger, und die Stadt begann zu leben, / Gradaus zu Stalin führt der Weg, auf dem die Freunde kamen. / Nun soll'n sich in den Fenstern, in den neuen, blanken, / die Feuer spiegeln! / Sagt, wie soll man Stalin danken? / Wir gaben dieser Straße seinen Namen. (Das Gedicht von Kuba, d.i. Kurt Barthel, wird im Film rezitiert.)

ECHO: Man (...) horcht auf, freut sich über das saubere menschliche Fundament des Films, der – endlich einmal – seine politische und erzieherische Wirkung auf die legitime, ursprüngliche künstlerische Weise aus der charakterlichen Entwicklung, aus den persönlichen Konflikten und Entscheidungen der handelnden Personen herzuleiten sucht. (Hans Ulrich Eylau, *Berliner Zeitung*, 22.1.1952)

Nach allen seinen (Kurt Maetzigs) Anstrengungen, die sowohl im Schauspielerischen wie auch von der Kamera her zu teilweise hervorragenden Leistungen führen, wird zwingend deutlich, daß sein Film an einer großen Schwäche leidet: er hat an Menschlichem zu wenig und an Tatsachenmaterial zu viel Substanz. (Lux, *Weltbühne* 5/1952)

Im selben Maße, in dem die Wahrhaftigkeit des Inhalts der künstlerischen Aussage einseitiger Zweckpropaganda weichen mußte, schwand auch die formale Gestaltungskraft, und es blieb billige Plakatmalerei auf Zelluloid. Hatte → *Ehe im Schatten* auch im Ausland ungeteilte Anerkennung gefunden, so wagte die DEFA den *Roman einer jungen Ehe* nicht einmal mehr den westdeutschen Kommunisten für ihre internen Parteiveranstaltungen anzubieten. (Heinz Kersten, *Das Filmwesen in der Sowjetischen Besatzungszone Deutschlands*, 1963)

NEBENBEI: Hauptdarstellerin Yvonne Merin und Regisseur Kurt Maetzig waren damals miteinander verheiratet. – Der Schauspieler und Regisseur Hans Rodenberg, der zur Zeit der Dreharbeiten das Berliner Theater der Freundschaft leitete, aber schon 1952 Hauptdirektor des DEFA-Spielfilmstudios wurde und danach als Dekan der Babelsberger Filmhochschule und Leiter der Hauptverwaltung Film zu den wichtigen Funktionären des Films in der DDR zählte, spielt hier als amerikanischer Regisseur seine einzige Filmrolle.

ROMANZE MIT AMÉLIE

RE: Ulrich Thein, SZ: Benito Wogatzki, LV: Gleichnamiger Roman von Benito Wogatzki, DR: Peter Wuss, KA: Hartwig Strobel, MU: Günther Fischer, SB: Harry Leupold, KO: Werner Bergemann, SC: Ilse Peters, PL: Herbert Ehler, GR: GR »Babelsberg«, m: 2773 = 102 min, fa, brw, PJ: 1981, PM: 21.1.1982, PM-Ort: Berlin, »International«

DA: Thomas Stecher (Jürgen Siebusch), Brit Gülland (Amélie), Gudrun Ritter (Mutter Siebusch), Fritz Marquardt (Schwoffke), Wilfried Ortmann (Donath), Brigitte Lindenberg (Unsefrau), Heinz

Hupfer (Unsemann), Wolfgang Dehler (Michelmann), Friederike Aust (Carla), Karla Runkehl (Frau Hillner), Kurt Veth, Wiktor Proskurin, Grigori Grigoriu, Steffi Kühnert, Ralf Schlösser u.a.
INHALT: Im Winter 1944/45 kommt der halbwüchsige Jürgen mit seiner Mutter von Berlin nach Hohengörse, wo er sich als Hirte verdingt. Er lernt die Grafentochter Amélie kennen. Die beiden verlieben sich ineinander. Jürgen wird zum Volkssturm eingezogen, dann flieht er mit Amélie vor der Roten Armee. Zurückgekehrt in die besetzte Zone, erleben sie, wie das Gut enteignet wird. Jürgen möchte mit Amélie als Neubauer eine Existenz aufbauen. Doch sie lehnt ab und veranlaßt ihn, Wertsachen für sie aus dem Gutshaus zu stehlen. Die beiden werden gestellt, Amélie erzwingt mit einem Gewehr im Anschlag ihre Flucht. Die Kugel eines Polizisten trifft sie tödlich.
ZITAT: Es war eine große Liebe, und ich wäre gern daran zugrunde gegangen, wenn man mich gelassen hätte. (Motto des Films, aus dem Roman von Benito Wogatzki)
ZUM FILM: Trotz inszenatorischer Schwächen konnte Ulrich Thein mit der Wogatzki-Adaption in seinem dritten DEFA-Film bei einem jugendlichen Publikum Interesse wecken.
ECHO: Die Erzählweise des Films ist schwierig und birgt viele Klippen, die nicht ohne Schaden umfahren wurden. Aufeinanderfolgende Bilder, Lautes und Leises, sind rhythmisch nicht genauc ausbalanciert: das Laute erscheint oft zu laut, das Leise zu leise, und das Zusammenspiel von Bildgröße, Licht und schauspielerischer Darstellung innerhalb einer Szene oft nicht gelungen, obgleich die Kamera bemüht ist, durch Licht- und Farbgestaltung eine dem Geschehen und der Idee entsprechende Atmosphäre zu schaffen. (Elke Schieber, *Film und Fernsehen* 5/1982)
Obwohl die beiden jungen Laiendarsteller Brit Gülland und Thomas Stecher sich alle Mühe geben, bekommt die versprochene Liebesgeschichte schon vom Drehbuch her zugunsten anderer Episoden viel zu wenig Entfaltungsmöglichkeiten, und überdies werden die beiden Protagonisten von der Regie Ulrich Theins auch noch ziemlich allein gelassen. Was Thein wohl als besonderen Stil empfindet, besteht aus einem jähen Wechsel von lauten Action- und leisen Liebesszenen. Von Amélie ist oft nur ein kaum verständliches Flüstern zu vernehmen. Unüberhörbar setzt dagegen immer wieder Musik ein: Wenn es poetisch werden soll, intoniert ein Geisterchor Folkloristisches, oder Frau Gräfin spielt auf dem Klavier die »Letzte Rose«. (Heinz Kersten, 1982, zit. nach *So viele Träume*)
NEBENBEI: Der bekannte Fernsehregisseur Kurt Veth trat in der Rolle des Konny ausnahmsweise vor die Kamera. – Thomas Stecher, der Sohn des auch aus DEFA-Filmen bekannten Schauspielers Hans-Edgar Stecher, hatte schon Kameraerfahrung und ergriff den Schauspielerberuf.

ROMEO UND JULIA AUF DEM DORFE
RE: Siegfried Kühn, SZ: Siegfried Kühn, LV: Gleichnamige Novelle von Gottfried Keller, DR: Barbara Rogall, KA: Erich Gusko, Martin Rauschert, MU: Hans Jürgen Wenzel, Joseph Haydn, SB: Richard Schmidt, KO: Lilo Sbrzesny, SC: Brigitte Krex, PL: Volkmar Leweck, GR: GR »Babelsberg«, m: 2517 = 92 min, fa, brw, PJ: 1983, PM: 10.5.1984, PM-Ort: Berlin, »International«
DA: Grit Stephan (Veronika), Thomas Wetzel (Fabian), Hilmar Baumann (Grimm), Horst Rehberg (Melcher), Heide Kipp (Frau Grimm), Barbara Teuber (Frau Melcher), Klaus Bieligk (Schwar-

zer Geiger), Horst Hiemer (Auktionator), Siegfried Weiß (Richter), Michael Gerber (Sachverständiger), Friedrich Richter, Paul Arenkens, Carl Heinz Choynski, Peter Heiland, Klaus Pönitz u.a.
INHALT: Veronika und Fabian mögen sich schon als Kinder gern. Ihre Freundschaft geht jedoch durch eine Fehde ihrer Väter Melcher und Grimm um ein kleines Stück Acker entzwei. Die beiden Bauern ruinieren sich finanziell durch einen jahrelangen Gerichtsprozeß. Bei einer zufälligen Begegnung prügeln sie aufeinander los, während Veronika und Fabian ihre Zuneigung erneut entdecken. Als Veronikas Vater die beiden zusammen sieht, greift er seine Tochter wütend an, so daß Fabian ihn niederschlägt. Die beiden wissen, daß es keine gemeinsame Zukunft für sie gibt. Sie verlassen das Dorf, erleben auf einem Kirchweihfest im Nachbarort einen glücklichen Tag. Die Nacht verbringen sie auf einen Heuschiff, und in der Morgendämmerung lassen sie sich in die Fluten gleiten.
ZUM FILM: Nach der Ablehnung zweier Gegenwartsstoffe griff Siegfried Kühn auf Kellers Novelle zurück, deren Handlung er aus der Schweiz nach Thüringen verlegte. Trotzdem die Geschichte stimmig erzählt wurde, wurde der Film wegen zu geringer Gegenwartsbezüge kritisiert.
ECHO: Viele stimmungsvolle Bilder (Kamera Erich Gusko), die oft zu optischen Leitmotiven werden, wie fließendes Wasser, aufgehäufte Steine, eine schwingende Schaukel und Uhren vor allem als Symbole der vergehenden Zeit. (Helmut Ulrich, *Neue Zeit*, 15.5.1984)
Kellers Novelle so zu reduzieren, das soziale Umfeld so diffus zu lassen, heißt ihr nicht gerecht zu werden. Eine solche Adaption bedeutet letztlich auch die Preisgabe der sozialkritischen Intentionen des bürgerlichen Demokraten Gottfried Keller. (Horst Knietzsch, *Neues Deutschland*, 16.5.1984)
NEBENBEI: Der große Schauspieler Friedrich Richter, der noch vor der Premiere im 90. Lebensjahr verstarb, spielte mit dem alten Schuster seine letzte Rolle. – Grit Stephan, die Veronika des Films, war zur Zeit der Dreharbeiten Schauspielstudentin in Leipzig, während Thomas Wetzel, der Fabian, bei der Premiere des Films gerade seinen dreijährigen »Ehrendienst« bei der NVA angetreten hatte.

ROSENEMIL
(Co-Produktion)
RE: Radu Gabrea, BU: Radu Gabrea, Meir Dohnal, LV: nach dem gleichnamigen Roman von Georg Herrmann, RD: Willi Segler, KA: Dinu Tanase, MU: Charles Kalman, Stefan Zorzor, SB: Florin Gabrea, KO: Uta Freiwald, Lucian Dante Gologan, Henry Lange, SC: Sophie Coussein, Emanuel DeWit, PL: Rolf Martius, m: 2612 = 96 min, fa, PJ: 1992/93, PM: 19.8.1993, CO: Galla-Filmproduktion, München; Molecule, Paris; Artimage, Genf; ZDF, Mainz
DA: Werner Stocker (Rosen-Emil), Dana Vavrová (Lissy), Erich Bar (Palisadenkarl), Dominique Sanda (Bertha), Serge Reggiani (Dr. Levy), Jürgen Watzke (Baumüller), Franziska Troegner (Frau Rutsch), Jaecki Schwarz (Kletterwillem), Carmen-Maja Antoni (Wanda), Werner Dissel (Wunderlich), Bernard Pierre Donnadieu, Udo Schenk, Christoph Eichhorn, Carmen-Maja Antoni, Johanna König u.a.
INHALT: Berlin 1903. Der charmante, aber erfolglose Hausierer Emil trifft Lissy, die ungekrönte Königin der Vorstadtnutten. Sie nennt ihn »Rosen-Emil«, weil er Rosen liebt, und macht ihn zum König der Vorstadtganoven. Seine im gutbürgerlichen Turnverein erworbenen Kletterkünste setzt er jetzt gewinnbringend bei Einbrüchen in Textil-, Pelz- und Schmuckgeschäften ein. Er hat alles, um glücklich zu sein: Liebe, Geld und »berufliche« Anerkennung. Dennoch unterliegt er dem Raffinement der hartgesottenen Brillanten-Bertha, einer alternden Oberschichtnutte. Doch das luxuriöse Liebesnest, das sie ihm bietet, läßt ihn Lissy nicht vergessen, und als diese erkrankt, kehrt er zu ihr zurück. Aus Rache bringt ihn Brillanten-Bertha wegen Zuhälterei ins Gefängnis. Während Lissy mit dem Tode kämpft, findet Emils Prozeß statt. In einer großzügigen Geste zieht Bertha die Anzeige zurück. Er kommt zu spät. Lissy stirbt, Emil bleibt allein zurück.
ZUM FILM: Die dreizehn Millionen Mark teure internationale Produktion entstand teilweise in Berlin mit Beteiligung der DEFA. Es gelang jedoch nicht, die Altberliner Atmosphäre für die wenig tragfähige Geschichte produktiv zu machen. Der Film war bei Presse und Publikum ein Flop.
ECHO: Nichts, aber auch gar nichts stimmt an diesem Film. (...) *Rosenemil* gehört zu der Sorte

aufwendiger Euro-Filme, bei denen man sich fragt, warum sie überhaupt gedreht wurden. Sie wissen nicht, was sie wollen, sie haben nichts zu sagen, sie verleugnen die Gegenwart und erfinden eine Vergangenheit, wie es sie nie gab. Ausstaffierte Schauspieler, blutleere Gesichter und eine holprige Dramaturgie, die unentwegt behauptet, was nicht zu sehen ist: alles hübsch verpackt mit einer großen rosa Schleife namens Nostalgie. (Christiane Peitz, *tageszeitung*, 19.8. 1993)

Aus (Georg) Hermanns Tendenz zur Verklärung leitet Gabrea einen Freibrief zur Verschwommenheit ab. Wenn er gelegentlich die zwielichtige Atmosphäre von Fassbinders Film *Berlin Alexanderplatz* imitiert, mißbraucht er sie nur, um den kriminellen Coup mitsamt der Motivation der Figuren zu verwischen. Was übrigbleibt, ist eine spannungslose Dramaturgie, die wenig durchschaut und vieles schönfärbt. (Eva-Maria Lenz, *Frankfurter Allgemeine*, 20.8.1993)

NEBENBEI: Die Titelrolle des Films, der in Zusammenarbeit mit einem Bukarester Produzenten entstand, war die letzte Arbeit von Werner Stocker, der seit Joseph Vilsmaiers *Herbstmilch* mit Dana Vavrová eine Art »Traumpaar« gebildet hatte, und kurz nach den Dreharbeiten 38jährig verstarb.

ROTATION

RE: Wolfgang Staudte, BU: Wolfgang Staudte, Erwin Klein, DR: George Schaaffs, KA: Bruno Mondi, MU: H.W. Wiemann, BA: Willy Schiller, KO: Georg Schott, SC: Lilian Seng, PL: Herbert Uhlich, GR: Herstellungsgruppe Herbert Uhlich, m: 2297 = 84 min, s/w, PJ: 1948/49, PM: 16. 9.1949, PM-Ort: Berlin, »Babylon«/»DEFA-Filmtheater Kastanienallee«

DA: Paul Esser (Hans Behnke), Irene Korb (Lotte Behnke), Karl-Heinz Deickert (Helmuth Behnke), Brigitte Krause (Inge, seine Freundin), Reinhold Bernt (Kurt Blank), Reinhard Kolldehoff (Rudi Wille), Werner Peters (Udo Schulze), Theodor Vogeler, Walter Tarrach (SD-Männer), Maria Loja (Die Wirtin), Hans-Erich Korbschmitt, Alfred Maack, Hugo Kalthoff, Herbert Malsbender, Valeska Stock u.a.

INHALT: Berlin von 1932 bis 1946. Der Maschinenmeister Hans Behnke ist tüchtig, und Politik interessiert ihn nicht. Bis er eines Tages von seinem Schwager gebeten wird, eine Druckmaschine zu reparieren, auf der antifaschistische Flugblätter hergestellt werden. Von seinem eigenen Sohn Helmuth verraten, der in der Hitlerjugend zu einem fanatischen Nazi erzogen wurde, kommt Behnke ins Zuchthaus. Nach Kriegsende stehen sich der befreite Vater und der aus der Gefangenschaft heimkehrende Sohn gegenüber. Helmuth hat kaum Hoffnung, daß ihn der Vater aufnehmen wird, doch der schließt ihn in seine Arme. Gemeinsam wollen sie ein neues Leben aufbauen.

ZUM FILM: Nach eigener Idee betrieb Staudte hier, ähnlich wie Maetzig in → *Die Buntkarierten*, Vergangenheitsaufarbeitung am Beispiel kleiner Leute, ehrlicher Gewerkschafter und Sozialdemokraten, die nicht verstanden, daß sie zu Mitläufern wurden. Es gelang Staudte, den Wandlungsprozeß im Denken erfahrbar zu machen.

ECHO: In *Rotation* haben wir die stärkste Regieleistung, die wir hier bisher kennenlernten. Die Worte Spielfilm und Zeitfilm wollen wir beiseite lassen. Wolfgang Staudte hat das erstaunliche Werk nach einer eigenen Idee gedreht. Vielleicht liegt in dieser Einheit das Geheimnis seiner Wirkung. Das Publikum, das die auftauchende

Hakenkreuznadel noch belustigt nahm, wurde bald merklich stiller. Es hatte gelernt. (Leo Menter, *Weltbühne* 39/1949)
Wie Staudtes Regie (...) dies ohne jede Mätzchen in einem Zug dynamisch gestaltet, wie er bis auf wenige Ausnahmen jeden predigenden Leitartikelton vermeidet und Schicksal und Katastrophe menschlich zu versinnbildlichen versteht, wie er im heißen Atem der Maitage 1945 mit dem Höhepunkt der verbrecherischen Überflutung des S-Bahntunnels das Schicksal einer einzelnen Familie ins Allgemeine münden läßt und dabei mit sicherem Instinkt jede Auswalzung ins Banale vermeidet – das alles verdient höchstes Lob, größte Anerkennung einer gewaltigen technischen wie künstlerischen Leistung. (Wolfgang Joho, *Neues Deutschland*, 18.9.1949)
Rotation ist für unsere politische Gegenwart und unser geistiges Klima notwendiger als fast die gesamte Filmproduktion Westdeutschlands nach 1945. (P. Schallück, *Filmforum* 3/1958)
Daß dieser Prozeß nicht abstrakt bleibt, bewirkt Staudtes besonderer Realismus: er spiegelt ständig subjektives Verhalten am objektiven Geschehen und setzt es so der Kritik aus. In der Fähigkeit, Besonderes in Allgemeines umschlagen zu lassen, zeigt sich hier Staudtes stärkste Begabung. (Ulrich Gregor/Enno Patalas, *Geschichte des Films*, 1973)
NEBENBEI: Zwischen Abschluß der Dreharbeiten und Premiere kam es zu Auseinandersetzungen zwischen der DEFA und Wolfgang Staudte. Man verlangte Änderungen von ihm. Besonders entzündete sich der Streit an der Szene, in der der Vater die Uniform des aus der Kriegsgefangenschaft heimgekehrten Sohnes verbrennt und sagt: »Das war die letzte Uniform, die du je getragen hast.« Für den Aufbau einer neuen Volkspolizei empfand man die Szene als kontraproduktiv. Schließlich durfte die Szene bleiben, nur der Text wurde nicht gesprochen. Als jedoch mit Sepp Schwab 1949 ein neuer Direktor zur DEFA kam, ließ er als erstes diese Szene entfernen. Staudte verließ daraufhin die DEFA und arbeitete für mehr als ein Jahr im Westen, bevor er für den → *Untertan* nach Babelsberg zurückkehrte.
Filmtext: Ellen Blauert (Hrsg.): Die Mörder sind unter uns. Ehe im Schatten. Die Buntkarierten. Rotation. Vier Filmerzählungen nach bekannten DEFA-Filmen. Berlin: Henschelverlag 1969

DER ROTE REITER

(Kinderfilm)
RE: Walter Beck, SZ: Joachim Plötner, DR: Anne Pfeuffer, KA: Günter Heimann, MU: Klaus Lenz, SB: Heike Bauersfeld, KO: Katrin Johnsen, SC: Rita Hiller, PL: Siegfried Kabitzke, GR: KAG »Kinder- und Jugendfilm«, m: 2076 = 76 min, s/w, PJ: 1969/70, PM: 8.11. 1970, PM-Ort: Berlin, »Kosmos«
DA: Burkhard Mann (Michael), Gerhard Lau (Gustel), Klaus Pönitz (Felix), Regina Popig-Heeger (Fanny), Rüdiger Giese (Zicke), Ralph Borgwardt (Lotse Kramer), Marianne Wünscher (Zirkusdirektorin), Helmut Schreiber (Otto), Horst Ziethen (Hafenarbeiter), Juliane Korén (Ursel), Holger Mahlich (Unteroffizier), Nico Turoff, Ulrich Voss, Gerd Micheel, Zygmunt Mierzwiak, Vera Oelschlegel u.a.
INHALT: 1920 macht sich der 16jährige Arbeiterjunge Michael aus dem Erzgebirge auf den Weg nach Rußland. Er möchte ein roter Reiter bei Budjonny werden, um im Land der sozialistischen Revolution für die Interessen der Arbeiterklasse zu kämpfen. Es wird eine abenteuerliche Reise, reich an Gefahren und Versuchungen. Unmittelbar nach dem Aufbruch muß er vor Reichswehrposten fliehen. Er kommt zum Wanderzirkus »Peroni«, wo ihm der Feuerspeier Gustel weiterhelfen soll. Beinahe wäre er dort der Kunstreiterin Fanny und der verlockenden Aussicht erlegen, Kaskadeur zu werden. Nach einem Aufenthalt bei einer jugendlichen Diebesbande gelangt Michael auf ein Schiff, das nach Osten fährt. Er entdeckt, daß das Schiff Waffen für die Weißgardisten schmuggelt und sorgt dafür, daß die Gewehre in die Hände der Sowjets geraten. Er schafft es, nach Petrograd zu kommen und wird in Budjonnys Reiterarmee aufgenommen.
ZUM FILM: Walter Becks Film, der von den Wurzeln deutsch-sowjetischer revolutionärer Traditionen und Freundschaft erzählte, litt unter der Diskrepanz, Wissen vermitteln zu wollen und gleichzeitig eine halbwegs spannende Geschichte zu erzählen. Der Spagat gelang nicht.
ECHO: Dort, wo Erkenntnisse unmittelbar aus der Handlung geschöpft werden können, liegen die Stärken des *Roten Reiters* und seines Regisseurs, dort aber, wo theoretisiert wird, verliert der Streifen an Glaubwürdigkeit und Wirkung. (Klaus Meyer, *Sonntag* 47/1970)

Leider zeigen die Filmschöpfer nicht, wie sich Michael in Budjonnys Armee als »Roter Reiter« bewährt. Auch spürt man nichts von einer Organisation, die den Kampf »Hände von Sowjetrußland« lenkt und leitet. Die Rolle der Kommunistischen Partei Deutschlands bleibt in diesem Film unbekannt. Michael ist auf sich allein gestellt. Trotz dieser Schwächen vermittelt der Film das Charakterbild eines sozialistischen Helden, Treue zu seinen Idealen, Mut, Zielstrebigkeit, Bescheidenheit und Selbstbeherrschung – Eigenschaften, die auch den Revolutionär unserer Tage auszeichnen. (Egon Funke, *Presse der Sowjetunion*, 2.12.1970)

NEBENBEI: Da Juri Gamzin, der den Kommissar Makarow spielte, kaum deutsch sprach, lieh ihm der litauische Star Donatas Banionis, der in Babelsberg gerade die Titelrolle in → *Goya* spielte, seine Stimme. – Regisseur Walter Beck spielte ausnahmsweise selbst mit, und zwar in der Rolle eines Offiziers.

ROTKÄPPCHEN

(Kinderfilm)

RE: Götz Friedrich, BU: Hans Rodenberg, LV: Gleichnamiges Märchen der Brüder Grimm und nach Jewgeni Schwarz, DR: Gudrun Rammler (Deubener), KA: Helmut Bergmann, MU: Gerhard Wohlgemuth, BA: Alfred Drosdek, KO: Walter Schulze-Mittendorf, SC: Christel Röhl, PL: Erich Albrecht, GR: KAG »Berlin«, m: 1959 = 72 min, fa, PJ: 1961/62, PM: 13.7.1962

DA: Blanche Kommerell (Rotkäppchen), Helga Raumer (Mutter), Horst Kube (Vater), Friedel Nowack (Großmutter), Werner Dissel (Wolf) Harald Engelmann (Fuchs), Ernst-Georg Schwill (Bär), Jochen Bley (Häschen)

INHALT: Rotkäppchen lebt mit ihren Eltern in einem Haus am Waldrand. Die Tiere sind ihre Freunde. Das Mädchen ist hilfsbereit und freundlich, und es kommt ihr nicht in den Sinn, daß ihr jemand Böses will. Häufig besucht sie ihre Großmutter, die tief im Wald wohnt. Und da treiben der Wolf und dessen Untertan Fuchs ihr Unwesen. Eines Tages geht Rotkäppchen in deren Falle. Im Haus der Großmutter wird sie vom Wolf überrascht und verschluckt. Doch ihre Freunde sind zur Stelle: Das Häschen holt Hilfe. Der Vater, die Mutter und sogar der Bär eilen herbei, retten sie und sorgen dafür, daß der Wolf seine gerechte Strafe bekommt.

ZUM FILM: Dieses Märchen war die einzige Filmregiearbeit des Felsenstein-Schülers (und späteren langjährigen Intendanten der Deutschen Oper Berlin) Götz Friedrich. Das Drehbuch des inzwischen zum Staatsratsmitglied avancierten »Filmministers« Hans Rodenberg, der aus verschiedenen Fassungen des Märchens seine eigene baute, geriet schlicht und kindertümelnd und ließ einige Wünsche offen.

ECHO: ... ist in diesem Film vieles Einzelne nett gemacht und schön bunt fotografiert. Auch mit den »zahmen« Darstellern kann man einverstanden sein, wenn auch der Schluß, in dem Bestreben eine humane Lösung zu finden, leider völlig im Lächerlichen untergeht. (A. K., *Sächsische Neueste Nachrichten*, 29.7.1962)

Ein Nachteil des Films allerdings ist die sich etwas betulich entwickelnde Handlung, in der es zugunsten des originalen Märchenschlusses nicht ganz ohne Sprünge und unlogische Details abgeht. (...) Dennoch gelang im Ganzen ein sehr achtbarer, künstlerisch genau durchdachter Film, der die Inszenierungsprinzipien Walter Felsensteins sehr interessant für Kinder auszuwerten

versteht. (Christoph Funke, *Morgen*, 22.7.1962)
NEBENBEI: Titelheldin Blanche Kommerell, damals elf Jahre alt, hatte schon mit sieben vor der Kamera debütiert. Sie war die Tochter der bekannten Schauspielerin Ruth Kommerell, und stand als erwachsene Schauspielerin noch oft vor den DEFA-Kameras.

ROTSCHLIPSE

(Kinderfilm)

RE: Helmut Dziuba, SZ: Hans-Albert Pederzani, DR: Anne Pfeuffer, KA: Lothar Gerber, MU: Christian Steyer, SB: Klaus Winter, Jochen Keller, KO: Helga Scherff, SC: Barbara Simon, PL: Uwe Klimek, GR: GR »Berlin«, m: 2230 = 82 min, fa, brw, PJ: 1977/78, PM: 6.7.1978, PM-Ort: Lauchhammer-Ost, Kulturhus »John Scheer«

DA: Udo Schenk (Werner), Michael Narloch (Adi Kalweit), Hildegard Alex (Mutter von Sonni), Käthe Reichel (Filitzen), Günter Wolf (Genosse Beyer), Joachim Tomaschewsky (Rektor), Christoph Engel (Turnlehrer), Hubert Hoelzke (Hauswirt), Harald Warmbrunn (Sturmführer Wille), Christa Löser (Küchenfrau), die Kinder Andreas Reinschmidt, Babette Breitenborn, André Schneider, Dirk Beckmann, Kerstin Beyer u.a.

INHALT: 1927 sammeln Rote Jungpioniere in einem Berliner Arbeiterviertel Geld für ein Ferienlager, das die KPD für die Kinder organisieren will. Hotte, Anführer einer Bande Rowdys, schlägt nach anfänglichen Störversuchen einen Sammelwettbewerb vor, weil er der hübschen Sonni aus der Pioniergruppe imponieren will. Bald darauf verläßt er die Bande und schließt sich den Pionieren an. Die Plätze im Lager sind knapp, und da es gegen seine Teilnahme Vorbehalte gibt, verzichtet er freiwillig. Doch er fährt den Pionieren heimlich nach, als er herausbekommt, daß einige Mitglieder seiner alten Bande zusammen mit SA-Leuten einen Sabotageakt auf das Lager vorbereiten. Zusammen mit dem Pionierleiter Werner und alarmierten Arbeitern aus einer nahegelegenen Ziegelei kann der Anschlag verhindert werden.
ZUM FILM: Kinderfilm-Spezialist Helmut Dziuba zeigte wieder seine Qualitäten in Kinderführung und einem geschickten Spannungsaufbau. Das undifferenzierte Szenarium verhinderte jedoch, daß ein Film von bleibendem Wert entstanden wäre.
ECHO: Die *Rotschlipse* aber werden sozial nur allgemein als Arbeiterkinder ausgewiesen. Selbst über die hübsche Sonni erfährt man nur, daß sie heimlich zu den Pionieren geht, ihre Mutter erlaubt es nicht. Warum? Wer sind ihre Eltern? Weshalb kann Sonni trotzdem ins Ferienlager mitfahren? Für die Pioniere fehlen die Motivationen. Diese Kinderfiguren erscheinen oft als zu glatte Vorbildgestalten. Die Sympathie bleibt also vorwiegend bei der Figur des Hotte und bei der spannungsvollen Handlung, die politische Aussagekraft hat, Abenteuereffekte und auch humorvolle Aspekte einbringt. (Ehrentraud Novotný, *Berliner Zeitung*, 10.8.1978)
Der Film ist frei von didaktischer Belehrsamkeit, dafür reich an individuell gefaßten Charakteren, er scheut nicht vor Emotionen, vor romantischem Gefühl zurück. Und dabei ist er eng mit dem wahren gesellschaftlichen Leben verbunden, mit der Parteilichkeit und den Idealen der Arbeiterklasse vermag er jungen Menschen heute auf ihrem Weg in den Sozialismus Hilfe bei der Lösung ihrer Probleme und Konflikte zu geben. (Horst Knietzsch, *Neues Deutschland*, 22.7.1978)
Einen tatsächlichen Einblick in das Leben der Arbeiterkinder Berlins während der zwanziger

Jahre verhindert der Film schon deshalb, weil er die wirklichen sozialen und politischen Verhältnisse extrem vereinfacht und so den üblichen Klischees propagandistisch-operativer Kunst folgt, die durch eine Gut-Böse-Polarität der Kontrahenten geprägt wird. Die Mitglieder der Pioniergruppe sind als Vertreter der einzig zukunftsträchtigen Bewegung dargestellt. (...) Die Versammlungsszenen wirken steif und gekünstelt. Politische Strategien der siebziger Jahre werden in die Zeit der Weimarer Republik transponiert, so daß die Kinder bisweilen wie Sprachröhren von Parteiparolen wirken. (*Zwischen Marx und Muck*, 1996)
NEBENBEI: Auf dem Kinderfilmfestival in Gera erhielt *Rotschlipse* insgesamt drei Preise.

RÜCKKEHR AUS DER WÜSTE

(Co-Produktion DDR/Algerien)
RE: Bernhard Stephan, SZ: Bernd Schirmer, LV: Gleichnamiger Roman von Konrad Potthoff, DR: Peter Jakubeit, KA: Otto Hanisch, MU: Peter Kuno Kühnel, SB: Peter Wilde, KO: Dagmar Graf, SC: Margrit Brusendorff, PL: Dorothea Hildebrandt, GR: GR »Berlin«, m: 2433 = 89 min, fa, brw, PJ: 1989, PM: 22.3.1990, PM-Ort: Berlin, »International«, CO: ENPA Algérie, Algier
DA: André Hennicke (Thomas Tänzer), Barbara Schnitzler (Doris), Deborah Kaufmann (Angela), Azzedine Medjoubi (Mohamed), Bernd-Uwe Reppenhagen (Napoleon), Justus Carrière (Falk), Franz Viehmann (Kaderleiter), Götz Schubert, Werner Dissel, Christian Ballhaus u. a.
INHALT: Thomas Tänzer ist der provinziellen Enge des DDR-Alltags glücklich entrückt – in die Wüste, zum Arbeitseinsatz in Algerien. Hinter ihm liegen eine gescheiterte Ehe und ein abgebrochenes Studium. Aber auch in Algerien kommt er nicht klar. Die Vorschriften sind mit gereist – in Gestalt seiner Vorgesetzten. Nicht angeordnete Solidarität, das Verhältnis mit einer verheirateten Frau und ähnliches bringen ihm Schwierigkeiten. Sein Vater erkrankt schwer, und er bricht den Auslandsaufenthalt vorzeitig ab. Zu Hause stellt er fest, daß Frau und Kind ihm völlig fremd geworden sind. Doris, sein »Algerien-Verhältnis«, hat inzwischen ein Kind von ihm, fertigt ihn aber kühl ab. Er unternimmt mit dem Auto einen halbherzigen Selbstmordversuch, den er überlebt. Als er von einer Katastrophe in Algerien hört, meldet er sich zum freiwilligen Einsatz, wird aber seiner schlechten Kaderakte wegen nicht genommen.
ZUM FILM: Als der Film in Produktion ging, war er ein mutiges Projekt, das den kleinbürgerlichen Blick aus der DDR aufs Ausland kritisierte und ein resignatives Lebensgefühl zeigte. Zur Premiere hatte sich die Welt so sehr verändert, daß der Film schon nostalgisch anmutete.
ECHO: Daß das Projekt nicht an Genehmigungsritualen scheiterte, war durchaus ein Zeichen allgemeiner politischer Aufbruchstimmung. Was allerdings als Finalprodukt heraus- und ins Kino kam, zeugt von jener verdammten künstlerischen Genügsamkeit, die sich seit Jahrzehnten im marktdesinteressierten Sozialunternehmen DEFA breitmacht. Schon lange vor der Wende lockte derlei hausgemachter Mittelmuff keinen Hund mehr hinter dem Ofen hervor. (Renate Holland-Moritz, *Eulenspiegel*, 20/1990)
Einsam, grau und trist wie das Leben der Menschen in diesem Film ist ihre Umwelt, wie sie die Kamera von Otto Hanisch zeigt – in den Rückblenden immer wieder kontrastiert durch Buntheit unter algerischer Sonne, ohne daß da eine exotische Ansichtskartenwelt gezeigt wird. (Heinz Kersten, *Tagesspiegel*, 1.4.1990)
NEBENBEI: Hauptdarsteller André Hennicke trat auch als Drehbuchautor mehrerer Fernsehfilme hervor.

RÜCKWÄRTSLAUFEN KANN ICH AUCH

RE: Karl Heinz Lotz, SZ: Manfred Wolter, DR: Erika Richter, KA: Michael Göthe, MU: Andreas Aigmüller, SB: Richard Schmidt, KO: Ulrike Stelzig, SC:Ilse Peters, PL: Martin Sonnabend, GR: GR »Babelsberg«, m: 2400 = 87 min, fa, PJ: 1989, PM: 25.1.1990, PM-Ort: Berlin, »International«
DA: Peggy Langner (Kati), Roland Kuchenbuch (Vater), Vera Irrgang (Mutter), Claudia Geisler (Gerda), Heiko Krüger (Frank), Peter Dommisch (Schimaniak), Gudrun Okras (Frau Dormeier), Angelika Perdelwitz (Frl. Branstner), Wilfried Loll, Werner Godemann, K.-Dieter Klebsch, Herbert Olschok u. a.
INHALT: Für die siebenjährige Kati ist die Einschulung ein ganz besonderer Tag. Sie ist behindert, Spastikerin, und die Eltern haben es durchgesetzt, daß sie eine »normale« Schule besuchen kann, ein Jahr zur Probe. Sie kämpft um ihren

Platz. Sie erlebt Spott und Überheblichkeit, wenn sie körperlich mit den anderen nicht Schritt halten kann, und mitunter auch die Ungeduld der Lehrer. Aber sie erfährt auch Solidarität und Hilfe. Kati findet Freunde unter den »normalen« Kindern und unter ebenfalls behinderten. Die dreizehnjährige Ulrike zum Beispiel hat es geschafft, als Behinderte ihren Platz in der Normalschule zu behalten. Kati gelingt dies nicht, sie scheitert intellektuell, besonders in Mathematik hat sie große Schwierigkeiten. In dem siebzehnjährigen Frank, der auch die Sonderschule besucht hat, findet sie einen verständnisvollen Freund, der sie tröstet.
ZUM FILM: Das Filmprojekt wurde seit 1983 verschoben, weil die Realität des Lebens von Behinderten in der DDR kritisch gesehen werden mußte. Erst im Zeichen zunehmender Liberalisierung ging der Film in Produktion.
ECHO: Er wendet sich mit seinem warmherzigen Plädoyer an jedweden Zuschauer, ohne Vorbehalte und Vorurteil körperlich Behinderten zu begegnen, sie gleichberechtigt zu betrachten und zu behandeln, sie voll in die Gesellschaft zu integrieren. Mag man auch Ungenauigkeiten und Unentschiedenheiten in Fabel, Erzählweise und Inszenierung bemerken, so berührt doch die lautere Botschaft des Films. Nicht um Mitleid ist es den Filmschöpfern zu tun, und nicht als Eiferer treten sie auf. Sie werben anschaulich und eindringlich, auch aufklärerisch-didaktisch um Verständnis, Toleranz, unerläßliche Chancengleichheit. (Hans-Dieter Tok, *Wochenpost* 7/ 1990)
Was bleibt, ist der Appell, auch andere Kinder müßten »so früh wie möglich lernen, daß unsere Welt nicht nur aus Gesunden und Erfolgreichen besteht.« Der halbdokumentarische Film von Karl-Heinz Lotz lehrt es auf anrührende Weise. (Heinz Kersten, *Tagesspiegel,* 28.1.1990)
NEBENBEI: Die damals 14jährige spastisch gelähmte Tochter Ulrike des Szenaristen Manfred Wolter tritt in dem Film gemeinsam mit ihren Eltern auf. Sie fand verständnisvolle Pädagogen, die ihr ermöglichten, auf eine «Normal«schule zu gehen.

RÜPEL

(Kinderfilm)

RE: Bärbl Bergmann, BU: Bärbl Bergmann, DR: Eleonore Schmidt-Schwarze, KA: Rolf Sohre, MU: Gerhard Wohlgemuth, BA: Joachim Otto, KO: Marianne Schmidt, SC: Ursula Zweig, Monika Behrendt, PL: Dieter Dormeier, GR: KAG »Heinrich Greif«, m: 1671 = 61 min, s/w, PJ: 1962, AD: 22.2.1963
DA: Lissy Tempelhof (Mutter von Mathias), Ilse Bastubbe (Lehrerin), Ruth Kommerell (Mutter von Heiner), Otto Stark (Ausbilder in der Blindenhundeanstalt), Dieter Perlwitz (GST-Ausbilder), Maika Joseph (Portiersfrau), , die Kinder Karl Friedrich Schorsch (Heiner), Lutz Dieckmann (Mathias), Rolf Micklejewski (Peter), Vera Eichel (Hannelore) sowie Georg Thies, Agnes Kraus, Horst Lommatzsch, Friedrich Teitge, Helga Raumer u.a.
INHALT: Über Mathias, den Neuen in der 7. Klasse, sind die anderen Schüler ärgerlich. Er hat schlechte Zensuren, kommt meist zu spät und verschwindet manchmal früher. Aber mutig ist er, das haben die 12jährigen schon bemerkt. Bei einer Mutprobe (wer hält es am längsten im Eiskeller aus?) wollen sie den Grund für sein Verhalten herausbekommen. Doch der Junge schweigt, und so lassen sie ihn eingesperrt allein. Heiner aber befreit ihn. Er kennt Mathias' Problem und ist nicht ganz unschuldig daran. Mathias' Mutter ist blind, und Heiner hat durch egoistisches Verhalten den Tod ihres Hundes Bella verschuldet. Seitdem muß Mathias seiner Mutter bei einigen Wegen helfen. Bei einem Ausflug erfährt die ganze Klasse davon, und die Schüler haben eine Idee, wie sie die Sache wieder in Ordnung bringen können: Heiners Hund Rüpel soll von nun an Blindenhund sein.
ZUM FILM: In ihrem dritten und letzten Kinderspielfilm griff Bärbl Bergmann auf leicht faßliche Art moralische Probleme im Zusammenleben von Kindern und Erwachsenen, das Verhältnis Mensch und Tier auf.
ECHO: Bärbl Bergmann hat die Welt der Kinder wieder mit soviel Umsicht und Wissen einzufangen verstanden; ihre Filmkinder sind keine Musterschüler im herkömmlichen Sinne sondern Kinder, wie wir sie überall um uns haben: immer aufgelegt zu kleinen Streichen und Dummheiten, aber auch immer bereit, helfend einzuspringen und unrechtes Tun nachträglich wieder auszubügeln. Dieser Film ist für die Eltern unbedingt anschauenswert, weil er spontan an die Probleme und das Fühlen und Denken der Kinder heran-

führt, mit denen wir uns doch oft zu wenig beschäftigen. (M. K., *Neue Zeit*, 23.2.1963)
NEBENBEI: Lissy Tempelhof, die die blinde Mutter eindrucksvoll spielte, war für lange Jahre Ensemblemitglied des Deutschen Theaters Berlin.

DIE RUSSEN KOMMEN

RE: Heiner Carow, BU: Claus Küchenmeister, Heiner Carow, LV: Motive der Erzählung »Die Anzeige« aus dem Band »Ferien am Feuer« von Egon Richter, KA: Jürgen Brauer, MU: Peter Gotthardt, SB: Alfred Thomalla, KO: Werner Bergemann, Ursula Strumpf, SC: Evelyn Carow, PL: Dieter Dormeier, GR: GR »Babelsberg«, m: 2612 = 96 min, s/w, Cine, PJ: 1968, PM: 3.12.1987, PM-Ort: Berlin, »International«
DA: Gert Krause-Melzer (Günter Walcher), Viktor Perewalow (Russischer Junge), Dorothea Meissner (Christine), Norbert Christian (Vater Bergschicker), Karla Runkehl (Mutter Bergschicker), Wsewolod Safanow (Golubkow), Hans Hardt-Hartloff (Polizist), Rolf Ludwig (Vater Walcher), Lissy Tempelhof (Mutter Walcher), Claus Küchenmeister (Willi), Frank Schenk, Peter Bause, Berko Acker, Erika Müller-Fürstenau, Renate Heymer u.a.
INHALT: Frühjahr 1945. Günter, ein fünfzehnjähriger Junge in einem kleinen Ostseebad, glaubt noch immer an den Endsieg. Bei der Jagd auf einen entflohenen Fremdarbeiter ist er der Schnellste. Er stellt ihn, der dann vom Dorfpolizisten erschossen wird. Stolz nimmt Günter das EK II entgegen und meldet sich freiwillig zum Fronteinsatz, obwohl sein Vater bereits gefallen ist. Weder die Mutter noch der Lehrer können ihn davon abhalten. Bei seinem ersten Einsatz wird er von sowjetischen Soldaten angegriffen, kann aber nach Hause fliehen. Kurz nachdem die Sowjetarmee den Ort besetzt hat, wird Günter wegen Mordes an dem Fremdarbeiter verhaftet. Er verrät den wirklichen Mörder nicht, doch der Fall wird aufgeklärt. Und als der Polizist Günters Schweigen erzwingen will, weigert er sich, den Mörder zu decken. All diese Ereignisse bringen ihn dem Wahnsinn nahe.
ZUM FILM: Als Heiner Carow diesen Film 1968 fertiggestellt hatte, durfte er nicht aufgeführt werden. Dafür gab es kleinliche Beweggründe, wie die Assoziation des Titels zum sowjetischen Einmarsch in Prag im selben Jahr oder die Verwendung von Anglizismen. Wesentlicher war die Tatsache, daß ein differenzierteres Bild der Deutschen am Ende der faschistischen Ära gezeichnet wurde, als es bisher der Fall war. Dem Film wurde »Psychologisierung des Faschismus« vorgeworfen. Heiner Carow verwendete zunächst Material aus diesem Film in seinem nächsten Werk → *Karriere,* einem sehr uneinheitlichen und in Teilen flach geratenen, mit Rückblenden versetzten Film. Das Material zu *Die Russen kommen* galt als vernichtet. Doch hatte Evelyn Carow, die Schnittmeisterin des Films und Ehefrau des Regisseurs, eine Arbeitskopie aufbewahrt, aufgrund derer sich 1987 eine spielfähige Fassung des ursprünglichen Films herstellen ließ. Ein bißchen Glasnost war auch in der DDR angekommen.
ZITAT: Zu dem Zeitpunkt, als → *Ich war neunzehn* gedreht wurde, entstand zum Beispiel ein Film, *Die Russen kommen*, der das gleiche Thema aus anderem Blickwinkel erzählte, jedoch nicht in der ursprünglichen Version aufgeführt wurde. Er hätte gleichsam die zweite Seite der Medaille, die Ergänzung zu *Ich war neunzehn* werden können. Das Thema lag damals in der Luft; wenn man will, waren beide Filme Fortsetzungen des so erfolgreichen *Werner Holt.* Darin bestand die Chance. Aber das ist die Problematik unserer Entwicklung: Wir gehen einen Schritt, dann noch einen halben, und dann bleiben wir stehen. (Konrad Wolf in *Film und Fernsehen* 7/1980)
ECHO: Heiner Carows sechster Film erscheint heute als eine der prägnantesten Realisierungen seiner persönlichen Stilistik, in der subtilen Balance von persönlichem Erleben und geschichtlicher Dimension, von ästhetischen Affinitäten und formalen Entdeckungen. (Fred Gehler, *Film und Fernsehen* 11/1987)
Alles wird in hartem Schwarz-Weiß-Stil erzählt (Kamera: Jürgen Brauer), manches wirkt nahe der Negativ-Umkehrung; schwer bestimmbar, ob da manches auch der mühseligen Rekonstruktion der ursprünglichen Fassung geschuldet ist. Die stilistische Spannweite reicht von krassen naturalistischen Momenten zu symbolischen Passagen. Der Stil ist dem Herstellungs-Jahrzehnt verpflichtet: *Iwans Kindheit* wirkt da nach – auch der russische Junge erinnert sofort an Tarkowskis berühmten erschütternden Debütfilm. (...) Die-

ser Film beschwört eindrucksvoll und nachhaltig die teils gespenstische, teils groteske Atmosphäre in einer deutschen Ortschaft und die Psyche der Menschen zwischen Krieg und Frieden damals. Man kann sich gut vorstellen, wie dieser Film damals unmittelbar nach und in Verbindung mit *Ich war neunzehn* hätte wirken, das Gespräch über die Väter und die Kinder beeinflussen, den Charakter und die Qualität unserer Filmarbeiten befruchten können. (Peter Ahrens, *Weltbühne* 1/1988)

NEBENBEI: Die beiden jungen Männer in den Hauptrollen waren Laien. – Auf dem Nationalen Spielfilmfestival der DDR erhielten Heiner Carow (Regie), Werner Bergemann (Kostüm) und Evelyn Carow (Schnitt) Preise zugesprochen.

S

SABINE KLEIST, 7 JAHRE ...

(Kinderfilm)

RE: Helmut Dziuba, SZ: Helmut Dziuba, DR: Anne Pfeuffer, KA: Helmut Bergmann, MU: Christian Steyer, SB: Heinz Röske, KO: Marianne Schmidt, Evelin Benke, SC: Barbara Simon, PL: Günter Schwaack, GR: GR »Berlin«, m: 1978 = 73 min, fa, brw, PJ: 1981/82, PM: 2.9.1982, PM-Ort: Berlin, »International«

DA: Petra Lämmel (Sabine Kleist), Simone von Zglinicki (Edith), Martin Trettau (Karl Schindler), Petra Barthel (junge schwangere Frau), Johanna Clas (Kaufhallenchefin), Carl Heinz Choynski (Streifenführer), Heide Kipp (Frau Marloch), Uwe Kockisch (Ediths Mann), Christa Löser (»Tante«), Klaus Piontek (Heimdirektor), Gert Gütschow, Gudrun Ritter, Thea Schmidt-Keune, Jürgen Huth, Theresia Wider u.a.

INHALT: Seit dem Unfalltod ihrer Eltern lebt Sabine im Heim. Als die Erzieherin Edith, die ihr zur zweiten Mutter geworden ist, wegen der Geburt ihres eigenen Kindes ihre Arbeit aufgibt, läuft Sabine aus dem Heim weg. Zwei Tage und zwei Nächte ist sie in Berlin unterwegs, sucht Kontakte zu anderen Menschen. Sie gerät in einen Zirkus, an einen pensionierten Arbeiterveteranen, auf eine Dampferfahrt und in eine Kirche. Sie sucht Anschluß, hilft auch anderen – zum Beispiel einem kleinen polnischen Jungen, der seine Eltern aus den Augen verloren hat. Und sie begreift, daß die Beziehungen, die sie knüpft, nicht von Dauer sein können. Sie geht zurück ins Heim, das sie als ihr Zuhause erkennt.

ZUM FILM: Helmut Dziubas »Nachkömmling« im dokumentaren Stil war ein Aufmerksamkeit weckender Film für groß und klein (im Fernsehen lief er um 20 Uhr), dessen fehlender Spannungsbogen von dem wunderbaren Spiel der kleinen Hauptdarstellerin wettgemacht wurde.

ECHO: Der gesamte Film ist ein Plädoyer für Verständnis, Liebe und Aufmerksamkeit füreinander, gegen Oberflächlichkeit und falsche Töne. (Marlene Köhler, *Freiheit*, 1.9.1987)

Eltern, nehmt eure Kinder im Kino an die Hand und laßt sie auch später nicht allein mit diesem Film, über den man nachdenken und reden kann. Ich glaube, daß Kinder alleine damit wenig anfangen können, zu wenig Aktion für die lange Aufmerksamkeit, aber Kinder und Eltern zusammen gewinnen an Herz und Verstand. (...) Ein ganz zarter Film. Trotz seiner eigentlich konventionellen Episodenlinie fegt er gebräuchliche Konventionen weg, da fehlen die rasch erkennbaren Charakterschubladen, die keifenden Bösewichte oder die gutherzigen Dickbäuche. Hier irrt das Kind durch die Menschenwelt. Wir sind wenig klüger. Sabine legt jedesmal seine kleine unbeachtete Existenz in die Waagschale, wenn sie jemandem sagt: »Du kannst mich nehmen.« (Regine Sylvester, *Tribüne*, 6.9.1987)

Hier wird mit gelassener Heiterkeit, die den tiefen Ernst deutlicher macht, als es ein dramatischer Aufschrei vermöchte, die Tragödie eines

kleinen Mädchens erzählt. (Renate Holland-Moritz, *Eulenspiegel* 41/1982)
Die ganze Geschichte wirkt ein bißchen wie am Reißbrett konstruiert. Da werden deutlich Tod und Leben konfrontiert – auf eine Friedhofsszene folgt unmittelbar der Besuch in einer Entbindungsstation –; auf dem Alex begegnet Sabine Sowjetsoldaten und – nicht mehr ganz aktuell wirkend – einem kleinen polnischen Jungen, dem die Eltern vermutlich während touristischer Einkäufe abhanden gekommen sind. (...) Gewiß, die Klischees bleiben realtiv unaufdringlich, es gibt ein paar hübsche Details, und alles hält sich in einem locker impressionistischen Stil. Vergleicht man jedoch *Sabine Kleist, 7 Jahre ...* etwa mit Heiner Carows auch bei uns gelaufenen → *Ikarus*, dann wird deutlich, wie viel Helmut Dziuba von dem Thema der Begegnung eines Kindes mit der Erwachsenenwelt verschenkt hat. (Heinz Kersten, *RIAS Berlin*, 3.9.1987)
NEBENBEI: Der Film wurde mit zahlreichen Preisen geehrt, u.a. 1983 in Gera mit dem »Goldenen Spatzen«, mit dem Kritikerpreis, mit dem Preis für die beste Kinderdarstellerin 1983 in Moskau, und im gleichen Jahr auf der Berlinale mit dem Preis der CIFEJ.

Sabine Wulff

SABINE WULFF

RE: Erwin Stranka, SZ: Erwin Stranka, LV: Roman »Gesucht wird die freundliche Welt« von Heinz Kruschel, DR: Anne Pfeuffer, KA: Peter Brand, MU: Karl-Ernst Sasse, SB: Marlene Willmann, KO: Werner Bergemann, SC: Evelyn Carow, PL: Erich Albrecht, GR: AG »Berlin«, m: 2502 = 92 min, fa, brw, PJ: 1978, PM: 9.11.1978, PM-Ort: Berlin, »Kosmos«
DA: Karin Düwel (Sabine Wulff), Manfred Ernst (Jimmy), Jürgen Heinrich (Atsche), Hans-Joachim Frank (Hansel), Lars Jung (Hotte), Jutta Wachowiak (Heide Hobohm), Swetlana Schönfeld (Kati), Ursula Staack (Gisa), Juliane Korén (Frau Hille), Anneliese Matschulat (Frau Stippel), Karla Runkehl, Erik S. Klein (Sabines Eltern), Hannelore Telloke, Ilse Voigt, Gerhard Bienert, Katharina Rothärmel, Rolf Hoppe, Wolfram Handel, Willi Schrade, Waltraut Kramm, die Gruppen Puhdys sowie Brot und Salz u.a.
INHALT: Knapp 18jährig wird Sabine aus dem Jugendwerkhof entlassen. Hineingekommen ist sie, weil ihr Freund Jimmy sie zum Zigarettenklauen verleitete. Sie liebt ihn noch immer, ist aber fest entschlossen, ein anderes Leben zu beginnen. Zu den Eltern will sie nicht zurück, deshalb mietet sie ein Zimmer und sucht sich Arbeit in einer Schuhfabrik. Dort kommt man der Neuen, deren Vergangenheit bekannt ist, mit Mißtrauen und sogar Ablehnung entgegen. Aber es gibt auch Kolleginnen, die sich ihrer annehmen. Sabine ist unbequem, weil sie ehrlich ihre Meinung sagt, und das verbessert ihren Stand nicht gerade. Sie deckt einen Betrug auf und trägt durch ihr Engagement dazu bei, daß die Arbeitsbedingungen verbessert werden. Am Ende geht sie wieder zu Jimmy, der sein Leben zwar nicht verändert hat, dem sie aber nun als eine andere gegenübertritt.
ZUM FILM: Das Konfliktpotential der Vorlage wurde gemindert und es entstand ein relativ glatter Film, der nur vorgab, Jugendprobleme zur Diskussion zu stellen. Da das Thema trotzdem mit einer gewissen Frische angegangen wurde, Störungen der gesellschaftlichen Harmonie zumindest benannt wurden und Musik bekannter Gruppen zu hören war, wurde der Film ein Publikumserfolg.
ECHO: Über *Sabine Wulff* (...) ließe sich manch Kritisches sagen – angefangen von der schwer

zugänglichen Rückblenden-Information, die der aus dem Werkhof entlassenen Heldin Biographie und Charakter geben soll, von der blassen oder einseitigen Kontur mancher Partnerfigur, von der vorgegebenen Distanz und allzu einfachen »Entlarvung« von Sabines Idol Jimmy bis zu der eigentümlich auf der Stelle tretenden Dramaturgie: Sabine ist verstört, verquer und kompromißlos, und da reiht sich eine Kollision an der andere, aber die Steigerung zum Wesentlichen, Unausweichlichen erfolgt weder von außen noch in ihr. (Peter Ahrens, *Weltbühne* 48/1978)
Für mein Empfinden krankt dieser Film an mangelndem Geschmack und exemplarischer Oberflächlichkeit. Statt Figuren und Situationen psychologisch auszuloten, begnügt sich die Regie mit vordergründig-plakativen Lösungen. Die vielen Liebhaber Sabines sind Abzüge des immer gleichen Klischees, auch das Elternpaar scheint nicht aus Fleisch und Blut, sondern aus vorgefertigten Bauelementen zusammengesetzt. Die einzig menschlich bewegende Gestalt ist Gerhard Bienert als Sabines geliebter Onkel Karl. Aber gerade er muß sterben und danach den Zuschauer peinlich lange aus toten Augen ansehen. (Renate Holland-Moritz, *Eulenspiegel* 48/1978)
Zum erstenmal der unverstellte Blick auf Haltungen einer jungen Generation, die bislang vorwiegend freundlich-lieb, allein in Pubertätskonflikten sich auslebend, daherkam. Am Ende schien allemal die Sonne. *Sabine Wulff* macht Risse und Diskrepanzen sichtbar, die es zwischen Lebenshaltungen und -erwartungen verschiedener Generationen gibt. (Fred Gehler, *Sonntag* 49/1978)
NEBENBEI: Gleich mit ihrem Debüt wurde die damals in Rudolstadt engagierte Berlinerin Karin Düwel einer der neuen Stars bei DEFA und Fernsehen und konnte sich auch in den neunziger Jahren auf dem Bildschirm (Serie *Der Landarzt*) behaupten.

SAS 181 ANTWORTET NICHT

RE: Carl Balhaus, BU: Wolfgang Krüger (d.i.: Günter Reisch), DR: Margot Beichler, KA: Horst E. Brandt, MU: Helmut Nier, BA: Alfred Hirschmeier, KO: Rosemarie Wandelt, SC: Ilse Peters, PL: Adolf Fischer, m: 2486 = 91 min, s/w, AT: SOS-Einsatz für Ilona, PJ: 1958/59, PM: 3.7.1959, PM-Ort: Berlin, »Colosseum«
DA: Ulrich Thein (Kurt), Otmar Richter (Hannes), Rita Gödikmeier (Anke), Friedrich-Wilhelm Junge (Hänfling), Erwin Geschonneck (Laue), Wilhelm Koch-Hooge (Poppe), Gustav Püttjer (Jens), Erich Brauer (Laues Decksmann), Hans Finohr (Wilhelm Kollmorgen), Klaus Gendries (Eisermann), Fritz Diez, Harry Hindemith, Monika Lennartz, Erik S. Klein, Rudolf Ulrich u.a.
INHALT: Kurt, Lehrling in einem Fischkombinat, ist ein ehrgeiziger Einzelgänger. Bei einer Regatta will er zeigen, was für ein guter Seemann er ist, scheitert aber an seinem Leichtsinn und dem Sturm. Enttäuscht sucht er bei dem Mädchen Anke Zuneigung, doch die liebt den Lehrling Hannes. Bei einer gemeinsamen Fahrt mit Kapitän Laue, der sich Kurt gegenüber als väterlicher Freund gibt, kommt es zwischen den Jungen zum Streit. Als Laue jedoch unplanmäßig Bornholm ansteuert und Kurt herausbekommt, daß Laue Fang und Ausrüstung des Kutters verkaufen und fliehen will, begräbt er seine Differenzen mit Hannes. Zusammen und unter Mitwirkung des alten Fischers Jens retten die Jungen den Kutter.
ZUM FILM: Der Gegenwartsfilm war dramturgisch nicht genügend ausgearbeitet und wirkte vor allem über darstellerische Leistungen.

ECHO: Das Thema ist nicht neu, aber es ist nach wie vor aktuell und wichtig, weil es die Frage des Weges der jungen Menshen vom individuellen Kraftmeiertum zum Kollektivgeist berührt. Um so notwendiger ist es, daß uns die Lösung überzeugt, d.h. ein Stück weiterbringt auf dem Weg zur sozialistischen Umerziehung. (W. J., *Sonntag* 29/1959)

Schwerfällig und umständlich die Regie von Carl Balhaus. Nur die Kamera hat gute Momente. Und dann gibt es noch einen großartigen Schauspieler in diesem Film: Erwin Geschonneck, der den zwielichtigen Kapitän Laue spielt, überzeugend in jeder Geste, jedem Lachen, jedem Zucken der Augen, knapp und sparsam im Ausdruck. (Hu.U., *Neue Zeit*, 7.7.1959)

NEBENBEI: Der Regisseur des Films, Schauspieler Carl Balhaus, spielte die Rolle des Stieseck.

SAURE WOCHEN – FROHE FESTE

RE: Wolfgang Schleif, BU: Wolfgang Schleif, Hermann Werner Kubsch, DR: Kurt Stahlschmidt, KA: E. W. Fiedler, MU: Joachim Werzlau, BA: Wilhelm Vorwerg, Alfred Schulz, KO: Hans Kieselbach, SC: Hermann Ludwig, PL: Robert Leistenschneider, m: 2370 = 87 min, s/w, PJ: 1950, PM:

24.11.1950, PM-Ort: Berlin, »DEFA-Filmtheater Kastanienallee«

DA: Marianne Prenzel (Lotte Thieme), Blandine Ebinger (Adele), Karl Hellmer (Karl Knöller), Robert Trösch (Direktor Rossberg), Albert Garbe (Oskar Kumlich), Lotte Loebinger (Berta Böhme), Hans Klering (Andreas Iske), Franz Kutschera (Anton Gerdinger), Alfons Mühlhofer (Max Schweitzer), Aribert Grimmer (Meister Balke), Lutz Götz, Albert Venohr, Brigitte Krause, Hans-Edgar Stecher, Karla Runkehl u.a.

INHALT: Ein Theaterwettstreit entbrennt anläßlich der vierjährigen Jubiläumsfeier im Kraftwerk Hennigsberg. Die alten Hasen wollen die musikalische Kitsch-Klamotte »Gärtnerliesl« aufführen. Die Jugend ist dagegen und plant ein eigenes Programm, mit dem sie in kabarettistischer Weise Ereignisse aus dem Werk aufspießen will. Vorher müssen sie aber erst einmal gemeinsam bei einer Turbinen-Havarie zupacken. Am Festtag fällt die »Gärtnerliesl« mit Pauken und Trompeten durch, während das Programm der Jugend großen Beifall findet, dem sich die Rivalen anschließen.

ZUM FILM: Das an sich belanglose Lustspiel zeigte am Beispiel einer Jugendbrigade, daß sich die Jungen gut gegen die Alten durchsetzen können, wenn sie Ideen haben, und wenn es mit agitatorischen Kabarettszenen ist.

ECHO: Die Idee zu diesem Film stammt von Hermann Werner Kubsch. Sie ist aus der Zeit geboren, sie liegt beinah in der Luft. In den Volksrepubliken dreht man ähnliche Filme, und in Ungarn hat man einen Film fast des gleichen Inhaltes fertiggestellt. Wir brauchen so etwas. *Saure Wochen – frohe Feste* ist ein Film von der Arbeit und der Entspannung. Das sind keine Gegensätze, sondern Ergänzungen. (...) Der Grundgedanke ist gut, zumal der Witz und die Lustigkeit, die wir im Film genauso dringend brauchen wie auf der Bühne, hier wirklich aus dem Thema geholt werden können. Leider aber wird zu tief in die abgegriffeneHumorkiste einer längst überholten Vergangenheit gegriffen. (mtr, *Weltbühne* 48/1950)

Ein insgesamt recht schwacher, proletkultiger Versuch, mit dem Schleif aber immerhin zum ersten Mal im DEFA-Spielfilm wagte, Arbeitsprozesse in die Form einer dokumentarischen, »optischen Symphonie« zu gießen – ziemlich weit

von Dsiga Wertow entfernt und dennoch auf dessen Spuren. (Ralf Schenk, *Das zweite Leben der Filmstadt Babelsberg*, 1994)
NEBENBEI: Als Adele ist hier Blandine Ebinger, die legendäre Diseuse und Kabarettistin der zwanziger und dreißiger Jahre, in ihrer größten DEFA-Rolle zu sehen.

SCHATTEN ÜBER DEN INSELN

RE: Otto Meyer, BU: Kurt Adalbert, Otto Meyer, DR: Eva Seemann, KA: Eugen Klagemann, MU: Herbert Trantow, BA: Erich Zander, Karl Schneider, KO: Hans Kieselbach, SC: Hildegard Tegener, PL: Walter Lehmann, m: 2689 = 99 min, s/w, AT: Schatten über Faröer, PJ: 1951/52, PM: 16.5.1952, PM-Ort: Berlin, »Babylon«
DA: Erwin Geschonneck (Dr. Sten Horn), Kriemhild Falke (Mette Horn), Willy A. Kleinau (Bassen Brause), Siegfried Weber (Thorsten Horn), Fritz Diez (Arne Horn), Hans Jungbauer (Amtmann Mikkelson), Kurt Mühlhardt (Polizeichef Almquist), Herbert Richter (Postmeister Magnus), Rudolf Wessely (Sekretär Palle), Ernst Kahler (Kanvala), Gert Schäfer, Aribert Grimmer, Percy Dreger, Friedrich Gnass, Walter E. Fuß, Hans Olaf Moser, Charlotte Küter, Gustav Püttjer, Jean Brahn, Erich Gühne u.a.
INHALT: Auf den Faröer-Inseln fristen die Menschen mit Vogelfang ein kärgliches Dasein. Kaufmann Brause zahlt ihnen wenig und macht ein gutes Geschäft. Das gerät in Gefahr, als Dr. Sten Horn vermutet, daß die jährlich auftretende gefährliche Seuche, bei der Dutzende Bewohner sterben, von Vögeln übertragen wird. Brause zwingt die Leute trotzdem zur Arbeit und unterschlägt das Telegramm vom Kopenhagener Forschungsinstitut, das die Vermutungen Horns bestätigt. Der, unterstützt von seinem Vetter Arne, klärt die Inselbewohner auf, und der gierige Brause kann nur noch die Flucht ergreifen.
ZUM FILM: Der als fünfzigster DEFA-Film gefeierte Streifen war das handwerklich solide gearbeitete Debüt des vormaligen Regie-Assistenten Otto Meyer, gestaltet nach historisch verbürgten Ereignissen aus dem Jahre 1930, und lebte stark von den beiden Gegenspielern Erwin Geschonneck und Willy A. Kleinau.
ECHO: Das Drehbuch, verfaßt von Kurt Adalbert und dem Regisseur Otto Meyer, hat den Vorzug gegenüber einigen anderen DEFA-Drehbüchern, daß die tatsächliche Begebenheit ohne Umschweife, ohne ablenkende Illustrationen in eine klare, glaubwürdige Handlung umgesetzt wurde. Man bleibt beim Thema, das fesselnd genug ist und eben deshalb auch seine politische Wirkung nicht verfehlt. (A., *Weltbühne* 21/1952)
NEBENBEI: Die Faröer-Inseln wurden in kurzen Dokumentaraufnahmen eingeblendet. Die Dreharbeiten fanden auf der Insel Rügen statt.

SCHATZSUCHER

RE: Bernhard Stephan, SZ: Joachim Nestler, Manfred Freitag, DR: Werner Beck, KA: Hans-Jürgen Kruse, MU: Stefan Diestelmann, SB: Erich Krüllke, KO: Annett Liebig, SC: Barbara Simon, PL: Volkmar Leweck, GR: GR »Berlin«, m: 2630 = 96 min, fa, brw, PJ:1978/79, PM: 31.8.1979, PM-Ort: Leipzig, »Capitol«
DA: Dirk Wäger (Schulle), Alicja Jachiewicz-Szmidt (Helga), Klaus Manchen (geschiedener Mann), Jürgen Heinrich (Jonny), Günter Naumann, Theresia Wider (Herr u. Frau Schürbaum), Simone von Zglinicki (Sibylle), Werner Godemann (Edmund), Rolf Hoppe (Blinder), Johannes Wieke (Opa Schmidt), Angela Brunner, Gertraud Last, Günter Rüger, Kurt Radeke, Carl Heinz Choynski u.a.

INHALT: Der Bauarbeiter Schultzendorf, genannt Schulle, bricht aus seinem Heimatort Ankershagen nach Berlin auf. Die Großbaustelle Marzahn hat es ihm angetan. Er träumt davon, dort archäologische Funde zu machen. Jede Baggerladung sucht er nach Schätzen ab, was ihm nicht nur den Spott, sondern auch den Ärger seiner Kollegen einbringt, weil er die Arbeit verzögert. Sie wollen ihn auf andere Gedanken bringen und ihm eine Frau besorgen. Das mißlingt zwar, aber Schulle findet selbst eine – die etwas ältere Helga, die seine Hilfe braucht, um sich von ihrem geschiedenen Mann zu lösen. Als ihr das gelungen ist, löst sie sich auch wieder von Schulle, dessen jugendliches Ungestüm sie verunsichert.
ZUM FILM: Bernhard Stephans zweiter Gegenwartsfilm stellte einen sympathischen Außenseiter in den Mittelpunkt, der in einer Stationendramaturgie zu allerlei Erkenntnisgewinn kommt, ohne daß beim Publikum rechte Spannung aufkommt.
ECHO: Solch Futter für den gefräßigen Alltags-Spielplan, solche Art Kinokost wünscht man sich häufiger. Es sollte das Repertoire unserer Filmspielpläne ausmachen und deren solide, breite, massenwirksame Basis bilden. (Günter Agde, *Filmspiegel* 20/1979)
Das erste Drittel von *Schatzsucher* läßt hoffen, das Terzett Stephan-Nestler-Freitag habe eine ähnlich schöne Filmidee gefunden und aufbereitet wie einst bei → *Für die Liebe noch zu mager?* Doch schon bald merkt der unverdrossene DEFA-Schatzsucher im Parkett, daß lediglich taubes Gestein zutage gefördert wurde. (Renate Holland-Moritz, *Eulenspiegel* 41/1979)
Stephan hat sich (...) nicht allzusehr bei der freilich etwas konstruiert wirkenden Symbolik aufgehalten, die seinem Autorenpaar Joachim Nestler und Manfred Freitag zweifellos auch bei der Wahl einer Hauptgestalt vorschwebte, die tiefer gräbt, um unter der Oberfläche etwas anderes zu finden als das, womit sich die meisten zufriedengeben. Stephan betont nicht zuletzt die komischen Seiten der Geschichte und hat ihr einen modischen Pop-Sound unterlegt, den der bei der DDR-Jugend beliebte Blues-Spezialist Stefan Diestelmann komponierte. (Heinz Kersten, 1979, zit. nach *So viele Träume*)
NEBENBEI: Der aus Rathenow stammende Dirk Wäger absolvierte nach diesem seinem ersten Film den Wehrdienst bei der Volksmarine und wurde danach Schauspieler. Bis in die neunziger Jahre übernahm er noch mehrfach Film- und Fernsehrollen.

DIE SCHAUSPIELERIN

RE: Siegfried Kühn, SZ: Regine Kühn, LV: Roman »Arrangement mit dem Tod« von Hedda Zinner, DR: Erika Richter, KA: Peter Ziesche, MU: Stefan Carow, SB: Hans Poppe, KO: Katrine Cremer, SC: Brigitte Krex, PL: Volkmar Leweck, GR: GR »Babelsberg«, m: 2371 = 87 min, fa, brw, PM: 13.10.1988, PM-Ort: Berlin, »International«
DA: Corinna Harfouch (Maria Rheine), André Hennicke (Mark Löwenthal), Michael Gwisdek (Mario Montegasso), Blanche Kommerell (Judith Baumann), Jürgen Watzke (Stengele), Martin Brandt (Jaldas Großvater), Edda Schwarzkopf (Marks Mutter), Christian Steyer (Ernst Freund), Gerhard Meyer (Intendant d. jüd. Theaters), Falk Rockstroh (Jupp), Gesine Laatz, Ute Lubosch, Eckhard Becker, Klaus Pönitz, Anny Stöger u.a.
INHALT: In den dreißiger Jahren lernen sich die Schauspieler Maria Rheine und Mark Löwenthal an einem kleinen Theater kennen. Sie verlieben sich ineinander. Dem Juden Mark wird gekündigt, Maria macht Karriere. Auf einer großen Münchner Bühne wird sie als »Jungfrau von Orleans« gefeiert. Am Premierenabend findet sie von Mark, der ans Jüdische Theater nach Berlin gegangen ist, einen Blumenstrauß in ihrer Garderobe. Nach dem Erlaß der »Nürnberger Gesetze« kann er ihr persönlich nicht mehr begegnen, ohne sie zu gefährden. Doch Maria entscheidet sich für ihre Liebe. Sie täuscht einen Selbstmord vor und fährt mit dunkel gefärbten Haaren und einem gefälschten Paß auf den Namen Manja Löwenthal nach Berlin zu Mark. Sie hat eine Rolle angenommen, von der sie weiß, daß sie den Tod bringen kann. Ein Zurück gibt es für sie nicht. Sie läßt sich ebenfalls am Jüdischen Theater engagieren.
ZUM FILM: Siegfried Kühns Film über eine fiktive Geschichte, die ein interessantes Gedankenspiel darstellt, wollte dem Konflikt intellektuell nahekommen und begab sich bewußt in die Gefahr, daß nicht alle Teile zueinander paßten.
ECHO: Eine diffuse Welt blasser, stumpfer Farben, gleichsam verwehender Hintergründe erlebend, wird er (der Zuschauer, f.b.h.) eingespon-

nen in ein Spiel aus Erleben und Träumen, aus Nähe und Distanz, aus Sehnsucht und Fremdheit, das jeden Effekt scheut und kein gewohntes Klischee bedient. Der Film zeigt den Schwebezustand einer Sehnsucht nach Vollendung, nach Form und Maß in Liebe und Leidenschaft, nach der Hergabe aller sittlichen Möglichkeiten für eine große Aufgabe. (Christoph Funke, *Film und Fernsehen* 12/1988)
Nicht nur die lediglich behauptete Liebesgeschichte ließ mich kalt und unberührt, sondern auch die Darstellung faschistischen Zeitgeistes. Kunstvoll ertüftelte, wunderschön fotografierte Bilder (Kamera: Peter Ziesche) erstarren zur Künstlichkeit. Was Gefahr signalisieren sollte, wirkt durch die Mittel der Groteske komisch, wenn nicht gar lächerlich. (Renate Holland-Moritz, *Eulenspiegel* 47/1988)
Kurt Maetzigs → *Ehe im Schatten* war noch unverkennbar einer UFA-Ästhetik verhaftet, was damals sicher dem großen Publikumserfolg förderlich war. Das Neue bediente alte Sehgewohnheiten. Siegfried Kühns *Die Schauspielerin* ist hingegen ein im guten Sinne moderner Film. Er verläßt nie seine Kunstebene, gibt nicht vor, das Unfaßbare im realistischen Abbild faßlich zu machen. (...) Kühn läßt kaum eine Szene voll ausspielen, gibt dem Zuschauer Freiräume für eigene Gedanken, überfährt ihn nicht mit jener sich leider auch auf DDR-Kinoleinwänden immer mehr geschmacksverbildend ausbreitenden kalkulierten Hollywood-Dramaturgie des Drucks auf die Tränendrüsen. (Heinz Kersten, 1988, zit. nach *So viele Träume*)
NEBENBEI: Der Film und einige seiner Einzelleistungen erhielten verschiedene Preise. So wurde Corinna Harfouch 1988 in Karlovy Vary als beste Schauspielerin ausgezeichnet, wie auch mit dem Kritikerpreis der DDR, den ebenfalls der Film erhielt. – Martin Brandt, der Westberliner Darsteller von Jaldas Großvater, war selbst Mitglied des Theaters des jüdischen Kulturbundes gewesen und Überlebender des Nazi-Regimes.

SCHLÖSSER UND KATEN

I. Teil: Der krumme Anton
II. Teil: Annegrets Heimkehr
RE: Kurt Maetzig, SZ: Kuba, DR: Willi Brückner, KA: Otto Merz, MU: Wilhelm Neef, BA: Alfred Hirschmeier, KO: Marianne Schmidt, SC: Ruth Moegelin, PL: Hans Mahlich, m: 5567 = 204 min (Teil I: 2812 m, Teil II: 2755 m), s/w, AT: Der Gerade und der Krumme, Der Schein, PJ: 1956, PM: 8.2.1957, PM-Ort: Berlin, »Babylon«
DA: Raimund Schelcher (Krummer Anton), Karla Runkehl (Annegret), Erwin Geschonneck (Bröker), Harry Hindemith (Kalle), Wilhelm Puchert (Jens Voss), Angelika Hurwicz (Hede), Erika Dunkelmann (Marthe), Dieter Perlwitz (Klimm), Ekkehard Schall (Ekkehart Bröker), Helga Göring (Christel Sikura), Hans Finohr (Der alte Sikora), Kurt Dunkelmann (Wittig), Lotte Loebinger (Die alte Sikora), Marga Legal (Elisabeth Bröker), Traute Sense (Gräfin v. Holzendorf), Otto Saltzmann, Otto Krone, Erich Franz, Martha Beschort-Diez, Barbara Berg, Heinz Kögel, Anneliese Matschulat, Paul R. Henker, Hans Klering, Elfriede Florin u.a.
INHALT: Teil I: Ein mecklenburgisches Dorf 1945. Die gräfliche Familie flüchtet vor der Roten Armee gen Westen. Zurück bleiben Knechte, Mägde, Landarbeiter – unter ihnen der »Krumme Anton«, ehemals Kutscher des Grafen. Sein Leben lang getreten und verspottet, hofft er nun auf ein bißchen Glück für seine Tochter Annegret. Er besitzt ein Schriftstück des Grafen,

das Annegret bei ihrer Hochzeit 5000 Mark und ein halbes Dutzend Bettbezüge garantiert. Anton hatte vor 17 Jahren Annegrets Mutter Marthe, die vom Grafen gewaltsam geschwängert worden war, geheiratet. Seine Familie weiß nichts von dem Schriftstück, aber der Gutsinspektor Bröker. Der will seinen Sohn mit Annegret verheiraten und damit das ganze Erbe des Grafen, der keine legitimen Kinder hat, bekommen. Die ahnungslose Annegret wird zum Opfer seines Intrigenspiels und verläßt das Dorf, als ihre wahre Herkunft bekannt wird. Sie glaubt, daß der Traktorist Klimm, den sie liebt, keine Grafentochter akzeptiert, denn als junger Genosse arbeitet er mit Eifer am Aufbau der neuen Gesellschaft.
Teil II: Jahre später kehrt Annegret heim, mit einem Diplom als Zootechnikerin in der Tasche und einem Sohn auf dem Arm. Der Kampf im Dorf jedoch ist nicht zu Ende – weder der politische noch der persönliche. Anton krallt sich noch immer an sein Schriftstück, und Bröker, nun bei der Deutschen Saatgutgenossenschaft angestellt, rächt sich an Annegret wegen der verlorenen »Erbschaft«. Er wiegelt die Bauern, die ihren neuen Methoden ohnehin skeptisch gegenüberstehen, gegen sie auf. Während des Aufstands um den 17. Juni 1953 erleiden die »alten Kräfte« eine Niederlage, und auch Anton begreift nun, daß sein Schriftstück nichts wert ist. Zwischen Annegret und Klimm findet endlich die Hochzeit statt.

ZUM FILM: Der Autor Kuba hatte hier ausnahmsweise ein sehr differenziertes Szenarium geliefert, in dem er ein Spektrum der Probleme bei der Umgestaltung auf dem Lande im Osten Deutschlands in den Nachkriegsjahren bis 1953 entwarf. Dabei wurden auch Ereignisse des 17. Juni 1953 gestaltet, die in der Kunst und schon gar im Film weitgehend als Tabu behandelt wurden. Kurt Maetzig behandelte sein Thema differenziert und mit psychologischem Feingefühl, unterstützt von hervorragenden Schauspielern.
ECHO: Bei alledem sitzt der Zuschauer, vom lebendigen Geschehen gefesselt, gern drei Stunden vor der Leinwand. Nicht zuletzt, weil Kurt Maetzigs Regie, dort, wo die Handlung sich zu zersplittern droht, manchmal auch mit sehr harten Schnitten, das emotionelle Mitgehen immer wieder einfängt. An Otto Merz, der mit der Kamera oft geradezu bezwingende Bilder festhielt, hatte er einen ausgezeichneten Mitarbeiter. Was dem Film aber die am stärksten aussagende Kraft gibt, sind die Leistungen der Schauspieler. Man kann sich kaum eine bessere Besetzung und in den Einzeldarbietungen ein eindringlicheres Spiel vorstellen. (Leo Menter, *Weltbühne* 8/1957)
Was das Filmische betrifft, so geht seine Wirkung vor allem von den Massenszenen, der Fotografie und dem Spiel Raimund Schelchers, des »Krummen Anton«, aus. Es bestätigt sich, daß des Regisseurs Dr. Maetzig künstlerische Potenz – neben dem Erkennen und mutigen Erarbeiten brennender, aktueller Stoffe – vor allem im »Stellen« großer, bewegter Szenen beruht, auf der Fähigkeit, mit vielen Menschen auf der Leinwand Spannung und Atmosphäre zu erzeugen. (Karl-Eduard v. Schnitzler, *Filmspiegel* 6/1957)
Schlösser und Katen geht sensibel mit der Tatsache um, daß Neubauern ihr soeben erst erworbenes Stückchen Land nicht sogleich wieder in eine Produktionsgenossenschaft einbringen wollen; Kubas und Maetzigs Arbeit beweist, jedenfalls zu weiten Teilen, psychologisches Feingefühl. (...) Bemerkenswert ist, daß der XX. Parteitag der KPdSU, der Beginn der Auseinandersetzung mit dem Personenkult und dessen Folgen, stattfindet, als der Film bereits mitten im

Drehprozeß steckt – *Schlösser und Katen* ist also nicht vordergründig eine künstlerische Antwort auf das politische Tauwetter, sondern einer seiner Bestandteile. (Ralf Schenk, *Das zweite Leben der Filmstadt Babelsberg*, 1994)
NEBENBEI: Hinter dem Pseudonym Kuba verbarg sich als Szenarist der Autor Kurt Barthel.
Filmtext: Schlösser und Katen. Roman nach dem Filmszenarium von Kuba. Halle/Saale: Mitteldeutscher Verlag 1970

DIE SCHLÜSSEL
RE: Egon Günther, SZ: Helga Schütz, Egon Günther, DR: Werner Beck, KA: Erich Gusko, MU: Czeslaw Niemen, MB: Karl-Ernst Sasse, SB: Harald Horn, KO: Christiane Dorst, SC: Rita Hiller, PL: Hans Mahlich, GR: KAG »Berlin«, m: 2658 = 97 min, fa, PJ: 1972, PM: 21.2.1974, PM-Ort: Berlin, »International«
DA: Jutta Hoffmann (Ric), Jaecki Schwarz (Klaus), Magda Zawadzka (Helena), Jerzy Jogalla (Frantisek), Jadwiga Chojnacka (Großmutter), Leon Niemczyk (Pawlik), Anna Dziadyk (Hanka), Wolfgang Greese (DDR-Vertreter), Czewslaw Niemen
INHALT: Ric und Klaus, sie ist Arbeiterin, er Student, reisen im Urlaub nach Kraków. Auf dem Flugplatz gibt ihnen ein freundlicher Pole den Schlüssel zu seiner Wohnung. Beide sind erwartungsvoll, erleben unbeschwerte Tage. Ric gibt sich in ihrer unkomplizierten Weise den Entdeckungen hin, dem Leben im Nachbarland, den Begegnungen. Geschichte wird für sie fühlbar. In dieser fremden Umgebung sieht sie plötzlich ihre Beziehung zu Klaus in einem neuen Licht, sie spürt, wie anders er auf alles reagiert, fühlt sich verletzt durch seine Maßregelungen, seine überlegene Art. Die Kompliziertheit ihrer Beziehung wird ihr deutlich. Intellektuell wird sie ihm nie gewachsen sein. Er wird seinen Weg machen, während sie immer Arbeiterin bleiben wird, wozu sie sich bekennt. Dieses Bekenntnis aber läßt sie um den Bestand ihrer Liebe fürchten. Sie gerät in Panik, als sie Klaus nicht findet, stürzt blindlings auf die Straße, um ihn zu suchen, und dabei in eine Straßenbahn. Ihr Tod ist für Klaus ein Schock. Die Größe des Verlusts empfindet er langsam – während der Begegnung mit Anteil nehmenden Menschen und bei der Abwicklung der Überführungsformalitäten.

ZUM FILM: Egon Günthers unmittelbar nach → *Der Dritte* gedrehter Film fand wegen seines ungewöhnlichen Stils Kritik bei der offiziellen Kulturpolitik. Besonderen Anstoß nahm man am Umgang mit dem Tod, der in diesem Fall als dramturgisch unnötig erachtet wurde. (In einer internen Diskussion stellte Günther daraufhin die provokante Frage: Sie möchten gern verschweigen, daß auch im Sozialismus das Leben mit dem Tode endet?) Der Film lag einige Monate »auf Eis«, bis auch aus Polen (bestellte?) Einwände gegen den Film kamen, weil er geeignet sei, Vorurteile zu wecken. Egon Günther änderte den Film und ließ einige, schöne, Szenen heraus, wie die, in der der Krakauer Kardinal Wyszynski in die Kamera seinen Segen spendet. Schließlich durfte der Film mit rund zweijähriger Verspätung in kleiner Kopienzahl gezeigt werden. Er erhielt ein Auslandsverbot. Eine verabredete Aufführung in Wien wurde abgesagt. In der DDR lief er nie im Fernsehen. Heute ist er eines der wichtigsten Werke der deutschen Selbstverständigung im Zusammenspiel mit dem polnischen Nachbarn.
ECHO: Vertraut Günther nicht zu sehr dem schön klingenden Grundsatz, herauszufinden, »wie Realität funtioniert, nicht, wie Dramaturgie

funktioniert«? Die scheinbar dokumentare Realität der Straßenszenen, Begegnungen, Fahrten, der merkwürdig blaß bleibenden Interviews überdeckt die Hauptfiguren und ihre Geschichte. (Peter Ahrens, *Weltbühne* 12/1974)
Günther zeigt erneut seine sensible Fähigkeit, Schauspieler noch mit ihren knappsten Gesten und lakonischsten Dialogen brillieren zu lassen. (Hans-Dieter Schütt, *Junge Welt*, 10.3.1974)
Die von Günther (...) einmal geäußerte Überzeugung, »daß ein guter Film das Publikum auseinanderbrechen sollte, daß er auch Widersprüche provozieren müßte«, wird sich gewiß bei diesem Film mehr als bei all seinen vorangegangenen Arbeiten betätigen, verlangt er doch noch konsequenter neue Sehgewohnheiten. (Heinz Kersten, *Tagesspiegel*, 10.3.1974)
Der Film hat sich in seiner widerborstigen Eigenart fest in mir verhakt: mit seiner Ironie und seiner Gefühlskraft, seiner Verspieltheit und mit der bedrückenden Beschreibung des Todes. Unterschiedlichstes wird zusammengefügt, Szenen, die ihr künstlerisches gemacht-Sein unübersehbar ausstellen, andere, die einfach polnische Alltags-Wirklichkeit dokumentieren, die Bruchstellen werden stehengelassen, nichts beschönigt. Das Verhältnis zwischen Deutschen und Polen, durch die Vergangenheit, die Schuld der Deutschen fast unheilbar belastet, wird mit großer Geduld entkrampft, gerade durch die Beschreibung dieser Liebe zwischen Ric und Klaus, die durch den Tod Rics abgebrochen wird und sich zugleich erfüllt. (Erika Richter, *Film und Fernsehen* 5/1991)
MEINUNG: Auf die Frage von Ralf Schenk, wie er das ästhetische Prinzip von *Die Schlüssel* beschreiben würde, antwortete Egon Günther: »Vielleicht so: Nie zu leugnen, daß alle Sachen auf Verabredungen basieren. Keinem Naturalismus nachzujagen, keiner Didaktik, keinen klebrigen Realismus zuzulassen, der suggeriert, daß es auf der Leinwand genau so wäre wie im Leben. Ich wollte den Zuschauer nie erziehen oder belehren. Aber ich wollte ihn dazu auffordern, nie seine Lage zu leugnen. Nicht im Leben, nicht in dieser politischen Grundstruktur oder in der privaten Sphäre. Ich wollte ihm sagen: Laß dir von mir zeigen, wie vielleicht zu leben sei. Vielleicht. Laß dich nicht irremachen.« (*apropos: Film 2000*)
NEBENBEI: Egon Günther und seine langjährige Szenaristin Helga Schütz waren damals miteinander verheiratet.

DIE SCHMUGGLER VON RAJGROD

RE: Konrad Petzold, BU: Konrad Petzold, LV: Gleichnamige Erzählung von Günter Karl, DR: Thea Richter, KA: Siegfried Hönicke, MU: Gerhard Rosenfeld, SB: Marlene Willmann, KO: Dorit Gründel, SC: Thea Richter, Ilse Peters, Monika Schindler, PL: Dorothea Hildebrandt, GR: GR »Roter Kreis«, m: 1903 = 70 min, fa, brw, PJ: 1979, AD: 18.4.1980
DA: Walter Plathe (Martin Anskath), Leon Niemczyk (Waldemar Dreßler), Lenka Pichliková (Line Dreßler), Katrin Saß (Anna), Irena Kownas (Mutter Anskath), Petr Skarke (Jan Anskath), Gerry Wolf (Feinstein), Michael Christian (Schwemmin), Fred Delmare (Grigoleit), Hannjo Hasse (v. Thunsdorff), Peter Bause, Walter Lendrich, Katrin Martin, Hilmar Baumann, Szymon Szurmiej u.a.
INHALT: 1903 in Rajgrod an der russisch-preußischen Grenze. Jan Anskath lebt auf der russischen Seite und schmuggelt zuweilen illegale politische Schriften. Auf der anderen Seite wohnt sein Halbbruder Martin, der für einen dubiosen Herrn Flüchtlinge schmuggelt. Er weiß nicht, daß der Mann den Flüchtlingen das letzte Geld abnimmt und sie dann den zaristischen Behörden ausliefert, ihm geht es nur um seinen Verdienst. Als das Doppelspiel herauskommt, wandelt sich seine Einstellung. Zusammen mit dem Bruder hilft er einem russischen Sozialdemokraten, der zum Parteitag will, über die Grenze.
ZUM FILM: Der unambitioniert inszenierte Film hatte im Kino kaum eine Chance und wurde gelegentlich in Jugendvorstellungen eingesetzt.
ECHO: Komprimierung der Szenen wurde versäumt – physische Verrichtungen und Abfolgen von einzelnen Taten werden gleichförmig, brav, breiig erzählt. Schnelle, zügige Anschlüsse und Übergänge fehlen, auch durch Schnitt und Montage ist nicht zu schaffen, was die Spielszenen nicht vorgeben. So stellt sich keine Spannung ein, kaum mehr als ein vages Interesse an Zeit, Ort und Stoff. Aber auch das versickert unaufhaltsam. (Günter Agde, *Filmspiegel* 10/1980)
NEBENBEI: Leon Niemczyk, Star aus Polanskis *Messer im Wasser*, spielte seit 1967 bis zu deren

Ende in Dutzenden DEFA-Filmen – und das neben seiner umfangreichen Arbeit im polnischen Film.
Filmtext: Die Schmuggler von Rajgrod. Erzählung von Günter Karl. Berlin: Militärverlag der Deutschen Demokratischen Republik 1979

SCHNAUZER

→Anhang B

EIN SCHNEEMANN FÜR AFRIKA

(Kinderfilm)
RE: Rolf Losansky, SZ: Christa Kozik, Gudrun Deubener, DR: Klaus Richter de Vroe, KA: Helmut Grewald, MU: Gerhard Rosenfeld, SB: Jochen Keller, KO: Joachim Dittrich, TR: Kurt Weiler, Erich Günther, SC: Ursula Zweig, PL: Willi Teichmann, m: 2295 = 84 min, fa, brw, PJ: 1976/77, PM: 2.10.1977, PM-Ort: Berlin, »Colosseum«
DA: Wolfgang Penz (Matrose Karli), Wolfgang Winkler (Koch Bob), Hadiatou Barry (Asina), Jürgen Reuter (Chiefmate Sebastian), Bruno Carstens (Kapitän), Ingolf Gorges (Maschinist), Dieter Jäger (Funker Bernd), Gerhard Rachold (Bootsmann), Kurt Nolze (Matrose Backe), Hartmut Schreier (Matrose Chanti), Peter Festersen, Renate Heymer, Mahoma Mwangulu, Dieter Wardetzky, Gerd Staiger u.a.
INHALT: Der Matrose Karli vom MS »Wismar« hat dem kleinen Mädchen Asina in Afrika ein Geschenk versprochen. Als er die Kinder im winterlichen Rostock spielen sieht, kommt ihm die Idee, Asina einen Schneemann mitzunehmen. Während der aufregenden Fahrt geht einmal der Schneemann über Bord, ein andermal die Kühlflüssigkeit aus. Aber schließlich kann Asina ihr ungewöhnliches Geschenk überglücklich entgegennehmen. Doch die Träume von gemeinsamen Abenteuern schmelzen in der afrikanischen Sonne schnell dahin. Mit einem weinenden und einem lachenden Auge gibt Asina ihr wertvolles Geschenk einem sowjetischen Frachter mit, der es ins Land der Eskimos bringen soll.
ZUM FILM: Rolf Losansky drehte einen überwiegend heiteren Film mit überraschenden Trickaufnahmen. Die pädagogische Absicht war da, stand aber nicht im Vordergrund.
ECHO: Mir gefällt, wie es den Gestaltern gelungen ist, Spielfilmszenen mit Trickgestaltungen und Dokumentaraufnahmen zu einem schönen, im Stil einheitlichen Streifen zusammenzufügen. Rolf Losanskys langjährige Erfahrung in der Kinderfilmgestaltung und Christa Koziks Vorliebe für reale Geschichten mit phantastischen Überhöhungen haben einen beachtenswerten Film entstehenlassen. (Klaus Hannuschka, *Märkische Volksstimme*, 19.10.1977)
Der Regisseur wußte Schauspieler und etliche Laien zu einer künstlerischen Ensembleleistung zu bringen. Hier nur einen einzigen Namen: Hadiatou Barry. In der Rolle der Asina vermag sie ihre Zuschauer zu fesseln, Charme und Grazie scheinen ihr angeboren, alles wirkt natürlich und solide. (Ingeborg Zimmerling, *Filmspiegel* 21/1977)
Ein Schneemann für Afrika ist phantasievoll, poetisch, spannend, lustig, aber ein bißchen traurig auch (...), und was er über internationale Solidarität mitzuteilen weiß, das teilt er den kleinen Zuschauern nicht auf schnurgeradem Weg mit, sondern auf den feinen verschlungenen Pfaden, die zum Herzen führen. (Rosemarie Rehahn, *Wochenpost* 43/1977)
NEBENBEI: Der Film, der 1978 in Gijon/Spanien und 1979 in Gera Preise erhielt, entstand zum großen Teil auf dem MS »Wismar«, u.a. mit Unterstützung des VEB Kombinat Seeverkehr und Hafenwirtschaft.

SCHNEEWEISSCHEN UND ROSENROT

(Kinderfilm)
RE: Siegfried Hartmann, SZ: Margot Beichler, LV: Gleichnamiges Märchen der Brüder Grimm, DR: Willi Brückner, KA: Siegfried Mogel, MU: Peter Gotthardt, SB: Alfred Thomalla, KO: Dorit Gründel, SC: Renate Bade, PL: Wolfgang Rennebarth, GR: AG »Johannisthal«, m: 1920 = 70 min, fa, PJ: 1978/79, PM: 6.7.1979, PM-Ort: Erfurt; »Panorama-Palast«
DA: Julie Juristová (Schneeweißchen), Katrin Martin (Rosenrot), Pavel Travnicek (Michael), Bodo Wolf (Andreas), Hans-Peter Minetti (Berggeist), Johannes Wieke (Matthias), Annemone Haase (Mutter), Hajo Mende (Klaus), Pedro Hebenstreit (Bär), Helmut Schreiber (Bertram), Erik S. Klein, Arnim Mühlstädt, Willy Schmitz, Hannes Stelzer, Wolfgang Jaster u.a.
INHALT: Schneeweißchen und Rosenrot wohnen am Rande eines Waldes, in dessen Innern der Berggeist Schimmelbart sein Unwesen treibt, weil

der den Reichtum einer Edelsteinmine für sich allein haben will. Die Mädchen berichten zwei als Jäger verkleideten Prinzen davon. Doch als die beiden jungen Männer das Geheimnis der Mine ergründen wollen, werden sie von Schimmelbart in Tiere verwandelt. Während des harten Winters versorgen die ahnungslosen Mädchen die Tiere mit Futter und ziehen sich damit den Zorn Schimmelbarts zu. Schließlich aber besiegen sie ihn, die Prinzen werden erlöst, die vier feiern Hochzeit und die Bergleute bekommen ihre Mine zurück.

ZUM FILM: Die Grimm-Adaption, die unter zu geringer Ausformung der Hauptcharaktere litt, war der vierte Märchenfilm von Siegfried Hartmann.

ECHO: Siegfried Hartmann, der erfahrene Kinderfilmregisseur, hat zusammen mit Margot Beichler für das Drehbuch die Geschichte um ein paar sehr wichtige Details erweitert. Ohne übertriebene Kindertümelei und mit abstrahierender Naivität erreichen sie in der Fabelführung einen realistischen Bezug zur Umwelt, in der sich das Gute vom Bösen genau trennt, ohne dabei in eine Schwarz-Weiß-Malerei abzurutschen. (...) Die auch sozialkritische Veränderung des Märchens gibt dem Film viele Möglichkeiten zur Charakterisierung von Verhaltensweisen wie Freundschaft, Tapferkeit und Hilfsbereitschaft. (Martin G. Butter, *Morgen*, 7.7.1979)

Das ist ein Kinderfilm, der mir nicht gelungen erschien. Trotz einer etwas veränderten Handlungsführung und erweitertem Figurenensemble bleibt das Ganze recht bieder und hätte wohl ebensogut vor vielen Jahren produziert werden können. Die beiden Mädchen sind lieb und nett und sonst nicht, die beiden Prinzen desgleichen, der Bär wackelt ungeschickt in einem Kostüm daher, während der Falke als veritabler Piepmatz auf seiner Tatze Platz nimmt. So entsteht Heiterkeit, wo Mitgefühl gefordert sein sollte, ästhetische Unausgewogenheit auch. Der Berggeist wirkt trotz einiger pyrotechnischer Potenzen recht simpel, so daß man sich am Ende schließlich fragt, womit sich dieser Geist jahrhundertelang an der Macht halten konnte. (Henryk Goldberg, *Neues Deutschland*, 17.7.1979)

NEBENBEI: Hans-Peter Minetti, der den Berggeist spielt, war der Sohn der bundesdeutschen Schauspieler-Legende Bernhard Minetti und zählte im ZK der SED und im Theaterverband zu den einflußreichen Funktionären in der DDR.

SCHNEEWITTCHEN

(Kinderfilm)

RE: Gottfried Kolditz, BU: Günter Kaltofen, LV: Märchen »Schneewittchen« der Brüder Grimm, DR: Margot Beichler, Gudrun Rammler, KA: Erwin Anders, MU: Siegfried Tiefensee, BA: Hans Poppe, KO: Elli-Charlotte Löffler, SC: Ursula Zweig, PL: Adolf Fischer, GR: Gruppe »Solidarität«, m: 1707 = 63 min, fa, PJ: 1961, PM: 8.10.1961, PM-Ort: Berlin, »Babylon«

DA: Doris Weikow (Schneewittchen), Marianne Christina Schilling (Königin), Wolf-Dieter Panse (Junger König), Harry Hindemith (Jäger), Steffie Spira (Alte), die Zwerge: Arthur Reppert (Rumpelbold), Jochen Koeppel (Purzelbaum), Georg Irmer (Packe), Fred Delmare (Naseweis), Heinz Scholz (Puck), Willi Scholz (Huckepack), Horst Jonischkan (Pick), Horst Buder, Arno Wyzniewski, Hanna Rieger u.a.

INHALT: Aus Eifersucht und Neid will die böse Königin ihre Stieftochter Schneewittchen töten lassen. Der damit beauftragte Jäger jedoch läßt das Mädchen im Wald laufen. Schneewittchen gelangt zu den sieben Zwergen und findet bei ihnen freundliche Aufnahme. Bald erfährt die Königin durch ihren Spiegel davon. Außer sich vor Zorn, will sie Schneewittchen nun selbst töten. Verkleidet macht sie sich auf den Weg, und beim dritten Versuch gelingt ihr schließlich die Tat. Schneewittchen aber wird wieder zum Leben erweckt, und der junge König nimmt sie mit auf sein Schloß. Zur Hochzeit wird auch die böse Stiefmutter eingeladen, die vor lauter Angst die Flucht ergreift.

ZUM FILM: Die Filmadaption eines der bekanntesten Märchen hielt sich eng an die Vorlage. Allerdings lernt der Prinz Schneewittchen schon am Beginn der Geschichte kennen, und am Ende gibt es für die böse Stiefmutter kein grausames Ende. Sie wird einfach ausgelacht. Kolditz' Fassung wurde einer der meistgespielten DEFA-Märchenfilme.

ECHO: Zwar liegt ein Farbfilm vor, aber bunt genug scheint er mir bei weitem nicht. Kameramann Erwin Anders und Regisseur Dr. Kolditz kommen ohne jeden Trick aus. Nicht einmal die berühmten sieben Berge, hinter denen bekanntlich die nicht minder berühmten sieben Zwerge wohnen, gibt's zu sehen. Und daß diese Filmzwerge fast so groß sind wie Scheewittchen, das war nicht nur für meinen fünfjährigen Sohn, sondern auch für mich eine handfeste Enttäuschung. (G. S., *Berliner Zeitung*, 12.10.1961)

Kann man nicht verlangen, daß ein bei uns hergestellter Märchenfilm den Kindern einen tieferen Eindruck hinterläßt als eine Märchenbuch-Illustration? Dann hätte Autor Dr. Günter Kaltofen allerdings etwas tiefer bohren müssen. Die Märchenfiguren sind nicht viel mehr als bewegte, von Menschen dargestellte Puppen. Vor allem fehlt vom Buch her eine gerade im Kinderfilm wichtige Maßstabsfigur. Daß der Jäger in gewis sem Sinne dazu wird, ist nicht der kleinen Rolle, vielmehr ihrer Darstellung durch Harry Hindemith zu danken. (Sybill Mehnert, *Junge Welt*, 28.10.1961)

Im Bunde mit dem Kameramann Erwin Anders gelang es ihm (dem Regisseur), jene Mischung von phantastischer Schönheit und Poesie der Wirklichkeit lebendig werden zu lassen, die unseren Märchen innewohnt. Diesem Bildglanz ordnete Siegfried Tiefensee seine kindertümlich einprägsame, prägnante Musik bei. Auch als Erwachsener hatte ich meine helle Freude an diesem Streifen. (Norbert Kai, *Brandenburgische Neueste Nachrichten*, 4.1.1962)

NEBENBEI: Doris Weikow, das Schneewittchen, arbeitete auch als Fernsehansagerin und war eine Zeitlang mit dem Schauspieler Erwin Geschonneck verheiratet. Der junge König, Wolf-Dieter Panse, entwickelte sich zu einem erfolgreichen Fernsehregisseur und wurde zu Beginn der neunziger Jahre als Rektor der HFF »Konrad Wolf« in Potsdam-Babelsberg gewählt.

DIE SCHÖNE LURETTE

RE: Gottfried Kolditz, BU: Werner Bernhardy, LV: Nach der gleichnamigen Operette von Jacques Offenbach, DR: Hanns Julius Wille, KA: Erich Gusko, MU: Jacques Offenbach, MB: Günter Klück, BA: Alfred Tolle, KO: Hans Kieselbach, SC: Hildegard Tegener, PL: Alexander Lösche, m: 2260 = 83 min, fa -Tovi, 4-Kmgt, PJ: 1960, PM: 25.12.1960, PM-Ort: Berlin, »Colosseum«/Potsdam, »Charlott«

DA: Evelyn Cron, GE: Ingeborg Wenglor (Lurette), Jiri Papez, GE: Martin Ritzmann (Campistrel), Otto Mellies, GE: Charles Geerd (Herzog), Hannjo Hasse, GE: Leo Wistuba (Malicorne), Marianne Wünscher, GE: Gertrud Stilo

(Marcelline), Lore Frisch, GE: Sieglinde Goßmann (Rose), Josef Burgwinkel (Abbé), Jochen Thomas (Belhomme), Werner Lierck (Merluchet), Peter Kiwitt (Cadignon), Herbert Köfer, Fredy Barten, Maria Besendahl, Rolf Ripperger, Bodo Mette u.a.

INHALT: Karneval in Paris zur Zeit Ludwig XV. Die reizende Wäscherin Lurette will das bunte Treiben nutzen, um den etwas schwerfälligen Zimmermann Campistrel eifersüchtig zu machen, damit er ihr endlich seine Liebe gesteht. Der aber ist mit der Fertigung der Spottfiguren für den Umzug beschäftigt. Lurettes Wege kreuzen die des Herzogs von Marly, und ihre Pläne die seinen. Mit einer fingierten Hochzeit will er die hübsche Lurette für ein amouröses Abenteuer gewinnen und sie danach dem König als neue Mätresse zuführen. Durch das Eingreifen der couragierten Wäscherin Marcelline, des endlich aktiv werdenden Campistrel sowie der anderen kann die ahnungslos flirtende Lurette vor der schändlichen Intrige des Herzogs gerettet werden. Der Karneval erlebt mit der glücklichen Umarmung von Lurette und Campistrel seinen Höhepunkt.

ZUM FILM: Aus der relativ unbekannten Offenbach-Operette entstand ein weitgehend unpolitischer Unterhaltungsfilm, in dem jedoch andere Akzente als in der Vorlage gesetzt wurden. Im Film hat Lurette einen Handwerker als Freund, der sich revolutionär gebärdet, und den Lurette am Ende dem Herzog (anders als bei Offenbach) vorzieht.

ECHO: Der anmutige musikalische Sockel des Films trägt ein Bildwerk von üppigen Ausmaßen. Dem (...) Auge zeigt sich eine verschwenderische Farbenpracht. Totalvision und Vier-Kanal-Tonsystem tun das ihre, aus der hübschen, kleinen Offenbach-Operette eine pompöse Leinwand-Großausgabe zu machen. Aber das Frankreich Ludwig XV. bietet sich für Pomp und Üppigkeit geradezu an, zumal in der Operette. (Rudi Strahl, *Filmspiegel* 11/1961)

Die gesellschaftskritischen Elemente wirken oft fatal aufgesetzt, weil sie sich weder organisch aus der Handlung ergeben noch aus der zu karg profilierten, teilweise sogar widersprüchlichen Zeichnung der Charaktere motivieren lassen. (Werner Wolf, Hans-Dieter Tok, *Deutsche Filmkunst* 4/1961)

NEBENBEI: Außer den genannten sangen in diesem Film noch andere Solisten, darunter Irmgard Arnold und der Rundfunkchor Leipzig. Karl-Ernst Sasse leitete das DEFA-Sinfonieorchester. Der Opernsänger Josef Burgwinkel, der den Abbé spielte und auch andere Filmrollen übernahm, war der einzige Sängerspieler in dieser Operetten-Adaption. – Das damals 20jährige Mannequin Evelyn Cron wurde für diesen Film entdeckt. Sie erhielt eine Schauspielausbildung und trat, bis sie in den achtziger Jahren die DDR verließ, immer wieder vor die DEFA-Kameras.

DIE SCHÖNSTE

(Co-Produktion)

RE: Ernesto Remani, BU: A. Arthur Kuhnert, Ernesto Remani, Ilse Langer, DR: Marieluise Steinhauer, KA: Robert Baberske, SB: Artur Günther, PL: Willi Teichmann, fa, CO: Pandora Film, Stockholm, PJ: 1957, PM: Anfang 2001 (vorgesehen)

DA: Willy A. Kleinau (Berndorf), Ursula Burg (Frau Berndorf), Jürgen Büttner (Thomas Berndorf), Gerhard Bienert (Wille), Gisela May (Frau Wille), Jochen Hesse (Hannes Wille), Hildegard Schreiber (Susanne, Berndorfs Geliebte), Siegfried Schürenberg (Wiedemann), Charlott Daudert (Frau Berndorfs Freundin), Waltraud Kogel (Frau Berndorfs Freundin), Gerd Michael Henneberg u.a.

INHALT: Mitte der fünfziger Jahre in Westberlin. Die Familie des Geschäftsmannes Alexander Berndorf ist reich, die des Werkmeisters Hannes Wille rechtschaffend. Dessen Sohn Hannes verdient sich sein Taschengeld, indem er den Mercedes 300 von Berndorf gelegentlich auf Hochglanz poliert. Thomas, Berndorfs dreizehnjähriger Sprößling, freundet sich mit Hannes an. Beide kommen auf die Idee, ihren Müttern Schmuck zu entwenden: Frau Berndorf das teure Kollier, Mutter Wille die mühsam zusammengesparte Goldbrosche. Für Hannes ist es nur ein Streich – nachdem er sieht, daß die Mutter den Verlust mit Gelassenheit trägt, legt er die Brosche wieder zurück. Thomas aber möchte sehen, ob seine Mutter auch ohne Kollier die Schönste ist. Das Verschwinden des Schmucks löst im Hause Berndorf eine Krise aus. Ein für die Scheinfinanzierung der neugegründeten Firma des Vaters wichtiger Geldgeber erfährt von einem Juwelier, daß das Kollier nicht bezahlt war und verweigert sich. Auch die »Vernunftehe« der Berndorfs droht zu zerbrechen. Hannes und Thomas sind derweil nach Hamburg getrampt und treffen auf einen Landstreicher, der sie – nebst Kollier – wieder zurück nach Berlin bringt. Die Geschäfte sind gerettet, die Berndorfs dem Ruin entgangen. Nun stellen sie sich die Frage nach dem Sinn des Lebens neu und beschließen, künftig mehr füreinander da zu sein, besonders für Thomas. Den Wettbewerb, wer die Schönste ist, hat jedoch Hannes' Mutter gewonnen.

ZUM FILM: Der Anfang 1957 begonnene Film wurde, nach zahlreichen Beratungen und Änderungen, am 17.3.1959 endgültig verboten. Grundtenor des Verbots: primitiv gemachte Gesellschaftskritik, Produkt der Traumfabrik, ideologisch fragwürdig. (*Das zweite Leben der Filmstadt Babelsberg*)

Der im Spielfilm bislang nicht hervorgetretene westdeutsche Regisseur Ernst Rechenmacher inszenierte den Film unter dem Pseudonym Ernesto Remani. Dem in bewährter Co-Produktion mit der schwedischen Pandora-Film (hinter der ein bundesdeutscher Filmkaufmann stand) hergestellten Film warf der damalige Leiter der HV Film, Anton Ackermann, in der SED-Zeitschrift *Einheit* Unverbindlichkeit, Beschränkung auf kleinbürgerliche Kritik vor, ja »sogar eine Verniedlichung und Lobpreisung kapitalistischer Verhältnisse mit weitgehender ›Volksgemeinschafts‹-Ideologie«. (*Einheit*, 4/1958) Der Regisseur Walter Beck und der Autor Heinz Kahlau bemühten sich im Auftrag der DEFA vergeblich, den Film durch eine agitatorische Rahmenhandlung zu retten, aber 1959 wurden die Arbeiten an dem Filmfragment auf absehbare Zeit eingestellt. – Im Jahre 2000 wurde das im Bundesarchiv/Filmarchiv in Berlin lagernde Schnittmaterial unter Mitarbeit des Filmwissenschaftlers Ralf Schenk restauriert, montiert und für die Aufführung vorbereitet.

ZITAT: Remani ist alles andere als ein Regisseur, den wir brauchen können. Es steht fest, daß er nicht im geringsten auf unserem Boden steht, daß er sich nicht darüber im klaren ist, was wir mit unseren Filmen wollen. Seine Inszenierung ist in einem Stil gehalten, der noch nicht einmal den mäßigsten, mittleren Unterhaltungsfilmen im UFA-Charakter entspricht. Sie wird gekennzeichnet durch Oberflächlichkeit, Schnoddrigkeit und Belanglosigkeit. (Anne Pfeuffer, Mitglied der Abnahmekommission, 12.7.1957, zit. nach *Das zweite Leben der Filmstadt Babelsberg*)

EINE SCHRECKLICHE FRAU

(Co-Produktion DDR/CSSR)

RE: Jindrich Polák, BU: Vladislav Blazek, DR: Gerhard Hartwig, KA: Rudolf Milic, MU: Helmut Nier, Karel Mares, Evzen Illin, SB: Paul Lehmann, Jan Zázvorka, KO: Ingeborg Wilfert, SC: Josef Dobrichovsky, PL: Martin Sonnabend, Jaroslav Jilovic, GR: KAG »Roter Kreis«, m: 2389 = 88 min, fa, Cine, AT: Die unmögliche Frau, PJ: 1964/65, AD: 30.7.1965, CO: Filmstudio Barrandov, Prag/CSSR, Gruppe Felix-Broz, Tschech. Titel: Strasná zena

DA: Olga Divinová (Eva Nováková), Jirí Lir (Paul Novak), Karin Schröder (Alena Pokorná), Günter Junghans (Honza Pokorny), Karin Buchali (»Schmetterling«), Vladimir Mensík (Herr Kouba), Jirí Sovák (Herr Kovalek), Paul Berndt (Choreograph), Eberhard Cohrs (Dorfonkel), Gerd Ehlers (Pförtner der Trocadero-Bar), Erika Radtke, Heinz Schröder, Günter Rüger, Hans-Dieter Schlegel, Rudi Schiemann u.a., GE: Christel

Schulze, Gerry Wolff, Günter Hapke, die Kolibris, die Teddys
INHALT: Der berühmte Eisrevue-Star Eva Nováková und ihr Mann Paul führen eine harmonische Ehe. Auch theoretisch ist Paul ein Fachmann, er gibt sein Wissen im Fernsehen als Eheberater an andere weiter. Ein junges Paar, das sich in der Krise befindet, lädt er gar an seinem Hochzeitstag ein, um ihm zusammen mit Eva ein gutes Vorbild zu demonstrieren. Doch Eva kommt nicht nach Hause. Nach langem Warten stacheln die Gäste spöttisch seine Eifersucht an, und in seiner Phantasie nehmen vermeintliche Ehebrüche seiner Frau Formen an. Er erlebt sie mit zahlreichen Liebhabern in verfänglichen Situationen, die alle in Gestalt von Eislauf-Nummern vor seinem Geiste Revue passieren. Endlich macht er sich auf die Suche nach Eva, betrinkt sich dabei vor Kummer und findet sie schließlich im steckengebliebenen Fahrstuhl.
ZUM FILM: Der als »Vater« der → *Clown Ferdinand*-Filme (Anhang c) bekannte Regisseur Jindrich Polák wandte sich dem Genre des damals populären Eisrevue-Films zu und inszenierte den bunten Film nach einem leider nicht sehr tragfähigen Drehbuch.

ECHO: Der Grundeinfall, ein weiser Fernseh-Eheberatungsonkel verzehrt sich ganz privatim vor Eifersucht und träumt die abwesende Gemahlin in die verwegensten Situationen hinein, diese gar nicht so üble Idee für einen Revuefilm, wird von keiner ausreichenden Menge weiterer Einfälle umrahmt, sondern nur von einem ziemlich aufwendigen Nummernprogramm, das über die Breitwand rollt, als handle es sich um eine Varietébühne. Es fehlt dem Film, schlicht gesagt, an optischen Gags, die nun mal zum Genre gehören – und leider auch an Geschmack. (Rosemarie Rehahn, *Wochenpost* 13/1965)
So wird auf dem Eis weiter in Sachen Eifersucht getanzt, Pirouetten gedreht und zur Seite gesprungen, bis der Zuschauer endgültig kalte Füße bekommen hat. Olga Divinová ist der anmutige Eislaufstar; sie ist der Liebling des tschechoslowakischen Eissportpublikums, und doch bewahrheitet sich auch hier wieder die Tatsache, daß der Zuschauer bei seinen Leisten bleiben soll. (Renate Seydel, *Filmspiegel* 17/1965)
NEBENBEI: Nach einem Mißerfolg mit Filmen der *Stacheltier* – Produktion, die die Abnahmekommission nicht passierten, war der Star-Komiker Eberhard Cohrs hier in seiner ersten Filmrolle zu sehen.

SCHRITT FÜR SCHRITT
RE: János Veiczi, BU: Rudolf Böhm, Heinz Kahlau, János Veiczi, LV: Erzählung »Hanna, die Jawa und ich« von Karl-Heinz Räppel, DR: Hans Sasse, KA: Horst E. Brandt, MU: Peter Fischer, BA: Herbert Nitzschke, KO: Ingeborg Wilfert, SC: Ursula Zweig, PL: Paul Ramacher, m: 2600 = 95 min, s/w, Tovi, 4-Kmgt, no, lto, AT: Nur ein Schritt, PJ: 1959/60, PM: 5.10.1960, PM-Ort: Berlin, »Colosseum«
DA: Raimund Schelcher (Dreher Rochlitz), Wolfgang Hübner (Hanne), Erika Dunkelmann (Frau Rochlitz), Dietlinde Greiff (Jutta), Wilhelm Koch-Hooge (Ingenieur Brinkmann), Harry Hindemith (Oberstleutnant Bremer), Gisela May (Frau Hellwig), Peter Marx (Parteisekretär Kern), Helmut Schreiber (Schröder), Dom de Beern (Leutnant Steinert), Paul Streckfuß, Lutz Erdmann, Harald Warmbrunn, Herbert Köfer, Maika Joseph u.a., GE: Manfred Krug und das Erich-Weinert-Ensemble, Dietlinde Greiff und der Kinderchor des Leipziger Rundfunks

INHALT: Der Dreher Rochlitz, ein geschätzter Arbeiter, dessen aufrechte Haltung in der Nazizeit unvergessen ist, verweist seinen Sohn Hannes des Hauses, weil dieser sich zum Dienst in der NVA verpflichtet hat. »Nie wieder ein Gewehr«, hatte er sich geschworen, als sein erster Sohn, 14jährig, beim Volkssturm ums Leben gekommen war. Rochlitz trifft mit dem Kommandeur von Hannes zusammen, er ist der Bruder des Kollegen Steffens, gegen den er 1943 bei der Gestapo trotz Folter nicht ausgesagt hatte. Das Gespräch mit ihm und ein Besuch im KZ Buchenwald bringen ihn zu der Einsicht, daß man den Frieden auch mit der Waffe verteidigen muß.
ZUM FILM: Janos Veiczis dritter Film kann den Auftrag der Propaganda für die junge Nationale Volksarmee nicht verbergen und arbeitet mit stark kolportagehaften Elementen. Nach negativen Kritiken, die sich an ästhetischen Fragen orientieren, kommt es zu polemischen Diskussionen in der Presse.
ECHO: Den ästhetischen Wert von *Schritt für Schritt* sehe ich darin, daß der Film vom Zuschauer ein klares parteiliches Bekenntnis für unseren Staat und seine Armee, für die Erhöhung der Verteidigungsbereitschaft fordert. Deshalb gehen uns alle ästhetischen Maßstäbe zum Teufel, wenn wir diesen Fakt aus den Augen verlieren oder als »unecht« bezeichnen. Da wir das nicht wollen, und weil wir in der Praxis erleben, daß viele Menschen mit *Schritt für Schritt* die richtige Schlußfolgerung gezogen haben, (...) deshalb verwerfen wir *Schritt für Schritt* nicht, sondern fordern neue und bessere Armeefilme. (Karl Rochlitz, Potsdam, *Neues Deutschland*, 25.6.1961)
Der Film läßt nichts aus, um das Soldatenleben in angenehmstem Licht erscheinen zu lassen: Nach dem Dienst unter verständnisvollen, prächtigen Vorgesetzten laden gepflegte Kulturräume zu Wein und Tanz; ebensowenig fehlen Bilder von der feierlichen Vereidigung, und als große Schlußapotheose rollen unter flatternden Fahnen Panzer und fliegen Düsenjäger über die Breitwand. (Heinz Kersten, *Das Filmwesen in der Sowjetischen Besatzungszone Deutschlands*, 1963)
NEBENBEI: Insgesamt erhielten 14 Mitglieder aus Stab und Besetzung die NVA-Verdienstmedaille, abgestuft in Gold, Silber und Bronze. – Für den jungen Hauptdarsteller Wolfgang Hübner, der aus der Kinderfernsehreihe *Rolf und Reni* bekannt war, war die Erfahrung dieses Films der Anstoß, seine Schauspielkarriere einschlafen zu lassen, um als Regisseur stärkeren Einfluß auf die Stoffe nehmen zu können.

DIE SCHÜSSE DER ARCHE NOAH

(Kinderfilm)
RE: Egon Schlegel, SZ: Günter Mehnert, LV: Gleichnamiger Roman von Peter Abraham, DR: Erika Richter, KA: Peter Brand, MU: Gunther Erdmann, SB: Georg Kranz, KO: Regina Viertel, SC: Ilona Thiel, PL: Dieter Dormeier, Volkmar Leweck, GR: GR »Babelsberg«, m: 2419 = 89 min, fa, brw, PJ: 1982, PM: 4.2.1983, PM-Ort: Gera, »Haus der Kultur«
DA: Christine Schorn (Mutter von Klaus), Wolfgang Winkler (Vater von Klaus), Wolfgang Greese (Herr Rosenkranz), Marie-Anne Fliegel (Frau Rosenkranz), Zofia Slaboszowska (Mutter Oberin), Horst Lebinsky (Wachtmeister), Steffie Spira, Kurt Gawallek (Oma u. Opa Lehmberg), Heide Kipp (Frau Polditz), Gisela Büttner (Mutter Elisabetha), die Kinder Oliver Ohrt (Klaus), Simone Graja, Alexander Gorgs, Alexander Herrmann, Tilo Braune u.a.
INHALT: Das letzte Jahr des Zweiten Weltkriegs. Die Familie des zehnjährigen Klaus Wensloff lebt gefährlich. Der Vater hilft Verfolgten, versteckt eine jüdische Familie in der Wohnung, fälscht Pässe. In der Schule ist Klaus der Nazipropaganda ausgeliefert, die Mutter versucht, ihm mit religiösen Geschichten Hoffnung auf eine bessere Zeit zu machen. Klaus findet sich zwischen den verschiedenen Ideologien nicht zurecht. Als die Familie wegen der versteckten Juden angezeigt wird und fliehen muß, kommt Klaus nach Ostpreußen in eine Pflegestelle. Die Leute lassen ihn dort mit einem Säugling zurück, als die Rote Armee anrückt. Er macht sich auf den Weg nach Westen, wird völlig erschöpft von Sowjetsoldaten aufgegriffen und in ein Kloster gebracht. Er gerät in Konfrontation mit einem ebenfalls aufgegriffenen Hitlerjungen. Am Ende kommen die Soldaten wieder, um ihn mit nach Berlin zu nehmen. Die Oberin will ihn behalten, doch er entscheidet sich, mit den Soldaten zu gehen.
ZUM FILM: Die besondere Bedeutung des Films, der deutsche Geschichte für Kinder verständlich und zugleich phantasievoll darstellte, lag in der

Annäherung von Symbolen der Arbeiterbewegung und des Christentums, die hier nicht als unvereinbar hingestellt wurden.
ECHO: Schlegel nimmt das junge Publikum ernst, behandelt es als Partner. Zugleich aber bietet er eine solche Fülle von Angeboten für den Meinungsstreit, daß der erwachsene Zuschauer geradezu herausgefordert wird, den Dialog mit den jüngeren zu suchen, die sich allein mancher Fragestellung dieses Films durch seine Kombination von Geschichte, Religion und Philosophie noch nicht gewachsen fühlen können. (Heinz Hofmann, *Nationalzeitung*, 2.2.1983)
Der Vorstoß in gewisse Bildungsbereiche – beispielsweise der christlichen Mythologie – ist neu, die Anregung, sich Gedanken zu machen über das Nebeneinander und Miteinander von Menschen christlichen Glaubens und Kommunisten, ist wertvoll. (Peter J. Fischer, *Thüringer Neueste Nachrichten*, 4.2.1983)
Denn die Schüsse der Aurora geraten nicht allein auf eine merkwürdig wehrhafte Arche Noah in der Phantasie des Jungen, auch die sozusagen wirklichen Verwicklungen tragen oft grotesk abenteuerliche Züge. Sich darin gelassen zu orientieren (...) wird Kindern sicher leichter fallen, als den genauer wägenden Erwachsenen. So ein bißchen Unbedenklichkeit in den szenischen Arrangements, eine andauernd beabsichtigte Überhöhung hart realistischen Geschehens (...) – das scheint mir sogar heraushebenswert. (Hans Braunseis, *Morgen*, 8.2.1983)
NEBENBEI: Auf dem Geraer Kinderfilmfestival »Goldener Spatz« wurde der Film 1983 mit drei Preisen dreier verschiedener Jurys ausgezeichnet.

SCHÜSSE IN MARIENBAD
(Co-Produktion DDR/CSSR)
RE: Ivo Toman, Václav Gajer, CO-RE: Claus Dobberke, SZ: Jirí Cirkl, Ivo Toman, Karel Cop, LV: Reportage »Schüsse in der Villa Edelweiß« von Roman Cílek, DR: Werner Beck, KA: Jirí Tarantík, Jan Kvaca, MU: Jirí Sust, SB: Artur Stenzel, Pavel Pitner, Joachim Otto, Premek Longa, KO: Dagmar Krausová, SC: Miroslav Májek, PL: Uwe Klimek, Rudolf Wolf, GR: KAG »Berlin«, m: 2492 = 91 min, fa, brw, PJ: 1972/73, PM: 23.9.1973, AD: 7.6.1974, PM-Ort: Magdeburg, »Theater des Friedens«, CO: Filmstudio Barrandov, Prag, Gruppe Karel Cop, Tschech. Titel: Výstrely v Mariánských Lázních
DA: Václav Neuzil (Sedy), Josef Abrhám (Hanousek), Karel Hlusicka (Eckert), Friederike Aust (Irma Stich), Bohumil Smida (Pacak), Zdenek Dite (Fulin), Wilhelm Koch-Hooge (Willi Habermann), Adolf Filip (Kares), Brigitte Wähner (Frau Krause), Thomas Kästner (Garagenmeister Müller), Roland Kuchenbuch, Victor Keune, Günter Rüger, Manfred Richter, Johannes Wieke u.a.
INHALT: Im Mai 1945 meldet in Marienbad eine Frau einen Mord – begangen 1933 an dem deutschen Emigranten Professor Lessing. Sie nennt auch den Mörder. Gegen den Willen seines Vorgesetzten, der sich für diesen Fall nicht zuständig fühlt – es war ein faschistischer Fememord –, nimmt Inspektor Sedy die Spur auf, verhaftet den Mörder, den Deutschen Eckert. Beim Prozeß 1933 war Eckert flüchtig, jetzt ist das Beweismaterial nicht mehr vorhanden. Dennoch setzt Sedy alles daran, ihn zu überführen. Er findet Zeugen, die ihn unterstützen – Antifaschisten, aber auch ehemalige Kollaborateure, die sich reinwaschen wollen. Sedy kann bei einer Rekonstruktion des Falls am Tatort zumindest eine Beihilfe Eckerts beweisen. Er wird verurteilt. Nach der Haftentlassung geht Eckert in die Bundesre-

publik, wo er von seinen damaligen Auftraggebern eine Entschädigung verlangt.
ZUM FILM: In der antifaschistischen Thematik trafen sich Filmemacher der CSSR und der DDR und schufen einen politisch-historisch gesehen interessanten Film, der sich zahlreicher Rückblenden bediente. Dabei war er nicht immer zügig genug inszeniert.
ECHO: Das Streben nach historischer Authentizität und die dabei verwendeten Hilfsmittel – so werden die in der Vergangenheit liegenden Handlungskomplexe durch braunstichig eingefärbte Dokumentarfilmteile eingeleitet: eine zeitlich klar orientierende optische Unterstützung – lassen jedoch das Geschehen des Jahres 1945 recht »sattfarbig« hervortreten. Die Härte dieser Zeit tritt zu sehr in den Hintergrund, die historischen Details werden nicht genau genug. (Friedrich Salow, *Filmspiegel* 14/1974)
NEBENBEI: Josef Abrhám, der den Hanousek spielt, gehörte schon damals zu den bekannten tschechischen Schauspielern. Seine Popularität in der DDR vergrößerte sich noch, als er eine der Hauptrollen in der Fernsehserie *Das Krankenhaus am Rande der Stadt* übernahm. – Alle Atelieraufnahmen entstanden in Babelsberg. Die Außenaufnahmen fanden außer an Originalschauplätzen in Marienbad auch in der DDR an der Grenze zur CSSR statt, weil sich das typische Gepräge der damaligen Grenzdörfer dort erhalten hatte. Hier wurde auch u.a. eine wichtige Szene mit der Sprengung einer alten Brücke gedreht.

SCHÜSSE UNTERM GALGEN

RE: Horst Seemann, SZ: Wolfgang Held, LV: Motive des Romans »Kidnapped« von Robert Louis Stevenson, DR: Walter Janka, KA: Jürgen Brauer, MU: Wolfram Heicking, SB: Hans Poppe, Jochen Keller, KO: Elisabeth Selle, SC: Erika Lehmphul, PL: Siegfried Kabitzke, GR: KAG »Babelsberg«, m: 2938 = 108 min, s/w, Cine, PJ: 1966/67, PM: 22.6.1968, PM-Ort: Schwerin, Freilichtbühne
DA: Werner Kanitz (David Balfour), Alena Procházková (Catriona), Thomas Weisgerber (Alan Breck), Herwart Grosse (Alexander Balfour/ Ebenezer Balfour), Hans Hardt-Hardtloff (Kapitän), Werner Lierck (Joe), Jochen Thomas (Schäfer), Helmut Schreiber (Bootsmann), Peter Dommisch (Steuermann), Edgar Külow (Roter Fuchs), Kati Székely (Katherine), Gerd E. Schäfer, Herbert Köfer, Gerry Wolff, Nico Turoff, Fred Delmare, Horst Papke, Fred Düren, Traudl Kulikowsky, Monica Bielenstein, Gerd Ehlers u.a., GE: Horst Krüger, Ina Martell
INHALT: Mitte des 18. Jahrhunderts in Schottland. David Balfour, Sohn eines armen Lehrers, erfährt vom sterbenden Vater, daß er der rechtmäßige Erbe von Schloß Balfour ist, in dem sein Onkel Ebenezer lebt. David macht sich auf, sein Erbe zu besichtigen. Sein geld- und machtgieriger Onkel aber ist nicht zum Verzicht bereit, nimmt David gefangen und will ihn als Sklaven nach Amerika verkaufen. Der junge Mann findet Freunde, die mit ihm für sein Recht streiten: den adligen Rebellen Alan Breck und das hübsche Bauernmädchen Catriona, das ihn liebt. Auch die ausgebeuteten Bauern der Umgebung helfen. Als David sein Recht erkämpft hat, verzichtet er jedoch freiwillig. Er distanziert sich von den Ausbeutern und zieht ein einfaches Leben mit Catriona vor.
ZUM FILM: Trotzdem Kameramann Jürgen Brauer Stimmungen zu bauen verstand, litt die Adaption des bekannten Abenteuerromans doch

unter der Entscheidung, den Film in Schwarzweiß zu drehen. Ein Kabinettstück lieferte Herwart Grosse in einer Doppelrolle.
ECHO: Horst Seemann macht seinem Namen wieder einmal alle Ehre, indem er jede Menge Wasser auf die Leinwand befördert. Selbst das titelträchtige Mordinstrument befindet sich nur einen Fußbreit vom Meer entfernt. Seemann, Szenarist Wolfgang Held und Dramaturg Walter Janka wollten mit ihrem Film der Flut blutrünstiger und verlogener westlicher Abenteuerschinken etwas historisch Hieb- und Stichfestes entgegensetzen. Auf Hiebe und Stiche sollte natürlich trotzdem nicht verzichtet werden; zu überzeugender Perfektion freilich sind die Filmschöpfer nicht gelangt. Zwischen allerhand sozialen Schaurigkeiten erfolgt die obligatorische Lyrik-Einlage mit einer Prise FKK. (Renate Holland-Moritz, *Eulenspiegel* 28/1968)
NEBENBEI: Hauptdarsteller Werner Kanitz war zur Zeit der Dreharbeiten noch Schauspielstudent. Der David Balfour blieb seine einzige zentrale Rolle in einem DEFA-Film.

DAS SCHULGESPENST

(Kinderfilm)
RE: Rolf Losansky, SZ: Peter Abraham, LV: Gleichnamiges Kinderbuch von Peter Abraham, DR: Carmen Blazejewski, KA: Helmut Grewald, MU: Reinhard Lakomy, SB: Jochen Keller, KO: Elke Hersmann, TR: Heiko Ebert, Tony Loeser, Erich Günther, SC: Ilse Peters, PL: Gerrit List, GR: GR »Roter Kreis«, m: 2303 = 84min, fa, brw, PJ: 1985/86, PM: 7.2.1987, PM-Ort: Gera, »Palast-Theater«
DA: Nicole Lichtenheldt (Carola Huflattich), Ricardo Roth (Willi Neuenhagen), Karin Düwel (Prohaska, Lehrerin), Barbara Dittus (Mutter Huflattich), Dietmar Richter-Reinick (Vater Huflattich), Rolf Ludwig (Hausmeister Potter), Walfriede Schmitt (Direktorin), Günter Schubert (Palisander, Sportlehrer), Jörg Panknin (Anton), Gertraud Kreißig (Frau Potter), Carl Heinz Choynski, Evamaria Bath, Ruth Kommerell, Axel Wandtke, Andrea Held u.a.
INHALT: Carola geht in die 4. Klasse. Was ihr an der Schule gefällt, sind aber lediglich der Sportunterricht und der Unfug, den man in den Pausen anstellen kann. Glücklicherweise hat sie in Willi einen guten Freund, der ihr mit Vorsagen zur Seite steht. Sie erfindet aus Spaß einen Weltgespenstertag und ein Gespenst, mit dem sie die Rolle tauscht. Während das Gespenst in Carolas Gestalt durch Fleiß, Ordnungssinn und gute Leistungen alle in Verwunderung versetzt, stiftet Carola als Gespenst einige Verwirrung. Doch der ungezügelte Spaß wird ihr bald über, und sie möchte in ihre richtige Gestalt zurück. Das Gespenst weigert sich. Carola gibt sich Willi zu erkennen und bittet ihn um Hilfe. Er muß einen Spiegel besorgen, durch den die Verwandlung möglich wurde. Der befindet sich in den Händen der Lehrerin, aber Willi weiß wie immer Rat.
ZUM FILM: Aus dem Buch von Peter Abraham machte Rolf Losansky einen rundum gelungenen Film, der eventuell eine noch stärker satirische Sicht auf die Gegenwart vertragen hätte.
ECHO: Ich meine, es hätte die Unterhaltsamkeit und Heiterkeit des Films keinesfalls geschmälert und die Gefühlsebene vertieft, wenn sich die wundersame Gespenstergeschichte aus einer härteren Alltagsrealität entwickelt hätte, wenn man sie deutlicher erlebt hätte als kindliche Sehnsucht, Auszubrechen aus schulischem Leistungsdruck und familiärem Streß. (Rosemarie Rehahn, *Wochenpost* 7/1987)
Viele Szenen sind auf Pointen hin geschrieben; der Film hat ein enormes Tempo, von der ersten Sekunde an dominieren kurze, präzise Einstellungen, die moderne Sehgewohnheiten berücksichtigen. Reinhard Lakomy komponierte ein Titellied, das ins Ohr geht. (Ralf Schenk, *Weltbühne* 8/1987)
Rolf Losansky ist ein hübscher Film mit malerischen Bildern gelungen. Er hat Witz, Spannung und fängt Kinderbuchpoesie ein. Das Gespenst »Buh« ist kein Monster, das einem Ufo entsteigt, sondern es sieht aus, als stamme es aus der Zeichentrickkiste, mit naiver Feder gemalt. Nicht nur die kleinen Zuschauer werden es gern haben. (Bettina Naber, *Hamburger Abendblatt*, 9.6. 1988)
NEBENBEI: In der Bundesrepublik erhielt der Film 1987 in Essen den »Blauen Elefanten« der Kinderjury und in der DDR 1988 den Kritikerpreis »Große Klappe«.

DIE SCHWARZE GALEERE

RE: Martin Hellberg, BU: Martin Hellberg, LV: Gleichnamige Erzählung von Wilhelm Raabe,

DR: Hans-Joachim Wallstein, KA: Karl Plintzner, MU: Wilhelm Neef, BA: Harald Horn, Erich Zander, KO: Walter Schulze-Mittendorf, SC: Ursula Rudzki, PL: Siegfried Kabitzke, GR: KAG »Solidarität«, m: 2691 = 99 min, s/w, Tovi/4-Kmgt, mgt, PJ: 1961/62, PM: 10.7.1962, PM-Ort: Berlin, »Colosseum«
, DA: Dietrich Körner (Jan Norris), Gerry Wolff (Jeronimo), Gerhard Rachold (Leone della Rota), Hans-Peter Minetti (Antonio Valani), Beate Hanspach (Myga), Else Wolz (Marthe), Raimund Schelcher (König Philipp II.), Alexander Papendiek (Bordwache), Peter Kiwitt (Gouverneur Liefkenshoef), Hermann Stövesand (Kapitän der »Schwarzen Galeere«), Hansjoachim Büttner, Fritz Decho, Johannes Arpe, Walter E. Fuß, Friedrich Teitge, Fred Kötteritzsch, Marianne Wünscher, Barbara Dittus, Fred Delmare, Willi Michaelis u.a.
INHALT: Antwerpen am Ende des 16. Jahrhunderts. Zum zweiten Mal fällt die Stadt in die Hände der plündernden und mordenden Spanier. Jan und Myga sind gerade zehn Jahre alt. Während Mygas Vater versucht, sich mit den Spaniern zu arrangieren, verläßt Jan mit seinem Vater das besetzte Land. Als Jan zum Jüngling herangewachsen ist, geht er zu den Geusen, und man vertraut ihm als Steuermann mit der »Schwarzen Galeere« das beste Schiff an. Er übersteht zahlreiche Kämpfe und Gefahren, wird eines Tages jedoch von den Spaniern gefangengenommen. Er befreit nicht nur sich, sondern auch seine geliebte Myga aus den Händen der Feinde. 1609 müssen die Spanier die Unabhängigkeit der Nordprovinzen endgültig anerkennen.

ZUM FILM: Die Adaption der Novelle von Wilhelm Raabe litt unter theatralischen Momenten, zu denen vor allem die zu literarischen Dialoge zählten.
ECHO: Die Achtung vor dem dichterischen Wort, die sich bei der Umsetzung der Dramatiker Calderon und Schiller bewährte, wird fragwürdig bei einem Epiker und Novellisten wie Raabe. Hier erweist sich, daß wortreiche und pathetische Dialoge, auch wenn sie fast wörtlich im Werk des Dichters nachweisbar sind, der optischen Dramaturgie des Films widersprechen. (*Tribüne*, 14.7.1962)
Prof. Martin Hellberg als Autor und Regisseur zeigt Triumph und Niederlage im Lager der Eroberer, Zerrissenheit und in den Geusen heranwachsende Kraft des nationalen Widerstands, ohne den dramaturgischen Zusammenhang zwischen dem Einzelschicksal und dem Volksschicksal herstellen zu können. Auch der Versuch, durch einen erzählenden Chronisten diese Einheit zu erreichen, vermag daran wenig zu ändern. Hinter den langen Passagen der Spezialaufnahmen Ernst Kunstmanns treten die Menschen vollends zurück, und das Schlachtgetümmel triumphiert. (Heinz Hofmann, *Sonntag* 19.8. 1962)
NEBENBEI: Hauptdarsteller Dietrich Körner, damals noch ein Filmneuling, wurde schnell einer der wichtigen Charakterdarsteller bei Film und Fernsehen und zählt seit Jahrzehnten zu den wichtigen Protagonisten des Deutschen Theaters Berlin.

DIE SCHWARZE MÜHLE

(DFF-Auftragsproduktion, Kinderfilm)
RE: Celino Bleiweiß, SZ: Günter Kaltofen, LV: Erzählung »Die schwarze Mühle« von Jurij Brezan, DR: Beate Hanspach, KA: Günter Marczinkowsky, MU: Andrzej Korzynski, SB: Alfred Hirschmeier, KO: Lydia Fiege, SC: Erika Lehmphul, PL: Dieter Dormeier, P: DEFA für DFF, m: 2479 = 90 min, SD: 25.12.1975, AD: 3.12.1976

DA: Leon Niemczyk (Müller), Klaus Brasch (Krabat), Wolfgang Penz (Markus), Irma Münch (Mutter), Monika Woytowicz (Mirka), Peter Bause (Jan), Dieter Montag (König), Herbert Köfer (Minister), Bruno Carstens (Schmied), Günter Drescher (Schuhmacher), Bodo Krämer, Klaus Nietz, Uwe Kockisch, Michael Kann, Peter Friedrichson

INHALT: Krabat, ein von Not und Wissensdurst gleichermaßen getriebener Wanderbursche gerät in die Macht des tyrannischen »Schwarzen Müllers«, der durch seine magische Mühle allen Furcht einflößt. Erst in verzweifelter Lage gelingt es, den Müller zu besiegen. (*Lexikon des Internationalen Films*)

ZUM FILM: Der sorbische Dichter Jurij Brezan hatte das sorbische Volksmärchen »Krabat« zu einer Erzählung verarbeitet. Auf ihrer Grundlage drehte Celino Bleiweiß für das Kinderfernsehen den abenteuerlichen Märchenfilm, der auch im Kino ein Erfolg wurde.

ECHO: Prägnante, bildhafte Dialoge sowie eine überschaubare, dynamisch gesteigerte, immer wieder neue Akzente setzende Fabel sind dieser dramatischen Version des Märchens eigen, die zweifellos zu den schönsten und gelungensten Fernsehbearbeitungen gezählt werden kann. Regisseur Celino Bleiweiß und Szenenbildner Alfred Hirschmeier vermochten dem Spiel stets Atmosphäre zu geben, warteten mit einer Fülle von Einfällen und köstlichen szenischen Lösungen auf, die sich aber nie verselbständigen. (K. J. Wendlandt, *Neues Deutschland*, 28.12.1975)

NEBENBEI: In Gera erhielt *Die schwarze Mühle* 1977 den Preis des Ministers für Kultur für den besten Kinderspielfilm. – Hauptdarsteller Klaus Brasch war der Bruder der Schriftsteller Thomas und Peter Brasch. Er starb 1980 kurz vor seinem 30. Geburtstag, wenige Wochen nach der Premiere von → *Solo Sunny*, wo er als einer der Protagonisten einen letzten Erfolg hatte.

SCHWARZE PANTHER

RE: Josef Mach, BU: Dorothea Richter, Paul Berndt, DR: Gerhard Hartwig, KA: Jaroslav Tuzar, MU: Helmut Nier, SB: Dieter Adam, KO: Günther Schmidt, SC: Anneliese Hinze-Sokolow, PL: Dorothea Hildebrandt, GR: KAG »Roter Kreis«, m: 2393 = 88 min, fa, Cine, PJ: 1966, AD: 5.8. 1966

DA: Angelika Waller (Martina), Christine Laszar (Christina), Hannjo Hasse (Leon), Helmut Schreiber (Dittrich), Horst Kube (Paul), Gerd Ehlers (Direktor), Ivan Malré (Spielleiter), Horst Jonischkan (Peter Bosanzo), Werner Dissel (Feldmann), Günter Junghans (Werner Weber), Otmar Richter, Gisbert-Peter Terhorst, Ilse Voigt, Walter E. Fuß, Willi Schrade u.a.

INHALT: Der Artist Carvelli möchte mit seiner 17jährigen Tochter Martina ein sensationelles Duo am Perch werden. Martina aber stellt fest, daß die Hochseilartistik ihr nicht liegt. Sie hat Angst. Mit Kleinigkeiten aber will sie sich auch nicht abgeben und beschließt, Dompteuse zu werden. Die schwarzen Panther haben es ihr angetan. Dompteur Dittrich, den sie liebt, will sie jedoch nicht zu den gefährlichen Tieren lassen. Also beschließt sie, den Beruf von der Pike auf zu lernen und nimmt eine Tierpfleger-Lehre im Tierpark an. An ihrem letzten Abend kommt es zu einem Zwischenfall. Dittrich wird von den Panthern bedroht. Und plötzlich steht Martina neben ihm im Käfig und bändigt die Raubkatzen. Sie hatte nachts heimlich mit ihnen trainiert.

ZUM FILM: Der tschechoslowakische Regisseur Josef Mach inszenierte einen bunten Zirkusfilm,

glättete jedoch psychologische Konflikte, die im Buch ansatzweise zu finden waren, so daß die Spannung schnell erlahmte.
ECHO: Jetzt ist der Film *Schwarze Panther* dem Publikum bekannt geworden. Offensichtlich – die Zuschauerzahlen beweisen es – ist es mit ihm zufrieden. Die Gründe dürften in der Befriedigung des Schaubedürfnisses zu finden sein. Die artistischen Darbietungen sind zutreffend fotografiert. (Friedrich Salow, *Filmspiegel* 18/1966)
Der Film, den Josef Mach in Szene setzte, nimmt der Drehbuchfabel die entscheidenden Antriebe und Drehpunkte, läßt nur Fragmente übrig, degradiert die Heldin – zugespitzt gesagt – zum besseren Nummerngirl, das menschliches Kolorit für artistische Paraden liefert. (...) *Schwarze Panther* (zeigt) sich keineswegs frei von Klischees. Und diese Klischees sind von einer erstaunlichen gesellschaftlichen Indifferenz. Die Bezüge zu unserem Leben bleiben nur äußerliche Zutat. Sie berühren nicht den Kern. (Hartmut Albrecht, *Film-Wissenschaftliche Mitteilungen* 3/4/1966)
NEBENBEI: Im Film sind verschiedene, damals bekannte Zirkusnummern zu sehen, darunter das Ehepaar Schwenk mit seiner Luftperchnummer und die Clowns Jule und Bubi (August u. Julius Ehmke). Wesentlich für den Film war jedoch die Arbeit des Raubtier-Dompteurs Hanno Coldam, der im Film in einer Clownerie mit Löwen auftritt. Er dressierte international stark beachtete Raubtiergruppen. Seine Gruppe Schwarzer Panther war eine Weltsensation. Coldam starb 1992 im 60. Lebensjahr.

SCHWARZER SAMT

RE: Heinz Thiel, BU: Gerhard Bengsch, LV: Kriminalroman »Der scharlachrote Domino« von Fred Unger, DR: Joachim Plötner, KA: Horst E. Brandt, MU: Helmut Nier, BA: Alfred Tolle, KO: Werner Bergemann, SC: Anneliese Hinze-Sokolow, PL: Dieter Dormeier, GR: KAG »Heinrich Greif«, m: 2185 = 80 min, s/w, Tovi, AT: Der scharlachrote Domino, PJ: 1963, PM: 27.2.1964, PM-Ort: Berlin, »Babylon«
DA: Fred Delmare (Alexander Berg), Günther Simon (Manfred Sibelka), Christa Gottschalk (Helma Sibelka), Christine Laszar (Vera Gorm), Herbert Köfer (Dr. Kosel), Erich Gerberding (Hauptmann Jensen), Rudolf Ulrich (Oberleutnant Wohlfahrt), Christoph Engel (Pitt Steffens), Vera Oelschlegel (Karin Sommer), Trude Bechmann (Frau Igelfink), Hans Lucke, Manfred Zetzsche, Rolf Ripperger, Georg Michael Wagner, Winfried Wagner u.a.
INHALT: Die Festnahme eines Mannes, der gefälschte Papiere und Auto-Nummernschilder bei sich hat, bringt den Staatssicherheitsdienst auf die Spur einer gegen die DDR gerichteten Aktion, über deren Art allerdings noch Unklarheit herrscht. Der Sicherheitsbeamte Alexander Berg verfolgt die Spur, indem er in die Rolle des Kuriers, eines Fotografen, schlüpft. Am Berliner Treffpunkt steigt eine Dame ins Auto. Der Weg führt nach Leipzig, wo die Eröffnung der Messe kurz bevorsteht. Berg weiß zu wenig, um handeln zu können, er muß die Dinge an sich herankommen lassen. Er wird mit einer Gruppe undurchsichtiger Personen und einem Unternehmen »Schwarzer Samt« konfrontiert. Auf der Messe soll der vermeintliche Fotograf einen Schnappschuß machen, aber welchen? Mit Klugheit und Mut kann er das Rätsel schließlich lösen und einen Sabotageakt bei der Messe-Eröffnung verhindern, der das Ansehen der DDR schädigen sollte.
ZUM FILM: Wieder stellt das Team Thiel/Bengsch/Brandt die Arbeit der Staatssicherheitsorgane in einem Krimi in den Mittelpunkt und

bietet dabei durchschnittlich spannende Unterhaltung.
ECHO: Ein spannender Film. Ein im Kern politisches Thema wird mit allen erdenklichen Krimi-Effekten vorgeführt. Nachteil des von Gerhard Bengsch (...) geschriebenen Drehbuchs: Um äußerer Spannung willen wird manchmal auf innere Logik verzichtet; durch einen allzu komplizierten Aufbau ihrer Pläne scheinen die Agenten sich selbst Steine in den Weg zu legen. (H. U., *Neue Zeit*, 6.3.1964)
Wieder wird uns ein Superman serviert, der den schwierigen Fall nahezu im Alleingang aufklärt. Den Superman stellt Fred Delmare dar, womit das Beste über den Film auch schon gesagt wäre. (Renate Holland-Moritz, *Eulenspiegel*, 1. April-Heft 1964)
NEBENBEI: Der Charakterkomiker Fred Delmare, meist in Chargen eingesetzt, bewies hier, daß er durchaus einen Film »tragen« kann.

SCHWARZER ZWIEBACK
(Co-Produktion DDR/UdSSR)
RE: Herbert M. Rappaport, SZ: Michail J. Blejman, Edith Gorrish, LV: Gleichnamiger Erlebnisbericht von Jelisaweta Drabkina, DR: Alexander S. Shurawin, Dieter Wolf, KA: Eduard A. Rosowski, Rolf Schrade, MU: Alexander D. Mnatzakanjan, SB: Wsewolod S. Ulitko, Richard Schmidt, KO: Katrin Johnsen, Ninelle G. Lew, SC: Isolde L. Golowko, PL: Erich Albrecht, Juri A. Dshogorow, GR: KAG »Babelsberg«, m: 2304 = 84 min, fa, Cine, PJ: 1971, PM: 15.3.1972 (UdSSR), 13.4.1972 (DDR), PM-Ort: Moskau, »Mir«/Berlin, »Colosseum«, CO: Lenfilm, Leningrad, Russ. Titel: Tschornyje suchari
DA: Natalja Warlej (Tanja), Rüdiger Joswig (Kurt), Nikolai Merslikin (Woronin), Wiktor Uralski (Kajumow), Jessy Rameik (Betsy), Harald Hauser (Kirchner), Willi Neuenhahn (MacLane), Bruno O'Ýa (Stone), Johannes Knittel (Martin), Harry Hindemith (Neubert), Dietmar Obst, Rolf Herricht, Hans-Dieter Schlegel, Klaus Manchen, Gerd Michael Henneberg u.a.
INHALT: In Moskau verbindet sich die Feier zum ersten Jahrestag der Oktoberrevolution mit der Freude über die Nachricht von der Novemberrevolution in Deutschland. Der ehemalige Kriegsgefangene Kurt ist unter jenen, die auf der deutschen Botschaft die rote Fahne hissen. Die Moskauer haben beschlossen, trotz der eigenen Not den hungernden Klassenbrüdern Brot zu schicken. Die Komsomolzin Tanja begleitet die Solidaritätsspende, und im Zug sieht sie den heimkehrenden Kurt, der ihr schon zweimal begegnet ist, wieder. Zwischen ihnen entsteht eine starke Zuneigung. An der Grenze wird der Zug von konterrevolutionären deutschen Truppen überfallen. Es kommt zum Kampf, das wertvolle Brot wird vernichtet, Tanja schwer verwundet. Sie muß nach Moskau zurückgebracht werden. Kurt geht nach Berlin, um an der Seite der Revolutionäre zu kämpfen.
ZUM FILM: Die Co-Produktion entstand nach Erinnerungen der sowjetischen Revolutionärin Jelisaweta Drabkina. Obwohl die Zeitumstände realistisch dargestellt wurden, litt der Film unter dem Drehbuch, das die eher bescheidene Liebesgeschichte in den Mittelpunkt rückte.
ECHO: Bei aller Berücksichtigung der Besonderheiten einer filmischen Adaption ist es der Verlust der Erzählerpersönlichkeit, der für den Film zu beklagen ist. Das Szenarium von Edith Gorrish und Michail Blejmann scheint mir – gemessen an der literarischen Vorlage – zu klein angelegt. (...) (Es gibt) in diesem Film eine ganze Reihe erklärenswerter Zeiterscheinungen. Beispielsweise die Rolle der revolutionären Kunst, wie sie

sich in den Agitki, den Agitationszügen jener Zeit oder den ROSTA-Fenstern, den aufrüttelnden ironischen und kämpferischen Plakatserien Majakowskis niederschlug. Für den heutigen Zuschauer wirken der mit Losungen und Zeichnungen bedeckte Solidaritätszug ebenso befremdlich wie die gestellten lebenden Szenen beim Demonstrationszug anläßlich des ersten Jahrestages der Revolution. Dabei gehörtensie eigentlich zu den interessantesten Szenen des Films überhaupt, weil in ihnen Zeitkolorit am überzeugendsten sichtbar wird. (Margit Voss, *Filmspiegel* 10/1972)

NEBENBEI: Der österreichische Jude Herbert Rappaport arbeitete ab 1928 als Regieassistent in Berlin, als Emigrant in Paris und Hollywood, u.a. assistierte er mehrfach G.W. Pabst, bevor er 1936 in die Sowjetunion gerufen und in Leningrad ansässig wurde. Als sein Film-Regiedebüt adaptierte er 1938 Friedrich Wolfs antifaschistisches Stück *Professor Mamlock* (1961 bei der DEFA neu verfilmt). In der Folgezeit entwickelte er sich zu einem Spezialisten für Musik- und Unterhaltungsfilme, Komödien und Krimis. *Schwarzer Zwieback* war seine einzige Rückkehr zum deutschsprachigen Film. Kurz bevor er in seine Geburtsstadt Wien übersiedeln wollte, kam Herbert Rappaport 1983 unter ungeklärten Umständen ums Leben.

DER SCHWEIGENDE STERN

(Co-Produktion DDR/VR Polen)

RE: Kurt Maetzig, BU: Jan Fethke, Wolfgang Kohlhaase, Günter Reisch, Günther Rücker, Alexander Graf Stenbock-Fermor, Kurt Maetzig, LV: Roman »Planet des Todes« von Stanislaw Lem, DR: Hans-Joachim Wallstein, KA: Joachim Hasler, MU: Andrzej Markowski, BA: Anatol Radzinowicz, Alfred Hirschmeier, KO: Elli-Charlotte Löffler, TR: Ernst Kunstmann, Vera Kunstmann, Jan Olejniczak, Helmut Grewald, SC: Lena Neumann, PL: Hans Mahlich, GR: Gruppe »Roter Kreis«, m: 2580 = 95 min, fa, Tovi, 4-Kmgt, m: 2560 = 94 min, no, mgt, AT: Der Planet des Todes, PJ: 1959, PM (DDR): 26.2.1960, PM-Ort: Berlin, »Colosseum«, CO: Film Polski, Gruppe »Iluzjon«, Poln. Titel: Milczaca gwiazda, Titel in der BRD: Raumschiff Venus antwortet nicht

DA: Yoko Tani (Sumiko, japanische Ärztin), Oldrich Lukes (Hawling, amerikanischer Atomphysiker), Ignacy Machowski (Saltyk, polnischer Chefingenieur), Julius Ongewe (Talua, afrikanischer Fernsehtechniker), Michail N. Postnikow (Arsenjew, sowjetischer Astronaut), Kurt Rackelmann (Sikarna, indischer Mathematiker), Günther Simon (Brinkmann, deutscher Pilot), Ruth-Maria Kubitschek (Brinkmanns Frau), Eduard von Winterstein (Wissenschaftler), Eva-Maria Hagen (Reporterin), Karen Fredersdorf, Gertraud Kreißig, Nico Turoff, Erich Li, Fritz Decho u.a.

INHALT: Ein Raumschiff mit internationaler Besatzung, bestehend aus sieben Männern und der japanischen Ärztin Sumiko, unternimmt 1970 eine Expedition zur Venus. Man hatte erst jetzt herausgefunden, daß eine 1908 in der Wüste Gobi niedergegangene kosmische Spule von diesem Planeten stammt. Auf Funksprüche aber antwortete die Venus bisher nicht. Auf dem Weg gelingt es, den Inhalt der Spule zu entschlüsseln. Er besagt, daß die Venusbewohner 1908 einen Angriff auf die Erde planten. Obwohl es nicht dazu kam, erwartet die Mannschaft bei ihrer Landung nichts Gutes. Sie entdecken keine Lebewesen, nur technische Anlagen, die im Selbstlauf funktionieren. Eine gigantische Vernichtungsmaschinerie, die außer Kontrolle geraten sein muß, sich offensichtlich gegen ihre Erbauer gerichtet hat und noch immer riesige atomare Strahlung freisetzt. Das Raumschiff gerät in Gefahr, drei Besatzungsmitglieder opfern sich, damit die anderen zur Erde zurückkönnen – mit der Botschaft, daß von der Venus keine Aggression mehr droht.

ZUM FILM: Der erste utopische Film der DEFA (wie man Science-fiction-Filme in der DDR nannte) wurde zunächst als Co-Produktion mit Frankreich vorbereitet, dann aber mit Polen realisiert, weil man auf diese Weise die Überlegenheit der sozialistischen Gesellschaft besser zum Ausdruck zu bringen glaubte. Die Handlung des Films wurde kühnerweise vom Jahr 2000 bei Lem ins nur ein Dezennium entfernte Jahr 1970 verlegt.

ECHO: Es hätte ein populärwissenschaftlicher Lehrfilm werden können. Aber es wurde ein spannender Reißer von hohem Niveau. Er bezieht seine Spannung aus vielerlei Richtungen. Einmal ist man gespannt auf und durch die technischen Möglichkeiten, die wir in zehn Jahren haben werden. Es ist keine unüberbrückbare Kluft zwischen dem, was wir heute wissen können, und dem, was in zehn Jahren sein wird; aber eine Spur davon *sehen* – das ist atemberaubend. (...) Und dann sind da die Tricks, die »Spezialaufnahmen« von Vater und Tochter Kunstmann. Das ist wirklich eine Krönung ihrer bisherigen kunstvollen Arbeit; Start und Landung des Kosmikratos, Blick aus der Kanzel auf Erde, Mond und Weltall, das Leben und Nichtleben auf der Venus und die schrecklichen Erscheinungen dort auf dem schweigenden Stern. Diese Spezialaufnahmen fügen sich – das war nicht immer so – dieses Mal nahtlos in das Ganze ein. Wirklich – das ist die Spitze des Weltniveaus. (Karl-Eduard v. Schnitzler, *Filmspiegel* 6/1960)

NEBENBEI: In einer früheren Phase des Filmprojekts war der schwedische Star Ulla Jacobsson für eine der Hauptrollen vorgesehen.

SCHWEIN GEHABT

RE: Karl-Heinz Heymann, BU: Roland Kästner, Karl-Heinz Heymann, LV: Erzählung »Das Schulschwein« von Walter Püschel, DR: Manfred Fließ, KA: Otto Hanisch, MU: Karl-Ernst Sasse, SB: Heike Bauersfeld, KO: Werner Bergemann, SC: Renate Bade, PL: Martin Sonnabend, GR: GR »Berlin«, m: 2223 = 82 min, fa, PJ: 1986/87, PM: 11.2.1988, PM-Ort: Berlin, »Colosseum«

DA: Manuel Soubeyrand (Hadubrant), Uwe Kockisch (Pfarrer), Dieter Montag (Stuten-Kalle), Christian Grashof (Gummi-Latsch), Margit Bendokat (Gertrud), Birgit Schneider (Anne-Grete), Ellen Thormann (Olly), Rolf Ludwig (Eiche-Bauer), Herbert Olschok (Eugen) Horst Krause (Rülke-Bauer), Olly Dille, Klaus-Dieter Klebsch, Katharina Tomaschewsky, Wolfgang Winkler, Mario Wilke u.a.

INHALT: Winter 1945/46. Neulehrer Hadubrant wird von Olly, der vierzehnjährigen Tochter seiner Wirtin, zum Diebstahl eines Wildschweins verleitet. Es ist in Ollys Falle gegangen, da Wild aber Eigentum der Sowjetarmee ist, will Hadubrant es einem guten Zweck zuführen: der Schulspeisung. Im Dorf aber sind noch andere an dem Schwein interessiert. Der Bürgermeister will es, um seinen Fleischplan zu erfüllen, der Pfarrer will es gegen Kohlen tauschen, um seine Kirche zu heizen, der Polizist möchte es dem rechtmäßigen Besitzer abliefern, und einige wollen es ganz einfach essen. Das Schwein verschwindet immer wieder auf mysteriöse Weise. Hadubrants

Einsatz für seine gemeinnützige Sache bringt ihm schließlich eine Delegierung in die Kreisstadt zu »höheren Aufgaben« ein.
ZUM FILM: Die Umformung eines Kinderbuches in eine Filmgroteske für erwachsene Zuschauer ergab ein ländliches Lustspiel, das seinem historischen Hintergrund nicht gerecht wurde.
ECHO: Das schnauft sich müde von Blödelei zu Blödelei, in kurzen Momenten des Glücks schwingt sich hinauf bis zum Kabarett. Dazwischen dann – und ich rieb mir erst die Augen, mich einer Halluzination verfallen hoffend – wird assoziativ Kunst gemacht, unmotiviert und stillos hineingewuchtet. Wie mag wohl die unglückselige Idee geboren worden sein, in dieses filmische Dorftheater Zeitlupen hineinzuschneiden? (Henryk Goldberg, *Filmspiegel* 7/1988)
Nach erster Besichtigung des Films hatte ich Augenschmerzen, und ein Mühlrad ging mir im Kopf herum. Das lag sowohl an einer Vielzahl von Nachtaufnahmen (Kamera: Otto Hanisch) als auch an dem bis zur Unverständlichkeit verworrenen Handlungsablauf. Der zweite Besuch brachte zwar etwas Licht ins Dunkel, doch einleuchtender wurde das ganze Tohuwabohu trotzdem nicht. (Renate Holland-Moritz, *Eulenspiegel* 10/1988)
NEBENBEI: Der Hund Tschapajew, der keine unwesentliche Rolle spielt, gehörte dem Szenaristen Roland Kästner.

SCHWIERIG SICH ZU VERLOBEN

RE: Karl-Heinz Heymann, SZ: Karl-Heinz Heymann, DR: Gabriele Kotte, KA: Günter Haubold, MU: Reinhard Lakomy, SB: Jochen Keller, KO: Günther Pohl, SC: Helga Krause, PL: Wolfgang Rennebarth, GR: GR »Roter Kreis«, m: 2340 = 86 min, fa, brw, AT: Von der Schwierigkeit sich zu verloben, PJ: 1982, PM: 24.2.1983, PM-Ort: Berlin, »Kosmos«
DA: Ulrike Krumbiegel (Brigitta), Werner Tritzschler (Wolfgang), Marie Gruber (Dora), Thomas Wolff (Martin), Claudia Wenzel (Bärbel), Hermann Beyer (Rudi), Petra Hinze, Wolfgang Winkler (Brigittes Eltern), Monika Lennartz, Gerd Staiger (Wolfgangs Eltern), Horst-Günter Marx, Ostara Körner, Dirk Nawrocki, Ulrike Stanelle, Gertraut Last u.a.
INHALT: Sie leben in einer Kleinstadt, die 18jährige Biggi und der zwei Jahre ältere Wolle. Er ist Schlosser, sie Lehrling in einer Verkaufsstelle. Ihre Begegnung findet in einem Gewächshaus statt, sie fühlen sich sofort zueinander hingezogen, bleiben zusammen. Sie leben wie die meisten jungen Leute, sind viel in der Disco, fahren Motorrad, meiden das Fernseheinerlei im Elternhaus. Wolle träumt von Abenteuern, und als Biggi ihm ihre Schwangerschaft gesteht, ist er nicht gerade begeistert. Er macht sich rar, arbeitet in einer Montagebrigade auswärts, beginnt ein Verhältnis mit einem anderen Mädchen. Biggi läßt die Schwangerschaft unterbrechen, beginnt ein Fachschulstudium, lernt einen anderen Mann kennen. Glücklich werden sie beide nicht, und so finden sich Biggi und Wolle eines Tages wieder zusammen, reifer geworden. Sie wagen einen Neuanfang.
ZUM FILM: Karl-Heinz Heymanns zweiter Film war ein sympathischer, gut beobachteter Film über das Lebensgefühl junger Leute in der DDR-Provinz. Heymann hatte das Szenarium bereits 1979 abgeschlossen, freigegeben wurde es drei Jahre später, aber unaktuell war es nicht geworden.
ECHO: Mit Ulrike Krumbiegel und Werner Tritzschler fand der Regisseur zwei Schauspieler, mit denen er seine Autoren-Figuren im Spiel entwickeln und vervollkommnen konnte. Das wirkt so unmittelbar, naiv und auch bemüht selbstbewußt, ist rührend und zugleich imponierend, hat einen komischen Charme, der bei uns selten ist. (...) Der Film gewinnt inneres Tempo, wenn er die Solo-Passagen verläßt. Gut erfaßt sind die Motive des Auseinanderlaufens und Aufeinanderzugehens der zwei, die schon Verliebte sind, aber noch nicht Liebende, schon vereint und doch noch so weit entfernt sind in ihren Erwartungen, Träumen, Plänen und Reaktionen. Miteinander schlafen ist leichter als miteinander reden, und erst am Ende kann man hoffen, daß beides klappt. Schön ist die Szene, in der er sich von ihr die wunderbar langen Haare armeereif schneiden läßt: Wehmut und Entschiedenheit, Zärtlichkeit und Komik sind in diesem intimen, gar nicht ironisierten oder hochstilisierten Vorgang. (Peter Ahrens, *Weltbühne* 11/1983)
Ich quittierte erfreut und angeregt die Bekanntschaft mit dem fernsehgeplagten Schlosser Wolle

(...) und der sensiblen Verkäuferin Biggi (...) und wartete auf eine spannende, interessante, humorvolle Geschichte. Vergeblich. Denn es geschieht einfach zu wenig, was der filmischen Mitteilung wert wäre. (Renate Holland-Moritz, *Eulenspiegel* 17/1983)
... steht diese Babelsberger Produktion in der DEFA-Tradition der sogenannten Alltagsfilme eines dokumentaren Realismus. Mit ihren Vorläufern teilt sie die wahrheitsgemäße Abbildung einer nachprüfbaren Wirklichkeit, aber auch den Mangel an äußerer Dramatik und tiefergehenden Konflikten. Zu weiterreichenden Dimensionen unter der Oberfläche der Erscheinungen dringt Heymann nicht vor, aber man spürt, daß er mit den Figuren und deren Umgebung, die er vorstellt, vertraut ist. (Heinz Kersten, *Tagesspiegel*, 3.4.1983)
NEBENBEI: Ulrike Krumbiegel, damals noch Schauspielstudentin, gab in diesem in der brandenburgischen Provinzstadt Jüterbog gedrehten Film ihr Kino-Debüt, ebenso wie Werner Tritzschler, der damals in Karl-Marx-Stadt engagiert war und bald in den Westen entschwand.

DER SCHWUR DES SOLDATEN POOLEY
(DFF-Auftragsproduktion)
RE: Kurt Jung-Alsen; BU: Franz Fühmann, Kurt Jung-Alsen, LV: Tatsachenbericht »The Vengeance of Private Pooley« von Cyril Jolly, DR: Günter Kaltofen, KA: Rolf Sohre, MU: André Asriel, SB: Artur Günther, KO: Ingeborg Wilfert, SC: Anneliese Hinze-Sokolow, PL: Werner Dau, P: DEFA für DFF, GR: »Solidarität«, m: 2125 = 76 min, sw, no, PJ: 1961, SD: 17.12.1961, AD: 31.5. 1963, engl. Titel: The Oath of the Soldier Pooley, The Story of Private Pooley
DA: Garfield Morgan (Alfred Pooley), John Rees (Bill Carter), Cécile Chevreux (Madame Creton), Ferdy Mayne (Geheimdienstoffizier), Alfred Müller (Hauptsturmführer Fross), Andrew Ray (Nobby), Ronald Leigh-Hunt (Schottischer Major), Lawrence Davidson (Englischer Leutnant), Charles Houston (Lageroffizier), Jennifer Wilson (Mrs. Pooley), Jürgen Frohriep, Hans Hardt-Hardtloff, Hans Pitra, Gerry Wolff, Günther Ballier u.a.
INHALT: Alfred Pooley, ein englischer Soldat, der im Frankreichfeldzug am 27. Mai 1940 in deutsche Kriegsgefangenschaft gerät und ein Massaker der SS überlebt, dem 97 englische Soldaten und Offiziere zum Opfer fallen, sucht nach dem Krieg den Verantwortlichen für die völkerrechtswidrige Vernichtung der englischen Einheit und tritt als Zeuge in einem Prozeß gegen ihn vor einem englischen Militärgericht auf. (f.b.h.)
ZUM FILM: Der dokumentarische Fernsehfilm war eine der wenigen Co-Produktionen der DDR mit Großbritannien. Franz Fühmann und Kurt Jung-Alsen, die schon mit → *Betrogen bis zum jüngsten Tag* für einen internationalen Erfolg der DEFA verantwortlich zeichneten, schufen diesen Film, der den historischen Fall geradlinig und ohne falsche Sentimentalitäten schildert.
ECHO: *Der Schwur des Soldaten Pooley* ist ein Erlebnis nicht nur durch seinen einmaligen Stoff, sondern auch durch die eigenwillige ungewöhnliche künstlerisch-dokumentarische Gestaltung. (...) Der Film ist von einer fast unheimlichen Spannung erfüllt. Durch die intensiven Schauspielerleistungen, sehr rhythmische Montagen und packende Großaufnahmen werden besonders die Massaker-Szene und die Verhöre (...) zu erregenden dramatischen Höhepunkten. (A. N., *Mitteldeutsche Neueste Nachrichten*, 19.12.1961)

Es darf nicht übersehen werden, daß hier ein bemühter DDR-Regisseur mit den Schwierigkeiten der Darstellung eines solchen Falles ringt und die Schwierigkeiten durchaus nicht verbirgt. Natürlich geht die Mischung aus planem Fernsehbericht und ein wenig von Resnais abgegucktem Zeitsprung-Verfahren nicht auf; immerhin gehört der Film in die Reihe der Versuche, eigene sozialistisch-realistische Gewißheiten ein wenig in Frage zu stellen. Die Geschichte hätte auch zu einem Helden-Epos werden können. So schwingt in allen Phasen eigentlich Bitterkeit und Melancholie mit. (Heinz Ungureit, *Filmkritik* 9/1965)
NEBENBEI: Der Film wurde auf dem Internationalen Fernsehfestival in Alexandria/Ägypten 1963 mit dem »Goldenen Sonnenboot« ausgezeichnet. – Kurt Jung-Alsen entdeckte den deutschen Emigranten Ferdy Mayne mit diesem Film für das deutsche Fernsehen. Mayne, der seit Beginn der fünfziger Jahre im britischen Film gespielt hatte, trat noch in einem weiteren Film des DFF auf und machte später, nicht zuletzt durch seine Hauptrolle in Roman Polanskys *Tanz der Vampire* internationale Karriere. – Den Pooley synchronisierte Rudolf Ulrich, der auch in der kleinen Rolle des Soldaten Max auftrat.

DER SCHWUR VON RABENHORST

(Kinderfilm)

RE: Hans Kratzert, SZ: Gudrun Deubener, DR: Thea Richter, KA: Wolfgang Braumann, MU: Gunther Erdmann, SB: Erich Krüllke, KO: Barbara Braumann, SC: Helga Krause, Carola Schäfer, PL: Uwe Kraft, GR: GR »Roter Kreis«, m: 2245 = 82 min, fa, PJ: 1986, PM: 8.2.1987, PM-Ort: Jena, »Capitol«

DA: Barbara Schnitzler (Thomas' Mutter), Marc Hetterle (Lehrer Mathies), Manfred Gorr (Ernsts Vater), Ruth Kommerell (Thomas' Großmutter), Jürgen Zartmann (Walter Mehrin), Horst Rehberg (Bürgermeister Kunzendorf), Wolfgang Greese (Pfarrer), Wolfgang Winkler (Schmied Krösch), Petra Gorr (Frau Weise), Roland Kuchenbuch (Bauer König), die Kinder Sven Haverland, Nadine Franke, Thomas Schimanke, Axel Rölleke u.a.

INHALT: 1949 gründen die Umsiedlerkinder Thomas und Renate mit dem Sohn des neuen Sägewerks-Direktors Ernst in einem Dorf in der Altmark den »Bund der Gerechten«. Störtebeker ist ihr Vorbild, sie wollen den Reichen nehmen und den Armen geben. Das Umsiedlerkind Marlies bekommt zwei Kaninchen, der Neulehrer eine geklaute Wolldecke. Bei den Erwachsenen stoßen ihre gutgemeinten Aktionen jedoch nicht auf Gegenliebe, und als der Lehrer Mathies eine Pioniergruppe ins Leben ruft, wechseln Thomas und Renate über. Ernst ist enttäuscht, handelt auf eigene Faust weiter. Aus der Dorfchronik erfahren die Pioniere, daß die Bruchwiesen, die sich der reiche Bauer Mehrin unter den Nagel gerissen hat, Gemeineigentum sind. Sie bauen dort einen Spielplatz. Eines Nachts geht der Spielplatz in Flammen auf. Ernst schließt sich den Pionieren bei der Tätersuche an.

ZUM FILM: Der sehr schematisch geratene Kinderfilm zeigt leider kein differenziertes, stimmiges Bild der Nachkriegsjahre, wie es Hans Kratzert noch in → *Der Wüstenkönig von Brandenburg* gelungen war.

ECHO: Ein paar didaktische Momente, wie richtiges Handeln zu sein habe, fehlen zwar nicht, aber insgesamt zeichnet sich der Film dadurch aus, daß er nicht alles ganz gründlich erklären will, daß einiges auch offen bleibt, daß eigenes Nachdenken angeregt wird. (H. U., *Neue Zeit*, 10.2.1987)

Sicher vermittelt dieser Film einen Eindruck von der Situation und dem Klassenkampf auf dem Lande in jenen Jahren; ein Vorzug scheint mir auch zu sein, daß er die Gründerzeit der Pionierorganisation nicht harmonisch glättet. Aber er hat auch gravierende Schwächen: neben den Kindern werden Umsiedler, Großbauern, ein Pfarrer, ein Neulehrer und andere Personen allzu schemenhaft ins Bild gesetzt; anstelle psychologischer Differenzierung sind Klischees bedient. (Ralf Schenk, *Weltbühne* 8/1987)

Der Film zerfällt in zwei Blöcke, bedient dabei zuviel Nebenlinien, die dann nur noch angedeutet werden können, und also unbefriedigt lassen. Schwächen der Figurenbeziehungen rücken so überdeutlich in den Vordergrund. Es fehlt auch die Kraft der Überzeugung, das Feuer des Engagements – der Funke springt nicht zum Zuschauer über. (Peter Herrmann, *Filmspiegel* 9/1987)

Die Möglichkeiten eines solchen Stoffes wurden nicht ausgeschöpft. Statt dessen setzt eine ideologische Schematisierung ein, die zu einem verklärten und verflachten Geschichtsbild führt. Der

zentrale Konflikt, der aus der unterschiedlichen sozialen Befindlichkeit resultiert, wird vordergründig in den von der Parteiführung propagierten Widerspruch zwischen den sogenannten reaktionären und den fortschrittlichen politischen Kräften umgebogen. (*Zwischen Marx und Muck*, 1996)
NEBENBEI: Barbara Schnitzler, die Thomas' Mutter spielt, ist die Tochter der bekannten Schauspielerin Inge Keller (→*Ärztinnen*) und des politischen Kommentators, Filmautors und zeitweiligen Filmkritikers Karl-Eduard v. Schnitzler.

DER SCOUT

(Co-Produktion DDR/Mongolische Volksrepublik)
RE: Konrad Petzold, CO-RE: Dshamjangijn Buntar, RE-Ass.: Helge Trimpert, , SZ: Gottfried Kolditz, DR: Gerd Gericke, KA: Otto Hanisch, Geserdshawijn Masch, MU: Karl-Ernst Sasse, SB: Heinz Röske, KO: Inge Kistner, SC: Brigitte Krex, PL: Rolf Martius, Bajarsajchangijn Mendbajar, GR: GR »Johannisthal«, m: 2726 = 100 min, fa, brw, PJ: 1982/83, PM (DDR): 27.5.1983, PM-Ort: Dresden, »Filmtheater Prager Straße«, CO: Kino-Studio Mongolkino, Ulan Bator
DA: Gojko Mitic (Weiße Feder), Nazagdordshijn Batzezeg (Cayuse-Mädchen), Klaus Manchen (Sergeant Anderson), Milan Beli (Major Bannigan), Giso Weißbach (Leutnant Brooks), Jürgen Heinrich (Soldat Hicks), Uwe Jellinek (Hunter), Manfred Zetzsche (Howard), Werner Kanitz (Stabssergant), Helmut Schreiber (Parker), Roland Seidler, Hartmut Beer, Konrad Petzold, Erdmute Schmidt-Christian, Heidrun Welskop u.a.
INHALT: 1877. Die Weißen ziehen immer weiter nach Westen über die Rocky Mountains. Der Stamm der Nez-Percés-Indianer wird von einer Kavallerietruppe in die Reservation getrieben. Um Flucht und Widerstand der Indianer unmöglich zu machen, werden ihre Pferde requiriert. Unterhäuptling Weiße Feder beschließt, die Pferde zurückzuholen. Er tarnt sich als harmloser Fischer und läßt sich von der Armee verhaften. Den Weißen ist er als Scout sehr willkommen und man steckt ihn zu der Pferdeherde, die nach Fort Lapwei getrieben werden soll – von nur sieben Soldaten. Doch unter ihnen befindet sich ein cleverer Sergeant, der zum starken Widersacher wird. Mit List gelingt es Weiße Feder, der durch andere Kämpfe geschwächten Armee die Pferde zu entreißen.
ZUM FILM: Gottfried Kolditz, der schon den Märchenfilm → *Die goldene Jurte* in der Mongolei gedreht hatte, schrieb diesen Indianerfilm gezielt dafür, die riesigen Wildpferdherden dieses weiten Landes zu nutzen. Der Spezialist dieses Genres starb jedoch während der Vorbereitungen des Films. So übernahm Konrad Petzold, der andere Indianerfilmspezialist der DEFA, nur zehn Tage vor Drehbeginn die Regie und änderte das Drehbuch nochmals. Der Film lebte stark von seinen Naturaufnahmen, erreichte jedoch nicht die Spannung früherer Indianerfilme.
ECHO: Sein *Scout* erweist sich als ein vordergründig gewiß publikumswirksamer Gojko-Film, zweifelsohne hat er aber zu viel Wasser von der großen Flußüberquerung abgekriegt. Er ist allenthalben ein bißchen wässrig, von routiniertem Mittelmaß geprägt, wieder einmal fehlt der echte dramatische Atem. Ein paarmal knistert's, wenn Klaus Manchen seine Szenen hat, dann wird's wieder langweilig, am Schluß peinlich trivial. (Kn., *Union*, 6.6.1983)
Daß es immer so wirkte, als trampelten alle 4000 Hufe über die mongolischen Ebenen, obwohl an manchen Tagen nur 250 Mustangs zur Verfügung standen, ist der Kunst des Kameramannes Otto Hanisch zu danken. Einmal hatte ich Angst, unser aller unersetzbarer Gojko könnte inmitten der stampfenden Herde niedergetrampelt werden, aber fast noch mehr Furcht flößten mir die dichten Fliegenschwärme ein, die den Schauspielern beständig um die Köpfe waberten. Apropos Schauspieler: Die Leistung eines so exzellenten Mimen wie Klaus Manchen fordert zu einem Vergleich heraus, dem die übrigen Darsteller leider nicht standzuhalten vermögen, an ihrer Spitze der nicht nur sprechtechnisch untaugliche Giso Weißbach. (Renate Holland-Moritz, *Eulenspiegel*, 26/1983)
Bis die Weißen mit ihm (dem Scout, f.b.h.) und den Pferden das Ziel erreichen, quält sich der Film ziemlich mühsam über die Runden. Für etwas Abwechslung sorgen nur gelegentlich die Spannungen innerhalb des siebenköpfigen Begleitkommandos, zu dem auf dem Weg neben der männlichen noch eine weibliche Rothaut kommt. Das Showdown, wobei schließlich nur zwei Soldaten einem Indianerüberfall entkom-

men, reicht dann auch nicht mehr aus, um Publikumserwartungen zu befriedigen, die vorher enttäuscht worden sind. Der Film hat sogar noch die optischen Möglichkeiten verschenkt, die der Kamera fast tausend Wildpferde und die reizvolle Naturkulisse in der Mongolei boten. (Heinz Kersten, *Tagesspiegel*, 9.10.1983)

NEBENBEI: Zeitweilig hatte das Team etwa 1000 Pferde verschiedener Herden vor der Kamera. Doch es war schwierig, sie für die Aufnahmen in eine Richtung in schnelle Bewegung zu bringen. Als zwei Fohlen nachts von Wölfen gerissen wurden, wurde eine der Herden von den Dreharbeiten wieder abgezogen. Das erschwerte die Aufnahmen. – Dem *Sächsischen Tageblatt*, Dresden, vertraute Gojko Mitic seine gefährlichste Szene an, auf die auch Renate Holland-Moritz in ihrer Kritik anspielt: »Die Pferdeherde mußte zum Ausbruch gebracht werden. Als sie plötzlich lostrabte, wurde es brenzlig, denn die Pferde trieben mich immer mehr in ihre Mitte. Eine Mähne war schon nicht mehr zu fassen. Wenn ich nicht ganz kühl blieb, konnte ich leicht niedergetrampelt werden. Mein Glück war ein Felsstein, an dem sich die Herde etwas teilte und mich etwas freigab, so daß ich mich mit einem Sprung auf den Stein aus der losstürmenden Pferdeherde retten konnte.«

SECHSE KOMMEN DURCH DIE WELT

(Kinderfilm)

RE: Rainer Simon, SZ: Manfred Freitag, Joachim Nestler, MI: Rainer Simon, LV: Gleichnamiges Märchen der Brüder Grimm, DR: Inge Wüste (-Heym), KA: Roland Gräf, MU: Peter Rabenalt, SB: Georg Wratsch, KO: Werner Bergemann, SC: Helga Krause, PL: Herbert Ehler, GR: KAG »Babelsberg«, m: 1873 = 69 min, fa, brw, PJ: 1971/72, PM: 18.8.1972, PM-Ort: Berlin, »Babylon«

DA: Jirí Menzel (Soldat), Günter Schubert (Starker), Friedo Solter (Läufer), Olga Strub (Schiefhütchen), Christian Grashof (Fiedler), Jürgen Gosch (Jäger), Margit Bendokat (Prinzessin), Jürgen Holtz (König), Berthold Schulze (Oberhofmeister), Peter Herden (Hofdichter), Lothar Förster, Walter Bechstein, Gerhard Rachold, Johannes Maus, Werner Hafft

INHALT: Im Lande Malabunt entläßt der König nach einem Krieg seine geschlagenen Soldaten mit einem kärglichen Wegegeld. Einer der Betrogenen protestiert und prophezeit dem König, er werde eines Tages noch alle Schätze des Landes herausgeben müssen. In den Kerker gesteckt, trifft der Soldat den ersten Partner für seine Vergeltung: den Starken. Mit einem kräftigen Niesen sprengt dieser die Kerkertüren, und auf der gemeinsamen Wanderschaft treffen sie den schnellsten Läufer, den Musiker, dessen Fiedel jeden tanzen läßt, den Jäger mit treffsicherem Schuß und das Mädchen Schiefhütchen, das Frost machen kann. Gemeinsam ziehen sie zum Hof, wo sie sich dem Wettkampf stellen, ihren verdienten Lohn gegen alle Tücken des Königs verteidigen und am Ende mit all seinen Schätzen abziehen, um sie an das Volk zu verteilen.

ZUM FILM: Die Grimm-Adaption war nach seinem Diplomfilm *Peterle und die Weihnachtsgans Auguste* und dem eigentlichen Debüt → *Wie heiratet man einen König?* Rainer Simons dritter Kinderfilm. Simon hatte den Stoff selbst ins Gespräch gebracht. Aus heutiger Sicht erinnert das Königreich Malabunt deutlich an die DDR, was wohl nicht nur der Allgemeingültigkeit der märchenhaften Verballhornungen jeglicher Diktaturen zuzuschreiben ist.

ECHO: Der junge Regisseur Rainer Simon wies bereits in seinem Debütfilm *Wie heiratet man einen König?* überzeugend nach, daß ein realistischer Märchenfilm sowohl kindliche als auch reife ästhetische Ansprüche zu erfüllen vermag, ohne auf phantastische Züge, Zauberei und »übernatürliche« Kräfte verzichten zu müssen, wenn die Realität der Erkenntnis unversehrt bleibt. (Heinz Hofmann, *Nationalzeitung*, 29.8. 1972)
Der mit viel optischer Phantasie gedrehte Film gibt seinem Kinderpublikum leider zu wenig Gelegenheit, an fabelhaften Unternehmungen der Sechse aus Leibeskräften teilzunehmen, sich kringlig zu lachen oder totzufreuen. Offenbar in der Sorge, um gar keinen Preis einen Actionfilm à la »Die glorreichen Sechs oder Sieben« zu liefern, gerieten die Filmschöpfer etwas zu ausgiebig ins Ästhetisieren und Philosophieren und Stilisieren, dosierten Heiterkeit und Spaß. (Rosemarie Rehahn, *Wochenpost* 47/1972)
NEBENBEI: Der bekannte Prager Schauspieler Jirí Menzel, der sich bereits mit dem »Oscar«-gekrönten Film *Scharf beobachtete Züge* zu einem der führenden tschechischen Regisseure entwickelt hatte, spielte hier seine einzige Rolle in einem DEFA-Film. Er hatte zu dieser Zeit in der CSSR Arbeitsverbot. Die Genehmigung, ihn zu besetzen, wurde erst eine Woche vor Drehbeginn in Prag erteilt.

SEHNSUCHT

RE: Jürgen Brauer, SZ: Jurij Koch, LV: Novelle »Der Kirschbaum« von Jurij Koch, DR: Andreas Scheinert, Manfred Hocke, KA: Jürgen Brauer, MU: Ralf Hoyer, SB: Georg Wratsch, KO: Christiane Dorst, SC: Erika Lehmphul, PL: Gerrit List, GR: GR »Johannisthal«, m: 2578 = 94 min, fa, brw, PJ: 1989, PM: 30.5.1990, PM-Ort: Berlin, »International«
DA: Ulrike Krumbiegel (Ena), Ulrich Mühe (Sieghart), Thomas Büchel (Mathias), Martin Trettau (Großvater), Katharina Lind (Enas Großmutter), Benno Mieth (Braschka) u.a.
INHALT: Ena, eine junge Frau, lebt auf einem abgelegenen Gehöft in der Lausitz. Sie ist mit dem Bauern Mathias verlobt. In einer Gewitternacht erscheint der mit seinem Auto steckengebliebene Wasserbauingenieur Sieghart bei ihr. Die beiden verlieben sich, doch Ena entscheidet sich für die Ehe mit Mathias. Dieser, dem ihre Gefühle für Sieghart nicht verborgen bleiben, zwingt die beiden am Polterabend zu einer mörderischen Kutschfahrt, die im See endet. Mathias bleibt verschollen. Ena heiratet Sieghart und geht mit ihm nach Paris, als er an ein Internationales Wasserbau-Institut berufen wird. Aber die Erinnerung an Mathias holt sie ein, sie findet keine Ruhe. Schließlich flieht sie zurück zu jenem See – in der Hoffnung, von Mathias loszukommen.
ZUM FILM: Der in sorbischer Landschaft fußende Film ist ein Beispiel für zahlreiche Versuche in dieser Zeit, durch eine poetisch überhöhte Geschichte für die Gegenwart zu wirken. Das Spannungsfeld von zu bewahrender Tradition und notwendiger Erneuerung wird ausgelotet.
ECHO: Der Film scheint viele Themen zu bündeln: Heimat, Umwelt und ihre Zerstörung, Kultur, Traditionen und Sitten, was zählen sie, wie bewegen sie noch heute Menschen, ist es Staffage oder Ausdruck von Lebensweise. (...) Jürgen Brauers Regie und Kamera bringen es zuwege, diese Geschichte immer so zu erzählen, daß sie das Tatsächliche in faszinierenden Bildern zeigen und im Zusammenspiel mit den Darstellern den Sinn der Geschichte feinfühlig einbeziehen in jede Szene, in jedes Detail. (Wieland Becker, *Filmklub-Kurier* 4/1990)
Brauer, der gelernte Kameramann, erzählt mit seinem Feeling für Stimmungen, Bilder, Atmosphäre, da ist Film mehr Optik als Text. Brauer kann die Schauspieler mit ihrem Um-Land zur Symbiose bringen, und er hat in Georg Wratsch einen guten Szenographen. (Henryk Goldberg, *Filmspiegel* 13/1990)
NEBENBEI: Der aus Grimma gebürtige Ulrich Mühe war 1983 an das Deutsche Theater Berlin gekommen, wo er sich zu einem führenden Charakterdarsteller entwickelte. Auch im Film konnte er sich in großen Rollen (u.a. bei Bernhard Wicki in *Das Spinnennetz*) durchsetzen. In den neunziger Jahren wurde er mit Film- und Fernsehrollen in Deutschland und in Österreich zu einem der bekanntesten Schauspieler.

SEILERGASSE 8

RE: Joachim Kunert, BU: Günter Kunert, Joachim Kunert, DR: Anne Pfeuffer, KA: Eugen Klagemann, MU: André Asriel, BA: Erich Zander, KO:

Luise Schmidt, SC: Hildegard Conrad, PL: Erich Albrecht, m: 2471 = 91 min, s/w, AT: Die Drei, PJ: 1959/60, PM: 11.8.1960, PM-Ort: Rostock (Ostseewoche)/Berlin; »Colosseum«
DA: Martin Flörchinger (Albert Schirding, Hauptmann der VP), Manja Behrens (Frau Schirding), Dieter Perlwitz (Peter Schirding), Dietrich Kerky (Werner Hallgast), Rudolf Ulrich (Herbert Zallner), Rolf Herricht (Kurt Lisowski), Albert Garbe (Ingenieur Schlehufer), Charlotte Brummerhoff (seine Frau), Horst Schön, Lore Frisch (Herr u. Frau Bristel), Norbert Christian, Sylva Schüler (Herr u. Frau Müller-Preuß), Friedrich Richter, Amy Frank, Erich Franz, Doris Abeßer, Johannes Arpe, Werner Lierck, Marianne Wünscher, Gerhard Rachold u.a.
INHALT: Lisa Gau, ein etwas leichtlebiges Mädchen, wird in ihrer Wohnung tot aufgefunden. Kriminalist Schirding, der im selben Haus wohnt, übernimmt die Untersuchung. Was auf den ersten Blick wie Selbstmord aussieht, erweist sich als Mord. In Verdacht gerät auch Schirdings Sohn Peter, der ein Verhältnis mit Lisa hatte und als Medizinstudent an Gift herankommt. Peter, dessen Verhältnis zum meist abwesenden Vater ohnehin gespannt ist, verläßt empört das Haus.

Schirding versucht den Fall wegen Befangenheit abzugeben, aber seine Kollegen vertrauen ihm. So ermittelt er gewissenhaft weiter, kommt dem wirklichen Mörder auf die Spur und kann ihn stellen: Peters Freund Werner, der nach der Tat in den Westen fliehen will. Am Ende steht der Versöhnung von Vater und Sohn nichts mehr im Wege.
ZUM FILM: Der solide gemachte Film, der viel von den Menschen der endfünfziger Jahre erzählt, kam nicht ganz ohne Seitenhieb auf die Bundesrepublik aus, denn der Täter wurde deshalb zum Mörder, weil ihm das Opfer bei seiner Übersiedelung in den Westen im Wege stand.
ECHO: Die Herren von der Mordkommission wirken manchmal eher ein bißchen wie Privatdetektive statt wie Angehörige unserer Volkspolizei. Man sieht und spürt zu wenig vom Kollektiv und vom Dienstbetrieb. (...) Regisseur Joachim Kunert hält die Zügel in der Hand – manchmal (...) nicht straff genug. Mit Liebe und Akkuratesse führt er auch die Darsteller kleiner und kleinster Rollen, deren viele sind. Die Musik André Asriels, angenehm und leicht ins Ohr gehend, soll nach dem Willen von Dramaturg und Regisseur mehr, als ihr eigentlich zukommt. Sie ertönt zu oft und zu lange – unverkennbar zur Überbrückung von Längen und zur Erzeugung einer Spannung, wo diese eigentlich durch Regie und Darstellung hätte erzeugt werden müssen. (Karl-Eduard v. Schnitzler, *Filmspiegel* 19/1960)
NEBENBEI: Das Schauspielerehepaar Friedrich Richter und Amy Frank spielte hier das Rentnerehepaar Milbe. Während sich Amy Frank, die in den Emigrationsjahren auch im britischen Film gewirkt hatte, in der ersten Hälfte der sechziger Jahre aus dem Beruf zurückzog, blieb Friedrich Richter bis in sein 90. Lebensjahr in Filmrollen und mit vielbeachteten Lesungen aktiv.

SEIN GROSSER SIEG

RE: Franz Barrenstein, BU: Hermann von Rohde, Alexander Lösche, DR: Hermann von Rohde, KA: Willi Kuhle, MU: Gottfried Madjera, BA: Alfred Tolle, Hermann Asmus, KO: Hans Kieselbach, SC: Lieselotte Johl, PL: Willi Teichmann, m: 2390 = 88 min, s/w, AT: Sein großer Start, PJ: 1951/52, PM: 8.8.1952, PM-Ort: Berlin, »Babylon«
DA: Claus Holm (Hans Nettermann), Eva Probst (Marianne Tressler), Lutz Götz (Tressler), Johan-

nes Schmidt (Mehlberg), Harry Hindemith (Lahmann), Horst Oberländer (Fred Berg), Peter Marx (Hassler), Hanns Groth (Dr. Grüttner), Fred Kronström (Geissler), Sabine Thalbach (Lottchen), Peter Dornseif, Hans Pitra, Heinz Scholz, Rolf Ludwig, Waltraud Kogel u.a.

INHALT: Der ostdeutsche Fahrradmechaniker Hans Nettermann ist einer der besten Rennfahrer der Betriebssportgemeinschaft. Doch er möchte gerne Steherrennen fahren, läßt sich als Profisportler anwerben und geht nach Westberlin. Dort gerät er in den Sumpf von Korruption und Manipulation – und macht mit. Als seine Frau Marianne dahinterkommt, verläßt sie ihn, doch erst das ehrliche Auftreten eines anderen Rennprofis bringt ihn zur Besinnung. Er geht zurück in die DDR und fährt beim Amateur-Steherrennen einen großen Sieg heraus.

ZUM FILM: Der bisherige Regieassistent Franz Barrenstein erhielt die Möglichkeit, als sein Debüt diesen Film zu inszenieren, der am Beispiel eines in der BRD enttäuschten Radsportlers, der in der DDR seiner sportlichen Berufung nachgehen kann, Berufssport und Amateursport gegeneinander ausspielte.

ECHO: Es ist manches an dem Film komisch, was überhaupt nicht komisch sein soll. Der Mehlberg-Darsteller (Johannes Schmidt) ist zurechtgemacht wie ein ins Quadrat erhobener Erzschurke und muß sich auch so benehmen. Schon aus hundert Meter Entfernung scheint er dem Publikum zuzublinzeln: »Huhuhu! Ick bin een janz Hintahältija, nu paßt mal uff, wie beese ick jetzt jleich werde!« So dumm sind unsere Kinobesucher nicht mehr, daß sie solche Krücken zum Begreifen brauchen; weniger wäre hier mehr gewesen. (...) So hat also dieser Sportfilm die Hoffnungen nicht ganz erfüllt, die man in ihn setzte. An spezifisch filmischen, nämlich optischen Reizen ist er jedoch nicht arm. In Zusammenarbeit mit dem Kameramann Willi Kuhle und der Cutterin Lieselotte Johl ist es Franz Barrenstein gelungen, den Gegensatz zwischen dem Sport unserer werktätigen Menschen und dem Pseudosport einer geldsackhörigen Manager-Clique auf die Leinwand zu bringen. (Lothar Kusche, *Weltbühne* 34/1952)

NEBENBEI: In diesem Film debütierte Rolf Ludwig in der Rolle eines Reporters. Damals noch Komiker, entwickelte er sich zu einem der führenden Charakterdarsteller der DDR.

SEINE HOHEIT – GENOSSE PRINZ

RE: Werner W. Wallroth, SZ: Rudi Strahl, DR: Anne Pfeuffer, KA: Hans-Jürgen Kruse, MU: Karl-Ernst Sasse, SB: Alfred Tolle, KO: Barbara Müller, SC: Helga Emmrich, PL: Manfred Renger, GR: KAG »Berlin«, m: 2419 = 89 min, fa, brw, PJ: 1969, PM: 16.9.1969, PM-Ort: Berlin, »Kosmos« DA: Rolf Ludwig (Kaspar Mai alias Eitel Friedrich Prinz von Hohenlohe-Liebenstein), Regina Beyer (Angelika Engel), Jutta Wachowiak (Prinzessin Diana), Ilse Voigt (Spreewald-Emma), Mathilde Danegger (Fürstin), Klaus Piontek (Hennes), Rolf Herricht (Bruno, der Maler), Wilhelm Gröhl (Direktor), Ursula Werner (Gabi), Rudolf Ulrich (Sebastian), Axel Triebel, Peter Dommisch, Gerd E. Schäfer, Herwart Grosse, Ruth Festersen u.a.

INHALT: Der Außenhandelskaufmann Kaspar Mai, ein Genosse mit »sauberer« Kaderakte, wird plötzlich mit dem Umstand konfrontiert, daß er ein Prinz von Hohenlohe-Liebenstein ist. Doch damit nicht genug. Seine fürstliche Großmutter setzt ihn als Erben ihres großen Anwesens ein. Bei einem privaten Abstecher zu ihr während einer Dienstreise nach Westdeutschland erfährt er die Ursache. Sie will nicht, daß auf ihrem Grund ein NATO-Flugplatz gebaut wird. In diesem Punkt treffen sich die Interessen der Oma und der DDR, und ein cleverer Anwalt aus dem Osten setzt den Erbanspruch gegen die anderen Familienmitglieder durch, die ihre Schulden mit dem Verkauf des Landes begleichen wollten. Nachdem der Prinz das verhindert hat, möchte er seinen Namen wieder loswerden. Es findet sich eine einfache Lösung. Er heiratet seine Angebetete, Angelika Engel, und nimmt deren Namen an.

ZUM FILM: Die köstliche Grundidee einer witzigen Auseinandersetzung zweier Klassen- und Gesellschaftsordnungen wurde verwässert. Autor und Regisseur mußten Sätze und Szenen verändern und erhielten Listen mit Wörtern, die nicht verwendet werden durften. So wurden dem zwar immer noch lustigen Film doch Biß und soziale Schärfe genommen.

ECHO: Der Film hat eine etwas breite Exposition mit vielen Zutaten. Er plätschert geraume Zeit als ein Lustspielchen dahin. Er nimmt dann den Charakter eines Schwanks an. Die »Familienangehörigen« des Helden werden fast ausnahmslos als Panoptikumsfiguren vorgeführt. Schließlich werden die anfangs betretenen Pfade erneut eingeschlagen, bis aus dem Prinzen ein Engel geworden ist. Das heißt nicht, daß es bei diesem Film nichts zu lachen gäbe. Man begegnet amüsanten Einfällen, Gags aus jener Küche, in der Hausmannskost zubereitet wird. An tiefergehendem Witz, geistvoller Ironie jedoch mangelt es. (Manfred Jelenski, *Filmspiegel* 22/1969)

... der Genosse Zufall muß doch allerhand zähflüssige Dialoge überbrücken. Was sich dann allerdings der große Spaßvogel Rolf Ludwig leisten darf, das ist schon einen Zwerchfellriß wert. Mindestens ebensoviel Lob gebührt Jutta Wachowiak, die dank der klugen Regieführung Werner W. Wallroths zu einer erstaunlichen komödiantischen Leistung kommt. Mathilde Danegger, auch hier DEFA-Großmutter vom Dienst, macht mit ihrem Spiel den Adel fast wieder salonfähig. (Renate Holland-Moritz, *Eulenspiegel* 42/1969)

NEBENBEI: Die »Fürstin« Mathilde Danegger, Tochter des Wiener Burgschauspielers Josef Danegger und Schwester des Wien-Film-Schauspielers Theodor Danegger, debütierte schon 1912 an Max Reinhardts Deutschem Theater Berlin in einer Kinderrolle. In den Nazi-Jahren ging sie in die Schweiz, wo sie u.a. in Leopold Lindtbergs Filmen mitwirkte.

SEITENSPRUNG

RE: Evelyn Schmidt, SZ: Regina Weickert, MI: Evelyn Schmidt, DR: Erika Richter, KA: Hans-Jürgen Kruse, MU: Peter Rabenalt, SB: Georg Wratsch, KO: Regina Viertel, SC: Helga Emmrich, PL: Oscar Ludmann, GR: GR »Babelsberg«, m: 2324 = 85 min, fa, brw, PJ: 1979, PM: 14.2. 1980, PM-Ort: Berlin, »Colosseum«

DA: Renate Geißler (Edith), Uwe Zerbe (Wolfgang), Renate (v. Wangenheim-) Reinecke (Helene), Annette Voss (Sandra), Tobias Zander (Danilo), Karin Beewen (Frau Müller), Ursula Braun (Irene), Angela Brunner (Elfriede), Johanna Clas (Frau Vorwerk), Henry Hübchen (Peters), Peter Festersen, Wesselin Georgiew, Renate Heymer, Peter Krieg-Helbig, Gisela Morgen u.a.

INHALT: Edith und Wolfgang führen seit vielen Jahren ein recht harmonisches Familienleben in relativem Wohlstand – mit Neubauwohnung und Trabant. Seit fünf Jahren haben sie einen Sohn.

Den Seitensprung Wolfgangs vor zwölf Jahren, aus dem es eine Tochter gibt, hat Edith längst verwunden. Hin und wieder besucht er die 12jährige Sandra, lediglich seinen Vaterpflichten nachkommend. Doch plötzlich steht das Mädchen vor der Tür. Die Mutter ist tödlich verunglückt. Man nimmt Sandra in die Familie auf und Edith erfährt, daß Wolfgang in all den Jahren ein Doppelleben geführt hat, das Verhältnis zu Sandras Mutter nie beendet war. Edith stellt ihn vor die Entscheidung: sie oder Sandra. Er entscheidet sich für seine Frau, und das Mädchen kommt in ein Heim. Die häusliche Atmosphäre bleibt dennoch gespannt. Beide nehmen, unabhängig voneinander, wieder Kontakt zu Sandra auf. Sie beschließen, das Mädchen mit in den Urlaub zu nehmen. Sandra freut sich darauf, doch zu der Familiengemeinschaft findet sie keinen Zugang.
ZUM FILM: Das Kino-Debüt der jungen Regisseurin Evelyn Schmidt zeigte bereits das Thema, mit dem sie in den achtziger Jahren wiederholt und streitbar hervortreten sollte: Probleme des Zusammenlebens in der Gegenwart der DDR. In diesem Fall porträtiert sie eine Ehe, die auf spießbürgerlichen Ansichten beruht, deren Überwindung für alle Seiten Kraft erfordert.

ECHO: Es ist bemerkenswert, daß sie (Evelyn Schmidt und Regina Weickert, f.b.h.) aus dem Stoff keinen »Frauenfilm« zu machen suchten, was ja möglich und vielleicht leichter gewesen wäre. Es ist sympathisch, daß sie sich einem größeren Anspruch stellen, nicht polemisieren, sondern suchen, entdecken, fragen wollen. (...) Aber es gibt in der Kunst keine mildernden Umstände. Der hier anvisierte Anspruch verlangte sicher größere – nicht nur handwerkliche! – Erfahrung und Reife. (Klaus Wischnewski, *Weltbühne* 10/1980)
Die »Sprachlosigkeit« der Figuren verhindert weitgehend Konzentration auf die Darstellung und Analyse der psychischen Prozesse. Sie werden überwuchert von der Beschreibung äußerer Vorgänge, darunter manch irritierende kunstgewerbliche Einzelheit (die Seiltänzer-Kunststückchen des Heimerziehers etwa). (...) Doch trotz aller Einwände: es ist dies ein bemerkenswerter Versuch, Probleme des Zusammenlebens in der sozialistischen Gesellschaft zu erörtern, rückständige Moralauffassungen, Selbstzufriedenheit, männlichen Egoismus und weiblichen Fatalismus anzuprangern – und ein Kinodebüt, das Erwartungen weckt auf weitere Arbeiten dieser jungen Filmemacher. (Madina Spoden, *Film und Fernsehen* 6/1980)
NEBENBEI: Renate Geißler kam 1970 ins Fernsehensemble, wo sie sich in einer Vielzahl unterschiedlicher Rollen zu einer Charakterdarstellerin (→ *Jule – Julia – Juliane*) entwickelte. Bei der DEFA gastierte sie nur gelegentlich, so unter der Regie ihres damaligen Lebensgefährten Ulrich Thein in → *Dach überm Kopf*.

DIE SELTSAMEN ABENTEUER DES HERRN FRIDOLIN B.

RE: Wolfgang Staudte, BU: Wolfgang Staudte, KA: Friedl Behn-Grund, Karl Plintzner, MU: Herbert Trantow, BA: Otto Erdmann, Kurt Herlth, KO: Brigitte Götting, SC: Lilian Seng, PL: Herbert Uhlich, m: 2345 = 86 min, s/w, PJ: 1947, PM : 9.3.1948, PM-Ort: Berlin, »Filmtheater am Friedrichshain«
DA: Axel von Ambesser (Fridolin Biedermann), Ilse Petri (Marlen Weber, Malerin), Joachim Teege (Heini Bock), Ruth Lommel (Elvira Sauer), Hubert von Meyerinck (Der falsche Biedermann), Ursula Kriegk (seine Geliebte), Paul Henckels (Der

Scheidungsbeamte), Arno Paulsen (Der Gefängnisdirektor), Aribert Wäscher (Der Polizeikommissar), Ernst Legal (Der Polizeipräfekt), Franz Stein, Else Ehser, Eduard Wenck, Erwin Biegel, Friedrich Teitge u. a.

INHALT: Ein anständiger Kleinstadtbürger namens Fridolin Biedermann fährt nach Berlin und möchte endlich einmal etwas erleben. Das gelingt ihm auch. Zuerst fällt er einem Gaunerpärchen in die Hände, das ihn fürchterlich ausnimmt, und – wieder zu Hause – der Justiz. Denn mit den gestohlenen Papieren hat der Gauner in Fridolins Namen nicht nur eine Ehe geschlossen, sondern auch noch anderen Betrug betrieben. Der Biedermann landet als Sträfling erneut in der Hauptstadt, wo er auf einer abenteuerlichen Reise durch die Klippen von Bürokratie und Paragraphen schließlich den Polizeipräsidenten doch noch von seiner Unschuld überzeugen kann.

ZUM FILM: Das erste Beispiel einer Satire bei der DEFA war eigentlich ein Remake. Der gleiche Stoff wurde 1944 bereits einmal von Wolfgang Staudte verfilmt. Diese Arbeit, *Der Mann, dem man den Namen stahl*, blieb unvollendet, nach verschiedenen Aussagen wurde er verboten. (Erst 1996 konnte eine rekonstruierte Fassung dieses Films zur Uraufführung kommen.) Nur wenige Teile des ursprünglichen Films, so eine Gesangsszene mit komplizierten Montagen, wurden in die Neufassung übernommen. Das wurde möglich, weil z.T. die erste Besetzung (Axel v. Ambesser, Ruth Lommel, Hubert v. Meyerinck, Aribert Wäscher, Paul Henckels) noch einmal verpflichtet werden konnte. Daß Staudte seinen stilistisch nicht ganz sauberen Film in einem Phantasieland und nicht deutlich in der deutschen Gegenwart ansiedelte, wurde ihm von den meisten Kritikern übelgenommen. Leider wurden dabei meist auch die unbestreitbaren filmischen Vorzüge seiner Satire übersehen.

ECHO: Wolfgang Staudtes Husarenritt findet im falschen Gelände statt: Was er erobert, ist bestenfalls das nebelhafte Terrain feuilletonistischen Witzes, aber weder die blühende Landschaft wärmenden Humors noch der blutige Kampfplatz der vernichtenden Satire. (Hans Ulrich Eylau, *Tägliche Rundschau*, 12.3.1948)

Eine teilweise ganz witzige Glosse auf den Bürokratismus ist der neue, von Wolfgang Staudte verfaßte DEFA-Film. (...) Der Film, der ein sich lohnendes, zeitnahes Problem hätte behandeln sollen, wirkt mit der Zeit langweilig. Denn ein zweistündiger Witz, der sich um ein und dasselbe Thema dreht, kann nicht mehr zünden. (C. M. M., *Weltbühne* 13/14/1948)

Elemente der Groteske mischen sich mit herkömmlichsten Lustspieleffekten, schöne überhöhende Metaphern mit kabarettistischem Kleinulk. Gesangseinlagen im antiquierten UFA-Revue-Stil kommen dazu. Aber immer wieder versöhnen *filmische* Einfälle. Optische Details werden zum expressiven Symbol. Staudte führt schon hier – Jahre vor dem → *Untertan* – einen intensiven Dialog mit den Objekten. Er denunziert den Bürokratismus filmisch, durch Bildsegmente, durch eigenwillige visuelle Perspektiven, durch glossierendes Dekor oder auch durch Ansätze einer satirischen Bewegungschoreographie beim »Über«-Zeichnen der Beamten. (Fred Gehler, *Filmblatt* 1/1990)

NEBENBEI: Der Hauptdarsteller Axel v. Ambesser wurde in der Bundesrepublik ein erfolgreicher Regisseur (u.a. wurde er mit dem »Golden Globe« für *Der brave Soldat Schwejk* ausgezeichnet) und trat auch als Bühnenautor hervor.

SEMMELWEIS – RETTER DER MÜTTER

RE: Georg C. Klaren, BU: Joachim Barckhausen, Alexander Graf Stenbock-Fermor, DR: Marieluise Steinhauer, KA: Eugen Klagemann, MU: Herbert Trantow, BA: Emil Hasler, KO: Walter Schulze-Mittendorf, SC: Lena Neumann, PL: Kurt Hahne, GR: Herstellungsgruppe Kurt Hahne, m: 2706 = 99 min, s/w, AT: Held ohne Waffen, PJ: 1949/50, PM: 2.6.1950, PM-Ort: Berlin, »Babylon«/ »DEFA-Filmtheater Kastanienallee«

DA: Karl Paryla (Ignaz Philipp Semmelweis), Käthe Braun (Marie Lanthaler), Angelika Hauff (Steffi Lanthaler), Herbert Hübner (Direktor Klein), Eduard von Winterstein (Prof. Rokitansky), Herbert Wilk (Dr. Lanthaler, jun.), Camilla Spira (Josepha Hochleitner), Walter Werner (Dr. Lanthaler sen.), Klaus Miedel (Dr. Meier), Karl Hellmer (Dr. Hochleitner), Margarete Schön (Schwester Angelika), Friedrich Maurer (Dr. Michaeli), Gudrun Genest, Theodor Vogeler, Elga Brink, Elisabeth Wendt, Lotte Loebinger, Ilse Trautschold, Bernhard Goetzke, Ursula v. Mannescul u.a.

INHALT: In den vierziger Jahren des vorigen Jahrhunderts starb jede dritte Wöchnerin am Kindbettfieber. Die unermüdliche Suche führt den Wiener Arzt Semmelweis zu dessen Ursache: Die Ärzte selbst tragen winzige Partikel von Leichengift aus der Anatomie zu den Wöchnerinnen. Die einflußreiche Wiener Ärzteschaft verhindert aus Angst vor Prestigeverlust, daß diese wichtige Entdeckung publik gemacht wird. Fast zwei Jahrzehnte muß Semmelweis auf die Anerkennung warten. Während einer Rede 1865 auf einem Kongreß, bei dem er die anwesenden Kollegen zur Sauberkeit auffordert, bricht er – an Leib und Seele geschwächt – zusammen.
ZUM FILM: Der Film, der dem 250. Jubiläum der Akademie der Wissenschaften gewidmet war, wurde thematisch möglich, weil Dr. Semmelweis in die Geschehnisse der 48er Revolution eingebunden war. Regisseur Georg C. Klaren war schon in der Weimarer Republik mit sozial engagierten Filmen hervorgetreten und war in den Anfangsjahren der DEFA eine Zeitlang deren Chefdramaturg. Bei der Abnahme des Films wurde als Änderung verlangt, den drastischen Krankheitsverlauf bei Semmelweis am Ende des Films abzuschwächen.

ECHO: Klaren verzichtet nicht auf Sentimentalitäten und auf eine Art expressionistische Romantik, welche die Wirklichkeitsnähe zerreißt. Dabei hat er solche Dinge wie auch den theatralisch angesetzten Schluß gar nicht nötig. Er führt die Handlung folgerichtig und zwingend durch und versteht, durch natürliche, aus der gegebenen Situation kommende Auflockerung ein ernstes Thema noch intensiver zu gestalten. Der Dialog, auch im treffenden Ausdruck des Wortes, ist bei ihm gut aufgehoben. (mtr., *Weltbühne* 23/1950)
NEBENBEI: Nikolaus Paryla, der zehnjährige Sohn des Hauptdarstellers und später ein bekannter Charakterdarsteller, spielte den kleinen Loisl.
Filmtext: Joachim Barckhausen/Alexander Graf Stenbock-Fermor: Semmelweis – Retter der Mütter. Berlin: Deutscher Filmverlag 1950.

SENTA AUF ABWEGEN

RE: Martin Hellberg, BU: Martin Hellberg, DR: Manfred Kieseler, KA: Karl Plintzner, MU: Helmut Nier, BA: Harald Horn, KO: Lydia Fiege, SC: Ursula Rudzki, PL: Paul Ramacher, m: 2550 = 93 min, Tovi, m: 2517 = 92 min, no, s/w, AT: Mathilde, PJ: 1958/59, PM: 17.7.1959, PM-Ort: Berlin, »Filmtheater am Friedrichshain«
DA: Günther Simon (Max Matuschek), Karin Buchali (Franze Flohr), Ruth-Maria Kubitschek (Mathilde), Wolf Kaiser (Dattelmann), Albert Garbe (Exner), Walter Jupé (Erwin Kuhlicke), Werner Lierck (Arthur Kallweit), Johannes Arpe (Emil Schwennicke), Hans Klering (Wurzel), Axel Triebel (Max Munk), Rudolf Fleck, Dom de Beern, Linde Sommer, Sabine Thalbach, Wolf v. Beneckendorff u.a.
INHALT: Einer LPG ist die Prachtkuh Senta entlaufen. An der Suche beteiligt sich auch der Einzelbauer Matuschek. Man findet das wertvolle Tier jedoch nicht und glaubt, es hätte sich über die Grenze nach Polen verirrt. Indes steht Senta in Matuscheks Stall. Seine Magd Mathilde und Nachbar Dattelmann haben sie eingefangen und dorthin gebracht. Matuschek unterschlägt einen Brief nach Polen wegen der vermeintlich grenzgängerischen Kuh und kommt in arge Verlegenheit, als die Viehzüchterin Franze Flohr die Kuh in seinem Stall entdeckt. Dennoch wird aus Matuschek und Franze ein Paar, das außerdem noch der LPG nähertritt ...

ZUM FILM: Nach seinem Erfolg mit dem ländlichen Lustspiel → *Der Ochse von Kulm* wollte Martin Hellberg, »einer Ermunterung unseres Genossen Walter Ulbricht folgend«, Mißstände in der sozialistischen Landwirtschaft »mit der Waffe des Lachens bekämpfen« (Hellberg). Damit setzte er sich diesmal jedoch massiver Kritik aus.

ECHO: Als die Matrosen des holländischen Dampfers »Sieben Provinzen« Eisensteins *Potemkin* sahen, da brach auf dem Schiff ein Streik aus, weil erst dieser Film den Seeleuten die Kraft dazu gegeben hatte. Daß es mit *Senta auf Abwegen* auch nur einem Mittelbauern einfallen würde, in eine Produktionsgenossenschaft einzutreten, das bezweifle ich sehr. (Horst Knietzsch, *Neues Deutschland*, 19.7.1959)

Selbst der vielseitige Regisseur Hellberg konnte aus dem sprunghaften Auf und Ab seines eigenen Manuskripts kein einheitliches Bild zusammenfügen, und man fragt sich, warum die Dramaturgie der DEFA gerade bei einem so wichtigen Thema nicht helfend eingegriffen hat. (Leo Menter, *BZ am Abend*, 21.7.1959)

Er (Hellberg) hatte versucht, das langweilige LPG-Thema durch eine sich liebevoll in realistische Details verlierende und durch Gags aufgelockerte Milieuschilderung etwas unterhaltsamer zu gestalten. (Heinz Kersten, *Das Filmwesen in der Sowjetischen Besatzungszone Deutschlands*, 1963)

ZITAT: Es entspann sich mit dem Regisseur des Filmes eine zum Teil stürmische Auseinandersetzung. So stellten die Anwesenden die Frage, warum die moderne Technik, die doch gerade in besonderer Weise gegenüber der einzelbäuerlichen Wirtschaft in diesem Film demonstriert werden konnte, nur wenig in Erscheinung tritt? In unserer LPG betreuen erfahrene Viehpfleger und -züchter die Hochleistungstiere auf Portionsweiden mit einer Elektrozaunanlage und kein Trottel auf der Standweide. (...) Die Parteilichkeit für die Überlegenheit der sozialistischen Großwirtschaft gegenüber der einzelbäuerlichen Wirtschaft muß in jeder Szene, auch in humoristischer Form, zum Ausdruck kommen. (Hans Schumacher, Vorsitzender der LPG Einheit, Elster, Elbe, Kreis Jessen, *Neues Deutschland*, 30.7.1959)

NEBENBEI: Der später beliebte Schauspieler, Autor und Regisseur Rolf Römer war damals noch Student der Babelsberger Filmhochschule und trat in der Rolle des Lehrlings Max auf.

SEPTEMBERLIEBE

RE: Kurt Maetzig, BU: Herbert Otto, DR: Gerhard Hartwig, KA: Joachim Hasler, MU: Helmut Nier, BA: Alfred Hirschmeier, KO: Helga Scherff, SC: Lena Neumann, PL: Hans Mahlich, GR: KAG »Roter Kreis«, m: 2135 = 78 min, s/w, PJ: 1960, PM: 1.2.1961, PM-Ort: Berlin, »Colosseum«

DA: Doris Abeßer (Franka), Ulrich Thein (Dr. Hans Schramm), Annekathrin Bürger (Hannelore), Hans Lucke (Oberleutnant Unger), Kurt Dunkelmann (Vater Hübenthal), Maria Besendahl (Mutter Schramm), Micaela Kreißler (Milli), Heinz Laggies, Karl Heinz Oppel (Mitarbeiter des MfS), Ditha Cullmann (Agentin), Ingeborg Chrobok, Karl-Heinz Weiß, Erich Fritze, Hildegard Diestelmann, Fritz Decho u.a.

INHALT: Das Leben des promovierten Chemikers Hans Schramm verläuft problemlos. Die berufliche Karriere kommt gut voran, und seine Verlobte Hannelore scheint ein Garant für eine ruhige, angenehme Zukunft zu sein. Da begegnet er Franka, der jüngeren Schwester seiner Verlobten. Das selbstbewußte Mädchen fesselt ihn.

Er weiß, daß es keine flüchtige Leidenschaft, sondern Liebe ist. Er braucht sie, ihre Stärke, ihre Zärtlichkeit, ihre kritische Vernunft. Franka liebt ihn auch, möchte aber ihre Schwester nicht verletzen und wehrt sich deshalb gegen eine Beziehung. Doch die Selbstverleugnung nützt nichts, an einem gemeinsam verbrachten Septembertag bekennen sie sich zueinander. Ein ernstes Problem stellt sie jedoch sogleich auf die Probe: Hans ist auf dumme Weise in Verbindung zu einem westdeutschen Agentenring geraten. Während er in Panik gerät und flüchten will, klärt Franka die Angelegenheit mit den zuständigen Behörden. Erst empfindet Hans das als Verrat, begreift aber sehr schnell, was Franka für ihn getan hat.
ZUM FILM: Das Thema der offenen Grenze wurde hier in einer brisanten Problematik dargestellt. Die Heldin wendet sich aus Sorge um ihren Geliebten vertrauensvoll an die Genossen des Ministeriums für Staatssicherheit. Die Richtigkeit ihres Verhaltens wurde in der Presse (mit vorgegebenem Grundton) diskutiert. Gleichzeitig wurde vorfristig eine Begründung für den bevorstehenden Mauerbau gegeben. Formal beschritt Kurt Maetzigs Film Neuland, was von der Kritik stark beachtet wurde.

ECHO: Der Film wirft viele moralische Probleme auf, und er behandelt sie eindeutig, sozialistisch. Gerade in der anscheinend so privaten, gesellschaftlich nur mittelbar determinierten Sphäre der Liebesbeziehungen sind rückständige, von der Klassengesellschaft geprägte Auffassungen besonders langlebig. (...) Die Liebesszenen, ohne die der Film leer und blaß wäre, sind z.T. von poetischer Schönheit. Die erotischen Aspekte erscheinen im Film geschmackvoll inszeniert, trotz eindrucksvoller Bildsprache ist jede naturalistische Peinlichkeit vermieden. Lediglich das Forellenspiel der Verliebten im nächtlichen See betont uns eine Spur zu deutlich die Freude am nackten Körper. Dominierend bleibt aber auch in dieser Hinsicht der unmißverständliche, berechtigte Affront gegen die verlogene Prüderie der Kleinbürger. (Dieter Wolf, *Deutsche Filmkunst* 2/1961)
Das Publikum begrüßte den Streifen zwar als willkommene Abwechslung in der Serie von Filmen, die ihm nur immer wieder das gleiche Milieu vorgeführt hatten, das ihm aus der eigenen Arbeit vertraut genug war, aber die Betrachter hielten sich dabei an die Darstellung der privaten Konflikte und der Liebesszenen, während sie die schockierende politische Pointe als unvermeidliches Beiwerk fast jeder DEFA-Produktion in Kauf nahmen. (Heinz Kersten, *Das Filmwesen in der Sowjetischen Besatzungszone Deutschlands*, 1963)
Der 13. August 1961 stellt die Realitäten richtig: wer nicht aus Überzeugung bleiben will, muß eben gezwungen werden. Die reale Geschichte ist da ehrlicher als der Film, der das Versagen des Wissenschaftlers für ein momentanes nimmt, das von großzügigen Behörden mithilfe einer Liebenden behoben wird. (Manfred Behn, *CineGraph*, 1993)
NEBENBEI: Kurt Dunkelmann, der einfühlsam den Vater Hübenthal spielte, war im Hauptberuf Direktor der Rostocker Neptun-Werft.

SEVERINO

RE: Claus Dobberke, SZ: Inge Borde, LV: Roman »Severino von den Inseln« von Eduard Klein, DR: Thea Richter, KA: Hans Heinrich, MU: Günther Fischer, SB: Heinz Röske, KO: Inge Kistner, SC: Renate Bade, Monika Schindler, PL: Gerrit List, GR: AG »Roter Kreis«, m: 2235 = 82 min, fa, brw, AT: Severino von den Inseln, Video-Titel: Der Sohn des großen Häuptlings kehrt zurück, Severino, PJ: 1977/78, PM: 30.6.1978, PM-Ort: Prenzlau, Freilichtbühne

DA: Gojko Mitic (Severino), Violeta Andrei (Maruja), Constantin Fugasin (Blas), Mircea Anghelescu (Nicolas), Emanoil Petrut (Domingo), Leon Niemczyk (Sergeant), Helmut Schreiber (Juan Cortinez), Thomas Wolff (Luis Cortinez), Jurie Darie (Chef der Gesellschaft), Willi Schrade (Carlos) u.a.

INHALT: Nach zehn Jahren kommt der südamerikanische Manzanero-Indianer Severino in sein Heimatdorf zurück, um seinen jüngeren Bruder zu holen. Er hat bei den Weißen gearbeitet, sein Geld gespart und will sich nun ein Stück Land im Norden kaufen, um ein neues Leben aufzubauen. Die Situation im Dorf hat sich jedoch dramatisch zugespitzt. Überfälle auf Indianer wie weiße Siedler finden statt, Vieh wird gestohlen. Jemand versucht, Indianer und Siedler gegeneinander aufzuhetzen. Severino entschließt sich zu bleiben und für ein friedliches Nebeneinanderleben mit den Weißen einzutreten. Er gibt sein Geld für den Kauf des Indianerlandes und findet in dem Mädchen Maruja eine Lebenspartnerin, doch deren Großvater, Häuptling Nicolas, ist für Kampf. Severino gewinnt unter den Indianern Mitstreiter und entdeckt, daß eine Bande von Banditen, denen auch sein Vater zum Opfer gefallen ist, den Zwist zwischen Indianern und Weißen schürt.

ZUM FILM: Der in Wien gebürtige Autor Eduard Klein hatte sich während seiner Emigration in Chile mit der Situation der südamerikanischen Indianer bekannt gemacht. Seine Frau Inge Borde und Regisseur Claus Dobberke formten daraus den ersten in Lateinamerika angesiedelten DEFA-Indianerfilm.

ECHO: Daß Dobberke sich einer allzu grellen Schwarzweiß-Malerei enthielt, daß er Konflikte innerhalb des Indianerstammes beleuchtet und auch seinen Helden innere Kämpfe durchstehen läßt, berührt angenehm. Allerdings ist auch *Severino* nicht ganz frei von Klischee-Episoden, von schabloniert wirkenden Figuren. (...) In diesem Film ist der Sheriff zwar ein um Gerechtigkeit bemühter Mann, der Severino unterstützt, daß er sich aber – auf sich allein gestellt – gegen eine Vielzahl aufgebrachter Siedler mit wenigen ruhigen Worten durchzusetzen vermag, das erscheint mir trotz der guten Darstellung (Leon Niemczyk) etwas unglaubwürdig. Nuancierter ist Gojko Mitic (Severino) geworden. Das fällt besonders in jener Szene auf, in der er seine Ersparnisse für den Landkauf opfert. (ak, *Mitteldeutsche Neueste Nachrichten*, 8.7.1978)

Regisseur Dobberke verstärkte die Enthaltsamkeit gegenüber Verfolgungsjagden, spannenden Auseinandersetzungen und anderen abenteuerlichen Aktionen durch eine über weite Strecken dahinredende und -fließende Handlung, die dazu noch in einer betulichen und in der Endkonsequenz langweiligen filmischen Inszenierung kulminiert. Statt die Handlung voranbringende Konflikte atemberaubend ins Bild zu bringen, schwelgt die Kamera Hans Heinrichs im Kreisen der Kondore in den Lüften über der schönen majestätischen Bergwelt der Karpaten, die hier als Anden dienen. So wird aus einem historischen Abenteuerfilm fast ein farbiger Naturfilm mit Folkloreeinsatz. (Rolf Richter, *Leipziger Volkszeitung*, 15./16.7.1978)

Der reichlich dünnen, spannungsarmen Geschichte, die man auch als Koexistenzparabel verstehen kann, können auch ein paar schöne Landschaftsaufnahmen des Kameramannes Hans Heinrich nicht auf die Sprünge helfen. (Heinz Kersten, 1979, zit. nach *So viele Träume*)

NEBENBEI: *Severino* war der erste Indianer-Film der DEFA, der ohne jegliche Atelieraufnahmen auskam. Auch die wenigen Innenaufnahmen entstanden am rumänischen Drehort. – Einen bedauerlichen Zwischenfall gab es mit der Dekoration der Hazienda. Nachdem der Komplex mit den intakten Gebäudeteilen abgedreht war, wurde in tagelanger mühevoller Arbeit die Hazienda so hergerichtet, daß sie als Ruine nach dem Brand dienen konnte. In der Nacht vor Drehbeginn brach hier jedoch ein Schwelbrand aus. Mehrere rumänische Feuerwehrzüge versuchten, die »Ruine« zu retten. Sie brannte aber bis auf einige Stümpfe nieder und war auch nicht wieder zu ersetzen. So leiden die Aufnahmen, die nach dem Brand spielen, darunter, daß nur extrem wenig von der Dekoration zu sehen sein konnte.

SHERIFF TEDDY

(Kinderfilm)

RE: Heiner Carow, BU: Benno Pludra, Heiner Carow, LV: Gleichnamiges Kinderbuch von Benno Pludra, DR: Gudrun Rammler (Deubener), KA: Götz Neumann, MU: Günter Klück, BA: Alfred Tolle, KO: Helga Scherff, SC: Friedel Welsandt, PL: Paul Ramacher, m: 1859 = 68 min, s/w, PJ: 1956/57, PM: 29.11.1957, PM-Ort: Berlin, Zentralhaus der Jungen Pioniere

DA: Günther Simon (Lehrer Freitag), Erich Franz (Herr Becker), Else Wolz (Frau Becker), Helga Göring (Frau Müller), Hartmut Reck (Robbi), Gerhard Kuhn (Kalle), Axel Dietz (Andreas), Gerhard Rachold (Mucki), Fred Düren (Konsumpacker), Erich Mirek (Herr Zahn), Käthe Alving, Rudolf Christoph, Wilhelm Gröhl, Elsa Grube-Deister, Rolf Ripperger u.a.

INHALT: Der 13jährige Kalle zieht mit seinen Eltern von West- nach Ostberlin. In seinem alten Kiez galt er was, war Sheriff der Teddy-Bande. Die neue, andersartige Umgebung paßt ihm nicht und noch weniger seinem großen Bruder Robbi, der im Westteil krummen Geschäften nachgeht. Zwischen Kalle und seinem Banknachbarn in der Schule, Andreas, entwickelt sich eine Rivalität, die zu mehreren Zwischenfällen führt. Kalle will sich bei Andreas, den er eigentlich mag, mit einem Geschenk entschuldigen – einem geklauten Tacho für dessen Fahrrad. Der Diebstahl fliegt auf, Kalle fühlt sich blamiert und traut sich nicht mehr in die Schule. Vom Bruder läßt er sich zu einem Einbruch verleiten, doch Andreas und die anderen Klassenkameraden sind Robbi auf der Spur. Sie alarmieren die Polizei und legen ein gutes Wort für Kalle ein.

ZUM FILM: Heiner Carows Debütfilm fügt sich in die von seinem Lehrer Gerhard Klein begründete Berlin-Reihe ein. Der anfangs zu Recht vielgelobte Streifen, der sich realistisch mit den Menschen im Berlin zur Zeit der offenen Grenze auseinandersetzt, und der gegenüber dem Roman mit dem Andreas einen echten Gegenspieler des Helden Kalle etablierte, wurde bald als ein Film der so genannten »grauen Serie«, der sich den Schattenseiten des Alltags zuwandte und einen negativen Helden in den Mittelpunkt rückt, scharf kritisiert.

ECHO: Regisseur Heiner Carow (...) verzichtete auf eine Wirklichkeit nach Schema F, machte keinen Lehrfilm, weder über richtiges Verhalten in der Straßenbahn, noch über die »Entfaltung frohen Jugendlebens« nach verbrieften Schülerregeln; wohl aber hat er den Geist unserer Jugend eingefangen, dort, wo sie ganz unserer Welt zugehört. *Sheriff Teddy* überredet nicht durch ein Zuviel, sondern überzeugt, indem die klare Fabel bewußt auf die Jungen konzentriert und ihr Verhältnis zu den Erwachsenen nur so weit angedeutet ist, wie für das Verständnis der Lebensatmosphäre des einen und des anderen Elternhauses notwendig. (H. A., *Nationalzeitung*, 3.12.1957)

Kinderfilme sollen zeigen wie es sein soll und nicht wie es ist! Aus diesem Grunde sind auch die Szenen mit der üppigen Keilerei, des abendlichen »Vor-der-Türe-Stehens« und des Auf- und Abspringens von einem fahrenden Lieferwagen wohl vom dramaturgischen, nicht aber vom pädagogischen Standpunkt zu vertreten. (-rich, *Sächsisches Tageblatt*, 6.12.1957)

Befürchtungen aus den Kreisen mancher Eltern und Lehrer, *Sheriff Teddy* könnte die Kinder zu Unüberlegtheiten oder gar zur Bandenbildung verleiten, haben sich schon nach den ersten Spieltagen als völlig unbegründet erwiesen. Unsere Jungen und Mädchen verstehen, was Kalle und Andreas ihnen sagen wollen: daß man schöne

Abenteuer nur dann erlebt, daß Streiche nur dann schön sind, wenn sie der guten, sozialistischen Sache unserer Heimat dienen. (HgM., *Leipziger Volkszeitung*, 6.12.1957)
... entstand eine Dialogregie und -fotografie, wie sie mir selten in einem deutschen Film begegnete. Jede Dialogszene ist für sich dramaturgisch und optisch interessant geführt, der Wechsel zwischen den Gesprächspartnern dient nicht nur der Abwechslung und Auflockerung, sondern der Spannung und Vertiefung der Szenen. (Klaus Wischnewski, *Deutsche Filmkunst* 12/1957)
Das Nichtbeziehen der Positionen unseres Arbeiter-und-Bauern-Staates, die in diesem Film nur die der Pioniere sein konnten, ergibt sich, weil die künstlerische Konzeption nicht konsequent und in allen Phasen von der revolutionären Position unserer Partei ausgeht und von ihr her konsequent bis in die Details die Geschehnisse ansieht. (Prof. Helmut Häntzsche, *Deutsche Filmkunst* 7/1958)
NEBENBEI: Der 1925 geborene Benno Pludra war einer der produktivsten und erfolgreichsten Kinder- und Jugendbuchautoren der DDR. Von seinen etwa 40 Büchern entstanden zahlreiche Verfilmungen, darunter → *Tambari*, → *Herz des Piraten* und → *Insel der Schwäne*.

SHERLOCK HOLMES UND DIE SIEBEN ZWERGE

(DFF-Auftragsproduktion, Kinderfilm)
RE: Günter Meyer, BU: Andreas Püschel, Günter Meyer, DR: Karin Sedler, KA: Wolfgang Braumann, MU: Thomas Natschinski, SB: Heinz Röske, KO: Christiane Dorst, TR: Tony Loeser, Heiko Ebert u.a., SC: Helga Wardeck, PL: Ralph Retzlaff, P: DEFA für DFF/MDR/ORB/NDR/SFB, m: 6854 (TV-Fassung), L: 91 min (Kinofassung), fa, PJ: 1991/92, SD: 10.5.-28.6.1992, AD: 2.3. 1995
DA: Alfred Müller (Hans Holms), Ellen Schwiers (Helene), Ulrike Haase (Anne), Stefan Limprecht (Martin), Rainer Heise (Schwarzer Magier), Heike Jonca (Hexe), Susanne Schwab, Manfred Möck (Eltern), Jürgen Watzke (Wirt), Wolfgang Jaster (Alarich), Michael Klobe (Rumpelstilzchen), Peter Borgelt, Dieter Wien, Werner Dissel, Rudolf Ulrich, Anja Kling, Achim Wolff, Volkmar Kleinert, Thomas Lawincky, Fritz Decho, Peter Wohlfeil u.a.

INHALT: Ein pensionierter Kriminalbeamter bekommt Besuch von den sieben Zwergen, denen man Schneewittchen entführt hat. So macht sich der Pensionär mit seinen beiden Enkelkindern auf ins Märchenreich, um die durch einen bösen Magier aus den Fugen geratene Ordnung wiederherzustellen. (*Lexikon des internationalen Films*)
ZUM FILM: Die Kinofassung einer ursprünglich achtteiligen Fernsehserie von Günter Meyer läßt die Tradition der DEFA-Märchenfilme ebenso wie der Fernseh-»*Spuk*«-Geschichten mit ihren zauberhaften Tricks wiederaufleben. Amüsant für Kinder und Eltern ist, daß er altbekannte Geschichten und Märchen ein wenig gegen den Strich bürstet.
ECHO: Reales und Phantastisches werden miteinander verwoben, bilden eine eigene Welt, wie ja auch die Kinder selbst sich aus der Wirklichkeit hinausträumen und wie die phantastische Welt ins Spiel hineinfließt. (Angelika Mihan, *Märkische Allgemeine*, 10.4.1992)
Der bei der DEFA produzierte DFF-Film ist erklärtermaßen bereits mit dem Hintergedanken an die »Zweitauswertung« gemacht worden. Denkt man beim Ansehen gar nicht, denn diese Kinofassung mutet zuweilen eher ziemlich wild gestückelt an. Wer jedoch mit Ungereimtheiten, weniger gelungenen Anschlüssen und einer hopsenden Handlung sowie plötzlich auf- und ebenso plötzlich untertauchenden Figuren leben kann, dem wird's gefallen. (Ernst O. Mühl, *Neues Deutschland*, 2.3.1995)
Mit viel Phantasie und prächtigem Zauber gestaltet Günter Meyer die köstliche Idee zu einem turbulenten Abenteuer, das Realität und Märchen geschickt verbindet und den Film zu einem gelungenen Spaß für groß und klein werden läßt. (Renate Biehl, *Berliner Zeitung*, 2.3.1995)
Trotz einiger inszenatorischer Schwächen unterhält der Film sein junges Publikum spannend, humorvoll und auch ein wenig gruselig, vor allem aber beflügelt er die Fantasie. (*Lexikon des internationalen Films*, 1996)
NEBENBEI: Da der Film vom DFF in Auftrag gegeben wurde, der jedoch seinen Betrieb am 31.12.1991 im vierzigsten Jahr seines Bestehens einstellte, trug die Serie als wohl einzige Produktion bei der Sendung in der ARD das Copyright c DFF 1992. – Die Fernsehfassung wurde

1993 in Gera mit dem »Goldenen Spatz« ausgezeichnet.

SIE KANNTEN SICH ALLE

RE: Richard Groschopp, BU: Lothar Creutz, Carl Andrießen, Richard Groschopp, DR: Ilse Langosch, KA: Eugen Klagemann, MU: Wilhelm Neef, BA: Artur Günther, KO: Ingeborg Wilfert, SC: Friedel Welsandt, PL: Werner Dau, m: 2284 = 84 min, s/w, AT: Der ehrliche Name, PJ: 1957, PM: 30.4.1958, PM-Ort: Berlin, »Babylon«

DA: Sonja Sutter (Herta Klausner), Paul R. Henker (Klausner), Horst Drinda (Brückner), Harry Hindemith (Böhnke), Erich Franz (Kilian), Wolfgang Stumpf (Schott), Ulrich Thein (Auerbach), Horst Preusker (Nowak), Lotte Loebinger (Frau Oswald), Else Korén (Frau Bobinger), Siegfried Weiß, Dieter Perlwitz, Fred Ludwig, Horst Kube, Dom de Beern u.a.

INHALT: Ein Autowerk in Isenau, irgendwo in der DDR. Es ist das einzige große Werk der Region, fast alle arbeiten hier, fast alle kennen sich. Bei einer Testfahrt kommt es zu einem Unfall. Ein Fahrer ist tot, ein anderer schwer verletzt. Die Untersuchung ergibt: Sabotage. Klausner, Meister der Versuchswerkstatt, fühlt sich

mitverantwortlich und sucht Trost bei seiner Tochter Herta. Doch Herta, Sekretärin des technischen Direktors, ist unzugänglich und verstört. Kurz darauf stellt Klausner fest, daß sie in den Fall verwickelt ist. – Die beiden Mitarbeiter des Staatssicherheitsdienstes, die das Geschehen untersuchen, sind anfangs hilflos. Als sie den Tätern endlich auf die Spur kommen, platzt ihnen der Detektiv spielende Praktikant Brückner in die Quere. Im letzten Moment, unmittelbar vor ihrer Flucht in den Westen, können die Saboteure dann doch noch gestellt werden.

ZUM FILM: Die erste gemeinsame Arbeit der Autoren Creutz und Andrießen mit Regisseur Richard Groschopp stellte in Anlehnung an einen authentischen Fall die Arbeit der Staatssicherheit in den Mittelpunkt, die gerade angesichts zahlreicher aus der Bundesrepublik initiierter Sabotageakte eine gewisse Akzeptanz in der Bevölkerung hatte. Gleichzeitig wurde jedoch eine Atmosphäre des gegenseitigen Aushorchens legitimiert. Ursprünglich war die Rolle des Brückner als verdeckter Ermittler der Staatssicherheit angelegt. Kurz nach Beginn der Dreharbeiten wurde jedoch von der Behörde eine neue Strategie eingeführt, nach der ihre Mitarbeiter in den Betrieben offen auftraten. Daher mußte das Drehbuch kurzfristig geändert werden.

MEINUNG: Die politische Aufgabe des Films sehen wir darin, die Notwendigkeit und Wirksamkeit einer Organisation wie des Ministeriums für Staatssicherheit in unserer Republik zu erhärten. Ausgehend von dem Motiv »Sie kannten sich alle« haben wir zu zeigen versucht, wie speziell die bei uns weitverbreitete Atmosphäre allgemeiner Kollegialität, nachbarlicher Vertrautheit dem Klassenfeind Vorschub leisten kann. Die Männer des Staatssicherheitsdienstes in unserem Film stehen vor der Frage: Sie kannten sich alle, aber kannten sie sich wirklich? (Aus dem Vorwort zum Drehbuch, zit. nach *Aus Theorie und Praxis des Films* 3/1987)

ECHO: Der Regisseur Richard Groschopp läßt das Ganze gefällig ablaufen, arbeitet die Spannungsmomente gebührend heraus und hält die zahlreichen Darsteller gut zusammen. (...) Frau Sutter hat hier endlich wieder eine Aufgabe, wohl die interessanteste Rolle in diesem Streifen. (...) Bemerkenswert, wie sie – nicht nur mit der erprobten Hilfe der Maskenbildner Hanns Wos-

nik und Charlotte Stritzke – ihr Aussehen verändert, von innen her, durch Gestaltungskraft. (Karl-Eduard v. Schnitzler, *Filmspiegel* 11/1958)
NEBENBEI: In den beiden Nebenrollen der Telefonistin und der Krankenschwester wurden zwei damalige Fernsehansagerinnen verpflichtet, Margot Ebert und Christel Kern. – Sonja Sutter und Wolfgang Stumpf aus der Bundesrepublik waren damals ein Paar im Film und im Leben. Richard Groschopp berichtete von Sonja Sutters Besessenheit bei der Arbeit: »Wir mußten jene Szene fünfmal drehen, in der sie von Stumpf einen Schlag ins Gesicht erhält. Sonja Sutter war nie zufrieden. Immer sagte sie, sie sei schon vorher zusammengezuckt und müsse noch einmal geschlagen werden. Beim fünften Mal hatte sie dann wahrhaftig echte Tränen in den Augen ...« (*Aus Theorie und Praxis des Films*, 3/1987)

SIE NANNTEN IHN AMIGO

RE: Heiner Carow, BU: Wera und Claus Küchenmeister, Heiner Carow, DR: Eleonore Schmidt-Schwarze, KA: Helmut Bergmann, MU: Kurt Schwaen, BA: Willy Schiller, KO: Dorit Gründel, SC: Ilse Peters, PL: Paul Ramacher, m: 1721 = 63 min, s/w, AT: Der Älteste war dreizehn, PJ: 1958, PM: 22.1.1959, PM-Ort: Berlin, »Babylon«/»Vorwärts« Karlshorst
DA: Ernst-Georg Schwill (Amigo), Erich Franz (Vater Sinewski), Fred Düren (Pepp), Angelika Hurwicz (Marta Meister), Wilhelm Koch-Hooge (Walter Meister), Peter Kalisch, Heinz Schröder, Heinz Schubert (Gestapomänner), Hans Klering (Gasmann), Nico Turoff (Betrunkener) u.a.
INHALT: Deutschland 1939. Der 13jährige Berliner Junge Rainer Meister, genannt Amigo, findet im Gerümpelkeller des Hinterhofs einen Mann. Es ist Pepp, ein aus dem KZ geflohener politischer Häftling. Als Sohn einer kommunistischen Arbeiterfamilie weiß Amigo, in welche Gefahr er sich begibt, wenn er Pepp hilft. Er tut es dennoch und verpflichtet die beiden Mitwisser, seinen jüngeren Bruder und dessen Freund, zum Schweigen. Der aber verrät sich seinem Vater. Und dieser, Sinewski, ein selbstzufriedener, feiger Nazi-Mitläufer, wird schließlich zum Denunzianten. Sein Sohn hatte ihm eine Jacke gestohlen, um dem »Illegalen« zu helfen. Sinewski verdächtigt Amigo und dessen Vater, der verhaftet wird. Amigo stellt sich selbst, um Vater und Pepp zu retten. Für seine Tat wird der 13jährige in ein KZ gebracht. Er überlebt dank der Fürsorge der älteren Genossen. Später, in der DDR, wird er Panzerfahrer in den Reihen der Nationalen Volksarmee.
ZUM FILM: Heiner Carow gelingt ein eindringlicher, emotionaler und leiser Film über das Deutschland im Faschismus. Nach der ideologischen Kritik an seinem Erstling → *Sheriff Teddy* sieht er sich veranlaßt, einen plakativen, kämpferischen Schluß anzuhängen, der, wie sich herausstellt, den Film beschädigt. Später schneidet Carow – oftmals eigenhändig – den Schluß aus allen verfügbaren Kopien heraus.
ECHO: Es ist ein ungewöhnlich faszinierender Film, ein Film mit einer suggestiven Bildsprache, ein Film mit aufwühlenden schauspielerischen Leistungen, ein Film, den man innerlich so bald nicht wieder los wird. Rundheraus: Dieser Film ist ein Meisterwerk, das sich würdig anschließt an die ersten DEFA-Filme nach dem Kriege. (Christoph Funke, *Morgen* 24.1.1959)
Regie führt Heiner Carow. Es ist sein zweiter Spielfilm und eine Leistung von hohem Rang. Carow läßt nichts Allgemeines, Verwaschenes zu, sondern inszeniert hart, sachlich und mit ausge-

prägter Detailphantasie. Er nutzt die optischen Möglichkeiten seines Stoffes aus, aber er überfordert sie nicht. Er arbeitet ohne Arabesken und künstliche Umschreibungen und zeigt dabei eindeutige Ansätze einer eigenen Handschrift. (Hans Dieter Mäde, *Deutsche Filmkunst* 3/1959)
Was eigentlich hätten wir erwarten können? Konnten wir stillschweigend hoffen, daß die kleine Mogelei, die die DEFA mit Heiner Carows Film schamvoll schneidend veranstaltete, dieses antifaschistische Menetekel weniger »kommunistisch«, will sagen, weniger »tendenziell« oder gar weniger »sozialistisch« mache? (gesta, *Stuttgarter Zeitung*, 21.1.1974)
NEBENBEI: Der Film, der auf den Weltfestspielen der Jugend und Studenten in Wien 1959 mit einer Silbermedaille ausgezeichent wurde, beruhte auf autobiografischen Erlebnissen des Autors Claus Küchenmeister (der auch in der Rolle des irren Häftlings auftritt). Küchenmeisters Bruder wurde inhaftiert, sein Vater als Mitglied der Widerstandsgruppe »Rote Kapelle« hingerichtet.

SIEBEN SOMMERSPROSSEN

RE: Herrmann Zschoche, SZ: Christa Kozik, DR: Gabriele Herzog, KA: Günter Jaeuthe, MU: Gunther Erdmann, Peter Gotthardt, SB: Harry Leupold, KO: Isolde Warczycek, SC: Rita Hiller, PL: Fritz Brix, GR: AG »Johannisthal«, m: 2164 = 79 min, fa, brw, PJ: 1977/78, PM: 5.10.1978, PM-Ort: Berlin, »International«
DA: Kareen Schröter (Karoline), Harald Rathmann (Robert), Christa Löser (Frau Kränkel), Evelyn Opoczynski (Bettina), Jan Bereska (Benedikt), Barbara Dittus, Hilmar Baumann (Karolines Eltern), René Rudolph (Micha), Carola Braunbock (Köchin), Hannes Stelzer (LPG-Vorsitzender) u.a.
INHALT: Die 14jährige Karoline und der 15jährige Robbi, die früher mal im selben Haus gewohnt haben, treffen sich in einem Ferienlager wieder. Eine zarte Liebesbeziehung entwickelt sich zwischen beiden, doch der strenge Tagesablauf im Ferienlager setzt ihnen Grenzen. Sie suchen sich ihre Freiräume und stoßen damit auf Unverständnis wie Eifersucht. Der Gruppenleiter Benedikt, in seine Kollegin Bettina verliebt, hat Verständnis und schlägt den Jugendlichen vor, zur Abschlußfeier »Romeo und Julia« einzustudieren. Lagerleiterin Kränkel ist zwar strikt dagegen, kann sich aber nicht durchsetzen. Die Arbeit mit dem Stück führt bei Karoline und Robbi zum besseren Verständnis ihrer eigenen Situation und der Probleme, die sie in der Gemeinschaft haben. Ihre Liebe reift an dem klassischen Vorbild. Und bei der Aufführung ist sogar die Lagerleiterin zu Tränen gerührt.
ZUM FILM: Der einfühlsam und witzig erzählte Film über eine junge Liebe wurde ein Klassiker des DEFA-Jugendfilms. Damals erreichte er binnen eines Jahres 1, 2 Millionen Zuschauer.
ECHO: Daß diese so fein erdachte, mit hinreißenden Dialogen versehene Geschichte zu einem wunderschönen Film geriet, ist vor allem der Inszenierung Herrmann Zschoches, aber auch der Kamera Günter Jaeuthes und der Musik Gunther Erdmanns zu danken. (...) Man muß weder unbedingt jung sein noch Sommersprossen haben, um einen Film zu mögen, der lebenswichtige Probleme Jugendlicher so ehrlich, mutig, ohne falsche Scham und mit ansteckendem Spaß behandelt. (Renate Holland-Moritz, *Eulenspiegel* 42/1978)
Erwachsene habe ich angesichts der Filmfotos in den Schaukästen vom »International« sagen hören, daß sie ihren Kindern verbieten würden, den Film zu sehen, wo gäbe es denn so was, Vierzehnjährige nackt, und die fassen sich auch noch an. Der Film (...) bricht bewußt Tabus; er zeigt uns: Vierzehnjährige empfinden erotisch, wenn auch weitaus zögernder und zarter, als manch Fünfzigjähriger sich das vorstellen mag. Er appelliert an alle, die mit Erziehung zu tun haben, Disziplin und Ordnung nicht auf Kosten von Kreativität und Sensibilität durchzusetzen. (...) *Sieben Sommersprossen* ist der diskussionswürdigste DEFA-Film der letzten Zeit, ja vielleicht der schönste. (Jutta Voigt, *Sonntag* 44/1978)
Es ist wohltuend, wie frisch, knapp und deutlich Herkunft und Charakter der beiden exponiert werden (ihr Abschied von der gehetzten, besorgten Mutter, seine Verabschiedung durch den Vater am Dienst-Wolga), wie man ihre Gefühle, ihre Scheu, ihre erste Annäherung entdecken kann. Der Einfall, die junge, heutige Liebe über Szenen einer Laien-Aufführung von »Romeo und Julia« zu reflektieren, vertieft den Gefühls- und Erkenntniswert, auch wenn diese Ebene im weiteren Verlauf und bei der Lösung von Konflikten

nicht immer glücklich zu manchmal mühsamen Konstruktionen benutzt wird. (Peter Ahrens, *Weltbühne* 48/1978)

NEBENBEI: Kareen Schröter, die Karoline des Films, und René Rudolph, der den Micha spielte, agierten kurz darauf in → *Und nächstes Jahr am Balaton*, einem weiteren Zschoche-Film.

DAS SIEBENTE JAHR

RE: Frank Vogel, BU: Frank Vogel, DR: Anne Pfeuffer, KA: Roland Gräf, MU: Peter Rabenalt, SB: Dieter Adam, KO: Helga Scherff, SC: Helga Krause, PL: Erich Kühne, GR: KAG »Berlin«, m: 2263 = 83 min, s/w, PJ: 1968, PM: 28.2.1969, PM-Ort: Berlin, »International«

DA: Jessy Rameik (Dr. Barbara Heim), Wolfgang Kieling (Günter Heim), Bettina Mächler (Gabi Heim), Ulrich Thein (Dr. Manfred Sommer), Monika Gabriel (Margot Sommer), Alfred Müller (Werner Wilfurth), Hanns Anselm Perten (Chefarzt), Günter Naumann (Wölfchen), Otto Dierichs (Oberarzt Barth). Michael Gerber (Herr Zenke), Carl Heinz Choynski, Gerd Michael Henneberg, Christl Jährig, Peter Kalisch, Ruth Kommerell, Peter Kupke, Monika Lennartz, Hans Lucke, Klaus Piontek, Arno Wyzniewski u.a.

INHALT: Vor ihrem siebenten Hochzeitstag befindet sich die Ärztin Barbara Heim in einer Krise. Die Arbeit als Herzchirurgin gehört zu ihrem Lebensinhalt, aber sie fordert viel von ihr. Zu Hause wartet ihr Ehemann Günter – ein vielbeschäftigter Schauspieler, den sie oft nur kurz sieht, bevor er ins Theater muß. Und da ist die sechsjährige Tochter, die die Mutter braucht. Der Tod eines Kindes in der Klinik verstärkt ihren Konflikt. Sie sieht auch die bewundernden Blicke, die Günter für ihre Freundin Margot hat, deren Lebensinhalt darin besteht, sich und ihr Heim zu pflegen. Der Gedanke, die Arbeit für einige Zeit auszusetzen, kommt in ihr auf. Barbara überwindet die Krise. Die Eheleute wissen, daß ihre verantwortungsvolle Tätigkeit Bestandteil ihrer Persönlichkeit ist und eine Grundlage ihrer gleichberechtigten Partnerschaft.

ZUM FILM: Nach dem Desaster des 11. Plenums von 1965/66, durch das auch der Jutkewitsch-Schüler Frank Vogel mit dem Film → *Denk' bloß nicht, ich heule* betroffen war, wurde gegen Ende der sechziger Jahre wieder verstärkt versucht, Gegenwartsstoffe auf die Leinwand zu bringen. Dabei begnügte man sich meist, wie hier, mit einer protokollartigen Darstellung von Alltagssituationen, deren Konflikte sich der Zuschauer selbst dazu denken mußte.

ECHO: Der Film, den Frank Vogel geschrieben und inszeniert hat, läßt es nicht zur Katastrophe kommen, denn er zeigt nur einen Ausschnitt, eine Woche aus dem siebenten Ehejahr; er bietet auch keine Patentlösungen an, gibt indes – was weitaus schöner und nützlicher sein dürfte – dem Zuschauer wertvolle Denkanstöße. Ohne etwas zu beschönigen, führt er vor, wie schön unser Leben ist oder – in diesem Falle doch sein könnte. (Lothar Kusche, *Weltbühne* 10/1969)

Man hat auch nicht viel mehr gesehen als einen modischen Film: gut fotografiert und geschnitten, musikalisch akzentuiert von modernen Pianorhythmen und Bruchstücken von Kieling gesungener Villon-Balladen, aktualitätsbezogen durch einige Randbemerkungen über Herztransplantationen. Das aber scheint zu diesem Thema zu wenig. (Heinz Kersten, 1969, zit. nach *So viele Träume*)

Warum mich der Film nicht berührt: Zwar werden Konflikte aufgebaut, aber nicht zugespitzt. Wenn ich die heroische Ärztin (manche Szenen im Krankenhaus liefen ohne Ton, sind dafür mit

gefühliger Musik untermalt) bei der Arbeit sehe, weiß ich von vornherein genau, sie wird nie ihre Sache hinwerfen. So läuft alles viel zu glatt über die Bühne, weil nie eine Gefahr besteht. (Wilhelm Roth, *Filmkritik* 9/1969)
NEBENBEI: Bei der Premierenfeier sind mehrere Ensemblemitglieder des Deutschen Theaters Berlin in Kurzauftritten zu sehen: Otto Mellies, Eberhard Esche, Cox Habbema, A. P. Hoffmann, Reimar J. Baur, Gerhard Bienert, Jürgen Holtz und Peter Dommisch.

DER SIEG

(Co-Produktion DDR/UdSSR)
Teil I: Die Zeit der Hoffnungen, Teil II: Die Zeit der Unruhe
RE: Jewgeni Matwejew, SZ: Wadim Trunin, Jewgeni Matwejew, LV: Gleichnamiger Roman von Alexander Tschakowski, DR: Nona Bystrowa, Thea Richter, Hasso Hartmann, KA: Leonid Kalaschnikow, B. Nowosselow, MU: Jewgeni Ptitschkin, SB: Semjon Waljuschok, Lothar Kuhn, KO: G. Ganewskaja, G. Kusnezowa, Joachim Dittrich, SC: M. Karewa, PL: Wladimir Repnikow, Kurt Lichterfeldt, GR: GR »Roter Kreis«, m: 4222 = 155 min, fa, PJ: 1983/84, PM (DDR): 3.5.1985,

PM-Ort: Berlin, »Kosmos«, CO: Mosfilm, Moskau, Vierte Künstlerische Vereinigung, Russ. Titel: Pobjeda
DA: Alexander Michailow (Woronow), Andrej Mironow (Bright), Klaus-Peter Thiele (Werner Klaus), Ramas Tschchikwadse (Stalin), Georg Menglet (Churchill), Algimantas Masjulis (Truman), Michail Uljanow (Shukow), Günter Grabbert (Wilhelm Pieck), Karin Düwel (Ursula), Albrecht Delling (Otto Grotewohl), Werner Dissel (Jacob), Johannes Wieke (Alter Mann), Frank Ciazynski, Joachim Stargard, Willi Schrade, Klausjürgen Steinmann, Alexander Wikarski, Peter Friedrichson, Jörg Panknin, Brigitte Scholz u.a.
INHALT: Auf der KSZE-Konferenz 1975 in Helsinki treffen sich der sowjetische Journalist Michail Woronow und der amerikanische Fotoreporter Charles Bright wieder. Anlaß für Woronow, dreißig Jahre Geschichte des Ringens der Sow-jetunion um einen dauerhaften Frieden zu rekapitulieren (von Dokumentaraufnahmen historischer Ereignisse begleitet). Als junger Offizier hatte Woronow Bright 1945 während der Potsdamer Konferenz kennengelernt. Die beiden freundeten sich an. In Helsinki muß Woronow feststellen, daß Bright ihre Beziehung längst verraten und sich ganz in den Dienst der amerikanischen Konfrontationspolitik gestellt hat. Mit dem deutschen Antifaschisten Werner Klaus hingegen, ebenfalls Korrespondent in Helsinki, den er zur selben Zeit wie Bright in Potsdam kennengelernt hatte, verbindet ihn noch immer eine enge Freundschaft.
ZUM FILM: Der mit großem Propagandaaufwand und einer Festveranstaltung in Anwesenheit Erich Honeckers gestartete Film übte sich in Schwarzweißmalerei. Er stand in der Publikumsgunst eindeutig im Schatten des ebenfalls zum 40. Jahrestag des Kriegsendes gestarteten Kompilationsfilms von Karl Gass *Das Jahr 1945*, der sich durch eine differenzierte Betrachtungsweise der historischen Ereignisse auszeichnete.
ECHO: *Der Sieg* kommt zu einer Zeit in unsere Kinos, da erneut an Konferenztischen verhandelt wird, wie die Hochrüstung mit Nuklearwaffen auf der Erde zu stoppen, der Mißbrauch des Weltraums für die Vorbereitung eines neuen Völkermordes verhindert werden kann. In unserer Zeit ist tausendmal verhandeln besser als einmal schießen. (Helmut Lange, *Filmspiegel* 9/1985)

Die beiden West-Alliierten stehen als negative Helden dem sowjetischen Generalissimus gegenüber, der den dominanten Part des positiven Helden spielt und vor allem als Sachwalter polnischer Interessen auftritt. Die aktuelle politische Absicht ist unverkennbar. Nur einmal merkt der Kommentator kurz an, Stalin sei »eine widersprüchliche Persönlichkeit« gewesen: auf der einen Seite »prinzipienfest und weise«, aber auch »argwöhnisch und grausam«. Im Krieg und auf der Potsdamer Konferenz habe er jedoch nur seine beste Seite gezeigt. Das läßt sich nun von seinen Widersachern im Film wirklich nicht sagen. Truman, doch eher der Typ des amerikanischen Kleinbürgers, ist hier ein eiskaltes, fast dämonisches Monster, begierig, den Triumph der Atombombe auszukosten, und Churchill, wie aus einem Wachsfigurenkabinett, steht ihm nicht nach. (...) *Der Sieg* – schon vor der DDR-Premiere gleichzeitig in 1300 sowjetischen Kinos gestartet – wird wohl nicht mal ein Sieg für die Propaganda werden, für die Filmkunst ist es sicher eine Niederlage. (Heinz Kersten, 1985, zit. nach *So viele Träume*)
NEBENBEI: Marschall Shukow war neben Lenin die zweite historische Gestalt, die Michail Uljanow (mehrfach Gast bei der DEFA, z.B. in → *Unterwegs zu Lenin*) wiederholt im Film verkörperte.

SIGNALE – EIN WELTRAUMABENTEUER
(Co-Produktion DDR/Polen)
RE: Gottfried Kolditz, BU: Claus-Ulrich Wiesner, Gottfried Kolditz, LV: Roman »Asteroidenjäger« von Carlos Rasch, DR: Thea Richter, KA: Otto Hanisch, MU: Karl-Ernst Sasse, SB: Erich Krüllke, Werner Pieske, Jochen Keller, Roman Wolyniec, KO: Günther Schmidt, Marianne Schmidt, SC: Helga Gentz, PL: Dorothea Hildebrandt, Marceli Nowak, GR: KAG »Roter Kreis«, m: 3333 = 122 min, fa, 70 mm; m: 2490 = 91 min, fa, Cine, PJ: 1969/70, PM: 17.12.1970, PM-Ort: Berlin, »Kosmos«, CO: PRF »Zespoly Filmowe« Warszawa, Poln. Titel: Sygnaly MMXX
DA: Piotr Pawlowski (Veikko), Jewgeni Sharikow (Pawel), Alfred Müller (Konrad), Gojko Mitic (Terry), Iurie Darie (Kommandant), Karin Ugowski (Krystina), Friedrich Richter (Leiter der Raumsicherheitszentrale), Marianne Christina Schilling (Chefkoordinator), Helmut Schreiber (Gaston), Irena Karel (Juana), Aubrey Pankey, Bernd Renné, Fred Ludwig, Ewa Szykulska, Fritz Mohr u.a.
INHALT: Mitte des 21. Jahrhunderts. Raumschiffkommandant Veikko von der »Laika« stellt für einen Routinekontrollflug eine besondere Mannschaft zusammen, denn er hat die Absicht, diesen Flug zur Suche nach dem verschollenen Forschungsschiff »Ikaros« zu nutzen. Als sich die »Laika« auf dem Planetengürtel zwischen Mars und Jupiter befindet, fängt der Funker Konrad fremde Funksignale auf. Kurz darauf haben sie das Wrack der »Ikaros« auf ihrem Radarschirm, doch von der Besatzung keine Spur. Die Deutung der Funkzeichen als Signale einer fremden Zivilisation läßt unter der Mannschaft Angst vor einer Bedrohung aufkommen. Kommandant Veikko jedoch ist davon überzeugt, daß Wesen, die sich auf einem so hochentwickelten technischen Niveau befinden, die Periode der Feindschaft und Aggression längst überwunden haben. Und so kann die Besatzung der »Ikaros« gerettet werden.
ZUM FILM: Der im aufwendigen 70mm-Format entstandene Film von Gottfried Kolditz und C.U. Wiesner erfaßte Zukunftsprobleme nur unzureichend und kam über eine optische Attraktivität nicht hinaus.
ECHO: Die im Untertitel versprochene Abenteuerlichkeit muß irgendwo im Weltraum verlorengegangen sein. Selbst Spurenelemente einer irgendwie gearteten spannenden Handlung sind nicht zu ermitteln. Neun Herren und drei Damen sitzen sich im modischen Astronautenlook gegenüber und bewerfen sich gegenseitig mit wissenschaftlichen Termini. (...) Wer etwa hofft, innerhalb der fatal unparitätisch besetzten Raumschiffe könne es gar zu erotischen Kollisionen kommen, sieht sich ebenfalls getäuscht. (Renate Holland-Moritz, *Eulenspiegel* 5/1971)
Der Film beschränkt sich optisch darauf, das Raumfahrermilieu möglichst attraktiv ins Bild zu bringen. Der Zuschauer kann die komfortable Inneneinrichtung ihrer Fahrzeuge und komplizierte Schalttafeln bewundern, er sieht Kosmonauten kopfstehen und schwerelos im All rotieren, die beiden ansehnlichen weiblichen Besatzungsmitglieder veranstalten sogar einmal eine kleine Modenschau. (...) Sehr einfallslos sind dagegen die wenigen auf der Erde spielenden Sequenzen vom Urlaubsglück der Kosmonauten geraten: da wiederholen sich nur ach so schöne

Bilder von Reitern am Strand, neckisch in Sand und Wellen tollenden Bikini-Nixen und in den Dünen mit fliegenden Untertassen spielenden Kindern. (Heinz Kersten, *Frankfurter Rundschau*, 28.12.1970)
NEBENBEI: Der farbige Sänger Aubrey Pankey (1905 – 1971), der hier einen Wissenschaftler spielt, stammte aus New York und hatte während der McCarthy-Ära seinen Wohnsitz in der DDR genommen. Er wurde durch Plattenaufnahmen bekannt und wirkte auch in tschechoslowakischen Filmen mit.

SILVESTERPUNSCH

RE: Günter Reisch, SZ: Marianne Reinke, Gerhard Weise, DR: Egon Günther, KA: Karl Plintzner, MU: Helmut Nier, BA: Paul Lehmann, KO: Gerhard Kaddatz, SC: Hildegard Conrad, PL: Hans Mahlich, GR: Gruppe »Roter Kreis«, m: 2490 = 91 min, fa, PJ: 1960, PM: 29.12.1960, PM-Ort: Berlin, »Babylon«
DA: Erich Franz (Wilhelm Lehmann), Friedel Nowack (Auguste Lehmann), Erika Dunkelmann (Marion Lehmann), Christel Bodenstein (Suse Lehmann), Heinz Draehn (Franz Lehmann), Achim Schmidtchen (Michel Lehmann), Ernst-Georg Schwill (Knispel), Karin Schröder (Ruth), Albert Zahn (Otto), Hubert Hoelzke (Egon Scheibe), Gustav Müller, Günter Rüger, Kurt Rackelmann, Heinz Quermann, u.a.
GE: Armin Kämpf, Maria Alexander, die vier Brummers

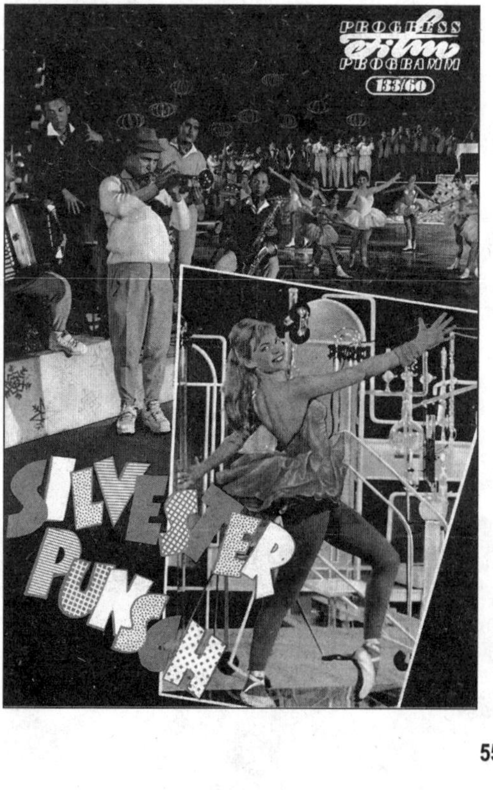

INHALT: Nach der »Maibowle« steht bei Lehmanns nun der Silvesterpunsch auf dem Programm. Wilhelms Söhne Franz und Paul sind Brigadiere im Chemiewerk. Des einen Brigade besteht aus Kultur-, die des anderen aus Sportfanatikern. Zur Silvesterfeier des Betriebes aber müssen die rivalisierenden Brigaden zusammenarbeiten, denn die Veranstaltung braucht beides, Sport und Kultur. Auf dem Programm steht eine Eisrevue, in der Wilhelms Enkeltochter Suse der Star sein soll. Dem sie anbetenden Knispel aus der Sportbrigade läßt Pauls Trainingsplan und Sturheit keine Zeit für Herzensangelegenheiten. Knispel und vor allem der hübschen Ruth gelingt es dann doch noch, den eisernen Sportler Paul von der Nützlichkeit der Kultur und einer Zusammenarbeit zu überzeugen. Die sportlich wie künstlerisch gelungene Revue wird ein voller Erfolg.
ZUM FILM: Die heitere Fortsetzung des Films → *Maibowle* war die augenzwinkernde Umsetzung der Losung »Jedermann an jedem Ort einmal in der Woche Sport«, bekräftigte aber zugleich dieErfüllung des Chemieprogramms der DDR (»Chemie bringt Schönheit und ein besseres Leben«). Diese Aufgabe stand damals propagandistisch im Mittelpunkt, weil im Rahmen der Aufgabenverteilung innerhalb des RGW (Rat für gegenseitige Wirtschaftshilfe) in der DDR der Schwerpunkt der Chemieindustrie etabliert wurde.
ECHO: Günter Reisch (...) hat eine Mischung auf die Leinwand gebracht, die auf den ersten Blick sehr gut mundet. Einem genaueren Hinschauen allerdings hält auch sie nicht stand. Der offensichtliche Ehrgeiz der Autoren, so bunt wie möglich zu sein und die Prominenz der leichten Muse möglichst zahlreich auftreten zu lassen, hinderte sie daran, den Stoff dramaturgisch zu vertiefen und den Gestalten individuelles Profil zu verleihen. (M. J., *Sonntag* 3/1961)
Die Musik von Helmut Nier geht ins Ohr. Zum einen hinein, zum andern hinaus. So richtig einprägsam ist keine der hübschen Melodien. (...)

Alles in allem: Man sieht einen Film, dessen Farbigkeit nicht allein Agfa-Color zu danken ist. Man spürt, daß die neue Art und Weise zu leben allmählich sehr selbstverständlich wird, und daß keine Utopien von heute schon morgen erfüllt sein können. (..) Vieles zeigt sich in diesem Film noch etwas steifleinen; der einzige Kuß (oder waren es zwei) läßt dieses schöne neue Leben puritanischer erscheinen, als es in Wirklichkeit ist. (Rudi Strahl, *Filmspiegel* 2/1961)
NEBENBEI: Die Eisrevue-Aufnahmen entstanden in enger Zusammenarbeit mit den Berliner Sportclubs Dynamo und Einheit. Christel Bodenstein, die ihre Laufbahn als Tänzerin begann, machte als Eisläuferin eine gute Figur.

SIMPLON-TUNNEL

RE: Gottfried Kolditz, BU: Gottfried Kolditz, LV: Erzählung des italienischen Autorenkollektivs Carlo Lizzani, Giuliani de Negri, Vasco Pratolini, Mario Socrate, Franco Solinas, DR: Willi Brückner, KA: Günter Eisinger, MU: Eberhard Schmidt, BA: Alfred Tolle, KO: Hans Kieselbach, SC: Hildegard Tegener, PL: Alexander Lösche, m: 2465 = 90 min, Tovi, m: 2458 = 90 min, no, s/w, PJ: 1958/59, PM: 13.6.1959, PM-Ort: Halle (1. Arbeiterfestspiele), »Goethe-Lichtspiele«
DA: Otto Mellies (Erich), Brigitte Krause (Rosa), Horst Weinheimer (Antonio), Gerry Wolff (Salvatore), Johannes Arpe (Ingenieur Karl), Kurt Oligmüller (Tassoni), Elfriede Florin (Assunta), Hans Finohr (Pietro), Rolf Ripperger (Rudolf), Paul Lewitt (Poquelin), Wolf v. Beneckendorff, Klaus Bamberg, Otto-Erich Edenharter, Hans Flössel, Hans Fiebrandt u.a.
INHALT: Zu Beginn des 20. Jahrhunderts sind die Arbeiten am Simplon-Tunnel, der durch den Monte Leone eine Eisenbahnverbindung zwischen der Schweiz und Italien ermöglichen soll, in vollem Gange. Die harte Arbeit unter unmenschlichen Bedingungen teilen sich Schweizer, Franzosen, Italiener und Deutsche. Vor allem zwischen letzteren kommt im Kampf um das größere Stück Brot Haß auf. Der Deutsche Erich und der Italiener Antonio rivalisieren außerdem noch um das Mädchen Rosa. In einer lebensgefährlichen Situation im Stollen begraben sie endlich ihre Feindschaft. Bei dem barbarischen Kampf mit den Naturgewalten rücken die Arbeiter unterschiedlicher Nationalitäten zusammen und ringen den Unternehmern Zugeständnisse ab.
ZUM FILM: Der Film sollte eigentlich durch Regisseur Carlo Lizzani (der auch an der Filmerzählung beteiligt war) in deutsch-italienischer Co-Produktion realisiert werden, was aber an finanziellen Fragen scheiterte. Von Gottfried Kolditz wurde der Stoff als eher steifes Kulissendrama umgesetzt.
ECHO: Was dem Autor Kolditz nicht gelang, ist dem Regisseur Kolditz erst recht nicht gelungen. Es ist ein wenigversprechendes Unterfangen, Schauspieler aus unseren Breitengraden überzeugend südländisches Temperament mimen zu lassen (...). Man gewinnt den Eindruck, daß 63 Schauspieler und zwei Dutzend Kleindarsteller mit mehr oder weniger großem Erfolg vor sich hinagieren, ohne daß die leitende und lenkende Hand eines Regisseurs offenbar wurde. (Günter Stahnke, *Junge Welt*, 20.6.1959)
Die fehlende Originalität ist bei Filmen wie *Simplon-Tunnel* (...) in allen ihren Komponenten nachzuweisen: Die Charaktere sind herkömmlich typisiert, sie werden in (etwa) immer wieder die gleichen Situationen gebracht, die Motive für ihr Verhalten sind oberflächlich, die Reaktionen

schematisch. Die Handlung erscheint nicht dem Leben abgelauscht, sondern zu deutlich auf einen »moralischen Endzweck« (undialektisch!) hin abgestimmt. (Winfried Junge, *Forum* 27/1959)
NEBENBEI: Die Hochgebirgsaufnahmen entstanden im Nationalpark Hohe Tatra in der CSSR. Außerdem wurde eine Woche lang in der Wasserversuchsanstalt der DDR gedreht.

SING, COWBOY, SING

RE: Dean Reed, SZ: Dean Reed, DR: Gerd Gericke, KA: Hans Heinrich, MU: Karel Svoboda, SB: Heinz Röske, Marga Moldovan, KO: Günther Schmidt, SC: Ruth Ebel, PL: Gerrit List, Georgeta Vilcu Savescu, GR: GR »Johannisthal«, m: 2451 = 90 min, fa, brw, PJ: 1980/81, PM: 12.6.1981, PM-Ort: Gera, Freilichtbühne auf dem Platz der Thälmannpioniere
DA: Dean Reed (Joe), Václav Neckár (Beny), Kerstin Beyer (Susann), Violeta Andrei (Maria), Juri Darie (Dave Arnold), Stefan Diestelmann (Barkeeper), Siegfried Seibt (Sheriff), Gertraud Last (Pythonin), Theresia Wider (Joana), Paton Price (Hotelbesitzer), Helena Ruzicková, Jiri Ruzicka, Bodo Schmidt, Rose Becker, Peter Pauli u.a.

Sing, Cowboy, sing

INHALT: Die beiden Cowboys Joe und Beny ziehen als Gesangsduo durch den Wilden Westen – meist mit leeren Taschen. Joe ist ein guter Rodeoreiter und fasziniert die kleine Susann, die ihn gern zum Vater hätte. Maria, ihre Mutter, will aber den finsteren, reichen Farmer Dave heiraten. Susann möchte das verhindern und schleicht sich in den Wagen von Joe und Beny, um sie zum Eingreifen zu bewegen. Dave zeigt die beiden als Kidnapper an, und sie flüchten zu einer von diesem tyrannisierten Farmerfamilie. Gemeinsam schlagen sie Dave in die Flucht, und auch Maria hat inzwischen eingesehen, daß er der falsche Partner ist.
ZUM FILM: Dean Reeds sechster und letzter DEFA-Film war eine Persiflage, in der die Gags von der Kritik als zu albern empfunden wurden. Als Schauspieler entwickelte der Autorenfilmer einen komischen Charme, der den Film letztlich doch zu einem Publikumserfolg werden ließ.
ECHO: Die Parodie-Absicht und der Edelmut der Geschichte beißen sich. Daß sie sich nicht total ausschließen, liegt daran, daß Reed sich bemüht, flott zu erzählen und dafür ungeniert in alle Klamotten- und Zutatenkisten greift, die auch nur annähernd und ohne allzu große Gewaltsamkeit entfernt Brauchbares bereithalten. (Günter Agde, *Filmspiegel* 13/1981)
Spitzenreiter des 81er Trauerspielplans ist für meinen Geschmack *Sing, Cowboy, sing,* eine angebliche Westernkomödie des angelsächsischen DEFA-Gelegenheitsarbeiters Dean Reed. (...) Der Mann, der selbst als Cowboy gelebt hat, der in Italo-Western Hauptrollen spielte und der eine gelungene Parodie wie *Der Kleine und der müde Joe* als Vorbild benennt, kann leider zwischen intelligentem Witz und abgeschmackter Trivialität so wenig unterscheiden wie zwischen echtem Gefühl und billigem Sentiment. Die Gags, die hier einander folgen, gelangen selten über die Gürtellinie. Was lustig gemeint ist, wirkt lächerlich. (Renate Holland-Moritz, *Eulenspiegel* 26/1981)
NEBENBEI: Václav Neckár, der schon in dem mit einem »Oscar« ausgezeichneten tschechoslowakischen Film *Scharf beobachtete Züge* eine Hauptrolle gespielt hatte, und der in der DDR fast ausschließlich als Schlagersänger (»Krokodil Theophil«) bekannt war, spielte hier immerhin bereits seine 13. Filmrolle.

DAS SINGENDE, KLINGENDE BÄUMCHEN

(Kinderfilm)

RE: Francesco Stefani, SZ: Anne Geelhaar, LV: Fragment der Brüder Grimm, DR: Margot Beichler, KA: Karl Plintzner, Walter Roßkopf, MU: Heinz-Friedel Heddenhausen, BA: Erich Zander, KO: Hans Kieselbach, TR: Ernst Kunstmann, Vera Kunstmann, SC: Christa Wernicke, PL: Alexander Lösche, GR: Jugend- und Kinderfilmproduktion, m: 1984 = 73 min, fa, AT: Das goldene Bäumchen, PJ: 1957, PM: 15.12.1957, PM-Ort: Berlin, »Babylon«

DA: Christel Bodenstein (Prinzessin), Charles Hans Vogt (König), Eckart Dux (Prinz/Bär), Richard Krüger (Zwerg), Dorothea Thiesing (Amme), Fredy Barten (Minister), Egon Vogel (Hauptmann/Zeremonienmeister), Maria Besendahl (Kräuterweib), Günther Polensen (Schloßhauptmann), Friedrich Teitge (Gärtner) u.a.

INHALT: Um die Liebe einer schönen, aber hochmütigen Prinzessin zu gewinnen, macht sich ein Prinz auf die Suche nach dem singenden, klingenden Bäumchen, das von der Prinzessin so begehrt wird. Er findet es in einem Zaubergarten, in dem ein böser Zwerg herrscht. Der gibt ihm das Bäumchen unter einer Bedingung: Bis zum Abend muß der Prinz die Liebe der Prinzessin erringen, sonst wird er in einen Bären verwandelt – was auch passiert. Durch eine List holt der Bär die hartherzige Prinzessin in den Zaubergarten, wo sie, ihrer Schönheit und Macht beraubt, langsam Herz entwickelt. Sie gewinnt die Zuneigung der Tiere, verliebt sich in den Bären, und schließlich kehrt ihre Schönheit zurück. Der Zwerg sieht seine Pläne durchkreuzt und lockt die Prinzessin aus dem Zauberwald. Doch die hat das böse Spiel inzwischen durchschaut. Sie scheut weder Mühe noch Gefahren, in den Zauberwald zurückzugelangen und ihren Prinzen zu befreien.

ZUM FILM: Der Film des westdeutschen Regisseurs Francesco Stefani, der zuvor den Märchenfilm *Zwerg Nase* inszeniert hatte, löste eine starke ideologische Kritik aus. Ihm wurden »verlogene Monarchenromantik«, »Idealismus« und »Flucht in die kleinbürgerliche Idylle« vorgeworfen.

ECHO: Die Regie hat die Mängel des Buches noch verstärkt und der inhaltlichen Aussage zugunsten der Form zu wenig Beachtung geschenkt. Zugegeben, auf das Kind wirken zunächst Farbigkeit, großflächige Bilder, Pomp und Putz, all das Phantastische, das zum Märchen gehört. Es ist in diesem Film bis auf die wenig fröhliche Allgemeinstimmung auch gestaltet. (Charlotte Czygan, *Deutsche Filmkunst*, 17.12. 1957)

So ein »Märchenprinz« ist ja geradezu der Prototyp spießbürgerlicher Erziehungsideale, der dann in vielfach abgewandelter Gestalt in Uniform oder Zivil den Backfischen in der kapitalistischen Unterhaltungsindustrie erneut auf der Leinwand vorgezaubert wird. (Charlotte Ewald, *Deutsche Filmkunst* 1/1958)

Der schöne Prinz (die Vorstellungen haben sich da inzwischen ein bißchen geändert), der böse Zwerg, der greise König und die hochmütige Prinzessin entsprechen ihrer Typologie nach Gestalten aus Lehrstücken, die in einem farblich spacigen Ambiente nicht etwa nur agieren, sondern regelrecht demonstrieren. Die Schauspieler zeigen, daß und was sie spielen. Für den Ausdruck »Weinen« gießt man sich Wasser ins Gesicht. Bertolt Brecht goes Gebrüder Grimm, und das nicht wenig. (Anke Westphal, *tageszeitung*, 17.12. 1993)

Selbstsucht macht häßlich und einsam. Doch wenn das Böse in Gestalt eines schwarzhaarigen, schmutzigen Mädchens oder als zwergwüchsiger Mensch erscheint, wird die einfache Dramaturgie äußerst fragwürdig. (*Zwischen Marx und Muck*, 1996)

NEBENBEI: Ernst Kunstmann war bis 1963 *der* Spezialist der DEFA für Filmtricks. Er konnte seine Erfahrungen bei einigen der besten deutschen Stummfilme (u.a. *Das Cabinet des Dr. Caligari*, *Metropolis*) sammeln und arbeitete auch für amerikanische Filme. Zu seinen berühmtesten Ufa-Tonfilmen zählten *Amphitryon* und *Münchhausen*. Bei der DEFA waren nicht nur Märchen (→ *Das kalte Herz*, → *Die Geschichte vom kleinen Muck*) sein Metier, auch in vielen Gegenwartsfilmen war seine Kunst gefragt.

SKIMEISTER VON MORGEN

(Kinderfilm)

RE: Ralf Kirsten, BU: Kurt Bortfeldt, LV: Erzählung »Die goldenen Schneeschuhe« von Adolf Görtz, DR: Eleonore Schmidt-Schwarze, KA: Horst E. Brandt, MU: Eberhard Schmidt, BA:

Willy Schiller, KO: Dorit Gründel, SC: Hildegard Conrad, PL: Erich Albrecht, GR: Jugend- und Kinderfilmproduktion, m: 1740 = 64 min, s/w, PJ: 1956/57, PM: 13.12.1957

DA: Gerry Wolff (Trainer Frieder), Carl Haumann (Skiwart), Rosemarie Menzel (Heimleiterin), die Kinder Eberhard Gast (Herbert), Tilo Rüger (Günther), Barbara Meinel, Dietmar Humitzsch, Peter Philipp, Rüdiger Koers, Uta Burgart, Edith Bollmann, Christiane Clausner u.a.

INHALT: Die Jungen Herbert und Günter sind Freunde, auf den schmalen Brettern jedoch, auf denen sie der Wintersport-Meisterschaft entgegenlaufen, Rivalen. Für seine hervorragenden Leistungen im Vorjahr hatte Herbert vom Staat ein Paar »goldene Schneeschuhe« bekommen, Skier bester Qualität. In diesem Jahr aber ist Günter der Favorit, trotz der einfachen Skier – er hat fleißiger trainiert. Während des Wettkampfes kommt es zwischen beiden zu handgreiflichen Auseinandersetzungen, jeder möchte der Sieger sein. Sie gefährden damit das gute Abschneiden ihrer Gruppe. Angesichts des Schadens, den sie dem Kollektiv zugefügt haben, begreifen sie endlich, daß Fairneß oberstes Gebot sein muß.

So viele Träume

ZUM FILM: Auch in seinem zweiten Film hatte der von der Prager Filmhochschule kommende junge Regisseur Ralf Kirsten noch mit den Tücken eines unausgereiften Drehbuches zu kämpfen, obgleich der Film in seiner Hinwendung zum Thema der Pionierarbeit positiv gesehen wurde.

ECHO: Leider ist es nicht gelungen, einen spannungs- und lehrreichen Film zu gestalten. Die Ursachen dafür liegen zunächst in der mangelhaften Charaktergestaltung der beiden Jungen Herbert und Günter. (...). Besonders auffallend ist das mangelhafte Spiel der Kinder, die entweder überhaupt nicht geeignet waren oder aber von der Regie her nicht richtig für ihre Aufgabe vorbereitet wurden. Wir erleben im Film durchweg Kinder, die wie abgeklärte Greise reden und handeln. (Charlotte Ewald, *Deutsche Filmkunst* 1/1958)

NEBENBEI: Der 1923 geborene Horst E. Brandt debütierte 1954 als 2. Kameramann neben seinem Lehrmeister Karl Plintzner und entwickelte sich in den sechziger Jahren zum vielseitigen Regisseur.

SO VIELE TRÄUME

RE: Heiner Carow, SZ: Wolfram Witt, LV: Tatsachenbericht »Die Hebamme« von Imma Lüning, DR: Erika Richter, KA: Peter Ziesche, MU: Stefan Carow, SB: Christoph Schneider, KO: Regina Viertel, SC: Evelyn Carow, PL: Ralph Retzlaff, GR: GR »Babelsberg«, m: 2342 = 86 min, fa, brw, AT: Die dreizehnte Fee, PJ: 1986, PM: 16.9.1986, PM-Ort: Berlin, »International«

DA: Jutta Wachowiak (Christine), Dagmar Manzel (Claudia), Peter René Lüdicke (Ludwig), Heiko Hehlmann (Gunnar), Gudrun Okras (Christines Mutter), Heinz Hupfer (Christines Vater), Christine Harbort (James' Mutter), Hans-Dieter Leuckert (James), Christian Grashof (Prof. Kühne), Gerry Wolff (Oberbürgermeister), Lydia Billiet, Martin Seifert, Heide Kipp, Jaecki Schwarz, Günter Schubert u.a.

INHALT: Vierundzwanzig Stunden im Leben der knapp fünfzigjährigen Chefhebamme Christine. In Berlin hat sie einen hohen Orden bekommen, nun sitzt sie im Zug nach Hause. Episoden aus ihrem Leben erscheinen in alptraumhaften Erinnerungen: elterlicher Zwang, eine unglückliche Ehe, ein zu früh geborenes Kind. Im Speisewa-

gen lernt sie die junge attraktive Claudia kennen, die ihr sympathisch ist. Sie lädt sie ein, mit ihr zu kommen. Die Fremde nimmt an. Zu Hause hat man für die Ausgezeichnete eine Feier vorbereitet. Christine erzählt in ihrer Dankrede über ihr Leben und das Glück, das sie spät fand. Claudia erkennt in Christine ihre Mutter, die sie vor dreißig Jahren beim ungeliebten Mann zurückließ, um ihren eigenen Weg zu gehen. Diese Eröffnung und die Beziehung, die sich zwischen ihrem jüngeren Partner Ludwig und Claudia anbahnt, sind ein Schock für Christine. Mit ihrem 18jährigen taubstummen Sohn verläßt sie die Stadt.
ZUM FILM: Nach siebenjähriger Pause legte Heiner Carow einen neuen Film vor. Im Gegensatz zu den glättenden Gegenwartsfilmen jener Jahre der »Stagnation« war die Vorlage ein problembeladener Stoff, dessen einzelne Facetten von ihm nicht ausgekostet werden konnten. Trotzdem löste der Film lebhafte Diskussionen aus.
ECHO: Natürlich waren die Schöpfer nicht willens, eine so hanebüchen triviale, melodramatische Geschichte pur zu verfilmen. Zum Zwecke künstlerischer Überhöhung wurde deshalb Christines Vorgeschichte gleich zu Anfang in teils gelungenen, teils peinigend naturalistischen Alptraumsequenzen erzählt. Leider ist deren Informationsgehalt gering, weil die einzelnen Puzzlestückchen mangels Personenkenntnis kein verständliches Bild abgeben. (...) Offenbar war Heiner Carow, der früher so effektsichere, in der Schauspielerführung beispielhafte Regisseur mit der Wahl seines Autors und dessen Buchangebot nicht sonderlich gut beraten. (Renate Holland-Moritz, *Eulenspiegel* 41/1986)
Regisseur Heiner Carow und Autor Wolfram Witt erzählen keine zusammenhängende Geschichte. Bild gewordene Erinnerungsfetzen, Traumsequenzen und Ängste verknüpfen sie zu einem vielschichtigen Netzwerk, fordern vom Zuschauer, eigens Gefühle und Gedanken einzubringen. Carow und Witt beschreiben einen Irrgarten der Hoffnungen, Sehnsüchte und Träume. Wer bereit ist, aus der Vielzahl angerissener Gedankenlinien die ihm nächste weiterzuverfolgen und zu vervollständigen, wird seinen ganz persönlichen Film sehen können. (Peter Claus, *Junge Welt*, 17.9.1986)
Carow scheut sich nicht, von enttäuschten Hoffnungen, unerfüllten Sehnsüchten, uneingelöstem privaten Glücksanspruch zu sprechen. Er ist wie in seinen früheren Filmen unbequem, und er verlangt auch durch eine komplizierte Erzählstruktur aus Rückblenden, Träumen und Monologen mehr als eine bequeme Konsumentenhaltung des Publikums. (...) In der ersten Hälfte des Films dachte ich auch: da hat der Carow aber alle Konflikte, die die DEFA sonst gern ausspart, nun gleich auf einmal in einen Film gepackt. Doch die Psychologie dieser Leinwandfiguren stimmt. (Heinz Kersten, *Tagesspiegel*, 23.11.1986)
NEBENBEI: Durch ihre Rolle der Lotte Lindenthal in dem mit dem »Oscar« ausgezeichneten ungarisch-bundesdeutschen Film *Mephisto* wurde Christine Harbort zwar über die Grenzen der DDR hinaus bekannt, erhielt jedoch hier keine auch nur annähernd gleichwertige Rolle, weil sie als politisch unzuverlässig galt. Hier spielt sie als Mutter von James eine größere Nebenrolle.

DIE SÖHNE DER GROSSEN BÄRIN
RE: Josef Mach, SZ: Liselotte Welskopf-Henrich, LV: Gleichnamiger Roman von Liselotte Welskopf-Henrich, DR: Margot Beichler, Hans-Joachim Wallstein, KA: Jaroslav Tuzar, MU: Wilhelm Neef, SB: Paul Lehmann, Heinz Röske, KO: Günther Schmidt, SC: Ilse Peters, PL: Hans Mahlich, GR: KAG »Roter Kreis«, m: 2673 = 98 min, fa, AT: Dakotas, die Söhne der großen Bärin, PJ: 1965, AD: 18.2.1966
DA: Gojko Mitic (Tokei-ihto), Jirí Vrstala (Red Fox), Rolf Römer (Tobias), Hans Hardt-Hardtloff (Major Smith), Gerhard Rachold (Leutnant Roach), Horst Jonischkan (Adams), Milan Jablonský (Donner vom Berge), Hannjo Hasse (Pitt), Helmut Schreiber (Ben), Brigitte Krause (Jenny), Karin Beewen (Cate), Kati Székely (Uinonah), Rolf Ripperger, Ruth Kommerell, Hans Finohr, A. P. Hoffmann, Horst Kube, Walter E. Fuß, Sepp Klose, Herbert Dirmoser u.a., GE: Ruth Homann
INHALT: Tokei-ihto, Häuptling der »Söhne der großen Bärin« vom Stamme der Dakota, ist von Leutnant Roach nach Fort Smith bestellt worden. Er vermutete einen Verrat der Weißen und hätte lieber mit Oberhäuptling Tashunka-witko gegen sie gekämpft, aber die Ältesten haben anders entschieden. In Begleitung seines persönlichen Fein-

des Fred Clark, genannt Red Fox, angekommen, bestätigt sich sein Verdacht. Die Weißen wollen die Indianer von ihrem vertraglich zugesicherten Land vertreiben, denn dort wurde Gold gefunden. Tokei-ihto verweigert das Einverständnis, in eine Reservation auf unfruchtbarem Gebiet zu ziehen und wird eingekerkert. Als die kämpfenden Dakota geschlagen und umgesiedelt sind, läßt man ihn frei. Die anderen seiner Stammesgruppe haben ihren Fehler inzwischen eingesehen, und mit Tokei-ihto beschließen sie, ins freie Kanada zu fliehen. Eine erbitterte Verfolgung setzt ein. Während der Stamm die Grenze passiert, stellt Tokei-ihto sich Red Fox zum letzten Kampf und besiegt ihn.

ZUM FILM: Angesichts des Publikumserfolges der Karl-May-Filme in der Bundesrepublik gab es Bestrebungen, auch bei der DEFA derartige Genrefilme zu produzieren. Bei der Stoffwahl griff man auf Romane von Liselotte Welskopf-Henrich zurück, die eine ausgewiesene Kennerin der Lebensweise und Geschichte der nordamerikanischen Indianer war. Wie auch bei dem bundesdeutschen Vorbild wurden Außenaufnahmen in Jugoslawien gemacht. Dort entdeckte man den Hauptdarsteller Gojko Mitic, der sich schnell zu einem der kassenträchtigsten DEFA-Stars entwickelte.

ECHO: Die Substanz des Films erhöht die Freude am genußreichen Kameraschwenk über den farbenprächtigen Häuptlingsschmuck, an den Bildstudien indianischer Bräuche und Lebensgewohnheiten, an der turbulenten, um Milieutreue bemühten Handlung. (...)

Gastregisseur Josef Mach hatte seine liebe und verständliche Not, Berufs- und Laienschauspieler unter einen Hut zu bringen. Von den Leistungen Jirí Vrstalas und Rolf Römers führt die Leiter ziemlich weit abwärts. In der Mitte ringt Prof. Finohr mit shakespeareschem Ernst um die Interpretation des Medizinmannes Hawandschita. (Helmut Hahnemann, *Azet*, 19.2.1966)

Existiert begründete Sorge, eine Schneelandschaft in ein Farbfilmbild zu bringen? Keineswegs. Was führte also zur Sommerwanderung? Während in Liselotte Welskopf-Henrichs Buch realistisch der Leidenszug der in die Reservationen getriebenen Indianer durch Eis und Schnee führt, blühen im Film bei diesem Weg die Blumen. Hier wird verniedlicht, das ist nicht zu bestreiten. (Norbert Kai, *Norddeutsche Neueste Nachrichten*, Rostock, 2.4.1966)

Aber einige, die sich als Indianer tummeln, läßt man doch besser unerwähnt. Es gibt schauspielerische Entgleisungen bis hinauf in Professorenkreise. Nun soll man das den Darstellern der Indianer nicht zu hoch ankreiden, wo es doch die Darsteller der Weißen auch ohne erschwerende Verkleidung nicht leicht haben. Das liegt am Regisseur. Was kaum jemand kann, kann dieser glänzend inszenieren: Ranschleichen, Verfolgung, Tumult, Kämpfe auf schnellen Pferden, Zweikampf etc. Aber er kann nicht vier Leute um einen Tisch setzen und sie ein knappes Gespräch einigermaßen anständig abliefern lassen. Das Mostrich-Medizinglas in der Hand des sterbenden Fort-Kommandanten sei ihm verziehen, aber nicht, daß er nicht weiß, wo hohles Pathos in blanke Lächerlichkeit umschlägt. (Gisela Steineckert, *Eulenspiegel,* 3. Märzheft/1966)

NEBENBEI: Die Zirkusreiter Fritz und Friedhelm Fabiunke setzten sich während der Dreharbeiten aus Jugoslawien ab, um bei ihren Eltern in Bielefeld zu leben. Die *Westfälische Rundschau* berichtete am 13.6.1965 unter der Überschrift »Zone hatte Pech mit ihren Wildwesthelden«: »Für den DEFA-Film waren die Fabiunkes als Cowboys verpflichtet worden. Sie galten als die einzigen Reiter in der Ostzone, die den Anforderungen rasanter Geländeritte und wildverwegener Jagden gewachsen waren. Und sie übernahmen fünf Wochen lang die gefährlichsten Aufträge, um ihren Regisseur zufriedenzustellen. (...) Während sie in Cowboyszenen auftraten, kreisten ihre Gedanken weniger um den Wilden Westen, als vielmehr um den freien Westen. Hier wollten sie sich als Artisten und Kunstreiter eine neue, gesicherte Existenz aufbauen.«

DER SOHN DES GROSSEN HÄUPTLINGS KEHRT ZURÜCK – SEVERINO

→ *SEVERINO*

SOLANGE LEBEN IN MIR IST

RE: Günter Reisch, BU: Michael Tschesno-Hell, Günter Reisch, Hermann Herlinghaus, DR: Hermann Herlinghaus, KA: Horst E. Brandt, MU: Ernst Hermann Meyer, SB: Willy Schiller, Dieter Adam, KO: Joachim Dittrich, Elli-Charlotte Löffler, SC: Bärbel Weigel, PL: Gert Golde, GR: KAG

»Roter Kreis«, m: 3111 = 114 min, s/w, Cine, 4-Kmgt, lto, AT: Karl Liebknecht, PJ: 1964/65, AD: 10.9.1965

DA: Horst Schulze (Karl Liebknecht), Ludmilla Kasjanowa (Sophie Liebknecht), Rita Krips (Vera Liebknecht), Michail Uljanow (Frolow), Albert Hetterle (Paul Schreiner), Erika Dunkelmann (Milda Schreiner), Jutta Hoffmann (Käthe Schreiner), Stefan Lisewski (Werner Gutjahr), Albert Garbe (Alwin Holzer), Fred Delmare (Waldemar Lehmann), Wolfgang Ostberg (Ernst Lemke), Zofia Ryslowna (Rosa Luxemburg), Hans Hardt-Hardtloff, Mathilde Danegger, Erich Mirek, Siegfried Weiß, Hans Finohr, A. P. Hoffmann, Artur Jopp, Adolf Fischer u.a.

INHALT: Episoden aus dem Leben Karl Liebknechts in den Jahren 1914 – 1916. Als einziger von 110 SPD-Abgeordneten stimmt er im Reichstag gegen die Kriegsanleihen, wird von seiner Parteiführung, die sich der chauvinistischen Politik der Regierung angeschlossen hat, fallengelassen. Verleumdungen, Morddrohungen, Arbeitsverbot hindern ihn nicht, überall – bei den Arbeitern und vor allem der Jugend – gegen den Krieg aufzutreten. Während er zum Kriegsdienst gezwungen wird und seine Aufklärungsarbeit an der Front in Frankreich fortführt, ist seine Familie in Berlin Repressalien ausgesetzt. Von der Front zurückgekehrt, tritt er illegal bei einer Großkundgebung zur Vorbereitung des 1. Mai in Jena auf und am Kampftag der Arbeiterklasse selbst in Berlin. Er wird verhaftet und des Landesverrats angeklagt. Aber auch vor Gericht gibt er seine Überzeugung nicht auf und klagt die Ankläger als Feinde des Volkes an.

ZUM FILM: Drehbuchautor Michael Tschesno-Hell hatte bereits die beiden biografischen Filme über → *Ernst Thälmann* als Mit-Autor gestaltet. (Günter Reisch war damals noch bei Kurt Maetzig Regie-Assistent.) Auch der Lebensweg Karl Liebknechts wurde in einem zweiteiligen Film gestaltet. Schon der erste Teil litt zwar an dem Anspruch, das offizielle Bild Liebknechts allumfassend zu gestalten, hatte aber doch interessante Studien und beeindruckte durch gut arrangierte Massenszenen. Die Fortsetzung, → *Trotz alledem*, kam erst sieben Jahre später auf die Leinwand.

ECHO: Der Film *Solange Leben in mir ist* stellt eine große und bewundernswerte kollektive Leistung dar, die nur ein Ensemble übereinstimmender Kräfte vollbringen konnte, in dem Klarheit über das *Ganze* und über das *Detail* herrscht. Die große, bewegende Musik Ernst Herman Meyers, die dichte und klare Fotografie Horst E. Brandts, die hervorragenden Szenenbilder und historischen Rekonstruktionen Willy Schillers, Dieter Adams und ihres Architektenkollektivs, das Zusammenwirken aller darstellerischen Kräfte geben durch *Genauigkeit im einzelnen die Wahrheit Liebknechts* im Ganzen. Horst Schulze vollbringt das Wunder, diese ganze, gewaltige, tief in unsere Gegenwart und Zukunft wirkende menschliche Wahrheit des nationalen Helden Karl Liebknecht in einfühlsamer, phantasievoller und historisch-konkreter Darstellung zu vereinigen. (Heinz Hofmann, *Märkische Volksstimme*, 15.9.1965)

NEBENBEI: Kurt Dunkelmann, der musisch stark begabte Direktor der Rostocker Neptun-Werft und Ehemann von Erika Dunkelmann, die die Milda Schreiner spielte, stellte die Rolle des Friedrich Ebert unter einem Pseudonym dar, weil man ihm nicht so leicht darauf kommen sollte, daß er wieder eine Filmrolle angenommen hatte.

Filmtext: Solange Leben in mir ist. Ein Film über Karl Liebknecht. Literarisches Szenarium von Michael Tschesno-Hell. Berlin: Henschelverlag 1965

SOLDATEN DER FREIHEIT

(Sowjetunion)

RE: Juri Oserow; BU: Juri Oserow, Oskar Kurganow, KA: Igor Slabnewitsch, E. Styzkober, MU: Juri Lewitin, SB: Alexander Mjagkow, Tatjana Lapschina, KO: D. Oserowa, RE-Ass.: Eleonore Dressel (nur DDR), PL: Semjon Posdnjakow, P: Mosfilm, Moskau, in Zusammenarbeit mit Studios in Bulgarien, Ungarn, Polen, Rumänien, der CSSR und mit der DEFA, Russ. Titel: Soldaty swobobdy, m: 5422 = 408 min, PJ: 1974-77, AD: 4.11./2.12.1977

DA: Stefan Gezow (Georgi Dimitroff), B. Pasterek (Klement Gottwald), Horst Preusker (Wilhelm Pieck), Ljubomir Kabaktschijew (Palmiro Togliatti), Boris Below (Maurice Thorez), Juri Tripolski (Stalin), Leszek Herdegen (Pawel Finder), Tadeusz Lomnicki (Boleslaw Kowalski), Stanislaw Mikulski (Senk-Malecki), Iwan Mistrik (Gustav Husák), Fritz Diez (Hitler), Erich Thiede

(Himmler), Gerd Michael Henneberg (Keitel), Achim Schmidtchen (Paulus), Heinrich Schramm (Frank), Karl Sturm, Erich Körbs, Rudolf Ulrich, Helmut Schreiber, Horst Giese u.a.

INHALT: Im ersten Teil wird gezeigt, wie die Schlacht um Stalingrad die entscheidende Wende im Zweiten Weltkrieg brachte. Daneben stehen Beratungen führender Vertreter kommunistischer Parteien Europas, die Maßnahmen zum gemeinsamen Kampf gegen den Faschismus einleiten. Der zweite Teil umfaßt Kämpfe der Sowjetarmee gegen die faschistischen Aggressoren auf sowjetischem Boden, aber auch Partisanenkämpfe und die Vorbereitung des Warschauer Aufstands. Im dritten Teil stehen Befreiungskämpfe in der Slowakei, in Rumänien und Polen im Mittelpunkt. Schließlich zeigt der vierte Teil die entscheidenden Kämpfe bis zur Befreiung. (f.b.h.)

ZUM FILM: Das in vier Teilen gedrehte Filmepos drehte Juri Oserow nach seinem Welterfolg → *Befreiung* wiederum in Zusammenarbeit mit Studios der anderen sozialistischen Länder. Aus der DDR wirkten teilweise die gleichen Darsteller in denselben Rollen mit. Noch stärker als im Vorgänger werden die Kriegsereignisse hier aus der Sicht der politischen und militärischen Entscheidungsträger geschildert. Der vierteilige Film lief in der DDR in zwei Programmen.

ECHO: Auch hier zeigt sich wieder, daß Oserows Stärke die Darstellung großer militärischer Aktionen ist. Andere Vorgänge bleiben oft ein nüchternes und allerdings auch dokumentarisch genaues Berichten, mehr illustrativ schildernd als in die Tiefe des Geschehens eindringend. Der pathetische Grundgestus des Films scheint dann doch nur ungenügend durchgehalten. Aber solche stilistischen Schwankungen mögen wohl auch durch die hier erfaßten Stoffmengen bedingt sein. Klar treten jedenfalls die ideellen Leitlinien dieses Panoramas hervor: das Gedenken an die Opfer, die Europas Völker im Kampf gegen den Faschismus bringen mußten, und die parteiliche historisch-ideologische Wertung der Tatsachen. (-ch, *Neue Zeit*, 28.2.1978)

In diesen Filmen verwirklicht sich zumindest ästhetisch die von Jean-Luc Godard apostrophierte Allianz zwischen Hollywood, Mosfilm und Cinecittà. (Ulrich Gregor, *Geschichte des Films ab 1960*, 1978)

NEBENBEI: Die erste Klappe des monumentalen Werkes fiel im Juli 1974 bei der DEFA. Aus der DDR wirkte Oberst Jobst v. Witzleben, ein Neffe des von den Nazis hingerichteten Generalfeldmarschalls, als Fachberater mit. Auch hier stationierte Truppenteile der Sowjetarmee waren in die Dreharbeiten miteinbezogen.

SOLO SUNNY

RE: Konrad Wolf, CO-RE: Wolfgang Kohlhaase, SZ: Wolfgang Kohlhaase, DR: Dieter Wolf, KA: Eberhard Geick, MU: Günther Fischer, SB: Alfred Hirschmeier, KO: Rita Bieler, SC: Evelyn Carow, PL: Herbert Ehler, GR: GR »Babelsberg«, m: 2854 = 105 min, fa, brw, PJ: 1978/79, PM: 17.1.1980, PM-Ort: Berlin, »International«

DA: Renate Krößner (Sunny), Alexander Lang (Ralph), Heide Kipp (Christine), Dieter Montag (Harry), Klaus Brasch (Norbert), Fred Düren (Arzt), Harald Warmbrunn (Benno Bohne), Ulrich Anschütz (Grafiker), Ursula Braun (Frau Pfeiffer), Hansjürgen Hürrig (Hubert), Michael Christian, Thomas Neumann, Rolf Pfannenstein, Johanna Schall, Uwe Zerbe u.a., GE: Regine Dobberschütz, Die Molly-Sisters

INHALT: Sunny ist eine Schlagersängerin vom Berliner Prenzlauer Berg, die mit einer Band durch Dörfer und Kleinstädte tingelt. Sie sehnt sich nach Glück und Anerkennung als Persönlichkeit. Der Taxifahrer Harry himmelt sie an, doch seine Lebensmaxime, die »schnelle Mark«, ist nicht die ihre. In den Philosophen Ralph verliebt sie sich, wird aber von ihm betrogen. Während der Tourneen muß sie sich ständig den Nachstellungen des Musikers Norbert erwehren. Nach einer handgreiflichen Auseinandersetzung mit ihm und einem Streit mit dem widerlich-dummen Conférencier Benno Bohne, der sie auf der Bühne beleidigt, fliegt sie aus der Band. Deprimiert durch den Rausschmiß und enttäuscht von Ralph betrinkt sie sich, nimmt Schlaftabletten und landet im Krankenhaus. Ihre Freundin Christine kümmert sich liebevoll um sie. Sie schöpft langsam neuen Lebensmut, und eines Tages bewirbt sie sich wieder – bei einer ganz jungen Band, die in einem Hinterhaus am Prenzlauer Berg probt.

ZUM FILM: In seinem letzten Spielfilm wandte sich Konrad Wolf mit seinem Szenaristen Wolfgang Kohlhaase als Co-Regisseur noch einmal der Gegenwart zu. Die Beschreibung einer Außenseiterin in ihrem Lebensanspruch wurde begrüßt und stand im Zentrum öffentlicher Diskussionen, in denen sein Thema begrüßt, ihm aber auch ein »gespreizter Anspruch zwischen dokumentarem Realismus, Ehrlichkeit und biederer Unterhaltung samt Happy-End« vorgeworfen, weil er nicht weit genug gegangen sei.

ECHO: Die Geschichte ist in einem recht attraktiven Milieu angesiedelt, wirbt für sich mit der Exotik dieser Branche und baut sie gleichzeitig ab. Kohlhaase schrieb, Wolf inszenierte einen Film über die kleinen Brutalitäten des Alltags, für die man oft den Blick verliert über dem Interesse fürs Große und Ganze. Diesen Blick geschärft zu haben, halte ich für eine wesentliche Leistung dieser Arbeit. (Henryk Goldberg, *Volk*, 6.2.1980)

Daß dieser natürliche, uns gemäße und von unserer Gesellschaft postulierte Lebensanspruch, zwischen Maßlosigkeit und Resignation, über Konflikte, Glück und Enttäuschung, Chancen und Niederlagen, Erfahrung und Erkenntnis entweder verspielt wird oder immer neu behauptet werden muß, davon handelt Sunnys Geschichte. Sie betrifft uns und macht betroffen, sie macht Mut allein schon deshalb, weil sie so erzählt wird und weil Sunny, ein bißchen verkrampft, aber entschlossen, wieder aufsteht und hingeht zu einer jungen Amateurband, um weiterzumachen. (Peter Ahrens, *Weltbühne* 5/1980)

Insgesamt stellt der Film eine Ensembleleistung der höchsten Qualitätsstufe dar. Die von Kohlhaase erdachten Figuren werden unter der sorgsam führenden Hand Konrad Wolfs zu Charakteren, die man zu kennen glaubt, aber in dieser Unverwechselbarkeit noch nie erlebt hat. Die Dialoge sind von jener poetischen Alltäglichkeit, wie sie der Alltag nicht zur Verfügung hat. Der junge Kameramann Eberhard Geick, zum ersten Mal an einem Spielfilm beteiligt, zeigt Bilder von erregendem Realismus. Nichts ist beschönigt oder vergröbert; er beobachtet, und wir sehen das Bekannte neu. Die schauspielerischen Leistungen verführen zur Euphorie. Renate Krößner, seit mehreren Jahren hoffnungsvolles Talent, hat sich nun ganz nach vorn gespielt. Wache Intelligenz, Aufrichtigkeit, Naivität, Verletzbarkeit und ein Hauch vom Kellerkind der Berliner Hinterhöfe machen ihre Sunny zu jener Persönlichkeit, von der die Filmheldin träumt. (Renate Holland-Moritz, *Eulenspiegel* 6/1980)

NEBENBEI: Den Detlef spielte Bernd Stegemann, Renate Krößners Lebensgefährte. Als Ernesto hatte Rolf Pfannenstein, der langjährige 1. Solo-Tänzer des Friedrichstadtpalastes, einen seiner wenigen Filmauftritte. DEFA-Regisseur Lothar Warneke stellte seinen Typ zur Verfügung und trat als Zapfer auf. Der Darsteller des Norbert, Klaus Brasch, starb wenige Wochen nach der Premiere des Films kurz vor seinem 30. Geburtstag. – Im In- und Ausland errang der vielbeachtete Film zahlreiche Preise, so 1980 auf der Berlinale den Kritikerpreis der FIPRESCI. Renate Krößner erhielt einen »Silbernen Bären« als beste Darstellerin. Die »Goldene Plakette« des Chicagoer Filmfestivals für das beste Drehbuch erhielt der Film im gleichen Jahr. In der DDR erhielt der Film einen Kritikerpreis sowie Auszeichnungen auf dem Nationalen Spielfilmfestival in Karl-Marx-Stadt für Regie, Kamera, Szenenbild, Schnitt sowie die Schauspieler Renate Krößner, Heide Kipp und Dieter Montag.

SOMMERLIEBE

RE: Franz Barrenstein, BU: Max Jensen, LV: Erzählung »Eine kleine Sommerferienliebe« von Gerhard Hardel, DR: Gerhard Neumann, KA: Carl Puth, MU: Hans Hendrik Wehding, BA: Herbert Nitzschke, KO: Luise Schmidt, SC: Ruth Moegelin, PL: Willi Teichmann, m: 2367 = 87 min, s/w, PJ: 1954, PM: 28.4.1955, PM-Ort: Berlin, »Babylon«/»DEFA-Filmtheater Kastanienallee«

DA: Maria (Körber-) Buschhoff (Milli), Lothar Blumhagen (Robby), Gisela May (Lotte), Christina Huth (Martha), Charlotte Wahl (Ilse), Werner Peters (Grothe), Hans Wehrl, Elfriede Florin (Ernst u. Eva Lange), Herbert Richter, Maria Besendahl (Anton u. Klara Linse), Fred Kronström, Rolf Ludwig (Schön, sen. u. jun.), Otto Saltzmann, Lotte Crusius, Otto Mellies u.a.

INHALT: Die junge, hübsche Milli ist passionierte Wintersportlerin, und ausgerechnet sie gewinnt in ihrem Betrieb eine Urlaubsreise an die Ostsee – im Sommer natürlich. Nach dem ersten Bad im Meer und der Begegnung mit einem netten jungen Mann verfliegt der anfängliche Mißmut. Aber nicht für lange, denn Robby erweist sich als Filou, scheut geregelte Arbeit, und ein Frauenheld ist er auch. Nach einigen Wirrungen findet der Urlaub für Milli doch noch ein gutes Ende. Gemeinsam mit Robby, der in ihrer Heimatstadt Suhl eine Stelle als Autoschlosser annehmen will, fährt sie nach Hause.

ZUM FILM: Das dünne und flau inszenierte Lustspiel gab sich auf unbeholfene Weise fortschrittlich und löste entsprechend kontroverse Kritik aus.

MEINUNG: Eine junge Wintersportlerin verliebt sich an der See in einen Mann, der erst eine neue Einstellung zum Leben und zur Arbeit gewinnen muß, ehe er mit ihr glücklich werden kann. (...) Unter den Bedingungen unserer gesellschaftlichen Ordnung entwickeln sich in der Liebe auch bei Robbi notwendig die edlen und guten Eigenschaften, und nach hartem Kampf gelingt ihm der Sprung in die neue Qualität, so daß die Liebenden zueinander finden. (Dramaturg Gerhard Neumann über das Szenarium in *Deutsche Filmkunst* 6/1954)

ECHO: Was also ist wirklich unserem Leben für diesen Film entnommen? Es gibt die verstaubten HO-Bademoden, auf denen der Vorspann kopiert ist und die den teilweise wohlgeformten Darstellerinnen wie Säcke um die Körper hängen. Aber muß man das zeigen? Hätte nicht die Kostümbildnerin, Luise Schmitt, dazu beitragen

können, ihren Kolleginnen von HO und Konsum (zwei Handelsketten in der DDR, f.b.h.) durch gute Beispiele ein wenig auf den Weg zu helfen? Es gibt den verstaubten Tanzschlager über dem Vorspann, dessen Entstehungszeit – wie die der Bademoden – fatal an die dreißiger Jahre erinnert. (...) Aber geliebt und geküßt wird doch endlich einmal! Gewiß, aber doch nicht so, Freunde! Es scheint, als ob die DEFA auf einen Schlag alles nachholen wollte, was sie darin bisher versäumt hat. Und das ist dazu so unkünstlerisch gestellt und fotografiert und so übertrieben an Dauer und Intensität, daß es peinlich wirkt und einem das Küssen verleiden kann. (Karl-Eduard v. Schnitzler, *Filmspiegel* 10/1955)
NEBENBEI: Hauptdarstellerin Maria Körber, die Tochter des in der Nazi-Zeit prominenten Künstlerpaares Hilde Körber und Veit Harlan, war damals mit dem Schauspieler Walter Buschhoff verheiratet und trat hier unter dessen Familiennamen auf. In den 90er Jahren erneuerte sie in der ZDF-Serie *Unser Charly* ihre Popularität.
Filmtext: Sommerliebe. Literarisches Szenarium von Max Jensen. In: Deutsche Filmkunst 1954/6.

EIN SOMMERTAG MACHT KEINE LIEBE

RE: Herbert Ballmann, Gerhard Klein, SZ: Benno Pludra, DR: Gudrun Rammler (Deubener), KA: Götz Neumann, MU: Günter Klück, Jean Kurt Forest, , BA: Oskar Pietsch, Paul Lehmann, KO: Ingeborg Wilfert, SC: Evelyn Carow, PL: Werner Dau, m: 2136 = 78 min, s/w, AT: Wohin?, PJ: 1959/60, PM: 16.3.1961, PM-Ort: Berlin, »Colosseum«
DA: Christel Bodenstein (Christine), Willi Schrade (Jan), Erik Veldre (Hannes), Helga Göring (Mutter Lammers), Albert Hetterle (Vater Lammers), Hans Finohr (Kaluweit), Monika Bergen (Inge), Barbara Dittus (Elke), Dieter Perlwitz (FDJ-Sekretär), Manfred Ott (Herbert), Rolf Römer, Fritz Decho, Trude Brentina, Friedel Nowack, Helmut Schreiber u.a.
INHALT: Schlechtes Gewissen und mangelndes Selbstbewußtsein weiß Jan geschickt hinter Angeberei zu verbergen. Während eines Wochenendes auf Hiddensee kommt er damit ganz gut an – bei der charmanten Christine. Weniger allerdings bei deren Begleitern, allen voran Hannes. Doch die eigentliche Blamage steht ihm noch bevor. Als aufmüpfiger Oberschüler ist er gerade von der Schule geflogen und will nun auf der Werft in Stralsund arbeiten. Bei Christine hatte er den gebildeten Oberschüler vorgekehrt, und nun kommt er in ihre Brigade. Sie ist Kranführerin, Hannes Brigadier. Jan ist verwirrt, macht eine Dummheit nach der anderen und zieht sich den Ärger der Kollegen zu. Für Christine aber ist Jan mehr als ein Sommertagsflirt, und sie hilft ihm, zu sich selbst zu finden.
ZUM FILM: Herbert Ballmanns letzte Arbeit bei der DEFA war ein bewußt gewählter »harmloser« Stoff über das Lebensgefühl junger Leute in der DDR. Nachdem Ballmann während der Dreharbeiten die DDR verlassen hatte, übernahm Gerhard Klein den halbfertigen Film und drückte ihm seinen stilistischen Stempel auf. Offenbar wegen der geteilten künstlerischen Auffassungen wurde auf eine öffentliche Namensnennung eines Regisseurs verzichtet, eine Einmaligkeit im DEFA-Film.
ECHO: Der Film spielt einmal ganz unter jungen Menschen. Daß es echte Kinder unserer Zeit sind, ist vordringlich den jungen Darstellern, ihrer Spielfreude und natürlichen Anteilnahme zu danken. (Sybill Mehnert, *Junge Welt*, 18.3. 1961)

Der anmutige Reiz des Films liegt in seiner schlichten Wahrscheinlichkeit, und sein Verfasser kann sich glücklich schätzen, die von ihm erdachten Gestalten durch drei gleich vorzügliche Hauptdarsteller verkörpert zu sehen. Die schauspielerische Harmonie des Dreigespanns Christel Bodenstein, Willi Schrade und Erik Veldre ist so beispielhaft, daß man beinahe versucht ist, nach dem weder im Vorspann noch im Programm erwähnten Regisseur zu fragen. (Rudi Strahl, 8/1961)

Immerhin steht hier die Liebe mehr im Vordergrund, und die Darstellung der jungen Menschen wirkt im allgemeinen echt und ungekünstelt. (Heinz Kersten, *Das Filmwesen in der Sowjetischen Besatzungszone Deutschlands*, 1963)

NEBENBEI: Herbert Ballmann war damals mit Gisela Uhlen liiert, die nach einem mehrjährigen DEFA-Vertrag inzwischen im Westen arbeitete. Möglicherweise war dies einer der Gründe für Ballmanns Weggang, aber ein anderer kam hinzu, den er dem Filmhistoriker Ralf Schenk anvertraute: »Während der Dreharbeiten kam es zu einer feucht-fröhlichen Feier im Haus der deutsch-sowjetischen Freundschaft in Stralsund. Wir waren ungeheuer frech, ohne Strümpfe, in Sandalen, bis mich ein Oberst der NVA ansprach, ob das die sozialistische Kultur wäre, die wir als Kulturschaffende verkörpern. Da hab ich gesagt, wissen Sie, wenn darin die sozialistische Kultur besteht, daß wir uns einen Schlips umbinden und Socken anziehen, dann ist es aber traurig bestellt. Daraufhin beschwerte sich das Bezirksparteisekretariat von Rostock in Berlin über uns. – Bald darauf kriegte ich die erste und dann die zweite Verwarnung. Wilkening (der DEFA-Hauptdirektor, f.b.h.) holte mich zu sich ins Büro und sagte, hör auf mit deinen Fahrten nach Westberlin, der Staatsanwalt interessiert sich für dich. Im Studio, an einem Samstag nachmittags um drei, bestellte mich der Parteisekretär zu sich. Ich ahnte, dort wartet die Stasi auf mich. Ich verließ die DEFA über den Hintereingang und fuhr mit der S-Bahn nach Westberlin.« (zit. nach *Das zweite Leben der Filmstadt Babelsberg*) Im Auftrag der DEFA verklagte Rechtsanwalt Friedrich Karl Kaul Ballmann wegen Vertragsbruches auf 50 000 DM Schadensersatz. »Wir haben aber den Prozeß verloren, weil Ballmann sagte, er habe sich politisch bedroht gefühlt. Das war eine Lüge, die wir jedoch nicht entlarven konnten.« (Albert Wilkening zu Hannes Schmidt in *Aus Theorie und Praxis des Films* 2/1984)

Eine sonderbare Liebe

SOMMERWEGE

→ *Anhang B*

EINE SONDERBARE LIEBE

RE: Lothar Warneke, SZ: Wolfram Witt, DR: Erika Richter, KA: Thomas Plenert, MU: Jürgen Ecke, SB: Georg Wratsch, KO: Christiane Dorst, SC: Erika Lehmphul, PL: Manfred Renger, GR: GR »Babelsberg«, m: 2871 = 105 min, fa, brw, AT: Arithmetik der Liebe, PJ: 1983/84, PM: 18.9.1984, PM-Ort: Leipzig; »Capitol«

DA: Christine Schorn (Sibylle Seewald), Jörg Gudzuhn (Harald Reich), Christa Lehmann (Sibylles Mutter), Annemone Haase (Hannelore), Mike Gregor (Holger Reich), Franz Viehmann (Hartloff), Peter Sodann (Krüger), Wilfried Pucher (Brigadier), Ulrich Anschütz (Werner), Christoph Engel (Parteisekretär), Jörg Foth, Petra Keil, Rolf Ludwig, Walfriede Schmitt, Steffie Spira u.a.

INHALT: Nach einer feucht-fröhlichen Betriebsfeier verbringen sie die Nacht zusammen, Sibylle

und Harald, beide Ende Dreißig. Als sie sich nach einiger Zeit wiederbegegnen, beschließen sie, eine Vernunfts-Partnerschaft einzugehen. Er ist Witwer, hat zwei Söhne, der jüngere kam gerade erst zur Schule. Sie ist alleinstehend und hat das Verhältnis mit ihrem verheirateten Kollegen ziemlich satt. Sibylle gibt ihre Arbeit in der Betriebskantine auf und stürzt sich mit Feuereifer in die neue Aufgabe, bringt Schwung ins Familienleben, beginnt Haralds Haus, Garten und einiges andere umzukrempeln. Der stille Harald, um Ruhe und Gewohnheiten gebracht, ergreift eines Tages die Flucht. Ohne Liebe geht es wahrscheinlich doch nicht, denken sie. Doch es dauert nicht lange, da bemerken sie, daß sie einander fehlen.
ZUM FILM: Aus einer Fülle von genauen und zutreffenden Beobachtungen wurde – auch wegen einer unzureichenden Gestaltung der Charaktere – ein zum Nachdenken anregender, aber leider kein wirklich spannender Film. Ansätze zu brisanter Kritik wurden getilgt, wie der Hinweis auf das von den Nachbarn unbemerkte Sterben einer alten Frau. Hier gab es Schnittauflagen.
ECHO: Es bleibt bei anrührenden Szenen, komischen Momenten, dramatischen Zusammenstößen, man spürt das Anliegen und fühlt sich angeregt und aufgefordert zum Mitgehen und Nachdenken. Aber der große Genuß, der ernsthafte Spaß, die tiefe Bewegung bleiben uns versagt, wie so oft. Hier war alles da, und man hätte sich fragen sollen: Wie machen wir daraus die Komödie, die im Stoff, in den Figuren steckt!? (Peter Ahrens, *Weltbühne* 43/1984)
Das Bestreben des Regisseurs Lothar Warneke, der Realität möglichst dokumentarisch auf den Fersen zu sein, bringt aus Mangel an künstlerischer Verdichtung kaum Gewinn. Da über lange Strecken optische Kargheit, Handlungsarmut, nervtötende Musik und mäßige Dialoge dominieren, bleibt der Zuschauer weitgehend unberührt, wenn nicht gar gelangweilt. (Renate Holland-Moritz, *Eulenspiegel* 44/1984)
NEBENBEI: Auf dem Internationalen Filmfestival in Karlovy Vary wurde der Film 1984 mit dem Hauptpreis ausgezeichnet. Auch in der DDR gab es zahlreiche Auszeichnungen, darunter für das beste Szenarium, für Kostüme sowie für die Hauptdarsteller Christine Schorn und Jörg Gudzuhn.

SONJAS RAPPORT

RE: Bernhard Stephan, SZ: Manfred Freitag, Joachim Nestler, LV: Gleichnamiges Buch von Ruth Werner, DR: Anne Pfeuffer, KA: Otto Hanisch, MU: Gerhard Rosenfeld, SB: Peter Wilde, KO: Ursula Strumpf, SC: Brigitte Krex, PL: Erich Albrecht, GR: GR »Berlin«, m: 3222 = 118 min, fa/sw, brw, PJ: 1981/82, PM: 26.9.1982, PM-Ort: Potsdam, »Thalia«
DA: Györgi Kinga Tarjan (Sonja), Olgierd Lukaszewicz (Rolf), Hartmut Puls (Ernst), Karla Runkehl (Ollo), Erwin Berner (Len), Rolf Hoppe (von Schlewitz), Swetlana Schönfeld (Lisa), Henry Hübchen (Erwin), Thomas Neumann (Karl Hoffmann), Ruth Kommerell (Großmutter), Achim Wolff, Ursula Staack, Paul Berndt, Doris Thalmer, Willi Schwabe, Birgit Frohriep, Ralf-Günter Krolkiewicz, Petra Dobbertin, Harry Merkel, Ilona Brömmer u.a.
INHALT: Eine junge Frau, aus fortschrittlichem bürgerlichen Hause stammend, geht Mitte der dreißiger Jahre mit ihrem Mann Rolf nach Shanghai. Obwohl sie ein Kind hat, ist sie nicht bereit, sich ins Privatleben zurückzuziehen. Sie lernt Dr. Richard Sorge kennen und beschließt, ebenfalls Kundschafter zu werden. Nach einer Ausbildung in der Nähe von Moskau – sie bekommt den Tarnnamen Sonja –, wird sie mit dem Genossen Ernst in die Mandschurei zu ihrem ersten Auftrag geschickt. Sie hat ein Verhältnis mit Ernst, bekommt ein Kind von ihm. Durch einen neuen Auftrag, der sie nach Polen führt, wird sie von Ernst getrennt. Für ihre Arbeit erhält sie in Moskau den Rotbannerorden. Danach geht sie in die Schweiz, funkt Informationen über den bevorstehenden Krieg in die Sowjetunion. Sie begegnet Rolf und Ernst, die ein Auftrag in den fernen Osten führt. Sonja heiratet einen Engländer, um nicht an Deutschland ausgeliefert zu werden.
ZUM FILM: Die aufwendige Adaption des vielgelesenen Lebensberichts der Ruth Werner blieb – auch durch Verwendung nüchterner Dokumentaraufnahmen – kühl-distanziert, obwohl er doch eine leidenschaftliche Geschichte erzählte, die jedoch nicht ergreifen konnte. In Erinnerung blieben einzelne Auftritte der überzeugend geführten Chargen.
ECHO: Was somit unterm Strich steht, ist die Geschichte einer Frau zwischen mehreren Män-

nern, weder in sich ergreifend noch überzeugend hinüberführend in Dimensionen, welche Zeit und politischen Raum bewegend umreißen. (...) Stephan verzichtete darauf, dies leidenschaftlich fürs Kino zu erzählen. Alles bedenkend, überzeugt der Film nicht, weil ein Charakter starr gehalten und die innere Welt dieser Sonja »eingeebnet« wurde in die flachen Horizonte filmischer Mittelmäßigkeit. (Hans-Dieter Schütt, *Film und Fernsehen* 1/1983)

Der Film ist ein nüchterner, allzu nüchterner Bericht. (...) An überzeugender künstlerischer Umsetzung bleibt Regisseur Bernhard Stephan so gut wie alles schuldig. Da gibt es weder Höhen noch Tiefen, und es werden nahezu alle Möglichkeiten verschenkt, die der Stoff bietet. Immerhin ist Heikles nicht ganz ausgespart: Nachdem Sonja gerade den Rotbannerorden erhalten hat, besucht sie in Moskau eine alte Freundin und erfährt, daß deren Mann verhaftet wurde – Opfer Stalinscher Säuberungen. (Heinz Kersten, 1982, zit. nach *So viele Träume*)

NEBENBEI: Der eigentliche Besetzungswunsch für die Titelrolle, Jutta Hoffmann, wurde vom Ministerium für Kultur und dem ZK der SED unterstützt, kam jedoch nicht zustande, wohl, weil sich die Schauspielerin bereits endgültig für eine Arbeit im Westen entschieden hatte. – Der an Drehorten in fünf Ländern entstandene Film wurde von Studios in der Sowjetunion, in Vietnam, Polen und der Schweiz unterstützt.

DIE SONNENBRUCKS

RE: Georg C. Klaren, BU: Georg C. Klaren, LV: Gleichnamiges Schauspiel von Léon Kruczkowski, DR: Marieluise Steinhauer, KA: Fritz Lehmann, MU: Ernst Roters, BA: Willy Schiller, KO: Vera Mügge, SC: Friedel Welsandt, PL: Adolf Fischer, m: 2694 = 99 min, s/w, PJ: 1950, PM: 1.3.1951, PM-Ort: Berlin, »Babylon«/Warschau /VR Polen

DA: Eduard von Winterstein (Prof. Walter Sonnenbruck), Maly Delschaft (Bertha Sonnenbruck), Ursula Burg (Ruth Sonnenbruck), Raimund Schelcher (Dozent Joachim Peters), Irene Korb (Liesel Sonnenbruck), Aleksandra Slaska (Fanchette), Horst Preusker (Willi Sonnenbruck), Hans-Georg Rudolph (Ministerialrat Behnke), Kurt Mikulski (Anton), Aribert Grimmer (Hoppe), Albert Venohr, Käthe Alving, Helmut Hinzelmann, Hans Rose, Herbert Köfer u.a.

INHALT: Professor Sonnenbruck ist Wissenschaftler und die Politik nicht sein Metier. Auch die Begegnung im Jahre 1943 mit seinem ehemaligen Assistenten Peters ändert ihn nicht. Er verrät den aus einem KZ Geflohenen nicht, aber das ist für ihn schon genug. Nach dem Krieg gerät Sonnenbruck dann doch in einen Gewissenskonflikt. Er glaubte, daß die Wissenschaft endlich wieder frei von Politik sei und muß an seiner Universität in Göttingen das Gegenteil erleben. Ein medizinischer Kongreß in der DDR führt ihn mit Peters zusammen, der dort an einem großen Forschungsauftrag arbeitet. Sonnenbruck entschließt sich, zu Peters zu gehen.

ZUM FILM: Für den Film wurde das 1949 in der DDR erfolgreich erstaufgeführte antifaschistische polnische Bühnenstück bearbeitet. Hier wurde ein stärkerer Akzent auf die ersten Nachkriegsjahre gelegt, um die restaurativen Tendenzen in der jungen Bundesrepublik zu brandmarken.

ZITAT: Ich gehe jetzt meinen Abschied nehmen. Aber es wird nicht ein Abschied für immer sein. Ich weiß jetzt, wohin ich gehe. Dorthin, wo man nicht zweierlei Deutschland, zweierlei Menschen und zweierlei Rechte mehr kennt! Dort, wo Verträge nicht wie bei Hitler zu Füßen getreten werden. Wo Deutschland zur Demokratie, nicht zum alten Militärstaat wieder aufgebaut wird, wo man den Krieg haßt und die Wissenschaft fördert, nicht zur Vernichtung, sondern einer friedlichen Zukunft zu dienen. (Prof. Sonnenbruck vor seinen Göttinger Studenten zur Entscheidung, in die DDR zu gehen)

ECHO: Das ist der Sinn, das ist der Anruf dieses wichtigen Films an Herz und Verstand seines Publikums: nicht 1945 hörte die faschistische Gefahr, hörte der Krieg auf. Was immer früher gewesen sein mag – *heute* gilt es sich zu entscheiden, heute den Kampf zu kämpfen, daß das Leben lebenswert und friedlich bleibt. In der Darstellung des Professors durch Eduard von Winterstein, der ganz schlicht und menschlich, aber mit einer Intensität und Eindringlichkeit ohnegleichen die Fehler wie die Vorzüge der Gestalt verkörpert, wird dieser Mahnruf zum lebendigen Erlebnis. (Hans Ulrich Eylau, *Berliner Zeitung*, 3.3.1951)

Der Schluß entspricht ganz dem Agitationskonzept der SED, indem westdeutsche Universitäten als Hochburgen eines wiederauflebenden Nazismus und Horte der Reaktion erscheinen, denen die vorbildlichen Zustände in der »DDR« entgegengehalten werden. (Heinz Kersten, *Das Filmwesen in der Sowjetischen Besatzungszone Deutschlands*, 1963)
Auffällig ist, daß Regisseur Georg C. Klaren in den ersten beiden Dritteln des Films, die den Zerfall einer bürgerlichen Familie während der Nazizeit zeigen, durchaus Gespür für Atmosphäre und Spannung beweist (wenn auch nicht die Kraft des → *Wozzek*); das letzte, deklamatorische Nachkriegsdrittel fällt demgegenüber unendlich ab. (Ralf Schenk, *Das zweite Leben der Filmstadt Babelsberg*, 1994)
NEBENBEI: Der achtzigjährige Hauptdarsteller Eduard v. Winterstein erhielt auf dem Internationalen Filmfestival in Karlovy Vary 1951 den Preis als bester Darsteller.
Filmtext: Die Sonnenbrucks. Dem gleichnamigen DEFA-Film nacherzählt von Tadeusz Kowalski. Berlin: Deutscher Filmverlag 1951.

SONNENSUCHER
RE: Konrad Wolf, BU: Karl Georg Egel, Paul Wiens, DR: Willi Brückner, KA: Werner Bergmann, MU: Joachim Werzlau, SB: Karl Schneider, KO: Elli-Charlotte Löffler, SC: Christa Wernicke, PL: Hans-Joachim Schoeppe, m: 3156 = 116 min, s/w, AT: Das große Abenteuer, PJ: 1957/58, AD: 1.9.1972, Voraufführung zum 25. Jahrestag der SDAG »Wismut« am 20.7.1971 in Ronneburg. Erstsendung im DDR-Fernsehen: 27.3.1972
DA: Ulrike Germer (Lutz), Günther Simon (Franz Beier), Erwin Geschonneck (Jupp König), Manja Behrens (Emmi Jahnke), Wiktor Awdjuschko (Sergej Melnikow), Wladimir Jemeljanow (Oberst Fedossjew), Willi Schrade (Günter Holleck), Norbert Christian (Josef Stein), Erich Franz (Weihrauch), Horst Kube (Wenzel), Brigitte Krause (Berta Mattusche), Rimma Schorochowa, Peter-Paul Goes, Agnes Kraus, Marga Legal, Werner Lierck u.a.. GE: Lissy Tempelhof
INHALT: Wismut 1950. Der Uranbergbau führt Menschen unterschiedlicher Art zusammen. Solche, die einen neuen Lebenssinn suchen, aber auch Abenteurer und Gestrandete. Zwei Frauen, bei einer Razzia in Berlin aufgegriffen, kommen zwangsweise. Das Mädchen Lutz, das schon früh als Waise das Leben von der härtesten Seite kennengelernt hat, und Emmi, die sich nach dem Krieg prostituierte, um zu überleben. Lutz verliebt sich in den Kumpel Günter, lebt einige Zeit mit ihm und verläßt ihn nach großer Enttäuschung. Zwei andere bemühen sich um sie: der Obersteiger Franz Beier und der sowjetische Ingenieur Sergej. Sie sind nicht nur im Ringen um das Mädchen Rivalen. Sergej, dessen Frau im Krieg von Deutschen ermordet wurde, mißtraut Beier, der zwar mit seiner faschistischen Vergangenheit gebrochen hat, aber sich nicht zu diesem Teil seiner Vergangenheit bekennt. Lutz heiratet Beier, bei dem sie erstmals im Leben als Frau Achtung erfährt, aber sie entdeckt, daß sie in Wahrheit Sergej liebt.
ZUM FILM: Der ungewöhnlich realistische und konfliktreiche Stoff hatte von Beginn an mit Schwierigkeiten zu kämpfen. Zunächst wurde von der Sowjetunion eine Co-Produktion abgelehnt, weil man bemängelte, daß gezeigt wurde, wie deutsche Arbeiter von sowjetischen Genossen überwacht wurden. Konrad Wolf änderte das Buch ab, und so wurde wenigstens sowjetischen

Schauspielern die Mitwirkung gestattet. Nach der ersten Drehphase hatte die DEFA-Leitung Einwände gegen die kritische Darstellung des Verhältnisses zwischen Arbeitern und der Partei. So wurden Nachdreharbeiten erforderlich, bei denen u.a. die Rolle des »positiven«, wenn auch allzu lebenslustigen Parteisekretärs König gestärkt wurde. Seitens der Leitung der Wismut gab es Einsprüche, weil Wolf und Bergmann eine Atmosphäre der »Goldgräberstimmung im Wilden Westen« gezeichnet hätten. Schließlich erachtete man es als nötig, für den Filmstart die Zustimmung von Walter Ulbricht einzuholen, die er Mitte 1959 erteilte. Die Premiere war für Oktober 1959 angesetzt. Die sowjetischen Schauspieler waren aus diesem Grunde schon in Berlin eingetroffen. Da kam ein Veto aus Moskau. In der gegenwärtigen Phase der Auseinandersetzungen um die atomare Rüstung wollte man nicht zeigen, wie die Grundstoffe für die Sowjetunion in der DDR abgebaut wurden. Im *Neuen Deutschland* gab es eine lapidare Meldung: »In Übereinstimmung mit den Schöpfern des Filmes *Sonnensucher* (wurde) beschlossen, diesen Film zurückzuziehen, obwohl er durch die zuständigen Organe zur Aufführung freigegeben wurde.« Dabei blieb es für zwölf Jahre. Kurz nach der Machtübernahme Erich Honeckers wandte sich Konrad Wolf persönlich an ihn, und endlich wurde es möglich, den Film aufzuführen. Mehr als 15 Jahre nach dem ersten Drehtag kam er 1972 in die DDR-Kinos.

ECHO: Die Handlung ist Historie, ein packendes Abbild des schweren, oft kaum zu bewältigenden Neuanfangs. Nichts wird beschönigt, gerade das aber gibt dem Film seinen großen Wert als künstlerisches Abbild eines geschichtlichen Prozesses. (Gerd Focke, *Freiheit*, 7.9.1972)

Dabei ist der Film nirgendwo vordergründig auf den Dialog bedacht. Er ist konsequent filmisch, lebt von Werner Bergmanns ausdrucksreicher und vielfältiger Bildsprache, deren Expressivität heute zwar etwas angejahrt erscheint, die aber ein Musterbeispiel darstellt, wie das bewegte Bild den Menschen, sein Milieu, die Atmosphäre seiner Umwelt lebenswahr und kunstvoll zugleich widerzuspiegeln vermag. Ein Musterbeispiel ist diese Kameraführung aber auch dafür, wie schauspielerische Glanzleistungen durch einen den Stoff vertiefenden und deutenden Bildstil in all ihren Dimensionen zu wirken imstande ist. (Hans-Dieter Tok, *Wochenpost* 39/1972)

NEBENBEI: Unter dem Pseudonym Ulrike Germer spielte die junge Münchner Schauspielerin Ulrike v. Zerboni das Mädchen Lutz, die Schwester des kulturpolitisch engagierten westdeutschen Schauspielers und Regisseurs Christian Doermer, der 1962 zu den Begründern des Oberhausener Manifestes zählte.

Filmtext: Sonnensucher. Filmerzählung von Karl Georg Egel und Paul Wiens. Berlin: Henschelverlag 1974

SONNTAGSFAHRER

RE: Gerhard Klein, BU: Karl Georg Egel, Wolfgang Kohlhaase, DR: Klaus Wischnewski, KA: Helmut Bergmann, MU: Wilhelm Neef, SB: Paul Lehmann, KO: Ingeborg Wilfert, PL: Bernhard Gelbe, GR: KAG »Berlin«, m: 2377 = 87 min, s/w, AT: Kehr zurück nach vorn, PJ: 1962/63, PM: 30.8.1963, PM-Ort: Berlin, »Babylon«

DA: Harald Halgardt (Spiessack), Herwart Grosse (Dr. Denker), Irene Korb (Miriam), Erich Gerberding (Teichert), Ellinor Vogel (Friedchen), Gerd Ehlers (Rosentreter), Angelica Domröse (Sabine), Erika Dunkelmann (Wirtin), Günter Naumann

(VP-Wachtmeister), Hans Finohr, Walter E. Fuß, Helmut Schreiber, Erich Mirek, Kurt Böwe u.a.

INHALT: Am 12. August 1961 machen sich in Leipzig acht Menschen in drei Autos auf den Weg nach Berlin. Sie wollen in den Westen. Initiator ist der Spießer Spiessack, er treibt die anderen, die sich mit gemischten Gefühlen auf das Abenteuer eingelassen haben, an. Es wird eine Fahrt mit zahlreichen Zwischenfällen und Panikstimmung, die die unterschiedlichen Charaktere aneinanderprallen läßt. Am nächsten Tag endlich in Berlin angekommen, ist ihnen der Grenzübertritt verwehrt. Es bleibt nur der Rückweg. Zu Hause wird Spiessack von einem Polizisten in seinem Wohnzimmer erwartet – unter der von ihm an die Wand geschmierten Parole: »Wir kommen wieder«.

ZUM FILM: Das seltene Genre der Filmsatire mußte in diesem Fall für eine Rechtfertigung des Mauerbaus herhalten. Auch erstklassige Filmemacher mußten an diesem von der Ausgangssituation verfehlten Vorhaben scheitern.

MEINUNG: Warum ist der Film gescheitert? Es ist, meiner Meinung nach, das einzige Mal, daß ich mich grundsätzlich geirrt habe, was die Verbindung von Realität und Genre betrifft. Ich glaube, es ist grundsätzlich falsch gewesen, sich diesem sehr komplizierten Vorgang, der die verschiedensten Betroffenheiten erzeugt hat, der Probleme beendete und andere Probleme eröffnete, im Stil der Komödie nähern zu wollen. Komödie setzt voraus, daß man sich mit seinem Zuschauer über den Punkt, von dem aus eine Sache komisch ist, verständigt. Ich glaube, wie immer man zu diesem Vorgang steht, daß der komische Blick auf ihn nicht möglich war. Wir dachten, wir können etwas zur Erhellung und Entkrampfung beitragen (...). Das war ein Irrtum. Der Film ist elementar mißglückt, nicht etwa handwerklich. In jeder Familie gibt es etwas, worüber bei Tisch nicht gern gesprochen wird, dies wäre in meinem Fall dieser Film. (Wolfgang Kohlhaase, *Aus Theorie und Praxis des Films* 2/1984)

ECHO: Gegen die Ungereimtheiten des Buches war auch von der Regie schwerlich anzukommen. Die Unsicherheit in der Wahl der stilistischen Mittel ist dafür beredtester Ausdruck. Da wechselt mehr oder weniger gutes Kabarett mit leisen, sogar lyrischen Tönen, da wird hintergründige Ironie von vordergründiger Didaktik abgelöst. Die die Fabel ab und an unterbrechenden Zufälle werden klamottig inszeniert (schenkelschlagender Humor um einen Mercedes, Baujahr 1936), das Kriegsspiel im Walde hingegen soll zu makabrer Symbolik hochgetrieben werden. Die satirische Rechnung kann mit diesem stilistischen Zwitterwesen kaum aufgehen. (Manfred Jelenski, *Filmspiegel* 21/1963)

Der Film krankt an seinem Gegenstand und der bewußt gewählten komischen Haltung zu diesem. Diejenigen, die unbedingt in den Westen wollen, allen voran der Innenarchitekt, werden als unsympathische, egoistische, oberflächliche Menschen, als Ewiggestrige und Militaristen dargestellt, so daß wir uns über jede Panne, jede Gegenaktion der Jungen freuen und über das Scheitern der Aktion höhnisch-zufrieden lachen. Aber die Darstellung der Republikflucht-Gierigen als unangenehme Menschen ist eine ebenso unzulässige Vereinfachung, wie die Freude über ihr Scheitern aufgrund des Mauerbaus eigentlich absurd ist, denn der Zuschauer lacht letztendlich über seine eigene Einmauerung. Sicher haben das die Filmemacher damals noch nicht in dieser Konsequenz gesehen, aber das allgemeine Volks-

empfinden spürte das deutlich. Der Film war ein Flop. (Erika Richter, *Das zweite Leben der Filmstadt Babelsberg*, 1994)
NEBENBEI: Die Außenaufnahmen des Films entstanden im Potsdamer und im Leipziger Raum.
Filmtext: Sonntagsfahrer. Von Karl Georg Egel und Wolfgang Kohlhaase. Auszug. In: Film-Wissenschaftliche Mitteilungen 1963/2.

EIN SONNTAGSKIND, DAS MANCHMAL SPINNT
(Kinderfilm)
RE: Hans Kratzert, SZ: Gudrun Deubener, DR: Dieter Bölke, KA: Wolfgang Braumann, MU: Günther Fischer, SB: Georg Kranz, KO: Barbara Braumann, SC: Ruth Ebel, PL: Siegfried Kabitzke, GR: AG »Roter Kreis«, m: 2419 = 89 min, fa, brw, AT: Ich bin die Nele, PJ: 1977/78, PM: 7.7.1978, PM-Ort: Arendsee, »Camping-Kino«
DA: Yvonne Dießner (Kathy Montag), Robert Schusser (Niki Peskowsky), Ev Leppin (Anke), Hermann Beyer (Peter Montag), Walfriede Schmitt (Carola Klaroschewsky), Ute Lubosch (Pionierleiterin Franziska Peters), Klaus Manchen (Rolf Peskowsky), Rolf Hoppe (Lehrer Schütterow), Rita Feldmeier (Frau Dietze), Klaus Gehrke (Kollege Brauer), Helmut Schreiber, Gunter Friedrich, Werner Dissel, Günter Schubert, Willi Neuenhahn u.a.

Ein Sonntagskind, das manchmal spinnt

INHALT: Die zehnjährige Kathy Montag ist mit ihrem Vater – die Mutter ist vor einigen Jahren gestorben – von einem Dorf im Harz nach Brandenburg gezogen. Der Umzug soll gefeiert werden, und Kathy bekommt den Auftrag, dafür einzukaufen. Sie geht durch die Stadt und vergißt den Auftrag, als sie zwei gleichaltrige Kinder trifft. Schließlich landet sie mit ihnen bei einer Brigadefeier und kommt erst Stunden später nach Hause. Da Kathy an allem, was ihr begegnet, Anteil nimmt, gerät sie ständig in besondere Situationen. Einmal sogar in einen historischen Film. Ihre neuen Klassenkameraden halten sie deshalb für eine Spinnerin, und auch der Vater macht sich Sorgen.
ZUM FILM: Der Film, der nach Motiven des Kinderbuches »Ich bin die Nele« von Peter Brock entstand, war ein Plädoyer für Kreativität, fand aber zu allzu klischeehaften Figurenkonstellationen.
ECHO: Die Handlung plädiert für Achtung und Individualität und dafür, phantasievolle Wesen wie Kathi feinfühliger zu belebenden Elementen im Kollektiv werden zu lassen. Szenaristin Gudrun Deubener vermied es, mit Unwahrscheinlichkeiten zu jonglieren. Und auch Regisseur Hans Kratzert unterläßt es, Kathis Vorstellungswelt mit kindischem Brimborium aufzuputzen. Indem auch die nüchternen Seiten in des Mädchens Tageslauf – Einholen, Schularbeiten, Abwasch – nicht versteckt werden, wird um so deutlicher, wieviel Anziehendes, Fesselndes im normalen Gang unseres Lebens von einem jungen Menschen mit Wißbegier und warmem Herzen aufzuspüren ist. (Irma Zimm, *BZ am Abend*, 18.7.1978)
Sicher: dem Film wäre diese und jene künstlerische Schwäche anzulasten – so, daß dem Geschehen um die Burgruine die bündige poetische Idee fehlt, es gerade hier kopflastig und gedehnt zugeht. Doch: Der Film überzeugt ob seiner Lebensnähe, seiner – kindgemäßen – Konflikte, ob des Engagements namhafter Schauspieler, die mit spürbarer Hingabe ihre dankbaren Rollen in diesem »Kinderfilm« meistern. (Hans-Dieter Tok, *Leipziger Volkszeitung*, 22.7.1978)
Der Film hat keine sich logisch oder gar psychologisch entwickelnde Fabel, sondern reiht Situa-

tionen und Scheinkonflikte wahllos aneinander. Keiner der Erwachsenen erschließt sich als Charakter. Kathis Lieblingswort für Unordnung und Wirrnis aller Art heißt Eiermeier. In einer offenbar aus Gründen persönlicher Eitelkeit eingeschobenen Film-im-Film-Szene sind die Urheber dieser spinnerten Eiermeierei so ins Bild gebracht, daß sie sich als Muster für personifizierte Eiermeier geradezu anbieten. (Renate Holland-Moritz, *Eulenspiegel* 32/1978)
NEBENBEI: In diesem Film ist Gelegenheit, viele der Filmleute zu sehen, die sonst nur hinter der Kamera sind, weil sie in der Filmszene das spielen, was auch ihre Aufgabe war: Hans Kratzert spielt den Regisseur, Wolfgang Braumann den Kameramann, Barbara Braumann die Kostümbildnerin, Wigbert Stern den Requisiteur, Werner Martin einen Beleuchter und Dorit Albrecht die Regie-Assistentin.

LES SORCIÈRES DE SALEM
→ DIE HEXEN VON SALEM

SOVIEL LIEDER, SOVIEL WORTE
(Co-Produktion DDR/UdSSR)
RE: Julius Kun, CO-RE: Michael Englberger, SZ: Wolfgang Ebeling, Waleri Karen, Julius Kun, DR: Willi Brückner, O. Kozlowa, KA: Anatoli Petrizki, B. Sutozki, MU: Uve Schikora, Gennadi Podelski, SB: Gerhard Helwig, KO: Ruth Kiecker, Hans Linke, SC: Thea Richter, Galina Spirina, PL: Helmut Klein, Witali Kriwonoschenko, GR: AG »Johannisthal«, m: 2185 = 80 min, fa, PJ: 1973-75, PM: 29.7.1976, PM-Ort: Schwerin, »Schauburg«, CO: Mosfilm-Studio, Erste Künstlerische AG, Moskau, Russ. Titel: Ulybnis, rowesnik!
DA: Nina Maslowa (Mascha/Maria), Klaus-Peter Pleßow (Hans), Lew Prygunow (Alexej), Regina Beyer (Renate), Ludmila Garniza (Shura), Katrin Martin (Gisela), Marianne Wünscher (Frau Krüger), Elvira Boldonowa (Shenja), Frank Schenk (Jochen), Dean Reed (Sänger), Alfred Struwe, Dietmar Richter-Reinick, Hans-Joachim Hanisch, Walter Bechstein, Karin Boyd u.a., GE: Christel Schulze
INHALT: Alexej aus Moskau lernt kurz vor seiner Abreise zu den X. Weltfestspielen 1973 in Berlin Mascha kennen, die ihm sehr gefällt. In Berlin trifft er sie wieder. Mascha tritt dort mit ihrem Kulturensemble auf. Sie wohnt bei Frau Krüger, deren Sohn Hans sie ebenfalls gefällt. Bei einer Veranstaltung glaubt Hans, Mascha zu sehen. Die beiden gehen zum Tanz. Als er mit ihr nach Hause will, ist sie empört. Er bemerkt nicht, daß es gar nicht Mascha ist, sondern die ihr sehr ähnlich sehende Maria aus Kraków. Alexej passiert das gleiche. Er verwechselt Maria mit Mascha. Die jungen Männer sind verwirrt ob der merkwürdigen Reaktionen der Mädchen, doch die haben sich inzwischen getroffen und das Rätsel gelöst. Sie lassen Alexej und Hans vor dem Happy-End noch ein bißchen zappeln.
ZUM FILM: Es dauerte drei Jahre, bis aus den Aufnahmen für diesen Film ein einigermaßen vorzeigbares Ergebnis, wenn auch beileibe kein guter Film gebastelt worden war.
ECHO: Um es rundheraus zu bekennen: Eigentlich fehlen mir die Worte, von den Liedern ganz zu schweigen, um diesen niederschmetternd langweiligen und verqueren Film zu besingen. (Günter Sobe, *Berliner Zeitung*, 4.8.1976)
Besonders ergreifend sind die Szenen, die im Atelier oder an Originalschauplätzen nachgedreht wurden. Da tummeln sich nämlich unsere genasführten Helden im menschenleeren Friedrichshain, betreten halbleere Tanzlokale und finden an jeder Bar Platz. Genau so hat man es aus den Tagen der Weltfestspiele ja auch in Erinnerung! Daß Berlin aus den Nähten platzte und selbst alle erkletterbaren Bäume vollbesetzt waren, müssen wir wohl geträumt haben. (Renate Holland-Moritz, *Eulenspiegel* 37/1976)
Der Titel lautet: *Soviel Lieder, soviel Worte.* Auf die gesprochenen Worte hätte allerdings ganz verzichtet werden sollen: sie sind ebenso nichtssagend und entbehrlich wie die ganze Handlung, die sich Wolfgang Ebeling, Waleri Karen und Julius Kun, der auch Regie führt, zu dem Hintergrund des Festivals ausgedacht haben. (...) Bei der Inszenierung dieser von dokumentarischen Festivalaufnahmen durchsetzten dürftigen Handlung wurde das deutsch-sowjetische Darstellerensemble immer wieder in den originalen Festivaltrubel geschickt, wo es dann teilweise improvisiert zu agieren hatte. Das Ergebnis wirkt so hilflos und langweilig, daß auch die mit Vorliebe ins Bild gebrachten hübschen Mädchen, exotische Tanzgruppen und die heißen Rhythmen bärtiger Beatmusiker nicht das Interesse an diesem mißglückten halbdokumentarischen

Spiefilm wachhalten können. (Heinz Kersten, 1976, zit. nach *So viele Träume*)
NEBENBEI: Als Sportreporter ist hier der damals beliebte Marian Homrighausen zu erleben.

DER SPIEGEL DES GROSSEN MAGUS

(Kinderfilm)
RE: Dieter Scharfenberg, SZ: Dieter Scharfenberg, DR: Gerd Gericke, KA: Günter Jaeuthe, MU: Gheorghe Zamfir, Christian Steyer, SB: Paul Lehmann, KO: Günther Schmidt, SC: Monika Schindler, PL: Dorothea Hildebrandt, GR: GR »Johannisthal«, m: 2189 = 80 min, fa, brw, PJ: 1980, PM: 6.2.1981, PM-Ort: Gera, »Panorama-Palast«
DA: Eberhard Esche (Magus), Juraj Durdiak (Elias), Klaus Piontek (Pravos), Hanna Bieluszko-Vajda (Hanna), Günter Naumann (Harom), Cox Habbema (Airin), Jutta Wachowiak (Hanna), Gerry Wolff (Aram), Peter Skarke (Simon), Günter Sonnenberg, Willi Neuenhahn, Jürgen Hölzel, Eugen Albert, Gerd Funk, Eckhard Müller u.a.
INHALT: Der böse König Magus macht sich auf brutale Weise die Menschen seines Reiches untertan. Wer sich nicht beugen will, wird in ein Tier verwandelt und in einen Käfig gesperrt. Magus entführt das Mädchen Hanna, das er heiraten will. Doch Hanna weigert sich, und ihr Liebster, der Hirt Elias, geht zum Schloß, um sie zu befreien. Von Magus' Knecht Pravos erfährt er, daß ein Spiegel dem König zu Zauberkraft und Unsterblichkeit verhilft und daß er nur durch Wasser aus dem Mondsee zu besiegen ist. Elias begibt sich auf den Weg zum Mondsee, besteht alle Gefahren und erringt schließlich den Sieg über Magus. Er befreit Hanna und das ganze Land.
ZUM FILM: Der langjährige Dramaturg und Szenarist Dieter Scharfenberg debütierte hier als Regisseur mit einem Märchen, das stellenweise anmutet, als sei es für Erwachsene erdacht.
ECHO: Es ist ein herbes, ernstes, weitläufiges, aber nicht so einfach heiter erschließbares Märchenland, in das uns Dieter Scharfenberg führt. Die Phantasie der Erwachsenen und der Kinder wird gefordert, eine poetische Strenge herrscht vor, obwohl eine im Grunde unkomplizierte, überschaubare Geschichte erzählt wird. (...) Der Versuch, einen eigenen Stil im Märchenerzählen auf die Leinwand zu bringen, scheint mir in *Der Spiegel des großen Magus* weitgehend geglückt. Wenn ein Wunsch offenbleibt, dann dieser: Märchenfilme müßten noch konzentrierter in der Fabel, unbekümmerter im Handlungsreichtum und vor allem viel stärker dem Heiteren zugetan sein. (Hans Braunseis, *Morgen*, 21.2.1981)
Scharfenberg wollte dem Klischee entgehen, aber schon das Szenarium gibt es vor, und die Figurendarstellung besitzt noch eine unterstreichende Wirkung. Was nun die Zauberkunst des Magus angeht, so bleibt der Film hinter den Erwartungen zurück. Sollte die Technik des Filmtricks wirklich seit Verhoevens →*Das kalte Herz* (1950) keinen einzigen Schritt weitergekommen sein? (Joachim Giera, *Filmspiegel* 4/1981)
NEBENBEI: In diesem Film wurde zum einzigen Mal der berühmte Panflötist Gheorghe Zamfir bei der DEFA für eine Filmmusik gewonnen.

SPIELBANK-AFFÄRE

(Co-Produktion DDR/Schweden)
RE: Artur Pohl, Joachim Hasler (ungenannt), BU: Artur Pohl, LV: Bericht von Hans von Oettingen, DR: Marieluise Steinhauer, KA: Joachim Hasler, MU: Martin Böttcher, BA: Gerhard Helwig, KO: Vera Mügge, SC: Hildegard Tegener, PL: Werner Dau, m: 2453 (Tovi) = 90 min, 2545 (no und brw) = 94 min, fa, AT: Geld ist eine kalte Sache, PJ: 1956/57, PM (DDR): 13.9.1957, PM-Ort: Rostock, »Hansa-Theater«, CO: A. B. Pandora-Film, Stockholm/Schweden, Westdeutscher Titel: Parkplatz zur großen Sehnsucht
DA: Gertrud Kückelmann (Sybille), Jan Hendriks (Gerhard), Rudolf Forster (Gallinger), Peter Pasetti (Dr. Busch), Willy A. Kleinau (Martinez), Sven Lindberg (Sörmann), Barbro Hiort af Ornäss (Schulleiterin), Horst Schönemann (Bertram), Siegfried Weiß (Balduin), Erich Franz (Böckler), Horst Gentzen, Hubert Suschka, Charlotte Brummerhoff, Fred Düren, Hannes Fischer, Friedrich Gnass, Gerd Michael Henneberg, Peter Kiwitt, Horst Kube, Ivan Malré u.a., GE: Eva May
INHALT: Die junge, hübsche Bühnenelevin Sybille ist ein häufig gesehener Gast des Spielcasinos einer westdeutschen Kurstadt. Die rollende Roulettekugel soll ihr bei der Finanzierung ihres Studiums helfen. Sie hat eine Abmachung mit Dr. Busch: Sie spielt mit seinem Geld und bekommt dafür einen kleinen Anteil vom Gewinn. Er bleibt im Hintergrund, da sich Glücksspiel für einen

angesehenen Rechtsanwalt nicht ziemt. Spät und nur durch das Eingreifen des Journalisten Gerhard Fischer kommt sie dahinter, daß Dr. Busch sie betrügt. Durch sie hat er gefälschte Chips in Umlauf gebracht, um das Casino zu ruinieren und in die Hände eines Monopols zu treiben. Gerhards Versuch, die Machenschaften auffliegen zu lassen, schlägt fehl; die Herren der Casinos haben sich untereinander schon verständigt. Aber Sybille hat er gewonnen.

ZUM FILM: Der letzte DEFA-Film des in Westberlin lebenden Nationalpreisträgers Artur Pohl, der auch sein letzter fürs Kino überhaupt bleiben sollte, wurde zum Desaster, obwohl er eigentlich als attraktives Vorzeigewerk geplant war, mit dem die DEFA auch auf dem westlichen Markt konkurrieren wollte. Nach einem Buch eines Insiders sollten Manipulationen im Spielbank-Milieu der Bundesrepublik angeprangert und zugleich die Verdorbenheit des kapitalistischen Systems angeprangert werden. Da jedoch kein Vertreter der fortschrittlichen, also der Arbeiterklasse in die Handlung eingriff, gab es große Vorbehalte gegen den Stoff. Als er letztlich in Produktion ging, mußte Pohl ständig zwischen den Wünschen der DEFA-Verantwortlichen und denen seiner westlichen Verleiher, die ein Geschäft machen wollten, lavieren. Als sowohl Pohl als auch Peter Pasetti als einer der Hauptdarsteller Autounfälle erlitten, mußte Kameramann Joachim Hasler die Aufnahmen in einer zweiten Drehphase leiten. Es wurden zwei Schlußvarianten gedreht, eine für den Westen, in der der Journalist die Machenschaften aufdeckt und öffentlich macht, und eine für die DDR, weil man nicht den Eindruck erwecken wollte, daß in der BRD demokratische Mechanismen greifen. Schließlich wurde festgestellt, daß das Milieu der Reichen viel zu attraktiv wirkte, so daß der in Farbe und Breitwand gedrehte Film schließlich in der DDR nur in schwarzweißen Kopien laufen durfte. Viele der Mitwirkenden zogen ihre Namen zurück. Artur Pohl sagte sich von der DEFA los und arbeitete überwiegend als Auor in der Bundesrepublik.

ECHO: ... in der Tat ein schlechter Film, der sich in der Produktion der letzten Monate wie ein Kuckucksei ausnimmt. Wer etwas von Filmkunst versteht, wird mit uns der Meinung sein, daß dieser Streifen sich durch nichts von den Serienfilmen kapitalistischer Länder unterscheidet oder bestenfalls darin, daß er um einige Grade ungekonnter gemacht wurde. (H. K., *Neues Deutschland*, 24.9.1957)

Man wollte sich wohl mal etwas leichter tun, nicht so »problematisch« sein, und glitt so ganz sachte ins Unverbindliche, in die Traumfabrik. Mögen die prunkvollen Büros noch ungefähr der Wirklichkeit entsprechen, so ist in der neueingerichteten Wohnung des Pärchens des Guten und Teuren zu viel getan. Eine solche Traumwohnung kann sich ein junger Journalist mit seiner Frau Schauspielschülerin nicht leisten. Es wird nicht realistischer dadurch, daß man die zwei ein bißchen über die Abzahlungen jammern läßt, es wird ihnen einfach nicht geglaubt. Ich komme nicht umhin, dem Film leichtes Untergewicht zuzuschreiben. (U. K., *Weltbühne* 41/1957)

Der Film hat jede Tiefenschärfe verloren und scheint mit einer trüben grauen Soße überzogen zu sein. Das Tempo, das in Schwarzweiß stärker auf Aktion drängt, ist unerträglich gedehnt und die *Spielbank-Affäre*, die der DEFA Ruhm und Ansehen vor der Welt und im eigenen Lande einbringen sollte, ist zu einer schmutzigen SED-Affäre geworden. (*Welt*, 18.9.1957)

Spielbank-Affäre, dieses Komplott, hat den Charme des Abstrakten, die Aufgeregtheit einer

Improvisation und den guten Willen zum schlechten Film. Ein Anti-DEFA-DEFA-Film. Der Westen leuchtet, und er leuchtet so verderbt, daß die Kinoauswertung den verantwortlichen bei der DEFA und der HV Film verantwortungslos schien, eine Versuchung, die dem Publikum nicht zuzumuten sei. (Wolfgang Jacobsen, *Babelsberg – Das Filmstudio*, 1994)
NEBENBEI: Die Musik spielten das DEFA-Sinfonieorchester sowie das Rundfunk-Tanzorchester unter Kurt Henkels mit dem Trompeter Horst Winter und Fips Fleischer am Schlagzeug. – Der Autor Hans v. Oettingen war früher Pressechef der Wiesbadener Spielbank und Chefredakteur der Zeitschrift *Casino-Revue*. – Außenaufnahmen entstanden u.a. im italienischen Campione und in Lugano. – Nach einem Autounfall, bei dem er Kopfverletzungen, einen Oberschenkelbruch und eine Gehirnerschütterung erlitt, konnte Peter Pasetti, der seine Gage übrigens wie alle anderen aus dem Westen stammenden Schauspieler in schwedischen Kronen erhielt, nur noch sitzend und mit dunkler Sonnenbrille vor der Kamera erscheinen. Erst anderthalb Jahre nach dem Unfall konnte er wieder auf die Bühne.
Filmtext: Spielbankaffaire. Roman von Hans von Oettingen. Berlin: Verlag der Nation 1956

SPOTKANIA W MROKU

→ *BEGEGNUNG IM ZWIELICHT*

DIE SPRUNGDECKELUHR

(Kinderfilm)
RE: Gunter Friedrich, SZ: Manfred Freitag, Joachim Nestler, DR: Renate Epperlein, KA: Wolfgang Braumann, MU: Bernd Wefelmeyer, SB: Dieter Adam, KO: Elke Hersmann, SC: Vera Nowark, PL: Hans-Uwe Wardeck, GR: GR »Berlin«, m: 2409 = 88 min, fa, PJ: 1990, PM: 24.4.1991, PM-Ort: Berlin, »Rio«
DA: René Tony Spengler (Hansi), Antje Salz (Rosi), Günter Schubert (Pfundiger), Jörg Kleinau (Hundinger), Jürgen Mai (Vater), Petra Hinze (Mutter), Lissy Tempelhof (Schwester Anna), Susanne Lüning (Schwester Magdalena), Simone Thomalla (Krimhild), Reiner Heise (Lagerkommandant), Walfriede Schmitt, Renate Heymer, Dirk Wäger, Edgar Külow, Bernd Michael Lade.
INHALT: 1933. Ein Antifaschist muß mit seiner Frau vor der Gestapo fliehen und die beiden Kinder Hansi (12) und Rosi (14) allein zurücklassen. Sie sollen von Freunden später in Sicherheit gebracht werden, doch zuerst taucht die Gestapo auf, durchsucht die Wohnung. Hansi nimmt die Taschenuhr des Vaters an sich, von der er glaubt, daß dieser sie vergessen hat. Darin soll eine geheime Nachricht verborgen sein. Ein Genosse kann die Kinder nicht abholen, weil zwei Gestapo-Männer das Haus überwachen. Als Hansi hört, daß der Vater im KZ ist, schickt er ihm mit einigen Sachen auch die Uhr. Beim Versuch, die Kinder fortzubringen, wird die Mutter verhaftet. Der Vater flieht aus dem KZ. Hansi holt die Uhr zurück. Nach einer abenteuerlichen Flucht der Kinder gelingt es den Freunden der Eltern endlich, sie über die Grenze zu bringen. Dort treffen sie den Vater wieder. Hansi übergibt ihm stolz die Uhr und erfährt, daß gar keine Nachricht mehr darin war.
ZUM FILM: Als einer der letzten DEFA-Kinderfilme setzte dieser Streifen die Tradition fort, Kinder an antifaschistische Thematik heranzuführen. Dabei kam bei der Verwendung von Slapstick-Elementen, der Darstellung trottelhafter faschistischer Beamter auch die Gefahr einer Verharmlosung des Faschismus auf.
ECHO: Trotz des Ernstes der Geschichte ist sie auch mit Humor erzählt, ohne Didaktik und Pathos, nicht als Geschichtslektion mit einem Klischeebild vom Faschismus. So wirken die Geheimpolizisten nicht nur gefährlich, sondern auch komisch. Manfred Freitag und Jochen Nestler haben das Drehbuch nach authentischen Geschehnissen geschrieben. (Heinz Kersten, *Tagesspiegel*, 3.5.1991)
In dem mit Geist und Humor inszenierten Kinderkrimi *Die Sprungdeckeluhr* wird Geschichte erlebbar und für Kinder nachvollziehbar. Eine Form, die von Kindern verstanden und akzeptiert wird, weil sie ihrem Unterhaltungsbedürfnis entgegenkommt und ihren Sehgewohnheiten Rechnung trägt. Ein Film, der Kinder politisch etas klüger macht. (Hans Strobel, *Kinder-Jugend-Film-Korrespondenz* 3/1991)
Kräftig wird das gängige (DEFA-)Klischee von der hehren »antifaschistischen« Gesinnung entstaubt (ohne freilich deren kaum weniger bedenkliche dogmatische Grundfesten anzutasten). Nach seinem Kinder-Krimi → *Unternehmen Geigenkasten* (1984) gelingt Friedrich wiederum ein

solider Kinder-Krimi, der bis zur furiosen Verfolgungsjagd des Finales die Spannung wachzuhalten versteht. (Roland Rust, *film-dienst* 8/1991)
NEBENBEI: Simone Thomalla, die die Krimhild spielt, ist die Tochter des DEFA-Szenenbildners Alfred Thomalla und Großnichte des bundesdeutschen Filmkomikers Georg Thomalla. Sie entwickelte sich in den 90er Jahren zu einer beliebten Fernsehschauspielerin.

SPUK UNTERM RIESENRAD

(DFF-Auftragsproduktion, Kinderfilm)
Teil I: Die Ausreißer, Teil II: Eine Burg in Gefahr
RE: Günter Meyer; SZ: C.U. Wiesner, DR: Anne Goßens, KA: Peter Süring, MU: Thomas Natschinski, SB: Werner Pieske, KO: Lydia Fiege, SC: Ruth Ebel, Helga Emmrich, Margrit Brusendorf, Barbara Leuschner, PL: Oscar Ludmann, P: DEFA für DFF, m: 5716 0 207 min (TV-Fassung), 2379 + 2488 = 174 min (Kinofassung), fa, no, PJ: 1977-79, SD: 1.1.-10.2.1979, AD: 4., 11.4.1980
DA: Katja Paryla (Hexe Emma), Stefan Lisewski (Riese Otto), Siegfried Seibt (Rumpi, das Rumpelstilzchen), Katrin Raukopf (Keks), Dima Gratschow (Umbo), Henning Lehmbäcker (Tammi), Kurt Radeke (Opa), Käthe Reichel (Oma), Harry Pietzsch (Leutnant Märzenbecher), Wolfgang Greese (Direktor Schreiber), Manuela Marx (Frau Rose), Klaus Mertens (Hauptdispatcher), Arnim Mühlstädt, Paul Arenkens, Gertraut Last, Alfred Lux, Willi Schrade, Traute Sense, Brigitte Beier, Katharina Rothärmel u.a.
INHALT: Erzählt werden die aufregenden Abenteuer von drei Berliner Kindern, die die aus einer Geisterbahn ausgerissenen Gespenster Emma, Otto und Rumpi verfolgen und dabei bis in eine geheimnisvolle Burg fern von Berlin gelangen. (f.b.h.)
ZUM FILM: Aus der erfolg- und phantasiereichen Fernsehserie wurde unter leichten Kürzungen ein zweiteiliger Spielfilm für Kinder. Im Fernsehen wurde die längere Fassung in sieben Teilen gezeigt (1. »Die Ausreißer«; 2. »Gespenster auf Rädern«; 3. »Alarm im Warenhaus«; 4. »Flucht in die Berge«; 5. »Die schauerliche Nacht«; 6. »Eine Burg in Gefahr«; 7. »Rumpi schlägt zu«); im Kino war die zweiteilige Fassung zu sehen.
ECHO: Die Idee, Märchenfiguren in unsere Gegenwart zu transportieren, bietet nahezu unbegrenzte Möglichkeiten für Turbulenz, für Spannung, Humor und kurzweilige Belehrung. Sie wurde voll ausgespielt. Ohne Hemmungen, ohne Augenzwinkern. Nicht nur die moderne Technik, auch Masken- und Kostümbildner standen im Dienste überirdischer Fähigkeiten der des Zauberns Mächtigen. (...) Wiesner haben an der Geschichte gerade die Dinge gereizt, die sich aus dem Anachronismus des Grundeinfalls ergeben. Er findet immer neue Gags, darunter manche, die das Fassungsvermögen der Kleineren übersteigen. (Margot Zielinski, *Wochenpost* 4/1979)
NEBENBEI: Regisseur Günter Meyer setzte die Serie seiner Spukgeschichten später u.a. mit *Spuk im Hochhaus*, *Spuk von draußen* und *Spuk aus der Gruft* für das Kinderfernsehen fort.

SPUR DER STEINE

RE: Frank Beyer, BU: Karl Georg Egel, Frank Beyer, LV: Gleichnamiger Roman von Erik Neutsch, DR: Günter Mehnert, Werner Beck, KA: Günter Marczinkowsky, MU: Wolfram Heicking, Kunze, MB: Joachim Werzlau, SB: Harald Horn, KO: Elli-Charlotte Löffler, SC: Hildegard Conrad, PL: Dieter Dormeier, GR: KAG »Heinrich Greif«, m: 3795 = 139 min, s/w, Cine, PJ: 1965/66, PM: 15.6.1966, PM-Ort: Potsdam
DA: Manfred Krug (Hannes Balla), Krystyna Stypulkowska (Kati Klee), Eberhard Esche (Werner Horrath), Johannes Wieke (Hermann Jansen), Walter Richter-Reinick (Richard Trutmann), Hans-Peter Minetti (Heinz Bleibtreu), Walter Jupé (Hesselbart), Ingeborg Schumacher (Marianne Horath), Getrud Brendler (Frau Schicketanz), Helga Göring (Elli), Erich Mirek (Oswald Ziemer), Fred Ludwig (Gerhard Bolbig), Helmut Schreiber, Erik Veldre, Karl Brenk, Hans-Peter Reinecke, Albert Zahn, Roman Silberstein, Johannes Maus, Maika Joseph u.a.
INHALT: Werner Horrath, Parteisekretär der Großbaustelle Schkona, muß sich vor der Parteileitung wegen unmoralischen Verhaltens und politisch-ideologischen Versagens verantworten. – Ein Jahr zuvor: Horrath kommt als neuer Parteisekretär auf die Baustelle, zur gleichen Zeit wie die junge Ingenieurin Kati Klee. Beide stoßen auf den Widerstand Hannes Ballas. Er ist der ungekrönte König der Baustelle, seine Brigade steht hinter ihm wie ein Mann. Alle sind sie ausgezeichnete Arbeiter und können sich auf Balla ver-

lassen. Was die Bauleitung vermasselt, rückt er auf seine anarchistische Weise wieder gerade. Das zahlt sich aus – in den Lohntüten der »Ballas« wie für den gesamten Bau. Die Fähigkeiten Ballas erkennend, versuchen Horrath und Kati, ihn zur Zusammenarbeit zu bewegen, wobei der Parteisekretär Mut zeigt und vor unkonventionellen Mitteln nicht zurückschreckt. Balla imponiert das, die drei werden ein gutes Team, das dem Chaos auf der Baustelle zu Leibe rückt. Kati liebt und verehrt Horrath, doch dieser ist verheiratet und hat ein Kind. Er liebt beide Frauen und kann sich nicht entscheiden. Damit gerät er nicht nur in einen persönlichen Konflikt, sondern kollidiert mit den Parteiprinzipien.

ZUM FILM: Von vielen schon zu seiner Entstehungszeit als wichtigster DEFA-Gegenwartsfilm angesehen, lag der Film 23 Jahre lang unter Verschluß, ehe er Ende 1989 seine künstlerische Kraft erneut bewies. Der Film wurde wenige Monate nach dem berüchtigten 11. Plenum des ZK der SED, nach dem etwa ein Dutzend abgedrehter oder in Produktion befindlicher Filme nicht an die Öffentlichkeit kommen durften, mit großem Werbeaufwand zum Start vorbereitet. Zunächst hatte der Film, der auf Grundlage eines vielgelesenen Romans wichtige ideologische Fragen behandelte, das Wohlwollen zahlreicher Funktionäre, aber auch Gegner, die nach der Rohschnittabnahme kleine Änderungen durchsetzten. Er wurde als DDR-Beitrag für das Internationale Filmfestival in Karlovy Vary angemeldet. Doch kurz vor der Premiere wurde die Werbung gestoppt. Es erging die Anweisung, den Film nur wenige Tage einzusetzen. Bei der Berliner Premiere wie auch in anderen Bezirksstädten kam es zu organisierten Tumulten von eigens dafür bestellten Zuschauern. Nach einer Woche war der Film verboten. Es galt zwei Jahrzehnte lang als Tabu, überhaupt an ihn zu erinnern. Sein Regisseur Frank Beyer wurde entlassen und erhielt das zweijährige Verbot, in Berlin oder Potsdam zu arbeiten. Zur Wendezeit im Herbst 1989 war *Spur der Steine* der erste der verbotenen DEFA-Filme, der wiederaufgeführt wurde, und er wurde zu einem der letzten großen Publikumserfolge der DEFA.

ZITAT: Sie sehen hier ein DEFA-Stück! / Bleiben Sie sitzen, Sie haben Glück! / Frank Beyer ist der Regisseur / Das Ding handelt vom Parteisekretär / und von Arbeitsmoral / und Schnaps im Lokal / Und Liebe im Mai / mit Tränen dabei / Parteidisziplin / mit nackend Ausziehn / mit Plandiskussion / und Höchstleistungslohn / Mit Lug und Betrug / Mit Manne Krug / Als Baubrigadier / kübelt er Bier / Ein Volkspolizist / fliegt in den Mist / Ein Bürokrat / schadet dem Staat / Ein Anarchist / wird Kommunist / Ne schöne Frau / macht man zur Sau / Sie kriegt ein Kind / man kriegt davon Wind / Ein Mann geht kaputt / in all dem Schutt / Ne Ehe zerbricht / gekittet wird nicht / Hier wird nix gelogen / nichts grade gebogen / Hier ist nix frisiert / und blank poliert / Hier ist das Leben / kraß und klar / verrückt und wahr / verrückt und wahr (Wolf Biermann schrieb diesen Liedtext für den Vorspann des Films. Er wurde nicht verwendet. Stattdessen wollte Frank Beyer Biermanns »Warte nicht auf bessre Zeiten« einbauen. Als Biermann jedoch im Zusammenhang mit dem 11. Plenum gebrandmarkt wurde, war es unmöglich geworden, eines seiner Lieder in einem DEFA-Film zu verwenden.)

ECHO 1: Ein merkwürdiger Schematismus macht sich in diesem Film breit. Mitglieder der Partei der Arbeiterklasse werden im Widerspruch zur Wirklichkeit fast ausnahmslos als unent-

schlossene Menschen oder Opportunisten geschildert, die hinter den Anforderungen des Lebens zurückbleiben und das Neue nicht erfassen. Ein Quell für die Kraft und Wirksamkeit der Parteiorganisation liegt in der Kollektivität ihrer Leitung. Aber Frank Beyer führt uns einen Parteisekretär vor, der nur individuelle Entscheidungen trifft. (...) Es lassen sich aus diesem Film viele Beispiele zitieren, an denen ablesbar ist, wie kraß der Regisseur der Wahrheit unseres Landes Gewalt angetan, wie wenig er die revolutionären Triebkräfte unserer sozialistischen Gesellschaft künstlerisch erfaßt hat. (Hans Konrad, *Neues Deutschland*, 6.7.1966)
Erregt äußerten sich Kinobesucher darüber, daß ihrer Meinung nach die Schilderung des sozialistischen Aufbaus auf einer Großbaustelle unter der Führung der Partei mit den Realitäten und historischen Erfahrungen nicht übereinstimmt. Genossen und Parteilose brachten zum Ausdruck: das ist nicht unsere Partei. Die Proteste besagten: die Partei der Arbeiterklasse, die führende Kraft aller gesellschaftlichen Prozesse, ist verzerrt dargestellt. (*Filmspiegel* 13/1966)
MEINUNG: Der Film galt als »partei- und staatsfeindlich«. Der tiefere Grund für das Verbot war, daß *Spur der Steine* eine SED vorführt, die innerlich tief zerstritten ist, die zwei sich bekämpfende Flügel hat. Das war das eigentliche Sakrileg, die Tabuverletzung. (Frank Beyer in *Regie: Frank Beyer*, 1995)
ECHO 2: Die über zwei Stunden durchweg spannende dramatische und komische Handlung, mit pointierten Dialogen und sloganträchtigen Sentenzen, hervorragend gespielt von einem durchweg stimmigen Schauspielerteam (...) läßt eine Gesellschaft erkennen, die voller Fragen und auf der Suche ist nach Lösungen für ganz harte Alltagsaufgaben. Nach der Verwirklichung eines Traums, einer Hoffnung. (...) Ganz schnell ist die Brücke vom Wolga- zum Volvo-Jahrzehnt geschlagen. Plötzlich ist alles heutig, brennend, bezüglich, durch Ähnlichkeit wie durch Unterschied: Der anarchistische Feldzug der Ballas gegen chaotische Wirtschaftsabläufe, Horraths Ringen um Balla und gegen dessen Methoden, seine Verstrickung in moralische und sachliche Kompromisse, der prinzipielle Kampf der zwei Parteisekretäre. (Klaus Wischnewski, *Weltbühne* 47/1989)
Der sehr milieusicher in Schwarzweiß gedrehte Film (Kamera: Günter Marczinkowsky) ist mehr als ein historisches Dokument. Durch die psychologisch genaue Zeichnung der Figuren vermag er auch heute noch zu bewegen, politisch wirkt er sogar überaus aktuell. Wenn Horrath einmal fordert »Man muß sagen, was man denkt, und tuen, was man sagt«, klingt das wie eine Sentenz für die heute angemahnten Reformen. (Heinz Kersten, 1989, zit. nach *So viele Träume*)
NEBENBEI: Auf der Berlinale 1990 gingen an den Film zwei Lobende Erwähnungen. Manfred Krug erhielt für seine Rolle im selben Jahr den DDR-Kritikerpreis »Große Klappe«. – Die weibliche Hauptdarstellerin Krystyna Stypulkowska war in der Zusammenarbeit mit Andrzej Wajda bekannt geworden. Die deutsche Stimme gab ihr Jutta Hoffmann, die die Kati Klee nicht selbst spielen konnte, da sie an andere Filmprojekte gebunden war.

DIE SPUR DES BERNSTEINZIMMERS

(Co-Produktion)
RE: Roland Gräf, BU: Thomas Knauf, Roland Gräf, DR: Christel Gräf, KA: Roland Dressel, MU: Richard Wagner, SB: Alfred Hirschmeier, Dieter Döhl, KO: Christiane Dorst, SC: Monika Schindler, PL: Horst Hartwig, m: 2889 = 106 min, fa, brw, PJ: 1991, PM: 30.9.1992, PM-Ort: Berlin, Filmtheater Friedrichstraße, CO: WDR, Köln
DA: Corinna Harfouch (Lisa Mohrbrink), Kurt Böwe (Buttstädt), Uwe Kockisch (Ludwig Kollenbey), Ulrich Tukur (Siegfried Emmler), Michael Gwisdek (Costello), Horst Schulze (Kobler), Käthe Reichel (Frau Ladenthin), Joachim Tomaschewski (Prof. Morbrink), Arno Wyzniewski (Pfarrer), Jaecki Schwarz (Beamter), Klaus Piontek, Werner Dissel, Carl Heinz Choynski, Irma Münch, Peter Wohlfeil u.a.
INHALT: Lisa, eine junge Frau, sucht den Mörder ihres Vaters und gerät dabei auf die Spur des legendären Bernsteinzimmers, das im Spätsommer 1944 von den Nazis aus Königsberg abtransportiert wurde und seitdem verschollen ist. Sie kreuzt den Weg anderer, die ebenfalls nach dem Schatz suchen: unter ihnen Siegfried Emmler, dessen Vater am Abtransport beteiligt war und nach dem Krieg unter rätselhaften Umständen ums Leben kam. Er hat eine Botschaft des Vaters, die Lisas Mann entschlüsselt. Sie erweist sich als

Täuschungsmanöver. Außerdem ist Kriminalkommissar a.D. Buttstädt auf der Spur des Bernsteinzimmers. Ihm geht es allerdings mehr darum, den am Raub beteiligten ehemaligen SS-Offizier Kobler zu ködern, der für den Tod von KZ-Häftlingen verantwortlich ist. Ein gedungener Killer namens Costello macht das Unternehmen für alle zu einem gefährlichen, für einige zu einem tödlichen Abenteuer. Das Bernsteinzimmer aber bleibt verschollen.
ZUM FILM: Die Suche nach dem legendären Bernsteinzimmer wurde auch in der DDR betrieben, beispielsweise durch Werner Enke, der in einem Buch darüber berichtete. Dadurch fühlte sich Thomas Knauf zu seinem Szenarium angeregt, das er 1988 vorlegte, aber erst drei Jahre später durch Roland Gräf als einer der letzten DEFA-Filme (und Gräfs bisher letzten Kinofilm) realistiert wurde.
ECHO: Zu den Vorzügen des Films gehört, daß alle Figuren mit einem Geheimnis umgeben sind, deren Enthüllung so langsam vor sich geht, daß man lange damit beschäftigt ist, es einzuordnen. Parallel dazu entwickelt sich die Handlung auf so spannende Weise, daß man den falsch gelegten Fährten willig auf den Leim geht. Die spielerischen Elemente, die in der ersten Hälfte des Films dominieren, verscheuchen jenes leise Unbehagen, das von Beginn an die kleinen darstellerischen Übertreibungen verursachen. Es verstärkt sich jedoch über alle Maßen, als die Gegenspieler die Szene betreten. (Margit Voss, *Film und Fernsehen* 5/1992)
Unbedenklich mischt Gräf auch die Genres. Sein Film ist Krimi und Komödie, steht in der Tradition antifaschistischer DEFA-Filme und bietet Opernliebhabern als musikalisches Leitmotiv Wagners »Rheingold«. Zugleich werden alle Kinomuster parodiert, und in scheinbar nebensächlichen Details sind mancherlei Anspielungen versteckt. Nichts wird ernstgenommen, aber die Ironie scheint mir doch auch durch einen Hauch DEFA-Nostalgie gebremst. (Heinz Kersten, 1992, zit. nach *So viele Träume*)
Ohnehin scheint Gräf (...) der Tragfähigkeit der Geschichte nicht mehr getraut zu haben; er verschenkt die anfänglich so frische lakonische Erzählform an immer aufgesetztere Komik-Einschübe, die eher einem Comic Strip angemessen wären als einer Mord-Geschichte um Nazi-Vergangenheit und ungesühnte Schuld, die zunächst so geschickt die Pendelbewegung zwischen Wahrheit und Mythos beschreibt. (Horst Peter Koll, *film-dienst* 20/1992)
NEBENBEI: Für Ulrich Tukur, schon damals bundesdeutscher Schauspieler mit Star-Qualitäten, blieb der Emmler die einzige DEFA-Rolle.

SPUR DES FALKEN

RE: Gottfried Kolditz, BU: Günter Karl, DR: Hans-Joachim Wallstein, KA: Otto Hanisch, MU: Karl-Ernst Sasse, Wolfgang Meyer, SB: Paul Lehmann, KO: Günther Schmidt, SC: Helga Krause, PL: Dorothea Hildebrandt, GR: KAG »Roter Kreis«, m: 3290 = 121 min, fa, Cine, PJ: 1967/68, PM: 22.6.1968, PM-Ort: Berlin, Freilichtbühne Grünau
DA: Gojko Mitic (Falke), Hannjo Hasse (Bludgeon), Barbara Brylska (Catherine), Lali Meszchi (Blauhaar), Rolf Hoppe (Bashan), Hartmut Beer (Fletcher), Helmut Schreiber (Sam Blake), Fred Delmare (Peter Hille), Milan Jablonský (Bad Face), Holger Mahlich (Pat), Fred Ludwig, Horst Kube, Dietmar Richter-Reinick, Paul Berndt, Otar Koberidse, Fritz Marquardt, Berko Acker, Michael Gwisdek, Detlef Heintze, Winfried Glatzeder u.a.
INHALT: In der zweiten Hälfte des vorigen Jahrhunderts wird in den Black Hills Gold gefunden. Goldgräber, Abenteurer und Geschäftemacher strömen in das den Dakota-Indianern vertraglich zugesicherte Land. Unter ihnen der Bodenspekulant Bludgeon, der die Indianer mit brutalen Mitteln, unter anderem läßt er ganze Büffelherden abschlachten, zu vertreiben sucht. Während Häuptling Weitspähender Falke mit seinen Männern versucht, Waffen zu beschaffen, tötet Bludgeon mit seiner Bande die im Dorf zurückgebliebenen Indianer. Die Dakota-Krieger kämpfen um ihr Recht, und die Goldgräberstadt wird zum Schauplatz einer Schlacht, bei der nur das anrückende Militär die Niederlage der Weißen verhindern kann. Bludgeon wird im Zweikampf vom Häuptling getötet.
ZUM FILM: Der dritte Indianerfilm der DEFA entstand in Zusammenarbeit mit dem Grusia-Studio in Tbilissi. Die abenteuerliche Handlung wurde im folgenden Jahr in dem Film → *Weiße Wölfe* fortgesetzt. In der Bundesrepublik Deutschland lief der Film unter dem Titel *Brennende Zelte in den Schwarzen Bergen.*

ECHO: Lobenswert ist vor allem, daß die Filmschöpfer keine primitive Schwarz-Weiß-Malerei getrieben haben, daß es neben den Schurken Bashan (Rolf Hoppe) und Fletcher (Hartmut Beer) auch Weiße gibt, die mit den Indianern zusammenleben wollen, die nicht brennend und mordend gegen die Ureinwohner ausziehen, sondern sich ihren Lebensunterhalt durch Arbeit erwerben. Helmut Schreiber als Sam Blake zeigte einen tapferen, real denkenden Siedler, den das harte Leben im Westen hart gemacht hat. (Constanze Pollatschek, *Wochenpost* 29/1968)
Die *Spur des Falken* ist ein Film, der zur Freude der Kinoleiter die Kassenfrage scharf stellt und positiv beantwortet. In der Nachmittagsvorstellung, die ich besuchte, blieb dem ständig applaudierenden Kinderpublikum nur eine Szene dunkel, nämlich als Weitspähender Falke mit Squaw Blauhaar (Lali Meszchi) in seltsamer Zeremonie Verlobung feiert. Ein frühreifer Siebenjähriger klärte die anderen lauthals auf: »Nach so ville Krieg will er nu endlich spielen!« Dem Schöpferkollektiv ist jedenfalls zu danken für diesen Versuch einer Synthese zwischen Karl May und Karl Marx. (Renate Holland-Moritz, *Eulenspiegel* 32/1968)
Die Kämpfe haben Schwung, die Bilder Tiefe. Oft hockt die Kamera in Höhe der staubigen Straße, baut Kameramann Otto Hanisch expressive Ansichten mit groß angerissenen Details im Vordergrund. Prächtig und westerngemäß die Dampfroßszenen, glänzend Rolf Hoppe als Bandit Bashan. Auch wenn die Story einfach ist und die Schurken einfältig sind, diese *Spur des Falken* brachte in der Ikonographie, im Spannungsschüren, in der Ästhetik der Actionsequenzen eine bis dahin DEFA-unbekannte Professionalität auf die Leinwand. (Norbert Wehrstedt, *Zwischen Marx und Muck*, 1996)

NEBENBEI: Die Lokomotive der Union Pacific von 1875 wurde im Babelsberger Karl-Marx-Werk, damals eine der Hauptproduktionsstätten für Lokomotiven in der DDR, umgebaut. Eine ausgediente Rangierlok wurde u.a. mit einem historischen Schornstein und einem Kuhfänger ausgestattet. Die Aufnahmen für den Eisenbahnüberfall fanden zum Teil zwischen Motzen und Töpchin in der Mark Brandenburg statt. Aber auch im Kaukasus entstanden für diese Sequenz einige Einstellungen, die Schnittmeisterin Thea Richter nahtlos einmontierte. – Auch mitten in Potsdam drehte die DEFA auf der Drehscheibe einer Reichsbahn-Bekohlungsstelle verschiedene Aufnahmen mit dem historischen Zug. Für den Schuß auf den Lokführer hatte die DEFA den damaligen DDR-Meister im Armbrustsportschießen verpflichtet. Heinz Obst, der den Lokführer mimte, war auch im wirklichen Leben Reichsbahner. Sein Rücken wurde mit einer undurchschlagbaren Unterlage gepolstert, aber trotzdem spürte er, wie er der »Märkischen Volksstimme« sagte, den Einschlag des Pfeils unangenehm. – Die meisten Außenaufnahmen entstanden in Grusinien unter schlechten Bedingungen in der Nähe des DEFALuftkurortes Pasanauri in 2500 m Höhe. Die DEFA hatte sich 1967 den regnerischsten Sommer seit Jahrzehnten in dieser Region des Kaukasus ausgesucht. Als sich das Wetter besserte, wurden die Tage bereits wieder kürzer, so daß die Dreharbeiten in einem besonders hohen Tempo bewältigt werden mußten.

SPUR IN DIE NACHT

RE: Günter Reisch, BU: Gerhard Neumann, Günter Reisch, DR: Hans Sasse, KA: Walter Fehdmer, MU: Helmut Nier, BA: Hans Poppe, KO: Rosemarie Wandelt, SC: Wally Gurschke, PL: Hans Mahlich, m: 2471 = 91 min, s/w, AT: Schmugg-

lerkönig, PJ: 1957, PM: 25.10.1957, PM-Ort: Berlin; »Babylon«
DA: Ulrich Thein (Ulli), Raimund Schelcher (Mann mit Lederjacke), Eva-Maria Hagen (Sabine), Annekathrin Bürger (Traudel), Uwe-Jens Pape (Hanno), Friedrich Gnass (Alter Grabbert), Hermann Kießner (Herr Eschka), Kurt Dunkelmann (Herr Lehmann), Hans-Peter Minetti (Dr. Meisel), Kurt Rackelmann (Bethmann), Horst Kube, Herbert Körbs, Dieter Perlwitz, Aribert Grimmer, Albert Hetterle u.a.
INHALT: Das Mädchen Sabine, Saisonverkäuferin in einem kleinen Urlaubs- und Grenzort im Zittauer Gebirge, bittet ihren Berliner Freund Ulli brieflich, sofort zu kommen. Als Ulli wie vereinbart im Gasthof »Fuchsbau« eintrifft, ist Sabine spurlos verschwunden. Statt die Polizei einzuschalten, spielt der Junge selbst Detektiv. Die Gäste im »Fuchsbau« scheinen ihm alle irgendwie verdächtig. Schließlich findet er Sabine in der Gewalt einer Agentenbande, deren Gefangener er nun auch ist. Grenz- und Sicherheitsorgane der DDR und der Tschechoslowakei retten die beiden im letzten Moment.
ZUM FILM: Nach der Komödie → *Junges Gemüse* drehte Günter Reisch als sein zweites Werk einen Kriminalfilm im Stil der Zeit. Stirnrunzeln in der Abnahmekommission gab es nur, weil Reisch in einer Szene junge Leute den in der DDR verpönten Rock'n'Roll tanzen ließ.

ECHO: Ein Gegenwartsthema also, flott erzählt in einer hübschen verschneiten Berglandschaft. Große Ambitionen hat dieser Film nicht, die Sache geht nicht sehr tief, aber was gezeigt wird, ist echt und wahr. (...) Regie und Kamera leisteten solide Arbeit ohne schwache Stellen, allerdings auch ohne besonderen Einfallsreichtum. Die Gleichförmigkeit und Wiederholungen der Einstellungen wirkten schon leicht ermüdend. (Udo Klaus, *Weltbühne* 47/1957)
Wir brauchen solche Filme, die anspruchslos das Bedürfnis nach Spannung und echter Sensation befriedigen: *Spur in die Nacht* hat reißerische, spannende Passagen, während derer das Publikum – vor allem das junge – temperamentvoll mitgeht. Sympathie und Antipathie sind richtig verteilt: Den Ganoven gehört die Feindschaft und den ehrlichen Menschen die Zuneigung des Beschauers, und als sich der gut getarnte Major der Staatssicherheit zu erkennen gibt, gehen gar Erleichterung und Begeisterung durch den Zuschauerraum. (Karl-Eduard v. Schnitzler, *Filmspiegel* 25/1957)
NEBENBEI: Die musikalischen Parts des Films bewältigte Ulrich Thein »spielend«. Er hatte sechs Semester Harfe studiert und sich sein Schauspielstudium als Tanzmusiker finanziert.

DIE SQUAW TSCHAPAJEWS

(Kinderfilm)
RE: Günter Meyer, SZ: Günter Meyer, Irmgard Speitel, Ulrich Speitel, DR: Gudrun Deubener, KA: Wolfgang Braumann, MU: Wolfgang Schoor, SB: Werner Pieske, KO: Helga Alschner, SC: Helga Emmrich, PL: Oscar Ludmann, GR: KAG »Berlin«, m: 2146 = 79 min, fa, brw, PJ: 1972/73, PM: 29.6.1973, PM-Ort: Erfurt, »Panorama-Palasttheater«
DA: Anke Schwenn (Manni), Lars Klemm (Tschapajew), Jörg Knochee (Leonhard), Erik S. Klein (Kilian), Hannelore Seezen (Mannis Mutter), Carola Braunbock (Küchenfrau), Ilse Voigt (Tante Emmi), Gertrud Brendler (Peters Oma), Rosemarie Herzog (Bäuerin), Renate Usko (Lehrerin), Horst Reinecke, René Meyer-Brede, Uwe Schumann, Franc Pfennig, Ralf Hobusch u.a.

INHALT: Zwei Schulklassen stehen miteinander im Wettbewerb. Dem Sieger winkt als Preis eine Ostseereise. Beim Geländespiel sind die Schüler um Lars, Peter und Gruppenratsvorsitzende Manni siegessicher, schließlich haben sie als »Tschapajews Reiterarmee« im Spiel Erfahrungen gesammelt. Der erste Punkt geht an sie. Bei der Mathe-Olympiade aber versagen sie, ein Indianerfilm war ihnen wichtiger als das Lernen. Und vor dem Fußballmatch spalten sie sich in zwei Gruppen. Lars führt einen kläglichen Rest Tschapajew-Reiter, während Peter mit den anderen Indianer spielt. Beim Fußball stellen sie sich gegenseitig Beine, und die andere Klasse erringt auch diesen Punkt. Nach der Niederlage kommt die Einsicht: Vielleicht sollte man, wieder vereint, Kosmonaut trainieren – bis zum Wettbewerb im nächsten Jahr.

ZUM FILM: Wie ein Jahrzehnt später Egon Schlegel mit → *Die Schüsse der Arche Noah* verbindet dieser Kinderfilm abenteuerliche Historie verschiedener Kulturkreise mit kindlicher Phantasie der Gegenwart. Für Günter Meyer, der auf dem Weg zu einem erfolgreichen Kinderfilmregisseur war, aber auch viele Dokumentarfilme drehte, war *Die Squaw Tschapajews* das Spielfilmdebüt.

ECHO: Im Bestreben, bei den jungen Zuschauern »anzukommen«, verließen sich die Macher aber doch zu sehr auf Aktionsfülle und Turbulenz strapaziöser Geländerangelei in Reiterarmee- und Indianerkostümen. Und genau da bleiben dann die Motivationen für Haltungen und Handlungen, die notwendigen Charakterprofilierungen auf der Strecke. Hat sich die Turbulenz der äußeren Vorgänge erschöpft, werden szenische und vor allem auch sprachliche Verarmung deutlich. Die am häufigsten auftauchende Redewendung »Halt die Klappe« scheint denn doch zu simpel angemessen dem, was von unseren Elfjährigen an Gedanken- und Gefühlsreichtum eingebracht wird. Ein Mehr an genauerer Figurenzeichnung hätte dem Streifen gutgetan. (Karla Anders, *Filmspiegel* 19/1973)

NEBENBEI: Jörg Knochee (1944 – 1989), der den Leonhard spielte, hätte seinen großen Durchbruch schon mit einer der Hauptrollen in Herrmann Zschoches 1966 verbotenen Film → *Karla* haben können, wo er eindrucksvoll den Gegenspieler der Heldin verkörperte. Eine solche

Chance hatte er in seinem zu kurzen Leben kein zweites Mal, so daß er in präzise gespielten Rollen in durchschnittlichen Produktionen (u.a. TV-Serie *Zur See*) in Erinnerung bleibt.

STÄRKER ALS DIE NACHT

RE: Slatan Dudow, BU: Jeanne und Kurt Stern, DR: Karl Georg Egel, KA: Karl Plintzner, Horst E. Brandt, MU: Ernst Roters, BA: Oskar Pietsch, Gerhard Helwig, KO: Gerhard Kaddatz, Ursula Leuschner, SC: Johanna Rosinski, PL: Adolf Fischer, m: 3203 = 117 min, s/w, PJ: 1954, PM: 24.9.1954, PM-Ort: Berlin, »Babylon«

DA: Wilhelm Koch-Hooge (Hans Löning), Helga Göring (Gerda Löning), Kurt Oligmüller (Erich Bachmann), Rita Gödikmeier (Lotte Bachmann), Johannes Arpe (Gauleiter), Adolf Peter Hoffmann (Kriminalkommissar Knappe), Harald Halgardt (Eddi Nohl), Helmut Schreiber (Hackelbusch), Manfred Borges (Helmut Karsten), Hans Wehrl, Erika Dunkelmann (Bernhard u. Käthe Manthey), Theo Shall (Dr. Panneck), Aribert Grimmer, Heinz Hinze, Gertrud Brendler, Hansjoachim Büttner, Gustav Püttjer, Fritz Decho, Hannjo Hasse u.a.

INHALT: Im Mittelpunkt des Films steht das Schicksal des kommunistischen Hamburger

Arbeiters Hans Löning und seiner Frau Gerda – stellvertretend für Tausende deutsche Antifaschisten.

1933. Gerda erwartet ihr erstes Kind. Hans muß nach der Machtergreifung Hitlers in die Illegalität. Als Gerda entbindet, ist Hans bereits verhaftet. Während der sieben Jahre Konzentrationslager bleibt Gerda ihm und ihren gemeinsamen Idealen treu. Als Hans entlassen wird, weiß er, daß eine nochmalige Verhaftung den Tod bedeutet. Dennoch organisiert er wieder eine Widerstandsgruppe, die mit Rüstungs-Sabotage in den Betrieben und Flugblatt-Aktionen gegen das faschistische Regime und den Krieg kämpft. Durch Verrat fällt Hans der Gestapo ein zweites Mal in die Hände. Er stirbt aufrecht und in der Hoffnung, daß nach der Niederlage des Faschismus ein besseres Deutschland auferstehen wird.

ZUM FILM: Erstmals standen in einem DEFA-Film antifaschistischer Thematik keine Kleinbürger im Mittelpunkt, sondern Kommunisten, die aus tiefer Überzeugung unter Opfern und Entbehrungen gegen den Faschismus kämpfen. Durch die tiefe Menschlichkeit in der Umsetzung des Themas gelang ein bewegender Film, der erst am Schluß zu einer gewissen Pathetik neigte.

ECHO: Der Film betont unmißverständlich, daß in dem verblendeten deutschen Volk die entschiedenen Gegner des Nazismus sehr dünn gesät waren. Sie zählten nur nach Tausenden unter den Millionen. Der politischen Vergeßlichkeit – gefördert durch eine bewußte politische Vernebelung in Westdeutschland – kann ja nur so begegnet werden, daß man den politischen Sachverhalt jener Jahre den Vergeßlichen getreulich vor Augen hält; künstlerisch vollendet ist das mit dem Film *Stärker als die Nacht* gelungen. (Carl Andrießen, *Weltbühne* 42/1954)

Der Film stand auf beachtlichem künstlerischen Niveau, und seine Wirkung war nicht zuletzt darauf zurückzuführen, daß er unter weitgehendem Verzicht auf phrasenhafte Agitation bewegende menschliche Einzelschicksale in den Vordergrund rückte. (Heinz Kersten, *Das Filmwesen in der Sowjetischen Besatzungszone Deutschlands*, 1963)

NEBENBEI: Die Journalisten der Internationalen Filmfestspiele in Locarno/Schweiz zeichneten den Film als den besten aus und erklärten Wilhelm Koch-Hooge zum besten Darsteller.

Filmtext: Stärker als die Nacht. Ein Film-Szenarium von Kurt und Jeanne Stern. Berlin: Aufbau-Verlag 1954

STAR MIT FREMDEN FEDERN

RE: Harald Mannl, SZ: Heino Brandes, DR: Eva Seemann, KA: Carl Puth, Erwin Anders, MU: Gerd Natschinski, BA: Alfred Tolle, KO: Rosemarie Wandelt, SC: Friedel Welsandt, PL: Alexander Lösche, m: 2569 = 94 min, s/w, PJ: 1954/55, PM: 9.9.1955, PM-Ort: Berlin, »Babylon«/»DEFA-Filmtheater Kastanienallee«

DA: Werner Peters (Franz Blume / Günther Kolmin), Sonja Sutter (Isolde Sturm), Christina Huth (Gisela Petri), Friedel Rostock (Dore Holberg), Horst Naumann (Kurt Seidel), Robert Trösch (Regisseur Kessel), Maly Delschaft (Frau Mosbach), Otto Krone (Oberkellner Busske), Karen Fredersdorf (Frau Sturm), Jochen Thomas (Brigadier Köhler), Rudolf Ulrich, Kurt Rackelmann, Renate Küster, Wolfgang Hübner, Marion van de Kamp u.a.

INHALT: Eine frappierende Ähnlichkeit des Friseurs Franz Blume mit dem berühmten Schauspieler Günther Kolmin führt bei einem Urlaub in Feuerstein zu kuriosen Verwechslungen. Blumes anfänglich schüchterne Abwehrversuche sind erfolglos. Man glaubt, der Star will sein Inkognito wahren. Und bald gefällt dem Friseur die Rolle des Angehimmelten, zumal das Fräulein Petri ihm nicht mehr von der Seite weicht. Als dann schließlich der wirkliche Kolmin am Schauplatz eintrifft, ist die Peinlichkeit kaum zu ertragen. Blume ist am Ende froh, wieder er selbst zu sein und kehrt reumütig zu seiner Verlobten nach Hause zurück.

ZUM FILM: Das belanglose Lustspiel des Münchners Harald Mannl hatte hauptsächlich das Ziel, den seit Staudtes → *Untertan* zum Star avancierten Werner Peters in einer Doppelrolle herauszustellen. Kurz darauf setzte Peters seine Karriere im bundesdeutschen Film fort, wo er hauptsächlich Bösewichte spielte und sein beachtliches komisches Talent kaum nutzte.

ECHO: Das könnte eine ganz unterhaltsame Geschichte sein, aber eben nur unter der Voraussetzung, daß kein höherer Anspruch erhoben wird. Doch (...) der Film wurde mit Gewichten befrachtet, die ihm nicht zustehen – er täuscht eine Legitimation vor, die er gar nicht braucht. Nichts wäre dagegen einzuwenden, wenn man weiter keine Absicht verfolgt hätte, als dem geschätzten Charakterdarsteller Werner Peters mit einer Doppelrolle gefällig zu sein. Ob gerade diese Rolle für ihn geeignet war, bleibt allerdings eine andere Frage. (Carl Andrießen, *Deutsche Filmkunst* 6/1955)

Die Embleme eines HO-Hutladens, ein Transparent »FDGB« (Freier Deutscher Gewerkschaftsbund, f.b.h.), und einige zwanglos eingestreute »Kollege« und »Kollegin« vermögen nicht darüber hinwegzutäuschen, daß sich die DEFA wiederum mit fremden Federn schmückt, mit den Federn nämlich, die dem bürgerlichen Filmschaffen anhaften. Freiwillig-unfreiwillige Hochstapelei, Verwechselung, Verwicklung, Happy-End – bitte schön. Aber wenn nach dem → *Sommerliebe*-Skandal und anderen Fehlgriffen aufs Neue die nunmehr sechsjährige Deutsche Demokratische Republik teils als blasse, teils als verfälschte Kulisse mißbraucht wird, um davor ein altgewohntes Ufa-Lustspiel abrollen zu lassen, verpflichtet das den Kritiker gebieterischer noch als bisher, die Frage nach der Verantwortung zu stellen. Vom Regisseur Harald Mannl durfte man zu keinem Zeitpunkt etwas anderes erwarten. (Karl-Eduard v. Schnitzler, *Filmspiegel* 23/1955)

NEBENBEI: Brigitte Rabald hatte einen hübschen Auftritt als das, was sie auch war: eine Schlagersängerin.

STARINNATA MONETA

→ *DIE ANTIKE MÜNZE*

STARTFIEBER

RE: Konrad Petzold, SZ: Peter Löpelt, DR: Andreas Scheinert, KA: Rolf Sohre, MU: Zdenesk John, SB: Heinz Leuendorf, KO: Barbara Braumann, SC: Sabine Schmager, PL: Rolf Martius, GR: GR »Johannisthal«, m: 2601 = 95 min, fa, brw, PJ: 1984/85, PM: 6.2.1986, PM-Ort: Karl-Marx-Stadt, »Europa 70«

DA: Klaus Manchen (Kurzer, Juniorentrainer), Peter Hölzel (Vater Bergler), Rudolf Ulrich (Opa Feurich), Gina Presgott (Oma Feurich), Monika Hildebrand (Ursula Feurich), Hans-Jürgen Wildgrube (Bernhard Feurich), Jens König / René Gebhardt (12jähriger/17jähriger Holger), Remo Georgi/Nils Ballerstedt (12jähriger/ 17jähriger Jens), Frank Wiegand/Jörg Brändl (12jähriger/17jähriger Ralf), Carl-Hermann Risse, Manfred Zetzsche, Otti Planerer, Hartmut Beer, Jörg Panknin u.a.

INHALT: Die drei Jungen Jens, Ralf und Holger werden zur Kinder- und Jugendsportschule (KJS) delegiert und teilen im Wohnheim ein Zimmer. Sie sind Nordisch-Kombinierte und kämpfen um einen Platz in der Junioren-Nationalmannschaft. Holger ist ein phantastischer Springer, aber kein guter Läufer. Bei Jens ist es umgekehrt. Sie brauchen sich gegenseitig, aber der Ehrgeiz macht sie zu Rivalen, außerdem sind sie in dasselbe Mädchen verliebt. Ralf kann seine Angst beim Springen nicht überwinden und steigt nach einem Sturz aus. Bei einem Wettkampf handelt Jens gegen den Mannschaftsgeist, der verlangt, daß er den nach dem Springen vorn liegenden Holger beim Lauf unterstützt. Holger verliert und fährt enttäuscht nach Hause. Jens holt ihn zurück, und der erwachte Teamgeist führt dazu, daß bei der Juniorenweltmeisterschaft beide auf dem Siegerpodest stehen.

ZUM FILM: Dieser Jugendfilm, der wieder einmal den Leistungssport in den Mittelpunkt rückte, war ohne Spannung oder Ambition »heruntergekurbelt« und wurde kein Publikumserfolg.

ECHO: Was er (der Film, f.b.h.) als sogenannte Handlung anbietet, vom Wie ganz zu schweigen, spottet jeder ernsthaften Beschreibung. (Renate Holland-Moritz, *Eulenspiegel* 10/1986)

Daß Leistungssport kein Vergnügen ist, führt der Film unbeschönigt vor: in ausführlichen Bildern vom Training schon der Zwölfjährigen, das sich dann bei den Siebzehnjährigen, die dazu auch noch im Internat zusammengefaßt sind, weit härter fortsetzt. Daß die Trainer letztlich nichts anderes als Leistung interessiert, wird auch ziemlich deutlich. Sonst freilich passiert kaum etwas, und man muß schon Skisportfan sein, um das, was sich da zwischen Schanze und Loipe zuträgt, abendfüllend zu finden. (Heinz Kersten, *Tagesspiegel*, 13.4.1986)

NEBENBEI: Die beliebte Berliner Kabarettistin Gina Presgott spielte – schon von Krankheit gezeichnet – als Oma Feurich ihre letzte Rolle. Nach Abschluß der Dreharbeiten starb sie 61jährig.

STEIN

RE: Egon Günther, BU: Helga Schütz, Egon Günther, DR: Christel Gräf, KA: Erich Gusko, MU: Johannes Brahms, Henry Purcell, Karl-Ernst Sasse, SB: Harald Horn, KO: Christiane Dorst, SC: Monika Schindler, PL: Herbert Ehler, GR: GR »Roter Kreis«, m: 2978 = 109 min, fa, brw, PJ: 1990/91, PM: 19.9.1991, PM-Ort: Berlin, »Filmbühne am Steinplatz«

DA: Rolf Ludwig (Stein), Franziska Herold (Sara), Evelyne Dahm (Laura), Johanna Möhring (Josi), Änne Ferse (Mephisto), Margit Bendokat (Frau Reinhard), Katja Paryla (Christine Berg), Jaecki Schwarz (Polizist I), Uwe-Dag Berlin (Fotograf), Susanne Böwe (Regan in »König Lear«), Sebastian Hartmann, Gerhard Hähndel, Alexander Hetterle, Jürgen Huth, Christian Kuchenbuch u.a., GE: Annelies Burmeister, Rosemary Hardy, Maurice Bevan, Paul Elliott, Männerchor des Rundfunkchores Leipzig, The Deller Choir

INHALT: Der einst berühmte Schauspieler Ernst Stein ist 1968 aus Protest gegen den Einmarsch in die CSSR während einer Aufführung des »König Lear« von der Bühne abgegangen – für immer. Gut zwanzig Jahre hat er in selbstgewählter Isolation in seinem Haus am Stadtrand von Berlin gelebt. Man sagt, er ist ein bißchen irre, und er spielt den Narren, der er zuweilen auch ist. Beschützt und umsorgt wird er hauptsächlich von Kindern und Jugendlichen aus der Nachbarschaft. Der alte Mann liebt Sara, eine Zwanzigjährige. Die gesellschaftliche Unruhe des Jahres 1989 bricht in seine abgeschlossene Welt ein. Tramper, Rebellen, Punker, Aussteiger nisten sich bei ihm ein, nehmen, was sie brauchen, verschwinden wieder. Eines Tages verschwindet auch Sara. Auf der Suche nach ihr gerät er in ein Polizeiobjekt, in dem junge Demonstranten schikaniert werden. Nach dem Fall der Mauer ist er allein zurückgeblieben. Seine Todesvisionen zeigen ihn in Rom, die Katakomben hinabsteigen – konfrontiert mit seinem schlechten Gewissen: zwei desertierten Russen, denen er einst die Tür gewiesen hatte.

ZUM FILM: Egon Günthers erster Film bei der DEFA nach zwölfjähriger Abwesenheit, in der er überwiegend fürs bundesdeutsche Fernsehen arbeitete, zeigte, daß er nichts von seiner Kreativität verloren hatte. *Stein*, von seiner langjährigen Lebenspartnerin Helga Schütz geschrieben, war Günthers vielleicht persönlichster Film, in dem er auf poetisch erregende Weise mit der deutschen Vergangenheit abrechnete. Er hatte schon 1986 einen Anlauf genommen, diesen Film bei der DEFA zu realisieren, was ihm damals abgeschlagen wurde.

ECHO: Sein Lakonismus, die manchmal fast fragmentarisch wirkende Aneinanderreihung kurzer Episoden entspricht dem von Rissen unterbrochenen Film, der in Steins nicht mehr ganz klarem Kopf abläuft. Egon Günthers Film könnte – Zeit und Ort austauschbar – einfach ein Film über das Altern eines Mannes sein – es ist aber nun auch, zumindest am Rande, ein Film über die »Wende« geworden. (Heinz Kersten, *Freitag*, 27.9.1991)

Die aktuell-politischen Bezüge aus der Wende-Zeit (Dokumentaraufnahmen von Parademärschen, Demonstranten niederknüppelnde Vopos, Mauerabriß etc.) sind der Geschichte wohl erst später zugewachsen und wirken entsprechend aufgesetzt. (Roland Rust, *film-dienst* 19/1991)

Günther hat hier seine eigene Sehnsucht und Melancholie mitinszeniert – vielleicht in Teilen ein Trugbild – doch in vielen hat er mehr über diese DDR erzählt, mehr von ihrem Lebensgefühl vermittelt, als ein sich realistisch gebender Film. (Knut Hickethier, *epd Film* 11/1991)

Rolf Ludwig trägt den Film, hält den Stein zwischen Ironie und Altersweisheit, hintergründiger Dalberei und tiefer Verzweiflung. In ihm bündeln sich Ängste und Sehnsüchte einer Epoche, und man wünschte sich, ihn wirklich einmal als »Lear« sehen zu können. (F.-B. Habel, *Märkische Allgemeine*, 4.10.1991)

NEBENBEI: Auf dem Internationalen Filmfestival in Viareggio/Italien erhielt Rolf Ludwig 1991 als bester Darsteller den Federico-Fellini-Preis.

STEINZEITBALLADE

RE: Ralf Kirsten, SZ: Heinz Kahlau, LV: Roman »Anna Lubitzke« von Ludwig Turek, DR: Marieluise Steinhauer, KA: Günter Haubold, MU: Wolfgang Lesser, BA: Willy Schiller, KO: Elli-Charlotte Löffler, Lydia Fiege, SC: Christel Röhl, PL: Alexander Lösche, m: 2339 = 85 min, s/w, AT: Anna Lubitzke, Guten Morgen Berlin!, PJ: 1960, PM: 12.1.1961, PM-Ort: Berlin, »Volkshaus« Lichtenberg

DA: Gisela Rimpler (Anna), Elsa Grube-Deister (Breuer), Friedel Nowack (Mutter Knorz), Gina Presgott (Stoltze), Agnes Kraus (Säuberlich), Ruth Maria Kemper (Ziska), Gerd E. Schäfer (Scharrhahn), Günter Naumann (Ferdinand), Peter Sturm (Berger), Willi Neuenhahn (Maurer), Carola Braunbock, Monika Reeh, A. P. Hoffmann, Alexander Papendiek, Edith Volkmann u.a.

INHALT: Ein Trupp Trümmerfrauen arbeitet im zerstörten Berlin des Jahres 1946 für den Bauunternehmer Scharrhahn. Jede denkt nur ans eigene Überleben, verheimlicht die kleinen, unter den Trümmern gemachten Funde ängstlich vor den anderen. Nur die alte Frau Knorz und die Vorarbeiterin Anna Lubitzke versuchen, Hilfsbereitschaft unter den Frauen zu wecken. Anna gelingt es, sie zum gemeinsamen Vorgehen gegen ihren Zement schiebenden Bauherrn zu bewegen. Nach seiner Verhaftung übernimmt Anna die Leitung des Betriebes. In freiwilliger Arbeit errichten die zur Einsicht gekommenen Frauen für die in den Trümmern hausende Kollegin Hermine eine Laube und festigen ihren Gemeinschaftssinn bei einer fröhlichen Richtfestfeier.

ZUM FILM: Der Rückblick auf die Arbeit der Trümmerfrauen in der Nachkriegszeit geriet Ralf Kirsten sehr stilbewußt. Er experimentierte formal und arbeitete mit an Brecht geschulten kommentierenden Songs. Gedankt wurde es ihm damals weder vom Publikum noch von der Kritik, die ihm vorwarf, die Personen seien politisch-ideologisch zu neutral angelegt.

ECHO: Der Autor Heinz Kahlau und der Regisseur Ralf Kirsten haben (...) einen kühnen, eigenwilligen Versuch unternommen. Sie arbeiten mit Songs, Verfremdungseffekten, mit einer ganzen Reihe von Elementen des Epischen Theaters und versuchen, sie ins Filmische zu übertragen. Sie entwickeln die Aussage ihres Films zu beweiskräftig zugespitzten Episoden. Sie erreichen einen hohen Grad symbolkräftiger, einprägsamer Stilisierung. Aber die Handlung läuft ihnen weg, zerrinnt wie Sand zwischen den Fingern. Eine bloße These bleibt von der Fabel übrig. Die Charaktere sind reduziert auf ein Minimum, bleiben ohne Entwicklung. Spannungslosigkeit ist das Ergebnis. (H. U., *Neue Zeit*, 15.1.1961)

Kirsten schaffte sich mit seinem Szenenbildner Willi Schiller und dem Kameramann Günter Haubold einen stilistischen Kunstraum mit zahlreichen zeitcharakteristischen und vor allem sozial genau treffenden Details, auch in dieser Hinsicht offenbar empfänglich für Anregungen aus Dudows Meisterschaft. In diesem Kunstraum agiert das kleine Figurenensemble aus dem zeit-

lichen Abstand, aus dem historischen Bewußtsein der Sieger manchmal tragikomisch, komisch-satirisch, was leider von der zeitgenössischen Kritik kaum bemerkt, nicht (...) produktiv analysiert wurde. (Konrad Schwalbe, *DEFA-Spielfilm-Regisseure und ihre Kritiker*, 1981)
NEBENBEI: Gisela Rimpler (1929 – 1999) war seit 1958 eine bekannte Berliner Bühnenschauspielerin, die nur gelegentlich vor die Kamera trat. Die Anna Lubitzke war ihre größte DEFA-Rolle.

STERNE

(Co-Produktion DDR/Bulgarien)
RE: Konrad Wolf, BU: Angel Wagenstein, DR: Willi Brückner, KA: Werner Bergmann, Hans Heinrich, MU: Simeon Pironkow, SB: José Sancha, BA: Maria Iwanowa, Alfred Drosdek, KO: Albert Seidner, SC: Christa Wernicke, PL: Siegfried Nürnberger, Wyltscho Draganow, m: 2513 = 92 min, s/w, PJ: 1958, PM (DDR): 27.3.1959, PM-Ort: Berlin, Haus der Berliner Jugend, Klosterstraße/»Babylon«, CO: Studio für Spielfilme Sofia/Bulgarien, Bulgar. Titel: Zwezdy
DA: Sascha Kruscharska (Ruth), Jürgen Frohriep (Walter), Erik S. Klein (Kurt), Stefan Pejtschew (Bai Petko), Georgi Naumow (Blashe), Ivan Kondow (Ruths Vater), Stiljan Kunew (Der »Doktor«) Hannjo Hasse (Hauptmann), Hans Fiebrandt (Soldat), Waltraut Kramm (Freundin von Muzzi) u.a., GE: Gerry Wolff

INHALT: Griechische Juden haben 1943 auf ihrer Deportation ins Todeslager Auschwitz einen dreitägigen Aufenthalt in einer kleinen bulgarischen Stadt. Hier begegnet der Wehrmachts-Unteroffizier Walter der Jüdin Ruth. Sie bittet ihn um Hilfe für eine gebärende Mitgefangene. Er hilft so gut er kann, verliebt sich in Ruth und sie sich in ihn. Durch diese Liebe beginnt sich der ehemalige Kunststudent, der als Soldat seine Pflicht erfüllen wollte, zu wandeln. Er gerät in Konflikt mit seinem Vorgesetzten und Freund Kurt, einem überheblichen und brutalen Landser. Zunächst lehnt Walter es ab, den im Wehrmachtsstützpunkt arbeitenden bulgarischen Widerstandskämpfern zu helfen. Sein humanistisches Engagement will er auf die Rettung Ruths begrenzen. Doch er kann ihren Transport nach Auschwitz nicht verhindern.
ZUM FILM: Der Film, der im Titel auf das von den Faschisten angeordnete Tragen von »Judensternen« anspielt, wurde mit Konrad Wolf und Angel Wagenstein von zwei Männern gestaltet, die aktiv gegen die Nazis gekämpft hatten. Gemeinsam mit dem künstlerischen Ausstatter, dem Spanier José Sancho, entwarfen sie ein genaues optisches Drehbuch, nach dem gearbeitet wurde. So entstand in Inhalt und Form ein Meisterwerk, das in Ost und West als einer der besten Filme angesehen wurde, die seit dem Kriege von einer deutschen Filmgesellschaft gedreht wurden. Für den Verleih in der Bundesrepublik wurde allerdings der Schluß, in dem der Held sich für die Unterstützung der Widerstandsbewegung entscheidet, geschnitten.
ECHO: Muß das sein: Noch einmal dieses düstere Kapitel? Im Film ertönt jenes erschütternde jüdische Volkslied »Es brennt...« Als die Erzählung entstand, ja, als der Film in Angriff genommen wurde, brannte es noch nicht. Aber es glimmte. Und heute ist in Westdeutschland jeder zehnte jüdische Friedhof geschändet, deutsche Bürger jüdischer Abstammung werden schikaniert und beschimpft, und es geschieht ganz selten, daß einmal ein unverhohlener Antisemit zur Verantwortung gezogen wird. (...) Das (Anti-

semitismus, f.b.h.) ist bei uns durch Gesetz verboten und wird unnachsichtig bestraft. Aber genügt das? Tief haben einst Erziehung und Lehre, Meinungsbildung und Falschpredigt dieses Gift in uns eintropfen lassen. Völlige Überwindung im innersten Innern kann erst die völlige Kenntnis des Geschehens und seiner Verwerflichkeit bringen. Der Film *Sterne* hilft dabei. (Karl-Eduard v. Schnitzler, *Filmspiegel* 8/1959)
Nicht in der Regie allein, sondern in gleicher Weise in der Kameraleistung von Werner Bergmann und Hans Heinrich, die den Intentionen Wolfs folgt und gemäß ist, indem sie jede fotografisch registrierende Langeweile vermeidet und mit Großaufnahmen von Gesichtern und Über- und Parallelblenden arbeitet, nicht etwa um artistischer Effekte willen, sondern im Dienste und im inneren Zusammenhang mit Thema und Inhalt. Regie und Kamera sind also eine Leistung aus einem Guß, wie man sie selten bei uns sieht. (Wolfgang Joho, *Sonntag* 15/1959)
Vielleicht der größte Vorzug eines Films wie *Sterne* liegt darin, daß er an das Verantwortungsgefühl seiner Zuschauer appelliert. Das ist kein Film, aus dem man beruhigt nach Hause geht, wie aus manchem »harten« Kriegsfilm: gerade indem Konrad Wolf einen »Unentschiedenen«, zwischen den Fronten Stehenden zu seinem Helden macht, ihn in Konflikt mit der Wirklichkeit bringt und zur Entscheidung nötigt, zwingt er dem Zuschauer die Frage nach seinem eigenen Verhalten auf. (Ulrich Gregor, *Filmkritik* 6/1960)
NEBENBEI: Als bulgarische Produktion angemeldet, war *Sterne* 1959 der erste DEFA-Film, der den Bonner Alleinvertretungsanspruch unterlief und im Wettbewerb des Filmfestivals von Cannes gezeigt wurde, wo er den Sonderpreis der Jury errang. Auf dem Filmfestival anläßlich der Weltfestspiele in Wien erhielt der Film im gleichen Jahr eine Goldmedaille und in Edinburgh eine Anerkennungsurkunde. Konrad Wolf und Werner Bergmann wurden 1959 Nationalpreise der DDR verliehen. – Die bulgarische Schauspielerin Sascha Kruscharska, die ebenso wie ihr deutscher Kollege Jürgen Frohriep in diesem Film debütierte und für deren Rolle ursprünglich die israelische Schauspielerin Haya Hararit vorgesehen war, machte eine kurze Filmkarriere und zog sich nach ihrer Heirat aus dem Beruf zurück.

STIELKE, HEINZ, FÜNFZEHN...

RE: Michael Kann, SZ: Michael Kann, Manfred Schmidt, LV: Roman »Abenteuer wider Willen« von Wolfgang Kellner, DR: Andreas Scheinert, KA: Günter Haubold, MU: Wolfgang Schoor, SB: Dieter Adam, KO: Ruth Kiecker, Hans Linke, SC: Sabine Schmager, PL: Martin Sonnabend, GR: GR »Johannisthal«, m: 2703 = 99 min, fa, brw, AT: Weg mit Stielke, PJ: 1985/86, PM: 12.2.1987, PM-Ort: Berlin, »Colosseum«
DA: Marc Lubosch (Heinz), Jens Müller (Timme), Gert Gütschow (Oberstudienrat Franzke), Berthold Schulze (Direktor), Heide Kipp (Mutter Stielke), Rolf Ludwig (Schleiter), Thomas Neumann (Kommissar / Pfarrer), Jana Mattukat (Gabi), Werner Godemann (Großvater), Angelika Perdelwitz (Marga), Werner Dissel, Dieter Mann, Herbert Sand, Barbara Dittus, Wolf-Dieter Lingk, Erik Veldre, Manja Behrens, Margit Bendokat, Christel Bodenstein, Werner Kanitz u.a.
INHALT: Der Berliner Heinz Stielke ist ein fanatischer Hitlerjunge und gerade erst Rottenführer geworden, da stellt sich heraus, daß sein im Krieg als Held gefallener Vater Jude war. Als Halbjude wird Heinz vom Gymnasium geworfen, seine ehemaligen Freunde meiden ihn. Bei einem Bom-

benangriff kommt seine Mutter ums Leben, und Heinz versteckt sich danach in einer Laubenkolonie. Er wird von der Polizei aufgegriffen. Der Kommissar hat Mitleid mit dem ehemaligen Rottenführer und schickt ihn in ein katholisches Waisenhaus in Thüringen. Auf der Fahrt wird er von einem SS-Mann gestellt und zur Ausbildung in ein SS-Lager abkommandiert. Er flieht, kommt im Waisenhaus an, doch der SS-Mann holt ihn zurück und steckt ihn in ein Arbeitslager. Heinz flieht wieder, lernt das Mädchen Gabi und dessen Großvater kennen, möchte bei ihnen bleiben. Doch er wird zum letzten Kriegsaufgebot gezogen. Nach einer mehr zufälligen Rettung kapitulationswilliger Bauern, die erschossen werden sollten, und einer kurzen Gefangenschaft bei den Engländern geht er zu Gabi zurück.
ZUM FILM: Michael Kanns erster eigenständiger Film versucht, sich dem Thema Faschismus von einer neuen Seite, aus der möglichen Sicht der nachgeborenen Generation zu nähern. Dabei ist er noch stilistisch uneinheitlich, verrät aber ein großes Talent.
ECHO: Ob man es nun psychologische Studie oder anders nennt, das gravierende inhaltliche Problem des Films und auch das seiner schwachen Wirkungsweise liegt gerade im Mangel an Psychologie begründet. (...) Die Figur des Heinz Stielke leidet unter der Diskrepanz zwischen der abenteuerlich dargebotenen äußeren Ereigniskette und der mangelnden Widerspiegelung der von einem Extrem ins andere gerissenen inneren Erlebniswelt. (Klaus Baschleben, *Neue Zeit*, 13.2.1987)
In dieser Story waltet sehr viel Phantasie, schwer zumutbar für alle die, denen die braunen Jahre das Massenschicksal der betrogenen Generation auferlegte. Was für sie krasser Naturalismus und trauriger Realismus war, wird hier zum Extrem hochstilisiert; denn der Ariernachweis war für das Offizierskorps der Nazi-Wehrmacht obligatorisch und ein Arbeitslager kaum der Hort sexueller Perversität. (Georg Antosch, *Union*, 20.2. 1987)
NEBENBEI: Der 1950 geborene Michael Kann war Schauspieler, u.a. am Deutschen Theater Berlin, eher er ein Regiestudium aufnahm.

DIE STÖRENFRIEDE

(Kinderfilm)

RE: Wolfgang Schleif, BU: Hermann Werner Kubsch, Wolfgang Kohlhaase, DR: Eva Seemann, KA: E. W. Fiedler, MU: Joachim Werzlau, BA: Otto Erdmann, KO: I. Zeibig, SC: Friedel Welsandt, PL: Robert Leistenschneider, m: 2522 = 92 min, fa, PJ: 1952/53, PM: 26.6.1953, PM-Ort: Berlin, »Babylon«/»DEFA-Filmtheater Kastanienallee«

DA: Edgar Bennert (Lehrer Bohle), Sonja Haacker (Lehrerin Ellen Hellberg, Pionierleiterin), Charlotte Küter (Frau Spengler, Mutter von Schorsch), Erich Mirek, Maria Rouvel (Eltern von Vera), Aribert Grimmer (Herr Krüger, Vater von Franz), Susanne Pleger (Vera Wilder), Günther Kruse (Schorsch Spengler), Werner Sajonz (Franz Krüger), Manfred Borges (Schorschs Bruder), Gerhard Wollner, Paul Pfingst, Maria Besendahl, Siegfried Weiß, Hermann Stetza u.a.

INHALT: Die Schüler Franz und Schorsch sind der Schrecken aller Lehrer. Ständig zu Unfug aufgelegt, stören sie den Unterricht. Der Rest der Klasse sieht tatenlos zu. Nur die neue Mitschülerin Vera ist entsetzt und versucht, den Jungen ins Gewissen zu reden – ergebnislos. Erst mit Hilfe ihres Vaters findet sie einen Weg, den Tatendrang der Jungen in sinnvolle Bahnen zu lenken: Sie entdeckt deren Interesse für Eisenbahnen und

organisiert für die Klasse eine Besichtigung des Lokomotivwerkes der Stadt.
ZUM FILM: Nach → *Saure Wochen – frohe Feste* legte das Team Hermann Werner Kubsch und Wolfgang Schleif seinen zweiten gemeinsamen Film vor, gleichzeitig den dritten Farb-Spielfilm der DEFA. Der Film um Junge Pioniere, in dem viele Schweriner Kinder mitwirkten, konnte jedoch nicht voll befriedigen.
ECHO: Gewiß kann man die Fabel als die »menschliche Geschichte einiger Kinder« erkennen, aber das zentrale Problem, die Erhaltung der Schuldisziplin, macht sich zu breit in ihr und bringt damit den Film um wirkliche, ihm innewohnende Konflikte, die vielleicht noch spannender wären. (...) Über lange Filmmeter hinweg muß Vera ein tugendhaftes Wesen mit viel zu oft erhobenem Zeigefinger darstellen. Sie ist zwar eine »positive Heldin« nach dem Willen des Autors, aber es fehlen die »negativen Helden«. (Hermann Turowski, *Weltbühne* 27/1953)
Auch zur Sprache ist einiges zu bemerken. Unsere Kinder haben eine sehr lebendige und natürliche Sprache, verbunden mit einer ihnen eigenen Ausdrucksweise – keineswegs sprechen sie so ein Papierdeutsch wie in diesem Film (allerdings nicht nur die Kinder!). Vor allem aber müssen sie Kinder bleiben und keine Nachäffer von Erwachsenen, die fast täglich Sitzungen abhalten, lediglich auf einer Baustelle, statt am grünen Tisch. (Leserbrief in *Sonntag*, 9.8.1953)
NEBENBEI: Der Darsteller des Lehrers Bohle, Edgar Bennert, war damals Intendant des Staatstheaters in Schwerin, wo der Film zum großen Teil entstand. – Hermann Stetza, der einen der Lehrer spielte, war eigentlich Artist und schon in der Stummfilmzeit in verschiedenen Filmberufen tätig. Er arbeitete besonders eng mit Harry Piel in dessen Abenteuerfilmen zusammen. – Wolfgang Kohlhaase (der sich damals noch Kohlhaas nannte) stieß in der letzten Buchphase zum Autor Kubsch. Für Kohlhaase war es die erste Arbeit für einen Film. – Wolfgang Schleif, der damals das DEFA-Nachwuchsstudio leitete, war durch die wirtschaftlichen Probleme, die die Arbeit im Osten für ihn als Westberliner mit sich brachten, so zermürbt, daß er die DEFA noch vor der Premiere des Films verließ. Er wurde in der Bundesrepublik mit Unterhaltungsfilmen der *Immenhof*-Serie und mit Stars wie Grethe Weiser, Zarah Leander und Freddy Quinn ein erfolgreicher Regisseur.

THE STORY OF PRIVATE POOLEY
→ *DER SCHWUR DES SOLDATEN POOLEY*

STRASNA ZENA
→ *EINE SCHRECKLICHE FRAU*

DER STRASS
RE: Andreas Höntsch, BU: Carmen Blazejewski, Andreas Höntsch, DR: Tamara Trampe, KA: Michael Göthe, MU: Lutz Glandien, SB: Hans-Jürgen Deponte, KO: Inken Gusner, SC: Evelyn Carow, PL: Andrea Hoffmann, GR: GR »Berlin«, m: 2447 = 90 min, fa, brw, PJ: 1990, PM: 9.2.1991, PM-Ort: Berlin, »Babylon«
DA: Thomas Pötzsch (Georg Bastian), Sylvia Franke (Miß Albena I), Claudia Maria Meyer (Miß Albena II), Eberhard Mellies (Chef), Catharina Krautz (Frl. Schneider), Erik Roßbander (Roland Lange), Carsten Linke (Uli Spät), Claudia Wenzel (Steffi), Mario Dudda (Trapezkünstler), Wolfgang Winkler (Mann in Nachtbar), Marcus Staiger, Lars Jung, Jörg Foth, Chris Lopatta, André Hennicke u.a.
INHALT: Der Berliner Fotoreporter Georg Bastian sieht nach der Feier seines 30. Geburtstages in einer Gaststätte eine Frau, Miß Albena, nur mit etwas Strass bekleidet eine Kautschuknummer vorführen. Er ist von ihr fasziniert und überzeugt seinen Chef von der Notwendigkeit einer Reportage über sie. Er macht Fotos, privat blitzt er jedoch ab. Sein Chef verweigert ihm, sie zu einem Gastspiel nach Amsterdam zu begleiten. Er ist ärgerlich, weil er nicht reisen darf. In seiner Phantasie erlebt er Abenteuer mit ihr, doch sie verhält sich reserviert – in der Wirklichkeit. Georg verfolgt seine Traumfrau weiter, trifft sie beim Zirkus und sieht, daß sie einen anderen Mann hat. Dann begegnet er ihr auf dem Weg ins Krankenhaus – zur Entbindung. Er will sie fotografieren, kommt aber zu spät und schießt von anderen Fotos. Kurz darauf, es ist November 1989, steht er an der geöffneten Grenze und verteilt an die hinüberströmenden Leute sein ganzes Fotoarchiv, sein Lebenswerk.
ZUM FILM: Sechs Jahre nach Studienabschluß konnte Andreas Höntsch seinen ersten und einzigen DEFA-Film drehen. Er geriet zu einem

phantasievollen, auch ungnädigen Resümee seines Lebens in der untergehenden DDR, stilistisch eigenwillig, aber unterhaltsam.
ECHO: Dieser Debütfilm von Andreas Höntsch ist ein collagehafter Bearbeitungsversuch der Erscheinung DDR. Manchmal wirkt er etwas überhöht, manchmal leicht satirisch, manchmal treffend, manchmal ungenau, manchmal auch geschmacklos. Gewiß: Da sind eine Menge stilistischer Ungereimtheiten. Aber: Das ist wohl auch zu werten als Ausbruchsversuch aus der altherkömmlichen Art, wie bei der DEFA gewöhnlich Filme erzählt wurden. (Günter Sobe, *Berliner Zeitung*, 8.2.1991)
Es ist unnötig, den Regisseur gegen den Vorwurf der Frauenfeindlichkeit in Schutz zu nehmen, der aus einer oberflächlichen Betrachtungsweise herrührt. Seine Geschichte funktioniert über den Dualismus maskuliner und femininer Werte, freilich aus männlicher Sicht.(...) Tatsächlich bauen die Frauenrollen doch stärker auf Ausstrahlung als auf Charakterisierung. Die Rolle der Miss Albena teilen sich zwei Darstellerinnen, um die Unwirklichkeit des Spiels zu betonen. So muß Sylvia Franke vor allem schön sein, obwohl sie auch spielen kann, und Claudia Maria Meyer gibt der Rolle charakterliches Profil, wobei sie auch verführerisch wirkt. Thomas Pötzsch gibt den Georg zwischen jugendlichem Glauben (»Vorn ist das Licht«) und stumm machender Lebenserfahrung. Als interessanteste Rolle erschien mir die des Chefredakteurs, wie ihn Eberhard Mellies spielt: er gibt sich väterlich und verrät doch die Interessen seines Schützlings, scheint äußerlichen Zwängen zu gehorchen und spielt doch Souveränität, damit alle an ihn glauben. Vielleicht gingen so auch die Führungsoffiziere mit ihren Spitzeln um? Eine typische Vaterfigur der DDR! (F.-B. Habel, *Filmklub-Kurier* 2/1991)
Die freizügigen Auftritte der spärlich mit Strass verhüllten Akrobatin, deren Biegungen die willfährige Anpassung an das Regime der DDR versinnbildlichen, geraten in die Nähe kunstgewerblichen Softpornos. Die Demontage der real existenten Kunst- und Kultfigur »Miss Albena DDR« wird vom visuellen Reiz der werbeästhetisch gestylten Bilder verharmlost. (...) Am aufschlußreichsten ist der Film im Schwanken zwischen Identifikation und Distanzierung in der Figur des Georg, die den wachsenden Abstand der Filmemacher von sich und ihren Prägungen reflektiert. Insofern ist der filmische Versuch der – auch stilistischen – Identitätssuche ein authentisches Zeugnis des Umbruchs und Übergangs. (Roland Rust, *film-dienst* 5/1991)
NEBENBEI: Andreas Höntsch und seine Szenaristin Carmen Blazejewski sind miteinander verheiratet und drehten später gemeinsam den Spielfilm *Die Vergebung*, der auf poetische Weise deutsch-deutsche Befindlichkeiten beleuchtete.

STRASSENBEKANNTSCHAFT

RE: Peter Pewas, BU: Artur Pohl, DR: Gerhard Born, KA: Georg Bruckbauer, MU: Michael Jary, BA: Wilhelm Depenau, Franz Koehn, KO: Getraude Recke, SC: Johanna Meisel, PL: Robert Leistenschneider, m: 2846 = 104 min, s/w, AT: Falsche Scham, PJ: 1947/48, PM: 13.4.1948, PM-Ort: Berlin, »Filmtheater am Friedrichshain«
DA: Gisela Trowe (Erika), Alice Treff (Annemie), Ursula Voss (Marion), Siegmar Schneider (Walter Helbig), Harry Hindemith (Herbert Petzold), Hans Klering (Peter), Arno Paulsen (Freund), Eduard Wandrey (Spitz), Ursula Kriegk (Frau Möbius), Agnes Windeck (Krankenschwester), Herwart Grosse, Werner Pledath, Marliese Ludwig, Karin Evans, Walter Werner u.a.
INHALT: Dem entbehrungsreichen Dasein der Nachkriegszeit möchten viele entfliehen, auch die zwanzigjährige Erika. Sie lernt den Zeitungsreporter Walter kennen, der sich in sie verliebt. Ein angenehmes Leben kann er ihr aber auch nicht bieten, dennoch zieht sie zu ihm. Abends geht sie ohne ihn aus, macht zahlreiche Männerbekanntschaften, die ihr ein wenig »Luxus« einbringen: Seidenstrümpfe, Konfekt und ähnliches. Allerdings auch eine Geschlechtskrankheit, wie sich bei einer Gesundheits-Razzia herausstellt. Als sie nach kurzem Krankenhausaufenthalt geheilt entlassen wird, wartet Walter auf sie.
ZUM FILM: Angesichts der desolaten Situation im von den Vier Mächten besetzten Berlin grassierten Geschlechtskrankheiten. Aufklärung tat not. Die Zentralverwaltung für Gesundheitswesen erteilte den Auftrag für diesen Film. Der begabte Regisseur Peter Pewas und sein Kameramann Georg Bruckbauer machten aus dieser Auftragsarbeit ein stilistisch dichtes, filmkünstlerisch ungewöhnliches Werk, dessen Qualitäten damals von der Kritik kaum bemerkt wurden.

ECHO: Verschiedenes hat der Drehbuchautor Pohl verzeichnet, einiges übersehen, und danebengegriffen hat er zuweilen auch. Wir wollen es nicht verschweigen. Dieser Film ist zu gut dazu. (...) Hier sind wir beim Griff, der daneben ging. Jener Griff nämlich, welcher der beliebten Firnißflasche galt, ohne die man scheinbar weder auskommen kann noch will. Man hielt es für notwendig, den delikaten Stoff mit einer Lackschicht zu versehen, welche die eklen Enthüllungen der Röntgenplatten sozusagen mit einem barmherzigen Galerieton verschleierte. (P .E., *Weltbühne* 17/1948)

Nicht ganz verständlich allerdings bleibt, warum das Drehbuch fast ausschließlich Menschen zeigt, die moralisch defekt oder durch Milieu, äußere Umstände und charakterliche Veranlagung sittlich gefährdet sind (...); von den morbiden Existenten der Halb- und Unterwelt ganz zu schweigen. (...) Man vermißt daher – und um wie vieles stärker hätte durch eine schärfere Kontrastierung der Film gewirkt – die Menschen der Großstadt, die trotz aller Not sauber geblieben sind. Berlin wird leider nur von der Schattenseite des Lebens her gezeigt. (Melis, *Neues Deutschland*, 15.4.1948)

Die soziale Charakteristik der Figuren durch ihren Lebensraum ist die spürbare Absicht, die er (Peter Pewas) in *Straßenbekanntschaft* verfolgt. Nun versprach er sich aus der Zusammenarbeit mit dem Kameramann Georg Bruckbauer (...) ein interessantes Ergebnis. (...) Bruckbauer prägte in der Tat den Stil, die Stimmung, die Atmosphäre des Films, der Szenen hat, die an den französischen poetischen Realismus erinnern, und solche, die den Blick auf die Realität späterer Berlin-Filme der DEFA andeuten. (Christiane Mückenberger, *Das zweite Leben der Filmstadt Babelsberg*, 1994)

NEBENBEI: Der Maler und Grafiker Peter Pewas (der auch Filmplakate schuf), hatte 1943 den ebenfalls an französische Meister erinnernden Spielfilm *Der verzauberte Tag* inszeniert, der jedoch verboten wurde. Sein zweiter Spielfilm *Straßenbekanntschaft* entstand unter dem Eindruck der Begegnung mit Roberto Rosselini, der damals bei der DEFA gerade → *Deutschland im Jahre Null* drehte. Rosselini bot Pewas die Rolle des Lehrers in seinem Film an, die der Regisseur jedoch nicht annahm.

DER STREIT UM DES ESELS SCHATTEN

(Kinderfilm)

RE: Walter Beck, BU: Walter Beck, SZ: Friedhold Bauer, LV: Frei nach Christoph Martin Wieland, DR: Andreas Scheinert, Manfred Hocke, KA: Wolfgang Braumann, MU: Günther Fischer, SB: Dieter Adam, KO: Inge Kistner, SC: Vera Nowark, PL: Volkmar Leweck, GR: GR »Johannisthal« m: 2075 = 76 min, fa, PJ: 1989/90, PM: 22.7.1990, PM-Ort: Berlin, »Rio«

DA: Fritz Decho (Struthion), Jürgen Watzke (Anthrax), Jens-Uwe Bogadtke (Leander), Manfred Heine (Demokrit), Karin Gregorek (Krobyle), Gerit Kling (Gorgo), Michael Walke (Physignathos), Gerhard Hähndel, Pedro Hebenstreit, Leon Niemczyk, Rita Feldmeier, Christa Pasemann, Holger Franke, Peter Wohlfeil, Rudolf Ulrich u. a.

INHALT: In der antiken Narrenstadt Abdera kommt es zwischen einem Eselstreiber und einem Zahnarzt zum Streit. Der Zahnarzt, auf dem Weg zu dem Gelehrten Demokrit, hat sich unterwegs im Schatten eines Esels ausgeruht. Der Eselstreiber verlangt dafür Geld. In den Streit, ob der Schatten zum Esel gehört und die Forderung berechtigt ist, mischt sich das ganze Volk ein. Es kommt zu einem regelrechten Bürgerkrieg. Leander wettet mit seinem Lehrmeister Demokrit, daß er die Leute zur Vernunft bringen kann, doch bei seinem Einsatz erhält er Schläge. Er schaltet schließlich eine Theatertruppe ein, die mit ihrem beziehungsvollen Spiel die Wogen glättet.

ZUM FILM: Wielands Satire gegen Selbstzufriedenheit und Borniertheit des deutschen Spießers in dieser Zeit auf die Leinwand zu bringen, war ein Wagnis. Durch die Entscheidung, den Film auf ein jugendliches Publikum zuzuschneiden, wurden dem Stoff einige Spitzen genommen.

ECHO: Regisseur Walter Beck (...) hat diesen Film mit seiner Vorliebe für Stilisierung inszeniert. Die spießige, von hohlem Pathos und kleinlichem Ränkespiel geprägte altgriechische Stadt Abdera – deren Einwohner sollen mit »unseren« Schildbürgern vergleichbar sein – ist der Spielplatz. Mitunter bringt der Film eine andere Aktualität ein, als zur Zeit seiner Produktion vorauszusehen war. Szenarist Friedhold Bauer hatte anfänglich einen Film für Erwachsene im Sinn, wollte die absurden Prozesse im öffentlichen Leben satirisch beleuchten. (Ehrentraud Novotný, *Berliner Zeitung*, 16.9.1990)

NEBENBEI: Hauptdarsteller Fritz Decho, für den Film von Martin Hellberg entdeckt, war ein präziser Chargenspieler und köstlicher Komödiant, der sich besonders um das literarische Theater verdient machte. Während er beim Fernsehen ab und an tragende Rollen spielte, gab ihm Walter Beck nach zahlreichen Episodenrollen in seinen Märchen hier seine einzige Hauptrolle in einem Kinofilm.

DIE STUNDE DER TÖCHTER

RE: Erwin Stranka, SZ: Erwin Stranka, Walter Stranka, DR: Werner Beck, KA: Peter Brand, MU: Karl-Ernst Sasse, SB: Christoph Schneider, KO: Barbara Braumann, SC: Evelyn Carow, PL: Erich Albrecht, GR: GR »Berlin«, m: 2634 = 97 min, fa, brw, PJ: 1979/80, PM: 26.2.1981, PM-Ort: Berlin, »Kosmos«

DA: Dietrich Mechow (Richard Roth), Ursula Karusseit (Ruth), Dorit Gäbler (Eva), Karin Düwel (Gerda), Petra Blossey (Nanny), Lothar Schellhorn (Peter Wille), Karl Sturm (Brigadier Fuchs), Michael Gwisdek (Dr. Lutz Winkler), Günter Grabbert (Schuldirektor), Carl Heinz Choynski (Heinz Jung), Jaecki Schwarz, Bernd Schramm, Hilmar Baumann, Trude Brentina, Wilhelm Koch-Hooge, Peter Kalisch, Ruth Kommerell, Anim Mühlstädt, Ernst-Georg Schwill, Rudolf Ulrich

INHALT: Der Endfünfziger Richard Roth, Arbeiter und zuletzt als Kaderleiter tätig, stellt sich angesichts einer lebensbedrohenden Herzattacke die Frage, was aus seinen vier Töchtern geworden ist, was von ihm in ihnen weiterleben wird. Nanny ist die jüngste und lebt als einzige noch beim Vater. Sie ruft die anderen ans Krankenbett. Ruth ähnelt ihrem Vater vielleicht am meisten. Sie ist engagierte Parteifunktionärin auf einer Werft, aber privat eine einsame Frau. Eva hat ihren Beruf als Lehrerin aufgegeben, um nur noch die attraktive Chirurgengattin zu spielen. Sie verliert den Halt, als ihr Mann sie verläßt. Gerda ist schwanger und lebt in Scheidung. Die zwei Kinder, die sie schon hat, überläßt sie dem Mann. Und Nanny hat noch alles vor sich.

ZUM FILM: Die Brüder Erwin und Walter Stranka versuchten sich an einem Szenarium, das anhand einer Weimarer Familie eine Art gesellschaftlichen Querschnitt bieten sollte. Leider stellte sich nur eine Beziehungslosigkeit der Beteiligten her.

ECHO: Davon (von familiären Bindungen, f.b.h.) ist in diesem Film nichts zu spüren. Die Figuren lassen nichts von einer gemeinsamen Biografie ahnen. Sie stehen seltsam isoliert, sowohl der Vater als auch die Töchter untereinander. Es gibt kein vertrautes Gespräch zwischen ihnen. Da taucht sofort die Vermutung auf, daß man es sich bei der Konzeption zu einfach gemacht hat, weil offensichtlich nie versucht worden ist, Querverbindungen herzustellen. Das drückt sich dann auch in der Inszenierung aus, obwohl sie in dieser Hinsicht noch einiges hätte ändern können. (Margit Voss, *Film und Fernsehen* 5/1981)

Freilich hat der Film kaum Erfreuliches zu bieten. Der Versuch, mit der Familiengeschichte so etwas wie ein Gesellschaftspanorama der DDR zu entwerfen, verliert sich in lauter Klischees. Der Brigadebesuch im Goethe-Haus fehlt ebensowenig wie die katholische Prozession im Eichsfeld – um nur noch zwei Beispiele am Rande zu nennen. Auch so sympathische Schauspielerinnen wie Ursula Karusseit, Dorit Gäbler, Karin Düwel und die junge Petra Blossey vermögen da nichts zu retten. *Die Stunde der Töchter*: keine Sternstunde der DEFA. (Heinz Kersten, 1981, zit, nach *So viele Träume*)

NEBENBEI: Hauptdarsteller Dietrich Mechow war von 1966 bis 1990 einer der Protagonisten des Deutschen Nationaltheaters Weimar und trat nur gelegentlich vor die Kamera. Die Darstellerin der Nanni, Petra Blossey, war zur Zeit der Dreharbeiten noch Schauspielstudentin in Babelsberg. In den neunziger Jahren wurde sie in der TV-Serie *Unter uns* populär.

DIE SUCHE NACH DEM WUNDERBUNTEN VÖGELCHEN

(Kinderfilm)

RE: Rolf Losansky, BU: Günter Mehnert, Rolf Losansky, LV: Gleichnamiges Kinderbuch von Franz Fühmann, DR: Anne Pfeuffer, KA: Lothar Gerber, MU: Gerhard Rosenfeld, BA: Christoph Schneider, KO: Lydia Fiege, SC: Lotti Mehnert, PL: Anni von Zieten, GR: KAG »konkret«, m: 1756 = 64 min, fa, AT: Das wunderbunte Vögelchen, PJ: 1963, PM: 8.3.1964, PM-Ort: Berlin, »Kosmos«

DA: Willi Schrade (Hauptwachtmeister Wiesel), Ernst-Georg Schwill (Hauptwachtmeister Löffelholz), Eberhard Kube (Zauberer Sassafraß) – Eva-

maria Bath (seine Frau), Bruno Carstens (Zuckerwattemann), Fred Delmare (Vogelstimmenmann), Hans-Peter Minetti (Major der Volkspolizei), Liselott Baumgarten (Köchin Kugelrund), Petra Kelling (Bahnhofsvorsteherin) und die Kinder Ulrich Mende (Lutz), Monika Wagner, Marion Minnich sowie Günter Junghans, Anne Lässig, Johannes Maus u.a.

INHALT: Das Kinderheim »Sonnenschein« im kleinen Städtchen Käsebrot besitzt mit dem wunderbunten Vögelchen einen einmaligen Schatz. Dessen Gesang läßt die Blumen erblühen, den Springbrunnen sprudeln und weckt morgens die Kinder. Eines Tages wird es gestohlen. Polizei und Kinder suchen es. Die Spur führt auf den Rummelplatz in Butterberg. In dem bunten Treiben stoßen die Kinder auf mehrere Verdächtige: den Vogelstimmenmann, den Zuckerwattemann und den Zauberer. Lutz macht sich selbständig und gerät in die Hände des bösen Zauberers. Die Polizei kommt rechtzeitig, um ihn zu befreien und das Vögelchen zu retten.

ZUM FILM: Rolf Losanskys zweiter Film war die Adaption eines Kinderbuches von Franz Fühmann und stand zwischen Kinderkrimi und phantasievollem Märchen.

ECHO: Der (...) Film besitzt insofern nachhaltigen erzieherischen Wert, als er anschaulich und überzeugend Freundschaft, kameradschaftliche Verbundenheit der Kinder mit unserer Volkspolizei gestaltet. Seine Lehre, unmerklich aus dem Geschehen erwachsend, besteht in folgendem: Gemeinsam überlegtes Handeln führt zum Erfolg! Jede schlechte Tat wird ihre Sühne finden. Unsere Volkspolizei ist der beste Freund der Kinder. (Dr. Siegfried Hamisch, *Märkische Volksstimme*, 8.4.1964)

In einer überschaubarenHandlung, in die Kinder als Akteure integriert sind, werden die uralten Märchenmotive von gut und böse in die Gegenwart transponiert, lernen die jungen Zuschauer zwischen Freunden und Widersachern, zwischen wertvollen und verachtenswerten menschlichen Eigenschaften zu unterscheiden. (Hans-Dieter Tok, *DEFA-Spielfilm-Regisseure und ihre Kritiker*, 1981)

Die klare Struktur der Fabel und die Bilder, die für Reales und Phantastisches geschaffen werden, versuchen sich einerseits an kindlichen Sehweisen und Rezeptionsfähigkeiten zu orientieren, offenbaren aber andererseits die Probleme der künstlerischen Annäherung. Die Gestaltung der Wirklichkeit rutscht trotz aller bemerkenswerten Ernsthaftigkeit in süßliche Schönfärberei und harmonisierende Kindertümelei ab. (*Zwischen Marx und Muck*, 1996)

NEBENBEI: Regisseur Rolf Losansky spielte selbst die Rolle des Klabbertaste. Auf der Jugendfilmwoche in Erfurt konnte er 1964 die »Goldene Flimmerkiste« für seinen Film in Empfang nehmen. – Die eindrucksvolle Rolle des Zauberers Sassafraß ist einer der wenigen Filmauftritte Eberhard Kubes, der damals am Beginn seiner Laufbahn stand und einer der führenden DDR-Pantomimen werden sollte.

SUSANNE UND DER ZAUBERRING

(Kinderfilm)

RE: Erwin Stranka, SZ: Rosel Klein, DR: Margot Beichler, Willi Brückner, KA: Lothar Gerber, MU: Uve Schikora, SB: Jochen Keller, KO: Dorit Gründel, SC: Helga Gentz, PL: Adolf Fischer, GR: KAG »Kinder- und Jugendfilm«, m: 1902 = 70 min, fa, AT: Mein Freund Karfunkel, PJ: 1972/73, PM: 16.8. 1973, PM-Ort: Leipzig, »Kino der Jugend« DA: Monika Wolf (Susanne), Rolf Hoppe (Schleusenwärter), Klaus-Peter Thiele (Lehrer), Stefan Lisewski (Vater), Gudrun Wendler (Mutter), die Kinder Ronald Geißler (Andreas), Thomas Kerrat (Rolli), Olaf Piesker (Jens) sowie Angela Brunner, Carlo Schmidt, Albert Zahn, Jürgen Huth u.a.

INHALT: Die zwölfjährige Susanne ist ein bißchen verträumt und fühlt sich von ihren Mitschülern unverstanden. Sie schüttet dem alten Schleusenwärter, der viel Verständnis hat, ihr Herz aus. Er schenkt ihr einen Ring, der die Fähigkeit haben soll, seinem Besitzer zu helfen. Allerdings muß man ihn zu seinem Vertrauten machen. Susanne glaubt fest an seine Zauberkraft, und einige Wünsche erfüllen sich sogar. Sie bekommt eine Eins in Mathe, und ein richtiges Kamel taucht vor ihr auf. Manchmal versagt die Zauberkraft, aber Susanne hat längst begriffen, worin sie besteht. Man muß nur fest an sich glauben. Als eine Elster den Ring stiebitzt, hat sie bereits soviel Selbstvertrauen, daß sie ihn nicht mehr braucht.

ZUM FILM: Der erste Kinderfilm von Erwin Stranka, der sich bisher als Komödienspezialist ausgewiesen hatte, litt trotz amüsanter Ansätze

unter einer mangelnden Psychologie der Figuren, und auch der Einsatz des »Zaubers« wirkte dramaturgisch gewollt.
ECHO: Der Klamauk – wenn auch einfallsreich gestaltet – drängt sich in den Vordergrund und überspielt die Motivierung für Susannes Einzelgängertum. Auch der Lehrer bleibt zu wenig profiliert als Leiter dieses temperamentvollen Klassenkollektivs, das Susanne kurzerhand als doofe Zicke ausgeschlossen hat. (elt, *Neue Zeit*, 22.9. 1973)
Das Vergnügen für den Zuschauer besteht darin, den Doppelsinn zu erfassen, die verschiedenen Möglichkeiten der Verwirklichung von Wünschen in unserer sozialistischen Realität zu überprüfen und die Phantasie als Triebkraft kindlichen Denkens zu begreifen. Die Erkenntnis, daß Persönlichkeit in der individuellen Auseinandersetzung mit der Umwelt geboren wird, ist als Leitmotiv für einen Kinderfilm hoch angesetzt. Wenn Lehrsätze jedoch so locker und kindgemäß in Spielsituationen aufgelöst werden wie hier, kann man die Filmschöpfer nur beglückwünschen. (M. V., *Sonntag* 39/1973)
NEBENBEI: Auf den Internationalen Filmfestspielen in Moskau wurde Monika Wolf für ihre Rolle der Susanne von der Kinderjury als beste Darstellerin ausgezeichnet.

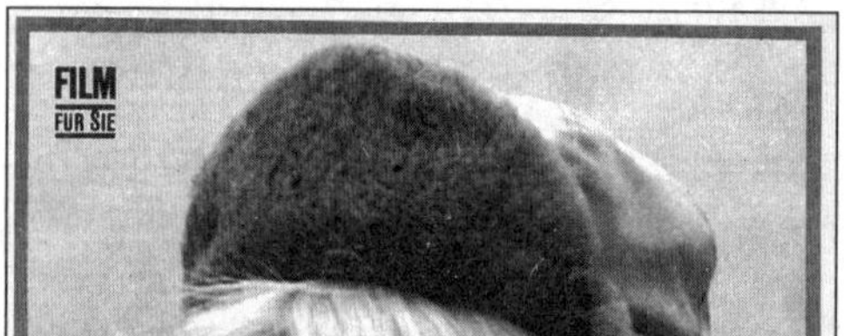

SUSE, LIEBE SUSE

RE: Horst Seemann, SZ: Horst Seemann, MI: Claus Küchenmeister, DR: Brigitte Gotthardt, KA: Jürgen Brauer, MU: Ullrich Swillms, Henning Protzmann, Gruppe Panta Rhei, SB: Hans Poppe, KO: Helga Scherff, SC: Erika Lehmphul, PL: Dieter Dormeier, GR: AG »Babelsberg«, m: 2349 = 86 min, fa, brw, PJ: 1974, PM: 27.2.1975, PM-Ort: Berlin, »Kosmos«
DA: Traudl Kulikowsky (Suse), Jaecki Schwarz (Manne), Boris Saidenberg (Boris), Gerhard Bienert (Herms), Dieter Montag (Soldat), Leon Niemczyk (Parteisekretär), Lew Durow (Semjon), Willi Schrade (Eddi), Günter Wolf (Wolf), Manfred Zetzsche (Clubhausleiter), Erich Brauer, Fred Delmare, Victor Keune, Sina Fiedler, Karin Beewen u.a., GE: Veronika Fischer, Panta Rhei
INHALT: Suse arbeitet auf einer Großbaustelle als Dumperfahrerin. Sie ist als Findelkind von Bauern aufgezogen worden, hat früh geheiratet, ein Kind bekommen und wurde von Manne, dem Vater ihres Kindes, im Stich gelassen. Er sitzt im Gefängnis wegen versuchter Republikflucht, während sie versucht, ihr eigenes Leben aufzubauen. Auf der Baustelle beobachtet sie den sowjetischen Ingenieur Boris, der ihr sehr gefällt, aber von ihr kaum Notiz nimmt. Auf einem Faschingsball kommt sie ihm endlich näher. Als Manne aus dem Gefängnis entlassen wird, will er sich wieder mit ihr versöhnen. Sie aber bricht endgültig mit ihm und geht zu einem Studienaufenthalt in die Sowjetunion. Ob sich ihre Liebe zu Boris erfüllen wird, ist ungewiß.
ZUM FILM: Mit diesem formal eher kunstgewerblichen und inhaltlich drögen Film zeigte sich, daß Horst Seemanns Talente für den Gegenwartsfilm ausgereizt waren. In der Zukunft widmete er sich erfolgreich historischen Themen.
ECHO: Es ist ein Vorteil dieser linear erzählten Geschichte, daß im Vergleich zu anderen Seemann-Filmen der dort oft gewollt wirkende Anspruch der Helden an sich und andere auf mehr alltägliche Haltungen reduziert wurde. Eine solche Einstellung der Regie setzt sich fort in einer ungezwungenen Führung des Schauspielerensembles, in dem vor allem Traudl Kuli-

kowsky zu einer reiferen Darstellung gefunden hat. (Hannes Schmidt, *Filmspiegel* 7/1975)
Soviel psychologische Plumpheit ist kaum zu ertragen. Überhaupt entspricht die Filmfabel eher einer auf dem Reißbrett entstandenen Konstruktion als einem realistischen, für den Zuschauer emotional nachvollziehbaren Lebensabschnitt. (Renate Holland-Moritz, *Eulenspiegel* 15/1975)
Ausgerechnet als Beitrag zum Jahr der Frau brachte die DEFA einen Film in die Lichtspieltheater, der zu ihren schwächsten Produktionen zählt. Er hat nämlich weder eine klare Konzeption noch eine tragfähige Fabel, geschweige denn sehenswerte schauspielerische Leistungen oder formale Qualitäten aufzuweisen. (...) Wie in seinen fünf vorangegangenen Filmen bestätigt er (Regisseur Horst Seemann, f.b.h.) nur ein Talent für Werbespots schöner Landschaftsaufnahmen in Frühling und Winter, mit Sonnenball, Meereswellen, Blüten und Blumen, Schmetterling und Hasen. Die Menschen geraten ihm um so blasser. (Heinz Kersten, 1975, zit. nach *So viele Träume*)
NEBENBEI: Regieassistent Peter Bohnstengel ist in der fernen Sowjetunion als deutscher Ingenieur zu sehen.

SYGNALI MMXX
→ *SIGNALE, EIN WELTRAUMABENTEUER*

T

DIE TÄNZERIN

(Japan/BRD)

RE: Masahiro Shinoda, BU: Hans Borgelt, Tsutomu Tamura, Masahiro Shinoda, LV: Erzählung »Das Ballettmädchen« und Motive der Erzählung »Der Briefbote« von Mori Ogai, KA: Jürgen Jürges, Kazuo Miyagawa, MU: Cong Su, m = 121 min, PJ: 1989, AD: 13.10.1989

DA: Hiromi Go (Oota Toyotaro), Lisa Wolf (Ellis Weigelt), Brigitte Grothum (Anna Weigelt), Haruko Kato (Toyotaros Mutter), Mareike Carrière (Baronesse von Bülow), Rolf Hoppe (Robert Koch), Christoph Eichhorn (Rittmeister v. Mehlheim), Irma Münch, Hans-Uwe Bauer, Andreas Mannkopf, Gerry Wolff u.a.

INHALT: Oota Toyataro, ein japanischer Militärarzt, der 1885 zum weiteren Studium bei Prof. Koch nach Berlin kommt, verliebt sich in die junge deutsche Tänzerin Ellis Weigelt. Er quittiert seinen Dienst und lebt mit ihr zusammen, bis er durch einen Freund bei einem japanischen Minister Anstellung findet und Karriere macht. Während er in sein Heimatland zurückkehrt, bleibt die Frau nach einer Fehlgeburt gebrochen in Berlin. (*Lexikon des internationalen Films*)

ZUM FILM: Die tragische Liebesgeschichte auf autobiografischer Grundlage wurde zu einem großen Teil mit technischer und künstlerischer Unterstützung der DEFA in Berlin gedreht. Sie hatte in Arnold Fancks 1937 gedrehten Film *Die Tochter des Samurai* einen thematischen Vorläufer.

ECHO: Liebesglück und Liebesleid sind das Hauptthema, und sie sind es so sehr, daß die Begegnung zweier Kulturen kaum besonders tief ausgelotet wird. Da läßt es dieser Film (...) denn doch bei einem Bilderbogen vom Berlin der Kaiserzeit sein Bewenden haben. Mit Gardemanöver und Adelsball, aber auch mit etwas Proletariermut und mit sozialistischen Ideen in Künstlerkreisen. (H. U., *Neue Zeit*, 13.10.1989)

Lisa Wolf spielt die Rolle der Ellis mit herbem Charme. Im Vergleich mit ihr wirkt Hiromo Go in der Rolle des Toyotaro Ota (...) einen Stich zu süß. Die zur 750-Jahr-Feier Berlins von oben bis unten renovierte Husemannstraße am Prenzlauer Berg bildet das mitunter etwas operettenhaft wirkende Dekor. (Sebastian Frobenius, *Frankfurter Allgemeine*, 8.6.1989)

NEBENBEI: Weitere Aufnahmen entstanden u.a. Unter den Linden, auf der Museumsinsel und in der Charité.

DAS TAL DER SIEBEN MONDE

RE: Gottfried Kolditz, BU: Irmgard und Lutz Köhlert, LV: Gleichnamiger Roman von Harry Thürk, DR: Gerhard Hartwig, KA: Erwin Anders, MU: Gerhard Wohlgemuth, SB: Erich Krüllke, Werner Pieske, KO: Günter Pohl, SC: Ursula Zweig, PL: Martin Sonnabend, GR: KAG »Roter Kreis«, m: 1997 = 73 min, s/w, PJ: 1966, AD: 10.2.1967

DA: Manfred Richter (Rudek), Heidrun Polack (Martyna), Fritz Links (Skutella), Marianne Christina Schilling (Stephanie), Hannjo Hasse (Sanitter), Karl-Heinz Liefers (Banz), Ingolf Gorges (Janek), Fred Delmare (Heilgehilfe), Mathilde Danegger (Babka), Hans Klering (Trödler), Horst Kube, Achim Petry, Werner Wenzel, Arnim Mühlstädt, Maria Rouvel u. a.

INHALT: Ein Tal in den Beskiden 1944. Hier begegnen sich das polnisch-jüdische Mädchen Martyna und der »Volksdeutsche« Rudek. Martyna hält sich versteckt, Rudek baut an der Eisenbahnlinie, auf der polnisches Erz ins Reich transportiert werden soll. Die polnischen Arbeiter meiden ihn, die Nazis verlangen von ihm Spitzeldienste. Er will sich heraushalten, hofft auf ein baldiges Ende des Krieges, denn die Russen stehen schon in Lublin. Als die alte Babka, bei der Martyna wohnt, von Gendarmen gehängt wird, weil sie Partisanen unterstützte, beginnt Rudek nachzudenken. Aber es müssen noch andere Grausamkeiten geschehen, bis er bereit ist, den Partisanen bei der Sprengung der Eisenbahnanlagen zu helfen. Nach der Aktion gehen er und Martyna mit ihnen.

ZUM FILM: Als einer der wenigen DEFA-Filme, die nach dem Kahlschlag des 11. Plenums des ZK der SED die Leinwand erblickten, weckte der Film künstlerische Erwartungen, die er nicht befriedigen konnte.
ECHO: Bei aller Poesie des Buches und dem Bemühen des Kameramannes Erwin Anders, die Berglandschaft mit ihren wortkargen, verschlossenen Bewohnern in die Handlung einzubeziehen und die Stimmungswerte des Films zu vertiefen, hätte man sich jedoch manche Dialogstellen ergreifender und emotionaler vorstellen können. (Joachim Reichow, *Neues Deutschland*, 12.2.1967)
Die Regie vermochte die Mängel (des Buches, f.b.h.) nicht zu überspielen, so daß man in dem relativ kurzen Film sogar hin und wieder Längen empfindet. (Günter Sobe, *Berliner Zeitung*, 16.2. 1967)
Bald wird es keinen deutschen demokratischen Schauspieler mehr geben, der nicht nachträglich gegen die Faschisten gekämpft hat. (Gisela Steineckert, *Eulenspiegel* 10/1967)
Das Tal der sieben Monde bleibt seinem interessanten Thema und Sujet durch schwerfällige Dramaturgie, schwache Führung der Hauptdarsteller und durch Brüche zwischen legendenhafter Überhöhung und direkter Erzählung trotz starker Schwarzweiß-Bilder eine adäquate Form schuldig. (Klaus Wischnewski, *Das zweite Leben der Filmstadt Babelsberg*, 1994)
NEBENBEI: Heidrun Polack und Manfred Richter debütierten hier im Spielfilm und begannen eine jahrzehntelange Laufbahn vor Film- und Fernsehkameras.

Das Tal der sieben Monde

TAMBARI

(Kinderfilm)

RE: Ulrich Weiß, SZ: Günter Kaltofen, Ulrich Weiß, LV: Gleichnamiges Kinderbuch von Benno Pludra, DR: Gudrun Deubener, KA: Otto Hanisch, MU: Peter Rabenalt, SB: Hans Poppe, KO: Werner Bergemann, SC: Renate Bade, PL: Martin Sonnabend, GR: GR »Berlin«, m: 2416 = 89 min, s/w, brw, PJ: 1976, PM: 8.7.1977, PM-Ort: Zentrales Pionierlager »Alexander Matrossow« bei Bad Saarow; Freilichtbühne

DA: Erwin Geschonneck (Luden Dassow), Kurt Böwe (Fuhrmann Kaßbaum), Hans-Peter Reinecke (Heinrich Töller, Jans Vater), Barbara Dittus (Emma Töller, Jans Mutter), Jürgen Gosch (Lehrer Steinkrug), Gisa Stoll (Mathilde Reimers), Else Wolz (Hete Niemer), Walter Bechstein (Notar Rentewick), Fritz Marquardt (Sensenfranz), Peter Dommisch (Gustav Niemer), die Kinder Frank Reichelt, Peter Steinig, Katrin Doebner, Silke Rosin, Helmut u. Hartmut Thesenvitz u.a.; GE: Uschi Brüning, Annerose Dubé

INHALT: Der alte Südseefahrer und Weltumsegler Luden Dassow kehrt in sein Heimatdorf Koselin zurück. Die Fischer der Genossenschaft mögen den Herumtreiber mit dem weißen Kutter »Tambari« nicht. Nur Jan, der Sohn des Vorsitzenden, freundet sich mit ihm an, fischt mit ihm, lauscht seinen aufregenden Geschichten. Als Dassow stirbt, vermacht er der Genossenschaft die »Tambari«. Man will sie nicht und läßt sie verrotten. Da nimmt Jan sich ihrer an. Mit einigen Kindern und der Hilfe des Fuhrmanns Kaßbaum setzt er sie instand. Als ein Sturm die Reusen der Fischer zerstört, und sie Geld brauchen, wollen sie die »Tambari« verkaufen, obwohl Dassows Testament das untersagt. Es kommt zum Streit. Da Jan seinem Vater helfen möchte, einigen sie sich.
ZUM FILM: Das sorgfältig inszenierte Spielfilm-Debüt von Ulrich Weiß stieß gerade wegen seiner formalen Besonderheiten auf Kritik. Es war

einer der letzten in Schwarzweiß gedrehten Kinderfilme der DEFA.

ECHO: Man spürt: Regisseur Ulrich Weiß kommt vom Dokumentarfilm. In faszinierenden, im Schwarz-Weiß des Films reizvoll kontrastierenden Aufnahmen fängt er die herbe Romantik des Meeres und der Küste ein, blickt er ungeschminkt in das Leben und den Alltag der Fischer. Doch solcherart formale Brillanz vermag nicht die Mankos der Inszenierung zu verdecken. Im Bestreben, all die Konflikte seines Helden genügend auszuloten, damit über das Vertrauen zwischen jung und alt und über beider Miteinander zu meditieren, verzeichnet Weiß die Welt der Erwachsenen. Er differenziert relativ wenig, ist gelegentlich ziemlich grobschlächtig, führt eine Phalanx von Außenseitern und skurrilen Typen vor, die fast allesamt versagen, nicht imstande sind, den aufgeweckten Kindern in ihrem nützlichen Wollen beizustehen. (Hans-Dieter Tok, *Leipziger Volkszeitung*, 15.7.1977)

Dies ist ein bedächtiger Film, von Regisseur Ulrich Weiß und Kameramann Otto Hanisch bedachtsam, passagenweise zu beschaulich erzählt, wenn man bedenkt, daß er Kinder ab sechs fesseln soll. Die herb-schöne Landschaft und die Eigenart der Leute von der See sind einprägsam getroffen. Gewiß ein sehr begehrter Film für die große Lesergemeinde, derer sich Benno Pludra erfreut. (Ursula Frölich, *Wochenpost* 30/1977)

Das Verhalten der »Großen« ist viel eher kindisch als das der Kinder, wobei es teilweise überzeichnet ist bis hin zur Karikatur. Die »Kleinen«, vorrangig liebenswürdig dargestellt, haben es da einigermaßen schwer sich zu behaupten, zumal, wenn sie sensibel sind. (...) Ein in seiner Bescheidenheit durchaus poetischer Film. (Karla Anders, *Filmspiegel* 17/1977)

NEBENBEI: Filmkomponist Prof. Peter Rabenalt ist im Hauptberuf Filmtheoretiker und lehrte schon damals an der Babelsberger Filmhochschule.

DER TANGOSPIELER

(Co-Produktion)

RE: Roland Gräf, BU: Roland Gräf, LV: Gleichnamige Erzählung von Christoph Hein, Redaktion: Wolf-Dietrich Brücker (WDR), DR: Gabriele Herzog, KA: Peter Ziesche, MU: Günther Fischer, SB: Alfred Hirschmeier, KO: Christiane Dorst, SC: Monika Schindler, PL: Herbert Ehler, GR: GR »Johannisthal«, m: 2631 = 96 min, fa, brw, PJ: 1990, PM: 18.2.1991, PM-Ort: Berlin, »Zoopalast«

DA: Michael Gwisdek (Hans-Peter Dallow), Corinna Harfouch (Elke), Hermann Beyer (Dr. Berger), Peter Prager (Roessler), Peter Sodann (Schulze), Reiner Heise (Müller), Jaecki Schwarz (Harry), Anne Kasprik (Sylvia), Gunter Schoß (Kiewer), Christine Harbort (Barbara), Katka Kurze, Jörg Simonides, Klaus Glowalla, Ruth Glöss, Jürgen Zartmann, Hilmar Baumann, Marylu Poolman, Harry Merkel, Michael Kind, Katrin Klein u.a.

INHALT: Nach einundzwanzigmonatiger Haft wird der Historiker und Gelegenheits-Pianist Dr. Hans-Peter Dallow entlassen. Verurteilt wurde er, weil er ein Kabarettprogramm mit »staatsverleumderischen« Texten am Klavier begleitet hatte. An die Leipziger Universität, wo er Oberassistent war, will er nicht zurück, doch Arbeit findet er keine. Zwei Herren tauchen bei ihm auf und wollen ihn an die Universität zurückbringen – als Gegenleistung verlangen sie Spitzeldienste. Dallow lehnt ab. Er lebt – weitgehend isoliert – von seinen Ersparnissen. Die anderen wollen von seinen Problemen nichts wissen. Er gerät in eine Identitätskrise. Seine Freundin Elke möchte, daß er zu einem normalen Leben zurückkehrt. Als das Kabarettprogramm, das ihn ins Gefängnis brachte, freigegeben wird und selbst sein damaliger Richter sich amüsiert, geht Dallow ihm an den Kragen. Danach nimmt er eine Stelle als Kellner auf Hiddensee an. Es ist Sommer 1968, die Truppen des Warschauer Pakts marschieren in die CSSR ein. Auf Hiddensee taucht eine Abgesandte der Universität auf und bietet Dallow eine Dozentur an. Dallow arrangiert sich, er geht zurück und unterschreibt den Vertrag.

ZUM FILM: Roland Gräf hatte noch im Frühjahr 1989 den Auftrag erhalten, aus Christoph Heins systemkritischem Roman ein Szenarium zu destillieren. Hier wurde zum ersten Mal der Staatssicherheitsdienst der DDR kritisch thematisiert, ebenso wie die Intervention des Warschauer Pakts von 1968. Die Dreharbeiten für den mit Spannung erwarteten Film fanden im Wendejahr 1990 statt. Als der Film 1991 fertiggestellt war und auf Festivals viel Lob erhalten hatte, war es jedoch schwer für ihn geworden, Kinos zu finden, da die Treuhand privatisiert hatte und die neuen Besitzer amerikanische Dutzendware bevorzugten. So wurde eine der stärksten Arbeiten Roland Gräfs dem breiten Publikum nur durch die Fernsehausstrahlung bekannt.

ECHO: Gräf hat – obwohl es nahegelegen hätte – keine Tragödie, sondern eine von Ironie und Sarkasmus durchzogene Farce gedreht, in der zwei Diener der Staatssicherheit, groß, schlaksig und stumm der eine, knubbelig und beredt der andere, in ihrer doppelbödigen Harmlosigkeit den bösen Duktus unterstreichen. Der Grundton des Films ist leise, quälend, wird bestimmt durch den Protagonisten Michael Gwisdek, der die Figur wie in eiserner Umklammerung spielt. Der Staub auf den Möbeln, den er achtlos wegpustet, liegt wie Staub auf der Seele. (Margit Voss, *Filmspiegel* 5/1991)

Der Tangospieler ist ein trauriger und ein komischer Film. Es ist traurig, zuschauen zu müssen, wie ein Mensch dahin kommt, wieder »richtig zu funktionieren«; es ist komisch, wie er sich dabei abzappelt, wie er Umwege macht, um am Ende doch wieder am vorbestimmten Platz anzulangen. Das Traurige und das Komische gehen die Ehe der Bitternis ein. (...) Der Tangospieler ist eine exemplarische Figur der deutschen Geschichte. Sie hat 1933 überstanden, 1945 und 1989/90 nicht minder. Sie geht ungewandelt und »neugewendet« durch alle Phasen deutscher Misere und der berüchtigten »historischen Stunden«. Sie signalisiert, daß zu Hoffnungen wenig Anlaß ist. Sie ist ein Hauptdarsteller im unaufhaltsamen Abbau der menschlichen Würde und Integrität. (Fred Gehler, *Film und Fernsehen* 2/1991)

NEBENBEI: Peter Sodann, der hier den Stasi-Schulze spielt, geriet 1962 als Leiter des Leipziger Studentenkabaretts wegen unbotmäßiger Texte ins Visier der Stasi und mußte einige Wochen in Untersuchungshaft verbringen. – Im Rahmen des Deutschen Filmpreises erhielt *Der Tangospieler* ein Filmband in Silber und Michael Gwisdek für seine Leistung ein Filmband in Gold. Auf dem Internationalen Filmfestival in Bergamo/Italien erhielt der Film den ersten Preis, die goldene »Rosa Camuna«.

TANZ AM SONNABEND – MORD?

RE: Heinz Thiel, BU: Lothar Creutz, Carl Andrießen, DR: Willi Brückner, KA: Horst E. Brandt, MU: Helmut Nier, BA: Herbert Nitzschke, KO: Walter Schulze-Mittendorf, Werner Bergemann, SC: Wally Gurschke, PL: Paul Ramacher, GR: Gruppe »Heinrich Greif«, m: 2361 = 87 min, s/w, PJ: 1961, PM: 18.1.1962, PM-Ort: Berlin, »Filmtheater am Friedrichshain«

DA: Johannes Arpe (Paul Gäbler), Ruth Kommerell (Erna Gäbler, seine Frau), Rudolf Ulrich (Fritz Gäbler, Pauls Bruder), Gerry Wolff (Oberleutnant Schneider), Kurt Conradi (Leutnant Anders), Hans Lucke (VP-Meister Kolbe), Albert Garbe, Elfriede Florin (Wilhelm u. Suse Züllich), Sonja Hörbing (Inge Züllich), Manfred Borges (Dieter Reichelt), Gertrud Brendler, Jochen Thomas, Jürgen Rothert, Lisa Wehn, Hans Klering, Otmar Richter, Dietmar Richter-Reinick, Walter Richter-Reinick, Marianne Wünscher, Günter Schubert u.a.

INHALT: An einem Sonnabend im Februar des Jahres 1960 wird der Tanz im Dorfkrug jäh unterbrochen. Die Scheune des Bauern Paul Gäbler brennt, ihn selbst findet man erhängt. Es stellt sich schnell heraus, daß es Mord war, obwohl Sägewerksbesitzer Züllich das Gerücht verbreitet, Gäbler habe sich erhängt, weil er in die LPG

gezwungen wurde. Dabei ist Züllich nicht nur als Feind der neuen Ordnung mitverdächtig. Die Kriminalisten Schneider und Anders kämpfen sich durch einen Berg politischer und privater Motive und Indizien, bis sie den Schuldigen durch exakte Rekonstruktion der Tat zum Geständnis bringen.
ZUM FILM: Dieser Krimi war einer der letzten Filme, die sich mit der (inzwischen weitgehend abgeschlossenen) Kollektivierung der Landwirtschaft beschäftigten. Der ursprüngliche Titel *Tanz am Sonnabend* erhielt noch ein Anhängsel, weil man keine falsche Erwartungshaltung beim Zuschauer wecken wollte.
ECHO: Bestechend ist die Genauigkeit des Milieus, die geradezu liebevolle Versenkung in Details, die Behutsamkeit und Feinfühligkeit, mit der aus der äußeren Umgebung, dem Lebenskreis eines Menschen sein Charakter und seine Reaktionen aufgebaut werden. (Christoph Funke, *Morgen*, 17.1.1962)
Es ist etwas Neues erstmalig hinzugekommen: die bewußte und konsequente Verwendung des Dialekts zur Charakterisierung des Milieus und seiner Menschen. Das ergibt zusätzliche Wirkungen, die bemerkenswert sind – obschon die angeblich so universale sächsische Mundart keineswegs von allen Darstellern gleichmäßig gemeistert wird. (Hans-Ulrich Eylau, *Sonntag* 7/1962)
NEBENBEI: Noch vor Abschluß seines Schauspielstudiums stand der damals 25jährige Dietmar Richter-Reinick hier zum ersten Mal vor der Kamera. Auch sein Vater Walter Richter-Reinick wirkte mit. Sohn Dietmar hatte an seiner Seite schon in den vierziger Jahren häufig in Kinderrollen auf der Bühne gestanden.

TANZ AUF DER KIPPE

RE; KA: Jürgen Brauer, SZ: Jurij Koch, LV: Roman »Augenoperation« von Jurij Koch, DR: Andreas Scheinert, MU: Ralph Hoyer, SB: Harry Leupold, KO: Inge Konicek, SC: Erika Lehmphul, PL: Horst Hartwig, GR: GR »Johannisthal«, m: 2649 = 97 min, fa, brw, AT: Augenoperation, PJ: 1990, AD: 14.3.1991
DA: Dagmar Manzel (Claudia), Frank Stieren (Gerat), Winfried Glatzeder (Vater), Eberhard Kirchberg (Johanz), Christa Pasemann (Frau Kleebusch), Peter Prager (Kaderleiter), Elisabeth Richter, Peter Bause, Wolf-Dieter Lingk, Martin Olbertz, Stephanie Stappenbeck u.a.
INHALT: Ein siebzehnjähriger Junge, Gerat Lauter, wird auf einer Müllkippe zusammengeschlagen, in Kalklauge gestoßen. Im Hintergrund, auf einem Fernsehbildschirm, Aufnahmen von den Feierlichkeiten zum 40. Geburtstag der DDR, dem letzten des Landes. Gerat wird mit verätzten Augen, fast blind, zum Arzt gebracht, eine Operation ist notwendig. Er erinnert sich der Ereignisse: Gerat bewirbt sich um eine Lehrstelle als Montageschlosser. Seine ungewöhnliche, weil wahrheitsgetreue Begründung stößt auf Unverständnis. Sie bringt ihn mit seinem Vater auseinander und mit seiner jungen Lehrerin Claudia zusammen. Diese besorgt ihm ein möbliertes Zimmer; die Lehrstelle bekommt er nicht. Er bewirbt sich bei der Stadtwirtschaft, arbeitet auf einer Müllkippe. Er liebt Claudia und er gefällt ihr, doch auf ein Verhältnis mit dem Jungen läßt sich die verheiratete Frau nicht ein. Ihr Mann sagt Gerat unmißverständlich die Meinung. Der schiebt auf der Kippe Müll zusammen, verweigert sich den Privatgeschäften seiner Kollegen. Plötzlich kommt Claudia doch zu ihm. Sie erleben einen kurzen Augenblick des Glücks, dann erfährt Gerat, daß ein altes Gasometer, dessen

Stahlkonstruktion ihn schon immer faszinierte, von seinen Kollegen und Claudias Mann verladen wird. Der Staat hat es in den Westen verkauft. Er will den Abtransport stoppen, Claudia läßt ihn im Stich. Mit einem Bagger blockiert er die Gleise. Seine Kollegen, Claudias Mann und ein Polizist schlagen ihn zusammen.

ZUM FILM: Der bislang letzte große Kinofilm von Jürgen Brauer verlegte die Zeit der Handlung in den politisch bewegten Herbst 1989, weil die Konstellation vor diesem Hintergrund vertieft werden konnte.

ECHO: Was diesen Film von der Sprödigkeit anderer DEFA-Produktionen abhebt, sind die Zwischentöne, die der Moral ein unaufdringliches Maß geben, Frank Stieren als Gerat spielt mit fast ungehemmter Leichtigkeit »pubertären« Überschwang, Trübsinn, Aufstand. Der Vater wird dank Winfried Glatzeder nicht zum bloßen und blöden Karrieristen. (Lutz Pehnert, *Junge Welt*, 2.5.1991)

Der Reifeprozeß eines Heranwachsenden auf der – um einiges zu vorbildlich-tapfer geratenen – Suche nach Selbständigkeit und Individualität wird in zeitlich verschachtelten Rückblenden nicht ungeschickt entfaltet. Faszinierend ist Brauers singuläre Bildsprache (wie bei all seinen Filmen war er sein eigener Kameramann). Sie überzeugt in ihrer assoziativen Poesie, die um der kritischen Reflexion willen eine gewisse Sprödigkeit riskiert. Brauer läßt den Schauspielern viel Raum, ist nüchterner Beobachter und doch zugleich zärtlich-verhalten auf seiten seiner Helden. (Roland Rust, *film-dienst* 6/1991)

NEBENBEI: Die Berlinerin Dagmar Manzel, seit 1983 am Deutschen Theater Berlin, spielte sich im Laufe der achtziger Jahre in die erste Reihe der Schauspielerinnen des deutschsprachigen Theaters und beeindruckte auch durch große Film- und Fernsehrollen. Seit wenigen Jahren hat sie sich auch als Interpretin anspruchsvoller Chansons profiliert.

DAS TAPFERE SCHNEIDERLEIN

(Kinderfilm)

RE: Helmut Spieß, BU: Kurt Bortfeldt, LV: Gleichnamiges Märchen der Brüder Grimm, DR: Willi Brückner, KA: Robert Baberske, MU: Joachim Werzlau, BA: Karl Schneider, KO: Walter Schulze-Mittendorf, SC: Hildegard Conrad, PL: Willi Teichmann, m: 2294 = 84 min, fa, PJ: 1956, PM: 28.9.1956, PM-Ort: Berlin, »Babylon«

DA: Kurt Schmidtchen (Das tapfere Schneiderlein), Christel Bodenstein (Traute), Gisela Kretzschmar (Prinzessin Liebreich), Horst Drinda (Prinz Eitel), Fred Kronström (König Griesgram), Gerd Michael Henneberg (Schatzmeister Gier), Wolf Kaiser (Riese), Gerhard Frei (Riese), Fred Mahr (Gärtner Sommer), Helene Riechers (Musfrau), Ellen Plessow, Fredy Barten, Christian Balhaus, Waltraut Kramm, Fritz Wolf u.a.

INHALT: Grimms Märchen erzählt die Abenteuer eines armen Schneidergesellen, den das Erschlagen von sieben Fliegen auf einen Streich mutig macht. Er zieht in die Welt und kommt nach glücklich überstandenen Gefahren an den Hof des Königs. Die Krieger und Höflinge erschreckt der »Ritter Siebenaufeinenstreich«. Mit zahlreichen lebensgefährlichen Aufgaben versuchen sie, ihn loszuwerden. Aber das Schneiderlein ist unschlagbar dank seiner List und einigen treuen Helfern. Da flieht der König mit seinem ganzen Hofstaat, und das Volk setzt den Schneider auf den Thron, mitsamt der Magd Traute als Frau.

ZUM FILM: Der einzige Kinderfilm von Regisseur Helmut Spieß mußte sich wegen der spielerischen und amüsanten Veränderungen der Handlung »Vulgärmarxismus« vorwerfen lassen. Tatsächlich litt der Streifen jedoch darunter, daß man sich nicht zum Einsatz von Filmtricks entschließen konnte, wodurch die Szenen mit den Riesen oder dem Einhorn an Reiz verloren.
ECHO: Warum also die gewollte, aufgesetzte Veränderung, die nur das Gegenteil von dem erreichen kann, was die Produzenten eigentlich wollen? Warum diese unangebrachte Aktualisierung, daß schließlich der König und die Prinzessin »flüchtig« werden und das tapfere Schneiderlein mit der Magd Traute bereits im fernen Märchenzeitalter, im »Es-war-einmal«, eine Volksmacht begründen müssen? Gibt es in den alten Märchen nicht auch so schon genug tiefen humanistischen Gehalt, den es zu erfassen gälte? (Günter Stahnke, *Junge Welt*, 5.10.1956)
Im *Tapferen Schneiderlein* ist auf glückliche und gelungene Art das gesellschaftskritische Element des Volksmärchens lediglich ausgebaut und logisch fortgeführt worden, zu einer Lösung, die märchenhaft bleibt und gerade deshalb den Beifall der Kinder findet. (Hansgeorg Meyer, *Leipziger Volkszeitung*, 10.10.1956)
Die an Lenins Klassentheorie erinnernde Gestaltung der Figuren und ihrer Beziehungen ging den Ideologie-Hütern allerdings zu weit. Mißt man den Film jedoch nicht nur mit dieser oberflächlichen ideologischen Elle, so stellt man fest, daß die Modernisierung des Hofstaates im zweiten Teil mit ungewöhnlich gelungener Leichtigkeit und Heiterkeit einherkommt. Die Herrschenden sind trottlig und exaltiert, gierig und weinerlich gezeichnet – kein Schimmer von gefährlichem Klassengegensatz, sondern eine durchaus mögliche und für den kindlichen Blick erlaubte Vereinfachung von gut/böse und oben/unten. (*Zwischen Marx und Muck*, 1996)
NEBENBEI: Der Westberliner Schauspieler Kurt Schmidtchen, zeitweilig am Berliner Theater der Freundschaft engagiert, war im Kinderfernsehen der beliebte »Fritzchen Spurtefix«.

DER TAPFERE SCHULSCHWÄNZER

(Kinderfilm)
RE: Winfried Junge, BU: Wera und Claus Küchenmeister, Winfried Junge, DR: Anne Pfeuffer, KA: Claus Neumann, MU: Peter Gotthardt, SB: Erich Kulicke, SC: Lotti Mehnert, PL: Heinz Kuschke, GR: KAG »Berlin«, m: 1815 = 67 min, fa, AT: Eine selten dußlige Geschichte, PJ: 1967, PM: 17.12.1967, PM-Ort: Berlin, »Kosmos«
DA: André Kallenbach (Thomas Lohmann), Hartmut Tietz (Dieter, Thomas' Freund), Günter Ott (Thomas Vater), Jessy Rameik (Lehrerin), Christoph Engel (Schuldirektor), Ilse Voigt (Oma Krüger), Lutz Erdmann (Arzt), viele Berliner Kinder u.a.
INHALT: Statt zur Schule zu gehen, bummelt der kleine Thomas durch die Straßen von Berlin. Dabei entdeckt er einen Wohnungsbrand und alarmiert sofort die Feuerwehr, wodurch zwei Kinder gerettet werden können. Als ein Feuerwehrmann ihm danken und seinen Namen aufschreiben will, läuft Thomas davon – weil er ja eigentlich in der Schule sein müßte. Am nächsten Tag steht seine anonyme Heldentat in der Zeitung, das Weglaufen wird als Bescheidenheit ausgelegt. Die Lehrerin spricht mit den Kindern darüber und Thomas gerät in Gewissenskonflikte. Er kann sich nicht zu der Tat bekennen, da er fürs Schuleschwänzen Zahnschmerzen vorgegeben hat. Die Feuerwehrleute finden ihn und wollen ihm zusammen mit den Geretteten danken. Da bekennt sich Thomas tapfer zu seiner Lüge.
ZUM FILM: Für den Dokumentarfilmer Winfried Junge, der in den fünfziger Jahren ein Lehrerstudium aufgenommen hatte und auch filmjournalistisch arbeitete, war dieser dramaturgisch schwache und mit moralischen Fragen überfrachtete Streifen der einzige Spielfilm in seiner langen Regielaufbahn.
ECHO: In dem Film passiert so allerlei Aufregendes und auch erzieherisch Wertvolles. Und doch fehlt es ihm nicht an Poesie. Man könnte ihn ein ästhetisches und auch ein ideologisches Gespräch nennen, das der Künstler über das Leben führt. Die kindliche Phantasie wird angeregt, und es wird der Wert des Lernens, der Ehrlichkeit und des Verantwortungsbewußtseins vermittelt. (e.o., *Neue Zeit*, 17.12.1967)
Diesem gelungenen Kinderfilm der DEFA mit dem schönen Titel zollten in einem Gespräch mit den Filmkritikern auch die Genossen von der Feuerwehr und Pädagogen ihre Anerkennung. (Horst Knietzsch, *Neues Deutschland*, 18.12. 1967)

Diese wahrheitsgemäße Gestaltung einer Pädagogin (Jessy Rameik) setzt der Kinder- und Jugendfilmproduktion einen neuen Maßstab, verdeutlicht in überzeugender Weise das unserer Moral gemäße menschliche Verhältnis zwischen Lehrern und Schülern unserer sozialistischen Schule. (Heinz Hofmann, *Märkische Volksstimme*, 28.12.1967)

Das Publikum erfährt mehr über die Neubauprojekte Berlins in den sechziger Jahren – abgebildet in gefälliger Tourismusästhetik – als über die Emotionen und Ansichten des Protagonisten. (...) Letztlich bietet Winfried Junges erster und einziger Kinderspielfilm alles andere als einen interessanten Stoff für ein attraktives Kinoerlebnis. Die Botschaft ist eher deprimierend: Erstens beginnt der Ernst des Lebens mit Pflichterfüllung in der Schule und kann nur durch einen tugendhaften Helden gemeistert werden, zweitens kann eine läßliche Sünde einen Rattenschwanz an Komplikationen nach sich ziehen, weshalb man lieber nichts probieren sollte – schon gar nicht, sich zu unangemessener Zeit ins Träumen zu verlieren. (*Zwischen Marx und Muck*, 1996)

NEBENBEI: In die Filmgeschichte ging Winfried Junge mit der ältesten und längsten filmischen Langzeitbeobachtung ein, nämlich über die »Kinder von Golzow«, die er für das DEFA-Dokumentarfilmstudio seit ihrem ersten Schultag 1961 begleitete. Das Projekt wird nach wie vor mit Einzelporträts der damaligen Kinder, die heute Mitte vierzig sind, fortgesetzt.

TATORT BERLIN

RE: Joachim Kunert, BU: Joachim Kunert, Jens Gerlach, DR: Wolfgang Ebeling, KA: Otto Merz, MU: Günter Klück, BA: Hans Poppe, KO: Dorit Gründel, SC: Evelyn Carow, PL: Erich Albrecht, m: 2339 = 86 min, s/w, PJ: 1957, PM: 10.1.1958, PM-Ort: Berlin, »Babylon«

DA: Hartmut Reck (Rudi Prange), Annegret Golding (Ilse Schulz), Rudolf Ulrich (Walter Prange), Sonja Sutter (Walter Pranges Freundin), Hans-Peter Minetti (Kriminalkommissar Stein), Jochen Brockmann (Kriminalkommissar Rollberg), Charlotte Küter (Frau Prange), Karin Huebner (Bettina Sandmann), Harry Hindemith (Erwin Beier), Harry Engel, Gerhard Rachold, Erich Franz, Martin Flörchinger, Charlotte Brummerhoff u.a.

INHALT: Wegen guter Führung und dem festen Vorsatz eines ehrlichen Neubeginns wird der Kraftfahrer Rudi Prange vorzeitig aus dem Gefängnis entlassen. In einem Transportbetrieb bekommt er Arbeit, wird aber von einem Kollegen wider Willen in eine Schmuggelei verstrickt. Rudi schweigt aus Angst um den Arbeitsplatz. Bald steht er wegen einer ganz anderen Sache auf der Verdächtigenliste der Kommissare Stein und Rollberg: Zwei Polizisten wurden in zwei sich ähnelnden Fällen niedergeschossen. Die Spur führt zu Rudi. Die Leiterin des HO-Geschäfts, dessen Kassentransport überfallen wurde, Ilse Schulz, ist seine Freundin. Die Täterbeschreibung paßt auch. Stein glaubt, den Täter zu haben, Rollberg dagegen hegt Zweifel an den »glatten« Indizien. Ein Taschentuch-Monogramm führt die beiden schließlich zum wahren Täter, auf den Rudi auch schon gekommen ist. Sein beherztes Eingreifen kann ein drittes Verbrechen verhindern.

ZUM FILM: Joachim Kunerts wenig spektakulärer Berlin-Film thematisierte kriminelle Machenschaften in Zusammenhang mit der offenen Grenze.

ECHO: Dieser Film gibt interessante Einblicke in die Arbeit unserer Volkspolizei. Es gibt einige schöne Momente und ein paar wundervolle

Typen. Es kommt eine gut gezeichnete Motorradbande darin vor. Ohne Zwang und ohne erhobenen Zeigefinger sind die Wirksamkeit unseres Strafvollzuges und die Nützlichkeit des neuen Gesetzes zur Ergänzung des Strafgesetzbuches zu erkennen. Der Film ist herrlich fotografiert. Ein paarmal nimmt man echten Anteil am Geschehen. (Karl-Eduard v. Schnitzler, *Filmspiegel* 3/1958)

Mit Menschen, wie ihn die Drehbuchautoren Gerlach und Kunert in Rudis Bruder Walter schildern, sollte allerdings die Gesellschaft kurzen Prozeß machen. Nach Westberlin geflohen, lebt er bei einem Flittchen. Bei seiner Mutter bezieht er treu und brav weiterhin seine Lebensmittelkarten und holt die Sachen rüber. (...) Wären die Menschen wachsamer, könnten vielleicht derartige Verbrechen – die nicht immer Mord sein müssen – verhindert und der Polizei die Arbeit erleichtert werden. (Joachim Reichow, *Sozialistische Demokratie* 3/1958)

Die Regiearbeit Joachim Kunerts verdient große Beachtung in bezug auf das »Experiment« der Rollenbesetzung. Es hat sich in letzter Zeit bei unseren Regisseuren eine Sucht breitgemacht, in jedem neuen Film neue Filmgesichter zu entdecken, die für den Zuschauer ein unbeschriebenes Blatt waren. Kunert entdeckte auch neue Gesichter, aber bei Schauspielern, die uns bekannt sind, bei denen aber die Gefahr bestand, in der Schablone zu erstarren. (Günter Stahnke, *Junge Welt*, 11.1.1958)

NEBENBEI: Die aus Gera stammende Karin Huebner, die hier die Bettina Sandmann spielt, wurde in der Bundesrepublik vor allem als erste deutsche Eliza Doolittle in »My Fair Lady« berühmt. Obwohl sie bei Hellberg die Titelrolle in → *Emilia Galotti* spielte, stritt sie später in Interviews ab, jemals bei der DEFA gearbeitet zu haben.

Filmtext: Tatort Berlin. Kriminalerzählung nach dem Drehbuch des gleichnamigen DEFA-Films von Jens Gerlach und Joachim Kunert. Berlin: Verlag der Nation 1958

DIE TAUBE AUF DEM DACH

RE: Iris Gusner, SZ: Iris Gusner, MI: Regine Kühn, DR: Dieter Wolf, KA: Roland Gräf, Jürgen Lenz, MU: Gerhard Rosenfeld, SB: Marlene Willmann, KO: Günther Pohl, SC: Helga Krause, PL: Fritz Brix, GR: GR »Babelsberg«, m: 2464 = 90 min, PJ: 1973, PM: 7.10.1990, PM-Ort: Berlin, »Babylon«

DA: Heidemarie Wenzel (Linda Hinrichs), Günter Naumann (Böwe), Andreas Gripp (Daniel), Christian Steyer (Trompeter), Monika Lennartz (Schallplattenverkäuferin), Lotte Loebinger (Lindas Mutter), Heinz Scholz (Lindas Vater), Herbert Köfer (Glaskugelfabrikant), Hilmar Baumann (Plattenwerker), Wolfgang Greese (Forstwirtschaftsleiter), Annelene Hischer, Christa Loeser, Katrin Martin, Margarethe Taudte, Willi Neuenhahn, Erika Köllinger, Günter Rüger, Irén Sütö, Jürgen Klauß, Simon Harik u.a.

INHALT: Auf einer Baustelle im Süden der DDR, wo Tausende von Wohnungen in moderner Plattenbauweise entstehen, lernt die aus Mecklenburg stammende, junge und unverheiratete Bauleiterin Linda Hinrichs zwei Männer näher kennen: Zum einen den Studenten Daniel, dessen Spontaneität ihr gefällt; während eines Tanzabends bittet er zum Beispiel um Spenden für Vietnam und schlägt auch schon mal zu, wenn ihm unterstellt wird, er stecke sich das Geld in die eigene Tasche. Zum anderen trifft Linda auf den Baubrigadier Hans Böwe, einen Zugvogel, der schon an vielen Stellen der DDR Neues mit aus dem Boden gestampft, aber nie ein richtiges Zuhause gefunden hat. Böwe macht ihr einen Heiratsantrag – und betrinkt sich, als Linda ihm nicht sofort zustimmt. Wird sie selbst einmal so unseßhaft werden wie er? Und was bedeuten eigentlich so große Worte wie Glück und Geborgenheit in einer durchaus nicht romantischen Realität?

ZUM FILM: Iris Gusner war Regieabsolventin der renommierten Moskauer Filmhochschule WGIK, wo sie u.a. bei Michail Romm studierte. Ihr Debütfilm befaßte sich in der zu dieser Zeit modernen »offenen Dramaturgie«, die mosaikartig Situationen aneinanderreiht und den Zuschauer in einer kühlen Distanz läßt, mit der Arbeiterklasse der DDR, ein »von oben« immer wieder erwünschtes Thema. Da sie dabei jedoch Defizite ansprach, den gedankenlosen Umgang mit dem Solidaritäts-Begriff hinterfragte und in der Handlungsführung deutliche Parallelen zu → *Spur der Steine* zuließ, wurde der Film nach Fertigstellung bereits von den Leitungsgremien der DEFA nicht abgenommen. Der Filmwissen-

schaftler Rolf Richter, der an der Spitze einer Kommission die »Verbotsfilme« der DEFA anläßlich der Berlinale 1990 ans Licht brachte, benötigte längere Recherchen, bis Iris Gusners Debütfilm gefunden werden konnte. Allerdings war das Farbnegativ nicht mehr auffindbar, so daß der Film in einer Schwarzweißfassung seine verspätete Premiere erlebte. Es gelang jedoch nicht, in dieser Umbruchzeit einen Verleih zu finden, so daß der Film bis heute nur in Sondervorführungen zu sehen war.
ECHO: Gusner und Kühn erzählen, daß da so manches nicht stimmt, im Verhältnis der herrschenden Klasse zu ihrem Staat. Aufopferungsvolle Arbeit wird mit kleinbürgerlichem Wohlstand vergütet – wer mehr vom Leben will, wie der von Günter Naumann gespielte Brigadier, muß sich in seine Arbeit verbeißen. (...) Heidemarie Wenzel in der Hauptrolle ist in den ersten beiden Dritteln des Films dazu angehalten, unbewegt wie eine Sphinx durch die Handlung zu gehen. Wer da die Wurzeln des Frauenbildes der Iris Gusner sucht, hat es schwer. (F.-B. Habel, *Filmklub-Kurier* 5/1990)
NEBENBEI: Iris Gusner und ihre Autorin Regine Kühn waren in Moskau Studienkolleginnen.

TAUBENJULE

(Kinderfilm)

RE: Hans Kratzert, SZ: Margot Beichler, LV: Erzählung »Das Mädchen im roten Pullover« von Edith Bergner, DR: Gudrun Deubener, KA: Helmut Grewald, MU: Christian Steyer, SB: Klaus Winter, KO: Elke Hersmann, SC: Erika Lehmphul, PL: Uwe Klimek, GR: GR »Berlin«, m: 1849 = 68 min, fa, brw, PM: 7.7.1983, PJ: 1982/83, PM-Ort: Berlin, »Colosseum«

DA: Jördis Hollnagel (Jella), Ruth Reinecke, Eckhard Becker (ihre Eltern), Christa Löser (Betty Kojanke), Hans-Peter Reinecke (Klaus Kürbs), Johannes Wieke (Vater Jennert), Jürgen Trott (Kuno Zack), Uwe Geyer (Lehrer), Jürgen Rothert (Kalle Maschke), Sina Fiedler (Sekretärin), die Kinder Mario Krüger, Jörg Warner, Ralf Schuldt, Dörte Jacobs, Steffen Wussow u.a.

INHALT: Die elfjährige Jella zieht mit ihrer Mutter vom Dorf in ein Neubaugebiet in die Stadt, wo ihr Vater arbeitet. Sie freut sich auf das Neue. Ihr Freund Freitag schenkt ihr zum Abschied ein Pärchen Brieftauben. Das neue Leben jedoch ist für Jella enttäuschend. Der Vater hat wenig Zeit für sie, die anderen Kinder hänseln sie wegen der Tauben, ein Nachbarjunge läßt sie sogar fliegen. Freitag bringt sie zurück. Eines Tages entschließt sich Jella, wieder ins Dorf zu fahren. Doch dort hat sich inzwischen auch einiges verändert, sie fühlt sich fremd. Die Tauben stellt sie bei Freitag ab, der inzwischen andere Freunde gefunden hat. Als sie in die Stadt zurückkommt, sind die beiden Tauben bereits da. Sie wissen, wo ihr Zuhause ist.
ZUM FILM: In den Motiven wies dieser Kinderfilm Parallelen zu Herrmann Zschoches im gleichen Jahr erschienenen Jugendfilm → *Insel der Schwäne* auf, der jedoch wesentlich härter und problembewußter war, und daher auch mit der Zensur zu kämpfen hatte. *Taubenjule* war freundlich und zeigte wenig Problembewußtsein, hielt die Zuschauer aber auch nicht mit Spannung bei der Stange.
ECHO: Auffallend besinnlich das alles vorgeführt, ohne neckische Kindertümelei, wie denn auch die kleine Hauptdarstellerin Jördis Hollnagel ein herber Typ, fern netter Vorstellungen vom niedlichen Filmkind. Manchmal holpert die Dramaturgie etwas: daß zum Beispiel die schon recht heftig gewordenen elterlichen Umzugsmeinungsverschiedenheiten sich mir nichts dir nichts auflösen, läßt ein nicht unwichtiges Handlungsmotiv etwas überraschend beiläufig verschwinden. (H. U., *Neue Zeit*, 8.7.1983)
Hans Kratzert vertraut der Geschichte, die er sorgsam auswählt und genau erzählt, die ganz einfach filmisch sein muß und bei ihm auch ist, überschaubar, bildhaft und poetisch zugleich. (...) Jellas vertraute dörfliche Welt wird liebevoll, idyllisch fast, geschildert – und die neue im Werden und Wachsen, in ihren vielen Möglichkeiten für ihre Bewohner vorgeführt. Kein Gegensatz tut sich da auf, sondern die Vielgestaltigkeit und Unterschiedlichkeit von Lebensformen und Lebensweisen in unserem Land zeichnen sich konturenreich ab. (Hans-Dieter Tok, *Wochenpost* 32/1983)
NEBENBEI: Ruth Reinecke, Jellas Mutter, und Hans-Peter Reinecke, der den Klaus Kürbs spielt, sind Halbgeschwister.

TECUMSEH

RE: Hans Kratzert, SZ: Rolf Römer, Wolfgang Ebeling, DR: Hans-Joachim Wallstein, KA: Wolfgang Braumann, MU: Günther Fischer, SB: Heinz Röske, KO: Joachim Dittrich, SC: Monika Schindler, PL: Heinz Herrmann, GR: KAG »Roter Kreis«, m: 2966 = 109 min, fa, Cine, PJ: 1971/72, PM: 1.7.1972, PM-Ort: Berlin-Grünau, Freilichtbühne Regattastrecke

DA: Gojko Mitic (Tecumseh), Annekathrin Bürger (Eileen), Rolf Römer (Simon), Leon Niemczyk (McKew), Mieczyslaw Kalenik (Brook), Milan Beli (Raffael), Wolfgang Greese (Harrison), Gerry Wolff (Newman), Helmut Schreiber (Procter), Rudolf Ulrich (O'Brian), Rolf Ripperger, Herbert Köfer, Fritz Links, Joe Schorn, Hannes Schönemann u.a.

INHALT: Anfang des 19. Jahrhunderts in Nordamerika. Der gewaltsamen Vertreibung der Indianer haben die Weißen ein neues Mittel hinzugefügt. Sie handeln ihnen ihr Land mit Kaufverträgen ab und drängen sie dadurch immer mehr in die unfruchtbaren Westgebiete. Gouverneur Harrison von Indiana ist der gierigste. Um ihm das Handwerk zu legen, versucht der Shawnee-Häuptling Tecumseh, die Indianer zu vereinen. Es gelingt ihm, einen Stammesbund zu gründen, der das Indianerland zu unverkäuflichem

Gemeineigentum erklärt. Häuptlinge, die dennoch verkaufen, werden getötet. Harrison überfällt 1811 den Hauptsitz der Anhänger Tecumsehs. Die Überlebenden fliehen nach Kanada und schließen sich den Engländern an, die mit Amerika im Krieg liegen, dem sogenannten zweiten Unabhängigkeitskrieg. Die Indianer, Tecumseh in der Uniform eines Brigadegenerals, werden aber von den unterlegenen Engländern im Stich gelassen und in einer Schlacht von den Amerikanern geschlagen. Auch Tecumseh fällt.

ZUM FILM: In seinem einzigen Indianerfilm gibt Hans Krutzert bei allen Abenteuern auch nachdenklichen Tönen Raum und läßt bsiweilen eine schwermütige Stimmung des Untergangs zu.

MEINUNG: Frühere Arbeiten an Indianerfilmen führten mich zu einem intensiven Studium der Geschichte der Indianer, der Geschichte Amerikas. Die Gestalt von Tecumseh, nicht ein üblicher Stammeshäuptling, sondern eine ausgeprägte Führungspersönlichkeit, fesselte mich stark. Er ist eine historisch belegte, progressive Gestalt, dem ein eigener Indianerstaat, ein »Bund der Indianervölker« vorschwebte. So entstand die »Heilige Stadt« Tippecanoe. Dort begann er, die Besten der Stämme zu schulen, lehrte sie, die Waffen besser zu beherrschen und vermittelte ihnen seine fortschrittlichen Ideen. (Drehbuchautor Rolf Römer, *Junge Welt*, 16.11.1971)

ECHO: Regisseur Hans Kratzert, der erstmalig im Bereich der Indianerfilme Regie führt, und Wolfgang Braumann an der Kamera nutzen alle Möglichkeiten des Drehbuchs für eine differenzierte Menschendarstellung und für eine dynamische, aktionsharte Bildsprache. Die »Familienprobleme« erscheinen weniger dicht und schlüssig als die rhetorischen und die unmittelbar kriegerischen Auseinandersetzungen, in denen die Kamera künstlerisch ausgewogene Lösungen erreicht. Die abschließende Kampfszene im Purpur-Gegenlicht der untergehenden Sonne weitet den Blick des Zuschauers über den historischen Zeitraum hinaus und lenkt ihn auf ähnliche imperialistische Massaker in der Gegenwart. (Heinz Hofmann, *Nationalzeitung*, 5.7. 1972)

Das also ist die Geschichte des großen Häuptlings, der Shakespeare kannte, Rousseau gelesen hatte und von Napoleon wußte: Tecumseh, der Spartacus seines Volkes. Rolf Römer und Wolf-

gang Ebeling erzählen davon im ersten Teil ihres dialogreichen Drehbuchs überaus gebildet. Und Gojko Mitic spielt den Helden mit Gelassenheit, Würde und Sensibilität in der Liebe zu einem weißen Mädchen. Er sitzt gut zu Pferde, bewahrt Haltung und bekommt sogar zärtlichen Glanz in die Augen, wenn er Tecumsehs Gefühlen Ausdruck verleiht. (...) So wandelt sich ein philosophischer Dialogfilm über die aktionsreiche Römer-Story zum großen Schlachtengemälde, sucht die Regie drei verschiedene Stilelemente zu bündeln wie Tecumseh dereinst die Stämme seiner Heimat, und Regisseur Hans Kratzert teilt das Schicksal seines Helden wenigstens symbolisch: Er findet trotz redlichen Mühens nicht zur Einheit. (Georg Antosch, *Der Neue Weg*, 21.7.1972)
Ein DEFA-Frühwestern, der in seinem kräftigen, persönlichen und engagierten Ton fast die Faszination von Fritz Steubens berühmten Tecumseh-Büchern erreicht. (Joe Hembus, *Western-Lexikon*, 1976)
NEBENBEI: Die Aufnahmen mit der Indianerhauptstadt Tippecanoe entstanden auf der Halbinsel Krim in 1000 m Höhe, rund dreißig Kilometer von Jalta entfernt mit Unterstützung von Mosfilm, Moskau. Es war Februar, und die Temperaturen lagen um den Gefrierpunkt. Szenenbildner Heinz Röske hatte über 30 Tippis, Iglus und Hütten aufbauen lassen, und die Lagerfeuer waren bei allen Team-Mitgliedern zum Aufwärmen sehr begehrt. Auch der Überfall auf Eileens Planwagen wurde auf der Krim gedreht. Allerdings agierte bei der gefährlichen Szene ein Kaskadeur in Frauenkleidern anstelle von Annekathrin Bürger. Andere Aufnahmen wurden mit Hilfe der rumänischen Buftea-Film in den Karpaten gedreht. Ein großer Teil der Nachtaufnahmen sind als »amerikanische Nacht« gedreht worden, also mit besonderen Filtern bei Tageslicht, so daß Nachtstimmungen entstehen. Der große Mond ist also in Wirklichkeit die Sonne.

TEMPEL DES SATANS

(DFF-Auftragsproduktion)

RE: Georg Leopold, BU: Wolfgang Schreyer, Georg Leopold, LV: Gleichnamiger Roman von Wolfgang Schreyer, DR: Günter Kaltofen, KA: Erwin Anders, MU: Helmut Nier, SB: Alfred Schulz, KO: Rosemarie Wandelt, SC: Ursula Zweig, PL: Erich Albrecht, P: DEFA für DFF, m: 6677 = 242 min, sw, no, PJ: 1961, SD: 1.–4.3.1962, AD: 4.1., 25.1., 1.2.1963
DA: Bruno Carstens (Pit Nordfors, Chefreporter), Franz Kutschera (Howard Dumont, Zeitungsboß), Christine Laszar (Monique Dumont, die Tochter), Beate Hanspach (Susan Taylor, Fotomodell), Walter Lendrich (Joe Maldy), Horst Schulze (Ed Quinlan), Karl-Heinz Weiß (Albert Lee), Wolf Kaiser (Phil Rank), Johannes Arpe (Hendrik Vanberg), Hans Finohr (Roland Varnay), Fred Mahr (David Combs), Erhard Köster (Bunny King), Gisela May (Melitta King), Heinz Suhr, Norbert Christian, Erich Gerberding, Siegfried Kilian, Hans Knötzsch, Heinz Schröder, Gerd Ehlers, Wolfgang Sasse, Hans-Dieter Schlegel, Peter Herden, Gerhard Rachold, Sylva Schüler, Ivan Malré u.a.
INHALT: Der abenteuerliche Dreiteiler erzählt von dem aufrechten Journalisten Pit Nordfors. Im ersten Film werden die Journalisten Monique und Nordfors Zeugen eines Flugzeugunglücks auf einem Testgelände und stellen fest, daß der Test nicht hatte durchgeführt werden können, da die Konstruktion noch nicht ausgefeilt war. Ihr Herausgeber weigert sich, den Artikel zu drucken. Im zweiten Teil wird Nordfors' Flug-

zeug auf dem Flug nach Brasilien von einer Militärmaschine gerammt. Nordfors steuert sie für den toten Piloten zurück nach New York. Er schreibt noch in der Luft den Sensationsbericht, um auch seine anderen Recherchen zu veröffentlichen. Im dritten Film zögert er die Landung hinaus und fliegt mit der beschädigten Maschine nach Miami. Er will die Zeit für die Veröffentlichung seiner Materialien nutzen, was die Agentur Conti-Press verhindert. Auf dem Flughafen wird Nordfors verhaftet. (*Lexikon des internationalen Films*)

ZUM FILM: Der spannende Dreiteiler gehörte zu Beginn der sechziger Jahre zu den »Straßenfegern« und wurde – im Gegensatz zu anderen Mehrteilern, die gekürzt ins Kino kamen – nach einem Jahr in vollständiger Länge auf die Leinwand gebracht.

ECHO: Die Szenerie, das Milieu wirken nicht echt, hier hätte sich das Studium amerikanischer Streifen gelohnt. Wenn ein Film »ankommen« soll, muß er stimmen. (...) Der Regie und der Kamera muß bescheinigt werden, den Schlußteil dieses Streifens publikumswirksam ins Bild zu bringen. Die hektische Atmosphäre vor allem der Journalisten-Szenen ist weithin überzeugend getroffen. Die Spannung wird – wenn auch mit reißerischen Mitteln – anregend gesteigert, so daß die oberflächlich-schematische Zeichnung einzelner Typen weniger ins Gewicht fällt als in den vorangegangenen Filmteilen. (Aus der Filmbesprechung für den innerkirchlichen Gebrauch in der Katholischen Kirche der DDR, 1963)

NEBENBEI: In der umfangreichen Besetzung wirkte auch Regisseur Georg Leopold, eigentlich Schauspieler, als Jessup mit. Der Regieassistent und später erfolgreiche Fernsehregisseur Klaus Grabowsky spielte einen Navigator, und Maskenbildner Otto Banse trat als ein Maskenbildner vor die Kamera. Hauptdarsteller Bruno Carstens war damals auf dem Höhepunkt seiner Popularität, die er vor allem mit der Rolle des Hauptmann Wernicke in der Krimi-Serie *Blaulicht* auf Jahre halten sollte. Seine Partnerin Beate Hanspach verfolgte ihre Schauspielkarriere nicht und wurde eine der erfolgreichsten Dramaturginnen auf dem Gebiet des Kinderfilms, während die damals achtzehnjährige Dorit Gäbler, hier noch in der kleinen Rolle einer Stewardess, eine beachtliche Karriere begann.

TERRA INCOGNITA

RE: Hanns Anselm Perten, BU: Kuba, Willi Brückner, LV: Gleichnamiges dramatisches Poem von Kuba, DR: Willi Brückner, KA: Siegfried Hönicke, MU: Günter Kochan, SB: Heinz Leuendorf, KO: Helga Scherff, SC: Helga Emmrich, PL: Heinz Kuschke, GR: KAG »Heinrich Greif«, m: 2984 = 109 min, s/w, PJ: 1964, AD: 7.5.1965

DA: Ralf Borgwardt (Max Koller), Monika Tews (Helga Stüwe), Gerd Micheel (Gerd Raspe), Wilhelm Koch-Hooge (Dr. Rudolf Grebe), Hermann Wagemann (Wilhelm Zarge), Alexander Hwylja (Wassili Juschin), Christine van Santen (Dr. Ingeborg Saupe), Rudolf Ulrich (Mahlzahn), Fritz Bartholdt (Mustafa), Horst Ziethen (Jörn), Peter Bause, Senta Bonacker, Anneliese Matschulat, Hans Klering, Wolfgang Arnst u.a.

INHALT: Nach zehnjähriger harter Arbeit sind die Erdölbohrungen in der DDR endlich von Erfolg gekrönt. Im Frühjahr 1961 werden die Kumpel in Mecklenburg fündig, trotz aller Voraussagen, daß es hier kein Öl gäbe. Als der Bohrer, von Bohrmeister Max Koller aufgrund überhöhter Planvorgaben zu schnell in die Tiefe getrieben, auf Öl stößt, gerät das Unternehmen

in große Gefahr. Das darüber liegende Erdgas droht den gesamten Bohrturm mit 400 atü in die Luft zu jagen. In einem unermeßlichen Kraftakt, der zehn Tage und zehn Nächte währt, können die Erdölarbeiter mit Unterstützung sowjetischer Spezialisten und Hunderter freiwilliger Helfer aus der Umgebung die Gefahr bannen – und entlarven gleichzeitig westdeutsche Saboteure.
ZUM FILM: Das Produktionsstück des Parteidichters Kuba (Kurt Barthel) wurde vom Rostocker Generalintendanten Hanns Anselm Perten, der die Uraufführung inszeniert hatte, für den Film adaptiert. Seine einzige Filmregie wurde des »großen Themas« wegen mit viel Propaganda angekündigt, enttäuschte aber durch Theaterhaftigkeit.
ZITAT: Große Reichtümer birgt die unerforschte Erde – größere Reichtümer birgt in sich der unerforschte Mensch. (Kuba)
ECHO: Was auf der Bühne richtig und nötig war, viele Vorgänge dem Zuschauer im Dialog mitzuteilen, wird auch im Film mit Worten gesagt, anstatt es mit der dem Film eigenen Bildsprache auszudrücken. (...) Hier muß man auch der Kamera Siegfried Hönickes seltene Einfallslosigkeit bescheinigen. (Hans Joachim Göring, *Bauernecho*, 28.4.1965)
Die Schwierigkeit, eine nicht besonders filmgerechte Vorlage optisch eindringlich, im Bildhaften den Versen Kubas adäquat zu gestalten, wurde nicht bewältigt. Vieles bleibt illustrativ, es fehlt den Szenen an Dynamik, an Spannung; die erregende und erregte Atmosphäre einer von Explosionsgefahr bedrohten Bohrung wird nicht lebendig. Dabei sind einige Massenszenen des in Totalvision gedrehten Films durchaus sehr wirksam arrangiert. (H. U., *Neue Zeit*, 9.5.1965)
Was diesen Film so unglaubwürdig macht, ist weniger seine propagandistische Tendenz als vielmehr seine zum Heldensang zurechtgebogene Belanglosigkeit. So spärlich die Handlung, so spärlich sind auch die Momente echter Dramatik. Die Diskrepanz zwischen jambisch und trochäisch feiernder Verssprache und der optisch grauen Unfeierlichkeit eines sozialistisch-realistischen Arbeitermilieus trägt ebenso zur Unglaubwürdigkeit dieses Films bei wie die Story selber. (Godehard Lietzow, *Tagesspiegel*, 6.6.1965)
NEBENBEI: Hanns Anselm Perten, der in mehreren DEFA-Filmen spielte, war mit Christine van Santen verheiratet, die hier als Dr. Saupe zu sehen ist.

DER TEUFEL VOM MÜHLENBERG
RE: Herbert Ballmann, BU: Kurt Bortfeldt, Anneliese Probst, DR: Walter Schmitt, KA: Götz Neumann, MU: Joachim Werzlau, BA: Karl Schneider, KO: Walter Schulze-Mittendorf, TR: Ernst Kunstmann, SC: Lieselotte Johl, PL: Hans-Joachim Schoeppe, m: 2366 = 87 min, fa, AT: Der steinerne Mühlmann, PJ: 1954, PM: 7.4.1955, PM-Ort: Berlin, »Babylon«/»DEFA-Filmtheater Kastanienallee«
DA: Eva Kotthaus (Anne), Hans-Peter Minetti (Jörg), Willy A. Kleinau (Mühlmann), Werner Peters (Schulze Bangebös), Gerhard Frei (Burgvogt Raufer), Heinz Kammer (Ratte, der Kriegsknecht), Johannes Arpe (Schmied Anselm), Josef Stauder (Knecht Konrad), Gertrud Paulun (Magd Marie), Alfred Maack (Grauer Köhler), Hans Klering, Lotte Loebinger, Kurt Ulrich, Trude Brentina, Willi Semmelrogge u.a.
INHALT: Nach einer Sage aus dem Harz steckte irgendwann im Mittelalter ein brutaler gieriger Mühlmann zusammen mit dem Burgvogt und dem Dorfschulzen eine Waldmühle in Brand, zu

der die Bauern ihr Korn brachten. Fortan sollen sie nur noch in seiner Mühle mahlen, und er diktiert die Bedingungen. Anna, die auf dem Mühlhof arbeitet, kommt dem Verbrechen auf die Spur, und gemeinsam mit dem mutigen Jörg faßt sie den Plan, heimlich die abgebrannte Mühle wieder aufzubauen. Unterstützt von den Köhlern, den guten Geistern des Waldes, und den Bauern des Dorfes gelingt das Vorhaben. Die nächste Ernte wird wieder in der alten Mühle gemahlen, und der finstere Müller geht leer aus. Als er in rasender Wut Rache üben will, greifen die Köhler ein und verwandeln ihn in ein steinernes Standbild.
ZUM FILM: Seit Ende 1953 war Herbert Ballmann Leiter der neugeschaffenen Kinder- und Jugendproduktionsgruppe der DEFA. Mit der Sage, der eine gewisse revolutionäre Kraft innewohnte, drehte Ballmann seinen zweiten Kinderfilm, der vor allem durch seine Tricks eine hohe Wirkung hatte.
ECHO: Der Regisseur Herbert Ballmann hat mit viel Erfolg neue Wege in der künstlerischen Gestaltung unserer deutschen Vergangenheit beschritten. Ihm gelang es, einen Film zu schaffen, der echte nationale Züge trägt: das sind wirklich deutsche Landschaften, deutsche Menschen. (...) Diese Menschen erinnern mich unmittelbar an Gestalten von Hans Sachs und Albrecht Dürer. Ich wüßte keinen neuen deutschen Film zu nennen, wo ähnliches bereits so gut gelungen ist. (...) Das sind Menschen von Fleisch und Blut, handfest, tüchtig, ernst, klug und liebevoll, die besten Züge unseres Volkes verkörpernd. (Hermann Kähler, *Junge Welt*, 15.4.1955)
Aus der Unwahrscheinlichkeit des sagenhaften Geschehens wächst die höhere Wahrhaftigkeit des Märchens. Nach dem Wieso und Warum, wie sich denn eins zum anderen füge, brauchen wir nicht allzu pedantisch zu fragen – wir unterwerfen uns der Sage und dem Blendwerk des Films; Wir tun's gern, denn dieser effektvolle DEFA-Film, der mit Zauberei und Dämonie nicht spart, ist an keiner Stelle langweilig oder unfreiwillig komisch, zumal auch imponierende schauspielerische Leistungen zu beachten sind. (Carl Andrießen, *Weltbühne* 17/1955)
NEBENBEI: Der Darsteller des Burgvogts Raufer, Gerhard Frei, war Bassist an der Komischen Oper bei Walter Felsenstein und ein in ganz Europa gefragter Opernsänger. Gelegentlich übernahm er auch komödiantische Filmrollen.

DER TEUFELSKREIS

RE: Carl Balhaus, BU: Carl Balhaus, LV: Gleichnamiges Schauspiel von Hedda Zinner, DR: Horst Reinecke, KA: Hans Hauptmann, MU: Günter Klück, BA: Herbert Nitzschke, KO: Luise Schmidt, SC: Ursula Kahlbaum, PL: Paul Ramacher, m: 2814 = 103 min, s/w, PJ: 1955, PM: 13.1.1956, PM-Ort: Berlin, »Babylon«/»DEFA-Filmtheater Kastanienallee«
DA: Jochen Brockmann (Georgi Dimitroff), Kurt Steingraf (Wilhelm Lühring, sozialdemokratischer Abgeordneter), Erika Dunkelmann (Marta, seine Frau), Horst Naumann (Paul, sein Sohn), Irma Münch (Herta Ring, Journalistin), Fred Delmare (Van der Lubbe), Horst Koch (Göring), Albert Garbe (Röhm), Siegfried Weiß (Hanussen), Hans-Peter Thielen (Graf Helldorf), Peter Herden (Ernst), Harry Hindemith (Walter Rottstock), Herbert Köfer, Gerry Wolff, Ernst Kahler, Rolf Ludwig, Heinz Kögel, Günter Grabbert, Günther Ballier, Horst Preusker u.a.
INHALT: Während der Hellseher Hanussen das Brennen eines großen Gebäudes prophezeit, wer-

den von Nazifunktionären die letzten Absprachen zu einem Verbrechen getroffen, das der Kommunistischen Partei zugeschoben werden soll: der Reichstagsbrand am 27. Februar 1933. Die konstruierte Anschuldigung dient den Faschisten als Grund für Massenverhaftungen von Kommunisten und anderen. Der propagandistisch aufgezogene Gerichtsprozeß verkehrt sich allerdings ins Gegenteil. Der kommunistische Exil-Bulgare Georgi Dimitroff macht seine Verteidigung zu einer beeindruckenden Anklage der Faschisten und überführt sie vor den Augen der Weltöffentlichkeit der Brandstiftung. Ausgehend von Dimitroffs Mut bekennt sich nun auch der schwankende sozialdemokratische Reichstagsabgeordnete Lühring zur antifaschistischen Aktionseinheit. Seine neue Einsicht aber muß er im KZ mit dem Tode bezahlen.
ZUM FILM: Nach Gustav v. Wangenheims im Moskauer Exil entstandenen *Kämpfer* stand hier nach einem an der Berliner Volksbühne uraufgeführten Stück zum zweiten und durchaus nicht letzten Mal (→ *Amboß oder Hammer sein*, → *Die Mahnung*) der Reichstagsbrandprozeß im Mittelpunkt eines Spielfilms. Für den Schauspieler und Bühnenregisseur Carl Balhaus war es die erste Filmregie, die besonders in den dichten Gerichtsszenen den erfahrenen Schauspielregisseur verriet.
ECHO: Es ist dem Drehbuchautor und Regisseur Carl Balhaus vor allem gelungen, keines jener schematisch verfilmten Leinwandbühnenstücke zu machen, wie es die Kritik in anderen Fällen feststellen mußte. Die Handlungsschauplätze sind wirksam erweitert, die Darstellerführung ist sauber und klar, Umstellung und Neueingliederung etlicher Szenen sind geschickt bewältigt. Freilich mußte manche uns liebgewordene Phase, manche wichtige Wortpassage dem Stift oder der Schere zum Opfer fallen. (Peter Edel, *BZ am Abend*, 19.1.1956)
Es ist unzweifelhaft gelungen, einen großen Teil des historischen wie des Bühnengeschehens ins Filmische umzusetzen. Das gilt vor allem für den eigentlichen Vorgang der Brandstiftung und für die Alarmierung der bereits für die bevorstehenden Massenverhaftungen bereitstehenden SA-Horden. Das ist spannend, das ist Film. Auch die Proportionen zwischen faschistischem Terror und der anderen, menschlichen Seite der Hitlergegner sind gut verteilt. Man ist der Gefahr, ersteren überzubetonen, entgangen, eindeutig überwiegt das Positive, Ethische, Moralische. (Karl-Eduard v. Schnitzler, *Filmspiegel* 3/1956)
Man kann den Eindruck gewinnen, als habe der Film gerade einige der Möglichkeiten ungenutzt gelassen, die nun einmal der Film der Bühne voraus hat. Zwar verwendet Balhaus gut gewählte dokumentarische Wochenschau-Streifen aus jenen Tagen, pointiert durch eine trefflich karikierende Musik Günther Klücks, aber vielleicht wäre noch mehr zu geben gewesen, was den ganzen Komplex der gesellschaftlichen Wirklichkeit des Deutschlands von 1933 ausmachte. (C. A., *Weltbühne* 4/1956)
NEBENBEI: Die Rolle des Marinus van der Lubbe brachte Fred Delmare den Durchbruch als Filmschauspieler. Er hatte die Rolle schon am Leipziger Schauspielhaus gespielt.

THEATER UM OTHELLO
→ *Anhang C*

THOMAS MÜNTZER
RE: Martin Hellberg, SZ: Friedrich Wolf, DR: Horst Reinecke, KA: Götz Neumann, MU: Ernst Roters, BA: Otto Erdmann, KO: Gerhard Kaddatz, Elli-Charlotte Löffler, SC: Lieselotte Johl, PL: Paul Ramacher, m: 3670 = 135 min, fa, PJ: 1955/56, PM: 17.5.1956, PM-Ort: Berlin, Volksbühne
DA: Wolfgang Stumpf (Thomas Müntzer), Margarete Taudte (Ottilie von Gersen), Wolf Kaiser (Schwabenhannes), Martin Flörchinger (Heinrich Pfeiffer), Wolfgang A. Kaehler (Markus Stübner), Heinz Gies (Hans Buss), Ruth-Maria Kubitschek (Bärbel Buss, seine Schwester), Albert Garbe, Maly Delschaft (Bauer Barthel u. Frau), Hansjoachim Büttner (Veit, ein Bergknappe), Hans W. Hamacher, Doris Thalmer (Apel Wynmeister u. Frau), Fritz Diez, Walter Jupé, Rolf Ludwig, Friedrich Richter, Fred Diesko, Peter Herden, Gerhard Bienert, Albert Hetterle u.a.
INHALT: Der Film schildert das Schicksal des Pfarrers Thomas Müntzer, der zum Führer und Ideologen der Reformation im Deutschland des 16. Jahrhunderts wird. 1523 kommt er mit seiner Frau Ottilie ins thüringische Allstedt, um eine Pfarrstelle zu übernehmen. Mutig tritt er für die Lehre Luthers ein, aber während dieser sich von

den Volksmassen abwendet, wird Müntzer zu deren Sprecher. Er muß nach Süddeutschland fliehen, schließt sich dort den aufständischen Bauern an, aber es zieht ihn wieder nach Thüringen. In Mühlhausen stößt er zu Heinrich Pfeiffer, mit dem er die Stadt 1525 zum Zentrum der thüringischen Bauernerhebungen macht. Doch es kommt zum Konflikt mit den Bauern und Handwerkern, die nicht begreifen, daß ihre einzelnen Aktionen zu einer großen nationalen Erhebung zusammengeführt werden müssen, um erfolgreich zu sein. Müntzer geht nach Frankenhausen, wo sich ein führerloses Bauernheer versammelt hat. Der Verrat beginnt in den eigenen Reihen. Nach der Niederlage gegen das Fürstenheer wird Müntzer gefangengenommen und hingerichtet. Seinen Mitstreitern hinterläßt er die Aufforderung, sich nun mit den Brüdern am Rhein und Main zu verbünden. Ganz Deutschland müsse ins Spiel kommen: »Die Bösewichter müssen dran.«
ZUM FILM: Friedrich Wolf war noch selbst vor seinem Tode 1953 an der Vorbereitung dieses Projektes beteiligt, das vom Politbüro der SED mit großer Aufmerksamkeit und »helfenden Hinweisen« verfolgt wurde. Eine wichtige Frage war, wie der Gestalt Martin Luthers zu begegnen sei, der doch die Bauern verraten habe. Letztlich wurde Luther aus dem Film herausgeschrieben. Trotzdem zeigt der Film in vielen Punkten eine historische Genauigkeit. Das monumentale Werk mit 169 Schauspielern und etwa 5000 Kleindarstellern (darunter hunderte Komparsen aus den Reihen der Volkspolizei) entstand in der Rekordzeit von 83 Drehtagen.

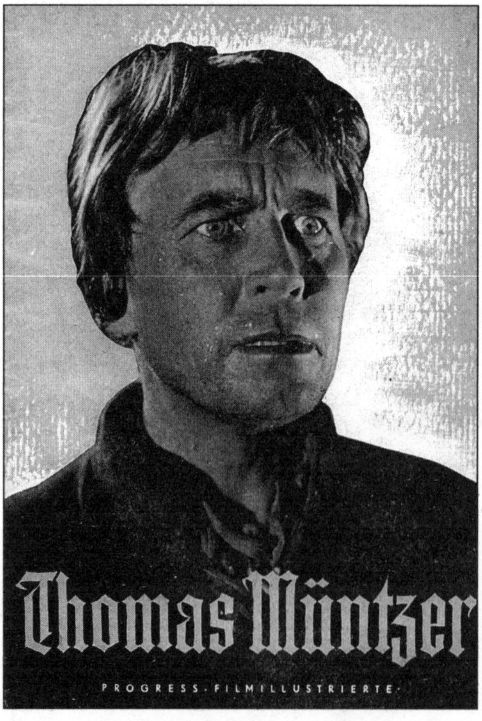

ZITAT: Wenn auch das tragische Ende der ersten deutschen Volkserhebung tief erschüttert, so bleibt nach diesem Film in uns doch ein Gefühl des Stolzes. Thomas Müntzer hat nicht umsonst gelebt. Wir haben in unseren Tagen sein Werk vollendet. (Martin Selber, *Progress-Filmillustrierte* 42/1956)
ECHO: Was hat Hellberg getan, um aus dem Drama einen Film zu machen? Er hat Schauplätze erweitert, hat mit Hilfe des Kameramannes die Konflikte des Dramas filmisch verdeutlicht, hat die Schlacht bei Frankenhausen mit all der tönenden und farbigen Pracht, deren der Film fähig ist, auf die Leinwand geworfen, und hat eine Schlußszene gedreht, die das Weiterwirken der revolutionären Traditionen des Bauernkrieges symbolisieren soll. (Hermann Otto, *Forum* 9/1956)
Die Verkörperung des Thomas Müntzer durch Wolfgang Stumpf ist eine schlechthin hervorragende Leistung. Es ist eine menschlich tief erschütternde Darstellung des Ecce homo, aus jeder Miene, aus jeder Geste spicht dies: Siehe, ein Mensch; wenn auch in der zweiten Hälfte des Films dieser reine Mensch, der theologische Denker zu stark vor den revolutionären Kämpfer tritt. (Dr. M. S., *Der Freie Bauer* 22/1956)
Der mit beträchtlichem Aufwand in einem pathetischen Monumentalstil gedrehte, streckenweise recht wirkungsvolle Film verzichtete nicht auf aktuelle Anspielungen. So schließt er mit der als Müntzers Vermächtnis wiedergegebenen zeitbezüglichen Aufforderung, die im Film an die Bauernkrieger gerichtet ist: »Ihr müßt den Brüdern überm Main die Hand reichen – ganz Deutschland muß ins Spiel kommen!« (Heinz Kersten, *Das Filmwesen in der Sowjetischen Besatzungszone Deutschlands*, 1963)
NEBENBEI: Der Hamburger Schauspieler Wolfgang Stumpf, seit 1940 mit Martin Hellberg kollegial befreundet, gab mit dem Müntzer sein vielbeachtetes Filmdebüt.

Filmtext: Thomas Müntzer. Literarisches Szenarium von Friedrich Wolf. In: Deutsche Filmkunst 1954/2. Außerdem in: Friedrich Wolf: Filmerzählungen. Berlin: Aufbau-Verlag 1959.

TIEFE FURCHEN

(Co-Produktion mit dem Deutschen Fernsehfunk)
RE: Lutz Köhlert, BU: Helmut Sakowski, Lutz Köhlert, LV: Gleichnamiger Roman von Otto Gotsche, DR: Gerhard Hartwig, Helga Korff-Edel, KA: Roland Gräf, MU: Karl-Ernst Sasse, SB: Werner Zieschang, KO: Helga Scherff, SC: Monika Schindler, PL: Hans Mahlich, Dorothea Hildebrandt, GR: KAG »Roter Kreis«, m: 2260 = 83 min, s/w, PJ: 1965, SD: 2.9.1965, AD: 3. 9. 1965 (Progreß)
DA: Erwin Geschonneck (Roter Schuster), Karl Kendzia (Hübner), Gudrun Ritter (Agnes), Hans Hardt-Hardtloff (Gebhardt), Helga Raumer (Frau Gebhardt), Kaspar Eichel (Georg), Kurt Kachlicki (Arthur), Ellinor Vogel (Frau Winter), Renate Krößner (Marianne), Katja Paryla (Edith), Lissy Tempelhof, Marianne Wünscher, Katja Kuhl, Fred Delmare, Rudolf Ulrich u.a.
INHALT: Nach zwölf Jahren KZ-Haft kommt der »Rote Schuster« im Mai 1945 in sein Dorf zurück. Als neuer Bürgermeister nimmt er den Aufbau einer demokratischen Ordnung in Angriff. Er stößt auf den Widerstand alter Nazis, aber auch auf die Bereitschaft vieler, einen Neuanfang zu wagen. Gebhardt, ein Angestellter auf dem Hof des Großbauern und Kriegsverbrechers Winter, gehört zu letzteren. Er trägt schwer an seiner Schuld – auch weil er sich damals die Kate des Schusters angeeignet hat. Doch dieser vertraut ihm und überträgt ihm die Verwaltung des enteigneten Winter-Hofs. Gebhardts Sohn Georg, mit dem Winter-Hof-Sohn Arthur befreundet und noch immer im Geiste des Faschismus befangen, verachtet deshalb den Vater. Erst ein verbrecherischer Anschlag Arthurs bringt ihn zur Einsicht.
ZUM FILM: Der spannungsvoll inszenierte Film über Schicksale während der Bodenreform geriet wegen einiger drastischer Szenen auf dem 11. Plenum des ZK der SED in die Kritik und verschwand schnell von der Bildfläche. Autor Helmut Sakowski hatte zu denjenigen Künstlern gehört, die auf dem 11. Plenum kritische Töne angeschlagen hatten.
ZITAT: Das, was wir gestern gesehen haben in diesem Film, das ist doch der letzte Dreck, das hat's doch noch nie gegeben! (...) Ja, liebe Genossen, wenn ich gewußt hätte, was für eine *widerliche* Bettszene dort kommt, hätte ich meine Tochter das nicht gucken lassen! (Inge Lange, Mitglied des ZK der SED, auf dem 11. Plenum 1965)
ECHO: Lebensstoff die Fülle wird in diesem Film verarbeitet, er zeigt Schicksale, in denen die Bitterkeiten menschlichen Seins bis zur Neige gekostet werden. Konflikte, so hart und unerbittlich, daß man um die Möglichkeiten des Menschen zum Schönen und Guten bangt. Dann aber wird dieser Lebensstoff in die Gefühlsschablone kitschiger Bauerndramatik gepreßt und in der Überhitzung der Gefühle und Reaktionen besonders junger Menschen kein Maß gehalten, die Musik untermalt in schaurig-schöner Expressivität Szenen von Liebe und versuchter Notzucht, Alkoholismus und Mord, über deren Geschmack sich nicht mehr streiten läßt. (Christoph Funke, *Morgen*, 9.9.1965)
NEBENBEI: Die damals neunzehnjährige Renate Krößner, die fünfzehn Jahre später mit → *Solo Sunny* zum Star wurde, spielte hier ihre erste größere Rolle.

DIE TIGERIN

(Co-Produktion)
RE: Karin Howard, BU: Karin Howard, LV: Nach Motiven des Romans von Walter Serner, KA: Lothar Elias Stickelbrucks, MU: Loek Dikker, Michael Basden, Karl-Ernst Sasse, SB: Dieter Adam, KO: Ingrid Zoré, SC: Norbert Herzner, PL: Volkmar Leweck, m: 2722 = 100 min, fa, PJ: 1991/92, PM: 15.10.1992, PM-Ort: Berlin, »Filmpalast«, CO: Cine Vox Filmproduktion GmbH, München; Dieter Geissler Filmproduktion GmbH, München
DA: Valentina Vargas (Pauline), James Remar (Andrei), Hannes Jaenicke (Harry), Belinda Mayne (Elsy), Ferdy Mayne (Österreichischer Graf), George Peppard (Sid Slaughter), Arne Nannestaad (Pat Cooper), Lutz Stückrath (Taxifahrer), Marcus Bier (Walter Serner), Götz Hellriegel (Max) u.a.
INHALT: Im Berlin der wilden zwanziger Jahre ist die hübsche Pauline der Star im Nachtclub »Exil«. Sie ist darauf bedacht, ihre Unabhängig-

keit zu wahren und blamiert den Unterwelt-Boß Harry, der sie besitzen will, vor aller Augen. Sie zieht mit einem Fremden ab: Andrei, ein Amerikaner russischer Abstammung. Ein Hochstapler, der anderen das Geld aus der Tasche holt. Pauline verliebt sich in ihn und verrät Harry an die Polizei, um ihn loszuwerden. Mit Andrei flüchtet sie vor Harrys Rache nach Karlsbad, wo sich die beiden als adliges russisches Ehepaar ausgeben. In der luxuriösen Gesellschaft plant Andrei einen Coup. Pauline soll sich vom amerikanischen Öl-Baron Sid Slaughter verführen lassen, Andrei will ihn dann zum Duell auffordern und sich statt dessen gut bezahlen lassen. Pauline, die an der Liebe Andreis zweifelt, flieht mit einem Rennfahrer. Auch Andrei muß fliehen, wegen der unbezahlten Hotelrechnung. Noch einmal läßt das Schicksal ihre Wege kreuzen, und Harry gibt seiner Rache freien Lauf.
ZUM FILM: Die Debütantin Karin Howard hatte für ihre Adaption des Dadaisten Walter Serner ein Budget von 6, 5 Mill. Dollar zur Verfügung.
ECHO: Der Anfangsverdacht allseitiger Stümperei verdichtet sich zur Gewißheit, wenn man dem Treiben der Hauptdarsteller eine Weile zugesehen hat: ist Valentina Vargas als verruchte Halbweltdame nur blaß und langweilig, so agiert James Remar als ihr abgewrackter Lover hart an der Grenze des Chargierens, eine Grenze, die der wild in der Gegend herumfuchtelnde Hannes Jaenicke in der Rolle eines finsteren Zuhälters dann weit hinter sich läßt. (Dieter Bertz, *Neues Deutschland*, 15.10.1992)
Einzig die Berliner Szenen, gedreht übrigens in den Babelsberger DEFA-Studios und Potsdams Altstadt, transportieren manchmal einen Hauch der schräg bizarren, halb grotesken Serner-Atmosphäre. (Johannes Prell, *Neue Zeit*, 17.10.1992)
NEBENBEI: Ferdy Mayne, der in → *Der Schwur des Soldaten Pooley* seine erste deutsche Filmrolle spielte, agiert hier in einem seiner letzten Filmauftritte neben seiner Tochter Belinda.

TILL EULENSPIEGEL

RE: Rainer Simon, RE-Ass.: Jürgen Klauß, BU: Rainer Simon, MI: Jürgen Klauß, LV: Deutsches Volksbuch und Filmerzählung von Christa und Gerhard Wolf, DR: Manfred Wolter, KA: Claus Neumann, MU: Friedrich Goldmann, SB: Gerhard Helwig, KO: Werner Bergemann, SC: Helga Gentz, PL: Martin Sonnabend, GR: AG »Babelsberg«, m: 2847 = 104 min, fa, brw, PJ: 1973/74, PM: 22.5.1975, PM-Ort: Berlin, »Kosmos«
DA: Winfried Glatzeder (Till Eulenspiegel), Cox Habbema (Rosine), Franciszek Pieczka (Ritter Kunz), Eberhard Esche (Fürst), Jürgen Gosch (Kaiser), Hans Teuscher (Hochstätter), Walter Bechstein (Diener bei Kunz), Michael Gwisdek (Landsknecht bei Kunz), Marylu Poolman (Fürstin), Horst Lebinsky (Maler), Werner Dissel (Scholastiker), Friedo Solter (Jobst), Victor Deiß, Helmut Schreiber, B. K. Tragelehn, Gert Gütschow, Gerry Wolff, Dieter Montag, Helmut Straßburger, Annette Roth u.a.
INHALT: Am Vorabend des Bauernkrieges zieht Till durch die Lande, ein Narr und Provokateur, der die gesellschaftlichen Mißstände bloßstellt. Die weltlichen wie geistlichen Mächtigen sucht er mit deren eigenen Mitteln zu schlagen, den einfachen Leuten versucht er die Augen zu öffnen. Er kommt auf die Burg des anachronistischen Ritters Kunz, spielt erst den Narren, um sich dann mit ebenso groben Mitteln, wie Kunz sie anwendet, aus der Affäre zu ziehen. Am Hof des Fürsten Heinrich übernimmt er die Ausmalung eines Festsaals. Er läßt sich monatelang gut beköstigen und präsentiert dann seine wüste Farbenorgie als Kunst, die nur der verstehen kann, der des rechten Glaubens sei. Er kommt davon, um am Kaiserhof in die nächste gefährliche Situation zu geraten. Durch einen scharfsinnigen Disput mit den dogmatischen Professoren erlangt er die Gnade des Kaisers, entgeht dem Galgen knapp und wird des Landes verwiesen.
ZUM FILM: Seit Bertolt Brecht und Günther Weisenborn 1948 planten, das Volksbuch von Till Eulenspiegel zu bearbeiten und gegebenenfalls mit Hans Albers auf die Leinwand zu bringen, begleitete der Stoff die DEFA-Dramaturgen lange Zeit. In Co-Produktion mit Frankreich entstand die Filmadaption des De-Coster-Stoffes, und im DEFA-Trickfilmstudio Dresden wurden einzelne Eulenspiegel-Streiche als Puppentrickfilm umgesetzt. Christa und Gerhard Wolf nahmen das Volksbuch um 1970 zum Ausgangspunkt für ein Filmszenarium, das in zwei Teilen ein philosophisch durchdrungenes Panorama entwarf. Rainer Simon wurde der Stoff frühzeitig, während er noch → *Sechse kommen durch die Welt* drehte,

angeboten. Die Dreharbeiten zu den beiden Teilen mit den Titeln »Die List der Schwachen« und »Die Kunst des Narren« sollten im Frühjahr 1973 mit einem ausgewählten Darstellerensemble, zu dem neben Winfried Glatzeder und Franciszek Pieczka auch Maja Komorowskaja, Anatoli Solonizyn und Otar Iosseljani gehörten, beginnen. Sechs Wochen zuvor wurde das Projekt aus ökonomischen Gründen gestoppt. Simon und sein Assistenzregisseur Jürgen Klauß schrieben nach der Vorlage der Wolfs das Szenarium für einen Einteiler, der sich wieder enger an das Volksbuch hielt und schließlich gedreht werden konnte. Bei der Studioabnahme spalteten sich die Kollegen in zwei Parteien. Es gab vehemente Befürworter und verärgert ablehnende Stimmen, die die Kritik an der DDR-Gesellschaft wohl erkannte. Schließlich konnte der Film nach kleineren Änderungen erscheinen, und hatte einen großen Besucherzuspruch, obwohl oder weil die Kritiken – möglicherweise nach entsprechender Weisung – überwiegend negativ waren.
ZITAT: Ich glaube, daß das historische Thema die Tarnkappe ist für Anspielungen auf unsere sozialistische Gegenwart. So ein Beispiel, wie diese Methode sich in diesem Film verwirklicht: 2 Figuren, der damals herrschenden Klasse angehörig ... werden sich handelseinig und beschließen ihre Verhandlungen mit einem Bruderkuß. Die Zuschauer verstehen sofort, warum das so inszeniert worden ist, weil sich alle an die Diskussion, die es in der DDR gegeben hat um den Bruderkuß von Genossen Honecker und Breshnew, erinnern. Aber daß sich nach diesen bösartigen dummen Diskussionen der Regisseur Rainer Simon noch erlaubt, das im historischen Gewand verkleidet wiederaufzugreifen, das ist nach meiner persönlichen Meinung schon mehr als eine Frechheit, vor allem auch unter dem Gesichtspunkt, daß er sich so etwas traut und vielleicht sogar die Hoffnung hegt, daß wir es nicht merken würden, ich meine jetzt die Verantwortlichen, das läßt darauf schließen, daß er uns wahrlich für Idioten hält. (Bericht des IM »Wassili«, d.i. Dr. Reinhard Wagner, v. 22.11.1974, aus der MfS-Akte, zit. nach *Repression und Freiheit*)
ECHO: Hervorzuheben ist die stilistische Geschlossenheit des Films, der wirkliche Zusammenklang der gestalterischen Komponenten (Inszenierung, schauspielerische Leistung, Kamera, Bauten und Kostüme, Musik usw.), der auch das kollektive Kunstwerk Film letztlich zum Werk, zum Ausdruck einer Künstlerpersönlichkeit macht – es ist ein Film von Rainer Simon. (...) Ohne Zweifel ist es Simon mit dieser Konzeption gelungen, die Volksgestalt des Eulenspiegel in ihrer Stellung zu den Klassen und Schichten, die das Volk beherrschen, in ihrer Hierarchiebeziehung richtig zu werten. Eulenspiegel wird dadurch zugleich differenzierter, das Bild vom »ulkigen Spaßmacher« wird deutlich korrigiert, und die Bitternis der wirklichen Verhältnisse tritt um so krasser hervor. Nichts wird mehr durch »lustige Streiche« überspielt oder vergessen gemacht. (Rudolf Jürschik, *Film und Fernsehen* 6/1975)
Auf der Leinwand dominiert die drastische Derbheit des alten Volksbuches, und wie dieses zerfällt auch der Film stärker in Episoden ohne größeren Zusammenhang, rückt manchmal fast in die Nähe von Pasolinis *Canterbury Tales* und *Decamerone*. Gewiß ist auch dabei noch die Sorgfalt der Inszenierungsweise Rainer Simons spürbar. Dekor und Musik im originalen Stil der Zeit verraten ein gründliches Studium der dargestellten Geschichtsepoche; manchmal erinnert ein Bildarrangement an alte Gemälde, und die Auswahl der Schauspieler erscheint wohlüberlegt. (Heinz Kersten, 1975, zit. nach *So viele Träume*)
NEBENBEI: Als Professoren besetzte Rainer Simon die damaligen Dozenten der Babelsberger Filmhochschule Konrad Schwalbe und Gerhard Henne, in der markanten Rolle des humanistischen Professors den in der DDR-Kulturpolitik mißliebigen Theaterregisseur und Autor B. K. Tragelehn.
Filmtext: Till Eulenspiegel. Erzählung für den Film von Christa und Gerhard Wolf. Berlin: Aufbau Verlag 1973

TILL EULENSPIEGEL, DER LACHENDE REBELL
→ DIE ABENTEUER DES TILL ULENSPIEGEL

TILMAN RIEMENSCHNEIDER
RE: Helmut Spieß, BU: Joachim Barckhausen, Alexander Graf Stenbock-Fermor, LV: Filmerzählung von Harry Hindemith, Werner Stewe, DR: Marieluise Steinhauer, KA: Eugen Klagemann, MU: Joachim Werzlau, BA: Erich Zander, KO: Elli-Charlotte Löffler, SC: Ursula Rudzki, PL:

Alexander Lösche, m: 2682 = 98 min, s/w, PJ: 1958, PM: 5.12.1958, PM-Ort: Berlin, »Babylon«

DA: Emil Stöhr (Tilman Riemenschneider), Gerd Michael Henneberg (Fürstbischof Konrad von Thüngen), Annekathrin Bürger (Anna), Kurt Oligmüller (Domherr), Johannes Curth (Bürgermeister Merklein), Hanns Anselm Perten (Burghauptmann), Peter Herden (Ritter Albrecht), Hartmut Reck (Gotthold), Hans Stetter (Fassbänder), Gisela May (Frau Merklein), Elfriede Florin, Ingeborg Nass, Lisa Wehn, Günther Ballier, Alfred Lux, Willi Schwabe, Ernst-Georg Schwill, Walter E. Fuß, Fred Düren, Willi Schrade u.a.

INHALT: Der bedeutende deutsche Holzbildhauer Tilman Riemenschneider (geboren um 1460) gilt als künstlerisch und gesellschaftlich etabliert. Er ist Ratsherr in Würzburg und bekleidet mehrere Ämter. In seinen Werken wie in seiner Amtsführung zeigt er sich dem einfachen Volke verbunden, das ihn verehrt. Aber auch in dem kunstverständigen Fürstbischof Konrad von Thüngen hat er einen Gönner. Doch als die Erhebung der Bauern 1525 auf Würzburg übergreift, Riemenschneider sich für die Rechte der Bauern einsetzt und sich dem Einsatz von Soldaten widersetzt, wird Thüngen zu seinem erbitterten Gegner. Der flieht zwar erst vor der Übermacht, kehrt aber nach der Niederschlagung des Aufstands zurück und kerkert Riemenschneider ein. Nach Wochen wird dieser aus der Festungshaft entlassen. Man hat seine Hände gebrochen, aber nicht seine Standhaftigkeit.

ZUM FILM: Nach einer Filmerzählung, die Werner Stewe zusammen mit dem Schauspieler Harry Hindemith schrieb, entstand der historisch-biografische Film, der Notwendigkeit für den Künstler, in seiner Zeit Stellung zu beziehen, bezeugen sollte. Leider geriet der Film von Handlungsführung und Darstellung her recht einschichtig.

ECHO: Ein Fabelchen nach der üblichen Manier: Man nehme einen Helden, füge den Gegenspieler hinzu, sorge für eine handfeste, ach so rührende Liebesgeschichte des Helden mit einem Mädchen vom Lande und lasse das Ganze glücklich enden. Bis auf das letzte stimmt alles nach dem alten Rezept. (...) Die Anlage der Gestalten scheint einem alten Bilderbuch entnommen zu sein; überdies wird durch die schmalzige Liebesgeschichte jeder auch noch so schüchterne Ansatz, echte Probleme aufzugreifen, erstickt. Gut angelegt ist dagegen die Antinomie zwischen Riemenschneider und dem Fürstbischof, hier hat der Regisseur Dr. Helmut Spieß herauszuholen versucht, was das Drehbuch hergab. (Lothar Lang, *Weltbühne* 52/1958)

Die Kamera Eugen Klagemanns folgt in malender Breite dem Tempo von Handlung und Darstellung, einige herrliche Einstellungen müssen hervorgehoben werden. (Karl-Eduard v. Schnitzler, *Filmspiegel* 1/1959)

NEBENBEI: Die im Film im Arbeitsprozeß dargestellten Skulpturen entstanden unter Mitarbeit des Bildhauers Walter Leuche.

TINKO

(Kinderfilm)

RE: Herbert Ballmann, SZ: Eva und Erwin Strittmatter, LV: Gleichnamiger Roman von Erwin Strittmatter, DR: Walter Schmitt, KA: Erwin Anders, MU: Joachim Werzlau, BA: Karl Schneider, KO: Rosemarie Wandelt, SC: Christa Wernicke, PL: Hans-Joachim Schoeppe, m: 2477 = 91 min, s/w, PJ: 1956, PM: 29.3.1957, PM-Ort: Berlin, »Babylon«

DA: Josef Sieber (Kraske), Lisa Wehn (Kraskin), Günther Simon (Ernst Kraske), Eva Krasnodebska

(Frau Clary), Max Reichhoff (Tinko), Paul R. Henker (Kimpel), Hans-Peter Minetti (Lehrer Kern), Friedrich Richter (Landarzt), Hans Hardt-Hardtloff, Johannes Maus, Heinz Laggies, Herbert Rüdiger, Helke Pöhler u.a.

INHALT: Der alte Kraske ist durch die Bodenreform vom armen Häusler zum Bauern geworden, doch gegen die Arbeit im Kollektiv sträubt er sich. Sein Vorbild ist Großbauer Kimpel. Enkel Tinko, den er abgöttisch liebt, soll eines Tages einen großen Hof übernehmen können. Für ihn rackert er sich ab. Als Kraskes Sohn Ernst aus der Kriegsgefangenschaft heimkehrt und sich dem neuen, gemeinschaftlichen Arbeiten zu wendet, kommt es zwischen Vater und Sohn zum Bruch. Tinko steht zwischen dem geliebten Großvater und dem ihm fremden Heimkehrer. Er bleibt beim alten Kraske, während Ernst zu der Umsiedlerin Clary zieht. Allmählich jedoch begreift Tinko – auch mit Hilfe des Neulehrers Kern –, daß sein Vater auf der richtigen Seite steht. Er findet den Weg zu ihm, während sich der uneinsichtige Alte verbissen zu Tode schuftet.

ZUM FILM: In Ballmanns Romanadaption rückt die Figur des Großvaters Kraske und damit die menschliche Komponente der Handlung stark in den Vordergrund. Eva und Erwin Strittmatter übernahmen in ihrer ersten Arbeit für den Film bewußt nicht das Motiv der Jungen Pioniere aus dem Roman, weil es ihnen zu aufgesetzt erschien. Natürlich wurde der Film dafür kritisiert, fand allerdings gerade wegen dieser Zurückhaltung auch Zustimmung.

ECHO: Nur selten spürt man etwas von seiner kindlichen Sicherheit und Fröhlichkeit, die den uns aus dem Buch bekannten Tinko auszeichnen und die seinem Leben bei allem Kummer den hoffnungsvollen Farbton geben. So lastet auf dem Film eine Atmosphäre der Beklemmung. Die Menschen erschienen größtenteils in einer Begrenzung, die, wie bei der Darstellung des Großvaters, dicht an die Grenze der Karikatur rückt. (Wilfriede Jarmer, *Nationalzeitung*, 31.3. 1957)

Ein Film für Kinder? Ein Kinderfilm für Erwachsene? Gleichviel: Ein Film jedenfalls, der mit all seiner Eigenart in der DEFA-Produktion der letzten Zeit eine Sonderstellung einnimmt. (Hans Ulrich Eylau, *Berliner Zeitung*, 31.3.1957)

Es ist keineswegs nur ein zeitloses Generationsproblem, das dargestellt wird, sondern der Kampf des Alten mit dem Neuen, die Ablösung des gesellschaftlich Überlebten durch eine neue, würdige Form des menschlichen Zusammenlebens. Das geschieht wohltuend behutsam, ohne erhobenen Zeigefinger: Tinko, der Junge, dem die Zukunft gehört, wird nicht als Junger Pionier gezeigt; sein Großvater, Repräsentant des Überlebten, ist weder Agent noch menschlich unsympathisch; und der Heimkehrer, Tinkos Vater, setzt sich durch, obwohl er nicht verdienstvoller Multifunktionär ist, sondern tastend, zweifelnd und schwankend reift. Wer Spruchbänder liebt, wird in diesem Film enttäuscht. (Karl-Eduard v. Schnitzler, *Filmspiegel* 8/1957)

Die kraftvollen Bilder dokumentieren einen wichtigen Abschnitt der DDR-Landwirtschaft und ihrer Struktur. In wunderschönen, expressiven Bildern, die in ihrer Ausdrucksstärke an die Großen der russischen Filmkunst erinnern, erfaßt der Kameramann Erwin Anders beispielsweise die archaische Verbundenheit des Alten zur Erde. (*Zwischen Marx und Muck*, 1996)

NEBENBEI: Josef Sieber, bekannt aus Ufa-Lustspielen und bundesdeutschen Heimatfilmen, arbeitete in der zweiten Hälfte der fünfziger Jahre auch für den DFF.

TITEL HAB' ICH NOCH NICHT
→Anhang C

DER TOD HAT EIN GESICHT
RE: Joachim Hasler, BU: Horst Beseler, Joachim Hasler, DR: Marieluise Steinhauer, KA: Joachim Hasler, Helmut Grewald, MU: Hans-Dieter Hosalla, BA: Willy Schiller, KO: Luise Schmidt, SC: Hildegard Tegener, PL: Paul Ramacher, GR: Gruppe »Heinrich Greif«, m: 2380 = 87 min, s/w, Tovi / 4-Kmgt, PJ: 1961, PM: 23.11.1961, PM-Ort: Berlin, »Colosseum«
DA: Günther Simon (Dr. Cramm), Christine Laszar (Dr. Barbara Frei), Franz Kutschera (Dr. Mommer), Kurt Steingraf (Direktor Bethmann), Friedrich Richter (Dr. Zichy), Erika Pelikowsky (Frau Zichy), Peter Kiwitt (Alois Eisel), Helmut Schreiber (Kriminalkommissar), Martin Flörchinger (Leiter der Nervenheilanstalt), Hannes Fischer (Staatsanwalt), Peter Sturm, Gerhard Frei, Siegfried Weiß, Werner Lierck, A. P. Hoffmann u.a.
INHALT: Die Chemiker Dr. Mommer, Dr. Zichy und Dr. Cramm haben ein neues Gift entwickelt, die »Substanz L«, angeblich zur Schädlingsbekämpfung. Das Gift kann jegliches Leben vernichten, ohne die materiellen Werte zu zerstören. Die Leitung des westdeutschen Konzerns verlangt sofort eine Probe. Die Gefährlichkeit des Giftes versetzt Dr. Zichy in Aufregung, er hatte bereits an Zyklon B mitgearbeitet. Doch nach einem Autounfall stirbt er im Krankenhaus. Auch Dr. Cramm ist verletzt, und die Ampulle, die sie bei sich hatten, ist verschwunden. Cramm und seine Kollegin Barbara eilen zur Unfallstelle, um sie zu suchen. Zu spät. Ein kleiner Junge ist bereits an dem Gift gestorben. Um den Fall zu vertuschen, wird der schockierte Cramm im Zusammenspiel von Konzernleitung und Justiz in eine Nervenheilanstalt eingeliefert. Barbara kann den Anstaltsleiter über die wahren Zusammenhänge informieren, bevor sie verhaftet wird. Doch auch der ist bestochen. Dennoch werden Mauern und Gitter die Wahrheit nicht aufhalten.

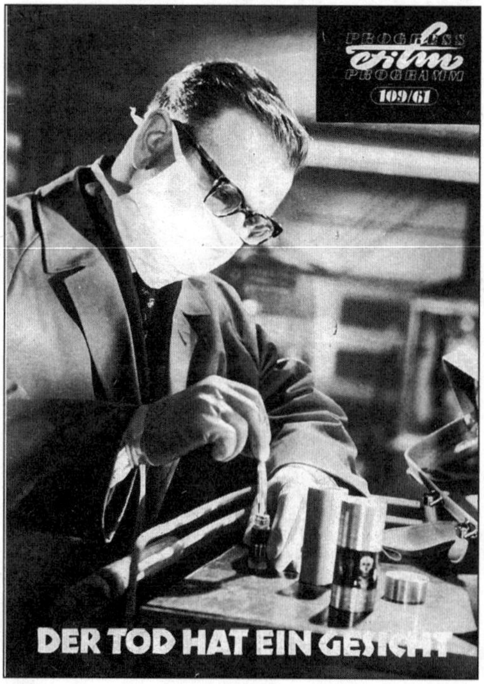

ZUM FILM: Thematisch knüpfte dieser Film, der optisch durch Haslers Einsatz von Großaufnahmen bestach, an Maetzigs → *Rat der Götter* an, war allerdings stärker der Kolportage verpflichtet.
ECHO: Hasler, Beseler und das ganze Kollektiv haben aber nicht nur den richtigen Stoff für ihren Film gefunden, sie haben sich, mit einigen Überlegungen um eine gleichwertige künstlerische Form bemüht. Sie gingen davon aus, daß dieser explosive Stoff auch ein sehr ungewöhnliches Handlungsgerüst bekommen müsse, in dem es sogar an sensationellem Geschehen nicht fehlen dürfe. Es war ihr gutes Recht, sich so zu entscheiden. Der Publikumserfolg bestätigt ihre Konzeption. (Horst Knietzsch, *Filmspiegel* 25/1961)
Neue Erfahrungen mit der Bundesrepublik des Jahres 1993 belegen, daß die Beschreibung des Ineinandergreifens von Industrie und Politik, von alter und neuer Wirtschaftsführung und ihres ungebremsten Profitstrebens nicht übertrieben ist. Das gesamte Geflecht der Vermittlungen funktioniert in der Realität freilich unmerklicher und feiner, was gerade deswegen im Film schwierig zu fassen ist. Hasler, ein Regisseur mit einem untrüglichen Sinn für Kinowirkung, nimmt die Vergröberung in Kauf, weil er sich ihrer Anziehungskraft auf ein großes Publikum bewußt ist. Trotzdem wurde *Der Tod hat ein Gesicht* seinerzeit nur am Rande wahrgenommen. Je länger die Mauer stand, und je unzugänglicher die Welt dahinter wurde, umso argwöhnischer wurden die Filme, die sich mit dieser Welt befaßten, betrach-

tet. Die Unmöglichkeit der Kontrolle des Wahrheitsgehaltes minderte ihre Wirkung. (Erika Richter, *Das zweite Leben der Filmstadt Babelsberg*, 1994)
NEBENBEI: Für Franz Kutschera, der einer der führenden Charakterdarsteller der Ostberliner Bühnen und des Films war, blieb der Dr. Mommer die letzte DEFA-Rolle. Nach dem Mauerbau arbeitete er nur noch im Westen.

TÖDLICHER IRRTUM

RE: Konrad Petzold, BU: Günter Karl, Rolf Römer, DR: Hans-Joachim Wallstein, KA: Eberhard Borkmann, MU: Wilhelm Neef, SB: Heinz Röske, KO: Günther Schmidt, SC: Thea Richter, PL: Bernd Gerwien, m: 2823 = 104 min, fa, Cine, PJ: 1969/70, PM: 27.6.1970, PM-Ort: Erfurt, »Thüringenhalle«
DA: Gojko Mitic (Shave Head), Armin Mueller-Stahl (Chris Howard), Annekathrin Bürger (Caroline), Krystyna Mikolajewska (Jessebee), Kati Bus (White Leaf), Rolf Hoppe (Allison), Hannjo Hasse (Lee Garrett), Bruno O'Ya (Hank Jackson), Gerry Wolff (Ben), Rolf Ludwig (Kid Kearny), Bruno Carstens, Stefan Lisewski, Hans Klering, Werner Röwekamp, Wilhelm Koch-Hooge u.a.
INHALT: Ende des 19. Jahrhunderts bohrt die Wyoming Oil Company in einem Indianerreservat illegal nach Öl und wird fündig. Die Indianer hoffen, beteiligt zu werden. Das ist ein Irrtum. Fünf Häuptlinge werden ermordet. Der junge Häuptling Shave Head ruft seinen Bruder Chris, ein Halbblut, zu Hilfe. Chris nimmt den Posten eines Hilfssheriffs an und versucht, die Mörder und die Machenschaften der Company zu entlarven. Außerdem ist eine Untersuchungskommission auf dem Weg ins Reservat, von einem Ingenieur herbeigerufen, der seine eigenen Geschäfte machen will. Company-Chef Allison wehrt sich mit allen Mitteln, inszeniert Intrigen und läßt schließlich das Öl-Camp in Brand stecken. Den Brand schiebt er den Indianern in die Schuhe, um die Kommission davon zu überzeugen, daß die Beschwerde der »Rothäute« ein reiner Racheakt ist. Die Indianer können ihr Recht nicht durchsetzen, und Chris bezahlt seinen Einsatz wie viele andere mit dem Leben.
ZUM FILM: Für den spannenden, nunmehr fünften Indianerfilm entstanden Außenaufnahmen in Zusammenarbeit mit Studios in Sofia und Lodz in Bulgarien und Polen, aber auch in der Sächsischen Schweiz. Die Rolle des Chris Howard hatte Szenarist Rolf Römer für sich selbst erdacht, aber Regisseur Konrad Petzold zog Armin Mueller-Stahl vor, dessen Popularität damit bei jugendlichen Zuschauern stark anstieg.
ECHO: So wie der Inhalt der »Indianer«-Filme aus dem Hause DEFA von Mal zu Mal differenzierter wurde, mehr in die Tiefe ging, so wurden auch die Schauspielerleistungen differenzierter. Kein einfaches »Hie rot, da weiß« oder »Hie gut, da böse« mehr in *Tödlicher Irrtum*, wo es korrumpierte Indianer und noch halbwegs ehrliche Weiße gibt. Herausragend Hannjo Hasses Ingenieur Garrett. (Klaus Meyer, *Sonntag*, Berlin, 27/1970)
Drehbuchautor Günter Karl, assistiert diesmal von Rolf Römer, mag ganz offensichtlich die reine, unbedenkliche Spannungsmache nicht, er sucht dem Indianerfilm neuen, gesellschaftskritischen Sinn abzugewinnen. Immer deutlicher wird seine Grundkonzeption, in einer Serie von Filmen, immer dichter ans 20. Jahrhundert heranrückend, eine Geschichte der vom Wolfsgesetz des Kapitalismus bestimmten Vernichtung der Indianer durch weiße Geschäftemacher zu liefern. (*Sächsisches Tageblatt*, 27.6.1970)

Die jugendlichen Zuschauer werden besonders vermerken, daß »ihre« Helden (...) Gojko Mitic, Hannjo Hasse, Rolf Hoppe (oft schon einmal erschlagen, erschossen, vom Felsen gestürzt!) in diesem Indianerfilm wieder vertreten sind. Hervorzuheben durch seine individuelle Charakterisierung der Rolle ist vor allem Gerry Wolff in der Gestalt des alten Ben. In Stimme und Anlage der Rolle gibt er der Figur mit ihrem ausgeprägten Gerechtigkeitsgefühl, seiner Furchtlosigkeit menschliche Wärme. (Renate Seydel, *Filmspiegel* 15/1970)

NEBENBEI: Beim Angriff der Indianer auf das Öllager bestand der Bohrturm aus Sperrholz, das auf Metall imitiert war und mit Altöl patiniert wurde. Beim Beschuß flogen jedoch die Holznieten ab, so daß in der Großaufnahme das Sperrholz zu sehen war. So mußte bei Babelsberg, auf dem Schießplatz Güterfelde nachgedreht werden. Ein neuer Bohrturm, diesmal aus Blech, wurde errichtet. Als Erdöl diente Biomalz, das mit heißem Wasser in Thermophore gefüllt wurde. Kameramann Eberhard Borkmann und Szenenbildner Heinz Röske leiteten gemeinsam diese Nachaufnahmen. Als die Kamera lief und der Pyrotechniker die Schüsse simulierte, schoß die Biomalzmasse unversehens empor und ergoß sich über Kameramann und Szenenbildner, die mit der Kamera am dichtesten am Geschehen waren. Völlig verschmiert brachten sie die Aufnahmen zu Ende und brauchten viele Stunden, um sich zu reinigen.

TOTE REDEN NICHT

(DFF-Auftragsproduktion)

RE: Helmut Krätzig; BU: Werner Toelcke, Helmut Krätzig, DR: Günter Kaltofen, KA: Lothar Gerber, MU: Wolfgang Pietsch, SB: Werner Zieschang, KO: Dorit Gründel, SC: Ursula Rudzki, PL: Adolf Fischer, P: DEFA, GR »Solidarität« für DFF, m: 5529 = 201 min, PJ: 1962, SD: 6., 8.1.1963, AD: 1967

DA: Werner Toelcke (Weber), Johannes Arpe (Graumann), Hans-Joachim Hanisch (Schoppenhauer), Horst Schulze (Brandt), Annekathrin Bürger (Lisa), Gerd Biewer (Wilhelmi), Rudolf Ulrich (Eberle), Erika Müller-Fürstenau (Anita Kroll), Ralph J. Boettner (Dr. Zibell), Gisela Bestehorn (Rita), Max Bernhardt, Horst Kube, Sonja Hörbing, Ruth Kommerell, Christoph Engel u.a.

INHALT: Tote und Vermißte zu Beginn der sechziger Jahre in einer bundesdeutschen Großstadt. Bei den polizeilichen Ermittlungen stellt sich ein Zusammenhang mit der Aufdeckung eines Arzneimittelskandals durch eine Wochenzeitschrift her. Als einflußreiche Kreise die Aufklärung der Fälle verhindern wollen, wagt sich Kriminalassistent Weber auf eigene Faust in den Sumpf von Skrupellosigkeit und Bestechung. (f.b.h.)

ZUM FILM: Der Fernsehzweiteiler entstand vor dem Hintergrund des Contergan-Skandals, der Ende der fünfziger Jahre in der Bundesrepublik große Erregung hervorrief, weil Frauen nach Einnahme des Schlafmittels mißgestaltete Babys zur Welt brachten. Werner Toelcke schrieb sich nach dem Erfolg dieses »Straßenfegers« weitere Mehrteiler mit dem von ihm gespielten Kriminalisten (später Privatdetektiv) Weber, die ihn sehr populär machten, so daß man sich entschloß, *Tote reden nicht* nach vier Jahren noch als einteilige Fassung ins Kino zu bringen.

ECHO: Der Streifen hat viele Merkmale des guten, gehaltvollen Kriminalfilms, der mehr will, als nur den Zuschauer unterhalten. Er hat eine streng logisch aufgebaute, trotzdem aber nicht überraschungsarme Handlung, eine starke gesellschaftskritische Aussage, die nicht vordergründig formuliert ist; er operiert mit konkreten Faktoren (...). Und er hat schließlich zwei alles andere als alltägliche Charaktere, den Chefreporter Jürgen Brandt – eine bis ins letzte Detail ausgefeilte Leistung Horst Schulzes – und den jungen Kriminalisten Weber, den Werner Toelcke überzeugend spielt. (ak, *Mitteldeutsche Neueste Nachrichten*, 29.1.1967)

NEBENBEI: Der 1930 in Hamburg geborene Schauspieler Werner Toelcke schrieb zahlreiche Kriminalromane und Fernsehkrimis, aber auch Kindermärchen. Seit 1984 lebt er in der BRD.

DIE TOTEN BLEIBEN JUNG

RE: Joachim Kunert, SZ: Christa Wolf, Joachim Kunert, MI: Anna Seghers, LV: Gleichnamiger Roman von Anna Seghers, DR: Walter Janka, KA: Günter Haubold, MU: Gerhard Wohlgemuth, SB: Gerhard Helwig, KO: Dorit Gründel, SC: Christa Helwig, PL: Bernhard Gelbe, GR: KAG »Berlin«, m: 3067 = 112 min, s/w, Cine, PJ: 1968, PM: 14.11.1968, PM-Ort: Berlin, »International«/»Kosmos«

DA: Barbara Dittus (Marie), Günter Wolf (Geschke), Klaus-Peter Pleßow (Hans), Klaus Piontek (Martin), Peter Borgelt (Triebel), Dieter Wien (von Wenzlow), Gunter Schoß (Erwin), Alfred Struwe (von Klemm), Kurt Kachlicki (von Lieven), Isa Wolter (Emmi), Karin Lesch (Lenore), Monika Gabriel (Elisabeth), Erika Pelikowsky (Tante Amalie), Volkmar Kleinert (Becker), Kurt Böwe (Wilhelm Nadler), Renate Richter, Erik Veldre, Erich Gerberding, Heinz Hinze, Harry Pietzsch, Joachim Siebenschuh, Ingolf Gorges, Helga Raumer, Johannes Wieke, Albert Garbe u.a.

INHALT: Eine deutsche Chronik, die die Jahre zwischen 1918 und 1945 umfaßt und in zwei Linien die Entwicklung revolutionärer Arbeiter wie reaktionärer Adliger darstellt. 1918 wird der Spartakuskämpfer Erwin von Offizieren erschossen, seine Braut Marie, die ein Kind von ihm erwartet, zieht zu einem Sozialdemokraten, der jedoch zunehmend in politische Resignation verfällt. Der heranwachsende Sohn Hans wird Kommunist. Die Offiziere von Klemm, von Wenzlow und von Lieven, die Erwin 1918 ermordeten, treffen sich beim Kapp-Putsch wieder. Klemm wird von seinem desillusionierten Fahrer in den Tod kutschiert, die anderen beiden ziehen die Naziuniform an. Während des Zweiten Weltkrieges wird Lieven, der seine in der Oktoberrevolution enteigneten baltischen Güter wieder in Besitz genommen hat, von den Partisanen erschossen. Wenzlow, an der Ostfront in einen Kessel geraten, läßt den zu seiner Truppe gehörenden Kommunisten Hans, der zur Roten Armee überlaufen wollte, erschießen. Dann erschießt er sich selbst. In Berlin erleben Marie und die junge Kommunistin Emmi, die von Hans ein Kind erwartet, das Ende des Krieges.

ZUM FILM: Diese Seghers-Adaption war nach Verfilmungen in der Sowjetunion und den USA der dritte Film nach einer Vorlage der Autorin, die damals Präsidentin des Schriftstellerverbandes der DDR war. Der mit dem Film → *Die Abenteuer des Werner Holt* zu Ansehen gelangte Joachim Kunert wandte sich damit erneut in epischer Breite dem antifaschistischen Thema zu.

ECHO: Joachim Kunert behielt das Kompositionsprinzip des Romans bei – das ist angesichts der Vielfalt an Handlungen und Personen nicht nur legitim, sondern einzige Möglichkeit, die Charaktere zu vertiefen und nicht nur als blasse Tupfer erscheinen zu lassen. Dem ruhigen epischen Erzählfluß des Romans entspricht auch der

Aufbau der Szenen, die Führung der Schauspieler, der konsequent ruhige Inszenierungsstil. (Friedrich Salow, *Filmspiegel* 52/1968)
Vom Buch hat nun zwar der Film die Fülle der auftretenden Gestalten übernommen, nicht jedoch deren differenzierte Charakterisierung. Übrig blieb ein an historischen Daten aufgereihter Geschichtsbilderbogen. (Heinz Kersten, 1968, zit. nach *So viele Träume*)
Der Realismus der Seghers kommt auch in episodischen Momenten und Figuren voll zur Geltung, die Fülle wird nicht zur Flächigkeit, es entsteht ein episches Panorama, eine seismographische Analyse. Kunerts Werk steht, damals und heute, überzeugend und unterhaltend gegen alte und neue Zerrbilder unserer Vorgeschichte(n). (Klaus Wischnewski, *Das zweite Leben der Filmstadt Babelsberg*, 1994)
NEBENBEI: Günter Wolf, Protagonist des Berliner Maxim Gorki Theaters, stand häufiger als im Spielfilm beim Fernsehen vor der Kamera, wo er auch in Joachim Kunerts folgenden Seghers-Adaptionen *Die große Reise der Agathe Schweigert* (1972) und *Das Schilfrohr* (1974) Hauptrollen übernahm.

TRÄUM' NICHT, ANNETTE!

RE: Eberhard Klagemann, BU: Frank Clifford, Fritz Schwiefert, DR: Wolff von Gordon, KA: Reimar Kuntze, MU: Theo Mackeben, BA: Otto Erdmann, Kurt Herlth, Wilhelm Depenau, KO: Hans Kieselbach, SC: Johanna Meisel, PL: Robert Leistenschneider, m: 2550 = 94 min, s/w, PJ: 1948, PM: 4.2.1949, PM-Ort: Berlin, »Filmtheater am Friedrichshain«

DA: Jenny Jugo (Annette), Max Eckardt (Hans), Karl Schönböck (Klaus), Helmut Rudolph (Theo), Erwin Biegel (Beamter), Else Reval (Dienstmädchen Berta), Olga Limburg (Frau v. Conde), Erik v. Loewis (Mr. Picard), Erich Dunskus (Fahrdienstleiter), Werner Segtrop (Haushofmeister), Gustav Waldau, Hans Stiebner, Walter Werner, Erich Timm, Friedrich Teitge u.a.

INHALT: Die Französischlehrerin Annette Müller hat zwei glühende Verehrer, die sie ständig zur Heirat drängen: den Diplomaten Klaus und den Ingenieur Theo. Doch sie kann sich nicht entscheiden. Da gesellt sich ein dritter hinzu, der Pianist Hans. Mal träumt sie von Klaus, mal von Theo. Und obwohl sie wütend ist, daß Hans sich in ihrer Pension einquartiert hat, kann sie nicht verhindern, auch von ihm zu träumen. Als sie ausgerechnet ihn fragt, wen der beiden anderen sie heiraten soll, gibt es einen Krach zwischen ihnen – und ihr die Erleuchtung, wer der Richtige ist.
ZUM FILM: Das Lustspiel ist die neugedrehte Fassung des im Dezember 1944 abgedrehten Terra-Films *Sag' endlich ja* (1945/ RE: Helmut Weiß), aus dem nach Zeitzeugenberichten, darunter DEFA-Direktor Kurt Maetzig und Kameraassistent Joachim Hasler, einige Teile übernommen wurden. Regisseur war der Produktionsleiter Eberhard Klagemann, der hier seine einzige Regiearbeit leistete. Nach damaliger Meinung von Maetzig war es »der schlechteste der unter der DEFA-Marke herausgekommenen Filme«. Der Film wurde nur produziert, weil ein hochdotierter Vertrag mit dem Star Jenny Jugo existierte, jedoch kein geeignetes Drehbuch vorlag. Die Produktion von *Träum' nicht, Annette!* war jedoch preiswert zu realisieren, weil man auf das vorhandene Material zurückgreifen konnte. In der ursprünglichen Fassung hatte noch O.W. Fischer mitgewirkt.
ECHO: Die DEFA scheint der Ansicht zu sein, mit diesem Film den Geschmack des Publikums

getroffen zu haben. Verstanden wird darunter ein Film, der die Zuschauer vom grauen Alltag fortführt – es gibt dafür das Wort »erhebt« – sie gut unterhält und der vor allem keine »Tendenz«, weder so rum noch andersherum, enthält. (...) Der »reale« Filmteil ist weit schlimmer als die Träume, vor denen gewarnt wird. Die Träume sind immerhin Träume, die Handlung aber ist ein glatter Schwindel. Sie findet ihr Seitenstück in den Romanen gewisser Leihbibliotheken, gegen die nun seit Jahr und Tag gewettert wird. (Leo Menter, *Weltbühne* 7/1949)

NEBENBEI: Hauptdarstellerin Jenny Jugo begann ihre Filmlaufbahn Ende der zwanziger Jahre noch zur Stummfilmzeit und entwickelte sich ab 1931 in vorrangig von Erich Engel inszenierten Komödien zu einer der beliebtesten weiblichen Komikerinnen des deutschen Films. Nach einem letzten Film, den sie 1949/50 unter Helmut Käutners Regie drehte, trat sie nicht mehr auf und lebt seit vielen Jahren zurückgezogen in Oberbayern.

TRAMPEN NACH NORDEN

(DFF-Auftragsproduktion, Kinderfilm)

RE: Wolfgang Hübner, SZ: Wera u. Claus Küchenmeister, LV: Gleichnamiger Roman von Gerhard Holtz-Baumert, DR: Beate Hanspach, Rainer Dombrowsky, KA: Eberhard Borkmann, MU: Peter Gotthardt, SB: Erich Krüllke, Hans-Jürgen Deponte, KO: Marianne Schmidt, Lieselotte Seiffert, SC: Monika Schindler, PL: Wolfgang Rennebarth, P: DEFA für DFF, m: 2092 = 76 min, no, fa, PJ: 1977, SD: 26.12.1977, AD: 1.6.1979

DA: Axel Kaboth (Gunnar), Silvia Mißbach (Teresa), Herwart Grosse (Professor), Winfried Glatzeder (Pastor), Otto Mellies (Schauspieler), Otmar Richter (LKW-Fahrer), Elli Jessen-Somann (Oma Busenius), Edwin Marian (Mercedes-Hurtig), Walfriede Schmitt (Lucie), Lothar Tarelkin (Eberhard), Maximilian Löser, Gerd Funk, Katarina Tomaschewsky, Eva Weissenborn, Wolfgang Hübner u.a.

INHALT: Gunnar will seinem älteren Bruder, einem Matrosen, seinen Seesack nach Rostock bringen und entschließt sich zu trampen. Unterwegs trifft er Teresa, die den Bus ins Sommerferienlager verpaßt hat. Nun trampen sie gemeinsam, begegnen den unterschiedlichsten Menschen und haben abenteuerliche Erlebnisse.

ZUM FILM: Das Roadmovie um ein junges Paar war sensibel und ohne überflüssige Dialoge inszeniert, und vermittelte, daß man in dieser Republik seinen Weg machen konnte, wenn man aufeinander hörte.

ECHO: Ein Film voller schöner Beobachtungen, in dem sich ein neues Lebensgefühl mal laut, mal leise und immer mit schöner, heiterer Selbstverständlichkeit artikuliert. Wolfgang Hübner führte Regie, behutsam, mit viel Einfühlung in die Psyche der großen und kleinen Leute, und mit Geschick in der Führung seiner jungen Laiendarsteller Silvia Mißbach und Axel Kaboth, der sich als erstaunliches Talent erwies. (Freie Presse, 29.12.1977)

NEBENBEI: Auf dem Geraer Kinderfilmfestival erhielt der Streifen 1979 einen Sonderpreis des Ministers für Volksbildung.

DER TRAUM DES HAUPTMANN LOY

RE: Kurt Maetzig, SZ: Kurt Maetzig, LV: Gleichnamiger Roman von Wolfgang Schreyer, DR: Gerhard Hartwig, KA: Karl Plintzner, MU: Helmut Nier, BA: Paul Lehmann, KO: Walter Schulze-Mittendorf, TR: Ernst Kunstmann, SC: Lena Neumann, PL: Hans Mahlich, GR: Gruppe »Roter

Kreis«, m: 2418 = 89 min, s/w, Tovi/brw, 4-Kmgt/mgt, PJ: 1961, PM: 24.8.1961, PM-Ort: Potsdam-Babelsberg, »Thalia«
DA: Horst Drinda (Hauptmann Loy), Christine Laszar (WAF-Corporal Doris Graves), Ulrich Thein (Eddy Sharp), Jana Brejchová (Patricia Binchy), Heinz Hinze (Mister Macauley), Ekkehard Schall (Baron Studnitz-Sternberg), Karl Paryla (Oberst Markarow), Ivan Malré (Dr. Spencer), Günther Simon (Oberleutnant Rodney), Fred Düren (Rex Martin), Werner Lierck, Stefan Lisewski, Walter Jupé, Herbert Köfer, Peter Bosse u.a.
INHALT: Ein amerikanisches Militärflugzeug bringt sechs Personen, die an einem NATO-Manöver teilgenommen haben, von Tripolis nach Oslo. Unter ihnen befinden sich der englische Hauptmann Loy und Corporal Doris Graves von der United States Air Force. Während des Fluges kommen sich die beiden näher, und sie bedauern, daß die Reise am Abend zu Ende sein wird. Doch alles wird anders. Der Flugkapitän hat Order erhalten, auf einem deutschen NATO-Flughafen einen Agenten aufzunehmen, der auf einer sowjetischen Insel wieder abgesetzt werden soll. Zwischen den Personen an Bord kommt es zu Streit und Schußwechsel und mit einem sowjetischen Jäger zum Feuergefecht, was eine Notlandung zur Folge hat. Loy wird von einem Schnellboot gerettet. Im sowjetischen Lazarett entschließt er sich, den Vorfall wahrheitsgemäß zu schildern – auch den Tod von Doris, die von dem Agenten im Flugzeug erschossen wurde.

ZUM FILM: Regisseur Kurt Maetzig probierte sich hier im Genre des politischen Abenteuerfilms aus, fand für die spannende Geschichte jedoch keine schlüssige filmische Entsprechung.
ECHO: Schreyers eminentes Erzähltalent, die psychologisch interessanten Figuren und der Faktenreichtum der Romane fesseln mindestens ebenso, wie die auf harte Konflikte gestellte Fabel. Groß ist nun die Gefahr, daß bei einer Verfilmung nur die nackte, knallige Fabel übrigbleibt. (...) Es muß unrealistisch wirken, wenn ein Flugzeugkommandant und sein Kopilot die schon lange miteinander fliegen, unversehens einander erzählen, wer sie sind, was sie hinter sich haben und was sie von der Zukunft erhoffen. Man fragt sich als Zuschauer unwillkürlich, haben denn die beiden Piloten (...) bisher wie die Ölgötzen nebeneinander gesessen? (...) Wenn nahezu alle handelnden oder in Mitleidenschaft geratenden Personen auf diese Weise ins Spannungsfeld der Fabel gebracht werden müssen, dann hängt eine Filmhandlung erfahrungsgemäß über weite Strecken durch wie eine Hängematte. (Carl Andrießen, *Weltbühne* 49/1961)
Was an den Spionage-Kolportagen, die zwischen 1960 und 1963 entstanden (gemeint sind auch →*An französischen Kaminen* und →*Preludio 11*, f.b.h.), auffällt, ist eine Eigenart, die man bei Maetzig immer wieder beobachten kann: das Interesse an den Menschen, an Figuren und Personen. Es gibt in den Filmen, was verwunderlich sein mag, keinen Haß, sondern nur Bedrohung, eine Bedrohung durch Menschen, die Systeme verkörpern. (Heiko R. Blum, *Film in der DDR*, 1977)
NEBENBEI: Der 1927 in Berlin geborene Titeldarsteller Horst Drinda hatte Flugzeugbauer gelernt, bevor er die Schauspielschule des Deutschen Theaters Berlin besuchte.

DER TRAUM VOM ELCH
RE: Siegfried Kühn, SZ: Christa Müller, LV: Gleichnamiger Roman von Herbert Otto, DR: Hasso Hartmann, KA: Peter Brand, MU: Hans Jür-

gen Wenzel, SB: Paul Lehmann, KO: Ilona Zaulek, SC: Brigitte Krex, PL: Volkmar Leweck, GR: GR »Roter Kreis«, m: 2426 = 89 min, fa, brw, PJ: 1985/86, PM: 4.12.1986, PM-Ort: Berlin, »International«
DA: Katrin Saß (Anna), Marie Gruber (Anette), Christian Steyer (Ludwig), Detlef Heintze (Stefan), Klaus Piontek (Dr. Kurt), Eckhard Becker (Bernd), Dagmar Manzel (Barbara), Werner Dissel (Paulchen), Moises Venegas (Pablo), Karin Beewen (Frau Kurth), Thomas Gumpert, Ilse Bastubbe, Hans-Jochen Röhrig, Roman-Eckhard Galonska, Marie-Anne Fliegel u.a.
INHALT: Die Krankenschwestern Anna und Anette sind Freundinnen. Beide haben Probleme mit der Liebe. Anna hat in der Klinik Markus, den sie »Elch« nennt, kennengelernt. Zweimal im Jahr hat er Zeit für sie, dazwischen träumt sie von ihm, wartet auf das nächste Treffen. Anette liebt den Maler Ludwig, klammert sich an ihn. Doch er kann die Enge nicht ertragen, stößt sie weg. Durch Anette und Ludwig lernt Anna einen anderen Mann kennen, den verheirateten Stefan. Anette verkraftet das Scheitern ihrer Liebe zu Ludwig nicht und begeht Selbstmord. Der Tod der Freundin und ihre eigene unbefriedigende Situation stürzen Anna in eine tiefe Krise. Sie entschließt sich, den Traum vom »Elch« aufzugeben.
ZUM FILM: Das Unbehagen mit der politischen Situation in der DDR fand in der zweiten Hälfte der achtziger Jahre seinen Ausdruck in scheinbar private Themen behandelnden Filmen wie diesem, die eine Atmosphäre der vergeblichen Suche, von Enttäuschung und schwacher Hoffnung zeichneten. Doch wurden diese verschlüsselten Botschaften nicht immer verstanden.
ECHO: Mein Interesse am Film *Der Traum vom Elch* wird zweifellos eine gute Weile dank der Anna-Figur wachgehalten, erlischt schließlich aber umso gründlicher, als ringsum die romantischen Kerzenlichter, die klassisch vermischten Musikstücke und die grüblerisch ausholenden Landschaften überwiegen. Dem trüben Ende von Illusionen nachzuhängen, halte ich nur dann für ein Filmthema, wenn ich möglichst genau begreifen darf, woran Illusionen zerbrechen und nicht allein, daß sie es tun. (Hans Braunseis, *Morgen*, 13./14.12.1986)
Peter Brand vertraut auf die Ausdruckskraft der Gesichter, setzt die Protagonisten deutlich, doch nicht bemüht wirkend in Beziehung zu ihrer Umwelt und schafft Bilder, die den inneren Befindlichkeiten der Frauen Ausdruck geben. Leider sind dies Ausnahmen. Es überwiegen bedeutungsschwangere Gemälde in Grau. Die Enge dieser Bilder, selbst weite Landschaften schrumpfen zu düsteren Flecken, soll wohl – so ist zu vermuten – die gedankliche und gefühlsmäßige Beschränktheit Annas reflektieren. Jedoch entspricht die damit erzeugte depressive Stimmung keinesfalls der von Katrin Saß sehr kraftvoll interpretierten Natur der jungen Frau. (Peter Claus, *Film und Fernsehen* 3/1987)
Dies ist ein radikaler Film. Es ist ein rückhaltlos ehrlicher Film. Ein wahrhaftiger Film. Ein schonungsloser Film. Ein Film über die Liebe und die Unmöglichkeit von Liebe. Ein Film über Liebe und Schuld. Ein Film über Liebe und Tod. Also ein Film über das Leben. (...) Vertrautheit, Verständnis, Momente glücklicher Gelöstheit gibt es zwischen den beiden Frauen. Die weibliche Solidarität in einer Männerwelt. Sie reicht nicht. Immer reicht es in diesem Film nur zu einem kleinen bißchen Halt – nicht viel mehr als einen Augenblick, vielleicht eine Nacht –, den die Freunde aneinander finden können. (Heinz Kersten, *Tagesspiegel*, 18.1.1987)
NEBENBEI: Für den Film konnte Siegfried Kühn 1987 den DDR-Kritikerpreis »Große Klappe« entgegennehmen, und seine Lebensgefährtin Katrin Saß wurde gleichzeitig als beste weibliche Hauptdarstellerin des Jahres 1986 ausgezeichnet.

DAS TRAUMSCHIFF

(Kinderfilm)
RE: Herbert Ballmann, BU: Kurt Bortfeldt, DR: Walter Schmitt, KA: Walter Fehdmer, MU: Hans Hendrik Wehding, BA: Karl Schneider, KO: Helga Scherff, SC: Christa Wernicke, PL: Hans-Joachim Schoeppe, m: 2305 = 85 min, s/w, PJ: 1955/56, PM: 27.4.1956, PM-Ort: Berlin, »Babylon«/ »DEFA-Filmtheater Kastanienallee«
DA: Günther Simon (Kapitän Franz Müller), Gisela Uhlen (Michaela Gast), Charlotte Küter (Großmutter), Erich Franz (Koch Albert), Kurt Ulrich (Steuermann Krüger), Heinz Voss (Maschinist Berndt), Kurt Dunkelmann (Kapitän der »Hamburg«), Hans Schoelermann (Dr. Stammler), Brigitte Lindenberg, Paul Pfingst, die Kinder

Bärbel Breitsprecher (Reni, 13 Jahre), Günther Schinske (Rolf, 10 Jahre), Isabell Franke (Lotte) u.a.

INHALT: Zwei Berliner Kinder, die 13jährige Reni und der 10jährige Rolf, leben bei ihrer Großmutter, da die Mutter in einem Ostseehafen arbeitet und selten zu Hause ist. Der Vater ist im Krieg gefallen. Als die Kinder die Nachricht erhalten, daß die Mutter einen Kapitän heiraten will, und sie an die Ostsee kommen sollen, um ihn kennenzulernen, sind sie total dagegen. Sie wollen keinen Fremden. Im Hafen angekommen, ist Rolf außerdem enttäuscht, weil der Kapitän keinen großen Frachter, sondern nur einen Schlepper hat. Auf einer Probefahrt, die zum Abenteuer wird, gewinnt der Fremde Schritt für Schritt die Zuneigung der Kinder.

ZUM FILM: Der dritte gemeinsame Kinderfilm von Kurt Bortfeld und Herbert Ballmann war auf der Filmkonferenz von 1958 wegen Kleinbürgerlichkeit und Unverbindlichkeit starker Kritik ausgesetzt, nachdem er bei seiner Premiere noch positiv aufgenommen worden war.

ECHO: Man hat es gewagt, den Kindern einen Familienkonflikt vorzusetzen, und das bisher für Kinderfilme obligatorisch scheinende Kinderkollektiv einmal weit an den Rand zu drängen, und – siehe da! – es war kein Wagnis, es entstand ein Spielfilm, der die Kinder von etwa 9 Jahren an ebenso begeistert wie die Erwachsenen, heiter und ernst zugleich, lebensnah, erzieherisch wertvoll – weil ohne didaktischen Zeigefinger –, ein inhaltlich ebenso wie künstlerisch wertvoller Film. (HgM., *Leipziger Volkszeitung*, 6.5.1956)

Alles in allem: ein guter Film, dessen Geheimnis vielleicht nur darin liegt, daß man einen winzigen Ausschnitt des Lebens und nicht gleich den ganzen Fortschritt bieten wollte. Die ihn gemacht haben, den Film, müssen das Leben, die Kinder und die anderen Menschen sehr lieben. (H. J. Stein, *Weltbühne* 23/1956)

Mögen gestern manch einem die konkret-historischen Widersprüche und die ausschließlich sozialistische Perspektive gefehlt haben, so ist es heute das konstruierte Bild der emanzipierten, berufstätigen Mutter, das einen das Fürchten lehrt. Gisela Uhlen zeigt im Beruf das nötige Selbstbewußtsein, das aber garantiert in dem Moment hinfällig wird, wenn der neue Mann ins Geschehen eingreift. Im Familiendrama läßt sie der Film merkwürdig blaß aussehen und gibt ihr wenig Aktionsmöglichkeiten. Übrig bleibt das Bild einer hilfsbedürftigen Hausfrau mit Zusatzqualifikation Biologin, die eigentlich ständig überfordert und anlehnungsbedürftig ist. (*Zwischen Marx und Muck*, 1996)

NEBENBEI: Regisseur Herbert Ballmann und die Schauspielerin Gisela Uhlen waren eine Zeitlang miteinander verheiratet.

TREFFEN IN TRAVERS

RE: Michael Gwisdek, SZ: Thomas Knauf, LV: Gleichnamige Erzählung von Fritz Hofmann, DR: Christoph Prochnow, KA: Claus Neumann, MU: Reiner Bredemeyer, SB: Hans Poppe, KO: Katrine Cremer, SC: Evelyn Carow, PL: Herbert Ehler, GR: GR »Babelsberg«, m: 2750 = 101 min, fa, brw, PJ: 1988, PM: 27.4.1989, PM-Ort: Berlin, »International«

DA: Hermann Beyer (Georg Forster), Corinna Harfouch (Therese Forster), Uwe Kockisch (Ferdinand Huber), Peter Dommisch (Leonidas, Wirt), Heide Kipp (Marthe, Wirtin), Wolf-Dietrich Köllner (Rougemont, Staatsrat), Astrid Krenz (Liese), Hark Bohm (Bürgermeister), Michael Kind, Herbert Olschok (2 Preußische Geheime), Horst Krause (Grenzbeamter) u.a.

INHALT: Im Herbst 1793 trifft sich der in Paris lebende Georg Forster in einem einsamen Gasthof in der Schweiz mit seiner Frau Therese, um die Scheidung zu besprechen. Therese ist mit den beiden gemeinsamen Kindern und ihrem neuen Lebensgefährten Ferdinand Huber gekommen. Der physisch und psychisch von den revolutionären Kämpfen in Frankreich geschwächte Forster versucht, Therese zu überreden, mit ihm nach Paris zu fahren. Er ist bereit, Huber als Dritten im Bunde zu akzeptieren. Therese, die wegen der politischen Tätigkeit ihres Mannes im Schweizer Exil lebt, möchte die Scheidung, um nach Deutschland zurückzukönnen. Sie versucht, auch Forster zur Rückkehr zu bewegen, damit er endlich zur Ruhe kommt. Sie lehnt es ab, mit ihm nach Paris zu gehen, obwohl sie ihn noch immer liebt. Therese weiß, daß er sein Privatleben stets der Arbeit für die Revolution opfern würde. Und sie weiß, daß Huber sie braucht.

ZUM FILM: Das Szenarium von Thomas Knauf, der sich in den achtziger Jahren als einer der potentesten jungen DEFA-Autoren bewies,

nutzte Michael Gwisdek nach über zwei Jahrzehnten vor der Kamera, um als sein Regiedebüt eine faszinierende Dreiecksgeschichte zu erzählen. Der Stoff kam der DEFA als Beitrag zur 200-Jahr-Feier der Französischen Revolution gelegen.
ECHO: Travers – der Glücksfall eines Gleichnisses. Ein Erlebnis. Das Wie der Vermittlung macht das Erlebnis komplett. Das Buch balanciert geschickt die privaten und öffentlichen Elemente des vieldeutbaren Sujets, sortiert nicht die Verwicklungen und Verwirrungen, sondern macht einen Knoten daraus. Man gibt dem Melodram, was des Melodrams ist, und beschneidet doch nie die Ansätze zum weiteren Assoziieren. Ein intimer Film in mehrfacher Beziehung. Wenige Schauplätze, präzise ausgeschrieben. Der Rhythmus der Zeit im Einklang mit den Wellentälern der Emotionen. Michael Gwisdek hat seine Theatererfahrung scheinbar mühelos in filmische Chiffren transformiert. (Fred Gehler, *Sonntag* 21/1989)
Gwisdek, der mit seinem Regiedebüt auf Anhieb überzeugt, was ganz wenige Schauspieler mit Regieambitionen schaffen, läßt sich das psychologische Spannungsverhältnis des Dreiecks langsam entwickeln, steigert es bis zur Schmerzgrenze. Er hat seine Protagonisten vor der mit vielen Großaufnahmen arbeitenden Kamera Claus Neumanns zu äußerster schauspielerischer Intensität getrieben. Da stimmt jede Reaktion, und da hat auch jeder für sich recht. (Heinz Kersten, *Tagesspiegel*, 30.4.1989)
NEBENBEI: Die gemeinsamen Söhne von Corinna Harfouch und Michael Gwisdek, Johannes und Robert Gwisdek, sind als zwei Jungen zu sehen. Der westdeutsche Schauspieler und Regisseur Hark Bohm, der die Rolle des Bürgermeisters übernahm, war mit Harfouch und Gwisdek befreundet und hatte beide auch schon in seinen Filmen besetzt. Michael Gwisdek inszenierte nach dem Ende der DEFA in den neunziger Jahren zwei weitere Filme für andere Produzenten. – Der Film erhielt den DDR-Kritikerpreis »Große Klappe« und wurde 1990 auf dem letzten Nationalen Spielfilmfestival der DDR mit dem Hauptpreis ausgezeichnet. Corinna Harfouch und Hermann Beyer erhielten Preise für die besten Hauptrollen. Auch in Cannes lief der Film auf dem Festival in der Sektion »Der besondere Blick«.

TREFFPUNKT AIMÉE

RE: Horst Reinecke, BU: Gerhard Neumann, DR: Willi Brückner, KA: Erwin Anders, MU: Hans Hendrik Wehding, BA: Artur Günther, KO: Ingeborg Wilfert, SC: Christa Wernicke, PL: Hans-Joachim Schoeppe, m: 2055 = 75 min, s/w, AT: Schmuggel für den amerikanischen Krieg, PJ: 1956, PM: 5.10.1956, PM-Ort: Berlin, »Babylon«/»DEFA-Filmtheater Kastanienallee«
DA: Renate Küster (Ursula), Günther Simon (Wendt), Rolf Moebius (Dr. Markus), Paul R. Henker (Schubert), Gisela May (Erika), Harald Sawade (Schack), Karl Kendzia (Münz), Jochen Sehrndt (Glubsch), Manfred Borges (Franz), Erich Mirek (Kommandeur), Hermann Dieckhoff, Axel Triebel, Edith Volkmann, Charlotte Küter, Nico Turoff u.a.
INHALT: Die Geschichte beruht auf einem authentischen Fall: PVC-Schmuggel von Ost nach West. Den wertvollen, in der DDR entwickelten Grundstoff für die Kunststoffherstellung, der legal nicht ausgeführt werden darf, schmuggelt eine gut organisierte Schieberbande im Auftrag westlicher Chemiebetriebe kontinuierlich über die Berliner Sektorengrenze. Kriminalrat Schubert kommt bei seinen Ermittlungen ein Zufall zu Hilfe. Seine Tochter Ursula, Sachbearbeiterin in der Hauptverwaltung Chemie, entdeckt, daß die DDR mehr Gips ausführt als sie produziert. In Wahrheit verbirgt sich dahinter das geschmuggelte PVC. Damit ist nicht nur des Rätsels Lösung gefunden, sondern bald auch der Kopf der Bande, »Wespe« genannt.
ZUM FILM: Der Ost-West-Krimi war eine der wenigen Regiearbeiten Horst Reineckes, der, vom Theater kommend, in der DEFA verschiedene leitende Funktionen bekleidete.
ECHO: Die geradlinige Handlung nimmt – nach einem etwas zu langatmigen Anlauf – wirklich mehr und mehr gefangen, nicht nur der Kriminalfall an sich, sondern auch die Schicksale der in ihn verwickelten Personen rufen ungewöhnliche Anteilnahme hervor. Das Erfreulichste an diesem Film ist, daß Menschen von Fleisch und Blut gezeigt werden, Menschen, denen wir heute oder morgen in unserem täglichen Leben begegnen können. (Christoph Funke, *Morgen*, 6.10. 1956)
Interessiert, ja gespannt verfolgt man die Entwirrung der Fäden, die der Autor Gerhard Neu-

mann geschickt geknüpft hat. Es gibt dabei keine atemberaubenden Situationen, aber einen zügigen Ablauf des Geschehens. Paul R. Henker zeichnet einen älteren Polizeirat, wie man ihn im Apparat der Volkspolizei häufig treffen möchte: pflichtbewußt, gescheit und voll menschlicher Wärme. (Rosemarie Rehahn, *Wochenpost* 40/1956)

NEBENBEI: Die damals neunzehnjährige Renate Küster spielte damals mehrfach bei der DEFA und war später in der Bundesrepublik besonders als Kabarettistin erfolgreich. Heute tritt sie häufig zusammen mit ihrem Ehemann Dieter Hildebrandt auf.

TRI ORISKY PRO POPELKU

→ *DREI HASELNÜSSE FÜR ASCHENBRÖDEL*

TRILLERTRINE

(Co-Produktion, Kinderfilm)

RE: Karl Heinz Lotz, SZ: Wolf Müller, DR: Andreas Scheinert, KA: Claus Neumann, MU: Andreas Aigmüller, Wolfgang Amadeus Mozart, SB: Hans-Jürgen Deponte, KO: Regina Viertel, SC: Ilse Peters, PL: Lutz Wittcke, GR: GR »Johannisthal«, m: 2447 = 90 min, fa, PJ: 1990/91, PM: 13.11.1991, PM-Ort: Berlin, Filmtheater Friedrichstraße, CO: Regina-Ziegler-Filmproduktion, Berlin

DA: Maria Ferrens (Trine), Klaus Pönitz (Kurfürst), Werner Godemann (Kapellmeister Naumann), Peter Dommisch (Kopist Schmidt), Rolf Schill (Pfarrer), Wilfried Loll (Mozart), Peter Raasch (Fridolin), Theo Adam (Sartori), Hans-Uwe Bauer (Flötist Pfeiffer), Susanne Böwe (junge Hofdame), Roland Kuchenbuch, Wolfgang Winkler, Gerd Staiger, Christa Pasemann, Jaecki Schwarz u.a.

INHALT: Kinder eines kleinen sächsischen Waisenhauses wetten mit ihrem Kurfürsten um einen Kartoffelacker, daß sie genauso gut musizieren können wie die Hofkapelle. Beweisen sollen sie es mit der Aufführung von Mozarts Rondo zum Geburtstag der Prinzessin. Der Meister selbst hat den Hof des Kurfürsten fluchtartig verlassen und die Noten seines Stücks nur unvollständig zurückgelassen. Trine, die begabteste der musikalischen Waisenkinder, macht sich auf den Weg, Mozart zu finden, um die Noten zu bekommen. Sie hat nur vier Wochen Zeit. Nach einer abenteuerlichen Reise von Sachsen nach Preußen und zurück, bei der sie Mozart immer wieder knapp verfehlt, gelingt es ihr doch noch, den Komponisten zu treffen. In allerletzter Minute, bei Hofe sind bereits alle versammelt, kommt Trine mit den Noten. Die Kinder spielen das Rondo, und sogar die Hofmusiker sind begeistert. Der Kurfürst schenkt ihnen den Kartoffelacker, den sie für ihren Lebensunterhalt so dringend brauchen.

ZUM FILM: Der Film entstand aus Anlaß des 200. Todestages von Mozart als einer der letzten Kinderfilme der DEFA. Offenbar war, um den Termin zu halten, das Buch in noch nicht ausgereiftem Stadium zur Produktion freigegeben worden.

ECHO: Mittelpunkt und Höhepunkt von *Trillertrine* ist die bezaubernde Hauptdarstellerin der Trine, die junge Musikerin Maria Ferrens. Ihre ungekünstelte Spielweise, ihr apartes Gesicht und die hohe Musikalität sind ein Glückstreffer für den Regiesseur und den Film. (Jane Faber, *Berliner Morgenpost*, 13.11.1991)

Die wohl beabsichtigte Umgehung eines weiteren Leinwand-*Amadeus* ist total mißglückt und hat deshalb vielleicht die Chance des Vergessens. Natürlich läßt der Film am glücklichen Ausgang der Geschichte von Anfang an keinen Zweifel.

Das nimmt ihm etwas an prickelnder Neugierde und läßt auch Langeweile mitlaufen. (Paula Linhart, *film-dienst* 23/1991)

Die Herren der DEFA und die Dame Regina Ziegler versuchen nun, Kindern ihr Taschengeld abzuluchsen, denn ein Film über Mozarts Musik ist natürlich bildend. Und an diesem Film können die Kleinen auch gleich lernen, was alle Großen schon wissen: daß Bildung unbedingt langweilig sein muß. So lustig der Titel ist, so dröge ist die Geschichte von den Waisenkindern erzählt, die mit dem sächsischen König wetten, besser als die Hofkapelle zu spielen. (...) Ansonsten stimmt in dem Film nichts. Maria Ferrens hat die Ausstrahlung einer Marie Curie, aber nicht einer Trillertrine, und die Waisenkinder musizieren in der Dorfkirche so makellos, als wären sie das Gewandhausorchester bei einer CD-Einspielung. Regisseur Karl Heinz Lotz läßt Hans-Uwe Bauer (...) minutenlang mitleidlos in die Kamera husten und röcheln, bis auch dem letzten Kind klar ist, daß der Tod eine Erlösung (für den Zuschauer) ist. Einzig und allein Mozart darf als pockennarbiger Crétin so weit entfernt von allen überkommenen Mozart-Darstellungen liegen, daß es schon fast wieder komisch ist. (F.-B. Habel, *Filmklub-Kurier* 6/1991)

NEBENBEI: Der in Leipzig, Dresden, Prag und Salzburg gedrehte Film errang auf dem Hildesheimer Kinder- und Jugendfilmfest 1993 den ersten Preis. – Der weltberühmte Baßbariton Theo Adam spielte als Sartori seine einzige DEFA-Rolle.

TRINI

(Kinderfilm)

RE: Walter Beck, SZ: Margot Beichler, LV: Gleichnamiger Roman von Ludwig Renn, DR: Willi Brückner, KA: Horst Hardt, MU: Günther Fischer, SB: Erich Krüllke, KO: Günther Pohl, SC: Helga Emmrich, PL: Alexander Lösche, GR: GR »Johannisthal«, m: 2365 = 87 min, fa, brw, PJ: 1976, PM: 17.4.1977, PM-Ort: Berlin, »Kosmos«

DA: Gunnar Helm (Trini), Giso Weißbach (Jeronimo), Dmitrina Sawowa (Ambrosia), Gunter Friedrich (Paco), Iwan Tomow (Zapata), Michael Kann (Mario Puente), Helmut Schreiber (Torres), Leon Niemczyk (Graf Ariola), Ljubomir Dimow (Carlos), Klaus Bamberg (Mendoza), Holger Mahlich, Bruno Carstens, Karin Gregorek, Freya Klier, Jörg Knochée, Angel Stojanow, Otto Dierichs, Fred Alexander, Nico Turoff, Walter Lendrich u.a., GE: Nina Hagen, Gisela May

INHALT: Zur Zeit der mexikanischen Revolution (1910 bis 1920) in einem Dorf. Der Bauernjunge Trini muß mit ansehen, wie sein Onkel Jeronimo, einer der wenigen Indios, die sich gegen den Gutsbesitzer auflehnen, gefoltert und gedemütigt wird. Bei einem Protestmarsch zum Gutsbesitzer wird Jeronimos Braut von einem Aufseher erschossen. Die Bauern zerstören daraufhin das Haus des inzwischen geflohenen Gutsbesitzers. Im Nachbardorf sammelt sich eine Truppe zur Verteidigung der Reichen, bis das Militär eintrifft. Die Indios flüchten in die Berge und holen Zapata, den Führer der Revolution, zu Hilfe. Er rückt mit seinen Leuten an und zwingt den Gutsbesitzer, das Land an die Bauern zu verteilen. Trini und seine Familie ziehen mit ihm, und der Junge bekommt den Auftrag, einen Brief an Lenin weiterzuleiten. Unterwegs erfährt er von einem Komplott gegen Zapata, kommt aber mit seiner Warnung zu spät. Zapata ist ermordet worden.

ZUM FILM: Die Adaption des vielgelesenen Kinderbuchs von Ludwig Renn wurde der Vorlage

nicht gerecht. Der überwiegend in Bulgarien »mit Unterstützung der Botschaft der Vereinigten Mexikanischen Staaten in der DDR« gedrehte Film nutzte die Phraseologie der Gegenwart für seine an sich spannende Geschichte aus der Historie und wurde damit unglaubwürdig.
ECHO: Recht allgemein, undifferenziert und auch dilettantisch rollt ein Bilderbogen einer uninteressant gebotenen Geschichtsstunde ab. Diesen Eindruck unterstützen noch die hölzernen Dialoge, denen selbst profilierte Schauspieler (auch als Synchronsprecher) kaum Leben einzuhauchen vermögen. Zwar sparsam, aber ungeheuer bedeutungsschwanger gesetzt, offenbart sich ihre Banalität, wirken sie peinlich. Ludwig Renns so erfolgreichem Kinderbuch hätte man einen besseren Film gewünscht. (Karla Anders, *Filmspiegel* 12/1977)
Auch die didaktischen Chanson-Kommentare, gesungen von Gisela May, helfen nicht, dieses Stück revolutionärer Geschichte Mexikos zu erschließen. (Manfred Haedler, *Morgen*, 24.4. 1977)
Grundübel dieser verschenkten Möglichkeiten ist, daß man nicht konsequent aus dem Blickwinkel des Trini erzählt hat. Seine, wenn auch begrenzte Sicht auf die Welt hätte Identifikationsmöglichkeiten wohl zuallererst herausstellen können. (...) Zu viel an Erkenntnis vermitteln zu wollen, birgt doch letztlich die Gefahr in sich, alles zu verspielen. (Margit Voss, *Berliner Rundfunk*, 24.4.1977)
Die angeblich wichtige Nachricht, die Trini durch die feindlichen Linien zu bringen hat, ist tatsächlich nur eine Gruß- und Ergebenheitsadresse des Bauernrevolutionärs an den großen Lenin. Die vitalen Motive des Aufbruchs der verzweifelten Indios verkommen zu ideologischen Plattheiten, die die Geschichte zunehmend unglaubwürdig machen. (*Zwischen Marx und Muck*, 1996)
NEBENBEI: Der Schauspieler Michael Kann, der den Mario Puente spielt, studierte damals an der Babelsberger Filmhochschule und trat in den achtziger Jahren mit zwei beachtlichen Filmen hervor.

TROTZ ALLEDEM!

RE: Günter Reisch, RE II. Stab: Hans Kratzert, SZ: Michael Tschesno-Hell, DR: Günter Karl, KA: Jürgen Brauer, KA II. Stab: Günter Heimann, MU: Ernst Hermann Meyer, SB: Dieter Adam, Georg Kranz, KO: Joachim Dittrich, Wolfgang Güldemeister, MI: Elli-Charlotte Löffler, SC: Monika Schindler, PL: Manfred Renger, MI: Oscar Ludmann, m: 3419 = 125 min, fa, Cine, PJ: 1971, PM: 13.1.1972, PM-Ort: Berlin, »International« DA: Horst Schulze (Karl Liebknecht), Ludmila Kasjanowa (Sophie Liebknecht), Ute Illmann (Vera Liebknecht), Albert Hetterle (Paul Schreiner), Erika Dunkelmann (Milda Schreiner), Jutta Hoffmann (Käthe Schreiner), Burkhardt Mann (Kulle Schreiner), Zofia Mrosowska (Rosa Luxemburg), Michail Uljanow (Lenin), Peter Reusse (Klaus Stoewe), Erich Mirek (Wilhelm Pieck), Siegfried Weiß (Franz Mehring), Manfred Zetzsche (Hermann Duncker), Ulrich Anschütz (Erich Habersaath), Fred Delmare (Waldemar Lehmann), Albert Garbe, Horst Hiemer, Stefan Lisewski, Juliane Korén, Hans Hardt-Hardtloff, A. P. Hoffmann, Ekkehard Schall, Harry Hindemith, Rolf Ludwig, Harald Halgardt u.a.
INHALT: An den Film → *Solange Leben in mir ist* anknüpfend, wird der Kampf Karl Liebknechts von seiner Entlassung aus dem Gefängnis am 23. Oktober 1918 bis zu seiner Ermordung am 15. Januar 1919 geschildert. Während das Proleta-

riat dem in Berlin eintreffenden Liebknecht einen triumphalen Empfang bereitet, mobilisiert das Kaiserreich seine letzten Kriegsreserven. Ebert will die Abdankung des Kaisers, um die Revolution zu verhindern, Liebknecht führt die Arbeiterklasse zur Revolution. Am 9. November ruft er vom Schloß die Sozialistische Republik Deutschland aus. Doch die Konterrevolution formiert sich, des Kaisers Generäle in Einheit mit der rechten Sozialdemokratie. Erste Angriffe auf die junge Republik werden zurückgeschlagen. Dem rechten Sozialdemokraten Noske wird nun der Oberbefehl übertragen, und im Januar fallen Freicorpstruppen in Berlin ein. Eine blutige Jagd auf die Kommunisten beginnt. Diese sind dem schwerbewaffneten Gegner nicht gewachsen. Auch sozialdemokratische Arbeiter haben sich der rechten Führung angeschlossen. Der Riß, der durch viele Familien geht, wird an der fiktiven Arbeiterfamilie Schreiner demonstriert. Während der Vater auf Seiten der Noske-Truppen kämpft, sind seine Kinder Käthe und Kulle auf der Seite der Revolutionäre.

ZUM FILM: Im zweiten Teil der Liebknecht-Biografie gelang es Günter Reisch in wenigen Szenen, das pathetische Buch von Tschesno-Hell, das die Figur Liebknechts als untadelige Führungspersönlichkeit zeichnete, mit realistischen Episoden aufzubrechen.

ECHO: Eines der Hauptmerkmale des Films: seine Präzision – in der Zeichnung der Figuren und des historischen Geschehens, in der politischen Argumentation, in der Entlarvung der Feinde der Arbeiterklasse. (...) Mit wenigen Strichen gelingt es, markante Typen zu schaffen oder authentische historische Figuren zu zeichnen. (Friedrich Salow, *Filmspiegel* 3/1972)

Der eigentliche Held – und das gehört durchaus zu den positiven Seiten des Films – ist das Volk. Im Vordergrund steht dabei eine Berliner Arbeiterfamilie, die etwas von der Zerrissenheit des Proletariats widerspiegelt. (...) Diese und die meisten anderen Gestalten spielten bereits in dem – meiner Meinung nach gelungeneren – ersten Liebknecht-Film der DEFA eine Rolle (...). Hier war die Handlung noch geschlossener und übersichtlicher als in der Fortsetzung. (...) *Trotz alledem!* ist am besten in einigen Massenszenen, deren Optik das Vorbild der sowjetischen Revolutionsfilme von Eisenstein und Pudowkin verrät. (Heinz Kersten, 1972, zit. nach *So viele Träume*)

Die Abhängigkeit vom parteioffiziellen Geschichtskanon drängt ins historische Panorama, zur Typisierung im Wertesystem, zur Totalität auf Kosten der Intensität. Dennoch ist der Film (...) sachlicher, realer und unpathetischer als sein Vorläufer, er ist atmosphärisch überzeugend und – unter den genannten Bedingungen – bemerkenswert lebendig und wirkungsvoll inszeniert und gespielt. (Klaus Wischnewski, *Das zweite Leben der Filmstadt Babelsberg*, 1994)

NEBENBEI: In der Rolle eines alten Soldaten hatte der damals schon schwerkranke Charakterdarsteller Raimund Schelcher seinen letzten Filmauftritt. – Der Premiere wohnte neben Erich Honecker auch Politbüromitglied Friedrich Ebert bei, dessen Vater, Reichspräsident Ebert – hier von Werner Godemann verkörpert –, zu den negativen Helden des Films zählte.

Filmtext: Trotz alledem! Filmerzählung von Michael Tschesno-Hell. Berlin: Henschelverlag 1971

TRÜBE WASSER

(Co-Produktion DDR/Frankreich)

RE: Louis Daquin, BU: Louis Daquin, MI: Klaus Wischnewski, LV: Roman »La Rabouilleuse« von Honoré de Balzac, DR: Klaus Wischnewski, KA: Eugen Klagemann, Philipe Brun, MU: Hanns Eisler, BA: Leon Barsacq, KO: Anne-Marie Marchand, SC: Ursula Rudzki, Claude Nicole, PL: Hans Mahlich, m: 2960 = 109 min, s/w, AT: Die Krebsfischerin, PJ: 1959, PM (DDR): 13.5.1960, PM-Ort: Berlin; »Babylon«, CO: Société Nouvelles Pathé Cinéma, Paris/Frankreich, Franz. Titel: La Rabouilleuse

DA: Madeleine Robinson (Flore Brazier), Jean Claude Pascal (Philipe Bridau), Erika Pelikowsky (Agathe Bridau), Ekkehard Schall (Joseph Bridau), Gerhard Bienert (Jean Jacques Rouget), Harry Riebauer (Max Gilet), Clara Gansard (Mariette), Ivan Malré (St. Auban), Bella Waldritter (Tante Descoings), A. P. Hoffmann (Giroudeau), Werner Dissel (Fario), Kati Székely (Conchita), Hans-Ulrich Lauffer, Barbara Berg, Wolf v. Beneckendorff, Ralph J. Boettner, Maria Besendahl, Ditha Cullmann, Fritz Decho, Otto Dierichs u. a.

INHALT: Paris 1821. Die Restaurationszeit löst eine unerbittliche Jagd nach Macht und Reichtum aus. Unter den Geldjägern ist der ehemalige napoleonische Offizier Philipe Bridau. Als skrupelloser Spieler und Betrüger erwirbt er ein beträchtliches Vermögen, und nachdem seine Geliebte ihn verlassen hat, interessiert ihn nur noch die Vermehrung des Geldes. Er will die Millionen seines Onkels Rouget. Doch darauf ist schon dessen Geliebte Flore aus. Flore liebt den jungen Max, der ebenfalls nur hinter dem Geld her ist. Philipe Bridau tötet Max im Duell, beseitigt den alten Rouget auf raffinierte Art und heiratet Flore, die das Geld geerbt hat. Danach läßt er die erkrankte Flore im Spital verkommen und heiratet eine Adlige, wodurch er sein Vermögen noch verdoppelt. Er ist ganz oben und legt seinen Reichtum in Staatspapieren an. 1830 stürzt die Regierung Karls X., Philipes Papiere sind plötzlich wertlos, und er selbst ist da, woher er kam: ganz unten.

ZUM FILM: Die Co-Produktionen der DEFA mit französischen Partnern stießen immer wieder auf Kritik, weil der künstlerische Einfluß der deutschen Seite zu gering war. Obwohl außer em Regisseur, einem Kameramann und drei Darstellern nur deutsche Mitarbeiter an dem Film beteiligt waren, warf man dem Film vor, Balzacs Realismus habe man ins Unverbindliche gleiten lassen. In Frankreich wurde der Film als werkgetreue Adaption gewürdigt. Der Streifen blieb die letzte Co-Produktion DDR/Frankreich.

ECHO: Die Konzentration auf die Gestalt Philipe Bridaus gab dem Regisseur (...) die Möglichkeit, ihn stärker zu profilieren, ihn in seiner Verkommenheit, seiner Skrupellosigkeit, seinem Egoismus als Kind seiner Zeit zu zeigen und doch noch individuelle Motivierungen einzubauen. In Jean Claude Pascal hat er auch den Darsteller, der mit feiner Charakterisierungskunst und nobler Allüre den Weg Philipe Bridaus durch den Sumpf der Restaurationszeit über die scheinbaren Höhen seines gesellschaftlichen Aufstiegs ins Nichts des Schlusses überzeugend nachzeichnet. (Martin Linzer, *Filmspiegel* 12/1960)

NEBENBEI: Regisseur Louis Daquin, der u.a. mit *Schiff ohne Hafen*, 1950, und *Bel ami*, 1954, große Erfolge hatte, wirkte in der kleinen Rolle des Nucingen mit.

TSCHORNYJE SUCHARI
→ SCHWARZER ZWIEBACK

TURLIS ABENTEUER
(Kinderfilm)
RE: Walter Beck, BU: Margot Beichler, Gudrun Rammler (Deubener), Walter Beck, LV: Marionettenmärchen nach Motiven der Erzählung »Pinocchios Abenteuer« von Carlo Collodi, DR: Wilhelm Päch, KA: Günter Haubold, Wolfgang Braumann, MU: Gerhard Wohlgemuth, SB: Harald Horn, KO: Dorit Gründel, SC: Margrit Brusendorf, PL: Heinz Kuschke, Siegfried Kabitzke, GR: KAG »Jugend- und Kinderfilm«, m: 2047 = 75 min, fa, PJ: 1966/67, PM: 3.11.1967, PM-Ort: Halle; »Goethe-Lichtspiele«
DA: Gina Presgott (Stimme von Turli), Martin Flörchinger (Kasimir, Spielzeugmacher), Alfred Müller (Muriel, Eselshändler), Vera Oelschlegel (Mirzilla, eine Füchsin), Peter Pollatschek (Eusebius, ein Kater), Martin Hellberg (Eisenbeiss, Puppentheaterdirektor), Marianne Wünscher (Euphrosina, gute Fee), Herwart Grosse (Merkauf, Lehrer), Helmut Schreiber (Peitschenknall, Zirkusdirektor), Harald Popig (Malte, Fischer), Hans Hardt-Hardtloff (Karsten, Fischer) u.a., GE: Roswitha Trexler, Manfred Krug
INHALT: Spielzeugmacher Kasimir hat den Kasper Turli kaum zu Ende geschnitzt, da wird der schon lebendig und beginnt allerlei Unfug anzustellen – allerdings nicht in schlechter Absicht. Trotz aller Ermahnungen schwänzt Turli die Schule, richtet im Puppentheater Verwirrung an und fällt schließlich auf den bösen Muriel herein. Der nutzt die Faulheit der Kinder aus und verwandelt sie in Esel, die für ihn arbeiten müssen. Mit Hilfe der Fee Euphrosina entkommt Turli, rettet seinen Vater, der auf der Suche nach ihm von einem Fisch verschlungen wurde und befreit auch die anderen Kinder aus Muriels Gewalt. Zur Belohnung wird Turli zu einem richtigen Jungen.
ZUM FILM: Der hervorragend besetzte Kinderfilm führte den Gedanken phantasievoll aus, daß es Leute gibt, die an der Dummheit der Menschen interessiert sind, um sie ausnutzen zu können. Damit sprach er mit seiner bunten und abenteuerlichen Handlung nicht nur die Kleinen an, auch wer mitdenken konnte und wollte, konnte seinen Spaß an dieser Geschichte haben.
ECHO: Turli kommt in allerlei aufregende Situationen, die von den kleinen Zuschauern herzlich belacht werden. Doch hier beginnt das Problem. Verstehen die Kinder wirklich die symbolische Verallgemeinerung der Handlung? Sind die Gestalten und der teilweise sehr anspruchsvolle Dialog immer voll ausdeutbar für Kinder – der Film wird für die Altersstufe ab 6 Jahre gezeigt. Ich glaube, vieles wird den Kleinsten nur als Element der Handlung Spaß machen. Damit geht von der Wirkung dieses Films mancherlei verloren. (Jens Simon, *Freiheit*, 9.11.1967)
NEBENBEI: Die Puppen wurden vom Prager Marionettentheater »Spejbl und Hurvinek« gestaltet und gespielt.

U

UBICA NA UDSUSTVU

→ *MÖRDER AUF URLAUB*

ÜBER DIE GRENZEN

RE: Rainer Ackermann, SZ: Rainer Ackermann, DR: Tamara Trampe, KA: Thomas Plenert, MU: Wolfram Bodag, SB: Harry Leupold, KO: Joachim Dittrich, SC: Ursula Henning, PL: Hans-Erich Busch, GR: GR »Berlin«, m: 2895 = 106 min, fa, brw, PJ: 1988/89, PM: 7.5.1990, PM-Ort: Berlin, »Rio«

DA: Joachim Lätsch (Krewer), Jörg Simonides (Gorski), Carl Heinz Choynski (Micki Miller), John Bond (Steve Baxter), Asad Schwarz (Schultz), Gabriela Oswaldová (Dana), René Bischoff (Emile Louvel), Ralf Lindermann (Ritter), Peter Wohlfeil (Falck), Jolanta Grusznic (Malgorzata), Wolfgang Winkler, Horst Hiemer, Eckhard Becker, Anja Kling, Waltraut Kramm u.a.

INHALT: Der Dokumentarfilmer Paul Krewer will einen Film über seinen Freund, den Radrennfahrer Thomas Ritter, machen, der aller Voraussicht nach die Friedensfahrt gewinnen könnte. Doch schon zu Beginn der Fahrt fällt er durch einen Sturz hoffnungslos zurück. Was tun? Eine Niederlage zu dokumentieren, war nicht die Absicht Krewers. Er ändert seinen Plan, filmt neben Ritter auch den besser plazierten Falck, der nach Ritters Rückfall gute Chancen hat. Und er lernt den englischen Fahrer Steve Baxter kennen, der am Ende des Feldes verbissen kämpft. Mit seiner Kamera bleibt Krewer auch bei ihm. Er ergänzt sein Material mit Aufnahmen von Ereignissen am Straßenrand, trifft auf die tschechische Fotografin Dana, seine polnische Freundin Malgorzata und den französischen Sportjournalisten Emile, einen »Klassiker« der Friedensfahrt.

ZUM FILM: Der DEFA-Dokumentarist Rainer Ackermann hatte Anfang der 80er Jahre zwei Filme über die Friedensfahrt gedreht. Das gleiche Thema wählte er für sein Spielfilm-Debüt.

ECHO: Die Handlung erschöpft sich in der Nabelschau eines Regisseurs, der ohne feste Konzeption ein Team beschäftigt, etwas, das es wohl nur bei der DEFA gab. Alle handelnden Personen baden sich in Frust und Weltschmerz, und nur die (platonische?) Liebe des Regisseurs zu einem englischen Friedensfahrer ringt dem Zuschauer dann und wann ein verwundertes Lächeln ab. (F.-B. Habel, *Filmklub-Kurier* 4/1990)

Der Traum vom eigenen Spielfilm, den sich Regisseur Rainer Ackermann mit 43 Jahren verwirklichte, wird für den Zuschauer fast zum Alptraum. Was er sieht, ist allenfalls ein Zwitter aus Dokumentar- und Spielfilm. Eine richtige Geschichte gibt es nicht, die auftretenden Gestalten bleiben schemenhaft, gewinnen keinerlei Profil. (...) *Über die Grenzen* ist ein grenzenlos überflüssiger Film. (Heinz Kersten, *Tagesspiegel*, 20.5.1990)

NEBENBEI: Außer Peter Wohlfeil und Ralf Lindermann waren alle anderen Darsteller der Rennfahrer wirkliche Profi-Sportler. Sie fuhren zu den Dreharbeiten stets über zig Kilometer mit ihren Rädern, um sich für den Drehtag »warmzumachen«. Die Schauspieler bekamen allerdings von der DEFA »Rennräder« zur Verfügung, die den Namen nicht wirklich verdienten.

DER ÜBERGANG

RE: Orlando Lübbert, SZ: Orlando Lübbert, DR: Tamara Trampe, KA: Jürgen Brauer, MU: Ivan Pequeno, SB: Maria Iwanowa, KO: Maria Ljugowa, SC: Christa Helwig, PL: Irene Ikker, GR: AG »Berlin«, m: 2137 = 78 min, fa, PJ: 1977/78, PM: 10.9.1978, PM-Ort: Berlin, »International«

DA: Adelaida Arias (Rosa), Oscar Castro (Juan), Hugo Medina (Carlos), Anibal Reyna (Lorenzo), Victor Carvajal (Chilenischer Polizist), Enrique Herman Garate (Feldscher) u.a.

INHALT: Ende 1973, wenige Wochen nach dem Putsch der faschistischen Junta in Chile, sind drei Männer auf der Flucht. Der Arbeiter Carlos, der Student Juan und der Beamte Lorenzo wollen über die Anden nach Argentinien. Auf ihrem beschwerlichen Weg erleben sie, wie ein Viehzüchter von chilenischen Polizisten erschossen

wird. Kurz darauf suchen sie Unterschlupf bei einer Bäuerin, da Juan Hilfe braucht. Seine Wunden, die ihm bei der Folter im Gefängnis beigebracht wurden, sind aufgebrochen. In der Bäuerin erkennen sie die Frau des ermordeten Viehzüchters. Sie ist hochschwanger, und die drei bleiben, um ihr bei der Entbindung zu helfen. Als sie endlich die Grenze passiert haben, wird ihr Asylantrag abgelehnt. Juan flieht, die beiden anderen werden gefesselt zurückgebracht. Ein Befreiungsversuch Juans mißlingt zwar, aber die Gefangenen können einen Posten töten und seine Maschinenpistole in ihren Besitz bringen. Sie sind entschlossen, sich zu verteidigen.
ZUM FILM: Der Filmemacher Orlando Lübbert, der vor dem Putsch in Chile mit dem Dokumentarfilmer Patricio Guzmán zusammengearbeitet und 1975 in der Bundesrepublik einen Dokumentarfilm gedreht hatte, bekam bei der DEFA die Gelegenheit für sein Spielfilmdebüt. Der zu großen Teilen in Bulgarien entstandene Film fand in Lateinamerika stärkeres Interesse als in den Kinos der DDR.
MEINUNG: Bist du in der DDR erst mal durch alle bürokratischen Instanzen, dann sind die gestalterischen Freiheiten sehr groß, größer als im Westen, wo immer irgendein Heini hinter dir steht, auf die Uhr schaut und dich unter Druck setzt mit seinen wirtschaftlichen Zwängen. (Orlando Lübbert, *Deutsches Allgemeines Sonntagsblatt*, 27.1.1989)
ECHO: Lübbert bleibt dicht an den Gestalten »dran«. Er bekennt sich damit zum Kammerspiel des Films, obwohl das Thema dem zu widersprechen scheint. Aber seine beeindruckend konsequente gestalterische Disziplin bringt es zuwege, daß man in diesen drei Männern den edlen, großen Schatz des chilenischen Volkes und des antifaschistischen Widerstandes erkennt, akzeptiert und bejaht, daß man die Ursachen und Motive ihres zeitweiligen Scheiterns begreift und zugleich die unzerstörbare, feste Siegeszuversicht. (Günter Agde, *Filmspiegel* 20/1978)
Daraus hätte ein Actionfilm werden können, ein Polit-Western mit Publikumsappeal. Doch Lübbert verzichtete bewußt auf alle Effekte, drehte einen eher spröden, stillen Film, der auf eine modell- und symbolhafte Überhöhung der Geschichte zielt, einen Film, der auch Fragen stellt: nach den Gründen der Niederlage, dem Sinn der Emigration. (Heinz Kersten, 1978, zit. nach *So viele Träume*)
NEBENBEI: Anibal Reyna, der Darsteller des Lorenzo, war in Chile Präsident der Schauspielergewerkschaft und damals als Exilant am Volkstheater Rostock engagiert. Er spielte in der Bundesrepublik die Hauptrolle in Christian Ziewers Film *Aus der Ferne sehe ich dieses Land.*

UKRADENA BITVA
→ DIE GESTOHLENE SCHLACHT

ULYBNIS, ROWESNIK!
→ SOVIEL LIEDER, SOVIEL WORTE

ULZANA
RE: Gottfried Kolditz, SZ: Gojko Mitic, Gottfried Kolditz, DR: Hans-Joachim Wallstein, KA: Helmut Bergmann, MU: Karl-Ernst Sasse, SB: Heinz Röske, KO: Günther Schmidt, SC: Christa Helwig, PL: Dorothea Hildebrandt, GR: KAG »Roter Kreis«, m: 2589 = 95 min, fa, Cine, AT: Apachen II, PJ: 1973, PM: 16.5.1974, PM-Ort: Berlin, »International«
DA: Gojko Mitic (Ulzana), Renate Blume (Leona), Rolf Hoppe (Captain Burton), Colea Rautu

(Nana), Amza Pelea (General Crook), Fred Delmare (Bob Tribolett, Kellner im Saloon), Alfred Struwe (Aldrigton), Dorel Jacobescu (Hackii), Hannjo Hasse (Wilson), Werner Dissel (Arzt), Paul Berndt, Klaus Gehrke, Eugen Albert, Gerhard Rachold, Wilfried Zander u.a.

INHALT: Arizona, Ende der vierziger Jahre des vorigen Jahrhunderts. Die Mimbreno-Indianer haben sich auf Ackerbau umgestellt, eine Bewässerungsanlage gebaut und feiern nun ihr erstes Erntefest. Es ist eine ertragreiche Ernte, und sie könnten mit den Überschüssen Handel treiben. Die Geschäftsleute der Stadt Tucson und die Siedler bangen um ihre Profite, vor allem die Männer vom »Tucson-Ring«, die die von der Regierung für die Versorgung der Indianer gespendeten Gelder einstreichen und ihnen verdorbene Lebensmittel liefern. Sie gehen zum Angriff über und sprengen die Bewässerungsanlage. Häuptling Ulzana wird verwundet, die Weißen halten ihn für tot und wollen die Mimbrenos in ein unfruchtbares Reservat treiben. Die Indianer fliehen in die mexikanische Sierra Madre, doch Ulzanas Frau Leona wird von den Soldaten gefangen. Als Ulzana sie befreien will, wird sie erschossen.

ZUM FILM: Auch dieser DEFA-Indianerfilm hielt sich eng an historische Fakten und war die Fortsetzung von → *Apachen*. Er war auch international erfolgreich. In der Bundesrepublik lief er unter den Titeln *Ulzana, der unbesiegte Häuptling* und *Der letzte Kampf der Apachen – Ulzana*.

ECHO: Beeindruckend die Milieubilder aus dem Film-Arizona Rumänien und Usbekistan (Kamera: Helmut Bergmann): Gebirgsketten schmiegen sich anmutsvoll um den Hals der Landschaften, Seen blinken wie blaue Augen in waldbärtigen Hügelgesichtern, und fauchender Wind reitet auf dem flachen Rücken der Steppe. (Hans-Dieter Schütt, *Junge Welt*, 21.5.1974)

Gojko Mitic reitet wieder! Und nicht nur das! Nach *Apachen* hat er erneut gemeinsam mit Regisseur Gottfried Kolditz den Pegasus bestiegen und das Szenarium für *Ulzana* verfaßt. Daß er auch in diesem Sattel keine schlechtere Figur abgibt als altgediente Schreibtisch-Profis, kann ihm ohne weiteres bescheinigt werden. (...) Gojko beschließt das Opus wieder einmal als Witwer, dem der Rachedurst von der edlen Nasenspitze abzulesen ist. (...) Neu im Indianerfilm, aber ganz im Sinne der seit einiger Zeit opportunen Freikörperkulturbestrebungen ist Kolditz' Regie-Einfall, Gojkos unbekleidetes Hinterteil zur allgemeinen Ansicht freizugeben. (Renate Holland-Moritz, *Eulenspiegel* 25/1974)

Sein Gegenspieler ist Captain Burton, der Stellvertreter des Generals im Fort Craig. Rolf Hoppe spielt diesen Captain, verschlagen-ruhig und freundlich, fast sympathisch, wenn er etwas will, laut und brutal von einer Sekunde zur anderen, wenn er mit seiner ruhigen Masche nicht durchkommt. Nie ist er vordergründig dumm. Deshalb ist er gefährlich, denn dumme Ausbeuter sind leicht davonzujagen. (J. Hempel, *Trommel*, 29.7. 1974)

Gojko Mitic als Ulzana selbst ist nicht mehr nur der Held und Draufgänger, sondern der Wägende, Überlegende, Leitende. Mit seiner Frau Leona (Renate Blume) wird eine Gestalt eingeführt, die sich auf eigenartige und anrührende Weise bewährt, obwohl sie als gebürtige Mexikanerin zwischen die Fronten gerät. Und der alte Indianer Nana (Colea Rautu) verkörpert so etwas wie Witz und Weisheit des Volkes, steht in der Mitte zwischen Clown und Held, ist ein Spaßmacher hart am Rande der Tragik. (...) Rolf Hoppe als Captain Burton nutzt dafür die Chance virtuos, einen Bösewicht mit vielen Nuancierungen vom Leisen, fast Zärtlichen über keuchende Brutalität bis zum fiebrig-irren Getriebensein darzustellen. (Christoph Funke, *Morgen*, 19.5. 1974)

NEBENBEI: Die Außenaufnahmen erfolgten unter Mitarbeit des Mosfilm-Studios, Moskau, in Usbekistan sowie im Burzenland – am Fuße des Bucegi-Massivs der Karpaten mit Unterstützung des Bukarester Buftea-Studios. – Ulzanas Pferd diente eigentlich einem usbekischen Komsomolsekretär als berufliches Fortbewegungsmittel in Usbekistans Weiten. – Der deutsche Sprecher für Colea Rautu, der den Nana spielte, war Walter Wickenhauser. Der spielte selbst in *Ulzana* als der Eigentümer des »Tucson Evening Star« mit. Wegen seiner markanten Stimme wurde er allerdings von Gerd Ehlers synchronisiert. – Gojko Mitic und Renate Blume lebten damals für einige Zeit zusammen. Die Öffentlichkeit hätte in ihnen gern ein »Traumpaar« gesehen.

DIE UNBESIEGBAREN

RE: Artur Pohl, BU: Artur Pohl, Idee: Heino Brandes, DR: Marieluise Steinhauer, KA: Joachim Hasler, MU: Walter Sieber, BA: Karl Schneider, KO: Hans Kieselbach, SC: Hildegard Tegener, PL: Walter Lehmann, m: 2927 = 107 min, s/w, PJ: 1952/53, PM: 10.4.1953, PM-Ort: Berlin »Babylon«/»DEFA-Filmtheater Kastanienallee«

DA: Alice Treff (Frau Schulz), Willy A. Kleinau (Herr Schulz), Tamara Osske (Gertrud Schulz), Werner Peters (Köppke), Kurt Oligmüller (Franz), Karl Paryla (August Bebel), Erwin Geschonneck (Wilhelm Liebknecht), Hanns Groth (Wilhelm II.), Paul R. Henker (Krupp), Gerhard Bienert (Wachtmeister Vogt), Harald Mannl (Karl Frohme), Arno Paulsen (Hauptmann Bullerjahn), Walter Brandt, Wolf v. Beneckendorff, Wilhelm Koch-Hooge, Norbert Christian, Karl Kendzia, Heino Winkler, Erna Sellmer, Helene Riechers u.a.

INHALT: Das letzte Jahr des Sozialistengesetzes. Zu den im Untergrund arbeitenden Sozialdemokraten gehört auch der Berliner Schlosser Schulz. Er hat unter anderem den streikenden Ruhr-Bergarbeitern das in Berlin zu ihrer Unterstützung gesammelte Geld gebracht. Die Polizei kann ihn jedoch nicht überführen, so korrumpiert sie den Arbeiter Köppke, den Beweis für Schulzes politische Tätigkeit zu erbringen. Schulz wird verhaftet, seine Familie gerät in große Not. Als er endlich aus dem Gefängnis entlassen wird, ist das Sozialistengesetz gefallen und die erste öffentliche Versammlung der Sozialdemokraten nach elf Jahren findet statt – mit August Bebel und Wilhelm Liebknecht als Redner. Familie Schulz steht in der ersten Reihe.

ZUM FILM: Der vorliegende Film war der Mittelteil einer von Heino Brandes geplanten Trilogie, deren andere Teile allerdings nicht produziert wurden. Die sozialdemokratischen Wurzeln des Sozialismus in der DDR waren später nur noch in ihren Fehlentwicklungen und ihrem Versagen ein Thema. Auch dieser Film wurde propagandistisch genutzt, um den gegenwärtigen Kurs der bundesdeutschen SPD-Führung zu diskreditieren. Artur Pohl gelang allerdings ein durchaus achtbarer Film, der die Geschichte der Sozialdemokratie geschickt mit der Situation der durch sie vertretenen Arbeiter im Kaiserreich verknüpfte. An diesem dramaturgischen Muster orientierten sich später auch die historisch-biografischen DEFA-Filme über Ernst Thälmann und Karl Liebknecht.

ECHO: Das Private in diesem Film verschmilzt, wie es der Realismus verlangt, mit dem Politischen zu einer fast restlosen Einheit. Auch die Führer der damaligen deutschen Sozialdemokratie, geschichtliche Gestalten von fast schon legendärem Namen, rücken dadurch wieder in eine vertraute menschliche Nähe. August Bebel ist der eine, von Karl Paryla mit einem beweglichen, fast jugendlich feurigen Temperament gespielt, und Wilhelm Liebknecht der andere, dessen leidenschaftliche Überzeugungskraft in Erwin Geschonnecks Darstellung mit schöner Selbstverständlichkeit zum Ausdruck kommt. Selbst die ideologischen Auseinandersetzungen innerhalb der Parteileitung werden anschaulich und deutlich vom Wesen ihrer Träger her. (...) Artur Pohl erweist sich wieder als ein Regisseur, der mit seinen Aufgaben wächst; zusammen mit seinem Kameramann Joachim Hasler erreicht er eine atmosphärische Dichte und Einheitlichkeit der Bilder und Szenen, die selbst über mancherlei konventionellen und überflüssigen fin-de-siècle-Zierat noch hinwegträgt. (Hans Ulrich Eylau, *Berliner Zeitung*, 17.4.1953)

NEBENBEI: Die Westberlinerin Alice Treff, geboren 1906, galt schon damals als eine der großen Charakterdarstellerinnen. Sie stand bis in die späten neunziger Jahre noch vor der Kamera.

... UND DEINE LIEBE AUCH

RE: Frank Vogel, BU: Paul Wiens, DR: Willi Brückner, KA: Günter Ost, MU: Hans-Dieter Hosalla, BA: Werner Zieschang, KO: Werner Bergemann, SC: Ella Ensink, PL: Hans-Joachim Funk, GR: KAG »Heinrich Greif«, m: 2515 = 92 min, s/w, AT: Bei uns, PJ: 1961/62, PM: 27.9. 1962

DA: Kati Székely (Eva), Armin Mueller-Stahl (Ulli), Ulrich Thein (Klaus), Katharina Lind (Margot), Alfonso Arau (Alfredo), Maria Besendahl (Wirtin), Marita Böhme (Fürsorgerin), Doris Thalmer (Nachbarin) u.a.

INHALT: Berlin um den 13. August 1961. Das Mädchen Eva steht zwischen den Brüdern Ulli und Klaus, zwei Arbeiterjungen, deren Weltbilder gegensätzlich sind. Klaus ist für das schnelle Geld, das er als Taxifahrer im Westen verdient, und für ein sorgloses Leben. Ulli ist ernster, etwas schüchtern und hat einen festen politischen Standpunkt. Am 13. August ist Klaus plötzlich der Weg nach Westen versperrt, und Ulli steht mit der Waffe in der Hand an der Grenze. Bei Eva macht der selbstsichere Klaus das Rennen, doch als das Mädchen schwanger wird, will er sich der Verantwortung entziehen. Eva fühlt, daß ihre Hingabe an Klaus nicht auf wahrer Liebe beruht. Immer mehr fühlt sie sich zu Ulli hingezogen. Sie muß eine Entscheidung treffen, zumal Klaus bei einem Fluchtversuch festgenommen wird und ins Gefängnis kommt.

ZUM FILM: Nach ihrem ersten gemeinsamen Film → *Der Mann mit dem Objektiv* planten Vogel und Wiens einen Fernfahrer-Film, der seine Brisanz durch die offene Grenze bekommen sollte. Nach dem Mauerbau übernahmen sie die Grundkonstellation, und während Günter Ost dokumentarische Beobachtungen drehte, schrieb Paul Wiens, der als besonders linientreu galt, eine Liebesgeschichte vor dem Hintergrund des unbedingt zu begrüßenden Mauerbaus in Berlin. Trotzdem war der Film formal beachtlich.

ECHO: Dies ist wohl der wesentlichste Gegenwartsfilm der letzten DEFA-Jahre. Daß es dazu ein leiser, zärtlicher, sehr menschlicher Film ist, eine kleine Alltagsgeschichte, zählt in unseren Breitengraden doppelt. (...) Ihr (der Schöpfer, f.b.h.) Film hat den Atem Berlins, den Geruch seiner Straßen, Plätze (...) eine allgemein menschliche Geschichte von Liebe, Eifersucht, Irrwegen des Gefühls – aber so fest eingebettet ins Heute, so ganz aufgetan den Impulsen unseres Jahrhunderts, daß die Schicksale der drei für den Zuschauer zur Entdeckungsfahrt werden in der Zeit, in der er lebt. (Rosemarie Rehahn, *Wochenpost* 38/1962)

Man sieht das Gesicht des Schauspielers, seine Mimik und hört seine Stimme. Er spricht, was er denkt. Ein wenig erinnert das allerdings an ein Unding, nämlich an eine Pantomime, die erklärt werden muß. (Carl Andrießen, *Weltbühne* 43/1962)

Die thesenartige Handlung, die Klaus nach einer mißglückten Mauerflucht in einem »Besserungslager« enden läßt, erhält durch viele mit verdeckter Kamera gefilmte Sequenzen und durch häufiges Improvisieren der Darsteller einen Anflug dokumentarischer Echtheit von Cinéma-vérité. Die Story indes trägt hoffnungslos apologetische Züge. (Ulrich Gregor, *Filmkritik* 6/1964)

Die Kamera Günter Osts beobachtet genau, feinfühlig und humorvoll das alltägliche Leben der Menschen auf den Straßen, Bahnsteigen, in den Bussen, Straßen- und S-Bahnen, besonders in der Gegend um die Warschauer Straße herum, und vermittelt das lebendige Fluidum dieser Stadt. An diesen dokumentarischen Momenten freut man sich noch heute. (...) Es ist, als ob sich Paul Wiens immer wieder selbst versichern wollte, daß der Bau der Mauer moralisch und politisch gerechtfertigt sei. Diese Texte wirken heute teilweise angestrengt und schwülstig. (Erika Richter, *Das zweite Leben der Filmstadt Babelsberg*, 1994)
NEBENBEI: Die Berliner Aufnahmen entstanden u.a. am Rosenthaler Platz, im VEB Berliner Glühlampenwerk (später NARVA) und im Postamt Berlin N 54. Ein kleiner Teil wurde in Kuba gedreht.

... UND DER HIMMEL STEHT STILL

(Co-Produktion)
RE: John Schlesinger, BU: Ian McEwan, LV: nach dem Roman »The Innocent« von Ian Mc-Ewan, KA: Dietrich Lohmann, MU: Gerald Gouriet, SB: Luciana Arrighi, KO: Ingrid Zoré, SC: Richard Marden, PL: Ingrid Windisch, 116 min, PJ: 1992/93, PM: 16.9.1993, PM-Ort: Düsseldorf, CO: Lakehand-Film, London; Chris Sievernich Filmproduktion, Berlin, Engl. Titel: The Innocent
DA: Isabella Rossellini (Maria), Anthony Hopkins (Bob Glass), Campbell Scott (Leonard Marnham), Ronald Nitschke (Otto), Hart Bochner (Russell), James Grant (MacNamee), Dana Golombek (Charlotte), Meret Becker (Ulrike), Klausjürgen Steinmann (Herr Eckdorf), Jeremy Sinden (Captain Lofting), Ludger Pistor, Jessica Cardinahl, Martin Stier u.a., GE: Susan Bickley
INHALT: 1989, in den Tagen des Mauerfalls, erinnert sich der britische Techniker Leonard Marnham an seinen Berliner Aufenthalt von 1955, mitten im kalten Krieg. Damals war er hierher versetzt worden, um an der Operation »Gold« mitzuarbeiten, einem Tunnelbau von West- nach Ostberlin, der dazu diente, sämtliche Telefonate der sowjetischen Besatzungsbehörden abzuhören. Leonard lernt in einer Tanzbar die Berlinerin Maria kennen, in die er sich verliebt. Obwohl sein »Betreuer«, der US-Offizier Bob Glass, Einwände gegen diese Beziehung hat, bleibt Leonard bei Maria. Die aber ist verheiratet: mit dem brutalen Otto, der die Scheidungspapiere nur unterzeichnen will, wenn Maria ihm Geheimnisse über ihren Geliebten preisgibt. Maria erschlägt in einem Moment höchster Verzweiflung ihren Mann, und Leonard bringt die zerstückelte Leiche in zwei Koffern in den unterirdischen Geheimgang. Kurz darauf entdecken die Russen den Tunnel. Maria, von Leonard gebeten, mit ihm nach London zu fliegen, bleibt in letzter Minute zurück. Erst 1989 erfährt Leonard, daß sie Glass, der von dem Mord wußte, nicht allein in Berlin zurücklassen wollte. Sie heiratete ihn – aus Reue und Dank dafür, daß er die Morduntersuchung unterdrücken half und somit auch Leonard rettete ...
ZUM FILM: Nach dem Verkauf der DEFA an die französische CGE versuchten die neuen Chefs, internationale Großproduktionen nach Babelsberg zu holen. So entstand hier die 28 Millionen DM teure Produktion *The Innocent* von John Schlesinger (*The Marathon Man*), kurz bevor der Name DEFA vorerst aus der Firmengeschichte eliminiert wurde. Mit der Tradition der DEFA hatte der Film nichts zu tun, höchstens mit der Studio-Kapazität.
ECHO: Ungemein atmosphärisch, steht im Presseheft. Du kriegst die Tür nicht zu! Ein bißken ville Milljöh, dazu Peitschenlampen, Gasheizungen, S-Bahnen und Plattenbauten, die einfach nicht ins Bild gehören. Der Flughafen Tempelhof wird schließlich zu Little Casablanca. Mit Trenchcoats und wilden Mienen und allem. (...) Von der Bergman-Tochter Isabella Rossellini nur dies: Sie hat die guten Nasenflügel ihrer Mutter und das gleiche reizende kleine Plateau auf der Nasenspitze. (Ernst O. Mühl, *Neues Deutschland*, 16.9.1993)
Alles zu süß, zu glatt, zu vorhersehbar. Dazu die Peinlichkeit des *Casablanca*-Zitats. Aus Berliner Sicht aber fällt vor allem die Schludrigkeit der Inszenierung ins Auge, zum Beispiel die Plattenbauten aus den 80er Jahren, in denen die Amerikaner der 50er Jahre untergebracht sind. Und die unwirkliche Berliner Stimmung nach dem Fall der Mauer sieht hier aus wie die alljährliche Konfettiparade in Greenwich Village. (Harald Martenstein, *Tagesspiegel*, 17.9.1993)
NEBENBEI: Der einzige namhafte künstlerische Mitarbeiter des Films, der aus der DDR stammte, war der Schauspieler Klausjürgen Steinmann,

langjähriges Mitglied des Fernseh-Ensembles, in der Nebenrolle des Herrn Eckdorf.

... UND ICH DACHTE, DU MAGST MICH

(Kinderfilm)

RE: Hannelore Unterberg, SZ: n.n., DR: Andreas Scheinert, KA: Michael Göthe, MU: Thomas Heyn; Lieder: Gerhard Schöne, SB: Georg Kranz, KO: Katrin Johnsen, SC: Renate Bade, PL: Ralph Retzlaff, GR: GR »Johannisthal«, m: 1844 = 68 min, fa, brw, AT: Die Vogelmühle, PJ: 1986/87, PM: 31.7.1987, PM-Ort: Berlin, »Colosseum«

DA: Susanne Lüning (Susanne), Günter Naumann (Heimleiter Eichler), Barbara Dittus (Frau Busse), Peter Kube (Michael), Brigitte Krause (Köchin), Carl Heinz Choynski (Bauer), die Kinder Ulrike Dräger (Lena), Cindy Scholp (Antonia), Sören Lißner (Wolfgang), Sebastian Hattop (Oliver), Ulrike Knabe, Martina Jonas, Constanze Kusch, Madlen Balk u.a.

INHALT: Schon im Bus auf der Fahrt ins Ferienlager gefällt der elfjährigen Lena der ein Jahr ältere Wolfgang. Auch die eitle Antonia hat ein Auge auf ihn geworfen, doch Wolfgang erwidert Lenas Lächeln. Eine Freundschaft bahnt sich an. Im Gegensatz zu der jungen Betreuerin Susanne haben Heimleiter Eichler und Lehrerin Busse wenig Verständnis für die Gefühlsregungen der Kinder. Als Lena und Wolfgang sich von den anderen absondern, werden sie in verschiedene Gruppen gesteckt. Lena protestiert beim Heimleiter. Der Konflikt spitzt sich während einer Disco-Veranstaltung zu, und Lena läuft weg. Die Suchaktion bleibt erfolglos. Nur Wolfgang ahnt, wo sie ist. Er bringt sie zurück.

ZUM FILM: Das interessante und sensible Thema der Probleme der Pubertät stand hier (in ähnlicher Konstellation wie in → *Sieben Sommersprossen*) im Mittelpunkt. Trotz einiger schöner Szenen zerflatterte der Film und gab den Figuren nicht genügend Profil.

ECHO: Ich gestehe gern, daß mir eine Reihe sensibler, bewegender Szenen in Erinnerung blieb, in denen ein kleines Mädchen sich zu seiner großen Liebe bekennt – gegen das eher temperierte Gemüt des Jungen, gegen Spott und Eifersucht der Freundinnen, gegen bürokratisches Unverständnis der Erwachsenen. Doch für eine dramatisch bewegte, die Charaktere auslotende Handlung, zu der ein solcher Stoff herausfordert, fehlt es dem Film an erzählerischer Phantasie. (Rosemarie Rehahn, *Wochenpost* 33/1987)
Es geschieht nicht allzuviel, und das wenige wird dann bedeutungsvoll hochgespielt, ohne zu überzeugen. Wenn bei den Erwachsenen (Heimleiter und Gruppenleiterin) sich Erziehungsprinzipien gegenüberstehen, brauchen diese Figuren Profil, um die Problematik verständlich zu machen. Das Szenarium bietet ihnen aber keine Chance. (Peter Herrmann, *Filmspiegel* 18/1987)

NEBENBEI: Mit Barbara Dittus als Frau Busse und Susanne Lüning als Betreuerin Susanne standen hier Mutter und Tochter gemeinsam vor der Kamera.

UND NÄCHSTES JAHR AM BALATON

RE: Herrmann Zschoche, SZ: Inge Wüste-Heym, LV: Filmerzählung »Ich bin nun mal kein Yogi« von Joachim Walther, DR: Manfred Wolter, KA: Günter Jaeuthe, MU: Günther Fischer, SB: Alfred Thomalla, KO: Günther Pohl, SC: Monika Schindler, PL: Rolf Martius, GR: GR »Babelsberg«, m: 2456 = 90 min, fa, brw, PJ: 1979/80, PM: 26.6.1980, PM-Ort: Weißwasser, Kunsteisstadion »Wilhelm Pieck«

DA: René Rudolph (Jonas), Kareen Schröter (Shireen), Odette Bereska (Ines Moldenschütt), Gudrun Ritter (Irene Moldenschütt), Peter Bause (Heinz Moldenschütt), Fred Delmare (Otto Schmiedel), Günter Schubert (Kalle), Hannes Stelzer (Ordner), Heide Kipp (Gisela), Bohumil Vavra (Prohazka) u.a.

INHALT: Jonas und Ines, er Arbeiter, sie Studentin, wollen zu zweit in Urlaub fahren, doch die Eltern drängen den beiden einen Familienurlaub mit ihnen in Nessebar auf. Bereits im Zug scheitert das Unternehmen, weil Jonas und Ines Verlobungsringe tragen sollen – der Leute wegen. Jonas steigt aus, Ines bleibt. So trampt der Junge nach Süden, trifft unterwegs seine Kollegen und nette Mädchen, trennt sich wieder von ihnen. Mit der Holländerin Shireen reist er dann eine Strecke gemeinsam – bis zur türkischen Grenze. Sie will nach Indien zu einer Sekte, er trampt zurück nach Nessebar. Hier trifft er Ines wieder, allein. Deren Eltern kommen jedoch auch noch an. Den Vater hielt ein unterwegs geklauter Koffer auf, die Mutter hat beim Zeitungskauf den Zug verpaßt und ist ebenfalls getrampt. Der gemeinsame Urlaub findet nun doch statt.

ZUM FILM: Thematisch, auch durch die Darsteller deutlich gemacht, knüpfte der Film, für den Inge Heym einer Erzählung von Joachim Walther viel von ihrer politische Bezüglichkeit nahm, an Zschoches → *Sieben Sommersprossen* an. Fernweh und Tramper-Milieu sicherten dem leichtgewichtigen, mit kabarettistischen Einlagen bestückten Film einen großen Publikumserfolg.
ECHO: Der Zufall wird zum Stilmittel in einem Film, der sich um stilistische Reinheit nicht kümmert. Aber das tut nichts zur Sache, solange die Reise für den Zuschauer amüsant und anrührend bleibt. (Renate Holland-Moritz, *Eulenspiegel* 29/1980)
Ich sehe viele junge Leute im Kino, ich höre aber auch nicht wenige, die enttäuscht und sauer reagieren; ich leugne nicht, daß es hübsche und lustige Einfälle und ein paar ernsthafte Beobachtungen gibt, über Fernweh und Reiseexotik, Trampatmosphäre und Anhalter-Gefühle. Aber wo ich – ganz zu Unrecht? – auf eine *Sommersprossen*-Variante der nächsten Altersstufe warete, fand ich ein halbes Lustspiel, durchsetzt mit realistischen Details und Redewendungen, die aber eher wie Requisiten oder Versatzstücke wirken. (Peter Ahrens, *Weltbühne* 36/1980)
Nebenbei demonstriert der Film auch Beweise einer außerhalb deutscher Grenzen immer wieder anzutreffenden Gastfreundschaft. Seine Stärke liegt im realistischen Detail, und was diesen kleinen Babelsberger Sommerfilmtagsbeitrag vor allem sympathisch macht, ist seine Parteilichkeit für eine Jugend, die anders sein will als die Alten, die noch ein Stück Abenteuer sucht. (Heinz Kersten, 1980, zit. nach *So viele Träume*)
NEBENBEI: Der Film erhielt 1980 den Filmpreis des Jugendmagazins *Neues Leben* als bester DEFA-Film.

... UND WENN'S NUR EINER WÄR ...

RE: Wolfgang Schleif, BU: Wolfgang Schleif, Wolfgang Weyrauch, LV: Tatsachenroman »Verwahrlost« von Sia di Scazziga, DR: George Schaaffs, KA: E. W. Fiedler, MU: Wolfgang Zeller, BA: Wilhelm Depenau, Kurt Herlth, KO: Hans Kieselbach, SC: Hermann Ludwig, PL: Robert Leistenschneider, m: 2290 = 84 min, s/w, PJ: 1948, PM: 18.3.1949, PM-Ort: Berlin, »Babylon«
DA: Edelweiß Malchin (Bettina), Siegfried Dornbusch (Denecke), Axel Monjé (Osterheld), Lutz Moik (Michael), Uwe-Jens Pape (Horst Pacholke), Ralph Siewert (Karli), Käthe Alving (Fräulein Müller), Alexander Engel (Oberschulrat), Franz Weber (Herr Tschunke), Albert Venohr (Hauptmann Jentsch), Hans Emons, Otto Matthies, Ursula Kriegk, Curt Trepte, Jean Brahn u.a.
INHALT: Die junge Schauspielerin Bettina hat mit einem Lied, das das abenteuerliche Leben der »Verwahrlosten Jugend« besingt, den Leiter eines Westberliner Lagers für solche Jungen verärgert. Hein Denecke lädt sie ein, das wirkliche Leben dieser Jugendlichen kennenzulernen. Sie ist von der Realität betroffen und bietet ihre Hilfe an. Ein Vorfall jedoch führt zur Absetzung Deneckes, und sein demokratisches Prinzip wird vom neuen Leiter durch Kasernendrill ersetzt. Einige der Jungen fliehen zu Denecke, der außerhalb der Stadt – im Osten – ein neues Lager aufbaut. Mit Mut, Verständnis und viel Geduld gelingt es ihm und Bettina, die Jungen auf den richtigen Weg zu bringen. Der neue Chef des Lagers aber wird als ehemaliger SS-Mann entlarvt.
ZUM FILM: Nach einem Treatment der Schweizer Pädagogin Sia di Scazziga entstand Wolfgang Schleifs zweiter Film über Jugendliche der Nachkriegszeit. Einige der mitwirkenden Jungen gehörten tatsächlich Jugendbanden an. Leider

war der optisch interessante Film dramaturgisch schwach, widerspiegelte jedoch die Atmosphäre der ersten Nachkriegsjahre sehr authentisch.
ZITAT: (Mit) dem 16jährigen Bandenführer wurde ein regelrechter Anstellungsvertrag abgeschlossen (wohl das erste »weiße Geschäft«, das die Bengel machten) wobei sie gegenüber den Kinoleuten die Rückversicherung eingehen mußten, im Johannisthaler Filmgelände nichts zu klauen. (Arhorst, *Junge Welt*, 30.3.1949)
ECHO: Da wird nur debattiert, da wird geschwommen, da scheint überhaupt nur die Sonne, und wenn ein Junge rückfällig wird und Bonbons unrechtmäßig erwirbt, gibt es Klassenkeile. Ohne Optimismus geht gewiß nichts, aber er muß schon etwas erdhafter sein. (...) Die Vorzüge des Films liegen in der Atelierarbeit. Es ist das Verdienst Wolfgang Schleifs und des Kameramannes E. W. Fiedler. Als Film, in dem die Jugendlichen reden und mitzureden haben, steht der Streifen weit über dem, was uns bisher gezeigt wurde. (Leo Menter, *Weltbühne* 13/1949)
NEBENBEI: Die junge Schauspielerin Edelweiß Malchin filmte noch bis in die zweite Hälfte der fünfziger Jahre in beiden Teilen Deutschlands, ging dann aber wegen einer Heirat in die USA, wo sie sich aus dem Beruf zurückzog.

UND WIEDER 48

RE, BU: Gustav von Wangenheim, DR: Wolff von Gordon, KA: Bruno Mondi, MU: Ernst Roters, BA: Willy Schiller, KO: Walter Schulze-Mittendorf, SC: Lena Neumann, PL: Kurt Hahne, GR: Herstellungsgruppe Kurt Hahne, m: 2769 = 102 min, s/w, PJ: 1948, PM: 5.11.1948, PM-Ort: Berlin, »Babylon«
DA : Inge von Wangenheim (Else Weber), Ernst Wilhelm Borchert (Heinz Althaus), Viktoria v. Ballasko (Betty), Josef Sieber (Architekt Ring), Willi Rose (Gustav Knetsch, Nante), Robert Trösch (Schnitters), Eduard von Winterstein (Vater Althaus), Paul Bildt (Direktor Schöffer), Ernst Legal (Prof. Kortlein), Lotte Loebinger (Frau Jandrek), Harry Hindemith, Fritz Wagner, Arnold Marquis, Herwart Grosse, Ilse Trautschold u.a.
INHALT: 1948. An den Dreharbeiten zu einem Film über die 48er Revolution nehmen Studenten der Berliner Universität als Statisten teil. Zwischen Else und Heinz, der die Revolution eher als komische Angelegenheit abtun will, kommt es zum Streit. An der Uni bilden sich zwei Lager, die sich heftig bekämpfen. Doch Heinz beginnt nachzudenken, und vor allem die Lektüre über einen jungen Studenten, der in den bewegten Tagen hundert Jahre zuvor sein Leben ließ, verändert langsam seine Haltung. Der Abschluß der Filmaufnahmen auf der Wartburg vereint ihn auch mit Else.
ZUM FILM: Regisseur Gustav v. Wangenheim, der hier sein DEFA-Debüt vorlegte, war Stummfilmstar (*Nosferatu*) in den zwanziger Jahren und leitete zu Beginn der dreißiger Jahre sozialistische Agitprop-Gruppen. In der Emigration in Moskau hatte er mit *Kämpfer* sein Regiedebüt inszeniert. Seine nunmehr zweite Regiearbeit in der Personalunion auch als Autor gedreht, wies künstlerische Inkonsequenzen auf. Der Streifen zum 100. Jahrestag der 48er Revolution kam dadurch über einen filmischen Pflichtbeitrag kaum hinaus.
ECHO: Der Film fesselt und hat keine leeren Stellen, nur geht er künstlerisch nicht ganz auf. Dazu ist viel zu viel in die Handlung hineingestopft worden; es paßte wohl alles, aber es wurde zu viel genietet, was hätte gewachsen sein müssen, und so wird mancherlei eben nur filmgerecht, statt lebendig. Sehr geschickt ist das Drehbuch angelegt. Der Gedanke, die historischen Ereignisse aus dem Jahre 1848 in eine Filmaufnahme aus dem Jahre 1948 zu verlegen, ist ausgezeichnet. Durch das wechselnde und doch zusammengehörige Milieu bekommt der Film Plastik und Beweglichkeit. Und wenn Studenten von heute als Statisten die Studenten von damals darstellen, ergeben sich die Diskussionen über die Vergangenheit und die Gegenwart ganz von selbst. (Leo Menter, *Weltbühne* 46/1948)
NEBENBEI: In der kleinen Rolle des Studenten Miller gab der damals 21jährige Horst Drinda, später einer der Stars der DEFA, sein Filmdebüt.

EIN UNGEWÖHNLICHER TAG

→ Anhang A

UNSER KURZES LEBEN

RE: Lothar Warneke – SZ: Regine Kühn – LV: Roman »Franziska Linkerhand« von Brigitte Reimann – DR: Christa Müller – KA: Claus Neumann – MU: Gerhard Rosenfeld – SB: Alfred Hirschmeier – KO: Christiane Dorst, Ruth Leitzmann, Herbert Henschel – SC: Erika Lehmphul – PL:

Horst Hartwig – GR: GR »Roter Kreis« – m: 3093 = 113 min – fa – brw – PJ: 1980, PM: 15.1.1981 – PM-Ort: Berlin; »International«
DA: Simone Frost (Franziska) – Hermann Beyer (Schafheutlin) – Gottfried Richter (Trojanovicz) – Dietrich Körner (Prof. Reger) – Christian Steyer (Jazwauk) – Christine Schorn (Gertrud), Barbara Dittus (Frau Helwig), Dieter Knust (Verwalter), Helmut Straßburger, Annemone Haase (Herr u. Frau Kowalski), Uwe Kockisch, Gerd Staiger, Karin Beewen, Birgit Frohriep, Annette Roth u.a.
INHALT: Nach ihrer Scheidung entschließt sich die Architektin Franziska Linkerhand, für ein Jahr aus Berlin in eine Provinzstadt zu gehen – auch um sich von ihrem Professor, mit dem sie bisher zusammenarbeitete, freizumachen. Franziska ist eine Maximalistin, und rigoros vertritt sie ihren Anspruch, Ideal und Wirklichkeit in Übereinstimmung zu bringen. In der Stadt N. kommt sie in ein Kollektiv, dessen Chef Schafheutlin vor den Zwängen der Praxis bereits kapituliert hat. Auseinandersetzungen sind zwangsläufig. In dem Kipperfahrer Trojanovicz lernt sie einen neuen Mann kennen und lieben. Aber wie im Beruf macht sie auch im Privatleben keine Kompromisse. Und so scheitert diese Beziehung an der bequemen, kompromißbereiten Lebenseinstellung von Trojanovicz. Die Zusammenarbeit mit Schafheutlin indes entwickelt sich positiv. Durch ihr Engagement löst er sich aus seiner Erstarrung, während Franziska von seinem Realitätssinn profitiert. Sie entschließt sich, in N. zu bleiben.
ZUM FILM: Der 1975 postum erschienene, vielgelesene Roman von Brigitte Reimann, der mit der modernen Architektur (nicht nur in der DDR) kritisch umging, sollte gleich nach Erscheinen für Film oder Fernsehen adaptiert werden. Zunächst waren Rainer Simon oder Frank Beyer als Regisseure im Gespräch. Schließlich machte Lothar Warneke das problemglättende Szenarium von Regine Kühn zu einem streitbaren Film, der die Zeit der Handlung von 1964 unbeschadet in die Gegenwart mit den gleichen Problemen verlegte.
ECHO: Der Film von Lothar Warneke und Regine Kühn enthält Tragisches und Komisches, alltägliche Probleme und solche von existentieller Bedeutung. Er stellt Fragen und tut nicht so, als ob er schon alle Antworten wüßte. Wer findet, die Schöpfer seien dem Roman von Brigitte Reimann manches schuldig geblieben, der hat sicherlich recht. Wer aber meint, daß es nicht nur ein großes, schönes, ehrliches Buch, sondern nun auch einen zwar weniger umfangreichen, aber schönen und ehrlichen Film gibt, der irrt sich ganz gewiß nicht. (Renate Holland-Moritz, *Eulenspiegel* 7/1981)
Anders als (in) Peter Kahanes → *Architekten* (...) erscheint die Welt in *Unser kurzes Leben* veränderbar. Die Botschaft lautet hier, es liege an jedem selbst, etwas aus sich zu machen, allerdings dürfe er den Blick für das Machbare nicht verlieren. (Elke Schieber, *Das zweite Leben der Filmstadt Babelsberg*, 1994)
NEBENBEI: Auf dem Moskauer Filmfestival erhielt der Film 1981 einen Spezialpreis der Bildenden Künstler, und auf dem Nationalen Spielfilmfestival der DDR wurden 1982 Schnittmeisterin Erika Lehmphul und Nebendarsteller Helmut Straßburger Preise zuerkannt. – Für die damals 22jährige Simone Frost, die bereits 1967 vor der Fernsehkamera debütiert hatte, war die Franziska Linkerhand die erste Kino-Rolle.

UNSER STILLER MANN

RE: Bernhard Stephan, SZ: Arne Leonhardt, MI: Manfred Freitag, Joachim Nestler, Bernhard Stephan, DR: Brigitte Gotthardt, KA: Hans-Jürgen Kruse, MU: Gerhard Rosenfeld, Reinhard Lakomy, SB: Peter Wilde, KO: Christiane Dorst, SC: Brigitte Krex, PL: Hans Mahlich, GR: AG »Babelsberg«, m: 2489 = 91 min, fa, brw, PJ: 1975/76, PM: 12.8.1976, PM-Ort: Berlin, »International«
DA: Thomas Wolff (Wenzel Heiseke), Wolfgang Häntsch (Trumpolt), Manfred Karge (»Seebär«), Bodo Krämer (Naujock), Heinz Hupfer (Helferich), Johannes Wieke (»Opa«), Katrin Martin (Martina), Nina Hagen (Regina), Rolf Hoppe (Schuster), Hilmar Baumann (Witzgall), Bärbel Bolle, Werner Lierck, Carlo Schmidt, Brigitte Lindenberg, Gisela Bestehorn u.a.
INHALT: In die Straßenbaubrigade von Trumpolt kommt ein Neuer – Wenzel Heiseke, dem der Ruf vorausgeht, ein Großmaul zu sein. Aber eigentlich ist er wegen seiner kritischen Worte weggelobt worden. Trumpolt glaubt, ihn mit seiner bewährten Hauruck-Methode hinbiegen zu können, denn in seiner mit Auszeichnungen bedachten Brigade gibt es keine Probleme. Doch

unerwartet für ihn und seine Kollegen stellt sich der Neue stur und schweigt, läßt sich durch nichts provozieren. Sein merkwürdiges Verhalten spaltet die Brigade. Bisher gewaltsam zugedeckte Konflikte bei der Zusammenarbeit kommen zum Ausbruch. Für die Brigade ist Wenzels Schweigen lehrsam, man will auf ihn, der inzwischen doch wieder zu einigen wahren Worten gefunden hat, nicht mehr verzichten. Bei der hübschen Martina aus dem Baubüro hätte er jedoch beinahe Schiffbruch erlitten mit seinem Verhalten...
ZUM FILM: Der Film, den Arne Leonhardt nach einem eigenen Hörspiel schrieb, erinnert im Thema an den vieldiskutierten sowjetischen Film *Die Prämie,* erreicht aber weder die künstlerische Geschlossenheit des Vorbilds noch dessen Brisanz. Das ständige Schweigen des Helden ist unmotiviert und bewegt im Grunde nichts. Noch im gleichen Jahr machte Günter Reisch ein Lustspiel um einen stummen Helden (wiederum mit Lakomy als Kommentator), das beredter war: → *Nelken in Aspik.*
ECHO: Schlecht ist die Idee nicht. Sie hätte einen netten Sketch abgeben können, eine hübsche Kabarettszene. Mehr nicht. Vielleicht hätte ein sehr erfahrener Regisseur auch eine gute Brigadegeschichte aus diesem Stoff gestaltet. (Gis, *Union,* 16.8.1976)
Nichts gegen den jungen Schauspieler Thomas Wolff, der den stillen Mann Wenzel Heisecke spielt und der gewiß das Möglichste getan hat zu gucken, zu lächeln, zu sinnen, zu schmachten, auf verschiedene Art den Kopf zu schütteln, nur eben nicht reden zu dürfen. Erst am Schluß, bei seinem symbolischen Satz (...), weiß man spätestens und bestenfalls, was man an ihm verloren hat. Da sind Typenschablonen, bestenfalls komische Käuze. Ansonsten sieht die ganze Brigade immer aus wie frisch gebadet, karierte Sportjacketts, helle Popelinhosen, das knappe, strahlend gelbe T-Shirt, Essen immer mit Tischdecke mitten im Wald der Großbaustelle Jänschwalde, Geranienkästen am Bauwagen. Als singende Gedankenstimme läßt Lakomy durchblicken, was man gerne gestaltet sehen würde. (Renate Seydel, *Filmspiegel* 20/1976)
NEBENBEI: Der damals 25jährige Thomas Wolff, Sohn des populären Schauspielers Gerry Wolff, gab mit der Titelrolle sein Filmdebüt.

UNSER TÄGLICH BROT

RE: Slatan Dudow, BU: Slatan Dudow, Hans-Joachim Beyer, Ludwig Turek, DR: George Schaaffs, KA: Robert Baberske, MU: Hanns Eisler, BA: Wilhelm Vorwerg, Alfred Schulz, KO: Bert Hoppmann, Ingeborg Grünberg, SC: Margarete Steinborn, PL: Fritz Klotzsch, m: 2856 = 105 min, s/w, PJ: 1949, PM: 9.11.1949, PM-Ort: Berlin, »Babylon«
DA: Paul Bildt (Karl Weber), Viktoria von Ballasko (Martha, Karl Webers zweite Frau), Inge Landgut (Inge, seine Tochter aus erster Ehe), Harry Hindemith (Ernst, sein ältester Sohn aus erster Ehe), Paul Edwin Roth (Harry, sein zweiter Sohn aus erster Ehe), Siegmar Schneider (Peter Struwe, Maschinentechniker), Ina Halley (Niki), Alfred Balthoff (Bergstetter), Irene Korb (Käthe), Angelika Hurwicz (Ilse), Walter Gross, Herbert Weißbach (2 Skeptiker), Gert Schäfer, Eduard Wandrey, Erna Sellmer, Friedrich Gnass, Albert Venohr, Erich Gühne, Reinhard Kolldehoff, Ida Perry u.a.
INHALT: Eine kleinbürgerliche Familie im Nachkriegsdeutschland. Die Söhne des ehemaligen Kassenbeamten Karl Weber, der mühsam seine konservativen Traditionen zu wahren sucht,

gehen sehr unterschiedliche Wege. Ernst gehört zu jenen, die mit Enthusiasmus die zerstörte Fabrik wieder aufbauen, Harry dagegen setzt mit unsauberen Geschäften auf das schnelle Geld. Er imponiert dem Vater, der der Arbeit in der Fabrik keine Chance gibt. Eines Tages aber muß Karl Weber erleben, daß sein Lieblingssohn Harry auf die schiefe Bahn geraten ist, während der Aufbau der Fabrik erstaunliche Fortschritte macht. Der alte Mann entscheidet sich für den volkseigenen Betrieb.
ZUM FILM: Mit diesem Film errang der aus Bulgarien stammende Regisseur Slatan Dudow, der vor seinen Emigrationsjahren in Berlin gearbeitet hatte und mit dem proletarischen Spielfilm *Kuhle Wampe* 1932 zu einem der Väter des sozialistischen Films wurde, einen großen Erfolg und zählte für mehr als ein Jahrzehnt zu den Spitzenregisseuren der DEFA. Wie auch seine späteren Filme wirkte *Unser täglich Brot* durch eine brisante, in der Gegenwart angesiedelte Handlung, genau beobachtet und mit beiläufigen ironischen Tönen vesehen.
ECHO: Dieser Film spricht an, weil er wahr und ehrlich ist, weil er die Menschen und die Verhältnisse menschlich schildert und es sich nirgends so leicht werden läßt, daß er ins nur Rednerische ausböge. Indem er nicht, wie es so oft geschieht, von außen »Zeitkolorit« auf eine konventionelle Handlung pappt, sondern seinen dramatischen Einfall neu und direkt aus der Zeit und ihren Spannungen nimmt, hilft er die demokratische Filmproduktion auf eine höhere Ebene heben. (Heinz Lüdecke, *Neues Deutschland*, 11.11.1949)
Und doch, der Film ist nicht ganz gelungen. Das soll sagen, er hätte noch wirksamer werden können. Dudow versetzt sich ganz in die Bildwirkung, und er schafft damit das, was man Atmosphäre nennt. Aber es gelingt ihm nicht immer, die Schauspieler in seinen Kreis zu ziehen. (Leo Menter, *Weltbühne* 46/1949)
Der Film erscheint nicht schlechthin als Dokument, sondern als ein Beispiel dafür, wie durch die Entschiedenheit der gedanklichen Konzeption, die Gestaltung lebendiger Charaktere und die Überzeugungskraft des Details ein Lichtspiel selbst nach fast 25 Jahren noch sehenswert, interessant, ästhetisch aufschlußreich bleibt. (Rolf Richter, *Leipziger Volkszeitung*, 14.10.1973)
Die Überbetonung des Wortes läßt die Bildsprache verkümmern, besonders bei den Diskussionen am Tisch ist streckenweise die Einfallslosigkeit des Arrangements und der Kamera nicht zu übersehen. (...) Packend ist der Film dort, wo Dudow seine starke Seite zeigt, mit einer Geste, einem Blick, dem unbewußten Alltagsverhalten einer Person ihr soziales Umfeld, ihre Position im Figurenensemble schlagartig zu erhellen, manchmal sogar etwas von ihrer Geschichte durchblicken zu lassen. (Christiane Mückenberger, *Das zweite Leben der Filmstadt Babelsberg*, 1994)
NEBENBEI: Der Westberliner Schauspieler und Kabarettist Walter Gross wurde – ebenso wie seine Kolleginnen Agnes Windeck und Ilse Trautschold, die damals in anderen DEFA-Filmen spielten –, nach 1949 nicht mehr in der DDR beschäftigt, da sie mit dem im Zeichen des Kalten Krieges agierenden RIAS-Kabarett »Die Insulaner« populär wurden.

DER UNTERGANG DER EMMA
(Kinderfilm)
RE: Helmut Dziuba, SZ: Manfred Richter, LV: Filmerzählung von Wolfgang Hübner und Hans Knorr, DR: Tamara Trampe, KA: Günter Hei-

mann, MU: Christian Steyer, SB: Heinz Leuendorf, KO: Ursula Strumpf, SC: Barbara Simon, PL: Siegfried Kabitzke, GR: AG »Berlin«, m: 2032 = 75 min, fa, PJ: 1973/74, PM: 2.8.1974, PM-Ort: Berlin, »Babylon«
DA: Erwin Geschonneck (Fährmann Kluge), Hermann Beyer (Thomas), Hans-Peter Reinecke (Mischas Vater), Günter Naumann (Hartmuts Vater), Martin Trettau, Heide Kipp (Herr u. Frau Heinze), Christoph Engel (Oberleutnant Klitzke), Simone v. Zglinicki (Gretchen), Uwe Peter Trebs (Mischa), Mathias Holzki (Hartmut), Uta Schorn, Hans Teuscher, Theresia Wider, Peter Bause, Ruth Kommerell u.a.
INHALT: Das alte Fährschiff »Emma« hat seit der Fertigstellung einer neuen Brücke ausgedient und mit ihm Opa Kluge, der die »Emma« fünfzig Jahre über den Fluß geschippert hat. Jetzt soll sie Pionierschiff werden. Die Kinder gehen mit Feuereifer an die Überholung des Kahns. Hartmut und Mischa aber sind die einzigen, die auch an Opa Kluge denken, der »eingeht«, wenn er nicht mehr gebraucht wird. Sie setzen den Dieselmotor instand, damit das Pionierschiff fahren kann, und Opa Kluge soll ihr Kapitän werden. Nach getaner Arbeit machen sie heimlich eine Probefahrt. Dabei sinkt die »Emma« nach einer Karambolage mit dem Brückenpfeiler auf den Grund der Elbe – und mit ihr der gutgemeinte Plan.
ZUM FILM: Die Idee zu diesem Film über das Miteinander verschiedener Generationen entwickelten der Schauspieler und Fernsehregisseur Wolfgang Hübner und der Pädagoge Hans Knorr gemeinsam. Da sie verschiedenen Einsprüchen seitens der DEFA nicht folgen wollten, überließ der eigentlich in Aussicht genommene Regisseur Hübner die Arbeit seinem Kollegen Helmut Dziuba, der damit seinen zweiten Kinderfilm drehte. Auch er konnte aus dem nicht ausgereiften Szenarium keinen guten Film machen.
ECHO: Die Handlung wirkt zusammengewürfelt, ihr Fluß wird durch Gespräche und Diskussionen zum Stocken gebracht. Im konzeptionellen Aufbau zeigt sich Unentschlossenheit. (T. Schmidt, *Berliner Zeitung*, 9.8.1974)
Helmut Dziubas Regie erwies sich als recht ambitionslos. Weder die Auswahl der Kinderdarsteller noch die Arbeit mit ihnen (besonders auf der sprachlichen Seite) konnte zufriedenstellen. (Harald Scheffler, *Freiheit*, 27.8.1974)
Sich steigernde Unruhe durch Füßeschurren, Plappern und leidiges Zur-Toilette-Rennen ließ die disziplinbewußten Hortnerinnen (im Kino, f.b.h.) immer häufiger störende Machtworte ins dunkle Parkett rufen. Dabei waren nicht die Kinder kritikwürdig, sondern die Filmschöpfer. Sie vermochten es nicht, ihr a priori bereitwilliges Publikum eine gute Stunde lang zu fesseln, so daß die Stimmung noch vor der »Emma« sank, und zwar auf den Nullpunkt. (...) Im Film verläppert sich die Dramatik in purer Äußerlichkeit, und die Kritik erstickt im Klischee. (...) Favorit der kleinen Zuschauer war Erwin Geschonneck als kauzig-liebenswerter Fährmann. Der große alte Mann der DEFA erwischte die einzige gute Rolle im Film und spielte sie so souverän, daß Helmut Dziubas Regie vorübergehend gar nicht störte. (Renate Holland-Moritz, *Eulenspiegel* 35/1974)
NEBENBEI: Erwin Geschonneck, in dramatischen wie in komödiantischen Rollen über Jahrzehnte Liebling des Publikums wie der Kritiker, trat immer wieder in Kinderfilmen auf.

UNTERM BIRNBAUM
RE: Ralf Kirsten, SZ: Ralf Kirsten, Brigitte Kirsten, LV: Gleichnamige Kriminalnovelle von Theodor Fontane, DR: Werner Beck, KA: Wolfgang Braumann, MU: André Asriel, SB: Jochen Keller, Georg Kranz, KO: Inge Kistner, SC: Ursula Zweig, PL: Wolfgang Rennebarth, GR: KAG »Berlin«, m: 2454 = 90 min, fa, brw, PJ: 1973, PM: 16.11.1973, PM-Ort: Berlin, »International«
DA: Angelica Domröse (Ursula Hradschek), Erik S. Klein (Abel Hradschek), Agnes Kraus (Mutter Jeschken), Norbert Christian (Pfarrer Eccelius), Manfred Karge (Bauer Kunicke), Günter Junghans (Bauer Mietzel), Leon Niemczyk (Szulski), Gert Gütschow (Müller Quaas), Heinz Scholz (Dorfschulze Woytasch), Hannjo Hasse (Justizrat Vowinkel), Jürgen Frohriep, Peter Aust, Karla Runkehl, Jürgen Holtz, Matthias Günther, Angelika Waller, Hildegard Alex, Jutta Wachowiak, Wolfgang Greese, Kurt Radeke u.a.
INHALT: Der Oderbruch-Gastwirt Hradschek steht vor dem finanziellen Ruin, da kündigt sein Krakauer Weinlieferant auch noch einen Beauftragten an, der die Schulden eintreiben soll. Hradschek ersinnt mit seiner Frau Ursula einen Plan. Sichtbar für Bedienstete und Nachbarn zieht der Geldeintreiber Szulski am nächsten

Morgen wieder ab. Doch kurz darauf wird seine Kutsche in der Oder gefunden, von ihm keine Spur. Die Hradscheks geraten in Verdacht, ihn ermordet und seine Abreise vorgetäuscht zu haben. Ein Hinweis aus der Nachbarschaft führt die Gendarmen zum Birnbaum, wo Hradschek des Nachts gegraben hat, doch es findet sich nur ein altes Skelett. Scheinbar in Sicherheit, beginnt nun Ursulas Gewissen zu schlagen. Sie geht an den Qualen zugrunde. Auch Hradschek findet keine Ruhe. Er will den im Keller verscharrten Toten aus dem Haus bringen, stürzt sich dabei auf der Kellertreppe selbst zu Tode und wird neben seinem Opfer gefunden.

ZUM FILM: Fontanes seinerzeit für die vielgeschmähte *Gartenlaube* geschriebene spätromantische Novelle wurde drei Jahrzehnte zuvor bereits von Harald Braun für die Ufa unter dem Titel *Der stumme Gast* adaptiert. In der Zeit der Kostümfilme der siebziger Jahre machte Ralf Kirsten aus dem Stoff ein kritisches Zeitbild, das ihm mitunter zu stark an den Rand der Karikatur geriet.

ECHO: Während Fontane in der Gesamtheit der Figuren ein Zeitbild erstehen läßt, entsteht im Film durch die Typisierung der Figuren eine schematische Vereinfachung, besonders unerträglich bei der Gestaltung der Klatschbasen (Angelika Waller und Hildegard Alex). Dadurch werden auch die beiden Hauptfiguren Ursel und Abel Hradschek in Mitleidenschaft gezogen (Angelica Domröse und Erik S. Klein). Beide Schauspieler mit starker Ausstrahlungskraft und Intensität hatten hier bis auf wenige Szenen lediglich die Möglichkeit, psychologische Breitwandmalerei mit seelischer Selbstzerquälung bis zur Langeweile zu produzieren oder aber in vordergründiger Derbheit oberflächlich zu bleiben. (Renate Seydel, *Filmspiegel* 1/1974)

Wolfgang Braumanns Kamera holt starke Wirkungen aus der meist düster verhangen erscheinenden Landschaft des Oderbruchs und den ausdrucksvollen Gesichtern der Darsteller ihrer in provinzieller Enge und Aberglauben gefangenen Bewohner. (Heinz Kersten, *Tagesspiegel*, 23.12. 1973)

NEBENBEI: Vier Jahre zuvor hatte Angelica Domröse als Darstellerin der Titelrolle in → *Effi Briest* einen besonders großen Erfolg in einer Fontane-Rolle.

UNTERNEHMEN GEIGENKASTEN

(Kinderfilm)

RE: Gunter Friedrich, SZ: Anne Goßens, DR: Gerd Gericke, KA: Günter Heimann, MU: Bernd Wefelmeyer, SB: Marlene Willmann, KO: Barbara Braumann, SC: Vera Nowark, PL: Siegfried Kabitzke, GR: GR »Johannisthal«, m: 2416 = 89 min, fa, brw, PJ: 1984, PM: 12.2.1985, PM-Ort: Gera, »Panorama-Palast«

DA: Andreas Schumann (Herr Neumann), Gert-Hartmut Schreier (Herr Franke), Peter Bause (Oberleutnant Vogel), Fred Delmare (Opa Tönnchen), Gerd Grasse, Swetlana Schönfeld (Oles Eltern), Hilmar Baumann, Renate Heymer (Andreas' Eltern), Alexander Heidenreich (Ole), Dirk Bartsch (Andreas), Peter Bause, Dietmar Burkhard, Gesine Laatz, Hellena Büttner, Doris Thalmer u.a.

INHALT: Ole ist ein pfiffiger, einfallsreicher zehnjähriger Junge. Als er – mit einem Gipsbein im Krankenhaus liegend – im Fernsehen einen Sherlock-Holmes-Film sieht, steht sein nächstes Abenteuer fest: Er spielt Detektiv. Mit Freund Andreas als Dr. Watson zieht er beobachtend durch die Straßen. Die beiden Jungen entdecken einen Mann mit angeklebtem Bart – das kann nur

ein Verbrecher sein. Sie observieren ihn, beziehen ihre Klassenkameraden mit ein. Tatsächlich fahndet auch die Polizei nach dem Unbekannten, hat aber einen Unschuldigen verhaftet. Als Ole dem Verbrecher Auge in Auge gegenübersteht, wird es brenzlig, doch Andreas ruft die Polizei, Ole kommt davon und der Verbrecher wird dingfest gemacht. Als der Kriminalist Vogel in die Schule kommt, schlägt Oles Gewissen. Er ist sich der Leichtfertigkeit seines Unternehmens durchaus bewußt, aber Vogel zeichnet ihn und Andreas für ihre Tat aus.
ZUM FILM: Szenaristin Anne Goßens ließ sich von Kästners »Emil und die Detektive« inspirieren, aber auch von dem Ufa-Klassiker *Der Mann, der Sherlock Holmes war* mit Hans Albers und Heinz Rühmann (die auch hier zu sehen sind). Nachdem die Debütantin Sybille Schönemann die Regie wegen stofflicher Mängel abgelehnt hatte, inszenierte der im Kinderfilm bewährte Fernsehregisseur Gunter Friedrich den Film mit viel Witz, konnte aber der Gefahr von Plattheiten und Untiefen der Handlung nicht entgehen.
ECHO: Der aufzuklärende Fall ist kein »Fall«. Er ist zu einfach, leicht durchschaubar und unterfordert deshalb, aber in jedem Fall ist er für den Film eine Fiktion, eine Spielverabredung mit dem Zuschauer. (...) So geraten die Späße in die Nähe einer gewissen Nettigkeit, werden sie gar belanglos, weil sie allzuwenig transportieren. (Joachim Giera, *Filmspiegel* 5/1985)
Unternehmen Geigenkasten ist zweifelsohne ein Glücksfall im ohnehin vom Glück begünstigten DEFA-Kinderfilm, der eigentlich Familienfilm heißen und auch so besucht werden müßte. Erstaunlich und löblich, daß ein Fernsehregisseur mit Gespür für die ideale Besetzung von Kinderrollen und mit Sinn für die Welt der Halbwüchsigen dieses listig-lustige Leinwandspektakel schuf. (Hans-Dieter Tok, *Wochenpost* 7/1985)
NEBENBEI: Auf dem Kinderfilmfestival in Gera wurde der Film 1985 mit dem »Goldenen Spatzen« und dem Ehrenpreis der Kinderjury ausgezeichnet.

UNTERNEHMEN VOGELINSEL
→ *Anhang A*

DER UNTERTAN
RE: Wolfgang Staudte, BU: Wolfgang Staudte, Fritz Staudte, LV: Gleichnamiger Roman von Heinrich Mann, DR: Hans-Robert Bortfeldt, KA: Robert Baberske, MU: Horst Hanns Sieber, BA: Erich Zander, Karl Schneider, KO: Walter Schulze-Mittendorf, SC: Johanna Rosinski, PL: Willi Teichmann, m: 2963 = 109 min, s/w, PJ: 1950/51, PM: 31.8.1951, PM-Ort: Berlin, »Babylon«/»DEFA-Filmtheater Kastanienallee«
DA: Werner Peters (Diederich Heßling), Paul Esser (Regierungspräsident von Wulkow), Blandine Ebinger (Seine Frau), Erich Nadler (Vater Heßling), Gertrud Bergmann (Mutter Heßling), Carola Braunbock (Emmi Heßling), Emmy Burg (Magda Heßling), Renate Fischer (Guste Daimchen), Friedrich Maurer (Fabrikant Göpel), Sabine Thalbach (Agnes Göpel), Hans-Georg Laubenthal (Mahlmann), Eduard v. Winterstein (Buck sen.), Raimund Schelcher (Dr. Wolfgang Buck), Ernst Legal (Pastor Zillich), Axel Triebel (Major Kunze), Friedel Nowack, Friedrich Richter, Friedrich Gnass, Antje Ruge, Paul Mederow u.a.
INHALT: Diederich Heßling ist ein verweichlichtes, autoritätshöriges Kind, das sich vor allem fürchtet. Doch bald schon erkennt er, daß man der Macht dienen muß, wenn man selbst Macht ausüben will. Nach oben buckeln und nach unten treten, wird von nun an seine Lebensmaxime. So macht er seinen Weg als Student in Berlin und später als Geschäftsmann in seiner Papierfabrik in Netzig. Dem Regierungspräsidenten von Wulkow untertänig, weiß er sich dessen Beistands sicher. So denunziert er seinen Konkurrenten und schmiedet ein betrügerisches Komplott mit den korrumpierten Sozialdemokraten im Stadtrat. Auf seiner Hochzeitsreise mit der reichen Guste nach Italien bekommt er endlich Gelegenheit, seinem Kaiser einen Dienst zu erweisen. Und schließlich geht sein größter Wunsch in Erfüllung: die Einweihung eines Kaiserdenkmals, bei der er die Festansprache hält – ordensgeschmückt. Bis ein Gewitter hereinbricht. Als die Wolken verzogen sind, räumen Trümmerfrauen den Schutt beiseite.
ZUM FILM: Der im Exil lebende Heinrich Mann übertrug der DEFA die Verfilmungsrechte an seinem *Untertan* und übernahm das Präsidentenamt der Akademie der Künste der DDR. Kurz vor sei-

ner Übersiedllung starb er jedoch. Für die Regie des Films waren u.a. Falk Harnack und gar Erich v. Stroheim im Gespräch. Als Staudte die Regie übernahm, bemühte er sich zunächst um Arno Paulsen, einen seiner Hauptdarsteller aus → *Die Mörder sind unter uns*, für die Titelrolle. Daß er schließlich den jüngeren Werner Peters besetzte, war sicherlich ein Glücksfall für alle Seiten. Die ausgeprägte Bildsprache, die Staudte und Baberske entwickelten, provozierte den Vorwurf des Formalismus, doch galt der Film als Prestigeobjekt, an das man nicht rühren wollte. Letztlich wurde der Film der Prototyp einer zugleich werkgetreuen und doch eigenständigen Literaturadaption und fand in der ganzen Welt hohe Anerkennung. In der Bundesrepublik wurde der Film richtig verstanden und daher sechs Jahre lang nicht aufgeführt. Erst, nachdem sich Wolfgang Staudte zu einer elfminütigen Kürzung und einem relativierenden Vorspanntext bereiterklärte, konnte der Film 1956 auch hier gezeigt werden. Er galt über Jahrzehnte als der ins Ausland bestverkaufte DEFA-Film.

ECHO: Dieser DEFA-Film kommt im rechten Augenblick; politisch und künstlerisch. Denn in welchem deutschen Roman wurde schärfer jener Untertanentyp entlarvt, der sich immer wieder für Militär und Krieg mißbrauchen läßt. Der Film führt die Entlarvung optisch weiter. Ein Gesicht, ja ein Nacken, ein Auge, ein Mund können eine ganze Menschengruppe, einen Stand, eine Klasse entlarven. Die Großeinstellungen, der Wechsel der Einzel- und Gesamtaufnahmen, von den genialen sowjetischen Regisseuren Eisenstein und Pudowkin als bild-dramaturgisches Mittel in den Film eingeführt, sind von Staudte und seinem Kameramann Baberske hier selbständig und in richtiger, sinndienender Anordnung verwendet. Dadurch erst werden die vielen satirischen Situationen und Simplizissimus-Karikaturen möglich. (Herbert Ihering, *Berliner Zeitung*, 4.9.1951)

Es gibt eine große Schwäche des Films, die auch die Schwäche des Romans ist. Die kämpfende Arbeiterklasse, die auch um die Jahrhundertwende bedeutende politische Erfolge errang, wird nicht gezeigt. (Hermann Müller, *Neues Deutschland*, 2.9.1951)

Ein Paradebeispiel ostzonaler Filmpolitik: Man läßt einen politischen Kindskopf wie den verwirrten Pazifisten Staudte einen scheinbar unpolitischen Film drehen, der aber geeignet ist, in der

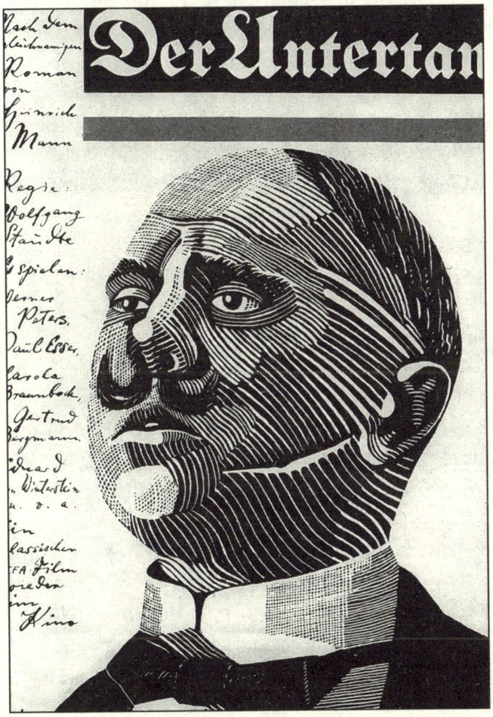

westlichen Welt Stimmung gegen Deutschland und damit gegen die Aufrüstung der Bundesrepublik zu machen. Der Film läßt vollständig außer acht, daß es in der ganzen preußischen Geschichte keinen Untertan gegeben hat, der so unfrei gewesen wäre wie die volkseigenen Menschen unter Stalins Gesinnungspolizei es samt und sonders sind. (*Spiegel*, 12.12.1951)
In *Der Untertan* lieferte Staudte ein ätzend-satirisches Porträt deutscher Untertanen-Mentalität, wie es entlarvender – aber auch aktueller – kaum je auf die Leinwand kam. Die glasharte Präzision von Manns Schreibweise machte sich Staudte in einem filmischen Stil zu eigen, dessen Merkmale extreme Handlungsraffung, satirische Stilisierung sowie Verwendung einer raffiniert symbolträchtigen Überblendungstechnik waren. (Ulrich Gregor, Enno Patalas, *Geschichte des Films*, 1973)
NEBENBEI: Wolfgang Staudte schrieb das Szenarium gemeinsam mit seinem Vater. Der Schauspieler Fritz Staudte spielte zugleich die Rolle des Amtsgerichtsrats Kühlemann. – Der Film wurde 1951 auf dem Filmfestival in Karlovy Vary ausgezeichnet und erhielt 1955 und 1956 zwei Ehrendiplome in Finnland. Regisseur Wolfgang Staudte und Hauptdarsteller Werner Peters erhielten für ihre Leistungen in dem Film Nationalpreise.

UNTERWEGS NACH ATLANTIS

RE: Siegfried Kühn, SZ: Günter Kunert, DR: Inge Wüste-Heym, KA: Claus Neumann, MU: Hans Jürgen Wenzel, SB: Georg Wratsch, KO: Christiane Dorst, SC: Helga Krause, PL: Manfred Renger, GR: GR »Babelsberg«, m: 2146 = 79 min, fa, brw, PJ: 1976/77, PM: 28.7.1977, PM-Ort: Berlin, »International«
DA: Carl Heinz Choynski (Prof. Bohmann), Vera Strebrová (Elektra), Rolf Hoppe (Alexander Grey), Fritz Marquardt (Abu Markub), Friedrich Richter (Platon), Friedo Solter (Kommandant), Hilmar Baumann (Telegrafist), Christa Lehmann (Königin Victoria), Otto Dierichs (Lord Gladstone), Arnim Mühlstädt (Kutscher) Wolfgang Arnst, Gerd Ehlers, Michael Gerber, Pedro Hebenstreit, Peter Kalisch, Werner Riemann, Erich Haußmann, Charlotte v. Mahlsdorf, Mahoma Mwaungulu, Sadegh Shabaviz u.a.
INHALT: Der deutsche Archäologe Bohmann macht sich Ende des vorigen Jahrhunderts auf die Suche nach dem sagenumwobenen Atlantis, das der englische Wissenschaftler Alexander Grey angeblich entdeckt hat. Auf der Reise gerät er in abenteuerliche und gefährliche Situationen. Zum einen sind es Fallen, die Grey ihm unerkannt stellt, zum anderen kommt er zwischen die Fronten des türkisch-griechischen Krieges. Mehrmals knapp dem Tode entronnen, nähert er sich endlich in einem Fischerboot der Insel, die Atlantis sein soll. Im Fischer erkennt er Grey, der ihm seinen Schwindel entdeckt und um Verschwiegenheit bittet. Doch Bohmann flüchtet und läßt Grey auf der Insel zurück.
ZUM FILM: Günter Kunert, der seit den fünfziger Jahren immer wieder satirische Sujets für die Leinwand geschrieben hatte, und Siegfried Kühn, dessen Satire → *Das zweite Leben des Friedrich Wilhelm Georg Platow* ein Glücksfall gewesen war, wagten sich jetzt auf historisches Terrain und verzettelten sich in zu vielen Motiven und Anspielungen. Für Rolf Hoppe, der sich ständig verkleidete, hatte der Film die dankbarste Rolle.
ECHO: Komisches war ja beabsichtigt, und im Ansatz ist es noch zu erkennen: das enorme Mißverständnis zwischen den Ansprüchen, dem

Wollen, dem Prinzip des wilhelminisch-preußischen Intellektuellen Bohmann und dem fortwährenden kläglichen Scheitern seines Planes. Aber die Fabel wird nie richtig komisch, da die Schöpfer dem Komischen den nötigen Raum und Fluß zur Entfaltung versagen und das bißchen verbliebene Terrain noch so merkwürdig-irritierend zerstückeln, verkleckern, den Betrachter eben immerzu stolpern lassen. (Günter Agde, *Filmspiegel* 18/1977)
Optisch und akustisch – hier auch durch musikalische Wagner-Zitate – stecken die einzelnen Episoden voller kulturhistorischer und aktueller Anspielungen – auch auf andere Filme, Metaphern sollen die parabelhafte Bedeutung des ganzen unterstreichen, doch kommt dies alles nicht zu einer geschlossenen Wirkung, bleibt letztlich in bemühten Ansätzen stecken. (Heinz Kersten, 1977, zit. nach *So viele Träume*)
Die Absicht, einen publikumswirksamen Film zu drehen, ging nicht auf, da Kühn offensichtlich kein Zutrauen zu seinen bisher bewiesenen Fähigkeiten hatte. Er bekam die Handlung nicht in den Griff. Sie zerfiel in einzelne Stücke, Tempo wurde nicht gefunden, viele Situationen verschenkt. (Rolf Richter, *DEFA-Spielfilm-Regisseure und ihre Kritiker*, 1981)
NEBENBEI: Der heute als Charlotte v. Mahlsdorf bekannte Künstler trat in diesem zu einem großen Teil in Bulgarien gedrehten Film unter seinem bürgerlichen Namen Lothar Berfelde als einer von drei Kronräten auf.

UNTERWEGS ZU LENIN

(Co-Produktion DDR/UdSSR)
RE: Günter Reisch, BU: Helmut Baierl, Jewgeni Gabrilowitsch, MI: Günter Reisch, Herbert Fischer, LV: Motive des Erinnerungsbuches von Alfred Kurella, DR: Herbert Fischer, Boris Kremnjow, KA: Jürgen Brauer, Waleri Wladimirow, MB: Karl-Ernst Sasse, SB: Alfred Thomalla, Jewgeni Serganow, KO: Edith Probst-Mai, Irina Belakowa, SC: Monika Schindler, PL: Manfred Renger, Alexander Aschkinasi, GR: KAG »Babelsberg«, m: 2931 = 107 min, s/w, Cine, PJ: 1969/70, PM: 16.4.1970, PM-Ort: Berlin, »Kosmos«, »International«, CO: Mosfilm/Moskau, Gruppe »Lutsch«, Russ. Titel: Na puti Leninu
DA: Gottfried Richter (Viktor Kleist), Michail Uljanow (Lenin), Helmut Habel (Martin), Lew Krugli (Georg), Heidemarie Wenzel (Lore), Inge Keller (Frau von Roettger), Shanna Bolotowa (Lena), Helga Göring (Frau Kleist), Erika Pelikowsky (Georges Mutter), Norbert Christian (Untersuchungsrichter), Lew Durow, Winfried Glatzeder, Anna Prucnal, Hans-Joachim Hanisch, Horst Hiemer, Dieter Mann, Hans Klering, Hans-Peter Reinecke, Wolfgang Borkenhagen, Kurt Müller-Reitzner u.a.
INHALT: Wann die geistige Reise Viktor Kleists, Sohn einer bürgerlichen Familie und Kommunist, zu Lenin begann, ist nicht genau zu datieren. 1919 aber macht er sich persönlich auf den Weg nach Moskau, als Kurier der KPD mit zwei Briefen für Lenin in der Tasche. Es wird eine abenteuerliche, gefährliche Fahrt, und die erste Begegnung mit der Roten Armee erlebt Viktor mit erhobenen Armen. Als seine Identität geklärt ist, hilft man ihm schnell weiter. In Moskau angekommen, sieht Viktor den nüchternen Alltag der Revolution, der aus harter Arbeit besteht. In Lenins Auftrag arbeitet er mit der Revolutionärin Lena an einem Aufruf zur Kommunistischen Jugendinternationale. Dann kommt die erschütternde Nachricht von der Niederschlagung der Bayrischen Räterepublik. Und schließlich die Begegnung mit Lenin selbst, der Viktors revolutionäre Romantik auf den Boden der Tatsachen stellt und ihm ein Programm für den Kampf in Westeuropa mitgibt. Viktor macht sich auf den Weg zurück. Im Zug sitzt er neben einem aus der Gefangenschaft heimkehrenden Soldaten, dessen gerade gewonnene revolutionäre Einsicht unter dem Eindruck des nahenden Deutschlands schwindet – ein Erlebnis, das Viktor die Herausforderung der Zeit verdeutlicht.
ZUM FILM: In dem Film, der aus Anlaß des 100. Geburtstags von Lenin produziert wurde, trat Michail Uljanow zum ersten Mal als sein Namensvetter auf, eine Rolle, die er noch mehrfach übernehmen sollte. Reisch gelang es, trotz Themenauflagen, die vorgegeben waren, einen lebendigen und zu Teilen atmosphärisch stimmigen Film zu drehen.
ECHO: Was zeichnet diesen Film aus? (...) Da wäre seine ideeliche und gestalterische Konzeption, die sich der möglichen Schablone der historischen Illustrierung entzieht und den Mut zu einer klaren, abenteuerlich-optimistischen Fabel hat. Dieser Optimismus verbindet sich in der

gelungenen Umsetzung vieler Szenen mit vergnüglichem Witz. (Friedrich Salow, *Filmspiegel* 10/1970)

Seine (Baierls) Figuren sind keine Typen, sondern Menschen mit eigener Individualität, die oft allein durch aphoristische Apercus deutlich wird. (...) Der Film strotzt von lustigen, selbstironischen, pointierten Passagen und vermittelt gerade dadurch das Gefühl unüberwindlicher Kraft und Überlegenheit. Daß die Darstellung einer großen Liebe ohne vordergründigen Sex und die mittlerweile auch bei uns üblichen Striptease-Einlagen möglich ist, beweist die Abschiedsszene zwischen Viktor und der Komsomolzin Lena. (Renate Holland-Moritz, *Filmspiegel* 19/1970)

NEBENBEI: Auf dem Filmfestival von Karlovy Vary erhielt der Film 1970 den Spezialpreis der Jury. – Der Münchner Darsteller Helmut Habel (mit dem Verfasser dieses Buches nicht verwandt) war damals Mitglied eines Straßentheaters, das für die »Aktion Demokratischer Fortschritt« auftrat.

Filmtext: Unterwegs zu Lenin. Dokumentation einschließlich Szenarium. Herausgegeben von der Deutschen Akademie der Künste (Arbeitsheft 5). Redaktion: Erika Pick. Berlin 1970

DIE UNVERBESSERLICHE BARBARA

RE: Lothar Warneke, SZ: Lothar Warneke, DR: Christel Gräf, KA: Jürgen Lenz, MU: Andrzej Korzynski, SB: Dieter Adam, KO: Regina Viertel, Brigitte Pleißner, Werner Pleißner, SC: Erika Lahmphul, PL: Werner Rennebarth, GR: GR »Babelsberg«, m: 2971 = 109 min, fa, brw, AT: Spinnerinnen, PJ: 1976, PM: 11.3.1977, PM-Ort: Leipzig, »Capitol«

DA: Cox Habbema (Barbara), Peter Aust (Herbert), Hertha Thiele (Schwiegermutter), Werner Godemann (Ferdinand), Eberhard Esche (Ekki), Christa Lehmann (Brunhilde), Ingeborg Ottmann (Direktorin), Monika Hildebrand (Eva), Petra Hinze (Mary), Peter Kalisch (Obermeister), Ralph Borgwardt, Renate Krößner, Ursula Staack, Karla Runkehl u.a.

INHALT: Die ehemalige Schwimmerin und Leistungssportlerin Barbara ist ihrem Mann Herbert, einem Mathematiker, in die kleine Stadt Ergsleben gefolgt. Im ortsansässigen Textilbetrieb hat sie sich schnell zur Facharbeiterin und Meisterin qualifiziert. Sie stellt an sich und andere hohe Anforderungen, Leistung ist auch hier ihre Devise. Sie kämpft um neue Arbeits- und Ausbildungsmethoden und hat sogar den Bau einer werkseigenen Schwimmhalle durchgesetzt.

Ihre hohen Maßstäbe setzt sie auch an Herbert an, der ihnen aber nicht gewachsen ist. Er verheimlicht Barbara lange Zeit, daß sein Rechenzentrum wegrationalisiert wurde und er eine ihn nicht befriedigende Tätigkeit ausüben muß. Und er hat ein Verhältnis mit seiner Sekretärin, was Barbara erfährt, als diese im 7. Monat schwanger ist. Nach der Scheidung trägt Barbara sich mit dem Gedanken wegzugehen und ein Angebot als Schwimmtrainerin anzunehmen. Aber sie entscheidet sich dann doch, ihren Verpflichtungen im Betrieb und den Menschen gegenüber, die sie brauchen, nachzukommen.
ZUM FILM: Aus eigener Lebenserfahrung schöpfend schrieb Lothar Warneke seinen neuen Gegenwartsfilm für die Schauspielerin Cox Habbema. Tatsächlich gelang den beiden, eine der interessantesten Frauengestalten jener Jahre zu schaffen. Leider waren nicht alle anderen Rollen ebenso profiliert, was sich besonders an der des Herbert negativ bemerkbar machte.
ECHO: Warnekes Film ist voller schöner Details, die ihn als einen Könner und kompromißlosen Realisten ausweisen. Aber sie wollen sich auf eine verteufelte Weise nicht zu einem runden Ganzen zusammenfügen. Die Erzählweise ist sprunghaft, manche Schnitte erfolgen zu abrupt, manche Passage bleibt unverständlich. (...) Der Film hat zu wenig Humor und zu viele Monologe, deren ausgiebigste Peter Aust als Barbaras Mann aufsagen muß. (Renate Holland-Moritz, *Eulenspiegel* 16/1977)
Der Film macht nachdenklich und optimistisch zugleich. Er liefert keine Bekenntnisse und singt auch kein Hohelied auf Heroisches. Er zeichnet das Leben nach und gestaltet es auf diese Weise mit. Er plädiert für die menschliche Wärme, für die es in unserer Gesellschaft jede Möglichkeit gibt. (Günter Agde, *Filmspiegel* 8/1977)
NEBENBEI: Die damals 18jährige Johanna Schall spielte als »Sommersprossige« ihre erste kleine Filmrolle. – Neben Hertha Thiele in einer der Hauptrollen besetzte Lothar Warneke mit Adolf Fischer in der kleinen Rolle eines Alten einen weiteren Hauptdarsteller aus Slatan Dudows Klassiker *Kuhle Wampe* von 1932. – Warneke, der die kleine Rolle des Otsch übernahm, hatte nach seinem Theologie- und vor seinem Filmstudium selbst in einer Baumwollspinnerei gearbeitet.

UPRCHLÍK
→ *DIE IGELFREUNDSCHAFT*

URLAUB OHNE DICH
RE: Hans Lucke, SZ: Hans Lucke, Horst Bieler, DR: Manfred Fritzsche, KA: Günter Marczinkowsky, Karl Drömmer, MU: Helmut Nier, BA: Ernst-Rudolf Pech, KO: Eva Sickert, SC: Ilse Peters, PL: Adolf Fischer, m: 1955 = 72 min, s/w, Tovi, brw, no, PJ: 1960/61, PM: 13.7.1961, PM-Ort: Berlin, »O.T.L.« Oranienburger Str.
DA: Karla Runkehl (Irma Strube), Monika Reeh (Monika), Hans Lucke (Hannes Strube), Horst Kube (Erich), Dietrich Körner (Klaus), Rudolf Ulrich (Heinrich), Dieter Perlwitz (Eberhard), Sepp Klose (Sepp), Erich Franz (Vater Strube), Doris Thalmer (Frieda), Maika Joseph, Brigitte Lindenberg, Monika Hildebrand, Harry Merkel, Walter E. Fuß u.a.; GE: Günter Hapke, Kolibris
INHALT: Aufgrund eines Verbesserungsvorschlags bekommt Hannes mit seiner Brigade Sonderurlaub. Gemeinsam wollen sie ins Ferienheim, doch Hannes schließt sich aus – mit der Begründung, er müsse in der LPG seiner Frau Irma eine Maschine montieren. Als die Kollegen ihm nachfahren um zu helfen, stellen sie fest, daß Hannes gelogen hat. Irma hat er erklärt, er sei

mit den Kollegen im Ferienheim. Er indessen befindet sich auf Extratour mit der hübschen, jungen Monika, die von seinem Ehestand nichts ahnt. Irma und Kollege Klaus, die den beiden folgen, bringen Hannes auf den richtigen Weg zurück.

ZUM FILM: Der Schauspieler Hans Lucke, der auch schon erfolgreich als Bühnenautor hervorgetreten war, fungierte in diesem Film in Personalunion als Autor, Regisseur und Hauptdarsteller und hatte sich damit offenbar übernommen. Sein pädagogisch angehauchtes Lustspielchen ist heute vermutlich mit Recht vergessen.

ECHO: Ein Lustspiel – und das Publikum lacht. Doch es lacht leider immer nur dort, wo sich der Filmschöpfer um erzieherischen Ernst bemüht. Wo es eigentlich lachen soll, läßt man's bleiben; nicht aus bösem Willen, sondern aus anatomischer Notwendigkeit: Wer kann schon lachen, wenn er gähnt? (...) Hier werden gleich ein halbes Dutzend sozialistischer Moralgebote hergenommen und bis zur Belanglosigkeit verniedlicht. Nichts gegen ermunternde Perspektiven; hier jedoch sind ihre Linien zu schief gezeichnet, um auch nur glaubhafte Vorstellungen zu erwecken. (Rudi Strahl, *Filmspiegel* 15/1961)

Inhalt und Form waren in diesem Fall an Dürftigkeit kaum zu unterbieten. (Heinz Kersten, *Das Filmwesen in der Sowjetischen Besatzungszone Deutschlands*, 1963)

NEBENBEI: Der 1927 geborene Dresdner Hans Lucke trat seit 1955 in dutzenden Filmen, mitunter auch in Hauptrollen auf. *Urlaub ohne dich* blieb neben dem unvollendeten → *Sommerwege* seine einzige Filmregiearbeit. Er lebt heute bei Weimar und arbeitet vorrangig als Autor.

V

VERBOTENE LIEBE

RE: Helmut Dziuba, BU: Helmut Dziuba, LV: Erzählung »Der Sündenfall« von Helmut H. Schulz, DR: Peter Jakubeit, KA: Helmut Bergmann, MU: Christian Steyer, SB: Heinz Röske, KO: Elke Hersmann, SC: Monika Schindler, PL: Uwe Kraft, GR: GR »Berlin«, m: 2473 = 91 min, fa, brw, PJ: 1989, PM: 19.4.1990, PM-Ort: Berlin, »International«

DA: Julia Brendler (Barbara), Hans-Peter Dahm (Georg Kalisch), Gudrun Ritter (Lehrerin Laube), Karin Gregorek (Mutter Kalisch), Rolf Dietrich (Vater Kalisch), Heide Kipp (Barbaras Mutter), Peter Sodann (Barbaras Vater), Dietrich Körner (Direktor), Gert Gütschow (Staatsanwalt), Sina Fiedler (Tante Leni) u.a.

INHALT: Der achtzehnjährige Oberschüler Georg steht vor Gericht – wegen sexuellen Mißbrauchs einer Dreizehnjährigen. Das Mädchen Barbara und er kennen sich von Kindheit an. Sie sind als Nachbarn zusammen aufgewachsen. Die Elternhäuser sind miteinander verfeindet, die Kinder lieben sich. Für Barbaras Vater ist das Verhältnis der beiden ein willkommener Anlaß, gegen den Nachbarn vorzugehen, Strafanzeige zu erstatten. Versuche, die Familien auszusöhnen, mißlingen. Der Prozeß ist nicht zu verhindern, der Paragraph 148 ist eindeutig, Gefühle berücksichtigt er nicht. Überall, vor allem in der Schule, kommt es zu heftigen Auseinandersetzungen. Georg und Barbara bekennen sich zu ihrer Liebe, und die Schüler solidarisieren sich mit Georg. Die Lehrerin Laube stellt sich – im Gegensatz zum dogmatischen Direktor – auf die Seite der jungen Leute.

ZUM FILM: Die Vorlage des Films, eine Erzählung von Helmut H. Schulz, blieb einige Jahre verboten, und auch das Filmprojekt muße drei Jahre »auf Eis« liegen, bevor es realisiert werden durfte.

ECHO: Der Film erzählt in wunderschönen, manchmal etwas symbolüberladenen Bildern von gesellschaftlichen Deformationen, von menschlichem Versagen, aber auch von Verständnis und Güte (Gudrun Ritter als Prototyp des gar nicht so seltenen guten DDR-Lehrers) und vom Mut zur Solidarität. Und vor allem – und dies in künstlerischer Vollendung – von der niemals zu stürzenden Himmelsmacht Liebe. (Renate Holland-Moritz, *Eulenspiegel* 17/1990)

So ist Helmut Dziubas *Verbotene Liebe* ein weiterer »Vor-Wende-Film«, der beschreibt, was zur »Wende« drängte. Was er zeigt, wird damit freilich nicht unaktuell. Es könnte sich wohl ähnlich in einem Dorf der Bundesrepublik zutragen. Gegen eine lieblose Umwelt wird auch kein »einig Vaterland« Schutz bieten. (Heinz Kersten, *Tagesspiegel*, 6.5.1990)

NEBENBEI: Die Rolle der Lehrerin schrieb Helmut Dziuba für Gudrun Ritter ins Szenarium. Sie errang damit den Preis für die beste Nebenrolle auf dem letzten Nationalen Spielfilmfestival der DDR.

DER VERDACHT

(Co-Produktion)

RE: Frank Beyer, BU: Ulrich Plenzdorf, LV: Erzählung »Unvollendete Geschichte« von Volker Braun, DR: Peter Jakubeit, KA: Peter Ziesche, MU: Günther Fischer, SB: Alfred Hirschmeier, KO: Christiane Dorst, SC: Lotti Mehnert, PL: Volkmar Leweck, GR: GR »Berlin« CO: WDR Köln, m: 2662 = 98 min, fa, brw, PM: 10.10.1991, PJ: 1991, PM-Ort: Berlin, »International«

DA: Michael Gwisdek (Karins Vater), Christine Schorn (Karins Mutter), Christiane Heinrich (Karin), Nikolaus Gröbe (Frank), Marie-Anne Fliegel (Franks Mutter), Ulrike Krumbiegel (Irina), Veit Schubert (Karins Schwager), Thomas Neumann (Parteisekretär), Hans-Jürgen Silbermann (Kaderleiter), Matthias Wien (Schäfer, MfS), Gerhard Hähndel, Eva Weißenborn, K.-Dieter Klebsch, Johanna Clas, Heide Kipp u.a.

INHALT: Die neunzehnjährige Karin wird von ihrem Vater gedrängt, ihre Beziehung zu dem Freund Frank aufzugeben, weil gegen diesen »etwas vorliegt«. Der Vater ist Ratsvorsitzender in einem Grenzbezirk der DDR. Mit seinem Einfluß hat er der Tochter eine begehrte Volontariatsstelle bei der SED-Bezirkszeitung besorgt. Ihr Verhältnis zu Frank, der wegen Rowdytums vorbestraft ist und dessen Vater wegen Devisenschmuggels sitzt, könnte ihre Karriere gefährden. Karin liebt Frank, und sie weiß, daß er sie braucht. Vorerst hält sie zu ihm. Doch der Druck von allen Seiten wird unerträglich. Genossen in der Redaktion und Staatssicherheitsbeamte machen ihr klar, daß sie mit ihm keine Zukunft hat. Schließlich fügt sie sich, trennt sich von Frank. Nach seinem Selbstmordversuch bekennt sie sich jedoch zu ihm und nimmt alle Konsequenzen in Kauf. Sie bekommt nicht einmal mehr eine Stelle als Hilfsarbeiterin.

ZUM FILM: Als Volker Brauns Erzählung »Unvollendete Geschichte« 1975 in der Literaturzeitschrift *Sinn und Form* erschien, wurde deshalb die halbe Auflage eingestampft. Die andere Hälfte ging von Hand zu Hand, auch in die von Frank Beyer, der erst, nachdem das Buch 1988 erscheinen durfte, die Chance zu einer Filmadaption erhielt. Beyer und seinen Szenaristen Plenzdorf interessierte vor allem die ins Unfaßbare gehende Normalität der eigentlich kafkaesken Vorgänge, die hier erzählt werden, was dem Film eine zu große Nüchternheit gab.

MEINUNG: Diese »Dämonisierung« des Staatssicherheitsapparates, die jetzt überall die Runde macht, geht auf einen Irrtum zurück. Die Stasileute waren nicht dämonisch, sie waren Kleinbürger, die ihren Parteiauftrag erfüllten. (Frank Beyer in *Regie: Frank Beyer*, 1995)

ECHO: *Der Verdacht* scheint mir konzeptionell halbherzig angegangen worden zu sein – nur in einigen seiner besten Momente läßt er spüren, wo die Brisanz seiner Vorlage steckt. (...) Das sorgfältige Szenenbild (Alfred Hirschmeier und Lothar Kuhn) verweist darauf, daß dieser starke politische Druck, der den Alltag bestimmte, noch die 80er Jahre hindurch herrschend war. Der Film gemahnt, sich zu erinnern, statt zu verdrängen. (Frank Burkhard, *Märkische Allgemeine*, 11.10.1991)

Vom Thema her ein wichtiger Film also, einer, der zur Vergangenheitsbewältigung beitragen, um Verständnis für die ehemalige Lage der »neuen Bundesbürger« werben kann. Vom Thema her berechtigt, doch die szenarische und filmische Umsetzung läßt mehr als zu wünschen übrig. Wie aus dem Zettelkasten werden die Probleme abgehandelt, den durchweg guten Darstellern werden hölzerne Dialoge in den Mund gelegt und die wenig dynamischen Bilder wirken wie für Fernsehzuschauer produziert und nicht für Kinoleinwände im vereinten Deutschland. (Hans Messias, *film-dienst* 20/1991)

NEBENBEI: Der junge Westberliner Nikolaus Gröbe, der den Frank spielt, war damals noch Schauspielstudent. – Die Erzählung wurde von Volker Braun nach den realen Erlebnissen eines jungen Mädchens, das er Karin nannte, gestaltet. Volker Braun konnte 1995 seinen Stasi-Akten entnehmen, daß Karin mit Wissen und im Auftrag des Staatssicherheitsdienstes damals zu ihm kam, um ihm ihre Geschichte zu erzählen. Sie selbst hielt dem Druck nicht stand und ging später in den Westen.

VERDACHT AUF EINEN TOTEN

RE: Rainer Bär, BU: Günter Kaltofen, Rainer Bär, DR: Margot Beichler, KA: Helmut Grewald, MU: Karl-Ernst Sasse, SB: Hans-Jorg Mirr, KO: Katrin Johnsen, SC: Helga Gentz, PL: Walter Ehle, GR: KAG »Johannisthal«, m: 2002 = 73 min, s/w,

Cine, AT: Papierblumen, Ein Mörder für Dr. Roth, PJ: 1969, PM: 6.11.1969, PM-Ort: Berlin, »Colosseum«
DA: Alfred Rücker (Thomas), Uta Schorn (Renate), Leon Niemczyk (Dr. Roth), Günther Simon (Major Klausnitzer), Dieter Wien (Oberleutnant Dolling), Kaspar Eichel (Leutnant Matz), Brigitte Krause (Margot Dege), Gerd Michael Henneberg (Hendrik Jahn), Alfred Struwe (Scheitler), Hermann Beyer (Nowack), Wolfram Handel, Johannes Wieke, Heinz Scholz, Ivan Malré, Hanna Rieger u.a.
INHALT: Der angesehene Tierarzt und Leiter eines volkseigenen Gestüts, Dr. Roth, hatte als 16jähriger gegen Ende des Krieges von einem Mann Papiere zur Aufbewahrung entgegengenommen. Jahre später werden sie abgeholt. Der Vorgang jedoch wird ihm zum Verhängnis. Bevor er andere um Hilfe bitten kann, findet man ihn tot in seinem Wagen. Da in unmittelbarer Nähe des Autos Spionagematerial gefunden wird, übergibt die VP den Fall an den Staatssicherheitsdienst, der feststellt, daß Dr. Roth ermordet wurde. Der junge Thomas, dessen Freund und Vormund Dr. Roth war, ermittelt auf eigene Faust, um den Mann, der sein ganzes Vertrauen hatte, zu entlasten. Er gerät dabei selbst in Lebensgefahr. Durch einen Hinweis der Gestütsangestellten Renate können die Sicherheitsbeamten den Mörder entlarven, dessen Verbindung zum westdeutschen Geheimdienst aufdecken und Dr. Roth entlasten.
ZUM FILM: In seinem ersten Krimi zeigte Rainer Bär schon einige der formalen Qualitäten, die später seine Fernsehkrimis auszeichnen sollten, wegen derer er aber auch Ärger bekam und die DDR eines Tages verließ. Inhaltlich überrascht keineswegs die Moral, wonach der Bürger den Staatssicherheitsorganen unbeschränkt vertrauen kann.
ECHO: Ein volkseigenes Gestüt, ein Mord auf nächtlicher Chaussee, die nervöse Ungerechtigkeit eines Leiters gegenüber einem Mitarbeiter, ein unbekannter, geheimnisvoller Autokäufer, eine undurchsichtige Linie des Ermordeten in die Vergangenheit, ein junger DDR-Bürger, der wegen mangelnden Vertrauens zu den Staatssicherheitsorganen die Aufklärung eigenmächtig betreibt – das können durchaus Elemente eines guten Kriminalfilms sein. Voraussetzung ist jedoch, daß sie in einer logischen, innere Spannung erzeugenden Geschichte dramaturgisch gut gefügt sind, um so mehr, wenn das Delikt Militärspionage ist, also ein Vergehen, das uns alle als Bürger unseres Staates auf den Plan ruft. (Ursula Geisler, *Filmspiegel* 25/1969)
Besonders am Anfang überstrapaziert der Regisseur die modisch gewordene Masche, die Bilder auf der Leinwand immer wieder anzuhalten. Er liebt – wie Antonioni – Hell-Dunkel-Kontraste, Personenaufnahmen vor flächigem Hintergrund, geometrisch gegliederte Einstellungen. Für den nötigen »Schauwert« des Films – ein Lieblingsbegriff der DEFA – sorgt vor allem die Verlegung der Handlung in ein Gestüt, was Gelegenheit zu vielen schönen Pferdeaufnahmen gibt. Dieser ostdeutsche Krimi zeugt wieder einmal von dem Bemühen namentlich vieler jüngerer Babelsberger Filmemacher, formal Anschluß an den internationalen Film zu finden, wobei die Ergebnisse freilich meist noch etwas krampfhaft wirken. (Heinz Kersten, *Frankfurter Rundschau*, 30.12.1969)
NEBENBEI: Alfred Rücker und Uta Schorn debütierten in diesem Krimi. Beide entwickelten sich in den siebziger Jahren zu bekannten Fernsehschauspielern, Rücker im *Polizeiruf 110*, Schorn vorrangig in Familienserien.

...VERDAMMT, ICH BIN ERWACHSEN

(Kinderfilm)

RE: Rolf Losansky, SZ: Günter Mehnert, LV: Roman »Der Riese im Paradies« von Joachim Novotny, DR: Gudrun Deubener, KA: Peter Süring, MU: Peter Gotthardt, SB: Klaus Winter, KO: Maria Welzig, SC: Ursula Zweig, PL: Irene Ikker, GR: AG »Berlin«, m: 2582 = 95 min, fa, AT: Der Riese im Paradies, PJ: 1973/74, PM: 19.9.1974, PM-Ort: Berlin, »International«

DA: Ralf Schlösser (Kurbel), Angelika Herrmann (Daniela), Dieter Franke (Lehrer Konzak), Jutta Wachowiak (Kindergärtnerin Kandidel), Jürgen Reuter (Jule Bucht), Karla Runkehl (Kurbels Mutter), Gerhard Lau (Kurbels Vater), Herbert Köfer (Schuster Jubke), Liselott Baumgarten (Oma Slabke), Heinz Behrens (Direktor Opitz), Frank Wuttig, Lilo Josefowitz, Detlef Höpfner, Evamaria Bath, Brigitte Beier, Bruno Carstens, Günter Grabbert, Ruth Kommerell, Helmut Schreiber, Friedrich Teitge u.a., GE: Puhdys

INHALT: Klaus Kambor, genannt Kurbel, lebt in einem Dorf in der Lausitz. Er ist fünfzehn, geht in die 9. Klasse und hält sich manchmal schon für richtig erwachsen. Groß und kräftig ist er, und Daniela hat er auch schon geküßt. Doch daß zum Erwachsensein noch ein bißchen mehr gehört, wird ihm immer wieder bewußt. Zum Beispiel, als er mit seiner genialen neuen Rasenmäh-Methode einen Waldbrand verursacht und dazu stehen muß. Auch die Sache mit dem Tagebau, dem einige von ihm geliebte Plätze der Umgebung weichen müssen, ist nicht einfach zu begreifen. In Lehrer Konzak und dem Baggerführer Jule Bucht findet er Freunde, die für seine Probleme Verständnis haben. Seine ersten Erfahrungen mit dem Erwachsenwerden zeigen ihm aber auch – er muß unter anderem wegen Jules Ehebruch aussagen –, daß neue Probleme auf ihn zukommen werden.

ZUM FILM: Rolf Losanskys Jugendfilm war voller Frische, Poesie und leiser Komik und war ein zutreffendes Alltagsporträt der 70er Jahre.

ECHO: Ein Problem des Films ist allerdings, daß es nicht gelungen ist, die Figur des Kurbel intensiv genug in das Geschehen einzubeziehen. In der zweiten Hälfte des Films wird er immer mehr zum Beobachter des Geschehens, und das Interesse richtet sich vor allem darauf, was er erlebt und wie er es verarbeitet. Auch ist mir die Beschreibung von Kurbels Paradies, die Wirkung der Landschaft auf die Träume des Jungen etwas zu prosaisch ausgeführt. Der Rhythmus des Films ist mir zu einförmig, ungenügend akzentuiert. Die Fähigkeit des Regisseurs erweist sich aber in einer genauen Beobachtung des Milieus, in der treffenden Auswahl der Schauspieler und Laien und der soliden Arbeit mit ihnen. (Rolf Richter, *Neues Deutschland*, 22.9.1974)

... verdammt, ich bin erwachsen von Rolf Losansky, als Kinderfilm gedreht, aber entschieden mehr geworden, gehört zu den glücklichsten Produktionen der DEFA in diesem Jahr. Schon die Behutsamkeit, mit der Günter Mehnert die Romanvorlage für den Film adaptierte, notwendige Änderungen vornahm, ohne die Originalität von Novotnys Zeichnung der Wirklichkeit zu beschädigen, verdient Hervorhebung. Peter Süring hat die Landschaft einfühlsam schön fotografiert. (E. M., *Norddeutsche Zeitung*, 7.10. 1974)

Das poetisch-liebevolle und dennoch nicht beschönigende Porträt eines Stückchen DDR in den siebziger Jahren entwickelt noch heute auf der Leinwand seinen ganz eigenen Charme. Es ist ein leiser Film, keine Revolte. (*Zwischen Marx und Muck*, 1996)

NEBENBEI: Der jugendliche Hauptdarsteller Ralf Schlösser wurde Schauspieler und stand auch bei der DEFA gelegentlich vor der Kamera.

VERFEHLUNG

(Co-Produktion)

RE: Heiner Carow, SZ: Wolfram Witt, Heiner Carow, LV: Gleichnamige Erzählung von Werner Heiduczek, DR: Erika Richter, KA: Martin Schlesinger, MU: Stefan Carow, SB: Lothar Holler, KO: Karin Pas, SC: Evelyn Carow, PL: Horst Hartwig, GR: GR »Babelsberg«, m: 2847 = 104 min, PJ: 1991, PM: 18.3.1992, PM-Ort: Berlin, »International«, CO: Von Vietinghoff Filmproduktion, Berlin

DA: Angelica Domröse (Elisabeth Bosch), Gottfried John (Jacob Alain), Jörg Gudzuhn (Reimelt), Dagmar Manzel (Regina Bosch), Katja Paryla (Lilo Utikal), Dirk Kummer (Holger Bosch), Justus Carrière (Hans Bosch), Christine Harbort (Rosi Lauterbach), Günter Schubert (Wirt), Gertraud Kreißig (Ärztin) u.a., GE: Dirk Michaelis

INHALT: Elisabeth, eine Frau um die Fünfzig, badet mit ihren Enkeln übermütig im Waschzuber. Ein Fremder, der ins Dorf gekommen ist, beobachtet sie vom Zaun aus. Ihm, dem Hamburger Hafenarbeiter Jacob, gefällt diese Frau. Gegen ihren anfänglichen Widerstand wird aus ihnen ein Paar. Sie begegnen sich in Abständen. Als sie sich Weihnachten 1988 heimlich in der Wohnung einer Ostberliner Freundin treffen wollen, greift die Staatssicherheit ein. Elisabeth bekennt sich öffentlich zu ihrer Liebe. Ihren jüngeren Sohn Holger finden die beiden bei einer Protestveranstaltung in der Kirche. Später wird der Junge in eine Nervenklinik verschleppt. Auf der Silvesterfeier im Dorf gibt Elisabeth ihre Verlobung mit Jacob bekannt. Dieser wird festgenommen und abgeschoben. Elisabeths älterer Sohn verlangt, daß Elisabeth sich von Jacob lossagt, damit seine Karriere und sein bevorstehender Auslandsaufenthalt nicht gefährdet werden. In der Nacht der 750-Jahr-Feier ihres Dorfes rächt Elisabeth die erlittenen Schikanen an dem sie seit langem liebenden und bedrängenden Bürgermeister Reimelt. Sie erschießt ihn. Nach der Öffnung der Grenze steht Jacob vor Elisabeths verfallendem Haus, während sie im Gefängnishof im Kreis läuft.

ZUM FILM: Heiner Carow brachte eine Erzählung auf die Leinwand, die noch 1988 in der DDR erscheinen konnte. Mit der Elisabeth hatte er eine Frauenfigur, die in ihrer Lebenshaltung an die der Paula aus seinem Erfolgsfilm → *Die Legende von Paul und Paula* erinnerte. Er gewann dafür auch wieder Angelica Domröse, die die Rolle mit all ihrem Zauber, aber auch der dazugewonnenen Bitterkeit ausstattete.

ECHO: Daß der Versuch, eine symptomatische Geschichte zu inszenieren, einige illustrative Schleifen nach sich zog, ist ein Überbleibsel jener Vergangenheit, die auch die Ästhetik deformierte. (...) Wesentliche Wirkungen erwachsen dem Film aus seiner stilistischen Steigerung. Die Geschichte wird in authentischen Bildern vorgeführt, deren wechselnde Tempi Erregung bezeugen und auslösen. (...) Spiegelten die surrealen Momente in der *Legende von Paul und Paula* (1973) einst einen Glücksrausch und hoffnungsvollen Aufbruch, so beschreiben sie jetzt die kaum noch beherrschte Verzweiflung der Heldin und des Regisseurs. Sein dreizehnter Film wurde der bitterste. (Hans-Jörg Rother, *Film und Fernsehen* 3/1992)

Heiner Carow, einst DEFA-Filmemacher und ein DDR-Kenner mit viel Selbsterfahrung, stellt im schonungslosen Bewußtmachen des SED-Totalitarismus nicht nur die vergiftenden Eingriffe der Diktatur in die Beziehungen der Menschen untereinander dar. Einfühlsam zeichnet er mit dem Bürgermeister einen (wenn auch seinerzeit bestimmt nicht gängigen) Funktionärstyp nach. (Günther Bastian, *film-dienst* 6/1992)

NEBENBEI: Gottfried John, der Darsteller des Jakob, wurde durch zahlreiche Rollen in Filmen von Rainer Werner Fassbinder bekannt, wovon der Reinhold in *Berlin – Alexanderplatz* vielleicht am nachhaltigsten wirkte.

VERFLIXTES MISSGESCHICK!

(Kinderfilm)

RE: Hannelore Unterberg, SZ: Wolf Müller, LV: Märchen »Wer das Unglück meistert, findet das Glück« von Samuil Marschak, DR: Anne Pfeuffer, Joachim Giera, KA: Michael Göthe, MU: Karl-Ernst Sasse, SB: Georg Kranz, KO: Joachim Dittrich, SC: Thea Richter, PL: Volkmar Leweck, GR: GR »Berlin«, m: 1973 = 72 min, fa, AT: Glück

hat nur, wer Leid nicht fürchtet, PJ: 1988/89, PM: 2.7.1989, PM-Ort: Berlin, »Colosseum«
DA: Carmen-Maja Antoni (Mißgeschick), Heike Meyer (Kathrin), Stefan Saborowski (Michael), Horst Rehberg (Holzfäller), Kurt Böwe (Habermoos), Ulrich Anschütz (Torwächter Ludwig), Roman Kaminski (König), Silvia Mißbach (Prinzessin), Pierre Bliß (Prinz), Wolfgang Greese (General), Carl Heinz Choynski, Wolf Sabo, Peter Mohrdieck, Werner Pfeifer, Heinz Kretzschmann u.a.
INHALT: Ein armer Holzfäller ist vom Mißgeschick verfolgt. Als er völlig verzweifelt ist, steht es plötzlich in Gestalt eines garstigen Wesens vor ihm. Da es sich beim Holzfäller langweilt, verrät es diesem, wie er es loswerden kann. Der Holzfäller gibt es an den reichen Kaufmann Habermoos weiter. Der wird von Räubern überfallen und ausgeraubt, aber es gelingt ihm, das Mißgeschick an den König zu verschachern. Der ist bald ruiniert, und die Nachbarstaaten rüsten zum Krieg gegen ihn. Da der Krieg auch dem Mißgeschick Gefahr bringt, manövriert es sich mit List in den Besitz des Bauernjungen Michael, der beim König Dienst tun muß. Michaels Braut Kathrin soll mit dem Geizhals Habermoos verheiratet werden, doch Michael besiegt das Mißgeschick und kommt gerade noch zurecht, um Kathrin davor zu bewahren.

ZUM FILM: Der dramaturgisch nicht geglückte Märchenfilm, in dem mit moralischen Werten und Maßstäben zu unbedacht umgegangen wird, lebt vor allem durch die komödiantischen Leistungen von Carmen-Maja Antoni und Kurt Böwe.
ECHO: Bei der Adaption begreift die Regisseurin Unglück als Mißgeschick. Diese Assoziationsverschiebung ermöglicht zunächst eine leichtere Erzählweise. Das Mißgeschick tritt als Person auf, und Carmen-Maja Antoni hält es in der Schwebe zwischen Boshaftigkeit und Tolpatschigkeit, zwischen ärgerlichen und heiteren Elementen. (...) Das Mißgeschick hat in seiner Vertracktheit durchaus sympathische Züge. Das ist aber nicht in Übereinstimmung mit seinen Taten zu bringen, die ihm im Film zugeschrieben werden. Wenn ein König vom Krieg bedroht ist oder ein Kaufmann ausgeraubt wird, so muß man darin mehr als ein Mißgeschick sehen. (Klaus-Dieter Felsmann, *Filmspiegel* 17/1989)
Hannelore Unterberg ist schon mit mehreren Kinderfilmen hervorgetreten, deren Stoffe unmittelbarer Gegenwart entnommen sind. Eine Märchenparabel wie *Verflixtes Mißgeschick* bedarf anderer Gestaltungsmittel. Und es scheint so, als habe die Regisseurin hier Mühe, verschiedene Elemente der aktuellen Anspielung, des Anachronistischen, der sarkastischen Überzeichnung, der grotesken Ironie, des rein Märchenhaften, des Aktionistischen zu zwingender ästhetischer Einheit zu führen. (Wolfgang Lange, *Film und Fernsehen* 2/1990)
NEBENBEI: Tobias Unterberg, der Sohn der Regisseurin, spielte als Kind die Hauptrolle in → *Konzert für Bratpfanne und Orchester* und ist hier als junger Räuber zu sehen. Sein Bruder Felix spielt den Kochlehrling. – Der Darsteller des Prinzen tritt seit den neunziger Jahren unter dem Namen Pierre Sanoussi-Bliss, u.a. in der ZDF-Serie *Der Alte*, auf.

VERGESST MIR MEINE TRAUDEL NICHT
RE: Kurt Maetzig, BU: Kuba, Kurt Maetzig, DR: Willi Brückner, KA: Erwin Anders, MU: Hans Hendrik Wehding, BA: Alfred Hirschmeier, KO: Gerhard Kaddatz, SC: Ilse Peters, PL: Hans-Joachim Schoeppe, m: 2337 = 86 min, s/w, AT: Ihr

letzter Fehler, PJ: 1957, PM: 15.11.1957, PM-Ort: Berlin, »Babylon«
DA: Eva-Maria Hagen (Traudel Gerber), Horst Kube (Hannes Wunderlich), Günther Haack (Wolfgang Auer), Erna Sellmer (Frau Palotta), Günther Simon (VP-Kommissar), Maria Besendahl (Portierfrau), Jean Brahn (Wirt im Café »Lila«), Fred Delmare (Traudels Partner), Paul R. Henker (Wirt in der HO), Paul Pfingst (Volkspolizist), Charlotte Küter, Kurt Rackelmann, Rudi Schiemann, Sabine Thalbach, Nico Turoff u.a.
INHALT: Lehrer Wolfgang Auer und Volkspolizist Hannes Wunderlich sind Freunde und Zimmernachbarn bei Wirtin Palotta in Berlin. Eines Tages taucht Traudel dort auf. Wolfgang hatte sie kurz zuvor mit dem Motorrad auf der Landstraße aufgelesen und dann wieder sitzenlassen – mit seiner Adresse. Das Mädchen, ebenso raffiniert wie naiv, verlogen wie treuherzig, bringt die beiden um ihre Erziehung bemühten Männer von einer peinlichen Situation in die andere. Und verleitet Hannes sogar zu rechtswidrigen Amtshandlungen. Er stellt ihr einen provisorischen Ausweis aus – mit von ihr erfundenen Daten. Er tut dies allerdings nicht nur, weil er verliebt ist, sondern weil er ihre tragische Vergangenheit ahnt. Ein alter Brief ihrer Mutter ist ihm in die Hände gefallen; er stammt aus dem KZ Ravensbrück und endet mit den Worten »Vergeßt mir meine Traudel nicht«. – Die skeptische Wirtin Palotta, von Anfang an empört über diese weibliche Einquartierung, hat unterdessen Detektiv gespielt und die Herkunft des aus einem Heim ausgerückten Mädchens herausgefunden. Traudel bekommt nun einen richtigen Ausweis, und nachdem Hannes seine kleine Strafe wegen Amtsmißbrauchs abgesessen hat, steht einer Hochzeit nichts mehr im Wege.
ZUM FILM: Nachdem der Schriftsteller Kuba schon mit → *Hexen* bewiesen hatte, daß ihm heitere Stoffe stärker liegen, schrieb er diesen Film mit komischen und heiteren Aspekten um ein junges Mädchen. Kurt Maetzig schuf daraus einen Erfolgsfilm, der aber wiederum auf Kritik seitens der Kulturbürokratie stieß, weil der Volkspolizist nach zu unkonventionellen Methoden arbeitete.
ECHO: Ohne auch nur im entferntesten eine Nachahmung zu sein, zeigt der Film viele von jenen wertvollen Wesenszügen, die italienischen Lustspielen eigen sind. Hier wie dort ein glücklicher Griff ins Leben, Volkstümlichkeit, Gegenwartsnähe, genaue Menschenbeobachtung, – hier wie dort Ernstes und Heiteres dicht beieinander. (...) Regisseur Kurt Maetzig stellt uns mit der *Traudel* seinen ersten heiteren Film vor. Das ist mehr ein Plus als ein Minus, denn statt billiger Routine finden wir hier eine glückliche Verbindung von Experimentierfreude, Erfahrung und Einfallsreichtum. Die Skala der Stimmungen, die der Film erweckt, ist weit und reicht vom unbeschwerten Lachen über das Mitleid bis zu tiefer Nachdenklichkeit. (Winfried Junge, *Forum* 27/1957)
Warum soviel Schminke, soviel Bein und Busen bei diesem armen Mädchen? Warum diese Dauerauftritte in ein Badetuch gehüllt? Das kann man bei Gina Lollobrigida und den Rollen, die sie verkörpert, machen, aber doch nicht bei dieser Traudel, die im tiefsten Grunde keusch und sauber ist – würde sie sich sonst für den Hannes entscheiden? Würde man sonst an ihre positive Zukunft glauben? So aber spielt sie mehr Luder als Herz; bei manchen Situationen entstehen statt Mitleid und wohlwollendem Entsetzen über das, was sie nun schon wieder anstellt, Unbehagen und Unwillen darüber, daß sie den guten Hannes derart in die Nesseln reitet. Ich glaube, daß mit einer anderen Besetzung eine größere, überzeugendere Wirkung erzielt worden wäre, und denke dabei etwa an Käthe Reichel vom Berliner Ensemble ... (Karl-Eduard v. Schnitzler, *Filmspiegel* 26/1957)
NEBENBEI: Horst Kube, der schon in Maetzigs Debütfilm → *Ehe im Schatten* in einer Komparsenrolle mitwirkte, gelang mit dem Hannes der Durchbruch als Filmschauspieler. – Manfred Krug hatte bei *Traudel* den zweiten Filmauftritt seiner Laufbahn – in einer Komparsenrolle.
Filmtext: Hexen. Vergeßt mir meine Traudel nicht. Filmerzählungen von Kuba. Halle/Saale: Mitteldeutscher Verlag 1974

DAS VERHEXTE FISCHERDORF

RE: Siegfried Hartmann, BU: Hans Peter, Siegfried Hartmann, MI: Bernd Braun, LV: Gleichnamige Filmerzählung von Hans Peter, DR: Joachim Plötner, KA: Hans Heinrich, MU: Karl Schinsky, BA: Hans Poppe, KO: Gerhard Kaddatz, SC: Hildegard Conrad, PL: Anni von Zieten, GR: KAG »konkret«, m: 2088 = 77 min, s/w, PJ: 1961/62,

PM: 6.7.1962, PM-Ort: Berlin, »Filmtheater am Friedrichshain«
DA: Horst Drinda (Mauritius Halbermann, genannt Mauts), Brigitte Krause (Lore Fiedler), Lutz Jahoda (Theo Vogel), Gerlind Ahnert (Schwester Marianne), Mathilde Danegger (Mutter Fiedler), Gustav Müller, Erika Dunkelmann (Herr Brödel u. Frau), Gerd E. Schäfer, Elsa Grube-Deister (Patzig u. Frau), Monika Hildebrand (Evelyn), Werner Lierck, Horst Kube, Agnes Kraus, Kurt Rackelmann, Willi Neuenhahn u.a.
INHALT: Der Werbechef des VEB Gravo-Druck Mauritius Halbermann – genannt Mauts – ist nicht nur arbeitsbesessen, sondern auch voller großartiger Einfälle. Als er wiederum einen solchen seinem Direktor vorstellen will, ist der im Urlaub – mit Familie und einigen Kollegen, darunter Lore, die Mauts insgeheim als seine zukünftige Frau betrachtet. Architekt Teddy indes hat die Absicht, auch ins Urlaubsparadies Aaldorp zu fahren, um sich mit Lore zu verloben. Mauts schließt sich ihm an und gedenkt, seine Pläne mit den Kollegen in Aaldorp zu beraten. Die allerdings lassen sich von ihm die Urlaubsstimmung nicht vermiesen, und nach allerlei merkwürdigen Vorkommnissen erkennt auch Mauts, daß Ferien eine schöne Sache sind – woran Lore keinen geringen Anteil hat.

ZUM FILM: Das Bemühen um leichte, anspruchslose Unterhaltung, wie sie Siegfried Hartmann hier vorlegte, wurde meist vom Publikum, selten aber von den Kritikern gedankt.
ECHO: In meinem angestammten Flohkino lachten die schulpflichtigen Besucher jedesmal, wenn jemand ausrutschte oder ins Wasser fiel. Die Erwachsenen lachten viereinhalb Mal: über Agnes Kraus als Sekretärin (...), über Lierck als Briefträger, über Rackelmann als Mann der Badeverwaltung und über Schäfer, wenn er seine Gesichter zieht. Der halbe Lacher entsteht, wenn Drinda – zum Nacktbaden verdonnert – auf vier Backen charmant sein muß. (Carl Andrießen, *Weltbühne* 46/1962)
Anspruchslose, aber frisch inszenierte Komödie aus dem Arbeitsleben der DDR. (*Lexikon des internationalen Films*, 1996)
NEBENBEI: Lutz Jahoda, beliebter Interpret humorvoller und volkstümlicher Schlager, spielte hier seine erste und auch größte DEFA-Rolle. Im Fernsehen hatte er mehrere eigene Samstagabend-Shows.

VERLIEBT UND VORBESTRAFT
RE: Erwin Stranka, SZ: Martha Ludwig, Heinz Kahlau, DR: Margot Beichler, KA: Erich Gusko, MU: Georg Katzer, BA: Ernst-Rudolf Pech, KO: Rosemarie Stranka, SC: Lena Neumann, Bärbel Weigel, PL: Heinz Kuschke, GR: KAG »60«, m: 2546 = 93 min, s/w, AT: Kuckuckseier, PJ: 1962/63, PM: 8.11.1963, PM-Ort: Berlin, »Babylon«
DA: Doris Abeßer (Hannelore), Horst Jonischkan (Hanne), Herbert Köfer (Jacko), Erhard Köster (Paul), Siegfried Kilian (Richard), Günter Junghans (Ali), Peter Dommisch (Arno), Nico Turoff (Wilhelm), Agnes Kraus (Frau Jakowski), Dieter Franke (Brinkmann), Werner Lierck, Friedrich Teitge, Hans Hardt-Hardtloff, Sigrid Göhler, Vera Oelschlegel u.a.
INHALT: Hannelore wird von der Bauakademie als Praktikantin in die Brigade Fröhlich geschickt, die am Strausberger Platz in Berlin Häuser errichtet. Die rauhbeinige Gesellschaft mit dem hohen Bierkonsum ist nicht gerade entzückt davon – außer Hanne, dem das Mädchen gefällt. Als er sich am 1. Mai in alkoholisiertem Zustand prü-

gelt und anschließend wegen Verdachts auf »Raubüberfall« verhaftet wird, ist es Hannelore, die die Kollegen aufrüttelt, etwas zu unternehmen. Der Gedanke der Solidarität ist ihnen neu, aber sie lernen schnell, ihn in die Tat umzusetzen. Und so wird aus der Truppe am Ende doch noch ein gutes Kollektiv und aus Hanne und Hannelore ein Ehepaar.
ZUM FILM: Die sympathische Komödie nach Motiven, die die Volksrichterin Martha Ludwig für einen Idenwettbewerb der DEFA einreichte, stieß nach der Abnahme und vor der Premiere auf Kritik von Mitgliedern des SED-Politbüros, so daß zahlreiche Änderungen und Kürzungen vorgenommen wurden, die dem Film nicht gut bekamen. Noch heute besticht der Film durch seine Berlin-Aufnahmen.
ECHO: Mir war alles, selbst für einen Schwank, zu grobschlächtig, zu dick akzentuiert, zu albern in der Schilderung der Menschen und der Erzählweise der Fabel. (...) Guskos Kamera ist über weite Strecken subjektiv, springt Treppen hinauf und hinab, würfelt kühn die Perspektiven durcheinander, weiß die Dimensionen mit Schwung und unbedenklicher Beweglichkeit auszukosten. (Christoph Funke, *Morgen*, 6.11.1963)

Wenn man dem Film auch zugute hält, daß er den Alltag auf unseren Baustellen und manche Züge des derben Humors in einigen reportagehaften Szenen richtig erfaßt hat, so können damit doch die Unzulänglichkeiten der Fabel und die konstruierten »Konflikte« nicht aufgewogen werden. Hier mußten Regie und Kamera eben zu verjährten »Einfällen« greifen oder zu optischen Spielereien. (Heinz Hofmann, *Märkische Volksstimme*, 13.11.1963)
NEBENBEI: Die Hauptdarsteller Doris Abeßer und Horst Jonischkan waren damals eine Zeitlang miteinander verheiratet.

DIE VERLOBTE
(Co-Produktion mit Fernsehen der DDR)
RE: Günther Rücker, Günter Reisch, SZ: Günther Rücker, LV: Romantrilogie »Haus der schweren Tore« von Eva Lippold, DR: Hans Müncheberg, KA: Jürgen Brauer, MU: Karl-Ernst Sasse, SB: Dieter Adam, KO: Sybille Gerstner, Ruth Kiecker, Hans Linke, SC: Erika Lehmphul, PL: Hans-Erich Busch, m: 2290 = 84 min, fa, PJ: 1979/80, PM: 2.9.1980, PM-Ort: Berlin, »International«
DA: Jutta Wachowiak (Hella), Regimantas Adomaitis (Reimers), Slavka Budinová (Lola), Christine Gloger (Frenzel), Inge Keller (Irene), Käthe Reichel (Olser), Ewa Zietek (Hilde), Rolf Ludwig (Gefängnisarzt), Katrin Saß (Barbara), Angela Brunner (Lehnchen), Ursula Braun, Reinhard Straube, Friedrich Richter, Hans-Joachim Hegewald, Karla Runkehl, Christa Lehmann, Christa Löser, Christa Pasemann, Ellen Tiedtke, Barbara Zinn u.a.
INHALT: Die Kommunistin Hella Lindau wird 1934 wegen antifaschistischer Tätigkeit zu zehn Jahren Zuchthaus verurteilt. Nach jahrelanger zermürbender Einzelhaft gerät sie in die Zuchthaus-Wäscherei. Das Waschhaus mit seinen bestialischen Arbeitsbedingungen und den Gefangenen gleicht einem Inferno. Genossen trifft Hella kaum, sie muß sich unter Kriminellen behaupten. Mörderinnen, Prostituierte, Kupplerinnen, Diebinnen, die sich nicht selten gegenseitig an die Kehle gehen. Was Hella die Kraft gibt, unter diesen Bedingungen nicht nur zu überleben, sondern auch die Würde zu bewahren, ist die Liebe zu Hermann Reimers. Und er hält zu ihr all die Jahre, obwohl die junge Hilde aus der Nachbarschaft ihn liebt und auf ihn wartet. Er

stellt den Antrag, Hella im Zuchthaus zu heiraten. Der Antrag wird abgelehnt, aber als Verlobter bekommt er Besuchserlaubnis. Als Hella endlich entlassen wird, begegnet sie ihm nur kurz – als Verhaftetem, der an ihr vorbeigeführt wird.
ZUM FILM: Die Adaption der Vorlage von Eva Lippold durch Günther Rücker, Günter Reisch und – der Gerechtigkeit halber auch – Jürgen Brauer war wegen der tiefen Menschlichkeit der Geschichte und der anrührenden schauspielerischen Leistungen vor allem von Jutta Wachowiak einer der größten Erfolge der DEFA mit einem Film antifaschistischer Thematik.
ECHO: Davon reden heißt immer, von Jutta Wachowiak reden, der Schauspielerin, die diese zur Tatenlosigkeit und Einsamkeit verurteilte Frau zur erregenden und erschütternden, vitalen und verletzbaren großen Gestalt werden läßt. (...) Sein (Günther Rückers) Buch ist bereits bestimmt vom Wissen um die alles entscheidende Rolle des Schauspielers in der Filmkunst, vom Vertrauen in ihn und die Aufgabe jedes Autors und Regisseurs, dessen Möglichkeiten und Fähigkeiten freizusetzen. (Peter Ahrens, *Weltbühne* 39/1980)
Die Verlobte ist kein Geschichtsfilm, sondern ein Film voller Menschengeschichten, aufrüttelnder, bewegender, poiniert und in wunderbarer Sprache erzählter Frauenschicksale. Und daß dieser Film ein künstlerisches Ereignis ersten Ranges werden konnte, verdankt er den Frauen, die solche Schicksale zu gestalten vermochten. (Renate Holland-Moritz, *Eulenspiegel* 38/1980)
Zu den Stärken dieses leisen Films über eine laute Zeit gehört die Gerechtigkeit, die er allen Figuren widerfahren läßt. Es wird nicht denunziert, sondern differenziert, auch verschüttete Menschlichkeit bloßgelegt. (Heinz Kersten, 1980, zit. nach *So viele Träume*)
Die Verlobte wirkte offenkundig angesichts zunehmender Verunsicherungen über den Wert des real existierenden Sozialismus in allen Schichten wie eine Vergewisserung und Beschwörung, daß Ideale noch nicht gänzlich verloren sind. (Elke Schieber, *Das zweite Leben der Filmstadt Babelsberg*, 1994)
NEBENBEI: Unter den zahlreichen Preisen, die der Film und seine Schöpfer errangen, befanden sich der Grand Prix des Filmfestivals in Karlovy Vary 1980, der 1. Preis beim Filmfestival von Sydney 1981, der »Preis der Jungfrau von Benalmadena« in Spanien, der Große Preis sowie Preise für Kamera, Szenographie und Schnitt sowie für die Schauspieler Jutta Wachowiak, Käthe Reichel und Rolf Ludwig auf dem Nationalen Spielfilmfestival der DDR 1982, aber auch erste Plätze in Leserumfragen von Zeitungen und Zeitschriften.
Filmtext: Die Verlobte. Texte zu sieben Spielfilmen von Günther Rücker. Berlin: Henschelverlag 1988

DER VERLORENE BALL
→ *Anhang A*

DER VERLORENE ENGEL
RE: Ralf Kirsten, BU: Ralf Kirsten, MI: Joachim Nestler, Manfred Freitag, LV: Novelle »Das schlimme Jahr« von Franz Fühmann, DR: Klaus Wischnewski, KA: Claus Neumann, MU: André Asriel, SB: Hans Poppe, KO: Elli-Charlotte Löffler, SC: Evelyn Carow, Ursula Zweig, PL: Werner Liebscher, m: 1624 = 60 min, s/w, PJ: 1965/66/70, PM: 22.4.1971, PM-Ort: Berlin, »Colosseum«
DA: Fred Düren (Barlach), Erika Pelikowsky (Frau Barlach), Erik S. Klein (Kutscher), Walter Lendrich (Taxifahrer), Agnes Kraus (Alte Frau), Hei-

demarie Wenzel, Frank Schenk, Berko Acker, Cornelia Schirmer, Gerd Jurgons u.a.
INHALT: Ernst Barlach, einer der bedeutendsten Bildhauer dieses Jahrhunderts, lebt gesellschaftlich fast völlig isoliert in seinem Haus bei Güstrow. Der Film gestaltet einen Tag in seinem Leben, den 24. August 1937. Ein Tag der Selbstverständigung und kritischen Selbstanalyse. Anlaß ist der Diebstahl seines »Schwebenden Engels« aus dem Dom zu Güstrow in der Nacht zuvor. Barlachs Reflexionen umfassen das zurückliegende Jahr. Sein Werk wurde als »entartete Kunst« deklariert, größtenteils beschlagnahmt und vernichtet, auch seine Ehrenmale für die Opfer des Weltkrieges. Ihn selbst zwang man, »freiwillig« aus der Akademie der Künste auszutreten. »Wissen meine Figuren mehr als ich?« fragte sich Barlach. Er erkennt, daß es nicht ausreichte, sich nicht mit den Nazis zu arrangieren, daß er etwas gegen sie hätte tun müssen. Für ihn ist es zu spät. Die Schmähungen haben seine Gesundheit untergraben, seine Kraft erschöpft.
ZUM FILM: Von den nach dem berüchtigten 11. Plenum des ZK der SED verbotenen Filmen war dieser der einzige, der ein historisches Thema hatte. Ihm wurde jedoch unterstellt, am Beispiel der faschistischen Diktatur das Verhältnis des Künstlers auch zur gegenwärtigen Gesellschaft zu reflektieren. Ralf Kirsten erhielt nach Barlachs 100. Geburtstag 1970 die Gelegenheit, den Film zu bearbeiten, was bedeutete, zu kürzen. In nur vier Kopien wurde er schließlich 1971 gestartet. In seinem Spannungsfeld von Wort (fast ausschließlich Originalzitate von Barlach) und stilisiertem Bild fand der Film zu einer ganz eigenen, faszinierenden Ästhetik.
ZITAT: Der Film klagt ganz allgemein den Gegensatz zwischen Kunst und Diktatur (Totalitarismus) an. Er kann demzufolge auch als Anklage gegen die staatliche Macht allgemein (also auch gegen die sozialistische Staatsmacht) aufgefaßt werden. Der Film irritiert, statt zur klaren antifaschistischen Parteinahme im Sinne der historischen Gesetzmäßigkeit zu erziehen. Mit dieser Position hätte der Film ebensogut in einem beliebigen imperialistischen Staat produziert werden können. Selbstverständlich ist Barlach in seinem Leben nur zu begrenzten, klassenindifferenten Erkenntnissen gekommen. Das berechtigt jedoch sozialistische Filmkünstler nicht, sich selbst in diesen Grenzen zu bewegen. (Dr. Franz Jahrow, Stellungnahme zum Film, 29.9.1966, zit. nach *Das zweite Leben der Filmstadt Babelsberg*)
ECHO: Ohne, daß es direkt ausgesprochen wird, vermittelt der Film tief und treffend erfaßte Kenntnisse über Barlach und seine Zeit, über das Barbarische des Faschismus, das sich nicht zuletzt darin spiegelte, was als Kunst bejaht und was als Kunst verneint wurde. (Günter Sobe, *Berliner Zeitung*, 7.5.1971)
Claus Neumann, einer der Begabtesten seines Fachs in Babelsberg, fand hier eine höchst eindringliche, ausdrucksstark stilisierte Bildsprache. Er arbeitet oft mit Gegenlicht, benutzt bei Landschaften gern die Vogelperspektive und weite Totalen, während er Gesichter immer wieder in Großaufnahmen naherückt – vor allem Barlach, den Fred Düren vom Ost-Berliner Deutschen Theater in verblüffend ähnlicher Maske verkörpert. Er ist die beherrschende Figur des Films, die Vereinsamung und Isolatioon des Künstlers in einer inhumanen, kunstfeindlichen Umwelt das zentrale Thema. (Heinz Kersten, 1971, zit. nach *So viele Träume*)
NEBENBEI: Der 1928 geborene Fred Düren entwickelte sich in den sechziger Jahren zu einem der führenden Charakterdarsteller bei Bühne und Film. Anfang der neunziger Jahre zog er sich aus dem Beruf zurück und lebt in Israel.

VERNEHMUNG DER ZEUGEN
RE: Gunther Scholz, SZ: Manfred Richter, Gunther Scholz, LV: Gleichnamige Erzählung von Inge Meyer, DR: Thea Richter, KA: Claus Neumann, MU: Friedbert Wissmann, MB: Helmut Frommhold, SB: Harry Leupold, KO: Elke Hersmann, SC: Christine Schöne, PL: Uwe Kraft, GR: GR »Roter Kreis«, m: 2076 = 76 min, fa, PJ: 1986, PM: 26.3.1987, PM- Ort: Berlin, »International«
DA: René Steinke (Maximilian), Mario Gericke (Rainer), Anna Kasprzik (Viola), Christine Schorn (Beate Klapproth), Franz Viehmann (Gunnar Strach), Gudrun Okras (Oma Lotte), Johanna Schall (Frau Schulenburg), Petra Kelling, Günter Junghans (Familie Gebhard), Werner Godemann (ABV), Henry Hübchen, Gerd Preusche, Hendrik Duryn, Claudia Geisler, Dieter Unruh u.a.
INHALT: Auf einem Dorfplatz wird der Schüler Rainer Gebhardt erstochen aufgefunden. Die hinzugerufene Ärztin kennt die Tatwaffe. Das

Messer gehört ihrem Sohn Maximilian. Der Fall ist klar, die Vernehmung der Zeugen kann nur noch Hinweise geben, wie es so weit kommen konnte: Wegen des Studiums und der beruflichen Karriere der Mutter wächst Max bei der Großmutter auf. Als 17jähriger muß er die Großmutter und Berlin gegen seinen Willen verlassen, weil die Mutter in einem Dorf eine Arztstelle bekommen hat, und nun mit ihrem neuen Mann, der in der Nähe arbeitet, ein Familienleben führen will. In der neuen Schule wird der Berliner Max nicht freundlich aufgenommen. Es kommt zu Rivalitäten mit Rainer, der die führende Position in der Klasse innehat. Sie verstärken sich noch, weil beide in die Mitschülerin Viola verliebt sind. Rainer nimmt sich Viola mit Gewalt, und als Max eines Tages den Hund, den er Viola schenkte, tot vor seiner Tür findet, geht er mit dem Messer auf Rainer los.
ZUM FILM: Gunther Scholz inszenierte den frei nach Akten der Staatsanwaltschaft geschriebenen Krimi sehr nüchtern, was letztlich bewirkte, daß die Handlung den Betrachter überwiegend kalt ließ.
ECHO: Das hölzerne, theatralische Agieren der Darsteller scheint mir Symptom genug für die formalen Unsicherheiten bei der Inszenierung dieser authentischen Story. Ein dokumentar und sozial erzählter Kriminalfilm ist es nicht und auch kein Psychodrama, viele Alltagsdetails (Verhalten der Dorfklasse, Sprache, Musik) stimmen einfach nicht. Jugendliche Besetzung allein tut's nicht, wenn die Motivkette für ein unbegreifliches Ereignis schwerlastig von Moral wird. (Norbert Wehrstedt, *Mitteldeutsche Neueste Nachrichten*, 28.3.1987)
Den Täter bekommt der Zuschauer gleich zu Anfang zu Gesicht, und auch sonst hält sich der Film nicht an eine herkömmliche Chronologie. Betrieben wird psychologische Ursachenforschung. Dazu erscheinen immer wieder alle Betroffenen in Großaufnahmen vor der Kamera, äußern sich zur Vorgeschichte, Motiven und Hintergründen, wobei der Regisseur Gunter Scholz auf einen Kriminalkommissar als Vernehmer verzichtet, stattdessen den Zuschauer zum direkten Adressaten der Aussagen macht. (Heinz Kersten, *Tagesspiegel*, 3.5.1987)
NEBENBEI: Hauptdarsteller René Steinke durchlief damals eine Ausbildung zum Nachrichtentechniker, ergriff dann aber den Beruf des Schauspielers und war auch in den neunziger Jahren häufig auf dem Bildschirm zu sehen.

VERSPIELTE HEIMAT

RE: Claus Dobberke, BU: Gert Billing, Wolfgang Ebeling, LV: Gleichnamiger Roman von Franz Popp, DR: Thea Richter, KA: Hans-Jürgen Sasse, MU: Günter Hauk, SB: Georg Wratsch, KO: Marlene Froese, SC: Brigitte Krex, PL: Hans Mahlich, GR: KAG »Roter Kreis«, m: 2308 = 85 min, s/w, brw, PJ: 1970, PM: 18.2.1971, PM-Ort: Berlin, »International«
DA: Piotr Pawlowski, Jan Spitzer (Karl Waldner, alt u. jung), Wanda Koczeska (Erika Waldner), Peter Borgelt (Herbert Bendlin), Martin Trettau (Lukas), Hans Teuscher (Hauser), Horst Preusker, Kurt Kachlicki (Meißner, alt u. jung), Heinrich Schramm (Malewski), Brigitte Beier (Maria Ritter), John Peet, Werner Godemann, Maika Joseph, Lotte Loebinger, Sonja Hörbing u.a.
INHALT: Der stellvertretende Chefredakteur einer SPD-Zeitung in Westdeutschland, Karl Waldner, erkennt bei einem Landsmannschafts-

treffen Sudetendeutscher den ehemaligen Henlein-Führer Meißner wieder, der an der Ermordung seines Vaters schuldig ist. Er will den Fall aufrollen und Meißner den Gerichten übergeben. Aber er stößt auf Widerstand, selbst in der SPD, deren rechte Führer keinen Konflikt mit der CDU wollen, in der Meißner eine einflußreiche Stellung hat. Waldner, seit dreißig Jahren in der Partei, muß seine eigene Position überdenken. Dabei helfen ihm die Gespräche mit dem Jugendfreund Sepp Lukas und die Erinnerungen an die gemeinsamen Versuche, Jungkommunisten und Jungsozialisten gegen die Henlein-Jugend zu vereinen. Ihm wird bewußt, wohin das Versagen der Sozialdemokratie schon damals geführt hat.
ZUM FILM: Der gegen nazistische Umtriebe in Westdeutschalnd gerichtete Film war das wenig überzeugende Debüt des Regisseurs Claus Dobberke.
ECHO: Das Ganze bietet sich als Diskussionsstück dar, wird nicht erlebbar in interessanten Charakteren und individuellen Handlungen. Es scheint, als seien zum gescheit entworfenen politisch-historischen Porträt der modernen Sozialdemokratie die entsprechenden menschlichen Figuren und Figurenkonstellationen entworfen

worden. Auf der Leinwand geschieht nichts, was der Filmbesucher nicht als gebildeter Zeitungsleser kopfnickend bestätigen kann: Jawohl, so weiß ich's auch ... (Rosemarie Rehahn, *Wochenpost* 11/1971)
Diese knallharte Problematik in eine realistische, emotional anrührende und politisch überzeugende Filmhandlung umzusetzen, ist meines Erachtens leider nicht gelungen. Da wird pausenlos geredet und geredet – am Frühstückstisch, im Auto, im Redaktionszimmer. Trotzdem entstand kein literarisch anspruchsvoller Dialogfilm etwa nach dem Vorbild von Michail Romms *Neun Tage eines Jahres*. (Renate Holland-Moritz, *Eulenspiegel* 14/1971)
NEBENBEI: Der Major Chester wurde von John Peet gespielt, einem britischen Journalisten, der in der DDR lebte und hier die Zeitschrift *German Democratic Report* herausgab, bis sie wegen eines Interviews mit Stefan Heym verboten wurde.

DAS VERSTECK

RE: Frank Beyer, SZ: Jurek Becker, DR: Gerd Gericke, KA: Jürgen Brauer, MU: Günther Fischer, SB: Harry Leupold, KO: Dorit Gründel, SC: Rita Hiller, PL: Rolf Martius, GR: GR »Johannisthal«, m: 2849 = 104 min, fa, PJ: 1976/77, PM: 6.11.1978, PM-Ort: Berlin, »Colosseum«
DA: Jutta Hoffmann (Wanda Brink), Manfred Krug (Max Brink), Marita Böhme (Gertrud), Dieter Mann (Lutz Bibow), Alfred Müller (Paul Ludorf), Martin Trettau (VP-Leutnant), Christoph Beyertt (Richter), Willi Schrade (Streifenpolizist), Horst Papke (Kleiner Wächter), Ruth Kommerell (Ältere Krankenschwester), Brigitte Beier, Johannes Maus, Jarmila Karlovska u.a.
INHALT: Ein Jahr nach seiner Scheidung versucht Max, seine Frau zurückzugewinnen. Er gibt vor, von der Polizei gesucht zu werden und sich bei ihr verstecken zu wollen. Wanda geht darauf ein. Anfangs wehrt sie sich gegen Max' Versuche, ihre Beziehung wiederzubeleben, läßt sich dann doch beinahe verführen. Ihren neuen Liebhaber wirft sie hinaus, als dieser Max bei der Polizei anzeigt. Dabei kommt sie hinter den Schwindel, läßt sich jedoch nichts anmerken, um zu prüfen, ob es vielleicht doch einen Neuanfang geben kann. Wanda, seit der Trennung selbstsicherer und auch skeptischer geworden, erkennt, daß der

zweite Versuch nur eine Neuauflage der unbefriedigenden Ehe werden würde. Max hat sich nicht geändert, ist auch nicht bereit, die Konflikte zwischen ihnen zu lösen, will sie lediglich beiseite schieben. Wanda entscheidet sich für die endgültige Trennung.

ZUM FILM: Angeregt durch Ingmar Bergmans Film *Szenen einer Ehe* konzipierten Frank Beyer und Jurek Becker diese Komödie, die in gewisser Hinsicht ein Gegenentwurf zu Bergman aus Sicht sozialistischer Filmemacher war. Während der Dreharbeiten kam es zum Eklat zwischen der DDR-Führung und verschiedenen kritischen Künstlern wegen der Ausbürgerung des Liedermachers Wolf Biermann. Frank Beyer, Jurek Becker, Jutta Hoffmann und Manfred Krug machten ihren Protest gegen diese Zwangsmaßnahme öffentlich. Während man mit anderen Protestlern glimpflich umging, wurde Manfred Krug als ein Rädelsführer betrachtet. Seine Verträge wurden storniert, eine Konzerttournee sabotiert, so daß sich der außerordentlich populäre Star entschloß, die DDR zu verlassen, um im Westen eine neue Karriere aufzubauen. In dieser Situation wurde der bereits festgelegte Starttermin des Films abgesagt. Erst im Herbst 1978 kam der Film in vier Kopien für ca. zwei Wochen in die DDR-Kinos, wurde jedoch ins Ausland, auch in die BRD verkauft. Aufgrund dieses Umgangs mit dem Film hat diese außerordentlich intelligente, feinsinnige und versteckt anspielungsreiche Komödie in der Filmgeschichtsschreibung der DDR nicht den Stellenwert erlangt, der ihr zugekommen wäre.

ZITAT: In dem Film *Das Versteck* spielt der Schauspieler Manfred Krug eine Hauptrolle. Er hat bekanntlich, obwohl ihm in der DDR alle Möglichkeiten gegeben waren sich künstlerisch zu betätigen (wie auch dieser Film beweist) unser Land verlassen. Jedoch kann das Ergebnis der Arbeit eines großen Kollektivs von Künstlern und Filmschaffenden nicht am Verhalten eines Schauspielers, der im Film mitwirkt, beurteilt oder gar aus diesem Grunde negiert werden. Die ehemaligen Kollegen Krugs verurteilen sein Verhalten ebenso wie die übrigen Werktätigen.

Unsere Partei hat sich in ihrer Bündnispolitik mit den Kunstschaffenden immer vor allem von der Frage nach dem Inhalt ihrer Werke, nach deren Nutzen für die sozialistische Gesellschaft leiten lassen. Unter den komplizierten Bedingungen des ideologischen Klassenkampfes hat sich dieses Prinzip voll bewährt und dazu beigetragen, das Vertrauensverhältnis zwischen der Partei und der großen Mehrheit der Kunstschaffenden zu festigen. Dieses Prinzip, angewandt auf denFilm *Das Versteck,* bedeutet, daß nicht das Verhalten eines Darstellers, sondern vor allem das gesellschaftliche Anliegen des Films die Entscheidung für die Aufführung des Films bestimmte. (Aus der Richtlinie für den Einsatz des Films, erarbeitet von der Hauptverwaltung Film des Ministeriums für Kultur, zit. nach *Regie: Frank Beyer*; bezeichnend ist die nicht spezifizierte Verwendung des Begriffes »unsere Partei« in einer Richtlinie eines Ministeriums, nicht etwa der SED)

ECHO: Der Grundeinfall des Films, ein großer Komödieneinfall, bringt somit eine Fülle dichter, beziehungsreicher, leichter Szenen und Situationen zwischen zwei Personen hervor. (...) Und ein weiterer Grundsatz, der den Stil des Films prägt und in diesem Fall die Idee der Geschichte entscheidend stützt: die beiden suchen durchgängig das Einverständnis mit dem Zuschauer, nicht als Werbung oder Anbiederung, sondern als Hinweis, ein Aufmerksam-Machen auf das Übereinstimmen von Lebenshaltungen der beiden im Film und der vielen im Saal. (...) Ein sehenswerter Film, der unverwechselbar bei uns spielt, weil er so nur hier bei uns spielen kann und der zu uns gehört. (Günter Agde, *Filmspiegel* 26/1978)

Der Film dürfte, wenn es keine Einsatzbeschränkungen gibt, auch ohne Werbung seinen Weg machen, und das nicht nur des dadurch ermöglichten Wiedersehens mit Publikumsliebling Krug wegen, sondern weil er eine Qualität besitzt, die bei Babelsberger Produktionen der letzten Zeit höchst selten war. Hier wird ein allgemeines Problem ernsthaft und gleichzeitig mit subtilem Humor vorgeführt, von hervorragenden Protagonisten, mit denen sich jeder Zuschauer identifizieren kann, in einer stimmigen, gutgebauten Fabel – die Handschrift Jurek Beckers ist unverkennbar. (Heinz Kersten, *Tagesspiegel*, 19.11. 1978)

NEBENBEI: Als Klavierspieler trat Harry Heinze auf, der viele Jahre lang Heinz Florian Oertels TV-Talk-Show *Porträt per Telefon* musikalisch umrahmte. – Groteskerweise gab es beim Einsatz des Films nur zwei Schaukastenfotos mit Manfred Krug: Auf einem war er von hinten abgebildet, auf dem anderen war sein Kopf völlig verbunden, so daß man ihn nicht erkannte.

VERSTECKTE FALLEN

RE: Rainer Behrend, SZ: Maja Wiens, Andreas Klich, DR: Gabriele Herzog, KA: Eliane Rehor, Jürgen Kruse, MU: Peter Rabenalt, SB: Hans-Jorg Mirr, KO: Günther Heidemann, SC: Renate Schäfer, PL: Rolf Martius, GR: GR »Johannisthal«, m: 2359 = 85 min, fa, PJ: 1989/90, PM: 6.2.1991, PM-Ort: Berlin, »Rio«

DA: Arianne Borbach (Claudia Rattey), Hans-Uwe Bauer (Georg Rattey) Nico Wohllebe (Frank Dobalt), Davia Dannenberg (Simone Dobalt), Handrik Woithe (Oliver Rattey), Michael Kind (Robert), Christine Schorn (Heimleiterin Lesser), Doris Thalmer (Frau Sabrowski), Gerd Preusche (Karussellbesitzer), Ulrich Voß (Rudi) u.a.

INHALT: In ihrem zum Wochenendsitz ausgebauten Bauernhaus findet das Ehepaar Claudia und Georg Rattey einen zehnjährigen Einbrecher: Frank, der aus einem Kinderheim geflohen ist. Die beiden nehmen den Jungen – sie haben selbst einen Sohn in diesem Alter – und dessen kleine Schwester Simone für die Ferientage zu sich. Doch die Ferien werden zu einer Katastrophe. In der Konfrontation mit den Kindern brechen Eheprobleme hervor, und die Kinder selbst benehmen sich aggressiv. Die Ratteys erfahren, daß ihr Haus einst den Eltern von Frank und Simone gehörte, die im Dorf wegen ihrer asozialen Lebensweise ungelitten waren. Die beiden Kinder wollen sich mit Gewalt die neuen »Eltern« erobern und damit auch »ihr Haus«. Die Situation spitzt sich immer mehr zu. Als Frank schließlich das Haus in Brand setzt, sind alle Pläne gescheitert.

ZUM FILM: Der zweite und letzte Kinofilm des jung verstorbenen Regisseurs zeigte Stilwillen, der sich jedoch verselbständigte und dem Stoff unangemessen war. Im Fernsehen wurde die Studie zu Unrecht als Kinderfilm gesendet.

ECHO: In den besten Momenten schafft es Behrend, eine Atmosphäre entstehen zu lassen, die an die Filme von Peter Weir (*Picknick am Valentinstag*) erinnert: unwirklich, voller verwirrender Spannung. Leider versucht er sich dann aber wieder an psychologischen Studien, die die Vorlage von Maja Wiens aber nicht hergibt, und die auch nicht von allen Schauspielern bewältigt wird. (F.-B. Habel, *Filmklub-Kurier* 2/1991)

Rainer Behrend entwickelt den Schrecken ganz aus dem Alltäglichen. Er dämonisiert nicht, läßt seine Figuren nur für leichte Irritationen sorgen, wie etwa in der Gestalt des immer wieder mal, anfangs unheimlich, auftauchenden debilen, aber gutmütigen Robert. (...) *Versteckte Fallen* gehört zu jenen Filmen, die in scheinbar nur privaten kleinen Geschichten schon vor der Wende parabelhaft die Brüchigkeit der trügerisch intakten Fassade einer Ordnung sichtbar machten. Das brennende Haus in der Schlußeinstellung nahm so auch symbolisch den Untergang des Staates vorweg, der diese Ordnung verkörperte. (Heinz Kersten, *Tagesspiegel*, 7.2.1991)

Rainer Behrends zweiter Anlauf (...) leidet an einem wortreichen Illustrationsstil, dem es todernst ist im Problematisieren von Binsenweisheiten und der dabei obendrein – wie bereits im Titel anklingt – in tautologische Fallen tappt. (Roland Rust, *film-dienst* 3/1991)

NEBENBEI: Christine Schorn, hier als Heimleiterin Esser, hatte bereits in Rainer Behrends Debüt → *Der Magdalenenbaum* die Hauptrolle gespielt.

DIE VERTAUSCHTE KÖNIGIN

(Kinderfilm)

RE: Dieter Scharfenberg, SZ: Dieter Scharfenberg, DR: Gerd Gericke, KA: Hans-Jürgen Kruse, MU: Christian Steyer, SB: Paul Lehmann, KO: Günther Schmidt, SC: Christa Helwig, PL: Erich Albrecht, GR: GR »Johannisthal«, m: 2018 = 74 min, fa, brw, PJ: 1982/83, PM: 13.5.1984, PM-Ort: Berlin, »Colosseum«

DA: Ursula Karusseit (Königin/Schmiedin), Kurt Böwe (Schmied), Klaus Piontek (Hofmarschall), Christian Steyer (Bartholomäus), Michele Marian (Marie), Andreas Pannach (Soldat Jörg), Axel Werner (Florian), Erik S. Klein (Oberkoch), Friedrich-Wilhelm Junge (Coiffeur), Dieter Montag (Korporal), Günter Sonnenberg, Pedro Hebenstreit, Ursula Staack, Angela Brunner, Gertraut Last u.a.

INHALT: Auf einem Schloß lebt eine herrschsüchtige, launische Königin, die ihre Untertanen jeden Morgen mit einem Kanonenschuß wecken läßt. Die Kugel fällt regelmäßig in den Brunnen einer Schmiede, zum Ärger des Schmieds. Als der Kanonier den Unmut seiner Königin weckt und sie ihn zum täglichen Auspeitschen verurteilt, wendet er sich hilfesuchend an den Hofnarren. Der hat einen klugen wie gefährlichen Plan, der Königin eine Lehre zu erteilen. Er vertauscht sie eines Nachts mit der Gemahlin des Schmieds, die nicht nur eine gute Hausfrau, sondern auch klug und gerecht ist und der Königin zum Verwechseln ähnlich sieht. Während der Schmied an seiner vermeintlichen Frau fast verzweifelt und sie ihre Unfähigkeit einsehen muß, nutzt die Schmiedin ihre Position als Königin, um Gutes zu tun, begnadigt auch den Kanonier. Nach 24 Stunden wird der Tausch, der wie ein Traum wirken sollte, rückgängig gemacht. Und die Königin läßt sich, um einige Erfahrungen reicher, nichts anmerken.

ZUM FILM: Regisseur Scharfenberg wählte für seinen zweiten Film den Rahmen einer Studioinszenierung. Der etwas deutliche Kulissenzauber wird durch die komödiantischen Leistungen der Schauspieler, allen voran Ursula Karusseit in einer Doppelrolle, wettgemacht.

ECHO: Gewiß, es gibt ein paar Schönheitsfehler, einen überdeutlichen Hang zur Karikatur bei der gewichtigen Gestalt des Hofmarschalls, mitunter Beharrung, wo flottes Tempo gutgetan hätte, und Geruhsamkeit dort, wo Einfälle nur so hätten purzeln müssen. Dennoch: Das ist schon ein idealer Märchenfilm, modern, sozial genau und faßlich, lustig und listig, voller Wunder und Realität zugleich. (Hans-Dietr Tok, *Wochenpost* 23/1984)

Die Karusseit charakterisiert die Figuren aus ihrem sozialen Gestus heraus, rafft beispielsweise als vermutliche Königin nach Bauernart die Röcke, wenn sie die Schloßtreppe heruntersteigt und versteht den Thron nicht als Rahmen ihrer Macht, sondern als einen bequemen Lehnstuhl, auf dem sich eine müde Frau ausruhen kann. (...) Ich fand, daß das kleine Werk des Hintersinns nicht entbehrt und amüsierte mich köstlich. (Margit Voss, *Berliner Rundfunk*, 27.5.1984)

NEBENBEI: Ursula Karusseit, die 1968 mit dem Fernsehfilm *Wege übers Land* an der Seite von Manfred Krug bekannt wurde, erneuerte ihre Popularität Ende der neunziger Jahre in der TV-Serie *In aller Freundschaft*.

DAS VERURTEILTE DORF

RE: Martin Hellberg, BU: Jeanne und Kurt Stern, DR: Martha Fürmann, KA: Karl Plintzner, Joachim Hasler, MU: Ernst Roters, BA: Wilhelm Vorwerg, Alfred Schulz, KO: Vera Mügge, SC: Johanna Rosinski, PL: Adolf Fischer, m: 2924 = 107 min, s/w, PJ: 1951, PM: 15.2. 1952, PM-Ort: Berlin, »Babylon«/»DEFA-Filmtheater Kastanienallee«

DA: Helga Göring (Käthe Vollmer), Günther Simon (Heinz Weimann), Eduard von Winterstein (Dorfpfarrer), Albert Garbe (Bürgermeister), Marga Legal (Witwe Rühling), Albert Doerner (Fritz Vollmer), Wolf Kaiser (Amerikanischer Oberst), Lotte Crusius (Mutter Weimann), Otto Eduard Stübler (Bauer Meisel), Friedrich Gnass (Bauer Scheffler), Ulrich v. d. Trenck, Paul Paulsen, Helmuth Hinzelmann, Hermann Stövesand, Werner Pledath, Peter Dornseif, Albert Venohr, Hans Finohr, Karl-Heinz Deickert, Maria Kühne u.a.

INHALT: Nach langer Kriegsgefangenschaft kommt Heinz Weimann heim in sein Dorf Bärenweiler in Westdeutschland. Er ist glücklich, wieder den Acker bestellen zu können. Da erreicht ihn die Nachricht, daß das Dorf einem amerikanischen Militärflugplatz weichen muß. Die Bauern sind empört, protestieren bei der Landesregierung – vergebens. Der Fall wird publik, und sie erhalten Unterstützung aus dem ganzen Land. Auch das hat keinen Erfolg. Die Militärpolizei rückt zur Räumung an. Da läuten die Glocken der Kirche Sturm, und Menschen aus den Nachbardörfern eilen zu Hilfe. Bärenweiler wird gerettet.

ZUM FILM: Den aktuell politischen Stoff gestalteten die Filmdebütanten Jeanne und Kurt Stern nach einer Zeitungsmeldung. Als Regisseur war Falk Harnack vorgesehen, der aus Protest gegen das schablonenhafte Buch die DEFA auf Nimmerwiedersehen verließ. Da auch andere Regisseure sich nicht bereitfanden, die allzu deutliche Propaganda auf die Leinwand zu bringen, holte DEFA-Chefdramaturg Hans-Robert Bortfeld den Theatermann Martin Hellberg aus Dresden zum Film, der damit für ein Jahrzehnt zu den führenden DEFA-Regisseuren gehören sollte. Die Autoren protestierten anfangs gegen Hellbergs Buchbearbeitung und die theatralische Pathetik mancher Szenen, erklärten sich später jedoch mit dem Ergebnis einverstanden.

ECHO: Martin Hellberg war der Regisseur des Films, es war sein erster, zugleich aber das Muster des Films, den wir heute brauchen. Die Massenszenen im *Verurteilten Dorf,* die Demonstration vor dem Regierungsgebäude haben die Wucht und die packende Kraft großer sowjetischer Filme, man fühlt sich manchmal an den *Panzerkreuzer Potemkin* erinnert. Womit auch gesagt ist, daß der Film von Nationalpreisträgr Karl Plintzner und Joachim Hasler glänzend fotografiert wurde. (Carl Andrießen, *Weltbühne* 8/1952)

Besonders lehrreich ist auch die Anlage der amerikanischen Eindringlinge, die ohne schablonierte Verzeichnung der Wahrheit entsprechend verkörpert werden und in jedem Patrioten den Haß hervorrufen, den sie verdienen. (*Tägliche Rundschau*, 21.2.1952)

Regisseur Hellberg arbeitet mit stark emotionalen Effekten und läßt kein Argument der kommunistischen Agitation aus. (Heinz Kersten, *Das Filmwesen in der Sowjetischen Besatzungszone Deutschlands*, 1963)

Das Opus läßt wenig Raum für poetische oder psychologische Zwischentöne; alles prallt direkt und deutlich auf den Zuschauer herab. (...) *Das verurteilte Dorf* ist Ausdruck der tatsächlich vorhandenen Angst vor einem dritten Weltkrieg, der diesmal von den USA ausgehen und alles in Schutt und Asche legen könnte. Diese Furcht scheint legitim; die Zeichen der Zeit stehen auf Sturm. Allerdings beschwört der Film in völliger Verkennung der Realität eine revolutionäre Situation in der Bundesrepublik. (Ralf Schenk, *Das zweite Leben der Filmstadt Babelsberg*, 1994)

NEBENBEI: Der Film wurde auf dem Filmfestival in Karlovy Vary 1952 mit dem Friedenspreis ausgezeichnet. Die Autoren Jeanne und Kurt Stern sowie Regisseur Martin Hellberg nahmen für diesen Film 1953 in Moskau den Weltfriedenspreis entgegen.

VERWIRRUNG DER LIEBE

RE: Slatan Dudow, BU: Slatan Dudow, DR: Konrad Schwalbe, KA: Helmut Bergmann, MU: Wolfgang Hohensee, BA: Oskar Pietsch, KO: Gerhard Kaddatz, SC: Christa Wernicke, PL: Adolf Fischer, m: 2920 = 107 min, fa, PJ: 1958/59, PM: 8.10.1959, PM-Ort: Berlin, »Babylon«

DA: Annekathrin Bürger (Sonja), Angelica Domröse (Siegi), Willi Schrade (Dieter), Stefan Lisewski (Edy), Hannes Fischer (Prof. Kienbaum), Martin Flörchinger (Prof. Beerwald), Ulrich Folkmar (Pof. Darheim), Horst Friedrich (Prof. Lück), Erik S. Klein (Prof. für Gesellschaftswissenschaften),

Hans Lucke (Prof. Pernack), Friedrich Richter (Prof. Dr. Böck), Werner Dissel (Sonjas Vater), Gerhard Bienert, Marianne Wünscher, Friedrich Teitge, Irmgard Düren, Barbara Dittus, Ingolf Gorges, Friedrich-Wilhelm Junge, Volkmar Kleinert u.a.

INHALT: Zwei verliebte Paare, für die die Zukunft klar zu sein scheint: die Kunststudentin Sonja und der Medizinstudent Dieter, die Angestellte Siegi und der Maurer Edy. Auf einem Faschingsball sucht Dieter seine Sonja – und findet Siegi. Das natürliche, fröhliche Mädchen zieht ihn an. Die kluge Sonja läßt ihn gewähren, will prüfen, ob ihre Liebe der Versuchung gewachsen ist. Das neue Paar verbringt einen Urlaub am Meer, während Sonja inzwischen an dem von Dieter so sehr verschiedenen Edy Gefallen findet. Mit vertauschten Partnern stehen schließlich alle vier vor dem Standesamt. Und hier erkennen sie, in letzter Minute, wer zu wem gehört.

ZUM FILM: Der letzte vollendete Film von Slatan Dudow (vier Jahre später entstand der als Fragment veröffentlichte Gegenwartsfilm → *Christine*) löste polemische Diskussionen in der Öffentlichkeit aus, weil propagandistische Klassenkampf-Thesen ausgespart blieben und er stattdessen lange Kuß- und gar Nacktbadeszenen zeigte. Gerade dadurch aber traf er das Lebensgefühl vieler junger Leute.

ECHO: *Verwirrung der Liebe* ist – mit den richtigen Maßstäben gemessen, die Thema und Genre setzen – ein nützlicher und gutgemachter Film, den wir sehr begrüßen sollten. (...) Man verläßt das Kino nicht mit deprimierenden Zweifeln (»ja, die Jugend von heute ist gefährdet. Aber kann man etwas dagegen tun?«) sondern mit dem sicheren, optimistischen Gefühl, daß all jene Dieters, Sonjas, Edys und Siegis mit ihren Problemen schon fertig werden und den richtigen Weg ins Leben finden. (Winfried Junge, *Forum* 49/1959)

Wenn wir in *Verwirrung der Liebe* einige DDR-Termini herausnehmen würden, könnte dieser Film genausogut in Frankreich oder Italien, ja – von den Vorlesungen der Professoren abgesehen – sogar in Westdeutschland gedreht worden sein; denn diese jungen Menschen sind unverbindlich in einem gesellschaftlich fast luftleeren Raum angesiedelt. In der sehr »schönen«, aber weit über Gebühr langen und genauso weit über Gebühr teuren Darstellung des Studentenfaschings bleiben Drehbuch, Regie und Kamera sogar bedenklich unkritisch und rechtfertigen durch ihre Unparteilichkeit sogar gewissermaßen die sehr unwillkommenen Abklatsche der berüchtigten Westberliner »Zinnober-Bälle«. (...) So bleibt nur die Hoffnung, daß uns Slatan Dudow in naher Zukunft einen *Film* schenken möge, statt eines Filmchens. (Karl-Eduard v. Schnitzler, *Filmspiegel* 25/1959)

Ich hatte oft den Eindruck, als würden wir die Konflikte von Studenten in einer bürgerlichen Gesellschaft erleben, wo der »Papa« finanziert und das Kind »gebildet werden muß«. (...) Doch das ist nicht unser Verhalten, das ist nicht unser Leben, das sind wir nicht. (Leserbrief in der *Jungen Welt*, 11.12.1959)

Diese unter jungen Menschen spielende Farbfilmkomödie war nicht nur durch formale Perfektion bemerkenswert; sie brachte mit ihrer unpolitisch unterhaltenden Thematik als einzige Produktion etwas Abwechslung in den damals einseitig auf mehr oder weniger direkte Propaganda ausgerichteten DEFA-Plan. (Heinz Kersten, *Das Filmwesen in der Sowjetischen Besatzungszone Deutschlands*, 1963)

Was dem formal sehr geschickt und milieuecht verfertigten Film einen realistischen Charakter gibt, ist das Zugeständnis gewisser Bildungsunterschiede und sozialer Differenzen auch in der sozialistischen Gesellschaft; die Kunststudentin (die in ihrer Malerei keineswegs sozialistisch-realistischen Stilprinzipien huldigt) paßt, wie sich zeigt, eben doch besser zum Studenten und der Maurer zum »Mädchen aus dem Volk« und umgekehrt, wenngleich die Möglichkeit der Kommunikation zwischen den Gesellschaftsschichten keineswegs verleugnet wird – Studentin und Maurer besuchen gemeinsam Museum und Konzertsaal. (Ulrich Gregor, *Filmkritik* 6/1964)

NEBENBEI: Viel floß von Studenten in diesen Film ein, so die Ausstattung des Studentenkellers beim Fasching, an der Studenten der Kunsthochschule Weißensee maßgeblich beteiligt waren, sowie Auftritte der Agitprop-Gruppe »Die Wecker« von der Humboldt-Universität Berlin.

VERZEIHUNG, SEHEN SIE FUSSBALL?

RE: Gunther Scholz, BU: Gunther Scholz, Günter Haubold, LV: »Transmission in directa« von

Carlos Cerda; »Irma und Herta« von Edgar Külow; »Überprüfung des Kandidaten« von Helga Schubert; »Toleranzschwelle« von Renate Holland-Moritz; »Heimspiel« von Katrin Lange, DR: Dieter Wolf, KA: Günter Haubold, MU: Helmut Frommhold, Rainer Neumann, SB: Harry Leupold, KO: Elke Hersmann, SC: Bärbel Bauersfeld, PL: Volkmar Leweck, GR: GR »Babelsberg«, m: 2346 = 86 min, fa, brw, AT: Spielzeit, PJ: 1982, PM: 7.4.1983, PM-Ort: Berlin, »Kosmos«

DA: Hermann Beyer (Kneutzsch), Christine Schorn (Frau), Alfred Struwe (Dr. Kobermann), Marianne Wünscher (Irma), Agnes Kraus (Herta), Corinna Harfouch (Michaela), Jörg Fabian (Thomas), Leticia Garrido (Carmen), Oscar Castro (Andrés), Jutta Wachowiak (Frau Dr. Kobermann), Reimar Joh. Baur (Flötist), Marita Böhme (Friederike), Martin Trettau, Jörg Panknin, Gertraud Kreißig u.a.

INHALT: Ein Hochaus im Zentrum Berlins am 11. Juli 1982. Das Endspiel der Fußballweltmeisterschaft wird im Fernsehen aus Madrid übertragen: Italien gegen BRD. Um dieses Ereignis ranken sich fünf Episoden: Fußballfanatiker Kneutzsch wird durch den unverhofften Besuch einer Dame, der er auf eine Heiratsannonce geschrieben hat, hin- und hergerissen zwischen dem spannenden Match und der ziemlich irritierten Frau ... Frau Dr. Kobermann hat – unter Schmerztabletten stehend – die Badezimmer- mit der Korridortür verwechselt und sich ausgesperrt. Ihr Mann sitzt unter Kopfhörern vorm Fernseher und hört ihr Klingeln nicht, so daß sie im Nachthemd Zuflucht bei einem Nachbarn, einem Flötisten, sucht ... Nachdem ihn seine Exgeliebte Carmen verlassen hat, die in die Heimat zurückkehren will, verfolgt der Exilchilene Andrés das Spiel – in dem Wissen, daß auch sein Tausende Kilometer entfernter Vater zusieht ... Ein in zwei Zimmern getrennt lebendes, geschiedenes Paar kommt sich wieder näher, als der Mann Thomas die Frau Michaela bittet, in ihrem Zimmer das Spiel ansehen zu dürfen ... Im Gedenken an ihren verstorbenen Fußballer-Ehemann sitzt die Witwe Irma mit ihrer alten Freundin Herta vor dem neuen Farbfernseher, wobei die Erinnerungen Herzlichkeit und auch Streitsucht heraufbeschwören.

ZUM FILM: Mit dem Episodenfilm sollte ein breites Publikum angesprochen werden, Fußballfreunde und Filmfreunde, auch notorische Fernseher sollten mit Fernsehlieblingen ins Kino gelockt werden. Leider war die Qualität der Episoden uneinheitlich, so daß sich der Erfolg nur spärlich einstellte.

ECHO: ... weil Gunther Scholz die Nahtstellen zwischen den unterschiedlichen Stilmitteln und Genreeigenheiten, Grundtönen und Stimmungslagen zu bedenkenlos übergeht. Da er weder Montage noch Bildrhythmus nutzt, verliert er die Balance, die nottäte, um Kontraste kühn und harmonisch zu vereinen und damit die plötzlichen Übergänge vom freundlichen, darstellerisch exzellent dargebotenen Spaß zum tiefergehenden, schauspielerisch doch sehr einengenden Ernst nicht so überdeutlich spüren lassen. (Hans-Dieter Tok, *Film und Fernsehen* 10/1983)
Beim jüngsten Produkt des Babelsberger Filmhochschulabsolventen (Gunther Scholz), *Verzeihung, sehen Sie Fußball?*, war die Idee besser als die Ausführung. Heraus kam ein Kinozwitter, der, trotz Anleihen bei der televisionären Konkurrenz, die gleichen Konditionsschwächen aufweist wie der DDR-Fußball. Zur Weltmeisterschaft konnte sich die DEFA damit nicht qualifizieren. (Heinz Kersten, *RIAS Berlin*, 8.4.1983)

NEBENBEI: Starkomikerin Agnes Kraus stand hier zum letzten Mal in einem Kinofilm vor der Kamera.

VESZÉLYES JATEKOK

→ *ERNSTE SPIELE*

VIEL LÄRM UM NICHTS

RE: Martin Hellberg, BU: Martin Hellberg, LV: Gleichnamige Komödie von William Shakespeare, DR: Dieter Wolf, KA: Erwin Anders, MU: Wilhelm Neef, BA: Hans-Jorg Mirr, KO: Gerhard Kaddatz, Luise Schmidt, SC: Ursula Rudzki, PL: Adolf Fischer, m: 2775 = 102 min, fa, PJ: 1963, PM: 23.4.1964, PM-Ort: Berlin, »International«

DA: Christel Bodenstein (Beatrice), Rolf Ludwig (Benedikt), Wilfried Ortmann (Don Pedro), Martin Flörchinger (Leonato), Gerhard Rachold (Don Juan), Arno Wyzniewski (Claudio), Ursula Körbs (Hero), Carl Balhaus (Antonio), Gerhard Bienert (Holzapfel), Rudolf Ulrich (Schlehwein), Ingrid Michalk, Edwin Marian, Fred Delmare, Horst Kube, Willi Schwabe u.a.

INHALT: Der florentinische Graf Claudio aus dem Gefolge des Don Pedro möchte Hero, die Tochter des Gouverneurs von Messina, heiraten. Sie erwidert seine Liebe, und der Vater gibt die Zustimmung. Doch Don Juan, Don Pedros Bruder, ist voller Mißgunst und inszeniert eine Intrige. Hero wird der Untreue bezichtigt, und Claudio verstößt sie daraufhin. Als die schändliche Lüge offenbar wird, bereut Claudio zutiefst, und die Hochzeit kann nun doch stattfinden. Inzwischen haben sich auch Heros schnippische Freundin Beatrice, die von Männern eigentlich nichts wissen will, und der edle, aber spottlustige Benedikt ihre Liebe gestanden. So steht einer Doppelhochzeit nichts mehr im Weg.
ZUM FILM: Die rhythmisch nicht gelungene, dafür sehr komödiantische Shakespeare-Adaption war die letzte Filmregie-Arbeit von Martin Hellberg.
ECHO: Die Zutaten führen eher von Shakespeare weg, als daß die Komödie durch sie an Aussage gewinnen würde. Das Spaßvergnügen wird über weite Strecken zum Selbstzweck, die Gestalten sind kaum noch historisch fixierbar. Leider wurden auch die Farben im Gegensatz zu ihrer Verwendung in vergleichbaren sowjetischen Filmen nicht als dramaturgisches Mittel eingesetzt. Zu den stärksten Seiten des Films sind die schauspielerischen Leistungen zu rechnen. (Manfred Jelenski, *Filmspiegel* 10/1964)
NEBENBEI: Die Tanzszenen werden u.a. von einer Ballettgruppe der Deutschen Staatsoper Berlin bestritten, zu der u.a. Ilse Hurtig, Hannes Vohrer, Pedro Hebenstreit und Stefan Lux gehören. Meistertänzer Claus Schulz spielt die Rolle des Narren.

VIELGELIEBTES STERNCHEN
(DFF-Auftragsproduktion)
RE: Rudi Kurz, BU: Hermann Rodigast, DR: Walter Baumert, KA: Hartwig Strobel, MU: Walter Ulfig, SB: Joachim Otto, KO: Luise Schmidt, SC: Thea Richter, PL: Willi Teichmann, P: DEFA für DFF, m: 2600 = 95 min, sw, PJ: 1961, SD: 25.12.1961, AD: 2.3.1962
DA: Angelica Domröse (Irene Bach), Claus Jurichs (Klaus Bach), Helga Raumer (Margarete Bach), Peter Herden (Franz Bach), Friedrich Richter (Prof. Körner), Krista-Siegrid Lau (Frau Körner), Willi Narloch (Bromme), Werner Röwekamp (Schwenke), Eberhard Schaletzki (Täve), Klaus Adamski (Atze), Birgit Neubert (Sabine), Ivan Malré, Gertrud Brendler, Werner Senftleben, Annegret Golding u.a., GE: Mitsou Fontaine
INHALT: Die Schwierigkeiten des jungen Ehepaars Klaus und Irene liegen in den beengten Wohnverhältnissen bei den Eltern und bringen Krach, Trennung, aber nach Eingreifen der Kinder dann auch wieder Versöhnung. (f.b.h.)
ZUM FILM: Den mittleren Teil der Lustspiel-Trilogie um die Familie Bach, die mit → *Papas neue Freundin* begonnen und mit → *Oh, diese Jugend* (Anhang c) abgeschlossen wurde, inszenierte Rudi Kurz, der sich jedoch an den Stil des Regisseurs der beiden anderen Teile, Georg Leopold, anlehnte.
ECHO: ... wirken doch beim *Vielgeliebten Sternchen* manche Szenen konstruiert, und die ganze Handlung ist nicht mehr so flüsssig. Aber doch ist eine ganze Menge Qualität übriggeblieben, das heißt, man kann in diesem Lustspiel lachen und sich am Ende über zwei unterhaltsame Stunden freuen. Und das heißt auch, daß der Deutsche Fernsehfunk seine Überlegenheit gegenüber der DEFA-Lustspielproduktion beweist, wofür man allerdings keine Gründe zu nennen weiß. (S., *Liberal-Demokratische Zeitung*, 3.3.1962)

NEBENBEI: Willi Narloch, der den Bromme spielte, war besonders im Fernsehen in volkstümlichen Rollen beliebt, trat aber auch als beeindruckender Charakterdarsteller in Erscheinung.

VOLIO BIH DA SAM GOLUB

→ *LASST MICH DOCH EINE TAUBE SEIN*

VOM KÖNIG MIDAS

→ *Anhang A*

VORSPIEL

RE: Peter Kahane, SZ: Thomas Knauf, Peter Kahane, DR: Christel Gräf, KA: Andreas Köfer, MU: Tamas Kahane, SB: Dieter Adam, KO: Christiane Dorst, SC: Ilse Peters, PL: Uwe Kraft, GR: GR »Roter Kreis«, m: 2521 = 92 min, fa, brw, AT: P16, PJ: 1986/87, PM: 5.11.1987, PM-Ort: Berlin, »Kosmos«

DA: Hendrik Duryn (Tom), Susanne Hoß (Corinna), Antje Straßburger (Floh), Ahmad Mesgarha (Major), Thomas Laudzim (Golem), Karin Schröder (Stadträtin), Hermann Beyer (Dr. Lange, Corinnas Vater), Arianne Borbach (Bibliothekarin), Konrad Schwalbe (Professor), Brigitte Beier (Gardinenverkäuferin), Angela Brunner (Sekretärin) u.a., GE: Tamás Kahane

INHALT: Der siebzehnjährige Dekorationslehrling Tom gehört zu einer Clique Jugendlicher in einer kleinen Stadt. Während der Anführer Major mit seiner AWO versucht, den Mädchen zu imponieren, träumt Tom von der großen Liebe. Die begegnet ihm plötzlich in Gestalt von Corinna, die mit ihrem Vater, einem Museumsdirektor, aus Berlin hergezogen ist. Tom läßt sich kuriose Dinge einfallen, um sich bei Corinnas Vater ins rechte Licht zu setzen. Und als er von Floh, der Freundin seit Kindertagen, hört, daß Corinna Schauspielerin werden will, ist dies plötzlich auch sein Lebenswunsch. Gemeinsam bereiten sie sich auf die Aufnahmeprüfung vor. Und in einer schwachen Stunde läßt sich Corinna sogar verführen. Aber dann muß Tom die schmerzliche Erfahrung machen, daß sie Major liebt. Tom fällt bei der Aufnahmeprüfung an der Schauspielschule durch. Floh tröstet ihn.

ZUM FILM: Peter Kahanes zweiter Film war ein sympathisches Porträt von Jugendlichen in einer DDR-Kleinstadt mit cinéastischen Einsprengseln. Leider fehlte es der Handlung an Brisanz.

ECHO: Besonders lobende Erwähnung verdient, was in anderen DEFA-Filmen fast immer unter Horror verbucht werden kann: eine Bettszene. Hier gerät die wortlose Sequenz dank sorgfältiger Regie und brillanter Schnittechnik zu einem höchst geschmackvollen filmischen Kabinettstück. (...) Leider mangelt es dem Film durch das Aussparen sozialer und familiärer Hintergründe (nur Corinna hat einen Vater, gespielt vom Meister des Skurrilen Hermann Beyer) fühlbar an Tiefe und Problemgehalt. Auf diese Weise entsteht eine gewisse Unverbindlichkeit, wenn nicht gar Austauschbarkeit des Milieus. (Renate Holland-Moritz, *Eulenspiegel* 48/1987)

Das »Vorspiel«, das der Filmtitel meint, ist nicht nur das Vorspiel fürs Theater, es ist auch ein Vorspiel zum Leben, und daß es ganz spielerisch vorgeführt wird, macht die besondere Qualität des Films aus. Kahane erzählt seine Geschichte (...) oft nur in Bildern und Tönen, ohne Sprache, zart und sinnlich, beläßt vieles in Andeutungen, setzt genau intelligente ironische Pointen, bringt einen zum Lachen und Weinen. (Heinz Kersten, *Tagesspiegel*, 13.12.1987)

NEBENBEI: Beim Wettbwerb zum Max-Ophüls-Preis erhielt der in Schönebeck an der Elbe gedrehte Film 1988 in Saarbrücken den Preis des Oberbürgermeisters. – Komponist des Films war der damals 19jährige Sohn des Regisseurs, der sich inzwischen als Filmkomponist einen Namen gemacht hat.

VÝSTRELY V MARIÁNSKÝCH LÁZNYCH

→ *SCHÜSSE IN MARIENBAD*

W

WAHL DES ZIELS

(Sowjetunion)

RE: Igor Talankin, BU: Daniil Granin, KA: Naum Ardaschnikow, MU: Alfred Schnittke, SB: Tatjana Lapschina, Alexander Machkow, KO: O. Krutschinina, P: Mosfilm, m: 3956 = 146 min, fa, Cine, PJ: 1975, SD: 13.5.1976, AD: 10.9.1976, russ. Titel: Wyborzeli

DA: Sergej Bondartschuk (Kurtschatow), Georgi Shonow (Subawin), Nikolai Wolkow (Joffe), Irina Skobzewa (Marina Dimitrijewna), Nikolai Burljajew (Fedja), Jakow Tripolski (Stalin), Sergej Jurski (Oppenheimer), Innokenti Smoktunowski (Roosevelt), Erich Gerberding (General Groves), Fritz Diez (Otto Hahn/Hitler), Horst Schulze (Heisenberg), Siegfried Weiß (Niels Bohr), Werner Wieland, Sergej Desnizki, Iwan Solowjow u.a.

INHALT: In Episoden und Rückblenden wird die Geschichte der Entwicklung der Atombombe erzählt. Im Wettlauf mit anderen Staaten entwickelt der sowjetische Physiker Igor Wassiljewitsch Kurtschatow, dessen Arbeit im Mittelpunkt des Films steht, die sowjetische Atombombe. Aber auch der Anteil deutscher und amerikanischer Wissenschaftler, vor allem Robert J. Oppenheimer, und ihre Verantwortung für die Auswirkungen dieser Erfindung spielen eine Rolle. Die kaltblütige Wahl des Ziels für den Abwurf der ersten amerikanischen Atombombe ist eine Schlüsselszene des Films. (f.b.h.)

ZUM FILM: Der Versuch, eine wissenschaftliche Leistung in historische und politische Zusammenhänge zu bringen, glückte nur teilweise. Es wurde in dem zum XXV. Parteikongreß der KPdSU gedrehten Film vor allem ein offiziell gewünschtes Bild der Vorgänge gezeichnet. Beispielsweise wurde der große Anteil des später als Regimekritiker hervorgetretenen Andrej Sacharow nicht erwähnt. Der Film wurde in den in Deutschland und Dänemark spielenden Handlungsteilen mit technischer und künstlerischer Unterstützung der DEFA gedreht.

ECHO: Talankins Film, unterstützt von der bewegenden Schauspielkunst Sergej Jurskis, kulminiert in der persönlichen Dramatik, an der das Publikum die historische Dramatik zu messen pflegt, jenes Mannes, der ein modernes Galilei-Problem durchleidet. Der Kurtschatow von Sergej Bondartschuk, einer der profiliertesten sowjetischen Schauspieler, wirkt dagegen gelassen, ja, statuarisch. (...) *Wahl des Ziels* ist denn auch vor allem ein gesellschaftliches Ereignis, hinter dem das künstlerische Erlebnis zurückbleibt. Auch ein Talankin tut sich schwer damit, Historie zur Kunst zu machen. (Georg Antosch, *Der Neue Weg*, 24.9.1976)

Innokenti Smoktunowski spielt Max Planck etwas tendenziös als Gecken. Nobelpreisträger Heisenberg, von Horst Schulze verkörpert, steht im Film als eine Art Symbolfigur moralisch hochstehender westeuropäischer Wissenschaftler da, die sich keinesfalls danach drängen, den Machthabern auch noch die Atombombe zu verschaffen. (Hermann Pörzgen, *Frankfurter Allgemeine*, 3.3.1976)

NEBENBEI: Der damals bereits über siebzigjährige Fritz Diez spielte in unterschiedlichen Szenenkomplexen seine bereits »angestammte« Rolle des Adolf Hitler, aber auch, schauspielerisch gut abgesetzt, den deutschen Atomwissenschaftler Otto Hahn.

DIE WAHLVERWANDTSCHAFTEN

RE: Siegfried Kühn, SZ: Regine Kühn, LV: Gleichnamiger Roman von Johann Wolfgang von Goethe, DR: Christel Gräf, KA: Claus Neumann, MU: Karl-Ernst Sasse, SB: Reinhart Zimmermann, Richard Schmidt, KO: Eva Sickert, SC: Renate Bade, Helga Krause, PL: Bernd Gerwien, GR: AG »Roter Kreis«, m: 2800 = 103 min, fa, brw, PJ: 1973/74, PM: 27.8.1974, PM-Ort: Weimar, »Filmtheater des Friedens«

DA: Beata Tyszkiewicz (Charlotte), Hilmar Thate (Eduard), Magda Vasary (Ottilie), Gerry Wolff (Hauptmann), Horst Schulze (Mittler), Christine Schorn (Baronesse), Volkmar Kleinert (Graf),

Nico Turoff (Gärtner), Jana Plichtová (Luciane), Christian Grashof (Spaßmacher) u.a.
INHALT: Während der napoleonischen Kriege zieht sich das adlige Ehepaar Eduard und Charlotte auf ein altes Schloß zurück, um dort isoliert von der Außenwelt ganz ihrer Liebe zu leben. Eduard aber erträgt schon nach kurzer Zeit das unproduktive Dasein nicht mehr. Er lädt seinen Freund ein, einen Hauptmann. Charlotte holt ihre Pflegetochter Ottilie aus dem Pensionat. Eduard verliebt sich in Ottilie und entwickelt neue Aktivitäten, seine Frau fühlt sich zum Hauptmann hingezogen. Ottilie und Eduard bekennen sich zueinander, während Charlotte aus moralischen Gründen an ihrer Ehe festhalten will. Der enttäuschte Eduard zieht in den Krieg. Charlotte bringt ein Kind zur Welt, woraufhin Ottilie bereit ist, auf Eduard zu verzichten. Als er zurückkommt, sind die Vorsätze vergessen. Durch beider Schuld verunglückt das Kind tödlich. Nun willigt Charlotte in die Scheidung ein, aber Ottilie verläßt das Schloß und bleibt unauffindbar.
ZUM FILM: *Wahlverwandtschaften* ist der Roman Goethes, der international am häufigsten adaptiert wurde. Regine und Siegfried Kühn legten besonderen Wert auf die Personenkonstellationen, auf Entscheidungsprozesse der Helden. Dabei blieb das gesellschaftliche Element – untypisch im DEFA-Film – weitgehend ausgeklammert.

ECHO: Es ist keine Frage, daß dieser vierte Film Siegfried Kühns der künstlerisch geschlossenste ist, obwohl er zum Widerspruch herausfordert und in vielen Teilen nicht ganz bewältigt wurde. (...) Die mit feinem Kunstverstand gebauten Bilder, an die Malweise der Zeitgenossen Goethes erinnernd (...), bieten einen hohen ästhetischen Genuß. Das Volk beim Richtfest, mit der Landschaft eine harmonische Einheit bildend, die Charaktere, gruppiert in den ihnen gemäßen Räumen, prägen sich ein. Es wird dem Betrachter möglich, die Sehnsüchte und Qualen der Helden, ihre Gefühle und Entscheidungen zu begreifen. (Margit Voss, *Filmspiegel* 20/1974)
Leider verzichtet der Film darauf, den historischen Hintergrund seiner Geschichte sichtbar zu machen, geht auch hier nicht über das Original hinaus. (Bei den kurzen Kriegssequenzen erfährt der Zuschauer nicht einmal, in welchen Krieg da Eduard gezogen ist.) So bleibt die asoziale Insel-Situation, mit der Kühn Goethes Figuren von ihrer Zeit gezwungen zeigen will, ohne konkrete Bezugspunkte außerhalb, scheint als »konzeptioneller Drehpunkt« bloß den Vorwand für schöne Bilder einer gesellschaftsfernen Idylle zu liefern. Der Regisseur begnügt sich damit, den Gegensatz zwischen überholtem Alten und werdendem Neuen symbolisch anzudeuten, indem er das Schloß mit allen Zeichen des Verfalls zeigt, aus dem Eduard und Charlotte in ein neues Haus streben, das jedoch unvollendet bleibt. (Heinz Kersten, *Frankfurter Rundschau*, 8.10.1974)
NEBENBEI: Für kleine Rollen hatte Siegfried Kühn ungewöhnliche Besetzungsideen: als Verlobter trat sein Regie-Kollege Claus Dobberke auf, den Klavierspieler gab Komponist Karl-Ernst Sasse höchstpersönlich, und den Maurergesellen spielte der damals schon prominente »Puhdy« Dieter Birr.

WÄRE DIE ERDE NICHT RUND ...
RE: Iris Gusner, SZ: Iris Gusner, Günter Haubold, DR: Tamara Trampe, KA: Günter Haubold, MU: Baldur Böhme, SB: Heike Bauersfeld, KO: Dorit Gründel, SC: Renate Bade, PL: Werner Langer,

GR: GR »Berlin«, m: 2470 = 91 min, fa, brw, AT: Perpetuum mobile, PJ 1980/81, PM: 3.12.1981, PM-Ort: Berlin, »International«
DA: Bozenna Stryjek (Christiane), Rasim Balajew (Hatem), Lissy Tempelhof (Valeska), Franciszek Pieczka (Großvater Johannes), Galina Komarowa (Galja), Reso Tschikwischwili (Gia), Wladimir Putschkow (Shenja), Ursula Werner (Lydia), Dieter Montag (Robert), Sonja Hörbing (Trude Gericke), Günter Rüger, Ulrich Anschütz, Christoph Engel, Ruth Kommerell, Sadegh Shabaviz u.a.
INHALT: Christiane aus der DDR und Hatem aus Syrien lernen sich beim Studium in Moskau kennen. Sie lieben sich, haben ein Kind zusammen. Während des Studiums meistern sie viele Schwierigkeiten gemeinsam, doch nun steht die Frage, was danach aus ihnen wird. Hatem erklärt Christiane, daß sie in seiner Heimat als Frau keine Arbeitsmöglichkeit in ihrem Beruf habe. Sie schlägt Hatem vor, mit in die DDR zu gehen. Doch das lehnt er ab – mit der Begründung, er könne sein Land nicht verraten. Die beiden trennen sich.
ZUM FILM: Für ihren Gegenwartsfilm, der vom menschlichen Aspekt der Globalisierung erzählt, fand Iris Gusner leider keine tragfähige Fabel.

ECHO: So sieht man eine glaubhafte, tiefe Lieben aber keine Liebesgeschichte. (...) Die Schauspieler mühen sich redlich, werden angenehm fotografiert. Alle Gewerke des Kinos fügen sich wohl zusammen. Aber man mag nicht die Ausführung beurteilen, wenn schon das Zentrum – die Fabel – soviel Sprödigkeit, Schwierigkeit, Ungenügendes aufweist. (Günter Agde, *Filmspiegel* 26/1981)
Dieser Christiane mit dem Flair einer übereifrigen Jugendfunktionärin mangelt es entschieden an Charme und der schönen Gelöstheit, welche allein die Liebe bewirkt. Hatem, der siebengescheite Zitatenschatz, ist einfach ein ungehobelter, rücksichtsloser Flaps. (...) *Wäre die Erde nicht rund ...* ist ein eher eckiger Film, der dem Zuschauer kaum erlaubt, mit den Liebenden zu lieben und zu leiden. (Renate Holland-Moritz, *Eulenspiegel* 4/1982)
Für Iris Gusner ist *Wäre die Erde nicht rund ...* ihr bisher persönlichster Film, und gleichzeitig – übrigens auch für die DEFA – thematisch und formal ein Schritt in Neuland. (...) Sie drehte – um es etwas schlagwortartig zu sagen – einen Emanzipationsfilm, einen internationalistischen Film und einen Film mit philosophischen Ambitionen. (...) Der Film liefert keine geradlinige Story, sondern Impressionen und gedankliche Assoziationen, Erinnerungssplitter der Protagonistin, die jeder selbst im Kopf zusammensetzen muß. (Heinz Kersten, *RIAS Berlin*, 4.12.1981)
NEBENBEI: Der Film entstand mit Unterstützung von Sovinfilm und dem Maxim-Gorki-Studio Moskau.

WARE FÜR KATALONIEN

RE: Richard Groschopp, BU: Lothar Creutz, Carl Andrießen, Richard Groschopp, DR: Willi Brückner, KA: Eugen Klagemann, MU: Hans Hendrik Wehding, BA: Erich Zander, KO: Helga Scherff, SC: Helga Emmrich, PL: Willi Teichmann, m: 2710 = 99 min, s/w, AT: Der Fall Schützendorf, PJ: 1958, PM: 6.3.1959, PM-Ort: Leipzig, »Capitol«
DA: Eva-Maria Hagen (Marion Stöckel), Hanna Rimkus (Sabine Falk), Hartmut Reck (Unterleutnant Schellenberg), Heinz-Dieter Knaup (Leutnant Hasselbach), Ivan Malré (Bob Georgi), Wilfried Ortmann (Hasso Teschendorf), Fritz Diez (Hauptmann Germer), Loni Michelis (Johanna

Stöckel), Albert Garbe (Bachmann), Gerhard Frei (Zement-Otto), Herwart Grosse, Carola Braunbock, Norbert Christian, Gerlind Ahnert, Gerd Biewer, Rudolf Christoph, Werner Dissel, Herbert Grünbaum, Walter Jupé; Manfred Krug u.a.

INHALT: In der Berliner S-Bahn wird eine alte Frau festgenommen, die ein Fernglas nach Westberlin schmuggeln wollte. In einer Laubenkolonie wird ein Ermordeter gefunden, der mit optischen Geräten geschoben hat. Das Dezernat für Optikschiebungen fahndet schon länger nach einer Schieberbande, und die Spuren beider Fälle führen die Beamten nun in die »Kant-Klause«, Treffpunkt einer Bande, die wertvolle Geräte aus der DDR über Westberlin nach Spanien schmuggelt. Während Unterleutnant Schellenberg die Verflechtungen aufdeckt, befinden sich die Drahtzieher gerade in Spanien. Zu ihnen gehört Bob Georgi, der sich mit der ahnungslosen Ostberlinerin Marion verlobt, um sich ein Domizil für Geschäfte auf eigene Rechnung im Osten zu schaffen. Als die beiden aus Spanien zurückkommen, werden sie verhaftet. Dem Kriminalisten ist bei diesem Fall noch ein privater »Fang« gelungen: die aufmerksame Optik-Verkäuferin Sabine.

ZUM FILM: Der spannende Film entstand auf Anregung des Innenministeriums nach einem authentischen Fall, wie er sich zu Zeiten der offenen innerdeutschen Grenzen vielfach zutrug. Besonders betroffen waren optische Erzeugnisse der DDR, die damals international konkurrenzlos waren.

ECHO: Das ist der beste Kriminalfilm, den unsere DEFA bisher gedreht hat. (...) Der Film ist spannend und aufregend, obwohl von Anfang an keine Unklarheit darüber gelassen wird, wer die Täter sind, und obwohl kein Zweifel besteht, daß sie schließlich gefaßt und der gerechten Strafe zugeführt werden. (...) Daß sich das alles nahtlos und überzeugend aneinanderreiht und daß es fesselt, ist (...) das Verdienst des Regisseurs Richard Groschopp. Groschopp ist für genaue, gewissenhafte, sorgfältige Arbeit bekannt. Hier kommt zu Treue im Detail eine bemerkenswerte Schauspieler- und Dialogführung hinzu und ein dem Tempo der Handlung genau entsprechender Stil. (Karl-Eduard v. Schnitzler, *Filmspiegel* 7/1959)

NEBENBEI: Das reale Vorbild für den von Wilfried Ortmann gespielten Gauner war Hasso Schützendorf, ein Verwandter des berühmten Opern-Baritons Leo Schützendorf. Hasso Schützendorf hatte sich nach Spanien abgesetzt, wo er noch in den neunziger Jahren als mehrfacher Millionär auf einer der Urlaubsinseln eine gutgehende Mietwagenkette betrieb. Lothar Warneke drehte mit Groschopp und Schützendorf, die sich persönlich nie begegnet sind, 1992/93 den Dokumentarfilm *Zwei Schicksale oder Eine kleine Königstragödie.* Schützendorf verfolgte aus der Ferne Dreharbeiten und Premierenberichte »seines damaligen« Films und sandte Richard Groschopp, den Autoren und der DEFA zahlreiche höhnische Briefe und Karten, wie diesen: »Mein lieber Groschopp, das nächste Mal etwas mehr Wahrheit. Die kleinen Fische fing man, nicht die Großen (...) Solch ein Wunschtraum, mich als verhaftet zu filmen. (...) Meine eine Villa, ich habe drei, ist eine Luxusvilla und nicht so ein mieser Stall wie die in ihrem Film. Traurig, daß Sie sich hergeben, solche Lügenwerke zu drehen. Ich habe selbst in allen Städten zirka 600 Zeiss-Objektive gekauft. Ich am Brandenburger Tor verhaftet – haben Sie immer so rege Phantasie?« (Zitat aus *Aus Theorie und Praxis des Films* 3/1987) – Die junge Schauspielerin Hanna Rimkus, noch mehrfach bei der DEFA vor der Kamera, kam hier zu ihrem Filmdebüt, weil die in Aussicht genommene Karla Runkehl im letzten Moment eine zu hohe Gagenforderung stellte.

Filmtext: Ware für Katalonien. Nach dem gleichnamigen DEFA-Kriminalfilm von Lothar Creutz, Carl Andrießen, Richard Groschopp. Berlin: Henschelverlag 1959

WARUM KANN ICH NICHT ARTIG SEIN?

→ Anhang C

WAS WÄRE, WENN ...?

RE: Gerhard Klingenberg, BU: Hedda Zinner, Gerhard Klingenberg, LV: Gleichnamiges Schauspiel von Hedda Zinner, DR: Klaus Wischnewski, KA: Erich Gusko, MU: Peter Fischer, BA: Alfred Drosdek, KO: Rosemarie Wandelt, SC: Friedel Welsandt, PL: Erich Albrecht, m: 2461 = 90 min, s/w, PJ: 1959/60, PM: 1.9.1960, PM-Ort: Berlin, »Volkshaus« Lichtenberg

DA: Willi Narloch (Mittelbauer Gepfert), Gerd Ehlers (Großbauer Dahlke), Heinz Frölich (Elias

Ebermayer), Trude Bechmann (Alte Drögern), Hanns Anselm Perten (Großbauer Schäfer), Fritz Hofbauer (Großbauer Biegel), Angela Brunner (Inge Gepfert), Manfred Krug (Christian Dahlke), Manfred Borges (Traktorist Peter), Heinz Scholz (Briefträger Mielsche), A. P. Hoffmann, Ernst Kahrler, Peter Marx, Ursula Braun, Fred Düren u.a.

INHALT: In dem kleinen Dorf Willshagen an der innerdeutschen Grenze tauchen geheimnisvolle Herren in einem Westauto auf und zeigen großes Interesse an dem verkommenen Schloß. Klatsch und Spekulationen blühen, und es geht das Gerücht einer Grenzveränderung um. Willshagen soll an die Bundesrepublik fallen, und einige erwarten den Grafen zurück. Plötzlich tauchen all die aus dem Schloß gestohlenen Gegenstände wieder auf. Manche Dorfbewohner schütteln die Köpfe über diesen Unfug, andere sind verunsichert. Bauer Gepfert fragt sich, ob er noch in die LPG eintreten soll. Seine Frau und Tochter Inge raten ihm zu, während Großbauer Dahlke ihm abrät und ein Geschäft vorschlägt. Inge soll seinen Sohn Christian heiraten, um ihr Land zu vereinigen. Aber Inge liebt den MTS-Traktoristen Peter. Als der Graf ankommen soll, sind Pro- und Contragruppen aufmarschiert – bis ein Team der DEFA erscheint, das im Schloß einen Film drehen will: Nur deshalb wurde es renoviert!

ZUM FILM: Das auf einem an der Berliner Volksbühne aufgeführtem Bühnenstück basierende Gedankenspiel über eine »Wiedervereinigung im Kleinen« inszenierte der österreichische Schauspieler und Regisseur Gerhard Klingenberg (später Intendant des Wiener Burgtheaters) schwankhaft, doch mit einiger Delikatesse. Es gab lange Diskussionen in der DEFA über die ideologische Labilität der dargestellten Dorfbewohner. Erst nach Monaten wurde der Film in Vorstadtkinos gestartet, aber bald wieder zurückgezogen.

ECHO: Der überlastete Dialog ist optisch unergiebig. Stets wird nur geredet, nie irgendetwas gezeigt oder wenigstens das gesagte im Bild anschaulich bewiesen. Die Kamera kommt aus den Interieurs nicht heraus, das Theatergeschehen ist nur schlecht ins Filmische übersetzt. (Christoph Funke, *Morgen*, 3.9.1960)

Schließlich handelt es sich um keinen Kriminalfilm, sondern um einen Spaß, welcher dem jungen Regisseur Gerhard Klingenberg einigermaßen gelungen ist. Von dramaturgischen Mängeln, schauspielerischen Fehlleistungen und der massierten Anwendung von Kraftausdrücken sei deshalb ausnahmsweise geschwiegen. (Renate Holland-Moritz, *Eulenspiegel*, 4. September-Heft 1960)

Die erzieherische Wirkung des Films auf das Publikum besteht in der Wiederholung der alten Propagandathese der SED: die bei Kriegsende nach Westdeutschland geflohenen Junker und Kapitalisten beabsichtigten eine Wiederherstellung der früheren Besitzverhältnisse in der »DDR«. Der Bevölkerung soll damit eingeredet werden, daß eine Wiedervereinigung im Sinne der Bundesrepublik für sie den Verlust allen nach 1945 aufgrund von Enteignungen übernommenen Eigentums bedeute. (Heinz Kersten, *Das Filmwesen in der Sowjetischen Besatzungszone Deutschlands*, 1963)

MEINUNG: Wir zeigten gewissermaßen ein Röntgenbild vom inneren Zustand der DDR. Beim leisesten Anstoß kippen drei Viertel des Dorfes sofort um. Das hatten die Leute von der Partei schon begriffen. Albert Wilkening (Hauptdirektor der DEFA, f.b.h.) tröstete mich, nachdem *Was wäre, wenn ...* abgesetzt worden war:

Das macht nichts, eines Tages wird es heißen, Sie haben den ersten satirischen Film über die DDR gedreht.« (Gerhard Klingenberg, 1992, zit. nach *Das zweite Leben der Filmstadt Babelsberg*)
NEBENBEI: Als der Film in den neunziger Jahren zusammen mit Wolfgang Menges thematisch ähnlich gelagertem ARD-Fernsehfilm *Die Dubrow-Krise* im Berliner Zeughaus-Kino wiederaufgeführt wurde, erwies sich die Hellsicht des Films, der bei aller Groteske viele Wahrheiten in sich barg.

WEIBERWIRTSCHAFT
→ Anhang A

DER WEIHNACHTSMANN HEISST WILLI
(Kinderfilm)
RE: Ingrid Reschke, SZ: Ota Hofman, DR: Inge Wüste(-Heym), KA: Jürgen Brauer, MU: Rudi Werion, SB: Georg Wratsch, KO: Dorit Gründel, SC: Erika Lehmphul, PL: Siegfried Kabitzke, GR: KAG »Jugend- und Kinderfilm«, m: 1788 = 66 min, s/w, PJ: 1969, PM: 30.11.1969, PM-Ort: Berlin, »Kosmos«
DA: Rolf Herricht (Weihnachtsmann Willi), Jirí Vrstala (Clown Ferdinand), Dieter Wien (Teo Lehmann), Fred Delmare (Taxifahrer Klaus), Ernst-Georg Schwill (Dido), Günter Schubert (Beppo), Werner Pfeifer (Felino), Klaus Drescher, Theresia Wider (Vati u. Mutti), Karsten Lekve (Peter), Ronald Jacob (Hans), Steffi Sluka (Tina), Horst Papke, Edgar Külow, Gerhard Vogt u.a.
INHALT: Der fünfjährige Peter und sein älterer Bruder Hans haben das Weihnachtsgeschenk für ihre Eltern beim Überqueren der Straße fallenlassen, und es wurde von einem Auto breitgefahren. Traurig kommen sie auf einen Weihnachtsmarkt, kaufen für das letzte Geld ein Los und gewinnen eine Waschmaschine. Sie sind überglücklich. Als Peter einen Moment auf die Waschmaschine aufpassen soll, kommt ein Weihnachtsmann und verspricht, sie nach Hause zu bringen. Doch er verschwindet mit ihr, und Hans ist ob des vermuteten Diebstahls entsetzt. Mit anderen Kindern, Erwachsenen und sogar Clown Ferdinand nimmt er die Suche auf. Für Peter jedoch verkörpert der Weihnachtsmann das Gute. Er kann nicht glauben, daß er ein Dieb ist. Und er ist fest davon überzeugt, die Waschmaschine zu Hause vorzufinden. Daß es auch so kommt, ist das Verdienst der anderen, die den verfolgten, in die Enge gedrängten und schließlich bekehrten Weihnachtsmann überzeugen, die Waschmaschine abzuliefern – damit Peter seinen Glauben an das Gute nicht verliert.
ZUM FILM: Ingrid Reschkes zweiter Kinderfilm war teils turbulent, teils besinnlich, und zeigte den Alltag spielerisch zwischen Märchen und Realität in der Stadt Leipzig.
ECHO: Es spricht für den gegenwartsbezogenen Gehalt dieses Filmmärchens, daß die Scham für den Weihnachtsmann zur härtesten Strafe wird. Wenn er vor der Hausgemeinschaft auf dem-Sockel des Denkmals hockt, verwirrt, beschämt von der Ehrlichkeit der Menschen, ist der Höhepunkt seiner Demütigung erreicht. (...) Danach wirken die Worte, mit denen ihm Clown Ferdinand ins Gewissen redet, nur noch aufgesetzt und überflüssig. (G.S., *Neue Zeit*, 2.12.1969)
Ingrid Reschke präsentiert einen Film, der in sehr glücklicher Weise (nämlich ohne vordergründig belehrend zu sein) sowohl der kindlichen Phantasie freien Lauf läßt, als auch Wesenszüge der sozialistischen Gesellschaft sichtbar macht, z.B. die Liebe zu den Kindern, Hilfsbereitschaft, Solidarität. (Herbert König, *Volksstimme*, 17.1. 1970)
Man schwankt zwischen Illusionen und deren Auflösung und kann sich letztlich nicht entscheiden. Die große Jagd, die real und vertretbar wäre, erweist sich gegenüber dem Sieg des Märchens als sinnlos. Aus dieser Unentschiedenheit gegenüber dem Genre resultiert dann auch das Hin und Her der Erzählweise. Es geht grotesk, beschaulich, burlesk, poetisch, ironisch zu; das erschwert vor allem dem jungen Publikum eine Haltung, eine Einstellung zu finden. (Karla Anders, *Filmspiegel* 1/1970)
NEBENBEI: Clown Ferdinand war damals eine allen bekannte Figur aus dem Kinderfernsehen, dessen Abenteuer auch auf die Leinwand kamen (→ *Clown Ferdinand und der Koffer*, → *Wie Clown Ferdinand durch die Stadt geht*, Anhang c), u.a.).

WEIL ICH DICH LIEBE ...
RE: Helmut Brandis, Hans Kratzert, BU: Helmut Brandis, DR: Gerhard Hartwig, KA: Wolfgang Braumann, MU: Wilhelm Neef, SB: Harry Leupold, KO: Isolde Warscycek, SC: Ursula Zweig,

PL: Martin Sonnabend, m: 2663 = 98 min, fa, brw, AT Morgen ist schon heute, PJ: 1969/70, PM: 9.9.1970, PM-Ort: Neubrandenburg
DA: Roman Wilhelmi (Dr. Gerd Thiessen), Ursula Werner (Eva Thiessen), Marita Böhme (Dr. Ladenbach), Günter Grabbert (Dr. Wolfgang Felling), Günther Simon (Paul Wienecke), Marianne Wünscher (Marta Wienecke), Kurt Goldstein (Manfred Wienicke), Hannelore Wüst (Jutta Baruschke), Hans Maikowski (Walter Vogt), Berndt Stübner (Kurt Krause), Jürgen Frohriep, Fred Delmare, Helga Göring, Peter Marx, Walter Lendrich u.a.
INHALT: Ein Forschungsauftrag führt den Veterinärmediziner Dr. Gerd Thiessen in ein Volkseigenes Gut. Seine Frau Eva hat ihre Arbeit aufgegeben, um ihn begleiten zu können. Thiessens Neuerungsvorhaben stoßen bei einigen auf Widerstand, aber in der attraktiven und erfolgreichen Tierärztin des Nachbarorts, Sabine Ladenbach, findet er eine Verbündete. Ihre souveräne Position imponiert ihm, und über die gemeinsamen Interessen entwickelt sich ein intimes Verhältnis. Frau Eva beginnt auf ihre Weise, um den Mann zu kämpfen. Sie integriert sich in die neue Umgebung, sucht sich Aufgaben, um ihrem Mann und seiner Tätigkeit nahe zu sein. Thiessen erkennt in ihr den wahren Lebenspartner und auch, daß er nicht im Alleingang, sondern nur mit Unterstützung des Kollektivs nützliche Arbeit vollbringen kann.
ZUM FILM: Helmut Brandis schrieb seit Ufa-Zeiten gelegentlich Drehbücher (→ *Reifender Sommer*) und war ein Altmeister im Bereich der Filmsynchronisation. Als Spielfilmregisseur unerfahren, stand ihm der Hochschulabsolvent Hans Kratzert bei seiner einzigen Regiearbeit zur Seite. Der Alltagsfilm aus der sozialistischen Landwirtschaft hatte allerdings eine schwache Fabel.
ECHO: Die Diskussion um die Arbeitsorganisation in den Ställen wird äußerst instruktiv – und zum Teil mit Witz – geführt. Allerdings gerät man in die Gefilde des populärwissenschftlichen Films. Überzeugenden Aufnahmen vom Rinderauftrieb, die Sinn für realistische Gestaltung verraten – hier muß die Kameraarbeit von Wolfgang Braumann besonders erwähnt werden – stehen Aufnahmen von dem nach altem Klischee zwischen Bäumen Haschmich spielenden noch jungverliebten Ehepaar entgegen. (Friedrich Salow, *Filmspiegel* 19/1970)
Der Gegenstand der spärlichen Handlung dürfte hochinteressant sein; das wäre ein Stoff für einen scharfäugigen Dokumentaristen. Hier gibt es eine auffallend langweilige Dreiecksgeschichte, die aufhört, ehe sie noch richtig angefangen hat, weil Tierarzt Dr. Thiessen plötzlich bemerkt, daß seine aufs Volkseigene Gut mitgenommene und dadurch ihrer Berufstätigkeit vorübergehend entrissene Gattin sich *doch* für seine Arbeit im besonderen und für Rinder im allgemeinen interessiert. (Lothar Kusche, *Weltbühne* 39/1970)
NEBENBEI: Der polnische Schauspieler Roman Wilhelmi (1936–1991) wurde durch den Film *Die Kreuzritter* bekannt und spielte bei der DEFA noch einmal in Frank Beyers → *Der Aufenthalt*.

WEISSE WÖLFE

(Co-Produktion DDR / Jugoslawien)
RE: Konrad Petzold, CO-RE: Bosko Boskovic, BU: Günter Karl, DR: Hans-Joachim Wallstein, Josip Lesic, KA: Eberhard Borkmann, MU: Karl-Ernst Sasse, SB: Heinz Röske, KO: Günther Schmidt, SC: Thea Richter, PL: Dorothea Hildebrandt, Iso Tauber, GR: KAG »Roter Kreis«, m: 2786 = 102 min, fa, Cine, PJ: 1968/69, PM: 27.6.1969, PM-

Ort: Freilichtbühne Berlin-Grünau, CO: Bosna-Film, Sarajewo/Jugoslawien, Jugosl. Titel: Bijeli Vukovi
DA: Gojko Mitic (Weitspähender Falke), Horst Schulze (Collins P. Harrington), Barbara Brylska (Catherine), Holger Mahlich (Pat Patterson), Slobodan Dimitrijevic (Listiger Fuchs), Slobodan Volimirovic (Starke Linkshand), Lali Meszchi (Blauhaar), Rolf Hoppe (Bashan), Helmut Schreiber (Sam Blake), Fred Delmare (Peter Hille), Fred Ludwig, Karl Zugowski, Milan Jablonský, Gerry Wolff, Paul Berndt, Horst Preusker, Bruno Carstens, Hannes Fischer, Jochen Thomas, Klaus-Peter Thiele u.a.

INHALT: Dakotahäuptling Weitspähender Falke sucht mit seiner Frau Blauhaar und zwei Kriegern, den einzigen Überlebenden seines Stammes, eine Zuflucht in den Black Hills. Auf dem Weg wird Blauhaar von einem weißen Banditen hinterrücks erschossen. Falke schwört Rache und begibt sich nach Tanglewood, wo er den Mörder, den zum Gefolge des Bergwerksaktionärs Harrington gehörenden Bashan, weiß. Im Sheriff findet er einen aufrechten Mann, der ihm helfen will. Aber auch er ist ein einsamer Kämpfer. Als Bashan mit seinen Banditen die Stadt im Auftrag Harringtons erobert, kriechen die Bürger zu Kreuze, beugen sich der Macht der Bergwerksgesellschaft. Falke kann Bashan zwar töten, fällt dem Machtkampf der Weißen aber selbst zum Opfer.

ZUM FILM: Der nunmehr vierte DEFA-Indianerfilm war die Fortsetzung von → *Spur des Falken* und die erste Regiearbeit von Konrad Petzold in diesem Genre, in dem er einige seiner größten Erfolge haben sollte.

ECHO: Systematische Arbeit zahlt sich aus – diese Feststellung kann man angesichts des neuen Indianerfilms der DEFA treffen. In *Weiße Wölfe* ist das gelungen, was die meisten Filme dieses Genres entbehrten (oder wo sie direkt dagegen konzipiert sind): Das Schicksal der Indianer wird in historisch-konkrete Bezüge gestellt, die Rassenfrage aus der Klassenfrage erklärt. So – und nur so – hat auch der Indianerfilm seine Existenzberechtigung in den Produktionsplänen unseres Studios. (...) Überzeugend ist die realistische Zeichnung der progressiven Charaktere, die – damals noch, der historischen Situation entsprechend – letztlich resignierend erkennen müssen, daß sie in ihrer Minderheit nicht über die Kraft verfügen, um die Entwicklung in bessere Bahnen lenken zu können. (Friedrich Salow, *Filmspiegel* 15/1969)

Das diffizile Spiel um Finanzgewalt wird von Horst Schulze (Harrington), Rolf Hoppe (Bashan) und Helmut Schreiber (Blake) bemerkenswert differenziert aufgefächert, indes den positiven Helden leider nicht gleiche psychologische Glaubwürdigkeit angemessen ward. Fred Delmare als Type von einem Hilfssheriff hat da noch das meiste auf der schauspielerischen Palette, und auch Gerry Wolff setzt große Kunst für eine kleine Rolle ein. Dem Sheriff Patterson bleibt Holger Mahlich allerdings das männliche Profil schuldig, während Gojko Mitic als großer Häuptling ohnedies mehr Artistik und Sport ins Spiel zu bringen hat als mitreißende Schauspielkunst. (Georg Antosch, *Der Neue Weg*, 27.6.1969)

Der Regisseur dieses (Farb-)Films, Dr. Günter Karl (gemeint ist der Autor, f.b.h.), hat also aus den Mängeln der bisherigen Western lernen wollen und sich um den gesellschaftlichen Hintergrund des Geschehens im Wilden Westen gekümmert. Die Grundlinien seines Sujets, das im Programmheft mit bewundernswerter Präzision aus-

geführt wird, sind so falsch nicht, und *Weiße Wölfe* wäre der erste realistische Western, wenn historische Treue alleine ausreichte, um einen Film zu drehen. Lassen wir einen Augenblick unberücksichtigt, daß die auftretenden Personen uns keinen Deut interessieren und nie die Ausstrahlung eines, sagen wir, Richard Widmark, Alan Ladd oder John Wayne haben und daß die Inszenierung ganz tüchtig mal ein bißchen Stimmung, mal ein bißchen Schlägerei im Saloon ins Bild bringt. Aber im Wilden Westen, wenigstens in dem uns durch den amerikanischen Film eingepflanzten Bild des Wilden Westens, interessieren soziale Hintergründe sehr viel weniger als, gebrauchen wir ruhig das große Wort, mythische. (*Neue Zürcher Zeitung,* 9.8.1969)
NEBENBEI: Obwohl ein großer Teil der Dreharbeiten im Dinarischen Gebirge und der Hohen Tatra stattfanden, entstanden auch in der DDR einige Außenaufnahmen. Das Western-Städtchen Tanglewood blieb für Jahre an der Bahnlinie bei Langerwisch eine Sehenswürdigkeit. Besonders im Winter mußte die DEFA die Dekorationen aufmerksam bewachen lassen, da sie aus wertvollem Mahagoni-Holz errichtet waren, das man nicht nur verfeuern konnte, sondern das auch zum Datschenbau geeignet war ... – Die Szene, in der Weitspähender Falke seinem Mitstreiter Listiger Fuchs auf dem langen Marsch durch winterliche Landschaft rät, sein Pferd zu erschießen und sich von dem Fleisch eine Weile zu ernähren, wurde in einem alten Kalksteinbruch in der Nähe von Halle/S. ausgerechnet mitten im Sommer gedreht. Mit Hilfe weißen Pulvers entstand hier eine Schneelandschaft.

WEISSE WOLKE CAROLIN
(Kinderfilm)
RE: Rolf Losansky, SZ: Klaus Meyer, LV: Gleichnamiges Kinderbuch von Klaus Meyer, DR: Erika Richter, KA: Helmut Grewald, Hans-Jürgen Reinecke, Siegfried Bergmann, MU: Karl-Ernst Sasse, SB: Jochen Keller, KO: Dorit Gründel, SC: Ilse Peters, PL: Gerrit List, GR: GR »Babelsberg«, m: 2332 = 86 min, fa, brw, PJ: 1984/85, PM: 12.7.1985, PM-Ort: Berlin, »Colosseum«
DA: Andreas Roll (Hannes), Constanze Berndt (Carolin), Steffen Raschke (Benno), Petra Kelling/Carl-Hermann Risse (Eltern), Miroslav Machacek, Gisela Morgen (Opa u. Oma Leucht), Helga Göring (Oma Lucie), Uta Schorn (Frau Gröllmann), Ellen Hellwig (Die Lehrerin), Bruno Carstens, Wilfried Pucher, Heidrun Welskop, die Mädchen Kirsten Rolletschek, Jana Ziegler u.a.
INHALT: Der zwölfjährige Hannes lebt am Greifswalder Bodden. Er ist in seine Mitschülerin Carolin verliebt, und die Beziehung der beiden bleibt der Umwelt nicht lange verborgen – einige registrieren das mit Unverständnis, andere mit Schmunzeln. Doch plötzlich trübt sich Hannes' Stimmung, denn Carolin ist auffällig viel mit Benno zusammen. Carolin und Benno erforschen die Dorfgeschichte, wofür Benno prädestiniert ist, denn sein Großvater hat während der Nazizeit antifaschistische Flugblätter verteilt und beim Verhör die Tat dem Klabautermann zugeschrieben. Hannes ist eifersüchtig, während Kerstin froh über die Wendung ist, denn sie mag Hannes. Der möchte nun mit einer tollen Tat glänzen, um sich bei Carolin Ansehen zu verschaffen. Bei seiner kühnen Bootsfahrt mit anderen Kindern auf dem Bodden kommt ein Unwetter auf und bringt alle in Gefahr.
ZUM FILM: Rolf Losansky erzählt seine Geschichte sensibel und mit Poesie, scheut aber auch aufregende Momente nicht und liefert damit kraftvolles Kino.
ECHO: Losansky ist ein sensibler, behutsamer Regisseur, der mit viel Feingefühl und Takt vorgeht, auch die Erwachsenenwelt nicht übersieht, sie in ihrem Verständnis gegenüber den beiden »Verliebten« wohl aber allzu sehr als Ideal darstellt. Losansky mag die Poesie, auch die Dramatik. Und so stürzt er seinen Hannes in eine Eifersuchtskrise, die sich in einer unüberlegten Bootsfahrt auf dem stürmischen Bodden entlädt. Doch hier, wie auch in den Traumeinschübseln über den legendären Seebären Opa Leucht, ist der Regisseur in der bildhaften Beschreibung nicht allzu sattelfest, macht er Kintop statt – wie in den schönen, zurückhaltenden Liebesepisoden – wirklichkeitsnahes und poesieerfülltes Kino. (Hans-Dieter Tok, *Leipziger Volkszeitung*, 20.7.1985)
Bei erklärter Sympathie für den Film aber sei angemerkt, daß dem Geschehen eine stärkere Fabel wohlgetan hätte, auch um die so sensibel erfaßte Gefühlsebene und die »action«-Szenen des Schlusses überzeugender zu verbinden. Hinzu kommt, daß diese Bilder einer kühn angegangenen Mut- und Angsttour der Kinder über den

tobenden Bodden nicht zu den Glücksmomenten der Regie zählen. (Rosemarie Rehahn, *Wochenpost* 31/1985)

NEBENBEI: Die 1922 geborene Helga Göring, die 1951 von Martin Hellberg für den Film entdeckt wurde, spielte von Anfang an Mütterrollen. Schließlich wuchs sie – wie hier – in Großmütterrollen hinein, die sie auch in den neunziger Jahren in Spiel- und Fernsehfilmen variierte.

WEISSES BLUT

RE: Gottfried Kolditz, BU: Harald Hauser, Gottfried Kolditz, LV: Gleichnamiges Fernsehspiel von Harald Hauser, DR: Manfred Kieseler, KA: Erich Gusko, MU: Gerd Natschinski, BA: Alfred Tolle, KO: Hans Kieselbach, SC: Hildegard Tegener, PL: Alexander Lösche, m: 2408 = 88 min, s/w, PJ: 1959, PM: 4.10.1959, PM-Ort: Berlin, »Filmtheater am Friedrichshain«

DA: Christine Laszar (Eleonore von der Lohe), Jürgen Frohriep (Manfred von der Lohe), Herbert Dirmoser (Prof. Soltau), Werner Pledath (Heinz Parochlitz), Marga Legal (Auguste Parochlitz), Hannjo Hasse (Dr. Kopf), Harry Studt (Oberst Brinkhaus), Peter Kiwitt (Heinrich Krefft), Eva-Maria Hagen (Rosel Krefft), Friedrich Teitge (Georg), Werner Schulz-Wittan, Trude Bechmann, Willi Neuenhahn, Hans Schmidt, Berti Deutsch, Willi Schwabe, Werner Lierck, Friedrich Richter, Walter E. Fuß, Rolf Römer u.a.

INHALT: Manfred von der Lohe, ein junger Bundeswehr-Offizier und Schwiegersohn des Bankiers und Aktionärs Parochlitz, kommt von einem Speziallehrgang aus den USA zurück. Es stellt sich heraus, daß er bei einem Atombombentest Strahlung abbekommen hat und unheilbar krank ist. Die Bundeswehrführung, die atomare Rüstung plant, und Parochlitz, der an dieser verdienen will, beschließen die Abschiebung von der Lohes und die Vertuschung des Falls.

Er soll mit seiner Frau Eleonore nach Südamerika fahren. Die beiden weigern sich und suchen den Mediziner Professor Soltau, einen Spezialisten, auf. Soltau ist Atomwaffengegner und somit erklärter Gegner der Familie Parochlitz. Er offenbart von der Lohe, daß er nicht mehr lange zu leben hat. Auf einer internationalen Pressekonferenz treten sie gemeinsam gegen die atomare Rüstung auf.

ZUM FILM: Nachdem der Stoff zunächst beim DFF als Fensehspiel inszeniert wurde, kam es zu der Verfilmung, die solide, wenn auch nicht frei von Schwächen war. Das Thema der atomaren Rüstung war damals in Ost und West heiß umstritten.

ECHO: Gottfried Kolditz, Regisseur und Mitautor, (gibt) einem Hang zum Glatten, Gefälligen zu oft nach. Vieles gerät ihm auch zu überdeutlich und zu äußerlich. Bankiersintrigen werden zum Beispiel vom Rauchen dicker Importe begleitet, Wohlstand präsentiert sich wie in der Traumfabrik. Und dergleichen Ungeschicklichkeiten mehr. Es ist bedauerlich, daß solche Mängel die Wirkung des Films abschwächen. (H. U., *Neue Zeit*, 8.10.1959)

Bei diesem Film, wo das Schwergewicht auf der detaillierten Menschenzeichnung liegt, treten die Fähigkeiten des Regisseurs Kolditz in der Schauspielerführung deutlich zutage. Die belegte Besetzung der Hauptrollen entsprach genau den vom Buch her vorgezeichneten Charakteren. (F. S., *Sonntag* 41/1959)

Dem Publikum wurde hier ein agitatorisch verzeichnetes Bild der westdeutschen Verhältnisse entworfen, während man es gleichzeitig mit stark emotionellen Mitteln zu beeinflussen suchte.

(Heinz Kersten, *Das Filmwesen in der Sowjetischen Besatzungszone Deutschlands*, 1963)
NEBENBEI: Eine Kopie des Films, der im Zeichen der Atomrüstung eine wichtige propagandistische Rolle spielte, wurde damals dem indonesischen Präsidenten Sukarno vom Regisseur bei einem Besuch in Indonesien überreicht.

WEITE STRASSEN – STILLE LIEBE

RE: Herrmann Zschoche, BU: Ulrich Plenzdorf, LV: Erzählung »Endlose Straßen« von Hans-Georg Lietz, DR: Anne Pfeuffer, KA: Roland Gräf, MU: Peter Rabenalt, SB: Alfred Thomalla, KO: Ruth Kiecker, SC: Rita Hiller, PL: Erich Kühne, GR: KAG »Berlin«, m: 2065 = 76 min, s/w, Cine, AT: Endlose Straßen, PJ: 1969, PM: 4.12.1969, PM-Ort: Berlin, »International«
DA: Manfred Krug (Hannes), Jaecki Schwarz (Herb), Jutta Hoffmann (Johanna), Ulrike Plenzdorf (Rieke), Heidemarie Schmidt (Rosi), Ilse Voigt (Frau Beutel), Volkmar Kleinert, Hans Maikowski (Volvo-Fahrer), Xharlotte Küter (Oma), Fred Delmare (Pförtner), Hans Hardt-Hardtloff, Hanna Rieger, Alfred Rücker, Walter Lendrich, Manuela Marx u.a.

INHALT: Der gestandene Fernfahrer Hannes nimmt eines Tages einen Anhalter mit. Der junge Herb hat sein Studium abgebrochen, sich deshalb mit den Eltern entzweit und jobbt nun durchs Land. Hannes imponiert ihm, und nach einigen mehr oder weniger erfreulichen Zwischenfällen wird er dessen Beifahrer. Gemeinsam nehmen sie Johanna und ihr Kind, die den Bus verpaßt haben, im Auto mit nach Berlin. Johanna hat ihren Mann verlassen, um ihm Gelegenheit zu geben, über ihre gestörte Beziehung nachzudenken. Sie wohnt bei Hannes, der schon bald von einer gemeinsamen Zukunft träumt. Auch Herb gefällt die sympathische Frau. Doch als die beiden Männer eines Tages von ihrer Fahrt zurückkommen, ist die Wohnung wieder leer.
ZUM FILM: Zschoches sympathisches Road-Movie entstand in der Zeit der von Ulbricht propagierten »sozialistischen Menschengemeinschaft«, von der man allerdings noch weit entfernt war. Für Jaecki Schwarz war der Herb die erste große Rolle nach seinem Riesen-Erfolg in Wolfs → *Ich war neunzehn*.
ECHO: In diesem selbstverständlichen Einanderhelfenwollen, dem Füreinanderdasein zeigt sich ein Stück dessen, was in unserer Republik Wirklichkeit geworden ist, ein Stück unserer sozialistischen Menschengemeinschaft. Das Bewußtsein darum zu vertiefen, trägt der Film wesentlich bei. (...) Ihm (Herrmann Zschoche) und Kameramann Roland Gräf gelang es, auch in der Bildgestaltung optimistische Grundwerte zu finden. Gräfs helle, lichte Landschaftsaufnahmen beispielsweise zeigten ein genaues Erfassen der dramaturgischen Zielsetzungen – genau wie hier auch die Musik Peter Rabenalts. (Friedrich Salow, *Filmspiegel* 1/1970)
Dabei fällt sofort auf, daß in Herrmann Zschoches (...) Film jede Art von Spekulation fehlt, daß hier auch nicht die leiseste Andeutung von Traumfabrik versucht wird. Der Film spielt im Alltag, im beruflichen vor allem – und genau das ist es, was dem westdeutschen, den westlichen Filmen im allgemeinen total abgeht. (Walter Schobert, *Frankfurter Rundschau*, 29.1.1973)
Dieses psychologische Kammerspiel, sozusagen ein »Zwei-Mann-Stück unter zeitweiliger Mitwirkung einer Frau«, war in der Handlungsführung und Art, wie die einzelnen Alltagsvorgänge miteinander verknüpft wurden, in der

optischen Auflösung und Erzählweise weit eindeutiger der sich damals profilierenden dokumentaren Richtung verpflichtet, ohne allerdings die spielerisch-ironischen Eigenheiten seines Inszenators zu leugnen und dabei auch bestimmte dramatisch-strukturierte dramaturgische Hilfsmittel zu nutzen. Hier vor allem in der Art, wie die Figuren entwickelt, wie in einem dramaturgisch geschickten Spiel zwischen Schein und Sein die verschiedenen Dimensionen ihrer Charaktere und Lebenshaltungen ausgelotet und dem Zuschauer offengelegt werden. (Christoph Prochnow, *DEFA-Spielfilm-Regisseure und ihre Kritiker*, 1981)
NEBENBEI: Regisseur Herrmann Zschoche und Jutta Hoffmann waren eine Zeitlang miteinander verheiratet. – Als ein junges Mädchen hat hier die populäre Sängerin Angelika Neutschel einen frühen Filmauftritt.

WENGLER & SÖHNE – EINE LEGENDE

RE: Rainer Simon, SZ: Helmut Bez, DR: Andreas Scheinert, KA: Roland Dressel, MB: Rainer Bredemeyer, SB: Alfred Hirschmeier, KO: Werner Bergemann, SC: Helga Gentz, PL: Herbert Ehler, GR: GR »Johannisthal«, m: 3789 = 139 min, fa, brw, AT: Die Stiftung, PJ: 1986, PM: 14.5.1987, PM-Ort: Berlin, »International«
DA: Christoph Engel, Carl Martin Spengler (Gustav Wengler), Kathrin Waligura (Bertha Wengler), Fritz Marquardt (Friedrich Sedan Wengler), Gudrun Ritter, Franziska Ritter (Luise Wengler), Wolfgang Hosfeld (Wilhelm Wengler), Peter Prager (Paul Wengler), Cornelia Hudl (Käthe Wengler), Istvan Avar (Dr. Conrad Abel), Ernst Kahler (Johann Leberecht Bärwolf), Joachim Lätsch (Gottlieb Mothes), Herbert Sand, Matthias Günther, Corinna Harfouch, Werner Tietze, Jürgen Watzke, Margit Bendokat, Werner Godemann, Gert Gütschow, Heike Jonca, Michael Kind, Astrid Krenz, Horst Lebinsky, Erhard Marggraf u.a.
INHALT: Eine deutsche Familienchronik – von 1871 bis 1945. Aus dem deutsch-französischen Krieg 1871 heimgekehrt, verläßt der junge Gustav Wengler sein thüringisches Dorf, um in der nahegelegenen Stadt bei der Feinmechanisch-optischen Werkstatt »Bärwolf & Abel« Arbeit zu nehmen. Der fleißige, gewissenhafte Bauernsohn wird ein guter Facharbeiter und später Meister. Er ist der Firma in Treue ergeben, und das sollen auch seine Söhne und Enkel sein – verspricht er Direktor Abel an dessen Sterbebett. Doch Sohn Friedrich Sedan lehnt sich auf und fliegt aus dem Haus. Enkel Fritz fällt im ersten Weltkrieg. Gustav Wenglers Versprechen erfüllt Enkel Paul, ein hochbegabter Junge, der es zum tüchtigen Wissenschaftler und sogar zum Posten eines Direktors bringt. Die Firma ist inzwischen zu einem Unternehmen von Weltgeltung aufgestiegen. Obwohl Paul den Nazis skeptisch gegenübertritt, stellt er seine Fähigkeiten und die Firma in den Dienst des Dritten Reiches. Der alte Gustav Wengler beginnt die Problematik der Partnerschaft mit den Unternehmern und die Mitschuld an der gesellschaftlichen Entwicklung zu ahnen, als er nach den Bombenangriffen im Zweiten Weltkrieg auf die in Schutt und Asche gefallene Firma blickt.
ZUM FILM: Die ursprüngliche Absicht von Helmut Bez und Rainer Simon, die Geschichte der Jenaer Firma Zeiss zu erzählen, wurde fallengelassen, als das Fernsehen einen Mehrteiler über das Zeiss-Werk in Angriff nahm. So entstand ein Geschichts-Panorama aus persönlicher Sicht, mit einem anfänglichen »Untertan«, einem Mitläufer als Helden, dem sich im Laufe der Jahrzehnte die Augen für politische und gesellschaftliche Vorgänge öffnen.
ECHO: Fünfundsiebzig Jahre in zweieinhalb Stunden so zu erzählen, daß sie sinnlich erlebbar werden, setzt eine Figurenzuordnung und Zeitökonomie voraus, die nur mit großem kompositorischem Geschick zu bewältigen sind. Bestimmte Szenen erhalten eine Signalfunktion, die leicht zu Illustrativem oder Veräußerlichtem hätte führen können. Dies ist, dank einem klugen Montagerhythmus und einer stilistischen Stimmigkeit, glücklicherweise weitgehend vermieden worden. (Margit Voss, *Film und Fernsehen* 5/1987)
Die Bildfolge und das szenische Arrangement des Filmanfangs holen Fernes dicht heran, nah und merkwürdig zugleich – Romantik, Zukunftsglaube, Selbstgefühl und Pathos. Das hat Gleichniskraft. Leider, vielleicht unvermeidlich bei dem großen Versuch, sieben Jahrzehnte in der wechselseitigen motivischen Verstrickung von Menschen und Zeitläuften zu zeigen, hält der Film diese Kraft in den fast zweieinhalb Stunden

Spieldauer nicht durch. Da wird Text übergewichtig, in Dialogen überbordet zeitweise Information, auch Didaktisches. (Peter Ahrens, *Weltbühne* 25/1987)
Erst der gereifte Wengler ist ein differenzierter, vielschichtiger Charakter. Das liegt nicht nur an Buch und Regie, sondern vor allem an der hohen Darstellungskunst Christoph Engels, der in den vergangenen 30 Jahren sowohl am Theater als auch beim Film eher in der zweiten Reihe stand. Seine späte Entdeckung als Spitzenschauspieler sollte unbedingt weitere Rollenangebote vergleichbaren Formats nach sich ziehen. (Renate Holland-Moritz, *Eulenspiegel* 26/1987)
NEBENBEI: Auf dem Karl-Marx-Städter Spielfilmfestival erhielt der Film 1988 Preise für Kamera, Szenografie und Kostüm. Außerdem wurde der Film mit dem Kritikerpreis »Große Klappe« ausgezeichnet, und Christoph Engel wurde von den DDR-Kritikern als bester Darsteller in einem DEFA-Film 1987 gekürt. – Die Rolle der Luise Wengler wird mit Gudrun und Franziska Ritter von Mutter und Tochter verkörpert. – In der kleinen Rolle des Sanitätsrates tritt der Szenarist Helmut Bez auf.
Filmtext: Wengler & Söhne – Eine Legende. Filmdrehbuch nach einem Szenarium von Helmut Bez und Rainer Simon. Berlin: Henschelverlag 1988.

WENN DU GROSS BIST, LIEBER ADAM

RE: Egon Günther, BU: Helga Schütz, Egon Günther, DR: Traudl Kühn, KA: Helmut Grewald, MU: Wilhelm Neef, SB: Alfred Hirschmeier, KO: Rita Bieler, SC: Monika Schindler, PL: Martin Sonnabend, GR: KAG »Roter Kreis«, Rekonstruktion (1990): Egon Günther, Helga Schütz, m: 1950 = 70 min, fa, Tovi, PJ: 1965, PM: 18.10.1990, PM-Ort: Berlin, »Babylon«
DA: Stephan Jahnke (Adam), Gerry Wolff (Sepp Tember), Manfred Krug (Konstantin), Daisy Granados (Caroline), Rolf Römer (Erasmus), Hanns Anselm Perten (Eisenreich), Wolfgang Greese (Direktor), Günther Simon (Minister), Fred Delmare (Regisseur), Mathilde Danegger (Frau Sonneberg), Arthur Jopp, Günter Junghans, Christel Bodenstein, Marita Böhme, Lothar Warneke; Walter E. Fuß, Hans-Joachim Preil, Gerd Ehlers u.a.

INHALT: Der kleine Adam lebt mit seinem Vater Sepp Tember allein, während die Mutter auswärts studiert. Adam ist gewitzt und schlau. Daran sind die Bücher nicht unwesentlich beteiligt, die ihm sein Onkel Konstantin, ein Pfarrer, zu lesen gibt. Eines Tages bezahlt er in der Straßenbahn für einen schwarz fahrenden weißen Schwan das Fahrgeld. Der schenkt ihm dafür eine Taschenlampe, die eine besondere Fähigkeit hat: Ihr Schein läßt jeden, der lügt, in die Luft schweben. Zusammen mit dem Vater probiert Adam die Lampe aus, und sie funktioniert. Die beiden wollen sie in Serie produzieren lassen, doch es stellt sich heraus, daß niemand die Lampe haben will. Ein Minister wirft sie in die Elbe, und sie fällt einem Schwan auf den Kopf. Da taucht plötzlich Adams Mutter auf.
ZUM FILM: Egon Günthers zweite Regiearbeit schrieb er gemeinsam mit sener damaligen Frau Helga Schütz, Szenaristin vieler Günther-Filme. Der freche Film voller Anspielungen war dabei heiter und liebenswert, erinnerte in der Mischung aus Phantasie und moralischem Anspruch an die Kinderbücher von Erich Kästner, im satirischen Witz an tschechische, in der Leichtigkeit an französische Komödien. Den Gralshütern der reinen sozialistischen Lehre ging der Film zu weit, so daß er im Anschluß an das berüchtigte 11. Plenum des ZK der SED 1966 noch vor der Fertigstellung nach vergeblichen Änderungsversuchen verboten wurde. Erst in der Wende-Zeit von 1989/90 konnten Günther und Schütz den Film rekonstruieren.
ZITAT: Der Film ist sehr intellektuell aufgebaut, deshalb tritt bei ihm die weltanschaulich-philosophische Fragestellung des Wahrheitsproblems in einer weitergehenden Verallgemeinerung in Erscheinung. Er propagiert eine undialektische, relativistische Auffassung von der Wahheit und muß deshalb fast durchgängig die Lauterkeit und Ehrlichkeit unserer Mitmenschen, aber auch führender Kräfte unserer Gesellschaft objektiv offen in Frage stellen. (Dr. Schauer, HV Film, in einer Stellungnahme v. 10.2.1966, zit. nach *Das zweite Leben der Filmstadt Babelsberg*)
MEINUNG: Nachdem der Film verboten worden war und in den Bunker kam, sind die kritischsten Dialogstellen verschwunden. Bild und Ton waren damals auf zwei getrennten Bändern. Irgend jemand hat die »gefährlichsten« Töne ent-

wendet. So haben wir jetzt bei der Rekonstruktion an diesen Stellen Drehbuchseiten einblenden müssen. (Egon Günther, *Filmspiegel* 25/1990)
ECHO: Der Film wirkt auch deshalb so heiter, weil die Angriffe nicht bösartig oder auch überscharf vorgetragen werden, sondern mit spielerischem Spaß. Die Figuren sind selbst überrrascht über ihre Entlarvung, es liegt eine heitere Stimmung über dem Film, als sei es möglich, von all den Schwindeleien und Lügen und falschen großen Worten zu lassen, als sei man vielleicht schon dabei, sich davon zu verabschieden, als müsse nach diesem Spiel nun doch etwas anderes kommen. (Rolf Richter, *Filmspiegel* 1/1991)
NEBENBEI: Daisy Granados war eine Kubanerin, die hier zum einzigen Mal bei der DEFA gastierte. – Schnittmeisterin Monika Schindler stand hier am Anfang ihrer Laufbahn. Sie war bei einigen der besten DEFA-Filme eine unentbehrliche Mitarbeiterin und zählte auch nach dem Ende der DEFA zu den gesuchten Könnern ihres Fachs. Im Jahr 2000 wurde sie mit dem Deutschen Filmpreis ausgezeichnet.

WENN DU ZU MIR HÄLTST

RE: Hans-Erich Korbschmitt, SZ: Walter Baumert, DR: Wolfgang Ebeling, KA: Günter Haubold, MU: Jean Kurt Forest, BA: Karl-Heinz Krehbiel, KO: Lydia Fiege, SC: Friedel Welsandt, Lotti Mehnert, PL: Willi Teichmann, m: 1820 = 67 min, s/w, Tovi, AT: Die grüne Mappe, PJ: 1961, PM: 15.3.1962, PM-Ort: Leipzig, »Capitol«
DA: Valter Taub (Professor Burghardt), Angelica Domröse (Liane, seine Nichte), Klaus Gendries (Dr. Hans Karhoff), Heinz-Dieter Knaup (Fred Lenka), Johannes Wieke (Prof. Rudolph), Hans Flössel (Dr. Wimmer), Werner Röwekamp (Dr. Kinzig), Erich Gerberding (Chefarzt), Hans-Erich Korbschmitt (Architekt), Traute Sense (Wirtin), Horst Quednow, Gisela Naumann, Rolf Ripperger, Erich Mirek, Gerry Wolff u.a.
INHALT: Professor Burghardt liest erschüttert den Abschiedsbrief seiner Nichte Liane, die sich mit einer Überdosis Tabletten das Leben nehmen wollte. Rückblenden erzählen, wie es dazu kam: Seit ihre Eltern beim Bombenangriff auf Dresden umkamen, lebt Liane beim Onkel, einem Wissenschaftler, der Politik und Bürokratie verachtet. Den neuen Parteisekretär Karhoff, Lianes Freund, akzeptiert und schätzt er dennoch, weil er sich als fähig erweist. Nur in einem Punkt gibt es Streit. Karhoff verhindert wegen Ereignissen im Jahre 1953 die Einstellung von Fred Lenka, den der Professor schon als Kind kannte. Es stellt sich heraus, daß Karhoff im Recht ist. Lenka erweist sich als Agent, hat sich von Liane die Forschungsergebnisse des Onkels erschwindelt. Er wird gefaßt und Liane gerettet.
ZUM FILM: Der Autor Walter Baumert hatte diesen Stoff in den fünfziger Jahren als Spielfilm konzipiert. Er wurde jedoch von der DEFA abgelehnt. Nachdem im DFF Regisseur Achim Hübner daraus ein erfolgreiches Fernsehspiel gemacht hatte, wurde »Die grüne Mappe« nun doch bei der DEFA adaptiert. Es war die erste Spielfilmregie des Fernsehregisseurs Hans-Erich Korbschmitt (→ *Die Dame und der Blinde*).
ECHO: Hans-Erich Korbschmitt schuf gemeinsam mit dem Kameramann Günter Haubold ganz bewußt einen optisch betont schönen, in vielen Details sogar ausgeprägt kostbaren Streifen. Er stilisierte deutlich das Geschehen, aber verstärkte dadurch einen Mangel des Buches; den Hang zum Abstrahieren, zur Konstruktion und Isolation. Seine Figuren wirken wie durch eine Glasglocke von der sie umgebenden Realität abge-

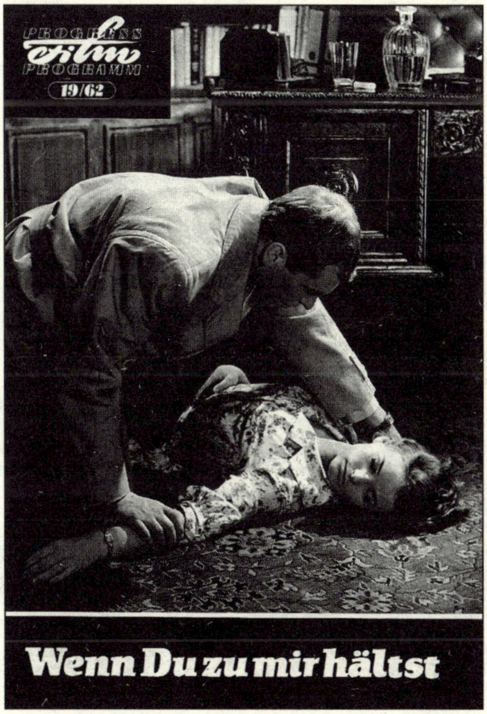

schirmt. Selbst das teilweise sehr schön fotografierte Dresden blieb eigentlich doch nur Hintergrund und wurde nicht zum bestimmenden Milieu. (Manfred Haedler, *Morgen*, 22.3.1962)
Der Film brachte – trotz einiger im Buch liegender Schwächen – erfreuende Neuentdeckungen: Selten sah man das Totalvision-Format so meisterhaft genutzt – und das gerade im Falle eines Kammerspiels – wie durch Günter Haubold; ohne jede Effekthascherei, ohne nach formalen Lösungen zu streben, absolut dem Inhalt und der Anlage des Films folgend. (...) Ebenso dient dem guten Gesamteindruck (...) Jean Kurt Forests sparsame, aber eingängige kräftige Cembalo-Musik. Sie fällt auf, ohne aber selbständig zu werden oder neben dem Geschehen zu stehen. (Joachim Reichow, *Filmspiegel* 6/1962)
NEBENBEI: Der große Prager Schauspieler Valter Taub (1907–1982), der gelegentlich für den DFF vor der Kamera stand, spielte hier seine einzige DEFA-Rolle. Nach der Niederschlagung des »Prager Frühlings« verlagerte er seine Tätigkeit in den deutschsprachigen Raum und erhielt u.a. für den von Jurek Becker geschriebenen Film *David* den Bundesfilmpreis.

WER REISST DENN GLEICH VOR'M TEUFEL AUS
(Kinderfilm)
RE: Egon Schlegel, SZ: Manfred Freitag, Joachim Nestler, LV: Märchen »Der Teufel mit den drei goldenen Haaren« der Brüder Grimm, DR: Inge Wüste-Heym, KA: Wolfgang Braumann, MU: Günter Hauk, SB: Georg Kranz, KO: Barbara Braumann, SC: Anneliese Hinze-Sokolowa, PL: Erich Albrecht, GR: GR »Babelsberg«, m: 2507 = 92 min, fa, brw, PJ: 1976/77, PM: 4.12.1977, PM-Ort: Berlin, »Colosseum«
DA: Hans-Joachim Frank (Jakob), Dieter Franke (Teufel), Rolf Ludwig (König), Katrin Martin (Prinzessin), Wolfgang Greese (Steuereintreiber), Hannjo Hasse (Hofmarschall), Fred Ludwig (Jagdmeister), Peter Köhnke (General), Hans Klering (Hofkaplan), Hans-Pete Reinecke (Räuberhauptmann), Harry Merkel, Peter Dommisch, Peter Friedrichson, Katharina Rothärmel, Kurt Radeke u.a. sowie der Hund Bam
INHALT: Der arme Bursche Jakob wird wegen seiner Furchtsamkeit von den Leuten oft verspottet, und vom Mißgeschick ist er außerdem verfolgt. Der König hat es ebenfalls auf sein Leben abgesehen. Mit einem Brief schickt er Jakob zum Schloß, und wäre er nicht Räubern in die Hände gefallen, dann hätte er den Tag nicht überlebt. So aber feiert er Hochzeit mit der Prinzessin. Der genarrte König entsendet ihn zum Teufel, drei goldene Haare zu holen – in der Hoffnung, Jakob nicht wiederzusehen. Der marschiert los und verspricht unterwegs den vom König ausgebeuteten Untertanen, den Teufel nach einem Ausweg aus ihrer Not zu fragen. In der Hölle kommt er mit einer List – er tarnt sich mit den Kleidern der abwesenden Teufelin – zu den drei goldenen Haaren und kehrt als Held zurück.
ZUM FILM: In seinem zweiten Kinderfilm zieht Egon Schlegel alle Register filmischer Gestaltungsmittel und hat eine große komödiantische Besetzung, die die Märchenmoral durchaus vergnüglich vermittelt.
ECHO: Zugegeben, der Anfang ist ein wenig umständlich und nicht leicht durchschaubar. Man weiß nicht recht, wo die Geschichte um den täppischen Jungen Jakob hingehen soll. (...) Doch spätestens bei Jakobs Einzug ins Schloß des trunksüchtigen Monarchen (eine überzeugende Leistung von Rolf Ludwig!) beginnt das Vergnü-

gen und steigert sich von Szene zu Szene. Egon Schlegel gelingt hier etwas höchst Bemerkenswertes, nämlich poetisch-satirische Überhöhung. Die beiden Glanznummern des Films sind die Hölle und der göttliche Teufel Dieter Franke. (Renate Holland-Moritz, *Eulenspiegel* 2/1978)
Es ist ein Riesenjux, wie Dieter Franke schwanzwedelnd durch die Hölle fährt, wie er ächzend die Teufelssuppe verschlingt, dieweil ihm Blitz und Donner aus Mund und Ohren schießen, wie er beim Harmoniumspiel die teufelsköpfigen Orgelpfeifen in Schwung bringt. Und in seiner Hölle glitzert und qualmt es, sausen Gegenstände durch die Luft, scheint's zu spuken. Kurzweiliger kann's in der Unterwelt gar nicht zugehen. (Ursula Frölich, *Wochenpost* 51/1977)
Die Szenen in der Hölle sind phantasievoll und witzig und können ohne weiteres mit den neuesten Erfindungen von Hollywoods Fantasy-Welle mithalten. (R.T., *Tagesspiegel*, 9.4.1982)
NEBENBEI: Hauptdarsteller Hans-Joachim Frank gehörte damals zum Berliner Ensemble und ist seit vielen Jahren Leiter der renommierten Berliner Off-Bühne »Theater 89«.

WER SEINE FRAU LIEB HAT ...

RE: Kurt Jung-Alsen, BU: Henryk Keisch, LV: Gleichnamiges Bühnenstück von Jacob Jostau, DR: Gerhard Neumann, KA: Günter Eisinger, MU: Gerd Natschinski, BA: Max Knaake; Roman Weyl, KO: Dorit Gründel, SC: Johanna Rosinski, PL: Richard Brandt, m: 2345 = 86 min, s/w, PJ: 1954, PM: 10.2.1955, PM-Ort: Berlin, »Babylon«/»DEFA-Filmtheater Kastanienallee«
DA: Albert Garbe (Willi Redlich), Leny Marenbach (Susanne Redlich), Evamaria Bath (Helga Redlich), Hans-Robert Wille (Karl Sonntag), Rolf Ludwig (Günther Hillig), Margret Homeyer (Edith Hillig), Raimund Schelcher (Jochen Schall), Horst Preusker (Hobrecht), Hans Klering (Kranich), Friedrich Gnass (Dörr), Gunhild Bohnen, Heinz Hinze, Herbert Richter, Karl Kendzia, Marga Legal u.a.
INHALT: Der Berliner VEB Komet plant einen Betriebsausflug. Willi Redlich, Mitglied des Festkomitees, stimmt wie die anderen: Die Angehörigen bleiben zu Hause. Nur wagt er nicht, das seiner Frau Susanne mitzuteilen. So nimmt diese ihm die Arbeit ab, die Gaststätte »Waldschlößchen« zu mieten – ohne sein Wissen. Als Willi die Plätze bestellen will, ist alles ausgebucht, und er weicht auf die gegenüberliegende »Sonnenburg« aus. Bei den Frauen hat sich indes herumgesprochen, daß sie ausgeschlossen sind. Sie planen eine Gegenveranstaltung. Am Ausflugstag sitzen beide Gruppen in ihren Gasthäusern, und die Frauen sorgen dafür, daß es doch noch zur gemeinsamen Feier kommt.
ZUM FILM: Das zeitnahe Lustspiel mit gemäßigt kritischen Elementen war die erste Filmregiearbeit des Schauspielers und vormaligen Altenburger Intendanten Kurt Jung-Alsen, der besonders in den unterhaltenden Genres, aber auch mit Literaturadaptionen hervortreten sollte.
ECHO: Indessen haben sich Regisseur und Darsteller mit viel Geschick und viel Erfolg bemüht, die Schwächen des Drehbuches auszugleichen. Wir erleben eine Fülle von netten humorvollen Einfällen, die den Erfolg des Filmes sichern, zumal die Situationskomik meist organisch aus der Handlung erwächst. (t., *Volkswacht*, 22.2. 1955)
Dieser Film enthielt zum ersten Male Elemente einer mild persiflierenden Kritik an bestimmten Erscheinungsformen der »volksdemokratischen Ordnung«. So begründet beispielsweise der

Betriebsingenieur alle seine Ansichten »ideologisch«, und der Betriebsleiter hält beim Betriebsausflug ein langes phrasenhaftes Referat über die Aufgaben im Fünfjahrplan, dem niemand zuhört. (Heinz Kersten, *Das Filmwesen in der Sowjetischen Besatzungszone Deutschlands*, 1963)
NEBENBEI: Die bekannte Opernsängerin Sonja Schöner wirkte in der Rolle einer Sängerin mit.

WERNYMI OSTANJOMSA
→ *WIR BLEIBEN TREU*

WIE CLOWN FERDINAND DURCH DIE STADT GEHT
→ *Anhang C*

WIE CLOWN FERDINAND ZUM FERNSEHEN FÄHRT
→ *Anhang C*

WIE DIE ALTEN SUNGEN ...
RE: Günter Reisch, SZ: Günter Reisch, Hans Weber unter Verwendung von Szenen und Gestalten des Films Ach, du fröhliche ... (DEFA 1962, RE: Günter Reisch, SZ: Hermann Kant), DR: Gerd Gericke, KA: Andreas Köfer, MU: Wolfram Heicking, SB: Klaus Winter, KO: Inge Konicek, SC: Monika Schindler, PL: Gerrit List, GR: GR »Johannisthal«, m: 2557 = 94 min, fa, PJ: 1985/86, PM: 22.1.1987, PM-Ort: Berlin, »Colosseum«
DA: Erwin Geschonneck (Lörke), Marianne Wünscher (Frau Klinkenhöfer) – Andrea Lüdke (Twini), Karin Schröder (Anne Ostermann), Arno Wyzniewski (Thomas Ostermann), Mathilde Danegger (Urgroßmutter), Karsten Speck (King), Dirk Wäger (Klucke), Patricio Soto (Antonio), Günter Junghans (Karl Lörke), Rosemarie Schelenz, Gerd Ehlers, Wolfgang Hosfeld, Barbara Dittus, Fred Delmare u.a.
INHALT: Vierundzwanzig Jahre nach → *Ach, du fröhliche ...* steht Opa Lörke wieder ein turbulenter Heiligabend ins Haus. Seine Enkeltochter Twini, siebzehn Jahre jung, eröffnet ihm, daß er Urgroßvater wird. In Twinis Gefolge befinden sich King, der Twini heiraten möchte, und Klucke, der sie nicht heiraten will, obwohl Twini ihn liebt und er der Vater in spe ist. Nach vielen verwirrenden Diskussionen, an denen alle Familienmitglieder, einschließlich die auf Opa Lörke spekulierende Witwe Klinkenhöfer, regen Anteil haben, endet der Abend in Harmonie, obwohl längst nicht alle Probleme gelöst sind.
ZUM FILM: Als einziges vergleichbares Projekt bei der DEFA wurde die Handlung eines knapp 25 Jahre zurückliegenden Films mit der gleichen Figurenkonstellation noch einmal aufgenommen. Der Film, der zum 80. Geburtstag des Hauptdarstellers Erwin Geschonneck entstand, zeigt ein Stück Entwicklung von DDR-Bürgern, wobei einige Illusionen der frühen Jahre verflogen sind. Die Gegenwart erscheint zwischen dem Sich-abgefunden-haben und einer Unbekümmertheit, die aus sozialer Sicherheit, aber auch dem Gefühl, sowieso nichts ändern zu können resultiert. Für Altmeister Günter Reisch war es der letzte Spielfilm bei der DEFA.
ECHO: Daß die doppelte Komödie wirklich funktioniert, möchte ich einen Glücksfall in der Filmgeschichte nennen. Wie ja der ganze hübsche Einfall und seine gewissenhaft-pointierte Verschmelzung eine glückliche lockere Hand verlangte. (Hans Braunseis, *Morgen*, 24./25.1.1987)
Die Montage der alten schwarzweißen mit den neuen farbigen Sequenzen (Schnittmeisterin: Monika Schindler) ist witzig und pointiert. Über den filmgeschichtlichen Spaß hinaus entstand gleichzeitig ein zeitgeschichtliches Dokument, das trotz seiner fiktiven Handlung interessante Aufschlüsse über die Entwicklung in unserem Lande gibt. (Renate Holland-Moritz, *Eulenspiegel* 6/1987)
Doch alle schnittechnische Perfektion verhindert nicht, daß *Wie die Alten sungen ...* einige Hürden nur schwerfällig überwindet. Das beginnt schon mit dem zu breit angelegten Einstieg: Anstatt stärker auf die Aussagekraft des Materials aus *Ach, du fröhliche* zu vertrauen, erklärt Arno Wyzniewski als Kommentator aus dem Off ausführlich Figurenbeziehungen und Handlungsfäden einstiger Verwirrspiele. (Peter Claus, *Film und Fernsehen* 7/1987)
In der Verfilmung der tschechischen Erfolgskomödie »... und das am Heiligabend« 1962 wurden Ansichten und Absichten, Herkunft und Position verschiedener Generationen und sozialer Schichten konfrontiert, da waren gesellschaftliche Prozesse im Spiel. Was 1987 als nächste Generation daherkommt, ist nicht nur langweilend oberflächlich-lustig, auch der Blick auf sie ist

obenhin. Die Fröhlichkeit der Musterfamilie ist nicht souverän, sondern unbekümmert, und das ist für die Zeitspanne 1962 bis 1987 unangemessen. (Peter Ahrens, *Weltbühne* 47/1987)
NEBENBEI: Der aufmerksame Zuschauer kann in Günter Reischs Film einige Kuriosa entdecken, wie zum Beispiel den Regisseur selbst in der Rolle einen Taxifahrers, aber auch die inzwischen verstorbenen Mimen Herwart Grosse und Walter Jupé in beachtlichen Parts, die in den Rückblenden zur Geltung kommen. Ricarda Kaellander, die damals schon auf eine zwei Jahrzehnte währende Laufbahn als Fernsehansagerin zurückblicken konnte und heute noch auf N3 moderiert, war als Ansagerin dabei, während Walfriede Schmitt, heutzutage als Oberschwester Klara in der Serie *Für alle Fälle Stefanie* populär, hier zum ersten Mal als Oberschwester auftrat. Die damals 83jährige Mathilde Danegger, die sich eigentlich schon aus dem Beruf zurückgezogen hatte, trat für die Rolle der Oma Lörke zum letzten Mal vor die Kamera. – Monika Schindler, eine der stilsichersten Schnittmeisterinnen der DEFA und jüngst noch mit einem Bundesfilmpreis ausgezeichnet, bewältigte die kunstvolle Verzahnung der alten und neuen Aufnahmen um so besser, als sie schon 1962 als junge Schnittassistentin die Geschichte der Lörkes auf die Leinwand brachte.

WIE FÜTTERT MAN EINEN ESEL

RE: Roland Oehme, SZ: Maurycy Janowski, Dieter Scharfenberg, DR: Willi Brückner, KA: Emil Sirotek, MU: Günther Fischer, Manfred Krug, SB: Georg Wratsch, KO: Ruth Kiecker, SC: Helga Emmrich, PL: Hans Mahlich, GR: KAG »Johannisthal«, m: 2595 = 95 min, fa, brw, PJ: 1973/74, PM: 27.6.1974, PM-Ort: Schwerin, Freilichtbühne
DA: Manfred Krug (Fred), Karla Chadimová (Jana), Jana Gyrová (Eva), Hana Talpová (Vera), Kati Bus (Erzsi), Maria Stefanová (Angela), Fred Delmare (Orje), Marianne Wünscher (Düsseldorferin), Rolf Hoppe, Christel Bodenstein (Lehrer u. Frau), Anatol Farkas, Hannjo Hasse, Horst Papke, Peter Skarke, Josef Hlinomas u.a., GE: Manfred Krug, Klaus-Renft-Combo, Viktor Sodoma und Shut up, Phönix, Impuls 73, Illés-Ensemble
INHALT: Fernfahrer Fred hat entlang der weiten Straßen zahlreiche Liebesverhältnisse, die er immer wieder gerne auffrischt. Bei einer Tour nach Bulgarien wird er in Prag in einen Unfall verwickelt, und sein Beifahrer Orje, der dabei seine Mundharmonika verschluckt, fällt aus. Die Tschechin Jana setzt durch, daß Fred sie an Orjes Stelle mitnimmt. Ihr gefällt der Mann, und sie plagt sich redlich mit dem Schwerlaster und damit, Freds Aufmerksamkeit zu gewinnen. Doch Fred ist mehr daran interessiert, sein Adressenbüchlein Station für Station »abzuarbeiten«. Jana mangelt es nicht an Einfällen, ihn dabei zu stören. Langsam schwindet sein Ärger darüber, und auf der Rückfahrt, im Prunkbett eines ungarischen Schlosses, finden sie endlich zusammen.
ZUM FILM: Roland Oehmes Lustspiel lebte vor allem von dem Charme seiner Hauptdarsteller, schönen Landschaften und rockiger Musik.
ECHO: Der Widerspruch zwischen der Spießermoral des Kraftfahrers, seinem leichtfertigen Verhältnis zu den Frauen einerseits und seiner Arbeitsbereitschaft, Kameradschaftlichkeit, seinem zupackenden Humor verlangt geradezu nach Zuspitzung. Aber die große Auseinandersetzung wird nicht geführt, der Spaß nicht in der komischen Polemik gesucht, ebenso steigert sich die Situationskomik nicht, und auch die Intrige

gewinnt nicht an Intensität. (Rolf Richter, *Neues Deutschland*, 29.6.1974)

Das ist alles in allem eine komische, oft auch schnulzige Geschichte. Durch allerlei kleine Mißgeschicke und Pannen wird der Handlungsfaden immer wieder flott vorangetrieben, und doch zieht sich das Ganze gelegentlich etwas mühsam dahin. Das Einblenden von Folklore bringt dabei nicht die gewünschte Lockerung und hat kaum mehr Wirkung als eine Musicbox. (...) Ist die Handlung an sich kolportagehaft, so liegt die Wirkung des Films eindeutig im Schauspielerischen: Die staksig tolpatschige Komik von Manfred Krug und der pfiffige Charme von Karla Chadimová bringen oft unerhoffte, eigenwillige Effekte ins Spiel. (Sigrid Schmitt, *Frankfurter Rundschau*, 20.3.1976)

So brav, wie sich die Fabel anhört, ist denn schließlich auch der ganze Film. Gewiß, er entbehrt nicht der Liebenswürdigkeit, nicht so manchen komischen Einfalls. Aber es ist in der Tat von Beginn an klar, wohin sich die Handlung entwickeln wird. (...) Im Grunde nahm man dem Helden die Spießermoral gar nicht so übel. Schließlich spürte man wohl, daß derartige lose »Bindungen« auch in gewisser Weise auf Gegenseitigkeit beruhen und niemanden ernsthaft in Gefahr bringen. (Margit Voss, *DEFA-Spielfilm-Regisseure und ihre Kritiker*, 1981)

NEBENBEI: Der nach → *Weite Straßen – stille Liebe* zweite Film mit Manfred Krug in einer Fernfahrer-Rolle entstand mit Unterstützung von Studios in Prag, Budapest, Bukarest und Sofia. – Karla Chadimová war schon in den sechziger Jahren bei der DEFA in Episodenrollen aufgetreten und durch die Hauptrolle in der ARD-Serie *Salto mortale* sehr bekannt geworden.

WIE HEIRATET MAN EINEN KÖNIG

(Kinderfilm)

RE: Rainer Simon, BU: Günter Kaltofen, Rainer Simon, LV: Märchen »Die kluge Bauerntochter« der Brüder Grimm, DR: Margot Beichler, Gudrun Rammler (Deubener), KA: Claus Neumann, MU: Peter Rabenalt, SB: Hans Poppe, Jochen Keller, KO: Günther Schmidt, SC: Margrit Brusendorff, PL: Irene Ikker, GR: KAG »Jugend- und Kinderfilm«, m: 2176 = 80 min, fa, AT: Die kluge Bauerntochter, ein Märchen von Klugheit und Liebe, PJ: 1968, PM: 23.2.1969, PM-Ort: Wolterschart
DA: Cox Habbema (Bauerntochter), Eberhard Esche (König), Sigurd Schulz (Vater), Hannes Fischer (Vogt), Peter Dommisch (Kilian), Jürgen Holtz (Veit), Alfredo Lugo (Knut), Käthe Reichel (Ulrike), Gerd E. Schäfer (Steuereintreiber), Lilo Grahn (Heide), Christa Pasemann, Gudrun Ritter, Franz Bonnet, Dieter Mann, Jürgen Klauß u.a.

INHALT: Auf einem Stück Land, das ein Bauer und seine Tochter vom König erbaten, finden die beiden eine wertvolle Schatulle – ohne Deckel. Gegen den Rat der Tochter bringt der Bauer sie zum König. Der bezichtigt ihn, den Deckel gestohlen zu haben und kerkert ihn ein. Mit dem Lösen dreier Rätsel kann die Tochter den Vater befreien – und gleichzeitig durch ihre Klugheit das Herz des Königs gewinnen. Als Königin macht sie ihrem Gemahl immer wieder klar, wie ungerecht er seine Untertanen behandelt, und er verweist sie aus dem Schloß. Weil er sie trotz allem liebt, darf sie sich mitnehmen, was ihr das Liebste ist. Und so kommt es, daß der König am nächsten Morgen in einer kleinen Bauernstube erwacht.

ZUM FILM: Rainer Simons erster abendfüllender Spielfilm war eine ungewöhnliche Märchen-Adaption, der Formalismus und Volksfeindlich-

keit vorgeworfen wurde. Auch störten sich übereifrige Funktionäre an der überrealistischen Darstellung der Magd Ulrike, wie Käthe Reichel sie spielte, und in dem König wurde eine Ulbricht-Karikatur vermutet. Für längere Zeit wurde dem Film, der heute auch durch seine optische Orientierung an Bildern von Dürer, Holbein oder Breughel zum klassischen Bestand der DEFA-Märchen zählt, ein Prädikat verweigert.
MEINUNG: Die Reichel schüttete ein Füllhorn von Vorschlägen wie einen Goldregen über mich. Es entstanden neue Szenen, Dialoge, sie konzipierte sich selbst ihr Kostüm, und entsprechende Requisiten mußten beschafft werden. Ihre Argumente waren fast immer besser als meine, dienten nicht nur der Rolle, sondern dem Film, ihre Genauigkeit eröffnete Räume für die Phantasie des Märchens. (Rainer Simon in *Vor der Kamera*, 1995)
ECHO: Schön, sehr schön. Störend sind da nur einige zum Kretinartigen führende Farbtupfer in der Gestaltung von Figuren aus dem Volke. Hier sitzen satirische Spitzlichter am unrechten Ort, wird sozial bedingte Tumbheit und Einfalt eine Etage zu tief angesetzt. (Horst Knietzsch, *Neues Deutschland*, 13.3.1969)
Die Wirklichkeitsnähe der Alltags-, Arbeits-, Jagd- und Lebensbilder veranlaßte meine zehnjährige, äußerst märchenkundige Tochter zu der Feststellung: »Das ist ja fast gar nicht so wie in anderen Märchen, das ist ja fast nur Wahrheit.« Womit dem Film das höchste Prädikat zugesprochen war, das er erwarten durfte. Es ist ein Film zum Mitdenken, ein Film für das Gespräch der ganzen Familie, hervorragend zum Teil im Stil einer echten Reportage fotografiert von Claus Neumann, mit einer einfallsreichen und stilsicheren Musik von Peter Rabenalt. (Heinz Hofmann, *Märkische Volksstimme*, 17.4.1969)
NEBENBEI: Die Niederländerin Cox Habbema und Eberhard Esche, beide Protagonisten des Deutschen Theaters Berlin, waren miteinander verheiratet. – Egon Schlegel, der in den siebziger Jahren einige hervorragende Kinderfilme drehen sollte, spielte hier den Wunderdoktor.

WIE WÄR'S MIT UNS BEIDEN

RE: Helge Trimpert, SZ: Jurij Koch, LV: Erzählungen aus dem Band »Der einsame Nepomuk« von Jurij Koch, DR: Manfred Hocke, KA: Hans-Jürgen Kruse, MU: Karl-Ernst Sasse, SB: Alfred Thomalla, KO: Isolde Warscycek, SC: Ilse Peters, PL: Martin Sonnabend, GR: GR »Johannisthal«, m: 2296 = 84 min, fa, brw, AT: Liebesgeschichten, PJ: 1980, PM: 28.5.1981, PM-Ort: Berlin, »Colosseum«
DA: Jaecki Schwarz (Nepomuk), Marina Krogull (Margaretha), Thomas Neumann (Wessely), Simone von Zglinicki (Karin), Gudrun Ritter (Brunhilde), Ute Lubosch (Helena), Werner Tietze (Kurcharski), Franziska Troegner (Buffeteuse), Eckhard Becker (Paul), Heinz Laggies (Meister), Rudolf Frickau, Gisbert-Peter Terhorst, Theresia Wider, Sina Fiedler, Viktor Keune u.a.
INHALT: Drei Liebesgeschichten mit sechs Menschen, die schon einige Erfahrungen gemacht haben, meist keine guten. Der dreißigjährige Nepomuk hat sich von seiner untreuen Frau scheiden lassen, fühlt sich nun einsam. Er ruft zwei ihm fremde Frauen an, trifft sich mit ihnen. Die eine, Karin, könnte die richtige sein. – Auf nächtlicher Landstraße nimmt der sorbische Völkerkundler Kurcharski eine Tramperin mit. Sie irritiert ihn und zieht ihn an. Nach gemeinsam verbrachter Nacht eröffnet sie ihm, daß sie aus einer Jugendhaftanstalt entflohen ist. – Der Arbeiter Wessely hält sich für einen Pechvogel. Nach einem Arbeitsunfall wird er von einer Medizinstudentin versorgt, die ihr Praktikum macht. Eine Liebesbeziehung beginnt, die fast an seinem Pessimismus scheitert.
ZUM FILM: Nach seinem halbstündigen Diplomfilm → *Rauch ohne Feuer* (Anhang a), der auch in die Kinos kam, gab Helge Trimpert mit diesem heiteren Film sein eigentliches Debüt.
ECHO: Mag sein, daß solche (...) episodische Verflochtenheit besonders schwer in (Film-)Szene zu setzen ist. Hier freilich waren noch viele Zufälligkeiten und merklich Konstruiertes im Spiel. (...) Die Unsicherheit, die wohl vor allem aus Unerfahrenheit kommt, findet sich auch im gleichförmigen Fluß der Erzählung, im Nichtbeachten (besser wohl: Nichtfinden) von Rhythmus wieder. (Günter Agde, *Filmspiegel* 12/1981)
Der Film (ist) wenig um Wahrscheinlichkeiten bemüht, bei den Dialogen meint man, das Papier rascheln zu hören, und unoriginelle Bilder versuchen vergeblich, mit Klischees die Löcher im zähen Handlungsfluß zu stopfen. (Heinz Kersten, 1981, zit. nach *So viele Träume*)

NEBENBEI: Wieder wirken einige Filmleute mit, die sonst nur hinter der Kamera aktiv sind: Dramaturg Manfred Hocke gibt einen Betrunkenen, Maskenbildner Harald Jahn spielt einen Förster, und Autor Jurij Koch ist einfach als unbekannter Mann zu sehen.

DER WILDTÖTER

→ *CHINGACHGOOK, DIE GROSSE SCHLANGE*

WIND VON VORN

→ *Anhang B*

WIR BLEIBEN TREU

→ *Anhang B*

WIR KAUFEN EINE FEUERWEHR

(Kinderfilm)

RE: Hans Kratzert, SZ: Gudrun Deubener, LV: Nach einer Filmerzählung von Gisela Richter-Rostalski, DR: Inge Wüste(-Heym), KA: Wolfgang Braumann, MU: Karl-Ernst Sasse, SB: Harry Leupold, KO: Dorit Gründel, SC: Margrit Brusendorff, PL: Bernd Gerwien, GR: KAG »Kinder- und Jugendfilm«, m: 1697 = 62 min, fa, PJ: 1970, PM: 13.12.1970, PM-Ort: Berlin, »Kosmos«

DA: Erwin Geschonneck (Herr Clasen), Lars Peldschus (Matti), Friedel Nowack (Oma Sperling), Petra Kelling (Mattis Mutter), Jaecki Schwarz (Frank), Madeleine Lierck (Annegret), Holger Mahlich (Merkwitz), Otto Krieg-Helbig (Pförtner), Klaus Gehrke (Lastwagenfahrer), Theresia Wider (Milchverkäuferin) u.a.

INHALT: Matti ist traurig, weil er niemanden zum Spielen hat. In den Kindergarten darf er nicht, weil seine Mutter wegen der knapp einjährigen Zwillinge nicht arbeiten kann. Doch plötzlich wird alles anders – durch die Begegnung mit Herrn Clasen. Er nimmt Matti mit in seine Werkstatt, die dem Jungen mit ihren vielen Werkzeugen und Autoteilen wie ein Paradies erscheint, und auf einen Lagerplatz für Autowracks. Matti entdeckt dort eine alte Feuerwehr, und Clasen, der im Lotto gewonnen hat, kauft sie. Gemeinsam mit den Kindern der Nachbarschaft und den Schülern Clasens, der Lehrausbilder ist, wird die Feuerwehr wieder hergerichtet. Die erste Fahrt ist für alle ein großes Ereignis, und die Feuerwehr mit ihrer ungewöhnlichen Besatzung kommt sogar richtig zum Einsatz.

ZUM FILM: Für die Allerjüngsten kam nur selten ein neuer DEFA-Spielfilm auf die Leinwand. Hans Kratzerts Film geriet allzu freundlich und wenig problembewußt.

ECHO: Der Film ist gedacht für kleine Kinder. Nach Meinung der Schöpfer (...) ist diesem Alter eine mehr betuliche Erzählweise angemessen. Wer vielleicht hofft, daß nun mit dieser Feuerwehr allerhand Aufregendes geschieht, der sieht sich enttäuscht. Mit solchen Szenen ist man allzu sparsam. Es bedeutet keineswegs, das Aufnahmevermögen von Kindern dieses Alters zu überfordern, wenn die Geschichte mit mehr Ereignissen, mit etwas mehr Spannung und Tempo erzählt würde. Zumal der Stoff genügend Anlässe dafür bietet. (Manfred Heidicke, *Berliner Zeitung*, 24.12.1970)

So ist nicht zu übersehen, daß die Schöpfer eher um die Darstellung harmonischer Beziehungen denn um reale Wirklichkeitsbezüge bemüht waren. (...) Nirgends auch nur die Andeutung, daß Konflikte zum menschlichen Dasein gehören und auszuhalten sind, daß sich wirkliche Freunde zuallerletzt durch den Kauf einer Feuerwehr gewinnen lassen. (...) Trotz sensibler Kameraführung, die auf genaue Beobachtung setzt, bleibt am Ende ein fader Geschmack von Verlogenheit zurück, der sich auch durch den eher illustrierenden Einsatz musikalischer Belanglosigkeiten nicht übertünchen läßt. (*Zwischen Marx und Muck*, 1996)

NEBENBEI: Schlagersänger Thomas Lück (»Laß doch den Schlankheitstee im Schrank«), der im DFF auch schauspielerte, hat hier einen Auftritt als Sänger.

WIR LASSEN UNS SCHEIDEN

RE: Ingrid Reschke, SZ: Rudi Strahl, DR: Traudel Kühn, Gerd Gericke, KA: Helmut Grewald, MU: Wolfram Heicking, SB: Harry Leupold, KO: Helga Scherff, SC: Helga Gentz, PL: Fried Eichel, GR: KAG »Johannisthal«, m: 2482 = 91 min, s/w, Cine, AT: Ein Rüpel sondergleichen, PJ: 1967, PM: 4.4.1968, PM-Ort: Berlin, »International«

DA: Dieter Wien (Johannes Koch), Monika Gabriel (Monika Koch), Martin Grunert (Manni), Gerhard Bienert (Opa Koch), Reiner Schöne (Körner), Angelika Waller (Maria Hamann), Brigitte

Krause (Lehrerin Hellwig), Martin Hellberg (Regisseur), Paul Arenkens (Tenor), Werner Kamenik (Geiger), Friedrich Teitge (Laubenbesitzer), Werner Lierck (Korrektor) u.a.

INHALT: In der Ehe von Monika und Johannes haben die Auseinandersetzungen ein unerträgliches Maß erreicht. Anlaß ist zumeist der zehnjährige Sohn Manni, Ursache ihre unterschiedlichen Erziehungsauffassungen. Man beschließt die Trennung, doch da keiner auf das Kind verzichten will, soll Manni im Wechsel von vier Wochen mal beim Vater, mal bei der Mutter leben. So kann sich auch erweisen, wer der bessere Erzieher ist, meinen sie. Der Versuch gerät zum Fiasko, denn der pfiffige Junge nutzt die Wettbewerbssituation der Eltern aus und erzwingt so die Erfüllung all seiner Wünsche. Das fehlgeschlagene Experiment bringt Monika und Johannes zur Erkenntnis, daß nur gemeinsames, vernünftiges Handeln zu einem glücklichen Familienleben führen kann.

ZUM FILM: Der zweite Film (und erste für ein erwachsenes Publikum) von Ingrid Reschke war ein unspektakulärer, heiterer Alltagsfilm.

ECHO: Nach dem Szenarium von Rudi Strahl verfaßte Kurt Belicke sein bisher gelungenstes Drehbuch. Gewiß nutzte er kaum Gelegenheiten zu psychologischem Tiefgang, aber die Schwierigkeiten und Querelen eines durchschnittlichen Ehealltags sind ihm offenbar genau bekannt. Eltern, die ihren liebebedürftigen Kindern statt ein bißchen Zeit jede Menge Tasschengeld opfern, erhalten einen wohlgezielten Schuß vor den Bug. Die Dialoge sind ulkig und stimmig, und auch die Filmkinder reden nicht altklüger, als es Kinder heutzutage nun einmal tun. (...) Von oben herab betrachtet (nämlich vom Fernsehturm) wirkte das im Entstehen begriffene neue Berlin fast so bombastisch wie der Mensch gewordene Fernsehturm Reiner Schöne, der sich siegessicher im Habitus eines werktätigen Playboys bewegte. (Renate Holland-Moritz, *Eulenspiegel* 20/1968)
Man spürt in Themenwahl und Ausführung deutlich, daß die Regisseurin vom Kinderfilm herkommt; was hier in einem etwas synthetischen Berlin zwischen Märchenbrunnen, Friedrichsgracht, Linden und Fernsehturm geschieht, wird vorwiegend aus Mannis kindlichem Blickwinkel gesehen. (H. U., *Neue Zeit*, 7.4.1968)

NEBENBEI: Der 1942 in Weimar geborene Schauspieler Reiner Schöne war vor allem als Blues-, Folklore- und Protestsänger bekannt. Noch 1968 wurde er »republikflüchtig« und machte in Westeuropa und den USA eine Karriere als Musical-Star und Filmschauspieler.

WO ANDERE SCHWEIGEN

RE: Ralf Kirsten, SZ: Michail Schatrow, DR: Peter Wuss, KA: Günter Haubold, MU: Peter Gotthardt, SB: Hans Poppe, KO: Werner Bergemann, SC: Evelyn Carow, PL: Horst Hartwig, GR: GR »Babelsberg«, m: 2880 = 106 min, fa, brw, PJ: 1983/84, PM: 4.10.1984, PM-Ort: Berlin, »Kosmos«

DA: Gudrun Okras (Clara Zetkin), Rolf Ludwig (Gustav), Elke Reuter (Christa), Klaus Manchen (John Schehr), Klaus Piontek (Maxim), Günter Junghans (Jürgen), Dieter Bellmann (Erich), Hans-Uwe Bauer (Fritz), Bernd-Uwe Reppenhagen (Klaus), Manfred Zetzsche (Naziführer), Jens-Uwe Bogadtke, Bruno Carstens, Werner Godemann, Kurt Radeke, Herbert Manz u.a.

INHALT: Zehn Tage aus dem Leben Clara Zetkins. Im August 1932, sie lebt in Archangelskoje bei Moskau, kommt ihr als der ältesten Abgeordneten die Aufgabe zu, die neue Legislaturperiode des Deutschen Reichstags zu eröffnen. Clara Zetkin ist 75 Jahre alt, krank und fast erblindet. Dennoch nimmt sie die Chance wahr, in dem zunehmend von Nazis beherrschten Deutschland ihre Stimme zu erheben. Sie macht sich auf den Weg nach Berlin, was trotz Geheimhaltungsbemühungen durchsickert. Unterkunft findet sie in der Laube ihres alten sozialdemokratischen Freundes Gustav Schröder. Sie läßt sich von den in faschistischen Zeitungen offen ausgestoßenen Morddrohungen nicht einschüchtern. Als sie sich in den Reichstag begibt, säumen Tausende die Straßen.

ZUM FILM: Wesentliches Verdienst des Szenariums von Michail Schatrow, der einige sowjetische Lenin-Filme, aber auch Stücke, die sich kritisch mit dem real existierenden Sozialismus auseinandersetzten und zeitweise verboten waren, geschrieben hatte, war die Selbstkritik, die er Clara Zetkin in den Mund legte, wie auch die zwischen den Zeilen vorgebrachten Zweifel an der damaligen KPD-Führung.

ECHO: Von der Gestalt des jungen Arbeiterfotografen her hätte der ganze Film vielleicht eine eigene Form finden können, aber diese Möglichkeit wurde verschenkt. Überhaupt fehlt jede stilistische Originalität. Konventioneller ging's kaum. Zudem merkt man, daß dem sowjetischen Autor das Zeitkolorit wohl doch nicht so vertraut war. Die Nazis sind ziemlich klischeehaft als bloße Schlägertruppe gezeichnet. Ein Mehr an Dokumentarischem, wie es am Anfang durch zeitgenössische Fotos und eine entsprechende Tonmontage eingebracht wird, hätte dem Film gutgetan. (Heinz Kersten, *Tagesspiegel*, 25.11. 1984)

Das Heutige bestimmt und färbt den Blick zurück – politisch, historiographisch, auch gestalterisch-dramaturgisch, bis in die Argumente der Dialoge hinein. Es gestattet auch, sich in der szenischen Gestaltung der Ereignisse ganz auf Clara Zetkin zu konzentrieren und z.B. andere wichtige historische Persönlichkeiten – wie etwa Wilhelm Pieck oder Ernst Thälmann – einfach wegzulassen. (Günter Agde, *Filmspiegel* 22/1984)

NEBENBEI: Für den mit Unterstützung des Gorki-Studios, Moskau, und der Barrandov-Studios, Prag, gedrehten Film erhielt 1986 Hans Poppe den Preis für Szenografie und Hans-Uwe Bauer für die beste männliche Nebenrolle auf dem Nationalen Spielfilmfestival der DDR. – Die damals 54jährige Gudrun Okras gab in der Rolle der Clara Zetkin ihr Kinodebüt und begann damit ihre Alterskarriere, die sie bis in die jüngste Vergangenheit (z.B. *Pünktchen und Anton*) fortsetzte.

WO DER ZUG NICHT LANGE HÄLT ...

RE: Joachim Hasler, BU: Joachim Hasler, Horst Beseler, DR: Marieluise Steinhauer, KA: Jochim Hasler, Helmut Grewald, MU: André Asriel, BA: Ernst-Rudolf Pech, KO: Lydia Fiege, SC: Hildegard Tegener, PL: Siegfried Nürnberger, GR: Gruppe »Heinrich Greif«, m: 2097 = 77 min, s/w, AT: Ein neuer Tag bricht an, PJ: 1959/60, PM: 15.7.1960, PM-Ort: Berlin, »Colosseum«

DA: Helga Piur (Karin), Stefan Lisewski (Gerhard), Erich Franz (Franz), Horst Kube (Boxer), Hans-Peter Minetti (Der Neue), Gerry Wolff (Kommissar), A. P. Hoffmann (Wirt), Johannes Maus (Montierer), Günther Ballier (Arzt), Paul R. Henker (Vorsitzender der Prüfungskommission), Gerd Ehlers, Hildegard Diestelmann, Hans Flössel, Albert Zahn, Käte Koch u.a.

INHALT: In einer kleinen Stadt arbeitet eine Brigade am Bau des neuen Kulturhauses. Gerhard liebt Karin, die Tochter des Brigadiers Franz, der von dem angehenden Schwiegersohn nicht begeistert ist. Denn Gerhard vernachlässigt unter dem Einfluß seines Kollegen »Boxer«, der mit ihm in eine große Stadt will, seinen Kranführerlehrgang, die Arbeit und schließlich auch Karin. Die verpatzte Kran-Prüfung bringt ihn in Wut und läßt ihn zum Randalierer werden. Nach Querelen auf dem Bau wird Franz nachts bewußtlos am Kran gefunden. Gerhard gerät in Verdacht, doch an dem Unfall war »Boxer« schuld. Als dieser fliehen will, kann der zur Einsicht gekommene Gerhard ihn zurückhalten. Reuevoll gehen sie gemeinsam zur Polizei. Auch Karin ist versöhnt, und die Hochzeit soll im fertigen Kulturhaus stattfinden.

ZUM FILM: Die kleine Alltagsgeschichte aus einer DDR-Kleinstadt hatte fein beobachtete Details, zeichnete sich aber durch eine zu durchschnittliche Geschichte aus. Die zweite Regiearbeit des Kameramannes Joachim Hasler war zugleich seine zweite gemeinsame Arbeit mit dem Autor Horst Beseler.

ECHO: Unbezweifelbarer Vorzug des Films ist seine gesunde optimistische Lebenslinie. (...) Es wird deutlich, was die Autoren offenbar als Grundanliegen verfolgten: Überall in unserer Republik läßt es sich leben, läßt es sich gut und schön, sauber und liebevoll leben, wenn jeder einzelne bereit ist, ein bißchen Rücksicht zu üben, Achtung zu wahren vor »dem anderen« und seiner Arbeit, sich selbst zu achten und die eigene Würde. (Heinz Hofmann, *Neues Deutschland*, 10.7.1960)

Im allgemeinen war die Kleinstadt bei uns auf der Leinwand bislang nur dekorative, beschaulich verträumte Kulisse; diesmal soll gezeigt werden, daß auch dort das Leben im Rhythmus der neuen Zeit pulsiert, daß vor den fünfzehntausend Menschen der kleinen Stadt keine geringeren und nicht weniger verantwortungsschwere Aufgaben beim Aufbau des Sozialismus stehen als vor den anderthalb Millionen der großen. (...) Hasler, zugleich auch Regisseur und erster Kameramann des Films, hat eine Vorliebe für die kleinen Dinge, für optische Finessen, die für sich genommen, meist sehr hübsch sind, aber selten dem Fluß des Geschehens dienen. (H. U. E., *Berliner Zeitung*, 19.7.1960)

NEBENBEI: Helga Piur, damals beliebt im Kinderfernsehen als Puppe Edelgard oder Bastelinchen, erreichte später durch Serien wie *Zahn um Zahn* große Popularität und wurde in den achtziger Jahren von den Lesern der Illustrierten *FF dabei* zum Fernsehliebling gewählt.

WO DU HIN GEHST ...

RE: Martin Hellberg, BU: Martin Hellberg, Eduard Claudius, LV: Roman »Grüne Oliven und nackte Berge« von Eduard Claudius, DR: Wolfgang Ebeling, KA: Günter Eisinger, MU: Ernst Hermann Meyer, BA: Willy Schiller, Beratung: José Quevedo, KO: Hans Kieselbach, SC: Lieselotte Johl, PL: Alexander Lösche, m: 2652 = 97 min, s/w, AT: No pasarán, PJ: 1956/57, PM: 19.7.1957, PM-Ort: Berlin, »Babylon«

DA: Wolfgang Stumpf (Jakob Rhode), Gisela Trowe (Thea Ricci), Raimund Schelcher (Albert), Gerry Wolff (Samuel), Johannes Knittel (René), Josef Kamper (Lutzer), Alexander Papendiek (Juan), Otto-Erich Edenharter (Fernando), Hansjoachim Büttner (General Walter), Betty Loewen (Renés Mutter), Charlotte Küter, Friedrich Richter, Marianne Wünscher, Bella Waldritter, Hannjo Hasse u.a.

INHALT: Während der Olympiade im Berlin des Jahres 1936 verteilen Antifaschisten Flugblätter, um die ausländischen Gäste über die politischen Zustände in Deutschland zu informieren. Die Gestapo macht Jagd auf sie. Einer der Widerstandskämpfer, Jakob Rhode, entkommt mit einer Schußverletzung. Die Schweizer Ärztin Thea hilft ihm, verliebt sich in ihn. Verstehen indes kann sie seinen aussichtslos scheinenden Einsatz nicht und will ihn mit in die Schweiz nehmen. Jakob lehnt ab. Er geht nach Paris und von dort nach Spanien. Thea folgt ihm, arbeitet als Ärztin in den Internationalen Brigaden. Der Kampf läßt sie nicht zusammenfinden. Erst nach der Niederlage kreuzen sich kurz ihre Wege im Internierungslager. Er bleibt inhaftiert, sie wird in die Schweiz abgeschoben, wo sie auf Jakob warten wird.

ZUM FILM: Die Romanadaption wurde als sein zweiter Film von dem jungen Frank Beyer vorbereitet, aber während der Probeaufnahmen nahm ihm Martin Hellberg das Projekt unter fadenscheinigen Begründungen ab. Doch auch Hellberg konnte aus dem eher schwachen Buch keinen guten Film machen. Daß der Film sehr schnell wieder in der Versenkung verschwand, lag an einigen als allzu erotisch kritisierten Bordellszenen.

ECHO: An einigen Stellen war der Film – hier vom Dialog, dort von der Fotografie her – etwas plakathaft und aufdringlich, auch trat in zwei oder drei Szenen das Didaktische zu stark in den Vordergrund. Doch gleich darauf vergaß man diese wenigen einschränkenden Momente über die ständig neuen, oftmals packenden Kameraeinstellungen, die – ohne symbolhaft zu sein – das Wesen des spanischen Krieges wie des Kampfes der Unterdrückten gegen die Herren überhaupt in großartigen Bildern zeigten ... (Rainer Kerndl, *Junge Welt*, 23.7.1957)

Die Episode von der Flucht durch das Franco-Gebiet, das Sattessen im Bordell – das hätte größerer Delikatesse und vor allem größerer Straffung bedurft. Es wird mit einer gewissen Lust ausgewalzt. Die Kennzeichnung des faschistisch-imperialistischen Sumpfes durch halbbekleidete Schlagersängerinnen und Tänzerinnen sollte, inzwischen als primitiv und bis zur Unerträglichkeit exerziert, in die Mottenkiste gehören. (Karl-Eduard v. Schnitzler, *Filmspiegel* 16/1957)

Dem Regisseur Martin Hellberg ist es nicht gelungen, die moralische Unerbittlichkeit des Themas, die an alttestamentarische Moralgesetze denken läßt, im Film sichtbar zu machen. Hellberg standen mit Gisela Trowe eine ausdrucksstarke Künstlerin und mit Raimund Schelcher einer der bedeutendsten Schauspieler des deutschen Films zur Verfügung. Wie Hellberg sie veranlaßt, auf »Vollblutdramatik« zu machen, d.h. sich in Gestik und Mimik wie die Laiendarsteller eines bayerischen Bauerntheaters zu geben, ist kaum mitanzusehen. (...) Dieser Stoff wäre einer besseren Regie würdig gewesen. (Klaus Norbert Scheffler, *Wochenzeitung* 43/1957)

NEBENBEI: Für die 1922 geborene Gisela Trowe, die 1948 bei der DEFA debütiert hatte, war die Thea die letzte Rolle, die sie hier spielte. Sie ist bis in jüngste Zeit eine vielbeschäftigte Film- und Fernsehschauspielerin (z.B. ZDF-Serie *Der Landarzt*, Spielfilm *Kalt ist der Abendhauch*).

WOLZ – LEBEN UND VERKLÄRUNG EINES DEUTSCHEN ANARCHISTEN

RE: Günter Reisch, SZ: Günther Rücker, DR: Werner Beck, KA: Jürgen Brauer, MU: Karl-Ernst Sasse, SB: Dieter Adam, KO: Ewald Forchner, SC: Bärbel Weigel, PL: Manfred Renger, GR: KAG »Berlin«, m: 3003 = 110 min, fa, brw, PJ: 1973, PM: 31.1.1974, PM-Ort: Berlin, »Kosmos«

DA: Regimantas Adomaitis (Wolz), Heidemarie Wenzel (Agnes), Stanislaw Lubschin (Ludwig), Jörg Panknin (Morgner, Begleiter von Wolz), Peter Hölzel (Kassierer), Rainer Kleinstück (Rudi), Günter Drescher (Der Ältere), Klaus Gehrke (Der Lange), Wolfgang Brunecker (Agnes' Vater), Erwin Berner (ihr Bruder), Herwart Grosse (ihr Vetter), Erich Gerberding, Traute Sense (Fabrikant Rohne u. Frau), A. P. Hoffmann, Helga Göring, Günter Wolf, Horst Hiemer, Helmut Schreiber, Alfred Struwe, Hans Hardt-Hardtloff, Marylu Poolman u.a.

INHALT: Der mit einem unbändigen Haß auf die kapitalistische Ausbeuterordnung aus dem Ersten Weltkrieg heimgekehrte Ignaz Wolz führt seinen eigenen Krieg gegen die Reichen. Er beraubt sie, um den Armen zu geben. Er wird bewundert und gefürchtet. Um sich Waffen zu besorgen, überfällt er ein Polizeigefängnis, läßt die Gefangenen frei und trifft dabei seinen Kriegskameraden Ludwig wieder. Der bemüht sich, den Tatendrang des

Anarchisten in revolutionäre Bahnen zu lenken, gibt auch nicht auf, als Wolz festgenommen und zu lebenslanger Haft verurteilt wird. Die ihrer bürgerlichen Klasse abtrünnig gewordene Agnes heiratet Wolz im Zuchthaus, um den Kontakt aufrechterhalten zu können, obwohl sie Ludwig liebt. Die Genossen kämpfen unermüdlich für seine Freilassung. Nach sieben Jahren wird Wolz entlassen, aber seine anarchistische Position aufzugeben ist er nicht bereit. Er verläßt Deutschland, um einen Platz zu suchen, wo solche wie er gebraucht werden.
ZUM FILM: Das authentische Schicksal des kommunistischen Revolutionärs Max Hoelz, der in Stalins Sowjetunion unter mysteriösen Umständen umkam, gab die Vorlage für diesen Film, der sich erstmals in der DDR ernsthaft, wenn auch spielerisch mit der legitimen Möglichkeit unterschiedlicher linker Positionen auseinandersetzte.
ECHO: Diese Geschichte zwischen 1918 und 1930 ist brennend aktuell; auf der einen Seite: die wütende Leidenschaft, die mit individueller Kraft Umsturz und Revolution erzwingen will, auf der anderen: die Realität und die durch bittere Erfahrungen disziplinierte Leidenschaft der Kommunisten, die gelernt haben, daß Analyse und Geduld zu den Tugenden des Revolutionärs gehören und die Voraussetzung für wirksame Politik sind. (Peter Ahrens, *Weltbühne* 3/1974)
Trotz dialektischer Sicht, Respekt und ästhetischen Schönheiten zwiespältig: zu spät für Auseinandersetzung, zu früh vielleicht für Weisheit. (Klaus Wischnewski, *Das zweite Leben der Filmstadt Babelsberg*, 1994)
NEBENBEI: In dem 1974 urgesendeten, hochkarätig besetzten Hörspiel »Sieben Takte Tango« erzählte Autor Günther Rücker von Menschen und Geschichten, die ihm während der Dreharbeiten zu *Wolz* begegneten.
Filmtext: Wolz – Leben und Verklärung eines deutschen Anarchisten. In: Günther Rücker: Die Verlobte. Texte zu sieben Spielfilmen. Berlin: Henschelverlag 1988

WOZZECK

RE: Georg C. Klaren, BU: Georg C. Klaren, LV: Dramenfragment »Woyzeck« von Georg Büchner, Künstler. Beratung: Paul Wegener, KA: Bruno Mondi, MU: Herbert Trantow, BA: Hermann Warm, Bruno Monden, KO: Walter Schulze-Mittendorf, SC: Lena Neumann, PL: Kurt Hahne,

GR: Herstellungsgruppe Kurt Hahne, m: 2750 = 101 min, s/w, PJ: 1947, PM: 17.12.1947, PM-Ort: Berlin, Haus der Kultur der Sowjetunion
DA: Kurt Meisel (Wozzeck), Max Eckard (Büchner), Helga Zülch (Maria), Paul Henckels (Arzt), Arno Paulsen (Hauptmann), Richard Häußler (Tambour-Major), Willi Rose (Andres), Rotraut Richter (Käthe), Elsa Wagner (Großmutter), Valy Arnheim (Gerichtspräsident), Alfred Balthoff, Karl Hellmer, Friedrich Teitge, Peter Marx, Friedrich Gnass u.a.
INHALT: Im Anatomiesaal einer Universität liegt der Körper des Füsiliers Wozzeck, den man gehängt hat. »Ein Mörder«, konstatiert der Doktor. »Ein Mensch«, sagt der Student Büchner, »den wir gemordet haben.« Und er erzählt den Fall vom armen Wozzeck, der zu den Soldaten gezogen wurde und dort jede Demütigung erduldete um eines Zieles willen: Er spart jeden Groschen, um eines Tages ein bescheidenes Leben mit Marie führen zu können, die er liebt und mit der er ein Kind hat. Er erträgt die Schikanen des Hauptmanns und die skrupellosen Ernährungs-Experimente des Doktors, doch daß der stattliche Tambormajor sich an Marie heranmacht, erträgt er nicht. So wird Wozzeck zum Mörder – an Marie, die ihm das Liebste im Leben war.

ZUM FILM: Der damalige DEFA-Chefdramaturg Georg C. Klaren hatte seit den zwanziger Jahren eine Verfilmung des »Woyzeck« geplant. Für die Realisierung vergewisserte er sich der Mitarbeit einiger Künstler, die an großen deutschen Stummfilmen maßgeblich beteiligt waren: Szenenbildner Hermann Warm (*Das Cabinet des Dr. Caligari*), Kostümbildner Walter Schulze-Mittendorf (*Metropolis*) und des Regisseurs und Schauspielers Paul Wegener (*Der Golem*), der beratend mitwirkte. Klaren ließ in einer Rahmenhandlung, die weitgehend aus originalen Büchner-Zitaten bestand, den Dichter selbst vor Studenten auftreten. Die Düsterkeit des Films machte ihn nicht zu einem Publikumserfolg, aber wegen seines Symbolismus wurde er von Intellektuellen auch außerhalb Deutschlands sehr geschätzt.
ECHO: Wozzecks Quälgeister von damals leben noch heute. Nach dem Hitlerkrieg mögen sie sogar als »Mörder unter uns« leben. Der gefühllos am »Objekt« Wozzeck experimentierende Dokor, den Paul Henckels geradezu hassenswert darstellte, könnte er nicht an KZ-Häftlingen seine verbrecherischen »Forschungen« verübt haben? Und die drei Musterexemplare altpreußisch-hitlerischer Militaristen: Hauptmann, Tambourmajor, Unteroffizier, die durch Arno Paulsen, Richard Häußler und R. Lieffertz-Vincenti differenzierteste Verkörperung erhielten, sind sie nicht in lebhaftester Erinnerung als Leuteschinder, die manchen Wozzeck in der Wehrmacht seelisch und körperlich auf dem Gewissen haben? (Peter Kast, *Vorwärts*, 18.12.1947)
Das Fragment richtig ins Bild kommen zu lassen, ist jedenfalls ein großes Hindernis. Klaren macht sich mit viel Sorgfalt und keineswegs ohne Mut zu Experimenten daran; weite Strecken des Films sind (...) schräg photographiert, viele Bilder wie von außen durch eine beschlagene Fensterscheibe zu sehen, ein Spiel von eiligen Lichtrefexen ist oft auf dem Hintergrund beschäftigt. Es kommen originelle und durchaus erregende Bilder zustande, aber auch so unglückliche wie die merkwürdig platten Projektionen von Wozzecks Phantasiegebilden und -gestalten, die sein verwirrtes Hirn ersinnt. (Walter Busse, *Kurier*, 19.12.1947)

Die Kamera zeigte die Welt aus der Sicht des Helden, als Spiegel seines Seelenzustandes. Sie dämonisierte den Tambourmajor in der Szene auf dem Exerzierplatz zu einem monströsen Unhold und drückte die Kreatur Wozzeck so nachdrücklich in den Schlamm, daß allein diese Einstellung die Lage Wozzecks endgültig in jener Gesellschaft sinnfällig macht. (Christiane Mückenberger, *Das zweite Leben der Filmstadt Babelsberg*, 1994)
NEBENBEI: Als Schankmädchen Käthe spielte Rotraut Richter, Publikumsliebling der dreißiger Jahre und während des Krieges mit Filmverbot belegt, ihre letzte Rolle. Sie starb kurz vor der Premiere nur 32jährig nach einer Operation.

DER WÜSTENKÖNIG VON BRANDENBURG
(Kinderfilm)
RE: Hans Kratzert, SZ: Dieter Schubert, Inge Wüste, LV: Gleichnamige Erzählung von Dieter Schubert, DR: Dieter Wolf, KA: Wolfgang Braumann, MU: Günther Fischer, SB: Klaus Winter, KO: Barbara Braumann, SC: Rita Hiller, PL: Wolfgang Rennebarth, GR: KAG »Babelsberg«, m: 2246 = 82 min, fa, brw, PJ: 1973, PM: 5.10. 1973, PM-Ort: Berlin, »Babylon«
DA: Jörg Hochschild (Julius), Hilmar Baumann (Kaiser), Waleri Issajew (Boris), Günter Schubert (Stahlfeder), Günter Junghans (Bürgermeister), Lotte Loebinger (Großmutter), Andrea Gutsche (Ulrike), Sabine Lorenz (Hamila), Heinz Scholz (Alois), Peter Heiland (Polizeichef Bruno), Arnim Mühlstädt, Horst Kube, Frank Michelis, Klaus Gehrke, Werner Dissel u.a.
INHALT: In den ersten Nachkriegstagen streift der elfjährige elternlose Julius, der aus dem zerbombten Berlin geflohen ist, durch den Wald. Gleichzeitig mit dem aus der Haft befreiten Kommunisten Kaiser findet er ein Pferd. Im nächsten Ort melden sie sich beim sowjetischen Kommandanten. Der macht Kaiser zum Direktor eines am Ortsrand lagernden Wanderzirkus, dessen große Attraktion ein Löwe ist. Der hat, wie die Menschen, Hunger. Kaiser will das Pferd opfern, doch Julius flieht mit ihm. Er erlebt einige Abenteuer, lernt das Mädchen Ulrike kennen, verteidigt mit ihr das Pferd gegen einen Schieber. Inzwischen ist der Löwe ausgebrochen, und auf dem Marktplatz bedroht er Ulrike. Um sie zu retten, schiebt Julius dem Löwen das Pferd hin. Doch der frißt keine Pferde, weil er sie vom Zirkus kennt. So werden die beiden, Löwe und Pferd, eine Zirkusnummer, während Julius und Kaiser zusammen nach Berlin gehen.
ZUM FILM: Der Film, den Hans Kratzert mit Geschick und Ironie inszenierte, war spannend und konnte Kindern das Verständnis für eine zurückliegende Epoche vermitteln.
ECHO: Der erste Teil des Films mit der typischen Nachkriegssituation und mit russischen Dialogen mag sich den Kindern wohl kaum erschlossen haben: die Unruhe im Kinosaal bei der Filmpremiere bewies es. Und die Größeren werden mit Recht gefragt haben, warum eigentlich die Erwachsenen oft so primitiv dargestellt worden sind. Überforderung und Unterforderung – beides wurde nicht vermieden. (e.o., *Neue Zeit*, 3.11.1973)
Obwohl die Handlung in einer Zeit angesiedelt ist, die die jungen Zuschauer nicht kennen, ist es dem Schöpferkollektiv gelungen, wichtige Details der Entwicklung in den schweren Jahren von damals begreifbar zu machen. Trotz magischer Züge in einigen Passagen verliert der Film nie den heiter-optimistischen Grundton. (Joachim Giera, *Bauernecho*, 6.12.1973)
Für die gute Portion Klischee entschädigen die kleinen satirischen Spitzen. So entsteht beiläufig ein zeitgeschichtliches Porträt, das mit Witz, Einfallsreichtum und einer ausgefeilten Bildsprache präsentiert wird. Regisseur Hans Kratzert ist mit dieser, seiner zweiten Produktion für Kinder eine seiner besten Arbeiten gelungen, ein ungewöhnlicher Film, der zu Unrecht vom Publikum und der Kritik kaum wahrgenommen wurde. (*Zwischen Marx und Muck*, 1996)
NEBENBEI: Die Aufnahmen mit dem Löwen entstanden mit Unterstützung des Leipziger Zoologischen Gartens.

WYBOR ZELI
→ *WAHL DES ZIELS*

Z

ZAR UND ZIMMERMANN

RE: Hans Müller, BU: A. Arthur Kuhnert, LV: Freie Bearbeitung der gleichnamigen komischen Oper von Albert Lortzing, DR: Hans-Joachim Wallstein, KA: Joachim Hasler, MU: Albert Lortzing, MB: Gerd Natschinski, ML: Hans Löwlein, BA: Erich Zander, KO: Vera Mügge, SC: Hildegard Tegener, PL: Harry Studt, m: 2765 = 101 min, fa, PJ: 1955, PM: 18.5.1956, PM-Ort: Berlin, »Babylon«/»DEFA-Filmtheater Kastanienallee« DA: Willy A. Kleinau, GE: Heinrich Pflanzl (van Bett, Bürgermeister von Saardam), Bert Fortell, GE: Josef Metternich (Peter Michailow), Lore Frisch, GE: Ingeborg Wenglor (Marie), Günther Haack, GE: Gerhard Unger (Peter Iwanow), Walther Süssenguth (Admiral Lefort), Erich Arnold (Marquis Chateauneuf), Kurt Mühlhardt (Lord Syndham), Paula Braendt (Witwe Brouwe), Charles H. Vogt, Leonhard Ritter, Joachim Tomaschewsky, Hildegard Diestelmann u.a., GE: Chor der Deutschen Staatsoper

INHALT: Lortzings Oper führt ins holländische Saardam, wo sich Peter I. inkognito aufhält, um die Kunst des Schiffbaus zu erlernen. Auf der Werft allerdings arbeiten zwei Russen namens Peter, und die den Zaren suchenden Abgesandten aus England und Frankreich haben Mühe, den richtigen zu finden. Auch Marie, der beide den Hof machen, kennt ihn nicht. Der Zar, der auf Anraten seines Vertrauten Lefort die Heimreise vorbereitet, verbündet sich mit seinem Namensvetter. So regelt er geschickt die politischen wie die persönlichen Angelegenheiten. Zar Peter verabschiedet sich, und der Zimmermann Peter bekommt seine Marie. Zurück bleibt Saardams aufgeplusterter Bürgermeister van Bett, der extra für den Zaren einen Choral verfaßt hatte ...

ZUM FILM: Die von Hans Müller geschickt ins Filmische umgesetzte Opern-Adaption war der erste DEFA-Film, der in Normal- und Breitwandformat hergestellt wurde.

ECHO: So wird vor allem die Schaulust mittels humoriger optischer Einfälle und der an Gemälde alter holländischer Meister erinnernden Kompositionen vollauf befriedigt. Das Ohr bleibt bei dieser Augenweide allerdings nicht ganz so intensiv beteiligt. Mir will scheinen, daß die musikalische Interpretation – wieviel Anerkennung das DEFA-Sinfonieorchester und der Chor der Deutschen Staatsoper unter der Leitung Hans Löwleins auch verdienen – mitunter zu sehr dem Optischen, der berstend turbulenten Fülle mancher Bilder angepaßt wurde, statt umgekehrt. (Peter Edel, *BZ am Abend*, 29.5.1956)

Die grellbunte, einige Male etwas aufdringliche Optik des Streifens, mit turbulenten Massenszenen des Flandernvölkchens, mit deftigen Situationen ist das hervorstechende Merkmal – kaum, daß das Auge einmal zur Ruhe kommt. Der Ablauf der Handlung geschieht vor diesem vollsaftigen Hintergrund in freier Variierung der ursprünglichen Fabel. (E. K., *Neues Deutschland*, 1.6.1956)

NEBENBEI: Der Österreicher Bert Fortell (1924 – 1996), der den Zaren spielte, war der Vater des aus TV-Serien bekannten Albert Fortell.

EINE ZAUBERHAFTE ERBSCHAFT

(Co-Produktion DDR/CSSR, Kinderfilm)

RE: Zdenek Zelenka, CO-RE: Michael Kann, BU: Josef Hanzlik, Zdenek Zelenka, LV: Gleichnamige Novelle von Vaclav Rezac, DR: Jirí Svejda, Carmen Blazejewski, KA: Viktor Ruzicka, MU: Jirí Svoboda, SB: Christoph Schneider, Jirí Hlupy, KO: Marta Kaplerová, SC: Petr Sitár, PL: Vladimir Vojta, Dietmar Richter, GR: GR »Roter Kreis«, m: 2213 = 82 min, fa, PJ: 1985, PM (DDR): 13.7.1986, PM-Ort: Berlin, »Colosseum«, CO: Filmstudio Barrandov, Prag/ 6. Dramaturgen- u. Produktionsgruppe, Tschech. Titel: Carovné dedictví

DA: Martin Pert (Vitek), Rudolf Stedry (Hynek), Tereza Chudobová (Majda), Milos Kopecky (Trödler), Ljuba Skorepová (Agatha), Jirí Kodet (Fürst), Fred Delmare (Baron), Jörg Panknin (Mützenmacher), Jan Spitzer (Kornett), Peter Heiland (Böttcher) u.a.

INHALT: Ein größenwahnsinniger Barockfürst bereitet einen Krieg vor, um seine Macht zu vergrößern. Dabei soll ihm eine Zaubermütze dienlich sein, die ihm ein Trödler und die alte Haushälterin Agatha beschaffen wollen. Sie vermuten sie bei einem Mützenmacher, den der Fürst verhaften läßt. Des Mützenmachers Sohn Vitek und dessen Freunde kommen den Gaunern jedoch zuvor. Sie finden die Mütze auf dem Dachboden, begreifen schnell, wie man mit ihr umgeht, und benutzen die Zauberkraft gegen den Fürsten. Die Kinder befreien die Gefangenen, das ganze Volk zieht auf die Burg und jagt den Fürsten davon.

ZUM FILM: Obwohl sich mit dem DEFA-Spielfilmstudio und Barrandov Prag zwei der kompetentesten Produzenten von Kinderfilmen zusammentaten, kam nur ein durchschnittlicher, in manchen Punkten unstimmiger Märchenfilm dabei heraus.

ECHO: Es kommen allzu viele Elemente ins Spiel und nicht unter einen Hut. Ernst zu nehmende Szenen, wie die Verwüstung der Stadt durch die fürstlichen Reiter, vertragen sich nicht recht mit belanglos Beiläufigem, komisch sein wollenden Reaktionen darauf. (...) So zappelt der Film mehr als er verzaubert und geht eigentlich erst mit der kuriosen Kanone von Szenenbildner Christoph Schneider los – durch die sich der Fürst samt Spitzenjabot und Lockenperücke selbst zum Teufel bzw. auf die Kirchturmspitze schießt. (Irma Zimm, *BZ am Abend*, 29.7.1986)

Bei der Auswahl der Drehorte ist man wohl davon ausgegangen, daß zu einer Handlung, die etwa um 1700 angesiedelt ist, auch uralte Gebäude gehören müssen. Da kann das Wohnviertel der Handwerker eben nicht schäbig genug sein, die Hütten fallen bald auseinander, der Putz ist stockig und bröckelt. Diese Häuser, die heute noch stehen, waren damals aber noch neu und wurden von ihren Besitzern liebevoll gepflegt – wie hätten sie sonst Jahrhunderte überdauern können? Zum anderen gehörten die Handwerker nie zu den Ärmsten der Armen. Hier liegen wohl einige Fehler in der Betrachtungsweise. (Margitta Fahr, *Film und Fernsehen* 2/1987)

NEBENBEI: Regisseur Zdenek Zelenka konnte 1986 Preise auf den Festivals von Trutnov und Gottwaldov entgegennehmen. – Milos Kopecky, dem man das Vergnügen an der Rolle des Trödlers anmerkt, war in der Titelrolle des Films *Baron Münchhausen* bekannt geworden und zählte zu den beliebtesten tschechischen Komikern.

DAS ZAUBER-MÄNNCHEN

(Kinderfilm)

RE: Christoph Engel, CO-RE: Erwin Anders, BU: Gudrun Rammler, Margot Beichler, Christoph Engel, LV: Märchen »Rumpelstilzchen« der Brüder Grimm, in der Bühnenbearbeitung von Günter Kaltofen, DR: Gudrun Rammler, Margot Beichler, KA: Erwin Anders, MU: Wolfgang Pietsch, BA: Ernst-Rudolf Pech, KO: Ingeborg Wilfert, SC: Anneliese Hinze-Sokolow, PL: Werner Dau, m: 2006 = 74 min, fa, AT: Rumpelstilzchen, PJ: 1959/60, PM: 29.7.1960

DA: Siegfried Seibt (Rumpelstilzchen), Karl-Heinz Rothin (Müller Kunz), Karin Lesch (Marie, seine Tochter), Reinhard Michalke (Müllerbursche Hans), Peter Dommisch (Einfältiger Nachbar), Nikolaus Paryla (König), Bodo Mette (Schatzmeister), Hans Flössel, Hans-Hartmut Krüger, Franz Bonnet, Werner Pfeifer u.a.

INHALT: Die Prahlsucht des Müllers Kunz bringt dessen Tochter Marie als Gefangene ins Schloß. Kunz hatte behauptet, sie könne Stroh zu Gold spinnen, und so soll sie nun die leeren Kassen des

Königs füllen. Der verzweifelten Marie erscheint plötzlich ein Männchen und spinnt das ganze Stroh zu Gold. Diese Hilfe aber hat ihren Preis: Das Männchen verlangt das erste Kind der Marie. Nach einem Jahr, Marie ist inzwischen die Frau des jungen Königs, kommt ihr Kind zur Welt. Das Männchen will nun seine Belohnung. Die erschrockene Marie fleht das Männchen an, ihr das Kind zu lassen. Dieses zeigt Großmut und ist unter der Bedingung, daß Marie seinen Namen errät, zum Verzicht bereit. Mit Hilfe des Müllerburschen Hans kommt es zum glücklichen Ende.
ZUM FILM: Der Schauspieler Christoph Engel inszenierte den Film unter Beteiligung des Kameramannes Erwin Anders auf Grundlage seiner Inszenierung am Hans-Otto-Theater Potsdam. Zuvor war *Rumpelstilzchen* von der DEFA bereits als Silhouettenfilm auf die Leinwand gebracht worden.
ECHO: Jedoch, und das scheint mir ein Verdienst der Kamera und der Mitregie von Erwin Anders zu sein, gelang es im *Zaubermännchen,* den starren Szenenablauf optisch wirksam umzusetzen. Vor allem Großaufnahmen und gut durchdachte Schnitte halfen dabei. (Cz., *BZ am Abend*, 12.8. 1960)

NEBENBEI: Nikolaus Paryla, Sohn des Schauspielers und Regisseurs Karl Paryla, trat als König in seiner einzigen großen DEFA-Rolle auf. Er zählt heute zu den bedeutenden Charakterkomikern Österreichs.

ZEIT DER STÖRCHE

RE: Siegfried Kühn, SZ: Regine Kühn, LV: Gleichnamige Erzählung von Herbert Otto, DR: Gerhard Hartwig, KA: Erich Gusko, MU: Hans J. Wenzel, SB: Georg Kranz, KO: Rita Bieler, SC: Helga Krause, PL: Horst Dau, GR: KAG »Roter Kreis«, m: 2454 = 90 min, fa, PJ: 1970, PM: 3.9.1971, PM-Ort: Leipzig, »Capitol«

DA: Heidemarie Wenzel (Susanne Krug), Winfried Glatzeder (Christian Smolny), Jürgen Hentsch (Wolfgang Fischer), Hilmar Baumann (Bohrmeister Max Schlosser), Petra Hinze (Gisela Erdmann), Volkmar Kleinert (»Einstein«), Wolfgang Winkler (Karl Kramer), Volkmar Kleinert (»Einstein«), Manfred Borges (Eduard), Reimar-Joh. Baur (Löffler), Hans Teuscher, Doris Thalmer, Maria Rouvel, Gisela Bestehorn, Angela Brunner u.a.

INHALT: Die prinzipienfeste Lehrerin Susanne Krug, Kandidatin der SED, lebt mit dem Wissenschaftler Wolfgang zusammen. Zwei Jahre, die nicht aufregend, aber harmonisch waren. Vor der bereits angesetzten Hochzeit will Susanne noch einen Besuch bei ihrer Freundin in einem kleinen Dorf machen. Auf der Reise lernt sie Christian kennen. Er arbeitet auf einem Erdgasbohrturm, führt ein unkonventionelles, lockeres Leben, nimmt es auch mit der Liebe nicht so ernst. Bei Susanne empfindet er erstmals mehr, verliebt sich wirklich. Auch sie verliebt sich, kann sich aber mit seiner Lebenseinstellung nicht anfreunden. Es kommt zum Streit. Zurück bei Wolfgang wird ihr jedoch klar, daß sie zu Christian gehört. Sie arrangiert ein Wiedersehen mit ihm, der inzwischen auch bereit ist, sich zu ändern.
ZUM FILM: Siegfried Kühn erzählte in der Adaption einer Erzählung von Herbert Otto eine Liebesgeschichte zwischen gesellschaftlich aktiven Menschen vor dem Hintergrund der »wissenschaftlich-technischen Revolution« und lehnte sich – als Absolvent der Moskauer Filmhochschule WGIK – an thematisch ähnlich gelagerte sowjetische Gegenwartsfilme an.

ECHO: Der in seinem Grundtenor heitere Film vermittelt in poetischer Weise Grundzüge unseres (...) Lebensgefühls. Die Baustelle, wie die mecklenburgische Landschaft mit dem Dorf, den Wiesen, Teichen und den – hier zum Symbol gewordenen – fliegenden Störchen sind organisch in die Handlungsführung und die Bildgestaltung einbezogen. Siegfried Kühn beweist damit seine Regiebegabung. (Manfred Jelenski, *Morgen*, 25.7.1971)

Ein Gebrauchsfilm im guten Sinne, mit einigen Ambitionen gemacht, aber mehr eine Arbeit, die man solide ausführt, als eine Herzenssache. (Rolf Richter, *DEFA-Spielfilm-Regisseure und ihre Kritiker*, 1981)

NEBENBEI: Der Theaterregisseur und Gelegenheitsschauspieler Fritz Marquardt ist hier am Rande der Handlung zum ersten Mal in der »Rolle seines Lebens« zu sehen, die er kurz darauf bei Siegfried Kühn ganz zentral in → *Das zweite Leben des Georg Friedrich Wilhelm Platow* spielen wird: als Schrankenwärter.

ZEIT ZU LEBEN

RE: Horst Seemann, SZ: Wolfgang Held, DR: Walter Janka, KA: Helmut Bergmann, MU: Klaus Hugo, SB: Dieter Adam, KO: Elisabeth Selle, Wolfgang Friedrichs, SC: Bärbel Weigel, PL: Alexander Lösche, GR: KAG »Babelsberg«, m: 2842 = 104 min, fa, Cine, PJ: 1969, PM: 25.9.1969, PM-Ort: Berlin, »International«

DA: Leon Niemczyk (Lorenz Reger), Jutta Hoffmann (Katja Sommer), Jürgen Hentsch (Fred Sommer), Traudl Kulikowsky (Monika May), Frank Schenk (Klaus Reger), Fred Delmare (Alfred Kalabis), Dieter Wien (Rudi Sprengler), Iwan Perewersew (Prof. Rossow), Johannes Wieke (Herwart Suschke), Werner Lierck (Hein), Hans Hardt-Hardtloff (Pförtner Hempel), Mathilde Danegger (Großmutter Reger), Erik S. Klein, Gudrun Ritter, Jürgen Frohriep, Uwe-Detlev Jessen, Marie-Anne Fliegel, Carmen-Maja Antoni, Hannelore Erle, Wolfgang Greese u.a., GE: Christel Schulze

INHALT: Lorenz Reger, Widerstandskämpfer und Kommunist, hat nach dem Krieg seine ganze Kraft für den Aufbau eines sozialistischen deutschen Staates eingesetzt. Als er erfährt, daß er unheilbar krank ist, rät ihm der Arzt, endlich zur Ruhe zu kommen. Reger aber entscheidet sich, noch einmal eine große Aufgabe zu übernehmen: einen heruntergewirtschafteten Großbetrieb auf Weltniveau zu bringen. Für ihn hat das Leben keinen Sinn ohne schöpferische Arbeit. Es gelingt ihm in kurzer Zeit, zwischen den Mitarbeitern und der neuen Leitung ein Vertrauensverhältnis herzustellen. Unter den veränderten Bedingungen gewinnt der Arbeiter Kalabis seinen alten Elan zurück. Dem Ehepaar Katja und Fred Sommer verhilft Reger zu neuen Perspektiven, indem er Freds seit Jahren ignorierte Entwicklung eines elektronischen Rechners fördert und dessen Frau durch Beschaffung eines Krippenplatzes die Wiederaufnahme ihrer Arbeit ermöglicht. Sein beispielhafter Einsatz überzeugt schließlich auch den Sohn Klaus, der sich oft vernachlässigt fühlte. Reger hat es geschafft, den Betrieb zu einer positiven Bilanz zu führen, indem er die Menschen motivierte. Sein Vorbild wirkt über seinen Tod hinaus.

ZUM FILM: Horst Seemanns erster von drei Filmen, in denen er sich mit dem Zusammenleben von Menschen im Zeichen der sozialistischen Forschung und Produktion auseinandersetzte, war zugleich der erfolgreichste. Noch glaubten Filmemacher und Zuschauer an viele Illusionen.

ECHO: Horst Seemann (...) gelang trotz der tragischen Ausgangsposition ein optimistischer, poetischer, kritischer, in vielen Passagen sogar humorvoller Film. Der Regisseur Seemann ist dem Drehbuchautor Seemann haushoch überlegen. Er denkt optisch: die Schönheit speziell der Großaufnahmen kann fast immer die latente Oberflächlichkeit eines Dialogparts wettmachen. Glücklicherweise hatte er mit Helmut Bergmann einen Kameramann zur Seite, der seinem berühmten Bruder Werner Bergmann kaum nachsteht. (Renate Holland-Moritz, *Eulenspiegel*, 3. Oktober-Ausgabe 1969)
Im übrigen wird die Schönheit des DDR-Daseins (...) mit Vorliebe durch dezente Bettszenen, ausgelassene Tänze, lachende Kinder, Familienidylle und den Blick der Kamera auf moderne Neubauten demonstriert. (Heinz Kersten, 1970, zit. nach *So viele Träume*)
Statt hölzerner Verbalagitation schiebt sich die vehement agitatorische Überredungskraft der Bilder in den Vordergrund, die politische Affirmation wird geadelt durch ewige Emotionen, Liebe, Krankheit, Tod. (...) *Zeit zu leben* wurde ein überraschender Erfolg, offenbar als Kinoereignis faszinierend und identitätsstiftend, konfliktvoll und immer angenehm, der seltene Fall der Übereinstimmung von offiziellem Wohlwollen und Wohlbefinden der Zuschauer. (Klaus Wischnewski, *Das zweite Leben der Filmstadt Babelsberg*, 1994)
NEBENBEI: Der Film wurde teilweise im VEB Büromaschinenwerk Sömmerda gedreht. Die Szenen in der Sowjetunion unterstützten Studios in Moskau und Odessa.

ZILLE UND ICK

RE: Werner W. Wallroth, SZ: Dieter Wardetzky, LV: Musical »Der Maler von Berlin« von Dieter Wardetzky und Peter Rabenalt, DR: Gerd Gericke, KA: Wolfgang Braumann, MU: Peter Rabenalt, SB: Erich Krüllke, KO: Barbara Braumann, SC: Thea Richter, PL: Hans-Erich Busch, GR: GR »Johannisthal«, m: 3248 = 119 min, fa, brw, PJ: 1982/83, PM: 27.9.1983, PM-Ort: Berlin, »Kosmos«

DA: Kurt Nolze (Heinrich Zille), Daniela Hoffmann, GE: Christine Wieland (Jette Kramer), Thomas Zieler, GE: Carsten Mewes (Ede Schmidt), Doris Abeßer (Luise Kramer), Helmut Schreiber (Diestelmeyer), Hans-Otto Reintsch (Hugo Diestelmeyer), Marianne Wünscher (Wanda Senfmilch), Erik S. Klein (F. W. König), Eckhard Müller (Pluto), Angela Brunner (Olga), Marliese Mirkoff (Grete), Mona Stein (Emma), Uwe Zerbe, Fred Delmare, Paul Berndt, Berthold Schulze, Lydia Billiet, Wolfgang Borkenhagen, Hans Klering, Gertraut Last, Hadmut Fritsche u.a.

INHALT: Zu Beginn unseres Jahrhunderts in Berlin, Heinrich Zille ist um die vierzig. Die Anstellung bei der Photographischen Gesellschaft, für die er seit dreißig Jahren arbeitet, ist ihm hinderlich. Er möchte lieber Tag und Nacht malen. Als er jedoch entlassen wird, ist das ein harter Schlag für ihn, er steht mittellos da. Er will sich mit den Armen seines Viertels solidarisieren, doch sie mögen den komischen Kauz nicht, der ständig mit Skizzenblock und Bleistift hinter ihnen her ist. Es dauert einige Zeit, bis sie merken, daß er es ehrlich meint. Eine besonders freundschaftliche Beziehung verbindet ihn mit der Hinterhofsängerin Jette, die aus dem Milieu heraus will, beim Tingeltangel unterkommt, von einem Fabrikantensohn verführt und sitzengelassen wird. Schließlich erkennt sie, daß der

Schlafbursche Ede in der elterlichen Wohnung, der sie schon lange liebt, doch der Richtige ist.
ZUM FILM: Einer der seltenen Versuche der DEFA im Musical-Genre: Nachdem Horst Bonnet die Regie abgelehnt hatte, inszenierte Werner W. Wallroth das Musical zwischen Sozialdrama und Berliner Volksstück.
ECHO: Der Film ist im Zusammengehen von Handlung, Musik, Tanz geschickt inszeniert, auch optisch musikalischer umgesetzt. Und ich glaube auch, daß diese Arbeit internationalen Maßstäben standhalten kann. (...) Mag sein, daß mancher die schlaglichtartig überhöhten Szenen und punktuellen Einschnitte (obdachlose Penner, verhärmte sieche alte Frau) als aufgesetzt, als zu starken sozialkritischen Aplomb empfinden wird. Mir schienen sie eher als ein Mittel, der Gefahr einer proletarischen Idylle entgegenzuwirken, die ja ungeachtet stadtlandschaftlicher Milieu-Genauigkeit über der Sache schwebt. Die von der Kamera Wolfgang Braumanns eingefangene überschäumende Turbulenz eines Tanzlokals, wie die unzimperliche Sinnlichkeit des Freibadlebens könnten schnell die Schattenseiten einstigen proletarischen Lebens vergessen machen. Das braucht die hier gesetzten Kontraste. (Wolfgang Lange, *Film und Fernsehen* 12/1983)
Kein Wunder, daß das als Vorlage genannte Musical »Der Maler von Berlin« nie das Rampenlicht erblickt hat. Die Musik Peter Rabenalts bedient sich aller möglichen Vorbilder zwischen Jacques Offenbach und Kurt Weill, begibt sich manchmal eher aufs Glatteis schlechter großer Oper, als daß sie den richtigen Musical-Ton findet. Beim Verlassen des Kinos hatte ich schon keine einzige Note mehr im Gedächtnis. (Heinz Kersten, *RIAS Berlin*, 14.7.1983)
NEBENBEI: Hauptdarsteller Kurt Nolze war ein anerkannter Chansonnier, der hier seine bedeutendste Filmrolle spielte. – Werner Lierck, beliebter Komiker der fünfziger bis siebziger Jahre, nahm mit diesem Film in gleich mehreren kleinen Rollen Abschied von der Leinwand. Er starb nach längerer Krankheit 1985.

ZIRRI – DAS WOLKENSCHAF

(Kinderfilm)
RE: Rolf Losansky, BU: Rolf Losansky, LV: Frei nach einem Kinderbuch von Fred Rodrian, DR: Thea Richter, KA: Peter Badel, MU: Reinhard Lakomy, SB: Hans-Jürgen Deponte, KO: Barbara Braumann, TR: Manfred Bofinger, Frank Wittstock, Tony Loeser u.a., SC: Ursula Henning, PL: Ralph Retzlaff, m: 1687 = 62 min, fa, PJ: 1992, PM: 11.11.1993, PM-Ort: Berlin, »International«
DA: Babett Ikker (Schiene) (Bobby), Walfriede Schmitt (Oma), Günter Grabbert (Opa), Dietmar Richter-Reinick (Viehdoktor), Karin Düwel (Schornsteinfeger), Inka Groetschel (Himmel-Helga), Günther Junghans (Feuerwehrhauptmann), Fred Delmare (Schnapsfabrikant), Gojko Mitic (Kutscher), Pierre Bliß (Zauberer), Martin Müller-Kürsten, Sebastian Senft, Andrea Solter, Bernd-Uwe Reppenhagen, Detlef Neuhaus u.a.
INHALT: Christine, genannt Schiene, wohnt in Potsdam in der Baumstraße, in der es keine Bäume gibt, dafür aber viele Autos. Sie will zu den Großeltern aufs Land, und der Viehdoktor nimmt sie in seinem Bus mit, der sich in die Lüfte erhebt und den Stau überfliegt. Beim Schäferkarren des Opas wird ein großes Festessen für sie veranstaltet. Schiene findet ein weißes Wolkenschaf, das von schwarzen Wolken vom Himmel gestoßen wurde. Es bittet Schiene, ihm wieder hinaufzuhelfen. In die Aktion werden Schienes

Oma, die Artisten aus dem Zirkus und die Männer von der Feuerwehr einbezogen. Diese bringen das Schaf mit der großen Leiter an den Himmel zurück. Dabei müssen auch die gefährlichen schwarzen Wolken des Schnapsfabrikanten besiegt werden. Schienes Freunde blasen sie mit der Windmühle weg, und nun schwebt das weiße Wolkenschaf davon.

ZUM FILM: Der letzte Kinderspielfilm der DEFA war gewissermaßen das Remake des DEFA-Puppentrickfilms *Das Wolkenschaf*, den Katja Georgi 1960 gedreht hatte.

ECHO: *Zirri – Das Wolkenschaf* ist ein Film für die kleinsten Kinobesucher. Beim Augsburger Kinderfilmfestival haben ihm die Sechs- bis Neunjährigen ihren Preis gegeben. (...) Der Film lebt von seinen lustigen Einzelheiten. (...) Und er lebt von der hübschen Mischung von Real- und Zeichentrickfilm. Zirri ist ein liebevoll gezeichnetes Kuscheltier, während die ebenfalls gezeichneten schwarzen Wolken aus der Pfeife und dem Schornstein des Schnapsfabrikanten bösartig wild über die Leinwand fegen. Dieser Bösewicht ist für erwachsene Zuschauer natürlich die interessanteste Figur: Sie steht ja nicht nur für Umweltverschmutzung, sondern – so ist zu vermuten – auch für den Kapitalismus aus dem Westen, den die Treuhand ins Land gebracht hat. (Wilhelm Roth, *epd Film* 12/1993)

Man macht sich nicht mit ihnen (den Hauptthelden, f.b.h.), sondern über sie lustig, und das läßt dann Kinder verfrüht aussteigen. Und wenn sie ausgestiegen sind, qwird ihnen auch die mangelhafte Tricklösung des Wolkenschafs auffallen. Hier merkt man ganz entschieden dem Film das eingestrichene Budget an. Wenn Streichelbewegungen durch das Schäfchen hindurchgehen oder nicht die mindeste »Fell«animation bei Berührung erfolgt, so ist das zwar einfacher und dadurch billiger, aber eben ungekonnt. (Gunter Friedrich, *Film und Fernsehen* 2/1993)

NEBENBEI: Der Film, der mit der Unterstützung des Circus Hein entstand, erhielt 1993 internationale Preise: den »Golden Prize Cairo« in Ägypten, ein »Certificat« in Peking/China und in Deutschland den »Augsburger Kinderfilmdrachen«.

ZU JEDER STUNDE

RE: Heinz Thiel, BU: Lothar Dutombé, DR: Dieter Scharfenberg, KA: Erwin Anders, MU: Helmut Nier, BA: Ernst-Rudolf Pech, KO: Lydia Fiege, SC: Wally Gurschke, PL: Siegfried Nürnberger, GR: Gruppe »Heinrich Greif«, m: 2316 = 85 min, s/w, AT: Ein heißer Sommer, Nationale Volksarmee, PJ: 1959, PM: 29.1.1960, PM-Ort: Berlin, »Babylon«

DA: Reinhold Stövesand (Martin Kraft, Grenzsoldat), Erika Radtke (Renate Wedel, Tochter des Wedelbauern), Hans-Peter Minetti (Hermann Höhne, Oberleutnant und Kompaniechef), Roman Silberstein (Heinz Tröger, Leutnant und Politstellvertreter), Manfred Borges (Schlegel, Stabsgefreiter), Günther Haack (Bruno Zimmer, Gefreiter), Erich Franz (Bauer Grabow), Otmar Richter (Felix, sein Sohn), Hans Finohr, Rolf Ripperger (Arthur u. Fred Wedel), Harry Hindemith, Horst Kube, Fritz Diez, Werner Lierck, Klaus Gendries u.a., GE: Hans-Beimler-Ensemble der Deutschen Grenzpolizei

INHALT: Soldat Martin Kraft wird nach einem Lehrgang in ein thüringisches Grenzdorf versetzt. Bei einem Sturm rettet er die verunglückte Bauerntochter Renate und verliebt sich in sie. Deren Vater hat sie aber bereits dem Sohn des Groß-

bauern Grabow versprochen. Um sie von Martin zu trennen, schickt er die Tochter nach Eisenach. Im Dorf bereitet Grabow inzwischen im Auftrag des ehemaligen Gutsherrn einen Sabotageakt und seine Flucht vor. Er gewinnt den bei ihm verschuldeten Gefreiten Zimmer zur Unterstützung. Bei der gemeinsamen Streife versucht Zimmer, auch Martin mit hineinzuziehen. Der weigert sich aber und benachrichtigt die Kompanie. In einem dramatischen Kampf können die Verbrecher, die die LPG-Gebäude bereits in Brand gesteckt haben, gestellt werden.
ZUM FILM: Der Film setzte eine kolportagehafte Handlung in Gang, deren Wirkungsabsicht die Erhöhung der Verteidigungsbereitschaft an der Grenze zur Bundesrepublik war.
ECHO: Unsere Grenzpolizei hat die schwere und verantwortungsvolle Aufgabe, täglich und zu jeder Stunde die Deutsche Demokratische Republik vor Provokationen der revanchelüsternen Kräfte in der Bundesrepublik zu schützen. Die DEFA hat sich ein großes Verdienst erworben, indem sie diesen ersten Film über unsere Grenzpolizei gedreht hat. (...) Trotz der (...) Mängel gibt der Film aber ein parteiliches und interessantes Bild aus dem Leben unserer Republik; wichtige Probleme werden spannend und erregend gestaltet, und so ist er ein weiterer wertvoller Beitrag zur künstlerischen Bewältigung unserer sozialistischen Gegenwart. (Wolfgang Gersch, *Junge Welt*, 30.1.1960)
Leider konzentriert sich Regisseur Heinz Thiel auf die vielen Äußerlichkeiten, anstatt sie zusammenzufügen. Manches gute Wort bleibt inmitten einer Fülle banaler Dialoge toter Buchstabe, und Kraftausdrücke an anderer Stelle helfen da als Ausgleich auch nicht weiter. (Leo Menter, *BZ am Abend*, 2.2.1960)
... verdient hervorgehoben zu werden die saubere Atmosphäre, die der Film ausstrahlt. Sowohl die Beziehungen der Genossen Soldaten untereinander, ihr Verhältnis zum Kompanieführer, als auch die Neigung zweier junger Menschen füreinander sind so natürlich dargestellt, daß sich der Betrachter trotz künstlerischer Mängel von Reinhold Stövesand und Erika Radtke willig gefangennnehmen läßt. (K. H. H., *Sozialistische Demokratie*, 19.2.1960)
NEBENBEI: In seinem Anekdotenbuch *Die nackte DEVA* (1996) berichtete Regisseur Heinz Thiel, daß die für den Schauspieler Otmar Richter besonders unangenehme Szene, in der er von seinem Filmvater Erich Franz kräftig geohrfeigt wird, zehnmal wiederholt werden mußte, bis sie perfekt war. In der Mustervorführung wurde aber ein Negativschaden auf dem Film festgestellt, so daß Nachaufnahmen erforderlich waren. Thiel schreibt: »Otmar Richter ergab sich still in sein Schicksal. Allseits trainiert, war diesmal die Aufnahme schon beim dritten Mal im Kasten. ›Darauf einen Dujardin!‹, atmete der Gezüchtigte erleichtert auf, auch wenn aus seiner Spende – von allen Beteiligten freudig begrüßt – umstandshalber eine Runde Nordhäuser Doppelkorn wurde.«

ZÜND AN, ES KOMMT DIE FEUERWEHR

RE: Rainer Simon, SZ: Manfred Wolter, DR: Barbara Rogall, KA: Roland Dressel, MU: Reiner Bredemeyer, SB: Hans Poppe, KO: Werner Bergemann, SC: Helga Krause, PL: Hans-Erich Busch, GR: AG »Babelsberg«, m: 2583 = 95 min, fa, brw, AT: Die Feuerwehr von Siebenlehn, PJ: 1978, PM: 8.2.1979, PM-Ort: Berlin, »International«

Zünd an, es kommt die Feuerwehr

DA: Winfried Glatzeder (Franz Kaden), Rolf Ludwig (Müller), Kurt Böwe (Zetsche), Günter Junghans (Nendel), Jürgen Gosch (Struwe), Renate Krößner (Lene), Katrin Martin (Marie), Klaus Brasch (Rudolf), Hannes Fischer (Karl May), Curt Sperling (Bismarck), Gudrun Ritter, Hans-Dieter Schlegel, Harry Merkel, Christa Gottschalk, Kurt Radeke, Fritz Marquardt, Michael Gwisdek, Willi Scholz, Lothar Förster, Käthe Reichel u.a.

INHALT: Der Freiwilligen Feuerwehr von Siebenthal mangelt es an Bränden, um sich zu bewähren. Als einer der ihren, Gastwirt Zetsche, vor dem Ruin steht, da seine auf einem alten Silberbergwerk erbaute Wirtschaft einzustürzen droht, weiß man Abhilfe. Da Zetsche eine Brandversicherung hat, will man dem Einsturz mit einem Feuer zuvorkommen. Das Unternehmen mißlingt. Als Ablenkungsmanöver wird nun erst einmal das Gefängnis angezündet. Einen entgegen ihren Informationen einsitzenden Dieb kann Hauptmann Kaden in einer heldenhaften Aktion retten. Das bringt der Feuerwehr Ruhm ein, sogar beim Königshof. Als Kaden den nächsten Versuch in der Wirtschaft von Zetsche unternimmt, wird er unter dem einstürzenden Haus begraben, und man entdeckt auch die Brandstiftung. Von höchster Stelle wird die Angelegenheit vertuscht, und Kaden erhält ein Staatsbegräbnis. Das findet ohne Leiche statt, denn Kaden hat sich durch die alten Stollen gerettet und macht sich mit seiner Geliebten Lene aus dem Staub.

ZUM FILM: Nachdem Rainer Simon verschiedene Projekte mit Gegenwartsstoffen fehlschlugen, drehte er diese Komödie, die ihn erneut in die Historie führte, und die natürlich mit kleinen Anspielungen auf die Gegnwart gespickt war.

ECHO: Köstliche Dialoge voll heutiger Anzüglichkeiten werden – übrigens im edelsten Gewandhaus-Sächsisch – von Schauspielern geboten, denen die Freude über ihre prachtvollen Rollen komödiantische Flügel verleiht. Hier gelang der oft vergeblich beschworene Gruppenheld, bestehend aus unverwechselbaren Charakteren. (Renate Holland-Moritz, *Eulenspiegel* 10/1979)

Gute und hervorragende Schauspieler, eine Geschichte, die richtig losgeht und viel erwarten läßt, groteske und komische Situationen – aber je länger der Film dauert, um so mehr zersetzt sich das Interesse, vernebelt sich die Story, tröpfelt und versiegt der Spaß. Die so gut gespielten und exponierten Feuerwehr-Ganoven erweisen sich dann doch nicht als fabeltragende Charaktere. (Peter Ahrens, *Weltbühne* 12/1979)

Die Geschichte bot genügend Ansatzpunkte zur Gegenwart, um nicht verstaubt zu wirken. Simon beließ es jedoch bei Anspielungen, so daß der vorgegebene Rahmen nicht gesprengt wurde und Verkrampfungen ausblieben. Der Witz war nicht ätzend wie im → *Till Eulenspiegel,* aber immer noch deftig genug, um nicht jedermanns Sache zu sein. (Axel Geiss, *Repression und Freiheit*, 1997)

NEBENBEI: Roland Dressel, der nach dem berüchtigten 11. Plenum des ZK der SED zunächst für einige Jahre überwiegend für den Dokumentarfilm gearbeitet hatte, zählte seit den siebziger Jahren zu den besten Kameramännern der DEFA. Er wurde in den neunziger Jahren mit dem Bundesfilmpreis ausgezeichnet und hat bis in jüngste Zeit vielbeachtete Filme gedreht (z.B. *Verzweiflung*, 2000).

ZUGVERKEHR UNREGELMÄSSIG

RE: Erich Freund, BU: Peter Bejach, Hermann Turowski, DR: Günter Osswald, KA: Willi Kuhle, MU: Franz R. Friedl, BA: Willy Schiller, KO: Hans Kieselbach, SC: Ferdinand Weintraub, PL: Richard Brandt, m: 2236 = 82 min, s/w, PJ: 1951, PM: 27.7.1951, PM-Ort: Berlin, »DEFA-Filmtheater Kastanienallee«/Filmtheater am Friedrichshain

DA: Claus Holm (Jochen Böhling), Inge Keller (Ellen Zander), Hanns Groth (Kurt Strack), Peter Lehmbrock (Erich Schröder), Brigitte Krause (Inge Marten), Horst Drinda (Helmuth Becker), Evamaria Bath (Bettina Gerold), Margarete Kupfer (Muttchen Kühn), Werner Pledath (Volkspolizeirat Walter), Fred Kronström, Albert Venohr, Theo Shall, Annemarie Hase, Curt Trepte, Günter Puppe u.a.

INHALT: Der Kraftfahrer Jochen hat dem Polizisten Erich einmal das Leben gerettet, seitdem sind sie Freunde. Darum kann Erich nicht glauben, daß Jochen auf die schiefe Bahn geraten ist. Als Aufsichtsbeamter bei der S-Bahn hatte er einen neuen Job gefunden, doch der war ihm nicht aufregend genug. Er fiel der Westberliner Agentin Ellen, die seine Kenntnisse braucht, in die Hände und beteiligt sich nun an Sabotageakten. Plötzlich hat er viel Geld, und sogar Erichs

Freundin Inge läuft zu ihm über. Als sie herausbekommt, woher das Geld stammt, ist sie entsetzt. Ein neuer Anschlag kann durch sie und Erich vereitelt werden. Jochen kommt dabei ums Leben.

ZUM FILM: Der Kriminalfilm vor dem Hintergrund der geteilten Stadt Berlin hatte deutlich ein pädagogisch-politisches Anliegen.

ECHO: Es ist eine Stärke des Films, daß er weit über die skizzierte Grundhandlung hinausgeht und daß neben den Eisenbahner Böhlig eine Reihe von Menschen gestellt sind, die dem Konflikt Tiefe geben und durch die eine wirkliche politische Auseinandersetzung geführt wird – nicht nur in Worten, sondern auch in der Handlung. Man ist nicht an der kriminellen Seite der Sache hängengeblieben. Eine Geschichte aus unserer Zeit mit typischen Menschen entstand. (...) Im großen gesehen glaubt man den Darstellern ihre Rollen und spürt nicht den oft kritisierten Abstand zwischen dem Schauspieler und dem neuen Menschen, den er verkörpern soll. (Mü., *Vorwärts*, 30.7.1951)

Das Thema ist wirklichkeitsnah, und der Film unterstreicht auch darüber hinaus die große Bedeutung unserer erhöhten Wachsamkeit gegenüber den Feinden unseres Volkes, wie sie hier gezeigt werden. (Volkskorrespondent Lothar Künzel, *Neue Filmwelt* 11/1952)

NEBENBEI: Die damals siebzigjährige Margarete Kupfer, die als Muttchen Kühn auftritt, war im Ersten Weltkrieg durch die Filme von Ernst Lubitsch bekannt geworden. 1952, ein Jahr vor ihrem Tode, wurde sie mit dem Nationalpreis der DDR ausgezeichnet.

ZUM BEISPIEL JOSEF

RE: Erwin Stranka, SZ: Günter Karl, Erwin Stranka, LV: Gleichnamiger Roman von Herbert Otto, DR: Gerhard Hartwig, Christa Müller, KA: Peter Brand, MU: Uve Schikora, SB: Georg Wratsch, KO: Barbara Braumann, SC: Margrit Brusendorff, PL: Helmut Klein, GR: AG »Roter Kreis«, m: 2533 = 93 min, fa, brw, PJ: 1973/74, PM: 20.9.1974, PM-Ort: Cottbus, »Kammerlichtspiele«

DA: Jürgen Heinrich (Josef), Hans-Peter Reinecke (Bruno), Petra Hinze (Julia), Monika Woytowicz (Ute), Eva-Maria Hagen (Erna), Fred Delmare (Alois), Fred Ludwig (Kurt), Harald Wandel (Eule), Klaus Gehrke (Stefan), Heinz Behrens (Körber, Julias Mann), Pedro Hebenstreit, Bernd Storch, Hannjo Hasse, Lothar Schellhorn, Ruth Kommerell u.a.

INHALT: Josef Neumann ist dreißig und erst seit kurzem in der DDR, arbeitet auf der Warnowwerft und ist eigentlich schon wieder im Begriff zu gehen. Er ist ein Außenseiter mit abenteuerlichem Leben: von Nonnen großgezogen, Fremdenlegionär, Seefahrer, Werftarbeiter. Springen ist sein Lebensinhalt. Brigadier Bruno, der Arbeiter sucht, nimmt ihn in seine Brigade auf. Er hat viel Verständnis für den »Exoten«, doch der zeigt wenig Neigung, sich einzufügen. Ein Sprung durch die Tür der geschlossenen Pinguinbar – gelernt im Algerienkrieg, wo seine Sprünge lebensrettend waren – bringt ihn vor die Konfliktkommission. Die Brigade bürgt für ihn, doch beim nächsten Sprung wirft auch Bruno das Handtuch. Die einzige, die Josef noch halten könnte, ist Julia. In sie ist er wirklich verliebt, aber sie kann sich von ihrem geschiedenen Mann nicht lösen. Josef packt schon die Koffer, als Julia doch noch kommt ...

ZUM FILM: Die Romanadaption war darauf angelegt, das gesicherte Leben unter ehrlichen

Menschen in der DDR den Gefahren für die menschliche Entwicklung im Westen, hier am krassen Beispiel der Fremdenlegion, gegenüberzustellen.
ECHO: Mit diesem Film (...) legen die Filmschöpfer einen Streifen vor, der in ansprechender Weise die neuen, sozialistischen Beziehungen der Menschen untereinander würdigt. In ihm stehen einzelne Arbeiterpersönlichkeiten sowie mit der Brigade ein Kollektiv im Mittelpunkt, deren Konflikte glaubhaft und dem Leben verbunden gestaltet sind. Die Kamera von Peter Brand unterstützte diese Absicht, indem sie unseren Alltag mit seinen Mühen und Schönheiten beobachtete und auch die inneren Spannungen der Hauptfiguren persönlich nacherlebbar wiedergab. (Manfred Beckmann, *Filmspiegel* 22/1974)
Regisseur Erwin Stranka wollte, wie er sagte, »zeigen, was in den Köpfen der Menschen vor sich geht«, zeigt aber nur die Außenansicht vieler Köpfe in Großaufnahmen. Nie verliert man den Eindruck totaler Kintoppkünstlichkeit. (Heinz Kersten, 1974, zit. nach *So viele Träume*)
NEBENBEI: In dem Film, der auf der Warnow-Werft Warnemünde und der Neptun-Werft Rostock entstand, wirkt Fernsehansagerin Christel Kern als Sprecherin der *Aktuellen Kamera* mit. – Aufnahmeleiter Rolf Martius steht als Utes Mann vor der Kamera.

ZUM TEUFEL MIT HARBOLLA
RE: Bodo Fürneisen, SZ: Walter Flegel, Manfred Freitag, Joachim Nestler, DR: Thea Richter, KA: Erich Gusko, MU: Karl-Ernst Sasse, SB: Peter Wilde, KO: Elke Hersmann, SC: Ilona Thiel, PL: Rolf Martius, GR: GR »Roter Kreis«, m: 2769 = 102 min, PJ: 1988, PM: 24.2. 1989, PM-Ort: Berlin, »International«
DA: Tom Pauls (Engelhardt), Michael Lucke (Harbolla), Annett Kruschke (Anita), Andrea Solter (Heidelore), Gert Gütschow (Uhrmacher), Mario Gericke (Feldwebel), Joachim Nimtz (Oberleutnant Strohbach), Florian Martens (Unteroffizier), Wilfried Pucher (General), Cora Chilcott (FDJlerin), Katrin Saß, Walter Plathe, Andrea Kathrin Loewig, Waltraut Kramm, Mona Stein u.a.
INHALT: 1956. Unteroffizier Harbolla, ehemaliger Schmied und entsprechend gebaut, kehrt der NVA den Rücken, als er seinen Zugführerposten an den gerade von der Offiziersschule gekommenen Leutnant Engelhardt abgeben soll. In einer Kneipe, wo er in Uniformhose und Unterhemd Rock'n'Roll tanzt, wird er – ohne Urlaubsschein – von einer Streife aufgegriffen und in Arrest genommen. Der ernsthafte, schmächtige Engelhardt soll ihn von Oranienburg in die heimatliche Kaserne zurückholen. Harbolla weigert sich, den kürzesten Weg zu nehmen. Er will erst zu seinem »Bratkartoffel-Verhältnis« Heidelore, die in der Küche eines Restaurants arbeitet. Damit beginnt eine turbulente Odyssee, in deren Verlauf das ungleiche Paar unter anderem einem Alt-Nazi handgreiflich die Meinung sagt, sich ins Schiebermilieu verstrickt, als angebliche NVA-Delegierte auf einer FDJ-Veranstaltung begeistert gefeiert wird. Am Ende sind die beiden zu Freunden geworden.
ZUM FILM: Aus dem heiteren Stoff über das Klima der mittfünfziger Jahre in der DDR machte Fernsehregisseur Bodo Fürneisen in seinem DEFA-Debüt (und bislang einzigen Kinofilm) eine liebenswürdig-parodistische Komödie, die ein Publikumserfolg wurde.
ECHO: Bodo Fürneisen (...) balanciert (...) zwischen Militärklamotte und Milieuschwank, lustspielhafter Komödie und persiflierendem Zeitexkurs. Erzählt wird in kräftigen Farben und mit sichtbarem Vergnügen am Ausreizen typischer Marginalien der 50er Jahre. Die lichten Visionen eines neuen Lebens in naher Zukunft kollidieren mit den zähen Relikten bürgerlichen Provinzialismus. (...) Die Personnage ist typisiert und irgendwie von anderswoher bekannt, das kinematographische Gedächtnis bleibt immerzu mit dem Wiedererkennen beschäftigt. Bodo Fürneisen beweist enormen Sinn für heitere szenische Details, der Situationswitz, der Schnitt sind präzise rhythmisiert, Gags entwickeln sich beiläufig und kommen wie aus dem Handgelenk geschüttelt. (Norbert Wehrstedt, *Film und Fernsehen* 7/1989)
Es ergeben sich wirklich viele Gelegenheiten zu hinter- wie vordergründiger Komik, die ihre Wirkung nicht verfehlt. Ein slapstickartig eingesetzter vierbeiniger Freund als Deus ex machina weiß ebenso zu bezaubern wie das Schlager-Duo Katrin Saß und Walter Plathe. Gerade weil sie die schwachsinnigen Liedchen aus den fünfziger Jahren mit der gebotenen Ernsthaftigkeit zelebrie-

ren, gelingt ihnen die perfekte Parodie. (Renate Holland-Moritz, 16/1989)

NEBENBEI: Tom Pauls, der hier seine erste und bisher einzige Kinohauptrolle spielte, war bereits durch seine Auftritte mit dem »Zwinger-Trio« in der Sendereihe *Showkolade* des DFF populär.

ZWEI MÜTTER

RE: Frank Beyer, BU: Jo Tiedemann, Frank Beyer, LV: Bericht aus der »Frankenpost« Hof vom 4.10.1954, DR: Wolfgang Ebeling, KA: Otto Merz, MU: Joachim Werzlau, BA: Alfred Hirschmeier, KO: Marianne Schmidt, SC: Ruth Moegelin, PL: Hans Mahlich, m: 2394 = 88 min, s/w, AT: Das Kind der Anderen, PJ: 1956, PM: 28.6.1957, PM-Ort: Berlin, »Babylon«

DA: Françoise Spira (Madelaine), Helga Göring (Hedwig), Ruth Wacker (Jutta), Wilhelm Koch-Hooge (Dr. Weller), Guido Thielsch (Toni), Elfriede Florin (Schwester Paula), Kurt Oligmüller (Dollmann), Fred Ludwig (Toni, Reporter), Johannes Knittel (Groulois), Bella Waldritter (Madame Lemeau), A. P. Hoffmann, Annegret Golding, Friedrich Teitge, Wilhelm Gröhl, Gertrud-Elisabeth Zillmer u.a.

INHALT: Eine deutsche Kleinstadt während eines Bombenangriffs im Zweiten Weltkrieg. Auch das provisorische Krankenhaus, in dem kurz zuvor zwei Frauen entbunden haben, wird getroffen. Hedwig sucht in den Trümmern ihr Kind und schließt es glücklich in die Arme. Aber es ist das Kind der anderen, der französischen Fremdarbeiterin Madelaine. Hedwigs Sohn wurde von den Trümmern begraben. Als Madelaine aus ihrem Fieber erwacht, sieht sie ihren Sohn bei Hedwig, doch niemand hilft ihr, den Irrtum aufzuklären. Schwester Jutta, die die Verwechslung bemerkt hat, schweigt. Jahre nach dem Krieg kommt Madelaine nach Deutschland zurück, sie will ihr Kind. Die empörte Hedwig weist ihr die Tür, ein Reporter diffamiert die Französin in der Presse. Da endlich sagt Schwester Jutta die Wahrheit. Hedwig ist erschüttert und kann den Irrtum nicht fassen. Sie hat hart gearbeitet, um den Kleinen in der schweren Nachkriegszeit durchzubringen. Doch Madelaine wird ihn später mitnehmen, und sie sagt, daß er dann zwei Mütter haben wird, eine französische und eine deutsche.

ZUM FILM: Nach dem Studienabschluß an der Prager Filmhochschule FAMU debütierte Frank Beyer mit diesem Film, den er nach eigener Aussage nicht als antiwestlich und nicht antiöstlich, sondern als gegen den Krieg gerichtet verstand. Anton Ackermann, der damalige Leiter der HV Film warf Beyer deswegen eine »heillose Verwirrung« vor. Die Figur eines menschlich handelnden amerikanischen Besatzungsoffiziers mußte nachträglich noch verändert werden.

ECHO: Die Regie Frank Beyers hält die Handlung in Fluß, gibt ihr Ruhe und Breite, wo sie deren bedarf, hat keine Angst vor Pausen und zieht dort an und beschleunigt, wo das gestraffte Geschehen es verlangt. Erstaunlich, wie dem Absolventen der Prager Filmhochschule, dem jungen Frank Beyer, die Führung der Schauspieler von der Hand geht. Das ist eine echte Ensembleleistung. (Karl-Eduard v. Schnitzler, *Filmspiegel* 16/1957)

Ohne alle Pathetik, mit betont einfachen Mitteln nun ist der Film gestaltet. Auf jede Extravaganz wurde verzichtet, der bloße Vorgang, das Schicksal des Kindes, der Mütter steht im Mittelpunkt, der Realismus der Situationen bedarf keiner filmischen Kunstgriffe. (-s, *Weltbühne* 34/1957)

NEBENBEI: Hinter der Drehbuchautorin Jo Tiedemann verbarg sich die Stuttgarter Schriftstellerin Leonie Ossowski, die hier zum einzigen Mal für die DEFA arbeitete. Sie ist die Schwester der DEFA-Schauspielerin Yvonne Merin. Später wurden andere Stoffe von Leonie Ossowski in der Bundesrepublik verfilmt. *Die große Flatter* war ein beachtlicher Fernseherfolg. – Durch Vermittlung von Gérard Philipe konnte die große französische Theaterschauspielerin Francoise Spira, Philipes Kollegin am Théatre Nationale Populaire, das auch in Ostberlin gastierte, für eine der Hauptrollen verpflichtet werden.

ZWEI SCHRÄGE VÖGEL

RE: Erwin Stranka, SZ: Diethardt Schneider, DR: Andreas Scheinert, KA: Helmut Bergmann, MU: Tamas Kahane, Karl-Ernst Sasse, Gruppe »Petty Coats«, SB: Heinz Röske, KO: Werner Bergemann, SC: Eva-Maria Schumann, PL: Uwe Kraft, GR: GR »Johannisthal«, m: 2870 = 104 min, fa, brw, PJ: 1988/89, PM: 12.9.1989, PM-Ort: Cottbus, »Kammerlichtspiele«

DA: Götz Schubert (Frank), Matthias Wien (Kamminke), Simone Thomalla (Petra Anschütz), Gerit Kling (Gina), Dieter Mann (Dr. Bauer), Jaecki Schwarz (Kremmel), Peter Sodann (Heilmann), Walfriede Schmitt (Vogelsang), Fred Delmare (Hausmann), Willi Schwabe (Prorektor), Uwe Steimle, Peter Bause, Manfred Borges, Jürgen Mai, Michael Walke u.a.

Zwei schräge Vögel

INHALT: Die Informatikstudenten Frank und Kamminke haben gemeinsam ein Computerprogramm entwickelt. Damit kann ein Computer Fehler in seiner Software selbst finden und korrigieren. Nach Abschluß des Studiums will man die beiden trennen, aber nach einigen Verwicklungen, unter anderem fahren sie an der Uni ein Computerprogramm zu Schrott, werden sie gemeinsam in einen thüringischen Betrieb versetzt – zur Bewährung.
Dort geht alles einen ziemlich uneffektiven Gang, was nicht sein müßte, würde die Computeranlage genutzt. Doch dafür fehlt die richtige Software. Frank und Kamminke dürfen die Anlage nicht betreten. Mit Hilfe der Sachbearbeiterin Petra, in die sich beide verlieben, gelangen sie dennoch hinein und bringen die Anlage mit ihrem Programm zum Laufen. Allerdings werden sie dabei gestellt und erhalten vom Generaldirektor eine Strafpredigt. Ihr Erfolg jedoch läßt ihn schnell umdenken, und er macht aus ihnen ein Jugendforscherkollektiv.
ZUM FILM: Die kabarettistisch gefärbte Komödie voller Spitzen gegen den Schlendrian in der DDR-Wirtschaft war einer der ersten Glasnost-Filme der DEFA und zugleich ihr letzter großer Publikumserfolg im heiteren Genre.
ECHO: Ich hab den Film im vollen Kino gesehen, Lacher die Menge, Szenenapplaus, Beifall am Ende – produziert vom VEB DEFA-Studio für Spielfilme. Deswegen laß ich den ganzen ästhetischen Schnokus, der mir sonst so lieb und teuer ist, stecken und gratuliere dem Regisseur Erwin Stranka und dem Autor Diethardt Schneider, diesem etwas herzlicher, denn es ist wohl sein Werk zuvorderst. (Henryk Goldberg, *Filmspiegel* 21/1989)
Wie damals wirft Stranka auch jetzt wieder einen kritischen Blick auf die DDR-Arbeitswelt. Die scheint mittlerweile aber in einem solchen Zustand, daß ihr nur noch mit Mitteln der Satire beizukommen ist, und davon macht Szenarist Diethardt Schneider reichlich Gebrauch. (Heinz Kersten, 1989, zit. nach *So viele Träume*)

NEBENBEI: Hauptdarsteller Matthias Wien ist ein Sohn des auch aus vielen DEFA-Filmen bekannten Berliner Schauspielers Dieter Wien (u.a. *Weil ich dich liebe*)

ZWEI ZEILEN, KLEINGEDRUCKT

(Co-Produktion DDR/UdSSR)
RE: Witali Melnikow, 2. RE: Gunther Scholz, Viktor Sergejew, SZ: Michail Schatrow, Wladlen Loginow, Witali Melnikow, DR: Peter Wuss, Frishetta Gukasjan, Alexander Swobodin, KA: Konstantin Ryshow, MU: Nadeshda Simonjan, SB: Jochen Keller, Wladimir Swetosarow, KO: Günther Schmidt, Oxana Kokowkina, SC: Sinaida Scheinemann, Sabine Schmager, PL: Hans Mahlich, Igor Karakos, GR: GR »Babelsberg«, m: 2570 = 94 min, fa, PJ: 1980, PM (DDR): 9.4.1981, PM-Ort: Berlin, »International«, CO: Lenfilm, Leningrad, Erste künstlerische Vereinigung, Russ. Titel: Dwe strotschki melkim schriftom
DA: Sergej Schakurow (Fjodor Golubkow), Jan Spitzer (Walter), Nina Ruslanowa (Swetlana), Lidija Konstantinowa (Alena), Anatoli Romaschin (Grigori Grigorjewitsch), Sophia Garrel (Jewgenija Iwanowna), Horst Drinda (Tager), Oleg Borissow (Taschkow), Klaus-Peter Thiele (Lenz), Peter Sturm (Gross), Eckhart Bilz, Leon Niemczyk, Alfred Struwe, Günter Drescher, Waltraut Kramm u.a.
INHALT: 1912 wurden ein russischer und ein deutscher Revolutionär von ihren Genossen der Zusammenarbeit mit der zaristischen Geheimpolizei bezichtigt. Als Verräter sind sie in die Geschichte eingegangen. Fast sieben Jahrzehnte später beschäftigt sich der Leningrader Historiker Fjodor Golubkow mit dem Fall. Die Indizien lassen vermuten, daß ein anderes Mitglied der Gruppe, ein Verwandter von Fjodors Frau, der Verräter war. Zusammen mit seinem Berliner Kollegen Walter gelingt es ihm schließlich, den Beweis zu erbringen: Die beiden Revolutionäre wurden Opfer einer Intrige von zaristischer und deutscher Geheimpolizei.
ZUM FILM: Michail Schatrows Drehbuch ist eine Mahnung, vermeintlich verbürgte historische Vorgänge auf ihren Wahrheitsgehalt zu überprüfen und nicht blind an bequeme Lesarten zu glauben. Da diese Forderung jedoch anhand eines fiktiven Falles abgehandelt wurde, war ein Grad von Brisanz des Stoffes erreicht worden, der als anregend, nicht aber als gefährlich galt.
ECHO: Man hat den Eindruck, daß Regisseur Witali Melnikow, der in anderen Genres (z.B. *Die Heirat*) sehr wirkungssicher inszenierte, hier bewußt alltäglich, reportageähnlich vorgehen wollte. Aber gerade dadurch bleiben die Figuren und die Szenen, bis auf wenige Momente der Auseinandersetzung, unscharf, wird weder die äußere Spannung der fast kriminalistischen Suche noch die geistige Intensität des Einsatzes für einen persönlich unbekannten Menschen und für eine neue Erkenntnis herausgearbeitet. (Peter Ahrens, *Weltbühne* 17/1981)
Die Autoren binden ihr Anliegen an den Forscherdrang eines Historikers, aber ohne Zweifel ist es verallgemeinerungsfähig. Der streitbare, in der szenischen Aufarbeitung von Historie und Wahrheit erfahrene Dramatiker Michail Schatrow, der Historiker Wladen Loginow und der Regisseur Witali Melnikow schrieben das Szenarium und lieferten ihren aktuellen Beitrag zu einer wesentlichen Linie der sozialistisch-realistischen Filmkunst: das Kino als moralische Anstalt, die gestaltete Geschichte als Beispiel, als

Zwei Zeilen, kleingedruckt

moralischer Appell. (Günter Agde, *Filmspiegel* 9/1981)
NEBENBEI: Witali Melnikow und Konstantin Ryshow konnten 1982 auf dem Allunionsfestival in Tallinn die Preise für Regie und Kamera entgegennehmen.

DAS ZWEITE GLEIS

RE: Joachim Kunert, BU: Günter Kunert, Joachim Kunert, DR: Anne Pfeuffer, KA: Rolf Sohre, MU: Pavol Simai, BA: Gerhard Helwig, KO: Lydia Fiege, SC: Christel Röhl, PL: Bernhard Gelbe, GR: KAG »Berlin«, m: 2187 = 80 min, s/w, AT: Das dunkle Zimmer, PJ: 1961/62, PM: 25.10.1962, PM-Ort: Berlin, »Colosseum«
DA: Albert Hetterle (Brock), Annekathrin Bürger (Vera), Horst Jonischkan (Frank), Walter Richter-Reinick (Runge), Helga Göring (Frau Runge), Erik S. Klein (Gericke), Johanna Clas (Frau Merkel), Brigitte Lindenberg (Frau im Kinderheim), Paul Berndt (Kriminalbeamter), Arno Wyzniewski (Flüchtling), Klaus Gendries, Joachim Zschocke, Maria Besendahl, Trude Bechmann, Walter E. Fuß u.a.
INHALT: Bei einem Diebstahl auf dem Güterbahnhof erkennt Fahrdienstleiter Brock, ein allseits angesehener Mann, einen der Diebe. Während der Gegenüberstellung jedoch identifiziert er ihn nicht und bittet um Versetzung – angeblich wegen seiner Tochter. Indes hetzt der Dieb, Runge, den jungen Schlosser Frank, den er zum Mitmachen verleitet hatte, auf Brocks Tochter Vera. Er soll sie damit konfrontieren, daß der Vater falsche Aussagen über den Tod der Mutter machte, die angeblich in Küstrin bei einem Bombenangriff umkam. Frank verliebt sich in Vera, und während ihrer gemeinsamen Nachforschungen über die vergangenen Ereignisse finden sie heraus, daß Brock und Runge sich kennen. Während des Zweiten Weltkrieges hat Runge die Schwäche Brocks, dessen Frau einen jüdischen Flüchtling versteckte, ausgenutzt. Er hat den Flüchtling erschossen und Brocks Frau der Gestapo ausgeliefert. Aus Scham, sich damals nicht gewehrt zu haben, hat Brock gelogen und sich eine neue Identität zugelegt. Frank wird von Runge ermordet, Brock bricht sein Schweigen ...

ZUM FILM: Der auch formal glänzend gemachte Film über Kriegsschuld, die in die Gegenwart reicht, geriet zu Unrecht wieder in Vergessenheit, wohl, weil man meinte, eine »überholte« historische Phase zu schildern. Der anspruchsvolle Film war hervorragend besetzt.
ECHO: ... ob der Film, so wie er angelegt ist, noch den Erscheinungsformen des Lebens in unserer Republik gerecht wird. In den Details der Handlung reflektiert der Film eher den Entwicklungsstand des gesellschaftlichen Lebens der DDR vor einigen Jahren als die heutigen gefestigten sozialistischen Verhältnisse. (Manfred Jelenski, *Berliner Zeitung*, 23.10.1962)
Die filmische Erzählweise erzeugt eine sogartige, schließlich erschütternde Wirkung. Es wird wenig geredet. Die kontrastreiche Schwarzweiß-Kamera (Rolf Sohre) erzeugt mit den parallelen, diagonalen und einander überkreuzenden Linien auf dem Güterbahnhof, mit den unheimlichen Schatten und Lichtern des Ortes, die die Verfallenheit und Verlassenheit der Häuser und Straßen der kleinen Stadt hervortreten lassen, eine zunehmend beklemmende Stimmung. Nimmt man am Anfang die stilbewußte optische Gestaltung des Films noch als etwas Gemachtes, das sich zwischen Erlebnis und Zuschauer stellt, deutlich wahr, so lebt man sich bald in diese nahezu expressionistische Licht- und Schattenwelt so

ein, daß man ein starkes und geschlossenes Erlebnis gewinnt. (...) Ein bemerkenswerter und radikaler Film. (Erika Richter, *Das zweite Leben der Filmstadt Babelsberg*, 1994)
NEBENBEI: Walter Richter-Reinick liefert mit der Rolle des Runge eine der überzeugendsten Charakterdarstellungen seiner Laufbahn. Der Schauspieler war beim Publikum der sechziger und siebziger Jahre vor allem in Fernsehschwänken ungemein beliebt.

DAS ZWEITE LEBEN DES FRIEDRICH WILHELM GEORG PLATOW

RE: Siegfried Kühn, SZ: Helmut Baierl, DR: Herbert Fischer, KA: Roland Dressel, MB: Hans-Jürgen Wenzel, SB: Georg Wratsch, KO: Eva Sickert, SC: Brigitte Krex, PL: Herbert Ehler, GR: KAG »Babelsberg«, m: 2452 = 90 min, fa, brw, PJ: 1972/73, AD: 1.6.1973
DA: Fritz Marquardt (Platow), Gisela Hess (Malvine), Jürgen Holtz (Dieter Schildt), Volkmar Kleinert (Ditfurt), Dieter Franke (Rennmark), Barbara Adolph (seine Sekretärin), Rolf Hoppe (Dr. Hoppe), Lothar Warneke (Platows Sohn), Gudrun Ritter (Schwiegertochter), Wolfgang Pampel (Wetzel), Hermann Beyer (Zolle), Klaus Piontek (Justus), Ruth Glöß, Fritz Links, Trude Bechmann, Werner Toelcke, Eberhard Esche, Carmen-Maja Antoni, Margit Bendokat, Hilmar Baumann u.a., GE: die Puhdys
INHALT: Die Elektrifizierung der Bahn machen den 57jährigen Schrankenwärter Platow »überflüssig«. Er soll in ein Bahnwärterhäuschen an einem Nebengleis abgeschoben werden. In Platow regt sich Widerspruch, er will sich nicht zur Ruhe setzen. Da kommt ihm der Zufall zu Hilfe. Für ihn völlig unverständlich, weigert sich sein Sohn, ebenfalls bei der Bahn, einen Qualifizierungslehrgang zu besuchen. Der Alte sieht seine Chance und tritt beim Lehrgang unter dem Namen seines Sohnes an. Damit begibt er sich in eine Lage, die Folgen hat über die Qualifizierung hinaus. Er muß als vermeintlich zwanzig Jahre Jüngerer eine andere Lebenshaltung finden – was ihm mit Entschlossenheit und Schlauheit auch gelingt. Und am Ende demonstriert er seinen Kollegen mit einer kühnen Draisinenfahrt durch das verzweigte Schienennetz, daß er das Prinzip der neuen, elektronischen Schaltung durchaus begriffen hat.
ZUM FILM: Die Gegenwartssatire war mit einer großen Premiere geplant worden. In Zusammenhang mit einer Tagung des ZK der SED wurde dem Film jedoch vorgeworfen, ein verzerrtes Bild der Arbeiterklasse darzustellen. So wurde er ohne Premiere mit nur drei Kopien gestartet. In der Presse erschienen kaum Rezensionen. Er erhielt Exportverbot. Dabei betrat er formal wie inhaltlich Neuland und war höchst vergnüglich. Baierl und Kühn gelang mit diesem Film eine dialektische Satire, die die sozialistische Realität auf eine an Karl Valentin erinnernde Art hinterdenkt, auf Brechtsche Weise hinterfragt und damit neue Erkenntnisse schafft.
ECHO: Kühn bedient sich der wohl schwierigsten, aber emotionsreichsten Erzählweise, der tragikomischen. (...) Verschenkt wäre dasThema, würde es nicht auf eine lebenstreue Weise behandelt. Und da lassen sich nun mal Lachen und Weinen nicht nach Genres trennen, da bildet eins oft den Kontrast zum anderen oder geht ineinander über. (...) Fritz Marquardt (...) brachte die Schlichtheit des Mannes Platow, seinen hintergründigen Humor mit und läßt hinter stoischer Gelassenheit die erforderliche Sensibilität und

urwüchsige Kraft durchblicken. (Marlis Linke, *Mitteldeutsche Neueste Nachrichten*, 13.1.1973)
Ungewöhnlich, wie sie (die Geschichte, f.b.h.) erzählt wird: Eingeteilt in einzelne Kapitel, die Überschriften tragen wie Tagebuch, Lebenslauf, Testament, Feuilleton, Reportage – Kapitel, die diese literarischen Formen zitieren und sanft parodieren, bekennt der Film sich zu seiner Künstlichkeit. Nicht Leben wird vorgetäuscht, sondern Haltungen werden vorgeführt, der Kritik und der Genußfähigkeit des Zuschauers vorgesetzt. (Wilhelm Roth, *Spandauer Volksblatt*, 28.7.1973)
... eine überlegte Farbdramaturgie, die Stimmungswerten entspricht: Nüchterne Alltags-Tristesse wird in grauen Schwarz-Weiß-Tönen reflektiert, während die überwiegenden Farbsequenzen Phantasie und optimistisches Lebensgefühl ausdrücken. Die Weiterentwicklung sowjetischer Stummfilmtraditionen ist in diesem Film ebenso im Spiele wie eine sehr brechtische Art theatralischen Denkvergnügens. (Heinz Kersten, 1973, zit. nach *So viele Träume*)
Ein tief menschlicher Film, heute noch anrührend und nachdenklich machend, heute sogar auf damals nicht gedachte Weise. (Klaus Wischnewski, *Das zweite Leben der Filmstadt Babelsberg*, 1994)

NEBENBEI: Der Theaterregisseur Fritz Marquardt, der in den sechziger Jahren erstmals in Studentenfilmen vor der Kamera stand, hatte schon in Siegfried Kühns → *Zeit der Störche* einen Schrankenwärter gespielt und variierte seinen Platow auch in einem Kurzauftritt in Kühns → *Don Juan, Karl-Liebknecht-Straße*.

52 WOCHEN SIND EIN JAHR

RE: Richard Groschopp, BU: Jurij Brezan, Richard Groschopp, LV: Gleichnamiger Roman von Jurij Brezan, DR: Ilse Langosch, KA: Joachim Hasler, Erich Gusko, MU: Hans Hendrik Wehding, BA: Gerhard Helwig, Hermann Asmus, KO: Helga Scherff, SC: Waltraut v. Zehmen-Heinicke, PL: Hans-Joachim Schoeppe, m: 2401 = 88 min, sw, PJ: 1955, PM: 17.11.1955, PM-Ort: Berlin, »Babylon«/»DEFA-Filmtheater Kastanienallee«
DA: Hans Wehrl (Krestan Serbin), Lotte Loebinger (Serbinowa), Irene Korb (Lena), Kurt Oligmüller (Peter), Erich Franz (Gessner), Fritz Schlegel (Ladusch), Lore Frisch (Sonja), Egon Wander (Herbert), Johannes Arpe (Müller), Dorothea Thiesing (Marta), Aribert Grimmer, Hans Schoelermann, Heinz Kammer, Fred Delmare, Ilse Bastubbe u.a., GE: Staatliches Ensemble für Sorbische Volkskunst unter der Leitung von Jurij Winar
INHALT: Der 64jährige sorbische Landarbeiter Krestan Serbin hat Probleme. Eigentlich interessiert er sich nicht für Politik. Er arbeitet auf dem Volksgut und nennt einen kleinen Acker, ein paar Schweine und eine Kuh sein eigen. All das will er seiner Tochter Lena vererben. Doch nun soll er in die LPG, er bekommt sogar ein Angebot als Lehrlingsausbilder. Krestan ist der neuen Politik nicht abgeneigt, aber sein Eigentum möchte er nicht hergeben. Die »reaktionären« Kräfte des Dorfes wollen ihn auf ihre Seite ziehen, aber von denen läßt er sich schon gar nicht vereinnahmen. Nach wechselvollen Ereignissen und der Erkenntnis, daß Lena am Hof ohnehin nicht interessiert ist, findet er dann doch den Weg zum Kollektiv.
ZUM FILM: Richard Groschopps zweiter langer Spielfilm entstand nach einem Buch von Jurij Brezan, der autobiografische Momente verarbeitet hatte. Die Hauptfigur des Krestan war seinem Vater nachgestaltet. Es war einer der ersten Filme,

die die Umgestaltung der Landwirtschaft in der DDR als Thema hatten.
ECHO: Dichter und Regisseur schrieben gemeinsam das Drehbuch. Das Thema, das sie uns darbieten, ist schön und echt. Auf der Leinwand setzt es sich aus vielen kleinen Geschehnissen zusammen, was auch in vielen Bildern (an der Kamera standen der bewährte Joachim Hasler und Erich Gusko) geglückt ist. Die dramatischen Verwicklungen aber werden mehr geschildert als gestaltet. (mtr., *Die Frau von Heute*, 16.12.1955)
Doch nun (nach einer Viertelstunde, f.b.h.) bekommt das Geschehen recht plötzlich eine wohltuende, stellenweise echt dichterische Atmosphäre – weil jetzt nicht mehr die Leute eines sorbischen Dorfes vorgeführt, sondern echte Menschen von echten Konflikten zur Handlung getrieben werden. (Rainer Kerndl, *Junge Welt*, 22.11.1955)
NEBENBEI: Nach Probeaufnahmen mit Raimund Schelcher und Erwin Geschonneck für die Hauptrolle des Krestan entschied sich Richard Groschopp für Hans Wehrl, der am Deutschen Theater Berlin engagiert und bis dahin eher ein Chargenspieler war. Wehrl, der 1995 mit 90 Jahren starb, war nur in den fünfziger Jahren für den Film tätig.

ZWEZDY
→ *STERNE*

ZWISCHEN NACHT UND TAG
RE: Horst E. Brandt, SZ: Wera und Claus Küchenmeister, LV: Tagebuchnotizen und Gedichte von Erich Weinert, DR: Anne Pfeuffer, KA: Günter Haubold, MU: Karl-Ernst Sasse, SB: Paul Lehmann, KO: Günther Schmidt, SC: Karin Kusche, PL: Horst Dau, GR: AG »Berlin«, m: 2185 = 80 min, fa, PJ: 1974/75, PM: 8.5. 1975, PM-Ort: Berlin, »Kosmos«, AD: 19.9. 1975
DA: Kurt Böwe (Erich Weinert), Katja Paryla (Li Weinert), Hermann Beyer (Carl), Michael Christian (Fred), Gudrun Ritter (Frau von Carl), Gisa Stoll (Elsa), Manfred Zetzsche (Ernst), Wolfgang Greese (Wilhelm), Olga Strub (Marianne), Rudolf Ulrich (Peter), Dietmar Richter-Reinick, Gert Gütschow, Stefan Lisewski, Peter Marx, Werner Lierck, Rolf Hoppe u.a., GE: Tomas Moya
INHALT: Der deutsche Dichter Erich Weinert im Moskauer Exil. Es sind die letzten vier Wochen vor dem faschistischen Überfall am 22. Juni 1941. Weinert arbeitet am deutschsprachigen Moskauer Sender, in der Hoffnung, daß seine Worte die Landsleute erreichen. Seine Ehefrau Li ist ihm die treueste Kampfgefährtin. Die Situation ist gespannt, auch unter den deutschen Emigranten. Der Hitler-Stalin-Pakt hat Verwirrung gestiftet, ebenso wie die Verhaftungen in Moskau, von denen auch Emigranten betroffen sind. Alles drängt auf eine Entscheidung. Weinert fürchtet und erhofft sie. Episoden aus seinem Leben seit 1933 – der Kampf im Spanienkrieg, Aufenthalt in Paris und Moskau – dokumentieren seine Entwicklung und Lebenshaltung.
ZUM FILM: Das Ehepaar Wera und Claus Küchenmeister, mit dem Staatsapparat der DDR eng verbunden, schrieb ein Szenarium über Erich Weinert, das vielen Fragestellungen, die sich an die Wirkung von Stalins Machtapparat knüpfen, konsequent aus dem Wege ging. Trotz guter Schauspieler blieb der Film auch den historischen Figuren vieles schuldig.
ECHO: Allen an der Realisierung des Szenariums und Drehbuchs Beteiligten ist die persönliche Anteilnahme für ihren Versuch zu bescheinigen, ein lebendiges Abbild dieses bedeutenden Vertreters kämpferisch-politischer deutscher Litera-

tur nachzuzeichnen. Der Film sollte DEFA und Fernsehen dazu anspornen, weitere Anstrengungen zu unternehmen, aus Lebenswegen und Schicksalen auch anderer proletarischer Künstler oder Schriftsteller geeignete Stoffe und Themen zu finden. (Klaus Lippert, *Filmspiegel* 23/1975)
NEBENBEI: Die Schweizerin Olga Strub, damals Mitglied des Berliner Ensembles, spielte mit der Marianne eine ihrer wenigen Filmrollen.

ZWISCHEN PANKOW UND ZEHLENDORF

(Co-Produktion)
RE: Horst Seemann, SZ: Rita Kuczynski, LV: frei nach Motiven des Romans »Wenn ich kein Vogel wär« von Rita Kuczynski, DR: Angelika Mieth, KA: Otto Hanisch, MU: Horst Seemann, SB: Dieter Adam, KO: Günther Heidemann, SC: Bärbel Bauersfeld, PL: Dorothea Hildebrandt, GR: GR »Johannisthal«, m: 2560 = 94 min, fa, brw, PJ: 1990/91, PM: 4.12.1991, PM-Ort: Berlin, »Tivoli«, CO: Allianz-Filmproduktion GmbH im Auftrag des WDR, Köln / SFB, Berlin
DA: Corinna Harfouch (Isolde), André Hennicke (Emil), Kathrin Ackermann (Nora), Marylu Poolman (Tante Ellen), Katarina Jacob (Frau Roth), Winfried Glatzeder (Musiklehrer), Monika Lennartz (Direktorin), Peter Reusse (Hans), Peter Prager (Willi), Käthe Reichel (Alte Frau), Calvin E. Burke, Horst Schönemann, Viola Schweizer, K.-Dieter Klebsch, Sina Fiedler u.a.
INHALT: Im geteilten Berlin 1953. Die elfjährige Susanne lebt mit der älteren Schwester und der Mutter Isolde im Ostbezirk Pankow. Die Mutter arbeitet schwer für den Wiederaufbau, hat wenig Zeit für die Kinder. Die begabte Susanne geht bei der Großmutter Nora im vornehmen westlichen Zehlendorf zur Musikschule. Sie pendelt unbeschwert zwischen den beiden Welten. Da kehrt der Vater Emil aus der Kriegsgefangenschaft zurück. Der mit einem Kriegstrauma beladene Mann kommt mit dem Leben nicht zurecht, verwickelt seine Kinder in Kriegsspiele, läßt den alten Konflikt zwischen der Familie und der Großmutter wieder aufbrechen. Susanne darf nicht mehr in den Westen. Sie unternimmt einen Diebstahl, um den Verhältnissen zu entfliehen. Lieber will sie ins Gefängnis, als auf Zehlendorf zu verzichten. Der Vater verwickelt sich in Schiebergeschäfte und verläßt die Familie.
ZUM FILM: Offenbar war Horst Seemanns letzter DEFA-Film von der Story zu konfus, von der Schauspielerführung zu schwach und geschmacklich zu unsicher, als daß der Regisseur noch einmal die Chance für einen Film erhalten hätte.
ECHO: Zu gespielt erscheinen die Methoden, zu unmotiviert und aufgesetzt manche dieser ideologisch motivierten Entscheidungen und zu konstruiert die Welt der Reichen und die politische Kultur der Sieger der Geschichte. (...) Horst Seemanns Film will ein Berlin-Film sein und nahe der großsprecherischen Politik von damals. Es wäre fatal, wenn es so wäre. Andererseits: Wozu braucht es dann einen solchen Film? (Peter Glaß, *Filmklub-Kurier* 6/1991)
Erzählt wird der Film aus der Sicht des zehnjährigen Mädchens Susanne, das zwischen den Welten hin- und hergereicht und beinahe zerrieben wird. Der naive Blick auf Ost und West, die klischierten, holzschnittartigen Figuren, die phrasenhaften Dialoge sollen wohl dieser Perspektive geschuldet sein – aber entschuldigen lassen sie sich damit nicht. Wenn man bedenkt, daß am Thema der Zerrissenheit eine ganz aktuelle, aufregende Parabel hätte zelebriert werden können, schmerzt einen der geschichtsklittrige, sentimental-pathetische Film um so mehr. (Martin Mund, *Weltbühne* 3/1992)
NEBENBEI: Katarina Jacob, die Darstellerin der Frau Roth, war die Schwester von Daniel Jacob, der in Horst Seemanns Erfolgsfilm → *Ärztinnen* eine Hauptrolle gespielt hatte.

ZWISCHENFALL IN BENDERATH

RE: János Veiczi, BU: Curt Corrinth, János Veiczi, LV: Schauspiel »Trojaner« sowie das Buch »Die Sache mit Päker« von Curt Corrinth, DR: Hans Sasse, KA: Hans Hauptmann, MU: Adolf Fritz Guhl, BA: Herbert Nitzschke, KO: Dorit Gründel, SC: Friedel Welsandt, PL: Eduard Kubat, m: 2685 = 98 min, s/w, AT: Trojaner, PJ: 1956, PM: 28.12.1956, PM-Ort: Berlin, »Babylon«/»DEFA-Filmtheater Kastanienallee«
DA: Uwe-Jens Pape (Jakob Lewin), Hartmut Reck (Hans Hellmann), Gerhard Rachold (Rudolf Hacker), Wolfgang Hübner (Wilhelm Spieß), Renate Küster (Regine Stolterhof), Doris Abeßer (Hilde Wahl), Heinz Schröder (Studienrat Päker), Horst Friedrich (Schulrat Casparius), Siegfried Weiß (Direktor Tappert), Jochen Brockmann (Dr.

Spieß), Benno Bentzin, Barbara Rost, Peter Groeger, Hans-Edgar Stecher, Inge Huber, Hermann Kiessner, Marga Legal, Gerd Michael Henneberg, Peter Dornseif, Maria Besendahl u.a.

INHALT: Schauplatz ist die kleine Stadt Benderath, irgendwo in Westdeutschland. Am Gymnasium gibt es eine Gruppe von Jungen, die sich »Trojaner« nennen und fest zusammenhalten. Als der faschistische Lehrer Päker den jüdischen Mitschüler Jakob als »feigen Orientalen« und »staatsfeindliches Element« beschimpft, fordern sie geschlossen die Rücknahme der Beleidigung. Da Päker sich weigert, verlassen sie die Schule, verschanzen sich auf einer Insel und stellen der Direktion ein Ultimatum. Die ganze Stadt ist in Aufregung, und die Eltern stellen sich hinter ihre Kinder. So gibt letztendlich auch der Stadtschulrat klein bei und erfüllt das Ultimatum: Die Gymnasiasten kehren straffrei an die Schule zurück, Päker muß sich entschuldigen und wird an eine andere Schule versetzt.

ZUM FILM: Für den Film wurde die Handlung des Ende der zwanziger Jahre entstandenen Schauspiels, das als Vorlage diente, in die Bundesrepublik der Gegenwart verlegt. Der aus Budapest stammende János Veiczi, Absolvent des DEFA-Nachwuchsstudios, legte als sein Regiedebüt eine solide inszenierte, dabei eindringliche Warnung vor dem wiederkehrenden Antisemitismus in deutschen Schulen vor.

ECHO: Hier gibt es kein Schwarzweiß. Das ist das Westdeutschland unserer Tage. Mit positiven und gleichgültigen und negativen Menschen, vorsichtigen, ahnungslosen und sorglosen, tapferen und feigen, mit und ohne Charakter. Hier gibt es keinen Bruch, keine Überspitzung, nichts Unglaubhaftes. Und das ist das kollektive Verdienst der Autoren Curt Corrinth und János Veiczi, (...) der Kamera Hans Hauptmanns und der Darsteller – auch dort, wo sie unzulänglich sind. (Karl-Eduard v. Schnitzler, *Filmspiegel* 3/1957)

Die gesamte Handlung ist auf den novellistischen Kern hin gebaut: die Konfrontation zwischen dem Lehrer, dem Schüler und seinen Freunden, die in der Auseinandersetzung zwischen Eltern und Schule mündet. (...) Die strenge, übersichtliche Montage betont die konzentrierte, schnörkellose Inszenierung. Klapp-, Wisch- und Abblenden sowie Stichwortstützen für Szenenübergänge

und Figurenexpositionen sind nicht allein Zugeständnis an den Zeitstil. Sie zeugen heute von der raschen Wandlung der Sehgewohnheiten und dem Gewinn an Assoziationsfähigkeit der Zuschauer, die inzwischen solcher filmischer Verständnishilfen nicht mehr bedürfen. (Dieter Wolf, *DEFA-Spielfilm-Regisseure und ihre Kritiker*, 1983)

NEBENBEI: Der Film erhielt auf den Weltfestspielen der Jugend und Studenten in Moskau 1957 eine Silbermedaille.

12 UHR MITTAGS KOMMT DER BOSS

RE: Siegfried Hartmann, SZ: Wolfgang Held, DR: Walter Janka, KA: Siegfried Hönicke, MU: Karl Schinsky, SB: Christoph Schneider, KO: Werner Bergemann, SC: Hildegard Conrad-Nöller, PL: Erich Kühne, GR: KAG »Babelsberg«, m: 2118 = 78 min, s/w, Cine, PJ: 1968, PM: 5.12.1968, PM-Ort: Berlin, »International«/»Kosmos«

DA: Peter Borgelt (Hauptmann Lindner), Karl Sturm (Oberleutnant Eckardt), Angelika Waller (Leutnant Barbara Lenz), Rolf Herricht (Leutnant Kunze), Reiner Schöne (Barmixer Lundas), Vera Oelschlegel (Bankangestellte Wege), Peter Herden (Friseurmeister Stengler), Wolfgang Gree-

se (Dr. Krochler), Joachim Tomaschewsky (Makler), Irmgard Düren (Frau Herrenthal), Traudl Kulikowsky, Barbara Dittus, Werner Lierck, Kurt Kachlicki, Jan Bereska, das Tanzpaar Susan & Emöke u.a.

INHALT: Auf der Autobahn Berlin-Leipzig wird in einem brennenden Unfallwagen ein Toter gefunden. Die Ermittlungen der Polizei ergeben: Mord. Fundstücke im Wagen deuten auf Goldschmuggel hin. Bei der Beerdigung des Ermordeten wird dessen Bekanntenkreis unter die Lupe genommen. Verdächtig sind alle. Die Spur führt den Kriminalisten Lindner in eine Bar. Die Fingerabdrücke des Barkeepers Lundas überführen ihn als Mörder. Lindner aber will an die Hintermänner. Unter Zuhilfenahme modernster Technik wird Lundas überwacht und eine Verbindung zu westdeutschen Mittelsmännern festgestellt. Um jedoch die Identität des Bosses zu ermitteln, stellen die Kriminalisten eine Falle, in die dieser auch tappt. Es ist ein Friseurmeister aus dem Freundeskreis des Ermordeten.

ZUM FILM: Ein recht schematisch geratener Kriminalfilm, der – wie andere DEFA-Krimis der 60er Jahre auch – den eigentlichen Anlaß für Kriminalität in der DDR in der Existenz der BRD sieht.

ECHO: Ein Film in Schwarz-Weiß. Die Verkömmlinge erkennt man vornehmlich daran, daß sie Antiquitäten sammeln, ein böses, böses Hobby (das auch unter Schauspielern verbreitet sein soll). Die guten Menschen in diesem Film tragen das Zivil der Kriminalpolizei, dazu eine solche Portion Siegeszuversicht, daß der Zuschauer mit der Goldschieberbande, über die behäbig und umständlich das Netz eines technisch perfekten Fangapparates gesenkt wird, beinahe Mitleid empfindet. (Gert Billing, *Die Weltbühne* 3/1969)

NEBENBEI: Peter Borgelt, später langjähriger Kriminalist in der Fernsehreihe *Polizeiruf 110,* spielt hier erstmals einen Hauptmann der Kriminalpolizei. – In den neunziger Jahren enthüllte die Boulevardpresse, daß die Schauspieler Irmgard Düren und Reiner Schöne während der Dreharbeiten eine heftige Affäre verband.

ANHANG

A) DEFA-KURZ- ODER MITTELMETRAGE-SPIELFILME IM KINO-EINSATZ

Diese Filme wurden in verschiedenen Kopplungen, teils auch als Hauptfilm, im Kino eingesetzt. Kriterium für die Aufnahme an dieser Stelle war eine Länge von unter 1600 m, was in etwa einer Laufzeit von unter einer Stunde entspricht. Hinzu kommen einzelne Filme aus Episoden-Spielfilmen, wie Aus unserer Zeit, *die auch getrennt als Zusatz- oder Beiprogramme gezeigt wurden. Sie sind im Hauptteil angeführt. Die umfangreiche, weit über 200 Filme und Sujets umfassende Produktion der DEFA-Stacheltier-Filme bleibt hier, bis auf zwei Ausnahmen bei abendfüllenden Stacheltier-Spielfilmen, unberücksichtigt. Ihr ist eine eigene Publikation der DEFA-Stiftung mit dem Bundesarchiv/Filmarchiv gewidmet, die Dr. Günter Schulz im Jahr 2000 herausgab und über beide Institutionen erhältlich ist.*

DIE ACHATMURMEL

(Kinderfilm)

RE: Bärbl Bergmann, BU: Edith Gorrish, DR: Margot Beichler, KA: Erich Gusko, MU: Kurt Schwaen, BA: Hans Poppe, KO: Marianne Schmidt, SC: Thea Lange, PL: Anni von Zieten, m: 965 = 35 min, fa, PM: 22.4.1960

DA: Irene Goldberger (Mutter von Andreas), Margit Grubmüller (Junge Verkäuferin), Waltraut Kramm (Junge Lehrerin), Dieter Perlwitz (Volkspolizist), Edwin Matt (Angler), Helmut Schimkus (Andreas) u. a

INHALT: Andreas hat sich zum Geburtstag eine besondere Murmel gewünscht, aber nicht bekommen. Daraufhin kaufen seine Freunde ihm eine und verlieren sie im hohen Gras. Andreas findet die Murmel und behält sie stillschweigend. Als er hört, daß die Freunde sie für gestohlen halten, traut er sich nicht, den Fund zu bekennen. Nun will er sie loswerden, doch die Murmel macht sich selbständig und kehrt immer wieder zu ihm zurück. Da rät ihm ein Volkspolizist, den Kindern die Zusammenhänge zu erklären. Andreas tut es, und die Geburtstagsfeier mit den Freunden kann endlich beginnen.

ECHO: Die Regisseurin Bärbl Bergmann läßt diesen Film im realen Milieu spielen, ohne den märchenhaften Weg der Kugel besonders hervorzuheben. Unseres Erachtens kann eine solche Geschichte ohne Stilisierung nicht bewältigt werden. Denn gibt man die Märchenvorgänge als wirkliche Ereignisse aus, so werden sie als Konstruktion empfunden. (Rolf Richter, *Deutsche Filmkunst* 8/1960)

BUNNEBAKE

(Kinderfilm)

RE: Günter Meyer, BU: Günter Kaltofen, Günter Meyer, DR: Beate Hanspach, Herbert de Lamboy, KA: Michael Lösche, MU: Bernd Wefelmeyer, TR: Hans Moser, Thomas Rosié, PL: Karlheinz Harrnagell, P: DEFA Studio für Dokumentarfilme, AG document Berlin, für das Fernsehen der DDR, 1137 m = 42 min, fa, PJ: 1973/74, PM (TV): 3.6.1974, AD: 9.4.1976

DA: Petra Kelling (Kindergärtnerin), Klaus Manchen (Feuerwehrmann), Dieter Wien (Lehrer Moll), Ute Boeden (Lehrerin), Günter Drescher (Arbeiter), Fritz Links (Opa) und Kinder

INHALT: Der kleine Felix macht sich auf den Weg, um für seine Freundin Sabine ein Lied zu

finden, eines, das es noch nicht gegeben hat und nur ihr gehören soll. Bunnebake heißt das Zauberwort, mit dem alles gelingen soll. Am Ende sehen alle ein: Ein Lied macht nur Spaß, wenn man es zusammen mit anderen singt. (f.b.h.)
ZUM FILM: Der im Auftrag des Fernsehens entstandene Film kam nach zwei Jahren auch in den Kinoeinsatz. Der Dokumentarfilmregisseur Günter Meyer hatte schon 1972 mit dem Kinderfilm → *Die Squaw Tschapajews* im Spielfilm debütiert.
ECHO: Die schlichte Fabel verbindet Spannung, Heiterkeit, märchenhafte und phantastische Elemente miteinander, obgleich die Handlung immer unserer Gegenwart verhaftet bleibt. Die Musik bildet ein wesentliches dramaturgisches Mittel. Sie verschönt den Alltag, macht ihn hell und stimmungsvoll. (*Neue Zeit*, 25.5.1974)

DER COMPUTER SAGT: NEIN
→ AUS UNSERER ZEIT (Hauptteil)

DANIEL UND DER WELTMEISTER
(Kinderfilm)
RE: Ingrid Meyer (später Ingrid Reschke), BU: Manfred Freitag, Joachim Nestler, LV: Gleichnamiges Kinderbuch von Wera und Claus Küchenmeister, DR: Anne Pfeuffer, KA: Rudi Müller, MU: Hans-Joachim Geisthardt, BA: Alfred Drosdek, Georg Wratsch, KO: Marlene Froese, SC: Christa Stritt, PL: Erich Albrecht, GR: KAG »Berlin«, m: 1413 = 52 min, s/w, fa, PJ: 1962/63, PM: 4.10.1963, PM-Ort: Berlin, »Babylon«
DA: Rolf Schmidt (Daniel), Gustav-Adolf Schur (Täve), Alexander Papendieck (Kleinstadtpoet), Fred Mahr (Kranführer), Hans-Joachim Hegewald (Verkehrspolizist), Karla Runkehl (Mutter), Fred Delmare (Schweizer) u. a.
INHALT: Der kleine Daniel ist ein emsiger Dreiradfahrer, der einmal, wenn er groß ist, ein Rennfahrer wie Täve Schur werden möchte. Zum Ärger seiner Mutter aber will er keine Milch trinken. Er glaubt, Weltmeister tun das nicht. Um es herauszufinden, macht er sich auf den Weg zu Täve. Nach zahlreichen Abenteuern und Begegnungen mit verschiedenen Menschen findet er ihn endlich bei einem Rennen. Und er muß sehen: Nach dem Sieg greift der Weltmeister zu einer Flasche Milch.
ZUM FILM: Der Debütfilm von Ingrid Reschke zeichnete sich sowohl von der Erzählweise als auch durch optische Ideen durch eine schöne, zeitgemäße Poesie aus.
ECHO: Der große Vorzug der Daniel-Geschichte ist, daß hier der Alltag märchenhaft-überhöht erscheint, ohne daß er primitiv versimpelt oder filmwunschgemäß zurechtgebogen wäre. Manfred Freitag und Joachim Nestler haben die Geschichte einfach und doch märchenhaft-phantasievoll erzählt (das Wunderrad, die pustenden Brückenbauer, die auf Wunsch läutende Glocke. Der durchgehende Märchenton aber wurde mit einem technischen Kniff erreicht, nämlich, daß Daniel mit einem anderen Objektiv aufgenommen wurde als ein Großteil der übrigen Handlung und beides dann zusammenkopiert wurde (Kamera Rudi Müller). (Günter Sobe, *Berliner Zeitung*, 13.10.1963)
NEBENBEI: Knapp drei Jahrzehnte später spielte Täve Schur in → *Letztes aus der DaDaEr* noch einmal bei der DEFA.

DEFA 70
RE: Werner Bergmann, BU: Werner Bergmann, DR: Willi Brückner, KA: Werner Bergmann, MU: Gerhard Siebholz, SB: Werner Zieschang, KO: Joachim Dittrich, SC: Helga Krause, PL: Herbert Ehler, GR: KAG »Heinrich Greif«, m: 908 = 33 min, s/w, fa, 70 mm, 6-Kmgt, AD: 3.3.1967
DA: Yvy Cant (Mädchen), Gunter Schoß (Junge), Ivan Malré (Herr), Eberhard Cohrs (Halbgespenst), Vera Oelschlegel (Chansonsängerin), Werner Pauli (Gitarrist), Frank Schöbel (Sänger) u.a.
INHALT: Zwei Männer fahren mit einem knallroten Opel Dixi durch das Elbsandsteingebirge zur Premiere eines 70-Millimeter-Films. Unterwegs nehmen sie eine junge Anhalterin mit. Während diese nach einer Autopanne den defekten Reifen ins nächste Dorf rollt, träumen die beiden Männer von Abenteuern mit dem hübschen Mädchen. Anhand dieser Visionen demonstriert der Film Möglichkeiten und Wirkungen des 70-Millimeter-Formats. Die Aufnahmen zeigen unter anderem herrliche Landschaften, einen Sonnenuntergang an der Ostsee, Achterbahnfahrten, Gespenstererscheinungen, Auto- und Flugzeugjagden, Tanzveranstaltungen und Sinfoniekonzerte.
ZUM FILM: Mit anderen Filmen gekoppelt lief der Film in den wenigen 70mm-Kinos der DDR.

Es handelte sich um einen Testfilm für die anlaufende 70mm-Produktion der DEFA. Neben der Sowjetunion blieb die DEFA die einzige Produktionsfirma im sozialistischen Lager, die in diesem Format, das auch international exklusiv blieb, produzierte. Für Kameramann Werner Bergmann war der Film das Regiedebüt im Spielfilmstudio.

DAS DUELL
→ AUS UNSERER ZEIT (Hauptteil)

DIE FAHRT NACH BAMSDORF
(Kinderfilm)
RE: Konrad Petzold, BU: Konrad Petzold, DR: Gisela Neltner, KA: Erich Gusko, MU: Heinz-Friedel Heddenhausen, BA: Herbert Nitzschke, KO: Lydia Fiege, SC: Ursula Kahlbaum, PL: Anni von Zieten, GR: Produktionsgruppe für Jugend- und Kinderfilme, m: 1074 = 39 min, s/w, PJ: 1956, PM: 22.12.1956
DA: Erika Müller-Fürstenau (Mutter), Charlotte Küter (Oma), Bernd Kuss (Toni), Peter Schmidt (Klaus), Petra Kyburg (Rita), Klaus Böhme (Rolf), Günter Wolf (Stippel), Fredy Barten, Rolf Ripperger u. a.
INHALT: Der zehnjährige Toni darf mit seiner kleinen Schwester Rita allein zu den Großeltern nach Bamsdorf fahren. Bekannt für seine Schusseligkeit, muß er der Mutter fest versprechen, auf die Schwester gut aufzupassen. Auf der Bahnfahrt aber kommt es dann doch zu einem Mißgeschick. Er steigt aus Versehen an der falschen Station aus, während Rita weiterfährt. Eine angstvolle und abenteuerliche Suche führt die beiden wieder zusammen.
ZUM FILM: Regisseur Konrad Petzold war Schauspieler am Kinder- und Jugendtheater, bevor er in Moskau Filmregie studierte. Mit diesem Film gab er sein Regiedebüt und landete einen solchen Publikumserfolg, daß ein Jahr später der Film → *Abenteuer in Bamsdorf* entstand. Beide Filme wurden 1958 auf der Filmkonferenz als zu idyllisch kritisiert. Auch, daß die Pionierorganisation keine Rolle spielte, wurde kritisch angemerkt.
ECHO: Die Kamera von Erich Gusko ist ebenso wie Drehbuch und Regie bewußt auf das kindliche Fassungsvermögen eingestellt. Allerdings da, wo man sich mehr Großaufnahmen wünscht, werden die optischen Ausdrucksmittel zu zaghaft angewandt. Warum sieht man so wenig vom Minenspiel der Kinder? Hier hätte man doch mit größeren Brennweiten arbeiten können, wenn man es schon vermeiden wollte, die Kinder durch den allzu nahen Apparat zu verwirren. (Charlotte Ewald, *Deutsche Filmkunst* 2/1957)
NEBENBEI: Das Kinderlied *Wohin soll denn die Reise geh'n?* wurde schnell bekannt und von Generationen von Kindern gern gesungen.

FERIEN UND DAS ALTE HAUS
(Kinderfilm)
RE: Wolfgang Bartsch, SZ: Wolfgang Bartsch, Joachim Niebelschütz, DR: Franz Sporer, KA: Georg Kilian, MU: Günther Fischer, SC: Lilo Weiße, PL: Joachim Siegmund, P: DEFA-Studio für Kurzfilme, m: 1001 = 38 min, sw, AT: Wir und die 6b, PJ: 1972, AD: 25.5.1973
DA: Rudolf Ulrich (Wandel), Manfred Müller (Solm), Harald Wandel (Josef), Fred Delmare (Schrottplatzverwalter), Gerhard Rachold (VP-Hauptmann), Erik Veldre (ABV Tampe), Theresia Wider (Lehrerin), Karin Beewen (Sekretärin), Willi Neuenhahn (Sprengmeister), die Kinder Iris Kern (Gisi), Kerstin Mathes, Andrea Weber, Detlev Kuhnert, Ralf Schneider, Stefan Wagner
INHALT: Die Patenbrigade der 6b hat die Klasse zur Probefahrt einer neuen E-Lok eingeladen. Aber auch die Jungen und Mädchen lassen sich etwas einfallen: Sie wollen Herrn Solm aus der Brigade, der sich ein Einfamilienhaus baut, die fehlenden Rohre besorgen. Sie finden ein Abrißgebäude. Dort gibt es Rohre, mehr als sie brauchen. Brigademitglied Josef hilft abmontieren. Da plötzlich entdecken sie im Keller Motorräder. Und es gibt Spuren, daß hier etwas nicht stimmt. (f.b.h.)
ZUM FILM: In einer spannenden Handlung sollte 8-12jährigen Zuschauern die Bedeutung des Brigadelebens und von Patenschaften vermittelt werden. Der Film wurde mit anderen Kurzfilmen gekoppelt.

DIE FESTSTELLUNG
RE: Herbert Fischer, Werner Bergmann, Gerhard Klein, LV: Gleichnamiges Bühnenstück von Helmut Baierl, DR: Wolfgang Ebeling, KA: Werner Bergmann, Karl Drömmer, Hans Heinrich, Wal-

ter Küppers, MU: Reiner Bredemeyer, BA: Willy Schiller, Egon Vogel, KO: Marianne Schmidt, SC: Christa Wernicke, PL: Adolf Fischer, m: 1382 = 51 min, s/w, PJ: 1958, AD: 20.9.1958
DA: Erik S. Klein (Der Vorsitzende), Käthe Reichel (Die Mechanikerin), Karl Kendzia (Der kleine Bauer), Harry Hindemith (Der unrasierte Bauer), Peter Marx (Der Rückkehrer), Agnes Kraus (Die Frau), Hans Wehrl, Waltraut Kramm, Hans-Georg Simmgen, Ilse Bastubbe, Gerry Wolff u. a.
INHALT: Ein republikflüchtig gewordener Bauer kehrt enttäuscht aus dem Westen in den Ort Oslitz (DDR) zurück. Er und seine Frau sollen Haus und Hof wiederbekommen, doch der Fall wird Anlaß für eine ungewöhnliche LPG-Versammlung. Der Vorsitzende, ein Genosse aus der Stadt und die Bauern wollen herausfinden, was den Rückkehrer zur Flucht veranlaßt hat, und ob man diese hätte vermeiden können. Der Bauer gibt vor, daß der Vorsitzende ihn wegen illegaler Düngerkäufe in die LPG pressen wollte. Dieser interpretiert sein Verhalten anders. Zur Aufklärung der Angelegenheit, und um Lehren daraus zu ziehen, spielen die Anwesenden die Vorgänge vor der Flucht mit vertauschten Rollen nach.
ZUM FILM: Der Film wurde als Beitrag der DEFA zu Ehren des V. Parteitages der SED hergestellt, nachdem Baierls an Brecht geschultes Lehrstück in Herbert Fischers Aufführung mit einem Laienensemble sehr gelobt wurde. Werner Bergmann übernahm die filmische Umsetzung, während Gerhard Klein beratend mitwirkte und mit Christa Wernicke den Schnitt gestaltete. Der Mittelmetragefilm wurde selten eingesetzt und ist unbekannt geblieben.

GEWÖHNLICHE LEUTE
→ AUS UNSERER ZEIT
(Hauptteil)

DER HASENHÜTER
(DFF-Auftragsproduktion, Kinderfilm)
RE: Ursula Schmenger; BU: Ursula Schmenger, Margot Beichler, LV: Gleichnamiges Märchen von Ludwig Bechstein, KA: Siegfried Hönicke, MU: Jürgen Wilbrandt, SB: Alfred Hirschmeier, KO: Dorit Gründel, SC: Hildegard Conrad-Nöller, Karin Kusche, PL: Fritz Brix, P: DFF, m: 1336 = 45 min, fa, AT: Der Hasenhirt, PJ: 1976, SD: 2.1.1977, AD: 1978
DA: Jaroslava Schallerová (Anne/Prinzessin Adelheid), Jan Spitzer (Konrad), Erik S. Klein (König Felsenherz), Doris Thalmer (Patin), Erik Veldre (Hauptmann Kunze), Jörg Knochee (Prinz Edelhardt), Johannes Wieke (Fürst Ditmar), Nico Turoff (Fürst), Karl Sturm, Edgar Harter (Soldaten), Horst Papke, Lilo Grahn, Ingrid Föhr, Ruth Kommerell, Katharina Rothärmel u.a.
INHALT: Der arme Schäfer Konrad wirbt um die Hand der schönen und stolzen Prinzessin Adelheid und muß einen Tag lang die Hasen des Königs hüten, ohne einen zu verlieren. Man versucht alles, um ihm diese Bewährungsprobe zu erschweren. (*Lexikon des internationalen Films*)
ZUM FILM: Ursula Schmenger drehte den Fernsehfilm nach Ludwig Bechsteins Version eines Volksmärchens, das auch die Gebrüder Grimm aufgeschrieben hatten. Rund ein Jahr nach der Erstsendung kam der Film auch in die Kinos.
ECHO: Die Darsteller geben ihren Figuren deutlich in die Körpersprache übertragene Charakterkonturen. Reife – zirkusreife – Leistungen boten auch die vierbeinigen Akteure. Szenebild, Kostüme und Musik – ebenso phantasievoll wie handwerklich solide – unterstützten die Regieabsicht Ursula Schmengers wirkungsvoll. (Volker Weidhaas, *Filmspiegel* 10/1978)
NEBENBEI: Die tschechoslowakische Schauspielerin Jaroslava Schallerová wurde in ihrer Doppelrolle von zwei Schauspielerinnen synchronisiert. Als Küchenmagd Anne sprach sie mit der Stimme von Blanche Kommerell, als Prinzessin war Simone v. Zglinicki zu hören.

DER KLEINE KUNO
(Kinderfilm)
RE: Kurt Jung-Alsen, BU: Peter Brock, DR: Gudrun Rammler, KA: Otto Merz, MU: Gerhard Wohlgemuth, BA: Willy Schiller, KO: Dorit Gründel, SC: Friedel Welsandt, PL: Werner Dau, m: 1407 = 52 min, s/w, PJ: 1958/59, PM: 12.6.1959
DA: Siegfried Ewert (Kuno), Margit Schaumäker, Rudolf Ulrich (Kunos Eltern), Charlotte Küter (Frau Plünnecke), Helga Raumer (Fernsehtechnikerin), Günther Simon, Horst Kube (Volkspolizisten), Martin Flörchinger (Arzt), Stefan Lisewski (Soldat), Rolf Ludwig (Reporter), Bärbel Breitsprecher, Ilse Kuklinski, Vera Oelschlegel, Erika Stiska, Werner Lierck u.a.

INHALT: Der sechsjährige Kuno hat schon lange einen Wunsch: Er möchte einmal miterleben, was die Erwachsenen in der Nacht machen, wenn er schläft. Eines Abends sind die Eltern nicht zu Hause, und so rückt er aus, begibt sich auf den Weg durch das nächtliche Treiben. Er begegnet einem schwarzen Sänger, erlebt die Feuerwehr beim Einsatz und eine Paradeübung der Armee für den bevorstehenden Tag der Republik, wird von einem Volkspolizisten erwischt und beim Vater in der Zeitungsdruckerei abgeliefert. Ein Reporter nimmt ihn mit ins Lokomotivwerk, und am Ende fährt er mit seiner Mutter, einer Schaffnerin, in der Straßenbahn nach Hause. Seine Neugier ist befriedigt, und er beschließt, seinen Eltern nie wieder Sorgen zu bereiten.
ZUM FILM: In Kurt Jung-Alsens drittem und letzten Kinderfilm dominierte die feuilletonistisch-heitere Alltagsbeobachtung die pädagogische Absicht.
ECHO: Es ist wohl der erste Film der DEFA – nicht nur unter den Kinderfilmen –, der mit so viel Poesie gestaltet wurde. Was ist das Neue des Films? Er macht das Unwahrscheinliche wahrscheinlich. Er zeigt die Poesie der Großstadt, gesehen durch die Augen eines sechsjährigen Jungen. (Friedrich Salow, *Deutsche Filmkunst* 5/1959)
NEBENBEI: Die Darstellerin der Reiseleiterin, die begabte Bärbel Breitsprecher, kam früh bei einem Autounfall ums Leben.

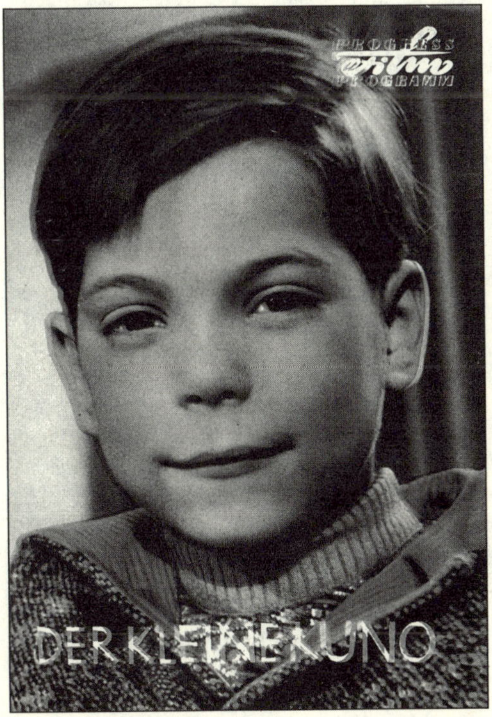

EIN MÄDCHEN AUS SCHNEE

(Kinderfilm)

RE: Hannelore Unterberg, BU: Hannelore Unterberg nach einer Idee von Christa Müller, LV: Erzählung »Leichte Schritte« von Wenjamin Kawerin, DR: Thea Richter, KA: Andreas Köfer, MU: Andrzej Korzynski, SB: Heike Bauersfeld, KO: Dorit Gründel, SC: Anneliese Hinze-Sokoloff, PL: Rolf Martius, GR: AG »Roter Kreis«, m: 1544 = 57 min, fa, brw, PJ: 1978, PM: 6.2.1979, PM-Ort: Gera, »Metropol«

DA: Sebastian Kozik (Peter), Jana Franke (Una), Günter Naumann (Vater), Friederike Aust (Mutter), Klaus Brasch (Professor Jakob), Jaecki Schwarz (Zeichenlehrer), Ilse Voigt (Reinigungsfrau), Thea Keune (Kassenfrau) u. a.

INHALT: Der zehnjährige Peter ist in seine Klassenkameradin Una verliebt. Daß sie mehr Interesse für einen anderen Jungen zeigt, schmerzt ihn, und er flüchtet in einen Traum. In ihm erschafft er sich seine eigene Freundin – aus Schnee. In seiner Phantasie erlebt er schöne Abenteuer mit ihr, doch der nahende Frühling droht seinen Traum zu zerschmelzen. Er bringt »Una« in ein Kühlhaus. Nun taut sie zwar nicht, aber Peter erkennt, daß man mit Gewalt keine Zuneigung aufrechterhalten kann.
ZUM FILM: Mit sensiblem Gespür inszenierte Hannelore Unterberg die Gefühlswelt eines Heranwachsenden, ohne jedoch eine packende Handlung zu haben, so daß der Film erst langweilt und dann plötzlich endet.
ECHO: Problematisch erscheint, wie hier das Innenleben des Jungen sich ins Halluzinatorische und Phantasmagorische verliert. Was Wirklichkeit ist und was Imagination, ist manchmal kaum noch zu unterscheiden. Nichts dagegen, daß Kinder träumen – und das nicht nur im Schlaf – und daß sie dann auch ganz in ihre Vorstellungswelten versinken, aber dieser auch etwas als Außenseiter gezeichnete Junge wirkt dabei fast schon psychisch labil, und er schaut auch meist recht traurig drein, ein elegisches Kind. Die angestrebte

Poetisierung seiner Welt entbehrt nicht sentimentaler Züge. (-ch, *Neue Zeit*, 1.2.1979)
Der zu angeblicher Poesie hochstilisierte Unsinn hat keinen Autor, sondern lediglich einen Ideenlieferanten (Christa Müller). Zum Abliefertermin waren jedoch gerade keine Ideen am Lager (...). Damit die kleinen Film-Konsumenten endgültig ins Schliddern geraten, vermengen sich Realität und Traum zu nicht mehr unterscheidbarem Matsch. (Renate Holland-Moritz, *Eulenspiegel* 10/1979)
NEBENBEI: Hauptdarsteller Sebastian Kozik ist der Sohn der Kinderbuchautorin Christa Kozik, die auch einige Szenarien für DEFA-Kinderfilme schrieb.

DAS MÄRCHENSCHLOSS

(Kinderfilm)
RE: Herrmann Zschoche, BU: Herrmann Zschoche, LV: Bilderbuchgeschichte »Der Märchenschimmel« von Fred Rodrian, DR: Margot Beichler, KA: Karl Plintzner, MU: Helmut Nier, BA: Willi Schäfer, KO: Helga Scherff, SC: Bärbel Weigel, PL: Hans Mahlich, GR: Gruppe »Roter Kreis«, m: 1466 = 54 min, fa, AT: Der Märchenschimmel, PJ: 1960/61, PM: 1.6.1961, PM-Ort: Heldenburg
DA: Die Kinder: Lutz Bosselmann (Peter), Andreas Neugebauer (Klaus), Jürgen Krüger (Günter) und die Erwachsenen: Hanna Rimkus, Sigrid Göhler (Kindergärtnerinnen), Horst Lampe (Traktorist), Werner Wenzel (Mähdrescherfahrer), Heinz Brehm (Schäfer), Paul Borgelt (Onkel Ludwig) u. a.
INHALT: Drei Brüder ziehen aus, um die Objekte ihrer Träume zu suchen. Die beiden älteren, Klaus und Günter, suchen einen Mähdrescher und einen Traktor. Peter dagegen, der jüngste, träumt von einem Märchenschloß. Während die anderen die Suche längst aufgegeben haben, läuft Peter das Pony Pedro über den Weg und führt ihn zum Rosenschloß, das sich als Kindergarten der benachbarten LPG erweist. Weil Peter den Kindern das entlaufene Pony wiedergebracht hat, nehmen sie ihn und seine Brüder mit zum Erntefest. Und alles ist noch viel schöner, als sie es sich erträumten.
ZUM FILM: Der phantasievolle Stoff für Kinder war Herrmann Zschoches erste Regiearbeit, wobei er ein starkes Talent – auch zum Umgang mit Kindern – verriet, wenngleich der Stoff noch nicht in jedem Punkt bewältigt wurde. Angenehm war, daß er nicht mit aufdringlicher Ideologisierung arbeitete, obwohl öffentlich die Forderung danach erhoben wurde.
ECHO: Der Regisseur Herrmann Zschoche debütierte mit diesem Film. Das mag als Grund dafür gelten, daß er noch zu zaghaft die dem Stoff innewohnende Poesie und Phantastik ausschöpfte. Denn für Kinder schlicht und allgemeinverständlich zu inszenieren, darf nicht ausschließen, das Ungewöhnliche, Phantastische, das diesem Filmgenre eigen sein sollte, wirksam werden zu lassen. (Charlotte Czygan, *Deutsche Filmkunst* 9/1961)
Dieser Film zeigt besonders deutlich, wie man bereits die Jüngsten auf kindgemäße Art mit den in der Sowjetzone geschaffenen neuen gesellschaftlichen Realitäten vertraut zu machen sucht. So trägt die Kinderfilmproduktion dazu bei, der nachwachsenden Generation das kommunistische System bereits von klein auf zur Selbstverständlichkeit werden zu lassen, wie sie auch in gleicher Weise die Herausbildung neuer menschlicher Verhaltensweisen, entsprechend der »Erziehung zum Sozialismus«, unterstützt. (Heinz Kersten, *Das Filmwesen in der Sowjetischen Besatzungszone Deutschlands*, 1963)
NEBENBEI: Paul Borgelt, der am Schluß des Films kurz als Onkel Ludwig zu sehen ist, war der Vater des als Fernsehkriminalist im *Polizeiruf 110* populären Peter Borgelt. Der kleine Peter des Films, Lutz Bosselmann, spielte wenig später bei Herrmann Zschoche die Titelrolle in → *Lütt Matten und die weiße Muschel*.

NATÜRLICH DIE NELLI !

(Kinderfilm)
RE: Konrad Petzold, SZ: Kaspar Germann, DR: Joachim Plötner, KA: Otto Hanisch, MU: Helmut Nier, BA: Hans Poppe, KO: Liane Schindler, SC: Charlotte Peschlow, PL: Anni von Zieten, m: 1433 = 53 min, fa, AT: Die verpachtete Oma, PJ: 1958, PM: 22.2.1959
DA: Evamaria Bath (Mutter Frenz), Wolfgang Lippert (Vater Frenz), Senta Bonacker (Oma Trabekow), Ilse Bastubbe (Hortnerin), Dieter Perlwitz (Pionierleiter), Ada Mahr (Frau Haller), Karl-Heinz Weiß (Wachtmann), die Kinder Birgit Neu-

bert (Nelli), Marion Weitlich (Ingelore), Ursula Schulze (Hilde) u.a.
INHALT: Zu Hause und im Wohngebiet gibt die kleine Nelli den Ton an. Die arbeitenden Eltern haben keine Zeit für sie, die Oma ist dem aufgeweckten Kind nicht gewachsen, und die Kinder auf der Straße überzeugt sie mit ihren Streichen. Als sie in den Schulhort kommt, wird alles anders. Sie steht nicht mehr im Mittelpunkt, ist beleidigt und stört die Gruppe mit Trotzreaktionen. Bei einer Altstoffaktion zerschlägt sie die fleißig gesammelten Flaschen. Im Innersten aber findet sie Gefallen an Spiel und Arbeit mit den anderen und schämt sich für ihr Verhalten. Schließlich macht sie den Schaden wieder gut: Sie entdeckt einen großen Schrotthaufen, mit dessen Erlös das Kollektiv sich einen langgehegten Wunsch, ein Modellboot, erfüllen kann.
ZUM FILM: In seinem dritten Kinderfilm behandelte Konrad Petzold das Thema, wie ein aufgewecktes, selbständiges kleines Mädchen zur Eingliederung ins Pionier-Kollektiv gebracht wird.
ECHO: Diese der Altersstufe entsprechend eingleisige Fabel ist vom Buch her bereits klar und logisch entwickelt; in der Inszenierung wird sie gleichermaßen ins Bild gesetzt. Das Tempo ist ruhig, nirgends überhastet und daher stets dem kindlichen Aufnahmevermögen angepaßt. Dabei überrascht die gute filmische Auflösung, einfallsreiche Kameraeinstellungen wechseln einander ab. (Friedrich Salow *Deutsche Filmkunst* 8/1959)
Die Fabel enthält zwei Motive aus dem Pionierleben, durch deren Einfügung Propagandaaktionen der kommunistischen Kinderorganisation popularisiert wurden, die die Mitglieder zu »gesellschaftlich nützlichen Taten« anhalten sollten: die Altstoffsammlung und der Ausbau des Rostocker Hafens zum größten Hafen der SBZ. Das Hafenprojekt war von der SED zum Schwerpunktunternehmen erklärt worden, und an die Jungen Pioniere erging ein Aufruf, für den Bau eines großen Schiffes zu spenden, der allein aus den dabei aufgekommenen Mitteln finanziert werden sollte. (Heinz Kersten, *Das Filmwesen in der Sowjetischen Besatzungszone Deutschlands*, 1963)
NEBENBEI: Den Jungen Uwe spielte Klaus-Dieter Klebsch, der später Schauspieler wurde und auch bei der DEFA mehrfach vor der Kamera stand (→ *Der Doppelgänger*).

DIE NEBELFAHRT
(Kinderfilm)
RE: Jürgen Thierlein, SZ: Fritz Schmenger, LV: Filmerzählung von Arne Leonhardt, Fritz Schmenger, DR: Jürgen Schimmel, KA: Peter Barthel, SB: Otto Müller. SC: Waltraud Hartmann, PL: Oskar Heyer, P: DFF, PJ: 1963, SD: 1.1.64 1964, AD: 24.7.1964
DA: Frank Michelis (Krischan), Otto Erich Edenharter (Hugo Postelwitz), Walter E. Fuß (Bernds Vater), Willi Neuenhahn (Orjes Vater), Joe Schorn (Schiffer auf der »Schandau«), Heinz Hellmich (Oberwachtmeister Heinze), die Kinder Rainer Killmayer (Bernd), Joachim Richert (Orje), Gerhard Flaix (Kuddel), Erni Lura (Grit) u.a.
INHALT: Vier Kinder wollen in den letzten Ferientagen etwas Besonderes erleben und mit einem Ruderboot auf die Vogelinsel fahren. Weil das aber Orjes Vater verboten hat, bleibt der Junge als einziger zurück. Die drei Kinder kommen nicht an ihr Ziel, weil starker Nebel aufkommt. Orje erzählt zu Hause, was passiert ist, und eine dramatische Suchaktion beginnt. (f.b.h.)
ZUM FILM: Der Mittelmetragefilm war der erste Teil einer Mini-Serie mit dem Titel *Ferien, Luv und Lee*, die der Regisseur Jürgen Thierlein beim DEFA-Studio für populärwissenschaftliche Filme als Auftragsproduktion fürs Kinderfernsehen inszenierte, nachdem er seit 1950 Beiprogramm-Kinofilme mit und für Kinder bei diesem Studio gedreht hatte. Beim Kinoeinsatz wurde jeder der drei Filmteile mit anderen Filmen gekoppelt.
ECHO: *Die Nebelfahrt* (...) begann zwar auch recht spannend. Doch dann geschah eigentlich nichts Besonderes mehr, außer der Tatsache, daß die Väter sich natürlich aufregten und ihre Kinder suchten. (...) Die Filmkinder waren behutsam und gut geführt. Sie wirkten natürlich und unbefangen. (Ilse Jung, *FF* 7/1964)
NEBENBEI: Der Darsteller des Schiffers, Joe Schorn, war der Vater der bekannten Schauspielerin Uta Schorn. Joachim Richert war zur Zeit der Dreharbeiten 13 Jahre alt.

DIE NEUE BOOTSBESATZUNG
(Kinderfilm)
RE: Jürgen Thierlein, SZ: Fritz Schmenger, LV: Filmerzählung von Arne Leonhardt, Fritz Schmenger, DR: Jürgen Schimmel, KA: Günther

Kunkel, SB: Otto Müller. SC: Waltraud Hartmann, PL: Oskar Heyer, P: DEFA-Studio für populärwissenschaftliche Filme für DFF, PJ: 1963, SD: 12.1.1964, AD: 18.9.1964
DA: Erika Müller-Fürstenau (Heimleiterin), Willi Neuenhahn (Orjes Vater), Otto-Erich Edenharter (Verkäufer auf dem Schiff), Brigitte Krause (Lehrerin), Wolfgang Schultze (Udo), Joachim Richert (Orje), Erni Lura (Grit), Gerhard Flaix (Kuddel) u.a.
INHALT: Zu den bereits aus den Filmen → *Die Nebelfahrt* und → *Unternehmen Vogelinsel* bekannten Kindern stößt ein Junge aus Hamburg, der im Heim der Schifferkinder aufgenommen wurde. Er glaubt, sich durch eine Bravourtat Respekt verschaffen zu müssen und stiehlt aus dem Lager der Fischereigenossenschaft Bootszubehör, weil sich seine Mitschüler diese Gegenstände für ihren Kahn wünschen. Natürlich wird der Dieb entlarvt und lernt, sich in das Kollektiv einzufügen. (f.b.h.)
ZUM FILM: Der dritte Teil der Mini-Serie des Kinderfernsehens *Ferien, Luv und Lee* wurde ebenfalls fürs Kino verliehen.
ECHO: Die verworrenen Gedankengänge und absurden Schlußfolgerungen des Udo aus Hamburg – glücklicherweise absurd für unsere Kinder – waren schwer zu begreifen. Die richtigen Argumente der Schifferkinder wurden leider recht unkindlich formuliert und raschelten wie Zeitungspapier. (Ilse Jung, *FF* 7/1964)
NEBENBEI: Während alle anderen Team-Mitglieder der beiden ersten Teile → *Die Nebelfahrt* und → *Unternehmen Vogelinsel* auch diesen Teil drehten, wechselte der Kameramann, da sich Peter Barthel inzwischen in den Westen abgesetzt hatte.

PETER UND DAS EINMALEINS MIT DER SIEBEN

(Kinderfilm)
RE: Heinz Mentel, Günter Stahnke, BU: Heinz Hafke, Frantisek Pavlicek, DR: Manfred Fritzsche, KA: Otto Merz, MU: Helmut Nier, BA: Artur Günther, KO: Ingeborg Wilfert, SC: Charlotte Peschlow, PL: Werner Dau, GR: KAG »Solidarität«, m: 1217 = 45 min, s/w, PM: 1.6.1962
DA: Helga Göring (Peters Mutter), Horst Kube (Peters Vater), Evamaria Bath (Lehrerin), Hans Klering (Gärtner), Werner Lierck (Clown), Gerd E. Schäfer (Zauberer Magiasch), Agnes Kraus (Kassiererin), Dieter Perlwitz (Kraftfahrer), Theresia Wider (Braut), die Kinder: Helge Dutz (Peter), Martina Reh, Gundula Baumann sowie Nico Turoff, Kurt Gawallek, Eva Neitzel u.a.
INHALT: Peter ist ein pfiffiger Junge, und seit er die kleine Akrobatin Susanne kennt, träumt er davon, auch zum Zirkus zu gehen. Warum er in der Schule das Einmaleins büffeln soll, ist ihm deshalb unverständlich. Aber als die Klasse in den Zirkus will und er die Karten besorgen soll, verrechnet er sich um einen Platz – seinen! Das gibt ihm zu denken, aber Susanne greift helfend ein und nimmt ihn mit in die Manege. Hier tritt ein rechnender Esel auf, und Peter soll dessen Künste kontrollieren. Die Blamage allerdings ist groß, als Peter die Aufgabe nicht lösen kann. Vor allem vor Susanne ist ihm die Sache peinlich, und er sieht ein, daß das Rechnen doch überall nötig ist.
ZUM FILM: Das Gegeneinander der Welt des Lernens und der Pflicht mit der Welt von Abenteuer und Phantasie wurde spielerisch bewältigt. Der Film wurde von Heinz Mentel, der eigentlich Produktionsleiter war, begonnen und von Günter Stahnke zu Ende geführt.

RAUCH OHNE FEUER

(Auftragsfilm für die HFF)
RE: Helge Trimpert, SZ: Helge Trimpert, Helmut Dziuba, LV: Hörspiel »Brot und Salz« von Joachim Novotny, DR: Werner Beck, Klaus Rümmler, KA: Hans-Jürgen Reinecke, SB: Richard Schmidt, KO: Ursula Strumpf, SC: Ursula Henning, PL: Martin Sonnabend, m: 825 = 30 min, fa, PJ: 1978/79, AD: 31.10.1980
DA: Wolf Kaiser (Bruno Klauke), Günter Junghans (Genosse Rotter), Iwan S. Kubartschuk (Major Kapustin), Eva Schäfer (Frau Klauke), Jörg Grünewald (Junger Mann), Thea Schmidt-Keune (Klara) u.a.
INHALT: Der Empfang einer sowjetischen Delegation wird vorbereitet: Empfangskomitee, Gesang, Träterätätä ... ruhmreiche, fröhliche Menschen ..., alles ist organisiert, doch erstens kommt es anders, und zweitens als man denkt. (Katalog HFF-Bibliothek)
ZUM FILM: Der Diplomfilm des Regiestudenten Helge Trimpert, der in den achtziger Jahren auch einige DEFA-Filme inszenierte, wurde im DEFA-Studio produziert. In einem Programm

mit Hochschulfilmen brachte ihn der Progress-Filmverleih auch in die Kinos.

EIN UNGEWÖHNLICHER TAG

(Kinderfilm)

RE: Bärbl Bergmann, BU: Bärbl Bergmann, DR: Eleonore Schmidt-Schwarze, KA: Erwin Anders, MU: Joachim Werzlau, BA: Ernst, Rudolf Pech, KO: Luise Schmidt, SC: Ursula Zweig, PL: Erich Albrecht, m: 829 = 30 min, fa, AT: Ohne Fleiß, kein Preis, PJ: 1958, PM: 27.3.1959

DA: Daniela Gerstner (Maja), Ostara Körner (Mutter), Horst Kube (Vater), Alexander Papendiek (Lehrer), Horst Buder (Fensterputzer), Gustav Müller (Bäcker), Georg Helge (Flaschenhändler), Katharina Matz (Eisverkäuferin), Heinz Draehn, Fritz-Ernst Fechner (2 Gully-Arbeiter) u.a.

INHALT: Diesem ungewöhnlichen Tag vorausgegangen war die Faulheit der kleinen Maja. Sie hatte keine Lust, Schularbeiten zu machen. Als sie am nächsten Tag zur Schule kommt, hat der Lehrer keine Lust zum Unterricht. Auch alle anderen, von denen sie etwas will, haben keine Lust. Maja beginnt zu überlegen, ob dieses merkwürdige Verhalten mit ihrer gestrigen »Lustlosigkeit« zu tun haben könnte. Und sie kommt zu dem Schluß, daß es nicht richtig ist, seine Aufgaben nicht zu erledigen, da jeder auf seinem Platz eine Pflicht zu erfüllen hat.

ZUM FILM: Regisseurin Bärbl Bergmann inszenierte einen kleinen Film um ein Kind, das vom Kollektiv erzogen wird.

NEBENBEI: Aus Daniela Gerstner, der kleinen Maja, wurde unter dem Namen Daniela Dahn eine angesehene Autorin, die auch für den Film arbeitete.

UNTERNEHMEN VOGELINSEL

(Kinderfilm)

RE: Jürgen Thierlein, SZ: Fritz Schmenger, LV: Filmerzählung von Arne Leonhardt, Fritz Schmenger, KA: Peter Barthel, SB: Otto Müller. SC: Waltraud Hartmann, PL: Oskar Heyer, P: DEFA-Studio für populärwissenschaftliche Filme für DFF, PJ: 1963, SD: 5.1.1964, AD: 21.8.1964

DA: Frank Michelis (Krischan), Joe Schorn (Schiffer auf der »Schandau«), Heinz Hellmich (Oberwachtmeister Heinze), Rainer Killmayer (Bernd), Joachim Richard (Orje), Gerhard Flaix (Kuddel), Erni Lura (Grit) u.a.

INHALT: Der alte Krischan versteckt im Schilf eine geheimnisvolle Flaschenpost, die vier Kinder finden, als sie sich auf den Weg zur Vogelinsel machen wollen. Die vier machen mysteriöse Beobachtungen und setzen alles daran, das Rätsel zu lösen. (f.b.h.)

ZUM FILM: Der zweite Teil der Mini-Serie des Kinderfernsehens *Ferien, Luv und Lee* (andere Teile: → *Die Nebelfahrt* und → *Die neue Bootsbesatzung*) war durch die Agentengeschichte für die Kinder besonders spannend.

ECHO: ... muß man Jürgen Thierlein und seinem Kameramann aber bescheinigen, daß sie (...) viel echte Atmosphäre eingefangen haben. Das Erlebnis »Natur«, das sie den Kindern in Landschaftsbildern und Tierszenen vermittelten, ist wohl der größte Gewinn dieses Filmes. (Ilse Jung, *FF* 7/1964)

DER VERLORENE BALL

(Kinderfilm)

RE: Kurt Weiler, BU: Wera und Claus Küchenmeister, DR: Margot Beichler, KA: Götz Neumann, MU: Kurt Schwaen, BA: Hans Poppe, KO: Marianne Schmidt, SC: Ursula Zweig, PL: Anni von Zieten, m: 700 = 26 min, fa, PJ: 1958/59, PM: 20.9.1959, PM-Ort: Berlin

DA: Erika Dunkelmann (Kindergärtnerin), Uschi Wenzke (Mädchen mit Ball), Stefan Schappo (Der Kleinste), sowie Kinder aus dem Kindergarten des Karl-Marx-Werkes und der 1. Klasse der 33. Grundschule in Potsdam-Babelsberg

INHALT: Ein schöner bunter Ball, von einem Mädchen im Kindergarten gemalt, wird plötzlich lebendig. Er hüpft der Kleinen entgegen, und freudig nimmt sie ihn mit zum Spielplatz. Den anderen Kindern gefällt der Ball ebenso, und alle wollen mit ihm spielen. Das Mädchen möchte ihn aber nur für sich und versteckt ihn. Die Kinder sind traurig und glauben, er sei verlorengegangen. Als sie das Mädchen später allein mit ihm spielen sehen, wenden sie sich enttäuscht ab. Und die Kleine stellt fest, daß es keinen Spaß macht, allein zu spielen, auch wenn der Ball noch so schön ist.

ZUM FILM: Der Kinderfilm mit Trickelementen war die erste und einzige Spielfilmregie des renommierten Animators Kurt Weiler, der seine großen DEFA-Erfolge im Trickfilmstudio Dresden produzierte.

ECHO: Der Film erreicht in vielen Szenen nicht die Schönheiten des Drehbuchs. So ist es z.B. durchaus richtig, daß die Regie Kurt Weilers einen stark choreographischen Charakter hat. Aber dieses Prinzip müßte wirklich den ganzen Film bestimmen, und das Ergebnis wirkliche Lockerheit sein. Es dürfte nicht der Eindruck entstehen, daß sich die Kinder nach einem Kommando des Regisseurs bewegen. (Rolf Richter, *Deutsche Filmkunst* 8/1960)

VOM KÖNIG MIDAS

(Kinderfilm)

RE: Günter Stahnke, BU: Günter Kunert, Günter Stahnke, DR: Lotti Schawohl, KA: Lothar Gerber, MU: Kurt Schwaen, BA: Herbert Nitzschke, KO: Ingeborg Wilfert, SC: Helga Emmrich, PL: Rudolf Kobosil, GR: KAG »Solidarität«, m: 1409 = 52 min, fa, AD: 17.5.1963

DA: Dietrich Heilmann (Midas), Günter Pudak/Manfred Hennecke (zwei Schleppenträger), Frank Dubral/Olaf Raasch (zwei Diener), Norbert Görze (Ochsendiener), Pit Bussenius (Arzt) u.a., GE: Kinderchor des Deutschlandsenders unter der Leitung von Manfred Roost

INHALT: Filmoper, in der die Pioniere einer Kleinstadt auf einer Freilichtbühne die Geschichte vom sagenhaften König Midas aufführen: Die Goldgier des griechischen Königs ist grenzenlos. Da entschließt sich Bacchus, der Gott des Weines, ihm eine Lehre zu erteilen. Bei seiner Ankunft wird Bacchus von Midas mit aller Zuvorkommenheit empfangen, denn er erhofft sich vom mächtigen Gott noch mehr Reichtum. Zum Abschied gewährt dieser ihm auch die Erfüllung eines Wunsches. Midas wünscht sich, daß alles, was er berührt, zu Gold werden soll. Diesen Wunsch bereut er bald zutiefst, denn alles, auch die Nahrung, wird zu Gold. Und er fleht Bacchus um Rücknahme an. Das geschieht, aber als Erinnerung an die Geschichte wachsen Midas lange Eselsohren, die er ein Leben lang behalten muß.

ZUM FILM: Bereits in seiner Fernsehoper *Fetzers Flucht* hatte Regisseur Günter Stahnke mit ungewöhnlichen stilistischen Mitteln gearbeitet und war dafür gemaßregelt worden. Auch sein Kinder-Opernfilm, ein Unikat in diesem Genre bei der DEFA, mußte sich wegen seiner Formsprache Kritik gefallen lassen.

ECHO: Im ersten Teil sieht man die Vorbereitung auf die Aufführung. Wie viele Einfälle gibt es da, wie natürlich agieren die Kinder! Es macht Freude zuzuschauen. Das Spiel mit den Dingen ist prächtig, mit Begeisterung ist man bei der Sache. Das malerische Quedlinburg gibt einen schönen Hintergrund für das Leben und Treiben. Und dann kommt der 2. Teil mit der Aufführung. Man fällt mit dem harten Schnitt sofort in die größte Enttäuschung. (...) Steif stehen die "Schauspieler" herum. Man kann mit den Dingen nicht mehr spielen! Auch musikalisch erfüllt diese Kinderoper nicht ihre Aufgabe. Was da gesungen und gespielt wird, ist nicht für Kinder zugeschnitten. (Aus der Filmbesprechung für den innerkirchlichen Gebrauch in der Katholischen Kirche der DDR, 1963)

NEBENBEI: Manfred Roost, 1929 in Wootz/Elbe geboren, hatte 1955 den Kinderchor des Deutschlandsenders (später in Rundfunk-Kinderchor umbenannt) gegründet und ist bis heute Chefdirigent dieses Chores, der jetzt am Berliner Händel-Gymnasium angesiedelt ist.

WEIBERWIRTSCHAFT

(Co-Produktion mit dem Fernsehen der DDR)

RE: Peter Kahane, SZ: Wolfgang Ebeling, LV: Gleichnamige Erzählung von Joachim Nowotny, DR: Christel Gräf, KA: Andreas Köfer, MU: Günther Fischer, SB: Lothar Kuhn, KO: Dorit Gründel, SC: Sabine Schmager, PL: Manfred Renger, m: 1224 = 45 min, fa, PJ: 1983, AD: 14.9. 1984, SD: 5.2.1984

DA: Mirko Haninger (Achim), Martina Eitner (Heidi), Käthe Reichel (Hanna), Christine Schorn (Gertrud), Martin Trettau (Alter), Günter Ringe (Polier), Heinz Hupfer, Werner Riemann, Peter Gothe, Gerhard Thom u.a.

INHALT: Kurz nach 1945. Achim, ein junger Zimmermann, wird nach dreijähriger Lehrzeit auf ein abgelegenes Bauerngehöft geschickt, um es instand zu setzen. Drei Frauen verschiedener Generationen bewirtschaften den Hof allein. Die Großmutter Hanna hat ihren Mann im Ersten Weltkrieg verloren, die Mutter Getrud den ihren im Zweiten. Die Tochter Heidi ist noch jung, aber schon heiratsfähig. Der fleißige, schüchterne Junge kommt den Frauen äußerst gelegen, sie verwöhnen ihn, machen ihm auf eindeutige Weise

klar, daß er ihnen nicht nur als Handwerker genehm ist. Die Mutter verführt ihn, die Großmutter deckt mit ihm das Dach und versucht, ihn mit der Enkeltochter zu verkuppeln. Doch als er die Arbeit beendet hat, ergreift der junge Mann die Flucht.
ZUM FILM: Peter Kahanes Diplomfilm an der Babelsberger Filmhochschule entstand in einer Co-Produktion zwischen Fernsehfunk und DEFA. Er wurde mit Konrad Hermanns Diplomfilm *Rublak – Die Legende vom vermessenen Land*, einer reinen Hochschulproduktion, für ein Programm gekoppelt und in die Studiokinos gebracht.
ECHO: Immer wieder werden Spannungen aufgebaut, die sich mit einem lakonischen Satz, einem Schnitt oder dem Eintreten einer neuen Situation auf komische Weise auflösen. Dabei setzt Peter Kahane auf die Ambivalenz der Vorgänge. Am deutlichsten ausgeprägt ist sie in der Ambivalenz zwischen der Mutter und dem Jungen, die in komischen Momenten stets auch den tragischen Hintergrund durchscheinen läßt. (...) Prägendes Gestaltungselement dieses Films sind mimischer und gestischer Ausdruck der Schauspieler, in deren Genauigkeit die beiden jungen Darsteller ihren erfahrenen Kolleginnen nicht nachstehen. Aus dem Kontrast zwischen aufmerksamer Beobachtung selbst der kleinsten Vorgänge und der Lakonie in schauspielerischem Gestus, Dialog und Montage erwächst ein durchaus komischer Duktus, von dem die Substanz der Figuren dennoch nicht beschädigt wird. (Jochen Wisotzki, *Film und Fernsehen* 2/1985)

DIE ZWEI SÖHNE

→ *AUS UNSERER ZEIT*
(Hauptteil)

B) ABGEBROCHENE UND NICHT AUFGEFÜHRTE DEFA-FILME

ALLEZ HOPP

(1946)
RE: Hans Fritz Köllner, BU: Hans Fritz Köllner, KA: Heinz von Jaworsky, MU: Hans Georg Schütz, BA: Franz F. Fürst, Gerhard Ladner, KO: Vera Mügge, SC: Fritz Stapenhorst, PL: Eduard Kubat
DA: Ernst Stahl-Nachbaur (Urmann), Babsi Schultz-Reckewell (Claudia), Alfred Cogho (Freddy), Hilde Körber (Paula Urmann), Paul Henckels (Schallinger), Herbert Wilk (Dr. Raimund), Hans Klering (Fred Matsu), Aribert Grimmer (Direktor Holl), Sonja Ziemann (Patsy), Lilli Schönborn (Scheuerfrau) u.a.
ZUM FILM: *Allez hopp* war als Unterhaltungsfilm im Zirkus- und Varietémilieu angelegt. Liebe und Artistenehre, familiäre Probleme und Show-Effekte – diese Mischung sollte das Unterhaltungsbedürfnis der Nachkriegszeit stillen helfen. Nach Probeaufnahmen im Juli 1946 fanden im Zirkus Barlay ab Ende August neun Drehtage statt. Am 25. September wurde die Produktion eingestellt. Wie verlautete, sei der Regisseur, für den es der erste lange Spielfilm gewesen wäre, seiner Aufgabe nicht gewachsen gewesen. Das Material von *Allez hopp* ist vernichtet, vermutlich existieren auch keine Fotos mehr.

ALTWEIBERSOMMER

(1961/62)
RE: Hans Knötzsch, BU: Gerhard Rentzsch, Gerhard Klingenberg, LV: Nach einem Hörspiel von Gerhard Rentzsch, DR: Gudrun Rammler, KA: Otto Hanisch, SB: Ernst-Rudolf Pech, KO: Marlene Froese, SC: Thea Richter, PL: Heinz Kuschke, GR: KAG »Arbeitsgruppe 60«, s/w
DA: Albert Garbe (Wilhelm), Erika Dunkelmann (Sophie), Paul Streckfuß (Heizer Anton), Erik S. Klein (Herbert Kraft), Otto Mellies (Peter Schmidt), Johannes Maus (Siegfried Watt), Christoph Engel (Armin Durier), Doris Weikow (Karin Koch), Sabine Thalbach (Fräulein Bemme), Jutta Wachowiak, Wolfgang Thal, Hannelore Telloke, Ingrid Ohlenschläger, Horst Lommatzsch, Sigrid Göhler u.a.
INHALT: Sophie und Wilhelm, ein älteres, schon berentetes Bauernehepaar, sind das erste Mal auf Reisen. Den Ferienscheck nahmen sie nicht ganz

freiwillig an, harte Landarbeit gewöhnt, haben sie Urlaub nie gekannt – schon gar nicht drei Wochen lang. Im FDGB-Ferienheim »Florian Geyer« Siebenbrunn ist alles zeitlich genau festgelegt, für individuelle Urlaubsgestaltung bleibt nur wenig Platz. Sophie paßt sich der Situation an, ohne dabei glücklich zu sein. Zumal die anderen Feriengäste wenig kommunikativ sind, außer einem Ehepaar mit Kind. Doch deren Gesprächsthemen drehen sich hauptsächlich um die Karriere im Kombinat und die letzte Fahrt nach Bulgarien. Nur mit Sabine, dem Mädchen, kann Sophie sich unterhalten – das Kind fühlt sich ähnlich einsam, seine Eltern haben keine Zeit oder Lust, etwas mit ihm gemeinsam zu unternehmen. Wilhelm jedoch bricht aus, schleicht sich aus dem Haus, will in den Wald und zur Wetterwarte. Selbst sein alter Freund Anton, der im »Florian Geyer« als Mädchen für alles arbeitet, kann ihn davon nicht abhalten. Als nach ein paar Tagen im Ferienheim ein Fest gefeiert wird, kehrt auch Wilhelm zurück. Alle beschließen, nun den »eigenen« Urlaub zu machen.
ZUM FILM: Ursprünglich war Gerhard Klingenberg als Regisseur vorgesehen. Die Dreharbeiten sollen Anfang September 1961 beginnen, der Regisseur, österreichischer Staatsbürger, reist, um seinen Sohn zur Schule zu bringen, kurz vorher nach Wien. Von dort erhält die DEFA-Direktion am 29.8. ein Telegramm und einen Brief, in dem Klingenberg sich als schwer erkrankt meldet (»Symptome deuten auf Typhus«) und als Ersatz-Regisseur Hans Knötzsch vorschlägt, der bereits das Rundfunkhörspiel, das dem Film zugrunde lag, inszeniert hatte. Klingenberg, der nach *Altweibersommer* noch ein weiteres Projekt mit der DEFA verabredet hatte (»Der rote Kantor«), kehrt nicht mehr in die soeben eingemauerte DDR zurück. – Hans Knötzsch übernimmt den Film am 11.9.1961, er besetzt teilweise neu. Aufnahmen im »realen« Altweibersommer sind durch die Turbulenzen unmöglich geworden, die DEFA-Leitung beschließt, vorerst alle Atelierszenen drehen zu lassen und die Außenaufnahmen im April/Mai 1962 nachzuholen. Gedreht wird vom 28.11. 1961 bis 15.1.1962. – Der Abbruch des Films erfolgt kurz vor der zweiten Drehphase im April. Als Gründe werden künstlerische Mängel angegeben: Die Erzählweise sei zu wenig zupackend, zu leise, ja langweilig. Möglich ist, daß sich hinter den künstlerischen Einwänden auch die Furcht vor einer eher melancholischen Gegenwartsdarstellung verbarg. Das Material gilt als vernichtet. (*Das zweite Leben der Filmstadt Babelsberg*, 1994)

FRÄULEIN SCHMETTERLING
RE: Kurt Barthel – BU: Christa und Gerhard Wolf, Kurt Barthel – DR: Klaus Wischnewski – KA: Hans-Jürgen Sasse – MU: Peter Rabenalt – SB: Gerhard Helwig – KO: Helga Scherff – SC: Rita Hiller – PL: Heinz Herrmann – GR: KAG »Heinrich Greif« – s/w – PJ: 1965/66, DA: Melania Jakubisková (Helene Raupe) – Christina Heiser (Asta) – Lissy Tempelhof (Frau Fertig, Jugendfürsorgerin) – Carola Braunbock (Tante) – Irene Korb (Exquisit-Verkaufsstellenleiterin) – Herwart Grosse (Kubinke, Straßenbahnschaffner) – Hans Hardt-Hardtloff (betrunkener Fahrgast) – Carmen-Maja Antoni (Exquisit-Verkäuferin) – Manfred Krug (Erzähler) – Rolf Hoppe (Himmelblau, Stadtbezirksmitarbeiter) – Peter Rabenalt (Saxophonist) u.a.
INHALT: Christa Wolf: »Was wir mit diesem Film wollten, hatte ich damals in einem Satz zusammengefaßt. Man soll nicht vorzeitig seine Sehnsucht aufgeben und sich an eine platte Alltagsvernunft anpassen.« – Helene und Asta Raupe sind nach dem Tod ihres Vaters Vollwaisen. Der Zigarettenladen des Vaters wird geschlossen, die kleine Asta der Vormundschaft ihrer Tante unterstellt. Diese läßt das Mädchen jedoch bei der älteren Schwester, weil ihre Wohnung zu klein ist. Die siebenjährige Helene träumt davon, Stewardeß oder Mannequin zu werden. Zunächst muß sie in einem Fischladen arbeiten. Sie verliert den Job, weil sie »zu fein« für Fisch sei. Nächste Station ist ein Exquisitgeschäft, doch auch dort wird sie entlassen – wegen Ungeschicklichkeit. Die Jugendfürsorgerin kontrolliert die Mädchen und beanstandet, daß Asta nicht bei der Tante lebt. Helene arbeitet nun als Straßenbahnschaffnerin. Asta wird von der Tante abgeholt, Helene bekommt eine Neubauwohnung. Aber ohne Asta ist sie nicht glücklich. Die kleine Schwester reißt von der Tante aus und kommt zurück. Gemeinsam träumen sie von einem schönen Leben.
ZUM FILM: Der Film, ein ironisch-spielerisches, märchenhaftes Plädoyer für Individualität, wird vom 30.7. bis 8.12.1965 gedreht. Die Roh-

schnittabnahme, von der Hauptverwaltung Film mehrfach hinausgeschoben, findet im März 1966 statt. Die Kritik ist verheerend: *Fräulein Schmetterling* entspräche der DDR-Wirklichkeit nicht und gestalte nicht das sozialistische Menschenbild. Alle vom 11. Plenum des ZK der SED kritisierten falschen und schädlichen ideologischen Auffassungen seien vertreten. Der Film sei eine grobe Verfälschung des Lebens in der DDR. (Auch zwischen Autoren und Regisseur gibt es Meinungsunterschiede über den Film, f.b.h.) – Die Weiterarbeit an *Fräulein Schmetterling* wird gestoppt. Das (unvollständige, f.b.h.) Material, von dem die Autoren und der Regisseur meinen, es widerspiegele die damaligen Intentionen nur unvollständig, kommt auch 1989/90 nicht zur öffentlichen Vorführung und lagert im Bundesarchiv-Filmarchiv. (*Das zweite Leben der Filmstadt Babelsberg*, 1994)
MEINUNGEN: Wir fanden schon damals, daß dieser Film nicht geglückt ist, daß er unsere Absicht nicht deutlich zum Ausdruck brachte. Es war die erste Arbeit von Kurt Barthel, der ein Schüler von Konrad Wolf war. Es gab da eine eklatante Fehlbesetzung der Hauptfigur mit einer jungen und unerfahrenen tschechischen Laienschauspielerin. Auch die Dramaturgie war nicht bis ins Letzte gelöst, der Film wirkte nicht »leicht« genug, er war zu direkt, zu lehrhaft geraten. (Christa Wolf in *Kahlschlag*, 1991/2000)
ECHO: Damit wurde der – neben dem Film → *Wenn du groß bist, lieber Adam* – zweite Vorschlag einer neuen, nichtnaturalistischen, betont spielerischen und frei phantasierenden Filmerzählung, zugleich ein originärer ästhetischer Ausdruck des Utopie-Potentials in der DDR-Spielfilmproduktion 1965, liquidiert, ein besonderer Verlust. (Günter Agde in *Kahlschlag*, 1991/2000)
... erinnert im Stil an die frühen Filme von Milos Forman und Vojtech Jasny. (Heiko R. Blum, *Manfred Krug*, 1993)

GROSSVATERS REISE

(Co-Produktion)
RE: Staffan Lamm, BU: Staffan Lamm, Lars Forssell, KA: Esa Vuorinen, MU: Wlodek Gulgowski, SB: Marlene Willmann, KO: Inken Gusner, SC: Darek Hodor, PL: Thomas Lydholm, Michael Beier, Harald Fischer, m: 2229 = 82 min, fa, CO: Victoria-Film, Stockholm; Svenska Filminstitutet, Stockholm; Nordic Film & TV-Fund; Sveriges Television SVT 1 Drama; Danish Film Institute, Kopenhagen; Ottokar-Runze-Filmproduktion, Hamburg/Berlin, PJ: 1991/92, PM: 29.1.1993 (Schweden/Stockholm), Schwed. Titel: Morfars Resa
DA: Max von Sydow (Simon Fromm, Großvater), Carl Svensson (Göran), Mai Zetterling (Elin, Großmutter), Ina-Miriam Rosenbaum (Vera), Marika Lagercrantz (Karin), Sharon Brauner (Sara), Hagen Mueller-Stahl (Dr. Bratt), Christa Pasemann, Achim Wolff u. a.
INHALT: Herbst 1945 in Stockholm. Die Eltern des achtjährigen Göran sind geschieden und zeigen kaum Interesse für ihren Sohn. Seit der Scheidung lebt der Junge bei seinem Großvater Simon, einem jüdischen Literaturprofessor. Der Alte wird seine wichtigste Bezugsperson, und beide bauen um sich eine eigene, abgeschlossene Welt auf, in der selbst der Alltag phantastische Züge annimmt. Eines Abends begeben sich Göran und sein Großvater auf einer Suche nach zwei Briefen, die versehentlich in die falschen Umschläge gesteckt worden waren. Die merkwürdige Reise dauert bis zum Morgengrauen, und während der »Expedition« verkehren sich die Rollen der beiden Beteiligten: Göran hilft schließlich seinem hilflos gewordenen Großvater nach Hause zurück.
ZUM FILM: Die überwiegend schwedische Produktion ist bisher in Deutschland nicht öffentlich gezeigt worden.

HÄNDE HOCH – ODER ICH SCHIESSE!

(1966)
RE: Hans-Joachim Kasprzik, BU: Rudi Strahl, Hans-Joachim Kasprzik, DR: Anne Pfeuffer, KA: Lothar Gerber, MU: Günter Hauk, SB: Joachim Otto, KO: Luise Schmidt, SC: Ursula Rudzki, PL: Erich Albrecht, GR: KAG »Berlin«, s/w, PJ: 1965/66
DA: Rolf Herricht (Holms, Kriminalist), Zdenek Stepánek (Pinkas), Herbert Köfer (Heuschnupf), Adolf Peter Hoffmann (Schimmy), Gerd Ehlers (Brechstange), Walter Lendrich (sanfter Waldi), Axel Triebel (Hinker), Evelyn Cron (Lucie), Gerd E. Schäfer (Psychiater), Bruno Carstens (Major), Eberhard Cohrs (Bäckermeister), Manfred Uhlig (Bürgermeister), Agnes Kraus (Frau Schulze), Hans Klering (Mann aus Puseratz), Hans-Joachim

Preil (Elster-Paule), Otto Stark (Kriminalist), Fred Delmare, Edwin Marian, Werner Lierck (Gauner) u.a.
INHALT: Der Meißner Kriminalist Holms langweilt sich, weil nichts passiert. Er träumt von einem großen Fall, zum Beispiel, einen Einbruch in die Bank von England aufzuklären. Doch stattdessen erhält er von seinem Major den Auftrag, einen Kaninchendiebstahl zu ermitteln. Zwischen Traum und Wirklichkeit die Orientierung verlierend, glaubt er an Halluzinationen, als sein Fahrrad gestohlen, wiedergebracht und wieder gestohlen wird. Er geht zum Psychiater. Der rät ihm, ruhig zu bleiben und alles zu ignorieren. Sein Nachbar und Freund, der Ex-Ganove Pinkas, will ihm helfen und bereitet »ein großes Ding« vor. Mit seiner Bande klaut er nachts vom Marktplatz das Denkmal des Herzogs Nepomuk. Eine wilde Verfolgungsjagd bis Leipzig und zurück beginnt. Zum Schluß wird die Sache als grober Unfug abgetan, und alle sind froh – nur Holms nicht, der wieder zum Psychiater geht.
ZUM FILM: Der Film, gedreht vom 11.9.1965 bis 7.1.1966 unter anderem in Altenburg, Naumburg und Leipzig, wird in der Folge des 11. Plenums des ZK der SED zurückgehalten. Das endgültige Verbot erfolgt mit Sätzen wie diesen: »Der Film ist in seiner Aussage optimistisch und sehr heiter gestaltet. (...) Die HV Film hat diesen Film staatlich nicht abgenommen, weil bei einer Konsultation das Ministerium des Innern Einspruch gegen diesen Film erhoben hat. Der Grund ist, daß bei der gegenwärtigen Situation auf dem Gebiet der Kriminalität dieser Film nicht zu einer erhöhten Wachsamkeit der Bevölkerung aufrufen würde, sondern den Eindruck erweckt, als sei alles in Ordnung.« (DEFA-Betriebsarchiv) Ein Volkspolizist, der in Melancholie verfällt und sogar den Psychiater aufsucht, weil er außer Kaninchendiebstählen nichts zu tun hat – das schien eine allzu absurde Konstellation ... – Das Material lagert im Bundesarchiv-Filmarchiv. (*Das zweite Leben der Filmstadt Babelsberg*, 1994)
ZITAT: In seinen Erinnerungen *Das war's – noch lange nicht!* gibt Herbert Köfer ein Beispiel für einen offenbar zu frechen Dialog zwischen zwei von ihm und Walter Lendrich gespielten Gaunern während des Diebstahls einer Statue: »Wie er so guckt, der Herzog, so traurig, als ob er wüßte, daß er weg muß.« – »Kein Denkmal steht ewig. Da haben sie schon ganz andere weggeräumt!«

HAUS IM FEUER
(1959/60)
RE: Carl Balhaus, BU: Carl Balhaus, Harry Thürk, Herbert Ballmann, LV: Roman »Die Stunde der toten Augen« von Harry Thürk, DR: Marieluise Steinhauer, Helmut Lütge, KA: Walter Fehdmer, SB: Oskar Pietsch, PL: Adolf Fischer
DA: Inge Keller (Anna), Ulrich Thein (Obergefreiter Thomas Bindig), Ekkehard Schall (Obergefreiter Zada), Hans-Peter Minetti, Heinz Voss, Albert Hetterle u.a.
INHALT: Winter 1944 im ostpreußischen Haselgarten. Die Frontlinie verläuft unmittelbar hinter dem Dorf. Anna, eine junge Frau, ist als einziger Zivilist geblieben. Sie versteckt in ihrem Haus den aus der Gefangenschaft geflohenen russischen Offizier Machinow. Der deutsche Fallschirmjäger Thomas Bindig, der Anna den Hof macht, weiß von ihm, verrät ihn aber nicht. Nach einer russischen Offensive liegt Haselgarten auf der anderen Seite der Front. Anna ist in ihrem Haus geblieben. Machinow und sein Vorgesetzter versorgen sie mit Lebensmitteln. Plötzlich taucht Bindig wieder auf. Schwer verletzt hat er sich von seiner Truppe abgesetzt. Anna informiert Machinow. Der weigert sich, ihn gefangenzunehmen, möchte vielmehr, daß Thomas sich freiwillig in Gefangenschaft begibt. In den letzten Kämpfen kommen die Hauptfiguren ums Leben.
ZUM FILM: Drehbeginn war im November 1959, am 6.1.1960 wurde der Beschluß zur Produktionsaussetzung getroffen, am 16.2.1960 der endgültige Abbruch der Dreharbeiten bekanntgegeben. Der Film war zu rund fünfzig Prozent abgedreht. Einwände betrafen die Härte des Geschehens, die zu positive Darstellung der Figur des deutschen Fallschirmjägers (ein Angehöriger der Division »Brandenburg«) und die nicht dem Kanon entsprechende Zeichnung des sowjetischen Offiziers. Das Material gilt als vernichtet. (*Das zweite Leben der Filmstadt Babelsberg*, 1994)
Das Projekt, das zunächst Herbert Ballmann übertragen worden war, durchlief mehrere Phasen, in denen das Szenarium immer wieder verändert wurde, ohne daß die Einwände der Kulturpolitik zerstreut werden konnten.

ZITAT: Die vorliegende Fabel ist mit allen Einzelheiten in einem Maße lebensfremd und lebensunwahr, daß dieses Werk unmöglich einen auch nur erträglichen Film abgeben kann. Ich habe zwei Kriege mitgemacht und bin im letzten an und hinter den Fronten des Kampfes auf dem Boden der Sowjetunion gewesen. Nur ein Mensch, der von der Wirklichkeit auch nicht den geringsten Schimmer hat, konnte eine Handlung und eine Situation erfinden, wie sie das Drehbuch anbietet. (...) Ich kann mir nicht denken, wie das überhaupt zu spielen wäre. Es stimmt einfach überhaupt nichts, weder in den äußeren Umständen noch im Verhalten der Menschen. (Alfred Kurella, Leiter der Kulturkommission beim Politbüro des ZK der SED, 1960 in einem Brief an Inge Keller, zit. nach *Das zweite Leben der Filmstadt Babelsberg*)

KEIN HÜSUNG

(1952)

RE: Hans-Georg Rudolph, BU: Ehm Welk, Hans-Georg Rudolph, DR: Marieluise Steinhauer, KA: Willi Kuhle, SB: Wilhelm Vorweg, PL: Adolf Hannemann

DA: Robert Zimmerling (Johann), Liane Croon (Mariken), Lothar Firmans (Baron von Wedderkopp), Ruth Hausmeister (seine Frau), Werner Peters (Pastor Drogmöller), Theo Shall (Inspektor Susemihl), Alfred Maack (Oll Daniel, Kutscher), Erna Sellmer (Frau Toppel), Werner Toelcke (Fritz Toppel), Wolf Beneckendorff (alte Exzellenz) u.a.

INHALT: Frei nach der gleichnamigen Verserzählung von Fritz Reuter. Mecklenburg, 19. Jahrhundert. Seit Generationen bearbeitet die Bauernfamilie Brand ein Stück Land – als Pächter des Barons, dem fast der ganze Boden des Dorfes gehört. Der Baron entstammt selbst einer Bauernfamilie, die durch Korruption reich geworden war und geadelt wurde. Er ist der unumschränkte Potentat, keiner wagt ihm zu widersprechen, er nimmt sich, was er will, macht mit seinen Maßlosigkeiten vor niemandem halt. Zugleich ist er Mittelpunkt des kleinbürgerlichen, bigotten »gesellschaftlichen Lebens«. Johann, der Pferdeknecht, möchte Mariken Brand heiraten und erbittet vom Baron ein Stück Land, um sich eine eigene Existenz aufbauen zu können. Der Herr aber ist hart, er verweigert ihm nicht nur den Boden, sondern erhöht gleichzeitig die Pacht. Johann lehnt sich auf, versucht die Bauern des Dorfes aus ihrer devoten Lethargie zu reißen – vergebens. Erst als Mariken stirbt, schlägt die Stimmung um. Es kommt zum Bauernaufstand, und Johann tötet den Baron.

ZUM FILM: DEFA-Direktion und -Kommission hatten dem Schauspieler Hans-Georg Rudolph die Regie anvertraut, der zuvor Co-Regisseur bei Georg C. Klaren (*Karriere in Paris*) gewesen war. Mit den ersten abgedrehten Szenen unzufrieden – der Film sei viel zu breit und episch, ohne die fürs Kino notwendige Dramatik erzählt, die Kamera sei ebenso wie die Schauspielerführung dilettantisch –, brach die Leitung das Projekt im Dezember 1952 ab. Artur Pohl griff den Stoff 1953 erneut auf und inszenierte *Kein Hüsung* mit vorwiegend neuem Stab und anderer Besetzung. Zugleich hielt er sich auch enger an die literarische Vorlage, tilgte das Übermaß an revolutionärem Pathos. Das Material der 1. Fassung gilt als vernichtet. (*Das zweite Leben der Filmstadt Babelsberg*, 1994)

NEBENBEI: Für die Rolle des Johann wurde bei der DEFA zum einzigen Mal Robert Zimmerling verpflichtet, der Jahrzehnte später als Hubert Koch in der ARD-Serie *Lindenstraße* Fernsehprominenz erlangen sollte.

LEICHENSACHE ZERNIK

RE: Gerhard Klein, BU: Gerhard Klein, Wolfgang Kohlhaase, Joachim Plötner, DR: Anne Pfeuffer, KA: Peter Krause, MU: Wilhelm Neef, SB: Georg Kranz, KO: Barbara Müller-Braumann, PL: Horst Dau, GR: KAG »Berlin«, s/w, PJ: 1970

DA: Wolfgang Kieling (Ritzmann) – Norbert Christian (Kleinert) – Kurt Böwe (Stübner) – Günter Naumann (Probst) – Wolfgang Winkler (Kramm) – Justus Fritzsche (Neltner) – Uwe Kockisch (Hilgert) – Annekathrin Bürger (Frau Zernik) – Helga Göring (Frau Dahlmann) – Brigitte Krause (Frau Walter) – Herbert Köfer (Berchthold) – Erik S. Klein (Bergmann), Hans Hardt-Hardtloff, Hasso Zorn, Gunter Friedrich, Jürgen Rummel, Siegfried Höchst, Else Wolz, Renate Richter, Günter Wolf u.a.

INHALT: Ein Film über die politischen Vorgänge im Berlin des Jahres 1948 und zugleich ein Kriminalfilm. Der mehrfache Frauenmörder Ritzmann kann deshalb sein Unwesen treiben, weil er durch die auf Anordnung der Westmächte voll-

zogene Spaltung der Berliner Polizei in den Westsektoren untertaucht – während er seine Morde vorwiegend im sowjetischen Sektor begeht.
ZUM FILM: Ein politisches Panorama, dessen Buchfassung eine Filmlänge von rund 5000 Metern (rund drei Stunden) zur Folge gehabt hätte. Nach zehn Drehtagen erkrankt Gerhard Klein schwer, die Dreharbeiten werden nach dem Tod des Regisseurs am 21.5.1970 als abgeschlossen betrachtet, das Material von rund zwanzig Minuten Länge kommt ins Archiv. In Helmut Nitzschkes Film *Leichensache Zernik* (1972) findet es keine Verwendung; Nitzschke, Kleins einstiger Regieassistent, kürzt und verändert das Drehbuch drastisch, inszeniert mit weitgehend neuem Stab und neuer Besetzung – unter anderem auch deshalb, weil Hauptdarsteller Wolfgang Kieling nach seiner Übersiedlung in die BRD nicht mehr zur Verfügung steht. (*Das zweite Leben der Filmstadt Babelsberg*)

LIED ÜBER DEM TAL

RE: Gustav von Wangenheim, BU: Helmut Brandis, LV: Gleichnamiger Roman von August Hild, DR: Ilse Langosch, KA: Eugen Klagemann, PL: Werner Dau, PJ: 1955/56

DA: Rosaura Revueltas (Thekla Wiesner), Günther Simon (Erich Kattner), Rudolf Ulrich (Uli), Johannes Maus (Bürgermeister), Angelica Hurwicz (Neubäuerin Schlomach), Erika Müller-Fürstenau (Lehrerin Sabine Gärtner), Ilse Bastubbe (Ingeborg), Paul Pfingst (Büttner), Jochen Brockmann (Döring), Hans Klering, Hermann Götze u.a.

INHALT: Erich Kattner, ein verwitweter Neubauer, verliebt sich in die ebenfalls neu ins Dorf gekommene Lehrerin Sabine und erkennt erst viel später, daß die Landarbeiterin Thekla viel besser zu ihm paßt.

ZUM FILM: Als Regisseur des nach dem gleichnamigen Roman von August Hild entworfenen Stoffes wird zunächst der Drehbuchautor Helmut Brandis; der vorrangig als Synchronregisseur arbeitet, vorgesehen. Brandis beginnt am 13. Oktober 1955 mit den Probeaufnahmen, versucht die beiden Hauptrollen unter anderen mit Helga Göring (Thekla) und Wilhelm Koch-Hooge (Ernst) zu besetzen. Am 5.12.1955 finden unter seiner Leitung die letzten Proben statt, schon vier Tage später hat Gustav von Wangenheim die Regie übernommen. Er engagiert zwei Darsteller, die vorher noch gar nicht ins Spiel gekommen waren: Günther Simon und die mexikanisch-amerikanische Schauspielerin Rosaura Revueltas, die in dem berühmten US-Film *Salz der Erde* (*Salt of the Earth*/1953/RE: Herbert Biberman) aufgetreten und von Brecht in die DDR geholt worden war. Erster Drehtag ist der 10. Januar 1956; doch bis in den Februar hinein ist das Drehbuch noch immer nicht komplett. Nach 19 Drehtagen im Atelier und 148 Einstellungen, etwa einem Drittel des Films, wird *Lied über dem Tal* Anfang Februar abgebrochen, wegen grundsätzlicher Unterschiede in den Konzeptionen von Brandis und Wangenheim. Das Material gilt als vernichtet. – Der Stoff wird 1957 noch einmal, in veränderter Form, aufgenommen. Diesmal heißt der Film *Reifender Sommer*; Horst Reinecke fungiert als Regisseur. *(Das zweite Leben der Filmstadt Babelsberg)*

MUTTER COURAGE UND IHRE KINDER

(Co-Produktion)

RE: Wolfgang Staudte, BU: Wolfgang Staudte, Emil Burri, Bertolt Brecht, LV: Gleichnamiges Stück von Bertolt Brecht, KA: Robert Baberske, MU: Paul Dessau, SB: Max Douy, Oskar Pietsch, KO: Walter Schulze-Mittendorf, PL: Willi Teichmann, fa, Cine, CO: Pandora-Film, Stockholm, PJ: 1955

DA: Helene Weigel (Mutter Courage), Simone Signoret (Lagerhure Yvette), Bernard Blier (Feldkoch), Erwin Geschonneck (Feldprediger), Ekkehard Schall (Eilif), Joachim Teege (Schweizerkas), Hans-Peter Minetti (Müller), Sigrid Roth (Kattrin), u.a.

INHALT: → *Mutter Courage und ihre Kinder* (1959/61)

ZUM FILM: Tiefgreifende künstlerische Differenzen zwischen dem Autor und dem Regisseur Wolfgang Staudte zwangen nach rund zwei Wochen Drehzeit (Ende August 1955 – Mitte September 1955) zum Abbruch der Arbeiten. Das Material, ca. 600 m, wurde – bis auf einige Szenenfotos – in den achtziger Jahren vernichtet. Pläne zur Wiederaufnahme des Projekts im Jahre 1956, nunmehr unter der Regie von Erich Engel, der schon zu Beginn der fünfziger Jahre als Regisseur im Gespräch gewesen war, wurden mit Brechts Tod am 14.8.1956 ad acta gelegt.

1960/61 drehten Peter Palitzsch und Manfred Wekwerth eine dokumentarische schwarzweiße Verfilmung der »Courage«-Inszenierung des Berliner Ensembles. *(Das zweite Leben der Filmstadt Babelsberg)*

Pläne zur Verfilmung des Stückes reichen ins Jahr 1949 zurück. Damals war Erich Engel als Regisseur vorgesehen. Kurz darauf wurde das Stück im Studio als pazifistisch kritisiert. »Die Bedeutung der nationalen Befreiungskämpfe für den Fortschritt der Menschheit« sei gerade angesichts des »heldenhaften Kampfs des koreanischen Volkes« ein wichtiger Gesichtspunkt für den Film. Brecht wurde vorgeworfen, nicht Partei zu ergreifen und die »gesunde, aktive Kraft« des Volkes nicht zu gestalten. Seine Vorlage stecke voller »teils zynischer, teils lebensverneinender Äußerungen«, es sei negativ und defaitistisch. Als Brecht und Burri eine zweite Fassung vorlegten und sich die Ansichten mäßigten, sollte Staudte die Regie übernehmen, der jedoch statt der Brecht-Schauspieler ein internationales Darstellerensemble (u.a. mit Anna Magnani als Yvette) engagieren wollte. Die Meinungsverschiedenheiten führten dazu, daß die Regie nunmehr Luchino Visconti und Giuseppe de Santis angetragen wurde. Schließlich ging der Film mit der vorliegenden Personnage in Produktion. Anlaß zu Auseinandersetzungen zwischen Regisseur und Autor gaben die Dekorationen, Kostüme, aber auch die Verschiebung des Schwergewichts hin zu der Figur der Yvette. Nachdem Helene Weigel ihre weitere Mitwirkung ablehnte, wurden andere Schauspielerinnen für die Hauptrolle ins Gespräch gebracht, u.a. Berta Drews, Therese Giehse, Francoise Rosay und Erika Dunkelmann. Eine Einigung kam jedoch nicht zustande, was zum Abbruch des teuren Projektes, hinter vorgehaltener Hand »Mutter Blamage« genannt, führte. Wolfgang Staudte inszenierte nicht wieder bei der DEFA.

ECHO: Noch heute führt man in Babelsberg ausländischen Fachleuten manchmal Muster der von Staudte gedrehten Teile des Films vor, die erkennen lassen, daß dies ein Meisterwerk von optischer Delikatesse geworden wäre. (Heinz Kersten, 1961, zit. nach *So viele Träume*)

MEINUNG: Das waren keine persönlichen oder politischen, das waren künstlerische Auseinandersetzungen, die in der Tatsache zu finden sind, daß Bertolt Brecht ein Mann ist, der eigentlich dem Film gegenüber völlig feindlich gesinnt ist, der aber dennoch bereit war, seine Themen und seine Stoffe dem Film zur Verfügung zu stellen. Es war eigentlich, wenn ich so sagen soll, bei Brecht ein Eifersuchtsdrama zwischen Wort und Bild. Brecht duldet – von seinem Standpunkt aus möglicherweise zu Recht – nicht, daß man das Brechtsche Wort bildlich kommentiert. Über diese Frage kam es dann zu einem Streit, und die Filmarbeit wurde abgebrochen. (Wolfgang Staudte, *Sonntag*, 13.12.1964)

NEBENBEI: Oftmals mischen sich künstlerische mit persönlichen Motiven bei Entscheidungen in der Filmarbeit, und man wird nicht immer alle Gesichtspunkte beurteilen können. Oft ist auch eine schöne Frau für Erfolge und Mißerfolge zuständig. Einem Ondit zufolge war nicht nur Wolfgang Staudte in Simone Signoret unsterblich verliebt, auch Brecht habe zu Helene Weigels Leidwesen ein Auge auf die Französin geworfen. Die Signoret selbst soll bei Abbruch der Dreharbeiten in Babelsberg einen Wutanfall bekommen und Berlin brüsk verlassen haben.

RITTER DES REGENS

(Co-Produktion mit der Hochschule für Film und Fernsehen)

RE und BU: Egon Schlegel und Dieter Roth, DR: Hans-Joachim Wallstein, Konrad Schwalbe, KA: Peter Milinski, MU: Gerhard Rosenfeld, PL: Horst Hartwig, GR: KAG »Roter Kreis«, PJ: 1965, CO: Hochschule für Film und Fernsehen, Potsdam-Babelsberg, s/w

DA: Wolfgang Pampel, Wolfgang Winkler, Annette Woska, Herta Knoll, Studenten der Leipziger Hochschule für Schauspielkunst u.a.

INHALT: Der Film schildert einen Generationskonflikt. Der Sohn eines Genossen und Professors für Gesellschaftswissenschaften lehnt es ab, den Wünschen seines Vaters folgend ein Studium aufzunehmen. Stattdessen will er »das Leben« kennenlernen, fährt mit seiner 350er Java durchs Land, palavert mit Freunden und verliebt sich in eine Hallenser Arbeiterin.

MEINUNG: Egon Schlegel: »Aus der Sicht des DDR-Establishments galt der Junge als Verlierer, wir sahen in ihm jedoch einen Gewinner:« (zit. aus *Das zweite Leben der Filmstadt Babelsberg*, 1994)

ZUM FILM: Der Diplomfilm von Egon Schlegel und Dieter Roth, inspiriert von der Nouvelle Vague und ausschließlich an Originalschauplätzen vornehmlich ohne »richtige« Schauspieler gedreht, überstieg das Budget, das die Hochschule für Film und Fernsehen zur Verfügung stellen konnte. So wurde die DEFA-Gruppe »Roter Kreis« als Co-Produktions-Partner und Finanzier von »mindestens der Hälfte der Kosten« (Schlegel) gewonnen. Zum Zeitpunkt des 11. Plenums lagen rund 1700 abgedrehte und geschnittene Meter von geplanten 2400 Filmmetern vor. Unmittelbar nach dem 11. Plenum wurden die Arbeiten gestoppt; in einer Sitzung geißelte ein Vertreter des SED-Parteiapparats die Studenten als »Arbeiterklassen-Verräter«. Die Drehbücher mußten abgeliefert werden, das vorhandene Material wurde vernichtet. Dem Hinauswurf aus der Hochschule knapp entgangen, war Egon Schlegel nach Ende des Studiums ein Jahr arbeitslos. Sein Produktionsleiter Horst Hartwig holte ihn 1966 als Regieassistent zur Gruppe Thorndike. Zehn Jahre später inszenierte er als Gast beim DEFA-Spielfilmstudio seinen ersten Spielfilm *Abenteuer mit Blasius* und wurde hier erst 1980 mit einem Festvertrag als Regisseur angestellt. *(Das zweite Leben der Filmstadt Babelsberg)*

MEINUNG: Dieter Roth: »Unser Held, eine Art Edgar Wibeau, fand auch zum Schluß nicht in die Gesellschaft zurück, sondern blieb in seiner Traumwelt, in der er sich vorstellte, wie man leben und lieben müßte – wir arbeiteten mit surrealistischen Traumsequenzen, deren Drehen uns sehr viel Spaß machte. Nach dem Verbot des Films stieg ich aus dem Metier aus und arbeitete am Theater – in Quedlinburg, Potsdam, Eisenach, Meiningen, Weimar, Cottbus. Als Hans Dieter Mäde Mitte der siebziger Jahre Generaldirektor der DEFA wurde, versuchte ich noch einmal, meinen großen alten Traum zu erfüllen und Filme zu drehen, aber ich hätte im Studio als Assistent ganz von vorn anfangen müssen. So blieb ich beim Theater.« *(zit. aus Das zweite Leben der Filmstadt Babelsberg; 1994)*

NEBENBEI: Später heiratete Dieter Roth Hauptdarstellerin Annette Woska (→ *Christine*), die unter dem Namen Annette Roth in einigen DEFA-Filmen, oft bei Egon Schlegel, mitwirkte.

SCHNAUZER

RE: Maxim Dessau, SZ: Manfred Pieske, LV: Nach dem gleichnamigen Roman von Manfred Pieske, DR: Andreas Scheinert, KA: Peter Badel, SB: Heinz Röske, KO: Anne Hoffmann, PL: Gerrit List, GR: KAG »Johannisthal, fa, brw, PJ 1984

DA: Gerd Preusche (Siegfried Hirzek), Angelika Ritter (Rieke), Elvira Grecki (Hilde Ramin), Lutz Riemann (Pottl, Generaldirektor), Rainer Böhm (Wolfgang), Dietmar Terne (Assistent) u.a.

INHALT: Siegfried Hirzek, verheiratet, zwei Kinder, ist Leitungsmitglied des Karl-Marx-Städter Kombinats »1. Mai«. Sein Ressort ist die marode Materialwirtschaft, über deren Zustand er gerade eine umfangreiche Analyse anfertigt. Seine Frau Rieke fühlt sich vernachlässigt, betrügt ihn mit einem alten Freund, dem sie zufällig wiederbegegnet. Ein Betrieb des Kombinats hat Probleme, einen Exportauftrag zu erfüllen, weil ein dafür notwendiges Teil, ein Thyristor, nicht zu haben ist. Hirzek macht sich mit Hilde Ramin, der zuständigen Materialwirtschaftlerin, auf den Weg zum Zulieferbetrieb »Rotation«, sieht dort einen Thyristor durch die Produktionshalle schweben und nimmt ihn vom Seil ab. Es gibt einen Eklat, er hat die Feier für den 1000. Thyristor gestört. Der gestreßte Hirzek landet vor der Parteileitung, bekommt einen Herzinfarkt. Seine Kollegin Ramin gibt auf und läßt sich aus der Materialwirtschaft versetzen.

ZUM FILM: Maxim Dessau und Peter Badel, Regieabsolvent und Kameraabsolvent der HFF Potsdam Babelsberg, die bereits an der Hochschule zusammengearbeitet hatten, begannen Ende 1981 mit dem Projekt, den Roman »Schnauzer« von Manfred Pieske zu adaptieren. Erst die dritte Fassung des Drehbuches wurde abgenommen. Der Film geht 1984 in Produktion, obwohl klar ist, daß der Film in seiner Sicht auf die sozialistische Produktion nicht affirmativ ausfallen wird. Die Dreharbeiten der als Jugendobjekt deklarierten Produktion unterliegen ständiger Beobachtung durch die Studioleitung. Der Generaldirektor untersagt die Verwendung von Kameraobjektiven mit großer Tiefenschärfe. Es wird das Gerücht gestreut, das gedrehte Material sei nicht zu gebrauchen. An einer Wandzeitung im Studio wird der Abbruch der Produktion gefordert. Nach der Besichtigung einer mehr als einstündigen Arbeitsfassung des bisher gedrehten

Materials durch Funktionäre von Studio und Partei plädiert zwar eine Mehrheit für die Weiterarbeit an dem Projekt, aber DEFA-Generaldirektor Mäde ordnet Ende Juni 1984 dennoch die Einstellung der Arbeiten an. Gerüchte über die Unfähigkeit von Dessau und Badel werden gestreut. Eine Zusammenarbeit der beiden kommt erst zu Beginn der neunziger Jahre wieder zustande, als sie mit dem DEFA-Film → *Erster Verlust* ihr großes Können und ihre eigenwillige Stilistik beweisen. – Das Filmmaterial gilt als vernichtet, eine Videofassung des Fragments ist im Besitz des Regisseurs.

ECHO: Wir waren überrascht, wie problemsicher und sozial genau der Film Dinge aufgreift, die für die Gesellschaft von großer Bedeutung waren. (...) Auf uns beide wirken Thema und Gestaltung so überzeugend, daß wir für eine aufführbare Fassung des Fragments eintreten. (...) Wir erleben ein wichtiges Sozio- und Psychogramm, das aufbewahrt werden muß. Auch um zu zeigen, daß Filmleute und gerade junge Filmleute sich durchaus den wichtigen Fragen gestellt haben. (Rolf Richter und Andreas Scheinert für die Kommission zur Untersuchung verbotener und zurückgezogener DEFA- und Fernsehfilme in einem Brief an den Leiter der HV Film, Horst Pehnert, 3.12.1989, zit. nach *Das zweite Leben der Filmstadt Babelsberg*)

Das erhalten gebliebene Filmfragment bezeugt trotz unentwegter Änderungsauflagen (...) den zärtlich-traurigen, ironisch-bitteren Atem, in dem die Drehbücher gehalten sind. Die Schauspieler agieren oft am Rande des Bildes, blicken aneinander vorbei ins Leere. Hirzeks Zusammenbruch inszeniert Dessau lakonisch – der Mann fällt, sein Körper verschwindet beinahe lautlos hinter dem Schreibtisch. Sprünge und Brüche in der Montage geben eine Konzentration auf das Wesentliche zu erkennen. Einmal tritt aus einem Bild das erhabene Gefühl der Schönheit des Lebensraumes und des möglichen Glücks hervor, wenn Hirzek mit der Tochter Kati einen Hochwald durchschreitet, durch den ein Sonnenstrahl fällt. Niemand wird verurteilt, doch alle scheinen gefangen in einem fein gesponnenen Netz, in dem sie zugrunde gehen müssen. (Elke Schieber, *Das zweite Leben der Filmstadt Babelsberg*, 1994)

SOMMERWEGE

(1960)

RE: Hans Lucke, BU: Bernhard Seeger, DR: Dieter Scharfenberg, KA: Karl Plintzner, MU: Joachim Werzlau, SB: Harald Horn, KO: Hans Kieselbach, PL: Paul Ramacher, s/w

DA: Johannes Arpe (Fritz Grimmberger), Theresia Wider (Helga Grimmberger), Elfriede Florin (Emma Grimmberger), Rudolf Ulrich (Schindel), Brigitte Lindenberg (Frau Schindel), Bruno Carstens (Wollni), Dieter Perlwitz, Helga Göring, Marga Legal u.a.

INHALT: Spätsommer 1958. Ernst Wollni, Parteisekretär eines Berliner Stahlwerks, wird in das Dorf Schwarzwalde geschickt, um den Aufbau der LPG zu unterstützen. Hier trifft er Fritz Grimmberger wieder. Die beiden sind zusammen aufgewachsen, Freunde gewesen und als Soldaten gemeinsam zur Roten Armee übergelaufen. Ihre alte Freundschaft wird nun auf eine harte Probe gestellt. Grimmberger widersetzt sich der Kollektivierung. Er will sein eigenes Land bebauen, dafür hat er gekämpft. Einige im Dorf sagen, er hätte sich bei der Bodenreform besonders gut bedient. Wollni ist enttäuscht, er hatte bei seiner Mission auf die Unterstützung des Freundes gesetzt. Dennoch gelingt es ihm, die anderen zu motivieren, die heruntergekommene LPG in Schwung zu bringen, Geflügel- und Rindermast aufzubauen und sogar eine Forellenzucht. Grimmberger hingegen ruiniert sich. Seine für viel Geld gekauften klapprigen Pferde krepieren. Als auch seine Tochter Helga ihn verlassen will, um in der Stadt zu studieren, sieht er die Aussichtslosigkeit seines Alleingangs ein. Auf dem Dorffest versöhnt er sich mit Wollni.

ZUM FILM: Die Aufführung des komplett abgedrehten Films wurde am 2.9.1960 endgültig untersagt. Dem Film wurden gravierende künstlerische Schwächen bescheinigt, die sein »gesellschaftliches Anliegen (...), die Rolle der Partei bei der sozialistischen Umgestaltung der Landwirtschaft, die Hilfe der Arbeiterklasse für die werktätigen Bauern« zu zeigen, beschädigten. Der Film gäbe »keine Antwort auf die heutigen Fragen«. Das Schnittmaterial lagert im Bundesarchiv-Filmarchiv. (*Das zweite Leben der Filmstadt Babelsberg*)

ZITAT: Es bleibt unbegreiflich, warum wir noch den Film *Sommerwege* drehten, mit dem wir auch den letzten gutwilligen Zuschauer durch Langeweile aus dem Kino getrieben hätten. (Slatan Dudow, *Neues Deutschland*, 30.3.1961)

WIND VON VORN

RE: Helmut Nitzschke, BU: Helmut Nitzschke, DR: Christel Gräf, KA: Roland Gräf, SB: Alfred Schulz, PL: Martin Sonnabend, GR: KAG »Roter Kreis«, s/w, PJ: 1962

DA: Erwin Geschonneck (Schorsch), Marianne Wünscher (Marianne), Ursula Werner (Uschi), Peter Rose (Hans), Gerhard Lau (Parteisekretär), O. E. Edenharter (Arbeitsdirektor), Otmar Richter, Jutta Wachowiak, Holger Mahlich, Hans Hardt-Hardtloff, Lutz Riemann, Wolfgang Thal, Maria Besendahl, A. P. Hoffmann u.a.

INHALT: Schorsch und Hannes sind LKW-Fahrer eines Reglerwerkes. Sie beliefern die auf Außenmontage befindlichen Brigaden mit den nötigen Teilen und fungieren gleichzeitig als Verbindungsmänner zwischen den Kollegen und deren Familien. Schorsch, seit sechzehn Jahren im Betrieb, hat sich noch immer den Traum von Selbständigkeit bewahrt: Einst wollte er ein eigenes kleines Fuhrgeschäft aufmachen, doch dann kam der Krieg ... Seine Frau, schwer wirbelsäulenkrank, starb 1956. Schorsch, ziemlich einsam, schimpft schon mal drauflos, wenn ihm etwas nicht paßt. Sein Freund Hannes ist dagegen ein Bilderbuchsozialist: Er war im antifaschistischen Widerstandskampf, seine Familie kam im Krieg um, er nahm eine Pflegetochter, Uschi, bei sich auf. Plötzlich verunglückt er mit seinem LKW tödlich. – An seine Stelle tritt eine Frau: Marianne, Mitte dreißig, geschieden von einem Mann, der »in den Westen machte«. Sie verschafft sich binnen kürzester Zeit den Respekt der vorwiegend männlichen Belegschaft. Schorsch verliebt sich in sie und möchte sie als Beifahrerin auf seinem Wagen haben, weiß aber nicht recht, wie er sie davon überzeugen soll. Also sabotiert er ihre eigenständige Arbeit. Marianne scheint dem Druck zunächst nicht gewachsen, verläßt den Betrieb; auch ihr Mann kommt aus dem Westen zurück. Jetzt aber begreift sie, daß sie Schorsch liebt. Es kommt zur Hochzeit, beide werden ihren eigenen LKW fahren und sich auf den großen Autobahnkreuzungen des Landes treffen ...

ZUM FILM: Der Regiedebütant Helmut Nitzschke dreht vom 20.7. bis 26. 10.1962, unter anderem auf dem Waldfriedhof Caputh und im Kombinat Schwarze Pumpe. Am 27.10. findet eine Produktionsversammlung statt, auf der der Belegschaft des Films das bisher realisierte Material (441 von 576 Einstellungen) vorgeführt wird. Danach entscheidet die DEFA-Direktion »über Nacht« (Nitzschke) den Abbruch der Arbeiten. Exakte Gründe waren nicht zu eruieren; der Regisseur vermutet, daß die ungewöhnlich herbe, dokumentare Erzählweise den Ausschlag gegeben haben könnte. Dies bestätigt auch der damalige Chefdramaturg Klaus Wischnewski: Der Film sei nicht aus politischen Gründen (etwa wegen der genauen, ungeschönten Darstellung des Brigadelebens mit Saufgelagen, Prügeleien und Planfälschungen), sondern an den vorherrschenden ästhetischen Normen jener Zeit gescheitert; vor allem Albert Wilkening als Produktionsdirektor habe neuen, »unbekannten Leuten« keinen Kredit einräumen wollen. *(Das zweite Leben der Filmstadt Babelsberg)*

Die Verantwortung für das Scheitern des Projektes übernahm der Gruppenleiter der KAG »Roter Kreis«, Kurt Maetzig, der den Film ein »Experiment in die richtige Richtung mit einem zweifellos talentierten jungen Künstler« nannte.

MEINUNG: Zu jener Zeit waren gebaute, streng kalkulierte Bilder in Mode, wie etwa in *Königskinder*. Und wir kamen mit einem dokumentarischen Versuch daher, mit vorwiegend halbnahen, ganz lakonischen Einstellungen. Das paßte überhaupt nicht in die Zeit. Wäre *Wind von vorn* herausgekommen, wäre der Film vielleicht ein früher Vorläufer des dokumentaren Kinos vom Beginn der siebziger Jahre gewesen. (Kameramann Roland Gräf, *Das zweite Leben der Filmstadt Babelsberg*)

NEBENBEI: Bei Helmut Nitzschke übernahm Erwin Geschonneck ein Dutzend Jahre später eine Hauptrolle in der Seghers-Adaption → *Das Licht auf dem Galgen*.

WIR BLEIBEN TREU

(Co-Produktion DDR/UdSSR/Bulgarien/CSSR/ Polen/Ungarn)

RE: Andrej Maljukow, CO-RE: Dietmar Hochmuth, BU: Walentin Tschernych, Andrej Maljukow; MI: Ljuben Stanev (Bulgarien), J. Bejte (Ungarn), Manfred Freitag (DDR), Jerzy Grzemkowski (Polen), Dragoslav Makovicek (CSSR),

DR: K. Samoschkin (UdSSR), M. Wydra (Bulgarien), W. Akjov (CSSR), E. Jobst (DDR), J. Sentermay (Ungarn), KA: Juri Klimenko, Walentin Piganow, MU: Jiri Sust, SB: Wiktor Petrow, Werner Pieske, KO: T. A. Tschapajewa, PL: W. Boguslawski (UdSSR), Oscar Ludmann (DDR), W. Jordanov (Bulgarien), Miroslav Dousek (CSSR), Josef Jaros (Polen), Denes Szekeres (Ungarn), m: Teil I 2851, II 2397 = (insgesamt) 189 min, fa, PM (UdSSR): Mai 1989, AD (DDR): Der Film gelangte nicht zum Einsatz., CO: Mosfilm, Moskau/Studio für Spielfilme »Bojana«, Sofia/Armeefilmstudio Bulgarien/Filmstudio Barrandov, Prag / Zespoly Polskich Producentow Filmowych, Warschau/Mafilm, Budapest, Russ. Titel: Wernymi ostanjomsa, Tschech. Titel: Verni zustaneme

DA: Igor Wolkow (Petr Laptew), Jelena Jakowlewa (Vera), Wanja Zwetkowa (Liljana Toschewa), Zoltan Bezeredi (Sandor Simon), Juri Beljajew (Tschumakow), Vladimir Dlouhy (Miroslav Boucek), Peter Zimmermann (Martin Schneider), Erwin Berner (Kurt Schneider), Ingrid Rentsch (Mutter Schneider), Rudolf Ulrich (Vater), Hans-Joachim Hanisch (Blume) u.a.

INHALT: Sechs Interbrigadisten, aus der Sowjetunion, der Tschechoslowakei, Polen, Deutschland, Ungarn und Bulgarien, stehen im Mittelpunkt des Films. 1936, während des spanischen Bürgerkrieges, lernen sie sich beim gemeinsamen Kampf gegen die Faschisten kennen. Über zwanzig Jahre wird ihr Weg verfolgt. Persönliches verbindet sich mit Historischem, Alltägliches mit Außergewöhnlichem. Beispielsweise werden die Repressalien gezeigt, denen der sowjetische Spanienkämpfer nach der Rückkehr in die Heimat ausgesetzt ist. Eine Episode beleuchtet die Begegnung des deutschen Antifaschisten nach dem Zweiten Weltkrieg mit seinem Bruder, der faschistischer Offizier war, ebenso wie die Vereinigung von KPD und SPD 1946 in Deutschland.

ZUM FILM: Der Stoff wurde vom sowjetischen Produzenten an die DEFA herangetragen. Hier wurde die Gestalt des Bruders, der im Westen lebt, dahingehend verändert, daß er zum Kundschafter für das sozialistische Lager geworden ist. Da der Film erst im Wende-Jahr 1989 fertiggestellt wurde, kam es – offenbar wegen des propagandistischen Anliegens – nie zu einer öffentlichen Aufführung in Deutschland.

ANHANG C) DFF-EIGENPRODUKTIONEN AUF DDR-LEINWÄNDEN

In dieser Rubrik konnten nicht alle Filmlängen ermittelt werden. Es erfolgt keine Unterscheidung zwischen Lang-, Mittel- und Kurzmetrage.

DER ANDERE NEBEN DIR

RE: Ulrich Thein, BU: Ulrich Thein, Hartwig Strobel, DR: Hans Oliva, KA: Hartwig Strobel, MU: Wolfgang Pietsch, SB: Günter Broberg, SC: ? PL: Fritz Delp, Rainer Crahé, 163 min, PJ: 1962/63, PM (TV): 27.9.1963, AD: 17.1.1964

DA: Erwin Geschonneck (Prof. Marschner); Inge Keller (Lucie, seine Frau), Radovan Lukavsky (Dr. Melichar); Jana Brejchova (Bara, seine Frau); Armin Mueller-Stahl (Reinhard Marschner); Erik S. Klein (Dr. Völker); Klaus Piontek (Dr. Rohlo); Hanna Rieger (Oberschwester Trude); Ingrid Ohlenschläger (Marschners Sekretärin); Valter Taub (Prof. Spicka); Siegfried Menzel, Bärbel Bolle, Wilhelm Gröhl, Manfred Krug, Valdemar Matuska u.a.

INHALT: Der erfolgreiche und international anerkannte Gehirnspezialist Prof. Marschner arbeitet mit dem Prager Gehirnchirurgen Dr. Melichar zusammen. Durch ihn wird er mit einer Episode aus seiner Vergangenheit konfrontiert, als er während des Krieges mit einer tschechischen Zwangsarbeiterin zu tun hatte. Damals hatte Marschners Sohn das Mädchen denunziert und Marschner selbst hatte aus Feigheit nicht eingegriffen. Inzwischen ist das Mädchen die Ehefrau des Dr. Melichar. (f.b.h.)

ZITAT: In einer tiefen, dramatischen Auseinandersetzung begreift Marschner, welch große Problematik in dem oft so leichtfertig gebrauchten Wort »Völkerfreundschaft« verborgen ist, welch hohes Maß an Bereitschaft, Verständigungswillen, Ehrlichkeit und Selbstrechenschaft jeder einzelne aufbringen muß, der dieser Freundschaft wert und ihres schönen Inhalts teilhaftig werden will. (*Progress-Filmprogramm*, 1964)

ZUM FILM: Das Regie- und Autoren-Debüt des Schauspielers Ulrich Thein kam zustande, nachdem er dem Intendanten des DFF, Heinz Adameck, dieses Thema vorschlug, und der sich daraufhin dafür engagierte. Der zweiteilige Fernsehfilm entstand als erste so umfangreiche Produktion in den Johannisthaler Ateliers des Deut-

schen Fernsehfunks (den früheren Tobis-Ateliers) und kam wenige Monate nach der Erstsendung in die Kinos, wo er mit einer Pause gezeigt wurde.
ECHO: Der Film (...) packt den Zuschauer, ob vor dem Bildschirm oder im Kinoparkett, weil er etwas Neues erzählt, Probleme aufwirft, die noch nicht ringsum abgeklärt sind, weil er mutig unter die Oberfläche der Wirklichkeit geht, uns zwingt, Erscheinungen, ja Selbstverständlichkeiten unseres Lebens neu zu durchdenken – auch den Begriff, nein das Wesen der Völkerfreundschaft. (Rosemarie Rehahn, *Wochenpost,* 8.2.1964)
Ulrich Thein weiß aus eigener Erfahrung, welch ein Glück für einen Schauspieler eine wirklich interessante, lebensnahe Rolle ist. Man muß ihm bestätigen, daß er als Autor solche Rollen geschrieben hat. Das gilt in gleicher Weise für die Hauptrollen wie für die Nebenfiguren, die deshalb keine Nebenrollen mehr sind. Man erinnere sich nur an die Oberschwester oder an die Sekretärin. (Televil, *Filmspiegel* 21/1963)
Eine brisante Thematik in einem wirkungsvollen Film mit sehr guten schauspielerischen Leistungen. (*Lexikon des Internationalen Films*, 1995)
MEINUNG: Besonders die tiefe Ernsthaftigkeit und die brennende Frage nach dem Sinn seines ganzen Lebens, mit der dieser Marschner sich lange Zeit herumschlägt, haben wir herausgearbeitet. Ich mußte freilich auch merken, daß mir manche Seelenqual dieses Intellektuellen fremd war. (Erwin Geschonneck, *Meine unruhigen Jahre*, 1984, 1996)
NEBENBEI: Jana Brejchova, die auch in bundesdeutschen Filmen auftrat, war in den sechziger Jahren eine Zeitlang mit Regisseur Ulrich Thein verheiratet.

ANDREAS UND DIE ZAUBERNUSS

(Kinderfilm)
RE, KA: Hugo Hermann, BU: Gwendolin Greff, DR: Helga Dinter, P: DFF, 39 min, s/w, PJ: 1960, SD: 1.1.1961, AD: 1963
DA: Erich Fritze (Vater), Käthe Alving (Großmutter), Walter Schramm (Nuß), Alfred Florin (Erzähler) und Kinder
INHALT: Andreas findet eine Nuß, die ihm den Kran fertigbaut und die zerbrochene Vase repariert. Doch als er sieht, daß diese Dinge anderen »weggezaubert« wurden, bekommt er ein schlechtes Gewissen. (f.b.h.)
ZUM FILM: Der von dem Österreicher Hugo Hermann für das Kinderfernsehen gedrehte sympathische Streifen kam – gekoppelt mit anderen Kurzfilmen – auch ins Kinoprogramm.

CLOWN FERDINAND UND DER KOFFER

(Kinderfilm)
sowie

CLOWN FERDINAND UND DIE CHEMIE

(Kinderfilm)
RE: Jindrich Polak, BU: Ota Hofman, DR: Hans-Jürgen Stock, KA: Adam Pöpperl, MU: Evzen Illin, SB: Helfried Winzer, SC: Josef Dobrichovsky, PL: Rudolf Kobisil, SD: 8.12.1963 (Clown Ferdinand und die Chemie), AD: 1964
DA: Jirí Vrstala
ZUM FILM: Beide Filme waren Teile einer ersten in der DDR entstandenen Serie von kurzen Kinderfilmen mit dem Prager Clown Ferdinand und wurden zusammen mit → *Wie Clown Ferdinand zum Fernsehen fährt* gekoppelt unter dem Sammeltitel *Clown Ferdinands wundersame Abenteuer* ab 1964 für die Kinos verliehen.

CLOWN FERDINAND WILL SCHLAFEN

(Kinderfilm)
RE: Jindrich Polak, BU: Ota Hofman, DR: Hans-Jürgen Stock, KA: Adam Pöpperl, MU: Evzen Illin, SC: Josef Dobrichovsky, PL: Horst Nöthel, PJ: 1963, SD: 8.12.1963, AD: 1964
DA: Jirí Vrstala (Clown Ferdinand), Joe Schorn (Schaffner), Fred Leuschner (Lehrer), Willi Michaelis (Bärtiger), Ottfried Knorr, Lothar Förster (Athleten) u.a.
ZUM FILM: Der Prager Clown Ferdinand, der sich ohne Worte verständigt, wurde schnell auch bei den Kindern in der DDR beliebt. So wurden hier einige Serien seiner Abenteuer gedreht, die auch Teil von Sammelprogrammen wurden. Der DFF produzierte bis Mitte der siebziger Jahre Ferdinand-Filme mit Jirí Vrstala.

EDELGARDS ABENTEUERLICHE REISE NACH PUPPENSTADT

(Kinderfilm)
RE: Günther Puppe, DB: Susanne Dancker, DR: Rosemarie Hottenrott, KA: Günter Biedermann, MU: Wolfgang Richter, m: 1100 = 44 min, sw, PJ: 1962, SD: 30.4.1962, AD: 1962

DA: Helga Piur (Edelgard), Hans-Edgar Stecher (Mäcki), Horst Torka (Teddy) u.a.
INHALT: »Puppenstadt« heißt die Spielzeugstadt in einem Kindergarten mit den Puppen Mäcki, Teddy, Lore, Dore und anderen Puppenkindern, die sich in ihrer Freizeit, d.h., wenn ihre Puppeneltern nach Hause gegangen sind, die Zeit auf ihre Art vertreiben. Hierbei tanzt Edelgard meist aus der Reihe und muß durch das Kollektiv der übrigen Puppen erst wieder zur Raison gebracht werden. (*Fernsehfilmkatalog*)
ZUM FILM: Der Film, der in die Form eines Singspiels gekleidet war, war Teil einer Reihe um Puppenstadt. Ziel war, leicht faßlich Werte des Umgangs miteinander zu vermitteln.

GESINE

(Kinderfilm)
RE: Rainer Hausdorf, SZ: Karl Neumann, LV: Buch »Das Mädchen hieß Gesine«, DR: Bernhard Geng, KA: Horst Netzband, MU: Karl-Ernst Sasse, SB: Gerhard Kulosa, KO: Beate Schott, SC: Yvonne Loquens, PL: Wolfgang Jürs, P: DFF, m: 2165 = 85 min, sw/fa, PJ: 1971, SD: 7.11.1971, AD: 24.11.1972
DA: Kerstin Kuschmann (Gesine), Anatoli Wassjanowitsch (Nikolai), Christine Schorn, Eberhard Mellies (Mutter und Vater Jensen), Irma Münch (Bäuerin Krusemark), Hans-Joachim Hanisch (Gendarm Hornig), Kurt Radeke (Schuster Schramm), Carola Braunbock (Haarkranzfrau), Elli Jessen (Krämerin Rosinski), Klaus-Dieter Lehnert (Volker) u.a.
INHALT: Im Zweiten Weltkrieg kommt ein sowjetischer Kriegsgefangener als Zwangsarbeiter in ein deutsches Dorf. Das Mädchen Gesine fühlt sich an ihren Vater erinnert und hilft ihm. Ihre Freundschaft endet jäh, als der Gefangene geflohen ist, und Gesine und ihre Mutter der Flucht hilfe verdächtigt werden. Doch da gibt es einen Menschen im Dorf, der Gesine hilft ... (f.b.h.)
ZUM FILM: Der sensibel erzählte Fernsehfilm über Kindererlebnisse im Faschismus kam ein Jahr nach seiner Erstsendung auch ins Kino.

HÄHNCHEN UND HÜHNCHEN

(Kinderfilm)
RE: Hans-Günther Bohm, BU: Herta Stauder-Greef, KA: Ernst Laude, MB: Fritz Steinmann, P: DFF, m: 1400 = 49 min, PJ: 1958, AD: 1962
DA: Siegfried Fiedler (Hähnchen), Gerfried Höhn (Hühnchen), Erika Stiska (Mutter), Peter Paul Goes (Vater), Otto Zedler (Mond), Martin Rosen (Wirt), Ursula Am-Ende (Ente) u.a.
INHALT: Hühnchen und Hähnchen sind die einzigen Tiere auf dem kleinen, abgelegenen Anwesen eines armen Waldarbeiters und seiner Frau. Da es ihnen dort zu langweilig wird, beschließen sie eines Tages, in die weite Welt zu ziehen. Das eitle Hähnchen und das dumme Hühnchen bestehen dabei allerlei Abenteuer, kommen aber nicht weit und sind froh, am Ende wieder im trauten Stall zu sein. (*Fernsehfilmkatalog*)
ZUM FILM: Das Märchenspiel wurde vor allem von vielen bekannten Kinderliedern getragen, die die Handlung begleiteten. Der Film kam erst nach vier Jahren in den Kinoeinsatz.

JULE – JULIA – JULIANE, STATIONEN EINER JUNGEN FRAU

RE, BU: Ulrich Thein; DR: Alfried Nehring, KA: Hartwig Strobel, MU: Karl-Ernst Sasse, SB: Herbert Michel, KO: Ruth Melchert, Jutta Goehrke, SC: Edith Kaluza, Renate Müller, Angelika Hortscht, PL: Helga Lüdde, P: DFF, m: 7851 = 285 min (TV), 2700 = 98 min (Kino), sw, SD: 9.–13.6.1972, AD: 29.3.1974
DA: Renate Geißler (Juliane), Jürgen Reuter (Robert), Hans-Peter Reinecke (Kurt Glaukner), Ursula Werner (Doris), Annekathrin Bürger (Frau Wagner), Elvira Grecki, Dorothea Meissner (Schwestern), Ulrich Thein (Einmischer), Gert Klisch, Otmar Richter, Gert Gütschow, Ingeborg Ottmann, Marie-Anne Fliegel, Horst Hiemer, Annemarie Collin u.a.
INHALT: Entwicklungsstationen im Leben der jungen Krankenschwester Juliane sind gekennzeichnet durch die Schwierigkeiten ihrer Ehe mit dem Schauspieler Robert, der an einem anderen Ort tätig ist. Aber auch im beruflichen Leben sieht sie sich vor schwere Entscheidungen und eine Bewährungsprobe gestellt. (f.b.h.)
ZUM FILM: Ein um Wirklichkeitsnähe bemühtes, in Darstellung und Milieuzeichnung überzeugendes Drama, das nach einer dreiteiligen Fernsehfassung in gekürzter Version auch in den Kinos ausgewertet wurde. (*Lexikon des Internationalen Films*) Ulrich Thein erfand mit dem »Einmischer« eine allerdings dramaturgisch nicht ganz stimmige verfremdete Kunstfigur, die in das

Leben der Hauptfigur eingreift, sie zu Reflexionen veranlaßt, und die er selbst spielte. (Kinotitel *Juliane*)
ECHO: Die Schönheiten dieses Films – sie lagen vor allem im Detail. Aber zugleich schien es, als habe sich der Autor mit der allzu starken Beschränkung auf die liebevoll ausgedeutete Alltagssituation ein wenig den Weg verstellt zur großen Geschichte. Der Hauptkonflikt zwischen den Eheleuten bleibt zu klein, sieht eher aus wie ein Mißverständnis – auch dort, wo ihm mit Hilfe des »Einmischers« zusätzliche philosophische Bedeutsamkeit verliehen wird. (Peter Berger, *Neues Deutschland*, 15.6.1972)
Bei seinen Scharmützeln mit filmischen Überlieferungen und Konventionen (...) gerät er (Ulrich Thein), wie auch diesmal, häufig zu weit an den Rand erprobter Filmdramaturgie und läuft Gefahr, den Zuschauer durch weitschweifige Dialoge und pedantischen Handlungsvortrieb zu ermüden. Aber auch das ist zweifellos wahr: Das julianische Endprodukt verrät hohen geistigen Anspruch des Autors an Fabel und Publikum. (Hansgeorg Stengel, *Eulenspiegel*, 4. Juli-Ausgabe 1972)
Ein besonderer Vorzug war die Dichte und Klarheit, mit der der Film den unlösbaren Zusammenhang von Arbeitswelt und sogenanntem Privatleben darstellte; Psychologie und Soziologie waren hier eine glückliche Ehe eingegangen, was ja nur selten gelingt. Was dabei herauskam, war mehr als das Psychogramm einer jungen Frau; es war das Psychogramm der Gesellschaft, in der aus der neurotischen Julia eine reife Juliane wurde. (Eckart Kroneberg, *Tagesspiegel*, 16.6.1972)
NEBENBEI: Regisseur Ulrich Thein und Hauptdarstellerin Renate Geißler waren damals miteinander verheiratet.

DAS MÄDCHEN AUF DEM TITELBLATT

(Co-Produktion DDR/Österreich)
RE: Fritz Bornemann; DB: Karl Georg Külb, Hermann Rodigast, KA: Walter Partsch, MU: Gerhard Heinz, SB: Arthur Büttner, Theodor Harisch, P: DFF/Herbert Kollmann Film, Wien, m: 2650 = 95 min, sw, Andere Titel: Das Mädchen auf der Titelseite/Maribella, das Mädchen auf dem Titelblatt, PJ: 1961, SD: 30.5.1962, AD: 27.7.1962
DA: Hannelore Cremer (Maribella), Pero Alexander (Otti Berger), Rolf Olsen (Billert), Alfred Böhm (Alfred), Evamaria Bath (Anna), Carlo Böhm, Eckart Friedrichson, Heinz-Werner Paetzold, Raoul Retzer, Charlotte Brummerhoff, Arthur Jopp, Heinz Kammer, Fritz Decho, A. P. Hoffmann, Vanna Olivieri u.a.
INHALT: Die Machenschaften der westdeutschen Skandal-Illustrierten »Presto« stehen im Mittelpunkt der Handlung. Die sinkende Auflage wird durch eine von Chef-Reporter Otti erfundene Sex-Story um das Mädchen Maribella hochgebracht. Die Leser greifen zu, und der Verleger reibt sich die Hände, da Maribella ihre Reize freizügig zur Schau stellt. Es folgen Filmverträge und Heiratsanträge, Traumhochzeit und Scheidungsskandal, Abstieg als Animiermädchen und fingierter Selbstmordversuch. Die Auflage des »Presto« ist für lange Zeit gesichert. Als sich Maribella jedoch von ihren »Gönnern« des Boulevard abwendet und in ihr bürgerliches Leben zurückkehrt, hat Chefreporter Otti schon ein anderes attraktives Mädchen an der Hand. (f.b.h.)
ZUM FILM: Die Kolportagegeschichte erfand Karl Georg Külb, der seit 1938 Unterhaltungsfilme, u.a. für Marika Rökk, Conny Froboess und Peter Kraus, und zuletzt für den DFF → *Flitterwochen ohne Ehemann* geschrieben hatte. Die Handlung bot die Möglichkeit für Seitenhiebe auf die bundesdeutsche Presselandschaft und zugleich die Chance, bekannte Schlagertitel unterzubringen. Zudem suchte der DFF damals Anschluß an Partner im westlichen Ausland, beispielsweise auch in Großbritannien. Dieses Lustspiel war eine der wenigen Filminszenierungen des Bühnen- und Fernsehregisseurs Fritz Bornemann.
ECHO: Diese Geschichtchen (die Skandale der Illustrierten-Journaille im Film, f.b.h.) lassen das Herz eines jeden naiven Spießbürgers höher schlagen und verkleistern seine Augen vor der Revanchepolitik, die in Korruption und Profitgier gipfelt. (...) In gekonnter, amüsanter Art, teilweise ins Satirische gesteigert, setzt sich der (...) Fernsehfilm nicht nur mit dem Illustriertenunwesen der »freien Welt« und der unwürdigen Art, Menschen wie Schachfiguren zu behandeln, auseinander, sondern greift zugleich die Verdummungspolitik dieses Staates an. (R. S., *Freiheit*, 6.6.1962)
Es gibt sogar »Entkleidungsszenen« – alles Mittel zum guten Zweck, den kapitalistischen Amü-

sierbetrieb zu demaskieren und die düsteren Hintergründe einer glänzenden Fassade zu zeigen. Leider vermag jedoch die Regie das anfangs angeschlagene Tempo nicht durchzuhalten. (...) Aber es gibt Satire genug, direkt ausgesagt gegen die Zeitungskonzerne und den schlechten Lesergeschmack, indirekt durch den parodierenden Stil der Inszenierung auch gegen die Schnulze, abgestandene Operettenseligkeit gerichtet. (G. A., *Neuer Weg*, 6.8.1962)
NEBENBEI: Der Film, in dem u.a. Macky Kaspar seinen Trompetenblues spielte und Ivo Robic den populären Schlager »Mit 17 fängt das Leben erst an« sang, war ab 18 Jahren zugelassen.

MIT CLOWN FERDINAND AM MEER
→ WIE CLOWN FERDINAND DURCH DIE STADT GEHT

OH, DIESE JUGEND
RE: Georg Leopold, SZ: Hermann Rodigast, DR: Walter Baumert, KA: Adam Pöpperl, MU: Walter Ulfig, SB: Joachim Otto, KO: Joachim Voeltzke, SC: Ingrid Miller, Edith Kaluza, PL: Rainer Crahé, P: DFF, L: 110 min, sw, no, PJ: 1962, SD: 26.12.1962, SD: 9.8.1963
DA: Peter Herden (Franz Bach), Helga Raumer (Margarete, seine Frau), Karin Schröder (Sabine Bach), Angelica Domröse (Irene Bach), Claus Jurichs (Klaus Bach), Eberhard Schaletzki (Täve), Klaus Adamsky (Atze), Ingolf Gorges (Pepe), Horst Buder (Freddy), Joachim Fuchs (Sigi), Josef van Santen, Paul Zeidler u.a.
INHALT: In der Sommerfrische geht Vater Bach daran, für seinen VEB ein Laienspiel mit dem Titel »Oh, diese Jugend« einzustudieren. Weil sich seine Tochter Sabine aber in einen Halbstarken verliebt, und auch Atze und Täve wieder ihre Streiche spielen, hat Vater Bach auch privat mehrfach Anlaß zu diesem Ausruf. (Fortsetzung von → *Papas neue Freundin* und → *Vielgeliebtes Sternchen*). (f.b.h.)
ZUM FILM: Der große Erfolg der beiden ersten Teile zog nun den dritten und letzten nach sich. Georg Leopold, dem Regisseur von *Papas neue Freundin*, gelang wieder ein amüsantes Lustspiel ohne höhere Ansprüche.
ECHO: Das ist der dritte Besuch bei der Fernsehfamilie Bach – und man möchte hoffen, daß es der letzte ist. Was diesmal an aufdringlicher, vergröberter Komik, an seichten Konfliktchen und schauspielerischer Konfektion geboten wird, geht nun wirklich auf keine Kuhhaut mehr und hätte der Leinwand erspart bleiben sollen. Die proletarische Abstammung des Herrn Bach, von der mitunter die Rede ist, kann jedenfalls nicht verhindern, daß das Ganze im kleinbürgerlichen Kitsch gelandet ist, daß hier eine sozialistische »high society« völlig unkritisch vorgeführt wird, wie sie glücklicherweise selten vorkommt. (*Morgen*, 6.8.1963)
Nach (...) *Vielgeliebtes Sternchen* (...) hat sich der Autor H. Rodigast hier etwas mehr angestrengt. Wie er sich mit dem Halbstarkenproblem beschäftigt, das ist so geschickt gemacht, daß sich der Besucher damit auseinandersetzen wird. (*Mitteldeutsche Neueste Nachrichten*, 22.8.1963)
NEBENBEI: Horst Buder, der Darsteller des Freddy, war damals Protagonist des Berliner Theaters der Freundschaft (heute Carousel-Theater). Später wechselte Buder die Seiten und wurde Kritiker.

THEATER UM OTHELLO
RE: Hubert Hoelzke, BU: Werner Bernhardy, KA: Peter Brand, MU: Hans Hendrik Wehding, SB:

Manfred Glöckner, KO: Elisabeth Lützenberg, SC: Ingrid Müller, PL: Fritz Delp, P: DFF, L: 88 min, sw, PJ: 1963, SD: 26.12.1963, AD: 28.2. 1964

DA: Ellinor Vogel (Julie Pickenbach), Hubert Hoelzke (Emil Biermann), Walter Richter-Reinick (Eduard Lembke), Monika Lennartz (Lotte Lembke), Ulrich Folkmar (Graf von Schröck), Joachim Tomaschewsky (Prinz von Preußen), Eva-Maria Bath (Griselda Schrull), Karl Kendzia (Herr Stütze), Siegfried Seibt, Albert Zahn (2 Kutscher), Axel Triebel, Fredy Barten, Ruth Kommerell, Maika Joseph, Erika Stiska u.a.

INHALT: Julie Pickenbach, verwitwet und seitdem Direktorin eines »Schmalz- und Schinkenstullen-Theaters« in Berlin in der ersten Hälfte des 19. Jahrhunderts, will das Vermächtnis ihres Mannes erfüllen und Shakespeares »Othello« auf ihre Bühne bringen. Mit List und Phantasie erreicht sie auch gegen fürstliche Verbote, Bestechungsversuche und höfische Intrigen ihre Absicht. (f.b.h.)

ZUM FILM: Der einfallsreich inszenierte Schwank lebte vor allem von den komödiantischen Leistungen der Hauptdarsteller und war so erfolgreich, daß er ins Kinoprogramm übernommen wurde.

ECHO: Auch bei einem Schwank (und um einen solchen handelt es sich hier), darf man erwarten, daß er aus einem Guß ist, daß er künstlerisch gut gemacht ist. Das aber läßt sich von diesem Streifen nur in bescheidenem Umfang sagen. Da wird etwas zu dick aufgetragen, und Szenen werden durch Dialoge zerdehnt, denen man anmerkt, daß ihr gesellschaftskritischer Akzent auch ja verstanden werden möge. Immerhin bleibt noch einiges Amüsante übrig, und wer Klamauk und deftigen Spaß liebt, wird sich möglicherweise vergnügen. (Aus der Filmbesprechung für den innerkirchlichen Gebrauch in der Katholischen Kirche der DDR, 1964)

NEBENBEI: Regisseur Hubert Hoelzke, selbst ein beliebter Fernsehschauspieler, gab selbst den Emil Biermann, engagierte seine Frau Eva-Maria Bath für die groteske Rolle der Griselda Schrull und verhalf Ellinor Vogel (der Frau des Autors Werner Bernhardy) und Walter Richter-Reinick zu Rollen, die sie zu Publikumslieblingen machten.

TITEL HAB' ICH NOCH NICHT

RE, BU: Ulrich Thein, DR: Hans Oliva, KA: Hartwig Strobel, MU: Wolfgang Pietsch, SB: Alfred Thomalla, PL: Fritz Delp, P: DFF, L: 91 min, PJ: 1963/64, SD: 23.4.1964, AD: 4.9.1964

DA: Manfred Richter (Max), Helena Majdaniec (Marina), Günther Simon (Charly), Ingeborg Ottmann (Isolde), Claus Jurichs (Klaus), Alfred Thomalla (Tom), Dieter Schubert (Dieter), Charlotte Küter (Max' Oma), Rudolf Ulrich (Sektionsleiter), Hubert Hoelzke (Zimmernachbar), Siegfried Menzel, Johannes Maus, Walter Richter-Reinick, Hanna Rieger, Hans Edgar Stecher, Klaus Piontek, Fred Düren u.a.

INHALT: In der Rahmenhandlung erzählt ein junger Autor einem Fernsehdramaturgen eine Geschichte, für die er noch keinen Titel hat: Während seines Urlaubs in Warna verliebt sich Max, ein junger Berliner Arbeiter und Amateurboxer, in die polnische Schlagersängerin Maria. Um ein Wiedersehen mit der in Berlin gastierenden Frau zu ermöglichen, läßt er seine Mannschaft im Stich, ja mehr noch, er streckt mit einem Faustschlag einen vermeintlichen Nebenbuhler nieder. Doch gegenüber seinem Trainer Charly zeigt er Einsicht. Er kann sich rehabilitieren, und Happy-End bleibt nicht aus. (f.b.h.)

ZUM FILM: Die zweite Regiearbeit des Schauspielers Ulrich Thein zeigte, daß er einen frischen Blick auf die Gegenwart hatte und auch im »leichten« Genre eine gute Hand bewies.

ECHO: Thein wollte eine »nicht alltägliche Alltagsgeschichte« gestalten. Er entschloß sich zu einem weitgehend dokumentarischen Stil und beschritt auch den noch sehr selten gewählten Weg, einen Teil der Rollen mit Laien zu besetzen. Das Ergebnis ist erstaunlich. Es gibt keine ins Auge fallenden Brüche zwischen den Leistungen der Berufs- und der Laiendarsteller. (Friedrich Salow, *Neues Deutschland*, 29.4.1964)

Ein klischeehaft angelegter, farblos gespielter Unterhaltungsfilm. (*Lexikon des internationalen Films*, 1996)

NEBENBEI: Helena Majdaniec war damals eine bekannte polnische Schlagersängerin. Auch Hauptdarsteller Manfred Richter war tatsächlich Boxer. Er wurde von Ulrich Thein in der Boxstaffel des SC Dynamo Berlin entdeckt. Nach den Filmarbeiten nahm Richter ein Schauspielstudium auf und ist bis heute in zahlreichen Film- und Fernsehrollen zu sehen. Der Schriftsteller Dieter Schubert, der den Dieter spielt, wurde mit dem Boxer-Roman »Acht Unzen Träume«, der 1967 erschien, weithin bekannt. Von 1949–54 war der Amateurboxer Mitglied der Box-Nationalmannschaft der DDR. In den sechziger Jahren war er Sportredakteur der *Jungen Welt*. Sein Kinderbuch → *Der Wüstenkönig von Brandenburg* wurde von der DEFA verfilmt.

WARUM KANN ICH NICHT ARTIG SEIN?

RE, SZ: Gunter Friedrich, LV: Roman »Betragen 4« von Alfred R. Böttcher, DR: Beate Hanspach, KA: Ralf Neubert, MU: Andreas Wicke, SB: Jutta Betzin, KO: Angelika Butter, SC: Inge Zausch, PL: Wolfgang Jürs, P: DFF, m: 2580 = 90 min, sw, PJ: 1974, SD: 28.12.1974, AD: 9.7.1976

DA: Michael Hunger (Andreas), Monika Lennartz (Frau Linden), Volkmar Kleinert, Sigrid Göhler (Andreas' Eltern), Christoph Engel, Angela Brunner (Herr u. Frau Schneck), Karin Gregorek (Frau Blumhold), Helga Hahnemann (Frau Kronloch), Renate Heymer (Frau Görenklee), Klaus Gehrke (Kipperfahrer Thomas), Hilmar Baumann, die Kinder Holm Endler, Katrin Zuhrt, Harald Häring, Michael Metzner u.a.

INHALT: Andreas Hoppe, einem 10jährigen Schüler, bereiten Ordnung und Disziplin große Schwierigkeiten. Er verschläft, vergißt, die richtigen Sachen mit in die Schule zu nehmen, bekommt Ärger mit der Lehrerin, Frau Linden, und handelt sich Tadel ein. Doch sein Vater hat immer wieder Vertrauen zu ihm. (f.b.h.)

ZUM FILM: Der international erfolgreiche Fernsehfilm von Kinderfilmspezialist Gunter Friedrich wurde auch im Kino ein Erfolg.

ECHO: Im Ehrendiplom von Bratislava wurde besonders hervorgehoben, daß der Film (...) in gelungener Weise Beziehungen zwischen Kindern und Erwachsenen in der unmittelbaren Gegenwart gestaltet. Ergänzend hinzuzufügen sei vielleicht noch, daß es dem Film auch darum geht zu zeigen, was diesen Beziehungen zuweilen noch im Wege steht, ohne daß dabei in simpler Schwarzweißmanier verfahren wird. (Jochen Martin, *Freie Presse*, 25.11.1975)

Er (der Film) ist sehr realitätsbezogen und obendrein aktionsreich. Aber dazu wird nicht der Zufall bemüht, sondern die Handlung entwickelt sich folgerichtig aus dem Charakter des Andreas und aus dem Verhalten der Erwachsenen, die ihn oft zu oberflächlich und dadurch falsch einschätzen. (ak, *Mitteldeutsche Neueste Nachrichten*, 24.7.1976)

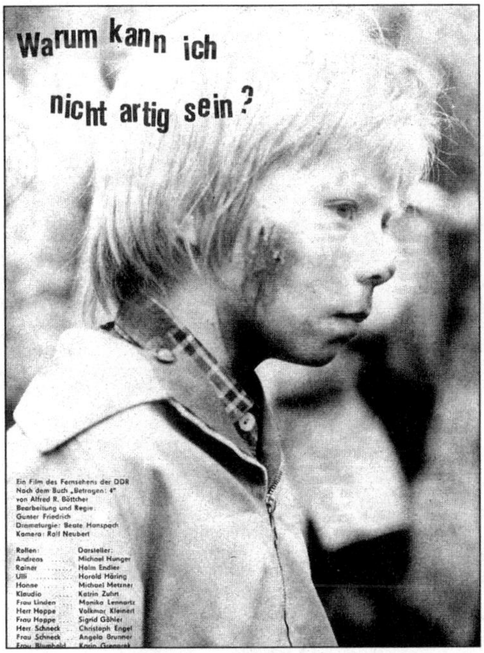

NEBENBEI: Nicht nur auf dem Internationalen Kinder- und Jugendfernsehfestival in Bratislava erhielt der Film 1975 ein Ehrendiplom, auch bei den Neubrandenburger Kinderfilmtagen wurde er mit dem 1. Preis ausgezeichnet. – Alfred R. Böttcher, der Autor der Vorlage, der 1972 tödlich verunglückte, war Erzähler, DEFA-Szenarist (→ *Die blauen Schwerter*) und erfolgreicher Kinderbuchautor.

WIE CLOWN FERDINAND DURCH DIE STADT GEHT

(Co-Produktion DDR/CSSR, Kinderfilm)
sowie

MIT CLOWN FERDINAND AM MEER

(Co-Produktion DDR/CSSR, Kinderfilm)
RE, BU: Jindrich Polak, KA: Hans Hartmann, Adam Pöpperl, MU: Evzen Illin, SC: Josef Dobrychovsky, AL: Hans Gisehke, tschech. Titel: Jak Klaun Ferdinand jel do Berlina, Klaun Ferdinand u more, PJ: 1960, AD: 1964
DA: Jirí Vrstala

ZUM FILM: Beide Filme wurden in Gemeinschaftsarbeit zwischen dem DFF und dem Prager Fernsehfunk hergestellt und liefen 1964 in dem Sammelprogramm *Der verschwundene Drachen* in den Kinos.

WIE CLOWN FERDINAND ZUM FERNSEHEN FÄHRT

(Co-Produktion DDR/CSSR, Kinderfilm)
RE, BU: Jindrich Polak, KA: Ernst Laude, MU: Evzen Illin, SC: Josef Dobrichovsky, tschech. Originaltitel: Jak Klaun Ferdinand jel do televize, PJ: 1960, AD: 1964
DA: Jirí Vrstala
ZUM FILM: Die Gemeinschaftsproduktion von DFF und Prager Fernsehfunk war 1964 innerhalb des Sammelprogramms *Clown Ferdinands wundersame Abenteuer* im Kinoeinsatz, gekoppelt mit den Filmen *Clown Ferdinand und der Koffer* und *Clown Ferdinand und die Chemie.*

REGISTER

Es fanden Zitate aus Rezensionen und sonstigen Artikeln folgender in der DDR erschienenen bzw. ihr entstammenden Zeitungen, Zeitschriften, Fach- und Buchpublikationen sowie Rundfunksendern Verwendung:

die andere, Berlin
Der antifaschistische Widerstandskämpfer, Zeitschrift der Zentralleitung der Antifaschistischen Widerstandskämpfer der DDR, Berlin
Aus Theorie und Praxis des Films, Potsdam-Babelsberg
Azet (Abendzeitung), Leipzig
Bauernecho, Potsdam, Berlin
Berliner Rundfunk
Berliner Zeitung
Brandenburgische Neueste Nachrichten, Potsdam
BZ am Abend, Berlin
Deutsche Filmkunst, Berlin
Einheit, Berlin
Elternhaus und Schule, Berlin
Eulenspiegel, Berlin
FF (Funk und Fernsehen), Berlin
Film und Fernsehen, Berlin/Potsdam
Filmblätter / Filmblatt, Berlin
Filmklub-Kurier, Berlin
Filmspiegel, Berlin
Film-Wissenschaftliche Mitteilungen, Berlin
Forum, Berlin
Die Frau von Heute, Berlin
Der Freie Bauer, Berlin
Freie Presse, Zwickau/Karl-Marx-Stadt
Freie Welt, Berlin
Freies Wort, Suhl
Freiheit, Halle
Freitag, Berlin
für dich, Berlin
Junge Welt, Berlin
Die Kirche, Berlin
konstruktiv, Weimar
Lausitzer Rundschau, Cottbus
Leipziger Volkszeitung
Liberal-Demokratische Zeitung, Halle
Märkische Union, Potsdam
Märkische Volksstimme / Märkische Allgemeine, Potsdam
Das Magazin, Berlin
Mitteldeutsche Neueste Nachrichten, Halle, Leipzig
Der Morgen, Berlin
Nationalzeitung, Berlin
Neue Deutsche Literatur, Berlin
Neue Film-Welt, Berlin
Der Neue Weg, Halle
Neue Zeit, Berlin
Norddeutsche Neueste Nachrichten, Rostock
Norddeutsche Zeitung, Schwerin
Die Presse der Sowjetunion, Berlin
Progress-Filmillustrierte, Berlin
Sächsische Neueste Nachrichten, Dresden
Sächsische Zeitung, Dresden
Sächsisches Tageblatt, Dresden
Schweriner Volkszeitung
Sonntag, Berlin
Sozialistische Demokratie, Berlin
Tägliche Rundschau, Berlin
Theater der Zeit, Berlin
Thüringer Neueste Nachrichten, Erfurt
Thüringer Tageblatt, Weimar
Thüringische Landeszeitung, Weimar
Tribüne, Berlin
Die Trommel, Berlin
Die Union, Dresden
Das Volk, Erfurt
Volksstimme, Magdeburg
Volkswacht, Gera
Vorwärts, Berlin
Die Weltbühne, Berlin
Wochenpost, Berlin

Bücher aus der DDR:

Erwin Geschonneck, Meine unruhigen Jahre, Dietz Verlag Berlin 1984, Aufbau Taschenbuchverlag 1996
Manfred Haedler, Manfred Krug, Henschelverlag Berlin 1972
Martin Hellberg, Mit scharfer Optik, Henschelverlag Berlin 1982
Renate Holland-Moritz, Die Eule im Kino (I) – Filmkritiken, Eulenspiegel-Verlag Berlin 1981
Horst Knietzsch, Wolfgang Staudte, Henschelverlag Berlin 1966
Rolf Richter (Hg.), DEFA-Spielfilmregisseure und ihre Kritiker (I u. II), Henschelverlag Berlin 1981 u. 1983
Alexander Graf Stenbock-Fermor, Der rote Graf, 1973

Aus folgenden in der BRD und West-Berlin erschienenen oder von dort stammenden Zeitungen, Zeitschriften, Fachpublikationen und Rundfunksendern wurde zitiert:

Bonner Rundschau
Deutsche Volkszeitung, Köln
Deutsches Allgemeines Sonntagsblatt, Hamburg
epd Film, Frankfurt/Main
film-dienst, Köln

Filmforum
Filmkritik, Frankfurt/Main
Frankfurter Allgemeine Zeitung
Frankfurter Rundschau
Freitag, Berlin
Göttinger Tageblatt
Hamburger Abendblatt
Kinder-Jugend-Film-Korrespondenz, München
Der Kurier, Berlin
Rheinischer Merkur, Koblenz
RIAS Berlin
Saarbrücker Zeitung
Spandauer Volksblatt, Berlin
Der Spiegel, Hamburg
Stuttgarter Zeitung
Süddeutsche Zeitung, München
Der Tagesspiegel, Berlin
Tageszeitung (taz), Berlin
TIP-Magazin, Berlin
Die Welt, Hamburg
Westfälische Rundschau
Wochenzeitung, Düsseldorf
Die Zeit, Hamburg

Bücher:
Hans-Michael Bock (Hg.), Cinegraph - Lexikon zum deutschsprachigen Film, edition text + kritik, München 1984 ff.
Ulrich Gregor, Enno Patalas, Geschichte des Films, C. Bertelsmann Verlag, München 1973
Ulrich Gregor, Geschichte des Films ab 1960, C. Bertelsmann Verlag, München 1978
Joe Hembus, Das Western-Lexikon, München 1976, 1995
Peter W. Jansen, Wolfram Schütte (Hg.), Film in der DDR, Carl Hanser Verlag, München, Wien 1977
Heinz Kersten, Das Filmwesen in der Sowjetischen Besatzungszone Deutschlands, Reihe: Bonner Berichte aus Mittel- und Ostdeutschland, Bundesministerium für gesamtdeutsche Fragen, Bonn/Berlin 1963

Zitate aus folgenden ausländischen Zeitungen und Zeitschriften wurden verwendet:
Iswestija, Moskau
Neue Zürcher Zeitung
Variety, Los Angeles
Volksstimme, Wien
Zoom, Bern/Zürich

Aus folgenden nach der Vereinigung erschienenen Büchern wurde zitiert:
Günter Agde (Hg.), Kahlschlag, Das 11. Plenum des ZK der SED, Studien und Dokumente, Aufbau Taschenbuch Verlag Berlin 1991/2000
Helga Belach, Wolfgang Jacobsen (Hg.), Babelsberg - Das Filmstudio, Argon Verlag Berlin 1992, 1994
Axel Geiss, Repression und Freiheit, DEFA-Regisseure zwischen Fremd- und Selbstbestimmung, Brandenburgische Landeszentrale für politische Bildung Potsdam 1997
Erwin Geschonneck, Meine unruhigen Jahre, Dietz Verlag, Berlin 1984, Aufbau Taschenbuch Verlag, Berlin 1996
Peter Glaß, Kino ist mehr als Film, A.G. Verlag, Berlin 1999
Dietmar Hochmuth (Red.), DEFA NOVA - nach wie vor?, Reihe »Kinemathek« der Freunde der Deutschen Kinemathek e.V., Berlin 1993
Gebhard Hölzl, Thomas Lassonczyk, Armin Mueller Stahl - Seine Filme - sein Leben, Wilhelm Heyne Verlag, München 1992
Renate Holland-Moritz, Die Eule im Kino (II) - Neue Filmkritiken, Eulenspiegel Verlag, Berlin 1994
Wolfgang Jacobsen (Hg.), Babelsberg -# Das Filmstudio, Argin Verlag, Berlin 1992/94
Heinz Kersten, So viele Träume, Vistas Verlag, Berlin 1996
Ingelore König, Dieter Wiedemann, Lothar Wolf, Zwischen Marx und Muck, Henschel Verlag, Berlin 1996
Stefan Lux u.a. (Hg.), Lexikon des Internationalen Films, Rowohlt Taschenbuch Verlag, Reinbek b. Hamburg 1995
Ingrid Poss (Hg.), DEFA 50 - Gespräche aus acht Filmnächten, Brandenburgische Landeszentrale für politische Bildung, Potsdam 1997
Ralf Schenk, Erika Richter (Red.), apropos: Film 2000, DEFA-Stiftung / Verlag Das Neue Berlin, Berlin 2000
Ralf Schenk (Hg.), Regie: Frank Beyer, Edition Hentrich, Berlin 1995
Ralf Schenk (Hg.), Vor der Kamera -# Fünfzig Schauspieler in Babelsberg, Henschel Verlag, Berlin 1995
Ralf Schenk (Red.), Das zweite Leben der Filmstadt Babelsberg, Henschel Verlag, Berlin 1994
Heinz Thiel, Die nackte DEVA, Märkischer Verlag Wilhelmshorst 1996
Jerzy Toeplitz, Geschichte des Films, Band 5, Henschel Verlag, Berlin 1991
Dieter Wolf, Gruppe Babelsberg - Unsere nichtgedrehten Filme, Das Neue Berlin, Berlin 2000

REGISTER DER REGISSEURE

(unter Einbeziehung von Co-Regisseuren, Assistenz-Regisseuren, Dialog-Regisseuren und Regie-Mitarbeitern in wesentlicher künstlerischer Verantwortung)

Danksagung

Besonderer Dank gebührt dem Henschel Verlag in der Dornier Medienholdung, insbesondere Herrn Kolf für die freundliche Lizensierung der Nachdruckrechte der Filmografien und Inhaltsangaben aus dem Buch *Das zweite Leben der Filmstadt Babelsberg* in der Redaktion von Ralf Schenk. Hier konnte auf die umfangreiche Arbeit des Filmmuseums Potsdam und besonders von Susanne Brömsel (Filmografien) und Renate Biehl (Inhalte) aufgebaut werden.
Ferner wurde die Arbeit durch die sehr gute Zusammenarbeit mit der DEFA-Stiftung, vertreten durch Wolfgang Klaue, wesentlich erleichtert. Außerdem ist der Bibliothek der Hochschule für Film und Fernsehen »Konrad Wolf«, Potsdam-Babelsberg, und hier besonders Lydia Wiehring von Wendrin, Kirsten Lehmann, Renate Göthe und Ursula Schneeweiß für besonderes Entgegenkommen beim Zustandekommen dieses Nachschlagewerks zu danken.
Die Abbildungen, sämtlich Wiedergaben von in der DDR erschienenen Filmprogrammen und Werbematerialien aus der Sammlung des Autors, werden mit freundlicher Unterstützung des PROGRESS-Filmverleihs und der DEFA-Stiftung abgedruckt.
Der Autor bedankt sich weiterhin für vielfältige Hilfe mit Rat und Tat Dr. Günter Agde, Hans-Uwe Bauer, Margot Busse, Dr. Marianne Drescher, Heinrich Gebauer, Helmut Grewald, Inge Habel, Marianne Kiel, Julika Kuschke (beide Bundesarchiv/Filmarchiv, alle Berlin), Hans Kratzert, Potsdam, Frau Lorenz und weiteren Mitarbeitern der Filmbibliothek der DFFB, Zschoche-Sammler Hans-Joachim Mahling, Ruhland-Arnsdorf, Angelika Müller (Studio Babelsberg GmbH), Potsdam, Progress Film Verleih, Berlin, Sven Reinisch, Schönerlinde, Günter Reisch und dem Verein Die ersten 100 Jahre Kino in Berlin, Joachim Stargard, Berlin, Jürgen Thierlein, Peter Wohlfeil (beide Potsdam) und zahlreichen Ungenannten, deren Informationen in dieses Buch eingeflossen sind, sowie den Tausenden Mitarbeitern der DEFA, deren Arbeit aus knapp fünf Jahrzehnten Gegenstand dieses Buches werden konnte.

Impressum:
F.-B. Habel:
DAS GROSSE LEXIKON DER DEFA-SPIELFILME
Die vollständige Dokumentation der DEFA-Spielfilme von 1946 bis 1993
ISBN 3-89602-349-7

Katalog
Wir senden Ihnen gern unseren kostenlosen Katalog.
Schwarzkopf & Schwarzkopf Verlag GmbH / Abt. Service
Kastanienallee 32, 10435 Berlin.
Service-Telefon: 030 – 44 11 778.
Fax: 030 – 44 11 783

Internet
Ausführliche Informationen zum Verlagsprogramm finden Sie im Internet.
www.schwarzkopf-schwarzkopf.de
www.lexxxikon.de

eMail
info@schwarzkopf-schwarzkopf.de

Die DDR im Lexikon
Volker Kluge
Das große Lexikon der DDR-Sportler
Die 1000 erfolgreichsten und populärsten Sportlerinnen und Sportler aus der DDR, ihre Erfolge und Biographien.
Zweite Auflage!
F.-B. Habel
Das große Lexikon der DEFA-Spielfilme
Die vollständige Dokumentation der DEFA-Spielfilme von 1946 bis 1993
Neu!
Frank Eberlein
Das große Lexikon der Olsenbande
Informationen über die Olsenbande, die so geheim sind, daß niemand weiß, ob man überhaupt wissen darf, daß man das gar nicht wissen darf ...
Neu!
Lexikon des DDR-Alltags
Von »Altstoffsammlung« bis »Zirkel schreibender Arbeiter«
Zweite Auflage!
Von Stefan Sommer
Rocklexikon der DDR
Das Lexikon der Bands, Interpreten, Sänger, Texter und Begriffe der DDR-Rockgeschichte.
Zweite Auflage!
Von Götz Hintze
Lexikon der DDR-Stars
Schauspieler aus Film und Fernsehen
Zweite Auflage!
Von F.-B. Habel und Volker Wachter
Schwarzkopf & Schwarzkopf Verlag

DIE FILMBÜCHER

SCHWARZKOPF & SCHWARZKOPF VERLAG

Umfang je Band 200 – 300 Seiten, DM 39,80 bis 49,80